# 2007年上市公司速查手册

中国证券报社 编

新华出版社

**图书在版编目(CIP)数据**

2007年上市公司速查手册/中国证券报社编. —北京:
新华出版社,2007.5
ISBN 978-7-5011-7970-1
Ⅰ.2… Ⅱ.中… Ⅲ.上市公司—中国—2007—手册
Ⅳ.F279.246-62

中国版本图书馆CIP数据核字(2007)第057466号

**2007年上市公司速查手册**

---

责任编辑:林定北　庆春雁
装帧设计:常艳华
出版发行:新华出版社
网　　址:http://press.xinhuanet.com
地　　址:北京石景山区京原路8号
邮　　编:100040
经　　销:新华书店
印　　刷:新华印刷厂
开　　本:787mm×1092mm　1/16
印　　张:30.50
字　　数:1000千字
版　　次:2007年5月第一版
印　　次:2007年5月北京第一次印刷
书　　号:ISBN 978-7-5011-7970-1
定　　价:98.00元

---

本社购书热线:(010)63077122　　中国新闻书店电话:(010)63072012
**图书如有印装问题,请与印刷厂联系调换　电话:(010)63460633-814**

# 《2007年上市公司速查手册》编委会

主　　编：林　晨（中国证券报社长兼总编辑）

编　　委：林　晨　杜跃进　姜占国　王　坚　段国选
　　　　　马忠志　宁晨新　徐文元　朱向军　单亿春

参加本书编辑的工作人员：

彭运年　柴景雯　李　鹏　朱　红　王维波
牛红军　陶　俊　李新明　张　云　林定北
于　晶　高利英

技术支持：陆　翔　金君飞　柳　冰　韩永毅　霍漫峰
　　　　　薛　辉　李　玉　魏永强　朱　峥

# 前　言

在证券市场正演绎一场前所未有的牛市行情之际，《上市公司速查手册（2007）》与您见面了。在此，编委会全体成员感谢您多年来对我们工作的关心和支持，同时也祝愿您的投资获得更优厚的回报！

2006年对中国股市来说是一个令人振奋的年份，必将在中国资本市场发展史上留下浓墨重彩的篇章：股权分置改革基本完成，各类机构投资者日益壮大，以工行、中行为代表的超级大盘蓝筹入市，证券投资基金跃居城镇居民家庭金融资产第二位……与此相对应，大盘走出了一轮波澜壮阔的上升行情。

股权分置改革的完成，使得大股东的利益与普通投资者趋于一致，公司质地及其市场表现，引起了公司管理层的高度重视。注资、引进战略投资者、重组、整体上市等一系列措施的实施，不仅改善了公司的质地和形象，同时使得2006年上市公司的整体业绩较2005年有了大幅度的提高。截至2007年4月30日公布的1457家年报数据显示：平均每股收益0.24元，平均净资产收益率10.31%。净利润总体同比增幅为46.14%。其中，增长的892家，占比例61.2%。

虽然行情火暴，但个股却表现不一。大盘点位屡创新高，但有些投资者还套在2001年以前的老股票中。由此可见，研究上市公司是股票投资者获利避险的法宝。为方便投资者了解上市公司情况，本报在连续11年编辑、出版《上市公司速查手册》的基础上，广泛征求并听取中小投资者、投资机构和基金公司等业内人士的意见后，再度推出2007版。

《上市公司速查手册（2007版）》根据最新2006年报数据，汇集了在沪深两市上市的全部1472家上市公司、318家证券投资基金的背景资料（1家公司因特殊原因推迟出年报而缺少2006年度数据），内容包括公司基本概况、主要财务数据、近年分配、股本结构及主要股东、主要股东持股性质、股东数、年报点评、市场表现等投资者关注的资料、数据。新增加了实际控制人、未来一年限售流通股解禁情况两项。点评一栏聘请海通证券研究所和国元证券有关专家担纲编写。另外，为了给投资者提供更丰富上市公司数据和资料，我们同样制作了与手册配套的"上市公司年报大全"数据光盘。光盘内容包括：年报摘要（PDF格式）、公司基本情况、财务数据、重组事项、分配能力、行情走势、个股查询等。

尽管我们仔细核对了资料，但面对浩繁的数据，疏漏之处在所难免，敬请广大读者和上市公司指正。

编者

2007年4月30日

# 目　　录



## 深市上市公司

## 沪市上市公司

## 证券投资基金

# 上市公司2006年度业绩排行榜(一)

| 排名 | 代码 | 简称 | 每股收益 | 代码 | 简称 | 每股净资产 | 代码 | 简称 | 净资产收益率 | 代码 | 简称 | 每股经营现金流量 |
|---|---|---|---|---|---|---|---|---|---|---|---|---|
| 1 | 600497 | 驰宏锌锗 | 5.3152 | 600497 | 驰宏锌锗 | 11.987 | 600497 | 驰宏锌锗 | 44.34 | 600030 | 中信证券 | 10.12 |
| 2 | 600415 | 小商品城 | 2.43 | 600993 | 马应龙 | 11.82 | 600331 | 宏达股份 | 39.54 | 600058 | 五矿发展 | 8.961 |
| 3 | 900948 | 伊泰B股 | 1.93 | 002073 | 青岛软控 | 11.61 | 000792 | 盐湖钾肥 | 39.07 | 600685 | 广船国际 | 5.29 |
| 4 | 600875 | 东方电机 | 1.845 | 000063 | 中兴通讯 | 11.13 | 600362 | 江西铜业 | 36.7 | 600970 | 中材国际 | 5.24 |
| 5 | 000060 | 中金岭南 | 1.71 | 002069 | 獐子岛 | 9.43 | 600840 | 新湖创业 | 36.234 | 600827 | 友谊股份 | 5.098 |
| 6 | 600519 | 贵州茅台 | 1.59 | 600415 | 小商品城 | 9.25 | 200771 | 杭汽轮B | 36.01 | 600415 | 小商品城 | 4.34 |
| 7 | 600362 | 江西铜业 | 1.59 | 600694 | 大商股份 | 8.71 | 000683 | 天然碱 | 35.66 | 600686 | 金龙汽车 | 4.19 |
| 8 | 600331 | 宏达股份 | 1.5322 | 002078 | 太阳纸业 | 7.38 | 000060 | 中金岭南 | 35.12 | 900948 | 伊泰B股 | 3.04 |
| 9 | 200771 | 杭汽轮B | 1.509 | 600271 | 航天信息 | 7.31 | 000878 | 云南铜业 | 34.01 | 000939 | 凯迪电力 | 2.99 |
| 10 | 000878 | 云南铜业 | 1.508 | 000024 | 招商地产 | 7.01 | 600309 | 烟台万华 | 33.34 | 600694 | 大商股份 | 2.96 |
| 11 | 002069 | 獐子岛 | 1.48 | 600227 | 赤天化 | 6.877 | 600961 | 株冶火炬 | 33.3 | 600801 | 华新水泥 | 2.85 |
| 12 | 600348 | 国阳新能 | 1.45 | 000926 | 福星科技 | 6.7 | 600875 | 东方电机 | 33.01 | 601699 | 潞安环能 | 2.85 |
| 13 | 600993 | 马应龙 | 1.4 | 000541 | 佛山照明 | 6.6 | 000950 | 建峰化工 | 32.47 | 600170 | 上海建工 | 2.7 |
| 14 | 600123 | 兰花科创 | 1.3744 | 600048 | 保利地产 | 6.59 | 900948 | 伊泰B股 | 32.42 | 002078 | 太阳纸业 | 2.68 |
| 15 | 000623 | 吉林敖东 | 1.35 | 000900 | 现代投资 | 6.58 | 900950 | 新城B股 | 32.37 | 200152 | 山航B | 2.65 |
| 16 | 002028 | 思源电气 | 1.35 | 000042 | 深长城 | 6.57 | 002028 | 思源电气 | 31.36 | 600348 | 国阳新能 | 2.56 |
| 17 | 601699 | 潞安环能 | 1.3 | 002065 | 东华合创 | 6.51 | 600596 | 新安股份 | 30.19 | 600971 | 恒源煤电 | 2.45 |
| 18 | 000039 | 中集集团 | 1.25 | 600348 | 国阳新能 | 6.47 | 600627 | 上电股份 | 28.71 | 000600 | 建投能源 | 2.4 |
| 19 | 002073 | 青岛软控 | 1.24 | 600215 | 长春经开 | 6.39 | 600739 | 辽宁成大 | 28.57 | 600123 | 兰花科创 | 2.3964 |
| 20 | 600048 | 保利地产 | 1.2 | 600519 | 贵州茅台 | 6.25 | 000022 | 深赤湾A | 27.33 | 600497 | 驰宏锌锗 | 2.365 |
| 21 | 600031 | 三一重工 | 1.16 | 000839 | 中信国安 | 6.25 | 600320 | 振华港机 | 27.32 | 600066 | 宇通客车 | 2.36 |
| 22 | 000898 | 鞍钢股份 | 1.154 | 600123 | 兰花科创 | 6.1948 | 600432 | 吉恩镍业 | 26.72 | 600315 | 上海家化 | 2.35 |
| 23 | 600271 | 航天信息 | 1.14 | 000623 | 吉林敖东 | 6.19 | 600685 | 广船国际 | 26.69 | 600585 | 海螺水泥 | 2.33 |
| 24 | 600585 | 海螺水泥 | 1.14 | 600246 | 万通先锋 | 6.1459 | 600615 | ST丰华 | 26.52 | 600519 | 贵州茅台 | 2.23 |
| 25 | 600432 | 吉恩镍业 | 1.13 | 000972 | 新中基 | 6.14 | 001696 | 宗申动力 | 26.46 | 600596 | 新安股份 | 2.21 |
| 26 | 600786 | 东方锅炉 | 1.127 | 600810 | 神马实业 | 6.14 | 000612 | 焦作万方 | 26.35 | 600308 | 华泰股份 | 2.18 |
| 27 | 600596 | 新安股份 | 1.12 | 600727 | 鲁北化工 | 6.13 | 000538 | 云南白药 | 26.23 | 000651 | 格力电器 | 2.18 |
| 28 | 600096 | 云天化 | 1.09 | 002056 | 横店东磁 | 6.09 | 600415 | 小商品城 | 26.23 | 601666 | 平煤天安 | 2.17 |
| 29 | 002078 | 太阳纸业 | 1.06 | 600487 | 亨通光电 | 6.02 | 600183 | 生益科技 | 26.16 | 000531 | 穗恒运A | 2.08 |
| 30 | 600627 | 上电股份 | 1.06 | 900948 | 伊泰B股 | 5.95 | 600519 | 贵州茅台 | 25.51 | 000877 | 天山股份 | 2.0587 |
| 31 | 000792 | 盐湖钾肥 | 1.0578 | 000090 | 深天健 | 5.95 | 000758 | 中色股份 | 25.14 | 000421 | 南京中北 | 2.05 |
| 32 | 600971 | 恒源煤电 | 1.04 | 600102 | 莱钢股份 | 5.93 | 600583 | 海油工程 | 24.81 | 000709 | 唐钢股份 | 1.97 |
| 33 | 600582 | 天地科技 | 1.02 | 600316 | 洪都航空 | 5.89 | 600143 | 金发科技 | 24.73 | 002003 | 伟星股份 | 1.93 |
| 34 | 600150 | 沪东重机 | 1.019 | 600459 | 贵研铂业 | 5.76 | 600582 | 天地科技 | 24.57 | 600489 | 中金黄金 | 1.93 |
| 35 | 000731 | 四川美丰 | 1.014 | 002090 | 金智科技 | 5.75 | 000039 | 中集集团 | 24.29 | 600584 | 长电科技 | 1.93 |
| 36 | 900950 | 新城B股 | 1.0105 | 601699 | 潞安环能 | 5.74 | 000829 | 天音控股 | 24.19 | 000950 | 建峰化工 | 1.9208 |
| 37 | 600227 | 赤天化 | 1.004 | 600390 | 金瑞科技 | 5.74 | 600858 | 银座股份 | 24.0904 | 000792 | 盐湖钾肥 | 1.9165 |
| 38 | 600961 | 株冶火炬 | 1 | 600588 | 用友软件 | 5.74 | 000708 | 大冶特钢 | 24.03 | 600886 | 国投电力 | 1.89 |
| 39 | 002024 | 苏宁电器 | 1 | 600861 | 北京城乡 | 5.7032 | 600472 | 包头铝业 | 23.89 | 000630 | 铜都铜业 | 1.87 |
| 40 | 000926 | 福星科技 | 0.97 | 600000 | 浦发银行 | 5.673 | 600428 | 中远航运 | 23.65 | 000898 | 鞍钢股份 | 1.868 |
| 41 | 600143 | 金发科技 | 0.96 | 600585 | 海螺水泥 | 5.62 | 600826 | 兰生股份 | 23.61 | 000635 | 英力特 | 1.84 |
| 42 | 000022 | 深赤湾A | 0.952 | 600875 | 东方电机 | 5.59 | 000760 | 博盈投资 | 23.59 | 600611 | 大众交通 | 1.84 |
| 43 | 000157 | 中联重科 | 0.9485 | 002064 | 华峰氨纶 | 5.58 | 600517 | 置信电气 | 23.49 | 000562 | 宏源证券 | 1.816 |
| 44 | 600583 | 海油工程 | 0.94 | 002011 | 盾安环境 | 5.58 | 600809 | 山西汾酒 | 23.36 | 600859 | 王府井 | 1.81 |
| 45 | 600739 | 辽宁成大 | 0.94 | 600498 | 烽火通信 | 5.57 | 002024 | 苏宁电器 | 23.35 | 600547 | 山东黄金 | 1.81 |
| 46 | 600428 | 中远航运 | 0.94 | 600308 | 华泰股份 | 5.57 | 000898 | 鞍钢股份 | 22.94 | 000900 | 现代投资 | 1.8 |
| 47 | 600472 | 包头铝业 | 0.9352 | 600091 | 明天科技 | 5.55 | 002025 | 航天电器 | 22.84 | 600486 | 扬农化工 | 1.798 |
| 48 | 600525 | 长园新材 | 0.92 | 600037 | 歌华有线 | 5.54 | 600829 | 三精制药 | 22.84 | 600280 | 南京中商 | 1.79 |
| 49 | 000024 | 招商地产 | 0.918 | 000527 | 美的电器 | 5.53 | 600549 | 厦门钨业 | 22.77 | 000589 | 黔轮胎A | 1.786 |
| 50 | 000825 | 太钢不锈 | 0.911 | 600085 | 同仁堂 | 5.525 | 000895 | S双汇 | 22.75 | 000022 | 深赤湾A | 1.777 |

# 上市公司2006年度业绩排行榜(二)

| 排名 | 代码 | 简称 | 净利润(元) | 同比(%) | 代码 | 简称 | 主营收入(元) | 同比(%) | 代码 | 简称 | 主营利润(元) | 同比(%) |
|---|---|---|---|---|---|---|---|---|---|---|---|---|
| 1 | 600497 | 驰宏锌锗 | 103646.89 | 692.39 | 600030 | 中信证券 | 583183.59 | 535.05 | 600104 | 上海汽车 | 506584.77 | 336.45 |
| 2 | 600030 | 中信证券 | 237104.09 | 492.69 | 600104 | 上海汽车 | 3050298.21 | 377.45 | 000825 | 太钢不锈 | 562807.97 | 266.89 |
| 3 | 000001 | S深发展A | 130290.65 | 318.93 | 000967 | *ST上风 | 67438.17 | 326.44 | 000898 | 鞍钢股份 | 1298000.00 | 245.67 |
| 4 | 000060 | 中金岭南 | 113458.24 | 309.08 | 600641 | 万业企业 | 99370.54 | 307.71 | 000001 | S深发展A | 190516.89 | 200.48 |
| 5 | 000623 | 吉林敖东 | 38792.30 | 250.98 | 600497 | 驰宏锌锗 | 445744.24 | 281.79 | 600331 | 宏达股份 | 196433.65 | 157.56 |
| 6 | 600585 | 海螺水泥 | 142793.06 | 250.93 | 600090 | ST啤酒花 | 69775.20 | 280.75 | 000761 | 本钢板材 | 286243.47 | 150.88 |
| 7 | 600331 | 宏达股份 | 63740.67 | 238.19 | 002048 | 宁波华翔 | 148376.83 | 278.99 | 600362 | 江西铜业 | 768434.87 | 129.94 |
| 8 | 000898 | 鞍钢股份 | 684500.00 | 229.24 | 000028 | 一致药业 | 566761.18 | 246.52 | 000060 | 中金岭南 | 214131.05 | 94.61 |
| 9 | 000825 | 太钢不锈 | 242360.17 | 212.03 | 002082 | 栋梁新材 | 373895.63 | 218.84 | 000878 | 云南铜业 | 218190.12 | 91.8 |
| 10 | 000717 | 韶钢松山 | 41672.77 | 205.93 | 600823 | 世茂股份 | 211781.03 | 209.97 | 600377 | 宁沪高速 | 226067.74 | 91.54 |
| 11 | 600472 | 包头铝业 | 40306.90 | 205.02 | 600077 | 国能集团 | 50369.93 | 207.96 | 600057 | 夏新电子 | 106935.40 | 88.3 |
| 12 | 002110 | 三钢闽光 | 35985.98 | 183.47 | 600495 | 晋西车轴 | 84660.29 | 202.57 | 600031 | 三一重工 | 162582.36 | 85.14 |
| 13 | 000625 | 长安汽车 | 64674.97 | 173.17 | 000950 | 建峰化工 | 97395.81 | 192.44 | 600585 | 海螺水泥 | 440691.97 | 80.15 |
| 14 | 000761 | 本钢板材 | 165135.93 | 161.2 | 600481 | 双良股份 | 142890.30 | 181.82 | 000951 | 中国重汽 | 97032.25 | 78.34 |
| 15 | 600031 | 三一重工 | 55734.41 | 157.7 | 000069 | 华侨城A | 178654.48 | 172.42 | 601628 | 中国人寿 | 1001500.00 | 72.88 |
| 16 | 600835 | 上海机电 | 40151.45 | 151.82 | 600776 | 东方通信 | 1940951.99 | 162.39 | 002024 | 苏宁电器 | 255275.32 | 67.99 |
| 17 | 600362 | 江西铜业 | 460934.55 | 148.96 | 002114 | 罗平锌电 | 93687.23 | 158.32 | 600271 | 航天信息 | 103724.98 | 67.85 |
| 18 | 000878 | 云南铜业 | 120473.96 | 144.05 | 000046 | 泛海建设 | 133769.75 | 141.86 | 000002 | 万科A | 507274.72 | 67.27 |
| 19 | 000807 | 云铝股份 | 31279.83 | 121.55 | 600517 | 置信电气 | 74512.52 | 137.91 | 000792 | 盐湖钾肥 | 167056.06 | 63.17 |
| 20 | 600456 | 宝钛股份 | 34190.58 | 115.75 | 600175 | 美都控股 | 178640.13 | 134.66 | 601318 | 中国平安 | 618239.20 | 61.76 |
| 21 | 600269 | 赣粤高速 | 82363.94 | 106.6 | 600008 | 首创股份 | 109997.97 | 133.59 | 600153 | 建发股份 | 96702.51 | 59.11 |
| 22 | 002024 | 苏宁电器 | 72030.01 | 105.43 | 000558 | 莱茵置业 | 37346.77 | 133.17 | 600320 | 振华港机 | 254661.87 | 58.7 |
| 23 | 600153 | 建发股份 | 43394.22 | 103.85 | 000036 | 华联控股 | 536141.92 | 124.78 | 600102 | 莱钢股份 | 252376.45 | 58.14 |
| 24 | 600183 | 生益科技 | 42955.28 | 102.72 | 000652 | 泰达股份 | 145173.34 | 122.11 | 600269 | 赣粤高速 | 109087.81 | 56.57 |
| 25 | 600208 | 中宝股份 | 23519.57 | 100.37 | 000758 | 中色股份 | 229790.41 | 121.95 | 600801 | 华新水泥 | 77851.03 | 54.66 |
| 26 | 600809 | 山西汾酒 | 26132.63 | 97.99 | 600507 | 长力股份 | 310879.32 | 113.76 | 600809 | 山西汾酒 | 83793.33 | 53.83 |
| 27 | 600150 | 沪东重机 | 26751.59 | 97.34 | 600209 | *ST罗顿 | 25597.55 | 111.57 | 000829 | 天音控股 | 123153.61 | 52.62 |
| 28 | 600550 | 天威保变 | 19809.75 | 96.14 | 600577 | 精达股份 | 435530.70 | 111.38 | 600569 | 安阳钢铁 | 168719.64 | 50.74 |
| 29 | 000006 | 深振业A | 21625.38 | 95.87 | 000635 | 英力特 | 111300.62 | 110.68 | 600660 | 福耀玻璃 | 133295.67 | 50.09 |
| 30 | 000932 | 华菱管线 | 106804.37 | 95.19 | 000878 | 云南铜业 | 2806220.01 | 109.36 | 000402 | 金融街 | 95222.67 | 48.86 |
| 31 | 600582 | 天地科技 | 20656.20 | 95.14 | 000616 | 亿城股份 | 140729.49 | 106.77 | 000932 | 华菱管线 | 396511.95 | 48.49 |
| 32 | 600357 | 承德钒钛 | 36545.52 | 88.41 | 600961 | 株冶火炬 | 929208.17 | 106.26 | 600029 | S南航 | 532600.00 | 46.88 |
| 33 | 600036 | 招商银行 | 710752.60 | 87.69 | 000898 | 鞍钢股份 | 5459600.00 | 106.11 | 600166 | 福田汽车 | 143988.25 | 45.35 |
| 34 | 600143 | 金发科技 | 30693.55 | 87.68 | 600638 | 新黄浦 | 58467.52 | 105.58 | 000157 | 中联重科 | 122259.89 | 44.16 |
| 35 | 601111 | 中国国航 | 319138.10 | 86.7 | 600118 | 中国卫星 | 89442.90 | 102.73 | 600309 | 烟台万华 | 173327.54 | 42.78 |
| 36 | 000839 | 中信国安 | 41915.95 | 86.61 | 600582 | 天地科技 | 186583.20 | 102.38 | 600690 | 青岛海尔 | 271827.66 | 41.98 |
| 37 | 000758 | 中色股份 | 33211.34 | 85.52 | 000801 | 四川湖山 | 72006.67 | 97.62 | 000528 | 柳工 | 92981.32 | 41.86 |
| 38 | 600102 | 莱钢股份 | 74604.07 | 79.56 | 600425 | 青松建化 | 51179.41 | 97.53 | 601166 | 兴业银行 | 500436.21 | 41.83 |
| 39 | 601318 | 中国平安 | 598596.20 | 79.3 | 600459 | 贵研铂业 | 67288.85 | 97.39 | 600415 | 小商品城 | 72781.67 | 41.41 |
| 40 | 601628 | 中国人寿 | 960100.00 | 75.97 | 600973 | 宝胜股份 | 254374.90 | 95.73 | 000625 | 长安汽车 | 429899.81 | 40.92 |
| 41 | 600089 | 特变电工 | 21638.71 | 72.44 | 000751 | 锌业股份 | 670182.36 | 94.90 | 000568 | 泸州老窖 | 90422.73 | 40.78 |
| 42 | 000528 | 柳工 | 35655.50 | 71.26 | 000630 | 铜都铜业 | 1864557.86 | 92.14 | 601991 | 大唐发电 | 707516.60 | 39.58 |
| 43 | 600761 | 安徽合力 | 24673.72 | 70.4 | 600362 | 江西铜业 | 2543505.84 | 90.65 | 000418 | 小天鹅A | 89042.09 | 39.28 |
| 44 | 600978 | 宜华木业 | 17285.22 | 65.72 | 600110 | 中科英华 | 54646.90 | 88.72 | 600036 | 招商银行 | 1399325.90 | 39.05 |
| 45 | 600196 | 复星医药 | 25915.80 | 62.96 | 600331 | 宏达股份 | 504717.70 | 85.14 | 600875 | 东方电机 | 130956.20 | 38.12 |
| 46 | 600377 | 宁沪高速 | 112778.14 | 61.93 | 600377 | 宁沪高速 | 404625.61 | 84.36 | 000024 | 招商地产 | 88994.15 | 37.32 |
| 47 | 600048 | 保利地产 | 65877.07 | 61.92 | 600366 | 宁波韵升 | 420436.88 | 84.26 | 600236 | 桂冠电力 | 86454.11 | 36.79 |
| 48 | 600655 | 豫园商城 | 17214.00 | 61.02 | 600255 | 鑫科材料 | 389242.17 | 83.47 | 600295 | 鄂尔多斯 | 120345.77 | 36.17 |
| 49 | 601588 | 北辰实业 | 33517.36 | 60.34 | 600568 | *ST潜药 | 148128.46 | 82.60 | 601003 | 柳钢股份 | 143469.41 | 35.76 |
| 50 | 600037 | 歌华有线 | 43258.71 | 59.93 | 002097 | 山河智能 | 63729.88 | 82.02 | 000538 | 云南白药 | 90926.26 | 35.06 |

## S 深发展 A（000001）

上市日期:88/04/07 电话:0755－82080387 传真:0755－82080386

**主营**：商业银行业务

| | 年 度 | 2006 | 2005 | 2004 |
|---|---|---|---|---|
| 主要指标 | 每股收益/扣除后(元) | 0.67/0.63 | 0.16/0.15 | 0.15/0.14 |
| | 每股经营现金流量(元) | 3.81 | －2.2 | 3.62 |
| | 每股净资产/调整后(元) | 3.33/3.25 | 2.6/2.53 | 2.41/2.34 |
| | 未分利润(万元) | 74592.93 | 77331.34 | 63465.52 |
| | 资本公积(万元) | 164851.66 | 157437.32 | 157172.93 |
| 利润构成 | 主营收入(万元) | 713521.75 | 545055.08 | 832300.99 |
| | 主营利润(万元) | 190516.89 | 63403.47 | 279049.95 |
| | 投资收益(万元) | | | |
| | 利润总额(万元) | 199452.2 | 59789.67 | 49119.29 |
| | 净利润(万元) | 130290.65 | 31100.76 | 28977.43 |

近年分配:

**主要股东及持股比例%、持股性质**

- NEW BRIDGE ASIA AIV III L.P. 17.89%（外资股）
- 深圳中电投资股份有限公司 3.2%（非流通股）
- 海通证券股份有限公司 1.74%（非流通股）
- 深圳市宏业科技实业有限公司 1.29%（非流通股）
- 国际金融－汇丰－JPMORGAN CHASE BANK NATIONAL ASSOCIATION 1.12%（流通 A 股）
- 中国工商银行－广发策略优选混合型证券投资基金 1.03%（流通 A 股）
- 中国工商银行－景顺长城新兴成长股票型证券投资基金 1.01%（流通 A 股）
- 中国农业银行－景顺长城内需增长贰号股票型证券投资基金 0.96%（流通 A 股）
- 中国农业银行深圳市分行工会工作委员会 0.8%（非流通股）
- 恒泰证券有限责任公司 0.74%（流通 A 股）

实际控制人: David Bonderman、James G. Coulter、William S. Price III、Richard C. Blum

二〇〇六年以来市场表现

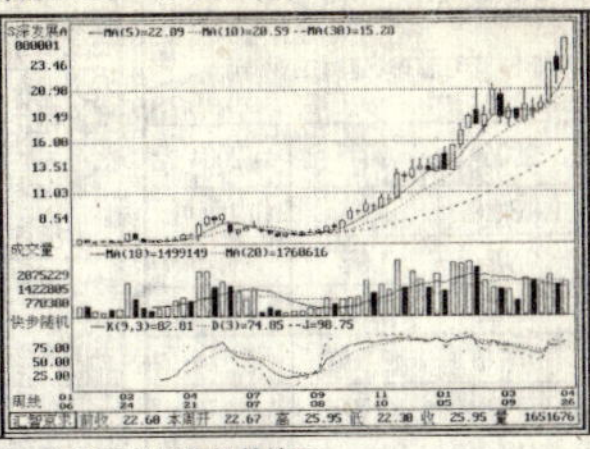

| | |
|---|---|
| 2006 年涨跌幅(%) | 135.67 |
| 2006 年最高(元) | 14.68 |
| 2007 年涨跌幅(%) | 79.34 |
| 2007.4.27 收盘(元) | 25.95 |
| 2007 年最高(元) | 25.95 |
| 2007 年最低(元) | 13 |
| 2007 年换手率(%) | 198.25 |

未来一年限售流通股解禁情况:

| 最新股本 | 总股本 | 非(限售)流通 | 流通 A | 流通 B/H/S | 股东户数 | 06 年末 | 06 三季 |
|---|---|---|---|---|---|---|---|
| | 194582.21 | 53646.02 | 140936.2 | | | 406233 | 510668 |

**年报点评**：新桥着意将深发展打造成高风控的零售银行，引进长于消费金融的 GE 作为战略投资者。2006 年底，个人贷款占比达到 21.36%，在五家上市股份制银行中是最高的。2006 年末，不良贷款余额 145.65 亿元，不良贷款率由 2004 年的 11.41% 降至 2006 的 7.99%。

## 万科 A（000002/200002）

上市日期:A: 91/01/29 B: 93/05/28 电话:0755－25606666 传真:0755－23152041

**主营**：房地产开发。

| | 年 度 | 2006 | 2005 | 2004 |
|---|---|---|---|---|
| 主要指标 | 每股收益/扣除后(元) | 0.493/0.473 | 0.363 | 0.39/0.391 |
| | 每股经营现金流量(元) | －0.69 | 0.23 | 0.46 |
| | 每股净资产/调整后(元) | 3.41/3.36 | 2.23/2.21 | 2.73/2.7 |
| | 未分利润(万元) | 66853.85 | 61389.45 | 41484.64 |
| | 资本公积(万元) | 543177.75 | 107555.39 | 143115.09 |
| 利润构成 | 主营收入(万元) | 1784821.03 | 1055885.17 | 766722.62 |
| | 主营利润(万元) | 507274.72 | 303258.43 | 193411.72 |
| | 投资收益(万元) | －6455.32 | －8442.84 | －1218.52 |
| | 利润总额(万元) | 339651.82 | 197618.17 | 126032.92 |
| | 净利润(万元) | 215463.93 | 135036.28 | 87800.63 |

近年分配: 06 预案:10 派 1.5 转增 5；05 年:10 派 1.5；04 年:10 派 1.5 转增 5

**主要股东及持股比例%、持股性质**

- 华润股份有限公司 14.54%（部分流通部分不流通）
- 南方绩优成长股票型证券投资基金 2.53%（部分流通部分不流通）
- CLSA LIMITED 1.76%（流通 B 股）
- 刘元生 1.34%（流通 A 股）
- 中国人寿保险股份有限公司－分红－个人分红－005L－FH002 深 1.29%（流通 A 股）
- 南方高增长股票型开放式证券投资基金 1.2%（流通 A 股）
- UBS AG 1.15%（流通 A 股）
- 上海南都伟峰投资管理有限公司 1.14%（非流通股）
- TOYO SECURITIES ASIA LIMITED－A/C CLIENT. 1.08%（流通 B 股）
- 易方达平稳增长证券投资基金 1.06%（流通 A 股）

实际控制人: 中国华润总公司

二〇〇六年以来市场表现

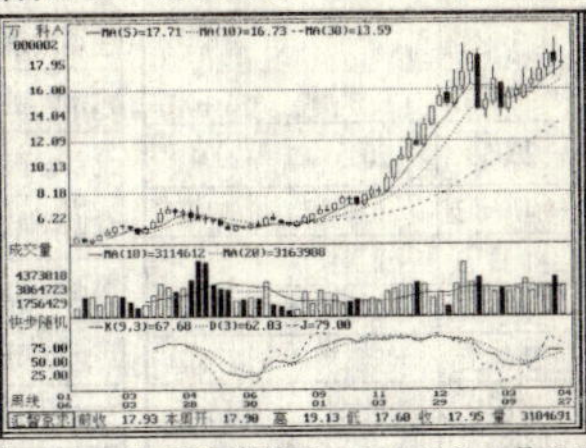

| | |
|---|---|
| 2006 年涨跌幅(%) | 261.72 |
| 2006 年最高(元) | 16.08 |
| 2007 年涨跌幅(%) | 16.26 |
| 2007.4.27 收盘(元) | 17.95 |
| 2007 年最高(元) | 19.91 |
| 2007 年最低(元) | 13.7 |
| 2007 年换手率(%) | 159.34 |

未来一年限售流通股解禁情况:165314491 股 12 月 02 日解禁

| 最新股本 | 总股本 | 非(限售)流通 | 流通 A | 流通 B/H/S | 股东户数 | 06 年末 | 06 三季 |
|---|---|---|---|---|---|---|---|
| | 436989.88 | 56774.6 | 325425.46 | 54789.81 | | 136555 | 131284 |

**年报点评**：近年来充分利用资本市场融资功能，不断利用行业调控创造的市场机会，加快兼并收购步伐，外延并购和多样化合作，经营规模快速扩张，市场份额不断扩大。万科的发展核心是通过加快资产周转提高净资产收益率，在业内有显著的竞争优势。

## *ST 国农（000004）

上市日期:91/01/14 电话:0755－83521596 传真:0755－83521727

**主营**：生物特征识别、生物制药和新技术孵化。

| | 年 度 | 2006 | 2005 | 2004 |
|---|---|---|---|---|
| 主要指标 | 每股收益/扣除后(元) | 0.007/－0.048 | －0.162 | －0.05/－0.052 |
| | 每股经营现金流量(元) | －0.107 | 0.132 | 0.001 |
| | 每股净资产/调整后(元) | 1.03/0.99 | 1.01/0.94 | 1.14/1.12 |
| | 未分利润(万元) | －939.18 | －1001.16 | 109.84 |
| | 资本公积(万元) | 133.84 | 52.95 | 45.42 |
| 利润构成 | 主营收入(万元) | 4563.9 | 6137.67 | 10674.78 |
| | 主营利润(万元) | 2026.91 | 2364.2 | 3665.65 |
| | 投资收益(万元) | －38.22 | 256.58 | －308.1 |
| | 利润总额(万元) | 639.61 | －2039.57 | －401.54 |
| | 净利润(万元) | 61.98 | －1357.7 | －406.27 |

近年分配:

**主要股东及持股比例%、持股性质**

- 深圳中农大科技投资有限公司 28.44%（国有股）
- 招商局地产控股股份有限公司 5.58%（国有股）
- 中国银河证券有限责任公司 1.9%（流通 A 股）
- 深圳招商石化有限公司 0.8%（国有股）
- 中国平安保险(集团)股份有限公司 0.74%（国有股）
- 深圳华强电子工业总公司 0.74%（国有股）
- 马志荣 0.63%（流通 A 股）
- 崔海喜 0.6%（流通 A 股）
- 刘静华 0.51%（流通 A 股）
- 沈涛 0.45%（流通 A 股）

实际控制人: 北京中农大科技企业孵化器有限公司

二〇〇六年以来市场表现

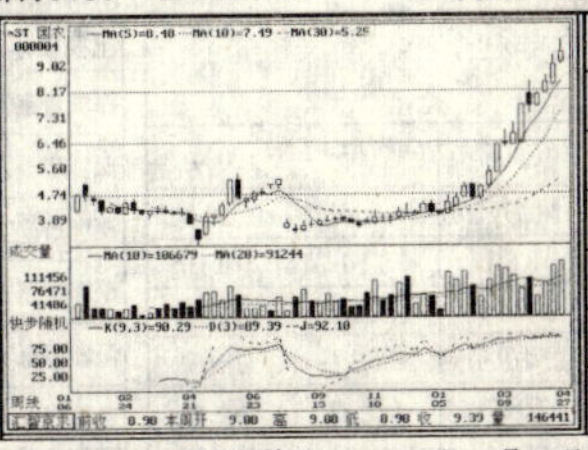

| | |
|---|---|
| 2006 年涨跌幅(%) | 23.79 |
| 2006 年最高(元) | 5.58 |
| 2007 年涨跌幅(%) | 129.02 |
| 2007.4.27 收盘(元) | 9.39 |
| 2007 年最高(元) | 9.88 |
| 2007 年最低(元) | 3.97 |
| 2007 年换手率(%) | 300.49 |

未来一年限售流通股解禁情况:11592145 股 08 月 18 日解禁

| 最新股本 | 总股本 | 非(限售)流通 | 流通 A | 流通 B/H/S | 股东户数 | 06 年末 | 06 三季 |
|---|---|---|---|---|---|---|---|
| | 8397.67 | 3195.96 | 5201.7 | | | 11279 | 12227 |

**年报点评**：公司已剥离指纹业务低效资产，注入农大地产业务，形成了以房地产开发和生物制药为主营的发展方向，为公司的长远发展打下了良好的基础。但目前公司处于转型期，房地产资本规模较小，生物制药行业竞争激烈，未来前景仍不明朗。

## ST 星源（000005）

上市日期:90/12/10 电话:0755－82208888 传真:0755－82207055

**主营**：房地产开发、交通运输、酒店管理、商务咨询。

| | 年 度 | 2006 | 2005 | 2004 |
|---|---|---|---|---|
| 主要指标 | 每股收益/扣除后(元) | 0.06 | －0.254 | 0.002/－0.058 |
| | 每股经营现金流量(元) | 0.003 | 0.021 | 0.06 |
| | 每股净资产/调整后(元) | 0.77/0.73 | 0.93/0.89 | 1.25/1.17 |
| | 未分利润(万元) | －24960.42 | －29867.46 | －11798.39 |
| | 资本公积(万元) | 26967.49 | 33667.61 | 33667.61 |
| 利润构成 | 主营收入(万元) | 32806.23 | 4539.57 | 4937.82 |
| | 主营利润(万元) | 11882.31 | 1493.09 | 1813.81 |
| | 投资收益(万元) | －185.17 | －342.65 | －255.51 |
| | 利润总额(万元) | －5041.12 | －22851.38 | －3896.63 |
| | 净利润(万元) | 5481.91 | －18031.22 | 169.03 |

近年分配:

**主要股东及持股比例%、持股性质**

- (香港)中国投资有限公司 19.77%（外资股）
- 深圳市城建开发集团公司 4.3%（国有股）
- 深圳市东海岸实业发展有限公司 3.88%（非流通股）
- 深圳市国叶实业有限公司 1.64%（非流通股）
- 深圳市正佳投资发展有限公司 0.87%（非流通股）
- 上海古德投资咨询有限公司 0.5%（非流通股）
- 上海森钢钢铁有限公司 0.42%（非流通股）
- 李嘉杰 0.28%（流通 A 股）
- 上海银聚投资管理有限公司 0.27%（非流通股）
- 钟坚龙 0.23%（流通 A 股）

实际控制人: 丁凡、郑列列、陈荣全

二〇〇六年以来市场表现

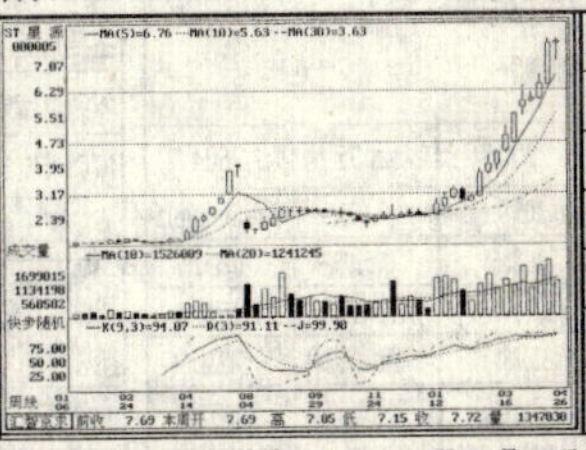

| | |
|---|---|
| 2006 年涨跌幅(%) | 158.87 |
| 2006 年最高(元) | 4.77 |
| 2007 年涨跌幅(%) | 210.04 |
| 2007.4.27 收盘(元) | 7.72 |
| 2007 年最高(元) | 7.85 |
| 2007 年最低(元) | 2.44 |
| 2007 年换手率(%) | 350.44 |

未来一年限售流通股解禁情况:95230603 股 07 月 31 日解禁

| 最新股本 | 总股本 | 非(限售)流通 | 流通 A | 流通 B/H/S | 股东户数 | 06 年末 | 06 三季 |
|---|---|---|---|---|---|---|---|
| | 91433.36 | 29737.38 | 61695.98 | | | 129129 | 131578 |

**年报点评**：公司主要在建工程“五洲星苑”项目在报告期内竣工结算，因此主营收入及利润比上年大幅增加。2006 年主营收入 32806.23 万元，比上年增加 622.67%，主营业务利润 11882.31 万元，比上年增加 695.82%，净利润 5481.91 万元。

## 深振业 A (000006)

上市日期:92/04/27　　电话:0755－25863061　　传真:0755－25863012

| 主营 | 房地产开发、建筑施工、物业经营与管理、建材工业等。 | | | |
|---|---|---|---|---|
| | 年　度 | 2006 | 2005 | 2004 |
| 主要指标 | 每股收益/扣除后(元) | 0.853/0.85 | 0.435 | 0.21/0.03 |
| | 每股经营现金流量(元) | 0.978 | 1.083 | 0.97 |
| | 每股净资产/调整后(元) | 5.02/4.87 | 4.35/4.2 | 3.95/3.35 |
| | 未分利润(万元) | 18973.03 | 8399.92 | 1775.66 |
| | 资本公积(万元) | 59769.89 | 59758.96 | 58967.09 |
| 利润构成 | 主营收入(万元) | 125453.92 | 143386.48 | 187697.62 |
| | 主营利润(万元) | 39095.36 | 28040.17 | 24552.29 |
| | 投资收益(万元) | －163.73 | 5089.63 | －977.55 |
| | 利润总额(万元) | 25311.6 | 11657.41 | 5014.46 |
| | 净利润(万元) | 21625.38 | 11040.44 | 5372.23 |
| 近年分配: | 06 预案:10 派 3.5 ; 05 年:10 派 1.8 ; 04 年:10 派 0.75 | | | |

| 主要股东及持股比例%、持股性质 | |
|---|---|
| 深圳市人民政府国有资产监督管理委员会 21.62% (部分流通部分不流通) | |
| 中国工商银行－广发策略优选混合型证券投资基金 3.38% (流通 A 股) | |
| 深圳市长城投资控股股份有限公司 3.31% (非流通股) | |
| 深圳市建筑机械动力公司 2.01% (非流通股) | |
| 中国工商银行－金泰证券投资基金 1.83% (流通 A 股) | |
| 上海浦东发展银行－广发小盘成长股票型证券投资基金 1.49% (流通 A 股) | |
| 中国工商银行－诺安平衡证券投资基金 1.45% (流通 A 股) | |
| 全国社保基金———组合 1.06% (流通 A 股) | |
| 中国建设银行－上投摩根双息平衡混合型证券投资基金 1.02% (流通 A 股) | |
| 中国工商银行－融通动力先锋股票型证券投资基金 0.99% (流通 A 股) | |
| 实际控制人: | 深圳市人民政府国有资产监督管理委员会 |

二〇〇六年以来市场表现

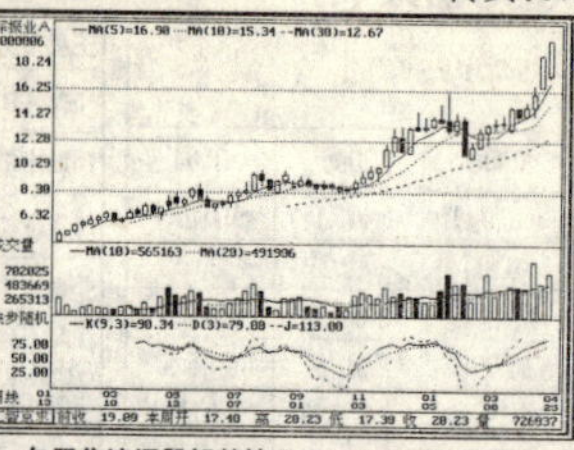

| | |
|---|---|
| 2006 年涨跌幅(%) | 281.92 |
| 2006 年最高(元) | 17.75 |
| 2007 年涨跌幅(%) | 50.86 |
| 2007.4.27 收盘(元) | 20.23 |
| 2007 年最高(元) | 20.23 |
| 2007 年最低(元) | 11 |
| 2007 年换手率(%) | 391.2 |

未来一年限售流通股解禁情况:12679580 股 01 月 12 日解禁

| 最新股本 | 总股本 | 非(限售)流通 | 流通 A | 流通 B/H/S | 股东户数 | 06 年末 | 06 三季 |
|---|---|---|---|---|---|---|---|
| | 25359.16 | 6424.61 | 18934.55 | | | 54670 | 67853 |

年报点评:深圳本地著名的房地产开发企业,在 05 年出售两家施工企业股权后,07 年将出售董酒公司股权及所处地块,公司将集中精力发展房地产业务,并且已在长沙、南宁等地获取项目,后续发展值得期待。

## ST 达声 (000007)

上市日期:92/04/13　　电话:0755－83280053　　传真:0755－83280089

| 主营 | 房地产业、旅游服务业等。 | | | |
|---|---|---|---|---|
| | 年　度 | 2006 | 2005 | 2004 |
| 主要指标 | 每股收益/扣除后(元) | －0.49/－0.28 | 0.06 | －0.99/－0.77 |
| | 每股经营现金流量(元) | 0.13 | 0.94 | 0.2 |
| | 每股净资产/调整后(元) | －0.06/－0.09 | 0.61/0.34 | 0.53/0.4 |
| | 未分利润(万元) | －27051.32 | －17898.98 | －18358.24 |
| | 资本公积(万元) | 7877.74 | 12014.91 | 12008.49 |
| 利润构成 | 主营收入(万元) | 19374.19 | 35058.84 | 13567.62 |
| | 主营利润(万元) | 10411.01 | 12974.4 | 7722.85 |
| | 投资收益(万元) | －221.18 | －1267.39 | －706.67 |
| | 利润总额(万元) | －10549.65 | 630.91 | －16533.93 |
| | 净利润(万元) | －9152.34 | 829.56 | －14159.14 |
| 近年分配: | | | | |

| 主要股东及持股比例%、持股性质 | |
|---|---|
| 广州博融投资有限公司 21.74% (非流通股) | |
| 北京电子城有限责任公司 4.15% (非流通股) | |
| 深圳赛格股份有限公司 3.86% (国有股) | |
| 深圳市智雄电子有限公司 2.21% (非流通股) | |
| 广州市银灏实业发展有限公司 1.45% (非流通股) | |
| 谢锡五 0.6% (流通 A 股) | |
| 深圳三环电阻有限公司 0.47% (非流通股) | |
| 上海致真投资咨询有限公司 0.37% (非流通股) | |
| 上海申攀商贸有限公司 0.27% (非流通股) | |
| 黄春林 0.2% (流通 A 股) | |
| 实际控制人: | 李成碧 |

二〇〇六年以来市场表现

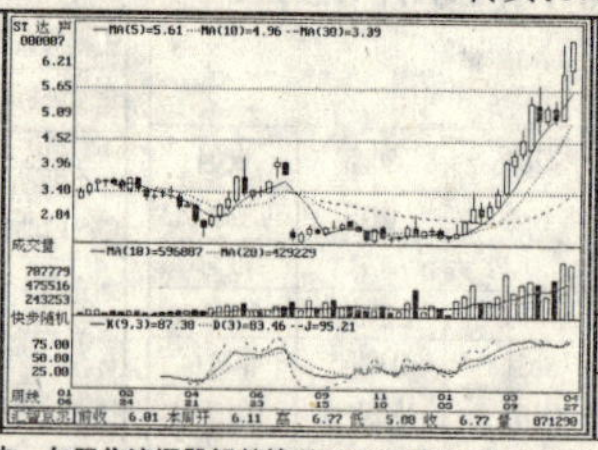

| | |
|---|---|
| 2006 年涨跌幅(%) | 14.24 |
| 2006 年最高(元) | 4.42 |
| 2007 年涨跌幅(%) | 179.75 |
| 2007.4.27 收盘(元) | 6.77 |
| 2007 年最高(元) | 6.77 |
| 2007 年最低(元) | 2.35 |
| 2007 年换手率(%) | 637.81 |

未来一年限售流通股解禁情况:23826477 股 08 月 14 日解禁

| 最新股本 | 总股本 | 非(限售)流通 | 流通 A | 流通 B/H/S | 股东户数 | 06 年末 | 06 三季 |
|---|---|---|---|---|---|---|---|
| | 18496.54 | 6403.27 | 12093.27 | | | 31746 | 30685 |

年报点评:公司仍以房地产和酒店业为主,由于资金缺乏,迟迟未能取得新项目进行开发,。公司的大量债务仍处于逾期与诉讼状态,部分债权人已经开始申请强制执行公司资产,导致公司的持续经营能力受到不良影响。公司管理层正寻求新的适合公司实力的地产项目进行开发。

## *ST 宝投 (000008)

上市日期:92/05/07　　电话:0755－26433212　　传真:0755－26433485

| 主营 | 贸易、房屋租赁等业务。 | | | |
|---|---|---|---|---|
| | 年　度 | 2006 | 2005 | 2004 |
| 主要指标 | 每股收益/扣除后(元) | －0.024/－0.03 | －0.072 | 0.52/0.04 |
| | 每股经营现金流量(元) | 0.075 | 0.197 | －0.13 |
| | 每股净资产/调整后(元) | 0.97/0.97 | 0.92/0.92 | 0.99/0.99 |
| | 未分利润(万元) | －7869.03 | －7693.43 | －7166.79 |
| | 资本公积(万元) | 7208.79 | 6638.89 | 6638.89 |
| 利润构成 | 主营收入(万元) | 1035.64 | 4011.04 | 2916.31 |
| | 主营利润(万元) | 180.55 | 910.2 | 771.22 |
| | 投资收益(万元) | 61.51 | | 1812.55 |
| | 利润总额(万元) | －175.61 | －546.12 | 4039.02 |
| | 净利润(万元) | －175.61 | －526.64 | 3858.76 |
| 近年分配: | | | | |

| 主要股东及持股比例%、持股性质 | |
|---|---|
| 深圳市宝安宝利来实业有限公司 22.19% (非流通股) | |
| 深圳市福万田投资有限公司 12.39% (非流通股) | |
| 深圳市德实达投资发展有限公司 2.72% (非流通股) | |
| 深圳市新未来实业发展有限公司 2.72% (非流通股) | |
| 深圳粤海实业投资发展有限公司 2.49% (非流通股) | |
| 秦焕兴 0.6% (流通 A 股) | |
| 文康平 0.55% (流通 A 股) | |
| 黄財枝 0.34% (流通 A 股) | |
| 李海雄 0.28% (流通 A 股) | |
| 刘建明 0.27% (流通 A 股) | |
| 实际控制人: | 文炳荣 |

二〇〇六年以来市场表现

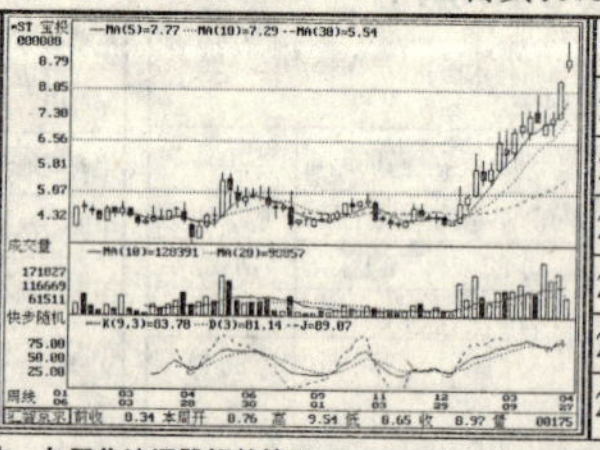

| | |
|---|---|
| 2006 年涨跌幅(%) | 2.71 |
| 2006 年最高(元) | 5.63 |
| 2007 年涨跌幅(%) | 115.11 |
| 2007.4.27 收盘(元) | 8.97 |
| 2007 年最高(元) | 9.54 |
| 2007 年最低(元) | 4.15 |
| 2007 年换手率(%) | 430.04 |

未来一年限售流通股解禁情况:3682660 股 12 月 13 日解禁

| 最新股本 | 总股本 | 非(限售)流通 | 流通 A | 流通 B/H/S | 股东户数 | 06 年末 | 06 三季 |
|---|---|---|---|---|---|---|---|
| | 7365.32 | 3130.46 | 4234.86 | | | 18068 | 19281 |

年报点评:公司资产重组后,主营业务由原来的贸易批发零售转向房地产开发租赁,但主营业务较为薄弱,加之目前仍未建立新利润来源,导致公司主营业务收入大幅度减少,利润仍然为亏损,公司未来的经营之路仍然任重而道远。

## S 深宝安 A (000009)

上市日期:91/06/25　　电话:0755－25170336　　传真:0755－25170300

| 主营 | 房地产、生物医药、物业管理等。 | | | |
|---|---|---|---|---|
| | 年　度 | 2006 | 2005 | 2004 |
| 主要指标 | 每股收益/扣除后(元) | 0.105/0.045 | 0.075 | 0.018/－0.015 |
| | 每股经营现金流量(元) | 0.2865 | 0.5295 | 0.152 |
| | 每股净资产/调整后(元) | 1.44/1.37 | 1.24/1.16 | 1.25/1.15 |
| | 未分利润(万元) | 32028.33 | 22001.82 | －54721.54 |
| | 资本公积(万元) | 27657.82 | 21751.17 | 77886.32 |
| 利润构成 | 主营收入(万元) | 249138.37 | 205490.65 | 154391.72 |
| | 主营利润(万元) | 63004.01 | 58264.29 | 43865.01 |
| | 投资收益(万元) | 13022.82 | 5898.82 | 4158.93 |
| | 利润总额(万元) | 23924.9 | 14606.86 | 5687.01 |
| | 净利润(万元) | 10026.51 | 7180.44 | 1684.43 |
| 近年分配: | | | | |

| 主要股东及持股比例%、持股性质 | |
|---|---|
| 深圳市富安控股有限公司 11.64% (非流通股) | |
| 深圳市宝安区投资管理有限公司 11.15% (国有股) | |
| 龙岗区大鹏镇大坑上村 1.39% (非流通股) | |
| 深圳市房地产建设开发公司 1.33% (非流通股) | |
| 深圳市新安实业有限公司 1.24% (非流通股) | |
| 龙岗区大鹏镇大坑下村 0.95% (非流通股) | |
| 宝安县沙井镇经济发展总公司 0.8% (非流通股) | |
| 恒隆国际有限公司 0.78% (非流通股) | |
| 龙岗区布吉镇经济发展有限公司 0.73% (非流通股) | |
| 深圳市邦信投资发展有限公司 0.67% (非流通股) | |
| 实际控制人: | 深圳市宝安区投资管理有限公司 |

二〇〇六年以来市场表现

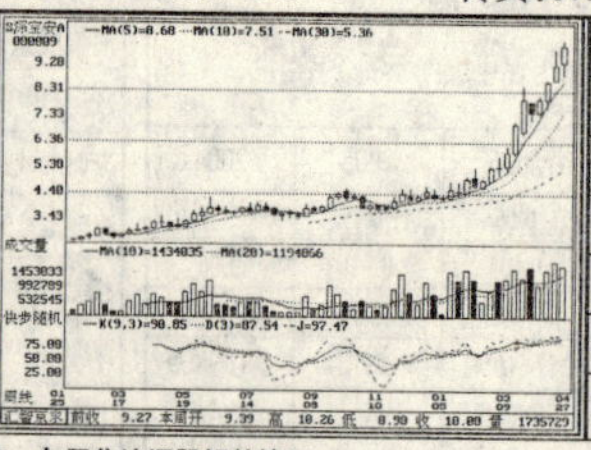

| | |
|---|---|
| 2006 年涨跌幅(%) | 83.12 |
| 2006 年最高(元) | 4.65 |
| 2007 年涨跌幅(%) | 136.41 |
| 2007.4.27 收盘(元) | 10 |
| 2007 年最高(元) | 10.26 |
| 2007 年最低(元) | 4.13 |
| 2007 年换手率(%) | 356.17 |

未来一年限售流通股解禁情况:

| 最新股本 | 总股本 | 非(限售)流通 | 流通 A | 流通 B/H/S | 股东户数 | 06 年末 | 06 三季 |
|---|---|---|---|---|---|---|---|
| | 95881 | 37928.41 | 57952.59 | | | 207165 | 209190 |

年报点评:2006 年,继续调整债务结构,努力提升房地产业和生物医药业等的盈利能力,保持了主营业务和经营业绩的稳步增长。2006 年共实现主营业务收入 249,138.37 万元,比上年度增长 21.24%;实现净利润 10,026.51 万元,比上年同期增长 39.64%.

## SST 华新（000010）

上市日期:95/10/27　电话:0755-83276308　传真:0755-83256104

**主营**：进出口贸易、电子产品、燃气机械、期货经纪

| | 年　度 | 2006 | 2005 | 2004 |
|---|---|---|---|---|
| 主要指标 | 每股收益/扣除后(元) | 0.049/-0.23 | -0.553 | -0.1/-0.1 |
| | 每股经营现金流量(元) | -0.1091 | 0.08 | 1.56 |
| | 每股净资产/调整后(元) | 0.44/0.42 | 0.4/0.39 | 1.06/0.9 |
| | 未分利润(万元) | -10644.77 | -9665.21 | -1536.09 |
| | 资本公积(万元) | 2118.92 | 2112.55 | 2112.55 |
| 利润构成 | 主营收入(万元) | 9863.81 | 18313.24 | 24568.58 |
| | 主营利润(万元) | 4269.29 | 4296.36 | 8871.36 |
| | 投资收益(万元) | 5355.11 | 753.78 | -50.06 |
| | 利润总额(万元) | 1423.2 | -9698.74 | 1737.73 |
| | 净利润(万元) | 720.44 | -8129.12 | -1499.77 |

近年分配：

**主要股东及持股比例%、持股性质**

- 深圳市华润丰实业发展有限公司 24.07%（非流通股）
- 信达投资有限公司 19.04%（非流通股）
- 四川省创源投资管理有限公司 3.96%（非流通股）
- 北京永安商业公司 1.98%（非流通股）
- 中国机械和技术进出口公司 1.58%（非流通股）
- 青岛纺织物业有限公司 0.7%（非流通股）
- 南通纺织控股集团纺织染有限公司 0.7%（非流通股）
- 海南爱邦贸易有限公司 0.44%（非流通股）
- 深圳市众业经济发展中心 0.4%（非流通股）
- 深圳中健实业有限公司 0.38%（非流通股）

实际控制人：曹永红和宋廉

二〇〇六年以来市场表现

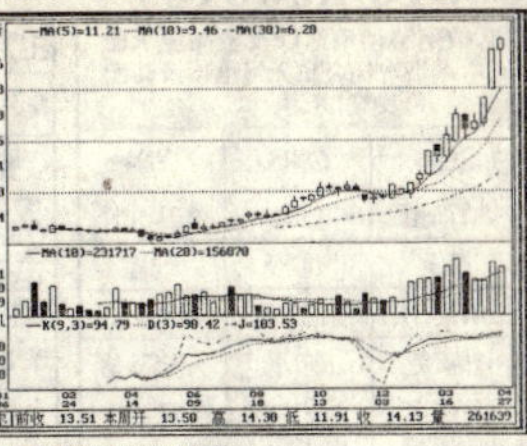

| | |
|---|---|
| 2006 年涨跌幅(%) | 90.43 |
| 2006 年最高(元) | 5.6 |
| 2007 年涨跌幅(%) | 163.13 |
| 2007.4.27 收盘(元) | 14.13 |
| 2007 年最高(元) | 14.3 |
| 2007 年最低(元) | 4.61 |
| 2007 年换手率(%) | 369.38 |

未来一年限售流通股解禁情况：

| 最新股本 | 总股本 | 非(限售)流通 | 流通 A | 流通 B/H/S | 股东户数 | 06 年末 | 06 三季 |
|---|---|---|---|---|---|---|---|
| | 14701.74 | 7942.66 | 6759.09 | | | 12264 | 14087 |

**年报点评**：公司 2006 年业绩扭亏为盈，主要得益于对中国平安股权的拍卖转让。公司在深圳华润丰实业入主后进行了一系列的资产重组，已初步实现经营业务的转型，涉及电子信息、天然气、金融保险等盈利能力强的行业。随着公司不断对其资产的优化，业绩有望出现快速增长。

## S 深物业 A（000011/200011）

上市日期:A: 92/03/30 B: 92/03/30　电话:0755-82211020　传真:0755-82212043

**主营**：房地产开发经营、物业经营与管理。

| | 年　度 | 2006 | 2005 | 2004 |
|---|---|---|---|---|
| 主要指标 | 每股收益/扣除后(元) | -0.085/-0.124 | 0.145/0.095 | 0.167/0.16 |
| | 每股经营现金流量(元) | -0.219 | 0.408 | 0.483 |
| | 每股净资产/调整后(元) | 1.08/0.79 | 1.16/0.93 | 1.05/0.79 |
| | 未分利润(万元) | -4613.1 | -7.68 | -43690.99 |
| | 资本公积(万元) | 2533.29 | 2526.92 | 39932.04 |
| 利润构成 | 主营收入(万元) | 31194.87 | 96348.1 | 132629 |
| | 主营利润(万元) | 5561.83 | 28864.2 | 42376.51 |
| | 投资收益(万元) | 872.76 | 1340.47 | -414.13 |
| | 利润总额(万元) | -4516.59 | 9883.15 | 12616.02 |
| | 净利润(万元) | -4605.42 | 7841.97 | 9045 |

近年分配：

**主要股东及持股比例%、持股性质**

- 深圳市建设投资控股公司 59.75%（国有股）
- 深圳市投资管理公司 10.45%（非流通股）
- 深圳市国贸物业管理公司工会 0.46%（非流通股）
- 云南云电财会管理有限公司 0.3%（流通 A 股）
- 深圳经济特区免税商品企业公司 0.29%（非流通股）
- 夏倩茹 0.28%（流通 B 股）
- 上海肇达投资咨询有限公司 0.19%（非流通股）
- 大鹏证券有限责任公司 0.15%（非流通股）
- 深圳市好万家实业发展有限公司 0.13%（流通 A 股）
- 上海昆凌工贸有限公司 0.12%（非流通股）

实际控制人：深圳市国资委

二〇〇六年以来市场表现

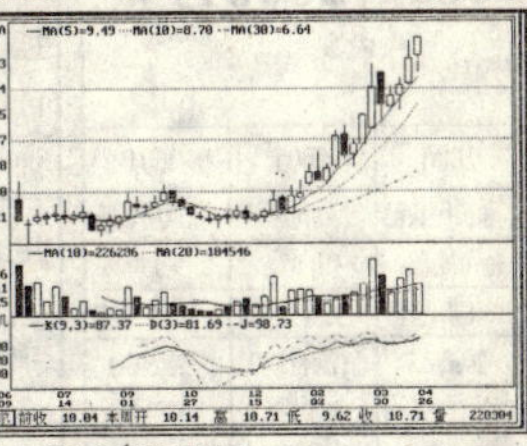

| | |
|---|---|
| 2006 年涨跌幅(%) | 9.2 |
| 2006 年最高(元) | 6.31 |
| 2007 年涨跌幅(%) | 87.9 |
| 2007.4.27 收盘(元) | 10.71 |
| 2007 年最高(元) | 10.71 |
| 2007 年最低(元) | 5.3 |
| 2007 年换手率(%) | 336.44 |

未来一年限售流通股解禁情况：

| 最新股本 | 总股本 | 非(限售)流通 | 流通 A | 流通 B/H/S | 股东户数 | 06 年末 | 06 三季 |
|---|---|---|---|---|---|---|---|
| | 54179.92 | 38897.57 | 9136.42 | 6145.93 | | 31594 | 33315 |

**年报点评**：国家针对房地产业颁布了多项政策和法规，促使各房地产企业的竞争更趋激烈，房地产企业的格局将会发生较大分化。目前公司资金紧张，土地储备日益减少，紧缩的宏观政策也加大了公司未来的持续经营风险。

## 南玻 A（000012/200012）

上市日期:A: 92/02/28 B: 92/02/28　电话:0755-26860666　传真:0755-26692755

**主营**：高级浮法玻璃原片及玻璃深加工、新型显示器件与材料、新型电子元器件与结构陶瓷材料产品的研制、开发以及生产经营等。

| | 年　度 | 2006 | 2005 | 2004 |
|---|---|---|---|---|
| 主要指标 | 每股收益/扣除后(元) | 0.33/0.32 | 0.31 | 0.5/0.49 |
| | 每股经营现金流量(元) | 0.79 | 0.91 | 0.85 |
| | 每股净资产/调整后(元) | 2.59/2.58 | 2.44/2.43 | 3.44/3.42 |
| | 未分利润(万元) | 65014.87 | 53403.17 | 43441.76 |
| | 资本公积(万元) | 57813.57 | 57583.55 | 91401.74 |
| 利润构成 | 主营收入(万元) | 295159.91 | 230201.67 | 188195.86 |
| | 主营利润(万元) | 93887.43 | 73568.31 | 62621.45 |
| | 投资收益(万元) | -60.82 | 187.95 | 127.96 |
| | 利润总额(万元) | 44448.08 | 40568.48 | 39944.53 |
| | 净利润(万元) | 33211.16 | 31641.15 | 33901.67 |

近年分配：06 预案:10 送 2.5 年终预案:10 派 2 送 2.5；05 年:10 派 1.8；04 年:10 派 2.5 转增 5

**主要股东及持股比例%、持股性质**

- 怡万实业发展(深圳)有限公司 11.15%（外资股）
- 中国北方工业公司 11.06%（国有股）
- 新通产实业开发(深圳)有限公司 10.42%（外资股）
- 深圳市裕泉投资有限公司 1.93%（部分流通部分不流通）
- Value Partners Classic Fund 1.29%（流通 B 股）
- 银河-交行-日兴资产管理有限公司日兴 AM 中国人民币 A 股母基金 1.11%（流通 A 股）
- HTHK-Value Partners Intelligent FD-China B SHS FD 0.9%（流通 B 股）
- UBS Warburg Custody Pte Ltd. 瑞士银行 0.9%（流通 B 股）
- 轩伟有限公司 0.84%（流通 B 股）
- 中国工商银行-南方绩优成长股票型证券投资基金 0.78%（流通 A 股）

实际控制人：深圳国际控股有限公司

二〇〇六年以来市场表现

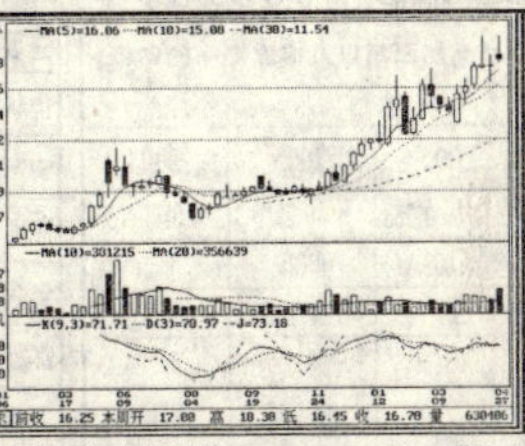

| | |
|---|---|
| 2006 年涨跌幅(%) | 227.9 |
| 2006 年最高(元) | 15.62 |
| 2007 年涨跌幅(%) | 51.82 |
| 2007.4.27 收盘(元) | 16.7 |
| 2007 年最高(元) | 18.3 |
| 2007 年最低(元) | 10.66 |
| 2007 年换手率(%) | 249.7 |

未来一年限售流通股解禁情况:170044294 股 05 月 24 日解禁

| 最新股本 | 总股本 | 非(限售)流通 | 流通 A | 流通 B/H/S | 股东户数 | 06 年末 | 06 三季 |
|---|---|---|---|---|---|---|---|
| | 101546.31 | 34920.9 | 21767.53 | 44857.88 | | 45485 | 60334 |

**年报点评**：2006 年公司业绩依然保持平稳增长，全年实现净利润同比增长 4.96%。公司作为玻璃行业的龙头企业，预计未来两年浮法玻璃产量将会继续增长，光伏太阳能产业有望成为新的利润增长点。新产品投产及新产能的不断释放，拓展了公司未来的业绩增长空间。

## 沙河股份（000014）

上市日期:92/06/02　电话:0755-6900498　传真:0755-6608488

**主营**：房地产开发及商品房销售。

| | 年　度 | 2006 | 2005 | 2004 |
|---|---|---|---|---|
| 主要指标 | 每股收益/扣除后(元) | 0.231/0.233 | 0.352 | 0.31/0.313 |
| | 每股经营现金流量(元) | -1.6657 | 1.4122 | 0.95 |
| | 每股净资产/调整后(元) | 2.54/2.47 | 3.5/3.47 | 3.18/3.16 |
| | 未分利润(万元) | 10889.58 | 9704.91 | 7143.32 |
| | 资本公积(万元) | 5031.69 | 9514.03 | 9514.03 |
| 利润构成 | 主营收入(万元) | 33482.75 | 43884.99 | 49531.15 |
| | 主营利润(万元) | 10099.33 | 11463.95 | 9704.8 |
| | 投资收益(万元) | -78.38 | -262.92 | -42.08 |
| | 利润总额(万元) | 3655 | 3830.26 | 3357.78 |
| | 净利润(万元) | 3102.22 | 3153.93 | 2773.41 |

近年分配：06 预案:10 派 0.06；05 年:10 派 0.35 转增 5；04 年:10 派 0.3

**主要股东及持股比例%、持股性质**

- 深圳市沙河实业(集团)有限公司 32.02%（国有股）
- 中国电子科技集团公司第三十三研究所 2.55%（国有股）
- 深圳市松竹实业有限公司 0.81%（非流通股）
- 深圳市金通海实业有限公司 0.56%（非流通股）
- 曹振宇 0.43%（流通 A 股）
- 李宪谋 0.32%（流通 A 股）
- 江苏兴地投资发展有限公司 0.29%（流通 A 股）
- 傅应娟 0.27%（流通 A 股）
- 刘小青 0.25%（流通 A 股）
- 张玲 0.21%（流通 A 股）

实际控制人：深圳市沙河实业(集团)有限公司

二〇〇六年以来市场表现

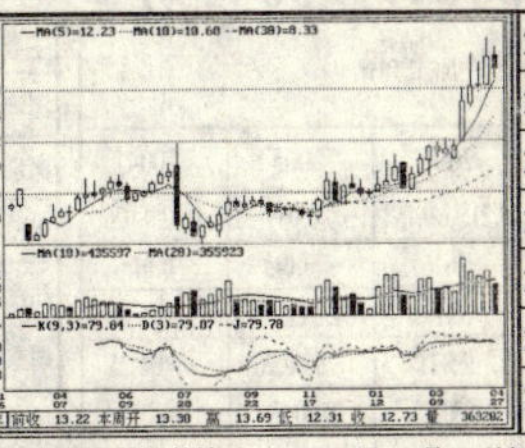

| | |
|---|---|
| 2006 年涨跌幅(%) | 108.1 |
| 2006 年最高(元) | 15.69 |
| 2007 年涨跌幅(%) | 76.07 |
| 2007.4.27 收盘(元) | 12.73 |
| 2007 年最高(元) | 14.14 |
| 2007 年最低(元) | 7.1 |
| 2007 年换手率(%) | 675.54 |

未来一年限售流通股解禁情况:6723507 股 03 月 06 日解禁

| 最新股本 | 总股本 | 非(限售)流通 | 流通 A | 流通 B/H/S | 股东户数 | 06 年末 | 06 三季 |
|---|---|---|---|---|---|---|---|
| | 13447.01 | 4832.54 | 8614.48 | | | 22698 | 20450 |

**年报点评**：由于房地产项目结算的不均衡性，预计公司 07 年进入结算的项目相比 06 年大幅度减少，这将对公司 07 年业绩产生一定影响。2007 年，公司将要重点抓好房地产项目的开发与建设，除在深圳本土及周边地区外，还组织人员远赴重庆、成都等内陆地区考察项目，尝试参与市场竞拍，积极开展项目土地资源储备。

## 深康佳 A (000016/200016)

上市日期:A: 92/03/27 B: 92/03/27　　电话:0755－26608866　　传真:0755－26600082

| | |
|---|---|
| 主营 | 主营生产经营彩色电视机、数字移动电话以及液晶显示器等网络产品,兼营电冰箱、空调器、洗衣机、无绳电话及其配套产品(如高频头、模具、注塑、包装等)等。 |

| | 年 度 | 2006 | 2005 | 2004 |
|---|---|---|---|---|
| 主要指标 | 每股收益/扣除后(元) | 0.17/0.17 | 0.119 | 0.234/0.17 |
| | 每股经营现金流量(元) | 0.3 | －0.168 | －0.62 |
| | 每股净资产/调整后(元) | 5.49/5.29 | 5.33/5.08 | 5.31/5.11 |
| | 未分利润(万元) | 7594.81 | 6207.16 | －37575.68 |
| | 资本公积(万元) | 185936.87 | 185878.87 | 185758.15 |
| 利润构成 | 主营收入(万元) | 1265615.1 | 1145589.16 | 1336252.19 |
| | 主营利润(万元) | 213144.76 | 188346.63 | 196940.22 |
| | 投资收益(万元) | 133.85 | 723.67 | 3668.9 |
| | 利润总额(万元) | 11609.72 | 4000.18 | 17073.86 |
| | 净利润(万元) | 10263.84 | 7189.89 | 14072.67 |
| 近年分配: | 06 预案:10 派 1 | | | |

| 主要股东及持股比例%、持股性质 |
|---|
| 华侨城集团公司 8.7% (国有股) |
| 安徽天大企业(集团)有限公司 7.23% (非流通股) |
| 香港中旅(集团)有限公司 4.79% (流通 B 股) |
| THOMSON INVESTMENTS GROUP LIMITED 3.82% (外资股) |
| BUILD UNITED LIMITED 3.34% (流通 B 股) |
| ABLEWELL INVESTMENTS LIMITED 2.34% (流通 B 股) |
| 第一上海证券有限公司 1.98% (流通 B 股) |
| 上海广电信息产业股份有限公司 1.95% (流通 A 股) |
| NOMURA SECURITIES CO. LTD. 1.12% (流通 B 股) |
| 宋益才 0.81% (流通 A 股) |
| 实际控制人: 国务院国有资产监督管理委员会 |

二〇〇六年以来市场表现

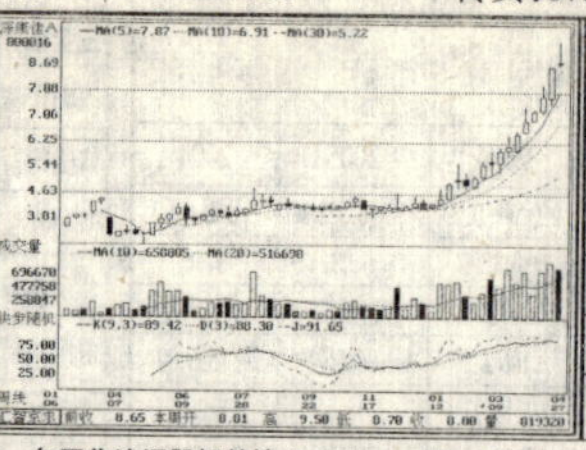

| | |
|---|---|
| 2006 年涨跌幅(%) | 47.73 |
| 2006 年最高(元) | 5.94 |
| 2007 年涨跌幅(%) | 111.54 |
| 2007.4.27 收盘(元) | 8.8 |
| 2007 年最高(元) | 9.5 |
| 2007 年最低(元) | 4.15 |
| 2007 年换手率(%) | 323.7 |

未来一年限售流通股解禁情况:83159551 股 03 月 30 日解禁

| 最新股本 | 总股本 | 非(限售)流通 | 流通 A | 流通 B/H/S | 股东户数 | 06 年末 | 06 三季 |
|---|---|---|---|---|---|---|---|
| | 60198.64 | 11890.4 | 28024.44 | 20283.79 | | 110091 | 117245 |

年报点评:公司属家电行业,经营主要集中于彩电和手机两块业务。近年来公司彩电业务始终保持持续增长势头,公司手机业务已跻身国产手机前三名。但我国的彩电和手机市场竞争异常激烈,使得公司的主营业务毛利率均有下滑趋势,未来的经营压力依然巨大。

## SST 中华 (000017/200017)

上市日期:A: 92/03/31 B: 92/03/31　　电话:0755－25516998　　传真:0755－25516620

| | |
|---|---|
| 主营 | 自行车及零配件的生产与销售 |

| | 年 度 | 2006 | 2005 | 2004 |
|---|---|---|---|---|
| 主要指标 | 每股收益/扣除后(元) | －0.02/－0.02 | 0.01 | －0.04/－0.034 |
| | 每股经营现金流量(元) | －0.0208 | 0.05 | －0.01 |
| | 每股净资产/调整后(元) | －3.89/－3.89 | －3.86/－3.86 | －3.55/－3.55 |
| | 未分利润(万元) | －266782.74 | －265817.93 | －250593.1 |
| | 资本公积(万元) | 36202.76 | 36202.76 | 35870.96 |
| 利润构成 | 主营收入(万元) | 21967.33 | 16422.25 | 13819.25 |
| | 主营利润(万元) | 437.92 | 1485.77 | 1084 |
| | 投资收益(万元) | －487.96 | －36.45 | －246.92 |
| | 利润总额(万元) | －1202.43 | 91.8 | －1726.52 |
| | 净利润(万元) | －964.8 | 373.87 | －1723.03 |
| 近年分配: | | | | |

| 主要股东及持股比例%、持股性质 |
|---|
| 中国华融资产管理公司 13.58% (国有股) |
| 香港卓润科技有限公司 9.2% (外资股) |
| 香港大环自行车有限公司 5.24% (外资股) |
| 广东盛润集团股份有限公司 2.5% (国有股) |
| 晨鸿(香港)投资有限公司 2.45% (流通 B 股) |
| 新理益集团有限公司 2.34% (国有股) |
| 航空信托投资有限责任公司 2.16% (国有股) |
| 深圳市新城市规划建筑设计有限公司 1.67% (流通 A 股) |
| 深圳国际信托投资公司 1.25% (国有股) |
| 景超投资有限公司 1.04% (外资股) |
| 实际控制人: 中国华融资产管理公司 |

二〇〇六年以来市场表现

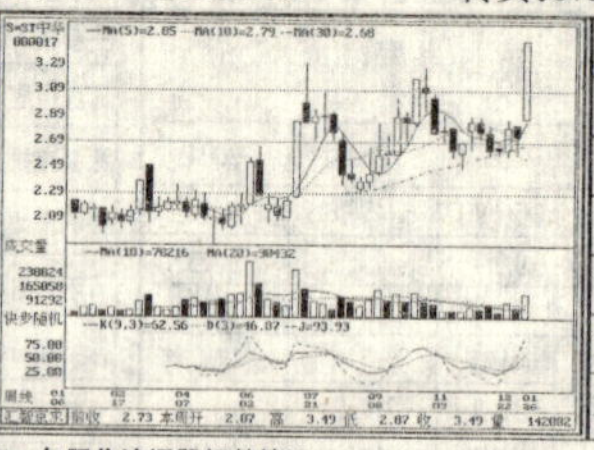

| | |
|---|---|
| 2006 年涨跌幅(%) | 29.38 |
| 2006 年最高(元) | 3.3 |
| 2007 年涨跌幅(%) | 27.84 |
| 2007.4.27 收盘(元) | 3.49 |
| 2007 年最高(元) | 3.49 |
| 2007 年最低(元) | 2.87 |
| 2007 年换手率(%) | 18.53 |

未来一年限售流通股解禁情况:

| 最新股本 | 总股本 | 非(限售)流通 | 流通 A | 流通 B/H/S | 股东户数 | 06 年末 | 06 三季 |
|---|---|---|---|---|---|---|---|
| | 47943.3 | 18671.32 | 7675.2 | 21596.78 | | 31931 | 33925 |

年报点评:公司主营业务为自行车制造业,产品为自行车和电动自行车。06 年公司没能延续 05 年的经营态势,企业经营仍面临较大困难与压力,尽管公司也在不断开拓新业务,提升管理水平,但公司后续经营依旧面临着较大的不确定性。

## 深中冠 A (000018/200018)

上市日期:A: 92/06/16 B: 92/06/16　　电话:0755－83668254　　传真:0755－83667895

| | |
|---|---|
| 主营 | 各类纯棉、纯麻,涤棉、混纺高档面料以及成衣产品的印染生产加工和销售业务。 |

| | 年 度 | 2006 | 2005 | 2004 |
|---|---|---|---|---|
| 主要指标 | 每股收益/扣除后(元) | 0.178/－0.288 | －0.221 | 0.01/0.005 |
| | 每股经营现金流量(元) | 0.002 | 0.019 | 0.24 |
| | 每股净资产/调整后(元) | 1.73/1.73 | 1.58/1.57 | 1.85/1.83 |
| | 未分利润(万元) | 2705.21 | －3036.54 | 707.86 |
| | 资本公积(万元) | 3472.98 | 3083.12 | 3071.25 |
| 利润构成 | 主营收入(万元) | 24061.35 | 27206.01 | 26433.55 |
| | 主营利润(万元) | 665.11 | 745.87 | 4213.03 |
| | 投资收益(万元) | 7751.87 | －514.9 | 61.6 |
| | 利润总额(万元) | 2289.21 | －4524.51 | 104.62 |
| | 净利润(万元) | 3005.79 | －3744.4 | 88.7 |
| 近年分配: | | | | |

| 主要股东及持股比例%、持股性质 |
|---|
| 华联控股股份有限公司 25.51% (非流通股) |
| STYLE－SUCCESS LIMITED 14.46% (流通 B 股) |
| 深圳市纺织(集团)股份有限公司 13.17% (国有股) |
| 华联发展集团有限公司 4.13% (国有股) |
| 富冠投资有限公司 3.62% (流通 B 股) |
| 忻英杰 3.19% (流通 B 股) |
| GUOTAI JUAN SECURIES HONG KONG LIMITED 0.32% (流通 B 股) |
| ABN AMRO BANK NV 0.26% (流通 B 股) |
| 陈松 0.24% (流通 B 股) |
| 刘明如 0.2% (流通 A 股) |
| 实际控制人: 华联发展集团有限公司 |

二〇〇六年以来市场表现

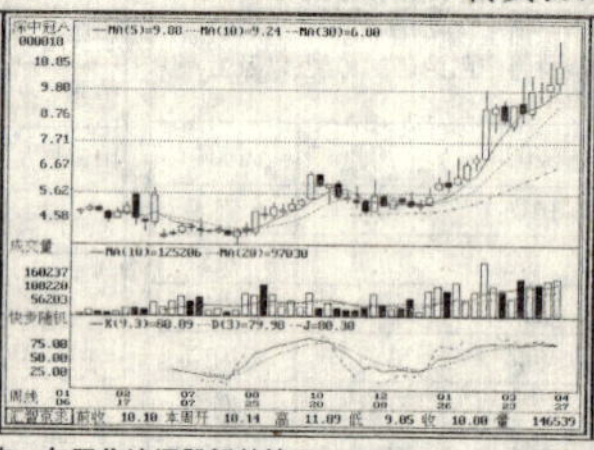

| | |
|---|---|
| 2006 年涨跌幅(%) | 45.92 |
| 2006 年最高(元) | 8.71 |
| 2007 年涨跌幅(%) | 112.6 |
| 2007.4.27 收盘(元) | 10.8 |
| 2007 年最高(元) | 11.89 |
| 2007 年最低(元) | 4.92 |
| 2007 年换手率(%) | 647.28 |

未来一年限售流通股解禁情况:15444932 股 06 月 16 日解禁

| 最新股本 | 总股本 | 非(限售)流通 | 流通 A | 流通 B/H/S | 股东户数 | 06 年末 | 06 三季 |
|---|---|---|---|---|---|---|---|
| | 16914.24 | 7240.83 | 2731.21 | 6942.19 | | 16871 | 16908 |

年报点评:公司专注于印染行业,数码印花产品占有率超过了香港数码印花产品市场的半壁江山。中冠数码印花产业化工程与传统印染业相比,在节能、节水、降耗、环保等方面具有突破性改进,符合国家清洁生产的方向。

## 深深宝 A (000019/200019)

上市日期:A: 92/10/12 B: 92/10/12　　电话:0755－25507480　　传真:0755－25507480

| | |
|---|---|
| 主营 | 食品罐头、饮料、土特产生产加工和销售 |

| | 年 度 | 2006 | 2005 | 2004 |
|---|---|---|---|---|
| 主要指标 | 每股收益/扣除后(元) | 0.215/－0.098 | 0.03 | 0.02/0.026 |
| | 每股经营现金流量(元) | －0.165 | －0.045 | 0.01 |
| | 每股净资产/调整后(元) | 1.53/1.31 | 1.32/1.07 | 1.28/1.04 |
| | 未分利润(万元) | 365.11 | －3500.26 | －4054.25 |
| | 资本公积(万元) | 8030.59 | 8030.59 | 7968.59 |
| 利润构成 | 主营收入(万元) | 10248.31 | 8146.24 | 6475.35 |
| | 主营利润(万元) | 1356.73 | 1105.78 | 1324.06 |
| | 投资收益(万元) | 10685.69 | 5384.47 | 4880.48 |
| | 利润总额(万元) | 3997.61 | 460.31 | －211.79 |
| | 净利润(万元) | 3905.94 | 553.99 | 430.92 |
| 近年分配: | | | | |

| 主要股东及持股比例%、持股性质 |
|---|
| 深圳市农产品股份有限公司 29.54% (非流通股) |
| 深圳市投资控股有限公司 25.79% (国有股) |
| 张涛 0.54% (流通 A 股) |
| 郑彦彬 0.42% (流通 A 股) |
| 湖南三一客车有限公司 0.27% (流通 A 股) |
| 陈永泉 0.21% (流通 B 股) |
| 许文珊 0.19% (流通 A 股) |
| 徐迎 0.17% (流通 A 股) |
| 乐慧 0.17% (流通 A 股) |
| 方树辉 0.17% (流通 A 股) |
| 实际控制人: 深圳市人民政府国有资产监督管理委员会 |

二〇〇六年以来市场表现

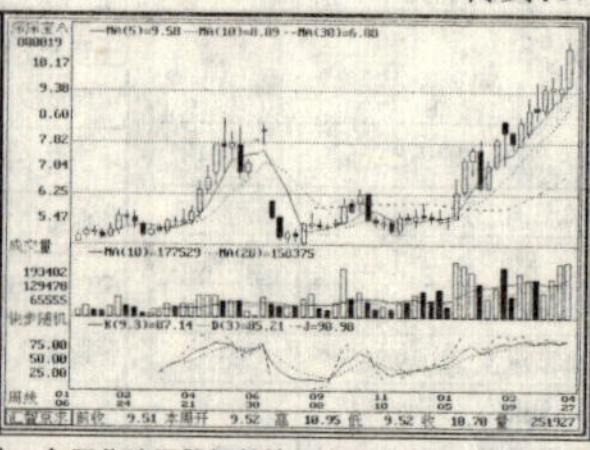

| | |
|---|---|
| 2006 年涨跌幅(%) | 62.18 |
| 2006 年最高(元) | 8.8 |
| 2007 年涨跌幅(%) | 94.55 |
| 2007.4.27 收盘(元) | 10.7 |
| 2007 年最高(元) | 10.95 |
| 2007 年最低(元) | 5.18 |
| 2007 年换手率(%) | 499.88 |

未来一年限售流通股解禁情况:18192308 股 07 月 27 日解禁

| 最新股本 | 总股本 | 非(限售)流通 | 流通 A | 流通 B/H/S | 股东户数 | 06 年末 | 06 三季 |
|---|---|---|---|---|---|---|---|
| | 18192.31 | 10066.88 | 5511.83 | 2613.6 | | 22090 | 23601 |

年报点评:公司是国内规模最大的茶原料产品生产商,其控股 51%的深宝华城其速溶茶粉和浓缩茶汁等产品在国内市场占有率已达到 30%,在国际市场上也极具竞争力,产品远销欧美、日本、韩国、香港、台湾等国家和地区。预计公司的发展将有着较大改善。

## SST 华发（000020/200020）

上市日期：A: 92/04/28 B: 92/04/28　电话：0755－83352207　传真：0755－83323169

**主营**：生产销售彩电、印制电路板、注塑件等电子产品。

| | 年度 | 2006 | 2005 | 2004 |
|---|---|---|---|---|
| 主要指标 | 每股收益/扣除后(元) | -0.069/-0.069 | 0.02 | -0.16/-0.144 |
| | 每股经营现金流量(元) | 0.09 | 0.1 | 0.04 |
| | 每股净资产/调整后(元) | 0.79/0.77 | 0.84/0.79 | 0.82/0.77 |
| | 未分利润(万元) | -24274.22 | -22318.79 | -22981.02 |
| | 资本公积(万元) | 10603.22 | 10149.4 | 10149.4 |
| 利润构成 | 主营收入(万元) | 16120.87 | 11442.17 | 12924.59 |
| | 主营利润(万元) | 415.01 | 731.86 | 140.37 |
| | 投资收益(万元) | | | |
| | 利润总额(万元) | -1955.42 | 662.23 | -4434.2 |
| | 净利润(万元) | -1955.42 | 662.23 | -4434.2 |

近年分配：

**主要股东及持股比例%、持股性质**

- 深圳赛格集团有限公司 22.06%（国有股）
- 中国振华电子集团有限公司 22.06%（国有股）
- 赛格(香港)有限公司 5.85%（流通 B股）
- GOOD HOPE CORNER INVESTMENTS LTD 4.91%（流通 B股）
- 陈竹钧 0.63%（流通 B股）
- 杨建 0.41%（流通 B股）
- 张斌 0.39%（流通 A股）
- 罗雅 0.39%（流通 A股）
- 侯立旋 0.33%（流通 A股）
- BINGHUA LIU 0.31%（流通 B股）

实际控制人：武汉中恒新科技产业集团有限公司

二〇〇六年以来市场表现

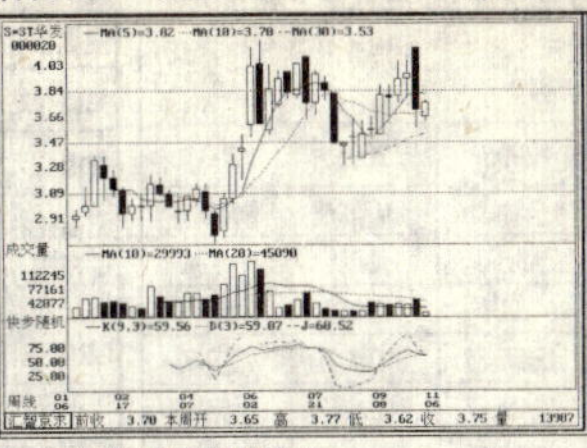

| | |
|---|---|
| 2006 年涨跌幅(%) | 30.21 |
| 2006 年最高(元) | 4.22 |
| 2007 年涨跌幅(%) | |
| 2007.4.27 收盘(元) | |
| 2007 年最高(元) | |
| 2007 年最低(元) | |
| 2007 年换手率(%) | |

未来一年限售流通股解禁情况：

| 最新股本 | 总股本 | 非(限售)流通 | 流通 A | 流通 B/H/S | 股东户数 | 06 年末 | 06 三季 |
|---|---|---|---|---|---|---|---|
| | 28316.12 | 12492.58 | 5623.96 | 10199.58 | | 20608 | 21352 |

**年报点评**：公司所属电子行业近几年保持较快发展速度，但公司在经营上却始终未能形成突破，业绩长期处于微利或亏损的地步。股改后新东家武汉中恒入主后，公司经营状况有了一定程度的改观，仍未来发展仍需观察。

## 长城开发（000021）

上市日期：94/02/02　电话：0755－83032187　传真：0755－83275075

**主营**：开发生产经营计算机软件、硬件系统及其外部设备、通讯设备、电子设备、仪表类电子产品及其零部件、元器件、接插件和原材料。

| | 年度 | 2006 | 2005 | 2004 |
|---|---|---|---|---|
| 主要指标 | 每股收益/扣除后(元) | 0.388/0.391 | 0.43/0.389 | 0.31/0.315 |
| | 每股经营现金流量(元) | 0.81 | 0.2402 | 0.78 |
| | 每股净资产/调整后(元) | 3.53/3.52 | 3.91/3.91 | 3.63/3.63 |
| | 未分利润(万元) | 78402.44 | 62354.41 | 46543.97 |
| | 资本公积(万元) | 53006.54 | 52965.14 | 52965.14 |
| 利润构成 | 主营收入(万元) | 1029672.31 | 805921.61 | 692128.7 |
| | 主营利润(万元) | 38401.47 | 43485.03 | 41775.82 |
| | 投资收益(万元) | 10153.18 | 5536.83 | -260.9 |
| | 利润总额(万元) | 36273.98 | 35365.61 | 25506.88 |
| | 净利润(万元) | 34118.52 | 31534.61 | 22765.4 |

近年分配：06 预案：10 派 4；05 年：10 派 1.5 送 2；04 年：10 派 1.5

**主要股东及持股比例%、持股性质**

- 长城科技股份有限公司 49.54%（国有股）
- 博旭(香港)有限公司 8.33%（外资股）
- 秉宏有限公司 5.1%（外资股）
- 龙力控股有限公司 1.09%（外资股）
- 海通－中行－富通银行 0.97%（流通 A股）
- 中国工商银行－普丰证券投资基金 0.55%（流通 A股）
- 中国工商银行股份有限公司－中银国际持续增长股票型证券投资基金 0.38%（流通 A股）
- 江苏瑞华投资发展有限公司 0.36%（非流通股）
- 中国银行－易方达平稳增长证券投资基金 0.34%（流通 A股）
- 中国民族证券有限责任公司 0.33%（流通 A股）

实际控制人：中国电子信息产业集团公司

二〇〇六年以来市场表现

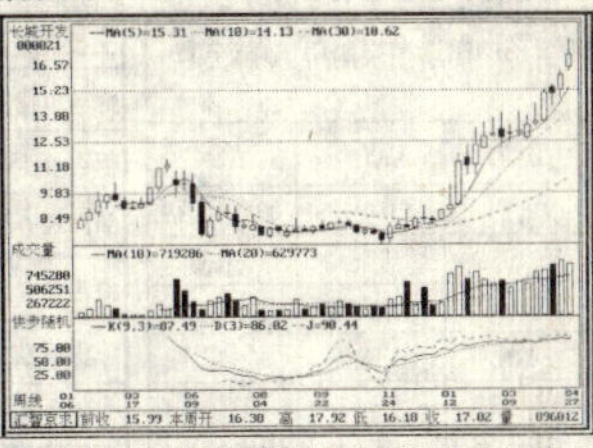

| | |
|---|---|
| 2006 年涨跌幅(%) | 64.87 |
| 2006 年最高(元) | 14.52 |
| 2007 年涨跌幅(%) | 104.32 |
| 2007.4.27 收盘(元) | 17.02 |
| 2007 年最高(元) | 17.92 |
| 2007 年最低(元) | 8.31 |
| 2007 年换手率(%) | 356.39 |

未来一年限售流通股解禁情况：56788996.8 股 05 月 22 日解禁

| 最新股本 | 总股本 | 非(限售)流通 | 流通 A | 流通 B/H/S | 股东户数 | 06 年末 | 06 三季 |
|---|---|---|---|---|---|---|---|
| | 87951.85 | 56784.04 | 31167.81 | | | 108682 | 117383 |

**年报点评**：公司属于电子制造业，是全球最大的远程控制电表生产基地和最大的硬盘驱动器磁头部件制造厂家之一，工艺设计及制造能力居于国内领先水平。随着公司市场的开拓，未来业绩增长可期。公司同时还持有长城宽带和中信证券的股权，将带来可观的投资收益。

## 深赤湾 A（000022/200022）

上市日期：A: 93/05/05 B: 93/05/05　电话：0755－6835506　传真：0755－6684117

**主营**：在深圳赤湾港从事集装箱和散杂货物的港口装卸、仓储、运输及其它配套服务。

| | 年度 | 2006 | 2005 | 2004 |
|---|---|---|---|---|
| 主要指标 | 每股收益/扣除后(元) | 0.952/0.95 | 0.905 | 1.08/1.069 |
| | 每股经营现金流量(元) | 1.777 | 1.886 | 2.09 |
| | 每股净资产/调整后(元) | 3.48/3.44 | 3.27/3.24 | 3.73/3.72 |
| | 未分利润(万元) | 37157.18 | 48483.14 | 33400.35 |
| | 资本公积(万元) | 14000.5 | 15043.69 | 29558.52 |
| 利润构成 | 主营收入(万元) | 190531.29 | 177433.45 | 155265.17 |
| | 主营利润(万元) | 111786.13 | 114742.2 | 100046.15 |
| | 投资收益(万元) | 5989.12 | 2214.24 | -356.04 |
| | 利润总额(万元) | 103979.4 | 98416.71 | 88131.07 |
| | 净利润(万元) | 61396.48 | 58345.26 | 53562.89 |

近年分配：06 预案：10 派 5.76；05 年：10 派 7.47；04 年：10 派 6.37 转增 3

**主要股东及持股比例%、持股性质**

- 中国南山开发(集团)股份有限公司 57.51%（国有股）
- PLATINUM ASIA FUND 2.35%（流通 B股）
- THORNBURG INVESTMENT INCOME BUILDER FUND 1.82%（流通 B股）
- GOVERNMENT OF SINGAPORE INV. CORP 1.77%（流通 B股）
- GT PRC FUND 1.69%（流通 B股）
- IBT A/C JULIUS BAER INTERNATIONAL EQUITY FUND 1.69%（流通 B股）
- 交通银行－安顺证券投资基金 1.24%（流通 A股）
- HTHK/CMG FSGUFP － CMG FIRST STATE CHINA GROWTH FD 1.03%（流通 B股）
- DEUTSCHE BANK AG LONDON 0.93%（流通 B股）
- GSIC A/C MONETARY AUTHORITY OF SINGAPORE 0.89%（流通 B股）

实际控制人：中国南山开发(集团)股份有限公司

二〇〇六年以来市场表现

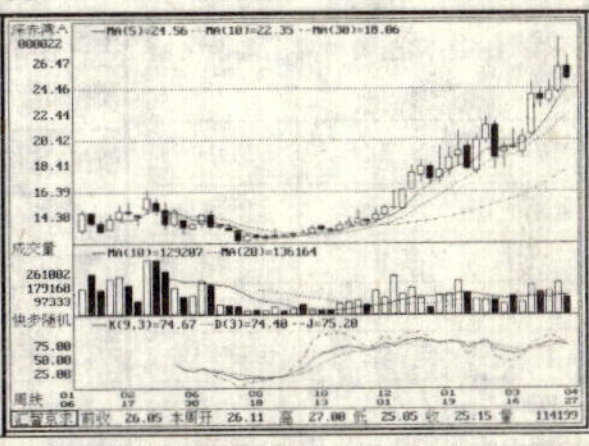

| | |
|---|---|
| 2006 年涨跌幅(%) | 66.01 |
| 2006 年最高(元) | 22.64 |
| 2007 年涨跌幅(%) | 37.36 |
| 2007.4.27 收盘(元) | 25.15 |
| 2007 年最高(元) | 28.49 |
| 2007 年最低(元) | 17 |
| 2007 年换手率(%) | 219.63 |

未来一年限售流通股解禁情况：32238187 股 05 月 30 日解禁

| 最新股本 | 总股本 | 非(限售)流通 | 流通 A | 流通 B/H/S | 股东户数 | 06 年末 | 06 三季 |
|---|---|---|---|---|---|---|---|
| | 64476.37 | 37104.05 | 9393.6 | 17978.72 | | 20640 | 28509 |

**年报点评**：公司拥有的赤湾港区泊位已经饱和，预期今后集装箱吞吐量增长逐渐降低。公司业绩增长遭遇瓶颈。2006 年净利润仅增长 5.7%。公司投资建设的广东麻涌散货泊位将在 2008 年底投产，部分散货转移以用于集装箱装

## 深天地 A（000023）

上市日期：93/04/29　电话：(0755)86154212　传真：(0755)86154040

**主营**：投资兴办实业；进出口业务；国内商业；物资供销业；物业管理；机电设备维修。

| | 年度 | 2006 | 2005 | 2004 |
|---|---|---|---|---|
| 主要指标 | 每股收益/扣除后(元) | 0.234/0.188 | -0.205 | 0.077/-0.113 |
| | 每股经营现金流量(元) | 0.2505 | 0.5919 | 0.6321 |
| | 每股净资产/调整后(元) | 1.81/1.72 | 1.59/1.52 | 1.69/1.61 |
| | 未分利润(万元) | 298.26 | -2917.49 | -448.24 |
| | 资本公积(万元) | 8660.47 | 8855.47 | 8473.89 |
| 利润构成 | 主营收入(万元) | 66336.02 | 39669.37 | 49497.22 |
| | 主营利润(万元) | 9509.75 | 5877.55 | 5966.76 |
| | 投资收益(万元) | -1.91 | -155.45 | 1846.05 |
| | 利润总额(万元) | 3293.37 | -2897.26 | 1125.77 |
| | 净利润(万元) | 3248.89 | -2846.6 | 1068.43 |

近年分配：06 预案：10 派 0.1

**主要股东及持股比例%、持股性质**

- 深圳市东部开发(集团)有限公司 33.81%（非流通股）
- 深圳市投资控股有限公司 22.58%（国有股）
- 李美容 0.299%（流通 A股）
- 陈金鸿 0.281%（流通 A股）
- 魏明华 0.278%（流通 A股）
- 欧翔 0.236%（流通 A股）
- 黎宏巨 0.227%（流通 A股）
- 林世德 0.189%（流通 A股）
- 关林培 0.172%（流通 A股）
- 李华森 0.153%（流通 A股）

实际控制人：深圳市东部投资发展股份有限公司

二〇〇六年以来市场表现

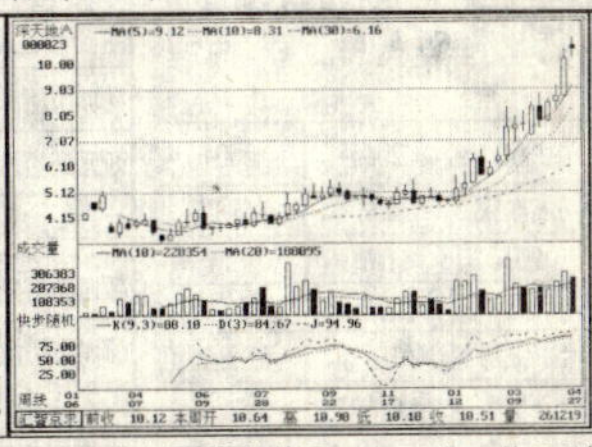

| | |
|---|---|
| 2006 年涨跌幅(%) | 51.5 |
| 2006 年最高(元) | 7.3 |
| 2007 年涨跌幅(%) | 122.2 |
| 2007.4.27 收盘(元) | 10.51 |
| 2007 年最高(元) | 10.98 |
| 2007 年最低(元) | 4.6 |
| 2007 年换手率(%) | 553.44 |

未来一年限售流通股解禁情况：6937812 股 03 月 17 日解禁

| 最新股本 | 总股本 | 非(限售)流通 | 流通 A | 流通 B/H/S | 股东户数 | 06 年末 | 06 三季 |
|---|---|---|---|---|---|---|---|
| | 13875.62 | 7825.49 | 6050.13 | | | 18464 | 18137 |

**年报点评**：2006 年全年实现主营业务收入 66,336.02 万元，同比增长 67.22%，达到了有史以来的最高峰；实现利润总额 3,293.37 万元，比去年大幅增加 6,190.63 万元，达到了近十年来的最高点；实现净利润 3,248.89 万元；净资产收益率 12.94%。以上指标标志着天地集团现已成功进入了快速、健康发展的轨道。

## 招商地产（000024/200024）

上市日期：A: 93/06/07 B: 93/06/07　　电话：0755－26819610　　传真：0755－6819680

| | | | | |
|---|---|---|---|---|
| 主营 | 房地产开发与经营；电力及水的生产和供应及油气储运及供应。 | | | |
| | 年　度 | 2006 | 2005 | 2004 |
| 主要指标 | 每股收益/扣除后(元) | 0.918/0.912 | 0.681/0.68 | 0.58/0.61 |
| | 每股经营现金流量(元) | -3.103 | -2.208 | -1.96 |
| | 每股净资产/调整后(元) | 7.01/7 | 6.1/6.09 | 5.58/5.56 |
| | 未分利润(万元) | 153572.85 | 104748.37 | 78912.73 |
| | 资本公积(万元) | 149156.67 | 148928.67 | 148928.67 |
| 利润构成 | 主营收入(万元) | 293940.26 | 265947.57 | 347589.6 |
| | 主营利润(万元) | 88994.15 | 64807 | 63513.96 |
| | 投资收益(万元) | -2704.17 | -3592.1 | -4955.48 |
| | 利润总额(万元) | 71875.44 | 53604.49 | 47173.49 |
| | 净利润(万元) | 56791.24 | 42158.09 | 35980.29 |
| 近年分配： | 06 预案：10 派 2.5；05 年：10 派 0.2；04 年：10 派 1.5 | | | |

| 主要股东及持股比例%、持股性质 | |
|---|---|
| 招商局蛇口工业区有限公司 23.82%（国有股） | |
| 香港全天域投资有限公司 10.14%（流通 B 股） | |
| 招商证券香港有限公司 4.8%（流通 B 股） | |
| FOXTROT INTERNATIONAL LIMITED 2.99%（流通 B 股） | |
| ORIENTURE INVESTMENT LTD 2.87%（流通 B 股） | |
| 中国建设银行－交银施罗德稳健配置混合型证券投资基金 1.84%（流通 A 股） | |
| 全国社保基金一零八组合 1.8%（流通 A 股） | |
| HTHK/CMG FSGUFP － CMG FIRST STATE CHINA GROWTH FD 1.74%（流通 B 股） | |
| GSI S/A GOLDEN CHINA MASTER FUND 1.56%（流通 B 股） | |
| 全国社保基金一零二组合 1.54%（流通 A 股） | |
| 实际控制人： | 招商局集团有限公司 |

二〇〇六年以来市场表现

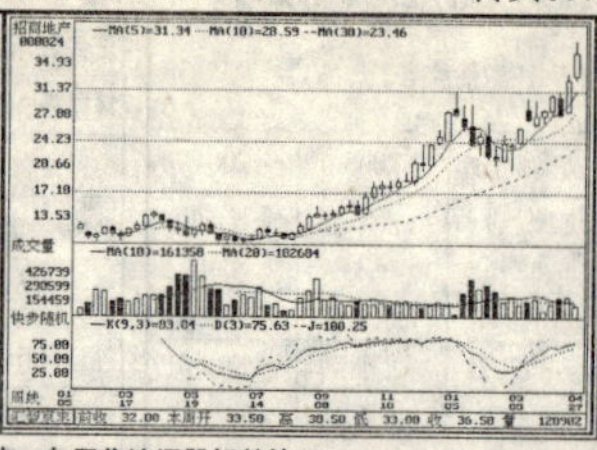

| | |
|---|---|
| 2006 年涨跌幅(%) | 194.47 |
| 2006 年最高(元) | 34.66 |
| 2007 年涨跌幅(%) | 28.89 |
| 2007.4.27 收盘(元) | 36.58 |
| 2007 年最高(元) | 38.5 |
| 2007 年最低(元) | 20.27 |
| 2007 年换手率(%) | 127.07 |

未来一年限售流通股解禁情况：30941134 股 02 月 09 日解禁

| 最新股本 | 总股本 | 非(限售)流通 | 流通 A | 流通 B/H/S | 股东户数 | 06 年末 | 06 三季 |
|---|---|---|---|---|---|---|---|
| | 61882.27 | 17721.43 | 24499.29 | 19661.54 | | 17925 | 25655 |

年报点评：在大股东支持下，已先后进入全国十个城市进行房地产开发，其中在深圳以外地区的项目总面积已经上升到在建与拟建项目总面积的 70%。到 06 年底，公司已具备出租物业 50 多万平方米，后续还会有新的出租物业建成。

## 特力 A（000025/200025）

上市日期：A: 93/06/21 B: 93/06/21　　电话：0755－83989338　　传真：0755－83989399

| | | | | |
|---|---|---|---|---|
| 主营 | 汽车维修、检测、汽车检测设备的制造和物业租赁，汽车贸易、小汽车出租。 | | | |
| | 年　度 | 2006 | 2005 | 2004 |
| 主要指标 | 每股收益/扣除后(元) | -0.418/-0.036 | 0.026 | 0.02/-0.009 |
| | 每股经营现金流量(元) | 0.025 | 0.16 | -0.36 |
| | 每股净资产/调整后(元) | 0.61/0.47 | 1.02/0.89 | 0.98/0.14 |
| | 未分利润(万元) | -9509.9 | -295.02 | -23192.79 |
| | 资本公积(万元) | 731.57 | 578.07 | 17380.94 |
| 利润构成 | 主营收入(万元) | 113369.22 | 104381.07 | 112474.56 |
| | 主营利润(万元) | 9313.57 | 9895.84 | 10299.74 |
| | 投资收益(万元) | 1493.48 | 736.36 | 650.55 |
| | 利润总额(万元) | -8722.25 | 1043.6 | 1390.35 |
| | 净利润(万元) | -9214.88 | 567.63 | 431.98 |
| 近年分配： | | | | |

| 主要股东及持股比例%、持股性质 | |
|---|---|
| 深圳市特发集团有限公司 66.22%（国有股） | |
| 何杏 0.15%（流通 B 股） | |
| 胡广华 0.13%（流通 B 股） | |
| 梅正水 0.13%（流通 A 股） | |
| 陈赛英 0.13%（流通 A 股） | |
| 刘镜英 0.13%（流通 A 股） | |
| 孙晓炜 0.12%（流通 A 股） | |
| 肖少龙 0.11%（流通 A 股） | |
| 吴启国 0.11%（流通 A 股） | |
| 张青 0.1%（流通 B 股） | |
| 实际控制人： | 深圳市投资控股有限公司 |

二〇〇六年以来市场表现

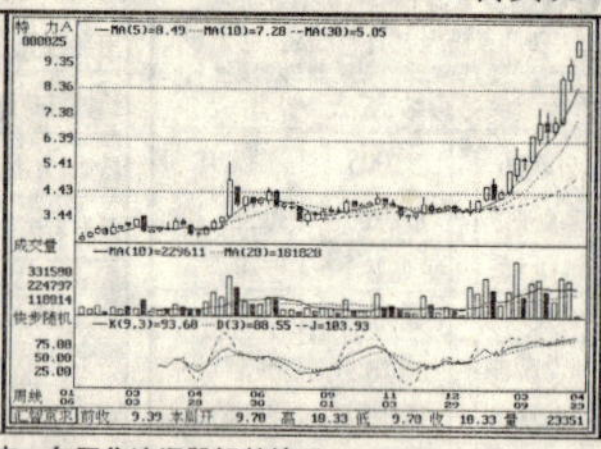

| | |
|---|---|
| 2006 年涨跌幅(%) | 63.33 |
| 2006 年最高(元) | 7.71 |
| 2007 年涨跌幅(%) | 178.44 |
| 2007.4.27 收盘(元) | 10.33 |
| 2007 年最高(元) | 10.33 |
| 2007 年最低(元) | 3.57 |
| 2007 年换手率(%) | 699.86 |

未来一年限售流通股解禁情况：

| 最新股本 | 总股本 | 非(限售)流通 | 流通 A | 流通 B/H/S | 股东户数 | 06 年末 | 06 三季 |
|---|---|---|---|---|---|---|---|
| | 22028.16 | 14587.06 | 4801.1 | 2640 | | 16628 | 16908 |

年报点评：公司通过资产重组，主导产业转为汽车综合服务业。公司已在深圳地区开了 9 家汽车快修连锁店，汽车快修连锁架构雏形基本形成，其汽车维修业务约占深圳市场的 1/3。根据业务规划，特力汽修连锁业务将继续在深圳周边建店，为公司的可持续发展奠定基础。

## S 飞亚达 A（000026/200026）

上市日期：A: 93/06/03 B: 93/06/03　　电话：0755－86013669　　传真：0755－83348369

| | | | | |
|---|---|---|---|---|
| 主营 | 钟表及其零配件的设计、开发、制造；瑞士等世界名表及飞亚达表的销售。 | | | |
| | 年　度 | 2006 | 2005 | 2004 |
| 主要指标 | 每股收益/扣除后(元) | 0.117/0.112 | 0.064 | 0.008/0.01 |
| | 每股经营现金流量(元) | -0.345 | -0.056 | -0.1 |
| | 每股净资产/调整后(元) | 2.26/2.18 | 2.14/2.09 | 2.08/2.03 |
| | 未分利润(万元) | 1998.82 | -644.83 | -5426.88 |
| | 资本公积(万元) | 19184.72 | 19184.72 | 19184.72 |
| 利润构成 | 主营收入(万元) | 48724.12 | 34150.48 | 27824.7 |
| | 主营利润(万元) | 17538.8 | 12917.3 | 10114.18 |
| | 投资收益(万元) | 135.73 | -114.45 | -853.4 |
| | 利润总额(万元) | 3484.6 | 1856.36 | 352.39 |
| | 净利润(万元) | 2926.32 | 1600.7 | 190.79 |
| 近年分配： | | | | |

| 主要股东及持股比例%、持股性质 | |
|---|---|
| 深圳中航实业股份有限公司 52.24%（非流通股） | |
| 浙江省国际信托投资有限责任公司 4.15%（流通 A 股） | |
| 河南方晨科贸有限公司 2.52%（流通 A 股） | |
| 深圳市星伦网络科技有限公司 1.89%（流通 A 股） | |
| 开封鑫丰商贸有限公司 1.66%（流通 A 股） | |
| 上海德麟物业管理有限公司 1.59%（流通 A 股） | |
| 区燕萍 0.22%（流通 B 股） | |
| 区燕萍 0.21%（流通 B 股） | |
| 林俊华 0.18%（流通 A 股） | |
| 林楚斌 0.17%（流通 B 股） | |
| 实际控制人： | 中国航空技术进出口总公司 |

二〇〇六年以来市场表现

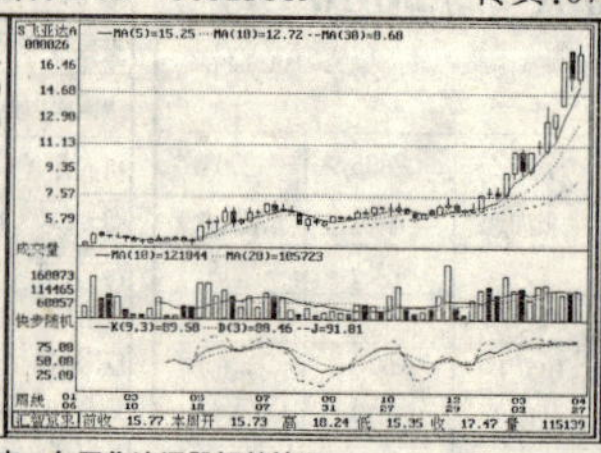

| | |
|---|---|
| 2006 年涨跌幅(%) | 65.84 |
| 2006 年最高(元) | 7.5 |
| 2007 年涨跌幅(%) | 162.71 |
| 2007.4.27 收盘(元) | 17.47 |
| 2007 年最高(元) | 18.24 |
| 2007 年最低(元) | 6.21 |
| 2007 年换手率(%) | 275.71 |

未来一年限售流通股解禁情况：

| 最新股本 | 总股本 | 非(限售)流通 | 流通 A | 流通 B/H/S | 股东户数 | 06 年末 | 06 三季 |
|---|---|---|---|---|---|---|---|
| | 24931.8 | 13024.8 | 6075 | 5832 | | 17879 | 18540 |

年报点评：公司主营为工业制表业务、世界名表连锁业务和物业收入，是国内制表工业和专业名表销售行业中的龙头，公司未来的主要利润来自于其名表销售业务。作为典型的奢侈品中高档手表未来增长率将达到 30%，预计未来三年公司销售收入年复合增长率将超过 40%。

## 深能源 A（000027）

上市日期：93/09/03　　电话：0755－83025351　　传真：0755－83025353

| | | | | |
|---|---|---|---|---|
| 主营 | 电力生产 | | | |
| | 年　度 | 2006 | 2005 | 2004 |
| 主要指标 | 每股收益/扣除后(元) | 0.67/0.58 | 0.63 | 0.56/0.57 |
| | 每股经营现金流量(元) | 1.53 | 1.72 | 1.54 |
| | 每股净资产/调整后(元) | 3.91/3.9 | 3.82/3.8 | 3.34/3.3 |
| | 未分利润(万元) | 101698.59 | 102729.81 | 82178.76 |
| | 资本公积(万元) | 63398.18 | 63278.47 | 54091.61 |
| 利润构成 | 主营收入(万元) | 694504.52 | 690840.67 | 584278.05 |
| | 主营利润(万元) | 169534.13 | 178494.87 | 164610 |
| | 投资收益(万元) | -168.14 | -4299.64 | -2329.89 |
| | 利润总额(万元) | 169132.77 | 161097.17 | 144461.85 |
| | 净利润(万元) | 80011.02 | 75281.98 | 67864.94 |
| 近年分配： | 06 预案：10 派 3.5；05 年：10 派 5；04 年：10 派 3 | | | |

| 主要股东及持股比例%、持股性质 | |
|---|---|
| 深圳市能源集团有限公司 50.19%（国有股） | |
| 开元证券投资基金 2.42%（流通 A 股） | |
| 博时主题行业股票证券投资基金 0.95%（流通 A 股） | |
| 融通动力先锋股票型证券投资基金 0.92%（流通 A 股） | |
| 深圳市亿鑫投资有限公司 0.64%（流通 A 股） | |
| 广东电力发展股份有限公司 0.62%（非流通股） | |
| 裕阳证券投资基金 0.62%（流通 A 股） | |
| 诺安价值增长股票证券投资基金 0.57%（流通 A 股） | |
| 深圳市裕明财务咨询有限公司 0.51%（流通 A 股） | |
| 全国社保基金一零二组合 0.42%（流通 A 股） | |
| 实际控制人： | 深圳市人民政府国有资产监督管理委员会 |

二〇〇六年以来市场表现

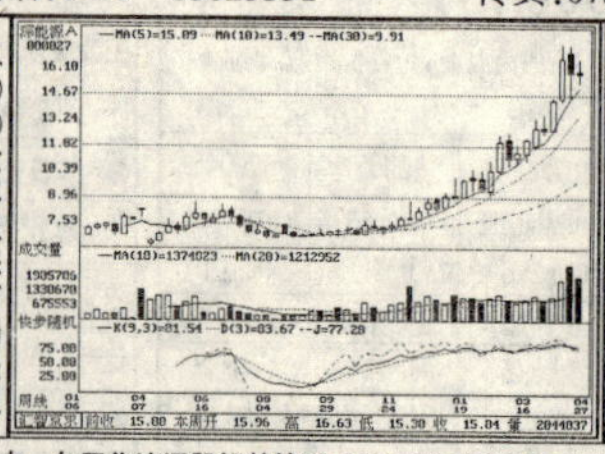

| | |
|---|---|
| 2006 年涨跌幅(%) | 52.33 |
| 2006 年最高(元) | 10.96 |
| 2007 年涨跌幅(%) | 90.16 |
| 2007.4.27 收盘(元) | 15.84 |
| 2007 年最高(元) | 17.53 |
| 2007 年最低(元) | 8.32 |
| 2007 年换手率(%) | 356.77 |

未来一年限售流通股解禁情况：60124800 股 04 月 26 日解禁

| 最新股本 | 总股本 | 非(限售)流通 | 流通 A | 流通 B/H/S | 股东户数 | 06 年末 | 06 三季 |
|---|---|---|---|---|---|---|---|
| | 120249.53 | 65070.92 | 55178.61 | | | 110792 | 113191 |

年报点评：公司 06 年业绩保持平稳增长，完成主营收入同比增长 0.53%，净利润同比增加 6.28%。公司拟定向增发募集资金约 76 亿元收购深圳能源集团资产，未来收购完成后，公司整体竞争力大幅提升，权益装机容量增长 1.6 倍，公司在广东和深圳地区的行业地位显著加强。

## 一致药业（000028/200028）

上市日期：A：93/08/09 B：93/08/09

电话：0755－25875195　　传真：0755－25875166

| 主营 | 药品的研发、生产，中西成药、中药材、生物制品、生化药品、保健品、医疗器械的批发销售和连锁零售。 | | |
|---|---|---|---|
| 年度 | 2006 | 2005 | 2004 |
| 主要指标：每股收益/扣除后(元) | 0.252/0.222 | 0.124 | 0.095/0.082 |
| 每股经营现金流量(元) | 0.631 | 0.515 | 0.452 |
| 每股净资产/调整后(元) | 1.55/1.52 | 1.37/1.34 | 1.24/1.19 |
| 未分利润(万元) | 9603.98 | 4611.24 | 1555.39 |
| 资本公积(万元) | 1804.41 | 1774.19 | 1774.19 |
| 利润构成：主营收入(万元) | 566761.18 | 163556.85 | 157608:53 |
| 主营利润(万元) | 57341.2 | 37098.29 | 37079.03 |
| 投资收益(万元) | －205.56 | －8.39 | －22.91 |
| 利润总额(万元) | 10467.67 | 4161.99 | 2565.75 |
| 净利润(万元) | 7255.52 | 3576.53 | 2725.41 |
| 近年分配： | 06 预案：10 派 0.9；05 年：10 派 0.38 | | |

| 主要股东及持股比例%、持股性质 |
|---|
| 国药控股有限公司 39.14%（国有股） |
| 深圳市宝安区石岩镇经济发展总公司 8.18%（非流通股） |
| 深圳市宝安上屋经济发展有限公司 4.39%（非流通股） |
| 深圳市网纵实业有限公司 1.76%（非流通股） |
| 南京君悦投资咨询有限公司 1.66%（非流通股） |
| 中国工商银行－博时精选股票证券投资基金 1.06%（流通 A 股） |
| PINPOINT CHINA FUND 0.95%（流通 B 股） |
| FORTS BANQUE LUXEMBOURG S.A. 0.85%（流通 B 股） |
| 裕阳证券投资基金 0.76%（流通 A 股） |
| 景福证券投资基金 0.74%（流通 A 股） |
| 实际控制人：中国医药集团总公司 |

二〇〇六年以来市场表现

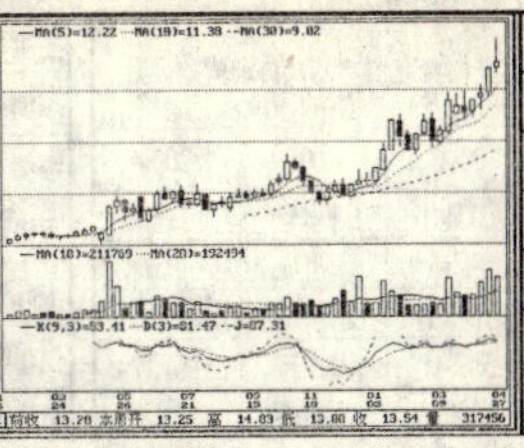

| | |
|---|---|
| 2006 年涨跌幅(%) | 127.05 |
| 2006 年最高(元) | 11.46 |
| 2007 年涨跌幅(%) | 84.22 |
| 2007.4.27 收盘(元) | 13.54 |
| 2007 年最高(元) | 14.83 |
| 2007 年最低(元) | 7.19 |
| 2007 年换手率(%) | 431.18 |

未来一年限售流通股解禁情况：37963986 股 04 月 28 日解禁

| 最新股本 | 总股本 | 非(限售)流通 | 流通 A | 流通 B/H/S | 股东户数 | 06 年末 | 06 三季 |
|---|---|---|---|---|---|---|---|
| | 28814.94 | 16191.25 | 7135.13 | 5488.56 | | 22753 | 20759 |

年报点评：公司 06 年是经过整合，在经营区域，业态覆盖，收入规模，经营品种，销售网络，运营效率上获得了大幅度提高。公司将进一步巩固了在南方的商业龙头地位；工业方面，06 年工业制造产能扩张，产品线的调整后，工业盈利有望逐步回升。

## 深深房 A（000029/200029）

上市日期：A：93/09/15 B：94/01/10

电话：0755－82293000　　传真：0755－82294024

| 主营 | 为房地产开发及商品房销售、物业租赁及管理、建筑装饰安装、商品零售及贸易、酒店及餐饮服务。 | | |
|---|---|---|---|
| 年度 | 2006 | 2005 | 2004 |
| 主要指标：每股收益/扣除后(元) | 0.019/0.054 | 0.012 | －0.14/－0.127 |
| 每股经营现金流量(元) | 0.1731 | 0.2632 | 0.01 |
| 每股净资产/调整后(元) | 1.08/1.03 | 1.04/0.98 | 0.99/0.93 |
| 未分利润(万元) | －102245.45 | －104171.4 | －105381.42 |
| 资本公积(万元) | 97824.49 | 97824.49 | 95665.79 |
| 利润构成：主营收入(万元) | 99089.4 | 85214.12 | 57054.17 |
| 主营利润(万元) | 1764.91 | 8499.59 | 2794.05 |
| 投资收益(万元) | 360.47 | 4653.64 | －1075.32 |
| 利润总额(万元) | 2044.96 | 1100.62 | －14169.54 |
| 净利润(万元) | 1925.95 | 1210.02 | －14230.78 |
| 近年分配： | | | |

| 主要股东及持股比例%、持股性质 |
|---|
| 深圳市投资控股有限公司 66.51%（国有股） |
| 杨从容 0.11%（流通 B 股） |
| 浙江省建德市大同实业公司 0.1%（流通 A 股） |
| 陈康亮 0.09%（流通 B 股） |
| 闵珍 0.08%（流通 A 股） |
| 中国人寿保险股份有限公司－传统－普通保险产品 0.08%（流通 A 股） |
| ABN AMRO BANK NV 0.08%（流通 B 股） |
| 黄霞莲 0.07%（流通 A 股） |
| SBCI FINANCE ASIA LTDA/C HONG KONG 0.07%（流通 B 股） |
| CHU KOON YUK 0.07%（流通 B 股） |
| 实际控制人：深圳市国有资产管理委员会 |

二〇〇六年以来市场表现

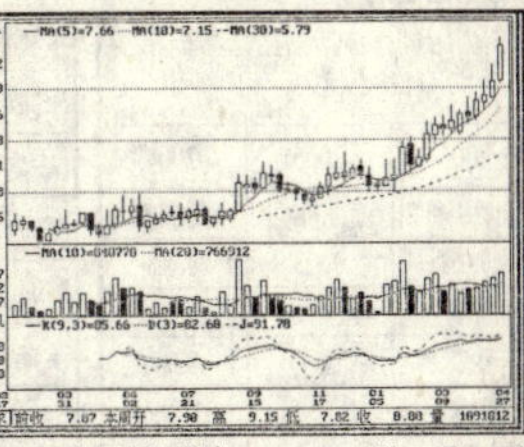

| | |
|---|---|
| 2006 年涨跌幅(%) | 53.32 |
| 2006 年最高(元) | 8.63 |
| 2007 年涨跌幅(%) | 81.22 |
| 2007.4.27 收盘(元) | 8.88 |
| 2007 年最高(元) | 9.15 |
| 2007 年最低(元) | 4.72 |
| 2007 年换手率(%) | 535.64 |

未来一年限售流通股解禁情况：50583000 股 02 月 17 日解禁

| 最新股本 | 总股本 | 非(限售)流通 | 流通 A | 流通 B/H/S | 股东户数 | 06 年末 | 06 三季 |
|---|---|---|---|---|---|---|---|
| | 101166 | 62228.12 | 26937.88 | 12000 | | 95523 | 94197 |

年报点评：2006 年，公司的房地产主业开发和物业经营得到加强，财务基本面继续好转，所属企业扭亏工作有所进展；历史遗留问题继续得到积极处理，管理水平和监督功能得到加强，成本费用继续降低，品牌效益和企业形象有所提升。

## S＊ST 盛润（000030/200030）

上市日期：A：93/09/29 B：93/09/29

电话：0755－83895588　　传真：0755－83877511

| 主营 | 印刷包装及物业经营与管理 | | |
|---|---|---|---|
| 年度 | 2006 | 2005 | 2004 |
| 主要指标：每股收益/扣除后(元) | 0.065/－0.056 | －0.198 | －0.17/－0.203 |
| 每股经营现金流量(元) | －0.0003 | 0.0953 | 0.05 |
| 每股净资产/调整后(元) | －5.6/－5.6 | －5.72/－5.72 | －5.52/－5.78 |
| 未分利润(万元) | －242410.22 | －244276.24 | －238558.07 |
| 资本公积(万元) | 38105.91 | 36686.59 | 36686.59 |
| 利润构成：主营收入(万元) | | 8184.2 | 14260.68 |
| 主营利润(万元) | | 1120.21 | 1639.27 |
| 投资收益(万元) | 723.45 | －2129.16 | －14.62 |
| 利润总额(万元) | 1866.03 | －5227.55 | －4759.83 |
| 净利润(万元) | 1866.03 | －5718.18 | －4793.9 |
| 近年分配： | | | |

| 主要股东及持股比例%、持股性质 |
|---|
| 深圳市莱英达集团有限责任公司 66.36%（国有股） |
| 深圳市有色金属财务有限公司 1.83%（非流通股） |
| 深圳国际信托投资有限责任公司 1.83%（非流通股） |
| 深圳华晟达投资控股有限公司 1.37%（非流通股） |
| 苏明 1.05%（流通 A 股） |
| 深圳国银投资发展有限公司 0.92%（非流通股） |
| CHINA EVERBRIGHT HOLDINGS CO. LTD 0.74%（流通 B 股） |
| 柳州佳力房地产开发有限责任公司 0.63%（流通 A 股） |
| WU CHING 0.21%（流通 B 股） |
| 何淑梅 0.19%（流通 B 股） |
| 实际控制人：深圳市莱英达集团有限责任公司工会 |

二〇〇六年以来市场表现

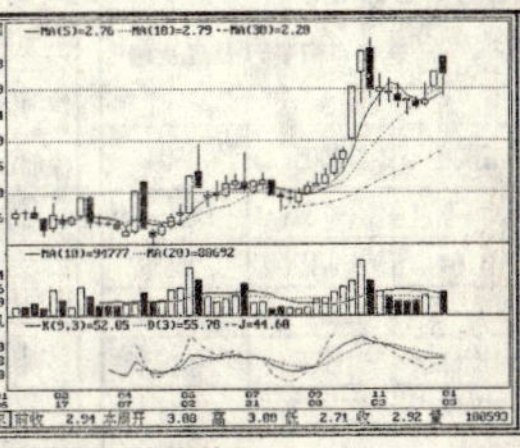

| | |
|---|---|
| 2006 年涨跌幅(%) | 89.68 |
| 2006 年最高(元) | 3.28 |
| 2007 年涨跌幅(%) | －0.68 |
| 2007.4.27 收盘(元) | 2.92 |
| 2007 年最高(元) | 3.08 |
| 2007 年最低(元) | 2.71 |
| 2007 年换手率(%) | 24.99 |

未来一年限售流通股解禁情况：

| 最新股本 | 总股本 | 非(限售)流通 | 流通 A | 流通 B/H/S | 股东户数 | 06 年末 | 06 三季 |
|---|---|---|---|---|---|---|---|
| | 28842 | 20856 | 4026 | 3960 | | 13045 | 13641 |

年报点评：由于法院查封拍卖公司持有的深圳嘉年实业股份有限公司 26.54% 的股权，2006 年公司没有主营业务收入和主营业务利润。但由于转回以前计提的坏账准备，使得公司经营业绩实现扭亏为盈。公司继续寻求有实力的重组合作方，力争改善公司的持续经营能力。

## 中粮地产（000031）

上市日期：93/10/08

电话：0755－27754517　　传真：0755－27789701

| 主营 | 房地产开发经营和实业投资。 | | |
|---|---|---|---|
| 年度 | 2006 | 2005 | 2004 |
| 主要指标：每股收益/扣除后(元) | 0.25/0.25 | 0.24/0.23 | 0.22/0.21 |
| 每股经营现金流量(元) | －0.029 | 0.302 | 0.34 |
| 每股净资产/调整后(元) | 1.91/1.89 | 2.6/2.59 | 2.34/2.27 |
| 未分利润(万元) | 33711.48 | 23404.96 | 13906.57 |
| 资本公积(万元) | 15955.03 | 39374.6 | 38673.65 |
| 利润构成：主营收入(万元) | 34579.5 | 36554.81 | 34481.06 |
| 主营利润(万元) | 18068.43 | 17292.17 | 17682.88 |
| 投资收益(万元) | 11984.16 | 5166.62 | 3053.61 |
| 利润总额(万元) | 19555.02 | 13193.03 | 12518.03 |
| 净利润(万元) | 17442.83 | 11307.37 | 10036.81 |
| 近年分配： | 05 年：10 转增 5 | | |

| 主要股东及持股比例%、持股性质 |
|---|
| 中国粮油食品(集团)有限公司 50.52%（国有股） |
| 深圳市桥头股份合作公司 3.41%（非流通股） |
| 中国工商银行－易方达价值精选股票型证券投资基金 1.52%（流通 A 股） |
| 中国工商银行－广发策略优选混合型证券投资基金 1.51%（流通 A 股） |
| 深圳市鸿基(集团)股份有限公司 1.37%（非流通股） |
| 中国工商银行－普丰证券投资基金 0.68%（流通 A 股） |
| 中国银行－泰信优质生活股票型证券投资基金 0.68%（流通 A 股） |
| 广发证券－交行－广发集合资产管理计划(3 号) 0.45%（流通 A 股） |
| 中国农业银行－大成精选增值混合型证券投资基金 0.43%（流通 A 股） |
| 中国银行－易方达深证 100 交易型开放式指数证券投资基金 0.31%（流通 A 股） |
| 实际控制人：中国粮油食品(集团)有限公司 |

二〇〇六年以来市场表现

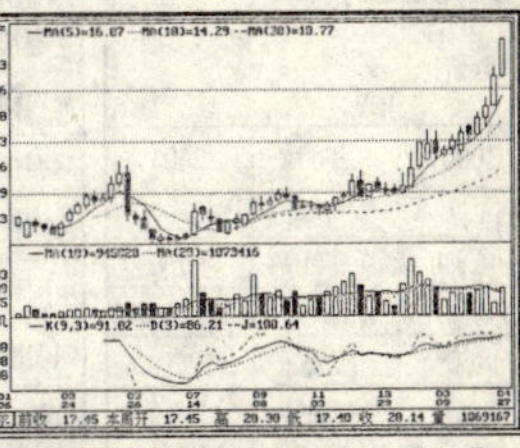

| | |
|---|---|
| 2006 年涨跌幅(%) | 164.12 |
| 2006 年最高(元) | 20.32 |
| 2007 年涨跌幅(%) | 118.44 |
| 2007.4.27 收盘(元) | 20.14 |
| 2007 年最高(元) | 20.3 |
| 2007 年最低(元) | 8.87 |
| 2007 年换手率(%) | 477.65 |

未来一年限售流通股解禁情况：34972678.5 股 02 月 14 日解禁

| 最新股本 | 总股本 | 非(限售)流通 | 流通 A | 流通 B/H/S | 股东户数 | 06 年末 | 06 三季 |
|---|---|---|---|---|---|---|---|
| | 69945.36 | 39072.14 | 30873.22 | | | 64034 | 46995 |

年报点评：2006 年由于投资收益增长，净利润增长了 50%。公司具备参股金融概念，投资收益近两年有较大增长。但房地产项目开发和运作能力与一流企业还存在一定差距，中粮集团的支持力度将对公司未来的发展起到至关重要的作用。

## 深桑达 A（000032）

上市日期:93/10/28　　电话:0755－83200636　　传真:0755－83200639

**主营**：电子设备、电子元器件、电子消费通信产品及房地产开发。

| | 年　度 | 2006 | 2005 | 2004 |
|---|---|---|---|---|
| 主要指标 | 每股收益/扣除后(元) | 0.213/0.19 | 0.206 | 0.13/0.13 |
| | 每股经营现金流量(元) | －0.46 | －0.76 | 0.56 |
| | 每股净资产/调整后(元) | 3.19/3.15 | 3.07/3.01 | 2.96/2.9 |
| | 未分利润(万元) | 3812.42 | 2228.38 | 1578.02 |
| | 资本公积(万元) | 26284.49 | 26284.49 | 26284.49 |
| 利润构成 | 主营收入(万元) | 169451.51 | 147640.48 | 152354.3 |
| | 主营利润(万元) | 20250.65 | 16476.74 | 19112.2 |
| | 投资收益(万元) | 1229.98 | 806.88 | －1425.08 |
| | 利润总额(万元) | 7711.09 | 5266.19 | 3853.26 |
| | 净利润(万元) | 4131.81 | 4005.07 | 2584.57 |

**近年分配:** 06 预案:10 派 1.5；05 年:10 派 1.1；04 年:10 派 0.8

**主要股东及持股比例%、持股性质**

- 深圳桑达电子集团有限公司 46.05%（国有股）
- 深圳市龙岗区投资管理有限公司 4.04%（国有股）
- 无锡市国联发展集团有限公司 1.48%（非流通股）
- 上海紫澜门投资有限公司 0.31%（流通 A 股）
- 侯建国 0.25%（流通 A 股）
- 王勇潮 0.2%（流通 A 股）
- 陈丹松 0.19%（流通 A 股）
- 骆倩君 0.18%（流通 A 股）
- 崔日华 0.16%（流通 A 股）
- 宋奇健 0.15%（流通 A 股）

**实际控制人:** 中国电子信息产业集团公司

**二〇〇六年以来市场表现**

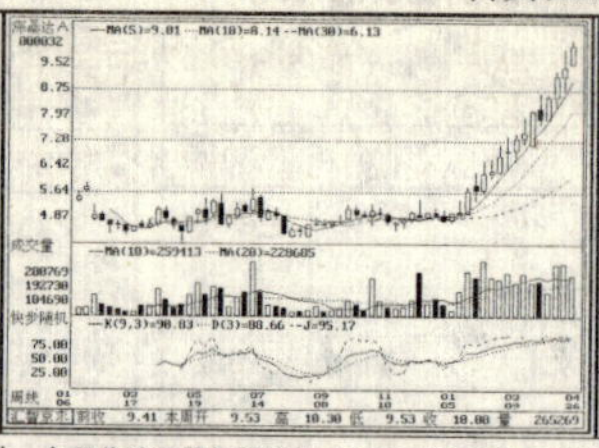

| | |
|---|---|
| 2006 年涨跌幅(%) | 27.3 |
| 2006 年最高(元) | 7.7 |
| 2007 年涨跌幅(%) | 111.32 |
| 2007.4.27 收盘(元) | 10.08 |
| 2007 年最高(元) | 10.3 |
| 2007 年最低(元) | 4.71 |
| 2007 年换手率(%) | 374.13 |

**未来一年限售流通股解禁情况:** 9702680 股 02 月 07 日解禁

| 最新股本 | 总股本 | 非(限售)流通 | 流通 A | 流通 B/H/S | 股东户数 | 06 年末 | 06 三季 |
|---|---|---|---|---|---|---|---|
| | 19405.36 | 10013.61 | 9391.75 | | | 29883 | 27019 |

**年报点评**：公司主营通信及相关设备制造,在国内具有一定竞争优势。2006 年模块电源业务增势强劲;新成立的手机模塑中心,主要产品正在展开;税控收款机项目已完成批量生产;首批合作开发的 GPRS 车载定位管理系统已在宁夏成功推广使用。公司经营呈上升之势。

## 新都酒店（000033）

上市日期:94/01/03　　电话:0755－82320888　　传真:0755－82344699

**主营**：从事新都酒店的经营和管理业务

| | 年　度 | 2006 | 2005 | 2004 |
|---|---|---|---|---|
| 主要指标 | 每股收益/扣除后(元) | －0.422/－0.21 | 0.01 | 0.002/0.002 |
| | 每股经营现金流量(元) | 0.037 | 0.122 | 0.066 |
| | 每股净资产/调整后(元) | 0.92/0.91 | 1.54/1.52 | 1.53/1.52 |
| | 未分利润(万元) | －13828.89 | 59.1 | －8308.65 |
| | 资本公积(万元) | 10031.8 | 14396.54 | 19249.65 |
| 利润构成 | 主营收入(万元) | 7641.99 | 7988.54 | 7445.49 |
| | 主营利润(万元) | 6901.66 | 7335.27 | 5258.41 |
| | 投资收益(万元) | | | －64.1 |
| | 利润总额(万元) | －13887.99 | 392.16 | 82.18 |
| | 净利润(万元) | －13887.99 | 296.43 | 60.85 |

**近年分配:**

**主要股东及持股比例%、持股性质**

- 深圳市瀚明投资有限公司 20.08%（非流通股）
- (香港)桂江企业有限公司 10.04%（外资股）
- 深圳贵州经济贸易公司 10.04%（非流通股）
- 深圳市卢堡工贸有限公司 10.04%（非流通股）
- 洋浦新宇峰投资有限公司 4.86%（非流通股）
- (香港)建辉投资有限公司 4.53%（外资股）
- 屠北平 3.4%（非流通股）
- 北京美华恒润科贸有限公司 2.43%（非流通股）
- 安徽安粮兴业有限公司 1.52%（非流通股）
- 吴文良 0.21%（流通 A 股）

**实际控制人:** 深圳市和旺投资发展有限公司

**二〇〇六年以来市场表现**

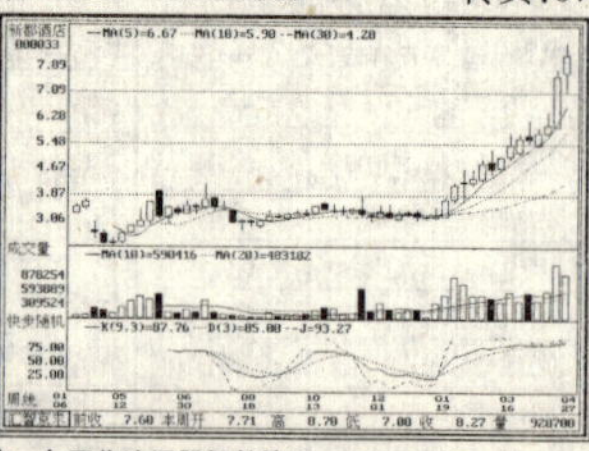

| | |
|---|---|
| 2006 年涨跌幅(%) | 72.91 |
| 2006 年最高(元) | 6.8 |
| 2007 年涨跌幅(%) | 160.88 |
| 2007.4.27 收盘(元) | 8.27 |
| 2007 年最高(元) | 8.7 |
| 2007 年最低(元) | 3.09 |
| 2007 年换手率(%) | 766.33 |

**未来一年限售流通股解禁情况:** 65880412 股 04 月 13 日解禁

| 最新股本 | 总股本 | 非(限售)流通 | 流通 A | 流通 B/H/S | 股东户数 | 06 年末 | 06 三季 |
|---|---|---|---|---|---|---|---|
| | 32940.21 | 22050.97 | 10889.23 | | | 31071 | 32974 |

**年报点评**：随着深圳中心区的西移及众多新的高星级酒店的涌现,深圳酒店业竞争日益加剧,原本有限的市场份额更加稀释。公司 2006 年公司实现主营业务收入 76,419,872.35 元,比上年度减少 3,465,499.33 元,下降 4.34%;实现主营业务利润 69,016,646.80 元,比上年度减少 4,336,073.56 元,下降 5.91%。

## S＊ST 深泰（000034）

上市日期:94/05/09　　电话:0755－27596453　　传真:0755－27596456

**主营**：通讯产业,饲料产业,房地产产业,进出口贸易以及经营国内商业、物资代销业。

| | 年　度 | 2006 | 2005 | 2004 |
|---|---|---|---|---|
| 主要指标 | 每股收益/扣除后(元) | 0.01/－0.24 | －0.598 | －1.63/－0.88 |
| | 每股经营现金流量(元) | 0.004 | 0.15 | 0.08 |
| | 每股净资产/调整后(元) | －1.58/－2.08 | －1.53/－1.88 | －0.86/－1.31 |
| | 未分利润(万元) | －115261.57 | －115557.14 | －96952.32 |
| | 资本公积(万元) | 32764.94 | 32623.76 | 32618.3 |
| 利润构成 | 主营收入(万元) | 34218.88 | 43022.06 | 36966.27 |
| | 主营利润(万元) | 3039.09 | 718.05 | －7509.16 |
| | 投资收益(万元) | －325.67 | －517.75 | －3419.47 |
| | 利润总额(万元) | －1773.91 | －22690.65 | －52360.28 |
| | 净利润(万元) | 295.57 | －18604.82 | －50630.72 |

**近年分配:**

**主要股东及持股比例%、持股性质**

- 深圳国际信托投资有限责任公司 47.96%（国有股）
- 深圳市宝安区投资管理有限公司 12%（国有股）
- 深圳泰丰电子有限公司 8%（非流通股）
- 山西昌泰工贸有限公司 1.92%（非流通股）
- 深圳市物资集团公司 0.8%（非流通股）
- 上海中南投资管理有限公司 0.52%（非流通股）
- 上海融道贸易有限公司 0.48%（非流通股）
- 王燕平 0.39%（流通 A 股）
- 云南万龙投资有限公司 0.32%（非流通股）
- 何素情 0.29%（流通 A 股）

**实际控制人:** 华润股份有限公司

**二〇〇六年以来市场表现**

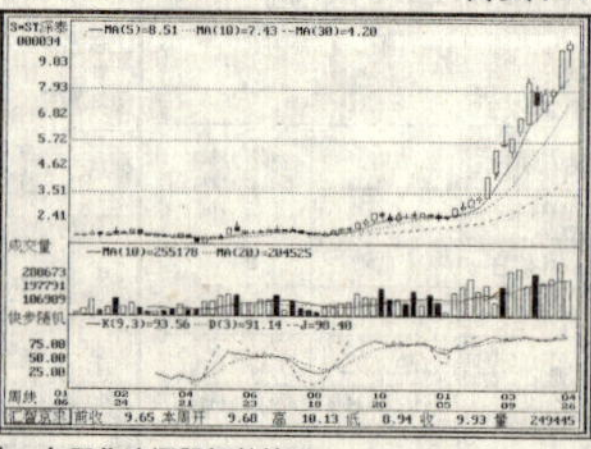

| | |
|---|---|
| 2006 年涨跌幅(%) | 49.07 |
| 2006 年最高(元) | 2.71 |
| 2007 年涨跌幅(%) | 313.75 |
| 2007.4.27 收盘(元) | 9.93 |
| 2007 年最高(元) | 10.13 |
| 2007 年最低(元) | 2.36 |
| 2007 年换手率(%) | 424.29 |

**未来一年限售流通股解禁情况:**

| 最新股本 | 总股本 | 非(限售)流通 | 流通 A | 流通 B/H/S | 股东户数 | 06 年末 | 06 三季 |
|---|---|---|---|---|---|---|---|
| | 31113.94 | 22648.23 | 8465.71 | | | 28355 | 30225 |

**年报点评**：公司控股股东将转变为中国希格玛有限公司,2006 年业绩出现大幅上涨。经营项目涉及通讯、电子和网络等多个领域,公司拥有韩国高频无线产品核心技术产权,是韩国电信在华宽带业务最大合作伙伴。目前公司正在做大做强小灵通业务,并有望成为公司新利润增长点。

## ＊ST 科健（000035）

上市日期:94/04/08　　电话:(0755)26692595　　传真:(0755)26692595

**主营**：开发、生产与销售数字移动电话机。

| | 年　度 | 2006 | 2005 | 2004 |
|---|---|---|---|---|
| 主要指标 | 每股收益/扣除后(元) | 0.19 | －1.06 | －13.11/－13.12 |
| | 每股经营现金流量(元) | －0.001 | －0.0039 | －2.42 |
| | 每股净资产/调整后(元) | －11.69/－11.8 | －12.21/－12.22 | －10.82/－10.85 |
| | 未分利润(万元) | －160375.5 | －162609.97 | －149214.31 |
| | 资本公积(万元) | 12035.19 | 11676.02 | 11540.33 |
| 利润构成 | 主营收入(万元) | 2516.42 | 8048.83 | 172744.34 |
| | 主营利润(万元) | 91.32 | －7581.31 | 2873.17 |
| | 投资收益(万元) | 5681.72 | 1366.96 | －5128.37 |
| | 利润总额(万元) | 2144.16 | －15141.83 | －153663.51 |
| | 净利润(万元) | 2144.16 | －12253.93 | －151976.97 |

**近年分配:**

**主要股东及持股比例%、持股性质**

- 深圳科健集团有限公司 29.01%（非流通股）
- 深圳市智雄电子有限公司 26.75%（非流通股）
- 信达投资有限公司 2.85%（非流通股）
- 中国科技促进经济投资公司 2.41%（国有股）
- 深圳市通产实业有限公司 2.37%（国有股）
- 付颐元 0.44%（流通 A 股）
- 柳州佳力房地产开发有限责任公司 0.36%（流通 A 股）
- 张瑞华 0.32%（流通 A 股）
- 戴捷苗 0.32%（流通 A 股）
- 贾红 0.28%（流通 A 股）

**实际控制人:** 曹小竹

**二〇〇六年以来市场表现**

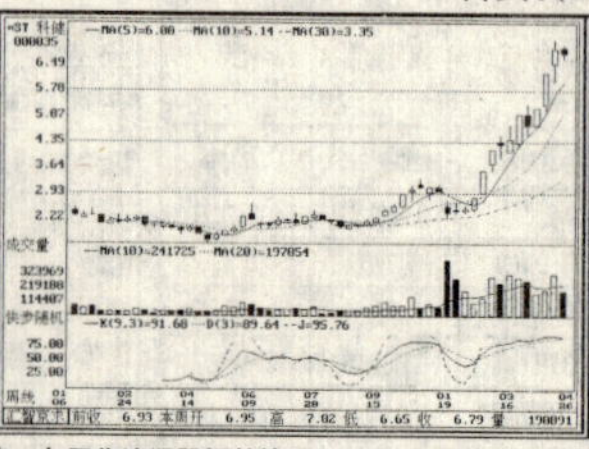

| | |
|---|---|
| 2006 年涨跌幅(%) | 30.7 |
| 2006 年最高(元) | 3.31 |
| 2007 年涨跌幅(%) | 310.13 |
| 2007.4.27 收盘(元) | 6.79 |
| 2007 年最高(元) | 12.96 |
| 2007 年最低(元) | 3.91 |
| 2007 年换手率(%) | 446.35 |

**未来一年限售流通股解禁情况:** 16124328 股 01 月 16 日解禁

| 最新股本 | 总股本 | 非(限售)流通 | 流通 A | 流通 B/H/S | 股东户数 | 06 年末 | 06 三季 |
|---|---|---|---|---|---|---|---|
| | 11588.72 | 7335.67 | 4253.05 | | | 14335 | 14527 |

**年报点评**：公司以开发、生产、销售数字移动电话机为主营业务。公司积极推进债务重组工作,并按照年初制定的经营计划和多项措施努力改善公司经营困难的状况,但受资金制约及经营环境影响,公司主营业务收入严重萎缩,公司持续经营能力未能得到实质性改善。

# 华联控股（000036）

上市日期:94/06/17　　电话:0755－83667257　　传真:0755－83667583

| 主营 | 经营名牌服装、棉纱、棉布及印染等纺织产品，经营房地产开发和自有物业租赁管理业。 | | | |
|---|---|---|---|---|
| | 年　度 | 2006 | 2005 | 2004 |
| 主要指标 | 每股收益/扣除后(元) | 0.17/0.14 | 0.008 | 0.06/0.02 |
| | 每股经营现金流量(元) | 0.74 | -1.1 | -0.68 |
| | 每股净资产/调整后(元) | 1.68/1.67 | 3.77/3.76 | 3.81/3.78 |
| | 未分利润(万元) | 52150.9 | 34789.17 | 34356.22 |
| | 资本公积(万元) | 13333.69 | 80778 | 80159.56 |
| 利润构成 | 主营收入(万元) | 536141.92 | 238508.31 | 94156.21 |
| | 主营利润(万元) | 60636.82 | 33426.14 | 23585.27 |
| | 投资收益(万元) | 2523.34 | -2937.41 | 2055.52 |
| | 利润总额(万元) | 32698.08 | 10619.36 | 9386.31 |
| | 净利润(万元) | 19290.81 | 341.03 | 2610.18 |
| 近年分配: | 04 年:10 派 0.5 | | | |

| 主要股东及持股比例%、持股性质 | |
|---|---|
| 华联发展集团有限公司 31.23%（非流通股） | |
| 易方达深证 100 交易型开放式指数证券投资基金 0.48%（流通 A 股） | |
| 广州合成纤维公司 0.42%（非流通股） | |
| 传统－普通保险产品－005L－CT001 深 0.33%（流通 A 股） | |
| 深圳市永泰投资有限公司 0.22%（流通 A 股） | |
| 上海申鹏科技发展有限公司 0.16%（流通 A 股） | |
| 张碧峰 0.13%（流通 A 股） | |
| 黄方群 0.13%（流通 A 股） | |
| 韩佶芬 0.12%（流通 A 股） | |
| 金华市液化气有限公司 0.11%（流通 A 股） | |
| 实际控制人: | 杭州锦江集团有限公司 |

二〇〇六年以来市场表现

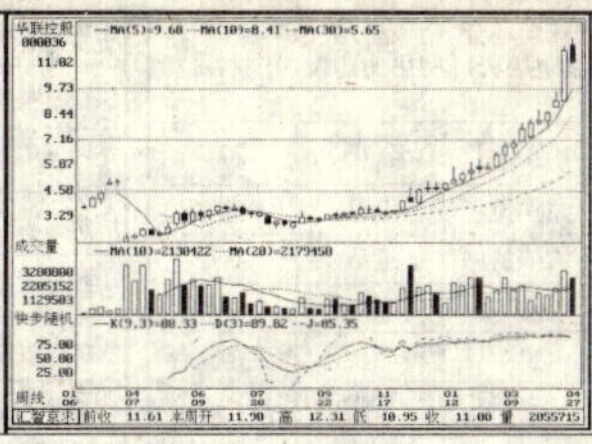

| | |
|---|---|
| 2006 年涨跌幅(%) | 259.57 |
| 2006 年最高(元) | 14.52 |
| 2007 年涨跌幅(%) | 138.79 |
| 2007.4.27 收盘(元) | 11.08 |
| 2007 年最高(元) | 12.31 |
| 2007 年最低(元) | 4.57 |
| 2007 年换手率(%) | 441.07 |

未来一年限售流通股解禁情况:

| 最新股本 | 总股本 | 非(限售)流通 | 流通 A | 流通 B/H/S | 股东户数 | 06 年末 | 06 三季 |
|---|---|---|---|---|---|---|---|
| | 112388.77 | 35577.4 | 76811.38 | | | 108820 | 103036 |

年报点评：公司年产 60 万吨 PTA 特大型石化新材料项目全部完工后，将成为世界上单线生产规模最大、建设工期最短的 PTA 项目，在同类项目中处于规模、技术方面领先地位。PTA 是生产聚酯纤维、树脂、胶片及容器树脂的主要原料，我国 PTA 进口依存度超过 50%。

# 深南电 A（000037/200037）

上市日期:A: 94/07/01 B: 94/11/28　　电话:0755－26003698　　传真:0755－26003629

| 主营 | 发电 | | | |
|---|---|---|---|---|
| | 年　度 | 2006 | 2005 | 2004 |
| 主要指标 | 每股收益/扣除后(元) | 0.12/0.102 | 0.05 | 0.8/0.77 |
| | 每股经营现金流量(元) | -0.28 | 1.03 | 0.91 |
| | 每股净资产/调整后(元) | 2.9/2.85 | 2.78/2.78 | 3.23/3.2 |
| | 未分利润(万元) | 27577.09 | 22353.43 | 50796.28 |
| | 资本公积(万元) | 34203.87 | 34372.11 | 28958.27 |
| 利润构成 | 主营收入(万元) | 386175.24 | 303068.2 | 243271.25 |
| | 主营利润(万元) | -18545.85 | -641.62 | 49673.32 |
| | 投资收益(万元) | -177.41 | 1064.97 | 1382.27 |
| | 利润总额(万元) | 5503.55 | 1010.57 | 43083.3 |
| | 净利润(万元) | 6346.61 | 2991.97 | 43969.72 |
| 近年分配: | 04 年:10 派 5 | | | |

| 主要股东及持股比例%、持股性质 | |
|---|---|
| 深圳市广聚电力投资有限公司 21.68%（非流通股） | |
| 香港南海洋行(国际)有限公司 15.28%（非流通股） | |
| 腾达置业有限公司 11:03%（流通 B 股） | |
| 深圳市能源集团有限公司 10.8%（非流通股） | |
| 国网深圳能源发展集团有限公司 9.13%（非流通股） | |
| MORGAN STANLEY INTERNATIONAL (CHINA) - FIRM 4.74%（流通 B 股） | |
| 中山市高领投资有限公司 2.77%（流通 A 股） | |
| GUOTAI JUNAN SECURIES HONGKONG LIMITED 0.79%（流通 B 股） | |
| 金榜证券控股有限公司 0.67%（流通 B 股） | |
| TOYO SECURITIES ASIA LIMITED - A/CCLIENT. 0.57%（流通 B 股） | |
| 实际控制人: | |

二〇〇六年以来市场表现

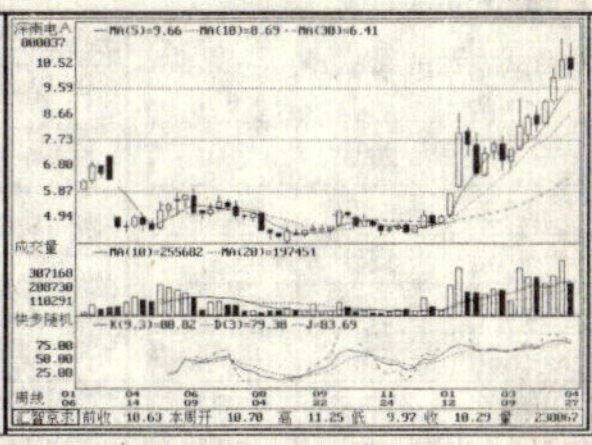

| | |
|---|---|
| 2006 年涨跌幅(%) | 3.4 |
| 2006 年最高(元) | 7.77 |
| 2007 年涨跌幅(%) | 119.87 |
| 2007.4.27 收盘(元) | 10.29 |
| 2007 年最高(元) | 11.45 |
| 2007 年最低(元) | 4.65 |
| 2007 年换手率(%) | 384.58 |

未来一年限售流通股解禁情况:77440482 股 03 月 28 日解禁

| 最新股本 | 总股本 | 非(限售)流通 | 流通 A | 流通 B/H/S | 股东户数 | 06 年末 | 06 三季 |
|---|---|---|---|---|---|---|---|
| | 54796.6 | 31179.87 | 8004.8 | 15611.93 | | 22705 | 26632 |

年报点评：公司 2006 年净利润同比增长 112%，主要是公司接受深圳市政府 4.5 亿元燃油机组发电补贴。受益于电力行业及珠三角地区经济持续高速增长，随着装机容量进一步增大，公司仍有望保持稳定增长，且未来电价上调可能性很大；公司业绩将呈现良好稳定增长势头。

# S＊ST 大通（000038）

上市日期:94/08/08　　电话:(0755) 26921699　　传真:(0755) 26910599

| 主营 | 电解类系列电容器的生产；及电子产品为主的贸易。 | | | |
|---|---|---|---|---|
| | 年　度 | 2006 | 2005 | 2004 |
| 主要指标 | 每股收益/扣除后(元) | -1.82/-1.82 | -0.556 | -0.074/-0.081 |
| | 每股经营现金流量(元) | -0.0058 | -0.05 | 0.04 |
| | 每股净资产/调整后(元) | -1.01/-1.04 | 0.81/0.78 | 1.37/1.33 |
| | 未分利润(万元) | -21445.82 | -4975.4 | 57.06 |
| | 资本公积(万元) | 2659.9 | 2659.9 | 2659.9 |
| 利润构成 | 主营收入(万元) | 4.77 | 3475.08 | 6454.5 |
| | 主营利润(万元) | | 280.71 | 577.9 |
| | 投资收益(万元) | | | 60 |
| | 利润总额(万元) | -16470.42 | -5031.66 | -635.66 |
| | 净利润(万元) | -16470.42 | -5032.46 | -669.93 |
| 近年分配: | | | | |

| 主要股东及持股比例%、持股性质 | |
|---|---|
| 方正延中传媒有限公司 29.84%（非流通股） | |
| 上海文慧投资有限公司 19.58%（非流通股） | |
| 上海港银投资管理有限公司 11.05%（非流通股） | |
| 江西省电子物资公司 9.95%（非流通股） | |
| 北京科希盟科技集团有限公司 5.52%（非流通股） | |
| 深圳市立信创展投资有限公司 2.36%（非流通股） | |
| 林仁平 0.87%（流通 A 股） | |
| 林仁忠 0.79%（流通 A 股） | |
| 万少冰 0.44%（流通 A 股） | |
| 广东华侨信托投资有限公司 0.29%（非流通股） | |
| 实际控制人: | 陈兴华 |

二〇〇六年以来市场表现

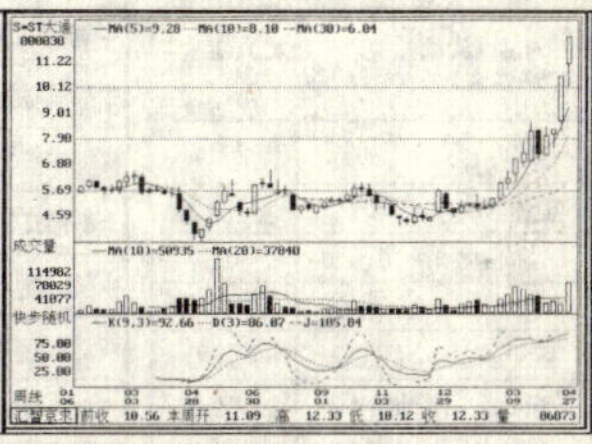

| | |
|---|---|
| 2006 年涨跌幅(%) | -12.39 |
| 2006 年最高(元) | 6.55 |
| 2007 年涨跌幅(%) | 152.66 |
| 2007.4.27 收盘(元) | 12.33 |
| 2007 年最高(元) | 12.33 |
| 2007 年最低(元) | 4.5 |
| 2007 年换手率(%) | 345.45 |

未来一年限售流通股解禁情况:

| 最新股本 | 总股本 | 非(限售)流通 | 流通 A | 流通 B/H/S | 股东户数 | 06 年末 | 06 三季 |
|---|---|---|---|---|---|---|---|
| | 9048.6 | 7134.6 | 1914 | | | 6509 | 8043 |

年报点评：公司主营以电子通讯产品以及电子通讯产品的贸易为主，3G 类通讯产品占主营收入的 40%左右，利润贡献更是达到 60%以上，随着中国 3G 设备市场的悄然启动，公司发展空间广阔。然而公司短期内经营状况很难有较大的改善。公司的发展更多地取决于重组之后的情况。

# 中集集团（000039/200039）

上市日期:A: 94/04/08 B: 94/03/23　　电话:0755－26691130　　传真:0755－26826579

| 主营 | 干货集装箱、冷藏集装箱、特种集装箱、特殊区域集装箱和其他现代交通运输设备的设计、制造、维修及销售。 | | | |
|---|---|---|---|---|
| | 年　度 | 2006 | 2005 | 2004 |
| 主要指标 | 每股收益/扣除后(元) | 1.25/1 | 1.32/1.29 | 2.37/2.41 |
| | 每股经营现金流量(元) | 0.58 | 2.64 | 1.44 |
| | 每股净资产/调整后(元) | 5.01/4.98 | 4.69/4.67 | 7.41/7.37 |
| | 未分利润(万元) | 492130.26 | 222031.64 | 52953.59 |
| | 资本公积(万元) | 74982.2 | 94144.64 | 190880.12 |
| 利润构成 | 主营收入(万元) | 3316780.14 | 3095931.06 | 2656778.38 |
| | 主营利润(万元) | 444838.02 | 506012.17 | 451135.5 |
| | 投资收益(万元) | 38299.82 | 3759.94 | 2141.75 |
| | 利润总额(万元) | 315024.75 | 306122.71 | 280197.91 |
| | 净利润(万元) | 277172.31 | 266914.08 | 238902.36 |
| 近年分配: | 06 预案:10 派 4.3 转增 2；05 年:10 派 3.8 转增 1；04 年:10 派 5 转增 10 | | | |

| 主要股东及持股比例%、持股性质 | |
|---|---|
| COSCO Container Industries Limited 16.23%（外资股） | |
| 招商局国际(中集)投资有限公司 16.23%（流通 B 股） | |
| 招商局国际(中集)控股有限公司 6.52%（流通 B 股） | |
| BBH BOS S/A FIDELITY FD - CHINA FOCUS FD 2.12%（流通 B 股） | |
| HTHK - TARGET ASIA FUND LIMITED 1.68%（流通 B 股） | |
| PROFIT CROWN ASSETS LIMITED 1.66%（流通 B 股） | |
| 交通银行－安顺证券投资基金 1.27%（流通 A 股） | |
| 中国银行－南方高增长股票型开放式证券投资基金 1.01%（流通 A 股） | |
| Long Honour Investments Limited 0.95%（流通 B 股） | |
| CMBLSA RE FTIF TEMPLETON ASIAN GRW FD GTI 5496 0.76%（流通 B 股） | |
| 实际控制人: | 中国远洋运输(集团)总公司 |

二〇〇六年以来市场表现

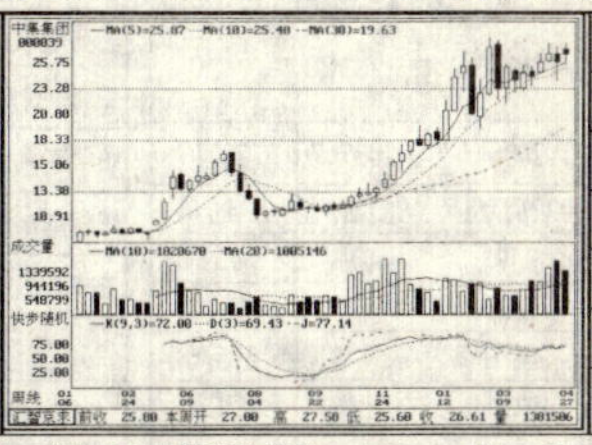

| | |
|---|---|
| 2006 年涨跌幅(%) | 150.05 |
| 2006 年最高(元) | 22.04 |
| 2007 年涨跌幅(%) | 41.24 |
| 2007.4.27 收盘(元) | 26.61 |
| 2007 年最高(元) | 28.23 |
| 2007 年最低(元) | 17.86 |
| 2007 年换手率(%) | 237.11 |

未来一年限售流通股解禁情况:110933168.5 股 05 月 24 日解禁

| 最新股本 | 总股本 | 非(限售)流通 | 流通 A | 流通 B/H/S | 股东户数 | 06 年末 | 06 三季 |
|---|---|---|---|---|---|---|---|
| | 221866.34 | 36014.32 | 66645.31 | 119206.71 | | 81863 | 102409 |

年报点评：公司主营全系列集装箱及路面车辆业务，06 年公司主营干货箱没有延续 05 年的调整，同时道路车辆实现了快速增长，尽管集装箱毛利出现一定程度下降，但由于道路车辆毛利上升，再加上管理效率提升，公司仍实现增长，后续我们重点关注其道路车辆业务发展。

## 深鸿基（000040）

上市日期:94/08/08

电话:0755－82367726　　传真:0755－82367780

**主营**：装卸、运输、仓储、房地产开发经营、物业管理、酒店经营管理、进出口贸易、有线广播电视光纤网络的建设、开发和经营等。

| | 年　度 | 2006 | 2005 | 2004 |
|---|---|---|---|---|
| 主要指标 | 每股收益/扣除后(元) | 0.03/－0.05 | 0.03 | 0.06/0.01 |
| | 每股经营现金流量(元) | －0.059 | 0.55 | 0.78 |
| | 每股净资产/调整后(元) | 1.87/1.49 | 1.84/1.84 | 1.81/1.61 |
| | 未分利润(万元) | －28177.87 | －29398.1 | －30954.69 |
| | 资本公积(万元) | 47643.86 | 47623 | 47623 |
| 利润构成 | 主营收入(万元) | 57230.71 | 51991.34 | 85079.23 |
| | 主营利润(万元) | 18605.64 | 14616.29 | 20650.04 |
| | 投资收益(万元) | 257.83 | 3634.97 | 2232.94 |
| | 利润总额(万元) | 4521.74 | 2070.89 | 5071.96 |
| | 净利润(万元) | 1220.23 | 1556.6 | 2795.48 |

近年分配:

**主要股东及持股比例%、持股性质**

- 深圳市东鸿信投资发展有限公司 12.26%（非流通股）
- 深圳市正中投资发展有限公司 10.99%（部分流通部分不流通）
- 广州康顺投资咨询有限公司 2.13%（流通A股）
- 吉红爱 1.11%（流通A股）
- 深圳市银信宝投资发展有限公司 0.93%（非流通股）
- 树秀霞 0.85%（流通A股）
- 绍兴纺纱有限公司 0.76%（非流通股）
- 梁健 0.74%（流通A股）
- 张建晨 0.68%（流通A股）
- 深圳开道投资有限公司 0.6%（非流通股）

**实际控制人**：深圳市鸿基(集团)股份有限公司工会工作委员会、深圳市多智能投资有限公司

二〇〇六年以来市场表现

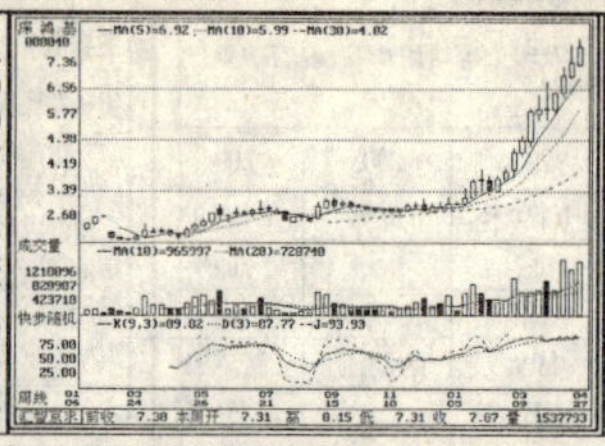

| | |
|---|---|
| 2006年涨跌幅(%) | 78.01 |
| 2006年最高(元) | 4.11 |
| 2007年涨跌幅(%) | 163.21 |
| 2007.4.27收盘(元) | 7.87 |
| 2007年最高(元) | 8.15 |
| 2007年最低(元) | 2.91 |
| 2007年换手率(%) | 334.64 |

未来一年限售流通股解禁情况:28743000股02月28日解禁

| 最新股本 | 总股本 | 非(限售)流通 | 流通A | 流通B/H/S | 股东户数 | 06年末 | 06三季 |
|---|---|---|---|---|---|---|---|
| | 46959.34 | 10353.79 | 36605.54 | | | 107708 | 117988 |

**年报点评**：公司在深圳港口建立数百万平方米的大型仓库，其大型综合物流园已初具规模。目前公司下属6家装卸运输企业，初步形成以仓储、集装箱运输、集装箱堆场为主，国际货代、代理报关报检报验为辅的业务体系。公司运营将进入轨道，有利于其整体效益的提升。

## 深长城（000042）

上市日期:94/09/21

电话:(0755)88393601　　传真:(0755)88393600

**主营**：房地产、建筑施工和物业经营与管理。

| | 年　度 | 2006 | 2005 | 2004 |
|---|---|---|---|---|
| 主要指标 | 每股收益/扣除后(元) | 0.318/0.267 | 0.573 | 0.21/0.24 |
| | 每股经营现金流量(元) | －1.35 | 1.385 | 3.16 |
| | 每股净资产/调整后(元) | 6.57/6.4 | 6.42/6.37 | 5.92/5.17 |
| | 未分利润(万元) | 33855.37 | 28524.44 | 16981.28 |
| | 资本公积(万元) | 61268.89 | 61670.88 | 61670.88 |
| 利润构成 | 主营收入(万元) | 83104.28 | 133797.02 | 348783.2 |
| | 主营利润(万元) | 30654.82 | 31174.87 | 53460.36 |
| | 投资收益(万元) | －1805.14 | 6835.17 | －443.07 |
| | 利润总额(万元) | 6948.92 | 11044.34 | 3872.9 |
| | 净利润(万元) | 7615.62 | 13721.75 | 5017.29 |

近年分配:06预案:10派1.8；04年:10派0.5

**主要股东及持股比例%、持股性质**

- 深圳市人民政府国有资产监督管理委员会 29.75%（国有股）
- 江西联泰实业有限公司 18.71%（非流通股）
- 深圳市联泰房地产开发有限公司 9.29%（非流通股）
- 深圳市振业(集团)股份有限公司 7.05%（非流通股）
- 上海申能资产管理有限公司 1.71%（流通A股）
- 上海浦东发展银行－广发小盘成长股票型证券投资基金 1%（流通A股）
- 中国工商银行－国投瑞银核心企业股票型证券投资基金 0.97%（流通A股）
- 中国工商银行－融鑫证券投资基金 0.81%（流通A股）
- 李共扬 0.73%（流通A股）
- 光大证券股份有限公司 0.54%（流通A股）

**实际控制人**：深圳市人民政府国有资产监督管理委员会

二〇〇六年以来市场表现

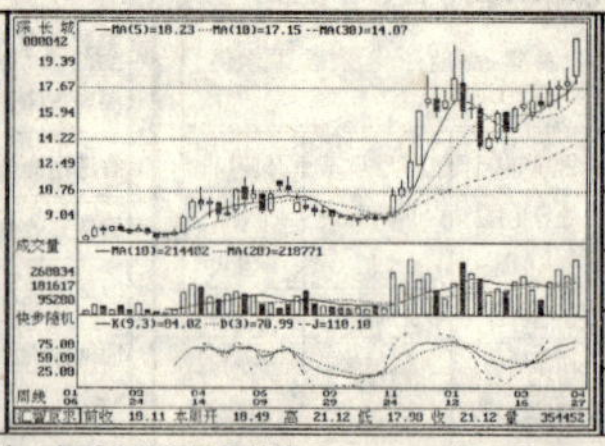

| | |
|---|---|
| 2006年涨跌幅(%) | 177.22 |
| 2006年最高(元) | 23.35 |
| 2007年涨跌幅(%) | 31.18 |
| 2007.4.27收盘(元) | 21.12 |
| 2007年最高(元) | 21.12 |
| 2007年最低(元) | 13.45 |
| 2007年换手率(%) | 403.85 |

未来一年限售流通股解禁情况:47892608股09月01日解禁

| 最新股本 | 总股本 | 非(限售)流通 | 流通A | 流通B/H/S | 股东户数 | 06年末 | 06三季 |
|---|---|---|---|---|---|---|---|
| | 23946.3 | 15537.46 | 8408.85 | | | 28153 | 38725 |

**年报点评**：重点项目开发进展顺利，项目销售再创佳绩。2006年，公司积极应对国家宏观调控政策，抓住时机顺势而为，保证了成都、东莞和上海等地项目的顺利推进；同时，公司也加大了对在售项目及存量资产的营销力度，取得了良好的销售业绩。

## 深南光A（000043）

上市日期:94/09/28

电话:0755－83689888　　传真:0755－83688903

**主营**：旅游服务业(包括四星级标准酒店、酒楼、干洗公司)、工业实业、房地产(包括物业、建筑装饰)。

| | 年　度 | 2006 | 2005 | 2004 |
|---|---|---|---|---|
| 主要指标 | 每股收益/扣除后(元) | 0.5/0.38 | 0.32 | 0.27/0.26 |
| | 每股经营现金流量(元) | －3.43 | 0.58 | －1.13 |
| | 每股净资产/调整后(元) | 3.01/2.26 | 2.64/2.14 | 2.34/1.59 |
| | 未分利润(万元) | 13230.54 | 8340.92 | 4916.93 |
| | 资本公积(万元) | 9670.47 | 10014.43 | 10129.06 |
| 利润构成 | 主营收入(万元) | 140894.85 | 136735.34 | 88663.81 |
| | 主营利润(万元) | 34189.81 | 28916.08 | 16567.29 |
| | 投资收益(万元) | 1595.12 | －75.02 | 458.22 |
| | 利润总额(万元) | 15285.58 | 12024.01 | 5935.46 |
| | 净利润(万元) | 6980.97 | 4493.19 | 3810.88 |

近年分配:06预案:10派2.5；05年:10派1；04年:10派1

**主要股东及持股比例%、持股性质**

- 中国航空技术进出口深圳公司 29.12%（国有股）
- 深圳中航实业股份有限公司 10.7%（国有股）
- 上海锦江国际(集团)股份有限公司 9.44%（国有股）
- 中国石油天然气管道局 2.73%（国有股）
- 浙江省建设投资集团有限公司 1.82%（国有股）
- 西安飞机工业(集团)有限责任公司 1.82%（国有股）
- 深圳市红山工贸有限公司 1.82%（非流通股）
- 贵州红湖机械厂 0.91%（国有股）
- 深圳市湘江工贸有限公司 0.91%（国有股）
- 阳泉市郊区恒兴经贸中心 0.91%（国有股）

**实际控制人**：中国航空技术进出口总公司

二〇〇六年以来市场表现

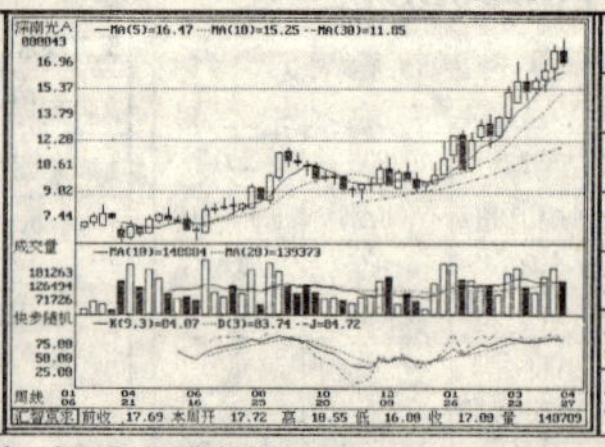

| | |
|---|---|
| 2006年涨跌幅(%) | 79.09 |
| 2006年最高(元) | 15.37 |
| 2007年涨跌幅(%) | 83.98 |
| 2007.4.27收盘(元) | 17 |
| 2007年最高(元) | 18.55 |
| 2007年最低(元) | 9.09 |
| 2007年换手率(%) | 444.54 |

未来一年限售流通股解禁情况:20115122股04月11日解禁

| 最新股本 | 总股本 | 非(限售)流通 | 流通A | 流通B/H/S | 股东户数 | 06年末 | 06三季 |
|---|---|---|---|---|---|---|---|
| | 13932.55 | 8969.87 | 4962.68 | | | 14162 | 13424 |

**年报点评**：公司初步形成以房地产开发为主导，物业管理和酒店管理为两翼的经营格局，工业资产所占比重下降，多年来谋求的转型基本成功。全年房地产实现收入6亿元，占公司营业收入的42.87%，实现净利润5567万元，占公司净利润的79.75%。

## 深纺织A（000045/200045）

上市日期:A: 94/08/15 B: 94/08/15

电话:0755－3776043　　传真:0755－3776139

**主营**：纺织服装、电子产品的生产与贸易及物业租赁管理。

| | 年　度 | 2006 | 2005 | 2004 |
|---|---|---|---|---|
| 主要指标 | 每股收益/扣除后(元) | 0.027/0.001 | 0.088 | 0.11/0.08 |
| | 每股经营现金流量(元) | 0.19 | 0.089 | 0.29 |
| | 每股净资产/调整后(元) | 1.38/1.36 | 1.4/1.39 | 1.37/1.36 |
| | 未分利润(万元) | 2078.31 | 2699.46 | 2345.96 |
| | 资本公积(万元) | 4581.46 | 4581.46 | 4571.87 |
| 利润构成 | 主营收入(万元) | 55578.37 | 39206.03 | 44839.27 |
| | 主营利润(万元) | 9184.44 | 9272.34 | 9704.27 |
| | 投资收益(万元) | 185.55 | 332.28 | 577.3 |
| | 利润总额(万元) | 1556.35 | 3517.6 | 4039.72 |
| | 净利润(万元) | 672.46 | 2163.92 | 2693.9 |

近年分配:05年:10派0.5；04年:10派0.6

**主要股东及持股比例%、持股性质**

- 深圳市投资管理公司 60.67%（国有股）
- 赖宇平 0.33%（流通A股）
- 郑创坚 0.29%（流通B股）
- 王琦 0.21%（流通A股）
- VICTOR ONWARD PRINTING&DYEING（HK）CO. LTD 0.19%（流通B股）
- 上海格林无线电厂 0.18%（流通A股）
- 西安市经济技术投资担保有限公司 0.16%（流通A股）
- WU KIN YEUK 胡建跃 0.16%（流通B股）
- 周超 0.13%（流通A股）
- ABN AMRO BANK NV 0.13%（流通B股）

**实际控制人**：深圳市人民政府国有资产监督管理委员会

二〇〇六年以来市场表现

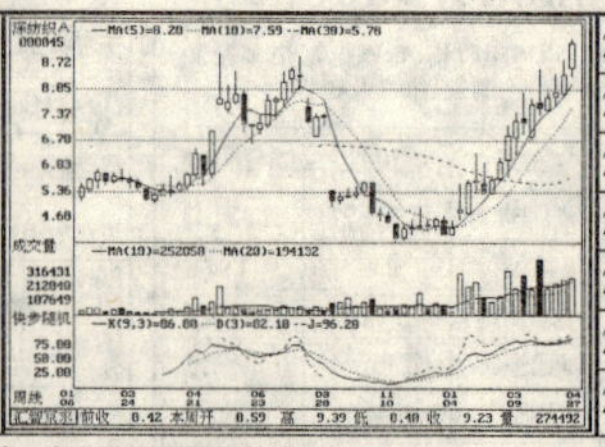

| | |
|---|---|
| 2006年涨跌幅(%) | 11.84 |
| 2006年最高(元) | 8.96 |
| 2007年涨跌幅(%) | 119.76 |
| 2007.4.27收盘(元) | 9.23 |
| 2007年最高(元) | 9.39 |
| 2007年最低(元) | 4.21 |
| 2007年换手率(%) | 751.68 |

未来一年限售流通股解禁情况:

| 最新股本 | 总股本 | 非(限售)流通 | 流通A | 流通B/H/S | 股东户数 | 06年末 | 06三季 |
|---|---|---|---|---|---|---|---|
| | 24512.4 | 14886.39 | 4676.01 | 4950 | | 20853 | 20685 |

**年报点评**：公司是深圳本地纺织股，率先进军高档全成型无缝服装领域，以高起点和高技术含量主攻日本的高端市场。公司重点开发的液晶显示器用偏光片，属自有知识产权，填补了国内空白，其产品质量达到国际同类产品水平。预计公司的利润将保持稳定持续的增长。

## 泛海建设（000046）

上市日期:94/09/12　　电话:(0755)82985998－215　　传真:(0755)82985866

**主营**：房地产开发经营,国内外项目投资。

| | 年　度 | 2006 | 2005 | 2004 |
|---|---|---|---|---|
| 主要指标 | 每股收益/扣除后(元) | 0.34/0.33 | 0.21 | 0.3/0.31 |
| | 每股经营现金流量(元) | －3.25 | －1.8 | 2.04 |
| | 每股净资产/调整后(元) | 4.45/4.43 | 3.3/3.3 | 3.73/3.71 |
| | 未分利润(万元) | 52649.59 | 29676.02 | 27007.15 |
| | 资本公积(万元) | 194072.24 | 40935.23 | 43864.24 |
| 利润构成 | 主营收入(万元) | 133769.75 | 55308.41 | 100193.68 |
| | 主营利润(万元) | 36720.46 | 10891.96 | 19967.61 |
| | 投资收益(万元) | 4153.56 | 4151.64 | －19.71 |
| | 利润总额(万元) | 36586.58 | 8745.74 | 11020.65 |
| | 净利润(万元) | 25526.19 | 7447.21 | 8889.67 |

近年分配:04年:10派0.25送1转增1

**主要股东及持股比例%、持股性质**

泛海建设控股有限公司 61.07% (非流通股)
光彩事业投资集团有限公司 9.35% (非流通股)
广发策略优选混合型证券投资基金 2.09% (流通A股)
长城证券有限责任公司 1.63% (流通A股)
黄木顺 1.21% (流通A股)
科瑞证券投资基金 0.66% (流通A股)
广发聚富开放式证券投资基金 0.64% (流通A股)
天元证券投资基金 0.59% (流通A股)
融通动力先锋股票型证券投资基金 0.57% (流通A股)
广发稳健增长证券投资基金 0.51% (流通A股)

实际控制人: 卢志强

二〇〇六年以来市场表现

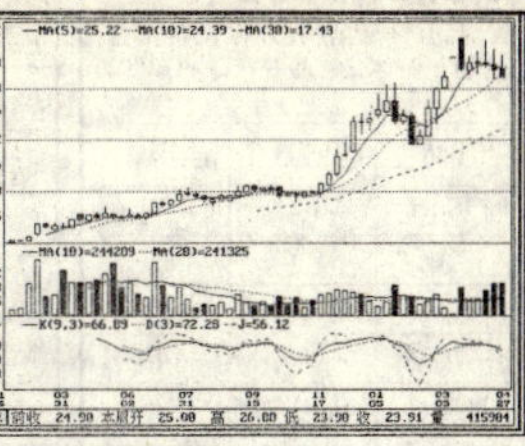

| | |
|---|---|
| 2006年涨跌幅(%) | 665.57 |
| 2006年最高(元) | 23.67 |
| 2007年涨跌幅(%) | 27.86 |
| 2007.4.27收盘(元) | 23.91 |
| 2007年最高(元) | 29.04 |
| 2007年最低(元) | 15.31 |
| 2007年换手率(%) | 168.29 |

未来一年限售流通股解禁情况:

| 最新股本 | 总股本 | 非(限售)流通 | 流通A | 流通B/H/S | 股东户数 | 06年末 | 06三季 |
|---|---|---|---|---|---|---|---|
| | 75148.15 | 52921.42 | 22226.72 | | | 18437 | 26493 |

**年报点评**：公司2006年非公开发行股票方案实施后,拥有了较多优质土地储备,具备了做大做强的基础;公司核心经营管理团队稳定;有成熟的开发模式及大股东的强力支持。公司由区域性地产公司转变为全国性地产公司后,综合管理能力需要提升。

## ＊ST康达（000048）

上市日期:94/11/01　　电话:0755－55425020　　传真:0755－5420155

**主营**：养殖肉鸡、鸡苗、禽蛋、肉猪、种猪;房地产开发;自来水供应;生产销售饲料;国内商业;交通运输等。

| | 年　度 | 2006 | 2005 | 2004 |
|---|---|---|---|---|
| 主要指标 | 每股收益/扣除后(元) | －0.24/－0.17 | －0.29/－0.201 | 0.02/0.012 |
| | 每股经营现金流量(元) | 0.09 | 0.24 | 0.44 |
| | 每股净资产/调整后(元) | －0.45/－0.47 | －0.17/－0.25 | 0.13/0.08 |
| | 未分利润(万元) | －50210.7 | －40692.58 | －44288.18 |
| | 资本公积(万元) | 2831.34 | | 9236.41 |
| 利润构成 | 主营收入(万元) | 74586.54 | 86698.19 | 97581.8 |
| | 主营利润(万元) | 7618.15 | 11987.97 | 15322.37 |
| | 投资收益(万元) | －764.93 | －2921.92 | 2785.31 |
| | 利润总额(万元) | －13037.18 | －10652.07 | 1505.37 |
| | 净利润(万元) | －9518.12 | －11262.15 | 734.2 |

近年分配:

**主要股东及持股比例%、持股性质**

深圳市华超投资发展有限公司 26.36% (非流通股)
上海中西药业股份有限公司 18.5% (非流通股)
深圳市一洲实业发展有限公司 3.08% (非流通股)
中国长城资产管理公司 2.92% (国有股)
深圳市众泉建设监理有限公司 2.88% (非流通股)
民乐燕园投资管理有限公司 1.73% (非流通股)
上海昆凌工贸有限公司 1.68% (非流通股)
海南沃和生物技术有限公司 1.06% (非流通股)
上海步欣工贸有限公司 1.05% (非流通股)
上海平杰投资咨询有限公司 1.01% (非流通股)

实际控制人: 罗爱华

二〇〇六年以来市场表现

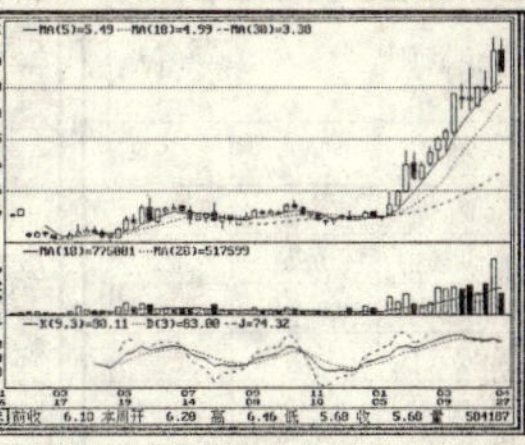

| | |
|---|---|
| 2006年涨跌幅(%) | 31.86 |
| 2006年最高(元) | 3.7 |
| 2007年涨跌幅(%) | 145.89 |
| 2007.4.27收盘(元) | 5.68 |
| 2007年最高(元) | 6.52 |
| 2007年最低(元) | 2.26 |
| 2007年换手率(%) | 478.15 |

未来一年限售流通股解禁情况:31490305股02月14日解禁

| 最新股本 | 总股本 | 非(限售)流通 | 流通A | 流通B/H/S | 股东户数 | 06年末 | 06三季 |
|---|---|---|---|---|---|---|---|
| | 39076.87 | 23883.3 | 15193.57 | | | 36292 | 37277 |

**年报点评**：由于公司对以前年度财务报告追溯调整,导致2006年净利润出现负值。公司通过重组确立了三大产业基本布局,即以公用事业为主业,以房地产业为新的利润增长点,以现代农业为基础,塑造康达尔运输、供水、房地产、物业管理、饲料、养殖六大品牌的产业发展战略。

## 德赛电池（000049）

上市日期:95/03/20　　电话:0755－82968282　　传真:0755－82969220

**主营**：电池(主要包括移动设备用电池、碱锰电池、镍氢可充电电池)的研究、生产和销售等业务。

| | 年　度 | 2006 | 2005 | 2004 |
|---|---|---|---|---|
| 主要指标 | 每股收益/扣除后(元) | 0.146/0.146 | 0.133/0.126 | 0.02/0.02 |
| | 每股经营现金流量(元) | 0.2533 | 0.1475 | 0.13 |
| | 每股净资产/调整后(元) | 1.28/1.21 | 1.14/1.1 | 1/0.96 |
| | 未分利润(万元) | 2451.16 | 657.65 | －3925.63 |
| | 资本公积(万元) | 906.48 | 906.48 | 3750.61 |
| 利润构成 | 主营收入(万元) | 86920.23 | 67610.54 | 17812.64 |
| | 主营利润(万元) | 13612.55 | 9857.64 | 3422.8 |
| | 投资收益(万元) | －257.4 | －213.65 | －61.09 |
| | 利润总额(万元) | 3374.72 | 2846.47 | 648.7 |
| | 净利润(万元) | 2003.83 | 1813.59 | 290.86 |

近年分配:06年:10派1

**主要股东及持股比例%、持股性质**

惠州市德赛工业发展有限公司 53.04% (国有股)
惠州市仲恺高新技术投资控股有限公司 4.33% (国有股)
深圳市丰汇城建发展股份有限公司 0.79% (国有股)
刘少扬 0.54% (流通A股)
黄联军 0.39% (流通A股)
潘柏 0.29% (流通A股)
周静秀 0.2% (流通A股)
张东 0.15% (流通A股)
李炽坤 0.15% (流通A股)
李琴英 0.14% (流通A股)

实际控制人: 惠州市德赛集团有限公司

二〇〇六年以来市场表现

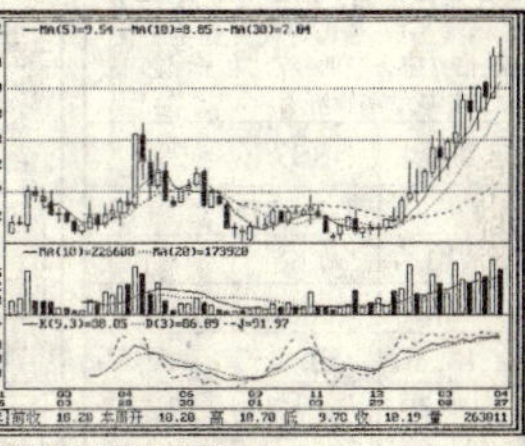

| | |
|---|---|
| 2006年涨跌幅(%) | 1.93 |
| 2006年最高(元) | 8.49 |
| 2007年涨跌幅(%) | 77.41 |
| 2007.4.27收盘(元) | 10.19 |
| 2007年最高(元) | 10.7 |
| 2007年最低(元) | 5.73 |
| 2007年换手率(%) | 546.32 |

未来一年限售流通股解禁情况:

| 最新股本 | 总股本 | 非(限售)流通 | 流通A | 流通B/H/S | 股东户数 | 06年末 | 06三季 |
|---|---|---|---|---|---|---|---|
| | 13682.92 | 7959.58 | 5723.34 | | | 15036 | 15699 |

**年报点评**：公司的主营业务为高科技类电池产品,各类电池产销量在国内处于行业领先地位,市场优势非常明显。2006年公司主营业务收入、利润均保持了快速增长。在下游行业强劲需求的支撑下,预计公司未来几年仍将保持快速增长的态势。

## 深天马A（000050）

上市日期:95/03/15　　电话:0755－83793863　　传真:0755－83790431

**主营**：生产、销售液晶显示器(LCD)和液晶显示模块(LCM)产品。

| | 年　度 | 2006 | 2005 | 2004 |
|---|---|---|---|---|
| 主要指标 | 每股收益/扣除后(元) | 0.28/0.27 | 0.21/0.18 | 0.35/0.35 |
| | 每股经营现金流量(元) | 0.66 | 0.39 | 0.15 |
| | 每股净资产/调整后(元) | 2.59/2.58 | 2.94/2.88 | 2.84/2.78 |
| | 未分利润(万元) | 16111.74 | 9016.53 | 6962.7 |
| | 资本公积(万元) | 29469.29 | 36402.18 | 36379.18 |
| 利润构成 | 主营收入(万元) | 151118.12 | 110247.28 | 107091.27 |
| | 主营利润(万元) | 27602.03 | 18581.94 | 21832.72 |
| | 投资收益(万元) | 34.16 | －164.22 | 61.74 |
| | 利润总额(万元) | 10734.06 | 5812.39 | 9720.13 |
| | 净利润(万元) | 9379.56 | 5540.27 | 9339.25 |

近年分配:06预案:10派2;05年:10派0.5转增2.5;04年:10派1

**主要股东及持股比例%、持股性质**

深圳中航实业股份有限公司 52.62% (非流通股)
深圳市通产实业有限公司 11.2% (非流通股)
包宜东 0.66% (流通A股)
国际金融－花旗－MARTIN CURRIE INVESTMENT MANAGEMENT LIMITED 0.64% (流通A股)
国际金融－汇丰－MORGAN STANLEY & CO. INTERNATIONAL LIMITED 0.64% (流通A股)
中信建设－渣打银行－ING BANK N.V 0.64% (流通A股)
国泰君安－建行－香港上海汇丰银行有限公司 0.59% (流通A股)
USB AG 0.54% (流通A股)
盘旺清 0.46% (流通A股)
杨汉超 0.45% (流通A股)

实际控制人: 中国航空技术进出口深圳公司

二〇〇六年以来市场表现

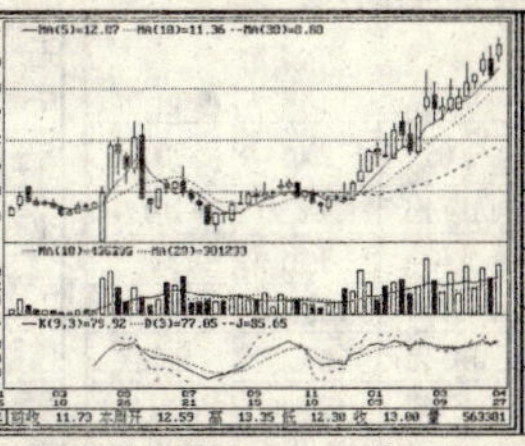

| | |
|---|---|
| 2006年涨跌幅(%) | 139.6 |
| 2006年最高(元) | 14.47 |
| 2007年涨跌幅(%) | 51.16 |
| 2007.4.27收盘(元) | 13 |
| 2007年最高(元) | 13.35 |
| 2007年最低(元) | 8 |
| 2007年换手率(%) | 513.64 |

未来一年限售流通股解禁情况:16596250股04月26日解禁

| 最新股本 | 总股本 | 非(限售)流通 | 流通A | 流通B/H/S | 股东户数 | 06年末 | 06三季 |
|---|---|---|---|---|---|---|---|
| | 33192.5 | 21190.1 | 12002.4 | | | 23047 | 24060 |

**年报点评**：公司是我国国内目前规模最大、水平最高的液晶显示器生产企业,在国内LCD行业具有领先地位;未来随着新的主导产品TFT显示模块的大批量生产,公司的主营业务盈利能力将有较大提高。公司投资建设的上海4.5代TFT线有助于解决上游资源瓶颈问题。

## 方大 A (000055/200055)

上市日期:A: 96/04/15 B: 95/11/29　　电话:0755－26788571　　传真:0755－26788353

| | | | | |
|---|---|---|---|---|
| 主营 | 新型建材、复合材料、金属制品、金属结构、环保设备及器材、安防设备、冶金设备、光机电一体化产品等产品的开发、设计、生产、施工、销售及售后服务。 | | | |
| | 年　度 | 2006 | 2005 | 2004 |
| 主要指标 | 每股收益/扣除后(元) | 0.023/－0.037 | －0.197 | 0.01/－0.004 |
| | 每股经营现金流量(元) | 0.2306 | －0.0906 | 0.03 |
| | 每股净资产/调整后(元) | 1.21/1 | 1.41/1.16 | 1.6/1.44 |
| | 未分利润(万元) | －9775.93 | －10487.74 | －37138.73 |
| | 资本公积(万元) | 10832.19 | 16442.76 | 41340.22 |
| 利润构成 | 主营收入(万元) | 67135.86 | 60649.87 | 62357.93 |
| | 主营利润(万元) | 6904.92 | 4285.47 | 10765.27 |
| | 投资收益(万元) | 65.05 | －353.81 | －15.31 |
| | 利润总额(万元) | 718.75 | －5846.16 | 514.16 |
| | 净利润(万元) | 798.68 | －5836.55 | 326.67 |
| 近年分配: | 06 预案:10 转增 1 | | | |

| 主要股东及持股比例%、持股性质 |
|---|
| 深圳市邦林科技发展有限公司 17.01% (非流通股) |
| 深圳市时利和投资有限公司 13.36% (非流通股) |
| 集康国际有限公司 5.53% (流通 B 股) |
| 陈金标 0.7% (流通 B 股) |
| 孙恩菊 0.66% (流通 A 股) |
| 翁英文 0.6% (流通 B 股) |
| 王婵娟 0.55% (流通 B 股) |
| 深圳市蛇口渔二实业股份有限公司 0.54% (非流通股) |
| 内藤证券株式会社 0.44% (流通 B 股) |
| HSBC JAMES CAPEL ASIA LIMITED 0.36% (流通 B 股) |
| 实际控制人:熊建明 |

二〇〇六年以来市场表现

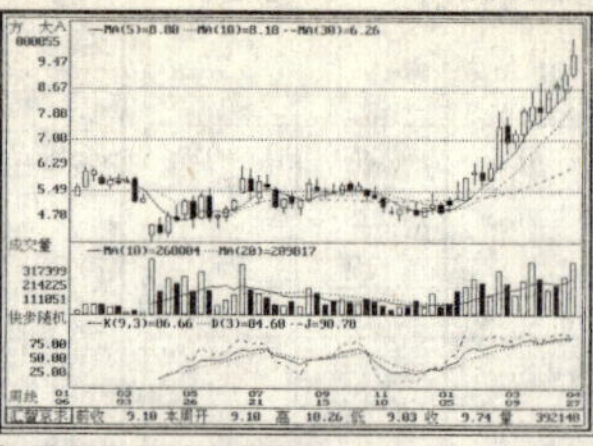

| | |
|---|---|
| 2006 年涨跌幅(%) | 53.05 |
| 2006 年最高(元) | 10.52 |
| 2007 年涨跌幅(%) | 102.5 |
| 2007.4.27 收盘(元) | 9.74 |
| 2007 年最高(元) | 10.26 |
| 2007 年最低(元) | 4.83 |
| 2007 年换手率(%) | 532.07 |

未来一年限售流通股解禁情况:35271600 股 04 月 10 日解禁

| 最新股本 | 总股本 | 非(限售)流通 | 流通 A | 流通 B/H/S | 股东户数 | 06 年末 | 06 三季 |
|---|---|---|---|---|---|---|---|
| | 35271.6 | 10911.08 | 7061.73 | 17298.79 | | 36972 | 37603 |

年报点评:公司在经历了一系列内部产业结构调整后,不仅成功实现扭亏为盈,并进一步确立了以新型建材、机电一体化设备和半导体照明三大产业为主导的产业构架。作为地铁屏蔽门行业"领头羊",公司将不断提升自身的综合优势,实现市场竞争力和占有率进一步提升。

## 深国商 (000056/200056)

上市日期:A: 96/07/08 B: 95/10/30　　电话:0755－82285565　　传真:0755－82285573

| | | | | |
|---|---|---|---|---|
| 主营 | 连锁零售商业和房地产投资。 | | | |
| | 年　度 | 2006 | 2005 | 2004 |
| 主要指标 | 每股收益/扣除后(元) | －0.05/－0.09 | 0.03 | －0.334/－0.273 |
| | 每股经营现金流量(元) | 0.12 | 0.26 | 0.267 |
| | 每股净资产/调整后(元) | 0.75/0.57 | 0.91/0.68 | 0.8/0.74 |
| | 未分利润(万元) | －16575.13 | －15427.14 | －16024.98 |
| | 资本公积(万元) | 7086.96 | 6265.53 | 5110.97 |
| 利润构成 | 主营收入(万元) | 7103.08 | 18894.65 | 8667.13 |
| | 主营利润(万元) | －1167.96 | 4793.95 | －433.25 |
| | 投资收益(万元) | －9.55 | 3219.09 | －1462.88 |
| | 利润总额(万元) | －7431.87 | 2980.61 | －15865.32 |
| | 净利润(万元) | －1147.99 | 700.15 | －7368.66 |
| 近年分配: | | | | |

| 主要股东及持股比例%、持股性质 |
|---|
| FOH CHONG&SONS SDN. BHD. 13.7% (流通 B 股) |
| 深圳市特发集团有限公司 13.28% (国有股) |
| 深圳市泰天实业发展有限公司 5.63% (非流通股) |
| F.C. (ASIA) HOLDINGS SDN. BHD. 3.93% (流通 B 股) |
| 香港盟兴实业有限公司 1.46% (流通 B 股) |
| 大埔和昌化工有限公司 1.3% (非流通股) |
| 和盛国际贸易公司 1.3% (流通 B 股) |
| FORTUNE IDEAL CAPITAL INC. 1.15% (流通 B 股) |
| UCHINO CORPORATION SDN. BHD 1.04% (流通 B 股) |
| LETSCON HOLDINGS SDN. BHD. 0.91% (流通 B 股) |
| 实际控制人:FOH CHONG& SONS SDN. BHD. |

二〇〇六年以来市场表现

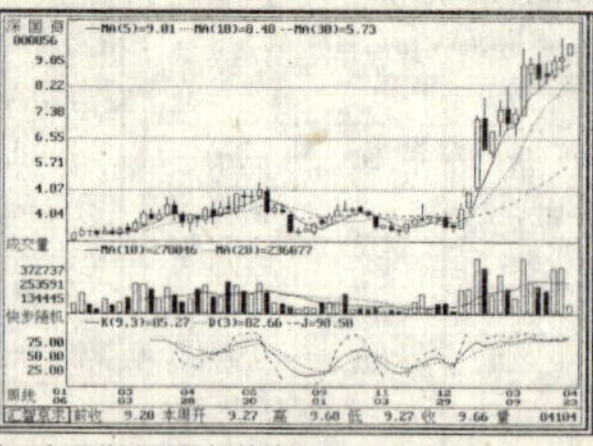

| | |
|---|---|
| 2006 年涨跌幅(%) | 26.02 |
| 2006 年最高(元) | 6.89 |
| 2007 年涨跌幅(%) | 164.66 |
| 2007.4.27 收盘(元) | 9.66 |
| 2007 年最高(元) | 9.89 |
| 2007 年最低(元) | 3.51 |
| 2007 年换手率(%) | 436.04 |

未来一年限售流通股解禁情况:12443972 股 01 月 06 日解禁

| 最新股本 | 总股本 | 非(限售)流通 | 流通 A | 流通 B/H/S | 股东户数 | 06 年末 | 06 三季 |
|---|---|---|---|---|---|---|---|
| | 22090.12 | 4509.06 | 7412.24 | 10168.82 | | 31233 | 31659 |

年报点评:2007 年一季度业绩预亏。公司在深圳市中心区的晶岛国际购物广场已于去年底封顶,目前在内部装修,尚不能产生收益;广东省内的林业基地造林项目一期投资回收期为 5 年,目前还处在大规模的投入期;传统的百货业退出已逐步完成,暂时不能形成现金收入。

## *ST 赛格 (000058/200058)

上市日期:A: 96/12/26 B: 96/07/22　　电话:0755－83747939　　传真:0755－83975237

| | | | | |
|---|---|---|---|---|
| 主营 | 彩色玻壳、电子系统工程、网络工程、通信等高科技电子信息产品的科研与生产经营、信息服务业的经营、电子配套市场的经营管理以及保税仓储和涉外运输等业务。 | | | |
| | 年　度 | 2006 | 2005 | 2004 |
| 主要指标 | 每股收益/扣除后(元) | －0.086/－0.093 | －0.178/－0.179 | 0.14/0.137 |
| | 每股经营现金流量(元) | 0.313 | 0.262 | 0.1 |
| | 每股净资产/调整后(元) | 1.55/1.5 | 1.76/1.72 | 1.93/1.78 |
| | 未分利润(万元) | －1481.88 | 5235.04 | 18148.08 |
| | 资本公积(万元) | 34403.77 | 39373.24 | 39222.31 |
| 利润构成 | 主营收入(万元) | 190566.6 | 181578.52 | 258791.47 |
| | 主营利润(万元) | 7295.84 | 6162.49 | 34413.02 |
| | 投资收益(万元) | 2146.09 | －134.95 | 5833.29 |
| | 利润总额(万元) | －14786.4 | －23864.09 | 14964.28 |
| | 净利润(万元) | －6716.92 | －12913.03 | 10198.94 |
| 近年分配: | | | | |

| 主要股东及持股比例%、持股性质 |
|---|
| 深圳市赛格集团有限公司 30.24% (国有股) |
| 广州福达企业集团有限公司 16.56% (非流通股) |
| 上海中甫投资管理有限公司 0.8% (非流通股) |
| 上海奇乐经贸有限公司 0.76% (非流通股) |
| 深圳市生溢实业发展有限公司 0.64% (非流通股) |
| 上海泰利科技发展有限公司 0.51% (非流通股) |
| 上海新元投资有限公司 0.46% (非流通股) |
| 秦皇岛市三元有限责任公司 0.4% (非流通股) |
| 上海万通油漆化工有限公司 0.31% (非流通股) |
| 无锡市宏裕百货商店 0.3% (非流通股) |
| 实际控制人:深圳市人民政府国有资产监督管理委员会 |

二〇〇六年以来市场表现

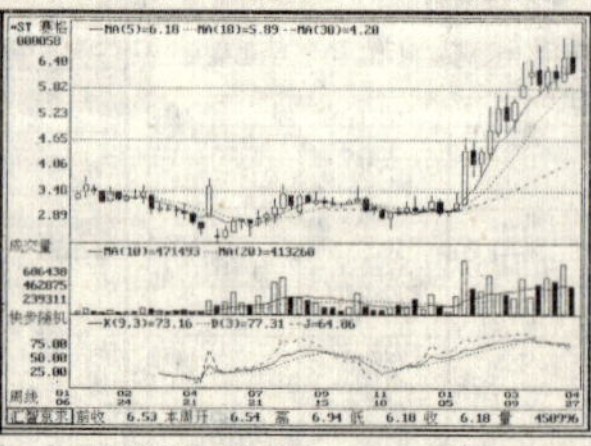

| | |
|---|---|
| 2006 年涨跌幅(%) | 31.85 |
| 2006 年最高(元) | 5.3 |
| 2007 年涨跌幅(%) | 107.38 |
| 2007.4.27 收盘(元) | 6.18 |
| 2007 年最高(元) | 6.99 |
| 2007 年最低(元) | 2.92 |
| 2007 年换手率(%) | 586.35 |

未来一年限售流通股解禁情况:122629902 股 06 月 14 日解禁

| 最新股本 | 总股本 | 非(限售)流通 | 流通 A | 流通 B/H/S | 股东户数 | 06 年末 | 06 三季 |
|---|---|---|---|---|---|---|---|
| | 78479.9 | 41153.84 | 12679.93 | 24646.13 | | 67610 | 69678 |

年报点评:公司主营彩色显像管、电子系统工程、网络工程、通信等高科技电子信息产品的科研与生产经营,同时涉足保税仓储和涉外运输等业务。公司持有赛格三星 1.679 亿法人股,为其第一大股东。然而由于彩电行业面临更新换代的过程,预计公司很难有所作为。

## 辽通化工 (000059)

上市日期:97/01/30　　电话:0755－25985565　　传真:0755－25985575

| | | | | |
|---|---|---|---|---|
| 主营 | 生产化学肥料。 | | | |
| | 年　度 | 2006 | 2005 | 2004 |
| 主要指标 | 每股收益/扣除后(元) | 0.13/0.155 | 0.36/0.363 | 0.21/0.24 |
| | 每股经营现金流量(元) | 0.44 | 0.635 | 0.76 |
| | 每股净资产/调整后(元) | 2.72/2.67 | 2.51/2.41 | 2.14/2.11 |
| | 未分利润(万元) | 33013.54 | 24976.07 | 4707.43 |
| | 资本公积(万元) | 74153.02 | 68730.02 | 68144.08 |
| 利润构成 | 主营收入(万元) | 248036 | 185645.55 | 166270.76 |
| | 主营利润(万元) | 50220.39 | 49077.05 | 43989.5 |
| | 投资收益(万元) | | - | |
| | 利润总额(万元) | 12783.93 | 34500.33 | 18348.1 |
| | 净利润(万元) | 8931.43 | 24046.31 | 13650.84 |
| 近年分配: | 06 预案:10 派 0.64 | | | |

| 主要股东及持股比例%、持股性质 |
|---|
| 华锦集团 60.26% (国有股) |
| 深圳通达 3.09% (流通 A 股) |
| 中国工商银行－融通蓝筹成长基金 0.38% (流通 A 股) |
| 华润石化 0.37% (流通 A 股) |
| 鹏龙工贸 0.27% (流通 A 股) |
| 毛雷 0.11% (流通 A 股) |
| 黄妙婵 0.1% (流通 A 股) |
| 贺秀月 0.09% (流通 A 股) |
| 钟燕玲 0.09% (流通 A 股) |
| 潍坊亚星化学股份有限公司 0.08% (流通 A 股) |
| 实际控制人:中国兵器工业集团公司 |

二〇〇六年以来市场表现

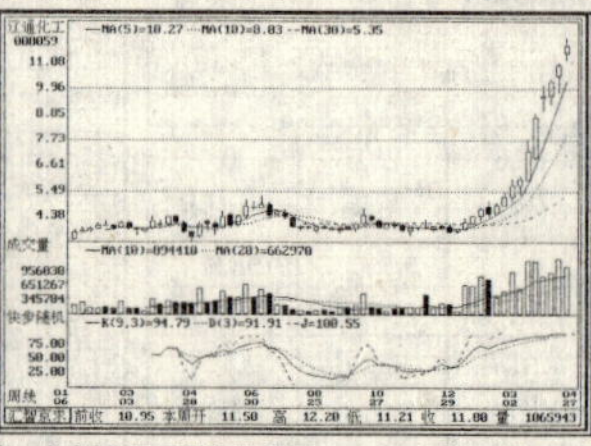

| | |
|---|---|
| 2006 年涨跌幅(%) | 10.21 |
| 2006 年最高(元) | 5.26 |
| 2007 年涨跌幅(%) | 221.53 |
| 2007.4.27 收盘(元) | 11.8 |
| 2007 年最高(元) | 12.2 |
| 2007 年最低(元) | 3.61 |
| 2007 年换手率(%) | 454.61 |

未来一年限售流通股解禁情况:66322521 股 10 月 25 日解禁

| 最新股本 | 总股本 | 非(限售)流通 | 流通 A | 流通 B/H/S | 股东户数 | 06 年末 | 06 三季 |
|---|---|---|---|---|---|---|---|
| | 66322.52 | 39965.48 | 26357.04 | | | 63335 | 65392 |

年报点评:公司是国内最大的尿素生产企业,目前产能为 150 万吨。公司产品主要销售地区是辽宁省及周边地区,占据辽宁省尿素市场近 90%以上份额。大股东兵器集团为国内第四大石油生厂商,而公司作为集团唯一石油化工类上市公司,存在一定整合预期。

## 中金岭南（000060）

上市日期:97/01/23　　电话:0755－83474800　　传真:0755－83474889

**主营**：有色金属铅锌的采、选、冶及铝型材、铝门窗、玻璃幕墙、商贸、房地产开发和出租车运输。

| | 年　度 | 2006 | 2005 | 2004 |
|---|---|---|---|---|
| 主要指标 | 每股收益/扣除后(元) | 1.71/1.81 | 0.64 | |
| | 每股经营现金流量(元) | 0.16 | 1.07 | 1.05 |
| | 每股净资产/调整后(元) | 4.86/4.82 | 3.33/3.24 | |
| | 未分利润(万元) | 107790.89 | 29984.3 | 13196.81 |
| | 资本公积(万元) | 104058.83 | 48648.83 | 48422.83 |
| 利润构成 | 主营收入(万元) | 624023.02 | 423725.05 | 354842.15 |
| | 主营利润(万元) | 214131.05 | 110030.44 | 85173.16 |
| | 投资收益(万元) | 4129.49 | －3729.06 | －2785.15 |
| | 利润总额(万元) | 136993.79 | 33091.11 | 19936.79 |
| | 净利润(万元) | 113458.24 | 27734.36 | 13688.74 |

**近年分配**：06预案:10派6.8送1；05年:10派1送2转增2；04年:10派1.25

| 主要股东及持股比例%、持股性质 |
|---|
| 广东省广晟资产经营有限公司 31.63%（国有股） |
| 深圳市广晟投资发展有限公司 4.51%（国有股） |
| 宝钢集团有限公司 3.76%（国有股） |
| 广东广晟有色金属集团有限公司 1.98%（国有股） |
| 中国人寿保险股份有限公司－分红－个人分红－005L－FH002深 1.44%（流通A股） |
| 交银施罗德成长股票证券投资基金 0.91%（流通A股） |
| 华夏优势增长股票型证券投资基金 0.9%（流通A股） |
| 科瑞证券投资基金 0.83%（流通A股） |
| 易方达策略成长二号混合型证券投资基金 0.82%（流通A股） |
| 全国社保基金——零组合 0.64%（流通A股） |
| **实际控制人**：广东省广晟资产经营有限公司 |

二〇〇六年以来市场表现

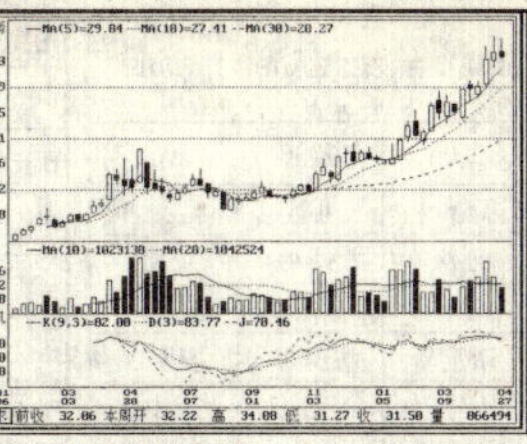

| | |
|---|---|
| 2006年涨跌幅(%) | 294.21 |
| 2006年最高(元) | 27.54 |
| 2007年涨跌幅(%) | 81.77 |
| 2007.4.27收盘(元) | 31.5 |
| 2007年最高(元) | 34.47 |
| 2007年最低(元) | 16.55 |
| 2007年换手率(%) | 442.83 |

**未来一年限售流通股解禁情况**:30240000股11月18日解禁

| 最新股本 | 总股本 | 非(限售)流通 | 流通A | 流通B/H/S | 股东户数 | 06年末 | 06三季 |
|---|---|---|---|---|---|---|---|
| | 66480 | 27416.35 | 39063.65 | | | 60285 | 62129 |

**年报点评**：公司拥有亚洲产能最大的凡口铅锌矿、国内产能第三的韶关冶炼厂,2006年在有色金属行业景气度不断提升的大背景下,公司实现了业绩的大幅增长。2007年铅锌价格相对2006年将有所增长,加之公司产量的增长,预计公司全年经营业绩仍将有所提高。

## 农产品（000061）

上市日期:97/01/10　　电话:0755－25850936　　传真:0755－25850936

**主营**：建设和管理农产品批发市场、农产品的批发零售和进出口业务、农产品的拍卖、农产品的仓储、保鲜、包装、加工和运输、农产品信息的服务、养猪

| | 年　度 | 2006 | 2005 | 2004 |
|---|---|---|---|---|
| 主要指标 | 每股收益/扣除后(元) | 0.129/－0.01 | 0.049 | 0.03/0.002 |
| | 每股经营现金流量(元) | 0.893 | 0.865 | 0.35 |
| | 每股净资产/调整后(元) | 3.76/3.53 | 3.64/3.37 | 3.66/3.35 |
| | 未分利润(万元) | 8213.16 | 3711.73 | 4043.42 |
| | 资本公积(万元) | 81663.63 | 80707.48 | 81195.5 |
| 利润构成 | 主营收入(万元) | 170046.99 | 240823.21 | 227104.03 |
| | 主营利润(万元) | 53851.92 | 61348.49 | 60216.3 |
| | 投资收益(万元) | －3451.55 | －268.32 | －1289.2 |
| | 利润总额(万元) | 10229 | 12408.66 | 4570.28 |
| | 净利润(万元) | 5001.58 | 1890.15 | 1057.67 |

**近年分配**：04年:10派0.5

| 主要股东及持股比例%、持股性质 |
|---|
| 深圳市人民政府国有资产监督管理委员会 22.88%（国有股） |
| 深圳国际信托投资有限责任公司－农产品股权分置改革集合财产信托 6.76%（非流通股） |
| 交通银行－华安创新证券投资基金 4.23%（流通A股） |
| 中国银行－华宝兴业先进成长股票型证券投资基金 2.32%（流通A股） |
| 中国银行－嘉实服务增值行业证券投资基金 2.24%（流通A股） |
| 深圳市投资管理公司 2.21%（国有股） |
| 中国银行－景宏证券投资基金 1.99%（流通A股） |
| 中国银行－嘉实成长收益型证券投资基金 1.93%（流通A股） |
| 中国工商银行－广发策略优选混合型证券投资基金 1.79%（流通A股） |
| 广州铁路集团广深铁路实业发展总公司 1.7%（流通A股） |
| **实际控制人**：深圳市人民政府国有资产监督管理委员会 |

二〇〇六年以来市场表现

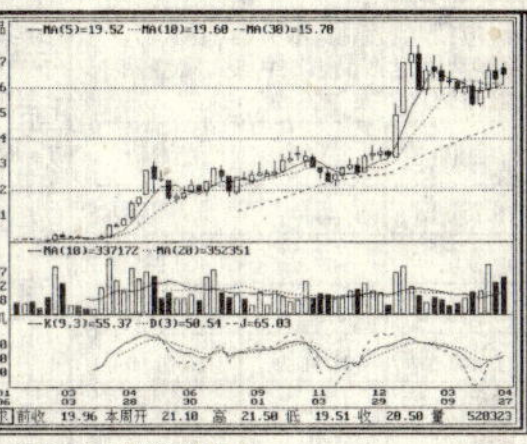

| | |
|---|---|
| 2006年涨跌幅(%) | 196.51 |
| 2006年最高(元) | 13.36 |
| 2007年涨跌幅(%) | 60.78 |
| 2007.4.27收盘(元) | 20.5 |
| 2007年最高(元) | 24.18 |
| 2007年最低(元) | 12.09 |
| 2007年换手率(%) | 212.68 |

**未来一年限售流通股解禁情况**:

| 最新股本 | 总股本 | 非(限售)流通 | 流通A | 流通B/H/S | 股东户数 | 06年末 | 06三季 |
|---|---|---|---|---|---|---|---|
| | 38766.34 | 12437.35 | 26328.99 | | | 15917 | 16582 |

**年报点评**：公司是国内农产品流通行业龙头企业,行业规范的制定者和执行者。公司以各农产品批发市场为物流中心,进一步发展成为全国性农产品物流经营企业。此外,公司还拥有面积巨大且成本较低的土地储备,这些土地会分享城市地价上涨带来的土地价值增值。

## 深圳华强（000062）

上市日期:97/01/30　　电话:0755－83216296　　传真:0755－83368414

**主营**：激光头、电池系列产品、微型马达、数码相机等电子元器件制造、电子信息产业和物业开发及管理。

| | 年　度 | 2006 | 2005 | 2004 |
|---|---|---|---|---|
| 主要指标 | 每股收益/扣除后(元) | 0.27/0.096 | 0.093 | 0.155/0.159 |
| | 每股经营现金流量(元) | 0.067 | －0.2378 | 0.6834 |
| | 每股净资产/调整后(元) | 4.1/4.03 | 4.51/4.43 | 4.55/4.45 |
| | 未分利润(万元) | 33347.02 | 29176.31 | 30213.97 |
| | 资本公积(万元) | 50167.28 | 54157.36 | 54147.18 |
| 利润构成 | 主营收入(万元) | 210514.15 | 267752.66 | 200961.41 |
| | 主营利润(万元) | 32931.67 | 39862.01 | 26411.79 |
| | 投资收益(万元) | 8971.88 | 808.63 | 2488.91 |
| | 利润总额(万元) | 7411.07 | 3842.8 | 5077.76 |
| | 净利润(万元) | 8354.68 | 2514.93 | 4194.49 |

**近年分配**：06预案:10派0.5；05年:10派0.87527；04年:10派1

| 主要股东及持股比例%、持股性质 |
|---|
| 深圳华强集团有限公司 45.95%（非流通股） |
| 张勇 0.9%（流通A股） |
| 于富康 0.9%（流通A股） |
| 国泰君安－建行－香港上海汇丰银行有限公司 0.76%（流通A股） |
| UBS AG 0.73%（流通A股） |
| 镇江市诚信担保有限责任公司 0.71%（流通A股） |
| 海通－汇丰－MERRILL LYNCH INTERNATIONAL 0.66%（流通A股） |
| 周明 0.54%（流通A股） |
| 顾惺亚 0.53%（流通A股） |
| 周爱芳 0.49%（流通A股） |
| **实际控制人**：深圳华强合丰投资股份有限公司 |

二〇〇六年以来市场表现

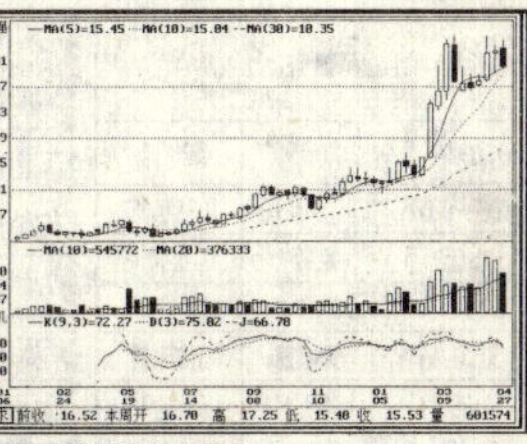

| | |
|---|---|
| 2006年涨跌幅(%) | 139.19 |
| 2006年最高(元) | 11.88 |
| 2007年涨跌幅(%) | 91.73 |
| 2007.4.27收盘(元) | 15.53 |
| 2007年最高(元) | 17.55 |
| 2007年最低(元) | 7.4 |
| 2007年换手率(%) | 408.74 |

**未来一年限售流通股解禁情况**:

| 最新股本 | 总股本 | 非(限售)流通 | 流通A | 流通B/H/S | 股东户数 | 06年末 | 06三季 |
|---|---|---|---|---|---|---|---|
| | 30893.2 | 14213.79 | 16679.41 | | | 33267 | 38625 |

**年报点评**：公司是我国大型电子元器件企业,其主打激光产品竞争力明显。此外,公司和三洋合资成立能源公司,从事新能源开发项目,发展前景广阔。但是由于行业竞争激烈,因此公司要想保持长期的快速增长较为困难。公司的业绩更多地取决于投资收益。

## 中兴通讯（000063）

上市日期:97/11/18　　电话:0755－26770282　　传真:0755－26770286

**主营**：数字程控交换系统、移动通讯系统、数据通讯系统、多媒体通讯系统、通讯传输系统、卫星及微波通讯系统、计算机软硬件技术开发与生产以及包括承包境内外通讯工程和国际招标在内的各种对内、外经济技术合作业务。

| | 年　度 | 2006 | 2005 | 2004 |
|---|---|---|---|---|
| 主要指标 | 每股收益/扣除后(元) | 0.84/0.79 | 1.24 | 1.05/1.03 |
| | 每股经营现金流量(元) | －1.62 | 0.18 | 1.71 |
| | 每股净资产/调整后(元) | 11.13/11.12 | 10.55/10.55 | 9.56/9.49 |
| | 未分利润(万元) | 276761.6 | 241107 | 149543.1 |
| | 资本公积(万元) | 550966.6 | 550642.4 | 549165.8 |
| 利润构成 | 主营收入(万元) | 2303168.4 | 2157592 | 2269815.3 |
| | 主营利润(万元) | 774852.7 | 752546.3 | 825813.5 |
| | 投资收益(万元) | 3184.9 | －5935.4 | －366.9 |
| | 利润总额(万元) | 106961.7 | 150186.4 | 141881.6 |
| | 净利润(万元) | 80735.3 | 119434.3 | 100887 |

**近年分配**：06预案:10派1.5；05年:10派2.5；04年:10派2.5

| 主要股东及持股比例%、持股性质 |
|---|
| 深圳市中兴新通讯设备有限公司("中兴新") 37.41%（部分流通部分不流通） |
| 香港中央结算代理人有限公司 16.64%（H股） |
| JADE DRAGON (MAURITIUS) LIMITED 1.91%（流通A股） |
| 工银瑞信稳健成长股票型证券投资基金 1.45%（流通A股） |
| DEUTSCHE BANK AKTIENGESELLSCHAFT 1.32%（流通A股） |
| 工银瑞信精选平衡混合型证券投资基金 1.26%（流通A股） |
| 湖南南天集团有限公司 1.19%（流通A股） |
| 易方达价值精选股票型证券投资基金 0.92%（流通A股） |
| 中国人寿保险股份有限公司－分红－个人分红－005L－FH002深 0.86%（流通A股） |
| 工银瑞信核心价值股票型证券投资基金 0.73%（流通A股） |
| **实际控制人**：中兴维先通 |

二〇〇六年以来市场表现

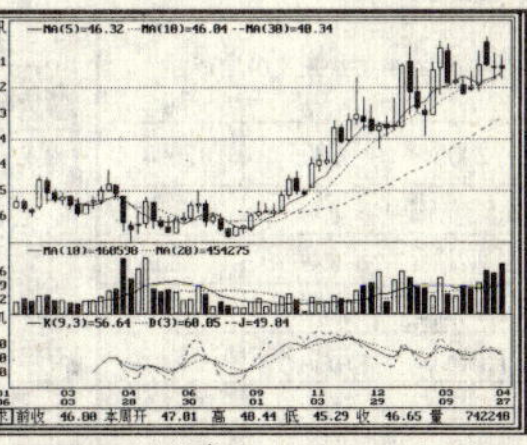

| | |
|---|---|
| 2006年涨跌幅(%) | 41.65 |
| 2006年最高(元) | 45.6 |
| 2007年涨跌幅(%) | 19.31 |
| 2007.4.27收盘(元) | 46.65 |
| 2007年最高(元) | 51 |
| 2007年最低(元) | 37.7 |
| 2007年换手率(%) | 148.71 |

**未来一年限售流通股解禁情况**:47976083股12月29日解禁

| 最新股本 | 总股本 | 非(限售)流通 | 流通A | 流通B/H/S | 股东户数 | 06年末 | 06三季 |
|---|---|---|---|---|---|---|---|
| | 95952.16 | 31226.48 | 48710.58 | 16015.1 | | 37729 | 24355 |

**年报点评**：中兴通讯是中国最大的通信设备制造业上市公司之一,是中国通信设备制造业的开拓者、中国综合性的电信设备及服务提供商,拥有无线产品、网络产品、终端产品(手机)三大产品系列。TD－SCDMA给公司带来新的成长机遇。

## 北方国际（000065）

上市日期:98/06/05　电话:0755－83433922　传真:0755－83433331

| | | 2006 | 2005 | 2004 |
|---|---|---|---|---|
| 主营 | 国际工程、国内装饰工程及铝型材、新型建材的生产、销售。 | | | |
| | 年　度 | 2006 | 2005 | 2004 |
| 主要指标 | 每股收益/扣除后(元) | 0.12/0.1 | 0.15 | 0.22/0.21 |
| | 每股经营现金流量(元) | 0.88 | -0.03 | 2.38 |
| | 每股净资产/调整后(元) | 2.88/2.75 | 2.7/2.19 | 2.61/2.31 |
| | 未分利润(万元) | 11029.58 | 9354.05 | 8419.13 |
| | 资本公积(万元) | 16666.87 | 15521.63 | 15521.63 |
| 利润构成 | 主营收入(万元) | 149387.41 | 127125.41 | 172114.85 |
| | 主营利润(万元) | 9921.88 | 9782.41 | 16160.03 |
| | 投资收益(万元) | -30.32 | -0.3 | -0.03 |
| | 利润总额(万元) | 2703.72 | 3313.31 | 4873.61 |
| | 净利润(万元) | 1883.24 | 2382.53 | 3513.47 |

近年分配：06 预案:10 派 0.6；04 年:10 派 0.6

| 主要股东及持股比例%、持股性质 |
|---|
| 中国万宝工程公司 58.05%（国有股） |
| 西安北方惠安化学工业有限公司 7.12%（国有股） |
| 谢桂荣 0.42%（流通 A 股） |
| 吴奕群 0.36%（流通 A 股） |
| 陈汉顺 0.35%（流通 A 股） |
| 熊美娟 0.29%（流通 A 股） |
| 田茂奎 0.28%（流通 A 股） |
| 李乃贤 0.25%（流通 A 股） |
| 齐京华 0.24%（流通 A 股） |
| 吴秀珠 0.22%（流通 A 股） |
| 实际控制人：中国北方工业公司 |

二〇〇六年以来市场表现

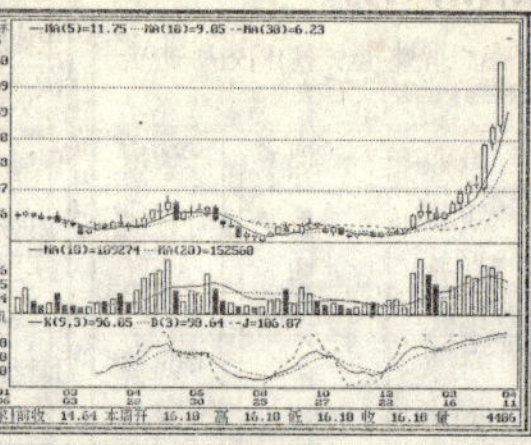

| | |
|---|---|
| 2006 年涨跌幅(%) | -13.89 |
| 2006 年最高(元) | 6.7 |
| 2007 年涨跌幅(%) | 246.24 |
| 2007.4.27 收盘(元) | 16.1 |
| 2007 年最高(元) | 16.1 |
| 2007 年最低(元) | 4.54 |
| 2007 年换手率(%) | 466.07 |

未来一年限售流通股解禁情况:11572463 股 11 月 11 日解禁

| 最新股本 | 总股本 | 非(限售)流通 | 流通 A | 流通 B/H/S | 股东户数 | 06 年末 | 06 三季 |
|---|---|---|---|---|---|---|---|
| | 16243.71 | 10592.45 | 5651.26 | | | 11951 | 13782 |

年报点评：公司经营以国际工程承包为主，近年来公司通过大规模的资产置换和业务重组，剥离建筑装饰、铝业等低效资产，置入北方万推置业有限公司股权，使得公司切入地产领域。公司的工程总承包业务与房地产业务能够在公司内部实现有效协同，拓展了公司的产业发展空间。

## 长城电脑（000066）

上市日期:97/06/26　电话:0755－26634759　传真:0755－26631106

| | | 2006 | 2005 | 2004 |
|---|---|---|---|---|
| 主营 | 主营电子计算机及其外设，包括电脑系统、服务器、显示器、开关电源、打印机等，以及移动信息产品、软件与大型应用网络系统集成，电子商务整体解决方案等。 | | | |
| | 年　度 | 2006 | 2005 | 2004 |
| 主要指标 | 每股收益/扣除后(元) | 0.13/0.08 | 0.74 | 0.71/0.74 |
| | 每股经营现金流量(元) | 0.02 | -0.07 | 0.04 |
| | 每股净资产/调整后(元) | 3.63/3.59 | 3.8/3.8 | 3.36/3.36 |
| | 未分利润(万元) | 52166.89 | 51311.02 | 38076.66 |
| | 资本公积(万元) | 31943.05 | 31924.73 | 31907.85 |
| 利润构成 | 主营收入(万元) | 319940.28 | 244323.5 | 182821 |
| | 主营利润(万元) | 18240.26 | 18032.39 | 10878.67 |
| | 投资收益(万元) | 1940.06 | 40943.35 | 40700.21 |
| | 利润总额(万元) | 6648.85 | 38252.5 | 32644.59 |
| | 净利润(万元) | 6045.31 | 33736.38 | 32581.65 |

近年分配：06 预案:10 派 1；05 年:10 派 3；04 年:10 派 3

| 主要股东及持股比例%、持股性质 |
|---|
| 长城科技股份有限公司 47.82%（国有股） |
| 中国银行－易方达深证 100 交易型开放式指数证券投资基金 0.37%（流通 A 股） |
| 林俊辉 0.18%（流通 A 股） |
| 杨辉忠 0.13%（流通 A 股） |
| 王秋生 0.11%（流通 A 股） |
| 欧丽霞 0.1%（流通 A 股） |
| 黄梓萍 0.09%（流通 A 股） |
| 安徽皖维集团有限责任公司 0.09%（流通 A 股） |
| 北京万佳高科科贸发展有限责任公司 0.08%（流通 A 股） |
| 中国工商银行－融通深证 100 指数证券投资基金 0.08%（流通 A 股） |
| 实际控制人：中国电子信息产业集团公司 |

二〇〇六年以来市场表现

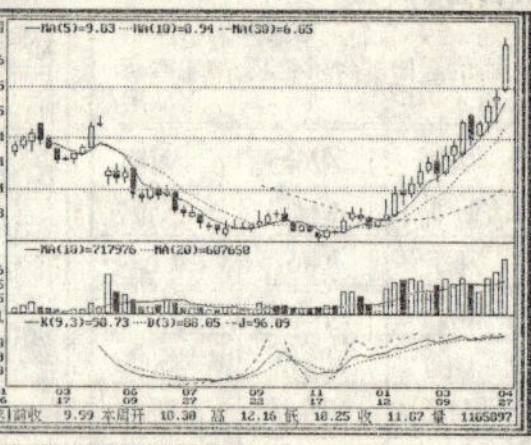

| | |
|---|---|
| 2006 年涨跌幅(%) | -5.39 |
| 2006 年最高(元) | 10.01 |
| 2007 年涨跌幅(%) | 117 |
| 2007.4.27 收盘(元) | 11.87 |
| 2007 年最高(元) | 12.16 |
| 2007 年最低(元) | 5.42 |
| 2007 年换手率(%) | 445.09 |

未来一年限售流通股解禁情况:

| 最新股本 | 总股本 | 非(限售)流通 | 流通 A | 流通 B/H/S | 股东户数 | 06 年末 | 06 三季 |
|---|---|---|---|---|---|---|---|
| | 45849.15 | 21941.1 | 23908.05 | | | 86320 | 93679 |

年报点评：公司是国内最大的计算机电源和显示器生产厂商之一，占据国内 25% 以上市场份额，实力雄厚。中国电子信息产业集团的入主将为长城电脑的发展带来前所未有的机遇。但由于市场竞争激烈，公司主要产品的价格处于下降趋势，将影响到公司的业绩增长。

## S 三星（000068）

上市日期:97/06/11　电话:0755－3311988　传真:0755－3112656

| | | 2006 | 2005 | 2004 |
|---|---|---|---|---|
| 主营 | 彩色显像管、显示管玻壳的设计、制造和销售。 | | | |
| | 年　度 | 2006 | 2005 | 2004 |
| 主要指标 | 每股收益/扣除后(元) | 0.06/-0.095 | 0.051/-0.006 | 0.35/0.283 |
| | 每股经营现金流量(元) | 0.603 | 0.97 | 0.74 |
| | 每股净资产/调整后(元) | 2.65/2.51 | 2.59/2.46 | 2.64/2.54 |
| | 未分利润(万元) | 50871.16 | 46654.22 | 51074.87 |
| | 资本公积(万元) | 63478.49 | 63478.49 | 63038.56 |
| 利润构成 | 主营收入(万元) | 201471 | 206759.92 | 169884.06 |
| | 主营利润(万元) | 36497.45 | 45082.03 | 59388.62 |
| | 投资收益(万元) | | | |
| | 利润总额(万元) | 6087.1 | 5115.7 | 31243.27 |
| | 净利润(万元) | 4685.48 | 4045.95 | 27449.29 |

近年分配：06 预案:10 派 0.2；04 年:10 派 1

| 主要股东及持股比例%、持股性质 |
|---|
| 深圳赛格股份有限公司 26.69%（非流通股） |
| 三星康宁投资有限公司 21.37%（外资股） |
| 三星康宁(马来西亚)有限公司 14.09%（外资股） |
| 深圳市赛格集团有限公司 8.7%（国有股） |
| 国联证券有限责任公司 2.3%（流通 A 股） |
| 深圳市永泰投资有限公司 2.22%（流通 A 股） |
| 中国信达资产管理公司 0.38%（国有股） |
| 张利琳 0.26%（流通 A 股） |
| 中国银行－易方达深证 100 交易型开放式指数证券投资基金 0.2%（流通 A 股） |
| 朱美珍 0.19%（流通 A 股） |
| 实际控制人：深圳市赛格集团有限公司 |

二〇〇六年以来市场表现

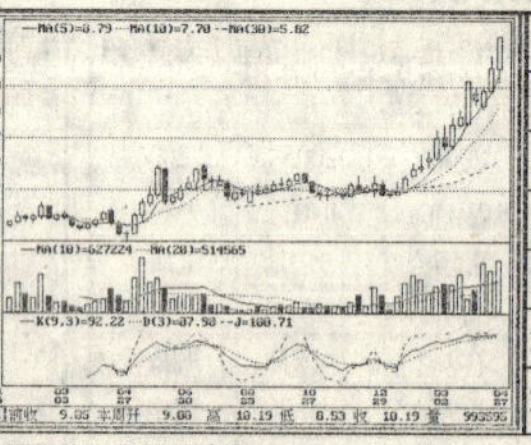

| | |
|---|---|
| 2006 年涨跌幅(%) | 31.14 |
| 2006 年最高(元) | 5.65 |
| 2007 年涨跌幅(%) | 122 |
| 2007.4.27 收盘(元) | 10.19 |
| 2007 年最高(元) | 10.19 |
| 2007 年最低(元) | 4.47 |
| 2007 年换手率(%) | 385.34 |

未来一年限售流通股解禁情况:

| 最新股本 | 总股本 | 非(限售)流通 | 流通 A | 流通 B/H/S | 股东户数 | 06 年末 | 06 三季 |
|---|---|---|---|---|---|---|---|
| | 78597.05 | 56097.05 | 22500 | | | 30707 | 31349 |

年报点评：公司是国内 CRT 大型制造企业，2006 年 CRT 行业继续受到高端的 FPD 产品快速渗透的影响，CRT 市场整体供过于求，产品价格继续低位运行，加之动力能源及原材料价格持续高位，市场竞争更趋激烈。预计未来几年公司的经营状况难以得到大幅度改善。

## 华侨城 A（000069）

上市日期:97/09/10　电话:0755－26909069　传真:0755－26600517

| | | 2006 | 2005 | 2004 |
|---|---|---|---|---|
| 主营 | 主题公园经营管理、旅行社等旅游相关业务及房地产。 | | | |
| | 年　度 | 2006 | 2005 | 2004 |
| 主要指标 | 每股收益/扣除后(元) | 0.523/0.521 | 0.432 | 0.32/0.315 |
| | 每股经营现金流量(元) | 0.217 | 0.497 | -0.05 |
| | 每股净资产/调整后(元) | 2.69/2.58 | 2.37/2.3 | 1.71/1.62 |
| | 未分利润(万元) | 121986.64 | 91931.79 | 48714.04 |
| | 资本公积(万元) | 34392.85 | 34957.33 | 5397.78 |
| 利润构成 | 主营收入(万元) | 178654.48 | 65579.37 | 56395.28 |
| | 主营利润(万元) | 63681.76 | 30265.32 | 24878.68 |
| | 投资收益(万元) | 41283.92 | 35626.56 | 25042.91 |
| | 利润总额(万元) | 77652.15 | 50291.12 | 35760.43 |
| | 净利润(万元) | 58087.72 | 48019.72 | 33607.82 |

近年分配：06 预案:10 派 2.1；05 年:10 派 2

| 主要股东及持股比例%、持股性质 |
|---|
| 华侨城集团公司 55.9%（国有股） |
| 嘉实主题精选混合型证券投资基金 1.57%（流通 A 股） |
| 易方达价值精选股票型证券投资基金 1.49%（流通 A 股） |
| 科瑞证券投资基金 1.41%（流通 A 股） |
| 景福证券投资基金 1.34%（流通 A 股） |
| 全国社保基金一零六组合 1.33%（流通 A 股） |
| 交银施罗德成长股票证券投资基金 1.08%（流通 A 股） |
| 嘉实服务增值行业证券投资基金 0.98%（流通 A 股） |
| 华夏回报二号证券投资基金 0.94%（流通 A 股） |
| 全国社保基金一零九组合 0.88%（流通 A 股） |
| 实际控制人：华侨城集团公司 |

二〇〇六年以来市场表现

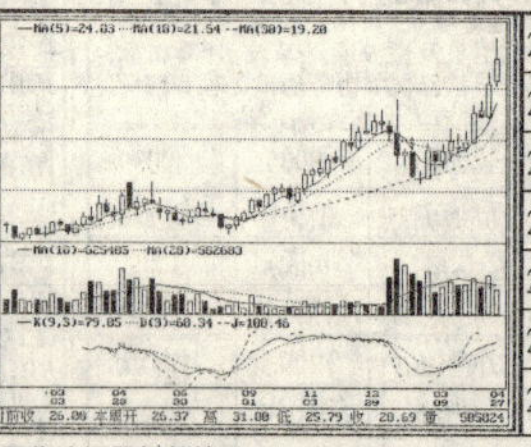

| | |
|---|---|
| 2006 年涨跌幅(%) | 120.72 |
| 2006 年最高(元) | 29.73 |
| 2007 年涨跌幅(%) | 30.35 |
| 2007.4.27 收盘(元) | 28.69 |
| 2007 年最高(元) | 31 |
| 2007 年最低(元) | 15.55 |
| 2007 年换手率(%) | 218.75 |

未来一年限售流通股解禁情况:55560262 股 01 月 06 日解禁

| 最新股本 | 总股本 | 非(限售)流通 | 流通 A | 流通 B/H/S | 股东户数 | 06 年末 | 06 三季 |
|---|---|---|---|---|---|---|---|
| | 111120.52 | 62133.12 | 48987.41 | | | 5797 | 7221 |

年报点评：公司将重点关注产品结构的调整问题，积极推进短平快项目的开发，加强新型旅游度假产品的开发，实现华侨城旅游产品的升级换代。公司将认真研究战略布点项目的区域持续发展问题，深入挖掘旅游地产本质内涵和实现手段，找到旅游地产之间更多的组合要素和产品形态，努力创新发展模式。

# 特发信息（000070）

上市日期:00/05/11　　电话:0755－26506648　　传真:0755－26506803

| | | | | |
|---|---|---|---|---|
| 主营 | 通信材料(光纤预制棒、光纤、光缆)生产销售;通信设备生产销售;通信电子元器件生产销售;通信信息服务。 | | | |
| | 年　度 | 2006 | 2005 | 2004 |
| 主要指标 | 每股收益/扣除后(元) | 0.012/0.016 | －0.674 | 0.019/－0.009 |
| | 每股经营现金流量(元) | 0.094 | 0.3129 | －0.0473 |
| | 每股净资产/调整后(元) | 2.47/2.43 | 2.46/2.43 | 3.11/2.97 |
| | 未分利润(万元) | －15360.4 | －15652.1 | 1953.13 |
| | 资本公积(万元) | 50050.17 | 50050.17 | 49962.65 |
| 利润构成 | 主营收入(万元) | 50562.33 | 40360.86 | 50117.6 |
| | 主营利润(万元) | 5515.23 | 5112.06 | 9185.88 |
| | 投资收益(万元) | 89.61 | －3802.43 | －60.65 |
| | 利润总额(万元) | 273.39 | －17104.62 | 236.11 |
| | 净利润(万元) | 291.71 | －16855.23 | 486.12 |
| 近年分配: | 04 年:10 派 0.3 | | | |

| 主要股东及持股比例%、持股性质 | |
|---|---|
| 深圳市特发集团有限公司 49.14%（国有股） | |
| 企荣贸易有限公司 6.34%（外资股） | |
| 中国五矿集团公司 3.17%（国有股） | |
| 汉国三和有限公司 1.65%（外资股） | |
| 中国通广电子公司 1.06%（国有股） | |
| 北京万佳高科科贸发展有限责任公司 0.34%（流通 A 股） | |
| 施仕荣 0.21%（流通 A 股） | |
| 李佳祥 0.11%（流通 A 股） | |
| 周志峰 0.09%（流通 A 股） | |
| 张浩添 0.09%（流通 A 股） | |
| 实际控制人: | 深圳市投资控股公司 |

二〇〇六年以来市场表现

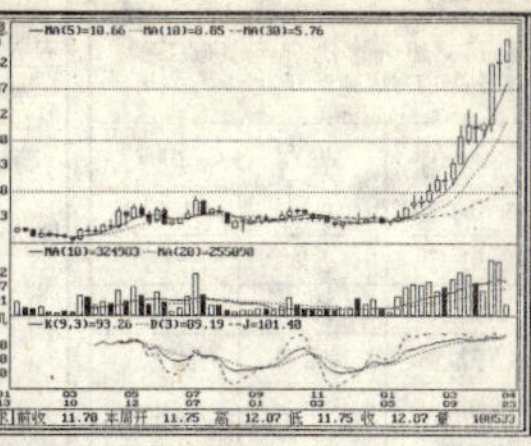

| | |
|---|---|
| 2006 年涨跌幅(%) | 30.86 |
| 2006 年最高(元) | 6.98 |
| 2007 年涨跌幅(%) | 234.29 |
| 2007.4.27 收盘(元) | 12.87 |
| 2007 年最高(元) | 12.87 |
| 2007 年最低(元) | 3.69 |
| 2007 年换手率(%) | 377.51 |

未来一年限售流通股解禁情况:3359344 股 01 月 10 日解禁

| 最新股本 | 总股本 | 非(限售)流通 | 流通 A | 流通 B/H/S | 股东户数 | 06 年末 | 06 三季 |
|---|---|---|---|---|---|---|---|
| | 25000 | 15340 | 9660 | | | 34270 | 36149 |

年报点评：公司是我国光通信领域的主要厂商之一,规模在全国位居前十位,旗下德拉克光纤有限公司成功完成品牌转换,在国内市场成长迅速。但由于国内光纤、光缆市场低迷,需求增长缓慢,行业价格竞争继续加剧,致使公司产品的利润下降,经营压力加大。

# 海王生物（000078）

上市日期:98/12/18　　电话:0755－26416065　　传真:0755－26416053

| | | | | |
|---|---|---|---|---|
| 主营 | 生物制品、生化制品、海洋药物、中成药的生产销售。 | | | |
| | 年　度 | 2006 | 2005 | 2004 |
| 主要指标 | 每股收益/扣除后(元) | 0.09/－0.13 | －2.23/－1.54 | 0.07/0.05 |
| | 每股经营现金流量(元) | 0.11 | 0.11 | －0.18 |
| | 每股净资产/调整后(元) | 1.51/1.5 | 2.07/2.06 | 4.89/4.76 |
| | 未分利润(万元) | －89253.75 | －93500.78 | 3781.64 |
| | 资本公积(万元) | 112720.22 | 127155.26 | 123948.89 |
| 利润构成 | 主营收入(万元) | 269078.45 | 265799.19 | 232194.71 |
| | 主营利润(万元) | 35716.93 | 24224.64 | 46931.89 |
| | 投资收益(万元) | 7408.95 | －14251.74 | －174.13 |
| | 利润总额(万元) | 2030.84 | －73670.58 | 3612.28 |
| | 净利润(万元) | 4247.02 | －74188.62 | 2266.45 |
| 近年分配: | 06 预案:10 转增 3 | | | |

| 主要股东及持股比例%、持股性质 | |
|---|---|
| 深圳海王集团股份有限公司 34.38%（非流通股） | |
| 深圳市名派实业有限公司 1.09%（非流通股） | |
| 王燕燕 0.77%（流通 A 股） | |
| 王祥华 0.51%（流通 A 股） | |
| 深圳市海王广告有限公司 0.36%（非流通股） | |
| 深圳海王食品有限公司 0.36%（非流通股） | |
| 阮天泰 0.31%（流通 A 股） | |
| 卢德俊 0.27%（流通 A 股） | |
| 孙忠懿 0.24%（流通 A 股） | |
| 胡斌 0.21%（流通 A 股） | |
| 实际控制人: | 香港恒建企业有限公司 |

二〇〇六年以来市场表现

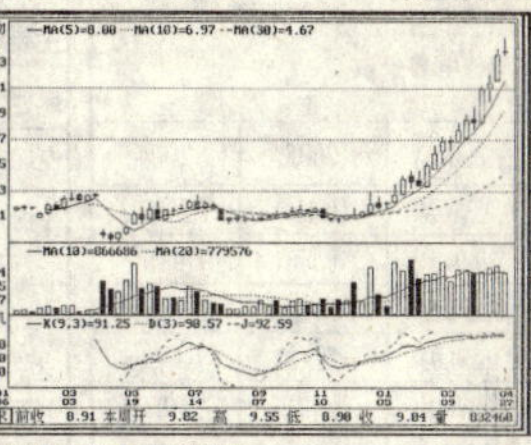

| | |
|---|---|
| 2006 年涨跌幅(%) | 97.09 |
| 2006 年最高(元) | 7.45 |
| 2007 年涨跌幅(%) | 162.79 |
| 2007.4.27 收盘(元) | 9.04 |
| 2007 年最高(元) | 9.55 |
| 2007 年最低(元) | 3.41 |
| 2007 年换手率(%) | 440.82 |

未来一年限售流通股解禁情况:

| 最新股本 | 总股本 | 非(限售)流通 | 流通 A | 流通 B/H/S | 股东户数 | 06 年末 | 06 三季 |
|---|---|---|---|---|---|---|---|
| | 47500.8 | 17313.63 | 30187.17 | | | 52841 | 56228 |

年报点评：公司制药主业没有多大起色;亚单位流感疫苗一期 100 万人份已经投产,但销售难以放量。主营收入增长主要来源于医药商业增长,扣除非经常收益公司实际亏损 6000 多万,但报告期内剥离了亚洲资源股权、并清理了历史负债,资产质量明显提高。

# 盐田港（000088）

上市日期:97/07/28　　电话:0755－25290783　　传真:0755－25290932

| | | | | |
|---|---|---|---|---|
| 主营 | 货物装卸与运输;港口配套交通设施建设与经营;港口配套仓储及工业设施建设与经营;港口配套生活服务设施的建设与经营;集装箱修理;转口贸易。 | | | |
| | 年　度 | 2006 | 2005 | 2004 |
| 主要指标 | 每股收益/扣除后(元) | 0.567/0.577 | 0.55/0.538 | 0.54/0.539 |
| | 每股经营现金流量(元) | 0.203 | 0.222 | 0.16 |
| | 每股净资产/调整后(元) | 2.59/2.59 | 2.71/2.71 | 2.83/2.83 |
| | 未分利润(万元) | 67496.25 | 84843.46 | 104165.22 |
| | 资本公积(万元) | 74264.81 | 78658.89 | 81439.51 |
| 利润构成 | 主营收入(万元) | 71703.61 | 64357.78 | 61592.06 |
| | 主营利润(万元) | 31948.45 | 30958.8 | 26130.08 |
| | 投资收益(万元) | 57389.47 | 55473.85 | 58090.4 |
| | 利润总额(万元) | 82008.16 | 80424.93 | 77565.89 |
| | 净利润(万元) | 70641.99 | 68448.05 | 66849.82 |
| 近年分配: | 06 预案:10 派 3；05 年:10 派 6.5；04 年:10 派 6.5 | | | |

| 主要股东及持股比例%、持股性质 | |
|---|---|
| 深圳市盐田港集团有限公司 67.37%（国有股） | |
| 丰和价值证券投资基金 1.24%（流通 A 股） | |
| 中国银行－易方达平稳增长证券投资基金 0.76%（流通 A 股） | |
| 中国平安人寿保险股份有限公司－传统－普通保险产品 0.7%（流通 A 股） | |
| 中国农业银行－长城安心回报混合型证券投资基金 0.6%（流通 A 股） | |
| 中国工商银行－易方达价值精选股票证券投资基金 0.38%（流通 A 股） | |
| 中国建设银行－博时主题行业股票证券投资基金 0.32%（流通 A 股） | |
| UBS AG 0.28%（流通 A 股） | |
| 中国银行－易方达深证 100 交易型开放式指数证券投资基金 0.23%（流通 A 股） | |
| 招商证券股份有限公司 0.2%（流通 A 股） | |
| 实际控制人: | 深圳市人民政府国有资产监督管理委员会 |

二〇〇六年以来市场表现

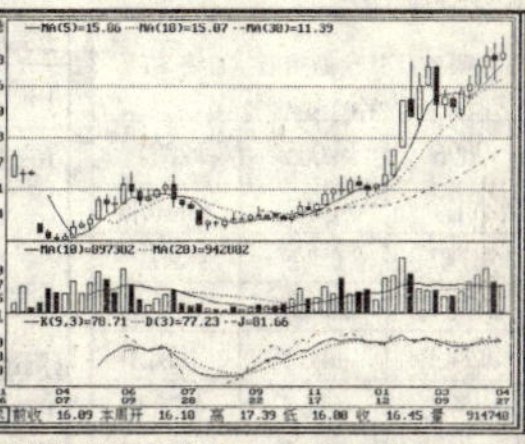

| | |
|---|---|
| 2006 年涨跌幅(%) | 30.98 |
| 2006 年最高(元) | 13.84 |
| 2007 年涨跌幅(%) | 79.39 |
| 2007.4.27 收盘(元) | 16.45 |
| 2007 年最高(元) | 17.39 |
| 2007 年最低(元) | 9.06 |
| 2007 年换手率(%) | 384.6 |

未来一年限售流通股解禁情况:62250000 股 03 月 17 日解禁

| 最新股本 | 总股本 | 非(限售)流通 | 流通 A | 流通 B/H/S | 股东户数 | 06 年末 | 06 三季 |
|---|---|---|---|---|---|---|---|
| | 124500 | 83903.4 | 40596.6 | | | 60629 | 66229 |

年报点评：公司主要利润来源是拥有 27%股权的盐田国际贡献的投资收益。随着盐田三期以及扩建工程的陆续投产,盐田国际经营的盐田 1、2 期增长面临瓶颈。公司未来增长和投资机会取决于集团新资产的注入。

# 深圳机场（000089）

上市日期:98/04/20　　电话:0775－27776789　　传真:0755－27776327

| | | | | |
|---|---|---|---|---|
| 主营 | 主营航空客货地面运输及过港保障与服务。 | | | |
| | 年　度 | 2006 | 2005 | 2004 |
| 主要指标 | 每股收益/扣除后(元) | 0.283/0.285 | 0.453 | 0.32/0.324 |
| | 每股经营现金流量(元) | 0.3797 | 0.609 | 0.5 |
| | 每股净资产/调整后(元) | 2.26/2.26 | 3.84/3.83 | 3.58/3.57 |
| | 未分利润(万元) | 133356.62 | 118794.4 | 103873.56 |
| | 资本公积(万元) | 9889.66 | 73874.3 | 72632.21 |
| 利润构成 | 主营收入(万元) | 114209.97 | 101271.3 | 91715.27 |
| | 主营利润(万元) | 50438.87 | 44141.09 | 39575.09 |
| | 投资收益(万元) | 2382.32 | 2263 | －3542.79 |
| | 利润总额(万元) | 49055.67 | 43050.38 | 31554.14 |
| | 净利润(万元) | 40743.6 | 36210.23 | 25835.17 |
| 近年分配: | 06 年:10 派 1.6；05 年:10 派 2.7 转增 8；04 年:10 派 1.5 | | | |

| 主要股东及持股比例%、持股性质 | |
|---|---|
| 深圳市机场(集团)有限公司 54.63%（国有股） | |
| 全国社保基金一零二组合 1.94%（流通 A 股） | |
| 国际金融－工行－CREDIT SUISSE（HONG KONG）LIMITED 0.95%（流通 A 股） | |
| 中国农业银行－长城安心回报混合型证券投资基金 0.74%（流通 A 股） | |
| 中国农业银行－富国天瑞强势地区精选混合型开放式证券投资基金 0.7%（流通 A 股） | |
| 海通－汇丰－MERRILL LYNCH INTERNATIONAL 0.6%（流通 A 股） | |
| 中国人寿保险股份有限公司－分红－个人分红－005L－FH002 深 0.49%（流通 A 股） | |
| 中国建设银行－博时主题行业股票证券投资基金 0.48%（流通 A 股） | |
| 中国农业银行－富兰克林国海弹性市值股票型证券投资基金 0.39%（流通 A 股） | |
| 中国农业银行－大成精选增值混合型证券投资基金 0.38%（流通 A 股） | |
| 实际控制人: | 深圳市机场(集团)有限公司 |

二〇〇六年以来市场表现

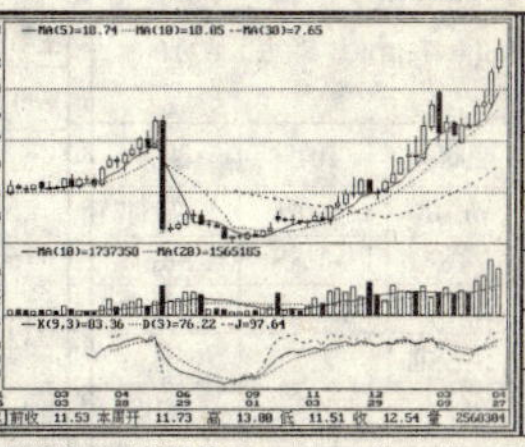

| | |
|---|---|
| 2006 年涨跌幅(%) | 83.65 |
| 2006 年最高(元) | 13.01 |
| 2007 年涨跌幅(%) | 98.44 |
| 2007.4.27 收盘(元) | 12.54 |
| 2007 年最高(元) | 13 |
| 2007 年最低(元) | 6.44 |
| 2007 年换手率(%) | 392.77 |

未来一年限售流通股解禁情况:71984160 股 12 月 16 日解禁

| 最新股本 | 总股本 | 非(限售)流通 | 流通 A | 流通 B/H/S | 股东户数 | 06 年末 | 06 三季 |
|---|---|---|---|---|---|---|---|
| | 143968.32 | 78680.31 | 65288.01 | | | 70891 | 71856 |

年报点评：深圳机场致力于发展成为南中国货运门户机场和区域性客运枢纽机场。将通过定向增发收购,拥有深圳机场目前全部航空主营资产提升公司盈利能力。2008 年第二跑道的建成可打开运力瓶颈。2006 年主营业务收入和净利润分别同比分别增长 12.78%、12.52%。

## 深天健（000090）

上市日期:99/07/21　　电话:0755－83928130　　传真:0755－83915736

主营：各类市政公用设施的施工、房屋建筑物、地基与基础工程、公路、桥梁及隧道工程的建筑施工;房地产开发。

| | 年　度 | 2006 | 2005 | 2004 |
|---|---|---|---|---|
| 主要指标 | 每股收益/扣除后(元) | 0.37/0.403 | 0.29 | 0.19/0.196 |
| | 每股经营现金流量(元) | -1.47 | 2.16 | -1.97 |
| | 每股净资产/调整后(元) | 5.95/5.81 | 5.23/4.85 | 5.21/5.01 |
| | 未分利润(万元) | 23370.94 | 17161.06 | 14219.3 |
| | 资本公积(万元) | 88078.34 | 45231.44 | 45231.44 |
| 利润构成 | 主营收入(万元) | 197193.44 | 182474.18 | 166744.27 |
| | 主营利润(万元) | 24888.65 | 22032.27 | 15245.13 |
| | 投资收益(万元) | 5261.32 | 3288.44 | 1477.93 |
| | 利润总额(万元) | 13562.77 | 8219.07 | 5669.14 |
| | 净利润(万元) | 11190.8 | 6861.44 | 4318.52 |

近年分配:06 预案:10 派 1.5 ;05 年:10 派 1.17 ;04 年:10 派 0.18 送 0.5

| 主要股东及持股比例%、持股性质 |
|---|
| 深圳市人民政府国有资产监督管理委员会 40.85%（国有股） |
| 上海闵行联合发展有限公司 3.68%（非流通股） |
| 深圳市建业(集团)股份有限公司 3.58%（非流通股） |
| 深圳市建众(集团)股份有限公司 3.07%（非流通股） |
| 中国工商银行－建信优选成长股票型证券投资基金 2.93%（流通 A 股） |
| 李怡名 1.55%（流通 A 股） |
| 中国农业银行－富兰克林国海弹性市值股票型证券投资基金 1.28%（流通 A 股） |
| 景博证券投资基金 1.13%（流通 A 股） |
| 中国工商银行－广发策略优选混合型证券投资基金 0.68%（流通 A 股） |
| 中国工商银行－诺安价值增长股票证券投资基金 0.5%（流通 A 股） |
| 实际控制人:深圳市人民政府国有资产监督管理委员会 |

二〇〇六年以来市场表现

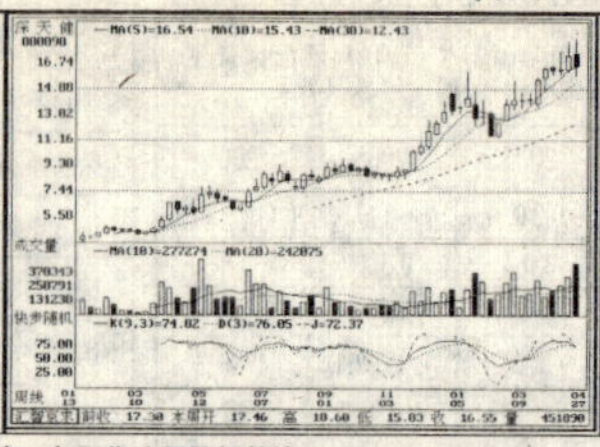

| | |
|---|---|
| 2006 年涨跌幅(%) | 326.93 |
| 2006 年最高(元) | 19.33 |
| 2007 年涨跌幅(%) | 24.34 |
| 2007.4.27 收盘(元) | 16.55 |
| 2007 年最高(元) | 18.6 |
| 2007 年最低(元) | 11.35 |
| 2007 年换手率(%) | 277.75 |

未来一年限售流通股解禁情况:11721234 股 01 月 11 日解禁

| 最新股本 | 总股本 | 非(限售)流通 | 流通 A | 流通 B/H/S | 股东户数 | 06 年末 | 06 三季 |
|---|---|---|---|---|---|---|---|
| | 30442.47 | 15550.89 | 14891.57 | | | 18560 | 21630 |

年报点评:公司是深圳国资委控股的唯一一家以市政工程为主业的企业,在市政工程方面有突出的技术和专业优势。公司土地储备的增加将进一步促进其房地产业的发展,从 2006 年开始,在天健郡城与时尚新天地结算的带动下,公司将进入快速成长期,未来业绩依然将大幅度增长。

## 广聚能源（000096）

上市日期:00/07/24　　电话:0755－26690988　　传真:0755－26690998

主营：石油制品及液化石油气经营、电力投资。

| | 年　度 | 2006 | 2005 | 2004 |
|---|---|---|---|---|
| 主要指标 | 每股收益/扣除后(元) | 0.253/0.242 | 0.134 | 0.29/0.28 |
| | 每股经营现金流量(元) | 0.041 | 0.028 | 0.09 |
| | 每股净资产/调整后(元) | 2.55/2.54 | 2.36/2.35 | 2.37/2.35 |
| | 未分利润(万元) | 16230.93 | 8785.34 | 11132.38 |
| | 资本公积(万元) | 37966.95 | 38041.07 | 38091.39 |
| 利润构成 | 主营收入(万元) | 229787.69 | 206124.3 | 187837.08 |
| | 主营利润(万元) | 13805.25 | 12019.88 | 12115.71 |
| | 投资收益(万元) | 13261.78 | 7546.14 | 15241.46 |
| | 利润总额(万元) | 13646.07 | 7262.05 | 15500.07 |
| | 净利润(万元) | 13346.73 | 7048.18 | 15154.46 |

近年分配:06 预案:10 派 1.6 ;05 年:10 派 0.6 ;04 年:10 派 1.35

| 主要股东及持股比例%、持股性质 |
|---|
| 深圳市深南石油(集团)有限公司 36.11%（国有股） |
| 深圳市科汇通投资控股有限公司 21.2%（国有股） |
| 深圳市深南实业有限公司 4.97%（国有股） |
| 上海市房屋维修资金管理中心 3.77%（流通 A 股） |
| 深圳市洋润投资有限公司 2.39%（非流通股） |
| 中山永胜置业有限公司 1.67%（流通 A 股） |
| 内蒙古日信担保投资(集团)有限公司 0.74%（流通 A 股） |
| 深圳市维思工贸有限公司 0.3%（非流通股） |
| 李丹羽 0.14%（流通 A 股） |
| 文丽琼 0.13%（流通 A 股） |
| 实际控制人:深圳市深南石油(集团)有限公司 |

二〇〇六年以来市场表现

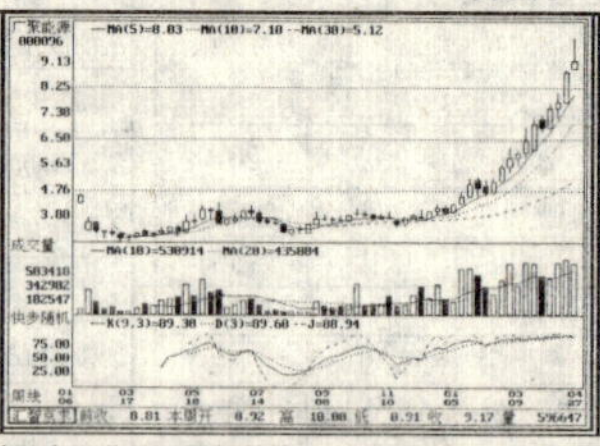

| | |
|---|---|
| 2006 年涨跌幅(%) | 28.41 |
| 2006 年最高(元) | 5.89 |
| 2007 年涨跌幅(%) | 129.25 |
| 2007.4.27 收盘(元) | 9.17 |
| 2007 年最高(元) | 10 |
| 2007 年最低(元) | 3.99 |
| 2007 年换手率(%) | 411.92 |

未来一年限售流通股解禁情况:52800000 股 02 月 06 日解禁

| 最新股本 | 总股本 | 非(限售)流通 | 流通 A | 流通 B/H/S | 股东户数 | 06 年末 | 06 三季 |
|---|---|---|---|---|---|---|---|
| | 52800 | 34310.53 | 18489.47 | | | 27135 | 26269 |

年报点评:公司 2006 年实现净利润同比增长 89%,目前主要经营电力、液化气、成品油及进出口业务。公司拥有南山和盐田两家燃气分公司以及全资子公司深南燃气。未来较长时间里,我国能源紧缺,液化气、石油等产品需求旺盛,价格高位运行,公司良好的发展势头值得期待。

## 中信海直（000099）

上市日期:00/07/31　　电话:0755－26723692　　传真:0755－26971617

主营：为国内外用户提供海洋石油服务及其他通用航空业务。

| | 年　度 | 2006 | 2005 | 2004 |
|---|---|---|---|---|
| 主要指标 | 每股收益/扣除后(元) | 0.139 | 0.177 | 0.16/0.16 |
| | 每股经营现金流量(元) | 0.1907 | 0.1029 | 0.2 |
| | 每股净资产/调整后(元) | 2.49/2.42 | 2.42/2.38 | 2.29/2.26 |
| | 未分利润(万元) | 20284.32 | 16432.98 | 11696.4 |
| | 资本公积(万元) | 46156.25 | 46786.97 | 46778.92 |
| 利润构成 | 主营收入(万元) | 48813.76 | 46981.84 | 43547.55 |
| | 主营利润(万元) | 14604.4 | 14815.25 | 14871.58 |
| | 投资收益(万元) | | 902.86 | 185.18 |
| | 利润总额(万元) | 8490.97 | 10883.74 | 10032.6 |
| | 净利润(万元) | 7132.59 | 9109.28 | 8333.24 |

近年分配:06 预案:10 派 0.5 ;05 年:10 派 0.5 ;04 年:10 派 0.5

| 主要股东及持股比例%、持股性质 |
|---|
| 中国中海直总公司 46.65%（国有股） |
| 中国北方航空公司 4.49%（国有股） |
| 海通－中行－富通银行 2.16%（流通 A 股） |
| 上海苏能投资有限公司 0.51%（流通 A 股） |
| 中国建设银行－博时主题行业股票证券投资基金 0.49%（流通 A 股） |
| 东海证券有限责任公司 0.47%（流通 A 股） |
| 全国社保基金一零六组合 0.39%（流通 A 股） |
| 黄乾生 0.34%（流通 A 股） |
| 金鼎证券投资基金 0.31%（流通 A 股） |
| 张景月 0.17%（流通 A 股） |
| 实际控制人:中国中信集团公司 |

二〇〇六年以来市场表现

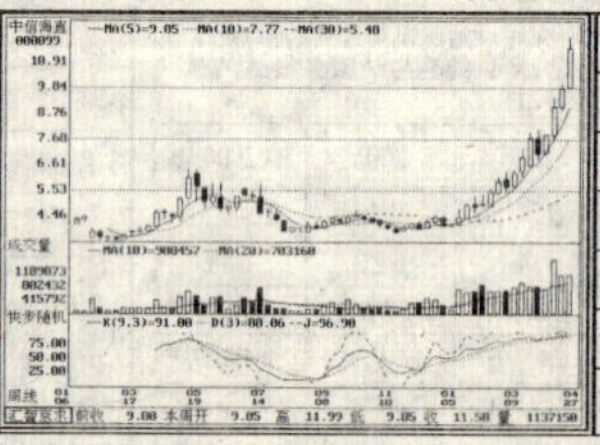

| | |
|---|---|
| 2006 年涨跌幅(%) | 31.36 |
| 2006 年最高(元) | 8.44 |
| 2007 年涨跌幅(%) | 182.56 |
| 2007.4.27 收盘(元) | 11.5 |
| 2007 年最高(元) | 11.99 |
| 2007 年最低(元) | 3.98 |
| 2007 年换手率(%) | 473.58 |

未来一年限售流通股解禁情况:

| 最新股本 | 总股本 | 非(限售)流通 | 流通 A | 流通 B/H/S | 股东户数 | 06 年末 | 06 三季 |
|---|---|---|---|---|---|---|---|
| | 51360 | 26649.6 | 24710.4 | | | 42508 | 45553 |

年报点评:公司专业从事海上石油直升机飞行服务及其他通用航空业务,是国内第二大直升机运营商,拥有亚洲最大的直升飞机基地,有 4 个近海直升机场。目前公司海上石油直升机服务市场占有率在 80%以上,在国内同行业处于领先地位,公司业绩有望进一步改观。

## ＊STTCL（000100）

上市日期:04/01/30　　电话:0752－2382517　　传真:0752－2382511

主营：多媒体电子、通讯终端、家用电器、信息技术、电工照明和部品

| | 年　度 | 2006 | 2005 | 2004 |
|---|---|---|---|---|
| 主要指标 | 每股收益/扣除后(元) | -0.747 | -0.124 | 0.09/0.017 |
| | 每股经营现金流量(元) | 0.4388 | -0.7878 | -0.51 |
| | 每股净资产/调整后(元) | 1.15/1.13 | 1.9/1.86 | 2.11/2.07 |
| | 未分利润(万元) | -198725.01 | -1087.16 | 48650.46 |
| | 资本公积(万元) | 189425.51 | 189643.13 | 198118 |
| 利润构成 | 主营收入(万元) | 4685523.35 | 5167560.61 | 4028223.27 |
| | 主营利润(万元) | 702526.52 | 771639.36 | 738853.18 |
| | 投资收益(万元) | -12927.11 | 100305.81 | -11790.34 |
| | 利润总额(万元) | -356886.81 | -146527.72 | 28884.77 |
| | 净利润(万元) | -193232.83 | -32024.3 | 24520.51 |

近年分配:04 年:10 派 0.5

| 主要股东及持股比例%、持股性质 |
|---|
| 惠州市投资控股有限公司 12.84%（国有股） |
| TCL 集团股份有限公司工会工作委员会 7.68%（非流通股） |
| PHILIPS ELECTRONICS CHINA BV 6.3%（外资股） |
| 李东生 4.72%（非流通股） |
| ALLIANCE FORTUNE INTERNATIONAL LIMITED 4.22%（外资股） |
| 南太电子(深圳)有限公司 3.12%（非流通股） |
| LUCKY CONCEPT LIMITED 1.56%（外资股） |
| REGAL TRINITY LIMITED 1.56%（外资股） |
| 株式会社东芝 1.04%（外资股） |
| 袁信成 0.81%（非流通股） |
| 实际控制人:惠州市投资控股有限公司 |

二〇〇六年以来市场表现

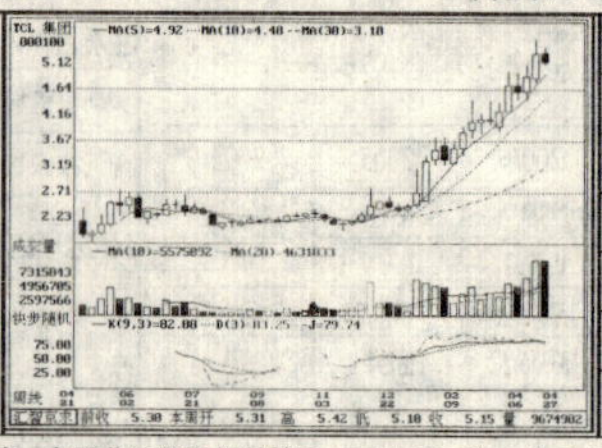

| | |
|---|---|
| 2006 年涨跌幅(%) | 26.07 |
| 2006 年最高(元) | 3.46 |
| 2007 年涨跌幅(%) | 118.22 |
| 2007.4.27 收盘(元) | 5.15 |
| 2007 年最高(元) | 5.6 |
| 2007 年最低(元) | 2.32 |
| 2007 年换手率(%) | 601.85 |

未来一年限售流通股解禁情况:232194363 股 04 月 20 日解禁

| 最新股本 | 总股本 | 非(限售)流通 | 流通 A | 流通 B/H/S | 股东户数 | 06 年末 | 06 三季 |
|---|---|---|---|---|---|---|---|
| | 258633.11 | 134341.69 | 124291.43 | | | 180760 | 199477 |

年报点评:集团作为目前国内最大消费类电子集团之一,公司目前 CRT 产品是 TCL 多媒体业务利润提供主要贡献,预计 LCD 产品的产量在 2007 年可实现接近 100% 的增长。然而受累于海外并购业务,公司的业绩仍处于亏损状态。预计在业务剥离前,公司的经营很难有较大的改观。

## S＊ST 光电（000150）

上市日期:00/08/07　　电话:0755－26038426　　传真:0755－26038428

| | | | | |
|---|---|---|---|---|
| 主营 | 生产并销售"PENTAX"(宾得)牌高级变焦照相机、双筒望远镜和光学镜头;研究开发数码相机、多媒体投影仪和非球面光学镜头等光机电一体化新产品。 | | | |
| | 年　度 | 2006 | 2005 | 2004 |
| 主要指标 | 每股收益/扣除后(元) | -0.124/-0.291 | -0.29/-0.273 | 0.03/0.007 |
| | 每股经营现金流量(元) | 0.4852 | -0.0887 | -0.21 |
| | 每股净资产/调整后(元) | 1.33/1.31 | 1.45/1.37 | 1.71/1.66 |
| | 未分利润(万元) | -23133.34 | -19265.84 | -10117.18 |
| | 资本公积(万元) | 32441.86 | 32441.86 | 31460.7 |
| 利润构成 | 主营收入(万元) | 22427.67 | 40537.52 | 49681.63 |
| | 主营利润(万元) | -65.85 | 1240.77 | 3347.88 |
| | 投资收益(万元) | -5966.43 | -6894.65 | -871.86 |
| | 利润总额(万元) | -4198.19 | -9469.67 | 1224.99 |
| | 净利润(万元) | -4014.27 | -9389.46 | 1037.78 |
| 近年分配: | | | | |

| 主要股东及持股比例%、持股性质 | |
|---|---|
| 上海北大青鸟企业发展有限公司 29.9% (非流通股) | |
| 惠州市益发光学机电有限公司 16.67% (非流通股) | |
| 深圳市和顺泰投资有限公司 5.72% (非流通股) | |
| 惠州市科技投资有限公司 4.53% (非流通股) | |
| 深圳发展银行佛山分行 2.79% (国有股) | |
| 麦科特集团有限公司 1.49% (国有股) | |
| 华苑农业高新技术风险投资有限公司 1.32% (流通 A 股) | |
| 张秀方 0.53% (流通 A 股) | |
| 林思弟 0.45% (流通 A 股) | |
| 阎春英 0.43% (流通 A 股) | |
| 实际控制人: | 北京天桥北大青鸟科技股份有限公司 |

二〇〇六年以来市场表现

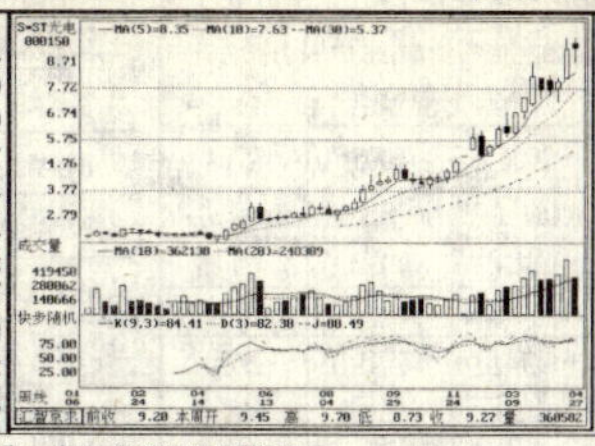

| | |
|---|---|
| 2006 年涨跌幅(%) | 148.98 |
| 2006 年最高(元) | 5 |
| 2007 年涨跌幅(%) | 89.96 |
| 2007.4.27 收盘(元) | 9.27 |
| 2007 年最高(元) | 9.7 |
| 2007 年最低(元) | 5.04 |
| 2007 年换手率(%) | 327.37 |

未来一年限售流通股解禁情况:

| 最新股本 | 总股本 | 非(限售)流通 | 流通 A | 流通 B/H/S | 股东户数 | 06 年末 | 06 三季 |
|---|---|---|---|---|---|---|---|
| | 32400 | 19800 | 12600 | | | 29702 | 31765 |

年报点评:公司股改拟以重大资产出售、置换相结合、注入优质资产和送股方式进行,此举将对提升公司内在投资价值起到实质性作用。重组之后,通过将优质土地类资产置入,公司将以房地产开发与销售为主业,这将彻底改善公司的资产质量,提高公司的盈利能力。

## 中成股份（000151）

上市日期:00/09/06　　电话:010－83676100　　传真:010－83676151

| | | | | |
|---|---|---|---|---|
| 主营 | 成套设备与技术出口、一般贸易和境外经营,核心业务为成套设备与技术出口。 | | | |
| | 年　度 | 2006 | 2005 | 2004 |
| 主要指标 | 每股收益/扣除后(元) | 0.163/0.116 | 0.157 | 0.17/0.1 |
| | 每股经营现金流量(元) | 0.432 | 0.471 | -0.71 |
| | 每股净资产/调整后(元) | 2.98/2.94 | 2.95/2.92 | 2.91/2.9 |
| | 未分利润(万元) | 4236.43 | 3642.58 | 4002.09 |
| | 资本公积(万元) | 44210.65 | 44420.03 | 44420.03 |
| 利润构成 | 主营收入(万元) | 109339.83 | 142342.65 | 79707.85 |
| | 主营利润(万元) | 20044.57 | 21192.13 | 11317.92 |
| | 投资收益(万元) | 206.35 | 131.22 | 365.21 |
| | 利润总额(万元) | 6263.61 | 6053.47 | 6293.63 |
| | 净利润(万元) | 4831.27 | 4649.45 | 5103.1 |
| 近年分配: | 06 预案:10 派 1.4 ; 05 年:10 派 1.2 ; 04 年:10 派 1.3 | | | |

| 主要股东及持股比例%、持股性质 | |
|---|---|
| 中国成套设备进出口(集团)总公司 49.78% (国有股) | |
| 安徽省外经建设(集团)有限公司 0.97% (国有股) | |
| 浙江中大集团股份有限公司 0.97% (国有股) | |
| 中国土产畜产进出口总公司 0.97% (国有股) | |
| 刘刚 0.23% (流通 A 股) | |
| 梁惠然 0.2% (流通 A 股) | |
| 邹永官 0.2% (流通 A 股) | |
| 周宝娴 0.19% (流通 A 股) | |
| 侯亚群 0.14% (流通 A 股) | |
| 中国出国人员服务总公司 0.14% (国有股) | |
| 实际控制人: | 中国成套设备进出口(集团)总公司 |

二〇〇六年以来市场表现

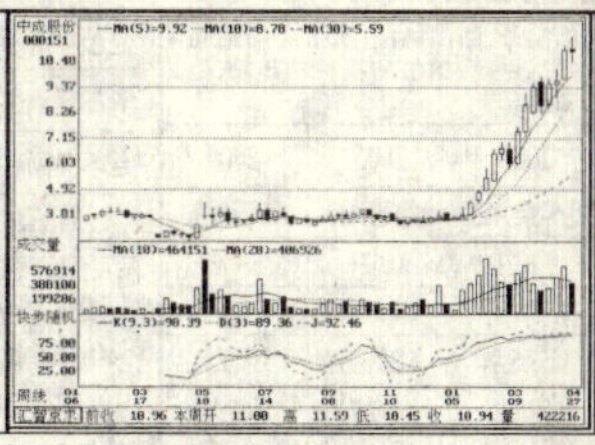

| | |
|---|---|
| 2006 年涨跌幅(%) | 40.08 |
| 2006 年最高(元) | 5.87 |
| 2007 年涨跌幅(%) | 200.55 |
| 2007.4.27 收盘(元) | 10.94 |
| 2007 年最高(元) | 11.59 |
| 2007 年最低(元) | 3.58 |
| 2007 年换手率(%) | 515.43 |

未来一年限售流通股解禁情况:29598000 股 03 月 31 日解禁

| 最新股本 | 总股本 | 非(限售)流通 | 流通 A | 流通 B/H/S | 股东户数 | 06 年末 | 06 三季 |
|---|---|---|---|---|---|---|---|
| | 29598 | 15633 | 13965 | | | 32789 | 35094 |

年报点评:主营收入同比下降了 23.19% ,主要系本年度古巴出口贸易业务规模减少所致。随着近年来市场竞争加剧,大型成套设备项目的开发难度增大。公司的激励与分配机制有待进一步完善。公司的传统业务集中在流通领域,缺乏实业支撑,业务发展连续性和抗风险性欠缺。

## 丰原药业（000153）

上市日期:00/09/20　　电话:0551－4846153　　传真:0551－4846000

| | | | | |
|---|---|---|---|---|
| 主营 | 生物药、中药、化学合成药及其制剂的研制、开发、生产和销售。 | | | |
| | 年　度 | 2006 | 2005 | 2004 |
| 主要指标 | 每股收益/扣除后(元) | 0.085/0.007 | 0.035 | 0.07/0.067 |
| | 每股经营现金流量(元) | 0.1395 | 0.1341 | -0.09 |
| | 每股净资产/调整后(元) | 2.37/2.2 | 2.29/2.2 | 4.5/4.36 |
| | 未分利润(万元) | 8857.91 | 6877.46 | 6110.32 |
| | 资本公积(万元) | 24570.12 | 24694.12 | 37694.58 |
| 利润构成 | 主营收入(万元) | 52129.47 | 44121.49 | 28054.22 |
| | 主营利润(万元) | 12633.4 | 11053.46 | 7311.01 |
| | 投资收益(万元) | 602.54 | 100.6 | -23.58 |
| | 利润总额(万元) | 3784.15 | 1186.84 | 1584.06 |
| | 净利润(万元) | 2200.5 | 902.51 | 959.12 |
| 近年分配: | 04 年:10 转增 10 | | | |

| 主要股东及持股比例%、持股性质 | |
|---|---|
| 安徽省无为制药厂 14.75% (国有股) | |
| 安徽蚌埠涂山制药厂 11.97% (国有股) | |
| 河南省龙浩实业有限公司 11.08% (非流通股) | |
| 安徽省马鞍山生物化学制药厂 8.17% (国有股) | |
| 安徽省药物研究所 0.72% (非流通股) | |
| 李济杉 0.68% (流通 A 股) | |
| 安徽省无为县经贸建筑工程公司 0.67% (非流通股) | |
| 安徽省无为县腾飞医药包装厂 0.63% (国有股) | |
| 朱文芬 0.46% (流通 A 股) | |
| 周吉长 0.32% (流通 A 股) | |
| 实际控制人: | 安徽丰原集团有限公司 |

二〇〇六年以来市场表现

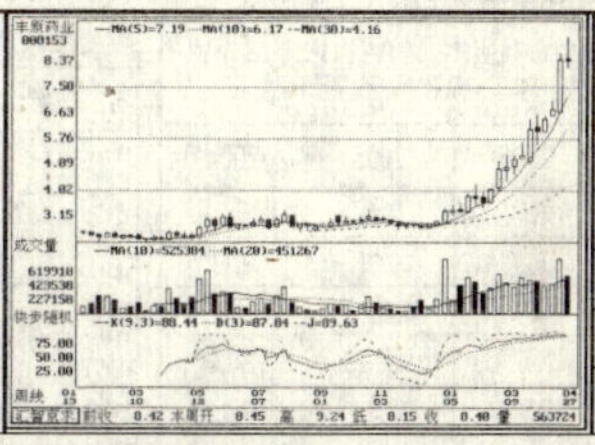

| | |
|---|---|
| 2006 年涨跌幅(%) | 48.55 |
| 2006 年最高(元) | 4.59 |
| 2007 年涨跌幅(%) | 155.32 |
| 2007.4.27 收盘(元) | 8.4 |
| 2007 年最高(元) | 9.24 |
| 2007 年最低(元) | 3.14 |
| 2007 年换手率(%) | 547.81 |

未来一年限售流通股解禁情况:39001380 股 01 月 13 日解禁

| 最新股本 | 总股本 | 非(限售)流通 | 流通 A | 流通 B/H/S | 股东户数 | 06 年末 | 06 三季 |
|---|---|---|---|---|---|---|---|
| | 26000.92 | 12501.73 | 13499.19 | | | 17531 | 16671 |

年报点评:公司将继加大新药的研发投入,特别是对中药和生物类新药的研发,进一步调整现有产品结构。加强成本控制,积极采取措施扩大产能。加快市场需求并适合公司生产和销售的仿创药品的申报工作。创新营销模式,扩大销售规模,加大高附加值产品的销售。加快大药房连锁药店网点发展,积极申办医保定点药房。

## 川化股份（000155）

上市日期:00/09/26　　电话:028－83308291　　传真:028－83308290

| | | | | |
|---|---|---|---|---|
| 主营 | 合成氨、尿素、硝酸铵、三聚氰胺、硫酸、浓硝酸、硫酸钾、过氧化氢、液体二氧化碳、催化剂等化肥、化工产品的生产和销售。 | | | |
| | 年　度 | 2006 | 2005 | 2004 |
| 主要指标 | 每股收益/扣除后(元) | 0.294/0.345 | 0.499 | 0.01/0.059 |
| | 每股经营现金流量(元) | 0.461 | 0.67 | 0.56 |
| | 每股净资产/调整后(元) | 3.56/3.54 | 3.48/3.46 | 3.08/3.05 |
| | 未分利润(万元) | 23220.51 | 20093.51 | 6264.07 |
| | 资本公积(万元) | 81027.81 | 81358.11 | 81346.83 |
| 利润构成 | 主营收入(万元) | 151287.41 | 162790.45 | 96966.91 |
| | 主营利润(万元) | 43860.57 | 55867.19 | 21712.99 |
| | 投资收益(万元) | 482.48 | -2133.51 | -798.77 |
| | 利润总额(万元) | 16734.4 | 29431.71 | 813.37 |
| | 净利润(万元) | 13795.41 | 23456.02 | 309.71 |
| 近年分配: | 06 预案:10 派 2.5 ; 05 年:10 派 2 ; 04 年:10 派 1 | | | |

| 主要股东及持股比例%、持股性质 | |
|---|---|
| 川化集团有限责任公司 63.49% (国有股) | |
| 陈汉飞 0.13% (流通 A 股) | |
| 罗望 0.12% (流通 A 股) | |
| 孙启庆 0.1% (流通 A 股) | |
| 吴可兴 0.09% (流通 A 股) | |
| 枣一兵 0.08% (流通 A 股) | |
| 凌锡华 0.08% (流通 A 股) | |
| 姜传平 0.08% (流通 A 股) | |
| 杨森平 0.07% (流通 A 股) | |
| 陶浙华 0.07% (流通 A 股) | |
| 实际控制人: | 四川化工控股集团有限责任公司 |

二〇〇六年以来市场表现

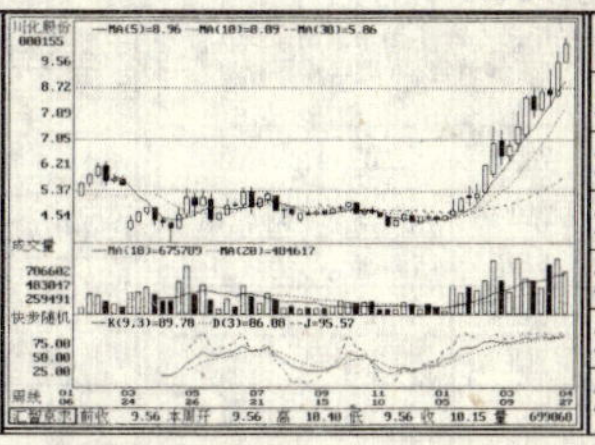

| | |
|---|---|
| 2006 年涨跌幅(%) | 15.82 |
| 2006 年最高(元) | 7.45 |
| 2007 年涨跌幅(%) | 129.64 |
| 2007.4.27 收盘(元) | 10.15 |
| 2007 年最高(元) | 10.4 |
| 2007 年最低(元) | 4.36 |
| 2007 年换手率(%) | 503.25 |

未来一年限售流通股解禁情况:23500000 股 03 月 21 日解禁

| 最新股本 | 总股本 | 非(限售)流通 | 流通 A | 流通 B/H/S | 股东户数 | 06 年末 | 06 三季 |
|---|---|---|---|---|---|---|---|
| | 47000 | 29840 | 17160 | | | 59267 | 62788 |

年报点评:公司是国内最大的合成氨和氮肥生产企业之一,也是国内最大的三聚氰胺生产和出口企业。公司计划从 2006 年起未来 5 年内尿素达到 80 万吨年产能,同时形成年产 45 万吨合成氨,30 万吨 NPK 复合肥和 4 万吨硝酸钾的生产能力。

## ＊ST 嘉瑞（000156）

上市日期:00/09/06　　电话:0731－4318808　　传真:0731－4315978

**主营**：PVC、PU 人造革、塑料制品的生产、销售；出口本企业自产的 PVC、PU 人造革、塑料制品。

| | 年　度 | 2006 | 2005 | 2004 |
|---|---|---|---|---|
| 主要指标 | 每股收益/扣除后(元) | 0.146/－0.7 | －6.92 | －3.046/－1.873 |
| | 每股经营现金流量(元) | 0.3414 | 0.1344 | －0.87 |
| | 每股净资产/调整后(元) | －6.31/－6.58 | －5.45/－7.23 | 1.63/－1.37 |
| | 未分利润(万元) | －94264.43 | －95743.11 | －29011.75 |
| | 资本公积(万元) | 33612.36 | 33563.25 | 33460.38 |
| 利润构成 | 主营收入(万元) | 33962.73 | 36087.44 | 35769.28 |
| | 主营利润(万元) | 3444.9 | 2667.59 | 911.25 |
| | 投资收益(万元) | －1751.98 | 205.2 | －228.64 |
| | 利润总额(万元) | －8054.77 | －69604.31 | －32071.62 |
| | 净利润(万元) | 1405.84 | －66731.36 | －29398.6 |
| 近年分配: | | | | |

| 主要股东及持股比例%、持股性质 |
|---|
| 洪江市大有发展有限责任公司 24.22%（非流通股） |
| 湖南盛华投资管理有限公司 9.51%（非流通股） |
| 上海沪荣物资有限公司 9.25%（非流通股） |
| 徐军 1.25%（部分流通部分不流通） |
| 湖南日升物资贸易有限公司 1.17%（非流通股） |
| 沈永富 1.07%（部分流通部分不流通） |
| 湖南省洪江市财政局 0.83%（国有股） |
| 芷江侗族自治县财政局 0.8%（国有股） |
| 王卫平 0.55%（部分流通部分不流通） |
| 湖南明谦投资有限公司 0.46%（非流通股） |
| 实际控制人：鄢彩宏 |

二〇〇六年以来市场表现

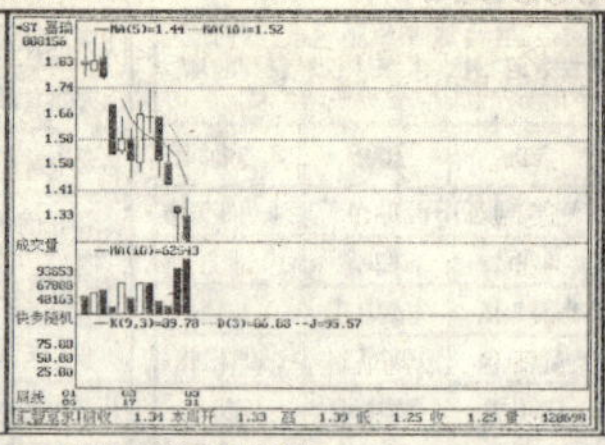

| | |
|---|---|
| 2006 年涨跌幅(%) | |
| 2006 年最高(元) | |
| 2007 年涨跌幅(%) | |
| 2007.4.27 收盘(元) | |
| 2007 年最高(元) | |
| 2007 年最低(元) | |
| 2007 年换手率(%) | |

未来一年限售流通股解禁情况:

| 最新股本 | 总股本 | 非(限售)流通 | 流通 A | 流通 B/H/S | 股东户数 | 06 年末 | 06 三季 |
|---|---|---|---|---|---|---|---|
| | 9650 | 5500 | 4150 | | | 13517 | 13516 |

**年报点评**：随着销售网络建设的完善，公司的铝型材产品在未来几年内仍将保持较好的发展势头。拟利用中圆科技资产，与其它公司合资成立新公司，以充分挖掘现有的 PU、PUV 人造革生产设备领先优势和生产潜力。公司目前正准备与房地产公司合作在该厂址进行开发，以寻找新的利润增长点。

## 中联重科（000157）

上市日期:00/10/12　　电话:0731－8923779　　传真:0731－8923906

**主营**：混凝土机械成套设备、起重设备、路面机械、水平定向钻孔设备等产品及配套件的开发、生产、销售和租赁。开发、生产、销售消防车辆及专用底盘。

| | 年　度 | 2006 | 2005 | 2004 |
|---|---|---|---|---|
| 主要指标 | 每股收益/扣除后(元) | 0.949/0.982 | 0.612/0.618 | 0.755/0.763 |
| | 每股经营现金流量(元) | 0.8621 | 0.9127 | 0.4597 |
| | 每股净资产/调整后(元) | 4.53/4.47 | 3.42/3.39 | 3.2/3.18 |
| | 未分利润(万元) | 105608.94 | 64358.98 | 58270.91 |
| | 资本公积(万元) | 49415.05 | 38890.78 | 38532.5 |
| 利润构成 | 主营收入(万元) | 462534.11 | 327888.54 | 338045.62 |
| | 主营利润(万元) | 122259.89 | 84804.42 | 88609.19 |
| | 投资收益(万元) | －597.17 | －624.21 | －60.77 |
| | 利润总额(万元) | 48592.84 | 31362.74 | 38371.87 |
| | 净利润(万元) | 48090.02 | 31047.86 | 38285.25 |
| 近年分配: | 06 年:10 派 0.4 转增 5；05 年:10 派 0.4；04 年:10 派 4 | | | |

| 主要股东及持股比例%、持股性质 |
|---|
| 长沙建设机械研究院有限责任公司 41.86%（国有股） |
| 佳卓集团有限公司 13.3%（外资股） |
| 银丰证券投资基金 2.35%（流通 A 股） |
| 中国建设银行－上投摩根成长先锋股票型证券投资基金 1.99%（流通 A 股） |
| 天华证券投资基金 1.18%（流通 A 股） |
| 中信建投－渣打银行－ING BANK N. V 1.07%（流通 A 股） |
| 交通银行－安顺证券投资基金 0.99%（流通 A 股） |
| 中国银行－海富通股票证券投资基金 0.96%（流通 A 股） |
| 中国工商银行－广发策略优选混合型证券投资基金 0.89%（流通 A 股） |
| 中国银行－泰达荷银行业精选证券投资基金 0.87%（流通 A 股） |
| 实际控制人：湖南省人民政府国有资产监督管理委员会 |

二〇〇六年以来市场表现

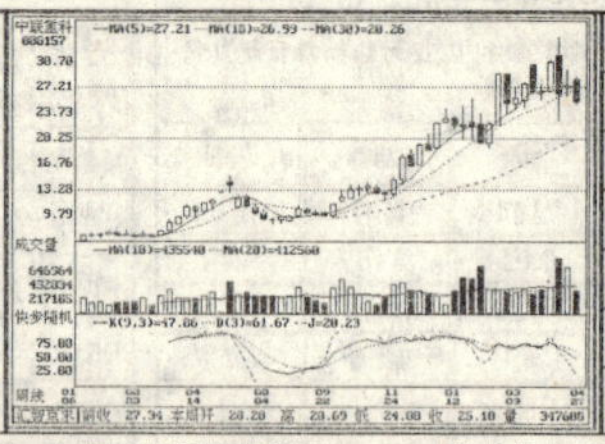

| | |
|---|---|
| 2006 年涨跌幅(%) | 358.4 |
| 2006 年最高(元) | 29.45 |
| 2007 年涨跌幅(%) | 70.09 |
| 2007.4.27 收盘(元) | 25.18 |
| 2007 年最高(元) | 44.38 |
| 2007 年最低(元) | 18.94 |
| 2007 年换手率(%) | 289.85 |

未来一年限售流通股解禁情况:82393908 股 07 月 14 日解禁

| 最新股本 | 总股本 | 非(限售)流通 | 流通 A | 流通 B/H/S | 股东户数 | 06 年末 | 06 三季 |
|---|---|---|---|---|---|---|---|
| | 50700 | 28392 | 22308 | | | 12185 | 18178 |

**年报点评**：公司为国内工程机械行业龙头之一，主营为公司主营业务为混凝土机械、起重机械等。06 年整个行业在国家建设拉动下持续、快速增长，同时在股改完成后，公司通过产品结构调整和整合营销网络，实现了快速增长，预期 07 年公司将持续、稳定发展。

## 常山股份（000158）

上市日期:00/07/24　　电话:0311－6673856　　传真:0311－6673929

**主营**：纯棉纱布、涤棉纱布和印染布的生产、销售；自产产品和技术的进出口业务；棉花收购、加工；棉花批发、零售。

| | 年　度 | 2006 | 2005 | 2004 |
|---|---|---|---|---|
| 主要指标 | 每股收益/扣除后(元) | 0.12/0.11 | 0.09/0.08 | 0.09/0.07 |
| | 每股经营现金流量(元) | 0.37 | 0.21 | 0.13 |
| | 每股净资产/调整后(元) | 3.61/3.59 | 3.53/3.52 | 3.41/3.39 |
| | 未分利润(万元) | 12141.35 | 9882.93 | 9797.61 |
| | 资本公积(万元) | 85154.44 | 85038.35 | 80958.25 |
| 利润构成 | 主营收入(万元) | 264584.62 | 232612.49 | 230649.88 |
| | 主营利润(万元) | 26592.52 | 25741.12 | 22577.35 |
| | 投资收益(万元) | －21.41 | 0.52 | －153.15 |
| | 利润总额(万元) | 5330.77 | 5228.77 | 6105.68 |
| | 净利润(万元) | 5153.89 | 3855.45 | 3836.36 |
| 近年分配: | 06 预案:10 派 0.5；05 年:10 派 0.4；04 年:10 派 0.6 | | | |

| 主要股东及持股比例%、持股性质 |
|---|
| 石家庄常山纺织集团有限责任公司 58.63%（国有股） |
| 中国银行－华夏大盘精选证券投资基金 1.74%（流通 A 股） |
| 中国工商银行－南方稳健成长贰号证券投资基金 1.71%（流通 A 股） |
| 中国工商银行－南方稳健成长证券投资基金 0.83%（流通 A 股） |
| 中国建设银行－上投摩根双息平衡混合型证券投资基金 0.77%（流通 A 股） |
| 顾诵华 0.27%（流通 A 股） |
| 李志群 0.22%（流通 A 股） |
| 李海明 0.15%（流通 A 股） |
| 河北省宏远国际经贸集团公司 0.14%（国有股） |
| 石家庄市星球服装鞋帽联合(集团)公司 0.14%（非流通股） |
| 实际控制人：石家庄常山纺织集团有限责任公司 |

二〇〇六年以来市场表现

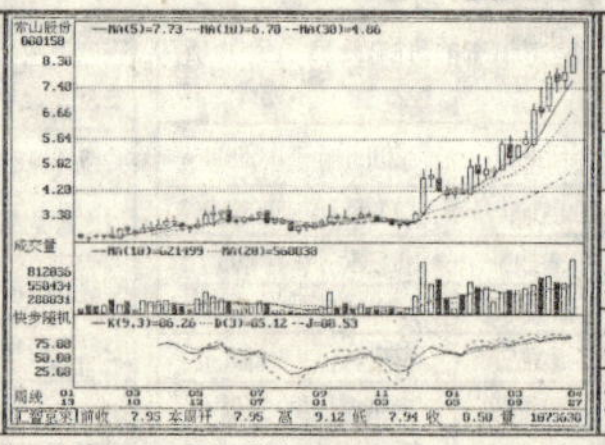

| | |
|---|---|
| 2006 年涨跌幅(%) | 73.63 |
| 2006 年最高(元) | 6.94 |
| 2007 年涨跌幅(%) | 109.88 |
| 2007.4.27 收盘(元) | 8.5 |
| 2007 年最高(元) | 9.12 |
| 2007 年最低(元) | 3.9 |
| 2007 年换手率(%) | 486.85 |

未来一年限售流通股解禁情况:

| 最新股本 | 总股本 | 非(限售)流通 | 流通 A | 流通 B/H/S | 股东户数 | 06 年末 | 06 三季 |
|---|---|---|---|---|---|---|---|
| | 43000 | 25450.19 | 17549.81 | | | 41834 | 47767 |

**年报点评**：公司整体装备以及技术含量已达国内领先水平，所开发的弹力提花格、天然彩棉灯芯绒等产品深受市场欢迎。同时 2007 年上半年公司力争启动房地产开发项目，并根据搬迁进度和厂区土地出让情况，做好联合开发的准备工作。

## 国际实业（000159）

上市日期:00/09/26　　电话:0991－5814221　　传真:0991－5854232

**主营**：焦炭、煤炭及深加工产品的生产与销售；麻黄素制品及其衍生产品的研制、开发、生产加工和销售；进出口贸易和房地产开发营销、物业管理。

| | 年　度 | 2006 | 2005 | 2004 |
|---|---|---|---|---|
| 主要指标 | 每股收益/扣除后(元) | 0.006/0.171 | 0.03 | 0.01/－0.084 |
| | 每股经营现金流量(元) | 0.799 | 0.4267 | 1.14 |
| | 每股净资产/调整后(元) | 2.58/2.47 | 3.5/3.38 | 3.45/3.19 |
| | 未分利润(万元) | －5048.76 | 3109.06 | 3590.92 |
| | 资本公积(万元) | 34905.82 | 37952.1 | 37755.05 |
| 利润构成 | 主营收入(万元) | 52362.46 | 47594.05 | 45466.46 |
| | 主营利润(万元) | 16582.64 | 15174.09 | 6937.84 |
| | 投资收益(万元) | 14.07 | －783.74 | 849.85 |
| | 利润总额(万元) | 1368.35 | －637.99 | －3974.63 |
| | 净利润(万元) | 132.78 | 513.37 | 193.66 |
| 近年分配: | | | | |

| 主要股东及持股比例%、持股性质 |
|---|
| 新疆对外经济贸易(集团)有限责任公司 44.78%（非流通股） |
| 特变电工股份有限公司 1.71%（非流通股） |
| 江阴市基础产业总公司 1.47%（国有股） |
| 丰果菜种植有限责任公司 0.98%（非流通股） |
| 新理念经济信息有限公司 0.73%（非流通股） |
| 黄国谦 0.28%（流通 A 股） |
| 刘昔燎 0.27%（流通 A 股） |
| 黄北绮 0.26%（流通 A 股） |
| 新疆得玉鑫财务顾问有限公司 0.24%（流通 A 股） |
| 王醒梅 0.2%（流通 A 股） |
| 实际控制人：张彦夫 |

二〇〇六年以来市场表现

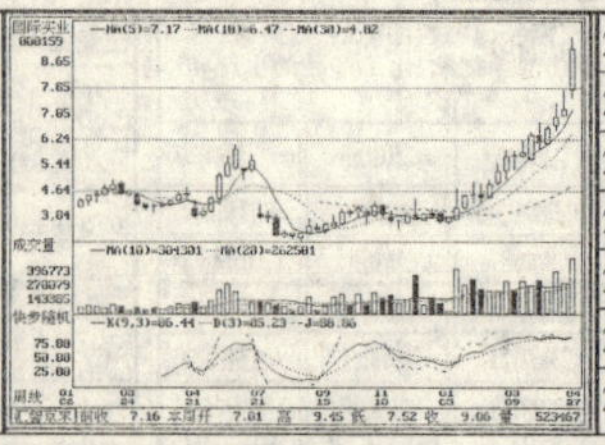

| | |
|---|---|
| 2006 年涨跌幅(%) | 30.45 |
| 2006 年最高(元) | 6.43 |
| 2007 年涨跌幅(%) | 146.87 |
| 2007.4.27 收盘(元) | 9.06 |
| 2007 年最高(元) | 9.45 |
| 2007 年最低(元) | 3.6 |
| 2007 年换手率(%) | 441.41 |

未来一年限售流通股解禁情况:10000000 股 07 月 20 日解禁

| 最新股本 | 总股本 | 非(限售)流通 | 流通 A | 流通 B/H/S | 股东户数 | 06 年末 | 06 三季 |
|---|---|---|---|---|---|---|---|
| | 20455.23 | 10179.23 | 10276 | | | 27999 | 27176 |

**年报点评**：公司主营煤焦化和房地产，新疆作为我国最后一个焦煤富产区，公司抓住地缘优势，通过收购整合拜城地区的煤炭资源，直接或间接控股 14 家煤炭生产经营企业，拥有矿井 16 个，原煤销售在拜城地区市场占有率约 85%。公司相继开发了 7 个小区，地产业务进一步发展。

## 丝绸股份（000301）

上市日期:00/05/29　　电话:0512－63558328　　传真:0512－63552272

**主营**：纺织原料、针纺织品、聚酯（PET）生产、销售，电脑绣花，房地产开发、经营，仓储，公路货运及国内贸易等。

| | 年　度 | 2006 | 2005 | 2004 |
|---|---|---|---|---|
| 主要指标 | 每股收益/扣除后(元) | 0.153/0.079 | 0.065 | -0.1/-0.126 |
| | 每股经营现金流量(元) | 0.3141 | 0.3404 | 0.32 |
| | 每股净资产/调整后(元) | 1.88/1.86 | 2.93/2.87 | 2.86/2.78 |
| | 未分利润(万元) | 34738.18 | 17639.22 | 14598.78 |
| | 资本公积(万元) | 63690.29 | 65417.07 | 65016.87 |
| 利润构成 | 主营收入(万元) | 298318.5 | 274032.05 | 227289.32 |
| | 主营利润(万元) | 33397.69 | 26568.29 | 17172 |
| | 投资收益(万元) | 6369.89 | -1565.64 | -4946.87 |
| | 利润总额(万元) | 25814.48 | 7505.73 | -1689.72 |
| | 净利润(万元) | 18621.54 | 3040.44 | -4613.51 |

**近年分配**：06 中期:10 转增 7 年终预案:10 派 1.5

**主要股东及持股比例%、持股性质**

- 江苏吴江丝绸集团有限公司 40.77%（国有股）
- 江苏省丝绸集团有限公司 1.54%（非流通股）
- 中国丝绸工业总公司 0.91%（非流通股）
- 全国社保基金二零二组合 0.52%（流通 A 股）
- 马信琪 0.47%（流通 A 股）
- 广发证券股份有限公司 0.42%（流通 A 股）
- 中国服装集团公司 0.36%（非流通股）
- 吴江精艺绣品服饰有限公司 0.34%（流通 A 股）
- 尹红红 0.26%（流通 A 股）
- 全国社保基金二零五组合 0.26%（流通 A 股）

**实际控制人**：江苏省吴江市国有(集体)资产管理委员会

**二〇〇六年以来市场表现**

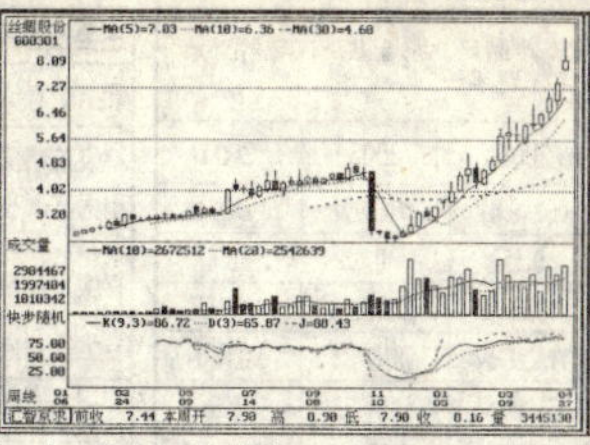

| | |
|---|---|
| 2006 年涨跌幅(%) | 132.91 |
| 2006 年最高(元) | 5.93 |
| 2007 年涨跌幅(%) | 134.48 |
| 2007.4.27 收盘(元) | 8.16 |
| 2007 年最高(元) | 8.9 |
| 2007 年最低(元) | 3.43 |
| 2007 年换手率(%) | 579.36 |

未来一年限售流通股解禁情况:75191714 股 05 月 24 日解禁

| 最新股本 | 总股本 | 非(限售)流通 | 流通 A | 流通 B/H/S | 股东户数 06 年末 | 股东户数 06 三季 |
|---|---|---|---|---|---|---|
| | 121823.64 | 53210 | 68613.64 | | 92890 | 71240 |

**年报点评**：公司拥有东方丝绸市场 500 亩土地、20 万平米商铺、签约客户 2000 多家，分别占整个市场的 1/3、1/2 和 1/2。东方丝绸市场为国内最大的面料交易中心。公司经营有望进入新的发展阶段。

## 潍柴动力（000338）

上市日期:07/04/30　　电话:0536－2297068　　传真:0536－8197073

**主营**：生产及销售柴油机及相关零部件，以及为柴油机及配套产品的设计、开发、生产、销售及维修

| | 年　度 | 2006 | 2005 | 2004 |
|---|---|---|---|---|
| 主要指标 | 每股收益/扣除后(元) | 2.07 | 0.93 | |
| | 每股经营现金流量(元) | | | |
| | 每股净资产/调整后(元) | 8.88 | 7.15 | |
| | 未分利润(万元) | | | |
| | 资本公积(万元) | | | |
| 利润构成 | 主营收入(万元) | | | |
| | 主营利润(万元) | | | |
| | 投资收益(万元) | | | |
| | 利润总额(万元) | | | |
| | 净利润(万元) | | | |

**近年分配**：

**主要股东及持股比例%、持股性质**

- 潍坊柴油机厂 19.7%（非流通股）
- 香港培新控股有限公司 5.962%（外资股）
- 福建龙岩工程机械(集团)有限公司 5.455%（非流通股）
- 深圳市创新投资集团有限公司 5.455%（非流通股）
- 潍坊市投资公司 4.899%（非流通股）
- 株洲市国有资产投资经营有限公司 3.841%（非流通股）
- 中国工商银行－南方绩优成长股票型证券投资基金 2.898%（流通 A 股）
- 奥地利 IVM 技术咨询维也纳有限公司 2.727%（外资股）
- 山东省企业托管经营股份有限公司 2.537%（非流通股）
- 中国银行－南方高增长股票型开放式证券投资基金 2.111%（流通 A 股）

**实际控制人**：

**二〇〇六年以来市场表现**

| | |
|---|---|
| 2006 年涨跌幅(%) | |
| 2006 年最高(元) | |
| 2007 年涨跌幅(%) | |
| 2007.4.27 收盘(元) | |
| 2007 年最高(元) | |
| 2007 年最低(元) | |
| 2007 年换手率(%) | |

未来一年限售流通股解禁情况:

| 最新股本 | 总股本 | 非(限售)流通 | 流通 A | 流通 B/H/S | 股东户数 06 年末 | 股东户数 06 三季 |
|---|---|---|---|---|---|---|
| | 52065.36 | 20350 | 19065.36 | 12650 | | |

**年报点评**：

## 许继电气（000400）

上市日期:97/04/18　　电话:0374－3212348　　传真:0374－3363549

**主营**：生产经营电网调度自动化、配电网自动化、变电站自动化、电站自动化、铁路供电自动化、电网安全稳定控制、电力管理信息系统。

| | 年　度 | 2006 | 2005 | 2004 |
|---|---|---|---|---|
| 主要指标 | 每股收益/扣除后(元) | 0.338/0.34 | 0.309 | 0.38/0.333 |
| | 每股经营现金流量(元) | 0.3174 | 0.3367 | 0.53 |
| | 每股净资产/调整后(元) | 5.36/5.2 | 5.02/4.76 | 4.83/4.65 |
| | 未分利润(万元) | 69062.5 | 59863.58 | 59292.51 |
| | 资本公积(万元) | 59513.98 | 59513.98 | 59513.98 |
| 利润构成 | 主营收入(万元) | 200146.78 | 182678.8 | 170216.83 |
| | 主营利润(万元) | 65803.61 | 46056.47 | 52706.56 |
| | 投资收益(万元) | -71.42 | 190.26 | 476.99 |
| | 利润总额(万元) | 21605.74 | 16991.51 | 19361.08 |
| | 净利润(万元) | 12794.47 | 11684.05 | 14402.77 |

**近年分配**：04 年:10 派 1.2

**主要股东及持股比例%、持股性质**

- 许继集团有限公司 30.2%（国有股）
- 易方达价值精选股票型证券投资基金 2.16%（流通 A 股）
- 富通银行 1.72%（流通 A 股）
- 同益证券投资基金 1.18%（流通 A 股）
- MORGAN STANLEY & CO. INTERNATIONAL LIMITED 1.13%（流通 A 股）
- 银华优质增长股票型证券投资基金 0.9%（流通 A 股）
- 许继电控设备公司 0.71%（流通 A 股）
- 香港上海汇丰银行有限公司 0.69%（流通 A 股）
- 日兴资产管理有限公司日兴 AM 中国人民币 A 股母基金 0.53%（流通 A 股）
- 易方达深证 100 交易型开放式指数证券投资基金 0.49%（流通 A 股）

**实际控制人**：河南省许昌市人民政府

**二〇〇六年以来市场表现**

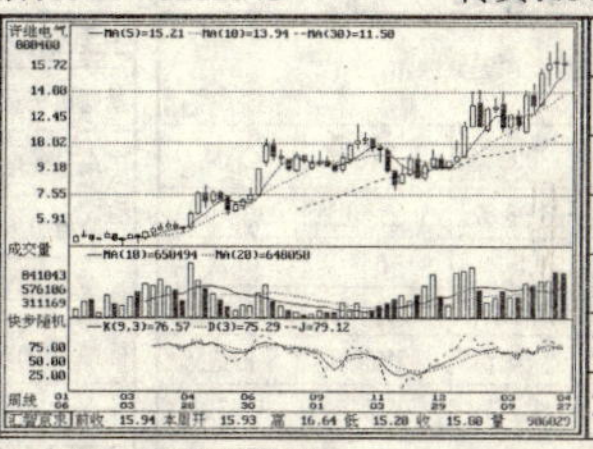

| | |
|---|---|
| 2006 年涨跌幅(%) | 105.78 |
| 2006 年最高(元) | 12 |
| 2007 年涨跌幅(%) | 70.63 |
| 2007.4.27 收盘(元) | 15.8 |
| 2007 年最高(元) | 17.35 |
| 2007 年最低(元) | 9.11 |
| 2007 年换手率(%) | 397.99 |

未来一年限售流通股解禁情况:

| 最新股本 | 总股本 | 非(限售)流通 | 流通 A | 流通 B/H/S | 股东户数 06 年末 | 股东户数 06 三季 |
|---|---|---|---|---|---|---|
| | 37827.2 | 11423.2 | 26404 | | 60468 | 43315 |

**年报点评**：公司主营电力一、二次设备，06 年公司完成了组织结构与管理层次的调整，大幅减小了与集团的关联交易，在原材料价格上涨的压力下，通过强化管理与效率，实现了收入与利润的增长。新的一年，特高压直流业务的注入将会为公司发展奠定坚实的基础。

## 冀东水泥（000401）

上市日期:96/06/14　　电话:0315－3244005　　传真:0315－3244005

**主营**：硅酸盐水泥及水泥熟料的制造和销售

| | 年　度 | 2006 | 2005 | 2004 |
|---|---|---|---|---|
| 主要指标 | 每股收益/扣除后(元) | 0.209/0.197 | 0.133/0.119 | 0.15/0.14 |
| | 每股经营现金流量(元) | 0.88 | 0.53 | 0.41 |
| | 每股净资产/调整后(元) | 2.47/2.43 | 2.26/2.21 | 2.23/2.17 |
| | 未分利润(万元) | 34671.39 | 16541.57 | 15312.6 |
| | 资本公积(万元) | 77287.82 | 77482.22 | 77427.56 |
| 利润构成 | 主营收入(万元) | 289374.78 | 230894.35 | 183384.69 |
| | 主营利润(万元) | 67066.97 | 53489.23 | 48817.4 |
| | 投资收益(万元) | 3430.63 | 286.53 | 24.02 |
| | 利润总额(万元) | 26696.49 | 16048.07 | 17281.19 |
| | 净利润(万元) | 20144.25 | 12772.56 | 14299.12 |

**近年分配**：06 预案:10 派 1；04 年:10 派 1

**主要股东及持股比例%、持股性质**

- 河北省冀东水泥集团有限责任公司 52.82%（部分流通部分不流通）
- 中国银行－嘉实主题精选混合型证券投资基金 2.27%（流通 A 股）
- 通乾证券投资基金 1.47%（流通 A 股）
- 中国建设银行－华夏优势增长股票型证券投资基金 1.03%（流通 A 股）
- 兴业银行股份有限公司－兴业全球视野股票型证券投资基金 0.99%（流通 A 股）
- 中国工商银行－普丰证券投资基金 0.93%（流通 A 股）
- 中国工商银行－安信证券投资基金 0.83%（流通 A 股）
- 全国社保基金一零六组合 0.83%（流通 A 股）
- 中国人民财产保险股份有限公司－传统－普通保险产品 0.76%（流通 A 股）
- 东方证券－农行－LEHMAN BROTHERS INTERNATIONAL (EUROPE) 0.66%（流通 A 股）

**实际控制人**：唐山市人民政府国有资产监督管理管理委员会

**二〇〇六年以来市场表现**

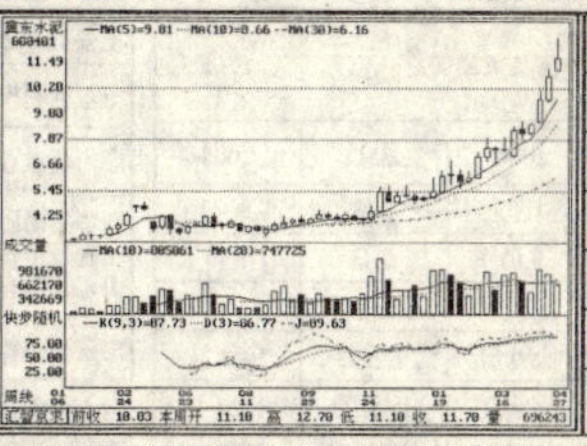

| | |
|---|---|
| 2006 年涨跌幅(%) | 111.79 |
| 2006 年最高(元) | 7.52 |
| 2007 年涨跌幅(%) | 134.47 |
| 2007.4.27 收盘(元) | 11.7 |
| 2007 年最高(元) | 12.7 |
| 2007 年最低(元) | 4.95 |
| 2007 年换手率(%) | 271.5 |

未来一年限售流通股解禁情况:53584842 股 05 月 24 日解禁

| 最新股本 | 总股本 | 非(限售)流通 | 流通 A | 流通 B/H/S | 股东户数 06 年末 | 股东户数 06 三季 |
|---|---|---|---|---|---|---|
| | 96277.06 | 49971.16 | 46305.9 | | 84706 | 102312 |

**年报点评**：公司 2006 年实现净利润 20144 万元，同比增长 57.71%。2007 年计划水泥产量 1898 万吨，熟料产量 1426 万吨，计划新建设 2 条 4500T/D 生产线及 1 条 4000T/D 生产线以及曹妃甸 400－500 万吨水泥粉磨站项目。公司是华北地区最大高标号水泥供应商，面临前所未有的发展机会。

## 金融街（000402）

上市日期:96/06/26　电话:010－88086184　传真:010－88086186

| | | | | |
|---|---|---|---|---|
| 主营 | 房地产开发、物业管理;主要产品是北京金融街区域的土地开发、楼面租售和房产项目开发。 | | | |
| | 年　度 | 2006 | 2005 | 2004 |
| 主要指标 | 每股收益/扣除后(元) | 0.49/0.43 | 0.59 | 0.68/0.62 |
| | 每股经营现金流量(元) | 0.15 | －0.02 | －0.67 |
| | 每股净资产/调整后(元) | 3.55/3.46 | 3.28/3.18 | 4.32/4.3 |
| | 未分利润(万元) | 112221.69 | 78711.82 | 58129.09 |
| | 资本公积(万元) | 133445.54 | 54290.22 | 76966 |
| 利润构成 | 主营收入(万元) | 348089.63 | 199976.62 | 173984.03 |
| | 主营利润(万元) | 95222.67 | 63963.64 | 55560.7 |
| | 投资收益(万元) | 4215.78 | 2921.13 | 647.73 |
| | 利润总额(万元) | 80076.07 | 62006.31 | 46849.19 |
| | 净利润(万元) | 52549.64 | 40889.55 | 31092.42 |
| 近年分配: | 06年:10派2.5;05年:10派2转增4;04年:10派3转增5 | | | |

| 主要股东及持股比例%、持股性质 |
|---|
| 北京金融街建设集团 32.38%（国有股） |
| 广发策略优选混合型证券投资基金 4.86%（流通A股） |
| 南方高增长股票型开放式证券投资基金 3.22%（流通A股） |
| 嘉实主题精选混合型证券投资基金 2.39%（流通A股） |
| 易方达价值精选股票型证券投资基金 2.09%（流通A股） |
| 中国人寿保险股份有限公司－分红－个人分红－005L－FH002深 2.07%（流通A股） |
| 南方绩优成长股票型证券投资基金 1.66%（流通A股） |
| 华夏回报二号证券投资基金 1.47%（流通A股） |
| 交银施罗德成长股票证券投资基金 1.44%（流通A股） |
| 申银万国证券股份有限公司 1.3%（流通A股） |
| 实际控制人:北京市西城区城市建设管理委员会 |

二〇〇六年以来市场表现

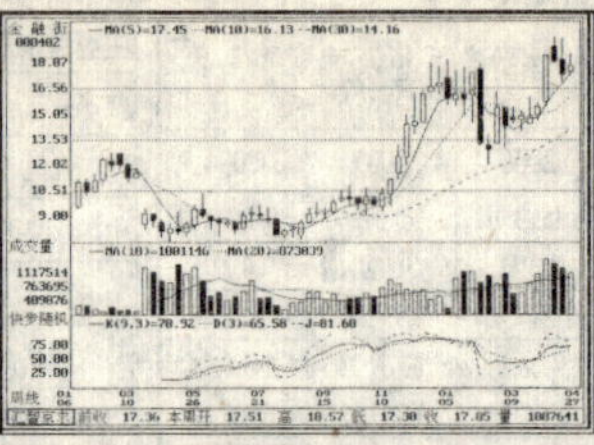

| | |
|---|---|
| 2006年涨跌幅(%) | 199.73 |
| 2006年最高(元) | 30.74 |
| 2007年涨跌幅(%) | 7.42 |
| 2007.4.27收盘(元) | 17.85 |
| 2007年最高(元) | 19.7 |
| 2007年最低(元) | 12.01 |
| 2007年换手率(%) | 234.07 |

未来一年限售流通股解禁情况:

| | 总股本 | 非(限售)流通 | 流通A | 流通B/H/S | 股东户数 | 06年末 | 06三季 |
|---|---|---|---|---|---|---|---|
| 最新股本 | 107845.16 | 42650.73 | 65194.44 | | | 12349 | 13346 |

年报点评:商务地产领先企业,已经建立了立足北京、面向全国的区域布局态势,通过进行房地产开发和持有优质物业出租经营,形成房地产开发和物业出租两个支柱业务,并且进入了住宅开发领域,丰富了公司的产品线。

## S＊ST生化（000403）

上市日期:96/06/28　电话:755－82911999　传真:0755－2710777

| | | | | |
|---|---|---|---|---|
| 主营 | 生物工程药品、精细化工产品以及工程机械产品的研究、开发、生产和销售。 | | | |
| | 年　度 | 2006 | 2005 | 2004 |
| 主要指标 | 每股收益/扣除后(元) | －0.36/－0.29 | －3.14 | －0.913/－0.897 |
| | 每股经营现金流量(元) | －0.05 | 0.24 | －0.62 |
| | 每股净资产/调整后(元) | －0.91/－1.22 | －0.72/－0.98 | 2.55/2.57 |
| | 未分利润(万元) | －66611.1 | －59191.36 | 7145.08 |
| | 资本公积(万元) | 18135.67 | 18076.62 | 15603.87 |
| 利润构成 | 主营收入(万元) | 67490.03 | 74295.14 | 66981.13 |
| | 主营利润(万元) | 11462.36 | 13486.61 | 13295.82 |
| | 投资收益(万元) | －641.02 | －791 | －1531.59 |
| | 利润总额(万元) | －9312.52 | －76282.3 | －22388.95 |
| | 净利润(万元) | －7639.81 | －66366.16 | －19317.66 |
| 近年分配: | | | | |

| 主要股东及持股比例%、持股性质 |
|---|
| 三九医药股份有限公司 38.11%（国有股） |
| 宜春工程机械厂劳动服务公司 4.53%（非流通股） |
| 衡阳市国资局 2.88%（国有股） |
| 周步道 1.63%（流通A股） |
| 湖南三一路面机械有限公司 1.35%（流通A股） |
| 王爱秀 0.97%（流通A股） |
| 张建新 0.71%（流通A股） |
| 宜春工程机械油箱厂 0.66%（非流通股） |
| 宜春工程机械西件厂 0.66%（非流通股） |
| 江西省分宜驱动桥厂 0.65%（非流通股） |
| 实际控制人:三九企业集团 |

二〇〇六年以来市场表现

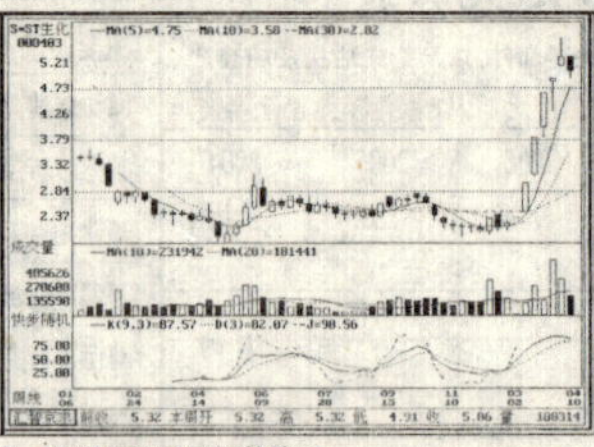

| | |
|---|---|
| 2006年涨跌幅(%) | －35.55 |
| 2006年最高(元) | 3.6 |
| 2007年涨跌幅(%) | 126.91 |
| 2007.4.27收盘(元) | 5.06 |
| 2007年最高(元) | 5.68 |
| 2007年最低(元) | 2.34 |
| 2007年换手率(%) | 157.66 |

未来一年限售流通股解禁情况:

| | 总股本 | 非(限售)流通 | 流通A | 流通B/H/S | 股东户数 | 06年末 | 06三季 |
|---|---|---|---|---|---|---|---|
| 最新股本 | 21168.35 | 11019.33 | 10149.02 | | | 19541 | 20335 |

年报点评:由于三九企业集团整体银行融资环境未得到根本改善,公司本部和下属子公司仍然无法新增银行贷款,原有银行贷款纷纷到期,造成公司营运资金非常紧张,工程机械等业务的正常生产经营严重受限。公司大股东股权转让仍未获得重大突破,一定程度上影响了公司管理和生产经营的稳定性、延续性。

## 华意压缩（000404）

上市日期:96/06/19　电话:0798－8470237　传真:0798－8470221

| | | | | |
|---|---|---|---|---|
| 主营 | 研制、生产与销售无氟压缩机和无氟冰箱 | | | |
| | 年　度 | 2006 | 2005 | 2004 |
| 主要指标 | 每股收益/扣除后(元) | 0.02/－0.096 | －0.55/－0.555 | 0.03/－0.13 |
| | 每股经营现金流量(元) | 0.64 | －0.01 | 0.28 |
| | 每股净资产/调整后(元) | 1.21/1.21 | 1.49/1.49 | 2.04/2.04 |
| | 未分利润(万元) | －23186.03 | －23601.46 | －8987.55 |
| | 资本公积(万元) | 24928.77 | 31513.92 | 31513.47 |
| 利润构成 | 主营收入(万元) | 174209.65 | 126864.63 | 97732.29 |
| | 主营利润(万元) | 18918.53 | 12261.55 | 8683.65 |
| | 投资收益(万元) | －153.87 | －457.57 | －485.64 |
| | 利润总额(万元) | 5787.52 | －12313.3 | 2264.12 |
| | 净利润(万元) | 700.72 | －14274.27 | 773 |
| 近年分配: | | | | |

| 主要股东及持股比例%、持股性质 |
|---|
| 景德镇华意电器总公司 32.69%（国有股） |
| 广东科龙电器股份有限公司 18.26%（非流通股） |
| 吕晓雄 0.68%（流通A股） |
| 徐敬春 0.33%（流通A股） |
| 陈帅 0.26%（流通A股） |
| 李永春 0.24%（流通A股） |
| 李水成 0.22%（流通A股） |
| 刘远高 0.21%（流通A股） |
| 项晓华 0.2%（流通A股） |
| 孙纲 0.19%（流通A股） |
| 实际控制人:景德镇华意电器总公司 |

二〇〇六年以来市场表现

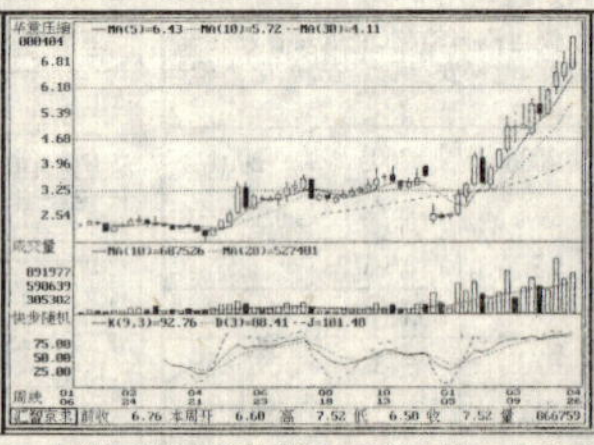

| | |
|---|---|
| 2006年涨跌幅(%) | 81.37 |
| 2006年最高(元) | 4.77 |
| 2007年涨跌幅(%) | 203.23 |
| 2007.4.27收盘(元) | 7.52 |
| 2007年最高(元) | 7.52 |
| 2007年最低(元) | 2.42 |
| 2007年换手率(%) | 596.37 |

未来一年限售流通股解禁情况:32458122股12月20日解禁

| | 总股本 | 非(限售)流通 | 流通A | 流通B/H/S | 股东户数 | 06年末 | 06三季 |
|---|---|---|---|---|---|---|---|
| 最新股本 | 32458.12 | 16536.78 | 15921.34 | | | 34117 | 33391 |

年报点评:公司是国内最大的无氟冰箱压缩机供应商,产销量居全国同行首位,拥有浙江加西贝拉、荆州华意和景德镇华意三处生产基地。但由于主要原材料价格上涨,导致利润微薄,同时控股股东大量占用资金,也对公司经营长生较大不利影响。

## 胜利股份（000407）

上市日期:96/07/03　电话:0531—6920495　传真:0531—6018518

| | | | | |
|---|---|---|---|---|
| 主营 | 塑胶工业、农药的生产、销售及贸易等。 | | | |
| | 年　度 | 2006 | 2005 | 2004 |
| 主要指标 | 每股收益/扣除后(元) | 0.11/0.09 | 0.08 | 0.06/0.03 |
| | 每股经营现金流量(元) | 0.05 | 0.43 | 0.15 |
| | 每股净资产/调整后(元) | 1.74/1.7 | 2.02/1.98 | 1.95/1.9 |
| | 未分利润(万元) | 12890.64 | 9295.78 | 7459.22 |
| | 资本公积(万元) | 8295.02 | 15454.19 | 15454.19 |
| 利润构成 | 主营收入(万元) | 102557.54 | 109836.86 | 83797.17 |
| | 主营利润(万元) | 12708.76 | 11375.04 | 9594.44 |
| | 投资收益(万元) | 1014.78 | 859.29 | 1724.23 |
| | 利润总额(万元) | 5361 | 4028.37 | 3134.87 |
| | 净利润(万元) | 3994.28 | 2160.66 | 1744.24 |
| 近年分配: | | | | |

| 主要股东及持股比例%、持股性质 |
|---|
| 山东胜利投资股份有限公司 14.23%（非流通股） |
| 广州市通百惠服务有限公司 12.21%（非流通股） |
| 润华集团股份有限公司 2.46%（非流通股） |
| 山东省国有资产投资控股有限公司 0.98%（国有股） |
| 山东储备物资管理局三三四处 0.65%（国有股） |
| 山东省农业生产资料有限责任公司 0.49%（非流通股） |
| 刘晓锦 0.37%（流通A股） |
| 张显辉 0.35%（流通A股） |
| 深圳市奥港实业有限公司 0.34%（非流通股） |
| 铁鹰 0.32%（流通A股） |
| 实际控制人:徐建国、马莹、王鹏、隋立祖、袁泽沛、刘钟 |

二〇〇六年以来市场表现

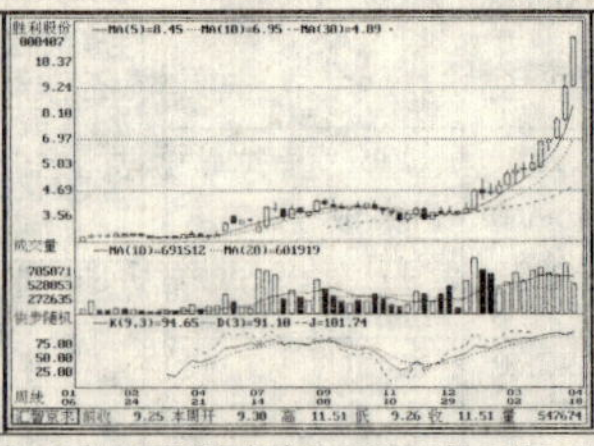

| | |
|---|---|
| 2006年涨跌幅(%) | 113.75 |
| 2006年最高(元) | 5.99 |
| 2007年涨跌幅(%) | 210.24 |
| 2007.4.27收盘(元) | 11.51 |
| 2007年最高(元) | 11.51 |
| 2007年最低(元) | 3.56 |
| 2007年换手率(%) | 421.33 |

未来一年限售流通股解禁情况:55826090股07月11日解禁

| | 总股本 | 非(限售)流通 | 流通A | 流通B/H/S | 股东户数 | 06年末 | 06三季 |
|---|---|---|---|---|---|---|---|
| 最新股本 | 35672.09 | 11461.83 | 24210.26 | | | 52399 | 52916 |

年报点评:子公司填海造地2800亩,静态价值在10亿元左右。海南霉素作为中国唯一自主开发的抗生素兽药列入了国家"十五"科技攻关项目;另一产品泰妙菌素是世界十大兽用抗生素之一,公司出口量占国内出口总量比重约80%。

## ＊ST 玉源（000408）

上市日期:96/06/28

电话:010－82275906　传真:010－82275665

| | |
|---|---|
| 主营 | 生产和销售各种工业陶瓷、日用陶瓷及建筑陶瓷、瓷用花纸、原辅材料；电线电缆系列产品和通讯电子产品。 |

| | 年　度 | 2006 | 2005 | 2004 |
|---|---|---|---|---|
| 主要指标 | 每股收益/扣除后(元) | 0.148 | －0.847 | －0.3/－0.334 |
| | 每股经营现金流量(元) | 0.524 | －1.25 | －0.7 |
| | 每股净资产/调整后(元) | 2.45/2.25 | 2.79/2 | 3.67/3.26 |
| | 未分利润(万元) | －5576.12 | －7646.01 | 2321.44 |
| | 资本公积(万元) | 23899.4 | 26279.75 | 26261.07 |
| 利润构成 | 主营收入(万元) | 15001.76 | 21265.84 | 21409.04 |
| | 主营利润(万元) | 2239.25 | 1183.56 | 2617.7 |
| | 投资收益(万元) | 46.08 | 1364.96 | 1400 |
| | 利润总额(万元) | 1723.07 | －10358.13 | －3706.25 |
| | 净利润(万元) | 2069.89 | －9715.67 | －3497.85 |
| 近年分配: | | | | |

| 主要股东及持股比例%、持股性质 |
|---|
| 北京路源世纪投资管理有限公司 23.26%（非流通股） |
| 北京九台投资管理有限公司 14.05%（非流通股） |
| 北京景源大地置业有限公司 9.99%（非流通股） |
| 新理益集团有限公司 4.49%（非流通股） |
| 胡旭 1.39%（流通 A 股） |
| 何勇 1.27%（流通 A 股） |
| 于晓静 0.77%（流通 A 股） |
| 昆山宏图再生物资有限公司 0.77%（流通 A 股） |
| 马金凌 0.64%（流通 A 股） |
| 海南鹏新贸易有限公司 0.5%（非流通股） |
| 实际控制人：北京路源世纪投资管理有限公司 |

二〇〇六年以来市场表现

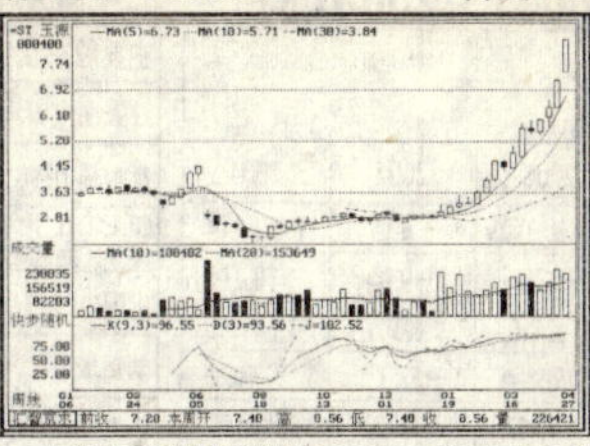

| | |
|---|---|
| 2006 年涨跌幅(%) | 33.33 |
| 2006 年最高(元) | 4.96 |
| 2007 年涨跌幅(%) | 197.22 |
| 2007.4.27 收盘(元) | 8.56 |
| 2007 年最高(元) | 8.56 |
| 2007 年最低(元) | 2.78 |
| 2007 年换手率(%) | 420.17 |

未来一年限售流通股解禁情况:28729125 股 07 月 03 日解禁

| 最新股本 | 总股本 | 非(限售)流通 | 流通 A | 流通 B/H/S | 股东户数 | 06 年末 | 06 三季 |
|---|---|---|---|---|---|---|---|
| | 14016.75 | 7400.4 | 6616.35 | | | 8875 | 10515 |

年报点评　公司 2006 年实现净利润扭亏为盈。公司将持有的邯郸华玉瓷业 44%股权转让给新乡中油公司，这标志着从陶瓷行业进一步向"商业物业投资、物流及市场投资经营、与之相配套的国内国际贸易、物业管理等"转型。公司目前将重点发展控股子公司涟水惠泰木业的中高密度板生产。

## ST 泰格（000409）

上市日期:96/06/27

电话:0755－83589500　传真:0755－83589501

| | |
|---|---|
| 主营 | 电子产品、电子计算机软件的开发、销售。 |

| | 年　度 | 2006 | 2005 | 2004 |
|---|---|---|---|---|
| 主要指标 | 每股收益/扣除后(元) | －0.23/－0.23 | 0.04 | 0.03/－0.039 |
| | 每股经营现金流量(元) | 0.06 | 0.101 | 0.02 |
| | 每股净资产/调整后(元) | 0.47/0.33 | 0.69/0.67 | 0.61/0.59 |
| | 未分利润(万元) | －9529.85 | －5627.12 | －25581.05 |
| | 资本公积(万元) | 188.86 | 139.04 | 18035.25 |
| 利润构成 | 主营收入(万元) | －359.95 | 7903.95 | 12069.55 |
| | 主营利润(万元) | －23.06 | 341.14 | 1047.31 |
| | 投资收益(万元) | －2237.7 | －46.08 | －97.21 |
| | 利润总额(万元) | －3904.66 | 572.51 | 542.56 |
| | 净利润(万元) | －3902.73 | 644.89 | 576.4 |
| 近年分配: | | | | |

| 主要股东及持股比例%、持股性质 |
|---|
| 蚌埠市第一污水处理厂 25.73%（国有股） |
| 安徽鑫源投资有限公司 6.18%（非流通股） |
| 中国石化集团北京石油化工工程公司 2.06%（国有股） |
| 广东粤财信托投资有限公司 1.67%（非流通股） |
| 信达投资有限公司 1.01%（非流通股） |
| 吴川市力车厂 0.88%（非流通股） |
| 深圳市集强微电机有限公司 0.7%（非流通股） |
| 吴川市黄坡诚信农具机械有限公司 0.58%（非流通股） |
| 北京证券有限责任公司 0.56%（非流通股） |
| 广东康顺投资服务公司 0.56%（非流通股） |
| 实际控制人：安徽省蚌埠市建设委员会 |

二〇〇六年以来市场表现

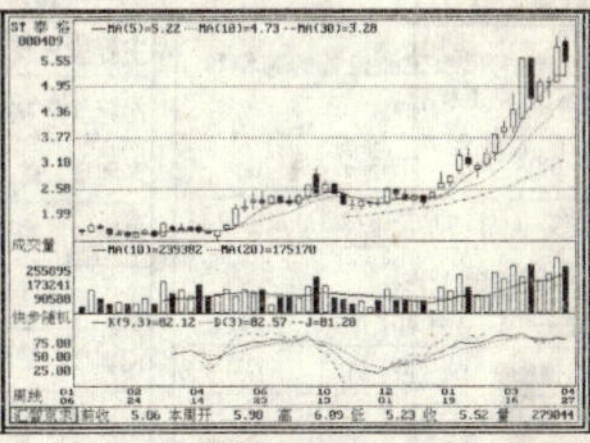

| | |
|---|---|
| 2006 年涨跌幅(%) | 39.51 |
| 2006 年最高(元) | 3.04 |
| 2007 年涨跌幅(%) | 144.25 |
| 2007.4.27 收盘(元) | 5.52 |
| 2007 年最高(元) | 6.14 |
| 2007 年最低(元) | 2.37 |
| 2007 年换手率(%) | 424.01 |

未来一年限售流通股解禁情况:67566623 股 09 月 26 日解禁

| 最新股本 | 总股本 | 非(限售)流通 | 流通 A | 流通 B/H/S | 股东户数 | 06 年末 | 06 三季 |
|---|---|---|---|---|---|---|---|
| | 17137.41 | 9609.77 | 7527.65 | | | 20839 | 23066 |

年报点评　由于处置长期股权投资损失以及对个别资产单项计提减值准备，2006 年公司出现大幅亏损。公司第一大股东转变为河北宏宇实业集团有限公司，河北宏宇房地产业务的市场定位为围绕环渤海经济圈，以河北、北京、天津等地为主进行房地产开发。未来发展值得期待。

## 沈阳机床（000410）

上市日期:96/07/18

电话:024－25190865　传真:024－25190865

| | |
|---|---|
| 主营 | 机床制造和销售 |

| | 年　度 | 2006 | 2005 | 2004 |
|---|---|---|---|---|
| 主要指标 | 每股收益/扣除后(元) | 0.39/0.315 | 0.28 | 0.17/0.17 |
| | 每股经营现金流量(元) | 0.72 | 1.08 | 0.76 |
| | 每股净资产/调整后(元) | 3.45/2.92 | 3.02/1.83 | 2.49/2.19 |
| | 未分利润(万元) | 14980.05 | 5326.59 | －2825.11 |
| | 资本公积(万元) | 58404.65 | 55795.58 | 47066.49 |
| 利润构成 | 主营收入(万元) | 528355.93 | 434851.68 | 311180.14 |
| | 主营利润(万元) | 103233.93 | 88398.69 | 59067.45 |
| | 投资收益(万元) | 304.38 | 74.23 | －413.99 |
| | 利润总额(万元) | 24765.85 | 18349.65 | 7810.47 |
| | 净利润(万元) | 13326.13 | 9536.03 | 5902.41 |
| 近年分配: | 06 年:10 派 0.5 送 1 转增 5 | | | |

| 主要股东及持股比例%、持股性质 |
|---|
| 沈阳工业国有资产经营有限公司 41.77%（国有股） |
| 中国工商银行－广发策略优选混合型证券投资基金 2.63%（流通 A 股） |
| 银丰证券投资基金 2.12%（流通 A 股） |
| 全国社保基金一零四组合 1.82%（流通 A 股） |
| 中国建设银行－工银瑞信精选平衡混合型证券投资基金 1.73%（流通 A 股） |
| 中国工商银行－嘉实策略增长混合型证券投资基金 1.73%（流通 A 股） |
| 交通银行－科瑞证券投资基金 1.46%（流通 A 股） |
| 中国工商银行－易方达价值精选股票型证券投资基金 1.41%（流通 A 股） |
| 中国建设银行－银华富裕主题股票型证券投资基金 1.27%（流通 A 股） |
| 中国银行－工银瑞信核心价值股票型证券投资基金 1.17%（流通 A 股） |
| 实际控制人：沈阳工业国有资产经营有限公司 |

二〇〇六年以来市场表现

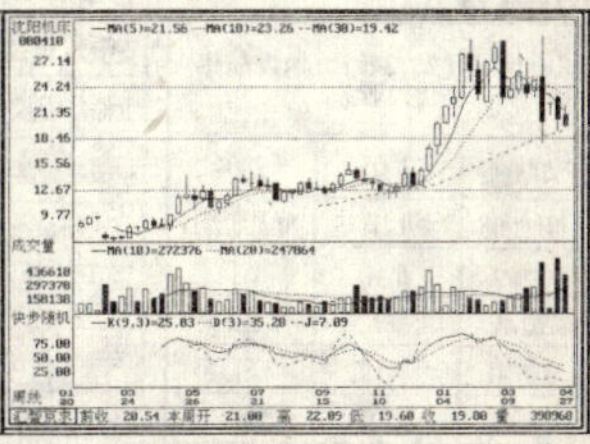

| | |
|---|---|
| 2006 年涨跌幅(%) | 243.2 |
| 2006 年最高(元) | 26.87 |
| 2007 年涨跌幅(%) | 58.25 |
| 2007.4.27 收盘(元) | 19.8 |
| 2007 年最高(元) | 37.17 |
| 2007 年最低(元) | 20.11 |
| 2007 年换手率(%) | 176.45 |

未来一年限售流通股解禁情况:

| 最新股本 | 总股本 | 非(限售)流通 | 流通 A | 流通 B/H/S | 股东户数 | 06 年末 | 06 三季 |
|---|---|---|---|---|---|---|---|
| | 34091.93 | 16087.69 | 18004.24 | | | 21197 | 24155 |

年报点评　为实现持续快速发展需求，06 年公司借助股权分置改革，清理了历史问题与包袱、基本完成搬迁工作，通过技术提升产品品质及数控机床比例，实现了稳定的增长。随着国内汽车行业、航天军工及振兴装备制造业等引发的机床需求数控化，公司迎来黄金发展期。

## 英特集团（000411）

上市日期:96/07/16

电话:0571－85068752　传真:0571－85068752

| | |
|---|---|
| 主营 | 药品、保健品、医疗器械、中成药和药材的生产、销售及房地产开发和印染绸、服装的销售。 |

| | 年　度 | 2006 | 2005 | 2004 |
|---|---|---|---|---|
| 主要指标 | 每股收益/扣除后(元) | 0.059/0.055 | 0.05 | 0.004/0.004 |
| | 每股经营现金流量(元) | 0.59 | 0.63 | －0.06 |
| | 每股净资产/调整后(元) | 0.78/0.76 | 0.71/0.69 | 0.72/0.69 |
| | 未分利润(万元) | －16997.3 | －17676.91 | －17610 |
| | 资本公积(万元) | 12990 | 12929.83 | 12929.83 |
| 利润构成 | 主营收入(万元) | 274213.81 | 247532.78 | 208377.67 |
| | 主营利润(万元) | 12317.17 | 10777.73 | 8765.85 |
| | 投资收益(万元) | －88.75 | 294.54 | 100.47 |
| | 利润总额(万元) | 3120.66 | 2556.82 | 1725.13 |
| | 净利润(万元) | 679.61 | 583.09 | 48.17 |
| 近年分配: | | | | |

| 主要股东及持股比例%、持股性质 |
|---|
| 浙江华辰投资发展有限公司 22.73%（部分流通部分不流通） |
| 浙江华龙实业发展有限公司 11.62%（国有股） |
| 迪佛电信集团有限公司 9.39%（非流通股） |
| 浙江省华龙投资发展有限公司 6.26%（非流通股） |
| 浙江华龙房地产开发有限公司 5.3%（部分流通部分不流通） |
| 浙江东普实业有限公司 4.89%（非流通股） |
| 浙江省丝绸集团有限公司 2.27%（非流通股） |
| 富春丝绸有限公司 1.8%（外资股） |
| 杭州市工商信托投资股份公司 1.79%（非流通股） |
| 国信证券有限责任公司 0.68%（国有股） |
| 实际控制人：浙江省石化建材集团有限公司 |

二〇〇六年以来市场表现

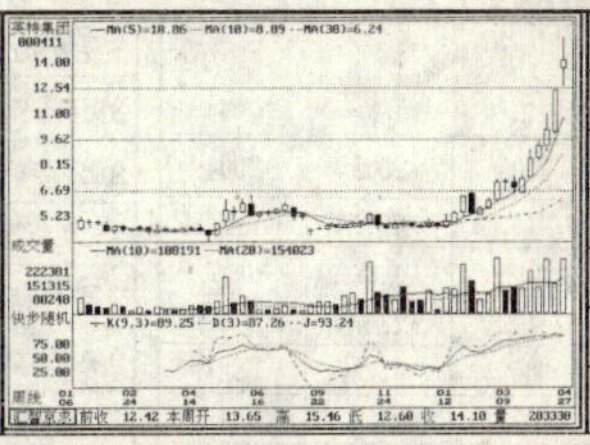

| | |
|---|---|
| 2006 年涨跌幅(%) | 37.49 |
| 2006 年最高(元) | 6.9 |
| 2007 年涨跌幅(%) | 194.98 |
| 2007.4.27 收盘(元) | 14.1 |
| 2007 年最高(元) | 15.46 |
| 2007 年最低(元) | 4.5 |
| 2007 年换手率(%) | 663.55 |

未来一年限售流通股解禁情况:41891014 股 09 月 12 日解禁

| 最新股本 | 总股本 | 非(限售)流通 | 流通 A | 流通 B/H/S | 股东户数 | 06 年末 | 06 三季 |
|---|---|---|---|---|---|---|---|
| | 11525 | 7489.06 | 4035.93 | | | 9815 | 9585 |

年报点评　公司是浙江省医药流通行业龙头，新医疗体制改革将加速流通行业整合，流通行业龙头企业将因此受益。报告期内公司经营进一步向好，收入规模的扩大并没有带来存货以及应收帐款的增加，显示公司的议价能力逐渐提高。

# *ST 宝石 A（000413/200413）

上市日期：A：96/09/25 B：96/07/08　电话：0311－86917776　传真：0311－86917775

| 主营 | 电真空玻璃器件及配套电子元器件等。 | | | |
|---|---|---|---|---|
| | 年　度 | 2006 | 2005 | 2004 |
| 主要指标 | 每股收益/扣除后(元) | -0.2/-0.23 | -0.95 | 0.074/0.04 |
| | 每股经营现金流量(元) | -0.086 | -0.04 | -0.17 |
| | 每股净资产/调整后(元) | 0.52/0.5 | 0.69/0.67 | 1.64/1.62 |
| | 未分利润(万元) | -76050.49 | -68253.31 | -31900.17 |
| | 资本公积(万元) | 55025.37 | 53826.15 | 53826.15 |
| 利润构成 | 主营收入(万元) | 6031.28 | 7874.4 | 11293.22 |
| | 主营利润(万元) | 1777.81 | 2102.46 | 3095.95 |
| | 投资收益(万元) | -8473.22 | -41093.62 | 3712.51 |
| | 利润总额(万元) | -9528.52 | -44299.55 | 2448.8 |
| | 净利润(万元) | -7797.18 | -36353.14 | 2836.03 |
| 近年分配： | | | | |

| 主要股东及持股比例%、持股性质 | |
|---|---|
| 石家庄宝石电子集团有限责任公司 55.17%（国有股） | |
| 黄木顺 0.98%（流通 B股） | |
| GUOTAI JUNAN SECURIES HONG KONG LIMITED 0.68%（流通 B股） | |
| 中国电子进出口总公司 0.48%（非流通股） | |
| 刘嘉璇 0.29%（流通 B股） | |
| 石家庄信托投资股份有限公司 0.26%（非流通股） | |
| 中化河北公司 0.24%（非流通股） | |
| 陈永泉 0.23%（流通 B股） | |
| 朱蕾 0.22%（流通 A股） | |
| 徐红燕 0.19%（流通 B股） | |
| 实际控制人： | 中国长城资产管理公司 |

二〇〇六年以来市场表现

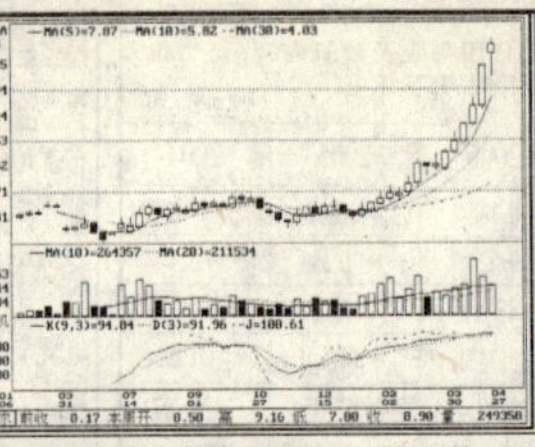

| 项目 | 数值 |
|---|---|
| 2006 年涨跌幅(%) | 50.18 |
| 2006 年最高(元) | 5.22 |
| 2007 年涨跌幅(%) | 203.75 |
| 2007.4.27 收盘(元) | 8.9 |
| 2007 年最高(元) | 9.16 |
| 2007 年最低(元) | 2.7 |
| 2007 年换手率(%) | 525.27 |

未来一年限售流通股解禁情况：19150000 股 03 月 29 日解禁

| 最新股本 | 总股本 | 非(限售)流通 | 流通 A | 流通 B/H/S | 股东户数 06 年末 | 股东户数 06 三季 |
|---|---|---|---|---|---|---|
| | 38300 | 21854.99 | 6445.02 | 10000 | 31335 | 31943 |

年报点评：公司主营业务范围为电真空玻璃器件及配套的电子元器件等。2006 年平板电视替代传统 CRT 电视的产业升级进程逐渐加快，彩电行业市场竞争激烈，CRT 产品价格持续低迷，原材料、动力价格居高不下，公司面临严峻挑战。预计近几年公司经营仍将处于困境之中。

# 汇通水利（000415）

上市日期：96/07/16　电话：0991－5852082　传真：0991－5852082

| 主营 | 工程承包、建筑工程施工、房地产开发、工业设备的制作和安装、黄腐植酸的生产、销售、生物工程等。 | | | |
|---|---|---|---|---|
| | 年　度 | 2006 | 2005 | 2004 |
| 主要指标 | 每股收益/扣除后(元) | 0.036/-0.061 | 0.007/-0.064 | 0.041/-0.15 |
| | 每股经营现金流量(元) | 0.4301 | 0.3279 | 0.271 |
| | 每股净资产/调整后(元) | 1.33/1.2 | 1.61/1.18 | 1.6/1.32 |
| | 未分利润(万元) | -1066.09 | -1961.93 | -1930.6 |
| | 资本公积(万元) | 5296.18 | 10662.11 | 10662.11 |
| 利润构成 | 主营收入(万元) | 24474.93 | 30084.79 | 34853.14 |
| | 主营利润(万元) | 2747.25 | 5973.53 | 10148.09 |
| | 投资收益(万元) | 3816.29 | 1061.64 | 3337.86 |
| | 利润总额(万元) | 1594.97 | 995.5 | 1348.68 |
| | 净利润(万元) | 1088.84 | 160.96 | 947.33 |
| 近年分配： | | | | |

| 主要股东及持股比例%、持股性质 | |
|---|---|
| 深圳市淳大投资有限公司 23.29%（非流通股） | |
| 深圳市富鼎担保投资有限公司 21.8%（非流通股） | |
| 昆明国际商贸交易中心有限公司 0.87%（流通 A股） | |
| 承立新 0.76%（流通 A股） | |
| 深圳市巨擘网投资有限公司 0.6%（非流通股） | |
| 刘红伟 0.19%（流通 A股） | |
| 北京农水供水设备技术信息中心 0.18%（流通 A股） | |
| 陆登安 0.17%（流通 A股） | |
| 张文祥 0.13%（流通 A股） | |
| 范光远 0.13%（流通 A股） | |
| 实际控制人： | 柳志伟、郭运斌 |

二〇〇六年以来市场表现

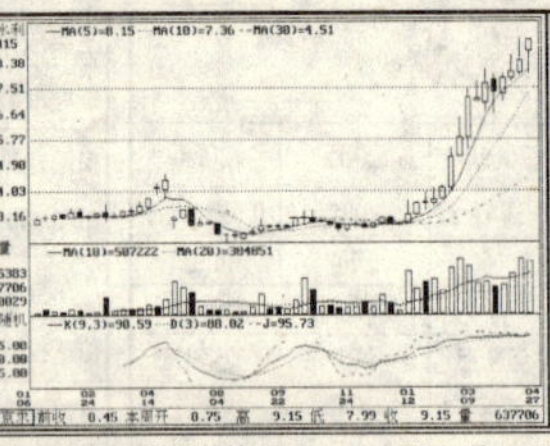

| 项目 | 数值 |
|---|---|
| 2006 年涨跌幅(%) | 65.39 |
| 2006 年最高(元) | 5.76 |
| 2007 年涨跌幅(%) | 219.93 |
| 2007.4.27 收盘(元) | 9.15 |
| 2007 年最高(元) | 9.25 |
| 2007 年最低(元) | 2.8 |
| 2007 年换手率(%) | 433.82 |

未来一年限售流通股解禁情况：31840386 股 06 月 27 日解禁

| 最新股本 | 总股本 | 非(限售)流通 | 流通 A | 流通 B/H/S | 股东户数 06 年末 | 股东户数 06 三季 |
|---|---|---|---|---|---|---|
| | 30033.58 | 13735.19 | 16298.39 | | 48755 | 52252 |

年报点评：公司经营工程承包，房地产开发，生物工程，新能源，新材料及环保技术的开发应用等，公司正在整合，新签订各类工程合同 13 亿元，为公司前 10 年来工程量总和，进一步巩固和提升了公司在水利电利工程施工及基础设施投资的行业地位，公司业绩将保持持续增长。

# 健特生物（000416）

上市日期：96/07/19　电话：0532－3884366　传真：0532－3876171

| 主营 | 自有资产投资；计算机领域的技术开发与转让；保健品生产、销售；保健品、药品技术的研究；进出口业务。 | | | |
|---|---|---|---|---|
| | 年　度 | 2006 | 2005 | 2004 |
| 主要指标 | 每股收益/扣除后(元) | 0.011/0.018 | 0.118 | 0.31/0.271 |
| | 每股经营现金流量(元) | 0.58 | 0.44 | 0.14 |
| | 每股净资产/调整后(元) | 1.22/1.22 | 1.57/1.56 | 1.45/1.45 |
| | 未分利润(万元) | -3009.41 | 8845.91 | 4381.08 |
| | 资本公积(万元) | 788.01 | 587.94 | 549.67 |
| 利润构成 | 主营收入(万元) | 105697.26 | 94614.38 | 52864.36 |
| | 主营利润(万元) | 41317.13 | 41875.53 | 37129.94 |
| | 投资收益(万元) | -1964.27 | 110.04 | -1471.29 |
| | 利润总额(万元) | 4930.52 | 11639.34 | 15334.84 |
| | 净利润(万元) | 562.09 | 4814.78 | 12610.81 |
| 近年分配： | | | | |

| 主要股东及持股比例%、持股性质 | |
|---|---|
| 上海华馨投资有限公司 22.56%（非流通股） | |
| 中关村证券股份有限公司 3.15%（流通 A股） | |
| 青岛创利多商贸有限公司 1.86%（非流通股） | |
| 青岛华信投资咨询有限公司 0.94%（非流通股） | |
| 李雅非 0.6%（流通 A股） | |
| 青岛益青房地产公司 0.56%（非流通股） | |
| 桂有 0.53%（流通 A股） | |
| 周云梅 0.5%（流通 A股） | |
| 上海昌弘实业有限公司 0.43%（非流通股） | |
| 青岛太阳房地产经济发展公司 0.39%（非流通股） | |
| 实际控制人： | 汪远思 |

二〇〇六年以来市场表现

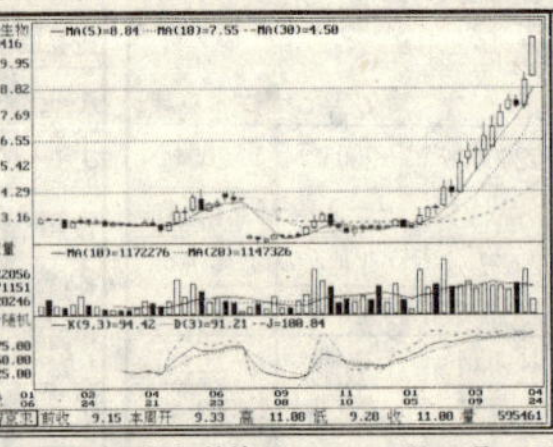

| 项目 | 数值 |
|---|---|
| 2006 年涨跌幅(%) | 43.7 |
| 2006 年最高(元) | 5.18 |
| 2007 年涨跌幅(%) | 314.98 |
| 2007.4.27 收盘(元) | 11.08 |
| 2007 年最高(元) | 11.08 |
| 2007 年最低(元) | 2.64 |
| 2007 年换手率(%) | 559.41 |

未来一年限售流通股解禁情况：63501885 股 08 月 09 日解禁

| 最新股本 | 总股本 | 非(限售)流通 | 流通 A | 流通 B/H/S | 股东户数 06 年末 | 股东户数 06 三季 |
|---|---|---|---|---|---|---|
| | 53187.15 | 18351.43 | 34835.72 | | 33888 | 34288 |

年报点评：公司主营收入增长来源于商业零售，主要产品脑白金已经步入衰退期，销售收入与毛利率双双下降，黄金搭档受到行业整治商业秩序影响，销售大幅下降，同时广告费用支出增加，造成净利润大幅度下降 88%。

# 合肥百货（000417）

上市日期：96/08/12　电话：0551－2647133　传真：0551－2652936

| 主营 | 百货零售与批发 | | | |
|---|---|---|---|---|
| | 年　度 | 2006 | 2005 | 2004 |
| 主要指标 | 每股收益/扣除后(元) | 0.214/0.166 | 0.176/0.147 | 0.16/0.151 |
| | 每股经营现金流量(元) | 1.07 | 0.85 | 0.59 |
| | 每股净资产/调整后(元) | 2.91/2.87 | 3.63/3.54 | 3.57/3.51 |
| | 未分利润(万元) | 8104 | 6778.84 | 7360.17 |
| | 资本公积(万元) | 20282.11 | 26082.87 | 26078.32 |
| 利润构成 | 主营收入(万元) | 322430.6 | 249737.51 | 207990.36 |
| | 主营利润(万元) | 37110.53 | 28209.03 | 26135.51 |
| | 投资收益(万元) | 1468.74 | 575.78 | 786.8 |
| | 利润总额(万元) | 9620.79 | 6328.77 | 5561.52 |
| | 净利润(万元) | 5277.63 | 3324.37 | 3062.55 |
| 近年分配： | 06 预案：10 派 1 转增 5；05 年：10 派 1 转增 3；04 年：10 派 1 | | | |

| 主要股东及持股比例%、持股性质 | |
|---|---|
| 合肥商业投资控股有限公司 23.7%（国有股） | |
| 合肥兴泰控股集团有限公司 17.02%（国有股） | |
| 合肥美菱股份有限公司 3.32%（非流通股） | |
| 全国社保基金一零六组合 2.85%（流通 A股） | |
| 合肥市百货大楼裕安开发经营部 1.34%（非流通股） | |
| 深圳市大愚投资有限公司 1.11%（非流通股） | |
| 合肥荣事达集团有限责任公司 1.11%（非流通股） | |
| 华夏成长证券投资基金 0.93%（流通 A股） | |
| 中国银行—易方达平稳增长证券投资基金 0.81%（流通 A股） | |
| 张丽芬 0.79%（流通 A股） | |
| 实际控制人： | 合肥市国有资产管理委员会 |

二〇〇六年以来市场表现

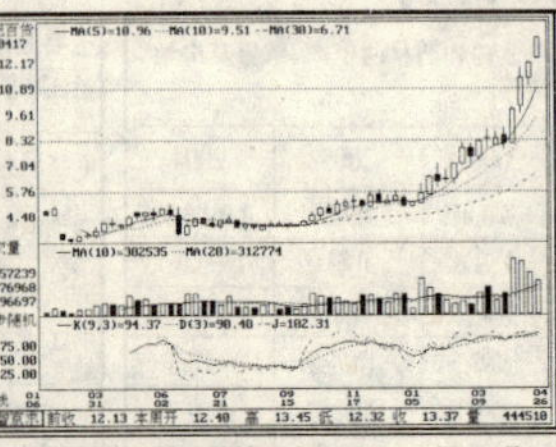

| 项目 | 数值 |
|---|---|
| 2006 年涨跌幅(%) | 96.66 |
| 2006 年最高(元) | 10.05 |
| 2007 年涨跌幅(%) | 167.4 |
| 2007.4.27 收盘(元) | 13.37 |
| 2007 年最高(元) | 13.45 |
| 2007 年最低(元) | 4.92 |
| 2007 年换手率(%) | 386.64 |

未来一年限售流通股解禁情况：12300584.4 股 02 月 28 日解禁

| 最新股本 | 总股本 | 非(限售)流通 | 流通 A | 流通 B/H/S | 股东户数 06 年末 | 股东户数 06 三季 |
|---|---|---|---|---|---|---|
| | 24601.17 | 12879.28 | 11721.88 | | 13723 | 16405 |

年报点评：百货是公司最主要盈利来源，06 年百货主营收入 23.06 亿元，同比增长 26.35%；超市实现主营收入 8.79 亿元，同比增长 36.38%。但期间费用同比上升 33.31%，超过主营收入增速，主要源自子公司及营业网点增多。周谷堆农业批发市场以及合肥 CBD 中央广场有一定增长潜力。

## 小天鹅 A（000418/200418）

上市日期:A: 97/03/28 B: 96/07/18　　电话:0510－3720879　　传真:0510－3704031

**主营**：白色家用电器及零配件、附件的生产和销售

| | 年　度 | 2006 | 2005 | 2004 |
|---|---|---|---|---|
| 主要指标 | 每股收益/扣除后(元) | 0.11/0.1 | 0.11 | 0.11/0.038 |
| | 每股经营现金流量(元) | 0.73 | 0.18 | -0.49 |
| | 每股净资产/调整后(元) | 3.25/3.14 | 3.2/3.11 | 3.13/3.02 |
| | 未分利润(万元) | -518.98 | -3602.28 | -17745.36 |
| | 资本公积(万元) | 70492.77 | 70232.66 | 80972.79 |
| 利润构成 | 主营收入(万元) | 425633.79 | 326016.95 | 242293.27 |
| | 主营利润(万元) | 89042.09 | 63925.76 | 45644.45 |
| | 投资收益(万元) | 4440.7 | 2605.83 | 3463.65 |
| | 利润总额(万元) | 2772.77 | 4235.23 | 4857.85 |
| | 净利润(万元) | 4134.51 | 4010.15 | 3903.66 |

近年分配：06 预案:10 派 0.15

**主要股东及持股比例%、持股性质**

江苏小天鹅集团有限公司 23.21%（非流通股）
大中华发展有限公司 7.13%（流通 B 股）
无锡市工业发展基金 4.52%（国有股）
无锡城镇集体工业联社 2.19%（非流通股）
南方证券有限公司 2.07%（非流通股）
上海香港万国证券 1.68%（流通 B 股）
西安万国房地产开发有限责任公司 1.17%（非流通股）
CHINA INT'L CAPITAL CORP HONG KONG SECURITIES LTD 1.16%（流通 B 股）
陈绍明 0.7%（流通 B 股）
沈阳联亚实业发展公司 0.59%（非流通股）

实际控制人：无锡市国联发展(集团)有限公司

**二〇〇六年以来市场表现**

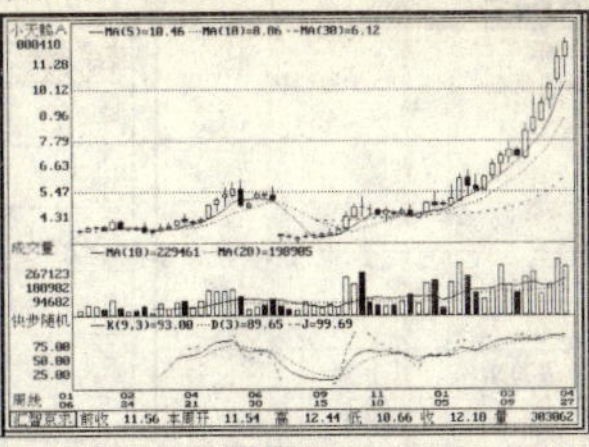

| | |
|---|---|
| 2006 年涨跌幅(%) | 66.67 |
| 2006 年最高(元) | 6.73 |
| 2007 年涨跌幅(%) | 153.75 |
| 2007.4.27 收盘(元) | 12.18 |
| 2007 年最高(元) | 12.44 |
| 2007 年最低(元) | 4.75 |
| 2007 年换手率(%) | 373.35 |

**未来一年限售流通股解禁情况**:63000629 股 08 月 07 日解禁

| 最新股本 | 总股本 | 非(限售)流通 | 流通 A | 流通 B/H/S | 股东户数 06 年末 | 06 三季 |
|---|---|---|---|---|---|---|
| | 36510.38 | 14774.66 | 9000 | 12735.72 | 47504 | 53965 |

**年报点评**：公司是白色家电及零配件的生产、销售企业,"小天鹅"商标品牌价值巨大。公司通过与通用和日立公司的合作,成功抓住进入发达国家高端市场的机遇。但由于家电销售渠道领域压缩制造商利益,原材料价格上涨和人民币升值也给公司业绩带来不利影响。

## 通程控股（000419）

上市日期:96/08/16　　电话:0731－5534994　　传真:0731－5535588

**主营**：现代商业、旅游酒店、金融证券、信息技术等。

| | 年　度 | 2006 | 2005 | 2004 |
|---|---|---|---|---|
| 主要指标 | 每股收益/扣除后(元) | 0.3/0.145 | 0.191 | 0.133/0.13 |
| | 每股经营现金流量(元) | 1.24 | 0.6 | 1.13 |
| | 每股净资产/调整后(元) | 3.91/3.88 | 3.61/3.58 | 3.53/3.47 |
| | 未分利润(万元) | 16429.35 | 11858.26 | 10954.45 |
| | 资本公积(万元) | 28718.5 | 28781.72 | 28781.72 |
| 利润构成 | 主营收入(万元) | 115130.33 | 97413.17 | 88045.49 |
| | 主营利润(万元) | 24441.99 | 19776.76 | 16344.24 |
| | 投资收益(万元) | 311.52 | 3459.19 | 136 |
| | 利润总额(万元) | 8362.12 | 5675.78 | 3397.36 |
| | 净利润(万元) | 5267.55 | 3354.24 | 2336.37 |

近年分配：04 年:10 派 1

**主要股东及持股比例%、持股性质**

长沙通程实业集团有限公司 43.27%（国有股）
中国银行－嘉实主题精选混合型证券投资基金 3.85%（流通 A 股）
同德证券投资基金 3.36%（流通 A 股）
全国社保基金一零六组合 2.27%（流通 A 股）
湖南金帆投资管理有限公司 1.71%（非流通股）
长沙市自来水公司 1.33%（国有股）
湖南天辰实业有限公司 1.33%（国有股）
湖南省长沙电业局 1.33%（国有股）
季德荣 0.49%（流通 A 股）
曾菊梅 0.44%（流通 A 股）

实际控制人：长沙市商业国有资产经营公司

**二〇〇六年以来市场表现**

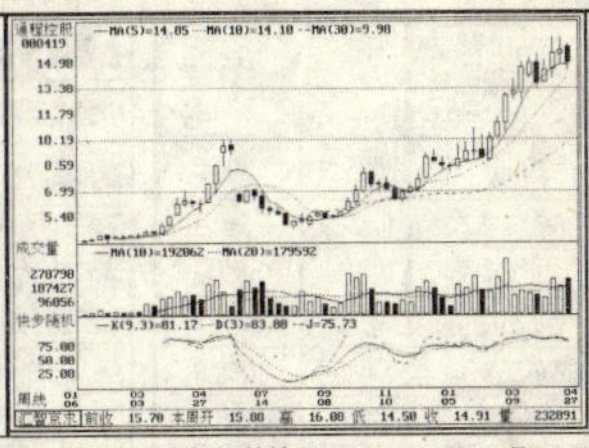

| | |
|---|---|
| 2006 年涨跌幅(%) | 202.82 |
| 2006 年最高(元) | 12.96 |
| 2007 年涨跌幅(%) | 75.21 |
| 2007.4.27 收盘(元) | 14.91 |
| 2007 年最高(元) | 16.58 |
| 2007 年最低(元) | 8.01 |
| 2007 年换手率(%) | 325.61 |

**未来一年限售流通股解禁情况**:18799532 股 06 月 21 日解禁

| 最新股本 | 总股本 | 非(限售)流通 | 流通 A | 流通 B/H/S | 股东户数 06 年末 | 06 三季 |
|---|---|---|---|---|---|---|
| | 17550.82 | 8623.13 | 8927.69 | | 14026 | 18272 |

**年报点评**：2006 年公司有效整合提高了资源利用率,主业经营稳步增长,创新经营初见成效。实现主营业务收入金额为 115,130.33 万元,较去年同期增长 18.19%,实现利润总额 8,362.12 万元,较去年同期增长 47.33%,实现净利润 5,267.55 万元,较去年同期增长 57.04%。

## 吉林化纤（000420）

上市日期:96/08/02　　电话:0432－3502331　　传真:0432－3502329

**主营**：生产销售粘胶长丝和粘胶短纤维。

| | 年　度 | 2006 | 2005 | 2004 |
|---|---|---|---|---|
| 主要指标 | 每股收益/扣除后(元) | 0.056/0.036 | 0.081 | 0.19/0.192 |
| | 每股经营现金流量(元) | 0.0534 | 0.37 | 0.46 |
| | 每股净资产/调整后(元) | 3.14/3.12 | 3.15/3.15 | 3.05/3.04 |
| | 未分利润(万元) | 10788.93 | 12233.82 | 9643.48 |
| | 资本公积(万元) | 50750.13 | 50428.31 | 49549.87 |
| 利润构成 | 主营收入(万元) | 146800.41 | 125416.04 | 137179.66 |
| | 主营利润(万元) | 20469.76 | 19807.04 | 29103.47 |
| | 投资收益(万元) | 24.38 | -7.8 | 5.32 |
| | 利润总额(万元) | 2423.21 | 3925.67 | 7876.56 |
| | 净利润(万元) | 2119.64 | 3074.7 | 7085.07 |

近年分配：05 年:10 派 0.8

**主要股东及持股比例%、持股性质**

吉林化纤集团有限责任公司 23.84%（国有股）
吉林省吉发农业开发集团股份公司 1.62%（非流通股）
吉林建设开发集团公司 1.35%（非流通股）
海宁新纪元钢管制造有限公司 0.81%（非流通股）
蒋威 0.72%（流通 A 股）
潘元庆 0.55%（流通 A 股）
中国纺织机械和技术进出口有限公司 0.54%（非流通股）
沈阳锦川餐饮有限公司 0.54%（非流通股）
吉林化纤进出口公司 0.46%（非流通股）
王晓娣 0.38%（流通 A 股）

实际控制人：吉林化纤集团有限责任公司

**二〇〇六年以来市场表现**

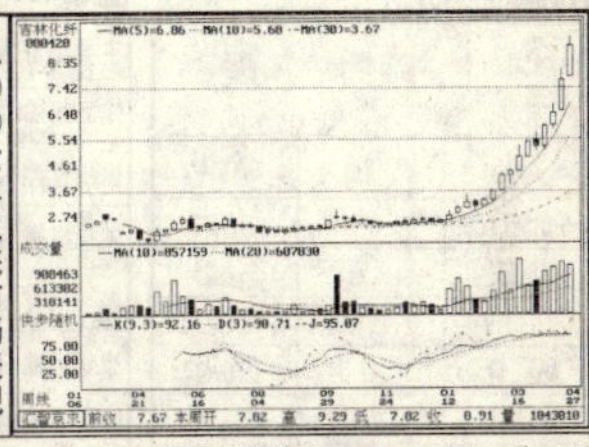

| | |
|---|---|
| 2006 年涨跌幅(%) | 42.45 |
| 2006 年最高(元) | 4 |
| 2007 年涨跌幅(%) | 254.98 |
| 2007.4.27 收盘(元) | 8.91 |
| 2007 年最高(元) | 9.29 |
| 2007 年最低(元) | 2.49 |
| 2007 年换手率(%) | 428.16 |

**未来一年限售流通股解禁情况**:18912873 股 04 月 06 日解禁

| 最新股本 | 总股本 | 非(限售)流通 | 流通 A | 流通 B/H/S | 股东户数 06 年末 | 06 三季 |
|---|---|---|---|---|---|---|
| | 37825.75 | 12186.11 | 25639.63 | | 69868 | 75522 |

**年报点评**：公司粘胶长纤年产能为 2.2 万吨、粘胶短纤年产能为 5.5 万吨。公司与世界最先进的粘胶长丝生产企业德国恩卡公司共同投资建设 5000 吨粘胶长丝连续纺项目生产出来的连续纺产品外销占比高达 60%,前景较为乐观。

## 南京中北（000421）

上市日期:96/08/06　　电话:025－86383611　　传真:025－86383600

**主营**：汽车出租、跨省市公路客运、城市及近郊公共汽车营运及维修;旅游服务和房地产开发等。

| | 年　度 | 2006 | 2005 | 2004 |
|---|---|---|---|---|
| 主要指标 | 每股收益/扣除后(元) | 0.323/-0.203 | -0.442/-0.487 | 0.058/0.055 |
| | 每股经营现金流量(元) | 2.05 | 0.192 | -0.636 |
| | 每股净资产/调整后(元) | 1.42/1.11 | 1.24/0.05 | 1.76/1.4 |
| | 未分利润(万元) | -1071.83 | -10786.21 | 2470.99 |
| | 资本公积(万元) | 9700.44 | 12693.83 | 12666.47 |
| 利润构成 | 主营收入(万元) | 120770.83 | 97507.36 | 82093.06 |
| | 主营利润(万元) | 20168.39 | 13174.76 | 15058.82 |
| | 投资收益(万元) | 1771.53 | -613.79 | 443.62 |
| | 利润总额(万元) | 12483.68 | -10537.99 | 2863.38 |
| | 净利润(万元) | 9930.7 | -11334.66 | 1474.59 |

近年分配：04 年:10 派 0.75 转增 2

**主要股东及持股比例%、持股性质**

南京公用控股(集团)有限公司 34.37%（国有股）
南京市城市建设投资控股(集团)有限责任公司 8.2%（国有股）
中信汽车公司 2.07%（国有股）
上海大众出租汽车股份有限公司 1.7%（非流通股）
上海强生集团有限公司 1.46%（国有股）
申银万国证券股份有限公司 1.46%（国有股）
南京日报社 1.12%（国有股）
交通银行－久富证券投资基金 1.1%（流通 A 股）
金陵石油化工公司炼油厂 0.91%（非流通股）
深圳市紫金支点技术股份有限公司 0.88%（非流通股）

实际控制人：

**二〇〇六年以来市场表现**

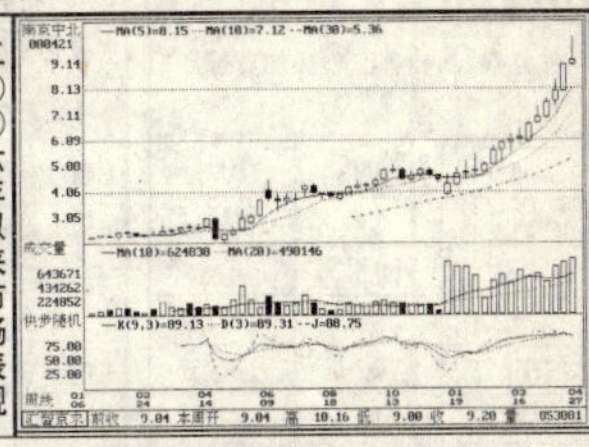

| | |
|---|---|
| 2006 年涨跌幅(%) | 147.81 |
| 2006 年最高(元) | 6.2 |
| 2007 年涨跌幅(%) | 183 |
| 2007.4.27 收盘(元) | 9.2 |
| 2007 年最高(元) | 13.94 |
| 2007 年最低(元) | 5.32 |
| 2007 年换手率(%) | 573 |

**未来一年限售流通股解禁情况**:64706298 股 01 月 09 日解禁

| 最新股本 | 总股本 | 非(限售)流通 | 流通 A | 流通 B/H/S | 股东户数 06 年末 | 06 三季 |
|---|---|---|---|---|---|---|
| | 30760.55 | 18917.19 | 11843.36 | | 25201 | 26147 |

**年报点评**：公司以城市客运服务和房地产开发为主营。客运经营在南京市已形成相对垄断的格局。公司出租车辆数在南京市场占有率达 19%。行业特性决定了公司现金流充沛,经营稳定。2006 年借股改解决了多年来资金被股东占用的情况。2006 年净利润同比增长 187.61%。

## 湖北宜化（000422）

上市日期:96/08/15　电话:(0717)6442268　传真:(0717)8868101

| 主营 | 农用化肥和有机化工原料的研制、开发、生产和销售。 | | | |
|---|---|---|---|---|
| | 年　度 | 2006 | 2005 | 2004 |
| 主要指标 | 每股收益/扣除后(元) | 0.397/0.387 | 0.616 | 0.47/0.529 |
| | 每股经营现金流量(元) | 1.2 | 1.61 | 1.57 |
| | 每股净资产/调整后(元) | 2.62/2.62 | 4.65/4.59 | 4.59/4.58 |
| | 未分利润(万元) | 46639.77 | 32701.33 | 18510.54 |
| | 资本公积(万元) | 29284.46 | 56357.47 | 58822.25 |
| 利润构成 | 主营收入(万元) | 298681.31 | 230574.85 | 163058.09 |
| | 主营利润(万元) | 57953 | 38243.25 | 32098.04 |
| | 投资收益(万元) | 173.84 | −25.36 | −37.32 |
| | 利润总额(万元) | 32158.78 | 23201.38 | 15968.43 |
| | 净利润(万元) | 21513.58 | 16695.05 | 11560.02 |
| 近年分配: | 06 预案:10 派 1.2；05 年:10 派 2 转增 10；04 年:10 派 1.5 转增 1 | | | |

| 主要股东及持股比例%、持股性质 |
|---|
| 湖北宜化集团有限责任公司 15.97%（国有股） |
| 中国信达资产管理公司 3.84%（非流通股） |
| 武汉远君投资咨询有限公司 2.24%（流通 A 股） |
| 湖北省电力公司 1.59%（非流通股） |
| 湖北三环投资管理有限公司 1.36%（非流通股） |
| 湖北财智投资有限公司 1%（部分流通部分不流通） |
| 宜昌市电力实业开发公司 0.69%（非流通股） |
| 上海证大投资管理有限公司 0.69%（非流通股） |
| 孙世强 0.66%（流通 A 股） |
| 泸州中天实业有限公司 0.55%（非流通股） |
| 实际控制人：湖北宜化集团有限责任公司 |

二〇〇六年以来市场表现

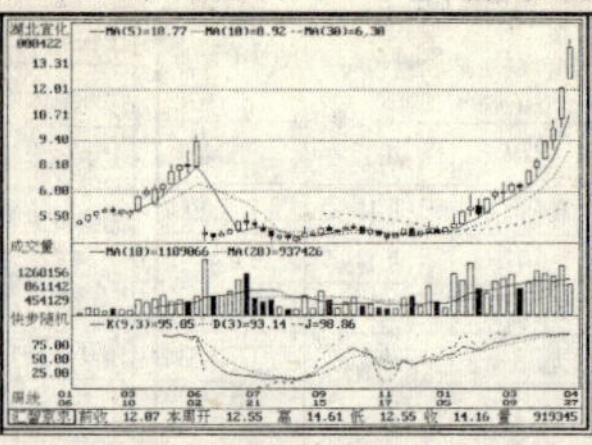

| | |
|---|---|
| 2006 年涨跌幅(%) | 134.74 |
| 2006 年最高(元) | 14.63 |
| 2007 年涨跌幅(%) | 203.21 |
| 2007.4.27 收盘(元) | 14.16 |
| 2007 年最高(元) | 14.61 |
| 2007 年最低(元) | 4.7 |
| 2007 年换手率(%) | 420.6 |

未来一年限售流通股解禁情况:27118902 股 04 月 20 日解禁

| 最新股本 | 总股本 | 非(限售)流通 | 流通 A | 流通 B/H/S | 股东户数 | 06 年末 | 06 三季 |
|---|---|---|---|---|---|---|---|
| | 54237.81 | 15326.22 | 38911.59 | | | 66132 | 66506 |

年报点评：公司属于国内主要尿素生产企业之一，目前拥有年产 40 万吨合成氨、65 万吨尿素、12 万吨/年 PVC 和 6.5 万吨/年季戊四醇产能。尿素产量处于国内前列，季戊四醇国内市场占有率达到 40%左右，具有明显优势和一定的定价能力。

## S 阿胶（000423）

上市日期:96/07/29　电话:0635－3264069　传真:0635－3260786

| 主营 | 生产经营中成药、保健食品、药用辅料等。 | | | |
|---|---|---|---|---|
| | 年　度 | 2006 | 2005 | 2004 |
| 主要指标 | 每股收益/扣除后(元) | 0.38/0.38 | 0.27 | 0.32/0.32 |
| | 每股经营现金流量(元) | 0.76 | 0.16 | 0.34 |
| | 每股净资产/调整后(元) | 2.67/2.66 | 2.49/2.48 | 2.45/2.44 |
| | 未分利润(万元) | 30522.8 | 24840.07 | 16870.68 |
| | 资本公积(万元) | 23798.59 | 23797.45 | 23593.82 |
| 利润构成 | 主营收入(万元) | 106937.33 | 93817.23 | 88134.56 |
| | 主营利润(万元) | 58674.58 | 48377.01 | 44698.09 |
| | 投资收益(万元) | | 414.07 | 11.74 |
| | 利润总额(万元) | 22929.04 | 17015.88 | 19285.37 |
| | 净利润(万元) | 15385.55 | 10969.17 | 13139.34 |
| 近年分配: | 06 预案:10 派 2；05 年:10 派 2；04 年:10 派 2 | | | |

| 主要股东及持股比例%、持股性质 |
|---|
| 华润东阿阿胶有限公司 29.62%（国有股） |
| 泰和证券投资基金 3.86%（流通 A 股） |
| 工商银行－建信优选成长股票型证券投资基金 3.75%（流通 A 股） |
| 中国建设银行－工银瑞信精选平衡混合型证券投资基金 3.35%（流通 A 股） |
| 中国银行－嘉实主题精选混合型证券投资基金 2.16%（流通 A 股） |
| 中国工商银行－易方达价值精选股票型证券投资基金 1.71%（流通 A 股） |
| 中国建设银行－上投摩根中国优势证券投资基金 1.67%（流通 A 股） |
| 全国社保基金一零五组合 1.65%（流通 A 股） |
| 中国建设银行－上投摩根双息平衡混合型证券投资基金 1.49%（流通 A 股） |
| 中国银行－同盛证券投资基金 1.29%（流通 A 股） |
| 实际控制人：华润东阿阿胶有限公司 |

二〇〇六年以来市场表现

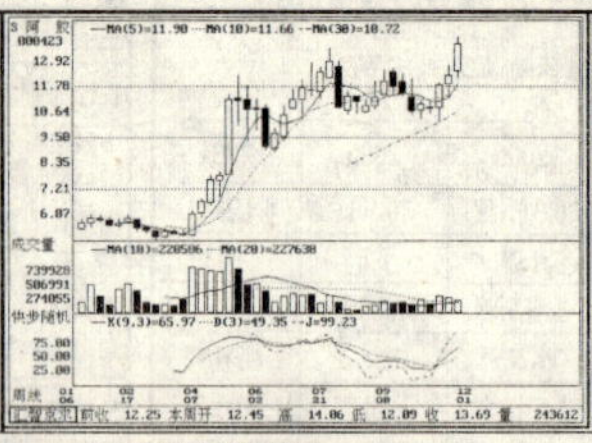

| | |
|---|---|
| 2006 年涨跌幅(%) | 156.75 |
| 2006 年最高(元) | 14.26 |
| 2007 年涨跌幅(%) | |
| 2007.4.27 收盘(元) | |
| 2007 年最高(元) | |
| 2007 年最低(元) | |
| 2007 年换手率(%) | |

未来一年限售流通股解禁情况:

| 最新股本 | 总股本 | 非(限售)流通 | 流通 A | 流通 B/H/S | 股东户数 | 06 年末 | 06 三季 |
|---|---|---|---|---|---|---|---|
| | 40871.15 | 12108.14 | 28763.02 | | | 39503 | 37129 |

年报点评：公司主营业务收入和主营业务利润占公司 10%以上的经营活动主要是阿胶及系列产品（中成药）的生产及销售，2006 年阿胶及阿胶系列产品主营业务收入为 70098.39 万元，占公司主营业务收入的 65.55%，产品毛利率 68.43%。

## 徐工科技（000425）

上市日期:96/08/28　电话:0516－7738519　传真:0516－7738528

| 主营 | 从事压实机械、铲运机械、路面机械、桩路机械等工程机械产品的开发、制造和销售业务。 | | | |
|---|---|---|---|---|
| | 年　度 | 2006 | 2005 | 2004 |
| 主要指标 | 每股收益/扣除后(元) | 0.018/0.006 | −0.24 | 0.12/0.09 |
| | 每股经营现金流量(元) | 0.13 | 0.23 | −0.35 |
| | 每股净资产/调整后(元) | 1.97/1.96 | 1.95/1.95 | 2.24/2 |
| | 未分利润(万元) | 622.11 | −241.59 | 15069.17 |
| | 资本公积(万元) | 46329.92 | 46240.84 | 46230.08 |
| 利润构成 | 主营收入(万元) | 258407.49 | 308434.81 | 376745.14 |
| | 主营利润(万元) | 26153.03 | 26144.67 | 47799.14 |
| | 投资收益(万元) | −452.57 | 255.07 | −1977.02 |
| | 利润总额(万元) | 1040.66 | −12754.66 | 8895.58 |
| | 净利润(万元) | 959.74 | −12908.36 | 6498.38 |
| 近年分配: | | | | |

| 主要股东及持股比例%、持股性质 |
|---|
| 徐工集团工程机械有限公司 27.47%（国有股） |
| 徐州重型机械有限公司 5.98%（非流通股） |
| 国投机轻有限公司 3.25%（非流通股） |
| 徐州众智发展有限公司 1.77%（非流通股） |
| 徐州远通自动化有限公司 1.44%（非流通股） |
| 河南中鸿投资咨询有限公司 1.04%（非流通股） |
| 上海方华投资管理有限公司 0.53%（流通 A 股） |
| 上海信吉实业有限公司 0.52%（流通 A 股） |
| 上海市农业产业化发展（集团）有限公司 0.5%（流通 A 股） |
| 上海沪香工贸有限公司 0.49%（非流通股） |
| 实际控制人：徐州工程机械集团有限公司 |

二〇〇六年以来市场表现

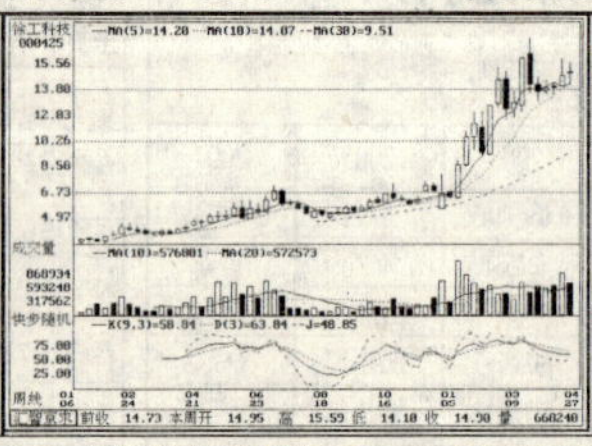

| | |
|---|---|
| 2006 年涨跌幅(%) | 162.02 |
| 2006 年最高(元) | 10.49 |
| 2007 年涨跌幅(%) | 125.42 |
| 2007.4.27 收盘(元) | 14.9 |
| 2007 年最高(元) | 17.33 |
| 2007 年最低(元) | 6.21 |
| 2007 年换手率(%) | 350.18 |

未来一年限售流通股解禁情况:108066550 股 12 月 28 日解禁

| 最新股本 | 总股本 | 非(限售)流通 | 流通 A | 流通 B/H/S | 股东户数 | 06 年末 | 06 三季 |
|---|---|---|---|---|---|---|---|
| | 54508.76 | 26319.4 | 28189.36 | | | 39448 | 32783 |

年报点评：作为国内工程机械行业的龙头企业，06 年公司在行业高速增长的情况下，却出现了收入的下降，尽管通过费用支出减少勉强实现了利润的增长，但其经营绩效仍不容乐观。随着股权改革完成、外资入股集团等相关事宜的解决，我们期待公司逐步展现龙头本色。

## 大地基础（000426）

上市日期:96/08/28　电话:0476－2216683　传真:0476－2216691

| 主营 | 热电供应、高等级公路投资经营、制糖、化肥、房地产等产业。 | | | |
|---|---|---|---|---|
| | 年　度 | 2006 | 2005 | 2004 |
| 主要指标 | 每股收益/扣除后(元) | 0.05/−0.15 | 0.09 | 0.07/−0.22 |
| | 每股经营现金流量(元) | 0.84 | 0.54 | 0.55 |
| | 每股净资产/调整后(元) | 3.78/3.71 | 4.86/4.8 | 4.76/4.64 |
| | 未分利润(万元) | 27931.72 | 26987.17 | 25775.57 |
| | 资本公积(万元) | 56157.3 | 64276.32 | 63997.72 |
| 利润构成 | 主营收入(万元) | 49503.31 | 37925.05 | 30690.88 |
| | 主营利润(万元) | 8429 | 4243.54 | 7366.93 |
| | 投资收益(万元) | 1040.55 | 1948.32 | −1533.5 |
| | 利润总额(万元) | 3158.78 | 2644.92 | 2534.09 |
| | 净利润(万元) | 1630.84 | 2379.53 | 1889.41 |
| 近年分配: | 06 预案:10 转增 1；05 年:10 转增 3 | | | |

| 主要股东及持股比例%、持股性质 |
|---|
| 赤峰富龙公用（集团）有限责任公司 49.66%（国有股） |
| 赤峰鑫泰资产托管经营有限责任公司 3.35%（非流通股） |
| 宏源证券股份有限公司 2.14%（国有股） |
| 蔡腊花 0.7%（流通 A 股） |
| 王祥福 0.48%（流通 A 股） |
| 中国信达资产管理公司 0.43%（国有股） |
| 吕雅致 0.38%（流通 A 股） |
| 金海莲 0.35%（流通 A 股） |
| 陈银城 0.32%（流通 A 股） |
| 靖江新辰机械制造有限公司 0.23%（流通 A 股） |
| 实际控制人：赤峰富龙公用（集团）有限责任公司 |

二〇〇六年以来市场表现

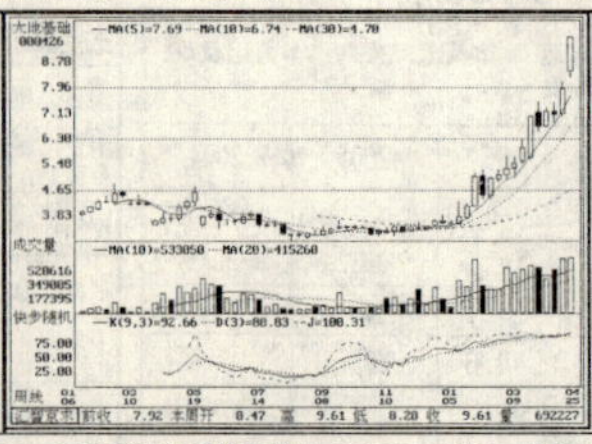

| | |
|---|---|
| 2006 年涨跌幅(%) | 63.98 |
| 2006 年最高(元) | 7.16 |
| 2007 年涨跌幅(%) | 169.94 |
| 2007.4.27 收盘(元) | 9.61 |
| 2007 年最高(元) | 9.61 |
| 2007 年最低(元) | 3.44 |
| 2007 年换手率(%) | 476.75 |

未来一年限售流通股解禁情况:9617805.6 股 04 月 07 日解禁

| 最新股本 | 总股本 | 非(限售)流通 | 流通 A | 流通 B/H/S | 股东户数 | 06 年末 | 06 三季 |
|---|---|---|---|---|---|---|---|
| | 34606.96 | 19235.61 | 15371.34 | | | 29455 | 34573 |

年报点评：公司 2006 年实现净利润同比下降 31%。公司主营供电供热，同时兼营房地产。收购煤炭矿业权，该煤矿资源储量为 5100 万吨，打造煤热电产业链，增加了公司长期发展潜力。公司投资 6000 多万元持有中诚信托 4000 万股，后者控股嘉实基金，创立了创新类券商国都证券和中诚期货。

## 华天酒店(000428)

上市日期:96/08/08　电话:0731－4442888　传真:0731－4442270

| | | | | |
|---|---|---|---|---|
| 主营 | 餐饮、客房出租、文化娱乐等 | | | |
| | 年　度 | 2006 | 2005 | 2004 |
| 主要指标 | 每股收益/扣除后(元) | 0.473/0.31 | 0.059 | 0.18/0.18 |
| | 每股经营现金流量(元) | 1.07 | 0.58 | 0.49 |
| | 每股净资产/调整后(元) | 3.18/2.72 | 2.74/2.31 | 3.76/3.36 |
| | 未分利润(万元) | 866.06 | －9624.43 | 6418.62 |
| | 资本公积(万元) | 33330.31 | 33751.58 | 33751.58 |
| 利润构成 | 主营收入(万元) | 52363.33 | 46073.8 | 46078.81 |
| | 主营利润(万元) | 28658.34 | 23202.38 | 23606.99 |
| | 投资收益(万元) | 1974.51 | －1078.46 | －720.78 |
| | 利润总额(万元) | 11904.78 | 3335.2 | 5803.86 |
| | 净利润(万元) | 8174.49 | 1017.39 | 3051.27 |
| 近年分配: | 06 年:10 转增 10;04 年:10 派 1 | | | |

| 主要股东及持股比例%、持股性质 |
|---|
| 华天实业控股集团有限公司 51.42%(国有股) |
| 中国工商银行－广发策略优选混合型证券投资基金 2.71%(流通 A 股) |
| 上海浦东发展银行－广发小盘成长股票型证券投资基金 1.45%(流通 A 股) |
| 景阳证券投资基金 0.78%(流通 A 股) |
| 西部证券股份有限公司 0.76%(流通 A 股) |
| 王卓怀 0.6%(流通 A 股) |
| 景博证券投资基金 0.6%(流通 A 股) |
| 皖金大地房屋开发有限公司 0.59%(流通 A 股) |
| 富国动态平衡证券投资基金 0.58%(流通 A 股) |
| 国泰君安－花旗－DEUTSCHE BANK AKTIENGESELLSCHAFT 0.51%(流通 A 股) |
| 实际控制人:湖南省国资委 |

二〇〇六年以来市场表现

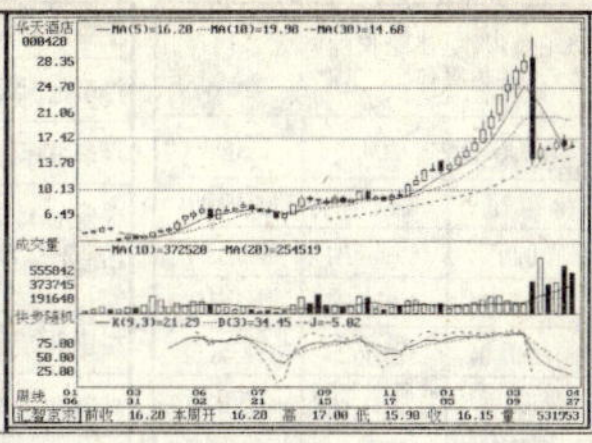

| | |
|---|---|
| 2006 年涨跌幅(%) | 360.6 |
| 2006 年最高(元) | 19.57 |
| 2007 年涨跌幅(%) | 153.33 |
| 2007.4.27 收盘(元) | 16.15 |
| 2007 年最高(元) | 35.8 |
| 2007 年最低(元) | 12.5 |
| 2007 年换手率(%) | 377.35 |

未来一年限售流通股解禁情况:17284000 股 03 月 13 日解禁

| 最新股本 | 总股本 | 非(限售)流通 | 流通 A | 流通 B/H/S | 股东户数 | 06 年末 | 06 三季 |
|---|---|---|---|---|---|---|---|
| | 17284 | 8889.37 | 8394.63 | | | 9771 | 10228 |

年报点评:酒店管理业务实现较快增长,年内公司管理的高星级酒店新增 5 家,总规模达到 17 家;华天国际酒店管理公司实现净利润 1595 万元,同比增长 22%;酒店托管费收入 836 万元,同比增长 60%。公司直接投资的酒店数量增至 3 家。光电惯导业务实现净利润 1192 万元。

## 粤高速 A(000429/200429)

上市日期:A:98/02/20 B:96/08/15　电话:020－83731365　传真:020－83731384

| | | | | |
|---|---|---|---|---|
| 主营 | 高速公路和特大桥梁的商业开发和经营。 | | | |
| | 年　度 | 2006 | 2005 | 2004 |
| 主要指标 | 每股收益/扣除后(元) | 0.26/0.302 | 0.26 | 0.18/0.18 |
| | 每股经营现金流量(元) | 0.47 | 0.5 | 0.54 |
| | 每股净资产/调整后(元) | 3.11/3.11 | 3.01/3 | 2.87/2.86 |
| | 未分利润(万元) | 65714.49 | 56004.42 | 43446.85 |
| | 资本公积(万元) | 153490.69 | 153490.69 | 153490.69 |
| 利润构成 | 主营收入(万元) | 105926.25 | 102452.65 | 90245.49 |
| | 主营利润(万元) | 65379.38 | 67435.74 | 59129.89 |
| | 投资收益(万元) | 16827.4 | 8773.39 | 5243.43 |
| | 利润总额(万元) | 56888.52 | 57879.88 | 46349.87 |
| | 净利润(万元) | 33137.72 | 32521.16 | 22970.13 |
| 近年分配: | 06 预案:10 派 1.7;05 年:10 派 1.6;04 年:10 派 1.2 | | | |

| 主要股东及持股比例%、持股性质 |
|---|
| 广东省交通集团有限公司 38.77%(部分流通部分不流通) |
| I JM OVERSEAS VENTURES SDN. BHD. 5.18%(流通 B 股) |
| 全国社保基金一零八组合 1.51%(流通 A 股) |
| 广东省高速公路有限公司 1.33%(国有股) |
| 广东粤财信托投资有限公司 0.97%(国有股) |
| CREDIT SUISSE(HONG KONG) LIMITED 0.75%(流通 B 股) |
| 全国社保基金一零二组合 0.47%(流通 A 股) |
| 新会县司前镇经济联合总社 0.41%(非流通股) |
| KGI ASIA LIMITED 0.4%(流通 B 股) |
| UBS WARBURG CUSTODY PTE LTD. 瑞士银行 0.31%(流通 B 股) |
| 实际控制人:广东省交通集团有限公司 |

二〇〇六年以来市场表现

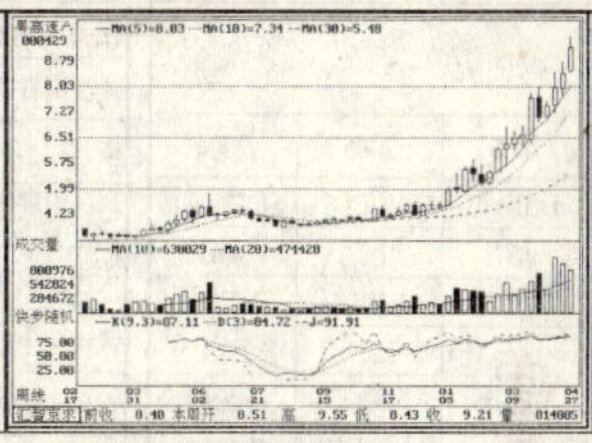

| | |
|---|---|
| 2006 年涨跌幅(%) | 33.59 |
| 2006 年最高(元) | 6.37 |
| 2007 年涨跌幅(%) | 105.58 |
| 2007.4.27 收盘(元) | 9.21 |
| 2007 年最高(元) | 9.55 |
| 2007 年最低(元) | 4.47 |
| 2007 年换手率(%) | 217 |

未来一年限售流通股解禁情况:

| 最新股本 | 总股本 | 非(限售)流通 | 流通 A | 流通 B/H/S | 股东户数 | 06 年末 | 06 三季 |
|---|---|---|---|---|---|---|---|
| | 125711.77 | 54904.87 | 35931.9 | 34875 | | 75484 | 81968 |

年报点评:公司控股或参股广佛高速、佛开高速等路桥资产。公司所处的广东省高速公路正处于快速成长时期。但 2007 年公司主要收入来源广佛高速部分路段的扩建以及佛开高速的大修将一定程度影响这些路段车流。在没有新路桥资产进入的情况下,预计利润增长平缓。

## S＊ST 张股(000430)

上市日期:96/08/29　电话:0731－4331165　传真:0731－4331165

| | | | | |
|---|---|---|---|---|
| 主营 | 经营宝峰湖、猛洞河、十里画廊、德夯等位于张家界和湘西自治州的著名旅游景点。 | | | |
| | 年　度 | 2006 | 2005 | 2004 |
| 主要指标 | 每股收益/扣除后(元) | －0.659/0.017 | －0.362 | 0.01/0.092 |
| | 每股经营现金流量(元) | 0.29 | 0.22 | －0.091 |
| | 每股净资产/调整后(元) | 0.31/0.31 | 1.01/0.98 | 1.32/1.29 |
| | 未分利润(万元) | －16552.15 | －4378.02 | 2328.83 |
| | 资本公积(万元) | 1964.78 | 2748.95 | 1902.23 |
| 利润构成 | 主营收入(万元) | 16763.1 | 14264.51 | 12590.59 |
| | 主营利润(万元) | 9068.77 | 7605.9 | 6855.49 |
| | 投资收益(万元) | －308.78 | －294.03 | －253.11 |
| | 利润总额(万元) | －11481.74 | －6559.38 | 441.65 |
| | 净利润(万元) | －12092.17 | －6650.63 | 191.85 |
| 近年分配: | | | | |

| 主要股东及持股比例%、持股性质 |
|---|
| 张家界旅游经济开发有限公司 30.83%(非流通股) |
| 湖南省天通置业有限公司 8.33%(非流通股) |
| 张家界市金龙房地产开发公司 6.1%(非流通股) |
| 张家界市土地房产开发有限责任公司 4.23%(非流通股) |
| 张家界中兴房地产开发公司 3.33%(非流通股) |
| 张家界华发房地产综合开发公司 3.33%(非流通股) |
| 中国工商银行张家界市旅游经济开发区房地产公司 3.33%(非流通股) |
| 冯武 0.47%(流通 A 股) |
| 上海恒方知识产权咨询有限公司 0.33%(流通 A 股) |
| 湖南金峰投资有限公司 0.3%(流通 A 股) |
| 实际控制人:鄢彩宏 |

二〇〇六年以来市场表现

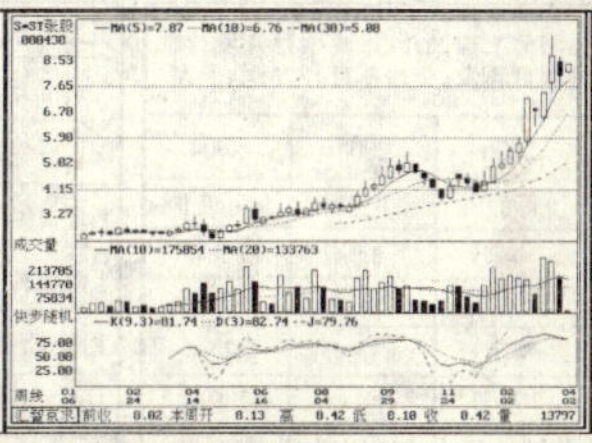

| | |
|---|---|
| 2006 年涨跌幅(%) | 77.87 |
| 2006 年最高(元) | 5.4 |
| 2007 年涨跌幅(%) | 94.01 |
| 2007.4.27 收盘(元) | 8.42 |
| 2007 年最高(元) | 9.41 |
| 2007 年最低(元) | 4.04 |
| 2007 年换手率(%) | 262.1 |

未来一年限售流通股解禁情况:

| 最新股本 | 总股本 | 非(限售)流通 | 流通 A | 流通 B/H/S | 股东户数 | 06 年末 | 06 三季 |
|---|---|---|---|---|---|---|---|
| | 18360 | 10924.2 | 7435.8 | | | 25823 | 26764 |

年报点评:S＊ST 张股控股股东张家界旅游经济开发有限公司,也即＊ST 嘉瑞的下属子公司,将向张家界市经济发展投资集团有限公司转让 S＊ST 张股的控股权,条件是股权受让方出资 1.2 亿元现金解除 S＊ST 张股的或有负债等。截至 2007 年 4 月 5 日,公司累计对外担保总额 42415.5 万元。

## 晨鸣纸业(000488/200488)

上市日期:A:00/11/20 B:97/05/26　电话:0536－5280011　传真:0536－5228900

| | | | | |
|---|---|---|---|---|
| 主营 | 机制纸及板纸和造纸原料、造纸机械、电力、热力的生产与销售。 | | | |
| | 年　度 | 2006 | 2005 | 2004 |
| 主要指标 | 每股收益/扣除后(元) | 0.442/0.319 | 0.445 | 0.561/0.505 |
| | 每股经营现金流量(元) | 0.7385 | 0.7489 | 0.45 |
| | 每股净资产/调整后(元) | 4.4/4.33 | 4.04/3.96 | 5.39/5.33 |
| | 未分利润(万元) | 204879.25 | 167136.54 | 143409.23 |
| | 资本公积(万元) | 191783.5 | 182453.02 | 198692.03 |
| 利润构成 | 主营收入(万元) | 1181409.24 | 972234.61 | 706461.31 |
| | 主营利润(万元) | 221399.89 | 194549.11 | 165327.35 |
| | 投资收益(万元) | 8354.94 | 513.5 | 686.49 |
| | 利润总额(万元) | 89126.93 | 86340.92 | 84743.67 |
| | 净利润(万元) | 60296.72 | 60243.33 | 50372.13 |
| 近年分配: | 06 预案:10 派 1.2;05 年:10 派 1.2;04 年:10 派 1 送 2 转增 3 | | | |

| 主要股东及持股比例%、持股性质 |
|---|
| 寿光晨鸣控股有限公司 24.06%(国有股) |
| BBH BOS S/A FIDELITY FD－CHINA FOCUS FD 2.52%(流通 B 股) |
| DBS VICKERS(HONG KONG) LTD A/C CLIENTS 1.52%(流通 B 股) |
| PLATINUM ASIA FUND 1.19%(流通 B 股) |
| SUN HUNG KAI INVESTMENT SERVICES LTD－CUSTOMERS A/C 1.03%(流通 B 股) |
| CREDIT SUISSE HONG KONG 0.83%(流通 B 股) |
| BONY－DREYFUS PIFI－DREYFUS PREMIER GREATER CHINA 0.77%(流通 B 股) |
| FTIF TEMPLETON BRIC FUND 0.76%(流通 B 股) |
| 银丰证券投资基金 0.68%(流通 A 股) |
| JPMBLSA RE FTIF TEMPLETON CHINA FUND GTI5497 0.66%(流通 B 股) |
| 实际控制人:寿光晨鸣控股有限公司 |

二〇〇六年以来市场表现

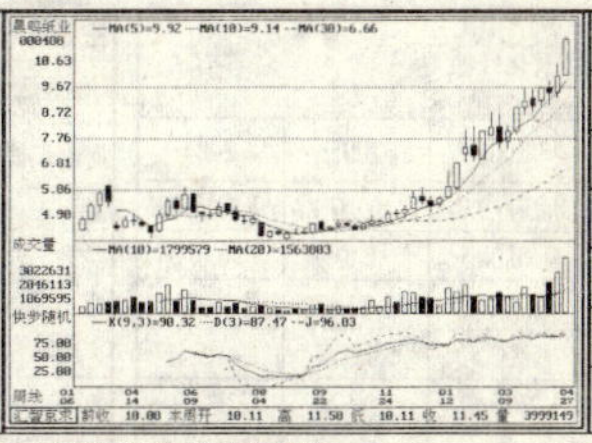

| | |
|---|---|
| 2006 年涨跌幅(%) | 55.97 |
| 2006 年最高(元) | 7.59 |
| 2007 年涨跌幅(%) | 118.51 |
| 2007.4.27 收盘(元) | 11.45 |
| 2007 年最高(元) | 11.58 |
| 2007 年最低(元) | 5.2 |
| 2007 年换手率(%) | 535.55 |

未来一年限售流通股解禁情况:

| 最新股本 | 总股本 | 非(限售)流通 | 流通 A | 流通 B/H/S | 股东户数 | 06 年末 | 06 三季 |
|---|---|---|---|---|---|---|---|
| | 136567.02 | 35480.91 | 45336.35 | 55749.75 | | 72381 | 83838 |

年报点评:公司主营造纸,经济效益连续十多年居同行领先地位,是全球造纸 50 强之一。公司湛江木浆项目中 300 万亩原料林基地建设按计划顺利开展,项目实施后公司将形成以自制木浆为主、废纸为辅的原料结构。公司先后成功开发 50 多个新品种,,培育了新的利润增长点。

## *ST 丹化（000498）

上市日期:97/06/09　　电话:0415－6193718　　传真:0415－6191684

| 主营 | 粘胶短纤维、粘胶长丝、涤纶短纤维、涤纶长丝四大系列产品的生产与销售及电力生产、供热服务。 | | | |
|---|---|---|---|---|
| | 年　度 | 2006 | 2005 | 2004 |
| 主要指标 | 每股收益/扣除后(元) | -0.94/-0.95 | -0.46/-0.46 | 0.12/0.104 |
| | 每股经营现金流量(元) | -0.015 | -0.62 | 0.53 |
| | 每股净资产/调整后(元) | 0.15/0.09 | 1.03/0.98 | 1.32/1.3 |
| | 未分利润(万元) | -62907.04 | -26116.54 | -8358.52 |
| | 资本公积(万元) | 26121.08 | 23514.49 | 17133.56 |
| 利润构成 | 主营收入(万元) | 47687.09 | 65378.8 | 84434.6 |
| | 主营利润(万元) | -681 | -7020.18 | 13536.51 |
| | 投资收益(万元) | -892.98 | -1619.54 | |
| | 利润总额(万元) | -36790.5 | -17758.02 | 4472.6 |
| | 净利润(万元) | -36790.5 | -17758.02 | 4644.09 |
| 近年分配: | | | | |

| 主要股东及持股比例%、持股性质 |
|---|
| 丹东化学纤维(集团)有限责任公司 36.98%（非流通股） |
| 丹东国际信托投资公司 1.88%（非流通股） |
| 曾爱玉 1.13%（流通 A 股） |
| 中国石油化工总公司辽阳石油化纤公司 0.52%（非流通股） |
| 福建丰纺贸易有限公司 0.38%（非流通股） |
| 林琳 0.36%（流通 A 股） |
| 杨笑红 0.32%（流通 A 股） |
| 周海燕 0.3%（流通 A 股） |
| 开山屯化学纤维浆厂 0.26%（非流通股） |
| 青岛欧邦德赛投资有限公司 0.22%（流通 A 股） |
| 实际控制人：升汇投资集团有限公司 |

二〇〇六年以来市场表现

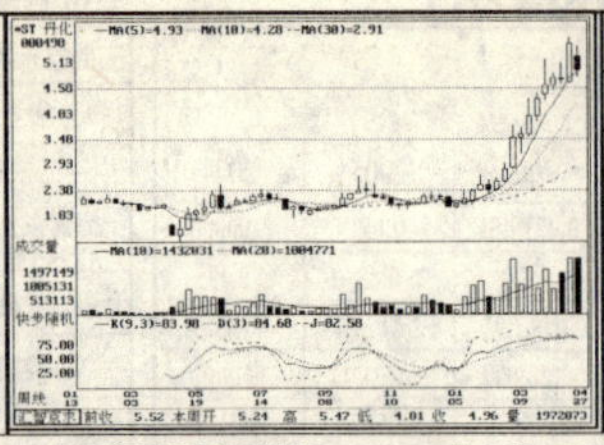


| | |
|---|---|
| 2006 年涨跌幅(%) | 43.27 |
| 2006 年最高(元) | 3.55 |
| 2007 年涨跌幅(%) | 146.77 |
| 2007.4.27 收盘(元) | 4.96 |
| 2007 年最高(元) | 5.68 |
| 2007 年最低(元) | 1.96 |
| 2007 年换手率(%) | 785.8 |

未来一年限售流通股解禁情况:19500000 股 04 月 18 日解禁

| 最新股本 | 总股本 | 非(限售)流通 | 流通 A | 流通 B/H/S | 股东户数 | 06 年末 | 06 三季 |
|---|---|---|---|---|---|---|---|
| | 39000 | 15684 | 23316 | | | 46606 | 49201 |

年报点评：公司计划新建一条 4 万吨/年粘胶短纤维生产线;技改将普通粘胶短纤维年产能由 1 万吨提高到 3 万吨;粘胶长丝年产能由 1 万吨提高到 1.7 万吨;高湿模量纤维年产能由 1.4 万吨提高到 4.4 万吨,还将新建年产能 3 万吨的高湿模量纤维生产线。

## 鄂武商 A（000501）

上市日期:92/11/20　　电话:027－85714295　　传真:027－85714295

| 主营 | 商业零售。 | | | |
|---|---|---|---|---|
| | 年　度 | 2006 | 2005 | 2004 |
| 主要指标 | 每股收益/扣除后(元) | 0.057/0.03 | 0.022 | -0.14/-0.09 |
| | 每股经营现金流量(元) | 0.87 | 1.23 | 0.66 |
| | 每股净资产/调整后(元) | 1.8/1.71 | 1.75/1.6 | 1.72/1.7 |
| | 未分利润(万元) | -19666.11 | -22539.47 | -23641.51 |
| | 资本公积(万元) | 54555.26 | 54690.83 | 54529.4 |
| 利润构成 | 主营收入(万元) | 443751.55 | 419606.32 | 384335.01 |
| | 主营利润(万元) | 67489.1 | 62803.11 | 61460.94 |
| | 投资收益(万元) | -1964.93 | 3412.69 | -1855.58 |
| | 利润总额(万元) | 14724.5 | 10839.33 | -1314.51 |
| | 净利润(万元) | 2873.36 | 1102.05 | -6915.19 |
| 近年分配: | | | | |

| 主要股东及持股比例%、持股性质 |
|---|
| 武汉国有资产经营公司 19.66%（国有股） |
| 浙江银泰百货有限公司 14.4%（流通 A 股） |
| 武汉银泰商业发展有限公司 8.22%（部分流通部分不流通） |
| 天泽控股有限公司 3.02%（非流通股） |
| 武汉华中电力实业发展公司 2.3%（非流通股） |
| 深圳市银信宝投资发展有限公司 1.72%（非流通股） |
| 全国社保基金一一零组合 1.67%（流通 A 股） |
| 中国华融资产管理公司 1.58%（非流通股） |
| 鼎能置业开发有限公司 1.57%（流通 A 股） |
| 中国长城资产管理公司 1.27%（非流通股） |
| 实际控制人：武汉国有资产经营公司 |

二〇〇六年以来市场表现

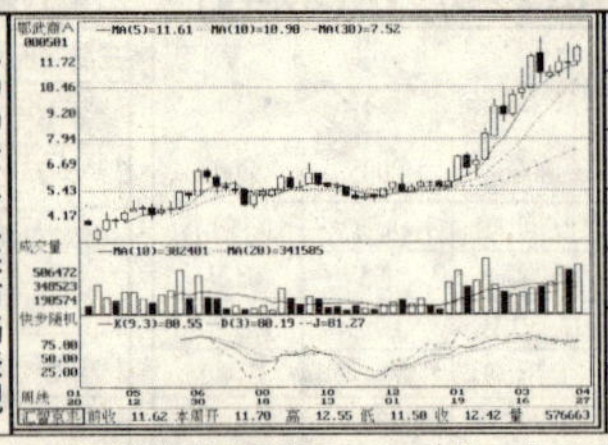


| | |
|---|---|
| 2006 年涨跌幅(%) | 117.06 |
| 2006 年最高(元) | 9.09 |
| 2007 年涨跌幅(%) | 116.38 |
| 2007.4.27 收盘(元) | 12.42 |
| 2007 年最高(元) | 12.98 |
| 2007 年最低(元) | 5.35 |
| 2007 年换手率(%) | 200.71 |

未来一年限售流通股解禁情况:30810991 股 04 月 03 日解禁

| 最新股本 | 总股本 | 非(限售)流通 | 流通 A | 流通 B/H/S | 股东户数 | 06 年末 | 06 三季 |
|---|---|---|---|---|---|---|---|
| | 50724.86 | 23137.16 | 27587.7 | | | 55284 | 57635 |

年报点评：2006 年,公司加快企业发展,推进连锁化、信息化、物流化步伐,提升购物中心的经营功能,抢占市场制高点,在老武汉商场停业重建的前提下,公司实现主营业务收入同比增长 5.75%;净利润同比增长 160.73%。

## 绿景地产（000502）

上市日期:92/11/23　　电话:020－38791075　　传真:020－38795658

| 主营 | 房地产开发经营;安装工程承包及设计(凭许可证经营);室内外装饰装修工程;花木园林工程设计;旅游项目开发;高新科技产业开发;工农业项目开发;交通项目开发;电子商务服务。 | | | |
|---|---|---|---|---|
| | 年　度 | 2006 | 2005 | 2004 |
| 主要指标 | 每股收益/扣除后(元) | 0.02/0.031 | 0.034 | 0.162/0.188 |
| | 每股经营现金流量(元) | -0.393 | -0.0942 | -0.16 |
| | 每股净资产/调整后(元) | 1.59/1.57 | 1.58/1.55 | 1.7/1.66 |
| | 未分利润(万元) | -247.3 | -376.65 | 1340.4 |
| | 资本公积(万元) | 7127.57 | 7102.46 | 7102.46 |
| 利润构成 | 主营收入(万元) | 24916.38 | 18810.43 | 27496.02 |
| | 主营利润(万元) | 7684.56 | 6653.41 | 9919.44 |
| | 投资收益(万元) | -770.4 | -782.52 | -791.17 |
| | 利润总额(万元) | 1777.35 | 1243.13 | 4530.16 |
| | 净利润(万元) | 316.78 | 525.33 | 2522.48 |
| 近年分配: | | | | |

| 主要股东及持股比例%、持股性质 |
|---|
| 广州市天誉房地产开发有限公司 26.89%（非流通股） |
| 深圳市宽天下投资有限公司 16.35%（非流通股） |
| 新理益集团有限公司 3.6%（非流通股） |
| 上海致真投资咨询有限公司 1.99%（非流通股） |
| 上海方圆娱乐总汇有限公司 1.93%（非流通股） |
| 上海人家餐饮管理有限公司 1.16%（非流通股） |
| 上海景贤投资有限公司 0.85%（非流通股） |
| 海南鹏新贸易有限公司 0.64%（非流通股） |
| 海南亿祺贸易有限公司 0.64%（非流通股） |
| 海南科晟电子有限公司 0.64%（非流通股） |
| 实际控制人：余斌 |

二〇〇六年以来市场表现

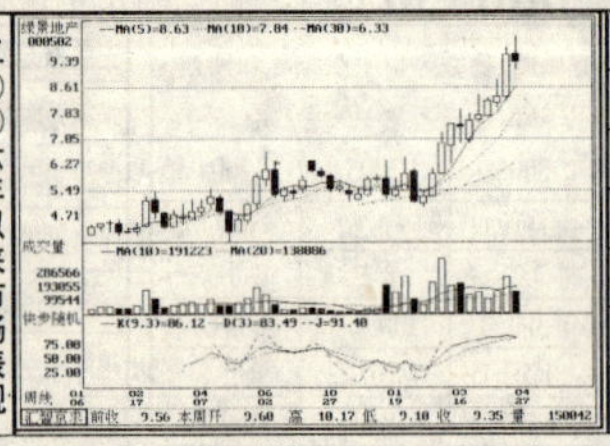


| | |
|---|---|
| 2006 年涨跌幅(%) | 40.92 |
| 2006 年最高(元) | 6.62 |
| 2007 年涨跌幅(%) | 142.59 |
| 2007.4.27 收盘(元) | 9.35 |
| 2007 年最高(元) | 15.36 |
| 2007 年最低(元) | 7.47 |
| 2007 年换手率(%) | 307.92 |

未来一年限售流通股解禁情况:40436468 股 01 月 10 日解禁

| 最新股本 | 总股本 | 非(限售)流通 | 流通 A | 流通 B/H/S | 股东户数 | 06 年末 | 06 三季 |
|---|---|---|---|---|---|---|---|
| | 15566.85 | 9850.98 | 5715.87 | | | 12659 | 12942 |

年报点评：针对国家集中出台的一系列调控政策,公司通过加强成本控制、拓宽融资渠道,增加土地储备等,取得了较好的成效。公司控股开发经营的广州“金碧御水山庄”项目完成了 11 万平方米房屋的建设,销售房屋 488 套,广州公司的“金碧东山华庭”主体工程顺利完工。

## 海虹控股（000503）

上市日期:92/11/30　　电话:010－64424355　　传真:0898－68510669

| 主营 | 医药电子商务、数字娱乐及化纤。 | | | |
|---|---|---|---|---|
| | 年　度 | 2006 | 2005 | 2004 |
| 主要指标 | 每股收益/扣除后(元) | 0.036/-0.043 | 0.057 | 0.48/0.026 |
| | 每股经营现金流量(元) | -0.0465 | -0.0259 | 0.07 |
| | 每股净资产/调整后(元) | 1.85/1.83 | 1.9/1.87 | 1.88/1.84 |
| | 未分利润(万元) | 40832.47 | 38159.34 | 34415.41 |
| | 资本公积(万元) | 22445.69 | 22066.56 | 22335.69 |
| 利润构成 | 主营收入(万元) | 20172.44 | 25637.29 | 37499.15 |
| | 主营利润(万元) | 10331.47 | 9063.92 | 14963.14 |
| | 投资收益(万元) | 6374.91 | 12121.22 | 33881.6 |
| | 利润总额(万元) | -125.28 | 2694.13 | 35831.14 |
| | 净利润(万元) | 2718.66 | 4229.59 | 35807.44 |
| 近年分配: | | | | |

| 主要股东及持股比例%、持股性质 |
|---|
| 中海恒实业发展有限公司 23.8%（非流通股） |
| 海南汇德福投资咨询有限公司 4.47%（非流通股） |
| 南方证券有限公司 4.14%（非流通股） |
| 上海盈科资产担保有限公司 2.99%（非流通股） |
| 上海致真投资咨询有限公司 1.23%（非流通股） |
| 海南金元投资控股有限公司 1.22%（国有股） |
| 海南君健信息咨询服务有限公司 1%（非流通股） |
| 上海岩鑫实业投资有限公司 0.79%（非流通股） |
| 上海颖伽经贸有限公司 0.67%（非流通股） |
| 上海共富经济发展有限公司 0.67%（非流通股） |
| 实际控制人：林宗岐 |

二〇〇六年以来市场表现

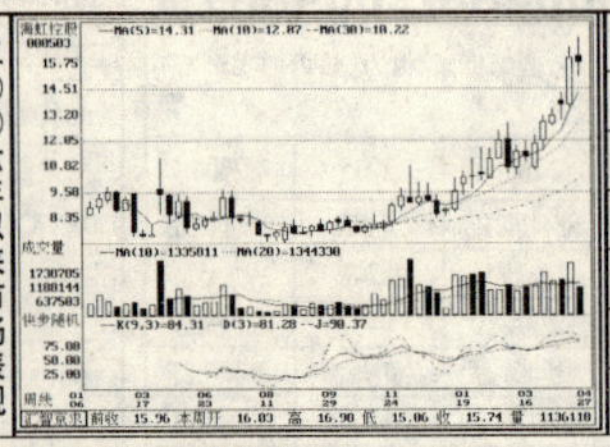


| | |
|---|---|
| 2006 年涨跌幅(%) | 30.31 |
| 2006 年最高(元) | 14.53 |
| 2007 年涨跌幅(%) | 85.18 |
| 2007.4.27 收盘(元) | 15.74 |
| 2007 年最高(元) | 16.98 |
| 2007 年最低(元) | 8.39 |
| 2007 年换手率(%) | 541.86 |

未来一年限售流通股解禁情况:178491903 股 05 月 16 日解禁

| 最新股本 | 总股本 | 非(限售)流通 | 流通 A | 流通 B/H/S | 股东户数 | 06 年末 | 06 三季 |
|---|---|---|---|---|---|---|---|
| | 74901.85 | 35676.25 | 39225.6 | | | 82489 | 87482 |

年报点评：公司是网络游戏板块龙头,还是唯一一家获得医药电子商务牌照的公司,也是国内政府采购唯一指定的电子商务公司。公司在医药电子商务领域处于垄断地位,市场占有率连续几年保持全国第一,医疗体制改革的重新启动将会为公司的发展带来历史性机遇。

## 赛迪传媒（000504）

上市日期:92/12/08　　电话:010－88558355　　传真:010－88558333

| 主营 | 对高新技术企业资讯、媒体、文化传播项目投资管理;技术开发、技术咨询、技术转让、技术服务;提供信息源服务;网络技术服务等。 | | | |
|---|---|---|---|---|
| | 年　度 | 2006 | 2005 | 2004 |
| 主要指标 | 每股收益/扣除后(元) | 0.007/－0.02 | 0.007 | 0.096/0.101 |
| | 每股经营现金流量(元) | 0.0023 | 0.0366 | 0.04 |
| | 每股净资产/调整后(元) | 1.42/1.38 | 1.42/1.4 | 1.41/1.4 |
| | 未分利润(万元) | 5504.98 | 5304.5 | 5129.91 |
| | 资本公积(万元) | 4260.65 | 4271.73 | 4271.73 |
| 利润构成 | 主营收入(万元) | 22793.91 | 22248.81 | 27376.12 |
| | 主营利润(万元) | 6300.54 | 7199.1 | 10254.65 |
| | 投资收益(万元) | －229.25 | －1023.42 | －1171.45 |
| | 利润总额(万元) | 505.85 | 449.52 | 3296.95 |
| | 净利润(万元) | 222.75 | 205.4 | 2980.01 |
| 近年分配: | | | | |

| 主要股东及持股比例%、持股性质 | |
|---|---|
| 信息产业部计算机与微电子发展研究中心 25.58%（国有股） | |
| 中国东方资产管理公司 23.69%（国有股） | |
| 国泰君安证券股份有限公司 4.25%（非流通股） | |
| 中国平安保险(集团)股份有限公司 2.86%（非流通股） | |
| 上海中南投资管理有限公司 1.14%（非流通股） | |
| 光大证券有限责任公司 1.11%（非流通股） | |
| 海南神鼎发展公司 1.03%（非流通股） | |
| 中国南玻集团股份公司 0.91%（非流通股） | |
| 上海平杰投资咨询有限公司 0.79%（非流通股） | |
| 上海云开商务信息咨询有限公司 0.22%（非流通股） | |
| 实际控制人: | 信息产业部计算机与微电子发展研究中心 |

二〇〇六年以来市场表现

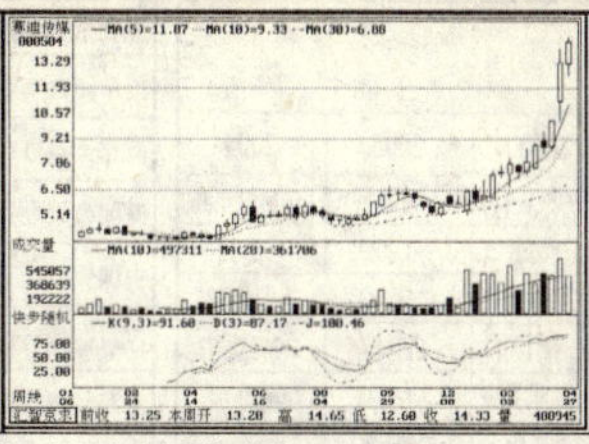

| | |
|---|---|
| 2006年涨跌幅(%) | 43.14 |
| 2006年最高(元) | 6.66 |
| 2007年涨跌幅(%) | 224.55 |
| 2007.4.27收盘(元) | 14.33 |
| 2007年最高(元) | 19.05 |
| 2007年最低(元) | 6.67 |
| 2007年换手率(%) | 570.67 |

未来一年限售流通股解禁情况:60868092股01月15日解禁

| 最新股本 | 总股本 | 非(限售)流通 | 流通A | 流通B/H/S | 股东户数 | 06年末 | 06三季 |
|---|---|---|---|---|---|---|---|
| | 31157.39 | 19879.12 | 11278.27 | | | 23950 | 24316 |

**年报点评** 公司主营由单一的IT专业平面传媒向现代传媒及数字内容服务转型,主要经营《中国计算机报》、《数字时代》等发行、广告等经营性业务。06年推出的<<数字时代>>盈利情况良好,预计07年还将推出其他细分市场专刊,公司未来2－3年报业方面的收入将保持稳定。

## ＊ST珠江（000505/200505）

上市日期:A: 92/12/21 B: 95/06/29　　电话:0898－68583723　　传真:0898－68581026

| 主营 | 房地产开发经营及综合投资。 | | | |
|---|---|---|---|---|
| | 年　度 | 2006 | 2005 | 2004 |
| 主要指标 | 每股收益/扣除后(元) | 0.141/0.021 | －0.212 | －0.27/－0.292 |
| | 每股经营现金流量(元) | 0.322 | －0.139 | －0.21 |
| | 每股净资产/调整后(元) | 0.53/0.5 | 0.19/0.15 | 0.42/0.37 |
| | 未分利润(万元) | －63433.42 | －69011.45 | －61015.65 |
| | 资本公积(万元) | 33426.02 | 28671.56 | 28671.56 |
| 利润构成 | 主营收入(万元) | 49382.1 | 2858.54 | 2475.06 |
| | 主营利润(万元) | 11219.76 | 86.69 | 326.81 |
| | 投资收益(万元) | 4058.01 | －3744.27 | －6514.13 |
| | 利润总额(万元) | 8345.65 | －8648.81 | －10736.1 |
| | 净利润(万元) | 5996.29 | －7993.71 | －10349.81 |
| 近年分配: | | | | |

| 主要股东及持股比例%、持股性质 | |
|---|---|
| 北京市万发房地产开发股份有限公司 25.31%（国有股） | |
| 广州市利盛德投资有限公司 3.98%（非流通股） | |
| 恒隆国际有限公司 3.18%（非流通股） | |
| 上海中南投资管理有限公司 2.58%（非流通股） | |
| 富南国际信托投资公司 2.07%（非流通股） | |
| 河北证券有限责任公司 1.52%（国有股） | |
| 广州珠江外资建筑设计院海南分院 1.3%（国有股） | |
| 中国平安保险集团股份有限公司 0.91%（非流通股） | |
| 海南粤银科技有限公司 0.62%（非流通股） | |
| 金田实业股份有限公司 0.61%（非流通股） | |
| 实际控制人: | 北京市新兴房地产开发总公司 |

二〇〇六年以来市场表现

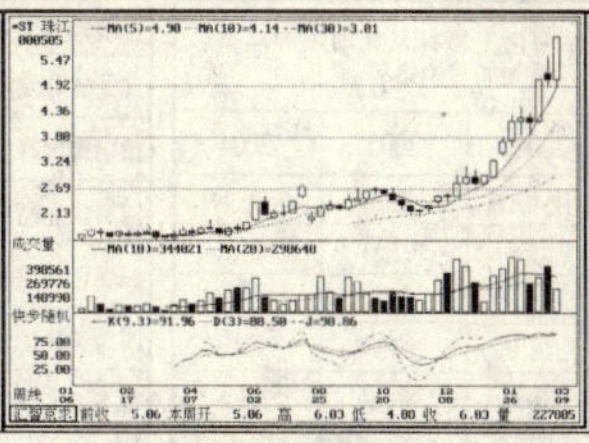

| | |
|---|---|
| 2006年涨跌幅(%) | 135.48 |
| 2006年最高(元) | 4.32 |
| 2007年涨跌幅(%) | 116.13 |
| 2007.4.27收盘(元) | 6.03 |
| 2007年最高(元) | 6.03 |
| 2007年最低(元) | 2.79 |
| 2007年换手率(%) | 203.75 |

未来一年限售流通股解禁情况:98751280股08月17日解禁

| 最新股本 | 总股本 | 非(限售)流通 | 流通A | 流通B/H/S | 股东户数 | 06年末 | 06三季 |
|---|---|---|---|---|---|---|---|
| | 42674.54 | 20677.92 | 15499.13 | 6497.5 | | 41388 | 40996 |

**年报点评** 继武汉美林青城一期开盘实现开门红后,湖北珠江为确保上市公司主营业务整体盈利,结合强势营销狠抓施工进度、工程质量和售后服务,按计划在三季度交付房屋。武汉项目一期基本完工并如期实现收益,使珠江控股为后期开发创造了极为有利的条件。

## S＊ST东泰（000506）

上市日期:93/03/12　　电话:0833－3300616　　传真:0833－3300798

| 主营 | 房地产开发、销售 | | | |
|---|---|---|---|---|
| | 年　度 | 2006 | 2005 | 2004 |
| 主要指标 | 每股收益/扣除后(元) | －1.65/－0.83 | －0.465 | －0.15/－0.15 |
| | 每股经营现金流量(元) | 0.0001 | －0.23 | 0.09 |
| | 每股净资产/调整后(元) | －0.78/－0.78 | 0.87/0.71 | 1.33/1.28 |
| | 未分利润(万元) | －53683.98 | －12572.33 | －989.45 |
| | 资本公积(万元) | 8462.55 | 8462.55 | 8462.32 |
| 利润构成 | 主营收入(万元) | 802.76 | 5489.42 | 20866.69 |
| | 主营利润(万元) | －1057.68 | －200.22 | 2641.32 |
| | 投资收益(万元) | | －0.66 | 3.07 |
| | 利润总额(万元) | －48718.61 | －15066.78 | －4654.05 |
| | 净利润(万元) | －41111.65 | －11582.89 | －3770.6 |
| 近年分配: | | | | |

| 主要股东及持股比例%、持股性质 | |
|---|---|
| 惠邦投资发展有限公司 18.06%（国有股） | |
| 芜湖东泰实业有限公司 6.02%（国有股） | |
| 河北证券有限责任公司 3.25%（非流通股） | |
| 江门汇盛投资管理有限公司 1.68%（非流通股） | |
| 中国盐业总公司 1.2%（非流通股） | |
| 四川省盐业总公司 1.2%（非流通股） | |
| 海南普林投资管理有限公司 1.08%（非流通股） | |
| 上海思可达商务咨询有限公司 1.08%（非流通股） | |
| 冯良晨 0.92%（流通A股） | |
| 海南颐科科技开发有限公司 0.74%（非流通股） | |
| 实际控制人: | 惠邦投资发展有限公司 |

二〇〇六年以来市场表现

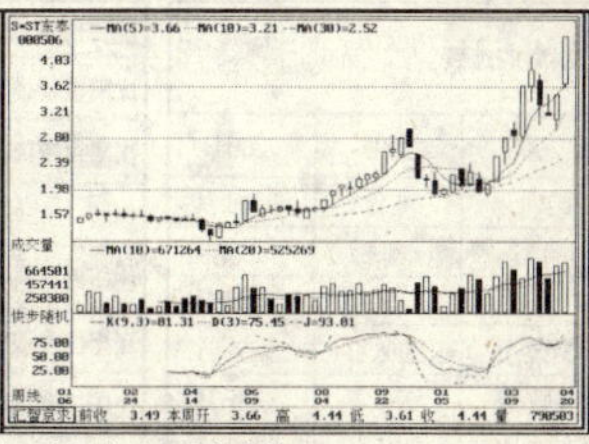

| | |
|---|---|
| 2006年涨跌幅(%) | 29.25 |
| 2006年最高(元) | 2.94 |
| 2007年涨跌幅(%) | 133.68 |
| 2007.4.27收盘(元) | 4.44 |
| 2007年最高(元) | 4.44 |
| 2007年最低(元) | 1.83 |
| 2007年换手率(%) | 603.62 |

未来一年限售流通股解禁情况:

| 最新股本 | 总股本 | 非(限售)流通 | 流通A | 流通B/H/S | 股东户数 | 06年末 | 06三季 |
|---|---|---|---|---|---|---|---|
| | 24910.17 | 10478.82 | 14431.35 | | | 23705 | 23240 |

**年报点评** 公司目前核心资产为造纸业,2006年生产处于全面停顿状态。惠邦投资通过拍卖成为公司大股东,惠邦投资取得公司股权后明确表示将推进股改、资产重组和债务重组进程,努力改变公司持续亏损状况,重塑盈利能力。

## 粤富华（000507）

上市日期:93/03/26　　电话:0756－8886218　　传真:0756－8888148

| 主营 | 港口交通运输、房地产开发、进出口、药品生产及销售等。 | | | |
|---|---|---|---|---|
| | 年　度 | 2006 | 2005 | 2004 |
| 主要指标 | 每股收益/扣除后(元) | 0.378/0.33 | 0.074 | 0.09/0.08 |
| | 每股经营现金流量(元) | 0.0115 | －0.0995 | －0.06 |
| | 每股净资产/调整后(元) | 3.35/3.26 | 3.01/2.79 | 2.93/2.82 |
| | 未分利润(万元) | 12414.91 | 688.09 | －1746.7 |
| | 资本公积(万元) | 65789.5 | 66900.97 | 66900.97 |
| 利润构成 | 主营收入(万元) | 20626.73 | 16177.6 | 15800.64 |
| | 主营利润(万元) | 3290.45 | 3972.76 | 4098.16 |
| | 投资收益(万元) | 17434.97 | 3411 | 4844.34 |
| | 利润总额(万元) | 13364.33 | 2816.51 | 3434.8 |
| | 净利润(万元) | 13029.79 | 2556.22 | 3104.88 |
| 近年分配: | 06预案:10派1 | | | |

| 主要股东及持股比例%、持股性质 | |
|---|---|
| 珠海市人民政府国有资产监督管理委员会 14.85%（国有股） | |
| 珠海市纺织工业集团公司 6.79%（国有股） | |
| 珠海科技奖励基金会 2.3%（非流通股） | |
| 深圳市中科招商创业投资管理有限公司 1.91%（非流通股） | |
| 珠海经济特区冠华轻纺总公司 1.88%（国有股） | |
| 浙江华瑞信息技术有限公司 1.04%（流通A股） | |
| 重庆超思信息材料股份有限公司 0.96%（非流通股） | |
| 中国化纤总公司 0.74%（国有股） | |
| 发展银行 0.64%（非流通股） | |
| 信达投资有限公司 0.56%（非流通股） | |
| 实际控制人: | 珠海市人民政府国有资产监督管理委员会 |

二〇〇六年以来市场表现

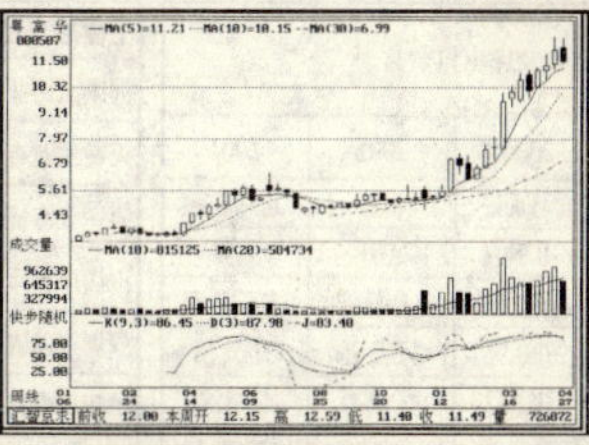

| | |
|---|---|
| 2006年涨跌幅(%) | 93.11 |
| 2006年最高(元) | 6.9 |
| 2007年涨跌幅(%) | 119.69 |
| 2007.4.27收盘(元) | 11.49 |
| 2007年最高(元) | 12.68 |
| 2007年最低(元) | 5.12 |
| 2007年换手率(%) | 460.42 |

未来一年限售流通股解禁情况:41255843股12月26日解禁

| 最新股本 | 总股本 | 非(限售)流通 | 流通A | 流通B/H/S | 股东户数 | 06年末 | 06三季 |
|---|---|---|---|---|---|---|---|
| | 34499.74 | 11045.69 | 23454.05 | | | 71299 | 71431 |

**年报点评** 公司在2006年底顺利完成了重组和股改工作,确立了新的主业架构:玻璃纤维制品项目投资,电力项目投资、房地产开发。面临置出的港口企业仍贡献利润4120万元,保障了上市公司的利益。"富华广场三期"、贵阳"松竹苑"等房地产开发项目主体工程进展顺利。

## S＊ST华塑（000509）

上市日期:93/05/07　电话:028－86650101　传真:028－86657755

**主营**：建材、地产、服装、物业出租等。

| | 年　度 | 2006 | 2005 | 2004 |
|---|---|---|---|---|
| 主要指标 | 每股收益/扣除后(元) | 0.099/－0.116 | －0.665 | －0.15/－0.169 |
| | 每股经营现金流量(元) | －0.088 | －0.0063 | －0.12 |
| | 每股净资产/调整后(元) | 0.58/0.48 | 0.5/0.47 | 1.41/1.28 |
| | 未分利润(万元) | －58911.61 | －61384.66 | －39259.37 |
| | 资本公积(万元) | 46729.38 | 46729.38 | 46679.04 |
| 利润构成 | 主营收入(万元) | 45499.04 | 31370.71 | 28882.45 |
| | 主营利润(万元) | 7857.32 | 4721.59 | 5236.39 |
| | 投资收益(万元) | 2403.15 | 68.1 | －880.7 |
| | 利润总额(万元) | 2160.98 | －18317.55 | －3495.14 |
| | 净利润(万元) | 2473.04 | －16635.26 | －3809.19 |

近年分配:

**主要股东及持股比例%、持股性质**

山东同人实业有限公司 22.53%（非流通股）
南充天益资产投资管理公司 7.99%（非流通股）
深圳市天勤资产管理有限公司 2.64%（非流通股）
中国银行南充分行 2.18%（非流通股）
广东证券股份有限公司 2.11%（流通A股）
珠海经济特区富华投资公司 0.79%（非流通股）
段子力 0.72%（流通A股）
深圳发展银行股份有限公司 0.66%（非流通股）
深圳市华夏实业股份有限公司 0.52%（非流通股）
张文瑞 0.52%（流通A股）

实际控制人：李先慧

二〇〇六年以来市场表现

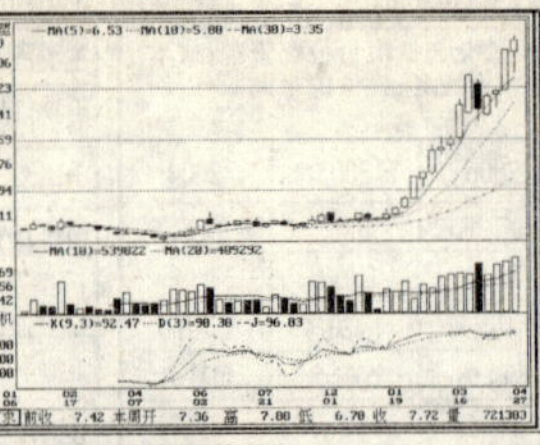

| | |
|---|---|
| 2006年涨跌幅(%) | 19.64 |
| 2006年最高(元) | 2.21 |
| 2007年涨跌幅(%) | 284.08 |
| 2007.4.27收盘(元) | 7.72 |
| 2007年最高(元) | 7.88 |
| 2007年最低(元) | 1.9 |
| 2007年换手率(%) | 466.36 |

未来一年限售流通股解禁情况:

| 最新股本 | 总股本 | 非(限售)流通 | 流通A | 流通B/H/S | 股东户数 | 06年末 | 06三季 |
|---|---|---|---|---|---|---|---|
| | 25000.99 | 9920.96 | 15080.03 | | | 33729 | 35844 |

**年报点评**：公司是我国6家节能环保建材龙头企业之一，已成为全国最大的专业门窗生产企业。公司与奥地利格鲁伯集团盖特济出技术有限公司共同组建了中外合资山东格鲁伯济出技术有限公司。格鲁伯集团是目前欧洲最先进的建筑建材行业巨头。

## 金路集团（000510）

上市日期:93/05/07　电话:0838－2207936　传真:0838－2207936

**主营**：生产销售PVC树脂、烧碱系列化工原料及其加工产品，白酒生产和销售，房地产业，天然气加工销售等。

| | 年　度 | 2006 | 2005 | 2004 |
|---|---|---|---|---|
| 主要指标 | 每股收益/扣除后(元) | 0.115/0.112 | 0.132/0.123 | 0.2/0.199 |
| | 每股经营现金流量(元) | 0.2338 | 0.2153 | 0.35 |
| | 每股净资产/调整后(元) | 1.86/1.83 | 1.76/1.7 | 1.66/1.62 |
| | 未分利润(万元) | 32002.66 | 28270.4 | 20950.67 |
| | 资本公积(万元) | 7387.39 | 7878.96 | 7388.37 |
| 利润构成 | 主营收入(万元) | 252272.7 | 229844.04 | 197141.12 |
| | 主营利润(万元) | 41925.56 | 39356.88 | 42634.97 |
| | 投资收益(万元) | －530.58 | 1039.38 | 514.28 |
| | 利润总额(万元) | 10397.41 | 11597.47 | 14522.29 |
| | 净利润(万元) | 6989.8 | 8023.22 | 12222.88 |

近年分配:06预案:10派0.42；04年:10派0.5

**主要股东及持股比例%、持股性质**

汉龙实业发展有限公司 9.45%（非流通股）
德阳市国有资产经营公司 8.76%（国有股）
四川汉龙高新技术开发有限公司 2.66%（非流通股）
深圳市特发集团有限公司 1.42%（国有股）
四川省化工建设总公司 0.73%（非流通股）
黄杰 0.63%（流通A股）
周亿 0.43%（流通A股）
陈前平 0.34%（流通A股）
刘小光 0.29%（流通A股）
赵芝虹 0.28%（流通A股）

实际控制人：刘汉

二〇〇六年以来市场表现

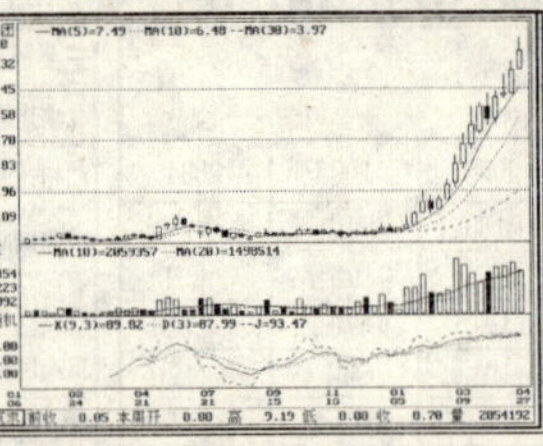

| | |
|---|---|
| 2006年涨跌幅(%) | 38.38 |
| 2006年最高(元) | 3.37 |
| 2007年涨跌幅(%) | 239.84 |
| 2007.4.27收盘(元) | 8.7 |
| 2007年最高(元) | 9.19 |
| 2007年最低(元) | 2.55 |
| 2007年换手率(%) | 586.74 |

未来一年限售流通股解禁情况:33586163股07月11日解禁

| 最新股本 | 总股本 | 非(限售)流通 | 流通A | 流通B/H/S | 股东户数 | 06年末 | 06三季 |
|---|---|---|---|---|---|---|---|
| | 60918.23 | 14450.5 | 46467.72 | | | 73887 | 80298 |

**年报点评**：2007年公司计划完成PVC树脂产量26万吨，力争完成30万吨/年PVC树脂扩能工程建设和20万吨/年输卤复线工程建设。公司投资1500万元参股德阳市商业银行，持有其19.96%股权；同时还投资1200万元参股绵阳城市合作银行。

## 银基发展（000511）

上市日期:93/05/18　电话:024－22903598　传真:024－22921377

**主营**：城市土地整理、房地产开发、酒店经营。

| | 年　度 | 2006 | 2005 | 2004 |
|---|---|---|---|---|
| 主要指标 | 每股收益/扣除后(元) | 0.24/0.26 | 0.17 | 0.31/0.34 |
| | 每股经营现金流量(元) | 0.83 | －0.2 | 0.57 |
| | 每股净资产/调整后(元) | 3.7/3.68 | 4.34/4.07 | 4.17/4.14 |
| | 未分利润(万元) | 35288.15 | 28106.83 | 24256.05 |
| | 资本公积(万元) | 46976.86 | 53749.47 | 53751.73 |
| 利润构成 | 主营收入(万元) | 86780.16 | 60415.65 | 81948.63 |
| | 主营利润(万元) | 20548.6 | 13077.06 | 18307.67 |
| | 投资收益(万元) | －1398.41 | －1314.12 | －750.93 |
| | 利润总额(万元) | 11853.57 | 7222.3 | 13111.68 |
| | 净利润(万元) | 7974.33 | 4574.55 | 8478.31 |

近年分配:06年:10派1送5转增3

**主要股东及持股比例%、持股性质**

沈阳银基企业有限公司 20.72%（非流通股）
沈阳银顺隆投资有限公司 2.76%（非流通股）
郭颖 1.07%（非流通股）
沈阳泰金科技实业有限公司 0.55%（非流通股）
辽宁国发股份有限公司 0.49%（非流通股）
沈阳三和盛物资贸易有限公司 0.46%（非流通股）
吕树平 0.37%（流通A股）
丁远利 0.35%（流通A股）
沈阳信丰网络发展有限公司 0.29%（非流通股）
杨丽莹 0.27%（流通A股）

实际控制人：刘成文

二〇〇六年以来市场表现

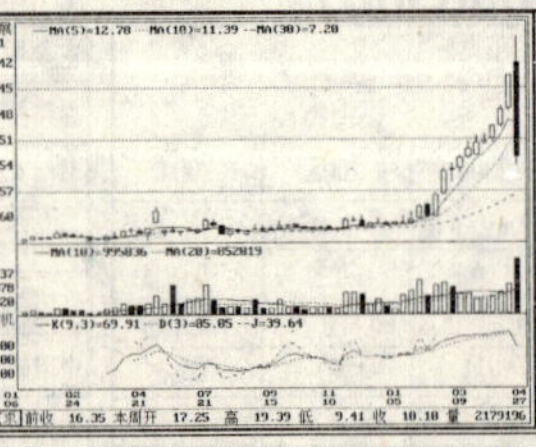

| | |
|---|---|
| 2006年涨跌幅(%) | 83.38 |
| 2006年最高(元) | 7.7 |
| 2007年涨跌幅(%) | 273.82 |
| 2007.4.27收盘(元) | 10.1 |
| 2007年最高(元) | 19.39 |
| 2007年最低(元) | 4.82 |
| 2007年换手率(%) | 582.27 |

未来一年限售流通股解禁情况:68772479.4股06月15日解禁

| 最新股本 | 总股本 | 非(限售)流通 | 流通A | 流通B/H/S | 股东户数 | 06年末 | 06三季 |
|---|---|---|---|---|---|---|---|
| | 33767.02 | 9127.71 | 24639.31 | | | 47096 | 50939 |

**年报点评**：公司地王国际花园二期和东方威尼斯项目形势良好，物业单位售价有所提高，主营业务收入和净利润有较大幅度的增长。公司土地储备较为丰富，有较大的升值空间。公司年终还提出了10送5转增3的分配方案，这有利于增强投资者的信心。

## 丽珠集团（000513/200513）

上市日期:A: 93/10/28 B: 93/07/20　电话:0756－8135888　传真:0756－8886002

**主营**：医药产品的生产、研制、销售及进出口贸易

| | 年　度 | 2006 | 2005 | 2004 |
|---|---|---|---|---|
| 主要指标 | 每股收益/扣除后(元) | 0.45/0.18 | 0.35 | 0.41/0.32 |
| | 每股经营现金流量(元) | 0.74 | 0.53 | 0.59 |
| | 每股净资产/调整后(元) | 4.38/4.34 | 3.94/3.91 | 3.72/3.69 |
| | 未分利润(万元) | 26780.97 | 15352.25 | 11851.89 |
| | 资本公积(万元) | 43322.72 | 43265.44 | 42691.83 |
| 利润构成 | 主营收入(万元) | 151005.14 | 162614.59 | 155478.76 |
| | 主营利润(万元) | 70022.85 | 71579.68 | 76119.28 |
| | 投资收益(万元) | 8099.98 | 1112.76 | 3095.9 |
| | 利润总额(万元) | 18472.87 | 13208.71 | 15468.97 |
| | 净利润(万元) | 13914.95 | 10789.19 | 12405.83 |

近年分配:04年:10派1.5

**主要股东及持股比例%、持股性质**

健康元药业集团股份有限公司 20.71%（非流通股）
天诚实业有限公司 8.2%（非流通股）
第一上海证券有限公司 3.48%（流通B股）
深圳市喜康食品有限公司 2.9%（流通A股）
深圳市圣吉百利广告有限公司 2.32%（流通A股）
广州市保科力贸易公司 1.98%（国有股）
深圳市海滨制药有限公司 1.93%（流通A股）
焦作市恒丰食品有限公司 1.75%（流通A股）
SUN INTELLIGENT LIMITED 1.63%（流通B股）
UBS WARBURG CUSTODY PTE LTD. 瑞士银行 1.35%（流通B股）

实际控制人：朱保国

二〇〇六年以来市场表现

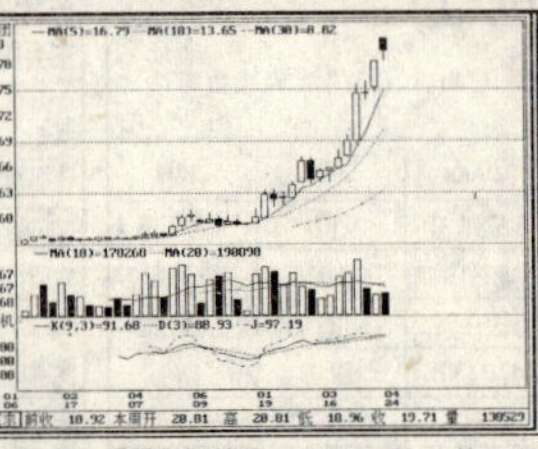

| | |
|---|---|
| 2006年涨跌幅(%) | 44.51 |
| 2006年最高(元) | 7.48 |
| 2007年涨跌幅(%) | 226.87 |
| 2007.4.27收盘(元) | 19.71 |
| 2007年最高(元) | 20.81 |
| 2007年最低(元) | 5.96 |
| 2007年换手率(%) | 238.95 |

未来一年限售流通股解禁情况:21942226股12月11日解禁

| 最新股本 | 总股本 | 非(限售)流通 | 流通A | 流通B/H/S | 股东户数 | 06年末 | 06三季 |
|---|---|---|---|---|---|---|---|
| | 30603.55 | 7504.71 | 12461.07 | 10637.77 | | 38657 | 39194 |

**年报点评**：公司06年提高丽珠得乐、参芪扶正等高毛利产品比重，抵消了抗生素原料以及部分制剂的降价影响，虽然主营收入小幅减少，但主营利润率提高2.35个百分点，同时三项费用压缩有成效，营业利润获得增长，公司经营向好，短期投资收益8099万提高了净利润增幅。

## 渝开发（000514）

上市日期:93/07/12　电话:023－63858883　传真:023－63856995

| | 年　度 | 2006 | 2005 | 2004 |
|---|---|---|---|---|
| 主营 | 房地产开发，环保项目(污水处理)、土地综合整治、大桥建设、电话电码防伪网络、工程监理、物业管理、建筑材料经销等。 | | | |
| 主要指标 | 每股收益/扣除后(元) | 0.007/0.007 | 0.006/0.015 | 0.26/0.016 |
| | 每股经营现金流量(元) | 0.46 | -0.31 | 1.89 |
| | 每股净资产/调整后(元) | 1.57/1.56 | 1.57/1.57 | 1.48/1.47 |
| | 未分利润(万元) | 141.02 | 35.02 | -8409.26 |
| | 资本公积(万元) | 9236.47 | 9400.35 | 12271.57 |
| 利润构成 | 主营收入(万元) | 9055.35 | 13111.7 | 16889.01 |
| | 主营利润(万元) | 2754.45 | 2882.42 | 2344.42 |
| | 投资收益(万元) | 2 | -3.6 | |
| | 利润总额(万元) | 126.16 | 357.06 | 3132.3 |
| | 净利润(万元) | 117.77 | 106.86 | 3009.55 |
| 近年分配: | | | | |

| 主要股东及持股比例%、持股性质 |
|---|
| 重庆市城市建设投资公司 52.29%（部分流通部分不流通） |
| 富国投资有限公司 4.68%（非流通股） |
| 中国银河证券有限责任公司 2.65%（非流通股） |
| 银丰证券投资基金 2.5%（流通A股） |
| 中国宝安集团股份有限公司 1.4%（非流通股） |
| 深圳市信诚投资有限公司 1.16%（非流通股） |
| 西安怡和地产发展集团有限公司 1.02%（非流通股） |
| 中国工商银行－银河银泰理财分红证券投资基金 0.66%（流通A股） |
| 彭晓梅 0.43%（流通A股） |
| 胡晓莹 0.31%（流通A股） |
| 实际控制人：重庆市城市建设投资公司 |

二〇〇六年以来市场表现

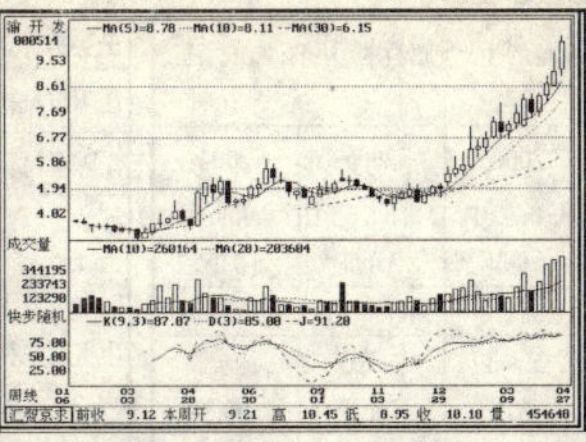

| | |
|---|---|
| 2006年涨跌幅(%) | 29.29 |
| 2006年最高(元) | 5.97 |
| 2007年涨跌幅(%) | 107.76 |
| 2007.4.27收盘(元) | 10.18 |
| 2007年最高(元) | 10.45 |
| 2007年最低(元) | 4.96 |
| 2007年换手率(%) | 467.89 |

未来一年限售流通股解禁情况:8815716股12月01日解禁

| 最新股本 | 总股本 | 非(限售)流通 | 流通A | 流通B/H/S | 股东户数 06年末 | 股东户数 06三季 |
|---|---|---|---|---|---|---|
| | 17631.43 | 10265.28 | 7366.16 | | 14075 | 16719 |

年报点评：控股股东重庆市城市建设投资公司已增持公司股份至82.75%，欲做强做大上市公司，其自身代表重庆市政府进行城市建设土地储备整治和土地出让等。未来渝开发将有可能在招拍挂获取土地中拥有便利条件，对长远发展将起到积极推动作用。

## 攀渝钛业（000515）

上市日期:93/07/12　电话:023－62551281　传真:023－62551279

| | 年　度 | 2006 | 2005 | 2004 |
|---|---|---|---|---|
| 主营 | 钛白粉系列产品及其附产品、工业硫酸和硫酸二甲酯生产和销售。 | | | |
| 主要指标 | 每股收益/扣除后(元) | 0.11/0.07 | 0.1 | 0.17/0.14 |
| | 每股经营现金流量(元) | 0.45 | 0.26 | 0.07 |
| | 每股净资产/调整后(元) | 1.92/1.89 | 1.82/1.8 | 1.84/1.82 |
| | 未分利润(万元) | 5206.06 | 3345.36 | 4201.18 |
| | 资本公积(万元) | 10285.16 | 10495.05 | 10403.25 |
| 利润构成 | 主营收入(万元) | 61664.31 | 42889.28 | 29088.22 |
| | 主营利润(万元) | 8177.34 | 6211.57 | 5998.56 |
| | 投资收益(万元) | -60 | | |
| | 利润总额(万元) | 2237.74 | 2010.74 | 2845.62 |
| | 净利润(万元) | 2071.33 | 1784.97 | 3105.49 |
| 近年分配: | 06方案:10派1；04年:10派1 | | | |

| 主要股东及持股比例%、持股性质 |
|---|
| 攀枝花钢铁(集团)公司 25.37%（国有股） |
| 中国长城资产管理公司 23.45%（国有股） |
| 戴唯波 0.74%（流通A股） |
| 陈翠华 0.52%（流通A股） |
| 张培熙 0.32%（流通A股） |
| 吴固林 0.3%（流通A股） |
| 周美玉 0.29%（流通A股） |
| 重庆博高商贸有限公司 0.26%（流通A股） |
| 杨月芹 0.2%（流通A股） |
| 上海向城贸易有限公司 0.19%（流通A股） |
| 实际控制人：攀枝花钢铁(集团)公司 |

二〇〇六年以来市场表现

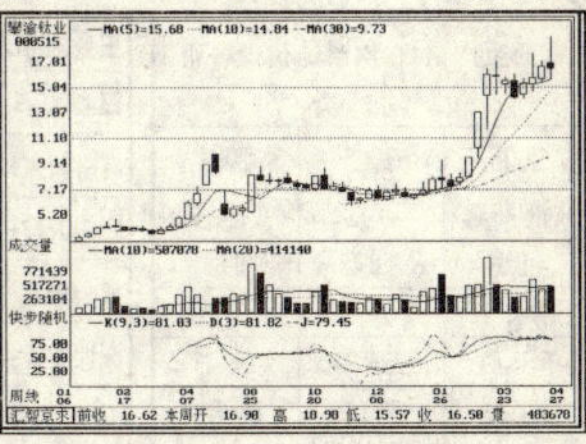

| | |
|---|---|
| 2006年涨跌幅(%) | 142.21 |
| 2006年最高(元) | 10.63 |
| 2007年涨跌幅(%) | 150.76 |
| 2007.4.27收盘(元) | 16.5 |
| 2007年最高(元) | 18.98 |
| 2007年最低(元) | 6.33 |
| 2007年换手率(%) | 761.59 |

未来一年限售流通股解禁情况:9360374股08月02日解禁

| 最新股本 | 总股本 | 非(限售)流通 | 流通A | 流通B/H/S | 股东户数 06年末 | 股东户数 06三季 |
|---|---|---|---|---|---|---|
| | 18720.75 | 9140.72 | 9580.03 | | 24986 | 25009 |

年报点评：公司所在的攀枝花地区钒钛资源储量居世界第一，拥有全国90%、世界35%的钛资源，垄断优势相当突出。公司拟向大股东攀钢集团收购钛业分公司，该公司选钛厂年产30万吨钛精矿，全国最大。收购完成后公司将实现钛业一体化经营，成为国内最大钛白粉生产企业。

## 陕解放A（000516）

上市日期:93/08/09　电话:029－7217854　传真:029－7217705

| | 年　度 | 2006 | 2005 | 2004 |
|---|---|---|---|---|
| 主营 | 国内商贸、百货零售 | | | |
| 主要指标 | 每股收益/扣除后(元) | 0.3/0.27 | 0.29 | 0.23/0.228 |
| | 每股经营现金流量(元) | 0.91 | 0.72 | 0.54 |
| | 每股净资产/调整后(元) | 3.06/3.01 | 3.29/3.27 | 3.14/3.12 |
| | 未分利润(万元) | 9604.89 | 8101.47 | 7542.85 |
| | 资本公积(万元) | 12716.21 | 14493.93 | 14493.93 |
| 利润构成 | 主营收入(万元) | 167822.53 | 162670.67 | 150909.77 |
| | 主营利润(万元) | 21903.08 | 18439.69 | 17415.6 |
| | 投资收益(万元) | -18.88 | -119.14 | -259.68 |
| | 利润总额(万元) | 8587.15 | 7585.18 | 6673.42 |
| | 净利润(万元) | 4451.52 | 3826.03 | 2997.36 |
| 近年分配: | 06预案:10派1.5；05年:10派1.32；04年:10派1.5 | | | |

| 主要股东及持股比例%、持股性质 |
|---|
| 西安高新医院有限公司 20.34%（非流通股） |
| 深圳市创新投资集团有限公司 18.93%（国有股） |
| 西安商业科技开发公司 3.94%（非流通股） |
| 陕西新开高新技术投资有限公司 2.94%（非流通股） |
| 西安中露食品有限责任公司 2.21%（非流通股） |
| 中国航空油料西北公司 1.47%（非流通股） |
| 深圳市广顺实业股份有限公司 1.47%（非流通股） |
| 深圳市长通数码科技有限公司 1.13%（非流通股） |
| 中国嘉德国际拍卖有限公司 0.88%（非流通股） |
| 陕西信托投资有限公司 0.74%（非流通股） |
| 实际控制人：刘建申 |

二〇〇六年以来市场表现

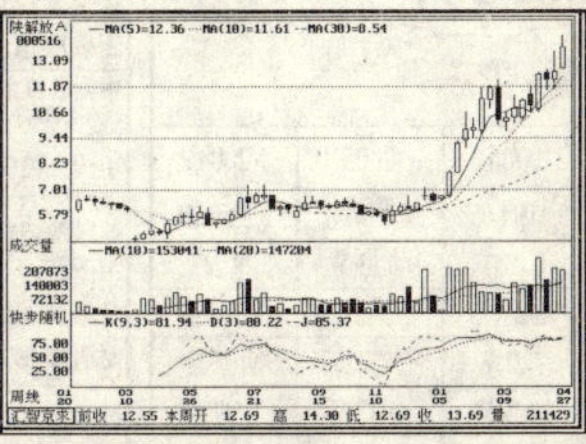

| | |
|---|---|
| 2006年涨跌幅(%) | 69.4 |
| 2006年最高(元) | 10.33 |
| 2007年涨跌幅(%) | 111.27 |
| 2007.4.27收盘(元) | 13.69 |
| 2007年最高(元) | 14.3 |
| 2007年最低(元) | 6.43 |
| 2007年换手率(%) | 357.76 |

未来一年限售流通股解禁情况:7407776股03月31日解禁

| 最新股本 | 总股本 | 非(限售)流通 | 流通A | 流通B/H/S | 股东户数 06年末 | 股东户数 06三季 |
|---|---|---|---|---|---|---|
| | 14815.55 | 8693.84 | 6121.72 | | 17764 | 16882 |

年报点评：开元商城仍然是公司现阶段主要盈利来源，经过2005年底的装修改建和品牌结构调整，2006年盈利有显著提升。公司控股的天云煤矿将在2007年进入正常运营期，具有30万吨的年开采量，每年能带来稳定收益。近期转让西安天竣能源75%股权获得1832万元投资收益。

## S＊ST成功（000517）

上市日期:93/08/06　电话:0574－27877369　传真:0574－27877360

| | 年　度 | 2006 | 2005 | 2004 |
|---|---|---|---|---|
| 主营 | 电信业务和电信增值业务运营，网络建设与运营，通信设备和网络终端产品开发、制造、销售，相关软件产品的开发、应用。 | | | |
| 主要指标 | 每股收益/扣除后(元) | 0.11 | -0.34 | -0.36/-0.44 |
| | 每股经营现金流量(元) | 0.07 | -0.12 | 0.21 |
| | 每股净资产/调整后(元) | -0.57/-0.82 | -0.63/-0.84 | 3.09/3.08 |
| | 未分利润(万元) | -39202.75 | -41792.95 | 535.09 |
| | 资本公积(万元) | 44264.41 | 44210.43 | 44413.82 |
| 利润构成 | 主营收入(万元) | 7359.74 | 18698.94 | 59063.48 |
| | 主营利润(万元) | 446.36 | 3638.73 | 9639.43 |
| | 投资收益(万元) | 6476.19 | -705.64 | -1224 |
| | 利润总额(万元) | 561.07 | -24763.61 | -8201.9 |
| | 净利润(万元) | 2590.19 | -7947.78 | -8291.84 |
| 近年分配: | | | | |

| 主要股东及持股比例%、持股性质 |
|---|
| 深圳市新海投资控股有限公司 27.29%（国有股） |
| 深圳市胜启投资有限公司 4.25%（非流通股） |
| 北京市华远集团公司 2.63%（非流通股） |
| 上海银通创业发展有限公司 1.84%（非流通股） |
| 慈溪市永杰机械设备有限公司 1.67%（非流通股） |
| 宁波港集团有限公司 1.46%（非流通股） |
| 海军4819工厂 1.33%（非流通股） |
| 上海鼎立实业发展有限公司 1.09%（非流通股） |
| 深圳市保银投资发展有限公司 0.93%（非流通股） |
| 上海君创投资管理有限公司 0.84%（非流通股） |
| 实际控制人：北京市华远集团公司 |

二〇〇六年以来市场表现

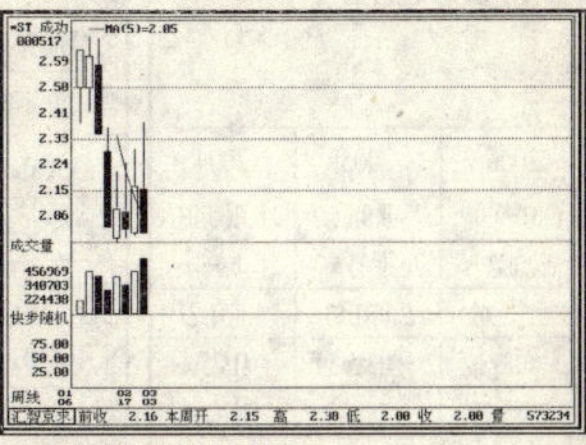

| | |
|---|---|
| 2006年涨跌幅(%) | |
| 2006年最高(元) | |
| 2007年涨跌幅(%) | |
| 2007.4.27收盘(元) | |
| 2007年最高(元) | |
| 2007年最低(元) | |
| 2007年换手率(%) | |

未来一年限售流通股解禁情况:

| 最新股本 | 总股本 | 非(限售)流通 | 流通A | 流通B/H/S | 股东户数 06年末 | 股东户数 06三季 |
|---|---|---|---|---|---|---|
| | 23330.75 | 12189.31 | 11141.44 | | 24363 | 24363 |

年报点评：公司自2005年7月陷入资金危机以来，2006年全年公司资金状况基本未有改观，因此无法为市场需求实现提供必要支持，公司三个经营性实体企业均处于保存经营资源的艰难维持局面。公司净利润主要来自于资产处置收益。

## 四环生物（000518）

上市日期：93/09/08　电话：0510－86408558　传真：0510－86408558

**主营**：从事羊绒及高中档呢绒面料的生产；原料药、片剂、酒剂、注射剂及生物制品的制造、销售。

| | 年度 | 2006 | 2005 | 2004 |
|---|---|---|---|---|
| 主要指标 | 每股收益/扣除后(元) | 0.007/0.004 | －0.101/－0.11 | 0.01/0.012 |
| | 每股经营现金流量(元) | －0.04 | －0.01 | 0.05 |
| | 每股净资产/调整后(元) | 0.98/0.96 | 0.97/0.93 | 1.07/1.03 |
| | 未分利润(万元) | －6784.07 | －7693 | 2660.99 |
| | 资本公积(万元) | 87.7 | 286.27 | 286.27 |
| 利润构成 | 主营收入(万元) | 28108.36 | 20573.94 | 31148.47 |
| | 主营利润(万元) | 7851.37 | 3322.69 | 8748.24 |
| | 投资收益(万元) | －81.54 | 1744.94 | －50 |
| | 利润总额(万元) | 1154.36 | －10392.3 | 1972.16 |
| | 净利润(万元) | 715.75 | －10353.99 | 1122.24 |
| 近年分配： | | | | |

**主要股东及持股比例%、持股性质**

江阴市振新毛纺织厂 12.46%（非流通股）
江阴泰德贸易有限公司 3.1%（非流通股）
昆山市创业投资有限公司 3.09%（非流通股）
广东建通工程有限公司 0.98%（非流通股）
中交第二公路工程局有限公司 0.93%（非流通股）
中铁三局集团有限公司 0.83%（非流通股）
深圳市方大装饰工程有限公司 0.7%（非流通股）
江阴市盛银投资有限公司 0.62%（非流通股）
中铁四局集团有限公司 0.51%（非流通股）
江阴阳光投资有限公司 0.37%（非流通股）

**实际控制人**：江阴市新桥镇集体资产管理委员会

二〇〇六年以来市场表现

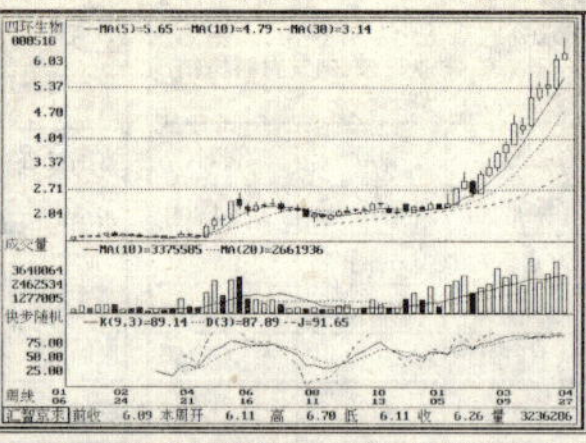

| | |
|---|---|
| 2006年涨跌幅(%) | 78.2 |
| 2006年最高(元) | 2.62 |
| 2007年涨跌幅(%) | 171 |
| 2007.4.27收盘(元) | 6.26 |
| 2007年最高(元) | 6.7 |
| 2007年最低(元) | 2.18 |
| 2007年换手率(%) | 622.19 |

未来一年限售流通股解禁情况：149178452股12月06日解禁

| 最新股本 | 总股本 | 非(限售)流通 | 流通A | 流通B/H/S | 股东户数 | 06年末 | 06三季 |
|---|---|---|---|---|---|---|---|
| | 102955.62 | 27748.2 | 75207.42 | | | 111963 | 118604 |

**年报点评**：主业包括毛纺织与生物制药。生物制药主要产品白介素－2受到行业反商业贿赂影响，收入和毛利率下降。毛纺织业务逐渐回暖，毛利率同比提升了19个百分点，并拉动了综合毛利率大幅提高，带动了公司业绩的提升。

## 银河动力（000519）

上市日期：93/10/08　电话：028－84304159　传真：028－84310296

**主营**：各型内燃机气缸套、铝活塞的生产销售；网络通信设备销售。

| | 年度 | 2006 | 2005 | 2004 |
|---|---|---|---|---|
| 主要指标 | 每股收益/扣除后(元) | 0.16/－0.08 | 0.16 | －0.12/－0.09 |
| | 每股经营现金流量(元) | －0.33 | －0.15 | 0.08 |
| | 每股净资产/调整后(元) | 1.96/1.95 | 2.53/2.52 | 2.37/2.35 |
| | 未分利润(万元) | 5434.69 | 2508.74 | 699.23 |
| | 资本公积(万元) | 8235.18 | 13961.06 | 13961.84 |
| 利润构成 | 主营收入(万元) | 18545.32 | 13813.19 | 15005.04 |
| | 主营利润(万元) | 2768.54 | 1272 | 2310.71 |
| | 投资收益(万元) | －169.38 | 80.73 | 564.94 |
| | 利润总额(万元) | 5153.08 | 2563.53 | －1601.26 |
| | 净利润(万元) | 3131.55 | 2128.97 | －1577.03 |
| 近年分配： | 05年：10转增4 | | | |

**主要股东及持股比例%、持股性质**

银河（长沙）高科技实业有限公司 20.23%（国有股）
湖南新兴科技发展有限公司 13.35%（国有股）
四川天歌进出口有限责任公司 1.58%（非流通股）
涌金实业（集团）有限公司 1.21%（非流通股）
深圳能源投资股份有限公司 1.21%（非流通股）
上海九宇新技术发展有限公司 1.12%（非流通股）
吉林省九州开发公司 1.09%（非流通股）
上海同振贸易有限公司 0.79%（非流通股）
中国农业生产资料成都公司 0.6%（非流通股）
西方米奇电子（深圳）有限公司 0.48%（非流通股）

**实际控制人**：华天实业控股集团有限公司

二〇〇六年以来市场表现

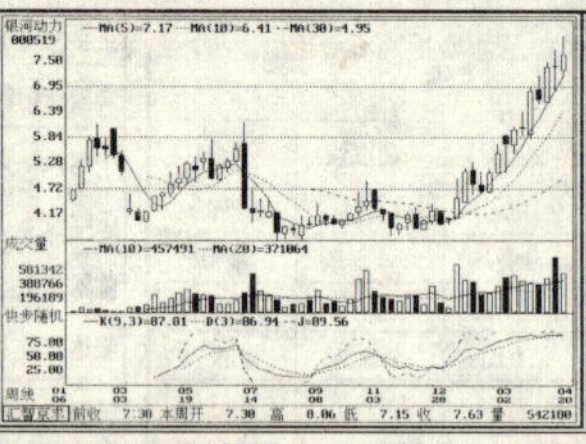

| | |
|---|---|
| 2006年涨跌幅(%) | 61.8 |
| 2006年最高(元) | 9 |
| 2007年涨跌幅(%) | 93.66 |
| 2007.4.27收盘(元) | 7.63 |
| 2007年最高(元) | 8.06 |
| 2007年最低(元) | 3.94 |
| 2007年换手率(%) | 575.38 |

未来一年限售流通股解禁情况：19115359.2股03月24日解禁

| 最新股本 | 总股本 | 非(限售)流通 | 流通A | 流通B/H/S | 股东户数 | 06年末 | 06三季 |
|---|---|---|---|---|---|---|---|
| | 19115.36 | 8391.04 | 10724.32 | | | 26515 | 26407 |

**年报点评**：公司主营业务为内燃机气缸套、铝活塞的生产销售，06年公司收入与利润都呈现了较快增长，而且利润增长幅度大于收入增长。同时公司也结束了主业多年亏损状态，经营业绩出现拐点，生产经营步入良性发展阶段。

## 长航凤凰（000520）

上市日期：93/10/25　电话：027－85321845　传真：027－85321845

**主营**：长江干线、江海直达、沿海的干散货运输业务。

| | 年度 | 2006 | 2005 | 2004 |
|---|---|---|---|---|
| 主要指标 | 每股收益/扣除后(元) | 0.115/0.063 | 0.041 | 0.135/0.14 |
| | 每股经营现金流量(元) | 0.0362 | 0.0365 | 0.24 |
| | 每股净资产/调整后(元) | 1.96/1.73 | 2.54/2.54 | 2.55/2.55 |
| | 未分利润(万元) | 7127.7 | 7875.25 | 9169.22 |
| | 资本公积(万元) | 30025.54 | 45517.65 | 45517.65 |
| 利润构成 | 主营收入(万元) | 235198.93 | 221800.21 | 178613.2 |
| | 主营利润(万元) | 14268.73 | 7846.71 | 13412.58 |
| | 投资收益(万元) | －540.36 | －2119.44 | －1947.13 |
| | 利润总额(万元) | 11402.23 | 4075.49 | 10538.05 |
| | 净利润(万元) | 7777.19 | 2142.41 | 6998.69 |
| 近年分配： | 06预案：10派0.32；05年：10派1.4；04年：10派0.6 | | | |

**主要股东及持股比例%、持股性质**

中国长江航运（集团）总公司 27.27%（部分流通部分不流通）
中国人民保险公司武汉市青山区支公司 0.83%（国有股）
武汉博达石化有限公司 0.72%（非流通股）
中国银行－易方达深证100交易型开放式指数证券投资基金 0.5%（流通A股）
赵明海 0.23%（流通A股）
韩子逸 0.22%（流通A股）
肖克 0.2%（流通A股）
天泽控股有限公司 0.18%（非流通股）
刘建刚 0.16%（流通A股）
马军 0.12%（流通A股）

**实际控制人**：中国长江航运（集团）总公司

二〇〇六年以来市场表现

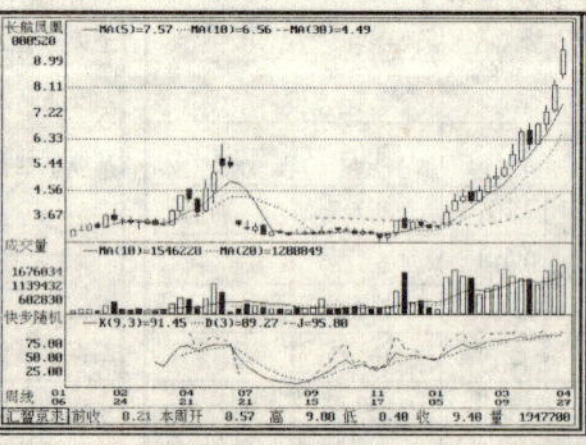

| | |
|---|---|
| 2006年涨跌幅(%) | 90.37 |
| 2006年最高(元) | 6.76 |
| 2007年涨跌幅(%) | 188.34 |
| 2007.4.27收盘(元) | 9.4 |
| 2007年最高(元) | 9.88 |
| 2007年最低(元) | 3.21 |
| 2007年换手率(%) | 473.6 |

未来一年限售流通股解禁情况：11654776股07月14日解禁

| 最新股本 | 总股本 | 非(限售)流通 | 流通A | 流通B/H/S | 股东户数 | 06年末 | 06三季 |
|---|---|---|---|---|---|---|---|
| | 67472.23 | 19448.4 | 48023.84 | | | 105674 | 106213 |

**年报点评**：2006年公司主营发生重大变化。由石油产品的生产、加工与销售，转变为内河跨省际散货运输及国内江海干散货运输。资产置换后，公司业绩同比增长263%。公司还将斥巨资打造6艘57300载重吨级散货船。但转型后公司也面临业内规模偏小，资金需求巨大的压力。

## S美菱（000521/200521）

上市日期：A：93/10/18 B：96/08/28　电话：0551－2869394　传真：0551－2883122

**主营**：设计、开发、制造及销售电冰箱

| | 年度 | 2006 | 2005 | 2004 |
|---|---|---|---|---|
| 主要指标 | 每股收益/扣除后(元) | 0.029/0.01 | 0.016 | 0.04/0.03 |
| | 每股经营现金流量(元) | 0.033 | 0.15 | 0.36 |
| | 每股净资产/调整后(元) | 2.12/2.09 | 2.07/1.63 | 2.07/1.22 |
| | 未分利润(万元) | －40189.02 | －41385.59 | －41335.49 |
| | 资本公积(万元) | 57885.75 | 57181.75 | 57176.95 |
| 利润构成 | 主营收入(万元) | 276079.21 | 202201.86 | 143863.39 |
| | 主营利润(万元) | 43129.12 | 34424.9 | 28677.41 |
| | 投资收益(万元) | 73.84 | 132.11 | －65.22 |
| | 利润总额(万元) | 1254.85 | 710.11 | 1716.17 |
| | 净利润(万元) | 1196.57 | 665.9 | 1676.77 |
| 近年分配： | | | | |

**主要股东及持股比例%、持股性质**

合肥美菱集团控股有限公司 29.83%（国有股）
方静文 0.56%（流通B股）
永胜实业有限公司 0.55%（流通B股）
陈榕生 0.51%（流通B股）
龙芹芳 0.43%（流通B股）
合肥工行 0.41%（非流通股）
安徽国风集团有限公司 0.41%（非流通股）
省农行信托合肥办事处 0.37%（非流通股）
省工行国际业务部 0.37%（非流通股）
中国信达资产管理公司 0.37%（非流通股）

**实际控制人**：绵阳市国有资产监督管理委员会

二〇〇六年以来市场表现

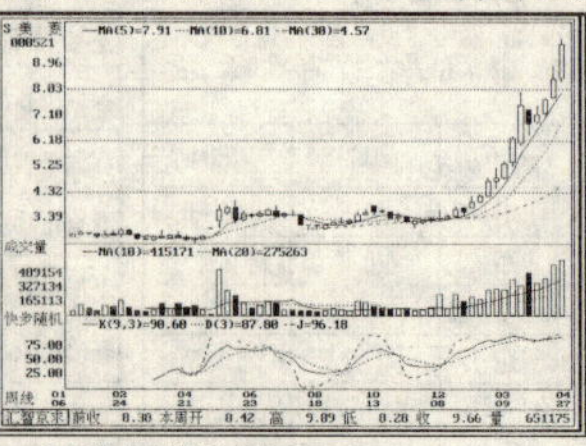

| | |
|---|---|
| 2006年涨跌幅(%) | 32.71 |
| 2006年最高(元) | 3.98 |
| 2007年涨跌幅(%) | 170.59 |
| 2007.4.27收盘(元) | 9.66 |
| 2007年最高(元) | 9.89 |
| 2007年最低(元) | 3.75 |
| 2007年换手率(%) | 299.85 |

未来一年限售流通股解禁情况：

| 最新股本 | 总股本 | 非(限售)流通 | 流通A | 流通B/H/S | 股东户数 | 06年末 | 06三季 |
|---|---|---|---|---|---|---|---|
| | 41364.29 | 14901.26 | 15153.03 | 11310 | | 72247 | 76167 |

**年报点评**：公司是我国老牌制冷业巨头之一，在白色家电产业中拥有一定的竞争力。但家电竞争的外部宏观环境和冰箱行业内部的竞争环境仍然处于变化不定和激烈动荡之中，公司产能严重不足，不能满足市场需求，公司要想取得好的业绩将面临较大困难。

## 白云山 A（000522）

上市日期：93/11/08　电话：020－87062599　传真：020－87063699

| | | | | |
|---|---|---|---|---|
| 主营 | 研制、生产、销售：中西成药、化学原料药、外用药、儿童用药、保健药。 | | | |
| | 年　度 | 2006 | 2005 | 2004 |
| 主要指标 | 每股收益/扣除后(元) | 0.03/0.03 | 0.12 | 0.1/0.088 |
| | 每股经营现金流量(元) | 0.22 | 0.44 | 0.59 |
| | 每股净资产/调整后(元) | 1.48/1.39 | 1.81/1.66 | 1.71/1.63 |
| | 未分利润(万元) | 9503.27 | 8164.81 | 7180.72 |
| | 资本公积(万元) | 8350.15 | 17630.56 | 15693.62 |
| 利润构成 | 主营收入(万元) | 274237.43 | 281663.51 | 245946.46 |
| | 主营利润(万元) | 94617.53 | 103498.12 | 92327.86 |
| | 投资收益(万元) | －3450.05 | －3423.78 | －1919.61 |
| | 利润总额(万元) | 4002 | 11014.16 | 11995.59 |
| | 净利润(万元) | 1487.19 | 4383.57 | 3616.65 |
| 近年分配： | 04 年：10 派 0.2 | | | |

| 主要股东及持股比例%、持股性质 |
|---|
| 广州医药集团有限公司 35.37%（国有股） |
| 广州白云山企业集团有限公司 8.95%（国有股） |
| 江苏正泰投资管理有限公司 2.11%（国有股） |
| 赵旭光 2.07%（流通 A 股） |
| 华夏大盘精选证券投资基金 1.28%（流通 A 股） |
| 全国社保基金一零九组合 0.89%（流通 A 股） |
| 郑彦彬 0.42%（流通 A 股） |
| 李城 0.42%（流通 A 股） |
| 江苏卓众投资管理有限责任公司 0.3%（流通 A 股） |
| 辛亮 0.26%（流通 A 股） |
| 实际控制人：广州医药集团有限公司 |

二〇〇六年以来市场表现

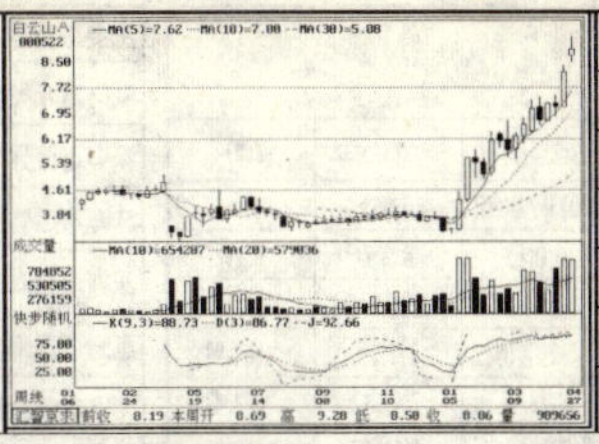

| | |
|---|---|
| 2006 年涨跌幅(%) | 27.41 |
| 2006 年最高(元) | 7.35 |
| 2007 年涨跌幅(%) | 164.48 |
| 2007.4.27 收盘(元) | 8.86 |
| 2007 年最高(元) | 9.28 |
| 2007 年最低(元) | 3.25 |
| 2007 年换手率(%) | 403.87 |

未来一年限售流通股解禁情况：42000000 股 04 月 17 日解禁

| | 总股本 | 非(限售)流通 | 流通 A | 流通 B/H/S | 股东户数 | 06 年末 | 06 三季 |
|---|---|---|---|---|---|---|---|
| 最新股本 | 46905.37 | 21788.43 | 25116.94 | | | 47706 | 50940 |

年报点评：06 年过亿产品阿莫西林以及中长链脂肪乳贡献大幅下降，造成业绩大幅下滑。内部整合见成效，三项费用率下降 0.75 个百分点。07 年新会计准则将减少摊销 6000 多万元，新增利润。受益于医改普药市场需求增长，内生性增长以及整合效应释放构成 07 年业绩增长动力。

## 广州浪奇（000523）

上市日期：93/11/08　电话：(020)82162933　传真：(020)82162986

| | | | | |
|---|---|---|---|---|
| 主营 | 从事"浪奇"、"高富力"、"天丽""万丽"等品牌的洗涤用品和磺酸、精甘油、AES 等化工原料的开发、生产和销售。 | | | |
| | 年　度 | 2006 | 2005 | 2004 |
| 主要指标 | 每股收益/扣除后(元) | 0.063/0.05 | 0.076 | 0.013/－0.002 |
| | 每股经营现金流量(元) | 0.04 | 0.23 | －0.22 |
| | 每股净资产/调整后(元) | 2.49/2.38 | 2.42/2.28 | 1.72/1.58 |
| | 未分利润(万元) | 1025.82 | 217.08 | －10513.1 |
| | 资本公积(万元) | 21547.98 | 21301.12 | 16673.55 |
| 利润构成 | 主营收入(万元) | 83687.45 | 82144.82 | 73687.4 |
| | 主营利润(万元) | 11984.57 | 11929.88 | 11358.94 |
| | 投资收益(万元) | 2.85 | 362.75 | 6.53 |
| | 利润总额(万元) | 1608.13 | 1363.03 | 305.07 |
| | 净利润(万元) | 1088.59 | 1306.55 | 303.87 |
| 近年分配： | 05 年：10 派 0.1 | | | |

| 主要股东及持股比例%、持股性质 |
|---|
| 广州轻工工贸集团有限公司 45.43%（国有股） |
| 钱宏 0.58%（流通 A 股） |
| 梁配辉 0.56%（流通 A 股） |
| 吴大刚 0.34%（流通 A 股） |
| 吴佐财 0.33%（流通 A 股） |
| 姚秀娥 0.27%（流通 A 股） |
| 汪利英 0.25%（流通 A 股） |
| 牟卫渝 0.24%（流通 A 股） |
| 邓云峰 0.23%（流通 A 股） |
| 卢金红 0.23%（流通 A 股） |
| 实际控制人：广州市国有资产监督管理委员会 |

二〇〇六年以来市场表现

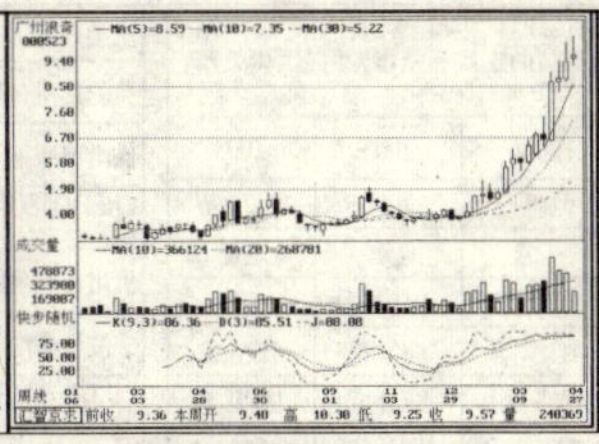

| | |
|---|---|
| 2006 年涨跌幅(%) | 17.96 |
| 2006 年最高(元) | 4.97 |
| 2007 年涨跌幅(%) | 151.84 |
| 2007.4.27 收盘(元) | 9.57 |
| 2007 年最高(元) | 10.3 |
| 2007 年最低(元) | 3.75 |
| 2007 年换手率(%) | 515.88 |

未来一年限售流通股解禁情况：

| | 总股本 | 非(限售)流通 | 流通 A | 流通 B/H/S | 股东户数 | 06 年末 | 06 三季 |
|---|---|---|---|---|---|---|---|
| 最新股本 | 17258.18 | 7839.5 | 9418.67 | | | 28884 | 28947 |

年报点评：公司是我国民族日化产业的龙头企业，拥有"浪奇"等著名品牌，销售网络覆盖全国，产品远销东南亚、非洲、南美洲等地。特别是与马来西亚金希望公司及科宁油脂化学公司合资兴建年产 3.6 万吨 MES 项目若能顺利投产将给公司带来较高的利润增长。

## 东方宾馆（000524）

上市日期：93/11/18　电话：020－86662791　传真：020－86662791

| | | | | |
|---|---|---|---|---|
| 主营 | 旅馆业、餐饮业、旅游业和场地出租等。 | | | |
| | 年　度 | 2006 | 2005 | 2004 |
| 主要指标 | 每股收益/扣除后(元) | 0.094/0.104 | 0.134 | 0.13/0.122 |
| | 每股经营现金流量(元) | 0.389 | 0.419 | 0.29 |
| | 每股净资产/调整后(元) | 2.25/1.92 | 2.16/1.84 | 2.02/1.63 |
| | 未分利润(万元) | －7191.33 | －9705.24 | －13287.94 |
| | 资本公积(万元) | 28889.24 | 28931.09 | 28881.51 |
| 利润构成 | 主营收入(万元) | 30689.13 | 29460.39 | 25404.32 |
| | 主营利润(万元) | 26152.45 | 25316.85 | 21686.98 |
| | 投资收益(万元) | 70.72 | 76.02 | －22.44 |
| | 利润总额(万元) | 2757.16 | 3729.15 | 3427.43 |
| | 净利润(万元) | 2536.3 | 3601.47 | 3427.43 |
| 近年分配： | 06 预案：10 派 0.84 | | | |

| 主要股东及持股比例%、持股性质 |
|---|
| 广州市东方酒店集团有限公司 37.19%（国有股） |
| 广州越秀集团有限公司 14.36%（国有股） |
| 长江证券有限责任公司 0.45%（流通 A 股） |
| 李洁良 0.41%（流通 A 股） |
| 黄力文 0.32%（流通 A 股） |
| 曾小桦 0.23%（流通 A 股） |
| 冯结萍 0.2%（流通 A 股） |
| 刘淑琴 0.19%（流通 A 股） |
| 吴良友 0.18%（流通 A 股） |
| 田伟 0.17%（流通 A 股） |
| 实际控制人：广州越秀集团有限公司 |

二〇〇六年以来市场表现

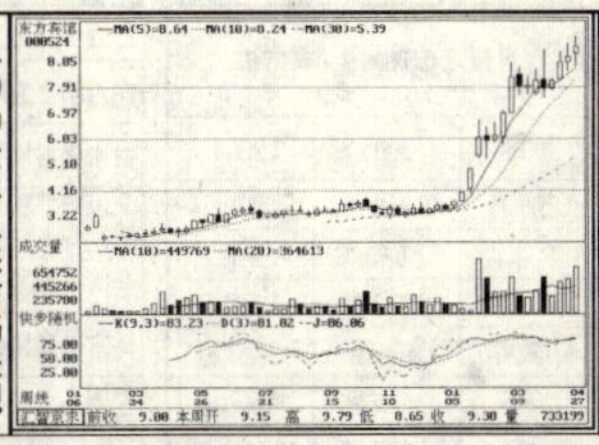

| | |
|---|---|
| 2006 年涨跌幅(%) | 75.31 |
| 2006 年最高(元) | 5.1 |
| 2007 年涨跌幅(%) | 175.88 |
| 2007.4.27 收盘(元) | 9.38 |
| 2007 年最高(元) | 9.79 |
| 2007 年最低(元) | 3.42 |
| 2007 年换手率(%) | 500.42 |

未来一年限售流通股解禁情况：26967374 股 02 月 22 日解禁

| | 总股本 | 非(限售)流通 | 流通 A | 流通 B/H/S | 股东户数 | 06 年末 | 06 三季 |
|---|---|---|---|---|---|---|---|
| 最新股本 | 26967.37 | 13901.39 | 13065.98 | | | 31799 | 33529 |

年报点评：受到客房装修的原因导致开房数减少，以及美博会、交易会等重点接待任务减收等客观原因影响，客房收入而比上年同期降低 3.51%。餐饮收入（包含会展业务）则大幅上升 13.36%，商铺租赁收入、展场收入与上年同期相比基本持平。

## 红太阳（000525）

上市日期：93/10/28　电话：025－84785866　传真：025－84785828

| | | | | |
|---|---|---|---|---|
| 主营 | 农药产品的生产、销售、技术咨询服务 | | | |
| | 年　度 | 2006 | 2005 | 2004 |
| 主要指标 | 每股收益/扣除后(元) | 0.117/0.12 | 0.121 | 0.17/0.17 |
| | 每股经营现金流量(元) | 0.1334 | －0.4617 | 0.5 |
| | 每股净资产/调整后(元) | 2.21/2.18 | 2.18/2.16 | 2.12/2.11 |
| | 未分利润(万元) | 12769.09 | 11809.97 | 10776.18 |
| | 资本公积(万元) | 14264.98 | 14437.41 | 14423.91 |
| 利润构成 | 主营收入(万元) | 282738.96 | 219858.25 | 170805.57 |
| | 主营利润(万元) | 24704.77 | 22952.87 | 20506.61 |
| | 投资收益(万元) | －446.2 | 60.75 | －880.9 |
| | 利润总额(万元) | 6719.45 | 7707.31 | 8697.37 |
| | 净利润(万元) | 3267.67 | 3391.2 | 4822.74 |
| 近年分配： | 06 预案：10 派 0.62；05 年：10 派 0.7；04 年：10 派 0.6 | | | |

| 主要股东及持股比例%、持股性质 |
|---|
| 红太阳集团有限公司 30.2%（国有股） |
| 博时价值增长证券投资基金 1.78%（流通 A 股） |
| 中国平安保险(集团)股份有限公司 1.74%（非流通股） |
| 南京信贷咨询公司 1.35%（非流通股） |
| 南京市财政信用公司 1.27%（非流通股） |
| 招商银行股份有限公司－中信经典配置证券投资基金 1.15%（流通 A 股） |
| 新时代信托投资股份有限公司 1.04%（流通 A 股） |
| 唐焕玲 0.75%（流通 A 股） |
| 深圳国际信托投资有限责任公司－明达证券投资集合资金信托 0.71%（流通 A 股） |
| 杨春伶 0.68%（流通 A 股） |
| 实际控制人：高淳县国有资产经营(控股)有限公司 |

二〇〇六年以来市场表现

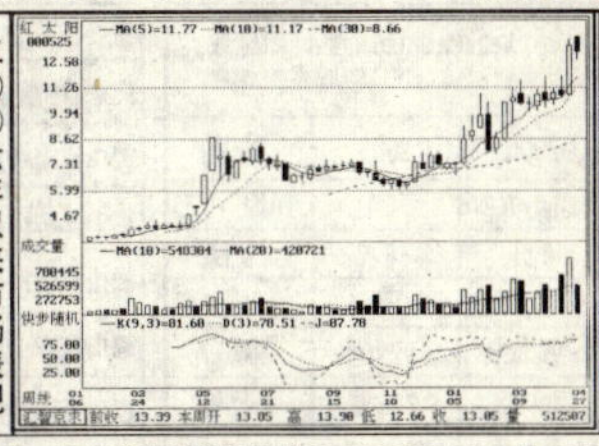

| | |
|---|---|
| 2006 年涨跌幅(%) | 194.49 |
| 2006 年最高(元) | 11.33 |
| 2007 年涨跌幅(%) | 78.52 |
| 2007.4.27 收盘(元) | 13.05 |
| 2007 年最高(元) | 13.9 |
| 2007 年最低(元) | 6.72 |
| 2007 年换手率(%) | 436.62 |

未来一年限售流通股解禁情况：36227523 股 06 月 07 日解禁

| | 总股本 | 非(限售)流通 | 流通 A | 流通 B/H/S | 股东户数 | 06 年末 | 06 三季 |
|---|---|---|---|---|---|---|---|
| 最新股本 | 28023.88 | 10685.51 | 17338.38 | | | 14783 | 14509 |

年报点评：主要生产第三代和第四代拟除虫菊酯类和杂环化合物类仿生性杀虫剂。我国从 2007 年起全面禁止甲胺磷等 5 种高毒农药的使用。在"十一五"期间，公司将在全国建成 1000 个县的配送中心，在 1 万个乡镇发展 1 万家连锁店。

## 旭飞投资（000526）

上市日期:93/11/01　　电话:0592－5744065　　传真:0592－5652638

| 主营 | 房地产开发与经营及公寓管理 | | |
|---|---|---|---|
| 年　度 | 2006 | 2005 | 2004 |
| 每股收益/扣除后(元) | 0.013/－0.061 | 0.063 | －0.086/－0.097 |
| 每股经营现金流量(元) | －0.63 | 0.202 | 0.192 |
| 每股净资产/调整后(元) | 1.59/1.57 | 1.94/1.82 | 1.99/1.75 |
| 未分利润(万元) | －517.65 | 717.69 | －64.97 |
| 资本公积(万元) | 5772.99 | 7467.47 | 7467.47 |
| 主营收入(万元) | 579.04 | 1101.53 | 1370.97 |
| 主营利润(万元) | 548.79 | 1052.94 | 1262.23 |
| 投资收益(万元) | 1520 | －9.91 | －8.04 |
| 利润总额(万元) | －149.06 | －1189.92 | －875.28 |
| 净利润(万元) | 123.79 | 498.88 | －685.88 |
| 近年分配: | | | |

| 主要股东及持股比例%、持股性质 |
|---|
| 厦门鑫旺经济开发有限公司 12.01%（非流通股） |
| 深圳市椰林湾饮食有限公司 11.07%（非流通股） |
| 珠海市运盛投资策划有限公司 7.28%（非流通股） |
| 深圳市达润投资策划有限公司 6.29%（非流通股） |
| 惠州市惠阳盛葆实业有限公司 4.58%（非流通股） |
| 北京华天地科贸有限公司 2.04%（流通 A 股） |
| 深圳市葆怡投资咨询有限公司 1.48%（流通 A 股） |
| 深圳市瑞德城贸易有限公司 1.4%（流通 A 股） |
| 深圳市成协房地产开发公司 1.26%（国有股） |
| 厦门市佳酿贸易有限公司 0.97%（非流通股） |
| 实际控制人: |

二〇〇六年以来市场表现

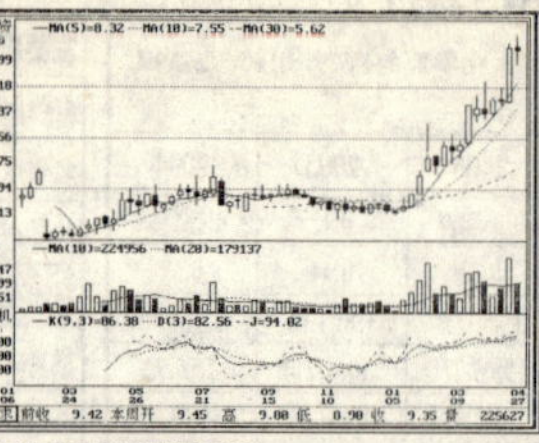

| | |
|---|---|
| 2006 年涨跌幅(%) | 40.72 |
| 2006 年最高(元) | 8.56 |
| 2007 年涨跌幅(%) | 121.04 |
| 2007.4.27 收盘(元) | 9.35 |
| 2007 年最高(元) | 9.8 |
| 2007 年最低(元) | 4.1 |
| 2007 年换手率(%) | 630.43 |

未来一年限售流通股解禁情况:

| 最新股本 | 总股本 | 非(限售)流通 | 流通 A | 流通 B/H/S | 股东户数 | 06 年末 | 06 三季 |
|---|---|---|---|---|---|---|---|
| | 9619.51 | 4647.5 | 4972.01 | | | 13219 | 13686 |

年报点评：公司主营业务及结构发生了较大变化，主要是对子公司深圳市好时光的债权及持有其的股权与厦门鑫旺经济开发有限公司拥有的和具有处置权、受益权的物业进行了资产置换。通过资产置换交易，优化了公司的资产结构，提高了公司的盈利能力。

## 美的电器（000527）

上市日期:93/11/12　　电话:0765－26338779　　传真:0756－26651991

| 主营 | 空调、电饭煲、风扇、洗碗机、灶具、电暖器等家电终端产品和压缩机、微电机等中间产品的生产和销售，并提供相关产品的售后服务。 | | |
|---|---|---|---|
| 年　度 | 2006 | 2005 | 2004 |
| 每股收益/扣除后(元) | 0.8/0.82 | 0.61 | 0.67/0.59 |
| 每股经营现金流量(元) | 1.77 | 2.94 | 2.62 |
| 每股净资产/调整后(元) | 5.53/5.37 | 4.85/4.72 | 5.5/5.06 |
| 未分利润(万元) | 112454.04 | 89024.03 | 71758.02 |
| 资本公积(万元) | 101273.62 | 93611.42 | 100048.11 |
| 主营收入(万元) | 2013882.92 | 2131360.76 | 1920087.69 |
| 主营利润(万元) | 363769.12 | 392941.93 | 356452.03 |
| 投资收益(万元) | 1184.11 | 971.41 | 1692.47 |
| 利润总额(万元) | 82714.94 | 69788.91 | 66820.57 |
| 净利润(万元) | 50547.22 | 38176.84 | 32658.28 |
| 近年分配: | 06 预案:10 派 3.5 转增 10；05 年:10 派 2.5；04 年:10 派 1.5 转增 3 | | |

| 主要股东及持股比例%、持股性质 |
|---|
| 美的集团有限公司 46.74%（部分流通部分不流通） |
| 佛山市顺德区开联实业发展有限公司 4.13%（非流通股） |
| CREDIT SUISSE(HONG KONG) LIMITED 4.12%（流通 A 股） |
| 佛山市顺德区信宏实业有限公司 2.38%（非流通股） |
| 宁波敏海汽车零部件有限公司 2.15%（流通 A 股） |
| BILL－&MELINDA GATES FOUNDATION 1.78%（流通 A 股） |
| 佛山市顺德区有利投资服务有限公司 1.76%（非流通股） |
| YALE UNIVERSITY 1.03%（流通 A 股） |
| GOLDMANSACHS&CO 0.83%（流通 A 股） |
| 深圳能源投资服务有限公司 0.81%（非流通股） |
| 实际控制人: 何享健 |

二〇〇六年以来市场表现

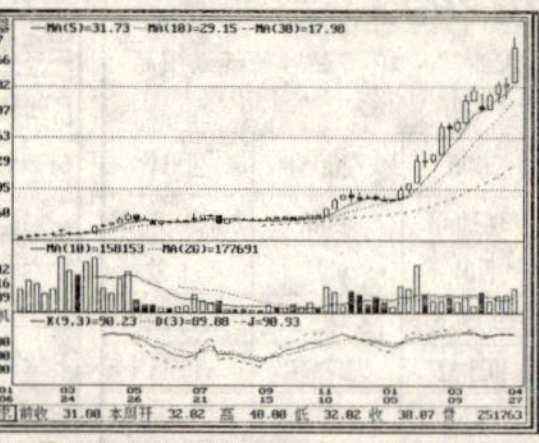

| | |
|---|---|
| 2006 年涨跌幅(%) | 162.05 |
| 2006 年最高(元) | 15.8 |
| 2007 年涨跌幅(%) | 221.27 |
| 2007.4.27 收盘(元) | 38.07 |
| 2007 年最高(元) | 40 |
| 2007 年最低(元) | 11.75 |
| 2007 年换手率(%) | 69.93 |

未来一年限售流通股解禁情况:83533786 股 03 月 22 日解禁

| 最新股本 | 总股本 | 非(限售)流通 | 流通 A | 流通 B/H/S | 股东户数 | 06 年末 | 06 三季 |
|---|---|---|---|---|---|---|---|
| | 63035.66 | 21423.7 | 41611.96 | | | 43218 | 60793 |

年报点评：2006 年度，公司在空调行业总体增长放缓，原材料成本上升的不利外部经营环境下，持续推进经营模式与管理机制的变革，凭借完善的内部管理和竞争优势，实现了效益与规模的稳步增长。在行业集中度不断提高的情况下，公司的经营有望稳步上升。

## 柳工（000528）

上市日期:93/11/18　　电话:0772－3886509　　传真:0772－3886509

| 主营 | 装载机、挖掘机、推土机等工程机械及配件的生产、销售。 | | |
|---|---|---|---|
| 年　度 | 2006 | 2005 | 2004 |
| 每股收益/扣除后(元) | 0.75/0.75 | 0.44/0.45 | 0.52/0.514 |
| 每股经营现金流量(元) | 0.61 | 0.36 | 0.71 |
| 每股净资产/调整后(元) | 3.97/3.97 | 3.41/3.41 | 3.17/3.16 |
| 未分利润(万元) | 67156.97 | 45104.39 | 36463.33 |
| 资本公积(万元) | 44268.84 | 44044.22 | 43992.68 |
| 主营收入(万元) | 518212.76 | 406987.07 | 350904.97 |
| 主营利润(万元) | 92981.32 | 65539.86 | 60485.55 |
| 投资收益(万元) | －45.36 | －7.52 | 115.44 |
| 利润总额(万元) | 42283.24 | 25400.69 | 27106.13 |
| 净利润(万元) | 35655.5 | 20818.89 | 24367.09 |
| 近年分配: | 06 预案:10 派 3；05 年:10 派 2；04 中期:10 派 2 转增 3 年终:10 派 2 | | |

| 主要股东及持股比例%、持股性质 |
|---|
| 广西柳工集团有限公司 44.37%（国有股） |
| 银华优质增长股票型证券投资基金 2.36%（流通 A 股） |
| 交银施罗德稳健配置混合型证券投资基金 1.87%（流通 A 股） |
| 全国社保基金一零九组合 1.66%（流通 A 股） |
| 海富通风格优势股票型证券投资基金 1.61%（流通 A 股） |
| 中国人寿保险股份有限公司－分红－个人分红－005L－FH002 深 1.42%（流通 A 股） |
| 摩根士丹利中国 A 股基金 1.29%（流通 A 股） |
| 泰达荷银行业精选证券投资基金 1.27%（流通 A 股） |
| 南方稳健成长贰号证券投资基金 1.16%（流通 A 股） |
| 国际金融－工行－CREDIT SUISSE（HONG KONG）LIMITED 1.12%（流通 A 股） |
| 实际控制人: 广西柳工集团有限公司 |

二〇〇六年以来市场表现

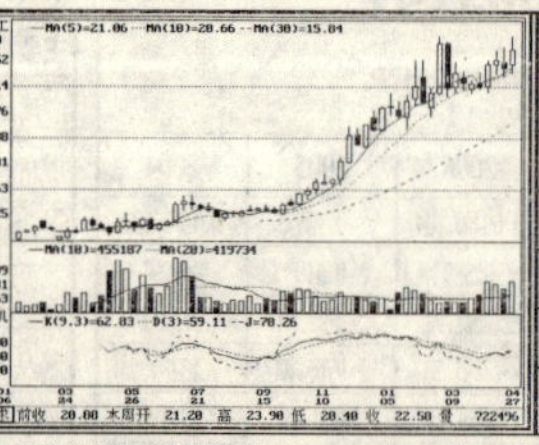

| | |
|---|---|
| 2006 年涨跌幅(%) | 359.92 |
| 2006 年最高(元) | 22.75 |
| 2007 年涨跌幅(%) | 32.05 |
| 2007.4.27 收盘(元) | 22.58 |
| 2007 年最高(元) | 23.9 |
| 2007 年最低(元) | 15.2 |
| 2007 年换手率(%) | 268.37 |

未来一年限售流通股解禁情况:23622809 股 03 月 17 日解禁

| 最新股本 | 总股本 | 非(限售)流通 | 流通 A | 流通 B/H/S | 股东户数 | 06 年末 | 06 三季 |
|---|---|---|---|---|---|---|---|
| | 47245.62 | 20963.15 | 26282.46 | | | 25482 | 43483 |

年报点评：作为国内装载机市场龙头企业，06 年在巩固原有业务的同时，大力介入前景较好的挖掘机市场，并取得了较好经营成效。随着国家"十一五"规划的实施，行业将迎来持续、稳定的发展机遇，再加上固有的技术、配套和销售优势，公司必将实现持续、稳定发展。

## S＊ST 美雅（000529）

上市日期:93/11/18　　电话:0750－8888888　　传真:0750－8889673

| 主营 | 拉舍尔毛毯、腈纶毛条、精纺针织绒线、粗纺羊毛针织绒线、涤纶长丝、氨纶包芯纱、高档连裤丝袜、PVC 薄膜生产销售 | | |
|---|---|---|---|
| 年　度 | 2006 | 2005 | 2004 |
| 每股收益/扣除后(元) | 0.014/－0.24 | －0.78 | －0.51/－0.55 |
| 每股经营现金流量(元) | 0.01 | －0.02 | －0.192 |
| 每股净资产/调整后(元) | －1.18/－1.19 | －1.19/－1.2 | －0.06/－0.12 |
| 未分利润(万元) | －95216.98 | －95791.46 | －50603.85 |
| 资本公积(万元) | 5056.78 | 5056.78 | 4645.93 |
| 主营收入(万元) | 28488.96 | 30718.87 | 33737.6 |
| 主营利润(万元) | 4972.15 | －673.12 | 2727.99 |
| 投资收益(万元) | －66.52 | －4963.29 | －120.94 |
| 利润总额(万元) | 574.48 | －30912.39 | －20336.6 |
| 净利润(万元) | 574.48 | －30912.39 | －20336.6 |
| 近年分配: | | | |

| 主要股东及持股比例%、持股性质 |
|---|
| 广东省广新外贸轻纺(控股)公司 29.68%（国有股） |
| 鹤山市海峰贸易发展公司 2.81%（非流通股） |
| 鹤山毛纺织总厂联合毛绒厂工会 2.66%（非流通股） |
| 鹤山市资产管理委员会办公室 2.5%（国有股） |
| 鹤山市床上用品厂工会 2.23%（非流通股） |
| 广东省民族贸易公司工会 0.92%（非流通股） |
| 鹤山市鹤昌实业投资公司工会 0.55%（非流通股） |
| 鹤山市昌盛制衣有限公司工会 0.55%（非流通股） |
| 广东粤财信托投资公司 0.55%（非流通股） |
| 鹤山市宏科贸易有限公司 0.53%（非流通股） |
| 实际控制人: 林锡森 |

二〇〇六年以来市场表现

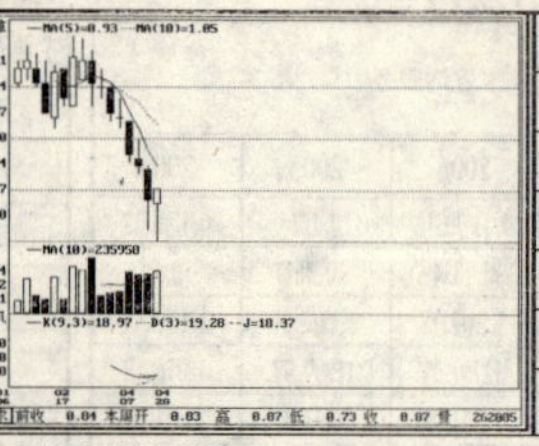

| | |
|---|---|
| 2006 年涨跌幅(%) | |
| 2006 年最高(元) | |
| 2007 年涨跌幅(%) | |
| 2007.4.27 收盘(元) | |
| 2007 年最高(元) | |
| 2007 年最低(元) | |
| 2007 年换手率(%) | |

未来一年限售流通股解禁情况:

| 最新股本 | 总股本 | 非(限售)流通 | 流通 A | 流通 B/H/S | 股东户数 | 06 年末 | 06 三季 |
|---|---|---|---|---|---|---|---|
| | 39651.59 | 18045.78 | 21605.81 | | | 75036 | 75036 |

年报点评：在政府的大力支持下，公司完成了大部份非主业资产的处置工作，偿还了部份债权人的债务，并收回部分以前年度的应收账款。公司经营现金流实现良好内部循环，企业生产经营保持稳定。净利润比上年同期增长 101.86%。

## 大冷股份（000530/200530）

上市日期：A：93/12/08 B：98/03/20　　电话：0411－86538000　　传真：0411－86641470

| | | | | |
|---|---|---|---|---|
| 主营 | 生产经营制冷成套设备，主要生产包括制冷、冷冻、空调、冷藏、保鲜等五大系列以及空调成套、土建冷库成套、组合冷库成套、制冰成套、特种工程成套和气调保鲜成套等大成套产品。 | | | |
| | 年　度 | 2006 | 2005 | 2004 |
| 主要指标 | 每股收益/扣除后(元) | 0.335/0.31 | 0.288 | 0.29/0.29 |
| | 每股经营现金流量(元) | 0.214 | 0.322 | 0.08 |
| | 每股净资产/调整后(元) | 4.27/4.24 | 4.08/4.03 | 3.86/3.83 |
| | 未分利润(万元) | 24934.11 | 20616.18 | 17228.43 |
| | 资本公积(万元) | 57258.7 | 56874.51 | 55977.78 |
| 利润构成 | 主营收入(万元) | 160209.49 | 151104.63 | 121680.69 |
| | 主营利润(万元) | 30533.09 | 25324.44 | 17013.73 |
| | 投资收益(万元) | 9776.31 | 9029.06 | 9508.82 |
| | 利润总额(万元) | 15674.25 | 14329.45 | 12237.94 |
| | 净利润(万元) | 11729.5 | 10081.24 | 10095.55 |
| 近年分配： | 06 预案：10 派 1.5；05 年：10 派 1.5；04 年：10 派 1 | | | |

| 主要股东及持股比例%、持股性质 |
|---|
| 大连冰山集团有限公司 21.96%（国有股） |
| SANYO ELECTRIC CO. LTD. 10%（流通 B 股） |
| BONY－DREYFUS PIFI－DREYFUS PREMIER GREATER CHINA 2.01%（流通 B 股） |
| 华安宏利股票型证券投资基金 0.94%（流通 A 股） |
| 吉林省九州开发公司 0.9%（非流通股） |
| 太原兆和投资发展公司 0.9%（非流通股） |
| 陈世辉 0.86%（流通 A 股） |
| 申银万国证券股份有限公司 0.81%（非流通股） |
| 中国银河证券有限责任公司 0.78%（流通 A 股） |
| UBS WARBURG CUSTODY PTE LTD. 0.7%（流通 B 股） |
| 实际控制人：大连市人民政府国有资产监督管理委员会 |

二〇〇六年以来市场表现

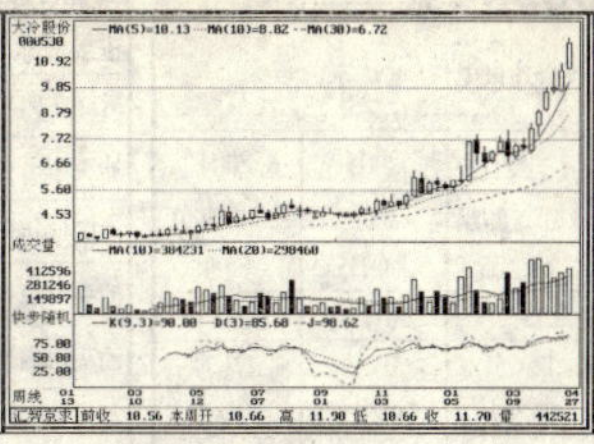

| | |
|---|---|
| 2006 年涨跌幅(%) | 76.36 |
| 2006 年最高(元) | 8.49 |
| 2007 年涨跌幅(%) | 106.35 |
| 2007.4.27 收盘(元) | 11.7 |
| 2007 年最高(元) | 11.98 |
| 2007 年最低(元) | 5.56 |
| 2007 年换手率(%) | 333.86 |

未来一年限售流通股解禁情况：

| 最新股本 | 总股本 | 非(限售)流通 | 流通 A | 流通 B/H/S | 股东户数 | 06 年末 | 06 三季 |
|---|---|---|---|---|---|---|---|
| | 35001.5 | 10727.02 | 12774.47 | 11500 | | 50709 | 53646 |

年报点评：公司是中国最大的工业制冷设备生产企业，06 年公司有效利用合资伙伴全球销售网络，全面推行"精益生产"理念，实现了收入与效益的稳定增长。随着国内大型工程建设及产业向中国转移，公司也将迎来较好的发展期。

## 穗恒运 A（000531）

上市日期：94/01/06　　电话：020－82068252　　传真：020－82068358

| | | | | |
|---|---|---|---|---|
| 主营 | 热力和电力的生产与销售 | | | |
| | 年　度 | 2006 | 2005 | 2004 |
| 主要指标 | 每股收益/扣除后(元) | 0.52/0.52 | 0.46/0.47 | 0.57/0.49 |
| | 每股经营现金流量(元) | 2.08 | 1.49 | 1.45 |
| | 每股净资产/调整后(元) | 2.99/2.99 | 3.3/3.29 | 3.1/3.07 |
| | 未分利润(万元) | 16334.82 | 25908.63 | 22139.17 |
| | 资本公积(万元) | 21837.82 | 21936.88 | 22079.4 |
| 利润构成 | 主营收入(万元) | 160956.66 | 155873.03 | 142066.31 |
| | 主营利润(万元) | 50253.23 | 44567.51 | 43737.53 |
| | 投资收益(万元) | 67.15 | －450.85 | －106.74 |
| | 利润总额(万元) | 40387.57 | 34892.46 | 34284.18 |
| | 净利润(万元) | 13941.29 | 12273.77 | 15064.58 |
| 近年分配： | 06 预案：10 派 2.4；05 年：10 派 2；04 年：10 派 2.5 | | | |

| 主要股东及持股比例%、持股性质 |
|---|
| 广州凯得控股有限公司 33.56%（国有股） |
| 广州开发区工业发展集团有限公司 17.44%（国有股） |
| 广州黄电投资有限公司 4.5%（非流通股） |
| 中国工商银行－诺安价值增长股票证券投资基金 1.7%（流通 A 股） |
| 中国平安人寿保险股份有限公司－传统－普通保险产品 1.07%（流通 A 股） |
| 华泰证券有限责任公司 0.67%（流通 A 股） |
| 深圳国际信托投资有限责任公司－亿龙中国证券投资集合信托 0.51%（流通 A 股） |
| 闫晓丽 0.49%（流通 A 股） |
| 吴宏 0.47%（流通 A 股） |
| 中国工商银行－诺安平衡证券投资基金 0.3%（流通 A 股） |
| 实际控制人：广州开发区管理委员会 |

二〇〇六年以来市场表现

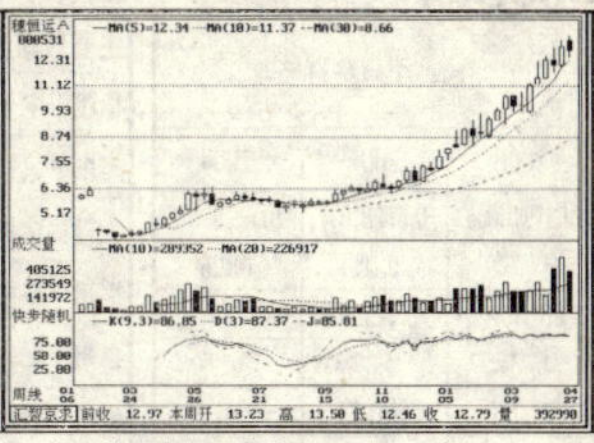

| | |
|---|---|
| 2006 年涨跌幅(%) | 94.36 |
| 2006 年最高(元) | 10.73 |
| 2007 年涨跌幅(%) | 63.56 |
| 2007.4.27 收盘(元) | 12.79 |
| 2007 年最高(元) | 13.5 |
| 2007 年最低(元) | 7.65 |
| 2007 年换手率(%) | 342.18 |

未来一年限售流通股解禁情况：

| 最新股本 | 总股本 | 非(限售)流通 | 流通 A | 流通 B/H/S | 股东户数 | 06 年末 | 06 三季 |
|---|---|---|---|---|---|---|---|
| | 26652.13 | 14791.95 | 11860.17 | | | 35157 | 38281 |

年报点评：公司 2006 年实现净利润同比增长 14%。公司持股 52% 的恒运 D 电厂 2 台 30 万千瓦机组将于 2007 年投产，公司权益装机容量将由 29 万千瓦增加到 60 万千瓦，增长 100% 以上。公司输送电成本低，发电利用小时数能够维持高水平。5 万千瓦机组关停，但对公司整体的业绩影响有限。

## 力合股份（000532）

上市日期：94/01/03　　电话：0756－3512833　　传真：0756－3612823

| | | | | |
|---|---|---|---|---|
| 主营 | 微电子；电力电子；环境保护产品的开发、生产及销售；电力生产和电力开发。 | | | |
| | 年　度 | 2006 | 2005 | 2004 |
| 主要指标 | 每股收益/扣除后(元) | 0.077/－0.01 | 0.083 | －0.04/－0.04 |
| | 每股经营现金流量(元) | 0.02 | 0.08 | 0.09 |
| | 每股净资产/调整后(元) | 1.36/1.35 | 1.56/1.53 | 1.47/1.44 |
| | 未分利润(万元) | 6398.06 | 3975.62 | 1854.44 |
| | 资本公积(万元) | 3099.14 | 9178.98 | 9039.56 |
| 利润构成 | 主营收入(万元) | 15611.79 | 14289.49 | 24061.5 |
| | 主营利润(万元) | 3035.41 | 2781.62 | 4063.41 |
| | 投资收益(万元) | 3026.81 | 3433.74 | 282.33 |
| | 利润总额(万元) | 3670.01 | 1505.17 | －635.06 |
| | 净利润(万元) | 2661.94 | 2345.04 | －1197.39 |
| 近年分配： | | | | |

| 主要股东及持股比例%、持股性质 |
|---|
| 深圳清华力合创业投资有限公司 15.18%（国有股） |
| 珠海市人民政府国有资产监督管理委员会 10.06%（国有股） |
| 深圳市华智通实业发展有限公司 3.87%（非流通股） |
| 珠海经济特区富华投资公司 1.07%（非流通股） |
| 泰豪集团有限公司 0.9%（非流通股） |
| 江苏瑞华投资发展有限公司 0.81%（非流通股） |
| 珠海市联基控股有限公司 0.64%（非流通股） |
| 广州双鹰投资顾问有限公司 0.63%（非流通股） |
| 深圳市投资控股有限公司 0.6%（国有股） |
| 珠海经济特区华骏达企业公司 0.51%（非流通股） |
| 实际控制人：深圳清华大学研究院 |

二〇〇六年以来市场表现

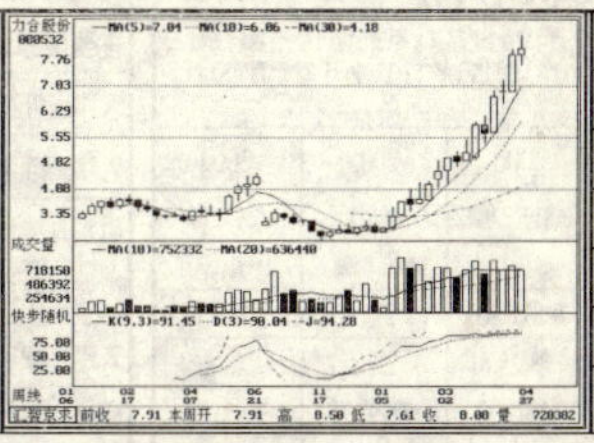

| | |
|---|---|
| 2006 年涨跌幅(%) | 45.05 |
| 2006 年最高(元) | 5.67 |
| 2007 年涨跌幅(%) | 185.51 |
| 2007.4.27 收盘(元) | 8.08 |
| 2007 年最高(元) | 8.5 |
| 2007 年最低(元) | 2.82 |
| 2007 年换手率(%) | 591.3 |

未来一年限售流通股解禁情况：97948927 股 09 月 28 日解禁

| 最新股本 | 总股本 | 非(限售)流通 | 流通 A | 流通 B/H/S | 股东户数 | 06 年末 | 06 三季 |
|---|---|---|---|---|---|---|---|
| | 34470.83 | 15137.65 | 19333.18 | | | 36123 | 34166 |

年报点评：公司目前大股东为深圳清华力合创业投资有限公司，主营业务变更为微电子高科技和污水处理。公司出资 3600 万元设立珠海力合环保有限公司，该公司主要从事污水处理，获得了珠海市政府授予的污水处理项目特许经营权，其环保业务有望成为新的利润来源。

## 万家乐（000533）

上市日期：94/01/03　　电话：0757－22321222　　传真：0757－22321200

| | | | | |
|---|---|---|---|---|
| 主营 | 输变电设备、燃气用具的生产及销售等。 | | | |
| | 年　度 | 2006 | 2005 | 2004 |
| 主要指标 | 每股收益/扣除后(元) | 0.085/0.003 | －0.255 | 0.01/0.003 |
| | 每股经营现金流量(元) | 0.1318 | 0.1526 | －0.18 |
| | 每股净资产/调整后(元) | 0.8/0.45 | 0.76/0.18 | 1.04/0.34 |
| | 未分利润(万元) | －17614.19 | －22510.87 | －7852.23 |
| | 资本公积(万元) | 7479.92 | 7394.66 | 7271.24 |
| 利润构成 | 主营收入(万元) | 181779.87 | 137293.46 | 137556.06 |
| | 主营利润(万元) | 49277.77 | 36974.81 | 48864.39 |
| | 投资收益(万元) | 5488.31 | －378.65 | 1420.49 |
| | 利润总额(万元) | 3772.82 | －17443.35 | 1270.5 |
| | 净利润(万元) | 4896.68 | －14658.64 | 344.51 |
| 近年分配： | | | | |

| 主要股东及持股比例%、持股性质 |
|---|
| 广州汇顺投资有限公司 24.94%（非流通股） |
| 佛山市顺德区陈村镇信达实业发展有限公司 22.33%（非流通股） |
| 合肥市高科技风险投资有限公司 3.42%（非流通股） |
| 安徽国元信托投资有限责任公司 1.86%（非流通股） |
| 上海励诚投资发展有限公司 1.82%（非流通股） |
| 省工行信托投资公司 1.3%（非流通股） |
| 南方证券有限公司 1.3%（非流通股） |
| 广东发展银行顺德分行 1.13%（非流通股） |
| 海口昌亿实业投资有限公司 1.09%（非流通股） |
| 广东证券股份有限公司 0.89%（非流通股） |
| 实际控制人：张明园 |

二〇〇六年以来市场表现

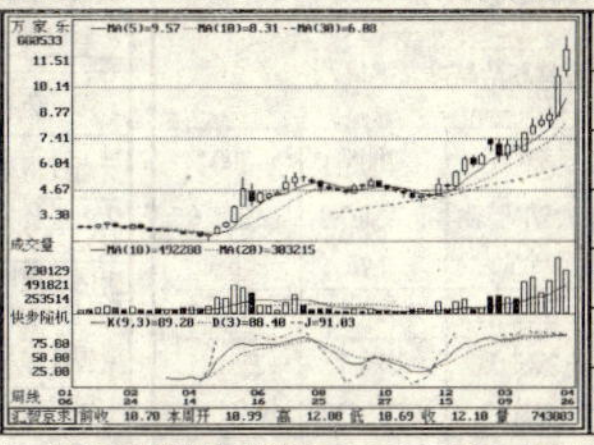

| | |
|---|---|
| 2006 年涨跌幅(%) | 136.6 |
| 2006 年最高(元) | 6.41 |
| 2007 年涨跌幅(%) | 121.93 |
| 2007.4.27 收盘(元) | 12.1 |
| 2007 年最高(元) | 14.81 |
| 2007 年最低(元) | 5.86 |
| 2007 年换手率(%) | 218.14 |

未来一年限售流通股解禁情况：148013979 股 02 月 15 日解禁

| 最新股本 | 总股本 | 非(限售)流通 | 流通 A | 流通 B/H/S | 股东户数 | 06 年末 | 06 三季 |
|---|---|---|---|---|---|---|---|
| | 57568 | 37197.44 | 20370.56 | | | 49351 | 56950 |

年报点评：公司主营输变电设备、燃气用具的生产和销售，是现行燃气热水器和燃气灶国家标准的主要起草人，公司的核心产品输变电和卫厨家电产品在国内处于领先地位。公司与目前全球最大的 3G 设备供应商加拿大北电网络合作，组建了广东北电通信设备公司，后续发展可期。

## 汕电力 A（000534）

上市日期:94/01/10　电话:0754－8857191　传真:0754－8857199

| 主营 | 电力供应、蒸气热供应;投资建设电厂、电站等。 | | | |
|---|---|---|---|---|
| | 年度 | 2006 | 2005 | 2004 |
| 主要指标 | 每股收益/扣除后(元) | 0.037/-0.064 | 0.01 | 0.01/-0.03 |
| | 每股经营现金流量(元) | -0.2455 | -0.125 | -0.04 |
| | 每股净资产/调整后(元) | 2.19/2.19 | 2.65/2.62 | 2.64/2.61 |
| | 未分利润(万元) | 1254.54 | 373.15 | 173.79 |
| | 资本公积(万元) | 23528.24 | 28488.51 | 28488.51 |
| 利润构成 | 主营收入(万元) | 21168.94 | 21105.78 | 15559.87 |
| | 主营利润(万元) | 955.4 | 787.39 | 269.95 |
| | 投资收益(万元) | 3704.35 | 1318.99 | 1630.84 |
| | 利润总额(万元) | 1467.99 | 352.93 | 199.97 |
| | 净利润(万元) | 943.72 | 213.36 | 179.56 |
| 近年分配: | | | | |

**主要股东及持股比例%、持股性质**

万泽集团有限公司 23.68%（非流通股）
汕头市电力开发公司 7.63%（国有股）
中国信达资产管理公司 5.69%（国有股）
汕头汇晟投资有限公司 4.74%（非流通股）
汕头市城市建设开发总公司 2.85%（非流通股）
交通银行股份有限公司汕头分行 1.9%（非流通股）
吴　山 0.21%（流通 A 股）
郑淑卿 0.19%（流通 A 股）
汕头电力经济发展公司 0.19%（国有股）
林泽贤 0.17%（流通 A 股）
实际控制人：万泽集团有限公司

二〇〇六年以来市场表现

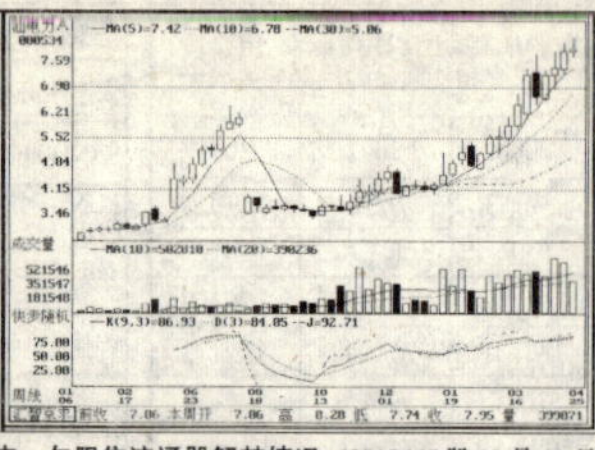

| | |
|---|---|
| 2006 年涨跌幅(%) | 124.22 |
| 2006 年最高(元) | 7.29 |
| 2007 年涨跌幅(%) | 92.49 |
| 2007.4.27 收盘(元) | 7.95 |
| 2007 年最高(元) | 8.28 |
| 2007 年最低(元) | 3.99 |
| 2007 年换手率(%) | 519.35 |

未来一年限售流通股解禁情况:63918665 股 08 月 11 日解禁

| 最新股本 | 总股本 | 非(限售)流通 | 流通 A | 流通 B/H/S | 股东户数 | 06 年末 | 06 三季 |
|---|---|---|---|---|---|---|---|
| | 25511.11 | 12004.26 | 13506.85 | | | 43847 | 43051 |

年报点评：目前公司大股东已变更为万泽集团,其旗下拥有房地产、医药等多家公司。万泽地产 51%股权已注入上市公司,未来公司主业将向地产业转变,业绩有望大幅增长。公司 2006 年净利润同比增长 342%,但是预计 2007 年第一季度亏损为 414 万元左右,业绩不稳定值得警惕。

## SST 闽东（000536）

上市日期:93/11/26　电话:0591－3348228　传真:0591－3326201

| 主营 | 电机制造、机电产品贸易、房地产开发、金属材料经营。 | | | |
|---|---|---|---|---|
| | 年度 | 2006 | 2005 | 2004 |
| 主要指标 | 每股收益/扣除后(元) | 0.179/0.006 | 0.014/0.004 | 0.109/0.105 |
| | 每股经营现金流量(元) | -0.309 | 0.009 | 0.026 |
| | 每股净资产/调整后(元) | 0.06/0.02 | -0.12/-0.16 | -0.11/-0.15 |
| | 未分利润(万元) | -13734.77 | -15919.85 | -26299.6 |
| | 资本公积(万元) | 1411.1 | 1403.73 | 9824.1 |
| 利润构成 | 主营收入(万元) | 11421.63 | 8552.14 | 12277.3 |
| | 主营利润(万元) | 1612.37 | 1428.46 | 1908.97 |
| | 投资收益(万元) | 1848.05 | 1652.14 | 1751.83 |
| | 利润总额(万元) | 2477.95 | 275.71 | 1469.16 |
| | 净利润(万元) | 2185.08 | 169.82 | 1331.99 |
| 近年分配: | | | | |

**主要股东及持股比例%、持股性质**

福建省电子信息(集团)有限责任公司 36.32%（国有股）
闽东电机家属厂 2.79%（非流通股）
工行福建省信托投资公司 1.64%（非流通股）
福州市鼓楼区华大五金厂 1.48%（非流通股）
泉州市二轻集体工业联社 1.42%（非流通股）
厦门华伦电力发展有限公司 0.98%（非流通股）
张慧君 0.87%（流通 A 股）
张景春 0.83%（流通 A 股）
中国粮油食品进出口(集团)有限公司 0.82%（非流通股）
廖锦耀 0.72%（流通 A 股）
实际控制人：福建省电子信息(集团)有限责任公司

二〇〇六年以来市场表现

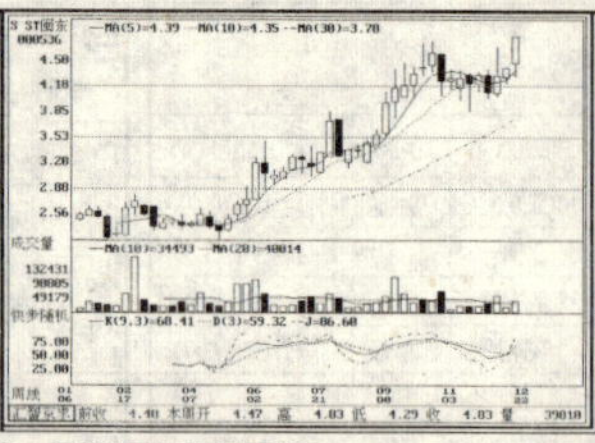

| | |
|---|---|
| 2006 年涨跌幅(%) | 94.76 |
| 2006 年最高(元) | 4.83 |
| 2007 年涨跌幅(%) | |
| 2007.4.27 收盘(元) | |
| 2007 年最高(元) | |
| 2007 年最低(元) | |
| 2007 年换手率(%) | |

未来一年限售流通股解禁情况:

| 最新股本 | 总股本 | 非(限售)流通 | 流通 A | 流通 B/H/S | 股东户数 | 06 年末 | 06 三季 |
|---|---|---|---|---|---|---|---|
| | 12192.72 | 7646 | 4546.72 | | | 7326 | 7696 |

年报点评：公司属于机械工业的中小型电机行业,以电机、房地产为主营。2006 年因债务重组导致以前年度预计负债转回,业绩同比大幅上升。公司重组有可能注入集团公司倾力发展的 PDP 显示器产业、TFT－LCD 项目与 IC 产业。公司加大房地产开发力度,成为利润增长点。

## 广宇发展（000537）

上市日期:93/12/10　电话:022－87895608　传真:022－87895922

| 主营 | GD 系列自动售货机的生产、销售;GD 系列防伪检测仪生产、销售;电子设备产品生产、销售;软件技术开发、销售;计算机相关产品生产销售。 | | | |
|---|---|---|---|---|
| | 年度 | 2006 | 2005 | 2004 |
| 主要指标 | 每股收益/扣除后(元) | -0.113/-0.129 | 0.051 | 0.1/0.02 |
| | 每股经营现金流量(元) | -0.14 | -0.0406 | 1.08 |
| | 每股净资产/调整后(元) | 0.86/0.63 | 1.23/1.01 | 1.18/0.94 |
| | 未分利润(万元) | -28625.81 | -22814.7 | -24878.56 |
| | 资本公积(万元) | 12303.97 | 22958.97 | 22950.51 |
| 利润构成 | 主营收入(万元) | 113030.37 | 78031.64 | 39013.55 |
| | 主营利润(万元) | 16395.65 | 18344.08 | 7064.2 |
| | 投资收益(万元) | -7214.74 | -6094.84 | 445.7 |
| | 利润总额(万元) | -528.97 | 10911.29 | 5759.69 |
| | 净利润(万元) | -5811.12 | 2063.86 | 3896.85 |
| 近年分配: | | | | |

**主要股东及持股比例%、持股性质**

天津南开生物化工有限公司 20.04%（非流通股）
天津南开戈德集团有限公司 14.38%（国有股）
山东鲁能恒源置业有限公司 3.12%（非流通股）
广发策略优选混合型证券投资基金 1.98%（流通 A 股）
天津环球磁卡股份有限公司 1.6%（非流通股）
博时精选股票证券投资基金 1.5%（流通 A 股）
上投摩根中国优势证券投资基金 1.35%（流通 A 股）
上投摩根阿尔法股票型证券投资基金 0.92%（流通 A 股）
裕隆证券投资基金 0.86%（流通 A 股）
信诚精萃成长股票型证券投资基金 0.83%（流通 A 股）
实际控制人：赵兴银

二〇〇六年以来市场表现

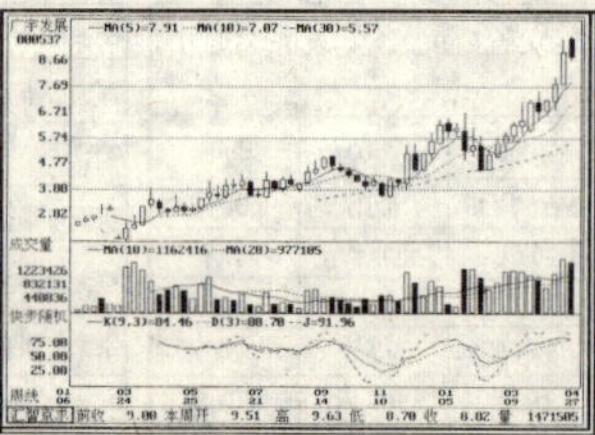

| | |
|---|---|
| 2006 年涨跌幅(%) | 328.47 |
| 2006 年最高(元) | 10.54 |
| 2007 年涨跌幅(%) | 41.35 |
| 2007.4.27 收盘(元) | 8.82 |
| 2007 年最高(元) | 9.63 |
| 2007 年最低(元) | 4.48 |
| 2007 年换手率(%) | 537.18 |

未来一年限售流通股解禁情况:51271758 股 03 月 17 日解禁

| 最新股本 | 总股本 | 非(限售)流通 | 流通 A | 流通 B/H/S | 股东户数 | 06 年末 | 06 三季 |
|---|---|---|---|---|---|---|---|
| | 51271.76 | 23992.04 | 27279.72 | | | 16274 | 19597 |

年报点评：公司主营房地产开发,目前房地产方面投资主要为其控股 65.5%的重庆鲁能集团公司在建的鲁能星城项目和宜宾项目,鲁能星城位于北部城区核心地带,将形成北部新城最核心的城市中心区域。公司还出资 1.32 亿受让鲁能集团在重庆江北的地产达千亩,升值潜力较大。

## 云南白药（000538）

上市日期:93/12/15　电话:0871－8324159　传真:0871－8324169

| 主营 | 中成药为主的药品生产经营和药品批发零售。 | | | |
|---|---|---|---|---|
| | 年度 | 2006 | 2005 | 2004 |
| 主要指标 | 每股收益/扣除后(元) | 0.571/0.569 | 0.795/0.792 | 0.709/0.667 |
| | 每股经营现金流量(元) | 0.6 | 0.99 | 0.7 |
| | 每股净资产/调整后(元) | 2.18/2.14 | 2.84/2.78 | 2.78/2.72 |
| | 未分利润(万元) | 26862.79 | 23784.7 | 5354.15 |
| | 资本公积(万元) | 5576.67 | 5243.82 | 9667.05 |
| 利润构成 | 主营收入(万元) | 320033.55 | 244839.5 | 183231.22 |
| | 主营利润(万元) | 90926.26 | 67320.76 | 54836.89 |
| | 投资收益(万元) | 77.88 | 112.63 | 1089.63 |
| | 利润总额(万元) | 33704.29 | 27751.92 | 21234.73 |
| | 净利润(万元) | 27639.53 | 23043.88 | 17134.87 |
| 近年分配: | 06 预案:10 派 1;05 年:10 派 1.5 送 5;04 年:10 派 3.5 转增 2 | | | |

**主要股东及持股比例%、持股性质**

云南云药有限公司 45.81%（国有股）
云南红塔集团有限公司 13.6%（国有股）
交通银行－富国天益价值证券投资基金 2.27%（流通 A 股）
中国工商银行－景顺长城新兴成长股票型证券投资基金 1.44%（流通 A 股）
全国社保基金一零六组合 1.43%（流通 A 股）
中国银行－银华优质增长股票型证券投资基金 1.3%（流通 A 股）
中国工商银行－汇添富均衡增长股票型证券投资基金 1.22%（流通 A 股）
中国农业银行－交银施罗德成长股票证券投资基金 1.21%（流通 A 股）
兴和证券投资基金 1.12%（流通 A 股）
招商银行股份有限公司－富国天合稳健优选股票型证券投资基金 1.08%（流通 A 股）
实际控制人：云南省人民政府国有资产监督管理委员会

二〇〇六年以来市场表现

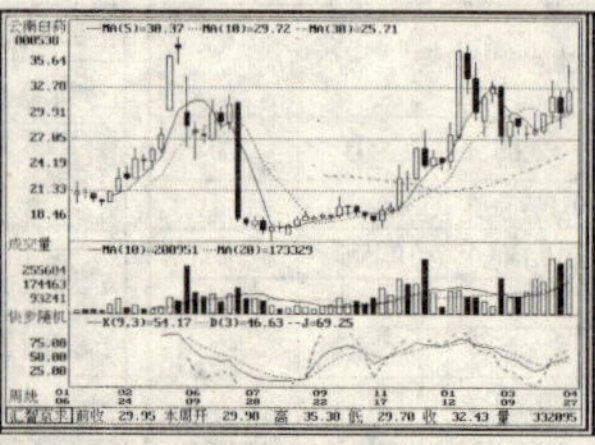

| | |
|---|---|
| 2006 年涨跌幅(%) | 145.94 |
| 2006 年最高(元) | 57.25 |
| 2007 年涨跌幅(%) | 30.29 |
| 2007.4.27 收盘(元) | 32.43 |
| 2007 年最高(元) | 37.49 |
| 2007 年最低(元) | 23.5 |
| 2007 年换手率(%) | 141.5 |

未来一年限售流通股解禁情况:33969342 股 05 月 29 日解禁

| 最新股本 | 总股本 | 非(限售)流通 | 流通 A | 流通 B/H/S | 股东户数 | 06 年末 | 06 三季 |
|---|---|---|---|---|---|---|---|
| | 48405.11 | 29740.89 | 18664.22 | | | 15778 | 14779 |

年报点评：06 年来自主打产品的销售收入同比上升 27%,二线产品的销售收入 06 年同比上升 150%,但制药业务毛利率由于外围产品比例加大,毛利率有所下降,加之新产品所具有的快速消费品特征,公司营业费用增加较多,这是公司净利润增幅低于销售收入增长的主要原因。

## 粤电力 A（000539/200539）

上市日期：A: 93/11/26 B: 95/06/28　　电话：(020)87570276　　传真：(020)85138084

| 主营 | 经营、建设电站及输变电工程。 | | | |
|---|---|---|---|---|
| | 年　度 | 2006 | 2005 | 2004 |
| 主要指标 | 每股收益/扣除后(元) | 0.288/0.29 | 0.271 | 0.36/0.357 |
| | 每股经营现金流量(元) | 0.85 | 0.34 | 0.71 |
| | 每股净资产/调整后(元) | 3.26/3.26 | 3.15/3.15 | 3.05/3.05 |
| | 未分利润(万元) | 76229.42 | 73871.3 | 79422.38 |
| | 资本公积(万元) | 142351.73 | 142326.77 | 138318.71 |
| 利润构成 | 主营收入(万元) | 868614.25 | 831736.58 | 715081.08 |
| | 主营利润(万元) | 211785.66 | 195878.68 | 203458.4 |
| | 投资收益(万元) | -897.4 | -1498.23 | -115.11 |
| | 利润总额(万元) | 144501.29 | 134661.13 | 162347.91 |
| | 净利润(万元) | 76510.91 | 72022.24 | 94846.68 |
| 近年分配： | 06 预案：10 派 1.8；05 年：10 派 1.8；04 年：10 派 1.8 | | | |

| 主要股东及持股比例%、持股性质 | |
|---|---|
| 广东省粤电集团有限公司 46.32%（国有股） | |
| 中国信达资产管理公司 3.05%（国有股） | |
| 广东省电力开发公司 2.96%（国有股） | |
| CMBLSA RE FTIF TEMPLETON ASIAN GRW FD GTI 5496 1.86%（流通 B股） | |
| SCHRODER INTERNATIONAL SELECTION FUND 1.55%（流通 B股） | |
| 广东广控集团有限公司 1.52%（非流通股） | |
| 全国社保基金一零八组合 1.19%（流通 A股） | |
| 全国社保基金一零二组合 1.17%（流通 A股） | |
| 深圳广发电力投资有限公司 1.1%（流通 A股） | |
| 内藤证券株式会社 0.82%（流通 B股） | |
| 实际控制人： | 广东省粤电集团有限公司 |

二〇〇六年以来市场表现

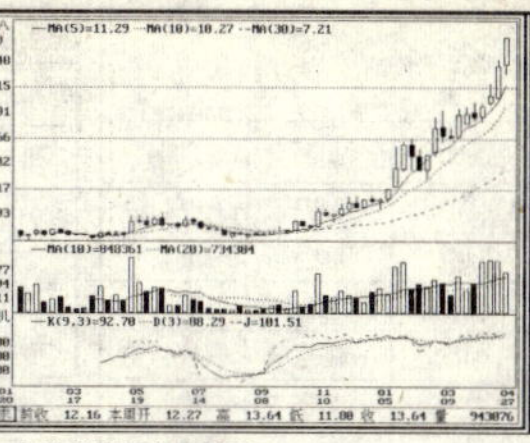

| | |
|---|---|
| 2006 年涨跌幅(%) | 59.23 |
| 2006 年最高(元) | 7.87 |
| 2007 年涨跌幅(%) | 142.27 |
| 2007.4.27 收盘(元) | 13.64 |
| 2007 年最高(元) | 13.64 |
| 2007 年最低(元) | 5.51 |
| 2007 年换手率(%) | 188 |

未来一年限售流通股解禁情况：

| 最新股本 | 总股本 | 非(限售)流通 | 流通 A | 流通 B/H/S | 股东户数 | 06 年末 | 06 三季 |
|---|---|---|---|---|---|---|---|
| | 265940.4 | 148123.94 | 51282.46 | 66534 | | 95829 | 114204 |

年报点评：公司是广东最大独立发电商，区域垄断优势突出。06 年净利润同比增加 6.23%。截至 06 年底，公司权益装机容量 333 万千瓦，预计到 07 年底，公司投产装机容量将较 05 年翻番，08 年可升至 600 万千瓦，2011 年有望突破 1000 万千瓦，其成长性在大型电力企业中极为突出。

## S＊ST 中天（000540）

上市日期：94/02/02　　电话：0851－6809072　　传真：0851－6809115

| 主营 | 一级房地产开发、勘探设计乙级、国内外实业投资、高科技产品开发、城市基础设施及配套项目开发、物业管理、科技投资、农业、工业基础设施、能源、交通、通信、旅游业的投资管理、投资咨询服务等。 | | | |
|---|---|---|---|---|
| | 年　度 | 2006 | 2005 | 2004 |
| 主要指标 | 每股收益/扣除后(元) | 0.031/0.028 | -0.509 | -0.46/-0.462 |
| | 每股经营现金流量(元) | 0.0873 | 0.159 | -0.02 |
| | 每股净资产/调整后(元) | 0.54/0.53 | 0.46/0.44 | 1.02/0.96 |
| | 未分利润(万元) | -25086.3 | -26098.37 | -9452.71 |
| | 资本公积(万元) | 2445.02 | 2347.97 | 2347.97 |
| 利润构成 | 主营收入(万元) | 28471.31 | 29959 | 31118.44 |
| | 主营利润(万元) | 11734.67 | 8522.37 | 8481.82 |
| | 投资收益(万元) | 222.58 | -11026.84 | -3253.5 |
| | 利润总额(万元) | 2432.47 | -18190.05 | -14290.42 |
| | 净利润(万元) | 1012.07 | -16645.66 | -14874.91 |
| 近年分配： | | | | |

| 主要股东及持股比例%、持股性质 | |
|---|---|
| 世纪兴业投资有限公司 33.65%（非流通股） | |
| 贵阳市国有资产投资管理公司 11.09%（国有股） | |
| 深圳市瑞富源投资有限公司 3.67%（非流通股） | |
| 无锡市华信投资管理有限公司 2.14%（非流通股） | |
| 北京环宇互联科技发展有限公司 2.07%（非流通股） | |
| 北京世纪网神网络科技发展有限公司 1.92%（非流通股） | |
| 北京世纪网宇电子科技发展有限公司 1.92%（非流通股） | |
| 上海肇达投资咨询有限公司 1.03%（非流通股） | |
| 遵义市远科建材销售有限公司 0.98%（非流通股） | |
| 陕西明晟科贸有限公司 0.97%（流通 A股） | |
| 实际控制人： | 罗玉平 |

二〇〇六年以来市场表现

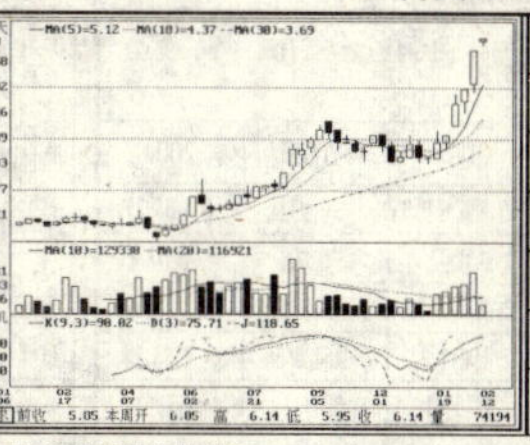

| | |
|---|---|
| 2006 年涨跌幅(%) | 76.77 |
| 2006 年最高(元) | 4.28 |
| 2007 年涨跌幅(%) | 75.43 |
| 2007.4.27 收盘(元) | 6.14 |
| 2007 年最高(元) | 6.14 |
| 2007 年最低(元) | 3.36 |
| 2007 年换手率(%) | 93.25 |

未来一年限售流通股解禁情况：

| 最新股本 | 总股本 | 非(限售)流通 | 流通 A | 流通 B/H/S | 股东户数 | 06 年末 | 06 三季 |
|---|---|---|---|---|---|---|---|
| | 32681.15 | 21407.75 | 11273.39 | | | 15798 | 17781 |

年报点评：通过中天花园社区环境整体改造、开办中天花园绿色农贸生鲜市场、中体倍力中天健身俱乐部中天旗舰店开业、全面提升中天物业管理品质等实际有效的行动步骤，公司商品房销售合同金额及销售现金回流均取得较好成绩，并一举实现扭亏为盈

## 佛山照明（000541/200541）

上市日期：A: 93/11/23 B: 95/08/08　　电话：0757－2813838　　传真：0757－2816276

| 主营 | 生产和经营各种电光源产品及其配套灯具。 | | | |
|---|---|---|---|---|
| | 年　度 | 2006 | 2005 | 2004 |
| 主要指标 | 每股收益/扣除后(元) | 0.66/0.47 | 0.61/0.58 | 0.65/0.63 |
| | 每股经营现金流量(元) | 1.04 | 0.75 | 0.67 |
| | 每股净资产/调整后(元) | 6.6/6.6 | 6.43/6.42 | 6.29/6.29 |
| | 未分利润(万元) | 31533.71 | 26537.75 | 7873.16 |
| | 资本公积(万元) | 120709.14 | 120706.2 | 120582.76 |
| 利润构成 | 主营收入(万元) | 122957.78 | 121381.05 | 121992.21 |
| | 主营利润(万元) | 29720.97 | 34851.83 | 37450.69 |
| | 投资收益(万元) | 7864.66 | 663.41 | 117.58 |
| | 利润总额(万元) | 28762.33 | 26730.01 | 29079.34 |
| | 净利润(万元) | 23747.29 | 21958.34 | 23147.98 |
| 近年分配： | 06 预案：10 派 5 转增 3；05 年：10 派 4.9；04 年：10 派 4.8 | | | |

| 主要股东及持股比例%、持股性质 | |
|---|---|
| 欧司朗佑昌控股有限公司 13.47%（外资股） | |
| 佑昌灯光器材有限公司 10.5%（外资股） | |
| 全国社保基金一零二组合 2.39%（流通 A股） | |
| 广州佑昌灯光器材贸易有限公司 2.09%（非流通股） | |
| EAST ASIA SECURITIES COMPANY LIMITED 0.97%（流通 B股） | |
| VALUE PARTNERS CLASSIC FUND 0.86%（流通 B股） | |
| HTHK－VALUE PARTNERS INTELLIGENT FD－CHINA B SHS FD 0.85%（流通 B股） | |
| 庄坚毅 0.76%（流通 B股） | |
| 富国天合稳健优选股票型证券投资基金 0.7%（流通 A股） | |
| DBS VICKERS（HONG KONG）LTD A/C CLIENTS 0.7%（流通 B股） | |
| 实际控制人： | 德国欧司朗公司 |

二〇〇六年以来市场表现

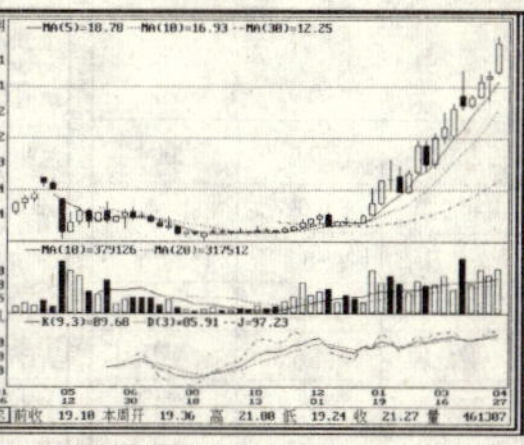

| | |
|---|---|
| 2006 年涨跌幅(%) | 21.63 |
| 2006 年最高(元) | 13.45 |
| 2007 年涨跌幅(%) | 125.56 |
| 2007.4.27 收盘(元) | 21.27 |
| 2007 年最高(元) | 21.8 |
| 2007 年最低(元) | 9.4 |
| 2007 年换手率(%) | 383.53 |

未来一年限售流通股解禁情况：17922413 股 04 月 24 日解禁

| 最新股本 | 总股本 | 非(限售)流通 | 流通 A | 流通 B/H/S | 股东户数 | 06 年末 | 06 三季 |
|---|---|---|---|---|---|---|---|
| | 35844.83 | 13243.18 | 14609.1 | 7992.55 | | 57640 | 58250 |

年报点评：公司主营电光源产品生产和销售。作为行业龙头，公司具有优秀管理能力。但是受到国际环保限制和人民币升值的影响，电光源产品利润率降低。而主要原材料和燃油价格上涨以及人力成本增加，对企业成本造成一定压力。预计这种压力短期内难以缓解。

## 皖能电力（000543）

上市日期：93/12/20　　电话：0551－5251506　　传真：0551－5251500

| 主营 | 电力、节能及相关项目。 | | | |
|---|---|---|---|---|
| | 年　度 | 2006 | 2005 | 2004 |
| 主要指标 | 每股收益/扣除后(元) | 0.06/0.02 | -0.01 | 0.15/0.17 |
| | 每股经营现金流量(元) | 0.776 | 0.756 | 0.51 |
| | 每股净资产/调整后(元) | 3.08/3.08 | 3.02/3.02 | 3.23/3.22 |
| | 未分利润(万元) | 3004.24 | -926.52 | 14263.21 |
| | 资本公积(万元) | 96324.13 | 96194.13 | 96154.13 |
| 利润构成 | 主营收入(万元) | 221187.03 | 228114.35 | 222796.37 |
| | 主营利润(万元) | 14212.05 | 26207.6 | 36090.27 |
| | 投资收益(万元) | 9423.02 | -7800.71 | -660.33 |
| | 利润总额(万元) | 11299.85 | 10893.5 | 25879.76 |
| | 净利润(万元) | 4589.48 | -1090.99 | 11936.06 |
| 近年分配： | 06 预案：10 派 0.2；04 年：10 派 1 | | | |

| 主要股东及持股比例%、持股性质 | |
|---|---|
| 安徽省能源集团有限公司 54.54%（国有股） | |
| 安徽省新能创业投资有限责任公司 6.16%（国有股） | |
| 安徽能源物资供销公司 3.58%（国有股） | |
| 华宝信托投资有限责任公司 3.27%（非流通股） | |
| 安徽省电力公司 1.42%（国有股） | |
| 中国东方资产管理公司 1.25%（国有股） | |
| 深圳市鸿基(集团)股份有限公司 0.65%（非流通股） | |
| 安徽国祯集团股份有限公司 0.44%（非流通股） | |
| 国信证券有限责任公司 0.43%（非流通股） | |
| 深圳农村商业银行宝安支行 0.39%（非流通股） | |
| 实际控制人： | 安徽省国有资产监督管理委员会 |

二〇〇六年以来市场表现

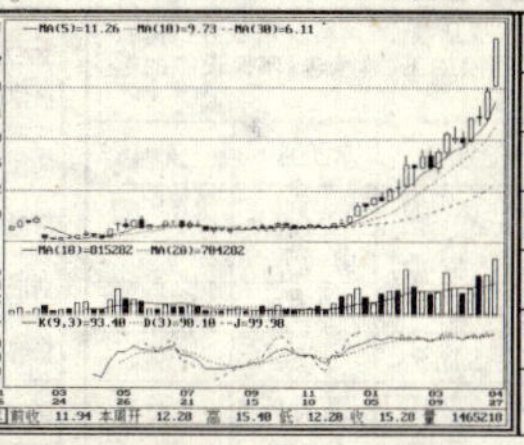

| | |
|---|---|
| 2006 年涨跌幅(%) | 99.28 |
| 2006 年最高(元) | 6.4 |
| 2007 年涨跌幅(%) | 232.17 |
| 2007.4.27 收盘(元) | 15.28 |
| 2007 年最高(元) | 15.4 |
| 2007 年最低(元) | 4.69 |
| 2007 年换手率(%) | 571.91 |

未来一年限售流通股解禁情况：108990000 股 03 月 07 日解禁

| 最新股本 | 总股本 | 非(限售)流通 | 流通 A | 流通 B/H/S | 股东户数 | 06 年末 | 06 三季 |
|---|---|---|---|---|---|---|---|
| | 77300.88 | 58595.25 | 18705.63 | | | 57128 | 62141 |

年报点评：06 年度公司扭亏，主要是公司参股投资了北方证券、华安证券和国元证券。“十一五”期间，皖能集团的发展方向是积极进入核能等洁净燃料发电项目，公司也声称要参股核电项目。新能源作为未来我国一个发展趋势，其对公司业绩实质性的提升机会十分显著。

## 中原环保（000544）

上市日期:93/12/08　电话:(0371)67692056　传真:(0371)67692061

| 主营 | 污水处理和城市集中供热 | | | |
|---|---|---|---|---|
| | 年 度 | 2006 | 2005 | 2004 |
| 主要指标 | 每股收益/扣除后(元) | 0.011/0.011 | 0.023 | 0.09/0.069 |
| | 每股经营现金流量(元) | 0.067 | 0.225 | 0.12 |
| | 每股净资产/调整后(元) | 1.24/1.24 | 1.22/1.21 | 1.19/1.18 |
| | 未分利润(万元) | -43075.13 | -43332.94 | -43953.83 |
| | 资本公积(万元) | 47222.64 | 46985 | 46984.19 |
| 利润构成 | 主营收入(万元) | 52727.44 | 49714.49 | 50017.56 |
| | 主营利润(万元) | 10078.37 | 11088.75 | 12851.33 |
| | 投资收益(万元) | -25.32 | -183.91 | -793.15 |
| | 利润总额(万元) | 315.52 | 644.93 | 2379.85 |
| | 净利润(万元) | 286.45 | 620.89 | 2305.61 |
| 近年分配: | | | | |

**主要股东及持股比例%、持股性质**

郑州市热力总公司 34.34%（国有股）
郑州亚能热电有限公司 25.3%（外资股）
东方证券股份有限公司 2.27%（流通 A 股）
同益证券投资基金 1.34%（流通 A 股）
上海东方网股份有限公司 0.55%（流通 A 股）
赵金妹 0.35%（流通 A 股）
夏佩瑢 0.19%（流通 A 股）
郑晶文 0.19%（流通 A 股）
毕炜 0.16%（流通 A 股）
潘勤 0.15%（流通 A 股）
实际控制人：郑州市国资委

二〇〇六年以来市场表现

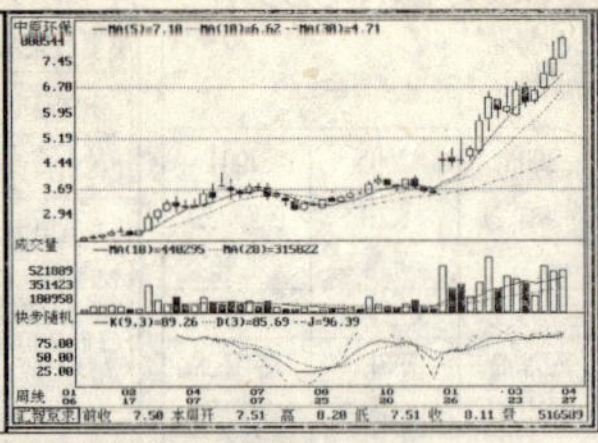

| | |
|---|---|
| 2006 年涨跌幅(%) | 63.01 |
| 2006 年最高(元) | 4.14 |
| 2007 年涨跌幅(%) | 138.53 |
| 2007.4.27 收盘(元) | 8.11 |
| 2007 年最高(元) | 8.61 |
| 2007 年最低(元) | 4.35 |
| 2007 年换手率(%) | 509.43 |

未来一年限售流通股解禁情况:

| 最新股本 | 总股本 | 非(限售)流通 | 流通 A | 流通 B/H/S | 股东户数 | 06 年末 | 06 三季 |
|---|---|---|---|---|---|---|---|
| | 26945.98 | 15531.37 | 11414.61 | | | 29974 | 31664 |

年报点评：公司 2006 年实现净利润同比下降 54%。公司将磨料磨具资产与郑州污水净化公司拥有的王新庄污水处理厂经营性资产进行置换，将成为一家公用事业领域的环保企业。未来大股东资产有望逐步注入公司，污水领域后发展潜力极大，公司发展因此具备了稳定和高成长性。

## ＊ST 吉药（000545）

上市日期:93/12/15　电话:0432－5079966　传真:0432－4841728

| 主营 | 生产经营原料药、医药中间体、中西药制剂、化工产品、保健品等。 | | | |
|---|---|---|---|---|
| | 年 度 | 2006 | 2005 | 2004 |
| 主要指标 | 每股收益/扣除后(元) | -0.226/-0.23 | -0.932 | 0.1/0.071 |
| | 每股经营现金流量(元) | 0.0597 | -0.008 | 0.07 |
| | 每股净资产/调整后(元) | 0.01/-0.22 | 0.29/0.09 | 1.22/1.17 |
| | 未分利润(万元) | -19011.23 | -15429.56 | -2788.14 |
| | 资本公积(万元) | 3319.61 | 5653.2 | 5653.2 |
| 利润构成 | 主营收入(万元) | 8145.64 | 9654.4 | 15726.42 |
| | 主营利润(万元) | 3913.2 | 3574.05 | 6531.15 |
| | 投资收益(万元) | 27.99 | -0.82 | |
| | 利润总额(万元) | -3583.8 | -12651.27 | 1300.28 |
| | 净利润(万元) | -3581.67 | -12641.42 | 1300.28 |
| 近年分配: | | | | |

**主要股东及持股比例%、持股性质**

吉林金泉宝山药业集团股份有限公司 25.51%（非流通股）
吉林省明日实业有限公司 13.41%（非流通股）
吉林市银丰物资经销公司 0.83%（非流通股）
厦门市九发进出口有限公司 0.44%（流通 A 股）
华夏证券有限公司北京东四营业部 0.35%（非流通股）
张连华 0.34%（流通 A 股）
汤滨旭 0.3%（流通 A 股）
陈宝媛 0.28%（流通 A 股）
徐杰 0.27%（流通 A 股）
陈庆明 0.23%（流通 A 股）
实际控制人：张守斌

二〇〇六年以来市场表现

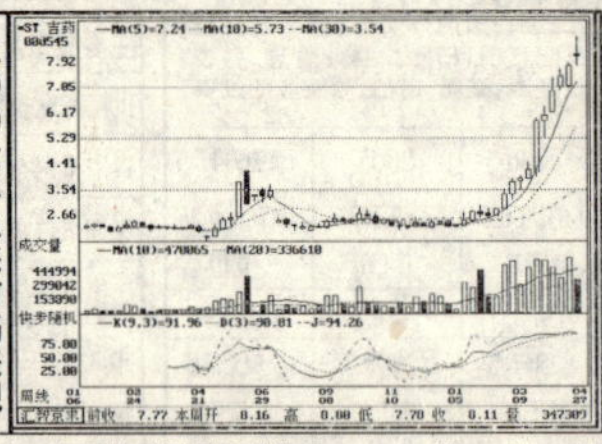

| | |
|---|---|
| 2006 年涨跌幅(%) | 43.11 |
| 2006 年最高(元) | 4.15 |
| 2007 年涨跌幅(%) | 262.05 |
| 2007.4.27 收盘(元) | 8.11 |
| 2007 年最高(元) | 8.8 |
| 2007 年最低(元) | 2.2 |
| 2007 年换手率(%) | 647.19 |

未来一年限售流通股解禁情况:9782181 股 07 月 28 日解禁

| 最新股本 | 总股本 | 非(限售)流通 | 流通 A | 流通 B/H/S | 股东户数 | 06 年末 | 06 三季 |
|---|---|---|---|---|---|---|---|
| | 15824.36 | 6345.43 | 9478.94 | | | 26644 | 27010 |

年报点评：公司主营业务收入基本来源于公司化学原料药及中西药制剂的销售收入。公司受到化工原料价格上升、能源成本不断上扬、人民币升值、出口退税率下调以及环保成本逐渐加大等严重冲击，产品成本不断上升公司主营业务收入下降。

## 光华控股（000546）

上市日期:93/12/15　电话:0431－8920227　传真:0431－8927337

| 主营 | 房地产开发、物业管理等。 | | | |
|---|---|---|---|---|
| | 年 度 | 2006 | 2005 | 2004 |
| 主要指标 | 每股收益/扣除后(元) | 0.05/0.05 | 0.06 | 0.01/-0.069 |
| | 每股经营现金流量(元) | -0.21 | -0.8 | -0.18 |
| | 每股净资产/调整后(元) | 1.34/1.34 | 1.27/1.27 | 1.19/1.18 |
| | 未分利润(万元) | -4243.07 | -5166.81 | -29571.11 |
| | 资本公积(万元) | 9680.8 | 9345.8 | 29891.71 |
| 利润构成 | 主营收入(万元) | 11825.32 | 10551.59 | 6197.8 |
| | 主营利润(万元) | 5337.24 | 5408.76 | 735.9 |
| | 投资收益(万元) | -1424.08 | -566.66 | 825.1 |
| | 利润总额(万元) | 2675.39 | 2578.45 | 160.26 |
| | 净利润(万元) | 923.74 | 980.35 | 116.52 |
| 近年分配: | | | | |

**主要股东及持股比例%、持股性质**

新时代教育发展有限责任公司 24.96%（非流通股）
苏州中新实业投资有限公司 4.67%（非流通股）
江苏联合信托投资公司 2.7%（非流通股）
上海昆凌工贸有限公司 2.57%（非流通股）
中海恒实业发展有限公司 1.95%（非流通股）
上海肇达投资咨询有限公司 1.47%（非流通股）
深圳市楚天创时代投资咨询有限公司 0.58%（非流通股）
深圳金田股份有限公司 0.47%（非流通股）
上海高融投资咨询有限公司 0.44%（非流通股）
肖克贵 0.42%（流通 A 股）
实际控制人：许华

二〇〇六年以来市场表现

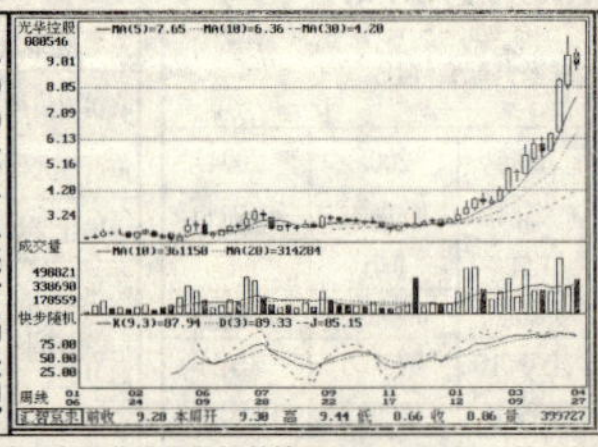

| | |
|---|---|
| 2006 年涨跌幅(%) | 42.21 |
| 2006 年最高(元) | 4.11 |
| 2007 年涨跌幅(%) | 214.18 |
| 2007.4.27 收盘(元) | 8.86 |
| 2007 年最高(元) | 9.97 |
| 2007 年最低(元) | 2.95 |
| 2007 年换手率(%) | 550.51 |

未来一年限售流通股解禁情况:25726743 股 05 月 12 日解禁

| 最新股本 | 总股本 | 非(限售)流通 | 流通 A | 流通 B/H/S | 股东户数 | 06 年末 | 06 三季 |
|---|---|---|---|---|---|---|---|
| | 16950.65 | 6917.52 | 10033.12 | | | 19987 | 19595 |

年报点评：实际控制人苏州光华实业(集团)，是苏州市第一家集团型民营企业，资产实力十分雄厚，持有大量土地储备和经营性物业。新大股东入主后，提出要在今后几年陆续向光华控股注入优质资产，公司业绩将更上一层楼，未来成长空间值得期待。

## 闽福发 A（000547）

上市日期:93/11/30　电话:0591－83283128　传真:0591－83296358

| 主营 | 电子计算机及配件；电子、通信技术、网络技术服务；咨询、信息服务；环保工程的设计、施工、总承包；环保设施的运营；环保产品的生产、销售。 | | | |
|---|---|---|---|---|
| | 年 度 | 2006 | 2005 | 2004 |
| 主要指标 | 每股收益/扣除后(元) | 0.06/0.061 | -0.31 | 0.08/0.087 |
| | 每股经营现金流量(元) | 0.39 | -0.79 | 0.33 |
| | 每股净资产/调整后(元) | 1.76/1.71 | 3.41/3.28 | 3.66/3.49 |
| | 未分利润(万元) | 5273.37 | 3971.67 | 8398.7 |
| | 资本公积(万元) | 8063.87 | 20373.06 | 19543.19 |
| 利润构成 | 主营收入(万元) | 36386.47 | 42915.45 | 34984 |
| | 主营利润(万元) | 10927.23 | 9328.2 | 8311.44 |
| | 投资收益(万元) | -121.51 | 622.78 | -916.87 |
| | 利润总额(万元) | 3983.85 | -1571.36 | 1712.11 |
| | 净利润(万元) | 1488.93 | -3841.53 | 937.06 |
| 近年分配: | 05 年:10 转增 6 | | | |

**主要股东及持股比例%、持股性质**

福建国力民生科技投资有限公司 19.96%（非流通股）
福建东方恒基科贸有限公司 11.96%（非流通股）
雷光兰 0.36%（流通 A 股）
刘威 0.35%（流通 A 股）
张容 0.31%（流通 A 股）
周霞 0.2%（流通 A 股）
李月爱 0.2%（流通 A 股）
郭文恩 0.19%（流通 A 股）
史颖 0.16%（流通 A 股）
刘剑萍 0.15%（流通 A 股）
实际控制人：张荣刚

二〇〇六年以来市场表现

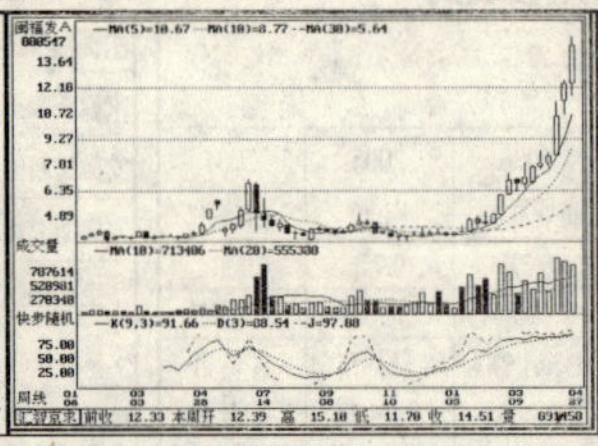

| | |
|---|---|
| 2006 年涨跌幅(%) | 140 |
| 2006 年最高(元) | 13.3 |
| 2007 年涨跌幅(%) | 286.93 |
| 2007.4.27 收盘(元) | 14.51 |
| 2007 年最高(元) | 15.1 |
| 2007 年最低(元) | 3.66 |
| 2007 年换手率(%) | 596.83 |

未来一年限售流通股解禁情况:12249555.2 股 06 月 08 日解禁

| 最新股本 | 总股本 | 非(限售)流通 | 流通 A | 流通 B/H/S | 股东户数 | 06 年末 | 06 三季 |
|---|---|---|---|---|---|---|---|
| | 24484.63 | 7818.28 | 16666.36 | | | 33794 | 33106 |

年报点评：公司通过重组转型已经形成了通讯、环保、信息及技术服务、机电公司四大支柱产业。在通信行业逐渐转暖的情况下，公司的经营有望保持良好的势头。但是公司的业务较为多元化。公司怎样处理各种业务的关系，我们仍将拭目以待。

## 湖南投资（000548）

上市日期:93/12/20　电话:0731－2327666　传真:0731－2327566

| | | | | |
|---|---|---|---|---|
| 主营 | 城市基础设施的建设、营运、房地产开发及通讯信息产业。 | | | |
| | 年　度 | 2006 | 2005 | 2004 |
| 主要指标 | 每股收益/扣除后(元) | 0.302/0.036 | -0.81 | 0.104/0.07 |
| | 每股经营现金流量(元) | 1.3 | -0.03 | 0.08 |
| | 每股净资产/调整后(元) | 2.06/2.05 | 2.57/2.56 | 3.41/3.4 |
| | 未分利润(万元) | -203.64 | -15181.13 | 14199.3 |
| | 资本公积(万元) | 47943.56 | 63804.34 | 62929.74 |
| 利润构成 | 主营收入(万元) | 18414.67 | 16282.64 | 37701.32 |
| | 主营利润(万元) | 10784.79 | 5899.14 | 11479.33 |
| | 投资收益(万元) | 4448.71 | -2628.06 | 1553.57 |
| | 利润总额(万元) | 16326.95 | -27905.11 | 6043.37 |
| | 净利润(万元) | 15089.06 | -27720.54 | 3550.92 |
| 近年分配: | 04年:10派0.5 | | | |

| 主要股东及持股比例%、持股性质 |
|---|
| 长沙市环路建设开发有限公司 30.31%（国有股） |
| 国泰君安证券股份有限公司 2.2%（流通A股） |
| 深圳市网纵实业有限公司 1.25%（非流通股） |
| 深圳市泉来实业有限公司 1.05%（非流通股） |
| 中国工商银行－博时平衡配置混合型证券投资基金 1%（流通A股） |
| 中国工商银行－金泰证券投资基金 0.7%（流通A股） |
| 李怡名 0.51%（流通A股） |
| 李展霞 0.48%（流通A股） |
| 应俊 0.48%（流通A股） |
| 徐敏 0.35%（流通A股） |
| 实际控制人: 长沙市国有资产监督管理委员会 |

二〇〇六年以来市场表现

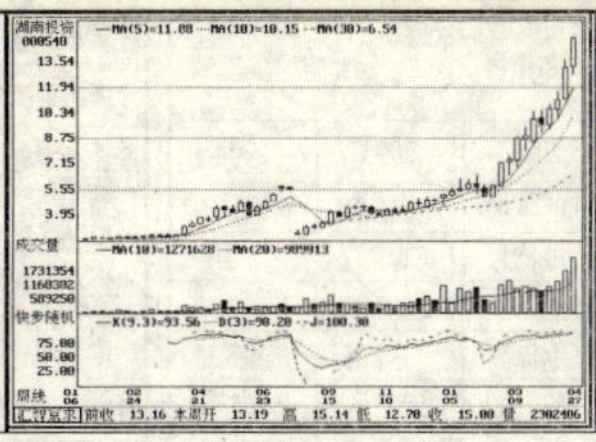

| | |
|---|---|
| 2006年涨跌幅(%) | 313.01 |
| 2006年最高(元) | 9.92 |
| 2007年涨跌幅(%) | 192.4 |
| 2007.4.27收盘(元) | 15 |
| 2007年最高(元) | 15.14 |
| 2007年最低(元) | 5.05 |
| 2007年换手率(%) | 505.55 |

未来一年限售流通股解禁情况:34731669股08月18日解禁

| 最新股本 | 总股本 | 非(限售)流通 | 流通A | 流通B/H/S | 股东户数 | 06年末 | 06三季 |
|---|---|---|---|---|---|---|---|
| | 49921.58 | 16444.28 | 33477.3 | | | 98809 | 103972 |

**年报点评** 主营房地产开发、路桥收费、酒店经营等。2006年三大业务同时增长，实现扭亏为盈，步入稳定发展的良性轨道。路桥收费集中于长沙市主要收费路桥。公司有丰富的地产储备，未来房地产业务有望成为公司新的增长引擎。

## 江铃汽车（000550/200550）

上市日期:A: 93/12/01 B: 95/09/29　电话:0791－5235675　传真:0791－5232839

| | | | | |
|---|---|---|---|---|
| 主营 | 生产和销售全顺系列商用车、JMC系列轻卡和五十铃系列轻卡，以及相关的配件和服务。 | | | |
| | 年　度 | 2006 | 2005 | 2004 |
| 主要指标 | 每股收益/扣除后(元) | 0.7/0.69 | 0.57 | 0.45/0.44 |
| | 每股经营现金流量(元) | 1.34 | 1.17 | 0.89 |
| | 每股净资产/调整后(元) | 3.52/3.45 | 3.33/3.22 | 2.91/2.79 |
| | 未分利润(万元) | 98958.72 | 89090.31 | 60374.75 |
| | 资本公积(万元) | 84476.25 | 83699.66 | 83577.9 |
| 利润构成 | 主营收入(万元) | 736855.11 | 628063.62 | 577067.59 |
| | 主营利润(万元) | 164664.2 | 126711.36 | 114202.45 |
| | 投资收益(万元) | 563.37 | 417.29 | 422.81 |
| | 利润总额(万元) | 73756.12 | 58676.19 | 48421.06 |
| | 净利润(万元) | 60361.08 | 49543.13 | 38685.82 |
| 近年分配: | 06预案:10派3；05中期:10派3.59 年终:10派1.5；04年:10派1.5 | | | |

| 主要股东及持股比例%、持股性质 |
|---|
| 江铃控股有限公司 41.03%（国有股） |
| 福特汽车公司 30%（流通B股） |
| 上海汽车工业总公司 3.01%（非流通股） |
| 中国宝安集团股份有限公司 1.39%（非流通股） |
| 南方高增长股票型开放式证券投资基金 1.39%（流通A股） |
| Dragon Billion Greater China Master Fund 1.12%（流通B股） |
| 全国社保基金一零八组合 0.75%（流通A股） |
| 南方积极配置证券投资基金 0.65%（流通A股） |
| 全国社保基金一零三组合 0.64%（流通A股） |
| 裕隆证券投资基金 0.62%（流通A股） |
| 实际控制人: 中国南方工业集团公司 |

二〇〇六年以来市场表现

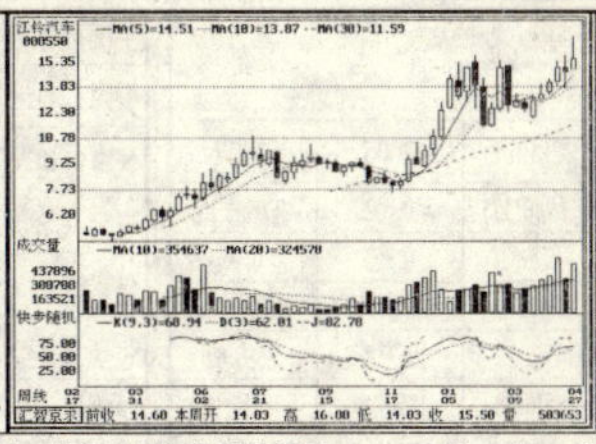

| | |
|---|---|
| 2006年涨跌幅(%) | 137.88 |
| 2006年最高(元) | 14.72 |
| 2007年涨跌幅(%) | 25 |
| 2007.4.27收盘(元) | 15.5 |
| 2007年最高(元) | 16.88 |
| 2007年最低(元) | 11.36 |
| 2007年换手率(%) | 316.98 |

未来一年限售流通股解禁情况:43160700股02月14日解禁

| 最新股本 | 总股本 | 非(限售)流通 | 流通A | 流通B/H/S | 股东户数 | 06年末 | 06三季 |
|---|---|---|---|---|---|---|---|
| | 86321.4 | 40162.01 | 11759.39 | 34400 | | 27769 | 30758 |

**年报点评** 公司产品主要为JMC系列轻型卡车、皮卡以及福特品牌全顺系列商用车。06年借助于新产品公司销售继续创记录增长，实现收入与利润的稳定增长。随着与长安汽车顺利合作，发动机项目以及乘用车的推出，公司面临一个全新的发展机遇。

## 创元科技（000551）

上市日期:94/01/06　电话:0512－68248798　传真:0512－68245551

| | | | | |
|---|---|---|---|---|
| 主营 | 洁净技术产品、测绘仪器产品、轴承制造、销售，各类汽车及轿车销售及贸易等。 | | | |
| | 年　度 | 2006 | 2005 | 2004 |
| 主要指标 | 每股收益/扣除后(元) | 0.57/0.2 | 0.22/0.21 | 0.19/0.19 |
| | 每股经营现金流量(元) | 0.34 | 0.33 | 0.38 |
| | 每股净资产/调整后(元) | 2.91/2.82 | 2.49/2.45 | 2.38/2.33 |
| | 未分利润(万元) | 18154.15 | 10941.63 | 10241.95 |
| | 资本公积(万元) | 9489.59 | 9426.57 | 9312.35 |
| 利润构成 | 主营收入(万元) | 144938.26 | 143958.34 | 144841.9 |
| | 主营利润(万元) | 34596.33 | 31289.96 | 29769.09 |
| | 投资收益(万元) | 15311 | 2159.98 | 1052.9 |
| | 利润总额(万元) | 22072.59 | 9762.73 | 8777.18 |
| | 净利润(万元) | 13757.68 | 5325.6 | 4568.81 |
| 近年分配: | 06预案:10派2；05年:10派1.5；04年:10派1 | | | |

| 主要股东及持股比例%、持股性质 |
|---|
| 苏州创元(集团)有限公司 33.7%（国有股） |
| 中国物资开发投资总公司 6.11%（国有股） |
| 广州市绿建园林工程有限公司 1.88%（流通A股） |
| 中国诚通控股公司 1.4%（国有股） |
| 交通银行－普惠证券投资基金 1.07%（流通A股） |
| 中国轻工物资供销华东公司 0.78%（国有股） |
| 北京巨鑫泰经贸发展有限公司 0.71%（国有股） |
| 郑荣 0.35%（流通A股） |
| 黄素英 0.33%（流通A股） |
| 郭征 0.28%（流通A股） |
| 实际控制人: 苏州创元(集团)有限公司 |

二〇〇六年以来市场表现

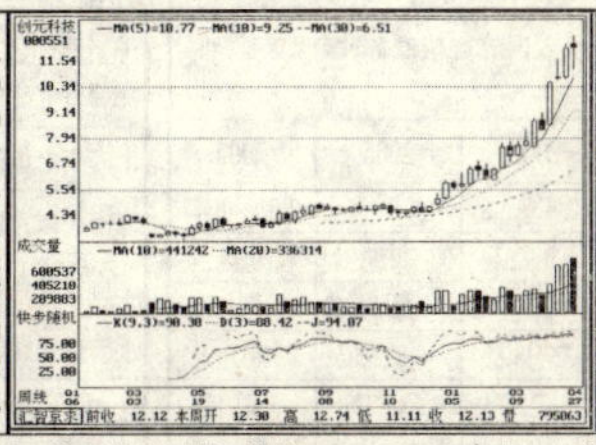

| | |
|---|---|
| 2006年涨跌幅(%) | 111.23 |
| 2006年最高(元) | 7.83 |
| 2007年涨跌幅(%) | 109.14 |
| 2007.4.27收盘(元) | 12.13 |
| 2007年最高(元) | 12.74 |
| 2007年最低(元) | 5.55 |
| 2007年换手率(%) | 422.3 |

未来一年限售流通股解禁情况:2686095股03月28日解禁

| 最新股本 | 总股本 | 非(限售)流通 | 流通A | 流通B/H/S | 股东户数 | 06年末 | 06三季 |
|---|---|---|---|---|---|---|---|
| | 24172.64 | 10325.84 | 13846.8 | | | 52700 | 55958 |

**年报点评** 06年是公司"构筑多元精英产业"发展战略的起步之年，通过一定程度的业务减法，集中业务构建精英产业，基本形成以专用设备与仪器制造业与品牌服务为主的多元产业。通过减持股权实现净利润的大幅增长，但06年公司主营收入没有明显起色。

## 靖远煤电（000552）

上市日期:94/01/06　电话:0931－8512882　传真:0931－8508220

| | | | | |
|---|---|---|---|---|
| 主营 | 家用电器、视像产品、通讯设备、多功能消毒器、计算机及相关信息产品、网络终端产品的研制、生产、销售及技术咨询服务。 | | | |
| | 年　度 | 2006 | 2005 | 2004 |
| 主要指标 | 每股收益/扣除后(元) | 0.23/0.227 | 0.185/0.081 | -0.27/-0.27 |
| | 每股经营现金流量(元) | 0.56 | 0.15 | -0.09 |
| | 每股净资产/调整后(元) | 1.28/1.28 | 0.54/0.54 | 0.35/0.35 |
| | 未分利润(万元) | -4515.08 | -8542.17 | -23451.46 |
| | 资本公积(万元) | 9241.05 | | 11314.16 |
| 利润构成 | 主营收入(万元) | 24373.14 | 16060.97 | 5842.21 |
| | 主营利润(万元) | 7906.17 | 5248.46 | -2008.25 |
| | 投资收益(万元) | | -22.49 | -88.82 |
| | 利润总额(万元) | 4027.09 | 3281.76 | -4783.94 |
| | 净利润(万元) | 4027.09 | 3281.76 | -4783.94 |
| 近年分配: | | | | |

| 主要股东及持股比例%、持股性质 |
|---|
| 靖远煤业有限责任公司 46.78%（国有股） |
| 深圳市瑞富源投资有限公司 3.67%（非流通股） |
| 海南昌旺经济信息咨询有限公司 2.68%（非流通股） |
| 安徽国元建设投资有限公司 2.25%（非流通股） |
| 合肥市高科技风险投资有限公司 2.07%（非流通股） |
| 甘肃电子集团物业公司 1.79%（国有股） |
| 义福房地产(合肥)发展有限责任公司 1.51%（流通A股） |
| 兰州千顺家政服务有限公司 1.05%（流通A股） |
| 陈庆顺 0.58%（流通A股） |
| 顾忆民 0.42%（流通A股） |
| 实际控制人: 甘肃省国资委 |

二〇〇六年以来市场表现

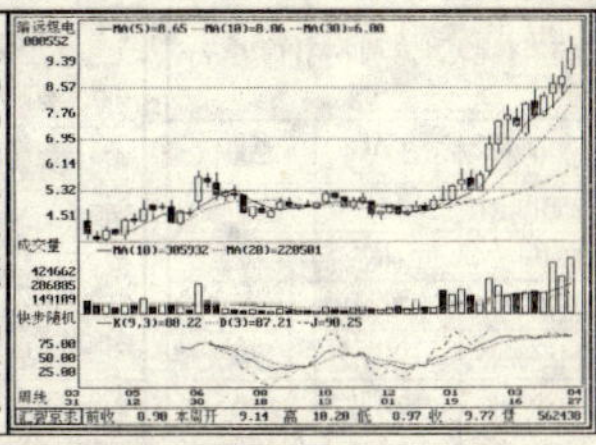

| | |
|---|---|
| 2006年涨跌幅(%) | 30.99 |
| 2006年最高(元) | 5.93 |
| 2007年涨跌幅(%) | 110.11 |
| 2007.4.27收盘(元) | 9.77 |
| 2007年最高(元) | 10.2 |
| 2007年最低(元) | 4.65 |
| 2007年换手率(%) | 550.24 |

未来一年限售流通股解禁情况:

| 最新股本 | 总股本 | 非(限售)流通 | 流通A | 流通B/H/S | 股东户数 | 06年末 | 06三季 |
|---|---|---|---|---|---|---|---|
| | 17787 | 11107.8 | 6679.2 | | | 21110 | 20615 |

**年报点评** 公司前身为ST长风，在自身扭亏无望下引来重组方，并获得了全国科技创新典型王家山煤矿全部优质资产的注入。未来五年，公司将计划投资16亿元，煤炭产能达到300万吨/年，年发电13.5亿度/年，水煤浆50万吨/年，净利润1.8亿元，每股净收益达到1元以上。

## 沙隆达 A（000553/200553）

上市日期：A：93/12/03 B：97/05/15　　电话：0716－8208632　　传真：0716－8208899

| | | | | |
|---|---|---|---|---|
| 主营 | 从事农药品、化工品的生产和销售 | | | |
| | 年　度 | 2006 | 2005 | 2004 |
| 主要指标 | 每股收益/扣除后(元) | 0.077/0.02 | 0.017/0.031 | 0.05/0.039 |
| | 每股经营现金流量(元) | 0.81 | 0.27 | 0.2 |
| | 每股净资产/调整后(元) | 3.03/2.97 | 2.96/2.89 | 2.96/2.85 |
| | 未分利润(万元) | －1446.59 | －3742.25 | －3858.36 |
| | 资本公积(万元) | 56675.66 | 56675.66 | 56675.66 |
| 利润构成 | 主营收入(万元) | 140229.6 | 126183.53 | 113408.24 |
| | 主营利润(万元) | 22163.75 | 21379.95 | 19023.34 |
| | 投资收益(万元) | 2795.16 | －1396.62 | －355.42 |
| | 利润总额(万元) | 3314.85 | 1261.9 | 460.51 |
| | 净利润(万元) | 2295.66 | 516.52 | 1386.33 |
| 近年分配： | 06 预案：10 转增 10 | | | |

| 主要股东及持股比例％、持股性质 |
|---|
| 沙隆达集团公司 20.15％（国有股） |
| 蕲春县国有资产管理局 0.76％（国有股） |
| 荆州市沙市区联合农村信用合作社 0.42％（国有股） |
| 泰纪投资有限公司 0.33％（流通 B 股） |
| 广奇投资有限公司 0.33％（流通 B 股） |
| 黄俊跃 0.28％（流通 B 股） |
| 谭东山 0.27％（流通 B 股） |
| 蔡万通 0.26％（流通 B 股） |
| ABN AMRO BANK NV 0.25％（流通 B 股） |
| 蒋国泉 0.21％（流通 A 股） |
| 实际控制人：中国化工农化总公司 |

二〇〇六年以来市场表现

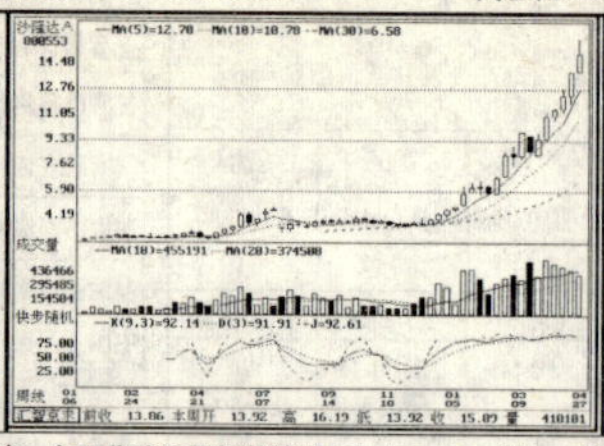

| | |
|---|---|
| 2006 年涨跌幅(％) | 126.29 |
| 2006 年最高(元) | 5.78 |
| 2007 年涨跌幅(％) | 228.04 |
| 2007.4.27 收盘(元) | 15.09 |
| 2007 年最高(元) | 16.19 |
| 2007 年最低(元) | 4.52 |
| 2007 年换手率(％) | 549.17 |

未来一年限售流通股解禁情况：2244633 股 08 月 03 日解禁

| 最新股本 | 总股本 | 非(限售)流通 | 流通 A | 流通 B/H/S | 股东户数 | 06 年末 | 06 三季 |
|---|---|---|---|---|---|---|---|
| | 29696.16 | 6333.82 | 11862.34 | 11500 | | 35671 | 36799 |

年报点评：公司主营农药与化工产品生产销售，多项经济指标多年来均位居同行业第一。公司成功攻克了一个重要的化工中间体生产技术，该项目投产后将使公司的原料成本降低约 2/3。公司在国外已注册了 140 多个农药品种，每年创汇能力 5000 万美元以上。

## 泰山石油（000554）

上市日期：93/12/15　　电话：0538－8265456　　传真：0538－8265450

| | | | | |
|---|---|---|---|---|
| 主营 | 成品油购销和房地产开发。 | | | |
| | 年　度 | 2006 | 2005 | 2004 |
| 主要指标 | 每股收益/扣除后(元) | 0.159/0.153 | 0.052 | 0.09/0.15 |
| | 每股经营现金流量(元) | 0.296 | 0.252 | 0.16 |
| | 每股净资产/调整后(元) | 1.8/1.72 | 1.73/1.68 | 1.78/1.75 |
| | 未分利润(万元) | 14510.22 | 10577.67 | 8686.89 |
| | 资本公积(万元) | 18510.98 | 18510.98 | 18510.98 |
| 利润构成 | 主营收入(万元) | 258473.03 | 188589.64 | 132573.38 |
| | 主营利润(万元) | 23467.34 | 16543.01 | 16798.41 |
| | 投资收益(万元) | －2211.96 | －728.95 | －203.04 |
| | 利润总额(万元) | 10408.74 | 5058.34 | 6025.66 |
| | 净利润(万元) | 7634.73 | 2514.25 | 4509.02 |
| 近年分配： | 06 预案：10 派 0.9；05 年：10 派 0.6；04 年：10 派 1 | | | |

| 主要股东及持股比例％、持股性质 |
|---|
| 中国石油化工股份有限公司 38.68％（国有股） |
| 甘肃仁和投资创业管理有限公司 0.84％（流通 A 股） |
| 陈莹 0.52％（流通 A 股） |
| 郑冀榕 0.51％（流通 A 股） |
| 花卉 0.47％（流通 A 股） |
| 周俊敏 0.46％（流通 A 股） |
| 孟庆山 0.45％（流通 A 股） |
| 王靖 0.4％（流通 A 股） |
| 潘世君 0.33％（流通 A 股） |
| 陈镇其 0.27％（流通 A 股） |
| 实际控制人：中国石油化工股份有限公司 |

二〇〇六年以来市场表现

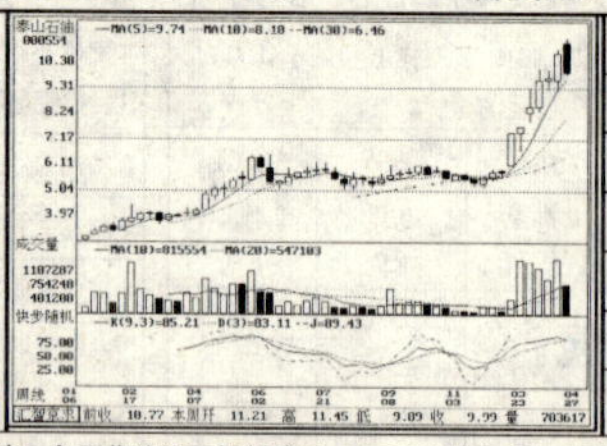

| | |
|---|---|
| 2006 年涨跌幅(％) | 99.66 |
| 2006 年最高(元) | 6.5 |
| 2007 年涨跌幅(％) | 111.49 |
| 2007.4.27 收盘(元) | 9.99 |
| 2007 年最高(元) | 14.08 |
| 2007 年最低(元) | 6.1 |
| 2007 年换手率(％) | 210.46 |

未来一年限售流通股解禁情况：24039666 股 03 月 19 日解禁

| 最新股本 | 总股本 | 非(限售)流通 | 流通 A | 流通 B/H/S | 股东户数 | 06 年末 | 06 三季 |
|---|---|---|---|---|---|---|---|
| | 48079.33 | 11814.94 | 36264.39 | | | 37245 | 40057 |

年报点评：公司是中石化旗下最大的成品油销售上市公司，截至 2006 年年底，旗下拥有加油站 133 座，在建加油站 19 座。加上公司旗下子公司还拥有 13 座加油站，公司合计就拥有 165 座加油站。在成品油零售开放以后，公司具有一定的收购价值。

## ＊ST 太光（000555）

上市日期：94/04/08　　电话：0755－82910290　　传真：0755－82910304

| | | | | |
|---|---|---|---|---|
| 主营 | 主营 TEC5200 综合业务接入网等通信设备，国内商业，物资供销业；具有进出口权。 | | | |
| | 年　度 | 2006 | 2005 | 2004 |
| 主要指标 | 每股收益/扣除后(元) | －0.87/－0.85 | －0.15 | 0.02/－0.157 |
| | 每股经营现金流量(元) | －0.0257 | 0.28 | 0.18 |
| | 每股净资产/调整后(元) | －1.42/－1.42 | －0.62/－0.62 | －0.47/－0.47 |
| | 未分利润(万元) | －27618.82 | －19756.02 | －18571.42 |
| | 资本公积(万元) | 5422.17 | 6302.17 | 6302.17 |
| 利润构成 | 主营收入(万元) | 9.44 | 592.69 | 544.88 |
| | 主营利润(万元) | 0.88 | 105.17 | 79.77 |
| | 投资收益(万元) | | 20 | 19.8 |
| | 利润总额(万元) | －7862.81 | －1250.39 | 175.37 |
| | 净利润(万元) | －7862.81 | －1250.39 | 175.37 |
| 近年分配： | | | | |

| 主要股东及持股比例％、持股性质 |
|---|
| 深圳市中昌科技有限公司 21.95％（非流通股） |
| 上海华之达商贸有限公司 6.71％（非流通股） |
| 海南於谦科技有限公司 4.5％（非流通股） |
| 上海钜爱企业发展有限公司 4.41％（非流通股） |
| 上海优麦点广告有限公司 4.41％（非流通股） |
| 陕西瑞发投资咨询有限公司 4.41％（非流通股） |
| 上海歧林青装潢实业有限公司 2.21％（非流通股） |
| 深圳市富旺达投资有限公司 2.21％（非流通股） |
| 上海岩鑫实业投资有限公司 2.21％（非流通股） |
| 何梦楠 2.2％（流通 A 股） |
| 实际控制人：厉天福 |

二〇〇六年以来市场表现

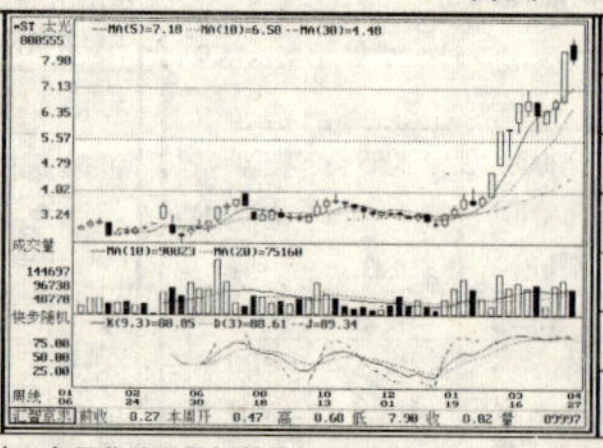

| | |
|---|---|
| 2006 年涨跌幅(％) | 52.28 |
| 2006 年最高(元) | 5.52 |
| 2007 年涨跌幅(％) | 158.71 |
| 2007.4.27 收盘(元) | 8.02 |
| 2007 年最高(元) | 8.68 |
| 2007 年最低(元) | 2.91 |
| 2007 年换手率(％) | 431.69 |

未来一年限售流通股解禁情况：33691100 股 06 月 08 日解禁

| 最新股本 | 总股本 | 非(限售)流通 | 流通 A | 流通 B/H/S | 股东户数 | 06 年末 | 06 三季 |
|---|---|---|---|---|---|---|---|
| | 9062.77 | 5982.77 | 3080 | | | 2931 | 2974 |

年报点评：虽然电信行业已经复苏，但公司由于规模小，产品单一，在市场竞争中处于劣势地位。鉴于公司的现实状况及其在行业中所处的劣势地位，仅依靠自身的努力来摆脱目前的困境是不可能实现的。预计公司经营仍将处于困境之中。

## ST 银广夏（000557）

上市日期：94/06/17　　电话：0951－5054984　　传真：0951－5054518

| | | | | |
|---|---|---|---|---|
| 主营 | 从事优势特色资源开发和生态农业产业化和天然植物精华萃取加工。 | | | |
| | 年　度 | 2006 | 2005 | 2004 |
| 主要指标 | 每股收益/扣除后(元) | －0.031/－0.06 | 0.01 | －0.69/－0.13 |
| | 每股经营现金流量(元) | 0.00449 | 0.01075 | －0.02 |
| | 每股净资产/调整后(元) | －0.79/－0.83 | －1.74/－1.97 | －1.83/－2.07 |
| | 未分利润(万元) | －155989.55 | －154163.38 | －159989.96 |
| | 资本公积(万元) | 60999.83 | 22792.57 | 21848.65 |
| 利润构成 | 主营收入(万元) | 1766.9 | 4297.83 | 1572.09 |
| | 主营利润(万元) | －441.42 | 622.23 | －723.69 |
| | 投资收益(万元) | | －48.52 | 40.22 |
| | 利润总额(万元) | －5111.09 | －1635.97 | －36044.9 |
| | 净利润(万元) | －1826.17 | 664.18 | －34619.55 |
| 近年分配： | | | | |

| 主要股东及持股比例％、持股性质 |
|---|
| 中联实业股份有限公司 9.39％（非流通股） |
| 银川培鑫投资有限责任公司 5.49％（非流通股） |
| 深圳兴庆电子公司 3.99％（非流通股） |
| 广东京中投资管理有限公司 3.19％（非流通股） |
| 深圳市金广夏文化实业发展有限公司 2.38％（非流通股） |
| 深圳市广夏文化实业有限公司 2.14％（非流通股） |
| 上海荣福室内装潢有限公司 1.82％（非流通股） |
| 王学维 0.99％（非流通股） |
| 马秀兰 0.88％（非流通股） |
| 宁夏伊斯兰国际信托投资公司 0.59％（非流通股） |
| 实际控制人：中联实业股份有限公司 |

二〇〇六年以来市场表现

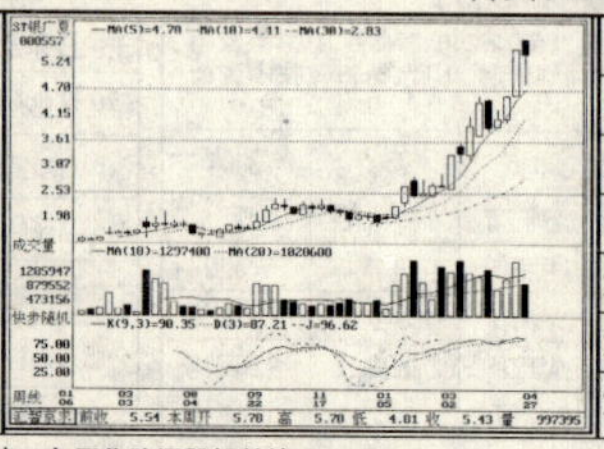

| | |
|---|---|
| 2006 年涨跌幅(％) | 69.18 |
| 2006 年最高(元) | 3.12 |
| 2007 年涨跌幅(％) | 185.79 |
| 2007.4.27 收盘(元) | 5.43 |
| 2007 年最高(元) | 5.78 |
| 2007 年最低(元) | 1.94 |
| 2007 年换手率(％) | 489.06 |

未来一年限售流通股解禁情况：142086175 股 06 月 26 日解禁

| 最新股本 | 总股本 | 非(限售)流通 | 流通 A | 流通 B/H/S | 股东户数 | 06 年末 | 06 三季 |
|---|---|---|---|---|---|---|---|
| | 58957.26 | 20815.54 | 38141.72 | | | 51429 | 51650 |

年报点评：公司在经过大规模重组之后，拥有 3 万亩酿酒葡萄种植基地，被评为国家酿酒葡萄原产地保护区域，"贺兰山"牌葡萄酒形成了 1.5 万吨的年生产能力。宁夏回族自治区将葡萄酒产业作为支柱产业之一，陆续出台了一系统鼓励政策，对公司后续发展构成有力支撑。

## 莱茵置业（000558）

上市日期:94/05/09　电话:024－89121255　传真:024－89121255

**主营：** 房地产开发,物业管理,档口使用权出租、出售,商品配送、仓储运输。

| | 年　度 | 2006 | 2005 | 2004 |
|---|---|---|---|---|
| 主要指标 | 每股收益/扣除后(元) | 0.103/0.051 | 0.025 | 0.1/0.105 |
| | 每股经营现金流量(元) | －0.2169 | 0.6894 | 0.54 |
| | 每股净资产/调整后(元) | 1.45/1.41 | 1.33/1.28 | 1.25/1.21 |
| | 未分利润(万元) | －259.55 | －1467.52 | －2291.69 |
| | 资本公积(万元) | 5570.6 | 5336.8 | 5212.69 |
| 利润构成 | 主营收入(万元) | 37346.77 | 16016.73 | 19813.05 |
| | 主营利润(万元) | 7168.25 | 5101.21 | 4769.06 |
| | 投资收益(万元) | 233.26 | －204.86 | －231.24 |
| | 利润总额(万元) | 4317.51 | 1529.87 | 1616.67 |
| | 净利润(万元) | 1207.97 | 288.56 | 1220.02 |

近年分配:

| 主要股东及持股比例%、持股性质 |
|---|
| 莱茵达集团有限公司 28.14%（非流通股） |
| 南京蓝本新型建材有限责任公司 3.48%（非流通股） |
| 杭州紫光轩艺术品有限公司 2.5%（流通 A股） |
| 沈阳莱德商贸有限公司 1.35%（非流通股） |
| 徐美琴 1.09%（流通 A股） |
| 北京房地产开发经营总公司 1.03%（非流通股） |
| 中国人寿保险股份有限公司沈分司 1.03%（非流通股） |
| 北京仁达国际信息工程有限公司 1.02%（非流通股） |
| 沈阳和天甲康原科技开发有限公司 0.94%（非流通股） |
| 上海融道贸易有限公司 0.85%（非流通股） |
| 实际控制人：高继胜 |

二〇〇六年以来市场表现

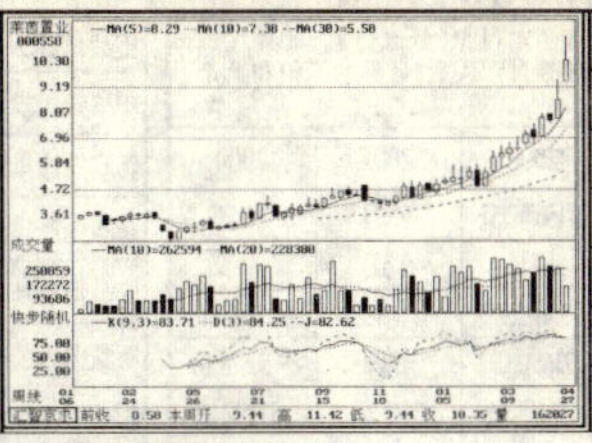

| | |
|---|---|
| 2006 年涨跌幅(%) | 71.93 |
| 2006 年最高(元) | 6.18 |
| 2007 年涨跌幅(%) | 111.22 |
| 2007.4.27 收盘(元) | 10.35 |
| 2007 年最高(元) | 11.42 |
| 2007 年最低(元) | 4.68 |
| 2007 年换手率(%) | 625.9 |

未来一年限售流通股解禁情况:

| 最新股本 | 总股本 | 非(限售)流通 | 流通 A | 流通 B/H/S | 股东户数 | 06 年末 | 06 三季 |
|---|---|---|---|---|---|---|---|
| | 11716.44 | 5655.91 | 6060.52 | | | 13976 | 12500 |

**年报点评：** 2006 年公司主要项目"扬州莱茵苑"取得了较好销售业绩,为年度利润做出了较大贡献。公司进行了资产重组,出售了沈阳莱茵达房产开发有限公司和沈阳莱茵达物业有限公司 100%的股权,使得主营业务更加突出,提升了资产质量。

## 万向钱潮（000559）

上市日期:94/01/10　电话:0571－82832999　传真:0571－82602132

**主营：** 专业生产等速万向节、轿车减震器、汽车轴承、特种轴承、汽车十字轴万向切总成、汽车制动系统、差速器十字轴、工程机械万向节总成、汽车橡胶密封件、滚动体等汽车零总件。

| | 年　度 | 2006 | 2005 | 2004 |
|---|---|---|---|---|
| 主要指标 | 每股收益/扣除后(元) | 0.17/0.167 | 0.127 | 0.21/0.203 |
| | 每股经营现金流量(元) | 0.37 | 0.22 | 0.28 |
| | 每股净资产/调整后(元) | 1.72/1.72 | 1.59/1.58 | 2.13/2.13 |
| | 未分利润(万元) | 32305.97 | 22895.39 | 13277.21 |
| | 资本公积(万元) | 8732.54 | 7284.26 | 35892.58 |
| 利润构成 | 主营收入(万元) | 337417.46 | 282925.65 | 233126.64 |
| | 主营利润(万元) | 63402.57 | 50462.17 | 46980.34 |
| | 投资收益(万元) | 1549.7 | 1082.9 | －503.16 |
| | 利润总额(万元) | 30067.6 | 23324.43 | 23076.14 |
| | 净利润(万元) | 17399.32 | 13062.48 | 15098.67 |

近年分配: 06 年:10 派 2；05 年:10 派 0.5；04 中期:10 转增 10 年终:10 派 1 转增 4

| 主要股东及持股比例%、持股性质 |
|---|
| 万向集团公司 61.05%（部分流通部分不流通） |
| 中国银行－南方高增长股票型开放式证券投资基金 2.62%（流通 A股） |
| 中国汽车工业投资开发公司 2.41%（国有股） |
| 中国工程与农业机械进出口总公司 0.98%（国有股） |
| 中国工商银行－普丰证券投资基金 0.97%（流通 A股） |
| 中汽凯瑞贸易有限公司 0.44%（国有股） |
| 鲁冠球 0.23%（流通 A股） |
| 徐连法 0.23%（流通 A股） |
| 阮胜利 0.23%（流通 A股） |
| 侯玉振 0.2%（流通 A股） |
| 实际控制人：鲁冠球 |

二〇〇六年以来市场表现

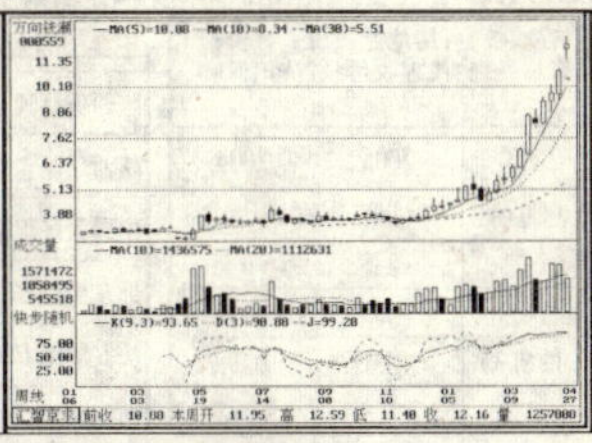

| | |
|---|---|
| 2006 年涨跌幅(%) | 83.65 |
| 2006 年最高(元) | 5.86 |
| 2007 年涨跌幅(%) | 186.79 |
| 2007.4.27 收盘(元) | 12.16 |
| 2007 年最高(元) | 12.59 |
| 2007 年最低(元) | 4.16 |
| 2007 年换手率(%) | 407.48 |

未来一年限售流通股解禁情况:

| 最新股本 | 总股本 | 非(限售)流通 | 流通 A | 流通 B/H/S | 股东户数 | 06 年末 | 06 三季 |
|---|---|---|---|---|---|---|---|
| | 102558.74 | 55739.04 | 46819.7 | | | 33672 | 33887 |

**年报点评：** 根据"建设成为一流汽车系统零部件供应商"的长远发展愿景目标,06 年公司重点按照"调整、完善、提高"的六字方针,通过集约化经营实现了经营业绩持续、稳定增长。随着国内汽车行业持续发展,以及公司集约化经营成效的显现,公司也将迎来稳定发展期。

## ST 昆百大（000560）

上市日期:94/02/02　电话:0871－3621681　传真:0871－3623414

**主营：** 商业零售批发、房地产开发及旅游服务。

| | 年　度 | 2006 | 2005 | 2004 |
|---|---|---|---|---|
| 主要指标 | 每股收益/扣除后(元) | 0.254/0.192 | 0.262 | 0.32/0.113 |
| | 每股经营现金流量(元) | 0.4146 | －1.1785 | 0.6 |
| | 每股净资产/调整后(元) | 0.09/0.03 | －0.16/－0.45 | －0.42/－1.16 |
| | 未分利润(万元) | －13456.05 | －16870.64 | －38988.01 |
| | 资本公积(万元) | 136.22 | 270.69 | 17653.59 |
| 利润构成 | 主营收入(万元) | 118640.09 | 84118.44 | 83305.83 |
| | 主营利润(万元) | 23095 | 14990.93 | 15479.21 |
| | 投资收益(万元) | 269.33 | 2007.6 | －28.66 |
| | 利润总额(万元) | 6010.84 | 3201.04 | 5199.99 |
| | 净利润(万元) | 3414.59 | 3527.17 | 4348.14 |

近年分配:

| 主要股东及持股比例%、持股性质 |
|---|
| 华夏西部经济开发有限公司 34.55%（非流通股） |
| 中国建设银行－上投摩根中国优势证券投资基金 2.88%（流通 A股） |
| 东方证券－农行－东方红号集合资产管理计划 1.96%（流通 A股） |
| 深圳市鸿基(集团)股份有限公司 1.86%（非流通股） |
| 东方证券－中行－东方红号集合资产管理计划 1.66%（流通 A股） |
| 红云烟草(集团)有限责任公司 1.65%（非流通股） |
| 兴业银行股份有限公司－兴业趋势投资混合型证券投资基金 1.48%（流通 A股） |
| 徐志平 0.79%（流通 A股） |
| 王莹 0.68%（流通 A股） |
| 上海申杰实业有限公司 0.65%（流通 A股） |
| 实际控制人：何道峰 |

二〇〇六年以来市场表现

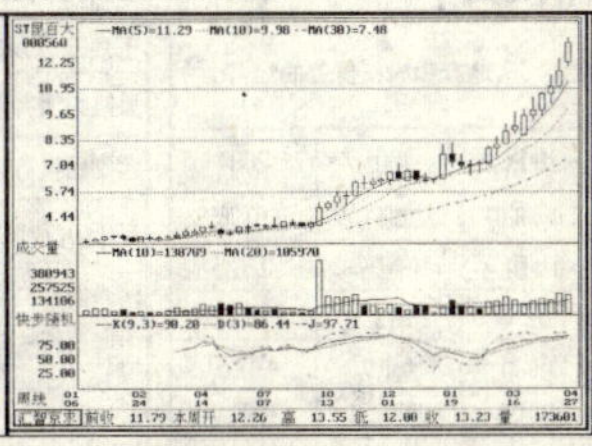

| | |
|---|---|
| 2006 年涨跌幅(%) | 170.37 |
| 2006 年最高(元) | 9.3 |
| 2007 年涨跌幅(%) | 111.34 |
| 2007.4.27 收盘(元) | 13.23 |
| 2007 年最高(元) | 13.55 |
| 2007 年最低(元) | 6.12 |
| 2007 年换手率(%) | 225.77 |

未来一年限售流通股解禁情况:13568000 股 09 月 25 日解禁

| 最新股本 | 总股本 | 非(限售)流通 | 流通 A | 流通 B/H/S | 股东户数 | 06 年末 | 06 三季 |
|---|---|---|---|---|---|---|---|
| | 13440 | 5329.01 | 8110.99 | | | 11413 | 14644 |

**年报点评：** 报告期内公司多个房产项目开盘销售,相关营业费用超出预期。昆明地区销售产品来自野鸭湖项目和新纪元酒店公寓部分,其中的野鸭湖项目规划面积 7000 亩,是公司未来开发重心。目前公司土地储备 1450 亩,分布于北京、无锡、昆明,即将迎来地产业务收获期。

## SST 长岭（000561）

上市日期:94/05/09　电话:0917－3624433　传真:0917－3622392

**主营：** 家用电器产品、机电产品、软件技术开发以及相关的进出口贸易。

| | 年　度 | 2006 | 2005 | 2004 |
|---|---|---|---|---|
| 主要指标 | 每股收益/扣除后(元) | －0.18/－0.26 | 0.07 | 0.05/0.02 |
| | 每股经营现金流量(元) | －0.024 | －0.0021 | 0.01 |
| | 每股净资产/调整后(元) | 1.54/ 1.68 | 1.64/ 1.67 | 1.55/ 1.59 |
| | 未分利润(万元) | －137513.05 | －130369.41 | －122908.92 |
| | 资本公积(万元) | 52520.42 | 52209.3 | 52129.61 |
| 利润构成 | 主营收入(万元) | 33019.55 | 22170.35 | 30969.33 |
| | 主营利润(万元) | －195.88 | 4609.9 | 9474.08 |
| | 投资收益(万元) | －46.63 | －1061.64 | －382.68 |
| | 利润总额(万元) | 335.89 | －3139.97 | －657.05 |
| | 净利润(万元) | －7119.92 | 2941.21 | 2116.92 |

近年分配:

| 主要股东及持股比例%、持股性质 |
|---|
| 陕西省国有资产管理局 29.98%（国有股） |
| 中国工行陕西信托投资有限公司 4.72%（非流通股） |
| 西安飞机工业集团财务有限责任公司 0.73%（非流通股） |
| 上海鑫黎实业有限公司 0.63%（非流通股） |
| 中国银行宝鸡支行劳动服务公司 0.54%（非流通股） |
| 宝鸡证券公司 0.36%（非流通股） |
| 中国农行宝鸡支行职工技术服务部 0.36%（非流通股） |
| 新疆生产建设兵团农二师 0.36%（非流通股） |
| 华能科技公司 0.34%（非流通股） |
| 王海滨 0.3%（流通 A股） |
| 实际控制人：陕西省国有资产管理局 |

二〇〇六年以来市场表现

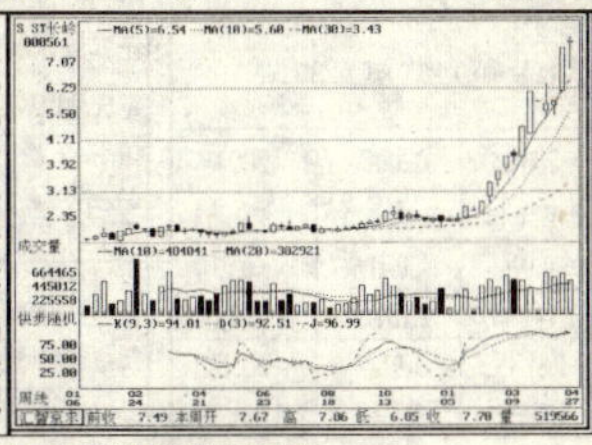

| | |
|---|---|
| 2006 年涨跌幅(%) | 34.36 |
| 2006 年最高(元) | 2.64 |
| 2007 年涨跌幅(%) | 251.6 |
| 2007.4.27 收盘(元) | 7.7 |
| 2007 年最高(元) | 7.86 |
| 2007 年最低(元) | 2.16 |
| 2007 年换手率(%) | 274.8 |

未来一年限售流通股解禁情况:

| 最新股本 | 总股本 | 非(限售)流通 | 流通 A | 流通 B/H/S | 股东户数 | 06 年末 | 06 三季 |
|---|---|---|---|---|---|---|---|
| | 39701.26 | 15492.49 | 24208.77 | | | 80934 | 88545 |

**年报点评：** 公司主营范围为家用电器产品、纺织机电产品、软件技术开发以及相关的进出口贸易。2006 年在行业竞争加剧和上游原材料价格上升的双重挤压之下,公司仍然处于亏损的状态。公司只有寄希望通过股权分置改革进行资产重组来改变长期亏损的局面。

## 宏源证券(000562)

上市日期:94/02/02　　电话:0991－2301870　　传真:0991－2301779

**主营**：经营证券的代理买卖;代理还本付息、分红付息、证券代保管、鉴证;代理登记开户;证券自营买卖;证券的承销和上市推荐;证券投资咨询等。

| | 年度 | 2006 | 2005 | 2004 |
|---|---|---|---|---|
| 主要指标 | 每股收益/扣除后(元) | 0.156/0.157 | 0.013 | －0.956/－0.941 |
| | 每股经营现金流量(元) | 1.816 | 0.523 | －1.202 |
| | 每股净资产/调整后(元) | 2.41/2.4 | 1.14/1.05 | 1.13/0.96 |
| | 未分利润(万元) | 21661.15 | 3428.83 | －50878.09 |
| | 资本公积(万元) | 175408.05 | 1149.69 | 53356.46 |
| 利润构成 | 主营收入(万元) | 59100.91 | －1699.05 | 16279.78 |
| | 主营利润(万元) | 27011.66 | －24716.6 | －18022.52 |
| | 投资收益(万元) | | | |
| | 利润总额(万元) | 23417.52 | 822.25 | －57422.3 |
| | 净利润(万元) | 22790.41 | 822.25 | －58170.32 |

近年分配:06 预案:10 派 0.8

| 主要股东及持股比例%、持股性质 |
|---|
| 中国建银投资有限责任公司 66.67%(国有股) |
| 新疆凯迪投资有限责任公司 4.49%(非流通股) |
| 新疆生产建设兵团投资有限责任公司 1.64%(国有股) |
| 安徽华茂纺织股份有限公司 1.51%(国有股) |
| 新疆电力公司 1.51%(国有股) |
| 新疆宏源建信发展有限公司 0.96%(非流通股) |
| 中国建设银行—华夏优势增长股票型证券投资基金 0.73%(流通 A 股) |
| 中国建设银行—华夏红利混合型开放式证券投资基金 0.65%(流通 A 股) |
| 新疆金融市场 0.63%(非流通股) |
| 新疆新达投资管理有限公司 0.42%(流通 A 股) |
| 实际控制人:中央汇金投资有限责任公司 |

二〇〇六年以来市场表现

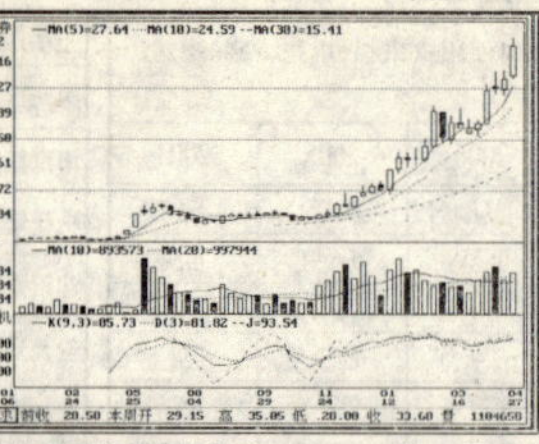

| | |
|---|---|
| 2006 年涨跌幅(%) | 306.36 |
| 2006 年最高(元) | 16.62 |
| 2007 年涨跌幅(%) | 176.97 |
| 2007.4.27 收盘(元) | 33.68 |
| 2007 年最高(元) | 35.05 |
| 2007 年最低(元) | 11 |
| 2007 年换手率(%) | 477.33 |

未来一年限售流通股解禁情况:197341932 股 06 月 21 日解禁

| 最新股本 | 总股本 | 非(限售)流通 | 流通 A | 流通 B/H/S | 股东户数 | 06 年末 | 06 三季 |
|---|---|---|---|---|---|---|---|
| | 146120.42 | 114123.74 | 31996.68 | | | 63108 | 62422 |

**年报点评**:2006 年公司经纪业务收入 3.20 亿元,实现利润 1.35 亿元,同比增长 1391.93%。另外,公司申购新股的收益率也有较大提高,年内运作收益率为 106.08%,居行业前列。投行业务方面,实现收入总额 0.46 亿元,同比增长 42.64%。另外,公司辅导和财务顾问实现收入 1559 万元。

## 陕国投 A(000563)

上市日期:94/01/10　　电话:029－3239457　　传真:029－3239354

**主营**：信托存贷款、投资;委托存贷款、投资;房地产投资;有价证券;金融租赁;代理财产保管与处理;代理收付;经济担保和信用见证;经济咨询。

| | 年度 | 2006 | 2005 | 2004 |
|---|---|---|---|---|
| 主要指标 | 每股收益/扣除后(元) | 0.028/0.008 | －0.047 | 0.03/－0.272 |
| | 每股经营现金流量(元) | －0.22 | －2.08 | －0.55 |
| | 每股净资产/调整后(元) | 0.87/0.86 | 0.96/0.84 | 1/0.94 |
| | 未分利润(万元) | －10460.32 | －11328 | －9627.29 |
| | 资本公积(万元) | 1468.29 | 5890.89 | 5890.89 |
| 利润构成 | 主营收入(万元) | 14328.95 | 4665.48 | 15374.04 |
| | 主营利润(万元) | 3656.69 | 2366.75 | 4715.18 |
| | 投资收益(万元) | 2464.56 | －359.73 | 3658.33 |
| | 利润总额(万元) | 1393.62 | －1247.3 | 1124.33 |
| | 净利润(万元) | 1014.28 | －1471.59 | 1093.7 |

近年分配:

| 主要股东及持股比例%、持股性质 |
|---|
| 陕西省高速公路建设集团公司 44.78%(国有股) |
| 陕西华圣企业(集团)股份有限公司 3.01%(非流通股) |
| 中国人民保险公司陕西省分公司 1.51%(非流通股) |
| 远东机械制造公司 0.3%(非流通股) |
| 庆安集团有限公司 0.3%(非流通股) |
| 西安咸阳国际机场 0.27%(非流通股) |
| 陕西省邮电管理局 0.24%(非流通股) |
| 杜海峰 0.15%(流通 A 股) |
| 胡斌 0.14%(流通 A 股) |
| 张震九 0.12%(流通 A 股) |
| 实际控制人:陕西省人民政府国有资产监督管理委员会 |

二〇〇六年以来市场表现

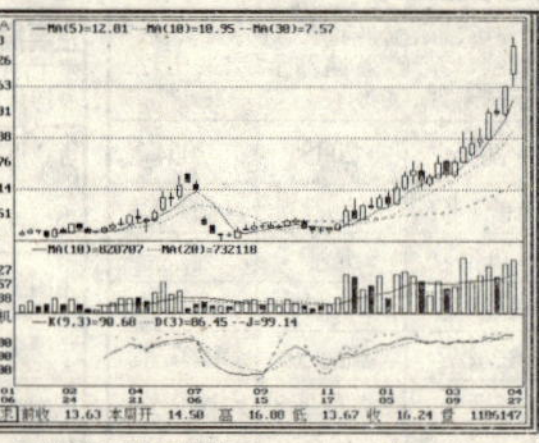

| | |
|---|---|
| 2006 年涨跌幅(%) | 110.54 |
| 2006 年最高(元) | 9.15 |
| 2007 年涨跌幅(%) | 147.94 |
| 2007.4.27 收盘(元) | 16.24 |
| 2007 年最高(元) | 16.88 |
| 2007 年最低(元) | 6.04 |
| 2007 年换手率(%) | 704.93 |

未来一年限售流通股解禁情况:45246811 股 07 月 25 日解禁

| 最新股本 | 总股本 | 非(限售)流通 | 流通 A | 流通 B/H/S | 股东户数 | 06 年末 | 06 三季 |
|---|---|---|---|---|---|---|---|
| | 35841.3 | 18782.7 | 17058.6 | | | 59211 | 59174 |

**年报点评**:为实现扭亏增盈目标,公司一方面实施内部管理改革,以便为经营管理顺畅运行奠定基础。另一方面,在清理历史负债和推进股改的同时,公司积极拓展业务谋发展。公司实现主营业务收入同比增长 207.13%,实现净利润 1014.28 万元。

## 西安民生(000564)

上市日期:94/01/10　　电话:029－7481961　　传真:029－7481871

**主营**：以百货零售业为主,兼营酒店、房地产和股权投资的经营。

| | 年度 | 2006 | 2005 | 2004 |
|---|---|---|---|---|
| 主要指标 | 每股收益/扣除后(元) | 0.069/0.07 | 0.083 | 0.076/0.1 |
| | 每股经营现金流量(元) | 0.4091 | 0.5239 | 0.5395 |
| | 每股净资产/调整后(元) | 2.2/2.19 | 2.86/2.86 | 2.88/2.88 |
| | 未分利润(万元) | 5316.51 | 3631.97 | 4317.33 |
| | 资本公积(万元) | 21194.8 | 28396.94 | 28396.94 |
| 利润构成 | 主营收入(万元) | 88796.15 | 85863.64 | 78601.3 |
| | 主营利润(万元) | 14266.99 | 13823 | 14019.31 |
| | 投资收益(万元) | －63.37 | 657.02 | 134.43 |
| | 利润总额(万元) | 3581.89 | 2546.53 | 2373.24 |
| | 净利润(万元) | 1871.71 | 1668.39 | 1540.68 |

近年分配:06 预案:10 派 1;04 年:10 派 1

| 主要股东及持股比例%、持股性质 |
|---|
| 海航集团有限公司 19.16%(非流通股) |
| 西安民生劳动服务公司 1.76%(非流通股) |
| 赵庆 0.74%(流通 A 股) |
| 陕西新开高新技术投资有限公司 0.57%(非流通股) |
| 中国银行－华夏大盘精选证券投资基金 0.48%(流通 A 股) |
| 黄成钢 0.46%(流通 A 股) |
| 邹琳 0.34%(流通 A 股) |
| 缪晓胜 0.32%(流通 A 股) |
| 曹才芝 0.26%(流通 A 股) |
| 陈冈 0.26%(流通 A 股) |
| 实际控制人:海南航空股份有限公司工会委员会 |

二〇〇六年以来市场表现

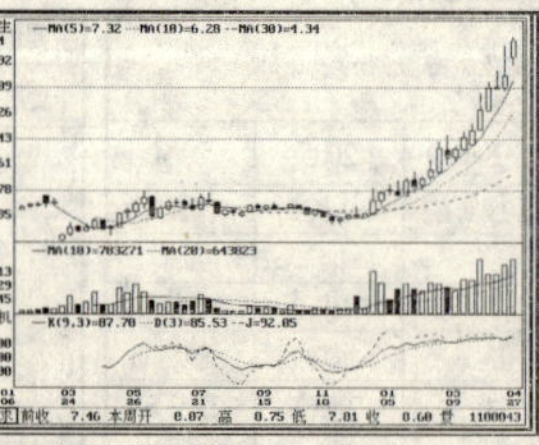

| | |
|---|---|
| 2006 年涨跌幅(%) | 66.73 |
| 2006 年最高(元) | 5.35 |
| 2007 年涨跌幅(%) | 133.7 |
| 2007.4.27 收盘(元) | 8.6 |
| 2007 年最高(元) | 8.75 |
| 2007 年最低(元) | 3.56 |
| 2007 年换手率(%) | 528.56 |

未来一年限售流通股解禁情况:

| 最新股本 | 总股本 | 非(限售)流通 | 流通 A | 流通 B/H/S | 股东户数 | 06 年末 | 06 三季 |
|---|---|---|---|---|---|---|---|
| | 27034.71 | 6537.13 | 20497.57 | | | 53919 | 58267 |

**年报点评**:公司 2006 年实现主营业务收入 8.88 亿元,同比增长 3.42%;实现利润总额 3581.88 万元,同比增长 40.66%;实现净利润 1871.7 万元,同比增长 12.19%。西安民生已经确定了以"品牌换市场,以西安为中心"逐步发展成为陕西省内、乃至西北地区百货业龙头企业总体发展思路。

## 渝三峡 A(000565)

上市日期:94/04/08　　电话:023－68823076　　传真:023－68824806

**主营**：各类涂料、合成树脂及印铁包装桶的生产、开发、销售

| | 年度 | 2006 | 2005 | 2004 |
|---|---|---|---|---|
| 主要指标 | 每股收益/扣除后(元) | 0.037/0.04 | 0.008/0.01 | 0.02/0.023 |
| | 每股经营现金流量(元) | 0.09 | 0.11 | －0.03 |
| | 每股净资产/调整后(元) | 2.14/2.09 | 2.12/1.94 | 2.11/2.04 |
| | 未分利润(万元) | 1685.45 | 1097.49 | 985.12 |
| | 资本公积(万元) | 14989.9 | 15337.6 | 15264.36 |
| 利润构成 | 主营收入(万元) | 30852.43 | 29661.94 | 29138.02 |
| | 主营利润(万元) | 4337.04 | 3921.15 | 5254.33 |
| | 投资收益(万元) | 819.32 | 339.99 | －133 |
| | 利润总额(万元) | 583.04 | 143.1 | 436.51 |
| | 净利润(万元) | 639.28 | 134.39 | 339.09 |

近年分配:

| 主要股东及持股比例%、持股性质 |
|---|
| 重庆化医控股(集团)公司 40.53%(国有股) |
| 国际金融－花旗－MARTIN CURRIE INVESTMENT MANAGEMENT LIMITED 2.59%(流通 A 股) |
| 黄木秀 1.21%(流通 A 股) |
| 银河－渣打－CITIGROUP GLOBAL MARKETS LIMITED 1.16%(流通 A 股) |
| 江西省财政投资管理公司 0.8%(流通 A 股) |
| 黄长锦 0.73%(流通 A 股) |
| 陈志杰 0.58%(流通 A 股) |
| 长江证券有限责任公司 0.56%(流通 A 股) |
| 深圳市蓝波湾投资有限公司 0.48%(流通 A 股) |
| 顾昌贤 0.36%(流通 A 股) |
| 实际控制人:重庆化医控股(集团)公司 |

二〇〇六年以来市场表现

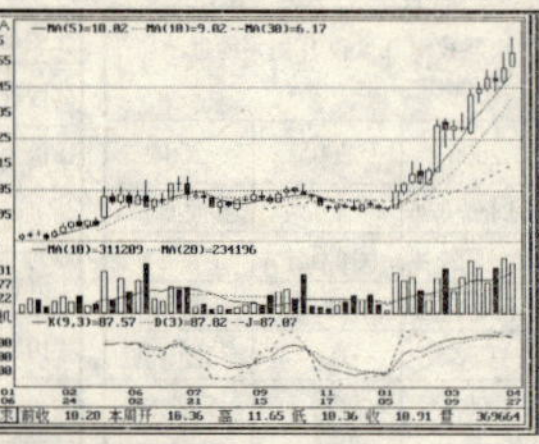

| | |
|---|---|
| 2006 年涨跌幅(%) | 72.52 |
| 2006 年最高(元) | 6.6 |
| 2007 年涨跌幅(%) | 157.31 |
| 2007.4.27 收盘(元) | 10.91 |
| 2007 年最高(元) | 11.65 |
| 2007 年最低(元) | 4.14 |
| 2007 年换手率(%) | 410.22 |

未来一年限售流通股解禁情况:

| 最新股本 | 总股本 | 非(限售)流通 | 流通 A | 流通 B/H/S | 股东户数 | 06 年末 | 06 三季 |
|---|---|---|---|---|---|---|---|
| | 17343.69 | 7028.86 | 10314.83 | | | 21822 | 22211 |

**年报点评**:公司持股 80% 的三峡英利目前主要投资建设天然气－3 万吨氢氰酸－12.6 万吨羟基乙氰－5 万吨甘氨酸项目,该项目属于国际先进的直接 Hydantion 工艺,预计 2007 年三季度末可以投产。公司计划将油漆涂料产能由 3 万吨提高到 6 万吨。

## 海南海药（000566）

上市日期:94/05/25　电话:0898－66785861　传真:0898－66705316

| | | | | |
|---|---|---|---|---|
| 主营 | 经营中西成药、精细化工产品、化学原料药、保健品及与医药工业相配套的进出口贸易。 | | | |
| | 年　度 | 2006 | 2005 | 2004 |
| 主要指标 | 每股收益/扣除后(元) | 0.12/0.11 | 0.11 | 0.12/0.11 |
| | 每股经营现金流量(元) | 0.15 | 0.13 | 0.18 |
| | 每股净资产/调整后(元) | 1.13/1.06 | 1.02/0.96 | 0.9/0.83 |
| | 未分利润(万元) | -9814.78 | -12270.08 | -67261.53 |
| | 资本公积(万元) | 10738.15 | 11061.56 | 63618.58 |
| 利润构成 | 主营收入(万元) | 21358.78 | 21027.1 | 22542.14 |
| | 主营利润(万元) | 9168.12 | 10836.14 | 11734.17 |
| | 投资收益(万元) | | | |
| | 利润总额(万元) | 3193.96 | 2461.71 | 2609.14 |
| | 净利润(万元) | 2455.3 | 2174.45 | 2498.27 |
| 近年分配: | | | | |

| 主要股东及持股比例%、持股性质 | |
|---|---|
| 深圳市南方同正投资有限公司 20.34%（非流通股） | |
| 海口富海福投资有限公司 9.3%（非流通股） | |
| 中国华融资产管理公司 5.44%（部分流通部分不流通） | |
| 北京桑海投资有限公司 2.78%（非流通股） | |
| 贺来毅 2.41%（流通 A 股） | |
| 海南省信托投资公司 1.42%（非流通股） | |
| 上海信义水处理有限责任公司 1%（流通 A 股） | |
| 赵勇 0.33%（流通 A 股） | |
| 陈元宽 0.32%（流通 A 股） | |
| 海南保险职工经济技术开发公司 0.27%（非流通股） | |
| 实际控制人: | 刘悉承 |

二〇〇六年以来市场表现

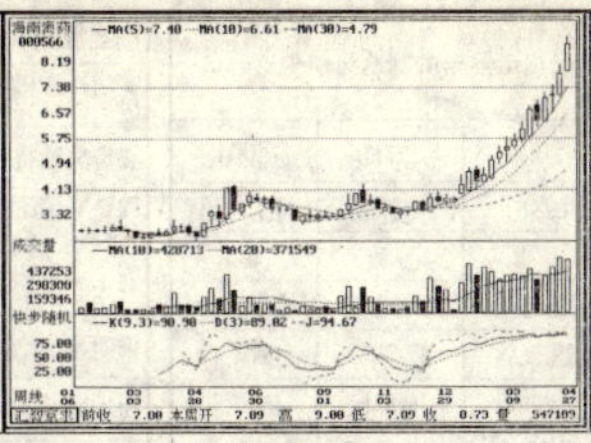

| | |
|---|---|
| 2006 年涨跌幅(%) | 36.43 |
| 2006 年最高(元) | 4.29 |
| 2007 年涨跌幅(%) | 128.53 |
| 2007.4.27 收盘(元) | 8.73 |
| 2007 年最高(元) | 9 |
| 2007 年最低(元) | 3.67 |
| 2007 年换手率(%) | 487.14 |

未来一年限售流通股解禁情况:6530260 股 11 月 21 日解禁

| 最新股本 | 总股本 | 非(限售)流通 | 流通 A | 流通 B/H/S | 股东户数 | 06 年末 | 06 三季 |
|---|---|---|---|---|---|---|---|
| | 20234.9 | 7044.53 | 13190.37 | | | 25056 | 21844 |

**年报点评** 主要盈利产品紫杉醇进入销售瓶颈,收入、毛利率持续下降;一般普药因公司营销资源倾斜表现较好,收入同比增长 16%,但受行业性的降价影响,毛利率下降 8 个百分点,公司三项费用大幅下降是营业利润增长的主要原因。

## 海德股份（000567）

上市日期:94/05/25　电话:0898－68535693　传真:0898－68535942

| | | | | |
|---|---|---|---|---|
| 主营 | 信息产业、高新技术产业;酒店管理与咨询,住宿、中式餐、会议服务;矿泉水生产销售;房地产开发经营;兼营进出口贸易、旅游业、娱乐业、汽车维修。 | | | |
| | 年　度 | 2006 | 2005 | 2004 |
| 主要指标 | 每股收益/扣除后(元) | 0.144/0.142 | 0.009 | 0.076/0.033 |
| | 每股经营现金流量(元) | 0.197 | -0.086 | 0.03 |
| | 每股净资产/调整后(元) | 0.69/0.67 | 0.55/0.5 | 0.54/0.5 |
| | 未分利润(万元) | -16434.79 | -18612.83 | -18794.81 |
| | 资本公积(万元) | 11672.83 | 11672.83 | 11672.83 |
| 利润构成 | 主营收入(万元) | 14804.76 | 3803.73 | 7551.74 |
| | 主营利润(万元) | 4850.3 | 1978.27 | 6402.25 |
| | 投资收益(万元) | 33.46 | 255.62 | -29.42 |
| | 利润总额(万元) | 2178.05 | 132.2 | 1245 |
| | 净利润(万元) | 2178.05 | 132.2 | 1141.78 |
| 近年分配: | | | | |

| 主要股东及持股比例%、持股性质 | |
|---|---|
| 海南祥源投资有限公司 21.38%（非流通股） | |
| 海南海基投资有限公司 8.67%（非流通股） | |
| 上海万可实业有限公司 3.92%（非流通股） | |
| 海口市对外经济发展公司 2.51%（非流通股） | |
| 杭州盛裕贸易有限公司 2.32%（流通 A 股） | |
| 杭州华茂经济信息咨询有限公司 2.01%（流通 A 股） | |
| 海南文化旅业发展公司 1.21%（非流通股） | |
| 杭州市花园汽车滤清器厂 1.21%（非流通股） | |
| 上海美建物资供销经营部 1.11%（非流通股） | |
| 上海证券有限责任公司 1.08%（非流通股） | |
| 实际控制人: | 汪曦光 |

二〇〇六年以来市场表现

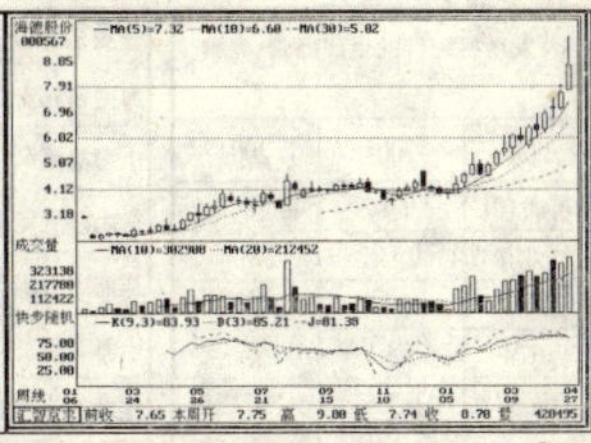

| | |
|---|---|
| 2006 年涨跌幅(%) | 59.2 |
| 2006 年最高(元) | 5.95 |
| 2007 年涨跌幅(%) | 122.51 |
| 2007.4.27 收盘(元) | 8.7 |
| 2007 年最高(元) | 9.8 |
| 2007 年最低(元) | 3.74 |
| 2007 年换手率(%) | 425.76 |

未来一年限售流通股解禁情况:5555000 股 02 月 17 日解禁

| 最新股本 | 总股本 | 非(限售)流通 | 流通 A | 流通 B/H/S | 股东户数 | 06 年末 | 06 三季 |
|---|---|---|---|---|---|---|---|
| | 15120 | 7560 | 7560 | | | 14822 | 15665 |

**年报点评** 公司主营房地产开发与经营,公司向实际控制人浙江省耀江实业集团有限公司发行 7700 万股股份,购买控股子公司平湖耀江房地产开发有限公司 100% 的股权。通过此次收购,将使得公司的股本规模、资产规模、土地储备大幅增加,房地产主业得以突出。

## 泸州老窖（000568）

上市日期:94/05/09　电话:0830—2398826　传真:0830—2398864

| | | | | |
|---|---|---|---|---|
| 主营 | 生产销售泸州老窖系列曲酒 | | | |
| | 年　度 | 2006 | 2005 | 2004 |
| 主要指标 | 每股收益/扣除后(元) | 0.39/0.37 | 0.05 | 0.05/0.05 |
| | 每股经营现金流量(元) | 0.41 | 0.27 | 0.27 |
| | 每股净资产/调整后(元) | 2.52/2.51 | 1.83/1.82 | |
| | 未分利润(万元) | 30922.11 | 4013.57 | 3777.16 |
| | 资本公积(万元) | 69912.38 | 37360.34 | 37360.33 |
| 利润构成 | 主营收入(万元) | 186937.55 | 145664.44 | 128225.07 |
| | 主营利润(万元) | 90422.73 | 64225.26 | 58826.12 |
| | 投资收益(万元) | 797.78 | -3291.88 | 72.43 |
| | 利润总额(万元) | 49282.31 | 11754.99 | 9727.3 |
| | 净利润(万元) | 33661.29 | 4618.13 | 4541.13 |
| 近年分配: | 06 预案:10 派 3.5；05 年:10 派 0.4；04 年:10 派 0.4 | | | |

| 主要股东及持股比例%、持股性质 | |
|---|---|
| 泸州市国有资产管理局 58.35%（国有股） | |
| 泸州市兴泸投资集团有限公司 1.82%（非流通股） | |
| 中国建设银行－上投摩根成长先锋股票型证券投资基金 1.73%（流通 A 股） | |
| 中国银行－华夏回报二号证券投资基金 1.41%（流通 A 股） | |
| 中国工商银行－广发策略优选混合型证券投资基金 1.39%（流通 A 股） | |
| 全国社保基金一零四组合 1.11%（流通 A 股） | |
| 全国社保基金一零七组合 1.02%（流通 A 股） | |
| 中国农业银行－交银施罗德成长股票证券投资基金 0.98%（流通 A 股） | |
| 兴华证券投资基金 0.94%（流通 A 股） | |
| 中国农业银行－华夏平稳增长混合型证券投资基金 0.78%（流通 A 股） | |
| 实际控制人: | 泸州市国有资产管理局 |

二〇〇六年以来市场表现

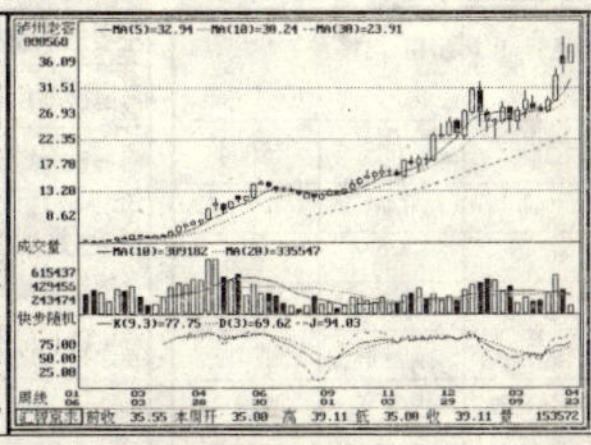

| | |
|---|---|
| 2006 年涨跌幅(%) | 484.79 |
| 2006 年最高(元) | 26.08 |
| 2007 年涨跌幅(%) | 54.34 |
| 2007.4.27 收盘(元) | 39.11 |
| 2007 年最高(元) | 40.67 |
| 2007 年最低(元) | 22.25 |
| 2007 年换手率(%) | 152.32 |

未来一年限售流通股解禁情况:42069984 股 11 月 03 日解禁

| 最新股本 | 总股本 | 非(限售)流通 | 流通 A | 流通 B/H/S | 股东户数 | 06 年末 | 06 三季 |
|---|---|---|---|---|---|---|---|
| | 87139.97 | 53846.93 | 33293.04 | | | 26722 | 39378 |

**年报点评** 公司是我国著名四大名白酒生产厂家之一,其业绩优良。目前通过产品结构调整,主要产品产销两旺。公司加强成本控制使其业绩飞速增长,其中最直接的推动力就是品牌"国窖 1573"的成长。我们认为公司已经走向了良性的发展轨道,其长期发展前景值得看好。

## ＊ST 长钢（000569）

上市日期:94/04/25　电话:0816－3650392　传真:0816－3651872

| | | | | |
|---|---|---|---|---|
| 主营 | 钢冶炼、钢压延加工 | | | |
| | 年　度 | 2006 | 2005 | 2004 |
| 主要指标 | 每股收益/扣除后(元) | -0.36/-0.35 | -0.134 | 0.01/0.014 |
| | 每股经营现金流量(元) | 0.012 | 0.166 | -0.329 |
| | 每股净资产/调整后(元) | 0.72/0.72 | 1.17/0.96 | 1.23/1 |
| | 未分利润(万元) | -57813.79 | -30614.57 | -20414.93 |
| | 资本公积(万元) | 30317.87 | 35608.05 | 29294.03 |
| 利润构成 | 主营收入(万元) | 287722.54 | 289337.52 | 277175.68 |
| | 主营利润(万元) | 17226.6 | 20359.83 | 12418.31 |
| | 投资收益(万元) | 426.44 | 194.54 | -5.68 |
| | 利润总额(万元) | -27199.21 | -9284.64 | 749.61 |
| | 净利润(万元) | -27199.21 | -9284.64 | 700.74 |
| 近年分配: | | | | |

| 主要股东及持股比例%、持股性质 | |
|---|---|
| 攀钢集团四川长城特殊钢有限责任公司 53.4%（国有股） | |
| 上海上科科技投资有限公司 3.84%（非流通股） | |
| 河北证券有限责任公司 3.06%（国有股） | |
| 深圳国际信托投资有限公司 2.59%（国有股） | |
| 攀枝花钢铁(集团)公司 1.53%（国有股） | |
| 深圳深业物流集团股份有限公司 0.92%（国有股） | |
| 深圳中财投资发展公司 0.77%（非流通股） | |
| 深圳市物业发展(集团)股份有限公司 0.77%（国有股） | |
| 施辉 0.46%（非流通股） | |
| 深圳市旗扬投资有限公司 0.46%（非流通股） | |
| 实际控制人: | 攀枝花钢铁(集团)公司 |

二〇〇六年以来市场表现

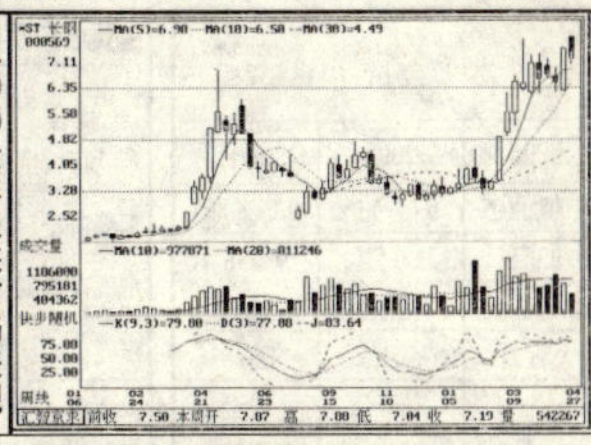

| | |
|---|---|
| 2006 年涨跌幅(%) | 148.72 |
| 2006 年最高(元) | 6.87 |
| 2007 年涨跌幅(%) | 126.1 |
| 2007.4.27 收盘(元) | 7.19 |
| 2007 年最高(元) | 7.88 |
| 2007 年最低(元) | 3.14 |
| 2007 年换手率(%) | 686.42 |

未来一年限售流通股解禁情况:144396050 股 08 月 15 日解禁

| 最新股本 | 总股本 | 非(限售)流通 | 流通 A | 流通 B/H/S | 股东户数 | 06 年末 | 06 三季 |
|---|---|---|---|---|---|---|---|
| | 75431.4 | 54726.86 | 20704.53 | | | 49405 | 49165 |

**年报点评** 公司是国内重要的特殊钢生产基地,目前可以生产 350 余个牌号的高级优质钢。2007 年公司将进行多项技改,提高整体装备水平,加大市场占有率高、技术含量高、附加值高的特钢产品的开发力度,提高公司产品综合盈利能力。

## 苏常柴 A（000570/200570）

上市日期:A: 94/07/01 B: 96/09/13　　电话:86-519　　传真:86-519-6630954

| 主营 | 农用柴油机、联合收割机、农用运输车的制造与销售 | | | |
|---|---|---|---|---|
| | 年　度 | 2006 | 2005 | 2004 |
| 主要指标 | 每股收益/扣除后(元) | 0.28/0.1 | 0.13/0.09 | 0.12/0.08 |
| | 每股经营现金流量(元) | 0.48 | 0.19 | 0.4 |
| | 每股净资产/调整后(元) | 2.64/2.41 | 2.41/2.05 | 2.28/1.85 |
| | 未分利润(万元) | 25079.98 | 17959.67 | 13854.45 |
| | 资本公积(万元) | 16919.83 | 16914.88 | 16797.89 |
| 利润构成 | 主营收入(万元) | 184264.29 | 185493.07 | 166472.34 |
| | 主营利润(万元) | 25160.9 | 23740.62 | 19160.92 |
| | 投资收益(万元) | 364.11 | 1047.1 | 1527.16 |
| | 利润总额(万元) | 10134.5 | 4573.76 | 4826.74 |
| | 净利润(万元) | 10602.7 | 4929.69 | 4603.42 |
| 近年分配: | 06 预案:10 派 0.75；05 年:10 派 0.5 | | | |

| 主要股东及持股比例%、持股性质 | |
|---|---|
| 常州市人民政府国有资产监督管理委员会 31.43%（国有股） | |
| 武进柴油机机体厂 1.42%（非流通股） | |
| DBS VICKERS (HONG KONG) LTD A/C CLIENTS 0.59%（流通 B股） | |
| 奔牛农机厂 0.47%（非流通股） | |
| 宋明琴 0.28%（流通 A股） | |
| 谢小鹏 0.28%（流通 B股） | |
| ABN AMRO BANK NV 0.18%（流通 B股） | |
| 吴志远 0.16%（流通 B股） | |
| TOYO SECURITIES ASIA LIMITED-A/C CLIENT 0.16%（流通 B股） | |
| 沈远钦 0.16%（流通 B股） | |
| 实际控制人: | 常州市人民政府国有资产监督管理委员会 |

二〇〇六年以来市场表现

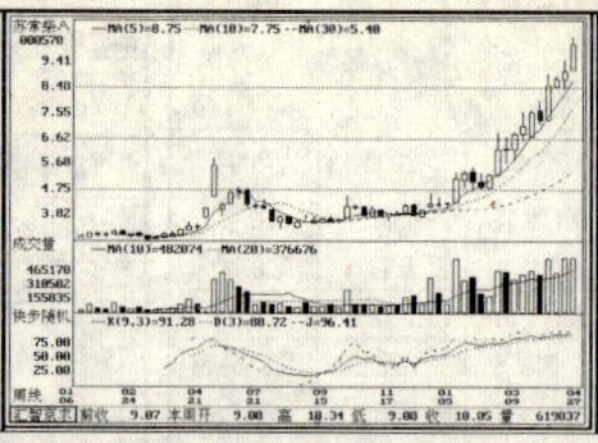


| 2006 年涨跌幅(%) | 87.84 |
|---|---|
| 2006 年最高(元) | 6.41 |
| 2007 年涨跌幅(%) | 141.59 |
| 2007.4.27 收盘(元) | 10.05 |
| 2007 年最高(元) | 10.34 |
| 2007 年最低(元) | 4.09 |
| 2007 年换手率(%) | 453.55 |

未来一年限售流通股解禁情况:28776478 股 06 月 19 日解禁

| 最新股本 | 总股本 | 非(限售)流通 | 流通 A | 流通 B/H/S | 股东户数 | 06 年末 | 06 三季 |
|---|---|---|---|---|---|---|---|
| | 37424.96 | 12769.58 | 14655.37 | 10000 | | 63260 | 66182 |

年报点评：公司以单缸柴油机为主，06 年是公司加快结构调整、深化管理实现稳健发展的一年。公司在销量持平的情况下，实现了利润的高速增长。十一五期间，公司将立足农机，做强动力，进军汽车领域，通过技术创新与产品结构调整，实现企业持续、稳定发展。

## 新大洲 A（000571）

上市日期:94/05/25　　电话:0898-68583966　　传真:0898-68583518

| 主营 | 摩托车工业村开发；摩托车及发动机配件的生产经营；高科技开发；物业管理等。 | | | |
|---|---|---|---|---|
| | 年　度 | 2006 | 2005 | 2004 |
| 主要指标 | 每股收益/扣除后(元) | 0.014/0.004 | 0.009 | 0.011/0.007 |
| | 每股经营现金流量(元) | -0.0438 | 0.1441 | 0.2044 |
| | 每股净资产/调整后(元) | 1.21/1.15 | 1.2/1.16 | 1.18/1.15 |
| | 未分利润(万元) | 1503.51 | 595.1 | -27397.87 |
| | 资本公积(万元) | 7110.57 | 7225.52 | 19777.35 |
| 利润构成 | 主营收入(万元) | 180882.97 | 208049.17 | 129452.89 |
| | 主营利润(万元) | 22117.63 | 21003.74 | 14873.27 |
| | 投资收益(万元) | 884.32 | 245.76 | 904.81 |
| | 利润总额(万元) | 1212.32 | 794.78 | 916.17 |
| | 净利润(万元) | 1025.4 | 659.72 | 812.94 |
| 近年分配: | | | | |

| 主要股东及持股比例%、持股性质 | |
|---|---|
| 海南新元农业开发有限公司 12.16%（非流通股） | |
| 上海浩洲车业有限公司 8.89%（非流通股） | |
| 海南赐慧实业股份有限公司 4.26%（非流通股） | |
| 洋浦丰裕实业发展有限公司 3.94%（非流通股） | |
| 上海盟督贸易有限公司 3.66%（非流通股） | |
| 深圳市飞尚实业发展有限公司 3.33%（流通 A股） | |
| 洋浦金瑞实业有限公司 2.72%（非流通股） | |
| 宏源证券股份有限公司 2.69%（国有股） | |
| 海南斯力特机动车配件有限公司 2.19%（非流通股） | |
| 洋浦功成实业有限公司 2.08%（非流通股） | |
| 实际控制人: | 海南省国营桂林洋农场 |

二〇〇六年以来市场表现

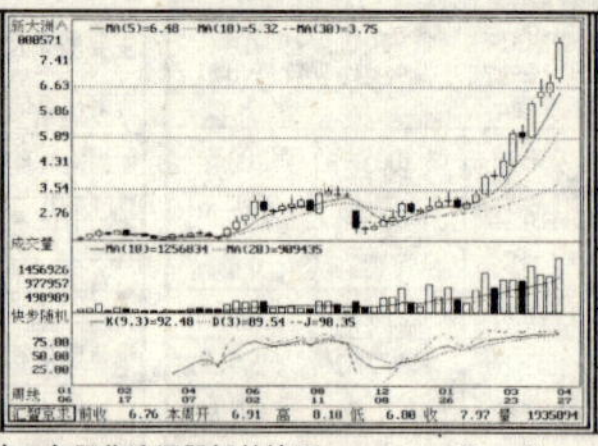


| 2006 年涨跌幅(%) | 78.85 |
|---|---|
| 2006 年最高(元) | 3.88 |
| 2007 年涨跌幅(%) | 179.65 |
| 2007.4.27 收盘(元) | 7.97 |
| 2007 年最高(元) | 8.18 |
| 2007 年最低(元) | 2.79 |
| 2007 年换手率(%) | 384.14 |

未来一年限售流通股解禁情况:240061711 股 11 月 13 日解禁

| 最新股本 | 总股本 | 非(限售)流通 | 流通 A | 流通 B/H/S | 股东户数 | 06 年末 | 06 三季 |
|---|---|---|---|---|---|---|---|
| | 73606.4 | 32148.81 | 41457.59 | | | 139129 | 146257 |

年报点评：公司主营摩托车、电动车，这两年新增加了物流和房产业务，由于受城市限摩、排放标准提高、原材料上涨、竞争加剧等影响，公司主营增长出现下降。但房产项目与煤炭项目增长使得公司业绩没有下滑，新一年公司经营仍面临较大的不确定性。

## 海马股份（000572）

上市日期:94/08/08　　电话:0898-66822672　　传真:0898-66816370

| 主营 | 工业开发区的开发、建设、经营，厂房出租、出售及工业项目投资。 | | | |
|---|---|---|---|---|
| | 年　度 | 2006 | 2005 | 2004 |
| 主要指标 | 每股收益/扣除后(元) | 0.196/0.19 | 0.363 | 0.2/0.1 |
| | 每股经营现金流量(元) | 0.25 | 0.54 | 0.98 |
| | 每股净资产/调整后(元) | 3.55/3.53 | 1.46/1.39 | 1.02/0.98 |
| | 未分利润(万元) | 14827.08 | 6023.47 | -27178.58 |
| | 资本公积(万元) | 114206.79 | 3972.58 | 29469.75 |
| 利润构成 | 主营收入(万元) | 369461.45 | 374891.34 | 26617.35 |
| | 主营利润(万元) | 18849.32 | 14915.85 | 4395.87 |
| | 投资收益(万元) | 3019.38 | | 741.21 |
| | 利润总额(万元) | 11096.24 | 7986.41 | 4438.77 |
| | 净利润(万元) | 10047.75 | 7839.38 | 4320.11 |
| 近年分配: | 06 年:10 派 0.5 | | | |

| 主要股东及持股比例%、持股性质 | |
|---|---|
| 海南汽车有限公司 57.82%（非流通股） | |
| 海马投资集团有限公司 17.9%（非流通股） | |
| 中国建设银行－－博时主题行业股票证券投资基金 0.94%（流通 A股） | |
| 全国社保基金一零二组合 0.79%（流通 A股） | |
| 梁冬 0.18%（流通 A股） | |
| 侯萍 0.12%（流通 A股） | |
| 邓生科 0.1%（流通 A股） | |
| 李素芹 0.1%（流通 A股） | |
| 张文杜 0.1%（流通 A股） | |
| 王文 0.1%（流通 A股） | |
| 实际控制人: | 景柱 |

二〇〇六年以来市场表现

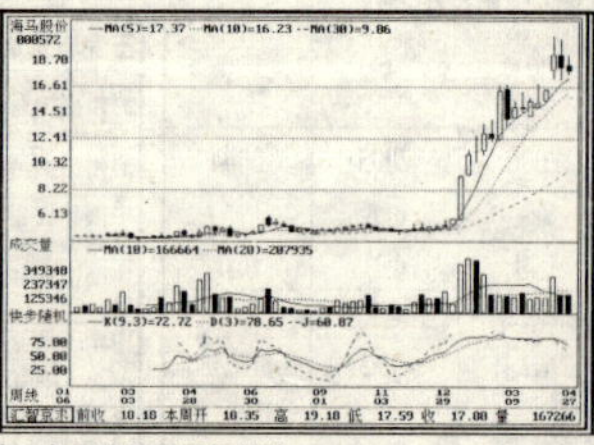


| 2006 年涨跌幅(%) | 21.89 |
|---|---|
| 2006 年最高(元) | 6.09 |
| 2007 年涨跌幅(%) | 238.94 |
| 2007.4.27 收盘(元) | 17.88 |
| 2007 年最高(元) | 20.8 |
| 2007 年最低(元) | 5.21 |
| 2007 年换手率(%) | 301.6 |

未来一年限售流通股解禁情况:

| 最新股本 | 总股本 | 非(限售)流通 | 流通 A | 流通 B/H/S | 股东户数 | 06 年末 | 06 三季 |
|---|---|---|---|---|---|---|---|
| | 51189.45 | 39429.56 | 11759.89 | | | 17960 | 19969 |

年报点评：06 年通过股改与定向增发，公司由一家仅拥有汽车销售及为汽车制造配套服务的仓储、配送、物流等业务的公司蜕变为一家拥有汽车及汽车发动机的研发、制造、销售、物流配送及相关业务的汽车类企业。随着后续国内汽车行业发展，公司将迎来新的发展阶段。

## 粤宏远 A（000573）

上市日期:94/08/15　　电话:0769-22412655　　传真:0769-22412655

| 主营 | 房地产开发与经营 | | | |
|---|---|---|---|---|
| | 年　度 | 2006 | 2005 | 2004 |
| 主要指标 | 每股收益/扣除后(元) | 0.007/0.005 | 0.036/0.05 | 0.032/0.075 |
| | 每股经营现金流量(元) | 0.075 | -0.534 | 0.16 |
| | 每股净资产/调整后(元) | 2.26/2.21 | 3.13/3.01 | 3.07/2.88 |
| | 未分利润(万元) | 5886.71 | 5521.3 | 4206.93 |
| | 资本公积(万元) | 55459.84 | 72868.06 | 72515 |
| 利润构成 | 主营收入(万元) | 33175.99 | 56545.15 | 48517.23 |
| | 主营利润(万元) | 7936.31 | 13465.83 | 12890.06 |
| | 投资收益(万元) | 693.93 | -795.65 | -812.66 |
| | 利润总额(万元) | 213.27 | 1981.61 | 694.29 |
| | 净利润(万元) | 406.02 | 1642.96 | 1457.04 |
| 近年分配: | | | | |

| 主要股东及持股比例%、持股性质 | |
|---|---|
| 广东宏远集团有限公司 13.98%（非流通股） | |
| 东莞市城宝综合贸易公司 4.97%（非流通股） | |
| 东莞市篁村区经济联合总社 1.91%（非流通股） | |
| 东莞市振兴工贸发展公司 1.8%（非流通股） | |
| 东莞市兴业贸易发展有限公司 0.42%（非流通股） | |
| 卢瑞洪 0.38%（流通 A股） | |
| 余伟光 0.33%（流通 A股） | |
| 黄绵珠 0.29%（流通 A股） | |
| 林秀雄 0.28%（流通 A股） | |
| 陈树德 0.26%（流通 A股） | |
| 实际控制人: | 陈林 |

二〇〇六年以来市场表现

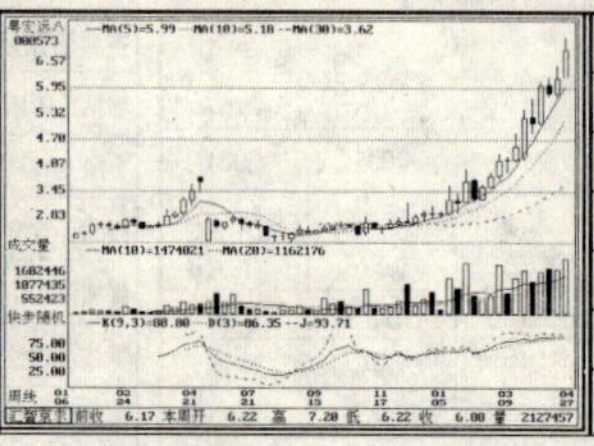


| 2006 年涨跌幅(%) | 100.46 |
|---|---|
| 2006 年最高(元) | 5 |
| 2007 年涨跌幅(%) | 138.89 |
| 2007.4.27 收盘(元) | 6.88 |
| 2007 年最高(元) | 7.2 |
| 2007 年最低(元) | 2.79 |
| 2007 年换手率(%) | 439.67 |

未来一年限售流通股解禁情况:46854010 股 06 月 16 日解禁

| 最新股本 | 总股本 | 非(限售)流通 | 流通 A | 流通 B/H/S | 股东户数 | 06 年末 | 06 三季 |
|---|---|---|---|---|---|---|---|
| | 62275.56 | 15916.2 | 46359.36 | | | 117428 | 124840 |

年报点评：公司是广东省工业中心城市东莞唯一的房地产上市企业，经过多年发展，公司以多功能工业区开发经营为基础，房地产开发为重点的格局初步形成。近年来，公司房地产取得较快发展，在东莞拥有较高的市场占有率，已成功开发了宏远花园等大型商住项目，投资收益可观。

## 广东甘化（000576）

上市日期:94/09/07　　电话:0750－3277650　　传真:0750－3277666

**主营**：主要生产和销售食糖、机制纸、商品浆板、药用酵母、食用酒精、生化原药及其制品。

| | 年　度 | 2006 | 2005 | 2004 |
|---|---|---|---|---|
| 主要指标 | 每股收益/扣除后(元) | 0.03/－0.2 | －0.86 | 0.01/－0.05 |
| | 每股经营现金流量(元) | 0.24 | 0.41 | 0.26 |
| | 每股净资产/调整后(元) | 1.45/1.39 | 2.08/1.95 | 2.93/2.79 |
| | 未分利润(万元) | －777.46 | －1597.02 | －21184.17 |
| | 资本公积(万元) | 13308.32 | 26347.39 | 59396.86 |
| 利润构成 | 主营收入(万元) | 65090.84 | 76403.8 | 52248.07 |
| | 主营利润(万元) | 7839.42 | 4060.73 | 7379.38 |
| | 投资收益(万元) | 85.96 | －5609.88 | 267.19 |
| | 利润总额(万元) | 1213.78 | －21959.4 | 317.76 |
| | 净利润(万元) | 819.56 | －21246.97 | 222.93 |

近年分配:

**主要股东及持股比例%、持股性质**

- 江门市资产管理局 19.82%（国有股）
- 江门市光达实业有限公司 3.21%（非流通股）
- 江门群益造纸厂 3.13%（非流通股）
- 江门甘化综合厂 1.36%（非流通股）
- 中国工商银行广东省信托投资公司 1.23%（非流通股）
- 江门光华印刷厂 1.04%（非流通股）
- 广东中轻南方炼糖纸业有限公司 0.65%（非流通股）
- 番禺紫坭糖厂 0.43%（非流通股）
- 中国银行江门分行 0.39%（非流通股）
- 大连华信信托投资股份有限公司 0.26%（非流通股）

实际控制人：江门甘化集团有限公司

二〇〇六年以来市场表现

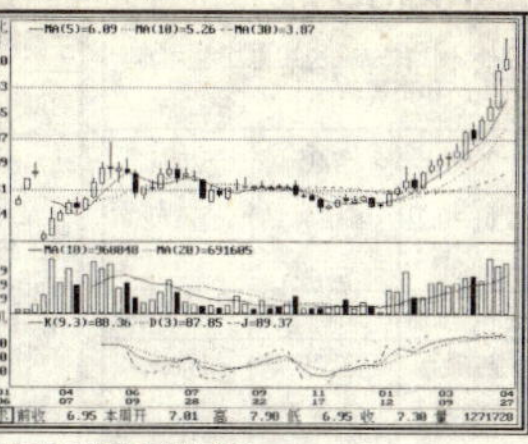

| | |
|---|---|
| 2006 年涨跌幅(%) | 94.92 |
| 2006 年最高(元) | 9.4 |
| 2007 年涨跌幅(%) | 159.79 |
| 2007.4.27 收盘(元) | 7.3 |
| 2007 年最高(元) | 7.98 |
| 2007 年最低(元) | 2.75 |
| 2007 年换手率(%) | 609.54 |

未来一年限售流通股解禁情况:

| 最新股本 | 总股本 | 非(限售)流通 | 流通 A | 流通 B/H/S | 股东户数 | 06 年末 | 06 三季 |
|---|---|---|---|---|---|---|---|
| | 32286.13 | 11993.54 | 20292.59 | | | 55282 | 60036 |

**年报点评**：公司主营包括制糖、浆纸、生化制药三大产业,各产业为上下游关系。公司一直以资源的循环综合利用见长,由于资源缺乏,影响了公司优势的发挥,但随着收购湛江甘化糖业有限公司并正常运作后,资源不足局面得到有效缓解,公司总体竞争能力有望得到增强。

## S＊ST 数码（000578）

上市日期:95/03/03　　电话:0971－6138725　　传真:0971－6144887

**主营**：金融服务、信息科技和投资。

| | 年　度 | 2006 | 2005 | 2004 |
|---|---|---|---|---|
| 主要指标 | 每股收益/扣除后(元) | 0.005/－0.23 | －0.43/－0.44 | －0.8/－0.83 |
| | 每股经营现金流量(元) | 0.18 | －0.62 | 0.35 |
| | 每股净资产/调整后(元) | 0.3/0.26 | 0.33/0.27 | 0.77/0.76 |
| | 未分利润(万元) | －22655.34 | －22665.58 | －14058.81 |
| | 资本公积(万元) | 5318.35 | 5297.34 | 5229.27 |
| 利润构成 | 主营收入(万元) | 91634.43 | 107444.12 | 113920.5 |
| | 主营利润(万元) | 4967.31 | 6733.88 | 12254.54 |
| | 投资收益(万元) | 1865.12 | 2098.11 | －15122.47 |
| | 利润总额(万元) | －476.39 | －9085.18 | －15758.15 |
| | 净利润(万元) | 97.24 | －8458.79 | －15948.96 |

近年分配:

**主要股东及持股比例%、持股性质**

- 深圳市友缘投资有限公司 29.68%（非流通股）
- 上海丹阳商务咨询有限公司 17.59%（非流通股）
- 青海省国有资产管理局 6.36%（国有股）
- 中远散货运输有限公司 2.4%（非流通股）
- 中海恒实业发展有限公司 1.8%（非流通股）
- 北京兆维科技股份有限公司 1.4%（非流通股）
- 北京亿隆实业股份有限公司 1.4%（非流通股）
- 中国建设银行青海省信托投资公司 1.4%（非流通股）
- 青海中兴计算机服务部 1.4%（非流通股）
- 鞍山九建集团有限公司 0.97%（非流通股）

实际控制人：钟小剑

二〇〇六年以来市场表现

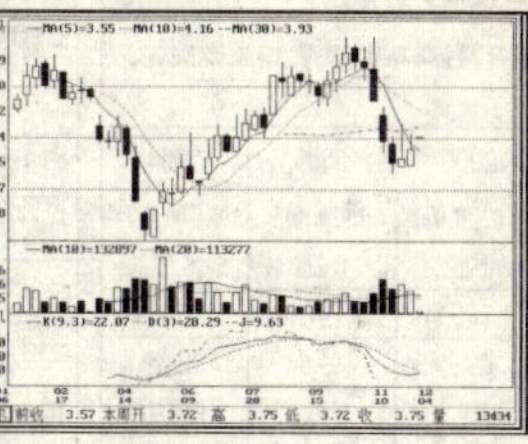

| | |
|---|---|
| 2006 年涨跌幅(%) | －9.2 |
| 2006 年最高(元) | 5.27 |
| 2007 年涨跌幅(%) | |
| 2007.4.27 收盘(元) | |
| 2007 年最高(元) | |
| 2007 年最低(元) | |
| 2007 年换手率(%) | |

未来一年限售流通股解禁情况:

| 最新股本 | 总股本 | 非(限售)流通 | 流通 A | 流通 B/H/S | 股东户数 | 06 年末 | 06 三季 |
|---|---|---|---|---|---|---|---|
| | 19815.34 | 12938.96 | 6876.38 | | | 22581 | 24114 |

**年报点评**：公司因大股东资金占用、为大股东及其关联公司担保等问题,主要资产被质押、冻结,基本业务处于维持状态,加之 2004 年、2005 年连续两年出现亏损,2006 年 5 月 9 日起公司股票被实行退市风险警示。但是同股权分置改革一起的资产重组将使公司有较大起色。

## 威孚高科（000581/200581）

上市日期:A: 98/09/24 B: 95/09/11　　电话:0510－2719579　　传真:0510－2751025

**主营**：生产和销售为汽车、农机工程机械和发电设备配套的柴油机燃油喷射系统产品。

| | 年　度 | 2006 | 2005 | 2004 |
|---|---|---|---|---|
| 主要指标 | 每股收益/扣除后(元) | 0.16/0.13 | 0.32 | 0.54/0.53 |
| | 每股经营现金流量(元) | 0.72 | －0.5 | 0.49 |
| | 每股净资产/调整后(元) | 3.89/3.88 | 4.13/4.13 | 5.04/5.04 |
| | 未分利润(万元) | 41943.5 | 58200.73 | 61999.64 |
| | 资本公积(万元) | 92686.16 | 92524.98 | 92223.12 |
| 利润构成 | 主营收入(万元) | 248115.73 | 279095.05 | 209013.22 |
| | 主营利润(万元) | 61550.36 | 61930.59 | 47690.07 |
| | 投资收益(万元) | －2846.54 | 657.93 | 11605.17 |
| | 利润总额(万元) | 13077.4 | 23869.72 | 25980.2 |
| | 净利润(万元) | 8827.97 | 18190.5 | 23506.87 |

近年分配:06 预案:10 派 0.6；05 年:10 派 4；04 年:10 派 1 送 3

**主要股东及持股比例%、持股性质**

- 无锡威孚集团有限公司 20.11%（国有股）
- ROBERT BOSCH GMBH 3.24%（流通 B 股）
- 中国工商银行－开元证券投资基金 2.71%（流通 A 股）
- 交通银行－汇丰晋信龙腾股票型开放式证券投资基金 1.25%（流通 A 股）
- HTHK－VALUE PARTNERS INTELLIGENT FD－CHINA B SHS FD 1.15%（流通 B 股）
- 上海宝钢工程技术有限公司 1.06%（流通 A 股）
- VALUE PARTNERS HIGH－DIVIDEND STOCKS FUNDS 1.04%（流通 B 股）
- BBH BOS S/A FIDELITY FD－CHINA FOCUS FD 0.99%（流通 B 股）
- 中国工商银行－南方稳健成长贰号证券投资基金 0.94%（流通 A 股）
- SCHRODER INTL SELECTION FD－GREATER CN FD GTI 25287 0.92%（流通 B 股）

实际控制人：无锡威孚集团有限公司

二〇〇六年以来市场表现

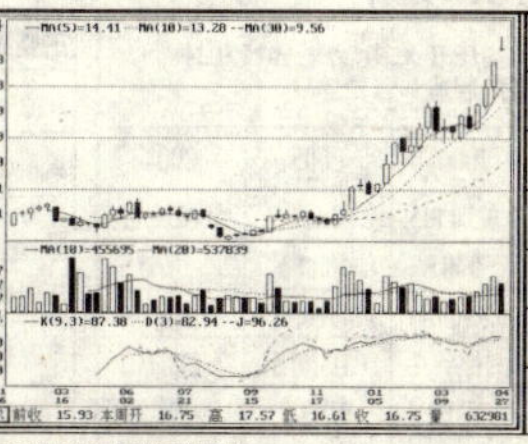

| | |
|---|---|
| 2006 年涨跌幅(%) | 65.34 |
| 2006 年最高(元) | 10.59 |
| 2007 年涨跌幅(%) | 116.41 |
| 2007.4.27 收盘(元) | 16.75 |
| 2007 年最高(元) | 17.57 |
| 2007 年最低(元) | 7.8 |
| 2007 年换手率(%) | 235.38 |

未来一年限售流通股解禁情况:

| 最新股本 | 总股本 | 非(限售)流通 | 流通 A | 流通 B/H/S | 股东户数 | 06 年末 | 06 三季 |
|---|---|---|---|---|---|---|---|
| | 56727.6 | 12394.14 | 32841.46 | 11492 | | 44384 | 54664 |

**年报点评**：公司主营载货车柴油燃油喷射系统,06 年重载车行业复苏缓慢,加上博世 DS 的巨额投资亏损,企业经营出现了较大的困难。随着 07 年重载行业的强劲复苏、博世 DS 的亏损减少及尾气净化业的高速增长,企业经营也将走出 06 年的最低谷。

## S 北海港（000582）

上市日期:95/11/02　　电话:0779－3922254　　传真:0779－3906393

**主营**：主营港口码头的建设、装卸管理及服务、交通运输、外轮代理、外轮理货等。

| | 年　度 | 2006 | 2005 | 2004 |
|---|---|---|---|---|
| 主要指标 | 每股收益/扣除后(元) | －0.4/－0.39 | 0.02/0.03 | －0.24/－0.21 |
| | 每股经营现金流量(元) | －0.16 | 0.36 | －0.02 |
| | 每股净资产/调整后(元) | 1.92/1.57 | 2.32/2.02 | 2.29/2.12 |
| | 未分利润(万元) | －11354.15 | －3889.03 | －4318.84 |
| | 资本公积(万元) | 26302.95 | 26302.95 | 26302.95 |
| 利润构成 | 主营收入(万元) | 13833.32 | 9482.24 | 10350.06 |
| | 主营利润(万元) | －952.67 | 2348.45 | 380 |
| | 投资收益(万元) | 42.95 | 62.18 | －564.53 |
| | 利润总额(万元) | －7446.13 | 434.8 | －4437.64 |
| | 净利润(万元) | －7465.13 | 429.81 | －4494.91 |

近年分配:

**主要股东及持股比例%、持股性质**

- 北海市人民政府国有资产监督管理委员会 28.58%（国有股）
- 北海市机场投资管理有限责任公司 25%（国有股）
- 北海市高昂交通建设有限责任公司 15.14%（国有股）
- 李虹 0.41%（流通 A 股）
- 蒋兰芬 0.24%（流通 A 股）
- 北海市技术交流站 0.23%（非流通股）
- 北海市风机厂 0.23%（非流通股）
- 北海通用烟花有限公司 0.23%（非流通股）
- 中国东方资产管理公司 0.23%（非流通股）
- 于复兴 0.21%（流通 A 股）

实际控制人：北海市人民政府国有资产监督管理委员会

二〇〇六年以来市场表现

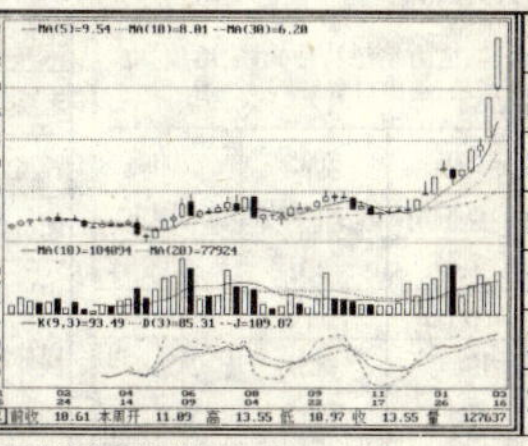

| | |
|---|---|
| 2006 年涨跌幅(%) | 33.57 |
| 2006 年最高(元) | 6.14 |
| 2007 年涨跌幅(%) | 138.14 |
| 2007.4.27 收盘(元) | 13.55 |
| 2007 年最高(元) | 13.55 |
| 2007 年最低(元) | 5.95 |
| 2007 年换手率(%) | 172.09 |

未来一年限售流通股解禁情况:

| 最新股本 | 总股本 | 非(限售)流通 | 流通 A | 流通 B/H/S | 股东户数 | 06 年末 | 06 三季 |
|---|---|---|---|---|---|---|---|
| | 18847.18 | 13127.18 | 5720 | | | 21268 | 23156 |

**年报点评**：公司经营的北海港地处广西北部湾沿岸,由于自身规模较小,铁路运距长等因素,在竞争中处于劣势。不过广西正筹备北部湾(广西)国际港务集团有限公司,北海港是其中唯一港口上市公司,将在三港整合中发挥重要作用。

# S＊ST 托普（000583）

上市日期：95/11/01

电话：(028)87688251　　传真：(028)87688251

| 主营 | 计算机软件开发、计算机硬件、网络产品、应用电子技术产品、机床产品的研制、开发、生产和销售。 | | |
|---|---|---|---|
| 年度 | 2006 | 2005 | 2004 |
| 主要指标：每股收益/扣除后(元) | -1.03/-0.22 | -2.94 | -5.9/-2.6 |
| 每股经营现金流量(元) | -0.01 | -0.04 | -0.06 |
| 每股净资产/调整后(元) | -6.04/-6.06 | -5.14/-5.35 | -1.72/-1.8 |
| 未分利润(万元) | -259370.86 | -225752.4 | -157669.04 |
| 资本公积(万元) | 89388.67 | 89456.17 | 89440.45 |
| 利润构成：主营收入(万元) | | 5635.78 | 7742.45 |
| 主营利润(万元) | | 653.27 | -1487.18 |
| 投资收益(万元) | -1414.68 | -12014.49 | -15715.16 |
| 利润总额(万元) | -23893.32 | -82950.88 | -148606.04 |
| 净利润(万元) | -23893.32 | -68124.07 | -136671.41 |
| 近年分配： | | | |

| 主要股东及持股比例%、持股性质 |
|---|
| 四川托普科技发展公司 34.96%（非流通股） |
| 四川华普软件发展有限责任公司 2.37%（非流通股） |
| 自贡市银建房地产综合开发公司 0.69%（非流通股） |
| 四川大学 0.62%（非流通股） |
| 自贡市自通房地产综合开发公司 0.57%（非流通股） |
| 华能原材料公司 0.51%（非流通股） |
| 工行四川省信托投资公司自贡办事处 0.46%（非流通股） |
| 自贡财源开发公司 0.46%（非流通股） |
| 王洪金 0.42%（流通A股） |
| 成都恒润咨询有限责任公司 0.42%（非流通股） |
| 实际控制人：四川托普科技发展公司 |

二〇〇六年以来市场表现

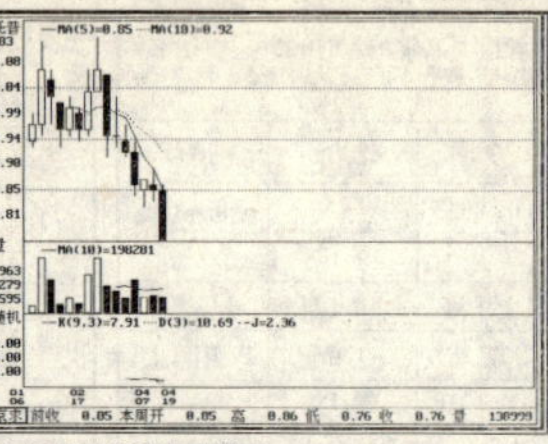


| 项目 | 数值 |
|---|---|
| 2006年涨跌幅(%) | |
| 2006年最高(元) | |
| 2007年涨跌幅(%) | |
| 2007.4.27收盘(元) | |
| 2007年最高(元) | |
| 2007年最低(元) | |
| 2007年换手率(%) | |

未来一年限售流通股解禁情况：

| 最新股本 | 总股本 | 非(限售)流通 | 流通A | 流通B/H/S | 股东户数 | 06年末 | 06三季 |
|---|---|---|---|---|---|---|---|
| | 23165.62 | 10093.62 | 13072 | | | 46675 | 46675 |

**年报点评** 由于公司2003、2004、2005年连续三年发生重大亏损，公司股票交易已于2006年5月10日被深圳证券交易所暂停上市。报告期公司继续发生亏损，按照深圳证券交易所《上市规则》的规定公司股票将被终止上市。

# 舒卡股份（000584）

上市日期：95/11/28

电话：028－6752215　　传真：028－6741677

| 主营 | 生产销售新型纺织及包装材料；商品贸易、宾馆旅游服务、房地产、对外投资。 | | |
|---|---|---|---|
| 年度 | 2006 | 2005 | 2004 |
| 主要指标：每股收益/扣除后(元) | 0.021/0.000 | 0.02/0.015 | 0.07/0.071 |
| 每股经营现金流量(元) | 0.262 | 0.228 | 0.07 |
| 每股净资产/调整后(元) | 1.14/1.14 | 1.13/1.12 | 1.15/1.14 |
| 未分利润(万元) | 629.25 | 93.6 | 765.19 |
| 资本公积(万元) | 1800.3 | 1990.4 | 1974.46 |
| 利润构成：主营收入(万元) | 35893.6 | 28932.57 | 34595.17 |
| 主营利润(万元) | 6128.78 | 5952.26 | 8871.54 |
| 投资收益(万元) | -291.83 | -206.83 | -921.14 |
| 利润总额(万元) | 2169.31 | -133.4 | 3274.9 |
| 净利润(万元) | 650.79 | 592.33 | 2161.22 |
| 近年分配： | 04中期：10转增5 | | |

| 主要股东及持股比例%、持股性质 |
|---|
| 江苏双良科技有限公司 29.99%（部分流通部分不流通） |
| 常州智胜投资发展有限公司 4.09%（非流通股） |
| 西藏自治区国有资产经营公司 2.84%（国有股） |
| 四川天成金银制品金店 0.86%（非流通股） |
| 阿坝州经济技术协作开发总公司 0.85%（国有股） |
| 上海晋泰投资有限公司 0.81%（非流通股） |
| 甘孜藏族自治州人民政府驻成都办事处 0.74%（国有股） |
| 上海利皆达高科技有限公司 0.69%（非流通股） |
| 成都川西实业有限公司 0.65%（非流通股） |
| 西南煤炭物资总公司 0.55%（非流通股） |
| 实际控制人：缪双大 |

二〇〇六年以来市场表现

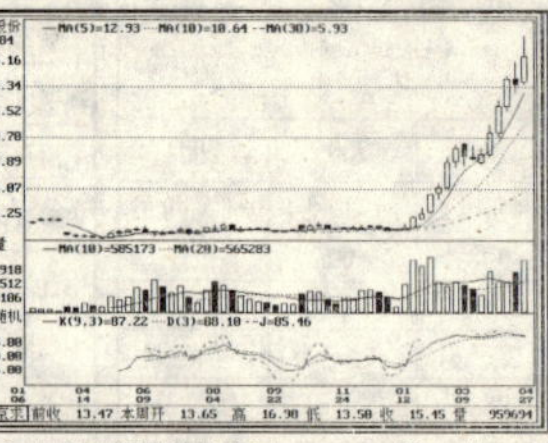


| 项目 | 数值 |
|---|---|
| 2006年涨跌幅(%) | 13.37 |
| 2006年最高(元) | 4.94 |
| 2007年涨跌幅(%) | 408.22 |
| 2007.4.27收盘(元) | 15.45 |
| 2007年最高(元) | 16.98 |
| 2007年最低(元) | 3.03 |
| 2007年换手率(%) | 520.52 |

未来一年限售流通股解禁情况：15167631股03月28日解禁

| 最新股本 | 总股本 | 非(限售)流通 | 流通A | 流通B/H/S | 股东户数 | 06年末 | 06三季 |
|---|---|---|---|---|---|---|---|
| | 30335.26 | 12972.33 | 17362.93 | | | 16734 | 16306 |

**年报点评** 公司形成了氨纶生产为主业，新材料与房地产开发为两翼的经营格局。旗下四川恒创特种纤维有限公司是国内最大包覆纱生产企业，在建项目投产后将成为世界最大的包覆纱企业。公司参股了国金证券与S成建投。

# 东北电气（000585）

上市日期：95/12/13

电话：(86)24－23527080　　传真：(86)24－23527081

| 主营 | 变压器、全封闭组合电器、高压开关、电力电容器及封闭母线等系统保护及传输设备的制造和营销。 | | |
|---|---|---|---|
| 年度 | 2006 | 2005 | 2004 |
| 主要指标：每股收益/扣除后(元) | 0.033/0.015 | 0.027 | 0.003/0.01 |
| 每股经营现金流量(元) | -0.015 | 0.01 | -0.05 |
| 每股净资产/调整后(元) | 0.95/0.84 | 0.91/0.82 | 0.88/0.88 |
| 未分利润(万元) | -112998.7 | -115760.54 | -118123.1 |
| 资本公积(万元) | 97530.4 | 97212.3 | 96976.35 |
| 利润构成：主营收入(万元) | 53796.1 | 54989.42 | 34693.84 |
| 主营利润(万元) | 13418.67 | 14089.3 | 9272.19 |
| 投资收益(万元) | 3865.71 | 2216.95 | 1617.78 |
| 利润总额(万元) | 4183.39 | 4176.18 | 1174.17 |
| 净利润(万元) | 2922.13 | 2362.57 | 223.83 |
| 近年分配： | | | |

| 主要股东及持股比例%、持股性质 |
|---|
| 香港中央结算(代理人)有限公司 29.54%（H股） |
| 新东北电气投资有限公司 23.99%（非流通股） |
| 上海宝裕房地产投资咨询有限责任公司 5.61%（非流通股） |
| 沈阳新泰盛达设备有限公司 3.86%（非流通股） |
| 上海鑫壤贸易有限公司 1.33%（非流通股） |
| 上海荣福室内装潢有限公司 1.16%（非流通股） |
| 沈阳市利达建筑工程有限公司 1.06%（非流通股） |
| 上海昆凌工贸有限公司 0.95%（非流通股） |
| 上海步欣工贸有限公司 0.85%（非流通股） |
| 工行沈阳市信托投资公司 0.81%（非流通股） |
| 实际控制人： |

二〇〇六年以来市场表现

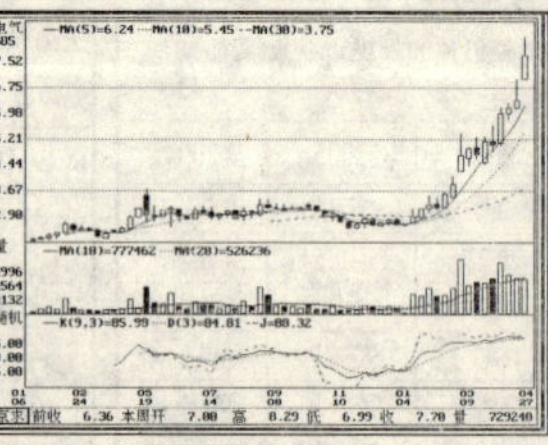


| 项目 | 数值 |
|---|---|
| 2006年涨跌幅(%) | 51.74 |
| 2006年最高(元) | 4.63 |
| 2007年涨跌幅(%) | 195.02 |
| 2007.4.27收盘(元) | 7.7 |
| 2007年最高(元) | 8.29 |
| 2007年最低(元) | 2.58 |
| 2007年换手率(%) | 554.44 |

未来一年限售流通股解禁情况：221108044股05月16日解禁

| 最新股本 | 总股本 | 非(限售)流通 | 流通A | 流通B/H/S | 股东户数 | 06年末 | 06三季 |
|---|---|---|---|---|---|---|---|
| | 87337 | 43592 | 17950 | 25795 | | 48849 | 50213 |

**年报点评** 公司主营业务为高压隔离开关、电力电容器及封闭母线等系统保护及传输设备的制造和营销，06年通过深化管理改革，实现了经营效率的提升。随着十一五期间国家电网投资的增长，企业也将迎来发展机遇，但需要公司抓住机会，真正实现收益情况。

# 汇源通信（000586）

上市日期：95/12/20

电话：028－87826077　　传真：028—87826076

| 主营 | 研发、生产、销售：光纤、光缆、电力系统特种光缆、电缆、电力线缆及各类光通信配套产品；进出口贸易。 | | |
|---|---|---|---|
| 年度 | 2006 | 2005 | 2004 |
| 主要指标：每股收益/扣除后(元) | 0.006/0.003 | -0.101/-0.101 | 0.161/0.161 |
| 每股经营现金流量(元) | 0.384 | -0.124 | 0.182 |
| 每股净资产/调整后(元) | 1.49/1.36 | 1.5/1.37 | 1.65/1.54 |
| 未分利润(万元) | 190.92 | 88.91 | 2629.86 |
| 资本公积(万元) | 7745.2 | 7745.2 | 8124.42 |
| 利润构成：主营收入(万元) | 70597.1 | 63509.77 | 80157.59 |
| 主营利润(万元) | 14362.43 | 8991.88 | 12688.45 |
| 投资收益(万元) | -55.34 | | -1.01 |
| 利润总额(万元) | 885.17 | -1556.97 | 3886.34 |
| 净利润(万元) | 113.34 | -1960.63 | 3118.11 |
| 近年分配： | 04年：10派0.3 | | |

| 主要股东及持股比例%、持股性质 |
|---|
| 汇源集团有限公司 21.79%（非流通股） |
| 长飞光纤光缆有限公司 5.55%（部分流通部分不流通） |
| 四川省长江集团有限公司 5.28%（部分流通部分不流通） |
| 中国信达资产管理公司 3.36%（国有股） |
| 成都新伟业投资管理有限公司 2.77%（流通A股） |
| 蜀兴信托投资公司 2.02%（非流通股） |
| 成都市富兴投资咨询有限公司 1.66%（流通A股） |
| 四川省融资中心 1.66%（流通A股） |
| 四川省信托投资公司 1.53%（国有股） |
| 四川省保险公司 1.34%（非流通股） |
| 实际控制人：朱开友 |

二〇〇六年以来市场表现

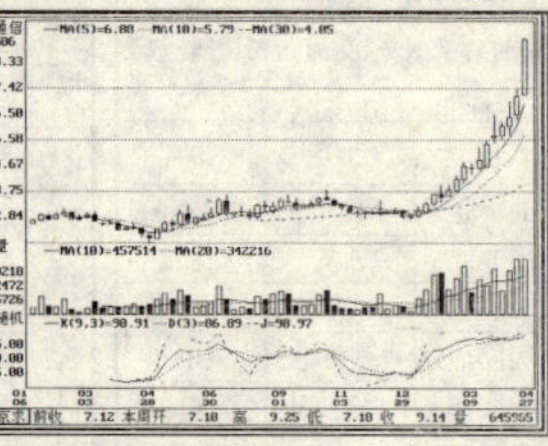


| 项目 | 数值 |
|---|---|
| 2006年涨跌幅(%) | 9.3 |
| 2006年最高(元) | 3.77 |
| 2007年涨跌幅(%) | 224.11 |
| 2007.4.27收盘(元) | 9.14 |
| 2007年最高(元) | 9.25 |
| 2007年最低(元) | 2.71 |
| 2007年换手率(%) | 512.5 |

未来一年限售流通股解禁情况：11282900股12月29日解禁

| 最新股本 | 总股本 | 非(限售)流通 | 流通A | 流通B/H/S | 股东户数 | 06年末 | 06三季 |
|---|---|---|---|---|---|---|---|
| | 19344 | 7024.37 | 12319.63 | | | 18209 | 18898 |

**年报点评** 公司通过资产置换成功切入光器件行业，是国内专业从事光无源产品、光有源产品及光配线器材产品研发与制造的高新技术企业，在光缆领域具有较强的竞争力。但公司面临增发失利所产生的战略性影响，严重制约了公司原定经营发展目标的实现

## SST光明（000587）

上市日期:96/04/25　　电话:0455－3667082　　传真:0455－3660588

| | |
|---|---|
| 主营 | 家具制造及技术开发、木制品、半成品、装饰材料加工,销售家具、木制品、装饰材料,信息咨询,包装装潢等业务。 |

| | 年　度 | 2006 | 2005 | 2004 |
|---|---|---|---|---|
| 主要指标 | 每股收益/扣除后(元) | -0.3 | -0.83 | 0.1/-0.174 |
| | 每股经营现金流量(元) | 0.29 | -0.22 | 0.26 |
| | 每股净资产/调整后(元) | -0.39/-0.46 | 0.12/-0.19 | 1.42/1.36 |
| | 未分利润(万元) | -27413.16 | -21930.98 | -11133.8 |
| | 资本公积(万元) | 7183.28 | 6443.49 | 15368.77 |
| 利润构成 | 主营收入(万元) | 19375.86 | 21817.11 | 19522.84 |
| | 主营利润(万元) | 86.6 | -492.02 | 2645.49 |
| | 投资收益(万元) | | | 4062.44 |
| | 利润总额(万元) | -11919.37 | -18460.13 | 943.55 |
| | 净利润(万元) | -5482.18 | -15373.92 | 1818.9 |
| 近年分配: | | | | |

| 主要股东及持股比例%、持股性质 |
|---|
| 光明集团股份有限公司 40.99%（非流通股） |
| 黑龙江中盟集团有限公司 8.62%（非流通股） |
| 深圳市圣泉禾实业投资有限公司 2.85%（非流通股） |
| 王立文 1.51%（流通 A 股） |
| 黑龙江省国际信托投资公司 1.45%（非流通股） |
| 彭秋铭 1.05%（流通 A 股） |
| 李碧霞 0.99%（流通 A 股） |
| 沈光朗 0.85%（流通 A 股） |
| 周泰勇 0.58%（流通 A 股） |
| 伊春天河经贸有限公司 0.57%（非流通股） |
| 实际控制人：冯永明 |

二〇〇六年以来市场表现

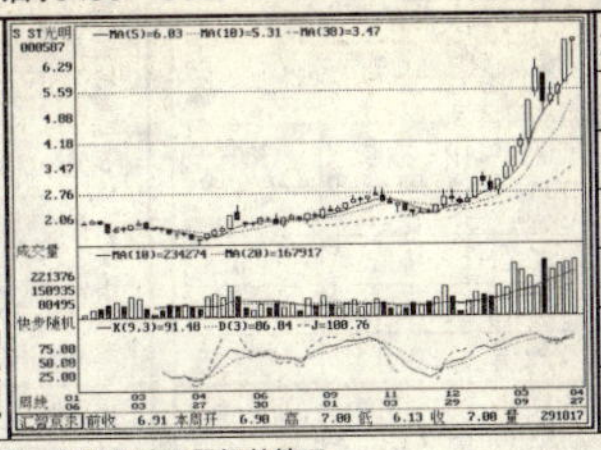

| | |
|---|---|
| 2006 年涨跌幅(%) | 30.93 |
| 2006 年最高(元) | 2.88 |
| 2007 年涨跌幅(%) | 175.59 |
| 2007.4.27 收盘(元) | 7 |
| 2007 年最高(元) | 7 |
| 2007 年最低(元) | 2.38 |
| 2007 年换手率(%) | 352.05 |

未来一年限售流通股解禁情况:

| 最新股本 | 总股本 | 非(限售)流通 | 流通 A | 流通 B/H/S | 股东户数 | 06 年末 | 06 三季 |
|---|---|---|---|---|---|---|---|
| | 18571.16 | 10231.1 | 8340.06 | | | 21816 | 24685 |

| | |
|---|---|
| 年报点评 | 公司主营木制家具制造,地处森林覆盖面积达 80%、素有"中国林城"美誉的伊春市木材资源丰富,使公司拥有了家具行业中得天独厚的资源优势。光明集团及关联方通过两次以资抵债和现金清偿方式全部清偿非经营性占用资金,为公司后续发展奠定基础。 |

## 黔轮胎 A（000589）

上市日期:96/03/08　　电话:0851－4843651　　传真:0851－4763651

| | |
|---|---|
| 主营 | 轮胎制造和销售、轮胎翻修、橡胶制品、化工产品(除危险品)、机电产品,机械设备、仪器仪表及技术进出口、对外合作生产及“三来一补”业务、混炼胶销售、蒸气销售。 |

| | 年　度 | 2006 | 2005 | 2004 |
|---|---|---|---|---|
| 主要指标 | 每股收益/扣除后(元) | 0.236/0.24 | 0.191/0.2 | 0.09/0.074 |
| | 每股经营现金流量(元) | 1.786 | 1.084 | 0.44 |
| | 每股净资产/调整后(元) | 4.21/3.94 | 4.13/3.72 | 3.94/3.63 |
| | 未分利润(万元) | 10367.68 | 8746.78 | 4840.84 |
| | 资本公积(万元) | 64738.69 | 64785.15 | 64774.7 |
| 利润构成 | 主营收入(万元) | 350200.91 | 300543.24 | 228155.74 |
| | 主营利润(万元) | 48234.83 | 45591.03 | 30098.23 |
| | 投资收益(万元) | -96.05 | 58.5 | 50 |
| | 利润总额(万元) | 8190.71 | 6740.12 | 3831.85 |
| | 净利润(万元) | 5993.79 | 4848.49 | 2415.97 |
| 近年分配: | 05 年:10 派 1.5 | | | |

| 主要股东及持股比例%、持股性质 |
|---|
| 贵阳市国有资产投资管理公司 33.36%（国有股） |
| 上投摩根中国优势证券投资基金 1.41%（流通 A 股） |
| 华夏大盘精选证券投资基金 0.86%（流通 A 股） |
| 武启 0.61%（流通 A 股） |
| 张健 0.39%（流通 A 股） |
| 芮伟 0.28%（流通 A 股） |
| 倪丰琴 0.22%（流通 A 股） |
| 梁锦莲 0.17%（流通 A 股） |
| 张小珍 0.15%（流通 A 股） |
| 应军 0.15%（流通 A 股） |
| 实际控制人：贵阳市国有资产投资管理公司 |

二〇〇六年以来市场表现

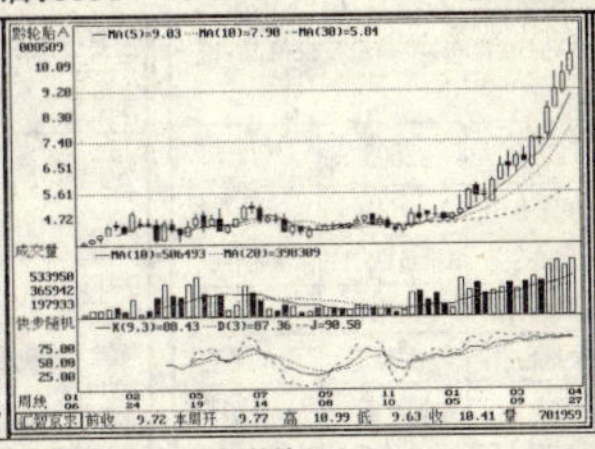

| | |
|---|---|
| 2006 年涨跌幅(%) | 69.21 |
| 2006 年最高(元) | 7.33 |
| 2007 年涨跌幅(%) | 124.84 |
| 2007.4.27 收盘(元) | 10.41 |
| 2007 年最高(元) | 10.99 |
| 2007 年最低(元) | 4.61 |
| 2007 年换手率(%) | 412.81 |

未来一年限售流通股解禁情况:

| 最新股本 | 总股本 | 非(限售)流通 | 流通 A | 流通 B/H/S | 股东户数 | 06 年末 | 06 三季 |
|---|---|---|---|---|---|---|---|
| | 25432.71 | 8493.04 | 16939.66 | | | 53877 | 57056 |

| | |
|---|---|
| 年报点评 | 公司主要产品有全钢载重子午线轮胎、工程机械轮胎、军用轮胎、工业轮胎等品种,年产能达 400 万条。公司拟定向增发募集资金实施年产 40 万条全钢载重子午线轮胎技改,建设期两年,达产后可增加利润总额 1 亿元。 |

## 紫光古汉（000590）

上市日期:96/01/19　　电话:0734－8239335　　传真:0734－8239335

| | |
|---|---|
| 主营 | 生产经营以“古汉养生精”为代表的中成药系列产品,以葡萄糖注射液等各类输液为代表的西药制剂系列产品,以及以人血蛋白和丙种球蛋白为代表的血液制品。 |

| | 年　度 | 2006 | 2005 | 2004 |
|---|---|---|---|---|
| 主要指标 | 每股收益/扣除后(元) | 0.014/0.018 | 0.021 | 0.03/0.03 |
| | 每股经营现金流量(元) | -0.11 | 0.28 | 0.24 |
| | 每股净资产/调整后(元) | 1.34/1.26 | 1.33/1.26 | 1.32/1.27 |
| | 未分利润(万元) | -6845.73 | -7135.16 | -7564.16 |
| | 资本公积(万元) | 11441.28 | 11752.61 | 11829.48 |
| 利润构成 | 主营收入(万元) | 28682.48 | 27111.08 | 26708.97 |
| | 主营利润(万元) | 10231.24 | 12902.99 | 12650.29 |
| | 投资收益(万元) | -44.45 | -536.52 | -509.03 |
| | 利润总额(万元) | 166.61 | 115.13 | 226.07 |
| | 净利润(万元) | 289.43 | 429 | 542.63 |
| 近年分配: | | | | |

| 主要股东及持股比例%、持股性质 |
|---|
| 紫光集团有限公司 16.37%（国有股） |
| 衡阳市国资委 15.72%（国有股） |
| 湖南省医药包装广告衡阳公司 5.68%（非流通股） |
| 中国药材集团公司 3.3%（非流通股） |
| 工行衡阳市信托公司 2.7%（非流通股） |
| 湖南省耒阳耒能实业公司 1.33%（非流通股） |
| 深圳市旭能投资有限公司 1.33%（非流通股） |
| 衡阳市湘南机动车零件供应站 0.78%（非流通股） |
| 上海新元投资有限公司 0.5%（非流通股） |
| 上海发成贸易有限公司 0.49%（非流通股） |
| 实际控制人：清华控股有限公司 |

二〇〇六年以来市场表现

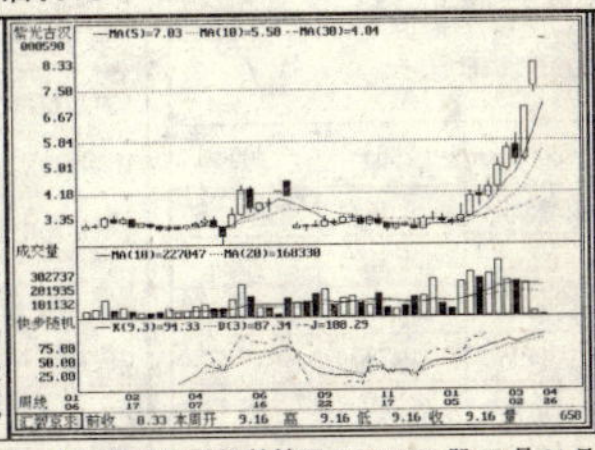

| | |
|---|---|
| 2006 年涨跌幅(%) | 42.08 |
| 2006 年最高(元) | 4.71 |
| 2007 年涨跌幅(%) | 185.36 |
| 2007.4.27 收盘(元) | 9.16 |
| 2007 年最高(元) | 9.16 |
| 2007 年最低(元) | 3.05 |
| 2007 年换手率(%) | 269.97 |

未来一年限售流通股解禁情况:72391989 股 08 月 31 日解禁

| 最新股本 | 总股本 | 非(限售)流通 | 流通 A | 流通 B/H/S | 股东户数 | 06 年末 | 06 三季 |
|---|---|---|---|---|---|---|---|
| | 20302.84 | 11724.54 | 8578.3 | | | 24720 | 26758 |

| | |
|---|---|
| 年报点评 | 公司主要生产以古汉养生精(口服液、片剂)为代表的中药系列产品,以克林霉素磷酸酯等各类输液为代表的西药制剂系列产品,以及以人血白蛋白和丙种球蛋白为代表的血液制品系列产品。2006 年公司主营业务收入平稳增长,净利润同比下降 32.53%。 |

## 桐君阁（000591）

上市日期:96/02/08　　电话:023－89885198　　传真:023－89885201

| | |
|---|---|
| 主营 | 主营中成药制造、中药饮片加工、中药材、滋补药品、康复保健品等中成药产品的销售 |

| | 年　度 | 2006 | 2005 | 2004 |
|---|---|---|---|---|
| 主要指标 | 每股收益/扣除后(元) | 0.15/0.015 | 0.14/0.001 | 0.15/0.001 |
| | 每股经营现金流量(元) | -0.86 | 3.89 | 1.03 |
| | 每股净资产/调整后(元) | 3.18/2.67 | 3.03/2.95 | 2.89/2.73 |
| | 未分利润(万元) | 8143.86 | 6623.44 | 5364.87 |
| | 资本公积(万元) | 9920.41 | 9910.93 | 9910.93 |
| 利润构成 | 主营收入(万元) | 290369.18 | 276351.49 | 271162.62 |
| | 主营利润(万元) | 21802.67 | 19576.61 | 18909.49 |
| | 投资收益(万元) | 626.9 | -322.93 | -335.09 |
| | 利润总额(万元) | 2248.48 | 1922.77 | 1897.05 |
| | 净利润(万元) | 1688.39 | 1536.95 | 1650.77 |
| 近年分配: | | | | |

| 主要股东及持股比例%、持股性质 |
|---|
| 重庆太极实业(集团)股份有限公司 65.15%（国有股） |
| 陶永纯 0.26%（流通 A 股） |
| 史开朗 0.26%（流通 A 股） |
| 高会杰 0.19%（流通 A 股） |
| 林春生 0.18%（流通 A 股） |
| 郑永康 0.16%（流通 A 股） |
| 李航玲 0.16%（流通 A 股） |
| 洪伟 0.14%（流通 A 股） |
| 曲丽君 0.13%（流通 A 股） |
| 齐林 0.12%（流通 A 股） |
| 实际控制人：太极集团有限公司 |

二〇〇六年以来市场表现

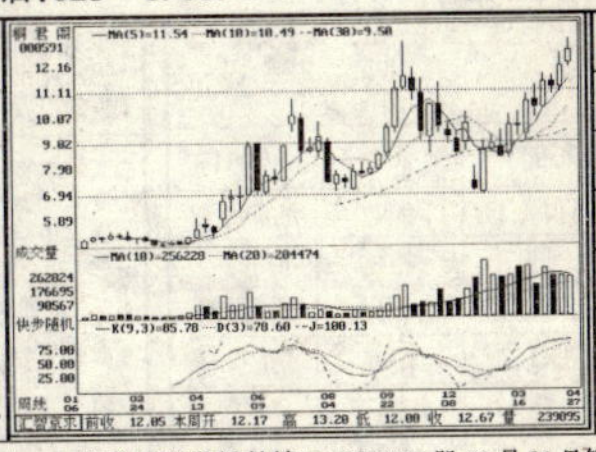

| | |
|---|---|
| 2006 年涨跌幅(%) | 73.63 |
| 2006 年最高(元) | 13.09 |
| 2007 年涨跌幅(%) | 128.92 |
| 2007.4.27 收盘(元) | 12.67 |
| 2007 年最高(元) | 20.41 |
| 2007 年最低(元) | 8.63 |
| 2007 年换手率(%) | 574.29 |

未来一年限售流通股解禁情况:6538833 股 02 月 01 日解禁

| 最新股本 | 总股本 | 非(限售)流通 | 流通 A | 流通 B/H/S | 股东户数 | 06 年末 | 06 三季 |
|---|---|---|---|---|---|---|---|
| | 10985.28 | 7157.28 | 3828 | | | 23458 | 13150 |

| | |
|---|---|
| 年报点评 | 公司商业在川渝具有门店网络优势,医疗体制改革给大型商业公司带来机遇,作为川渝一带区域性龙头商业企业,将定位为新的商业架构体系下的二级物流配送中心;医药工业规模较小,发展较平稳,07 年按照新会计准则减少股权投资差额摊销 300 多万,增厚利润。 |

## S＊ST 昌源（000592）

上市日期:96/03/27

电话:O591－87621012　　传真:0591－－87621112

| 主营 | 房地产开发、国内外工程承包、物业管理与经营等。 | | |
|---|---|---|---|
| 年度 | 2006 | 2005 | 2004 |
| 主要指标 每股收益/扣除后(元) | 0.036 | －0.591 | －0.49/－0.42 |
| 每股经营现金流量(元) | 0.0164 | 0.08 | －0.0038 |
| 每股净资产/调整后(元) | －1.77/－2.49 | －1.76/－1.97 | －0.5/－0.81 |
| 未分利润(万元) | －98594.48 | －99651.52 | －71588.83 |
| 资本公积(万元) | 25429.37 | 25429.37 | 25429.37 |
| 利润构成 主营收入(万元) | 1019.02 | 5676.37 | 944.48 |
| 主营利润(万元) | －152.18 | 181.77 | 1.9 |
| 投资收益(万元) | －694.15 | －6561.94 | －5212.39 |
| 利润总额(万元) | －156.64 | －20432.03 | －16032.32 |
| 净利润(万元) | 1057.04 | －17384.19 | －14291.63 |
| 近年分配: | | | |

| 主要股东及持股比例%、持股性质 |
|---|
| 上海福建神龙企业集团有限公司 20%（非流通股） |
| 神龙国际投资有限公司 11.57%（非流通股） |
| 象山黄金海岸大酒店有限公司 4.25%（非流通股） |
| 象山香溢欢乐大世界娱乐有限公司 3.4%（国有股） |
| 上海源长礼品包装有限公司 3.35%（非流通股） |
| 福建省华侨信托投资公司 1.84%（国有股） |
| 福建省三星建材联合贸易公司 0.64%（非流通股） |
| 中国人民建设银行福建省分行 0.63%（非流通股） |
| 福建华兴信托投资公司 0.51%（非流通股） |
| 福建省九盛经济开发公司 0.46%（非流通股） |
| 实际控制人：陈克恩 |

二〇〇六年以来市场表现

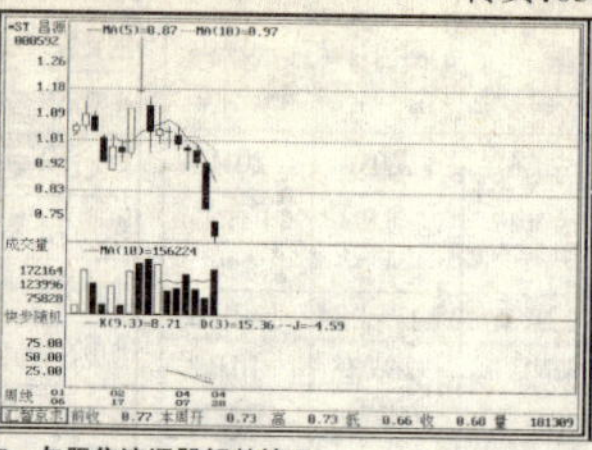

| | |
|---|---|
| 2006年涨跌幅(%) | |
| 2006年最高(元) | |
| 2007年涨跌幅(%) | |
| 2007.4.27收盘(元) | |
| 2007年最高(元) | — |
| 2007年最低(元) | |
| 2007年换手率(%) | |

未来一年限售流通股解禁情况:

| 最新股本 | 总股本 | 非(限售)流通 | 流通A | 流通B/H/S | 股东户数 | 06年末 | 06三季 |
|---|---|---|---|---|---|---|---|
| | 29440.47 | 20709.65 | 8730.82 | | | 24959 | 24959 |

年报点评：山田林业开发(福建)有限公司决定出资重组公司并承诺,将通过定向增发,使公司的主业转变为林业生产与加工,获得持续经营的业务及资产;公司未来发展以林产品加工为龙头,大力发展林板一体化项目,延伸产业链,实行林业多元化发展战略。

## 大通燃气（000593）

上市日期:96/03/12

电话:028－86637727　　传真:028－86634633

| 主营 | 生产、销售、开发中成药、西药、原料药、中药材及保健品;批发和零售贸易、餐饮 | | |
|---|---|---|---|
| 年度 | 2006 | 2005 | 2004 |
| 主要指标 每股收益/扣除后(元) | 0.005/－0.031 | 0.011 | 0.003/－0.032 |
| 每股经营现金流量(元) | 0.083 | 0.176 | 0.17 |
| 每股净资产/调整后(元) | 1.25/1.22 | 1.46/1.45 | 1.45/1.39 |
| 未分利润(万元) | －1098.93 | －1220.73 | －1430.93 |
| 资本公积(万元) | 3465.26 | 6833.13 | 6833.13 |
| 利润构成 主营收入(万元) | 24252.1 | 19821.36 | 18225.76 |
| 主营利润(万元) | 6677.61 | 5931.05 | 6347.23 |
| 投资收益(万元) | －712.13 | －482.04 | －267.49 |
| 利润总额(万元) | 287.04 | 377.78 | 207.98 |
| 净利润(万元) | 121.8 | 210.2 | 57.7 |
| 近年分配: | | | |

| 主要股东及持股比例%、持股性质 |
|---|
| 天津大通投资集团有限公司 23.14%（非流通股） |
| 天津市集睿科技投资有限公司 14.78%（非流通股） |
| 成都鑫同盛实业发展有限公司 2.62%（非流通股） |
| 浙江物产元通机电(集团)有限公司 2.21%（非流通股） |
| 浙江元通机电发展有限公司 1.48%（流通A股） |
| 成都恒合实业有限责任公司 1.38%（非流通股） |
| 成都市国有资产投资经营公司 1.1%（国有股） |
| 孙青云 1.09%（流通A股） |
| 成都中核新材料股份有限公司 1.02%（非流通股） |
| 深圳市世代创业投资有限公司 1.02%（非流通股） |
| 实际控制人：李占通 |

二〇〇六年以来市场表现

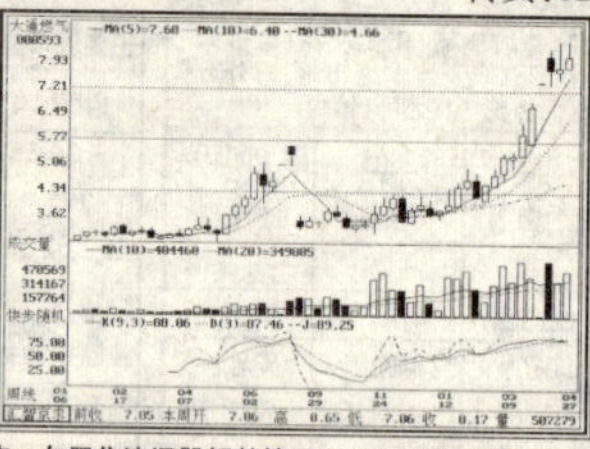

| | |
|---|---|
| 2006年涨跌幅(%) | 93.35 |
| 2006年最高(元) | 6.56 |
| 2007年涨跌幅(%) | 121.41 |
| 2007.4.27收盘(元) | 8.17 |
| 2007年最高(元) | 8.65 |
| 2007年最低(元) | 3.58 |
| 2007年换手率(%) | 606.64 |

未来一年限售流通股解禁情况:54478089股09月12日解禁

| 最新股本 | 总股本 | 非(限售)流通 | 流通A | 流通B/H/S | 股东户数 | 06年末 | 06三季 |
|---|---|---|---|---|---|---|---|
| | 22333.64 | 12806.16 | 9527.48 | | | 15956 | 12859 |

年报点评：公司2006年净利润同比下降42%。通过资产置入,形成煤气、医药、批发零售三业并举局面。公司收购习水富邦煤矿,并以此为平台收购双龙煤矿,同时取得太白、宽阔坝、联盟三个矿区的探矿权。公司在能源领域的大举扩张,表明将在该领域大有作为。

## 天津宏峰（000594）

上市日期:96/03/20

电话:022－23705020　　传真:022－23705231

| 主营 | 黄金、白银、铅、锌的采、选、冶与销售 | | |
|---|---|---|---|
| 年度 | 2006 | 2005 | 2004 |
| 主要指标 每股收益/扣除后(元) | 0.043/0.043 | 0.081 | 0.08/0.072 |
| 每股经营现金流量(元) | 0.53 | 0.34 | 0.63 |
| 每股净资产/调整后(元) | 1.56/1.56 | 1.51/1.46 | 1.42/1.25 |
| 未分利润(万元) | 15314.15 | 13147.67 | 9275.53 |
| 资本公积(万元) | 9137.75 | 8275.87 | 8275.87 |
| 利润构成 主营收入(万元) | 15702.7 | 47376.4 | 27662.26 |
| 主营利润(万元) | 8734.56 | 14728.72 | 13158.76 |
| 投资收益(万元) | －1056.77 | －1093.04 | －465.91 |
| 利润总额(万元) | 4521.99 | 8138.89 | 7524.09 |
| 净利润(万元) | 2418.18 | 4555.45 | 4534.8 |
| 近年分配: | | | |

| 主要股东及持股比例%、持股性质 |
|---|
| 赤峰市松山区黄金工业公司 28.77%（国有股） |
| 深圳国恒实业发展有限公司 22.51%（非流通股） |
| 赤峰市松山区华龙开发公司 3.2%（非流通股） |
| 上海平杰投资咨询有限公司 0.28%（非流通股） |
| 上海步欣工贸有限公司 0.15%（非流通股） |
| 顾永飞 0.12%（流通A股） |
| 刘世君 0.1%（流通A股） |
| 徐光岩 0.09%（流通A股） |
| 刘翠云 0.08%（流通A股） |
| 杭州神州市政工程有限公司 0.07%（流通A股） |
| 实际控制人：赤峰市松山区黄金工业公司 |

二〇〇六年以来市场表现

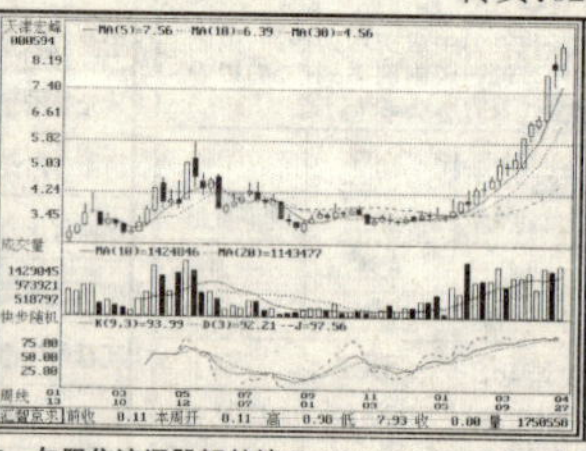

| | |
|---|---|
| 2006年涨跌幅(%) | 61.93 |
| 2006年最高(元) | 7.46 |
| 2007年涨跌幅(%) | 147.89 |
| 2007.4.27收盘(元) | 8.8 |
| 2007年最高(元) | 8.98 |
| 2007年最低(元) | 3.41 |
| 2007年换手率(%) | 640.11 |

未来一年限售流通股解禁情况:56111616股01月10日解禁

| 最新股本 | 总股本 | 非(限售)流通 | 流通A | 流通B/H/S | 股东户数 | 06年末 | 06三季 |
|---|---|---|---|---|---|---|---|
| | 56111.62 | 36652.18 | 19459.44 | | | 62064 | 65068 |

年报点评：铁路建设、房地产开发投资等,持有北京茂屋房地产开发公司80%股权,公司开发的北京宣祥家园已开始销售,预计公司将有4亿左右的收入。公司将投资建设罗岑铁路项目,罗岑铁路是广东、广西"泛珠三角"经贸合作中签约的重点工程项目之一,成长性值得期待。

## 西北轴承（000595）

上市日期:96/04/19

电话:0951－2024242　　传真:0951－2036747

| 主营 | 各类滚动轴承的生产与销售 | | |
|---|---|---|---|
| 年度 | 2006 | 2005 | 2004 |
| 主要指标 每股收益/扣除后(元) | 0.048/0.15 | 0.043 | 0.029/0.08 |
| 每股经营现金流量(元) | 0.04 | －0.086 | 0.3 |
| 每股净资产/调整后(元) | 1.75/1.68 | 2.09/1.96 | 2.04/1.95 |
| 未分利润(万元) | 1343.27 | 413.01 | －6997.66 |
| 资本公积(万元) | 14478.15 | 18326.79 | 24465.27 |
| 利润构成 主营收入(万元) | 45189.39 | 35136.1 | 30285.53 |
| 主营利润(万元) | 12114.36 | 7287.52 | 6306.29 |
| 投资收益(万元) | －19.71 | －225.69 | －140.41 |
| 利润总额(万元) | 1067.46 | 876.94 | 502.05 |
| 净利润(万元) | 1033.61 | 750.92 | 502.05 |
| 近年分配: | | | |

| 主要股东及持股比例%、持股性质 |
|---|
| 中国长城资产管理公司 24.57%（国有股） |
| 西北轴承集团有限责任公司 13.97%（国有股） |
| 宁夏天力协会 8.3%（非流通股） |
| 国际金融—中行—中金股票精选集合资产管理计划 2.08%（流通A股） |
| 江南重工股份有限公司 1.07%（非流通股） |
| 中国工商银行—诺安价值增长股票证券投资基金 0.95%（流通A股） |
| 西宁特殊钢(集团)有限责任公司 0.83%（国有股） |
| 常州常柴股份有限公司 0.66%（非流通股） |
| 北钢集团有限责任公司 0.66%（国有股） |
| 张蒙 0.42%（流通A股） |
| 实际控制人：财政部 |

二〇〇六年以来市场表现

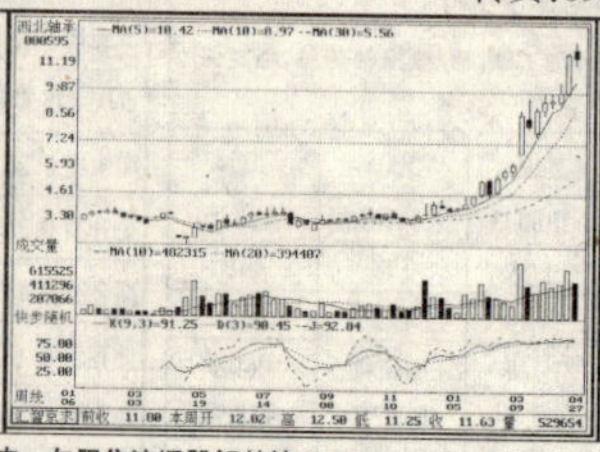

| | |
|---|---|
| 2006年涨跌幅(%) | 95.28 |
| 2006年最高(元) | 7.07 |
| 2007年涨跌幅(%) | 209.31 |
| 2007.4.27收盘(元) | 11.63 |
| 2007年最高(元) | 12.5 |
| 2007年最低(元) | 3.71 |
| 2007年换手率(%) | 605.73 |

未来一年限售流通股解禁情况:7158533股04月21日解禁

| 最新股本 | 总股本 | 非(限售)流通 | 流通A | 流通B/H/S | 股东户数 | 06年末 | 06三季 |
|---|---|---|---|---|---|---|---|
| | 21682.93 | 10917.7 | 10765.24 | | | 24583 | 26600 |

年报点评：我国西部最大的轴承生产企业,06年实现了稳定的增长,但由于原材料价格的上涨,以及公司管理体制的问题,企业经营没有明显的起色。随着公司产品结构调整完成,并逐步解决一些发展中的问题,公司后续仍有一定机会。

## 古井贡酒（000596/200596）

上市日期：A：96/09/27 B：96/06/12　电话：0558－5710057　传真：0558－5710006

**主营**：酿制和销售"中国名酒"古井贡酒及其他古井系列白酒。

| | 年　度 | 2006 | 2005 | 2004 |
|---|---|---|---|---|
| 主要指标 | 每股收益/扣除后(元) | 0.056/0.045 | 0.022 | -0.76/-0.77 |
| | 每股经营现金流量(元) | 0.2 | 0.16 | 0.07 |
| | 每股净资产/调整后(元) | 3.5/3.46 | 3.44/3.42 | 3.85/3.83 |
| | 未分利润(万元) | -8206.71 | -9521.81 | 72.98 |
| | 资本公积(万元) | 52921.27 | 52904.97 | 52904.97 |
| 利润构成 | 主营收入(万元) | 92063.08 | 65366.26 | 59691.74 |
| | 主营利润(万元) | 17754.92 | 14598.34 | 17515.84 |
| | 投资收益(万元) | -23.09 | -21.82 | -9999.19 |
| | 利润总额(万元) | 2647.7 | 1657.63 | -10992.27 |
| | 净利润(万元) | 1315.1 | 508.83 | -17943.58 |

近年分配：

**主要股东及持股比例%、持股性质**

安徽古井集团有限责任公司 62.55%（国有股）
黄映彬 2.47%（流通B股）
何彬 0.72%（流通B股）
GUOTAI JUNAN SECURIES HONG KONG LIMITED 0.66%（流通B股）
LEHMAN BROTHERS ASIA LIMITED 0.43%（流通B股）
KGI ASIA LIMITED 0.29%（流通B股）
GSI S/A GOLDEN CHINA MASTER FUND 0.25%（流通B股）
洪颖 0.23%（流通B股）
陈波 0.21%（流通B股）
上海香港万国证券 0.21%（流通B股）

实际控制人：安徽古井集团有限责任公司

二〇〇六年以来市场表现

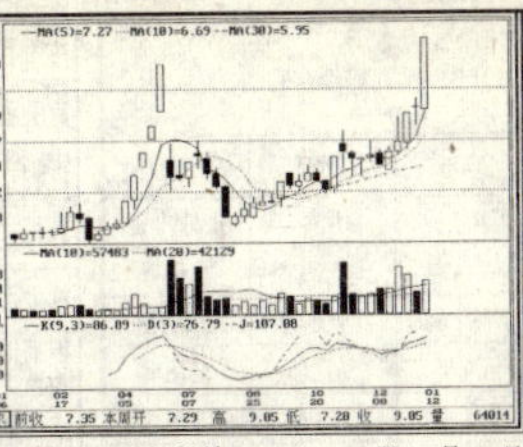

| | |
|---|---|
| 2006年涨跌幅(%) | 145.51 |
| 2006年最高(元) | 10.07 |
| 2007年涨跌幅(%) | 25.87 |
| 2007.4.27收盘(元) | 9.05 |
| 2007年最高(元) | 9.05 |
| 2007年最低(元) | 6.91 |
| 2007年换手率(%) | 37.51 |

未来一年限售流通股解禁情况：11750000股06月19日解禁

| 最新股本 | 总股本 | 非(限售)流通 | 流通A | 流通B/H/S | 股东户数 06年末 | 06三季 |
|---|---|---|---|---|---|---|
| | 23500 | 14700 | 2800 | 6000 | 17732 | 19315 |

**年报点评**：公司主要从事古井贡、古井、老八大和野太阳品牌及其系列酒的生产与销售，拥有酒精含量60度到30度和价格涵盖高、中、低档非常完整的产品体系。2006年公司的经营业绩实现了大幅度增长。不过公司的长期发展仍然寄希望于控股股东股权后新股东的引入。

## 东北制药（000597）

上市日期：96/05/23　电话：024－25806963　传真：024－25806888

**主营**：化学生物制剂，原料药品，卫生材料，制药设备及配件制造，一般国内商业贸易，经济信息咨询。

| | 年　度 | 2006 | 2005 | 2004 |
|---|---|---|---|---|
| 主要指标 | 每股收益/扣除后(元) | 0.065/0.064 | 0.041 | 0.03/0.01 |
| | 每股经营现金流量(元) | -0.35 | 0.367 | 0.69 |
| | 每股净资产/调整后(元) | 3.05/2.04 | 2.95/2.04 | 2.91/2.25 |
| | 未分利润(万元) | 151.73 | -1793.99 | -1376.88 |
| | 资本公积(万元) | 61588.45 | 60489.9 | 58787.21 |
| 利润构成 | 主营收入(万元) | 191823.84 | 183307.72 | 161976.31 |
| | 主营利润(万元) | 41287.6 | 41186.57 | 37137.76 |
| | 投资收益(万元) | 83.46 | 798.36 | 180.01 |
| | 利润总额(万元) | 4860.81 | 3854.66 | 3047.05 |
| | 净利润(万元) | 1962.58 | 1241.66 | 812.88 |

近年分配：

**主要股东及持股比例%、持股性质**

东北制药集团有限责任公司 47.51%（国有股）
辽宁省电力有限公司 0.82%（非流通股）
林梅 0.4%（流通A股）
中行沈阳信托投资公司 0.26%（部分流通部分不流通）
海南盛达实业投资公司 0.26%（部分流通部分不流通）
祝去修 0.24%（流通A股）
蔡海麟 0.24%（流通A股）
周吉长 0.23%（流通A股）
左枚桂 0.2%（流通A股）
王海凤 0.17%（流通A股）

实际控制人：东北制药集团有限责任公司

二〇〇六年以来市场表现

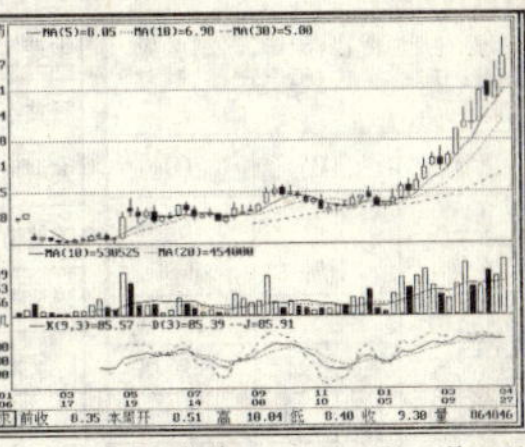

| | |
|---|---|
| 2006年涨跌幅(%) | 62.14 |
| 2006年最高(元) | 6.08 |
| 2007年涨跌幅(%) | 154.1 |
| 2007.4.27收盘(元) | 9.3 |
| 2007年最高(元) | 10.04 |
| 2007年最低(元) | 3.52 |
| 2007年换手率(%) | 533.95 |

未来一年限售流通股解禁情况：15190500股02月14日解禁

| 最新股本 | 总股本 | 非(限售)流通 | 流通A | 流通B/H/S | 股东户数 06年末 | 06三季 |
|---|---|---|---|---|---|---|
| | 30381 | 15584.46 | 14796.54 | | 41179 | 40733 |

**年报点评**：是国内最大的原料药基地，拥有国内最大的磷霉素纳和VC生产能力，公司自行开发的抗艾滋病病毒药品"齐多夫定"在国内第一个获得国家药品监督管理局批准上市。另外，公司正面临整体搬迁，包括公司土地使用权约25万多平方米，公司的土地出让将会出现一定增值。近期该股股价沿5日均线震荡走高，后市有望加速上攻。

## 蓝星清洗（000598）

上市日期：96/05/29　电话：010－80483904　传真：010－80483904

**主营**：研制、生产与销售工业和民用清洗剂产品车用化学品等精细化工产品。

| | 年　度 | 2006 | 2005 | 2004 |
|---|---|---|---|---|
| 主要指标 | 每股收益/扣除后(元) | 0.034/0.028 | -0.52 | 0.02/0.015 |
| | 每股经营现金流量(元) | -0.13 | 0.46 | 0.19 |
| | 每股净资产/调整后(元) | 2.35/2.35 | 2.32/2.32 | 3.69/3.69 |
| | 未分利润(万元) | 3897.05 | 2984.87 | 18760.55 |
| | 资本公积(万元) | 29992.56 | 30138.09 | 37118.19 |
| 利润构成 | 主营收入(万元) | 107703.86 | 63065.39 | 38299.89 |
| | 主营利润(万元) | 13182.97 | -5280.33 | 7524.54 |
| | 投资收益(万元) | -93.75 | -93.75 | -55.1 |
| | 利润总额(万元) | 2087.97 | -16610.4 | 907.04 |
| | 净利润(万元) | 1013.53 | -15775.68 | 375.71 |

近年分配：06预案：10派0.1；04年：10转增3

**主要股东及持股比例%、持股性质**

中国蓝星(集团)总公司 27.08%（国有股）
魏学利 1.32%（流通A股）
慕永杰 1.02%（流通A股）
国泰君安证券股份有限公司 0.66%（流通A股）
中国银河证券有限责任公司 0.63%（流通A股）
全国社保基金六零三组合 0.44%（流通A股）
赵小萍 0.34%（流通A股）
刘晓南 0.32%（流通A股）
瞿月霞 0.32%（流通A股）
周银清 0.3%（流通A股）

实际控制人：中国化工集团公司

二〇〇六年以来市场表现

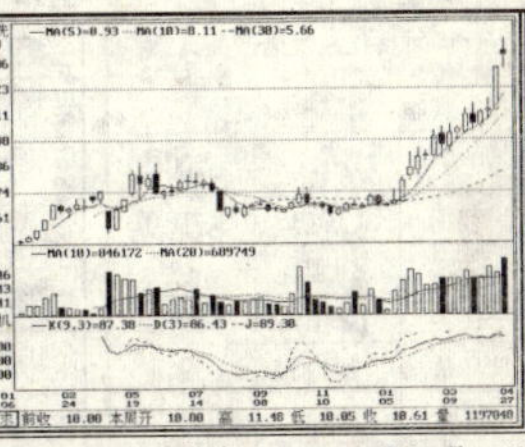

| | |
|---|---|
| 2006年涨跌幅(%) | 109.13 |
| 2006年最高(元) | 7.77 |
| 2007年涨跌幅(%) | 160.69 |
| 2007.4.27收盘(元) | 10.61 |
| 2007年最高(元) | 11.48 |
| 2007年最低(元) | 4.01 |
| 2007年换手率(%) | 555.34 |

未来一年限售流通股解禁情况：30247074股04月17日解禁

| 最新股本 | 总股本 | 非(限售)流通 | 流通A | 流通B/H/S | 股东户数 06年末 | 06三季 |
|---|---|---|---|---|---|---|
| | 30247.07 | 8192.27 | 22054.8 | | 38848 | 46272 |

**年报点评**：公司是我国规模最大TDI生产企业之一，还拥有年产工业清洗剂6万吨的生产线，处于行业领先地位。公司控股的蓝星化工年生产TDI的能力为3万吨，并且还将计划2－3年内投资1亿元扩充到5万吨/年的产能。

## 青岛双星（000599）

上市日期：96/04/30　电话：0532－2657986　传真：0532－2657986

**主营**：冷粘鞋类(运动鞋、皮鞋、专业鞋等)的制造和销售；橡胶轮胎、铸造机械、橡塑机械及绣品的制造与销售。

| | 年　度 | 2006 | 2005 | 2004 |
|---|---|---|---|---|
| 主要指标 | 每股收益/扣除后(元) | 0.087/0.06 | 0.136/0.13 | 0.18/0.16 |
| | 每股经营现金流量(元) | 0.28 | 0.432 | 0.76 |
| | 每股净资产/调整后(元) | 2.24/2.2 | 2.15/2.04 | 3.58/3.47 |
| | 未分利润(万元) | 33632.8 | 30064.73 | 24877.62 |
| | 资本公积(万元) | 15409.57 | 15409.57 | 27326.03 |
| 利润构成 | 主营收入(万元) | 314223.38 | 309704.75 | 232420.06 |
| | 主营利润(万元) | 26138.9 | 31260.65 | 22728.29 |
| | 投资收益(万元) | 460.25 | 0.6 | |
| | 利润总额(万元) | 5052.9 | 8096.56 | 6362.98 |
| | 净利润(万元) | 3970.33 | 6185.15 | 4108.49 |

近年分配：04年：10转增8

**主要股东及持股比例%、持股性质**

双星集团有限责任公司 23.42%（国有股）
青岛胶南公有资产经营有限公司 2.58%（非流通股）
马姗姗 0.36%（流通A股）
刘洲萍 0.33%（流通A股）
王青兰 0.33%（流通A股）
左常青 0.29%（流通A股）
周益之 0.26%（流通A股）
张少龙 0.26%（流通A股）
郭威 0.25%（流通A股）
陈玉琦 0.24%（流通A股）

实际控制人：青岛市国有资产监督管理委员会

二〇〇六年以来市场表现

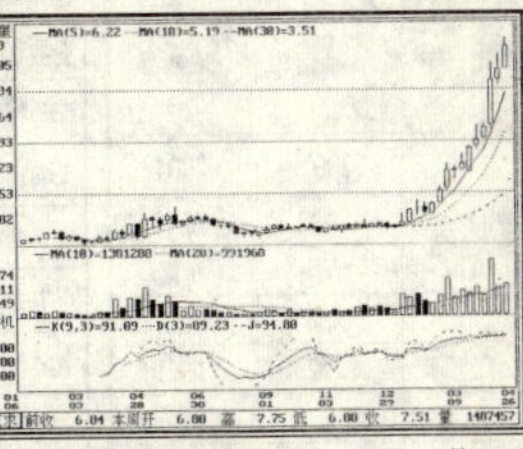

| | |
|---|---|
| 2006年涨跌幅(%) | 16.59 |
| 2006年最高(元) | 3.13 |
| 2007年涨跌幅(%) | 196.84 |
| 2007.4.27收盘(元) | 7.51 |
| 2007年最高(元) | 7.75 |
| 2007年最低(元) | 2.51 |
| 2007年换手率(%) | 539.91 |

未来一年限售流通股解禁情况：34469856股12月05日解禁

| 最新股本 | 总股本 | 非(限售)流通 | 流通A | 流通B/H/S | 股东户数 06年末 | 06三季 |
|---|---|---|---|---|---|---|
| | 45502.85 | 11830.01 | 33672.84 | | 51818 | 57710 |

**年报点评**：国内规模最大的轮胎制造商。目前年产全钢载重子午胎150万套，年产值50亿元的产能，形成120多家总代理、覆盖全国、具有发展潜力的市场网络，产品远销东南亚等多个国家和地区，成为我国同行业中获准进入国际市场范围最大的企业之一。

## 建投能源（000600）

上市日期:96/06/06　　电话:0311－6672224　　传真:0311－6672224

| 主营 | 电力生产及销售、电力项目开发、投资和经营。 | | | |
|---|---|---|---|---|
| | 年　度 | 2006 | 2005 | 2004 |
| 主要指标 | 每股收益/扣除后(元) | 0.21/0.22 | 0.19 | 0.406/0.39 |
| | 每股经营现金流量(元) | 2.4 | 1.89 | 3.0346 |
| | 每股净资产/调整后(元) | 1.88/1.85 | 1.74/1.71 | 2.4/2.38 |
| | 未分利润(万元) | 5679.95 | 3697.06 | 4271.48 |
| | 资本公积(万元) | 7863.65 | 7863.65 | 13058.32 |
| 利润构成 | 主营收入(万元) | 198932.18 | 194643.19 | 180992.83 |
| | 主营利润(万元) | 40027.69 | 32294.81 | 40114.4 |
| | 投资收益(万元) | －323.94 | －328.53 | －313.41 |
| | 利润总额(万元) | 16402.15 | 11625.21 | 18294.12 |
| | 净利润(万元) | 4828.34 | 4266.48 | 6240.37 |
| 近年分配: | 06 预案:10 派 0.3；05 年:10 派 0.7；04 年:10 派 0.8 送 1.5 转增 3.5 | | | |

| 主要股东及持股比例%、持股性质 |
|---|
| 河北省建设投资公司 59.2%（部分流通部分不流通） |
| 中国平安人寿保险股份有限公司—传统—普通保险产品 1.38%（流通 A 股） |
| 石家庄市鑫源工贸公司 1.36%（流通 A 股） |
| 石家庄鸿基投资有限责任公司 1.35%（流通 A 股） |
| 华宝信托投资有限责任公司—资金信托 R2005ZX022 1.06%（流通 A 股） |
| 裕阳证券投资基金 1.06%（流通 A 股） |
| 海关总署机关服务中心（海关总署机关服务局）0.91%（流通 A 股） |
| 华宝信托投资有限责任公司—资金信托 R2006ZX009 0.66%（流通 A 股） |
| 石家庄市国翔管理服务公司 0.64%（流通 A 股） |
| 中国工商银行—易方达价值精选股票型证券投资基金 0.46%（流通 A 股） |
| 实际控制人：河北省国有资产监督管理委员会 |

二〇〇六年以来市场表现

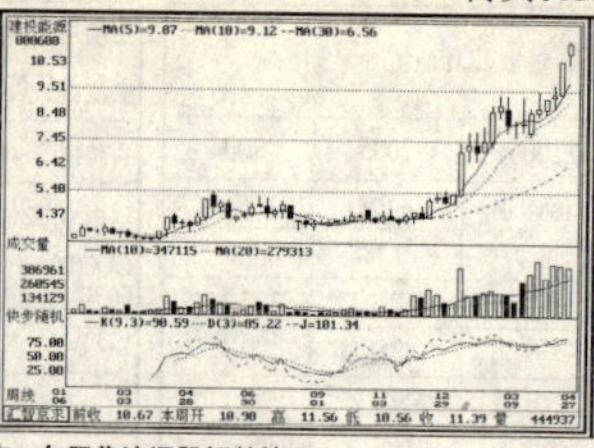

| | |
|---|---|
| 2006 年涨跌幅(%) | 46.51 |
| 2006 年最高(元) | 5.52 |
| 2007 年涨跌幅(%) | 129.18 |
| 2007.4.27 收盘(元) | 11.39 |
| 2007 年最高(元) | 11.56 |
| 2007 年最低(元) | 4.88 |
| 2007 年换手率(%) | 408.03 |

未来一年限售流通股解禁情况:

| 最新股本 | 总股本 | 非(限售)流通 | 流通 A | 流通 B/H/S | 股东户数 | 06 年末 | 06 三季 |
|---|---|---|---|---|---|---|---|
| | 23060.01 | 11144.65 | 11915.36 | | | 14831 | 14758 |

年报点评：公司 2006 年实现净利润同比小幅增长 13%。公司近期完成定向增发,收购大股东 5 家电厂股权,权益装机容量因此增加 220%,收购的资产盈利能力好于原有资产。大股东河北建投在地方电力集团中位居前列,目前仍有大量电厂在上市公司以外。公司未来收购前景广阔。

## 韶能股份（000601）

上市日期:96/08/30　　电话:0751－8153162　　传真:0751－8535226

| 主营 | 电力生产,锆系列产品的开发、生产、销售,能源开发,公路工程及设计,建筑材料,房地产开发;销售:机电产品,建筑装饰材料,金属材料、矿产品等。 | | | |
|---|---|---|---|---|
| | 年　度 | 2006 | 2005 | 2004 |
| 主要指标 | 每股收益/扣除后(元) | 0.12 | 0.24 | 0.18/0.18 |
| | 每股经营现金流量(元) | 0.57 | 0.78 | 0.59 |
| | 每股净资产/调整后(元) | 3.47/3.45 | 5.46/5.43 | 5.32/5.29 |
| | 未分利润(万元) | 30648.49 | 36675.14 | 33189.05 |
| | 资本公积(万元) | 110742.42 | 130713.84 | 130713.84 |
| 利润构成 | 主营收入(万元) | 177930.46 | 156410.62 | 109992 |
| | 主营利润(万元) | 48329.63 | 39390.12 | 27476.81 |
| | 投资收益(万元) | 474.67 | －38.75 | －34.67 |
| | 利润总额(万元) | 15384.61 | 13243.87 | 7111.18 |
| | 净利润(万元) | 8385.11 | 10539.76 | 8054.87 |
| 近年分配: | 06 预案:10 派 0.15 送 1；05 年:10 派 1 送 1；04 年:10 派 1 | | | |

| 主要股东及持股比例%、持股性质 |
|---|
| 韶关市国有资产管理办公室 11.14%（国有股） |
| 耒阳市国有资产投资经营有限公司 3.22%（国有股） |
| 韶关市峡江水电安装工程有限公司 3.14%（国有股） |
| 韶关市公共资产管理中心 3.06%（部分流通部分不流通） |
| 广发证券股份有限公司 0.79%（流通 A 股） |
| 韶关供电工程公司 0.57%（国有股） |
| 广发证券－交行－广发集合资产管理计划(3 号) 0.51%（流通 A 股） |
| 中国银行－易方达深证 100 交易型开放式指数证券投资基金 0.46%（流通 A 股） |
| 陈志峰 0.21%（流通 A 股） |
| 王宝玲 0.2%（流通 A 股） |
| 实际控制人：韶关市公共资产管理中心 |

二〇〇六年以来市场表现

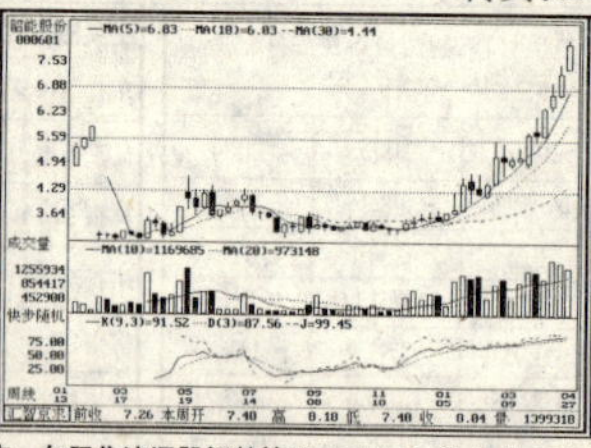

| | |
|---|---|
| 2006 年涨跌幅(%) | 69.74 |
| 2006 年最高(元) | 8.67 |
| 2007 年涨跌幅(%) | 126.48 |
| 2007.4.27 收盘(元) | 8.04 |
| 2007 年最高(元) | 8.18 |
| 2007 年最低(元) | 3.53 |
| 2007 年换手率(%) | 323.71 |

未来一年限售流通股解禁情况:12142350 股 02 月 23 日解禁

| 最新股本 | 总股本 | 非(限售)流通 | 流通 A | 流通 B/H/S | 股东户数 | 06 年末 | 06 三季 |
|---|---|---|---|---|---|---|---|
| | 70041.06 | 24116.32 | 45924.74 | | | 100855 | 104532 |

年报点评：公司与深圳市能源集团签订了长期战略联盟合作关系,未来水电业务有望出现质的飞跃。公司现申请发行 6 亿元长期企业债券,用于靖村、上堡水电站等项目,这 3 个电站总装机容量为 23 万千瓦。公司作为成本低廉、规模优势突出的大型水电,发展前景广阔。

## 金马集团（000602）

上市日期:96/08/19　　电话:0768－2258968　　传真:0768－232297613

| 主营 | 通信及信息网络、计算机软硬件、自动化系统的产品开发、经营,系统设计、集成、增值服务;ISP、ICP、ASP 业务;IT 业产品的研发、生产、销售及技术服务。 | | | |
|---|---|---|---|---|
| | 年　度 | 2006 | 2005 | 2004 |
| 主要指标 | 每股收益/扣除后(元) | 0.35/0.34 | 0.33/0.34 | 0.37/0.37 |
| | 每股经营现金流量(元) | 0.69 | 0.92 | 0.85 |
| | 每股净资产/调整后(元) | 2.34/2.34 | 1.99/1.83 | 1.65/1.58 |
| | 未分利润(万元) | 14551.61 | 9834.83 | 5568.76 |
| | 资本公积(万元) | 2261.99 | 2261.99 | 2259.18 |
| 利润构成 | 主营收入(万元) | 21899.8 | 21759.04 | 21765.14 |
| | 主营利润(万元) | 15346.82 | 14303.23 | 15306.24 |
| | 投资收益(万元) | －407.13 | －88.94 | －400.68 |
| | 利润总额(万元) | 13513.29 | 13002.36 | 14398.06 |
| | 净利润(万元) | 5240.87 | 5018.9 | 5548.81 |
| 近年分配: | | | | |

| 主要股东及持股比例%、持股性质 |
|---|
| 山东鲁能矿业集团有限公司 18.52%（部分流通部分不流通） |
| 山东鲁能发展集团有限公司 17.9%（部分流通部分不流通） |
| 北京中兴泰房地产股份有限公司 3.48%（流通 A 股） |
| 潮州开发区伟田房地产开发有限公司 1.08%（流通 A 股） |
| 深圳市奉安投资发展有限公司 0.91%（非流通股） |
| 徐州市国盛投资控股有限公司 0.55%（流通 A 股） |
| 福州麦点广告有限公司 0.35%（流通 A 股） |
| 黄泽宁 0.35%（流通 A 股） |
| 朱忠海 0.31%（流通 A 股） |
| 李秀荣 0.26%（流通 A 股） |
| 实际控制人：山东鲁能集团有限公司 |

二〇〇六年以来市场表现

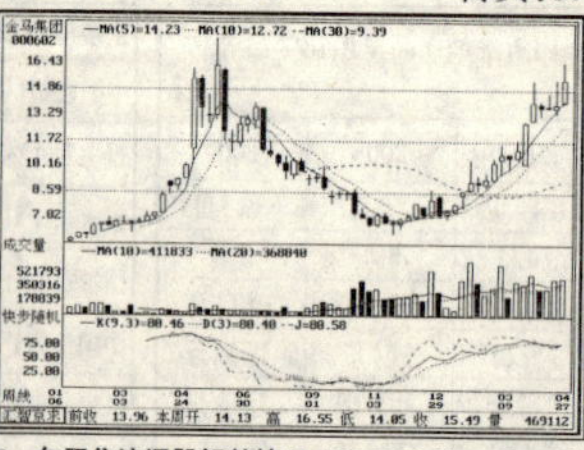

| | |
|---|---|
| 2006 年涨跌幅(%) | 31.09 |
| 2006 年最高(元) | 18 |
| 2007 年涨跌幅(%) | 114.84 |
| 2007.4.27 收盘(元) | 15.49 |
| 2007 年最高(元) | 16.55 |
| 2007 年最低(元) | 6.92 |
| 2007 年换手率(%) | 559.13 |

未来一年限售流通股解禁情况:15075000 股 12 月 20 日解禁

| 最新股本 | 总股本 | 非(限售)流通 | 流通 A | 流通 B/H/S | 股东户数 | 06 年末 | 06 三季 |
|---|---|---|---|---|---|---|---|
| | 15075 | 4200.72 | 10874.28 | | | 18042 | 9031 |

年报点评：公司主营业务为通信服务。2006 年公司继续利用业务优势,扩大服务范围,在保证电力生产信息通讯服务的同时,积极拓展其他行业领域市场。与去年比较,公司的各项指标较为稳定,公司的经营状况良好运转。预计未来公司经营仍将保持稳定的发展状态。

## ＊ST 威达（000603）

上市日期:96/08/23　　电话:0755－83949925　　传真:0755－83949932

| 主营 | 生产、研发、销售医疗器械、电子产品及通信设备、保健品等。 | | | |
|---|---|---|---|---|
| | 年　度 | 2006 | 2005 | 2004 |
| 主要指标 | 每股收益/扣除后(元) | 0.09 | －0.15 | －0.19/－0.072 |
| | 每股经营现金流量(元) | －0.04 | 0.05 | 0.12 |
| | 每股净资产/调整后(元) | 0.58/0.56 | 0.64/0.54 | 0.85/0.8 |
| | 未分利润(万元) | －13285.7 | －14582.88 | －12925.2 |
| | 资本公积(万元) | 7436.44 | 10213.41 | 10213.41 |
| 利润构成 | 主营收入(万元) | 6908.1 | 5403.24 | 1763.25 |
| | 主营利润(万元) | 471.87 | 191.6 | 270.49 |
| | 投资收益(万元) | 922.79 | －786 | －8.82 |
| | 利润总额(万元) | 863.83 | －2421.86 | －2440.46 |
| | 净利润(万元) | 1297.18 | －1657.68 | －2142.49 |
| 近年分配: | | | | |

| 主要股东及持股比例%、持股性质 |
|---|
| 江西堆花酒业有限责任公司 23.32%（非流通股） |
| 深圳市安远投资集团有限公司 14.75%（非流通股） |
| 赣州希桥置业发展有限公司 9.64%（非流通股） |
| 汕头变压器厂 3.56%（非流通股） |
| 中国新技术创电投资公司 2.71%（非流通股） |
| 东莞市泰迪贸易有限公司 1.42%（非流通股） |
| 广东威达医疗器械集团公司 1.42%（国有股） |
| 海南普林投资管理有限公司 0.71%（非流通股） |
| 上海思可达商务咨询有限公司 0.71%（非流通股） |
| 李健伟 0.49%（流通 A 股） |
| 实际控制人：敬明全 |

二〇〇六年以来市场表现

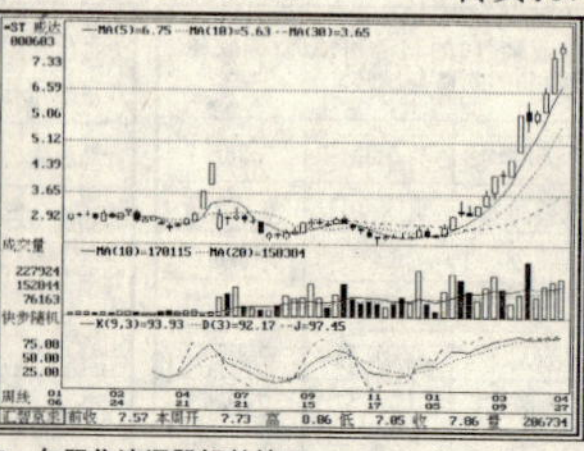

| | |
|---|---|
| 2006 年涨跌幅(%) | 69.34 |
| 2006 年最高(元) | 6.42 |
| 2007 年涨跌幅(%) | 223.46 |
| 2007.4.27 收盘(元) | 7.86 |
| 2007 年最高(元) | 8.06 |
| 2007 年最低(元) | 2.37 |
| 2007 年换手率(%) | 441.69 |

未来一年限售流通股解禁情况:37454375 股 06 月 30 日解禁

| 最新股本 | 总股本 | 非(限售)流通 | 流通 A | 流通 B/H/S | 股东户数 | 06 年末 | 06 三季 |
|---|---|---|---|---|---|---|---|
| | 14036.25 | 8336.25 | 5700 | | | 9448 | 8415 |

年报点评：公司 2006 年度加大了投资整合力度,加大了内控管理力度,积极开拓市场,使酒业销售稳中有升;积极开拓新业务,介入西部风力发电事业。通过一系列的努力公司 2006 年度实现了盈利。二级市场上,该股从 2 元多起步,4 个月内已经实现了 2.5 倍的升幅,短线面临整固。

## *ST 四环（000605）

上市日期:96/09/13　电话:010－68002567　传真:010－68001816

主营：生物医药、中西药的研究开发、生产与销售。

| | 年　度 | 2006 | 2005 | 2004 |
|---|---|---|---|---|
| 主要指标 | 每股收益/扣除后(元) | -0.71/-0.51 | -0.31 | 0.11/0.11 |
| | 每股经营现金流量(元) | 0.03 | -0.29 | -0.22 |
| | 每股净资产/调整后(元) | 0.53/0.53 | 1.4/1.4 | 1.71/1.7 |
| | 未分利润(万元) | -5313.3 | 1313.77 | 3830.37 |
| | 资本公积(万元) | 0.81 | 1073.31 | 1073.31 |
| 利润构成 | 主营收入(万元) | 2130.64 | 6200.84 | 9825.38 |
| | 主营利润(万元) | 553.46 | 3355.44 | 4891.88 |
| | 投资收益(万元) | -3 | -3 | -3 |
| | 利润总额(万元) | -6701.34 | -2539.74 | 1203.8 |
| | 净利润(万元) | -6627.07 | -2516.6 | 914.43 |

近年分配：

| 主要股东及持股比例%、持股性质 |
|---|
| 四环生物产业集团有限公司 60.18%（非流通股） |
| 北大星光集团有限公司 4.25%（非流通股） |
| 北京福满楼酒家有限公司 0.88%（非流通股） |
| 王顺 0.88%（流通A股） |
| 张斌 0.8%（流通A股） |
| 唐保和 0.5%（流通A股） |
| 中国非金属材料总公司 0.35%（国有股） |
| 恩平市同和农业投资有限公司 0.35%（非流通股） |
| 烟台融信投资发展有限公司 0.32%（流通A股） |
| 陈先保 0.29%（流通A股） |

实际控制人：北京罗倍基因工程技术有限公司

二〇〇六年以来市场表现

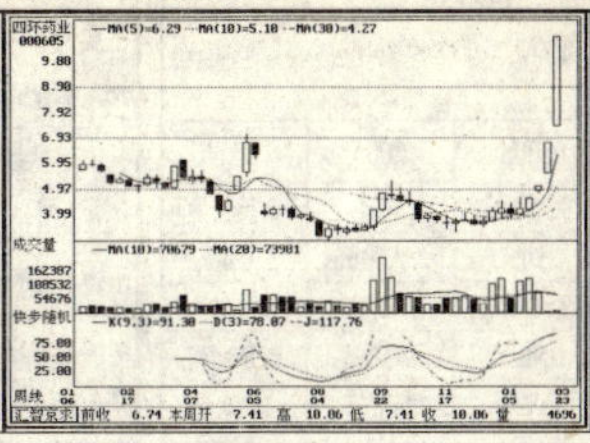

| | |
|---|---|
| 2006年涨跌幅(%) | 11.93 |
| 2006年最高(元) | 8.01 |
| 2007年涨跌幅(%) | 159.19 |
| 2007.4.27收盘(元) | 10.86 |
| 2007年最高(元) | 10.86 |
| 2007年最低(元) | 3.8 |
| 2007年换手率(%) | 122.22 |

未来一年限售流通股解禁情况:10436250股06月21日解禁

| 最新股本 | 总股本 | 非(限售)流通 | 流通A | 流通B/H/S | 股东户数 | 06年末 | 06三季 |
|---|---|---|---|---|---|---|---|
| | 9322.5 | 6187.5 | 3135 | | | 7001 | 7385 |

年报点评：报告期内,公司业绩同比大幅下降。医药行业反商业贿赂以及药品持续降价是公司业绩下降的主要原因,主要产品赛氟只有销售同期的四分之一,各项经营指标进一步恶化。

## 青海明胶（000606）

上市日期:96/10/04　电话:0971－8013495　传真:0971－8012106

主营：明胶系列产品、硬胶囊系列产品生产与销售。

| | 年　度 | 2006 | 2005 | 2004 |
|---|---|---|---|---|
| 主要指标 | 每股收益/扣除后(元) | 0.11/0.096 | 0.07 | 0.01/-0.007 |
| | 每股经营现金流量(元) | 0.16 | 0.18 | 0.18 |
| | 每股净资产/调整后(元) | 2.05/2.05 | 1.97/1.97 | 1.89/1.89 |
| | 未分利润(万元) | 4346.06 | 3034.17 | 2306.19 |
| | 资本公积(万元) | 8414.3 | 8705.43 | 8494.88 |
| 利润构成 | 主营收入(万元) | 17987.51 | 16843.01 | 12987.45 |
| | 主营利润(万元) | 7148.67 | 6927.08 | 5374.84 |
| | 投资收益(万元) | -55.3 | -74.74 | -47.27 |
| | 利润总额(万元) | 1836.65 | 1227.29 | 262.99 |
| | 净利润(万元) | 1600.41 | 1034.78 | 147.8 |

近年分配：06预案:10派0.11送1转增1

| 主要股东及持股比例%、持股性质 |
|---|
| 天津泰达科技风险投资股份有限公司 19.47%（国有股） |
| 西安思源机械科技有限公司 12.01%（非流通股） |
| 北京国际信托投资有限公司 4.78%（国有股） |
| 天津泰达投资控股有限公司 3.98%（国有股） |
| 西宁正润城市发展股份有限公司 3.3%（非流通股） |
| 天津铁厂 0.51%（流通A股） |
| 张丽珍 0.33%（流通A股） |
| 江门市蓬江区恒业化工商行 0.3%（非流通股） |
| 青海省新机五金矿产有限公司 0.3%（非流通股） |
| 刘永年 0.29%（流通A股） |

实际控制人：天津泰达科技风险投资股份有限公司

二〇〇六年以来市场表现

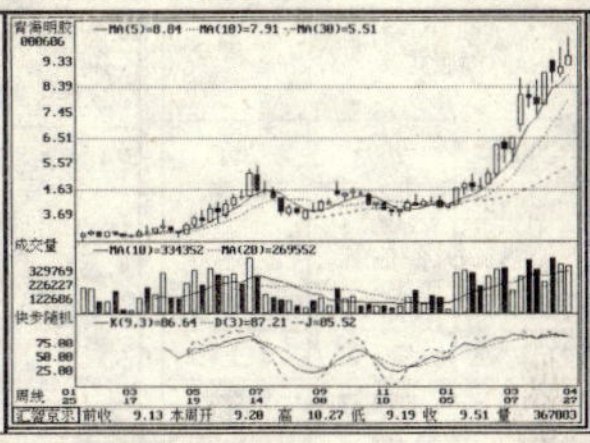

| | |
|---|---|
| 2006年涨跌幅(%) | 58.48 |
| 2006年最高(元) | 7.25 |
| 2007年涨跌幅(%) | 140.76 |
| 2007.4.27收盘(元) | 9.51 |
| 2007年最高(元) | 10.27 |
| 2007年最低(元) | 3.88 |
| 2007年换手率(%) | 574.79 |

未来一年限售流通股解禁情况:13298250股01月23日解禁

| 最新股本 | 总股本 | 非(限售)流通 | 流通A | 流通B/H/S | 股东户数 | 06年末 | 06三季 |
|---|---|---|---|---|---|---|---|
| | 15170.2 | 6727.48 | 8442.72 | | | 18266 | 19350 |

年报点评：公司明胶产能居行业第二,产量居国内内资企业第一位,占据国内骨明胶15%的市场份额,市场竞争力突出。公司通过定向增发募集的资金将用于总投资1.4亿元的年产3000吨明胶生产线项目,2007年投产后产能将扩大一倍。在定向增发获批后,该股连续涨停突破,建议关注。

## 华立药业（000607）

上市日期:96/08/30　电话:023－67758090　传真:023－67755788

主营：电能表等电力仪器仪表制造和销售及以青蒿素为依托的生物制药。

| | 年　度 | 2006 | 2005 | 2004 |
|---|---|---|---|---|
| 主要指标 | 每股收益/扣除后(元) | 0.01/-0.016 | 0.095 | 0.16/0.15 |
| | 每股经营现金流量(元) | -0.3171 | 0.4939 | -0.11 |
| | 每股净资产/调整后(元) | 1.65/1.6 | 1.83/1.79 | 2.22/2.15 |
| | 未分利润(万元) | 10841.74 | 15689.06 | 14120.02 |
| | 资本公积(万元) | 16442.26 | 16297.49 | 25122.31 |
| 利润构成 | 主营收入(万元) | 268719.48 | 267569.7 | 117239 |
| | 主营利润(万元) | 41069.86 | 40922.3 | 36048.56 |
| | 投资收益(万元) | 380.66 | -1398.49 | 52.96 |
| | 利润总额(万元) | 2658.19 | 8039.17 | 9397.16 |
| | 净利润(万元) | 486.82 | 4216.88 | 5688.1 |

近年分配：05年:10派0.2送1；04年:10派0.6

| 主要股东及持股比例%、持股性质 |
|---|
| 华立产业集团有限公司 23.52%（非流通股） |
| 海南禹航实业投资有限公司 11.94%（部分流通部分不流通） |
| 广东证券股份有限公司 0.81%（流通A股） |
| 江苏国安建筑安装工程有限公司 0.78%（流通A股） |
| 刁丽英 0.43%（流通A股） |
| 陈卧星 0.24%（流通A股） |
| 重庆市银桥贸易服务公司 0.23%（流通A股） |
| 顾培华 0.21%（流通A股） |
| 刘冬梅 0.2%（流通A股） |
| 包蓓英 0.19%（流通A股） |

实际控制人：华立产业集团有限公司

二〇〇六年以来市场表现

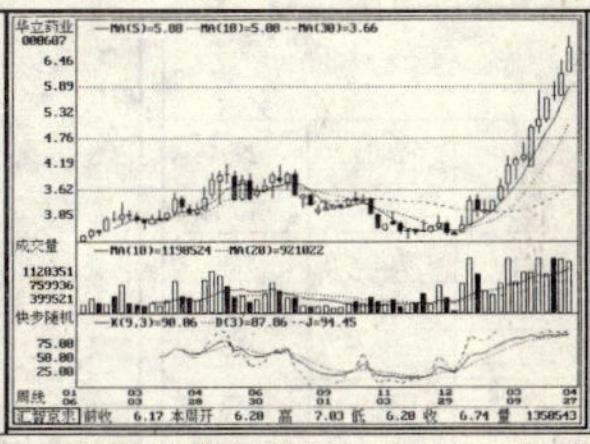

| | |
|---|---|
| 2006年涨跌幅(%) | 18.38 |
| 2006年最高(元) | 4.59 |
| 2007年涨跌幅(%) | 155.3 |
| 2007.4.27收盘(元) | 6.74 |
| 2007年最高(元) | 7.03 |
| 2007年最低(元) | 2.61 |
| 2007年换手率(%) | 478.26 |

未来一年限售流通股解禁情况:48773208股12月22日解禁

| 最新股本 | 总股本 | 非(限售)流通 | 流通A | 流通B/H/S | 股东户数 | 06年末 | 06三季 |
|---|---|---|---|---|---|---|---|
| | 48773.2 | 14942.14 | 33831.06 | | | 35574 | 34251 |

年报点评：因05年青蒿原料收购大战以及世卫生禁止单方青蒿素成药使用,导致公司上游成本上升以及下游销售下降。报告期内,公司加强了青蒿成药比重,青蒿产业有复苏迹象,紫杉醇行业竞争力进一步提高,但仪表行业继续不景气拖累业绩。

## 阳光股份（000608）

上市日期:96/09/19　电话:010－68361088　传真:010－88365280

主营：房地产综合开发建设,基础设施投资,高科技投资,商品房销售、租赁、咨询等。

| | 年　度 | 2006 | 2005 | 2004 |
|---|---|---|---|---|
| 主要指标 | 每股收益/扣除后(元) | 0.3/0.3 | 0.41 | 0.37/0.37 |
| | 每股经营现金流量(元) | 1.2 | 0.33 | -0.81 |
| | 每股净资产/调整后(元) | 2.95/2.75 | 2.66/2.53 | 2.26/2.13 |
| | 未分利润(万元) | 31234.7 | 24726 | 16857.5 |
| | 资本公积(万元) | 6247.6 | 6247.6 | 6737.3 |
| 利润构成 | 主营收入(万元) | 98738.7 | 113502.7 | 95621.4 |
| | 主营利润(万元) | 28239.5 | 34145.8 | 23845.3 |
| | 投资收益(万元) | 85.5 | 0.1 | 80.5 |
| | 利润总额(万元) | 18442 | 24826.6 | 19404.1 |
| | 净利润(万元) | 8708.9 | 11984.5 | 10878.7 |

近年分配：04中期:10派0.75送3转增1

| 主要股东及持股比例%、持股性质 |
|---|
| 北京燕赵房地产开发有限公司 11.01%（非流通股） |
| 北京国际信托投资有限公司 7.95%（国有股） |
| 首创置业股份有限公司 7.74%（非流通股） |
| 中国工商银行－普丰证券投资基金 3.79%（流通A股） |
| 北京辰元房地产开发有限公司 3.46%（非流通股） |
| 北京首创阳光房地产有限责任公司 2.48%（非流通股） |
| 中国建设银行－工银瑞信稳健成长股票型证券投资基金 2.28%（流通A股） |
| 招商银行股份有限公司－中信经典配置证券投资基金 2.06%（流通A股） |
| 广西新拓投资咨询有限公司 1.43%（非流通股） |
| 中国电子财务有限责任公司 1.04%（非流通股） |

实际控制人：河北建设集团有限公司工会联合会

二〇〇六年以来市场表现

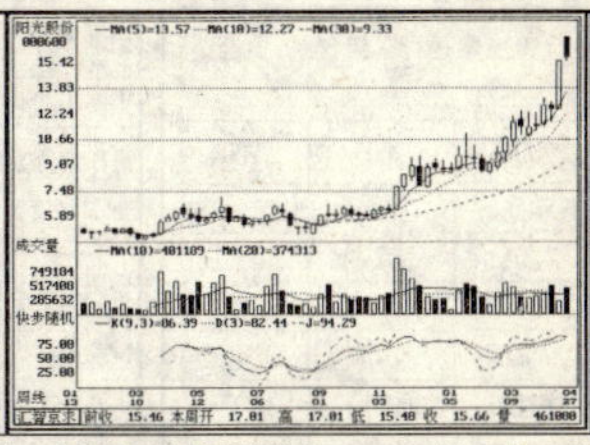

| | |
|---|---|
| 2006年涨跌幅(%) | 123.8 |
| 2006年最高(元) | 12.76 |
| 2007年涨跌幅(%) | 78.97 |
| 2007.4.27收盘(元) | 15.66 |
| 2007年最高(元) | 17.01 |
| 2007年最低(元) | 8.49 |
| 2007年换手率(%) | 252.29 |

未来一年限售流通股解禁情况:31438667股01月13日解禁

| 最新股本 | 总股本 | 非(限售)流通 | 流通A | 流通B/H/S | 股东户数 | 06年末 | 06三季 |
|---|---|---|---|---|---|---|---|
| | 29204.03 | 11049.38 | 18154.65 | | | 24984 | 28794 |

年报点评：近年大力开拓北京地产业务,目前地产项目已经超过100万平方米,已经跻身北京地产十强之列。2008年北京奥运会日趋临近,身为北京地产股的阳光股份具备了奥运地产和本币升值两大利好。公司在上年年底向外资定向增发获商务部批准。

## 绵世股份（000609）

上市日期:96/10/10　　电话:010－65272018　　传真:010－65279466

| | | | | |
|---|---|---|---|---|
| 主营 | 生产、销售石油化工催化剂、精细化工产品和氧、氮气等空气制品。 | | | |
| | 年　度 | 2006 | 2005 | 2004 |
| 主要指标 | 每股收益/扣除后(元) | 0.25/0.16 | 0.24 | 0.23/0.18 |
| | 每股经营现金流量(元) | -0.4 | -0.00076 | 0.07 |
| | 每股净资产/调整后(元) | 3.96/3.94 | 3.72/3.7 | 3.44/3.37 |
| | 未分利润(万元) | 11501.12 | 9435.03 | 7168.14 |
| | 资本公积(万元) | 16789.5 | 16789.5 | 16242.44 |
| 利润构成 | 主营收入(万元) | 21321.24 | 21990.6 | 21825.48 |
| | 主营利润(万元) | 4535.71 | 3726.01 | 5499.59 |
| | 投资收益(万元) | 1363.69 | 2222.19 | 249.04 |
| | 利润总额(万元) | 5006.31 | 3559.87 | 3505.44 |
| | 净利润(万元) | 3194.29 | 3066.48 | 2978.6 |
| 近年分配: | 06 预案:10 转增 1.5 | | | |

| 主要股东及持股比例%、持股性质 |
|---|
| 北京中北能能源科技有限责任公司 28.55%（非流通股） |
| 天华国际投资服务有限公司 11.46%（非流通股） |
| 北京燕化联营开发总公司 8.12%（国有股） |
| 中国石化集团北京化工研究院 4.51%（国有股） |
| 中国石油化工科技开发有限公司 3.01%（国有股） |
| 北京燕山石油化工公司大修厂 1.66%（国有股） |
| 北京燕化石油化工设计院 1.5%（国有股） |
| 北京燕化兴业技术开发公司 1.5%（国有股） |
| 北京市北化研化工新技术公司 1.02%（国有股） |
| 中国农业银行－中海分红增利混合型证券投资基金 0.78%（流通 A 股） |
| 实际控制人：北京中北能能源科技有限责任公司 |

二〇〇六年以来市场表现

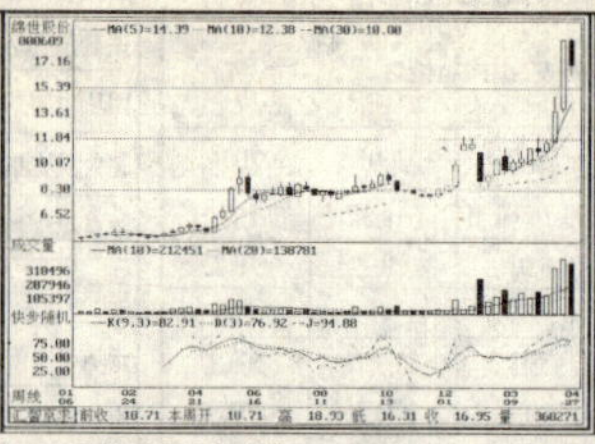

| | |
|---|---|
| 2006 年涨跌幅(%) | 137.01 |
| 2006 年最高(元) | 12 |
| 2007 年涨跌幅(%) | 107.51 |
| 2007.4.27 收盘(元) | 16.95 |
| 2007 年最高(元) | 26.42 |
| 2007 年最低(元) | 11.74 |
| 2007 年换手率(%) | 360.03 |

未来一年限售流通股解禁情况:33459026 股 01 月 29 日解禁

| 最新股本 | 总股本 | 非(限售)流通 | 流通 A | 流通 B/H/S | 股东户数 | 06 年末 | 06 三季 |
|---|---|---|---|---|---|---|---|
| | 12960.67 | 8046.75 | 4913.92 | | | 17873 | 20788 |

年报点评：公司主营房地产开发和建设,目标是做国内一流特定区域综合开发商。公司收购中新绵世建设开发有限公司 3500 万元的股权,该公司正在进行的四川省成都市郫县犀浦镇龙梓万片区旧城改造土地一级开发项目,地理位置优越,开发前景良好,能够成为新的利润增长点。

## 西安旅游（000610）

上市日期:96/09/26　　电话:029—2065555　　传真:029—2065500

| | | | | |
|---|---|---|---|---|
| 主营 | 旅游饭店、餐饮、旅游服务、石油开发、开采。 | | | |
| | 年　度 | 2006 | 2005 | 2004 |
| 主要指标 | 每股收益/扣除后(元) | 0.048/0.002 | 0.155 | 0.14/0.027 |
| | 每股经营现金流量(元) | 0.085 | -0.005 | 0.23 |
| | 每股净资产/调整后(元) | 2.22/2.07 | 2.26/2.12 | 2.18/1.99 |
| | 未分利润(万元) | 5677.79 | 5282.57 | 4421.45 |
| | 资本公积(万元) | 12327 | 12551.87 | 12551.87 |
| 利润构成 | 主营收入(万元) | 27863.63 | 26496.94 | 13427.74 |
| | 主营利润(万元) | 6270.12 | 7004.7 | 6523.3 |
| | 投资收益(万元) | 1055.89 | 4253.49 | 2277.11 |
| | 利润总额(万元) | 1254.4 | 3533.8 | 3299.82 |
| | 净利润(万元) | 811.57 | 2591.71 | 2366.85 |
| 近年分配: | 06 预案:10 派 0.1 转增 1.73928；05 年:10 派 0.2；04 年:10 派 0.8 | | | |

| 主要股东及持股比例%、持股性质 |
|---|
| 西安旅游集团有限责任公司 31.96%（国有股） |
| 浙江博鸿投资顾问有限公司 15.09%（非流通股） |
| 西安江洋商贸公司 6.14%（非流通股） |
| 陕西开源证券经纪有限责任公司 0.6%（非流通股） |
| 劳司钟青商店 0.47%（非流通股） |
| 西安一诺科工贸有限责任公司 0.41%（非流通股） |
| 蒋宁君 0.29%（流通 A 股） |
| 胡心平 0.26%（流通 A 股） |
| 吴秀霞 0.18%（流通 A 股） |
| 西安市莲湖区通用电线电缆供应站 0.17%（非流通股） |
| 实际控制人：西安市人民政府 |

二〇〇六年以来市场表现

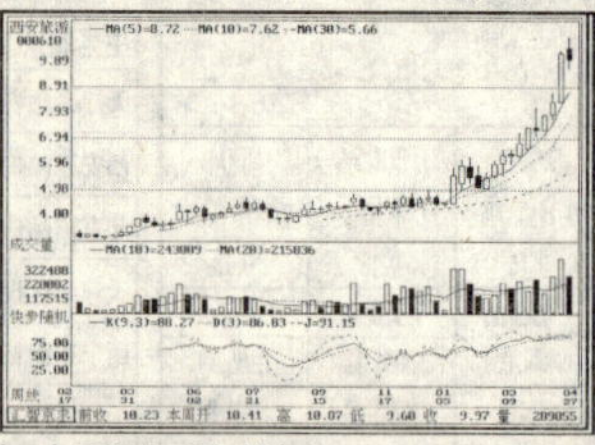

| | |
|---|---|
| 2006 年涨跌幅(%) | 40.21 |
| 2006 年最高(元) | 6.57 |
| 2007 年涨跌幅(%) | 125.57 |
| 2007.4.27 收盘(元) | 9.97 |
| 2007 年最高(元) | 10.87 |
| 2007 年最低(元) | 4.29 |
| 2007 年换手率(%) | 428.15 |

未来一年限售流通股解禁情况:18676738 股 02 月 14 日解禁

| 最新股本 | 总股本 | 非(限售)流通 | 流通 A | 流通 B/H/S | 股东户数 | 06 年末 | 06 三季 |
|---|---|---|---|---|---|---|---|
| | 16759.79 | 9763.14 | 6996.65 | | | 24784 | 27523 |

年报点评：顺利实施西北大酒店、关中饭店三星级改造,提高饭店档次,凸显了经营特色。改造后,关中饭店经营收入同比增长 41. 5%,西北大酒店新增优质商业资产 3000 多平方米;增设集餐饮、娱乐功能为一体的"鼎盛长安"。公司还投资开发了"西安小寨·西旅国际中心"项目。

## 时代科技（000611）

上市日期:96/10/08　　电话:010－82890385　　传真:010－62980724

| | | | | |
|---|---|---|---|---|
| 主营 | 智能检测仪器、配电自动化产品的研发、生产和销售 | | | |
| | 年　度 | 2006 | 2005 | 2004 |
| 主要指标 | 每股收益/扣除后(元) | 0.12/0.11 | 0.13 | 0.12/0.11 |
| | 每股经营现金流量(元) | -0.034 | 0.253 | 0.31 |
| | 每股净资产/调整后(元) | 1.7/1.64 | 1.96/1.9 | 1.83/1.8 |
| | 未分利润(万元) | 4497.2 | 2526.71 | 1155.2 |
| | 资本公积(万元) | 7023.25 | 11385.51 | 11314.71 |
| 利润构成 | 主营收入(万元) | 24847.07 | 21618.33 | 17274.04 |
| | 主营利润(万元) | 10262.96 | 8995.44 | 6425.26 |
| | 投资收益(万元) | -255.72 | -349.75 | -81.75 |
| | 利润总额(万元) | 2993.16 | 2196.24 | 2276.17 |
| | 净利润(万元) | 2603.95 | 2227.67 | 2082.13 |
| 近年分配: | | | | |

| 主要股东及持股比例%、持股性质 |
|---|
| 时代集团公司 38.21%（非流通股） |
| 内蒙古阿拉善盟吉兰泰盐场 2%（非流通股） |
| 北京东安集团公司 1%（非流通股） |
| 呼和浩特卷烟厂 1%（非流通股） |
| 深圳市进烨贸易发展有限公司 1%（非流通股） |
| 鄂尔多斯市安特尔投资有限责任公司 0.9%（非流通股） |
| 北京市西单商场股份有限公司 0.2%（非流通股） |
| 天津百货大楼股份有限公司 0.2%（非流通股） |
| 福州华联商厦 0.2%（非流通股） |
| 内蒙古伊利实业股份有限公司 0.2%（非流通股） |
| 实际控制人：时代集团公司 |

二〇〇六年以来市场表现

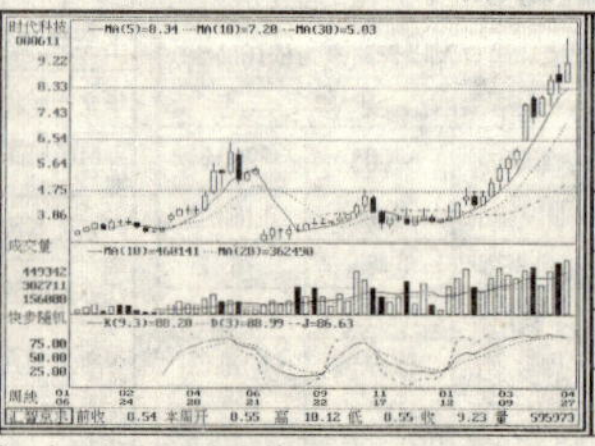

| | |
|---|---|
| 2006 年涨跌幅(%) | 78.32 |
| 2006 年最高(元) | 7.41 |
| 2007 年涨跌幅(%) | 151.5 |
| 2007.4.27 收盘(元) | 9.23 |
| 2007 年最高(元) | 10.12 |
| 2007 年最低(元) | 3.6 |
| 2007 年换手率(%) | 543.28 |

未来一年限售流通股解禁情况:20700000 股 08 月 02 日解禁

| 最新股本 | 总股本 | 非(限售)流通 | 流通 A | 流通 B/H/S | 股东户数 | 06 年末 | 06 三季 |
|---|---|---|---|---|---|---|---|
| | 21655.54 | 9956.09 | 11699.45 | | | 28516 | 27965 |

年报点评：公司收购了济南试金集团的试验机等测试设备资产,成为了中国试验机行业中的龙头企业,后期有望成为全球最大的试验机制造中心。公司非公开发行不超过 5000 万股的议案已被股东大会通过,募集资金全部用于试验机研发生产项目,市场前景广阔。该股近期走势异常强劲,可关注。

## 焦作万方（000612）

上市日期:96/09/26　　电话:0391－3261118　　传真:0391－3261297

| | | | | |
|---|---|---|---|---|
| 主营 | 以电解铝生产为主的有色金属冶炼,铝锭、铝盘条、铝合金棒、铝箔加工。 | | | |
| | 年　度 | 2006 | 2005 | 2004 |
| 主要指标 | 每股收益/扣除后(元) | 0.574/0.58 | -0.254 | 0.08/0.084 |
| | 每股经营现金流量(元) | 1.576 | 1.235 | -0.23 |
| | 每股净资产/调整后(元) | 2.18/2.17 | 1.77/1.71 | 2.03/1.93 |
| | 未分利润(万元) | 26587.32 | 9934.84 | 22316.29 |
| | 资本公积(万元) | 14642.76 | 14627.1 | 14477.01 |
| 利润构成 | 主营收入(万元) | 404226.57 | 290858.29 | 320182.23 |
| | 主营利润(万元) | 59700.68 | 9882.2 | 24049.58 |
| | 投资收益(万元) | 249.32 | 1411.98 | 2905.48 |
| | 利润总额(万元) | 37640.53 | -12189.98 | 6790.6 |
| | 净利润(万元) | 27572.75 | -12183.41 | 4046.42 |
| 近年分配: | 06 中期:10 派 1.7 年终预案:10 派 2 | | | |

| 主要股东及持股比例%、持股性质 |
|---|
| 中国铝业股份有限公司 29%（国有股） |
| 焦作市万方集团有限责任公司 11.01%（国有股） |
| 中国建设银行—上投摩根成长先锋股票型证券投资基金 4.48%（流通 A 股） |
| 全国社保基金一零六组合 1.67%（流通 A 股） |
| 裕隆证券投资基金 1.58%（流通 A 股） |
| 中国建设银行—华夏优势增长股票型证券投资基金 1.33%（流通 A 股） |
| 中国工商银行—广发策略优选混合型证券投资基金 1.19%（流通 A 股） |
| 中国建设银行—上投摩根中国优势证券投资基金 1.17%（流通 A 股） |
| 全国社保基金一零五组合 1.12%（流通 A 股） |
| 河南省外商投资企业物资供销公司 1.1%（非流通股） |
| 实际控制人：国务院国资委 |

二〇〇六年以来市场表现

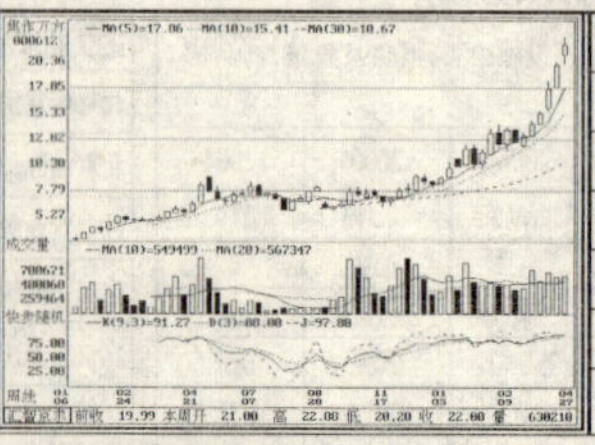

| | |
|---|---|
| 2006 年涨跌幅(%) | 300.76 |
| 2006 年最高(元) | 12.3 |
| 2007 年涨跌幅(%) | 161.91 |
| 2007.4.27 收盘(元) | 22 |
| 2007 年最高(元) | 22.88 |
| 2007 年最低(元) | 8.26 |
| 2007 年换手率(%) | 317.91 |

未来一年限售流通股解禁情况:13473485 股 09 月 22 日解禁

| 最新股本 | 总股本 | 非(限售)流通 | 流通 A | 流通 B/H/S | 股东户数 | 06 年末 | 06 三季 |
|---|---|---|---|---|---|---|---|
| | 48017.61 | 20569.52 | 27448.09 | | | 29949 | 25961 |

年报点评：由于主导产品铝锭价格全年维持在高位运行,公司 2006 年主营业务收入好利润同比实现大幅增长。公司被中国铝业收购后,其所需原材料氧化铝获得了长期稳定的供应。公司将按照中国铝业整体发展规划,在做大做强电解铝的同时,积极发展铝合金、铝加工项目。

## SST 东海（000613/200613）

上市日期:A: 97/01/28 B: 96/10/08　　电话:0899－88219888　　传真:0899－88212298

| | | 2006 | 2005 | 2004 |
|---|---|---|---|---|
| 主营 | 房地产开发经营、住宿及饮食业、旅游服务业、摄影、花圃、粮油制品、针纺织品、百货、五金交电、日用品、工业生产资料、金属材料、机械设备的经营、代售机车船票。 | | | |
| | 年　度 | 2006 | 2005 | 2004 |
| 主要指标 | 每股收益/扣除后(元) | -0.051/-0.044 | 0.021 | -0.04/-0.039 |
| | 每股经营现金流量(元) | 0.007 | 0.016 | 0.01 |
| | 每股净资产/调整后(元) | -0.18/-0.18 | -0.13/-0.13 | -0.15/-0.15 |
| | 未分利润(万元) | -48370.89 | -46507.52 | -47256.96 |
| | 资本公积(万元) | 5414.29 | 5411.08 | 5356.61 |
| 利润构成 | 主营收入(万元) | 1326.09 | 1478.93 | 1335.45 |
| | 主营利润(万元) | 1145.47 | 1396.72 | 1215.87 |
| | 投资收益(万元) | | | |
| | 利润总额(万元) | -1863.37 | 749.44 | -1421.28 |
| | 净利润(万元) | -1863.37 | 749.44 | -1421.28 |
| 近年分配: | | | | |

| 主要股东及持股比例%、持股性质 |
|---|
| 海口食品有限公司 16.48% (非流通股) |
| 中国长城资产管理公司 9.98% (国有股) |
| 海南三亚银农实业开发总公司 2.72% (非流通股) |
| 华夏证券有限公司 1.81% (非流通股) |
| 上海景贤投资有限公司 1.37% (非流通股) |
| 中国对外经济贸易信托投资公司 1.09% (国有股) |
| 海南创业科技风险投资有限公司 1.07% (国有股) |
| 三亚市中兴发展公司 1% (非流通股) |
| 洋浦金裕实业有限公司 0.92% (非流通股) |
| 中国农业银行海口市金贸区支行 0.91% (国有股) |
| 实际控制人:　钟文魁 |

二〇〇六年以来市场表现

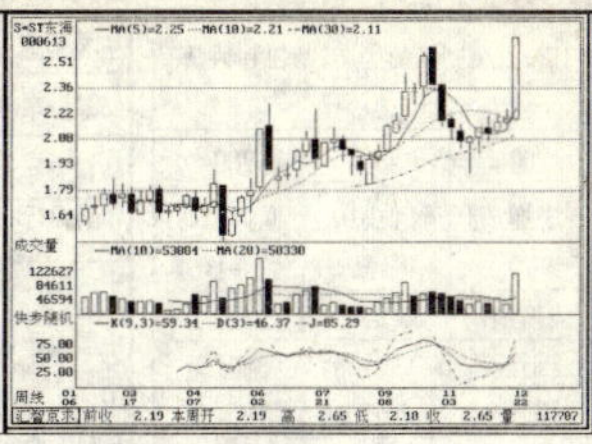

| | |
|---|---|
| 2006 年涨跌幅(%) | 64.6 |
| 2006 年最高(元) | 2.65 |
| 2007 年涨跌幅(%) | |
| 2007.4.27 收盘(元) | |
| 2007 年最高(元) | |
| 2007 年最低(元) | |
| 2007 年换手率(%) | |

未来一年限售流通股解禁情况:

| 最新股本 | 总股本 | 非(限售)流通 | 流通 A | 流通 B/H/S | 股东户数 | 06 年末 | 06 三季 |
|---|---|---|---|---|---|---|---|
| | 36410 | 23100 | 4510 | 8800 | | 15282 | 16811 |

年报点评：2006 年公司在经营主业没有发生实质性改变,在债务重组工作尚未完成,财务费用负担依然沉重的前提下,再加上政府对旅游市场的检查及整治和公司的装修改造,导致公司的经营出现巨额亏损。

## 湖北金环（000615）

上市日期:96/10/16　　电话:0710－2108234　　传真:0710－2108233

| | | 2006 | 2005 | 2004 |
|---|---|---|---|---|
| 主营 | 粘胶长丝系列产品的研制、开发、生产和销售;技术开发、咨询、服务;通讯器材销售等。 | | | |
| | 年　度 | 2006 | 2005 | 2004 |
| 主要指标 | 每股收益/扣除后(元) | 0.05/0.04 | 0.05 | 0.03/-0.03 |
| | 每股经营现金流量(元) | 1.14 | 0.48 | -0.67 |
| | 每股净资产/调整后(元) | 3.24/3.24 | 4.34/3.18 | 4.3/4.3 |
| | 未分利润(万元) | 18235.14 | 17324.01 | 14432.5 |
| | 资本公积(万元) | 18678.04 | 24090.89 | 24087.55 |
| 利润构成 | 主营收入(万元) | 66134.25 | 95900.14 | 150839.49 |
| | 主营利润(万元) | 9306.44 | 12692.01 | 15608.11 |
| | 投资收益(万元) | -818.3 | -586.32 | -44.7 |
| | 利润总额(万元) | 1442.96 | 1390.75 | 458.87 |
| | 净利润(万元) | 1019.67 | 724.77 | 519.05 |
| 近年分配: | | | | |

| 主要股东及持股比例%、持股性质 |
|---|
| 湖北泰跃投资集团有限公司 21.22% (非流通股) |
| 湖北化纤集团有限公司 16% (非流通股) |
| 罗蒙集团股份有限公司 1.09% (流通 A 股) |
| 戴杏元 0.84% (流通 A 股) |
| 杭州夏嘉化纤有限公司 0.66% (非流通股) |
| 上海君山投资咨询有限公司 0.52% (非流通股) |
| 湖北银河纺织股份有限公司 0.52% (非流通股) |
| 吴汉文 0.38% (流通 A 股) |
| 李从朗 0.31% (流通 A 股) |
| 秦玉继 0.29% (流通 A 股) |
| 实际控制人:　刘军 |

二〇〇六年以来市场表现

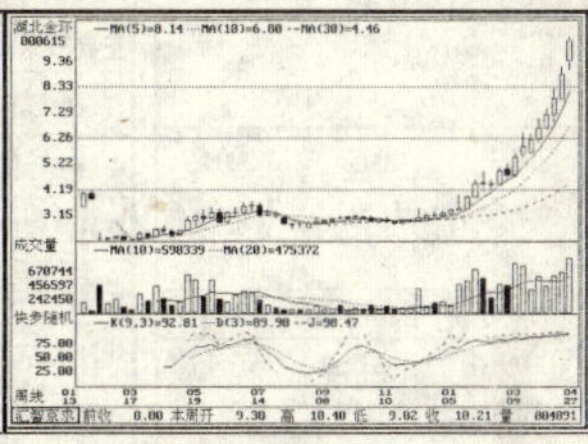

| | |
|---|---|
| 2006 年涨跌幅(%) | 82.28 |
| 2006 年最高(元) | 6.66 |
| 2007 年涨跌幅(%) | 219.06 |
| 2007.4.27 收盘(元) | 10.21 |
| 2007 年最高(元) | 10.4 |
| 2007 年最低(元) | 3.15 |
| 2007 年换手率(%) | 626.2 |

未来一年限售流通股解禁情况:20812926 股 02 月 15 日解禁

| 最新股本 | 总股本 | 非(限售)流通 | 流通 A | 流通 B/H/S | 股东户数 | 06 年末 | 06 三季 |
|---|---|---|---|---|---|---|---|
| | 21167.73 | 8406.5 | 12761.23 | | | 22423 | 26254 |

年报点评：公司年产 1.5 万吨粘胶长丝、2 万吨粘胶短纤、4.5 万吨化纤浆粕、4560 吨玻璃纸、6000 吨浸胶帘帆布。我国粘胶行业 2006 年以不到整个行业 8%的产量,实现利润占到行业总利润的近 1/3,行业业绩拐点出现,预计国内粘胶纤维主要企业将继续高增长。

## 亿城股份（000616）

上市日期:96/11/08　　电话:010－58816885　　传真:010－58816666

| | | 2006 | 2005 | 2004 |
|---|---|---|---|---|
| 主营 | 酒店旅游服务、房地产开发及教育产业。 | | | |
| | 年　度 | 2006 | 2005 | 2004 |
| 主要指标 | 每股收益/扣除后(元) | 0.46/0.45 | 0.11 | 0.57/0.48 |
| | 每股经营现金流量(元) | -1.01 | -0.02 | 0.47 |
| | 每股净资产/调整后(元) | 2.64/2.62 | 2.43/2.41 | 2.39/2.35 |
| | 未分利润(万元) | 36690.45 | 24690.02 | 23291.06 |
| | 资本公积(万元) | 7359.22 | 10228.92 | 10228.92 |
| 利润构成 | 主营收入(万元) | 140729.49 | 68059.98 | 239778.24 |
| | 主营利润(万元) | 39752.61 | 14425.4 | 28126.13 |
| | 投资收益(万元) | 658.77 | 1702.87 | -765.32 |
| | 利润总额(万元) | 25275.21 | 4541.47 | 18947.89 |
| | 净利润(万元) | 14278.52 | 3218.87 | 16203.89 |
| 近年分配: | 06 预案:10 派 0.11 送 1;05 年:10 派 0.3;04 年:10 派 0.5 | | | |

| 主要股东及持股比例%、持股性质 |
|---|
| 北京乾通投资有限公司 24.06% (非流通股) |
| 天津市汇邦商贸有限公司 13.08% (非流通股) |
| 天津百年投资有限公司 6.16% (非流通股) |
| 中银国际收益混合型证券投资基金 2.08% (流通 A 股) |
| 通乾证券投资基金 1.89% (流通 A 股) |
| 博时价值增长贰号证券投资基金 1.55% (流通 A 股) |
| 中银国际持续增长股票型证券投资基金 1.01% (流通 A 股) |
| 融通动力先锋股票型证券投资基金 0.96% (流通 A 股) |
| 国信－工行－国信"金理财"稳得受益集合资产管理计划 0.88% (流通 A 股) |
| 博时价值增长证券投资基金 0.8% (流通 A 股) |
| 实际控制人:　宫晓冬、侯莹 |

二〇〇六年以来市场表现

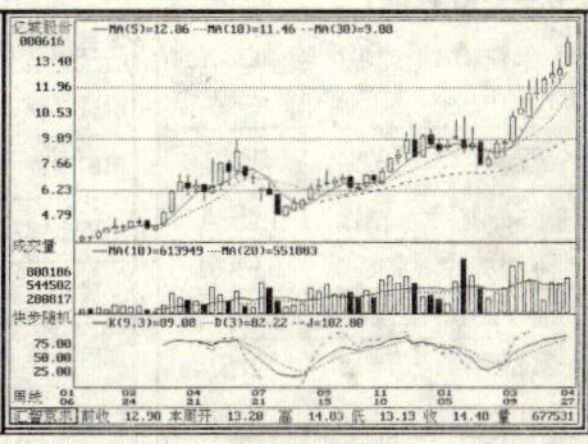

| | |
|---|---|
| 2006 年涨跌幅(%) | 236.71 |
| 2006 年最高(元) | 13.51 |
| 2007 年涨跌幅(%) | 72.38 |
| 2007.4.27 收盘(元) | 14.48 |
| 2007 年最高(元) | 14.83 |
| 2007 年最低(元) | 7.49 |
| 2007 年换手率(%) | 539.59 |

未来一年限售流通股解禁情况:46656864 股 07 月 18 日解禁

| 最新股本 | 总股本 | 非(限售)流通 | 流通 A | 流通 B/H/S | 股东户数 | 06 年末 | 06 三季 |
|---|---|---|---|---|---|---|---|
| | 31104.58 | 13474.99 | 17629.59 | | | 20648 | 17011 |

年报点评：2006 年万城华府项目二期、三期竣工结算,主营业务收入取得稳定增长。地产业经营收入仍占公司主营收入的 90%以上,房地产主营业务综合实力得到进一步增强。在建开发项目进展顺利,土地储备规模稳步增长,预计 2007 年度业绩还将大幅增长。

## 石油济柴（000617）

上市日期:96/10/22　　电话:0531－87422716　　传真:0531－87423177

| | | 2006 | 2005 | 2004 |
|---|---|---|---|---|
| 主营 | 柴油机,气体发动机,柴油及气体发电机组的生产和销售 | | | |
| | 年　度 | 2006 | 2005 | 2004 |
| 主要指标 | 每股收益/扣除后(元) | 0.49/0.5 | 0.62 | 0.73/0.73 |
| | 每股经营现金流量(元) | 0.34 | 0.18 | 0.91 |
| | 每股净资产/调整后(元) | 2.41/2.28 | 2.33/2.23 | 2.09/1.99 |
| | 未分利润(万元) | 24444.62 | 18791.69 | 12402.33 |
| | 资本公积(万元) | 3176.91 | 2972.42 | 2771.73 |
| 利润构成 | 主营收入(万元) | 82737.2 | 80331.27 | 66749.09 |
| | 主营利润(万元) | 19873.13 | 20191.14 | 16943.99 |
| | 投资收益(万元) | 6958.69 | 2840.3 | 2919.43 |
| | 利润总额(万元) | 14599.98 | 13658.99 | 13470.41 |
| | 净利润(万元) | 11827.7 | 12411.01 | 12153.18 |
| 近年分配: | 06 预案:10 派 0.2;05 年:10 派 0.5 送 2;04 中期:10 派 0.5 送 2 转增 4 年终:10 派 0.5 送 2 | | | |

| 主要股东及持股比例%、持股性质 |
|---|
| 济南柴油机厂 68.75% (国有股) |
| 交通银行－汇丰晋信龙腾股票型开放式证券投资基金 1.72% (流通 A 股) |
| 银丰证券投资基金 1.61% (流通 A 股) |
| 中国银行－华夏大盘精选证券投资基金 1.43% (流通 A 股) |
| 全国社保基金——零组合 1.24% (流通 A 股) |
| 中国人寿保险股份有限公司－分红－个人分红－005L－FH002 深 1.19% (流通 A 股) |
| 新华人寿保险股份有限公司－分红－个人分红－018L－FH002 深 0.64% (流通 A 股) |
| 中国工商银行－申万巴黎盛利精选证券投资基金 0.63% (流通 A 股) |
| 中国银行－招商先锋证券投资基金 0.49% (流通 A 股) |
| 全国社保基金六零四组合 0.44% (流通 A 股) |
| 实际控制人:　中国石油物资装备(集团)总公司 |

二〇〇六年以来市场表现

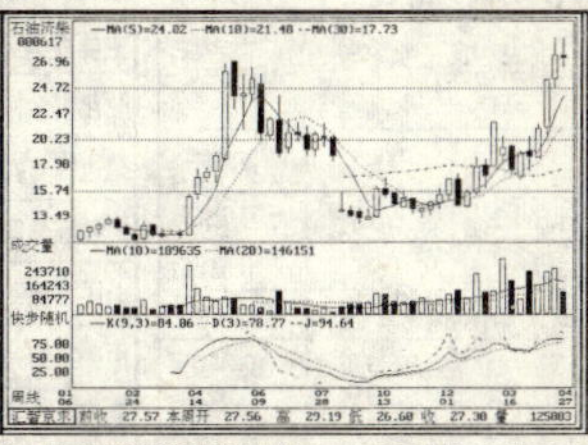

| | |
|---|---|
| 2006 年涨跌幅(%) | 77.26 |
| 2006 年最高(元) | 27 |
| 2007 年涨跌幅(%) | 105.67 |
| 2007.4.27 收盘(元) | 27.3 |
| 2007 年最高(元) | 37.39 |
| 2007 年最低(元) | 17.84 |
| 2007 年换手率(%) | 188.7 |

未来一年限售流通股解禁情况:11980800 股 03 月 06 日解禁

| 最新股本 | 总股本 | 非(限售)流通 | 流通 A | 流通 B/H/S | 股东户数 | 06 年末 | 06 三季 |
|---|---|---|---|---|---|---|---|
| | 23961.6 | 16473.6 | 7488 | | | 9241 | 7017 |

年报点评：作为中石油装备业务的上市公司,公司主营石油配套的 V 系列发动机,但在柴油发电机销售下降的压力以及公司持续发展的要求下,公司介入到前景较好的气体发动机领域。06 年实施搬迁与产能扩张,随着石油装备业务与气体机业务增长,公司将迎来新的发展期。

## 海螺型材（000619）

上市日期:96/10/23　　电话:0553－5840158　　传真:0553－5840118

| | | | | |
|---|---|---|---|---|
| 主营 | 中高档塑料型材、板材、门窗、五金制品的生产、销售和科研开发。 | | | |
| | 年　度 | 2006 | 2005 | 2004 |
| 主要指标 | 每股收益/扣除后(元) | 0.388/0.378 | 0.382 | 0.16/0.148 |
| | 每股经营现金流量(元) | 0.7 | 0.52 | 0.13 |
| | 每股净资产/调整后(元) | 4.19/4.17 | 3.9/3.9 | 3.57/3.57 |
| | 未分利润(万元) | 51851.87 | 43255.78 | 34815.96 |
| | 资本公积(万元) | 45505.69 | 45655.28 | 45654.35 |
| 利润构成 | 主营收入(万元) | 395540.04 | 359363.58 | 341695.89 |
| | 主营利润(万元) | 44710.95 | 43785.23 | 25066.26 |
| | 投资收益(万元) | | | |
| | 利润总额(万元) | 23780 | 23675.51 | 8844.64 |
| | 净利润(万元) | 13979.07 | 13748.64 | 5820.31 |
| 近年分配: | 06 预案:10 派 1 ; 05 年:10 派 1 ; 04 年:10 派 0.4 | | | |

| 主要股东及持股比例%、持股性质 |
|---|
| 安徽海螺建材股份有限公司 32.07% (非流通股) |
| 浙江盾安人工环境设备股份有限公司 9.43% (非流通股) |
| 中国银行－南方高增长股票型开放式证券投资基金 4.94% (流通 A 股) |
| 中国建设银行－华安宏利股票型证券投资基金 2.75% (流通 A 股) |
| 中国农业银行－富兰克林国海弹性市值股票型证券投资基金 1.76% (流通 A 股) |
| 中国人寿保险股份有限公司－分红－个人分红－005L－FH002 深 1.7% (流通 A 股) |
| 交通银行－安顺证券投资基金 1.61% (流通 A 股) |
| 中国工商银行－建信优选成长股票型证券投资基金 1.11% (流通 A 股) |
| 交通银行－久富证券投资基金 1% (流通 A 股) |
| 全国社保基金一零一组合 0.95% (流通 A 股) |
| 实际控制人: 安徽海螺集团有限责任公司 |

二〇〇六年以来市场表现

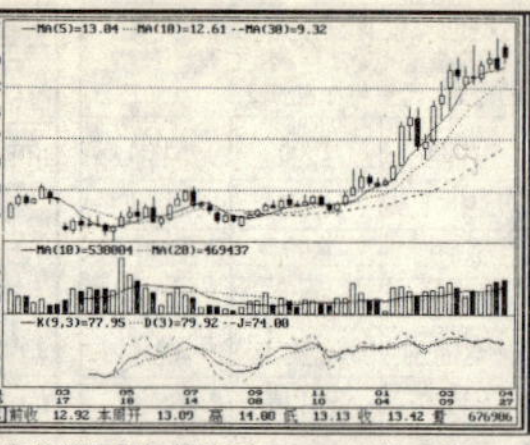


| | |
|---|---|
| 2006 年涨跌幅(%) | 63.68 |
| 2006 年最高(元) | 10.89 |
| 2007 年涨跌幅(%) | 78.22 |
| 2007.4.27 收盘(元) | 13.42 |
| 2007 年最高(元) | 14.36 |
| 2007 年最低(元) | 7.5 |
| 2007 年换手率(%) | 349.41 |

未来一年限售流通股解禁情况:33954545 股 03 月 17 日解禁

| 最新股本 | 总股本 | 非(限售)流通 | 流通 A | 流通 B/H/S | 股东户数 | 06 年末 | 06 三季 |
|---|---|---|---|---|---|---|---|
| | 36000 | 14940 | 21060 | | | 17367 | 16176 |

年报点评：在国家强制节能背景下，公司 2006 年产销两旺格局，实现销量 48 万吨，现有产能满负荷生产。公司已经具备综合竞争优势，能够确保在行业中龙头地位，未来 3 年业绩复合增长率有望达 27%。作为有核心竞争力领袖企业，公司未来国际市场的发展前景看好。

## S＊ST 圣方（000620）

上市日期:96/10/29　　电话:0453－6926101　　传真:0453－6926102

| | | | | |
|---|---|---|---|---|
| 主营 | 石油化工产品的生产和销售。 | | | |
| | 年　度 | 2006 | 2005 | 2004 |
| 主要指标 | 每股收益/扣除后(元) | 0.002 | －1.204 | －0.39/－0.26 |
| | 每股经营现金流量(元) | －0.25 | 0.08 | 0.03 |
| | 每股净资产/调整后(元) | 0.01/0.01 | －1.55/－1.55 | －0.15 |
| | 未分利润(万元) | －110867.71 | －110935.29 | －67350.74 |
| | 资本公积(万元) | 72301.81 | 23873.05 | 23873.05 |
| 利润构成 | 主营收入(万元) | 493.25 | 28178.32 | 77506.2 |
| | 主营利润(万元) | 29.33 | －20.19 | 1697.47 |
| | 投资收益(万元) | 4.54 | 14.81 | －1231.97 |
| | 利润总额(万元) | 67.59 | －37524.29 | －12174.3 |
| | 净利润(万元) | 67.59 | －37524.29 | －12174.3 |
| 近年分配: | | | | |

| 主要股东及持股比例%、持股性质 |
|---|
| 首钢控股有限责任公司 28% (国有股) |
| 中融国际信托投资有限公司 9.67% (非流通股) |
| 牡丹江顺达电石有限责任公司 4.2% (非流通股) |
| 宏源证券股份有限公司 4.17% (非流通股) |
| 牡丹江石油化学工业集团公司 3.21% (国有股) |
| 北京和济深明资产管理有限公司 2.41% (流通 A 股) |
| 北京中欧联合国际文化艺术有限公司 2.05% (流通 A 股) |
| 黑龙江葵花药业有限公司 1.23% (非流通股) |
| 牡丹江恒丰纸业集团有限责任公司 1.23% (非流通股) |
| 江冬雪 0.5% (流通 A 股) |
| 实际控制人: 北京市国资委 |

二〇〇六年以来市场表现

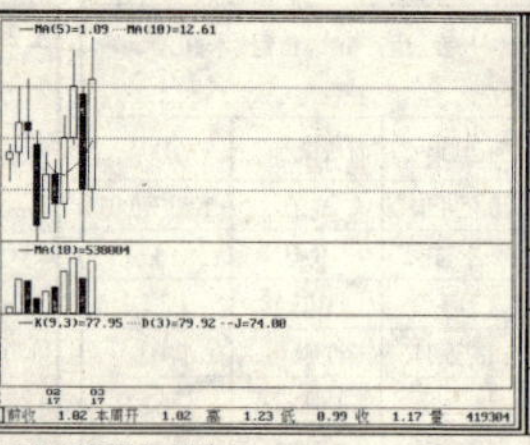

| | |
|---|---|
| 2006 年涨跌幅(%) | |
| 2006 年最高(元) | |
| 2007 年涨跌幅(%) | |
| 2007.4.27 收盘(元) | |
| 2007 年最高(元) | |
| 2007 年最低(元) | |
| 2007 年换手率(%) | |

未来一年限售流通股解禁情况:

| 最新股本 | 总股本 | 非(限售)流通 | 流通 A | 流通 B/H/S | 股东户数 | 06 年末 | 06 三季 |
|---|---|---|---|---|---|---|---|
| | 31162.7 | 16114.7 | 15048 | | | 39050 | 39057 |

年报点评：

## S＊ST 恒立（000622）

上市日期:96/11/07　　电话:0730－8245282　　传真:0730－8221311

| | | | | |
|---|---|---|---|---|
| 主营 | 制冷空调设备的制造、销售、安装、维修、销售汽车、加工、销售机械设备及公路运输设备。 | | | |
| | 年　度 | 2006 | 2005 | 2004 |
| 主要指标 | 每股收益/扣除后(元) | 0.072/－0.436 | －1.118 | －1.05/－0.669 |
| | 每股经营现金流量(元) | 0.51 | 0.099 | －0.63 |
| | 每股净资产/调整后(元) | －1.06/－1.33 | －1.13/－1.25 | －0.01/－0.27 |
| | 未分利润(万元) | －36385.94 | －37400.41 | －21527.56 |
| | 资本公积(万元) | 6504.66 | 6467.43 | 6463.85 |
| 利润构成 | 主营收入(万元) | 8683.95 | 10151.94 | 14375.98 |
| | 主营利润(万元) | －23.65 | 750.05 | 428.51 |
| | 投资收益(万元) | 9.68 | －145.1 | 0.78 |
| | 利润总额(万元) | 949.23 | －15693.19 | －14617.44 |
| | 净利润(万元) | 1014.46 | －15848.08 | －14882.46 |
| 近年分配: | | | | |

| 主要股东及持股比例%、持股性质 |
|---|
| 湖南省成功控股集团有限公司 27.3% (非流通股) |
| 岳阳国资 9.13% (国有股) |
| 岳阳市博源经贸有限公司 3.39% (非流通股) |
| 无锡旺达商贸有限公司 3.39% (非流通股) |
| 湖南证券 1.69% (非流通股) |
| 湖南辉鹏投资有限公司 1.69% (非流通股) |
| 湖南兴业投资有限公司 1.69% (非流通股) |
| 上海汽车工业(集团)总公司 0.85% (非流通股) |
| 湖南永佳投资有限公司 0.85% (非流通股) |
| 湘城陵矶恒发汽车空调联营改装厂 0.85% (非流通股) |
| 实际控制人: 刘虹 |

二〇〇六年以来市场表现

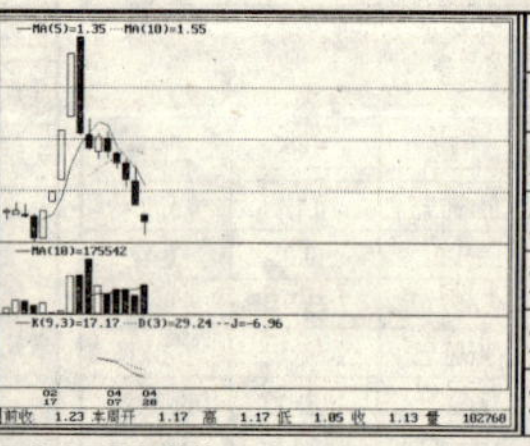

| | |
|---|---|
| 2006 年涨跌幅(%) | |
| 2006 年最高(元) | |
| 2007 年涨跌幅(%) | |
| 2007.4.27 收盘(元) | |
| 2007 年最高(元) | |
| 2007 年最低(元) | |
| 2007 年换手率(%) | |

未来一年限售流通股解禁情况:

| 最新股本 | 总股本 | 非(限售)流通 | 流通 A | 流通 B/H/S | 股东户数 | 06 年末 | 06 三季 |
|---|---|---|---|---|---|---|---|
| | 14174.2 | 7577.24 | 6596.96 | | | 18587 | 18569 |

年报点评：

## 吉林敖东（000623）

上市日期:96/10/28　　电话:0433－6238973　　传真:0433－6238973

| | | | | |
|---|---|---|---|---|
| 主营 | 医药加工、医药商业及医药科研与开发。 | | | |
| | 年　度 | 2006 | 2005 | 2004 |
| 主要指标 | 每股收益/扣除后(元) | 1.35/1.31 | 0.386 | 0.33/0.165 |
| | 每股经营现金流量(元) | 0.66 | 0.48 | 0.62 |
| | 每股净资产/调整后(元) | 6.19/5.96 | 4.82/4.7 | 3.72/3.61 |
| | 未分利润(万元) | 58659.15 | 26616.05 | 30239.47 |
| | 资本公积(万元) | 59263.94 | 58657.81 | 44531.33 |
| 利润构成 | 主营收入(万元) | 77022.89 | 76732.17 | 82077.52 |
| | 主营利润(万元) | 49077.83 | 46714.05 | 48247.52 |
| | 投资收益(万元) | 32872.28 | 3318.26 | －545.08 |
| | 利润总额(万元) | 42545.67 | 13883.68 | 18068.86 |
| | 净利润(万元) | 38792.3 | 11052.28 | 11684.85 |
| 近年分配: | 06 预案:10 转增 10 ; 04 年:10 派 1 | | | |

| 主要股东及持股比例%、持股性质 |
|---|
| 敦化市金诚实业有限责任公司 25.57% (非流通股) |
| 延边国有资产经营总公司 5.54% (国有股) |
| 广发证券股份有限公司 4.23% (非流通股) |
| 全国社保基金一零一组合 4.03% (流通 A 股) |
| 中国工商银行－开元证券投资基金 3.19% (流通 A 股) |
| 吉林敖东药业集团股份有限公司工会委员会 2.71% (非流通股) |
| 中国工商银行－南方稳健成长证券投资基金 2.55% (流通 A 股) |
| 中国工商银行－诺安价值增长股票证券投资基金 2.31% (流通 A 股) |
| 中国工商银行－易方达价值精选股票型证券投资基金 2.28% (流通 A 股) |
| 景阳证券投资基金 1.73% (流通 A 股) |
| 实际控制人: 修刚 |

二〇〇六年以来市场表现

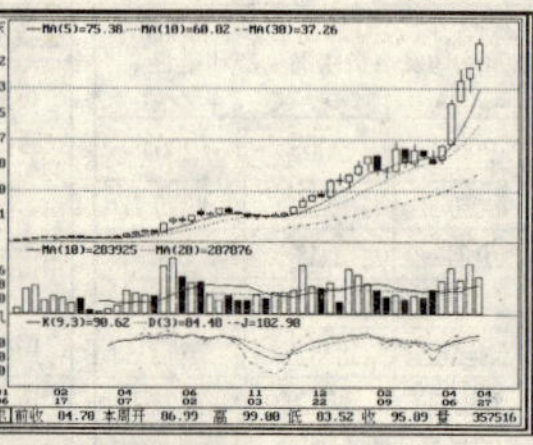


| | |
|---|---|
| 2006 年涨跌幅(%) | 497.47 |
| 2006 年最高(元) | 33.88 |
| 2007 年涨跌幅(%) | 189.7 |
| 2007.4.27 收盘(元) | 95.89 |
| 2007 年最高(元) | 99 |
| 2007 年最低(元) | 29.68 |
| 2007 年换手率(%) | 237.37 |

未来一年限售流通股解禁情况:22101464 股 08 月 04 日解禁

| 最新股本 | 总股本 | 非(限售)流通 | 流通 A | 流通 B/H/S | 股东户数 | 06 年末 | 06 三季 |
|---|---|---|---|---|---|---|---|
| | 28667.9 | 10933.4 | 17734.5 | | | 11491 | 16443 |

年报点评：主导产品已经进入成熟期，报告期通过市场挖潜实现主业收入个位数的小幅增长。净利润增长的主要动力来自参股广发证券的股权收益，新会计准则少数股东权益计入股东权益，增厚公司每股净资产。

# 长安汽车(000625/200625)

上市日期:A:97/06/10 B:96/11/08　　电话:023－67591349　　传真:023－67866055

| | | | | |
|---|---|---|---|---|
| 主营 | 长安牌微型汽车、长安奥拓牌微型轿车、长安羚羊牌轿车的开发、制造和销售;同时制造和销售江铃汽车系列的各种型号的江陵牌发动机。 | | | |
| | 年　度 | 2006 | 2005 | 2004 |
| 主要指标 | 每股收益/扣除后(元) | 0.4/0.41 | 0.15 | 0.81/0.73 |
| | 每股经营现金流量(元) | 1.3 | 0.84 | 0.9 |
| | 每股净资产/调整后(元) | 4.51/4.31 | 4.15/3.85 | 4.3/4.16 |
| | 未分利润(万元) | 188690.76 | 152086.74 | 192080.3 |
| | 资本公积(万元) | 206908.34 | 203586.97 | 198430.61 |
| 利润构成 | 主营收入(万元) | 2567534.44 | 1916854.96 | 1852660.94 |
| | 主营利润(万元) | 429899.81 | 305061.72 | 391514.06 |
| | 投资收益(万元) | 24070.98 | 8841.72 | －2602.94 |
| | 利润总额(万元) | 86110 | 36575.93 | 154665.17 |
| | 净利润(万元) | 64674.97 | 23675.03 | 131729.97 |
| 近年分配: | 06 预案:10 派 0.6 送 2;05 年:10 派 0.6;04 年:10 派 3.2 | | | |

| 主要股东及持股比例%、持股性质 |
|---|
| 中国南方工业汽车股份有限公司 45.55%(国有股) |
| CMBLSA RE FTIF TEMPLETON ASIAN GRW FD GTI 5496 2.89%(流通 B 股) |
| 全国社保基金一零八组合 2.22%(流通 A 股) |
| BBH BOS S/A FIDELITY FD－CHINA FOCUS FD 1.61%(流通 B 股) |
| 博时价值增长证券投资基金 1.05%(流通 A 股) |
| 中国建设银行－博时价值增长贰号证券投资基金 0.84%(流通 A 股) |
| 中国银行－大成财富管理 2020 生命周期证券投资基金 0.83%(流通 A 股) |
| TEMPLETON EMERGING MARKETS INVESTMENT TRUST 0.73%(流通 B 股) |
| 裕阳证券投资基金 0.68%(流通 A 股) |
| 中国建设银行－银华富裕主题股票型证券投资基金 0.62%(流通 A 股) |
| 实际控制人:中国南方工业集团公司 |

二〇〇六年以来市场表现

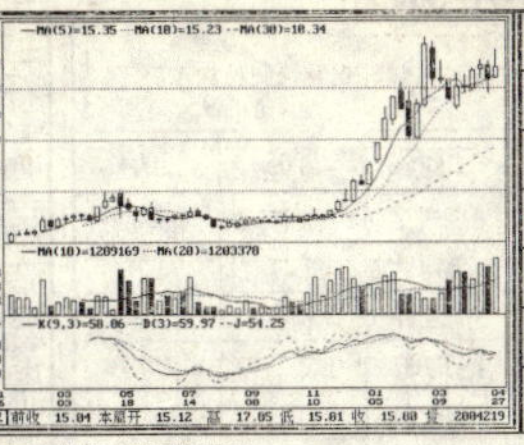

| | |
|---|---|
| 2006 年涨跌幅(%) | 225.65 |
| 2006 年最高(元) | 12.1 |
| 2007 年涨跌幅(%) | 77.13 |
| 2007.4.27 收盘(元) | 15.8 |
| 2007 年最高(元) | 18 |
| 2007 年最低(元) | 9.01 |
| 2007 年换手率(%) | 411.16 |

未来一年限售流通股解禁情况:

| | 总股本 | 非(限售)流通 | 流通 A | 流通 B/H/S | 股东户数 | 06 年末 | 06 三季 |
|---|---|---|---|---|---|---|---|
| 最新股本 | 162084.92 | 73826.85 | 46258.07 | 42000 | | 57337 | 71755 |

**年报点评** 公司主营为微型汽车和轿车。微型汽车方面,06 年公司承受着上汽通用五菱巨大竞争压力,盈利能力没有明显提升。但长安福特、长安铃木等在国内轿车行业全面增长的带动下,盈利明显提升。随着福特在中国布局逐步完成,长安汽车也将分享这种成果。

# 如意集团(000626)

上市日期:96/11/28　　电话:0518－5153595　　传真:0518－5150105

| | | | | |
|---|---|---|---|---|
| 主营 | 商品进出口业务和生物制药等。 | | | |
| | 年　度 | 2006 | 2005 | 2004 |
| 主要指标 | 每股收益/扣除后(元) | 0.005/－0.063 | －0.087 | 0.11/0.083 |
| | 每股经营现金流量(元) | －0.3412 | －0.1866 | 1.89 |
| | 每股净资产/调整后(元) | 0.96/0.95 | 0.85/0.83 | 1.36/1.32 |
| | 未分利润(万元) | －6474.66 | －6512.56 | 2259.51 |
| | 资本公积(万元) | 2678.82 | 294.24 | 249.64 |
| 利润构成 | 主营收入(万元) | 851241.36 | 981059.07 | 866212.6 |
| | 主营利润(万元) | 36004.16 | 34706.48 | 45777.5 |
| | 投资收益(万元) | －375.03 | 83.55 | 6.3 |
| | 利润总额(万元) | 7386.01 | 4082.54 | 11683.1 |
| | 净利润(万元) | 99.98 | －1753.5 | 2145.13 |
| 近年分配: | | | | |

| 主要股东及持股比例%、持股性质 |
|---|
| 中国远大集团有限责任公司 37.08%(非流通股) |
| 连云港市蔬菜冷藏加工厂 26.92%(国有股) |
| 江阴澄星实业集团有限公司 1.24%(非流通股) |
| 沈文明 0.92%(流通 A 股) |
| 郁文彪 0.9%(流通 A 股) |
| 新理益集团有限公司 0.6%(非流通股) |
| 海南合旺实业投资有限公司 0.31%(非流通股) |
| 上海鼎聚熠投资管理有限公司 0.31%(非流通股) |
| 胡锡炎 0.23%(流通 A 股) |
| 阮玉平 0.21%(流通 A 股) |
| 实际控制人:北京炎黄置业有限公司 |

二〇〇六年以来市场表现

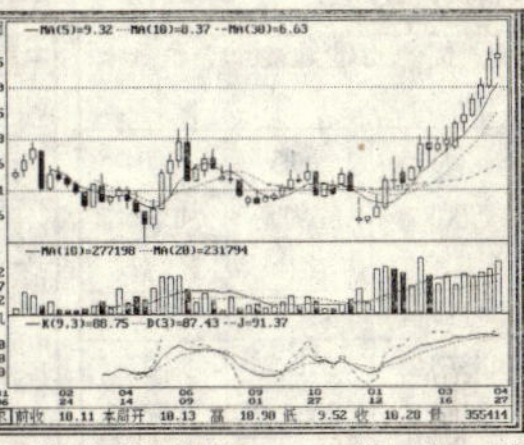

| | |
|---|---|
| 2006 年涨跌幅(%) | 0.1 |
| 2006 年最高(元) | 8 |
| 2007 年涨跌幅(%) | 113.28 |
| 2007.4.27 收盘(元) | 10.28 |
| 2007 年最高(元) | 10.9 |
| 2007 年最低(元) | 4.68 |
| 2007 年换手率(%) | 646.1 |

未来一年限售流通股解禁情况:7113900 股 12 月 28 日解禁

| | 总股本 | 非(限售)流通 | 流通 A | 流通 B/H/S | 股东户数 | 06 年末 | 06 三季 |
|---|---|---|---|---|---|---|---|
| 最新股本 | 20250 | 13673.23 | 6576.77 | | | 12572 | 11799 |

**年报点评** 公司主营农副产品种植、加工、销售,水产品养殖等,是东部地区农业龙头,主要从事蔬菜种植、加工和出口贸易,产品远销亚、欧、美等国家和地区,具有较大发展潜力。公司经营情况良好,产业规模效应令公司将直接受益于国家对农业各类产业扶持政策。

# 天茂集团(000627)

上市日期:96/11/12　　电话:0724－2223218　　传真:0724－2217652

| | | | | |
|---|---|---|---|---|
| 主营 | 医药原料、医药制剂、医药中间体及其他精细化学品的生产与销售。 | | | |
| | 年　度 | 2006 | 2005 | 2004 |
| 主要指标 | 每股收益/扣除后(元) | 0.08/0.02 | 0.012 | 0.01/－0.013 |
| | 每股经营现金流量(元) | 0.22 | 0.08 | 0.09 |
| | 每股净资产/调整后(元) | 1.19/1.14 | 1.11/1.05 | 1.09/1.05 |
| | 未分利润(万元) | 1312.26 | －3149.53 | －3739.92 |
| | 资本公积(万元) | 3707.02 | 3644.06 | 3644.06 |
| 利润构成 | 主营收入(万元) | 56075.37 | 51872.49 | 46304.56 |
| | 主营利润(万元) | 8347.55 | 6589.27 | 5163.79 |
| | 投资收益(万元) | 2238.23 | －32.21 | 470.32 |
| | 利润总额(万元) | 5794.49 | 843.07 | 500.71 |
| | 净利润(万元) | 4836.63 | 709.95 | 509.04 |
| 近年分配: | | | | |

| 主要股东及持股比例%、持股性质 |
|---|
| 新理益集团有限公司 20.17%(非流通股) |
| 湖北百科高新投资有限公司 16.81%(国有股) |
| 海南中皓实业投资有限公司 5.71%(非流通股) |
| 海南陆达科技有限公司 4.43%(部分流通部分不流通) |
| 武汉恒丰投资管理有限公司 0.65%(流通 A 股) |
| 上海信意实业有限公司 0.59%(流通 A 股) |
| 干育红 0.37%(流通 A 股) |
| 林健 0.31%(流通 A 股) |
| 上海俊积投资管理有限公司 0.27%(流通 A 股) |
| 福建省福天来健身休闲有限公司 0.22%(流通 A 股) |
| 实际控制人:刘益谦 |

二〇〇六年以来市场表现

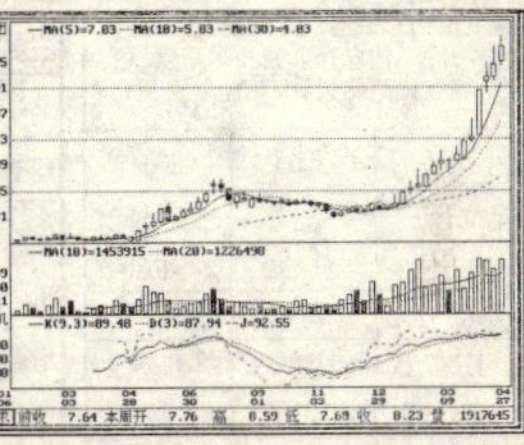

| | |
|---|---|
| 2006 年涨跌幅(%) | 56.92 |
| 2006 年最高(元) | 3.92 |
| 2007 年涨跌幅(%) | 178.98 |
| 2007.4.27 收盘(元) | 8.23 |
| 2007 年最高(元) | 8.59 |
| 2007 年最低(元) | 2.87 |
| 2007 年换手率(%) | 648.8 |

未来一年限售流通股解禁情况:42150720 股 11 月 09 日解禁

| | 总股本 | 非(限售)流通 | 流通 A | 流通 B/H/S | 股东户数 | 06 年末 | 06 三季 |
|---|---|---|---|---|---|---|---|
| 最新股本 | 59479.49 | 26586.18 | 32893.32 | | | 47474 | 33550 |

**年报点评** 公司拥有中南地区最大的年产 6 万吨甲醇装置,具备进一步发展二甲醚产业的独特优势。目前公司已批准建设年产 40 万吨二甲醚项目,此项目是公司"十一五"规划的年产 100 万吨二甲醚项目的一部分,预计未来业绩增长主要来自于二甲醚。

# 高新发展(000628)

上市日期:96/11/18　　电话:028－85184099　　传真:028－85184099

| | | | | |
|---|---|---|---|---|
| 主营 | 药业、电动自行车、厨柜、电子、网络等高新技术产品的开发、生产和经营;基础设施建设及房地产开发经营等。 | | | |
| | 年　度 | 2006 | 2005 | 2004 |
| 主要指标 | 每股收益/扣除后(元) | －0.802/－0.53 | 0.054 | 0.01/0.03 |
| | 每股经营现金流量(元) | 1.0868 | 0.1195 | 0.83 |
| | 每股净资产/调整后(元) | 1.59/1.15 | 1.95/1.39 | 1.9/1.52 |
| | 未分利润(万元) | －20202.04 | －13874.15 | －14913.43 |
| | 资本公积(万元) | 32172.88 | 20014.88 | 20014.88 |
| 利润构成 | 主营收入(万元) | 69110.91 | 67047.52 | 51652.21 |
| | 主营利润(万元) | 13187.95 | 16519.7 | 20209.99 |
| | 投资收益(万元) | 2430.6 | 5146.8 | －839.65 |
| | 利润总额(万元) | －17758.02 | 2327.22 | 2685.8 |
| | 净利润(万元) | －17602.17 | 1039.28 | 215.39 |
| 近年分配: | | | | |

| 主要股东及持股比例%、持股性质 |
|---|
| 成都高新投资集团有限公司 18.41%(国有股) |
| 成都市国有资产管理局 2.19%(国有股) |
| 中国华融资产管理公司 1.91%(国有股) |
| 中国建银投资有限责任公司 1.91%(国有股) |
| 秦皇岛市三元有限责任公司 1.14%(非流通股) |
| 成都浦贤电子技术有限公司 1.03%(非流通股) |
| 成都普天电缆股份有限公司 0.88%(非流通股) |
| 四川省国有资产经营投资管理有限责任公司 0.71%(国有股) |
| 西藏自治区石油公司 0.55%(非流通股) |
| 重庆傲杰商贸有限公司 0.55%(非流通股) |
| 实际控制人:成都高新技术产业开发区管理委员会 |

二〇〇六年以来市场表现

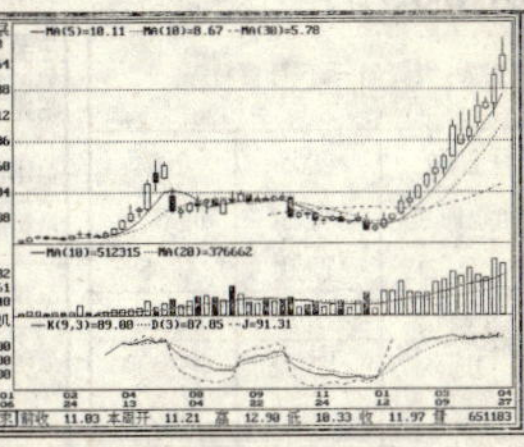

| | |
|---|---|
| 2006 年涨跌幅(%) | 57.92 |
| 2006 年最高(元) | 7.14 |
| 2007 年涨跌幅(%) | 246.96 |
| 2007.4.27 收盘(元) | 11.97 |
| 2007 年最高(元) | 12.9 |
| 2007 年最低(元) | 3.34 |
| 2007 年换手率(%) | 606.69 |

未来一年限售流通股解禁情况:65574000 股 07 月 12 日解禁

| | 总股本 | 非(限售)流通 | 流通 A | 流通 B/H/S | 股东户数 | 06 年末 | 06 三季 |
|---|---|---|---|---|---|---|---|
| 最新股本 | 21948 | 10720.36 | 11227.64 | | | 37529 | 41522 |

**年报点评** 2006 年控股股东和实际控制人已变更为成都高新投资集团有限公司和成都高新技术产业开发区管理委员会。由于受计提预计负债和变更坏账准备计提方法等因素影响,06 年净利润为－1.76 亿元。大股东易主以后,将会加强对公司的支持力度。

## 攀钢钢钒（000629）

上市日期:96/11/15　　电话:(0812)3393695　　传真:(0812)3393992

| 主营 | 炼铁、提钒炼钢、铸锭(含连铸)、热轧钢及钒制品加工。 | | |
|---|---|---|---|
| 年　度 | 2006 | 2005 | 2004 |
| 主要指标 每股收益/扣除后(元) | 0.32/0.32 | 0.48 | 0.63/0.69 |
| 每股经营现金流量(元) | 0.44 | 1.49 | 1.15 |
| 每股净资产/调整后(元) | 3.42/3.41 | 4.74/4.74 | 5.74/5.74 |
| 未分利润(万元) | 166379.87 | 195787.47 | 156099.34 |
| 资本公积(万元) | 369474.54 | 368177.51 | 406761.89 |
| 利润构成 主营收入(万元) | 1580943.75 | 1520921.42 | 1343922.75 |
| 主营利润(万元) | 203051.46 | 208833.81 | 176457.35 |
| 投资收益(万元) | 414.35 | 72.11 | 678.71 |
| 利润总额(万元) | 89434.99 | 91403.87 | 89860.44 |
| 净利润(万元) | 81460.31 | 81132.89 | 82436.45 |
| 近年分配: | 06 预案:10 派 1 送 1 转增 1；05 年:10 派 1 送 5；04 年:10 派 2 | | |

**主要股东及持股比例%、持股性质**

- 攀枝花钢铁有限责任公司 53.22%（部分流通部分不流通）
- 中国第十九冶金建设公司 2.66%（流通 A 股）
- 刘忠环 1.29%（流通 A 股）
- 中国建设银行－上投摩根成长先锋股票型证券投资基金 0.97%（流通 A 股）
- 中国工商银行－易方达价值精选股票型证券投资基金 0.71%（流通 A 股）
- 中国太平洋人寿保险股份有限公司－传统－普通保险产品 0.45%（流通 A 股）
- 中国工商银行－开元证券投资基金 0.44%（流通 A 股）
- 交通银行－科讯证券投资基金 0.43%（流通 A 股）
- 上海宝钢工业检测公司 0.39%（流通 A 股）
- 中国银行－易方达深证 100 交易型开放式指数证券投资基金 0.38%（流通 A 股）

实际控制人：攀钢集团

二〇〇六年以来市场表现

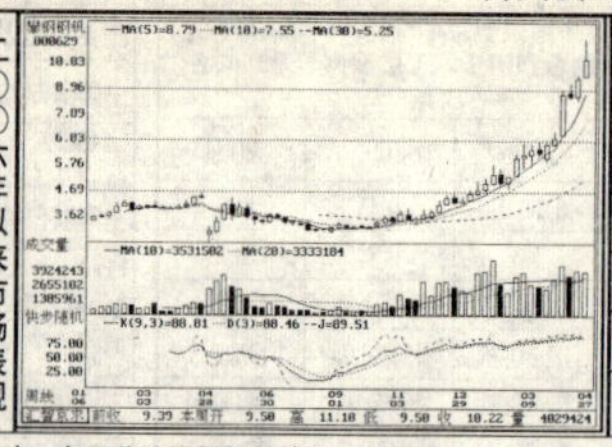

| | |
|---|---|
| 2006 年涨跌幅(%) | 90.64 |
| 2006 年最高(元) | 7.06 |
| 2007 年涨跌幅(%) | 138.79 |
| 2007.4.27 收盘(元) | 10.22 |
| 2007 年最高(元) | 11.1 |
| 2007 年最低(元) | 4.3 |
| 2007 年换手率(%) | 402.48 |

未来一年限售流通股解禁情况:

| | 总股本 | 非(限售)流通 | 流通 A | 流通 B/H/S | 股东户数 06 年末 | 06 三季 |
|---|---|---|---|---|---|---|
| 最新股本 | 254834.83 | 116688.98 | 138145.85 | | 150558 | 146620 |

年报点评：公司矿产、水、电资源极为丰富。公司是中国西部最大钢铁联合企业、世界及中国最大的钢轨生产基地之一、中国最大的钒产品生产基地之一。公司钢轨生产能力已经达到 80 万吨/年，国内市场占有率达 40%，重轨质量可满足时速 300 公里以上高速轨要求。

## 铜都铜业（000630）

上市日期:96/11/20　　电话:0562－2825077　　传真:0562－2825082

| 主营 | 铜的开采、冶炼、加工并附产黄金、白银、硫酸，以及铝型材的生产加工业务。 | | |
|---|---|---|---|
| 年　度 | 2006 | 2005 | 2004 |
| 主要指标 每股收益/扣除后(元) | 0.68/0.68 | 0.58/0.58 | 0.4/0.4 |
| 每股经营现金流量(元) | 1.87 | 1.14 | 0.47 |
| 每股净资产/调整后(元) | 4.65/4.64 | 4.21/4.2 | 3.67/3.67 |
| 未分利润(万元) | 118023.22 | 87716.51 | 52453.16 |
| 资本公积(万元) | 162965.69 | 162483.27 | 151677.47 |
| 利润构成 主营收入(万元) | 1864557.86 | 970371.94 | 631582.65 |
| 主营利润(万元) | 121590.24 | 93146.41 | 62107.2 |
| 投资收益(万元) | 104.98 | 179.15 | 140.63 |
| 利润总额(万元) | 76030.06 | 62229.61 | 41751.57 |
| 净利润(万元) | 58425.92 | 50071.19 | 33244.25 |
| 近年分配: | 06 预案:10 派 2.42；05 年:10 派 2.4；04 中期:10 派 0.25 送 1 转增 4 年终:10 派 0.75 | | |

**主要股东及持股比例%、持股性质**

- 铜陵有色金属(集团)公司 35.49%（国有股）
- 丰和价值证券投资基金 2.06%（流通 A 股）
- 铜陵金秋投资有限公司 1.48%（流通 A 股）
- 北京北方银通房地产开发有限公司 0.55%（流通 A 股）
- 中国银行－易方达深证 100 交易型开放式指数证券投资基金 0.45%（流通 A 股）
- 铜陵金润经济发展有限责任公司 0.37%（流通 A 股）
- 王小平 0.32%（流通 A 股）
- 国泰君安－建行－恒生银行有限公司 0.31%（流通 A 股）
- 中国人寿保险股份有限公司－传统－普通保险产品－005L－CT001 深 0.27%（流通 A 股）
- 中国银行－银华优质增长股票型证券投资基金 0.24%（流通 A 股）

实际控制人：铜陵有色金属(集团)公司

二〇〇六年以来市场表现

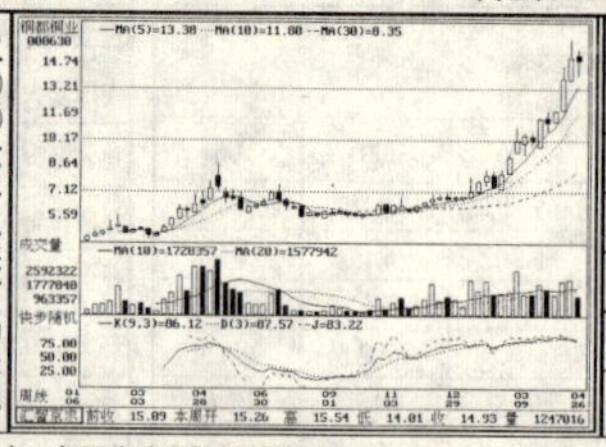

| | |
|---|---|
| 2006 年涨跌幅(%) | 71.57 |
| 2006 年最高(元) | 8.7 |
| 2007 年涨跌幅(%) | 120.86 |
| 2007.4.27 收盘(元) | 14.93 |
| 2007 年最高(元) | 16.26 |
| 2007 年最低(元) | 6.53 |
| 2007 年换手率(%) | 473.68 |

未来一年限售流通股解禁情况:

| | 总股本 | 非(限售)流通 | 流通 A | 流通 B/H/S | 股东户数 06 年末 | 06 三季 |
|---|---|---|---|---|---|---|
| 最新股本 | 86436.21 | 30685.32 | 55750.9 | | 95829 | 86168 |

年报点评：公司 2006 年业绩平稳增长。公司将向有色集团发行股票收购资产，本次交易完成后，阴极铜的年生产能力将突破 60 万吨，规模将位居国内第一。考虑收购资产，公司今后两年的经营业绩有望维持平稳增长格局。

## S＊ST 兰宝（000631）

上市日期:96/11/22　　电话:0431－5528286　　传真:0431－5528285

| 主营 | 轿车保险杠和汽车空调操纵机构总成等汽车配套类产品开发、生产和销售；计算机软件开发、信息产业新技术研发、通信设备新产品研制和生产、智能化网络设计、系统集成及安装调试服务。 | | |
|---|---|---|---|
| 年　度 | 2006 | 2005 | 2004 |
| 主要指标 每股收益/扣除后(元) | 0.107 | －3.842 | －1.52/－1.242 |
| 每股经营现金流量(元) | 0.1651 | －1.0302 | －0.81 |
| 每股净资产/调整后(元) | －2.65/－2.65 | －2.71/－2.71 | 0.33/0.32 |
| 未分利润(万元) | －122507.16 | －125085.36 | －34665.28 |
| 资本公积(万元) | 32357.62 | 32333.12 | 31089.08 |
| 利润构成 主营收入(万元) | 4.06 | 9365.21 | 80935.29 |
| 主营利润(万元) | 0.8 | 1028.72 | －247.45 |
| 投资收益(万元) | －742.65 | －12299.9 | 243.58 |
| 利润总额(万元) | －2253.59 | －97566.45 | －71361.62 |
| 净利润(万元) | 2578.2 | －92351.68 | －36566.47 |
| 近年分配: | | | |

**主要股东及持股比例%、持股性质**

- 长春君子兰集团有限公司 36.92%（国有股）
- 辽宁合利实业有限公司 13.98%（非流通股）
- 中轻贸易中心 1.4%（非流通股）
- 王思言 0.59%（流通 A 股）
- 华夏证券有限公司 0.53%（流通 A 股）
- 黄振强 0.47%（流通 A 股）
- 周国华 0.44%（流通 A 股）
- 刘立言 0.38%（流通 A 股）
- 周国玖 0.34%（流通 A 股）
- 钱立华 0.33%（流通 A 股）

实际控制人：长春市人民政府国有资产监督管理委员会

二〇〇六年以来市场表现

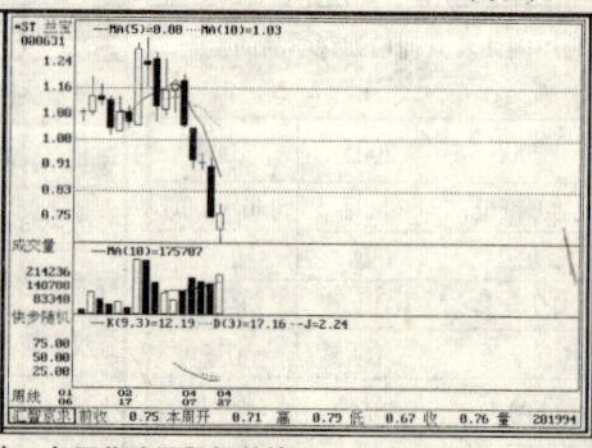

| | |
|---|---|
| 2006 年涨跌幅(%) | |
| 2006 年最高(元) | |
| 2007 年涨跌幅(%) | |
| 2007.4.27 收盘(元) | |
| 2007 年最高(元) | |
| 2007 年最低(元) | |
| 2007 年换手率(%) | |

未来一年限售流通股解禁情况:

| | 总股本 | 非(限售)流通 | 流通 A | 流通 B/H/S | 股东户数 06 年末 | 06 三季 |
|---|---|---|---|---|---|---|
| 最新股本 | 24036.96 | 12572.34 | 11464.61 | | 24402 | 24402 |

年报点评：

## ＊ST 三木（000632）

上市日期:96/11/21　　电话:0591－3341509　　传真:0591－3341504

| 主营 | 土地开发、房地产综合开发(一级资质)及国际贸易等。 | | |
|---|---|---|---|
| 年　度 | 2006 | 2005 | 2004 |
| 主要指标 每股收益/扣除后(元) | 0.043/0.023 | －0.667 | 0.08/0.08 |
| 每股经营现金流量(元) | －0.036 | 0.699 | 0.46 |
| 每股净资产/调整后(元) | 1.03/0.9 | 1.37/1.2 | 2.23/2.19 |
| 未分利润(万元) | －11675.56 | －13510.57 | 13354.04 |
| 资本公积(万元) | 6724.68 | 19922.9 | 19922.9 |
| 利润构成 主营收入(万元) | 342080.79 | 270202.47 | 302203.01 |
| 主营利润(万元) | 31915.4 | 18720.15 | 25038.92 |
| 投资收益(万元) | 509.02 | －2937.76 | －1718.21 |
| 利润总额(万元) | 14138.85 | －21518.2 | 2942.18 |
| 净利润(万元) | 2008.16 | －22481.82 | 2767.74 |
| 近年分配: | 06 中期:10 转增 2 | | |

**主要股东及持股比例%、持股性质**

- 福建三联投资有限公司 22.45%（国有股）
- 福建恒发投资有限公司 4.8%（非流通股）
- 福州申达投资有限公司 4.68%（非流通股）
- 福建大野投资有限公司 4.64%（非流通股）
- 福建卓诚贸易有限公司 4.01%（非流通股）
- 福建省三华实业有限公司工会委员会 3.96%（非流通股）
- 福建高德贸易有限公司 3.86%（非流通股）
- 福州大展实业有限公司 3.78%（非流通股）
- 上海励诚投资发展有限公司 2.97%（非流通股）
- 福建太德投资有限公司 2.95%（非流通股）

实际控制人：福建三联投资有限公司

二〇〇六年以来市场表现

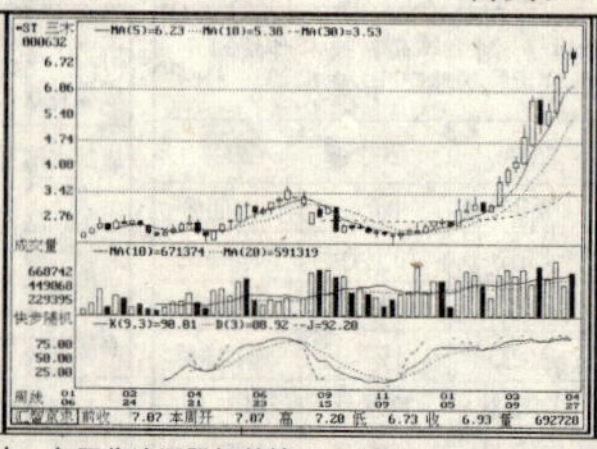

| | |
|---|---|
| 2006 年涨跌幅(%) | 113.24 |
| 2006 年最高(元) | 4.97 |
| 2007 年涨跌幅(%) | 163.5 |
| 2007.4.27 收盘(元) | 6.93 |
| 2007 年最高(元) | 7.38 |
| 2007 年最低(元) | 2.5 |
| 2007 年换手率(%) | 523.43 |

未来一年限售流通股解禁情况:200873701.2 股 08 月 31 日解禁

| | 总股本 | 非(限售)流通 | 流通 A | 流通 B/H/S | 股东户数 06 年末 | 06 三季 |
|---|---|---|---|---|---|---|
| 最新股本 | 46551.96 | 28283.17 | 18268.79 | | 18470 | 21548 |

年报点评：公司主营土地开发、房地产综合开发等。2006 年全面启动福州"光明港湾"、"家天下""三木城"、"尚层建筑"和"水岸君山"等房地产项目，总建筑面积达到 101 万平方米，已开盘项目呈现很好的销售势头。公司 2006 年开始进入房产收获期，07 年业绩有望继续增长。

## S＊ST 合金（000633）

上市日期:96/11/12　电话:024－31309638　传真:024－31309635

**主营**：投资入股,公司主要投资领域是电动工具园林机械和数控机床等行业。

| | 年　度 | 2006 | 2005 | 2004 |
|---|---|---|---|---|
| 主要指标 | 每股收益/扣除后(元) | 0.131/－0.096 | －0.544 | －0.877/－0.869 |
| | 每股经营现金流量(元) | －0.0124 | －0.0902 | －0.7721 |
| | 每股净资产/调整后(元) | －0.13/－0.15 | －0.43/－0.54 | 0.38/0.29 |
| | 未分利润(万元) | －49388.57 | －54430.49 | －33239.84 |
| | 资本公积(万元) | 3271.6 | 2933.86 | 1742.92 |
| 利润构成 | 主营收入(万元) | 10724.62 | 15919.76 | 68285.91 |
| | 主营利润(万元) | －891.99 | －1165.83 | 6432.83 |
| | 投资收益(万元) | 3063.73 | －7836.07 | －3021.54 |
| | 利润总额(万元) | 13144.52 | －36083.41 | －43903.56 |
| | 净利润(万元) | 5041.92 | －20939.8 | －33774.42 |

近年分配:

**主要股东及持股比例%、持股性质**

- 新疆德隆(集团)有限责任公司 22.32%（非流通股）
- 北京绅仕达投资有限公司 8.46%（非流通股）
- 陕西恒业投资有限公司 8.11%（国有股）
- 北京杰圣科技投资有限公司 7.44%（非流通股）
- 中企资产托管经营有限公司 5.95%（非流通股）
- 四川嘉隆实业投资有限责任公司 4.46%（非流通股）
- 赵焱 0.97%（流通 A 股）
- 赵聚宝 0.58%（流通 A 股）
- 孙亚军 0.29%（流通 A 股）
- 周楚衡 0.26%（流通 A 股）

实际控制人：辽宁省机械集团股份有限公司

二〇〇六年以来市场表现

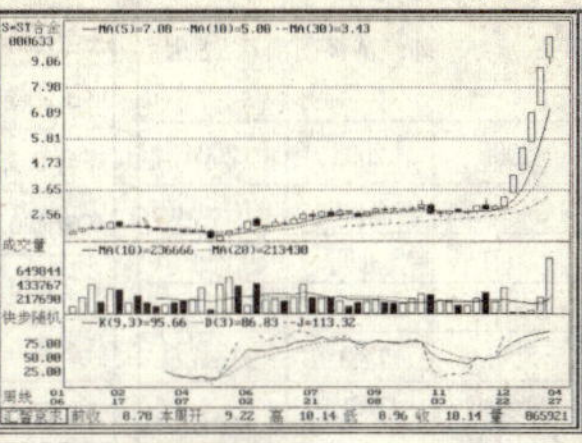

| | |
|---|---|
| 2006 年涨跌幅(%) | 87.57 |
| 2006 年最高(元) | 3.32 |
| 2007 年涨跌幅(%) | 205.42 |
| 2007.4.27 收盘(元) | 10.14 |
| 2007 年最高(元) | 10.14 |
| 2007 年最低(元) | 3.49 |
| 2007 年换手率(%) | 68.78 |

未来一年限售流通股解禁情况:

| 最新股本 | 总股本 | 非(限售)流通 | 流通 A | 流通 B/H/S | 股东户数 | 06 年末 | 06 三季 |
|---|---|---|---|---|---|---|---|
| | 38510.64 | 21858.05 | 16652.59 | | | 12720 | 14150 |

**年报点评**：公司第一大股东为辽宁机械集团,借助股改,新大股东将向公司注入核设备制造相关优质资产。公司将变身为一家核电设备制造领域上市公司。辽机集团目前拥有大型生产加工基地大连宝原核设备有限公司,大连宝原是国家极少数拥有核工程、核电生产资质的企业。

## 英力特（000635）

上市日期:96/11/20　电话:0952－3689596　传真:0952－3689596

**主营**：生产和销售电石、石灰氮、双氰胺等相关系列延伸产品。

| | 年　度 | 2006 | 2005 | 2004 |
|---|---|---|---|---|
| 主要指标 | 每股收益/扣除后(元) | 0.288/0.225 | 0.297/0.22 | 0.41/0.441 |
| | 每股经营现金流量(元) | 1.84 | 0.75 | 1.12 |
| | 每股净资产/调整后(元) | 1.83/1.83 | 1.54/1.54 | 1.52/1.52 |
| | 未分利润(万元) | 7186.95 | 3937.72 | 3964.21 |
| | 资本公积(万元) | 1955.52 | 1880.08 | 1105.62 |
| 利润构成 | 主营收入(万元) | 111300.62 | 52827.74 | 36499.99 |
| | 主营利润(万元) | 22879 | 12063.74 | 11830.02 |
| | 投资收益(万元) | －242.85 | －366.79 | －115.64 |
| | 利润总额(万元) | 9108.49 | 4635.41 | 4651.5 |
| | 净利润(万元) | 3957.94 | 4081.87 | 4654.71 |

近年分配:04 年:10 派 1 送 2

**主要股东及持股比例%、持股性质**

- 宁夏英力特电力集团股份有限公司 21.18%（非流通股）
- 银川新源实业有限公司 5.78%（非流通股）
- 宁夏天净电能开发集团有限公司 3.59%（非流通股）
- 宁夏明迈特科工贸有限公司 3.53%（非流通股）
- 中国银行宁夏回族自治区分行 2.63%（非流通股）
- 东海证券有限责任公司 1.9%（流通 A 股）
- 宁夏石嘴山市矿业(集团)有限责任公司 1.24%（部分流通部分不流通）
- 上海证券有限责任公司 0.94%（流通 A 股）
- 俞祖根 0.66%（流通 A 股）
- 岳炳男 0.65%（流通 A 股）

实际控制人：宁夏电力集体资产经营管理中心

二〇〇六年以来市场表现

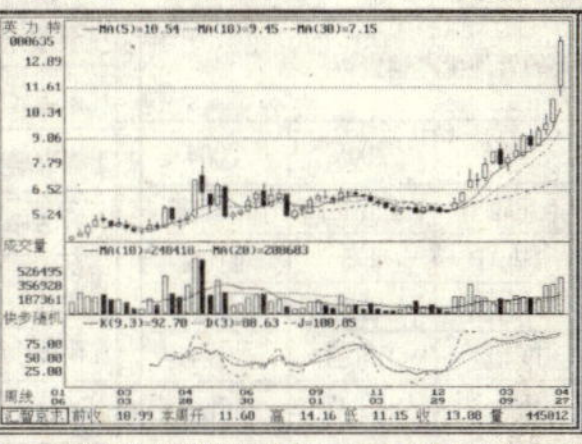

| | |
|---|---|
| 2006 年涨跌幅(%) | 33.5 |
| 2006 年最高(元) | 7.67 |
| 2007 年涨跌幅(%) | 157.99 |
| 2007.4.27 收盘(元) | 13.88 |
| 2007 年最高(元) | 14.16 |
| 2007 年最低(元) | 5.35 |
| 2007 年换手率(%) | 413.55 |

未来一年限售流通股解禁情况:16693586 股 11 月 22 日解禁,3120000 股 04 月 22 日解禁

| 最新股本 | 总股本 | 非(限售)流通 | 流通 A | 流通 B/H/S | 股东户数 | 06 年末 | 06 三季 |
|---|---|---|---|---|---|---|---|
| | 13747.44 | 4723.51 | 9023.93 | | | 18135 | 18405 |

**年报点评**：公司为基础化工制造企业,主要以 PVC 为主,构成完整的产业链,即资源－电厂－电石－PVC 类、氰胺类产品,形成以电石为原料的气化、固化深加工产品的两条配套生产链。在今年技改后,公司具备年产 PVC14.5 万吨、烧碱 11 万吨的生产能力。

## 风华高科（000636）

上市日期:96/11/29　电话:0758－2844724　传真:0758－2849045

**主营**：系列新型片式元件、集成电路、光机电一体化、电子专用设备及电子材料等电子信息基础产品的研制、生产和销售。

| | 年　度 | 2006 | 2005 | 2004 |
|---|---|---|---|---|
| 主要指标 | 每股收益/扣除后(元) | 0.063/0.034 | 0.023 | 0.05/0.046 |
| | 每股经营现金流量(元) | 0.369 | －0.06 | 0.52 |
| | 每股净资产/调整后(元) | 3.03/2.94 | 3.94/3.8 | 3.96/3.86 |
| | 未分利润(万元) | 31474.07 | 29992.11 | 31603.86 |
| | 资本公积(万元) | 88270.23 | 109320.74 | 108988:74 |
| 利润构成 | 主营收入(万元) | 181449.29 | 140540.16 | 127557.71 |
| | 主营利润(万元) | 27098.53 | 19771.86 | 22697.39 |
| | 投资收益(万元) | 2857.1 | 148.34 | －136.71 |
| | 利润总额(万元) | 5158.17 | 1735.53 | 3400.43 |
| | 净利润(万元) | 4233.43 | 1223.42 | 2460.59 |

近年分配:06 中期:10 派 0.35；04 年:10 派 0.5

**主要股东及持股比例%、持股性质**

- 广东风华高新科技集团有限公司 21.24%（国有股）
- 广东粤财投资有限公司 6.31%（国有股）
- 广东风华高新科技股份有限公司工会委员会 3.34%（非流通股）
- 肇庆市威劲电子有限公司 3.01%（非流通股）
- 深圳市加德信投资有限公司 2.49%（非流通股）
- 广东广业投资集团有限公司 2.11%（国有股）
- 美国美运有限公司 1.21%（非流通股）
- 肇庆市银华网络技术有限公司 1.01%（非流通股）
- 肇庆市艺宏科技开发有限公司 0.84%（非流通股）
- 广东出口商品基地建设肇庆公司 0.6%（非流通股）

实际控制人：广东肇庆风华发展有限公司

二〇〇六年以来市场表现

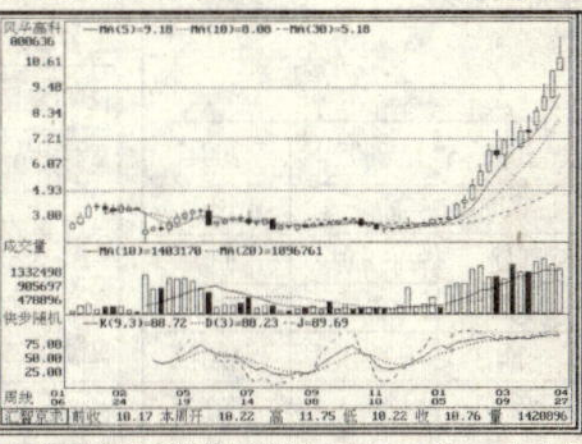

| | |
|---|---|
| 2006 年涨跌幅(%) | 101.31 |
| 2006 年最高(元) | 7.65 |
| 2007 年涨跌幅(%) | 200.7 |
| 2007.4.27 收盘(元) | 10.76 |
| 2007 年最高(元) | 11.79 |
| 2007 年最低(元) | 3.45 |
| 2007 年换手率(%) | 508.88 |

未来一年限售流通股解禁情况:42335000 股 04 月 06 日解禁

| 最新股本 | 总股本 | 非(限售)流通 | 流通 A | 流通 B/H/S | 股东户数 | 06 年末 | 06 三季 |
|---|---|---|---|---|---|---|---|
| | 67096.63 | 30966.55 | 36130.08 | | | 80858 | 84758 |

**年报点评**：公司是我国最大新型元器件、电子元器件及电子基础材料的科研、生产基地,其下属肇庆市风华锂电池公司是国内唯一一家拥有从正、负极材料到电池芯的研究开发和生产的厂家,属真正的新能源领域核心企业。然而公司利润较低,长期发展很难有较大的改观。

## S 茂实华（000637）

上市日期:96/11/14　电话:0668－2276176　传真:0668－2281965

**主营**：生产经营聚丙烯、液化气、溶剂油、烃推进剂、石油制成品、塑料产品等。

| | 年　度 | 2006 | 2005 | 2004 |
|---|---|---|---|---|
| 主要指标 | 每股收益/扣除后(元) | 0.267/0.181 | －0.073 | 0.08/0.045 |
| | 每股经营现金流量(元) | 0.219 | －0.091 | 0.48 |
| | 每股净资产/调整后(元) | 1.55/1.55 | 1.27/1.27 | 1.69/1.69 |
| | 未分利润(万元) | 11139.74 | －3107.08 | 10652.38 |
| | 资本公积(万元) | 1937.52 | 1245.97 | 1342.36 |
| 利润构成 | 主营收入(万元) | 376113.16 | 211734.93 | 209207.07 |
| | 主营利润(万元) | 20885.51 | 13786.22 | 15738.21 |
| | 投资收益(万元) | 4125.22 | －225.89 | 440.47 |
| | 利润总额(万元) | 15827.5 | －2777.59 | 4198.05 |
| | 净利润(万元) | 12092.5 | －3278.4 | 2958.6 |

近年分配:06 预案:10 派 2；04 年:10 派 0.5 送 2

**主要股东及持股比例%、持股性质**

- 北京泰跃房地产开发有限责任公司 29.5%（非流通股）
- 中国石化集团茂名石油化工公司 17.8%（国有股）
- 天津港保税区裕丰伟业商贸有限公司 17.08%（非流通股）
- 北京银路达投资管理有限公司 1.04%（流通 A 股）
- 茂名众和化塑有限公司 1.04%（非流通股）
- 上海维悦投资管理有限公司 1.03%（流通 A 股）
- 上海锦神投资管理有限公司 1.02%（流通 A 股）
- 上海恩创投资管理有限公司 0.96%（部分流通部分不流通）
- 上海慧通投资管理有限公司 0.91%（流通 A 股）
- 上海全路达科技投资有限公司 0.5%（流通 A 股）

实际控制人：刘军

二〇〇六年以来市场表现

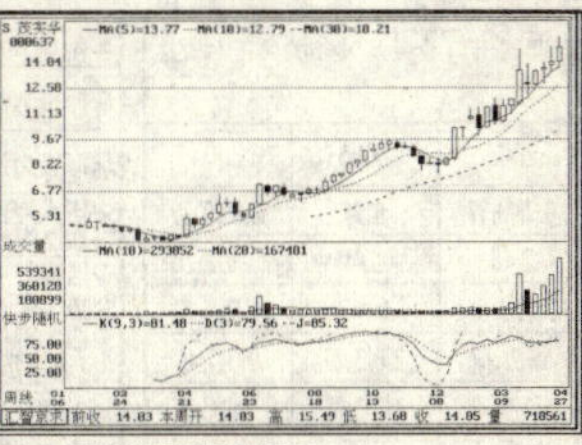

| | |
|---|---|
| 2006 年涨跌幅(%) | 112.14 |
| 2006 年最高(元) | 10.32 |
| 2007 年涨跌幅(%) | 44.04 |
| 2007.4.27 收盘(元) | 14.85 |
| 2007 年最高(元) | 15.49 |
| 2007 年最低(元) | 9.82 |
| 2007 年换手率(%) | 199.1 |

未来一年限售流通股解禁情况:

| 最新股本 | 总股本 | 非(限售)流通 | 流通 A | 流通 B/H/S | 股东户数 | 06 年末 | 06 三季 |
|---|---|---|---|---|---|---|---|
| | 45206.55 | 29750.08 | 15456.48 | | | 4776 | 4977 |

**年报点评**：公司主营生产聚丙烯、液化气。受价格回升影响,公司生产经营趋于好转,扭转了亏损局面。同时还优化了原料来源,大幅降低了采购成本。公司股权分置改革方案已获国有资产监督管理委员会批复,将在大股东完成相关股票质押解除手续之后尽快进行。

## S＊ST 中辽（000638）

上市日期:96/11/26　　电话:024－24192633　　传真:024－24192633

| 主营 | 国内外工程承包、技术服务、承办对外经济援助项目、进出口贸易等。 | | | |
|---|---|---|---|---|
| | 年　度 | 2006 | 2005 | 2004 |
| 主要指标 | 每股收益/扣除后(元) | 0.024/－0.088 | 0.004 | 0.08/－0.086 |
| | 每股经营现金流量(元) | 0.011 | －0.012 | 0.01 |
| | 每股净资产/调整后(元) | －2.31/－2.31 | －2.47/－2.47 | －2.58/－2.58 |
| | 未分利润(万元) | －72507.95 | －72883.77 | －72947.61 |
| | 资本公积(万元) | 19557.48 | 17482.22 | 15824.41 |
| 利润构成 | 主营收入(万元) | 14972.1 | 12350.7 | 13653.89 |
| | 主营利润(万元) | 1259.22 | 1151.82 | 1939.64 |
| | 投资收益(万元) | | －17.76 | 150.92 |
| | 利润总额(万元) | 405.38 | －4.06 | 1554.11 |
| | 净利润(万元) | 375.82 | 63.84 | 1218.92 |
| 近年分配: | | | | |

| 主要股东及持股比例%、持股性质 | |
|---|---|
| 巨田证券有限责任公司 42.86% (非流通股) | |
| 郑斌 0.32% (流通A股) | |
| 高佳梅 0.25% (流通A股) | |
| 王宝章 0.24% (流通A股) | |
| 马丽英 0.24% (流通A股) | |
| 谭文兵 0.23% (流通A股) | |
| 程玉峰 0.18% (流通A股) | |
| 贾秀玲 0.18% (流通A股) | |
| 钱小英 0.18% (流通A股) | |
| 上海怡林商务咨询服务有限公司 0.15% (流通A股) | |
| 实际控制人: | 巨田证券有限责任公司 |

| 二〇〇六年以来市场表现 | |
|---|---|
| 2006年涨跌幅(%) | |
| 2006年最高(元) | |
| 2007年涨跌幅(%) | |
| 2007.4.27收盘(元) | |
| 2007年最高(元) | |
| 2007年最低(元) | |
| 2007年换手率(%) | |

未来一年限售流通股解禁情况:

| 最新股本 | 总股本 | 非(限售)流通 | 流通A | 流通B/H/S | 股东户数 | 06年末 | 06三季 |
|---|---|---|---|---|---|---|---|
| | 15470 | 6630 | 8840 | | | 29555 | 29555 |

年报点评：公司第一大股东巨田证券3月9日与北京万方源房地产开发有限公司签订协议，巨田证券以810万元的价格向万方源转让其持有的＊ST中辽社会法人股计6630万股，转让股份占＊ST中辽总股本的42.86%。上述股权转让完成后，巨田证券将不再持有＊ST中辽的股份。

## 金德发展（000639）

上市日期:96/11/26　　电话:0733－2869999　　传真:0733－2867121

| 主营 | 旅游饭店的经营和建材类的管件生产销售 | | | |
|---|---|---|---|---|
| | 年　度 | 2006 | 2005 | 2004 |
| 主要指标 | 每股收益/扣除后(元) | 0.107/0.11 | 0.106/0.1 | 0.18/0.17 |
| | 每股经营现金流量(元) | －0.13 | 0.46 | 0.0022 |
| | 每股净资产/调整后(元) | 1.71/1.71 | 1.62/1.62 | 1.57/1.55 |
| | 未分利润(万元) | 1994.89 | 1786.23 | 1760.94 |
| | 资本公积(万元) | 1294.67 | 1071.47 | 1071.47 |
| 利润构成 | 主营收入(万元) | 15096.59 | 15453.38 | 14183.77 |
| | 主营利润(万元) | 3656.42 | 3588.36 | 3993.28 |
| | 投资收益(万元) | －16.59 | －16.59 | －16.59 |
| | 利润总额(万元) | 1637.9 | 1535.42 | 2297.67 |
| | 净利润(万元) | 781.87 | 771.31 | 1302.39 |
| 近年分配: | 05年:10派0.5；04年:10派0.5 | | | |

| 主要股东及持股比例%、持股性质 | |
|---|---|
| 沈阳宏元集团有限公司 20.91% (非流通股) | |
| 上海立鹏科技投资有限公司 14.83% (非流通股) | |
| 余叶 3% (流通A股) | |
| 中铁十七局集团有限公司株洲战备材料总厂 2.2% (非流通股) | |
| 沈阳市千顺祥经贸有限公司 1.63% (流通A股) | |
| 广州畅平建材经销有限公司 1.52% (流通A股) | |
| 株洲市国有资产投资经营有限公司 1.19% (国有股) | |
| 长沙铁路多元经营发展集团公司 1.03% (非流通股) | |
| 株洲铁路地区劳动服务公司 0.61% (非流通股) | |
| 韩群荣 0.6% (流通A股) | |
| 实际控制人: | 张澎 |

二〇〇六年以来市场表现

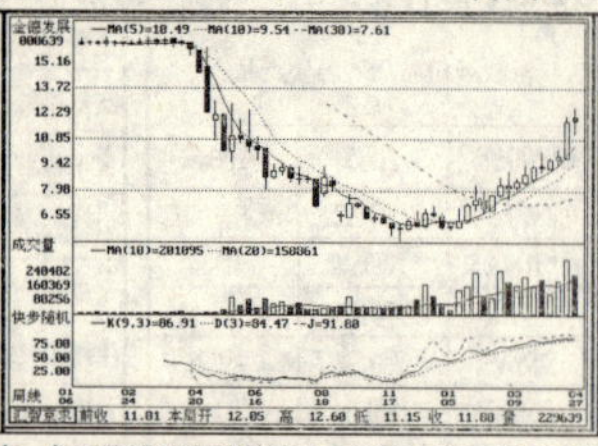

| | |
|---|---|
| 2006年涨跌幅(%) | －52.03 |
| 2006年最高(元) | 16.59 |
| 2007年涨跌幅(%) | 100 |
| 2007.4.27收盘(元) | 11.88 |
| 2007年最高(元) | 12.6 |
| 2007年最低(元) | 5.79 |
| 2007年换手率(%) | 647.91 |

未来一年限售流通股解禁情况:7810140股09月26日解禁

| 最新股本 | 总股本 | 非(限售)流通 | 流通A | 流通B/H/S | 股东户数 | 06年末 | 06三季 |
|---|---|---|---|---|---|---|---|
| | 7286.49 | 3025.33 | 4261.16 | | | 8169 | 7025 |

年报点评：公司2006年净利润同比仅仅增长1.37%，在地产大幅增值的背景下，公司处于黄金地段的酒店资产更是增值明显。作为公司利润来源之一的阀门业务发展强劲，当前，大股东做大做强金德发展的预期非常强烈，这也使市场对公司未来大股东资产注入充满期待。

## ST 仁和（000650）

上市日期:96/12/10　　电话:0792－2199105　　传真:0792－2199101

| 主营 | 药品的生产和销售业务 | | | |
|---|---|---|---|---|
| | 年　度 | 2006 | 2005 | 2004 |
| 主要指标 | 每股收益/扣除后(元) | 0.65/－0.34 | －0.65/－0.7 | －0.35/－0.38 |
| | 每股经营现金流量(元) | 1.18 | －0.09 | 0.09 |
| | 每股净资产/调整后(元) | 0.97/0.97 | 0.27/0.23 | 0.84/0.84 |
| | 未分利润(万元) | －10473 | －23503.16 | －11911.6 |
| | 资本公积(万元) | 8450.93 | 7480.21 | 7323.3 |
| 利润构成 | 主营收入(万元) | 2494.34 | 26713.84 | 28039.13 |
| | 主营利润(万元) | －1084.7 | 490.67 | －341.26 |
| | 投资收益(万元) | 18.62 | 5.82 | 2.11 |
| | 利润总额(万元) | 13030.16 | －12913.09 | －6912.71 |
| | 净利润(万元) | 13030.16 | －12913.09 | －6912.71 |
| 近年分配: | | | | |

| 主要股东及持股比例%、持股性质 | |
|---|---|
| 仁和(集团)发展有限公司 67.16% (非流通股) | |
| 吴彩银 0.69% (流通A股) | |
| 吴旗 0.49% (流通A股) | |
| 鄢茂生 0.36% (流通A股) | |
| 祝灏 0.25% (流通A股) | |
| 孙世松 0.24% (流通A股) | |
| 童丹 0.21% (流通A股) | |
| 易伟华 0.21% (流通A股) | |
| 彭汉光 0.19% (流通A股) | |
| 许水英 0.17% (流通A股) | |
| 实际控制人: | 杨文龙 |

二〇〇六年以来市场表现

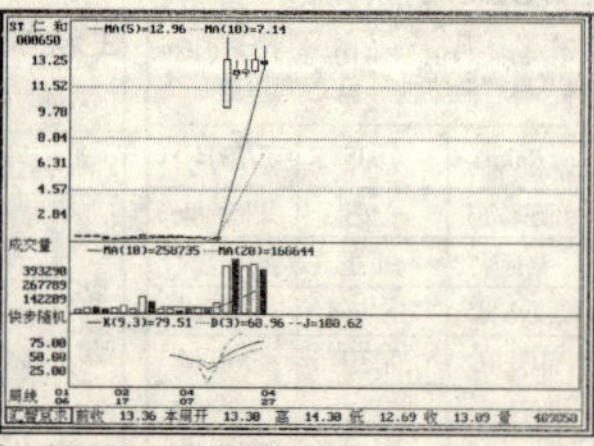

| | |
|---|---|
| 2006年涨跌幅(%) | 0.73 |
| 2006年最高(元) | 1.61 |
| 2007年涨跌幅(%) | 848.55 |
| 2007.4.27收盘(元) | 13.09 |
| 2007年最高(元) | 19.55 |
| 2007年最低(元) | 13.19 |
| 2007年换手率(%) | 265.28 |

未来一年限售流通股解禁情况:

| 最新股本 | 总股本 | 非(限售)流通 | 流通A | 流通B/H/S | 股东户数 | 06年末 | 06三季 |
|---|---|---|---|---|---|---|---|
| | 20010.24 | 13439.52 | 6570.72 | | | 17715 | 17715 |

年报点评：鉴于ST仁和2006年盈利基本来自当年计提被占用资金的冲回，并非经营出现转机，因此对该公司仍然建议回避。

## 格力电器（000651）

上市日期:96/11/18　　电话:0756－8614883　　传真:0756－8622581

| 主营 | 生产、销售空调器、自营空调器出口业务及其相关零配件的进出口业务。 | | | |
|---|---|---|---|---|
| | 年　度 | 2006 | 2005 | 2004 |
| 主要指标 | 每股收益/扣除后(元) | 0.78/0.77 | 0.94 | 0.78/0.76 |
| | 每股经营现金流量(元) | 2.18 | 1.44 | 0.25 |
| | 每股净资产/调整后(元) | 3.87/3.81 | 5.02/4.93 | 4.55/4.52 |
| | 未分利润(万元) | 56092.67 | 23013.29 | 27347.46 |
| | 资本公积(万元) | 18173.79 | 44982.02 | 44995.7 |
| 利润构成 | 主营收入(万元) | 2380287.86 | 1826450.7 | 1383261.5 |
| | 主营利润(万元) | 425118.22 | 334108.31 | 223742.96 |
| | 投资收益(万元) | 2126.38 | 559.29 | 2201.92 |
| | 利润总额(万元) | 79248.03 | 60968.14 | 50475.46 |
| | 净利润(万元) | 62815.91 | 50706.01 | 42078.43 |
| 近年分配: | 05年:10派4转增5；04年:10派3.8 | | | |

| 主要股东及持股比例%、持股性质 | |
|---|---|
| 珠海格力集团公司 40.84% (非流通股) | |
| 珠海格力房产有限公司 5.8% (非流通股) | |
| 中国人寿保险股份有限公司－分红－个人分红－005L－FH002深 2.48% (流通A股) | |
| 中国银行－南方高增长股票型开放式证券投资基金 2.48% (流通A股) | |
| 中国人寿保险(集团)公司－传统－普通保险产品 2.08% (流通A股) | |
| 银丰证券投资基金 1.69% (流通A股) | |
| 恒富(珠海)置业有限公司 1.68% (外资股) | |
| 全国社保基金一零八组合 1.58% (流通A股) | |
| 全国社保基金一零二组合 1.55% (流通A股) | |
| 中国工商银行－南方积极配置证券投资基金 1.29% (流通A股) | |
| 实际控制人: | 珠海格力集团公司 |

二〇〇六年以来市场表现

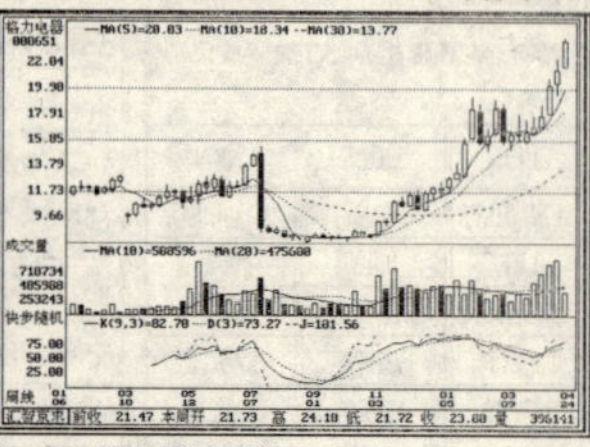

| | |
|---|---|
| 2006年涨跌幅(%) | 122.95 |
| 2006年最高(元) | 24.32 |
| 2007年涨跌幅(%) | 100.51 |
| 2007.4.27收盘(元) | 23.8 |
| 2007年最高(元) | 24.1 |
| 2007年最低(元) | 11.75 |
| 2007年换手率(%) | 175.59 |

未来一年限售流通股解禁情况:55522125股03月08日解禁

| 最新股本 | 总股本 | 非(限售)流通 | 流通A | 流通B/H/S | 股东户数 | 06年末 | 06三季 |
|---|---|---|---|---|---|---|---|
| | 80541 | 39993.15 | 40547.85 | | | 40719 | 56949 |

年报点评：公司是目前国内生产规模最大的空调生产基地，也是世界上单产规模最大的专业化空调企业，主业竞争优势明显。公司坚持自主创新，坚持精品战略，不断提升产品的技术创新能力和质量水平，抓住空调行业快速整合机会，进一步提高市场份额，具有长期持有价值。

## 泰达股份（000652）

上市日期:96/11/28

电话:022－24138796　　传真:022－24138796

| | | | | |
|---|---|---|---|---|
| 主营 | 经营天津开发区滨海大桥;高新技术保暖材料及过滤材料的生产;垃圾焚烧发电、城市绿化服务等生态环保产业;房地产开发与经营。 | | | |
| | 年　度 | 2006 | 2005 | 2004 |
| 主要指标 | 每股收益/扣除后(元) | 0.1/0.08 | 0.09/0.06 | 0.09/－0.02 |
| | 每股经营现金流量(元) | 0.15 | 0.15 | 0.82 |
| | 每股净资产/调整后(元) | 1.56/1.53 | 1.55/1.53 | 1.49/1.46 |
| | 未分利润(万元) | 22859.77 | 23180.9 | 17998.36 |
| | 资本公积(万元) | 18976.04 | 19166.68 | 19332.25 |
| 利润构成 | 主营收入(万元) | 145173.34 | 65360.46 | 44131.91 |
| | 主营利润(万元) | 34675.35 | 23771.41 | 13632.62 |
| | 投资收益(万元) | 912.86 | 3314.96 | 10727.15 |
| | 利润总额(万元) | 20293.84 | 12331.7 | 12922.11 |
| | 净利润(万元) | 10342.15 | 8959.76 | 9441.04 |
| 近年分配: | 06 预案:10 派 1 ; 05 年:10 派 0.8 ; 04 年:10 派 0.2 | | | |

| 主要股东及持股比例%、持股性质 | |
|---|---|
| 天津泰达集团有限公司 36.51%（部分流通部分不流通） | |
| 中国工商银行－开元证券投资基金 1.87%（流通 A 股） | |
| 上海启茂实业公司 1.4%（非流通股） | |
| 中国农业银行贵阳市瑞金支行 1.12%（非流通股） | |
| 辽宁粮油进出口股份有限公司 1.04%（流通 A 股） | |
| 中国长城资产管理公司 0.7%（非流通股） | |
| 中国中化集团公司 0.7%（非流通股） | |
| 中国银河证券有限责任公司 0.51%（流通 A 股） | |
| 天津建行信托 0.51%（非流通股） | |
| 中国银行股份有限公司黑龙江省分行 0.49%（流通 A 股） | |
| 实际控制人: | 天津泰达投资控股有限公司 |

二〇〇六年以来市场表现

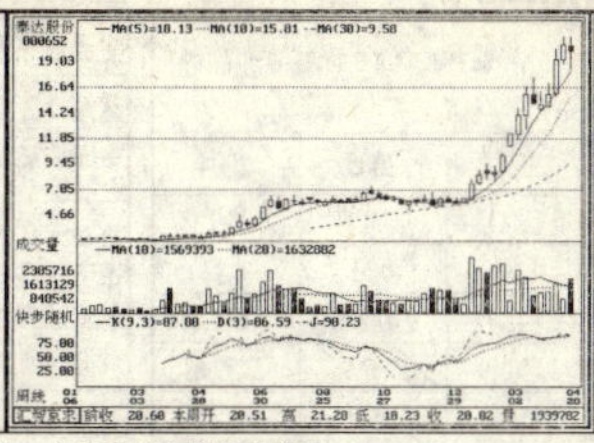

| | |
|---|---|
| 2006 年涨跌幅(%) | 146.58 |
| 2006 年最高(元) | 7.34 |
| 2007 年涨跌幅(%) | 251.85 |
| 2007.4.27 收盘(元) | 20.02 |
| 2007 年最高(元) | 21.43 |
| 2007 年最低(元) | 5.71 |
| 2007 年换手率(%) | 388.53 |

未来一年限售流通股解禁情况:

| 最新股本 | 总股本 | 非(限售)流通 | 流通 A | 流通 B/H/S | 股东户数 | 06 年末 | 06 三季 |
|---|---|---|---|---|---|---|---|
| | 105398.13 | 37741.22 | 67656.91 | | | 62559 | 44203 |

年报点评：公司主营环保、房地产业务,其双港垃圾焚烧发电项目是目前全国日处理规模最大的垃圾焚烧处理厂,它不仅填补了天津市垃圾发电技术的空白,而且综合评价在全国垃圾处理行业中处于领先地位,并被建设部评为我国垃圾处理行业目前唯一的"全国科技示范工程"。

## 金岭矿业（000655）

上市日期:96/11/28

电话:0533－2061798　　传真:0533－2061404

| | | | | |
|---|---|---|---|---|
| 主营 | 陶瓷和纸业生产、销售 | | | |
| | 年　度 | 2006 | 2005 | 2004 |
| 主要指标 | 每股收益/扣除后(元) | 0.21/0.23 | －0.35 | －0.57/－0.573 |
| | 每股经营现金流量(元) | 0.04 | 0.01 | －0.66 |
| | 每股净资产/调整后(元) | 1.84/1.84 | 0.89/0.2 | 1.51/0.87 |
| | 未分利润(万元) | －14465.85 | －21332.09 | －10130.78 |
| | 资本公积(万元) | 36446.7 | 19447.88 | 18800.55 |
| 利润构成 | 主营收入(万元) | 26662.88 | 9777.38 | 14822.89 |
| | 主营利润(万元) | 13422.7 | 2788.63 | 1958.21 |
| | 投资收益(万元) | －4.62 | 21.8 | 53.04 |
| | 利润总额(万元) | 2912.79 | －14403.9 | －15509.36 |
| | 净利润(万元) | 6866.23 | －8989.55 | －14681.97 |
| 近年分配: | | | | |

| 主要股东及持股比例%、持股性质 | |
|---|---|
| 山东金岭铁矿 47.13%（国有股） | |
| 淄博齐鲁创业投资有限责任公司 3.4%（国有股） | |
| 淄博市城市资产运营有限公司 3.25%（国有股） | |
| 淄博工业发展有限公司 2.75%（国有股） | |
| 淄博市一轻工业公司 1.94%（国有股） | |
| 上海景贤投资有限公司 0.86%（国有股） | |
| 中国经济开发信托投资公司 0.69%（国有股） | |
| 淄博同升数码网络有限公司 0.63%（国有股） | |
| 上海英博企业发展有限公司 0.57%（国有股） | |
| 海通证券股份有限公司 0.52%（国有股） | |
| 实际控制人: | 山东金岭铁矿 |

二〇〇六年以来市场表现

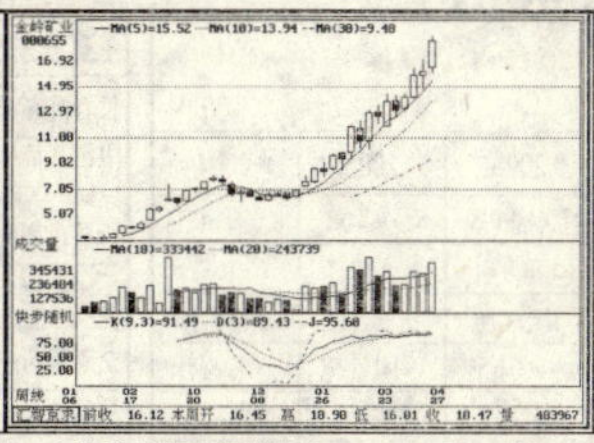

| | |
|---|---|
| 2006 年涨跌幅(%) | 89.16 |
| 2006 年最高(元) | 8.05 |
| 2007 年涨跌幅(%) | 194.11 |
| 2007.4.27 收盘(元) | 18.47 |
| 2007 年最高(元) | 18.9 |
| 2007 年最低(元) | 6.36 |
| 2007 年换手率(%) | 370.78 |

未来一年限售流通股解禁情况:50280009 股 09 月 20 日解禁

| 最新股本 | 总股本 | 非(限售)流通 | 流通 A | 流通 B/H/S | 股东户数 | 06 年末 | 06 三季 |
|---|---|---|---|---|---|---|---|
| | 32125.44 | 20170.03 | 11955.4 | | | 14965 | 17304 |

年报点评：公司在成功重组原＊ST 华陶的债务、实现资产置换、弥补历史亏损之后,主营业务从陶瓷和造纸转向以铁精粉、铜金属、钴金属的生产销售为主业。公司今年年内有望完成整体上市,矿业可开采储量将达到 4500 多万吨,成为两市成长性优良的、唯一的纯铁矿石资源股。

## ＊ST 东源（000656）

上市日期:96/11/28

电话:023－69072387　　传真:023－69072387

| | | | | |
|---|---|---|---|---|
| 主营 | 房地产开发 | | | |
| | 年　度 | 2006 | 2005 | 2004 |
| 主要指标 | 每股收益/扣除后(元) | 0.035/－0.031 | －0.064 | －0.09/－0.098 |
| | 每股经营现金流量(元) | －0.0119 | －0.256 | －0.05 |
| | 每股净资产/调整后(元) | 1.55/1.55 | 1.86/1.85 | 1.93/1.92 |
| | 未分利润(万元) | 373.18 | －408.24 | 902.76 |
| | 资本公积(万元) | 10415.59 | 15135.94 | 15278.09 |
| 利润构成 | 主营收入(万元) | 1909.02 | 1254.29 | |
| | 主营利润(万元) | 475.05 | 59.76 | |
| | 投资收益(万元) | 453.26 | －21.79 | －59.87 |
| | 利润总额(万元) | 643.46 | －1468.32 | －1938.13 |
| | 净利润(万元) | 870.53 | －1311 | －1936.09 |
| 近年分配: | | | | |

| 主要股东及持股比例%、持股性质 | |
|---|---|
| 成都锦江和盛投资有限责任公司 23.42%（非流通股） | |
| 重庆渝富资产经营管理有限公司 18.03%（国有股） | |
| 重庆重型汽车集团有限责任公司 6.01%（流通 A 股） | |
| 泛华工程有限公司 5.39%（国有股） | |
| 重庆渝创信用担保有限责任公司 4.15%（流通 A 股） | |
| 四川华州管理顾问咨询有限责任公司 4%（非流通股） | |
| 苏州市西江建设发展有限公司 0.5%（非流通股） | |
| 陈延 0.41%（流通 A 股） | |
| 庄伟波 0.27%（流通 A 股） | |
| 谢娥娟 0.26%（流通 A 股） | |
| 实际控制人: | 张明、王磊松、兰妙司、张斐光、陈凯 |

二〇〇六年以来市场表现

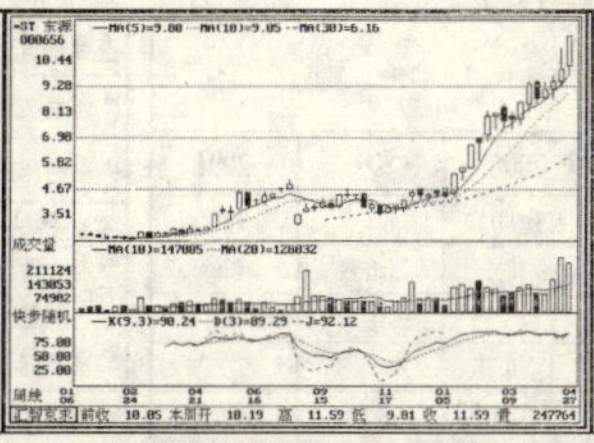

| | |
|---|---|
| 2006 年涨跌幅(%) | 172.55 |
| 2006 年最高(元) | 7.44 |
| 2007 年涨跌幅(%) | 158.71 |
| 2007.4.27 收盘(元) | 11.59 |
| 2007 年最高(元) | 11.59 |
| 2007 年最低(元) | 4.25 |
| 2007 年换手率(%) | 186.6 |

未来一年限售流通股解禁情况:52506276 股 08 月 24 日解禁

| 最新股本 | 总股本 | 非(限售)流通 | 流通 A | 流通 B/H/S | 股东户数 | 06 年末 | 06 三季 |
|---|---|---|---|---|---|---|---|
| | 25004.18 | 13212.57 | 11791.62 | | | 13657 | 14696 |

年报点评：公司 2006 年度完成了股改和清欠工作,并对数项风险投资进行了重点清理,净利润增加主要系冲销对泛华公司及其西南公司计提的坏账准备,管理费用大幅减少所致。公司拍得银海租赁 30%股权,将成为第一大股东,融资租赁将成为公司重要业务。

## 中钨高新（000657）

上市日期:96/12/05

电话:0898－68581224　　传真:0898－68583318

| | | | | |
|---|---|---|---|---|
| 主营 | 硬质合金和钨、钼、钽、铌等稀有金属及其深加工产品的研制、开发、生产及销售。 | | | |
| | 年　度 | 2006 | 2005 | 2004 |
| 主要指标 | 每股收益/扣除后(元) | －0.35/－0.35 | 0.02 | 0.12/0.088 |
| | 每股经营现金流量(元) | 0.68 | 0.19 | －0.41 |
| | 每股净资产/调整后(元) | 2.38/2.37 | 3.56/3.53 | 3.54/3.5 |
| | 未分利润(万元) | 4943.65 | 12795.77 | 12507.22 |
| | 资本公积(万元) | 20978.16 | 26146.92 | 26146.92 |
| 利润构成 | 主营收入(万元) | 135179.9 | 106661.07 | 101349.84 |
| | 主营利润(万元) | 6496.76 | 9050.72 | 11991.17 |
| | 投资收益(万元) | －201.74 | －138.3 | －20.69 |
| | 利润总额(万元) | －10005.99 | 262.74 | 2584.54 |
| | 净利润(万元) | －7852.13 | 340.51 | 2072.68 |
| 近年分配: | | | | |

| 主要股东及持股比例%、持股性质 | |
|---|---|
| 湖南有色金属股份有限公司 23.77%（国有股） | |
| 自贡硬质合金有限责任公司 11.51%（国有股） | |
| 金鑫证券投资基金 4.88%（流通 A 股） | |
| 上海申能资产管理有限公司 2.99%（流通 A 股） | |
| 包头铝业(集团)有限责任公司 2.47%（国有股） | |
| 海南金元投资控股有限公司 2.4%（国有股） | |
| 中国工商银行－广发策略优选混合型证券投资基金 1.89%（流通 A 股） | |
| 中国工商银行－博时精选股票证券投资基金 1.65%（流通 A 股） | |
| 中国银行－易方达策略成长二号混合型证券投资基金 1.6%（流通 A 股） | |
| 中国银行－易方达平稳增长证券投资基金 1.28%（流通 A 股） | |
| 实际控制人: | 湖南有色金属股份有限公司 |

二〇〇六年以来市场表现

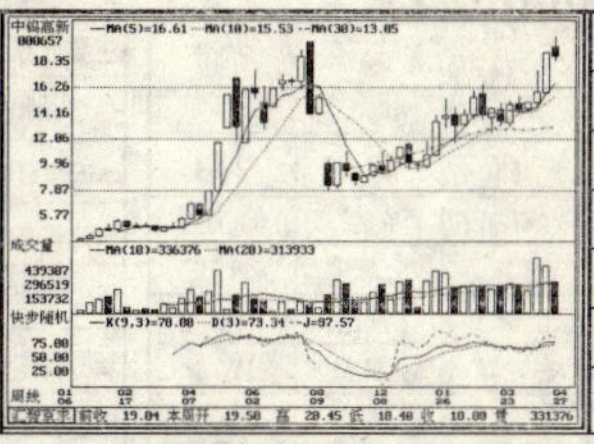

| | |
|---|---|
| 2006 年涨跌幅(%) | 358.86 |
| 2006 年最高(元) | 19.88 |
| 2007 年涨跌幅(%) | 87.25 |
| 2007.4.27 收盘(元) | 18.8 |
| 2007 年最高(元) | 20.45 |
| 2007 年最低(元) | 9.41 |
| 2007 年换手率(%) | 409.59 |

未来一年限售流通股解禁情况:40294831 股 10 月 26 日解禁

| 最新股本 | 总股本 | 非(限售)流通 | 流通 A | 流通 B/H/S | 股东户数 | 06 年末 | 06 三季 |
|---|---|---|---|---|---|---|---|
| | 22257.46 | 9656.13 | 12601.33 | | | 18350 | 12285 |

年报点评：公司 2006 年出现亏损,主要是受控股子公司南宁德瑞科实业发展有限公司亏损影响。我国对钨实施行业准入条件,抑制行业投资冲动,形成有序竞争和发展。公司大股东现为湖南有色,有整体上市预期,2007 年公司将全力推进产业整合及技改项目。

## 珠海中富（000659）

上市日期:96/12/03　　电话:0756－8821350　　传真:0756－8821103

**主营：** 从事塑料 PET 饮料瓶、瓶胚系列，PVC、OPP 标签等产品的生产和销售。

| | 年　度 | 2006 | 2005 | 2004 |
|---|---|---|---|---|
| 主要指标 | 每股收益/扣除后(元) | 0.15/0.15 | 0.1/0.11 | 0.18/0.18 |
| | 每股经营现金流量(元) | 1.04 | 0.53 | 0.47 |
| | 每股净资产/调整后(元) | 2.82/2.77 | 2.71/2.67 | 2.67/2.63 |
| | 未分利润(万元) | 28656.59 | 25167.96 | 23899.63 |
| | 资本公积(万元) | 57054.67 | 57052.93 | 57420.34 |
| 利润构成 | 主营收入(万元) | 225604.78 | 192678.05 | 163665.01 |
| | 主营利润(万元) | 52012.33 | 41815.51 | 39849.18 |
| | 投资收益(万元) | -15.9 | -870.19 | -288.71 |
| | 利润总额(万元) | 17694.09 | 10341.58 | 16235.39 |
| | 净利润(万元) | 10403.63 | 7001.67 | 12226.61 |

近年分配：06 预案:10 派 0.6；05 年:10 派 0.5；04 年:10 派 0.5

**主要股东及持股比例%、持股性质**

- 珠海中富工业集团有限公司 34.87%（非流通股）
- 中国平安人寿保险股份有限公司－传统－普通保险产品 0.83%（流通 A 股）
- 姚春玉 0.79%（流通 A 股）
- 中国银行－易方达深证 100 交易型开放式指数证券投资基金 0.45%（流通 A 股）
- 珠海成创实业有限公司 0.42%（非流通股）
- 赵根玲 0.32%（流通 A 股）
- 朱伟平 0.25%（流通 A 股）
- 华宝信托投资有限责任公司－资金信托 R2006ZX009 0.24%（流通 A 股）
- 邓丽华 0.22%（流通 A 股）
- 李荣森 0.22%（流通 A 股）

实际控制人：珠海中富工业集团有限公司工会委员会

二〇〇六年以来市场表现

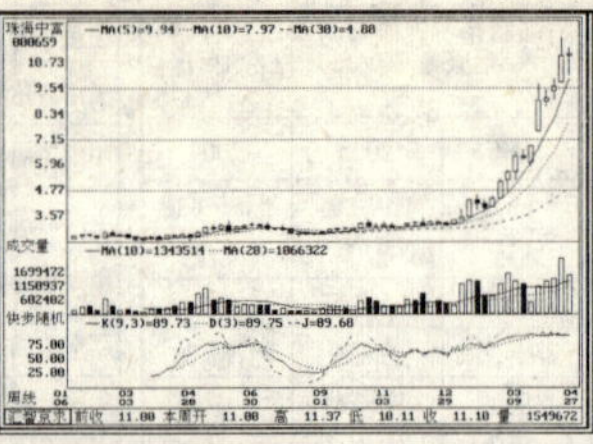

| | |
|---|---|
| 2006 年涨跌幅(%) | 26.8 |
| 2006 年最高(元) | 3.48 |
| 2007 年涨跌幅(%) | 255.77 |
| 2007.4.27 收盘(元) | 11.1 |
| 2007 年最高(元) | 11.92 |
| 2007 年最低(元) | 3.12 |
| 2007 年换手率(%) | 428.26 |

未来一年限售流通股解禁情况:34414780 股 10 月 27 日解禁

| 最新股本 | 总股本 | 非(限售)流通 | 流通 A | 流通 B/H/S | 股东户数 | 06 年末 | 06 三季 |
|---|---|---|---|---|---|---|---|
| | 68829.56 | 24345.16 | 44484.4 | | | 76202 | 76827 |

**年报点评：** 我国最大、世界排名第五的 PET 瓶生产企业，具有年产 50 亿支 PET 瓶、40 亿支瓶胚、3000 吨塑料薄膜和收缩膜的产能。公司是“两乐”在东南亚最大的 PET 瓶和 PVC 标签供应商，占据其 PET 饮料瓶 50% 以上的份额，同时保持 60% 以上的国内市场占有率。

## 长春高新（000661）

上市日期:96/12/18　　电话:0431－5666367　　传真:0431－5675390

**主营：** 生物制药、中成药生产。

| | 年　度 | 2006 | 2005 | 2004 |
|---|---|---|---|---|
| 主要指标 | 每股收益/扣除后(元) | 0.04/0.038 | -0.448 | 0.056/-0.16 |
| | 每股经营现金流量(元) | 0.9 | 0.69 | -0.32 |
| | 每股净资产/调整后(元) | 2.42/1.86 | 2.28/2.14 | 2.65/2.59 |
| | 未分利润(万元) | -14374.53 | -14148.58 | -7668.43 |
| | 资本公积(万元) | 24493.1 | 22933.28 | 22738.76 |
| 利润构成 | 主营收入(万元) | 58045.46 | 48685.48 | 36649.26 |
| | 主营利润(万元) | 30011.37 | 23777.35 | 26058.88 |
| | 投资收益(万元) | -89.93 | -1832.31 | 2687.49 |
| | 利润总额(万元) | 3299.44 | -4134.72 | 1839.54 |
| | 净利润(万元) | 526.74 | -5886.93 | 731.48 |

近年分配：

**主要股东及持股比例%、持股性质**

- 长春高新技术产业发展总公司 34.63%（国有股）
- 中国工商银行—建信优选成长股票型证券投资基金 3.6%（流通 A 股）
- 长春市南湖实业总公司 1.92%（非流通股）
- 上海宏盛伊尚贸易发展有限公司 1.88%（流通 A 股）
- 交通银行—安顺证券投资基金 1.2%（流通 A 股）
- 滕健 1.13%（流通 A 股）
- 中国工商银行—中银国际中国精选混合型开放式证券投资基金 0.79%（流通 A 股）
- 长春市天然气化学工业公司 0.77%（非流通股）
- 吉林省博维实业有限公司 0.77%（非流通股）
- 长春建设股份有限公司 0.77%（非流通股）

实际控制人：长春高新技术产业发展总公司

二〇〇六年以来市场表现

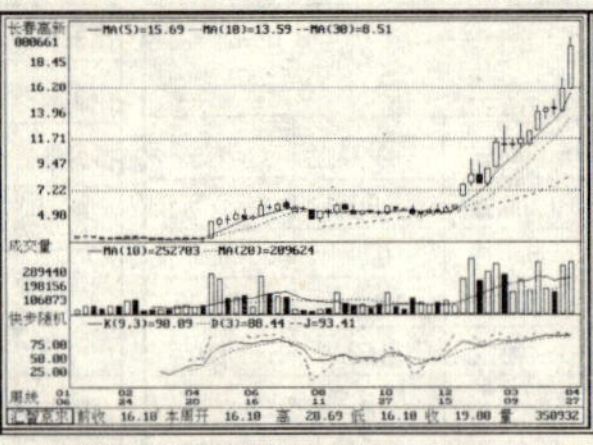

| | |
|---|---|
| 2006 年涨跌幅(%) | 91.42 |
| 2006 年最高(元) | 6.38 |
| 2007 年涨跌幅(%) | 292.59 |
| 2007.4.27 收盘(元) | 19.8 |
| 2007 年最高(元) | 23.79 |
| 2007 年最低(元) | 7.59 |
| 2007 年换手率(%) | 399.93 |

未来一年限售流通股解禁情况:11209184 股 01 月 19 日解禁

| 最新股本 | 总股本 | 非(限售)流通 | 流通 A | 流通 B/H/S | 股东户数 | 06 年末 | 06 三季 |
|---|---|---|---|---|---|---|---|
| | 13132.66 | 3955.27 | 9177.39 | | | 26493 | 29212 |

**年报点评：** 2006 年度公司实现了扭亏为盈。随着长春市房地产业复苏，以及经过股改进一步解决公司的历史负担，过往拖累业绩的低效物业和房地产业开始改善和盈利；制药产业也进入稳定成长期。整体业绩在 06 年扭亏基础上 07 年有望大幅增长。同时公司目前股本规模极小，未来具有极强的股本扩张能力，值得重点关注。

## 索芙特（000662）

上市日期:96/12/16　　电话:0774－3863686　　传真:0774－3863582

**主营：** 生产经营美容保健品、洗涤化妆用品和化工产品。

| | 年　度 | 2006 | 2005 | 2004 |
|---|---|---|---|---|
| 主要指标 | 每股收益/扣除后(元) | 0.331/0.33 | 0.436 | 0.49/0.49 |
| | 每股经营现金流量(元) | 0.1025 | 0.1698 | 0.02 |
| | 每股净资产/调整后(元) | 3.38/3.33 | 2.1/2.09 | 2.04/2.01 |
| | 未分利润(万元) | 15260.32 | 10453.87 | 8721.36 |
| | 资本公积(万元) | 32474.04 | 5417.04 | 4555.25 |
| 利润构成 | 主营收入(万元) | 47840.76 | 44753.09 | 42024.05 |
| | 主营利润(万元) | 19956.98 | 22139.28 | 26533.81 |
| | 投资收益(万元) | 144.4 | 27.04 | -223.44 |
| | 利润总额(万元) | 8400.18 | 7269.86 | 7447.55 |
| | 净利润(万元) | 7946.01 | 7847.89 | 7352.03 |

近年分配：04 年:10 派 0.5 送 2

**主要股东及持股比例%、持股性质**

- 广西索芙特科技股份有限公司 15.36%（非流通股）
- 广东通作投资有限公司 9.65%（非流通股）
- 中国东方资产管理公司 3.77%（部分流通部分不流通）
- 万向财务有限公司 3.75%（非流通股）
- 北京九鼎房地产开发有限责任公司 3.54%（非流通股）
- 深圳市东方合源投资顾问有限公司 2.92%（非流通股）
- 深圳市盈润投资发展有限公司 2.29%（非流通股）
- 上海金浙投资管理有限公司 2.08%（非流通股）
- 蚌埠市建设投资有限公司 2.08%（国有股）
- 上海和远科技发展有限公司 2.08%（非流通股）

实际控制人：梁国坚

二〇〇六年以来市场表现

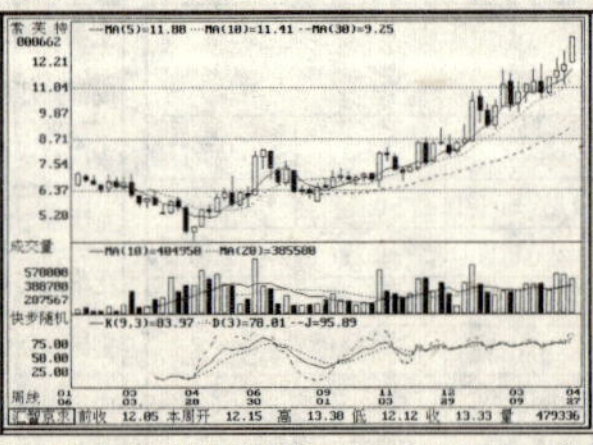

| | |
|---|---|
| 2006 年涨跌幅(%) | 20.24 |
| 2006 年最高(元) | 9.18 |
| 2007 年涨跌幅(%) | 66.21 |
| 2007.4.27 收盘(元) | 13.33 |
| 2007 年最高(元) | 13.38 |
| 2007 年最低(元) | 7.98 |
| 2007 年换手率(%) | 518.9 |

未来一年限售流通股解禁情况:56269 股 11 月 04 日解禁

| 最新股本 | 总股本 | 非(限售)流通 | 流通 A | 流通 B/H/S | 股东户数 | 06 年末 | 06 三季 |
|---|---|---|---|---|---|---|---|
| | 23999.1 | 12051.7 | 11947.4 | | | 16230 | 14199 |

**年报点评：** 国内功能性化妆品第一品牌，在中低档产品上具有较强的竞争优势，主要产品的市场占有率都超过 50%，特别是在细分市场已形成了减肥，防脱发，去斑，美乳等 9 大系列产品。目前拥有 89 个特殊化妆品许可证，是国内化妆品企业中最多的。

## 永安林业（000663）

上市日期:96/12/06　　电话:0598－3614875　　传真:0598－3633415

**主营：** 木(竹)材采运、加工，林化产品制造。

| | 年　度 | 2006 | 2005 | 2004 |
|---|---|---|---|---|
| 主要指标 | 每股收益/扣除后(元) | -0.097/-0.103 | 0.027 | 0.02/0.02 |
| | 每股经营现金流量(元) | 0.29 | 0.4959 | 0.35 |
| | 每股净资产/调整后(元) | 1.54/1.5 | 1.99/1.97 | 1.96/1.94 |
| | 未分利润(万元) | -19.74 | 1991.53 | 1659.89 |
| | 资本公积(万元) | 9199.27 | 12867.15 | 12867.15 |
| 利润构成 | 主营收入(万元) | 34582.54 | 36361.03 | 32917.39 |
| | 主营利润(万元) | 7705.82 | 8914.03 | 9316.55 |
| | 投资收益(万元) | -1938.02 | -357.05 | -1219.53 |
| | 利润总额(万元) | -1689.84 | 626.43 | 434.36 |
| | 净利润(万元) | -1959.29 | 448.63 | 324.96 |

近年分配：

**主要股东及持股比例%、持股性质**

- 福建省永安林业(集团)总公司 32%（国有股）
- 永安市财政局 9.19%（国有股）
- 福建省青山纸业股份有限公司 5.77%（非流通股）
- 永安市林业建设投资公司 2.89%（非流通股）
- 三明市林业总公司 2.31%（非流通股）
- 国金证券有限责任公司 2.22%（流通 A 股）
- 中国银行－华夏大盘精选证券投资基金 1.98%（流通 A 股）
- 中国工商银行－易方达价值精选股票型证券投资基金 1.23%（流通 A 股）
- 交通银行－华安创新证券投资基金 0.99%（流通 A 股）
- 张坡 0.74%（流通 A 股）

实际控制人：福建省永安林业(集团)总公司

二〇〇六年以来市场表现

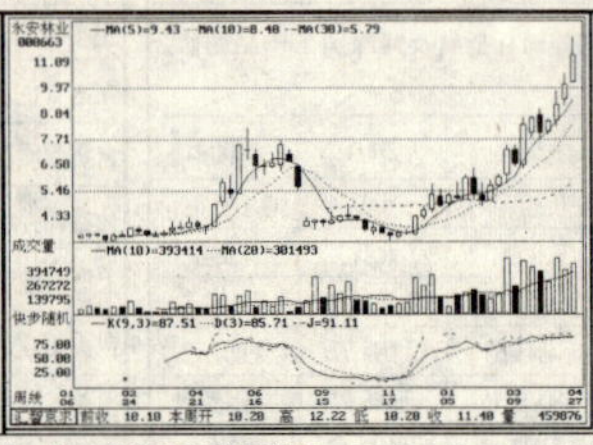

| | |
|---|---|
| 2006 年涨跌幅(%) | 127.82 |
| 2006 年最高(元) | 9.12 |
| 2007 年涨跌幅(%) | 138.99 |
| 2007.4.27 收盘(元) | 11.4 |
| 2007 年最高(元) | 12.22 |
| 2007 年最低(元) | 4.71 |
| 2007 年换手率(%) | 519.5 |

未来一年限售流通股解禁情况:43213842 股 09 月 01 日解禁

| 最新股本 | 总股本 | 非(限售)流通 | 流通 A | 流通 B/H/S | 股东户数 | 06 年末 | 06 三季 |
|---|---|---|---|---|---|---|---|
| | 20276.03 | 10808.83 | 9467.2 | | | 20752 | 24598 |

**年报点评：** 公司是集林木培育、木材生产、木材加工和人造板为主业的资源型企业，初步形成了集森林培育、木材加工、人造板一体化生产规模。2006 年继续将森林资源扩张作为公司经营的主线，森林经营面积由原来上市初的 82 万亩扩张到 181 万亩，为未来发展提供资源保障。

## 武汉塑料（000665）

上市日期:96/12/10　　电话:027－59405200　　传真:027－59405210

| | | | | |
|---|---|---|---|---|
| 主营 | 开发、制造、经营高新科技工程塑料制品、汽车塑料零部件及其他塑料制品、塑料化工原辅材料等;具有自营进出口权。 | | | |
| | 年　度 | 2006 | 2005 | 2004 |
| 主要指标 | 每股收益/扣除后(元) | 0.13/－0.06 | －1.54/－1.29 | 0.02/－0.06 |
| | 每股经营现金流量(元) | 0.9 | 0.07 | 0.27 |
| | 每股净资产/调整后(元) | 0.68/0.66 | 0.39/0.37 | 1.93/1.91 |
| | 未分利润(万元) | －19138.63 | －21428.06 | 233.97 |
| | 资本公积(万元) | 12533.88 | 11518.36 | 11518.36 |
| 利润构成 | 主营收入(万元) | 36976.17 | 28031.51 | 24287 |
| | 主营利润(万元) | 8020.36 | 4378.81 | 4048.5 |
| | 投资收益(万元) | －9.85 | －1377.87 | 1009.06 |
| | 利润总额(万元) | 3868.01 | －19759.67 | 443.82 |
| | 净利润(万元) | 2289.43 | －21662.03 | 292.47 |
| 近年分配: | | | | |

| 主要股东及持股比例%、持股性质 |
|---|
| 武汉经开投资有限公司 22.72%（国有股） |
| 天泽控有限公司 13.12%（非流通股） |
| 武汉市城镇集体工业联社 8.72%（非流通股） |
| 平安信托投资公司 6.31%（非流通股） |
| 武汉市益信工程经济发展公司 1.89%（国有股） |
| 长江经济联合发展(集团)股份有限公司武汉公司 1.58%(非流通股) |
| 江海重型机械工程(深圳)有限公司 1.26%（非流通股） |
| 湖北省投资公司 0.79%（国有股） |
| 武汉欧威信息技术有限公司 0.38%（非流通股） |
| 武汉华汉投资管理有限公司 0.38%（国有股） |
| 实际控制人:武汉经济技术开发区国有资产管理办公室 |

二〇〇六年以来市场表现

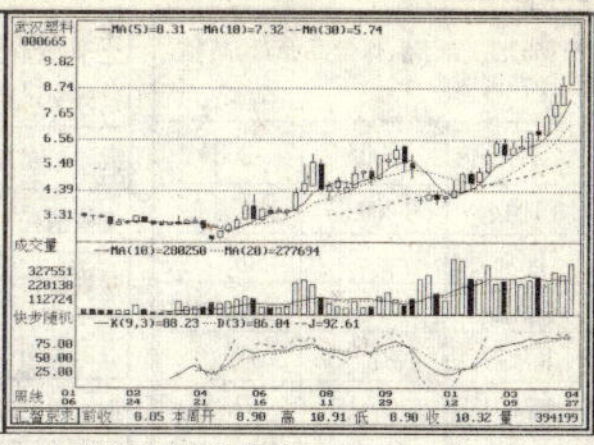

| | |
|---|---|
| 2006年涨跌幅(%) | 77.35 |
| 2006年最高(元) | 6.53 |
| 2007年涨跌幅(%) | 156.72 |
| 2007.4.27收盘(元) | 10.32 |
| 2007年最高(元) | 10.91 |
| 2007年最低(元) | 3.9 |
| 2007年换手率(%) | 624.87 |

未来一年限售流通股解禁情况:55552425股12月12日解禁

| 最新股本 | 总股本 | 非(限售)流通 | 流通A | 流通B/H/S | 股东户数 | 06年末 | 06三季 |
|---|---|---|---|---|---|---|---|
| | 17748.86 | 10246.79 | 7502.07 | | | 19849 | 17134 |

年报点评:公司是目前国内为轿车工业配套的生产塑料零部件产品种类最多的生产厂家之一。生产的塑料原材料和汽车塑料零部件产品已达到国际先进水平,成为武汉神龙、三江雷诺、东风汽车以及上汽集团等知名汽车厂商的配套企业,具有稳定的市场占有率。

## 经纬纺机（000666）

上市日期:96/12/10　　电话:010－84534079　　传真:010－84534135

| | | | | |
|---|---|---|---|---|
| 主营 | 开发、生产、销售纺织机械及其配套件。 | | | |
| | 年　度 | 2006 | 2005 | 2004 |
| 主要指标 | 每股收益/扣除后(元) | 0.3/0.2 | 0.23 | 0.25/0.23 |
| | 每股经营现金流量(元) | 0.22 | 0.47 | 0.03 |
| | 每股净资产/调整后(元) | 4.67/4.65 | 4.4/4.37 | 4.23/4.02 |
| | 未分利润(万元) | 41337.79 | 34610.77 | 38252.88 |
| | 资本公积(万元) | 127251.57 | 126225.03 | 126171.66 |
| 利润构成 | 主营收入(万元) | 460932.16 | 424191.18 | 361104.29 |
| | 主营利润(万元) | 78479.68 | 68933.83 | 59711.26 |
| | 投资收益(万元) | 1740.38 | 1098.87 | 3210.54 |
| | 利润总额(万元) | 22380.66 | 17212.22 | 17486.38 |
| | 净利润(万元) | 18363.07 | 13624.17 | 15237.94 |
| 近年分配: | 06预案:10派0.8;05年:10派0.5;04年:10派0.5 | | | |

| 主要股东及持股比例%、持股性质 |
|---|
| 中国纺织机械(集团)有限公司 33.83%（国有股） |
| 香港中央结算(代理人)有限公司 29.59%（H股） |
| 全国社保基金一零一组合 0.45%（流通A股） |
| 向梦华 0.14%（流通A股） |
| 郑伟芳 0.1%（流通A股） |
| POON CHIU LEUNG 0.1%（H股） |
| 岳巍 0.07%（流通A股） |
| 聂继华 0.07%（流通A股） |
| 詹蓝 0.06%（流通A股） |
| 陈群英 0.06%（流通A股） |
| 实际控制人:中国恒天集团公司 |

二〇〇六年以来市场表现

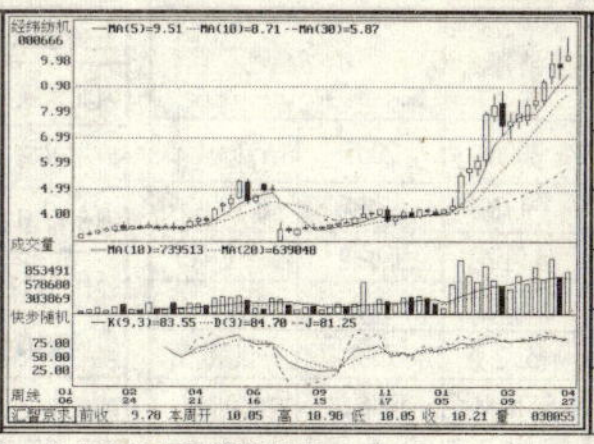

| | |
|---|---|
| 2006年涨跌幅(%) | 55.06 |
| 2006年最高(元) | 5.4 |
| 2007年涨跌幅(%) | 154.61 |
| 2007.4.27收盘(元) | 10.21 |
| 2007年最高(元) | 10.98 |
| 2007年最低(元) | 4 |
| 2007年换手率(%) | 509.29 |

未来一年限售流通股解禁情况:

| 最新股本 | 总股本 | 非(限售)流通 | 流通A | 流通B/H/S | 股东户数 | 06年末 | 06三季 |
|---|---|---|---|---|---|---|---|
| | 60380 | 20425.52 | 21874.48 | 18080 | | 73146 | 74079 |

年报点评:公司是我国大型纺织机械制造商,06年纺织业面临国际贸易摩擦加剧、人民币升值以及原油价格上涨等诸多压力,行业增长放慢,公司产品也面临压力。公司通过加快技术创新和加强管理,开拓海外市场等手段,实现稳定增长,07年公司经营仍面临挑战。

## 名流置业（000667）

上市日期:96/12/05　　电话:0871－3610134　　传真:0871－3625615

| | | | | |
|---|---|---|---|---|
| 主营 | 投资、商业贸易、房地产业 | | | |
| | 年　度 | 2006 | 2005 | 2004 |
| 主要指标 | 每股收益/扣除后(元) | 0.305/0.294 | 0.357/0.335 | 0.3/0.3 |
| | 每股经营现金流量(元) | －0.4436 | 0.5525 | 0.14 |
| | 每股净资产/调整后(元) | 3.02/3.02 | 2.2/2.2 | 2.33/2.33 |
| | 未分利润(万元) | 9085.87 | 6454.05 | 8457.95 |
| | 资本公积(万元) | 38651.01 | 916.37 | 916.37 |
| 利润构成 | 主营收入(万元) | 61115.21 | 57649.27 | 49038.8 |
| | 主营利润(万元) | 19751.24 | 18065.36 | 15311.08 |
| | 投资收益(万元) | 580.83 | －117.52 | －118.73 |
| | 利润总额(万元) | 17539.2 | 14261.53 | 12142.91 |
| | 净利润(万元) | 11689.42 | 8751.74 | 7428.17 |
| 近年分配: | 06年:10派0.25送2转增8;05中期:10派3.7;04年:10派1.2 | | | |

| 主要股东及持股比例%、持股性质 |
|---|
| 名流投资集团有限公司 18.82%（非流通股） |
| 北京国财创业投资有限公司 14.75%（非流通股） |
| 海南洋浦众森科技投资有限公司 13.85%（非流通股） |
| 大连正源企业有限公司 4.18%（非流通股） |
| 长江交通科技股份有限公司 3.92%（非流通股） |
| 兴业银行股份有限公司－兴业全球视野股票型证券投资基金 3.4%（非流通股） |
| 华源投资有限公司 3.14%（非流通股） |
| 长江证券有限责任公司 3.14%（非流通股） |
| 全国社保基金一一一组合 3.14%（非流通股） |
| 全国社保基金一一零组合 2.35%（非流通股） |
| 实际控制人:熊生阶 |

二〇〇六年以来市场表现

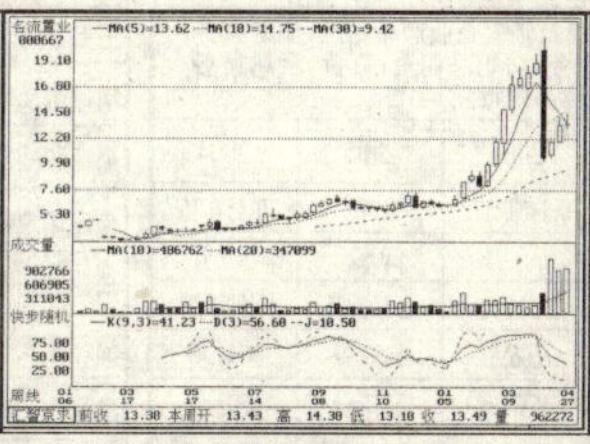

| | |
|---|---|
| 2006年涨跌幅(%) | 125.19 |
| 2006年最高(元) | 10.56 |
| 2007年涨跌幅(%) | 340.54 |
| 2007.4.27收盘(元) | 13.49 |
| 2007年最高(元) | 28.79 |
| 2007年最低(元) | 6.02 |
| 2007年换手率(%) | 471.71 |

未来一年限售流通股解禁情况:80890968股02月20日解禁

| 最新股本 | 总股本 | 非(限售)流通 | 流通A | 流通B/H/S | 股东户数 | 06年末 | 06三季 |
|---|---|---|---|---|---|---|---|
| | 38263.66 | 29451.77 | 8811.89 | | | 19802 | 17632 |

年报点评:经过重大资产重组后转型房产开发,重组初期效果显著,大股东的扶持和储备项目的陆续开发使公司业绩具备了继续增长的潜力。公司土地储备较为丰富,发展战略较为清晰,跨区域布局也已经取得一定的成绩,预计未来两年业绩仍将稳定增长。

## S武石油（000668）

上市日期:96/12/10　　电话:027－85781439　　传真:027－85757897

| | | | | |
|---|---|---|---|---|
| 主营 | 石油制品、石油副产品、原油、石油设备及器材、化工产品批发兼零售、代储代运;组织加工;石油科技产品开发等。 | | | |
| | 年　度 | 2006 | 2005 | 2004 |
| 主要指标 | 每股收益/扣除后(元) | 0.27/0.28 | 0.19 | 0.23/0.22 |
| | 每股经营现金流量(元) | 0.6 | 0.85 | 0.15 |
| | 每股净资产/调整后(元) | 2.84/2.66 | 2.69/2.3 | 2.58/2.19 |
| | 未分利润(万元) | 10323.81 | 7851.31 | 6763.82 |
| | 资本公积(万元) | 9544.11 | 9544.11 | 9544.11 |
| 利润构成 | 主营收入(万元) | 330051.34 | 268767.18 | 209487.59 |
| | 主营利润(万元) | 25537.53 | 20353.52 | 21881.51 |
| | 投资收益(万元) | 72.01 | －967.78 | －13.65 |
| | 利润总额(万元) | 6626.96 | 4508.57 | 5216.1 |
| | 净利润(万元) | 3996.5 | 2743.46 | 3401.8 |
| 近年分配: | 06预案:10派1;05年:10派0.7;04年:10派0.7 | | | |

| 主要股东及持股比例%、持股性质 |
|---|
| 中国石油化工股份有限公司 46.25%（国有股） |
| 武汉国有资产经营公司 12.02%（国有股） |
| 江汉石油管理局 2.07%（国有股） |
| 武汉工业国有投资有限公司 1.28%（国有股） |
| 中国石化集团武汉石油化工厂 1.28%（国有股） |
| 中国石油大庆石油化工总厂 0.95%（国有股） |
| 国泰君安－花旗－DEUTSCHE BANK AKTIENGESELLSCHAFT 0.57%（流通A股） |
| 中国石化兰州炼油化工总厂 0.41%（国有股） |
| 中国石化集团茂名石油化工公司 0.38%（国有股） |
| 安徽汉源国际货运有限责任公司 0.34%（流通A股） |
| 实际控制人:中国石油化工集团公司 |

二〇〇六年以来市场表现

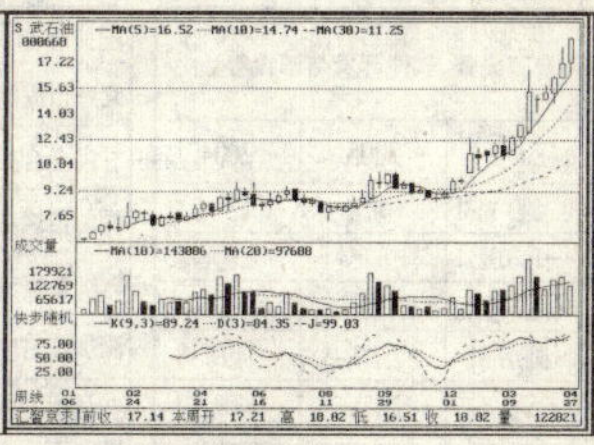

| | |
|---|---|
| 2006年涨跌幅(%) | 62.15 |
| 2006年最高(元) | 10.52 |
| 2007年涨跌幅(%) | 90.68 |
| 2007.4.27收盘(元) | 18.82 |
| 2007年最高(元) | 18.82 |
| 2007年最低(元) | 10.36 |
| 2007年换手率(%) | 338.99 |

未来一年限售流通股解禁情况:

| 最新股本 | 总股本 | 非(限售)流通 | 流通A | 流通B/H/S | 股东户数 | 06年末 | 06三季 |
|---|---|---|---|---|---|---|---|
| | 14684.19 | 9696.41 | 4987.77 | | | 16839 | 17365 |

年报点评:公司是武汉市销售成品油的专业企业。目前运营1座大型油库、88座加油站、43台专业运输油罐车。成品油年经营总量在60吨以上,其中零售量在30万吨以上,直销批发量在20万吨以上。随着我国成品油零售市场的开放,公司面临极大机遇。

## 领先科技（000669）

上市日期:96/12/10　　电话:0432－4569477　　传真:0432－4569465

**主营**：医药、医疗器械、电管保护膜的生产经营、保健品经营、高科技技术成果转化及相关软件咨询服务等。

| | 年　度 | 2006 | 2005 | 2004 |
|---|---|---|---|---|
| 主要指标 | 每股收益/扣除后(元) | 0.14/0.14 | 0.04/0.02 | 0.02/0.02 |
| | 每股经营现金流量(元) | 0.246 | －0.024 | 0.17 |
| | 每股净资产/调整后(元) | 1.7/1.69 | 1.5/1.43 | 1.41/1.41 |
| | 未分利润(万元) | 1673.29 | 894.77 | 685.09 |
| | 资本公积(万元) | 1424.14 | 1068.16 | 787.57 |
| 利润构成 | 主营收入(万元) | 6865.19 | 6144.33 | 6444.23 |
| | 主营利润(万元) | 2817.97 | 1556.63 | 1964.23 |
| | 投资收益(万元) | －46.97 | －46.97 | －46.97 |
| | 利润总额(万元) | 1096.61 | 362.58 | 324.04 |
| | 净利润(万元) | 880.39 | 228.01 | 134.28 |
| 近年分配: | | | | |

**主要股东及持股比例%、持股性质**

- 吉林中讯新技术有限公司 21.03%（非流通股）
- 天津市泰森科技实业有限公司 16.44%（非流通股）
- 安信信托－安桥－领先科技股权信托 9.56%（流通A股）
- 深圳市吉粤投资有限公司 6.61%（非流通股）
- 万宝集团冷机制作工业公司 1.95%（非流通股）
- 上海申攀商贸有限公司 0.82%（非流通股）
- 海南和旺实业投资有限公司 0.78%（非流通股）
- 上海■乾商务咨询有限公司 0.78%（非流通股）
- 陈定贵 0.65%（流通A股）
- 姚敏 0.64%（流通A股）

**实际控制人：** 天津领先集团有限公司

二〇〇六年以来市场表现

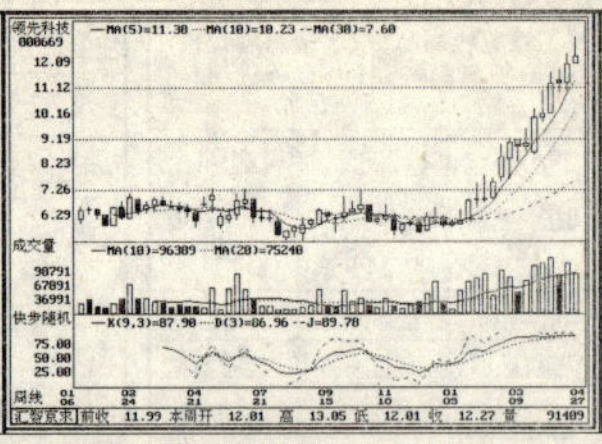

| | |
|---|---|
| 2006年涨跌幅(%) | 9.97 |
| 2006年最高(元) | 8.16 |
| 2007年涨跌幅(%) | 108.32 |
| 2007.4.27收盘(元) | 12.27 |
| 2007年最高(元) | 13.05 |
| 2007年最低(元) | 5.83 |
| 2007年换手率(%) | 417.12 |

**未来一年限售流通股解禁情况:** 11726879股06月16日解禁

| 最新股本 | 总股本 | 非(限售)流通 | 流通A | 流通B/H/S | 股东户数 | 06年末 | 06三季 |
|---|---|---|---|---|---|---|---|
| | 6167 | 2993.32 | 3173.68 | | | 12374 | 12870 |

**年报点评**：公司目前实际控制人为天津领先集团,集团已经将天大领先制药和天津领先药业连锁等两家公司51%股权无偿赠与公司,使领先科技的主业成功变更为保健品、药品经销和药品制造,盈利能力也将得到大幅度提高,目前公司已经走上了以医药生产、医药销售及生物制药为主的发展快车道,发展前景看好。

## S＊ST天发（000670）

上市日期:96/12/17　　电话:0716－8560320　　传真:0716－8566160

**主营**：石油液化气及油品的储运、销售

| | 年　度 | 2006 | 2005 | 2004 |
|---|---|---|---|---|
| 主要指标 | 每股收益/扣除后(元) | －0.468 | －1.2 | －0.5/－0.497 |
| | 每股经营现金流量(元) | 0.0052 | 0.0269 | －0.48 |
| | 每股净资产/调整后(元) | 0.7/0.63 | 1.27/1.26 | 2.67/2.66 |
| | 未分利润(万元) | －65282.98 | －52532.47 | －21785.26 |
| | 资本公积(万元) | 58818.88 | 58818.88 | 58818.88 |
| 利润构成 | 主营收入(万元) | 68198.59 | 90071.43 | 57999.37 |
| | 主营利润(万元) | 2464.36 | 3946.12 | 4124.11 |
| | 投资收益(万元) | | －10000 | |
| | 利润总额(万元) | －15404.02 | －37201.32 | －13756.31 |
| | 净利润(万元) | －12750.51 | －32745.43 | －13648.43 |
| 近年分配: | | | | |

**主要股东及持股比例%、持股性质**

- 湖北天发实业集团有限公司 25.99%（非流通股）
- 荆州市第一木材总公司 9.4%（非流通股）
- 荆州市国有资产管理局 7.42%（国有股）
- 孙伟 1.11%（流通A股）
- 殷琼林 0.78%（流通A股）
- 陈玉平 0.4%（流通A股）
- 南京小河物流仓储有限公司 0.37%（非流通股）
- 武汉六维兆业投资管理有限公司 0.37%（流通A股）
- 苏丽华 0.33%（流通A股）
- 卢尚 0.32%（流通A股）

**实际控制人：** 荆州市国有资产管理局

二〇〇六年以来市场表现

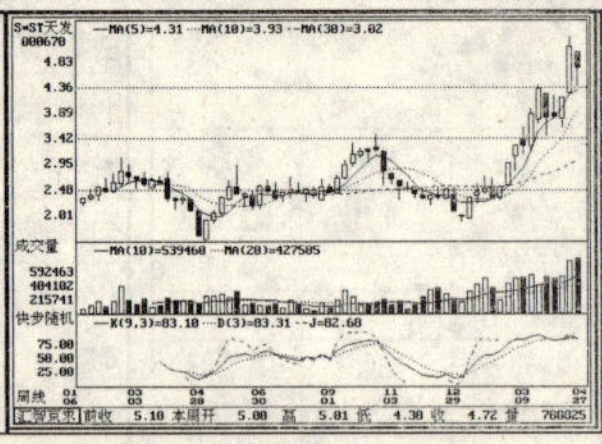

| | |
|---|---|
| 2006年涨跌幅(%) | －5.88 |
| 2006年最高(元) | 3.49 |
| 2007年涨跌幅(%) | 126.92 |
| 2007.4.27收盘(元) | 4.72 |
| 2007年最高(元) | 5.3 |
| 2007年最低(元) | 1.88 |
| 2007年换手率(%) | 475.12 |

**未来一年限售流通股解禁情况:**

| 最新股本 | 总股本 | 非(限售)流通 | 流通A | 流通B/H/S | 股东户数 | 06年末 | 06三季 |
|---|---|---|---|---|---|---|---|
| | 27220.91 | 11754.03 | 15466.88 | | | 37322 | 39205 |

**年报点评**：公司是国内唯一一家独立于中石油和中石化系统外的油品经营公司,主要从事汽油、柴油、煤油的批发兼零售业务。公司在长江沿线的湖北、湖南、江西等拥有129座现代化连锁加油站;3座万吨级油气库及两条法国全自动液化石油气充装线和10多座液化石油气三级库。

## 阳光发展（000671）

上市日期:96/12/18　　电话:0591－3313741　　传真:0591－3377141

**主营**：基础设施开发;电子产品及轻工企业产品制造;旅游服务;房地产开发;综合技术服务;纺织品制造;百货、金属材料、针纺织品、副食品,其他食品的批发、零售。

| | 年　度 | 2006 | 2005 | 2004 |
|---|---|---|---|---|
| 主要指标 | 每股收益/扣除后(元) | 0.146/0.122 | 0.106 | 0.15/0.16 |
| | 每股经营现金流量(元) | －3.24 | 0.92 | －0.97 |
| | 每股净资产/调整后(元) | 2.51/2.44 | 2.37/2.35 | 1.98/1.79 |
| | 未分利润(万元) | 6606.61 | 5450.99 | 4714.89 |
| | 资本公积(万元) | 5537.64 | 5537.64 | 2872.57 |
| 利润构成 | 主营收入(万元) | 35085.02 | 22041.24 | 36493.53 |
| | 主营利润(万元) | 4105.14 | 4690.17 | 5630.96 |
| | 投资收益(万元) | －23.38 | 57.69 | －89.32 |
| | 利润总额(万元) | 2282.11 | 2040.81 | 3944.27 |
| | 净利润(万元) | 1386.84 | 1011.3 | 1472.56 |
| 近年分配: | 06预案:10派0.26 | | | |

**主要股东及持股比例%、持股性质**

- 福建阳光集团有限公司 31.6%（非流通股）
- 福建和盛集团有限公司 20.25%（非流通股）
- 福建亿力电力科技股份有限公司 5.03%（非流通股）
- 福建省新湖集团科技信息中心 3.99%（非流通股）
- 福州开发区恒成贸易有限公司 3.1%（非流通股）
- 泉州市元鸿投资管理有限公司 1.2%（非流通股）
- 福建石狮市新湖丰泰工贸有限公司 0.7%（非流通股）
- 全东渝 0.66%（流通A股）
- 黄微笑 0.56%（流通A股）
- 苏静波 0.48%（流通A股）

**实际控制人：** 吴洁

二〇〇六年以来市场表现

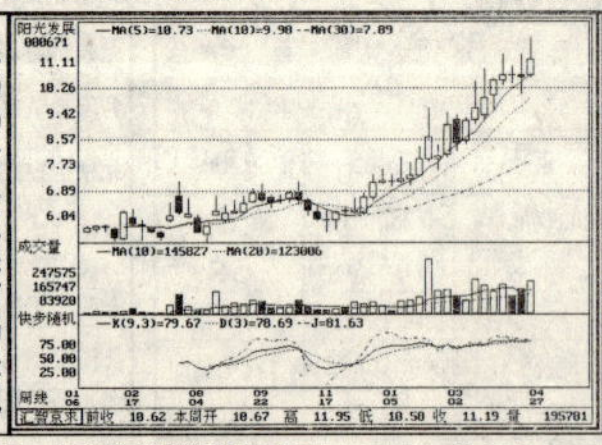

| | |
|---|---|
| 2006年涨跌幅(%) | 43.48 |
| 2006年最高(元) | 8.34 |
| 2007年涨跌幅(%) | 55.42 |
| 2007.4.27收盘(元) | 11.19 |
| 2007年最高(元) | 11.95 |
| 2007年最低(元) | 7.03 |
| 2007年换手率(%) | 688.14 |

**未来一年限售流通股解禁情况:** 18547559股07月17日解禁

| 最新股本 | 总股本 | 非(限售)流通 | 流通A | 流通B/H/S | 股东户数 | 06年末 | 06三季 |
|---|---|---|---|---|---|---|---|
| | 9517.31 | 6315.76 | 3201.55 | | | 10658 | 12895 |

**年报点评**：公司是福建房地产行业的龙头企业,阳光品牌在福建地产界和当地消费者具有一定知名度,2006年其净利润同比上升37.13%。公司在福建的土地储备丰富,同时大力挺进上海房地产市场,投资8800万元收购上海天骄房地产54%的股权,升值空间显著。

## S＊ST铜城（000672）

上市日期:96/12/18　　电话:13321221682　　传真:0943－8227879

**主营**：粮油加工、商业批发零售、酒店服务、软件开发与销售等。

| | 年　度 | 2006 | 2005 | 2004 |
|---|---|---|---|---|
| 主要指标 | 每股收益/扣除后(元) | －0.337/－0.313 | －0.71 | －0.62/－0.46 |
| | 每股经营现金流量(元) | －0.0032 | －0.054 | 0.0043 |
| | 每股净资产/调整后(元) | －0.12/－0.12 | 0.18/0.14 | 0.73/0.64 |
| | 未分利润(万元) | －30809.81 | －25717.25 | －14866.98 |
| | 资本公积(万元) | 12576.96 | 12513.89 | 10801.39 |
| 利润构成 | 主营收入(万元) | 740.67 | 1539.73 | 2825.91 |
| | 主营利润(万元) | －180.92 | －147.84 | 531.9 |
| | 投资收益(万元) | －597 | －5477.05 | －3115.55 |
| | 利润总额(万元) | －5129.43 | －11761.61 | －11869.92 |
| | 净利润(万元) | －5126.34 | －10850.28 | －9451.06 |
| 近年分配: | | | | |

**主要股东及持股比例%、持股性质**

- 北京市海淀区国有资产投资经营公司 25.96%（国有股）
- 甘肃金合投资有限公司 23.3%（非流通股）
- 深圳市瑞英投资发展有限公司 3.15%（非流通股）
- 深圳市富士宝贸易有限公司 1.56%（流通A股）
- 深圳市富宝联盛贸易有限公司 1.05%（流通A股）
- 顾鹤富 0.99%（流通A股）
- 成都创业投资管理有限公司 0.6%（流通A股）
- 卢学庆 0.59%（流通A股）
- 杨伟娟 0.58%（流通A股）
- 王琳 0.57%（流通A股）

**实际控制人：** 北京市海淀区国有资产投资经营公司

二〇〇六年以来市场表现

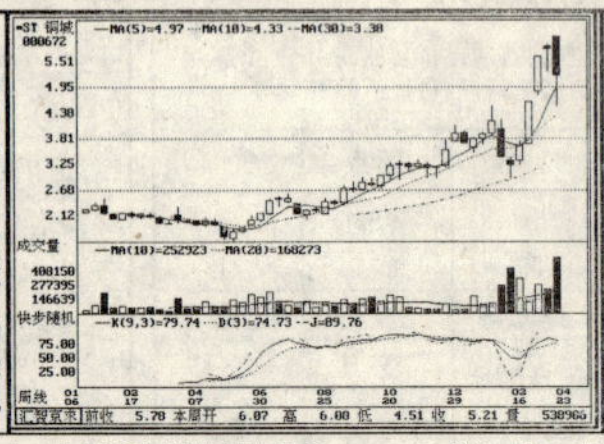

| | |
|---|---|
| 2006年涨跌幅(%) | 79.82 |
| 2006年最高(元) | 4.08 |
| 2007年涨跌幅(%) | 152.53 |
| 2007.4.27收盘(元) | 5.21 |
| 2007年最高(元) | 11.55 |
| 2007年最低(元) | 2.92 |
| 2007年换手率(%) | 328.15 |

**未来一年限售流通股解禁情况:** 28091483股04月19日解禁

| 最新股本 | 总股本 | 非(限售)流通 | 流通A | 流通B/H/S | 股东户数 | 06年末 | 06三季 |
|---|---|---|---|---|---|---|---|
| | 15197 | 8141.25 | 7055.75 | | | 8193 | 10878 |

**年报点评**：2006年公司股改方案被否。参股子公司西部金融租赁有限公司由于存在严重违法行为,被责令停业整顿一年。4月24日公布的年报显示,公司2006年度继续亏损。公司已连续亏损三年,目前已停牌,公司面临被暂停上市的风险。

## *ST 大水（000673）

上市日期:97/01/24　　电话:0352－5332400　　传真:0352－5332623

| | | | | |
|---|---|---|---|---|
| 主营 | 熟料及硅酸盐水泥的制造和销售 | | | |
| | 年　度 | 2006 | 2005 | 2004 |
| 主要指标 | 每股收益/扣除后(元) | －0.251/－0.26 | －0.792/－0.79 | 0.006/0.01 |
| | 每股经营现金流量(元) | 0.036 | 0.045 | －0.09 |
| | 每股净资产/调整后(元) | 0.69/0.43 | 0.94/0.8 | 1.75/1.57 |
| | 未分利润(万元) | －11605.82 | －7257.29 | 6860.19 |
| | 资本公积(万元) | 3733.26 | 3733.26 | 3733.26 |
| 利润构成 | 主营收入(万元) | 14326.26 | 15429.43 | 16931.59 |
| | 主营利润(万元) | －0.02 | 2627.52 | 4737.42 |
| | 投资收益(万元) | | | |
| | 利润总额(万元) | －4348.53 | －13734.2 | 859.66 |
| | 净利润(万元) | －4348.53 | －13734.2 | 97.27 |
| 近年分配: | | | | |

| 主要股东及持股比例%、持股性质 |
|---|
| 大同水泥集团有限公司 70.59%（国有股） |
| 北京嘉利能源投资公司 1.082%（流通A股） |
| 江隽 0.257%（流通A股） |
| 齐国民 0.185%（流通A股） |
| 宋兰祥 0.178%（流通A股） |
| 苗进 0.178%（流通A股） |
| 林俊烨 0.172%（流通A股） |
| 徐宁 0.115%（流通A股） |
| 蒋清秀 0.107%（流通A股） |
| 袁承主 0.107%（流通A股） |
| 实际控制人：大同市国有资产监督管理委员会 |

二〇〇六年以来市场表现

| | |
|---|---|
| 2006年涨跌幅(%) | 12.54 |
| 2006年最高(元) | 4.64 |
| 2007年涨跌幅(%) | 171.89 |
| 2007.4.27收盘(元) | 5.81 |
| 2007年最高(元) | 10.9 |
| 2007年最低(元) | 3.4 |
| 2007年换手率(%) | 540.66 |

未来一年限售流通股解禁情况:10054700股02月15日解禁

| 最新股本 | 总股本 | 非(限售)流通 | 流通A | 流通B/H/S | 股东户数 | 06年末 | 06三季 |
|---|---|---|---|---|---|---|---|
| | 17340 | 12241.17 | 5098.83 | | | 23463 | 25647 |

**年报点评**　由于已连续两年亏损，加上部分生产线开始停产，公司短期内难以扭亏为盈。目前国内水泥企业兼并重组步伐不断加快，外资并购和国内企业间的兼并重组愈演愈烈，像公司这样业绩较差的水泥股，未来很可能成为各家水泥巨头争夺目标，后市面临较大并购预期。

## 思达高科（000676）

上市日期:96/12/24　　电话:0371－5793081　　传真:0371－5793089

| | | | | |
|---|---|---|---|---|
| 主营 | 生产和销售电力系统二次配套设备、电力通讯产品制造与销售；软件开发与销售。 | | | |
| | 年　度 | 2006 | 2005 | 2004 |
| 主要指标 | 每股收益/扣除后(元) | 0.096/0.09 | 0.1 | 0.1/0.1 |
| | 每股经营现金流量(元) | 0.22 | 0.23 | 0.17 |
| | 每股净资产/调整后(元) | 1.42/1.34 | 1.39/1.31 | 1.35/1.31 |
| | 未分利润(万元) | 6600.71 | 5757.4 | 5086.11 |
| | 资本公积(万元) | 1410.69 | 1478.01 | 1470 |
| 利润构成 | 主营收入(万元) | 80173.71 | 81746.85 | 68919.83 |
| | 主营利润(万元) | 17094.75 | 16249.14 | 16125.37 |
| | 投资收益(万元) | －33.66 | －80.19 | －64.49 |
| | 利润总额(万元) | 4325.57 | 4385.37 | 4892.16 |
| | 净利润(万元) | 3034.25 | 3120.49 | 3110.01 |
| 近年分配: | 06预案:10派0.6；05年:10派0.6；04年:10派0.6 | | | |

| 主要股东及持股比例%、持股性质 |
|---|
| 河南思达科技发展股份有限公司 50.06%（非流通股） |
| 深圳市恒瑞丰投资有限公司 3.29%（非流通股） |
| 上海柏轮实业发展有限公司 3.25%（非流通股） |
| 河南五星电气自动化设备有限公司 1.42%（非流通股） |
| 海南烨新贸易有限公司 0.58%（非流通股） |
| 河南隆达通讯有限公司 0.18%（非流通股） |
| 孙孟林 0.18%（流通A股） |
| 张爱英 0.17%（流通A股） |
| 厦门市九发进出口有限公司 0.16%（流通A股） |
| 黄舜芳 0.16%（流通A股） |
| 实际控制人：汪远思 |

二〇〇六年以来市场表现

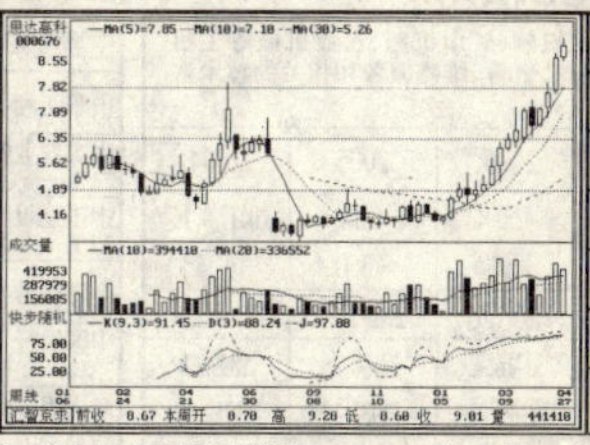

| | |
|---|---|
| 2006年涨跌幅(%) | 6.48 |
| 2006年最高(元) | 7.95 |
| 2007年涨跌幅(%) | 124.13 |
| 2007.4.27收盘(元) | 9.01 |
| 2007年最高(元) | 9.28 |
| 2007年最低(元) | 3.92 |
| 2007年换手率(%) | 454.29 |

未来一年限售流通股解禁情况:43803551股07月31日解禁

| 最新股本 | 总股本 | 非(限售)流通 | 流通A | 流通B/H/S | 股东户数 | 06年末 | 06三季 |
|---|---|---|---|---|---|---|---|
| | 31458.67 | 18555.67 | 12903 | | | 18611 | 15426 |

**年报点评**　公司主要产品是电力二次设备产品，国家将在"十一五"期间对全国电网进行建设和改造，拥有良好机遇。其控股90%的深圳银思奇电子仪器有限公司，是生产锂离子充电电池和"电芯"的高科技企业，其锂离子电池产品销售额连续3年快速增长，发展前景良好。

## 山东海龙（000677）

上市日期:96/12/26　　电话:0536－7275007　　传真:0536－7252140

| | | | | |
|---|---|---|---|---|
| 主营 | 棉浆粕、粘胶纤维的生产与销售。 | | | |
| | 年　度 | 2006 | 2005 | 2004 |
| 主要指标 | 每股收益/扣除后(元) | 0.172/0.171 | 0.196 | 0.27/0.26 |
| | 每股经营现金流量(元) | 0.118 | 0.616 | 0.8 |
| | 每股净资产/调整后(元) | 2.08/2.04 | 1.9/1.88 | 1.68/1.68 |
| | 未分利润(万元) | 25847.36 | 19497.88 | 14268.71 |
| | 资本公积(万元) | 9036.84 | 8643.14 | 6306.82 |
| 利润构成 | 主营收入(万元) | 247513.83 | 210966.14 | 188931.83 |
| | 主营利润(万元) | 38150.5 | 36008.17 | 33679.87 |
| | 投资收益(万元) | 58.18 | －17.11 | －17.27 |
| | 利润总额(万元) | 9531.79 | 10946.75 | 12793.96 |
| | 净利润(万元) | 7054.98 | 8079.02 | 10901.2 |
| 近年分配: | 06预案:10派0.3；04中期:10派0.5送2转增8年终:10派0.3 | | | |

| 主要股东及持股比例%、持股性质 |
|---|
| 潍坊市投资公司 17.06%（国有股） |
| 潍坊康源投资有限公司 17.03%（非流通股） |
| 上海东银投资有限公司 13.21%（非流通股） |
| 潍坊广澜投资有限公司 7.28%（非流通股） |
| 中国平安人寿保险股份有限公司－传统－普通保险产品 1.11%（流通A股） |
| 中国银河证券有限责任公司 0.74%（流通A股） |
| 金海凤 0.39%（流通A股） |
| 蒋威 0.21%（流通A股） |
| 李兴国 0.18%（流通A股） |
| 戴文伟 0.17%（流通A股） |
| 实际控制人：潍坊市人民政府 |

二〇〇六年以来市场表现

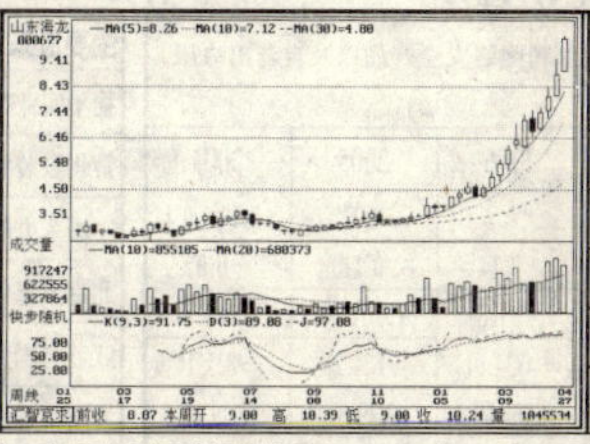

| | |
|---|---|
| 2006年涨跌幅(%) | 39.72 |
| 2006年最高(元) | 5.48 |
| 2007年涨跌幅(%) | 169.47 |
| 2007.4.27收盘(元) | 10.24 |
| 2007年最高(元) | 10.39 |
| 2007年最低(元) | 3.63 |
| 2007年换手率(%) | 545.29 |

未来一年限售流通股解禁情况:41134898股01月23日解禁

| 最新股本 | 总股本 | 非(限售)流通 | 流通A | 流通B/H/S | 股东户数 | 06年末 | 06三季 |
|---|---|---|---|---|---|---|---|
| | 41134.9 | 22453.83 | 18681.06 | | | 25984 | 29650 |

**年报点评**　公司粘胶短纤产能居全国第一位。公司重点投资的海阳港一期工程将建成两个五千吨级泊位和两个万吨级泊位的码头，已于去年底建成投运，二期工程将建设三万吨级以上泊位。公司还利用当地地下卤水资源丰富的优势，建设4000吨镁盐项目。

## 襄阳轴承（000678）

上市日期:97/01/06　　电话:0710－3577209　　传真:0710－3577678

| | | | | |
|---|---|---|---|---|
| 主营 | 轴承及其零部件的生产、科研、销售及相关业务。 | | | |
| | 年　度 | 2006 | 2005 | 2004 |
| 主要指标 | 每股收益/扣除后(元) | 0.072/0.01 | 0.042/0.02 | 0.08/0.04 |
| | 每股经营现金流量(元) | 0.1158 | 0.5218 | 0.27 |
| | 每股净资产/调整后(元) | 1.26/1.24 | 2.55/2.1 | 2.5/2.16 |
| | 未分利润(万元) | －15793.54 | －17957.56 | －18543.07 |
| | 资本公积(万元) | 16309 | 32532.28 | 32422.04 |
| 利润构成 | 主营收入(万元) | 27419.27 | 24222.64 | 22522.53 |
| | 主营利润(万元) | 6705.53 | 6421.75 | 5057.47 |
| | 投资收益(万元) | 62.38 | 39.91 | 38.36 |
| | 利润总额(万元) | 2164.02 | 585.52 | 1089.02 |
| | 净利润(万元) | 2164.02 | 585.52 | 1089.02 |
| 近年分配: | 05年:10转增8 | | | |

| 主要股东及持股比例%、持股性质 |
|---|
| 襄阳汽车轴承集团公司 28.05%（国有股） |
| 深圳市泉来实业有限公司 2.79%（非流通股） |
| 人本集团公司 1.67%（非流通股） |
| 申银万国证券股份有限公司 0.8%（非流通股） |
| 深圳市海鑫田实业有限公司 0.58%（非流通股） |
| 襄阳汽车轴承实业总公司 0.5%（非流通股） |
| 南方证券有限公司 0.36%（非流通股） |
| 于西蓓 0.32%（流通A股） |
| 上海启元科技投资有限公司 0.29%（非流通股） |
| 王国辉 0.26%（流通A股） |
| 实际控制人：襄樊市人民政府国有资产监督管理委员会 |

二〇〇六年以来市场表现

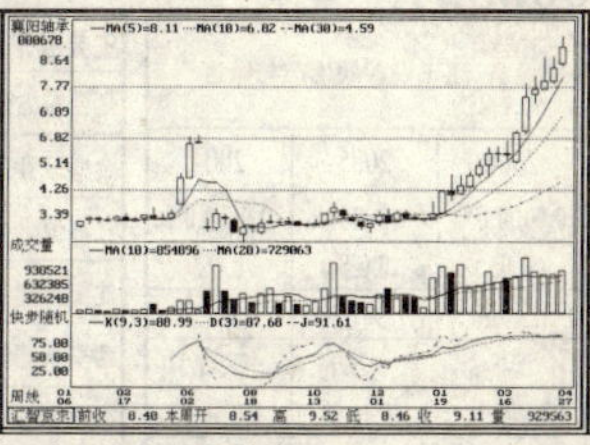

| | |
|---|---|
| 2006年涨跌幅(%) | 162.32 |
| 2006年最高(元) | 9.21 |
| 2007年涨跌幅(%) | 182.04 |
| 2007.4.27收盘(元) | 9.11 |
| 2007年最高(元) | 9.52 |
| 2007年最低(元) | 3.14 |
| 2007年换手率(%) | 681.23 |

未来一年限售流通股解禁情况:26325235.8股07月13日解禁

| 最新股本 | 总股本 | 非(限售)流通 | 流通A | 流通B/H/S | 股东户数 | 06年末 | 06三季 |
|---|---|---|---|---|---|---|---|
| | 30107.98 | 11079.86 | 19028.12 | | | 33678 | 31654 |

**年报点评**　公司主营汽车轴承，并以中、重载货车为主要配套领域。06年通过管理效率的提升，在收入增长一般的情况下，实现了净利润的高速增长。随着国内汽车行业的稳定、持续增长，公司如果能持续增加管理绩效，并通过产品结构调整，也可以实现企业的持续发展。

## 大连友谊（000679）

上市日期:97/01/24　　电话:0411－2691471　　传真:0411－2650892

| 主营 | 商品零售、酒店、对船供应、旅游、进出口贸易、仓储、免税商品等。 | | | |
|---|---|---|---|---|
| | 年　度 | 2006 | 2005 | 2004 |
| 主要指标 | 每股收益/扣除后(元) | 0.122/0.165 | 0.124/0.13 | 0.12/0.122 |
| | 每股经营现金流量(元) | －2.16 | －0.453 | 1.69 |
| | 每股净资产/调整后(元) | 2.52/2.43 | 2.59/2.51 | 2.58/2.48 |
| | 未分利润(万元) | 5886.04 | 6216.52 | 6190.46 |
| | 资本公积(万元) | 19036.63 | 19291.13 | 19291.13 |
| 利润构成 | 主营收入(万元) | 159931.37 | 180259.18 | 142716.66 |
| | 主营利润(万元) | 42557.21 | 48132.58 | 38564.39 |
| | 投资收益(万元) | －74.65 | －91.89 | －125.85 |
| | 利润总额(万元) | 6468.23 | 10847.5 | 7609.26 |
| | 净利润(万元) | 2891.89 | 2940.2 | 2803.85 |
| 近年分配: | 06 预案:10 派 1；05 年:10 派 1.2；04 年:10 派 1 | | | |

| 主要股东及持股比例%、持股性质 |
|---|
| 大连友谊集团有限公司 42.27%（国有股） |
| 崔淳 0.43%（流通 A 股） |
| 王彦芹 0.32%（流通 A 股） |
| 刘琨 0.3%（流通 A 股） |
| 刘骏 0.25%（流通 A 股） |
| 中谷期货经纪有限公司 0.21%（流通 A 股） |
| 中谷粮油集团公司 0.21%（流通 A 股） |
| 杨太红 0.18%（流通 A 股） |
| 张玉金 0.14%（流通 A 股） |
| 沈光明 0.13%（流通 A 股） |
| 实际控制人：大连一方地产有限公司 |

二〇〇六年以来市场表现

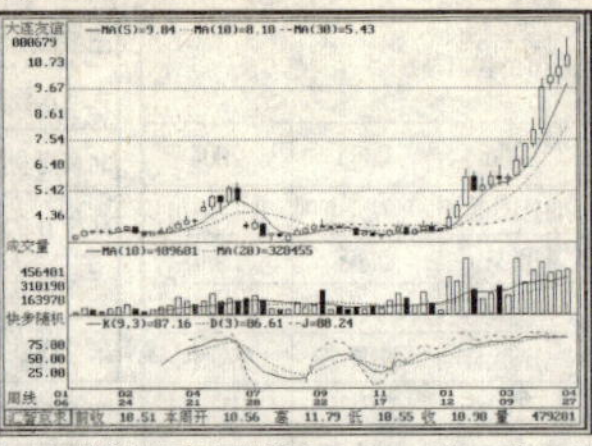

| | |
|---|---|
| 2006 年涨跌幅(%) | 48.74 |
| 2006 年最高(元) | 5.75 |
| 2007 年涨跌幅(%) | 194.37 |
| 2007.4.27 收盘(元) | 10.98 |
| 2007 年最高(元) | 11.79 |
| 2007 年最低(元) | 3.67 |
| 2007 年换手率(%) | 432.24 |

未来一年限售流通股解禁情况:11880000 股 07 月 18 日解禁

| 最新股本 | 总股本 | 非(限售)流通 | 流通 A | 流通 B/H/S | 股东户数 | 06 年末 | 06 三季 |
|---|---|---|---|---|---|---|---|
| | 23760 | 10063.2 | 13696.8 | | | 35742 | 38451 |

年报点评：友谊商城开发区店经过改造和筹备于 06 年 4 月 29 日成功开业;友谊商城本店 B 区和 C 区改造工程完工并开业,新增经营面积 2000 多平方米,扩建区域新引进国际和国内知名品牌 53 个,提升了竞争力。以富丽华大酒店为龙头的酒店业稳步发展,房地产开发取得较大进展。

## 山推股份（000680）

上市日期:97/01/22　　电话:0537－2909616　　传真:0537－2340411

| 主营 | 推土机等工程机械、建筑机械、矿山机械、农业机械等主机及配件的研究、开发、制造、销售、维修服务和相关的技术咨询服务。 | | | |
|---|---|---|---|---|
| | 年　度 | 2006 | 2005 | 2004 |
| 主要指标 | 每股收益/扣除后(元) | 0.42/0.43 | 0.18 | 0.17/0.16 |
| | 每股经营现金流量(元) | 0.37 | －0.11 | 0.15 |
| | 每股净资产/调整后(元) | 2.65/2.63 | 2.62/2.59 | 2.44/2.4 |
| | 未分利润(万元) | 36716.4 | 27100.26 | 18996.1 |
| | 资本公积(万元) | 48165.93 | 51933.15 | 51919.99 |
| 利润构成 | 主营收入(万元) | 306260.43 | 191067.61 | 169350.66 |
| | 主营利润(万元) | 55490.11 | 32319.61 | 29600.4 |
| | 投资收益(万元) | 12452.31 | 4773.52 | 5440.35 |
| | 利润总额(万元) | 32592.66 | 11883.78 | 11859.93 |
| | 净利润(万元) | 24199.37 | 9586.89 | 9278.64 |
| 近年分配: | 06 预案:10 派 0.5 送 2；05 年:10 派 0.93465；04 中期:10 派 2.2 送 2 转增 4 | | | |

| 主要股东及持股比例%、持股性质 |
|---|
| 山东工程机械集团有限公司 21.03%（国有股） |
| 中国农业银行－大成精选增值混合型证券投资基金 4.74%（流通 A 股） |
| 中国建设银行－华夏优势增长股票型证券投资基金 2.35%（流通 A 股） |
| 裕隆证券投资基金 1.85%（流通 A 股） |
| 中国银行－华宝兴业先进成长股票型证券投资基金 1.73%（流通 A 股） |
| 高盛国际资产管理公司－高盛国际中国基金 1.72%（流通 A 股） |
| 国际金融－汇丰－JPMORGAN CHASE BANK NATIONAL ASSOCIATION 1.55%（流通 A 股） |
| 景博证券投资基金 1.39%（流通 A 股） |
| 中国工商银行－中银国际收益混合型证券投资基金 1.33%（流通 A 股） |
| 天华证券投资基金 1.21%（流通 A 股） |
| 实际控制人：山东工程机械集团有限公司 |

二〇〇六年以来市场表现

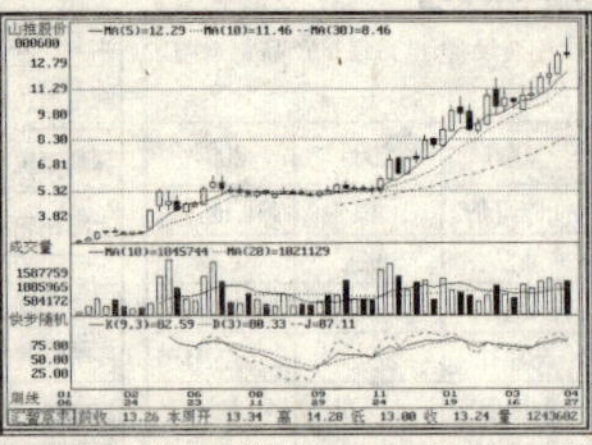

| | |
|---|---|
| 2006 年涨跌幅(%) | 334.01 |
| 2006 年最高(元) | 10.57 |
| 2007 年涨跌幅(%) | 61.86 |
| 2007.4.27 收盘(元) | 13.24 |
| 2007 年最高(元) | 14.28 |
| 2007 年最低(元) | 7.74 |
| 2007 年换手率(%) | 342.7 |

未来一年限售流通股解禁情况:3170510 股 05 月 29 日解禁

| 最新股本 | 总股本 | 非(限售)流通 | 流通 A | 流通 B/H/S | 股东户数 | 06 年末 | 06 三季 |
|---|---|---|---|---|---|---|---|
| | 57710.02 | 12463.15 | 45246.86 | | | 70171 | 90795 |

年报点评：公司是国内推土机市场龙头,占据国内相关市场 40% 的份额。06 年在基础建设与固定投资带动下,企业扭转了 05 年业绩大滑坡,通过国内与国际两个市场,实现了收入与利润高速增长。随着国家"十一五"规划的逐步实施以及出口需求,公司将实现稳定的发展。

## ST 远东（000681）

上市日期:97/01/21　　电话:0519－5131666　　传真:0519－5132666

| 主营 | 生产、销售计算机软、硬件和网络安全产品以及自营出口服装、纺织品等产品。 | | | |
|---|---|---|---|---|
| | 年　度 | 2006 | 2005 | 2004 |
| 主要指标 | 每股收益/扣除后(元) | －0.2 | 0.02 | －0.14/－0.14 |
| | 每股经营现金流量(元) | －0.14 | 0.11 | －0.07 |
| | 每股净资产/调整后(元) | 1.41/1.34 | 1.61/1.59 | 1.59/1.57 |
| | 未分利润(万元) | －4734.91 | －824.26 | －825.14 |
| | 资本公积(万元) | 9419.89 | 9419.89 | 9419.89 |
| 利润构成 | 主营收入(万元) | 5323.76 | 19249.52 | 23258.74 |
| | 主营利润(万元) | －184.7 | 5061.41 | 1485.6 |
| | 投资收益(万元) | 390.92 | －382.24 | －52.73 |
| | 利润总额(万元) | －4086.83 | 757.23 | －2882.18 |
| | 净利润(万元) | －3893.4 | 466.73 | －2826.29 |
| 近年分配: | | | | |

| 主要股东及持股比例%、持股性质 |
|---|
| 物华实业有限公司 22.93%（外资股） |
| 常州服装集团有限公司 12.21%（非流通股） |
| 中国东方资产管理公司 12.07%（国有股） |
| 北京天恩保利投资有限责任公司 6.49%（非流通股） |
| 江苏省国际信托投资有限责任公司 4.02%（国有股） |
| 常州市远金服装有限公司 2.19%（非流通股） |
| 扬州印染厂 1.04%（非流通股） |
| 香港侨通发展有限公司 1.01%（外资股） |
| 柯建安 0.41%（流通 A 股） |
| 鲁爱迪 0.28%（流通 A 股） |
| 实际控制人：林晓滨 |

二〇〇六年以来市场表现

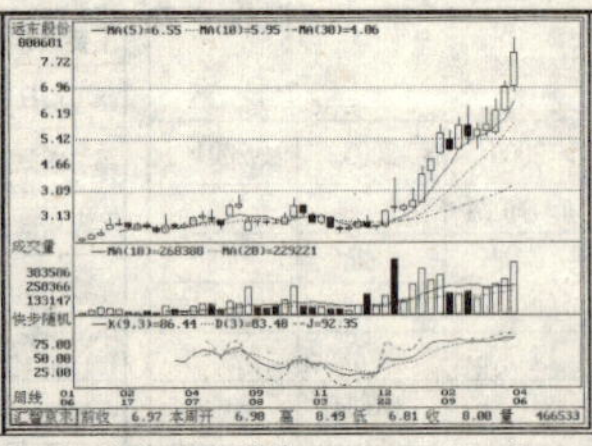

| | |
|---|---|
| 2006 年涨跌幅(%) | 83.31 |
| 2006 年最高(元) | 5.54 |
| 2007 年涨跌幅(%) | 137.39 |
| 2007.4.27 收盘(元) | 8 |
| 2007 年最高(元) | 8.49 |
| 2007 年最低(元) | 3.23 |
| 2007 年换手率(%) | 461.2 |

未来一年限售流通股解禁情况:56208717 股 08 月 28 日解禁

| 最新股本 | 总股本 | 非(限售)流通 | 流通 A | 流通 B/H/S | 股东户数 | 06 年末 | 06 三季 |
|---|---|---|---|---|---|---|---|
| | 19875 | 12318.75 | 7556.25 | | | 16385 | 17037 |

年报点评：公司是我国第一家动漫产业上市公司,影视娱乐动漫网游产业是真正的无烟工业,具有非常广阔的发展前景。公司将努力扩大网络安全及软件产品的市场占有份额,保持行业领先地位。公司利用新北厂区并入常州国家动漫基地远东园区的区位优势,进军网络游戏产业。

## 东方电子（000682）

上市日期:97/01/21　　电话:0535－6582228　　传真:0535－6582228

| 主营 | 电力调度设备、计算机外部设备、通讯设备的生产与销售 | | | |
|---|---|---|---|---|
| | 年　度 | 2006 | 2005 | 2004 |
| 主要指标 | 每股收益/扣除后(元) | 0.001/0.000 | 0.016 | 0.012/0.011 |
| | 每股经营现金流量(元) | 0.02 | 0.038 | 0.062 |
| | 每股净资产/调整后(元) | 1.3/1.28 | 1.39/1.36 | 1.35/1.32 |
| | 未分利润(万元) | －6048.2 | －6129.14 | －78541.52 |
| | 资本公积(万元) | 34876.99 | 41546.78 | 110216.17 |
| 利润构成 | 主营收入(万元) | 73705.41 | 66253.22 | 51233.79 |
| | 主营利润(万元) | 20205.13 | 19086.17 | 18719.42 |
| | 投资收益(万元) | －54.19 | －203.64 | －133.29 |
| | 利润总额(万元) | 811.02 | 1891.78 | 1785.61 |
| | 净利润(万元) | 111.5 | 1474.71 | 1140.2 |
| 近年分配: | | | | |

| 主要股东及持股比例%、持股性质 |
|---|
| 烟台东方电子信息产业集团有限公司 24.29%（国有股） |
| 金盛证券投资基金 0.62%（流通 A 股） |
| 江苏恒生投资管理有限公司 0.23%（流通 A 股） |
| 沈阳荣建实业有限公司 0.21%（流通 A 股） |
| 西安众德电力发展有限责任公司 0.2%（流通 A 股） |
| 李志伟 0.18%（流通 A 股） |
| 瑞恒医药科技投资有限责任公司 0.17%（流通 A 股） |
| 周春艳 0.17%（流通 A 股） |
| 南京华辰房地产开发有限公司 0.17%（流通 A 股） |
| 南京医药集团有限责任公司 0.15%（流通 A 股） |
| 实际控制人：烟台东方电子信息产业集团有限公司 |

二〇〇六年以来市场表现

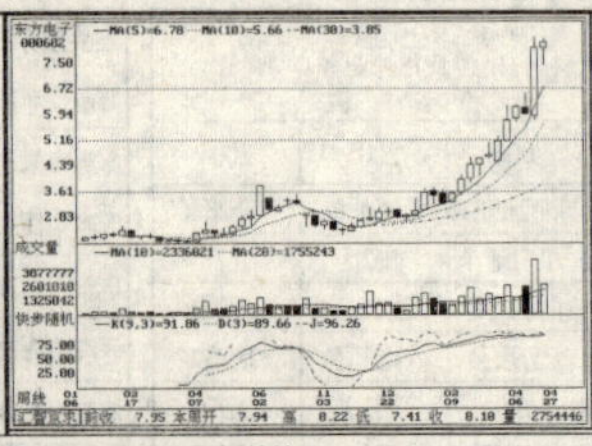

| | |
|---|---|
| 2006 年涨跌幅(%) | 62.68 |
| 2006 年最高(元) | 3.76 |
| 2007 年涨跌幅(%) | 188.26 |
| 2007.4.27 收盘(元) | 8.1 |
| 2007 年最高(元) | 8.28 |
| 2007 年最低(元) | 2.65 |
| 2007 年换手率(%) | 410.74 |

未来一年限售流通股解禁情况:48908160 股 10 月 16 日解禁

| 最新股本 | 总股本 | 非(限售)流通 | 流通 A | 流通 B/H/S | 股东户数 | 06 年末 | 06 三季 |
|---|---|---|---|---|---|---|---|
| | 97816.32 | 23790.78 | 74025.54 | | | 191845 | 193576 |

年报点评：公司是我国配电自动化龙头企业,其电力调度自动化系统、保护及变电站综合自动化系统等产品具有国际领先水平,国内垄断优势明显。面向国际市场开发的电流保护装置通过了欧盟 CE 认证,但公司历史问题较为严重,这将制约公司的长远发展。

# 天然碱（000683）

上市日期:97/01/31　　电话:0477－8539874　　传真:0477－8521747

| | | | | |
|---|---|---|---|---|
| 主营 | 纯碱、小苏打等天然碱系列化工产品的生产和经营。 | | | |
| | 年　度 | 2006 | 2005 | 2004 |
| 主要指标 | 每股收益/扣除后(元) | 0.359/0.09 | 0.088 | -0.47/-0.25 |
| | 每股经营现金流量(元) | 0.409 | 0.612 | 0.25 |
| | 每股净资产/调整后(元) | 1.01/0.96 | 0.65/0.57 | 0.56/0.51 |
| | 未分利润(万元) | -7045.38 | -22694.37 | -29021.32 |
| | 资本公积(万元) | 782.42 | 780.65 | 5744.78 |
| 利润构成 | 主营收入(万元) | 108885.7 | 119990.63 | 102406.63 |
| | 主营利润(万元) | 36204.14 | 42446.43 | 28872.34 |
| | 投资收益(万元) | 12056.64 | -25.07 | 1431.69 |
| | 利润总额(万元) | 17825.63 | 11625.74 | -18101.46 |
| | 净利润(万元) | 16851.86 | 4131.02 | -21983.12 |
| 近年分配: | | | | |

| 主要股东及持股比例%、持股性质 | |
|---|---|
| 内蒙古博源投资集团有限公司 22.04%（非流通股） | |
| 上海证大投资发展有限公司 21.26%（非流通股） | |
| 内蒙古蒙西联化工有限公司 9.85%（非流通股） | |
| 史玉燕 1.08%（流通A股） | |
| 山西信托投资有限责任公司－信远资金信托 0.79%（流通A股） | |
| 陈元华 0.35%（流通A股） | |
| 潘伟君 0.34%（流通A股） | |
| 天津中润科技投资有限公司 0.25%（流通A股） | |
| 姚敏 0.21%（流通A股） | |
| 张世海 0.2%（流通A股） | |
| 实际控制人: | 内蒙古博源投资集团有限公司 |

二〇〇六年以来市场表现

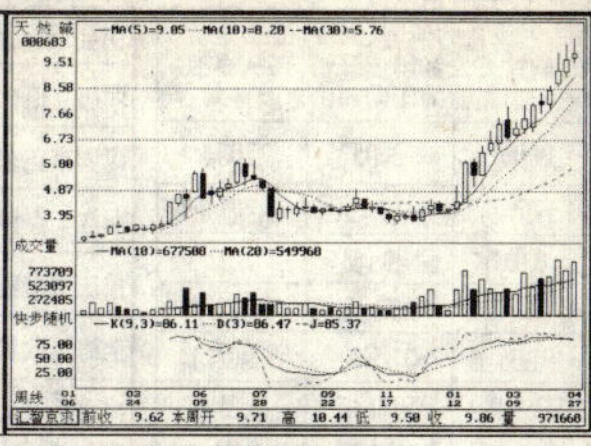

| | |
|---|---|
| 2006年涨跌幅(%) | 76.89 |
| 2006年最高(元) | 7.83 |
| 2007年涨跌幅(%) | 137.59 |
| 2007.4.27收盘(元) | 9.86 |
| 2007年最高(元) | 10.44 |
| 2007年最低(元) | 4 |
| 2007年换手率(%) | 444.75 |

未来一年限售流通股解禁情况:

| 最新股本 | 总股本 | 非(限售)流通 | 流通A | 流通B/H/S | 股东户数 | 06年末 | 06三季 |
|---|---|---|---|---|---|---|---|
| | 46900 | 24930 | 21970 | | | 76933 | 78871 |

年报点评：公司是我国天然碱龙头，拥有120万吨的综合年产能，天然重质纯碱、小苏打等在国内占有较大份额。持股60%的分公司拥有的碱矿资源占地8.1平方公里，碱储量4800多万吨，分别处于亚洲第一位和世界第四位。正在建设100万吨/吨天然气制甲醇生产基地。

# 公用科技（000685）

上市日期:97/01/23　　电话:0760－8380008　　传真:0760－8380000

| | | | | |
|---|---|---|---|---|
| 主营 | 市场经营及管理，环保及机电一体化产品、暖通空调和热能设备开发、制造及销售，科技投资等。 | | | |
| | 年　度 | 2006 | 2005 | 2004 |
| 主要指标 | 每股收益/扣除后(元) | 0.097/0.05 | 0.054 | 0.051/0.048 |
| | 每股经营现金流量(元) | 0.0974 | 0.0852 | 0.0993 |
| | 每股净资产/调整后(元) | 1.57/1.56 | 1.5/1.48 | 1.47/1.46 |
| | 未分利润(万元) | 4660.12 | 3369.65 | 2965.65 |
| | 资本公积(万元) | 3545.42 | 3520.59 | 3520.59 |
| 利润构成 | 主营收入(万元) | 5608.05 | 6430.1 | 6235.25 |
| | 主营利润(万元) | 2822.22 | 2887.01 | 2763.76 |
| | 投资收益(万元) | 1464.45 | 160.33 | 256.28 |
| | 利润总额(万元) | 2984.27 | 2135.06 | 1827.93 |
| | 净利润(万元) | 2185.27 | 1209.44 | 1154.33 |
| 近年分配: | 06预案:10派0.3；05年:10派0.25；04年:10派0.23 | | | |

| 主要股东及持股比例%、持股性质 | |
|---|---|
| 中山公用事业集团有限公司 26.08%（国有股） | |
| 工行信托 3.84%（非流通股） | |
| 中山市振业投资管理有限公司 3.01%（流通A股） | |
| 佛山电器照明股份有限公司 1.57%（非流通股） | |
| 财贸工会 1.55%（非流通股） | |
| 夏昌平 1.46%（流通A股） | |
| 梁志森 1.21%（流通A股） | |
| 佛山市兴华集团有限公司 1.16%（非流通股） | |
| 深圳市渝祥电脑系统有限公司 0.95%（非流通股） | |
| 宋士权 0.8%（流通A股） | |
| 实际控制人: | 中山市人民政府国有资产监督管理委员会 |

二〇〇六年以来市场表现

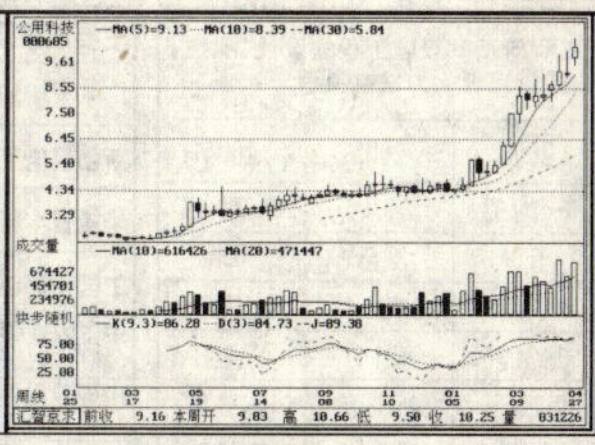

| | |
|---|---|
| 2006年涨跌幅(%) | 92.91 |
| 2006年最高(元) | 6.77 |
| 2007年涨跌幅(%) | 136.72 |
| 2007.4.27收盘(元) | 10.25 |
| 2007年最高(元) | 10.66 |
| 2007年最低(元) | 4.21 |
| 2007年换手率(%) | 612.46 |

未来一年限售流通股解禁情况:11271150股01月24日解禁

| 最新股本 | 总股本 | 非(限售)流通 | 流通A | 流通B/H/S | 股东户数 | 06年末 | 06三季 |
|---|---|---|---|---|---|---|---|
| | 22542.3 | 10243.22 | 12299.08 | | | 14142 | 11374 |

年报点评：公司主营业务为租赁服务业，经营方针为立足公用事业、发展科技产业。公司控股的中山市新迪能源与环境设备有限公司是一家新兴的、以能源与环保节能产品为主营业务的公司，2005年研发成功了ODU、GPS天线、信号收发单元等产品，将逐步介入通讯产业。

# S锦六陆（000686）

上市日期:97/02/27　　电话:0416－4561247　　传真:0416－4561377

| | | | | |
|---|---|---|---|---|
| 主营 | 证券（含境内上市外资股）的代理买卖；证券的自营买卖；证券的承销（含主承销）；客户资产管理；证券投资咨询（含财务顾问）。 | | | |
| | 年　度 | 2006 | 2005 | 2004 |
| 主要指标 | 每股收益/扣除后(元) | 0.09/0.1 | 0.11/0.09 | 0.09/0.1 |
| | 每股经营现金流量(元) | 0.36 | 0.21 | 0.32 |
| | 每股净资产/调整后(元) | 2.96/2.89 | 2.9/2.83 | 2.82/2.77 |
| | 未分利润(万元) | 12343.37 | 11035.36 | 9569.07 |
| | 资本公积(万元) | 26412.76 | 26412.76 | 26412.76 |
| 利润构成 | 主营收入(万元) | 26571.13 | 21624.01 | 22569.91 |
| | 主营利润(万元) | 6427.6 | 6105.86 | 6719.21 |
| | 投资收益(万元) | | 14 | -128.34 |
| | 利润总额(万元) | 1629.52 | 1943.15 | 1790.69 |
| | 净利润(万元) | 1455.49 | 1732.35 | 1500.2 |
| 近年分配: | | | | |

| 主要股东及持股比例%、持股性质 | |
|---|---|
| 中国石油锦州石油化工公司 53.55%（国有股） | |
| 锦州商银艺术装璜总公司 1.78%（国有股） | |
| 锦州市瑞通服务公司 0.81%（非流通股） | |
| 秦皇岛市信托投资公司 0.81%（非流通股） | |
| 陈瑰玮 0.74%（流通A股） | |
| 广州冠盛投资发展有限公司 0.62%（流通A股） | |
| 锦州市商业房屋开发公司 0.54%（国有股） | |
| 陈悦华 0.47%（流通A股） | |
| 北京垦梦投资咨询有限公司 0.43%（流通A股） | |
| 龚明秀 0.35%（流通A股） | |
| 实际控制人: | 中国石油天然气集团公司 |

二〇〇六年以来市场表现

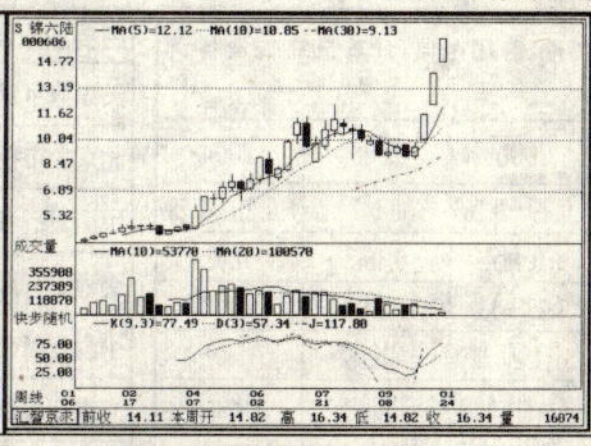

| | |
|---|---|
| 2006年涨跌幅(%) | 152.65 |
| 2006年最高(元) | 12.18 |
| 2007年涨跌幅(%) | 71.1 |
| 2007.4.27收盘(元) | 16.34 |
| 2007年最高(元) | 16.34 |
| 2007年最低(元) | 10.03 |
| 2007年换手率(%) | 2.87 |

未来一年限售流通股解禁情况:

| 最新股本 | 总股本 | 非(限售)流通 | 流通A | 流通B/H/S | 股东户数 | 06年末 | 06三季 |
|---|---|---|---|---|---|---|---|
| | 16213.25 | 9320.78 | 6892.47 | | | 9510 | 9509 |

年报点评：公司在东北地区拥有完备的成品油销售网络和巨大的石油储备资源，战略地位非常突出。此外，该公司股东会议审议通过了吸收合并东北证券的相关议案，这有助于该公司盈利能力及核心竞争力的进一步增强。

# 保定天鹅（000687）

上市日期:97/02/21　　电话:0312－3322326　　传真:0312－3131755

| | | | | |
|---|---|---|---|---|
| 主营 | 粘胶长丝系列产品的生产、销售 | | | |
| | 年　度 | 2006 | 2005 | 2004 |
| 主要指标 | 每股收益/扣除后(元) | 0.086/0.017 | -0.462 | 0.03/0.02 |
| | 每股经营现金流量(元) | 0.411 | 0.034 | 0.22 |
| | 每股净资产/调整后(元) | 2.61/2.58 | 2.52/2.48 | 3.13/3.09 |
| | 未分利润(万元) | -10659.62 | -13421.69 | 1390.07 |
| | 资本公积(万元) | 60717.42 | 60645.65 | 60645.65 |
| 利润构成 | 主营收入(万元) | 81270.42 | 52097.27 | 59906.55 |
| | 主营利润(万元) | 10427.01 | 2999.89 | 8504.44 |
| | 投资收益(万元) | 1518.5 | | 60 |
| | 利润总额(万元) | 2764.09 | -14812.48 | 694.73 |
| | 净利润(万元) | 2762.07 | -14811.76 | 986.53 |
| 近年分配: | 04年:10派1.5 | | | |

| 主要股东及持股比例%、持股性质 | |
|---|---|
| 保定天鹅化纤集团有限公司 58.06%（部分流通部分不流通） | |
| 深圳市博睿财智控股有限公司 0.71%（流通A股） | |
| 郑素贞 0.38%（流通A股） | |
| 朱崇恽 0.35%（流通A股） | |
| 龚生达 0.31%（流通A股） | |
| 周建军 0.25%（流通A股） | |
| 上海欣安管理咨询有限公司 0.22%（流通A股） | |
| 岳桂珍 0.2%（流通A股） | |
| 韦麟 0.2%（流通A股） | |
| 曾维国 0.17%（流通A股） | |
| 实际控制人: | 保定市人民政府国有资产监督管理委员会 |

二〇〇六年以来市场表现

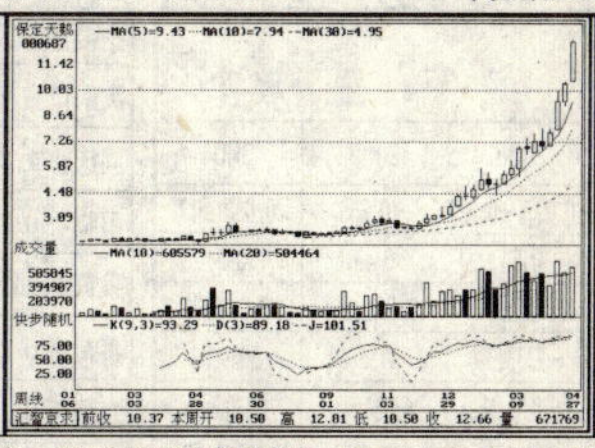

| | |
|---|---|
| 2006年涨跌幅(%) | 106.67 |
| 2006年最高(元) | 3.86 |
| 2007年涨跌幅(%) | 240.32 |
| 2007.4.27收盘(元) | 12.66 |
| 2007年最高(元) | 12.81 |
| 2007年最低(元) | 3.7 |
| 2007年换手率(%) | 577.88 |

未来一年限售流通股解禁情况:16040000股12月26日解禁

| 最新股本 | 总股本 | 非(限售)流通 | 流通A | 流通B/H/S | 股东户数 | 06年末 | 06三季 |
|---|---|---|---|---|---|---|---|
| | 32080 | 17024.66 | 15055.34 | | | 36032 | 40849 |

年报点评：公司是亚洲最大的粘胶长丝生产基地，拥有2.3万吨的产能。2006年粘胶长丝涨到36000元/吨，较2005年26500元/吨上涨36%，业内专家预期粘胶长丝2007年可能涨到50000元/吨。公司持有长江证券5700万股，股权价值有望超过8亿元。

## S＊ST 朝华（000688）

上市日期:97/01/20　　电话:023－72375188　　传真:023－72375959

| 主营 | 专用PC、服务器及互联网接入设备的研制、销售,信息系统集成,数码科技,数字电视,软件开发和增值分销,还从事照明电器中的节能灯、HID电子镇流器的研制和销售业务等。 | | |
|---|---|---|---|
| 年度 | 2006 | 2005 | 2004 |
| 主要指标 每股收益/扣除后(元) | -1.532/-0.35 | -4.41 | -0.79/-0.795 |
| 每股经营现金流量(元) | -0.0053 | -0.008 | 0.32 |
| 每股净资产/调整后(元) | -3.93/-3.93 | -2.37/-2.37 | 2.02/2.01 |
| 未分利润(万元) | -231036.03 | -177598.83 | -24024.84 |
| 资本公积(万元) | 55263.18 | 56061.05 | 55525.08 |
| 利润构成 主营收入(万元) | 2235.12 | 65510.86 | 182361.47 |
| 主营利润(万元) | 607.67 | -4230.68 | 12513.15 |
| 投资收益(万元) | 8615.46 | -71321.12 | -2283.18 |
| 利润总额(万元) | -53457.95 | -163710.75 | -29122.99 |
| 净利润(万元) | -53344.82 | -153573.99 | -27596.01 |
| 近年分配: | | | |

| 主要股东及持股比例%、持股性质 |
|---|
| 四川立信投资有限责任公司 21.38% (非流通股) |
| 深圳市正东大实业有限公司 8.74% (非流通股) |
| 浙江天声科技有限公司 6.28% (非流通股) |
| 重庆市涪陵金昌经贸有限公司 5.03% (非流通股) |
| 上海可欣贸易有限公司 1.43% (非流通股) |
| 郑惠华 0.42% (流通A股) |
| 金星 0.34% (流通A股) |
| 张春丽 0.3% (流通A股) |
| 申颜 0.19% (流通A股) |
| 张言林 0.18% (流通A股) |
| 实际控制人: 赵晓轮 |

二〇〇六年以来市场表现

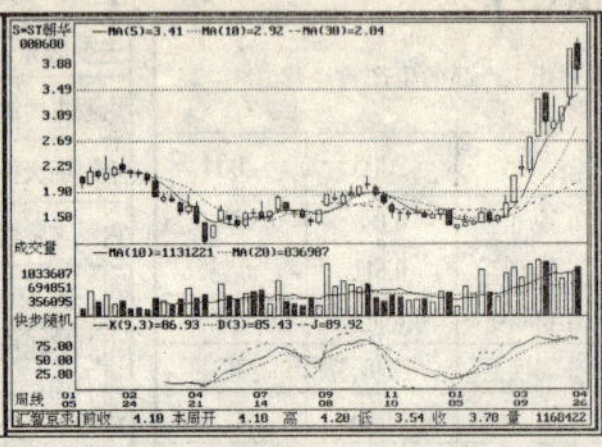

| | |
|---|---|
| 2006年涨跌幅(%) | -36.57 |
| 2006年最高(元) | 2.44 |
| 2007年涨跌幅(%) | 175.91 |
| 2007.4.27收盘(元) | 3.78 |
| 2007年最高(元) | 4.28 |
| 2007年最低(元) | 1.28 |
| 2007年换手率(%) | 747.94 |

未来一年限售流通股解禁情况:

| 最新股本 | 总股本 | 非(限售)流通 | 流通A | 流通B/H/S | 股东户数 | 06年末 | 06三季 |
|---|---|---|---|---|---|---|---|
| | 34821.1 | 14934.92 | 19886.18 | | | 37960 | 40876 |

年报点评:公司是国内最大的专业化网络应用服务供应商、最大的数字电视投资运营商,在网络游戏、数字电视、电子政务、MP3播放器等诸多前沿领域具备较强的竞争实力,具有良好的成长性和发展潜力。然而公司的盈利能力低下,短期内很难有较大的改观。

## 宝新能源（000690）

上市日期:97/01/28　　电话:0753－2511298　　传真:0753－2511398

| 主营 | 公路、桥梁、市政、土石方工程等基础设施工程的设计、承揽与施工;房地产开发经营;投资建设火力发电项目。 | | |
|---|---|---|---|
| 年度 | 2006 | 2005 | 2004 |
| 主要指标 每股收益/扣除后(元) | 0.73/0.72 | 0.4 | 0.23/0.15 |
| 每股经营现金流量(元) | 1.18 | 0.65 | 0.1 |
| 每股净资产/调整后(元) | 4.51/4.5 | 2.48/2.47 | 2.28/2.25 |
| 未分利润(万元) | 25734.47 | 8711.21 | 5764.93 |
| 资本公积(万元) | 95556.56 | 16438.56 | 16438.56 |
| 利润构成 主营收入(万元) | 100460.46 | 58676.49 | 27646.83 |
| 主营利润(万元) | 38757.02 | 17643.76 | 7678.64 |
| 投资收益(万元) | -197.36 | | |
| 利润总额(万元) | 27072.59 | 8396.53 | 5633.8 |
| 净利润(万元) | 26887.74 | 8432.08 | 4786.16 |
| 近年分配: | 06年:10派0.3送2转增8;05年:10派0.4送3;04年:10派2 | | |

| 主要股东及持股比例%、持股性质 |
|---|
| 广东宝丽华集团有限公司 37.7% (部分流通部分不流通) |
| 新创机电工程有限公司 9.45% (非流通股) |
| 华能资本服务有限公司 2.7% (非流通股) |
| 中国工商银行－天元证券投资基金 2.7% (非流通股) |
| 中国农业银行－华夏平稳增长混合型证券投资基金 1.5% (部分流通部分不流通) |
| 中国建设银行－银华富裕主题股票型证券投资基金 1.35% (流通A股) |
| 中国工商银行－开元证券投资基金 1.35% (非流通股) |
| 裕隆证券投资基金 1.35% (非流通股) |
| 中国工商银行－南方避险增值基金 1.35% (非流通股) |
| 中国工商银行－南方绩优成长股票型证券投资基金 1.35% (非流通股) |
| 实际控制人: 叶华能 |

二〇〇六年以来市场表现

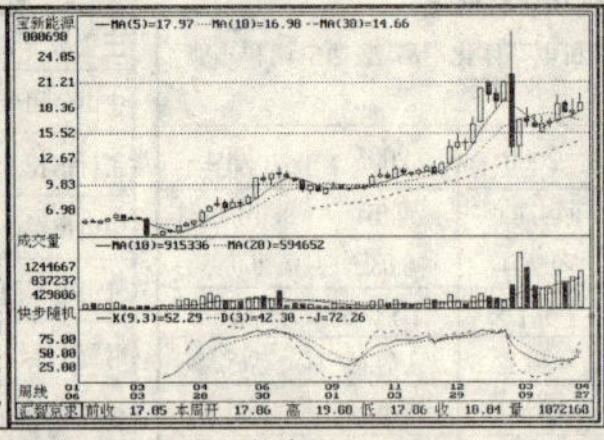

| | |
|---|---|
| 2006年涨跌幅(%) | 239.62 |
| 2006年最高(元) | 19.93 |
| 2007年涨跌幅(%) | 162.06 |
| 2007.4.27收盘(元) | 18.84 |
| 2007年最高(元) | 39.79 |
| 2007年最低(元) | 13.5 |
| 2007年换手率(%) | 436.42 |

未来一年限售流通股解禁情况:10552500股12月27日解禁

| 最新股本 | 总股本 | 非(限售)流通 | 流通A | 流通B/H/S | 股东户数 | 06年末 | 06三季 |
|---|---|---|---|---|---|---|---|
| | 37036.5 | 22214.65 | 14821.85 | | | 15116 | 21993 |

年报点评:公司2006年实现净利润同比增长218%。原来的主业是房地产开发、建筑施工,2003年开始成功向新能源产业转型的成功。新能源电力主业的投产给公司带来了丰厚的利润,并将继续成为公司2007年度重要的利润来源。

## ST 寰岛（000691）

上市日期:97/02/28　　电话:0898－66255909　　传真:0898－66254684

| 主营 | 电子、电器产品,电子原器件、家用电器、计算机终端设备、通讯设备的生产、销售 | | |
|---|---|---|---|
| 年度 | 2006 | 2005 | 2004 |
| 主要指标 每股收益/扣除后(元) | -0.26/-0.263 | 0.047 | -0.21/-0.209 |
| 每股经营现金流量(元) | -0.1551 | 0.1612 | 0.08 |
| 每股净资产/调整后(元) | 1.13/1.13 | 1.74/1.74 | 1.69/1.69 |
| 未分利润(万元) | -12599.24 | -4187.25 | -5409.4 |
| 资本公积(万元) | 15301.5 | 21810.5 | 21810.5 |
| 利润构成 主营收入(万元) | 20432 | 22251.1 | 5716.35 |
| 主营利润(万元) | 372.27 | -342.23 | -1902.27 |
| 投资收益(万元) | -6186.99 | 887.24 | 616.74 |
| 利润总额(万元) | -8980.27 | 1323.66 | -5911.08 |
| 净利润(万元) | -8411.99 | 1222.15 | -5415.6 |
| 近年分配: | | | |

| 主要股东及持股比例%、持股性质 |
|---|
| 天津燕宇置业有限公司 11.98% (非流通股) |
| 北京大市投资有限公司 9.97% (非流通股) |
| 中国银行海口信托咨询公司 3.2% (国有股) |
| 交通银行海南分行 3.2% (非流通股) |
| 中国寰岛(集团)公司 2.47% (国有股) |
| 海南新鑫发展有限公司 2.43% (非流通股) |
| 海南富南房地产开发公司 1.64% (国有股) |
| 海南南方物产有限责任公司 0.79% (非流通股) |
| 沈阳市新海达机电化工有限公司 0.59% (非流通股) |
| 温志平 0.59% (流通A股) |
| 实际控制人: 张燕瑾 |

二〇〇六年以来市场表现

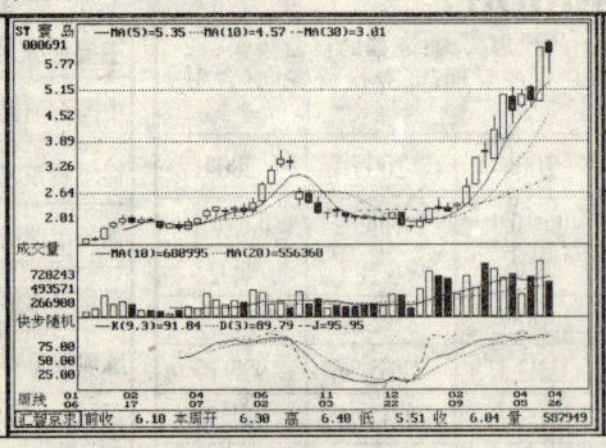

| | |
|---|---|
| 2006年涨跌幅(%) | 95.32 |
| 2006年最高(元) | 4.1 |
| 2007年涨跌幅(%) | 233.7 |
| 2007.4.27收盘(元) | 6.04 |
| 2007年最高(元) | 6.4 |
| 2007年最低(元) | 1.69 |
| 2007年换手率(%) | 507.94 |

未来一年限售流通股解禁情况:89379800股10月09日解禁

| 最新股本 | 总股本 | 非(限售)流通 | 流通A | 流通B/H/S | 股东户数 | 06年末 | 06三季 |
|---|---|---|---|---|---|---|---|
| | 32327 | 12800 | 19527 | | | 34508 | 34840 |

年报点评:经过天津燕宇、北京大市投资两大股东的全力重组,公司主要产品由光电产品向平板显示器转型。公司的控股子公司天津绿源生态能源有限公司,是华北地区唯一一家具备规模生产燃料乙醇的厂家,未来3年内有望建成30万吨燃料乙醇项目,公司发展前景良好。

## ＊ST 惠天（000692）

上市日期:97/02/27　　电话:024－22928062　　传真:024－22939480

| 主营 | 城市集中供热 | | |
|---|---|---|---|
| 年度 | 2006 | 2005 | 2004 |
| 主要指标 每股收益/扣除后(元) | -0.097/-0.327 | -0.368 | 0.05/0.017 |
| 每股经营现金流量(元) | 0.53 | 0.43 | 0.51 |
| 每股净资产/调整后(元) | 3.45/2.74 | 3.56/3.35 | 3.92/3.71 |
| 未分利润(万元) | -7333.39 | -4756.56 | 5039.32 |
| 资本公积(万元) | 62972.21 | 63332.93 | 63306.25 |
| 利润构成 主营收入(万元) | 78043.8 | 65155.28 | 60292.66 |
| 主营利润(万元) | 638.76 | -224.94 | 8779.99 |
| 投资收益(万元) | -53.37 | 261.22 | 279.53 |
| 利润总额(万元) | -2549.23 | -9705.52 | 1433.34 |
| 净利润(万元) | -2576.83 | -9795.88 | 1311.51 |
| 近年分配: | | | |

| 主要股东及持股比例%、持股性质 |
|---|
| 沈阳市房产国有资产经营有限责任公司 40.1% (国有股) |
| 周庆娜 1.3% (流通A股) |
| 田晓娇 0.72% (流通A股) |
| 钱哲 0.26% (流通A股) |
| 蒋裕富 0.21% (流通A股) |
| 袁来添 0.21% (流通A股) |
| 董伟 0.18% (流通A股) |
| 佟桂华 0.14% (流通A股) |
| 潘丽芳 0.14% (流通A股) |
| 杨翠凤 0.14% (流通A股) |
| 实际控制人: 沈阳市人民政府国有资产监督管理委员会 |

二〇〇六年以来市场表现

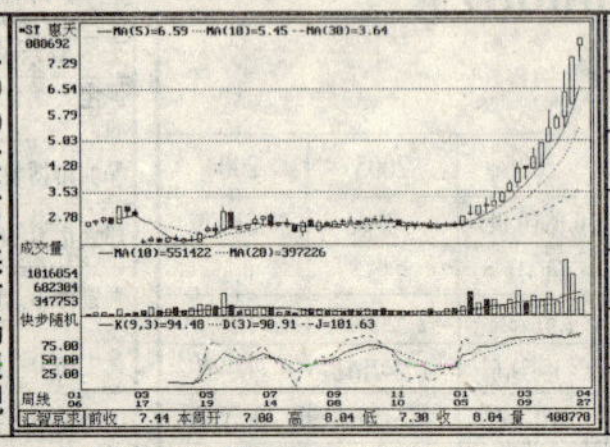

| | |
|---|---|
| 2006年涨跌幅(%) | 34.93 |
| 2006年最高(元) | 4.18 |
| 2007年涨跌幅(%) | 219.05 |
| 2007.4.27收盘(元) | 8.04 |
| 2007年最高(元) | 8.04 |
| 2007年最低(元) | 2.47 |
| 2007年换手率(%) | 455.78 |

未来一年限售流通股解禁情况:13320824股03月16日解禁

| 最新股本 | 总股本 | 非(限售)流通 | 流通A | 流通B/H/S | 股东户数 | 06年末 | 06三季 |
|---|---|---|---|---|---|---|---|
| | 26641.65 | 10682.51 | 15959.14 | | | 44558 | 48658 |

年报点评:公司2006年实现净利润为负值,短期内业绩难以提升。公司是沈阳乃至东北最大的集热、电为一体的大型能源生产企业,规模在国内同行业第二位。公司历来非常重视资本运营,先后与美国枫叶、与香港江胜等合作。着东北的大开发,必然促进电力的需求,公司未来机遇巨大。

## S*ST聚友（000693）

上市日期:97/02/26　　电话:028－86758751　　传真:028－86758331

**主营：** 主要从事酒店视讯业务、城市社区宽频网络业务、信息网络工程业务及网络器材销售业务等。

| | 年度 | 2006 | 2005 | 2004 |
|---|---|---|---|---|
| 主要指标 | 每股收益/扣除后(元) | －0.92 | －0.85 | －0.28/－0.18 |
| | 每股经营现金流量(元) | －0.03 | －0.04 | 0.28 |
| | 每股净资产/调整后(元) | 0.32/－0.29 | 1.18/1.17 | 2/1.97 |
| | 未分利润(万元) | －39463.55 | －21711.68 | －4358.31 |
| | 资本公积(万元) | 23344.62 | 22194.82 | 20463 |
| 利润构成 | 主营收入(万元) | 12316.39 | 12995.8 | 28696.28 |
| | 主营利润(万元) | －1897.94 | －2284.18 | 6866.08 |
| | 投资收益(万元) | －1121.09 | －30.16 | 29.15 |
| | 利润总额(万元) | －17968.45 | －16633.3 | －5493.73 |
| | 净利润(万元) | －17751.86 | －16415.43 | －5456.7 |

近年分配:

**主要股东及持股比例%、持股性质**

- 深圳市聚友网络投资有限公司 19.49%（非流通股）
- 深圳市鹏举实业有限公司 14.13%（非流通股）
- 上海银茂投资发展有限公司 5.11%（国有股）
- 成都中益实业投资发展有限公司 4.79%（非流通股）
- 海南合旺实业投资有限公司 4.62%（非流通股）
- 中行四川分行国际信托投资公司 2.57%（非流通股）
- 航天科技财务有限责任公司 2.57%（非流通股）
- 深圳市金海博实业有限公司 1.71%（非流通股）
- 四川省世旗投资管理有限责任公司 1.56%（非流通股）
- 成都鑫铁实业有限责任公司 1.53%（非流通股）

实际控制人：陈健

二〇〇六年以来市场表现

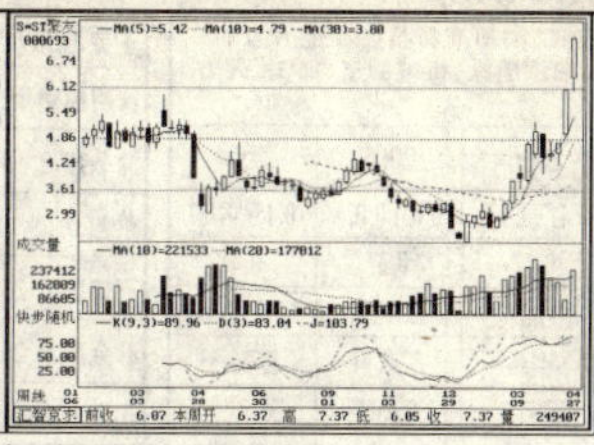

| | |
|---|---|
| 2006年涨跌幅(%) | －42.18 |
| 2006年最高(元) | 5.94 |
| 2007年涨跌幅(%) | 172.96 |
| 2007.4.27收盘(元) | 7.37 |
| 2007年最高(元) | 7.37 |
| 2007年最低(元) | 2.36 |
| 2007年换手率(%) | 508.98 |

未来一年限售流通股解禁情况:

| 最新股本 | 总股本 | 非(限售)流通 | 流通A | 流通B/H/S | 股东户数 | 06年末 | 06三季 |
|---|---|---|---|---|---|---|---|
| | 19269.39 | 13413.54 | 5855.85 | | | 14756 | 14961 |

**年报点评：** 公司是国内网络科技龙头企业之一，近年来宽频网络、酒店视讯等多项业务迅猛发展。其中公司酒店视讯业务在国内居绝对领先地位，目前已覆盖18个省，2个自治区和4个直辖市的79个中心城市，收益稳定；而子公司控股95%的成都信息港，发展前景值得看好。

## 滨海能源（000695）

上市日期:97/02/18　　电话:022－66202230　　传真:022－66202232

**主营：** 生产、销售热力、电力、发电、燃气、自来水及上述系统设备及零配件。

| | 年度 | 2006 | 2005 | 2004 |
|---|---|---|---|---|
| 主要指标 | 每股收益/扣除后(元) | 0.16/0.16 | 0.14/0.14 | 0.06/0.06 |
| | 每股经营现金流量(元) | 0.14 | －0.11 | 0.17 |
| | 每股净资产/调整后(元) | 1.62/1.61 | 1.52/1.51 | 1.38/1.38 |
| | 未分利润(万元) | 3572.36 | 1983.23 | －9536.83 |
| | 资本公积(万元) | 8146.07 | 8083.49 | 15735.15 |
| 利润构成 | 主营收入(万元) | 35785.2 | 32444.99 | 22948.77 |
| | 主营利润(万元) | 7447.31 | 6338.73 | 4508.02 |
| | 投资收益(万元) | －704.36 | －47.66 | －45.68 |
| | 利润总额(万元) | 4045.28 | 3675.48 | 1609.05 |
| | 净利润(万元) | 3447.78 | 3021.29 | 1401.74 |

近年分配：06预案:10派0.78；05年:10派0.58

**主要股东及持股比例%、持股性质**

- 天津灯塔涂料有限公司 37.87%（国有股）
- 天津泰达投资控股有限公司 2.7%（国有股）
- 中国工商银行－南方稳健成长证券投资基金 2.25%（流通A股）
- 沈阳铁路局经济发展总公司 0.82%（非流通股）
- 深圳市兆科投资发展有限公司 0.74%（非流通股）
- 中国工商银行黑龙江省分行直属支行 0.49%（非流通股）
- 信达投资有限公司 0.49%（非流通股）
- 天津投资集团公司 0.49%（国有股）
- 中国工商银行贵阳信托投资公司 0.41%（非流通股）
- 华夏证券有限公司重庆分公司 0.41%（非流通股）

实际控制人：天津泰达投资控股有限公司

二〇〇六年以来市场表现

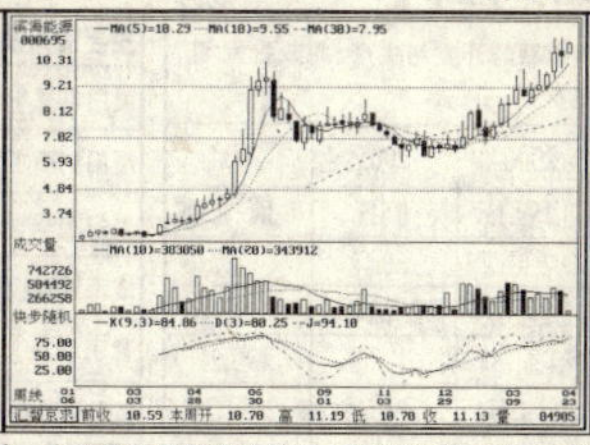

| | |
|---|---|
| 2006年涨跌幅(%) | 153.09 |
| 2006年最高(元) | 10.35 |
| 2007年涨跌幅(%) | 64.89 |
| 2007.4.27收盘(元) | 11.13 |
| 2007年最高(元) | 11.4 |
| 2007年最低(元) | 6.42 |
| 2007年换手率(%) | 565.44 |

未来一年限售流通股解禁情况:11107377股11月14日解禁

| 最新股本 | 总股本 | 非(限售)流通 | 流通A | 流通B/H/S | 股东户数 | 06年末 | 06三季 |
|---|---|---|---|---|---|---|---|
| | 22214.75 | 12172.93 | 10041.82 | | | 24512 | 22992 |

**年报点评：** 公司2006年净利润同比增长14.57%，低于预期，主要是四季度收入并未大幅增长。公司未来发展战略是立足天津开发区能源基础设施建设和运营，在目前供热和发电基础上，逐渐扩大能源业务，成为专业从事能源设施建设和运营的公司。未来具备非常广阔的想象空间。

## 咸阳偏转（000697）

上市日期:97/03/25　　电话:029－33628567　　传真:029－33628885

**主营：** 生产彩色显像管和彩色显示器用偏转线圈及其配套产品，以及偏转线圈设备的制造。

| | 年度 | 2006 | 2005 | 2004 |
|---|---|---|---|---|
| 主要指标 | 每股收益/扣除后(元) | 0.353/0.009 | －0.745 | 0.06/0.057 |
| | 每股经营现金流量(元) | 0.36 | 0.17 | 0.26 |
| | 每股净资产/调整后(元) | 2.86/2.84 | 2.59/2.5 | 3.39/2.82 |
| | 未分利润(万元) | 10927.96 | 4506.66 | 20707.91 |
| | 资本公积(万元) | 16653.24 | 21374.28 | 21374.28 |
| 利润构成 | 主营收入(万元) | 118516.96 | 101154.73 | 97543.33 |
| | 主营利润(万元) | 4940.01 | 6412.64 | 8790.94 |
| | 投资收益(万元) | 31.1 | －270.65 | 248.73 |
| | 利润总额(万元) | 3671.08 | －19128.04 | －480.88 |
| | 净利润(万元) | 6593.59 | －16201.25 | 1200.2 |

近年分配:

**主要股东及持股比例%、持股性质**

- 咸阳市国有资产监督管理委员会 28.95%（国有股）
- 咸阳偏转发展有限责任公司 16.3%（非流通股）
- 刘彩香 0.49%（流通A股）
- 张进辅 0.2%（流通A股）
- 李辉 0.18%（流通A股）
- 广州建城白蚁防治研究有限公司 0.17%（流通A股）
- 刘晓陵 0.14%（流通A股）
- 朱云平 0.12%（流通A股）
- 齐豫州 0.12%（流通A股）
- 陈普选 0.12%（流通A股）

实际控制人：咸阳市国有资产监督管理委员会

二〇〇六年以来市场表现

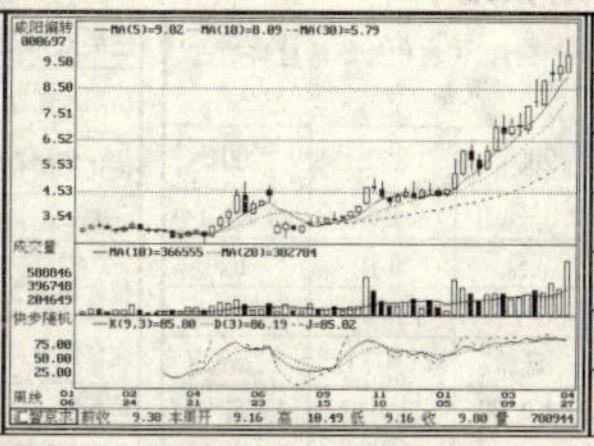

| | |
|---|---|
| 2006年涨跌幅(%) | 97.1 |
| 2006年最高(元) | 6.67 |
| 2007年涨跌幅(%) | 123.24 |
| 2007.4.27收盘(元) | 9.8 |
| 2007年最高(元) | 10.49 |
| 2007年最低(元) | 4.31 |
| 2007年换手率(%) | 529.73 |

未来一年限售流通股解禁情况:18661276股08月04日解禁

| 最新股本 | 总股本 | 非(限售)流通 | 流通A | 流通B/H/S | 股东户数 | 06年末 | 06三季 |
|---|---|---|---|---|---|---|---|
| | 18661.28 | 8442.93 | 10218.34 | | | 37618 | 35709 |

**年报点评：** 公司主营业务为生产传统彩电的偏转线圈。2006年，由于原材料价格大幅上升，造成公司产品利润率也相应下降。同时由于平板电视发展的突飞猛进，传统彩电的市场份额逐年下降，公司的生产经营难以得到改善。

## 沈阳化工（000698）

上市日期:97/02/20　　电话:024－25553506　　传真:024－25553060

**主营：** 生产和销售化学工业原料，主要生产氯碱、合成润滑油、有机化工原料、农药和合成树脂等。

| | 年度 | 2006 | 2005 | 2004 |
|---|---|---|---|---|
| 主要指标 | 每股收益/扣除后(元) | 0.203/0.213 | 0.127 | 0.107/0.092 |
| | 每股经营现金流量(元) | 0.946 | 0.864 | 0.77 |
| | 每股净资产/调整后(元) | 3.33/3.2 | 3.12/2.99 | 3.46/3.18 |
| | 未分利润(万元) | 26024.4 | 18318.59 | 29565.8 |
| | 资本公积(万元) | 55900.39 | 55811.07 | 55650.07 |
| 利润构成 | 主营收入(万元) | 414455.9 | 344602.62 | 316051.7 |
| | 主营利润(万元) | 47490.02 | 37681.37 | 42257.24 |
| | 投资收益(万元) | 1.09 | 732.63 | 267.04 |
| | 利润总额(万元) | 15328.17 | 8773.48 | 8647.14 |
| | 净利润(万元) | 8562.01 | 5378.66 | 4536.83 |

近年分配：04年:10派0.5

**主要股东及持股比例%、持股性质**

- 沈阳化工集团有限公司 33.01%（国有股）
- 全国社保基金一零六组合 4.9%（流通A股）
- 合正投资管理有限公司 4.8%（非流通股）
- 中国银行－嘉实主题精选混合型证券投资基金 2.85%（流通A股）
- 杭州玮峰实业发展有限公司 2.37%（非流通股）
- 中国平安人寿保险股份有限公司－传统－普通保险产品 0.65%（流通A股）
- 丰和价值证券投资基金 0.34%（流通A股）
- 刘鑫婷 0.25%（流通A股）
- 陈瑾 0.24%（流通A股）
- 上海国际信托投资有限公司－（德汇）证券投资资金信托（E－7001）0.18%（流通A股）

实际控制人：中国蓝星(集团)总公司

二〇〇六年以来市场表现

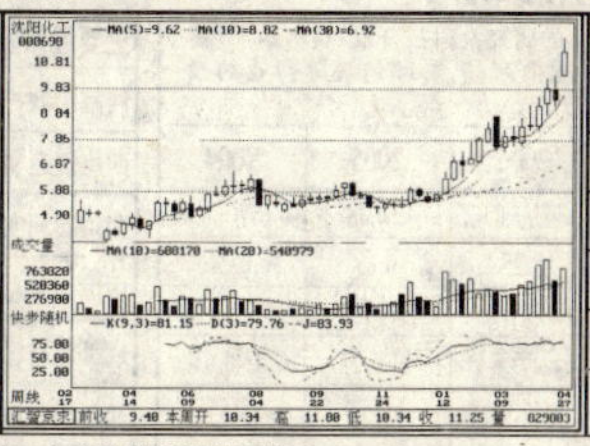

| | |
|---|---|
| 2006年涨跌幅(%) | 77.09 |
| 2006年最高(元) | 8.96 |
| 2007年涨跌幅(%) | 105.67 |
| 2007.4.27收盘(元) | 11.25 |
| 2007年最高(元) | 11.8 |
| 2007年最低(元) | 5.46 |
| 2007年换手率(%) | 366.05 |

未来一年限售流通股解禁情况:

| 最新股本 | 总股本 | 非(限售)流通 | 流通A | 流通B/H/S | 股东户数 | 06年末 | 06三季 |
|---|---|---|---|---|---|---|---|
| | 42240.66 | 16976.85 | 25263.8 | | | 59615 | 56759 |

**年报点评：** 亚洲规模最大的特种PVC树脂的生产企业，PVC产品一直保持全国产量、效益和质量第一等三项纪录。主导产品糊树脂达到12万吨/年产能，形成了亚洲最大的糊树脂基地。同时配套经营液碱和液氯等氯碱产品，还拥有DCC炼油装置生产成品油和丙烯等产品。

## 模塑科技（000700）

上市日期:97/02/28　电话:0510－86242802　传真:0510－86242818

| | | | | |
|---|---|---|---|---|
| 主营 | 汽车零部件、塑料制品、模具、模塑高科技产品的开发、研制、销售及技术咨询服务，油漆喷涂，机械制造、加工，火力发电、供热。 | | | |
| | 年　度 | 2006 | 2005 | 2004 |
| 主要指标 | 每股收益/扣除后(元) | 0.117/0.068 | 0.031/0.026 | 0.189/0.187 |
| | 每股经营现金流量(元) | 0.17 | 0.37 | 0.44 |
| | 每股净资产/调整后(元) | 2.9/2.9 | 2.8/2.8 | 2.95/2.94 |
| | 未分利润(万元) | 8041.65 | 5742.94 | 10739.33 |
| | 资本公积(万元) | 35895.7 | 35693.32 | 35793.32 |
| 利润构成 | 主营收入(万元) | 97979.33 | 60729.13 | 56942.75 |
| | 主营利润(万元) | 15569.09 | 12065.53 | 15258.79 |
| | 投资收益(万元) | 1688.08 | -492.01 | 515.89 |
| | 利润总额(万元) | 4222.28 | 1314.97 | 7610.84 |
| | 净利润(万元) | 3629.13 | 951.94 | 5844.59 |
| 近年分配: | 06 预案:10 派 0.5；05 年:10 派 0.2；04 年:10 派 1.8 | | | |

| 主要股东及持股比例%、持股性质 |
|---|
| 江阴模塑集团有限公司 40.13%（非流通股） |
| 浦冬燕 0.33%（流通 A 股） |
| 蔡艺 0.29%（流通 A 股） |
| 王如田 0.25%（流通 A 股） |
| 叶金成 0.25%（流通 A 股） |
| 李敬 0.23%（流通 A 股） |
| 林俊晓 0.23%（流通 A 股） |
| 蒋玉荣 0.21%（流通 A 股） |
| 荷兰银行有限公司 0.21%（流通 A 股） |
| 高旭明 0.17%（流通 A 股） |
| 实际控制人：江阴模塑集团有限公司 |

二〇〇六年以来市场表现

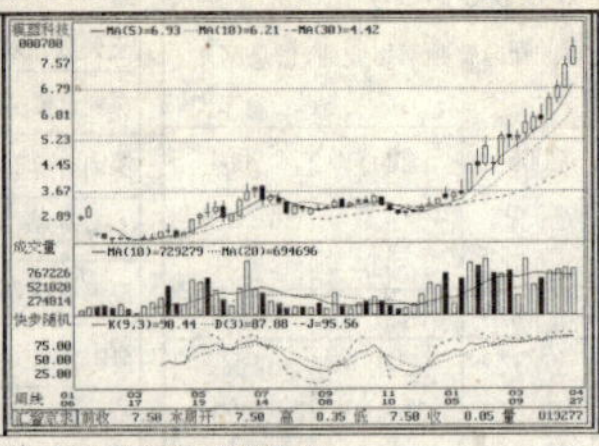

| | |
|---|---|
| 2006 年涨跌幅(%) | 78.62 |
| 2006 年最高(元) | 5.24 |
| 2007 年涨跌幅(%) | 135.38 |
| 2007.4.27 收盘(元) | 8.05 |
| 2007 年最高(元) | 8.35 |
| 2007 年最低(元) | 3.34 |
| 2007 年换手率(%) | 631.4 |

未来一年限售流通股解禁情况:

| | 总股本 | 非(限售)流通 | 流通 A | 流通 B/H/S | 股东户数 | 06 年末 | 06 三季 |
|---|---|---|---|---|---|---|---|
| 最新股本 | 30904.36 | 12401.6 | 18502.76 | | | 30366 | 29445 |

年报点评：公司是国内汽车塑料保险杠的龙头企业，主要为上海大众、上海通用、一汽大众、神龙等企业配套。06 年在国内轿车市场强劲复苏的带动下，企业收入与盈利均大幅增长。随着公司完成全国布局，就近配套整车企业，再加上 07 年轿车市场增长，企业也将稳定发展。

## 厦门信达（000701）

上市日期:97/02/26　电话:0592－6021666　传真:0592－6021391

| | | | | |
|---|---|---|---|---|
| 主营 | 网络信息服务及电子信息产品的开发与生产、商业批发零售、贸易和房地产开发。 | | | |
| | 年　度 | 2006 | 2005 | 2004 |
| 主要指标 | 每股收益/扣除后(元) | 0.15/0.13 | 0.118 | 0.16/-0.128 |
| | 每股经营现金流量(元) | 1.03 | -0.17 | -0.2 |
| | 每股净资产/调整后(元) | 2.25/2.17 | 2.5/2.42 | 2.58/2.43 |
| | 未分利润(万元) | 5466.75 | 2115.01 | 4303.24 |
| | 资本公积(万元) | 20261.53 | 24183.89 | 24141.25 |
| 利润构成 | 主营收入(万元) | 549177.68 | 315970.51 | 236417.38 |
| | 主营利润(万元) | 22105.11 | 12811.88 | 10253.93 |
| | 投资收益(万元) | -342.77 | 430.31 | 5031.63 |
| | 利润总额(万元) | 6662.94 | 3834.05 | 3559.91 |
| | 净利润(万元) | 3634.09 | 2357.19 | 3227.88 |
| 近年分配: | 04 年:10 派 2 | | | |

| 主要股东及持股比例%、持股性质 |
|---|
| 厦门信息－信达总公司 28.2%（国有股） |
| 厦门鸿鹰工贸公司 1.44%（流通 A 股） |
| 厦门顺承管理有限公司 0.37%（流通 A 股） |
| 成都博瑞投资控股集团有限公司 0.31%（流通 A 股） |
| 林国梁 0.28%（流通 A 股） |
| 陈芳 0.27%（流通 A 股） |
| 彭秀念 0.18%（流通 A 股） |
| 林毅雄 0.18%（流通 A 股） |
| 陈浩勤 0.17%（流通 A 股） |
| 王恺 0.14%（流通 A 股） |
| 实际控制人：厦门国贸控股有限公司 |

二〇〇六年以来市场表现

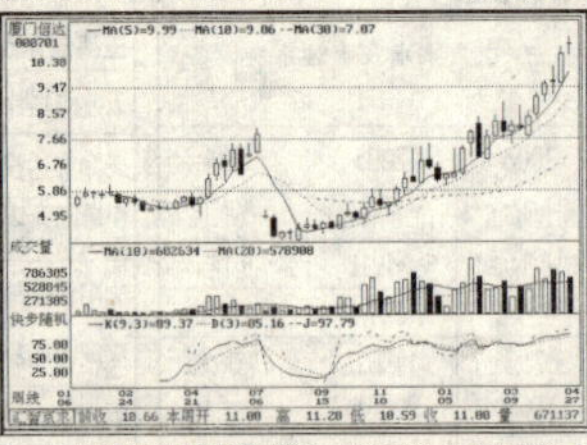

| | |
|---|---|
| 2006 年涨跌幅(%) | 81.61 |
| 2006 年最高(元) | 11.6 |
| 2007 年涨跌幅(%) | 77.42 |
| 2007.4.27 收盘(元) | 11 |
| 2007 年最高(元) | 11.28 |
| 2007 年最低(元) | 6 |
| 2007 年换手率(%) | 542.11 |

未来一年限售流通股解禁情况:12012500 股 07 月 28 日解禁

| | 总股本 | 非(限售)流通 | 流通 A | 流通 B/H/S | 股东户数 | 06 年末 | 06 三季 |
|---|---|---|---|---|---|---|---|
| 最新股本 | 24025 | 6779.95 | 17245.05 | | | 59125 | 56492 |

年报点评：公司主营信息科技产品生产、经营以及信息咨询服务等，在软件开发及网络应用技术方面推出了一系列具有自主知识产权的软件。在 IT 业务方面创建了我国最早的大型外向型中英文商业化网站－－"中国指南"，该网站被誉为中国最优秀的站点之一。

## 正虹科技（000702）

上市日期:97/03/18　电话:(0731)4599909　传真:(0731)4599999

| | | | | |
|---|---|---|---|---|
| 主营 | 各类饲料的研制开发与生产经营、饲料相关原辅材料的进出口贸易、包装品生产、种猪生产等。 | | | |
| | 年　度 | 2006 | 2005 | 2004 |
| 主要指标 | 每股收益/扣除后(元) | 0.11/-0.11 | 0.02/0.02 | -0.94/-0.95 |
| | 每股经营现金流量(元) | 0.52 | 0.51 | -0.07 |
| | 每股净资产/调整后(元) | 1.81/1.76 | 1.76/1.64 | 1.81/1.76 |
| | 未分利润(万元) | 452.03 | -2477.11 | -22668.56 |
| | 资本公积(万元) | 18146.68 | 21097.11 | 39361.88 |
| 利润构成 | 主营收入(万元) | 162010.17 | 197864.31 | 184166.46 |
| | 主营利润(万元) | 14784.43 | 19542.43 | 18560.33 |
| | 投资收益(万元) | 5528.04 | 82.05 | -25783.1 |
| | 利润总额(万元) | 3968.35 | 3028.74 | -24426.69 |
| | 净利润(万元) | 3035.16 | 536.62 | -26448.2 |
| 近年分配: | | | | |

| 主要股东及持股比例%、持股性质 |
|---|
| 岳阳市屈原农垦有限责任公司 30.67%（国有股） |
| 传化集团有限责任公司 4.23%（非流通股） |
| 湖南金河投资有限责任公司 1.35%（非流通股） |
| 包天悦 0.5%（流通 A 股） |
| 谢仁国 0.4%（流通 A 股） |
| 李梅兰 0.35%（流通 A 股） |
| 宋文 0.35%（流通 A 股） |
| 李陆军 0.3%（流通 A 股） |
| 李秀 0.26%（流通 A 股） |
| 纪晓腾 0.21%（流通 A 股） |
| 实际控制人：湖南省岳阳市屈原管理区 |

二〇〇六年以来市场表现

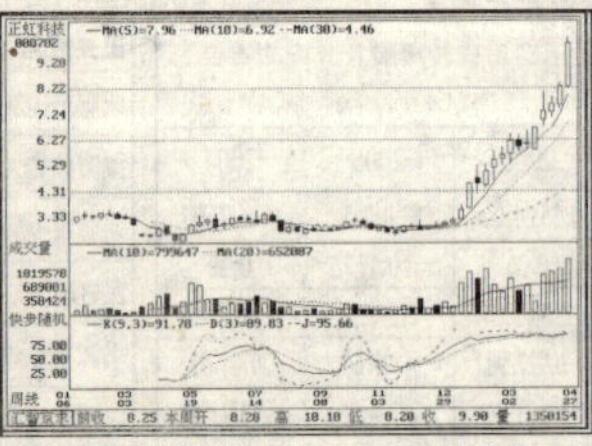

| | |
|---|---|
| 2006 年涨跌幅(%) | 23.95 |
| 2006 年最高(元) | 4.56 |
| 2007 年涨跌幅(%) | 223.53 |
| 2007.4.27 收盘(元) | 9.9 |
| 2007 年最高(元) | 10.18 |
| 2007 年最低(元) | 3.02 |
| 2007 年换手率(%) | 661.61 |

未来一年限售流通股解禁情况:13331728 股 03 月 29 日解禁

| | 总股本 | 非(限售)流通 | 流通 A | 流通 B/H/S | 股东户数 | 06 年末 | 06 三季 |
|---|---|---|---|---|---|---|---|
| 最新股本 | 26663.46 | 9672.93 | 16990.53 | | | 46564 | 49332 |

年报点评：公司是国内著名的饲料生产企业，市场占有率接近 10%，综合实力在全国饲料企业中位居前列，被认定为农业产业化国家重点龙头企业、全国农产品加工业示范企业。公司积极推进农业产业化经营，形成科研、生产、加工、销售一体化的产业链，具有较好的发展潜力。

## 世纪光华（000703）

上市日期:97/03/28　电话:0371－67422266　传真:0371－69356161

| | | | | |
|---|---|---|---|---|
| 主营 | 电子系统工程及通信产品的研究及科技开发；对房地产、雷达整机及维修备件、电子通信产品、彩印包装等行业的投资。 | | | |
| | 年　度 | 2006 | 2005 | 2004 |
| 主要指标 | 每股收益/扣除后(元) | 0.022/-0.12 | -0.18 | 0.077/-0.04 |
| | 每股经营现金流量(元) | 0.25 | 0.66 | 0.24 |
| | 每股净资产/调整后(元) | 1.76/1.72 | 1.74/1.59 | 1.92/1.72 |
| | 未分利润(万元) | 2405.6 | 2196.27 | 4240.93 |
| | 资本公积(万元) | 117.97 | 117.65 | 8.85 |
| 利润构成 | 主营收入(万元) | 29231.18 | 17817.29 | 10006.54 |
| | 主营利润(万元) | 3510.85 | 2187.5 | 2230.71 |
| | 投资收益(万元) | -417.15 | -211.64 | 501.06 |
| | 利润总额(万元) | 740.36 | -1543.96 | 1266.89 |
| | 净利润(万元) | 232.58 | -1882.94 | 816.54 |
| 近年分配: | 06 年:10 派 0.35 送 1 转增 2.5 | | | |

| 主要股东及持股比例%、持股性质 |
|---|
| 河南汇诚投资有限公司 22.15%（非流通股） |
| 四川恒运实业有限责任公司 5.61%（国有股） |
| 四川新洲实业有限公司 3.68%（国有股） |
| 中国烟草总公司四川省公司 2.1%（国有股） |
| 成都建材(集团)有限公司 1.51%（非流通股） |
| 四川岷江电力股份有限公司 1.2%（国有股） |
| 盐城市城区天进信息咨询有限公司 0.96%（非流通股） |
| 马云霞 0.78%（流通 A 股） |
| 蒲江县财政投资公司 0.7%（国有股） |
| 成都市岷江房地产开发总公司 0.7%（国有股） |
| 实际控制人：郭迎辉 |

二〇〇六年以来市场表现

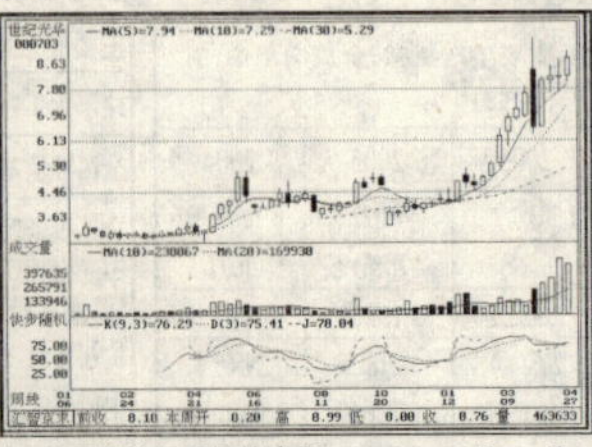

| | |
|---|---|
| 2006 年涨跌幅(%) | 75.22 |
| 2006 年最高(元) | 5.39 |
| 2007 年涨跌幅(%) | 191.43 |
| 2007.4.27 收盘(元) | 8.76 |
| 2007 年最高(元) | 12.17 |
| 2007 年最低(元) | 4.03 |
| 2007 年换手率(%) | 515.97 |

未来一年限售流通股解禁情况:37435271.85 股 11 月 24 日解禁

| | 总股本 | 非(限售)流通 | 流通 A | 流通 B/H/S | 股东户数 | 06 年末 | 06 三季 |
|---|---|---|---|---|---|---|---|
| 最新股本 | 10660 | 4716.4 | 5943.6 | | | 14058 | 14958 |

年报点评：公司第一大股东变为河南汇诚投资有限公司后，将以铝型材深加工和再生铝为重点，整合河南省内有色金属加工产业。公司子公司辉龙铝业已经成长为集工业型材、民用型材、彩色型材多种型材产品的铝加工企业，在河南铝加工型材方面占有较大市场份额。

## 浙江震元（000705）

上市日期:97/04/10　电话:0575－5144161　传真:0575－5148805

| | | | | |
|---|---|---|---|---|
| 主营 | 为医药商业的批发、零售和医药工业产品销售。 | | | |
| | 年　度 | 2006 | 2005 | 2004 |
| 主要指标 | 每股收益/扣除后(元) | 0.062/－0.002 | 0.042 | 0.058/－0.052 |
| | 每股经营现金流量(元) | 0.389 | 0.231 | 0.086 |
| | 每股净资产/调整后(元) | 3.68/3.67 | 3.64/3.62 | 3.6/3.58 |
| | 未分利润(万元) | 5970.5 | 6524.35 | 6072.96 |
| | 资本公积(万元) | 24136.98 | 23072.59 | 23072.59 |
| 利润构成 | 主营收入(万元) | 90843.36 | 88057.22 | 71673.28 |
| | 主营利润(万元) | 11905.59 | 12040.56 | 10581.94 |
| | 投资收益(万元) | 60.71 | －61.69 | －77.79 |
| | 利润总额(万元) | 547.51 | 1017.99 | 775.68 |
| | 净利润(万元) | 776.32 | 529.58 | 721.99 |
| 近年分配: | 06 预案:10 派 0.4；05 年:10 派 1 | | | |

| 主要股东及持股比例%、持股性质 |
|---|
| 绍兴震元集团有资本投资有限公司 22.53%（部分流通部分不流通） |
| 绍兴市水联管业有限公司 4.6%（流通 A 股） |
| 金秀峰 1.73%（流通 A 股） |
| 沈莉莉 1.06%（流通 A 股） |
| 陈苗娣 1.03%（流通 A 股） |
| 傅永明 0.94%（流通 A 股） |
| 绍兴县玉隆针织有限公司 0.91%（流通 A 股） |
| 浙江方圆染整有限公司 0.86%（流通 A 股） |
| 绍兴县马鞍兴兴针织厂 0.85%（流通 A 股） |
| 绍兴仁昌纸品有限公司 0.85%（流通 A 股） |
| 实际控制人：绍兴市国有资产监督管理委员会 |

二〇〇六年以来市场表现

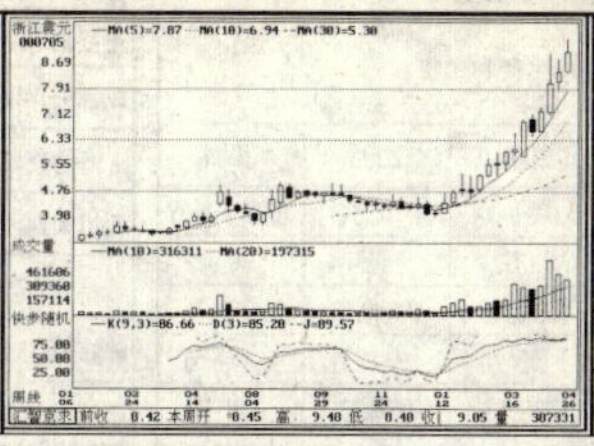

| | |
|---|---|
| 2006 年涨跌幅(%) | 55.49 |
| 2006 年最高(元) | 6.14 |
| 2007 年涨跌幅(%) | 123.46 |
| 2007.4.27 收盘(元) | 9.05 |
| 2007 年最高(元) | 9.48 |
| 2007 年最低(元) | 3.99 |
| 2007 年换手率(%) | 387.88 |

未来一年限售流通股解禁情况:2267500 股 07 月 10 日解禁

| 最新股本 | 总股本 | 非(限售)流通 | 流通 A | 流通 B/H/S | 股东户数 | 06 年末 | 06 三季 |
|---|---|---|---|---|---|---|---|
| | 12532.94 | 2834.49 | 9698.44 | | | 16234 | 17146 |

年报点评：该股经营业绩一般,值得注意的是,公司总股本 12533 万股,流通盘 9698 万股,目前流通股的比例高达 77.4%。公司第一大股东绍兴震元集团国有资本投资有限公司持有 2823.30 万股,仅占总股本的 22.53%。从公司股本以及财务状况来看,公司都是一个较好的壳公司。

## 双环科技（000707）

上市日期:97/04/15　电话:0712－3591099　传真:0712－3591099

| | | | | |
|---|---|---|---|---|
| 主营 | 纯碱、氯化铵、盐及盐化工系列产品、小苏打、碳黑的生产及销售。 | | | |
| | 年　度 | 2006 | 2005 | 2004 |
| 主要指标 | 每股收益/扣除后(元) | －0.178/－0.174 | 0.014 | 0.013/0.011 |
| | 每股经营现金流量(元) | 0.37 | 0.41 | 0.49 |
| | 每股净资产/调整后(元) | 3.31/3.14 | 3.46/3.33 | 3.45/3.35 |
| | 未分利润(万元) | 10563.13 | 18822.27 | 18304.11 |
| | 资本公积(万元) | 82544.11 | 81347.06 | 81324.47 |
| 利润构成 | 主营收入(万元) | 99456.19 | 138040.06 | 118292.45 |
| | 主营利润(万元) | 1292.97 | 16283.06 | 16255.06 |
| | 投资收益(万元) | －299.82 | －1637.55 | －2594.26 |
| | 利润总额(万元) | －8259.14 | 1298.32 | 904.77 |
| | 净利润(万元) | －8259.14 | 647.7 | 583.04 |
| 近年分配: | | | | |

| 主要股东及持股比例%、持股性质 |
|---|
| 湖北双环化工集团有限公司 24.47%（国有股） |
| 中国建设银行－上投摩根双息平衡混合型证券投资基金 3.42%（流通 A 股） |
| 中国建设银行－上投摩根中国优势证券投资基金 2.67%（流通 A 股） |
| 中国建设银行－上投摩根阿尔法股票型证券投资基金 1.03%（流通 A 股） |
| 中国工商银行－建信优选成长股票型证券投资基金 0.65%（流通 A 股） |
| 中国银行－易方达深证 100 交易型开放式指数证券投资基金 0.51%（流通 A 股） |
| 何岳峰 0.43%（流通 A 股） |
| 中联橡胶(集团)总公司 0.34%（非流通股） |
| 交通银行武汉分行 0.34%（非流通股） |
| 湖北双环化工集团公司红双环实业公司 0.32%（非流通股） |
| 实际控制人：湖北双环化工集团有限公司 |

二〇〇六年以来市场表现

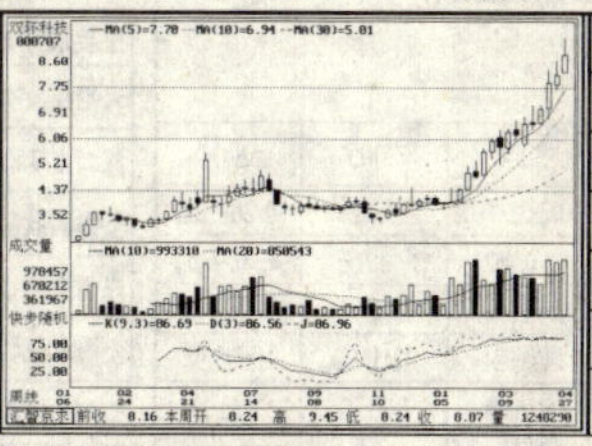

| | |
|---|---|
| 2006 年涨跌幅(%) | 84.89 |
| 2006 年最高(元) | 6.44 |
| 2007 年涨跌幅(%) | 127.44 |
| 2007.4.27 收盘(元) | 8.87 |
| 2007 年最高(元) | 9.45 |
| 2007 年最低(元) | 3.71 |
| 2007 年换手率(%) | 444.71 |

未来一年限售流通股解禁情况:12522324 股 06 月 08 日解禁

| 最新股本 | 总股本 | 非(限售)流通 | 流通 A | 流通 B/H/S | 股东户数 | 06 年末 | 06 三季 |
|---|---|---|---|---|---|---|---|
| | 46414.58 | 12621.05 | 33793.53 | | | 65924 | 69057 |

年报点评：公司是国内最大联碱法企业,目前产能为 20 万吨合成氨、60 万吨联碱。公司投资近 7 亿元的壳牌油改煤项目装置已基本稳定,将使得联碱用合成氨生产成本得到有效控制。宜化集团入主有利于提升公司管理水平,宜化有望以公司为发展平台来做大纯碱和盐化工。

## 大冶特钢（000708）

上市日期:97/03/26　电话:0714－6297373　传真:0714－6297280

| | | | | |
|---|---|---|---|---|
| 主营 | 钢铁冶炼、钢材轧制、金属改制、压延加工、钢铁材料检测。 | | | |
| | 年　度 | 2006 | 2005 | 2004 |
| 主要指标 | 每股收益/扣除后(元) | 0.707/0.571 | 0.179/0.172 | 0.06/0.127 |
| | 每股经营现金流量(元) | 1.185 | 0.431 | －0.765 |
| | 每股净资产/调整后(元) | 2.94/2.94 | 2.15/2.15 | 1.95/1.93 |
| | 未分利润(万元) | 30277.4 | 1688.06 | －72284.66 |
| | 资本公积(万元) | 48565.33 | 44975.98 | 104787.48 |
| 利润构成 | 主营收入(万元) | 454390.02 | 444623.94 | 381009.91 |
| | 主营利润(万元) | 39471.46 | 22370.42 | 23361.36 |
| | 投资收益(万元) | 14.52 | | |
| | 利润总额(万元) | 31765.93 | 8036.75 | 2701.46 |
| | 净利润(万元) | 31765.93 | 8036.75 | 2701.46 |
| 近年分配: | | | | |

| 主要股东及持股比例%、持股性质 |
|---|
| 湖北新冶钢有限公司 29.95%（非流通股） |
| 中信泰富(中国)投资有限公司 28.18%（外资股） |
| 东风汽车公司 1.78%（非流通股） |
| 全国社保基金一零二组合 0.91%（流通 A 股） |
| 襄阳汽车轴承股份有限公司 0.76%（非流通股） |
| 湖北正智资产管理有限公司 0.51%（非流通股） |
| 中国一拖集团有限公司 0.51%（非流通股） |
| 黄石冶钢兴鑫钢渣开发有限责任公司 0.44%（流通 A 股） |
| 湖北华乐投资有限公司 0.29%（非流通股） |
| 中国北车集团北京南口机车车辆机械厂 0.25%（非流通股） |
| 实际控制人：中信泰富有限公司 |

二〇〇六年以来市场表现

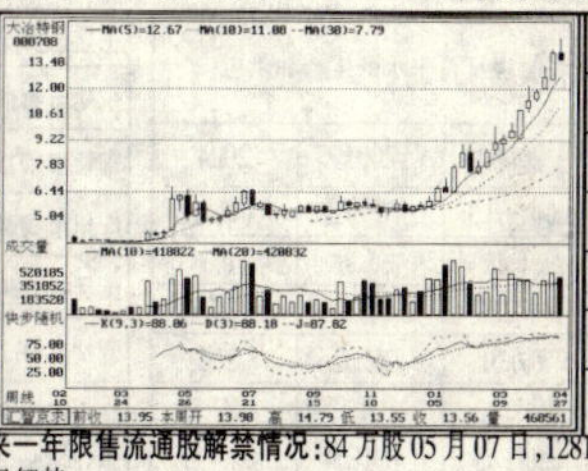

| | |
|---|---|
| 2006 年涨跌幅(%) | 58.6 |
| 2006 年最高(元) | 6.64 |
| 2007 年涨跌幅(%) | 129.83 |
| 2007.4.27 收盘(元) | 13.56 |
| 2007 年最高(元) | 14.79 |
| 2007 年最低(元) | 5.92 |
| 2007 年换手率(%) | 427.48 |

未来一年限售流通股解禁情况:84 万股 05 月 07 日,1281 万股 08 月 07 日,504 万股 02 月 07 日解禁。

| 最新股本 | 总股本 | 非(限售)流通 | 流通 A | 流通 B/H/S | 股东户数 | 06 年末 | 06 三季 |
|---|---|---|---|---|---|---|---|
| | 44940.85 | 28237.12 | 16703.73 | | | 48807 | 51815 |

年报点评：由于毛利率大幅提高以及转回计提减值准备,2006 年公司净利润大幅增长。公司大力开发军用钢、铁路用钢和油井用钢,在高规格钢铁材料方面具有突出的科技优势和竞争优势。公司实际控制人已变更为中信泰富集团,在完成股权变更后具有资产注入预期。

## 唐钢股份（000709）

上市日期:97/04/16　电话:0315－2701188　传真:0315－2702198

| | | | | |
|---|---|---|---|---|
| 主营 | 黑色金属冶炼及压延加工、钢材轧制、金属制品。 | | | |
| | 年　度 | 2006 | 2005 | 2004 |
| 主要指标 | 每股收益/扣除后(元) | 0.63/0.64 | 0.5/0.51 | 0.68/0.62 |
| | 每股经营现金流量(元) | 1.97 | 2.08 | 1.42 |
| | 每股净资产/调整后(元) | 4/3.98 | 3.72/3.69 | 4.23/4.23 |
| | 未分利润(万元) | 236687.79 | 187351.91 | 188779.9 |
| | 资本公积(万元) | 323479.82 | 323479.82 | 354608.56 |
| 利润构成 | 主营收入(万元) | 2768781.78 | 2431660.84 | 2188397.04 |
| | 主营利润(万元) | 359233.88 | 299372.92 | 345506.66 |
| | 投资收益(万元) | 914.53 | 1455.63 | 1766.08 |
| | 利润总额(万元) | 194648.88 | 162154.7 | 187287.15 |
| | 净利润(万元) | 142869.62 | 113432.49 | 132547.51 |
| 近年分配: | 06 预案:10 派 3.5；05 年:10 派 3.5；04 年:10 派 5 | | | |

| 主要股东及持股比例%、持股性质 |
|---|
| 唐山钢铁集团有限责任公司 51.11%（国有股） |
| 唐钢矿业有限公司 3.2%（流通 A 股） |
| 唐山天辰投资有限责任公司 2.97%（流通 A 股） |
| 唐山钢铁集团有限责任公司工会 2.67%（流通 A 股） |
| 中国农业银行－景顺长城内需增长贰号股票型证券投资基金 1.86%（流通 A 股） |
| 河北省信息产业投资有限公司 1.42%（流通 A 股） |
| 中国工商银行－嘉实策略增长混合型证券投资基金 1.15%（流通 A 股） |
| 中国农业银行－中邮核心优选股票型证券投资基金 1.1%（流通 A 股） |
| 同益证券投资基金 1.07%（流通 A 股） |
| 中国银行－华宝兴业先进成长股票型证券投资基金 1.06%（流通 A 股） |
| 实际控制人：河北省国有资产监督管理委员会 |

二〇〇六年以来市场表现

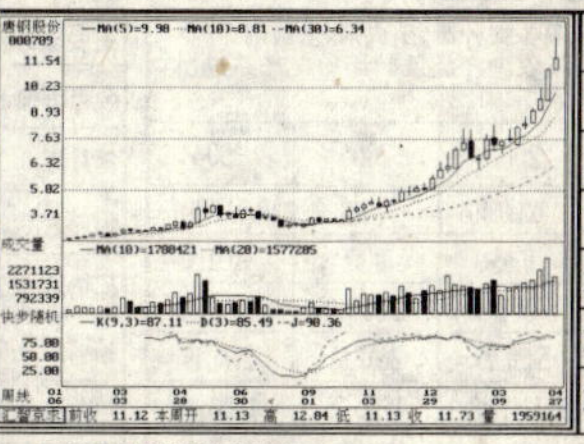

| | |
|---|---|
| 2006 年涨跌幅(%) | 146.89 |
| 2006 年最高(元) | 6.1 |
| 2007 年涨跌幅(%) | 109.46 |
| 2007.4.27 收盘(元) | 11.73 |
| 2007 年最高(元) | 12.84 |
| 2007 年最低(元) | 5.62 |
| 2007 年换手率(%) | 246.13 |

未来一年限售流通股解禁情况:

| 最新股本 | 总股本 | 非(限售)流通 | 流通 A | 流通 B/H/S | 股东户数 | 06 年末 | 06 三季 |
|---|---|---|---|---|---|---|---|
| | 226629.68 | 117252.22 | 109377.47 | | | 101477 | 131313 |

年报点评：公司地处冀东地区,有着丰富的矿石、煤炭和电力资源,冀东地区是目前国内三大铁矿带之一,已探明的铁矿地质储量约 42 亿吨。国际钢铁组织 2006 年全球前 127 家钢厂的粗钢产量统计结果显示,唐钢集团以 1906 万吨排名第九,跃入全球十大钢铁企业行列。

## 天兴仪表（000710）

上市日期:97/04/22　电话:028－84613721　传真:028－84600581

| 主营 | 摩托车与汽车仪表的开发、生产和销售。 | | | |
|---|---|---|---|---|
| | 年　度 | 2006 | 2005 | 2004 |
| 主要指标 | 每股收益/扣除后(元) | 0.008/0.001 | －0.094 | 0.004/－0.05 |
| | 每股经营现金流量(元) | 0.0772 | 0.0501 | －0.04 |
| | 每股净资产/调整后(元) | 0.66/0.65 | 0.65/0.63 | 0.75/0.71 |
| | 未分利润(万元) | －9724.91 | －9844.21 | －8416.56 |
| | 资本公积(万元) | 3592.63 | 3592.63 | 3581.14 |
| 利润构成 | 主营收入(万元) | 14865.8 | 13057.99 | 11966.21 |
| | 主营利润(万元) | 2051.54 | 1472.06 | 1887.69 |
| | 投资收益(万元) | | 23.16 | 58.56 |
| | 利润总额(万元) | 119.29 | －1427.65 | 63.8 |
| | 净利润(万元) | 119.29 | －1427.65 | 63.8 |
| 近年分配: | | | | |

| 主要股东及持股比例%、持股性质 |
|---|
| 成都天兴仪表(集团)有限公司 59.75%（国有股） |
| 上海明茂贸易发展有限公司 0.67%（流通A股） |
| 四川大西洋焊接材料股份有限公司 0.37%（流通A股） |
| 陈豪 0.37%（流通A股） |
| 陈炜 0.35%（流通A股） |
| 李健全 0.31%（流通A股） |
| 蔡利国 0.3%（流通A股） |
| 李伟 0.24%（流通A股） |
| 朱浦华 0.24%（流通A股） |
| 成都三电房地产开发有限责任公司 0.24%（流通A股） |
| 实际控制人: 中国南方工业集团公司 |

二〇〇六年以来市场表现

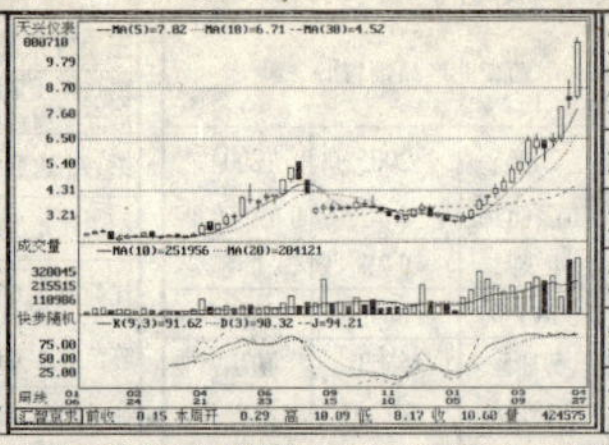

| | |
|---|---|
| 2006年涨跌幅(%) | 72.65 |
| 2006年最高(元) | 5.56 |
| 2007年涨跌幅(%) | 260.54 |
| 2007.4.27收盘(元) | 10.6 |
| 2007年最高(元) | 10.89 |
| 2007年最低(元) | 2.82 |
| 2007年换手率(%) | 597.34 |

未来一年限售流通股解禁情况:7560000股09月01日解禁

| 最新股本 | 总股本 | 非(限售)流通 | 流通A | 流通B/H/S | 股东户数 | 06年末 | 06三季 |
|---|---|---|---|---|---|---|---|
| | 15120 | 9036.83 | 6083.17 | | | 8082 | 7870 |

年报点评：公司主营汽车、摩托车部件，06年公司通过提升品质，加大管理效率，同时开拓大汽车部件和出口业务，收缩降低几乎亏损的摩托车部件业务，终于实现了收入与盈利大幅增长，渡过企业难关。07年公司将加大产品创新，并提升管理效率，实现企业持续发展。

## 天伦置业（000711）

上市日期:97/04/11　电话:0451－2335442　传真:0451－2334782

| 主营 | 房地产业、旅游产业。 | | | |
|---|---|---|---|---|
| | 年　度 | 2006 | 2005 | 2004 |
| 主要指标 | 每股收益/扣除后(元) | －0.283/－0.15 | 0.022 | 0.21/0.205 |
| | 每股经营现金流量(元) | －0.462 | －1.936 | 0.96 |
| | 每股净资产/调整后(元) | 2.94/2.94 | 3.25/3.25 | 3.28/3.28 |
| | 未分利润(万元) | 9426.24 | 12457.43 | 12793.97 |
| | 资本公积(万元) | 8146.15 | 8462.21 | 8462.21 |
| 利润构成 | 主营收入(万元) | 1142.19 | 1235.68 | 22638.97 |
| | 主营利润(万元) | －484.6 | 340.19 | 5116.73 |
| | 投资收益(万元) | 73.99 | 161.04 | 6.66 |
| | 利润总额(万元) | －3019.92 | 292.01 | 3446.31 |
| | 净利润(万元) | －3031.19 | 235.04 | 2231.25 |
| 近年分配: | 04年:10派0.5 | | | |

| 主要股东及持股比例%、持股性质 |
|---|
| 天伦控股有限公司 26.64%（非流通股） |
| 深圳市禾海投资发展有限公司 4.64%（非流通股） |
| 上海国欣科技发展公司 2.05%（非流通股） |
| 广州中凌投资有限公司 1.6%（流通A股） |
| 上海卓成资产管理有限公司 1.36%（非流通股） |
| 南都集团控股有限公司 1.33%（非流通股） |
| 佛山市东方恒力投资有限公司 1.19%（流通A股） |
| 张凤英 1.03%（流通A股） |
| 胡柏君 0.79%（流通A股） |
| 庞彩燕 0.7%（流通A股） |
| 实际控制人: |

二〇〇六年以来市场表现

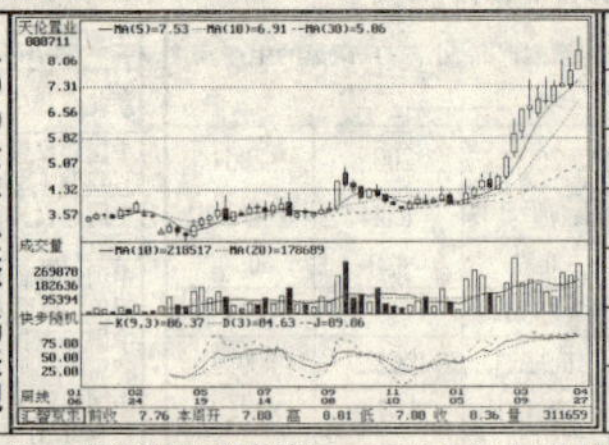

| | |
|---|---|
| 2006年涨跌幅(%) | 48.79 |
| 2006年最高(元) | 6.45 |
| 2007年涨跌幅(%) | 115.46 |
| 2007.4.27收盘(元) | 8.36 |
| 2007年最高(元) | 8.81 |
| 2007年最低(元) | 3.82 |
| 2007年换手率(%) | 471.51 |

未来一年限售流通股解禁情况:5363280股04月07日解禁

| 最新股本 | 总股本 | 非(限售)流通 | 流通A | 流通B/H/S | 股东户数 | 06年末 | 06三季 |
|---|---|---|---|---|---|---|---|
| | 10726.56 | 4084.35 | 6642.21 | | | 13571 | 13960 |

年报点评：由于羊城大厦项目在期内未能完成过户手续，加之松花江索道站房转让产生净损失1255万元，天誉花园五楼资产报损处理和计提减值准备产生损失932万元，对已销售房地产项目预提土地增值税658万元，最终造成了公司在本年度亏损3000余万元。

## 锦龙股份（000712）

上市日期:97/04/15　电话:0763－3369393　传真:0763－3362693

| 主营 | 房地产开发、牛仔布的生产销售及自来水的生产和供应。 | | | |
|---|---|---|---|---|
| | 年　度 | 2006 | 2005 | 2004 |
| 主要指标 | 每股收益/扣除后(元) | 0.048/－0.35 | 0.017/－0.113 | 0.04/0.056 |
| | 每股经营现金流量(元) | －0.48 | －0.26 | －0.36 |
| | 每股净资产/调整后(元) | 2.87/2.87 | 2.84/2.83 | 2.88/2.82 |
| | 未分利润(万元) | 7800.51 | 7158.32 | 8287.53 |
| | 资本公积(万元) | 15850.12 | 16151.52 | 16147.52 |
| 利润构成 | 主营收入(万元) | 25013.73 | 41344.5 | 42814.87 |
| | 主营利润(万元) | 4515.74 | 9558.52 | 11059.21 |
| | 投资收益(万元) | 3380.76 | 236.72 | －1798.94 |
| | 利润总额(万元) | 768.12 | 1144.35 | 1999.03 |
| | 净利润(万元) | 727.54 | 254.06 | 655.42 |
| 近年分配: | 04年:10派0.5 | | | |

| 主要股东及持股比例%、持股性质 |
|---|
| 东莞市新世纪科教拓展有限公司 29.76%（非流通股） |
| 东莞市富实业有限公司 20.75%（非流通股） |
| 广州市锦麟投资有限公司 16.23%（非流通股） |
| 汤庆松 0.46%（流通A股） |
| 刘媛月 0.19%（流通A股） |
| 高州市金龙果业科技有限公司 0.11%（流通A股） |
| 刘昔燎 0.09%（流通A股） |
| 曾友章 0.09%（流通A股） |
| 余伟光 0.09%（流通A股） |
| 刘莉 0.08%（流通A股） |
| 实际控制人: 杨志茂 |

二〇〇六年以来市场表现

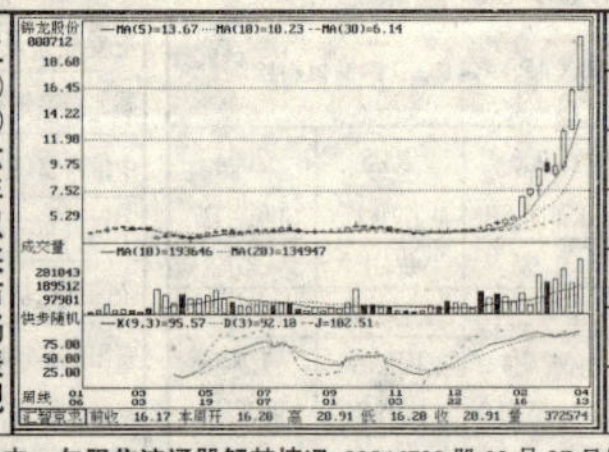

| | |
|---|---|
| 2006年涨跌幅(%) | 43.64 |
| 2006年最高(元) | 6.38 |
| 2007年涨跌幅(%) | 416.3 |
| 2007.4.27收盘(元) | 20.91 |
| 2007年最高(元) | 20.91 |
| 2007年最低(元) | 3.92 |
| 2007年换手率(%) | 456.73 |

未来一年限售流通股解禁情况:22846728股03月27日解禁

| 最新股本 | 总股本 | 非(限售)流通 | 流通A | 流通B/H/S | 股东户数 | 06年末 | 06三季 |
|---|---|---|---|---|---|---|---|
| | 15231.15 | 10164.92 | 5066.23 | | | 11478 | 12217 |

年报点评：公司主要经营房地产开发、自来水的生产销售、牛仔布和化纤长丝的生产销售。公司拟与香港冠富企业发展有限公司共同组建合资公司，以扩大公司整体的业务规模和实力。公司控股80%的清远自来水公司是清远城区唯一的自来水生产企业，区域垄断优势相当明显。

## 丰乐种业（000713）

上市日期:97/04/22　电话:0551－2239888　传真:0551－2239957

| 主营 | 经营粮、棉、油、麻、瓜、菜等各类种苗，杀虫剂、杀菌剂、除草剂、微肥等农化产品，种子、农副产品及其深加工产品进出口贸易。 | | | |
|---|---|---|---|---|
| | 年　度 | 2006 | 2005 | 2004 |
| 主要指标 | 每股收益/扣除后(元) | 0.121/0.106 | 0.108 | 0.09/0.041 |
| | 每股经营现金流量(元) | 0.05 | 0.49 | 0.21 |
| | 每股净资产/调整后(元) | 2.07/1.98 | 1.95/1.9 | 1.88/1.75 |
| | 未分利润(万元) | 5228.25 | 3503.82 | 2776.19 |
| | 资本公积(万元) | 15267.88 | 15145.35 | 14733.01 |
| 利润构成 | 主营收入(万元) | 83394.05 | 69019.86 | 44686.84 |
| | 主营利润(万元) | 26661.01 | 21712.98 | 16624.64 |
| | 投资收益(万元) | －744.81 | －959.54 | －315.86 |
| | 利润总额(万元) | 3876.24 | 1765.05 | 1340.85 |
| | 净利润(万元) | 2715.38 | 2420 | 2050.96 |
| 近年分配: | 06预案:10派0.3；05年:10派0.3；04年:10派0.5 | | | |

| 主要股东及持股比例%、持股性质 |
|---|
| 合肥市种子公司 37.75%（国有股） |
| 傅月琴 0.29%（流通A股） |
| 张玮胜 0.27%（流通A股） |
| 邱怡然 0.27%（流通A股） |
| 杨细素 0.23%（流通A股） |
| 郑仁昌 0.23%（流通A股） |
| 徐建萍 0.22%（流通A股） |
| 陈玉华 0.2%（流通A股） |
| 戴晓渊 0.19%（流通A股） |
| 祁永清 0.19%（流通A股） |
| 实际控制人: 合肥市国有资产管理委员会 |

二〇〇六年以来市场表现

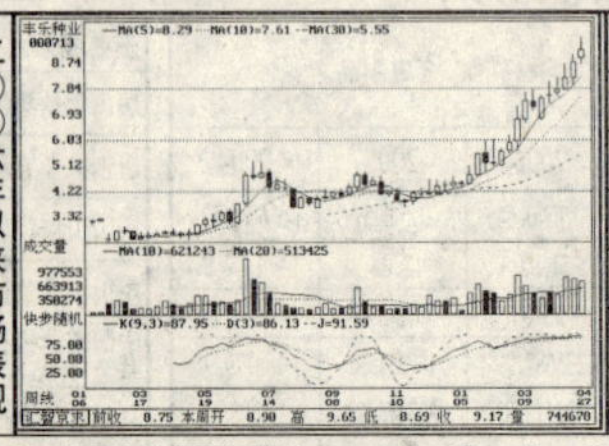

| | |
|---|---|
| 2006年涨跌幅(%) | 109 |
| 2006年最高(元) | 6.98 |
| 2007年涨跌幅(%) | 104.69 |
| 2007.4.27收盘(元) | 9.17 |
| 2007年最高(元) | 9.65 |
| 2007年最低(元) | 4.3 |
| 2007年换手率(%) | 599.59 |

未来一年限售流通股解禁情况:11250000股02月14日解禁

| 最新股本 | 总股本 | 非(限售)流通 | 流通A | 流通B/H/S | 股东户数 | 06年末 | 06三季 |
|---|---|---|---|---|---|---|---|
| | 22500 | 8496.66 | 14003.34 | | | 31438 | 32555 |

年报点评：公司是国内第一家种业上市公司，其种子的年产销量位居全国第一，年供种量占全国三分之一以上，子公司丰乐种业香料公司是目前国内天然薄荷醇产销量最大公司。公司正着手扩建种子基地，未来3年公司计划将基地面积扩大到50万亩，提升公司主业竞争实力。

# 中兴商业（000715）

上市日期:97/05/08　电话:024－23836060　传真:024－23836008

| | | | | |
|---|---|---|---|---|
| 主营 | 商业百货零售和批发。 | | | |
| | 年　度 | 2006 | 2005 | 2004 |
| 主要指标 | 每股收益/扣除后(元) | 0.324/0.331 | 0.307/0.289 | 0.25/0.247 |
| | 每股经营现金流量(元) | 0.46 | 0.41 | 0.51 |
| | 每股净资产/调整后(元) | 3.6/3.57 | 3.35/3.32 | 3.18/3.16 |
| | 未分利润(万元) | 17558.79 | 12803.5 | 10535.28 |
| | 资本公积(万元) | 31671.74 | 31771.74 | 31771.74 |
| 利润构成 | 主营收入(万元) | 208786.31 | 194586.89 | 176439.25 |
| | 主营利润(万元) | 36408 | 33391.45 | 30258.09 |
| | 投资收益(万元) | | | |
| | 利润总额(万元) | 10344.24 | 9204.45 | 8156.71 |
| | 净利润(万元) | 6952.93 | 6591.11 | 5324.44 |
| 近年分配: | 06 预案:10 派 1 送 3；05 年:10 派 0.7；04 年:10 派 1.4 | | | |

| 主要股东及持股比例%、持股性质 |
|---|
| 沈阳市商业国有资产经营有限责任公司 32.42%（国有股） |
| CITIC CAPITAL SHOPWELL LIMITED 26.3%（外资股） |
| 中国新纪元有限公司 6.12%（非流通股） |
| 金鑫证券投资基金 3.58%（流通 A 股） |
| 浙江银泰百货有限公司 1.87%（流通 A 股） |
| 常熟市星辉物资贸易有限公司 1.7%（流通 A 股） |
| 银河_渣打_CITICGROUP GLOBAL MARKETS LIMITED 0.77%（流通 A 股） |
| 于泳 0.64%（流通 A 股） |
| 董华 0.59%（流通 A 股） |
| 高华－汇丰－GOLDMAN SACHS & CO 0.54%（流通 A 股） |
| 实际控制人：沈阳市商业国有资产经营有限责任公司 |

二〇〇六年以来市场表现

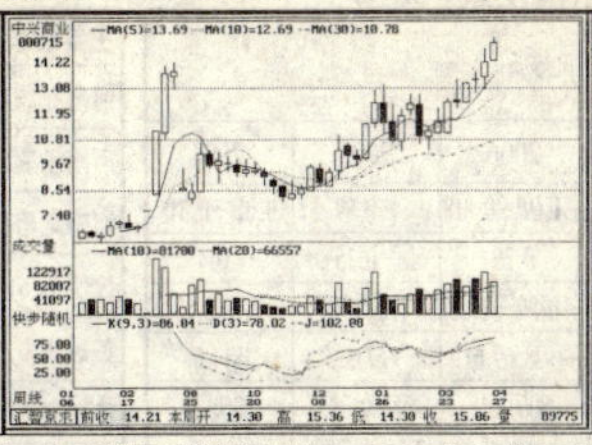

| | |
|---|---|
| 2006 年涨跌幅(%) | 102.72 |
| 2006 年最高(元) | 14.34 |
| 2007 年涨跌幅(%) | 50.3 |
| 2007.4.27 收盘(元) | 15.06 |
| 2007 年最高(元) | 15.36 |
| 2007 年最低(元) | 9.56 |
| 2007 年换手率(%) | 154.66 |

未来一年限售流通股解禁情况:33548096 股 08 月 18 日解禁

| | 总股本 | 非(限售)流通 | 流通 A | 流通 B/H/S | 股东户数 | 06 年末 | 06 三季 |
|---|---|---|---|---|---|---|---|
| 最新股本 | 21462 | 14059.79 | 7402.21 | | | 10852 | 13200 |

年报点评：公司已在沈阳核心商圈打造了很强的知名度和品牌。中兴商业目前拥有 1 家大型百货店和 5 家超市其中 4 家位于沈阳，其中，中兴商业百货大楼经营面积达到 6 万平米，是国内销售排名靠前的单体百货店。公司总店进一步拓展和改善空间很大，业绩仍有较大的提升空间。

# ＊ST 南控（000716）

上市日期:97/04/18　电话:0771－5308090　传真:0771－5308050

| | | | | |
|---|---|---|---|---|
| 主营 | 房地产开发、商贸、无线通讯寻呼、航空运输和城市管道燃气。 | | | |
| | 年　度 | 2006 | 2005 | 2004 |
| 主要指标 | 每股收益/扣除后(元) | －0.01/－0.04 | －0.37/－0.14 | 0.06/－0.039 |
| | 每股经营现金流量(元) | 0.001 | －0.22 | 0.18 |
| | 每股净资产/调整后(元) | 1.24/1.14 | 1.07/1.03 | 1.57/1.49 |
| | 未分利润(万元) | －12396.95 | －12149.98 | －5142.27 |
| | 资本公积(万元) | 18280.7 | 14804.46 | 14363.02 |
| 利润构成 | 主营收入(万元) | 18565.69 | 13421.16 | 26580.16 |
| | 主营利润(万元) | 8236.55 | 4652.21 | 2685.91 |
| | 投资收益(万元) | 765.61 | －2593.46 | 2365.62 |
| | 利润总额(万元) | －91.84 | －7276.63 | 1564.35 |
| | 净利润(万元) | －246.97 | －6508.11 | －1116.51 |
| 近年分配: | | | | |

| 主要股东及持股比例%、持股性质 |
|---|
| 广西南方投资有限责任公司 21.72%（非流通股） |
| 广西黑五类容县容州宾馆有限责任公司 4.89%（非流通股） |
| 北京中外名人科技有限公司 3.34%（非流通股） |
| 柳州市城市投资建设发展有限公司 2.62%（国有股） |
| 桂林五洲旅游股份有限公司 1.4%（非流通股） |
| 南宁人本广告策划有限责任公司 0.86%（非流通股） |
| 江建军 0.62%（流通 A 股） |
| 王必雷 0.48%（流通 A 股） |
| 吴胜 0.45%（流通 A 股） |
| 广西斯壮建筑有限责任公司 0.43%（非流通股） |
| 实际控制人：广西南方投资有限责任公司 |

二〇〇六年以来市场表现

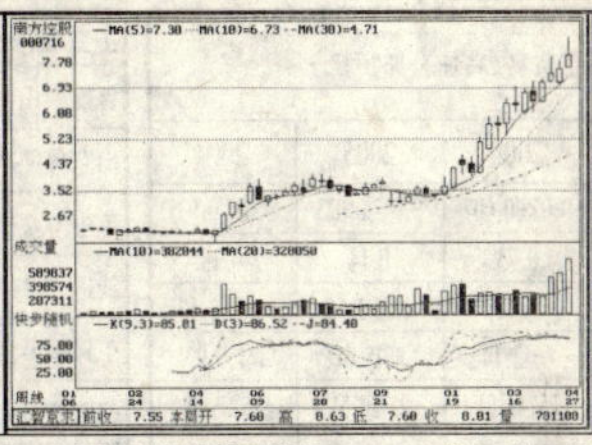

| | |
|---|---|
| 2006 年涨跌幅(%) | 71.62 |
| 2006 年最高(元) | 4.08 |
| 2007 年涨跌幅(%) | 137.69 |
| 2007.4.27 收盘(元) | 8.01 |
| 2007 年最高(元) | 8.63 |
| 2007 年最低(元) | 3.23 |
| 2007 年换手率(%) | 497.28 |

未来一年限售流通股解禁情况:32535151 股 11 月 27 日解禁

| | 总股本 | 非(限售)流通 | 流通 A | 流通 B/H/S | 股东户数 | 06 年末 | 06 三季 |
|---|---|---|---|---|---|---|---|
| 最新股本 | 17825.95 | 6677.59 | 11148.37 | | | 27532 | 27124 |

年报点评：公司目前的大股东是南方黑五类公司，随着黑五类公司的入主，公司逐渐退出航空、房地产等业务，目前食品已成为公司的主营业务。公司出品的南方黑芝麻糊占据黑芝麻这个细分市场的 80% 的份额，多年来销售收入和利润稳定增长。同时公司又是中国最大的米粉制造商。

# 韶钢松山（000717）

上市日期:97/05/08　电话:0751－8787265　传真:0751－8787676

| | | | | |
|---|---|---|---|---|
| 主营 | 钢铁产品及其副产品的生产和销售 | | | |
| | 年　度 | 2006 | 2005 | 2004 |
| 主要指标 | 每股收益/扣除后(元) | 0.311/0.268 | 0.102 | 1.13/1.126 |
| | 每股经营现金流量(元) | 1.3896 | 1.0271 | 1.17 |
| | 每股净资产/调整后(元) | 3.97/3.97 | 3.71/3.7 | 5.98/5.97 |
| | 未分利润(万元) | 203259.15 | 172509.85 | 160931.44 |
| | 资本公积(万元) | 139649.05 | 139649.05 | 190666.91 |
| 利润构成 | 主营收入(万元) | 1240649.02 | 1061682.34 | 1032876.96 |
| | 主营利润(万元) | 86455.42 | 43728.28 | 120838.77 |
| | 投资收益(万元) | 45.82 | －2.36 | |
| | 利润总额(万元) | 58812.17 | 12591.02 | 101098.09 |
| | 净利润(万元) | 41672.77 | 13621.65 | 94825.59 |
| 近年分配: | 06 预案:10 派 0.5；05 年:10 派 0.5；04 年:10 派 2 转增 6 | | | |

| 主要股东及持股比例%、持股性质 |
|---|
| 广东省韶关钢铁集团有限公司 45.15%（部分流通部分不流通） |
| 唐钢矿业有限公司 4.24%（流通 A 股） |
| 王家宜 1.2%（流通 A 股） |
| 北京万华信融投资咨询有限公司 0.93%（流通 A 股） |
| 唐山天辰投资有限责任公司 0.76%（流通 A 股） |
| 王京峰 0.6%（流通 A 股） |
| 罗建华 0.46%（流通 A 股） |
| 中国银行－易方达深证 100 交易型开放式指数证券投资基金 0.42%（流通 A 股） |
| 张朝宏 0.41%（流通 A 股） |
| 郑妙珊 0.39%（流通 A 股） |
| 实际控制人： |

二〇〇六年以来市场表现

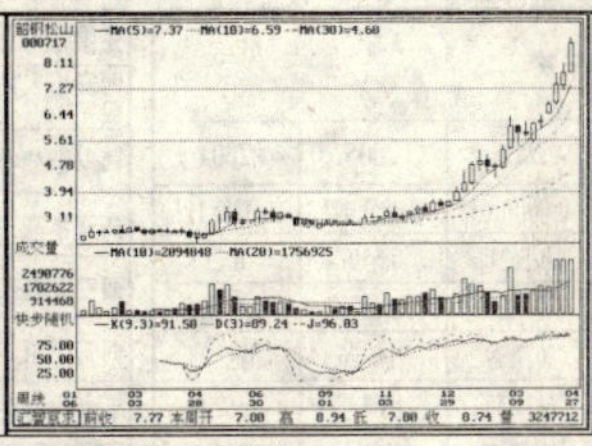

| | |
|---|---|
| 2006 年涨跌幅(%) | 52.72 |
| 2006 年最高(元) | 3.71 |
| 2007 年涨跌幅(%) | 142.78 |
| 2007.4.27 收盘(元) | 8.74 |
| 2007 年最高(元) | 8.94 |
| 2007 年最低(元) | 3.63 |
| 2007 年换手率(%) | 377.67 |

未来一年限售流通股解禁情况:

| | 总股本 | 非(限售)流通 | 流通 A | 流通 B/H/S | 股东户数 | 06 年末 | 06 三季 |
|---|---|---|---|---|---|---|---|
| 最新股本 | 134112 | 54157.06 | 79954.94 | | | 70078 | 69526 |

年报点评：公司主要产品中厚板、高强度螺纹钢筋、深加工用线材等为特大型钢铁企业不生产，小型、民营企业又无法生产的产品。公司现已具备年产 500 万吨钢的生产能力，成本大幅降低。公司所处的广东是全国最大的钢材消费市场，市场优势明显。

# 苏宁环球（000718）

上市日期:97/04/08　电话:0432－4565905　传真:0432－4565906

| | | | | |
|---|---|---|---|---|
| 主营 | 房地产开发及混凝土的生产与销售 | | | |
| | 年　度 | 2006 | 2005 | 2004 |
| 主要指标 | 每股收益/扣除后(元) | 0.18/0.18 | 0.04/－0.07 | －1.7/－1.24 |
| | 每股经营现金流量(元) | 0.2 | 0.32 | 0.003 |
| | 每股净资产/调整后(元) | 1.18/1.16 | 0.99/0.99 | －0.58/－0.63 |
| | 未分利润(万元) | 3982.76 | －2750.24 | －128659.64 |
| | 资本公积(万元) | | | 52606.9 |
| 利润构成 | 主营收入(万元) | 106817.38 | 28.23 | 137.48 |
| | 主营利润(万元) | 16379.51 | －13.12 | －48.14 |
| | 投资收益(万元) | －1505.45 | | 9.12 |
| | 利润总额(万元) | 11426.98 | 1558.41 | －67822.87 |
| | 净利润(万元) | 7231 | 1558.41 | －67822.87 |
| 近年分配: | | | | |

| 主要股东及持股比例%、持股性质 |
|---|
| 江苏苏宁环球集团有限公司 50.06%（非流通股） |
| 沈阳化工集团有限公司 0.78%（非流通股） |
| 交通银行－久富证券投资基金 0.63%（流通 A 股） |
| 蒋仕波 0.52%（流通 A 股） |
| 海宁金丰易居房屋租赁置换有限公司 0.44%（流通 A 股） |
| 中国轻工集团公司 0.39%（非流通股） |
| 光大证券－光大－光大阳光集合资产管理计划 0.37%（流通 A 股） |
| 大连经济技术开发区吉兴纸业公司 0.34%（非流通股） |
| 许大业 0.32%（流通 A 股） |
| 毛立昌 0.27%（流通 A 股） |
| 实际控制人：张桂平 |

二〇〇六年以来市场表现

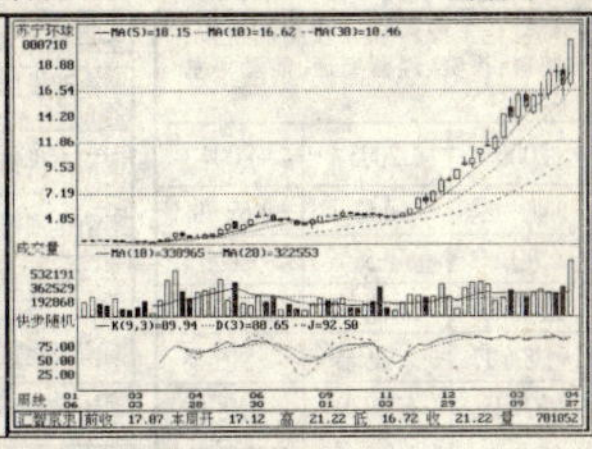

| | |
|---|---|
| 2006 年涨跌幅(%) | 212.27 |
| 2006 年最高(元) | 8.58 |
| 2007 年涨跌幅(%) | 152.62 |
| 2007.4.27 收盘(元) | 21.22 |
| 2007 年最高(元) | 21.22 |
| 2007 年最低(元) | 8.47 |
| 2007 年换手率(%) | 276.55 |

未来一年限售流通股解禁情况:

| | 总股本 | 非(限售)流通 | 流通 A | 流通 B/H/S | 股东户数 | 06 年末 | 06 三季 |
|---|---|---|---|---|---|---|---|
| 最新股本 | 39973.91 | 21113.51 | 18860.4 | | | 35690 | 43356 |

年报点评：苏宁环球在 2005 年底借＊ST 吉纸净壳上市。借壳上市后的苏宁环球，2006 年房地产收入和净利润大幅增长；公司经营快速、稳健发展，超额完成各项经营指标；异地市场开拓取得实质性进展，土地储备较为丰富；预计未来两年内业绩仍将快速增长。

## S＊ST 鑫安（000719）

上市日期:97/03/31　　电话:0391－2925951　　传真:0391－2919211

| | | | | |
|---|---|---|---|---|
| 主营 | 化工、医药、城市公用事业等。 | | | |
| | 年　度 | 2006 | 2005 | 2004 |
| 主要指标 | 每股收益/扣除后(元) | -1.69/-0.818 | -0.89 | 0.01/-0.348 |
| | 每股经营现金流量(元) | 0.29 | -0.15 | -0.47 |
| | 每股净资产/调整后(元) | -0.39/-1.56 | 1.29/1.19 | 2.19/2.12 |
| | 未分利润(万元) | -28569.61 | -6738.3 | 4814.08 |
| | 资本公积(万元) | 8060.31 | 8060.31 | 8060.31 |
| 利润构成 | 主营收入(万元) | 1969 | 17118.49 | 21516.43 |
| | 主营利润(万元) | -1107.93 | -2861.23 | -329.99 |
| | 投资收益(万元) | | 18.72 | |
| | 利润总额(万元) | -21831.32 | -11552.38 | 128.33 |
| | 净利润(万元) | -21831.32 | -11552.38 | 85.98 |
| 近年分配: | | | | |

**主要股东及持股比例%、持股性质**

河南花园集团有限公司 28.99%（非流通股）
河南永盛投资担保有限公司 28%（非流通股）
河南觉悟科技有限公司 5%（非流通股）
徐悦 0.61%（流通 A 股）
黄冠辉 0.56%（流通 A 股）
赖顺兴 0.44%（流通 A 股）
樊开源 0.38%（流通 A 股）
陈启新 0.36%（流通 A 股）
马晓琴 0.34%（流通 A 股）
河南豫新经贸有限公司 0.32%（流通 A 股）

实际控制人：谢国胜

二〇〇六年以来市场表现

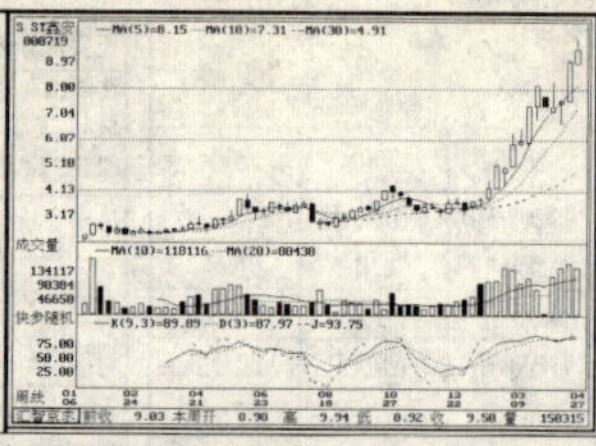

| | |
|---|---|
| 2006 年涨跌幅(%) | 50 |
| 2006 年最高(元) | 4.37 |
| 2007 年涨跌幅(%) | 180.24 |
| 2007.4.27 收盘(元) | 9.5 |
| 2007 年最高(元) | 9.94 |
| 2007 年最低(元) | 3.45 |
| 2007 年换手率(%) | 315.7 |

未来一年限售流通股解禁情况:

| 最新股本 | 总股本 | 非(限售)流通 | 流通 A | 流通 B/H/S | 股东户数 | 06 年末 | 06 三季 |
|---|---|---|---|---|---|---|---|
| | 12937.57 | 8020.45 | 4917.12 | | | 10554 | 12080 |

年报点评：公司主营纯碱化工、医药试剂和公用事业城市燃气三大行业，在整个华中地区拥有较高市场份额。重组后郑州花园集团入主，花园集团拥有多个优质医药控股公司，有望注入公司。此外，ST 鑫安间接持有河南省有限电视网络集团 14%股权，有望带来新的增长。

## 鲁能泰山（000720）

上市日期:97/05/09　　电话:(0538)8539812　　传真:(0538)8539810

| | | | | |
|---|---|---|---|---|
| 主营 | 主营电力、电线电缆、信息贸易、高速公路护栏。 | | | |
| | 年　度 | 2006 | 2005 | 2004 |
| 主要指标 | 每股收益/扣除后(元) | 0.028/0.007 | 0.022/0.025 | 0.037/0.035 |
| | 每股经营现金流量(元) | 0.73 | 0.14 | 0.16 |
| | 每股净资产/调整后(元) | 1.59/1.57 | 1.57/1.56 | 1.57/1.57 |
| | 未分利润(万元) | 6643.14 | 4918.01 | 4159.97 |
| | 资本公积(万元) | 25749.54 | 25720.51 | 25706.28 |
| 利润构成 | 主营收入(万元) | 207051.84 | 198649.01 | 170409.69 |
| | 主营利润(万元) | 37919.39 | 29806.73 | 27055.78 |
| | 投资收益(万元) | -127.9 | 361.71 | 495.58 |
| | 利润总额(万元) | 8313.16 | 2277.65 | 8202.41 |
| | 净利润(万元) | 2407.87 | 1895.68 | 3231.42 |
| 近年分配: | | | | |

**主要股东及持股比例%、持股性质**

鲁能泰山电缆电器有限责任公司 18.54%（国有股）
山东鲁能物资集团有限公司 7.53%（国有股）
范中 0.23%（流通 A 股）
钱进 0.22%（流通 A 股）
丁伟敏 0.14%（流通 A 股）
郭红霞 0.14%（流通 A 股）
杜日新 0.12%（流通 A 股）
郑丽 0.12%（流通 A 股）
毛克起 0.1%（流通 A 股）
潘英俊 0.1%（流通 A 股）

实际控制人：山东鲁能发展集团有限公司

二〇〇六年以来市场表现

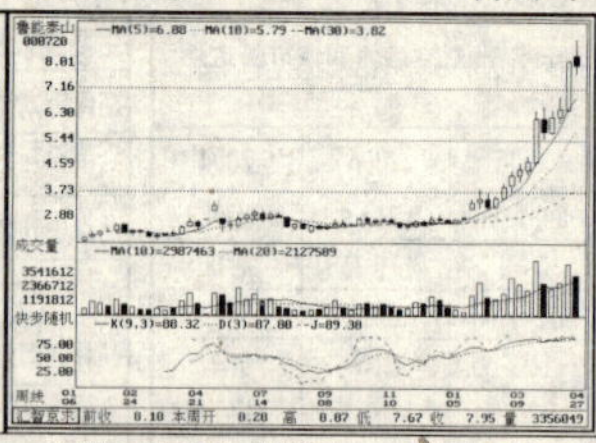

| | |
|---|---|
| 2006 年涨跌幅(%) | 68.36 |
| 2006 年最高(元) | 3.96 |
| 2007 年涨跌幅(%) | 197.75 |
| 2007.4.27 收盘(元) | 7.95 |
| 2007 年最高(元) | 8.87 |
| 2007 年最低(元) | 2.65 |
| 2007 年换手率(%) | 593.43 |

未来一年限售流通股解禁情况:86346000 股 06 月 07 日解禁

| 最新股本 | 总股本 | 非(限售)流通 | 流通 A | 流通 B/H/S | 股东户数 | 06 年末 | 06 三季 |
|---|---|---|---|---|---|---|---|
| | 86346 | 22513.3 | 63832.7 | | | 91776 | 88836 |

年报点评：公司 2006 年实现净利润同比增长 27%。今年上半年净利润将亏损。大股东鲁能集团目前拥有三家上市公司，旗下庞大电力资产有可能通过鲁能泰山实现资产整合及整体上市。北京国源联合公司收购鲁能集团 60.09%股份后，成为间接控制人，未来资本运作空间较大。

## 西安饮食（000721）

上市日期:97/04/30　　电话:029－87232416　　传真:029－87232416 87251354

| | | | | |
|---|---|---|---|---|
| 主营 | 餐饮、宾馆、娱乐及旅游服务 | | | |
| | 年　度 | 2006 | 2005 | 2004 |
| 主要指标 | 每股收益/扣除后(元) | 0.061/0.03 | 0.12/0.097 | 0.12/0.112 |
| | 每股经营现金流量(元) | 0.5624 | 0.5518 | 0.23 |
| | 每股净资产/调整后(元) | 1.94/1.63 | 1.94/1.68 | 1.82/1.5 |
| | 未分利润(万元) | 7077.79 | 7146.26 | 5382.76 |
| | 资本公积(万元) | 6674.58 | 6667.9 | 6667.9 |
| 利润构成 | 主营收入(万元) | 46502.98 | 45088.11 | 41945.56 |
| | 主营利润(万元) | 24849.59 | 22927.56 | 21483.27 |
| | 投资收益(万元) | 105.44 | -131.83 | -12.65 |
| | 利润总额(万元) | 1893.03 | 3155.13 | 3216.47 |
| | 净利润(万元) | 1053.39 | 2061.84 | 2018.43 |
| 近年分配: | 05 年:10 派 0.6 | | | |

**主要股东及持股比例%、持股性质**

西安市人民政府国有资产监督管理委员会 30.59%（国有股）
西安维德实业发展有限公司 7.77%（非流通股）
西安米高实业发展有限公司 7.15%（非流通股）
西安龙基工程建设有限公司 7.12%（非流通股）
西安卫康 3.9%（非流通股）
上海汉晟信投资有限公司 2.86%（非流通股）
蚌埠市来源贸易有限公司 2.86%（非流通股）
中国银行－华夏回报二号证券投资基金 1.2%（流通 A 股）
中国农业银行－华夏平稳增长混合型证券投资基金 1.02%（流通 A 股）
曾青云 0.93%（流通 A 股）

实际控制人：西安市人民政府国有资产监督管理委员会

二〇〇六年以来市场表现

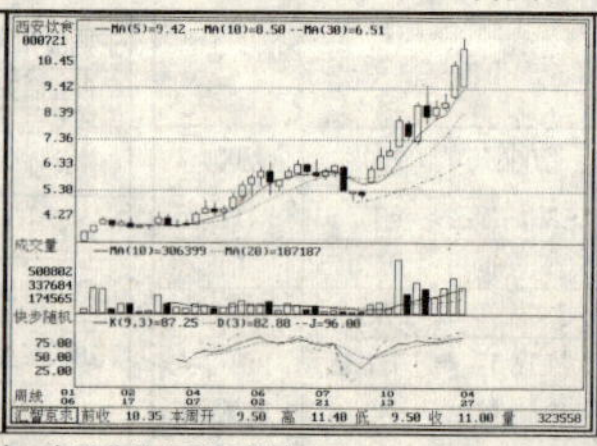

| | |
|---|---|
| 2006 年涨跌幅(%) | 114.15 |
| 2006 年最高(元) | 7.36 |
| 2007 年涨跌幅(%) | 131.16 |
| 2007.4.27 收盘(元) | 11 |
| 2007 年最高(元) | 16.65 |
| 2007 年最低(元) | 10.27 |
| 2007 年换手率(%) | 316.98 |

未来一年限售流通股解禁情况:37437648 股 03 月 05 日解禁

| 最新股本 | 总股本 | 非(限售)流通 | 流通 A | 流通 B/H/S | 股东户数 | 06 年末 | 06 三季 |
|---|---|---|---|---|---|---|---|
| | 17162.26 | 10962.6 | 6199.67 | | | 14426 | 15130 |

年报点评：公司是西北地区最大的餐饮企业，拥有 15 家分公司、7 家子公司、18 家市内经营网点和 8 家社会化餐饮网点，已形成了以餐饮服务、酒店宾馆、食品加工、休闲娱乐四大产业为支柱，种植养殖、地产开发为辅助的特色的产业群体。公司业绩一般，作为小盘股，可逢低关注。

## 金果实业（000722）

上市日期:97/05/22　　电话:0731－8992097　　传真:0731－8998200

| | | | | |
|---|---|---|---|---|
| 主营 | 农副产品的加工和贸易；客运；化工原料和橡胶制品批发；电缆、电线、光缆的生产和销售；投资、经营交通、能源等基础产业。 | | | |
| | 年　度 | 2006 | 2005 | 2004 |
| 主要指标 | 每股收益/扣除后(元) | -0.48/-0.48 | 0.02 | -0.65/-0.58 |
| | 每股经营现金流量(元) | 0.1 | 0.56 | -0.51 |
| | 每股净资产/调整后(元) | 2.89/2.85 | 3.98/3.94 | 3.96/3.93 |
| | 未分利润(万元) | -13826.17 | -906.65 | -8822.58 |
| | 资本公积(万元) | 60829.15 | 64870.09 | 71268.63 |
| 利润构成 | 主营收入(万元) | 44873.43 | 59813.63 | 55189.36 |
| | 主营利润(万元) | 8054.4 | 17296.48 | 12552.75 |
| | 投资收益(万元) | -7434.86 | 3041.55 | -543.58 |
| | 利润总额(万元) | -13545.57 | 3444.24 | -14065.92 |
| | 净利润(万元) | -12859.99 | 454.52 | -14688.07 |
| 近年分配: | | | | |

**主要股东及持股比例%、持股性质**

湖南湘投控股集团有限公司 21.91%（部分流通部分不流通）
衡阳市供销合作社联合社 6.78%（国有股）
衡阳市国资局 2.39%（国有股）
宝应县农村信用合作联社 1.85%（流通 A 股）
湖南耒能实业总公司 0.9%（非流通股）
章建红 0.6%（流通 A 股）
杨霞娴 0.45%（流通 A 股）
海南神龙股份有限公司 0.45%（非流通股）
财富证券有限责任公司 0.45%（非流通股）
薛才康 0.23%（流通 A 股）

实际控制人：

二〇〇六年以来市场表现

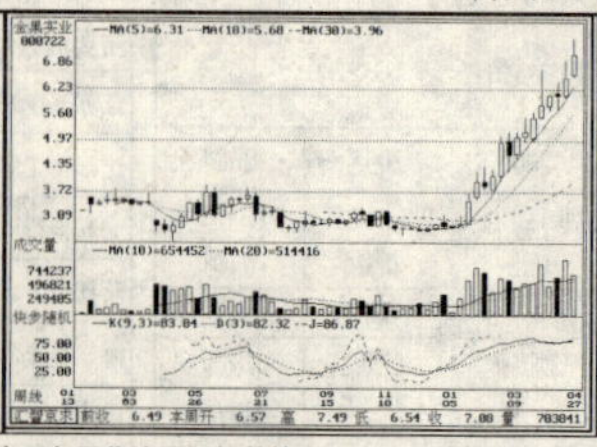

| | |
|---|---|
| 2006 年涨跌幅(%) | 26.46 |
| 2006 年最高(元) | 5.02 |
| 2007 年涨跌幅(%) | 147.55 |
| 2007.4.27 收盘(元) | 7.08 |
| 2007 年最高(元) | 7.49 |
| 2007 年最低(元) | 2.79 |
| 2007 年换手率(%) | 526.04 |

未来一年限售流通股解禁情况:

| 最新股本 | 总股本 | 非(限售)流通 | 流通 A | 流通 B/H/S | 股东户数 | 06 年末 | 06 三季 |
|---|---|---|---|---|---|---|---|
| | 26813.07 | 8892.04 | 17921.03 | | | 49297 | 50475 |

年报点评：公司通过实施重大资产置换，企业主体资产转变为持股 77.026%的湖南电子信息产业集团有限公司，主导产业进入以电子信息产业为主的高科技领域。湖南电子信息产业集团形成了显示器件产业群，电子材料基地，IT 产业板块，以及现代物流等四大产业板块。

## S 天宇（000723）

上市日期:97/05/15　　电话:0591－7916470　　传真:0591－7916449

| | | | | |
|---|---|---|---|---|
| 主营 | 输变电成套设备中电力一次设备的设计、制造,主导产品为各种高中低压开关设备、电器元件、各种干式、油浸式变压器和箱变等。 | | | |
| | 年　度 | 2006 | 2005 | 2004 |
| 主要指标 | 每股收益/扣除后(元) | 0.13/0.1 | 0.05 | 0.19/0.173 |
| | 每股经营现金流量(元) | －0.05 | 0.23 | 0.24 |
| | 每股净资产/调整后(元) | 2.1/1.69 | 1.97/1.59 | 1.92/1.53 |
| | 未分利润(万元) | 8771.27 | 7223.15 | 6609.95 |
| | 资本公积(万元) | 4536.74 | 4536.74 | 4536.74 |
| 利润构成 | 主营收入(万元) | 60479.91 | 60728.98 | 77419.11 |
| | 主营利润(万元) | 10487.31 | 11674.79 | 13089.37 |
| | 投资收益(万元) | 54.69 | 119.79 | 102.93 |
| | 利润总额(万元) | 1927.44 | 733.8 | 2519.94 |
| | 净利润(万元) | 1749.52 | 721.57 | 2588.04 |
| 近年分配: | | | | |

| 主要股东及持股比例%、持股性质 | |
|---|---|
| 美锦能源集团有限公司 29.73%（非流通股） | |
| 山西明坤科工贸集团有限公司 16.29%（非流通股） | |
| 国际金融－花旗－MARTIN CURRIE INVESTMENT MANAGEMENT LIMITED 1.64%（流通A股） | |
| 中国工商银行福建省分行营业部 1.37%（国有股） | |
| 中国工商银行－南方稳健成长贰号证券投资基金 1.09%（流通A股） | |
| 福州市投资管理公司 1.03%（国有股） | |
| 福建水泥股份有限公司 0.88%（国有股） | |
| 太原新世纪商贸发展有限公司 0.66%（流通A股） | |
| 黎虹 0.63%（流通A股） | |
| 山西信托投资有限责任公司－丰收盈通 0.54%（流通A股） | |
| 实际控制人: | 姚巨货、姚俊良、姚俊杰、姚俊花、姚三俊、姚四俊、姚俊卿 |

二〇〇六年以来市场表现

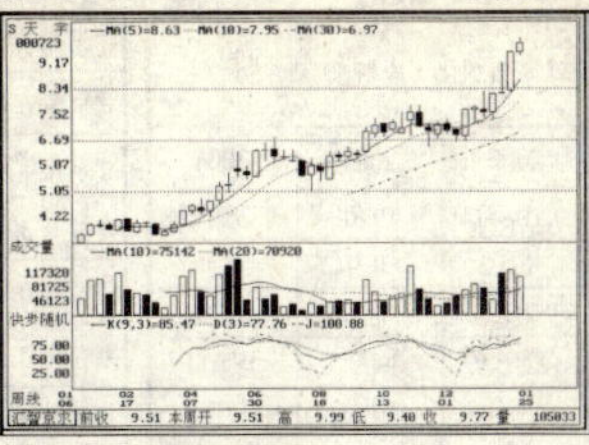

| | |
|---|---|
| 2006年涨跌幅(%) | 121.05 |
| 2006年最高(元) | 8.25 |
| 2007年涨跌幅(%) | 29.23 |
| 2007.4.27收盘(元) | 9.77 |
| 2007年最高(元) | 9.99 |
| 2007年最低(元) | 7.3 |
| 2007年换手率(%) | 56.08 |

未来一年限售流通股解禁情况:

| 最新股本 | 总股本 | 非(限售)流通 | 流通A | 流通B/H/S | 股东户数 | 06年末 | 06三季 |
|---|---|---|---|---|---|---|---|
| | 13959.92 | 6992 | 6967.92 | | | 11555 | 12716 |

年报点评：公司正在实施资产置换，通过资产置换公司主营业务发生变化,2007年1－2月仍然是原有的电气制造业务，2007年3月以后是置入的山西美锦焦化有限公司的焦炭业务(体现该公司2007年3－6月90%的经营业绩)。

## ＊ST 东方 A（000725/200725）

上市日期:A: 01/01/12 B: 97/06/10　　电话:010－64366264　　传真:010－64366264

| | | | | |
|---|---|---|---|---|
| 主营 | 光电子与显示器件、显示信息终端设备;无线通讯与移动信息设备;系统解决方案、软件与服务等。 | | | |
| | 年　度 | 2006 | 2005 | 2004 |
| 主要指标 | 每股收益/扣除后(元) | －0.6/－0.61 | －0.72 | 0.14/0.111 |
| | 每股经营现金流量(元) | 0.294 | －0.448 | 0.141 |
| | 每股净资产/调整后(元) | 1.23/1.23 | 1.54/1.52 | 3.39/3.37 |
| | 未分利润(万元) | －282098.03 | －109541.82 | 52186.11 |
| | 资本公积(万元) | 299601.67 | 161663.92 | 230164.35 |
| 利润构成 | 主营收入(万元) | 878139.43 | 1346179.31 | 1244170.76 |
| | 主营利润(万元) | －118829.66 | 19922.64 | 128386.78 |
| | 投资收益(万元) | 15716.84 | 11330.16 | 28611.2 |
| | 利润总额(万元) | －294802.34 | －145436.18 | 30087 |
| | 净利润(万元) | －172194.47 | －158708.73 | 20601.27 |
| 近年分配: | 04年:10派0.2 年终:10转增5 | | | |

| 主要股东及持股比例%、持股性质 | |
|---|---|
| 北京京东方投资发展有限公司 29.51%（部分流通部分不流通） | |
| 北京电子控股有限责任公司 10.12%（国有股） | |
| 北京市国有资产经营有限责任公司 5.06%（国有股） | |
| FIELDS PACIFIC LIMITED 4.7%（流通B股） | |
| 北京工业发展投资管理有限公司 3.92%（国有股） | |
| 北京东电实业开发公司 1.98%（流通A股） | |
| 上海香港万国证券 0.96%（流通B股） | |
| GUOTAI JUNAN SECURITIES HONG KONG LIMITED 0.55%（流通B股） | |
| HSBC BROKING SECURITIES (ASIA) LIMITED－CLIENTS A/C 0.45%（流通B股） | |
| SUN HUNG KAI INVESTMENT SERVICES LTD－CUSTOMERS A/C 0.4%（流通B股） | |
| 实际控制人: | 北京电子控股有限责任公司 |

二〇〇六年以来市场表现

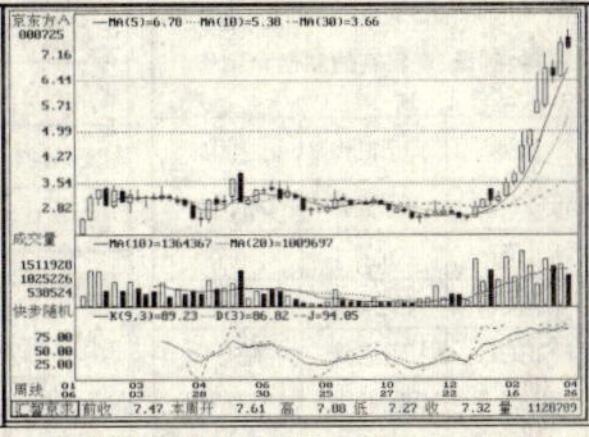

| | |
|---|---|
| 2006年涨跌幅(%) | 20 |
| 2006年最高(元) | 3.86 |
| 2007年涨跌幅(%) | 190.48 |
| 2007.4.27收盘(元) | 7.32 |
| 2007年最高(元) | 7.88 |
| 2007年最低(元) | 2.46 |
| 2007年换手率(%) | 446.58 |

未来一年限售流通股解禁情况:109784790股11月30日解禁

| 最新股本 | 总股本 | 非(限售)流通 | 流通A | 流通B/H/S | 股东户数 | 06年末 | 06三季 |
|---|---|---|---|---|---|---|---|
| | 287156.79 | 136045.28 | 39581.47 | 111530.04 | | 73239 | 74993 |

年报点评：公司是中国北方最大的显示器生产基地,国内行业内唯一的TFT显示模块产品生产厂商。公司在该领域拥有3000多项核心专利,处于全球领先地位。然而由于国内平板生产厂家处于弱势地位,京东方的发展前景不容乐观。

## 鲁泰 A（000726/200726）

上市日期:A: 00/12/25 B: 97/08/19　　电话:0533－5185166　　传真:0533－5182188

| | | | | |
|---|---|---|---|---|
| 主营 | 生产销售棉涤纶纱、色织布、衬衣、服装饰品、保健内衣等纺织品。 | | | |
| | 年　度 | 2006 | 2005 | 2004 |
| 主要指标 | 每股收益/扣除后(元) | 0.79/0.72 | 0.74 | 0.66/0.66 |
| | 每股经营现金流量(元) | 1.44 | 1.11 | 0.74 |
| | 每股净资产/调整后(元) | 4.62/4.57 | 4.11/4.1 | 3.75/3.74 |
| | 未分利润(万元) | 52888.01 | 35432.14 | 25097.5 |
| | 资本公积(万元) | 75658.79 | 75113.12 | 74934.18 |
| 利润构成 | 主营收入(万元) | 285792.82 | 223310.35 | 189086.22 |
| | 主营利润(万元) | 72943.56 | 68081.55 | 53195.05 |
| | 投资收益(万元) | 290.93 | －140.72 | 142.93 |
| | 利润总额(万元) | 39286.83 | 38347.43 | 32001.41 |
| | 净利润(万元) | 33422.54 | 31145.01 | 27994.14 |
| 近年分配: | 06预案:10派3.718转增10；05年:10派3；04年:10派3.75 | | | |

| 主要股东及持股比例%、持股性质 | |
|---|---|
| 淄博鲁诚纺织投资有限公司 14.1%（非流通股） | |
| 泰纶有限公司 13.99%（外资股） | |
| DBS VICKBRS (HONG KONG) LTD A/C CLIENTS 5.26%（流通B股） | |
| HTHK/CMG FSGUFP－CMG FIRST STATE CHINA GROWTH FD 4.35%（流通B股） | |
| 南方绩优成长股票型证券投资基金 2.11%（流通A股） | |
| CMBLSA RE FTIF TEMPLETON ASIAN GRW FD GTI 5496 1.63%（流通B股） | |
| FIRST STATE ASIAN EQUITY PLUS FUND 1.26%（流通B股） | |
| FIRST STATE GREATER CHINA GROWTH FUND 1.1%（流通B股） | |
| 朱胜娣 0.97%（流通B股） | |
| TOYO SECURITIES ASIA LIMITED－A/C CLIENT 0.88%（流通B股） | |
| 实际控制人: | 刘石祯 |

二〇〇六年以来市场表现

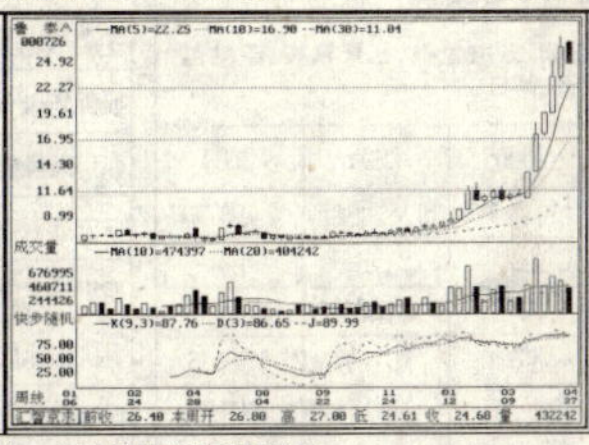

| | |
|---|---|
| 2006年涨跌幅(%) | 32.45 |
| 2006年最高(元) | 9.08 |
| 2007年涨跌幅(%) | 213.6 |
| 2007.4.27收盘(元) | 24.68 |
| 2007年最高(元) | 27.58 |
| 2007年最低(元) | 7.8 |
| 2007年换手率(%) | 494.43 |

未来一年限售流通股解禁情况:

| 最新股本 | 总股本 | 非(限售)流通 | 流通A | 流通B/H/S | 股东户数 | 06年末 | 06三季 |
|---|---|---|---|---|---|---|---|
| | 42243.24 | 11934.8 | 14084.44 | 16224 | | 33497 | 33905 |

年报点评：公司是全球最大的色织布生产商,具备完整的产业链优势。公司投资建设了5000万米色织布项目和500万件衬衫生产线项目,其中5000万米色织布项目中的1000万米生产线已于2006年7月投入生产运行。其他项目将分别于2007年和2008年相继投产。

## 华东科技（000727）

上市日期:97/05/20　　电话:025－85311050　　传真:025－85319623

| | | | | |
|---|---|---|---|---|
| 主营 | 真空电子器件、电光源产品、显示器件、新型电子器件及电子材料、晶体元器件的生产销售、动力供应等。 | | | |
| | 年　度 | 2006 | 2005 | 2004 |
| 主要指标 | 每股收益/扣除后(元) | 0.043/－0.05 | －0.477 | 0.07/0.07 |
| | 每股经营现金流量(元) | 0.15 | －0.16 | －0.13 |
| | 每股净资产/调整后(元) | 2.67/2.65 | 2.64/2.62 | 3.17/3.14 |
| | 未分利润(万元) | 2513.82 | 1121.34 | 20127.71 |
| | 资本公积(万元) | 49032.44 | 48670.81 | 48658.19 |
| 利润构成 | 主营收入(万元) | 43575.46 | 33135.43 | 32379.66 |
| | 主营利润(万元) | 6629.4 | －26.91 | 2254.1 |
| | 投资收益(万元) | 6378.52 | －7897.72 | 9320.68 |
| | 利润总额(万元) | 193.76 | －19293.05 | 1073.48 |
| | 净利润(万元) | 1525.46 | －17138.74 | 2614.93 |
| 近年分配: | 04年:10派0.5 | | | |

| 主要股东及持股比例%、持股性质 | |
|---|---|
| 南京华东电子集团有限公司 25.77%（国有股） | |
| 上海市房屋维修资金管理中心 6.14%（流通A股） | |
| 江苏省国有资产经营(控股)有限公司 1.61%（国有股） | |
| 山西信托投资有限责任公司－信德资金信托 0.97%（流通A股） | |
| 上海国际机场股份有限公司 0.68%（流通A股） | |
| 华宝信托投资有限责任公司－集合类资金信托R2006JH017 0.41%（流通A股） | |
| 山西信托投资有限责任公司－信泰资金信托 0.39%（流通A股） | |
| 华宝信托投资有限责任公司－资金信托2006JH015 0.38%（流通A股） | |
| 陈浩勤 0.37%（流通A股） | |
| 朱本旺 0.36%（流通A股） | |
| 实际控制人: | 南京华东电子集团有限公司 |

二〇〇六年以来市场表现

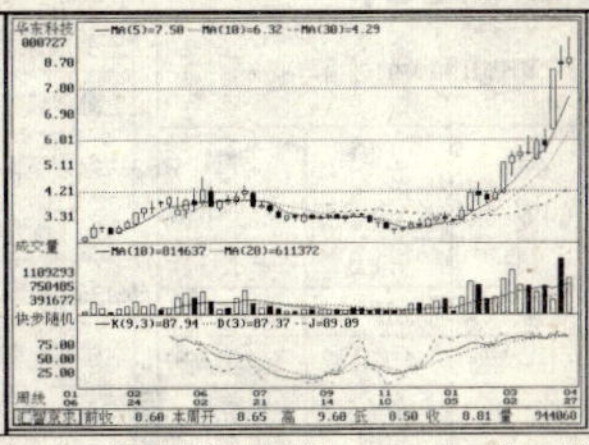

| | |
|---|---|
| 2006年涨跌幅(%) | 72.74 |
| 2006年最高(元) | 6.19 |
| 2007年涨跌幅(%) | 177.04 |
| 2007.4.27收盘(元) | 8.81 |
| 2007年最高(元) | 9.6 |
| 2007年最低(元) | 3.06 |
| 2007年换手率(%) | 411.38 |

未来一年限售流通股解禁情况:6798578股05月09日解禁

| 最新股本 | 总股本 | 非(限售)流通 | 流通A | 流通B/H/S | 股东户数 | 06年末 | 06三季 |
|---|---|---|---|---|---|---|---|
| | 35915.74 | 9949.27 | 25966.47 | | | 57044 | 60723 |

年报点评：公司主要生产和销售真空电子器件、电光源产品、电子计算机及配件以及其他电子产品。光源产品作为传统产业,近几年受诸多因素影响成本居高不下,玻管和灯管产品在竞争中逐步处于劣势。在上游原材料成本大幅度上升的情况下,公司经营很难改善。

## S＊ST 化二（000728）

上市日期:97/06/16　　电话:010－67758106　　传真:010－67781459

| 主营 | 生产和销售聚氯乙烯、烧碱等基本化工原料 | | |
|---|---|---|---|
| 年度 | 2006 | 2005 | 2004 |
| 主要指标 每股收益/扣除后(元) | -0.955/-0.96 | -0.601 | 0.295/0.274 |
| 每股经营现金流量(元) | -0.632 | -0.314 | 1.5 |
| 每股净资产/调整后(元) | 1.56/1.54 | 2.51/2.48 | 3.11/3.05 |
| 未分利润(万元) | -52093.97 | -19132.52 | 1608.84 |
| 资本公积(万元) | 68298.19 | 68240.12 | 68072.9 |
| 利润构成 主营收入(万元) | 100603.38 | 108872.83 | 133825.17 |
| 主营利润(万元) | -22594.86 | -2542.76 | 23090.13 |
| 投资收益(万元) | -704.06 | -422.53 | -447.61 |
| 利润总额(万元) | -32961.45 | -20741.35 | 10202.12 |
| 净利润(万元) | -32961.45 | -20741.35 | 10188.96 |
| 近年分配: | | | |

**主要股东及持股比例%、持股性质**

北京东方石油化工有限公司 58.1%（国有股）
北京化学工业集团有限责任公司 11.77%（国有股）
高健 0.89%（流通A股）
黄海涛 0.69%（流通A股）
阳春梅 0.51%（流通A股）
马志勇 0.49%（流通A股）
长江证券有限责任公司 0.38%（流通A股）
谢跃荣 0.32%（流通A股）
邱莉 0.3%（流通A股）
绍兴华通房地产开发有限公司 0.28%（流通A股）

实际控制人：北京东方石油化工有限公司

二〇〇六年以来市场表现

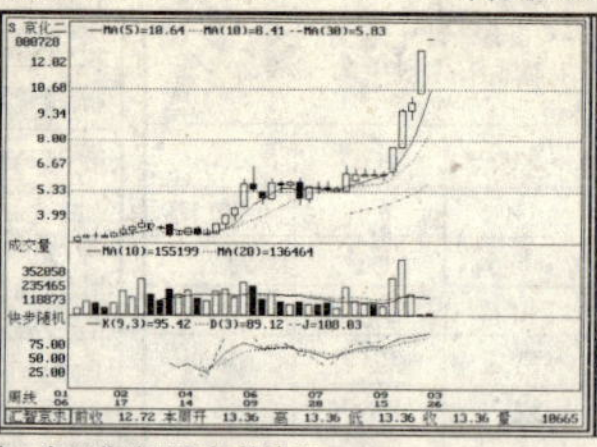

| | |
|---|---|
| 2006年涨跌幅(%) | 274.44 |
| 2006年最高(元) | 10.3 |
| 2007年涨跌幅(%) | 34.14 |
| 2007.4.27收盘(元) | 13.36 |
| 2007年最高(元) | 13.36 |
| 2007年最低(元) | 10.46 |
| 2007年换手率(%) | 1.46 |

未来一年限售流通股解禁情况:

| 最新股本 | 总股本 | 非(限售)流通 | 流通A | 流通B/H/S | 股东户数 | 06年末 | 06三季 |
|---|---|---|---|---|---|---|---|
| | 34521 | 24121 | 10400 | | | 22192 | 23197 |

年报点评 公司股改采取资产重组与送股相结合的方式进行。经过定向回购股份,出售资产、以新增股份吸收合并国元证券后,再由原国元证券向原S京化二流通股股东支付对价。目前市场非常看好券商股的市场表现,因此这类个股也值得投资者继续跟踪。

## 燕京啤酒（000729）

上市日期:97/07/16　　电话:010－89490729　　传真:010－89495569

| 主营 | 啤酒、矿泉水、啤酒原料、饲料、酵母、塑料箱的制造和销售。 | | |
|---|---|---|---|
| 年度 | 2006 | 2005 | 2004 |
| 主要指标 每股收益/扣除后(元) | 0.28/0.24 | 0.27/0.26 | 0.4/0.4 |
| 每股经营现金流量(元) | 0.75 | 0.77 | 0.78 |
| 每股净资产/调整后(元) | 4.75/4.69 | 4.42/4.38 | 6.24/6.19 |
| 未分利润(万元) | 77031.43 | 70278.58 | 70345.74 |
| 资本公积(万元) | 265024.3 | 215242.26 | 229969.56 |
| 利润构成 主营收入(万元) | 612242.27 | 531415.3 | 467116.97 |
| 主营利润(万元) | 157293.03 | 135160.43 | 120363.48 |
| 投资收益(万元) | 801.84 | 52.28 | -400.62 |
| 利润总额(万元) | 43637.78 | 37798.8 | 39098.69 |
| 净利润(万元) | 30692.02 | 27678.44 | 27050.65 |
| 近年分配: | 06预案:10派1.3；05年:10派1.5；04年:10派0.6送2转增3 | | |

**主要股东及持股比例%、持股性质**

北京燕京啤酒有限公司 54.1%（非流通股）
UBS AG 4.78%（流通A股）
北京燕京啤酒集团公司 2.06%（国有股）
海通－中行－富通银行 1.31%（流通A股）
中国工商银行－裕元证券投资基金 0.91%（流通A股）
景福证券投资基金 0.89%（流通A股）
中国工商银行－诺安价值增长股票证券投资基金 0.8%（流通A股）
中国农业银行－中邮核心优选股票型证券投资基金 0.74%（流通A股）
中国工商银行－开元证券投资基金 0.73%（流通A股）
中信建投证券有限责任公司 0.65%（流通A股）

实际控制人：北京控股有限公司

二〇〇六年以来市场表现

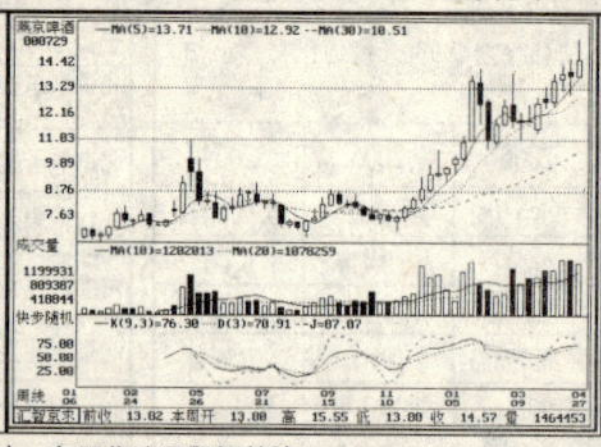

| | |
|---|---|
| 2006年涨跌幅(%) | 86.09 |
| 2006年最高(元) | 13.91 |
| 2007年涨跌幅(%) | 49.13 |
| 2007.4.27收盘(元) | 14.57 |
| 2007年最高(元) | 15.55 |
| 2007年最低(元) | 9.5 |
| 2007年换手率(%) | 357.84 |

未来一年限售流通股解禁情况:22613562股05月16日解禁

| 最新股本 | 总股本 | 非(限售)流通 | 流通A | 流通B/H/S | 股东户数 | 06年末 | 06三季 |
|---|---|---|---|---|---|---|---|
| | 110022.09 | 61806.75 | 48215.34 | | | 63327 | |

年报点评 公司已成为北京2008年奥运会国内啤酒赞助商。公司已控制了北京啤酒市场85%左右的市场份额。公司巨资并购改建新建的五大新生产基地陆续投产,逐渐形成北京、广西、福建、湖北、内蒙五大强势产销区,已经成为国内啤酒行业的霸主之一。

## 四川美丰（000731）

上市日期:97/06/17　　电话:0838－2304235　　传真:0838－2304228

| 主营 | 从事化学肥料、合成氨、尿素、碳酸氢铵、三聚氰胺、塑料包装袋及PVC管材管件制造、销售。 | | |
|---|---|---|---|
| 年度 | 2006 | 2005 | 2004 |
| 主要指标 每股收益/扣除后(元) | 1.014/0.997 | 0.953/0.987 | 0.75/0.744 |
| 每股经营现金流量(元) | 1.44 | 1.05 | 1.41 |
| 每股净资产/调整后(元) | 5.11/5.11 | 4.58/4.58 | 4.07/4.07 |
| 未分利润(万元) | 42932.1 | 32723.99 | 24354.15 |
| 资本公积(万元) | 29207.75 | 29182.75 | 29111.93 |
| 利润构成 主营收入(万元) | 136375.84 | 112310.83 | 92967.96 |
| 主营利润(万元) | 39132.19 | 36311.17 | 31092.56 |
| 投资收益(万元) | 982.56 | -7.39 | 15.53 |
| 利润总额(万元) | 30694.75 | 28275.76 | 22454.08 |
| 净利润(万元) | 24909.56 | 23422.98 | 18328.73 |
| 近年分配: | 06年:10派6；05年:10派4.8；04年:10派4.5 | | |

**主要股东及持股比例%、持股性质**

成都华川石油天然气勘探开发总公司 18.33%（国有股）
四川天晨投资控股集团有限公司 11.17%（非流通股）
新宏远创投资有限公司 10%（外资股）
四川美丰(集团)有限责任公司 7.79%（国有股）
重庆国际信托投资有限公司 7.58%（非流通股）
同益证券投资基金 0.99%（流通A股）
毛越明 0.71%（流通A股）
四川省德阳市银马出租汽车有限责任公司 0.59%（非流通股）
中信建投－渣打银行－ING BANK N.V 0.54%（流通A股）
中国平安人寿保险股份有限公司－传统－普通保险产品 0.52%（流通A股）

实际控制人：国有资产管理委员会

二〇〇六年以来市场表现

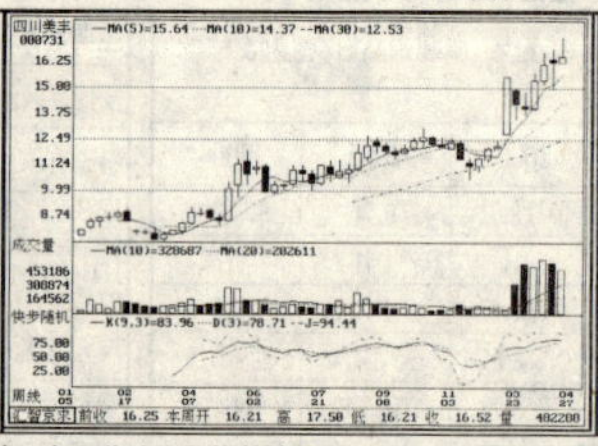

| | |
|---|---|
| 2006年涨跌幅(%) | 62.76 |
| 2006年最高(元) | 13.53 |
| 2007年涨跌幅(%) | 130.64 |
| 2007.4.27收盘(元) | 16.52 |
| 2007年最高(元) | 29.65 |
| 2007年最低(元) | 12.76 |
| 2007年换手率(%) | 184.36 |

未来一年限售流通股解禁情况:87856700股03月23日解禁

| 最新股本 | 总股本 | 非(限售)流通 | 流通A | 流通B/H/S | 股东户数 | 06年末 | 06三季 |
|---|---|---|---|---|---|---|---|
| | 24566.57 | 14455.28 | 10111.29 | | | 27464 | 27754 |

年报点评 公司现有尿素产能100万吨,2007年可达到150万吨,成为国内最大的尿素生产厂家之一;"美丰牌"是尿素行业唯一的中国驰名商标。公司第一控股股东为天然气开采商,实际控制人是中石化,主要竞争优势在于规模、销售和天然气供应。

## S＊ST 三农（000732）

上市日期:97/07/04　　电话:0591－7800884　　传真:0591－7810369

| 主营 | 农药,精细化工产品的生产、销售及相关的进出口业务。 | | |
|---|---|---|---|
| 年度 | 2006 | 2005 | 2004 |
| 主要指标 每股收益/扣除后(元) | -0.116/-0.04 | -5.567/-5.575 | -0.52/-0.337 |
| 每股经营现金流量(元) | 0.13 | -0.23 | -1.17 |
| 每股净资产/调整后(元) | -3.94/-3.98 | -3.77/-3.8 | 2.01/1.99 |
| 未分利润(万元) | -113648.88 | -111341.82 | -3435.43 |
| 资本公积(万元) | 16757.19 | 16756.58 | 19967.46 |
| 利润构成 主营收入(万元) | 43648.21 | 40069.15 | 80733.75 |
| 主营利润(万元) | 7645.42 | 7427.85 | 10783.4 |
| 投资收益(万元) | 5.07 | -15288.33 | -1585.64 |
| 利润总额(万元) | -3409.2 | -114221.71 | -10667.88 |
| 净利润(万元) | -2306.37 | -110495.7 | -10352.13 |
| 近年分配: | | | |

**主要股东及持股比例%、持股性质**

上海金威数码信息技术有限公司 11.87%（非流通股）
深圳市拓博实业有限公司 10.59%（非流通股）
西安飞天科工贸集团有限责任公司 10.08%（非流通股）
西安腾兴科技发展有限公司 4.01%（非流通股）
福建赛克赛思投资有限公司 2.15%（非流通股）
上海科技投资股份有限公司 2.12%（非流通股）
刘文兰 0.62%（流通A股）
韩秀珍 0.4%（流通A股）
杨霞娴 0.38%（流通A股）
沈长高 0.25%（流通A股）

实际控制人：

二〇〇六年以来市场表现

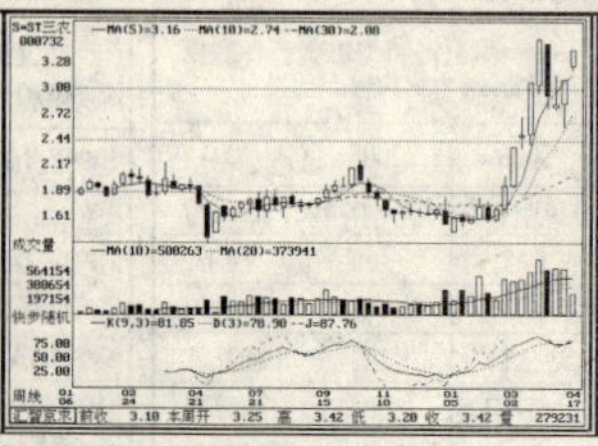

| | |
|---|---|
| 2006年涨跌幅(%) | -18.28 |
| 2006年最高(元) | 2.23 |
| 2007年涨跌幅(%) | 125 |
| 2007.4.27收盘(元) | 3.42 |
| 2007年最高(元) | 3.56 |
| 2007年最低(元) | 1.44 |
| 2007年换手率(%) | 572.25 |

未来一年限售流通股解禁情况:

| 最新股本 | 总股本 | 非(限售)流通 | 流通A | 流通B/H/S | 股东户数 | 06年末 | 06三季 |
|---|---|---|---|---|---|---|---|
| | 19846.94 | 8336.67 | 11510.27 | | | 31106 | 32083 |

年报点评 公司是一个磷氯配套,以生产有机磷及精细化工为主的科工贸结合的大型化工企业,是国家定点和福建省最大的农药生产企业及全国最大农药出口企业之一,具有年产农药原药1.2万吨及年产化工产品1万吨的生产能力,并且享有自营进出口权。

## 振华科技（000733）

上市日期:97/07/03　电话:0851－6302675　传真:0851－6302674

**主营**：新型电子元器件、通信信息整机产品、光机电一体化成套设备等电子信息产品的研制与生产。

| | 年　度 | 2006 | 2005 | 2004 |
|---|---|---|---|---|
| 主要指标 | 每股收益/扣除后(元) | 0.06/0.04 | 0.05 | 0.05/0.05 |
| | 每股经营现金流量(元) | 0.37 | 0.14 | 0.07 |
| | 每股净资产/调整后(元) | 5.25/5.15 | 5.19/5.11 | 5.14/5.07 |
| | 未分利润(万元) | 10569.6 | 8912.1 | 7543.1 |
| | 资本公积(万元) | 134733.27 | 134564.61 | 134437.33 |
| 利润构成 | 主营收入(万元) | 166268.83 | 112273.56 | 90998.29 |
| | 主营利润(万元) | 32509.17 | 28659.02 | 21507.55 |
| | 投资收益(万元) | －2473.62 | －2005.96 | －143.31 |
| | 利润总额(万元) | 5320.12 | 3664.87 | 2124.92 |
| | 净利润(万元) | 2071.87 | 1711.26 | 1702.65 |

近年分配: 06 预案:10 派 1

| 主要股东及持股比例%、持股性质 |
|---|
| 中国振华集团电子有限公司 36.13%（国有股） |
| 中国平安人寿保险股份有限公司－传统－普通保险产品 0.68%（流通 A 股） |
| 上海联合石油液化气发展有限公司 0.48%（流通 A 股） |
| 中国银行－易方达深证 100 交易型开放式指数证券投资基金 0.45%（流通 A 股） |
| 余伟光 0.28%（流通 A 股） |
| 陈明杰 0.23%（流通 A 股） |
| 黄玉珍 0.22%（流通 A 股） |
| 刘彩虹 0.2%（流通 A 股） |
| 汪洋 0.14%（流通 A 股） |
| 张静 0.13%（流通 A 股） |
| 实际控制人：中国振华集团电子有限公司 |

二〇〇六年以来市场表现

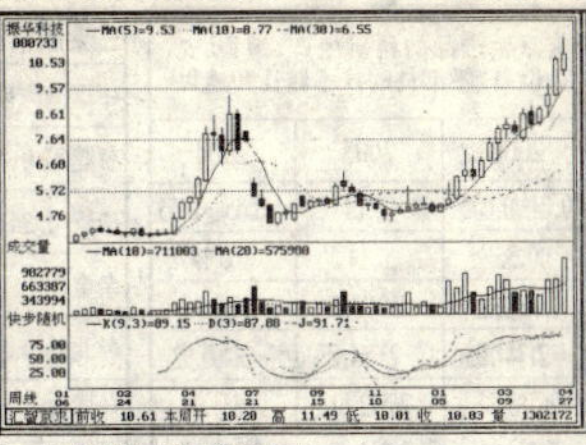

| | |
|---|---|
| 2006 年涨跌幅(%) | 63.73 |
| 2006 年最高(元) | 9.29 |
| 2007 年涨跌幅(%) | 121.93 |
| 2007.4.27 收盘(元) | 10.83 |
| 2007 年最高(元) | 11.49 |
| 2007 年最低(元) | 4.87 |
| 2007 年换手率(%) | 453.05 |

未来一年限售流通股解禁情况:

| 最新股本 | 总股本 | 非(限售)流通 | 流通 A | 流通 B/H/S | 股东户数 | 06 年末 | 06 三季 |
|---|---|---|---|---|---|---|---|
| | 35812 | 12939.23 | 22872.77 | | | 69286 | 72237 |

**年报点评**：公司主要从事电子信息产品的研制与生产经营。其主要产品有电子元器件和通讯整机。近年来,公司的经营状况取得了一定程度的改善,但是由于行业竞争较为激烈,特别是通讯整机产品,公司产品毛利率较低。预计公司在短期内很难有令人满意的经营状况。

## ＊ST 罗牛（000735）

上市日期:97/06/11　电话:0898－68558234　传真:0898－68581826

**主营**：主要生产销售生猪、鸡、鲜鸡蛋、无公害蔬菜等农副产品，并投资于教育产业和房地产行业。

| | 年　度 | 2006 | 2005 | 2004 |
|---|---|---|---|---|
| 主要指标 | 每股收益/扣除后(元) | －0.1/－0.131 | －0.164 | 0.02/0.019 |
| | 每股经营现金流量(元) | －0.02 | －0.02 | 0.18 |
| | 每股净资产/调整后(元) | 1.26/1.25 | 2.05/2.02 | 2.22/2.22 |
| | 未分利润(万元) | －6531.32 | 2118.36 | 11760.92 |
| | 资本公积(万元) | 18817.68 | 48019.95 | 48019.54 |
| 利润构成 | 主营收入(万元) | 51115.01 | 38406.09 | 48497.61 |
| | 主营利润(万元) | 1293.76 | 2346.28 | 9880.84 |
| | 投资收益(万元) | 2864.62 | －69.15 | 250.02 |
| | 利润总额(万元) | －9646.57 | －10093.62 | 1228.64 |
| | 净利润(万元) | －8649.68 | －9642.57 | 1159.17 |

近年分配:

| 主要股东及持股比例%、持股性质 |
|---|
| 海口罗牛山投资发展有限公司 10.31%（非流通股） |
| 海口永盛畜牧机械工程有限公司 4.28%（非流通股） |
| 湖北新锐科技发展有限公司 2.4%（非流通股） |
| 海南京海中隆投资管理有限公司 1.67%（非流通股） |
| 海南深兴贸易有限公司 1.64%（非流通股） |
| 海南兴牧饲料有限公司 1.64%（非流通股） |
| 海南兴地实业投资有限公司 1.48%（非流通股） |
| 海南发海贸易有限公司 1.07%（非流通股） |
| 海南伟润实业有限公司 1.02%（国有股） |
| 中国经济开发信托投资公司 0.99%（国有股） |
| 实际控制人：徐自力 |

二〇〇六年以来市场表现

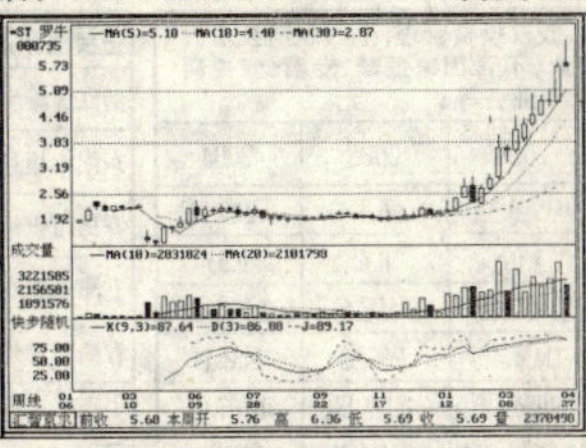

| | |
|---|---|
| 2006 年涨跌幅(%) | 106.26 |
| 2006 年最高(元) | 4.52 |
| 2007 年涨跌幅(%) | 180.3 |
| 2007.4.27 收盘(元) | 5.69 |
| 2007 年最高(元) | 6.36 |
| 2007 年最低(元) | 2 |
| 2007 年换手率(%) | 612.67 |

未来一年限售流通股解禁情况:44006600 股 04 月 18 日解禁

| 最新股本 | 总股本 | 非(限售)流通 | 流通 A | 流通 B/H/S | 股东户数 | 06 年末 | 06 三季 |
|---|---|---|---|---|---|---|---|
| | 88013.2 | 26196.25 | 61816.95 | | | 154935 | 163883 |

**年报点评**：2005 年由于遭受台风袭击,导致亏损。2006 年亏损的主要原因是成本提高、面粉销售市场不成熟等,公司拟采取加强管理,不断降低生产及管理成本;尽快盘活存量资产,培育公司新的利润增长点等措施争取撤销退市风险警示。

## S＊ST 重实（000736）

上市日期:97/04/25　电话:023－67530016　传真:023－67530017

**主营**：电力设备、电源设备、通讯设备的生产和销售

| | 年　度 | 2006 | 2005 | 2004 |
|---|---|---|---|---|
| 主要指标 | 每股收益/扣除后(元) | 0.02 | －0.33 | －14.08/－9.32 |
| | 每股经营现金流量(元) | 0.0008 | 0.006 | －5.89 |
| | 每股净资产/调整后(元) | －1.85/－1.85 | －10.34/－10.34 | －9.86/－9.86 |
| | 未分利润(万元) | －89244.19 | －89360.06 | －86110.78 |
| | 资本公积(万元) | 67338.75 | 11456.4 | 10074.75 |
| 利润构成 | 主营收入(万元) | | | 26329.43 |
| | 主营利润(万元) | | | 8760.8 |
| | 投资收益(万元) | 2312.29 | 1367.59 | －9541.18 |
| | 利润总额(万元) | 115.87 | －2147.28 | －95357.5 |
| | 净利润(万元) | 115.87 | －2147.28 | －92952.55 |

近年分配:

| 主要股东及持股比例%、持股性质 |
|---|
| 北京中经四通信息技术发展有限公司 18.18%（非流通股） |
| 重庆皇丰实业有限公司 14.04%（非流通股） |
| 上海万浦精细设备经销有限公司 11.31%（非流通股） |
| 上海华岳投资管理有限公司 4.34%（非流通股） |
| 江门汇盛投资管理有限公司 1.55%（非流通股） |
| 华夏证券有限公司重庆分公司 1.52%（非流通股） |
| 重庆庆通物业管理公司 1.52%（非流通股） |
| 李理 0.85%（流通 A 股） |
| 重庆轻纺控股(集团)公司 0.76%（非流通股） |
| 海南谦益金源投资管理有限公司 0.76%（非流通股） |
| 实际控制人：重庆渝富资产经营管理有限公司 |

二〇〇六年以来市场表现

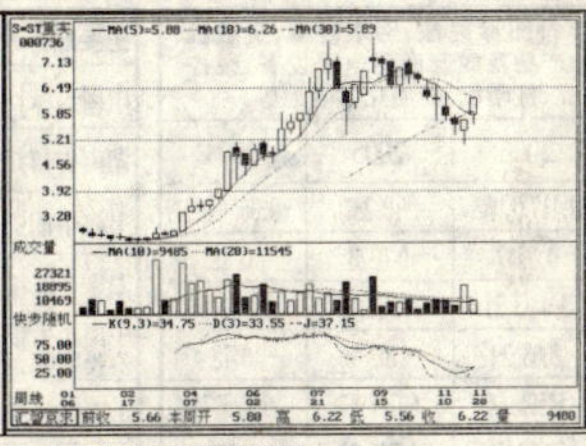

| | |
|---|---|
| 2006 年涨跌幅(%) | 109.43 |
| 2006 年最高(元) | 7.77 |
| 2007 年涨跌幅(%) | |
| 2007.4.27 收盘(元) | |
| 2007 年最高(元) | |
| 2007 年最低(元) | |
| 2007 年换手率(%) | |

未来一年限售流通股解禁情况:

| 最新股本 | 总股本 | 非(限售)流通 | 流通 A | 流通 B/H/S | 股东户数 | 06 年末 | 06 三季 |
|---|---|---|---|---|---|---|---|
| | 6600 | 4000 | 2600 | | | 5032 | 5217 |

**年报点评**：2006 年 8 月重庆国际实业投资股份有限公司、重庆渝富资产经营管理有限公司及公司有关债权人达成了关于公司 6.39 亿元债务《债务重组协议》的意向,该协议尚需经国务院或国家有关部门批准后。公司重组进程尚存在不确定性。

## 南风化工（000737）

上市日期:97/04/28　电话:0359－8967035　传真:0359－2023302

**主营**：生产销售无机盐化工原料、日用化工及其他精细化工产品、化肥系列产品等。

| | 年　度 | 2006 | 2005 | 2004 |
|---|---|---|---|---|
| 主要指标 | 每股收益/扣除后(元) | 0.06/0.06 | 0.04 | 0.02/0.011 |
| | 每股经营现金流量(元) | 0.77 | 0.68 | 0.61 |
| | 每股净资产/调整后(元) | 3.17/3.08 | 3.12/3 | 3.09/2.96 |
| | 未分利润(万元) | 12803.24 | 11058.87 | 10856.72 |
| | 资本公积(万元) | 72340.1 | 72804.74 | 72782.74 |
| 利润构成 | 主营收入(万元) | 278398.2 | 265071.64 | 260817.94 |
| | 主营利润(万元) | 53223.93 | 46020.74 | 41005.51 |
| | 投资收益(万元) | －90.41 | 102.12 | 482.95 |
| | 利润总额(万元) | 9786.81 | 5826.69 | 4057.21 |
| | 净利润(万元) | 2831.4 | 1808.27 | 1058.91 |

近年分配: 06 预案:10 转增 2

| 主要股东及持股比例%、持股性质 |
|---|
| 山西运城盐化局 31.37%（国有股） |
| 西安市日用化学工业公司 6.1%（国有股） |
| 甄铨 0.3%（流通 A 股） |
| 升华集团控股有限公司 0.27%（非流通股） |
| 顾五顺 0.24%（流通 A 股） |
| 天津市宏发化工集团有限公司 0.2%（非流通股） |
| 中国耀华玻璃集团公司 0.2%（非流通股） |
| 蒋裕富 0.2%（流通 A 股） |
| 蔡宝琦 0.11%（流通 A 股） |
| 莫顺红 0.11%（流通 A 股） |
| 实际控制人：山西运城盐化局 |

二〇〇六年以来市场表现

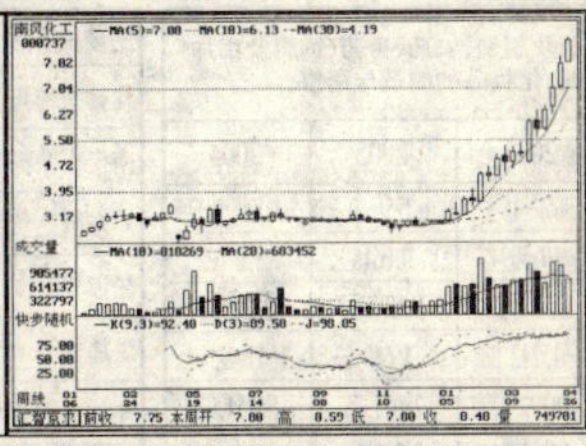

| | |
|---|---|
| 2006 年涨跌幅(%) | 56.21 |
| 2006 年最高(元) | 4.79 |
| 2007 年涨跌幅(%) | 180.8 |
| 2007.4.27 收盘(元) | 8.48 |
| 2007 年最高(元) | 8.59 |
| 2007 年最低(元) | 3.01 |
| 2007 年换手率(%) | 446.41 |

未来一年限售流通股解禁情况:27876010 股 04 月 28 日解禁

| 最新股本 | 总股本 | 非(限售)流通 | 流通 A | 流通 B/H/S | 股东户数 | 06 年末 | 06 三季 |
|---|---|---|---|---|---|---|---|
| | 45730 | 17450.81 | 28279.19 | | | 57101 | 60985 |

**年报点评**：拥有国内最大、世界第三的芒硝盐湖基地,是全球最大元明粉生产企业,国内最大的元明粉出口基地。公司现时年产硫酸钾 16 万吨,其他如叶面肥、花肥等系列产品也达到 100 吨/年规模,是我国第三大钾肥生产基地、全亚洲最大的硫酸钾生产基地。

## ＊ST 宇航（000738）

上市日期:97/06/26　　电话:0733－8559515　　传真:0733－8559714

**主营：** 摩托车、摩托车发动机及其派生产品的科研生产、销售、安装以及上述产品所需技术、设备、零部件的技术转让和销售

| | 年　度 | 2006 | 2005 | 2004 |
|---|---|---|---|---|
| 主要指标 | 每股收益/扣除后(元) | 0.048/0.002 | －0.047 | －0.55/－0.55 |
| | 每股经营现金流量(元) | 0.36 | 0.14 | －0.15 |
| | 每股净资产/调整后(元) | 1.06/0.82 | 1.04/0.8 | 1.1/0.95 |
| | 未分利润(万元) | －21344.05 | －23264.27 | －21400.92 |
| | 资本公积(万元) | 26585.31 | 26512.01 | 26354.29 |
| 利润构成 | 主营收入(万元) | 34404.41 | 39260.47 | 35937.49 |
| | 主营利润(万元) | 1192.5 | －866.7 | －1551.54 |
| | 投资收益(万元) | －77.25 | 474.76 | 273.09 |
| | 利润总额(万元) | 1522.32 | －2967.59 | －24166.27 |
| | 净利润(万元) | 1920.22 | －1863.35 | －22044.28 |

近年分配：

| 主要股东及持股比例%、持股性质 |
|---|
| 中国南方航空工业有限责任公司 53.85%（国有股） |
| 贺建军 0.75%（流通 A 股） |
| 李炯 0.34%（流通 A 股） |
| 余金国 0.25%（流通 A 股） |
| 彭北仙 0.25%（流通 A 股） |
| 林周生 0.23%（流通 A 股） |
| 戴大良 0.21%（流通 A 股） |
| 宋建国 0.2%（流通 A 股） |
| 叶香莉 0.18%（流通 A 股） |
| 薛来武 0.17%（流通 A 股） |
| 实际控制人：中国航空工业第二集团公司 |

二〇〇六年以来市场表现

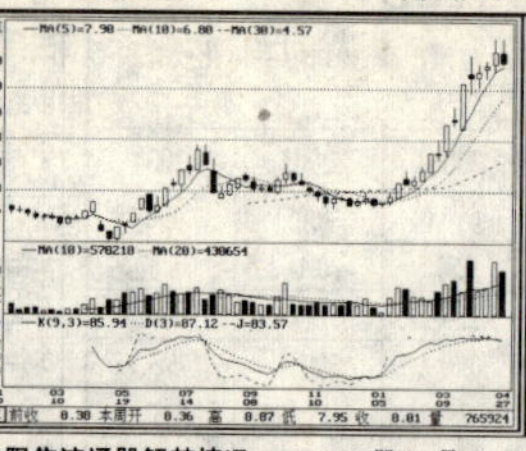


| | |
|---|---|
| 2006 年涨跌幅(%) | 52.97 |
| 2006 年最高(元) | 6.85 |
| 2007 年涨跌幅(%) | 168.79 |
| 2007.4.27 收盘(元) | 8.01 |
| 2007 年最高(元) | 8.9 |
| 2007 年最低(元) | 2.91 |
| 2007 年换手率(%) | 421.34 |

未来一年限售流通股解禁情况:19890000 股 04 月 21 日解禁

| 最新股本 | 总股本 | 非(限售)流通 | 流通 A | 流通 B/H/S | 股东户数 | 06 年末 | 06 三季 |
|---|---|---|---|---|---|---|---|
| | 39780 | 21421.27 | 18358.73 | | | 32814 | 34729 |

**年报点评：** 公司主营摩托车整车及部件,通过股改增加了航空发动机业务,尽管 06 年销售收入下降,但由于新增航空发动机业务盈利能力较强,避免了企业亏损。未来公司将逐步形成摩托车、汽车零部件、航空产品加工、转包生产等四大产业,通过提升管理实现持续发展。

## 普洛康裕（000739）

上市日期:97/05/09　　电话:0532－3870898　　传真:0532－3890739

**主营：** 医药行业投资;网络投资;股权投资管理;生物制药技术的研究、开发、转让;国内商业(不含国家危禁、专营、专控商品);场地、设施出租;进出口业务等。

| | 年　度 | 2006 | 2005 | 2004 |
|---|---|---|---|---|
| 主要指标 | 每股收益/扣除后(元) | 0.356/0.336 | 0.3 | 0.24/0.233 |
| | 每股经营现金流量(元) | 1.09 | 0.6 | 0.33 |
| | 每股净资产/调整后(元) | 2.86/2.85 | 2.55/2.53 | 2.29/2.27 |
| | 未分利润(万元) | 11139.41 | 7686.93 | 5483.14 |
| | 资本公积(万元) | 10190.18 | 10190.18 | 10007.03 |
| 利润构成 | 主营收入(万元) | 114855.57 | 103541.56 | 83051.6 |
| | 主营利润(万元) | 22806.64 | 19953.28 | 15763.77 |
| | 投资收益(万元) | －396.07 | －396.07 | －446.27 |
| | 利润总额(万元) | 6096.62 | 5151.77 | 4870.84 |
| | 净利润(万元) | 5195.68 | 4375.49 | 3562.59 |

近年分配：06 预案:10 派 0.5 送 3 转增 2；05 年:10 派 0.5；04 年:10 派 0.5

| 主要股东及持股比例%、持股性质 |
|---|
| 浙江光泰实业发展有限公司 21.68%（非流通股） |
| 东阳市恒通投资有限公司 8.06%（非流通股） |
| 青岛市供销社资产运营中心 4.42%（非流通股） |
| 上海证券有限责任公司 3.6%（流通 A 股） |
| 青岛市对外经济贸易实业公司 2.1%（国有股） |
| 中国平安人寿保险股份有限公司－传统－普通保险产品 2.07%（流通 A 股） |
| 王棣 0.58%（流通 A 股） |
| 刘元青 0.56%（流通 A 股） |
| 赵宇红 0.45%（流通 A 股） |
| 王绪武 0.31%（流通 A 股） |
| 实际控制人：横店社团经济企业联合会 |

二〇〇六年以来市场表现

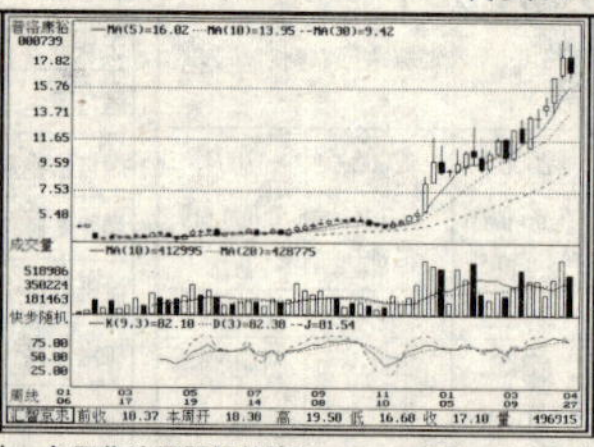


| | |
|---|---|
| 2006 年涨跌幅(%) | 156.19 |
| 2006 年最高(元) | 14.91 |
| 2007 年涨跌幅(%) | 88.95 |
| 2007.4.27 收盘(元) | 17.1 |
| 2007 年最高(元) | 19.88 |
| 2007 年最低(元) | 8.7 |
| 2007 年换手率(%) | 637.21 |

未来一年限售流通股解禁情况:4460931 股 02 月 15 日解禁

| 最新股本 | 总股本 | 非(限售)流通 | 流通 A | 流通 B/H/S | 股东户数 | 06 年末 | 06 三季 |
|---|---|---|---|---|---|---|---|
| | 14574.92 | 5357.52 | 9217.4 | | | 24450 | 23228 |

**年报点评：** 公司是我国最大金刚烷胺和金刚乙胺原材料和制剂生产企业,金刚乙胺市场占有率 100%，金刚烷胺市场占有率 50%。报告期内毛利率同比提高了 0.8 个百分点,收入、净利润分别同比提高了 10.6%，17%,每股经营现金流大大高于每股收益,收益质量优异。

## 长城信息（000748）

上市日期:97/07/04　　电话:0731－5559794　　传真:0731－5514776

**主营：** 开发、生产、销售中西文字符图形终端、网络终端、金融机具、通讯产品、机电一体化产品及成套商用电子设备、税控系列产品、软件及系统集成、打印机、新型化学电池等。

| | 年　度 | 2006 | 2005 | 2004 |
|---|---|---|---|---|
| 主要指标 | 每股收益/扣除后(元) | 0.117/0.048 | －0.287 | －0.36/－0.317 |
| | 每股经营现金流量(元) | 0.2247 | 0.0378 | 0.22 |
| | 每股净资产/调整后(元) | 3.44/3.31 | 3.34/3.22 | 3.64/3.56 |
| | 未分利润(万元) | 2008.29 | －203.96 | －10478.47 |
| | 资本公积(万元) | 54596.64 | 60737.67 | 75423.74 |
| 利润构成 | 主营收入(万元) | 58822.51 | 57796.22 | 49377.9 |
| | 主营利润(万元) | 13437.11 | 12734.99 | 9958.28 |
| | 投资收益(万元) | 3192.53 | －5589.49 | －1799.42 |
| | 利润总额(万元) | 3030.95 | －7924.23 | －9769.98 |
| | 净利润(万元) | 2927.2 | －7940.2 | －9872.16 |

近年分配：

| 主要股东及持股比例%、持股性质 |
|---|
| 中国长城计算机集团公司 20.18%（国有股） |
| 湖南省信托投资有限责任公司 10.91%（国有股） |
| 上海申能资产管理有限公司 3.68%（流通 A 股） |
| 湖南计算机厂有限公司 2.23%（国有股） |
| 中国民生银行股份有限公司－东方精选混合型开放式证券投资基金 1.64%（流通 A 股） |
| 上海拓升企业投资咨询有限公司 1.57%（流通 A 股） |
| 陈秀花 0.78%（流通 A 股） |
| 王昭兰 0.76%（流通 A 股） |
| 建银科技发展中心 0.7%（国有股） |
| 顾鹏 0.69%（流通 A 股） |
| 实际控制人：中国电子信息产业集团公司 |

二〇〇六年以来市场表现

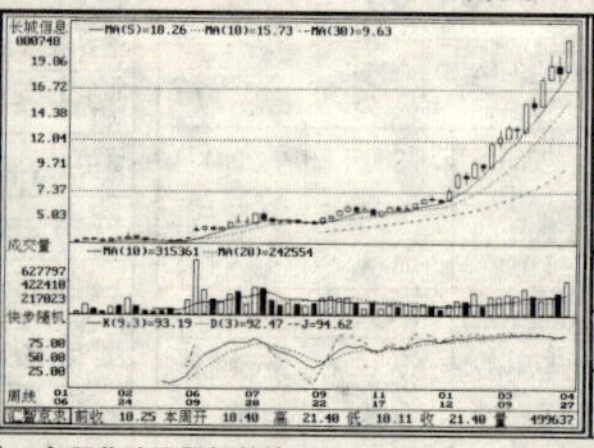


| | |
|---|---|
| 2006 年涨跌幅(%) | 188.88 |
| 2006 年最高(元) | 8.25 |
| 2007 年涨跌幅(%) | 223.75 |
| 2007.4.27 收盘(元) | 21.4 |
| 2007 年最高(元) | 21.4 |
| 2007 年最低(元) | 6.35 |
| 2007 年换手率(%) | 258.43 |

未来一年限售流通股解禁情况:19855493 股 06 月 05 日解禁

| 最新股本 | 总股本 | 非(限售)流通 | 流通 A | 流通 B/H/S | 股东户数 | 06 年末 | 06 三季 |
|---|---|---|---|---|---|---|---|
| | 25037.48 | 8529.99 | 16507.49 | | | 34526 | 41823 |

**年报点评：** 2006 年公司在金融电子、高新电子和 PCB 加工制造三个业务板块均有不错表现,预计未来公司的经营仍将呈上升之势。公司的投资亮点主要在于持有东方证券的股权,预计东方证券将给公司带来可观的投资收益。

## S＊ST 集琦（000750）

上市日期:97/07/09　　电话:0773－5878066　　传真:0773－5875328

**主营：** 化学原料药及制剂,中成药及制剂,农药、兽药、饲料及添加剂,保健品、饮料、制药机械、化妆品的制造与销售。

| | 年　度 | 2006 | 2005 | 2004 |
|---|---|---|---|---|
| 主要指标 | 每股收益/扣除后(元) | 0.065/－0.529 | －0.725/－0.758 | －0.6/－0.595 |
| | 每股经营现金流量(元) | －0.5094 | 0.0615 | －0.02 |
| | 每股净资产/调整后(元) | 1.55/1.19 | 1.48/0.39 | 2.2/2.11 |
| | 未分利润(万元) | －15242.88 | －16640.33 | －11942.04 |
| | 资本公积(万元) | 28799.92 | 28021.76 | 36254.92 |
| 利润构成 | 主营收入(万元) | 18700.79 | 20202.98 | 23471.54 |
| | 主营利润(万元) | 2739.23 | 3825.35 | 5597.77 |
| | 投资收益(万元) | 10589.97 | －579.96 | 142.37 |
| | 利润总额(万元) | 398.36 | －17014.79 | －13782.66 |
| | 净利润(万元) | 1397.45 | －15591.89 | －12910.82 |

近年分配：

| 主要股东及持股比例%、持股性质 |
|---|
| 桂林集琦集团有限公司 41.34%（国有股） |
| 南宁市荣高实业有限责任公司 1.84%（非流通股） |
| 广东腾达贸易有限公司 1.17%（流通 A 股） |
| 杨淑华 0.42%（流通 A 股） |
| 洪加伟 0.41%（流通 A 股） |
| 桂林市翰通投资咨询有限责任公司 0.35%（流通 A 股） |
| 上海富荣德信息科技有限公司 0.29%（流通 A 股） |
| 虞东海 0.28%（流通 A 股） |
| 邢巨臣 0.27%（流通 A 股） |
| 姜凌 0.26%（流通 A 股） |
| 实际控制人：桂林集琦集团有限公司 |

二〇〇六年以来市场表现

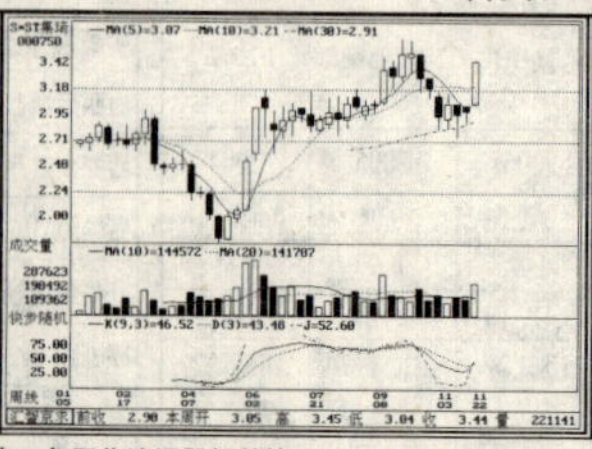


| | |
|---|---|
| 2006 年涨跌幅(%) | 28.84 |
| 2006 年最高(元) | 3.65 |
| 2007 年涨跌幅(%) | |
| 2007.4.27 收盘(元) | |
| 2007 年最高(元) | |
| 2007 年最低(元) | |
| 2007 年换手率(%) | |

未来一年限售流通股解禁情况:

| 最新股本 | 总股本 | 非(限售)流通 | 流通 A | 流通 B/H/S | 股东户数 | 06 年末 | 06 三季 |
|---|---|---|---|---|---|---|---|
| | 21505.74 | 9285.74 | 12220 | | | 44650 | 48212 |

**年报点评：** 公司主业没有起色,2006 年扭亏,主要是因为:将全资子公司桂林集琦中药产业投资有限公司 56%股权作价 25，523.95 万元转让给桂林市土地储备交易管理中心,实现投资收益约 1.3 亿元,抵消经营性亏损 7000 万。

## 锌业股份（000751）

上市日期:97/06/26　电话:0429－2024121　传真:0429－2101801

**主营**：生产经营锌、铜冶炼及深加工产品，以及硫酸、镉、铟、硫酸铜等综合利用产品。

| | 年　度 | 2006 | 2005 | 2004 |
|---|---|---|---|---|
| 主要指标 | 每股收益/扣除后(元) | 0.22/0.1 | 0.01 | 0.07/0.072 |
| | 每股经营现金流量(元) | 0.25 | 0.17 | 0.14 |
| | 每股净资产/调整后(元) | 2.73/2.22 | 3.13/2.49 | 3.14/2.35 |
| | 未分利润(万元) | 96639.72 | 74967.23 | 75330.06 |
| | 资本公积(万元) | 57929.8 | 77713.25 | 77713.25 |
| 利润构成 | 主营收入(万元) | 670182.36 | 343857.21 | 262555.03 |
| | 主营利润(万元) | 50682.84 | 26928.47 | 34015.76 |
| | 投资收益(万元) | 52.91 | 27.81 | 27.04 |
| | 利润总额(万元) | 26170.83 | 3764.24 | 10589.06 |
| | 净利润(万元) | 24080.55 | 633.18 | 6313.2 |

近年分配:

**主要股东及持股比例%、持股性质**

葫芦岛锌厂 43.17%（部分流通部分不流通）
颐和银丰实业有限公司 2.07%（非流通股）
上海上科科技投资有限公司 1.35%（非流通股）
中原证券股份有限公司 0.59%（流通A股）
深圳市中科招商创业投资有限公司 0.49%（非流通股）
张鸿雁 0.29%（流通A股）
中华企业股份有限公司 0.26%（非流通股）
葫芦岛有色金属集团有限公司 0.21%（非流通股）
上海瑞源投资有限公司 0.2%（非流通股）
许担保 0.19%（流通A股）
实际控制人：葫芦岛锌厂

二〇〇六年以来市场表现

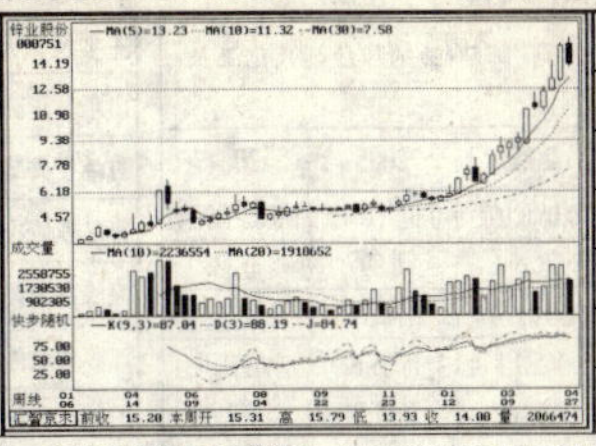

| | |
|---|---|
| 2006年涨跌幅(%) | 211.81 |
| 2006年最高(元) | 11.37 |
| 2007年涨跌幅(%) | 153.24 |
| 2007.4.27收盘(元) | 14.08 |
| 2007年最高(元) | 15.79 |
| 2007年最低(元) | 5.45 |
| 2007年换手率(%) | 541.1 |

**未来一年限售流通股解禁情况**：55506664股04月10日解禁

| 最新股本 | 总股本 | 非(限售)流通 | 流通A | 流通B/H/S | 股东户数 | 06年末 | 06三季 |
|---|---|---|---|---|---|---|---|
| | 111013.33 | 53407.68 | 57605.65 | | | 161600 | 177771 |

**年报点评**：公司是世界第三、亚洲第一大锌冶炼企业，国际锌价持续上涨使公司盈利能力大幅提升，2006年公司业绩暴增3700%。公司拟定向增发收购西藏华夏矿业公司所属西藏蒙亚阿矿55%的股权、锌基合金生产线以及配套项目，定向增发将完善公司产业链。

## 西藏发展（000752）

上市日期:97/06/25　电话:(0891)6389377　传真:(0891)6389377

**主营**：啤酒生产、藏红花系列保健品开发利用与伽玛刀医疗服务。

| | 年　度 | 2006 | 2005 | 2004 |
|---|---|---|---|---|
| 主要指标 | 每股收益/扣除后(元) | 0.05 | 0.14 | 0.2/0.196 |
| | 每股经营现金流量(元) | 0.0085 | 0.21 | 0.56 |
| | 每股净资产/调整后(元) | 1.85/1.78 | 2.71/2.68 | 2.57/2.56 |
| | 未分利润(万元) | 17694.42 | 17573.19 | 15538.03 |
| | 资本公积(万元) | | 7063.4 | 7063.4 |
| 利润构成 | 主营收入(万元) | 19049.65 | 22671.12 | 18598.42 |
| | 主营利润(万元) | 7177.97 | 8498.98 | 8172.6 |
| | 投资收益(万元) | －223.15 | | －2.19 |
| | 利润总额(万元) | 3888.16 | 5638.39 | 5117.96 |
| | 净利润(万元) | 1328.53 | 2543.95 | 3528.14 |

近年分配：06中期:10送0.46转增4.54

**主要股东及持股比例%、持股性质**

四川光大金联实业有限公司 29.39%（非流通股）
西藏自治区国有资产经营公司 19.6%（国有股）
广东证券股份有限公司 1.22%（流通A股）
五洲明珠股份有限公司 0.36%（非流通股）
上海鹤邦企业管理咨询有限公司 0.34%（流通A股）
西藏自治区矿业发展总公司 0.27%（非流通股）
李吉英 0.23%（流通A股）
吴建巧 0.21%（流通A股）
刘宇飞 0.17%（流通A股）
王希 0.16%（流通A股）
实际控制人：王健

二〇〇六年以来市场表现

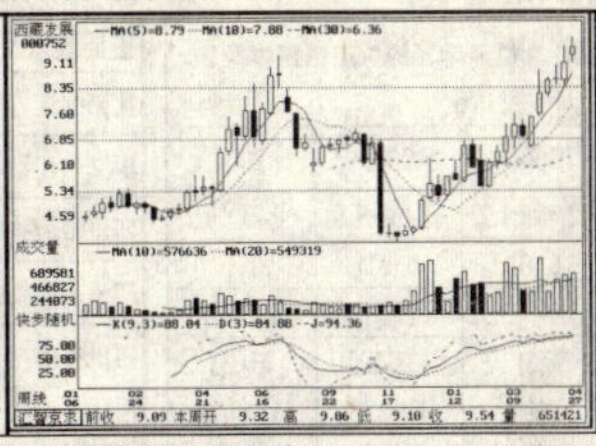

| | |
|---|---|
| 2006年涨跌幅(%) | 105.09 |
| 2006年最高(元) | 11.25 |
| 2007年涨跌幅(%) | 85.24 |
| 2007.4.27收盘(元) | 9.54 |
| 2007年最高(元) | 9.86 |
| 2007年最低(元) | 5.11 |
| 2007年换手率(%) | 643.27 |

**未来一年限售流通股解禁情况**：2372716.5股09月04日解禁

| 最新股本 | 总股本 | 非(限售)流通 | 流通A | 流通B/H/S | 股东户数 | 06年末 | 06三季 |
|---|---|---|---|---|---|---|---|
| | 26375.85 | 13163.41 | 13212.44 | | | 24724 | 17565 |

**年报点评**：西藏拉萨啤酒合资公司组建后，增加了少数股东权益对啤酒务利润的分配，同时啤酒业产销及利润规模增长尚需一定周期，故公司净利润有所下降。借助青藏铁路修建和周边地区交通状况改善的良好契机，将大力开拓区外市场。

## 漳州发展（000753）

上市日期:97/06/26　电话:0596－2671753　传真:0596－2671876

**主营**：对道路公路的投资与开发；城市基础设施开发与建设；市政工程的投资与管理；房地产开发及管理；城市供水（制水）；汽车贸易。

| | 年　度 | 2006 | 2005 | 2004 |
|---|---|---|---|---|
| 主要指标 | 每股收益/扣除后(元) | 0.041/－0.034 | －0.65/－0.14 | 0.08/0.02 |
| | 每股经营现金流量(元) | 0.79 | 0.13 | 0.2 |
| | 每股净资产/调整后(元) | 1.82/1.8 | 1.88/1.87 | 2.63/2.61 |
| | 未分利润(万元) | －5070.19 | －6290.33 | 20013.06 |
| | 资本公积(万元) | 23277.39 | 30282.92 | 30285.92 |
| 利润构成 | 主营收入(万元) | 44520.13 | 65855.75 | 34676.9 |
| | 主营利润(万元) | 4289.78 | 5929.91 | 7239.25 |
| | 投资收益(万元) | 2604.06 | －4083.86 | －390.51 |
| | 利润总额(万元) | 2616.42 | －28659.7 | 4284.55 |
| | 净利润(万元) | 1299.62 | －23561.95 | 2858.12 |

近年分配：04年:10派1

**主要股东及持股比例%、持股性质**

福建漳龙实业有限公司 16.23%（国有股）
漳州公路交通实业总公司 14.68%（非流通股）
漳州恒闽工贸有限公司 4.79%（非流通股）
哈尔滨哈里慈善基金会 3.24%（流通A股）
金盛证券投资基金 1.9%（流通A股）
哈尔滨道里投资股份有限公司 1.04%（流通A股）
陆靖霓 0.91%（流通A股）
福建省漳州建筑瓷厂 0.89%（国有股）
中泰信托投资有限责任公司－－稳健收益证券投资集合资金信托三期 0.48%（流通A股）
中国银行－－华夏大盘精选证券投资基金 0.47%（流通A股）
实际控制人：福建漳龙实业有限公司

二〇〇六年以来市场表现

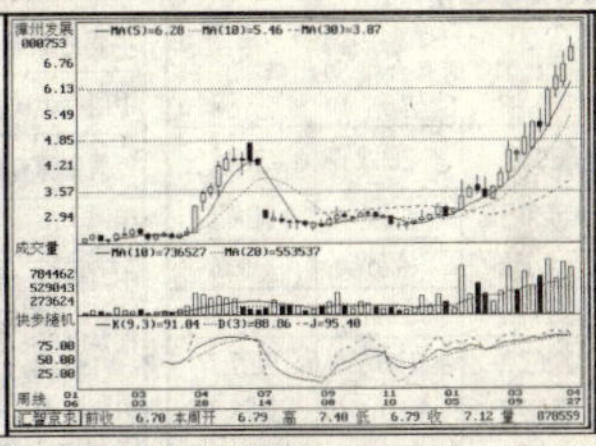

| | |
|---|---|
| 2006年涨跌幅(%) | 69.91 |
| 2006年最高(元) | 4.76 |
| 2007年涨跌幅(%) | 143.84 |
| 2007.4.27收盘(元) | 7.12 |
| 2007年最高(元) | 7.4 |
| 2007年最低(元) | 2.94 |
| 2007年换手率(%) | 496.72 |

**未来一年限售流通股解禁情况**：15232340股07月14日解禁

| 最新股本 | 总股本 | 非(限售)流通 | 流通A | 流通B/H/S | 股东户数 | 06年末 | 06三季 |
|---|---|---|---|---|---|---|---|
| | 31630.26 | 11582.31 | 20047.96 | | | 28708 | 30742 |

**年报点评**：公司主营包括自来水经营、汽车销售、房地产业务以及公路收费等。多项业务增长使得公司2006年实现扭亏为盈。在高速公路业务上，子公司漳州市交通开发有限公司持有的漳诏高速、漳龙高速股权是其主要资产及收入来源。

## 山西三维（000755）

上市日期:97/06/27　电话:0357－6662666　传真:0357－6663566

**主营**：化工、化纤、建材产品及焦炭的生产与销售及出口贸易。

| | 年　度 | 2006 | 2005 | 2004 |
|---|---|---|---|---|
| 主要指标 | 每股收益/扣除后(元) | 0.426/0.439 | 0.22 | 0.104/0.106 |
| | 每股经营现金流量(元) | 1.176 | 1.211 | 0.48 |
| | 每股净资产/调整后(元) | 4.27/4.21 | 3.85/3.71 | 3.53/3.43 |
| | 未分利润(万元) | 34765.71 | 22830.81 | 17006.65 |
| | 资本公积(万元) | 58466.06 | 58463.12 | 55576.12 |
| 利润构成 | 主营收入(万元) | 206361.67 | 150800.79 | 114613.24 |
| | 主营利润(万元) | 43232.13 | 29392.02 | 19672.03 |
| | 投资收益(万元) | | | 28.46 |
| | 利润总额(万元) | 17474.71 | 10009.55 | 4852.19 |
| | 净利润(万元) | 13260.99 | 6844.64 | 3226.7 |

近年分配：06年:10派1.5

**主要股东及持股比例%、持股性质**

山西三维华邦集团有限公司 34.94%（国有股）
山西省经济建设投资公司 3.53%（国有股）
中国平安人寿保险股份有限公司－分红－银保分红 2.09%（流通A股）
山西省经贸资产经营有限责任公司 1.61%（国有股）
中国建设银行－上投摩根中国优势证券投资基金 1.43%（流通A股）
光大证券股份有限公司 0.64%（流通A股）
中国建设银行－华夏优势增长股票型证券投资基金 0.64%（流通A股）
陈敏如 0.32%（流通A股）
山西证券有限责任公司 0.32%（流通A股）
肖小科 0.31%（流通A股）
实际控制人：山西三维华邦集团有限公司

二〇〇六年以来市场表现

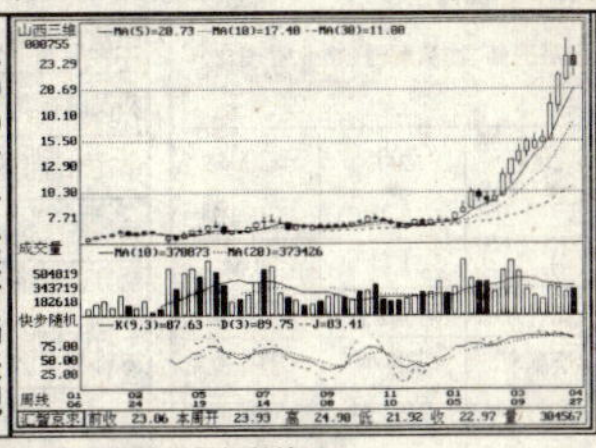

| | |
|---|---|
| 2006年涨跌幅(%) | 84.85 |
| 2006年最高(元) | 10.45 |
| 2007年涨跌幅(%) | 213.28 |
| 2007.4.27收盘(元) | 22.97 |
| 2007年最高(元) | 25.89 |
| 2007年最低(元) | 7.25 |
| 2007年换手率(%) | 332.54 |

**未来一年限售流通股解禁情况**：

| 最新股本 | 总股本 | 非(限售)流通 | 流通A | 流通B/H/S | 股东户数 | 06年末 | 06三季 |
|---|---|---|---|---|---|---|---|
| | 31105.39 | 12508.63 | 18596.76 | | | 53182 | 58504 |

**年报点评**：公司拥有两套合计7.5万吨以电石乙炔为原料的BDO装置，具有明显的成本优势。公司7.5万吨/年的顺酐法BDO新建项目将于2007年建成，项目建成后公司BDO产能将达到15万吨，成为仅次于BASF和Lyondell的第三大世界级BDO生产企业。

# 新华制药（000756）

上市日期:97/08/06

电话:0533－2166666　　传真:0533－2287508

| 主营 | 开发、制造及销售化学原料药、制剂(针剂和片剂)、化工及其它产品。 | | |
|---|---|---|---|
| 年　度 | 2006 | 2005 | 2004 |
| 主要指标：每股收益/扣除后(元) | 0.05/0.037 | 0.01/－0.021 | －0.12/－0.141 |
| 每股经营现金流量(元) | 0.29 | 0.39 | 0.13 |
| 每股净资产/调整后(元) | 2.94/2.94 | 2.94/2.94 | 2.93/2.93 |
| 未分利润(万元) | 16539.8 | 16763.62 | 16300.31 |
| 资本公积(万元) | 55891.91 | 55891.91 | 55891.91 |
| 利润构成：主营收入(万元) | 166725.19 | 169651.46 | 151129.61 |
| 主营利润(万元) | 28666.43 | 29246.87 | 23480.07 |
| 投资收益(万元) | 603 | －1399.84 | －1572.07 |
| 利润总额(万元) | 2930.68 | 1245.99 | －5124.5 |
| 净利润(万元) | 2270.56 | 541.59 | －5560.8 |
| 近年分配: | 06 预案:10 派 0.2；05 年:10 派 0.5 | | |

| 主要股东及持股比例%、持股性质 |
|---|
| 山东新华医药集团有限责任公司 35.7%（国有股） |
| 香港中央结算(代理人)有限公司 31.5%（H股） |
| 青岛豪威投资发展有限公司 3.28%（非流通股） |
| 淄博高新技术风险投资股份有限公司 1.67%（非流通股） |
| 江苏省软件产业股份有限公司 1.24%（流通 A股） |
| 上海证大投资管理有限公司 0.46%（非流通股） |
| 葫芦岛八家子矿业有限责任公司 0.34%（非流通股） |
| 中国医药工业公司 0.34%（非流通股） |
| 蚌埠市中科资讯有限责任公司 0.22%（非流通股） |
| 香港上海汇丰银行(代理人)有限公司 A/C BR－79 0.2%（H股） |
| 实际控制人：华鲁控股集团有限公司 |

二〇〇六年以来市场表现

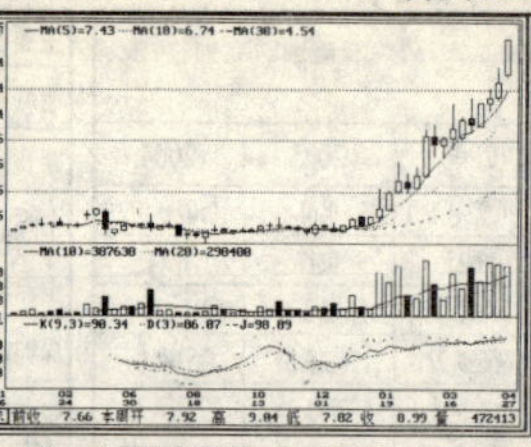

| | |
|---|---|
| 2006 年涨跌幅(%) | 45.39 |
| 2006 年最高(元) | 4.94 |
| 2007 年涨跌幅(%) | 183.6 |
| 2007.4.27 收盘(元) | 8.99 |
| 2007 年最高(元) | 9.04 |
| 2007 年最低(元) | 3.17 |
| 2007 年换手率(%) | 535.01 |

未来一年限售流通股解禁情况:16719500 股 06 月 06 日解禁

| 最新股本 | 总股本 | 非(限售)流通 | 流通 A | 流通 B/H/S | 股东户数 | 06 年末 | 06 三季 |
|---|---|---|---|---|---|---|---|
| | 45731.28 | 20454.46 | 10276.82 | 15000 | | 26996 | 28643 |

年报点评：公司是中国及亚洲地区最大的解热镇痛类药物生产与出口基地，也是国内抗感染、心脑血管、中枢神经类多类药物的重要生产企业。公司以 700 万元参股太平洋保险，还以 1357.7 万元参股交通银行，还投资 3000 万元参股天同证券，同时拥有市场追捧的的参股保险、银行、券商题材。导致股价大幅飙升，可关注。

# *ST 方向（000757）

上市日期:97/06/27

电话:0832－2202757　　传真:0832－2202720

| 主营 | 单缸柴油机的生产、销售；计算机显示器的生产销售以及配套注塑件的生产、销售。 | | |
|---|---|---|---|
| 年　度 | 2006 | 2005 | 2004 |
| 主要指标：每股收益/扣除后(元) | －2.46/－1.22 | －1.06/－1.04 | －0.23/－0.23 |
| 每股经营现金流量(元) | 0.007 | 0.0874 | 0.1 |
| 每股净资产/调整后(元) | －3.09/－3.32 | 0.17/－0.9 | 1.87/1.7 |
| 未分利润(万元) | －98081.32 | －37748.04 | 634.33 |
| 资本公积(万元) | 12402.42 | 12182.03 | 12110.14 |
| 利润构成：主营收入(万元) | 45884.76 | 55643.02 | 115199.73 |
| 主营利润(万元) | 4665.96 | 1960.58 | 9493.12 |
| 投资收益(万元) | 161.72 | 161.45 | 109.12 |
| 利润总额(万元) | －81480.92 | －29309.59 | －5350.55 |
| 净利润(万元) | －60080.46 | －25925.94 | －5592.45 |
| 近年分配: | | | |

| 主要股东及持股比例%、持股性质 |
|---|
| 沈阳北泰方向集团有限公司 29.52%（非流通股） |
| 深圳市汇银峰投资有限公司 16.02%（非流通股） |
| 四川峨眉柴油机股份有限公司工会 6.36%（非流通股） |
| 广州市惕威通讯有限公司 4.79%（非流通股） |
| 四川省信托投资公司 1.59%（非流通股） |
| 中国工行四川信托投资内江办事处 0.99%（非流通股） |
| 白马发电厂电力开发总公司 0.94%（非流通股） |
| 成都远大机械厂 0.84%（非流通股） |
| 四川内燃机厂青年油漆涂装厂 0.81%（非流通股） |
| 中国冶金进出口总公司秦皇岛办事处 0.75%（非流通股） |
| 实际控制人：穆昕 |

二〇〇六年以来市场表现

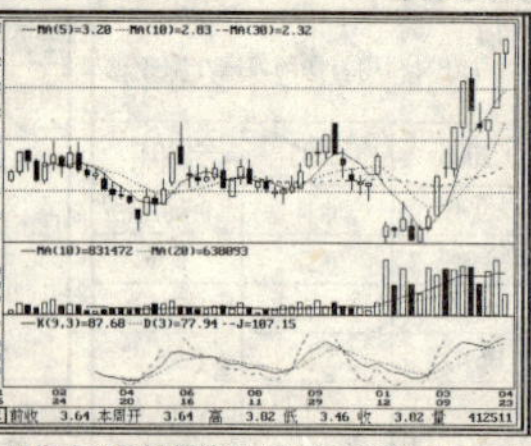

| | |
|---|---|
| 2006 年涨跌幅(%) | 12.04 |
| 2006 年最高(元) | 2.81 |
| 2007 年涨跌幅(%) | 168.35 |
| 2007.4.27 收盘(元) | 3.82 |
| 2007 年最高(元) | 6.49 |
| 2007 年最低(元) | 2.4 |
| 2007 年换手率(%) | 798.33 |

未来一年限售流通股解禁情况:75340938 股 01 月 08 日解禁

| 最新股本 | 总股本 | 非(限售)流通 | 流通 A | 流通 B/H/S | 股东户数 | 06 年末 | 06 三季 |
|---|---|---|---|---|---|---|---|
| | 24386.74 | 15613.84 | 8772.9 | | | 13123 | 13700 |

年报点评：公司主营柴油机及配件、显示器产品，由于 06 年显示器继续停产，柴油机销售下滑，公司经营继续亏损。尽管股权改革完成后公司在政府主导下寻求战略合作，但要实现公司经营的好转，仍面临较大的困难。

# 中色股份（000758）

上市日期:97/04/16

电话:010－63951531　　传真:010－63965364

| 主营 | 国际工程承包、国际技术承包、国际劳务合作、进出口 | | |
|---|---|---|---|
| 年　度 | 2006 | 2005 | 2004 |
| 主要指标：每股收益/扣除后(元) | 0.572/0.372 | 0.308 | 0.241/0.071 |
| 每股经营现金流量(元) | 0.35 | 0.55 | －0.46 |
| 每股净资产/调整后(元) | 2.27/2.2 | 2.09/2 | 1.9/1.67 |
| 未分利润(万元) | 26203.76 | 21260.52 | 15297.27 |
| 资本公积(万元) | 30562.5 | 30551.12 | 30488.92 |
| 利润构成：主营收入(万元) | 229790.41 | 103528.54 | 75567.45 |
| 主营利润(万元) | 79589.27 | 20032.65 | 14155 |
| 投资收益(万元) | 15203.17 | 19961.5 | 15957.25 |
| 利润总额(万元) | 68945.34 | 27867.56 | 19389.52 |
| 净利润(万元) | 33211.34 | 17901.71 | 13985.34 |
| 近年分配: | 06 预案:10 派 1；05 年:10 派 3.9；04 年:10 派 1.2 | | |

| 主要股东及持股比例%、持股性质 |
|---|
| 中国有色矿业集团有限公司 33.34%（国有股） |
| 万向资源有限公司 7.77%（非流通股） |
| 中国工商银行－易方达价值精选股票型证券投资基金 2.51%（流通 A股） |
| 中国银行－泰信优质生活股票型证券投资基金 0.97%（流通 A股） |
| 国泰君安－建行－香港上海汇丰银行有限公司 0.95%（流通 A股） |
| 国际金融－花旗－MARTIN CURRIE INVESTMENT MANAGEMENT LIMITED 0.8%（流通 A股） |
| 海通－汇丰－MERRILL LYNCH INTERNATIONAL 0.72%（流通 A股） |
| 中国银行－易方达平稳增长证券投资基金 0.52%（流通 A股） |
| UBS AG 0.5%（流通 A股） |
| 西部证券股份有限公司 0.43%（流通 A股） |
| 实际控制人：国务院国有资产监督管理委员会 |

二〇〇六年以来市场表现

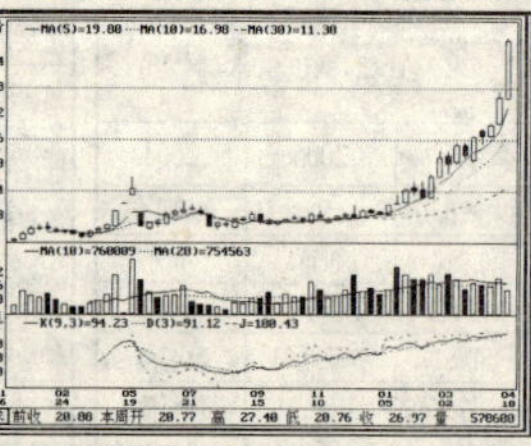

| | |
|---|---|
| 2006 年涨跌幅(%) | 99.67 |
| 2006 年最高(元) | 12.49 |
| 2007 年涨跌幅(%) | 226.91 |
| 2007.4.27 收盘(元) | 26.97 |
| 2007 年最高(元) | 27.4 |
| 2007 年最低(元) | 8.12 |
| 2007 年换手率(%) | 349.24 |

未来一年限售流通股解禁情况:29040000 股 06 月 07 日解禁

| 最新股本 | 总股本 | 非(限售)流通 | 流通 A | 流通 B/H/S | 股东户数 | 06 年末 | 06 三季 |
|---|---|---|---|---|---|---|---|
| | 58080 | 23887 | 34193 | | | 62484 | 59133 |

年报点评：公司是国内主要的有色类项目工程承包企业。公司在锌采选和冶炼方面的收入比重逐步增加，锌冶炼三期扩建工程已开工建设，投产后公司锌冶炼产能将达到 11.5 万吨，在国际锌价持续保持高景气的情况下，公司业绩有望稳步增长。

# 武汉中百（000759）

上市日期:97/05/19

电话:027－82859668　　传真:027－82210291

| 主营 | 以连锁超市业态为核心，涉足医药、物流配送、物业管理、进出口贸易等。 | | |
|---|---|---|---|
| 年　度 | 2006 | 2005 | 2004 |
| 主要指标：每股收益/扣除后(元) | 0.23/0.22 | 0.23 | 0.16/0.15 |
| 每股经营现金流量(元) | 1.57 | 1.64 | 0.54 |
| 每股净资产/调整后(元) | 2.68/1.93 | 4.02/2.92 | 3.9/2.84 |
| 未分利润(万元) | 7888.9 | 3719.09 | 2731.82 |
| 资本公积(万元) | 39479.95 | 52285.46 | 52002.02 |
| 利润构成：主营收入(万元) | 506543.48 | 410891.65 | 347330.02 |
| 主营利润(万元) | 61615.49 | 50564.46 | 40048.18 |
| 投资收益(万元) | －71.93 | －797.94 | －216.2 |
| 利润总额(万元) | 9440.02 | 5694.58 | 3049.04 |
| 净利润(万元) | 7831.53 | 4911.02 | 3317.38 |
| 近年分配: | 06 预案:10 派 1；05 年:10 派 1 转增 6；04 年:10 派 1 | | |

| 主要股东及持股比例%、持股性质 |
|---|
| 武汉国有资产经营公司 8.53%（国有股） |
| 湛江市霞山区平泰商贸有限公司 7.14%（流通 A股） |
| 武汉华汉投资管理有限公司 5.1%（非流通股） |
| 易方达策略成长二号混合型证券投资基金 3.53%（流通 A股） |
| 上投摩根成长先锋股票型证券投资基金 3.23%（流通 A股） |
| 海通—中行—富通银行 2.98%（流通 A股） |
| 武汉开发投资有限公司 2.56%（流通 A股） |
| 全国社保基金—零四组合 2.23%（流通 A股） |
| 上投摩根阿尔法股票型证券投资基金 2.13%（流通 A股） |
| 国投瑞银创新动力股票型证券投资基金 2.05%（流通 A股） |
| 实际控制人：武汉国有资产经营公司 |

二〇〇六年以来市场表现

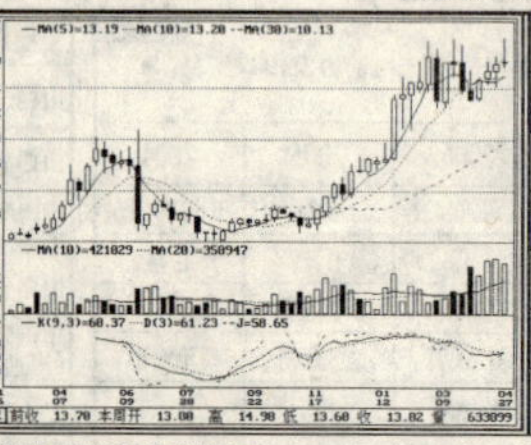

| | |
|---|---|
| 2006 年涨跌幅(%) | 202.02 |
| 2006 年最高(元) | 17.11 |
| 2007 年涨跌幅(%) | 48.6 |
| 2007.4.27 收盘(元) | 13.82 |
| 2007 年最高(元) | 14.98 |
| 2007 年最低(元) | 8.8 |
| 2007 年换手率(%) | 207.98 |

未来一年限售流通股解禁情况:3386436.8 股 03 月 28 日解禁

| 最新股本 | 总股本 | 非(限售)流通 | 流通 A | 流通 B/H/S | 股东户数 | 06 年末 | 06 三季 |
|---|---|---|---|---|---|---|---|
| | 33526.7 | 7135.38 | 26391.31 | | | 17137 | 28511 |

年报点评：公司超市份额在湖北位居第一，进入重庆市场三年来当地份额上升到第三。公司自有物流配送，加强采购，保证了较高的毛利率。大卖场和便民超市快速扩张，使通道收费快速提升。加上百货减亏的因素，我们预计未来三年公司业绩能保持年 50%左右的增速。

## 博盈投资（000760）

上市日期:97/06/27　　电话:0716－8270288　　传真:0716－8270099

**主营**：汽车配件制造、销售。

| | 年　度 | 2006 | 2005 | 2004 |
|---|---|---|---|---|
| 主要指标 | 每股收益/扣除后(元) | 0.37/-0.077 | 0.1 | -1.47/-0.51 |
| | 每股经营现金流量(元) | 0.43 | 0.63 | 0.16 |
| | 每股净资产/调整后(元) | 1.58/1.47 | 1.55/1.04 | 1.44/1.33 |
| | 未分利润(万元) | 5601.91 | 895.22 | -17775.01 |
| | 资本公积(万元) | 1096.31 | 4223.03 | 18994.72 |
| 利润构成 | 主营收入(万元) | 38899.51 | 30187.59 | 23230.72 |
| | 主营利润(万元) | 4961.14 | 5222.31 | 4050.44 |
| | 投资收益(万元) | 215.02 | 178.83 | 32.28 |
| | 利润总额(万元) | 5210.93 | 1216.92 | -16032.3 |
| | 净利润(万元) | 5229.66 | 1062.96 | -16027.67 |

近年分配：06 预案:10 派 0.3 送 3

**主要股东及持股比例%、持股性质**

北京嘉利恒德房地产开发有限公司 21.2%（非流通股）
北京环球京彩国际信息技术发展有限公司 18.16%（非流通股）
顾和银丰实业有限公司 3.56%（非流通股）
公安县振华环保工程有限公司 1.6%（非流通股）
陶云杰 1.1%（流通 A 股）
侯春齐 0.87%（流通 A 股）
吴和平 0.81%（流通 A 股）
公安县华通商贸有限责任公司 0.54%（非流通股）
江苏亚星客车集团有限公司 0.51%（非流通股）
易乃君 0.44%（流通 A 股）

实际控制人：金浩集团有限公司

二〇〇六年以来市场表现

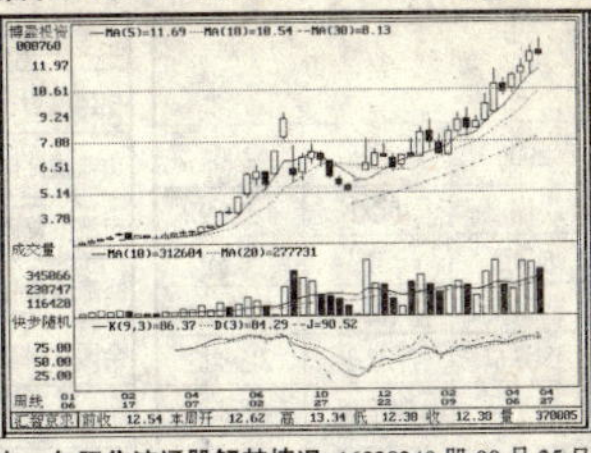

| | |
|---|---|
| 2006 年涨跌幅(%) | 285.9 |
| 2006 年最高(元) | 11.65 |
| 2007 年涨跌幅(%) | 94.35 |
| 2007.4.27 收盘(元) | 12.38 |
| 2007 年最高(元) | 13.34 |
| 2007 年最低(元) | 6.32 |
| 2007 年换手率(%) | 589 |

未来一年限售流通股解禁情况:16328240 股 09 月 25 日解禁

| 最新股本 | 总股本 | 非(限售)流通 | 流通 A | 流通 B/H/S | 股东户数 06 年末 | 股东户数 06 三季 |
|---|---|---|---|---|---|---|
| | 14014.93 | 6450.82 | 7564.11 | | 17950 | 13959 |

**年报点评**：公司主营汽车前后桥总成及齿轮，产品主要给中、重型货车及小型客车配套。06 年新战略:盯住货车，主攻客车，大上配件，发挥特色的带领下，实现收入增长与盈利的股改承诺。07 年公司将继续产品结构调整，扩大配套领域，提升管理效率，实现持续发展。

## 本钢板材（000761/200761）

上市日期:A: 98/01/15 B: 97/07/08　　电话:0414－7827344　　传真:0414－7827004

**主营**：钢铁冶炼和板材轧制。

| | 年　度 | 2006 | 2005 | 2004 |
|---|---|---|---|---|
| 主要指标 | 每股收益/扣除后(元) | 0.527/0.518 | 0.556/0.558 | 0.64/0.645 |
| | 每股经营现金流量(元) | 0.6724 | 1.22 | 1.73 |
| | 每股净资产/调整后(元) | 5.11/5.11 | 4.67/4.67 | 4.32/4.31 |
| | 未分利润(万元) | 344455.11 | 218601.48 | 187583.06 |
| | 资本公积(万元) | 870501.11 | 140038.7 | 139919.63 |
| 利润构成 | 主营收入(万元) | 2469145.79 | 2018245.78 | 1734945.15 |
| | 主营利润(万元) | 286243.47 | 114094.83 | 121029.8 |
| | 投资收益(万元) | | | |
| | 利润总额(万元) | 203183.53 | 90899.27 | 94371.07 |
| | 净利润(万元) | 165135.93 | 63221.67 | 73206.25 |

近年分配：06 预案:10 派 3；05 年:10 派 2；04 年:10 派 2

**主要股东及持股比例%、持股性质**

本溪钢铁(集团)有限责任公司 82.12%（国有股）
BB/BARING HONG KONG FUND 0.87%（流通 B 股）
BONY－DREYFUS PIFI－DREYFUS PREMIER GREATER CHINA 0.83%（流通 B 股）
GOVERNMENT OF SINGAPORE INV. CORP.－A/C"C" 0.65%（流通 B 股）
GUOTAI JUNAN SECURIES HONG KONG LIMITED 0.57%（流通 B 股）
MIRAE ASSET CHINA SOLOMON EQUITY INVESTMENT TRUST 1 0.49%（流通 B 股）
FLEDGELING NOMINEES INTERNATIONAL LIMITED 0.38%（流通 B 股）
GSIC A/C MONETARY AUTHORITY OF SINGAPORE 0.37%（流通 B 股）
日月控股有限公司 0.36%（流通 A 股）
GSI S/A ACRU CHINA + ABSOLUTE RETURN FUND LIMITED 0.26%（流通 B 股）

实际控制人：本溪钢铁(集团)有限责任公司

二〇〇六年以来市场表现

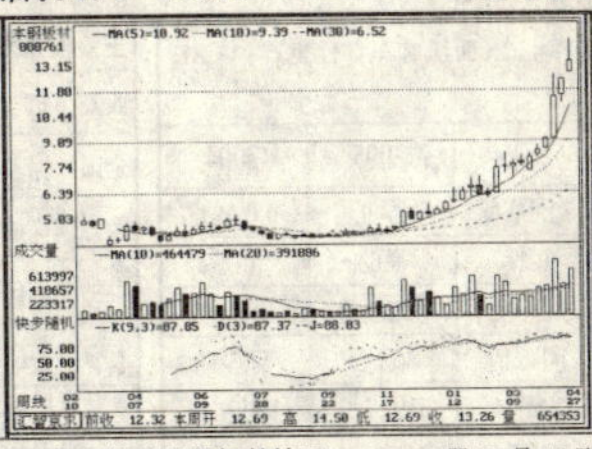

| | |
|---|---|
| 2006 年涨跌幅(%) | 72.9 |
| 2006 年最高(元) | 7.93 |
| 2007 年涨跌幅(%) | 145.56 |
| 2007.4.27 收盘(元) | 13.26 |
| 2007 年最高(元) | 14.5 |
| 2007 年最低(元) | 5.42 |
| 2007 年换手率(%) | 409.48 |

未来一年限售流通股解禁情况:56800000 股 03 月 15 日解禁

| 最新股本 | 总股本 | 非(限售)流通 | 流通 A | 流通 B/H/S | 股东户数 06 年末 | 股东户数 06 三季 |
|---|---|---|---|---|---|---|
| | 313600 | 257520 | 16080 | 40000 | 59138 | 72674 |

**年报点评**：公司在 2006 年向本钢集团定向增发 20 亿股，收购本钢集团钢铁主业资产，收购集团资产后，公司的产品结构进一步优化。辽宁省将力推本钢集团与中国第二大钢铁企业鞍钢合并，两家钢铁企业的联合，将形成年产钢 3000 万吨级的中国钢铁"航母"。

## 西藏矿业（000762）

上市日期:97/07/08　　电话:0891－6872095　　传真:028－84446041 84444883

**主营**：铬铁矿的开采和销售、铬铁合金的加工与销售、铜矿与金矿的开采。

| | 年　度 | 2006 | 2005 | 2004 |
|---|---|---|---|---|
| 主要指标 | 每股收益/扣除后(元) | 0.16/0.15 | 0.14 | 0.07/0.07 |
| | 每股经营现金流量(元) | 0.34 | 0.28 | 0.47 |
| | 每股净资产/调整后(元) | 2.07/1.78 | 2.37/1.99 | 2.2/1.89 |
| | 未分利润(万元) | 2746.32 | -1027.14 | -3809.77 |
| | 资本公积(万元) | 22029.17 | 26672.82 | 26649.9 |
| 利润构成 | 主营收入(万元) | 31156.25 | 31342.52 | 30784.41 |
| | 主营利润(万元) | 13003.31 | 10137.05 | 10968.18 |
| | 投资收益(万元) | 1595.35 | -83.79 | 13.01 |
| | 利润总额(万元) | 5263.01 | 3484.45 | 2492.09 |
| | 净利润(万元) | 4078.62 | 2782.62 | 1441.48 |

近年分配：

**主要股东及持股比例%、持股性质**

西藏自治区矿业发展总公司 17.69%（国有股）
杭州华泰信投资管理有限公司 9.6%（非流通股）
四川都江堰海棠铁合金冶炼有限公司 6.57%（非流通股）
西藏藏华工贸有限公司 5.06%（国有股）
广州中大新元生命科技(集团)有限公司 4.8%（非流通股）
西藏山南江南矿业有限责任公司 3.03%（国有股）
西藏自治区电力公司 2.52%（国有股）
濮文 1.71%（流通 A 股）
林星兰 1.63%（流通 A 股）
周建勤 1.45%（流通 A 股）

实际控制人：西藏自治区矿业发展总公司

二〇〇六年以来市场表现

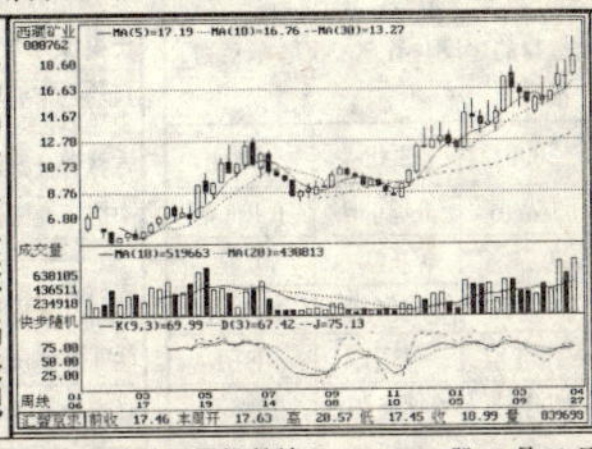

| | |
|---|---|
| 2006 年涨跌幅(%) | 257.1 |
| 2006 年最高(元) | 22.95 |
| 2007 年涨跌幅(%) | 53.52 |
| 2007.4.27 收盘(元) | 18.99 |
| 2007 年最高(元) | 20.57 |
| 2007 年最低(元) | 11.64 |
| 2007 年换手率(%) | 478.03 |

未来一年限售流通股解禁情况:29146125 股 02 月 10 日解禁

| 最新股本 | 总股本 | 非(限售)流通 | 流通 A | 流通 B/H/S | 股东户数 06 年末 | 股东户数 06 三季 |
|---|---|---|---|---|---|---|
| | 25063.75 | 12373.91 | 12689.84 | | 14026 | 17589 |

**年报点评**：公司形成铬、锂、铜矿的开采加工销售三大产业，有独特的垄断优势。拥有中国最大的铬铁矿采选基地西藏罗存萨，其储量约占全国总储量的 40%。公司持有西藏扎布耶锂业高科技有限公司 40% 股权，近年内有望形成 500 万平方米盐田和 5000 吨碳酸锂的生产规模。

## 通化金马（000766）

上市日期:97/04/30　　电话:0435－3907298　　传真:0435－3907298

**主营**：生产和销售中西成药、生化制剂、营养及保健制品。

| | 年　度 | 2006 | 2005 | 2004 |
|---|---|---|---|---|
| 主要指标 | 每股收益/扣除后(元) | 0.037/0.03 | 0.019 | -0.55/-0.52 |
| | 每股经营现金流量(元) | -0.04 | 0.08 | 0.04 |
| | 每股净资产/调整后(元) | 1.14/0.85 | 0.1/-0.35 | 0.08/-0.37 |
| | 未分利润(万元) | -87315.97 | -88966.98 | -89814.6 |
| | 资本公积(万元) | 87633.58 | 41620.46 | 41620.46 |
| 利润构成 | 主营收入(万元) | 14133.74 | 14115.27 | 9987.21 |
| | 主营利润(万元) | 7366.25 | 8100.15 | 4968.64 |
| | 投资收益(万元) | -5.1 | 358.13 | -174.36 |
| | 利润总额(万元) | 846.5 | 862.34 | -28477.54 |
| | 净利润(万元) | 1651.01 | 847.61 | -24567.93 |

近年分配：

**主要股东及持股比例%、持股性质**

通化市永信投资有限责任公司 18.39%（国有股）
通化市特产集团总公司 9.8%（国有股）
中国东方资产管理公司 7.88%（国有股）
通化市石油工具厂 0.46%（非流通股）
张浅 0.27%（流通 A 股）
宋兰波 0.26%（流通 A 股）
上海彤宝投资咨询有限公司 0.19%（流通 A 股）
王克勤 0.17%（流通 A 股）
白羽 0.16%（流通 A 股）
吴冬阳 0.14%（流通 A 股）

实际控制人：通化市永信投资有限责任公司

二〇〇六年以来市场表现

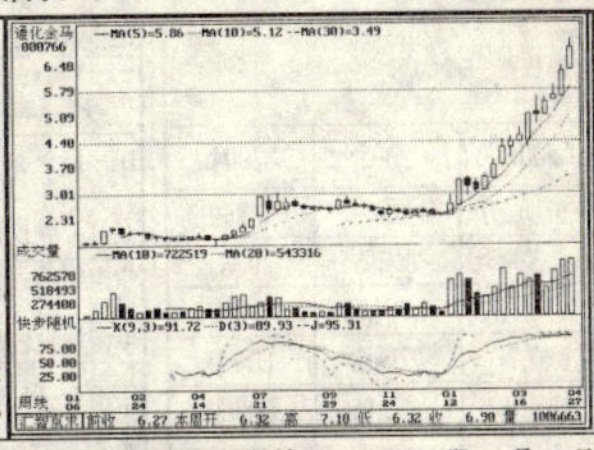

| | |
|---|---|
| 2006 年涨跌幅(%) | 44.24 |
| 2006 年最高(元) | 2.97 |
| 2007 年涨跌幅(%) | 189.92 |
| 2007.4.27 收盘(元) | 6.9 |
| 2007 年最高(元) | 7.18 |
| 2007 年最低(元) | 2.34 |
| 2007 年换手率(%) | 354.78 |

未来一年限售流通股解禁情况:46975228 股 08 月 08 日解禁

| 最新股本 | 总股本 | 非(限售)流通 | 流通 A | 流通 B/H/S | 股东户数 06 年末 | 股东户数 06 三季 |
|---|---|---|---|---|---|---|
| | 44901.63 | 16428.68 | 28472.95 | | 82537 | 86280 |

**年报点评**：报告期内受到医药行业政策影响，经营没有多大起色，净利润增加主要是大股东以应收款置换了公司的债务，导致坏账计提减少。

## 漳泽电力（000767）

上市日期:97/06/09　　电话:0351—4265109　　传真:0351—4265168

**主营：** 火力发电

| | 年　度 | 2006 | 2005 | 2004 |
|---|---|---|---|---|
| 主要指标 | 每股收益/扣除后(元) | 0.321/0.296 | 0.282 | 0.25/0.276 |
| | 每股经营现金流量(元) | 0.7472 | 0.4185 | 0.65 |
| | 每股净资产/调整后(元) | 1.95/1.95 | 2.27/2.26 | 2.16/2.15 |
| | 未分利润(万元) | 55439.67 | 37117.21 | 31589.63 |
| | 资本公积(万元) | 20401.56 | 44878.98 | 44878.98 |
| 利润构成 | 主营收入(万元) | 312646.85 | 234872.91 | 218412.11 |
| | 主营利润(万元) | 46903.27 | 30574.35 | 46963.34 |
| | 投资收益(万元) | 12382.47 | -5402.47 | 674.52 |
| | 利润总额(万元) | 50529.9 | 39109.18 | 30704.39 |
| | 净利润(万元) | 35438.29 | 23967 | 20927.16 |

**近年分配：** 06 预案:10 派 1.6；05 年:10 派 1.6 转增 3；04 年:10 派 1.75

**主要股东及持股比例%、持股性质**

- 中国电力投资集团公司 36.24%（国有股）
- 山西国际电力集团有限公司 27.34%（国有股）
- 宁波罗蒙制衣有限公司 0.97%（流通 A 股）
- 裕隆证券投资基金 0.73%（流通 A 股）
- 全国社保基金一零八组合 0.5%（流通 A 股）
- 裕阳证券投资基金 0.44%（流通 A 股）
- 中国建设银行－上投摩根中国优势证券投资基金 0.37%（流通 A 股）
- 中国银行－银华优势企业(平衡型)证券投资基金 0.36%（流通 A 股）
- 中国银行－易方达深证 100 交易型开放式指数证券投资基金 0.26%（流通 A 股）
- 中国人寿保险股份有限公司－传统－普通保险产品－005L－CT001 深 0.18%（流通 A 股）

**实际控制人：** 中国电力投资集团公司

**二〇〇六年以来市场表现**

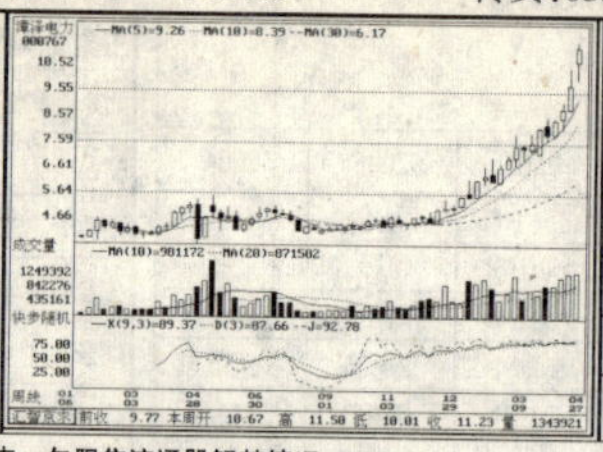


| | |
|---|---|
| 2006 年涨跌幅(%) | 74.1 |
| 2006 年最高(元) | 7.28 |
| 2007 年涨跌幅(%) | 120.2 |
| 2007.4.27 收盘(元) | 11.23 |
| 2007 年最高(元) | 11.5 |
| 2007 年最低(元) | 5.1 |
| 2007 年换手率(%) | 371.38 |

**未来一年限售流通股解禁情况：**

| 最新股本 | 总股本 | 非(限售)流通 | 流通 A | 流通 B/H/S | 股东户数 | 06 年末 | 06 三季 |
|---|---|---|---|---|---|---|---|
| | 110272.5 | 70124.53 | 40147.97 | | | 64985 | 77546 |

**年报点评：** 公司 2006 年向特定对象非公开发行股票，开展内蒙古达茂旗风电项目建设，此次定向增发使公司管理装机容量及权益装机容量分别增长 53.4% 和 44.9%，为其发挥原有优势提供了空间，作为中电投集团华北地区旗舰企业的地位也得以进一步确立和提升。

## 西飞国际（000768）

上市日期:97/06/26　　电话:029－6846638　　传真:029－6846031

**主营：** 国内外大、中型飞机零部件生产；西沃客车零件生产；VCM 板和铝合金型材生产与销售。

| | 年　度 | 2006 | 2005 | 2004 |
|---|---|---|---|---|
| 主要指标 | 每股收益/扣除后(元) | 0.101/0.08 | 0.064/0.07 | 0.06/0.13 |
| | 每股经营现金流量(元) | 0.19 | 0.02 | 0.23 |
| | 每股净资产/调整后(元) | 3.26/3.25 | 3.16/3.15 | 4.96/4.92 |
| | 未分利润(万元) | 14146.09 | 8464.25 | 5267.11 |
| | 资本公积(万元) | 116629.48 | 116619.92 | 140109.92 |
| 利润构成 | 主营收入(万元) | 178103.5 | 118034.35 | 100661.18 |
| | 主营利润(万元) | 27805.71 | 17722.66 | 16519.67 |
| | 投资收益(万元) | 1398.01 | 44.35 | -3635 |
| | 利润总额(万元) | 7309.55 | 4256.48 | 2654.04 |
| | 净利润(万元) | 6313.16 | 3996.42 | 2304.74 |

**近年分配：** 06 预案:10 派 1.25；04 年:10 转增 6

**主要股东及持股比例%、持股性质**

- 西安飞机工业(集团)有限责任公司 43.49%（国有股）
- 全国社保基金一零五组合 2.64%（流通 A 股）
- 南方绩优成长股票型证券投资基金 2.48%（流通 A 股）
- 中邮核心优选股票型证券投资基金 2.27%（流通 A 股）
- 上海市房屋维修资金管理中心 2%（流通 A 股）
- 景顺长城新兴成长股票型证券投资基金 1.92%（流通 A 股）
- 同盛证券投资基金 1.25%（流通 A 股）
- 泰达荷银效率优选混合型证券投资基金 0.96%（流通 A 股）
- 大成精选增值混合型证券投资基金 0.89%（流通 A 股）
- 广发策略优选混合型证券投资基金 0.77%（流通 A 股）

**实际控制人：** 中国航空工业第一集团公司

**二〇〇六年以来市场表现**

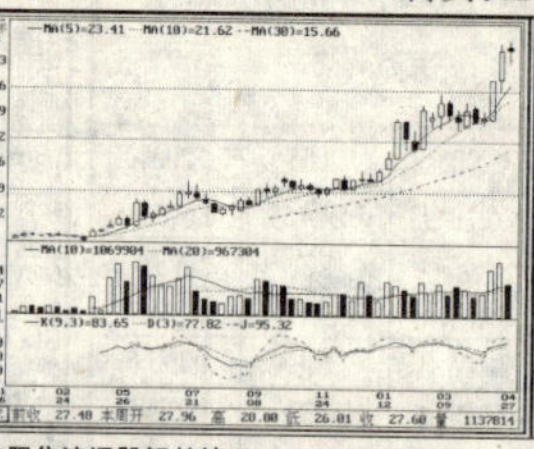


| | |
|---|---|
| 2006 年涨跌幅(%) | 219.32 |
| 2006 年最高(元) | 16.04 |
| 2007 年涨跌幅(%) | 135.9 |
| 2007.4.27 收盘(元) | 27.6 |
| 2007 年最高(元) | 28.8 |
| 2007 年最低(元) | 11.75 |
| 2007 年换手率(%) | 456.68 |

**未来一年限售流通股解禁情况：** 31320000 股 05 月 09 日解禁

| 最新股本 | 总股本 | 非(限售)流通 | 流通 A | 流通 B/H/S | 股东户数 | 06 年末 | 06 三季 |
|---|---|---|---|---|---|---|---|
| | 62640 | 27257.4 | 35382.6 | | | 49749 | 47840 |

**年报点评：** 公司是西飞集团公司生产的军机、新舟 60 飞机零部件的重要供应商，ARJ－21 飞机机身、机翼零部件的唯一供应商，不存在市场竞争的因素.06 年公司计划通过增发基本实现集团整体上市，从而可持续的发展目标，企业经营前景值得期待。

## S 延边路（000776）

上市日期:97/06/11　　电话:0433－2853913　　传真:0433－2853913

**主营：** 各种公路、桥梁、隧道及构造物的建设与管理 、收取车辆通行费

| | 年　度 | 2006 | 2005 | 2004 |
|---|---|---|---|---|
| 主要指标 | 每股收益/扣除后(元) | 0.06/0.06 | 0.08/0.09 | 0.15/0.09 |
| | 每股经营现金流量(元) | 0.24 | 0.27 | 0.32 |
| | 每股净资产/调整后(元) | 1.27/1.27 | 1.21/1.21 | 1.12/1.12 |
| | 未分利润(万元) | -17091.87 | -18211.4 | -19771.4 |
| | 资本公积(万元) | 17142.53 | 17095.03 | 17095.03 |
| 利润构成 | 主营收入(万元) | 8569.82 | 8589.91 | 11705.51 |
| | 主营利润(万元) | 3937.19 | 3496.06 | 3975.78 |
| | 投资收益(万元) | | | -6.86 |
| | 利润总额(万元) | 1428.89 | 1985.83 | 3941.11 |
| | 净利润(万元) | 1119.53 | 1560 | 2759.21 |

**近年分配：**

**主要股东及持股比例%、持股性质**

- 吉林敖东药业集团股份有限公司 46.76%（部分流通部分不流通）
- 吉林省公路机械厂 1.67%（非流通股）
- 中国工商银行－南方稳健成长贰号证券投资基金 1.33%（流通 A 股）
- 吉林省公路勘测设计院 1.27%（非流通股）
- 深圳市守言投资策划有限公司 0.74%（流通 A 股）
- 臧宏峰 0.71%（流通 A 股）
- 通联创业投资股份有限公司 0.59%（流通 A 股）
- 王素芳 0.58%（流通 A 股）
- 苏军福 0.37%（流通 A 股）
- 深圳市旗扬投资有限公司 0.37%（流通 A 股）

**实际控制人：** 修刚

**二〇〇六年以来市场表现**

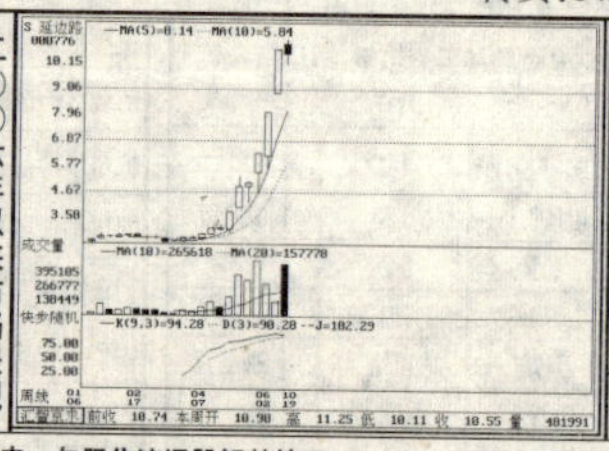


| | |
|---|---|
| 2006 年涨跌幅(%) | 323.7 |
| 2006 年最高(元) | 11.25 |
| 2007 年涨跌幅(%) | |
| 2007.4.27 收盘(元) | |
| 2007 年最高(元) | |
| 2007 年最低(元) | |
| 2007 年换手率(%) | |

**未来一年限售流通股解禁情况：**

| 最新股本 | 总股本 | 非(限售)流通 | 流通 A | 流通 B/H/S | 股东户数 | 06 年末 | 06 三季 |
|---|---|---|---|---|---|---|---|
| | 18411 | 9092.6 | 9318.4 | | | 27399 | 28964 |

**年报点评：** 公司以往主营业务为公路、桥梁、隧道的投资开发建设与经营期内的收费管理。公司主营业务近年增长乏力。广发证券借壳 S 延边路上市预计将在 2007 年实施，今后公司主业将变更为证券业务。

## 中核科技（000777）

上市日期:97/07/10　　电话:0512－66672245　　传真:0512－67526983

**主营：** 工业用阀门的设计、制造、销售

| | 年　度 | 2006 | 2005 | 2004 |
|---|---|---|---|---|
| 主要指标 | 每股收益/扣除后(元) | 0.077/0.077 | 0.07 | 0.04/0.037 |
| | 每股经营现金流量(元) | 0.3099 | 0.3795 | 0.14 |
| | 每股净资产/调整后(元) | 1.79/1.77 | 1.71/1.69 | 1.64/1.56 |
| | 未分利润(万元) | 3057.74 | 2735.88 | 1796.18 |
| | 资本公积(万元) | 6929.18 | 6137.05 | 6113.34 |
| 利润构成 | 主营收入(万元) | 36364.03 | 33238.11 | 30278.16 |
| | 主营利润(万元) | 8149.43 | 8082.15 | 6409.33 |
| | 投资收益(万元) | 540.92 | 545.56 | 244.3 |
| | 利润总额(万元) | 1718.72 | 1440.04 | 1022.94 |
| | 净利润(万元) | 1298.72 | 1173.38 | 668.47 |

**近年分配：** 05 年:10 派 0.5

**主要股东及持股比例%、持股性质**

- 中国核工业集团公司 27.53%（国有股）
- 中国核工业集团公司苏州阀门厂 19.67%（国有股）
- 金鑫证券投资基金 3.81%（流通 A 股）
- 中国银行－嘉实增长开放式证券投资基金 1.77%（流通 A 股）
- 中国建设银行－上投摩根双息平衡混合型证券投资基金 1.64%（流通 A 股）
- 中国平安保险(集团)股份有限公司－集团本级－自有资金 1.42%（流通 A 股）
- 桂林 0.8%（流通 A 股）
- 陈礼生 0.78%（流通 A 股）
- 中国工商银行－申万巴黎新经济混合型证券投资基金 0.72%（流通 A 股）
- 中国银行－国泰金鹿保本增值混合证券投资基金 0.72%（流通 A 股）

**实际控制人：** 国有资产监督管理委员会

**二〇〇六年以来市场表现**

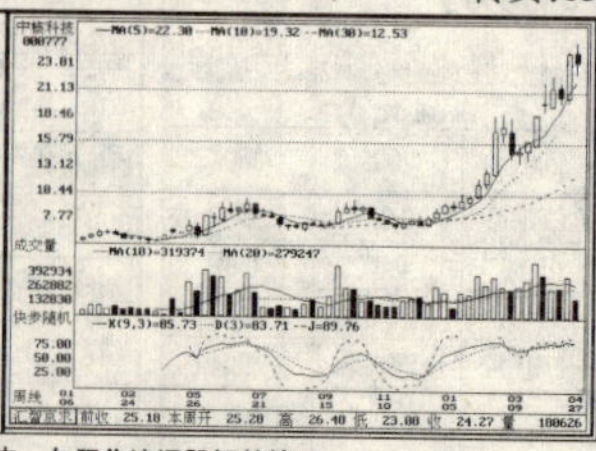


| | |
|---|---|
| 2006 年涨跌幅(%) | 134.58 |
| 2006 年最高(元) | 13 |
| 2007 年涨跌幅(%) | 161.53 |
| 2007.4.27 收盘(元) | 24.27 |
| 2007 年最高(元) | 26.48 |
| 2007 年最低(元) | 8.75 |
| 2007 年换手率(%) | 538.41 |

**未来一年限售流通股解禁情况：**

| 最新股本 | 总股本 | 非(限售)流通 | 流通 A | 流通 B/H/S | 股东户数 | 06 年末 | 06 三季 |
|---|---|---|---|---|---|---|---|
| | 16800 | 7937.98 | 8862.02 | | | 22283 | 25515 |

**年报点评：** 作为中核集团下属公司，是国内生产工业阀门品种最多的企业，在国家大力发展核电的预期下，公司也面临较好机遇。06 年公司克服退城进区的困难，实现业务稳定增长，但由于公司存在历史问题、应收帐款问题等，如要实现持续增长，需要大股东的支持。

## 新兴铸管（000778）

上市日期:97/06/06　　电话:0310－5792011　　传真:0310－4060214

| 主营 | 离心球墨铸铁管及配套管件、治炼及其压延加工、铸造制品。 | | | |
|---|---|---|---|---|
| | 年　度 | 2006 | 2005 | 2004 |
| 主要指标 | 每股收益/扣除后(元) | 0.412/0.398 | 0.82/0.791 | 1.001/0.998 |
| | 每股经营现金流量(元) | 0.2922 | 0.9035 | 0.9451 |
| | 每股净资产/调整后(元) | 3.85/3.69 | 5.36/5.18 | 5.54/5.33 |
| | 未分利润(万元) | 85505.98 | 79408.56 | 101060.04 |
| | 资本公积(万元) | 162318.71 | 128690.23 | 128438.26 |
| 利润构成 | 主营收入(万元) | 1080123.23 | 970205.77 | 880056.64 |
| | 主营利润(万元) | 181364.76 | 164521.59 | 176887.88 |
| | 投资收益(万元) | －60.36 | －74.72 | －56.49 |
| | 利润总额(万元) | 80389.82 | 76000.81 | 97086.95 |
| | 净利润(万元) | 45806.99 | 50977.22 | 62188.45 |
| 近年分配: | 06中期:10派0.15送1.35转增3.65年终预案:10派1.2送0.56；05年:10派3.5；04年:10派10 | | | |

| 主要股东及持股比例%、持股性质 |
|---|
| 新兴铸管集团有限公司 50.02%（国有股） |
| 中国建设银行－博时主题行业股票证券投资基金 1.21%（流通A股） |
| 交通银行－安顺证券投资基金 0.99%（流通A股） |
| 中国建设银行－华安宏利股票型证券投资基金 0.8%（流通A股） |
| 中国工商银行－诺安价值增长股票证券投资基金 0.74%（流通A股） |
| 中国工商银行－广发聚富开放式证券投资基金 0.41%（流通A股） |
| 中国工商银行－中银国际收益混合型证券投资基金 0.38%（流通A股） |
| 中国银行－易方达深证100交易型开放式指数证券投资基金 0.38%（流通A股） |
| 刘峥嵘 0.35%（流通A股） |
| 国际金融－工行－CREDIT SUISSE（HONG KONG）LIMITED 0.27%（流通A股） |
| 实际控制人: 国务院国有资产监督管理委员会 |

二〇〇六年以来市场表现

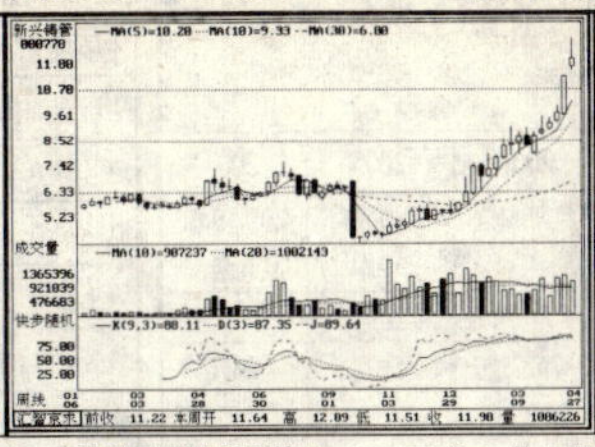


| | |
|---|---|
| 2006年涨跌幅(%) | 53.03 |
| 2006年最高(元) | 9.16 |
| 2007年涨跌幅(%) | 118.22 |
| 2007.4.27收盘(元) | 11.98 |
| 2007年最高(元) | 12.89 |
| 2007年最低(元) | 5.49 |
| 2007年换手率(%) | 263.78 |

未来一年限售流通股解禁情况:46611582股11月10日解禁

| 最新股本 | 总股本 | 非(限售)流通 | 流通A | 流通B/H/S | 股东户数 | 06年末 | 06三季 |
|---|---|---|---|---|---|---|---|
| | 111223.16 | 51111.75 | 60111.41 | | | 87154 | 75102 |

年报点评：公司是世界铸管龙头,目前离心球墨铸铁管产能120万吨,球墨铸铁管生产、技术、产品居世界领先水平,国内市场占有率约为40%,出口比例达30%,产品行销60个国家和地区。公司2006年净利润下降主要是由于报告期内所得税抵免比上年抵免大幅减少所致。

## ST派神（000779）

上市日期:97/05/28　　电话:0931－7551627　　传真:0931－7555200

| 主营 | 生产、销售精纺呢绒系列产品等。 | | | |
|---|---|---|---|---|
| | 年　度 | 2006 | 2005 | 2004 |
| 主要指标 | 每股收益/扣除后(元) | 0.07/0.06 | －0.566/－0.34 | －1.99/－1.18 |
| | 每股经营现金流量(元) | 0.18 | 0.069 | －0.36 |
| | 每股净资产/调整后(元) | 1.76/1.58 | 1.7/1.66 | 2.26/2.2 |
| | 未分利润(万元) | －28735.41 | －29925.97 | －19559.42 |
| | 资本公积(万元) | 39347.73 | 39347.73 | 39347.73 |
| 利润构成 | 主营收入(万元) | 28956.09 | 28133.8 | 37089.05 |
| | 主营利润(万元) | 6560.85 | 3165.6 | 4690.78 |
| | 投资收益(万元) | | －521.92 | 52.59 |
| | 利润总额(万元) | 1060.17 | －10148.69 | －37091.77 |
| | 净利润(万元) | 1190.57 | －10366.56 | －36378.65 |
| 近年分配: | | | | |

| 主要股东及持股比例%、持股性质 |
|---|
| 兰州三毛纺织(集团)有限责任公司 14.12%（国有股） |
| 上海开开实业股份有限公司 3.99%（非流通股） |
| 奇鹏 0.9%（流通A股） |
| 邹泰民 0.77%（流通A股） |
| 陈阳生 0.51%（流通A股） |
| 丁丽珍 0.4%（流通A股） |
| 谢晓庆 0.27%（流通A股） |
| 钱志敏 0.26%（流通A股） |
| 张示伟 0.25%（流通A股） |
| 刘金强 0.24%（流通A股） |
| 实际控制人: 甘肃省政府国有资产管理委员会 |

二〇〇六年以来市场表现

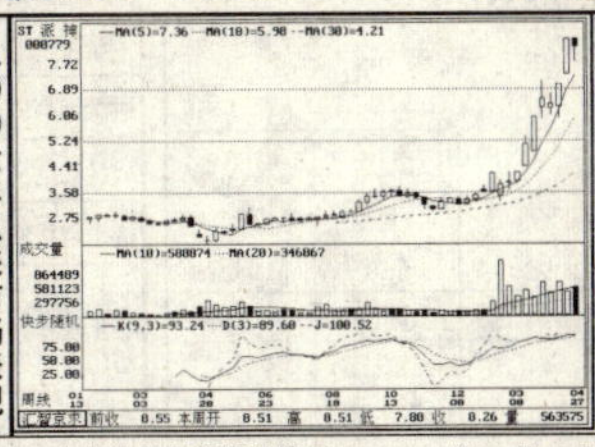


| | |
|---|---|
| 2006年涨跌幅(%) | 35.02 |
| 2006年最高(元) | 3.75 |
| 2007年涨跌幅(%) | 266.58 |
| 2007.4.27收盘(元) | 8.26 |
| 2007年最高(元) | 13.17 |
| 2007年最低(元) | 3.53 |
| 2007年换手率(%) | 425.7 |

未来一年限售流通股解禁情况:16759903股02月12日解禁

| 最新股本 | 总股本 | 非(限售)流通 | 流通A | 流通B/H/S | 股东户数 | 06年末 | 06三季 |
|---|---|---|---|---|---|---|---|
| | 18315.48 | 8137.99 | 10177.49 | | | 28723 | 30905 |

年报点评：大股东开开实业以股抵债以及二股东三毛集团以资抵债后,资产质量有所提高。同时公司不断提高研发创新能力,综合一等品率达99.6%。但是2006年末公司涉讼金额2.4亿元,目前均已终审败诉。

## ＊ST兴发（000780）

上市日期:97/06/06　　电话:0476－3514285　　传真:0476－3510053

| 主营 | 肉羊、肉鸡及其系列产品的生产、加工和销售。 | | | |
|---|---|---|---|---|
| | 年　度 | 2006 | 2005 | 2004 |
| 主要指标 | 每股收益/扣除后(元) | 0.01/－0.49 | －1.15/－1.15 | －0.89/－0.88 |
| | 每股经营现金流量(元) | 0.57 | －0.18 | －0.27 |
| | 每股净资产/调整后(元) | 0.27/0.16 | 0.39/0.38 | 1.43/1.41 |
| | 未分利润(万元) | －133661.27 | －134312.12 | －87154.86 |
| | 资本公积(万元) | 88834.16 | 109293.36 | 104497.09 |
| 利润构成 | 主营收入(万元) | 43475.59 | 182342.88 | 198826.02 |
| | 主营利润(万元) | 44.14 | 1154.37 | 9915.78 |
| | 投资收益(万元) | －2507.03 | 624.4 | －565.93 |
| | 利润总额(万元) | 259 | －47457.19 | －36235.54 |
| | 净利润(万元) | 650.85 | －47157.27 | －36258.77 |
| 近年分配: | | | | |

| 主要股东及持股比例%、持股性质 |
|---|
| 赤峰市银联投资有限责任公司 19.45%（非流通股） |
| 赤峰大兴经贸有限责任公司 8.93%（非流通股） |
| 赤峰万顺食品有限责任公司 7.91%（非流通股） |
| 上海融昌资产管理有限公司 1.36%（流通A股） |
| 上海慕士塔格投资顾问有限公司 0.88%（流通A股） |
| 罗士励 0.82%（流通A股） |
| 中南输变电设备成套有限公司 0.74%（流通A股） |
| 陈从容 0.63%（流通A股） |
| 刘玉亭 0.44%（流通A股） |
| 王艳华 0.44%（流通A股） |
| 实际控制人: 赤峰市世博投资有限责任公司 |

二〇〇六年以来市场表现

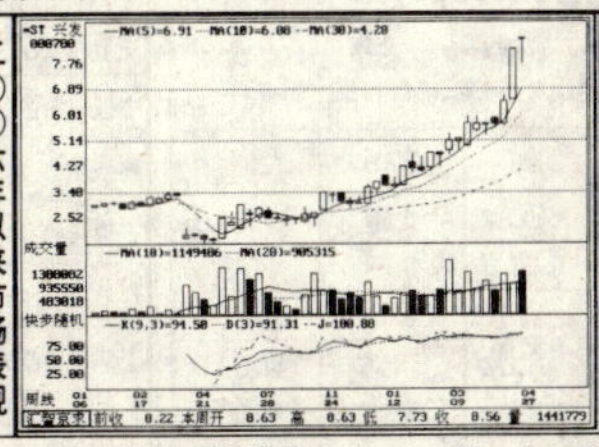


| | |
|---|---|
| 2006年涨跌幅(%) | 170.59 |
| 2006年最高(元) | 7.82 |
| 2007年涨跌幅(%) | 130.11 |
| 2007.4.27收盘(元) | 8.56 |
| 2007年最高(元) | 8.63 |
| 2007年最低(元) | 3.5 |
| 2007年换手率(%) | 386.39 |

未来一年限售流通股解禁情况:72777127股04月06日解禁

| 最新股本 | 总股本 | 非(限售)流通 | 流通A | 流通B/H/S | 股东户数 | 06年末 | 06三季 |
|---|---|---|---|---|---|---|---|
| | 61430.63 | 22316.95 | 39113.69 | | | 38674 | 48875 |

年报点评：完成净利润651万元,同比增长101.38%;每股收益0.01元.2006年12月29日,赤峰市元宝山区人民政府给予公司禽流感财政补贴款3亿元,成为＊ST兴发利润的主要来源。公司与平煤集团运输部铁路固定资产置换。

## 美达股份（000782）

上市日期:97/06/19　　电话:0750－6107981　　传真:0750－6107975

| 主营 | 锦纶6切片、纺丝、织造、染整生产及产品的销售。 | | | |
|---|---|---|---|---|
| | 年　度 | 2006 | 2005 | 2004 |
| 主要指标 | 每股收益/扣除后(元) | 0.08/0.07 | 0.05 | 0.28/0.26 |
| | 每股经营现金流量(元) | 0.63 | 0.5 | 0.23 |
| | 每股净资产/调整后(元) | 2.33/2.32 | 2.67/2.66 | 2.67/2.66 |
| | 未分利润(万元) | 15057.5 | 12455.53 | 12697.37 |
| | 资本公积(万元) | 32341.06 | 38898.07 | 38888.82 |
| 利润构成 | 主营收入(万元) | 215352.09 | 177069.83 | 175494.05 |
| | 主营利润(万元) | 20449.8 | 13353.11 | 31666.35 |
| | 投资收益(万元) | 331.88 | －53.18 | 978.45 |
| | 利润总额(万元) | 4992.74 | 2135.41 | 15883.75 |
| | 净利润(万元) | 3252.46 | 1727.25 | 9535.18 |
| 近年分配: | 06预案:10派0.3；04年:10派0.5 | | | |

| 主要股东及持股比例%、持股性质 |
|---|
| 广东天健实业集团有限公司 20.23%（非流通股） |
| 工商银行广东分行信托投资公司 4.94%（非流通股） |
| 广州市盈富创展投资有限公司 4.94%（非流通股） |
| 广州市天秀经济发展有限公司 4.35%（非流通股） |
| 江门市新会天健投资有限公司 3.71%（非流通股） |
| 江门市新力投资有限公司 3.71%（非流通股） |
| 华夏证券有限公司 2.45%（非流通股） |
| 广东新会美达锦纶集团公司 1.53%（国有股） |
| 广发证券股份有限公司 0.99%（非流通股） |
| 深圳歌兰保龄球俱乐部有限公司 0.89%（非流通股） |
| 实际控制人: 广东天健实业集团有限公司 |

二〇〇六年以来市场表现

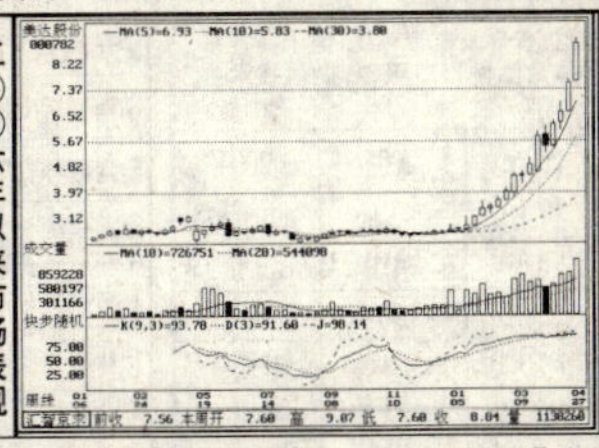


| | |
|---|---|
| 2006年涨跌幅(%) | 69.15 |
| 2006年最高(元) | 4.62 |
| 2007年涨跌幅(%) | 228.63 |
| 2007.4.27收盘(元) | 8.84 |
| 2007年最高(元) | 9.07 |
| 2007年最低(元) | 2.63 |
| 2007年换手率(%) | 514.49 |

未来一年限售流通股解禁情况:132681818股05月12日解禁

| 最新股本 | 总股本 | 非(限售)流通 | 流通A | 流通B/H/S | 股东户数 | 06年末 | 06三季 |
|---|---|---|---|---|---|---|---|
| | 40451.32 | 21452.64 | 18998.69 | | | 41692 | 44644 |

年报点评：我国最大最强的锦纶基地,目前已形成以高分子聚合化工为龙头、以化工纤维新材料为主体的产业结构布局。公司与全球最大的已内酰胺制造商荷兰DSM纤维中间体公司合作生产已内酰胺,是其主导产品锦伦纤维的主要原料,使公司可获廉价原料。

# S＊ST 石炼（000783）

上市日期:97/07/31　　电话:0311－5161160　　传真:0311－5161138

| | | | | |
|---|---|---|---|---|
| 主营 | 石油加工和销售 | | | |
| | 年　度 | 2006 | 2005 | 2004 |
| 主要指标 | 每股收益/扣除后(元) | -1.39/-1.487 | -0.63 | 0.01/-0.003 |
| | 每股经营现金流量(元) | -1.43 | -0.44 | 0.29 |
| | 每股净资产/调整后(元) | -0.61/-0.62 | 0.77/0.76 | 1.4/1.39 |
| | 未分利润(万元) | -218828.92 | -58677.1 | -40817.93 |
| | 资本公积(万元) | 28207.88 | 28131.7 | 79952.77 |
| 利润构成 | 主营收入(万元) | 1494819.25 | 1189285.19 | 868924.37 |
| | 主营利润(万元) | -144300.49 | -73268.78 | 17476.82 |
| | 投资收益(万元) | -175.35 | -175.35 | -175.35 |
| | 利润总额(万元) | -153963.39 | -68224.09 | 8071.05 |
| | 净利润(万元) | -160151.82 | -72743.1 | 1231.09 |
| 近年分配: | | | | |

| 主要股东及持股比例%、持股性质 |
|---|
| 中国石油化工股份有限公司 79.73%（国有股） |
| 赵一辉 0.95%（流通A股） |
| 赵一文 0.58%（流通A股） |
| 张玉富 0.19%（流通A股） |
| 钱芳 0.14%（流通A股） |
| 李谋真 0.12%（流通A股） |
| 雷淑芳 0.11%（流通A股） |
| 河北中冶贸易有限公司 0.1%（流通A股） |
| 王培富 0.1%（流通A股） |
| 张九如 0.09%（流通A股） |
| 实际控制人：中国石油化工集团公司 |

二○○六年以来市场表现

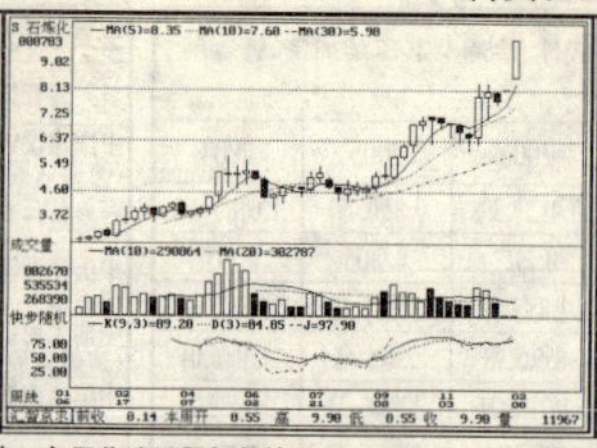

| | |
|---|---|
| 2006年涨跌幅(%) | 168.17 |
| 2006年最高(元) | 8.35 |
| 2007年涨跌幅(%) | 27.74 |
| 2007.4.27收盘(元) | 9.9 |
| 2007年最高(元) | 9.9 |
| 2007年最低(元) | 8.14 |
| 2007年换手率(%) | 0.62 |

未来一年限售流通股解禁情况:

| 最新股本 | 总股本 | 非(限售)流通 | 流通A | 流通B/H/S | 股东户数 | 06年末 | 06三季 |
|---|---|---|---|---|---|---|---|
| | 115444.43 | 92044.43 | 23400 | | | 33939 | 44745 |

年报点评：公司终于推出了资产重组（重大资产出售＋定向回购非流通股＋吸收合并）＋送股的一揽子环环相扣的股改方案，随着长江证券借壳方案出台，公司基本面出现重大改观。

# 武汉中商（000785）

上市日期:97/07/11　　电话:027－87362507　　传真:027－87307723

| | | | | |
|---|---|---|---|---|
| 主营 | 百货零售批发 | | | |
| | 年　度 | 2006 | 2005 | 2004 |
| 主要指标 | 每股收益/扣除后(元) | 0.06/0.03 | -0.39 | 0.03/-0.06 |
| | 每股经营现金流量(元) | 0.56 | 1.35 | 0.63 |
| | 每股净资产/调整后(元) | 1.9/1.76 | 1.84/1.68 | 2.23/1.82 |
| | 未分利润(万元) | -3841.98 | -5368.58 | 4497.44 |
| | 资本公积(万元) | 7999.88 | 7999.88 | 7999.88 |
| 利润构成 | 主营收入(万元) | 237299.59 | 226540.45 | 218623.89 |
| | 主营利润(万元) | 31182.91 | 26410.31 | 26143.6 |
| | 投资收益(万元) | 4.32 | -96.48 | -204.04 |
| | 利润总额(万元) | 558.79 | -11861.87 | 1727.82 |
| | 净利润(万元) | 1526.6 | -9866.02 | 828.59 |
| 近年分配: | | | | |

| 主要股东及持股比例%、持股性质 |
|---|
| 武汉国有资产经营公司 45.07%（国有股） |
| 武汉银厦房地产综合发展公司 3.22%（国有股） |
| 杭州财富实业有限公司 1.85%（非流通股） |
| 上海桥科工贸有限公司 1.39%（非流通股） |
| 湖北省电力公司 1.2%（国有股） |
| 平安信托投资有限责任公司 1.2%（非流通股） |
| 武汉市机械设备进出口公司 0.87%（非流通股） |
| 华运投资有限公司 0.86%（非流通股） |
| 海南百勤投资顾问有限公司 0.75%（非流通股） |
| 湖北徐东(集团)股份有限公司 0.75%（非流通股） |
| 实际控制人：武汉国有资产经营公司 |

二○○六年以来市场表现

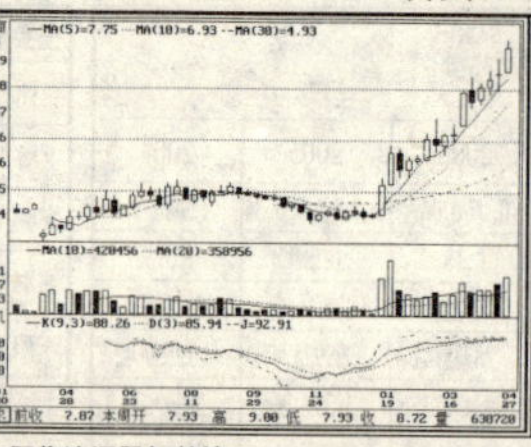

| | |
|---|---|
| 2006年涨跌幅(%) | 44.65 |
| 2006年最高(元) | 6.2 |
| 2007年涨跌幅(%) | 161.86 |
| 2007.4.27收盘(元) | 8.72 |
| 2007年最高(元) | 9 |
| 2007年最低(元) | 3.32 |
| 2007年换手率(%) | 620.73 |

未来一年限售流通股解禁情况:12561085股04月03日解禁

| 最新股本 | 总股本 | 非(限售)流通 | 流通A | 流通B/H/S | 股东户数 | 06年末 | 06三季 |
|---|---|---|---|---|---|---|---|
| | 25122.17 | 15212.93 | 9909.24 | | | 19592 | 20732 |

年报点评：公司目前在湖北省内11个城市中共拥有1家ShoppingMall、8家百货购物中心店、20家平价超市大卖场以及17家药业连锁专卖店，营业面积超过25.85万平方米。公司在湖北黄金商业圈拥有多处物业目前已大幅升值，从07年开始新的会计制度实施后，公司的资产及业绩都将跨越式的提升。公司未来的发展空间值得期待。

# 北新建材（000786）

上市日期:97/06/06　　电话:010－88082398　　传真:010－88082383

| | | | | |
|---|---|---|---|---|
| 主营 | 新型建筑材料、新型墙体材料、新型房屋、化学建材、装饰装修材料及配套产品的技术开发、制造、销售和技术服务等。 | | | |
| | 年　度 | 2006 | 2005 | 2004 |
| 主要指标 | 每股收益/扣除后(元) | 0.254/0.194 | 0.209 | 0.15/0.083 |
| | 每股经营现金流量(元) | 0.463 | 0.188 | 0.43 |
| | 每股净资产/调整后(元) | 2.74/2.7 | 2.55/2.51 | 2.4/2.34 |
| | 未分利润(万元) | 23473.17 | 15715.37 | 10133.63 |
| | 资本公积(万元) | 49188.01 | 49069.76 | 48920.24 |
| 利润构成 | 主营收入(万元) | 278127.73 | 206289.88 | 146232.95 |
| | 主营利润(万元) | 47609.86 | 34486.43 | 19124.74 |
| | 投资收益(万元) | 6093.7 | 2233.84 | 2729.37 |
| | 利润总额(万元) | 21709.6 | 17534.72 | 8731.51 |
| | 净利润(万元) | 14615.56 | 12015.77 | 8662.75 |
| 近年分配: | 06预案:10派0.8；05年:10派0.7；04年:10派0.5 | | | |

| 主要股东及持股比例%、持股性质 |
|---|
| 中国建材股份有限公司 52.4%（国有股） |
| 蔡晓东 0.14%（流通A股） |
| 王凌佳 0.11%（流通A股） |
| 赵显峰 0.11%（流通A股） |
| 李建民 0.1%（流通A股） |
| 满志通 0.08%（流通A股） |
| 上海世贸汽车贸易有限公司 0.07%（流通A股） |
| 李润发 0.06%（流通A股） |
| 黄庆锋 0.06%（流通A股） |
| 吴爱萍 0.06%（流通A股） |
| 实际控制人：中国建筑材料集团公司 |

二○○六年以来市场表现

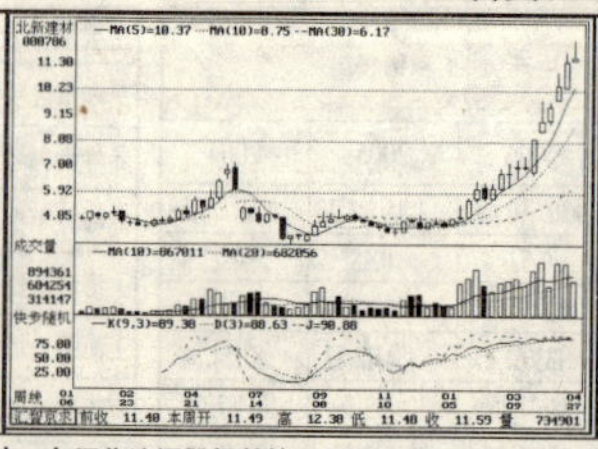

| | |
|---|---|
| 2006年涨跌幅(%) | 21.67 |
| 2006年最高(元) | 7.15 |
| 2007年涨跌幅(%) | 155.85 |
| 2007.4.27收盘(元) | 11.59 |
| 2007年最高(元) | 12.38 |
| 2007年最低(元) | 4.53 |
| 2007年换手率(%) | 456.24 |

未来一年限售流通股解禁情况:28757500股06月29日解禁

| 最新股本 | 总股本 | 非(限售)流通 | 流通A | 流通B/H/S | 股东户数 | 06年末 | 06三季 |
|---|---|---|---|---|---|---|---|
| | 57515 | 30156.6 | 27358.4 | | | 67105 | 67916 |

年报点评：公司2006年净利润同比增长22%，低于市场平均水平。公司具有一定的规模优势，在建材行业具有较强的市场竞争力。而房地产行业的发展和北京奥运场馆建设的启动将给公司创造良好的行业环境。公司高起点介入太阳能光伏产业，将成为公司新增利润来源。

# ＊ST 创智（000787）

上市日期:97/06/26　　电话:0731－8909008　　传真:0731－8909353

| | | | | |
|---|---|---|---|---|
| 主营 | 研制、开发、生产、销售计算机软件及配套系统、电子商务系统、网络产品、提供软件制作及软件售后服务；提供技术咨询和技术培训服务等业务。 | | | |
| | 年　度 | 2006 | 2005 | 2004 |
| 主要指标 | 每股收益/扣除后(元) | -1.12 | -2.18 | 0.02/0.022 |
| | 每股经营现金流量(元) | -0.06 | -1.15 | 0.18 |
| | 每股净资产/调整后(元) | 0.22/0.21 | 1.06/0.98 | 3.36/3.25 |
| | 未分利润(万元) | -79983.32 | -51868.89 | 1796.05 |
| | 资本公积(万元) | 57025.55 | 49864.02 | 49668.5 |
| 利润构成 | 主营收入(万元) | 7136.71 | 16190.85 | 31297.86 |
| | 主营利润(万元) | 2120.53 | 282.17 | 9890.75 |
| | 投资收益(万元) | -3108.88 | -1077.37 | -160.74 |
| | 利润总额(万元) | -28326.14 | -55249.66 | 1076.06 |
| | 净利润(万元) | -28114.43 | -54671.47 | 602.68 |
| 近年分配: | | | | |

| 主要股东及持股比例%、持股性质 |
|---|
| 湖南创智集团有限公司 17.8%（非流通股） |
| 财富证券有限责任公司 10.07%（非流通股） |
| 湖南华创实业有限公司 3.29%（非流通股） |
| 湖南创智实业有限公司 3.22%（非流通股） |
| 长沙电力经济技术开发总公司 0.64%（非流通股） |
| 席得胜 0.5%（流通A股） |
| 湖南省融智资产经营有限公司 0.36%（非流通股） |
| 上海冠通投资有限公司 0.32%（非流通股） |
| 郭萍 0.23%（流通A股） |
| 宋勇 0.22%（流通A股） |
| 实际控制人：丁亮 |

二○○六年以来市场表现

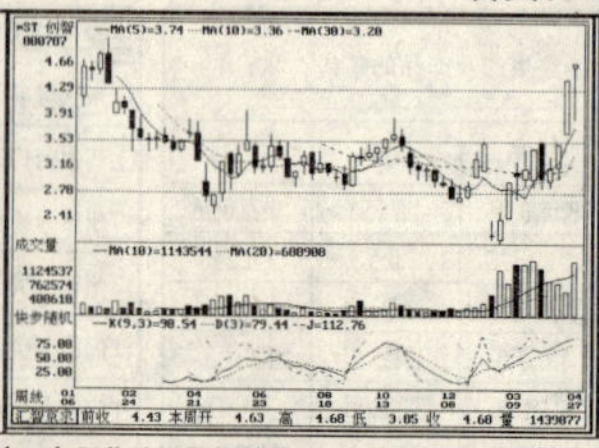

| | |
|---|---|
| 2006年涨跌幅(%) | -31.01 |
| 2006年最高(元) | 5.04 |
| 2007年涨跌幅(%) | 209.83 |
| 2007.4.27收盘(元) | 4.68 |
| 2007年最高(元) | 8.89 |
| 2007年最低(元) | 3.01 |
| 2007年换手率(%) | 486.72 |

未来一年限售流通股解禁情况:76666467股02月09日解禁

| 最新股本 | 总股本 | 非(限售)流通 | 流通A | 流通B/H/S | 股东户数 | 06年末 | 06三季 |
|---|---|---|---|---|---|---|---|
| | 25076.02 | 10870.02 | 14206 | | | 49294 | 54076 |

年报点评：科技公司是国家火炬计划首批的四大软件基地之一。目前具有雄厚资本运行背景、曾成功重组过两家上市公司的新宇集团已经成功入主该公司。创智业务主要集中于中国电信、社保、制造、广电等行业。公司的未来取决于重组后的情况。

## 西南合成（000788）

上市日期:97/06/16　　电话:023－67525366　　传真:023－67525300

| | |
|---|---|
| 主营 | 研制开发、生产经营医药原料药及制剂产品。 |

| | 年　度 | 2006 | 2005 | 2004 |
|---|---|---|---|---|
| 主要指标 | 每股收益/扣除后(元) | 0.06/0.05 | 0.06/0.05 | 0.06/0.05 |
| | 每股经营现金流量(元) | 0.11 | 0.01 | 0.18 |
| | 每股净资产/调整后(元) | 1.23/1.21 | 1.14/1.02 | 1.08/0.78 |
| | 未分利润(万元) | －11165.4 | －12492.65 | －33888.51 |
| | 资本公积(万元) | 14459.9 | 13306.51 | 27160.71 |
| 利润构成 | 主营收入(万元) | 50026.78 | 47137.9 | 42825.74 |
| | 主营利润(万元) | 8215.01 | 9030.2 | 8234.75 |
| | 投资收益(万元) | 3.18 | | －106.61 |
| | 利润总额(万元) | 1327.25 | 1144.02 | 1211.36 |
| | 净利润(万元) | 1327.25 | 1144.02 | 1211.36 |
| 近年分配: | | | | |

| 主要股东及持股比例%、持股性质 |
|---|
| 重庆西南合成制药有限公司 41.91%（国有股） |
| 重庆市医药压力容器检测站 2.38%（非流通股） |
| 重庆长江制药厂 2.33%（非流通股） |
| 华夏证券有限公司 1.34%（非流通股） |
| 四川电力建设二公司 1.17%（非流通股） |
| 李杰 1.04%（流通 A 股） |
| 深圳市东方瑞银投资股份有限公司 0.9%（流通 A 股） |
| 殷永兴 0.85%（流通 A 股） |
| 重庆市江北县江洛化工厂 0.84%（非流通股） |
| 西南合成制药厂科学技术协会 0.77%（非流通股） |
| 实际控制人：北大方正集团有限公司 |

二〇〇六年以来市场表现

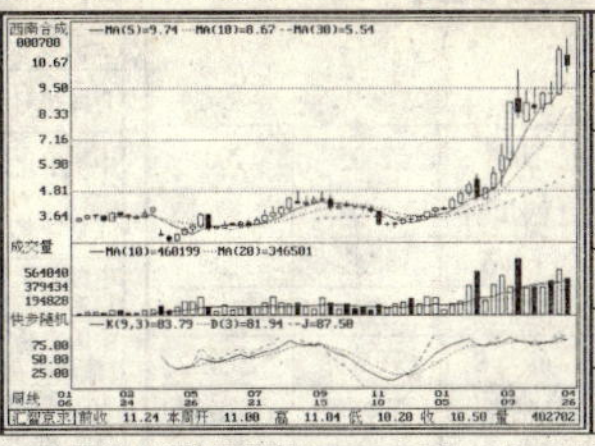

| | |
|---|---|
| 2006 年涨跌幅(%) | 75.26 |
| 2006 年最高(元) | 7.16 |
| 2007 年涨跌幅(%) | 164.48 |
| 2007.4.27 收盘(元) | 10.5 |
| 2007 年最高(元) | 11.84 |
| 2007 年最低(元) | 3.87 |
| 2007 年换手率(%) | 795.7 |

未来一年限售流通股解禁情况:10864975 股 04 月 20 日解禁

| 最新股本 | 总股本 | 非(限售)流通 | 流通 A | 流通 B/H/S | 股东户数 | 06 年末 | 06 三季 |
|---|---|---|---|---|---|---|---|
| | 21729.95 | 14300 | 7429.95 | | | 13158 | 13312 |

年报点评：公司实际控制人为方正集团,方正集团近年来大举进军证券业,把原浙江证券改造为方正证券,最近又重组了泰阳证券,方正集团现控股方正科技和西南合成两家 A 股公司,而西南合成作为业绩平平的壳资源股,未来不排除方正集团对其进行资源升级,想象空间极大,值得投资者多加关注。

## 江西水泥（000789）

上市日期:97/09/23　　电话:0791—6262016　　传真:0791—6297996

| | |
|---|---|
| 主营 | 硅酸盐水泥熟料和硅酸盐水泥的制造和销售。 |

| | 年　度 | 2006 | 2005 | 2004 |
|---|---|---|---|---|
| 主要指标 | 每股收益/扣除后(元) | 0.036/0.033 | －0.4 | －0.14/－0.13 |
| | 每股经营现金流量(元) | 0.15 | 0.35 | 0.04 |
| | 每股净资产/调整后(元) | 1.68/1.58 | 1.63/1.51 | 2.04/1.91 |
| | 未分利润(万元) | －11515.7 | －12732.89 | 974.44 |
| | 资本公积(万元) | 30667.98 | 30212.43 | 30212.43 |
| 利润构成 | 主营收入(万元) | 80605.9 | 64779.68 | 66332.29 |
| | 主营利润(万元) | 14534.33 | 1665.9 | 10854.41 |
| | 投资收益(万元) | 80.64 | －76.34 | －3192.08 |
| | 利润总额(万元) | 1077.37 | －13842.83 | －4800.18 |
| | 净利润(万元) | 1218.46 | －13632.04 | －4795.84 |
| 近年分配: | | | | |

| 主要股东及持股比例%、持股性质 |
|---|
| 江西水泥厂 57.81%（国有股） |
| 安徽海螺创业投资有限责任公司 0.75%（流通 A 股） |
| 安徽海螺集团有限责任公司 0.69%（流通 A 股） |
| 孙立顺 0.65%（流通 A 股） |
| 安徽海螺建材股份有限公司 0.51%（流通 A 股） |
| 中国银河证券有限责任公司 0.43%（流通 A 股） |
| 深圳市安徽建材有限公司 0.39%（流通 A 股） |
| 芜湖海创置业有限责任公司 0.37%（流通 A 股） |
| 徐从贵 0.32%（流通 A 股） |
| 梁树清 0.27%（流通 A 股） |
| 实际控制人：江西水泥有限责任公司 |

二〇〇六年以来市场表现

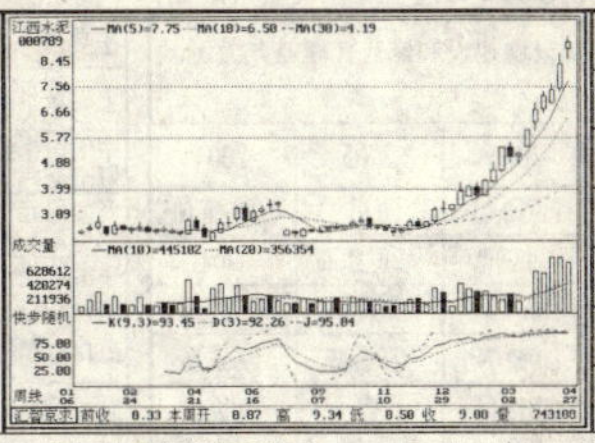

| | |
|---|---|
| 2006 年涨跌幅(%) | 71.94 |
| 2006 年最高(元) | 4.56 |
| 2007 年涨跌幅(%) | 176.83 |
| 2007.4.27 收盘(元) | 9.08 |
| 2007 年最高(元) | 9.34 |
| 2007 年最低(元) | 3.18 |
| 2007 年换手率(%) | 414.33 |

未来一年限售流通股解禁情况:17025000 股 08 月 09 日解禁

| 最新股本 | 总股本 | 非(限售)流通 | 流通 A | 流通 B/H/S | 股东户数 | 06 年末 | 06 三季 |
|---|---|---|---|---|---|---|---|
| | 34050 | 19693.52 | 14356.48 | | | 26438 | 32413 |

年报点评：公司 2006 年扭亏为盈,现拟非公开发行不超 7000 万股股份,计划募集资金约 3 亿元,这笔资金除投向万年水泥厂 2500t/d 水泥熟料生产线及 200 万 t/a 石灰石矿山工程技改项目外,还将投向 13.5MW 纯低温余热发电工程项目。项目达产后,每年将增加约 6200 万元利润总额。

## 华神集团（000790）

上市日期:98/03/27　　电话:028－87751070　　传真:028－87778104

| | |
|---|---|
| 主营 | 中西成药生产和销售,高新技术产品开发和经营,生物工程制品的生产和销售 |

| | 年　度 | 2006 | 2005 | 2004 |
|---|---|---|---|---|
| 主要指标 | 每股收益/扣除后(元) | 0.04/0.01 | 0.02 | 0.01/－0.002 |
| | 每股经营现金流量(元) | 0.12 | 0.17 | 0.1 |
| | 每股净资产/调整后(元) | 2.6/2.33 | 3.07/2.84 | 3.15/3 |
| | 未分利润(万元) | 5460.99 | 4974.89 | 6077.52 |
| | 资本公积(万元) | 12346.12 | 14711.98 | 14711.98 |
| 利润构成 | 主营收入(万元) | 22384.9 | 18775.81 | 19380.02 |
| | 主营利润(万元) | 5867.03 | 5196.51 | 5073.43 |
| | 投资收益(万元) | 86.51 | 33.35 | 12.96 |
| | 利润总额(万元) | 759.53 | 361.47 | 315.38 |
| | 净利润(万元) | 540.11 | 221.46 | 136.09 |
| 近年分配: | 06 预案:10 派 1；05 年:10 转增 2；04 年:10 派 1 | | | |

| 主要股东及持股比例%、持股性质 |
|---|
| 四川华神集团股份有限公司 28.88%（非流通股） |
| 重庆国际信托投资有限公司 24.07%（非流通股） |
| 上海华敏置业(集团)有限公司 6.02%（非流通股） |
| 上海金通物产公司 1.03%（流通 A 股） |
| 中国建设银行－宝康消费品证券投资基金 0.65%（流通 A 股） |
| 方灿雄 0.39%（流通 A 股） |
| 王斌 0.37%（流通 A 股） |
| 袁康寿 0.36%（流通 A 股） |
| 李志伟 0.32%（流通 A 股） |
| 首创证券有限责任公司 0.32%（流通 A 股） |
| 实际控制人：四川华神集团股份有限公司 |

二〇〇六年以来市场表现

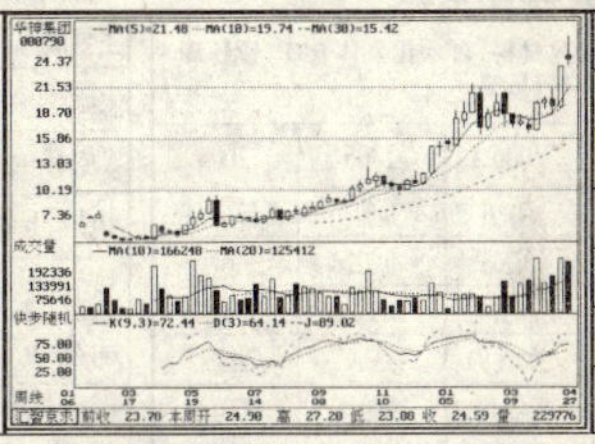

| | |
|---|---|
| 2006 年涨跌幅(%) | 285.42 |
| 2006 年最高(元) | 24.58 |
| 2007 年涨跌幅(%) | 64.59 |
| 2007.4.27 收盘(元) | 24.59 |
| 2007 年最高(元) | 27.2 |
| 2007 年最低(元) | 14.48 |
| 2007 年换手率(%) | 286.13 |

未来一年限售流通股解禁情况:16920073.2 股 02 月 21 日解禁

| 最新股本 | 总股本 | 非(限售)流通 | 流通 A | 流通 B/H/S | 股东户数 | 06 年末 | 06 三季 |
|---|---|---|---|---|---|---|---|
| | 15357.6 | 9060.9 | 6296.7 | | | 7028 | 8713 |

年报点评：公司的钢结构产品在西南地区具有明显竞争优势,06 年钢结构同比增长 43%,毛利率提高 1.45 个百分点,是盈利能力提升的主原。公司碘 131 美妥昔单抗属于国内唯一的肝癌靶向单抗药物,07 年 1 月通过 GMP 论证,该药物将是公司未来主要增长点。

## 西北化工（000791）

上市日期:97/10/14　　电话:0931－4862482　　传真:0931－8497112

| | |
|---|---|
| 主营 | 油漆、涂料和化工原料等的研制、开发、生产和销售 |

| | 年　度 | 2006 | 2005 | 2004 |
|---|---|---|---|---|
| 主要指标 | 每股收益/扣除后(元) | 0.157/0.004 | 0.025 | －0.63/－0.26 |
| | 每股经营现金流量(元) | 0.0559 | 0.1297 | －0.06 |
| | 每股净资产/调整后(元) | 1.27/1.17 | 1.13/1.12 | 1.1/1.1 |
| | 未分利润(万元) | －11444.83 | －14410.04 | －14873.25 |
| | 资本公积(万元) | 16300.17 | 16460.55 | 16442.04 |
| 利润构成 | 主营收入(万元) | 15271.19 | 13506.87 | 10914.81 |
| | 主营利润(万元) | 2288.67 | 1734.5 | 1155.85 |
| | 投资收益(万元) | 3417.6 | －31.55 | －1282.39 |
| | 利润总额(万元) | 3115.31 | －66.82 | －12698.31 |
| | 净利润(万元) | 2965.21 | 463.22 | －11939.59 |
| 近年分配: | | | | |

| 主要股东及持股比例%、持股性质 |
|---|
| 西北油漆厂 44.27%（国有股） |
| 姚育明 0.45%（流通 A 股） |
| 裘淑君 0.34%（流通 A 股） |
| 周荣良 0.28%（流通 A 股） |
| 张志斌 0.28%（流通 A 股） |
| 何惠玲 0.25%（流通 A 股） |
| 李旭华 0.23%（流通 A 股） |
| 吴国栋 0.22%（流通 A 股） |
| 石明辉 0.2%（流通 A 股） |
| 张景根 0.18%（流通 A 股） |
| 实际控制人：西北永新集团有限公司 |

二〇〇六年以来市场表现

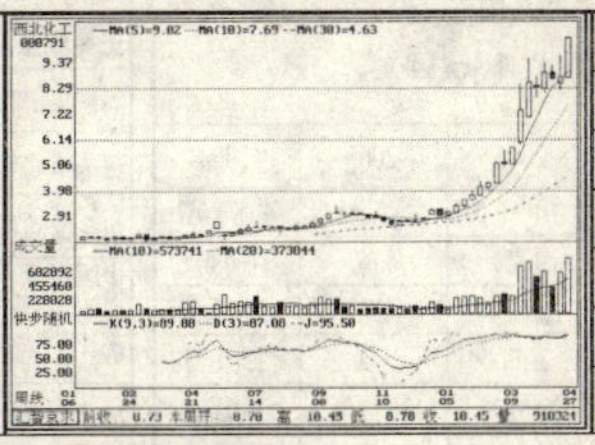

| | |
|---|---|
| 2006 年涨跌幅(%) | 104.07 |
| 2006 年最高(元) | 4.39 |
| 2007 年涨跌幅(%) | 260.35 |
| 2007.4.27 收盘(元) | 10.45 |
| 2007 年最高(元) | 10.45 |
| 2007 年最低(元) | 2.83 |
| 2007 年换手率(%) | 663.07 |

未来一年限售流通股解禁情况:

| 最新股本 | 总股本 | 非(限售)流通 | 流通 A | 流通 B/H/S | 股东户数 | 06 年末 | 06 三季 |
|---|---|---|---|---|---|---|---|
| | 18900 | 8374.24 | 10525.76 | | | 25641 | 26342 |

年报点评：公司拟对现有厂区实施整体搬迁,计划在 3 年内投资 5 亿元,建设一个占地约 260 亩左右的工业园区,年产能达 10 万吨,产值 15 亿元。公司持有甘肃陇打期货 71.8% 的股权,其价值有望大幅增长。

## 盐湖钾肥（000792）

上市日期:97/09/04　　电话:0979－8448121　　传真:0979－8417445

| 主营 | 钾肥的生产与销售 | | | |
|---|---|---|---|---|
| | 年　度 | 2006 | 2005 | 2004 |
| 主要指标 | 每股收益/扣除后(元) | 1.058/1.082 | 0.672 | 0.38/0.388 |
| | 每股经营现金流量(元) | 1.9165 | 0.6636 | 0.49 |
| | 每股净资产/调整后(元) | 2.71/2.7 | 2.15/2.11 | 1.78/1.77 |
| | 未分利润(万元) | 67810.6 | 39076.07 | 23139.22 |
| | 资本公积(万元) | 20836.83 | 20749.09 | 20749.04 |
| 利润构成 | 主营收入(万元) | 258158.8 | 158442.94 | 121145.2 |
| | 主营利润(万元) | 167056.06 | 102377.63 | 70876.54 |
| | 投资收益(万元) | －12.94 | －11.54 | －13.68 |
| | 利润总额(万元) | 162049.74 | 94662.52 | 54744.31 |
| | 净利润(万元) | 81192.92 | 51575.73 | 29482.72 |
| 近年分配: | 06 预案:10 派 8.5；05 年:10 派 5；04 年:10 派 3 | | | |

| 主要股东及持股比例%、持股性质 | |
|---|---|
| 青海盐湖工业(集团)有限公司 30.6%（国有股） | |
| 中国中化集团公司 18.49%（国有股） | |
| 北京华北电力实业总公司 3.61%（国有股） | |
| 中国工商银行－广发策略优选混合型证券投资基金 2.13%（流通 A 股） | |
| 中国农业银行－交银施罗德成长股票证券投资基金 1.4%（流通 A 股） | |
| 中国建设银行－交银施罗德稳健配置混合型证券投资基金 1.39%（流通 A 股） | |
| 中国人寿保险股份有限公司－分红－个人分红－005L－FH002 深 1.17%（流通 A 股） | |
| 中国工商银行－安信证券投资基金 1.16%（流通 A 股） | |
| 中国农业生产资料成都公司 1.08%（非流通股） | |
| 中国人寿保险(集团)公司－传统－普通保险产品 1%（流通 A 股） | |
| 实际控制人: | 青海盐湖工业(集团)有限公司 |

二〇〇六年以来市场表现

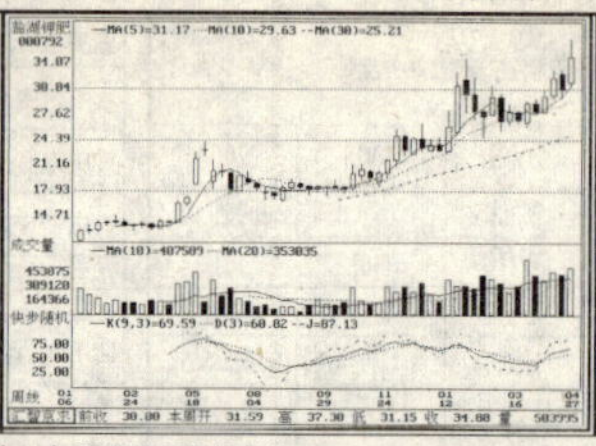

| 2006 年涨跌幅(%) | 142.97 |
|---|---|
| 2006 年最高(元) | 31.39 |
| 2007 年涨跌幅(%) | 48.05 |
| 2007.4.27 收盘(元) | 34.88 |
| 2007 年最高(元) | 37.3 |
| 2007 年最低(元) | 22.81 |
| 2007 年换手率(%) | 177.09 |

未来一年限售流通股解禁情况:54803035 股 06 月 29 日解禁

| 最新股本 | 总股本 | 非(限售)流通 | 流通 A | 流通 B/H/S | 股东户数 | 06 年末 | 06 三季 |
|---|---|---|---|---|---|---|---|
| | 76755 | 43167.67 | 33587.33 | | | 16273 | 16255 |

年报点评：公司坐拥国内最大的察尔汗盐湖钾肥资源，氯化钾储量占全国已探明储量的 97%，垄断了我国的钾肥资源，是亚洲最大的钾肥生产企业。旗下元通公司 20 万吨装置 2007 年将完成 20 万吨改 30 万吨，公司计划 2007 年再建 50 万吨新装置。

## 华闻传媒（000793）

上市日期:97/07/29　　电话:0898－66254650　　传真:0898－66255636

| 主营 | 以燃气和高速公路等基础设施建设和经营管理业务为主，以材料贸易为辅。 | | | |
|---|---|---|---|---|
| | 年　度 | 2006 | 2005 | 2004 |
| 主要指标 | 每股收益/扣除后(元) | 0.05/0.03 | 0.05 | 0.12/－0.005 |
| | 每股经营现金流量(元) | 0.39 | 0.27 | －0.43 |
| | 每股净资产/调整后(元) | 1.49/1.48 | 1.43/1.42 | 2.78/2.74 |
| | 未分利润(万元) | 20752.79 | 15607.93 | 19965.86 |
| | 资本公积(万元) | 20413.04 | 19321.8 | 79010.81 |
| 利润构成 | 主营收入(万元) | 97771.48 | 71354.07 | 57100.81 |
| | 主营利润(万元) | 19763.29 | 20280.21 | 11525.77 |
| | 投资收益(万元) | 3303.77 | 2532.93 | 8396.17 |
| | 利润总额(万元) | 7895.85 | 7466.01 | 9540.5 |
| | 净利润(万元) | 6508.47 | 6380.74 | 8390.43 |
| 近年分配: | 04 年:10 派 0.3 送 1 转增 9 | | | |

| 主要股东及持股比例%、持股性质 | |
|---|---|
| 上海新华闻投资有限公司 16%（部分流通部分不流通） | |
| 中信信托投资有限责任公司－民生燃气流通股定向投资资金信托 10.64%（流通 A 股） | |
| 安徽国元信托投资有限责任公司－单独管理民生燃气 8.63%（流通 A 股） | |
| 中泰信托投资有限责任公司－单独管理 0601 号 5.34%（流通 A 股） | |
| 海口市煤气管理总公司 3.65%（国有股） | |
| 兴和证券投资基金 1.62%（流通 A 股） | |
| 中国银行－海富通股票证券投资基金 1.33%（流通 A 股） | |
| 中国银行－华夏回报二号证券投资基金 1.08%（流通 A 股） | |
| 中国建设银行－上投摩根中国优势证券投资基金 0.88%（流通 A 股） | |
| 中国建设银行－上投摩根成长先锋股票型证券投资基金 0.77%（流通 A 股） | |
| 实际控制人: | 中国华闻投资控股有限公司 |

二〇〇六年以来市场表现

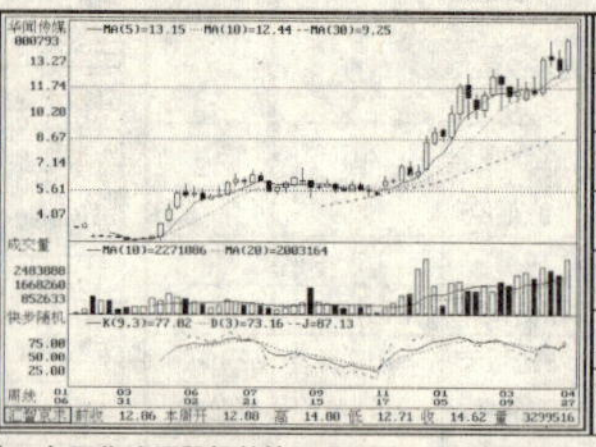

| 2006 年涨跌幅(%) | 250.03 |
|---|---|
| 2006 年最高(元) | 12.14 |
| 2007 年涨跌幅(%) | 62.08 |
| 2007.4.27 收盘(元) | 14.62 |
| 2007 年最高(元) | 14.8 |
| 2007 年最低(元) | 8.51 |
| 2007 年换手率(%) | 274.78 |

未来一年限售流通股解禁情况:68006629 股 02 月 27 日解禁

| 最新股本 | 总股本 | 非(限售)流通 | 流通 A | 流通 B/H/S | 股东户数 | 06 年末 | 06 三季 |
|---|---|---|---|---|---|---|---|
| | 136013.26 | 26455.14 | 109558.11 | | | 34784 | 27734 |

年报点评：公司净利润 6508.47 万元，同比略增 2%，主要是新增的信息传播服务业产生了利润。重组仍是公司 2007 年的主旋律，预计 2007 年上半年将完成华商传媒和首都机场广告的收购。房地产、典当、贸易等业务仍将继续剥离。

## 太原刚玉（000795）

上市日期:97/08/08　　电话:0351－4935313　　传真:0351－4935097

| 主营 | 棕刚玉系列产品、特种耐火材料、自动化立体仓库、钕铁硼的生产销售及自营进出口贸易等。 | | | |
|---|---|---|---|---|
| | 年　度 | 2006 | 2005 | 2004 |
| 主要指标 | 每股收益/扣除后(元) | －1.384/－1.29 | 0.007 | 0.022/0.025 |
| | 每股经营现金流量(元) | －0.265 | 0.221 | 0.0495 |
| | 每股净资产/调整后(元) | 1.45/1.4 | 2.79/2.7 | 2.79/2.73 |
| | 未分利润(万元) | －30468.93 | 7837.92 | 7839.42 |
| | 资本公积(万元) | 39743.19 | 38700.47 | 38700.47 |
| 利润构成 | 主营收入(万元) | 44821.62 | 38937.61 | 40619.4 |
| | 主营利润(万元) | －16932.01 | 6212.87 | 7318.31 |
| | 投资收益(万元) | －2285.34 | 7.46 | －1.74 |
| | 利润总额(万元) | －38306.68 | 435.53 | 978.46 |
| | 净利润(万元) | －38306.85 | 202.17 | 619.15 |
| 近年分配: | | | | |

| 主要股东及持股比例%、持股性质 | |
|---|---|
| 太原双塔刚玉(集团)有限公司 30.67%（非流通股） | |
| 太原东山煤矿有限责任公司 14.06%（国有股） | |
| 中国东方资产管理公司 1.54%（国有股） | |
| 上海证券有限责任公司 1.49%（流通 A 股） | |
| 刘晓东 0.3%（流通 A 股） | |
| 贾楠安 0.23%（流通 A 股） | |
| 广州市博赢投资有限公司 0.18%（流通 A 股） | |
| 齐京华 0.18%（流通 A 股） | |
| 何毅 0.16%（流通 A 股） | |
| 叶良 0.15%（流通 A 股） | |
| 实际控制人: | 横店集团社团经济企业联合会 |

二〇〇六年以来市场表现

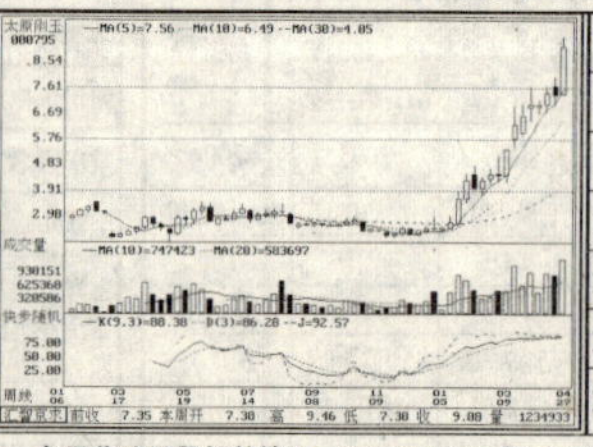

| 2006 年涨跌幅(%) | 14.49 |
|---|---|
| 2006 年最高(元) | 4.5 |
| 2007 年涨跌幅(%) | 261.75 |
| 2007.4.27 收盘(元) | 9.08 |
| 2007 年最高(元) | 9.46 |
| 2007 年最低(元) | 2.42 |
| 2007 年换手率(%) | 679.48 |

未来一年限售流通股解禁情况:13840000 股 03 月 07 日解禁

| 最新股本 | 总股本 | 非(限售)流通 | 流通 A | 流通 B/H/S | 股东户数 | 06 年末 | 06 三季 |
|---|---|---|---|---|---|---|---|
| | 27680 | 12809.03 | 14870.97 | | | 32279 | 34783 |

年报点评：自从横店集团入主后，公司逐步转变成为以稀土永磁材料为中心，以自动化立体仓库和传统刚玉产业为两翼的综合发展型上市公司。企业在市场上的核心竞争力和后续发展能力得到了迅速和实质性的提高。

## 宝商集团（000796）

上市日期:97/07/03　　电话:0917－3215282　　传真:0917－3215282

| 主营 | 商贸业、酒店业、路桥收费、广告、制药业等。 | | | |
|---|---|---|---|---|
| | 年　度 | 2006 | 2005 | 2004 |
| 主要指标 | 每股收益/扣除后(元) | 0.004/－0.006 | －0.561 | 0.08/0.057 |
| | 每股经营现金流量(元) | 0.814 | 0.082 | －0.04 |
| | 每股净资产/调整后(元) | 1.35/0.47 | 1.73 | 3.69/3.68 |
| | 未分利润(万元) | －25101.59 | －25190.26 | 12431.23 |
| | 资本公积(万元) | 28660.77 | 34073.94 | 34073.94 |
| 利润构成 | 主营收入(万元) | 64647.25 | 59704.95 | 38117.11 |
| | 主营利润(万元) | 10498.77 | 6951.39 | 7883.17 |
| | 投资收益(万元) | －128.96 | 32.08 | 939.26 |
| | 利润总额(万元) | 1403.22 | －10698.18 | 1698.21 |
| | 净利润(万元) | 88.67 | －10800.48 | 1560.52 |
| 近年分配: | | | | |

| 主要股东及持股比例%、持股性质 | |
|---|---|
| 海航集团有限公司 17.38%（非流通股） | |
| 包头市北普实业有限公司 3.28%（非流通股） | |
| 包头浩瀚科技实业有限公司 2.49%（非流通股） | |
| 中国银行－华夏大盘精选证券投资基金 0.92%（流通 A 股） | |
| 陈开仁 0.81%（流通 A 股） | |
| 林武飞 0.71%（流通 A 股） | |
| 陈春花 0.69%（流通 A 股） | |
| 邹琳 0.45%（流通 A 股） | |
| 苏春莲 0.41%（流通 A 股） | |
| 孙青华 0.39%（流通 A 股） | |
| 实际控制人: | 海南航空股份有限公司工会委员会 |

二〇〇六年以来市场表现

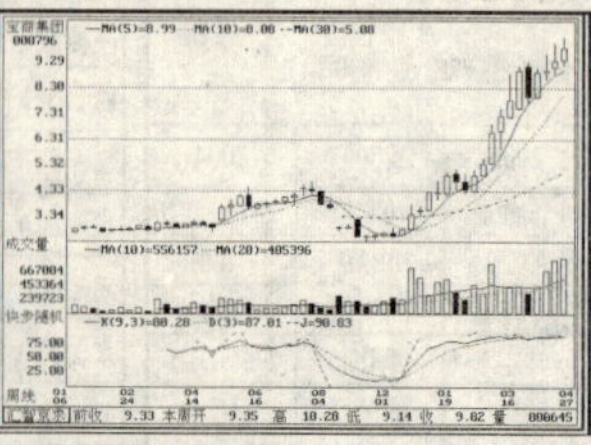

| 2006 年涨跌幅(%) | 84.93 |
|---|---|
| 2006 年最高(元) | 5.36 |
| 2007 年涨跌幅(%) | 177.4 |
| 2007.4.27 收盘(元) | 9.82 |
| 2007 年最高(元) | 10.28 |
| 2007 年最低(元) | 3.55 |
| 2007 年换手率(%) | 419.34 |

未来一年限售流通股解禁情况:14233191 股 09 月 12 日解禁

| 最新股本 | 总股本 | 非(限售)流通 | 流通 A | 流通 B/H/S | 股东户数 | 06 年末 | 06 三季 |
|---|---|---|---|---|---|---|---|
| | 24654.2 | 5726.56 | 18927.64 | | | 28934 | 34011 |

年报点评：公司是以经营百货业、连锁超市业、酒店业、中药制造业、路桥收费以及房地产开发为主业的综合性公司。在海航入主后，将充分利用西安民生和宝商集团两家上市公司的优势打造商业产业集团，宝商集团与西安民生，可实现优势互补，资源共享及有效利用。公司发展态势良好。

## 中国武夷（000797）

上市日期:97/07/15　电话:0591－3170123　传真:0591－3170222

主营：工程建设项目的施工总承包、投资开发及外经外贸等。

| | 年　度 | 2006 | 2005 | 2004 |
|---|---|---|---|---|
| 主要指标 | 每股收益/扣除后(元) | 0.086/-0.018 | 0.062/-0.04 | -0.93/-0.925 |
| | 每股经营现金流量(元) | 0.78 | 0.88 | 0.78 |
| | 每股净资产/调整后(元) | 2.53/2.4 | 2.44/2 | 2.36/2.01 |
| | 未分利润(万元) | 3181.5 | 16.37 | -31518.5 |
| | 资本公积(万元) | 50738.7 | 51118.2 | 76064.48 |
| 利润构成 | 主营收入(万元) | 138943.53 | 112519.23 | 85064.33 |
| | 主营利润(万元) | 27954.87 | 22038.95 | 13315.16 |
| | 投资收益(万元) | -641.01 | 214.5 | -8211.82 |
| | 利润总额(万元) | 11610.11 | 9336.16 | -33714.15 |
| | 净利润(万元) | 3331.54 | 2410.43 | -36205.06 |

近年分配：06 预案:10 派 0.3

| 主要股东及持股比例%、持股性质 |
|---|
| 福建建工集团总公司 31.51%（国有股） |
| 福建省煤炭工业(集团)有限责任公司 25.06%（国有股） |
| 孙仲良 1.61%（流通 A 股） |
| 孙宜然 1.02%（流通 A 股） |
| 华宝信托投资有限责任公司－资金信托 R2006JH005 0.94%（流通 A 股） |
| 林延秋 0.37%（流通 A 股） |
| 陈玉敏 0.29%（流通 A 股） |
| 连国伟 0.28%（流通 A 股） |
| 黄木秀 0.27%（流通 A 股） |
| 彭林 0.24%（流通 A 股） |

实际控制人：福建建工集团总公司

二〇〇六年以来市场表现

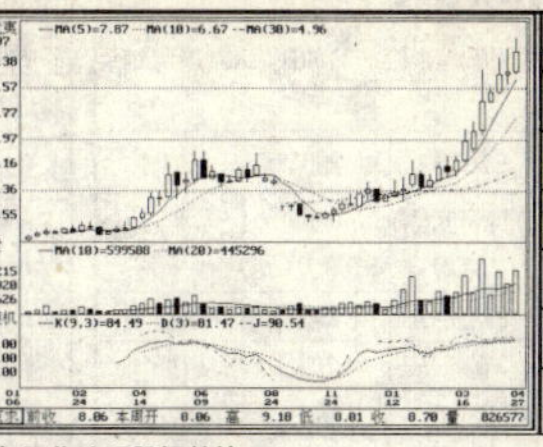

| | |
|---|---|
| 2006 年涨跌幅(%) | 87.26 |
| 2006 年最高(元) | 5.98 |
| 2007 年涨跌幅(%) | 118.05 |
| 2007.4.27 收盘(元) | 8.7 |
| 2007 年最高(元) | 9.18 |
| 2007 年最低(元) | 3.99 |
| 2007 年换手率(%) | 475.93 |

未来一年限售流通股解禁情况：

| 最新股本 | 总股本 | 非(限售)流通 | 流通 A | 流通 B/H/S | 股东户数 | 06 年末 | 06 三季 |
|---|---|---|---|---|---|---|---|
| | 38945.24 | 22028.34 | 16916.9 | | | 42355 | 47335 |

年报点评：2006 年公司在国际工程承包方面取得了历史性的突破，先后中标了肯尼亚内罗毕国际机场扩建项目，合同金额 2.9 亿元人民币，肯尼亚敦多瑞－奥卡洛－恩佳比尼公路项目，合同金额 3.8 亿元人民币。同时公司目前进军北京房地产市场，在南京等城市拥有土地储备。另外，公司还持有惠泉啤酒法人股。

## 中水渔业（000798）

上市日期:98/02/12　电话:010－88067461　传真:010－88067463

主营：远洋渔业捕捞、加工、贸易

| | 年　度 | 2006 | 2005 | 2004 |
|---|---|---|---|---|
| 主要指标 | 每股收益/扣除后(元) | 0.009/-0.09 | 0.022 | 0.1/-0.06 |
| | 每股经营现金流量(元) | 0.46 | -0.1 | -0.15 |
| | 每股净资产/调整后(元) | 2.08/1.85 | 3.08/2.2 | 3.13/2.49 |
| | 未分利润(万元) | 2308.37 | 2474.81 | 3543.92 |
| | 资本公积(万元) | 29017.91 | 46738.42 | 46616.55 |
| 利润构成 | 主营收入(万元) | 16537.01 | 15368.29 | 13995.87 |
| | 主营利润(万元) | 4094.86 | 2687.29 | 3498.87 |
| | 投资收益(万元) | 684.16 | 267.4 | 3214.19 |
| | 利润总额(万元) | 731.15 | 708.88 | 2632.81 |
| | 净利润(万元) | 288.98 | 545.24 | 2394.94 |

近年分配：05 年:10 派 0.2 转增 5；04 年:10 派 0.5

| 主要股东及持股比例%、持股性质 |
|---|
| 中国农业发展集团总公司 25.36%（国有股） |
| 中国水产舟山海洋渔业公司 20.36%（国有股） |
| 中国水产华农公司 13.46%（国有股） |
| 耿汝明 0.3%（流通 A 股） |
| 青山 0.25%（流通 A 股） |
| 洋浦域通创业投资有限公司 0.22%（流通 A 股） |
| 张振龙 0.19%（流通 A 股） |
| 林海四 0.19%（流通 A 股） |
| 林伟 0.18%（流通 A 股） |
| 孙玛 0.17%（流通 A 股） |

实际控制人：国务院国有资产监督管理委员会

二〇〇六年以来市场表现

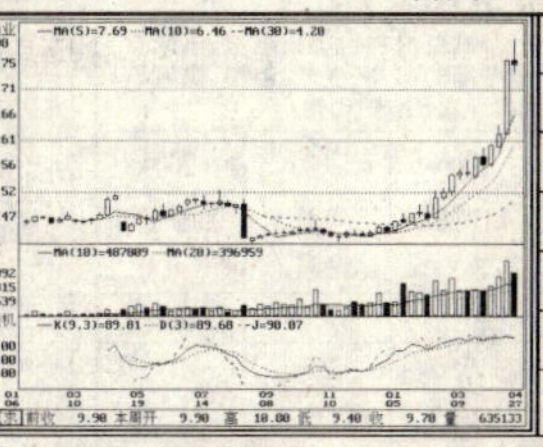

| | |
|---|---|
| 2006 年涨跌幅(%) | 87.29 |
| 2006 年最高(元) | 6.94 |
| 2007 年涨跌幅(%) | 234.48 |
| 2007.4.27 收盘(元) | 9.7 |
| 2007 年最高(元) | 10.8 |
| 2007 年最低(元) | 2.84 |
| 2007 年换手率(%) | 542.05 |

未来一年限售流通股解禁情况:47918250 股 04 月 27 日解禁

| 最新股本 | 总股本 | 非(限售)流通 | 流通 A | 流通 B/H/S | 股东户数 | 06 年末 | 06 三季 |
|---|---|---|---|---|---|---|---|
| | 31945.5 | 18909.67 | 13035.83 | | | 24919 | 25249 |

年报点评：公司主营是远洋水产品的捕捞、储运、加工、销售和进出口等，大股东中农发集团在我国农业领域具有重要的地位和作用，水产渔业占全国远洋渔业一半以上。中农发集团向中水渔业注入了国家唯一的一类新兽药喹烯酮项目，大大提高了养殖业的经济效益。

## S＊ST 酒鬼（000799）

上市日期:97/07/18　电话:0743－8312079　传真:0743－8312178

主营：生产酒鬼及湘泉系列白酒以及相应的陶瓷包装物

| | 年　度 | 2006 | 2005 | 2004 |
|---|---|---|---|---|
| 主要指标 | 每股收益/扣除后(元) | -0.772/-0.74 | -0.956 | 0.1/0.034 |
| | 每股经营现金流量(元) | 0.555 | -1.193 | 0.53 |
| | 每股净资产/调整后(元) | 1.75/1.72 | 2.51/2.49 | 3.57/3.55 |
| | 未分利润(万元) | -72785.69 | -49381.46 | -17250.86 |
| | 资本公积(万元) | 75998.28 | 75770.31 | 75553.08 |
| 利润构成 | 主营收入(万元) | 20209.76 | 24798.72 | 48469.09 |
| | 主营利润(万元) | 7298.83 | 5235.42 | 24538.41 |
| | 投资收益(万元) | -819.62 | -848.15 | -623.77 |
| | 利润总额(万元) | -23386.72 | -29133.14 | 3533.13 |
| | 净利润(万元) | -23404.23 | -28983.74 | 3179 |

近年分配：

| 主要股东及持股比例%、持股性质 |
|---|
| 湖南湘泉集团有限公司 25.64%（国有股） |
| 成功控股集团有限公司 19.14%（非流通股） |
| 上海鸿仪投资发展有限公司 9.99%（非流通股） |
| 上海商务咨询有限公司 3.3%（非流通股） |
| 陕西瑞发投资咨询有限公司 2.97%（非流通股） |
| 海南易方达经济发展有限公司 2.31%（非流通股） |
| 陕西肖特贸易有限责任公司 1.32%（非流通股） |
| 海通_汇丰-MERRILL LYNCH INTERNATTIONAL 1.05%（流通 A 股） |
| 中国银行－嘉实主题精选混合型证券投资基金 0.52%（流通 A 股） |
| 钟幸华 0.5%（流通 A 股） |

实际控制人：中皇有限公司

二〇〇六年以来市场表现

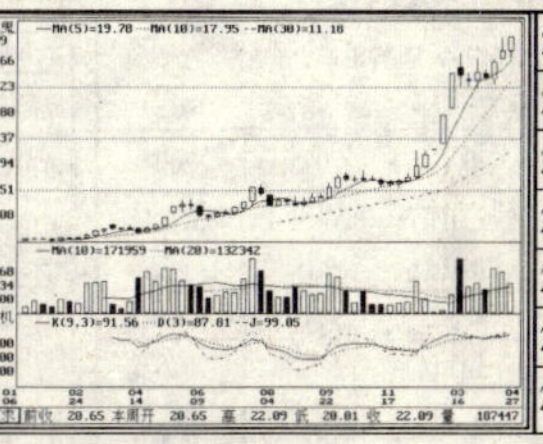

| | |
|---|---|
| 2006 年涨跌幅(%) | 282.62 |
| 2006 年最高(元) | 11.2 |
| 2007 年涨跌幅(%) | 104.73 |
| 2007.4.27 收盘(元) | 22.09 |
| 2007 年最高(元) | 22.09 |
| 2007 年最低(元) | 11.33 |
| 2007 年换手率(%) | 160.34 |

未来一年限售流通股解禁情况：

| 最新股本 | 总股本 | 非(限售)流通 | 流通 A | 流通 B/H/S | 股东户数 | 06 年末 | 06 三季 |
|---|---|---|---|---|---|---|---|
| | 30305 | 19580 | 10725 | | | 35752 | 41204 |

年报点评：公司的"酒鬼"商标为中国驰名商标，随着大股东占款等历史遗留问题的逐步解决，公司经营状况已经有了较大的好转，销售势头良好，目前确立了以内参酒为尖端、酒鬼酒为高端，小酒鬼酒为中端，湘泉酒为低端的阶梯式产品组合，构建了明晰的品牌结构和发展方向。

## 一汽轿车（000800）

上市日期:97/06/18　电话:0431－5781108　传真:0431－5781100

主营：轿车整车及配件、变速箱、发动机的生产与销售。

| | 年　度 | 2006 | 2005 | 2004 |
|---|---|---|---|---|
| 主要指标 | 每股收益/扣除后(元) | 0.213 | 0.207 | 0.19/0.207 |
| | 每股经营现金流量(元) | 0.23 | 1.75 | -1.01 |
| | 每股净资产/调整后(元) | 3.31/3.16 | 3.29/3.2 | 3.14/3.07 |
| | 未分利润(万元) | 90643.67 | 92321.63 | 65867.32 |
| | 资本公积(万元) | 248636 | 241887.08 | 241952.4 |
| 利润构成 | 主营收入(万元) | 995745.79 | 1032711.87 | 964330.21 |
| | 主营利润(万元) | 137767.99 | 171903.77 | 136185.07 |
| | 投资收益(万元) | 5015.85 | 3613.65 | 2255.17 |
| | 利润总额(万元) | 36182.73 | 34133.02 | 39135.52 |
| | 净利润(万元) | 34739.85 | 33762.47 | 31303.2 |

近年分配：06 预案:10 派 1；05 年:10 派 2

| 主要股东及持股比例%、持股性质 |
|---|
| 中国第一汽车集团公司 52.96%（国有股） |
| 全国社保基金一零二组合 1.97%（流通 A 股） |
| 裕阳证券投资基金 1.08%（流通 A 股） |
| 新理益集团有限公司 1%（非流通股） |
| 中国建设银行－博时主题行业股票证券投资基金 0.55%（流通 A 股） |
| 上海宝翔物资有限公司 0.34%（非流通股） |
| 中国银行－易方达深证 100 交易型开放式指数证券投资基金 0.31%（流通 A 股） |
| 唐建华 0.31%（流通 A 股） |
| 申银万国－农行－BNP PARIBAS 0.29%（流通 A 股） |
| 上海科美泰迪通信设备有限公司 0.26%（非流通股） |

实际控制人：中国第一汽车集团公司

二〇〇六年以来市场表现

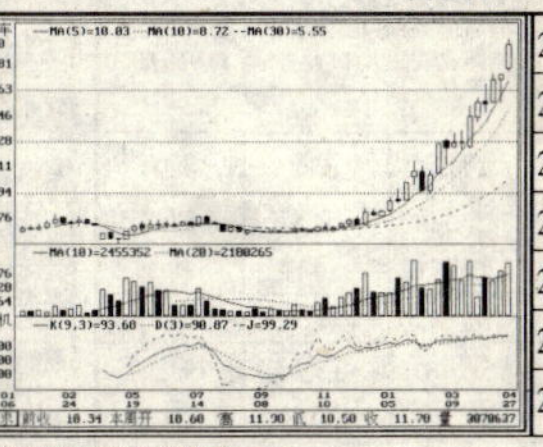

| | |
|---|---|
| 2006 年涨跌幅(%) | 80.32 |
| 2006 年最高(元) | 5.85 |
| 2007 年涨跌幅(%) | 190.32 |
| 2007.4.27 收盘(元) | 11.7 |
| 2007 年最高(元) | 11.98 |
| 2007 年最低(元) | 4.02 |
| 2007 年换手率(%) | 501.28 |

未来一年限售流通股解禁情况：

| 最新股本 | 总股本 | 非(限售)流通 | 流通 A | 流通 B/H/S | 股东户数 | 06 年末 | 06 三季 |
|---|---|---|---|---|---|---|---|
| | 162750 | 90136.97 | 72613.03 | | | 118953 | 116374 |

年报点评：公司产品主要为马自达 6 及新红旗系列，06 年在乘用车销售普遍提升的情况下，公司新产品开发没有明显进展，老产品销售相对增幅不大，因此收入增长没有赶上盈利增长。但由于成本控制和投资新公司，盈利增长情况仍较好，后续我们更关注一汽集团整体上市的投资机会。

## 四川湖山（000801）

上市日期:98/05/06　电话:0816－2312421　传真:0816－2336335

| | | | | |
|---|---|---|---|---|
| 主营 | 从事专业音响、家用音响及家庭影院产品的研发、制造与销售。 | | | |
| | 年　度 | 2006 | 2005 | 2004 |
| 主要指标 | 每股收益/扣除后(元) | 0.043/－0.054 | 0.046 | －0.2/－0.215 |
| | 每股经营现金流量(元) | －0.09 | 0.22 | －0.03 |
| | 每股净资产/调整后(元) | 0.93/0.93 | 0.73/0.73 | 0.69/0.66 |
| | 未分利润(万元) | －6685.16 | －7186.7 | －7785.46 |
| | 资本公积(万元) | 2561.72 | 508.28 | 497.36 |
| 利润构成 | 主营收入(万元) | 72006.67 | 36436.06 | 13769.6 |
| | 主营利润(万元) | 3706.25 | 4184.85 | 2222.22 |
| | 投资收益(万元) | 81.05 | －0.03 | －6.94 |
| | 利润总额(万元) | 689.33 | 821.61 | －2706.99 |
| | 净利润(万元) | 569.42 | 608.04 | －2670.43 |
| 近年分配: | | | | |

| 主要股东及持股比例%、持股性质 |
|---|
| 四川九洲电器集团有限责任公司 47.55%（国有股） |
| 上海纳米创业投资有限公司 7.24%（非流通股） |
| 成都君信实业有限公司 3.02%（非流通股） |
| 绵阳市银星贸易公司 1.98%（非流通股） |
| 李蓉 0.6%（流通A股） |
| 赵春茂 0.56%（流通A股） |
| 刘俊敏 0.45%（流通A股） |
| 蒋斌 0.36%（流通A股） |
| 张央芳 0.33%（流通A股） |
| 吴立学 0.31%（流通A股） |
| 实际控制人：绵阳市国有资产管理委员会 |

二〇〇六年以来市场表现

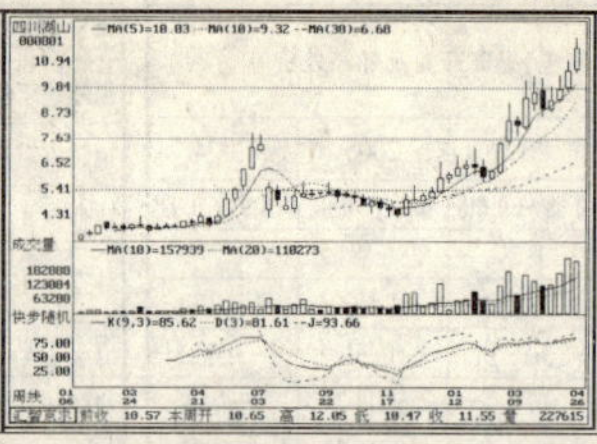

| | |
|---|---|
| 2006年涨跌幅(%) | 142.84 |
| 2006年最高(元) | 8.91 |
| 2007年涨跌幅(%) | 95.76 |
| 2007.4.27收盘(元) | 11.55 |
| 2007年最高(元) | 12.05 |
| 2007年最低(元) | 5.7 |
| 2007年换手率(%) | 359.85 |

未来一年限售流通股解禁情况:12232566股08月02日解禁

| 最新股本 | 总股本 | 非(限售)流通 | 流通A | 流通B/H/S | 股东户数 | 06年末 | 06三季 |
|---|---|---|---|---|---|---|---|
| | 13203.59 | 7896.74 | 5306.85 | | | 8983 | 9255 |

年报点评：公司在电子产品制造加工业务以及卫星高频头制造领域的整体实力和行业竞争力逐渐增强。但是在人民币升值和原材料上升的双重挤压下，公司的毛利率呈下滑态势。在经营环境恶化状况得不到缓解的状况下，公司的经营难以有大的起色。

## 北京旅游（000802）

上市日期:98/01/08　电话:010－69800572　传真:010－69805332

| | | | | |
|---|---|---|---|---|
| 主营 | 旅游项目投资及管理，新能源、新材料、电源、电池、电动自行车、电子、通讯产品及设备等的研制、生产、销售，煤矸石砖及相关生产设备、技术的开发、生产、销售。 | | | |
| | 年　度 | 2006 | 2005 | 2004 |
| 主要指标 | 每股收益/扣除后(元) | 0.15/0.079 | 0.13 | 0.02/－0.34 |
| | 每股经营现金流量(元) | 0.5 | 1.26 | －0.31 |
| | 每股净资产/调整后(元) | 1.99/1.81 | 2.17/1.87 | 2.04/1.74 |
| | 未分利润(万元) | －1855.24 | －3945.72 | －11134.94 |
| | 资本公积(万元) | 15023.56 | 17035.41 | 21923.15 |
| 利润构成 | 主营收入(万元) | 14291.92 | 14157.39 | 40762.12 |
| | 主营利润(万元) | 6415.11 | 4394.52 | 5661.47 |
| | 投资收益(万元) | －190.55 | －127.55 | 35.57 |
| | 利润总额(万元) | 2093.4 | 1283.08 | 1087.81 |
| | 净利润(万元) | 2090.48 | 1455.89 | 281.16 |
| 近年分配: | | | | |

| 主要股东及持股比例%、持股性质 |
|---|
| 北京昆仑琨投资有限公司 36.37%（非流通股） |
| 北京戈德电子移动商务有限公司 19.82%（国有股） |
| 王鹏 0.5%（流通A股） |
| 陈锐强 0.48%（流通A股） |
| 刘丽彦 0.33%（流通A股） |
| 丁玉玲 0.28%（流通A股） |
| 王绍军 0.25%（流通A股） |
| 相民 0.23%（流通A股） |
| 闫健 0.23%（流通A股） |
| 赵金娥 0.22%（流通A股） |
| 实际控制人：冯村经济合作社 |

二〇〇六年以来市场表现

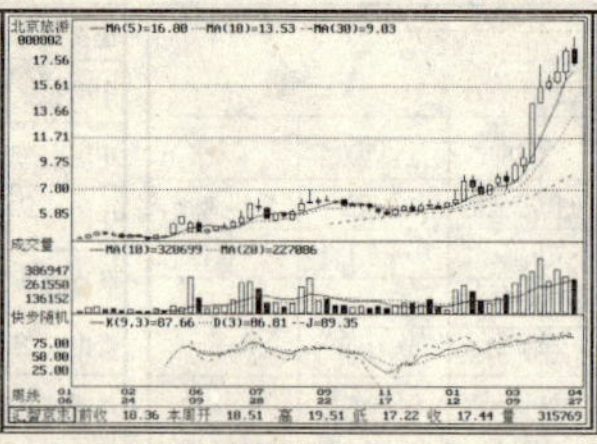

| | |
|---|---|
| 2006年涨跌幅(%) | 149.58 |
| 2006年最高(元) | 11.88 |
| 2007年涨跌幅(%) | 174.65 |
| 2007.4.27收盘(元) | 17.44 |
| 2007年最高(元) | 19.51 |
| 2007年最低(元) | 6.42 |
| 2007年换手率(%) | 688.64 |

未来一年限售流通股解禁情况:

| 最新股本 | 总股本 | 非(限售)流通 | 流通A | 流通B/H/S | 股东户数 | 06年末 | 06三季 |
|---|---|---|---|---|---|---|---|
| | 13749.02 | 7725 | 6024.02 | | | 15385 | 15669 |

年报点评：公司2006年6月1日将赛阳特种水泥制造分公司转让给了北京市门头沟区国资委，至此公司主业重回旅游主业轨道，06年公司旅游相关业务收入占比由05年72.92%提高到86.76%。公司景区优势并不突出，酒店虽然质量不错，但单体经营模式下长期成长性始终有限。

## 金宇车城（000803）

上市日期:98/03/03　电话:0817－6170888　传真:0817－6170777

| | | | | |
|---|---|---|---|---|
| 主营 | 丝织品、服装制造及自产丝织品、服装出口、房地产、汽车贸易。 | | | |
| | 年　度 | 2006 | 2005 | 2004 |
| 主要指标 | 每股收益/扣除后(元) | 0.023/0.017 | －0.56/－0.456 | 0.03/0.017 |
| | 每股经营现金流量(元) | 0.22 | 0.15 | 0.26 |
| | 每股净资产/调整后(元) | 0.94/0.92 | 1.16/1.16 | 1.72/1.7 |
| | 未分利润(万元) | －3513.06 | －3676.64 | 2002.25 |
| | 资本公积(万元) | 168.59 | 1878.05 | 1853.81 |
| 利润构成 | 主营收入(万元) | 12998.58 | 8273.9 | 7410.87 |
| | 主营利润(万元) | 2154.34 | 87.33 | 1455.31 |
| | 投资收益(万元) | －284.66 | －383.79 | －96.75 |
| | 利润总额(万元) | 356.81 | －5778.09 | 620.15 |
| | 净利润(万元) | 293.24 | －5678.88 | 332.26 |
| 近年分配: | | | | |

| 主要股东及持股比例%、持股性质 |
|---|
| 成都金宇控股集团有限公司 23.51%（非流通股） |
| 四川省南充市财政局 10.81%（国有股） |
| 四川省南充美亚时装公司 3.82%（非流通股） |
| 南充市丝绸加工厂 1.53%（非流通股） |
| 四川省南充美鸿实业公司 0.92%（非流通股） |
| 王利平 0.8%（流通A股） |
| 瞿月霞 0.77%（流通A股） |
| 郑素贞 0.69%（流通A股） |
| 董艺 0.51%（流通A股） |
| 王明晓 0.47%（流通A股） |
| 实际控制人：胡先成 |

二〇〇六年以来市场表现

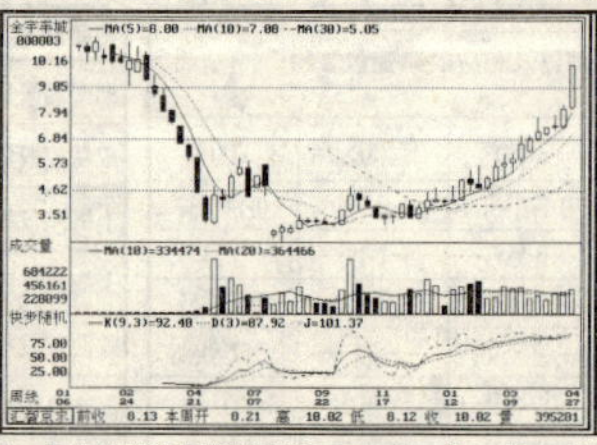

| | |
|---|---|
| 2006年涨跌幅(%) | －39.96 |
| 2006年最高(元) | 11.27 |
| 2007年涨跌幅(%) | 138.57 |
| 2007.4.27收盘(元) | 10.02 |
| 2007年最高(元) | 10.02 |
| 2007年最低(元) | 3.91 |
| 2007年换手率(%) | 740.99 |

未来一年限售流通股解禁情况:21548090股08月08日解禁

| 最新股本 | 总股本 | 非(限售)流通 | 流通A | 流通B/H/S | 股东户数 | 06年末 | 06三季 |
|---|---|---|---|---|---|---|---|
| | 12773.09 | 5262.76 | 7510.33 | | | 10370 | 10664 |

年报点评：公司所处的房地产、汽车商贸两大行业都处于成长期，丝绸业受人民币升值和国际贸易摩擦影响大。2007年公司将加快"香榭春天"二期工程及美亚丝绸工业园建设。但公司行业分散，主营不突出，导致业绩一直难有表现。

## S＊ST炎黄（000805）

上市日期:98/05/29　电话:0519－5130805　传真:0519－5130806

| | | | | |
|---|---|---|---|---|
| 主营 | 资讯产品通路业务、计算机网络系统工程，软件、硬件的开发、生产、销售、安装及系统集成和进出口业务，计算机信息网络国际互联网业务，电子产品及通讯产品，电子计算机及其配件的销售等。 | | | |
| | 年　度 | 2006 | 2005 | 2004 |
| 主要指标 | 每股收益/扣除后(元) | 0.013/－0.113 | －0.397 | －6.53/－1.576 |
| | 每股经营现金流量(元) | 0.0546 | －0.13 | －0.35 |
| | 每股净资产/调整后(元) | －4.42/－4.55 | －4.44/－4.47 | －5.01/－0.05 |
| | 未分利润(万元) | －33580.41 | －33653.83 | －36153.75 |
| | 资本公积(万元) | 1905.99 | 1905.99 | 1079.36 |
| 利润构成 | 主营收入(万元) | 252.54 | 164.96 | 630.42 |
| | 主营利润(万元) | 177.2 | 15.81 | －12.93 |
| | 投资收益(万元) | －34.56 | －34.56 | －485.96 |
| | 利润总额(万元) | 65.78 | －2635.2 | －38294.29 |
| | 净利润(万元) | 73.42 | －2272.52 | －37385.19 |
| 近年分配: | | | | |

| 主要股东及持股比例%、持股性质 |
|---|
| 常州东普科技发展有限公司 29.45%（非流通股） |
| 银通创业投资有限公司 10.81%（非流通股） |
| 成都恒润咨询有限责任公司 5.24%（非流通股） |
| 上海金专资产管理有限公司 4.37%（非流通股） |
| 顾鹤富 1.7%（流通A股） |
| 常州嘉迅物流有限公司 1.22%（流通A股） |
| 程齐宁 1.1%（流通A股） |
| 上海合意实业有限公司 0.61%（非流通股） |
| 成都市桃花源新技术研究有限公司 0.46%（非流通股） |
| 范少军 0.44%（流通A股） |
| 实际控制人：曾东江 |

二〇〇六年以来市场表现

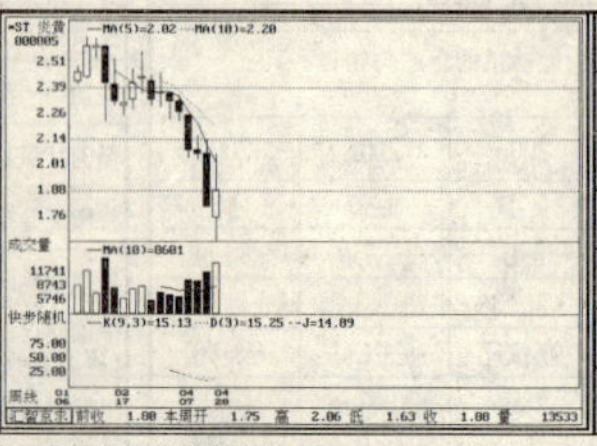

| | |
|---|---|
| 2006年涨跌幅(%) | |
| 2006年最高(元) | |
| 2007年涨跌幅(%) | |
| 2007.4.27收盘(元) | |
| 2007年最高(元) | |
| 2007年最低(元) | |
| 2007年换手率(%) | |

未来一年限售流通股解禁情况:

| 最新股本 | 总股本 | 非(限售)流通 | 流通A | 流通B/H/S | 股东户数 | 06年末 | 06三季 |
|---|---|---|---|---|---|---|---|
| | 5721.82 | 4280 | 1441.83 | | | 5109 | 5109 |

年报点评：公司董事会及大股东北京中企华盛投资有限公司一直致力与新的战略投资者洽谈重组事宜，并做了大量的工作。公司重组的程序性工作正在进行过程中，有关各方正在对重组草案进行补充和修改，并将尽快推出重组方案。随着新股东重组资产的注入及公司债务的最终解决，公司将获得持续经营的更大活力。

## 银河科技（000806）

上市日期:98/04/16　电话:0779－3202636　传真:0779－3201888

| | | | | |
|---|---|---|---|---|
| 主营 | 新型电子元器件产品生产与销售、电力系统自动化、有线电视信息网络及系统集成 | | | |
| | 年　度 | 2006 | 2005 | 2004 |
| 主要指标 | 每股收益/扣除后(元) | －0.288/－0.209 | 0.002 | 0.4/0.38 |
| | 每股经营现金流量(元) | －0.073 | 0.052 | －0.21 |
| | 每股净资产/调整后(元) | 1.67/1.49 | 2.96/2.82 | 3.9/3.86 |
| | 未分利润(万元) | －3463.77 | 15815.73 | 30786.39 |
| | 资本公积(万元) | 36891.59 | 57021.72 | 58452.96 |
| 利润构成 | 主营收入(万元) | 101522.66 | 98777.41 | 118228.51 |
| | 主营利润(万元) | 19012.55 | 28371.02 | 31756.88 |
| | 投资收益(万元) | －4179.2 | 644.76 | 1108.24 |
| | 利润总额(万元) | －17098.4 | 1459.59 | 15337.26 |
| | 净利润(万元) | －18339.63 | 92.57 | 13892.65 |
| 近年分配: | 05 年:10 送 0.1 转增 0.9 ; 04 年:10 转增 2 | | | |

| 主要股东及持股比例%、持股性质 |
|---|
| 广西银河集团有限公司 15.54%（非流通股） |
| 苏州工业园区盛银投资有限公司 4.5%（非流通股） |
| 江苏新思维投资咨询有限公司 3.44%（非流通股） |
| 北京市农村信用合作社营业部 3.01%（非流通股） |
| 中国银河证券有限责任公司 2.49%（国有股） |
| 陕西电力燃料有限责任公司 2.41%（流通 A股） |
| 陕西省电力公司 1.15%（流通 A股） |
| 中国航空集团财务有限责任公司 0.96%（流通 A股） |
| 天同证券有限责任公司 0.95%（国有股） |
| 海南亚科技术有限公司 0.75%（非流通股） |
| 实际控制人:　潘琦 |

二〇〇六年以来市场表现

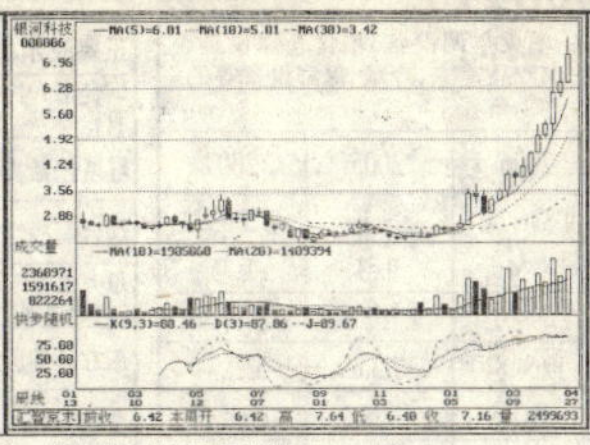

| | |
|---|---|
| 2006 年涨跌幅(%) | 14.88 |
| 2006 年最高(元) | 5.75 |
| 2007 年涨跌幅(%) | 186.4 |
| 2007.4.27 收盘(元) | 7.16 |
| 2007 年最高(元) | 7.64 |
| 2007 年最低(元) | 2.46 |
| 2007 年换手率(%) | 561.79 |

未来一年限售流通股解禁情况:

| 最新股本 | 总股本 | 非(限售)流通 | 流通 A | 流通 B/H/S | 股东户数 | 06 年末 | 06 三季 |
|---|---|---|---|---|---|---|---|
| | 63565 | 23034.76 | 40530.23 | | | 55880 | 59377 |

年报点评：公司在国内整流变压器市场占有率高达 65%,2006 年累计承接合同总金额已达 16.16 亿元,比上年增长 120%以上。如果 2007 年铜价下跌,变压器企业将迎来丰收的一年。此外,公司持有的 3816 万股长征电器限售流通股。

## 云铝股份（000807）

上市日期:98/04/08　电话:0871－7455858　传真:0871－7455605

| | | | | |
|---|---|---|---|---|
| 主营 | 铝冶炼、铝加工系列产品、碳素及碳素制品的生产和销售 | | | |
| | 年　度 | 2006 | 2005 | 2004 |
| 主要指标 | 每股收益/扣除后(元) | 0.57/0.55 | 0.26 | 0.35/0.29 |
| | 每股经营现金流量(元) | 1.09 | 0.73 | －0.05 |
| | 每股净资产/调整后(元) | 3.39/3.31 | 3.01/2.95 | 3.05/2.99 |
| | 未分利润(万元) | 28647.76 | 11603.11 | 911.99 |
| | 资本公积(万元) | 77493.15 | 77259.15 | 77253.01 |
| 利润构成 | 主营收入(万元) | 672511.26 | 453312.51 | 231062.48 |
| | 主营利润(万元) | 82577.78 | 42976.61 | 32821.09 |
| | 投资收益(万元) | 413.58 | 791.14 | 6153.89 |
| | 利润总额(万元) | 42518.26 | 16659.64 | 22210.05 |
| | 净利润(万元) | 31279.83 | 14118.63 | 18894.5 |
| 近年分配: | 06 年:10 派 4.5 转增 6 ; 05 年:10 派 2 ; 04 年:10 派 3 | | | |

| 主要股东及持股比例%、持股性质 |
|---|
| 云南冶金集团总公司 51.41%（国有股） |
| 裕隆证券投资基金 2.6%（流通 A股） |
| 中国建设银行－上投摩根成长先锋股票型投资基金 1.8%（流通 A股） |
| 中国建设银行－博时主题行业股票证券投资基金 1.74%（流通 A股） |
| 全国社保基金一零三组合 1.37%（流通 A股） |
| 中国工商银行－广发策略优选混合型证券投资基金 1.35%（流通 A股） |
| 中国银行－华夏大盘精选证券投资基金 1.33%（流通 A股） |
| 中国银行－华夏回报二号证券投资基金 1.28%（流通 A股） |
| 全国社保基金一零五组合 1.1%（流通 A股） |
| 中国人寿保险股份有限公司－分红－个人分红－005L－FH002 深 1.09%（流通 A股） |
| 实际控制人:　云南冶金集团总公司 |

二〇〇六年以来市场表现

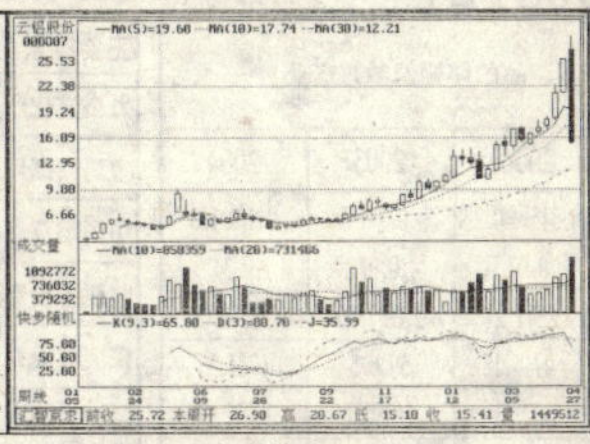

| | |
|---|---|
| 2006 年涨跌幅(%) | 298.64 |
| 2006 年最高(元) | 14.84 |
| 2007 年涨跌幅(%) | 135.52 |
| 2007.4.27 收盘(元) | 15.41 |
| 2007 年最高(元) | 28.67 |
| 2007 年最低(元) | 10.5 |
| 2007 年换手率(%) | 451.52 |

未来一年限售流通股解禁情况:

| 最新股本 | 总股本 | 非(限售)流通 | 流通 A | 流通 B/H/S | 股东户数 | 06 年末 | 06 三季 |
|---|---|---|---|---|---|---|---|
| | 54600 | 28081.37 | 26518.63 | | | 23216 | 41123 |

年报点评：公司为中国有色金属工业协会确定的中国十三家重点铝企业之一,具有十分突出的资源优势。公司拥有文山州内全部铝土矿的开采权,同时还将投资“8 万吨高强度、宽幅硬质铝合金板带”项目,公司将演变为上游铝土矿－氧化铝－电解铝－铝加工一体化企业。

## 中汇医药（000809）

上市日期:98/06/16　电话:028－87503810　传真:028－87509860

| | | | | |
|---|---|---|---|---|
| 主营 | 中成药的研究、生产和销售。 | | | |
| | 年　度 | 2006 | 2005 | 2004 |
| 主要指标 | 每股收益/扣除后(元) | 0.062/0.064 | 0.075 | 0.1/0.093 |
| | 每股经营现金流量(元) | 0.098 | 0.12 | 0.06 |
| | 每股净资产/调整后(元) | 1.22/1.22 | 1.17/1.17 | 1.1/1.1 |
| | 未分利润(万元) | －1588.67 | －2186.96 | －2890.57 |
| | 资本公积(万元) | 2950.73 | 3148.7 | 3148.7 |
| 利润构成 | 主营收入(万元) | 8594.18 | 15033.89 | 12452.98 |
| | 主营利润(万元) | 6292.66 | 7696.48 | 7987.5 |
| | 投资收益(万元) | －224.08 | －165.23 | －225.85 |
| | 利润总额(万元) | 1087.82 | 1355.81 | 1724.01 |
| | 净利润(万元) | 704.65 | 859.5 | 1090.51 |
| 近年分配: | | | | |

| 主要股东及持股比例%、持股性质 |
|---|
| 成都迈特医药产业投资有限公司 38.67%（非流通股） |
| 成都市国有资产投资经营公司 13.53%（国有股） |
| 成都市国有资产监督管理委员会 5.8%（国有股） |
| 珠海经济特区富华投资公司 1.55%（非流通股） |
| 郭锦盛 1.12%（流通 A股） |
| 深圳市达晨创业投资有限公司 0.77%（非流通股） |
| 伊志亮 0.55%（流通 A股） |
| 中粮地产(集团)股份有限公司 0.39%（非流通股） |
| 浙江省轻纺集团公司 0.39%（非流通股） |
| 招志标 0.32%（流通 A股） |
| 实际控制人:　成都迈特医药产业投资有限公司 |

二〇〇六年以来市场表现

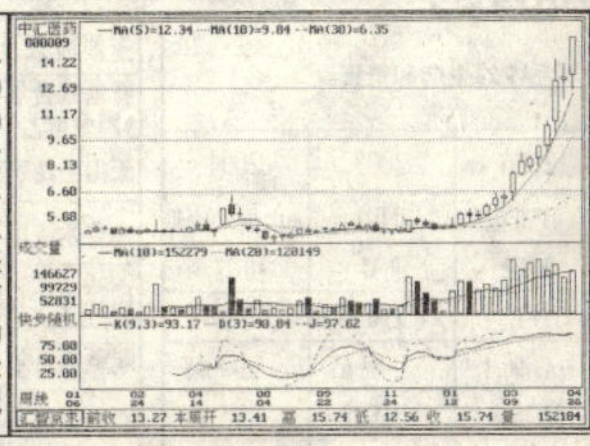

| | |
|---|---|
| 2006 年涨跌幅(%) | 31.78 |
| 2006 年最高(元) | 6.34 |
| 2007 年涨跌幅(%) | 263.51 |
| 2007.4.27 收盘(元) | 15.74 |
| 2007 年最高(元) | 15.74 |
| 2007 年最低(元) | 4.26 |
| 2007 年换手率(%) | 460.9 |

未来一年限售流通股解禁情况:21170859 股 07 月 21 日解禁

| 最新股本 | 总股本 | 非(限售)流通 | 流通 A | 流通 B/H/S | 股东户数 | 06 年末 | 06 三季 |
|---|---|---|---|---|---|---|---|
| | 11457 | 7047.14 | 4409.86 | | | 11999 | 12761 |

年报点评：公司产品缺乏核心竞争优势,主业规模较小。报告期主营业务收入下降的主要原因是:减少合并成都中汇医药有限公司的报表以及受国家整顿医药行业商业秩序影响,主要产品销售大幅下降,净利润同比下降 18%。

## 华润锦华（000810）

上市日期:98/06/02　电话:0825－2287329　传真:0825－2283399

| | | | | |
|---|---|---|---|---|
| 主营 | 纺纱、织布、纺织品制造及销售 | | | |
| | 年　度 | 2006 | 2005 | 2004 |
| 主要指标 | 每股收益/扣除后(元) | 0.333/0.32 | 0.2/0.19 | 0.01/－0.02 |
| | 每股经营现金流量(元) | 0.99 | 0.95 | 0.57 |
| | 每股净资产/调整后(元) | 2.56/2.53 | 1.75/1.73 | 1.54/1.52 |
| | 未分利润(万元) | 7862.32 | 4382 | 2262.07 |
| | 资本公积(万元) | 9860.83 | 3417.45 | 3392.95 |
| 利润构成 | 主营收入(万元) | 81219.17 | 74376.27 | 62111.43 |
| | 主营利润(万元) | 12155.2 | 10065.44 | 6550.64 |
| | 投资收益(万元) | －134.84 | －129.67 | －77.9 |
| | 利润总额(万元) | 6491.75 | 4411.11 | 1975.95 |
| | 净利润(万元) | 4317.97 | 2649.68 | 194.49 |
| 近年分配: | | | | |

| 主要股东及持股比例%、持股性质 |
|---|
| 华润纺织(集团)有限公司 50.99%（外资股） |
| 遂宁兴业资产经营公司 8.45%（国有股） |
| 四川省遂宁市锦华商贸有限公司 0.76%（非流通股） |
| 遂宁市船山区吴家湾社区第六居民小组 0.63%（非流通股） |
| 遂宁市船山区西园社区第七居民小组 0.51%（非流通股） |
| 姜达军 0.38%（流通 A股） |
| 遂宁市金宁商贸有限公司 0.38%（非流通股） |
| 蔡庆祥 0.2%（流通 A股） |
| 王文金 0.19%（流通 A股） |
| 四川省遂宁群康印染厂 0.19%（非流通股） |
| 实际控制人:　华润创业有限公司 |

二〇〇六年以来市场表现

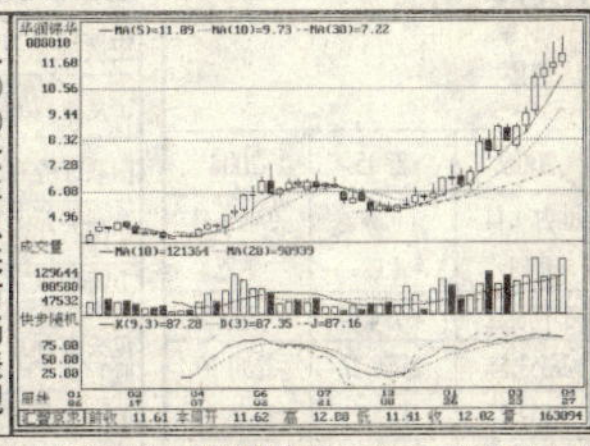

| | |
|---|---|
| 2006 年涨跌幅(%) | 52.08 |
| 2006 年最高(元) | 7.2 |
| 2007 年涨跌幅(%) | 105.82 |
| 2007.4.27 收盘(元) | 12.02 |
| 2007 年最高(元) | 12.8 |
| 2007 年最低(元) | 5.6 |
| 2007 年换手率(%) | 327.25 |

未来一年限售流通股解禁情况:16411286 股 11 月 17 日解禁

| 最新股本 | 总股本 | 非(限售)流通 | 流通 A | 流通 B/H/S | 股东户数 | 06 年末 | 06 三季 |
|---|---|---|---|---|---|---|---|
| | 12966.57 | 8052.57 | 4914 | | | 9576 | 10179 |

年报点评：公司是西南地区棉纺行业、锦纶行业龙头企业。公司获得两纱两布自营进出口经营权,在高档纺织产品方面具有一定的垄断优势,具有年产纱、线 15000 吨,棉布 5000 万米的产能。公司还计划新增 3.5 万纱锭及 36 台特宽幅喷气织机、24 条纺丝生产线。

## 烟台冰轮（000811）

上市日期:98/05/28　　电话:0535－6243451　　传真:0535－6243558

| | | | | |
|---|---|---|---|---|
| 主营 | 从事大中型工业制冷设备、中央空调设备、粮食仓储设备、工艺冷却设备、果蔬食品、水产品速冻、冷藏、保鲜设备等的生产经营。 | | | |
| | 年　度 | 2006 | 2005 | 2004 |
| 主要指标 | 每股收益/扣除后(元) | 0.23/0.242 | 0.3 | 0.23/0.232 |
| | 每股经营现金流量(元) | 0.51 | 0.53 | 0.46 |
| | 每股净资产/调整后(元) | 2.79/2.72 | 2.71/2.67 | 2.4/2.36 |
| | 未分利润(万元) | 10654.84 | 9723.05 | 5321.44 |
| | 资本公积(万元) | 13341.5 | 13228.6 | 13195.21 |
| 利润构成 | 主营收入(万元) | 92513.79 | 90888.5 | 83009.55 |
| | 主营利润(万元) | 18969.34 | 19489.81 | 16547.57 |
| | 投资收益(万元) | 2739.05 | 2507.66 | 2011.94 |
| | 利润总额(万元) | 4541.42 | 6629.73 | 5450.66 |
| | 净利润(万元) | 3953.82 | 5251.82 | 4082.88 |
| 近年分配: | 06 预案:10 派 1.2 ; 05 年:10 派 1.5 ; 04 年:10 派 1 | | | |

| 主要股东及持股比例%、持股性质 |
|---|
| 烟台市人民政府国有资产监督管理委员会 23.79%（国有股） |
| 红塔创新投资股份有限公司 16.61%（国有股） |
| 烟台制冷空调实业公司 12.69%（非流通股） |
| 东方证券—中行—东方红 2 号集合资产管理计划 1.79%（流通 A 股） |
| 东方证券股份有限公司 1.69%（流通 A 股） |
| 交通银行—安顺证券投资基金 1.6%（流通 A 股） |
| 全国社保基金—零七组合 1.43%（流通 A 股） |
| 中国建设银行—上投摩根中国优势证券投资基金 1.27%（流通 A 股） |
| 东方证券—农行—东方红 1 号集合资产管理计划 0.89%（流通 A 股） |
| 兴业银行股份有限公司—兴业全球视野股票型证券投资基金 0.89%（流通 A 股） |
| 实际控制人: 烟台市人民政府国有资产监督管理委员会 |

二〇〇六年以来市场表现

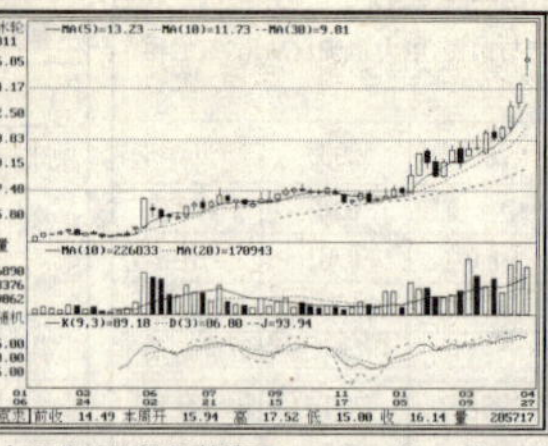

| | |
|---|---|
| 2006 年涨跌幅(%) | 140.97 |
| 2006 年最高(元) | 10.41 |
| 2007 年涨跌幅(%) | 114.06 |
| 2007.4.27 收盘(元) | 16.14 |
| 2007 年最高(元) | 17.52 |
| 2007 年最低(元) | 7.2 |
| 2007 年换手率(%) | 368.73 |

未来一年限售流通股解禁情况:17537664 股 06 月 01 日解禁

| 最新股本 | 总股本 | 非(限售)流通 | 流通 A | 流通 B/H/S | 股东户数 | 06 年末 | 06 三季 |
|---|---|---|---|---|---|---|---|
| | 17537.66 | 9317.56 | 8220.1 | | | 13162 | 13522 |

年报点评：公司主要从事大中型工业制冷设备、中央空调设备、粮食仓储设备等的生产经营。06 年传统冷冻冷藏及食品深加工设备产品市场需求仍不足，同时原材料价格上涨，使得企业增收不增利。公司希望通过拓展国外市场实现平稳发展，但仍面临材料上涨压力。

## 陕西金叶（000812）

上市日期:98/06/23　　电话:029－62960151　　传真:029－62960163

| | | | | |
|---|---|---|---|---|
| 主营 | 烟标、酒标等高档包装装潢产品的印刷及教育产业。 | | | |
| | 年　度 | 2006 | 2005 | 2004 |
| 主要指标 | 每股收益/扣除后(元) | -0.315/-0.238 | 0.077/0.08 | 0.1/0.103 |
| | 每股经营现金流量(元) | 0.07 | 0.07 | 0.34 |
| | 每股净资产/调整后(元) | 1.29/1.21 | 2.09/1.96 | 2.22/2.09 |
| | 未分利润(万元) | -4744.18 | 5936.5 | 6784.35 |
| | 资本公积(万元) | 8332.51 | 16280.1 | 16272.28 |
| 利润构成 | 主营收入(万元) | 28357.52 | 30192.55 | 32649.63 |
| | 主营利润(万元) | 5114.36 | 6291.02 | 6562.04 |
| | 投资收益(万元) | -86.29 | 1191.31 | 1584.56 |
| | 利润总额(万元) | -11319.1 | 2295.01 | 2687.78 |
| | 净利润(万元) | -10671.7 | 2008.23 | 2380.87 |
| 近年分配: | 05 年:10 转增 3 ; 04 年:10 送 1 | | | |

| 主要股东及持股比例%、持股性质 |
|---|
| 万裕文化产业有限公司 16.61%（非流通股） |
| 宝鸡卷烟厂 3.66%（国有股） |
| 中国烟草总公司陕西省公司 3.61%（国有股） |
| 陕西省投资公司 2.17%（国有股） |
| 深圳市天龙创业投资有限公司 1.63%（非流通股） |
| 陕西省烟草公司西安分公司 1.62%（国有股） |
| 当阳市众信物业发展有限公司 1.58%（非流通股） |
| 延安卷烟厂 1.22%（非流通股） |
| 武汉烟草(集团)有限公司 0.53%（非流通股） |
| 李禾 0.35%（流通 A 股） |
| 实际控制人: 万裕文化产业有限公司 |

二〇〇六年以来市场表现

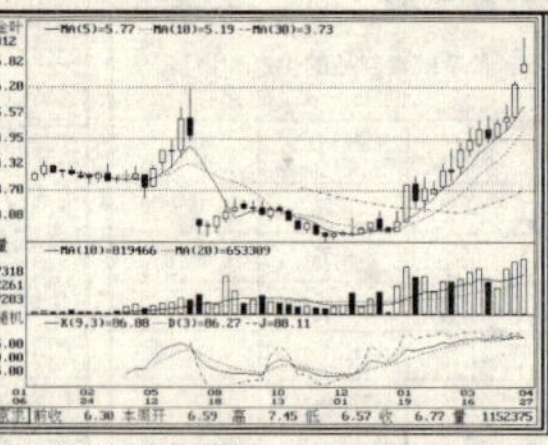

| | |
|---|---|
| 2006 年涨跌幅(%) | 15.68 |
| 2006 年最高(元) | 6.18 |
| 2007 年涨跌幅(%) | 145.29 |
| 2007.4.27 收盘(元) | 6.77 |
| 2007 年最高(元) | 7.45 |
| 2007 年最低(元) | 2.68 |
| 2007 年换手率(%) | 519.09 |

未来一年限售流通股解禁情况:56447588 股 07 月 31 日解禁

| 最新股本 | 总股本 | 非(限售)流通 | 流通 A | 流通 B/H/S | 股东户数 | 06 年末 | 06 三季 |
|---|---|---|---|---|---|---|---|
| | 33892.09 | 11292.05 | 22600.04 | | | 42537 | 43101 |

年报点评：公司主营烟标等高档包装装潢产品的印刷，陕西市场占有率约 30%。教育产业为第二大产业，2006 年由于停办专科，三本招生指标限制等因素，导致学院收入大幅减少。公司目前持有长江证券 2000 万股股权。

## 天山纺织（000813）

上市日期:98/05/19　　电话:0991－4311866　　传真:0991－4310472

| | | | | |
|---|---|---|---|---|
| 主营 | 羊绒衫、羊绒纱、羊毛衫、羊毛纱的生产和销售。 | | | |
| | 年　度 | 2006 | 2005 | 2004 |
| 主要指标 | 每股收益/扣除后(元) | 0.035/0.027 | 0.027 | -0.49/-0.548 |
| | 每股经营现金流量(元) | 0.062 | 0.37 | -0.12 |
| | 每股净资产/调整后(元) | 1.19/1.19 | 0.85/0.85 | 0.75/0.73 |
| | 未分利润(万元) | -49796.1 | -51062.65 | -52048.68 |
| | 资本公积(万元) | 52345.4 | 41165.18 | 38505.8 |
| 利润构成 | 主营收入(万元) | 31095.67 | 35807.59 | 33862.68 |
| | 主营利润(万元) | 5676.8 | 6824.75 | 6407.84 |
| | 投资收益(万元) | -13.29 | -10.07 | -12358.12 |
| | 利润总额(万元) | 1186.9 | 558.81 | -18419.64 |
| | 净利润(万元) | 1266.55 | 989.58 | -17907.48 |
| 近年分配: | | | | |

| 主要股东及持股比例%、持股性质 |
|---|
| 新疆维吾尔自治区国有资产投资经营有限公司 28.58%（国有股） |
| 天山毛纺织有限公司 19.23%（外资股） |
| 乌鲁木齐国有资产经营有限公司 7.15%（国有股） |
| 国际棉业有限公司 2.07%（外资股） |
| 新疆维吾尔自治区供销合作社联合社 1.82%（非流通股） |
| 李幼兰 0.4%（流通 A 股） |
| 马建才 0.2%（流通 A 股） |
| 戴秀红 0.1%（流通 A 股） |
| 梁林章 0.1%（流通 A 股） |
| 崔素琴 0.1%（流通 A 股） |
| 实际控制人: 新疆维吾尔自治区国有资产投资经营有限公司 |

二〇〇六年以来市场表现

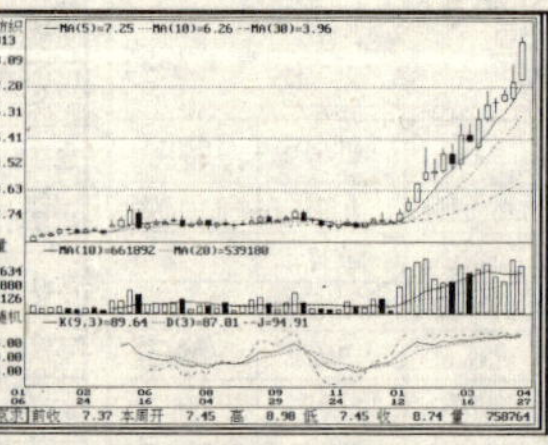

| | |
|---|---|
| 2006 年涨跌幅(%) | 84.99 |
| 2006 年最高(元) | 4.13 |
| 2007 年涨跌幅(%) | 245.46 |
| 2007.4.27 收盘(元) | 8.74 |
| 2007 年最高(元) | 8.98 |
| 2007 年最低(元) | 2.46 |
| 2007 年换手率(%) | 673.32 |

未来一年限售流通股解禁情况:

| 最新股本 | 总股本 | 非(限售)流通 | 流通 A | 流通 B/H/S | 股东户数 | 06 年末 | 06 三季 |
|---|---|---|---|---|---|---|---|
| | 36345.6 | 21388.84 | 14956.76 | | | 50168 | 53043 |

年报点评：公司所在地新疆是优质山羊绒和细羊毛原料的生产宝地，特有的资源稀缺性可能使公司成为外资关注的对象。此外，公司还投资 6500 万元参股金新信托；投资 5476.84 万元投资入股新疆证券，占新疆证券 19.67%股权，是第二大股东。

## 美利纸业（000815）

上市日期:98/06/09　　电话:0955－7679339　　传真:0955－7679216

| | | | | |
|---|---|---|---|---|
| 主营 | 机制纸的制造、生产、加工、销售 | | | |
| | 年　度 | 2006 | 2005 | 2004 |
| 主要指标 | 每股收益/扣除后(元) | 0.21/0.14 | 0.39 | 0.46/0.43 |
| | 每股经营现金流量(元) | 0.89 | 1.08 | 1.82 |
| | 每股净资产/调整后(元) | 5.17/5.12 | 4.98/4.94 | 5.53/5.53 |
| | 未分利润(万元) | 28553.54 | 25729.27 | 22201.09 |
| | 资本公积(万元) | 31559.27 | 31768.71 | 33088.71 |
| 利润构成 | 主营收入(万元) | 90474.02 | 90165.97 | 82409.17 |
| | 主营利润(万元) | 11148.26 | 14867.79 | 13821 |
| | 投资收益(万元) | -110 | 56 | 72.48 |
| | 利润总额(万元) | 3573.95 | 6301.88 | 6135.74 |
| | 净利润(万元) | 3324.57 | 6133.99 | 6103.64 |
| 近年分配: | 04 年:10 派 0.25 送 1 转增 1 | | | |

| 主要股东及持股比例%、持股性质 |
|---|
| 宁夏美利纸业集团有限责任公司 26.55%（国有股） |
| 国联证券有限责任公司 3.8%（流通 A 股） |
| 中国石化财务有限责任公司 3.35%（流通 A 股） |
| 上海浦东发展银行－广发小盘成长股票型证券投资基金 3.04%（流通 A 股） |
| 包头市万龙房地产开发(集团)有限公司 2.52%（流通 A 股） |
| 上海北亚瑞松贸易发展有限公司 2.27%（非流通股） |
| 中国平安人寿保险股份有限公司－传统－普通保险产品 1.44%（流通 A 股） |
| 北京北方泰格投资有限公司 1.3%（流通 A 股） |
| 北京市自来水集团有限责任公司 1.14%（流通 A 股） |
| 宁夏回族自治区百货总公司 1.04%（流通 A 股） |
| 实际控制人: 中国冶金科工集团公司 |

二〇〇六年以来市场表现

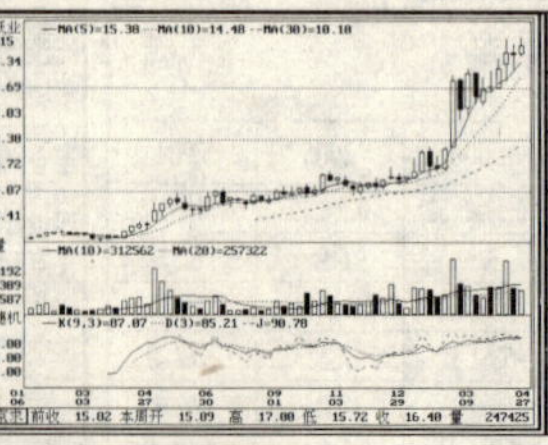

| | |
|---|---|
| 2006 年涨跌幅(%) | 100.51 |
| 2006 年最高(元) | 8.6 |
| 2007 年涨跌幅(%) | 110.26 |
| 2007.4.27 收盘(元) | 16.4 |
| 2007 年最高(元) | 17 |
| 2007 年最低(元) | 7.62 |
| 2007 年换手率(%) | 388.88 |

未来一年限售流通股解禁情况:

| 最新股本 | 总股本 | 非(限售)流通 | 流通 A | 流通 B/H/S | 股东户数 | 06 年末 | 06 三季 |
|---|---|---|---|---|---|---|---|
| | 15840 | 4638.42 | 11201.58 | | | 16246 | 16184 |

年报点评：占主营收入 66.85%的书写纸毛利由上年 15. 60%下降至 13.43%；占主营收入 25.08%的胶版纸毛利较上年减少 7.85 个百分点，直接导致业绩下滑。杨木化机浆及白卡纸项目将于 07 年中期投产，50 万亩速生林进入轮伐期。

## 江淮动力（000816）

上市日期:97/08/18　　电话:0515—8881908　　传真:0515—8881816

| | | | | |
|---|---|---|---|---|
| 主营 | 单、多缸柴油机的制造和销售 | | | |
| | 年　度 | 2006 | 2005 | 2004 |
| 主要指标 | 每股收益/扣除后(元) | 0.064/0.059 | 0.106 | 0.1/0.05 |
| | 每股经营现金流量(元) | 0.3192 | 0.3138 | 0.32 |
| | 每股净资产/调整后(元) | 1.72/1.72 | 3.32/3.29 | 3.21/3.21 |
| | 未分利润(万元) | 6197.37 | 2892.6 | -5503.42 |
| | 资本公积(万元) | 31189.83 | 64767.11 | 66489.99 |
| 利润构成 | 主营收入(万元) | 164747.84 | 160801.15 | 145194.85 |
| | 主营利润(万元) | 18810.77 | 19255.86 | 19341.92 |
| | 投资收益(万元) | -97.8 | -112.27 | -112.15 |
| | 利润总额(万元) | 3517.97 | 3847.29 | 4127.01 |
| | 净利润(万元) | 3595.81 | 3247.54 | 3155.34 |
| 近年分配: | 06 预案:10 派 0.2；05 年:10 转增 10 | | | |

| 主要股东及持股比例%、持股性质 | |
|---|---|
| 江苏江动集团有限公司 48.89%（非流通股） | |
| 姜法全 0.17%（流通 A 股） | |
| 刘广义 0.13%（流通 A 股） | |
| 北京全景国家地理影视有限公司 0.12%（流通 A 股） | |
| 梁永权 0.12%（流通 A 股） | |
| 林凤嫦 0.12%（流通 A 股） | |
| 朱明徽 0.12%（流通 A 股） | |
| 宋庆华 0.11%（流通 A 股） | |
| 朱占魁 0.09%（流通 A 股） | |
| 刘永 0.08%（流通 A 股） | |
| 实际控制人: | 罗韶宇 |

二〇〇六年以来市场表现

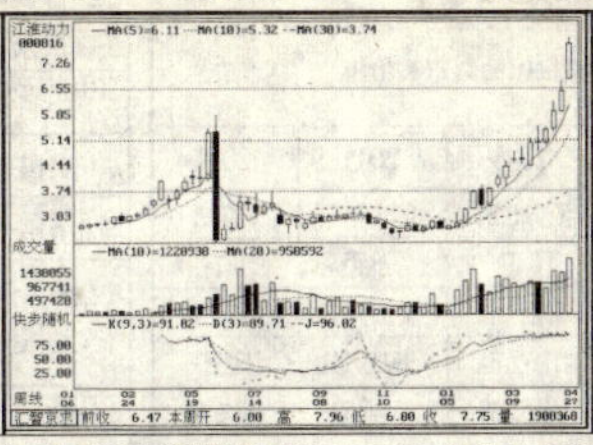

| | |
|---|---|
| 2006 年涨跌幅(%) | 151.06 |
| 2006 年最高(元) | 9.32 |
| 2007 年涨跌幅(%) | 190.26 |
| 2007.4.27 收盘(元) | 7.75 |
| 2007 年最高(元) | 7.96 |
| 2007 年最低(元) | 2.65 |
| 2007 年换手率(%) | 599.97 |

未来一年限售流通股解禁情况:28200000 股 04 月 18 日解禁

| 最新股本 | 总股本 | 非(限售)流通 | 流通 A | 流通 B/H/S | 股东户数 | 06 年末 | 06 三季 |
|---|---|---|---|---|---|---|---|
| | 56400 | 27571.2 | 28828.8 | | | 58763 | 60309 |

年报点评：公司以内燃机经营为主,尽管通过重组企业经营止住了下滑趋势,但效益并没有明显起色,经营能力也没有明显提高。后续新农村建设和相关农机市场的发展,为公司发展提供了较好的发展机遇,关键要看公司能不能抓住机遇,实现公司经营能力的突破和提升。

## 锦化氯碱（000818）

上市日期:97/10/17　　电话:0429－2709065　　传真:0429－2901152

| | | | | |
|---|---|---|---|---|
| 主营 | 烧碱、聚氯乙烯、氯化苯、三氯乙烯等化工产品的生产与销售。 | | | |
| | 年　度 | 2006 | 2005 | 2004 |
| 主要指标 | 每股收益/扣除后(元) | 0.119/0.09 | 0.105 | 0.03/0.011 |
| | 每股经营现金流量(元) | -0.056 | 1.724 | 0.52 |
| | 每股净资产/调整后(元) | 3.55/3.46 | 3.48/3.38 | 3.42/3.25 |
| | 未分利润(万元) | 6404.9 | 4509.9 | 3113.11 |
| | 资本公积(万元) | 77181.57 | 77181.57 | 77081.1 |
| 利润构成 | 主营收入(万元) | 260953.16 | 295272.68 | 249025.82 |
| | 主营利润(万元) | 28714.58 | 26943.65 | 18973.41 |
| | 投资收益(万元) | -509.65 | -59.74 | -59.74 |
| | 利润总额(万元) | 5658.95 | 4514.02 | 1741.81 |
| | 净利润(万元) | 4060.57 | 3558.36 | 899.26 |
| 近年分配: | 05 年:10 派 0.5；04 年:10 派 0.5 | | | |

| 主要股东及持股比例%、持股性质 | |
|---|---|
| 锦化化工(集团)有限责任公司 60.9%（国有股） | |
| 阜新封闭母线有限责任公司 3.1%（非流通股） | |
| 中国平安人寿保险股份有限公司 1.22%（流通 A 股） | |
| 郑承源 0.27%（流通 A 股） | |
| 李旭华 0.14%（流通 A 股） | |
| 陈焕锐 0.13%（流通 A 股） | |
| 李冠丘 0.11%（流通 A 股） | |
| 梁镇城 0.1%（流通 A 股） | |
| 易方芳 0.1%（流通 A 股） | |
| 黄雪芳 0.09%（流通 A 股） | |
| 实际控制人: | 锦化化工(集团)有限责任公司 |

二〇〇六年以来市场表现

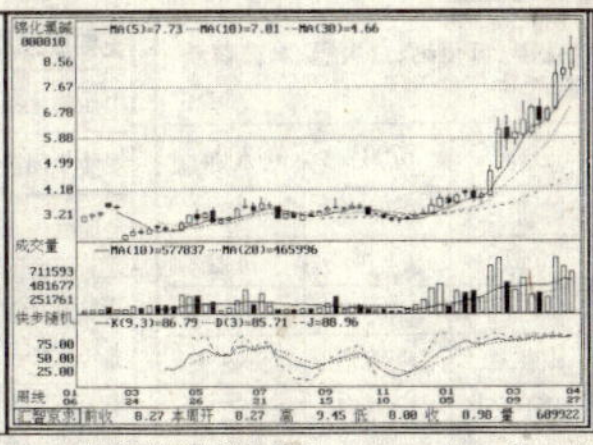

| | |
|---|---|
| 2006 年涨跌幅(%) | 73.3 |
| 2006 年最高(元) | 5.4 |
| 2007 年涨跌幅(%) | 138.83 |
| 2007.4.27 收盘(元) | 8.98 |
| 2007 年最高(元) | 9.45 |
| 2007 年最低(元) | 3.5 |
| 2007 年换手率(%) | 635.59 |

未来一年限售流通股解禁情况:17000000 股 03 月 13 日解禁

| 最新股本 | 总股本 | 非(限售)流通 | 流通 A | 流通 B/H/S | 股东户数 | 06 年末 | 06 三季 |
|---|---|---|---|---|---|---|---|
| | 34000 | 21760 | 12240 | | | 27201 | 28625 |

年报点评：公司主导化工产品环氧丙烷、聚醚产能位居亚洲首位,其在国内市场占有率在 20% 左右。公司 5 万吨/年 TDI 项目采用甘肃银光提供的德国巴斯夫工艺技术,德国巴斯夫公司是全球 TDI 技术最先进、生产规模最大的企业,具有一定的竞争力。

## 岳阳兴长（000819）

上市日期:97/06/25　　电话:0730－8452594　　传真:0730－8439202

| | | | | |
|---|---|---|---|---|
| 主营 | 开发、生产销售石油化工产品(不含成品油)、塑料及其制品等。 | | | |
| | 年　度 | 2006 | 2005 | 2004 |
| 主要指标 | 每股收益/扣除后(元) | 0.265/0.275 | 0.182/0.163 | 0.23/0.22 |
| | 每股经营现金流量(元) | -0.536 | 0.519 | 0.3 |
| | 每股净资产/调整后(元) | 2.25/2.21 | 2.26/2.21 | 2.45/2.42 |
| | 未分利润(万元) | 6499.63 | 5077.02 | 7166.47 |
| | 资本公积(万元) | 7996.46 | 7996.46 | 8036.09 |
| 利润构成 | 主营收入(万元) | 184855.06 | 165038.77 | 150397.58 |
| | 主营利润(万元) | 11647.58 | 11114.99 | 12283.6 |
| | 投资收益(万元) | 157.28 | -106.44 | 242.55 |
| | 利润总额(万元) | 3146.85 | 2998.02 | 4924.57 |
| | 净利润(万元) | 4377.24 | 3008.67 | 3815.95 |
| 近年分配: | 05 年:10 派 1.5；04 年:10 派 2 | | | |

| 主要股东及持股比例%、持股性质 | |
|---|---|
| 湖南长炼兴长集团有限责任公司 27.95%（非流通股） | |
| 中国石化集团长岭炼油化工有限责任公司 27.52%（国有股） | |
| 湖南富兴集团有限公司 10.9%（非流通股） | |
| 华夏成长证券投资基金 2.19%（流通 A 股） | |
| 中国银行－华夏大盘精选证券投资基金 1.92%（流通 A 股） | |
| 上海浦东发展银行－广发小盘成长股票型证券投资基金 1.21%（流通 A 股） | |
| 中国工商银行－广发策略优选混合型证券投资基金 0.89%（流通 A 股） | |
| 长炼职工技术协会 0.78%（非流通股） | |
| 长炼职工大学 0.78%（非流通股） | |
| 岳阳长炼长庆经贸公司 0.52%（非流通股） | |
| 实际控制人: | |

二〇〇六年以来市场表现

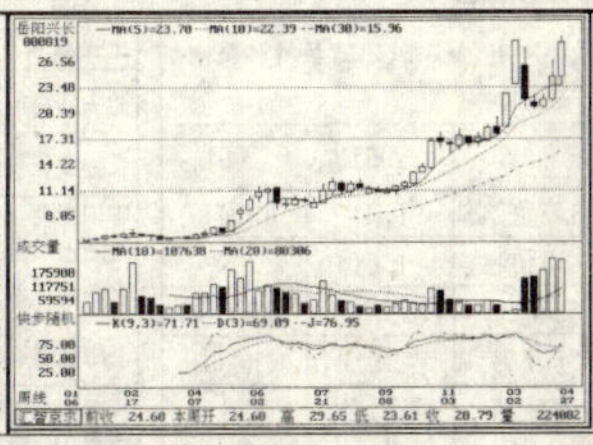

| | |
|---|---|
| 2006 年涨跌幅(%) | 259 |
| 2006 年最高(元) | 20.02 |
| 2007 年涨跌幅(%) | 150.46 |
| 2007.4.27 收盘(元) | 28.79 |
| 2007 年最高(元) | 45.91 |
| 2007 年最低(元) | 18.69 |
| 2007 年换手率(%) | 120.91 |

未来一年限售流通股解禁情况:40791244 股 03 月 28 日解禁

| 最新股本 | 总股本 | 非(限售)流通 | 流通 A | 流通 B/H/S | 股东户数 | 06 年末 | 06 三季 |
|---|---|---|---|---|---|---|---|
| | 16513.39 | 11303.07 | 5210.32 | | | 7992 | 10744 |

年报点评：公司控股子公司依托第三军医大学开发研制"口服重组幽门螺杆菌疫苗"目前已经完成临床三期试验，进入新药申请阶段。中国石化通过私有化方式对岳阳兴长进行股改的可能性不大,最有可能的方式则是回购石化资产。

## *ST 金城（000820）

上市日期:98/06/30　　电话:0416－2735012　　传真:0416－2735004

| | | | | |
|---|---|---|---|---|
| 主营 | 机制纸浆、机制纸及纸板、粘合剂的制造与销售,造纸技术的咨询服务,电、汽的生产与销售。 | | | |
| | 年　度 | 2006 | 2005 | 2004 |
| 主要指标 | 每股收益/扣除后(元) | 0.043/0.025 | -0.53/0.02 | 0.083/-0.075 |
| | 每股经营现金流量(元) | -0.15 | -1.33 | 0.000071 |
| | 每股净资产/调整后(元) | 1.04/0.81 | 1/0.85 | 2.5/2.37 |
| | 未分利润(万元) | -22551.7 | -23790.28 | 7755.67 |
| | 资本公积(万元) | 14746.36 | 14880.47 | 14871.04 |
| 利润构成 | 主营收入(万元) | 62890.59 | 58213.55 | 49958.86 |
| | 主营利润(万元) | 16431.56 | 11409.84 | 9991.12 |
| | 投资收益(万元) | | | |
| | 利润总额(万元) | 1347.54 | -11171.51 | -1745.53 |
| | 净利润(万元) | 1238.57 | -11214.74 | -1745.53 |
| 近年分配: | | | | |

| 主要股东及持股比例%、持股性质 | |
|---|---|
| 锦州鑫天纸业有限公司 29.76%（非流通股） | |
| 凌海市大有农场芦苇公司 3.5%（非流通股） | |
| 三亚南龙经贸有限公司 3.47%（非流通股） | |
| 上海上科科技投资有限公司 3.02%（非流通股） | |
| 上海美佳商贸有限公司 1.91%（非流通股） | |
| 龙口市名成投资管理咨询 1.74%（非流通股） | |
| 宁夏大元化工股份有限公司 1.56%（非流通股） | |
| 洋浦新宇峰投资有限公司 1.22%（非流通股） | |
| 浙江茂华实业有限公司 1.04%（非流通股） | |
| 三亚华创实业有限公司 0.87%（非流通股） | |
| 实际控制人: | 锦州鑫天纸业有限公司 |

二〇〇六年以来市场表现

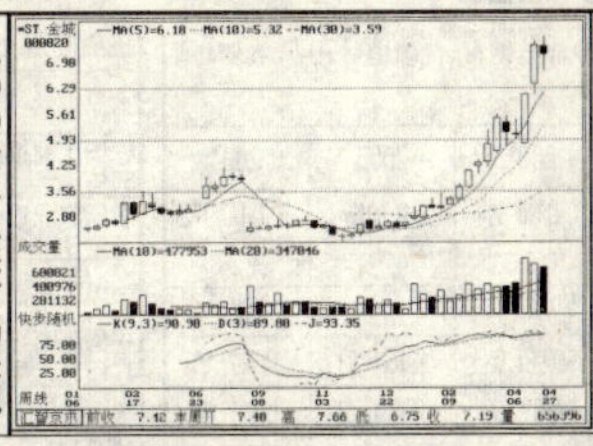

| | |
|---|---|
| 2006 年涨跌幅(%) | 63.81 |
| 2006 年最高(元) | 4.61 |
| 2007 年涨跌幅(%) | 178.68 |
| 2007.4.27 收盘(元) | 7.19 |
| 2007 年最高(元) | 7.66 |
| 2007 年最低(元) | 2.52 |
| 2007 年换手率(%) | 507.54 |

未来一年限售流通股解禁情况:92792738 股 08 月 28 日解禁

| 最新股本 | 总股本 | 非(限售)流通 | 流通 A | 流通 B/H/S | 股东户数 | 06 年末 | 06 三季 |
|---|---|---|---|---|---|---|---|
| | 28783.48 | 16405.72 | 12377.76 | | | 27430 | 30216 |

年报点评：鑫天纸业入主后公司发生了脱胎换骨变化,销售收入同比增长 8.0%;实现利润 1347.5 万元,扭亏为盈。公司规划在 2－3 年内完成"芦苇酸法制浆改为碱法制浆"等技改项目，产能从目前 14 万吨提高到 30 万吨,其成长性已经显现。

## 京山轻机（000821）

上市日期:98/06/26　　电话:0724—7210972　　传真:0724—7210972

| | | | | |
|---|---|---|---|---|
| 主营 | 纸箱、纸盒包装机械、印刷机械的制造和销售 | | | |
| | 年　度 | 2006 | 2005 | 2004 |
| 主要指标 | 每股收益/扣除后(元) | 0.09/0.09 | 0.07/0.07 | 0.1/0.1 |
| | 每股经营现金流量(元) | 0.07 | -0.05 | 0.13 |
| | 每股净资产/调整后(元) | 3.25/3.16 | 3.26/3.21 | 3.19/3.16 |
| | 未分利润(万元) | 15575.64 | 16325.19 | 14273.33 |
| | 资本公积(万元) | 46852.65 | 46846.83 | 46846.83 |
| 利润构成 | 主营收入(万元) | 60535.91 | 49602.35 | 61435.67 |
| | 主营利润(万元) | 10263.7 | 9596.64 | 10438.2 |
| | 投资收益(万元) | 316.48 | -115.76 | |
| | 利润总额(万元) | 4140.85 | 3568.34 | 5246.5 |
| | 净利润(万元) | 3003.32 | 2341.15 | 3457.27 |
| 近年分配: | 06 预案:10 派 1 ; 05 年:10 派 1 | | | |

| 主要股东及持股比例%、持股性质 |
|---|
| 京山京源科技投资有限公司 30.79% (部分流通部分不流通) |
| 京山县国有资产管理局 5.34% (部分流通部分不流通) |
| 湖北省第一轻工包装公司 1.59% (流通 A 股) |
| 中国银河证券有限责任公司 1.19% (流通 A 股) |
| 华宝信托投资有限责任公司—资金信托 0.44% (流通 A 股) |
| 黄木顺 0.35% (流通 A 股) |
| 孟令奇 0.31% (流通 A 股) |
| 赵清波 0.31% (流通 A 股) |
| 邱剑芳 0.29% (流通 A 股) |
| 潘元庆 0.22% (流通 A 股) |
| 实际控制人: 湖北省京山轻工机械厂 |

二〇〇六年以来市场表现

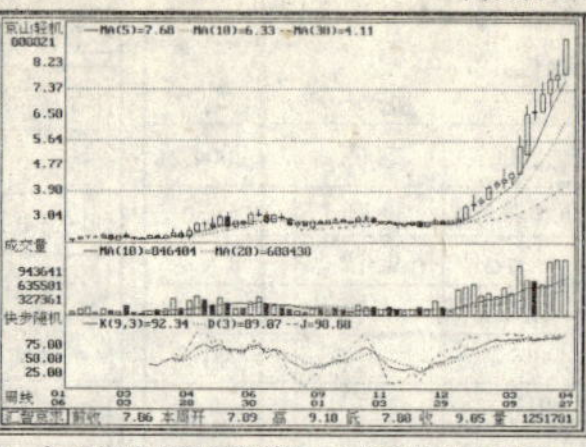

| | |
|---|---|
| 2006 年涨跌幅(%) | 33.64 |
| 2006 年最高(元) | 3.35 |
| 2007 年涨跌幅(%) | 223.21 |
| 2007.4.27 收盘(元) | 9.05 |
| 2007 年最高(元) | 9.1 |
| 2007 年最低(元) | 2.79 |
| 2007 年换手率(%) | 445.23 |

未来一年限售流通股解禁情况:18435858 股 12 月 05 日解禁

| 最新股本 | 总股本 | 非(限售)流通 | 流通 A | 流通 B/H/S | 股东户数 | 06 年末 | 06 三季 |
|---|---|---|---|---|---|---|---|
| | 34523.88 | 9031.53 | 25492.35 | | | 44149 | 47945 |

年报点评：公司主营瓦楞纸板设备,随着国内生活水平的提升,对包装需求的增长带动了相关设备的需求,公司 06 年实现了收入与利润的稳定增长。07 年公司将通过提升管理水平,深化内部改革,加强预算管理与新产品开发,抓住机遇实现企业经营的持续发展。

## 山东海化（000822）

上市日期:98/07/03　　电话:0536－5329379　　传真:0536－5329879

| | | | | |
|---|---|---|---|---|
| 主营 | 制造、销售纯碱、溴素及工业溴、氯化钙、白炭黑、水玻璃系列产品、硫酸钾等苦卤系列产品。 | | | |
| | 年　度 | 2006 | 2005 | 2004 |
| 主要指标 | 每股收益/扣除后(元) | 0.4/0.39 | 0.4/0.41 | 0.4/0.42 |
| | 每股经营现金流量(元) | 0.82 | 1.19 | 0.22 |
| | 每股净资产/调整后(元) | 3.85/3.8 | 3.51/3.45 | 4.46/4.39 |
| | 未分利润(万元) | 89028.79 | 69580.87 | 50821.32 |
| | 资本公积(万元) | 94545.25 | 85538.15 | 89521.92 |
| 利润构成 | 主营收入(万元) | 833808.35 | 692475.29 | 441297.29 |
| | 主营利润(万元) | 101958.37 | 85874.02 | 62627.79 |
| | 投资收益(万元) | 324.91 | 169.84 | 414.03 |
| | 利润总额(万元) | 47722.45 | 39989.41 | 26451.81 |
| | 净利润(万元) | 29526.6 | 28471.4 | 18397.8 |
| 近年分配: | 06 方案:10 派 1.1 ; 05 年:10 派 0.96846 ; 04 年:10 派 1 转增 5 | | | |

| 主要股东及持股比例%、持股性质 |
|---|
| 山东海化集团有限公司 49.07% (国有股) |
| 罗蒙集团股份有限公司 1.68% (流通 A 股) |
| 全国社保基金二零二组合 1.02% (流通 A 股) |
| 兴业银行股份有限公司－兴业全球视野股票型证券投资基金 0.78% (流通 A 股) |
| 上海庆华投资发展有限公司 0.63% (流通 A 股) |
| 中国平安人寿保险股份有限公司－传统－普通保险产品 0.52% (流通 A 股) |
| 兴业证券股份有限公司 0.41% (流通 A 股) |
| 中国银行－易方达深证 100 交易型开放式指数证券投资基金 0.36% (流通 A 股) |
| 健康元药业集团股份有限公司 0.34% (流通 A 股) |
| 中国工商银行－南方绩优成长股票型证券投资基金 0.3% (流通 A 股) |
| 实际控制人: 山东海化集团有限公司 |

二〇〇六年以来市场表现

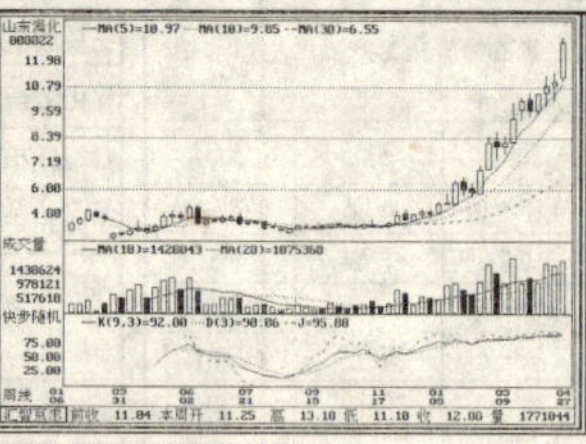

| | |
|---|---|
| 2006 年涨跌幅(%) | 59.65 |
| 2006 年最高(元) | 6.84 |
| 2007 年涨跌幅(%) | 166.12 |
| 2007.4.27 收盘(元) | 12.88 |
| 2007 年最高(元) | 13.18 |
| 2007 年最低(元) | 4.84 |
| 2007 年换手率(%) | 489.8 |

未来一年限售流通股解禁情况:

| 最新股本 | 总股本 | 非(限售)流通 | 流通 A | 流通 B/H/S | 股东户数 | 06 年末 | 06 三季 |
|---|---|---|---|---|---|---|---|
| | 73581.02 | 36109.6 | 37471.42 | | | 42657 | 53409 |

年报点评：在海洋深加工领域已初步形成了碱系列、溴系列、苦卤化工系列、精细化工系列四大产业链条。公司纯碱、硝酸钠及亚硝酸钠产能居世界第一,白炭黑、氯化钙、三聚氰胺产能均居亚洲第一。美国凯雷投资正积极洽谈入股其大股东山东海化集团。

## 超声电子（000823）

上市日期:97/10/08　　电话:0754－8610992　　传真:0754－8628027

| | | | | |
|---|---|---|---|---|
| 主营 | 印制线路板、液晶显示器、超声电子仪器、超薄及特种覆铜板的研制、生产和销售。 | | | |
| | 年　度 | 2006 | 2005 | 2004 |
| 主要指标 | 每股收益/扣除后(元) | 0.227/0.222 | 0.144 | 0.11/0.09 |
| | 每股经营现金流量(元) | 0.605 | 0.318 | 0.38 |
| | 每股净资产/调整后(元) | 2.64/2.63 | 2.56/2.5 | 2.42/2.34 |
| | 未分利润(万元) | 6752.73 | 4273.53 | 164.04 |
| | 资本公积(万元) | 46136.86 | 46289.92 | 46203.22 |
| 利润构成 | 主营收入(万元) | 187324.99 | 138600.86 | 111871.75 |
| | 主营利润(万元) | 31429.13 | 26619.4 | 20622.07 |
| | 投资收益(万元) | -188.19 | -212.93 | -195.7 |
| | 利润总额(万元) | 11551.39 | 7681.52 | 5984.58 |
| | 净利润(万元) | 8162.14 | 5181.09 | 3996.82 |
| 近年分配: | 06 年:10 派 1 送 0.8 ; 05 年:10 派 1.1 | | | |

| 主要股东及持股比例%、持股性质 |
|---|
| 汕头超声电子(集团)公司 49.19% (国有股) |
| 长盛成长价值证券投资基金 1.05% (流通 A 股) |
| 中国工商银行－中银国际收益混合型证券投资基金 0.61% (流通 A 股) |
| 上海申能资产管理有限公司 0.56% (流通 A 股) |
| 上海证券有限责任公司 0.56% (流通 A 股) |
| 海通证券－交行－海通稳健增值型集合资产管理计划 0.56% (流通 A 股) |
| 中国银行－华宝兴业先进成长股票型证券投资基金 0.42% (流通 A 股) |
| 国都证券有限责任公司 0.41% (流通 A 股) |
| 林纳新 0.36% (流通 A 股) |
| 上海拓升企业投资咨询有限公司 0.33% (流通 A 股) |
| 实际控制人: 汕头市国资委 |

二〇〇六年以来市场表现

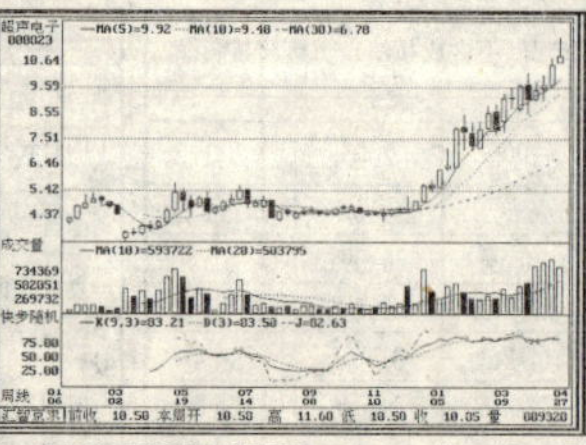

| | |
|---|---|
| 2006 年涨跌幅(%) | 87.36 |
| 2006 年最高(元) | 7.94 |
| 2007 年涨跌幅(%) | 116.05 |
| 2007.4.27 收盘(元) | 10.85 |
| 2007 年最高(元) | 12.71 |
| 2007 年最低(元) | 5.51 |
| 2007 年换手率(%) | 429.97 |

未来一年限售流通股解禁情况:19396800 股 03 月 20 日解禁

| 最新股本 | 总股本 | 非(限售)流通 | 流通 A | 流通 B/H/S | 股东户数 | 06 年末 | 06 三季 |
|---|---|---|---|---|---|---|---|
| | 35920 | 17693.54 | 18226.46 | | | 52327 | 63567 |

年报点评：公司是国内电子行业中技术含量高、成长性强的高新技术企业。2006 年充分发挥新建生产线效能,挖掘旧生产线潜力,优化产品结构,提高产品盈利能力,增强主营业务竞争优势。在行业景气度持续走高的情况下,预计公司未来能保持较快的增长速度。

## 太钢不锈（000825）

上市日期:98/10/21　　电话:0351－3017702　　传真:0351－3017729

| | | | | |
|---|---|---|---|---|
| 主营 | 冶炼、压延加工、销售各种合金钢材、优碳钢材,生产和销售不锈钢材及其它金属制品。 | | | |
| | 年　度 | 2006 | 2005 | 2004 |
| 主要指标 | 每股收益/扣除后(元) | 0.911/0.914 | 0.601 | 0.781/0.772 |
| | 每股经营现金流量(元) | 0.753 | 0.729 | 1.268 |
| | 每股净资产/调整后(元) | 4.99/4.99 | 4.19/4.18 | 3.78/3.78 |
| | 未分利润(万元) | 366981.08 | 181860.74 | 147203.69 |
| | 资本公积(万元) | 585506.69 | 151296.72 | 151137.71 |
| 利润构成 | 主营收入(万元) | 4008611.74 | 2375077.37 | 2241043.92 |
| | 主营利润(万元) | 562807.97 | 153399.55 | 163303.43 |
| | 投资收益(万元) | | | |
| | 利润总额(万元) | 335930.02 | 106057.42 | 133492.75 |
| | 净利润(万元) | 242360.17 | 77670.39 | 100847.53 |
| 近年分配: | 06 预案:10 派 2 转增 3 ; 05 年:10 派 2 ; 04 年:10 派 2 | | | |

| 主要股东及持股比例%、持股性质 |
|---|
| 太原钢铁(集团)有限公司 70.53% (国有股) |
| 中国工商银行－南方绩优成长股票型证券投资基金 2.39% (流通 A 股) |
| 中国农业银行－景顺长城内需增长贰号股票型证券投资基金 1.46% (流通 A 股) |
| 中国工商银行－南方避险增值基金 1,34% (流通 A 股) |
| 中国工商银行－景顺长城新兴成长股票型证券投资基金 1.13% (流通 A 股) |
| 中国银行－银华优质增长股票型证券投资基金 1.05% (流通 A 股) |
| 全国社保基金—零—组合 1% (流通 A 股) |
| 中国银行－南方高增长股票型开放式证券投资基金 0.91% (流通 A 股) |
| 中国工商银行－天元证券投资基金 0.85% (流通 A 股) |
| 全国社保基金—零四组合 0.79% (流通 A 股) |
| 实际控制人: 太原钢铁(集团)有限公司 |

二〇〇六年以来市场表现

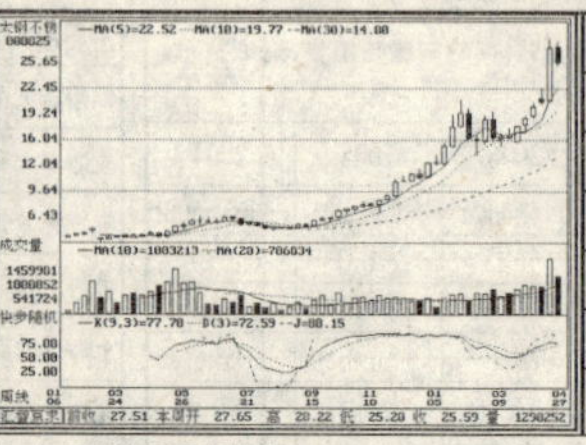

| | |
|---|---|
| 2006 年涨跌幅(%) | 372.56 |
| 2006 年最高(元) | 17.82 |
| 2007 年涨跌幅(%) | 95.94 |
| 2007.4.27 收盘(元) | 25.59 |
| 2007 年最高(元) | 28.85 |
| 2007 年最低(元) | 12.72 |
| 2007 年换手率(%) | 173.63 |

未来一年限售流通股解禁情况:129140400 股 03 月 07 日解禁

| 最新股本 | 总股本 | 非(限售)流通 | 流通 A | 流通 B/H/S | 股东户数 | 06 年末 | 06 三季 |
|---|---|---|---|---|---|---|---|
| | 266040.4 | 187660.6 | 78379.8 | | | 31716 | 57203 |

年报点评：公司于 2006 年上半年完成对太钢集团钢铁主业资产收购,实现整体上市,这为公司未来发展打下坚实基础。06 年公司普钢产品的毛利率继续提高,150 万吨不锈钢工程投产后不锈钢产量和碳钢热轧产量都显著增长,该工程达产后,公司将成为世界最大不锈钢企业。

## 合加资源（000826）

上市日期:98/02/25　　电话:0717－6319012　　传真:0717－6319011

| | | | | |
|---|---|---|---|---|
| 主营 | 市政给水、污水处理项目投资;城市垃圾及工业垃圾处理、固体废弃物处置及回收利用相关配套设施设计、建设、投资、运营管理、技术咨询及配套服务等。 | | | |
| | 年　度 | 2006 | 2005 | 2004 |
| 主要指标 | 每股收益/扣除后(元) | 0.252/0.25 | 0.155 | 0.14/0.14 |
| | 每股经营现金流量(元) | 0.241 | 0.098 | 0.13 |
| | 每股净资产/调整后(元) | 1.9/1.9 | 1.64/1.64 | 1.46/1.46 |
| | 未分利润(万元) | 3244.06 | －873.29 | －16749.46 |
| | 资本公积(万元) | 10507.39 | 10387.39 | 18473.35 |
| 利润构成 | 主营收入(万元) | 22968.45 | 12986.5 | 8388.1 |
| | 主营利润(万元) | 7843.73 | 4280.06 | 4189.39 |
| | 投资收益(万元) | －59.27 | －259.27 | －59.27 |
| | 利润总额(万元) | 5301.59 | 3014.83 | 2954.78 |
| | 净利润(万元) | 4574.83 | 2808.64 | 2586.95 |
| 近年分配: | 06 预案:10 派 0.2 送 1 | | | |

| 主要股东及持股比例%、持股性质 |
|---|
| 北京桑德环保集团有限公司 51.65%（非流通股） |
| 中国工商银行－普丰证券投资基金 3.96%（流通 A 股） |
| 宜昌三峡金融科技有限责任公司 3.58%（国有股） |
| 海通－中行－富通银行 3.55%（流通 A 股） |
| 兴业银行－万家和谐增长混合型证券投资基金 2.71%（流通 A 股） |
| 光大证券股份有限公司 1.89%（流通 A 股） |
| 中国工商银行－中银国际持续增长股票型证券投资基金 1.7%（流通 A 股） |
| 中国建设银行－海富通风格优势股票型证券投资基金 1.64%（流通 A 股） |
| 中国平安人寿保险－分红－团险分红 0.99%（流通 A 股） |
| 中国建设银行－华夏红利混合型开放式证券投资基金 0.83%（流通 A 股） |
| 实际控制人：北京桑德环保集团有限公司 |

二〇〇六年以来市场表现

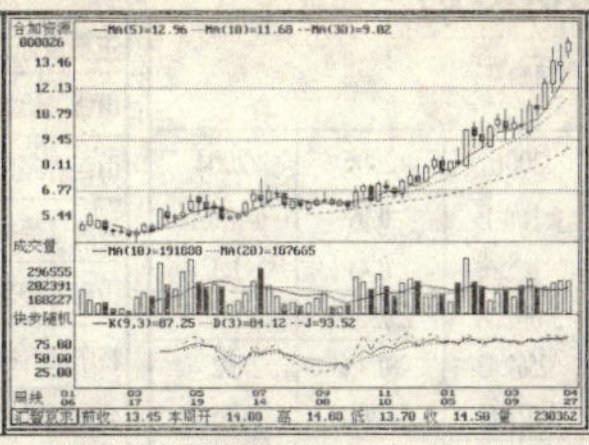

| | |
|---|---|
| 2006 年涨跌幅(%) | 129.66 |
| 2006 年最高(元) | 10.75 |
| 2007 年涨跌幅(%) | 86.14 |
| 2007.4.27 收盘(元) | 14.5 |
| 2007 年最高(元) | 14.8 |
| 2007 年最低(元) | 7.6 |
| 2007 年换手率(%) | 384.9 |

未来一年限售流通股解禁情况:9074650 股 02 月 10 日解禁

| 最新股本 | 总股本 | 非(限售)流通 | 流通 A | 流通 B/H/S | 股东户数 | 06 年末 | 06 三季 |
|---|---|---|---|---|---|---|---|
| | 18149.3 | 10024.3 | 8125 | | | 8520 | 11507 |

年报点评：公司 2006 年净利润同比增长 63%。主营为市政供水项目投资运营及污水处理项目。水务领域的稳定和固废处置领域的高增长是公司未来业绩的保障。大股东桑德集团是国内环保工程类龙头,未来几年公司还将介入危险废弃物处理中心的设计和建设,预计年收入在亿元左右。

## 东莞控股（000828）

上市日期:97/06/17　　电话:0769－22083321　　传真:0769－22083320

| | | | | |
|---|---|---|---|---|
| 主营 | 东莞高速公路的投资、建设、经营 | | | |
| | 年　度 | 2006 | 2005 | 2004 |
| 主要指标 | 每股收益/扣除后(元) | 0.192/0.184 | 0.216 | 0.19/0.18 |
| | 每股经营现金流量(元) | 0.295 | 0.348 | 0.3 |
| | 每股净资产/调整后(元) | 2.46/2.46 | 2.44/2.42 | 2.14/2.14 |
| | 未分利润(万元) | 18177.97 | 18416.56 | 17373.46 |
| | 资本公积(万元) | 114383.7 | 114383.7 | 102257.65 |
| 利润构成 | 主营收入(万元) | 47685.5 | 46457.87 | 41084.48 |
| | 主营利润(万元) | 27720.09 | 29409.62 | 25658.17 |
| | 投资收益(万元) | | | 307.21 |
| | 利润总额(万元) | 24277.66 | 27554.33 | 24407.25 |
| | 净利润(万元) | 19947.72 | 22413.76 | 21716.83 |
| 近年分配: | 06 预案:10 派 1.2；05 年:10 派 1.75；04 年:10 派 1.45 | | | |

| 主要股东及持股比例%、持股性质 |
|---|
| 东莞市公路桥梁开发建设总公司 41.54%（国有股） |
| 福民发展有限公司 28.01%（外资股） |
| 广东粤财信托投资有限公司 2.76%（流通 A 股） |
| 东莞市财信发展有限公司 1.52%（国有股） |
| 广东粤财信托投资有限公司－丰源证券投资信托 0.96%（流通 A 股） |
| 袁德宗 0.29%（流通 A 股） |
| 东莞市经济贸易总公司 0.23%（国有股） |
| 王伟柱 0.13%（流通 A 股） |
| 钱建勇 0.13%（流通 A 股） |
| 东莞市银川能源实业公司 0.11%（国有股） |
| 实际控制人：东莞市经贸资产经营有限公司 |

二〇〇六年以来市场表现

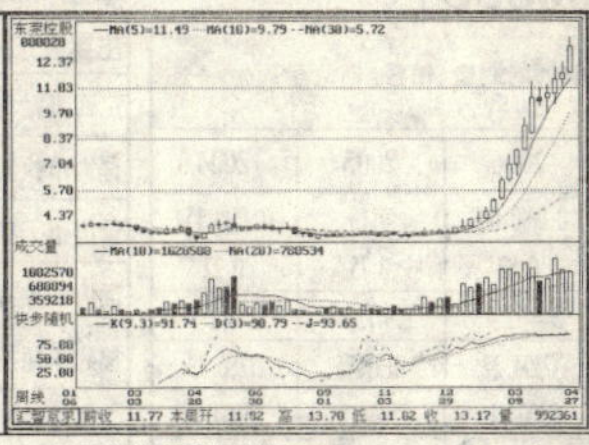

| | |
|---|---|
| 2006 年涨跌幅(%) | －6.52 |
| 2006 年最高(元) | 4.64 |
| 2007 年涨跌幅(%) | 278.45 |
| 2007.4.27 收盘(元) | 13.17 |
| 2007 年最高(元) | 13.7 |
| 2007 年最低(元) | 3.46 |
| 2007 年换手率(%) | 471.3 |

未来一年限售流通股解禁情况:

| 最新股本 | 总股本 | 非(限售)流通 | 流通 A | 流通 B/H/S | 股东户数 | 06 年末 | 06 三季 |
|---|---|---|---|---|---|---|---|
| | 103951.7 | 74230.1 | 29721.6 | | | 43721 | 46398 |

年报点评：2006,公司经营管理的高速公路包括莞深高速一二期、三期东城段及龙林高速,总里程为 55.7 公里,全线收费车流量 2393.4 万车次,同比下降 0.99%;净利润 1.99 亿元,同比减少 11%。盈利下降的主要原因是受到上半年地方公路分流以及莞深高速北段断头路使全线车流量分布不平衡造成的单车收费偏低等影响。

## 天音控股（000829）

上市日期:97/12/02　　电话:0797－8117002　　传真:0797－8117152

| | | | | |
|---|---|---|---|---|
| 主营 | 移动电话经营业务 | | | |
| | 年　度 | 2006 | 2005 | 2004 |
| 主要指标 | 每股收益/扣除后(元) | 0.56/0.56 | 0.268/0.26 | 0.25/0.25 |
| | 每股经营现金流量(元) | 1.7667 | 0.0067 | 1.62 |
| | 每股净资产/调整后(元) | 2.32/1.95 | 1.77/1.56 | 1.52/1.35 |
| | 未分利润(万元) | 21541.76 | 9825.98 | 5735.11 |
| | 资本公积(万元) | 3082.39 | 2731.75 | 2458.15 |
| 利润构成 | 主营收入(万元) | 1432423.32 | 843792.38 | 724195.99 |
| | 主营利润(万元) | 123153.61 | 80689.76 | 66251.2 |
| | 投资收益(万元) | －1612.32 | －1805.99 | －1614.55 |
| | 利润总额(万元) | 26673.58 | 13721.67 | 14412.96 |
| | 净利润(万元) | 14118.05 | 6763.31 | 6327.33 |
| 近年分配: | 06 年:10 派 1 送 9 转增 1；04 中期:10 派 0.25 送 1 转增 5 年终:10 派 0.2 | | | |

| 主要股东及持股比例%、持股性质 |
|---|
| 中国新闻发展深圳公司 14.54%（国有股） |
| 北京国际信托投资有限公司 10.52%（国有股） |
| 中国华建投资控股有限公司 9.97%（非流通股） |
| 江西国际信托投资股份有限公司 7.77%（国有股） |
| 深圳市鼎鹏投资有限公司 7.55%（非流通股） |
| 景福证券投资基金 4.71%（流通 A 股） |
| 全国社保基金一一零组合 3.45%（流通 A 股） |
| 汉盛证券投资基金 2.4%（流通 A 股） |
| 交通银行－汉兴证券投资基金 2.38%（流通 A 股） |
| 中国农业银行－大成精选增值混合型证券投资基金 2.04%（流通 A 股） |
| 实际控制人：新华通讯社 |

二〇〇六年以来市场表现

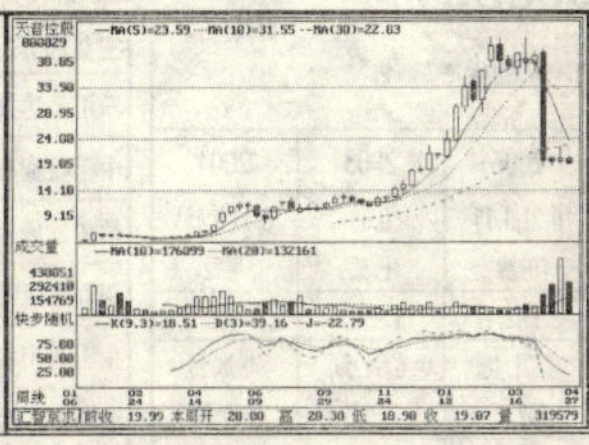

| | |
|---|---|
| 2006 年涨跌幅(%) | 521.13 |
| 2006 年最高(元) | 28.35 |
| 2007 年涨跌幅(%) | 82.1 |
| 2007.4.27 收盘(元) | 19.07 |
| 2007 年最高(元) | 44.5 |
| 2007 年最低(元) | 19.99 |
| 2007 年换手率(%) | 124.27 |

未来一年限售流通股解禁情况:126000000 股 09 月 05 日解禁

| 最新股本 | 总股本 | 非(限售)流通 | 流通 A | 流通 B/H/S | 股东户数 | 06 年末 | 06 三季 |
|---|---|---|---|---|---|---|---|
| | 25200 | 12693.74 | 12506.26 | | | 5414 | 7116 |

年报点评：公司主业为通信业务,2006 年移动电话销售模式成功转型以后,销售规模不断扩大。同时积极开拓新业务,介入移动电话及其他数码产品的连锁零售,形成集移动电话及其他数码产品分销、连锁零售、售后服务及增值服务完整产业链条,增强了综合竞争能力。

## 鲁西化工（000830）

上市日期:98/08/07　　电话:0635－8332286　　传真:0635－8334366

| | | | | |
|---|---|---|---|---|
| 主营 | 尿素、碳酸氢铵等化肥的生产与销售。 | | | |
| | 年　度 | 2006 | 2005 | 2004 |
| 主要指标 | 每股收益/扣除后(元) | 0.142/0.138 | 0.351 | 0.38/0.378 |
| | 每股经营现金流量(元) | 0.623 | 0.992 | 1.2 |
| | 每股净资产/调整后(元) | 1.98/1.98 | 3.35/3.33 | 4.01/4 |
| | 未分利润(万元) | 34494.83 | 38112.44 | 32098.52 |
| | 资本公积(万元) | 49220.15 | 40611.89 | 49922.21 |
| 利润构成 | 主营收入(万元) | 392681.95 | 330999.83 | 285528.83 |
| | 主营利润(万元) | 48014.61 | 43730.67 | 34415.11 |
| | 投资收益(万元) | 106.23 | 0.98 | 0.92 |
| | 利润总额(万元) | 23098.55 | 24064.79 | 17984.65 |
| | 净利润(万元) | 14833.01 | 14225.91 | 11778.58 |
| 近年分配: | 06 年:10 派 1；05 年:10 派 1 送 3 转增 7；04 年:10 派 1 转增 3 | | | |

| 主要股东及持股比例%、持股性质 |
|---|
| 山东聊城鲁西化工集团有限责任公司 42.53%（国有股） |
| 通联资本控股有限公司 4.78%（非流通股） |
| 中化化肥有限公司 4.78%（非流通股） |
| 聊城市昌润投资发展有限责任公司 3.82%（非流通股） |
| 中核财务有限责任公司 2.87%（非流通股） |
| 北京嘉鑫世纪投资有限公司 1.43%（非流通股） |
| 聊城市国有资产管理局 1.16%（流通 A 股） |
| 上海申能资产管理有限公司 0.96%（非流通股） |
| 五矿投资发展有限责任公司 0.96%（非流通股） |
| 七喜控股股份有限公司 0.96%（非流通股） |
| 实际控制人：聊城市人民政府国有资产监督管理委员会 |

二〇〇六年以来市场表现

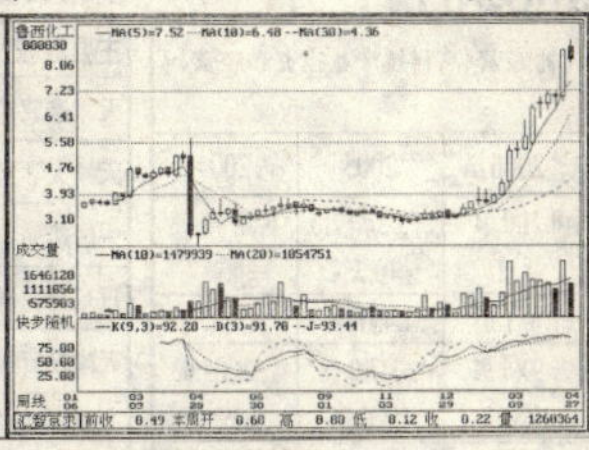

| | |
|---|---|
| 2006 年涨跌幅(%) | 84.48 |
| 2006 年最高(元) | 7.66 |
| 2007 年涨跌幅(%) | 163.29 |
| 2007.4.27 收盘(元) | 8.22 |
| 2007 年最高(元) | 8.88 |
| 2007 年最低(元) | 3.1 |
| 2007 年换手率(%) | 517.28 |

未来一年限售流通股解禁情况:

| 最新股本 | 总股本 | 非(限售)流通 | 流通 A | 流通 B/H/S | 股东户数 | 06 年末 | 06 三季 |
|---|---|---|---|---|---|---|---|
| | 104623.33 | 68004.1 | 36619.23 | | | 57403 | 59999 |

年报点评：鲁西化工目前拥有 100 万吨尿素、85 万吨复合肥和 60 万吨复混肥产能,是国内以煤为原料的最大尿素生产企业。2007 年 4 月该公司达到 130 万吨尿素、81 万吨合成氨、4 万吨甲醇、125 万吨复合肥产能后将成为全国第一大化肥生产企业,规模优势明显。

## 关铝股份（000831）

上市日期:98/09/11　　电话:0359－2825474　　传真:0359－2800974

| 主营 | 铝锭、铝杆、铝箔的生产和销售 | | | |
|---|---|---|---|---|
| | 年度 | 2006 | 2005 | 2004 |
| 主要指标 | 每股收益/扣除后(元) | 0.14/0.15 | 0.05 | 0.18/0.18 |
| | 每股经营现金流量(元) | 0.55 | 0.43 | 1.32 |
| | 每股净资产/调整后(元) | 3.01/2.99 | 2.92/2.88 | 2.92/2.9 |
| | 未分利润(万元) | 32564.43 | 28074.61 | 27672.46 |
| | 资本公积(万元) | 34027.61 | 34280.42 | 34265.42 |
| 利润构成 | 主营收入(万元) | 225034.76 | 265796.44 | 246295.64 |
| | 主营利润(万元) | 23603.25 | 19039.55 | 23070.42 |
| | 投资收益(万元) | 2808.58 | 475.03 | 146.51 |
| | 利润总额(万元) | 4028.56 | 1764.9 | 8440.03 |
| | 净利润(万元) | 4917.04 | 1697.42 | 6489.65 |
| 近年分配: | 04年:10派0.3 | | | |

| 主要股东及持股比例%、持股性质 | |
|---|---|
| 山西关铝集团有限公司 38.57%（国有股） | |
| 山西省经济建设投资公司 3.95%（国有股） | |
| 裕隆证券投资基金 3.61%（流通A股） | |
| 山西省经贸资产经营有限责任公司 2.93%（国有股） | |
| 裕阳证券投资基金 2.61%（流通A股） | |
| 通联创业投资股份有限公司 2.07%（流通A股） | |
| 杭州市临安人长久食品有限公司 1.5%（流通A股） | |
| 全国社保基金一零五组合 1.12%（流通A股） | |
| 中国建设银行－博时主题行业股票证券投资基金 1.11%（流通A股） | |
| 中国工商银行－博时平衡配置混合型证券投资基金 0.95%（流通A股） | |
| 实际控制人: | 运城市人民政府国有资产监督管理委员会 |

二〇〇六年以来市场表现

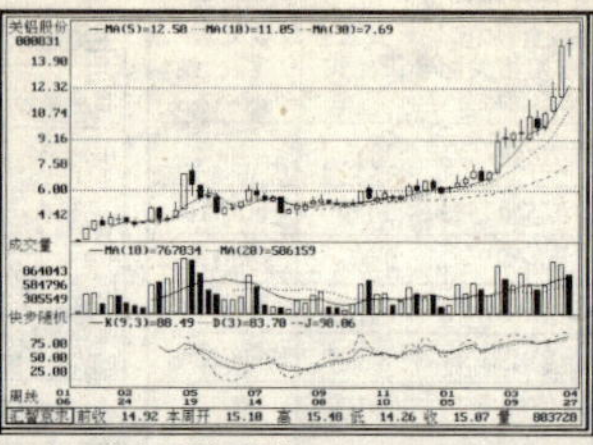

| | |
|---|---|
| 2006年涨跌幅(%) | 174.61 |
| 2006年最高(元) | 10.35 |
| 2007年涨跌幅(%) | 158.94 |
| 2007.4.27收盘(元) | 15.07 |
| 2007年最高(元) | 15.48 |
| 2007年最低(元) | 5.83 |
| 2007年换手率(%) | 528.24 |

未来一年限售流通股解禁情况:18150000股04月11日解禁

| 最新股本 | 总股本 | 非(限售)流通 | 流通A | 流通B/H/S | 股东户数 | 06年末 | 06三季 |
|---|---|---|---|---|---|---|---|
| | 36300 | 16716.23 | 19583.77 | | | 36092 | 48814 |

年报点评：公司是山西省最大的综合型有色冶炼加工企业。今年一季度，由于电解铝价格相对高位坚挺，电解铝和氧化铝间的价格差扩大，电解铝企业预计因此业绩将大幅增长。公司与中铝合资的铝厂已投产，今年将带给公司较大的投资收益。

## 贵糖股份（000833）

上市日期:98/11/11　　电话:0775－4262888　　传真:0775－4260088

| 主营 | 食糖、纸、酒精及轻质碳酸钙的制造、销售。 | | | |
|---|---|---|---|---|
| | 年度 | 2006 | 2005 | 2004 |
| 主要指标 | 每股收益/扣除后(元) | 0.08/0.082 | 0.16 | 0.15/0.154 |
| | 每股经营现金流量(元) | 0.83 | 0.75 | 0.22 |
| | 每股净资产/调整后(元) | 2.44/2.41 | 2.47/2.44 | 2.41/2.37 |
| | 未分利润(万元) | 7394.27 | 8191.75 | 7286.87 |
| | 资本公积(万元) | 25004.16 | 25004.16 | 25004.16 |
| 利润构成 | 主营收入(万元) | 107679.44 | 103321.32 | 80424.99 |
| | 主营利润(万元) | 16513.03 | 17939.15 | 15569.04 |
| | 投资收益(万元) | 6.95 | －25 | －25 |
| | 利润总额(万元) | 2422.61 | 4861.82 | 4155.84 |
| | 净利润(万元) | 1921.56 | 4037.37 | 3831.22 |
| 近年分配: | 05年:10派1；04年:10派1 | | | |

| 主要股东及持股比例%、持股性质 | |
|---|---|
| 广西贵糖集团有限公司 39.57%（国有股） | |
| 深圳市执新投资顾问有限公司 4.01%（非流通股） | |
| 肇庆市云庆贸易有限公司 2.33%（非流通股） | |
| 渤海证券有限责任公司 0.96%（非流通股） | |
| 福建正通投资有限公司 0.9%（非流通股） | |
| 云南云电财金管理有限公司 0.63%（流通A股） | |
| 太原市唐都大酒店有限公司 0.59%（非流通股） | |
| 广西贵港甘化股份有限公司 0.59%（非流通股） | |
| 桂林锦华生物保健品有限责任公司 0.4%（非流通股） | |
| 桂林桂泰贸易公司 0.4%（非流通股） | |
| 实际控制人: | 深圳华强科技股份有限公司 |

二〇〇六年以来市场表现

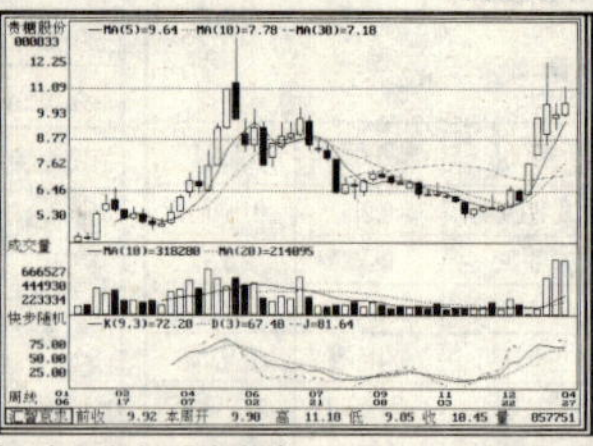

| | |
|---|---|
| 2006年涨跌幅(%) | 47.34 |
| 2006年最高(元) | 13.41 |
| 2007年涨跌幅(%) | 150.8 |
| 2007.4.27收盘(元) | 10.45 |
| 2007年最高(元) | 17.71 |
| 2007年最低(元) | 6.3 |
| 2007年换手率(%) | 172.35 |

未来一年限售流通股解禁情况:83705788股04月13日解禁

| 最新股本 | 总股本 | 非(限售)流通 | 流通A | 流通B/H/S | 股东户数 | 06年末 | 06三季 |
|---|---|---|---|---|---|---|---|
| | 25268.85 | 15409.9 | 9858.95 | | | 33226 | 36571 |

年报点评：公司是中国最大制糖综合生产企业之一，年产机制糖13万吨，年产文化生活用纸14万吨，形成了良好产业基础；食糖生产经营稳定，但甘蔗生产受气候影响大，导致市场大起大落，盈利不稳定。公司面临最大困难是原料不足，这对公司长远发展是一个极大考验。

## 四川圣达（000835）

上市日期:99/06/25　　电话:028－85322169　　传真:028－85322166

| 主营 | 煤炭采选、焦炭及其系列产品的生产、销售 | | | |
|---|---|---|---|---|
| | 年度 | 2006 | 2005 | 2004 |
| 主要指标 | 每股收益/扣除后(元) | 0.21/0.15 | 0.16 | 0.17/0.153 |
| | 每股经营现金流量(元) | 0.29 | 0.52 | 0.72 |
| | 每股净资产/调整后(元) | 2.11/2.11 | 1.9/1.9 | 1.73/1.72 |
| | 未分利润(万元) | 8871.16 | 6794.59 | 4898.75 |
| | 资本公积(万元) | 792.79 | 792.79 | 679.87 |
| 利润构成 | 主营收入(万元) | 34463.74 | 28428.71 | 26903.27 |
| | 主营利润(万元) | 5583.88 | 4133.38 | 4297.71 |
| | 投资收益(万元) | －38.6 | －53.84 | 123.91 |
| | 利润总额(万元) | 3398.07 | 2924.56 | 2282.84 |
| | 净利润(万元) | 2307.3 | 1739.81 | 1782.35 |
| 近年分配: | 06年:10派0.5送4.5转增0.5 | | | |

| 主要股东及持股比例%、持股性质 | |
|---|---|
| 四川圣达集团有限公司 25.88%（非流通股） | |
| 中泛投资有限公司 14.43%（外资股） | |
| 怡威发展有限公司 14.43%（外资股） | |
| 深圳市巨擘网投资有限公司 6.48%（非流通股） | |
| 乐山海川机械化工程有限公司 6.28%（非流通股） | |
| 潘巧 0.37%（流通A股） | |
| 林成考 0.19%（流通A股） | |
| 叶学勇 0.17%（流通A股） | |
| 林成灼 0.11%（流通A股） | |
| 余传炎 0.1%（流通A股） | |
| 实际控制人: | 陈永洪 |

二〇〇六年以来市场表现

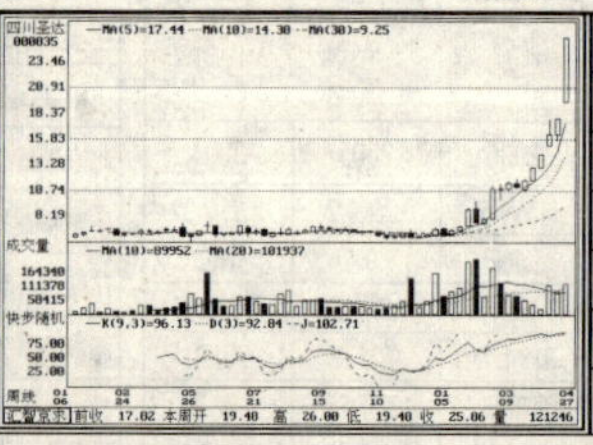

| | |
|---|---|
| 2006年涨跌幅(%) | 45.61 |
| 2006年最高(元) | 9.91 |
| 2007年涨跌幅(%) | 279.74 |
| 2007.4.27收盘(元) | 25.86 |
| 2007年最高(元) | 26 |
| 2007年最低(元) | 6.18 |
| 2007年换手率(%) | 472.42 |

未来一年限售流通股解禁情况:27000000股05月19日解禁

| 最新股本 | 总股本 | 非(限售)流通 | 流通A | 流通B/H/S | 股东户数 | 06年末 | 06三季 |
|---|---|---|---|---|---|---|---|
| | 10800 | 7290 | 3510 | | | 12269 | 11918 |

年报点评：公司2006年实现净利润同比增长33%，2007年一季度净利润同比增长545%。公司于2006年增资控股攀枝花市圣达焦化公司，使公司控股的煤焦化产能由60万吨提高到100万吨。通过近两年来的资产重组，开始涉足焦化、煤炭业务，盈利能力稳步提升。

## 鑫茂科技（000836）

上市日期:97/09/29　　电话:022－83710888　　传真:022－83710199

| 主营 | 科技园的开发建设及孵化器经营、高科技产业投资和经营、餐饮和娱乐服务业 | | | |
|---|---|---|---|---|
| | 年度 | 2006 | 2005 | 2004 |
| 主要指标 | 每股收益/扣除后(元) | 0.21/0.04 | －3.37/－2.3 | 0.05/－0.78 |
| | 每股经营现金流量(元) | 0.12 | 0.3 | 0.96 |
| | 每股净资产/调整后(元) | 1.69/1.63 | 1.46/1.41 | 4.78/4.75 |
| | 未分利润(万元) | －9066.91 | －11700.68 | －24839.02 |
| | 资本公积(万元) | 15682.8 | 15592.36 | 66958.27 |
| 利润构成 | 主营收入(万元) | 42775.17 | 29154.59 | 24433.97 |
| | 主营利润(万元) | 13091.77 | －1268.79 | 1286.86 |
| | 投资收益(万元) | 1985.7 | －158.86 | 1912.74 |
| | 利润总额(万元) | 7059.02 | －41401.57 | 1472.93 |
| | 净利润(万元) | 2633.77 | －41412.42 | 637.89 |
| 近年分配: | | | | |

| 主要股东及持股比例%、持股性质 | |
|---|---|
| 天津鑫茂科技投资集团有限公司 24.43%（非流通股） | |
| 天津大学实业发展总公司 4.16%（国有股） | |
| 中国船舶重工集团公司第七0七研究所 4.15%（国有股） | |
| 丹东菊花电器(集团)有限公司 2.12%（国有股） | |
| 天津投资集团公司 1.67%（国有股） | |
| 天津科技发展投资总公司 1.67%（国有股） | |
| 国家开发投资公司 1.38%（国有股） | |
| 天津市增瑞工贸有限公司 0.51%（国有股） | |
| 姚文莉 0.36%（流通A股） | |
| 海南万泉热带农业投资有限公司 0.34%（非流通股） | |
| 实际控制人: | 杜克荣 |

二〇〇六年以来市场表现

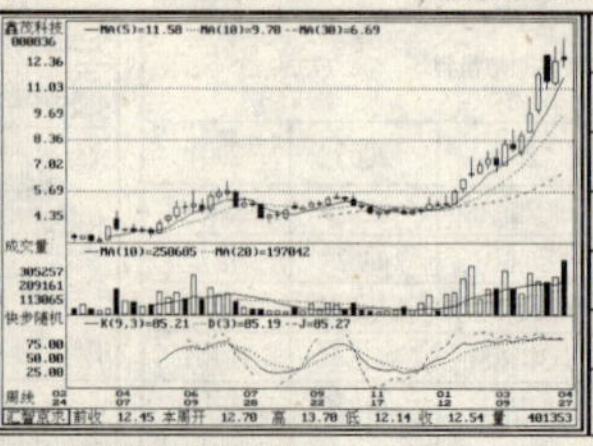

| | |
|---|---|
| 2006年涨跌幅(%) | 55.53 |
| 2006年最高(元) | 7.28 |
| 2007年涨跌幅(%) | 150.8 |
| 2007.4.27收盘(元) | 12.54 |
| 2007年最高(元) | 13.7 |
| 2007年最低(元) | 4.86 |
| 2007年换手率(%) | 434.38 |

未来一年限售流通股解禁情况:

| 最新股本 | 总股本 | 非(限售)流通 | 流通A | 流通B/H/S | 股东户数 | 06年末 | 06三季 |
|---|---|---|---|---|---|---|---|
| | 12275.46 | 5065.87 | 7209.58 | | | 27555 | 29568 |

年报点评：2006年，通过公司控股股东与公司进行的资产置换，将其科技园公司产业孵化器优质资产置入公司形成新的主营业务，同时公司原有主营业务通过整合、优化也提高了运营水平，提高了公司的整体盈利水平。但业务多元化仍将对公司提出考验。

## 秦川发展（000837）

上市日期:98/09/28　　电话:0917－3670606　　传真:0917－3390960

**主营**　精密数控机床、塑料机械、精密齿轮件、液压件、液压系统、电梯曳引机及电子类产品。

| | 年　度 | 2006 | 2005 | 2004 |
|---|---|---|---|---|
| 主要指标 | 每股收益/扣除后(元) | 0.174/0.165 | 0.2/0.197 | 0.2/0.177 |
| | 每股经营现金流量(元) | 0.287 | 0.1786 | 0.28 |
| | 每股净资产/调整后(元) | 2.91/2.71 | 2.77/2.68 | 2.59/2.51 |
| | 未分利润(万元) | 18903.21 | 15740.97 | 12368.67 |
| | 资本公积(万元) | 20237.54 | 20469.18 | 20478.6 |
| 利润构成 | 主营收入(万元) | 64551.94 | 58558.87 | 50742.89 |
| | 主营利润(万元) | 16417.91 | 14375.35 | 12573.07 |
| | 投资收益(万元) | －1.17 | －183.2 | －105.7 |
| | 利润总额(万元) | 5016.42 | 5474.31 | 5024.16 |
| | 净利润(万元) | 4053.88 | 4637.2 | 4567.9 |

**近年分配:** 06 预案:10 派 0.16 ; 05 年:10 派 0.2 ; 04 年:10 派 0.2

**主要股东及持股比例%、持股性质**

- 秦川机床集团有限公司 26.6% (国有股)
- 中国建设银行－上投摩根成长先锋股票型证券投资基金 4.69% (流通 A 股)
- 中国建设银行－上投摩根双息平衡混合型证券投资基金 2.83% (流通 A 股)
- 中国工商银行－南方稳健成长贰号证券投资基金 2.79% (流通 A 股)
- 中国工商银行－中银国际收益混合型证券投资基金 2.56% (流通 A 股)
- 全国社保基金一零一组合 2.04% (流通 A 股)
- 中国建设银行－信诚精萃成长股票型证券投资基金 1.62% (流通 A 股)
- 杨凌秦川节水灌溉设备工程有限公司 1.6% (非流通股)
- 中国工商银行－广发策略优选混合型证券投资基金 1.56% (流通 A 股)
- 中国工商银行－南方稳健成长证券投资基金 1.5% (流通 A 股)

**实际控制人:** 陕西省国资委

二〇〇六年以来市场表现

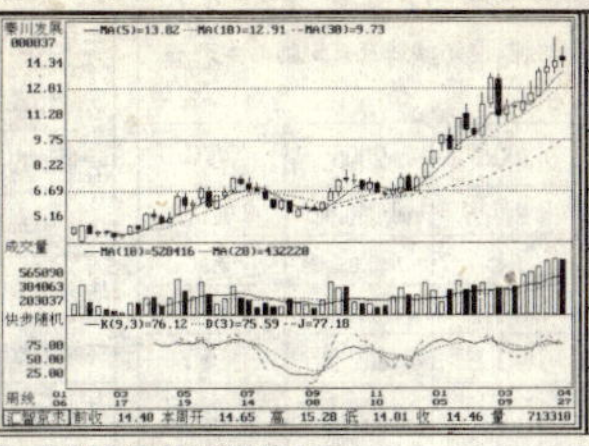


| | |
|---|---|
| 2006 年涨跌幅(%) | 183.27 |
| 2006 年最高(元) | 11.8 |
| 2007 年涨跌幅(%) | 60.49 |
| 2007.4.27 收盘(元) | 14.46 |
| 2007 年最高(元) | 15.87 |
| 2007 年最低(元) | 9.02 |
| 2007 年换手率(%) | 437.64 |

**未来一年限售流通股解禁情况:**

| 最新股本 | 总股本 | 非(限售)流通 | 流通 A | 流通 B/H/S | 股东户数 | 06 年末 | 06 三季 |
|---|---|---|---|---|---|---|---|
| | 23247.84 | 6888.79 | 16359.05 | | | 26635 | 30455 |

**年报点评**　公司主营磨床、精密数控机床、塑料机械等。06 年公司在稳定磨齿机主业的同时,加强对塑料加工机械、功能部件的经营业务,实现稳定发展。随着装备制造业的兴起,以及管理效率的提升,在享有国家振兴装备制造业的前提下,公司将迎来良好的发展机遇。

## S 蓝石化（000838）

上市日期:97/06/26　　电话:0838－2300511　　传真:0838－2300522

**主营**　化工机械设备及金属制品的设计、制造、安装、销售等。

| | 年　度 | 2006 | 2005 | 2004 |
|---|---|---|---|---|
| 主要指标 | 每股收益/扣除后(元) | 0.021/0.02 | 0.122 | 0.09/0.1 |
| | 每股经营现金流量(元) | 0.187 | 0.056 | 0.12 |
| | 每股净资产/调整后(元) | 1.45/1.45 | 1.41/1.41 | 1.28/1.27 |
| | 未分利润(万元) | 615.74 | 494.4 | －233.33 |
| | 资本公积(万元) | 2238.81 | 2083.83 | 2083.83 |
| 利润构成 | 主营收入(万元) | 14976.85 | 12928.87 | 10809.38 |
| | 主营利润(万元) | 1859.79 | 2552.51 | 2488.3 |
| | 投资收益(万元) | | | |
| | 利润总额(万元) | 346.76 | 944.47 | 611.97 |
| | 净利润(万元) | 134.82 | 794.83 | 611.97 |

**近年分配:**

**主要股东及持股比例%、持股性质**

- 中国蓝星(集团)总公司 37.77% (国有股)
- 德阳市化机持股联合会 5.13% (非流通股)
- 深圳市泉来实业有限公司 4.68% (非流通股)
- 四川金路集团股份有限公司 3.99% (非流通股)
- 上海浦东任辰贸易有限公司 3.29% (非流通股)
- 深圳市旭能投资有限公司 1.99% (非流通股)
- 成都嘉泰投资有限公司 1.99% (非流通股)
- 海南爱邦贸易有限公司 1.3% (非流通股)
- 上海巾玮经贸有限公司 1.07% (非流通股)
- 深圳市巨湾实业发展有限公司 0.99% (非流通股)

**实际控制人:** 中国化工集团公司

二〇〇六年以来市场表现

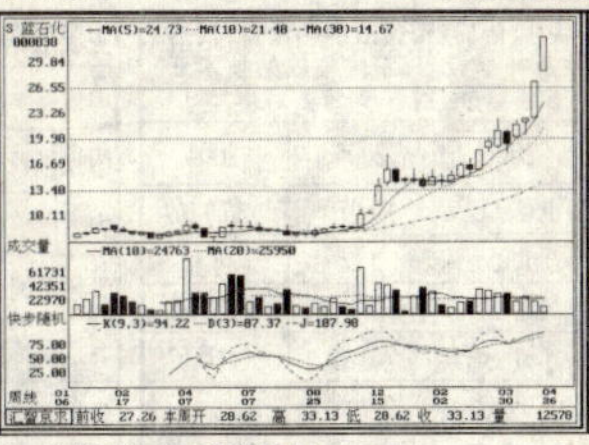


| | |
|---|---|
| 2006 年涨跌幅(%) | 95.52 |
| 2006 年最高(元) | 17.87 |
| 2007 年涨跌幅(%) | 129.91 |
| 2007.4.27 收盘(元) | 33.13 |
| 2007 年最高(元) | 33.13 |
| 2007 年最低(元) | 13.6 |
| 2007 年换手率(%) | 217.53 |

**未来一年限售流通股解禁情况:**

| 最新股本 | 总股本 | 非(限售)流通 | 流通 A | 流通 B/H/S | 股东户数 | 06 年末 | 06 三季 |
|---|---|---|---|---|---|---|---|
| | 6511.99 | 4756.99 | 1755 | | | 5564 | 6415 |

**年报点评**　主营业务为氟硅材料、新型工程塑料及改性塑料等高分子新材料的科研、生产和销售。主要产品赤磷阻燃母料国内市场占有率已达 60% 以上。公司积极推进改性塑料产品的国际化,已与伊朗一公司签定了第一张出口改性 PP 的合同,合同总额达 81840 欧元。

## 中信国安（000839）

上市日期:97/10/31　　电话:010－65068509　　传真:010－65061482

**主营**　信息网络基础设施业中的有线电视网和卫星通信网的投资建设;信息服务业中的网络系统集成、增值电信、应用软件开发业务。

| | 年　度 | 2006 | 2005 | 2004 |
|---|---|---|---|---|
| 主要指标 | 每股收益/扣除后(元) | 0.54/0.196 | 0.34 | 0.327/0.293 |
| | 每股经营现金流量(元) | 0.19 | 0.7 | 1.0493 |
| | 每股净资产/调整后(元) | 6.25/5.89 | 4.69/4.43 | 4.45 |
| | 未分利润(万元) | 90898.37 | 59774.02 | 47281.93 |
| | 资本公积(万元) | 289643.01 | 159113.26 | 158953.06 |
| 利润构成 | 主营收入(万元) | 179424.02 | 179985.88 | 178363.6 |
| | 主营利润(万元) | 77046.27 | 75073.89 | 70640.05 |
| | 投资收益(万元) | 29964.9 | 746.52 | 1482.4 |
| | 利润总额(万元) | 48868.24 | 31379.67 | 32243.59 |
| | 净利润(万元) | 41915.95 | 22461.28 | 21596.19 |

**近年分配:** 06 预案:10 派 1 ; 05 年:10 派 1 ; 04 年:10 派 1

**主要股东及持股比例%、持股性质**

- 中信国安有限公司 41.63% (非流通股)
- 中信国安集团公司 2.56% (非流通股)
- 交通银行－科瑞证券投资基金 1.89% (部分流通部分不流通)
- 新华人寿保险股份有限公司－分红－团体分红－018L－FH001 深 1.67% (非流通股)
- 中国工商银行－广发策略优选混合型证券投资基金 1.65% (部分流通部分不流通)
- 中国工商银行－易方达价值精选股票型证券投资基金 1.58% (流通 A 股)
- 全国社保基金一零九组合 1.46% (非流通股)
- 全国社保基金一零一组合 1.15% (非流通股)
- 中国工商银行－南方稳健成长贰号证券投资基金 1.15% (非流通股)
- 中国银行－易方达策略成长二号混合型证券投资基金 1.11% (流通 A 股)

**实际控制人:** 中国中信集团公司

二〇〇六年以来市场表现

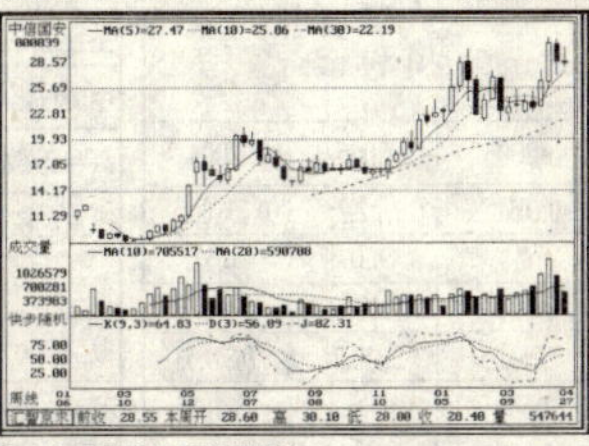


| | |
|---|---|
| 2006 年涨跌幅(%) | 195.4 |
| 2006 年最高(元) | 33.05 |
| 2007 年涨跌幅(%) | 24.51 |
| 2007.4.27 收盘(元) | 28.4 |
| 2007 年最高(元) | 31.45 |
| 2007 年最低(元) | 21.81 |
| 2007 年换手率(%) | 296.78 |

**未来一年限售流通股解禁情况:**

| 最新股本 | 总股本 | 非(限售)流通 | 流通 A | 流通 B/H/S | 股东户数 | 06 年末 | 06 三季 |
|---|---|---|---|---|---|---|---|
| | 78000 | 44504.47 | 33495.53 | | | 53120 | 72150 |

**年报点评**　公司通过收购有线电视项目、非公开发行股票募集资金投入青海盐湖资源开发项目、转让工程建设资产等举措,进一步优化业务结构,提升资产运营效率,取得了良好经营成果,主营业务稳步发展,核心竞争力不断加强。预计未来几年公司效益将持续上升。

## 承德露露（000848）

上市日期:97/11/13　　电话:0314－2059888　　传真:0314－2059100

**主营**　以杏仁露为主导产品的生产和销售

| | 年　度 | 2006 | 2005 | 2004 |
|---|---|---|---|---|
| 主要指标 | 每股收益/扣除后(元) | 0.351/0.34 | 0.138/0.14 | 0.14/0.19 |
| | 每股经营现金流量(元) | 1.65 | 0.469 | 0.36 |
| | 每股净资产/调整后(元) | 2.49/2.49 | 2.31/2.31 | 2.81/2.8 |
| | 未分利润(万元) | 11582.78 | 4994.13 | 7085.18 |
| | 资本公积(万元) | 6164.89 | 25261.97 | 30446.97 |
| 利润构成 | 主营收入(万元) | 110331.59 | 118758.57 | 95952.65 |
| | 主营利润(万元) | 35153.8 | 34981.13 | 30141.39 |
| | 投资收益(万元) | －131.49 | －83.35 | －115.83 |
| | 利润总额(万元) | 12019.7 | 9568 | 6403.92 |
| | 净利润(万元) | 6673.63 | 4290.4 | 3707.84 |

**近年分配:** 06 预案:10 派 1 ; 04 年:10 派 2 转增 2

**主要股东及持股比例%、持股性质**

- 万向三农有限公司 42.55% (国有股)
- 兴和证券投资基金 4.63% (流通 A 股)
- 中国工商银行－建信优选成长股票型证券投资基金 3.95% (流通 A 股)
- 中国银行－嘉实增长开放式证券投资基金 3.88% (流通 A 股)
- 中国工商银行－申万巴黎盛利精选证券投资基金 3.16% (流通 A 股)
- 中国工商银行－易方达价值精选股票型证券投资基金 3.01% (流通 A 股)
- 全国社保基金一零七组合 2.78% (流通 A 股)
- 中国工商银行－天元证券投资基金 2.74% (流通 A 股)
- 中国建设银行－宝康消费品证券投资基金 2.57% (流通 A 股)
- 中国银行－嘉实服务增值行业证券投资基金 2.25% (流通 A 股)

**实际控制人:** 鲁冠球

二〇〇六年以来市场表现

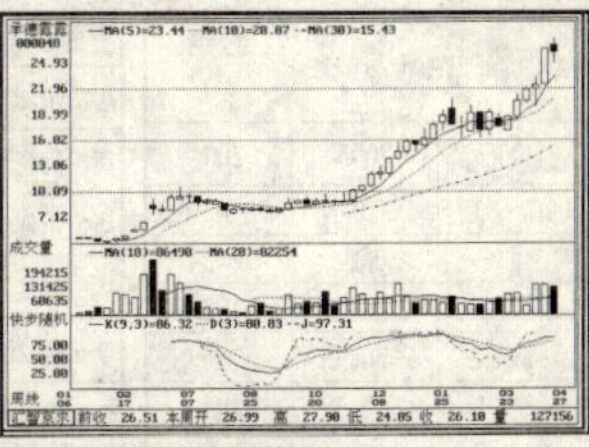


| | |
|---|---|
| 2006 年涨跌幅(%) | 250.58 |
| 2006 年最高(元) | 16.63 |
| 2007 年涨跌幅(%) | 65.4 |
| 2007.4.27 收盘(元) | 26.1 |
| 2007 年最高(元) | 27.9 |
| 2007 年最低(元) | 14.5 |
| 2007 年换手率(%) | 114.12 |

**未来一年限售流通股解禁情况:**

| 最新股本 | 总股本 | 非(限售)流通 | 流通 A | 流通 B/H/S | 股东户数 | 06 年末 | 06 三季 |
|---|---|---|---|---|---|---|---|
| | 19008.6 | 8088.6 | 10920 | | | 10571 | 28409 |

**年报点评**　公司近期成功将"露露"商标从集团公司购回,维护了公司资产的完整性。根据新的会计准则,购入的商标作为无形资产,不需要摊销,对公司业绩没有负面影响。目前公司产能在旺季已经基本饱和,预计未来会有产能进一步扩张的计划。预计公司将保持持续的增长。

## 华茂股份（000850）

上市日期:98/10/07　　电话:0556－5516615　　传真:0556－5510166

**主营**：棉、毛、麻、丝和人造纤维的纯、混纺纱线及其织物的生产和销售。

| | 年　度 | 2006 | 2005 | 2004 |
|---|---|---|---|---|
| 主要指标 | 每股收益/扣除后(元) | 0.16/0.09 | 0.09/0.08 | 0.04/0.04 |
| | 每股经营现金流量(元) | 0.45 | 0.09 | 0.31 |
| | 每股净资产/调整后(元) | 1.74/1.74 | 1.62/1.62 | 1.61/1.6 |
| | 未分利润(万元) | 24043.23 | 18102.36 | 17056.44 |
| | 资本公积(万元) | 13799.37 | 13799.37 | 13929.05 |
| 利润构成 | 主营收入(万元) | 126674.81 | 110769.49 | 108269.14 |
| | 主营利润(万元) | 18248.91 | 14936.81 | 13011.69 |
| | 投资收益(万元) | 4372.98 | －88.42 | －200.14 |
| | 利润总额(万元) | 12075.81 | 7797.7 | 4315.96 |
| | 净利润(万元) | 10128.95 | 5391.1 | 2768.16 |

近年分配：06 预案:10 派 1 ; 05 年:10 派 0.5 ; 04 中期:10 派 0.13875 送 0.4625 转增 2.3125

**主要股东及持股比例%、持股性质**

安徽华茂集团有限公司 46.4%（国有股）

哈尔滨市道外区财政局国债服务部 0.34%（流通 A 股）

正大资产评估有限公司 0.33%（流通 A 股）

潘美玉 0.25%（流通 A 股）

林凤 0.24%（流通 A 股）

吴少伟 0.22%（流通 A 股）

赖锦兵 0.21%（流通 A 股）

谢国力 0.2%（流通 A 股）

赵谦 0.17%（流通 A 股）

茹振刚 0.16%（流通 A 股）

实际控制人：安徽省安庆市国有资产监督管理委员会

二〇〇六年以来市场表现

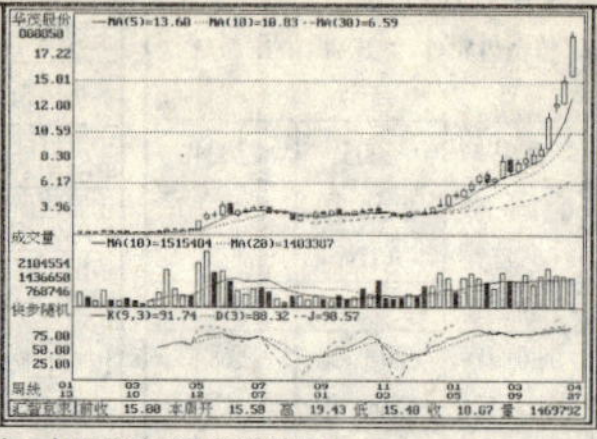

| | |
|---|---|
| 2006 年涨跌幅(%) | 214.29 |
| 2006 年最高(元) | 7.08 |
| 2007 年涨跌幅(%) | 269.28 |
| 2007.4.27 收盘(元) | 18.87 |
| 2007 年最高(元) | 19.43 |
| 2007 年最低(元) | 4.8 |
| 2007 年换手率(%) | 674.33 |

未来一年限售流通股解禁情况：

| 最新股本 | 总股本 | 非(限售)流通 | 流通 A | 流通 B/H/S | 股东户数 | 06 年末 | 06 三季 |
|---|---|---|---|---|---|---|---|
| | 62911 | 29229.48 | 33681.52 | | | 35776 | 32600 |

**年报点评**：连续三年成为我国企业信息化建设 500 强，在 2005 年中国纺织工业行业经济指标竞争力排名中跻身前 20 名。此外，公司投资的金融股权占其净资产的 30%以上，其中包括广发证券 5000 万股股权，国泰君安 1 亿股股权和宏源证券股权，以及徽商银行股权。

## 高鸿股份（000851）

上市日期:98/06/09　　电话:010－62301907　　传真:010－62301907

**主营**：多业务宽带电信网络产品，通信器材，通信终端设备，仪器仪表，电子计算机软硬件及外部设备，系统集成的技术开发、技术转让、技术咨询、技术服务、制造、销售。

| | 年　度 | 2006 | 2005 | 2004 |
|---|---|---|---|---|
| 主要指标 | 每股收益/扣除后(元) | 0.03/0.02 | 0.05 | 0.07/0.069 |
| | 每股经营现金流量(元) | 0.05 | 0.22 | －0.16 |
| | 每股净资产/调整后(元) | 1.1/1.05 | 1.08/1.08 | 1.02/1.02 |
| | 未分利润(万元) | 907.3 | 400.91 | －1175.07 |
| | 资本公积(万元) | 279.89 | 279.89 | |
| 利润构成 | 主营收入(万元) | 46686.38 | 37521.11 | 28238.33 |
| | 主营利润(万元) | 8834.23 | 9160.22 | 7777.35 |
| | 投资收益(万元) | －909.13 | －937.23 | －19.79 |
| | 利润总额(万元) | 1727.51 | 2290.79 | 2201.46 |
| | 净利润(万元) | 569.59 | 1057.94 | 1552.06 |

近年分配：

**主要股东及持股比例%、持股性质**

电信科学技术研究院 19.22%（国有股）

国投机轻有限公司 12.86%（国有股）

大唐电信科技股份有限公司 5.41%（非流通股）

贵州电网公司 4.82%（国有股）

北京奈特高科科技有限公司 4.65%（非流通股）

贵州宝安房地产开发有限公司 1.07%（非流通股）

上海元福投资有限公司 1.02%（流通 A 股）

中国磨料磨具进出口公司 0.94%（国有股）

北京市天创房地产开发有限公司 0.88%（非流通股）

贵州东伟实业股份有限公司 0.64%（非流通股）

实际控制人：电信科学技术研究院

二〇〇六年以来市场表现

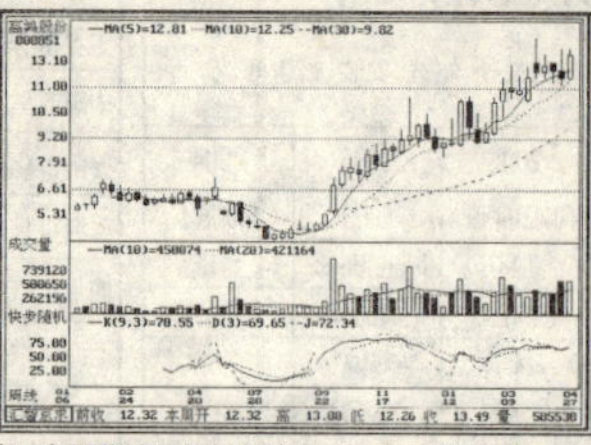

| | |
|---|---|
| 2006 年涨跌幅(%) | 105.6 |
| 2006 年最高(元) | 14.72 |
| 2007 年涨跌幅(%) | 54.53 |
| 2007.4.27 收盘(元) | 13.49 |
| 2007 年最高(元) | 14.4 |
| 2007 年最低(元) | 8.28 |
| 2007 年换手率(%) | 650.31 |

未来一年限售流通股解禁情况：72311392 股 06 月 30 日解禁

| 最新股本 | 总股本 | 非(限售)流通 | 流通 A | 流通 B/H/S | 股东户数 | 06 年末 | 06 三季 |
|---|---|---|---|---|---|---|---|
| | 22490 | 12417.6 | 10072.4 | | | 25174 | 18200 |

**年报点评**：公司主营业务属于通讯产业。2006 年公司由于费用上升，导致公司经营业绩大幅度下滑。但作为国内 3G 受益的重点公司之一，公司有望借助大唐电信的实力，在未来几年保持一个良好的发展状况。建议投资者积极关注。

## 江钻股份（000852）

上市日期:98/11/26　　电话:0728－6518598　　传真:0728－6518598

**主营**：石油天然气及矿用钻头、石油机械配件等。

| | 年　度 | 2006 | 2005 | 2004 |
|---|---|---|---|---|
| 主要指标 | 每股收益/扣除后(元) | 0.605/0.36 | 0.292 | 0.256/0.252 |
| | 每股经营现金流量(元) | 0.33 | 0.66 | 0.52 |
| | 每股净资产/调整后(元) | 3.01/2.97 | 2.6/2.55 | 2.41/2.34 |
| | 未分利润(万元) | 32130.54 | 21458.74 | 16869.53 |
| | 资本公积(万元) | 19528.67 | 19106.4 | 18901.97 |
| 利润构成 | 主营收入(万元) | 94668.38 | 76321.15 | 56563.7 |
| | 主营利润(万元) | 36157.26 | 30272.74 | 23815.02 |
| | 投资收益(万元) | 8902.64 | 206.48 | －62.87 |
| | 利润总额(万元) | 21303.72 | 11949.64 | 9288.76 |
| | 净利润(万元) | 18633.65 | 8989.6 | 7876.16 |

近年分配：06 年:10 派 4 ; 05 年:10 派 2 ; 04 年:10 派 1

**主要股东及持股比例%、持股性质**

中国石化集团江汉石油管理局 75%（国有股）

兴和证券投资基金 2.56%（流通 A 股）

华夏成长证券投资基金 0.67%（流通 A 股）

荷兰银行有限公司 0.55%（流通 A 股）

戴卫纲 0.52%（流通 A 股）

北京通航技贸易有限公司 0.51%（流通 A 股）

长城－中行－景顺资产管理有限公司－景顺中国系列基金 0.43%（流通 A 股）

中国人寿保险股份有限公司－分红－个人分红－L－FH 深 0.42%（流通 A 股）

中国工商银行－国联安德盛小盘精选证券投资基金 0.38%（流通 A 股）

华夏银行股份有限公司－德盛精选股票证券投资基金 0.31%（流通 A 股）

实际控制人：中国石油化工集团公司

二〇〇六年以来市场表现

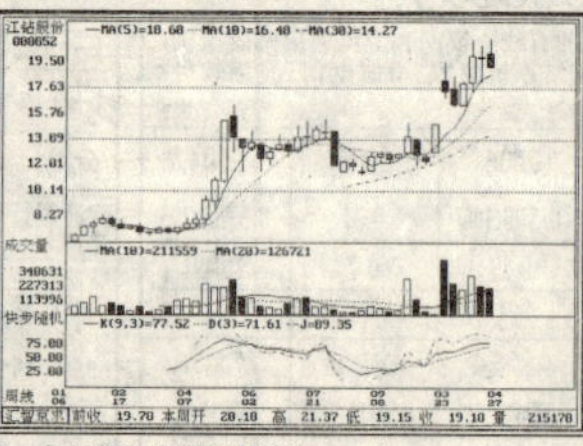

| | |
|---|---|
| 2006 年涨跌幅(%) | 92.31 |
| 2006 年最高(元) | 16.34 |
| 2007 年涨跌幅(%) | 105.97 |
| 2007.4.27 收盘(元) | 19.18 |
| 2007 年最高(元) | 28.18 |
| 2007 年最低(元) | 12.92 |
| 2007 年换手率(%) | 167.37 |

未来一年限售流通股解禁情况：

| 最新股本 | 总股本 | 非(限售)流通 | 流通 A | 流通 B/H/S | 股东户数 | 06 年末 | 06 三季 |
|---|---|---|---|---|---|---|---|
| | 30800 | 23100 | 7700 | | | 13985 | 12862 |

**年报点评**：公司主营石油天然气及矿用钻头、石油机械配件等。在原油价格持续上涨，国内原油需求越来越大的情况下，06 年公司通过集中力量经营主业，实现了经营的稳步增长。同时通过股改逐步解决了历史遗留问题，并改善了与中石化的关系，为公司发展铺平道路。

## 唐山陶瓷（000856）

上市日期:98/08/13　　电话:0315－3291354　　传真:0315－3291354

**主营**：日用陶瓷、卫生陶瓷、墙地砖产品的生产与销售。

| | 年　度 | 2006 | 2005 | 2004 |
|---|---|---|---|---|
| 主要指标 | 每股收益/扣除后(元) | 0.017/－0.073 | 0.04 | －0.31/－0.3 |
| | 每股经营现金流量(元) | －0.05 | 0.02 | －0.01 |
| | 每股净资产/调整后(元) | 2.13/1.72 | 2.15/1.65 | 2.16/2.16 |
| | 未分利润(万元) | －6808.2 | －7076.01 | －7406.98 |
| | 资本公积(万元) | 27994.1 | 28176.36 | 28161.4 |
| 利润构成 | 主营收入(万元) | 51862.02 | 52805.45 | 49938.13 |
| | 主营利润(万元) | 13463.91 | 14461.58 | 11961.08 |
| | 投资收益(万元) | －353.78 | 240.53 | －293.06 |
| | 利润总额(万元) | －53.26 | 308.57 | －5859.71 |
| | 净利润(万元) | 300.16 | 693.88 | －5382.82 |

近年分配：

**主要股东及持股比例%、持股性质**

唐山市城市建设投资有限公司 26.89%（国有股）

唐山陶瓷集团有限公司 13.77%（国有股）

唐山市建设投资公司 13.58%（国有股）

唐山华美陶瓷有限公司 8.61%（国有股）

李长国 2.82%（流通 A 股）

李连胜 0.65%（流通 A 股）

上海骏发贸易有限公司 0.48%（流通 A 股）

田世强 0.33%（流通 A 股）

田玉珍 0.32%（流通 A 股）

何幼忠 0.29%（流通 A 股）

实际控制人：唐山市国有资产管理委员会

二〇〇六年以来市场表现

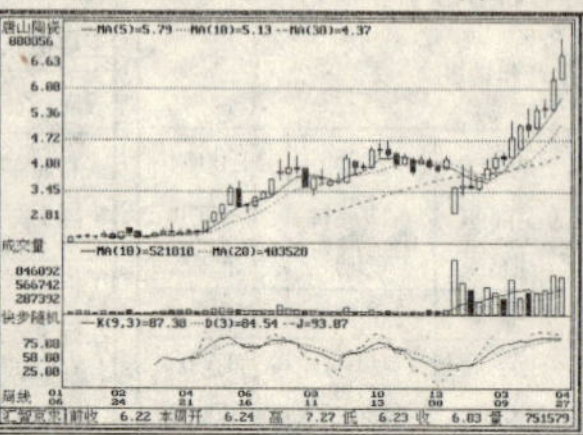

| | |
|---|---|
| 2006 年涨跌幅(%) | 92.24 |
| 2006 年最高(元) | 4.69 |
| 2007 年涨跌幅(%) | 192.02 |
| 2007.4.27 收盘(元) | 6.83 |
| 2007 年最高(元) | 13.09 |
| 2007 年最低(元) | 5.22 |
| 2007 年换手率(%) | 659.63 |

未来一年限售流通股解禁情况：11350000 股 01 月 15 日解禁

| 最新股本 | 总股本 | 非(限售)流通 | 流通 A | 流通 B/H/S | 股东户数 | 06 年末 | 06 三季 |
|---|---|---|---|---|---|---|---|
| | 17500 | 11000 | 6500 | | | 19375 | 19779 |

**年报点评**：公司 2006 年实现净利润同比下降 57%，2007 年一季度以及上半年业绩亏损。主要原因是对普通瓷生产线进行改造，试产期未产生效益。公司是中国陶瓷行业出口创汇的骨干企业，科研开发体系完备。但是资金紧张、原燃材料及运费价格持续上涨，加大了公司生产经营的难度。

## 五粮液(000858)

上市日期:98/04/27　　电话:0831－3553988　　传真:0831－3555958

| 主营 | 五粮液系列酒和其它酒类等产品设计、酿造生产、包装和销售,同时也从事酒类原料种植等业务。 | | | |
|---|---|---|---|---|
| | 年　度 | 2006 | 2005 | 2004 |
| 主要指标 | 每股收益/扣除后(元) | 0.432/0.431 | 0.292 | 0.31/0.308 |
| | 每股经营现金流量(元) | 0.493 | 0.462 | 0.3 |
| | 每股净资产/调整后(元) | 3.04/3.04 | 2.71/2.71 | 2.42/2.42 |
| | 未分利润(万元) | 293649.27 | 227194.08 | 171490.57 |
| | 资本公积(万元) | 95320.35 | 95320.35 | 95320.35 |
| 利润构成 | 主营收入(万元) | 738614.14 | 641875.15 | 629758.34 |
| | 主营利润(万元) | 321328.92 | 241366.47 | 246571.65 |
| | 投资收益(万元) | 505.17 | －392.3 | －12.68 |
| | 利润总额(万元) | 178572.56 | 119590.92 | 127116.11 |
| | 净利润(万元) | 117011.75 | 79134.88 | 82799.72 |
| 近年分配: | 06 年:10 派 0.6 送 4;05 年:10 派 1 | | | |

| 主要股东及持股比例%、持股性质 |
|---|
| 宜宾市国有资产经营有限公司 67.04%(国有股) |
| 中国人寿保险股份有限公司－－分红－－个人分红－－005L－－FH002 深 1.02%(流通 A 股) |
| 中国银行－－南方高增长股票型开放式证券投资基金 0.81%(流通 A 股) |
| 景福证券投资基金 0.74%(流通 A 股) |
| 海通－－中行－－富通银行 0.62%(流通 A 股) |
| 中国工商银行－－易方达价值精选股票型证券投资基金 0.57%(流通 A 股) |
| 中国银行－－嘉实稳健开放式证券投资基金 0.52%(流通 A 股) |
| 中国建设银行－－上投摩根成长先锋股票型证券投资基金 0.5%(流通 A 股) |
| 中国人寿保险(集团)公司－－传统－－普通保险产品 0.41%(流通 A 股) |
| 中国工商银行－－天元证券投资基金 0.35%(流通 A 股) |
| 实际控制人:宜宾市国有资产经营有限公司 |

二〇〇六年以来市场表现

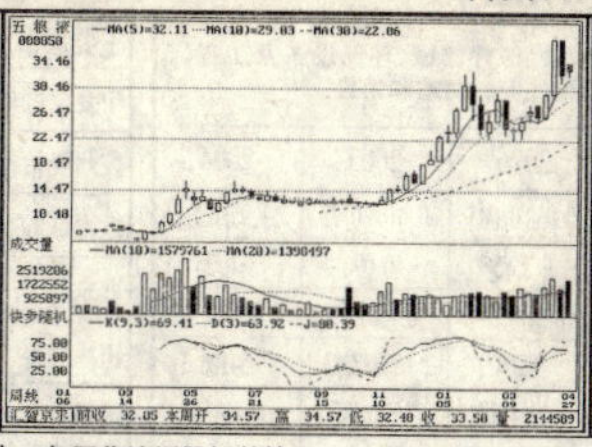

| | |
|---|---|
| 2006 年涨跌幅(%) | 269.86 |
| 2006 年最高(元) | 27.41 |
| 2007 年涨跌幅(%) | 46.61 |
| 2007.4.27 收盘(元) | 33.5 |
| 2007 年最高(元) | 38.46 |
| 2007 年最低(元) | 22 |
| 2007 年换手率(%) | 247.54 |

未来一年限售流通股解禁情况:135570240 股 03 月 31 日解禁

| 最新股本 | 总股本 | 非(限售)流通 | 流通 A | 流通 B/H/S | 股东户数 | 06 年末 | 06 三季 |
|---|---|---|---|---|---|---|---|
| | 271140.48 | 181778.69 | 89361.79 | | | 107347 | 118276 |

年报点评:公司主要从事五粮液及其系列酒产品的生产和销售。2006 年,是公司实施"十一五"发展规划的开局之年,也是主要经济指标再创历史新高、企业素质全面提升的一年。收购集团的酒类资产将使公司在未来几年保持快速发展。

## 国风塑业(000859)

上市日期:98/11/19　　电话:0551－2885333　　传真:0551－2888835

| 主营 | 塑料薄膜、塑胶型材、其他塑料制品、非金属新型材料及金属制品生产、销售和科研开发。 | | | |
|---|---|---|---|---|
| | 年　度 | 2006 | 2005 | 2004 |
| 主要指标 | 每股收益/扣除后(元) | 0.048/0.041 | 0.02 | 0.02/－0.04 |
| | 每股经营现金流量(元) | 0.24 | 0.09 | －0.06 |
| | 每股净资产/调整后(元) | 2.46/2.45 | 2.41/2.41 | 2.38/2.38 |
| | 未分利润(万元) | 15363.89 | 13544.95 | 12318.2 |
| | 资本公积(万元) | 41743.81 | 41743.81 | 41731.43 |
| 利润构成 | 主营收入(万元) | 99433.1 | 87816.78 | 106037.42 |
| | 主营利润(万元) | 9202.35 | 5741.16 | 8648.6 |
| | 投资收益(万元) | 4.33 | 1530.13 | 331.05 |
| | 利润总额(万元) | 1942.18 | 993.09 | 1130.72 |
| | 净利润(万元) | 2034.14 | 1013.07 | 903.96 |
| 近年分配: | | | | |

| 主要股东及持股比例%、持股性质 |
|---|
| 安徽国风集团有限公司 39.01%(国有股) |
| 谢仁国 0.35%(流通 A 股) |
| 陈建洪 0.27%(流通 A 股) |
| 北京东方诚信投资有限公司 0.24%(流通 A 股) |
| 谢瑞富 0.21%(流通 A 股) |
| 杨乐芳 0.19%(流通 A 股) |
| 杨淡卿 0.18%(流通 A 股) |
| 李梅兰 0.16%(流通 A 股) |
| 冷寒 0.15%(流通 A 股) |
| 杨丹丹 0.14%(流通 A 股) |
| 实际控制人:安徽国风集团有限公司 |

二〇〇六年以来市场表现

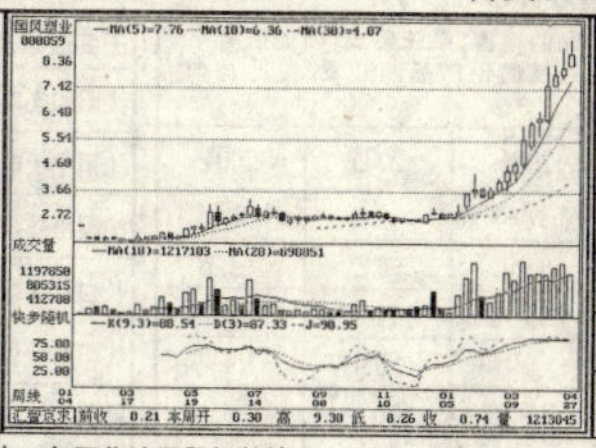

| | |
|---|---|
| 2006 年涨跌幅(%) | 62.5 |
| 2006 年最高(元) | 4.56 |
| 2007 年涨跌幅(%) | 218.98 |
| 2007.4.27 收盘(元) | 8.74 |
| 2007 年最高(元) | 9.3 |
| 2007 年最低(元) | 2.73 |
| 2007 年换手率(%) | 642.32 |

未来一年限售流通股解禁情况:21024000 股 02 月 10 日解禁

| 最新股本 | 总股本 | 非(限售)流通 | 流通 A | 流通 B/H/S | 股东户数 | 06 年末 | 06 三季 |
|---|---|---|---|---|---|---|---|
| | 42048 | 16420.05 | 25627.95 | | | 48381 | 51093 |

年报点评:公司主要产品为 BOPP,年产能为 7.5 万吨。公司投资 2 亿元打造的年产 2 万吨 BOPET 塑料生产线将于 2007 年初正式投产,100 万吨非金属矿超细项目已达到年产 30 万吨生产规模。大股东国风集团年产 60 万吨的"生物柴油"项目亦有望注入上市公司。

## 顺鑫农业(000860)

上市日期:98/11/04　　电话:010－69428900　　传真:010－81499846

| 主营 | 白酒生产与销售;肉制品的生产与销售;种畜产品;农作物种子、蔬菜种子的繁育和销售;蔬菜、果品、花卉、苗木的种植加工和销售。 | | | |
|---|---|---|---|---|
| | 年　度 | 2006 | 2005 | 2004 |
| 主要指标 | 每股收益/扣除后(元) | 0.242/0.257 | 0.224/0.226 | 0.27/0.269 |
| | 每股经营现金流量(元) | －0.25 | 0.19 | 0.33 |
| | 每股净资产/调整后(元) | 3.81/3.77 | 3.67/3.65 | 4.18/4.15 |
| | 未分利润(万元) | 19645.52 | 15560.32 | 17942.91 |
| | 资本公积(万元) | 75494.15 | 75392.47 | 75387.61 |
| 利润构成 | 主营收入(万元) | 320965.59 | 290771.32 | 217127.96 |
| | 主营利润(万元) | 49766.6 | 46390.77 | 39114.73 |
| | 投资收益(万元) | －60.54 | 6.78 | －76.14 |
| | 利润总额(万元) | 11973.37 | 11052.59 | 10813.18 |
| | 净利润(万元) | 9616.65 | 8889.3 | 9074.85 |
| 近年分配: | 06 年:10 派 1;05 年:10 派 1;04 年:10 派 0.5 送 2 | | | |

| 主要股东及持股比例%、持股性质 |
|---|
| 北京顺鑫农业发展集团有限公司 56.84%(部分流通部分不流通) |
| 中国银行－华夏大盘精选证券投资基金 1.96%(流通 A 股) |
| 中国建设银行－华夏红利混合型开放式证券投资基金 1.13%(流通 A 股) |
| 景阳证券投资基金 0.71%(流通 A 股) |
| 中国工商银行－开元证券投资基金 0.7%(流通 A 股) |
| 中国建设银行－华富竞争力优选混合型证券投资基金 0.69%(流通 A 股) |
| 上海浦东发展银行－广发小盘成长股票型证券投资基金 0.63%(流通 A 股) |
| 同德证券投资基金 0.63%(流通 A 股) |
| 华夏成长证券投资基金 0.58%(流通 A 股) |
| 中国工商银行－天元证券投资基金 0.53%(流通 A 股) |
| 实际控制人:北京顺鑫农业发展集团有限公司 |

二〇〇六年以来市场表现

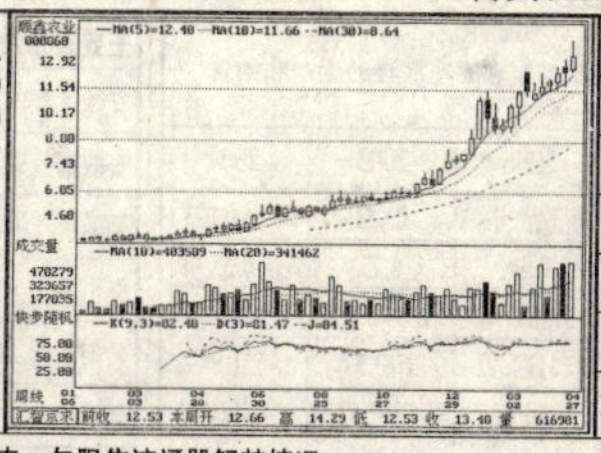

| | |
|---|---|
| 2006 年涨跌幅(%) | 139.16 |
| 2006 年最高(元) | 8.5 |
| 2007 年涨跌幅(%) | 72.19 |
| 2007.4.27 收盘(元) | 13.4 |
| 2007 年最高(元) | 14.39 |
| 2007 年最低(元) | 7.66 |
| 2007 年换手率(%) | 285.62 |

未来一年限售流通股解禁情况:

| 最新股本 | 总股本 | 非(限售)流通 | 流通 A | 流通 B/H/S | 股东户数 | 06 年末 | 06 三季 |
|---|---|---|---|---|---|---|---|
| | 39774 | 20616.35 | 19157.65 | | | 32849 | 41161 |

年报点评:公司是北京市顺义区的龙头企业,享受免税的政策优惠,已经形成了以价值链为基础、以产业链整合为实现方式的"4+2"发展战略。由于公司地处北京,市场消费需求旺盛使得近年来业务增长迅速。公司还储备有一定的土地,受益奥运概念,未来有望大幅升值。

## 海印股份(000861)

上市日期:98/10/28　　电话:0668－2111000　　传真:0668－2112112

| 主营 | 炭黑系列产品的制造和销售、高岭土系列产品的制造和销售以及油品的加工销售和尾气余热发电。 | | | |
|---|---|---|---|---|
| | 年　度 | 2006 | 2005 | 2004 |
| 主要指标 | 每股收益/扣除后(元) | 0.2/0.2 | 0.12/0.13 | 0.12/0.13 |
| | 每股经营现金流量(元) | 0.43 | 0.27 | 0.39 |
| | 每股净资产/调整后(元) | 2.21/2.05 | 2.03/1.66 | 1.9/1.63 |
| | 未分利润(万元) | 2355.4 | 508.59 | －344.89 |
| | 资本公积(万元) | 8435.94 | 8619.94 | 8619.94 |
| 利润构成 | 主营收入(万元) | 33343.13 | 25478.38 | 24515.48 |
| | 主营利润(万元) | 9191.5 | 7161.25 | 6912.37 |
| | 投资收益(万元) | －13.02 | －13.01 | －14.35 |
| | 利润总额(万元) | 2848.33 | 2201.23 | 2074.36 |
| | 净利润(万元) | 2232.02 | 1381.88 | 1378.33 |
| 近年分配: | | | | |

| 主要股东及持股比例%、持股性质 |
|---|
| 广州海印实业集团有限公司 19.11%(非流通股) |
| 中国石化总公司茂名石油化工公司 4.56%(非流通股) |
| 国际金融－花旗－MARTIN CURRIE INVESTMENT MANAGEMENT LIMITED 2.75%(流通 A 股) |
| 茂名市人民检察院机关工会 1%(非流通股) |
| 茂名报社工会 0.96%(非流通股) |
| 茂名市总工会机关工会 0.89%(非流通股) |
| 广东茂名信托投资公司 0.81%(非流通股) |
| 广东电网公司茂名供电局工会委员会 0.78%(非流通股) |
| 广东茂名化学工业总公司 0.63%(非流通股) |
| 中共茂名市委统战部机关工会委员会 0.55%(非流通股) |
| 实际控制人:邵建明、邵建佳、邵建聪 |

二〇〇六年以来市场表现

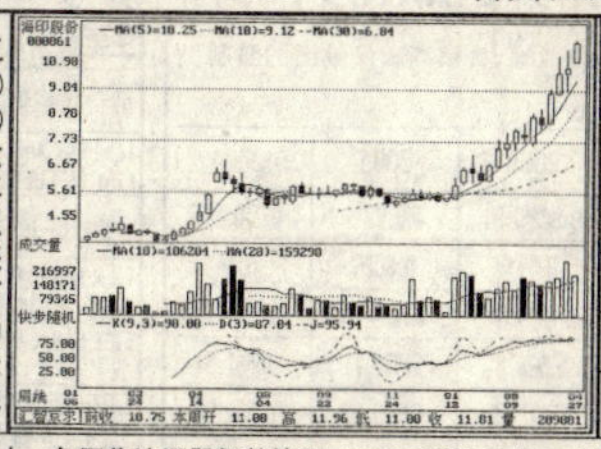

| | |
|---|---|
| 2006 年涨跌幅(%) | 79.83 |
| 2006 年最高(元) | 7.61 |
| 2007 年涨跌幅(%) | 123.25 |
| 2007.4.27 收盘(元) | 11.81 |
| 2007 年最高(元) | 11.96 |
| 2007 年最低(元) | 5.23 |
| 2007 年换手率(%) | 414.07 |

未来一年限售流通股解禁情况:29518954 股 07 月 04 日解禁

| 最新股本 | 总股本 | 非(限售)流通 | 流通 A | 流通 B/H/S | 股东户数 | 06 年末 | 06 三季 |
|---|---|---|---|---|---|---|---|
| | 11125.45 | 4522.23 | 6603.22 | | | 13992 | 15001 |

年报点评:公司 2006 年主营收入同比增长 31%,实现净利润同比大幅增长 62%。公司炭黑业务未来仍然面临较大发展机遇,区域市场竞争优势也比较明显。2008 年炭黑总产能达到 6 万吨/年。公司高岭土业务面临矿产瓶颈,这有待广西合浦高岭土矿采矿权未来取得进展。

## ST 仪表（000862）

上市日期:98/09/15　　电话:0953－3929057　　传真:0953－3929057

**主营**：工业和民用自动化仪器仪表、医疗器械、环保设备及工程、生物制剂、汽车制控系统配件等的制造和销售。

| | 年度 | 2006 | 2005 | 2004 |
|---|---|---|---|---|
| 主要指标 | 每股收益/扣除后(元) | 0.038/0.005 | 0.01/－0.22 | －1.77/－1.35 |
| | 每股经营现金流量(元) | 0.2585 | 0.09 | －0.25 |
| | 每股净资产/调整后(元) | 0.67/0.56 | 0.68/0.59 | 0.64/0.3 |
| | 未分利润(万元) | －55204.1 | －56082.13 | －54106.1 |
| | 资本公积(万元) | 44964.58 | 46716.82 | 46464.14 |
| 利润构成 | 主营收入(万元) | 26426.12 | 34628.79 | 39550.58 |
| | 主营利润(万元) | 8420.04 | 8806.72 | 7691.59 |
| | 投资收益(万元) | －414.56 | －1344.51 | －5583.82 |
| | 利润总额(万元) | 851.69 | 112.37 | －42099.75 |
| | 净利润(万元) | 888.05 | 275.16 | －38559.57 |

近年分配:

**主要股东及持股比例%、持股性质**

宁夏发电集团有限责任公司 28.02%（国有股）
广州隆怡投资发展有限公司 2.9%（非流通股）
恒泰证券有限责任公司 0.84%（流通 A 股）
刘东辉 0.64%（流通 A 股）
田凤兰 0.52%（流通 A 股）
冯盛轩 0.5%（流通 A 股）
李静怡 0.42%（流通 A 股）
翟佳羽 0.37%（流通 A 股）
庄文森 0.3%（流通 A 股）
王敏 0.3%（流通 A 股）

实际控制人：宁夏回族自治区人民政府

二〇〇六年以来市场表现

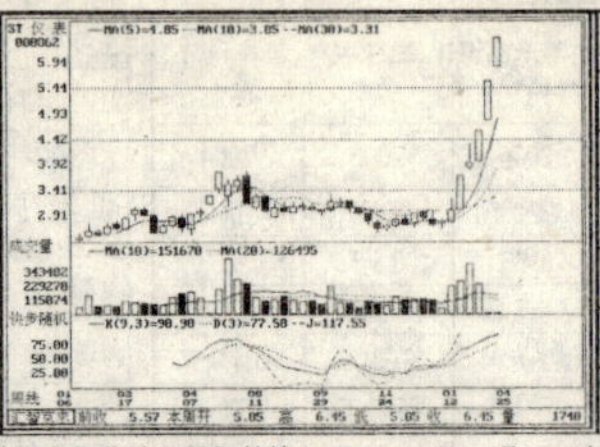

| | |
|---|---|
| 2006 年涨跌幅(%) | 58.32 |
| 2006 年最高(元) | 5.38 |
| 2007 年涨跌幅(%) | 137.13 |
| 2007.4.27 收盘(元) | 6.45 |
| 2007 年最高(元) | 6.45 |
| 2007 年最低(元) | 2.65 |
| 2007 年换手率(%) | 72.33 |

未来一年限售流通股解禁情况:7156839 股 07 月 18 日解禁

| 最新股本 | 总股本 | 非(限售)流通 | 流通 A | 流通 B/H/S | 股东户数 | 06 年末 | 06 三季 |
|---|---|---|---|---|---|---|---|
| | 23589 | 7326 | 16263 | | | 36916 | 40836 |

**年报点评**：公司主营工业自动化仪表、风力发电设备及附件等。06 年在“深化改革,强化主业,整理外围,加快对接”精神指导下,开展以提升自动化仪表和风力发电两大主业竞争力为核心的产业化管理,取得初步效果。07 年公司继续做大这两块主业,实现企业持续发展。

## ＊ST 商务（000863）

上市日期:97/09/25　　电话:0755－82900028　　传真:0755－82900046

**主营**：计算机软、硬件及网络产品的销售、系统集成,商业服务平台(BSP)的运作,电子产品及通讯产品的开发、生产与销售。

| | 年度 | 2006 | 2005 | 2004 |
|---|---|---|---|---|
| 主要指标 | 每股收益/扣除后(元) | －5.69/－3.39 | －3.26 | －1.34/－1.17 |
| | 每股经营现金流量(元) | 0.051 | －0.23 | －2.35 |
| | 每股净资产/调整后(元) | －7.93/－8.14 | －2.24/－2.3 | 1.02/0.91 |
| | 未分利润(万元) | －129341.9 | －52181.9 | －8013.94 |
| | 资本公积(万元) | 6139.09 | 6065.23 | 6050.76 |
| 利润构成 | 主营收入(万元) | 22725.8 | 22139.87 | 80175.12 |
| | 主营利润(万元) | 1144.33 | 258.23 | 4281.65 |
| | 投资收益(万元) | －1240.79 | －91.19 | 56.8 |
| | 利润总额(万元) | －77337.39 | －44310.69 | －18263.44 |
| | 净利润(万元) | －77160 | －44259.03 | －18209.77 |

近年分配:

**主要股东及持股比例%、持股性质**

沈阳和光集团股份有限公司 28.66%（非流通股）
沈阳中天电子发展股份有限公司 19.65%（国有股）
沈阳市技术改造基金办公室 14.41%（国有股）
长白计算机集团 6.55%（国有股）
沈阳市建设投资公司 1.97%（国有股）
顾鹤富 1.3%（流通 A 股）
尉世鹏 0.88%（流通 A 股）
孙蒙 0.6%（流通 A 股）
高淑清 0.54%（流通 A 股）
张伟 0.36%（流通 A 股）

实际控制人：吴力

二〇〇六年以来市场表现

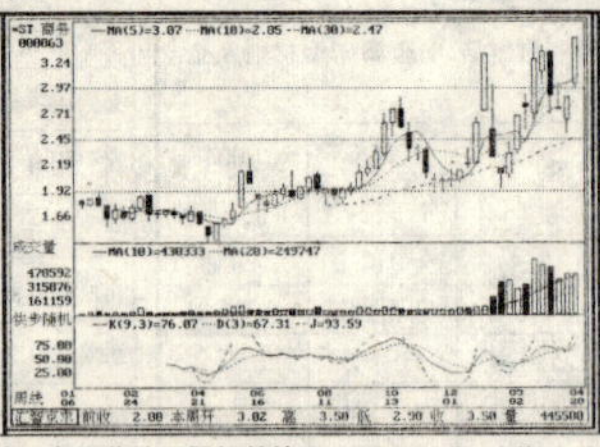

| | |
|---|---|
| 2006 年涨跌幅(%) | 46.63 |
| 2006 年最高(元) | 2.87 |
| 2007 年涨跌幅(%) | 168.2 |
| 2007.4.27 收盘(元) | 3.5 |
| 2007 年最高(元) | 7 |
| 2007 年最低(元) | 2.74 |
| 2007 年换手率(%) | 600.09 |

未来一年限售流通股解禁情况:37589438 股 01 月 31 日解禁

| 最新股本 | 总股本 | 非(限售)流通 | 流通 A | 流通 B/H/S | 股东户数 | 06 年末 | 06 三季 |
|---|---|---|---|---|---|---|---|
| | 13562.03 | 9662.03 | 3900 | | | 12138 | 13919 |

**年报点评**：公司主营业务为网络及网络安全产品营销业务、系统集成业务和技术服务业务。但由于公司产品盈利能力较低,公司的经营状况一直难有起色。而且公司的历史遗留问题较多,尤其是大股东占款问题,将制约公司的长期发展。

## 安凯客车（000868）

上市日期:97/07/25　　电话:0551－4844712　　传真:0551－4844888

**主营**：“ANKAI 牌”系列高档大型客车和客车底盘的生产和销售

| | 年度 | 2006 | 2005 | 2004 |
|---|---|---|---|---|
| 主要指标 | 每股收益/扣除后(元) | －0.399/－0.406 | 0.083 | 0.05/0.023 |
| | 每股经营现金流量(元) | 0.14 | 0.23 | 0.55 |
| | 每股净资产/调整后(元) | 1.81/1.77 | 2.99/2.92 | 2.94/2.83 |
| | 未分利润(万元) | －11385.92 | 1787.57 | 281.85 |
| | 资本公积(万元) | 33916.2 | 41662.67 | 41612.64 |
| 利润构成 | 主营收入(万元) | 100134.44 | 105454.17 | 91526.08 |
| | 主营利润(万元) | 10290.71 | 13373.89 | 8969.86 |
| | 投资收益(万元) | 1233.1 | 393.51 | 753.58 |
| | 利润总额(万元) | －11847.46 | 783.84 | 650.43 |
| | 净利润(万元) | －11847.46 | 1836.24 | 1014.64 |

近年分配: 05 年:10 派 0.4464

**主要股东及持股比例%、持股性质**

安徽江淮汽车集团有限公司 20.92%（国有股）
安徽省投资集团有限责任公司 19.34%（国有股）
吴朝南 1.94%（流通 A 股）
莫小莲 1.85%（流通 A 股）
吴朝东 1.21%（流通 A 股）
吴太细 0.29%（流通 A 股）
吴继红 0.23%（流通 A 股）
蔡达娜 0.21%（流通 A 股）
陈远 0.19%（流通 A 股）
江锋 0.15%（流通 A 股）

实际控制人：安徽省人民政府国有资产监督管理委员会

二〇〇六年以来市场表现

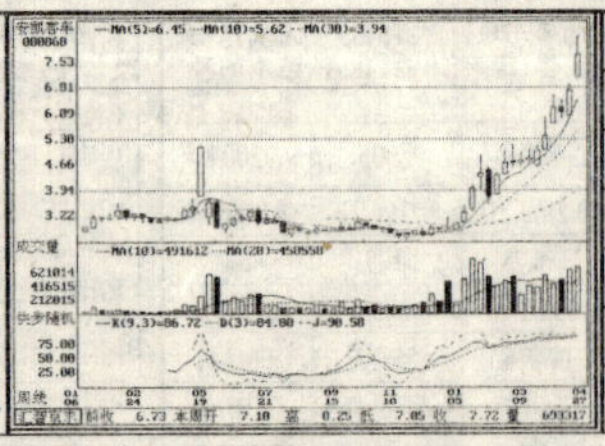

| | |
|---|---|
| 2006 年涨跌幅(%) | 80.96 |
| 2006 年最高(元) | 6.42 |
| 2007 年涨跌幅(%) | 172.79 |
| 2007.4.27 收盘(元) | 7.72 |
| 2007 年最高(元) | 8.25 |
| 2007 年最低(元) | 2.8 |
| 2007 年换手率(%) | 455.59 |

未来一年限售流通股解禁情况:29705000 股 06 月 01 日解禁

| 最新股本 | 总股本 | 非(限售)流通 | 流通 A | 流通 B/H/S | 股东户数 | 06 年末 | 06 三季 |
|---|---|---|---|---|---|---|---|
| | 29705 | 11963.64 | 17741.36 | | | 35820 | 36363 |

**年报点评**：公司以全承载豪华大客车生产为主,在豪华客车市场相对狭小的背景下,企业产品向下延伸进入公交市场、普通公交市场,从而出现了公司增量不增收的局面,企业盈利能力没有明显提升,随着江淮汽车对它进行重组,也许会有新收获。

## 张裕 A（000869/200869）

上市日期:A: 00/10/26 B: 97/09/23　　电话:0535－6633658　　传真:0535－6633639

**主营**：以葡萄为原料的葡萄酒、白兰地、香槟酒和保健酒的酿制、生产与销售。

| | 年度 | 2006 | 2005 | 2004 |
|---|---|---|---|---|
| 主要指标 | 每股收益/扣除后(元) | 0.842/0.84 | 0.77 | 0.5/0.513 |
| | 每股经营现金流量(元) | 0.755 | 0.8026 | 0.56 |
| | 每股净资产/调整后(元) | 3.81/3.81 | 4.56/4.56 | 4.29/4.29 |
| | 未分利润(万元) | 62926.8 | 51371.11 | 46661.54 |
| | 资本公积(万元) | 55722.25 | 67890.25 | 67890.25 |
| 利润构成 | 主营收入(万元) | 216275.52 | 180437.59 | 133843.38 |
| | 主营利润(万元) | 128247.1 | 105571.88 | 74595.52 |
| | 投资收益(万元) | 0.61 | 78.3 | 371.7 |
| | 利润总额(万元) | 63420.18 | 44342.71 | 31718.76 |
| | 净利润(万元) | 44386.33 | 31236.96 | 20412.78 |

近年分配: 06 年:10 派 8；05 年:10 派 7 转增 3；04 年:10 派 5

**主要股东及持股比例%、持股性质**

烟台张裕集团有限公司 50.4%（非流通股）
HTHK/CMG FSGUFP － CMG FIRST STATE CHINA GROWTH FD 1.51%（流通 B 股）
GT PRC FUND 1.51%（流通 B 股）
GUOTAI JUNAN SECURIES HONG KONG LIMITED 1.34%（流通 B 股）
GSI S/A GOLDEN CHINA MASTER FUND 1.34%（流通 B 股）
DRAGON BILLION GREATER CHINA MASTER FUND 1.33%（流通 B 股）
BBH BOS S/A FIDELITY FD－CHINA FOCUS FD 1.11%（流通 B 股）
汇添富均衡增长股票型证券投资基金 1.04%（流通 A 股）
HTHK－TARGET ASIA FUND LIMITED 0.89%（流通 B 股）
工银瑞信精选平衡混合型证券投资基金 0.79%（流通 A 股）

实际控制人：烟台市国资委、意大利意利瓦萨隆诺投资公司、国际金融公司和烟台裕华投资发展有限公司

二〇〇六年以来市场表现

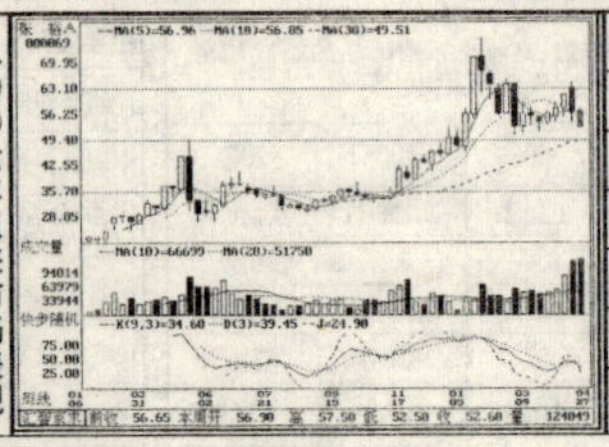

| | |
|---|---|
| 2006 年涨跌幅(%) | 273.59 |
| 2006 年最高(元) | 88.67 |
| 2007 年涨跌幅(%) | 7.19 |
| 2007.4.27 收盘(元) | 52.6 |
| 2007 年最高(元) | 76.8 |
| 2007 年最低(元) | 46.21 |
| 2007 年换手率(%) | 107.58 |

未来一年限售流通股解禁情况:

| 最新股本 | 总股本 | 非(限售)流通 | 流通 A | 流通 B/H/S | 股东户数 | 06 年末 | 06 三季 |
|---|---|---|---|---|---|---|---|
| | 52728 | 26575 | 8307 | 17846 | | 8711 | 10887 |

**年报点评**：公司属食品饮料业,主营业务为从事以葡萄为原料的葡萄酒、白兰地、香槟酒和保健酒的酿制、生产与销售。过去几年,公司的主营业务快速增长。随着我国居民消费水平的提高,以及健康饮酒文化的扩张,公司将作为葡萄酒行业的龙头继续保持快速成长。

## 吉电股份（000875）

上市日期:02/09/26　电话:0431－5603250　传真:0431－5603250

| 主营 | 电力产品生产、上网销售 | | | |
|---|---|---|---|---|
| | 年　度 | 2006 | 2005 | 2004 |
| 主要指标 | 每股收益/扣除后(元) | 0.106/0.112 | －0.204 | 0.124/0.127 |
| | 每股经营现金流量(元) | 0.22 | 0.12 | 0.37 |
| | 每股净资产/调整后(元) | 3/3 | 3.57/3.57 | 3.87/3.67 |
| | 未分利润(万元) | 3069.44 | －4814.08 | 14309.57 |
| | 资本公积(万元) | 143186.24 | 158061.45 | 157885.72 |
| 利润构成 | 主营收入(万元) | 136916.05 | 120940.31 | 117431.47 |
| | 主营利润(万元) | 10107.77 | －16537.53 | 6889.81 |
| | 投资收益(万元) | 1411.58 | 5862.82 | 4645.47 |
| | 利润总额(万元) | 8224.57 | －12823.65 | 8587.4 |
| | 净利润(万元) | 8224.57 | －12823.65 | 7793.4 |
| 近年分配: | 04年:10派1 | | | |

**主要股东及持股比例%、持股性质**

吉林省能源交通总公司 19.85%（国有股）
浙江绍兴华宇印染纺织有限公司 0.93%（流通A股）
山西中电科技贸易有限公司 0.84%（流通A股）
中国银行－易方达深证100交易型开放式指数证券投资基金 0.55%（流通A股）
吉林省信托投资有限责任公司 0.51%（非流通股）
吉林华能发电公司 0.39%（非流通股）
长春海通物业管理中心 0.39%（非流通股）
安徽华茂纺织股份有限公司 0.36%（流通A股）
吴振河 0.18%（流通A股）
长春市天驰经贸有限公司 0.16%（非流通股）
实际控制人：中国电力投资集团公司

二〇〇六年以来市场表现

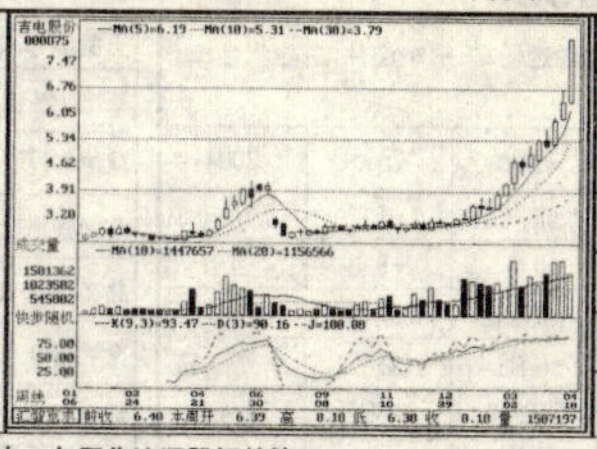

| | |
|---|---|
| 2006年涨跌幅(%) | 53.73 |
| 2006年最高(元) | 4.16 |
| 2007年涨跌幅(%) | 174.5 |
| 2007.4.27收盘(元) | 8.18 |
| 2007年最高(元) | 8.18 |
| 2007年最低(元) | 2.97 |
| 2007年换手率(%) | 305.17 |

未来一年限售流通股解禁情况:14995000股07月26日解禁

| 最新股本 | 总股本 | 非(限售)流通 | 流通A | 流通B/H/S | 股东户数 | 06年末 | 06三季 |
|---|---|---|---|---|---|---|---|
| | 77910 | 13321.79 | 64588.21 | | | 142683 | 144629 |

年报点评：2006年净利润增幅164%，而这一势头将在2007年得到延续。大股东表示，择机将四平热电二期扩建等项目注入上市公司，这些都是中电投在东北区域的现有重点盈利项目或未来重点开发项目。上述资产注入后公司总装机容量与权益容量同比将分别增长218%与265%。

## 新希望（000876）

上市日期:98/03/11　电话:028－82000876　传真:028－85950022

| 主营 | 生产、销售饲料、乳业及其上下游产品;金融投资;高科技领域投资。 | | | |
|---|---|---|---|---|
| | 年　度 | 2006 | 2005 | 2004 |
| 主要指标 | 每股收益/扣除后(元) | 0.33/0.32 | 0.56/0.58 | 0.44/0.476 |
| | 每股经营现金流量(元) | 0.17 | 0.85 | 0.68 |
| | 每股净资产/调整后(元) | 3.13/3.1 | 5.62/5.55 | 5.01/4.91 |
| | 未分利润(万元) | 46513.98 | 47505.93 | 35145.79 |
| | 资本公积(万元) | 64885.93 | 79219.53 | 77380.49 |
| 利润构成 | 主营收入(万元) | 351276.48 | 309567.6 | 264352.27 |
| | 主营利润(万元) | 48038.14 | 50866.66 | 41421.12 |
| | 投资收益(万元) | 25444.68 | 17180.67 | 14034.58 |
| | 利润总额(万元) | 31247.98 | 25443.68 | 21658.31 |
| | 净利润(万元) | 21065.77 | 17765.39 | 13970.2 |
| 近年分配: | 06预案:10派0.5；05年:10派0.6送5转增5 | | | |

**主要股东及持股比例%、持股性质**

新希望集团有限公司 45.26%（非流通股）
成都美好房屋开发公司 8.35%（非流通股）
成都希望大陆实业有限公司 2.94%（非流通股）
建信优选成长股票型证券投资基金 0.66%（流通A股）
张沂 0.36%（流通A股）
池州市柯克投资有限公司 0.33%（流通A股）
张春秋 0.32%（流通A股）
兴业趋势投资混合型证券投资基金 0.31%（流通A股）
成都好吃街餐饮娱乐有限公司 0.29%（非流通股）
成都和普饲料贸易有限公司 0.29%（非流通股）
实际控制人：刘永好

二〇〇六年以来市场表现

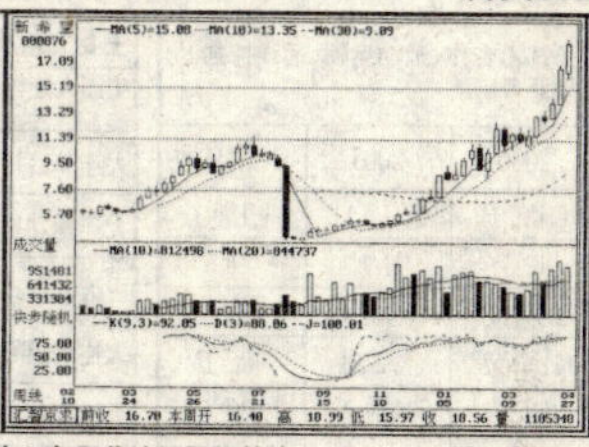

| | |
|---|---|
| 2006年涨跌幅(%) | 222.7 |
| 2006年最高(元) | 22.98 |
| 2007年涨跌幅(%) | 112.84 |
| 2007.4.27收盘(元) | 18.56 |
| 2007年最高(元) | 18.99 |
| 2007年最低(元) | 8.4 |
| 2007年换手率(%) | 446.78 |

未来一年限售流通股解禁情况:21130020股02月07日解禁

| 最新股本 | 总股本 | 非(限售)流通 | 流通A | 流通B/H/S | 股东户数 | 06年末 | 06三季 |
|---|---|---|---|---|---|---|---|
| | 63058.45 | 36076.59 | 26981.86 | | | 40849 | 37604 |

年报点评：公司利润绝大部分来源于民生银行的投资收益，2006年为1.66亿元，占当年净利润的78.67%。公司拟收购08年奥运会冷鲜肉以及肉制品独家供应商－－北京千喜鹤(已持有60%股份)，形成"饲料－养殖－屠宰与深加工"产业链条。

## 天山股份（000877）

上市日期:99/01/07　电话:0991－6686790　传真:0991－6686782

| 主营 | 水泥产品的开发、研制、生产、销售及相关的技术服务。 | | | |
|---|---|---|---|---|
| | 年　度 | 2006 | 2005 | 2004 |
| 主要指标 | 每股收益/扣除后(元) | 0.213/0.15 | 0.023 | －1.2/－1.17 |
| | 每股经营现金流量(元) | 2.0587 | 1.525 | 1.31 |
| | 每股净资产/调整后(元) | 2.66/2.14 | 2.46/2.11 | 2.69/2.55 |
| | 未分利润(万元) | －4750.36 | －8253.63 | －14778.35 |
| | 资本公积(万元) | 31690.5 | 31886.88 | 37924.32 |
| 利润构成 | 主营收入(万元) | 194535.59 | 182955.93 | 176627.38 |
| | 主营利润(万元) | 45016.1 | 38077.42 | 41000.65 |
| | 投资收益(万元) | 3342.21 | 1024.83 | －26463.56 |
| | 利润总额(万元) | 11614.68 | 4068.21 | －21387.93 |
| | 净利润(万元) | 4425.31 | 476.51 | －24963.26 |
| 近年分配: | | | | |

**主要股东及持股比例%、持股性质**

中国非金属材料总公司 21.56%（国有股）
新疆天山建材(集团)有限责任公司 14.72%（国有股）
中国银行－南方高增长股票型开放式证券投资基金 4.25%（流通A股）
新疆石油管理局 1.53%（国有股）
中国工商银行－金元证券投资基金 1.26%（流通A股）
新疆金融租赁有限公司 1.04%（非流通股）
新疆对外贸易(集团)有限责任公司 0.77%（非流通股）
戴令军 0.62%（流通A股）
中国建筑材料西北公司 0.51%（国有股）
新疆天山水泥制品有限责任公司 0.48%（国有股）
实际控制人：中国中材集团公司

二〇〇六年以来市场表现

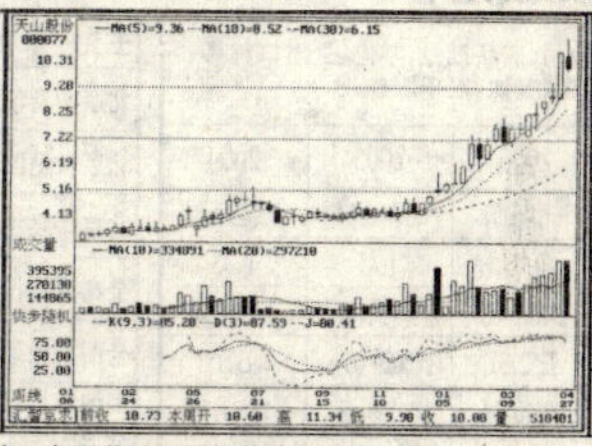

| | |
|---|---|
| 2006年涨跌幅(%) | 116.46 |
| 2006年最高(元) | 7.76 |
| 2007年涨跌幅(%) | 97.65 |
| 2007.4.27收盘(元) | 10.08 |
| 2007年最高(元) | 11.34 |
| 2007年最低(元) | 5.08 |
| 2007年换手率(%) | 405.78 |

未来一年限售流通股解禁情况:

| 最新股本 | 总股本 | 非(限售)流通 | 流通A | 流通B/H/S | 股东户数 | 06年末 | 06三季 |
|---|---|---|---|---|---|---|---|
| | 20802.24 | 8447.04 | 12355.2 | | | 21226 | 20121 |

年报点评：2006年公司净利润同比增长高达828%。我国"十一五"规划中确定了建设和扶持产量达到2000万吨－3000万吨的10大水泥集团的目标，公司排名第七。中材集团成为公司的实际控制人，加上全球水泥巨头看好中国水泥业的发展并引发了多项并购，公司重新估值在即。

## 云南铜业（000878）

上市日期:98/06/02　电话:0871－3106735　传真:0871－3106735

| 主营 | 电解铜、铜线杆及黄金、白银、硫酸产品的生产和销售 | | | |
|---|---|---|---|---|
| | 年　度 | 2006 | 2005 | 2004 |
| 主要指标 | 每股收益/扣除后(元) | 1.508/1.517 | 0.618/0.631 | 0.3/0.31 |
| | 每股经营现金流量(元) | －1.77 | 1.953 | －1.26 |
| | 每股净资产/调整后(元) | 4.43/4.42 | 3.15/3.15 | 2.64/2.62 |
| | 未分利润(万元) | 137924.29 | 51794.35 | 20500.64 |
| | 资本公积(万元) | 97586.88 | 95735.38 | 95735.38 |
| 利润构成 | 主营收入(万元) | 2806220.01 | 1340358.23 | 719384.6 |
| | 主营利润(万元) | 218190.12 | 113754.72 | 61804.06 |
| | 投资收益(万元) | 5347.56 | 3202.74 | 367.96 |
| | 利润总额(万元) | 144535.36 | 58632.95 | 25629.37 |
| | 净利润(万元) | 120473.96 | 49362.51 | 23939.09 |
| 近年分配: | 06预案:10派5；05年:10派2.5；04年:10派1 | | | |

**主要股东及持股比例%、持股性质**

云南铜业(集团)有限公司 54.3%（国有股）
交通银行－安顺证券投资基金 0.62%（流通A股）
中国银行－易方达深证100交易型开放式指数证券投资基金 0.32%（流通A股）
袁真泉 0.29%（流通A股）
中色矿业集团有限公司 0.21%（流通A股）
中国银行－华夏大盘精选证券投资基金 0.2%（流通A股）
南京证券有限责任公司 0.19%（流通A股）
上海公合商贸有限公司 0.17%（流通A股）
李海栖 0.14%（流通A股）
钟鑫根 0.14%（流通A股）
实际控制人：云南铜业(集团)有限公司

二〇〇六年以来市场表现

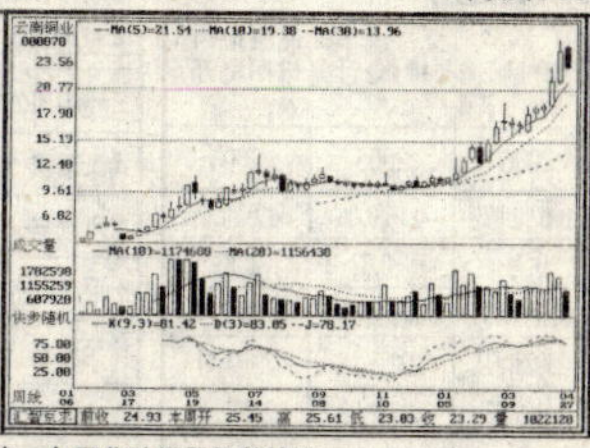

| | |
|---|---|
| 2006年涨跌幅(%) | 260.65 |
| 2006年最高(元) | 18.11 |
| 2007年涨跌幅(%) | 113.08 |
| 2007.4.27收盘(元) | 23.29 |
| 2007年最高(元) | 26.35 |
| 2007年最低(元) | 10.59 |
| 2007年换手率(%) | 533.56 |

未来一年限售流通股解禁情况:

| 最新股本 | 总股本 | 非(限售)流通 | 流通A | 流通B/H/S | 股东户数 | 06年末 | 06三季 |
|---|---|---|---|---|---|---|---|
| | 79868.88 | 43371.52 | 36497.36 | | | 83775 | 78271 |

年报点评：公司是中国500强的第297位，中国铜行业的第3位，国内市场占有率为12%。主导产品在国内外铜市场享有较高声誉，产销率一直保持100%。公司通过定向增发注入云铜集团的"四矿一厂"，公司的资源自给率大幅提高，预计公司的盈利能力将因此明显改善。

## ST 巨力（000880）

上市日期：98/04/02　　电话：(0536)2297000　　传真：(0536)2297969

| | | | | |
|---|---|---|---|---|
| 主营 | 农用三轮运输车，农用四轮运输车，汽车配件，三轮汽油摩托车的生产与销售。 | | | |
| | 年　度 | 2006 | 2005 | 2004 |
| 主要指标 | 每股收益/扣除后(元) | 0.01/-0.16 | -1.07 | -0.77/-0.68 |
| | 每股经营现金流量(元) | 0.01 | -0.03 | -0.21 |
| | 每股净资产/调整后(元) | 1.06/1.06 | -0.07/-0.13 | 1.01/1.01 |
| | 未分利润(万元) | -60243.4 | -60651.6 | -30985.62 |
| | 资本公积(万元) | 58909.06 | 28066.25 | 28066.25 |
| 利润构成 | 主营收入(万元) | 1794 | 86.69 | 90690.39 |
| | 主营利润(万元) | 185.55 | -49.2 | -4321.06 |
| | 投资收益(万元) | -395.77 | -9478.42 | -4593.16 |
| | 利润总额(万元) | 408.19 | -29665.97 | -21377.39 |
| | 净利润(万元) | 408.19 | -29665.97 | -21326.94 |
| 近年分配： | | | | |

| 主要股东及持股比例%、持股性质 |
|---|
| 潍坊柴油机厂 30.59%（国有股） |
| 潍坊市投资公司 20.46%（非流通股） |
| 北京盛邦投资有限公司 1.09%（非流通股） |
| 薛文君 0.98%（流通 A 股） |
| 徐兰英 0.75%（流通 A 股） |
| 戴令军 0.72%（流通 A 股） |
| 傅克辉 0.67%（流通 A 股） |
| 甘肃通汇医疗器械有限责任公司 0.56%（流通 A 股） |
| 朱桐 0.54%（流通 A 股） |
| 付吉贤 0.54%（流通 A 股） |
| 实际控制人：潍坊柴油机厂 |

二〇〇六年以来市场表现

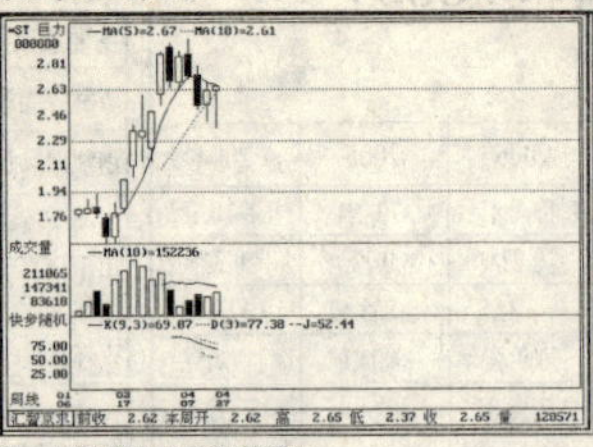

| | |
|---|---|
| 2006 年涨跌幅(%) | |
| 2006 年最高(元) | |
| 2007 年涨跌幅(%) | |
| 2007.4.27 收盘(元) | |
| 2007 年最高(元) | |
| 2007 年最低(元) | |
| 2007 年换手率(%) | |

未来一年限售流通股解禁情况：

| 最新股本 | 总股本 | 非(限售)流通 | 流通 A | 流通 B/H/S | 股东户数 | 06 年末 | 06 三季 |
|---|---|---|---|---|---|---|---|
| | 27610.05 | 14396.55 | 13213.5 | | | 29157 | 29157 |

年报点评：公司重大资产重组与股权分置改革同步实施，即通过资产出售将公司目前拥有的缺乏持续经营能力的农用三轮运输车生产资产全部转出上市公司，并通过资产购买注入具有持续经营能力的柴油中速机的生产和销售资产。通过次重大资产重组，公司的主营业务变成了柴油机的制造和销售。

## 大连国际（000881）

上市日期：98/09/02　　电话：0411-3780066　　传真：0411-3780186

| | | | | |
|---|---|---|---|---|
| 主营 | 国内外工程承包、国际劳务技术合作、远洋运输、远洋捕捞、进出口贸易、国内外投资等业务。 | | | |
| | 年　度 | 2006 | 2005 | 2004 |
| 主要指标 | 每股收益/扣除后(元) | 0.17/0.14 | 0.15/0.13 | 0.12/0.1 |
| | 每股经营现金流量(元) | 0.23 | 1.9 | -0.6 |
| | 每股净资产/调整后(元) | 2.55/2.49 | 2.44/2.4 | 2.4/2.37 |
| | 未分利润(万元) | 11552.62 | 8953.98 | 9482.12 |
| | 资本公积(万元) | 25372.76 | 25369.59 | 25369.59 |
| 利润构成 | 主营收入(万元) | 178157.3 | 173333.32 | 174996.24 |
| | 主营利润(万元) | 29657.48 | 26090.89 | 24500.53 |
| | 投资收益(万元) | 757.53 | 30.2 | -399.67 |
| | 利润总额(万元) | 7408.14 | 6222.25 | 3722.98 |
| | 净利润(万元) | 5269.58 | 4527.95 | 3649.63 |
| 近年分配： | 06 预案：10 派 1；05 年：10 派 0.5；04 年：10 派 1 | | | |

| 主要股东及持股比例%、持股性质 |
|---|
| 中国大连国际经济技术合作集团有限公司 17.82%（国有股） |
| 大连瀚盛投资有限公司 2.64%（流通 A 股） |
| 大连俪友投资有限公司 2.39%（流通 A 股） |
| 中天证券有限责任公司 1.38%（流通 A 股） |
| 大连铁道有限责任公司 1.32%（流通 A 股） |
| 大连万益股份有限公司 1.32%（流通 A 股） |
| 大连市总工会劳动服务公司 1.32%（流通 A 股） |
| 上海申楚实业投资有限公司 0.93%（非流通股） |
| 大连裕宝科技发展有限公司 0.93%（非流通股） |
| 大化集团有限责任公司 0.66%（流通 A 股） |
| 实际控制人：大连市人民政府国有资产监督管理委员会 |

二〇〇六年以来市场表现

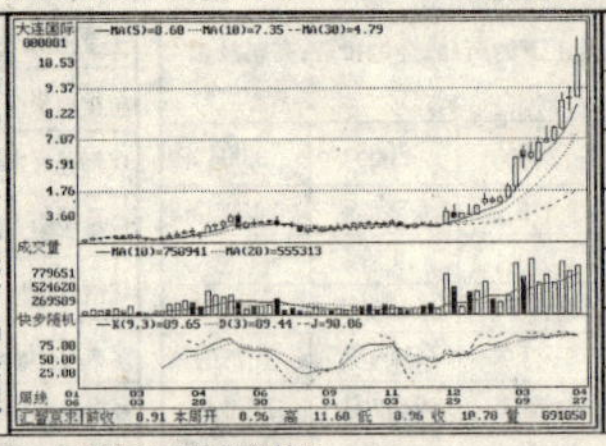

| | |
|---|---|
| 2006 年涨跌幅(%) | 44.72 |
| 2006 年最高(元) | 4.14 |
| 2007 年涨跌幅(%) | 207.12 |
| 2007.4.27 收盘(元) | 10.78 |
| 2007 年最高(元) | 11.68 |
| 2007 年最低(元) | 3.44 |
| 2007 年换手率(%) | 387.85 |

未来一年限售流通股解禁情况：

| 最新股本 | 总股本 | 非(限售)流通 | 流通 A | 流通 B/H/S | 股东户数 | 06 年末 | 06 三季 |
|---|---|---|---|---|---|---|---|
| | 30891.84 | 6214.06 | 24677.78 | | | 49658 | 51694 |

年报点评：期内主要实施了苏里南 275 公里道路、赤道几内亚住宅、赤道几内亚政府办公楼和石油部大楼、沙特奈季兰内政部办公楼、沙特五所医院、大化搬迁改造等建设工程。房地产业务受宏观调控影响，"东一时区二期"项目没能按期办理有关开发手续，导致项目开发严重滞后。

## 华联股份（000882）

上市日期：98/06/16　　电话：010-68341188　　传真：010-68365030

| | | | | |
|---|---|---|---|---|
| 主营 | 商用高新技术的开发和应用、商品批发、零售、进出口贸易、联营贸易、仓储、配送、旅游、餐饮、娱乐服务业。 | | | |
| | 年　度 | 2006 | 2005 | 2004 |
| 主要指标 | 每股收益/扣除后(元) | 0.07/0.07 | 0.04/0.04 | 0.046/0.04 |
| | 每股经营现金流量(元) | 0.23 | 1.43 | 0.45 |
| | 每股净资产/调整后(元) | 2.23/2.08 | 1.91/1.81 | 1.87/1.76 |
| | 未分利润(万元) | 7252.37 | 5629.51 | 4932.53 |
| | 资本公积(万元) | 20310.38 | 14150.98 | 14227.46 |
| 利润构成 | 主营收入(万元) | 115866.68 | 117240.05 | 125497.9 |
| | 主营利润(万元) | 19501.55 | 17018.99 | 16092.98 |
| | 投资收益(万元) | 2286.68 | 1924 | 1352.74 |
| | 利润总额(万元) | 3997.3 | 3049.13 | 2403.55 |
| | 净利润(万元) | 1837.75 | 1040.51 | 1147.25 |
| 近年分配： | | | | |

| 主要股东及持股比例%、持股性质 |
|---|
| 北京中商华通科贸有限公司 26.13%（非流通股） |
| 北京世纪国光科贸有限公司 21.26%（非流通股） |
| 北京华联集团投资控股有限公司 19.75%（非流通股） |
| 金鑫证券投资基金 3.15%（流通 A 股） |
| 全国社保基金一零六组合 1.8%（流通 A 股） |
| 中国建设银行－信诚精萃成长股票型证券投资基金 1.76%（流通 A 股） |
| 中国银行－嘉实稳健开放式证券投资基金 1.07%（流通 A 股） |
| 洋浦华洲投资有限公司 0.5%（流通 A 股） |
| 中国银行－国泰金鹿保本增值混合证券投资基金 0.36%（流通 A 股） |
| 中国银行－国泰金鹏蓝筹价值混合型证券投资基金 0.3%（流通 A 股） |
| 实际控制人：任武 |

二〇〇六年以来市场表现

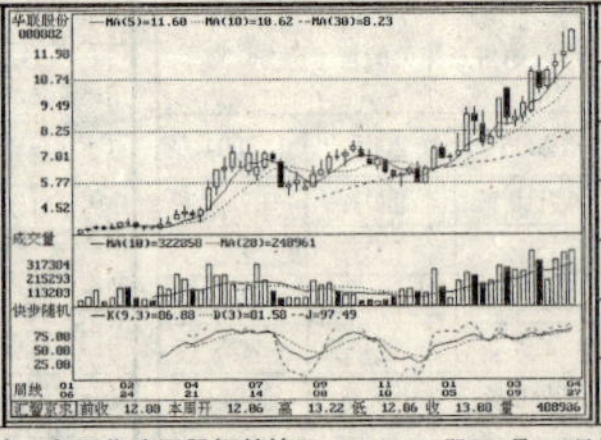

| | |
|---|---|
| 2006 年涨跌幅(%) | 167.76 |
| 2006 年最高(元) | 10.05 |
| 2007 年涨跌幅(%) | 89.57 |
| 2007.4.27 收盘(元) | 13.08 |
| 2007 年最高(元) | 13.22 |
| 2007 年最低(元) | 6.73 |
| 2007 年换手率(%) | 529.68 |

未来一年限售流通股解禁情况：37380000 股 07 月 11 日解禁

| 最新股本 | 总股本 | 非(限售)流通 | 流通 A | 流通 B/H/S | 股东户数 | 06 年末 | 06 三季 |
|---|---|---|---|---|---|---|---|
| | 24920 | 16732.77 | 8187.23 | | | 14296 | 13906 |

年报点评：公司为大型商业连锁企业，同时，公司投资非银行金融机构华联财务有限责任公司，具有金融概念。另外，持有华联综超股权，具有资产重估想象空间。

## 三环股份（000883）

上市日期：98/05/19　　电话：027-87273368　　传真：027-87271902

| | | | | |
|---|---|---|---|---|
| 主营 | 内燃机进排气门、气门座圈、汽车前桥及汽车配件制造销售；汽车改装；机械设备及配件制造与维修；计算机网络开发与应用。 | | | |
| | 年　度 | 2006 | 2005 | 2004 |
| 主要指标 | 每股收益/扣除后(元) | 0.07/0.07 | 0.06/0.06 | 0.07/0.05 |
| | 每股经营现金流量(元) | 0.76 | -0.32 | 0.83 |
| | 每股净资产/调整后(元) | 3.18/3.13 | 3.1/3.05 | 3.04/2.96 |
| | 未分利润(万元) | 23828.89 | 22053.26 | 20644.41 |
| | 资本公积(万元) | 24368.82 | 24272.82 | 24271.96 |
| 利润构成 | 主营收入(万元) | 170185.28 | 156792.98 | 185909.94 |
| | 主营利润(万元) | 20921.79 | 18294.27 | 20749.31 |
| | 投资收益(万元) | -65.68 | -31.27 | 5.29 |
| | 利润总额(万元) | 2642.48 | 2321.35 | 2241.25 |
| | 净利润(万元) | 1972.4 | 1754.34 | 1964.77 |
| 近年分配： | | | | |

| 主要股东及持股比例%、持股性质 |
|---|
| 三环集团公司 31.35%（国有股） |
| 武汉钢铁(集团)公司 1.67%（国有股） |
| 东风汽车公司 1.5%（国有股） |
| 十堰市财务开发总公司 1.2%（国有股） |
| 美尔雅期货经纪有限公司 0.95%（国有股） |
| 麻城市地方投资(控股)公司 0.81%（国有股） |
| 廖亚军 0.64%（流通 A 股） |
| 刘光明 0.41%（流通 A 股） |
| 襄阳汽车轴承股份有限公司 0.41%（非流通股） |
| 武汉太光通讯设备有限公司 0.41%（非流通股） |
| 实际控制人：三环集团公司 |

二〇〇六年以来市场表现

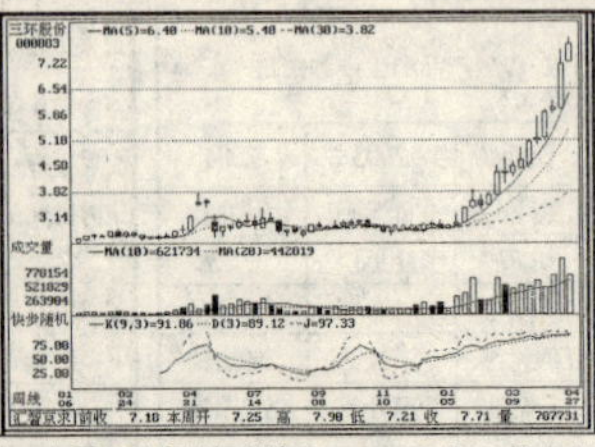

| | |
|---|---|
| 2006 年涨跌幅(%) | 53 |
| 2006 年最高(元) | 4.47 |
| 2007 年涨跌幅(%) | 172.44 |
| 2007.4.27 收盘(元) | 7.71 |
| 2007 年最高(元) | 7.9 |
| 2007 年最低(元) | 2.8 |
| 2007 年换手率(%) | 479.96 |

未来一年限售流通股解禁情况：25973050 股 06 月 06 日解禁

| 最新股本 | 总股本 | 非(限售)流通 | 流通 A | 流通 B/H/S | 股东户数 | 06 年末 | 06 三季 |
|---|---|---|---|---|---|---|---|
| | 28538.77 | 11558.4 | 16980.37 | | | 35491 | 37559 |

年报点评：公司主营产品为专用汽车、汽车气门、汽车前轴、车桥转向节及锻压机床系列。06 年载货汽车及零部件需求逐步复苏，公司经营小幅增长。但由于公司研发能力不足，管理效率没有明显提升，企业经营没有得到明显改观，因此 07 年企业经营仍面临一定不确定性。

## S＊ST 春都（000885）

上市日期:99/03/19　电话:0379－2312922　传真:0379－2312922

主营：猪、牛、鸡等农副产品的深加工生产与销售，并延伸其上游的食品包装薄膜的生产与加工。

| | 年　度 | 2006 | 2005 | 2004 |
|---|---|---|---|---|
| 主要指标 | 每股收益/扣除后(元) | 0.035/－0.166 | －0.374 | －0.52/－0.573 |
| | 每股经营现金流量(元) | 0.1945 | 0.087 | －0.2 |
| | 每股净资产/调整后(元) | 0.27/0.25 | 0.23/0.19 | 0.6/0.41 |
| | 未分利润(万元) | －57256.68 | －57819.3 | －51833.17 |
| | 资本公积(万元) | 44368.32 | 44251.18 | 44221.66 |
| 利润构成 | 主营收入(万元) | 9234.83 | 10114.34 | 12946.11 |
| | 主营利润(万元) | 696.39 | 13.3 | 804.75 |
| | 投资收益(万元) | －194.73 | －765.64 | －1420.56 |
| | 利润总额(万元) | 536.85 | －6031.41 | －8331.17 |
| | 净利润(万元) | 562.62 | －5986.14 | －8336.55 |

近年分配:

**主要股东及持股比例%、持股性质**

- 河南省建设投资总公司 29.63%（国有股）
- 洛阳市建设投资有限公司 28.75%（国有股）
- 中航公关广告公司 4.13%（国有股）
- 李洁 0.61%（流通 A 股）
- 李贵云 0.55%（流通 A 股）
- 胡密飞 0.48%（流通 A 股）
- 北京创科投资管理有限公司 0.38%（流通 A 股）
- 李桂军 0.35%（流通 A 股）
- 肖伟基 0.33%（流通 A 股）
- 胡安明 0.33%（流通 A 股）

实际控制人：河南省建设投资总公司

二〇〇六年以来市场表现

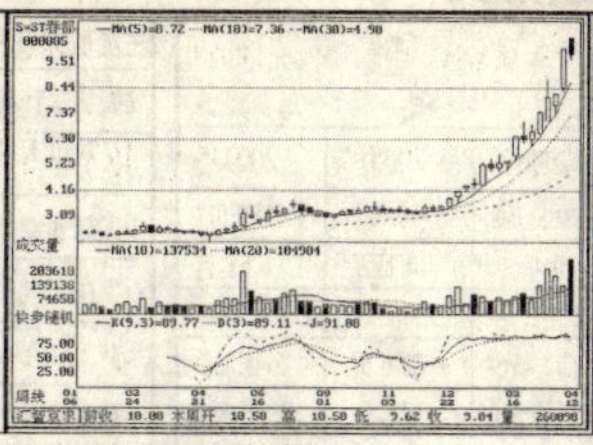

| | |
|---|---|
| 2006 年涨跌幅(%) | 77.49 |
| 2006 年最高(元) | 4.1 |
| 2007 年涨跌幅(%) | 140 |
| 2007.4.27 收盘(元) | 9.84 |
| 2007 年最高(元) | 10.58 |
| 2007 年最低(元) | 4.1 |
| 2007 年换手率(%) | 280.67 |

未来一年限售流通股解禁情况:

| 最新股本 | 总股本 | 非(限售)流通 | 流通 A | 流通 B/H/S | 股东户数 | 06 年末 | 06 三季 |
|---|---|---|---|---|---|---|---|
| | 16000 | 10000 | 6000 | | | 6016 | 6708 |

年报点评：由于公司正处于连续亏损状态，产业结构的调整有待进一步深化，对公司进行彻底的产业重塑可使其可持续发展能力的提高。公司未来的经营状况取决于股改后注入资产的状况。短期内公司难以有改善的迹象。

## 海南高速（000886）

上市日期:98/01/23　电话:0898－66701555　传真:0898－66790647

主营：高速公路的建设与管理；房地产的开发、销售及物业管理；旅游服务业的综合开发；计算机工程和信息服务等。

| | 年　度 | 2006 | 2005 | 2004 |
|---|---|---|---|---|
| 主要指标 | 每股收益/扣除后(元) | 0.012/0.009 | 0.016 | 0.01/0.007 |
| | 每股经营现金流量(元) | 0.785 | 0.086 | 0.139 |
| | 每股净资产/调整后(元) | 2.22/2.21 | 2.23/2.05 | 2.25/2.06 |
| | 未分利润(万元) | 14049.36 | 12783.35 | 11582.34 |
| | 资本公积(万元) | 94393.02 | 94393.02 | 94393.02 |
| 利润构成 | 主营收入(万元) | 34987.32 | 28033.69 | 32528.69 |
| | 主营利润(万元) | 7553.52 | 9628.33 | 10361.83 |
| | 投资收益(万元) | 464.43 | －185.64 | 67.76 |
| | 利润总额(万元) | －868.2 | －297.96 | －2346.18 |
| | 净利润(万元) | 1228 | 1553.6 | 978.83 |

近年分配:

**主要股东及持股比例%、持股性质**

- 海南金城国有资产经营管理有限责任公司 18.26%（国有股）
- 中国信达资产管理公司 4.84%（国有股）
- 中国银行股份有限公司海南省分行 4.29%（非流通股）
- 北京华隆科创投资管理有限公司 1.01%（非流通股）
- 中国工商银行青岛分行 0.87%（非流通股）
- 中国华融资产管理公司 0.64%（非流通股）
- 上海英博企业发展有限公司 0.57%（非流通股）
- 上海华中实业(集团)有限公司 0.44%（非流通股）
- 海口海越经济开发有限公司 0.41%（非流通股）
- 海南达四方实业有限公司 0.4%（非流通股）

实际控制人：海南金城国有资产经营管理有限责任公司

二〇〇六年以来市场表现

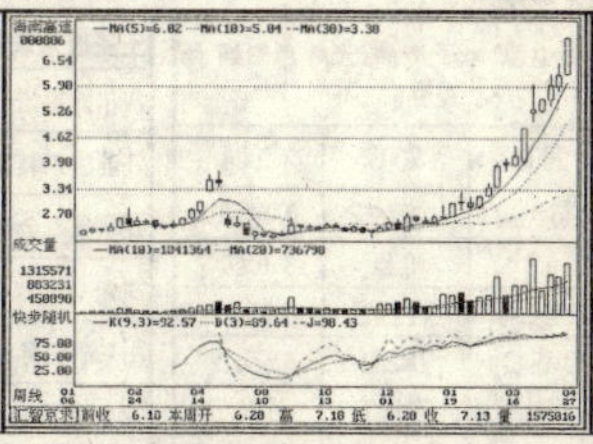

| | |
|---|---|
| 2006 年涨跌幅(%) | 55.83 |
| 2006 年最高(元) | 3.81 |
| 2007 年涨跌幅(%) | 185.2 |
| 2007.4.27 收盘(元) | 7.13 |
| 2007 年最高(元) | 7.18 |
| 2007 年最低(元) | 2.47 |
| 2007 年换手率(%) | 387.39 |

未来一年限售流通股解禁情况:461892458 股 07 月 19 日解禁

| 最新股本 | 总股本 | 非(限售)流通 | 流通 A | 流通 B/H/S | 股东户数 | 06 年末 | 06 三季 |
|---|---|---|---|---|---|---|---|
| | 98882.83 | 64440.01 | 34442.82 | | | 101375 | 104323 |

年报点评：公司 2006 年承担的公路代建项目达 150 多公里，工程总造价 20262 万元，其中东线高速公路万宁至陵水段整治工程项目于 06 年 3 月完工通车。三亚六道湾渔港项目是公司目前继东线高速公路外最大的投资项目。06 年 9 月，工程进入全面开工建设阶段。同时，六道湾渔港配套设施和综合开发项目的招商引资工作也正在进行中。

## ST 中鼎（000887）

上市日期:98/12/03　电话:0563－2290135　传真:0563－2290135

主营：液压气动密封件、汽车非轮胎橡胶制品（制动、减震除外）的生产与销售。

| | 年　度 | 2006 | 2005 | 2004 |
|---|---|---|---|---|
| 主要指标 | 每股收益/扣除后(元) | 0.001/－0.003 | 0.024 | －1.09/－1.09 |
| | 每股经营现金流量(元) | 0.03 | 0.19 | －1 |
| | 每股净资产/调整后(元) | 0.34/0.34 | 1.07/0.97 | －0.26/－0.26 |
| | 未分利润(万元) | －76627.89 | －76851.81 | －77915.08 |
| | 资本公积(万元) | 9737.46 | 75410.86 | 36322.66 |
| 利润构成 | 主营收入(万元) | 20776.6 | 5374.58 | 30215 |
| | 主营利润(万元) | 2139.43 | －549.34 | －4533.17 |
| | 投资收益(万元) | | | －205.58 |
| | 利润总额(万元) | 39.84 | －198.72 | －33539.77 |
| | 净利润(万元) | 107.56 | 732.78 | －32914.98 |

近年分配:

**主要股东及持股比例%、持股性质**

- 安徽省宁国中鼎股份有限公司 66.74%（非流通股）
- 华夏银行股份有限公司－德盛精选股票证券投资基金 0.66%（流通 A 股）
- 蔡春来 0.39%（流通 A 股）
- 何芳 0.34%（流通 A 股）
- 刘稳根 0.33%（流通 A 股）
- 韩乔 0.26%（流通 A 股）
- 孙立顺 0.26%（流通 A 股）
- 张胜美 0.24%（流通 A 股）
- 马信琪 0.21%（流通 A 股）
- 华春秀 0.21%（流通 A 股）

实际控制人：夏鼎湖

二〇〇六年以来市场表现

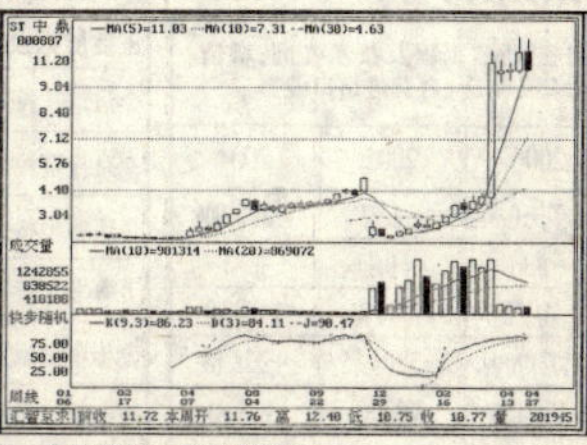

| | |
|---|---|
| 2006 年涨跌幅(%) | 249.26 |
| 2006 年最高(元) | 9.73 |
| 2007 年涨跌幅(%) | 438.5 |
| 2007.4.27 收盘(元) | 10.77 |
| 2007 年最高(元) | 12.56 |
| 2007 年最低(元) | 1.9 |
| 2007 年换手率(%) | 546.9 |

未来一年限售流通股解禁情况:

| 最新股本 | 总股本 | 非(限售)流通 | 流通 A | 流通 B/H/S | 股东户数 | 06 年末 | 06 三季 |
|---|---|---|---|---|---|---|---|
| | 96320 | 64295.21 | 32024.79 | | | 29213 | 23541 |

年报点评：06 年通过股改公司实施重大资产置换，剥离了盈利能力差，发展前景不明朗的农用车业务，注入了盈利能力强，发展前景广阔的液压气动密封件、汽车非轮胎橡胶制品（制动、减震除外）的生产与销售业务，通过重组企业迎来了新的发展期。

## 峨眉山 A（000888）

上市日期:97/10/21　电话:0833－5528888　传真:0833－5526666

主营：峨眉山风景区游山票、客运索道、旅游宾馆、水电综合开发、旅行社及相关旅游服务等，兼营旅游纪念品、商贸。

| | 年　度 | 2006 | 2005 | 2004 |
|---|---|---|---|---|
| 主要指标 | 每股收益/扣除后(元) | 0.17/0.182 | 0.16/0.161 | 0.35/0.35 |
| | 每股经营现金流量(元) | 0.52 | 0.34 | 0.73 |
| | 每股净资产/调整后(元) | 2.52/2.5 | 2.45/2.41 | 4.21/4.1 |
| | 未分利润(万元) | 6651.7 | 5300.95 | 5970.43 |
| | 资本公积(万元) | 25158.79 | 25134.79 | 32974.39 |
| 利润构成 | 主营收入(万元) | 36969.18 | 28602.46 | 28322.39 |
| | 主营利润(万元) | 15431.37 | 11274.86 | 12007.28 |
| | 投资收益(万元) | 184.35 | －5.8 | －5.26 |
| | 利润总额(万元) | 5134.63 | 4769.31 | 5697.4 |
| | 净利润(万元) | 4113.15 | 3826.06 | 4573.83 |

近年分配：06 年:10 派 1；05 年:10 派 1；04 年:10 派 1 送 2 转增 6

**主要股东及持股比例%、持股性质**

- 峨眉山旅游总公司 39.62%（国有股）
- 乐山市红珠山宾馆 7.85%（国有股）
- 中国建设银行－交银施罗德稳健配置混合型证券投资基金 3.92%（流通 A 股）
- 招商银行股份有限公司－富国天合稳健优选股票型证券投资基金 2.96%（流通 A 股）
- 中国建设银行－华夏红利混合型开放式证券投资基金 2.64%（流通 A 股）
- 中国银行－华夏大盘精选证券投资基金 2.47%（流通 A 股）
- 深圳国投－赤子之心投资哲学集合资金信托 1.6%（流通 A 股）
- 中国工商银行－景顺长城新兴成长股票型证券投资基金 1.57%（流通 A 股）
- 兴业银行股份有限公司－兴业全球视野股票型证券投资基金 1.35%（流通 A 股）
- 国泰君安－花旗－DEUTSCHE BANK AKTIENGESELLSCHAFT 1.32%（流通 A 股）

实际控制人：峨眉山市峨眉山管理委员会

二〇〇六年以来市场表现

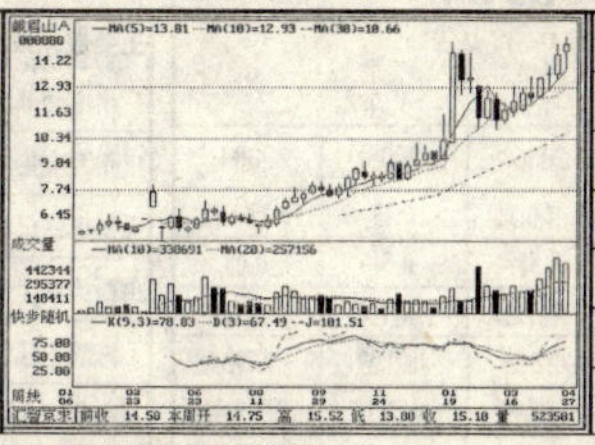

| | |
|---|---|
| 2006 年涨跌幅(%) | 135.4 |
| 2006 年最高(元) | 13.42 |
| 2007 年涨跌幅(%) | 58.5 |
| 2007.4.27 收盘(元) | 15.1 |
| 2007 年最高(元) | 15.62 |
| 2007 年最低(元) | 9.11 |
| 2007 年换手率(%) | 371.09 |

未来一年限售流通股解禁情况:

| 最新股本 | 总股本 | 非(限售)流通 | 流通 A | 流通 B/H/S | 股东户数 | 06 年末 | 06 三季 |
|---|---|---|---|---|---|---|---|
| | 23518.8 | 11169.9 | 12348.9 | | | 9625 | 12753 |

年报点评：接待游客数量上升 24.39%带动了公司收入增长，但由于同期费用水平大幅上升，管理费用和财务费用分别上升了 2,932 万元和 780 万元，较上年增长 142%和 159%，导致当年净利润增幅远低于收入增幅。随着金顶索道改造完工，2007 年索道业务可能再上台阶。

## 渤海物流（000889）

上市日期:97/12/18　　电话:0335－3733868　　传真:0335－3023349

| | | | | |
|---|---|---|---|---|
| 主营 | 房地产开发和商业。 | | | |
| | 年　度 | 2006 | 2005 | 2004 |
| 主要指标 | 每股收益/扣除后(元) | 0.008/0.008 | －0.27 | 0.055/0.018 |
| | 每股经营现金流量(元) | 0.48 | 0.13 | 0.65 |
| | 每股净资产/调整后(元) | 2.31/2.27 | 2.31/2.27 | 2.6/2.53 |
| | 未分利润(万元) | 212.43 | －2606.57 | 5945.82 |
| | 资本公积(万元) | 33247.31 | 33505.88 | 33505.88 |
| 利润构成 | 主营收入(万元) | 78143.79 | 58249.23 | 60973.23 |
| | 主营利润(万元) | 11868.94 | 8734.47 | 17291.64 |
| | 投资收益(万元) | －10.9 | －102.95 | 96.84 |
| | 利润总额(万元) | 675.73 | －7400.66 | 2829.64 |
| | 净利润(万元) | 230.48 | －7961.06 | 1607.58 |
| 近年分配: | 06 预案:10 转增 1.5 | | | |

| 主要股东及持股比例%、持股性质 |
|---|
| 安徽新长江投资股份有限公司 15.35%（非流通股） |
| 秦皇岛市人民政府国有资产监督管理委员会 8.33%（国有股东） |
| 中国糖业酒类集团公司 2.65%（国有股） |
| 石家庄丰瑞投资咨询有限公司 2.23%（非流通股） |
| 余梦龙 1.1%（流通 A 股） |
| 中信秦皇岛有限公司 0.83%（非流通股） |
| 中国耀华玻璃集团公司 0.74%（国有股） |
| 上海汽车股份有限公司 0.56%（非流通股） |
| 庄旭 0.38%（流通 A 股） |
| 石家庄永青综合服务有限公司 0.34%（非流通股） |
| 实际控制人:　魏超、魏菊 |

二〇〇六年以来市场表现

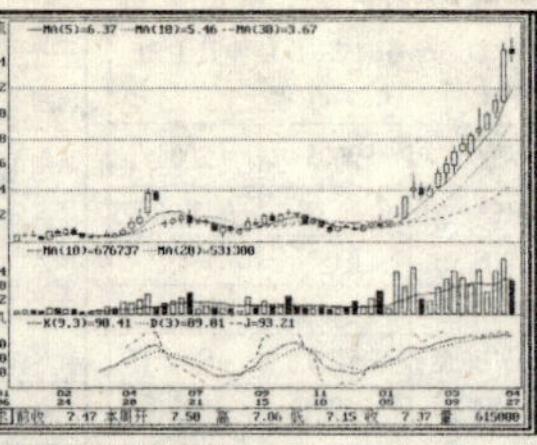

| | |
|---|---|
| 2006 年涨跌幅(%) | 49.18 |
| 2006 年最高(元) | 3.73 |
| 2007 年涨跌幅(%) | 191.3 |
| 2007.4.27 收盘(元) | 7.37 |
| 2007 年最高(元) | 7.86 |
| 2007 年最低(元) | 2.47 |
| 2007 年换手率(%) | 475.93 |

未来一年限售流通股解禁情况:53381505 股 06 月 21 日解禁

| 最新股本 | 总股本 | 非(限售)流通 | 流通 A | 流通 B/H/S | 股东户数 | 06 年末 | 06 三季 |
|---|---|---|---|---|---|---|---|
| | 29452.83 | 9407.95 | 20044.88 | | | 44320 | 45853 |

年报点评：2006 年,公司推出系列优惠办法,促进存量商用房产销售增长,推出新的专业批发市场买盘提升收入,增加并改造商业经营场地,公司主要控股公司中安徽国润投资发展有限公司从事批发市场开发及其经营场地出售与经营管理业务,同时,介入住宅开发。2006 年,安徽国润公司实现净利润同比上升 1140%。

## 法尔胜（000890）

上市日期:99/01/19　　电话:0510－86119890　　传真:0510－86106634

| | | | | |
|---|---|---|---|---|
| 主营 | 钢丝、钢丝绳及其产品、电线电缆、电子产品、光纤预制棒、光纤、光缆及光传感元器件的制造和销售。 | | | |
| | 年　度 | 2006 | 2005 | 2004 |
| 主要指标 | 每股收益/扣除后(元) | 0.07/0.047 | 0.08 | 0.06/0.058 |
| | 每股经营现金流量(元) | 0.7 | 0.58 | 0.17 |
| | 每股净资产/调整后(元) | 2.53/2.46 | 3.27/3.12 | 3.24/3.14 |
| | 未分利润(万元) | 2353.42 | 2142.35 | 2674.29 |
| | 资本公积(万元) | 46646.1 | 55776.72 | 55776.72 |
| 利润构成 | 主营收入(万元) | 195944.53 | 161142.04 | 119978.46 |
| | 主营利润(万元) | 25623.24 | 23805.02 | 21855.05 |
| | 投资收益(万元) | 364.12 | 93.33 | －662.67 |
| | 利润总额(万元) | 4725.48 | 4041.17 | 4644.47 |
| | 净利润(万元) | 2579.02 | 2196.68 | 1810.87 |
| 近年分配: | 05 年:10 派 0.5 转增 3；04 年:10 派 0.5 | | | |

| 主要股东及持股比例%、持股性质 |
|---|
| 法尔胜集团公司 22.47%（国有股） |
| 江苏法尔胜技术开发中心 0.61%（国有股） |
| 辽宁省五金矿产进出口有限公司 0.44%（国有股） |
| 胡光 0.42%（流通 A 股） |
| 山东省国际信托投资有限公司 0.38%（国有股） |
| 刘光明 0.34%（流通 A 股） |
| 冯晓玫 0.29%（流通 A 股） |
| 过亦清 0.26%（流通 A 股） |
| 中国冶金进出口江苏公司 0.25%（国有股） |
| 青岛橡六集团有限公司 0.25%（国有股） |
| 实际控制人:　江阴市公有资产管理办公室 |

二〇〇六年以来市场表现

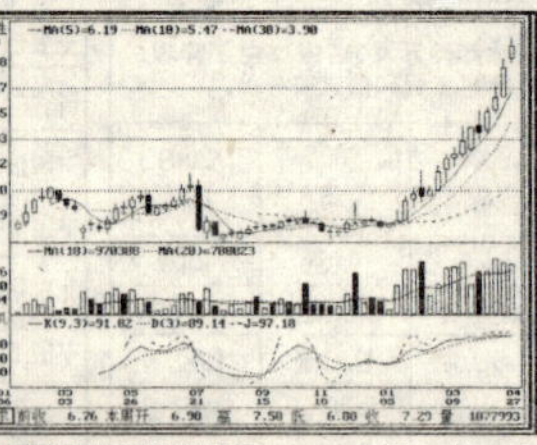

| | |
|---|---|
| 2006 年涨跌幅(%) | 73 |
| 2006 年最高(元) | 5.96 |
| 2007 年涨跌幅(%) | 149.66 |
| 2007.4.27 收盘(元) | 7.29 |
| 2007 年最高(元) | 7.5 |
| 2007 年最低(元) | 2.9 |
| 2007 年换手率(%) | 474.41 |

未来一年限售流通股解禁情况:18982080 股 04 月 03 日解禁

| 最新股本 | 总股本 | 非(限售)流通 | 流通 A | 流通 B/H/S | 股东户数 | 06 年末 | 06 三季 |
|---|---|---|---|---|---|---|---|
| | 37964.16 | 9325.04 | 28639.12 | | | 47678 | 48687 |

年报点评：公司是目前全球最大的高强度钢丝绳生产基地,其国内市场占有率达 85%以上,国际市场占有率达 40%。还是国内唯一具有自主知识产权的光纤预制棒生产企业,已通过了包括中国移动、中国联通、网通在内多家电信和广电企业的入围许可证,未来 3G 带来利润增长。

## S＊ST 星美（000892）

上市日期:99/01/15　　电话:023－63782555　　传真:023－63782700

| | | | | |
|---|---|---|---|---|
| 主营 | 通信产业投资,通信设备制造,通信工程及技术咨询;增值电信业务;机械产业投资及设备制造;自营进出口业务。 | | | |
| | 年　度 | 2006 | 2005 | 2004 |
| 主要指标 | 每股收益/扣除后(元) | －1.92/－0.812 | －1.22 | 0.01/0.006 |
| | 每股经营现金流量(元) | －0.01 | －0.1 | 0.34 |
| | 每股净资产/调整后(元) | －2.91/－2.94 | 0.61/0.46 | 1.83/1.8 |
| | 未分利润(万元) | －107046.99 | －35014.75 | 15573.88 |
| | 资本公积(万元) | 3838.83 | 3838.83 | 3838.83 |
| 利润构成 | 主营收入(万元) | 3394.01 | 6622.42 | 67165.78 |
| | 主营利润(万元) | 1717.84 | －3443.24 | 24354.29 |
| | 投资收益(万元) | －27761.59 | －4530 | －4015.23 |
| | 利润总额(万元) | －157394.39 | －52803.37 | 3142.87 |
| | 净利润(万元) | －79444.15 | －50588.63 | 343.59 |
| 近年分配: | | | | |

| 主要股东及持股比例%、持股性质 |
|---|
| 金信信托投资股份有限公司 23.2%（非流通股） |
| 卓京投资控股有限公司 21.78%（非流通股） |
| 重庆朝阳科技产业发展有限公司 13.3%（非流通股） |
| 上海平杰投资咨询有限公司 4.83%（非流通股） |
| 金华市金威产权管理服务有限公司 3.25%（非流通股） |
| 海南爱邦贸易有限公司 2.13%（非流通股） |
| 中国银行上海市分行 1.09%（非流通股） |
| 李明娟 0.91%（流通 A 股） |
| 重庆未来投资有限公司 0.86%（流通 A 股） |
| 安徽国元信托投资有限责任公司 0.48%（非流通股） |
| 实际控制人: |

二〇〇六年以来市场表现

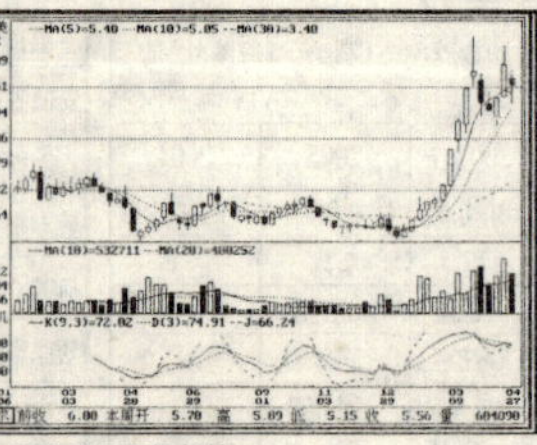

| | |
|---|---|
| 2006 年涨跌幅(%) | －29.45 |
| 2006 年最高(元) | 3.8 |
| 2007 年涨跌幅(%) | 141.74 |
| 2007.4.27 收盘(元) | 5.56 |
| 2007 年最高(元) | 6.66 |
| 2007 年最低(元) | 2.09 |
| 2007 年换手率(%) | 595.5 |

未来一年限售流通股解禁情况:

| 最新股本 | 总股本 | 非(限售)流通 | 流通 A | 流通 B/H/S | 股东户数 | 06 年末 | 06 三季 |
|---|---|---|---|---|---|---|---|
| | 41387.69 | 29387.69 | 12000 | | | 22248 | 26081 |

年报点评：联合公司目前是两市最早介入手机电视领域的企业,堪称"中国手机电视第一股",而更吸引眼球的是,当卓京投资持有 ST 星美的股份因债权问题被法院拍卖后,来自上海的五家公司将其一口吃下。随着公司前三大股东同时易位,其潜在股权争夺题材带给市场无限想象空间。

## 广州冷机（000893）

上市日期:98/12/24　　电话:020－86453838　　传真:020－86450724

| | | | | |
|---|---|---|---|---|
| 主营 | 电冰箱压缩机的设计、制造和销售。 | | | |
| | 年　度 | 2006 | 2005 | 2004 |
| 主要指标 | 每股收益/扣除后(元) | 0.14/0.14 | 0.13 | 0.13/0.13 |
| | 每股经营现金流量(元) | 0.54 | 0.54 | 0.05 |
| | 每股净资产/调整后(元) | 1.86/1.82 | 1.76/1.42 | 1.47/1.18 |
| | 未分利润(万元) | 4052.03 | 1800.59 | －19792.63 |
| | 资本公积(万元) | 14275.89 | 14459.09 | 29318.49 |
| 利润构成 | 主营收入(万元) | 95859.62 | 76068.81 | 56308.42 |
| | 主营利润(万元) | 14380.41 | 11902.1 | 8927.02 |
| | 投资收益(万元) | －162.13 | －0.64 | 2760.6 |
| | 利润总额(万元) | 3114.3 | 2797.93 | 2890.1 |
| | 净利润(万元) | 3005.26 | 2783.74 | 2878.81 |
| 近年分配: | 05 年:10 派 0.2054 | | | |

| 主要股东及持股比例%、持股性质 |
|---|
| 广州市动源涡卷实业有限公司 34.38%（非流通股） |
| 广州万宝集团有限公司 26.12%（国有股） |
| 无锡市嘉亿商贸有限公司 1.85%（非流通股） |
| 山西昌泰工贸有限公司 1.81%（非流通股） |
| 上海浦东任辰贸易有限公司 0.72%（非流通股） |
| 上海信义水处理有限责任公司 0.41%（非流通股） |
| 山西爱德投资有限公司 0.4%（非流通股） |
| 上海超人贸易有限公司 0.4%（非流通股） |
| 荆州市楚雄实业有限公司 0.2%（非流通股） |
| 杨路 0.14%（流通 A 股） |
| 实际控制人:　赖宁昌 |

二〇〇六年以来市场表现

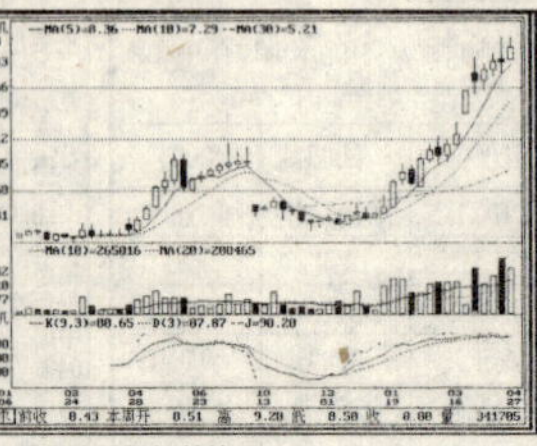

| | |
|---|---|
| 2006 年涨跌幅(%) | 57.48 |
| 2006 年最高(元) | 5.99 |
| 2007 年涨跌幅(%) | 136.8 |
| 2007.4.27 收盘(元) | 8.88 |
| 2007 年最高(元) | 9.2 |
| 2007 年最低(元) | 3.71 |
| 2007 年换手率(%) | 502.91 |

未来一年限售流通股解禁情况:13027544 股 09 月 25 日解禁

| 最新股本 | 总股本 | 非(限售)流通 | 流通 A | 流通 B/H/S | 股东户数 | 06 年末 | 06 三季 |
|---|---|---|---|---|---|---|---|
| | 22200 | 14734.62 | 7465.38 | | | 18838 | 19353 |

年报点评：公司主营业务为冰箱压缩机的制造和销售。2006 年冰箱市场需求旺盛,公司产销量均创历史新高,产品供不应求,实现了增产增收。但是在上游原材料的价格维持高位的情况下,提高产品的盈利能力则是公司面临的最大考验。

## S双汇（000895）

上市日期:98/12/10　　电话:0395－2622616　　传真:0395－2693259

**主营：**食品加工及销售,生物产品开发生产销售、畜牧养殖,化工产品,包装品生产销售,新产品开发销售,食品行业投资,技术咨询服务。

| | 年　度 | 2006 | 2005 | 2004 |
|---|---|---|---|---|
| 主要指标 | 每股收益/扣除后(元) | 0.889/0.87 | 0.723 | 0.58/0.577 |
| | 每股经营现金流量(元) | 1.36 | 1.17 | 0.93 |
| | 每股净资产/调整后(元) | 3.91/3.89 | 3.52/3.48 | 3.39/3.34 |
| | 未分利润(万元) | 60052.34 | 44644.89 | 43914.27 |
| | 资本公积(万元) | 60131.05 | 60089.69 | 59886.93 |
| 利润构成 | 主营收入(万元) | 1513103.49 | 1345992.58 | 1005605.31 |
| | 主营利润(万元) | 169844.39 | 147587.11 | 102597.06 |
| | 投资收益(万元) | 4513.28 | 157.37 | 2604.19 |
| | 利润总额(万元) | 71307.4 | 67169.87 | 50640.05 |
| | 净利润(万元) | 45650.22 | 37110.5 | 29841.95 |

**近年分配:** 06预案:10派8；05年:10派5；04年:10派6

| 主要股东及持股比例%、持股性质 |
|---|
| 河南省漯河市双汇实业集团有限责任公司35.72%(国有股) |
| 漯河海宇投资有限公司25%(非流通股) |
| 金鑫证券投资基金3.35%(流通A股) |
| 中国人寿保险(集团)公司－传统－普通保险产品1.29%(流通A股) |
| 金泰证券投资基金1.19%(流通A股) |
| 博时精选股票证券投资基金1.14%(流通A股) |
| 交银施罗德精选股票证券投资基金1.07%(流通A股) |
| 中国人寿保险股份有限公司－分红－个人分红－005L－FH002深0.83%(流通A股) |
| 华夏回报证券投资基金0.79%(流通A股) |
| 汉盛证券投资基金0.79%(流通A股) |
| **实际控制人:** 河南省漯河市国资委 |

**二〇〇六年以来市场表现**

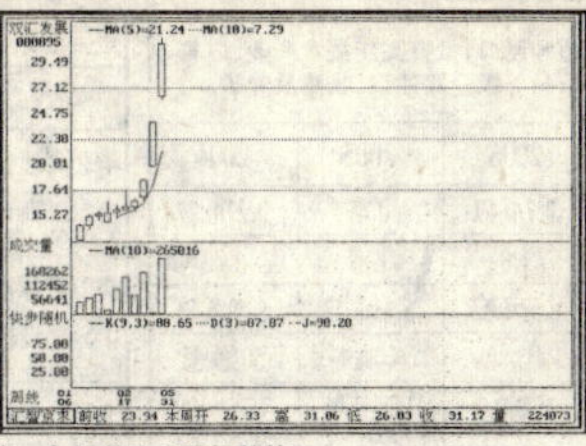

| | |
|---|---|
| 2006年涨跌幅(%) | 147.62 |
| 2006年最高(元) | 32.36 |
| 2007年涨跌幅(%) | |
| 2007.4.27收盘(元) | |
| 2007年最高(元) | |
| 2007年最低(元) | |
| 2007年换手率(%) | |

**未来一年限售流通股解禁情况:**

| 最新股本 | 总股本 | 非(限售)流通 | 流通A | 流通B/H/S | 股东户数 | 06年末 | 06三季 |
|---|---|---|---|---|---|---|---|
| | 51355.5 | 31180.5 | 20175 | | | 5641 | 5639 |

**年报点评:** 公司是我国最大、世界领先的肉类供应商。2006年根据原料市场变化行情适时采取"淡储旺销"措施,抓住低温肉制品市场需求快速增长有利时机,努力开拓低温肉制品市场,扩大市场销售,公司经济效益得到了稳步增长。预计未来几年公司的主业将稳步增长。

## 津滨发展（000897）

上市日期:99/04/22　　电话:022－66223273　　传真:022－66223226

**主营：**主营天津开发区的基础设施的开发建设与经营;新型材料(磁性材料)和信息电子产品的开发、销售与经营。

| | 年　度 | 2006 | 2005 | 2004 |
|---|---|---|---|---|
| 主要指标 | 每股收益/扣除后(元) | 0.039/0.045 | 0.024/0.021 | 0.03/0.02 |
| | 每股经营现金流量(元) | 0.42 | －0.12 | 0.15 |
| | 每股净资产/调整后(元) | 1.8/1.8 | 1.15/1.14 | 1.38/1.37 |
| | 未分利润(万元) | 6051.87 | 3228.17 | 2599.22 |
| | 资本公积(万元) | 82651.76 | 5860.02 | 20129.51 |
| 利润构成 | 主营收入(万元) | 107900.51 | 123336.22 | 55481.54 |
| | 主营利润(万元) | 27841.38 | 22213.89 | 13775.82 |
| | 投资收益(万元) | －62.74 | －377.6 | 180.08 |
| | 利润总额(万元) | 10176.96 | 6687.74 | 3375.13 |
| | 净利润(万元) | 4507.77 | 1939.06 | 1811.85 |

**近年分配:** 06年:10派0.3；05年:10派0.15；04年:10派0.15

| 主要股东及持股比例%、持股性质 |
|---|
| 天津泰达建设集团有限公司25.11%(国有股) |
| 天津华泰控股集团股份有限公司14.12%(非流通股) |
| 中国工商银行－南方稳健成长贰号证券投资基金4.98%(非流通股) |
| 全国社保基金一零一组合3.25%(非流通股) |
| 中国工商银行－广发策略优选混合型证券投资基金2.94%(非流通股) |
| 北京世纪恒逸投资有限公司2.6%(非流通股) |
| 上海国际信托投资有限公司－G津滨定向增发信托计划2.6%(非流通股) |
| 江苏汇鸿国际集团针棉织品进出口有限公司2.16%(非流通股) |
| 中国工商银行－普丰证券投资基金1.8%(非流通股) |
| 海通－中行－富通银行1.73%(非流通股) |
| **实际控制人:** 天津泰达投资控股有限公司 |

**二〇〇六年以来市场表现**

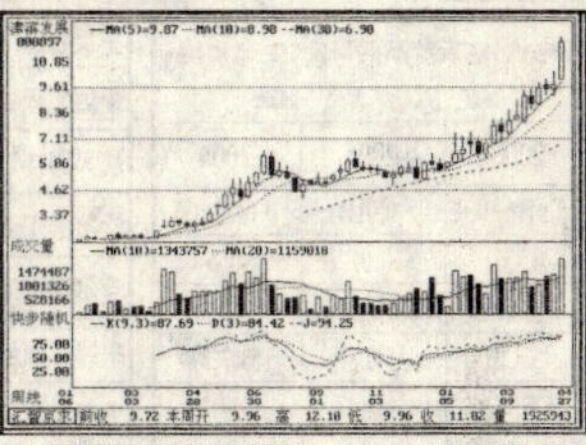

| | |
|---|---|
| 2006年涨跌幅(%) | 165.8 |
| 2006年最高(元) | 6.52 |
| 2007年涨跌幅(%) | 110.85 |
| 2007.4.27收盘(元) | 11.82 |
| 2007年最高(元) | 12.13 |
| 2007年最低(元) | 5.61 |
| 2007年换手率(%) | 452.21 |

**未来一年限售流通股解禁情况:**82219446股11月11日解禁

| 最新股本 | 总股本 | 非(限售)流通 | 流通A | 流通B/H/S | 股东户数 | 06年末 | 06三季 |
|---|---|---|---|---|---|---|---|
| | 115519.45 | 72514.1 | 43005.35 | | | 65109 | 64012 |

**年报点评:** 2006年,公司成功实施了非公开发行,成为天津辖区第一家股改后成功再融资的上市公司。从公司2006年的主营业务收入和利润构成看,工业厂房出租产生的租金收入占主营业务收入的13.53%,占主营业务利润的32.87%,房地产销售收入占主营业务收入的58.81%,占主营业务利润的68.18%。

## 鞍钢股份（000898）

上市日期:97/12/25　　电话:0412－8417273　　传真:0412－6727772

**主营：**生产及销售钢坯、线材、厚板、冷轧薄板、大型材等产品。

| | 年　度 | 2006 | 2005 | 2004 |
|---|---|---|---|---|
| 主要指标 | 每股收益/扣除后(元) | 1.154/1.199 | 0.702 | 0.6/0.6 |
| | 每股经营现金流量(元) | 1.868 | 0.862 | 0.538 |
| | 每股净资产/调整后(元) | 5.03/5.03 | 3.82/3.82 | 3.42/3.42 |
| | 未分利润(万元) | 882600 | 373200 | 296022.5 |
| | 资本公积(万元) | 1284700 | 309000 | 308491.5 |
| 利润构成 | 主营收入(万元) | 5459600 | 2648800 | 2322761.7 |
| | 主营利润(万元) | 1298000 | 375500 | 336348.8 |
| | 投资收益(万元) | 300 | －100 | 23.3 |
| | 利润总额(万元) | 921300 | 298200 | 263274.3 |
| | 净利润(万元) | 684500 | 207900 | 177633.7 |

**近年分配:** 06预案:10派5.8；05年:10派3.6；04年:10派3

| 主要股东及持股比例%、持股性质 |
|---|
| 鞍钢集团公司67.25%(国有股) |
| 香港中央结算(代理人)有限公司14.86%(H股) |
| 中国工商银行－嘉实策略增长混合型证券投资基金0.88%(流通A股) |
| 泰和证券投资基金0.6%(流通A股) |
| 中国人寿保险股份有限公司－分红－个人分红－005L－FH002深0.5%(流通A股) |
| 全国社保基金一零六组合0.46%(流通A股) |
| 国际金融－汇丰－MORGAN STANLEY & CO. INTERNATIONAL LIMITED 0.45%(流通A股) |
| 中国建设银行－华夏优势增长股票型证券投资基金0.42%(流通A股) |
| 国泰君安－花旗－DEUTSCHE BANK AKTIENGESELLSCHAFT 0.42%(流通A股) |
| 申银万国－农行－BNP PARIBAS 0.42%(流通A股) |
| **实际控制人:** 鞍钢集团公司 |

**二〇〇六年以来市场表现**

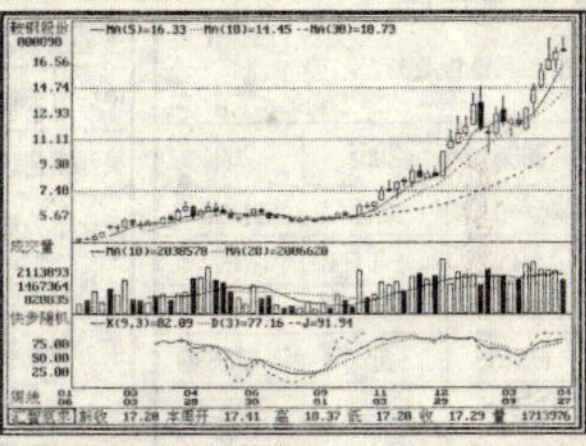

| | |
|---|---|
| 2006年涨跌幅(%) | 168.02 |
| 2006年最高(元) | 10.56 |
| 2007年涨跌幅(%) | 69.51 |
| 2007.4.27收盘(元) | 17.29 |
| 2007年最高(元) | 18.37 |
| 2007年最低(元) | 10.04 |
| 2007年换手率(%) | 300.5 |

**未来一年限售流通股解禁情况:**

| 最新股本 | 总股本 | 非(限售)流通 | 流通A | 流通B/H/S | 股东户数 | 06年末 | 06三季 |
|---|---|---|---|---|---|---|---|
| | 593298.57 | 398992.85 | 105305.72 | 89000 | | 62336 | 88661 |

**年报点评:** 公司实现整体上市以后,产量大幅提高,品种结构优化,产品盈利能力增强,2006年实现的销售收入、利润均创历史最高水平。公司拟进行配股,募集资金全部用于投资建设营口鲅鱼圈港钢铁项目,该项目将在未来3年为公司带来产量的持续增长和业绩的增长。

## 赣能股份（000899）

上市日期:97/11/26　　电话:0791－8109899　　传真:0791－8106119

**主营：**火力发电、节能项目开发、锅炉安装及维修等。

| | 年　度 | 2006 | 2005 | 2004 |
|---|---|---|---|---|
| 主要指标 | 每股收益/扣除后(元) | 0.114/0.063 | 0.064 | 0.08/0.054 |
| | 每股经营现金流量(元) | 0.2407 | 0.0858 | 0.14 |
| | 每股净资产/调整后(元) | 2.79/2.78 | 2.72/2.72 | 2.66/2.66 |
| | 未分利润(万元) | 11533.26 | 8725.92 | 5762.79 |
| | 资本公积(万元) | 72428.86 | 72428.86 | 72405.79 |
| 利润构成 | 主营收入(万元) | 72052.44 | 66737.22 | 65330.32 |
| | 主营利润(万元) | 6142.35 | 3910.67 | 4972.65 |
| | 投资收益(万元) | 7913.46 | 6923.25 | 4904.36 |
| | 利润总额(万元) | 6698.23 | 3517.52 | 4167.58 |
| | 净利润(万元) | 6230.5 | 3486.03 | 4319.78 |

**近年分配:** 06预案:10派0.5；05年:10派0.5

| 主要股东及持股比例%、持股性质 |
|---|
| 江西省投资集团公司36.93%(国有股) |
| 江西省电力公司21.5%(国有股) |
| 窦绪碧0.53%(流通A股) |
| 宁波永丰布厂0.48%(流通A股) |
| 江苏荣尚国际贸易有限公司0.41%(流通A股) |
| 颜兴明0.39%(流通A股) |
| 宁波博洋纺织有限公司0.2%(流通A股) |
| 金奇0.2%(流通A股) |
| 吴良友0.13%(流通A股) |
| 蒋国梁0.13%(流通A股) |
| **实际控制人:** 江西省国有资产监督管理委员会 |

**二〇〇六年以来市场表现**

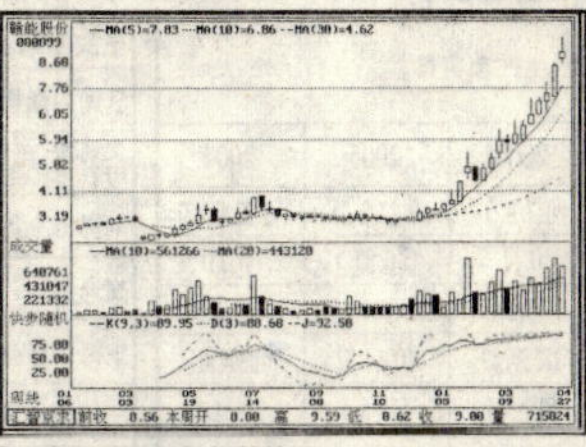

| | |
|---|---|
| 2006年涨跌幅(%) | 65.77 |
| 2006年最高(元) | 5.21 |
| 2007年涨跌幅(%) | 165.49 |
| 2007.4.27收盘(元) | 9 |
| 2007年最高(元) | 9.59 |
| 2007年最低(元) | 3.35 |
| 2007年换手率(%) | 326.73 |

**未来一年限售流通股解禁情况:**

| 最新股本 | 总股本 | 非(限售)流通 | 流通A | 流通B/H/S | 股东户数 | 06年末 | 06三季 |
|---|---|---|---|---|---|---|---|
| | 54803.2 | 32032.23 | 22770.97 | | | 65433 | 71223 |

**年报点评:** 06年公司净利润同比增长79%,主要是由于所属电厂执行了新的煤电联动电价,以及投资收益有较大增加。公司控股75%规划建立产能50MW非晶硅太阳能薄膜电池生产基地,项目投资达12个亿,预计第一条生产线可在07年10月前投入生产,将成为公司新的增长点。

## 现代投资（000900）

上市日期:99/01/28　电话:0731－5558888　传真:0731－5163009

| 主营 | 投资经营公路、桥梁、隧道和渡口;投资高新技术产业、广告业、政策允许的其他产业;高等级公路建设、收费及养护。 | | | |
|---|---|---|---|---|
| | 年　度 | 2006 | 2005 | 2004 |
| 主要指标 | 每股收益/扣除后(元) | 0.7/0.69 | 0.45 | 0.27/0.27 |
| | 每股经营现金流量(元) | 1.8 | 1.89 | 1.42 |
| | 每股净资产/调整后(元) | 6.58/6.53 | 6.63/6.57 | 6.59/6.52 |
| | 未分利润(万元) | 44538.08 | 49480.15 | 50219.33 |
| | 资本公积(万元) | 157378.7 | 157539.96 | 157539.96 |
| 利润构成 | 主营收入(万元) | 112399.29 | 106141.81 | 88973.26 |
| | 主营利润(万元) | 85299.33 | 79771.42 | 64492.47 |
| | 投资收益(万元) | －2100.98 | －10468.97 | －8656.1 |
| | 利润总额(万元) | 43181.86 | 32007.67 | 20821.05 |
| | 净利润(万元) | 28086.29 | 17926.07 | 10916.84 |
| 近年分配: | 06 预案:10 派 3.8 ; 04 年:10 派 4 | | | |

**主要股东及持股比例%、持股性质**

湖南省高速公路建设开发总公司 27.19%（国有股）

华北高速公路股份有限公司 7.29%（国有股）

中国工商银行－－易方达价值精选股票型证券投资基金 2.86%（流通 A 股）

裕阳证券投资基金 1.58%（流通 A 股）

中国建设银行－－上投摩根阿尔法股票型证券投资基金 0.62%（流通 A 股）

全国社保基金一零二组合 0.61%（流通 A 股）

中国工商银行－－天元证券投资基金 0.59%（流通 A 股）

中国平安人寿保险股份有限公司－－传统－－普通保险产品 0.51%（流通 A 股）

国际金融－－花旗－－MARTIN CURRIE INVESTMENT MANAGEMENT LIMITED 0.5%（流通 A 股）

全国社保基金一零一组合 0.48%（流通 A 股）

实际控制人: 湖南省交通厅

二〇〇六年以来市场表现

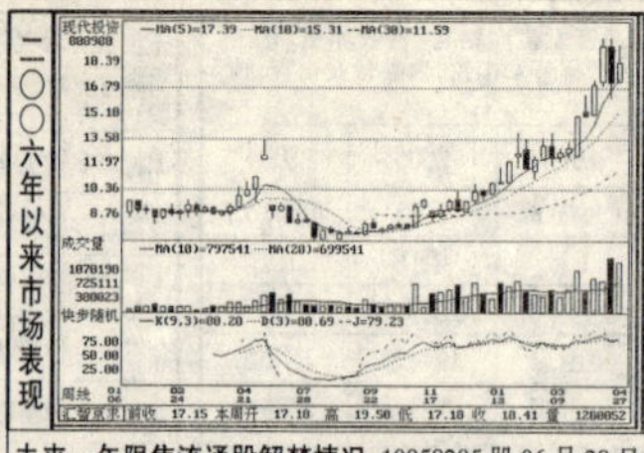

| | |
|---|---|
| 2006 年涨跌幅(%) | 53.23 |
| 2006 年最高(元) | 14.44 |
| 2007 年涨跌幅(%) | 84.84 |
| 2007.4.27 收盘(元) | 18.41 |
| 2007 年最高(元) | 20 |
| 2007 年最低(元) | 9.95 |
| 2007 年换手率(%) | 443.79 |

未来一年限售流通股解禁情况:19958295 股 06 月 28 日解禁

| 最新股本 | 总股本 | 非(限售)流通 | 流通 A | 流通 B/H/S | 股东户数 | 06 年末 | 06 三季 |
|---|---|---|---|---|---|---|---|
| | 39916.59 | 13778.24 | 26138.35 | | | 54448 | 50413 |

年报点评: 2006 年公司所拥有的长潭高速和潭耒高速车流量增长呈现放缓趋势。2007 年湖南省高速公路有望实施计重收费,预计计重收费可提升单车通行费收入。同时省内即将通车的公路对公司车流有促进影响。

## 航天科技（000901）

上市日期:99/04/01　电话:0451－86781013　传真:0451－86781013 86781158

| 主营 | 汽车电子、家用电子、微特电机、航天产品的研发、生产和销售。 | | | |
|---|---|---|---|---|
| | 年　度 | 2006 | 2005 | 2004 |
| 主要指标 | 每股收益/扣除后(元) | －0.044/－0.05 | 0.014 | 0.04/0.035 |
| | 每股经营现金流量(元) | 0.152 | 0.04 | 0.2 |
| | 每股净资产/调整后(元) | 1.66/1.65 | 1.71/1.69 | 1.7/1.69 |
| | 未分利润(万元) | 4564.37 | 5540.87 | 5347.39 |
| | 资本公积(万元) | 6752.93 | 6963.07 | 6959.29 |
| 利润构成 | 主营收入(万元) | 19282.06 | 19576.54 | 17227.45 |
| | 主营利润(万元) | 5894.84 | 6107.48 | 7120.8 |
| | 投资收益(万元) | 321.58 | －86.39 | －235.67 |
| | 利润总额(万元) | －655.13 | 955.5 | 1430.16 |
| | 净利润(万元) | －976.5 | 318.73 | 935.99 |
| 近年分配: | | | | |

**主要股东及持股比例%、持股性质**

中国航天科工集团公司 17.67%（国有股）

航天固体运载火箭有限公司 11.7%（国有股）

哈尔滨工业大学高新技术开发总公司 7.65%（国有股）

哈尔滨市通用机电技术研究所 7.47%（非流通股）

中国江南航天工业集团林泉电机厂 6.62%（国有股）

天通计算机应用技术中心 4.7%（国有股）

哈尔滨亚科工贸有限责任公司 2.65%（非流通股）

杭州锦园丝绸有限公司 2.46%（非流通股）

肖日知 0.44%（流通 A 股）

潘丽君 0.4%（流通 A 股）

实际控制人: 国务院国家国有资产监督管理委员会

二〇〇六年以来市场表现

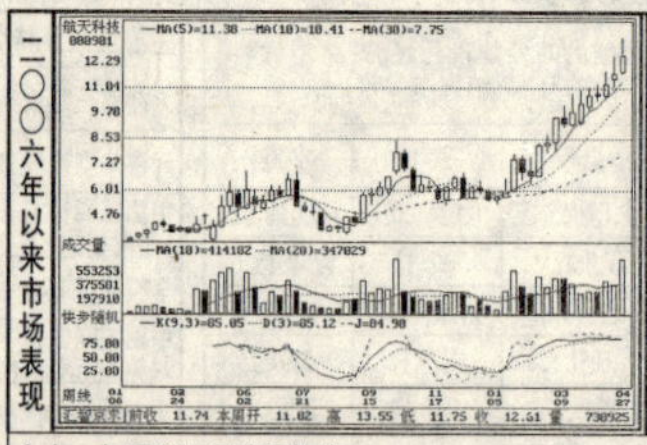

| | |
|---|---|
| 2006 年涨跌幅(%) | 104.19 |
| 2006 年最高(元) | 10.84 |
| 2007 年涨跌幅(%) | 127.62 |
| 2007.4.27 收盘(元) | 12.61 |
| 2007 年最高(元) | 13.55 |
| 2007 年最低(元) | 5.33 |
| 2007 年换手率(%) | 689.72 |

未来一年限售流通股解禁情况:38516696 股 04 月 25 日解禁

| 最新股本 | 总股本 | 非(限售)流通 | 流通 A | 流通 B/H/S | 股东户数 | 06 年末 | 06 三季 |
|---|---|---|---|---|---|---|---|
| | 22176 | 13507.2 | 8668.8 | | | 22654 | 18762 |

年报点评: 公司主营汽车电子产品、航天产品,由于原材料、运输及电费价格上涨等因素,再加上汽车不断降价,公司收入权重较大的汽车电子产品毛利率大幅走低,造成报告期业绩继续亏损。随着汽车行业竞争的加剧,如果不能取得规模优势,企业经营将面临困难。

## 中国服装（000902）

上市日期:99/04/08　电话:010－65817498　传真:010－65812147

| 主营 | 纺织服装类产品的设计、生产和销售业务。 | | | |
|---|---|---|---|---|
| | 年　度 | 2006 | 2005 | 2004 |
| 主要指标 | 每股收益/扣除后(元) | 0.05/－0.14 | 0.02 | 0.01/－0.13 |
| | 每股经营现金流量(元) | 0.45 | －0.13 | 1.2 |
| | 每股净资产/调整后(元) | 1.65/1.37 | 1.6/1.31 | 1.59/1.34 |
| | 未分利润(万元) | 675.96 | －305.03 | －17708.23 |
| | 资本公积(万元) | 12629.04 | 12648.91 | 29028.33 |
| 利润构成 | 主营收入(万元) | 173669.28 | 165688.02 | 141287.98 |
| | 主营利润(万元) | 7941.09 | 8513.25 | 6428.33 |
| | 投资收益(万元) | 1866.52 | 198.88 | 706.75 |
| | 利润总额(万元) | 2223.53 | 2085.78 | 2366.06 |
| | 净利润(万元) | 1094.53 | 403.2 | 319.18 |
| 近年分配: | | | | |

**主要股东及持股比例%、持股性质**

中国恒天集团公司 51.01%（国有股）

吴江工艺织造厂 14.1%（非流通股）

通化市人造毛皮联合公司 4.66%（国有股）

杭州中联内燃机配件制造有限公司 1.12%（流通 A 股）

乐玉龙 0.63%（流通 A 股）

北京成富实业公司 0.44%（流通 A 股）

诸金富 0.34%（流通 A 股）

北京绿友天方贸易发展有限公司 0.27%（流通 A 股）

张贺文 0.2%（流通 A 股）

赵海龙 0.19%（流通 A 股）

实际控制人: 中国恒天集团公司

二〇〇六年以来市场表现

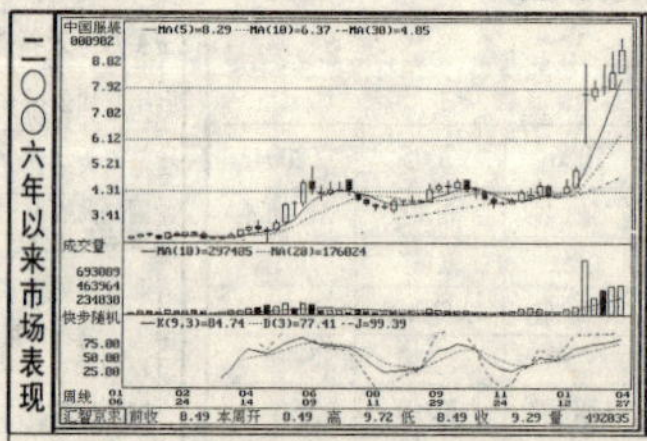

| | |
|---|---|
| 2006 年涨跌幅(%) | 60.08 |
| 2006 年最高(元) | 5.16 |
| 2007 年涨跌幅(%) | 183.42 |
| 2007.4.27 收盘(元) | 9.29 |
| 2007 年最高(元) | 12.25 |
| 2007 年最低(元) | 4.1 |
| 2007 年换手率(%) | 352.14 |

未来一年限售流通股解禁情况:21500000 股 03 月 26 日解禁

| 最新股本 | 总股本 | 非(限售)流通 | 流通 A | 流通 B/H/S | 股东户数 | 06 年末 | 06 三季 |
|---|---|---|---|---|---|---|---|
| | 21500 | 13310 | 8190 | | | 18341 | 19157 |

年报点评: 2006 年公司通过股权转让,由一股独大转变为三大股东共同治理;通过资产重组,公司资产质量得到提高。2007 年公司计划对旗下中纺联、汇丽印染、北安公司的资源进行整合,打造成本低、竞争力强的产业链条。

## 云内动力（000903）

上市日期:99/04/15　电话:0871－5625802　传真:0871－5633176

| 主营 | 小缸径多缸柴油机的开发、生产和销售。 | | | |
|---|---|---|---|---|
| | 年　度 | 2006 | 2005 | 2004 |
| 主要指标 | 每股收益/扣除后(元) | 0.7/0.5 | 0.27/0.35 | 0.33/0.43 |
| | 每股经营现金流量(元) | 0.51 | 0.89 | 0.75 |
| | 每股净资产/调整后(元) | 5.13/5.07 | 4.68/4.62 | 4.62/4.57 |
| | 未分利润(万元) | 18550.49 | 10914.32 | 10894.65 |
| | 资本公积(万元) | 51555.4 | 51555.4 | 51654.5 |
| 利润构成 | 主营收入(万元) | 172811.42 | 163271.42 | 155834.68 |
| | 主营利润(万元) | 31212.54 | 25823.37 | 24587.63 |
| | 投资收益(万元) | 3914.39 | －1936.27 | －2224.47 |
| | 利润总额(万元) | 15890.97 | 6903.16 | 8111.02 |
| | 净利润(万元) | 14033.94 | 5390.09 | 6543.54 |
| 近年分配: | 06 年:10 派 2.5 转增 5 ; 05 年:10 派 2.5 ; 04 年:10 派 2.5 | | | |

**主要股东及持股比例%、持股性质**

云南内燃机厂 47.3%（国有股）

交通银行－易方达 50 指数证券投资基金 1.88%（流通 A 股）

刘勇 0.86%（流通 A 股）

交通银行－科讯证券投资基金 0.85%（流通 A 股）

上海诺好企业发展有限公司 0.68%（流通 A 股）

王绪新 0.59%（流通 A 股）

兴业银行股份有限公司－兴业全球视野股票型证券投资基金 0.5%（流通 A 股）

李莹 0.43%（流通 A 股）

胡辉 0.38%（流通 A 股）

刘芳 0.29%（流通 A 股）

实际控制人: 云南内燃机厂

二〇〇六年以来市场表现

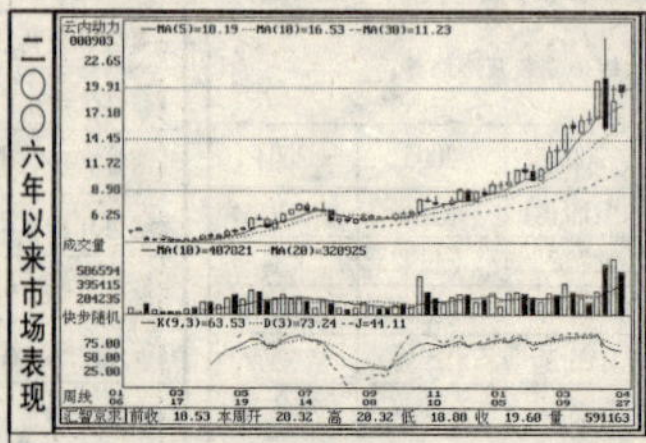

| | |
|---|---|
| 2006 年涨跌幅(%) | 220.63 |
| 2006 年最高(元) | 13.77 |
| 2007 年涨跌幅(%) | 207.89 |
| 2007.4.27 收盘(元) | 19.6 |
| 2007 年最高(元) | 30.73 |
| 2007 年最低(元) | 9.18 |
| 2007 年换手率(%) | 463.53 |

未来一年限售流通股解禁情况:14985000 股 02 月 13 日解禁

| 最新股本 | 总股本 | 非(限售)流通 | 流通 A | 流通 B/H/S | 股东户数 | 06 年末 | 06 三季 |
|---|---|---|---|---|---|---|---|
| | 19980 | 9450 | 10530 | | | 20756 | 22318 |

年报点评: 06 年公司继续坚持以市场为导向、以质量求生存、以技术求发展的思路,通过深化内部管理,加强技术创新,利润增长超过收入增长,实现了内涵式增长。随着公司新产品的认证通过以及配套企业的完成,企业发展也将迎来一个新的发展机遇期。

## 厦门港务（000905）

上市日期:99/04/29　　电话:0592－5829955　　传真:0592－5829990

主营：港口综合服务。

| | 年　度 | 2006 | 2005 | 2004 |
|---|---|---|---|---|
| 主要指标 | 每股收益/扣除后(元) | 0.32/0.21 | 0.4 | 0.33/0.3 |
| | 每股经营现金流量(元) | 0.45 | 0.84 | 0.36 |
| | 每股净资产/调整后(元) | 2.51/2.49 | 4.11/4.09 | 3.85/3.83 |
| | 未分利润(万元) | 39900.17 | 29180.12 | 24201.86 |
| | 资本公积(万元) | 27206.83 | 51235.55 | 50986.94 |
| 利润构成 | 主营收入(万元) | 91912.18 | 74824.31 | 53861.98 |
| | 主营利润(万元) | 22904.83 | 24256.56 | 20106.96 |
| | 投资收益(万元) | 7621.34 | 838.21 | -1354.25 |
| | 利润总额(万元) | 24062.73 | 17273.59 | 13490.34 |
| | 净利润(万元) | 16827.83 | 11754.07 | 9821.44 |

近年分配：06 预案:10 派 1；05 年:10 派 1.5；04 年:10 派 1.5

**主要股东及持股比例%、持股性质**

厦门国际港务股份有限公司 55.13%（国有股）
华建交通经济开发中心 11.04%（国有股）
李军 0.18%（流通 A 股）
北京世纪隆盛投资发展有限公司 0.11%（流通 A 股）
许凤兴 0.1%（流通 A 股）
吕荣国 0.08%（流通 A 股）
袁仰龙 0.07%（流通 A 股）
施发芝 0.06%（流通 A 股）
赵顺 0.06%（流通 A 股）
毛福玲 0.05%（流通 A 股）

实际控制人：厦门市国有资产监督管理委员会

二〇〇六年以来市场表现

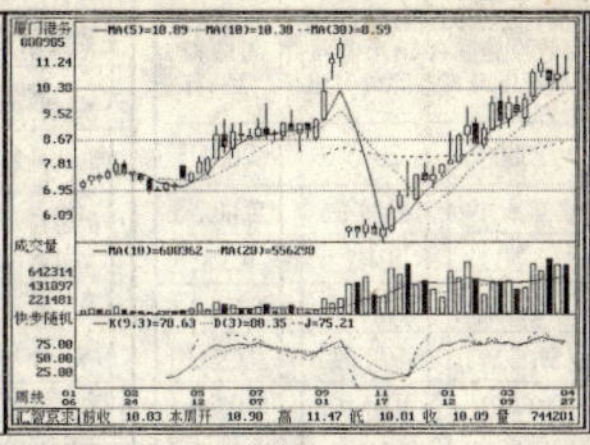

| | |
|---|---|
| 2006 年涨跌幅(%) | 120.75 |
| 2006 年最高(元) | 16.45 |
| 2007 年涨跌幅(%) | 46.37 |
| 2007.4.27 收盘(元) | 10.89 |
| 2007 年最高(元) | 11.49 |
| 2007 年最低(元) | 7.39 |
| 2007 年换手率(%) | 503.86 |

未来一年限售流通股解禁情况:26550000 股 10 月 17 日解禁

| 最新股本 | 总股本 | 非(限售)流通 | 流通 A | 流通 B/H/S | 股东户数 | 06 年末 | 06 三季 |
|---|---|---|---|---|---|---|---|
| | 53100 | 35136.45 | 17963.55 | | | 59221 | 44197 |

年报点评：公司主营包括港口装卸、货代、运输、建材等。2006 年海天集装箱公司的投资分红以及出售中信证券股权的投资收益等非经常性收益高达 5897 万元，成为贡献公司业绩增长的重要因素。公司参与投资厦门象屿保税物流园区的项目建设，有望成为今后利润增长点。

## S 南建材（000906）

上市日期:99/07/07　　电话:0731－4452516　　传真:0731－4453546

主营：生产、销售建筑材料(不含硅酮胶)、化工产品、机械、电子设备、计算机软、硬件；汽车出租、租赁及维修服务；销售政策允许的金属材料、化工原料、矿产品(含煤炭)；自营和代理进出口业务以及仓储服务。

| | 年　度 | 2006 | 2005 | 2004 |
|---|---|---|---|---|
| 主要指标 | 每股收益/扣除后(元) | -0.302/-0.313 | 0.017 | 0.04/0.044 |
| | 每股经营现金流量(元) | 0.07 | 0.27 | 0.36 |
| | 每股净资产/调整后(元) | 1.43/1.38 | 1.73/1.68 | 1.74/1.7 |
| | 未分利润(万元) | 1624.74 | 8809.56 | 8754.43 |
| | 资本公积(万元) | 5574.67 | 5574.67 | 5527.28 |
| 利润构成 | 主营收入(万元) | 172472.12 | 184519.15 | 175767.38 |
| | 主营利润(万元) | 8840.19 | 14773.67 | 17381.76 |
| | 投资收益(万元) | -0.15 | 113.97 | -149.21 |
| | 利润总额(万元) | -7253.11 | 637.2 | 2298.86 |
| | 净利润(万元) | -7174.42 | 408.65 | 953.25 |

近年分配：04 年:10 派 0.1

**主要股东及持股比例%、持股性质**

湖南华菱钢铁集团有限责任公司 36.8%（国有股）
湖南同力投资有限公司 25.05%（国有股）
湖南省同力金球置业发展有限公司 10.15%（国有股）
中国工商银行－隆元证券投资基金 0.74%（流通 A 股）
国际金融－工行－CREDIT SUISSE（HONG KONG）LIMITED 0.6%（流通 A 股）
民生证券有限责任公司 0.6%（流通 A 股）
孙伟琦 0.5%（流通 A 股）
史玉燕 0.41%（流通 A 股）
沈有云 0.3%（流通 A 股）
张凤霞 0.27%（流通 A 股）

实际控制人：湖南华菱钢铁集团有限责任公司

二〇〇六年以来市场表现

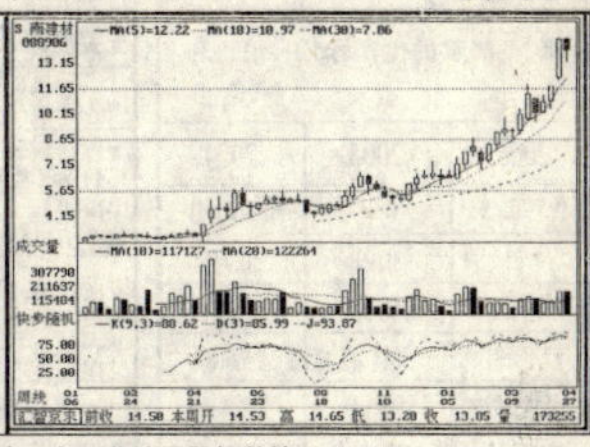

| | |
|---|---|
| 2006 年涨跌幅(%) | 134.07 |
| 2006 年最高(元) | 7.3 |
| 2007 年涨跌幅(%) | 116.75 |
| 2007.4.27 收盘(元) | 13.85 |
| 2007 年最高(元) | 14.65 |
| 2007 年最低(元) | 6.25 |
| 2007 年换手率(%) | 295.53 |

未来一年限售流通股解禁情况:

| 最新股本 | 总股本 | 非(限售)流通 | 流通 A | 流通 B/H/S | 股东户数 | 06 年末 | 06 三季 |
|---|---|---|---|---|---|---|---|
| | 23750 | 17100 | 6650 | | | 5520 | 6961 |

年报点评：公司 2006 年亏损。预计 2007 年上半年继续亏损。公司是冶金部定点的线材、金属制品和优质建筑用材生产基地，同时也是目前中南地区最大无缝钢管生产基地。浙江物产 06 年上半年收购了公司 50.5%的股权，成为公司控股股东，为公司后期发展提供了广阔的想象空间。

## S 天一科（000908）

上市日期:99/02/03　　电话:0731－8902528　　传真:0731－8902528

主营：泵业及输变电开关设备的生产和销售

| | 年　度 | 2006 | 2005 | 2004 |
|---|---|---|---|---|
| 主要指标 | 每股收益/扣除后(元) | 0.01/0.005 | 0.011 | -0.23/-0.242 |
| | 每股经营现金流量(元) | 0.207 | -0.212 | -0.56 |
| | 每股净资产/调整后(元) | 1.2/1.2 | 1.17/1.17 | 1.16/1.15 |
| | 未分利润(万元) | -9188.67 | -9461.49 | -9758.86 |
| | 资本公积(万元) | 12417.86 | 12031.46 | 12007.39 |
| 利润构成 | 主营收入(万元) | 23762.79 | 21442.3 | 25856.52 |
| | 主营利润(万元) | 6622.61 | 5256.65 | 2480.45 |
| | 投资收益(万元) | -119.9 | 40.01 | -955.64 |
| | 利润总额(万元) | 285.41 | 365.46 | -6479.78 |
| | 净利润(万元) | 272.81 | 297.37 | -6507.93 |

近年分配：

**主要股东及持股比例%、持股性质**

平江县国有资产管理局 48.8%（国有股）
长城资产管理公司 17.63%（国有股）
长沙致大实业有限公司 1.43%（非流通股）
上海申能资产管理有限公司 0.72%（流通 A 股）
上海泰苑酒店有限公司 0.7%（流通 A 股）
张正明 0.48%（流通 A 股）
三亚雷声船舶维修实业有限公司 0.31%（流通 A 股）
厦门金鹿经济建设发展公司 0.3%（流通 A 股）
吴国良 0.29%（流通 A 股）
上海金盛投资管理有限公司 0.22%（流通 A 股）

实际控制人：平江县国有资产管理局

二〇〇六年以来市场表现

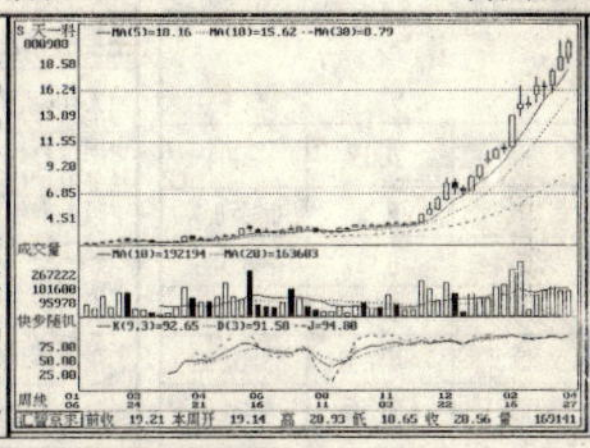

| | |
|---|---|
| 2006 年涨跌幅(%) | 228.05 |
| 2006 年最高(元) | 8.2 |
| 2007 年涨跌幅(%) | 183.59 |
| 2007.4.27 收盘(元) | 20.56 |
| 2007 年最高(元) | 20.93 |
| 2007 年最低(元) | 6.7 |
| 2007 年换手率(%) | 260.9 |

未来一年限售流通股解禁情况:

| 最新股本 | 总股本 | 非(限售)流通 | 流通 A | 流通 B/H/S | 股东户数 | 06 年末 | 06 三季 |
|---|---|---|---|---|---|---|---|
| | 28000 | 19000 | 9000 | | | 41769 | 48669 |

年报点评：公司涉足油泵、电器开关及黄金矿产管理、商业等行业。06 年在完成股改和清欠工作后，企业经营环境明显改善，同时又抓住油泵行业需求的大好局面，实现了经营持续发展。尽管经营效益没有明显起色，但企业经营已经在改善中，至于最终效果仍需观察。

## 数源科技（000909）

上市日期:99/05/07　　电话:0571－88271018　　传真:0571－88271038

主营：彩色电视机、DVD 等的研制、生产、销售；房地产开发销售、网络集成服务。

| | 年　度 | 2006 | 2005 | 2004 |
|---|---|---|---|---|
| 主要指标 | 每股收益/扣除后(元) | 0.011/-0.011 | 0.021 | 0.02/0.025 |
| | 每股经营现金流量(元) | -0.63 | -0.57 | 0.67 |
| | 每股净资产/调整后(元) | 2.8/2.78 | 2.78/2.75 | 2.76/2.74 |
| | 未分利润(万元) | 1979.45 | 1783.9 | 1434.97 |
| | 资本公积(万元) | 32268.59 | 32217.11 | 32210.76 |
| 利润构成 | 主营收入(万元) | 94676.63 | 81978.46 | 65617.17 |
| | 主营利润(万元) | 13868.02 | 12837.27 | 8021.35 |
| | 投资收益(万元) | 476.56 | 99.4 | -70.63 |
| | 利润总额(万元) | 2763.77 | 3097.84 | 1289.28 |
| | 净利润(万元) | 209.02 | 419.86 | 445.25 |

近年分配：

**主要股东及持股比例%、持股性质**

西湖电子集团有限公司 58.06%（国有股）
宋天章 0.49%（流通 A 股）
冯梧初 0.34%（流通 A 股）
石昌林 0.13%（流通 A 股）
黄洪才 0.13%（流通 A 股）
吕少群 0.11%（流通 A 股）
吴烈光 0.11%（流通 A 股）
江苏卓众投资管理有限责任公司 0.1%（流通 A 股）
金庆泰 0.1%（流通 A 股）
司徒春珍 0.1%（流通 A 股）

实际控制人：杭州市人民政府

二〇〇六年以来市场表现

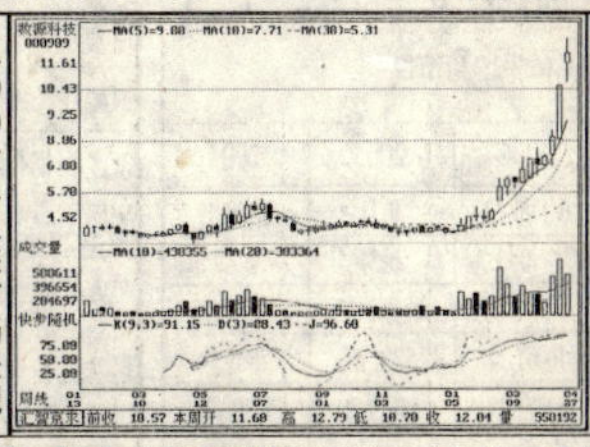

| | |
|---|---|
| 2006 年涨跌幅(%) | 13.62 |
| 2006 年最高(元) | 7.36 |
| 2007 年涨跌幅(%) | 217.68 |
| 2007.4.27 收盘(元) | 12.04 |
| 2007 年最高(元) | 12.79 |
| 2007 年最低(元) | 3.76 |
| 2007 年换手率(%) | 622.64 |

未来一年限售流通股解禁情况:9800000 股 01 月 10 日解禁

| 最新股本 | 总股本 | 非(限售)流通 | 流通 A | 流通 B/H/S | 股东户数 | 06 年末 | 06 三季 |
|---|---|---|---|---|---|---|---|
| | 19600 | 11380 | 8220 | | | 30040 | 31812 |

年报点评：公司的主营业务为彩电生产和房地产开发。在行业不断恶化的状况下，公司的彩电业务仍然没有很大的起色，公司的发展取决于房地产业务的开拓。我们认为公司的业务状况在未来几年仍难有较大的改善。

## 大亚科技（000910）

上市日期:99/06/30　　电话:0511－6883666　　传真:0511－6885000

| 主营 | 高新技术产品的研究、开发，包装装潢材料、铝箔及复合材料、通信设备(卫星地面接收设施除外)、光电器件、人造板及制品、化纤产品、普通机械(压力容器除外)、电子产品、有色金属压铸件的制造和销售。 | | | |
|---|---|---|---|---|
| | 年　度 | 2006 | 2005 | 2004 |
| 主要指标 | 每股收益/扣除后(元) | 0.322/0.319 | 0.224/0.226 | 0.261/0.265 |
| | 每股经营现金流量(元) | 1.293 | 0.475 | 0.328 |
| | 每股净资产/调整后(元) | 2.55/2.48 | 4.47/4.38 | 4.35/4.3 |
| | 未分利润(万元) | 39975.86 | 26691.72 | 24829.69 |
| | 资本公积(万元) | 20984.02 | 44261.86 | 44417.99 |
| 利润构成 | 主营收入(万元) | 405467.83 | 239215.28 | 183844.38 |
| | 主营利润(万元) | 82811.02 | 49059.58 | 40084.77 |
| | 投资收益(万元) | 44.93 | -574.21 | 125.77 |
| | 利润总额(万元) | 26546.59 | 12636.45 | 13582.61 |
| | 净利润(万元) | 14880.9 | 5176.42 | 6026.9 |
| 近年分配: | 05 年:10 转增 10；04 年:10 派 1 | | | |

| 主要股东及持股比例%、持股性质 |
|---|
| 大亚科技集团有限公司 52.84%（非流通股） |
| 上海凹凸彩印总公司 8.64%（国有股） |
| 中国银行－同智证券投资基金 1.4%（流通 A 股） |
| 招商银行股份有限公司－中信经典配置证券投资基金 1.34%（流通 A 股） |
| 中国工商银行－天元证券投资基金 1.07%（流通 A 股） |
| 国际金融－汇丰－MORGAN STANLEY & CO. INTERNATIONAL LIMITED 0.68%（流通 A 股） |
| 中国工商银行－建信优选成长股票型证券投资基金 0.65%（流通 A 股） |
| 中国建设银行－中信红利精选股票型证券投资基金 0.54%（流通 A 股） |
| 潘振东 0.49%（流通 A 股） |
| 海通－汇丰－MERRILL LYNCH INTERNATIONAL 0.42%（流通 A 股） |
| 实际控制人：陈兴康 |

二〇〇六年以来市场表现

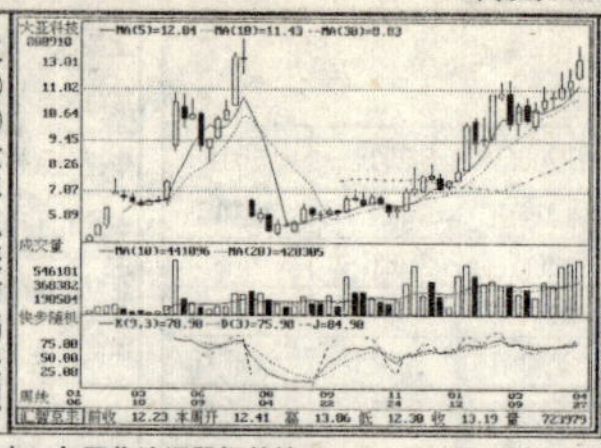

| | |
|---|---|
| 2006 年涨跌幅(%) | 233.97 |
| 2006 年最高(元) | 18.37 |
| 2007 年涨跌幅(%) | 84.48 |
| 2007.4.27 收盘(元) | 13.19 |
| 2007 年最高(元) | 13.86 |
| 2007 年最低(元) | 7.15 |
| 2007 年换手率(%) | 398.66 |

未来一年限售流通股解禁情况:48435800 股 05 月 15 日解禁

| 最新股本 | 总股本 | 非(限售)流通 | 流通 A | 流通 B/H/S | 股东户数 | 06 年末 | 06 三季 |
|---|---|---|---|---|---|---|---|
| | 46250 | 28650 | 17600 | | | 27457 | 27322 |

年报点评：地板销售行业竞争激烈，圣象地板采取"预售权销售"模式影响了货款回笼。汽车配件业务预期趋于明朗。对于偏离森工主业的轮毂业务，公司目前正在争取进入通用汽车全球配送体系，也将考虑在适当时机予以剥离。

## 南宁糖业（000911）

上市日期:99/05/27　　电话:0771－4914317　　传真:0771－4910755

| 主营 | 从事机制糖、酒精、文化用纸、蔗渣浆的生产、加工、销售和提供售后服务。 | | | |
|---|---|---|---|---|
| | 年　度 | 2006 | 2005 | 2004 |
| 主要指标 | 每股收益/扣除后(元) | 0.75/0.68 | 0.13 | 0.46/0.41 |
| | 每股经营现金流量(元) | 1.21 | 0.99 | 0.41 |
| | 每股净资产/调整后(元) | 4.14/4.03 | 3.58/3.46 | 3.71/3.61 |
| | 未分利润(万元) | 17709.81 | 5011.07 | 9966.89 |
| | 资本公积(万元) | 55598.92 | 55486.06 | 54824.77 |
| 利润构成 | 主营收入(万元) | 274318.14 | 167847.79 | 172773.88 |
| | 主营利润(万元) | 53949.86 | 29320.27 | 36465.18 |
| | 投资收益(万元) | -304.68 | -146.88 | -107.31 |
| | 利润总额(万元) | 22117.97 | 2849.17 | 14379.39 |
| | 净利润(万元) | 19690.44 | 3519.77 | 11952.91 |
| 近年分配: | 06 年:10 派 6.6；05 年:10 派 1.9；04 年:10 派 3.78 | | | |

| 主要股东及持股比例%、持股性质 |
|---|
| 南宁振宁资产经营有限责任公司 52.07%（国有股） |
| 中国建设银行－工银瑞信稳健成长股票型证券投资基金 1.11%（流通 A 股） |
| 中国银行－易方达深证 100 交易型开放式指数证券投资基金 0.34%（流通 A 股） |
| 麦丽谏 0.27%（流通 A 股） |
| 董立民 0.25%（流通 A 股） |
| 山西证券有限责任公司 0.2%（流通 A 股） |
| 刘伟文 0.16%（流通 A 股） |
| 吴志红 0.14%（流通 A 股） |
| 钟焕雄 0.13%（流通 A 股） |
| 李克增 0.13%（流通 A 股） |
| 实际控制人：南宁振宁资产经营有限责任公司 |

二〇〇六年以来市场表现

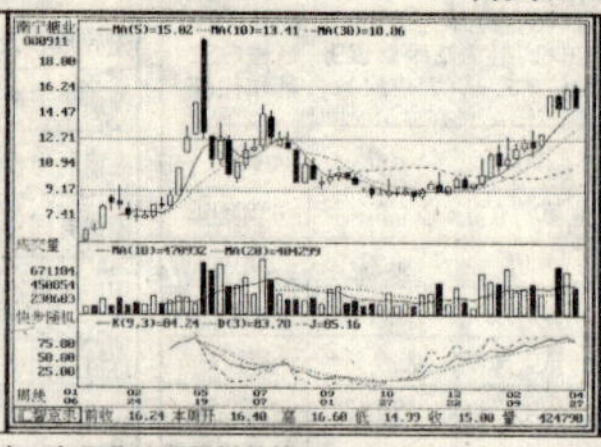

| | |
|---|---|
| 2006 年涨跌幅(%) | 121.81 |
| 2006 年最高(元) | 26.48 |
| 2007 年涨跌幅(%) | 59.92 |
| 2007.4.27 收盘(元) | 15 |
| 2007 年最高(元) | 16.6 |
| 2007 年最低(元) | 9.15 |
| 2007 年换手率(%) | 474.91 |

未来一年限售流通股解禁情况:

| 最新股本 | 总股本 | 非(限售)流通 | 流通 A | 流通 B/H/S | 股东户数 | 06 年末 | 06 三季 |
|---|---|---|---|---|---|---|---|
| | 26264 | 13676.88 | 12587.12 | | | 35947 | 36059 |

年报点评：公司主要从事机制糖、酒精、文化用纸、蔗渣浆的生产、加工、销售和提供售后服务等，已形成规模化的制糖产业链，产品质量和市场竞争力强劲，公司生产经营稳定健康发展。不过作为周期性的产业之一，公司的经营受糖价格波动的影响太大。

## 泸天化（000912）

上市日期:99/06/03　　电话:0830－4122275　　传真:0830－4123559

| 主营 | 生产、销售尿素及合成氨产品 | | | |
|---|---|---|---|---|
| | 年　度 | 2006 | 2005 | 2004 |
| 主要指标 | 每股收益/扣除后(元) | 0.75/0.75 | 0.78 | 0.455/0.47 |
| | 每股经营现金流量(元) | 1 | 0.93 | 0.54 |
| | 每股净资产/调整后(元) | 3.75/3.74 | 3.56/3.53 | 3.09/3.02 |
| | 未分利润(万元) | 56247.57 | 49817.59 | 34852.92 |
| | 资本公积(万元) | 66732.35 | 67012.08 | 66434.37 |
| 利润构成 | 主营收入(万元) | 471651.45 | 312276.7 | 266989.17 |
| | 主营利润(万元) | 112610.31 | 106279.93 | 79877.1 |
| | 投资收益(万元) | 3934.75 | -1629.86 | -1326.09 |
| | 利润总额(万元) | 61674.31 | 64908.27 | 40135.8 |
| | 净利润(万元) | 44008.25 | 45643.31 | 26626.78 |
| 近年分配: | 06 预案:10 派 6；05 年:10 派 3；04 年:10 派 3.2 | | | |

| 主要股东及持股比例%、持股性质 |
|---|
| 泸天化(集团)有限责任公司 59.33%（国有股） |
| 中国银行－易方达深证 100 交易型开放式指数证券投资基金 0.29%（流通 A 股） |
| 中国人寿保险股份有限公司－传统－普通保险产品－005L－CT001 深 0.19%（流通 A 股） |
| 重庆华邦制药股份有限公司 0.16%（流通 A 股） |
| 上海康弘投资有限公司 0.15%（流通 A 股） |
| 魏茂林 0.12%（流通 A 股） |
| 中国人寿保险(集团)公司－传统－普通保险产品 0.11%（流通 A 股） |
| 华泰财产保险股份有限公司－传统－普通保险产品－020C－CT001 深 0.09%（流通 A 股） |
| 李志平 0.08%（流通 A 股） |
| 天津恒基实业有限公司 0.07%（流通 A 股） |
| 实际控制人：四川化工控股(集团)有限责任公司 |

二〇〇六年以来市场表现

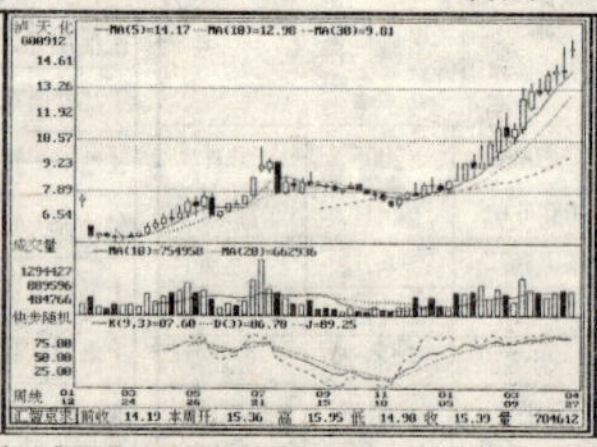

| | |
|---|---|
| 2006 年涨跌幅(%) | 62.41 |
| 2006 年最高(元) | 13.54 |
| 2007 年涨跌幅(%) | 93.59 |
| 2007.4.27 收盘(元) | 15.39 |
| 2007 年最高(元) | 15.95 |
| 2007 年最低(元) | 7.78 |
| 2007 年换手率(%) | 445.35 |

未来一年限售流通股解禁情况:29250000 股 02 月 13 日解禁

| 最新股本 | 总股本 | 非(限售)流通 | 流通 A | 流通 B/H/S | 股东户数 | 06 年末 | 06 三季 |
|---|---|---|---|---|---|---|---|
| | 58500 | 34710.37 | 23789.63 | | | 60641 | 58957 |

年报点评：2006 年控股子公司天华富邦 2.5 万吨 1,4－丁二醇项目和参股公司绿源醇业 40 万吨甲醇、10 万吨二甲醚项目相继投产。2007 年三季度公司内蒙古 1 套年产 20 万吨二甲醚工业生产装置也将建成投产。公司投资的宁夏大化肥项目的收购已接近尾声。

## 钱江摩托（000913）

上市日期:99/05/14　　电话:0576－6192111　　传真:0576－6139081

| 主营 | 摩托车及其配件、机电产品的生产和销售 | | | |
|---|---|---|---|---|
| | 年　度 | 2006 | 2005 | 2004 |
| 主要指标 | 每股收益/扣除后(元) | 0.11/0.12 | 0.11 | 0.2/0.19 |
| | 每股经营现金流量(元) | -0.13 | 0.34 | 0.49 |
| | 每股净资产/调整后(元) | 2.59/2.58 | 2.48/2.47 | 2.52/2.51 |
| | 未分利润(万元) | 10007.94 | 5276.08 | 7876.54 |
| | 资本公积(万元) | 53273.17 | 53193.76 | 52891.38 |
| 利润构成 | 主营收入(万元) | 340394.06 | 318806.42 | 325193.84 |
| | 主营利润(万元) | 45972.53 | 41809.21 | 39724.72 |
| | 投资收益(万元) | -236.56 | -508.45 | -141.37 |
| | 利润总额(万元) | 7231.35 | 9064.53 | 16476.27 |
| | 净利润(万元) | 5037.55 | 5051.87 | 9061.71 |
| 近年分配: | 04 年:10 派 1.5 | | | |

| 主要股东及持股比例%、持股性质 |
|---|
| 温岭钱江投资经营有限公司 41.45%（国有股） |
| 汇洋企业有限公司 19.2%（外资股） |
| 中国工商银行－－－易方达价值精选股票型证券投资基金 1.29%（流通 A 股） |
| 东方证券股份有限公司 1.19%（流通 A 股） |
| 中国平安人寿保险股份有限公司－－－传统－－－普通保险产品 1.04%（流通 A 股） |
| 国联证券有限责任公司 0.99%（流通 A 股） |
| 黑龙江华富电力投资有限公司 0.22%（流通 A 股） |
| 中国工商银行股份有限公司－－－中银国际持续增长股票型证券投资基 0.22%（流通 A 股） |
| 王双华 0.15%（流通 A 股） |
| 纪广明 0.11%（流通 A 股） |
| 实际控制人：温岭市国有资产经营有限公司 |

二〇〇六年以来市场表现

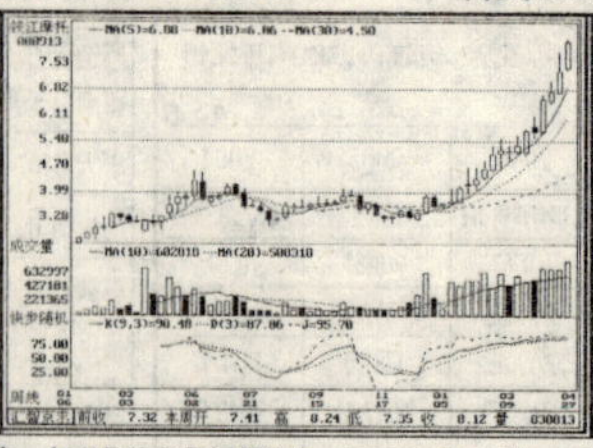

| | |
|---|---|
| 2006 年涨跌幅(%) | 80.87 |
| 2006 年最高(元) | 6.01 |
| 2007 年涨跌幅(%) | 126.18 |
| 2007.4.27 收盘(元) | 8.12 |
| 2007 年最高(元) | 8.24 |
| 2007 年最低(元) | 3.5 |
| 2007 年换手率(%) | 469.23 |

未来一年限售流通股解禁情况:45353600 股 04 月 11 日解禁

| 最新股本 | 总股本 | 非(限售)流通 | 流通 A | 流通 B/H/S | 股东户数 | 06 年末 | 06 三季 |
|---|---|---|---|---|---|---|---|
| | 45353.6 | 27507.2 | 17846.4 | | | 26197 | 18820 |

年报点评：公司主营摩托车，06 年原材料价格攀升和"欧排放标准"的实施，公司单位产品成本增加。同时，一车一证政策的推行和城市"禁限摩"等因素的影响，公司研发费用大幅上升，公司业绩出现滑坡。但新消费政策的出台，有利于行业整合和优秀企业的发展。

## 山大华特（000915）

上市日期:99/06/09　　电话:0531－5198006　　传真:0531－2666189

**主营**：山东大学"国家大学科技园"的开发、建设及管理;高新技术的开发、成果转让、技术服务;非金属材料的研究开发、生产及销售;节能、环保设备的生产及销售。

| | 年　度 | 2006 | 2005 | 2004 |
|---|---|---|---|---|
| 主要指标 | 每股收益/扣除后(元) | 0.053/0.05 | 0.04 | 0.029/－0.002 |
| | 每股经营现金流量(元) | 0.2882 | 0.4127 | 0.1987 |
| | 每股净资产/调整后(元) | 1.59/1.57 | 1.8/1.78 | 1.71/1.69 |
| | 未分利润(万元) | 3757.79 | 3157.41 | 2944.02 |
| | 资本公积(万元) | 3844 | 6512.38 | 5828.03 |
| 利润构成 | 主营收入(万元) | 52743.31 | 33612.65 | 23740.88 |
| | 主营利润(万元) | 23000.79 | 20643.79 | 15298.74 |
| | 投资收益(万元) | －443.57 | －376.22 | 8.49 |
| | 利润总额(万元) | 5154.3 | 4094.25 | 3146.13 |
| | 净利润(万元) | 961.31 | 615.44 | 450.58 |

近年分配:

| 主要股东及持股比例%、持股性质 |
|---|
| 山东山大产业集团有限公司 24.481%（国有股） |
| 宁波达因天丽家居用品有限公司 10.001%（非流通股） |
| 北京同大盛业投资顾问有限公司 0.96%（非流通股） |
| 姚建森 0.749%（流通A股） |
| 临沂市公路水泥厂 0.601%（非流通股） |
| 潍坊顺源证券咨询服务有限公司 0.415%（非流通股） |
| 沂南县发达硅砂有限公司 0.401%（非流通股） |
| 宁夏伊斯兰国际信托投资公司 0.311%（非流通股） |
| 沂南县佳乐商贸有限公司 0.311%（非流通股） |
| 济南行者实业有限公司 0.311%（非流通股） |
| 实际控制人:山东大学 |

二〇〇六年以来市场表现

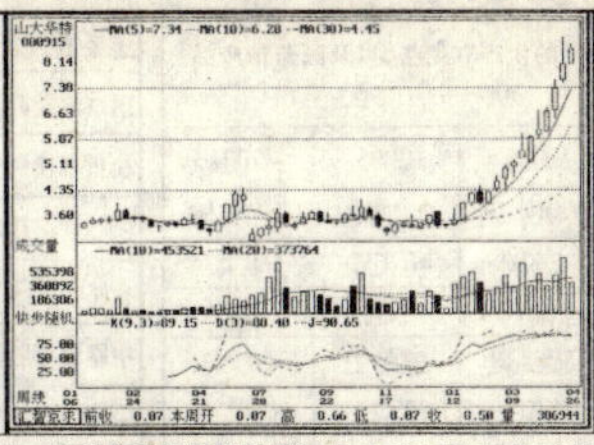

| | |
|---|---|
| 2006年涨跌幅(%) | 38.95 |
| 2006年最高(元) | 5.61 |
| 2007年涨跌幅(%) | 160.74 |
| 2007.4.27收盘(元) | 8.5 |
| 2007年最高(元) | 8.9 |
| 2007年最低(元) | 3.2 |
| 2007年换手率(%) | 610.09 |

未来一年限售流通股解禁情况:28606827股07月20日解禁

| 最新股本 | 总股本 | 非(限售)流通 | 流通A | 流通B/H/S | 股东户数 | 06年末 | 06三季 |
|---|---|---|---|---|---|---|---|
| | 18025.5 | 7275.11 | 10750.39 | | | 21214 | 21543 |

**年报点评**：公司目前环保业主要涉及电厂烟气脱硫服务、二氧化氯设备和产品的生产销售等,医药业以儿童保健药品和心血管病、糖尿病、消化系统疾病治疗药及抗肿瘤药等药品的生产销售为主。为保证正常生产经营,计划年度融资3.3亿元。

## 华北高速（000916）

上市日期:99/09/27　　电话:010－58021999　　传真:010－58021229

**主营**：经营京津塘高速公路。

| | 年　度 | 2006 | 2005 | 2004 |
|---|---|---|---|---|
| 主要指标 | 每股收益/扣除后(元) | 0.23/0.22 | 0.22/0.21 | 0.22/0.22 |
| | 每股经营现金流量(元) | 0.3104 | 0.2876 | 0.33 |
| | 每股净资产/调整后(元) | 2.8/2.8 | 2.86/2.85 | 2.8/2.78 |
| | 未分利润(万元) | 28973.13 | 37728.79 | 34909.83 |
| | 资本公积(万元) | 133815.69 | 134017.69 | 134017.69 |
| 利润构成 | 主营收入(万元) | 78767.49 | 73453.86 | 67843.48 |
| | 主营利润(万元) | 40085.65 | 37253.32 | 42626.64 |
| | 投资收益(万元) | 1439.83 | 2330.65 | 307.8 |
| | 利润总额(万元) | 36985.17 | 36155.96 | 37244.14 |
| | 净利润(万元) | 25057.33 | 24149 | 24248.5 |

近年分配:06预案:10派1.6;05年:10派1.6;04年:10派1.6

| 主要股东及持股比例%、持股性质 |
|---|
| 华建交通经济开发中心 26.82%（部分流通部分不流通） |
| 天津市京津塘高速公路公司 23.63%（国有股） |
| 京津塘高速公路北京市公司 12.14%（国有股） |
| 河北省公路开发有限公司 2.83%（国有股） |
| 东方证券－农行－LEHMAN BROTHERS INTERNATIONAL（EUROPE）0.57%（流通A股） |
| 邢康 0.3%（流通A股） |
| 中国银行－易方达深证100交易型开放式指数证券投资基金 0.26%（流通A股） |
| 杭州信谊经济信息咨询有限公司 0.24%（流通A股） |
| 中国人寿保险股份有限公司－传统－普通保险产品－005L－CT001深 0.17%（流通A股） |
| 郑兵 0.1%（流通A股） |
| 实际控制人:招商局集团有限公司 |

二〇〇六年以来市场表现

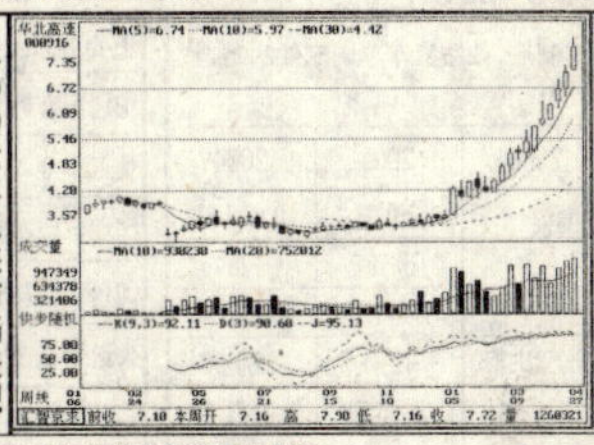

| | |
|---|---|
| 2006年涨跌幅(%) | 35.14 |
| 2006年最高(元) | 5.04 |
| 2007年涨跌幅(%) | 117.47 |
| 2007.4.27收盘(元) | 7.72 |
| 2007年最高(元) | 7.98 |
| 2007年最低(元) | 3.55 |
| 2007年换手率(%) | 328.29 |

未来一年限售流通股解禁情况:

| 最新股本 | 总股本 | 非(限售)流通 | 流通A | 流通B/H/S | 股东户数 | 06年末 | 06三季 |
|---|---|---|---|---|---|---|---|
| | 109000 | 67864.56 | 41135.44 | | | 94365 | 100103 |

**年报点评**：公司拥有天津－北京间唯一的高速公路－京津塘高速,目前已显通行能力不足;同时维修成本逐渐增加,除非收购新的路桥资产,否则公司业绩增长有限。2006年净利润仅增长3.76%。公司2000年募集资金9.2亿元收购京沈高速北京段由于种种原因,一直未实施。

## 电广传媒（000917）

上市日期:99/03/25　　电话:0731－4252080　　传真:0731－4252096

**主营**：策划、设计、制作、代理、发布国内外各类广告;影视节目制作、发行和销售;电子商务、网络及信息传播服务,音像制品出版发行。

| | 年　度 | 2006 | 2005 | 2004 |
|---|---|---|---|---|
| 主要指标 | 每股收益/扣除后(元) | 0.057/－0.225 | 0.03/0.13 | 0.1/0.03 |
| | 每股经营现金流量(元) | 0.22 | 0.31 | 0.14 |
| | 每股净资产/调整后(元) | 5.5/5.35 | 7.08/6.91 | 7.09/6.98 |
| | 未分利润(万元) | 14197.71 | 13377.78 | 16506.19 |
| | 资本公积(万元) | 126217.47 | 134025.48 | 133979.57 |
| 利润构成 | 主营收入(万元) | 202974.71 | 181438.45 | 151316.78 |
| | 主营利润(万元) | 35963.72 | 43937.16 | 34877.46 |
| | 投资收益(万元) | 15628.02 | 2666.2 | 5348.2 |
| | 利润总额(万元) | 1856.31 | 1778.92 | 475.59 |
| | 净利润(万元) | 1942.22 | 782.3 | 2605.28 |

近年分配:05年:10转增3

| 主要股东及持股比例%、持股性质 |
|---|
| 湖南广播电视产业中心 19.45%（国有股） |
| 中国工商银行－易方达价值精选股票型证券投资基金 4.73%（流通A股） |
| 深圳市芙蓉投资有限责任公司 1.95%（非流通股） |
| 中国工商银行－普丰证券投资基金 1.5%（流通A股） |
| 湖南金帆投资管理有限公司 1.3%（国有股） |
| 全国社保基金一零九组合 1.06%（流通A股） |
| 中国工商银行－广发策略优选混合型证券投资基金 0.95%（流通A股） |
| 湖南省银磊环境工程建设有限公司 0.65%（非流通股） |
| 湖南省凯地经济发展有限公司 0.6%（非流通股） |
| 中国平安人寿保险股份有限公司－传统－普通保险产品 0.59%（流通A股） |
| 实际控制人:湖南省广播电视局 |

二〇〇六年以来市场表现

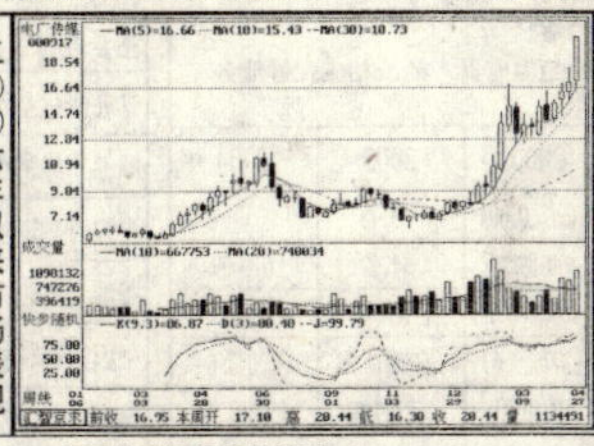

| | |
|---|---|
| 2006年涨跌幅(%) | 82.38 |
| 2006年最高(元) | 12.56 |
| 2007年涨跌幅(%) | 166.84 |
| 2007.4.27收盘(元) | 20.44 |
| 2007年最高(元) | 20.44 |
| 2007年最低(元) | 7.56 |
| 2007年换手率(%) | 487.47 |

未来一年限售流通股解禁情况:

| 最新股本 | 总股本 | 非(限售)流通 | 流通A | 流通B/H/S | 股东户数 | 06年末 | 06三季 |
|---|---|---|---|---|---|---|---|
| | 33864.87 | 8359.81 | 25505.06 | | | 54130 | 43329 |

**年报点评**：现有业务的内生成长(包括广告和有线网络)无法支持当前股价,而湖南广电集团资产注入前景和进程并不明朗,博弈资产注入难以获取超额收益。

## S＊ST亚华（000918）

上市日期:99/07/20　　电话:0731－5797818　　传真:0731－5566002

**主营**：农作物种子、种苗和畜禽良种的选育、繁殖、生产、推广、销售,赤霉素等生化调控剂,优质农畜产品、兽药、鱼药、种子生产设施及其他农用机械、设施的开发、生产、销售。

| | 年　度 | 2006 | 2005 | 2004 |
|---|---|---|---|---|
| 主要指标 | 每股收益/扣除后(元) | 0.035/0.097 | －0.945 | －1.14/－1.146 |
| | 每股经营现金流量(元) | 0.5973 | 0.187 | －0.09 |
| | 每股净资产/调整后(元) | 0.35/0.19 | 0.13/0.02 | 1.12/1 |
| | 未分利润(万元) | －26144.43 | －26478.82 | －30067.58 |
| | 资本公积(万元) | 5400.38 | 352.63 | 28788.52 |
| 利润构成 | 主营收入(万元) | 133781.57 | 112967.23 | 122999.6 |
| | 主营利润(万元) | 55471.7 | 45263 | 43810.2 |
| | 投资收益(万元) | －335.76 | －3074.7 | －21379.87 |
| | 利润总额(万元) | 2096.56 | －25537.88 | －30418.02 |
| | 净利润(万元) | 939.91 | －25694.52 | －30961.17 |

近年分配:

| 主要股东及持股比例%、持股性质 |
|---|
| 湖南省农业集团有限公司 25.35%（国有股） |
| 深圳市舟仁创业投资有限公司 20.59%（非流通股） |
| 湖南省南山种畜牧草良种繁殖场 13.59%（国有股） |
| 北京世方旅游投资有限公司 2.82%（非流通股） |
| 怀化元亨发展有限公司 2.35%（非流通股） |
| 雷连英 0.72%（流通A股） |
| 郑海燕 0.57%（流通A股） |
| 王双玲 0.56%（流通A股） |
| 叶秋常 0.43%（流通A股） |
| 肖传秀 0.41%（流通A股） |
| 实际控制人:湖南省国资委 |

二〇〇六年以来市场表现

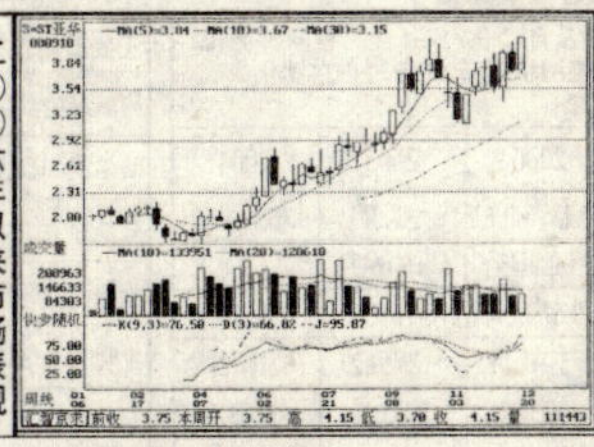

| | |
|---|---|
| 2006年涨跌幅(%) | 110.66 |
| 2006年最高(元) | 4.15 |
| 2007年涨跌幅(%) | |
| 2007.4.27收盘(元) | |
| 2007年最高(元) | |
| 2007年最低(元) | |
| 2007年换手率(%) | |

未来一年限售流通股解禁情况:

| 最新股本 | 总股本 | 非(限售)流通 | 流通A | 流通B/H/S | 股东户数 | 06年末 | 06三季 |
|---|---|---|---|---|---|---|---|
| | 27200.32 | 17600.32 | 9600 | | | 11170 | 12833 |

**年报点评**：公司主营种子和乳品,2006年两大主业稳步增长,财务状况进一步改善,完成了大股东占用资金清欠,实现扭亏为盈,乳业连续八年保持增长势头,乳业公司获得中国奶业协会颁发的"全国优秀乳品加工企业"称号;种子业取得很大实破,07年业绩有望继续增长。

## 金陵药业（000919）

上市日期:99/11/18　　电话:025－83118513　　传真:025－3112486

| | | | | |
|---|---|---|---|---|
| 主营 | 中药原料和制剂、西药制剂的生产和销售,以及医药新产品研制、技术服务和开发。 | | | |
| | 年　度 | 2006 | 2005 | 2004 |
| 主要指标 | 每股收益/扣除后(元) | 0.401/0.248 | 0.47/0.444 | 0.33/0.462 |
| | 每股经营现金流量(元) | 0.2748 | 0.3253 | 0.48 |
| | 每股净资产/调整后(元) | 3.08/3.08 | 4.27/4.27 | 4/4 |
| | 未分利润(万元) | 36828.48 | 27205.22 | 21859.3 |
| | 资本公积(万元) | 46700.15 | 63549.13 | 63592.55 |
| 利润构成 | 主营收入(万元) | 137573.43 | 123580.03 | 100175.28 |
| | 主营利润(万元) | 44672.18 | 43382.88 | 41515.92 |
| | 投资收益(万元) | 9603.58 | 589.05 | -4940.99 |
| | 利润总额(万元) | 27622.2 | 21212.27 | 14859.28 |
| | 净利润(万元) | 20182.75 | 15784.84 | 11235.45 |
| 近年分配: | 06 预案:10 派 2.2;05 年:10 派 2.5 转增 5;04 年:10 派 2 | | | |

| 主要股东及持股比例%、持股性质 |
|---|
| 南京金陵制药(集团)有限公司 45.23%(国有股) |
| 福州市投资管理公司 7.52%(国有股) |
| 浙江省石化建材集团有限公司 4.7%(国有股) |
| 合肥市医药工业公司 3.98%(国有股) |
| 中原证券股份有限公司 0.94%(流通 A 股) |
| 中保人寿成都分公司 0.56%(流通 A 股) |
| 钱瑞华 0.49%(流通 A 股) |
| 陈小留 0.48%(流通 A 股) |
| 南京医药产业(集团)有限责任公司 0.38%(流通 A 股) |
| 蒋美凤 0.37%(流通 A 股) |
| 实际控制人: 南京医药产业(集团)有限责任公司 |

二〇〇六年以来市场表现

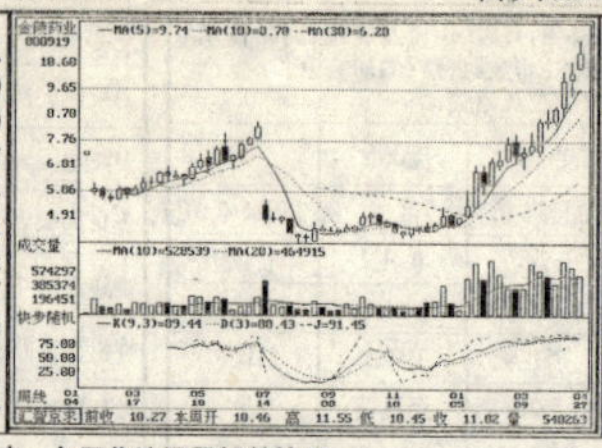

| | |
|---|---|
| 2006 年涨跌幅(%) | 36.41 |
| 2006 年最高(元) | 11.56 |
| 2007 年涨跌幅(%) | 135.97 |
| 2007.4.27 收盘(元) | 11.02 |
| 2007 年最高(元) | 11.55 |
| 2007 年最低(元) | 4.62 |
| 2007 年换手率(%) | 430.06 |

未来一年限售流通股解禁情况:

| 最新股本 | 总股本 | 非(限售)流通 | 流通 A | 流通 B/H/S | 股东户数 | 06 年末 | 06 三季 |
|---|---|---|---|---|---|---|---|
| | 50400 | 30960 | 19440 | | | 28760 | 31012 |

年报点评:公司脉络宁产品年销售达到 4 亿元。报告期利润增长大于收入增长是因为 06 年实现投资收益 9600 万,脉络宁产品进入成熟期,收入、毛利率小幅下降,同时,公司加强了对二线速力菲等二线产品营销,导致营业费用率增长了 1.14 个百分点。

## *ST 汇通（000920）

上市日期:99/06/16　　电话:0851－4470866　　传真:0851－4470866

| | | | | |
|---|---|---|---|---|
| 主营 | 铁路货车大修理,铁路货车制造,铁路机车车辆配件的制造和棕纤维弹性材料生产和销售等。 | | | |
| | 年　度 | 2006 | 2005 | 2004 |
| 主要指标 | 每股收益/扣除后(元) | -0.32/-0.33 | -0.36 | 0.02/0.03 |
| | 每股经营现金流量(元) | 0.24 | 0.29 | -0.4 |
| | 每股净资产/调整后(元) | 1.45/1.43 | 1.76/1.75 | 2.18/2.16 |
| | 未分利润(万元) | -25821.87 | -12344.7 | 2690.34 |
| | 资本公积(万元) | 38499.89 | 38246.89 | 40871.2 |
| 利润构成 | 主营收入(万元) | 107691.28 | 115574.68 | 136797.51 |
| | 主营利润(万元) | 13235.75 | 18404.17 | 24758.91 |
| | 投资收益(万元) | -7035.1 | -16040.27 | -2050.27 |
| | 利润总额(万元) | -15033.6 | -15410.34 | -1518.77 |
| | 净利润(万元) | -13460.99 | -14990.44 | 983.15 |
| 近年分配: | 04 中期:10 转增 10 | | | |

| 主要股东及持股比例%、持股性质 |
|---|
| 中国南方机车车辆工业集团公司 42.64%(国有股) |
| 曹玉华 0.46%(流通 A 股) |
| 深圳市博厚实业有限公司 0.37%(流通 A 股) |
| 四川鼎盛友成投资有限公司 0.33%(流通 A 股) |
| 朱纪平 0.32%(流通 A 股) |
| 雷秋京 0.18%(流通 A 股) |
| 刘娅娟 0.17%(流通 A 股) |
| 张胥凌 0.17%(流通 A 股) |
| 中国银河证券有限责任公司 0.16%(流通 A 股) |
| 孟中友 0.15%(流通 A 股) |
| 实际控制人: 中国南方机车车辆工业集团公司 |

二〇〇六年以来市场表现

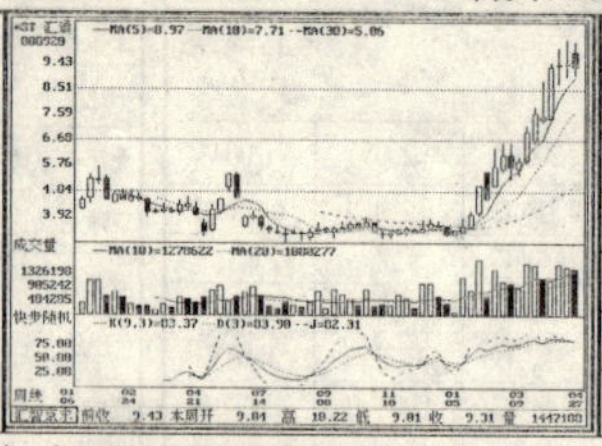

| | |
|---|---|
| 2006 年涨跌幅(%) | 4.23 |
| 2006 年最高(元) | 5.68 |
| 2007 年涨跌幅(%) | 185.58 |
| 2007.4.27 收盘(元) | 9.31 |
| 2007 年最高(元) | 10.35 |
| 2007 年最低(元) | 3.24 |
| 2007 年换手率(%) | 769.04 |

未来一年限售流通股解禁情况:

| 最新股本 | 总股本 | 非(限售)流通 | 流通 A | 流通 B/H/S | 股东户数 | 06 年末 | 06 三季 |
|---|---|---|---|---|---|---|---|
| | 42200 | 17994 | 24206 | | | 43024 | 45519 |

年报点评:06 年公司坚持“立足铁路市场,有限多元经营”发展战略,稳步发展铁路产品市场,优化多元经营结构,妥善化解和规避经营风险,为公司经营形势的根本好转奠定了坚实基础。07 年公司将提升管理水平,降低成本,提高利润,降低经营风险,实现整体盈利。

## *ST 科龙（000921）

上市日期:99/07/13　　电话:0765－8362570　　传真:0765－8361055

| | | | | |
|---|---|---|---|---|
| 主营 | 开发、制造电冰箱、空调、冷柜等电器产品及相应配件业务 | | | |
| | 年　度 | 2006 | 2005 | 2004 |
| 主要指标 | 每股收益/扣除后(元) | 0.02/-0.091 | -3.75 | -0.065/-0.082 |
| | 每股经营现金流量(元) | 0.89 | -1.27 | 0.9009 |
| | 每股净资产/调整后(元) | -1.06/-1.06 | -1.12/-1.12 | 2.83/2.78 |
| | 未分利润(万元) | -377659.67 | -380071.74 | 12027.6 |
| | 资本公积(万元) | 160810.21 | 158109.96 | 157668.42 |
| 利润构成 | 主营收入(万元) | 656524.16 | 697837.17 | 843640.34 |
| | 主营利润(万元) | 89847.26 | 16342.95 | 182396.78 |
| | 投资收益(万元) | 698.23 | -4608.13 | -8310.83 |
| | 利润总额(万元) | 380.05 | -378233.97 | -6833.37 |
| | 净利润(万元) | 2412.08 | -371753.75 | -6416.02 |
| 近年分配: | | | | |

| 主要股东及持股比例%、持股性质 |
|---|
| 青岛海信空调有限公司 26.43%(非流通股) |
| 顺德市经济咨询公司 6.92%(非流通股) |
| 申银万国证券(香港)有限公司 5.53%(H股) |
| 香港上海汇丰银行有限公司 5.17%(H股) |
| 中国银行(香港)有限公司 4.94%(H股) |
| 国泰君安证券(香港)有限公司 4.12%(H股) |
| 香港上海汇丰银行代理人(香港)有限公司 4.04%(H股) |
| 第一上海证券有限公司 2.61%(H股) |
| 恒生证券有限公司 2.04%(H股) |
| 渣打银行(香港)有限公司 1.07%(H股) |
| 实际控制人: 青岛海信空调有限公司 |

二〇〇六年以来市场表现

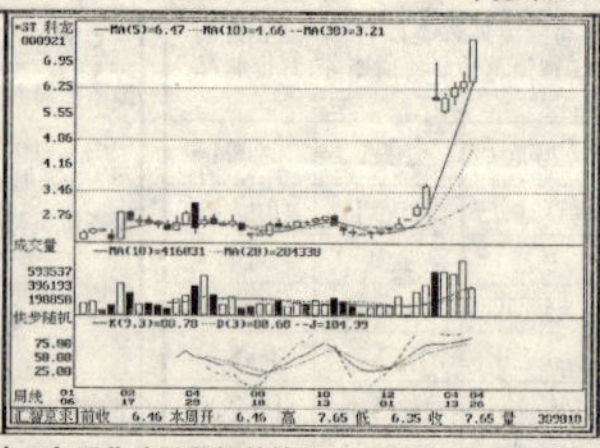

| | |
|---|---|
| 2006 年涨跌幅(%) | 20.19 |
| 2006 年最高(元) | 3.11 |
| 2007 年涨跌幅(%) | 234.69 |
| 2007.4.27 收盘(元) | 7.65 |
| 2007 年最高(元) | 8.57 |
| 2007 年最低(元) | 2.69 |
| 2007 年换手率(%) | 176.48 |

未来一年限售流通股解禁情况:56637222 股 03 月 29 日解禁

| 最新股本 | 总股本 | 非(限售)流通 | 流通 A | 流通 B/H/S | 股东户数 | 06 年末 | 06 三季 |
|---|---|---|---|---|---|---|---|
| | 99200.66 | 33791.58 | 19450.1 | 45958.98 | | 50137 | 54273 |

年报点评:公司是目前规模最大的白色家电生产商之一,其中冰箱市场占有率连续九年第一;以生产能力计,是中国最大空调制造商之一。而且海信空调拟将公司的资产重组与其股权分置改革相结合,通过注入空调等优质资产、扩大主业规模、提升公司盈利能力。公司未来值得期待。

## *ST 阿继（000922）

上市日期:99/06/18　　电话:0451－87005508　　传真:0451－87005505

| | | | | |
|---|---|---|---|---|
| 主营 | 开发、生产、销售继电保护及自动化产品(含工程软件)、电源及电力电子产品、计算机网络产品、工业过程自动化成套设备。 | | | |
| | 年　度 | 2006 | 2005 | 2004 |
| 主要指标 | 每股收益/扣除后(元) | -0.136/-0.638 | -0.31 | 0.005/-0.024 |
| | 每股经营现金流量(元) | -0.0113 | -0.0649 | -0.8 |
| | 每股净资产/调整后(元) | 0.57/0.57 | 0.71/0.71 | 1.84/1.84 |
| | 未分利润(万元) | -33518.07 | -29460.29 | 2447.21 |
| | 资本公积(万元) | 18623.12 | 18623.12 | 18608.4 |
| 利润构成 | 主营收入(万元) | 15751.05 | 10694.01 | 24620.37 |
| | 主营利润(万元) | -1264.9 | 444.31 | 6779.94 |
| | 投资收益(万元) | -24.34 | -24.38 | -1.28 |
| | 利润总额(万元) | -4235.62 | -9579.77 | 91.51 |
| | 净利润(万元) | -4057.78 | -9264.56 | 152.98 |
| 近年分配: | | | | |

| 主要股东及持股比例%、持股性质 |
|---|
| 阿城继电器集团有限公司 55%(国有股) |
| 哈尔滨华鑫投资有限公司 1.21%(流通 A 股) |
| 陈梦迪 0.83%(流通 A 股) |
| 哈尔滨晨晖投资有限公司 0.72%(流通 A 股) |
| 史晓力 0.35%(流通 A 股) |
| 李少钧 0.31%(流通 A 股) |
| 韩树宏 0.21%(流通 A 股) |
| 孙小娟 0.2%(流通 A 股) |
| 张美姿 0.19%(流通 A 股) |
| 汪培忠 0.19%(流通 A 股) |
| 实际控制人: 哈尔滨电站设备集团有限公司 |

二〇〇六年以来市场表现

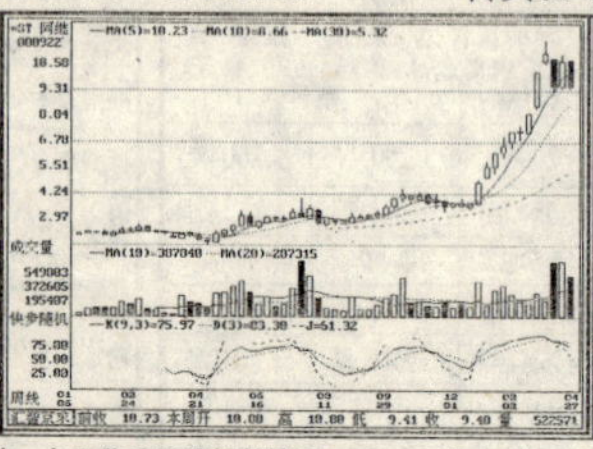

| | |
|---|---|
| 2006 年涨跌幅(%) | 125.12 |
| 2006 年最高(元) | 4.89 |
| 2007 年涨跌幅(%) | 155.46 |
| 2007.4.27 收盘(元) | 9.48 |
| 2007 年最高(元) | 14.18 |
| 2007 年最低(元) | 4.99 |
| 2007 年换手率(%) | 268.56 |

未来一年限售流通股解禁情况:14921750 股 04 月 11 日解禁

| 最新股本 | 总股本 | 非(限售)流通 | 流通 A | 流通 B/H/S | 股东户数 | 06 年末 | 06 三季 |
|---|---|---|---|---|---|---|---|
| | 29843.5 | 16413.5 | 13430 | | | 24323 | 32728 |

年报点评:自 99 年上市以来, 共发生大股东占用资金 3.91 亿元。在经营上,受到分公司整合、市场定位等影响,收入下滑较大。哈电集团承诺在股改后,择机启动资产重组工作,将哈电集团旗下自动控制相关资产整合入上市公司。

## S 宣工（000923）

上市日期:99/07/14　　电话:0313—3186012　　传真:0313—3186026

| | | | | |
|---|---|---|---|---|
| 主营 | 推土机、装载机、压路机及其变型产品和工矿配件的设计、制造与销售。 | | | |
| | 年　度 | 2006 | 2005 | 2004 |
| 主要指标 | 每股收益/扣除后(元) | 0.021 | -0.264 | 0.01/0.01 |
| | 每股经营现金流量(元) | 0.28 | 0.05 | 0.06 |
| | 每股净资产/调整后(元) | 2.28/2.24 | 2.25/2.23 | 2.52/2.5 |
| | 未分利润(万元) | 246.34 | -108.18 | 4255.22 |
| | 资本公积(万元) | 19655.76 | 19590.07 | 19589.38 |
| 利润构成 | 主营收入(万元) | 55423.63 | 42776.42 | 49587.33 |
| | 主营利润(万元) | 8399.58 | 3384.11 | 7891.58 |
| | 投资收益(万元) | 278.74 | 271 | 288.59 |
| | 利润总额(万元) | 355.15 | -4356.52 | 401.44 |
| | 净利润(万元) | 354.52 | -4363.4 | 227.97 |
| 近年分配: | | | | |

| 主要股东及持股比例%、持股性质 |
|---|
| 宣化工程机械集团有限公司 42.65%（国有股） |
| 河北欧力重工有限公司 19.01%（非流通股） |
| 北汽福田汽车股份有限公司 3.8%（非流通股） |
| 中国华能财务有限责任公司 1.9%（国有股） |
| 沈菊娣 0.42%（流通 A 股） |
| 陈江浦 0.42%（流通 A 股） |
| 倪峰 0.4%（流通 A 股） |
| 沈行龙 0.38%（流通 A 股） |
| 蔡珏 0.28%（流通 A 股） |
| 邹益民 0.27%（流通 A 股） |
| 实际控制人：41 名一致行动人 |

二〇〇六年以来市场表现

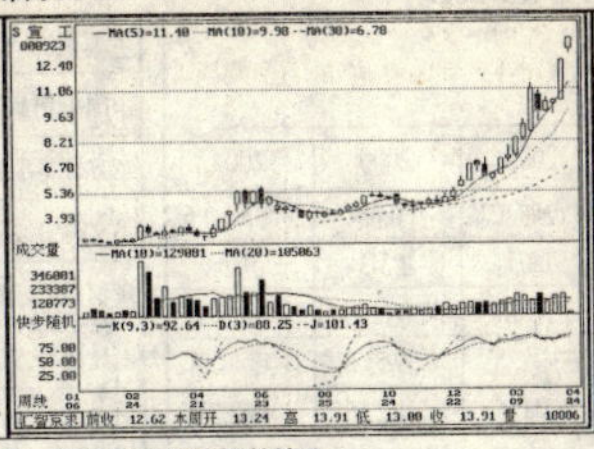

| | |
|---|---|
| 2006 年涨跌幅(%) | 97.76 |
| 2006 年最高(元) | 5.65 |
| 2007 年涨跌幅(%) | 162.45 |
| 2007.4.27 收盘(元) | 13.91 |
| 2007 年最高(元) | 13.91 |
| 2007 年最低(元) | 5.57 |
| 2007 年换手率(%) | 323.96 |

未来一年限售流通股解禁情况:

| 最新股本 | 总股本 | 非(限售)流通 | 流通 A | 流通 B/H/S | 股东户数 | 06 年末 | 06 三季 |
|---|---|---|---|---|---|---|---|
| | 16500 | 11000 | 5500 | | | 14224 | 16030 |

年报点评：公司主营为推土机、装载机等工程机械，是目前国内推土机三巨头之一。06 年工程机械行业实现了反转，行业持续增长，但企业没能抓住机遇，尽管收入增长但利润却出现下降，导致企业继续亏损。如果公司不改善这种管理状况，后续经营将面临较大困难。

## S*ST 海纳（000925）

上市日期:99/06/11　　电话:0571-56680699　　传真:0571-56680699

| | | | | |
|---|---|---|---|---|
| 主营 | 单晶硅及其制品、半导体元器件的开发、制造、销售与技术服务；工业控制系统；生物医学工程技术的开发、应用。 | | | |
| | 年　度 | 2006 | 2005 | 2004 |
| 主要指标 | 每股收益/扣除后(元) | 0.13 | -7.38 | -0.31/-0.25 |
| | 每股经营现金流量(元) | 0.19 | 0.37 | -2.9 |
| | 每股净资产/调整后(元) | -3.2/-3.48 | -3.34/-3.34 | 4.03/4.03 |
| | 未分利润(万元) | -63879 | -65086.37 | 1344.86 |
| | 资本公积(万元) | 24416.96 | 24360.37 | 24313.61 |
| 利润构成 | 主营收入(万元) | 12526.64 | 11096.13 | 17361.76 |
| | 主营利润(万元) | 6265.97 | 3714.82 | 4939.98 |
| | 投资收益(万元) | 771.62 | 705.03 | -4.09 |
| | 利润总额(万元) | 2303.89 | -65805.75 | -1396.51 |
| | 净利润(万元) | 1207.37 | -66431.24 | -2814.37 |
| 近年分配: | | | | |

| 主要股东及持股比例%、持股性质 |
|---|
| 海南皇冠假日滨海温泉酒店有限公司 24%（非流通股） |
| 深圳市科铭实业有限公司 19.78%（非流通股） |
| 浙江浙大圆正集团有限公司 10%（国有股） |
| 深圳市瑞富控股有限公司 8.67%（非流通股） |
| 浙江省科技风险投资有限公司 2.22%（国有股） |
| 杭州济海科技有限公司 0.9%（流通 A 股） |
| 赵建 0.5%（非流通股） |
| 褚健 0.5%（非流通股） |
| 李立本 0.5%（非流通股） |
| 张锦心 0.5%（非流通股） |
| 实际控制人：深圳市科铭实业有限公司，浙江浙大圆正集团有限公司 |

二〇〇六年以来市场表现

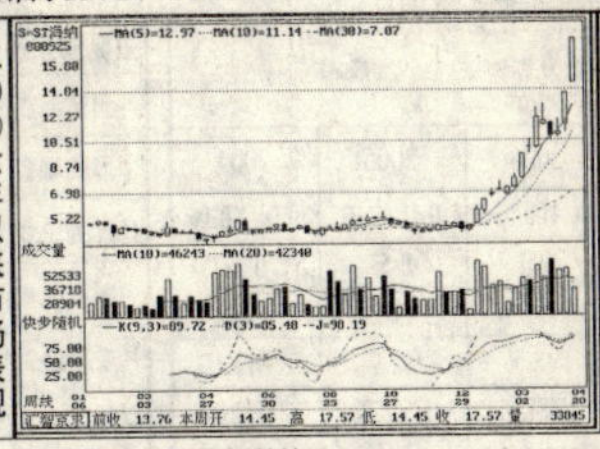

| | |
|---|---|
| 2006 年涨跌幅(%) | -9.81 |
| 2006 年最高(元) | 5.57 |
| 2007 年涨跌幅(%) | 306.71 |
| 2007.4.27 收盘(元) | 17.57 |
| 2007 年最高(元) | 17.57 |
| 2007 年最低(元) | 4.22 |
| 2007 年换手率(%) | 225.71 |

未来一年限售流通股解禁情况:

| 最新股本 | 总股本 | 非(限售)流通 | 流通 A | 流通 B/H/S | 股东户数 | 06 年末 | 06 三季 |
|---|---|---|---|---|---|---|---|
| | 9000 | 6000 | 3000 | | | 13131 | 15519 |

年报点评：被"飞天系"拉入危机的公司积重难返，清欠和股改方案无着落。尚余 28453 万元被占用款未归还，尚未解除的对外担保本金累计为 31301 万元，或有担保事项本金 7846 万元。控股子公司股权被司法冻结。

## 福星科技（000926）

上市日期:99/06/18　　电话:0712-8740018　　传真:0712-8740018

| | | | | |
|---|---|---|---|---|
| 主营 | 子午轮胎钢帘线、镀锌钢丝、回火胎圈钢丝、光纤光缆钢丝、PC 钢绞线、钢丝绳系列产品和其他金属制品的制造、销售。 | | | |
| | 年　度 | 2006 | 2005 | 2004 |
| 主要指标 | 每股收益/扣除后(元) | 0.97/0.97 | 0.8 | 0.6/0.6 |
| | 每股经营现金流量(元) | -0.52 | 0.9 | 1.29 |
| | 每股净资产/调整后(元) | 6.7/6.7 | 5.41/5.41 | 3.41/3.41 |
| | 未分利润(万元) | 54566.72 | 38923.57 | 31598.39 |
| | 资本公积(万元) | 73128.79 | 34228.79 | 18942.46 |
| 利润构成 | 主营收入(万元) | 245168.05 | 208251.53 | 141972.23 |
| | 主营利润(万元) | 63197 | 44379.76 | 38246.11 |
| | 投资收益(万元) | | | 3 |
| | 利润总额(万元) | 36465.09 | 23058.09 | 22688 |
| | 净利润(万元) | 25819.27 | 16338.1 | 15902.95 |
| 近年分配: | 06 预案:10 派 0.2 送 1.8 转增 8；05 年:10 派 2；04 年:10 派 2 | | | |

| 主要股东及持股比例%、持股性质 |
|---|
| 湖北省汉川市钢丝绳厂 34.34%（非流通股） |
| 兴业全球视野股票型证券投资基金 3.77%（部分流通部分不流通） |
| 红塔证券股份有限公司 2.64%（非流通股） |
| 上海博润投资有限公司 2.26%（非流通股） |
| 武汉万业投资发展有限公司 2.26%（非流通股） |
| 华宝信托投资有限责任公司 2.26%（国有股） |
| 云南国际信托投资有限公司 2.26%（非流通股） |
| 东海证券有限责任公司 2.26%（国有股） |
| 东方证券-中行-东方红 2 号集合资产管理计划 2.26%（非流通股） |
| 东海证券-农行-"东风 1 号"集合资产管理计划 2.26%（非流通股） |
| 实际控制人：湖北省汉川市钢丝绳厂 |

二〇〇六年以来市场表现

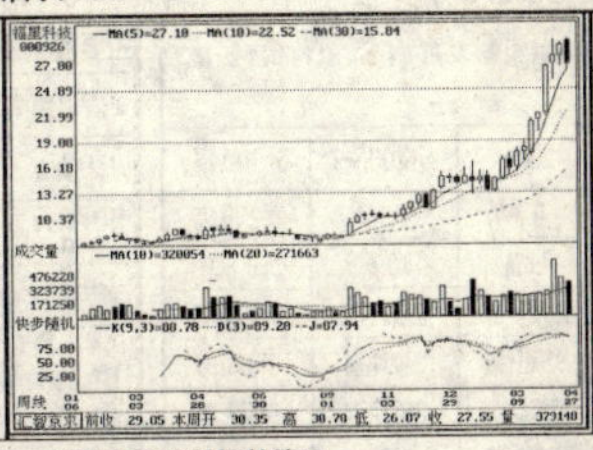

| | |
|---|---|
| 2006 年涨跌幅(%) | 100.4 |
| 2006 年最高(元) | 15.75 |
| 2007 年涨跌幅(%) | 86.78 |
| 2007.4.27 收盘(元) | 27.55 |
| 2007 年最高(元) | 30.7 |
| 2007 年最低(元) | 12.96 |
| 2007 年换手率(%) | 400.59 |

未来一年限售流通股解禁情况:

| 最新股本 | 总股本 | 非(限售)流通 | 流通 A | 流通 B/H/S | 股东户数 | 06 年末 | 06 三季 |
|---|---|---|---|---|---|---|---|
| | 26526.65 | 15121.62 | 11405.03 | | | 15370 | 18489 |

年报点评：公司是"金属制品＋房地产"双主业的企业，从利润构成来看，二者各约为一半。金属制品业务方面公司"新增年产 2 万吨子午轮胎用钢丝帘线项目"于 2006 年完工达产，该项目的建成使得公司利润率较高的子午轮胎钢帘线产品的比重进一步增加，产品结构进一步优化。

## 一汽夏利（000927）

上市日期:99/07/27　　电话:022—87915000　　传真:022—87915111

| | | | | |
|---|---|---|---|---|
| 主营 | 轿车、汽车发动机、汽车零部件、内燃机配件的制造及其售后服务；高科技产品的开发、研制及生产等。 | | | |
| | 年　度 | 2006 | 2005 | 2004 |
| 主要指标 | 每股收益/扣除后(元) | 0.207/0.17 | 0.163/0.11 | 0.02/-0.05 |
| | 每股经营现金流量(元) | 1.05 | 0.77 | 0.03 |
| | 每股净资产/调整后(元) | 2.06/2.03 | 1.86/1.81 | 1.7/1.63 |
| | 未分利润(万元) | 18253.42 | -10119.83 | -36132.97 |
| | 资本公积(万元) | 131303.29 | 131287.44 | 131183.45 |
| 利润构成 | 主营收入(万元) | 811771.65 | 710506.97 | 553668.79 |
| | 主营利润(万元) | 88216.59 | 69108.43 | 28293.66 |
| | 投资收益(万元) | 44464.02 | 20811.95 | 22001.42 |
| | 利润总额(万元) | 33101.95 | 26078.52 | 3074.51 |
| | 净利润(万元) | 32950.44 | 26013.14 | 2909.44 |
| 近年分配: | 06 预案:10 派 0.6 | | | |

| 主要股东及持股比例%、持股性质 |
|---|
| 中国第一汽车集团公司 47.73%（国有股） |
| 天津汽车工业(集团)有限公司 31.82%（国有股） |
| 中国人寿保险股份有限公司-分红-个人分红-005L-FH002 深 1.5%（流通 A 股） |
| 中国工商银行-易方达价值精选股票型证券投资基金 0.85%（流通 A 股） |
| 中国人寿保险(集团)公司-传统-普通保险产品 0.64%（流通 A 股） |
| 银河-交行-日兴资产管理有限公司日兴 AM 中国人民币 A 股母基金 0.5%（流通 A 股） |
| 中国银行-大成财富管理 2020 生命周期证券投资基金 0.41%（流通 A 股） |
| 国泰君安-建行-香港上海汇丰银行有限公司 0.39%（流通 A 股） |
| 中信建投-渣打银行-ING BANK N.V 0.34%（流通 A 股） |
| UBS AG 0.32%（流通 A 股） |
| 实际控制人：国务院国有资产监督管理委员会 |

二〇〇六年以来市场表现

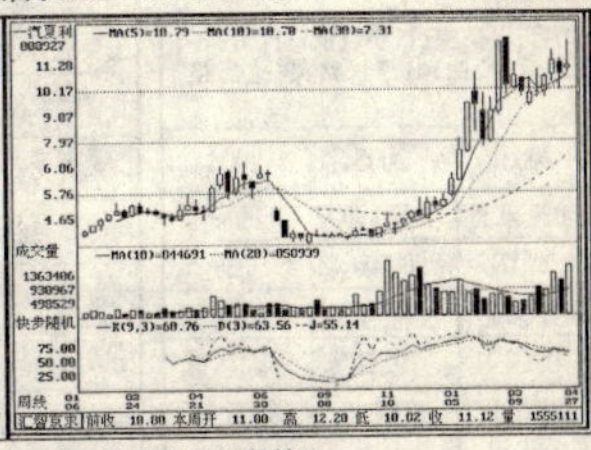

| | |
|---|---|
| 2006 年涨跌幅(%) | 81.9 |
| 2006 年最高(元) | 7.67 |
| 2007 年涨跌幅(%) | 106.31 |
| 2007.4.27 收盘(元) | 11.12 |
| 2007 年最高(元) | 12.38 |
| 2007 年最低(元) | 5.5 |
| 2007 年换手率(%) | 400.29 |

未来一年限售流通股解禁情况:

| 最新股本 | 总股本 | 非(限售)流通 | 流通 A | 流通 B/H/S | 股东户数 | 06 年末 | 06 三季 |
|---|---|---|---|---|---|---|---|
| | 159517.4 | 126904.6 | 32612.8 | | | 39797 | 38614 |

年报点评：公司主营经济型轿车，06 年公司本部销售没能延续 05 年的高增长态势，销量仅同比增长了 3.86%，但其参股的丰田汽车销售大增，从而带动公司投资收益明显增长，最终实现公司净利润同比大幅增长。我们认为公司的看点一是在自主产品的开发，更重要的是看投资收益增长情况。

## *ST 吉炭(000928)

上市日期:99/03/12　　电话:0432-2749375　　传真:0432-2749375

| 主营 | 炭素石墨制品的生产和销售 | | | |
|---|---|---|---|---|
| | 年　度 | 2006 | 2005 | 2004 |
| 主要指标 | 每股收益/扣除后(元) | 0.024/0.027 | -0.659 | -0.818/-0.657 |
| | 每股经营现金流量(元) | 0.075 | 0.343 | 0.2 |
| | 每股净资产/调整后(元) | 3.19/3.18 | 2.08/2.05 | 2.73/2.21 |
| | 未分利润(万元) | -36305.85 | -36953.86 | -18584.98 |
| | 资本公积(万元) | 86346.95 | 55462.86 | 55462.33 |
| 利润构成 | 主营收入(万元) | 129056.82 | 121579.72 | 112097.63 |
| | 主营利润(万元) | 17157.39 | 19747.6 | 15478.13 |
| | 投资收益(万元) | -101.83 | -185.12 | -165.46 |
| | 利润总额(万元) | 830.3 | -18598.32 | -23017.64 |
| | 净利润(万元) | 671.45 | -18656.2 | -23129.39 |
| 近年分配: | | | | |

| 主要股东及持股比例%、持股性质 | |
|---|---|
| 中国中钢集团公司 50.29% (国有股) | |
| 东方证券股份有限公司 0.81% (流通A股) | |
| 吴文科 0.73% (流通A股) | |
| 攀钢集团成都钢铁有限责任公司 0.71% (非流通股) | |
| 冯显博 0.57% (流通A股) | |
| 边书平 0.55% (流通A股) | |
| 本溪钢铁(集团)有限责任公司 0.53% (非流通股) | |
| 牛申强 0.47% (流通A股) | |
| 吴道建 0.37% (流通A股) | |
| 沈孜 0.35% (流通A股) | |
| 实际控制人: | 国务院国有资产监督管理委员会 |

二〇〇六年以来市场表现

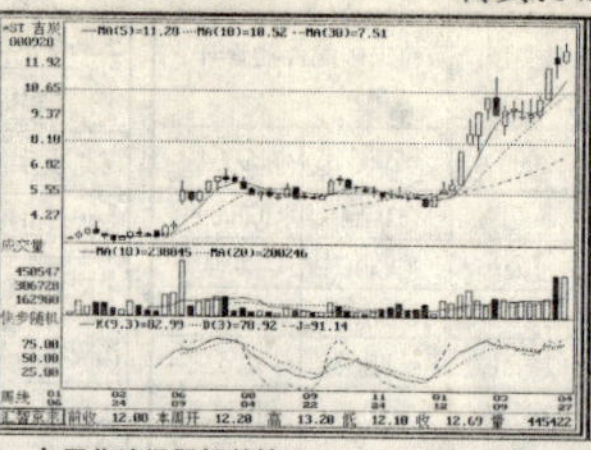

| | |
|---|---|
| 2006年涨跌幅(%) | 66.44 |
| 2006年最高(元) | 7.19 |
| 2007年涨跌幅(%) | 158.98 |
| 2007.4.27收盘(元) | 12.69 |
| 2007年最高(元) | 13.2 |
| 2007年最低(元) | 4.9 |
| 2007年换手率(%) | 275.24 |

未来一年限售流通股解禁情况:12188038股06月05日解禁

| 最新股本 | 总股本 | 非(限售)流通 | 流通A | 流通B/H/S | 股东户数 | 06年末 | 06三季 |
|---|---|---|---|---|---|---|---|
| | 28289.9 | 15456.57 | 12833.33 | | | 29219 | 31421 |

年报点评:公司是我国最大的炭素材料生产企业,主营各种规格的石墨电极和特炭材料。公司大股东已变更为中钢集团,中钢集团是我国最大铁矿石进口商贸企业。重组后公司有望成为中钢集团整合国内炭素行业的平台,中钢集团力争在5年内将公司打造成世界炭素行业三强。

## 兰州黄河(000929)

上市日期:99/06/23　　电话:0931-8449054　　传真:0931-8449005

| 主营 | 啤酒、麦芽、饲料的生产、批发零售。 | | | |
|---|---|---|---|---|
| | 年　度 | 2006 | 2005 | 2004 |
| 主要指标 | 每股收益/扣除后(元) | 0.11/0.07 | 0.1/-0.03 | 0.04/-0.06 |
| | 每股经营现金流量(元) | 0.52 | 0.57 | 0.32 |
| | 每股净资产/调整后(元) | 1.98/1.94 | 2.13/2.09 | 2.04/2 |
| | 未分利润(万元) | 1668.56 | 92.9 | -918.42 |
| | 资本公积(万元) | 15084.06 | 17548.78 | 17598.83 |
| 利润构成 | 主营收入(万元) | 75340.13 | 62182.97 | 43672.68 |
| | 主营利润(万元) | 19785.71 | 14376.45 | 9733.36 |
| | 投资收益(万元) | 100.41 | 1145.03 | 353.22 |
| | 利润总额(万元) | 4715.95 | 3500.56 | 1733.75 |
| | 净利润(万元) | 2026.62 | 1599.62 | 742.31 |
| 近年分配: | | | | |

| 主要股东及持股比例%、持股性质 | |
|---|---|
| 兰州黄河新盛投资有限公司 21.29% (非流通股) | |
| 中国长城资产管理公司 12.52% (国有股) | |
| 甘肃省工业交通投资公司 3.76% (国有股) | |
| 中国石化集团第五建设公司 2.25% (国有股) | |
| 甘肃新盛工贸有限公司 0.82% (流通A股) | |
| 赵百川 0.41% (流通A股) | |
| 任娜嘉 0.32% (流通A股) | |
| 杨纪强 0.11% (非流通股) | |
| 白威忠 0.02% (非流通股) | |
| 杨世江 0.02% (非流通股) | |
| 实际控制人: | 杨纪强 |

二〇〇六年以来市场表现

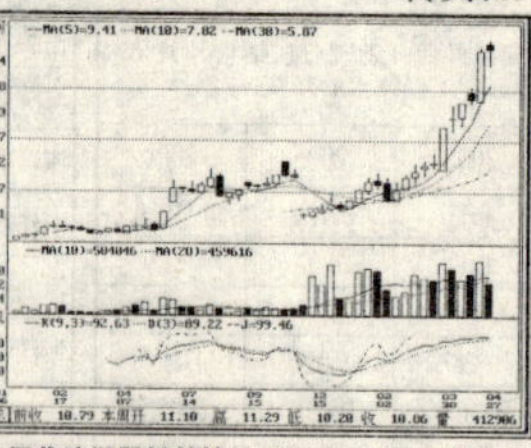

| | |
|---|---|
| 2006年涨跌幅(%) | 123.79 |
| 2006年最高(元) | 7.44 |
| 2007年涨跌幅(%) | 153.74 |
| 2007.4.27收盘(元) | 10.86 |
| 2007年最高(元) | 11.29 |
| 2007年最低(元) | 4.28 |
| 2007年换手率(%) | 670.85 |

未来一年限售流通股解禁情况:20733800股12月01日解禁

| 最新股本 | 总股本 | 非(限售)流通 | 流通A | 流通B/H/S | 股东户数 | 06年末 | 06三季 |
|---|---|---|---|---|---|---|---|
| | 18576.6 | 7425.6 | 11151 | | | 23145 | 16660 |

年报点评:公司是西北地区最大的啤酒及啤酒原料生产企业,"黄河"啤酒在甘肃市场占有率高达75%,西北市场拥有三分之一以上的份额。2006年公司进一步加强了主营生产、营销的统筹管理,保持了主营业务增长势头,呈现产销两旺良好局面。未来公司仍将稳步发展。

## 丰原生化(000930)

上市日期:99/07/12　　电话:0552-4926909　　传真:0552-4926758

| 主营 | 有机酸及其盐类、酯类及其它生物发酵制品、原料饲料、蛋白饲料的生产与销售。 | | | |
|---|---|---|---|---|
| | 年　度 | 2006 | 2005 | 2004 |
| 主要指标 | 每股收益/扣除后(元) | -0.399 | 0.144 | 0.26/0.25 |
| | 每股经营现金流量(元) | 0.074 | 0.4 | 0.86 |
| | 每股净资产/调整后(元) | 1.99/1.98 | 2.38/2.38 | 4.45/4.45 |
| | 未分利润(万元) | -5001.96 | 33959.86 | 27342.36 |
| | 资本公积(万元) | 87074.05 | 86677.44 | 98657.84 |
| 利润构成 | 主营收入(万元) | 439817.39 | 326131.36 | 219824.74 |
| | 主营利润(万元) | -3777.26 | 32135.45 | 38860.75 |
| | 投资收益(万元) | -774.32 | -868.51 | 1135.08 |
| | 利润总额(万元) | -35154.44 | 22602.99 | 16085.95 |
| | 净利润(万元) | -38484.11 | 13906.35 | 10113.72 |
| 近年分配: | 05中期:10转增10;04中期:10派0.5送2年终:10派1 | | | |

| 主要股东及持股比例%、持股性质 | |
|---|---|
| 安徽丰原集团有限公司 24.71% (国有股) | |
| 何林璇 0.58% (流通A股) | |
| 中国银行-易方达深证100交易型开放式指数证券投资基金 0.57% (流通A股) | |
| 雷连英 0.42% (流通A股) | |
| 中国工商银行-广发策略优选混合型证券投资基金 0.41% (流通A股) | |
| 刘庭兰 0.35% (流通A股) | |
| 中国人寿保险股份有限公司-传统-普通保险产品-005L-CT001深 0.29% (流通A股) | |
| 刘小毛 0.24% (流通A股) | |
| 张达 0.21% (流通A股) | |
| 刘国芬 0.19% (流通A股) | |
| 实际控制人: | 中粮集团有限公司 |

二〇〇六年以来市场表现

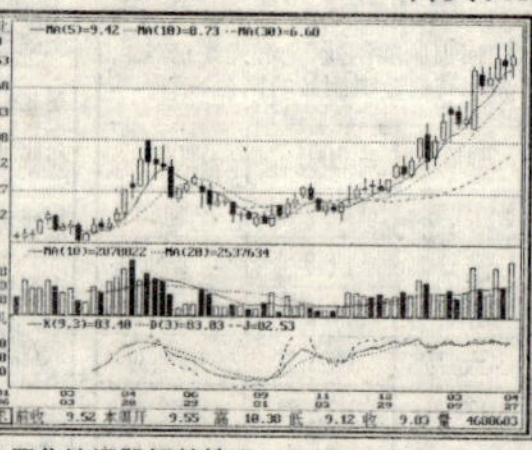

| | |
|---|---|
| 2006年涨跌幅(%) | 51.33 |
| 2006年最高(元) | 6.95 |
| 2007年涨跌幅(%) | 72.76 |
| 2007.4.27收盘(元) | 9.83 |
| 2007年最高(元) | 10.38 |
| 2007年最低(元) | 5.75 |
| 2007年换手率(%) | 561.5 |

未来一年限售流通股解禁情况:48126082股11月07日解禁

| 最新股本 | 总股本 | 非(限售)流通 | 流通A | 流通B/H/S | 股东户数 | 06年末 | 06三季 |
|---|---|---|---|---|---|---|---|
| | 96441.11 | 19564.98 | 76876.13 | | | 97767 | 105226 |

年报点评:中粮集团入股该公司后,将支持公司做大做强生物质能源和生物化工产业等核心业务。丰原生化是安徽省唯一燃料乙醇供应单位,目前燃料酒精产能已达到44万吨/年,新能源的应用受国家政策扶持。

## 中关村(000931)

上市日期:99/07/12　　电话:010-62140168　　传真:010-62140038

| 主营 | 高新技术和产品的开发、销售;科技项目、建设项目投资;各类工业、民用、能源、交通、市政、地铁、城市铁路、高速公路建设项目工程总承包。 | | | |
|---|---|---|---|---|
| | 年　度 | 2006 | 2005 | 2004 |
| 主要指标 | 每股收益/扣除后(元) | 0.006/-0.18 | -0.787/-0.82 | 0.09/0.04 |
| | 每股经营现金流量(元) | -0.1174 | 0.3459 | 0.36 |
| | 每股净资产/调整后(元) | 0.76/-2.26 | 0.74/-1.91 | 1.5/-1.66 |
| | 未分利润(万元) | -118833.42 | -119252.56 | -66125.01 |
| | 资本公积(万元) | 94197.91 | 93368.66 | 91376.54 |
| 利润构成 | 主营收入(万元) | 48881.38 | 50577.05 | 132481.71 |
| | 主营利润(万元) | 21207.33 | 26928.39 | 61632.81 |
| | 投资收益(万元) | 10750.23 | -37154.41 | 2050.21 |
| | 利润总额(万元) | 928.32 | -52349.48 | 6904.26 |
| | 净利润(万元) | 419.14 | -53127.55 | 5794.93 |
| 近年分配: | | | | |

| 主要股东及持股比例%、持股性质 | |
|---|---|
| 北京鹏泰投资有限公司 29.14% (非流通股) | |
| 广东粤文音像实业有限公司 7.5% (非流通股) | |
| 海源控股有限公司 5% (外资股) | |
| 北京实创高科技发展总公司 0.74% (国有股) | |
| 中关村高科技产业促进中心 0.74% (国有股) | |
| 联想控股有限公司 0.44% (国有股) | |
| 北大方正集团有限公司 0.44% (国有股) | |
| 马志玲 0.43% (流通A股) | |
| 林船 0.31% (流通A股) | |
| 武汉国信房地产发展有限公司 0.27% (非流通股) | |
| 实际控制人: | 黄光裕 |

二〇〇六年以来市场表现

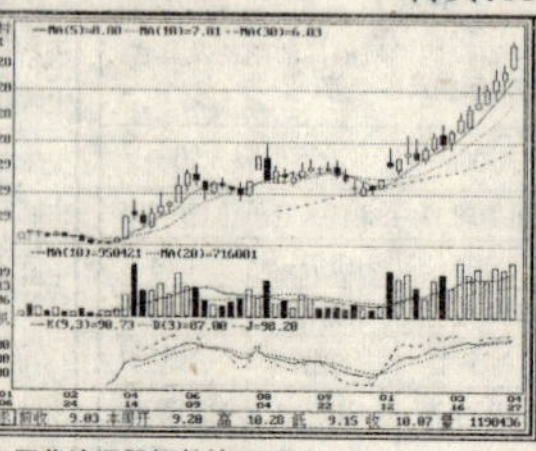

| | |
|---|---|
| 2006年涨跌幅(%) | 99.59 |
| 2006年最高(元) | 6.25 |
| 2007年涨跌幅(%) | 142.85 |
| 2007.4.27收盘(元) | 10.07 |
| 2007年最高(元) | 11.93 |
| 2007年最低(元) | 5.86 |
| 2007年换手率(%) | 304.43 |

未来一年限售流通股解禁情况:

| 最新股本 | 总股本 | 非(限售)流通 | 流通A | 流通B/H/S | 股东户数 | 06年末 | 06三季 |
|---|---|---|---|---|---|---|---|
| | 67484.69 | 24002.45 | 43482.25 | | | 208397 | 212374 |

年报点评:2006年公司将实现扭亏为盈,在股改中公司控股股东易人,鹏泰投资成为控股股东。公司将专注房地产开发和建筑施工。大股东还作出了若业绩不达标则追加对价的承诺。公司还持有中关村证券2.46亿股权。

## 华菱管线（000932）

上市日期:99/08/03　　电话:0731－2245196　　传真:0731－4447112

| | |
|---|---|
| 主营 | 炼钢、轧钢和有色金属压延加工及其产品的销售。 |

| | 年　度 | 2006 | 2005 | 2004 |
|---|---|---|---|---|
| 主要指标 | 每股收益/扣除后(元) | 0.486/0.478 | 0.266 | 0.57/0.571 |
| | 每股经营现金流量(元) | 1.5 | 1.53 | 0.52 |
| | 每股净资产/调整后(元) | 4.48/4.46 | 4.07/4.03 | 3.78/3.77 |
| | 未分利润(万元) | 268951.75 | 212334.98 | 191932.26 |
| | 资本公积(万元) | 379217.17 | 332885.79 | 228358.83 |
| 利润构成 | 主营收入(万元) | 3273401.13 | 2858948.9 | 2378608.66 |
| | 主营利润(万元) | 396511.95 | 267018.5 | 218159.24 |
| | 投资收益(万元) | 3379 | －3159.67 | －275.89 |
| | 利润总额(万元) | 153871.51 | 83125.4 | 133301.67 |
| | 净利润(万元) | 106804.37 | 54718.06 | 100479.67 |

近年分配:06 预案:10 派 1；05 年:10 派 1；04 年:10 派 1

| 主要股东及持股比例%、持股性质 |
|---|
| 湖南华菱钢铁集团有限责任公司 30.29%（非流通股） |
| MITTAL STEEL COMPANY N.V. 29.48%（外资股） |
| 海通－汇丰－MERRILL LYNCH INTERNATIONAL 0.81%（流通 A 股） |
| 国际金融－汇丰－MORGAN STANLEY & CO. INTERNATIONAL LIMITED 0.65%（流通 A 股） |
| 国泰君安－建行－香港上海汇丰银行有限公司 0.37%（流通 A 股） |
| 东方证券－农行－LEHMAN BROTHERS INTERNATIONAL (EUROPE) 0.37%（流通 A 股） |
| UBS AG 0.34%（流通 A 股） |
| 国泰君安－花旗－DEUTSCHE BANK AKTIENGESELLSCHAFT 0.29%（流通 A 股） |
| 中国银行－易方达深证 100 交易型开放式指数证券投资基金 0.28%（流通 A 股） |
| 加拿大丰业银行 0.24%（流通 A 股） |

实际控制人:湖南华菱钢铁集团有限责任公司

二〇〇六年以来市场表现

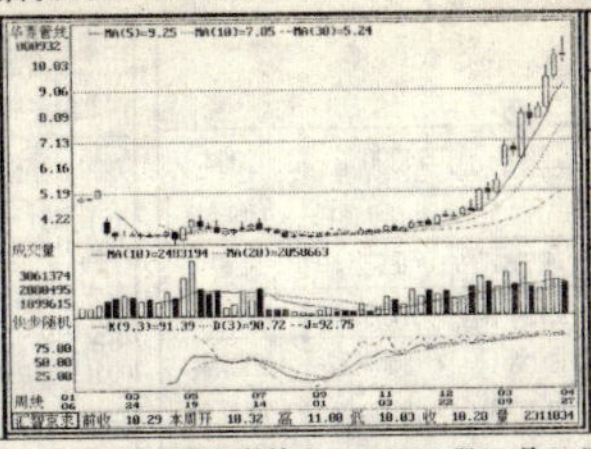

| | |
|---|---|
| 2006 年涨跌幅(%) | －11.27 |
| 2006 年最高(元) | 5.3 |
| 2007 年涨跌幅(%) | 143.03 |
| 2007.4.27 收盘(元) | 10.28 |
| 2007 年最高(元) | 11 |
| 2007 年最低(元) | 4.26 |
| 2007 年换手率(%) | 341.73 |

未来一年限售流通股解禁情况:219576338 股 03 月 01 日解禁

| 最新股本 | 总股本 | 非(限售)流通 | 流通 A | 流通 B/H/S | 股东户数 | 06 年末 | 06 三季 |
|---|---|---|---|---|---|---|---|
| | 219593.94 | 131537.5 | 88056.44 | | | 164186 | |

年报点评:随着公司投资建设的三大主体工程项目的达产,2006 年公司的产品结构得到优化和改善,公司净利润实现大幅增长。公司与米塔尔在六大产品技术领域的合作全面展开,积极开发新产品。公司产品的管比达到了 50%,“双高”产品比重达到了 70%以上。

## 神火股份（000933）

上市日期:99/08/31　　电话:0370－5114055　　传真:0370－5114822

| | |
|---|---|
| 主营 | 煤炭的生产、洗选加工与销售、发供电。 |

| | 年　度 | 2006 | 2005 | 2004 |
|---|---|---|---|---|
| 主要指标 | 每股收益/扣除后(元) | 0.805/0.842 | 0.945 | 1.374/1.382 |
| | 每股经营现金流量(元) | 0.504 | 0.449 | 1.609 |
| | 每股净资产/调整后(元) | 3.71/3.68 | 3.09/3.07 | 5.74/5.68 |
| | 未分利润(万元) | 36697.23 | 21265.01 | 29338.92 |
| | 资本公积(万元) | 53425.04 | 52010.41 | 75728.08 |
| 利润构成 | 主营收入(万元) | 195157.57 | 164160.26 | 122955.27 |
| | 主营利润(万元) | 83262.47 | 83179.31 | 60300.81 |
| | 投资收益(万元) | －3166.81 | －276.02 | 75.1 |
| | 利润总额(万元) | 62355.73 | 70669.58 | 51560.7 |
| | 净利润(万元) | 40242.89 | 47249.01 | 34349.86 |

近年分配:06 预案:10 派 4；05 中期:10 派 15 转增 10 年终:10 派 2

| 主要股东及持股比例%、持股性质 |
|---|
| 河南神火集团有限公司 25.2%（国有股） |
| 商丘市普天工贸有限公司 11.94%（非流通股） |
| 河南惠众投资有限公司 8.45%（非流通股） |
| 商丘新创投资管理有限公司 7.09%（非流通股） |
| 诺安价值增长股票证券投资基金 2.13%（流通 A 股） |
| 华夏大盘精选证券投资基金 2%（流通 A 股） |
| 南方绩优成长股票型证券投资基金 1.56%（流通 A 股） |
| 华夏红利混合型开放式证券投资基金 1.53%（流通 A 股） |
| 银华富裕主题股票型证券投资基金 1.26%（流通 A 股） |
| 华夏回报二号证券投资基金 1.13%（流通 A 股） |

实际控制人:河南神火集团有限公司

二〇〇六年以来市场表现

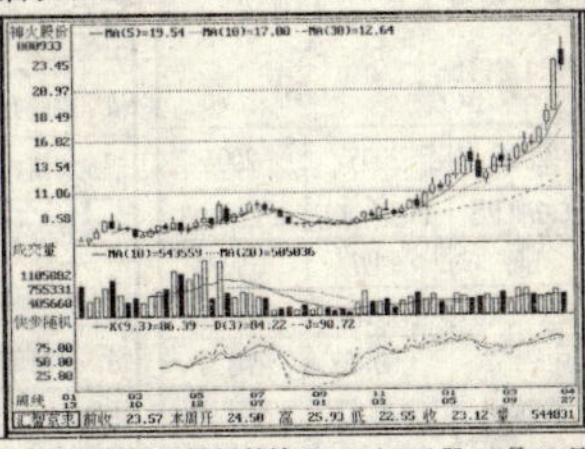

| | |
|---|---|
| 2006 年涨跌幅(%) | 111.9 |
| 2006 年最高(元) | 16.19 |
| 2007 年涨跌幅(%) | 106.24 |
| 2007.4.27 收盘(元) | 23.12 |
| 2007 年最高(元) | 25.93 |
| 2007 年最低(元) | 11.26 |
| 2007 年换手率(%) | 267.06 |

未来一年限售流通股解禁情况:52694717 股 01 月 10 日解禁

| 最新股本 | 总股本 | 非(限售)流通 | 流通 A | 流通 B/H/S | 股东户数 | 06 年末 | 06 三季 |
|---|---|---|---|---|---|---|---|
| | 50000 | 26340 | 23660 | | | 24025 | 40237 |

年报点评:公司 2006 年通过一系列股权收购,先后取得了集团拥有的部分煤炭、电力和电解铝资产,并准备通过定向增发收购神火集团剩下主要经营性资产,实现集团整体上市,形成了较为强大的煤电铝产业。公司 2007 年电解铝产量有望达到 11 万吨,成为利润贡献重要来源。

## S 川双马（000935）

上市日期:99/08/24　　电话:0816－3721498　　传真:0816－3721498

| | |
|---|---|
| 主营 | 水泥的生产、销售 |

| | 年　度 | 2006 | 2005 | 2004 |
|---|---|---|---|---|
| 主要指标 | 每股收益/扣除后(元) | －0.155/－0.124 | 0.027 | －0.24/－0.198 |
| | 每股经营现金流量(元) | 0.1231 | 0.1438 | －0.22 |
| | 每股净资产/调整后(元) | 1.4/1.3 | 1.55/1.47 | 1.51/1.43 |
| | 未分利润(万元) | －6278.92 | －1336.73 | －2190.95 |
| | 资本公积(万元) | 15897.56 | 15871.49 | 15830.59 |
| 利润构成 | 主营收入(万元) | 57178.75 | 39359.6 | 45566.29 |
| | 主营利润(万元) | 6548.9 | 5329.88 | 4291.21 |
| | 投资收益(万元) | 365.76 | 226.75 | －977.65 |
| | 利润总额(万元) | －4759.53 | 1864.45 | －8936.92 |
| | 净利润(万元) | －4942.19 | 854.22 | －7821.22 |

近年分配:

| 主要股东及持股比例%、持股性质 |
|---|
| 四川双马投资集团有限公司 66.5%（国有股） |
| 中国工商银行－广发策略优选混合型证券投资基金 2.15%（流通 A 股） |
| 中国工商银行－建信优选成长股票型证券投资基金 1.43%（流通 A 股） |
| 中国建设银行－信诚精萃成长股票型证券投资基金 1.13%（流通 A 股） |
| 中国银行－银华优势企业(平衡型)证券投资基金 0.96%（流通 A 股） |
| 中国建设银行－鹏华价值优势股票型证券投资基金 0.87%（流通 A 股） |
| 中国建设银行－中信红利精选股票型证券投资基金 0.48%（流通 A 股） |
| 赵兰妹 0.47%（流通 A 股） |
| 中国银行－华夏回报证券投资基金 0.47%（流通 A 股） |
| 中国工商银行－诺安价值增长股票证券投资基金 0.4%（流通 A 股） |

实际控制人:四川双马投资集团有限公司

二〇〇六年以来市场表现

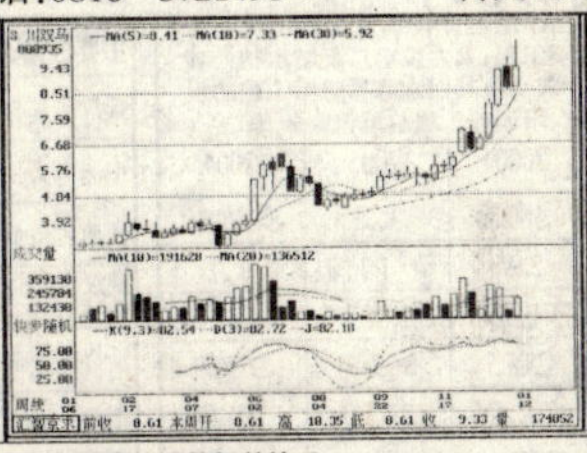

| | |
|---|---|
| 2006 年涨跌幅(%) | 200.98 |
| 2006 年最高(元) | 9.24 |
| 2007 年涨跌幅(%) | 0.97 |
| 2007.4.27 收盘(元) | 9.33 |
| 2007 年最高(元) | 10.35 |
| 2007 年最低(元) | 8.51 |
| 2007 年换手率(%) | 23.81 |

未来一年限售流通股解禁情况:

| 最新股本 | 总股本 | 非(限售)流通 | 流通 A | 流通 B/H/S | 股东户数 | 06 年末 | 06 三季 |
|---|---|---|---|---|---|---|---|
| | 31941 | 21501 | 10440 | | | 21718 | 30562 |

年报点评:公司 2006 年亏损,2007 年一季度继续亏损,预计全年会扭亏。现有水泥年生产能力 220 万吨,是我国西南地区最大水泥企业。公司股改方案将与拉法基对公司的股权收购同时进行,并购获有关部门批准后,公司基本面彻底改变,将为其带来一轮新的发展机遇。

## 华西村（000936）

上市日期:99/08/10　　电话:0510－86217188　　传真:0510－86217177

| | |
|---|---|
| 主营 | 制造、加工和销售纺织品和服装(含自备热电)。 |

| | 年　度 | 2006 | 2005 | 2004 |
|---|---|---|---|---|
| 主要指标 | 每股收益/扣除后(元) | 0.12/0.12 | 0.14 | 0.22/0.2 |
| | 每股经营现金流量(元) | 0.44 | 0.3 | 0.12 |
| | 每股净资产/调整后(元) | 2.51/2.5 | 2.36/2.35 | 2.31/2.3 |
| | 未分利润(万元) | 23884.04 | 22396 | 21955.37 |
| | 资本公积(万元) | 35686.46 | 12414.06 | 11990.85 |
| 利润构成 | 主营收入(万元) | 279055.4 | 220743.72 | 251084.05 |
| | 主营利润(万元) | 14632.13 | 9047.34 | 14418.06 |
| | 投资收益(万元) | 15.11 | －16.91 | －12.33 |
| | 利润总额(万元) | 7794.96 | 5668.92 | 9265.25 |
| | 净利润(万元) | 5247.32 | 4177.08 | 6595.24 |

近年分配:06 预案:10 派 0.5；05 年:10 派 1；04 年:10 派 1

| 主要股东及持股比例%、持股性质 |
|---|
| 江苏华西集团公司 40.98%（非流通股） |
| 中国银行—嘉实成长收益型证券投资基金 2.1%（流通 A 股） |
| 江阴市华士华西冷轧带钢厂 1.97%（流通 A 股） |
| 中国农业银行—大成债券投资基金 1.14%（流通 A 股） |
| 东海证券有限责任公司 1%（流通 A 股） |
| 山西信托投资有限责任公司—国信集团资金信托 0.96%（流通 A 股） |
| 胡廷柱 0.92%（流通 A 股） |
| 上海潞安投资有限公司 0.74%（流通 A 股） |
| 合翔(常州)电子有限公司 0.57%（流通 A 股） |
| 华宝信托投资有限责任公司—资金信托 2006JH015 0.43%（流通 A 股） |

实际控制人:江阴市华士镇华西村村民委员会

二〇〇六年以来市场表现

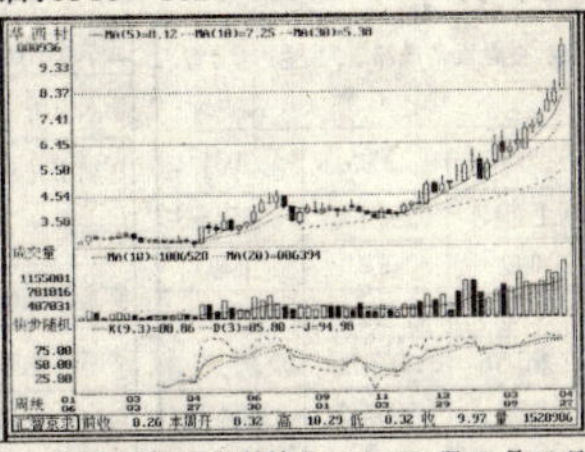

| | |
|---|---|
| 2006 年涨跌幅(%) | 78.26 |
| 2006 年最高(元) | 5.24 |
| 2007 年涨跌幅(%) | 106.85 |
| 2007.4.27 收盘(元) | 9.97 |
| 2007 年最高(元) | 10.29 |
| 2007 年最低(元) | 4.63 |
| 2007 年换手率(%) | 539.68 |

未来一年限售流通股解禁情况:15175933 股 11 月 08 日解禁

| 最新股本 | 总股本 | 非(限售)流通 | 流通 A | 流通 B/H/S | 股东户数 | 06 年末 | 06 三季 |
|---|---|---|---|---|---|---|---|
| | 44000.76 | 18033.56 | 25967.19 | | | 23317 | 19850 |

年报点评:公司控股股东华西集团是我国最著名的乡镇企业,公司汇集了集团在纺织化纤领域的核心优质资产,是华西集团在资本市场上倾力打造的旗舰。公司参股华泰证券及江苏银行,具备市场最热的热点

## 金牛能源（000937）

上市日期：99/09/09　　电话：0319－2068242　　传真：0319－2068888

| 主营 | 煤炭生产及洗选加工 | | |
|---|---|---|---|
| 年度 | 2006 | 2005 | 2004 |
| 每股收益/扣除后(元) | 0.614/0.621 | 0.68/0.684 | 0.9/0.942 |
| 每股经营现金流量(元) | 1.2384 | 0.8225 | 1.67 |
| 每股净资产/调整后(元) | 4.14/4.11 | 3.79/3.78 | 4.71/4.69 |
| 未分利润(万元) | 108788.17 | 84878.5 | 62124.84 |
| 资本公积(万元) | 106092.36 | 106238.93 | 76240.08 |
| 主营收入(万元) | 369467.68 | 320945.26 | 240920.85 |
| 主营利润(万元) | 134983.24 | 136181.48 | 94897.65 |
| 投资收益(万元) | −29.53 | | |
| 利润总额(万元) | 65401.09 | 78360.85 | 50637.29 |
| 净利润(万元) | 48332.24 | 53279.33 | 38125.71 |
| 近年分配： | 06年：10派2.5；05年：10派2.5；04年：10派5转增6 | | |

| 主要股东及持股比例%、持股性质 |
|---|
| 河北金牛能源集团有限责任公司 57.72%（国有股） |
| 兴和证券投资基金 0.37%（流通A股） |
| 中国银行－易方达深证100交易型开放式指数证券投资基金 0.29%（流通A股） |
| 东方世纪证券投资顾问有限公司 0.26%（流通A股） |
| 中国人寿保险股份有限公司－传统－普通保险产品－005L－CT001深 0.19%（流通A股） |
| 谢宇 0.16%（流通A股） |
| 林俊烨 0.16%（流通A股） |
| 张剑鸣 0.13%（流通A股） |
| 中国银行－华夏回报证券投资基金 0.13%（流通A股） |
| 康官强 0.12%（流通A股） |
| 实际控制人：河北省人民政府国有资产监督管理委员会 |

二〇〇六年以来市场表现

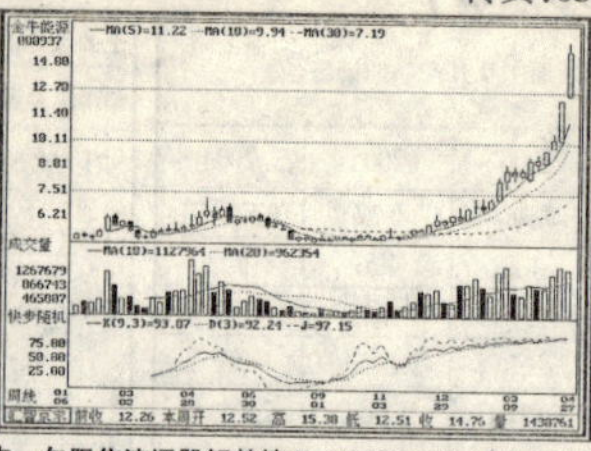

| | |
|---|---|
| 2006年涨跌幅(%) | 23.46 |
| 2006年最高(元) | 7.4 |
| 2007年涨跌幅(%) | 151.85 |
| 2007.4.27收盘(元) | 14.76 |
| 2007年最高(元) | 15.55 |
| 2007年最低(元) | 5.95 |
| 2007年换手率(%) | 493.42 |

未来一年限售流通股解禁情况：39159946股06月28日解禁

| 最新股本 | 总股本 | 非(限售)流通 | 流通A | 流通B/H/S | 股东户数 | 06年末 | 06三季 |
|---|---|---|---|---|---|---|---|
| | 78694.03 | 45420.03 | 33274 | | | 59080 | 56845 |

年报点评：公司2006年净利润同比下滑9.29%，主要是由于成本上升与煤炭价格下滑影响，导致综合毛利率为38%，比去年同期下降5.7个百分点。公司控股股东金牛能源集团将依托公司这个上市平台，逐步将其优良资产纳入公司，公司业绩将会得到提升，从而也会刺激股价走强。

## 紫光股份（000938）

上市日期：99/11/04　　电话：010－62770008　　传真：010－62770880

| 主营 | 信息电子类产品的开发、制造与销售 | | |
|---|---|---|---|
| 年度 | 2006 | 2005 | 2004 |
| 每股收益/扣除后(元) | 0.052/0.023 | −0.156/−0.173 | 0.125/0.091 |
| 每股经营现金流量(元) | 1.09 | 0.197 | −0.144 |
| 每股净资产/调整后(元) | 3.01/2.93 | 2.98/2.96 | 3.18/3.16 |
| 未分利润(万元) | −636.72 | −1711.33 | 2948.81 |
| 资本公积(万元) | 38426.68 | 38747.27 | 38325.38 |
| 主营收入(万元) | 350190.21 | 339485.6 | 309035.27 |
| 主营利润(万元) | 22261.39 | 19656.08 | 19003.31 |
| 投资收益(万元) | 1350.41 | −4887.85 | 1568.96 |
| 利润总额(万元) | 2810.49 | −2124.14 | 3414.42 |
| 净利润(万元) | 1074.62 | −3217.58 | 2581.38 |
| 近年分配： | 04年：10派0.7 | | |

| 主要股东及持股比例%、持股性质 |
|---|
| 清华控股有限公司 32.54%（国有股） |
| 紫光集团有限公司 15.58%（国有股） |
| 中国北方工业公司 2.41%（国有股） |
| 中国电子器件工业总公司 1.62%（国有股） |
| 钢铁研究总院 0.96%（国有股） |
| 北京市密云县工业开发区总公司 0.3%（国有股） |
| 李静 0.27%（流通A股） |
| 陈峰 0.16%（流通A股） |
| 蒋张生 0.16%（流通A股） |
| 刘燕城 0.13%（流通A股） |
| 实际控制人：清华控股有限公司 |

二〇〇六年以来市场表现

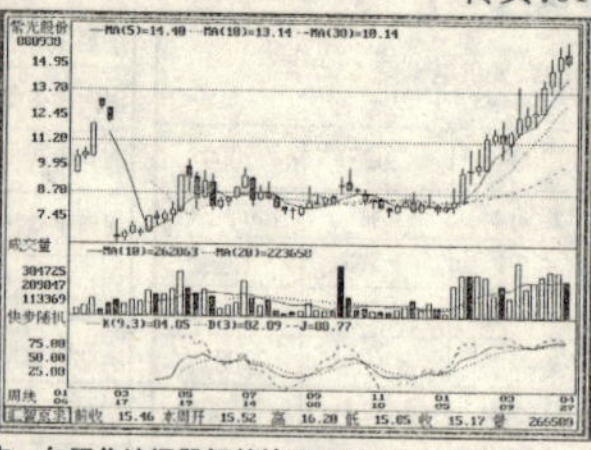

| | |
|---|---|
| 2006年涨跌幅(%) | 23.2 |
| 2006年最高(元) | 15.38 |
| 2007年涨跌幅(%) | 93 |
| 2007.4.27收盘(元) | 15.17 |
| 2007年最高(元) | 16.2 |
| 2007年最低(元) | 7.8 |
| 2007年换手率(%) | 370.88 |

未来一年限售流通股解禁情况：20608000股03月08日解禁

| 最新股本 | 总股本 | 非(限售)流通 | 流通A | 流通B/H/S | 股东户数 | 06年末 | 06三季 |
|---|---|---|---|---|---|---|---|
| | 20608 | 11008.75 | 9599.25 | | | 45642 | 48473 |

年报点评：2006年公司整体业务继续保持平稳增长。在年初制定的"加强合作、增长实力、自主创新、全面提高"的经营方针指导下，公司加强IT产业布局，优化业务结构，有效地拓展了业务发展的空间。但是利润率的低下仍然是制约公司发展的一个重要因素。

## 凯迪电力（000939）

上市日期：99/09/23　　电话：027－67869005　　传真：027－67869028

| 主营 | 燃煤电厂烟气脱硫工程、洁净煤燃烧技术及工程污水综合治理工程、垃圾资源化处理工程、火力发电厂凝结水精处理工程、锅炉补给水工程、冲灰水及其回水除垢防垢工程的设计、成套、施工、安装、调试、培训等工程总承包业务。 | | |
|---|---|---|---|
| 年度 | 2006 | 2005 | 2004 |
| 每股收益/扣除后(元) | 0.41/0.39 | 0.36 | 0.36/0.36 |
| 每股经营现金流量(元) | 2.99 | 1.3 | 0.27 |
| 每股净资产/调整后(元) | 3.1/2.68 | 2.8/2.1 | 2.54/2.47 |
| 未分利润(万元) | 42508.5 | 34936.33 | 29083.21 |
| 资本公积(万元) | 7292.82 | 7355.67 | 7355.67 |
| 主营收入(万元) | 171301.66 | 189044.99 | 152929.34 |
| 主营利润(万元) | 28696.27 | 31714.64 | 22938.95 |
| 投资收益(万元) | 3345.67 | 3554.16 | 136.2 |
| 利润总额(万元) | 14396.97 | 12409.12 | 13107.52 |
| 净利润(万元) | 11513.84 | 10258.16 | 10183.36 |
| 近年分配： | 06预案：10派1；05年：10派1；04年：10派1 | | |

| 主要股东及持股比例%、持股性质 |
|---|
| 武汉凯迪控股投资有限公司 16.84%（非流通股） |
| 中国电力投资有限公司 5.45%（国有股） |
| 江西省电业开发总公司 3.41%（国有股） |
| 武汉大学资产经营投资管理有限责任公司 3.27%（国有股） |
| 冶金工业部武汉钢铁设计研究院 2.04%（国有股） |
| 中国水利电力物资有限公司 2.04%（国有股） |
| 湖北省电力公司 2.04%（国有股） |
| 武汉市经济技术市场发展中心 1.36%（国有股） |
| 国家电力公司西南电力设计院 1.14%（国有股） |
| 高碑店济华电力设备有限公司 1.14%（非流通股） |
| 实际控制人：武汉环科投资有限公司 |

二〇〇六年以来市场表现

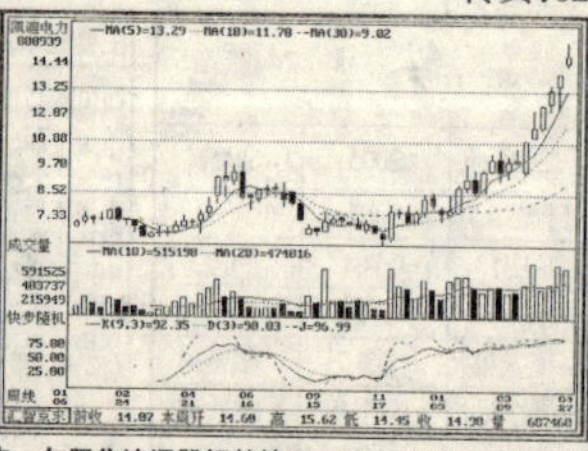

| | |
|---|---|
| 2006年涨跌幅(%) | 44.97 |
| 2006年最高(元) | 10.59 |
| 2007年涨跌幅(%) | 86.48 |
| 2007.4.27收盘(元) | 14.9 |
| 2007年最高(元) | 15.62 |
| 2007年最低(元) | 7.21 |
| 2007年换手率(%) | 465.71 |

未来一年限售流通股解禁情况：77231454股09月07日解禁

| 最新股本 | 总股本 | 非(限售)流通 | 流通A | 流通B/H/S | 股东户数 | 06年末 | 06三季 |
|---|---|---|---|---|---|---|---|
| | 28119 | 11183.4 | 16935.6 | | | 36954 | 36046 |

年报点评：2006年公司净利润同比增长了12.24%。电力脱硫行业技术门槛低，且主要技术都来源于国外，这都导致行业无序竞争，行业利润也逐渐减少。公司拟向第一大股东非公开发行，购买杨河煤业39.23%股权。将向绿色能源综合型环保公司转型，公司前景值得看好。

## 南天信息（000948）

上市日期：99/10/14　　电话：0871－3366327　　传真：0871－3317398

| 主营 | 信息业软件开发、系统集成、金融设备产品研发、生产、销售和科技服务。 | | |
|---|---|---|---|
| 年度 | 2006 | 2005 | 2004 |
| 每股收益/扣除后(元) | 0.13/0.149 | 0.1 | 0.085/0.085 |
| 每股经营现金流量(元) | 0.02 | 0.4 | 0.47 |
| 每股净资产/调整后(元) | 3.15/3.09 | 3.56/3.45 | 3.59/3.52 |
| 未分利润(万元) | 1667.57 | 1133.73 | 142.76 |
| 资本公积(万元) | 29288 | 31574.21 | 31454.77 |
| 主营收入(万元) | 142472.62 | 126502.54 | 125761.51 |
| 主营利润(万元) | 20398.26 | 18097.91 | 16655.68 |
| 投资收益(万元) | 258.19 | 593.36 | 428.05 |
| 利润总额(万元) | 2807.68 | 1631.72 | 1464.82 |
| 净利润(万元) | 2011.97 | 1400.44 | 1193.17 |
| 近年分配： | 06预案：10派0.5；05年：10派0.8；04年：10派0.6 | | |

| 主要股东及持股比例%、持股性质 |
|---|
| 南天电子信息产业集团公司 40.27%（国有股） |
| 深圳市九夷投资有限责任公司 18.28%（非流通股） |
| 云南医药工业股份有限公司 3.11%（非流通股） |
| 李宏坤 0.62%（非流通股） |
| 李志伟 0.15%（流通A股） |
| 杨卫彬 0.12%（流通A股） |
| 文国亮 0.11%（流通A股） |
| 邹丽霞 0.09%（流通A股） |
| 刘荣洲 0.09%（流通A股） |
| 戴金传 0.09%（流通A股） |
| 实际控制人：南天电子信息产业集团公司 |

二〇〇六年以来市场表现

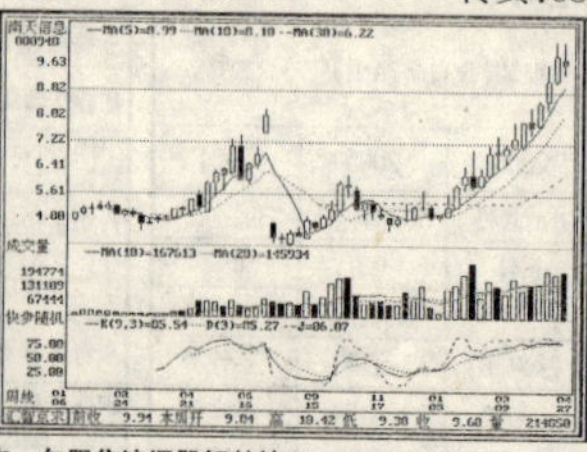

| | |
|---|---|
| 2006年涨跌幅(%) | 59.25 |
| 2006年最高(元) | 9.44 |
| 2007年涨跌幅(%) | 99.18 |
| 2007.4.27收盘(元) | 9.68 |
| 2007年最高(元) | 10.43 |
| 2007年最低(元) | 4.78 |
| 2007年换手率(%) | 418.13 |

未来一年限售流通股解禁情况：14027581股08月07日解禁

| 最新股本 | 总股本 | 非(限售)流通 | 流通A | 流通B/H/S | 股东户数 | 06年末 | 06三季 |
|---|---|---|---|---|---|---|---|
| | 16055.1 | 10000.06 | 6055.04 | | | 24191 | 24779 |

年报点评：公司所处行业为电子信息产业和医药行业，主要从事软件开发、系统集成、金融专用设备以及医药产品的研究开发及生产经营。2006年在公司行业市场竞争更趋激烈的的不利情况下，公司实现了利润的大幅度增长。预计公司经营状况的好转态势将得以保持。

## 新乡化纤（000949）

上市日期:99/10/21　　电话:0373－3978966　　传真:0373－3911359

| | | | | |
|---|---|---|---|---|
| 主营 | 粘胶纤维的生产与销售 | | | |
| | 年　度 | 2006 | 2005 | 2004 |
| 主要指标 | 每股收益/扣除后(元) | 0.154/0.15 | 0.017 | 0.23/0.209 |
| | 每股经营现金流量(元) | 0.1044 | 1.2998 | 0.26 |
| | 每股净资产/调整后(元) | 2.76/2.76 | 2.6/2.6 | 2.67/2.67 |
| | 未分利润(万元) | 34302.36 | 27484.18 | 31695.57 |
| | 资本公积(万元) | 37039.16 | 36771.88 | 36072.56 |
| 利润构成 | 主营收入(万元) | 206600.83 | 144632.58 | 139978.42 |
| | 主营利润(万元) | 27146.57 | 14259.13 | 28544.71 |
| | 投资收益(万元) | | | |
| | 利润总额(万元) | 10933.71 | 1717.04 | 15625.98 |
| | 净利润(万元) | 7575.76 | 816.85 | 11196.54 |
| 近年分配: | 04 年:10 派 1 | | | |

| 主要股东及持股比例%、持股性质 | |
|---|---|
| 新乡白鹭化纤集团有限责任公司 34.26%（国有股） | |
| 新乡市国有资产经营公司 14.98%（国有股） | |
| 中国建设银行－上投摩根中国优势证券投资基金 1.28%（流通 A 股） | |
| 潘爱钗 1.03%（流通 A 股） | |
| 巩毅 0.69%（流通 A 股） | |
| 交通银行－兴科证券投资基金 0.38%（流通 A 股） | |
| 浙江华普资产管理有限公司 0.2%（流通 A 股） | |
| 孙嘉程 0.18%（流通 A 股） | |
| 冯云雅 0.15%（流通 A 股） | |
| 时素荣 0.14%（流通 A 股） | |
| 实际控制人: | 新乡市国有资产监督管理委员会 |

二〇〇六年以来市场表现

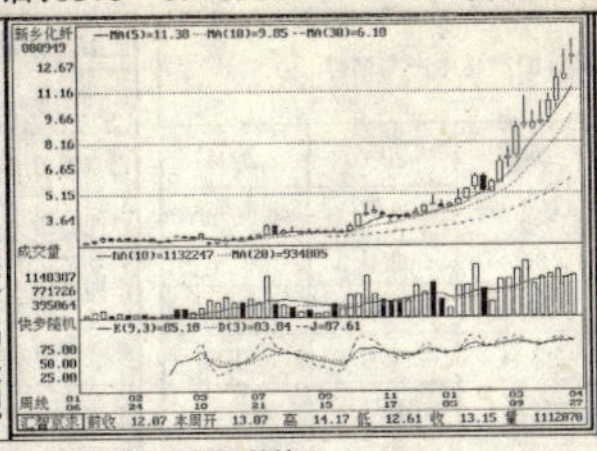

| | |
|---|---|
| 2006 年涨跌幅(%) | 158.26 |
| 2006 年最高(元) | 6.66 |
| 2007 年涨跌幅(%) | 210.14 |
| 2007.4.27 收盘(元) | 13.15 |
| 2007 年最高(元) | 14.17 |
| 2007 年最低(元) | 4.24 |
| 2007 年换手率(%) | 634.76 |

未来一年限售流通股解禁情况:

| 最新股本 | 总股本 | 非(限售)流通 | 流通 A | 流通 B/H/S | 股东户数 | 06 年末 | 06 三季 |
|---|---|---|---|---|---|---|---|
| | 49057.14 | 24173.88 | 24883.26 | | | 46494 | 45964 |

年报点评：主营粘胶长丝和粘胶短纤维。粘胶纤维是我国纺织业中盈利能力最强的产业，公司长丝产能居全国首位，长丝出口量占产量比例超过 50%，具有较强国际竞争力。目前有粘胶长丝和短纤产能各 5 万吨、氨纶 3000 吨。计划 2007 年底前增加 3000 吨氨纶产能。

## 建峰化工（000950）

上市日期:99/09/16　　电话:023－65180743　　传真:023－65180666

| | | | | |
|---|---|---|---|---|
| 主营 | 化肥及相关产品的生产和销售。 | | | |
| | 年　度 | 2006 | 2005 | 2004 |
| 主要指标 | 每股收益/扣除后(元) | 0.531/0.53 | -0.283/-0.306 | 0.05/-0.424 |
| | 每股经营现金流量(元) | 1.9208 | 0.5816 | 0.38 |
| | 每股净资产/调整后(元) | 1.64/1.61 | 1.1/1.09 | 1.27/1.22 |
| | 未分利润(万元) | 6447.03 | -1068.84 | -20562.48 |
| | 资本公积(万元) | 2048.55 | 2048.55 | 23517.9 |
| 利润构成 | 主营收入(万元) | 97395.81 | 33303.93 | 28843.28 |
| | 主营利润(万元) | 36176.31 | 1131.82 | -745.8 |
| | 投资收益(万元) | | 1.44 | 1.43 |
| | 利润总额(万元) | 20703.62 | -4382.45 | 796.53 |
| | 净利润(万元) | 8232.21 | -4382.45 | 796.53 |
| 近年分配: | | | | |

| 主要股东及持股比例%、持股性质 | |
|---|---|
| 中国核工业建峰化工总厂 53.65%（国有股） | |
| 重庆合川盐化工业有限公司 1.94%（国有股） | |
| 重庆康达机械(集团)有限责任公司 1.88%（非流通股） | |
| 广东高力实业有限公司 0.86%（非流通股） | |
| 重庆嘉陵化学制品有限公司 0.86%（非流通股） | |
| 舒礼军 0.39%（流通 A 股） | |
| 叶奕尧 0.3%（流通 A 股） | |
| 郑燕 0.26%（流通 A 股） | |
| 叶一坚 0.22%（流通 A 股） | |
| 梁永璋 0.21%（流通 A 股） | |
| 实际控制人: | 重庆化医控股(集团)公司 |

二〇〇六年以来市场表现

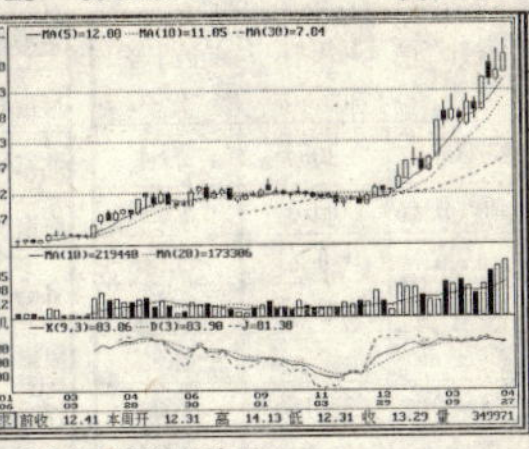

| | |
|---|---|
| 2006 年涨跌幅(%) | 70.31 |
| 2006 年最高(元) | 6.71 |
| 2007 年涨跌幅(%) | 118.59 |
| 2007.4.27 收盘(元) | 13.29 |
| 2007 年最高(元) | 14.13 |
| 2007 年最低(元) | 5.92 |
| 2007 年换手率(%) | 444.16 |

未来一年限售流通股解禁情况:

| 最新股本 | 总股本 | 非(限售)流通 | 流通 A | 流通 B/H/S | 股东户数 | 06 年末 | 06 三季 |
|---|---|---|---|---|---|---|---|
| | 15500 | 9175 | 6325 | | | 14570 | 12435 |

年报点评：公司新置换进的资产主要有 30 万吨合成氨，52 万吨尿素，实际尿素产量达到 59 万吨，超过装置设计能力 6 万吨。该装置采用的布朗工艺是国际最先进的工艺之一。公司投资新建 45 万吨合成氨，80 万吨尿素预计将在 2008 年年底建成投产。

## 中国重汽（000951）

上市日期:99/11/25　　电话:0531－5587586　　传真:0531－5587003

| | | | | |
|---|---|---|---|---|
| 主营 | 载重汽车、专用汽车等产品的制造和销售 | | | |
| | 年　度 | 2006 | 2005 | 2004 |
| 主要指标 | 每股收益/扣除后(元) | 0.7/0.67 | 0.59 | 0.68/0.71 |
| | 每股经营现金流量(元) | 1.49 | 0.6 | 3.38 |
| | 每股净资产/调整后(元) | 4.09/4.09 | 2.13/2.13 | 1.54/1.53 |
| | 未分利润(万元) | 14291.05 | -5365.48 | -20429.48 |
| | 资本公积(万元) | 81915.13 | 33609.21 | 33474.78 |
| 利润构成 | 主营收入(万元) | 946953.91 | 650632.24 | 768261.72 |
| | 主营利润(万元) | 97032.25 | 54407.6 | 66967.35 |
| | 投资收益(万元) | -191.71 | | |
| | 利润总额(万元) | 42256.37 | 15909.59 | 17390.17 |
| | 净利润(万元) | 22440.8 | 15064 | 17390.17 |
| 近年分配: | | | | |

| 主要股东及持股比例%、持股性质 | |
|---|---|
| 中国重型汽车集团有限公司 63.78%（国有股） | |
| 全国社保基金一零一组合 3.73%（流通 A 股） | |
| 中国银行－南方高增长股票型开放式证券投资基金 2.79%（流通 A 股） | |
| 全国社保基金一零四组合 2.18%（流通 A 股） | |
| 交通银行－科讯证券投资基金 1.68%（流通 A 股） | |
| 中国建设银行－信诚精萃成长股票型证券投资基金 1.47%（流通 A 股） | |
| 中国工商银行－南方稳健成长证券投资基金 1.45%（流通 A 股） | |
| 中国工商银行－天元证券投资基金 1.21%（流通 A 股） | |
| 中国人民财产保险股份有限公司－传统－普通保险产品 0.95%（流通 A 股） | |
| 中国工商银行－国投瑞银核心企业股票型证券投资基金 0.92%（流通 A 股） | |
| 实际控制人: | 中国重型汽车集团有限公司 |

二〇〇六年以来市场表现

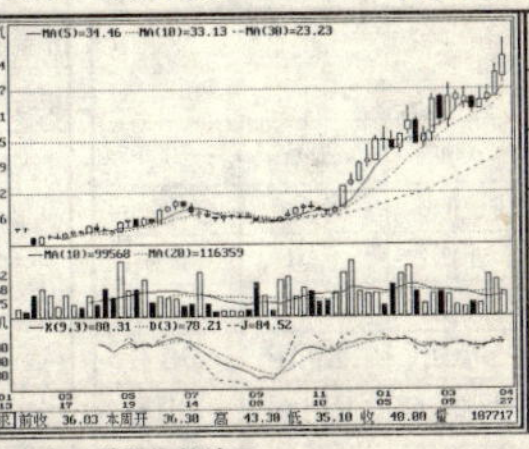

| | |
|---|---|
| 2006 年涨跌幅(%) | 269.94 |
| 2006 年最高(元) | 32.83 |
| 2007 年涨跌幅(%) | 60 |
| 2007.4.27 收盘(元) | 40 |
| 2007 年最高(元) | 43.3 |
| 2007 年最低(元) | 22.68 |
| 2007 年换手率(%) | 153.51 |

未来一年限售流通股解禁情况:

| 最新股本 | 总股本 | 非(限售)流通 | 流通 A | 流通 B/H/S | 股东户数 | 06 年末 | 06 三季 |
|---|---|---|---|---|---|---|---|
| | 32263.5 | 20743.68 | 11519.82 | | | 8614 | 9954 |

年报点评：虽重卡业缓慢复苏，公司销售收入及利润都大幅增长，这一方面要归功于企业稳定经营，同时也归功于新产品开发、国际市场开拓及产品品质提升。07 年公司将继续深化管理，加强营销网络建设，延长产业链，化解维柴发动机分离的影响，实现企业稳定增长。

## 广济药业（000952）

上市日期:99/11/12　　电话:0713－6216068　　传真:0713－6212108

| | | | | |
|---|---|---|---|---|
| 主营 | 生产经营医药原料药、医药制剂、饲料添加剂，出口本企业自产的各类药。 | | | |
| | 年　度 | 2006 | 2005 | 2004 |
| 主要指标 | 每股收益/扣除后(元) | 0.06/0.08 | 0.05 | 0.05/0.05 |
| | 每股经营现金流量(元) | 0.5 | 0.32 | -0.02 |
| | 每股净资产/调整后(元) | 1.9/1.79 | 3.1/2.92 | 3.05/2.94 |
| | 未分利润(万元) | 13934.85 | 12525.01 | 11797.09 |
| | 资本公积(万元) | 5060.63 | 20082.23 | 20082.23 |
| 利润构成 | 主营收入(万元) | 38869.6 | 34583.4 | 27662.51 |
| | 主营利润(万元) | 11396.21 | 8309.69 | 6647.17 |
| | 投资收益(万元) | -26.35 | -201.17 | -193.24 |
| | 利润总额(万元) | 2549.28 | 1621.65 | 1268.38 |
| | 净利润(万元) | 1566.49 | 856.38 | 821.34 |
| 近年分配: | | | | |

| 主要股东及持股比例%、持股性质 | |
|---|---|
| 武穴市国有资产经营公司 16.32%（国有股） | |
| 合肥市高科技风险投资有限公司 6.59%（部分流通部分不流通） | |
| 琼海梅恩房地产开发公司 3.62%（非流通股） | |
| 海南海牛农业综合开发有限公司 2.78%（非流通股） | |
| 上海励诚投资发展有限公司 2.5%（非流通股） | |
| 海南金地源投资管理有限公司 2.5%（部分流通部分不流通） | |
| 海南神牛牧工商发展有限公司 2.5%（非流通股） | |
| 北京金业恒昌商贸有限责任公司 2.27%（非流通股） | |
| 上海龙圣科技发展有限公司 1.82%（非流通股） | |
| 武穴市财振会计实业公司 1.3%（非流通股） | |
| 实际控制人: | 武穴市财政局 |

二〇〇六年以来市场表现

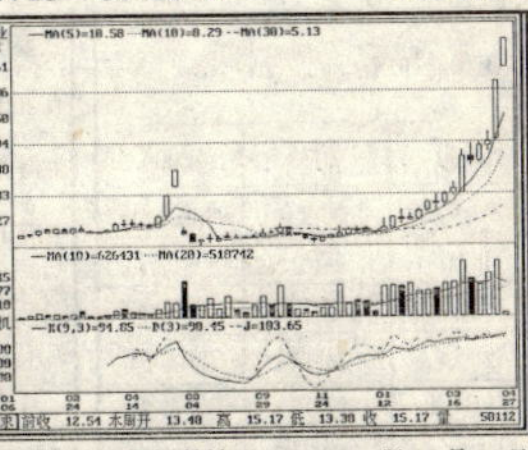

| | |
|---|---|
| 2006 年涨跌幅(%) | 118.44 |
| 2006 年最高(元) | 8.12 |
| 2007 年涨跌幅(%) | 344.87 |
| 2007.4.27 收盘(元) | 15.17 |
| 2007 年最高(元) | 15.17 |
| 2007 年最低(元) | 3.3 |
| 2007 年换手率(%) | 620.49 |

未来一年限售流通股解禁情况:73699344 股 07 月 24 日解禁

| 最新股本 | 总股本 | 非(限售)流通 | 流通 A | 流通 B/H/S | 股东户数 | 06 年末 | 06 三季 |
|---|---|---|---|---|---|---|---|
| | 25170.55 | 10627.37 | 14543.18 | | | 29421 | 29052 |

年报点评：公司产品以医药原料药和医药制剂为主。2006 年，公司依靠技术创新和节能降耗最大限度地降低原料涨价、出口退税率下调、银根紧缩、人民币升值等不利因素给公司经营带来的负面影响，全年实现主营业务收入 3.88 亿元，同比增长 12.46%；出口创汇同比增长 13.9%；实现净利润 1566.49 万元，同比增长 82.92%。

# 河池化工（000953）

上市日期：99/12/02　电话：0778－2266867　传真：0778－2266882

| 主营 | 化肥、电子产品、对虾养殖等的产品生产与销售。 | | |
|---|---|---|---|
| 年度 | 2006 | 2005 | 2004 |
| 每股收益/扣除后（元） | 0.06/0.069 | 0.03 | 0.08/0.06 |
| 每股经营现金流量（元） | 0.2 | 0.34 | 0.24 |
| 每股净资产/调整后（元） | 1.26/1.22 | 1.19/1.07 | 1.22/1.13 |
| 未分利润（万元） | 197.54 | -1690.9 | -836.81 |
| 资本公积（万元） | 4456.82 | 4449.87 | 4449.87 |
| 主营收入（万元） | 66976.33 | 54708.56 | 39357.21 |
| 主营利润（万元） | 8198.44 | 7756.47 | 9021.31 |
| 投资收益（万元） | 110.23 | 109.28 | -115.35 |
| 利润总额（万元） | 2399.22 | 1718.71 | 2276.28 |
| 净利润（万元） | 1910.78 | 994.95 | 2294.87 |
| 近年分配： | | | |

| 主要股东及持股比例%、持股性质 |
|---|
| 广西河池化学工业集团公司 49.01%（国有股） |
| 雷空军 0.86%（流通A股） |
| 广西富满地农资股份有限公司 0.67%（非流通股） |
| 广西正德土地评估有限责任公司 0.55%（非流通股） |
| 郭晓华 0.52%（流通A股） |
| 李莎 0.26%（流通A股） |
| 许锋 0.2%（流通A股） |
| 廖文珍 0.2%（流通A股） |
| 叶清萍 0.16%（流通A股） |
| 杨生 0.13%（流通A股） |
| 实际控制人：中国化工农化总公司 |

二〇〇六年以来市场表现

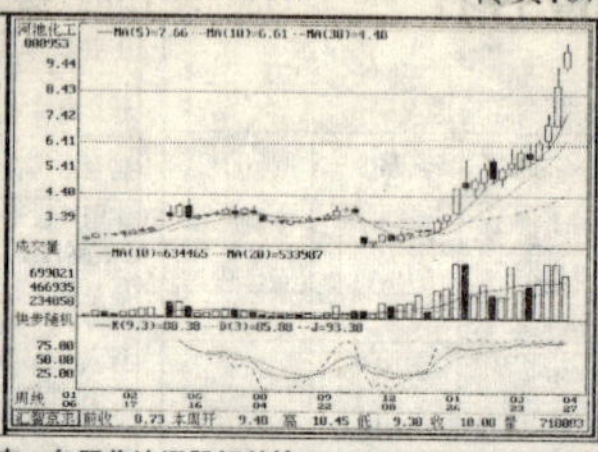

| | |
|---|---|
| 2006年涨跌幅（%） | 55.28 |
| 2006年最高（元） | 4.15 |
| 2007年涨跌幅（%） | 234.88 |
| 2007.4.27收盘（元） | 10.08 |
| 2007年最高（元） | 10.45 |
| 2007年最低（元） | 2.81 |
| 2007年换手率（%） | 661.73 |

未来一年限售流通股解禁情况：3909965股11月13日解禁

| 最新股本 | 总股本 | 非（限售）流通 | 流通A | 流通B/H/S | 股东户数 | 06年末 | 06三季 |
|---|---|---|---|---|---|---|---|
| | 29405.94 | 14855.8 | 14550.14 | | | 30622 | 30075 |

年报点评：公司是我国500家最大的化工企业之一，主导产品“群山”牌尿素产量占据广西大部分市场份额，区位垄断优势相当明显。河化集团已偿还占用公司全部非经营性占用资金，使其摆脱经营危机。公司持有国海证券股权4000万股，占股本比例为5%。

# 欣龙控股（000955）

上市日期：99/12/09　电话：0898－68581055　传真：0898－68582799

| 主营 | 水刺、热轧、浆点等无纺布卷材产品及其深加工产品的生产和销售。 | | |
|---|---|---|---|
| 年度 | 2006 | 2005 | 2004 |
| 每股收益/扣除后（元） | 0.003/-0.006 | 0.005 | 0.02/0.004 |
| 每股经营现金流量（元） | 0.226 | -0.163 | 0.08 |
| 每股净资产/调整后（元） | 1.41/1.32 | 1.83/1.79 | 1.83/1.81 |
| 未分利润（万元） | -4998.46 | -5097.48 | -5108.71 |
| 资本公积（万元） | 17086.99 | 23851.99 | 23850.2 |
| 主营收入（万元） | 16353.16 | 18101.09 | 18588.37 |
| 主营利润（万元） | 3666.4 | 3275.4 | 3536.24 |
| 投资收益（万元） | -15.98 | -13.19 | -12.52 |
| 利润总额（万元） | 84.24 | 118.5 | 215.75 |
| 净利润（万元） | 99.02 | 120.53 | 367.16 |
| 近年分配：05年：10转增3 | | | |

| 主要股东及持股比例%、持股性质 |
|---|
| 海南欣安实业有限公司 18.53%（非流通股） |
| 北京柯鑫投资有限公司 15.52%（非流通股） |
| 海南筑华科工贸有限公司 13.67%（非流通股） |
| 合盛投资有限公司 4.39%（外资股） |
| 海南东北物资开发公司 2.62%（非流通股） |
| 江苏五岳置业投资发展有限公司 2.36%（非流通股） |
| 蚌埠市中科资讯有限责任公司 1.96%（非流通股） |
| 海南合旺实业投资有限公司 1.96%（非流通股） |
| 上海顺通进出口有限公司 1.96%（非流通股） |
| 中核甘肃华原企业总公司 1.63%（国有股） |
| 实际控制人：海南同泰丰实业有限公司 |

二〇〇六年以来市场表现

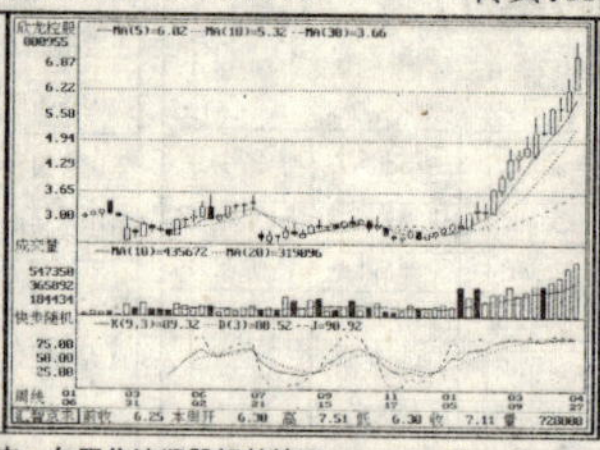

| | |
|---|---|
| 2006年涨跌幅（%） | 58.31 |
| 2006年最高（元） | 5.22 |
| 2007年涨跌幅（%） | 159.49 |
| 2007.4.27收盘（元） | 7.11 |
| 2007年最高（元） | 7.51 |
| 2007年最低（元） | 2.65 |
| 2007年换手率（%） | 523.64 |

未来一年限售流通股解禁情况：58630000股03月23日解禁

| 最新股本 | 总股本 | 非（限售）流通 | 流通A | 流通B/H/S | 股东户数 | 06年末 | 06三季 |
|---|---|---|---|---|---|---|---|
| | 29315 | 18933.2 | 10381.8 | | | 19303 | 19425 |

年报点评：公司无纺布的总产量居亚洲首位。无纺布同传统纺织品相比，具备高技术含量和高附加值的特征，近年发展势头十分迅猛。公司规划用五年时间，在海南建设中国无纺工业城项目，新项目将为公司增添巨额利润增长。

# 中通客车（000957）

上市日期：00/01/13　电话：0635－8322765　传真：0635－8328905

| 主营 | 各类大中型客车的生产和销售 | | |
|---|---|---|---|
| 年度 | 2006 | 2005 | 2004 |
| 每股收益/扣除后（元） | 0.02/0.06 | 0.04 | 0.04/0.03 |
| 每股经营现金流量（元） | 0.17 | 0.134 | 0.26 |
| 每股净资产/调整后（元） | 1.98/1.98 | 1.97/1.97 | 1.92/1.92 |
| 未分利润（万元） | 6000.36 | 5537.73 | 4743.43 |
| 资本公积（万元） | 13985.29 | 14324.86 | 14115.83 |
| 主营收入（万元） | 100900.75 | 85567.91 | 70052.39 |
| 主营利润（万元） | 12278.24 | 11218.61 | 8730.63 |
| 投资收益（万元） | 103.67 | 50.23 | -41.78 |
| 利润总额（万元） | 702.91 | 1489.56 | 1328.18 |
| 净利润（万元） | 537.19 | 961.02 | 846.88 |
| 近年分配： | | | |

| 主要股东及持股比例%、持股性质 |
|---|
| 中通汽车工业集团有限责任公司 22.5%（国有股） |
| 中国公路车辆机械有限公司 7.8%（国有股） |
| 黄洲洋 1.76%（流通A股） |
| 山东省交通工业集团总公司 0.81%（国有股） |
| 山东宝罗来汽车配件有限公司 0.47%（流通A股） |
| 钱春芳 0.41%（流通A股） |
| 王莹 0.24%（流通A股） |
| 王永康 0.2%（流通A股） |
| 方丽明 0.2%（流通A股） |
| 杨东纯 0.17%（流通A股） |
| 实际控制人：中通汽车工业集团有限责任公司 |

二〇〇六年以来市场表现

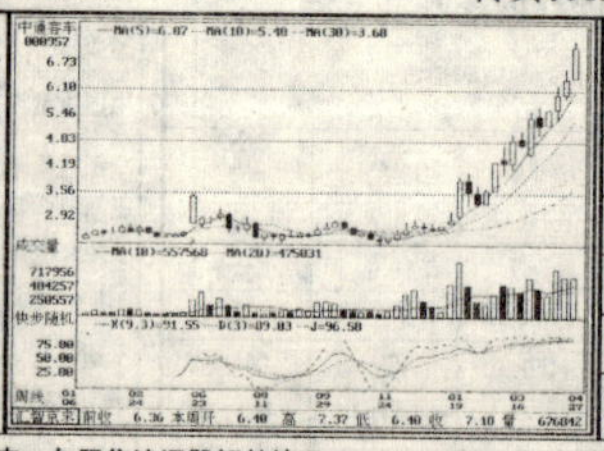

| | |
|---|---|
| 2006年涨跌幅（%） | 44.81 |
| 2006年最高（元） | 4.06 |
| 2007年涨跌幅（%） | 171.97 |
| 2007.4.27收盘（元） | 7.18 |
| 2007年最高（元） | 7.37 |
| 2007年最低（元） | 2.59 |
| 2007年换手率（%） | 498.59 |

未来一年限售流通股解禁情况：25794217股06月20日解禁

| 最新股本 | 总股本 | 非（限售）流通 | 流通A | 流通B/H/S | 股东户数 | 06年末 | 06三季 |
|---|---|---|---|---|---|---|---|
| | 23850.49 | 7428.5 | 16422 | | | 36908 | 38039 |

年报点评：通过强化经济管理，稳步开拓国内外市场，推进科技进步，加快产品结构调整，公司06年实现了收入与利润的稳定增长。新一年，公司将通过创新与发展有特色的产品，整合资源，发展国内外两个市场，加强品牌建设，实现企业的持续经营与发展。

# 东方热电（000958）

上市日期：99/12/23　电话：0311－5078768　传真：0311－5078768

| 主营 | 热力、电力的生产与销售、工程施工等。 | | |
|---|---|---|---|
| 年度 | 2006 | 2005 | 2004 |
| 每股收益/扣除后（元） | 0.029/0.009 | 0.041/0.064 | 0.06/0.018 |
| 每股经营现金流量（元） | 0.747 | 0.655 | -0.17 |
| 每股净资产/调整后（元） | 3.73/3.63 | 3.65/3.62 | 3.67/3.63 |
| 未分利润（万元） | 15785.67 | 15010.07 | 16427.25 |
| 资本公积（万元） | 58086.08 | 68270.13 | 68269.32 |
| 主营收入（万元） | 101862.5 | 103254.92 | 65810.97 |
| 主营利润（万元） | 15360.66 | 17544.96 | 8010.91 |
| 投资收益（万元） | -139.25 | 165.74 | 650.4 |
| 利润总额（万元） | 2523.51 | 6080.07 | 1958.21 |
| 净利润（万元） | 880.99 | 1412.46 | 1966.88 |
| 近年分配：04年：10派0.5 | | | |

| 主要股东及持股比例%、持股性质 |
|---|
| 石家庄东方热电集团有限公司 34.16%（国有股） |
| 上海宽博实业有限公司 0.58%（非流通股） |
| 上海中勇投资有限公司 0.54%（流通A股） |
| 杨一民 0.48%（流通A股） |
| 郭刚 0.3%（流通A股） |
| 周宏 0.25%（流通A股） |
| 刘柱彬 0.24%（流通A股） |
| 陆爱华 0.23%（流通A股） |
| 高光娜 0.22%（流通A股） |
| 朱占魁 0.21%（流通A股） |
| 实际控制人： |

二〇〇六年以来市场表现

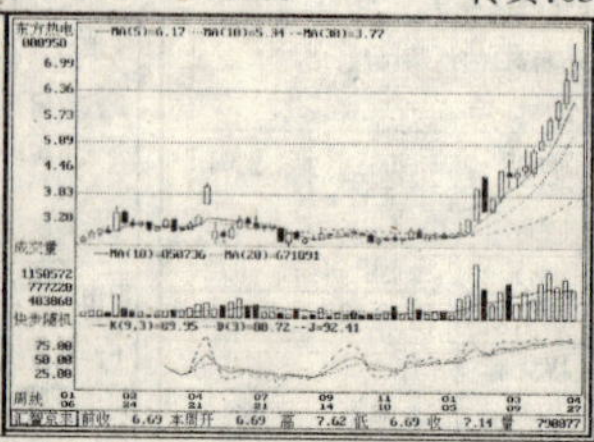

| | |
|---|---|
| 2006年涨跌幅（%） | 45.32 |
| 2006年最高（元） | 4.55 |
| 2007年涨跌幅（%） | 156.84 |
| 2007.4.27收盘（元） | 7.14 |
| 2007年最高（元） | 7.62 |
| 2007年最低（元） | 2.77 |
| 2007年换手率（%） | 644.49 |

未来一年限售流通股解禁情况：2276239股06月09日解禁

| 最新股本 | 总股本 | 非（限售）流通 | 流通A | 流通B/H/S | 股东户数 | 06年末 | 06三季 |
|---|---|---|---|---|---|---|---|
| | 29948.5 | 10459.45 | 19489.05 | | | 32003 | 34714 |

年报点评：公司是石家庄市最大集中供热企业，力争到2010年建成华北地区最大供热企业集团。收购了煤气热电公司70%股权，计划建设4台1025吨锅炉及4台300兆瓦的发电机组工程，投产后将给公司带来巨大经济效益。早在2003年就进军北京地产，建设的晶都国际带来滚滚利润。

## 首钢股份(000959)

上市日期:99/12/16　　电话:010－88293727　　传真:010－68873028

**主营:** 钢铁冶炼、钢压延加工

| | 年　度 | 2006 | 2005 | 2004 |
|---|---|---|---|---|
| 主要指标 | 每股收益/扣除后(元) | 0.21/0.21 | 0.34/0.35 | 0.47/0.46 |
| | 每股经营现金流量(元) | 1.31 | 0.88 | 0.51 |
| | 每股净资产/调整后(元) | 2.51/2.49 | 2.62/2.6 | 2.69/2.69 |
| | 未分利润(万元) | 47850.51 | 73446.48 | 98476.2 |
| | 资本公积(万元) | 214688.6 | 219051.38 | 224023.26 |
| 利润构成 | 主营收入(万元) | 2214128.06 | 2121801.93 | 2107435.48 |
| | 主营利润(万元) | 135001.99 | 174955.8 | 206431.18 |
| | 投资收益(万元) | 1288.74 | 1097.49 | 3796.45 |
| | 利润总额(万元) | 70429.96 | 115577.75 | 160159.92 |
| | 净利润(万元) | 48574.3 | 79260.5 | 108759.42 |

**近年分配:** 06 预案:10 派 1.6;05 年:10 派 3;04 年:10 派 4

| 主要股东及持股比例%、持股性质 |
|---|
| 首钢总公司 81.18%(国有股) |
| 中国平安人寿保险股份有限公司－传统－普通保险产品 0.21%(流通 A 股) |
| 中国银行－易方达深证 100 交易型开放式指数证券投资基金 0.13%(流通 A 股) |
| 中国人寿保险股份有限公司－传统－普通保险产品－005L－C0.08%(流通 A 股) |
| 青岛国信实业有限公司 0.08%(流通 A 股) |
| 王坚宏 0.06%(流通 A 股) |
| 李树亮 0.04%(流通 A 股) |
| 徐天刚 0.04%(流通 A 股) |
| 李增楷 0.04%(流通 A 股) |
| 杨丙田 0.04%(流通 A 股) |
| 实际控制人:首钢总公司 |

二〇〇六年以来市场表现

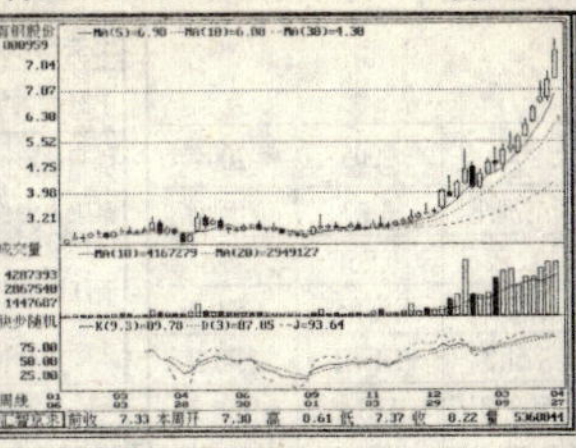

| | |
|---|---|
| 2006 年涨跌幅(%) | 50.81 |
| 2006 年最高(元) | 3.91 |
| 2007 年涨跌幅(%) | 141.06 |
| 2007.4.27 收盘(元) | 8.22 |
| 2007 年最高(元) | 8.61 |
| 2007 年最低(元) | 3.46 |
| 2007 年换手率(%) | 803.12 |

未来一年限售流通股解禁情况:115521390 股 11 月 18 日解禁

| 最新股本 | 总股本 | 非(限售)流通 | 流通 A | 流通 B/H/S | 股东户数 | 06 年末 | 06 三季 |
|---|---|---|---|---|---|---|---|
| | 231066.42 | 187589.73 | 43476.68 | | | 135488 | 145033 |

**年报点评:** 公司正在将生产基地向曹妃甸转移,2010 年前后将建成国内最大、技术最先进的联合钢铁基地。新钢厂有临海优势,可大幅度降低原料和产品运输成本。首钢集团明确表示未来将进行整体上市,公司将在首钢发展大战略中担任重要角色。

## 锡业股份(000960)

上市日期:00/02/21　　电话:0873－3118667　　传真:0873－3118308

**主营:** 采、选、冶,精锡、铅、锡铅焊料及氯化亚锡、辛酸亚锡等锡化工产品的生产与经营;生产砷、铟、铋等稀有金属。

| | 年　度 | 2006 | 2005 | 2004 |
|---|---|---|---|---|
| 主要指标 | 每股收益/扣除后(元) | 0.396/0.411 | 0.531 | 0.625/0.626 |
| | 每股经营现金流量(元) | －0.2702 | 0.8699 | 1.3942 |
| | 每股净资产/调整后(元) | 3.29/3.27 | 3.18/3.18 | 2.85/2.84 |
| | 未分利润(万元) | 48964.84 | 44751.6 | 21839.28 |
| | 资本公积(万元) | 53609.32 | 53944.9 | 53901.8 |
| 利润构成 | 主营收入(万元) | 482348.16 | 362400.87 | 304191.51 |
| | 主营利润(万元) | 73954.66 | 70553.93 | 67083.5 |
| | 投资收益(万元) | －5197.06 | －1577.7 | 18.14 |
| | 利润总额(万元) | 23184.79 | 33535.7 | 39023.57 |
| | 净利润(万元) | 21257.92 | 28508.6 | 33535.9 |

**近年分配:** 06 年:10 派 2;05 年:10 派 2.5;04 中期:10 转增 5 年终:10 派 2

| 主要股东及持股比例%、持股性质 |
|---|
| 云南锡业集团有限责任公司 52.11%(国有股) |
| 全国社保基金一零五组合 1.46%(流通 A 股) |
| 中国银行－华夏大盘精选证券投资基金 1.28%(流通 A 股) |
| 中国建设银行－信诚精萃成长股票型证券投资基金 0.75%(流通 A 股) |
| 万向租赁有限公司 0.64%(流通 A 股) |
| 万向财务有限公司 0.55%(流通 A 股) |
| 浙江顺发惺惺房地产开发有限公司 0.5%(流通 A 股) |
| 东方证券股份有限公司 0.48%(流通 A 股) |
| 杭州千岛湖万向旅游投资股份有限公司 0.45%(流通 A 股) |
| 杭州和美房地产开发有限公司 0.41%(流通 A 股) |
| 实际控制人:云南省国有资产监督管理委员会 |

二〇〇六年以来市场表现

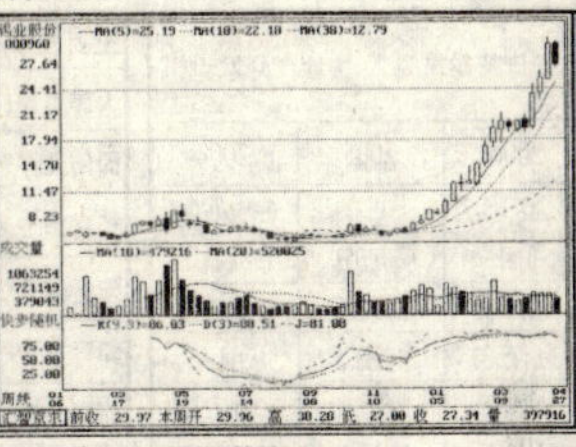

| | |
|---|---|
| 2006 年涨跌幅(%) | 108 |
| 2006 年最高(元) | 12.84 |
| 2007 年涨跌幅(%) | 208.23 |
| 2007.4.27 收盘(元) | 27.34 |
| 2007 年最高(元) | 30.88 |
| 2007 年最低(元) | 8.35 |
| 2007 年换手率(%) | 311.09 |

未来一年限售流通股解禁情况:

| 最新股本 | 总股本 | 非(限售)流通 | 流通 A | 流通 B/H/S | 股东户数 | 06 年末 | 06 三季 |
|---|---|---|---|---|---|---|---|
| | 53685.6 | 28335.6 | 25350 | | | 40789 | 60004 |

**年报点评:** 公司所在地个旧地区锡资源最集中,是我国最大的锡产品生产、出口企业,公司产品种类齐全,规格完备,主要产品的国内市场占有率达 36%,国际市场占有率达 10%。由于世界主要产锡国锡矿产量增速已经明显落后于锡消费量增速,预计锡价仍将维持高位。

## 大连金牛(000961)

上市日期:00/03/01　　电话:0411－6679594　　传真:0411－6678899

**主营:** 从事特殊钢材生产及其延伸产品加工、进出口业务。

| | 年　度 | 2006 | 2005 | 2004 |
|---|---|---|---|---|
| 主要指标 | 每股收益/扣除后(元) | 0.08/0.08 | 0.05 | 0.07/0.06 |
| | 每股经营现金流量(元) | －0.07 | 0.1 | 0.19 |
| | 每股净资产/调整后(元) | 3.73/3.7 | 3.65/3.61 | 3.6/3.52 |
| | 未分利润(万元) | 19371.61 | 17183.54 | 16610.7 |
| | 资本公积(万元) | 58691.7 | 58824.73 | 58075.01 |
| 利润构成 | 主营收入(万元) | 272534.88 | 302045.62 | 297224.64 |
| | 主营利润(万元) | 22203.07 | 19913.5 | 18744.34 |
| | 投资收益(万元) | | | |
| | 利润总额(万元) | 3371.7 | 2668.9 | 3404.88 |
| | 净利润(万元) | 2431.18 | 1381.06 | 2135.56 |

**近年分配:** 04 年:10 派 0.2

| 主要股东及持股比例%、持股性质 |
|---|
| 东北特殊钢集团有限责任公司 40.67%(国有股) |
| 谢雪娣 0.32%(流通 A 股) |
| 瓦房店轴承集团有限责任公司 0.32%(国有股) |
| 北京祥恒科技有限公司 0.32%(非流通股) |
| 兰州炭素集团有限责任公司 0.32%(国有股) |
| 张鹏 0.28%(流通 A 股) |
| 潘国元 0.28%(流通 A 股) |
| 大连华信信托投资股份有限公司 0.24%(非流通股) |
| 日照北辰实业有限责任公司 0.2%(流通 A 股) |
| 葛忠权 0.17%(流通 A 股) |
| 实际控制人:东北特殊钢集团有限责任公司 |

二〇〇六年以来市场表现

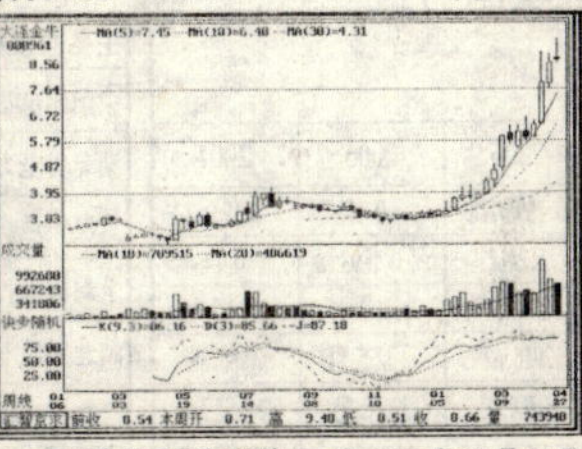

| | |
|---|---|
| 2006 年涨跌幅(%) | 56.17 |
| 2006 年最高(元) | 5.49 |
| 2007 年涨跌幅(%) | 179.36 |
| 2007.4.27 收盘(元) | 8.66 |
| 2007 年最高(元) | 9.48 |
| 2007 年最低(元) | 3.08 |
| 2007 年换手率(%) | 515.13 |

未来一年限售流通股解禁情况:15026500 股 03 月 21 日解禁

| 最新股本 | 总股本 | 非(限售)流通 | 流通 A | 流通 B/H/S | 股东户数 | 06 年末 | 06 三季 |
|---|---|---|---|---|---|---|---|
| | 30053 | 12633 | 17420 | | | 50377 | 52575 |

**年报点评:** 公司是国家尖端性高科技产业的特殊钢材料生产基地,拥有世界一流的电弧炉等冶炼装备,形成了具有世界水平的高合金钢和合金钢冶炼专业化生产线。公司大股东东北特钢集团公司实力雄厚,将对旗下两家公司进行整合。

## 东方钽业(000962)

上市日期:00/01/20　　电话:0952－2098563　　传真:0952－2098562

**主营:** 稀有金属材料钽、铌及铍合金的冶炼、加工、科研、开发、生产和销售。

| | 年　度 | 2006 | 2005 | 2004 |
|---|---|---|---|---|
| 主要指标 | 每股收益/扣除后(元) | 0.113/0.107 | 0.106 | 0.11/0.12 |
| | 每股经营现金流量(元) | 0.4027 | 0.3163 | 0.31 |
| | 每股净资产/调整后(元) | 3.22/3.22 | 3.16/3.16 | 3.12/3.12 |
| | 未分利润(万元) | 24057.16 | 22441.28 | 22082.13 |
| | 资本公积(万元) | 44723.27 | 45023.36 | 44737.67 |
| 利润构成 | 主营收入(万元) | 72865.2 | 59703.04 | 58173.5 |
| | 主营利润(万元) | 15239.85 | 13381.56 | 14638.21 |
| | 投资收益(万元) | 120.94 | －676.4 | －561.7 |
| | 利润总额(万元) | 4370.05 | 4206.61 | 4966.33 |
| | 净利润(万元) | 4024.6 | 3790.19 | 3994.96 |

**近年分配:** 06 预案:10 派 0.7;05 年:10 派 0.45;04 年:10 派 0.75

| 主要股东及持股比例%、持股性质 |
|---|
| 宁夏有色金属冶炼厂 45.32%(国有股) |
| 宁夏恒力钢丝绳股份有限公司 0.47%(非流通股) |
| 中国石油宁夏化工厂 0.47%(国有股) |
| 中国有色金属工业技术开发交流中心 0.47%(国有股) |
| 青铜峡铝业集团有限公司 0.47%(国有股) |
| 中国银行－易方达深证 100 交易型开放式指数证券投资基金 0.37%(流通 A 股) |
| 张鸿图 0.21%(流通 A 股) |
| 攻艳萍 0.19%(流通 A 股) |
| 田青 0.19%(流通 A 股) |
| 连国伟 0.19%(流通 A 股) |
| 实际控制人:宁夏东方有色金属集团有限公司 |

二〇〇六年以来市场表现

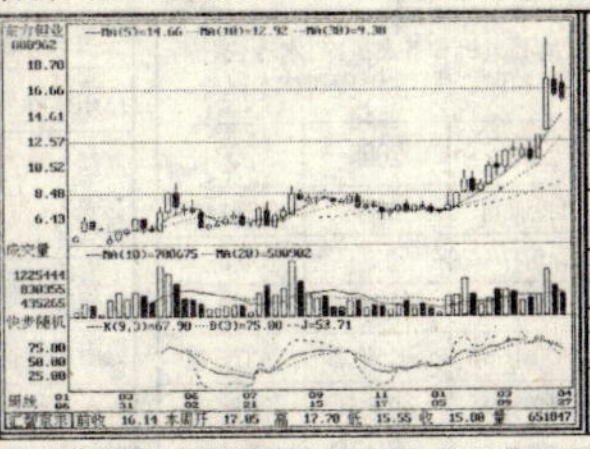

| | |
|---|---|
| 2006 年涨跌幅(%) | 100.28 |
| 2006 年最高(元) | 12.41 |
| 2007 年涨跌幅(%) | 130.32 |
| 2007.4.27 收盘(元) | 15.8 |
| 2007 年最高(元) | 20.75 |
| 2007 年最低(元) | 6.7 |
| 2007 年换手率(%) | 542.6 |

未来一年限售流通股解禁情况:17820000 股 03 月 16 日解禁

| 最新股本 | 总股本 | 非(限售)流通 | 流通 A | 流通 B/H/S | 股东户数 | 06 年末 | 06 三季 |
|---|---|---|---|---|---|---|---|
| | 35640 | 16828.08 | 18811.92 | | | 58363 | 60181 |

**年报点评:** 公司是电容器级钽粉和电容器用钽丝的世界三大供应商之一,具有 400－500 吨钽粉、钽丝的生产能力,主导产品电容器级钽丝的全球市场占有率为 42%,位居世界第一位;电容器级钽粉的全球市场占有率为 18%,位居世界第三位。2006 年产品价格下跌导致公司利润下降。

# 华东医药（000963）

上市日期:00/01/27　　电话:0571－89903300　　传真:0571－89903366

| 主营 | 医药产品的生产和销售。 | | | |
|---|---|---|---|---|
| | 年　度 | 2006 | 2005 | 2004 |
| 主要指标 | 每股收益/扣除后(元) | 0.192/0.19 | 0.177 | 0.08/0.07 |
| | 每股经营现金流量(元) | 0.1322 | 0.5351 | 0.03 |
| | 每股净资产/调整后(元) | 1.48/1.46 | 1.59/1.58 | 1.53/1.48 |
| | 未分利润(万元) | 7751.2 | 5315.71 | 3378.24 |
| | 资本公积(万元) | 5569.33 | 11293.93 | 11204.76 |
| 利润构成 | 主营收入(万元) | 394245.53 | 348423.26 | 288247.52 |
| | 主营利润(万元) | 76166.38 | 62251.29 | 48763.6 |
| | 投资收益(万元) | －301.54 | 28.65 | 317.21 |
| | 利润总额(万元) | 16936.92 | 13923.48 | 9479.95 |
| | 净利润(万元) | 8335.13 | 6731.39 | 3058.14 |
| 近年分配: | 06 年:10 派 1.6；05 年:10 派 1.35；04 年:10 派 1 | | | |

| 主要股东及持股比例%、持股性质 | |
|---|---|
| 中国远大集团有限责任公司 35.5%（非流通股） | |
| 杭州华东医药集团有限公司 17.72%（国有股） | |
| 泰康人寿保险股份有限公司－分红－个人分红－019L－FH002 深 1.04%（流通 A 股） | |
| 浙江医药股份有限公司 1.03%（国有股） | |
| 珠海经济特区丽珠医药有限公司 0.52%（非流通股） | |
| 泰康人寿保险股份有限公司－传统－普通保险产品－019L－CT001 深 0.43%（流通 A 股） | |
| 泰康人寿保险股份有限公司－分红－团体分红－019L－FH001 深 0.43%（流通 A 股） | |
| 林纳新 0.35%（流通 A 股） | |
| 浙江前程石化有限公司 0.29%（流通 A 股） | |
| 中国人寿保险(集团)公司－传统－普通保险产品 0.27%（流通 A 股） | |
| 实际控制人: | 北京炎黄置业有限公司 |

二〇〇六年以来市场表现

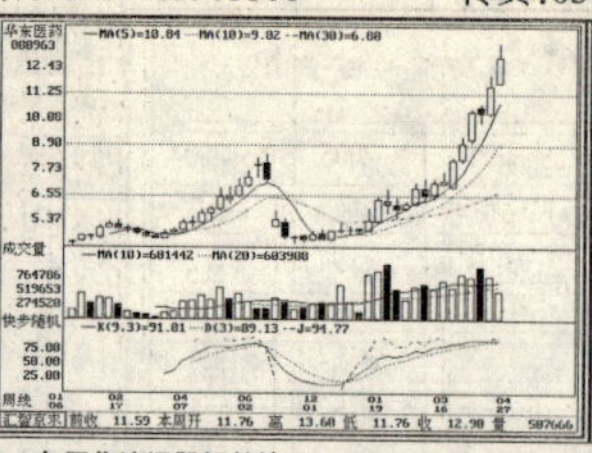

| | |
|---|---|
| 2006 年涨跌幅(%) | 65.96 |
| 2006 年最高(元) | 8.47 |
| 2007 年涨跌幅(%) | 163.84 |
| 2007.4.27 收盘(元) | 12.9 |
| 2007 年最高(元) | 13.6 |
| 2007 年最低(元) | 4.8 |
| 2007 年换手率(%) | 583 |

未来一年限售流通股解禁情况:66011600 股 11 月 01 日解禁

| 最新股本 | 总股本 | 非(限售)流通 | 流通 A | 流通 B/H/S | 股东户数 | 06 年末 | 06 三季 |
|---|---|---|---|---|---|---|---|
| | 43406 | 25369.03 | 18036.97 | | | 23226 | 17068 |

年报点评：公司坚持"要么第一,要么唯一",在器官移植领域居于行业领先地位,商业通过结构性调整,增加总代理、纯销比例逐渐走出低谷,公司在免疫排斥、糖尿病以及胃肠用药具有良好梯队产品储备,大股东资产注入是最大看点,但房地产资产具有一定风险。

# S＊ST 天水（000965）

上市日期:00/04/06　　电话:022－23046662　　传真:022－23046081

| 主营 | 水泥、新型建筑材料制造、销售及建筑施工、房地产开发。 | | | |
|---|---|---|---|---|
| | 年　度 | 2006 | 2005 | 2004 |
| 主要指标 | 每股收益/扣除后(元) | －0.287/－0.289 | －0.339 | 0.056/0.067 |
| | 每股经营现金流量(元) | 0.51 | －0.052 | 0.14 |
| | 每股净资产/调整后(元) | 2.06/1.41 | 2.34/1.52 | 2.68/2.23 |
| | 未分利润(万元) | －8425.33 | －1568.29 | 6914.65 |
| | 资本公积(万元) | 31079.99 | 30885.96 | 30587.22 |
| 利润构成 | 主营收入(万元) | 30442.27 | 30673.15 | 37810.17 |
| | 主营利润(万元) | 1553.98 | 483.39 | 4516.91 |
| | 投资收益(万元) | 262.5 | －77.74 | －53.6 |
| | 利润总额(万元) | －6651.23 | －7922.22 | 1800.95 |
| | 净利润(万元) | －6857.04 | －8088.7 | 1330.17 |
| 近年分配: | | | | |

| 主要股东及持股比例%、持股性质 | |
|---|---|
| 天津市建材集团(控股)有限公司 67.12%（国有股） | |
| 国信证券有限责任公司 0.48%（流通 A 股） | |
| 杨富华 0.47%（流通 A 股） | |
| 朱春香 0.33%（流通 A 股） | |
| 郭青 0.29%（流通 A 股） | |
| 苏梅 0.27%（流通 A 股） | |
| 天津市工贸公司 0.27%（流通 A 股） | |
| 烟台仁泰置业有限公司 0.25%（流通 A 股） | |
| 赵阳民 0.19%（流通 A 股） | |
| 天津市富仁投资有限公司 0.17%（流通 A 股） | |
| 实际控制人: | 天津市建材集团(控股)有限公司 |

二〇〇六年以来市场表现

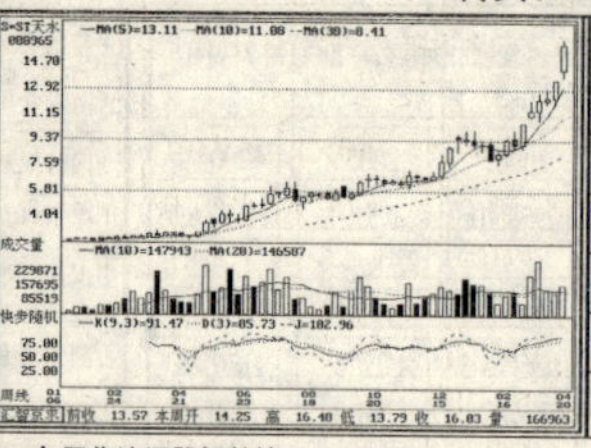

| | |
|---|---|
| 2006 年涨跌幅(%) | 287.28 |
| 2006 年最高(元) | 8.92 |
| 2007 年涨跌幅(%) | 81.54 |
| 2007.4.27 收盘(元) | 16.03 |
| 2007 年最高(元) | 16.48 |
| 2007 年最低(元) | 7.7 |
| 2007 年换手率(%) | 278.75 |

未来一年限售流通股解禁情况:

| 最新股本 | 总股本 | 非(限售)流通 | 流通 A | 流通 B/H/S | 股东户数 | 06 年末 | 06 三季 |
|---|---|---|---|---|---|---|---|
| | 23870.54 | 16170.54 | 7700 | | | 16895 | 20839 |

年报点评：公司 2006 年实现净利润亏损,2007 年一季度继续亏损,预计全年业绩会扭亏。天保控股以天津市天保房地产开发有限公司的股权置换本公司的资产,其中天保房地产的股权价值中包含红顶花园公建项目的资产价值。股改完成后,公司主营业务将从水泥行业转变为房地产行业。

# 长源电力（000966）

上市日期:00/03/16　　电话:027－86610541　　传真:027－86610550

| 主营 | 电力、热力生产 | | | |
|---|---|---|---|---|
| | 年　度 | 2006 | 2005 | 2004 |
| 主要指标 | 每股收益/扣除后(元) | 0.169/0.18 | －0.118 | 0.19/0.2 |
| | 每股经营现金流量(元) | 1.2462 | 0.1893 | 0.14 |
| | 每股净资产/调整后(元) | 2.4/2.4 | 2.21/2.21 | 2.44/2.42 |
| | 未分利润(万元) | 2016.62 | －3225.81 | 4986.28 |
| | 资本公积(万元) | 40460.95 | 39682.95 | 39682.95 |
| 利润构成 | 主营收入(万元) | 309882.44 | 247886.99 | 121363.07 |
| | 主营利润(万元) | 39815.23 | 19490.29 | 16107.33 |
| | 投资收益(万元) | －1156.46 | －759.58 | 3096.98 |
| | 利润总额(万元) | 15376.13 | －2715.58 | 10401.66 |
| | 净利润(万元) | 6241.11 | －4374.97 | 7079.6 |
| 近年分配: | 06 预案:10 派 1.1；04 年:10 派 1 | | | |

| 主要股东及持股比例%、持股性质 | |
|---|---|
| 中国国电集团公司 32.21%（国有股） | |
| 湖北省电力开发公司 16.06%（国有股） | |
| 武汉银厦房地产综合发展公司 4.66%（国有股） | |
| 上海证大投资管理有限公司 4.11%（非流通股） | |
| 湖北民源电力实业发展有限责任公司 2.57%（非流通股） | |
| 武汉市建银房地产开发公司 0.46%（国有股） | |
| 东风汽车公司 0.44%（国有股） | |
| 栾克印 0.11%（流通 A 股） | |
| 段丹 0.1%（流通 A 股） | |
| 许洪明 0.1%（流通 A 股） | |
| 实际控制人: | 国务院国有资产监督管理委员会 |

二〇〇六年以来市场表现

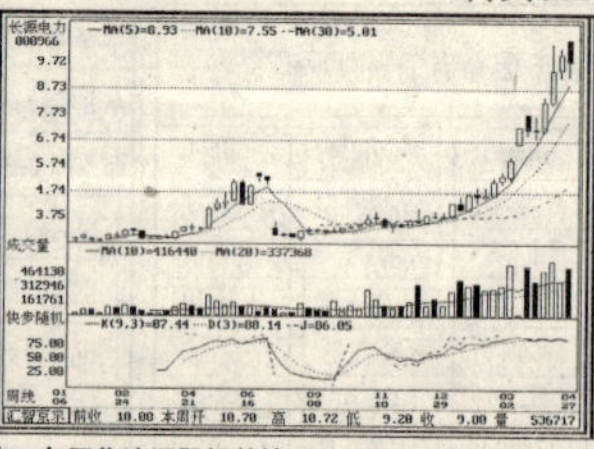

| | |
|---|---|
| 2006 年涨跌幅(%) | 81.12 |
| 2006 年最高(元) | 5.51 |
| 2007 年涨跌幅(%) | 159.95 |
| 2007.4.27 收盘(元) | 9.8 |
| 2007 年最高(元) | 10.72 |
| 2007 年最低(元) | 3.69 |
| 2007 年换手率(%) | 398.34 |

未来一年限售流通股解禁情况:64165922 股 07 月 31 日解禁

| 最新股本 | 总股本 | 非(限售)流通 | 流通 A | 流通 B/H/S | 股东户数 | 06 年末 | 06 三季 |
|---|---|---|---|---|---|---|---|
| | 37014.2 | 22440.95 | 14573.25 | | | 41688 | 42890 |

年报点评：2006 年公司实现净利润同比增长 242.66%,主要原因一是发电量增加,二是煤电联动电价上升,三是严格控制燃料成本。公司拟非公开募集资金约 11.55 亿元,用于建设荆门发电三期工程、恩施老渡口水电工程。这些项目具有良好盈利前景,有利于公司业绩提升。

# ＊ST 上风（000967）

上市日期:00/03/30　　电话:0575－2366261　　传真:0575－2366328

| 主营 | 各类轴流风机、混流风机、离心风机和各类风冷、水冷、速冻装备等高新技术产品的研究、开发、生产、销售和技术服务。 | | | |
|---|---|---|---|---|
| | 年　度 | 2006 | 2005 | 2004 |
| 主要指标 | 每股收益/扣除后(元) | 0.05/0.01 | －0.56 | －0.52/－0.514 |
| | 每股经营现金流量(元) | 0.47 | 0.09 | 0.09 |
| | 每股净资产/调整后(元) | 2.62/2.47 | 2.58/2.43 | 3.14/2.99 |
| | 未分利润(万元) | －10618.57 | －11350.75 | －3756.06 |
| | 资本公积(万元) | 28905.34 | 29208.64 | 29188.83 |
| 利润构成 | 主营收入(万元) | 67438.17 | 15814.07 | 19886.48 |
| | 主营利润(万元) | 7925.04 | 3006.91 | 5823.28 |
| | 投资收益(万元) | 112.81 | －505.23 | －902.95 |
| | 利润总额(万元) | 1303.27 | －7694.71 | －6863.68 |
| | 净利润(万元) | 732.18 | －7594.69 | －7119.49 |
| 近年分配: | | | | |

| 主要股东及持股比例%、持股性质 | |
|---|---|
| 广东盈峰集团有限公司 39.56%（非流通股） | |
| 浙江上风产业集团有限公司 10.58%（非流通股） | |
| 新理益集团有限公司 2.68%（非流通股） | |
| 上海明方复兴工程造价咨询事务所有限公司 1.85%（非流通股） | |
| 海南普林投资管理有限公司 1.64%（非流通股） | |
| 济和集团有限公司 1.44%（非流通股） | |
| 北京国信贝斯软件有限公司 1.38%（流通 A 股） | |
| 浙江博康医药投资有限公司 1.19%（非流通股） | |
| 上海荣福室内装潢有限公司 0.88%（非流通股） | |
| 台州翔鑫水暖器材有限公司 0.6%（非流通股） | |
| 实际控制人: | 何剑锋 |

二〇〇六年以来市场表现

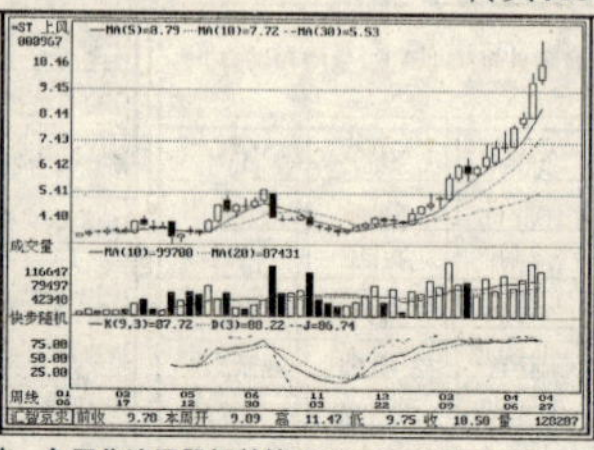

| | |
|---|---|
| 2006 年涨跌幅(%) | 41.7 |
| 2006 年最高(元) | 6.26 |
| 2007 年涨跌幅(%) | 140.83 |
| 2007.4.27 收盘(元) | 10.5 |
| 2007 年最高(元) | 11.47 |
| 2007 年最低(元) | 4.16 |
| 2007 年换手率(%) | 282.75 |

未来一年限售流通股解禁情况:22391704 股 09 月 21 日解禁

| 最新股本 | 总股本 | 非(限售)流通 | 流通 A | 流通 B/H/S | 股东户数 | 06 年末 | 06 三季 |
|---|---|---|---|---|---|---|---|
| | 13678.61 | 8413.61 | 5265 | | | 17124 | 19209 |

年报点评：公司主要产品为风机、冷冻设备及模具,面对经营困境,公司借助于股改进行了重大资产重组,威奇电工的置入将明显提升公司业绩。但由于原材料上涨、竞争加剧、计担坏帐及处理不良资产等影响没有完成完成,企业后续经营情况我们还需要观察。

## 煤气化（000968）

上市日期:00/06/22　电话:0351－6019365　传真:0351－6199887

| 主营 | 焦炭、洗精煤、原煤、煤气、煤化工产品的生产和销售。 | | |
|---|---|---|---|
| 年度 | 2006 | 2005 | 2004 |
| 每股收益/扣除后(元) | 0.336/0.343 | 0.472/0.477 | 0.41/0.445 |
| 每股经营现金流量(元) | 0.0214 | 0.1867 | 1.23 |
| 每股净资产/调整后(元) | 4/3.72 | 3.69/3.34 | 3.2/2.8 |
| 未分利润(万元) | 36421.82 | 26465.43 | 11598.38 |
| 资本公积(万元) | 68047.77 | 67781.73 | 66491.83 |
| 主营收入(万元) | 265664.38 | 246503.01 | 170502.05 |
| 主营利润(万元) | 56549.9 | 52902.38 | 47292.21 |
| 投资收益(万元) | -81.18 | -115.71 | -1860.7 |
| 利润总额(万元) | 23012.25 | 25978.14 | 22607.16 |
| 净利润(万元) | 13264.08 | 18636.27 | 16360.16 |
| 近年分配: | 06 预案:10 派 1.5；05 年:10 派 0.3；04 中期:10 派 3.8 年终:10 派 0.1 | | |

| 主要股东及持股比例%、持股性质 |
|---|
| 太原煤炭气化(集团)有限责任公司 49.45%（国有股） |
| 山西省经济建设投资公司 0.94%（流通 A 股） |
| 罗豪集团股份有限公司 0.44%（流通 A 股） |
| 浙江会宝实业有限公司 0.32%（流通 A 股） |
| 高峰 0.24%（流通 A 股） |
| 刘淑英 0.22%（流通 A 股） |
| 王新 0.15%（流通 A 股） |
| 安治 0.14%（流通 A 股） |
| 北京华煤工贸公司 0.13%（流通 A 股） |
| 高山 0.13%（流通 A 股） |
| 实际控制人：中国中煤能源集团公司 |

二〇〇六年以来市场表现

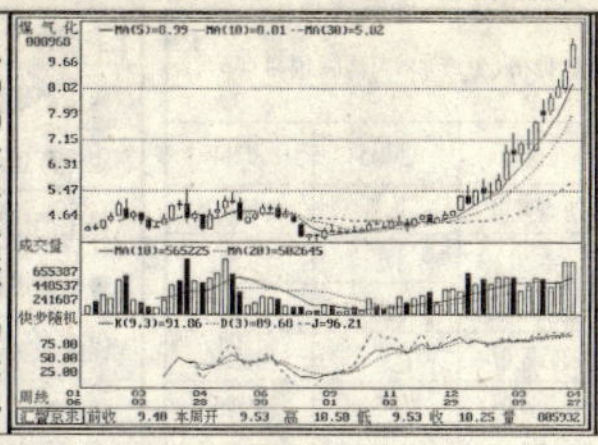

| | |
|---|---|
| 2006 年涨跌幅(%) | 16.15 |
| 2006 年最高(元) | 5.48 |
| 2007 年涨跌幅(%) | 113.99 |
| 2007.4.27 收盘(元) | 10.25 |
| 2007 年最高(元) | 10.5 |
| 2007 年最低(元) | 4.8 |
| 2007 年换手率(%) | 436.26 |

未来一年限售流通股解禁情况：

| 最新股本 | 总股本 | 非(限售)流通 | 流通 A | 流通 B/H/S | 股东户数 | 06 年末 | 06 三季 |
|---|---|---|---|---|---|---|---|
| | 39519 | 19541.61 | 19977.39 | | | 55922 | 57212 |

年报点评：随着宏观调控效果逐步显现,焦炭行业逐步复苏,2007 年随着焦炭市场逐步好转以及公司新建矿井生产经营逐步走向正规,整体业绩有望提升。公司加快发展增资扩股,集团将逐步把主业部分注入股份公司,尽快实现整体上市。公司计划出台股权期权激励政策。

## 安泰科技（000969）

上市日期:00/05/29　电话:010－62188403　传真:010－62182695

| 主营 | 新材料与制品及其生产工艺装备的研究、开发、设计、生产和销售。 | | |
|---|---|---|---|
| 年度 | 2006 | 2005 | 2004 |
| 每股收益/扣除后(元) | 0.263/0.257 | 0.272 | 0.34/0.306 |
| 每股经营现金流量(元) | 0.5178 | 0.3159 | 0.04 |
| 每股净资产/调整后(元) | 4.33/4.27 | 3.96/3.93 | 4.99/4.95 |
| 未分利润(万元) | 12765.38 | 6908.57 | 9899.83 |
| 资本公积(万元) | 105043.51 | 73413.26 | 76245.1 |
| 主营收入(万元) | 209502.75 | 167530.29 | 120260.74 |
| 主营利润(万元) | 32331.6 | 27418.57 | 21016.07 |
| 投资收益(万元) | 203.65 | -41.41 | 943.78 |
| 利润总额(万元) | 16035.44 | 12812.69 | 10903.18 |
| 净利润(万元) | 10530.38 | 8621.06 | 8394.02 |
| 近年分配: | 06 预案:10 派 0.8；05 年:10 派 0.8 转增 1；04 年:10 派 1.69 送 2 转增 1 | | |

| 主要股东及持股比例%、持股性质 |
|---|
| 钢铁研究总院 42.21%（国有股） |
| 新华人寿保险股份有限公司 1.99%（非流通股） |
| 长江证券有限责任公司 1.75%（部分流通部分不流通） |
| 海通证券股份有限公司 1.74%（非流通股） |
| 中国轻工业品进出口总公司 1.5%（非流通股） |
| 富通银行 1.5%（非流通股） |
| 易方达价值精选股票型证券投资基金 1.29%（流通 A 股） |
| 华泰紫金 2 号集合资产管理计划 1%（非流通股） |
| 科汇证券投资基金 0.95%（非流通股） |
| 华证经纬(北京)咨询有限公司 0.87%（非流通股） |
| 实际控制人：国务院国有资产监督管理委员会 |

二〇〇六年以来市场表现

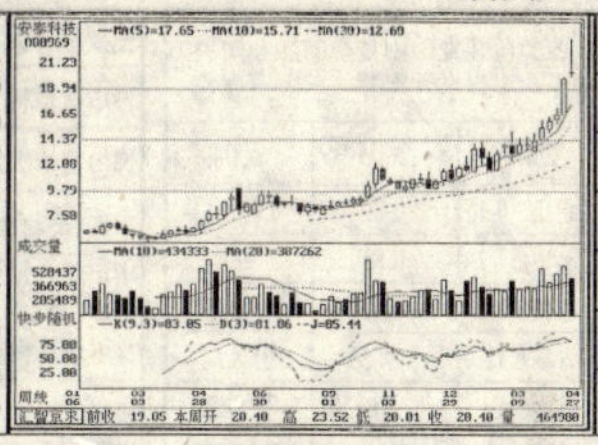

| | |
|---|---|
| 2006 年涨跌幅(%) | 103.86 |
| 2006 年最高(元) | 13.56 |
| 2007 年涨跌幅(%) | 87.5 |
| 2007.4.27 收盘(元) | 20.4 |
| 2007 年最高(元) | 23.52 |
| 2007 年最低(元) | 10.9 |
| 2007 年换手率(%) | 348.31 |

未来一年限售流通股解禁情况:34914880 股 12 月 05 日解禁

| 最新股本 | 总股本 | 非(限售)流通 | 流通 A | 流通 B/H/S | 股东户数 | 06 年末 | 06 三季 |
|---|---|---|---|---|---|---|---|
| | 40114.88 | 21664.44 | 18450.44 | | | 28199 | 30390 |

年报点评：公司是我国新材料开发应用领域最具实力高新技术企业之一,其中超硬及难熔材料占据公司主业收入 40%以上。公司有多个新项目正处于建设期,其中万吨级非晶带材及制品项目投产后公司纳米晶带材、非晶磁粉芯产能将处于世界第一位,07 年进入业绩快速增长期。

## 中科三环（000970）

上市日期:00/04/20　电话:010－68945729　传真:010－68712144

| 主营 | 钕铁硼稀土永磁材料的技术开发、生产与销售。 | | |
|---|---|---|---|
| 年度 | 2006 | 2005 | 2004 |
| 每股收益/扣除后(元) | 0.276/0.28 | 0.308/0.31 | 0.23/0.223 |
| 每股经营现金流量(元) | 0.525 | 0.285 | 0.26 |
| 每股净资产/调整后(元) | 1.9/1.89 | 1.71/1.67 | 1.45/1.44 |
| 未分利润(万元) | 28406.21 | 19877.53 | 9651.61 |
| 资本公积(万元) | 8842.24 | 9036.05 | 8822.36 |
| 主营收入(万元) | 174919.81 | 164820.56 | 104607.96 |
| 主营利润(万元) | 45595.31 | 46181.22 | 29911.65 |
| 投资收益(万元) | 176.14 | -435.16 | -47.78 |
| 利润总额(万元) | 19533.62 | 20766.81 | 15558.05 |
| 净利润(万元) | 13993.81 | 15619.77 | 11479.63 |
| 近年分配: | 06 预案:10 派 0.8；05 年:10 派 0.8；04 中期:10 派 1.2 送 2 转增 8 年终:10 派 0.6 | | |

| 主要股东及持股比例%、持股性质 |
|---|
| 北京三环新材料高技术公司 24.32%（国有股） |
| TRIDUS INTERNATIONAL INC 5.64%（外资股） |
| 宁波电子信息集团有限公司 5.2%（国有股） |
| TAIGENE METAL COMPANY L.L.C 4.35%（外资股） |
| 丰和价值证券投资基金 3.62%（流通 A 股） |
| 宁波联合集团股份有限公司 3.03%（非流通股） |
| 中国银行－华宝兴业先进成长股票型证券投资基金 1.97%（流通 A 股） |
| 中国银行－嘉实稳健开放式证券投资基金 1.97%（流通 A 股） |
| 全国社保基金一零九组合 1.25%（流通 A 股） |
| 全国社保基金一零六组合 1.16%（流通 A 股） |
| 实际控制人：中科实业集团(控股)公司 |

二〇〇六年以来市场表现

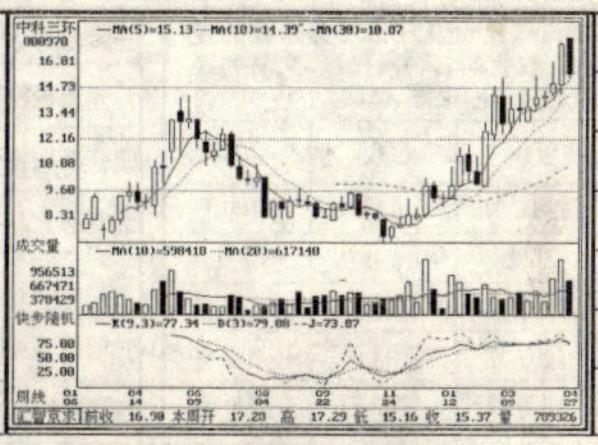

| | |
|---|---|
| 2006 年涨跌幅(%) | 70.36 |
| 2006 年最高(元) | 18.41 |
| 2007 年涨跌幅(%) | 66.88 |
| 2007.4.27 收盘(元) | 15.37 |
| 2007 年最高(元) | 17.29 |
| 2007 年最低(元) | 8.82 |
| 2007 年换手率(%) | 325.41 |

未来一年限售流通股解禁情况：

| 最新股本 | 总股本 | 非(限售)流通 | 流通 A | 流通 B/H/S | 股东户数 | 06 年末 | 06 三季 |
|---|---|---|---|---|---|---|---|
| | 50760 | 21729.6 | 29030.4 | | | 29826 | 34838 |

年报点评：公司作为中国最大、全球第二大钕铁硼永磁材料制造商,在国内钕铁硼稀土永磁材料的市场占有率高达 25%,在全球钕铁硼稀土永磁材料的市场占有率高达 15%以上。目前我国正成为全球钕铁硼研发和生产制造基地,未来该行业发展前景乐观,公司业绩有望稳步提升。

## 湖北迈亚（000971）

上市日期:00/04/27　电话:0728－3275828　传真:0728－3275829

| 主营 | 拉舍尔毛毯和高档精毛纺呢绒面料的开发、生产和销售。 | | |
|---|---|---|---|
| 年度 | 2006 | 2005 | 2004 |
| 每股收益/扣除后(元) | -0.804 | 0.064 | 0.12/0.11 |
| 每股经营现金流量(元) | -0.0046 | 0.1039 | 0.2 |
| 每股净资产/调整后(元) | 1.15/1.15 | 2.54/2.51 | 2.48/2.38 |
| 未分利润(万元) | -16380.06 | 3167.62 | 2232.91 |
| 资本公积(万元) | 15257.61 | 20867.61 | 20867.61 |
| 主营收入(万元) | 31741.76 | 34564.69 | 26600.19 |
| 主营利润(万元) | 1438.41 | 6546.74 | 6466.74 |
| 投资收益(万元) | 1.9 | | -1.4 |
| 利润总额(万元) | -19547.69 | 1814.8 | 3411.06 |
| 净利润(万元) | -19547.69 | 1189.42 | 2285.41 |
| 近年分配: | 05 年:10 转增 3 | | |

| 主要股东及持股比例%、持股性质 |
|---|
| 湖北省仙桃毛纺集团有限公司 35.26%（国有股） |
| 仙桃市彩凤实业公司 2.18%（非流通股） |
| 仙桃市财务开发公司 1.95%（非流通股） |
| 湖北省纺织品公司 1.28%（非流通股） |
| 黄联群 0.71%（流通 A 股） |
| 章华 0.54%（流通 A 股） |
| 陈建国 0.41%（流通 A 股） |
| 桑国诚 0.38%（流通 A 股） |
| 杨泽松 0.31%（流通 A 股） |
| 李顺专 0.19%（流通 A 股） |
| 实际控制人：湖北省仙桃市人民政府 |

二〇〇六年以来市场表现

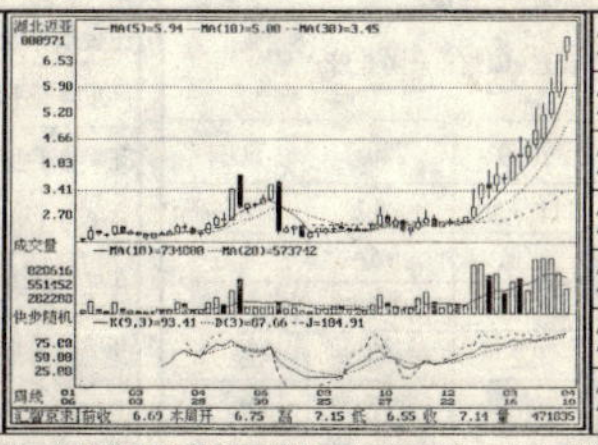

| | |
|---|---|
| 2006 年涨跌幅(%) | 56.84 |
| 2006 年最高(元) | 3.9 |
| 2007 年涨跌幅(%) | 171.48 |
| 2007.4.27 收盘(元) | 7.14 |
| 2007 年最高(元) | 7.15 |
| 2007 年最低(元) | 2.61 |
| 2007 年换手率(%) | 645.89 |

未来一年限售流通股解禁情况:12155000 股 12 月 29 日解禁

| 最新股本 | 总股本 | 非(限售)流通 | 流通 A | 流通 B/H/S | 股东户数 | 06 年末 | 06 三季 |
|---|---|---|---|---|---|---|---|
| | 24310 | 9933.12 | 14376.88 | | | 27253 | 29615 |

年报点评：公司主导了国内高档面料产品的领先地位,精纺呢绒产品目前占领国产 80 支以上呢绒 50%的市场份额。公司将通过收购使高档纯棉色织面料年织造能力达到 1500 万米。此外,值得注意的是公司目前正在接洽受让长江证券 3000 万股股份事宜。

## 新中基（000972）

上市日期:00/09/26　　电话:0991－8852972　　传真:0991－8852972

**主营**：蕃茄制品加工及销售;农业种植、生产加工、国际贸易等。

| | 年　度 | 2006 | 2005 | 2004 |
|---|---|---|---|---|
| 主要指标 | 每股收益/扣除后(元) | 0.42/0.31 | 0.39 | 0.43/0.38 |
| | 每股经营现金流量(元) | 0.36 | 1.37 | 0.34 |
| | 每股净资产/调整后(元) | 6.14/5.62 | 5.06/4.77 | 4.45/4.24 |
| | 未分利润(万元) | 16548.02 | 11138.25 | 9155.06 |
| | 资本公积(万元) | 63134.05 | 29837.48 | 25211.87 |
| 利润构成 | 主营收入(万元) | 178281.7 | 103054.66 | 69572.01 |
| | 主营利润(万元) | 33403.12 | 25410.77 | 23247.53 |
| | 投资收益(万元) | －286.15 | 168.06 | 1442.21 |
| | 利润总额(万元) | 9621.67 | 5939.47 | 5812.15 |
| | 净利润(万元) | 7529.57 | 4871.54 | 5326.24 |

**近年分配**：06 预案:10 派 0.4 送 3 转增 5 ; 05 年:10 派 0.2 ; 04 年:10 派 1

**主要股东及持股比例%、持股性质**

- 新疆生产建设兵团投资有限公司 8.46% (国有股)
- 新疆生产建设兵团农五师八十七团 6.18% (国有股)
- 新疆生产建设兵团农二师二十一团 5.9% (国有股)
- 乌鲁木齐市楠悦工贸有限公司 5.84% (非流通股)
- 无锡灵山实业有限公司 5.58% (非流通股)
- 乌鲁木齐三木实业有限公司 5.27% (非流通股)
- 新疆生产建设兵团农十二师五一农场 4.74% (国有股)
- 江苏新动力风险投资有限公司 4.47% (非流通股)
- 浙江物通实业有限公司 4.47% (非流通股)
- 博时精选股票证券投资基金 3.25% (流通 A股)

**实际控制人**：新疆生产建设兵团

二〇〇六年以来市场表现

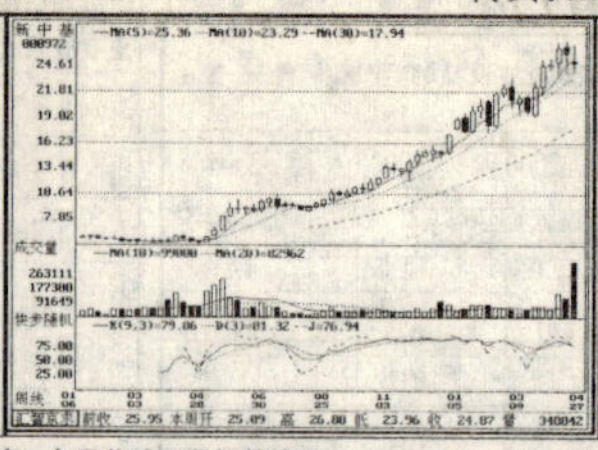

| | |
|---|---|
| 2006 年涨跌幅(%) | 199.48 |
| 2006 年最高(元) | 17.2 |
| 2007 年涨跌幅(%) | 45.61 |
| 2007.4.27 收盘(元) | 24.87 |
| 2007 年最高(元) | 27.4 |
| 2007 年最低(元) | 17.3 |
| 2007 年换手率(%) | 209.34 |

**未来一年限售流通股解禁情况**:43867865 股 10 月 26 日解禁

| 最新股本 | 总股本 | 非(限售)流通 | 流通 A | 流通 B/H/S | 股东户数 | 06 年末 | 06 三季 |
|---|---|---|---|---|---|---|---|
| | 17908.92 | 11301.18 | 6607.73 | | | 11108 | 15262 |

**年报点评**：公司是国内最主要的番茄产商之一,产品大量出口,销往世界 70 多个国家和地区,其中生产的大桶浓缩番茄酱占欧洲市场 20% 的份额,小包装番茄制品占非洲市场 45% 的份额。公司初级产品出口比例将逐渐下降,公司的产业链正在迅速向全球番茄产业的最高端延伸。

## 佛塑股份（000973）

上市日期:00/05/25　　电话:0757－83988189　　传真:0757－83988186

**主营**：各类塑料制品、粘胶制品、各类包装及印刷复合制品和塑料加工设备、模具的制造、加工及工程设计安装。

| | 年　度 | 2006 | 2005 | 2004 |
|---|---|---|---|---|
| 主要指标 | 每股收益/扣除后(元) | －0.15/－0.16 | 0.01 | 0.17/0.13 |
| | 每股经营现金流量(元) | 0.45 | 0.88 | －0.04 |
| | 每股净资产/调整后(元) | 2.16/2.15 | 3.48/3.46 | 3.61/3.59 |
| | 未分利润(万元) | －4366.11 | 5484.53 | 5128.62 |
| | 资本公积(万元) | 61556.03 | 82250.57 | 82249.28 |
| 利润构成 | 主营收入(万元) | 383059.85 | 292539.76 | 276584.65 |
| | 主营利润(万元) | 19853.48 | 19225.11 | 22016.61 |
| | 投资收益(万元) | 1252.74 | 1652.56 | 4808.4 |
| | 利润总额(万元) | －9569.84 | 34.47 | 6025.1 |
| | 净利润(万元) | －9442.27 | 418.71 | 6745.64 |

**近年分配**：05 年:10 派 0.1 转增 5 ; 04 年:10 派 1.38

**主要股东及持股比例%、持股性质**

- 佛山市塑料工贸集团公司 25.36% (国有股)
- 佛山富硕宏信投资有限公司 23.88% (国有股)
- 信达投资有限公司 0.68% (流通 A股).
- 中国建设银行－博时价值增长贰号证券投资基金 0.65% (流通 A股)
- 深圳市国傲通实业有限公司 0.39% (流通 A股)
- 王琳 0.26% (流通 A股)
- 方泽川 0.23% (流通 A股)
- 傅灯荣 0.13% (流通 A股)
- 刘文兰 0.12% (流通 A股)
- 陈明杰 0.1% (流通 A股)

**实际控制人**：佛山市国有资产监督管理委员会

二〇〇六年以来市场表现

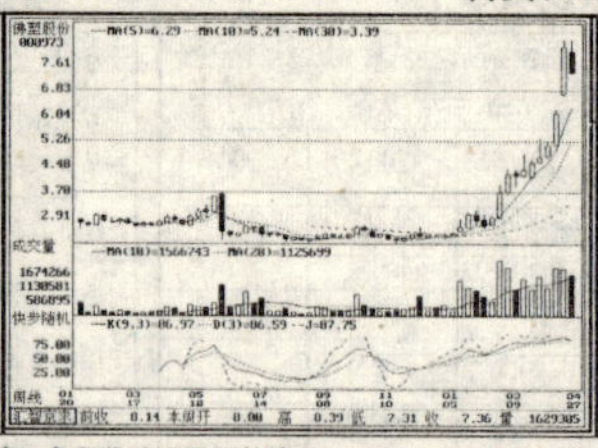

| | |
|---|---|
| 2006 年涨跌幅(%) | 44.43 |
| 2006 年最高(元) | 5.48 |
| 2007 年涨跌幅(%) | 207.95 |
| 2007.4.27 收盘(元) | 7.36 |
| 2007 年最高(元) | 8.39 |
| 2007 年最低(元) | 2.33 |
| 2007 年换手率(%) | 566.71 |

**未来一年限售流通股解禁情况**:61255488 股 01 月 16 日解禁

| 最新股本 | 总股本 | 非(限售)流通 | 流通 A | 流通 B/H/S | 股东户数 | 06 年末 | 06 三季 |
|---|---|---|---|---|---|---|---|
| | 61255.49 | 30205.74 | 31049.74 | | | 44144 | 47152 |

**年报点评**：公司属于典型的塑料加工行业,其生产经营对原材料价格的敏感性非常强。公司盈利预测准确度非常低。随着原料价格回落,以及行业内自然淘汰,公司经营环境有所改善,并且逐季好转,盈利能力出现向上的拐点。

## S 科学城（000975）

上市日期:00/06/08　　电话:020－61397318　　传真:020－32068322

**主营**：高新技术产业和城市基础设施建设及环保环美建设的投资、开发与经营管理;股权产权收购、兼并、投资、交易和经营管理;水力发电,供电设施设备的维修、调试。

| | 年　度 | 2006 | 2005 | 2004 |
|---|---|---|---|---|
| 主要指标 | 每股收益/扣除后(元) | 0.09/0.09 | 0.12 | 0.14/0.13 |
| | 每股经营现金流量(元) | 0.01 | 0.18 | 0.21 |
| | 每股净资产/调整后(元) | 1.8/1.78 | 1.7/1.69 | 1.62/1.61 |
| | 未分利润(万元) | 21979.57 | 17468.66 | 14189.58 |
| | 资本公积(万元) | 13870.07 | 13870.07 | 13870.07 |
| 利润构成 | 主营收入(万元) | 24824.1 | 26719.53 | 28900.34 |
| | 主营利润(万元) | 5765.67 | 14837 | 16228.22 |
| | 投资收益(万元) | 4699 | －184.42 | －636.13 |
| | 利润总额(万元) | 7252.85 | 12274.91 | 13575.37 |
| | 净利润(万元) | 5005.69 | 6442.23 | 7490.53 |

**近年分配**：06 预案:10 派 0.2 ; 04 年:10 派 0.4

**主要股东及持股比例%、持股性质**

- 广州凯得控股有限公司 53.2% (国有股)
- 重庆新禹投资(集团)有限公司 3.56% (国有股)
- 北京北方晶技投资咨询有限公司 1.88% (流通 A股)
- 南京新港高科技股份有限公司 0.97% (流通 A股)
- 孙明珍 0.41% (流通 A股)
- 深圳市海基科技开发有限公司 0.35% (流通 A股)
- 黑龙江省华富电力投资有限公司 0.34% (流通 A股)
- 三峡证券有限责任公司 0.34% (流通 A股)
- 魏尝武 0.25% (流通 A股)
- 李红英 0.23% (流通 A股)

**实际控制人**：广州开发区管委会

二〇〇六年以来市场表现

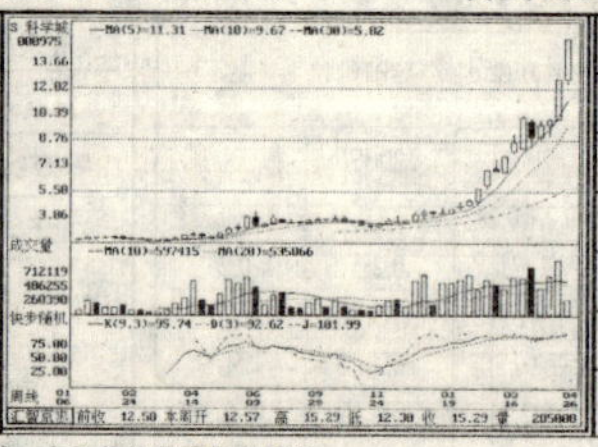

| | |
|---|---|
| 2006 年涨跌幅(%) | 78.88 |
| 2006 年最高(元) | 4.33 |
| 2007 年涨跌幅(%) | 268.43 |
| 2007.4.27 收盘(元) | 15.29 |
| 2007 年最高(元) | 15.29 |
| 2007 年最低(元) | 3.85 |
| 2007 年换手率(%) | 390.69 |

**未来一年限售流通股解禁情况**:

| 最新股本 | 总股本 | 非(限售)流通 | 流通 A | 流通 B/H/S | 股东户数 | 06 年末 | 06 三季 |
|---|---|---|---|---|---|---|---|
| | 53280 | 30240 | 23040 | | | 27928 | 29604 |

**年报点评**：原第一大股东与中国银泰签订了转让公司 29.90% 股权的协议。出资 4 亿元与北京银泰置业联营合作开发北京柏悦府项目,进军北京房地产业高端市场。此外,公司与山西国际电力集团等合作开发建设山西风力发电项目。

## 春晖股份（000976）

上市日期:00/06/01　　电话:0750－2276949　　传真:0750－2276959

**主营**：生产、销售差别异型涤纶长丝、锦纶长丝等化纤产品

| | 年　度 | 2006 | 2005 | 2004 |
|---|---|---|---|---|
| 主要指标 | 每股收益/扣除后(元) | 0.018/0.015 | －0.2 | 0.08/0.089 |
| | 每股经营现金流量(元) | 0.206 | 0.62 | 0.43 |
| | 每股净资产/调整后(元) | 1.69/1.69 | 2.34/2.34 | 2.54/2.54 |
| | 未分利润(万元) | －3322.95 | －4401.54 | 4158.77 |
| | 资本公积(万元) | 35867.94 | 52897.28 | 52897.28 |
| 利润构成 | 主营收入(万元) | 214525.78 | 244069.51 | 218296.85 |
| | 主营利润(万元) | 5731.98 | －1945.98 | 9310.91 |
| | 投资收益(万元) | | 13.18 | 0 |
| | 利润总额(万元) | 1078.6 | －8560.31 | 4350.69 |
| | 净利润(万元) | 1078.6 | －8560.31 | 3280.37 |

**近年分配**：

**主要股东及持股比例%、持股性质**

- 广东省开平涤纶企业集团公司 22.36% (国有股)
- 开平市工业实业开发公司 7.06% (非流通股)
- 开平市工业材料公司 7.06% (非流通股)
- 开平市国康明胶公司 3.11% (非流通股)
- 开平市工业资产经营公司 0.46% (非流通股)
- 谭晓宇 0.36% (流通 A股)
- 沈洁 0.26% (流通 A股)
- 肖福长 0.2% (流通 A股)
- 骆光生 0.18% (流通 A股)
- 林冲 0.16% (流通 A股)

**实际控制人**：开平市资产管理委员会

二〇〇六年以来市场表现

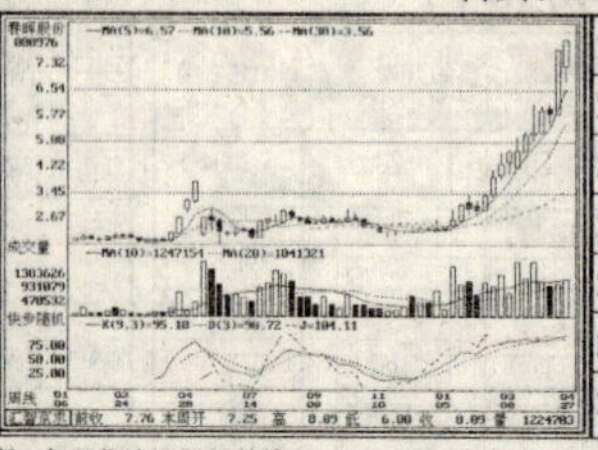

| | |
|---|---|
| 2006 年涨跌幅(%) | 123.71 |
| 2006 年最高(元) | 5.59 |
| 2007 年涨跌幅(%) | 244.26 |
| 2007.4.27 收盘(元) | 8.09 |
| 2007 年最高(元) | 8.09 |
| 2007 年最低(元) | 2.3 |
| 2007 年换手率(%) | 526.02 |

**未来一年限售流通股解禁情况**:110137320 股 05 月 31 日解禁

| 最新股本 | 总股本 | 非(限售)流通 | 流通 A | 流通 B/H/S | 股东户数 | 06 年末 | 06 三季 |
|---|---|---|---|---|---|---|---|
| | 58664.28 | 23712.77 | 34951.51 | | | 57448 | 63950 |

**年报点评**：公司涤纶长丝年产量达 12 万吨,是全国最大的涤纶长丝生产基地。“春晖”牌商标为广东省著名商标,并占据相当大的市场份额。瓶级切片获欧共体、英联邦和美国 FDA 卫生认证产品,不仅在国内市场供不应求,而且大量出口北美、西欧市场。

## 浪潮信息（000977）

上市日期:00/06/08　电话:0531－5106242　传真:0531－5106246

| 主营 | 计算机及软件、电子产品及其他通信设备、商业机具、电子工业用控制设备等。 | | |
|---|---|---|---|
| 年　度 | 2006 | 2005 | 2004 |
| 主要指标 每股收益/扣除后(元) | 0.04/0.04 | 0.039 | 0.072/0.05 |
| 每股经营现金流量(元) | 0.034 | 0.174 | 0.09 |
| 每股净资产/调整后(元) | 4.29/4.22 | 4.31/4.16 | 4.2/4.08 |
| 未分利润(万元) | 12714.43 | 11935.12 | 11397.67 |
| 资本公积(万元) | 53040.54 | 54193.73 | 52506.58 |
| 利润构成 主营收入(万元) | 95584.5 | 130593.69 | 140328.69 |
| 主营利润(万元) | 11538.31 | 28007.76 | 31731.77 |
| 投资收益(万元) | 992.44 | 1105.52 | 934.67 |
| 利润总额(万元) | 895.47 | 3999.79 | 6229.79 |
| 净利润(万元) | 861.03 | 836.98 | 1540.04 |
| 近年分配: | | | |

| 主要股东及持股比例%、持股性质 |
|---|
| 浪潮集团有限公司 51.07%（国有股） |
| 烟台东方电子信息产业集团有限公司 3.99%（国有股） |
| 北京算通科技发展有限公司 1.99%（非流通股） |
| 山东时风(集团)有限责任公司 1.12%（国有股） |
| 山东金达实业有限公司 0.79%（非流通股） |
| 全泰电脑(惠阳)有限公司 0.7%（非流通股） |
| 刘成芳 0.16%（流通A股） |
| 高建 0.14%（流通A股） |
| 济南海拓实业有限公司 0.14%（非流通股） |
| 雷火国 0.13%（流通A股） |
| 实际控制人：山东省国有资产监督管理委员会 |

### 二〇〇六年以来市场表现

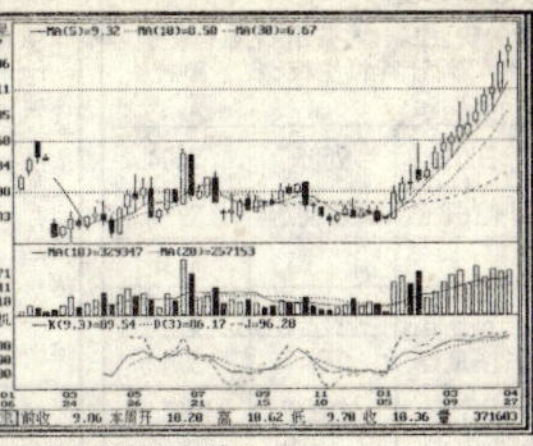

| | |
|---|---|
| 2006年涨跌幅(%) | 11.99 |
| 2006年最高(元) | 9.75 |
| 2007年涨跌幅(%) | 100.39 |
| 2007.4.27收盘(元) | 10.36 |
| 2007年最高(元) | 10.62 |
| 2007年最低(元) | 5.12 |
| 2007年换手率(%) | 489.1 |

未来一年限售流通股解禁情况:

| 最新股本 | 总股本 | 非(限售)流通 | 流通A | 流通B/H/S | 股东户数 | 06年末 | 06三季 |
|---|---|---|---|---|---|---|---|
| | 21500 | 12856.2 | 8643.8 | | | 36618 | 38799 |

年报点评：公司是国产服务器供应商的第一品牌。尽管随着经济的走好,国内服务器市场仍然保持稳定的增长,但是由于国内竞争非常激烈,国产服务器品牌整体销量及销售额市场占有率较2005年都有所下降。预计未来几年这种竞争态势难以改变。

## 桂林旅游（000978）

上市日期:00/05/18　电话:0773－3558966　传真:0773－3558955

| 主营 | 游船客运、公路旅行客运、出租车业务、旅游观光服务。 | | |
|---|---|---|---|
| 年　度 | 2006 | 2005 | 2004 |
| 主要指标 每股收益/扣除后(元) | 0.25/0.266 | 0.21/0.211 | 0.206/0.206 |
| 每股经营现金流量(元) | 0.564 | 0.401 | 0.331 |
| 每股净资产/调整后(元) | 2.41/2.36 | 2.37/2.31 | 2.32/2.27 |
| 未分利润(万元) | 4124.34 | 3324.8 | 2998.85 |
| 资本公积(万元) | 15915.62 | 16301.21 | 16301.21 |
| 利润构成 主营收入(万元) | 28898.36 | 27265.29 | 23656.29 |
| 主营利润(万元) | 10783.3 | 9508.72 | 8774.01 |
| 投资收益(万元) | 1517.85 | 1134.29 | 1142.7 |
| 利润总额(万元) | 5520.24 | 4604.56 | 4356.19 |
| 净利润(万元) | 4428.38 | 3715.23 | 3640.58 |
| 近年分配: | 05年:10派1.8；04年:10派1.6 | | |

| 主要股东及持股比例%、持股性质 |
|---|
| 桂林旅游发展总公司 36.09%（国有股） |
| 桂林五洲旅游股份有限公司 17.1%（非流通股） |
| 金鑫证券投资基金 4.48%（流通A股） |
| 汉兴证券投资基金 3.95%（流通A股） |
| 安信证券投资基金 2.87%（流通A股） |
| 中国人寿保险(集团)公司－传统－普通保险产品 1.99%（流通A股） |
| 富国天瑞强势地区精选混合型开放式证券投资基金 1.7%（流通A股） |
| 中海分红增利混合型证券投资基金 1.17%（流通A股） |
| 华夏红利混合型开放式证券投资基金 1.13%（流通A股） |
| 富国动态平衡证券投资基金 1.07%（流通A股） |
| 实际控制人：桂林市政府 |

### 二〇〇六年以来市场表现

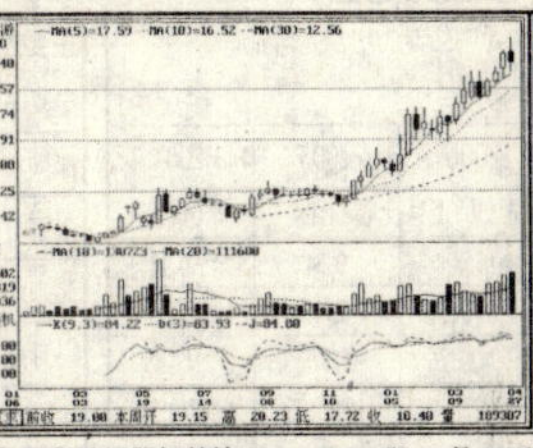

| | |
|---|---|
| 2006年涨跌幅(%) | 143.18 |
| 2006年最高(元) | 16.39 |
| 2007年涨跌幅(%) | 65.02 |
| 2007.4.27收盘(元) | 18.4 |
| 2007年最高(元) | 20.23 |
| 2007年最低(元) | 10.25 |
| 2007年换手率(%) | 235.45 |

未来一年限售流通股解禁情况:14260224股05月19日解禁

| 最新股本 | 总股本 | 非(限售)流通 | 流通A | 流通B/H/S | 股东户数 | 06年末 | 06三季 |
|---|---|---|---|---|---|---|---|
| | 17700 | 9780 | 7920 | | | 6252 | 8610 |

年报点评：经过多年发展,桂林旅游逐渐掌控了大多数漓江游览项目资源,拥有丰鱼岩,银子岩,龙脊梯田,龙胜温泉,贺州温泉以及象山,七星公园,井冈山等众多旅游资源。目前公司有游船84艘,约占桂林市漓江游船总数的36%,接待国内国际游客数量分别占整体的35.5%和82.6%。

## ST科苑（000979）

上市日期:00/06/16　电话:0557－3920707　传真:0557－3912448

| 主营 | 生物工程、精细化工等领域的高新技术研究开发、技术转化和生产经营。 | | |
|---|---|---|---|
| 年　度 | 2006 | 2005 | 2004 |
| 主要指标 每股收益/扣除后(元) | 0.06/－0.42 | －1.33 | －3.09/－3.08 |
| 每股经营现金流量(元) | 0.49 | －0.77 | －0.54 |
| 每股净资产/调整后(元) | 0.31/0.04 | 0.32/0.01 | 1.65/1.58 |
| 未分利润(万元) | －42100.33 | －42838.93 | －30336.37 |
| 资本公积(万元) | 32246.44 | 35234.13 | 35189.58 |
| 利润构成 主营收入(万元) | 34315.7 | 28253.94 | 35125.94 |
| 主营利润(万元) | 3245.54 | 1264 | 1861.94 |
| 投资收益(万元) | －644.44 | －3057.25 | －5154.49 |
| 利润总额(万元) | 1754.97 | －12590.95 | －29072.39 |
| 净利润(万元) | 738.6 | －12502.56 | －29061.28 |
| 近年分配: | | | |

| 主要股东及持股比例%、持股性质 |
|---|
| 安徽省应用技术研究所 27.23%（非流通股） |
| 上海申多利实业公司 6.11%（国有股） |
| 上海福星实业有限公司 5.65%（非流通股） |
| 上海市福星典当行有限公司 2.26%（非流通股） |
| 闫政 1.51%（流通A股） |
| 陈霞 1.28%（流通A股） |
| 肖石珍 1.12%（流通A股） |
| 唐郴芝 0.83%（流通A股） |
| 浙江安易投资管理有限公司 0.81%（流通A股） |
| 曾云高 0.75%（流通A股） |
| 实际控制人：吴彦 |

### 二〇〇六年以来市场表现

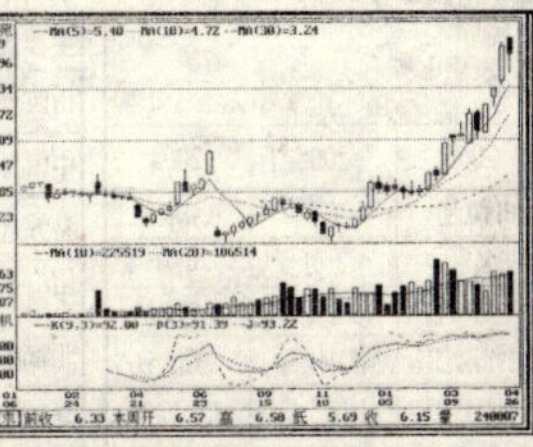

| | |
|---|---|
| 2006年涨跌幅(%) | 75 |
| 2006年最高(元) | 5.57 |
| 2007年涨跌幅(%) | 112.07 |
| 2007.4.27收盘(元) | 6.15 |
| 2007年最高(元) | 6.58 |
| 2007年最低(元) | 2.64 |
| 2007年换手率(%) | 449.49 |

未来一年限售流通股解禁情况:18060000股08月02日解禁

| 最新股本 | 总股本 | 非(限售)流通 | 流通A | 流通B/H/S | 股东户数 | 06年末 | 06三季 |
|---|---|---|---|---|---|---|---|
| | 12400 | 5401.14 | 6998.86 | | | 15737 | 18724 |

年报点评：通过关联交易，上海庆安从＊ST科苑"掏出"约2.5亿元。到2006年底，＊ST科苑连年亏损,面临暂停上市风险和退市危机。宿州市政府出手相救,2007年初，＊ST科苑公得宿州市政府财政补贴5500万元用于弥补去年亏损。

## 金马股份（000980）

上市日期:00/06/16　电话:0559—6537831　传真:0559—6537888

| 主营 | 汽车仪表、摩托车仪表及车用零部件,电机系列产品,电子电器产品,电工仪表,化工产品〈不含危险品〉,纸类产品,光伏节能装备产品,健身器材的生产、销售,旅游服务。 | | |
|---|---|---|---|
| 年　度 | 2006 | 2005 | 2004 |
| 主要指标 每股收益/扣除后(元) | 0.1/0.07 | 0.07/－0.02 | 0.06/0.003 |
| 每股经营现金流量(元) | 0.16 | 0.21 | 0.12 |
| 每股净资产/调整后(元) | 2.8/2.78 | 2.7/2.67 | 2.63/2.6 |
| 未分利润(万元) | －4764.27 | －6295.2 | －7305.35 |
| 资本公积(万元) | 30522.51 | 30522.51 | 30522.51 |
| 利润构成 主营收入(万元) | 34497.15 | 24711.86 | 17533.36 |
| 主营利润(万元) | 6225.28 | 3413.24 | 2663.04 |
| 投资收益(万元) | 31.08 | 37.5 | 1.51 |
| 利润总额(万元) | 2795.84 | 1549.82 | 1204.15 |
| 净利润(万元) | 1530.93 | 1010.15 | 856.38 |
| 近年分配: | 06年:10转增5 | | |

| 主要股东及持股比例%、持股性质 |
|---|
| 黄山金马集团有限公司 46.92%（非流通股） |
| 华宝信托投资有限责任公司 0.66%（流通A股） |
| 杭州永磁集团有限公司 0.34%（非流通股） |
| 刘方 0.3%（流通A股） |
| 唐作华 0.25%（流通A股） |
| 何志伟 0.25%（流通A股） |
| 黄山徽新金塑有限公司 0.2%（非流通股） |
| 福建新大陆科技集团有限公司 0.2%（流通A股） |
| 林鹭芬 0.19%（流通A股） |
| 招振中 0.19%（流通A股） |
| 实际控制人：应建仁、徐美儿 |

### 二〇〇六年以来市场表现

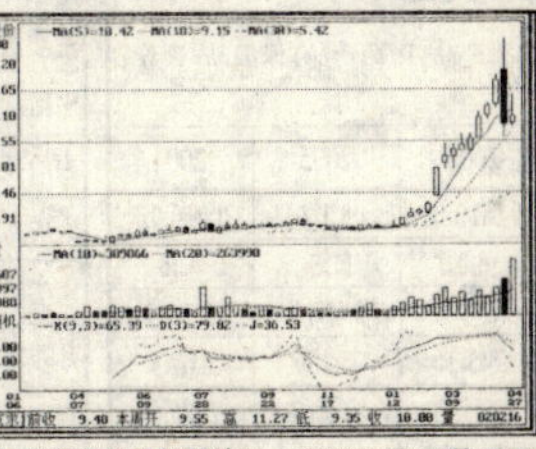

| | |
|---|---|
| 2006年涨跌幅(%) | 48.92 |
| 2006年最高(元) | 5.2 |
| 2007年涨跌幅(%) | 367.29 |
| 2007.4.27收盘(元) | 10 |
| 2007年最高(元) | 16.91 |
| 2007年最低(元) | 3.19 |
| 2007年换手率(%) | 615.05 |

未来一年限售流通股解禁情况:11250000股04月07日解禁

| 最新股本 | 总股本 | 非(限售)流通 | 流通A | 流通B/H/S | 股东户数 | 06年末 | 06三季 |
|---|---|---|---|---|---|---|---|
| | 15000 | 7170 | 7830 | | | 21538 | 23080 |

年报点评：公司主营汽车仪表、纸制品及防盗门等。06年进一步增效挖潜;通过逐步推行OEC管理和实施ERP管理,使企业管理再上一个台阶,实现了收入与利润的稳定增长。07年公司将继续坚持专业化、品牌化发展战略,围绕车用零部件产品实现稳定发展。

## SST 兰光（000981）

上市日期:00/06/22　　电话:0755－83321515　　传真:0755－83354195

**主营**：从事高科技电子信息产品的研发、制造、营销和技术服务，主要产品有计算机彩色显示器、计算机主板、数字音响系统、程控调度机等系列产品。

| | 年　度 | 2006 | 2005 | 2004 |
|---|---|---|---|---|
| 主要指标 | 每股收益/扣除后(元) | -1.02/-0.636 | 0.083/-0.344 | -0.53/-0.691 |
| | 每股经营现金流量(元) | -1.85 | -2.386 | 0.34 |
| | 每股净资产/调整后(元) | 2.51/2.12 | 3.53/3.17 | 3.49/3.43 |
| | 未分利润(万元) | -19970.02 | -3703.77 | -5021.57 |
| | 资本公积(万元) | 44259.67 | 44259.67 | 44182.17 |
| 利润构成 | 主营收入(万元) | 13673.3 | 65816.06 | 58981.83 |
| | 主营利润(万元) | 2016.92 | 4809.46 | 2808.42 |
| | 投资收益(万元) | -6126.97 | 4423.87 | -926.45 |
| | 利润总额(万元) | -16808.92 | -1184.51 | -11203.04 |
| | 净利润(万元) | -16427.46 | 1343.47 | -8564.15 |

近年分配:

| 主要股东及持股比例%、持股性质 |
|---|
| 深圳兰光经济发展公司 50.37%（国有股） |
| 深圳市禄聚源贸易有限公司 11.18%（非流通股） |
| 北京科力新技术发展总公司 3.73%（非流通股） |
| 凌源钢铁股份有限公司 1.37%（非流通股） |
| 深圳创景源科技有限公司 1.12%（非流通股） |
| 深圳大学文化科技服务有限公司 0.62%（非流通股） |
| 西安通盛科技有限责任公司 0.56%（非流通股） |
| 任涛 0.45%（流通 A 股） |
| 深圳市丰和达实业有限公司 0.4%（流通 A 股） |
| 陈志灵 0.39%（流通 A 股） |
| 实际控制人：深圳兰光电子集团有限公司 |

二〇〇六年以来市场表现

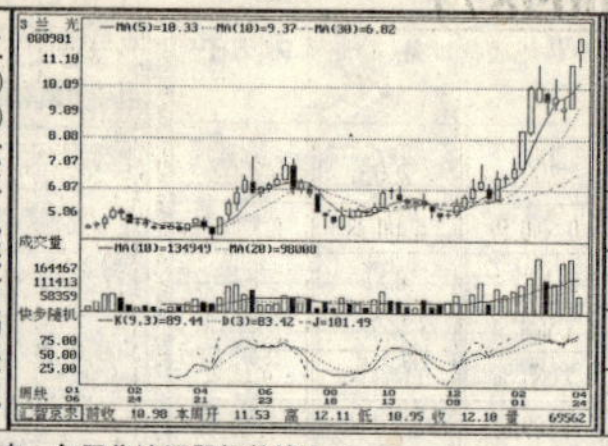

| | |
|---|---|
| 2006 年涨跌幅(%) | 45.43 |
| 2006 年最高(元) | 7.34 |
| 2007 年涨跌幅(%) | 89.95 |
| 2007.4.27 收盘(元) | 12.1 |
| 2007 年最高(元) | 12.11 |
| 2007 年最低(元) | 5.51 |
| 2007 年换手率(%) | 297.21 |

未来一年限售流通股解禁情况:

| 最新股本 | 总股本 | 非(限售)流通 | 流通 A | 流通 B/H/S | 股东户数 | 06 年末 | 06 三季 |
|---|---|---|---|---|---|---|---|
| | 16100 | 11100 | 5000 | | | 18669 | 25777 |

**年报点评**：公司主营信息技术业，包括计算机及相关设备的制造，由于行业竞争激烈，公司的盈利能力大幅度下滑，公司处于整顿的边缘。公司的长期发展取决于公司重组的变化以及注入资产的盈利能力能否有较长时期的持续性。

## S＊ST 雪绒（000982）

上市日期:00/07/06　　电话:0951－5026999　　传真:0951－5043634

**主营**：羊绒及其制品的生产、加工与销售。

| | 年　度 | 2006 | 2005 | 2004 |
|---|---|---|---|---|
| 主要指标 | 每股收益/扣除后(元) | -0.53/-0.34 | -1.08 | 0.04/0.02 |
| | 每股经营现金流量(元) | 0.58 | 0.34 | -0.11 |
| | 每股净资产/调整后(元) | 0.68/0.61 | 1.52/1.47 | 2.62/2.44 |
| | 未分利润(万元) | -7429.26 | -12976.2 | 2942.48 |
| | 资本公积(万元) | 20827.64 | 19915.75 | 18719.33 |
| 利润构成 | 主营收入(万元) | 40304.34 | 28432.48 | 54419.23 |
| | 主营利润(万元) | 912.04 | 3211.45 | 9380.22 |
| | 投资收益(万元) | -208.5 | 251.31 | 98.11 |
| | 利润总额(万元) | -8748.14 | -19463.68 | 1685.84 |
| | 净利润(万元) | -7850.49 | -15918.69 | 587.28 |

近年分配:

| 主要股东及持股比例%、持股性质 |
|---|
| 宁夏圣雪绒国际企业集团有限公司 54.05%（国有股） |
| 深圳市日神实业集团有限公司 5.41%（非流通股） |
| 张军 0.38%（流通 A 股） |
| 北京北方银通房地产开发有限公司 0.35%（流通 A 股） |
| 冯月好 0.33%（流通 A 股） |
| 喻卫斌 0.31%（流通 A 股） |
| 朱耀华 0.29%（流通 A 股） |
| 周红 0.28%（流通 A 股） |
| 何军 0.24%（流通 A 股） |
| 卢艳波 0.22%（流通 A 股） |
| 实际控制人：宁夏圣雪绒国际企业集团有限公司 |

二〇〇六年以来市场表现

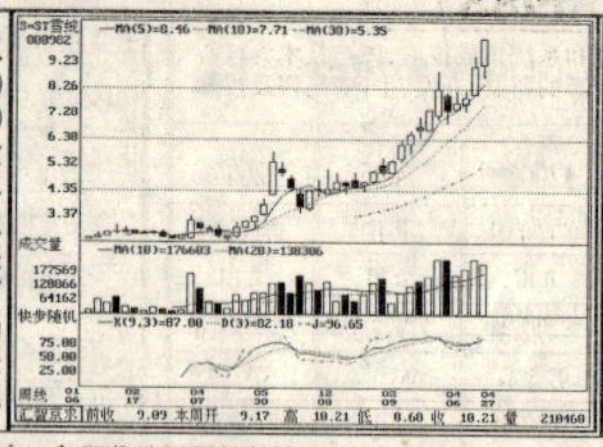

| | |
|---|---|
| 2006 年涨跌幅(%) | 85.19 |
| 2006 年最高(元) | 5.81 |
| 2007 年涨跌幅(%) | 126.89 |
| 2007.4.27 收盘(元) | 10.21 |
| 2007 年最高(元) | 10.21 |
| 2007 年最低(元) | 4.3 |
| 2007 年换手率(%) | 374.49 |

未来一年限售流通股解禁情况:

| 最新股本 | 总股本 | 非(限售)流通 | 流通 A | 流通 B/H/S | 股东户数 | 06 年末 | 06 三季 |
|---|---|---|---|---|---|---|---|
| | 14800 | 8800 | 6000 | | | 10679 | 11522 |

**年报点评**：公司主营羊绒制品和房地产。由于羊绒只产于我国西部宁夏内蒙古等少数地区，因此有一定的区域和资源垄断特征。2006 年公司通过资产置换，北京润丰成为圣雪绒的实际控制人，而圣雪绒则变身"润丰地产"，北京润丰顺利完成借壳上市。

## 西山煤电（000983）

上市日期:00/07/26　　电话:0351－6217282　　传真:0351－6127434

**主营**：煤炭生产、销售、洗选加工、发供电等

| | 年　度 | 2006 | 2005 | 2004 |
|---|---|---|---|---|
| 主要指标 | 每股收益/扣除后(元) | 0.8/0.804 | 0.8 | 0.78/0.78 |
| | 每股经营现金流量(元) | 0.84 | 1.02 | 0.95 |
| | 每股净资产/调整后(元) | 4.25/4.19 | 3.8/3.79 | 4.75/4.69 |
| | 未分利润(万元) | 191664.51 | 152444.51 | 93818.59 |
| | 资本公积(万元) | 152343.23 | 147055.62 | 183546.76 |
| 利润构成 | 主营收入(万元) | 689137.44 | 561708.14 | 375972.35 |
| | 主营利润(万元) | 258482.22 | 212742.13 | 138401.05 |
| | 投资收益(万元) | 727.99 | 791.61 | -129.21 |
| | 利润总额(万元) | 143431.21 | 142279.67 | 90183.07 |
| | 净利润(万元) | 97443.84 | 97489.32 | 63244.07 |

近年分配:06 预案:10 派 4；05 年:10 派 4；04 年:10 派 3 转增 5

| 主要股东及持股比例%、持股性质 |
|---|
| 山西焦煤集团有限责任公司 53.28%（国有股） |
| 中国人寿保险股份有限公司 1.99%（流通 A 股） |
| 易方达平稳增长证券投资基金 1.83%（流通 A 股） |
| 中国人寿保险(集团)公司 0.66%（流通 A 股） |
| 北京首钢股份有限公司 0.52%（流通 A 股） |
| 摩根士丹利投资管理公司 0.51%（流通 A 股） |
| 太原市杰森实业有限公司 0.49%（流通 A 股） |
| 中国太平洋人寿保险股份有限公司 0.46%（流通 A 股） |
| 天元证券投资基金 0.44%（流通 A 股） |
| 通联创业投资股份有限公司 0.42%（流通 A 股） |
| 实际控制人：山西省国资委 |

二〇〇六年以来市场表现

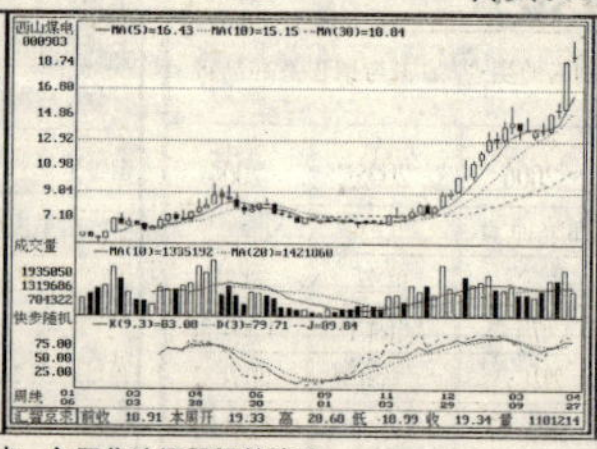

| | |
|---|---|
| 2006 年涨跌幅(%) | 65.78 |
| 2006 年最高(元) | 9.68 |
| 2007 年涨跌幅(%) | 116.09 |
| 2007.4.27 收盘(元) | 19.34 |
| 2007 年最高(元) | 20.68 |
| 2007 年最低(元) | 9.1 |
| 2007 年换手率(%) | 395.78 |

未来一年限售流通股解禁情况:

| 最新股本 | 总股本 | 非(限售)流通 | 流通 A | 流通 B/H/S | 股东户数 | 06 年末 | 06 三季 |
|---|---|---|---|---|---|---|---|
| | 121200 | 64578.99 | 56621.01 | | | 81993 | 90329 |

**年报点评**：公司 06 煤炭销售量和平均销售价格基本保持平稳，销售毛利率维持稳定。2007 年，公司主导产品肥精煤、焦精煤以其优良的品质仍将紧俏。西铭矿洗煤厂技改项目将于 8 月底完成，届时公司洗精煤比重将有所提高。电厂 3 号机组将投入运营，将增加公司电力业务收入。

## 大庆华科（000985）

上市日期:00/07/26　　电话:0459－6291061　　传真:0459－6282351

**主营**：生产、销售、进出口精细化工产品，医药产品，保健品，营养食品；销售石油化工产品等。

| | 年　度 | 2006 | 2005 | 2004 |
|---|---|---|---|---|
| 主要指标 | 每股收益/扣除后(元) | 0.081/0.08 | 0.122 | 0.09/0.051 |
| | 每股经营现金流量(元) | -0.007 | 0.584 | 0.16 |
| | 每股净资产/调整后(元) | 3.23/3.22 | 3.62/3.6 | 3.5/3.5 |
| | 未分利润(万元) | 2845.24 | 2584.08 | 1477.5 |
| | 资本公积(万元) | 23501.75 | 25046.66 | 25046.66 |
| 利润构成 | 主营收入(万元) | 82240.37 | 74830 | 71600.63 |
| | 主营利润(万元) | 4341.28 | 5261.15 | 3930.87 |
| | 投资收益(万元) | -1.18 | | 5.32 |
| | 利润总额(万元) | 911.77 | 1272.29 | 857.13 |
| | 净利润(万元) | 1055.08 | 1401.79 | 1003.25 |

近年分配:06 预案:10 派 0.5；05 年:10 派 0.6

| 主要股东及持股比例%、持股性质 |
|---|
| 中国石油大庆石油化工总厂 39.34%（非流通股） |
| 中国石油林源炼油厂 15.69%（非流通股） |
| 大庆高新国有资产运营有限公司 10.01%（国有股） |
| 康玉娟 0.66%（流通 A 股） |
| 孙秀玲 0.35%（流通 A 股） |
| 顾润解 0.29%（流通 A 股） |
| 陈自连 0.26%（流通 A 股） |
| 大庆龙化新实业总公司 0.26%（非流通股） |
| 大庆高新区华滨化工有限公司 0.26%（非流通股） |
| 莫婵光 0.23%（流通 A 股） |
| 实际控制人：中国石油天然气集团公司 |

二〇〇六年以来市场表现

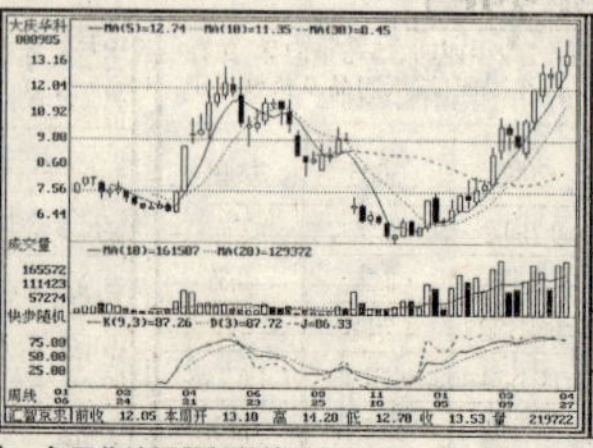

| | |
|---|---|
| 2006 年涨跌幅(%) | 25.67 |
| 2006 年最高(元) | 12.98 |
| 2007 年涨跌幅(%) | 116.13 |
| 2007.4.27 收盘(元) | 13.53 |
| 2007 年最高(元) | 14.28 |
| 2007 年最低(元) | 6.06 |
| 2007 年换手率(%) | 509.17 |

未来一年限售流通股解禁情况:20125325 股 10 月 16 日解禁

| 最新股本 | 总股本 | 非(限售)流通 | 流通 A | 流通 B/H/S | 股东户数 | 06 年末 | 06 三季 |
|---|---|---|---|---|---|---|---|
| | 12963.95 | 8500 | 4463.95 | | | 14490 | 12960 |

**年报点评**：公司主要从事石油化工，精细化工、医药和其他高新技术产品的开发、生产、销售及进出口贸易，主导的精制 C5 石油树脂具有良好的粘性和互溶性能，发展前景广阔。公司还通过参股首家通过国家 GSP 认证的大庆医药有限公司而介入医药产业。

## 广州友谊（000987）

上市日期:00/07/18　　电话:020－83571948　　传真:020－83572228

| | | | | |
|---|---|---|---|---|
| 主营 | 百货零售、批发。 | | | |
| | 年　度 | 2006 | 2005 | 2004 |
| 主要指标 | 每股收益/扣除后(元) | 0.59/0.59 | 0.4/0.38 | 0.22/0.23 |
| | 每股经营现金流量(元) | 1.25 | 0.87 | 0.64 |
| | 每股净资产/调整后(元) | 3.56/3.54 | 3.14/3.11 | 2.86/2.84 |
| | 未分利润(万元) | 23580.56 | 14956.04 | 9744.94 |
| | 资本公积(万元) | 17979.69 | 17979.69 | 17979.69 |
| 利润构成 | 主营收入(万元) | 176266.99 | 154304.05 | 117502.58 |
| | 主营利润(万元) | 33177.52 | 29619.87 | 22333.01 |
| | 投资收益(万元) | 242.68 | 398.27 | -484.87 |
| | 利润总额(万元) | 21514.04 | 13686.81 | 8378.37 |
| | 净利润(万元) | 14118.39 | 9545.31 | 5228.53 |
| 近年分配: | 06 预案:10 派 2.7；05 年:10 派 1.7；04 年:10 派 1.2 | | | |

| 主要股东及持股比例%、持股性质 | |
|---|---|
| 广州市人民政府国有资产监督管理委员会 51.89%（国有股） | |
| 易方达价值精选股票型证券投资基金 3.21%（流通 A 股） | |
| ING BANK N.V 1.84%（流通 A 股） | |
| 安信证券投资基金 1.67%（流通 A 股） | |
| 易方达策略成长二号混合型证券投资基金 1.49%（流通 A 股） | |
| 易方达平稳增长证券投资基金 1.43%（流通 A 股） | |
| 日兴资产管理有限公司日兴 AM 中国人民币 A 股母基金 1.38%（流通 A 股） | |
| 易方达策略成长证券投资基金 1.29%（流通 A 股） | |
| YALE UNIVERSITY 1.29%（流通 A 股） | |
| 南方积极配置证券投资基金 1.18%（流通 A 股） | |
| 实际控制人: | 广州市人民政府国有资产监督管理委员会 |

二〇〇六年以来市场表现

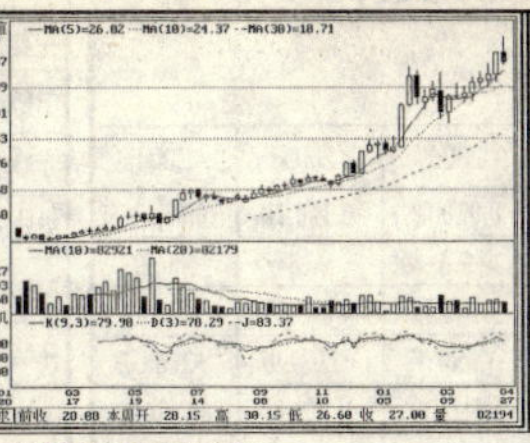

| | |
|---|---|
| 2006 年涨跌幅(%) | 172.01 |
| 2006 年最高(元) | 23.18 |
| 2007 年涨跌幅(%) | 58.36 |
| 2007.4.27 收盘(元) | 27 |
| 2007 年最高(元) | 30.15 |
| 2007 年最低(元) | 15.75 |
| 2007 年换手率(%) | 107.74 |

未来一年限售流通股解禁情况:

| 最新股本 | 总股本 | 非(限售)流通 | 流通 A | 流通 B/H/S | 股东户数 | 06 年末 | 06 三季 |
|---|---|---|---|---|---|---|---|
| | 23930.54 | 12463.42 | 11467.12 | | | 9510 | 14743 |

年报点评：友谊商店地段得天独厚，年报业绩超过预期，净利润 1.41 亿元。物业经营收入大幅提升，通过物业租赁权招标形式，引入市场竞争机制，物业租赁收入大幅上涨。公司经营稳健，我们对公司连锁化发展战略持谨慎乐观态度。08 年两税合一的净利润保持 30%增长。

## 华工科技（000988）

上市日期:00/06/08　　电话:027－87180121　　传真:027－87180126

| | | | | |
|---|---|---|---|---|
| 主营 | 以激光技术、计算机软件和系统集成技术、PTC 技术为核心的应用领域，从事相关产品的研制、开发、生产、销售及技术服务。 | | | |
| | 年　度 | 2006 | 2005 | 2004 |
| 主要指标 | 每股收益/扣除后(元) | 0.12/0.09 | 0.12 | 0.14/0.14 |
| | 每股经营现金流量(元) | 0.07 | 0.07 | 0.08 |
| | 每股净资产/调整后(元) | 2.49/2.44 | 2.36/2.32 | 2.28/2.26 |
| | 未分利润(万元) | 9565.45 | 6635.54 | 3753.38 |
| | 资本公积(万元) | 27837.01 | 27750.69 | 27442.76 |
| 利润构成 | 主营收入(万元) | 72151.34 | 60065.72 | 57806.64 |
| | 主营利润(万元) | 17316.72 | 16699.54 | 15278.37 |
| | 投资收益(万元) | 200.93 | 235.18 | 25.68 |
| | 利润总额(万元) | 4679.04 | 4322.85 | 4435.67 |
| | 净利润(万元) | 3536.65 | 3507.65 | 4150.16 |
| 近年分配: | 04 年:10 派 0.4 | | | |

| 主要股东及持股比例%、持股性质 | |
|---|---|
| 武汉华中科技大产业集团有限公司 46.67%（部分流通部分不流通） | |
| 华中理工大学印刷厂 3.58%（部分流通部分不流通） | |
| 武汉建设投资公司 2.9%（流通 A 股） | |
| 华中理工大学机电工程公司 0.59%（流通 A 股） | |
| 武汉鸿象信息技术公司 0.57%（流通 A 股） | |
| 孔勤 0.18%（流通 A 股） | |
| 雷真 0.14%（流通 A 股） | |
| 龚天秀 0.12%（流通 A 股） | |
| 房晓梅 0.12%（流通 A 股） | |
| 赵辉国 0.12%（流通 A 股） | |
| 实际控制人: | 华中科技大学 |

二〇〇六年以来市场表现

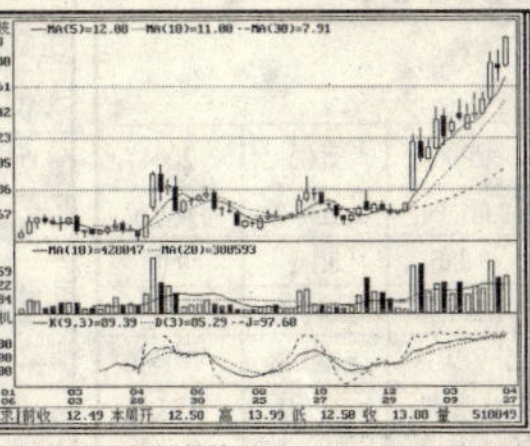

| | |
|---|---|
| 2006 年涨跌幅(%) | 22.85 |
| 2006 年最高(元) | 8 |
| 2007 年涨跌幅(%) | 143.51 |
| 2007.4.27 收盘(元) | 13.88 |
| 2007 年最高(元) | 13.99 |
| 2007 年最低(元) | 5.62 |
| 2007 年换手率(%) | 354.47 |

未来一年限售流通股解禁情况:15304850 股 11 月 22 日解禁

| 最新股本 | 总股本 | 非(限售)流通 | 流通 A | 流通 B/H/S | 股东户数 | 06 年末 | 06 三季 |
|---|---|---|---|---|---|---|---|
| | 29900 | 12795.79 | 17104.21 | | | 34301 | 30961 |

年报点评：公司产品包括激光加工系列成套设备，激光全息防伪系列产品，光电器件产品，敏感元器件，其中激光加工系列成套设备销售收入约占公司主营收入的三分之一，在国内具有明显竞争优势。公司持有长江证券股份 2000 万股。

## 九芝堂（000989）

上市日期:00/06/28　　电话:0731－4499905　　传真:0731－4499905

| | | | | |
|---|---|---|---|---|
| 主营 | 中成药、中药饮片、生物制药的生产、加工与销售及药品批发、零售。 | | | |
| | 年　度 | 2006 | 2005 | 2004 |
| 主要指标 | 每股收益/扣除后(元) | 0.163/0.14 | 0.09 | 0.4/0.3 |
| | 每股经营现金流量(元) | 0.548 | 0.222 | 0.38 |
| | 每股净资产/调整后(元) | 4.07/4.01 | 4.16/4.11 | 4.36/4.31 |
| | 未分利润(万元) | 2921.25 | 4650 | 10759.57 |
| | 资本公积(万元) | 65614.43 | 70937.03 | 70884.92 |
| 利润构成 | 主营收入(万元) | 94653.08 | 105030.15 | 102238.72 |
| | 主营利润(万元) | 40381.59 | 39519.69 | 38986.5 |
| | 投资收益(万元) | 1240.92 | 221.14 | 1287.69 |
| | 利润总额(万元) | 4770.13 | 1862.12 | 12011.32 |
| | 净利润(万元) | 4030.68 | 2356.91 | 10578.61 |
| 近年分配: | 06 年:10 派 1；04 年:10 派 3 | | | |

| 主要股东及持股比例%、持股性质 | |
|---|---|
| 长沙九芝堂(集团)有限公司 38.22%（非流通股） | |
| 国投高科技投资有限公司 4.4%（国有股） | |
| 海南湘远工贸有限公司 0.39%（国有股） | |
| 湖南省医药公司 0.24%（国有股） | |
| 黄红梅 0.2%（流通 A 股） | |
| 黄俊跃 0.18%（流通 A 股） | |
| 张红艳 0.18%（流通 A 股） | |
| 林聪梅 0.16%（流通 A 股） | |
| 黄丽丽 0.16%（流通 A 股） | |
| 贾毅军 0.16%（流通 A 股） | |
| 实际控制人: | 魏东 |

二〇〇六年以来市场表现

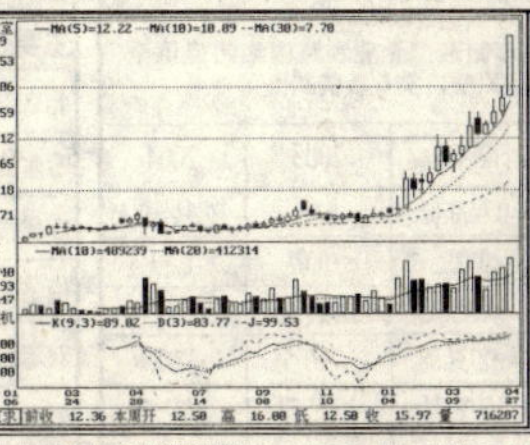

| | |
|---|---|
| 2006 年涨跌幅(%) | 72.76 |
| 2006 年最高(元) | 8.24 |
| 2007 年涨跌幅(%) | 178.03 |
| 2007.4.27 收盘(元) | 15.97 |
| 2007 年最高(元) | 16.1 |
| 2007 年最低(元) | 5.8 |
| 2007 年换手率(%) | 523.31 |

未来一年限售流通股解禁情况:13451027 股 05 月 22 日解禁

| 最新股本 | 总股本 | 非(限售)流通 | 流通 A | 流通 B/H/S | 股东户数 | 06 年末 | 06 三季 |
|---|---|---|---|---|---|---|---|
| | 26184.99 | 12737.21 | 13447.77 | | | 32925 | 30877 |

年报点评：06 年公司业绩恢复性增长。剔除非经常收益影响以及 05 年国产设备抵税 550 减少所得税外，公司来自主业的净利润实际增长在 25%以上，经过 05 年的市场培育之后，主要产品驴胶、浓缩丸开始释放业绩，06 年同分别同比增长 22.63%，52.8%，各经营指标明显好转。

## 诚志股份（000990）

上市日期:00/07/06　　电话:0791－3826898　　传真:0791－3826899

| | | | | |
|---|---|---|---|---|
| 主营 | 生命科学、生物工程、信息产品、中西药、医药中间体、医疗器械、日用及专用化学品、汽车零配件、纸制品及机械电子等产品的开发、生产、销售。 | | | |
| | 年　度 | 2006 | 2005 | 2004 |
| 主要指标 | 每股收益/扣除后(元) | 0.21/0.2 | 0.28 | 0.27/0.25 |
| | 每股经营现金流量(元) | 0.54 | 0.24 | 0.36 |
| | 每股净资产/调整后(元) | 3.58/3.52 | 4.7/4.64 | 4.49/4.46 |
| | 未分利润(万元) | 18235.64 | 16434.46 | 13624.38 |
| | 资本公积(万元) | 37272.26 | 43383.11 | 43380.7 |
| 利润构成 | 主营收入(万元) | 141004.6 | 140293.27 | 111607.57 |
| | 主营利润(万元) | 18020.53 | 19512.68 | 20533 |
| | 投资收益(万元) | 1506.29 | 1183.46 | -154.08 |
| | 利润总额(万元) | 6309.93 | 6675.74 | 6837.77 |
| | 净利润(万元) | 4988.81 | 4975.63 | 4916.08 |
| 近年分配: | 06 预案:10 派 1；05 年:10 派 1.5 转增 3.5；04 年:10 派 0.6 | | | |

| 主要股东及持股比例%、持股性质 | |
|---|---|
| 清华控股有限公司 22.38%（国有股） | |
| 清华同方股份有限公司 16.62%（非流通股） | |
| 鹰潭市经贸国有资产运营公司 3.59%（国有股） | |
| 江西省草珊瑚企业(集团)公司 3.12%（国有股） | |
| 中国银行－华夏大盘精选证券投资基金 1.03%（流通 A 股） | |
| 窦晓滨 0.31%（流通 A 股） | |
| 胡忠盛 0.3%（流通 A 股） | |
| 福州美信贸易有限公司 0.25%（流通 A 股） | |
| 南昌高新建设开发有限责任公司 0.23%（流通 A 股） | |
| 江西省日用品工业总公司 0.23%（流通 A 股） | |
| 实际控制人: | 清华大学 |

二〇〇六年以来市场表现

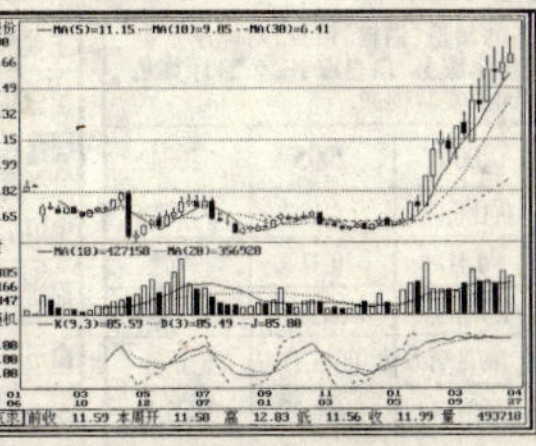

| | |
|---|---|
| 2006 年涨跌幅(%) | 35.48 |
| 2006 年最高(元) | 10.42 |
| 2007 年涨跌幅(%) | 182.78 |
| 2007.4.27 收盘(元) | 11.99 |
| 2007 年最高(元) | 12.83 |
| 2007 年最低(元) | 4.21 |
| 2007 年换手率(%) | 392.93 |

未来一年限售流通股解禁情况:24198750 股 01 月 23 日解禁

| 最新股本 | 总股本 | 非(限售)流通 | 流通 A | 流通 B/H/S | 股东户数 | 06 年末 | 06 三季 |
|---|---|---|---|---|---|---|---|
| | 24198.75 | 11174.67 | 13024.08 | | | 27235 | 28809 |

年报点评：目前洗衣粉业务因搬迁而暂时停产，精细化工以及日化产品盈利能力较弱。公司计划向化学合成药物方向发展，此外，公司的同位素项目也颇有看点，预计明年可以推向市场，今后还将扩大产品范围，做医疗诊断的助剂。

## 闽东电力（000993）

上市日期:00/07/31　　电话:0593－2096666　　传真:0593－2098993

主营：电力生产与销售。

| | 年　度 | 2006 | 2005 | 2004 |
|---|---|---|---|---|
| 主要指标 | 每股收益/扣除后(元) | 0.09/0.08 | 0.19/0.11 | -0.67/-0.68 |
| | 每股经营现金流量(元) | 0.3 | 0.86 | -0.21 |
| | 每股净资产/调整后(元) | 3.34/3.19 | 4.05/3.89 | 3.86/3.68 |
| | 未分利润(万元) | -20507.12 | -23739.97 | -29398.73 |
| | 资本公积(万元) | 105122.19 | 112822.12 | 112692.63 |
| 利润构成 | 主营收入(万元) | 29027.06 | 26087.54 | 19450.78 |
| | 主营利润(万元) | 15309.71 | 13347 | 3032.44 |
| | 投资收益(万元) | 905.17 | 1053.68 | -59.73 |
| | 利润总额(万元) | 6073.2 | 5779.09 | -19931.54 |
| | 净利润(万元) | 3232.86 | 5658.76 | -20026.63 |
| 近年分配: | | | | |

**主要股东及持股比例%、持股性质**

宁德市国有资产投资经营有限公司 53.21%（国有股）
苏静波 0.55%（流通A股）
福建省盛德家私装饰有限公司 0.51%（流通A股）
深圳市申兆旺投资发展有限公司 0.36%（流通A股）
林炳坚 0.32%（流通A股）
康凯 0.17%（流通A股）
周春 0.16%（流通A股）
唐红燕 0.14%（流通A股）
沈健 0.12%（流通A股）
宁德市电力电器厂 0.12%（非流通股）
实际控制人：宁德市人民政府

二〇〇六年以来市场表现

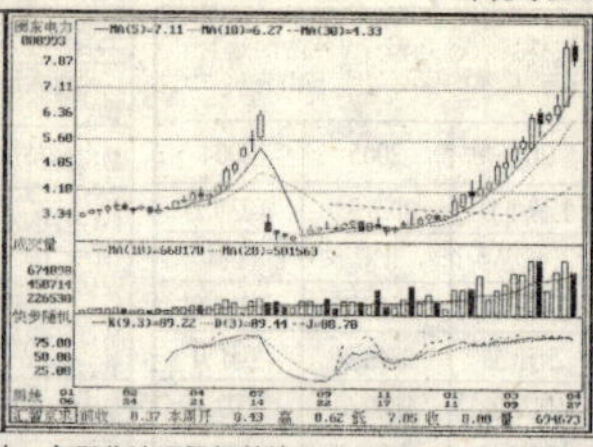

| | |
|---|---|
| 2006年涨跌幅(%) | 73 |
| 2006年最高(元) | 6.45 |
| 2007年涨跌幅(%) | 143.9 |
| 2007.4.27收盘(元) | 8 |
| 2007年最高(元) | 8.62 |
| 2007年最低(元) | 3.21 |
| 2007年换手率(%) | 513.81 |

未来一年限售流通股解禁情况:1530000股08月02日解禁

| 最新股本 | 总股本 | 非(限售)流通 | 流通A | 流通B/H/S | 股东户数 | 06年末 | 06三季 |
|---|---|---|---|---|---|---|---|
| | 37300 | 20000 | 17300 | | | 39198 | 39004 |

年报点评：公司具有水力发电得天独厚的价格优势、环保优势和可持续发展优势，未来业绩将随着屏南上培电站、寿宁牛头山电站和闽东新三级电站的投产而有较大成长空间。公司以前披露的信息存在虚假记载，以及信息披露存在重大遗漏等事宜，值得投资警惕。

## 皇台酒业（000995）

上市日期:00/08/07　　电话:0935—6112830　　传真:0935—6112830

主营：酒类的酿造和销售。

| | 年　度 | 2006 | 2005 | 2004 |
|---|---|---|---|---|
| 主要指标 | 每股收益/扣除后(元) | 0.011/0.01 | 0.032/0.02 | 0.06/0.02 |
| | 每股经营现金流量(元) | -0.05 | 0.148 | 0.03 |
| | 每股净资产/调整后(元) | 1.96/1.96 | 2.24/2.22 | 2.21/2.16 |
| | 未分利润(万元) | -9024.18 | -9225.98 | -9714.02 |
| | 资本公积(万元) | 25401.78 | 27762.58 | 27762.58 |
| 利润构成 | 主营收入(万元) | 11121.25 | 8327.78 | 8157.26 |
| | 主营利润(万元) | 3251.95 | 2809.63 | 2496.03 |
| | 投资收益(万元) | | | 3.04 |
| | 利润总额(万元) | 177.39 | 807.23 | 1008.57 |
| | 净利润(万元) | 201.81 | 488.04 | 889.4 |
| 近年分配: | | | | |

**主要股东及持股比例%、持股性质**

北京皇台商贸有限责任公司 28.64%（国有股）
北京鼎泰亨通有限公司 25.17%（非流通股）
北京丽泽隆科贸公司 1.86%（非流通股）
上海人民印刷八厂 1.86%（非流通股）
北京盛世恒昌商贸有限公司 1.69%（非流通股）
深圳市天成利贸易有限公司 0.93%（非流通股）
温州天元新技术有限公司 0.93%（非流通股）
北京兴泽隆科贸有限公司 0.93%（非流通股）
陈梦杰 0.19%（流通A股）
周勤 0.18%（流通A股）
实际控制人：甘肃皇台酿造(集团)有限责任公司

二〇〇六年以来市场表现

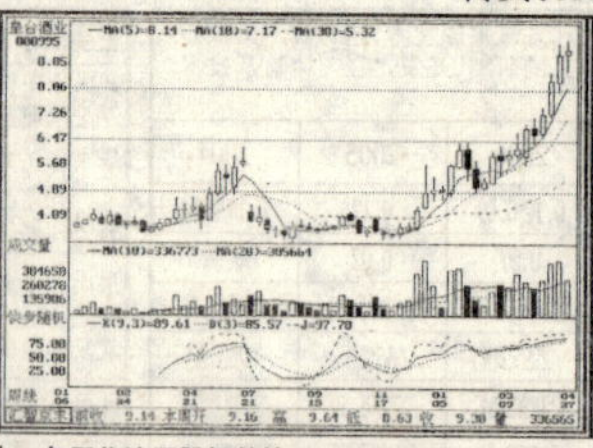

| | |
|---|---|
| 2006年涨跌幅(%) | 102.08 |
| 2006年最高(元) | 8.76 |
| 2007年涨跌幅(%) | 89.02 |
| 2007.4.27收盘(元) | 9.3 |
| 2007年最高(元) | 9.64 |
| 2007年最低(元) | 4.64 |
| 2007年换手率(%) | 715.25 |

未来一年限售流通股解禁情况:14530684股07月19日解禁

| 最新股本 | 总股本 | 非(限售)流通 | 流通A | 流通B/H/S | 股东户数 | 06年末 | 06三季 |
|---|---|---|---|---|---|---|---|
| | 17740.8 | 11000 | 6740.8 | | | 23007 | 20686 |

年报点评：公司是甘肃最大酒类生产企业，具有区域龙头地位，近年积极调整产业结构，压缩低档、高消耗白酒产量，向葡萄酒、食用酒精拓展，在塑造"皇台"和"本色"系列白酒及红酒品牌形象、提高销售上取得了"双丰收"。但经营状况好转还有待进一步提高产品盈利能力。

## 捷利股份（000996）

上市日期:00/07/18　　电话:0451－86660096　　传真:0451－86660386

主营：为大型商品流通企业、生产制造型企业和跨国集团提供全方位第三方物流服务及相关项目实业投资兴办等业务。

| | 年　度 | 2006 | 2005 | 2004 |
|---|---|---|---|---|
| 主要指标 | 每股收益/扣除后(元) | 0.06/0.02 | 0.05 | -0.33/-0.35 |
| | 每股经营现金流量(元) | 0.002 | -0.07 | 0.19 |
| | 每股净资产/调整后(元) | 3.25/3.25 | 3.18/3.18 | 3.14/3.14 |
| | 未分利润(万元) | -2738.98 | -3309.55 | -3797.16 |
| | 资本公积(万元) | 26108.38 | 26012.78 | 26012.78 |
| 利润构成 | 主营收入(万元) | 14120.99 | 14282.16 | 10035.83 |
| | 主营利润(万元) | 2659.48 | 2418.25 | -16.27 |
| | 投资收益(万元) | -191.39 | 539.05 | -194.48 |
| | 利润总额(万元) | 828.23 | 677.33 | -4110.69 |
| | 净利润(万元) | 656.51 | 538.79 | -3850.81 |
| 近年分配: | | | | |

**主要股东及持股比例%、持股性质**

北京恒利创新投资有限公司 24.28%（非流通股）
哈尔滨嘉利科技发展有限公司 23.83%（非流通股）
广州骏益投资有限公司 11.1%（非流通股）
倪坚定 0.28%（流通A股）
刘志毅 0.23%（流通A股）
刘忠 0.21%（流通A股）
方丽 0.17%（流通A股）
上海舜叠贸易有限公司 0.16%（流通A股）
黄晓霞 0.16%（流通A股）
张玲玲 0.16%（流通A股）
实际控制人：刘润红

二〇〇六年以来市场表现

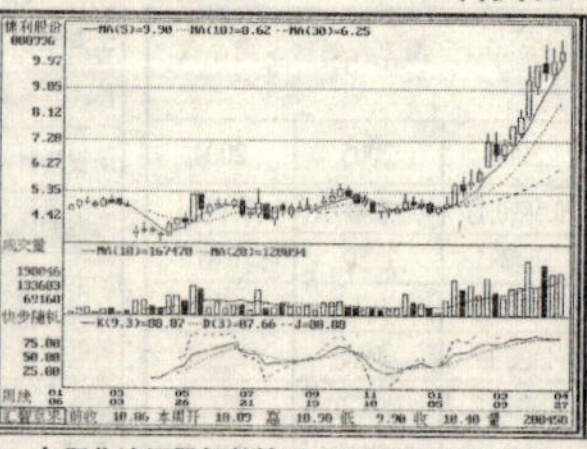

| | |
|---|---|
| 2006年涨跌幅(%) | 32.85 |
| 2006年最高(元) | 7.56 |
| 2007年涨跌幅(%) | 125.11 |
| 2007.4.27收盘(元) | 10.4 |
| 2007年最高(元) | 10.9 |
| 2007年最低(元) | 4.51 |
| 2007年换手率(%) | 472.3 |

未来一年限售流通股解禁情况:17250000股04月03日解禁

| 最新股本 | 总股本 | 非(限售)流通 | 流通A | 流通B/H/S | 股东户数 | 06年末 | 06三季 |
|---|---|---|---|---|---|---|---|
| | 11500 | 6810 | 4690 | | | 17435 | 18587 |

年报点评：公司主营运输物流以及汽车服务。在广州、深圳、天津等拥有物流基地；在上海、青岛、东莞等地设有汽车服务管理中心。货场、库房等地理位置优越，未来升值空间巨大。但行业竞争激烈，公司几年来业绩徘徊在微利的状态。2006年每股收益0.06元。

## 新大陆（000997）

上市日期:00/08/07　　电话:0591－3979997　　传真:0591－3979997

主营：电子计算机及其外部设备的制造、销售、租赁，对电子产品行业的投资，电子计算机技术服务，信息服务；公路计算机收费、监控、系统设计、咨询及安装调试。

| | 年　度 | 2006 | 2005 | 2004 |
|---|---|---|---|---|
| 主要指标 | 每股收益/扣除后(元) | 0.11/0.09 | 0.19 | 0.23/0.21 |
| | 每股经营现金流量(元) | 0.11 | 0.37 | -0.1 |
| | 每股净资产/调整后(元) | 1.97/1.95 | 2.38/2.37 | 2.99/2.96 |
| | 未分利润(万元) | 10978.91 | 10316.19 | 8257.81 |
| | 资本公积(万元) | 20005.46 | 26040.25 | 33425.62 |
| 利润构成 | 主营收入(万元) | 61409.79 | 44697.91 | 44900.26 |
| | 主营利润(万元) | 13003.41 | 13150.93 | 12943.34 |
| | 投资收益(万元) | 524.92 | 663.51 | 85.17 |
| | 利润总额(万元) | 4633.36 | 6763.25 | 6666.34 |
| | 净利润(万元) | 4087.47 | 5833.39 | 5447.43 |
| 近年分配: | 06预案:10派1转增2；05年:10派0.5送0.5转增2；04年:10派1.25转增3 | | | |

**主要股东及持股比例%、持股性质**

福建新大陆科技集团有限公司 48.29%（非流通股）
福建新大陆生物技术股份有限公司 6.34%（部分流通部分不流通）
中国工商银行－普丰证券投资基金 4.88%（流通A股）
福建新大陆光电薄膜有限公司 1.27%（流通A股）
福州开发区新大陆置业有限公司 1.27%（流通A股）
交通银行－普惠证券投资基金 1.14%（流通A股）
福建新大陆药业有限公司 1.12%（流通A股）
中国工商银行－鹏华行业成长证券投资基金 0.63%（流通A股）
中国银行－易方达平稳增长证券投资基金 0.53%（流通A股）
中国工商银行－普华证券投资基金 0.44%（流通A股）
实际控制人：胡钢

二〇〇六年以来市场表现

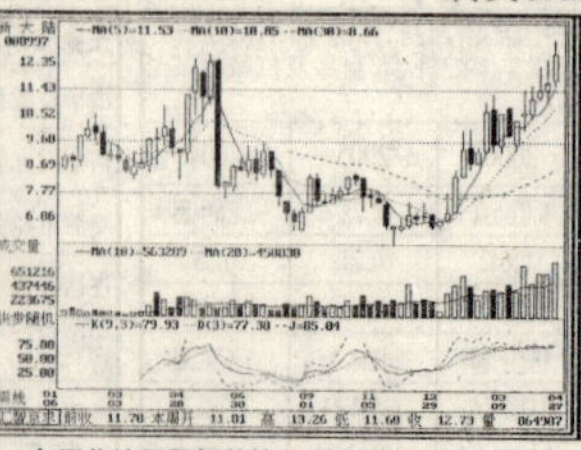

| | |
|---|---|
| 2006年涨跌幅(%) | -3.89 |
| 2006年最高(元) | 12.68 |
| 2007年涨跌幅(%) | 93.47 |
| 2007.4.27收盘(元) | 12.73 |
| 2007年最高(元) | 13.26 |
| 2007年最低(元) | 6.47 |
| 2007年换手率(%) | 425.66 |

未来一年限售流通股解禁情况:23897250股11月10日解禁

| 最新股本 | 总股本 | 非(限售)流通 | 流通A | 流通B/H/S | 股东户数 | 06年末 | 06三季 |
|---|---|---|---|---|---|---|---|
| | 37700 | 19018.2 | 18681.8 | | | 22692 | 15883 |

年报点评：公司是国内终端厂家中唯一掌握终端核心芯片设计技术、唯一拥有核心技术的二维码自动识别公司，是目前全国唯一一家获得金融税控收款机许可证的企业，目前公司的POS收款机是银联采购指定的三家品牌之一，占国内品牌POS机市场40%的份额，发展前景看好。

## 隆平高科（000998）

上市日期:00/12/11　　电话:0731－2183880　　传真:0731－2183859

| | | | | |
|---|---|---|---|---|
| 主营 | 以杂交水稻、蔬菜为主的高科技农作物种子、种苗的培育、繁殖、推广和销售，新型农药、化肥的研制、生产、销售等。 | | | |
| | 年　度 | 2006 | 2005 | 2004 |
| 主要指标 | 每股收益/扣除后(元) | 0.236/0.01 | 0.269 | 0.258/0.144 |
| | 每股经营现金流量(元) | －0.26 | 1.134 | －0.607 |
| | 每股净资产/调整后(元) | 5.45/5.42 | 8.02/7.99 | 7.91/7.89 |
| | 未分利润(万元) | 3454.38 | 1983.29 | 1788.31 |
| | 资本公积(万元) | 60977.01 | 66690.67 | 66677.26 |
| 利润构成 | 主营收入(万元) | 94830.57 | 157061.7 | 98821.82 |
| | 主营利润(万元) | 21321.56 | 23142.47 | 19768.55 |
| | 投资收益(万元) | 2893.14 | －510.13 | 627.45 |
| | 利润总额(万元) | 5881.15 | 5812.56 | 5102.22 |
| | 净利润(万元) | 3718.39 | 2820.55 | 2712.68 |
| 近年分配: | 06 预案:10 派 1.5；05 年:10 派 1；04 年:10 派 1.5 | | | |

| 主要股东及持股比例%、持股性质 | |
|---|---|
| 长沙新大新集团有限公司 22.22%（非流通股） | |
| 湖南杂交水稻研究中心 7.94%（国有股） | |
| 湖南东方农业产业有限公司 3.17%（非流通股） | |
| 袁隆平 1.59%（非流通股） | |
| 中国科学院亚热带农业生态研究所 0.95%（国有股） | |
| 黄俊跃 0.71%（流通 A 股） | |
| 博时价值增长证券投资基金 0.64%（流通 A 股） | |
| 郴州种业发展有限公司 0.63%（国有股） | |
| 湖南省信托投资有限责任公司 0.63%（国有股） | |
| 黎忠 0.55%（流通 A 股） | |
| 实际控制人: | 伍跃时 |

二〇〇六年以来市场表现

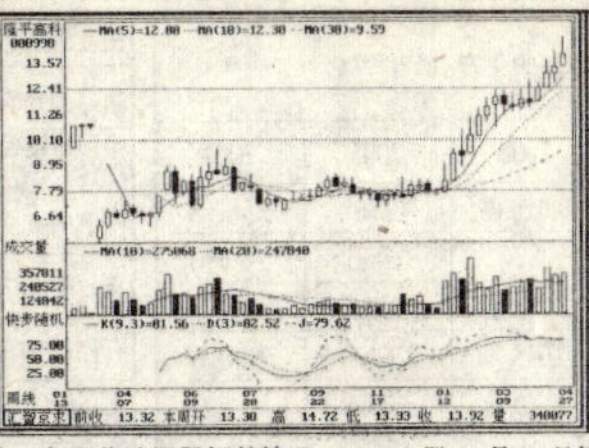

| | |
|---|---|
| 2006 年涨跌幅(%) | 58.49 |
| 2006 年最高(元) | 17.39 |
| 2007 年涨跌幅(%) | 80.55 |
| 2007.4.27 收盘(元) | 13.92 |
| 2007 年最高(元) | 14.72 |
| 2007 年最低(元) | 7.5 |
| 2007 年换手率(%) | 429.29 |

未来一年限售流通股解禁情况:7875000 股 03 月 14 日解禁

| 最新股本 | 总股本 | 非(限售)流通 | 流通 A | 流通 B/H/S | 股东户数 | 06 年末 | 06 三季 |
|---|---|---|---|---|---|---|---|
| | 15750 | 5850 | 9900 | | | 39341 | 41897 |

年报点评：作为全国最大的杂交水稻供应基地，公司拥有以袁隆平院士为代表的杰出农业科学家群体和完善的学术梯队，是国家农业产业化重点龙头企业。其主营的杂交水稻种苗研究水平处世界最前列，随着杂交水稻推广面积进一步扩大，公司经济效益有望得到大幅提升。

## S 三九（000999）

上市日期:00/03/09　　电话:0755－83360999　　传真:0755－82118858

| | | | | |
|---|---|---|---|---|
| 主营 | 药品、保健品、医疗器械的开发、生产、销售；相关技术开发、转让、服务；医疗、保健服务。 | | | |
| | 年　度 | 2006 | 2005 | 2004 |
| 主要指标 | 每股收益/扣除后(元) | 0.17/0.13 | 0.12 | －0.74/－0.77 |
| | 每股经营现金流量(元) | 0.43 | 0.02 | －0.74 |
| | 每股净资产/调整后(元) | 2.45/－0.04 | 2.28/0.48 | 2.16/0.55 |
| | 未分利润(万元) | －20272.17 | －36504.5 | －48478.94 |
| | 资本公积(万元) | 150609.98 | 150599.38 | 150497.21 |
| 利润构成 | 主营收入(万元) | 286792.61 | 296947.43 | 246168.61 |
| | 主营利润(万元) | 130295.76 | 139722.96 | 108775.48 |
| | 投资收益(万元) | －1332.18 | －4667.67 | －24319.59 |
| | 利润总额(万元) | 20868.57 | 17450.31 | －67950.48 |
| | 净利润(万元) | 16492.25 | 11993.42 | －72079.69 |
| 近年分配: | | | | |

| 主要股东及持股比例%、持股性质 | |
|---|---|
| 深圳三九药业有限公司 62.72%（国有股） | |
| 三九企业集团 8.63%（国有股） | |
| 上投摩根成长先锋股票型证券投资基金 2.41%（流通 A 股） | |
| 厦门阜成贸易发展有限公司 1.02%（国有股） | |
| 上投摩根中国优势证券投资基金 0.94%（流通 A 股） | |
| 厦门国际信托投资有限公司 0.72%（国有股） | |
| 江阴市基础产业总公司 0.22%（国有股） | |
| 山东省工贸总公司 0.22%（流通 A 股） | |
| 中海分红增利混合型证券投资基金 0.2%（流通 A 股） | |
| 华允山 0.18%（流通 A 股） | |
| 实际控制人: | 三九企业集团 |

二〇〇六年以来市场表现

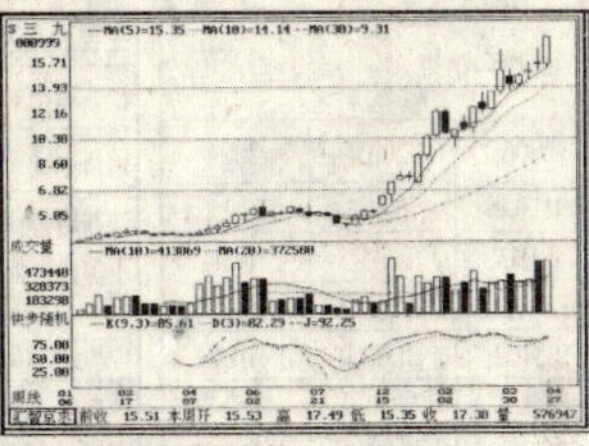

| | |
|---|---|
| 2006 年涨跌幅(%) | 135.78 |
| 2006 年最高(元) | 8.01 |
| 2007 年涨跌幅(%) | 125.42 |
| 2007.4.27 收盘(元) | 17.38 |
| 2007 年最高(元) | 17.49 |
| 2007 年最低(元) | 7.29 |
| 2007 年换手率(%) | 235.09 |

未来一年限售流通股解禁情况:

| 最新股本 | 总股本 | 非(限售)流通 | 流通 A | 流通 B/H/S | 股东户数 | 06 年末 | 06 三季 |
|---|---|---|---|---|---|---|---|
| | 97890 | 71890 | 26000 | | | 66865 | 75305 |

年报点评：国务院国资委已初步选定华润(集团)有限公司为公司实际控制人三九集团战略投资者，拟报国务院批准后实施重组。公司将配合三九集团加快重组进程，并在国务院批准华润集团实施重组后，配合华润集团、公司非流通股股东与流通股股东进行充分的沟通，尽快启动股改程序。

## 宗申动力（001696）

上市日期:97/03/06　　电话:023－66372632　　传真:023－66372648

| | | | | |
|---|---|---|---|---|
| 主营 | 开发、生产和销售各类摩托车发动机及零配件。 | | | |
| | 年　度 | 2006 | 2005 | 2004 |
| 主要指标 | 每股收益/扣除后(元) | 0.546/0.54 | 0.52/0.56 | 0.56/0.57 |
| | 每股经营现金流量(元) | 0.4581 | 0.6206 | 0.65 |
| | 每股净资产/调整后(元) | 2.06/2.06 | 1.86/1.86 | 1.8/1.8 |
| | 未分利润(万元) | 12712.67 | 7490.47 | 5025.56 |
| | 资本公积(万元) | 1195.22 | 1486.3 | 2653.26 |
| 利润构成 | 主营收入(万元) | 185606.05 | 164908.24 | 168398.77 |
| | 主营利润(万元) | 20724.12 | 19644.91 | 18347.43 |
| | 投资收益(万元) | －228.38 | －132.95 | |
| | 利润总额(万元) | 13621.43 | 11557.66 | 10800.53 |
| | 净利润(万元) | 11660.15 | 9245.58 | 7708.34 |
| 近年分配: | 06 预案:10 派 0.2；05 年:10 派 0.23 送 2；04 年:10 派 0.6 送 2 转增 1 | | | |

| 主要股东及持股比例%、持股性质 | |
|---|---|
| 重庆宗申高速艇开发有限公司 24.39%（非流通股） | |
| 重庆国龙实业有限公司 21.96%（非流通股） | |
| 中国银行－景宏证券投资基金 4.97%（流通 A 股） | |
| 重庆雪羚汽车部件有限公司 3.6%（非流通股） | |
| YALE UNIVERSITY 1.9%（流通 A 股） | |
| 中国农业银行－大成精选增值混合型证券投资基金 1.82%（流通 A 股） | |
| 中国银行－易方达积极成长证券投资基金 1.56%（流通 A 股） | |
| 刘迅 1.32%（流通 A 股） | |
| 景福证券投资基金 0.92%（流通 A 股） | |
| 中国银行－易方达策略成长二号混合型证券投资基金 0.92%（流通 A 股） | |
| 实际控制人: | 左颖 |

二〇〇六年以来市场表现

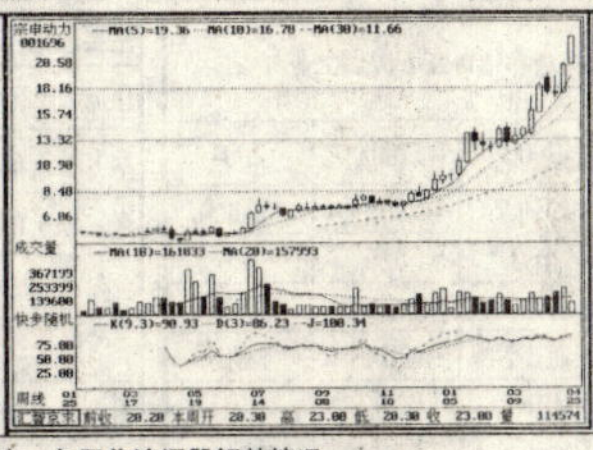

| | |
|---|---|
| 2006 年涨跌幅(%) | 168.31 |
| 2006 年最高(元) | 16.1 |
| 2007 年涨跌幅(%) | 135.9 |
| 2007.4.27 收盘(元) | 23 |
| 2007 年最高(元) | 23 |
| 2007 年最低(元) | 9.38 |
| 2007 年换手率(%) | 232.85 |

未来一年限售流通股解禁情况:

| 最新股本 | 总股本 | 非(限售)流通 | 流通 A | 流通 B/H/S | 股东户数 | 06 年末 | 06 三季 |
|---|---|---|---|---|---|---|---|
| | 21350.78 | 10893.35 | 10457.44 | | | 7402 | 8783 |

年报点评：公司主营摩托车发动机，06 年公司继续加强了成本控制，通过调整和优化，公司产品盈利能力得到进一步提升，并实现了企业经营的稳定增长。新的一年，公司将通过巩固已有业务，稳定发展新的经营领域，通过成本控制及管理效率的提升，实现企业持续经营。

## 豫能控股（001896）

上市日期:98/01/22　　电话:0371－7984649　　传真:0371－7984647

| | | | | |
|---|---|---|---|---|
| 主营 | 电力开发、生产和销售；高新技术开发、推广及服务；电力环保，电力物资，节能技术改造及电力安装工程。 | | | |
| | 年　度 | 2006 | 2005 | 2004 |
| 主要指标 | 每股收益/扣除后(元) | －0.18/－0.18 | 0.002 | －0.205/－0.201 |
| | 每股经营现金流量(元) | 0.3652 | 0.2248 | 0.1066 |
| | 每股净资产/调整后(元) | 1.74/1.7 | 1.92/1.92 | 1.91/1.91 |
| | 未分利润(万元) | －16412.36 | －8651.38 | －8741.68 |
| | 资本公积(万元) | 34469.09 | 34556.64 | 34496.64 |
| 利润构成 | 主营收入(万元) | 101892.01 | 68936.14 | 54000.14 |
| | 主营利润(万元) | 5601.68 | 3429.88 | －297.82 |
| | 投资收益(万元) | －4574.24 | －3323.27 | －3906.9 |
| | 利润总额(万元) | －7658.97 | 741.41 | －8888.68 |
| | 净利润(万元) | －7760.98 | 90.3 | －8799.47 |
| 近年分配: | | | | |

| 主要股东及持股比例%、持股性质 | |
|---|---|
| 河南省建设投资总公司 37.44%（国有股） | |
| 河南省电力公司 32.56%（国有股） | |
| 华中电网有限公司 8.14%（国有股） | |
| 焦作市投资公司 3.26%（国有股） | |
| 陈永 0.24%（流通 A 股） | |
| 杨树勋 0.12%（流通 A 股） | |
| 杜建华 0.1%（流通 A 股） | |
| 李亚云 0.05%（流通 A 股） | |
| 邓国云 0.05%（流通 A 股） | |
| 麦明潮 0.05%（流通 A 股） | |
| 实际控制人: | 河南省建设投资总公司 |

二〇〇六年以来市场表现

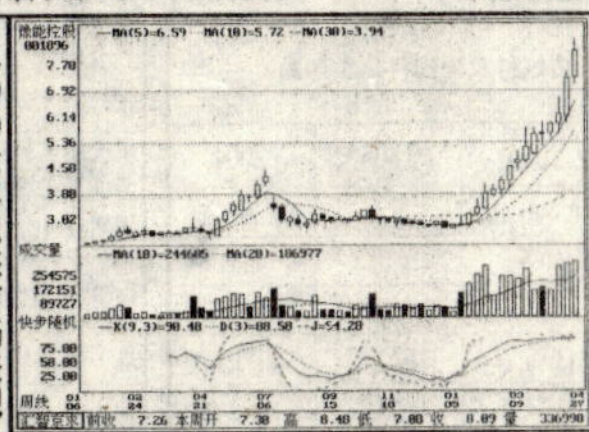

| | |
|---|---|
| 2006 年涨跌幅(%) | 55.51 |
| 2006 年最高(元) | 4.52 |
| 2007 年涨跌幅(%) | 196.34 |
| 2007.4.27 收盘(元) | 8.09 |
| 2007 年最高(元) | 8.48 |
| 2007 年最低(元) | 2.71 |
| 2007 年换手率(%) | 437.01 |

未来一年限售流通股解禁情况:57000000 股 07 月 26 日解禁

| 最新股本 | 总股本 | 非(限售)流通 | 流通 A | 流通 B/H/S | 股东户数 | 06 年末 | 06 三季 |
|---|---|---|---|---|---|---|---|
| | 43000 | 35000 | 8000 | | | 30550 | 33672 |

年报点评：06 年公司首亏，主要是由于所属发电机组发电利用小时大幅下降。同时煤价高企，报告期内对部分资产计提减值准备。公司所属焦作电厂＃5、＃6 机组将分别于 07 年停机进行锅炉脱硫、除尘技术改造，预计影响公司 07 年发电量约 6 亿千瓦时。预计 07 年公司业绩不容乐观。

## 新和成（002001）

上市日期:04/06/25　　电话:0575－6128136　　传真:0575－6124975

| | | | |
|---|---|---|---|
| 主营 | 有机化工产品及饲料添加剂的生产、销售 | | |
| 年　度 | 2006 | 2005 | 2004 |
| 主要指标：每股收益/扣除后(元) | 0.08/0.08 | 0.36 | 0.64/0.54 |
| 每股经营现金流量(元) | 0.24 | －0.23 | 1.08 |
| 每股净资产/调整后(元) | 2.22/2.22 | 4.42/4.39 | 6.39/6.37 |
| 未分利润(万元) | 22243.75 | 22101.13 | 20189.99 |
| 资本公积(万元) | 13369.86 | 30250.9 | 36149.61 |
| 利润构成：主营收入(万元) | 158908.66 | 125665.68 | 113408.86 |
| 主营利润(万元) | 24272.36 | 24074.51 | 23090.49 |
| 投资收益(万元) | 85.33 | －92.67 | －132.41 |
| 利润总额(万元) | 4688.1 | 8901 | 10726.74 |
| 净利润(万元) | 2894.89 | 6118.14 | 7260.77 |
| 近年分配: | 06 预案:10 派 0.5；05 中期:10 转增 5 年终:10 派 1.5 转增 10；04 年:10 派 3 | | |

**主要股东及持股比例%、持股性质**

新昌县合成化工厂 60.46%（非流通股）
中国建设银行－中小企业板交易型开放式指数基金 1.7%（流通 A 股）
张平一 0.92%（流通 A 股）
袁益中 0.77%（流通 A 股）
石程 0.77%（流通 A 股）
胡柏剡 0.48%（流通 A 股）
石观群 0.37%（流通 A 股）
王学闻 0.34%（流通 A 股）
中国银行－易方达深证 100 交易型开放式指数证券投资基金 0.25%（流通 A 股）
石三夫 0.17%（流通 A 股）
实际控制人: 胡柏藩、胡柏剡

二〇〇六年以来市场表现

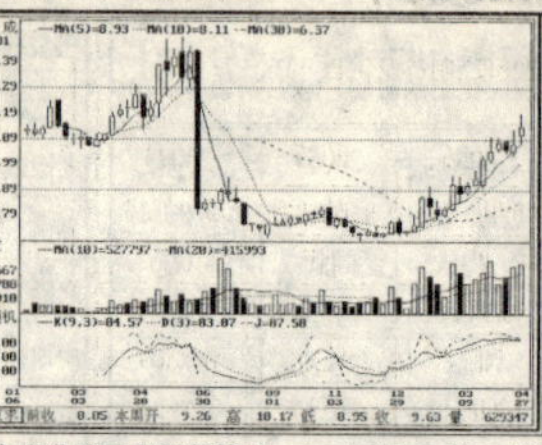

| | |
|---|---|
| 2006 年涨跌幅(%) | 8.24 |
| 2006 年最高(元) | 14.97 |
| 2007 年涨跌幅(%) | 90.69 |
| 2007.4.27 收盘(元) | 9.63 |
| 2007 年最高(元) | 10.17 |
| 2007 年最低(元) | 4.94 |
| 2007 年换手率(%) | 590.07 |

未来一年限售流通股解禁情况:2280400 股 08 月 19 日解禁

| 最新股本 | 总股本 | 非(限售)流通 | 流通 A | 流通 B/H/S | 股东户数 | 06 年末 | 06 三季 |
|---|---|---|---|---|---|---|---|
| | 34206 | 20680.45 | 13525.55 | | | 22901 | 20805 |

年报点评：公司 2006 年主营业务收入同比增长 26.45%，净利润同比降低 52.68，业绩下滑的主要原因是，公司产品市场价格下降，原材料价格维持较高价位，公司产品总体的毛利率受到一定影响。此外，由于虾青素等募集资金项目及 β－胸苷等产品投资规模巨大，但尚未达到设计的成本要求，再加上计提折旧，导致报告期内无法产生效益。

## 江苏琼花（002002）

上市日期:04/06/25　　电话:0514—7270833　　传真:0514—7270833

| | | | |
|---|---|---|---|
| 主营 | PVC 片材、板材及其制品的生产和销售 | | |
| 年　度 | 2006 | 2005 | 2004 |
| 主要指标：每股收益/扣除后(元) | 0.111/0.098 | 0.219 | 0.22/0.228 |
| 每股经营现金流量(元) | 0.1513 | 0.3157 | 0.21 |
| 每股净资产/调整后(元) | 3.34/3.32 | 3.43/3.42 | 3.55/3.54 |
| 未分利润(万元) | 2139.52 | 3136.76 | 4311.27 |
| 资本公积(万元) | 17014.97 | 17014.97 | 17350.95 |
| 利润构成：主营收入(万元) | 29608.6 | 29471.4 | 28150.37 |
| 主营利润(万元) | 4332.64 | 5504.58 | 5286.26 |
| 投资收益(万元) | 19.97 | 11.93 | －47.91 |
| 利润总额(万元) | 1434.94 | 3303.27 | 3362.46 |
| 净利润(万元) | 1018.42 | 2008.2 | 2002.13 |
| 近年分配: | 06 预案:10 派 0.5 转增 4；05 年:10 派 2；04 年:10 派 3 | | |

**主要股东及持股比例%、持股性质**

江苏琼花集团有限公司 44.33%（非流通股）
扬州市轻工控股有限责任公司 2.58%（流通 A 股）
江苏新科技术发展有限公司 2.48%（流通 A 股）
中国建设银行－中小企业板交易型开放式指数基金 2.27%（流通 A 股）
扬州市电力中心 1.53%（流通 A 股）
曾静 1.07%（流通 A 股）
扬州市盈科科技发展有限公司 0.93%（流通 A 股）
中国科学院长春分院技术开发中心 0.43%（流通 A 股）
卢树芬 0.25%（流通 A 股）
曾维华 0.16%（流通 A 股）
实际控制人: 于在青

二〇〇六年以来市场表现

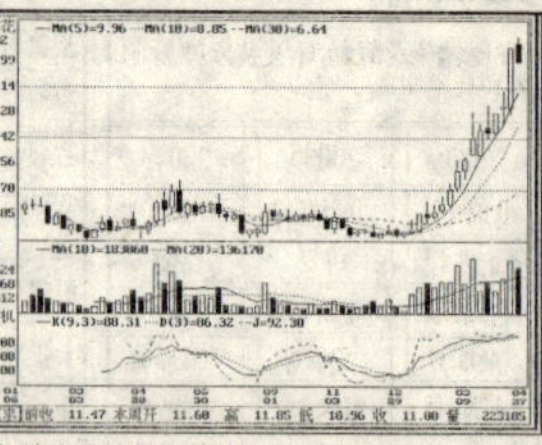

| | |
|---|---|
| 2006 年涨跌幅(%) | －10.95 |
| 2006 年最高(元) | 7.19 |
| 2007 年涨跌幅(%) | 112.77 |
| 2007.4.27 收盘(元) | 11 |
| 2007 年最高(元) | 11.85 |
| 2007 年最低(元) | 5.1 |
| 2007 年换手率(%) | 492.77 |

未来一年限售流通股解禁情况:4585000 股 10 月 24 日解禁

| 最新股本 | 总股本 | 非(限售)流通 | 流通 A | 流通 B/H/S | 股东户数 | 06 年末 | 06 三季 |
|---|---|---|---|---|---|---|---|
| | 9170 | 4065.33 | 5104.67 | | | 10811 | 11755 |

年报点评：2006 年度公司主营业务收入同比增长 0.47%，净利润同比下降 49.29%。业绩下降的主要原因是:公司合并报表范围增加了控股子公司江苏琼花金诺智能卡基材有限公司，而该公司处在经营初期，有所亏损;2006 年公司主导产品毛利率较去年同期略有下降;公司费用有所增加;此外，公司募集资金和自有资金新项目处于试制期和建设期，尚未产生效益。

## 伟星股份（002003）

上市日期:04/06/25　　电话:0576－5125002　　传真:0576－5125275

| | | | |
|---|---|---|---|
| 主营 | 钮扣、拉链等服装辅料的制造和销售及电镀加工业务 | | |
| 年　度 | 2006 | 2005 | 2004 |
| 主要指标：每股收益/扣除后(元) | 0.73/0.75 | 0.47 | 0.33/0.347 |
| 每股经营现金流量(元) | 1.93 | 0.96 | 0.55 |
| 每股净资产/调整后(元) | 4.79/4.76 | 3.41/3.38 | 3.15/3.11 |
| 未分利润(万元) | 7533.79 | 3897.59 | 2388.9 |
| 资本公积(万元) | 24116.79 | 12380.57 | 12460.57 |
| 利润构成：主营收入(万元) | 80669.45 | 53858.98 | 35684.82 |
| 主营利润(万元) | 23987.84 | 15350.82 | 10100.16 |
| 投资收益(万元) | 7.99 | －1.65 | 44.14 |
| 利润总额(万元) | 10936.1 | 5577.03 | 3985.29 |
| 净利润(万元) | 6542.93 | 3547.36 | 2493.92 |
| 近年分配: | 06 预案:10 派 3 转增 2；05 年:10 派 3；04 年:10 派 2 | | |

**主要股东及持股比例%、持股性质**

伟星集团有限公司 32.45%（部分流通部分不流通）
章卡鹏 7.62%（非流通股）
张三云 5.05%（非流通股）
台州市恒基础工程有限公司 4.9%（非流通股）
上海浦东发展银行－广发小盘成长股票型证券投资基金 2.92%（流通 A 股）
谢瑾琨 2.52%（非流通股）
杭州财通网络科技有限公司 2.12%（非流通股）
威事达有限公司 1.98%（流通 A 股）
中国建设银行－中小企业板交易型开放式指数基金 1.83%（流通 A 股）
中国工商银行－安信证券投资基金 1.67%（非流通股）
实际控制人: 章卡鹏、张三云

二〇〇六年以来市场表现

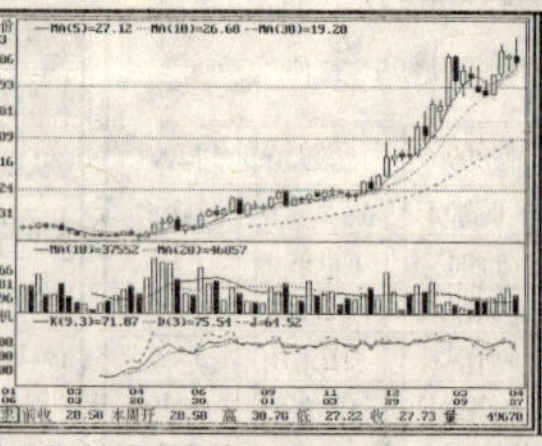

| | |
|---|---|
| 2006 年涨跌幅(%) | 99.43 |
| 2006 年最高(元) | 19 |
| 2007 年涨跌幅(%) | 62.26 |
| 2007.4.27 收盘(元) | 27.73 |
| 2007 年最高(元) | 30.78 |
| 2007 年最低(元) | 16.6 |
| 2007 年换手率(%) | 195.62 |

未来一年限售流通股解禁情况:7632988 股 09 月 08 日解禁

| 最新股本 | 总股本 | 非(限售)流通 | 流通 A | 流通 B/H/S | 股东户数 | 06 年末 | 06 三季 |
|---|---|---|---|---|---|---|---|
| | 8978.34 | 5486.42 | 3313.92 | 178 | | 5461 | 5544 |

年报点评：公司近年来利用在纽扣行业的客户资源和营销渠道，逐步介入拉链和人造水晶钻业务，目前这两项业务进展十分顺利。年报显示公司有意打造全方位，一站式的服饰辅料品牌企业，战略意识明显超前于国内一般的辅料企业。

## 华邦制药（002004）

上市日期:04/06/25　　电话:023－68695322　　传真:023－68600738

| | | | |
|---|---|---|---|
| 主营 | 研发、生产和销售皮肤科、结核科及肿瘤科化学药品 | | |
| 年　度 | 2006 | 2005 | 2004 |
| 主要指标：每股收益/扣除后(元) | 0.44/0.41 | 0.4 | 0.36/0.36 |
| 每股经营现金流量(元) | 0.5 | 0.33 | 0.53 |
| 每股净资产/调整后(元) | 3.41/3.41 | 3.26/3.26 | 2.87/2.87 |
| 未分利润(万元) | 13890.74 | 12602.62 | 8173.37 |
| 资本公积(万元) | 14374.78 | 14278.46 | 14278.46 |
| 利润构成：主营收入(万元) | 28522.69 | 27350.48 | 27253.17 |
| 主营利润(万元) | 21719.05 | 20631.28 | 20237.94 |
| 投资收益(万元) | 616.42 | 37.43 | 50.01 |
| 利润总额(万元) | 6969.45 | 6281.74 | 5878.87 |
| 净利润(万元) | 5844.6 | 5249.94 | 4764.84 |
| 近年分配: | 05 年:10 派 3；04 中期:10 派 2 转增 5 | | |

**主要股东及持股比例%、持股性质**

张松山 15.77%（非流通股）
重庆渝高科技产业(集团)股份有限公司 14.42%（部分流通部分不流通）
潘明欣 10.83%（非流通股）
杨维虎 4.89%（非流通股）
黄维敏 2.08%（非流通股）
黄维宽 2.08%（非流通股）
李强 1.99%（非流通股）
陈敏鑫 1.94%（非流通股）
吴必忠 1.94%（非流通股）
陆毅 1.6%（非流通股）
实际控制人: 张松山

二〇〇六年以来市场表现

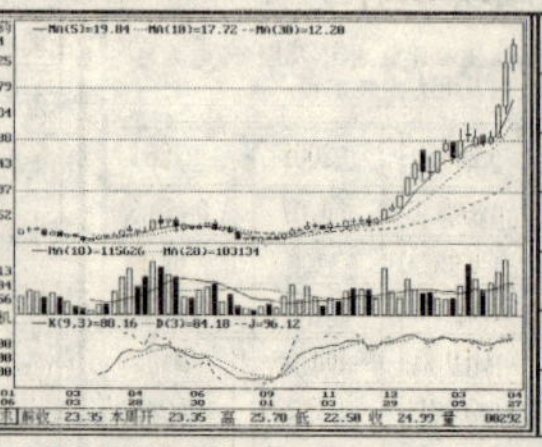

| | |
|---|---|
| 2006 年涨跌幅(%) | 43.17 |
| 2006 年最高(元) | 10.06 |
| 2007 年涨跌幅(%) | 164.44 |
| 2007.4.27 收盘(元) | 24.99 |
| 2007 年最高(元) | 25.7 |
| 2007 年最低(元) | 9.46 |
| 2007 年换手率(%) | 289.37 |

未来一年限售流通股解禁情况:19800000 股 11 月 04 日解禁

| 最新股本 | 总股本 | 非(限售)流通 | 流通 A | 流通 B/H/S | 股东户数 | 06 年末 | 06 三季 |
|---|---|---|---|---|---|---|---|
| | 13200 | 7462.83 | 5737.17 | | | 7054 | 9804 |

年报点评：公司在皮肤用药细分市场占有较明显优势，。通过产品结构性调整，公司新产品成功替代了老产品。公司发挥自身产品研发优势，进军抗真菌这一皮肤科最大细分市场，同时收购汉江药业延伸到皮肤科原料药领域，构成未来几年增长点。

## 德豪润达（002005）

上市日期:04/06/25　　电话:0756－3390188　　传真:0756－3390238

| | |
|---|---|
| 主营 | 小家电系列产品的研究、开发、制造及销售 |

| | 年　度 | 2006 | 2005 | 2004 |
|---|---|---|---|---|
| 主要指标 | 每股收益/扣除后(元) | 0.04/－0.24 | 0.06/－0.29 | 0.46/0.27 |
| | 每股经营现金流量(元) | 0.16 | 0.55 | 0.25 |
| | 每股净资产/调整后(元) | 3.91/3.67 | 6.19/5.81 | 7.28/7.12 |
| | 未分利润(万元) | 7483.87 | 6922.25 | 17820.98 |
| | 资本公积(万元) | 36169.22 | 42229.22 | 42394.22 |
| 利润构成 | 主营收入(万元) | 177383.12 | 206987.96 | 159563.41 |
| | 主营利润(万元) | 21074.8 | 23779.16 | 25676.69 |
| | 投资收益(万元) | 4334.17 | 2995.74 | －119.15 |
| | 利润总额(万元) | 764.64 | 995.77 | 4885.47 |
| | 净利润(万元) | 616.4 | 612.97 | 4603.12 |

近年分配: 05年:10转增6；04年:10派10

| 主要股东及持股比例%、持股性质 |
|---|
| 珠海德豪电器有限公司 32.39%（非流通股） |
| 珠海通产有限公司 11.28%（非流通股） |
| 深圳市百利安投资发展有限公司 8.17%（非流通股） |
| 王晟 5.32%（非流通股） |
| 华夏大盘精选证券投资基金 3.09%（流通A股） |
| 中小企业板交易型开放式指数基金 1.67%（流通A股） |
| 胡长顺 0.67%（非流通股） |
| 何峻丞 0.6%（流通A股） |
| 方杨 0.32%（流通A股） |
| 蔡民 0.27%（流通A股） |
| 实际控制人: 王冬雷 |

二〇〇六年以来市场表现

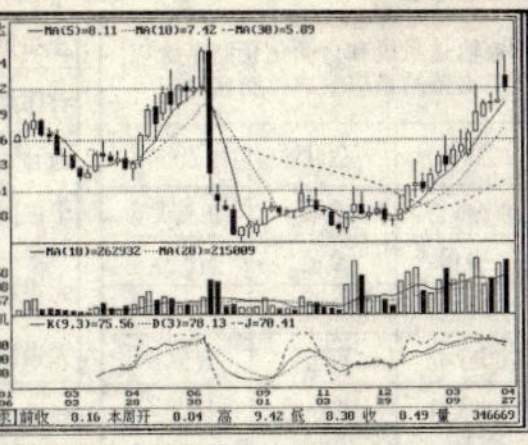

| | |
|---|---|
| 2006年涨跌幅(%) | 8.34 |
| 2006年最高(元) | 9.97 |
| 2007年涨跌幅(%) | 79.11 |
| 2007.4.27收盘(元) | 8.49 |
| 2007年最高(元) | 9.42 |
| 2007年最低(元) | 4.55 |
| 2007年换手率(%) | 515.08 |

未来一年限售流通股解禁情况:16681600股11月04日解禁

| 最新股本 | 总股本 | 非(限售)流通 | 流通A | 流通B/H/S | 股东户数 | 06年末 | 06三季 |
|---|---|---|---|---|---|---|---|
| | 16160 | 8886.4 | 7273.6 | | | 12656 | 11928 |

年报点评: 公司主营业务为小家电的制造和生产,产品主要用于出口。尽管公司规模不断扩张,但是在人民币升值和原材料价格上升的双重打击下,产品的毛利率很难得到较大改善。在经营环境没有变好的情况下,公司的经营状况很难走好。

## 精工科技（002006）

上市日期:04/06/25　　电话:0575－4138692　　传真:0575－4886600

| | |
|---|---|
| 主营 | 机电一体化的建筑、建材专用设备及轻纺专用设备的研制开发、生产制造、经营销售和技术服务 |

| | 年　度 | 2006 | 2005 | 2004 |
|---|---|---|---|---|
| 主要指标 | 每股收益/扣除后(元) | 0.02/0.01 | 0.23/0.22 | 0.31/0.29 |
| | 每股经营现金流量(元) | －0.4 | 0.38 | 0.03 |
| | 每股净资产/调整后(元) | 3.52/3.51 | 4.29/4.28 | 4.34/4.32 |
| | 未分利润(万元) | 4640.39 | 5216.01 | 5606.08 |
| | 资本公积(万元) | 17881.98 | 19456.7 | 19719.78 |
| 利润构成 | 主营收入(万元) | 39932.18 | 37228.38 | 29220.79 |
| | 主营利润(万元) | 9243.04 | 8502.6 | 7160.16 |
| | 投资收益(万元) | －43.04 | －66.47 | －10.81 |
| | 利润总额(万元) | 670.85 | 2942.7 | 3827.49 |
| | 净利润(万元) | 239.67 | 1845.12 | 2477.23 |

近年分配: 05年:10派1转增2；04年:10派2.5

| 主要股东及持股比例%、持股性质 |
|---|
| 精功集团有限公司 31.56%（非流通股） |
| 孙建江 5.67%（非流通股） |
| 邵志明 4.94%（非流通股） |
| 浙江省科技开发中心 2.47%（流通A股） |
| 中国建设银行－中小企业板交易型开放式指数基金 2.47%（流通A股） |
| 李宏涛 0.79%（流通A股） |
| 俞习文 0.6%（流通A股） |
| 曹润生 0.41%（流通A股） |
| 招伟雄 0.34%（流通A股） |
| 徐乾坤 0.3%（流通A股） |
| 实际控制人: 金良顺 |

二〇〇六年以来市场表现

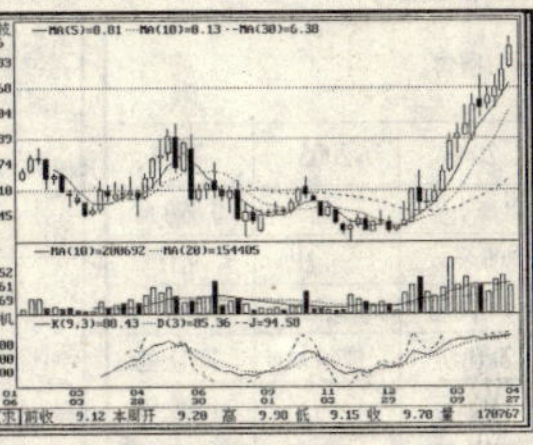

| | |
|---|---|
| 2006年涨跌幅(%) | －3.26 |
| 2006年最高(元) | 8.22 |
| 2007年涨跌幅(%) | 91.7 |
| 2007.4.27收盘(元) | 9.7 |
| 2007年最高(元) | 9.98 |
| 2007年最低(元) | 5.02 |
| 2007年换手率(%) | 507.23 |

未来一年限售流通股解禁情况:

| 最新股本 | 总股本 | 非(限售)流通 | 流通A | 流通B/H/S | 股东户数 | 06年末 | 06三季 |
|---|---|---|---|---|---|---|---|
| | 9600 | 4047.96 | 5552.04 | | | 12968 | 11896 |

年报点评: 公司目前主要致力于新型建筑、建材专用设备和轻纺专用设备领域的研制开发生产。06年公司通过提升管理模式、加快产品提升、进行组织架构调整,实现了收入与利润的稳定增长。07年公司将通过开拓海外市场和产品创新,实现企业稳定增长。

## 华兰生物（002007）

上市日期:04/06/25　　电话:0373－5056905　　传真:0373－5056911

| | |
|---|---|
| 主营 | 生产、销售生物制品、血液制品。 |

| | 年　度 | 2006 | 2005 | 2004 |
|---|---|---|---|---|
| 主要指标 | 每股收益/扣除后(元) | 0.52/0.53 | 0.52 | 0.62/0.601 |
| | 每股经营现金流量(元) | 0.87 | 0.98 | 0.32 |
| | 每股净资产/调整后(元) | 3.68/3.68 | 5.24/5.23 | 7.47/7.46 |
| | 未分利润(万元) | 14339.82 | 12254.71 | 10468.57 |
| | 资本公积(万元) | 22652.17 | 27662.09 | 31011.85 |
| 利润构成 | 主营收入(万元) | 35299.19 | 36127.7 | 32078.78 |
| | 主营利润(万元) | 13682.73 | 12007.48 | 9818.79 |
| | 投资收益(万元) | | －71.27 | |
| | 利润总额(万元) | 9078.44 | 5951.43 | 4489.93 |
| | 净利润(万元) | 7900.12 | 5254.29 | 4135.83 |

近年分配: 06中期:10转增5年终预案:10转增2；05年:10派5；04年:10派4转增5

| 主要股东及持股比例%、持股性质 |
|---|
| 新乡市华兰生物技术有限公司 18.48%（部分流通部分不流通） |
| 新乡市金康生物科技开发有限公司 15.83%（部分流通部分不流通） |
| 香港科康有限公司 13.84%（部分流通部分不流通） |
| 北京东方世辰生物技术有限公司 4.43%（流通A股） |
| 汉盛证券投资基金 4.02%（流通A股） |
| 中国工商银行－汇添富均衡增长股票型证券投资基金 3.98%（流通A股） |
| 中国工商银行－安信证券投资基金 3.32%（流通A股） |
| 交通银行－汉兴证券投资基金 2.19%（流通A股） |
| 招商银行股份有限公司－富国天合稳健优选股票型证券投资基金 1.97%（流通A股） |
| 成都夸常科技有限公司 1.85%（流通A股） |
| 实际控制人: 安康 |

二〇〇六年以来市场表现

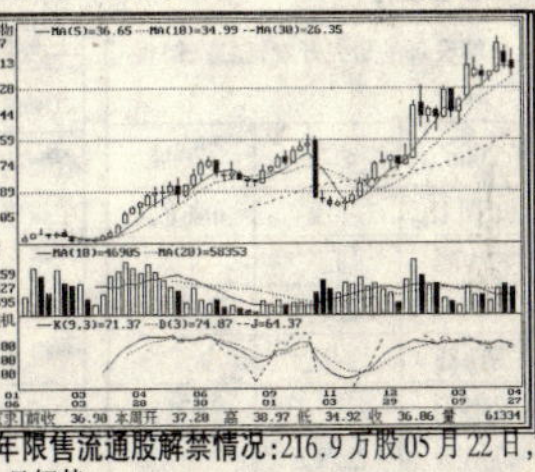

| | |
|---|---|
| 2006年涨跌幅(%) | 231.44 |
| 2006年最高(元) | 36.02 |
| 2007年涨跌幅(%) | 56.78 |
| 2007.4.27收盘(元) | 36.06 |
| 2007年最高(元) | 40.98 |
| 2007年最低(元) | 21 |
| 2007年换手率(%) | 91.8 |

未来一年限售流通股解禁情况:216.9万股05月22日,216.9万股08月22日,2478万股11月22日解禁

| 最新股本 | 总股本 | 非(限售)流通 | 流通A | 流通B/H/S | 股东户数 | 06年末 | 06三季 |
|---|---|---|---|---|---|---|---|
| | 15075 | 4998.62 | 10076.38 | | | 5071 | 6134 |

年报点评: 公司将继续立足于血液制品行业,加快新产品研发步伐,实现血液制品品种多元化。在保持血液制品行业领先优势的同时,公司目前已进入菌、疫苗等生物领域。公司控股子公司华兰生物疫苗有限公司主厂房已基本竣工,目前部分产品已经进入试生产阶段,预计2007年将有1－2个产品面市。

## 大族激光（002008）

上市日期:04/06/25　　电话:0755－86161340　　传真:0755－86161327

| | |
|---|---|
| 主营 | 激光加工设备的研发、制造及销售 |

| | 年　度 | 2006 | 2005 | 2004 |
|---|---|---|---|---|
| 主要指标 | 每股收益/扣除后(元) | 0.369/0.25 | 0.377 | 0.43/0.335 |
| | 每股经营现金流量(元) | 0.032 | －0.167 | －0.24 |
| | 每股净资产/调整后(元) | 2.08/2.07 | 2.78/2.76 | 3.83/3.82 |
| | 未分利润(万元) | 14141.25 | 10166.66 | 7167.75 |
| | 资本公积(万元) | 8266.41 | 15578.28 | 21149.69 |
| 利润构成 | 主营收入(万元) | 82297.24 | 55616.75 | 40851.42 |
| | 主营利润(万元) | 31780.01 | 21963.66 | 16311.82 |
| | 投资收益(万元) | －17.39 | －52.38 | －0.03 |
| | 利润总额(万元) | 9690.14 | 6562.39 | 4957.39 |
| | 净利润(万元) | 8875.22 | 6046.15 | 4640.85 |

近年分配: 06预案:10派1送2转增3；05年:10派2.5转增5；04年:10派2转增5

| 主要股东及持股比例%、持股性质 |
|---|
| 深圳市大族实业有限公司 24.93%（部分流通部分不流通） |
| 高云峰 19.12%（非流通股） |
| 红塔创新投资股份有限公司 5.11%（国有股） |
| 中国工商银行－南方绩优成长股票型证券投资基金 4.56%（流通A股） |
| 深圳市东盛创业投资有限公司 4.28%（部分流通部分不流通） |
| 中国工商银行－广发策略优选混合型证券投资基金 4.19%（流通A股） |
| 中国银行－易方达策略成长二号混合型证券投资基金 3.92%（流通A股） |
| 中国银行－易方达策略成长证券投资基金 3.58%（流通A股） |
| 深圳市高新技术投资担保有限公司 3.3%（流通A股） |
| 中国建设银行－中小企业板交易型开放式指数基金 1.65%（流通A股） |
| 实际控制人: 高云峰 |

二〇〇六年以来市场表现

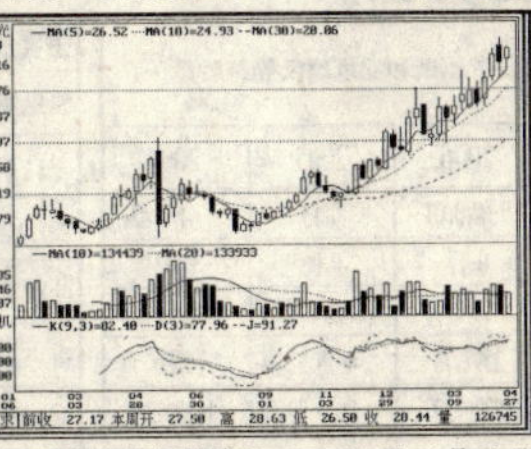

| | |
|---|---|
| 2006年涨跌幅(%) | 198.09 |
| 2006年最高(元) | 31.72 |
| 2007年涨跌幅(%) | 37.52 |
| 2007.4.27收盘(元) | 28.44 |
| 2007年最高(元) | 29.55 |
| 2007年最低(元) | 18.5 |
| 2007年换手率(%) | 164.62 |

未来一年限售流通股解禁情况:18248544股11月28日解禁

| 最新股本 | 总股本 | 非(限售)流通 | 流通A | 流通B/H/S | 股东户数 | 06年末 | 06三季 |
|---|---|---|---|---|---|---|---|
| | 24078.6 | 11353.13 | 12725.47 | | | 8306 | 14958 |

年报点评: 公司目前主要产品为激光信息标记设备、激光焊接机和激光切割机、PCB激光钻孔机。06年是公司全面发展的一年,实现了收入与利润的同步、快速增长。新的一年,公司将加大产品结构高速、实施股权激励与管理绩效的提升,从而真正实现公司的可持续发展。

## 天奇股份（002009）

上市日期:04/06/29　　电话:(0510)2720289　　传真:(0510) 2720289

| | | | | |
|---|---|---|---|---|
| 主营 | 设计、制造、安装和管理物流输送系统和自动化仓储系统以及为上述两种产品提供技术支持的系统集成控制软件。 | | | |
| | 年　度 | 2006 | 2005 | 2004 |
| 主要指标 | 每股收益/扣除后(元) | 0.29/0.29 | 0.46 | 0.38/0.38 |
| | 每股经营现金流量(元) | -0.04 | 0.62 | 0.35 |
| | 每股净资产/调整后(元) | 3.46/3.37 | 5.07/4.9 | 4.74/4.69 |
| | 未分利润(万元) | 10363.42 | 7972.1 | 6268.86 |
| | 资本公积(万元) | 10493.14 | 13935.85 | 14133.63 |
| 利润构成 | 主营收入(万元) | 25648.28 | 21457.3 | 28535.76 |
| | 主营利润(万元) | 8512.86 | 7247.64 | 7399.05 |
| | 投资收益(万元) | 0.68 | -32.05 | -1.58 |
| | 利润总额(万元) | 3889.37 | 4049.76 | 3633.71 |
| | 净利润(万元) | 2657.41 | 2634.9 | 2192.22 |
| 近年分配: | 06 预案:10 送 2；05 年:10 转增 6；04 年:10 派 1 | | | |

| 主要股东及持股比例%、持股性质 |
|---|
| 黄伟兴 21.11%（非流通股） |
| 白开军 6.93%（非流通股） |
| 中银国际持续增长股票型证券投资基金 3.73%（流通 A 股） |
| 无锡新伟博企业咨询有限公司 3.25%（流通 A 股） |
| 无锡市昌兴钢结构工程有限公司 2.87%（流通 A 股） |
| 杨雷 2.79%（非流通股） |
| 中小企业板交易型开放式指数基金 2.66%（流通 A 股） |
| 银通创业投资有限公司 1.74%（流通 A 股） |
| 华安宏利股票型证券投资基金 1.74%（流通 A 股） |
| 中银国际收益混合型证券投资基金 1.39%（流通 A 股） |
| 实际控制人：黄伟兴 |

二〇〇六年以来市场表现

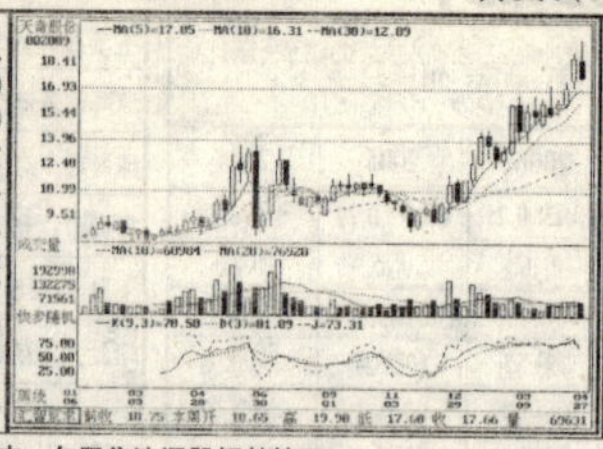

| | |
|---|---|
| 2006 年涨跌幅(%) | 102.23 |
| 2006 年最高(元) | 21.54 |
| 2007 年涨跌幅(%) | 69.16 |
| 2007.4.27 收盘(元) | 17.66 |
| 2007 年最高(元) | 19.9 |
| 2007 年最低(元) | 10.38 |
| 2007 年换手率(%) | 182.69 |

未来一年限售流通股解禁情况：

| 最新股本 | 总股本 | 非(限售)流通 | 流通 A | 流通 B/H/S | 股东户数 | 06 年末 | 06 三季 |
|---|---|---|---|---|---|---|---|
| | 9208.78 | 2838.81 | 6369.97 | | | 7769 | 6268 |

年报点评：公司主要产品为工业自动化输送及仓储设备，目前主要客户仍集中于汽车整车制造厂及汽车零部件制造厂。2006 年公司销售情况良好。随着经济高速增长以及汽车产业向国内转移，公司经营将保持一个很高的景气度。公司的风机叶片将是近几年的投资亮点。

## 传化股份（002010）

上市日期:04/06/29　　电话:0571－82872991　　传真:0571－82871858

| | | | | |
|---|---|---|---|---|
| 主营 | 纺织印染助剂的生产、加工、销售。 | | | |
| | 年　度 | 2006 | 2005 | 2004 |
| 主要指标 | 每股收益/扣除后(元) | 0.66/0.67 | 0.6 | 0.66/0.66 |
| | 每股经营现金流量(元) | 0.66 | -0.21 | 0.17 |
| | 每股净资产/调整后(元) | 4.12/4.12 | 3.56/3.55 | 4.74/4.74 |
| | 未分利润(万元) | 20560.92 | 14589.44 | 10912.02 |
| | 资本公积(万元) | 12996.55 | 12996.55 | 16949.55 |
| 利润构成 | 主营收入(万元) | 97200.19 | 81537.88 | 65310.25 |
| | 主营利润(万元) | 23560.08 | 19934.25 | 15636.59 |
| | 投资收益(万元) | -6.39 | | |
| | 利润总额(万元) | 11463.76 | 9684.3 | 7090.09 |
| | 净利润(万元) | 7943.69 | 7158.67 | 5255.83 |
| 近年分配: | 06 预案:10 派 0.5 送 3；05 中期:10 转增 5 年终:10 派 1；04 年:10 派 3 | | | |

| 主要股东及持股比例%、持股性质 |
|---|
| 徐冠巨 20.9%（非流通股） |
| 徐观宝 12.04%（非流通股） |
| 徐传化 11.69%（非流通股） |
| 传化集团有限公司 6.38%（非流通股） |
| 浙江大学创业投资有限公司 4.86%（非流通股） |
| 兴业证券股份有限公司 4.82%（流通 A 股） |
| 中国建设银行－中小企业板交易型开放式指数基金 2.35%（流通 A 股） |
| 浙江航民实业集团有限公司 2.19%（流通 A 股） |
| 上海浦东发展银行－广发小盘成长股票型证券投资基金 1.58%（流通 A 股） |
| 浙江省科技风险投资有限公司 1.16%（流通 A 股） |
| 实际控制人：徐冠巨 |

二〇〇六年以来市场表现

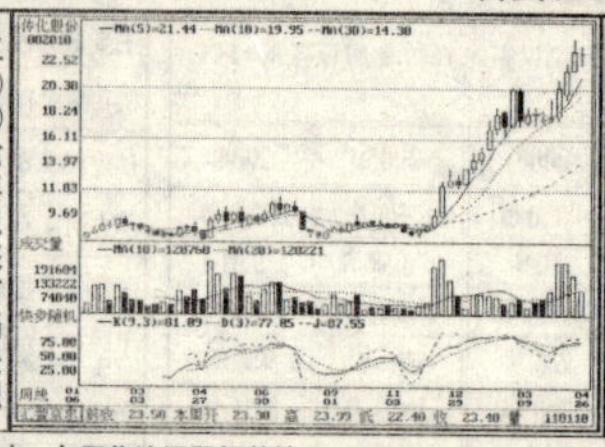

| | |
|---|---|
| 2006 年涨跌幅(%) | 59.59 |
| 2006 年最高(元) | 13.68 |
| 2007 年涨跌幅(%) | 90.24 |
| 2007.4.27 收盘(元) | 23.4 |
| 2007 年最高(元) | 24.66 |
| 2007 年最低(元) | 12.31 |
| 2007 年换手率(%) | 244.57 |

未来一年限售流通股解禁情况：21300000 股 08 月 04 日解禁

| 最新股本 | 总股本 | 非(限售)流通 | 流通 A | 流通 B/H/S | 股东户数 | 06 年末 | 06 三季 |
|---|---|---|---|---|---|---|---|
| | 12000 | 5086.67 | 6913.33 | | | 6139 | 10880 |

年报点评：公司主要从事有机硅和有机氟精细化学品，表面活性剂，纺织印染助剂和油剂等化工产品的的研发、生产和销售，是国内纺织助剂产销的龙头企业之一，市占率达到 10%左右，生产能力、技术水平、销售收入、利润规模均处领先地位。

## 盾安环境（002011）

上市日期:04/07/05　　电话:0575－7657030　　传真:0575－7660105

| | | | | |
|---|---|---|---|---|
| 主营 | 电制冷式中央空调主机及末端设备的研究开发，制造、销售和技术服务。 | | | |
| | 年　度 | 2006 | 2005 | 2004 |
| 主要指标 | 每股收益/扣除后(元) | 0.13/0.11 | 0.28 | 0.26/0.24 |
| | 每股经营现金流量(元) | 0.47 | 0.55 | 0.08 |
| | 每股净资产/调整后(元) | 5.58/5.51 | 5.55/5.51 | 5.53/5.5 |
| | 未分利润(万元) | 3717.81 | 3642.24 | 3657.95 |
| | 资本公积(万元) | 27373.33 | 27373.33 | 27470.84 |
| 利润构成 | 主营收入(万元) | 27683.79 | 22828.22 | 20053.26 |
| | 主营利润(万元) | 6647.96 | 6915.22 | 6888.57 |
| | 投资收益(万元) | 436.1 | -2.41 | -2.1 |
| | 利润总额(万元) | 1820.86 | 3206.57 | 2886.58 |
| | 净利润(万元) | 926.08 | 1989.55 | 1834.54 |
| 近年分配: | 05 年:10 派 1；04 中期:10 派 2.5 年终:10 派 2.5 | | | |

| 主要股东及持股比例%、持股性质 |
|---|
| 盾安控股集团有限公司 31.28%（非流通股） |
| 合肥通用机械研究院 4.89%（国有股） |
| 中国建设银行－中小企业板交易型开放式指数基金 2.34%（流通 A 股） |
| 王涌 1.95%（流通 A 股） |
| 曹俊 1.71%（流通 A 股） |
| 周学军 1.71%（流通 A 股） |
| 丁丽凤 0.89%（流通 A 股） |
| 江春香 0.65%（流通 A 股） |
| 中国建设银行－国泰金马稳健回报证券投资基金 0.56%（流通 A 股） |
| 何学平 0.49%（流通 A 股） |
| 实际控制人：姚新义 |

二〇〇六年以来市场表现

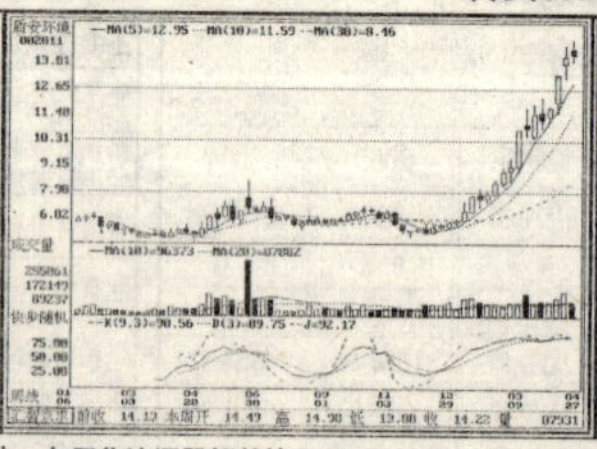

| | |
|---|---|
| 2006 年涨跌幅(%) | 1.99 |
| 2006 年最高(元) | 8.56 |
| 2007 年涨跌幅(%) | 116.11 |
| 2007.4.27 收盘(元) | 14.22 |
| 2007 年最高(元) | 14.98 |
| 2007 年最低(元) | 6.43 |
| 2007 年换手率(%) | 320.53 |

未来一年限售流通股解禁情况：7037280 股 11 月 10 日解禁

| 最新股本 | 总股本 | 非(限售)流通 | 流通 A | 流通 B/H/S | 股东户数 | 06 年末 | 06 三季 |
|---|---|---|---|---|---|---|---|
| | 7118.19 | 2574.55 | 4543.63 | | | 10262 | 11298 |

年报点评：公司主营各类空调的净化与人工环境设备，06 年通过管理效率的提升及业务的开拓，实现了收入稳定增长，但由于原材料价格持续上涨，企业净利润出现较大下滑。07 年随着募集项目的投产，以及材料价格上涨压力趋缓，企业经营也将逐步好转。

## 凯恩股份（002012）

上市日期:04/07/05　　电话:0578－8128682　　传真:0578－8123717

| | | | | |
|---|---|---|---|---|
| 主营 | 生产电解电容器纸、双面胶带原纸和滤纸原纸等特种纸 | | | |
| | 年　度 | 2006 | 2005 | 2004 |
| 主要指标 | 每股收益/扣除后(元) | 0.04/0.01 | 0.13 | 0.41/0.42 |
| | 每股经营现金流量(元) | 0.17 | 0.06 | 0.43 |
| | 每股净资产/调整后(元) | 1.77/1.73 | 1.78/1.75 | 3.29/3.26 |
| | 未分利润(万元) | 3597.78 | 4070.92 | 5220 |
| | 资本公积(万元) | 8226.23 | 7929.93 | 16889.22 |
| 利润构成 | 主营收入(万元) | 31848.32 | 28243.02 | 24796.37 |
| | 主营利润(万元) | 8336.79 | 9998.64 | 11466.6 |
| | 投资收益(万元) | -313.9 | -143.01 | 34.8 |
| | 利润总额(万元) | 1268.47 | 3775.02 | 6415.05 |
| | 净利润(万元) | 779.4 | 2557.58 | 4435.09 |
| 近年分配: | 05 年:10 派 0.6；04 年:10 派 3 转增 8 | | | |

| 主要股东及持股比例%、持股性质 |
|---|
| 凯恩集团有限公司 34.42%（部分流通部分不流通） |
| 王白浪 3.4%（非流通股） |
| 浙江金科实业有限公司 2.94%（部分流通部分不流通） |
| 叶跃源 2.65%（非流通股） |
| 雷声洪 1.79%（非流通股） |
| 刘健渭 1.73%（流通 A 股） |
| 中国建设银行－中小企业板交易型开放式指数基金 1.64%（流通 A 股） |
| 吴雄鹰 1.23%（流通 A 股） |
| 张秋芳 0.77%（流通 A 股） |
| 遂昌县电力工业局 0.72%（流通 A 股） |
| 实际控制人：王白浪 |

二〇〇六年以来市场表现

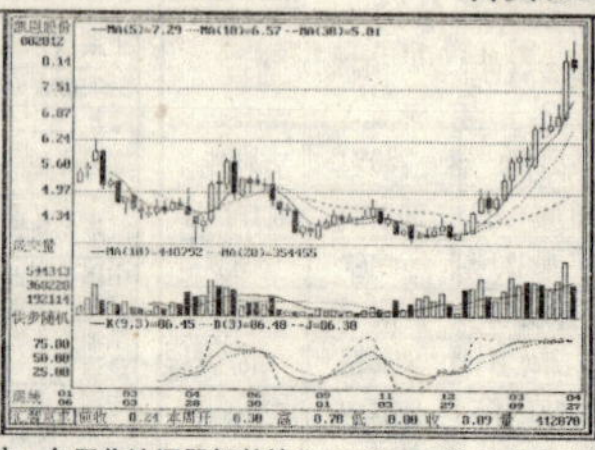

| | |
|---|---|
| 2006 年涨跌幅(%) | -23.94 |
| 2006 年最高(元) | 6.23 |
| 2007 年涨跌幅(%) | 108.51 |
| 2007.4.27 收盘(元) | 8.09 |
| 2007 年最高(元) | 8.78 |
| 2007 年最低(元) | 3.82 |
| 2007 年换手率(%) | 525.96 |

未来一年限售流通股解禁情况：14025261 股 11 月 01 日解禁

| 最新股本 | 总股本 | 非(限售)流通 | 流通 A | 流通 B/H/S | 股东户数 | 06 年末 | 06 三季 |
|---|---|---|---|---|---|---|---|
| | 19478.93 | 7687.91 | 11791.02 | | | 16015 | 14148 |

年报点评：公司主要生产电解电容器纸，滤纸原纸等特种纸，由于日本对手压价，使凯恩电解电容纸占主营收入的比重从 04 年的 80%下滑到 06 年的 54.35%。产品销售价格下降到目前约 4.3 万元/吨，06 年电解电容纸毛利率下降至 44.92%。

## 中航精机（002013）

上市日期:04/07/05　电话:0710－3345045　传真:0710－3345024

| | | | | |
|---|---|---|---|---|
| 主营 | 座椅精密调节装置、各类精冲制品、精冲模具的研究、设计、开发、制造和销售。 | | | |
| | 年　度 | 2006 | 2005 | 2004 |
| 主要指标 | 每股收益/扣除后(元) | 0.238/0.21 | 0.189/0.17 | 0.16/0.16 |
| | 每股经营现金流量(元) | 0.13 | 0.35 | 0.25 |
| | 每股净资产/调整后(元) | 3.47/3.39 | 3.91/3.87 | 3.91/3.81 |
| | 未分利润(万元) | 2493.34 | 2456.22 | 2652.8 |
| | 资本公积(万元) | 11369.33 | 11309.83 | 11222.99 |
| 利润构成 | 主营收入(万元) | 20350.79 | 13134.83 | 10344.31 |
| | 主营利润(万元) | 4818.86 | 3112.67 | 2598.22 |
| | 投资收益(万元) | | | |
| | 利润总额(万元) | 1543.23 | 1008.8 | 869.06 |
| | 净利润(万元) | 1430.13 | 945.19 | 809.73 |
| 近年分配: | 06年:10派1.1；05年:10派0.5送2；04年:10派2 | | | |

| 主要股东及持股比例%、持股性质 |
|---|
| 中国航空救生研究所 40.48%（部分流通部分不流通） |
| 中国建设银行－中小企业板交易型开放式指数基金 2.47%（流通A股） |
| 中国航空工业总公司宏伟机械厂 1.6%（流通A股） |
| 中国航空工业总公司汉江机械厂 0.8%（流通A股） |
| 符玉展 0.5%（流通A股） |
| 湖北华光新材料有限公司 0.38%（流通A股） |
| 萧伟光 0.33%（流通A股） |
| 黄春芳 0.29%（流通A股） |
| 张学林 0.25%（流通A股） |
| 林东 0.22%（流通A股） |
| 实际控制人：中国航空工业第一集团公司 |

二〇〇六年以来市场表现

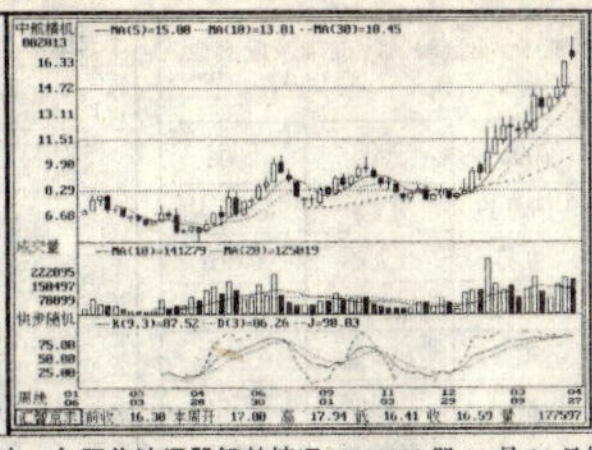

| | |
|---|---|
| 2006年涨跌幅(%) | 36.57 |
| 2006年最高(元) | 12.61 |
| 2007年涨跌幅(%) | 114.9 |
| 2007.4.27收盘(元) | 16.59 |
| 2007年最高(元) | 17.94 |
| 2007年最低(元) | 7.64 |
| 2007年换手率(%) | 587.12 |

未来一年限售流通股解禁情况:3000000股11月01日解禁

| 最新股本 | 总股本 | 非(限售)流通 | 流通A | 流通B/H/S | 股东户数 | 06年末 | 06三季 |
|---|---|---|---|---|---|---|---|
| | 6000 | 2168.81 | 3831.19 | | | 10413 | 9205 |

年报点评：公司主要产品为高、中档汽车座椅调节机构和各类精冲制品，06年公司通过实施管理流程再造和组织机构改革，使管理扁平化、提高运行效率，实现了企业收入和利润的快速增长。随着公司募集项目逐步实施，经营效率提升，企业也将迎来新的发展。

## 永新股份（002014）

上市日期:04/07/08　电话:0559－3517878　传真:0559－3516357

| | | | | |
|---|---|---|---|---|
| 主营 | 彩印复合包装产品和真空镀铝膜产品的生产和销售。 | | | |
| | 年　度 | 2006 | 2005 | 2004 |
| 主要指标 | 每股收益/扣除后(元) | 0.51/0.46 | 0.47/0.41 | 0.47/0.46 |
| | 每股经营现金流量(元) | 0.69 | 0.48 | 0.52 |
| | 每股净资产/调整后(元) | 3.92/3.91 | 3.81/3.8 | 3.64/3.64 |
| | 未分利润(万元) | 7297.79 | 6807.02 | 5859.49 |
| | 资本公积(万元) | 16686.02 | 16665.74 | 16695.74 |
| 利润构成 | 主营收入(万元) | 71889.91 | 61081.42 | 48508.39 |
| | 主营利润(万元) | 11824.94 | 10455.7 | 9328.21 |
| | 投资收益(万元) | | | |
| | 利润总额(万元) | 6211.68 | 5389.86 | 5118.07 |
| | 净利润(万元) | 4725.52 | 4411.22 | 4368.09 |
| 近年分配: | 06年:10派4送1；05年:10派4；04年:10派3 | | | |

| 主要股东及持股比例%、持股性质 |
|---|
| 黄山永佳(集团)有限公司 37.36%（非流通股） |
| 大永真空科技股份有限公司 10.14%（外资股） |
| 美佳粉末涂料有限公司 6.49%（外资股） |
| 永邦中国投资有限公司 5.78%（外资股） |
| 中国建设银行－中小企业板交易型开放式指数基金 2.59%（流通A股） |
| 陈迁 1.9%（流通A股） |
| 上海沪淮农副产品批发市场经营管理有限公司 1.84%（流通A股） |
| 合肥神鹿集团公司 0.97%（流通A股） |
| 陈军 0.93%（流通A股） |
| 黄山市善孚化工有限公司 0.49%（流通A股） |
| 实际控制人：黄山市化工总厂 |

二〇〇六年以来市场表现

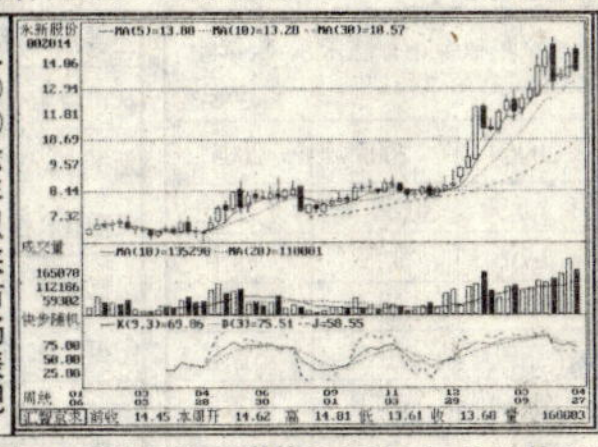

| | |
|---|---|
| 2006年涨跌幅(%) | 39.63 |
| 2006年最高(元) | 9.7 |
| 2007年涨跌幅(%) | 77.77 |
| 2007.4.27收盘(元) | 13.68 |
| 2007年最高(元) | 16.69 |
| 2007年最低(元) | 8.75 |
| 2007年换手率(%) | 381.29 |

未来一年限售流通股解禁情况:9902520.1股09月08日解禁

| 最新股本 | 总股本 | 非(限售)流通 | 流通A | 流通B/H/S | 股东户数 | 06年末 | 06三季 |
|---|---|---|---|---|---|---|---|
| | 9340 | 4014.08 | 5325.92 | | | 7020 | 7096 |

年报点评：公司主营业务为彩印复合包装产品和真空镀铝膜产品的生产和销售，具备3万吨彩色复合包装材料、1万吨真空镀铝膜、1万吨CPP膜和6000吨医药用包装材料的产能，规模优势明显。2006年国内市场占有率为3.5%，成为塑料彩印行业内的龙头企业。

## 霞客环保（002015）

上市日期:04/07/08　电话:0510－6520112　传真:0510－6527778

| | | | | |
|---|---|---|---|---|
| 主营 | 废弃聚酯的综合处理、有色聚酯纤维及色纺纱线的生产和销售。 | | | |
| | 年　度 | 2006 | 2005 | 2004 |
| 主要指标 | 每股收益/扣除后(元) | 0.3/0.3 | 0.5/0.497 | 0.45/0.448 |
| | 每股经营现金流量(元) | 0.77 | 0.12 | 0.02 |
| | 每股净资产/调整后(元) | 2.76/2.76 | 5.03/5.02 | 4.65/4.64 |
| | 未分利润(万元) | 9103.98 | 7062.54 | 5538.8 |
| | 资本公积(万元) | 6555.85 | 11574.85 | 11690.5 |
| 利润构成 | 主营收入(万元) | 58685.23 | 45978 | 40758.41 |
| | 主营利润(万元) | 8824.98 | 7224.62 | 6210.98 |
| | 投资收益(万元) | －55.67 | －11.49 | －11.51 |
| | 利润总额(万元) | 4644.73 | 3938.62 | 3481.01 |
| | 净利润(万元) | 3020.26 | 2516.83 | 2281.98 |
| 近年分配: | 05年:10派1转增10；04年:10派1 | | | |

| 主要股东及持股比例%、持股性质 |
|---|
| 陈建忠 14.71%（非流通股） |
| 江阴市伊马机电有限公司 12.76%（部分流通部分不流通） |
| 赵方平 10.03%（部分流通部分不流通） |
| 中国建设银行－中小企业板交易型开放式指数基金 2.45%（流通A股） |
| 范文华 0.66%（非流通股） |
| 鹿正林 0.55%（流通A股） |
| 李保霖 0.45%（流通A股） |
| 朱秀琴 0.33%（流通A股） |
| 曾又 0.2%（流通A股） |
| 沈广 0.2%（流通A股） |
| 实际控制人：陈建忠 |

二〇〇六年以来市场表现

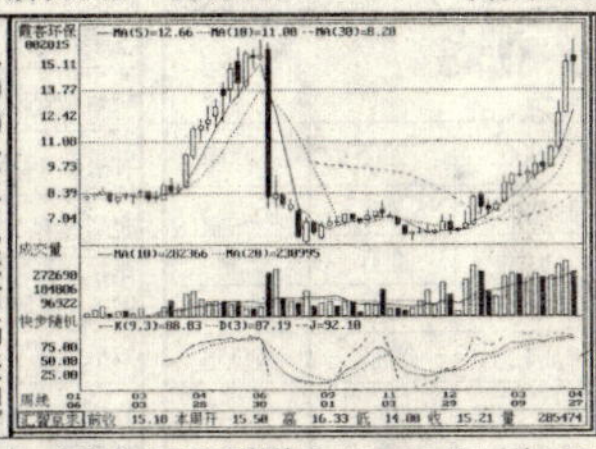

| | |
|---|---|
| 2006年涨跌幅(%) | 58.42 |
| 2006年最高(元) | 18.6 |
| 2007年涨跌幅(%) | 139.53 |
| 2007.4.27收盘(元) | 15.21 |
| 2007年最高(元) | 16.33 |
| 2007年最低(元) | 6.26 |
| 2007年换手率(%) | 576.31 |

未来一年限售流通股解禁情况:10064000股11月15日解禁

| 最新股本 | 总股本 | 非(限售)流通 | 流通A | 流通B/H/S | 股东户数 | 06年末 | 06三季 |
|---|---|---|---|---|---|---|---|
| | 10064 | 3103.2 | 6960.8 | | | 16416 | 14360 |

年报点评：公司2006年实现净利润同比增长20%。公司主营业务为废弃聚酯物的综合处理、有色聚酯纤维的生产与销售，是具有完整产业链的资源综合利用的绿色环保型企业，产业符合国家倡导的循环经济政策，产品具有巨大的市场潜力和较高的附加价值，发展前景广阔。

## 威尔科技（002016）

上市日期:04/07/08　电话:0756－8681601　传真:0756－8681822

| | | | | |
|---|---|---|---|---|
| 主营 | 生殖健康领域医疗器械的开发、生产、销售、服务以及医用洁净系统工程项目 | | | |
| | 年　度 | 2006 | 2005 | 2004 |
| 主要指标 | 每股收益/扣除后(元) | 0.01/－0.02 | 0.1/0.04 | 0.22/0.14 |
| | 每股经营现金流量(元) | 0.12 | －0.45 | 0.28 |
| | 每股净资产/调整后(元) | 3.73/3.72 | 3.77/3.75 | 4.59/4.57 |
| | 未分利润(万元) | 2326.17 | 2603.57 | 3729.31 |
| | 资本公积(万元) | 14060.41 | 14060.41 | 15237.84 |
| 利润构成 | 主营收入(万元) | 6746.05 | 8855.37 | 6504.67 |
| | 主营利润(万元) | 3393.91 | 3533.47 | 3731.5 |
| | 投资收益(万元) | 4.84 | 0.03 | |
| | 利润总额(万元) | 119.14 | 658.65 | 985.23 |
| | 净利润(万元) | 43.38 | 619.7 | 1228.81 |
| 近年分配: | 05年:10派0.5；04年:10派3 | | | |

| 主要股东及持股比例%、持股性质 |
|---|
| 珠海威尔集团有限公司 23.78%（非流通股） |
| 北京安策科技有限公司 3.54%（流通A股） |
| 中国建设银行－中小企业板交易型开放式指数基金 2.69%（流通A股） |
| 李斌 1.98%（非流通股） |
| 中国建设银行－华富竞争力优选混合型证券投资基金 1.55%（流通A股） |
| 周先玉 1.4%（流通A股） |
| 梁敏华 0.87%（流通A股） |
| 邓振洲 0.68%（流通A股） |
| 邓振浩 0.56%（流通A股） |
| 胡冰 0.53%（流通A股） |
| 实际控制人：周靖人、周曙光 |

二〇〇六年以来市场表现

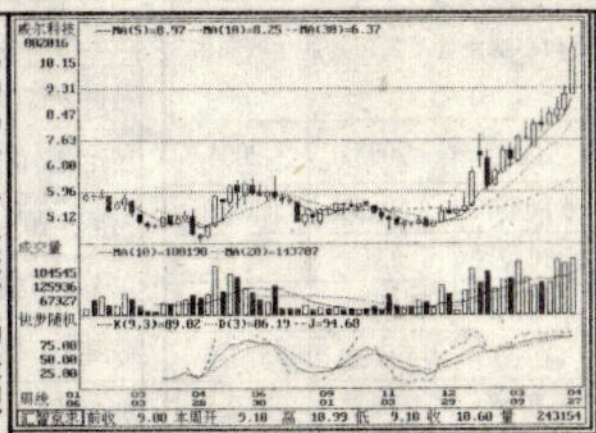

| | |
|---|---|
| 2006年涨跌幅(%) | －8.06 |
| 2006年最高(元) | 6.49 |
| 2007年涨跌幅(%) | 103.85 |
| 2007.4.27收盘(元) | 10.6 |
| 2007年最高(元) | 10.99 |
| 2007年最低(元) | 5.11 |
| 2007年换手率(%) | 545.59 |

未来一年限售流通股解禁情况:3164518股10月28日解禁

| 最新股本 | 总股本 | 非(限售)流通 | 流通A | 流通B/H/S | 股东户数 | 06年末 | 06三季 |
|---|---|---|---|---|---|---|---|
| | 6329.04 | 1630.39 | 4698.65 | | | 9164 | 9861 |

年报点评：受政策变化影响，医疗器械市场有所萎缩。光CT－BY影像网络诊断系统未能如期上市，医疗洁净系统工程成为唯一亮点，销售收入增长。如果"除颤器"供货商和新产品生产注册证问题不能及时解决，公司业绩难有起色。

## 东信和平（002017）

上市日期:04/07/13　　电话:(0756)8682893　　传真:(0756)8682736

| | | | | |
|---|---|---|---|---|
| 主营 | 生产和销售移动通信用智能卡、非接触式智能卡及配套应用系统。 | | | |
| | 年　度 | 2006 | 2005 | 2004 |
| 主要指标 | 每股收益/扣除后(元) | 0.178/0.19 | 0.128 | 0.41/0.42 |
| | 每股经营现金流量(元) | -0.13 | 1.7075 | 0.0038 |
| | 每股净资产/调整后(元) | 3.55/3.55 | 4.38/4.38 | 4.52/4.52 |
| | 未分利润(万元) | 7934.79 | 6037.91 | 7375.93 |
| | 资本公积(万元) | 18889.99 | 21613.99 | 21734.89 |
| 利润构成 | 主营收入(万元) | 53898.54 | 64763.47 | 65608.05 |
| | 主营利润(万元) | 10523.3 | 9804.36 | 12309.06 |
| | 投资收益(万元) | -33.07 | -30.31 | |
| | 利润总额(万元) | 2284.72 | 1349.16 | 4714.79 |
| | 净利润(万元) | 2107.19 | 1158.34 | 3751.7 |
| 近年分配: | 06 预案:10 派 3；05 年:10 转增 3；04 年:10 派 2.5 | | | |

| 主要股东及持股比例%、持股性质 | |
|---|---|
| 普天东方通信集团有限公司 29.49%（部分流通部分不流通） | |
| 珠海普天和平电信工业有限公司 24.13%（部分流通部分不流通） | |
| 珠海市富春通信设备有限公司 2.02%（流通 A 股） | |
| 中国建设银行－中小企业板交易型开放式指数基金 1.76%（流通 A 股） | |
| 北京信捷通移动通信技术有限责任公司 0.99%（流通 A 股） | |
| 周忠国 0.77%（非流通股） | |
| 杨有为 0.52%（非流通股） | |
| 黄宁宅 0.52%（非流通股） | |
| 张培德 0.52%（非流通股） | |
| 郑国民 0.45%（流通 A 股） | |
| 实际控制人: | 中国普天信息产业集团公司 |

二〇〇六年以来市场表现

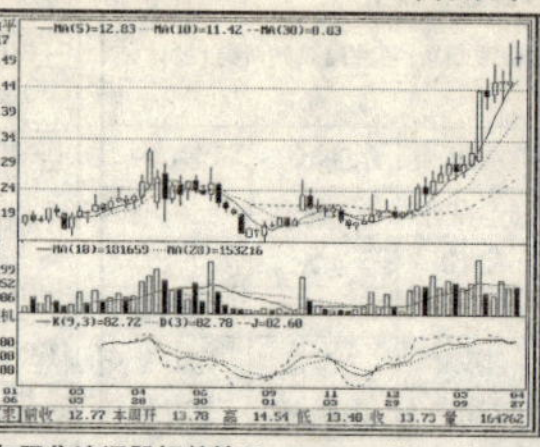

| | |
|---|---|
| 2006 年涨跌幅(%) | 37.07 |
| 2006 年最高(元) | 12.08 |
| 2007 年涨跌幅(%) | 91.49 |
| 2007.4.27 收盘(元) | 13.73 |
| 2007 年最高(元) | 14.54 |
| 2007 年最低(元) | 7.08 |
| 2007 年换手率(%) | 428.98 |

未来一年限售流通股解禁情况:11804000 股 11 月 08 日解禁

| 最新股本 | 总股本 | 非(限售)流通 | 流通 A | 流通 B/H/S | 股东户数 | 06 年末 | 06 三季 |
|---|---|---|---|---|---|---|---|
| | 11804 | 5497.42 | 6306.58 | | | 12035 | 12585 |

年报点评：作为国内领先的智能卡供应商,公司产品广泛应用于移动通信、社会保障、身份识别等各个领域,其移动通信用智能卡 SIM 卡、UIM 卡产品的生产规模最大。随着我国展开第三代数字移动通信系统 3G,而公司主导产品在 3G 时代将面临第二次快速发展机遇。

## 华星化工（002018）

上市日期:04/07/13　　电话:(0565)5393908　　传真:(0565)5393908

| | | | | |
|---|---|---|---|---|
| 主营 | 研发、生产和销售杀虫双、杀虫单以及精恶唑禾草灵、草除灵乙酯、苄嘧磺隆等高效低残留农药产品。 | | | |
| | 年　度 | 2006 | 2005 | 2004 |
| 主要指标 | 每股收益/扣除后(元) | 0.34/0.34 | 0.36/0.36 | 0.33/0.33 |
| | 每股经营现金流量(元) | 0.95 | 0.55 | -0.1 |
| | 每股净资产/调整后(元) | 3.81/3.8 | 4.2/4.19 | 3.99/3.98 |
| | 未分利润(万元) | 7637.29 | 5903.51 | 4538.43 |
| | 资本公积(万元) | 12364.58 | 13257.98 | 13576.89 |
| 利润构成 | 主营收入(万元) | 43760.47 | 35523.87 | 25110.26 |
| | 主营利润(万元) | 9727.27 | 7872.85 | 6468.44 |
| | 投资收益(万元) | -15.65 | | |
| | 利润总额(万元) | 3833.32 | 3468.17 | 3244.66 |
| | 净利润(万元) | 2648.64 | 2370.68 | 2147.17 |
| 近年分配: | 06 预案:10 派 1 转增 3；05 年:10 派 1 转增 2；04 年:10 派 1 | | | |

| 主要股东及持股比例%、持股性质 | |
|---|---|
| 庆祖森 16.63%（非流通股） | |
| 谢平 10.69%（非流通股） | |
| 安徽省科技产业投资有限公司 3.79%（流通 A 股） | |
| 吴江鹰 3.77%（非流通股） | |
| 纪祖焕 3.16%（非流通股） | |
| 盛学龙 3.01%（非流通股） | |
| 李辉 2.67%（非流通股） | |
| 房淑明 2.57%（流通 A 股） | |
| 江苏省高科技产业投资有限公司 2.31%（流通 A 股） | |
| 中国建设银行－中小企业板交易型开放式指数基金 2.13%（流通 A 股） | |
| 实际控制人: | 庆祖森 |

二〇〇六年以来市场表现

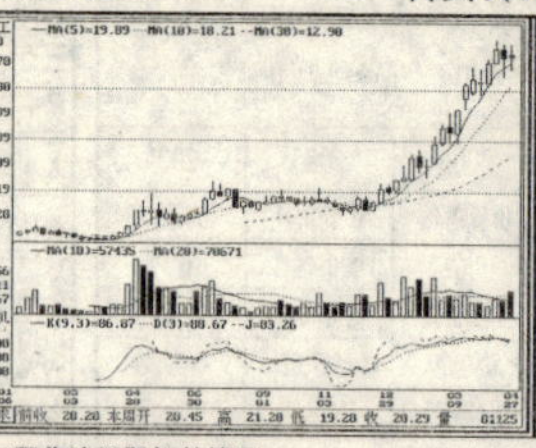

| | |
|---|---|
| 2006 年涨跌幅(%) | 80.59 |
| 2006 年最高(元) | 13.16 |
| 2007 年涨跌幅(%) | 99.9 |
| 2007.4.27 收盘(元) | 20.29 |
| 2007 年最高(元) | 21.6 |
| 2007 年最低(元) | 10.1 |
| 2007 年换手率(%) | 247.39 |

未来一年限售流通股解禁情况:

| 最新股本 | 总股本 | 非(限售)流通 | 流通 A | 流通 B/H/S | 股东户数 | 06 年末 | 06 三季 |
|---|---|---|---|---|---|---|---|
| | 7800 | 3177.07 | 4622.93 | | | 5734 | 5713 |

年报点评：公司产品包括杀虫剂、除草剂、杀菌剂三大系列 20 多个原药 60 多个产品,是我国最大的杀虫双、杀虫单、杀螟丹等沙蚕毒类杀虫剂生产和出口基地。旗下华星阿丹诺公司将建设年产 4 万吨双甘膦生产线和年产 1 万吨 2.4－D生产线。

## 鑫富药业（002019）

上市日期:04/07/13　　电话:0571－63759225　　传真:0571－63759225

| | | | | |
|---|---|---|---|---|
| 主营 | 精细化工产品的研制、生产、销售及服务。 | | | |
| | 年　度 | 2006 | 2005 | 2004 |
| 主要指标 | 每股收益/扣除后(元) | 0.028/0.03 | 0.3 | 0.62/0.56 |
| | 每股经营现金流量(元) | 0.48 | 0.35 | 0.64 |
| | 每股净资产/调整后(元) | 4.61/4.57 | 4.69/4.65 | 5.9/5.88 |
| | 未分利润(万元) | 7024.55 | 7870.82 | 7067.93 |
| | 资本公积(万元) | 15661.52 | 15396.77 | 16958.89 |
| 利润构成 | 主营收入(万元) | 34640.46 | 26931.44 | 24505.76 |
| | 主营利润(万元) | 11834.58 | 7803.22 | 7945.61 |
| | 投资收益(万元) | -620.2 | -529.86 | |
| | 利润总额(万元) | 651.13 | 2565.11 | 3951.86 |
| | 净利润(万元) | 193.68 | 2048.1 | 3251.59 |
| 近年分配: | 06 预案:10 派 2.5 转增 4；05 年:10 派 1.5；04 年:10 派 2 转增 3 | | | |

| 主要股东及持股比例%、持股性质 | |
|---|---|
| 杭州临安申光贸易有责任限公司 31.04%（非流通股） | |
| 林关羽 14.64%（部分流通部分不流通） | |
| 吴彩莲 6.52%（部分流通部分不流通） | |
| 中国建设银行－中小企业板交易型开放式指数基金 2.04%（流通 A 股） | |
| 殷杭华 1.76%（流通 A 股） | |
| 临安博联生物技术有限公司 1.37%（流通 A 股） | |
| 临安恒溪文化投资有限公司 1.32%（流通 A 股） | |
| 丁成忠 0.85%（流通 A 股） | |
| 黄丹心 0.62%（流通 A 股） | |
| 陈光良 0.59%（流通 A 股） | |
| 实际控制人: | 过鑫富 |

二〇〇六年以来市场表现

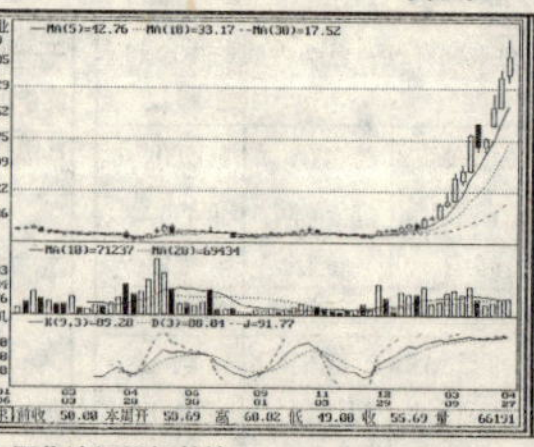

| | |
|---|---|
| 2006 年涨跌幅(%) | 0.84 |
| 2006 年最高(元) | 11.17 |
| 2007 年涨跌幅(%) | 486.21 |
| 2007.4.27 收盘(元) | 55.69 |
| 2007 年最高(元) | 60.82 |
| 2007 年最低(元) | 9.3 |
| 2007 年换手率(%) | 289.84 |

未来一年限售流通股解禁情况:4797000 股 08 月 12 日解禁

| 最新股本 | 总股本 | 非(限售)流通 | 流通 A | 流通 B/H/S | 股东户数 | 06 年末 | 06 三季 |
|---|---|---|---|---|---|---|---|
| | 6825 | 2915.25 | 3909.75 | | | 5443 | 6517 |

年报点评：公司是 D－泛醇的最大生产商,通过收购竞争对手湖州狮王后巩固了作为世界最大 D－泛酸钙供应商地位，增强了公司在 D－泛酸钙市场的主导能力。主要产品 D－泛酸钙在消化渠道渠道存货后,价格水平逐步走高,一季度在去年均价基础上上升 30%。

## 京新药业（002020）

上市日期:04/07/15　　电话:(0575)6176531　　传真:(0575)6096898

| | | | | |
|---|---|---|---|---|
| 主营 | 喹诺酮类系列抗感染药物和心脑血管系列药物的生产和销售。 | | | |
| | 年　度 | 2006 | 2005 | 2004 |
| 主要指标 | 每股收益/扣除后(元) | 0.1/0.091 | 0.27/0.334 | 0.38/0.35 |
| | 每股经营现金流量(元) | -0.01 | 0.91 | 0.09 |
| | 每股净资产/调整后(元) | 2.89/2.89 | 4.17/4.1 | 4.13/4.12 |
| | 未分利润(万元) | 6491.83 | 5514.21 | 5257.56 |
| | 资本公积(万元) | 11207.88 | 14592.88 | 14772.55 |
| 利润构成 | 主营收入(万元) | 42886.93 | 30188.12 | 34822.22 |
| | 主营利润(万元) | 11543.68 | 9554.31 | 8594.88 |
| | 投资收益(万元) | -7.27 | | |
| | 利润总额(万元) | 1774.16 | 2468.42 | 3492.66 |
| | 净利润(万元) | 1049.12 | 1845.47 | 2579.07 |
| 近年分配: | 05 年:10 转增 5；04 年:10 派 2 | | | |

| 主要股东及持股比例%、持股性质 | |
|---|---|
| 吕钢 24.74%（非流通股） | |
| 浙江康新化工有限公司 16.7%（非流通股） | |
| 吕岳英 10.3%（非流通股） | |
| 王光强 1.95%（非流通股） | |
| 张丽娃 1.84%（非流通股） | |
| 吴政杰 1.83%（非流通股） | |
| 中国建设银行－中小企业板交易型开放式指数基金 1.67%（流通 A 股） | |
| 中国科学院上海有机化学研究所 1.44%（国有股） | |
| 杨钰菲 1.28%（非流通股） | |
| 林军 1.15%（非流通股） | |
| 实际控制人: | 吕钢 |

二〇〇六年以来市场表现

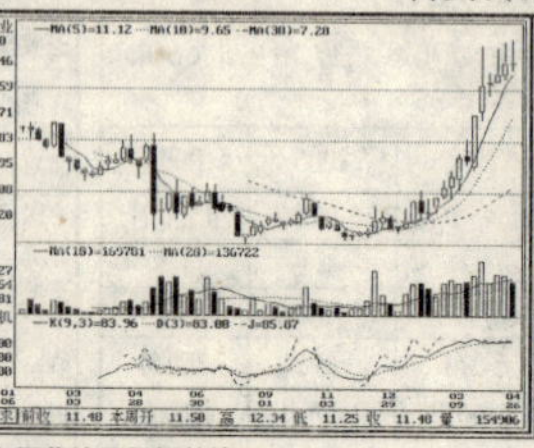

| | |
|---|---|
| 2006 年涨跌幅(%) | -3.89 |
| 2006 年最高(元) | 11.22 |
| 2007 年涨跌幅(%) | 96.24 |
| 2007.4.27 收盘(元) | 11.48 |
| 2007 年最高(元) | 12.34 |
| 2007 年最低(元) | 5.66 |
| 2007 年换手率(%) | 636.74 |

未来一年限售流通股解禁情况:

| 最新股本 | 总股本 | 非(限售)流通 | 流通 A | 流通 B/H/S | 股东户数 | 06 年末 | 06 三季 |
|---|---|---|---|---|---|---|---|
| | 10155 | 6512.17 | 3642.83 | | | 10103 | 9343 |

年报点评：公司是我国最大的喹诺酮类原料药生产企业,由于 FDA,COS 论证尚未通过,影响了公司海外市场拓展。报告期内收入大幅增长 42%,但原料药市场景竞争激烈,市场开拓以及新开办费用带来三项费用更快增长,造成增收不增利。

# 中捷股份（002021）

上市日期:04/07/15　　电话:0576－7338207　　传真:0576－7338900

| 主营 | 中、高档工业缝纫机的开发、生产和销售。 | | | |
|---|---|---|---|---|
| | 年　度 | 2006 | 2005 | 2004 |
| 主要指标 | 每股收益/扣除后(元) | 0.4/0.32 | 0.4 | 0.4/0.286 |
| | 每股经营现金流量(元) | 0.26 | -0.9 | 0.65 |
| | 每股净资产/调整后(元) | 2.66/2.64 | 3.14/3.13 | 4.7/4.7 |
| | 未分利润(万元) | 14798.61 | 11124.8 | 8775.27 |
| | 资本公积(万元) | 11944.4 | 16177.4 | 21450.4 |
| 利润构成 | 主营收入(万元) | 76365.86 | 68506.79 | 47599.54 |
| | 主营利润(万元) | 19812.58 | 16822.14 | 11577.83 |
| | 投资收益(万元) | 845.09 | 193.66 | -13.23 |
| | 利润总额(万元) | 8984.71 | 7058.66 | 4762.07 |
| | 净利润(万元) | 7164.51 | 5528.9 | 3475.27 |
| 近年分配: | 06 预案:10 派 1 转增 2 ; 05 年:10 派 2 转增 3 ; 04 年:10 派 3 转增 6 | | | |

**主要股东及持股比例%、持股性质**

蔡开坚 26.96%（非流通股）

蔡冰 8.99%（非流通股）

中捷控股集团有限公司 7.3%（非流通股）

中国工商银行－安瑞证券投资基金 4.19%（流通 A 股）

兴业证券股份有限公司 3.35%（流通 A 股）

中国建设银行－中小企业板交易型开放式指数基金 2.64%（流通 A 股）

玉环欲达投资咨询有限公司 2.34%（部分流通部分不流通）

玉环兴业服务有限公司 2.15%（非流通股）

中国工商银行－安信证券投资基金 2.09%（流通 A 股）

交通银行－汇丰晋信龙腾股票型开放式证券投资基金 1.92%（流通 A 股）

实际控制人：蔡开坚

二〇〇六年以来市场表现

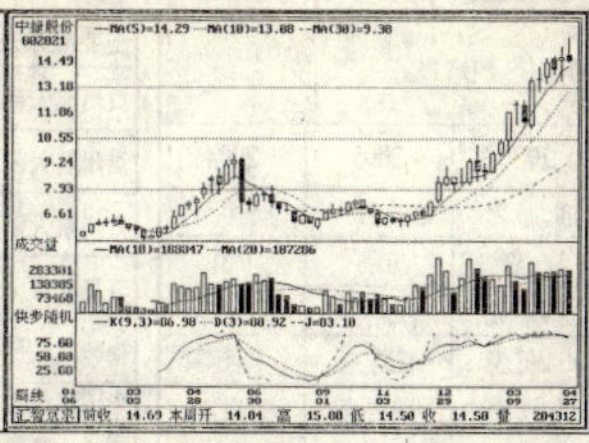

| | |
|---|---|
| 2006 年涨跌幅(%) | 103.38 |
| 2006 年最高(元) | 12 |
| 2007 年涨跌幅(%) | 70.33 |
| 2007.4.27 收盘(元) | 14.58 |
| 2007 年最高(元) | 15.8 |
| 2007 年最低(元) | 7.86 |
| 2007 年换手率(%) | 314.16 |

未来一年限售流通股解禁情况:7130240 股 09 月 08 日解禁

| 最新股本 | 总股本 | 非(限售)流通 | 流通 A | 流通 B/H/S | 股东户数 | 06 年末 | 06 三季 |
|---|---|---|---|---|---|---|---|
| | 17888 | 8448.75 | 9439.25 | | | 7212 | 9582 |

**年报点评**：公司的主要产品为工业缝纫机。06 年面对激烈竞争、原材料价格上涨等不利因素，通过扩大产能，加速研制新产品，逐步完善营销网络等，取得了良好的经营业绩。随着公司产品结构调整逐步到位，以及进口替代战略的实施，公司也将实现持续、稳定的发展。

# 科华生物（002022）

上市日期:04/07/21　　电话:021－64850088　　传真:021－64853947

| 主营 | 体外临床免疫诊断试剂、体外临床化学诊断试剂，核酸诊断试剂，基因工程药物及与体外诊断试剂相配套的自动化检验诊断仪器等的研究、生产和销售。 | | | |
|---|---|---|---|---|
| | 年　度 | 2006 | 2005 | 2004 |
| 主要指标 | 每股收益/扣除后(元) | 0.53/0.51 | 0.68 | 0.62/0.6 |
| | 每股经营现金流量(元) | 0.62 | 0.9 | 0.71 |
| | 每股净资产/调整后(元) | 2.68/2.65 | 4.13/4.08 | 4.85/4.78 |
| | 未分利润(万元) | 6829.5 | 5479.65 | 5377.56 |
| | 资本公积(万元) | 11311.25 | 16101.78 | 17529.84 |
| 利润构成 | 主营收入(万元) | 33911.56 | 30056.55 | 23906.08 |
| | 主营利润(万元) | 19136.62 | 16587.37 | 13681.7 |
| | 投资收益(万元) | -170.41 | 60.68 | 57.58 |
| | 利润总额(万元) | 9390.5 | 8402.31 | 6780.88 |
| | 净利润(万元) | 7457.62 | 5642.75 | 4284.41 |
| 近年分配: | 06 年:10 派 2.5 送 2 转增 3 ; 05 年:10 派 5 送 1 转增 6 ; 04 年:10 派 7 转增 2 | | | |

**主要股东及持股比例%、持股性质**

沙立武 8.12%（非流通股）

徐显德 8.12%（非流通股）

唐伟国 8.12%（非流通股）

中国银行－华夏回报二号证券投资基金 2.86%（流通 A 股）

招商银行股份有限公司－富国天合稳健优选股票型证券投资基金 2.82%（流通 A 股）

中国建设银行－工银瑞信稳健成长股票型证券投资基金 2.12%（流通 A 股）

李伟奇 2.03%（流通 A 股）

中国农业银行－交银施罗德成长股票证券投资基金 1.92%（流通 A 股）

中国建设银行－中小企业板交易型开放式指数基金 1.75%（流通 A 股）

泰康人寿保险股份有限公司－分红－个人分红－019L－FH002 深 1.67%（流通 A 股）

实际控制人：

二〇〇六年以来市场表现

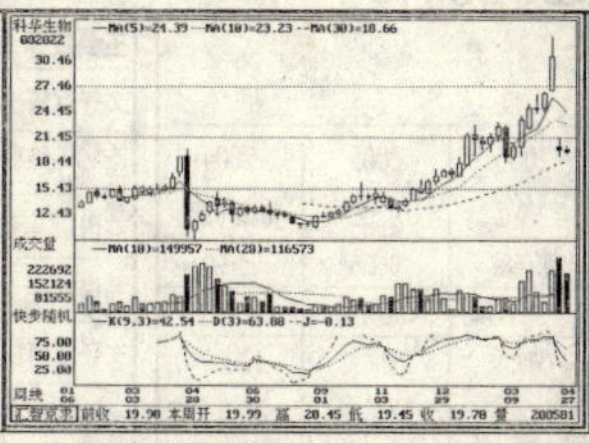

| | |
|---|---|
| 2006 年涨跌幅(%) | 128.05 |
| 2006 年最高(元) | 30.49 |
| 2007 年涨跌幅(%) | 70.48 |
| 2007.4.27 收盘(元) | 19.7 |
| 2007 年最高(元) | 33.47 |
| 2007 年最低(元) | 16.6 |
| 2007 年换手率(%) | 172.61 |

未来一年限售流通股解禁情况:2906125 股 10 月 28 日解禁

| 最新股本 | 总股本 | 非(限售)流通 | 流通 A | 流通 B/H/S | 股东户数 | 06 年末 | 06 三季 |
|---|---|---|---|---|---|---|---|
| | 14025 | 3907.12 | 10117.88 | | | 6545 | 8220 |

**年报点评**：公司是诊断试剂行业龙头，传染病免疫诊断试剂市场占有率第一，06 年净利润增长主要是 05 年末收购子公司上海实业科华 46.7% 股权，06 年减少少数股东权益 1000 万，对应新增净利润 1000 万，公司后续受益于医改市场结构性扩大，生化、核酸以及医疗仪器方面加速增长。

# 海特高新（002023）

上市日期:04/07/21　　电话:028－85151633　　传真:028－85158567

| 主营 | 航空机载电子、电气、机械设备的检测与维修服务；航空动力设备维修；航空机载设备和航空检测设备的研制与销售；航空机载设备技术的开发和转让。 | | | |
|---|---|---|---|---|
| | 年　度 | 2006 | 2005 | 2004 |
| 主要指标 | 每股收益/扣除后(元) | .0.27/0.23 | 0.33 | 0.47/0.46 |
| | 每股经营现金流量(元) | 0.19 | 0.21 | 0.58 |
| | 每股净资产/调整后(元) | 3.98/3.9 | 3.71/3.64 | 5.28/5.18 |
| | 未分利润(万元) | 9112 | 6526.91 | 4862.98 |
| | 资本公积(万元) | 21209.92 | 21209.92 | 25230.88 |
| 利润构成 | 主营收入(万元) | 15208.59 | 14379.34 | 13640.03 |
| | 主营利润(万元) | 5888.44 | 7024.38 | 7767.39 |
| | 投资收益(万元) | 459.22 | 54.78 | -11.35 |
| | 利润总额(万元) | 3426.57 | 4173.92 | 4826.33 |
| | 净利润(万元) | 3123.27 | 3908.85 | 3654.36 |
| 近年分配: | 06 预案:10 派 1.5 ; 04 中期:10 派 4 年终:10 派 2 转增 5 | | | |

**主要股东及持股比例%、持股性质**

李再春 39.4%（非流通股）

王万和 6.22%（非流通股）

刘生会 3.63%（非流通股）

李飚 3.06%（非流通股）

郑超 3.06%（非流通股）

李刚 2.39%（非流通股）

中国建设银行－中小企业板交易型开放式指数基金 2.22%（流通 A 股）

交通银行－汇丰晋信龙腾股票型开放式证券投资基金 1.89%（流通 A 股）

全国社保基金一零六组合 0.99%（流通 A 股）

中国工商银行－安瑞证券投资基金 0.79%（流通 A 股）

实际控制人：李再春

二〇〇六年以来市场表现

| | |
|---|---|
| 2006 年涨跌幅(%) | 13.8 |
| 2006 年最高(元) | 13.29 |
| 2007 年涨跌幅(%) | 63.4 |
| 2007.4.27 收盘(元) | 15.36 |
| 2007 年最高(元) | 16.55 |
| 2007 年最低(元) | 9.28 |
| 2007 年换手率(%) | 452.34 |

未来一年限售流通股解禁情况:26026030 股 08 月 09 日解禁

| 最新股本 | 总股本 | 非(限售)流通 | 流通 A | 流通 B/H/S | 股东户数 | 06 年末 | 06 三季 |
|---|---|---|---|---|---|---|---|
| | 11758.72 | 6791.22 | 4967.5 | | | 10324 | 7437 |

**年报点评**：公司主要从事航空机载设备的检测及维修服务。06 年面对航空公司自身维修实力加强，以及新飞机投入运行后维修市场的缩小，企业经营出现了困难，净利润同比下降了 20%。后续公司发展将面临各航空公司维修外包业务的变化。

# 苏宁电器（002024）

上市日期:04/07/21　　电话:025－84418888　　传真:025－84467008

| 主营 | 综合家用电器的连锁销售和服务。 | | | |
|---|---|---|---|---|
| | 年　度 | 2006 | 2005 | 2004 |
| 主要指标 | 每股收益/扣除后(元) | 1/1 | 1.05/1.05 | 1.95/1.97 |
| | 每股经营现金流量(元) | 0.21 | 0.44 | 1.3 |
| | 每股净资产/调整后(元) | 4.28/3.89 | 3.49/2.69 | 8.92/7.69 |
| | 未分利润(万元) | 113921.79 | 52336.46 | 28093.24 |
| | 资本公积(万元) | 93639.14 | 12674.74 | 37214.99 |
| 利润构成 | 主营收入(万元) | 2492739.49 | 1593639.12 | 910724.67 |
| | 主营利润(万元) | 255275.32 | 151956.05 | 87128.72 |
| | 投资收益(万元) | -109.85 | -77.06 | -117.52 |
| | 利润总额(万元) | 112194.59 | 55001.1 | 28699.74 |
| | 净利润(万元) | 72030.01 | 35062.99 | 18120.37 |
| 近年分配: | 06 中期:10 转增 10 年终:10 转增 10 ; 05 中期:10 转增 8 ; 04 年:10 派 1 转增 10 | | | |

**主要股东及持股比例%、持股性质**

张近东 29.69%（非流通股）

江苏苏宁电器有限公司 15.46%（非流通股）

陈金凤 6.45%（部分流通部分不流通）

金明 1.86%（非流通股）

蒋勇 1.86%（非流通股）

中国银行－银华优质增长股票型证券投资基金 1.8%（非流通股）

中国工商银行－汇添富均衡增长股票型证券投资基金 1.76%（流通 A 股）

交通银行－富国天益价值证券投资基金 1.7%（流通 A 股）

中国建设银行－中小企业板交易型开放式指数基金 1.42%（部分流通部分不流通）

中国银行－易方达策略成长证券投资基金 1.11%（部分流通部分不流通）

实际控制人：张近东

二〇〇六年以来市场表现

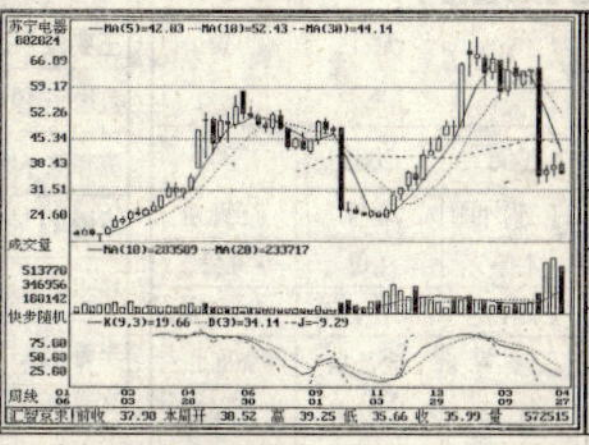

| | |
|---|---|
| 2006 年涨跌幅(%) | 354 |
| 2006 年最高(元) | 92 |
| 2007 年涨跌幅(%) | 58.55 |
| 2007.4.27 收盘(元) | 35.99 |
| 2007 年最高(元) | 83 |
| 2007 年最低(元) | 45.88 |
| 2007 年换手率(%) | 96.39 |

未来一年限售流通股解禁情况:42806400 股 08 月 11 日解禁

| 最新股本 | 总股本 | 非(限售)流通 | 流通 A | 流通 B/H/S | 股东户数 | 06 年末 | 06 三季 |
|---|---|---|---|---|---|---|---|
| | 72075.2 | 42655.42 | 29419.78 | | | 12363 | 13498 |

**年报点评**：06 年三季度开始的物流仓库整合效应 07 年将继续体现，公司未来仍有较大的店面及收入扩张空间。公司稳步推进各市场的扩张，强调持续创新和人员储备战略将有助于公司的长期持续增长。

## 航天电器（002025）

上市日期：04/07/26　　电话：0851－8697026　　传真：0851－8697000

**主营**：继电器和电连接器的研制、生产和销售。

| | 年　度 | 2006 | 2005 | 2004 |
|---|---|---|---|---|
| 主要指标 | 每股收益/扣除后(元) | 0.8/0.79 | 1.19 | 0.52/0.515 |
| | 每股经营现金流量(元) | 0.59 | 0.96 | 0.51 |
| | 每股净资产/调整后(元) | 3.49/3.49 | 4.24/4.24 | 3.76/3.76 |
| | 未分利润(万元) | 14602.31 | 12209.66 | 4445.43 |
| | 资本公积(万元) | 13809.65 | 13809.65 | 15491.14 |
| 利润构成 | 主营收入(万元) | 31974.57 | 29487.45 | 15059.02 |
| | 主营利润(万元) | 21000.19 | 19918.18 | 9449.52 |
| | 投资收益(万元) | 46.04 | －0.92 | 0.06 |
| | 利润总额(万元) | 13183.44 | 12213.45 | 4523.27 |
| | 净利润(万元) | 11467.79 | 11437.66 | 4136.37 |

近年分配：05年：10派2送5；04年：10派1转增2

**主要股东及持股比例%、持股性质**

贵州航天朝晖电器厂 23.05%（国有股）
贵州航天朝阳电器厂 15.85%（国有股）
贵州航天工业有限责任公司 8.82%（国有股）
遵义朝日电器有限责任公司 4.96%（流通A股）
梅岭化工厂 4.41%（国有股）
中国建设银行－中小企业板交易型开放式指数基金 1.94%（流通A股）
中国建设银行－泰达荷银效率优选混合型证券投资基金 1.81%（流通A股）
中国工商银行－安瑞证券投资基金 1.36%（流通A股）
交通银行－泰达荷银价值优化型成长类行业证券投资基金 1.25%（流通A股）
贵州航天凯天科技有限责任公司 1.1%（流通A股）

实际控制人：中国航天科工集团公司

二〇〇六年以来市场表现

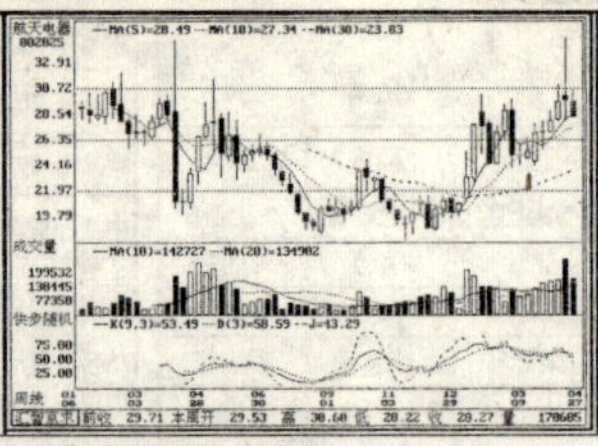

| | |
|---|---|
| 2006年涨跌幅(%) | 3.89 |
| 2006年最高(元) | 47.45 |
| 2007年涨跌幅(%) | 40.86 |
| 2007.4.27收盘(元) | 28.27 |
| 2007年最高(元) | 35.1 |
| 2007年最低(元) | 19.72 |
| 2007年换手率(%) | 328.53 |

未来一年限售流通股解禁情况：

| 最新股本 | 总股本 | 非(限售)流通 | 流通A | 流通B/H/S | 股东户数 | 06年末 | 06三季 |
|---|---|---|---|---|---|---|---|
| | 14400 | 7506.59 | 6893.41 | | | 15415 | 14034 |

**年报点评**：公司属于电子元器件行业，其主要产品为通信继电器和连接器。作为行业龙头之一，公司在2006年实现了预定的经营目标，创造了较好的经济效益。预计2007年随着定向增发的完成，公司实现的效益将会上一台阶。

## 山东威达（002026）

上市日期：04/07/27　　电话：(0631)8548288　　传真：(0631)8545388

**主营**：生产和销售钻夹头产品。

| | 年　度 | 2006 | 2005 | 2004 |
|---|---|---|---|---|
| 主要指标 | 每股收益/扣除后(元) | 0.229/0.2 | 0.392 | 0.35/0.35 |
| | 每股经营现金流量(元) | 0.0683 | 0.176 | 0.14 |
| | 每股净资产/调整后(元) | 3.37/3.34 | 4.82/4.81 | 4.5/4.5 |
| | 未分利润(万元) | 9379.46 | 7518.92 | 5233.83 |
| | 资本公积(万元) | 20156.64 | 24656.64 | 24476.64 |
| 利润构成 | 主营收入(万元) | 28788.22 | 28053.7 | 29445.2 |
| | 主营利润(万元) | 6355.07 | 7390.33 | 8396.44 |
| | 投资收益(万元) | | | －16.83 |
| | 利润总额(万元) | 3922.09 | 5061.11 | 4774.39 |
| | 净利润(万元) | 3097.49 | 3526.95 | 3182.66 |

近年分配：06预案：10派0.6；05年：10派1转增5；04年：10派1

**主要股东及持股比例%、持股性质**

文登市威达机械有限公司 31.88%（非流通股）
文登市昆嵛科技开发有限公司 10.97%（部分流通部分不流通）
刘国店 4.82%（流通A股）
孙振江 4.73%（流通A股）
文登市茼山房地产开发有限公司 3.02%（流通A股）
文登市世进塑料制品有限公司 2.92%（流通A股）
中国建设银行－中小企业板交易型开放式指数基金 2.09%（流通A股）
永信生物化工有限公司 1.65%（流通A股）
钱焕志 0.41%（流通A股）
林以判 0.18%（流通A股）

实际控制人：杨佳模

二〇〇六年以来市场表现

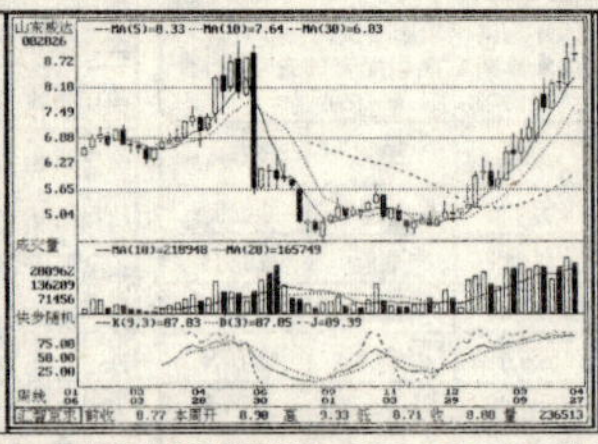

| | |
|---|---|
| 2006年涨跌幅(%) | 17.72 |
| 2006年最高(元) | 9.85 |
| 2007年涨跌幅(%) | 75.84 |
| 2007.4.27收盘(元) | 8.88 |
| 2007年最高(元) | 9.33 |
| 2007年最低(元) | 4.91 |
| 2007年换手率(%) | 358.63 |

未来一年限售流通股解禁情况：6750000股11月14日解禁

| 最新股本 | 总股本 | 非(限售)流通 | 流通A | 流通B/H/S | 股东户数 | 06年末 | 06三季 |
|---|---|---|---|---|---|---|---|
| | 13500 | 5108.63 | 8391.38 | | | 14347 | 14347 |

**年报点评**：公司经营钻夹头及配件，产品主要给世界工具巨头配套。06年在人民币升值与原材料价格上涨压力下，公司尽管稳定了钻夹头产品市场，但还是避免不了业绩下降。新的一年，企业经营仍面临原有产品增长有限的压力，因此经营绩效就要看新产品的开拓了。

## 七喜控股（002027）

上市日期：04/08/04　　电话：(020)82253777　　传真：(020)82058139

**主营**：电脑及其配件的生产和制造，同时还代理销售SONY电脑周边设备(软驱光驱)和三星硬盘等产品。

| | 年　度 | 2006 | 2005 | 2004 |
|---|---|---|---|---|
| 主要指标 | 每股收益/扣除后(元) | 0.19/0.2 | 0.37/0.37 | 0.47/0.48 |
| | 每股经营现金流量(元) | 0.24 | －0.22 | －0.3 |
| | 每股净资产/调整后(元) | 2.18/2.05 | 2.68/2.61 | 4.85/4.79 |
| | 未分利润(万元) | 24551.02 | 19326.84 | 14626.39 |
| | 资本公积(万元) | 6609.22 | 14447.54 | 25868.38 |
| 利润构成 | 主营收入(万元) | 336737.95 | 239632.92 | 180991.98 |
| | 主营利润(万元) | 19197 | 17628.72 | 12919.32 |
| | 投资收益(万元) | 10.76 | －9.41 | －2.99 |
| | 利润总额(万元) | 7168.38 | 9316.93 | 6252.32 |
| | 净利润(万元) | 5792.25 | 8204.02 | 5256.46 |

近年分配：05年：10转增3.5；04年：10派2转增10

**主要股东及持股比例%、持股性质**

易贤忠 42.89%（非流通股）
关玉婵 9.63%（部分流通部分不流通）
易贤华 6.29%（部分流通部分不流通）
关玉贤 3.53%（非流通股）
中国建设银行－中小企业板交易型开放式指数基金 1.6%（流通A股）
黎记旺 1.07%（流通A股）
李迅 1.07%（非流通股）
陈舟 0.86%（非流通股）
柯桂霞 0.46%（流通A股）
欧凤娟 0.45%（流通A股）

实际控制人：易贤忠

二〇〇六年以来市场表现

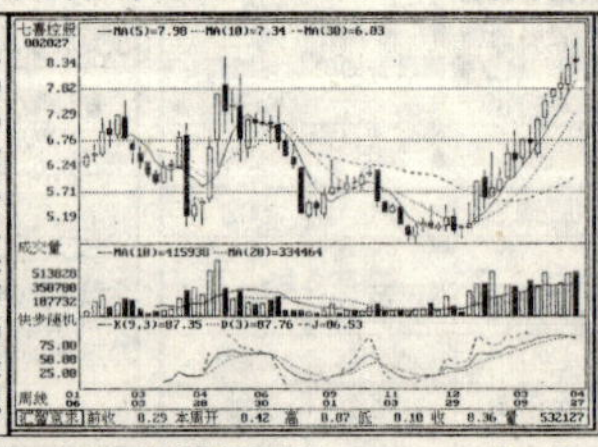

| | |
|---|---|
| 2006年涨跌幅(%) | 5.67 |
| 2006年最高(元) | 11.44 |
| 2007年涨跌幅(%) | 70.61 |
| 2007.4.27收盘(元) | 8.36 |
| 2007年最高(元) | 8.87 |
| 2007年最低(元) | 4.74 |
| 2007年换手率(%) | 460.41 |

未来一年限售流通股解禁情况：17891302.95股11月10日解禁

| 最新股本 | 总股本 | 非(限售)流通 | 流通A | 流通B/H/S | 股东户数 | 06年末 | 06三季 |
|---|---|---|---|---|---|---|---|
| | 30233.51 | 16984.61 | 13248.9 | | | 17611 | 17350 |

**年报点评**：公司主要业务为计算机的生产和销售。由于行业竞争趋于激烈，2006年尽管公司主营业务收入实现了大幅度的增长，但是利润却同比下降较大。在行业竞争状况难以得到缓解的情况下，预计公司的经营难以有大幅度的改善。

## 思源电气（002028）

上市日期：04/08/05　　电话：(021)64890467　　传真：(021)64420808

**主营**：输配电设备的制造和服务

| | 年　度 | 2006 | 2005 | 2004 |
|---|---|---|---|---|
| 主要指标 | 每股收益/扣除后(元) | 1.35/1.19 | 0.79 | 0.93/0.91 |
| | 每股经营现金流量(元) | 1.06 | 1.02 | 0.52 |
| | 每股净资产/调整后(元) | 4.31/4.28 | 4.15/4.14 | 7.04/7.02 |
| | 未分利润(万元) | 22988.79 | 13571.94 | 9676.01 |
| | 资本公积(万元) | 15632.6 | 15257.31 | 20088 |
| 利润构成 | 主营收入(万元) | 78737.85 | 55563.45 | 19962.52 |
| | 主营利润(万元) | 37628.45 | 24957.66 | 10988.81 |
| | 投资收益(万元) | －117.08 | 0.7 | 631.29 |
| | 利润总额(万元) | 19553.96 | 11815.02 | 6661.17 |
| | 净利润(万元) | 14328.4 | 8415.09 | 4922.67 |

近年分配：05年：10派2；04年：10派4转增10

**主要股东及持股比例%、持股性质**

董增平 19.58%（非流通股）
陈邦栋 14.68%（非流通股）
李霞 14.68%（非流通股）
杨小强 6.67%（部分流通部分不流通）
李锋 4.83%（流通A股）
交通银行－富国天益价值证券投资基金 3.86%（流通A股）
上海联创创业投资有限公司 2.8%（流通A股）
中国银行－华夏回报二号证券投资基金 1.71%（流通A股）
中国工商银行－汉鼎证券投资基金 1.25%（流通A股）
中国银行－华夏大盘精选证券投资基金 1.19%（流通A股）

实际控制人：董增平

二〇〇六年以来市场表现

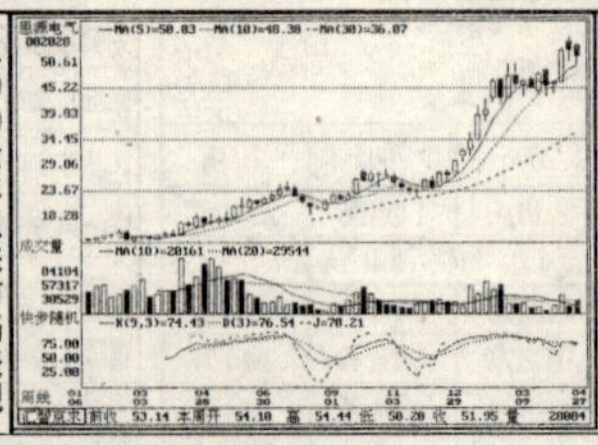

| | |
|---|---|
| 2006年涨跌幅(%) | 123.2 |
| 2006年最高(元) | 30.11 |
| 2007年涨跌幅(%) | 73.69 |
| 2007.4.27收盘(元) | 51.95 |
| 2007年最高(元) | 56 |
| 2007年最低(元) | 29.75 |
| 2007年换手率(%) | 108.34 |

未来一年限售流通股解禁情况：7073304股11月10日解禁

| 最新股本 | 总股本 | 非(限售)流通 | 流通A | 流通B/H/S | 股东户数 | 06年末 | 06三季 |
|---|---|---|---|---|---|---|---|
| | 10600 | 5364.89 | 5235.11 | | | 3012 | 2946 |

**年报点评**：公司主要从事电力自动化保护设备等电力二次设备经营，06年通过精益管理与技术升级，在新产品市场开发取得成功前提下，实现收入与利润快速增长。国家十一五规划明确提出要加大电网投资力度，在行业向好的情况下，发挥企业优势，公司也将持续发展。

## 七匹狼（002029）

上市日期:04/08/06　　电话:0595－5382777　　传真:0595－5381998

**主营：** 服装、服饰产品的设计、制造及销售。

| | 年　度 | 2006 | 2005 | 2004 |
|---|---|---|---|---|
| 主要指标 | 每股收益/扣除后(元) | 0.47/0.48 | 0.32/0.33 | 0.34/0.34 |
| | 每股经营现金流量(元) | 0.02 | 0.54 | 0.2 |
| | 每股净资产/调整后(元) | 3.28/3.01 | 2.91/2.84 | 3.53/3.51 |
| | 未分利润(万元) | 7341.24 | 5011.07 | 4037.86 |
| | 资本公积(万元) | 12635.76 | 12632.73 | 15296.23 |
| 利润构成 | 主营收入(万元) | 48382.21 | 31282.87 | 24563.38 |
| | 主营利润(万元) | 15313.22 | 10715.66 | 8812.66 |
| | 投资收益(万元) | －0.19 | －0.51 | |
| | 利润总额(万元) | 6990.04 | 5048.8 | 4406.78 |
| | 净利润(万元) | 5154.7 | 3554.76 | 2889.42 |

**近年分配：** 06 预案:10 派 1 转增 5；05 年:10 派 1；04 年:10 派 1.5 转增 3

**主要股东及持股比例%、持股性质**

- 福建七匹狼集团有限公司 46.32%（非流通股）
- 厦门来尔富贸易有限责任公司 12.35%（非流通股）
- 兴和证券投资基金 4.37%（流通 A 股）
- 中国银行－易方达积极成长证券投资基金 4.26%（流通 A 股）
- 中国农业银行－富国天瑞强势地区精选混合型开放式证券投资基金 3.39%（流通 A 股）
- 全国社保基金六零一组合 2.3%（流通 A 股）
- 中国建设银行－中小企业板交易型开放式指数基金 1.88%（流通 A 股）
- 晋江市建利塑料彩色印刷有限公司 1.85%（流通 A 股）
- 交通银行－科讯证券投资基金 1.41%（流通 A 股）
- 中国人寿保险股份有限公司－分红－个人分红－005L－FH002 深 1.37%（流通 A 股）

**实际控制人：** 周氏家族

二〇〇六年以来市场表现

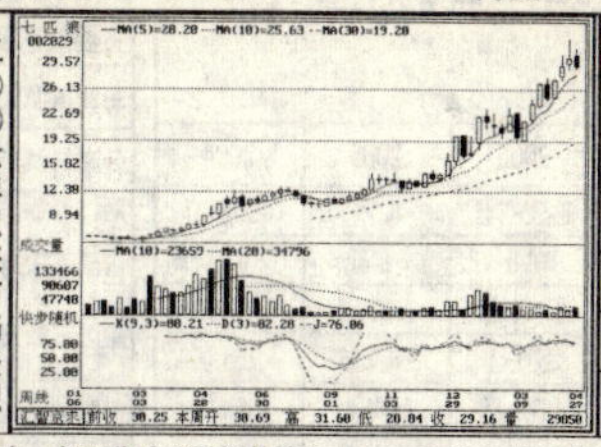

| | |
|---|---|
| 2006 年涨跌幅(%) | 226.23 |
| 2006 年最高(元) | 19.9 |
| 2007 年涨跌幅(%) | 47.27 |
| 2007.4.27 收盘(元) | 29.16 |
| 2007 年最高(元) | 33.01 |
| 2007 年最低(元) | 16.8 |
| 2007 年换手率(%) | 98.54 |

未来一年限售流通股解禁情况:11050000 股 08 月 09 日解禁

| 最新股本 | 总股本 | 非(限售)流通 | 流通 A | 流通 B/H/S | 股东户数 | 06 年末 | 06 三季 |
|---|---|---|---|---|---|---|---|
| | 11050 | 5379.09 | 5670.91 | | | 2914 | 3978 |

**年报点评：** 产品定位为男性休闲服装，产品综合市场占有率名列国内前茅，“七匹狼”牌休闲男装茄克市场综合占有率在同类产品中连续四年名列第一。公司目前以代理加盟为主要营销方式。目前拥有覆盖全国的 40 多个省级代理商和超过 1300 家的门店(柜)。

## 达安基因（002030）

上市日期:04/08/09　　电话:020—32290420　　传真:020—32290231

**主营：** 荧光 PCR 检测技术研究、开发和应用，包括生产和销售荧光 PCR 检测试剂盒和相关检测设备，并提供与临床基因诊断相关的技术咨询服务。

| | 年　度 | 2006 | 2005 | 2004 |
|---|---|---|---|---|
| 主要指标 | 每股收益/扣除后(元) | 0.22/0.16 | 0.31 | 0.3/0.2 |
| | 每股经营现金流量(元) | 0.24 | 0.33 | 0.19 |
| | 每股净资产/调整后(元) | 2.2/2.19 | 3.21/3.2 | 3.06/3.06 |
| | 未分利润(万元) | 4606.98 | 4171.4 | 3191.7 |
| | 资本公积(万元) | 8498.73 | 12594.96 | 12775.9 |
| 利润构成 | 主营收入(万元) | 17253.87 | 16247.19 | 15586.2 |
| | 主营利润(万元) | 9858 | 8761.29 | 8350.66 |
| | 投资收益(万元) | －69.34 | －23.81 | 2.66 |
| | 利润总额(万元) | 3639.43 | 3217.1 | 3004.79 |
| | 净利润(万元) | 2807.66 | 2629.72 | 2519.97 |

**近年分配：** 06 预案:10 派 1.2；05 年:10 派 2.5 转增 5；04 年:10 派 1.5

**主要股东及持股比例%、持股性质**

- 广州中大控股有限公司 20%（国有股）
- 广州生物工程中心 15%（国有股）
- 红塔创新投资股份有限公司 5.92%（部分流通部分不流通）
- 汪友明 5.79%（部分流通部分不流通）
- 深圳市东盛创业投资有限公司 4.18%（流通 A 股）
- 刘强 3.91%（流通 A 股）
- 深圳市同创伟业创业投资有限公司 3.49%（流通 A 股）
- 何蕴韶 2.42%（非流通股）
- 程钢 1.86%（非流通股）
- 周新宇 1.34%（非流通股）

**实际控制人：** 中山大学

二〇〇六年以来市场表现

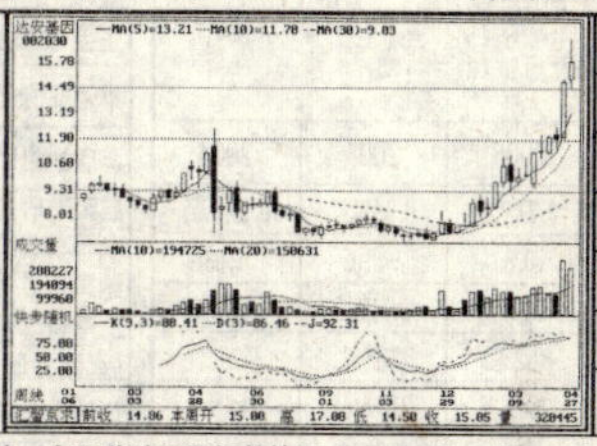

| | |
|---|---|
| 2006 年涨跌幅(%) | 25.37 |
| 2006 年最高(元) | 14.85 |
| 2007 年涨跌幅(%) | 119.23 |
| 2007.4.27 收盘(元) | 15.85 |
| 2007 年最高(元) | 17.08 |
| 2007 年最低(元) | 7.15 |
| 2007 年换手率(%) | 380.08 |

未来一年限售流通股解禁情况:2664750 股 11 月 18 日解禁

| 最新股本 | 总股本 | 非(限售)流通 | 流通 A | 流通 B/H/S | 股东户数 | 06 年末 | 06 三季 |
|---|---|---|---|---|---|---|---|
| | 12540 | 5436.75 | 7103.25 | | | 10474 | 10997 |

**年报点评：** 公司 06 年加大开拓二三线市场，营业费用率有所提高，诊断试剂增长短期呈现放慢迹象，目前，独立诊断实验室还难以贡献收益。新农合以及社区医疗的推进将扩大诊断试剂行业市场需求，07 年中山生物的收购将加强公司在免疫生化诊断试剂领域的市场份额。

## 巨轮股份（002031）

上市日期:04/08/16　　电话:0663－3271838　　传真:0663－3269266

**主营：** 制造和销售汽车子午线轮胎活络模具、轮胎二半模具及轮胎成型设备等。

| | 年　度 | 2006 | 2005 | 2004 |
|---|---|---|---|---|
| 主要指标 | 每股收益/扣除后(元) | 0.36/0.34 | 0.32 | 0.41/0.41 |
| | 每股经营现金流量(元) | 0.66 | 0.41 | 0.42 |
| | 每股净资产/调整后(元) | 2.95/2.95 | 2.74/2.74 | 3.31/3.31 |
| | 未分利润(万元) | 13838.56 | 10751.47 | 7922.51 |
| | 资本公积(万元) | 17952.58 | 17762.58 | 22160.58 |
| 利润构成 | 主营收入(万元) | 26257.18 | 25070.94 | 22203.92 |
| | 主营利润(万元) | 11634.08 | 10432.49 | 9670.97 |
| | 投资收益(万元) | | | |
| | 利润总额(万元) | 7591.4 | 6827.23 | 6685.57 |
| | 净利润(万元) | 6688.76 | 5816.43 | 5722.83 |

**近年分配：** 05 年:10 派 1.6；04 年:10 派 1.5 转增 3

**主要股东及持股比例%、持股性质**

- 揭阳市外轮模具研究开发有限公司 23.86%（非流通股）
- 郑明略 15.9%（非流通股）
- 洪惠平 15.9%（非流通股）
- 揭阳市飞越科技发展有限公司 7.95%（非流通股）
- 中国平安人寿保险股份有限公司－分红－银保分红 3.07%（流通 A 股）
- 中国建设银行－中小企业板交易型开放式指数基金 1.76%（流通 A 股）
- 全国社保基金一零七组合 1.39%（流通 A 股）
- 中国建设银行－华夏红利混合型开放式证券投资基金 1.24%（流通 A 股）
- 中国建设银行－华夏优势增长股票型证券投资基金 1.09%（流通 A 股）
- 中国工商银行－诺安价值增长股票证券投资基金 0.45%（流通 A 股）

**实际控制人：** 吴潮忠

二〇〇六年以来市场表现

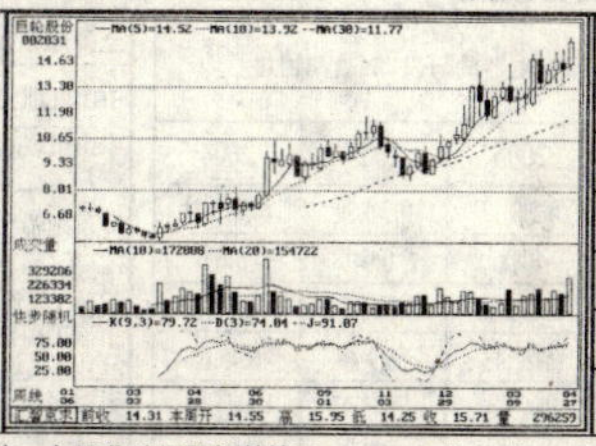

| | |
|---|---|
| 2006 年涨跌幅(%) | 48.19 |
| 2006 年最高(元) | 11.94 |
| 2007 年涨跌幅(%) | 49.48 |
| 2007.4.27 收盘(元) | 15.71 |
| 2007 年最高(元) | 15.95 |
| 2007 年最低(元) | 10.41 |
| 2007 年换手率(%) | 374.62 |

未来一年限售流通股解禁情况:36660000 股 10 月 26 日解禁

| 最新股本 | 总股本 | 非(限售)流通 | 流通 A | 流通 B/H/S | 股东户数 | 06 年末 | 06 三季 |
|---|---|---|---|---|---|---|---|
| | 18330 | 11661 | 6669 | | | 9524 | 7948 |

**年报点评：** 公司以制造和销售汽车子午线轮胎活络模具、轮胎二半模具及轮胎成型设备等为主要产品，06 年通过制度化建设与管理实现了稳定增长。新的一年里，公司将立足于迅速成长的子午轮胎模具及相关装备领域，以技术与自主研发为手段，实现企业的稳定发展。

## 苏泊尔（002032）

上市日期:04/08/17　　电话:0571－86858778　　传真:0571－86858678

**主营：** 设计、生产、销售各种压力锅、铝制品炊具及小家电等产品

| | 年　度 | 2006 | 2005 | 2004 |
|---|---|---|---|---|
| 主要指标 | 每股收益/扣除后(元) | 0.58/0.61 | 0.39 | 0.47/0.3 |
| | 每股经营现金流量(元) | 1.55 | 0.66 | 0.84 |
| | 每股净资产/调整后(元) | 4.39/4.38 | 4.01/4 | 4.93/4.92 |
| | 未分利润(万元) | 22895.49 | 17183.13 | 13591.42 |
| | 资本公积(万元) | 31808.75 | 31793.75 | 36153.58 |
| 利润构成 | 主营收入(万元) | 207893.38 | 146965.72 | 100510.04 |
| | 主营利润(万元) | 55666.22 | 36188.32 | 27660.39 |
| | 投资收益(万元) | －37.16 | －272.79 | 530.2 |
| | 利润总额(万元) | 14881.11 | 9515.09 | 7764.51 |
| | 净利润(万元) | 10221.04 | 6922.73 | 6314.88 |

**近年分配：** 06 年:10 派 2；05 年:10 派 2；04 年:10 派 2 转增 3

**主要股东及持股比例%、持股性质**

- 苏泊尔集团有限公司 40.14%（非流通股）
- 苏增福 16.97%（非流通股）
- 南方高增长股票型开放式证券投资基金 3.4%（流通 A 股）
- 景顺长城新兴成长股票型证券投资基金 2.14%（流通 A 股）
- 中小企业板交易型开放式指数基金 2.01%（流通 A 股）
- 工银瑞信精选平衡混合型证券投资基金 1.94%（流通 A 股）
- 苏显泽 1.7%（非流通股）
- 黄墩清 1.57%（非流通股）
- 东方红 2 号集合资产管理计划 1.48%（流通 A 股）
- 工银瑞信稳健成长股票型证券投资基金 1.38%（流通 A 股）

**实际控制人：** 苏增福

二〇〇六年以来市场表现

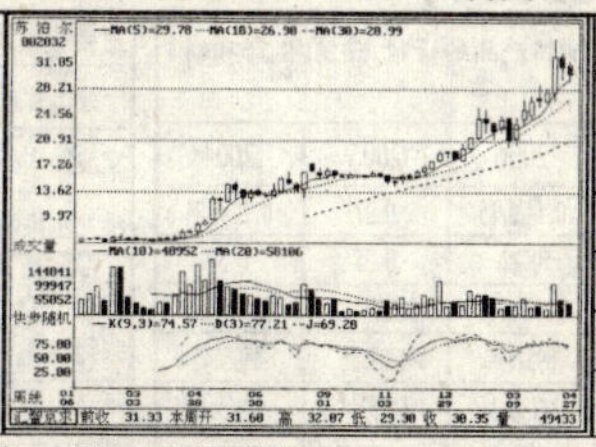

| | |
|---|---|
| 2006 年涨跌幅(%) | 206.12 |
| 2006 年最高(元) | 19.78 |
| 2007 年涨跌幅(%) | 58.29 |
| 2007.4.27 收盘(元) | 30.35 |
| 2007 年最高(元) | 35.5 |
| 2007 年最低(元) | 18 |
| 2007 年换手率(%) | 120.73 |

未来一年限售流通股解禁情况:

| 最新股本 | 总股本 | 非(限售)流通 | 流通 A | 流通 B/H/S | 股东户数 | 06 年末 | 06 三季 |
|---|---|---|---|---|---|---|---|
| | 17602 | 10352.66 | 7249.34 | | | 3485 | 4093 |

**年报点评：** 公司于 2007 年 4 月收到商务部的批复:原则同意苏泊尔集团、苏增福、苏显泽以每股 18 元人民币价格分别向法国 SEB 协议转让 9.71%、4.24%、0.43%股权，共计 2532 万股;原则同意苏泊尔以每股 18 元人民币的价格向法国 SEB 定向增发 4000 万股 A 股;原则同意法国 SEB 以部分要约方式收购苏泊尔不少于 4861 万股，不多于 6645 万股。

## 丽江旅游（002033）

上市日期:04/08/25　　电话:0888－5105981　　传真:0888－5105981

| | | | | |
|---|---|---|---|---|
| 主营 | 旅游索道的经营、管理。 | | | |
| | 年　度 | 2006 | 2005 | 2004 |
| 主要指标 | 每股收益/扣除后(元) | 0.433/0.45 | 0.386 | 0.37/0.37 |
| | 每股经营现金流量(元) | 0.8 | 0.6 | 0.83 |
| | 每股净资产/调整后(元) | 3.14/3.13 | 2.9/2.88 | 2.85/2.82 |
| | 未分利润(万元) | 3533.11 | 3029.96 | 3085.06 |
| | 资本公积(万元) | 13506.85 | 13506.85 | 13506.85 |
| 利润构成 | 主营收入(万元) | 12171.27 | 10465.57 | 10162.93 |
| | 主营利润(万元) | 9534.34 | 8272.37 | 8139.36 |
| | 投资收益(万元) | －320.77 | －221.11 | －221.11 |
| | 利润总额(万元) | 7274.48 | 6215.08 | 6144.93 |
| | 净利润(万元) | 4303.83 | 3830.72 | 3661.64 |
| 近年分配: | 06年:10派3.5；05中期:10派1.3年终:10派2；04年:10派2 | | | |

| 主要股东及持股比例%、持股性质 |
|---|
| 丽江玉龙雪山旅游开发有限责任公司 26.41%（国有股） |
| 云南机械进出口股份有限公司 21.27%（非流通股） |
| 丽江摩西风情园有限责任公司 6.6%（部分流通部分不流通） |
| 昆明龙丰投资管理有限公司 5.51%（部分流通部分不流通） |
| 中国工商银行—广发聚富开放式证券投资基金 2.26%（流通A股） |
| 云南协力投资发展有限公司 1.98%（非流通股） |
| 中国建设银行—中小企业板交易型开放式指数基金 1.49%（流通A股） |
| 云南丽江白鹿国际旅行社有限公司 0.66%（部分流通部分不流通） |
| 国际金融—工行—CREDIT SUISSE(HONG KONG) LIMITED 0.57%（流通A股） |
| 王新民 0.55%（流通A股） |
| 实际控制人: 丽江玉龙雪山省级旅游开发区管委会 |

二〇〇六年以来市场表现

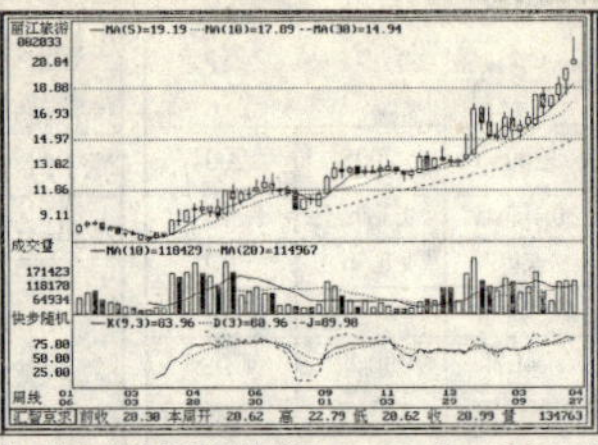


| | |
|---|---|
| 2006年涨跌幅(%) | 70.96 |
| 2006年最高(元) | 14.55 |
| 2007年涨跌幅(%) | 61.42 |
| 2007.4.27收盘(元) | 20.99 |
| 2007年最高(元) | 23.14 |
| 2007年最低(元) | 12.92 |
| 2007年换手率(%) | 432.07 |

未来一年限售流通股解禁情况:5660967股11月03日解禁

| 最新股本 | 总股本 | 非(限售)流通 | 流通A | 流通B/H/S | 股东户数 | 06年末 | 06三季 |
|---|---|---|---|---|---|---|---|
| | 9932.3 | 5500.5 | 4431.8 | | | 9001 | 7786 |

年报点评：公司在玉龙雪山景区索道业务中具有绝对垄断优势，该景区目前共建有玉龙雪山索道,云杉坪索道和牦牛坪索道三条索道,索道均由公司及下属子公司经营。丽江古城世界遗产论坛中心已于2006年底全面动工,预计2008年5月开始试营运,将改变丽江旅游业务单一局面。

## 美欣达（002034）

上市日期:04/08/26　　电话:0572－2619935　　传真:0572－2619937

| | | | | |
|---|---|---|---|---|
| 主营 | 全棉灯芯绒、纱卡的印染及后整理 | | | |
| | 年　度 | 2006 | 2005 | 2004 |
| 主要指标 | 每股收益/扣除后(元) | 0.27/0.2 | 0.38/0.37 | 0.57/0.55 |
| | 每股经营现金流量(元) | 0.8 | －0.05 | 1.68 |
| | 每股净资产/调整后(元) | 5.39/5.39 | 5.31/5.3 | 6.15/6.08 |
| | 未分利润(万元) | 8012.82 | 7723.2 | 6825.39 |
| | 资本公积(万元) | 22982.78 | 22866.65 | 24409.3 |
| 利润构成 | 主营收入(万元) | 108223.49 | 89907.59 | 89069.94 |
| | 主营利润(万元) | 10582.83 | 10664.46 | 10754.61 |
| | 投资收益(万元) | 60.47 | －140.75 | －120.49 |
| | 利润总额(万元) | 2997.39 | 4178.32 | 4525.68 |
| | 净利润(万元) | 2170.15 | 3062.78 | 3824.09 |
| 近年分配: | 06预案:10派2；05年:10派2；04年:10派2转增2 | | | |

| 主要股东及持股比例%、持股性质 |
|---|
| 单建明 35.42%（部分流通部分不流通） |
| 美欣达集团有限公司 6.64%（部分流通部分不流通） |
| 航天通信控股集团股份有限公司 5.65%（部分流通部分不流通） |
| 鲍凤娇 5.47%（部分流通部分不流通） |
| 中国建设银行－中小企业板交易型开放式指数基金 2.1%（流通A股） |
| 许瑞珠 1.49%（流通A股） |
| 潘玉根 0.63%（流通A股） |
| 沈建军 0.57%（流通A股） |
| 俞习文 0.27%（流通A股） |
| 江苏卓众投资管理有限责任公司 0.23%（流通A股） |
| 实际控制人: 单建明 |

二〇〇六年以来市场表现

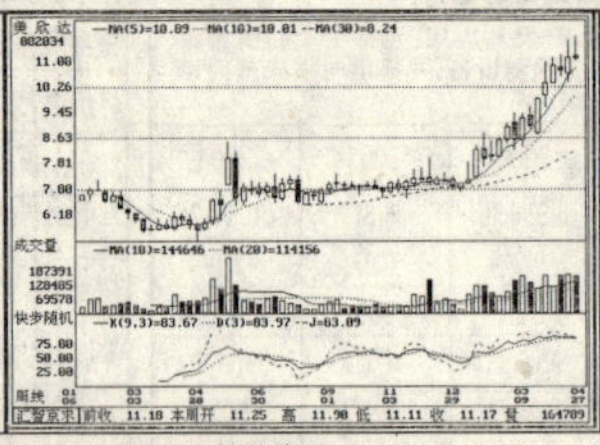


| | |
|---|---|
| 2006年涨跌幅(%) | 9.7 |
| 2006年最高(元) | 8.5 |
| 2007年涨跌幅(%) | 58.67 |
| 2007.4.27收盘(元) | 11.17 |
| 2007年最高(元) | 11.9 |
| 2007年最低(元) | 6.9 |
| 2007年换手率(%) | 387.3 |

未来一年限售流通股解禁情况:5768220股10月27日解禁

| 最新股本 | 总股本 | 非(限售)流通 | 流通A | 流通B/H/S | 股东户数 | 06年末 | 06三季 |
|---|---|---|---|---|---|---|---|
| | 8112 | 3015.1 | 5096.9 | | | 9152 | 9865 |

年报点评：公司主营纺织品印染、销售和印染产品,是我国印染行业十佳企业、国家火炬计划重点高新技术企业,公司现已成为我国主要的全棉灯芯绒染整基地,40%以上产品直接出口欧美。在我国全棉灯芯绒企业中,销售收入和出口创汇均排名第一。

## 华帝股份（002035）

上市日期:04/09/01　　电话:(0760)2139888　　传真:(0760)2264283

| | | | | |
|---|---|---|---|---|
| 主营 | 灶具、热水器、抽烟机等厨卫电器的研发、制造和销售 | | | |
| | 年　度 | 2006 | 2005 | 2004 |
| 主要指标 | 每股收益/扣除后(元) | 0.2/0.19 | 0.3/0.29 | 0.36/0.34 |
| | 每股经营现金流量(元) | 0.78 | 0.54 | 0.69 |
| | 每股净资产/调整后(元) | 2.43/2.16 | 2.88/2.73 | 4.07/3.85 |
| | 未分利润(万元) | 5722.43 | 5619.46 | 6045.03 |
| | 资本公积(万元) | 10925.77 | 13142.97 | 16511.01 |
| 利润构成 | 主营收入(万元) | 118965.68 | 97760.69 | 76741.05 |
| | 主营利润(万元) | 33637.18 | 26421.23 | 20952.33 |
| | 投资收益(万元) | | 85.68 | 54.1 |
| | 利润总额(万元) | 4011.63 | 4163.4 | 3618.43 |
| | 净利润(万元) | 2695.84 | 3283.67 | 2811.62 |
| 近年分配: | 06方案:10派0.5送1转增2；05年:10派2转增2；04年:10派4转增4 | | | |

| 主要股东及持股比例%、持股性质 |
|---|
| 中山九洲实业有限公司 28.86%（非流通股） |
| 中山市联动投资有限公司 15.59%（部分流通部分不流通） |
| 广东华帝经贸发展有限公司 10.39%（非流通股） |
| 中国农业银行－交银施罗德成长股票证券投资基金 5.22%（流通A股） |
| 中国工商银行－建信优选成长股票型证券投资基金 3.51%（流通A股） |
| 中国建设银行－中小企业板交易型开放式指数基金 1.88%（流通A股） |
| 谢永培 1.67%（流通A股） |
| 陈富华 1.15%（流通A股） |
| 中国建设银行－交银施罗德稳健配置混合型证券投资基金 1.11%（流通A股） |
| 长江证券有限责任公司 0.66%（流通A股） |
| 实际控制人: 黄文枝、黄启均、邓新华、关锡源、潘权枝、杨建辉、李家康 |

二〇〇六年以来市场表现

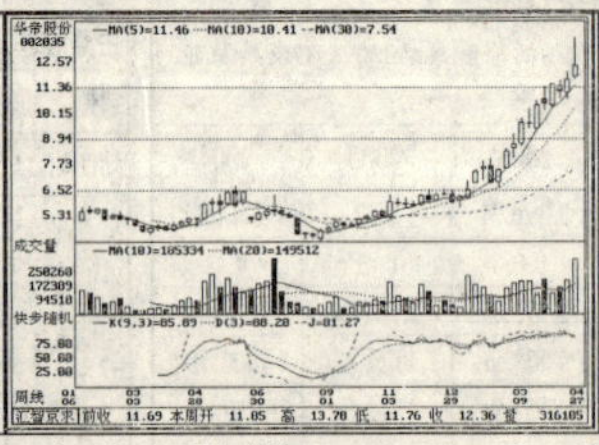


| | |
|---|---|
| 2006年涨跌幅(%) | 44.2 |
| 2006年最高(元) | 8.08 |
| 2007年涨跌幅(%) | 107.73 |
| 2007.4.27收盘(元) | 12.36 |
| 2007年最高(元) | 13.78 |
| 2007年最低(元) | 5.69 |
| 2007年换手率(%) | 402.1 |

未来一年限售流通股解禁情况:6606600股10月31日解禁

| 最新股本 | 总股本 | 非(限售)流通 | 流通A | 流通B/H/S | 股东户数 | 06年末 | 06三季 |
|---|---|---|---|---|---|---|---|
| | 13213.2 | 6585.18 | 6628.02 | | | 7185 | 12540 |

年报点评：公司主营业务为厨房电器包括灶具和热水器的生产和销售。受原材料成本大幅度上升的影响,2006年公司的主营业务较同期下降较大。在原材料价格仍然维持高位运行的情况下,预计公司业务改善的空间较小。

## 宜科科技（002036）

上市日期:04/09/03　　电话:0574－88251123　　传真:0574－88253567

| | | | | |
|---|---|---|---|---|
| 主营 | 黑炭衬和粘合衬等服装辅料产品的研制、开发、生产和销售。 | | | |
| | 年　度 | 2006 | 2005 | 2004 |
| 主要指标 | 每股收益/扣除后(元) | 0.54/0.15 | 0.27 | 0.24/0.24 |
| | 每股经营现金流量(元) | 0.12 | 0.25 | 0.39 |
| | 每股净资产/调整后(元) | 3.12/3.11 | 3.65/3.62 | 3.56/3.54 |
| | 未分利润(万元) | 8951.99 | 4793.35 | 4505.45 |
| | 资本公积(万元) | 11736.34 | 14752.4 | 14945.89 |
| 利润构成 | 主营收入(万元) | 24707.02 | 21559.79 | 17667.18 |
| | 主营利润(万元) | 5572.27 | 5424.34 | 4292.95 |
| | 投资收益(万元) | 6346.9 | 3.72 | 3.72 |
| | 利润总额(万元) | 8838.27 | 3262.05 | 2435.98 |
| | 净利润(万元) | 6114.28 | 2261.47 | 2001.64 |
| 近年分配: | 06年:10派2转增2；05年:10派1.5转增3.5；04年:10派1.5 | | | |

| 主要股东及持股比例%、持股性质 |
|---|
| 宁波市鄞州新华投资有限公司 17%（非流通股） |
| 宁波振华科技投资有限公司 16.64%（非流通股） |
| 雅戈尔集团股份有限公司 10.27%（非流通股） |
| 交通银行－安顺证券投资基金 3.45%（流通A股） |
| 张国君 3.01%（非流通股） |
| 宁波市鄞州英华服饰有限公司 2.57%（非流通股） |
| 中国建设银行－中小企业板交易型开放式指数基金 2.19%（流通A股） |
| 宁波中天投资有限公司 2.05%（流通A股） |
| 国际金融－花旗－MARTIN CURRIE INVESTMENT MANAGEMENT LIMITED 1.89%（流通A股） |
| 中国工商银行股份有限公司－中银国际持续增长股票型证券投资基金 1.63%（流通A股） |
| 实际控制人: 李如成 |

二〇〇六年以来市场表现

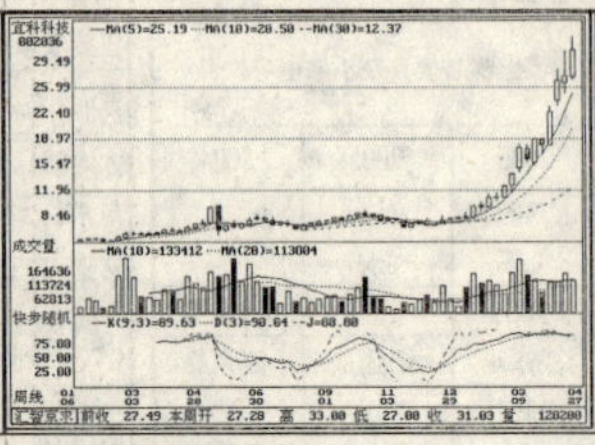


| | |
|---|---|
| 2006年涨跌幅(%) | 115.34 |
| 2006年最高(元) | 12.34 |
| 2007年涨跌幅(%) | 370.3 |
| 2007.4.27收盘(元) | 31.03 |
| 2007年最高(元) | 39.8 |
| 2007年最低(元) | 7.76 |
| 2007年换手率(%) | 355.34 |

未来一年限售流通股解禁情况:

| 最新股本 | 总股本 | 非(限售)流通 | 流通A | 流通B/H/S | 股东户数 | 06年末 | 06三季 |
|---|---|---|---|---|---|---|---|
| | 11236.05 | 5768.55 | 5467.5 | | | 7996 | 6702 |

年报点评：公司是服装衬布行业惟一家上市公司,是细分行业龙头,其主导产品黑炭衬、粘合衬和军工衬的市场占有率分别为40%、30%和25%。公司与全球著名的纤维企业日本旭化成公司合作,高起点介入里布行业,有望形成新的盈利增长点。

## 久联发展（002037）

上市日期:04/09/08　　电话:0851－6756941　　传真:0851－6756941

| 主营 | 各类炸药及管索的生产、销售;建筑安装工程施工;拆除爆破工程作业;土石方工程施工;公路工程施工等。 | | |
|---|---|---|---|
| 年　度 | 2006 | 2005 | 2004 |
| 主要指标：每股收益/扣除后(元) | 0.35/0.35 | 0.29 | 0.28/0.25 |
| 每股经营现金流量(元) | 0.45 | 0.51 | 0.54 |
| 每股净资产/调整后(元) | 3.85/3.82 | 3.7/3.67 | 3.79/3.78 |
| 未分利润(万元) | 2994.26 | 2221.85 | 4029.23 |
| 资本公积(万元) | 24019.07 | 24007.34 | 24248.81 |
| 利润构成：主营收入(万元) | 60576.8 | 47846.9 | 39826.89 |
| 主营利润(万元) | 19071.5 | 16319.62 | 11387.24 |
| 投资收益(万元) | －51.57 | －37.82 | －55.11 |
| 利润总额(万元) | 7744.15 | 6450.3 | 4832.54 |
| 净利润(万元) | 3898.41 | 3151.14 | 3067.87 |
| 近年分配: | 06 预案:10 派 2.5 ; 05 年:10 派 2.1 ; 04 年:10 派 3.5 | | |

| 主要股东及持股比例%、持股性质 |
|---|
| 贵州久联企业集团有限责任公司 40.77%（国有股） |
| 思南五峰化工有限责任公司 5.26%（部分流通部分不流通） |
| 裕阳证券投资基金 2.3%（流通 A 股） |
| 中国建设银行－中小企业板交易型开放式指数基金 2.25%（流通 A 股） |
| 南京理工大学 2.08%（流通 A 股） |
| 中国工商银行股份有限公司－中银国际持续增长股票型证券投资基金 1.99%（流通 A 股） |
| 中国平安人寿保险股份有限公司－传统普通保险产品 1.53%（流通 A 股） |
| 汉唐证券有限责任公司 1.48%（流通 A 股） |
| 全国社保基金一零三组合 1.27%（流通 A 股） |
| 交通银行－裕华证券投资基金 1.1%（流通 A 股） |
| 实际控制人：贵州久联企业集团有限责任公司 |

二〇〇六年以来市场表现

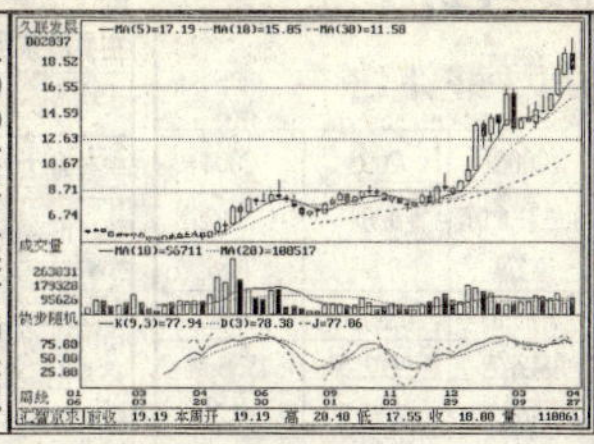

| | |
|---|---|
| 2006 年涨跌幅(%) | 60.18 |
| 2006 年最高(元) | 10.15 |
| 2007 年涨跌幅(%) | 111.27 |
| 2007.4.27 收盘(元) | 18 |
| 2007 年最高(元) | 20.48 |
| 2007 年最低(元) | 8.47 |
| 2007 年换手率(%) | 269.92 |

未来一年限售流通股解禁情况:5786378 股 10 月 28 日解禁

| 最新股本 | 总股本 | 非(限售)流通 | 流通 A | 流通 B/H/S | 股东户数 06 年末 | 股东户数 06 三季 |
|---|---|---|---|---|---|---|
| | 11000 | 4513.28 | 6486.72 | | 8650 | 8371 |

**年报点评**：国内规模最大、产品品种最全的民爆企业之一,已初步建成较为完整的由原料供应、生产制造、销售、物流、爆破工程与服务组成的民爆产业链。在全国 400 多家同类企业中,公司产品产量、销售收入、利润等五项主要经济指标连续四年名列第一。

## 双鹭药业（002038）

上市日期:04/09/09　　电话:010－88799370　　传真:010－88795883

| 主营 | 基因工程药物及生化、化学药物的研究开发、生产经营。 | | |
|---|---|---|---|
| 年　度 | 2006 | 2005 | 2004 |
| 主要指标：每股收益/扣除后(元) | 0.61/0.566 | 0.41 | 0.46/0.464 |
| 每股经营现金流量(元) | 0.7 | 0.57 | 0.45 |
| 每股净资产/调整后(元) | 5.14/5.14 | 4.61/4.61 | 5.24/5.24 |
| 未分利润(万元) | 12944.19 | 9239.91 | 7745.18 |
| 资本公积(万元) | 18591.43 | 18426.65 | 19756.91 |
| 利润构成：主营收入(万元) | 14393.64 | 11855.77 | 9305.15 |
| 主营利润(万元) | 8953.72 | 7175.21 | 5987.61 |
| 投资收益(万元) | 346.94 | 35.93 | 42.99 |
| 利润总额(万元) | 5818.82 | 3841.42 | 3528.16 |
| 净利润(万元) | 5032.1 | 3382.14 | 3200.22 |
| 近年分配: | 06 年:10 派 1.6 转增 5 ; 05 年:10 派 1 ; 04 年:10 派 2 转增 2 | | |

| 主要股东及持股比例%、持股性质 |
|---|
| 新乡白鹭化纤集团有限责任公司 28.64%（部分流通部分不流通） |
| 徐明波 22.28%（非流通股） |
| 信远产业控股集团有限公司 5.3%（部分流通部分不流通） |
| 中国农业银行－长城安心回报混合型证券投资基金 2.76%（流通 A 股） |
| 全国社保基金一零九组合 2.23%（流通 A 股） |
| 中国建设银行－中小企业板交易型开放式指数基金 1.71%（流通 A 股） |
| 成都丰阳科技贸易有限公司 1.53%（部分流通部分不流通） |
| 汪滨 1.5%（流通 A 股） |
| 中国工商银行－科翔证券投资基金 1.46%（流通 A 股） |
| 中国建设银行－长城久恒平衡型证券投资基金 1%（流通 A 股） |
| 实际控制人：新乡白鹭化纤集团有限责任公司 |

二〇〇六年以来市场表现

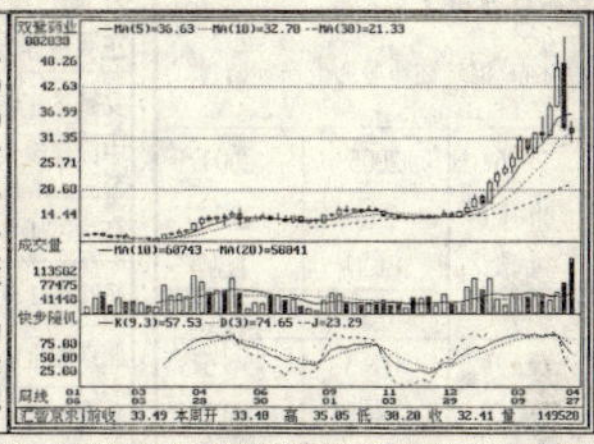

| | |
|---|---|
| 2006 年涨跌幅(%) | 42.97 |
| 2006 年最高(元) | 16.49 |
| 2007 年涨跌幅(%) | 247.4 |
| 2007.4.27 收盘(元) | 32.41 |
| 2007 年最高(元) | 53.9 |
| 2007 年最低(元) | 13.77 |
| 2007 年换手率(%) | 230.48 |

未来一年限售流通股解禁情况:7905600 股 11 月 09 日解禁

| 最新股本 | 总股本 | 非(限售)流通 | 流通 A | 流通 B/H/S | 股东户数 06 年末 | 股东户数 06 三季 |
|---|---|---|---|---|---|---|
| | 8280 | 4207.23 | 4072.77 | | 5265 | 5175 |

**年报点评**：2006 年初公司顺利设计实施完成股票期权激励计划,完善了公司的激励机制。公司注射用重组人甲状旁腺激素等五个品种获临床试验批件;注射用门冬酰胺酶等 17 个品种获生产批件;人甲状旁腺激素基因突变合成、表达、制备及应用等 4 项获发明专利证书。

## 黔源电力（002039）

上市日期:05/03/03　　电话:0851－5592199　　传真:0851－5592193

| 主营 | 水力、火力发电站的开发建设与经营管理 | | |
|---|---|---|---|
| 年　度 | 2006 | 2005 | 2004 |
| 主要指标：每股收益/扣除后(元) | －0.28/－0.284 | 0.34 | 0.56/0.582 |
| 每股经营现金流量(元) | 1.05 | 1.26 | 1.49 |
| 每股净资产/调整后(元) | 3.6/3.59 | 4.11/4.1 | 2.94/2.93 |
| 未分利润(万元) | 7106.13 | 14295.19 | 12307.08 |
| 资本公积(万元) | 23288.82 | 23288.82 | 144.15 |
| 利润构成：主营收入(万元) | 31085.9 | 35372.9 | 34744.01 |
| 主营利润(万元) | 8092.45 | 13045.23 | 15072.37 |
| 投资收益(万元) | 1080 | 1648.18 | 648 |
| 利润总额(万元) | －4678.9 | 5262.51 | 5576.17 |
| 净利润(万元) | －3963.18 | 4712.96 | 5084.87 |
| 近年分配: | 06 预案:10 派 1.11 ; 05 年:10 派 2.3 ; 04 年:10 派 1.25 | | |

| 主要股东及持股比例%、持股性质 |
|---|
| 中国华电集团公司 13.3%（国有股） |
| 国投电力公司 12.9%（国有股） |
| 贵州乌江水电开发有限责任公司 12.01%（流通 A 股） |
| 贵州省开发投资公司 5.37%（国有股） |
| 中国建设银行－中小企业板交易型开放式指数基金 3.7%（流通 A 股） |
| 中国工商银行－天元证券投资基金 3.28%（流通 A 股） |
| 中国建设银行－华夏红利混合型开放式证券投资基金 2.07%（流通 A 股） |
| 中国工商银行－易方达价值精选股票型证券投资基金 1.43%（流通 A 股） |
| 贵州新能实业发展公司 1.34%（国有股） |
| 全国社保基金一零七组合 1.07%（流通 A 股） |
| 实际控制人：中国华电集团公司 |

二〇〇六年以来市场表现

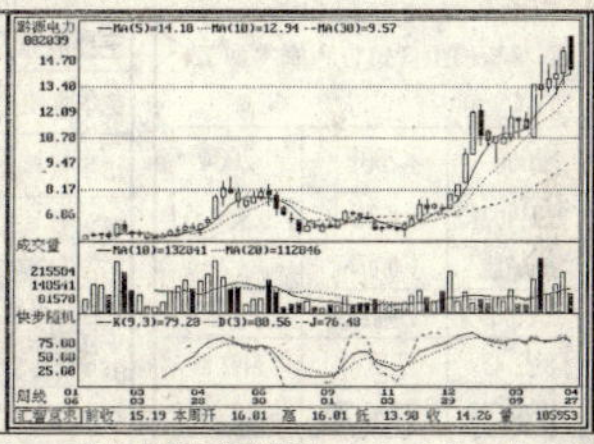

| | |
|---|---|
| 2006 年涨跌幅(%) | 43.54 |
| 2006 年最高(元) | 8.79 |
| 2007 年涨跌幅(%) | 80.96 |
| 2007.4.27 收盘(元) | 14.26 |
| 2007 年最高(元) | 16.01 |
| 2007 年最低(元) | 7.51 |
| 2007 年换手率(%) | 181.31 |

未来一年限售流通股解禁情况:14551262 股 11 月 30 日解禁

| 最新股本 | 总股本 | 非(限售)流通 | 流通 A | 流通 B/H/S | 股东户数 06 年末 | 股东户数 06 三季 |
|---|---|---|---|---|---|---|
| | 14025.6 | 4204 | 9821.6 | | 12962 | 15361 |

**年报点评**：2006 年由于水量减少,加之煤价上涨增支等因素,影响了公司净利润下降 184%。预计 2007 年来水情况比常年略少,形势仍旧比较严峻。光照水电站项目得到批准,该项目计划 2007 年 10 月首台机组投产,设计年发电量 27.54 亿千瓦时。将使公司增加一个新利润增长点。

## 南京港（002040）

上市日期:05/03/25　　电话:025—58815738　　传真:025—58812758

| 主营 | 原油、成品油、液体化工产品的装卸、储存服务 | | |
|---|---|---|---|
| 年　度 | 2006 | 2005 | 2004 |
| 主要指标：每股收益/扣除后(元) | 0.13/0.126 | 0.39/0.394 | 0.52/0.517 |
| 每股经营现金流量(元) | 0.21 | 0.46 | 0.76 |
| 每股净资产/调整后(元) | 2.11/2.11 | 3.17/3.17 | 1.9 |
| 未分利润(万元) | 5297.75 | 4039.08 | 5064.04 |
| 资本公积(万元) | 18274.68 | 25904.35 | 2879.15 |
| 利润构成：主营收入(万元) | 16237.1 | 20536.5 | 19524.43 |
| 主营利润(万元) | 8524.08 | 13400.04 | 12756 |
| 投资收益(万元) | | | |
| 利润总额(万元) | 4710.06 | 9106.85 | 8932.25 |
| 净利润(万元) | 3105.97 | 6025.69 | 5957.7 |
| 近年分配: | 06 预案:10 派 0.6 ; 05 中期:10 派 4 年终:10 派 1 转增 6 | | |

| 主要股东及持股比例%、持股性质 |
|---|
| 南京港务管理局 63.38%（部分流通部分不流通） |
| 中国建设银行－中小企业板交易型开放式指数基金 1.57%（流通 A 股） |
| 南京长江油运公司 1.01%（流通 A 股） |
| 中国外运江苏公司 1.01%（流通 A 股） |
| 中国石化集团九江石油化工总厂 0.67%（流通 A 股） |
| 中国石化集团武汉石油化工厂 0.39%（流通 A 股） |
| 魏新民 0.23%（流通 A 股） |
| 廖幼妹 0.2%（流通 A 股） |
| 王伟杨 0.18%（流通 A 股） |
| 宗荣 0.15%（流通 A 股） |
| 实际控制人：南京港务管理局 |

二〇〇六年以来市场表现

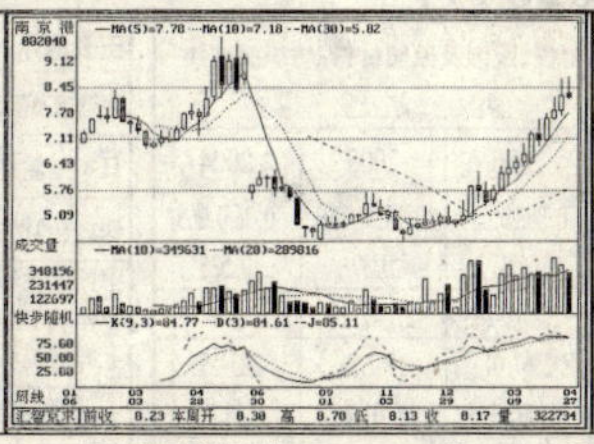

| | |
|---|---|
| 2006 年涨跌幅(%) | 13.11 |
| 2006 年最高(元) | 10.15 |
| 2007 年涨跌幅(%) | 66.74 |
| 2007.4.27 收盘(元) | 8.17 |
| 2007 年最高(元) | 8.7 |
| 2007 年最低(元) | 4.78 |
| 2007 年换手率(%) | 492.06 |

未来一年限售流通股解禁情况:12293600 股 11 月 09 日解禁

| 最新股本 | 总股本 | 非(限售)流通 | 流通 A | 流通 B/H/S | 股东户数 06 年末 | 股东户数 06 三季 |
|---|---|---|---|---|---|---|
| | 24587.2 | 14355.12 | 10232.08 | | 22248 | 21016 |

**年报点评**：南京港装卸作业种类为原油、成品油及液体化工产品。由于仪征　长岭原油输油管道于 2006 年 5 月贯通,南京港原油装卸比 2005 年大幅降低 49.65%。导致公司主营收入和净利润都出现了大幅度下降。除非新的资产如集装箱泊位注入,否则增长难以乐观。

## 登海种业（002041）

上市日期:05/04/18　　电话:(0535)2788875　　传真:(0535)2788875

| | | | | |
|---|---|---|---|---|
| 主营 | 玉米杂交种、大白菜杂交种种子选育、生产、经营。 | | | |
| | 年　度 | 2006 | 2005 | 2004 |
| 主要指标 | 每股收益/扣除后(元) | 0.035/-0.007 | 0.978 | 1.29/1.272 |
| | 每股经营现金流量(元) | 0.329 | 0.637 | 0.86 |
| | 每股净资产/调整后(元) | 3.7/3.67 | 7.55/7.48 | 4.01 |
| | 未分利润(万元) | 18456.72 | 19802.28 | 15795.84 |
| | 资本公积(万元) | 24051.7 | 32961.7 | 49.31 |
| 利润构成 | 主营收入(万元) | 28332.7 | 41351.42 | 29727.04 |
| | 主营利润(万元) | 10398.96 | 19033.09 | 15431.79 |
| | 投资收益(万元) | | | |
| | 利润总额(万元) | 2183.15 | 8779.03 | 8192.68 |
| | 净利润(万元) | 608 | 8605.84 | 8538.62 |
| 近年分配: | 05 年:10 派 2 转增 10 | | | |

| 主要股东及持股比例%、持股性质 |
|---|
| 莱州市农业科学院 52.93%（部分流通部分不流通） |
| 李登海 7.28%（部分流通部分不流通） |
| 莱州市高新投资有限责任公司 3.75%（流通 A 股） |
| 毛丽华 2.05%（流通 A 股） |
| 中国建设银行－中小企业板交易型开放式指数基金 1.43%（流通 A 股） |
| 赵丙贤 1.37%（流通 A 股） |
| 中国农业银行－长城安心回报混合型证券投资基金 0.87%（流通 A 股） |
| 红塔创新投资股份有限公司 0.62%（流通 A 股） |
| 中国银行－易方达深证 100 交易型开放式指数证券投资基金 0.29%（流通 A 股） |
| 杨维敏 0.17%（流通 A 股） |
| 实际控制人：李登海 |

二〇〇六年以来市场表现

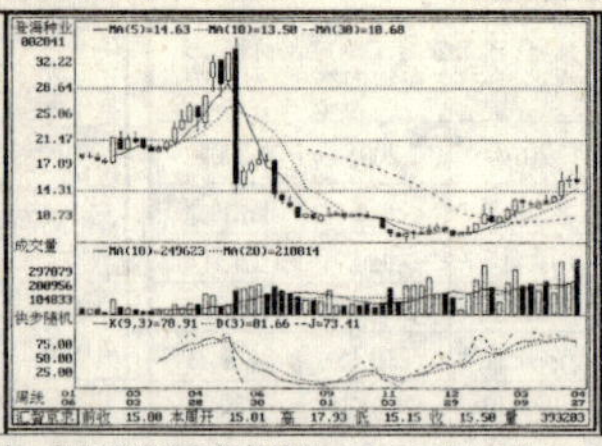

| | |
|---|---|
| 2006 年涨跌幅(%) | -17.43 |
| 2006 年最高(元) | 41.2 |
| 2007 年涨跌幅(%) | 95.46 |
| 2007.4.27 收盘(元) | 15.5 |
| 2007 年最高(元) | 17.93 |
| 2007 年最低(元) | 7.94 |
| 2007 年换手率(%) | 487.21 |

未来一年限售流通股解禁情况:12812800 股 11 月 28 日解禁

| 最新股本 | 总股本 | 非(限售)流通 | 流通 A | 流通 B/H/S | 股东户数 | 06 年末 | 06 三季 |
|---|---|---|---|---|---|---|---|
| | 17600 | 10339.61 | 7260.39 | | | 15997 | 16827 |

年报点评：公司是玉米种子行业中的龙头企业。公司正在培育的新品种无论从外观和亩产量都明显优于其他品种,短时间内公司核心竞争力以及研发优势将无人超越。随着国内玉米等粮食作物的种植面积回升,公司业绩将稳步增长。

## 飞亚股份（002042）

上市日期:05/04/27　　电话:0561－3011923　　传真:0561－3011261

| | | | | |
|---|---|---|---|---|
| 主营 | 纯棉纱线、混纺纱线、纯棉坯布、混纺坯布等的生产和销售。 | | | |
| | 年　度 | 2006 | 2005 | 2004 |
| 主要指标 | 每股收益/扣除后(元) | 0.01/-0.09 | 0.06 | 0.29/0.27 |
| | 每股经营现金流量(元) | 0.47 | -0.17 | 1.39 |
| | 每股净资产/调整后(元) | 2.7/2.7 | 2.77/2.77 | 2.52 |
| | 未分利润(万元) | 3582.97 | 4339.3 | 4949.57 |
| | 资本公积(万元) | 11944.29 | 11944.29 | 2820.75 |
| 利润构成 | 主营收入(万元) | 48259.06 | 42464.61 | 41617.03 |
| | 主营利润(万元) | 2666.9 | 4381.72 | 5123.85 |
| | 投资收益(万元) | -13.5 | 47.99 | 37.79 |
| | 利润总额(万元) | 186.7 | 953.96 | 2541.81 |
| | 净利润(万元) | 63 | 587.96 | 1732.45 |
| 近年分配: | 05 年:10 派 0.8 | | | |

| 主要股东及持股比例%、持股性质 |
|---|
| 安徽飞亚纺织集团有限公司 45.55%（国有股） |
| 中国建设银行－中小企业板交易型开放式指数基金 2.35%（流通 A 股） |
| 高兰凤 1.84%（流通 A 股） |
| 胡叶周 1.45%（流通 A 股） |
| 北京雅宝经济文化发展中心 1.4%（流通 A 股） |
| 淮北市国有资产运营有限公司 1.09%（国有股） |
| 马虎安 0.77%（流通 A 股） |
| 孙孟林 0.59%（流通 A 股） |
| 安徽省国有资产运营有限公司 0.54%（国有股） |
| 朱炎昌 0.44%（流通 A 股） |
| 实际控制人：淮北市人民政府国有资产监督管理委员会 |

二〇〇六年以来市场表现

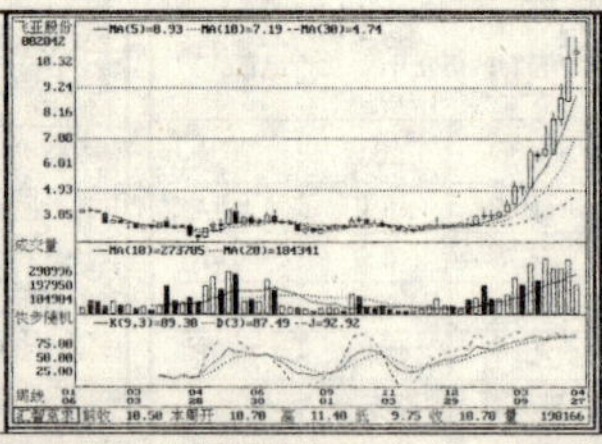

| | |
|---|---|
| 2006 年涨跌幅(%) | -11.81 |
| 2006 年最高(元) | 4.45 |
| 2007 年涨跌幅(%) | 214.29 |
| 2007.4.27 收盘(元) | 10.78 |
| 2007 年最高(元) | 11.4 |
| 2007 年最低(元) | 3.36 |
| 2007 年换手率(%) | 581.39 |

未来一年限售流通股解禁情况:5000000 股 11 月 07 日解禁

| 最新股本 | 总股本 | 非(限售)流通 | 流通 A | 流通 B/H/S | 股东户数 | 06 年末 | 06 三季 |
|---|---|---|---|---|---|---|---|
| | 10000 | 4800 | 5200 | | | 9632 | 11901 |

年报点评：公司是安徽省纺织龙头企业,创造连续 19 年盈利佳绩,这在全国同行业中并不多见。此外,公司持有淮北市信用担保有限公司股比为 16%、持有徽商银行股份有限公司股比为 0.5%,还投资 768 万元以优惠价购得 114 亩工业用地。

## 兔宝宝（002043）

上市日期:05/05/10　　电话:0572－8405322　　传真:0572－8405326

| | | | | |
|---|---|---|---|---|
| 主营 | 中高档装饰贴面板、胶合板、单板的生产销售和原木加工、销售。 | | | |
| | 年　度 | 2006 | 2005 | 2004 |
| 主要指标 | 每股收益/扣除后(元) | 0.261/0.27 | 0.247 | 0.34/0.33 |
| | 每股经营现金流量(元) | -0.721 | 0.074 | |
| | 每股净资产/调整后(元) | 3.1/3.09 | 2.94/2.94 | 1.93 |
| | 未分利润(万元) | 8832.42 | 7158.41 | 6192.85 |
| | 资本公积(万元) | 14864.33 | 14862.78 | 3.4 |
| 利润构成 | 主营收入(万元) | 80437.7 | 66064.32 | 56947.56 |
| | 主营利润(万元) | 10890.58 | 7507.45 | 6190.83 |
| | 投资收益(万元) | -145.48 | -9.16 | |
| | 利润总额(万元) | 4721.27 | 4116.13 | 3738.15 |
| | 净利润(万元) | 3187.48 | 3018.78 | 2740.6 |
| 近年分配: | 06 预案:10 派 3 ; 05 年:10 派 1 | | | |

| 主要股东及持股比例%、持股性质 |
|---|
| 德华集团控股股份有限公司 35.52%（非流通股） |
| 达华贸易公司 10.91%（外资股） |
| 郑兴龙 3.5%（流通 A 股） |
| 中国农业银行－交银施罗德成长股票证券投资基金 3.18%（流通 A 股） |
| 中国建设银行－中小企业板交易型开放式指数基金 2.05%（流通 A 股） |
| 浙江林学院绿色科技发展中心 1.31%（流通 A 股） |
| 施惠中 1.14%（流通 A 股） |
| 陆利华 1.11%（流通 A 股） |
| 章可明 1.07%（流通 A 股） |
| 全国社保基金六零三组合 0.82%（流通 A 股） |
| 实际控制人：丁鸿敏 |

二〇〇六年以来市场表现

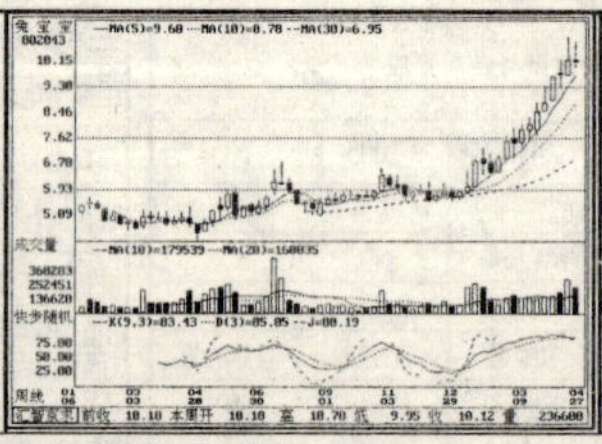

| | |
|---|---|
| 2006 年涨跌幅(%) | 11.41 |
| 2006 年最高(元) | 6.93 |
| 2007 年涨跌幅(%) | 78.8 |
| 2007.4.27 收盘(元) | 10.12 |
| 2007 年最高(元) | 10.99 |
| 2007 年最低(元) | 5.6 |
| 2007 年换手率(%) | 468.12 |

未来一年限售流通股解禁情况:24400000 股 11 月 24 日解禁

| 最新股本 | 总股本 | 非(限售)流通 | 流通 A | 流通 B/H/S | 股东户数 | 06 年末 | 06 三季 |
|---|---|---|---|---|---|---|---|
| | 12200 | 5664.26 | 6535.74 | | | 11505 | 12795 |

年报点评：从 4 月份开始,纯实木地板全国性涨价,同时带动实木复合地板、贴面板的上涨,国际原木价格上涨也帮助提高了原木贸易业务的毛利率。首要是提高原木资源的占有量,否则兔宝宝的市场空间会进一步被压缩。

## 江苏三友（002044）

上市日期:05/05/18　　电话:0513－83577415　　传真:0513－85238159

| | | | | |
|---|---|---|---|---|
| 主营 | 高档时装的设计、生产、销售、服饰及原辅材料;纺织服装类产品的科技开发。 | | | |
| | 年　度 | 2006 | 2005 | 2004 |
| 主要指标 | 每股收益/扣除后(元) | 0.208/0.21 | 0.182/0.161 | 0.26/0.265 |
| | 每股经营现金流量(元) | 0.21 | 0.39 | 0.526 |
| | 每股净资产/调整后(元) | 2.27/2.26 | 2.14/2.13 | 1.56 |
| | 未分利润(万元) | 2867.01 | 1967.84 | 2839.55 |
| | 资本公积(万元) | 10001.15 | 10001.15 | 35.7 |
| 利润构成 | 主营收入(万元) | 59171.67 | 52866.99 | 56365.88 |
| | 主营利润(万元) | 8114.74 | 7640.59 | 6954.08 |
| | 投资收益(万元) | 1.44 | -50.26 | -55.42 |
| | 利润总额(万元) | 3325.05 | 2849.9 | 2789.34 |
| | 净利润(万元) | 2605.29 | 2269.88 | 2052.1 |
| 近年分配: | 06 预案:10 派 1.2 ; 05 中期:10 派 2 年终:10 派 0.8 | | | |

| 主要股东及持股比例%、持股性质 |
|---|
| 南通友谊实业有限公司 27.4%（非流通股） |
| 日本三轮株式会社 21.42%（外资股） |
| 株式会社飞马日本 3.58%（外资股） |
| 中国建设银行－中小企业板交易型开放式指数基金 2.1%（流通 A 股） |
| 上海得鸿科贸有限公司 0.8%（非流通股） |
| 上海庄创投资管理有限公司 0.48%（流通 A 股） |
| 徐州凯信科技发展有限公司 0.46%（流通 A 股） |
| 江苏兴地投资发展有限公司 0.29%（流通 A 股） |
| 许云枫 0.28%（流通 A 股） |
| 邓勇燕 0.27%（流通 A 股） |
| 实际控制人：南通市纺织工业联社 |

二〇〇六年以来市场表现

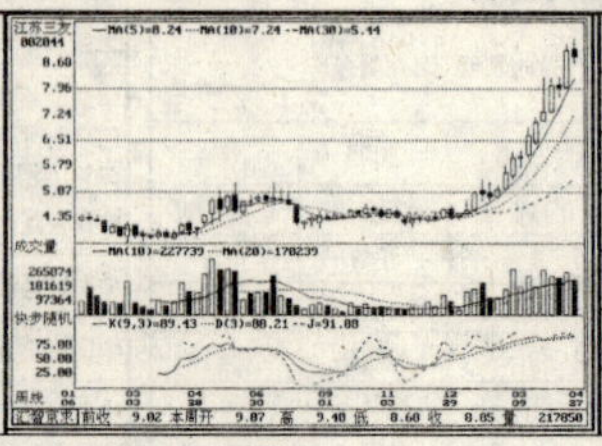

| | |
|---|---|
| 2006 年涨跌幅(%) | 3.77 |
| 2006 年最高(元) | 5.38 |
| 2007 年涨跌幅(%) | 104.39 |
| 2007.4.27 收盘(元) | 8.85 |
| 2007 年最高(元) | 9.4 |
| 2007 年最低(元) | 4.29 |
| 2007 年换手率(%) | 520.84 |

未来一年限售流通股解禁情况:

| 最新股本 | 总股本 | 非(限售)流通 | 流通 A | 流通 B/H/S | 股东户数 | 06 年末 | 06 三季 |
|---|---|---|---|---|---|---|---|
| | 12500 | 6650 | 5850 | | | 11004 | 12417 |

年报点评：公司具有年产高档时装 2000 万件(套)的产能。每年推出自主设计款式 2000 余款,被品牌商采用投入生产的达 600 多款。公司制造的服装 25%实现了自主设计开发,公司还是世界第三、国内首创活性碳植绒技术的企业。

## 广州国光（002045）

上市日期:05/05/23　　电话:020－28609688　　传真:020－28609363

**主营**：扬声器、音箱等电声器件产品的开发、生产和销售。

| | 年　度 | 2006 | 2005 | 2004 |
|---|---|---|---|---|
| 主要指标 | 每股收益/扣除后(元) | 0.42/0.4 | 0.45/0.41 | 0.74/0.68 |
| | 每股经营现金流量(元) | 0.09 | －0.46 | 0.48 |
| | 每股净资产/调整后(元) | 3.96/3.92 | 5.86/5.74 | 3.89 |
| | 未分利润(万元) | 16687.35 | 13017.09 | 12914.21 |
| | 资本公积(万元) | 23353.58 | 29353.58 | 1934.02 |
| 利润构成 | 主营收入(万元) | 85010.27 | 48096.15 | 37456.07 |
| | 主营利润(万元) | 17783.11 | 13310.35 | 10309.59 |
| | 投资收益(万元) | 305.91 | －638.08 | 475.45 |
| | 利润总额(万元) | 7547.24 | 4898.28 | 5610.88 |
| | 净利润(万元) | 6670.89 | 4503.6 | 5208.49 |

**近年分配**：06 预案:10 派 1.25 转增 2.5；05 年:10 派 2 转增 6；04 年:10 派 3.5

**主要股东及持股比例%、持股性质**
- 广东国光投资有限公司 30.74%（非流通股）
- PRDF NO.1 L.L.C 24.08%（部分流通部分不流通）
- 中国银行－南方高增长股票型开放式证券投资基金 4.94%（流通 A 股）
- 通乾证券投资基金 3.51%（流通 A 股）
- 全国社保基金一零四组合 3%（流通 A 股）
- 中国建设银行－博时主题行业股票证券投资基金 2.8%（流通 A 股）
- 上海浦东发展银行－广发小盘成长股票型证券投资基金 1.8%（流通 A 股）
- 兴华证券投资基金 1.67%（流通 A 股）
- 中国建设银行－中小企业板交易型开放式指数基金 1.54%（流通 A 股）
- 全国社保基金一零三组合 1.38%（流通 A 股）

**实际控制人**：周海昌

二〇〇六年以来市场表现

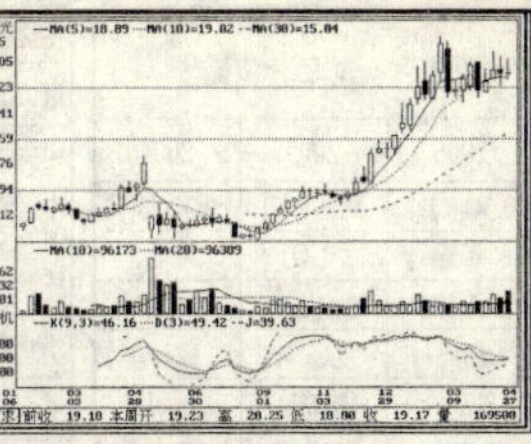

| | |
|---|---|
| 2006 年涨跌幅(%) | 166.83 |
| 2006 年最高(元) | 23.34 |
| 2007 年涨跌幅(%) | 38.91 |
| 2007.4.27 收盘(元) | 19.17 |
| 2007 年最高(元) | 21.87 |
| 2007 年最低(元) | 13.32 |
| 2007 年换手率(%) | 190.37 |

**未来一年限售流通股解禁情况**:16000000 股 11 月 25 日解禁

| 最新股本 | 总股本 | 非(限售)流通 | 流通 A | 流通 B/H/S | 股东户数 06 年末 | 股东户数 06 三季 |
|---|---|---|---|---|---|---|
| | 16000 | 8239.04 | 7760.96 | | 4109 | 6408 |

**年报点评**：公司是国内电声行业中的佼佼者,产品主要面向中高端电声器件市场,经营模式以 OEM 和 ODM 为主,所产产品 90% 以上用于出口,客户主要为 HARMAN、TOSHIBA、DAT、DELL 等国际知名企业及专业厂商,客户质量一流。预计公司未来几年仍将保持快速增长。

## 轴研科技（002046）

上市日期:05/05/26　　电话:0379—64881139　　传真:0379—64881518

**主营**：轴承、电主轴、轴承专用工艺装备和检测仪器及相关产品的研发、生产、销售以及技术开发业务。

| | 年　度 | 2006 | 2005 | 2004 |
|---|---|---|---|---|
| 主要指标 | 每股收益/扣除后(元) | 0.4/0.4 | 0.4/0.4 | 0.53/0.5 |
| | 每股经营现金流量(元) | 0.35 | 0.36 | 0.47 |
| | 每股净资产/调整后(元) | 3.81/3.79 | 4.22/4.19 | 2.53 |
| | 未分利润(万元) | 8777.83 | 6748.24 | 4664.45 |
| | 资本公积(万元) | 11217.96 | 12527.96 | 343.97 |
| 利润构成 | 主营收入(万元) | 19215.51 | 16622.87 | 12766.94 |
| | 主营利润(万元) | 6697.31 | 5519.39 | 3937.36 |
| | 投资收益(万元) | | | |
| | 利润总额(万元) | 3121.76 | 2604.75 | 2117.31 |
| | 净利润(万元) | 3121.76 | 2604.75 | 2117.31 |

**近年分配**：06 预案:10 派 1 转增 2.5；05 年:10 派 1.2 转增 2

**主要股东及持股比例%、持股性质**
- 洛阳轴承研究所 34%（国有股）
- 洛阳润鑫科技发展有限公司 7.07%（部分流通部分不流通）
- 中国建设银行－华夏中小企业板交易型开放式指数基金 2.4%（流通 A 股）
- 深圳市同创伟业创业投资有限公司 1.73%（流通 A 股）
- 中国农业银行－长盛动态精选证券投资基金 1.28%（流通 A 股）
- 洛阳高新技术创业服务中心 0.81%（流通 A 股）
- 洛阳高新海鑫科技有限公司 0.81%（流通 A 股）
- 中信建投证券有限责任公司 0.81%（流通 A 股）
- 苏福翠 0.75%（流通 A 股）
- 陈航 0.73%（流通 A 股）

**实际控制人**：中国机械工业集团公司

二〇〇六年以来市场表现

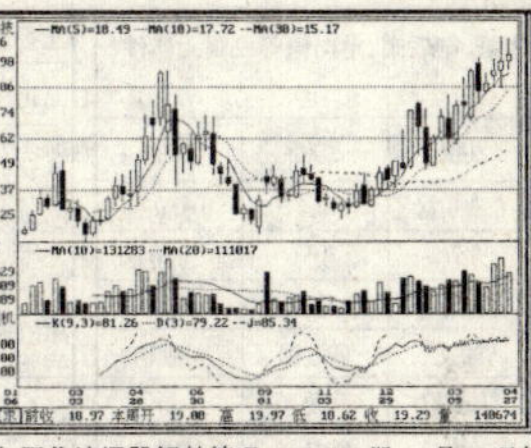

| | |
|---|---|
| 2006 年涨跌幅(%) | 45.68 |
| 2006 年最高(元) | 22.45 |
| 2007 年涨跌幅(%) | 39.78 |
| 2007.4.27 收盘(元) | 19.29 |
| 2007 年最高(元) | 20.1 |
| 2007 年最低(元) | 13.4 |
| 2007 年换手率(%) | 387.15 |

**未来一年限售流通股解禁情况**:2388750 股 11 月 10 日解禁

| 最新股本 | 总股本 | 非(限售)流通 | 流通 A | 流通 B/H/S | 股东户数 06 年末 | 股东户数 06 三季 |
|---|---|---|---|---|---|---|
| | 7800 | 2890.88 | 4909.13 | | 11160 | 11588 |

**年报点评**：公司以生产高精度和军工轴承为主,同时主营电主轴及技术输出业务。06 年公司克服搬迁困难,实现经营稳定增长。07 年随着募集项目的投产,以及我国国防工业及装备制造业的发展,公司如果能实现产品开发及市场开拓的双重并进,公司必将迎来良好发展期。

## 成霖股份（002047）

上市日期:05/05/31　　电话:0755－86022812　　传真:0755－86022813

**主营**：生产销售水龙头、卫浴挂具及花洒。

| | 年　度 | 2006 | 2005 | 2004 |
|---|---|---|---|---|
| 主要指标 | 每股收益/扣除后(元) | 0.15/0.15 | 0.24 | 0.57/0.56 |
| | 每股经营现金流量(元) | －0.2 | 0.44 | 0.57 |
| | 每股净资产/调整后(元) | 3.11/3.1 | 3.27/3.26 | 2.2 |
| | 未分利润(万元) | 8021.46 | 11867.96 | 14383.9 |
| | 资本公积(万元) | 34781.99 | 34781.99 | 300 |
| 利润构成 | 主营收入(万元) | 166161.75 | 135172.65 | 128602.22 |
| | 主营利润(万元) | 21060.88 | 23860.17 | 25686.6 |
| | 投资收益(万元) | －4.45 | －147.83 | 56.84 |
| | 利润总额(万元) | 3476.35 | 6335.25 | 10212.4 |
| | 净利润(万元) | 3276.37 | 5332.62 | 8589.23 |

**近年分配**：06 预案:10 派 0.5 转增 1；05 年:10 派 3

**主要股东及持股比例%、持股性质**
- Globe Union Industrial (BVI) Corp. 38.53%（外资股）
- 庆津有限公司 26.85%（部分流通部分不流通）
- 中国建设银行－中小企业板交易型开放式指数基金 1.55%（流通 A 股）
- 武汉市台汉义生工贸有限公司 1.13%（流通 A 股）
- 钟健雄 0.43%（流通 A 股）
- 广东海峡企业发展有限公司 0.28%（流通 A 股）
- 深圳市兆富投资股份有限公司 0.28%（流通 A 股）
- 李雪峰 0.16%（流通 A 股）
- 刘卓毅 0.14%（流通 A 股）
- 刘骊 0.13%（流通 A 股）

**实际控制人**：欧阳明

二〇〇六年以来市场表现

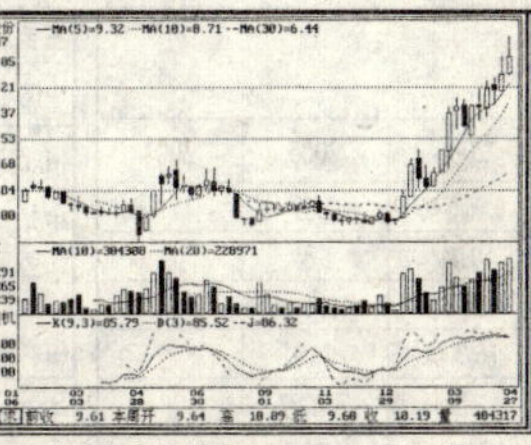

| | |
|---|---|
| 2006 年涨跌幅(%) | －7.48 |
| 2006 年最高(元) | 6.85 |
| 2007 年涨跌幅(%) | 113.63 |
| 2007.4.27 收盘(元) | 10.19 |
| 2007 年最高(元) | 10.89 |
| 2007 年最低(元) | 4.7 |
| 2007 年换手率(%) | 473.31 |

**未来一年限售流通股解禁情况**:33621405 股 11 月 30 日解禁

| 最新股本 | 总股本 | 非(限售)流通 | 流通 A | 流通 B/H/S | 股东户数 06 年末 | 股东户数 06 三季 |
|---|---|---|---|---|---|---|
| | 22414.27 | 13533.45 | 8880.82 | | 15388 | 17127 |

**年报点评**：公司 2006 年净利润同比下降 39%。由于铜锌价格的波动引起水龙头产品毛利率的大幅下降,从而拖累业绩。公司是一家台湾的民营企业,主营卫浴产品。其中,水龙头组件占到公司主营业务收入的 75% 以上。公司募集资金项目达产后,品牌将是公司今后主要的发展方向。

## 宁波华翔（002048）

上市日期:05/06/03　　电话:021－68948127　　传真:021－68942260

**主营**：汽车非金属类(主要为橡塑类)零部件的开发、生产、销售

| | 年　度 | 2006 | 2005 | 2004 |
|---|---|---|---|---|
| 主要指标 | 每股收益/扣除后(元) | 0.36/0.32 | 0.23/0.18 | 0.49/0.47 |
| | 每股经营现金流量(元) | 0.81 | 0.008 | 0.78 |
| | 每股净资产/调整后(元) | 3.17/3.06 | 3.49/3.32 | 2.44 |
| | 未分利润(万元) | 15655.63 | 7811.05 | 6592.38 |
| | 资本公积(万元) | 41410.25 | 14230.96 | 1427.73 |
| 利润构成 | 主营收入(万元) | 148376.83 | 39149.98 | 26465.09 |
| | 主营利润(万元) | 30110.73 | 8034.79 | 8231.17 |
| | 投资收益(万元) | 2550.69 | 1256.11 | 756.21 |
| | 利润总额(万元) | 16136.71 | 2578.72 | 5183.08 |
| | 净利润(万元) | 9789.72 | 2160.05 | 3196.72 |

**近年分配**：06 中期:10 转增 8 年终预案:10 派 1；05 年:10 派 1 转增 3

**主要股东及持股比例%、持股性质**
- 华翔集团股份有限公司 19.64%（非流通股）
- 象山联众投资有限公司 11.9%（非流通股）
- 周敏峰 6.45%（非流通股）
- 汉盛证券投资基金 3.28%（非流通股）
- 周晓峰 3.25%（非流通股）
- 交通银行－普惠证券投资基金 2.33%（部分流通部分不流通）
- 宁波鹿剑复合材料有限公司 2.3%（非流通股）
- 国泰君安证券股份有限公司 1.97%（非流通股）
- 上海证券有限责任公司 1.97%（非流通股）
- 中国工商银行－普丰证券投资基金 1.09%（非流通股）

**实际控制人**：周晓峰

二〇〇六年以来市场表现

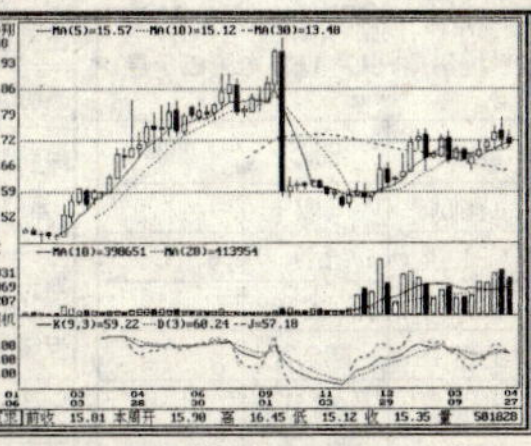

| | |
|---|---|
| 2006 年涨跌幅(%) | 242.72 |
| 2006 年最高(元) | 34.03 |
| 2007 年涨跌幅(%) | 25.2 |
| 2007.4.27 收盘(元) | 15.35 |
| 2007 年最高(元) | 17.47 |
| 2007 年最低(元) | 11.98 |
| 2007 年换手率(%) | 472.03 |

**未来一年限售流通股解禁情况**:13415500 股 11 月 11 日解禁

| 最新股本 | 总股本 | 非(限售)流通 | 流通 A | 流通 B/H/S | 股东户数 06 年末 | 股东户数 06 三季 |
|---|---|---|---|---|---|---|
| | 27430 | 13853.32 | 13576.68 | | 18349 | 5856 |

**年报点评**：公司主要从事非金属汽车零部件开发、生产和销售,主要产品为汽车内饰、发动机及汽车空调部件及军品改装车等,主要客户为上海大众、一汽大众、上海通用、天津丰田等。通过收购公司正改变单一为上海大众、通用集中供货风险,进入相对良性发展通道。

## 晶源电子（002049）

上市日期:05/06/06　　电话:0315－6198161　　传真:0315－6198179

| | | | | |
|---|---|---|---|---|
| 主营 | 压电石英晶体元器件的制造和销售 | | | |
| | 年　度 | 2006 | 2005 | 2004 |
| 主要指标 | 每股收益/扣除后(元) | 0.344/0.297 | 0.185/0.171 | 0.34/0.311 |
| | 每股经营现金流量(元) | 0.56 | 0.49 | 0.49 |
| | 每股净资产/调整后(元) | 2.88/2.87 | 2.61/2.61 | 1.78 |
| | 未分利润(万元) | 4630.37 | 3386.74 | 3064.66 |
| | 资本公积(万元) | 8192.84 | 7806.72 | 152.15 |
| 利润构成 | 主营收入(万元) | 20569.46 | 16760.69 | 13931.45 |
| | 主营利润(万元) | 5895.76 | 4182.22 | 3633.25 |
| | 投资收益(万元) | 76.51 | 0.01 | -3.06 |
| | 利润总额(万元) | 3773.9 | 1863.83 | 2476.53 |
| | 净利润(万元) | 2596.63 | 1399.92 | 1717.28 |
| 近年分配: | 06 预案:10 派 1.5；05 年:10 派 1.2 | | | |

| 主要股东及持股比例%、持股性质 | |
|---|---|
| 唐山晶源科技有限公司 42.08%（非流通股） | |
| 中国工商银行－安瑞证券投资基金 2.52%（流通 A 股） | |
| 中国建设银行－中小企业板交易型开放式指数基金 2.04%（流通 A 股） | |
| 陈继红 1.86%（流通 A 股） | |
| 毕立新 0.92%（非流通股） | |
| 孟令富 0.75%（非流通股） | |
| 郭宏宇 0.75%（非流通股） | |
| 王晓东 0.75%（非流通股） | |
| 陶志明 0.75%（非流通股） | |
| 李艳琴 0.75%（非流通股） | |
| 实际控制人: | 阎永江 |

二〇〇六年以来市场表现

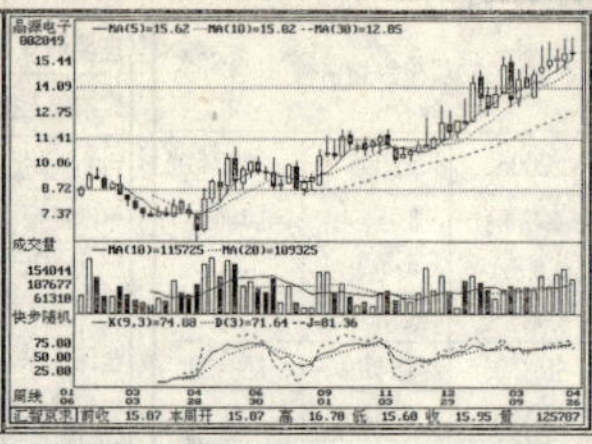

| | |
|---|---|
| 2006 年涨跌幅(%) | 41.43 |
| 2006 年最高(元) | 13.27 |
| 2007 年涨跌幅(%) | 35.63 |
| 2007.4.27 收盘(元) | 15.95 |
| 2007 年最高(元) | 16.78 |
| 2007 年最低(元) | 11.46 |
| 2007 年换手率(%) | 436.77 |

未来一年限售流通股解禁情况:

| 最新股本 | 总股本 | 非(限售)流通 | 流通 A | 流通 B/H/S | 股东户数 | 06 年末 | 06 三季 |
|---|---|---|---|---|---|---|---|
| | 7550 | 3637.06 | 3912.94 | | | 8780 | 7516 |

**年报点评**　公司主导产品石英晶体元器件是电子信息业不可或缺的重要基础元器件，信息产业的发展将带动石英晶体元器件保持两位数的增长，公司主导产品需求潜力大。值得注意的是，公司上市募集资金投入的项目将进入收益期，由此也使得公司业绩存在增长的预期。

## 三花股份（002050）

上市日期:05/06/07　　电话:0575－6225127　　传真:0575－6231285

| | | | | |
|---|---|---|---|---|
| 主营 | 截止阀、电子膨胀阀、排水泵、电磁阀、单向阀等控制元器件生产、销售。 | | | |
| | 年　度 | 2006 | 2005 | 2004 |
| 主要指标 | 每股收益/扣除后(元) | 0.39/0.38 | 0.4 | 0.51/0.51 |
| | 每股经营现金流量(元) | 0.24 | 0.53 | 0.81 |
| | 每股净资产/调整后(元) | 3.62/3.62 | 3.42/3.42 | 1.84 |
| | 未分利润(万元) | 9745.87 | 7993.99 | 4189.04 |
| | 资本公积(万元) | 17420.83 | 17420.83 | 10 |
| 利润构成 | 主营收入(万元) | 59536.13 | 49371.03 | 36412.9 |
| | 主营利润(万元) | 11788.02 | 11216.76 | 10459.74 |
| | 投资收益(万元) | -59.93 | | |
| | 利润总额(万元) | 6631.88 | 5909.23 | 5079.98 |
| | 净利润(万元) | 4457.64 | 4476.42 | 4207.24 |
| 近年分配: | 06 预案:10 派 2；05 年:10 派 2 | | | |

| 主要股东及持股比例%、持股性质 | |
|---|---|
| 三花控股集团有限公司 32.6%（非流通股） | |
| 浙江中大集团股份有限公司 20.18%（部分流通部分不流通） | |
| 张亚波 6.55%（非流通股） | |
| 日本东方贸易株式会社 5.87%（部分流通部分不流通） | |
| 中国建设银行－中小企业板交易型开放式指数基金 1.47%（流通 A 股） | |
| 任金土 0.79%（流通 A 股） | |
| 王剑敏 0.44%（流通 A 股） | |
| 余明伟 0.31%（流通 A 股） | |
| 全国社保基金六零三组合 0.26%（流通 A 股） | |
| 刘文府 0.23%（流通 A 股） | |
| 实际控制人: | 张道才 |

二〇〇六年以来市场表现

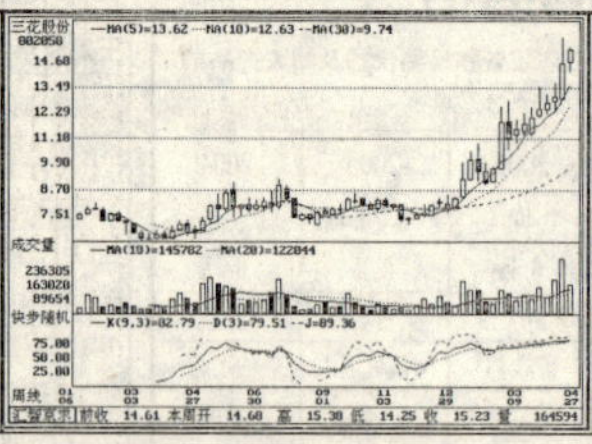

| | |
|---|---|
| 2006 年涨跌幅(%) | 9.55 |
| 2006 年最高(元) | 9.39 |
| 2007 年涨跌幅(%) | 94.51 |
| 2007.4.27 收盘(元) | 15.23 |
| 2007 年最高(元) | 15.88 |
| 2007 年最低(元) | 7.85 |
| 2007 年换手率(%) | 383.42 |

未来一年限售流通股解禁情况:8381071 股 11 月 21 日解禁

| 最新股本 | 总股本 | 非(限售)流通 | 流通 A | 流通 B/H/S | 股东户数 | 06 年末 | 06 三季 |
|---|---|---|---|---|---|---|---|
| | 11300 | 5799 | 5501 | | | 8664 | 9536 |

**年报点评**　作为国内空调截止阀领先企业，目前已经掌握电磁阀、电子膨胀阀生产工艺及技术，产品市场前景广阔。但由于人才储备状况不好，加上 06 年原材料价格上涨及税收政策变化，企业出现增收不增利。07 年公司将利用募集项目，提升管理水平，实现企业稳定发展。

## 中工国际（002051）

上市日期:06/06/19　　电话:010－82688653　　传真:010－82688507

| | | | | |
|---|---|---|---|---|
| 主营 | 国际工程承包 | | | |
| | 年　度 | 2006 | 2005 | 2004 |
| 主要指标 | 每股收益/扣除后(元) | 0.46/0.46 | 0.55 | |
| | 每股经营现金流量(元) | 0.34 | 1.84 | |
| | 每股净资产/调整后(元) | 4.54/4.38 | 3.01/3.01 | |
| | 未分利润(万元) | 8667.14 | 3900 | |
| | 资本公积(万元) | 43272.18 | 7001.77 | |
| 利润构成 | 主营收入(万元) | 111525.06 | 64426.21 | |
| | 主营利润(万元) | 19271.25 | 16952.07 | |
| | 投资收益(万元) | 10 | 7.5 | |
| | 利润总额(万元) | 10527.38 | 8118.66 | |
| | 净利润(万元) | 8667.14 | 7088.58 | |
| 近年分配: | 06 预案:10 派 3 | | | |

| 主要股东及持股比例%、持股性质 | |
|---|---|
| 中国工程与农业机械进出口总公司 62.04%（国有股） | |
| 河北宣化工程机械股份有限公司 3.48%（国有股） | |
| 中元国际工程设计研究院 1.05%（国有股） | |
| 中国建设银行－中小企业板交易型开放式指数基金 0.9%（流通 A 股） | |
| 广州电器科学研究院 0.79%（国有股） | |
| 济南铸造锻压机械研究所 0.53%（国有股） | |
| 上海拖拉机内燃机公司 0.26%（国有股） | |
| 中国第十三冶金建设公司 0.26%（国有股） | |
| 康力 0.24%（流通 A 股） | |
| 梁敏玲 0.11%（流通 A 股） | |
| 实际控制人: | 中国机械工业集团公司 |

二〇〇六年以来市场表现

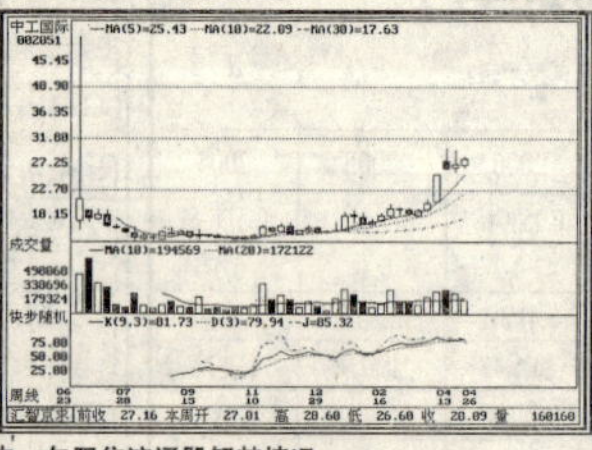

| | |
|---|---|
| 2006 年涨跌幅(%) | －52.77 |
| 2006 年最高(元) | 50 |
| 2007 年涨跌幅(%) | 86.03 |
| 2007.4.27 收盘(元) | 28.09 |
| 2007 年最高(元) | 30 |
| 2007 年最低(元) | 14.9 |
| 2007 年换手率(%) | 488.59 |

未来一年限售流通股解禁情况:

| 最新股本 | 总股本 | 非(限售)流通 | 流通 A | 流通 B/H/S | 股东户数 | 06 年末 | 06 三季 |
|---|---|---|---|---|---|---|---|
| | 19000 | 13000 | 6000 | | | 23734 | 25874 |

**年报点评**　国际工程承包业竞争加剧，特别是 2006 年，因受当年收入占比较大的苏丹电讯项目低毛利率影响，公司毛利率连续下降。公司通过中国机械工业集团，有望在未来承揽更多类似于菲律宾北吕宋铁路的大型工程项目。

## 同洲电子（002052）

上市日期:06/06/27　　电话:0755－26525099　　传真:0755－26722666

| | | | | |
|---|---|---|---|---|
| 主营 | 数字电视接收设备的研制和生产，网络、计算机、通讯、广电设备、软件研制生产及其系统集成，以及 LED 电子显示屏的生产经营。 | | | |
| | 年　度 | 2006 | 2005 | 2004 |
| 主要指标 | 每股收益/扣除后(元) | 0.54/0.46 | 0.94 | |
| | 每股经营现金流量(元) | -1.03 | 1.29 | |
| | 每股净资产/调整后(元) | 5.11/5.1 | 3.01/2.99 | |
| | 未分利润(万元) | 12031.15 | 10042.78 | |
| | 资本公积(万元) | 31416.53 | 665.53 | |
| 利润构成 | 主营收入(万元) | 107569.04 | 86560.86 | |
| | 主营利润(万元) | 21574.49 | 17406.01 | |
| | 投资收益(万元) | | | |
| | 利润总额(万元) | 7196.95 | 7609.19 | |
| | 净利润(万元) | 6069.78 | 6116.88 | |
| 近年分配: | 06 中期:10 派 1 送 3 年终预案:10 转增 10 | | | |

| 主要股东及持股比例%、持股性质 | |
|---|---|
| 袁明 42.26%（非流通股） | |
| 深圳市达晨创业投资有限公司 7.47%（非流通股） | |
| 深圳市创新投资集团有限公司 5.97%（非流通股） | |
| 刘长华 4.75%（非流通股） | |
| 深圳市深港产学研创业投资有限公司 3.73%（非流通股） | |
| 王绍荷 3.21%（非流通股） | |
| 中国建设银行－华夏红利混合型开放式证券投资基金 2.55%（流通 A 股） | |
| 袁华 2.46%（非流通股） | |
| 同益证券投资基金 1.76%（流通 A 股） | |
| 深圳市高新技术投资担保有限公司 1.49%（国有股） | |
| 实际控制人: | 袁明 |

二〇〇六年以来市场表现

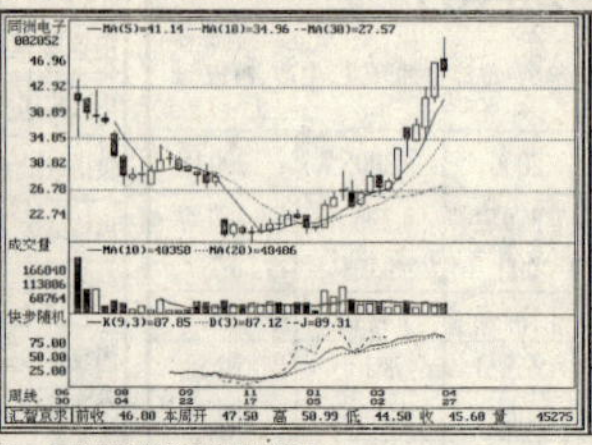

| | |
|---|---|
| 2006 年涨跌幅(%) | －23.5 |
| 2006 年最高(元) | 44 |
| 2007 年涨跌幅(%) | 118.29 |
| 2007.4.27 收盘(元) | 45.6 |
| 2007 年最高(元) | 50.99 |
| 2007 年最低(元) | 20.3 |
| 2007 年换手率(%) | 260.38 |

未来一年限售流通股解禁情况:

| 最新股本 | 总股本 | 非(限售)流通 | 流通 A | 流通 B/H/S | 股东户数 | 06 年末 | 06 三季 |
|---|---|---|---|---|---|---|---|
| | 11296.53 | 8436.6 | 2859.93 | | | 7090 | 9393 |

**年报点评**　公司主营数字机顶盒设计与制造，拥有数字机顶盒的核心技术，生产规模和市场占有率在行业中处于领先位置。目前国内数字电视整体转化工作为同洲电子的发展提供了难得的机遇，公司未来几年有望实现收入和利润的较好增长。

## 云南盐化（002053）

上市日期:06/06/27　电话:0871－3126346　传真:0871－3126346

主营：生产销售食盐、工业盐、芒硝、烧碱和聚氯乙烯

| | 年　度 | 2006 | 2005 | 2004 |
|---|---|---|---|---|
| 主要指标 | 每股收益/扣除后(元) | 0.45/0.4 | 0.85 | |
| | 每股经营现金流量(元) | 0.69 | 1.42 | |
| | 每股净资产/调整后(元) | 5.38/5.34 | 3.96/3.95 | |
| | 未分利润(万元) | 23260.67 | 19255.65 | |
| | 资本公积(万元) | 52889.88 | 10740.31 | |
| 利润构成 | 主营收入(万元) | 100795.53 | 72640.64 | |
| | 主营利润(万元) | 33682.55 | 33847.92 | |
| | 投资收益(万元) | | | |
| | 利润总额(万元) | 10210.78 | 11980.87 | |
| | 净利润(万元) | 8311.72 | 9896.24 | |

近年分配：06 预案:10 派 3

**主要股东及持股比例%、持股性质**

云南轻纺集团有限公司 43.38%（国有股）
云南有色地质矿业有限公司 3.85%（国有股）
云南创立投资管理有限公司 3.85%（非流通股）
云南省国有资产经营有限责任公司 3.5%（国有股）
云南省开发投资有限公司 3.15%（国有股）
中国盐业总公司 2.87%（国有股）
安宁市工业总公司 1.75%（国有股）
中国建设银行－中小企业板交易型开放式指数基金 1.39%（流通A股）
刘彩香 0.33%（流通A股）
郑华丽 0.22%（流通A股）

实际控制人：云天化集团有限责任公司

二〇〇六年以来市场表现

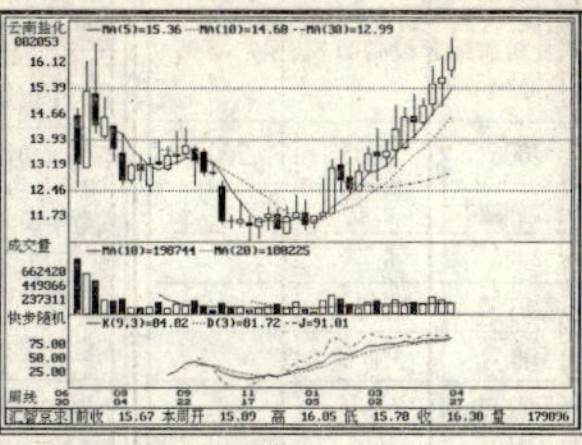

| | |
|---|---|
| 2006年涨跌幅(%) | -10.54 |
| 2006年最高(元) | 16.66 |
| 2007年涨跌幅(%) | 42.93 |
| 2007.4.27收盘(元) | 16.38 |
| 2007年最高(元) | 16.85 |
| 2007年最低(元) | 11.33 |
| 2007年换手率(%) | 437.85 |

未来一年限售流通股解禁情况：

| 最新股本 | 总股本 | 非(限售)流通 | 流通A | 流通B/H/S | 股东户数 | 06年末 | 06三季 |
|---|---|---|---|---|---|---|---|
| | 18585.11 | 11585.11 | 7000 | | | 22335 | 21916 |

年报点评：云南省唯一的食盐专营公司，占据云南省96%的盐矿资源和云南省98%的食盐和工业盐市场。在云南省设立了4个食盐生产基地，在17个地市设立16个销售分公司、25个碘盐配送中心。募资项目10万吨/年PVC和4万吨/年离子膜烧碱在2006年上半年投产。

## 德美化工（002054）

上市日期:06/07/25　电话:0757－28399088　传真:0757－28396930

主营：纺织印染助剂、皮革化学品、油墨研发、生产和销售

| | 年　度 | 2006 | 2005 | 2004 |
|---|---|---|---|---|
| 主要指标 | 每股收益/扣除后(元) | 0.375/0.37 | 0.363 | |
| | 每股经营现金流量(元) | 0.3691 | 0.1128 | |
| | 每股净资产/调整后(元) | 3.62/3.59 | 2.5/2.45 | |
| | 未分利润(万元) | 15271.58 | 11770.91 | |
| | 资本公积(万元) | 16659.81 | 599.81 | |
| 利润构成 | 主营收入(万元) | 61344.2 | 53506.94 | |
| | 主营利润(万元) | 16818.87 | 13520.11 | |
| | 投资收益(万元) | 74.05 | -3.97 | |
| | 利润总额(万元) | 7777.7 | 5329.03 | |
| | 净利润(万元) | 5020.38 | 3630.63 | |

近年分配：06 预案:10 派 1.3

**主要股东及持股比例%、持股性质**

黄冠雄 23.28%（非流通股）
佛山市顺德区恒之宏投资有限公司 14.93%（非流通股）
佛山市顺德区昌连荣投资有限公司 14.84%（非流通股）
何国英 12.03%（非流通股）
佛山市顺德区瑞奇投资有限公司 7.16%（非流通股）
马克良 2.39%（非流通股）
中国建设银行－中小企业板交易型开放式指数基金 0.98%（流通A股）
中国工商银行－融通蓝筹成长证券投资基金 0.67%（流通A股）
雷嘉 0.25%（流通A股）
欧阳定嫦 0.16%（流通A股）

实际控制人：黄冠雄

二〇〇六年以来市场表现

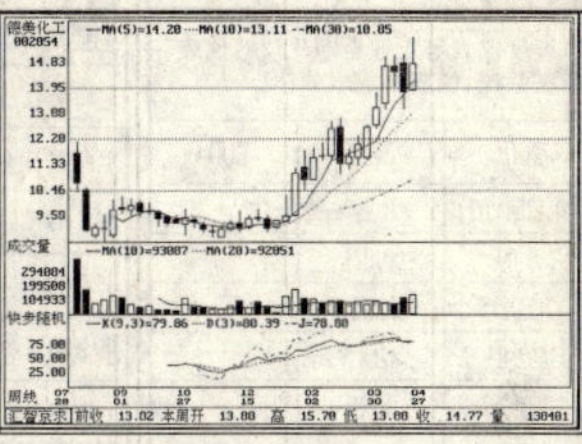

| | |
|---|---|
| 2006年涨跌幅(%) | -21.29 |
| 2006年最高(元) | 12.1 |
| 2007年涨跌幅(%) | 61.77 |
| 2007.4.27收盘(元) | 14.77 |
| 2007年最高(元) | 15.7 |
| 2007年最低(元) | 9.1 |
| 2007年换手率(%) | 456.81 |

未来一年限售流通股解禁情况：

| 最新股本 | 总股本 | 非(限售)流通 | 流通A | 流通B/H/S | 股东户数 | 06年末 | 06三季 |
|---|---|---|---|---|---|---|---|
| | 13400 | 10000 | 3400 | | | 10857 | 10988 |

年报点评：公司是国内纺织助剂行业最大的供应商之一。2005年公司总产能为5.2万吨，募集资金项目建成投产后总产能将达到14万吨，增幅达到142%。此外，公司与德国瓦克公司组建合资公司生产销售有机硅产品有望成为新的利润增长点。

## 得润电子（002055）

上市日期:06/07/25　电话:0755－83476333　传真:0755－83476633

主营：各类电子连接器产品的生产和销售，包括家电连接器产品、精密电子接插件产品、精密模具及精密组件产品、汽车连接器产品等。

| | 年　度 | 2006 | 2005 | 2004 |
|---|---|---|---|---|
| 主要指标 | 每股收益/扣除后(元) | 0.478/0.304 | 0.526 | |
| | 每股经营现金流量(元) | 0.12 | 0.73 | |
| | 每股净资产/调整后(元) | 4.19/4.15 | 2.46/2.41 | |
| | 未分利润(万元) | 7549.1 | 5232.33 | |
| | 资本公积(万元) | 10340.8 | 25.09 | |
| 利润构成 | 主营收入(万元) | 67395.59 | 55931.27 | |
| | 主营利润(万元) | 6938.19 | 6682.22 | |
| | 投资收益(万元) | 331.73 | 18.43 | |
| | 利润总额(万元) | 3542.99 | 2822.51 | |
| | 净利润(万元) | 2922.3 | 2333.82 | |

近年分配：06 预案:10 派 2 转增 3

**主要股东及持股比例%、持股性质**

深圳市宝安得胜电子器件有限公司 40.03%（非流通股）
深圳市佳泽森实业有限公司 16.68%（非流通股）
深圳市润三实业发展有限公司 10.01%（非流通股）
邱建民 2.9%（非流通股）
邱英 1.7%（非流通股）
中国建设银行－中小企业板交易型开放式指数基金 0.92%（流通A股）
陈国跃 0.25%（流通A股）
郑慧彬 0.23%（流通A股）
张远尉 0.22%（非流通股）
琚克刚 0.22%（非流通股）

实际控制人：邱建民、邱为民

二〇〇六年以来市场表现

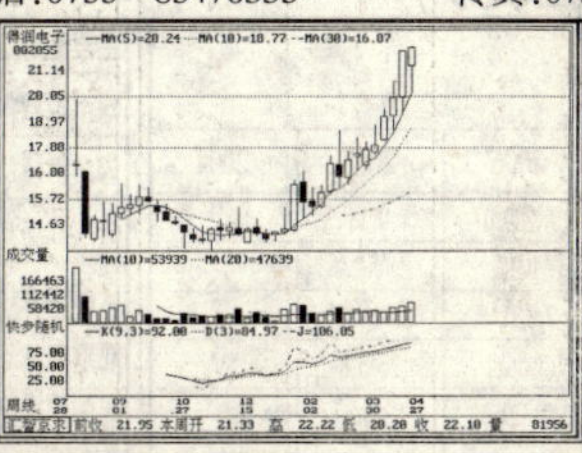

| | |
|---|---|
| 2006年涨跌幅(%) | -25.48 |
| 2006年最高(元) | 19.9 |
| 2007年涨跌幅(%) | 57.74 |
| 2007.4.27收盘(元) | 22.1 |
| 2007年最高(元) | 22.22 |
| 2007年最低(元) | 13.91 |
| 2007年换手率(%) | 483.12 |

未来一年限售流通股解禁情况：

| 最新股本 | 总股本 | 非(限售)流通 | 流通A | 流通B/H/S | 股东户数 | 06年末 | 06三季 |
|---|---|---|---|---|---|---|---|
| | 6112.78 | 4432.78 | 1680 | | | 7713 | 7157 |

年报点评：公司主营家电连接器，生产规模跻身电子元件百强，产品主要提供给家电巨头如海尔、长虹等。目前公司准备跻身汽车、通讯连接器行业，并投资精密模具。由于下游产业逐渐向中国转移，我们预计公司所处行业仍然将维持在高景气度上。

## 横店东磁（002056）

上市日期:06/08/02　电话:0579－6551999　传真:0579－6555328

主营：永磁铁氧体系列、软磁铁氧体系列以及绿色环保型电池（碱性锌锰无汞电池）系列三大类型产品的研发、生产和销售。

| | 年　度 | 2006 | 2005 | 2004 |
|---|---|---|---|---|
| 主要指标 | 每股收益/扣除后(元) | 0.72/0.73 | 0.73/0.66 | |
| | 每股经营现金流量(元) | 0.68 | 1.22 | |
| | 每股净资产/调整后(元) | 6.09/6.09 | 3.56/3.56 | |
| | 未分利润(万元) | 21957.7 | 17481.58 | |
| | 资本公积(万元) | 61641.93 | 6450.81 | |
| 利润构成 | 主营收入(万元) | 124906.75 | 93874.93 | |
| | 主营利润(万元) | 36577.68 | 28742.57 | |
| | 投资收益(万元) | -140.76 | -0.65 | |
| | 利润总额(万元) | 16952.41 | 11846.99 | |
| | 净利润(万元) | 12974.25 | 8779.3 | |

近年分配：06 预案:10 派 3

**主要股东及持股比例%、持股性质**

横店集团控股有限公司 63.33%（非流通股）
中国工商银行－南方绩优成长股票型证券投资基金 3.03%（流通A股）
中国平安保险(集团)股份有限公司－集团本级－自有资金 2.53%（流通A股）
中国建设银行－中小企业板交易型开放式指数基金 1.21%（流通A股）
中国工商银行－裕元证券投资基金 1.11%（流通A股）
中国建设银行－华安宏利股票型证券投资基金 0.84%（流通A股）
东阳市荆江化工厂 0.83%（非流通股）
东阳市有机合成化工九厂 0.83%（非流通股）
浙江普洛康裕生物制药有限公司 0.83%（非流通股）
浙江省东阳市化纤纺织厂 0.83%（非流通股）

实际控制人：横店社团经济企业联合会

二〇〇六年以来市场表现

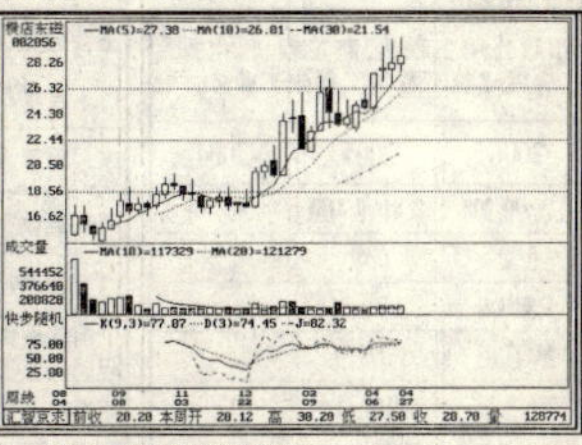

| | |
|---|---|
| 2006年涨跌幅(%) | 23.76 |
| 2006年最高(元) | 20.32 |
| 2007年涨跌幅(%) | 43.5 |
| 2007.4.27收盘(元) | 28.7 |
| 2007年最高(元) | 30.2 |
| 2007年最低(元) | 19.46 |
| 2007年换手率(%) | 324.57 |

未来一年限售流通股解禁情况：

| 最新股本 | 总股本 | 非(限售)流通 | 流通A | 流通B/H/S | 股东户数 | 06年末 | 06三季 |
|---|---|---|---|---|---|---|---|
| | 18000 | 12000 | 6000 | | | 10747 | 13288 |

年报点评：公司目前是全球最大永磁铁氧体、中国最大软磁铁氧体生产企业。我国已经成为磁性材料生产大国，产量占全球的大约一半。但产品主要集中在中低端，产品售价大大低于日美企业。不过公司已经走在国内厂商前列，具备了中高端产品的国际竞争力。发展前景看好。

## 中钢天源（002057）

上市日期:06/08/02　　电话:0555－2108997　　传真:0555－2108806

**主营**：磁性材料、磁器件、磁分离及相关配套设备研发、生产与销售。

| | 年　度 | 2006 | 2005 | 2004 |
|---|---|---|---|---|
| 主要指标 | 每股收益/扣除后(元) | 0.264/0.267 | 0.369 | |
| | 每股经营现金流量(元) | 0.016 | 0.278 | |
| | 每股净资产/调整后(元) | 3.4/3.37 | 2.27/2.22 | |
| | 未分利润(万元) | 5410.79 | 3746.66 | |
| | 资本公积(万元) | 10462.03 | 612.96 | |
| 利润构成 | 主营收入(万元) | 21930.92 | 20912.54 | |
| | 主营利润(万元) | 5075.37 | 3859.82 | |
| | 投资收益(万元) | | | |
| | 利润总额(万元) | 1867.88 | 1468.53 | |
| | 净利润(万元) | 1847.41 | 1477.64 | |

近年分配：06 预案:10 派 0.25 送 2

**主要股东及持股比例%、持股性质**

中国中钢集团公司 29.14%（国有股）
中钢集团马鞍山矿山研究院 10.86%（国有股）
安徽中周实业(集团)有限公司 5.71%（非流通股）
安徽恒信投资发展有限责任公司 5.71%（非流通股）
安徽省国有资产运营有限公司 2.14%（国有股）
中国冶金矿业总公司 1.43%（国有股）
北京金泰宇财务资讯开发有限公司 1.43%（国有股）
中国建设银行－中小企业板交易型开放式指数基金 1.35%（流通 A 股）
黄志刚 0.71%（非流通股）
钟新 0.33%（流通 A 股）

实际控制人：中国中钢集团公司

二〇〇六年以来市场表现

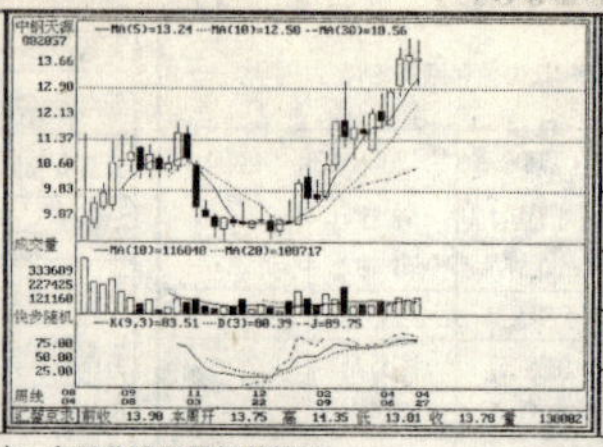

| | |
|---|---|
| 2006 年涨跌幅(%) | －18.19 |
| 2006 年最高(元) | 11.87 |
| 2007 年涨跌幅(%) | 60.42 |
| 2007.4.27 收盘(元) | 13.78 |
| 2007 年最高(元) | 14.43 |
| 2007 年最低(元) | 8.48 |
| 2007 年换手率(%) | 622.24 |

未来一年限售流通股解禁情况：

| 最新股本 | 总股本 | 非(限售)流通 | 流通 A | 流通 B/H/S | 股东户数 | 06 年末 | 06 三季 |
|---|---|---|---|---|---|---|---|
| | 7000 | 4000 | 3000 | | | 10330 | 8751 |

**年报点评**：公司是中钢集团旗下第一家 IPO 上市公司，公司已形成磁技术－磁性材料－磁性器件－磁分离机电一体化及相关配套设备的产业链，市场优势明显。而中钢集团的实力极为雄厚，大股东的强势背景将会对公司的长远发展提供强有力地支持。

## 威尔泰（002058）

上市日期:06/08/02　　电话:021－64656465　　传真:021－64659677

**主营**：压力变送器、电磁流量计、温度仪表等工业自动化仪器仪表生产销售和工程自动化控制系统、仪表集成服务。

| | 年　度 | 2006 | 2005 | 2004 |
|---|---|---|---|---|
| 主要指标 | 每股收益/扣除后(元) | 0.125/0.07 | 0.297 | |
| | 每股经营现金流量(元) | 0.09 | 0.073 | |
| | 每股净资产/调整后(元) | 2.51/2.5 | 2.21/2.2 | |
| | 未分利润(万元) | 692.83 | 4268.7 | |
| | 资本公积(万元) | 7505.57 | 10.81 | |
| 利润构成 | 主营收入(万元) | 11584.67 | 12912.72 | |
| | 主营利润(万元) | 4288.31 | 5209.07 | |
| | 投资收益(万元) | | | |
| | 利润总额(万元) | 963.75 | 1677.37 | |
| | 净利润(万元) | 780.18 | 1317.25 | |

近年分配：06 年:10 派 0.5

**主要股东及持股比例%、持股性质**

上海紫江(集团)有限公司 26.3%（非流通股）
上海紫江企业集团股份有限公司 15.66%（非流通股）
新上海国际(集团)有限公司 9.01%（外资股）
上海仓桥工业发展有限公司 7.5%（非流通股）
张金祖 4.77%（非流通股）
上海申仕科技有限公司 1.96%（非流通股）
中国建设银行－中小企业板交易型开放式指数基金 0.91%（流通 A 股）
孙国林 0.84%（非流通股）
夏富田 0.67%（非流通股）
刘力平 0.56%（非流通股）

实际控制人：沈雯

二〇〇六年以来市场表现

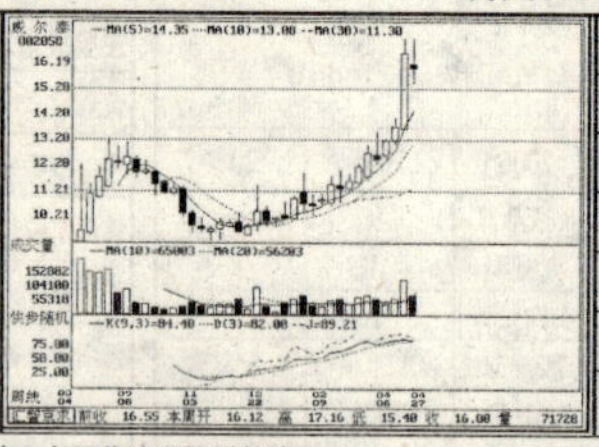

| | |
|---|---|
| 2006 年涨跌幅(%) | －10.31 |
| 2006 年最高(元) | 13.19 |
| 2007 年涨跌幅(%) | 60.34 |
| 2007.4.27 收盘(元) | 16 |
| 2007 年最高(元) | 17.19 |
| 2007 年最低(元) | 9.8 |
| 2007 年换手率(%) | 506.68 |

未来一年限售流通股解禁情况：

| 最新股本 | 总股本 | 非(限售)流通 | 流通 A | 流通 B/H/S | 股东户数 | 06 年末 | 06 三季 |
|---|---|---|---|---|---|---|---|
| | 6236.88 | 4436.88 | 1800 | | | 7418 | 6961 |

**年报点评**：公司主营自动化控制系统集成及仪表等，06 年在行业竞争压力下，经营出现不同程度下滑。07 年将充分发挥公司目前在压力变送器、电磁流量计方面在国内市场的竞争实力，利用国内装备制造业发展带来的自动控制需求增长，提升管理水平，实现稳定发展。

## 世博股份（002059）

上市日期:06/08/10　　电话:0871－5012147　　传真:0871－5012147

**主营**：经营世博园

| | 年　度 | 2006 | 2005 | 2004 |
|---|---|---|---|---|
| 主要指标 | 每股收益/扣除后(元) | 0.07/0.07 | 0.18 | |
| | 每股经营现金流量(元) | 0.12 | 0.2 | |
| | 每股净资产/调整后(元) | 2.5/2.48 | 2.11/2.07 | |
| | 未分利润(万元) | 3906.2 | 2543.8 | |
| | 资本公积(万元) | 21329.2 | 8313.33 | |
| 利润构成 | 主营收入(万元) | 12315.27 | 9528.71 | |
| | 主营利润(万元) | 4503.8 | 4712.9 | |
| | 投资收益(万元) | 1298.06 | 824.84 | |
| | 利润总额(万元) | 1832.44 | 2992.3 | |
| | 净利润(万元) | 1513.78 | 2826.45 | |

近年分配：06 预案:10 派 1.2

**主要股东及持股比例%、持股性质**

云南世博集团有限公司 48.72%（国有股）
云南世博广告有限公司 10.35%（国有股）
云南红塔集团有限公司 9.21%（国有股）
云南铜业(集团)有限公司 4.6%（国有股）
北京周林频谱科技有限公司 1.53%（非流通股）
中国建设银行－中小企业板交易型开放式指数基金 0.79%（流通 A 股）
中信建投证券有限责任公司 0.44%（流通 A 股）
西部证券股份有限公司 0.34%（流通 A 股）
中国建设银行－华夏红利混合型开放式证券投资基金 0.28%（流通 A 股）
张丽玉 0.15%（流通 A 股）

实际控制人：云南世博集团有限公司

二〇〇六年以来市场表现

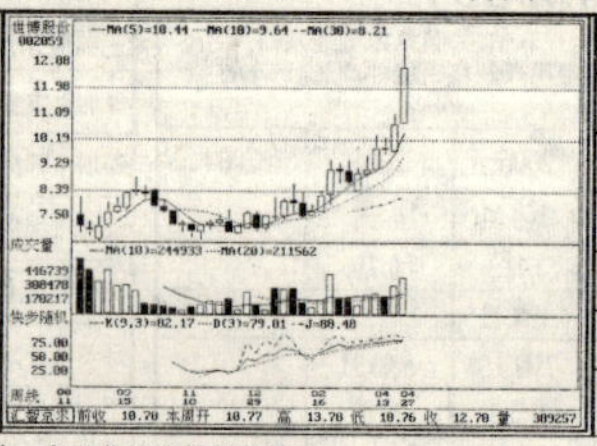

| | |
|---|---|
| 2006 年涨跌幅(%) | －7.71 |
| 2006 年最高(元) | 8.84 |
| 2007 年涨跌幅(%) | 79.89 |
| 2007.4.27 收盘(元) | 12.7 |
| 2007 年最高(元) | 13.78 |
| 2007 年最低(元) | 6.97 |
| 2007 年换手率(%) | 655.41 |

未来一年限售流通股解禁情况：

| 最新股本 | 总股本 | 非(限售)流通 | 流通 A | 流通 B/H/S | 股东户数 | 06 年末 | 06 三季 |
|---|---|---|---|---|---|---|---|
| | 21500 | 16000 | 5500 | | | 13736 | 10752 |

**年报点评**：在昆明世博会效应趋淡之下，世博园内的"三江并流"等项目开工又对已经走入低谷的游客数量造成抑制作用。06 年公司经收购世博兴云 25% 股份后，对其达到绝对控股地位。世博生态社区项目共 8 期，还剩 6 期，预计 2007 年进入建设及销售的高峰期。

## 粤水电（002060）

上市日期:06/08/10　　电话:020－61776666　　传真:020－82607169

**主营**：水利水电工程施工业务、市政公用工程、公路工程、机电安装工程、地基与基础工程、房屋建筑工程等工程施工业务。

| | 年　度 | 2006 | 2005 | 2004 |
|---|---|---|---|---|
| 主要指标 | 每股收益/扣除后(元) | 0.308/0.308 | 0.416/0.415 | |
| | 每股经营现金流量(元) | 0.17 | 0.42 | |
| | 每股净资产/调整后(元) | 3.87/3.8 | 2.9/2.74 | |
| | 未分利润(万元) | 20493.65 | 15778.16 | |
| | 资本公积(万元) | 38613.17 | 7164.41 | |
| 利润构成 | 主营收入(万元) | 200003.75 | 173382.49 | |
| | 主营利润(万元) | 16327.8 | 14621.14 | |
| | 投资收益(万元) | | | |
| | 利润总额(万元) | 8164.75 | 6873.52 | |
| | 净利润(万元) | 6772.84 | 5734.8 | |

近年分配：06 预案:10 派 1.1

**主要股东及持股比例%、持股性质**

广东省水利水电第二工程局 47.92%（国有股）
广东梅雁水电股份有限公司 7.7%（非流通股）
广东泰业实业投资有限公司 2.37%（非流通股）
广东省水利电力勘测设计研究院 1.6%（国有股）
中国建设银行－中小企业板交易型开放式指数基金 1.29%（流通 A 股）
汕头市潮阳区新明峰贸易有限公司 1.19%（非流通股）
广东省建筑科学研究院 1.06%（国有股）
增城市山河园林绿化工程有限公司 0.89%（非流通股）
王华强 0.29%（流通 A 股）
赵晓军 0.21%（流通 A 股）

实际控制人：广东省人民政府国有资产监督管理委员会

二〇〇六年以来市场表现

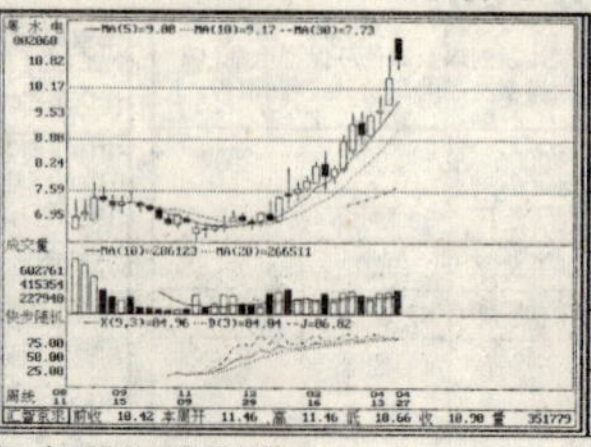

| | |
|---|---|
| 2006 年涨跌幅(%) | －5.34 |
| 2006 年最高(元) | 7.75 |
| 2007 年涨跌幅(%) | 61.72 |
| 2007.4.27 收盘(元) | 10.9 |
| 2007 年最高(元) | 11.46 |
| 2007 年最低(元) | 6.69 |
| 2007 年换手率(%) | 542.73 |

未来一年限售流通股解禁情况：

| 最新股本 | 总股本 | 非(限售)流通 | 流通 A | 流通 B/H/S | 股东户数 | 06 年末 | 06 三季 |
|---|---|---|---|---|---|---|---|
| | 22000 | 13800 | 8200 | | | 20542 | 18262 |

**年报点评**：公司 2006 年实现净利润同比增长 18%。为地方水利水电建筑施工龙头企业，主营收入的 59%来自于水利水电业务，14%来自于市政工程。公司从事水资源、水环境工程在未来数年将迎来建设高峰期，而自身业务承接能力也很强，工程储备充足，未来几年利润增长有保障。

## 江山化工(002061)

上市日期:06/08/16　电话:0570－4057919　传真:0570－4057346

| | 年　度 | 2006 | 2005 | 2004 |
|---|---|---|---|---|
| 主营 | 化工产品的开发、生产和销售 | | | |
| 主要指标 | 每股收益/扣除后(元) | 0.57/0.55 | 0.33 | |
| | 每股经营现金流量(元) | 0.1 | 0.11 | |
| | 每股净资产/调整后(元) | 3.51/3.49 | 2.33/2.32 | |
| | 未分利润(万元) | 6391.49 | 4779.61 | |
| | 资本公积(万元) | 23090.43 | 4765.12 | |
| 利润构成 | 主营收入(万元) | 97005.24 | 77194.74 | |
| | 主营利润(万元) | 17971.26 | 11690.24 | |
| | 投资收益(万元) | | | |
| | 利润总额(万元) | 10873.73 | 5331.77 | |
| | 净利润(万元) | 7987.08 | 3398.25 | |
| 近年分配: | 06 预案:10 派 4 | | | |

| 主要股东及持股比例%、持股性质 |
|---|
| 浙江省经济建设投资公司 36.43%(国有股) |
| 江山化工总厂 30.02%(非流通股) |
| 中国工商银行－南方绩优成长股票型证券投资基金 2.64%(流通 A 股) |
| 江山市康顺贸易有限公司 2.14%(非流通股) |
| 江山市经济建设发展公司 2.13%(国有股) |
| 景宁畲族自治县兴和商贸有限公司 1.41%(非流通股) |
| 中国建设银行－交银施罗德稳健配置混合型证券投资基金 1.07%(流通 A 股) |
| 中国农业银行－中海分红增利混合型证券投资基金 0.74%(流通 A 股) |
| 浙江国光啤酒集团有限公司 0.71%(国有股) |
| 中国建设银行－中小企业板交易型开放式指数基金 0.65%(流通 A 股) |
| 实际控制人:浙江省铁路投资集团有限公司 |

二〇〇六年以来市场表现

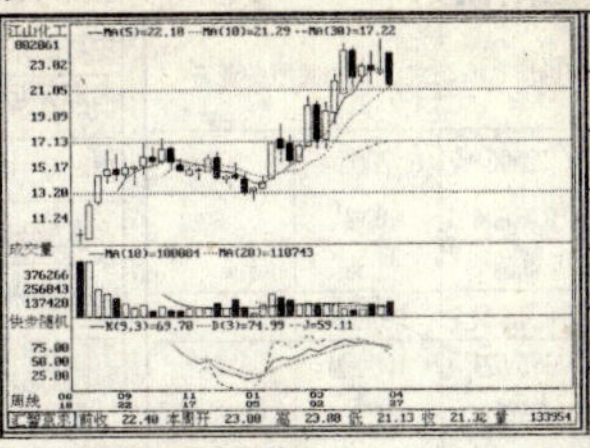

| | |
|---|---|
| 2006 年涨跌幅(%) | 38.32 |
| 2006 年最高(元) | 17.3 |
| 2007 年涨跌幅(%) | 62.25 |
| 2007.4.27 收盘(元) | 21.32 |
| 2007 年最高(元) | 24.98 |
| 2007 年最低(元) | 12.6 |
| 2007 年换手率(%) | 465.97 |

未来一年限售流通股解禁情况:

| | 总股本 | 非(限售)流通 | 流通 A | 流通 B/H/S | 股东户数 | 06 年末 | 06 三季 |
|---|---|---|---|---|---|---|---|
| 最新股本 | 13998 | 10198 | 3800 | | | 8785 | 6724 |

年报点评:主要产品有二甲基甲酰胺(DMF)、甲胺(MA)、二甲基乙酰胺(DMAC)、环氧树脂和合成氨等,其中 DMF、混甲胺产能规模居世界第一,DMAC 产能规模居国内首位,DMF、DMAC 产能分别为 15 万吨、2 万吨。公司 DMF 国内市场拥有 30%的份额。

## 宏润建设(002062)

上市日期:06/08/16　电话:021－54976006　传真:021－54976008

| | 年　度 | 2006 | 2005 | 2004 |
|---|---|---|---|---|
| 主营 | 市政公用工程、房屋建筑工程施工 | | | |
| 主要指标 | 每股收益/扣除后(元) | 0.62/0.6 | 0.74 | |
| | 每股经营现金流量(元) | 0.44 | 1.14 | |
| | 每股净资产/调整后(元) | 5.28/5.08 | 3.27/3.18 | |
| | 未分利润(万元) | 12045.9 | 6204.84 | |
| | 资本公积(万元) | 23047.84 | 1119.71 | |
| 利润构成 | 主营收入(万元) | 273765.79 | 231918.27 | |
| | 主营利润(万元) | 12640.21 | 12419.05 | |
| | 投资收益(万元) | -20.26 | 19.04 | |
| | 利润总额(万元) | 9351.83 | 9641.64 | |
| | 净利润(万元) | 6871.84 | 6094.38 | |
| 近年分配: | 06 预案:10 派 1 送 5 | | | |

| 主要股东及持股比例%、持股性质 |
|---|
| 浙江宏润控股有限公司 32.99%(非流通股) |
| 郑宏舫 18.34%(非流通股) |
| 尹芳达 4.78%(非流通股) |
| 严帮吉 4.25%(非流通股) |
| 何秀永 3.99%(非流通股) |
| 施加来 2.52%(非流通股) |
| 中国建设银行－中小企业板交易型开放式指数基金 0.92%(流通 A 股) |
| 蔡振华 0.87%(非流通股) |
| 方良 0.76%(非流通股) |
| 沈功浩 0.61%(非流通股) |
| 实际控制人:郑宏舫 |

二〇〇六年以来市场表现

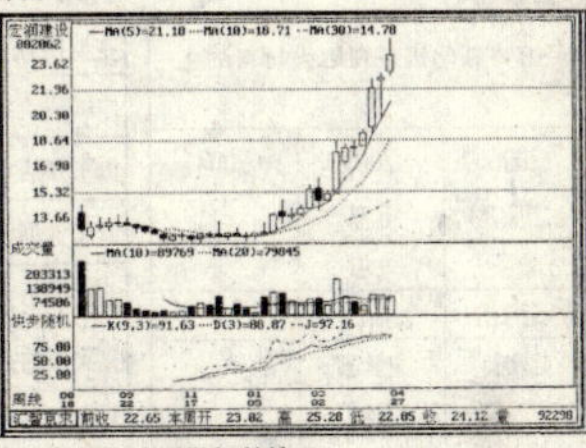

| | |
|---|---|
| 2006 年涨跌幅(%) | -8.02 |
| 2006 年最高(元) | 14.49 |
| 2007 年涨跌幅(%) | 94.83 |
| 2007.4.27 收盘(元) | 24.12 |
| 2007 年最高(元) | 25.28 |
| 2007 年最低(元) | 12.18 |
| 2007 年换手率(%) | 477.85 |

未来一年限售流通股解禁情况:

| | 总股本 | 非(限售)流通 | 流通 A | 流通 B/H/S | 股东户数 | 06 年末 | 06 三季 |
|---|---|---|---|---|---|---|---|
| 最新股本 | 11082 | 8232 | 2850 | | | 10176 | 9923 |

年报点评:2006 年,公司主营收入 27.38 亿元,比上年增长 18.04%;实现净利润 6872 万元,比上年增长 12.76%,实现每股收益 0.62 元。建筑业处于完全竞争状态,行业平均毛利率水平较低。公司应提高公司竞争能力,提升高技术含量项目比重。

## 远光软件(002063)

上市日期:06/08/23　电话:0756－3399888　传真:0756－3399666

| | 年　度 | 2006 | 2005 | 2004 |
|---|---|---|---|---|
| 主营 | 国内电力行业财务和管理软件的开发与销售。 | | | |
| 主要指标 | 每股收益/扣除后(元) | 0.351/0.344 | 0.642 | |
| | 每股经营现金流量(元) | 0.38 | 0.75 | |
| | 每股净资产/调整后(元) | 2.83/2.83 | 3.14/3.14 | |
| | 未分利润(万元) | 6276.75 | 7256.61 | |
| | 资本公积(万元) | 11880.03 | 0.08 | |
| 利润构成 | 主营收入(万元) | 12474 | 10078.57 | |
| | 主营利润(万元) | 9195.88 | 7645.02 | |
| | 投资收益(万元) | 44.47 | 52.48 | |
| | 利润总额(万元) | 4118.85 | 3092.35 | |
| | 净利润(万元) | 3851.97 | 2644.51 | |
| 近年分配: | 06 预案:10 派 2 | | | |

| 主要股东及持股比例%、持股性质 |
|---|
| 珠海市东区荣光科技有限公司 30.58%(非流通股) |
| 国电电力发展股份有限公司 14.99%(国有股) |
| 陈利浩 7.65%(非流通股) |
| 吉林省电力有限公司 6.75%(国有股) |
| 福建省电力有限公司 6.75%(国有股) |
| 浙江嘉汇集团有限公司 4.12%(非流通股) |
| 广东太平洋技术创业有限公司 4.12%(非流通股) |
| 中国工商银行－建信优选成长股票型证券投资基金 1%(流通 A 股) |
| 兴和证券投资基金 0.97%(流通 A 股) |
| 中国建设银行－中小企业板交易型开放式指数基金 0.77%(流通 A 股) |
| 实际控制人:陈利浩 |

二〇〇六年以来市场表现

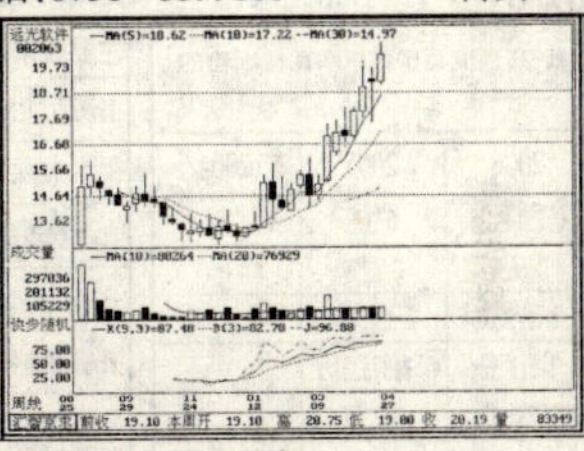

| | |
|---|---|
| 2006 年涨跌幅(%) | -1.74 |
| 2006 年最高(元) | 16 |
| 2007 年涨跌幅(%) | 55.43 |
| 2007.4.27 收盘(元) | 20.19 |
| 2007 年最高(元) | 20.75 |
| 2007 年最低(元) | 12.93 |
| 2007 年换手率(%) | 469.47 |

未来一年限售流通股解禁情况:

| | 总股本 | 非(限售)流通 | 流通 A | 流通 B/H/S | 股东户数 | 06 年末 | 06 三季 |
|---|---|---|---|---|---|---|---|
| 最新股本 | 10982 | 8232 | 2750 | | | 8914 | 8839 |

年报点评:公司主要从事电力行业财务与管理软件的开发与销售,在电力系统的财务及管理软件市场上具有极高的市场占有率,综合占有率超过 80%,其独特的电力公司股东背景为公司未来的发展奠定了坚实的基础。预计未来几年公司仍将保持快速增长。

## 华峰氨纶(002064)

上市日期:06/08/23　电话:0577－65178053　传真:0577－65537858

| | 年　度 | 2006 | 2005 | 2004 |
|---|---|---|---|---|
| 主营 | 氨纶产品的加工制造、销售、技术开发 | | | |
| 主要指标 | 每股收益/扣除后(元) | 0.42/0.4 | 0.47 | |
| | 每股经营现金流量(元) | 1.02 | 0.79 | |
| | 每股净资产/调整后(元) | 5.58/5.57 | 4.82/4.81 | |
| | 未分利润(万元) | 38268.44 | 32920.47 | |
| | 资本公积(万元) | 19677.8 | 1279 | |
| 利润构成 | 主营收入(万元) | 76303.27 | 54008.68 | |
| | 主营利润(万元) | 12880.7 | 9973.29 | |
| | 投资收益(万元) | | | |
| | 利润总额(万元) | 8509.34 | 6656.72 | |
| | 净利润(万元) | 5942.19 | 5007.59 | |
| 近年分配: | 06 年:10 派 1 转增 3 | | | |

| 主要股东及持股比例%、持股性质 |
|---|
| 华峰集团有限公司 32.32%(非流通股) |
| 尤小平 13.26%(非流通股) |
| 尤小华 8.48%(非流通股) |
| 尤金焕 2.32%(非流通股) |
| 叶芬弟 2.22%(非流通股) |
| 陈林真 2.22%(非流通股) |
| 华夏银行股份有限公司－益民红利成长混合型证券投资基金 2.07%(流通 A 股) |
| 广发证券股份有限公司 2.01%(流通 A 股) |
| 光大证券股份有限公司 1.85%(流通 A 股) |
| 杨清文 1.06%(非流通股) |
| 实际控制人:尤小平 |

二〇〇六年以来市场表现

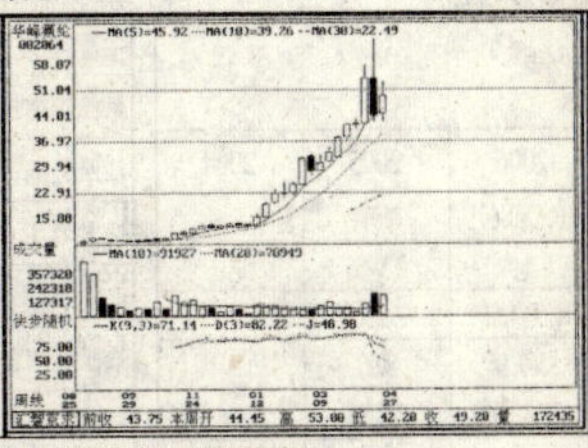

| | |
|---|---|
| 2006 年涨跌幅(%) | 50 |
| 2006 年最高(元) | 14.5 |
| 2007 年涨跌幅(%) | 365.21 |
| 2007.4.27 收盘(元) | 49.2 |
| 2007 年最高(元) | 69 |
| 2007 年最低(元) | 13 |
| 2007 年换手率(%) | 353.83 |

未来一年限售流通股解禁情况:

| | 总股本 | 非(限售)流通 | 流通 A | 流通 B/H/S | 股东户数 | 06 年末 | 06 三季 |
|---|---|---|---|---|---|---|---|
| 最新股本 | 14200 | 10650 | 3550 | | | 3316 | 8323 |

年报点评:国内最大的氨纶纤维制造企业之一,主要产品为"千禧"牌氨纶丝。募资投入的年产 3000 吨高透明度差别化、年产 1000 吨耐氯、年产 1000 吨经编专用氨纶纤维和年产 1000 吨氨纶纤维细旦化项目 4 个项目在 2006 年底全部建成投产。

## 东华合创（002065）

上市日期:06/08/23　电话:010－62524608　传真:010－62524618

| 主营 | 行业应用软件开发、计算机信息系统集成及相关服务业务 | | | |
|---|---|---|---|---|
| | 年　度 | 2006 | 2005 | 2004 |
| 主要指标 | 每股收益/扣除后(元) | 0.84/0.84 | 0.99 | |
| | 每股经营现金流量(元) | 0.28 | 1.36 | |
| | 每股净资产/调整后(元) | 6.51/6.51 | 3.37/3.37 | |
| | 未分利润(万元) | 16729.23 | 11420.24 | |
| | 资本公积(万元) | 27657.6 | 122 | |
| 利润构成 | 主营收入(万元) | 58503.22 | 46146.1 | |
| | 主营利润(万元) | 10771.22 | 9919.19 | |
| | 投资收益(万元) | | | |
| | 利润总额(万元) | 7642.71 | 6236.13 | |
| | 净利润(万元) | 7204.71 | 5814.05 | |
| 近年分配: | 06 预案:10 派 1.5 转增 5 | | | |

| 主要股东及持股比例%、持股性质 |
|---|
| 北京东华诚信电脑科技发展有限公司 30.39%（非流通股） |
| 薛向东 18.23%（非流通股） |
| 北京东华诚信工业设备有限公司 14.79%（非流通股） |
| 北京合创电商投资顾问有限公司 6.08%（非流通股） |
| 中国农业银行－长城安心回报混合型证券投资基金 1.64%（流通 A 股） |
| 史绪 1%（非流通股） |
| 阮天　1%（非流通股） |
| 杜先锋 0.95%（非流通股） |
| 新华人寿保险股份有限公司－分红－个人分红－018L－FH002 深 0.94%（流通 A 股） |
| 中国建设银行－中小企业板交易型开放式指数基金 0.91%（流通 A 股） |
| 实际控制人：薛向东 |

二〇〇六年以来市场表现

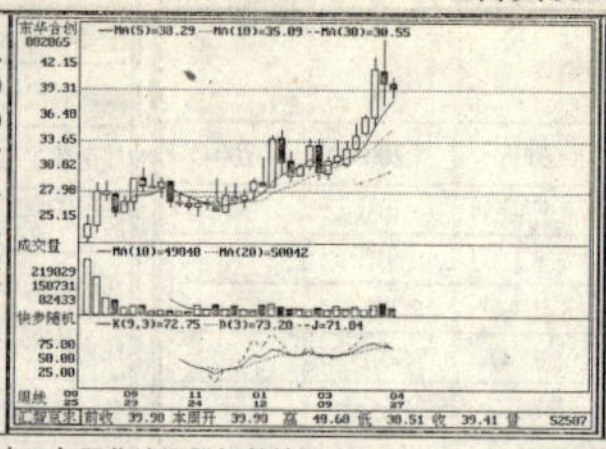

| | |
|---|---|
| 2006 年涨跌幅(%) | 14.67 |
| 2006 年最高(元) | 30.55 |
| 2007 年涨跌幅(%) | 43.21 |
| 2007.4.27 收盘(元) | 39.41 |
| 2007 年最高(元) | 44.98 |
| 2007 年最低(元) | 26.86 |
| 2007 年换手率(%) | 370 |

未来一年限售流通股解禁情况：

| 最新股本 | 总股本 | 非(限售)流通 | 流通 A | 流通 B/H/S | 股东户数 | 06 年末 | 06 三季 |
|---|---|---|---|---|---|---|---|
| | 8623.67 | 6464.25 | 2159.42 | | | 7336 | 6196 |

年报点评：公司主营行业应用软件开发、计算机信息系统集成及相关服务业务。2006 年加强软件产品开发力度，发挥在资质、人才、技术、营销网络和客户资源等方面的综合竞争优势，在细分市场上优势明显。公司签订项目的合同金额 9.1 亿元，预计未来成长性能够保持。

## 瑞泰科技（002066）

上市日期:06/08/23　电话:010－65715470　传真:010－65713724

| 主营 | 熔铸锆刚玉系列耐火材料、熔铸氧化铝系列耐火材料的生产和销售。 | | | |
|---|---|---|---|---|
| | 年　度 | 2006 | 2005 | 2004 |
| 主要指标 | 每股收益/扣除后(元) | 0.27/0.263 | 0.33 | |
| | 每股经营现金流量(元) | 0.17 | 0.07 | |
| | 每股净资产/调整后(元) | 3.35/3.31 | 2.49/2.45 | |
| | 未分利润(万元) | 4189.26 | 3194.27 | |
| | 资本公积(万元) | 8976.02 | 2724.03 | |
| 利润构成 | 主营收入(万元) | 18024.69 | 15486.27 | |
| | 主营利润(万元) | 4210.34 | 3590.14 | |
| | 投资收益(万元) | | | |
| | 利润总额(万元) | 1637.53 | 1511.27 | |
| | 净利润(万元) | 1605.55 | 1479.7 | |
| 近年分配: | 06 预案:10 派 1 | | | |

| 主要股东及持股比例%、持股性质 |
|---|
| 中国建筑材料科学研究总院 59.76%（国有股） |
| 山东张店水泥股份有限公司 6.24%（非流通股） |
| 浙江省创业投资集团有限公司 4.5%（非流通股） |
| 北京矿冶研究总院 1.5%（国有股） |
| 宜兴市耐火材料厂 1.5%（非流通股） |
| 莱州祥云防火隔热材料有限公司 1.5%（非流通股） |
| 中国建设银行－中小企业板交易型开放式指数基金 0.95%（流通 A 股） |
| 戴剑琴 0.15%（流通 A 股） |
| 林海 0.14%（流通 A 股） |
| 柴关政 0.1%（流通 A 股） |
| 实际控制人：中国建筑材料集团公司 |

二〇〇六年以来市场表现

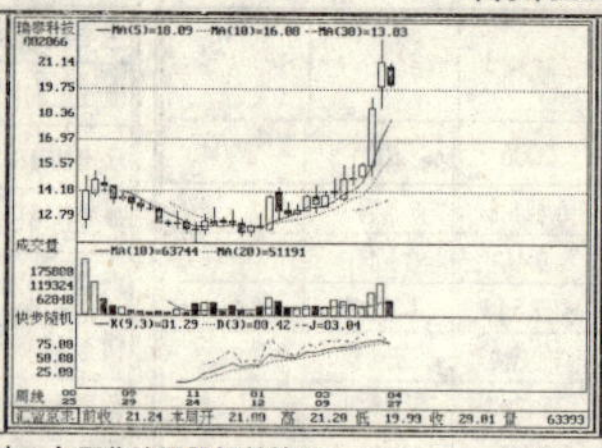

| | |
|---|---|
| 2006 年涨跌幅(%) | －5.04 |
| 2006 年最高(元) | 15.19 |
| 2007 年涨跌幅(%) | 68.43 |
| 2007.4.27 收盘(元) | 20.01 |
| 2007 年最高(元) | 22.53 |
| 2007 年最低(元) | 11.7 |
| 2007 年换手率(%) | 592.84 |

未来一年限售流通股解禁情况：

| 最新股本 | 总股本 | 非(限售)流通 | 流通 A | 流通 B/H/S | 股东户数 | 06 年末 | 06 三季 |
|---|---|---|---|---|---|---|---|
| | 6000 | 4500 | 1500 | | | 6969 | 6220 |

年报点评：公司是国内领先的玻璃窑用熔铸耐火材料生产企业，是唯一一家具有生产熔铸氧化铝技术能力的内资企业。公司计划新建产能为 3000 吨/年的熔铸锆刚玉生产线，2000 吨/年熔铸氧化铝生产线将于 07 年中期建成投产，将极大提升产能扩张。公司未来发展前景广阔。

## 景兴纸业（002067）

上市日期:06/09/15　电话:0573－5969328　传真:0573－5963320

| 主营 | 牛皮箱纸板、白面牛皮卡纸、高强度瓦楞原纸和瓦楞纸箱的生产制造、销售。 | | | |
|---|---|---|---|---|
| | 年　度 | 2006 | 2005 | 2004 |
| 主要指标 | 每股收益/扣除后(元) | 0.254/0.25 | 0.378 | |
| | 每股经营现金流量(元) | 0.6637 | 0.6279 | |
| | 每股净资产/调整后(元) | 2.88/2.88 | 2.13/2.13 | |
| | 未分利润(万元) | 14611.13 | 11375.31 | |
| | 资本公积(万元) | 22786.17 | 302.57 | |
| 利润构成 | 主营收入(万元) | 97965.03 | 95403.49 | |
| | 主营利润(万元) | 19937.09 | 17787.5 | |
| | 投资收益(万元) | －6.74 | 3.86 | |
| | 利润总额(万元) | 8844.18 | 7612.27 | |
| | 净利润(万元) | 5829.74 | 5664.16 | |
| 近年分配: | 06 预案:10 派 1 送 3 | | | |

| 主要股东及持股比例%、持股性质 |
|---|
| 上海九龙山股份有限公司 26.74%（非流通股） |
| 朱在龙 26.74%（非流通股） |
| 日本制纸株式会社 3.59%（外资股） |
| 日本纸张纸浆商事株式会社 3.59%（外资股） |
| 平湖市曹桥乡集体资产经营公司 2.61%（非流通股） |
| 平湖市电力实业总公司 1.96%（非流通股） |
| 中信建投－渣打银行－ING BANK N. V 1.22%（流通 A 股） |
| 中国建设银行－中小企业板交易型开放式指数基金 1.16%（流通 A 股） |
| 海通－汇丰－MERRILL LYNCH INTERNATIONAL 0.84%（流通 A 股） |
| 国际金融－汇丰－BILL&MELINDA GATES FOUNDATION 0.76%（流通 A 股） |
| 实际控制人： |

二〇〇六年以来市场表现

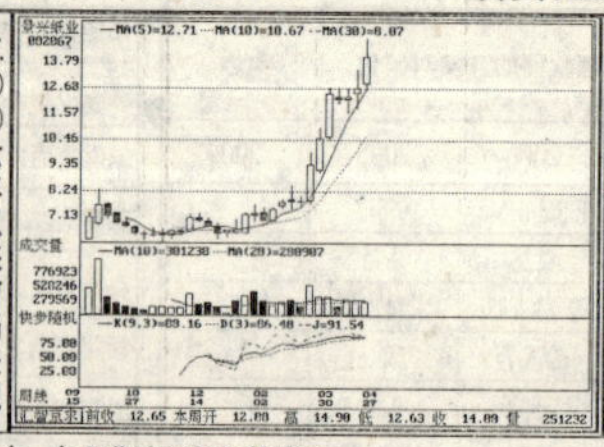

| | |
|---|---|
| 2006 年涨跌幅(%) | －9.49 |
| 2006 年最高(元) | 8.28 |
| 2007 年涨跌幅(%) | 119.09 |
| 2007.4.27 收盘(元) | 14 |
| 2007 年最高(元) | 14.9 |
| 2007 年最低(元) | 6.21 |
| 2007 年换手率(%) | 578.64 |

未来一年限售流通股解禁情况：

| 最新股本 | 总股本 | 非(限售)流通 | 流通 A | 流通 B/H/S | 股东户数 | 06 年末 | 06 三季 |
|---|---|---|---|---|---|---|---|
| | 23000 | 15000 | 8000 | | | 16918 | 22012 |

年报点评：06 年公司净利润 5830 万元，增长了 2.92%。由于 06 年公司主要产品能没有明显变动，除白面牛皮卡纸出现比较明显回落外，其他产品都呈现小幅增长。受益于行业需求的快速增长，原纸产品毛利率有一定幅度提升。

## 黑猫股份（002068）

上市日期:06/09/15　电话:0798－8399126　传真:0798－8391868

| 主营 | 炭黑及其尾气的生产和销售 | | | |
|---|---|---|---|---|
| | 年　度 | 2006 | 2005 | 2004 |
| 主要指标 | 每股收益/扣除后(元) | 0.62/0.69 | 0.571 | |
| | 每股经营现金流量(元) | 0.1406 | 2.9685 | |
| | 每股净资产/调整后(元) | 4.98/4.98 | 3.5/3.5 | |
| | 未分利润(万元) | 9569.96 | 8927 | |
| | 资本公积(万元) | 23182.56 | 2475.5 | |
| 利润构成 | 主营收入(万元) | 105279.79 | 61023.54 | |
| | 主营利润(万元) | 20933.1 | 13191.07 | |
| | 投资收益(万元) | －0.27 | －14.93 | |
| | 利润总额(万元) | 7424.83 | 3634.33 | |
| | 净利润(万元) | 5514.4 | 3085.29 | |
| 近年分配: | 06 方案:10 派 2 | | | |

| 主要股东及持股比例%、持股性质 |
|---|
| 景德镇市焦化煤气总厂 56.85%（国有股） |
| 江西亿威数码科技有限公司 1.7%（非流通股） |
| 倪丰琴 1.47%（流通 A 股） |
| 中国建设银行－中小企业板交易型开放式指数基金 1.06%（流通 A 股） |
| 景德镇陶瓷股份有限公司 0.85%（非流通股） |
| 福建三安集团有限公司 0.85%（非流通股） |
| 景德镇市华意物资公司 0.43%（国有股） |
| 沈妙松 0.34%（流通 A 股） |
| 陈小静 0.29%（流通 A 股） |
| 沈阳新中成通讯技术开发有限公司 0.25%（流通 A 股） |
| 实际控制人： |

二〇〇六年以来市场表现

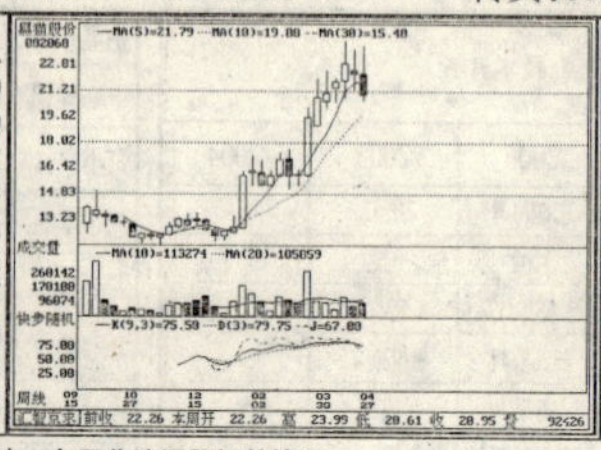

| | |
|---|---|
| 2006 年涨跌幅(%) | －12.54 |
| 2006 年最高(元) | 14.9 |
| 2007 年涨跌幅(%) | 72.57 |
| 2007.4.27 收盘(元) | 20.95 |
| 2007 年最高(元) | 24.41 |
| 2007 年最低(元) | 11.85 |
| 2007 年换手率(%) | 494.31 |

未来一年限售流通股解禁情况：

| 最新股本 | 总股本 | 非(限售)流通 | 流通 A | 流通 B/H/S | 股东户数 | 06 年末 | 06 三季 |
|---|---|---|---|---|---|---|---|
| | 8900 | 5400 | 3500 | | | 11393 | 13090 |

年报点评：公司主要产品为硬质炭黑 N220、N330、N339 等、软质炭黑 N539、N660 等和尾气产品的生产和销售，生产规模居国内同行业第一。目前公司已形成 4.5 万吨/年湿法软质炭黑、15 万吨/年湿法硬质炭黑的产能，装置技术水平在国内领先。

## 獐子岛（002069）

上市日期:06/09/28　电话:(0411)82592666　传真:(0411)82634187

| | | 2006 | 2005 | 2004 |
|---|---|---|---|---|
| 主营 | 海产品养殖和水产品加工 | | | |
| | 年　度 | 2006 | 2005 | 2004 |
| 主要指标 | 每股收益/扣除后(元) | 1.48/1.49 | 1.77 | |
| | 每股经营现金流量(元) | 1.61 | 1.24 | |
| | 每股净资产/调整后(元) | 9.43/8.76 | 3.66/3.21 | |
| | 未分利润(万元) | 20438.81 | 15406.68 | |
| | 资本公积(万元) | 68681.48 | 2616.06 | |
| 利润构成 | 主营收入(万元) | 63779.25 | 51819.82 | |
| | 主营利润(万元) | 29537.17 | 24515.48 | |
| | 投资收益(万元) | 282.7 | 101.17 | |
| | 利润总额(万元) | 17198.96 | 15428.74 | |
| | 净利润(万元) | 16709.49 | 15023.19 | |
| 近年分配: | 06 预案:10 派 7 | | | |

**主要股东及持股比例%、持股性质**

长海县獐子岛投资发展中心 47.66%（非流通股）
长海县獐子岛褡裢经济发展中心 7.56%（非流通股）
吴厚刚 7.5%（非流通股）
长海县獐子岛小耗经济发展中心 4.93%（非流通股）
中国工商银行－汇添富均衡增长股票型证券投资基金 1.64%（流通A股）
中国工商银行－建信优选成长股票型证券投资基金 1.43%（流通A股）
交通银行－富国天益价值证券投资基金 1.31%（流通A股）
海通－中行－富通银行 1.04%（流通A股）
中国工商银行－南方稳健成长贰号证券投资基金 0.99%（流通A股）
中国工商银行－易方达价值精选股票型证券投资基金 0.96%（流通A股）
实际控制人：长海县獐子岛投资发展中心

二〇〇六年以来市场表现

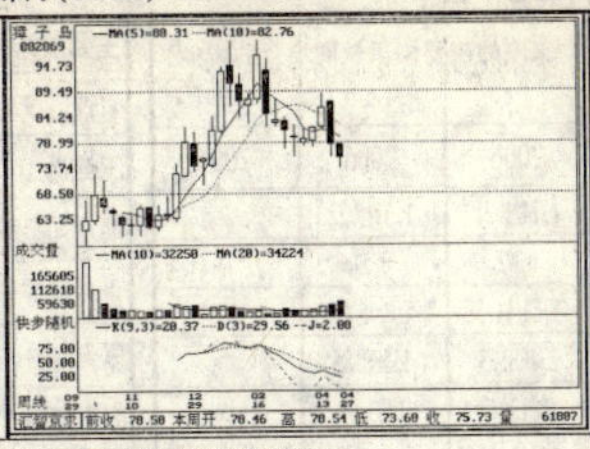

| | |
|---|---|
| 2006 年涨跌幅(%) | 19.21 |
| 2006 年最高(元) | 81.99 |
| 2007 年涨跌幅(%) | 2.28 |
| 2007.4.27 收盘(元) | 75.73 |
| 2007 年最高(元) | 99.98 |
| 2007 年最低(元) | 69.99 |
| 2007 年换手率(%) | 180.17 |

未来一年限售流通股解禁情况:

| 最新股本 | 总股本 | 非(限售)流通 | 流通A | 流通B/H/S | 股东户数 | 06 年末 | 06 三季 |
|---|---|---|---|---|---|---|---|
| | 11310 | 8480 | 2830 | | | 6415 | 8572 |

年报点评：公司主营海产品养殖和水产品加工,产品拥有很高的市场份额。公司养殖海域水深适宜,底质平坦,并以砾石沙泥为主,适宜大面积开展底播增殖业。獐子岛与中科院海洋所、水科院一直保持技术合作,凭借良好海域条件和集约化经营带来资金、技术上优势。

## 众和股份（002070）

上市日期:06/10/12　电话:0594－5895039　传真:0594－5895238

| | | 2006 | 2005 | 2004 |
|---|---|---|---|---|
| 主营 | 中高档棉休闲服装面料的开发、生产和销售 | | | |
| | 年　度 | 2006 | 2005 | 2004 |
| 主要指标 | 每股收益/扣除后(元) | 0.508/0.503 | 0.514 | |
| | 每股经营现金流量(元) | 0.34 | 0.67 | |
| | 每股净资产/调整后(元) | 4.2/4.08 | 2.56/2.44 | |
| | 未分利润(万元) | 11967.31 | 10272.32 | |
| | 资本公积(万元) | 20037.66 | 319.28 | |
| 利润构成 | 主营收入(万元) | 35510.01 | 30942.01 | |
| | 主营利润(万元) | 7162.8 | 5974.22 | |
| | 投资收益(万元) | 470.05 | 38.98 | |
| | 利润总额(万元) | 5483.78 | 4168.68 | |
| | 净利润(万元) | 5483.31 | 4164.12 | |
| 近年分配: | 06 预案:10 派 2.5 转增 2 | | | |

**主要股东及持股比例%、持股性质**

许金和 23.08%（非流通股）
许建成 18.46%（非流通股）
莆田市华纶鞋业有限公司 11.54%（非流通股）
许木林 8.65%（非流通股）
莆田市天宇房地产开发有限公司 7.5%（非流通股）
莆田市精密模具有限公司 5.77%（非流通股）
招商银行股份有限公司－富国天合稳健优选股票型证券投资基金 3.92%（流通A股）
中国建设银行－信诚精萃成长股票型证券投资基金 0.98%（流通A股）
中国建设银行－中小企业板交易型开放式指数基金 0.52%（部分流通部分不流通）
中信建投证券有限责任公司 0.48%（流通A股）
实际控制人：许金和

二〇〇六年以来市场表现

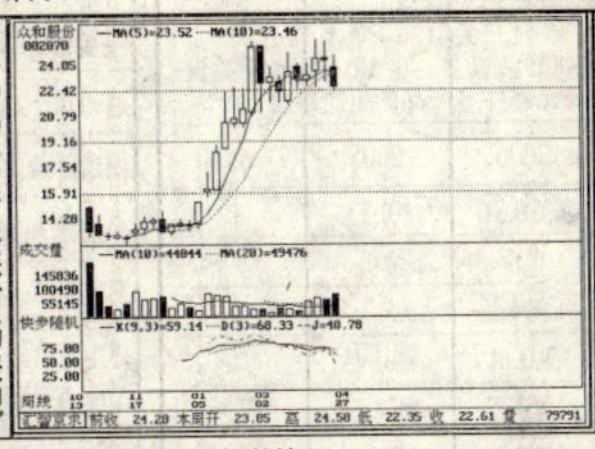

| | |
|---|---|
| 2006 年涨跌幅(%) | －4.3 |
| 2006 年最高(元) | 15.11 |
| 2007 年涨跌幅(%) | 63.84 |
| 2007.4.27 收盘(元) | 22.61 |
| 2007 年最高(元) | 25.68 |
| 2007 年最低(元) | 13.6 |
| 2007 年换手率(%) | 300.13 |

未来一年限售流通股解禁情况:

| 最新股本 | 总股本 | 非(限售)流通 | 流通A | 流通B/H/S | 股东户数 | 06 年末 | 06 三季 |
|---|---|---|---|---|---|---|---|
| | 10800 | 8640 | 2160 | | | 5688 | 18176 |

年报点评：公司主营业务为中高档棉休闲服装面料的开发、生产、销售,产品定位于进口替代和自营出口,拥有 12 大系列 2000 多个品种。下游客户包括众多知名品牌。2006 年公司被国际顶级服装品牌 LouisRaphel 等运营商认定为核心供应商。

## 江苏宏宝（002071）

上市日期:06/10/12　电话:(0512)58713681　传真:(0512)58760569

| | | 2006 | 2005 | 2004 |
|---|---|---|---|---|
| 主营 | 锻造类工具五金和配件五金制品的生产和销售 | | | |
| | 年　度 | 2006 | 2005 | 2004 |
| 主要指标 | 每股收益/扣除后(元) | 0.18/0.17 | 0.33 | |
| | 每股经营现金流量(元) | 0.19 | 0.25 | |
| | 每股净资产/调整后(元) | 2.7/2.7 | 2.21/2.2 | |
| | 未分利润(万元) | 6067.07 | 7108.77 | |
| | 资本公积(万元) | 12801.09 | 1.35 | |
| 利润构成 | 主营收入(万元) | 29345.09 | 29118.45 | |
| | 主营利润(万元) | 6285.91 | 5871.66 | |
| | 投资收益(万元) | | | |
| | 利润总额(万元) | 3148.33 | 3342.91 | |
| | 净利润(万元) | 2184.41 | 2382.21 | |
| 近年分配: | 06 预案:10 派 0.5 | | | |

**主要股东及持股比例%、持股性质**

江苏宏宝集团有限公司 41.46%（非流通股）
红塔创新投资股份有限公司 4.98%（国有股）
朱剑峰 3.45%（非流通股）
张家港保税区恒德金属制品国际贸易有限公司 2.96%（非流通股）
衡允恭 2.9%（外资股）
江苏华尔润集团有限公司 2.9%（非流通股）
中信建投证券有限责任公司 0.64%（流通A股）
王施涛 0.59%（非流通股）
缪林标 0.43%（流通A股）
彭冬梅 0.34%（流通A股）
实际控制人：朱玉宝

二〇〇六年以来市场表现

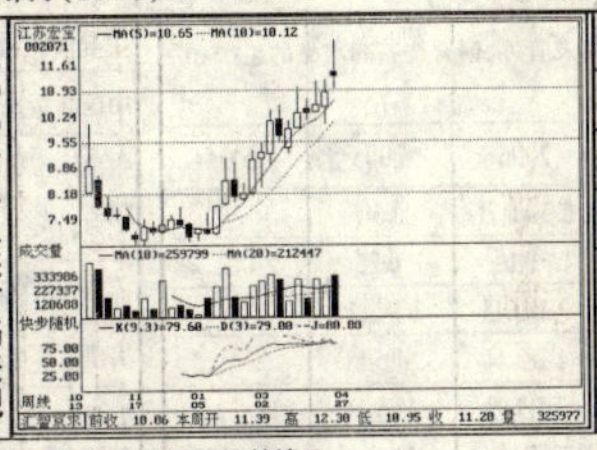

| | |
|---|---|
| 2006 年涨跌幅(%) | －29.26 |
| 2006 年最高(元) | 10.05 |
| 2007 年涨跌幅(%) | 60.91 |
| 2007.4.27 收盘(元) | 11.28 |
| 2007 年最高(元) | 12.3 |
| 2007 年最低(元) | 6.91 |
| 2007 年换手率(%) | 745.86 |

未来一年限售流通股解禁情况:

| 最新股本 | 总股本 | 非(限售)流通 | 流通A | 流通B/H/S | 股东户数 | 06 年末 | 06 三季 |
|---|---|---|---|---|---|---|---|
| | 12268 | 8268 | 4000 | | | 14075 | |

年报点评：国内工具五金行业龙头企业之一。公司主导产品各类手动工具钳出口占国内钳类出口市场 10%以上的份额,内燃机用连杆毛坯的市场占有率高达 60%。拥有自主知识产权专利 46 项,专业级高档工具钳填补国内空白。

## 德棉股份（002072）

上市日期:06/10/18　电话:(0534)2436114　传真:(0534)2447402

| | | 2006 | 2005 | 2004 |
|---|---|---|---|---|
| 主营 | 本色坯布、长丝布、色织布等中高档服装面料及装饰面料的生产和销售。 | | | |
| | 年　度 | 2006 | 2005 | 2004 |
| 主要指标 | 每股收益/扣除后(元) | 0.16/0.16 | 0.26 | |
| | 每股经营现金流量(元) | －0.24 | 0.32 | |
| | 每股净资产/调整后(元) | 2.86/2.86 | 2.7/2.7 | |
| | 未分利润(万元) | 8206.69 | 7783.33 | |
| | 资本公积(万元) | 18144.11 | 4529.77 | |
| 利润构成 | 主营收入(万元) | 94058.56 | 91068.01 | |
| | 主营利润(万元) | 13495.11 | 11937.52 | |
| | 投资收益(万元) | | | |
| | 利润总额(万元) | 3761.77 | 3535 | |
| | 净利润(万元) | 2615.72 | 2359.69 | |
| 近年分配: | | | | |

**主要股东及持股比例%、持股性质**

山东德棉集团有限公司 55%（国有股）
德州恒丰纺织有限公司 0.63%（国有股）
伍润鸿 0.41%（流通A股）
王雅婵 0.27%（流通A股）
林雨番 0.25%（流通A股）
刘国强 0.23%（流通A股）
中国建设银行－中小企业板交易型开放式指数基金 0.23%（非流通股）
王淼 0.22%（流通A股）
黎建军 0.21%（流通A股）
山东华鲁恒升集团有限公司 0.21%（非流通股）
实际控制人：德州市国有资产管理办公室

二〇〇六年以来市场表现

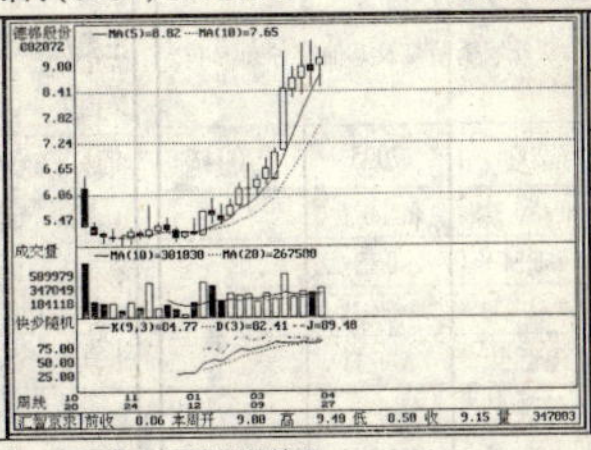

| | |
|---|---|
| 2006 年涨跌幅(%) | －10.14 |
| 2006 年最高(元) | 6.48 |
| 2007 年涨跌幅(%) | 81.19 |
| 2007.4.27 收盘(元) | 9.15 |
| 2007 年最高(元) | 9.59 |
| 2007 年最低(元) | 5.03 |
| 2007 年换手率(%) | 665.93 |

未来一年限售流通股解禁情况:

| 最新股本 | 总股本 | 非(限售)流通 | 流通A | 流通B/H/S | 股东户数 | 06 年末 | 06 三季 |
|---|---|---|---|---|---|---|---|
| | 16000 | 10400 | 5600 | | | 18547 | 36497 |

年报点评：公司的竞争优势主要表现在品牌质量、技术领先稳健经营的历史经验、专注于细分市场。新产品开发和高附加值产品比重提升,公司的综合毛利率由 04 年的 13.4%提高到 06 年的 14.4%。2007－2008 年有 3 个项目投产。

## 青岛软控（002073）

上市日期:06/10/18　　电话:0532－84012387　　传真:0532－84011517

| 主营 | 根据轮胎橡胶企业各生产工序的需要提供软硬结合的智能化设备系统和软件 | | | |
|---|---|---|---|---|
| | 年　度 | 2006 | 2005 | 2004 |
| 主要指标 | 每股收益/扣除后(元) | 1.24/1.21 | 1.31/1.22 | |
| | 每股经营现金流量(元) | 0.42 | 0.51 | |
| | 每股净资产/调整后(元) | 11.61/11.58 | 5.05/5.01 | |
| | 未分利润(万元) | 23468.63 | 15580.85 | |
| | 资本公积(万元) | 46512.47 | 1333.89 | |
| 利润构成 | 主营收入(万元) | 33553.49 | 25312.3 | |
| | 主营利润(万元) | 14300.64 | 9566.43 | |
| | 投资收益(万元) | －222.38 | 448.72 | |
| | 利润总额(万元) | 10110.85 | 7904 | |
| | 净利润(万元) | 8830.18 | 6962.19 | |
| 近年分配: | 06 预案:10 派 2 转增 10 | | | |

| 主要股东及持股比例%、持股性质 | |
|---|---|
| 袁仲雪 22.42%（非流通股） | |
| 王健摄 10.08%（非流通股） | |
| 北京知金科技投资有限公司 5.98%（非流通股） | |
| 青岛高等学校技术装备服务总部 5.98%（国有股） | |
| 宋吉良 3.74%（非流通股） | |
| 张君峰 3.74%（非流通股） | |
| 李志华 3.74%（非流通股） | |
| 李勇 3.74%（非流通股） | |
| 杜军 3.74%（非流通股） | |
| 同益证券投资基金 3.24%（流通 A 股） | |
| 实际控制人: | 袁仲雪 |

二〇〇六年以来市场表现

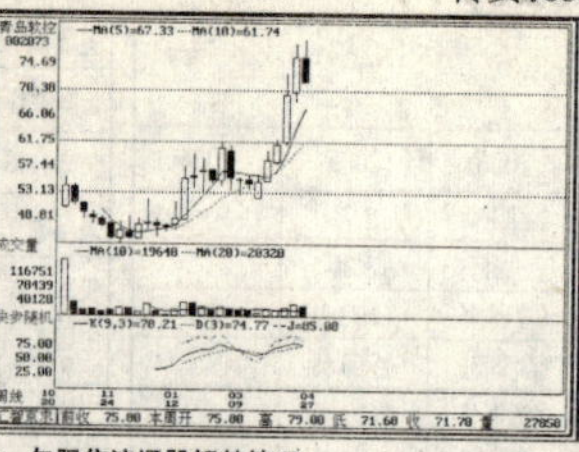

| | |
|---|---|
| 2006 年涨跌幅(%) | －6.26 |
| 2006 年最高(元) | 55.56 |
| 2007 年涨跌幅(%) | 51.43 |
| 2007.4.27 收盘(元) | 71.7 |
| 2007 年最高(元) | 79 |
| 2007 年最低(元) | 46.4 |
| 2007 年换手率(%) | 187.76 |

未来一年限售流通股解禁情况:

| 最新股本 | 总股本 | 非(限售)流通 | 流通 A | 流通 B/H/S | 股东户数 | 06 年末 | 06 三季 |
|---|---|---|---|---|---|---|---|
| | 7123.5 | 5323.5 | 1800 | | | 4678 | 14 |

年报点评　公司主营为面向轮胎橡胶行业应用软件及系统集成开发和数字化装备制造,作为软件企业,公司所生产轮胎关键生产设备,配备了核心工艺软件和技术,成功实现了设备信息化和国产化。国际轮胎企业向中国的转移将给公司带来良好的发展机遇。

## 东源电器（002074）

上市日期:06/10/18　　电话:(0513)86268788　　传真:(0513)86268222

| 主营 | 12kV 系列开关、40.5kV 系列开关、126 kV 系列开关(含 GIS 组合电器)、12kV 系列开关设备、40.5kV 系列开关设备、轻钢结构、低压电器及元器件等产品的生产销售。 | | | |
|---|---|---|---|---|
| | 年　度 | 2006 | 2005 | 2004 |
| 主要指标 | 每股收益/扣除后(元) | 0.35/0.347 | 0.3 | |
| | 每股经营现金流量(元) | 0.19 | 0.01 | |
| | 每股净资产/调整后(元) | 4.36/4.36 | 2.51/2.5 | |
| | 未分利润(万元) | 5923.64 | 4935.45 | |
| | 资本公积(万元) | 15832.97 | 674.45 | |
| 利润构成 | 主营收入(万元) | 25988.29 | 20728.43 | |
| | 主营利润(万元) | 7526.89 | 5390.18 | |
| | 投资收益(万元) | －1.01 | | |
| | 利润总额(万元) | 3438.81 | 1883.64 | |
| | 净利润(万元) | 2422.16 | 1332.38 | |
| 近年分配: | 06 预案:10 派 1 转增 2 | | | |

| 主要股东及持股比例%、持股性质 | |
|---|---|
| 通州市十总集体资产投资中心 32.23%（非流通股） | |
| 南通苏源实业有限责任公司 13.8%（非流通股） | |
| 孙益源 8.03%（非流通股） | |
| 葛美琴 7.09%（非流通股） | |
| 邱卫东 4.07%（非流通股） | |
| 中国银行－易方达策略成长二号混合型证券投资基金 2.5%（流通 A 股） | |
| 中国工商银行－易方达价值精选股票型证券投资基金 0.88%（流通 A 股） | |
| 中国银行－易方达策略成长证券投资基金 0.81%（流通 A 股） | |
| 中国银行－易方达平稳增长证券投资基金 0.72%（流通 A 股） | |
| 中国民族证券有限责任公司 0.43%（流通 A 股） | |
| 实际控制人: | 通州市十总集体资产投资中心 |

二〇〇六年以来市场表现

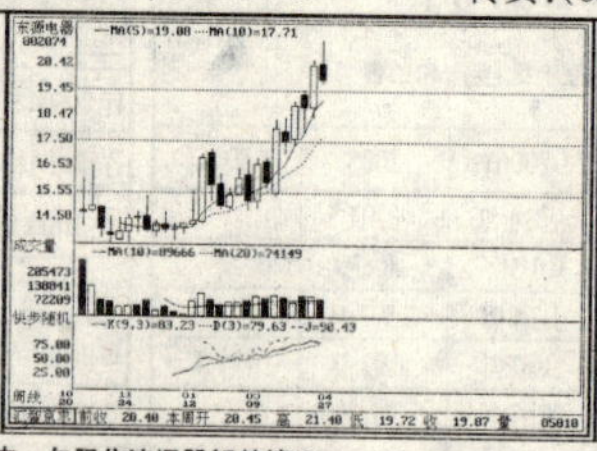

| | |
|---|---|
| 2006 年涨跌幅(%) | －4.4 |
| 2006 年最高(元) | 16.5 |
| 2007 年涨跌幅(%) | 40.82 |
| 2007.4.27 收盘(元) | 19.87 |
| 2007 年最高(元) | 21.4 |
| 2007 年最低(元) | 13.96 |
| 2007 年换手率(%) | 555.56 |

未来一年限售流通股解禁情况:

| 最新股本 | 总股本 | 非(限售)流通 | 流通 A | 流通 B/H/S | 股东户数 | 06 年末 | 06 三季 |
|---|---|---|---|---|---|---|---|
| | 6900 | 4980 | 1920 | | | 6876 | |

年报点评　公司主要从事高、低压开关及成套设备,电器自动化、配网自动化设备的制造和销售,06 年通过开拓市场,强化科技创新和管理效率提升,实现收入与利润的大幅增长。07 年公司将通过募集项目的实施,提升产品品质,开拓市场,实现持续发展。

## 高新张铜（002075）

上市日期:06/10/25　　电话:0512－58690829　　传真:0512－58676357

| 主营 | 空调制冷用铜管、铜水管及管件、铜合金系列产品的生产和销售。 | | | |
|---|---|---|---|---|
| | 年　度 | 2006 | 2005 | 2004 |
| 主要指标 | 每股收益/扣除后(元) | 0.244/0.21 | 0.349 | |
| | 每股经营现金流量(元) | －0.09 | 0.22 | |
| | 每股净资产/调整后(元) | 3.15/3.15 | 2.15/2.15 | |
| | 未分利润(万元) | 11283.44 | 9105.68 | |
| | 资本公积(万元) | 29313.92 | 1805.11 | |
| 利润构成 | 主营收入(万元) | 288378.96 | 193387.91 | |
| | 主营利润(万元) | 16143.04 | 13647.05 | |
| | 投资收益(万元) | 22.19 | | |
| | 利润总额(万元) | 5936.45 | 4945.87 | |
| | 净利润(万元) | 4826.63 | 3773.49 | |
| 近年分配: | 06 预案:10 派 0.4 送 3 转增 7 | | | |

| 主要股东及持股比例%、持股性质 | |
|---|---|
| 中国高新投资集团公司 30%（国有股） | |
| 张家港市杨舍镇资产经营公司 9.82%（非流通股） | |
| 郭照相 5.45%（非流通股） | |
| 许军 3.27%（非流通股） | |
| 周建清 3.27%（非流通股） | |
| 姜兆南 2.73%（非流通股） | |
| 全国社保基金－零五组合 2.32%（部分流通部分不流通） | |
| 中国工商银行－诺安价值增长股票证券投资基金 1.85%（流通 A 股） | |
| 中国人寿保险(集团)公司－传统－普通保险产品 1.09%（部分流通部分不流通） | |
| 中国平安人寿保险股份有限公司－传统－普通保险产品 1.01%（部分流通部分不流通） | |
| 实际控制人: | 国务院国有资产管理委员会 |

二〇〇六年以来市场表现

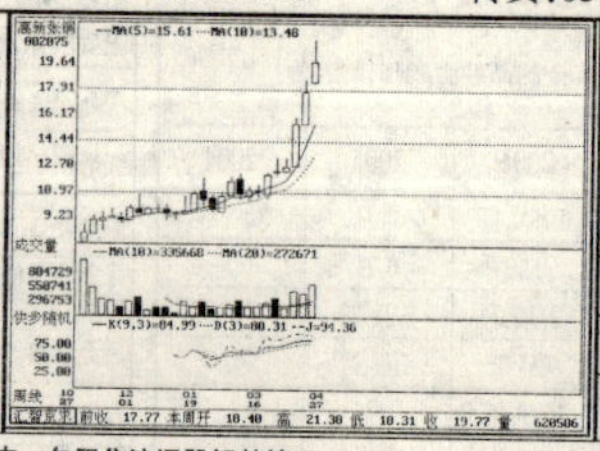

| | |
|---|---|
| 2006 年涨跌幅(%) | 15.09 |
| 2006 年最高(元) | 10.75 |
| 2007 年涨跌幅(%) | 108.99 |
| 2007.4.27 收盘(元) | 19.77 |
| 2007 年最高(元) | 21.38 |
| 2007 年最低(元) | 9.04 |
| 2007 年换手率(%) | 527.67 |

未来一年限售流通股解禁情况:

| 最新股本 | 总股本 | 非(限售)流通 | 流通 A | 流通 B/H/S | 股东户数 | 06 年末 | 06 三季 |
|---|---|---|---|---|---|---|---|
| | 19800 | 12600 | 7200 | | | 13025 | |

年报点评　公司主要从事空调制冷用铜管、铜水管及管件和铜合金系列产品的生产和销售。公司铜合金产品管广泛运用于电力、海水淡化、海洋工程,部分产品属国家独创、填补国内产品空白,为国内独家生产,加工费收入远高于一般产品。

## 雪莱特（002076）

上市日期:06/10/25　　电话:0757－86695590　　传真:0757－86695225

| 主营 | 节能灯、车用氙气金卤灯、紫外线杀菌灯及其他特种光源和配套电子镇流器的生产和销售。 | | | |
|---|---|---|---|---|
| | 年　度 | 2006 | 2005 | 2004 |
| 主要指标 | 每股收益/扣除后(元) | 0.43/0.324 | 0.41/0.32 | |
| | 每股经营现金流量(元) | 0.34 | 0.15 | |
| | 每股净资产/调整后(元) | 3.14/3.13 | 1.5/1.48 | |
| | 未分利润(万元) | 6985.51 | 3046.16 | |
| | 资本公积(万元) | 13738.41 | | |
| 利润构成 | 主营收入(万元) | 26853.85 | 19540.32 | |
| | 主营利润(万元) | 8951.91 | 6233.57 | |
| | 投资收益(万元) | | －4.19 | |
| | 利润总额(万元) | 5098.5 | 3672.17 | |
| | 净利润(万元) | 4383.39 | 3126.94 | |
| 近年分配: | 06 年:10 派 1 转增 8 | | | |

| 主要股东及持股比例%、持股性质 | |
|---|---|
| 柴国生 49.66%（非流通股） | |
| 王毅 4.48%（非流通股） | |
| 冼树忠 4.48%（非流通股） | |
| 交通银行－富国天益价值证券投资基金 3.68%（部分流通部分不流通） | |
| 张明 3.36%（非流通股） | |
| 李正辉 3.36%（非流通股） | |
| 黄云龙 3.13%（非流通股） | |
| 李跃琪 1.86%（非流通股） | |
| 李拥民 1.79%（非流通股） | |
| 东方证券－农行－东方红 1 号集合资产管理计划 0.89%（部分流通部分不流通） | |
| 实际控制人: | 柴国生 |

二〇〇六年以来市场表现

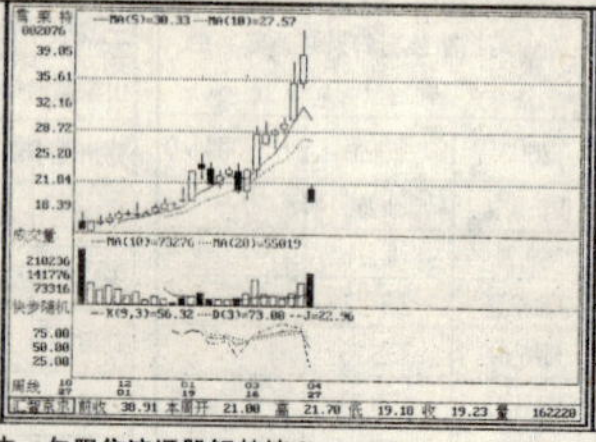

| | |
|---|---|
| 2006 年涨跌幅(%) | 10.41 |
| 2006 年最高(元) | 19.5 |
| 2007 年涨跌幅(%) | 84.94 |
| 2007.4.27 收盘(元) | 19.23 |
| 2007 年最高(元) | 42.49 |
| 2007 年最低(元) | 18.16 |
| 2007 年换手率(%) | 347.07 |

未来一年限售流通股解禁情况:

| 最新股本 | 总股本 | 非(限售)流通 | 流通 A | 流通 B/H/S | 股东户数 | 06 年末 | 06 三季 |
|---|---|---|---|---|---|---|---|
| | 10237.26 | 8157.26 | 2080 | | | 3365 | |

年报点评　公司为中国光源产业后起之秀,市场占率仅为 0.8%,在竞争策略上,更专注在技术研发并力行产品差异化策略,在特种光源如车用 HID 灯、紫外线灯皆领跑市场。HID 灯将成为公司未来的主要利润增长点。预计募集资金项目的投产将给公司带来快速增长。

## 大港股份（002077）

上市日期:06/11/16　　电话:0511－3175808　　传真:0511－3370735

| | | | | |
|---|---|---|---|---|
| 主营 | 工业园区开发,基础设施建设,工业厂房建设与经营,仓储物流,产业投资。 | | | |
| | 年　度 | 2006 | 2005 | 2004 |
| 主要指标 | 每股收益/扣除后(元) | 0.3/0.3 | 0.44 | |
| | 每股经营现金流量(元) | -0.1 | -0.29 | |
| | 每股净资产/调整后(元) | 3.51/3.51 | 2.6/1.73 | |
| | 未分利润(万元) | 11199.99 | 9931.79 | |
| | 资本公积(万元) | 29802.89 | 5697.02 | |
| 利润构成 | 主营收入(万元) | 90952.63 | 61384.88 | |
| | 主营利润(万元) | 11013.82 | 9342.29 | |
| | 投资收益(万元) | 818.36 | 1025.28 | |
| | 利润总额(万元) | 8216.46 | 7515.72 | |
| | 净利润(万元) | 5414.63 | 5290.83 | |
| 近年分配: | 06 预案:10 派 1 转增 4 | | | |

| 主要股东及持股比例%、持股性质 |
|---|
| 镇江新区大港开发总公司 57.62%（国有股） |
| 镇江市三明集团公司 7.91%（非流通股） |
| 中诚信托投资有限责任公司 1.01%（部分流通部分不流通） |
| 镇江市大港自来水有限责任公司 0.57%（国有股） |
| 镇江市新区兴港运输有限公司 0.28%（国有股） |
| 镇江市大港开发区房地产物资投资公司 0.28%（国有股） |
| 欧亮明 0.24%（流通 A 股） |
| 施渊峰 0.16%（流通 A 股） |
| 黄丽卿 0.15%（流通 A 股） |
| 宁波双林集团股份有限公司 0.14%（流通 A 股） |
| 实际控制人: 镇江新区大港开发总公司 |

二〇〇六年以来市场表现

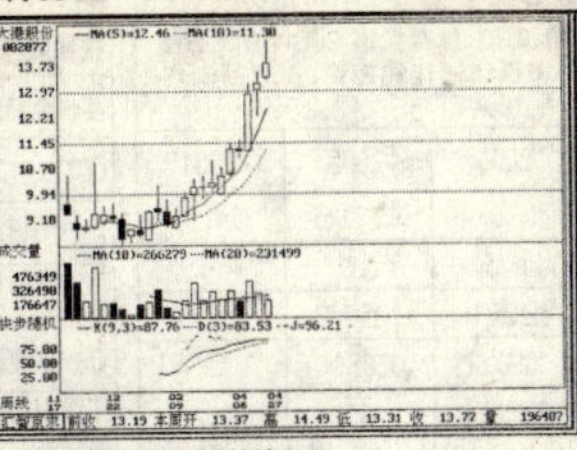

| | |
|---|---|
| 2006 年涨跌幅(%) | -17.07 |
| 2006 年最高(元) | 10.89 |
| 2007 年涨跌幅(%) | 60.12 |
| 2007.4.27 收盘(元) | 13.77 |
| 2007 年最高(元) | 14.49 |
| 2007 年最低(元) | 8.48 |
| 2007 年换手率(%) | 643.62 |

未来一年限售流通股解禁情况:

| 最新股本 | 总股本 | 非(限售)流通 | 流通 A | 流通 B/H/S | 股东户数 | 06 年末 | 06 三季 |
|---|---|---|---|---|---|---|---|
| | 18000 | 13200 | 4800 | | | 17318 | |

年报点评：铜材业务收入占 54%，受主要原料电解铜价格持续上涨影响,毛利率显著。公司正逐步向园区开发与服务模式方向发展,将以园区综合开发一体化为基础,以仓储物流,房地产开发与经营为两翼的大型第三方服务体系。

## 太阳纸业（002078）

上市日期:06/11/16　　电话:0537－3658715　　传真:0537－3658762

| | | | | |
|---|---|---|---|---|
| 主营 | 机制纸、纸板的生产和销售 | | | |
| | 年　度 | 2006 | 2005 | 2004 |
| 主要指标 | 每股收益/扣除后(元) | 1.06/0.94 | 1.38 | |
| | 每股经营现金流量(元) | 2.68 | 3.14 | |
| | 每股净资产/调整后(元) | 7.38/7.26 | 4.94/4.8 | |
| | 未分利润(万元) | 33662.3 | 57869.8 | |
| | 资本公积(万元) | 125330.91 | 7112.14 | |
| 利润构成 | 主营收入(万元) | 517233.11 | 503823.41 | |
| | 主营利润(万元) | 86634.64 | 81151.24 | |
| | 投资收益(万元) | 573.2 | 102.04 | |
| | 利润总额(万元) | 40884.96 | 40161.56 | |
| | 净利润(万元) | 29243.31 | 27720.98 | |
| 近年分配: | 06 预案:10 派 0.12 送 1 转增 2 | | | |

| 主要股东及持股比例%、持股性质 |
|---|
| 兖州市金太阳商贸有限公司 67.51%（非流通股） |
| 兖州市新兖镇集体资产经营管理有限公司 2.77%（非流通股） |
| 兖州市旭东浆纸销售有限公司 1.68%（非流通股） |
| 中国建设银行－银华富裕主题股票型证券投资基金 0.72%（流通 A 股） |
| 兖州市天阳再生资源回收有限公司 0.44%（非流通股） |
| 兖州市阳光纸制品有限公司 0.44%（非流通股） |
| 中国工商银行－广发策略优选混合型证券投资基金 0.35%（流通 A 股） |
| 泰康人寿保险股份有限公司－分红－个人分红－019L－FH002 深 0.3%（流通 A 股） |
| 泰康人寿保险股份有限公司－传统－普通保险产品－019L－CT001 深 0.24%（流通 A 股） |
| 泰康人寿保险股份有限公司－分红－团体分红－019L－FH001 深 0.24%（流通 A 股） |
| 实际控制人: 李洪信 |

二〇〇六年以来市场表现

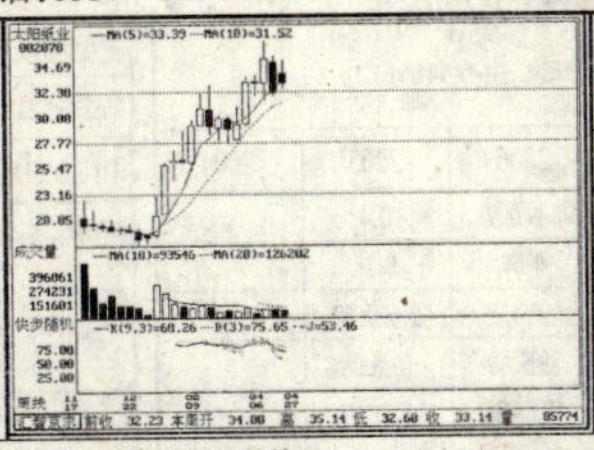

| | |
|---|---|
| 2006 年涨跌幅(%) | -10.77 |
| 2006 年最高(元) | 22.63 |
| 2007 年涨跌幅(%) | 73.96 |
| 2007.4.27 收盘(元) | 33.14 |
| 2007 年最高(元) | 36.99 |
| 2007 年最低(元) | 18.65 |
| 2007 年换手率(%) | 291.76 |

未来一年限售流通股解禁情况:

| 最新股本 | 总股本 | 非(限售)流通 | 流通 A | 流通 B/H/S | 股东户数 | 06 年末 | 06 三季 |
|---|---|---|---|---|---|---|---|
| | 27604.68 | 21604.68 | 6000 | | | 22070 | |

年报点评：公司努力克服原材料上涨压力,同时白卡纸,文化纸等价格也有一定提高。业绩随着新项目的投产将增长,25 万吨激光打印纸 07 年 4 月份投产,10 万吨杨木化机浆 10 月份投产,15 万千瓦热电厂 10 月份投产,30 万吨食品包装纸 08 年 8 月份投产。

## 苏州固锝（002079）

上市日期:06/11/16　　电话:(0512)68189999　　传真:(0512)68189999

| | | | | |
|---|---|---|---|---|
| 主营 | 二极管芯片制造及二极管封装、测试、销售业务 | | | |
| | 年　度 | 2006 | 2005 | 2004 |
| 主要指标 | 每股收益/扣除后(元) | 0.23/0.22 | 0.31/0.29 | |
| | 每股经营现金流量(元) | 0.15 | 0.54 | |
| | 每股净资产/调整后(元) | 3.22/3.22 | 1.98/1.98 | |
| | 未分利润(万元) | 9340.21 | 7637.47 | |
| | 资本公积(万元) | 18737.68 | | |
| 利润构成 | 主营收入(万元) | 43540.8 | 37770.76 | |
| | 主营利润(万元) | 7755.31 | 7007.4 | |
| | 投资收益(万元) | -98.19 | 17.63 | |
| | 利润总额(万元) | 3490.34 | 3423.67 | |
| | 净利润(万元) | 3155.79 | 3102.9 | |
| 近年分配: | 06 预案:10 派 1 | | | |

| 主要股东及持股比例%、持股性质 |
|---|
| 苏州通博电子器材有限公司 41.57%（非流通股） |
| 香港润福贸易有限公司 24.52%（外资股） |
| 宝德电子有限公司 3.48%（外资股） |
| 上海汇银集团有限公司 1.45%（非流通股） |
| 苏州爱普电器有限公司 1.45%（非流通股） |
| 中国建设银行－华夏红利混合型开放式证券投资基金 0.72%（流通 A 股） |
| 北京民生泉集币有限公司 0.66%（流通 A 股） |
| 周虎辉 0.64%（流通 A 股） |
| 钟服珍 0.28%（流通 A 股） |
| 马小 0.25%（流通 A 股） |
| 实际控制人: 吴念博 |

二〇〇六年以来市场表现

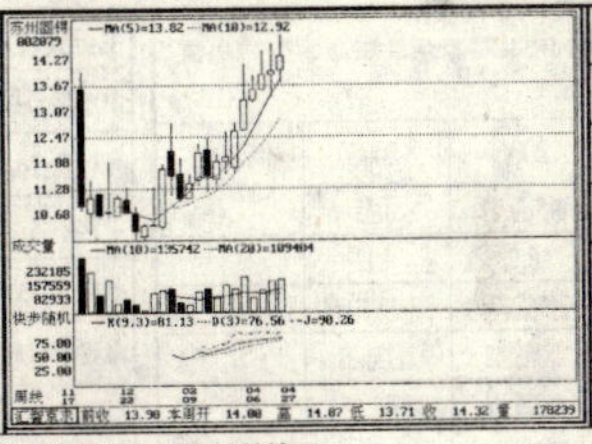

| | |
|---|---|
| 2006 年涨跌幅(%) | -13.69 |
| 2006 年最高(元) | 13.98 |
| 2007 年涨跌幅(%) | 39.3 |
| 2007.4.27 收盘(元) | 14.32 |
| 2007 年最高(元) | 14.87 |
| 2007 年最低(元) | 10.08 |
| 2007 年换手率(%) | 519.41 |

未来一年限售流通股解禁情况:

| 最新股本 | 总股本 | 非(限售)流通 | 流通 A | 流通 B/H/S | 股东户数 | 06 年末 | 06 三季 |
|---|---|---|---|---|---|---|---|
| | 13800 | 10760 | 3040 | | | 12706 | |

年报点评：公司是国内最大的半导体二极管生产厂家之一。预计 2006～2010 年国内二极管市场规模复合增长率为 14.1%。但由于公司产品主要原材料为铜和硅片等,其价格持续在高位运行,引起公司原材料采购成本刚性提高,预计公司产品的盈利能力将处于下降通道之中。

## 中材科技（002080）

上市日期:06/11/20　　电话:025－85017672　　传真:025－52411475

| | | | | |
|---|---|---|---|---|
| 主营 | 特种纤维复合材料及其制品的制造与销售,并面向行业提供技术与服务。 | | | |
| | 年　度 | 2006 | 2005 | 2004 |
| 主要指标 | 每股收益/扣除后(元) | 0.38/0.32 | 0.42/0.4 | |
| | 每股经营现金流量(元) | 0.63 | 0.47 | |
| | 每股净资产/调整后(元) | 4.06/4.05 | 2.19/2.18 | |
| | 未分利润(万元) | 9944.21 | 6510.75 | |
| | 资本公积(万元) | 33614.35 | 5147.94 | |
| 利润构成 | 主营收入(万元) | 62309.17 | 55092.97 | |
| | 主营利润(万元) | 15260.92 | 14054.21 | |
| | 投资收益(万元) | 223.82 | 312.5 | |
| | 利润总额(万元) | 6314.16 | 5222.07 | |
| | 净利润(万元) | 5683.29 | 4735.78 | |
| 近年分配: | 06 预案:10 派 2 | | | |

| 主要股东及持股比例%、持股性质 |
|---|
| 中国非金属材料总公司 47.67%（国有股） |
| 南京彤天科技实业有限责任公司 17.73%（非流通股） |
| 北京华明电光源工业有限责任公司 4.67%（国有股） |
| 北京华恒创业投资有限公司 2.33%（非流通股） |
| 深圳市创新投资集团有限公司 2.33%（国有股） |
| 上海申能资产管理有限公司 1.98%（流通 A 股） |
| 光大证券股份有限公司 1.11%（流通 A 股） |
| 上海证券有限责任公司 0.87%（流通 A 股） |
| 中国工商银行－易方达价值精选股票型证券投资基金 0.43%（流通 A 股） |
| 光大证券－光大－光大阳光集合资产管理计划 0.35%（流通 A 股） |
| 实际控制人: 中国中材集团公司 |

二〇〇六年以来市场表现

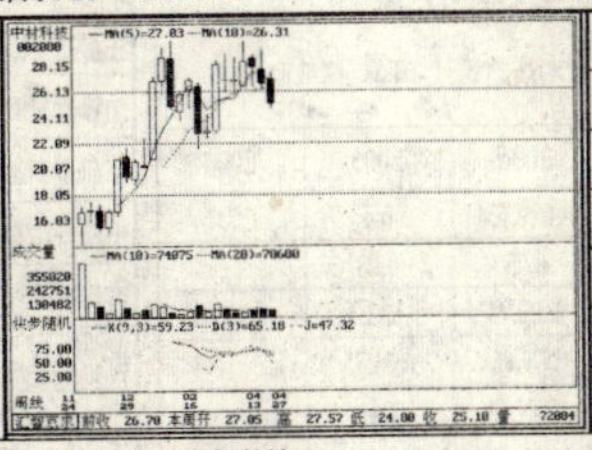

| | |
|---|---|
| 2006 年涨跌幅(%) | 30.82 |
| 2006 年最高(元) | 21.65 |
| 2007 年涨跌幅(%) | 29.38 |
| 2007.4.27 收盘(元) | 25.1 |
| 2007 年最高(元) | 30.17 |
| 2007 年最低(元) | 18.8 |
| 2007 年换手率(%) | 339.96 |

未来一年限售流通股解禁情况:

| 最新股本 | 总股本 | 非(限售)流通 | 流通 A | 流通 B/H/S | 股东户数 | 06 年末 | 06 三季 |
|---|---|---|---|---|---|---|---|
| | 15000 | 11968 | 3032 | | | 6152 | |

年报点评：公司是我国特种纤维复合材料行业唯一的集研究开发、设计、制造于一体的国家级高新企业。自主研制和生产的军工配套产品已构成公司的一项重要收入。考虑到公司军工特点以及大股东中材总公司的综合实力,预计公司在未来几年仍然会保持较好增长。

## 金螳螂（002081）

上市日期:06/11/20　电话:0512－68660622　传真:0512－68660622

| | | | | |
|---|---|---|---|---|
| 主营 | 承接酒店、写字楼、图书馆、医院、体育场馆等公共装饰工程的设计及施工;建筑幕墙工程的制作和施工;木制品制作等。 | | | |
| | 年　度 | 2006 | 2005 | 2004 |
| 主要指标 | 每股收益/扣除后(元) | 0.67/0.64 | 0.66/0.65 | |
| | 每股经营现金流量(元) | 0.65 | 0.77 | |
| | 每股净资产/调整后(元) | 5.21/5.14 | 2.15/2.03 | |
| | 未分利润(万元) | 10433.31 | 6305.06 | |
| | 资本公积(万元) | 26684.75 | | |
| 利润构成 | 主营收入(万元) | 177440.66 | 129313.02 | |
| | 主营利润(万元) | 26631.7 | 19345.22 | |
| | 投资收益(万元) | 2 | 1.5 | |
| | 利润总额(万元) | 10724.18 | 7651.35 | |
| | 净利润(万元) | 6294.79 | 4611.89 | |
| 近年分配: | 06 预案:10 派 2 | | | |

| 主要股东及持股比例%、持股性质 |
|---|
| 苏州金螳螂企业(集团)有限公司 40.96%(非流通股) |
| GOLD FEATHER CORPORATION 29.79%(外资股) |
| 工银瑞信精选平衡混合型证券投资基金 2.77%(流通 A 股) |
| 南方高增长股票型开放式证券投资基金 2.58%(流通 A 股) |
| 苏州工业园区金月金属制品有限公司 2.23%(非流通股) |
| 工银瑞信核心价值股票型证券投资基金 2.13%(流通 A 股) |
| 建信优选成长股票型证券投资基金 0.77%(流通 A 股) |
| 昆山市沪昆市场投资开发建设管理有限公司 0.74%(非流通股) |
| 苏州市锦联经贸有限公司 0.74%(非流通股) |
| 中小企业板交易型开放式指数基金 0.61%(流通 A 股) |
| 实际控制人: 朱兴良家族 |

二〇〇六年以来市场表现

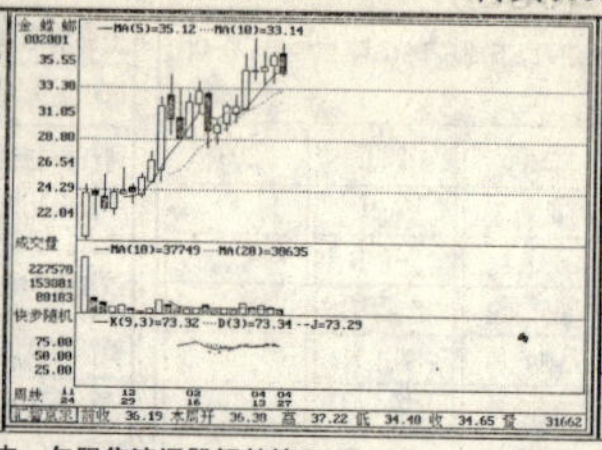

| | |
|---|---|
| 2006 年涨跌幅(%) | 20.97 |
| 2006 年最高(元) | 26.2 |
| 2007 年涨跌幅(%) | 44.38 |
| 2007.4.27 收盘(元) | 34.65 |
| 2007 年最高(元) | 37.8 |
| 2007 年最低(元) | 23.51 |
| 2007 年换手率(%) | 277.91 |

未来一年限售流通股解禁情况:

| 最新股本 | 总股本 | 非(限售)流通 | 流通 A | 流通 B/H/S | 股东户数 | 06 年末 | 06 三季 |
|---|---|---|---|---|---|---|---|
| | 9400 | 7480 | 1920 | | | 4174 | |

年报点评：公司 2006 年主营收入同比增长 37%,实现净利润同比增长 38%,业绩符合我们预期。业绩增长动力来自有效的市场开拓和内部管理。消费升级将带来建筑装饰市场持续升温,作为国内首家上市的建筑装饰类企业,未来将充分享受行业景气,具有较大发展空间。

## 栋梁新材（002082）

上市日期:06/11/20　电话:0572－2699710　传真:0572－2699718

| | | | | |
|---|---|---|---|---|
| 主营 | 铝合金型材、板材产品的开发、生产和销售。 | | | |
| | 年　度 | 2006 | 2005 | 2004 |
| 主要指标 | 每股收益/扣除后(元) | 0.39/0.39 | 0.4 | |
| | 每股经营现金流量(元) | 0.04 | 0.21 | |
| | 每股净资产/调整后(元) | 4.26/4.25 | 2.69/2.68 | |
| | 未分利润(万元) | 8993.63 | 6038.28 | |
| | 资本公积(万元) | 16008.51 | 1221.99 | |
| 利润构成 | 主营收入(万元) | 373895.63 | 117264.99 | |
| | 主营利润(万元) | 12024.28 | 6928.18 | |
| | 投资收益(万元) | 4.56 | -2.64 | |
| | 利润总额(万元) | 5583.96 | 2743.57 | |
| | 净利润(万元) | 3284.97 | 2138.34 | |
| 近年分配: | 06 预案:10 派 1 转增 6 | | | |

| 主要股东及持股比例%、持股性质 |
|---|
| 陆志宝 21.1%(非流通股) |
| 湖州市织里镇资产经营有限公司 9.59%(非流通股) |
| 徐引生 6.71%(非流通股) |
| 沈百明 6.71%(非流通股) |
| 宋铁和 6.71%(非流通股) |
| 俞纪文 3.2%(非流通股) |
| 周国旗 3.2%(非流通股) |
| 鸿飞证券投资基金 1.1%(流通 A 股) |
| 同德证券投资基金 0.81%(流通 A 股) |
| 杨金荣 0.77%(非流通股) |
| 实际控制人: 陆志宝 |

二〇〇六年以来市场表现

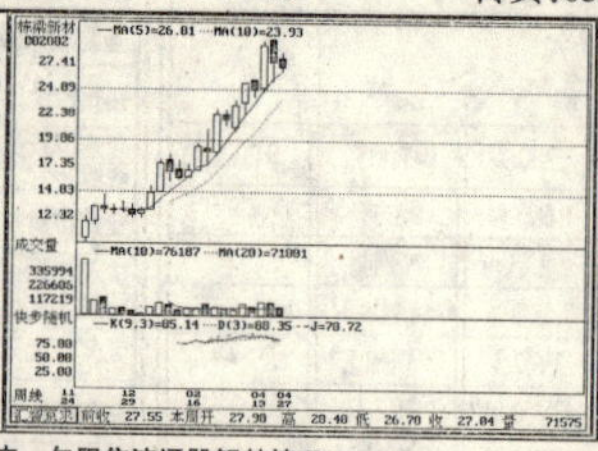

| | |
|---|---|
| 2006 年涨跌幅(%) | 19.37 |
| 2006 年最高(元) | 14.47 |
| 2007 年涨跌幅(%) | 116.15 |
| 2007.4.27 收盘(元) | 27.04 |
| 2007 年最高(元) | 29.92 |
| 2007 年最低(元) | 12.21 |
| 2007 年换手率(%) | 413.04 |

未来一年限售流通股解禁情况:

| 最新股本 | 总股本 | 非(限售)流通 | 流通 A | 流通 B/H/S | 股东户数 | 06 年末 | 06 三季 |
|---|---|---|---|---|---|---|---|
| | 8320 | 5320 | 3000 | | | 5075 | |

年报点评：公司 2006 年净利润同比增长 54%,2007 年一季度净利润同比增长 345%。主要从事各种铝合金型材产品、板材产品的开发、生产和销售,具有较明显的规模优势,被浙江省科学技术厅认定为高新技术企业,铝型材表面处理技术处于国内领先地位,公司发展前景值得看好。

## 孚日股份（002083）

上市日期:06/11/24　电话:0536－2308043　传真:0536－2315895

| | | | | |
|---|---|---|---|---|
| 主营 | 毛巾系列产品、装饰布系列产品等家用纺织品的生产和销售。 | | | |
| | 年　度 | 2006 | 2005 | 2004 |
| 主要指标 | 每股收益/扣除后(元) | 0.31/0.31 | 0.35 | |
| | 每股经营现金流量(元) | 0.9 | 0.17 | |
| | 每股净资产/调整后(元) | 2.76/2.76 | 3.12/3.11 | |
| | 未分利润(万元) | 18986.43 | 21720.31 | |
| | 资本公积(万元) | 46225.93 | 8771.99 | |
| 利润构成 | 主营收入(万元) | 253640.18 | 178411.97 | |
| | 主营利润(万元) | 57263.16 | 31086.13 | |
| | 投资收益(万元) | -314.73 | -86.46 | |
| | 利润总额(万元) | 19929.57 | 9445.42 | |
| | 净利润(万元) | 12642.94 | 5707.16 | |
| 近年分配: | 06 年:10 派 1 送 3 | | | |

| 主要股东及持股比例%、持股性质 |
|---|
| 山东孚日控股股份有限公司 20.12%(非流通股) |
| 孙日贵 16.77%(非流通股) |
| 单秋娟 5.63%(非流通股) |
| 孙勇 4.23%(非流通股) |
| 秦丽华 3.08%(非流通股) |
| 杨宝坤 2.91%(非流通股) |
| 张武先 2.63%(非流通股) |
| 王培凤 1.85%(非流通股) |
| 吕希耀 1.8%(非流通股) |
| 颜棠 1.7%(非流通股) |
| 实际控制人: 孙日贵 |

二〇〇六年以来市场表现

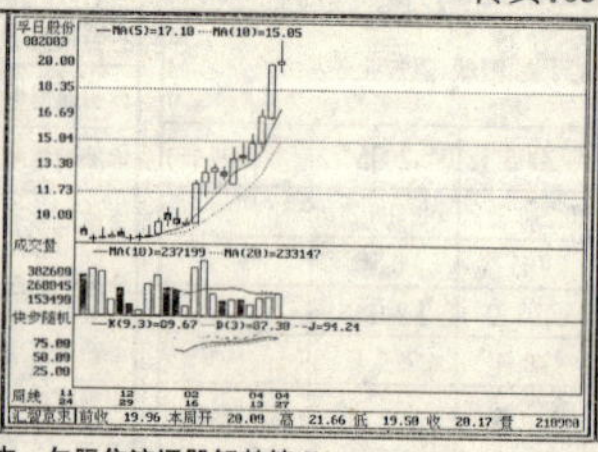

| | |
|---|---|
| 2006 年涨跌幅(%) | -2.04 |
| 2006 年最高(元) | 9.45 |
| 2007 年涨跌幅(%) | 132.91 |
| 2007.4.27 收盘(元) | 20.17 |
| 2007 年最高(元) | 21.66 |
| 2007 年最低(元) | 8.52 |
| 2007 年换手率(%) | 527.42 |

未来一年限售流通股解禁情况:

| 最新股本 | 总股本 | 非(限售)流通 | 流通 A | 流通 B/H/S | 股东户数 | 06 年末 | 06 三季 |
|---|---|---|---|---|---|---|---|
| | 40435.02 | 34115.02 | 6320 | | | 27993 | |

年报点评：公司 1999－2006 年出口总额居家纺行业第 1 位,毛巾和装饰布产能分别达到 45000 吨和 2500 万米。公司还拥有自主申领棉花的 B 类配额资格;已具备 20 万锭纱线能力,新建 5 万锭纱线项目二期工程正在建设,棉纱有望完全自给。

## 海鸥卫浴（002084）

上市日期:06/11/24　电话:020－34808178　传真:020－34808171

| | | | | |
|---|---|---|---|---|
| 主营 | 水龙头零组件等卫浴五金产品的设计、开发、制造和销售 | | | |
| | 年　度 | 2006 | 2005 | 2004 |
| 主要指标 | 每股收益/扣除后(元) | 0.66/0.654 | 0.4 | |
| | 每股经营现金流量(元) | 0.26 | 0.28 | |
| | 每股净资产/调整后(元) | 3.5/3.45 | 1.65/1.58 | |
| | 未分利润(万元) | 9979.06 | 6033.75 | |
| | 资本公积(万元) | 29844.63 | 1.89 | |
| 利润构成 | 主营收入(万元) | 154541.91 | 88572.28 | |
| | 主营利润(万元) | 31171.26 | 17844.83 | |
| | 投资收益(万元) | 97 | -69.12 | |
| | 利润总额(万元) | 15658.85 | 7404.62 | |
| | 净利润(万元) | 11609.18 | 5261.4 | |
| 近年分配: | 06 预案:10 派 2 | | | |

| 主要股东及持股比例%、持股性质 |
|---|
| 中馀投资有限公司 31.41%(外资股) |
| 广州市创盛达水暖器材有限公司 29.92%(非流通股) |
| 中盛集团有限公司 7.48%(外资股) |
| 广州市裕进贸易有限公司 3.74%(非流通股) |
| 中国银行－－南方高增长股票型开放式证券投资基金 2.57%(流通 A 股) |
| 广州市致顺贸易有限公司 2.24%(非流通股) |
| 中国银行－－华宝兴业先进成长股票型证券投资基金 0.97%(流通 A 股) |
| 全国社保基金－－－－组合 0.69%(非流通股) |
| 平定县兴旺包装制品厂 0.51%(流通 A 股) |
| 中国建设银行－－宝康消费品证券投资基金 0.48%(部分流通部分不流通) |
| 实际控制人: 唐台英、叶煊、李培基、林峰 |

二〇〇六年以来市场表现

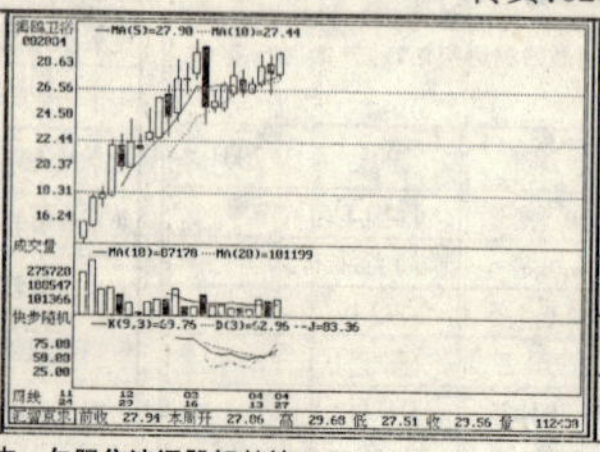

| | |
|---|---|
| 2006 年涨跌幅(%) | 40.86 |
| 2006 年最高(元) | 24.15 |
| 2007 年涨跌幅(%) | 32.74 |
| 2007.4.27 收盘(元) | 29.56 |
| 2007 年最高(元) | 30.69 |
| 2007 年最低(元) | 21.6 |
| 2007 年换手率(%) | 361.98 |

未来一年限售流通股解禁情况:

| 最新股本 | 总股本 | 非(限售)流通 | 流通 A | 流通 B/H/S | 股东户数 | 06 年末 | 06 三季 |
|---|---|---|---|---|---|---|---|
| | 17654.85 | 14094.85 | 3560 | | | 6744 | |

年报点评：公司 2006 年净利润同比增长 83%。主要产品为各种高档水龙头零组件等卫浴五金产品。公司产品生产所需的主要原材料为铜合金和外购零配件等,是影响成本和利润的重要因素。在全球卫浴制造基地向中国转移的过程中,公司能够争取更多订单。

## 万丰奥威（002085）

上市日期:06/11/28　电话:(0575)6298339　传真:(0575)6298339

| | | | | |
|---|---|---|---|---|
| 主营 | 汽车铝合金车轮的研发、制造、销售。 | | | |
| | 年　度 | 2006 | 2005 | 2004 |
| 主要指标 | 每股收益/扣除后(元) | 0.22/0.21 | 0.31 | |
| | 每股经营现金流量(元) | 0.3 | 0.18 | |
| | 每股净资产/调整后(元) | 2.93/2.82 | 1.64/1.51 | |
| | 未分利润(万元) | 8533.7 | 6220.71 | |
| | 资本公积(万元) | 36017.83 | 588.19 | |
| 利润构成 | 主营收入(万元) | 145879.38 | 104027.65 | |
| | 主营利润(万元) | 17209.51 | 15370.2 | |
| | 投资收益(万元) | | | |
| | 利润总额(万元) | 6760.95 | 6041.35 | |
| | 净利润(万元) | 5661.61 | 5493.38 | |
| 近年分配: | 06 预案:10 派 0.1 送 0.5 转增 0.5 | | | |

| 主要股东及持股比例%、持股性质 |
|---|
| 浙江万丰奥特控股集团有限公司 44.88% (非流通股) |
| 陈爱莲 10.01% (非流通股) |
| 吴良定 4.84% (非流通股) |
| 中国汽车技术研究中心 3.45% (国有股) |
| 张天民 1.38% (非流通股) |
| 夏越璋 1.04% (非流通股) |
| 兴和证券投资基金 0.84% (部分流通部分不流通) |
| 朱训明 0.69% (非流通股) |
| 吕永新 0.69% (非流通股) |
| 俞林 0.69% (非流通股) |
| 实际控制人: 陈爱莲、吴良定 |

二〇〇六年以来市场表现

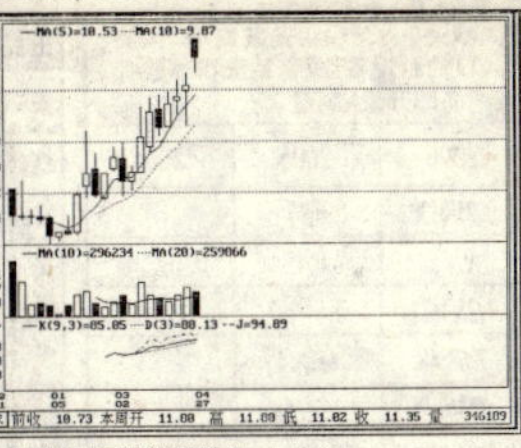

| | |
|---|---|
| 2006 年涨跌幅(%) | -10.61 |
| 2006 年最高(元) | 8.57 |
| 2007 年涨跌幅(%) | 54.84 |
| 2007.4.27 收盘(元) | 11.35 |
| 2007 年最高(元) | 11.8 |
| 2007 年最低(元) | 7.21 |
| 2007 年换手率(%) | 567.32 |

未来一年限售流通股解禁情况:

| | 总股本 | 非(限售)流通 | 流通 A | 流通 B/H/S | 股东户数 | 06 年末 | 06 三季 |
|---|---|---|---|---|---|---|---|
| 最新股本 | 25850 | 19450 | 6400 | | | 21989 | |

年报点评：公司主营汽车铝合金车轮的生产与销售，06 年企业收入实现了快速增长。但由于原材料价格持续上涨，同时产品受整车价格下降挤压而下降，企业盈利没能赶上收入增幅。07 年公司将通过提升产品品质，进行品牌营销，逐步完善市场网络来增加效益。

## 东方海洋（002086）

上市日期:06/11/28　电话:0535－6729111　传真:0535－6729191

| | | | | |
|---|---|---|---|---|
| 主营 | 海洋水产品加工和海水养殖 | | | |
| | 年　度 | 2006 | 2005 | 2004 |
| 主要指标 | 每股收益/扣除后(元) | 0.37/0.36 | 0.54/0.52 | |
| | 每股经营现金流量(元) | 0.51 | 0.56 | |
| | 每股净资产/调整后(元) | 4.55/4.54 | 2.25/2.24 | |
| | 未分利润(万元) | 8167.35 | 5397.4 | |
| | 资本公积(万元) | 21002.13 | 20 | |
| 利润构成 | 主营收入(万元) | 26572.9 | 21584.96 | |
| | 主营利润(万元) | 5935.84 | 4782.32 | |
| | 投资收益(万元) | -42.39 | -10.6 | |
| | 利润总额(万元) | 3230.54 | 2840.29 | |
| | 净利润(万元) | 3179.66 | 2819.79 | |
| 近年分配: | 06 预案:10 派 1 | | | |

| 主要股东及持股比例%、持股性质 |
|---|
| 山东东方海洋集团有限公司 33.02% (非流通股) |
| 车轼 4.63% (非流通股) |
| 北京市恒百锐商贸有限公司 3.48% (非流通股) |
| 吕喜川 2.33% (非流通股) |
| 丛义周 2.2% (非流通股) |
| 赵玉山 2.2% (非流通股) |
| 刘明乐 2.09% (非流通股) |
| 朱春生 1.85% (非流通股) |
| 任永超 1.85% (非流通股) |
| 刘升平 1.85% (非流通股) |
| 实际控制人: 车轼 |

二〇〇六年以来市场表现

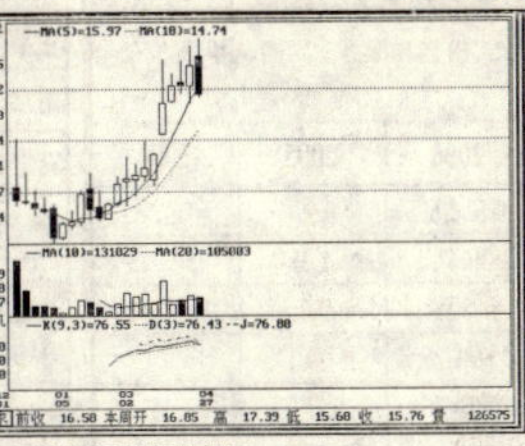

| | |
|---|---|
| 2006 年涨跌幅(%) | -16.63 |
| 2006 年最高(元) | 14.46 |
| 2007 年涨跌幅(%) | 35.51 |
| 2007.4.27 收盘(元) | 15.76 |
| 2007 年最高(元) | 17.39 |
| 2007 年最低(元) | 11.59 |
| 2007 年换手率(%) | 533.15 |

未来一年限售流通股解禁情况:

| | 总股本 | 非(限售)流通 | 流通 A | 流通 B/H/S | 股东户数 | 06 年末 | 06 三季 |
|---|---|---|---|---|---|---|---|
| 最新股本 | 8630 | 5870 | 2760 | | | 14622 | |

年报点评：公司主要从事海水养殖和海洋水产品冷藏加工业务，是农业产业化国家重点龙头企业，国家火炬计划重点高新技术企业。公司上市后进一步调整产业结构，调理食品、精加工产品比例不断增加，水产品加工贸易基地建设项目力争 2007 年下半年建成并投入运营。

## 新野纺织（002087）

上市日期:06/11/30　电话:(0377)66265092　传真:(0377)66265092

| | | | | |
|---|---|---|---|---|
| 主营 | 中高档棉纺织品的生产与销售 | | | |
| | 年　度 | 2006 | 2005 | 2004 |
| 主要指标 | 每股收益/扣除后(元) | 0.24/0.24 | 0.48 | |
| | 每股经营现金流量(元) | -0.55 | 0.84 | |
| | 每股净资产/调整后(元) | 4.04/4.04 | 4.87/4.87 | |
| | 未分利润(万元) | 22539.56 | 19453.71 | |
| | 资本公积(万元) | 43441.4 | 15708.04 | |
| 利润构成 | 主营收入(万元) | 131491.68 | 127359.45 | |
| | 主营利润(万元) | 22313.05 | 20992.63 | |
| | 投资收益(万元) | -13.1 | -13.1 | |
| | 利润总额(万元) | 8531.1 | 7365.23 | |
| | 净利润(万元) | 5715.83 | 4934.7 | |
| 近年分配: | | | | |

| 主要股东及持股比例%、持股性质 |
|---|
| 新野县财政局 46.97% (国有股) |
| 新野汇丰有限责任公司 6.89% (国有股) |
| 新野县供销合作社联合社 3.97% (非流通股) |
| 南阳飞龙电力集团有限公司 3.2% (非流通股) |
| 新野县棉麻集团公司 2.56% (非流通股) |
| 河南光达新型材料股份公司 0.64% (非流通股) |
| 陈淮 0.17% (流通 A 股) |
| 联合证券有限责任公司 0.16% (流通 A 股) |
| 国金证券有限责任公司 0.16% (流通 A 股) |
| 南京证券有限责任公司 0.16% (流通 A 股) |
| 实际控制人: 新野县财政局 |

二〇〇六年以来市场表现

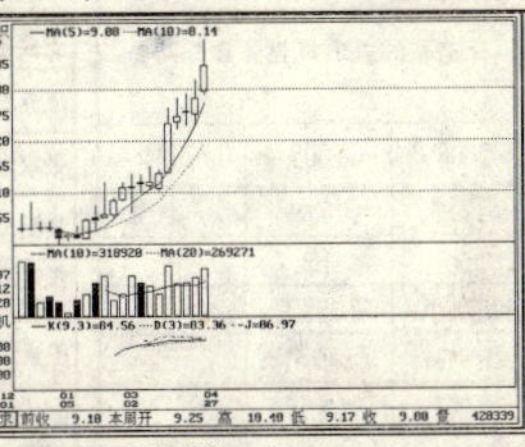

| | |
|---|---|
| 2006 年涨跌幅(%) | -5.11 |
| 2006 年最高(元) | 6.88 |
| 2007 年涨跌幅(%) | 59.87 |
| 2007.4.27 收盘(元) | 9.8 |
| 2007 年最高(元) | 10.4 |
| 2007 年最低(元) | 6.04 |
| 2007 年换手率(%) | 604.37 |

未来一年限售流通股解禁情况:

| | 总股本 | 非(限售)流通 | 流通 A | 流通 B/H/S | 股东户数 | 06 年末 | 06 三季 |
|---|---|---|---|---|---|---|---|
| 最新股本 | 23438 | 15438 | 8000 | | | 30017 | |

年报点评：公司主要生产棉纱、本色坯布和色织布系列产品。公司主要设备 70%以上进口，在技术装备水平、产品质量控制、原料采购、市场营销和经营管理等方面均居国内同行业先进行列，主要经济指标连续多年位居同行业前列。

## 鲁阳股份（002088）

上市日期:06/11/30　电话:0533－3280969　传真:0533－3283929

| | | | | |
|---|---|---|---|---|
| 主营 | 陶瓷纤维产品的生产、销售 | | | |
| | 年　度 | 2006 | 2005 | 2004 |
| 主要指标 | 每股收益/扣除后(元) | 0.77/0.76 | 1.63 | |
| | 每股经营现金流量(元) | 1.24 | 0.46 | |
| | 每股净资产/调整后(元) | 4.99/4.99 | 4.89/4.89 | |
| | 未分利润(万元) | 12093.9 | 10972.45 | |
| | 资本公积(万元) | 24860.04 | 700.04 | |
| 利润构成 | 主营收入(万元) | 50311.96 | 39394.62 | |
| | 主营利润(万元) | 19680.63 | 15097.96 | |
| | 投资收益(万元) | -3.38 | 9.95 | |
| | 利润总额(万元) | 10075.17 | 7565.09 | |
| | 净利润(万元) | 7963.32 | 6312.52 | |
| 近年分配: | 06 预案:10 转增 3 | | | |

| 主要股东及持股比例%、持股性质 |
|---|
| 沂源县南麻镇集体资产经营管理中心 35.98% (非流通股) |
| 鹿成滨 14.46% (非流通股) |
| 光大证券股份有限公司 2.95% (流通 A 股) |
| 中国工商银行股份有限公司—中银国际持续增长股票型证券投资基金 1.94% (流通 A 股) |
| 中国工商银行—南方绩优成长股票型证券投资基金 1.69% (流通 A 股) |
| 任德凤 1.33% (非流通股) |
| 高俊昌 1.18% (非流通股) |
| 毕研海 1.18% (非流通股) |
| 盛新太 1.18% (非流通股) |
| 鹿成洪 1.05% (非流通股) |
| 实际控制人: 沂源县南麻镇集体资产经营管理中心 |

二〇〇六年以来市场表现

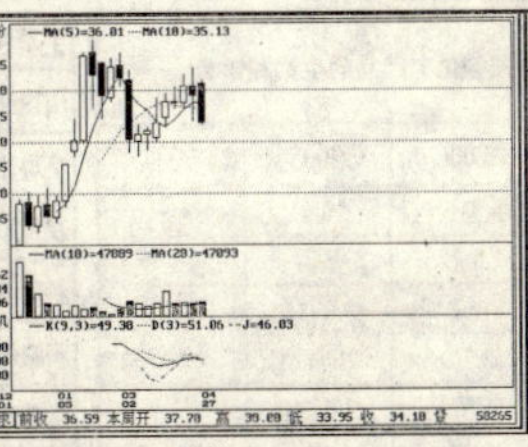

| | |
|---|---|
| 2006 年涨跌幅(%) | 4.17 |
| 2006 年最高(元) | 28.15 |
| 2007 年涨跌幅(%) | 26.39 |
| 2007.4.27 收盘(元) | 34.1 |
| 2007 年最高(元) | 41.8 |
| 2007 年最低(元) | 26.38 |
| 2007 年换手率(%) | 258.2 |

未来一年限售流通股解禁情况:

| | 总股本 | 非(限售)流通 | 流通 A | 流通 B/H/S | 股东户数 | 06 年末 | 06 三季 |
|---|---|---|---|---|---|---|---|
| 最新股本 | 10325.43 | 8245.43 | 2080 | | | 4721 | |

年报点评：公司是我国最大陶瓷纤维生产企业，拥有各种陶瓷纤维制品生产能力接近 10 万吨/年，国内市场占有率接近 30%。目前主要竞争对手是英国摩根热陶瓷公司、美国联合纤维绝热制品公司等。从生产技术和工艺来看，鲁阳股份远高于国内其他竞争对手。

## 新海宜（002089）

上市日期:06/11/30　　电话:0512－67606666　　传真:0512－67260021

**主营**：通信网络配套设备及软件、相关电子产品、安装线缆、电器机械及器材、报警系统出入口控制设备、报警系统视频监控设备及其他安全技术防范产品的开发、制造。

| | 年　度 | 2006 | 2005 | 2004 |
|---|---|---|---|---|
| 主要指标 | 每股收益/扣除后(元) | 0.35/0.36 | 0.47 | |
| | 每股经营现金流量(元) | 0.42 | 0.45 | |
| | 每股净资产/调整后(元) | 4.25/4.22 | 2.81/2.7 | |
| | 未分利润(万元) | 7968.48 | 6508.4 | |
| | 资本公积(万元) | 13346.9 | 1626.58 | |
| 利润构成 | 主营收入(万元) | 15204.97 | 13902.46 | |
| | 主营利润(万元) | 5445.73 | 5545.55 | |
| | 投资收益(万元) | −9.15 | −70.99 | |
| | 利润总额(万元) | 2974.76 | 3073.11 | |
| | 净利润(万元) | 2513.21 | 2521.91 | |

近年分配：06 预案:10 转增 2

**主要股东及持股比例%、持股性质**

- 张亦斌 20.04%（非流通股）
- 马玲芝 18.82%（非流通股）
- 上海联和投资有限公司 16.67%（国有股）
- 苏州工业园区民营工业区发展有限公司 3.61%（非流通股）
- 中合资产管理有限责任公司 2.5%（非流通股）
- 张子华 1.69%（非流通股）
- 徐声波 1.39%（非流通股）
- 马崇基 1.1%（非流通股）
- 钱业银 1.1%（非流通股）
- 葛峰 1.02%（非流通股）

实际控制人：张亦斌

二〇〇六年以来市场表现

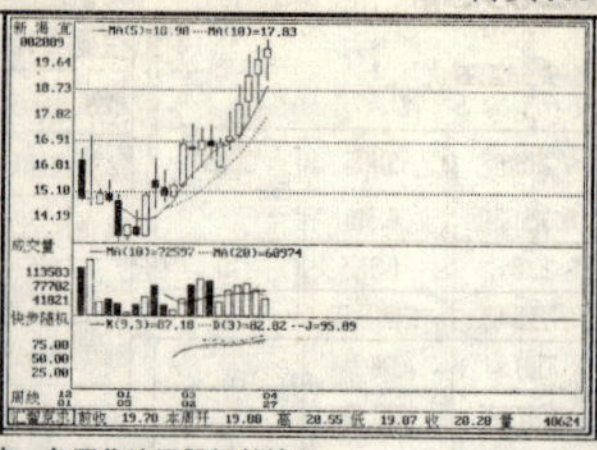

| | |
|---|---|
| 2006 年涨跌幅(%) | −13.63 |
| 2006 年最高(元) | 17.08 |
| 2007 年涨跌幅(%) | 49.63 |
| 2007.4.27 收盘(元) | 20.2 |
| 2007 年最高(元) | 20.55 |
| 2007 年最低(元) | 13.3 |
| 2007 年换手率(%) | 579.47 |

未来一年限售流通股解禁情况：

| 最新股本 | 总股本 | 非(限售)流通 | 流通 A | 流通 B/H/S | 股东户数 | 06 年末 | 06 三季 |
|---|---|---|---|---|---|---|---|
| | 7080 | 5664 | 1416 | | | 8659 | |

**年报点评**：公司产品为通信网络配线管理系统、通信网络监测系统、通信防雷工程和通信管材等,为电信运营网、广电网、国防专业通信网及其他专用通信网络提供"一站式"服务。公司具备主导行业重组和兼并收购其他地区公司的实力。预计今年市场将推广到全国 12 个省份。

## 金智科技（002090）

上市日期:06/12/08　　电话:(025)52762828　　传真:(025)52762929

**主营**：电力自动化产品研发、生产、销售和服务，同时从事高校信息化业务。

| | 年　度 | 2006 | 2005 | 2004 |
|---|---|---|---|---|
| 主要指标 | 每股收益/扣除后(元) | 0.67/0.635 | 0.994 | |
| | 每股经营现金流量(元) | 0.47 | 1.55 | |
| | 每股净资产/调整后(元) | 5.75/5.73 | 3.65/3.63 | |
| | 未分利润(万元) | 6681.26 | 6139.17 | |
| | 资本公积(万元) | 22370.97 | 1097.97 | |
| 利润构成 | 主营收入(万元) | 32252.42 | 31905.46 | |
| | 主营利润(万元) | 10680.21 | 9682.11 | |
| | 投资收益(万元) | −0.19 | 42.9 | |
| | 利润总额(万元) | 5299.5 | 4480.12 | |
| | 净利润(万元) | 4559.65 | 3708.73 | |

近年分配：06 年:10 派 5 转增 5

**主要股东及持股比例%、持股性质**

- 南京金智创业投资有限公司 52.28%（非流通股）
- 葛宁 3.65%（非流通股）
- 徐兵 2.94%（非流通股）
- 叶留金 2.54%（非流通股）
- 冯伟江 1.73%（非流通股）
- 朱华明 1.57%（非流通股）
- 向金■ 1.57%（非流通股）
- 郭伟 1.57%（非流通股）
- 陈奇 1.53%（非流通股）
- 陈钢 1.45%（非流通股）

实际控制人：葛宁、徐兵等 13 名自然人

二〇〇六年以来市场表现

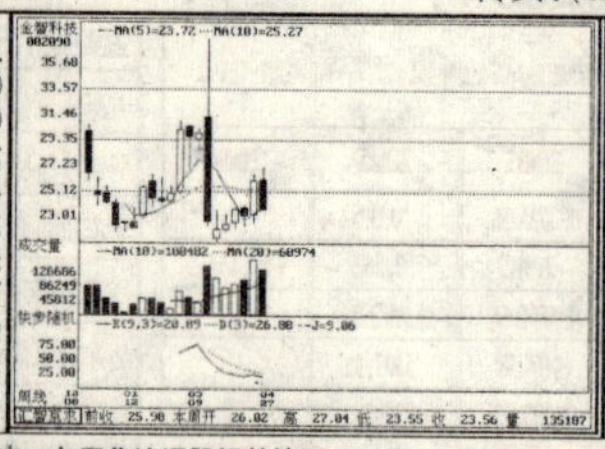

| | |
|---|---|
| 2006 年涨跌幅(%) | −16.26 |
| 2006 年最高(元) | 30.47 |
| 2007 年涨跌幅(%) | 61.08 |
| 2007.4.27 收盘(元) | 23.56 |
| 2007 年最高(元) | 41.06 |
| 2007 年最低(元) | 21.7 |
| 2007 年换手率(%) | 621.79 |

未来一年限售流通股解禁情况：

| 最新股本 | 总股本 | 非(限售)流通 | 流通 A | 流通 B/H/S | 股东户数 | 06 年末 | 06 三季 |
|---|---|---|---|---|---|---|---|
| | 6800 | 5440.13 | 1359.87 | | | 9009 | |

**年报点评**：公司在发电厂自动化领域已经建立起一个较好的市场形象和较强的销售网络,以此为基础,通过开拓存量技改的市场和进一步拓展产品线,预计未来几年,该业务仍然能够维持 15%－20%的增长。随着软件复用率的提高,该业务的毛利率会逐步上升。

## 江苏国泰（002091）

上市日期:06/12/08　　电话:0512－58696853　　传真:0512－58673937

**主营**：纺织品、轻工品、机电产品、化工品的进出口业务和外派劳务业务。

| | 年　度 | 2006 | 2005 | 2004 |
|---|---|---|---|---|
| 主要指标 | 每股收益/扣除后(元) | 0.57/0.55 | 0.6 | |
| | 每股经营现金流量(元) | 0.95 | 1.2 | |
| | 每股净资产/调整后(元) | 4.07/4.03 | 2.75/2.72 | |
| | 未分利润(万元) | 11997.36 | 8407.57 | |
| | 资本公积(万元) | 20555.25 | 148.25 | |
| 利润构成 | 主营收入(万元) | 300494.87 | 274752.71 | |
| | 主营利润(万元) | 27189.71 | 19847.46 | |
| | 投资收益(万元) | 343.75 | −175.06 | |
| | 利润总额(万元) | 12452.55 | 9333.38 | |
| | 净利润(万元) | 7320.27 | 5802.74 | |

近年分配：06 年:10 派 2.5 转增 2.5

**主要股东及持股比例%、持股性质**

- 江苏国泰国际集团有限公司 33.75%（国有股）
- 张家港市永信咨询服务有限公司 7.51%（非流通股）
- 张家港市仁通信息服务有限公司 6.71%（非流通股）
- 张家港保税区合力经济技术服务有限公司 6.41%（非流通股）
- 王永成 0.85%（非流通股）
- 谭秋斌 0.8%（非流通股）
- 马晓天 0.8%（非流通股）
- 王炜 0.7%（非流通股）
- 赵鸣 0.6%（非流通股）
- 耿卫东等个自然人 0.55%（非流通股）

实际控制人：江苏国泰国际集团有限公司

二〇〇六年以来市场表现

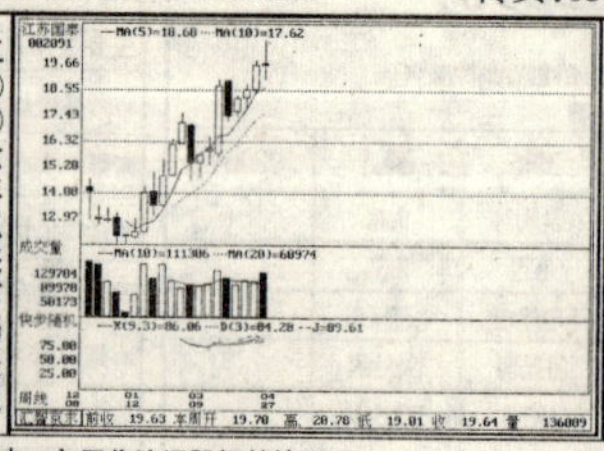

| | |
|---|---|
| 2006 年涨跌幅(%) | −13.55 |
| 2006 年最高(元) | 14.65 |
| 2007 年涨跌幅(%) | 61.12 |
| 2007.4.27 收盘(元) | 19.64 |
| 2007 年最高(元) | 20.78 |
| 2007 年最低(元) | 11.85 |
| 2007 年换手率(%) | 615.41 |

未来一年限售流通股解禁情况：

| 最新股本 | 总股本 | 非(限售)流通 | 流通 A | 流通 B/H/S | 股东户数 | 06 年末 | 06 三季 |
|---|---|---|---|---|---|---|---|
| | 12800 | 10240 | 2560 | | | 13368 | |

**年报点评**：主要从事纺织品、轻工品、机电、化工产品的进出口业务。2005 年公司纺织品出口金额列中国纺织品出口企业第 7 位。公司是国内第一大、世界第三大锂离子电池电解液生产企业,国内市占率达 40%。公司是国内品种最齐全的硅烷偶联剂生产厂家之一。

## 中泰化学（002092）

上市日期:06/12/08　　电话:0991－8751690　　传真:0991－8772646

**主营**：聚氯乙烯树脂、离子膜烧碱等化工产品的生产和销售

| | 年　度 | 2006 | 2005 | 2004 |
|---|---|---|---|---|
| 主要指标 | 每股收益/扣除后(元) | 0.53/0.5 | 0.9 | |
| | 每股经营现金流量(元) | 0.84 | 2.03 | |
| | 每股净资产/调整后(元) | 5.05/4.99 | 3.26/3.2 | |
| | 未分利润(万元) | 30972.68 | 21054.61 | |
| | 资本公积(万元) | 55250.89 | 1967.44 | |
| 利润构成 | 主营收入(万元) | 165296.51 | 104622.59 | |
| | 主营利润(万元) | 35898.69 | 29450.03 | |
| | 投资收益(万元) | 0.08 | −2.16 | |
| | 利润总额(万元) | 13338.1 | 12027.89 | |
| | 净利润(万元) | 12430.04 | 12200.69 | |

近年分配：06 年:10 派 1.2

**主要股东及持股比例%、持股性质**

- 中国化工新材料总公司 17.29%（国有股）
- 乌鲁木齐环鹏有限公司 10.59%（国有股）
- 新疆三联投资集团有限公司 10.59%（非流通股）
- 新疆化工(集团)有限公司 5.76%（国有股）
- 新疆维吾尔自治区技术改造投资公司 4.66%（国有股）
- 乌鲁木齐国有资产经营有限公司 4.24%（国有股）
- 新疆中原富海投资有限公司 3.81%（非流通股）
- 宁波市镇海金风化工有限公司 0.49%（流通 A 股）
- 新疆准噶尔生态工程股份有限公司 0.4%（非流通股）
- 中国建设银行－中小企业板交易型开放式指数基金 0.31%（流通 A 股）

实际控制人：中国化工集团公司

二〇〇六年以来市场表现

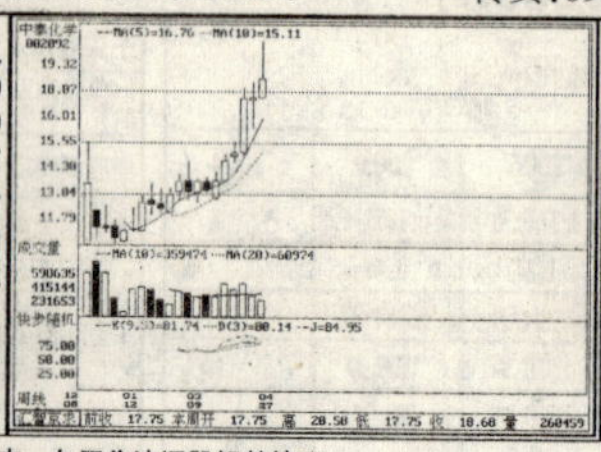

| | |
|---|---|
| 2006 年涨跌幅(%) | −19.9 |
| 2006 年最高(元) | 15.5 |
| 2007 年涨跌幅(%) | 73.59 |
| 2007.4.27 收盘(元) | 18.68 |
| 2007 年最高(元) | 20.7 |
| 2007 年最低(元) | 10.61 |
| 2007 年换手率(%) | 603.31 |

未来一年限售流通股解禁情况：

| 最新股本 | 总股本 | 非(限售)流通 | 流通 A | 流通 B/H/S | 股东户数 | 06 年末 | 06 三季 |
|---|---|---|---|---|---|---|---|
| | 23600 | 15600 | 8000 | | | 28635 | |

**年报点评**：该公司主营为烧碱等化工产品的生产和销售,生产原料原盐、煤炭、电力成本几乎为业内平均水平的一半。目前拥有年产 25.9 万吨 PVC、23.9 万吨离子膜烧碱和其他化工产品的产能,PVC 产量全国排名第 13 位,离子膜烧碱市场排名第 11 位。

## 国脉科技(002093)

上市日期:06/12/15 电话:0591－87307399 传真:0591－877307308

**主营**:电信网络技术服务和系统集成业务。

| | 年度 | 2006 | 2005 | 2004 |
|---|---|---|---|---|
| 主要指标 | 每股收益/扣除后(元) | 0.445/0.422 | 0.516 | |
| | 每股经营现金流量(元) | 1.0003 | 1.0735 | |
| | 每股净资产/调整后(元) | 4.52/4.5 | 2.75/2.73 | |
| | 未分利润(万元) | 7209.44 | 6589.46 | |
| | 资本公积(万元) | 13843.95 | 67.48 | |
| 利润构成 | 主营收入(万元) | 20000.68 | 18698.4 | |
| | 主营利润(万元) | 8110.81 | 6894.01 | |
| | 投资收益(万元) | 150.12 | -17.31 | |
| | 利润总额(万元) | 4316.76 | 3855.85 | |
| | 净利润(万元) | 2968.87 | 2580.66 | |

近年分配:

**主要股东及持股比例%、持股性质**

陈国鹰 29.24% (非流通股)
林惠榕 27.74% (非流通股)
林金全 12.37% (非流通股)
陶榕华 5.47% (非流通股)
景福证券投资基金 4.9% (流通A股)
中信证券股份有限公司 0.51% (非流通股)
刘默燃 0.24% (流通A股)
中国建设银行－中小企业板交易型开放式指数基金 0.23% (流通A股)
中国农业银行－大成精选增值混合型证券投资基金 0.23% (流通A股)
叶玉青 0.2% (流通A股)

实际控制人:陈国鹰

二〇〇六年以来市场表现

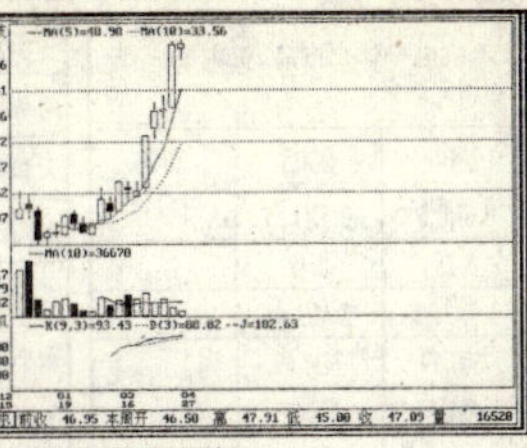

| | |
|---|---|
| 2006年涨跌幅(%) | -17.25 |
| 2006年最高(元) | 26.78 |
| 2007年涨跌幅(%) | 134.28 |
| 2007.4.27收盘(元) | 47.09 |
| 2007年最高(元) | 47.91 |
| 2007年最低(元) | 19.52 |
| 2007年换手率(%) | 361.17 |

未来一年限售流通股解禁情况:

| | 总股本 | 非(限售)流通 | 流通A | 流通B/H/S | 股东户数 | 06年末 | 06三季 |
|---|---|---|---|---|---|---|---|
| 最新股本 | 6675 | 5339 | 1336 | | | 6236 | |

**年报点评**:第三方电信服务市场在国内处于一个增长期,目前第三方电信服务市场的竞争态势是集中程度低,存在众多规模比较小的公司,公司作为民营企业上市公司,在管理效率和服务质量方面相比其他竞争者有优势。预计公司未来发展具有较大的潜力。

## 青岛金王(002094)

上市日期:06/12/15 电话:0532－85779728 传真:0532－85718686

**主营**:新材料蜡烛制品和相关工艺制品的开发、生产和销售

| | 年度 | 2006 | 2005 | 2004 |
|---|---|---|---|---|
| 主要指标 | 每股收益/扣除后(元) | 0.32/0.3 | 0.39 | |
| | 每股经营现金流量(元) | 0.54 | -0.33 | |
| | 每股净资产/调整后(元) | 3.94/3.92 | 1.98/1.96 | |
| | 未分利润(万元) | 8454.99 | 5403.15 | |
| | 资本公积(万元) | 20906.7 | 30.44 | |
| 利润构成 | 主营收入(万元) | 44984.6 | 38712.12 | |
| | 主营利润(万元) | 10722.76 | 8607.65 | |
| | 投资收益(万元) | | 11.72 | |
| | 利润总额(万元) | 3668.39 | 3031.32 | |
| | 净利润(万元) | 3390.49 | 2875.49 | |

近年分配:

**主要股东及持股比例%、持股性质**

青岛金王国际运输有限公司 27.03% (非流通股)
香港金王投资有限公司 26% (外资股)
青岛市科技风险投资有限公司 6.41% (国有股)
中国科学院长春应用化学科技总公司 5.55% (国有股)
即墨市福利净化设备厂(有限公司) 3.33% (非流通股)
华宝兴业先进成长股票型证券投资基金 2.1% (流通A股)
宝康消费品证券投资基金 0.33% (流通A股)
鸿飞证券投资基金 0.29% (流通A股)
全国社保基金六零一组合 0.25% (流通A股)
许春玮 0.18% (流通A股)

实际控制人:陈索斌

二〇〇六年以来市场表现

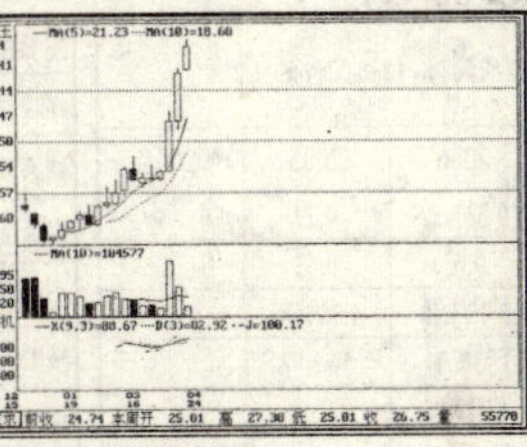

| | |
|---|---|
| 2006年涨跌幅(%) | -16.71 |
| 2006年最高(元) | 15.5 |
| 2007年涨跌幅(%) | 124.6 |
| 2007.4.27收盘(元) | 26.75 |
| 2007年最高(元) | 27.38 |
| 2007年最低(元) | 11.63 |
| 2007年换手率(%) | 526.04 |

未来一年限售流通股解禁情况:

| | 总股本 | 非(限售)流通 | 流通A | 流通B/H/S | 股东户数 | 06年末 | 06三季 |
|---|---|---|---|---|---|---|---|
| 最新股本 | 10730.55 | 8010.55 | 2720 | | | 13048 | |

**年报点评**:公司是目前亚洲规模最大、综合实力最强的蜡烛制品生产商,是美国沃尔玛、瑞典宜家家居、法国家乐福等26家世界500强企业日用消费蜡烛类产品最主要的供应商,并连续多年被美国沃尔玛集团评为"全球最佳供应商"。

## 网盛科技(002095)

上市日期:06/12/15 电话:0571－88228198 传真:0571－88228198

**主营**:互联网商务资讯服务、网站建设维护服务及广告服务

| | 年度 | 2006 | 2005 | 2004 |
|---|---|---|---|---|
| 主要指标 | 每股收益/扣除后(元) | 0.47/0.4 | 0.64 | |
| | 每股经营现金流量(元) | 0.55 | 0.53 | |
| | 每股净资产/调整后(元) | 5.29/5.28 | 2.32/2.32 | |
| | 未分利润(万元) | 6075.89 | 4889.6 | |
| | 资本公积(万元) | 18338 | 8.36 | |
| 利润构成 | 主营收入(万元) | 6279.82 | 6374.36 | |
| | 主营利润(万元) | 5338.32 | 5550.81 | |
| | 投资收益(万元) | 358.86 | -35.71 | |
| | 利润总额(万元) | 3318.45 | 3191.2 | |
| | 净利润(万元) | 2812.97 | 2902.07 | |

近年分配:06预案:10派3

**主要股东及持股比例%、持股性质**

杭州中达信息技术有限公司 48.75% (非流通股)
上海中化科技发展有限公司 13.5% (非流通股)
孙国明 9.26% (非流通股)
傅智勇 0.75% (非流通股)
吕钢 0.75% (非流通股)
叶瑞忠 0.54% (非流通股)
沈培英 0.54% (非流通股)
陆永康 0.54% (非流通股)
陈允斌 0.34% (流通A股)
童茂荣 0.19% (非流通股)

实际控制人:孙德良

二〇〇六年以来市场表现

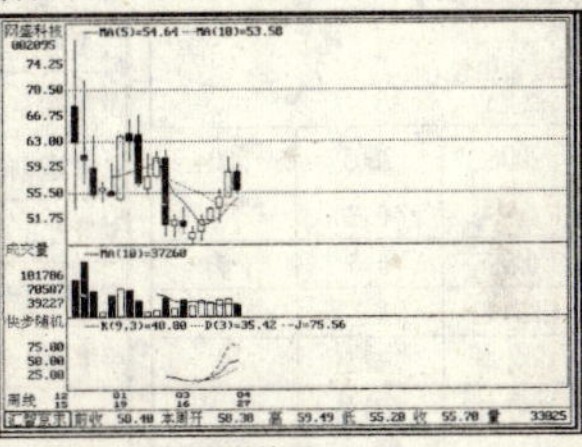

| | |
|---|---|
| 2006年涨跌幅(%) | -12.23 |
| 2006年最高(元) | 78 |
| 2007年涨跌幅(%) | 1.05 |
| 2007.4.27收盘(元) | 55.7 |
| 2007年最高(元) | 66.66 |
| 2007年最低(元) | 48 |
| 2007年换手率(%) | 487.7 |

未来一年限售流通股解禁情况:

| | 总股本 | 非(限售)流通 | 流通A | 流通B/H/S | 股东户数 | 06年末 | 06三季 |
|---|---|---|---|---|---|---|---|
| 最新股本 | 6000 | 4800 | 1200 | | | 12862 | |

**年报点评**:公司主营中国化工网、全球化工网和中国纺织网。目前主要商务模式为"会员+广告"。公司现有商业模式的成长性主要取决于开拓客户的数量和类型。我们预计其上市成为公众性公司后,会员的全国性拓展将成为必然,预计公司会员数年增长率20%以上。

## 南岭民爆(002096)

上市日期:06/12/22 电话:0746－7810296 传真:0746－7810201

**主营**:工业炸药、工业导火索的生产和销售。

| | 年度 | 2006 | 2005 | 2004 |
|---|---|---|---|---|
| 主要指标 | 每股收益/扣除后(元) | 0.51/0.51 | 0.45/0.46 | |
| | 每股经营现金流量(元) | 0.65 | 0.66 | |
| | 每股净资产/调整后(元) | 4.39/4.39 | 2.44/2.44 | |
| | 未分利润(万元) | 6243.28 | 4225.09 | |
| | 资本公积(万元) | 12433.45 | 1129.91 | |
| 利润构成 | 主营收入(万元) | 23440.19 | 19163.45 | |
| | 主营利润(万元) | 8869.69 | 6292.27 | |
| | 投资收益(万元) | 60 | | |
| | 利润总额(万元) | 4393.51 | 3024.8 | |
| | 净利润(万元) | 2979.72 | 1991.69 | |

近年分配:06年:10派3

**主要股东及持股比例%、持股性质**

湖南省南岭化工厂 71.75% (国有股)
中国新时代控股公司 1.36% (国有股)
湖南中人爆破工程有限公司 0.68% (非流通股)
刘汉敏 0.55% (流通A股)
深圳市金奥博科技有限公司 0.41% (非流通股)
曾晓春 0.31% (流通A股)
吕春绪 0.27% (非流通股)
梁东付 0.23% (流通A股)
中信证券－中信理财2号集合资产管理计划 0.22% (非流通股)
张华磐 0.18% (流通A股)

实际控制人:湖南省人民政府国有资产监督管理委员会

二〇〇六年以来市场表现

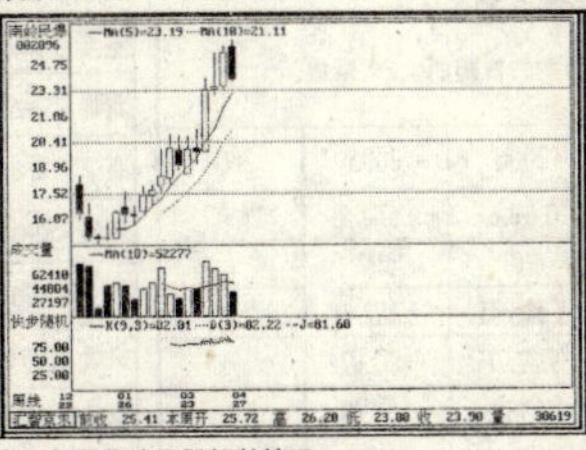

| | |
|---|---|
| 2006年涨跌幅(%) | -7.89 |
| 2006年最高(元) | 18.48 |
| 2007年涨跌幅(%) | 60.69 |
| 2007.4.27收盘(元) | 23.9 |
| 2007年最高(元) | 26.5 |
| 2007年最低(元) | 14.62 |
| 2007年换手率(%) | 581.64 |

未来一年限售流通股解禁情况:

| | 总股本 | 非(限售)流通 | 流通A | 流通B/H/S | 股东户数 | 06年末 | 06三季 |
|---|---|---|---|---|---|---|---|
| 最新股本 | 5875.56 | 4675.56 | 1200 | | | 6955 | |

**年报点评**:湖南省最大的工业炸药生产企业,近三年工业炸药产销量一直稳居全国前三位。民爆发展纲要指出,要促进企业通过联合、兼并、破产实现企业资产重组,支持发展企业集团。整合重组将是未来几年民爆行业的主旋律,该公司极具机会。

## 山河智能（002097）

上市日期:06/12/22　电话:0731－4020669　传真:0731－4020606

**主营**：工程建设机械和其他高技术机电一体化产品、机电集成控制系统产品的开发、生产和销售。

| | 年　度 | 2006 | 2005 | 2004 |
|---|---|---|---|---|
| 主要指标 | 每股收益/扣除后(元) | 0.61/0.6 | 0.57/0.55 | |
| | 每股经营现金流量(元) | 0.25 | 0.49 | |
| | 每股净资产/调整后(元) | 3.91/3.91 | 2.45/2.45 | |
| | 未分利润(万元) | 7300.19 | 7436.69 | |
| | 资本公积(万元) | 28895.69 | 533.92 | |
| 利润构成 | 主营收入(万元) | 63729.88 | 35011.47 | |
| | 主营利润(万元) | 17510.49 | 9194.06 | |
| | 投资收益(万元) | 2 | | |
| | 利润总额(万元) | 9166.04 | 4179.45 | |
| | 净利润(万元) | 8093.11 | 3776.49 | |
| 近年分配: | | | | |

**主要股东及持股比例%、持股性质**

何清华 27.42% (非流通股)
天和时代投资有限公司 17.59% (非流通股)
上海民晟投资有限公司 6.27% (非流通股)
长沙高新技术创业投资管理有限公司 4.94% (非流通股)
徐小光 2.4% (非流通股)
王家◇ 2.09% (非流通股)
深圳市招商局科技投资有限公司 1.98% (国有股)
龚艳玲 1.5% (非流通股)
长沙中南升华科技发展有限公司 1.04% (国有股)
彭忠兵 1.04% (非流通股)
实际控制人: 何清华

二〇〇六年以来市场表现

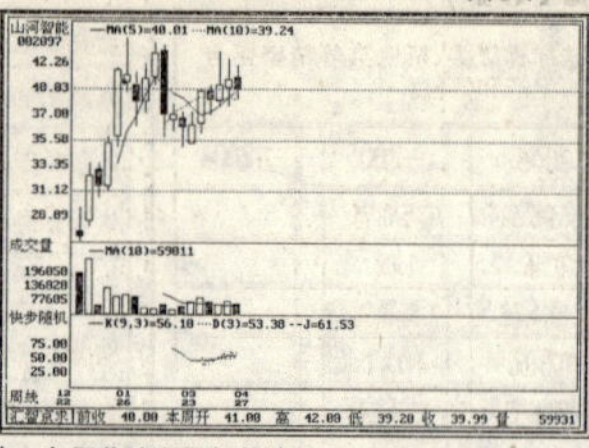

| | |
|---|---|
| 2006年涨跌幅(%) | 19.73 |
| 2006年最高(元) | 33.5 |
| 2007年涨跌幅(%) | 23.39 |
| 2007.4.27收盘(元) | 39.99 |
| 2007年最高(元) | 44.49 |
| 2007年最低(元) | 30.52 |
| 2007年换手率(%) | 383.65 |

未来一年限售流通股解禁情况:

| | 总股本 | 非(限售)流通 | 流通A | 流通B/H/S | 股东户数 | 06年末 | 06三季 |
|---|---|---|---|---|---|---|---|
| 最新股本 | 13257.5 | 10601.5 | 2656 | | | 11624 | |

**年报点评**：公司是工程机械领域中桩工机械的龙头企业，通过精准生产与管理、产品开发与经营领域的拓展，公司成功介入到小型挖掘机、旋挖钻机等新市场中。06年在国内与国外市场的双重推动下，实现了高速增长，随着募集资金项目的实施，企业经营业绩值得期待。

## 浔兴股份（002098）

上市日期:06/12/22　电话:0595－88283788　传真:0595－88290008

**主营**：拉链、模具、金属及塑料冲压铸件、拉链配件的生产。

| | 年　度 | 2006 | 2005 | 2004 |
|---|---|---|---|---|
| 主要指标 | 每股收益/扣除后(元) | 0.32/0.32 | 0.29 | |
| | 每股经营现金流量(元) | 0.62 | 0.52 | |
| | 每股净资产/调整后(元) | 3.18/3.18 | 1.76/1.76 | |
| | 未分利润(万元) | 9346.1 | 5962.97 | |
| | 资本公积(万元) | 22179.96 | 174.96 | |
| 利润构成 | 主营收入(万元) | 64498.72 | 49666.35 | |
| | 主营利润(万元) | 15292.25 | 10294.36 | |
| | 投资收益(万元) | -60.2 | -60.2 | |
| | 利润总额(万元) | 7185.03 | 4116.49 | |
| | 净利润(万元) | 4907.44 | 2905.68 | |
| 近年分配: | 06预案:10派1 | | | |

**主要股东及持股比例%、持股性质**

福建浔兴集团有限公司 36.77% (非流通股)
诚兴发展国际有限公司 25.81% (外资股)
裕隆证券投资基金 4.04% (流通A股)
全国社保基金一零四组合 1.81% (流通A股)
裕阳证券投资基金 0.67% (流通A股)
晋江市斯必恩商贸有限公司 0.65% (非流通股)
晋江市新五环商贸有限公司 0.65% (非流通股)
晋江市嘉鑫商贸有限公司 0.65% (非流通股)
全国社保基金六零三组合 0.3% (流通A股)
中信建投证券有限责任公司 0.26% (流通A股)
实际控制人: 施能建、施能坑、施能辉、施加谋、施明取、郑景秋

二〇〇六年以来市场表现

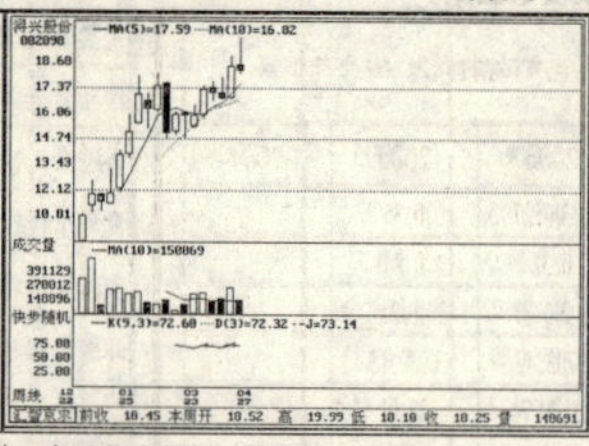

| | |
|---|---|
| 2006年涨跌幅(%) | 10.49 |
| 2006年最高(元) | 12.55 |
| 2007年涨跌幅(%) | 53.36 |
| 2007.4.27收盘(元) | 18.25 |
| 2007年最高(元) | 19.99 |
| 2007年最低(元) | 11.06 |
| 2007年换手率(%) | 549.5 |

未来一年限售流通股解禁情况:

| | 总股本 | 非(限售)流通 | 流通A | 流通B/H/S | 股东户数 | 06年末 | 06三季 |
|---|---|---|---|---|---|---|---|
| 最新股本 | 15500 | 11100 | 4400 | | | 13611 | |

**年报点评**：公司具有很强的议价能力，06年拉链原材料价格上涨明显，公司通过5%－20%的提价顺利转嫁，综合毛利率较05年提高了约3个百分点。随着募集资金项目的投产，金属拉链比重将得以明显提升。未来几年拉链行业有更多的兼并扩张机会。

## 海翔药业（002099）

上市日期:06/12/26　电话:0576－8828065　传真:0576－8828096

**主营**：原料药和医药中间体的制造和销售。

| | 年　度 | 2006 | 2005 | 2004 |
|---|---|---|---|---|
| 主要指标 | 每股收益/扣除后(元) | 0.49/0.45 | 0.62 | |
| | 每股经营现金流量(元) | 0.58 | 0.45 | |
| | 每股净资产/调整后(元) | 4.83/4.82 | 2.26/2.25 | |
| | 未分利润(万元) | 11044.06 | 7367.55 | |
| | 资本公积(万元) | 28092.81 | 1440.35 | |
| 利润构成 | 主营收入(万元) | 77020.59 | 69076.42 | |
| | 主营利润(万元) | 13423.82 | 13620.4 | |
| | 投资收益(万元) | -175.06 | 70.96 | |
| | 利润总额(万元) | 7495.28 | 7356.29 | |
| | 净利润(万元) | 5211.29 | 4959.6 | |
| 近年分配: | 06预案:10派1.5转增5 | | | |

**主要股东及持股比例%、持股性质**

罗邦鹏 34.37% (非流通股)
上海复星化工医药投资有限公司 14.95% (非流通股)
刘舒霞 3.41% (非流通股)
张志敏 2.99% (非流通股)
李维金 2.99% (非流通股)
罗煜◇ 2.99% (非流通股)
张智岳 2.99% (非流通股)
郑志国 2.99% (非流通股)
赵大同 2.26% (非流通股)
中化宁波(集团)有限公司 2.24% (国有股)
实际控制人: 罗邦鹏

二〇〇六年以来市场表现

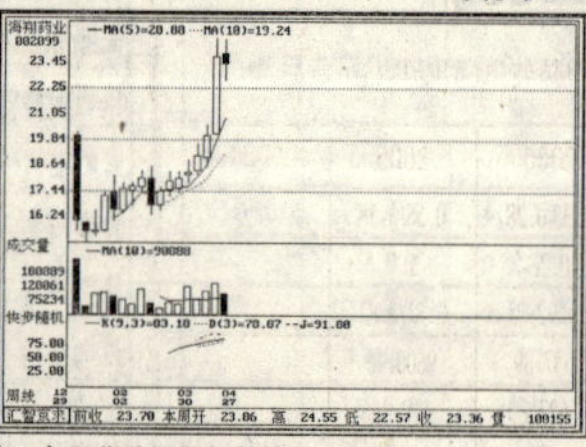

| | |
|---|---|
| 2006年涨跌幅(%) | -10.11 |
| 2006年最高(元) | 20.18 |
| 2007年涨跌幅(%) | 46 |
| 2007.4.27收盘(元) | 23.36 |
| 2007年最高(元) | 24.65 |
| 2007年最低(元) | 15.04 |
| 2007年换手率(%) | 592.62 |

未来一年限售流通股解禁情况:

| | 总股本 | 非(限售)流通 | 流通A | 流通B/H/S | 股东户数 | 06年末 | 06三季 |
|---|---|---|---|---|---|---|---|
| 最新股本 | 10700 | 8540 | 2160 | | | 12967 | |

**年报点评**：公司属于新兴的特色原料药企业，克林霉素原料药占有国内80%以上。06年净利润增长小于主营收入增长，毛利率下降2.2%个百分点，但期间费用亦下降近1个百分点，募集资金4－AA项目的达产以及规范市场销售比重的提高将提高公司盈利水平。

## 天康生物（002100）

上市日期:06/12/26　电话:0991－3851970　传真:0991－3666579

**主营**：饲料和以兽用生物制品为主的兽药的生产、销售。

| | 年　度 | 2006 | 2005 | 2004 |
|---|---|---|---|---|
| 主要指标 | 每股收益/扣除后(元) | 0.6/0.6 | 0.57/0.58 | |
| | 每股经营现金流量(元) | 0.89 | 0.62 | |
| | 每股净资产/调整后(元) | 5.36/5.35 | 2.95/2.94 | |
| | 未分利润(万元) | 9289.77 | 6812.07 | |
| | 资本公积(万元) | 16879.86 | 1198.69 | |
| 利润构成 | 主营收入(万元) | 42040.13 | 37128.33 | |
| | 主营利润(万元) | 8977.53 | 8007.14 | |
| | 投资收益(万元) | 26.15 | -83.62 | |
| | 利润总额(万元) | 3785.51 | 2666.43 | |
| | 净利润(万元) | 3818.03 | 2747.18 | |
| 近年分配: | 06年:10派0.56送5 | | | |

**主要股东及持股比例%、持股性质**

新疆天康控股(集团)有限公司 44.53% (国有股)
新疆维吾尔自治区畜牧科学院 9.56% (国有股)
新疆天达生物制品有限公司 9.47% (非流通股)
朱文涛 7.11% (非流通股)
徐斌 2.89% (非流通股)
乌鲁木齐中实智帮企业顾问有限公司 1.44% (非流通股)
中油财务有限责任公司 0.47% (流通A股)
上海美佳商贸有限公司 0.27% (流通A股)
冯永辉 0.24% (流通A股)
中国平安保险(集团)股份有限公司－集团本级－自有资金 0.18% (流通A股)
实际控制人: 新疆生产建设兵团国有资产经营公司

二〇〇六年以来市场表现

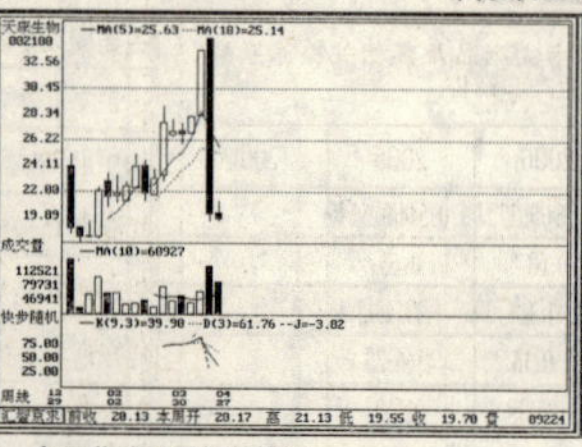

| | |
|---|---|
| 2006年涨跌幅(%) | -10.94 |
| 2006年最高(元) | 25 |
| 2007年涨跌幅(%) | 56.81 |
| 2007.4.27收盘(元) | 19.7 |
| 2007年最高(元) | 34.67 |
| 2007年最低(元) | 17.78 |
| 2007年换手率(%) | 658.3 |

未来一年限售流通股解禁情况:

| | 总股本 | 非(限售)流通 | 流通A | 流通B/H/S | 股东户数 | 06年末 | 06三季 |
|---|---|---|---|---|---|---|---|
| 最新股本 | 6400 | 5120 | 1280 | | | 9323 | |

**年报点评**：公司是新疆最大饲料以及兽用生物制品生产企业。国家关于建立动物防疫体系的有利于行业增长，公司兽用生物制品产销规模进一步扩大，收入同比增长22%，来自疆外业务达到33%的增长，期间费用下降使净利润增长快于收入增长。

## 广东鸿图（002101）

上市日期：06/12/29　　电话：0758－8512963　　传真：0758－8512658

| 主营 | 汽车类、通讯设备类、机电类等精密铝合金压铸件产品的开发、设计、生产和销售。 | | | |
|---|---|---|---|---|
| | 年　度 | 2006 | 2005 | 2004 |
| 主要指标 | 每股收益/扣除后(元) | 0.51/0.52 | 0.75/0.75 | |
| | 每股经营现金流量(元) | 0.46 | 1.02 | |
| | 每股净资产/调整后(元) | 4.83/4.62 | 2.55/2.36 | |
| | 未分利润(万元) | 6073.66 | 4479.1 | |
| | 资本公积(万元) | 17566.33 | 1558.88 | |
| 利润构成 | 主营收入(万元) | 36842.06 | 30388.48 | |
| | 主营利润(万元) | 7346.17 | 7295.56 | |
| | 投资收益(万元) | | | |
| | 利润总额(万元) | 4055.49 | 4498.13 | |
| | 净利润(万元) | 3438.39 | 3725.69 | |
| 近年分配： | 06 年：10 派 2.23 | | | |

| 主要股东及持股比例％、持股性质 |
|---|
| 高要鸿图工业有限公司 27.46％（国有股） |
| 广东省科技创业投资公司 25.41％（国有股） |
| 广东省科技风险投资有限公司 8.89％（国有股） |
| 高要市国有资产经营有限公司 8.1％（国有股） |
| 广东省机械研究所 4.76％（国有股） |
| 上体产业发展有限公司 0.62％（流通 A 股） |
| 中信建投证券有限责任公司 0.21％（流通 A 股） |
| 陈筠 0.19％（流通 A 股） |
| 侯长胜 0.18％（流通 A 股） |
| 中国建银投资证券有限公司 0.15％（部分流通部分不流通） |
| 实际控制人：高要市国有资产经营管理公司 |

二〇〇六年以来市场表现

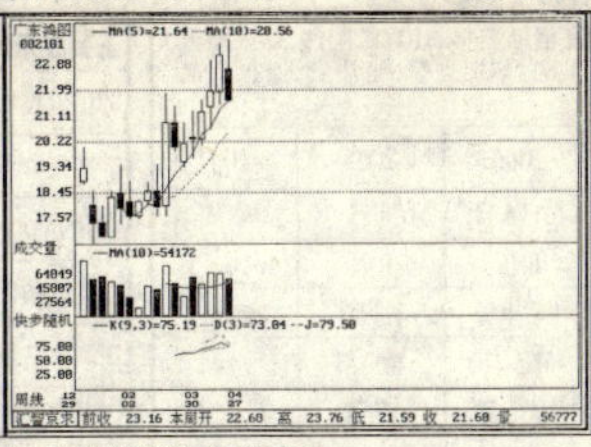

| | |
|---|---|
| 2006 年涨跌幅(％) | |
| 2006 年最高(元) | 20 |
| 2007 年涨跌幅(％) | 11.92 |
| 2007.4.27 收盘(元) | 21.6 |
| 2007 年最高(元) | 23.76 |
| 2007 年最低(元) | 16.68 |
| 2007 年换手率(％) | 559.58 |

未来一年限售流通股解禁情况：

| 最新股本 | 总股本 | 非(限售)流通 | 流通 A | 流通 B/H/S | 股东户数 | 06 年末 | 06 三季 |
|---|---|---|---|---|---|---|---|
| | 6700 | 5340 | 1360 | | | 12987 | |

**年报点评**：公司经营汽车、机械等行业需求的各类铝合金压铸件，06 年通过产品创新、缩短交货周期等实现经营收入稳定增长，但在原材料价格上涨、增值税返还等因素影响下，企业盈利小幅下降。07 年将通过扩大国际市场，提升管理效率来实现企业经营持续发展。

## 冠福家用（002102）

上市日期：06/12/29　　电话：0595－23551999　　传真：0595－23517777

| 主营 | 日用陶瓷等家用品的开发、生产和销售。 | | | |
|---|---|---|---|---|
| | 年　度 | 2006 | 2005 | 2004 |
| 主要指标 | 每股收益/扣除后(元) | 0.3/0.27 | 0.35 | |
| | 每股经营现金流量(元) | 0.32 | 0.28 | |
| | 每股净资产/调整后(元) | 3.3/3.27 | 2.13/2.12 | |
| | 未分利润(万元) | 9703.49 | 6959.13 | |
| | 资本公积(万元) | 13360.74 | 27.91 | |
| 利润构成 | 主营收入(万元) | 32938.66 | 28169.82 | |
| | 主营利润(万元) | 10356.29 | 7984.87 | |
| | 投资收益(万元) | 12.76 | 12.76 | |
| | 利润总额(万元) | 4851.74 | 4350.9 | |
| | 净利润(万元) | 3396.56 | 2905.57 | |
| 近年分配： | 06 预案：10 派 1 | | | |

| 主要股东及持股比例％、持股性质 |
|---|
| 林福椿 18.64％（非流通股） |
| 林文智 11.15％（非流通股） |
| 林文昌 10.48％（非流通股） |
| 林文洪 10.25％（非流通股） |
| 福建华兴创业投资有限公司 4.62％（非流通股） |
| 福建恒联股份有限公司 4.62％（非流通股） |
| 德化县国有资产投资经营公司 3.85％（国有股） |
| 福建省德化县邱村矿业有限公司 3.85％（非流通股） |
| 广州市瑞弘贸易有限公司 3.08％（非流通股） |
| 郑素芳 1.54％（非流通股） |
| 实际控制人：林福椿 |

二〇〇六年以来市场表现

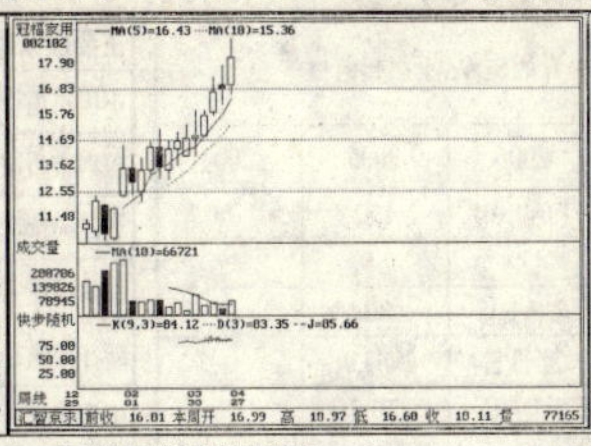

| | |
|---|---|
| 2006 年涨跌幅(％) | |
| 2006 年最高(元) | 11.38 |
| 2007 年涨跌幅(％) | 61.99 |
| 2007.4.27 收盘(元) | 18.11 |
| 2007 年最高(元) | 18.97 |
| 2007 年最低(元) | 10.5 |
| 2007 年换手率(％) | 672.06 |

未来一年限售流通股解禁情况：

| 最新股本 | 总股本 | 非(限售)流通 | 流通 A | 流通 B/H/S | 股东户数 | 06 年末 | 06 三季 |
|---|---|---|---|---|---|---|---|
| | 11367.32 | 8967.32 | 2400 | | | 11253 | |

**年报点评**：公司 2006 年净利润同比增长 17％。日用陶瓷系列产品是公司利润的主要来源，其在公司主营业务利润构成中一直占据 90％以上。公司的产品销售主要采用”公司－五天特许经销商－终端超市”的两层委托代销方式。连锁经营的零售业态扩张优势，使得公司的业务快速扩张，

## 广博股份（002103）

上市日期：07/01/10　　电话：0574－28827003　　传真：0574－28827006

| 主营 | 以纸制品文具为主的文化用品的生产和销售 | | | |
|---|---|---|---|---|
| | 年　度 | 2006 | 2005 | 2004 |
| 主要指标 | 每股收益/扣除后(元) | 0.33/0.28 | 0.58/0.58 | |
| | 每股经营现金流量(元) | 0.26 | 1.2 | |
| | 每股净资产/调整后(元) | 2.82/2.81 | 2.84/2.82 | |
| | 未分利润(万元) | 5637.39 | 9600.93 | |
| | 资本公积(万元) | 25627.89 | 610.36 | |
| 利润构成 | 主营收入(万元) | 66084.91 | 52528.38 | |
| | 主营利润(万元) | 15139.65 | 11759.46 | |
| | 投资收益(万元) | 12.95 | －131.56 | |
| | 利润总额(万元) | 8110.2 | 5398.54 | |
| | 净利润(万元) | 6227.7 | 4144.12 | |
| 近年分配： | 06 预案：10 派 1 转增 1.5 | | | |

| 主要股东及持股比例％、持股性质 |
|---|
| 王利平 20.18％（非流通股） |
| 雅戈尔集团股份有限公司 14.95％（非流通股） |
| 宁波市鄞州广林投资有限公司 9.8％（非流通股） |
| 王君平 9.35％（非流通股） |
| 宁波广联投资有限公司 8.34％（非流通股） |
| 宁波兆泰投资有限公司 8.17％（非流通股） |
| 朱国章 1.76％（非流通股） |
| 杨士力 1.56％（非流通股） |
| 中信证券股份有限公司 0.74％（流通 A 股） |
| 胡志明 0.62％（非流通股） |
| 实际控制人：王利平 |

二〇〇六年以来市场表现

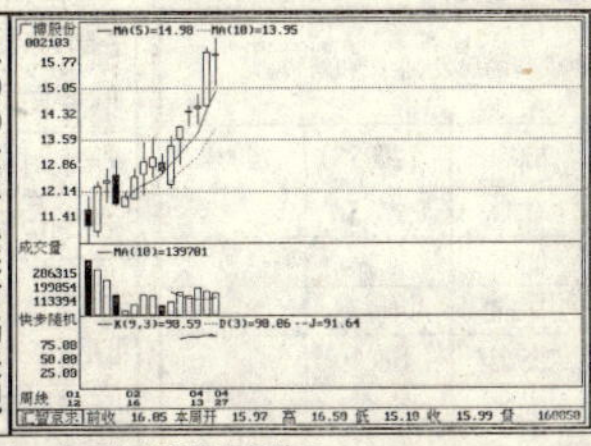

| | |
|---|---|
| 2006 年涨跌幅(％) | |
| 2006 年最高(元) | |
| 2007 年涨跌幅(％) | 43.41 |
| 2007.4.27 收盘(元) | 15.99 |
| 2007 年最高(元) | 16.5 |
| 2007 年最低(元) | 10.68 |
| 2007 年换手率(％) | 630.08 |

未来一年限售流通股解禁情况：

| 最新股本 | 总股本 | 非(限售)流通 | 流通 A | 流通 B/H/S | 股东户数 | 06 年末 | 06 三季 |
|---|---|---|---|---|---|---|---|
| | 18994 | 14194 | 4800 | | | | |

**年报点评**：公司主要从事以纸制品文具为主的文化用品的生产和销售，主要产品有相册，本册，彩印包装，纸制办公用品等。06 年公司主营业务收入 66084 万元，同比增长了 25.8％。本册产品收入增幅超过 30％，其他产品收入增幅则超过 50％。

## 恒宝股份（002104）

上市日期：07/01/10　　电话：0511－6644409　　传真：0511－6644324

| 主营 | 磁条卡、密码卡和 IC 卡等卡类产品及其相关操作系统（COS）和票证产品的研发、生产和销售。 | | | |
|---|---|---|---|---|
| | 年　度 | 2006 | 2005 | 2004 |
| 主要指标 | 每股收益/扣除后(元) | 0.364/0.37 | 0.544/0.54 | |
| | 每股经营现金流量(元) | 0.68 | 0.65 | |
| | 每股净资产/调整后(元) | 3.41/3.4 | 1.77/1.75 | |
| | 未分利润(万元) | 6469.16 | 4166.89 | |
| | 资本公积(万元) | 19590.78 | 91.09 | |
| 利润构成 | 主营收入(万元) | 24950.17 | 17211.46 | |
| | 主营利润(万元) | 8936.33 | 8433.37 | |
| | 投资收益(万元) | | | |
| | 利润总额(万元) | 5990.26 | 5728.94 | |
| | 净利润(万元) | 4193.84 | 3916.14 | |
| 近年分配： | 06 预案：10 派 1 转增 7 | | | |

| 主要股东及持股比例％、持股性质 |
|---|
| 钱云宝 30％（非流通股） |
| 钱平 19.69％（非流通股） |
| 江浩然 15.64％（非流通股） |
| 胡三龙 7.35％（非流通股） |
| 潘梅芳 1.88％（非流通股） |
| 中信证券股份有限公司 0.82％（流通 A 股） |
| 曹志新 0.45％（非流通股） |
| 中国平安人寿保险股份有限公司－传统－普通保险产品 0.24％（流通 A 股） |
| 中国平安人寿保险股份有限公司－分红－个险分红 0.24％（流通 A 股） |
| 泰康人寿保险股份有限公司－万能－个险万能 0.24％（流通 A 股） |
| 实际控制人：钱云宝 |

二〇〇六年以来市场表现

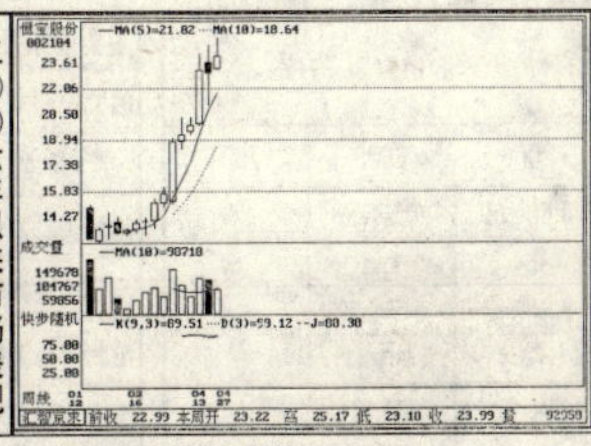

| | |
|---|---|
| 2006 年涨跌幅(％) | |
| 2006 年最高(元) | |
| 2007 年涨跌幅(％) | 73.84 |
| 2007.4.27 收盘(元) | 23.99 |
| 2007 年最高(元) | 25.17 |
| 2007 年最低(元) | 12.71 |
| 2007 年换手率(％) | 624.27 |

未来一年限售流通股解禁情况：

| 最新股本 | 总股本 | 非(限售)流通 | 流通 A | 流通 B/H/S | 股东户数 | 06 年末 | 06 三季 |
|---|---|---|---|---|---|---|---|
| | 11520 | 8640 | 2880 | | | | |

**年报点评**：银行磁条卡占公司收入，毛利比重分别自 2006 年的 22.5％、36％提高至 2007 年一季度的 32.5％、49％。国内银行磁条卡 4 家厂商瓜分市场的格局较为稳定，公司期望 2007 年能开拓建行及邮政储蓄银行业务后市场份额提升至 22％以上。

## 信隆实业（002105）

上市日期:07/01/12　　电话:0755－27749423　　传真:0755－27746236

**主营**：生产经营、运动器材、康复辅助器材、计算机配件、铝挤型锻造成型(制品)。自行车车把,车把立管,坐垫管,避振前叉及管料成型加工。

| | 年　度 | 2006 | 2005 | 2004 |
|---|---|---|---|---|
| 主要指标 | 每股收益/扣除后(元) | 0.13/0.14 | 0.15 | |
| | 每股经营现金流量(元) | 0.16 | 0.24 | |
| | 每股净资产/调整后(元) | 1.82/1.82 | 1.3/1.3 | |
| | 未分利润(万元) | 5775.41 | 4607.87 | |
| | 资本公积(万元) | 14617.65 | 97.75 | |
| 利润构成 | 主营收入(万元) | 107765.15 | 105688.61 | |
| | 主营利润(万元) | 17167.85 | 15440.69 | |
| | 投资收益(万元) | 4.75 | 4.75 | |
| | 利润总额(万元) | 3747.44 | 3385.17 | |
| | 净利润(万元) | 3519.49 | 3037.45 | |

**近年分配:** 06 预案:10 派 1.2

**主要股东及持股比例%、持股性质**

利田发展有限公司 41.933% (外资股)
宇兴投资有限公司 9.351% (外资股)
FERNANDO CORPORATION 8.343% (外资股)
桂盟链条(深圳)有限公司 7.463% (非流通股)
深圳市亿统投资有限公司 7.388% (非流通股)
中国人寿保险股份有限公司－传统－普通保险产品－005L－CT001 深 0.266% (流通 A 股)
中国人寿保险股份有限公司－分红－个人分红－005L－FH002 深 0.266% (流通 A 股)
中国人寿保险股份有限公司－分红－团体分红－005L－FH001 深 0.266% (流通 A 股)
泰康人寿保险股份有限公司－传统－普通保险产品－019L－CT001 深 0.266% (流通 A 股)
中国人寿保险股份有限公司－传统－普通保险产品 0.266% (流通 A 股)

**实际控制人:** 廖学金

二〇〇六年以来市场表现

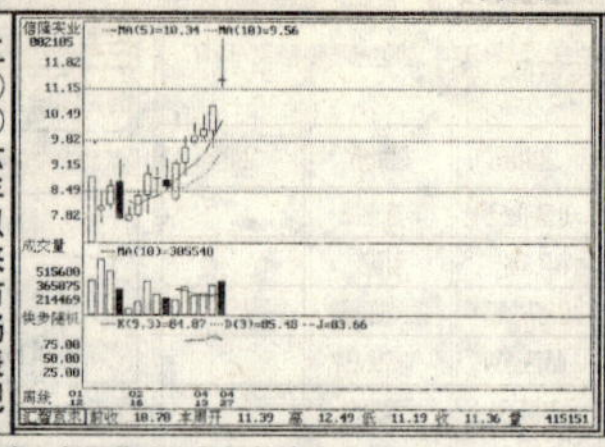

| | |
|---|---|
| 2006 年涨跌幅(%) | |
| 2006 年最高(元) | |
| 2007 年涨跌幅(%) | 28.36 |
| 2007.4.27 收盘(元) | 11.36 |
| 2007 年最高(元) | 12.49 |
| 2007 年最低(元) | 7.15 |
| 2007 年换手率(%) | 910.2 |

未来一年限售流通股解禁情况:

| 最新股本 | 总股本 | 非(限售)流通 | 流通 A | 流通 B/H/S | 股东户数 | 06 年末 | 06 三季 |
|---|---|---|---|---|---|---|---|
| | 26800 | 20000 | 6800 | | | | |

**年报点评**：自行车配件行业与运动健身康复器材行业竞争激烈,公司面临极大竞争压力;公司在美洲和欧洲的主营收入同比分别下降 9.13%,3.99%。公司主要原材料铝钢材,柴油等价格居高不下,各项成本压力增加。

## 莱宝高科（002106）

上市日期:07/01/12　　电话:0755－26983383　　传真:0755－26980212

**主营**：ITO 导电玻璃和彩色滤光片的研发、生产和销售

| | 年　度 | 2006 | 2005 | 2004 |
|---|---|---|---|---|
| 主要指标 | 每股收益/扣除后(元) | 1.08/1.004 | 1.82 | |
| | 每股经营现金流量(元) | 1.58 | 1.66 | |
| | 每股净资产/调整后(元) | 7.16/7.15 | 4/4 | |
| | 未分利润(万元) | 20513.31 | 25019.04 | |
| | 资本公积(万元) | 88717.44 | 2771.74 | |
| 利润构成 | 主营收入(万元) | 48702.67 | 52095.57 | |
| | 主营利润(万元) | 28214.13 | 29255.23 | |
| | 投资收益(万元) | 23.52 | 139.14 | |
| | 利润总额(万元) | 25316.51 | 26536.99 | |
| | 净利润(万元) | 21155.86 | 22235.89 | |

**近年分配:** 06 预案:10 派 6 转增 3

**主要股东及持股比例%、持股性质**

中国机电 23.97% (国有股)
深圳市市政工程总公司 15.84% (国有股)
浙江天堂硅谷创业集团有限公司 11.06% (非流通股)
山水控股有限责任公司 8.61% (非流通股)
浙江天堂硅谷阳光创业投资有限公司 2.46% (非流通股)
中信证券股份有限公司 1.89% (流通 A 股)
王亚俊 1.23% (非流通股)
李国祥 1.19% (非流通股)
梁正 0.92% (非流通股)
吉清 0.75% (非流通股)

**实际控制人:** 中国机电出口产品投资公司

二〇〇六年以来市场表现

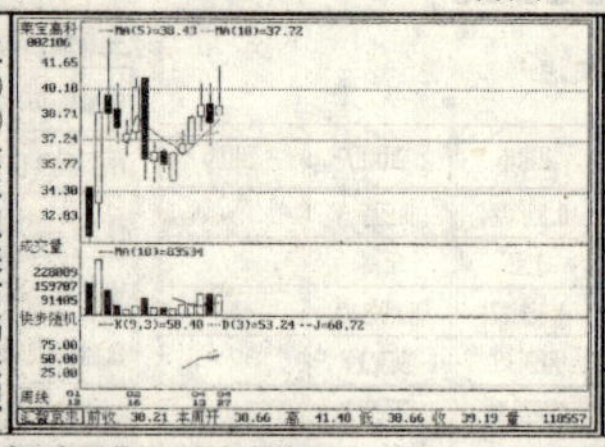

| | |
|---|---|
| 2006 年涨跌幅(%) | |
| 2006 年最高(元) | |
| 2007 年涨跌幅(%) | 23.71 |
| 2007.4.27 收盘(元) | 39.19 |
| 2007 年最高(元) | 43.12 |
| 2007 年最低(元) | 31.36 |
| 2007 年换手率(%) | 384.19 |

未来一年限售流通股解禁情况:

| 最新股本 | 总股本 | 非(限售)流通 | 流通 A | 流通 B/H/S | 股东户数 | 06 年末 | 06 三季 |
|---|---|---|---|---|---|---|---|
| | 19520 | 14640 | 4880 | | | | |

**年报点评**：公司经营呈现平稳发展,2007 年业绩不可能出现大幅下滑。中小尺寸产品面板制造技术非常成熟,与更高世代的 TFTLCD 生产线不存在竞争。智能手机、Vista 成功推广和液晶电视是未来市场主要动力。

## 沃华医药（002107）

上市日期:07/01/24　　电话:0536－8553373　　传真:0536－8553373

**主营**：纯天然植物类心脑血管中成药的研发、生产和销售。

| | 年　度 | 2006 | 2005 | 2004 |
|---|---|---|---|---|
| 主要指标 | 每股收益/扣除后(元) | 0.61/0.6 | 0.55/0.547 | |
| | 每股经营现金流量(元) | 0.89 | 0.25 | |
| | 每股净资产/调整后(元) | 2.74/2.61 | 2.14/2.05 | |
| | 未分利润(万元) | 7755.22 | 4919.98 | |
| | 资本公积(万元) | 180.76 | 180 | |
| 利润构成 | 主营收入(万元) | 12267.55 | 11132.82 | |
| | 主营利润(万元) | 9774.64 | 8897.68 | |
| | 投资收益(万元) | | | |
| | 利润总额(万元) | 3758.42 | 3488.81 | |
| | 净利润(万元) | 3150.27 | 2843.65 | |

**近年分配:** 06 预案:10 派 2.5

**主要股东及持股比例%、持股性质**

北京中证万融生物科技有限公司 58.89% (非流通股)
赵军 3.71% (非流通股)
张戈 3.67% (非流通股)
张法忠 2.86% (非流通股)
田开吉 2.77% (非流通股)
山东潍坊海王星辰民康连锁药店有限公司 2.39% (非流通股)
华泰证券有限公司 0.1% (流通 A 股)
光大证券股份有限公司 0.09% (流通 A 股)
海通证券股份有限公司 0.08% (流通 A 股)
广发华福证券有限责任公司 0.08% (流通 A 股)

**实际控制人:** 赵丙贤

二〇〇六年以来市场表现

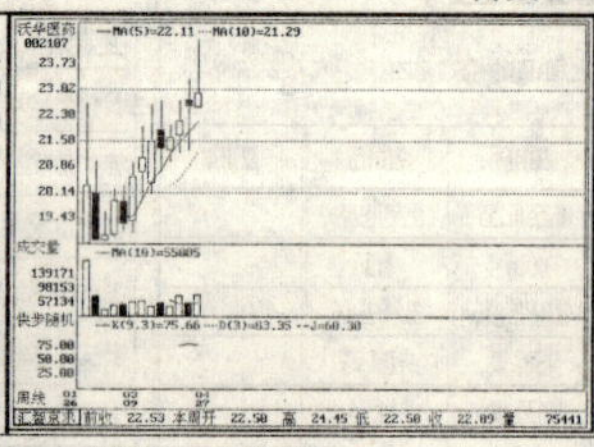

| | |
|---|---|
| 2006 年涨跌幅(%) | |
| 2006 年最高(元) | |
| 2007 年涨跌幅(%) | 8.74 |
| 2007.4.27 收盘(元) | 22.89 |
| 2007 年最高(元) | 24.45 |
| 2007 年最低(元) | 18.71 |
| 2007 年换手率(%) | 573.25 |

未来一年限售流通股解禁情况:

| 最新股本 | 总股本 | 非(限售)流通 | 流通 A | 流通 B/H/S | 股东户数 | 06 年末 | 06 三季 |
|---|---|---|---|---|---|---|---|
| | 6999 | 5199 | 1800 | | | | |

**年报点评**：主营业务为中成药的研发、生产和销售,其中心可舒片是公司的主导产品,为纯天然植物类心脑血管中成药,该产品 2005 年、2006 年的销售收入占公司当年主营业务收入的比例分别为 90.56%、93.78%。未来,公司将加大纯天然植物类心脑血管中成药的研发力度。

## 沧州明珠（002108）

上市日期:07/01/24　　电话:0317－2075245　　传真:0317－2075246

**主营**：各类聚乙烯(PE)管材和管件的生产和销售

| | 年　度 | 2006 | 2005 | 2004 |
|---|---|---|---|---|
| 主要指标 | 每股收益/扣除后(元) | 0.61/0.61 | 0.59/0.59 | |
| | 每股经营现金流量(元) | 0.4 | 1.22 | |
| | 每股净资产/调整后(元) | 2.84/2.82 | 2.58/2.57 | |
| | 未分利润(万元) | 5598.9 | 4611.44 | |
| | 资本公积(万元) | 766.96 | 766.93 | |
| 利润构成 | 主营收入(万元) | 32624.94 | 33702.72 | |
| | 主营利润(万元) | 6057.1 | 6466.47 | |
| | 投资收益(万元) | | | |
| | 利润总额(万元) | 3386.62 | 3309.71 | |
| | 净利润(万元) | 3070.79 | 2993.89 | |

**近年分配:** 06 年:10 派 4

**主要股东及持股比例%、持股性质**

河北沧州东塑集团股份有限公司 52.942% (非流通股)
(香港)有限公司 20.189% (外资股)
沧州少林喜宝食品有限责任公司 0.229% (非流通股)
沧州市中兴商贸有限公司 0.229% (非流通股)
沧州市正达电气股份有限公司 0.229% (非流通股)
中信建投证券有限责任公司 0.162% (流通 A 股)
中国建银投资证券有限责任公司 0.097% (流通 A 股)
红塔证券股份有限公司 0.084% (流通 A 股)
中国建设银行－宝康债券投资基金 0.084% (流通 A 股)
中国建设银行－博时主题行业股票证券投资基金 0.084% (流通 A 股)

**实际控制人:** 于桂亭

二〇〇六年以来市场表现

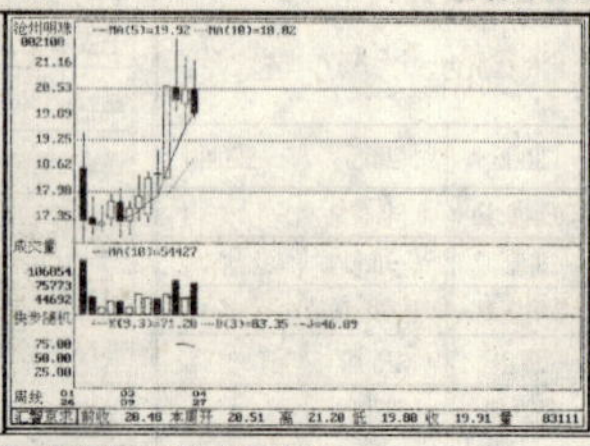

| | |
|---|---|
| 2006 年涨跌幅(%) | |
| 2006 年最高(元) | |
| 2007 年涨跌幅(%) | 8.61 |
| 2007.4.27 收盘(元) | 19.91 |
| 2007 年最高(元) | 21.8 |
| 2007 年最低(元) | 16.71 |
| 2007 年换手率(%) | 519.12 |

未来一年限售流通股解禁情况:

| 最新股本 | 总股本 | 非(限售)流通 | 流通 A | 流通 B/H/S | 股东户数 | 06 年末 | 06 三季 |
|---|---|---|---|---|---|---|---|
| | 6875 | 5075.05 | 1799.95 | | | | |

**年报点评**：我国北方最大聚乙烯管材和管件生产基地,我国最早生产经营通信用聚乙烯电缆、电缆护套管材的企业之一。募资项目将使公司燃气、给水管材产能将达 4.7 万吨/年,管件将达 2600 吨/年;并新增 1.5 万吨/年大口径排污管、4100 吨/年微型通信管。

# 兴化股份（002109）

上市日期:07/01/26　电话:029－38839966　传真:029－38822614

| | 年度 | 2006 | 2005 | 2004 |
|---|---|---|---|---|
| 主营 | 硝酸铵系列产品的生产与销售 | | | |
| 主要指标 | 每股收益/扣除后(元) | 0.76/0.75 | 0.69 | |
| | 每股经营现金流量(元) | 1.08 | 0.85 | |
| | 每股净资产/调整后(元) | 2.87/2.87 | 2.46/2.46 | |
| | 未分利润(万元) | 15553.79 | 11514.36 | |
| | 资本公积(万元) | 2407.84 | 2407.84 | |
| 利润构成 | 主营收入(万元) | 64802.05 | 49252.28 | |
| | 主营利润(万元) | 17195.48 | 15624.42 | |
| | 投资收益(万元) | 3.47 | -136.25 | |
| | 利润总额(万元) | 10806.86 | 9941.67 | |
| | 净利润(万元) | 9150.21 | 8251.04 | |
| 近年分配: | 06年:10派2.5 | | | |

| 主要股东及持股比例%、持股性质 |
|---|
| 陕西兴化集团有限责任公司 43.29%（国有股） |
| 深圳市稳健投资发展有限公司 15.69%（流通A股） |
| 宁波艾迪西国际贸易有限公司 4%（流通A股） |
| 西部信托投资有限公司 2.19%（国有股） |
| 深圳市海恒投资有限公司 1.88%（流通A股） |
| 陕西省技术进步投资有限责任公司 1.35%（流通A股） |
| 北京嘉禾世纪信息咨询有限公司 1.34%（流通A股） |
| 吉林省东宏来投资有限公司 1.25%（流通A股） |
| 深圳市翔永投资顾问有限公司 1.125%（流通A股） |
| 天津市开发区双友科技发展有限公司 0.625%（流通A股） |
| 实际控制人：陕西兴化集团有限责任公司 |

二〇〇六年以来市场表现

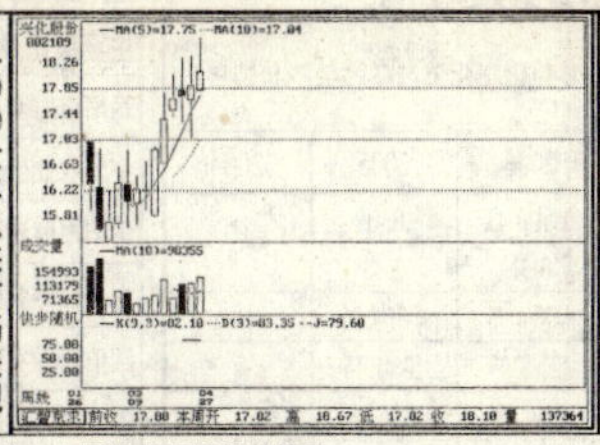

| | |
|---|---|
| 2006年涨跌幅(%) | |
| 2006年最高(元) | |
| 2007年涨跌幅(%) | 12.51 |
| 2007.4.27收盘(元) | 18.1 |
| 2007年最高(元) | 18.92 |
| 2007年最低(元) | 15.4 |
| 2007年换手率(%) | 440.05 |

未来一年限售流通股解禁情况：

| | 总股本 | 非(限售)流通 | 流通A | 流通B/H/S | 股东户数 | 06年末 | 06三季 |
|---|---|---|---|---|---|---|---|
| 最新股本 | 16000 | 12000 | 4000 | | | | |

年报点评：国内最大硝铵生产企业，拥有30万吨/年硝铵产能。随着募资项目(25万吨硝铵、6万吨浓硝酸)在2009年建成投产，规模优势将进一步显现。预计国内硝铵需求增速为10%，未来几年该行业可保持健康发展。

# 三钢闽光（002110）

上市日期:07/01/26　电话:0598－8205158　传真:0598－8205013

| | 年度 | 2006 | 2005 | 2004 |
|---|---|---|---|---|
| 主营 | 钢材、钢坯的生产和销售 | | | |
| 主要指标 | 每股收益/扣除后(元) | 0.83/0.84 | 0.29/0.3 | |
| | 每股经营现金流量(元) | 1.15 | 0.74 | |
| | 每股净资产/调整后(元) | 4.22/4.21 | 3.49/3.45 | |
| | 未分利润(万元) | 82363.6 | 54323.8 | |
| | 资本公积(万元) | 23473.15 | 23228.36 | |
| 利润构成 | 主营收入(万元) | 840942.57 | 854336.99 | |
| | 主营利润(万元) | 86162.35 | 49154.53 | |
| | 投资收益(万元) | 1149.3 | 1671.15 | |
| | 利润总额(万元) | 51609.76 | 17286.33 | |
| | 净利润(万元) | 35985.98 | 12694.56 | |
| 近年分配: | 06预案:10派4 | | | |

| 主要股东及持股比例%、持股性质 |
|---|
| 福建省三钢(集团)有限责任公司 73.87%（国有股） |
| 厦门国贸集团股份有限公司 3.89%（非流通股） |
| 厦门国际港务股份有限公司 1.23%（国有股） |
| 厦门市国光工贸发展有限公司 0.56%（非流通股） |
| 厦门鹭升物流有限公司 0.56%（非流通股） |
| 中信证券股份有限公司 0.51%（非流通股） |
| 福建省晋江市福明鑫化建贸易有限公司 0.43%（非流通股） |
| 闽东荣宏建材有限公司 0.43%（非流通股） |
| 钢铁研究总院 0.19%（国有股） |
| 国信证券有限责任公司 0.18%（流通A股） |
| 实际控制人：福建省人民政府国有资产监督管理委员会 |

二〇〇六年以来市场表现

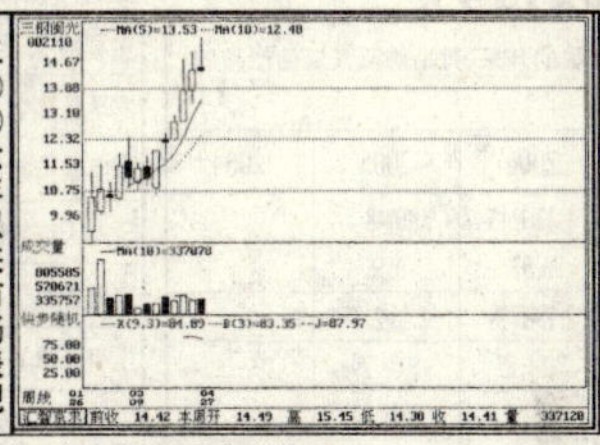

| | |
|---|---|
| 2006年涨跌幅(%) | |
| 2006年最高(元) | |
| 2007年涨跌幅(%) | 36.72 |
| 2007.4.27收盘(元) | 14.41 |
| 2007年最高(元) | 15.45 |
| 2007年最低(元) | 9.18 |
| 2007年换手率(%) | 658.43 |

未来一年限售流通股解禁情况：

| | 总股本 | 非(限售)流通 | 流通A | 流通B/H/S | 股东户数 | 06年末 | 06三季 |
|---|---|---|---|---|---|---|---|
| 最新股本 | 53470 | 43470.05 | 9999.95 | | | | |

年报点评：公司是福建省最大钢铁生产企业，也是福建省内唯一采用焦化和烧结－高炉－转炉－连铸－轧制长流程钢铁生产企业，拥有从焦化至轧钢完整资产，年综合产钢能力300多万吨。公司将整合福建省内的小型钢铁企业，并预期收购三钢集团筹建中的中厚板生产项目。

# 威海广泰（002111）

上市日期:07/01/26　电话:0631－5258618　传真:0631－5251451

| | 年度 | 2006 | 2005 | 2004 |
|---|---|---|---|---|
| 主营 | 开发、生产、销售各类航空地面设备 | | | |
| 主要指标 | 每股收益/扣除后(元) | 0.55/0.55 | 0.59 | |
| | 每股经营现金流量(元) | 0.4 | 0.16 | |
| | 每股净资产/调整后(元) | 1.98/1.98 | 2.08/2.06 | |
| | 未分利润(万元) | 4315.38 | 3261.77 | |
| | 资本公积(万元) | 436.4 | 140.4 | |
| 利润构成 | 主营收入(万元) | 24097.91 | 15832.75 | |
| | 主营利润(万元) | 7879.91 | 5098.77 | |
| | 投资收益(万元) | 3.91 | -43.33 | |
| | 利润总额(万元) | 4187.5 | 2683.47 | |
| | 净利润(万元) | 3504.01 | 2482.19 | |
| 近年分配: | 06预案:10派1 | | | |

| 主要股东及持股比例%、持股性质 |
|---|
| 威海广泰投资有限公司 42.985%（非流通股） |
| 李光太 21.948%（非流通股） |
| 民航烟台莱山机场旅客服务部 5.561%（非流通股） |
| 威海双丰电子集团有限公司 1.549%（非流通股） |
| 郭少平 1.511%（非流通股） |
| 孟岩 1.417%（非流通股） |
| 中信证券股份有限公司 0.566%（流通A股） |
| 国信证券股份有限公司 0.261%（流通A股） |
| 招商证券股份有限公司 0.172%（流通A股） |
| 中信建投证券有限责任公司 0.167%（流通A股） |
| 实际控制人：李光太 |

二〇〇六年以来市场表现

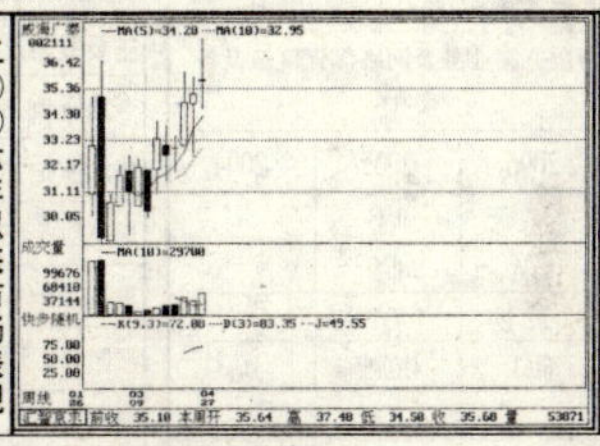

| | |
|---|---|
| 2006年涨跌幅(%) | |
| 2006年最高(元) | |
| 2007年涨跌幅(%) | 8.12 |
| 2007.4.27收盘(元) | 35.68 |
| 2007年最高(元) | 37.48 |
| 2007年最低(元) | 28.99 |
| 2007年换手率(%) | 343.81 |

未来一年限售流通股解禁情况：

| | 总股本 | 非(限售)流通 | 流通A | 流通B/H/S | 股东户数 | 06年末 | 06三季 |
|---|---|---|---|---|---|---|---|
| 最新股本 | 8470 | 6350 | 2120 | | | | |

年报点评：公司主打产品为移动电源车、飞机牵引车等。在技术优势与管理效率提升的情况下，公司06年实现了业绩的持续、高速增长。随着公司募集资金项目逐步实施，产品系列的丰富，以及国、内外市场需求的带领下，公司也将实现稳定增长。

# 三变科技（002112）

上市日期:07/02/08　电话:0576－3381307　传真:0576－3381326

| | 年度 | 2006 | 2005 | 2004 |
|---|---|---|---|---|
| 主营 | 电力变压器产品的研制、生产和销售。 | | | |
| 主要指标 | 每股收益/扣除后(元) | 0.44/0.43 | 0.41 | |
| | 每股经营现金流量(元) | 0.65 | -0.31 | |
| | 每股净资产/调整后(元) | 2.91/2.88 | 2.46/2.43 | |
| | 未分利润(万元) | 6780.93 | 4419.47 | |
| | 资本公积(万元) | 3115.09 | 3060.09 | |
| 利润构成 | 主营收入(万元) | 74930.83 | 66253.53 | |
| | 主营利润(万元) | 13282.14 | 12278.38 | |
| | 投资收益(万元) | | | |
| | 利润总额(万元) | 3999.59 | 3872.92 | |
| | 净利润(万元) | 2623.84 | 2462.57 | |
| 近年分配: | 06预案:10派0.7 | | | |

| 主要股东及持股比例%、持股性质 |
|---|
| 浙江三变集团有限公司 25.59%（国有股） |
| 宁波保税区剑源物资有限公司 10.4%（非流通股） |
| 张兴祥 10.4%（非流通股） |
| 卢旭日 6.09%（非流通股） |
| 朱峰 4.11%（非流通股） |
| 乐清市电力实业有限总公司 3.64%（非流通股） |
| 嵊州市光宇实业有限公司 3.64%（非流通股） |
| 宁波鸿翔投资有限责任公司 3.64%（非流通股） |
| 台州宏兴电力发展有限公司 2.08%（非流通股） |
| 沈民干 1.14%（非流通股） |
| 实际控制人：浙江省三门县人民政府 |

二〇〇六年以来市场表现

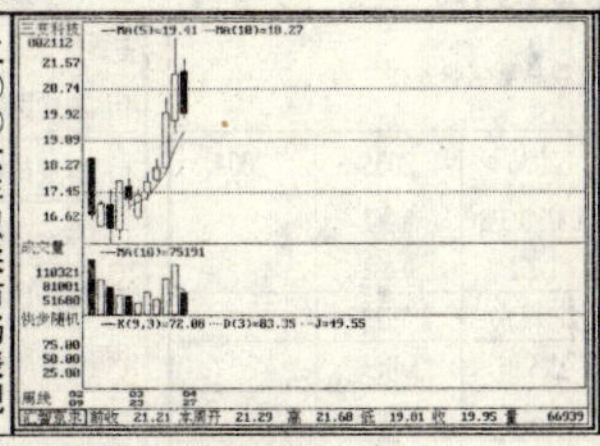

| | |
|---|---|
| 2006年涨跌幅(%) | |
| 2006年最高(元) | |
| 2007年涨跌幅(%) | 13.42 |
| 2007.4.27收盘(元) | 19.95 |
| 2007年最高(元) | 22.39 |
| 2007年最低(元) | 15.8 |
| 2007年换手率(%) | 557.22 |

未来一年限售流通股解禁情况：

| | 总股本 | 非(限售)流通 | 流通A | 流通B/H/S | 股东户数 | 06年末 | 06三季 |
|---|---|---|---|---|---|---|---|
| 最新股本 | 8000 | 6000 | 2000 | | | | |

年报点评：公司110kv产品收入保持快速增长，04年－06年，收入同比增幅分别达到104%、94%、44%。该产品占收入比重由04年的9.72%上升至06年28.42%的水平，成为占公司收入比重最大的产品。目前，110kv产品产能已经饱和，新建项目将显著提高产能。

## 天润发展（002113）

上市日期:07/02/08　　电话:0730－8320311　　传真:0730－8353758

| | 年度 | 2006 | 2005 | 2004 |
|---|---|---|---|---|
| 主营 | 尿素、碳酸氢铵、液氨、粗醇等化肥化工产品的生产和销售 | | | |
| 主要指标 | 每股收益/扣除后(元) | 0.51/0.43 | 0.41 | |
| | 每股经营现金流量(元) | 0.31 | 2.42 | |
| | 每股净资产/调整后(元) | 4.78/4.75 | 4.37/4.26 | |
| | 未分利润(万元) | 12208.93 | 10641.16 | |
| | 资本公积(万元) | 2166.68 | 2166.68 | |
| 利润构成 | 主营收入(万元) | 35414.97 | 32869.52 | |
| | 主营利润(万元) | 5352.63 | 5099.84 | |
| | 投资收益(万元) | -0.37 | | |
| | 利润总额(万元) | 3993.73 | 3265.24 | |
| | 净利润(万元) | 2628.12 | 2151.77 | |
| 近年分配: | | | | |

| 主要股东及持股比例%、持股性质 |
|---|
| 岳阳市财政局 35.838%（国有股） |
| 中国农业生产资料广州公司 5.378%（非流通股） |
| 岳阳市财政资金管理中心 2.703%（国有股） |
| 中信证券股份有限公司 1.375%（流通A股） |
| 国信证券有限责任公司 0.581%（流通A股） |
| 国泰君安证券股份有限公司 0.575%（流通A股） |
| 王大新 0.31%（非流通股） |
| 信泰证券有限责任公司 0.267%（流通A股） |
| 国都证券有限责任公司 0.257%（流通A股） |
| 中信万通证券有限责任公司 0.24%（流通A股） |
| 实际控制人：岳阳市财政局 |

二〇〇六年以来市场表现

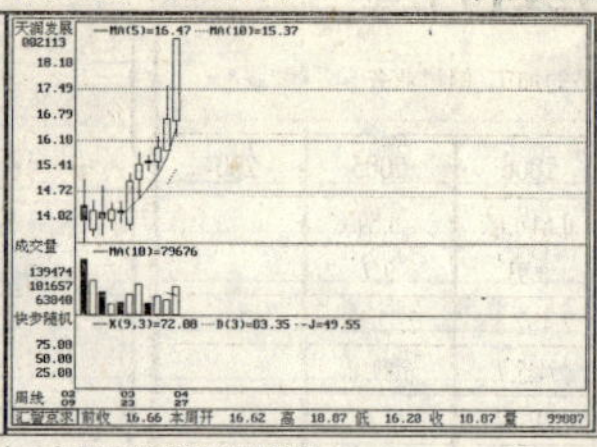

| | |
|---|---|
| 2006年涨跌幅(%) | |
| 2006年最高(元) | |
| 2007年涨跌幅(%) | 26.64 |
| 2007.4.27收盘(元) | 18.87 |
| 2007年最高(元) | 18.87 |
| 2007年最低(元) | 13.33 |
| 2007年换手率(%) | 553.44 |

未来一年限售流通股解禁情况:

| 最新股本 | 总股本 | 非(限售)流通 | 流通A | 流通B/H/S | 股东户数 | 06年末 | 06三季 |
|---|---|---|---|---|---|---|---|
| | 7400 | 5200 | 2200 | | | | |

年报点评：尿素是公司的绝对主导产品。公司位于湖南省岳阳市,公司是该地区的尿素骨干企业,市场占有率约为30%。公司目前的产能为18万吨/年合成氨和24万吨/年尿素,预计2007年年底尿素产能将达到30万吨/年。

## 罗平锌电（002114）

上市日期:07/02/15　　电话:0874－8256825　　传真:0874－8256825

| | 年度 | 2006 | 2005 | 2004 |
|---|---|---|---|---|
| 主营 | 水力发电、铅锌等有色金属的开采、锌冶炼及其延伸产品的生产与销售 | | | |
| 主要指标 | 每股收益/扣除后(元) | 1.12/1.13 | 0.48 | |
| | 每股经营现金流量(元) | 0.97 | 0.56 | |
| | 每股净资产/调整后(元) | 2.78/2.78 | 2.35/2.35 | |
| | 未分利润(万元) | 7484.57 | 5003.29 | |
| | 资本公积(万元) | 3603.9 | 3601.94 | |
| 利润构成 | 主营收入(万元) | 93687.23 | 36267.51 | |
| | 主营利润(万元) | 11221.66 | 7965.08 | |
| | 投资收益(万元) | 2650.41 | 153 | |
| | 利润总额(万元) | 9725.35 | 4318.8 | |
| | 净利润(万元) | 8603.65 | 3674.62 | |
| 近年分配: | | | | |

| 主要股东及持股比例%、持股性质 |
|---|
| 罗平县锌电公司 61.08%（国有股） |
| 云南黎山怒水旅游开发有限责任公司 9.33%（非流通股） |
| 云南天浩集团有限公司 3.33%（非流通股） |
| 云南省罗平县汇康药业有限责任公司 0.67%（非流通股） |
| 昆明天津三达电气有限公司 0.33%（非流通股） |
| 王长生 0.2%（非流通股） |
| 国信证券有限责任公司 0.17%（流通A股） |
| 海通证券股份有限公司 0.15%（流通A股） |
| 招商证券股份有限公司 0.14%（流通A股） |
| 安信股份有限公司 0.13%（流通A股） |
| 实际控制人：罗平县锌电公司 |

二〇〇六年以来市场表现

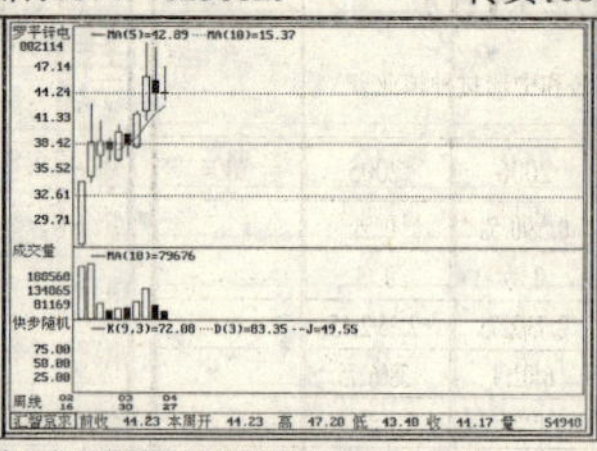

| | |
|---|---|
| 2006年涨跌幅(%) | |
| 2006年最高(元) | |
| 2007年涨跌幅(%) | 42.76 |
| 2007.4.27收盘(元) | 44.17 |
| 2007年最高(元) | 50.05 |
| 2007年最低(元) | 26.8 |
| 2007年换手率(%) | 547.6 |

未来一年限售流通股解禁情况:

| 最新股本 | 总股本 | 非(限售)流通 | 流通A | 流通B/H/S | 股东户数 | 06年末 | 06三季 |
|---|---|---|---|---|---|---|---|
| | 10214 | 8166 | 2048 | | | 14042 | |

年报点评：公司是我国唯一一家锌矿开采、锌冶炼、水力发电相结合的一体化锌冶炼企业,在原料及能源供应上具有明显的成本优势。公司水电成本比国内其它锌冶炼企业的电费每度低0.35元左右,还拥有多家矿产资源。公司综合毛利率居行业中上水平,具有较强竞争能力。

## 三维通信（002115）

上市日期:07/02/15　　电话:0571－88923377　　传真:0571－88866111

| | 年度 | 2006 | 2005 | 2004 |
|---|---|---|---|---|
| 主营 | 移动通信网络优化覆盖解决方案业务及网络优化覆盖设备的研发和制造 | | | |
| 主要指标 | 每股收益/扣除后(元) | 0.51/0.485 | 0.45 | |
| | 每股经营现金流量(元) | 0.36 | 0.5 | |
| | 每股净资产/调整后(元) | 2.2/2.19 | 1.82/1.8 | |
| | 未分利润(万元) | 6163 | 4160.55 | |
| | 资本公积(万元) | | | |
| 利润构成 | 主营收入(万元) | 21013.24 | 19203.47 | |
| | 主营利润(万元) | 8217.78 | 7781.71 | |
| | 投资收益(万元) | 4.93 | 1.25 | |
| | 利润总额(万元) | 3299.26 | 2992.33 | |
| | 净利润(万元) | 3053.98 | 2700.91 | |
| 近年分配: | 06预案:10派2 | | | |

| 主要股东及持股比例%、持股性质 |
|---|
| 李越伦 28.5%（非流通股） |
| 华讯投资 15.6%（非流通股） |
| 国信创投 15%（国有股） |
| 洪革 2.74%（非流通股） |
| 严国海 2.44%（非流通股） |
| 周寅 1.95%（非流通股） |
| 周美菲 1.95%（非流通股） |
| 俞钟雄 1.76%（非流通股） |
| 陆元吉 1.31%（非流通股） |
| 王萍 1.13%（非流通股） |
| 实际控制人：李越伦 |

二〇〇六年以来市场表现

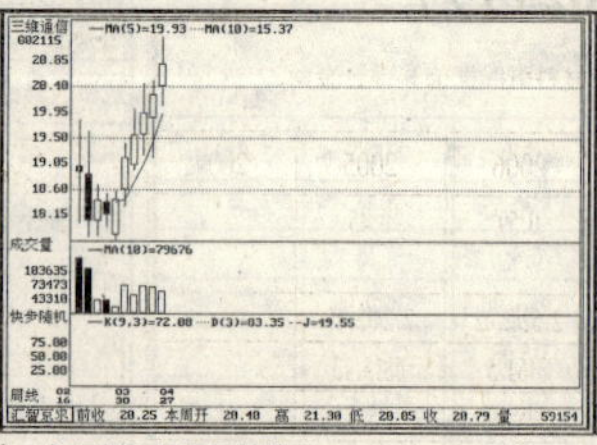

| | |
|---|---|
| 2006年涨跌幅(%) | |
| 2006年最高(元) | |
| 2007年涨跌幅(%) | 5.8 |
| 2007.4.27收盘(元) | 20.79 |
| 2007年最高(元) | 21.3 |
| 2007年最低(元) | 17.7 |
| 2007年换手率(%) | 421.93 |

未来一年限售流通股解禁情况:

| 最新股本 | 总股本 | 非(限售)流通 | 流通A | 流通B/H/S | 股东户数 | 06年末 | 06三季 |
|---|---|---|---|---|---|---|---|
| | 8000 | 6400 | 1600 | | | 10044 | |

年报点评：公司在射频领域掌握多项具有较高水平的核心技术,拥有领域内10多项技术专利并已形成较为完整的技术体系。随着中国移动通信市场快速发展,运营商对网络优化覆盖解决方案的投资呈上升趋势。而公司也将保持一个快速的发展。

## 中国海诚（002116）

上市日期:07/02/15　　电话:021－64314018　　传真:021－64334045

| | 年度 | 2006 | 2005 | 2004 |
|---|---|---|---|---|
| 主营 | 工程设计、咨询、监理及工程总承包业务 | | | |
| 主要指标 | 每股收益/扣除后(元) | 0.373/0.338 | 0.362 | |
| | 每股经营现金流量(元) | 1.272 | 0.682 | |
| | 每股净资产/调整后(元) | 2.09/2.06 | 2.02/2.02 | |
| | 未分利润(万元) | 2306.04 | 2001.38 | |
| | 资本公积(万元) | 4644.03 | 4640.63 | |
| 利润构成 | 主营收入(万元) | 78407.16 | 61376.64 | |
| | 主营利润(万元) | 12236.93 | 11809.66 | |
| | 投资收益(万元) | 132.01 | 151.13 | |
| | 利润总额(万元) | 3781.36 | 3840.75 | |
| | 净利润(万元) | 3171.84 | 3077.51 | |
| 近年分配: | 06预案:10派1.6 | | | |

| 主要股东及持股比例%、持股性质 |
|---|
| 中国海诚国际工程投资总院 56.495%（国有股） |
| 上海解放传媒投资有限公司 5.736%（国有股） |
| 上海第一医药股份有限公司 5.736%（非流通股） |
| 上海城开(集团)有限公司 3.728%（国有股） |
| 中信证券股份有限公司 1.86%（流通A股） |
| 广发证券股份有限公司 0.238%（流通A股） |
| 国信证券有限责任公司 0.221%（流通A股） |
| 杨志海 0.183%（非流通股） |
| 华泰证券有限责任公司 0.182%（流通A股） |
| 郑定镧 0.172%（非流通股） |
| 实际控制人：国务院国有资产监督管理委员会 |

二〇〇六年以来市场表现

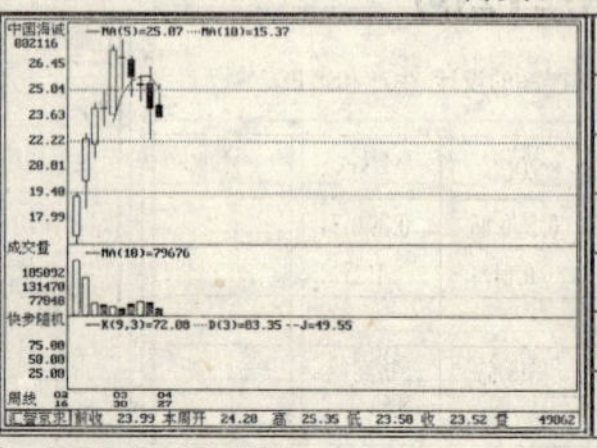

| | |
|---|---|
| 2006年涨跌幅(%) | |
| 2006年最高(元) | |
| 2007年涨跌幅(%) | 22.76 |
| 2007.4.27收盘(元) | 23.52 |
| 2007年最高(元) | 27.86 |
| 2007年最低(元) | 16.58 |
| 2007年换手率(%) | 390.39 |

未来一年限售流通股解禁情况:

| 最新股本 | 总股本 | 非(限售)流通 | 流通A | 流通B/H/S | 股东户数 | 06年末 | 06三季 |
|---|---|---|---|---|---|---|---|
| | 11400 | 9080 | 2320 | | | 4508 | |

年报点评：随着市场竞争日趋激烈,公司设计咨询单位工程收费水平有所下降,主营业务成本支出,人力成本上升等原因,使公司利润水平未能保持与收入水平相同的比例增长。公司在国内大中型工业型工程建设项目中的市场占有率在80%左右。

## 东港股份（002117）

上市日期:07/03/02　　电话:0531－88904590　　传真:0531－82672218

| | | | | |
|---|---|---|---|---|
| 主营 | 商业票据印刷以及纸制品的加工、销售业务 | | | |
| | 年　度 | 2006 | 2005 | 2004 |
| 主要指标 | 每股收益/扣除后(元) | 0.64/0.64 | 0.59 | |
| | 每股经营现金流量(元) | 0.93 | 0.7 | |
| | 每股净资产/调整后(元) | 2.41/2.38 | 2.12/2.1 | |
| | 未分利润(万元) | 7445.7 | 6299.48 | |
| | 资本公积(万元) | 197.09 | 81.07 | |
| 利润构成 | 主营收入(万元) | 41097.25 | 39693.85 | |
| | 主营利润(万元) | 13469.03 | 13629.42 | |
| | 投资收益(万元) | | | |
| | 利润总额(万元) | 6499.19 | 6101.87 | |
| | 净利润(万元) | 5231.52 | 4851.96 | |
| 近年分配: | 06 预案:10 派 2.7 | | | |

| 主要股东及持股比例%、持股性质 |
|---|
| 香港喜多来集团有限公司 35.41%（外资股） |
| 浪潮电子信息产业股份有限公司 14.91%（国有股） |
| 北京中嘉华投资咨询有限公司 12.67%（非流通股） |
| 济南发展国有工业资产经营有限公司 10.44%（国有股） |
| 中信证券股份有限公司 1.85%（流通 A 股） |
| Rich River Investments Limited 1.12%（外资股） |
| 国信证券有限责任公司 0.26%（流通 A 股） |
| 泰康人寿保险股份有限公司－分红－团体分红－019L－FH001 深 0.16%（流通 A 股） |
| 中国平安保险(集团)股份有限公司－集团本级－自有资金 0.16%（流通 A 股） |
| 中国平安人寿保险股份有限公司－传统－普通保险产品 0.16%（流通 A 股） |
| 实际控制人：谷望江 |

二〇〇六年以来市场表现

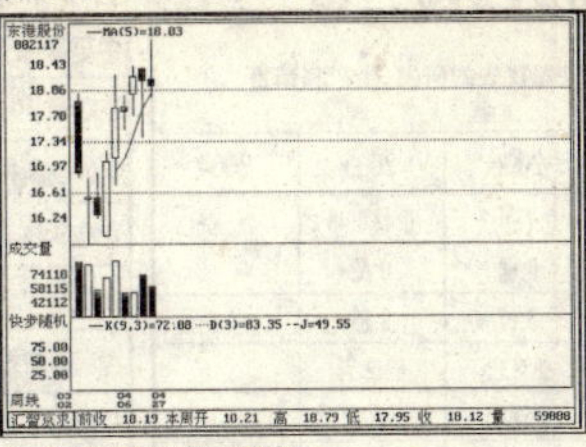

| | |
|---|---|
| 2006 年涨跌幅(%) | |
| 2006 年最高(元) | |
| 2007 年涨跌幅(%) | 7.35 |
| 2007.4.27 收盘(元) | 18.12 |
| 2007 年最高(元) | 18.79 |
| 2007 年最低(元) | 15.88 |
| 2007 年换手率(%) | 278.84 |

未来一年限售流通股解禁情况：

| 最新股本 | 总股本 | 非(限售)流通 | 流通 A | 流通 B/H/S | 股东户数 | 06 年末 | 06 三季 |
|---|---|---|---|---|---|---|---|
| | 11000 | 8760 | 2240 | | | 14691 | |

年报点评：公司为商业票据印刷行业龙头，拥有行业领先的技术设备，较为完善的营销网络和优秀的销售团队以及众多稳定的优质客户。募集资金投向合资建立北京东港项目，数字条码印刷开发应用项目和防伪票证印刷品开发应用项目。

## 紫鑫药业（002118）

上市日期:07/03/02　　电话:0431－85631297　　传真:0431－85631521

| | | | | |
|---|---|---|---|---|
| 主营 | 中成药的研发、生产、销售和中药材种植业务 | | | |
| | 年　度 | 2006 | 2005 | 2004 |
| 主要指标 | 每股收益/扣除后(元) | 0.58/0.58 | 0.56 | |
| | 每股经营现金流量(元) | 0.89 | 0.61 | |
| | 每股净资产/调整后(元) | 2.73/2.73 | 2.15/2.15 | |
| | 未分利润(万元) | 6402.9 | 3866.75 | |
| | 资本公积(万元) | 0.74 | 0.74 | |
| 利润构成 | 主营收入(万元) | 12339.7 | 12194.36 | |
| | 主营利润(万元) | 9305.28 | 9131.35 | |
| | 投资收益(万元) | | 29.21 | |
| | 利润总额(万元) | 4487.77 | 4208.31 | |
| | 净利润(万元) | 2944.83 | 2821.69 | |
| 近年分配: | 06 预案:10 派 2 | | | |

| 主要股东及持股比例%、持股性质 |
|---|
| 敦化市康平投资有限责任公司 60.85%（非流通股） |
| 仲维光 7.5%（非流通股） |
| 柳河日新餐饮有限责任公司 4.12%（非流通股） |
| 于小蓓 1.5%（非流通股） |
| 柳河沈飞合联工贸有限责任公司 1%（非流通股） |
| 国信证券有限责任公司 0.22%（流通 A 股） |
| 中国平安人寿保险股份有限公司－万能－个险万能 0.14%（流通 A 股） |
| 中国太保集团股份有限公司－本级－集团自有资金－012G－ZY001 深 0.14%（流通 A 股） |
| 中国平安保险(集团)股份有限公司－集团本级－自有资金 0.14%（流通 A 股） |
| 中国平安财产保险股份有限公司－传统－普通保险产品 0.14%（流通 A 股） |
| 实际控制人：郭春生 |

二〇〇六年以来市场表现

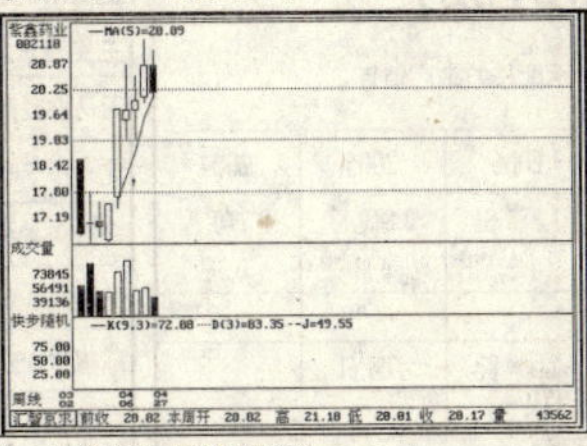

| | |
|---|---|
| 2006 年涨跌幅(%) | |
| 2006 年最高(元) | |
| 2007 年涨跌幅(%) | 20.06 |
| 2007.4.27 收盘(元) | 20.17 |
| 2007 年最高(元) | 21.48 |
| 2007 年最低(元) | 16.58 |
| 2007 年换手率(%) | 419.39 |

未来一年限售流通股解禁情况：

| 最新股本 | 总股本 | 非(限售)流通 | 流通 A | 流通 B/H/S | 股东户数 | 06 年末 | 06 三季 |
|---|---|---|---|---|---|---|---|
| | 6752.31 | 5400.31 | 1352 | | | 9318 | |

年报点评：公司地处长白山附近，具有一定的原料成本优势。06 年净利润小幅提高主要是销售毛利率与期间费用的下降所致，07 年 4 月开始公司主要产品四妙丸，肾复康自行优质优价，最高零售价提高约 10%，将给公司业绩带来提振。

## 康强电子（002119）

上市日期:07/03/02　　电话:0574－88233889　　传真:0574－88235553

| | | | | |
|---|---|---|---|---|
| 主营 | 制造和销售半导体封装材料引线框架和键合金丝。 | | | |
| | 年　度 | 2006 | 2005 | 2004 |
| 主要指标 | 每股收益/扣除后(元) | 0.59 | 0.45 | |
| | 每股经营现金流量(元) | | | |
| | 每股净资产/调整后(元) | 2.52/2.42 | 2.24/2.15 | |
| | 未分利润(万元) | 8464.5 | 6815.13 | |
| | 资本公积(万元) | 575.59 | 575.59 | |
| 利润构成 | 主营收入(万元) | 63043.61 | 40036.51 | |
| | 主营利润(万元) | 9216.8 | 6695.08 | |
| | 投资收益(万元) | 207.81 | 180.33 | |
| | 利润总额(万元) | 5586.45 | 3629.39 | |
| | 净利润(万元) | 4235.97 | 3249.33 | |
| 近年分配: | | | | |

| 主要股东及持股比例%、持股性质 |
|---|
| 宁波普利赛思电子有限公司 20.94%（非流通股） |
| 宁波电子信息集团有限公司 14.85%（非流通股） |
| 英属维尔京群岛杰强投资国际有限公司 13.77%（非流通股） |
| 宁波经济技术开发区康盛贸易有限公司 12.47%（非流通股） |
| 刘俊良 8.51%（非流通股） |
| 江苏新潮科技集团有限公司 3.71%（非流通股） |
| 招商证券股份有限公司 0.3%（流通 A 股） |
| 中国平安财产保险股份有限公司－传统－普通保险产品 0.18%（流通 A 股） |
| 中国平安人寿保险股份有限公司－万能－个险万能 0.18%（流通 A 股） |
| 中国太保集团股份有限公司－本级－集团自有资金－012G－ZY001 深 0.18%（流通 A 股） |
| 实际控制人： |

二〇〇六年以来市场表现

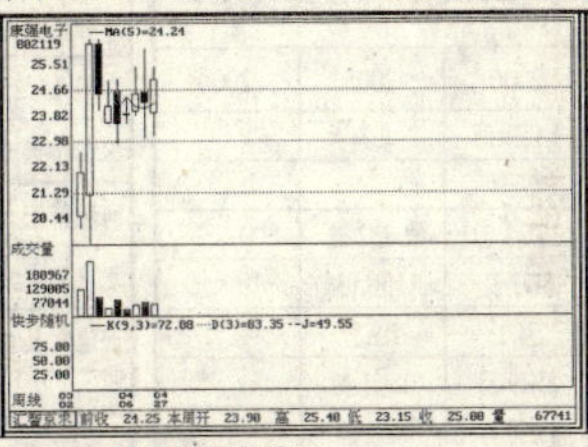

| | |
|---|---|
| 2006 年涨跌幅(%) | |
| 2006 年最高(元) | |
| 2007 年涨跌幅(%) | 13.9 |
| 2007.4.27 收盘(元) | 25 |
| 2007 年最高(元) | 26.35 |
| 2007 年最低(元) | 19.6 |
| 2007 年换手率(%) | 425.79 |

未来一年限售流通股解禁情况：

| 最新股本 | 总股本 | 非(限售)流通 | 流通 A | 流通 B/H/S | 股东户数 | 06 年末 | 06 三季 |
|---|---|---|---|---|---|---|---|
| | 9710 | 7710 | 2000 | | | 11192 | |

年报点评：

## 新海股份（002120）

上市日期:07/03/06　　电话:0574－63029608　　传真:0574－63029876

| | | | | |
|---|---|---|---|---|
| 主营 | 高品质打火机、点火枪等产品的设计、生产和销售。 | | | |
| | 年　度 | 2006 | 2005 | 2004 |
| 主要指标 | 每股收益/扣除后(元) | 0.56/0.46 | 0.39/0.34 | |
| | 每股经营现金流量(元) | 0.64 | 1.25 | |
| | 每股净资产/调整后(元) | | | |
| | 未分利润(万元) | 5316.63 | 2828.98 | |
| | 资本公积(万元) | 441.65 | 441.65 | |
| 利润构成 | 主营收入(万元) | 56898.81 | 51069.83 | |
| | 主营利润(万元) | 9826.07 | 7462.16 | |
| | 投资收益(万元) | －11.43 | －11.43 | |
| | 利润总额(万元) | 4043.1 | 3211.25 | |
| | 净利润(万元) | 2869.26 | 1997.32 | |
| 近年分配: | | | | |

| 主要股东及持股比例%、持股性质 |
|---|
| 黄新华 37.76%（非流通股） |
| 慈溪市华成投资开发有限公司 11.93%（非流通股） |
| 华加锋 5.19%（非流通股） |
| 孙雪芬 3.03%（非流通股） |
| 中信证券股份有限公司 2.47%（流通 A 股） |
| 沈嘉祥 2.02%（非流通股） |
| 柳荷波 1.89%（非流通股） |
| 贺琳 1.58%（非流通股） |
| 金树建 1.32%（非流通股） |
| 陈佩民 1.07%（非流通股） |
| 实际控制人： |

二〇〇六年以来市场表现

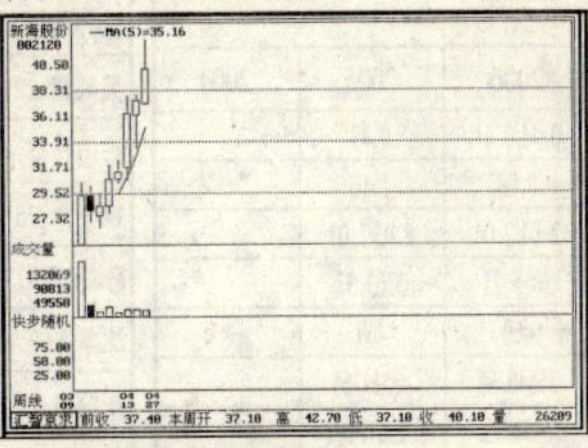

| | |
|---|---|
| 2006 年涨跌幅(%) | |
| 2006 年最高(元) | |
| 2007 年涨跌幅(%) | 40.7 |
| 2007.4.27 收盘(元) | 40.1 |
| 2007 年最高(元) | 42.7 |
| 2007 年最低(元) | 25.12 |
| 2007 年换手率(%) | 268.13 |

未来一年限售流通股解禁情况：

| 最新股本 | 总股本 | 非(限售)流通 | 流通 A | 流通 B/H/S | 股东户数 | 06 年末 | 06 三季 |
|---|---|---|---|---|---|---|---|
| | 6800 | 5440 | 1360 | | | 3171 | |

年报点评：公司是国内技术水平最高、产销规模最大、综合实力最强的塑料打火机制造商，每年打火机出口额均占全国当年打火机总出口额的十分之一以上。由于公司所处行业极为广阔，而公司在行业内竞争能力极为突出，预计公司将保持一个较快的增长速度。

## 科陆电子（002121）

上市日期:07/03/06　　电话:(0755)26719528　　传真:(0755)26719679

| 主营 | 电力自动化产品和电工仪器仪表的研发、生产和销售 | | | |
|---|---|---|---|---|
| | 年　度 | 2006 | 2005 | 2004 |
| 主要指标 | 每股收益/扣除后(元) | 0.77/0.7 | 0.48/0.48 | |
| | 每股经营现金流量(元) | 0.64 | 0.62 | |
| | 每股净资产/调整后(元) | 3.67 | 2.85 | |
| | 未分利润(万元) | 8858.26 | 6242.71 | |
| | 资本公积(万元) | 1057.31 | 346.97 | |
| 利润构成 | 主营收入(万元) | 21579.33 | 16653.64 | |
| | 主营利润(万元) | 8434.92 | 7220.73 | |
| | 投资收益(万元) | | | |
| | 利润总额(万元) | 3941.09 | 2570.51 | |
| | 净利润(万元) | 3449.19 | 2139.27 | |
| 近年分配: | | | | |

| 主要股东及持股比例%、持股性质 |
|---|
| 饶陆华 49.01%（非流通股） |
| 深圳创新投 9.755%（非流通股） |
| 青岛高德 6%（非流通股） |
| 袁继全 4.853%（非流通股） |
| 深圳高新投 3.75%（国有股） |
| 范家闩 0.75%（非流通股） |
| 中信证券股份有限公司 0.665%（流通 A 股） |
| 阮海明 0.625%（非流通股） |
| 平安证券有限责任公司 0.609%（流通 A 股） |
| 招商证券股份有限公司 0.206%（流通 A 股） |
| 实际控制人: |

二〇〇六年以来市场表现

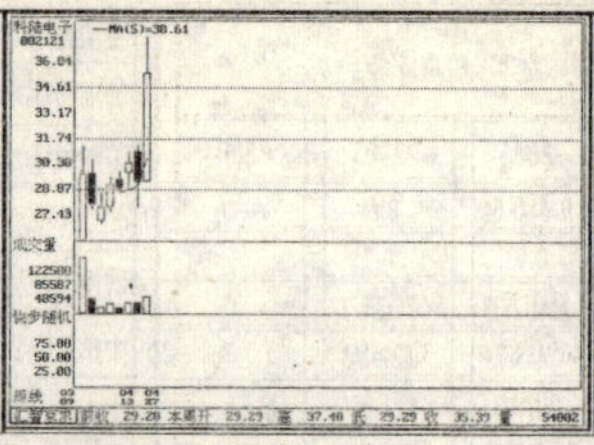

| | |
|---|---|
| 2006 年涨跌幅(%) | |
| 2006 年最高(元) | |
| 2007 年涨跌幅(%) | 25.23 |
| 2007.4.27 收盘(元) | 35.39 |
| 2007 年最高(元) | 37.48 |
| 2007 年最低(元) | 26 |
| 2007 年换手率(%) | 352.69 |

未来一年限售流通股解禁情况:

| 最新股本 | 总股本 | 非(限售)流通 | 流通 A | 流通 B/H/S | 股东户数 | 06 年末 | 06 三季 |
|---|---|---|---|---|---|---|---|
| | 6000 | 4800 | 1200 | | | 6348 | |

年报点评：公司属于电力二次设备行业的企业。用电自动化行业横跨机械和 IT 两大领域，行业的发展主要和用电负荷的不断增加、加强需求侧管理、提高用电管理信息化水平等需求密切相关，有一定的周期性、但成长空间比较大。预计公司将保持一个快速的增长。

## 天马股份（002122）

上市日期:07/03/28　　电话:0571－88026015　　传真:0571－88029872

| 主营 | 通用轴承、铁路轴承及轴承配件的生产销售 | | | |
|---|---|---|---|---|
| | 年　度 | 2006 | 2005 | 2004 |
| 主要指标 | 每股收益/扣除后(元) | 1.85/1.84 | 0.88/0.87 | 0.79/0.79 |
| | 每股经营现金流量(元) | 1.21 | 0.81 | 0.76 |
| | 每股净资产/调整后(元) | | | |
| | 未分利润(万元) | 22508.87 | 7738.61 | |
| | 资本公积(万元) | 13.74 | 13.74 | |
| 利润构成 | 主营收入(万元) | 100699.65 | 58903.2 | |
| | 主营利润(万元) | 31573.3 | 17976.58 | |
| | 投资收益(万元) | 3.76 | -34.01 | |
| | 利润总额(万元) | 22823.71 | 11471.12 | |
| | 净利润(万元) | 18906.6 | 9002.59 | |
| 近年分配: | | | | |

| 主要股东及持股比例%、持股性质 |
|---|
| 天马控股集团有限公司 48.75%（非流通股） |
| 沈高伟 5.93%（非流通股） |
| 马伟良 4.06%（非流通股） |
| 吴惠仙 3%（非流通股） |
| 陈建冬 3%（非流通股） |
| 马全法 2.63%（非流通股） |
| 罗观华 2.36%（非流通股） |
| 沈有高 2.36%（非流通股） |
| 施议场 1.64%（非流通股） |
| 吴卫东 0.76%（非流通股） |
| 实际控制人: |

二〇〇六年以来市场表现

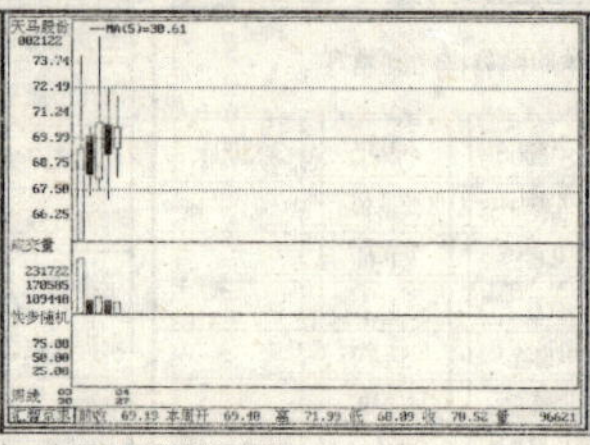

| | |
|---|---|
| 2006 年涨跌幅(%) | |
| 2006 年最高(元) | |
| 2007 年涨跌幅(%) | 0.73 |
| 2007.4.27 收盘(元) | 70.52 |
| 2007 年最高(元) | 74.99 |
| 2007 年最低(元) | 65 |
| 2007 年换手率(%) | 262.64 |

未来一年限售流通股解禁情况:

| 最新股本 | 总股本 | 非(限售)流通 | 流通 A | 流通 B/H/S | 股东户数 | 06 年末 | 06 三季 |
|---|---|---|---|---|---|---|---|
| | 13600 | 10880 | 2720 | | | 11100 | |

年报点评：公司主营轴承及配件的生产、销售，在短圆柱滚子轴承及铁路轴承方面有较大优势。06 年在铁路轴承快速发展的带动下实现高速增长。随着大型装备轴承等募集项目投产，加上原有业务稳定增长，结合成本控制与管理效率优势，企业后续仍将保持较快增长。

## 荣信股份（002123）

上市日期:07/03/28　　电话:0412－8239366　　传真:0412－8239366

| 主营 | 高压动态无功补偿装置（SVC）、智能瓦斯排放装置（MABZ）、电力滤波装置（FC）和高压变频装置（HVC）的设计、制造。 | | | |
|---|---|---|---|---|
| | 年　度 | 2006 | 2005 | 2004 |
| 主要指标 | 每股收益/扣除后(元) | 1.05/1.05 | 0.74 | |
| | 每股经营现金流量(元) | | | |
| | 每股净资产/调整后(元) | 3.09/3.09 | 2.32/2.32 | |
| | 未分利润(万元) | 8197.31 | 5108.03 | |
| | 资本公积(万元) | 274.13 | 219.59 | |
| 利润构成 | 主营收入(万元) | 23449.37 | 16411.46 | |
| | 主营利润(万元) | 13230.49 | 8879.07 | |
| | 投资收益(万元) | -0.5 | 0.07 | |
| | 利润总额(万元) | 5374.08 | 3848.99 | |
| | 净利润(万元) | 5041.27 | 3542.88 | |
| 近年分配: | | | | |

| 主要股东及持股比例%、持股性质 |
|---|
| 深圳市深港产学研创业投资有限公司 18%（非流通股） |
| 左强 15.2%（非流通股） |
| 深圳市天图创业投资有限公司 9.38%（非流通股） |
| 河南新纪元防腐绝热工程有限公司 5.67%（非流通股） |
| 北京天成天信投资顾问有限公司 4.63%（非流通股） |
| 贺建文 4.05%（非流通股） |
| 深圳市延宁发展有限公司 2.81%（非流通股） |
| 张新华 2.31%（非流通股） |
| 上海九观投资咨询有限公司 1.88%（非流通股） |
| 孙景顺 1.83%（非流通股） |
| 实际控制人: |

二〇〇六年以来市场表现

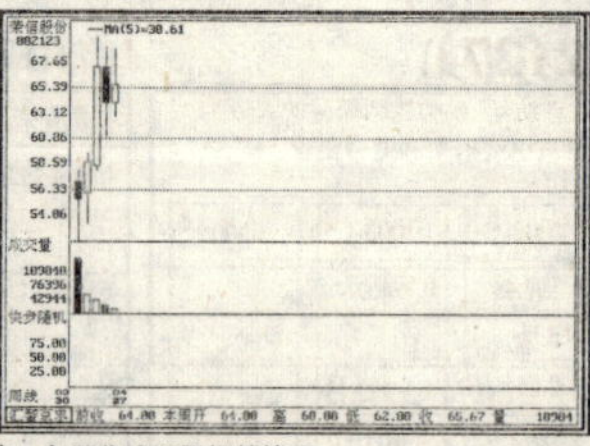

| | |
|---|---|
| 2006 年涨跌幅(%) | |
| 2006 年最高(元) | |
| 2007 年涨跌幅(%) | 26.53 |
| 2007.4.27 收盘(元) | 65.67 |
| 2007 年最高(元) | 69.92 |
| 2007 年最低(元) | 51.8 |
| 2007 年换手率(%) | 220.43 |

未来一年限售流通股解禁情况:

| 最新股本 | 总股本 | 非(限售)流通 | 流通 A | 流通 B/H/S | 股东户数 | 06 年末 | 06 三季 |
|---|---|---|---|---|---|---|---|
| | 6400 | 5120 | 1280 | | | 6295 | |

年报点评：公司主要产品包括高压动态无功补偿装置（SVC）、智能瓦斯排放装置（MABZ）等，这些产品广泛应用于冶金、电力、煤炭、有色金属、电气化铁路等重点耗能行业。鉴于公司的技术实力以及行业的发展前景，公司在未来几年将呈现较快的发展速度。

## 天邦股份（002124）

上市日期:07/04/03　　电话:0574－62817777　　传真:0574－62816666

| 主营 | 饲料制造 | | | |
|---|---|---|---|---|
| | 年　度 | 2006 | 2005 | 2004 |
| 主要指标 | 每股收益/扣除后(元) | 0.41/0.44 | 0.49 | |
| | 每股经营现金流量(元) | 0.08 | 1.16 | |
| | 每股净资产/调整后(元) | 2.04/2.04 | 2.03/2.03 | |
| | 未分利润(万元) | 3055.21 | 3263.37 | |
| | 资本公积(万元) | 460 | 460 | |
| 利润构成 | 主营收入(万元) | 35640.86 | 48514.64 | |
| | 主营利润(万元) | 6974.12 | 7367.44 | |
| | 投资收益(万元) | -132.85 | -44.58 | |
| | 利润总额(万元) | 1920.68 | 2782.69 | |
| | 净利润(万元) | 2041.31 | 2465.93 | |
| 近年分配: | | | | |

| 主要股东及持股比例%、持股性质 |
|---|
| 张邦辉 24.09%（非流通股） |
| 吴天星 22.63%（非流通股） |
| 张志祥 5.47%（非流通股） |
| 戚亮 4.75%（非流通股） |
| 陈能兴 4.75%（非流通股） |
| 沈紫平 3.65%（非流通股） |
| 张炳良 1.46%（非流通股） |
| 卢邦杰 1.46%（非流通股） |
| 陆长荣 1.09%（非流通股） |
| 周立明 0.73%（非流通股） |
| 实际控制人: 张邦辉、吴天星 |

二〇〇六年以来市场表现

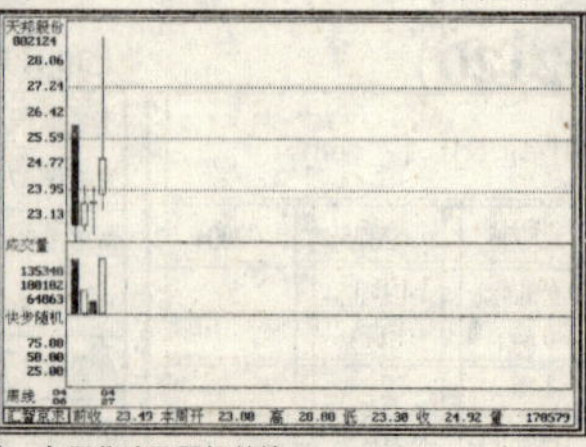

| | |
|---|---|
| 2006 年涨跌幅(%) | |
| 2006 年最高(元) | |
| 2007 年涨跌幅(%) | 4.36 |
| 2007.4.27 收盘(元) | 24.92 |
| 2007 年最高(元) | 28.88 |
| 2007 年最低(元) | 22.31 |
| 2007 年换手率(%) | 326.22 |

未来一年限售流通股解禁情况:

| 最新股本 | 总股本 | 非(限售)流通 | 流通 A | 流通 B/H/S | 股东户数 | 06 年末 | 06 三季 |
|---|---|---|---|---|---|---|---|
| | 6850 | 5370 | 1480 | | | 11815 | |

年报点评：公司主要从事水产饲料的生产和销售，其中特种水产饲料的销售收入和主营业务利润比重分别占到 70.27%和 76.49%。公司研发优势明显，在特种膨化水产饲料的产能和销量均位居行业第四名，具有一定的竞争优势。

## 湘潭电化（002125）

上市日期:07/04/03　　电话:0732－5544299　　传真:0732－5544101

| 主营 | 电解二氧化锰的生产和销售 | | | |
|---|---|---|---|---|
| | 年　度 | 2006 | 2005 | 2004 |
| 主要指标 | 每股收益/扣除后(元) | 0.331 | 0.299 | |
| | 每股经营现金流量(元) | | | |
| | 每股净资产/调整后(元) | 2.83/2.79 | 2.46/2.42 | |
| | 未分利润(万元) | 4659.58 | 3214.35 | |
| | 资本公积(万元) | 2592.9 | 2382.21 | |
| 利润构成 | 主营收入(万元) | 34951.18 | 30825.91 | |
| | 主营利润(万元) | 9325.98 | 7295.2 | |
| | 投资收益(万元) | 26.78 | 32.14 | |
| | 利润总额(万元) | 2940.19 | 2353.7 | |
| | 净利润(万元) | 1670.53 | 1506.25 | |
| 近年分配: | | | | |

| 主要股东及持股比例%、持股性质 |
|---|
| 湘潭电化集团有限公司 58.32%（国有股） |
| 北京长运兴安投资有限责任公司 4.97%（非流通股） |
| 长沙矿冶研究院 2.6%（国有股） |
| 湘潭市光华日用化工厂 0.95%（非流通股） |
| 中国银河证券股份有限公司 0.36%（流通A股） |
| 中信证券股份有限公司 0.27%（流通A股） |
| 中信建投证券有限责任公司 0.25%（流通A股） |
| 海通证券股份有限公司 0.19%（流通A股） |
| 国泰君安证券股份有限公司 0.18%（流通A股） |
| 国信证券有限责任公司 0.16%（流通A股） |
| 实际控制人: |

二〇〇六年以来市场表现

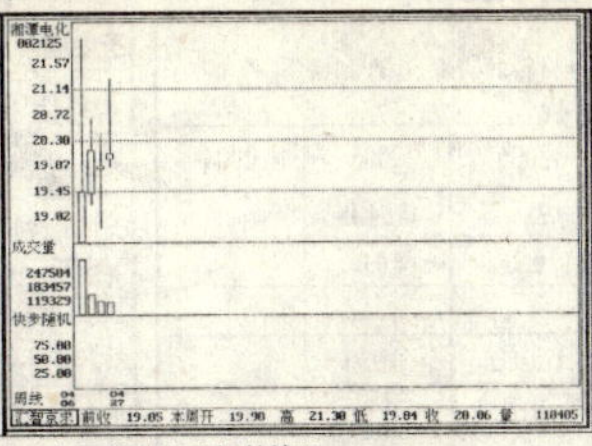

| | |
|---|---|
| 2006年涨跌幅(%) | |
| 2006年最高(元) | |
| 2007年涨跌幅(%) | -7.13 |
| 2007.4.27收盘(元) | 20.06 |
| 2007年最高(元) | 21.99 |
| 2007年最低(元) | 18.6 |
| 2007年换手率(%) | 262.7 |

未来一年限售流通股解禁情况:

| 最新股本 | 总股本 | 非(限售)流通 | 流通A | 流通B/H/S | 股东户数 | 06年末 | 06三季 |
|---|---|---|---|---|---|---|---|
| | 7540 | 5540 | 2000 | | | | |

年报点评：公司是全球单厂生产规模最大的电解二氧化锰生产企业。目前电解二氧化锰年生产能力为4.2万吨,占全球产能的10.16%,占国内产能的21.67%。公司募资项目建成达产后,将新增年产2万吨无汞碱锰电解二氧化锰生产能力。

## 银轮股份（002126）

上市日期:07/04/18　　电话:0576－3938250　　传真:0576－3938251

| 主营 | 汽车及工程机械用热交换器的研发、生产和销售 | | | |
|---|---|---|---|---|
| | 年　度 | 2006 | 2005 | 2004 |
| 主要指标 | 每股收益/扣除后(元) | 0.45/0.44 | 0.52/0.53 | |
| | 每股经营现金流量(元) | 0.71 | 0.52 | |
| | 每股净资产/调整后(元) | | | |
| | 未分利润(万元) | 6176.82 | 6149.86 | |
| | 资本公积(万元) | 1690.15 | 1329.46 | |
| 利润构成 | 主营收入(万元) | 61632.07 | 48463.6 | |
| | 主营利润(万元) | 14821.01 | 13390.32 | |
| | 投资收益(万元) | -52.14 | -0.95 | |
| | 利润总额(万元) | 4625.37 | 5304.07 | |
| | 净利润(万元) | 3174.51 | 3645.74 | |
| 近年分配: | | | | |

| 主要股东及持股比例%、持股性质 |
|---|
| 银轮实业 49%（非流通股） |
| 徐小敏 6.04%（非流通股） |
| 袁银岳 2.02%（非流通股） |
| 王鑫美 2.02%（非流通股） |
| 王达伦 1.93%（非流通股） |
| 季善魁 1.65%（非流通股） |
| 陈邦国 1.53%（非流通股） |
| 陈铭奎 1.28%（非流通股） |
| 周益民 0.79%（非流通股） |
| 郭伟 0.64%（非流通股） |
| 实际控制人: |

二〇〇六年以来市场表现

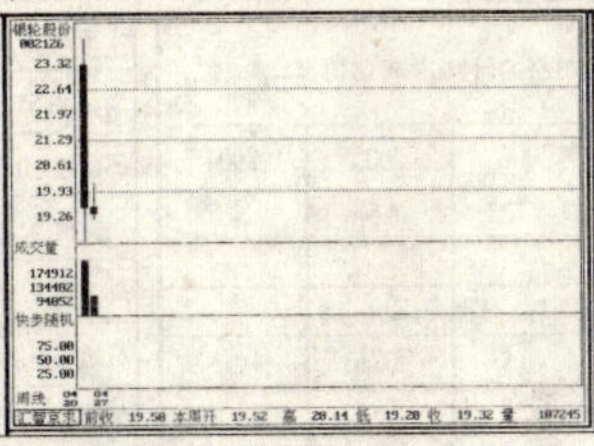

| | |
|---|---|
| 2006年涨跌幅(%) | |
| 2006年最高(元) | |
| 2007年涨跌幅(%) | -5.48 |
| 2007.4.27收盘(元) | 19.32 |
| 2007年最高(元) | 24 |
| 2007年最低(元) | 18.58 |
| 2007年换手率(%) | 134.41 |

未来一年限售流通股解禁情况:

| 最新股本 | 总股本 | 非(限售)流通 | 流通A | 流通B/H/S | 股东户数 | 06年末 | 06三季 |
|---|---|---|---|---|---|---|---|
| | 10000 | 7600 | 2400 | | | 23686 | |

年报点评：

## 新民科技（002127）

上市日期:07/04/18　　电话:0512－63550591　　传真:0512－63555511

| 主营 | 丝绸及其原料业务,包括化纤纺丝、各类丝绸织品的织造和印染、丝绸服装制造、纺织助剂制造以及纺织品进出口贸易等具体业务。 | | | |
|---|---|---|---|---|
| | 年　度 | 2006 | 2005 | 2004 |
| 主要指标 | 每股收益/扣除后(元) | 0.56/0.48 | 0.99/0.57 | |
| | 每股经营现金流量(元) | 0.99 | 2.37 | |
| | 每股净资产/调整后(元) | 2.24 | 4.14 | |
| | 未分利润(万元) | 5839.57 | 8709.17 | |
| | 资本公积(万元) | 836.15 | 1066.97 | |
| 利润构成 | 主营收入(万元) | 111342.15 | 102969.13 | |
| | 主营利润(万元) | 13019.9 | 10433.62 | |
| | 投资收益(万元) | 32.76 | 22.46 | |
| | 利润总额(万元) | 6227.13 | 5354.06 | |
| | 净利润(万元) | 4513.62 | 3803.86 | |
| 近年分配: | | | | |

| 主要股东及持股比例%、持股性质 |
|---|
| 吴江新民实业投资有限公司 63.98%（非流通股） |
| 吴江新民科技发展有限公司 9.36%（非流通股） |
| 金山 0.92%（非流通股） |
| 中信证券股份有限公司 0.32%（流通A股） |
| 中国银河证券股份有限公司 0.29%（流通A股） |
| 中油财务有限责任公司 0.24%（流通A股） |
| 广发证券股份有限公司 0.14%（流通A股） |
| 上海电气集团财务有限公司 0.1%（流通A股） |
| 泰康人寿保险股份有限公司 0.1%（流通A股） |
| 中国平安人寿保险股份有限公司 0.1%（流通A股） |
| 实际控制人: |

二〇〇六年以来市场表现

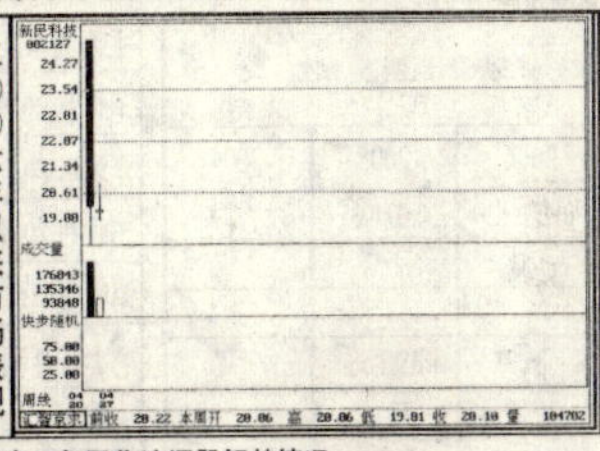

| | |
|---|---|
| 2006年涨跌幅(%) | |
| 2006年最高(元) | |
| 2007年涨跌幅(%) | -3.46 |
| 2007.4.27收盘(元) | 20.1 |
| 2007年最高(元) | 25 |
| 2007年最低(元) | 19.15 |
| 2007年换手率(%) | 144.22 |

未来一年限售流通股解禁情况:

| 最新股本 | 总股本 | 非(限售)流通 | 流通A | 流通B/H/S | 股东户数 | 06年末 | 06三季 |
|---|---|---|---|---|---|---|---|
| | 10878.7 | 8638.7 | 2240 | | | | |

年报点评：公司主营丝绸及其原料业务,包括化纤纺丝、各类丝绸织品的织造和印染、丝绸服装制造、纺织助剂制造以及纺织品进出口贸易等业务。从国内市场和国际市场来看行业前景较好。预计随着募集资金项目的投产,公司在未来几年将呈现快速的增长。

## 露天煤业（002128）

上市日期:07/04/18　　电话:(0475) 2358266　　传真:(0475)2350579

| 主营 | 煤炭产品的生产、加工和销售 | | | |
|---|---|---|---|---|
| | 年　度 | 2006 | 2005 | 2004 |
| 主要指标 | 每股收益/扣除后(元) | 0.69/0.69 | 1.15/1.15 | |
| | 每股经营现金流量(元) | 0.84 | 1.64 | |
| | 每股净资产/调整后(元) | 1.86 | 2 | |
| | 未分利润(万元) | 19457.67 | 10983.63 | |
| | 资本公积(万元) | 18208.56 | 18199.29 | |
| 利润构成 | 主营收入(万元) | 188610.45 | 158857.96 | |
| | 主营利润(万元) | 69615.67 | 66279.19 | |
| | 投资收益(万元) | 520.68 | -90.45 | |
| | 利润总额(万元) | 46558.07 | 50056.94 | |
| | 净利润(万元) | 39523.58 | 45181.08 | |
| 近年分配: | | | | |

| 主要股东及持股比例%、持股性质 |
|---|
| 中电投霍林河煤电集团有限责任公司 70.46%（国有股） |
| 通辽市霍煤集团控股有限责任公司 8.04%（国有股） |
| 吉林省纽森特实业有限公司 5.75%（非流通股） |
| 大庆霍利物资经贸有限公司 1.49%（非流通股） |
| 沈阳铁路局经济发展总公司 0.75%（非流通股） |
| 沈阳东电茂霖燃料有限公司 0.5%（非流通股） |
| 太原重型机械集团有限公司 0.25%（非流通股） |
| 湘潭电机集团有限责任公司 0.25%（非流通股） |
| 中煤国际工程集团沈阳设计研究院 0.2%（国有股） |
| 中国矿业大学 0.19%（国有股） |
| 实际控制人: |

二〇〇六年以来市场表现

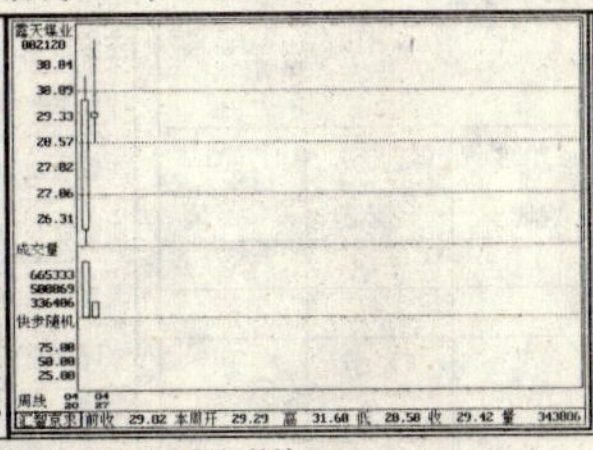

| | |
|---|---|
| 2006年涨跌幅(%) | |
| 2006年最高(元) | |
| 2007年涨跌幅(%) | 11.86 |
| 2007.4.27收盘(元) | 29.42 |
| 2007年最高(元) | 31.6 |
| 2007年最低(元) | 25.55 |
| 2007年换手率(%) | 188.09 |

未来一年限售流通股解禁情况:

| 最新股本 | 总股本 | 非(限售)流通 | 流通A | 流通B/H/S | 股东户数 | 06年末 | 06三季 |
|---|---|---|---|---|---|---|---|
| | 65418.45 | 59178.45 | 6240 | | | 35997 | |

年报点评：公司2006年净利润同比下降13%,主要产品为优质褐煤。大股东承诺可通过转让、入股等方式将优质资产注入公司,实现集团的整体上市。公司目前煤炭资源储量居煤炭类上市公司第二位,每股储量位列第二名。资产注入后,则总储量和每股储量均位列第一,前景值得看好。

## 中环股份（002129）

上市日期:07/04/20　电话:022－23789787　传真:022－23789786

**主营**：半导体分立器件和单晶硅材料的研发、生产和销售

| | 年　度 | 2006 | 2005 | 2004 |
|---|---|---|---|---|
| 主要指标 | 每股收益/扣除后(元) | 0.28/0.27 | 0.2/0.18 | |
| | 每股经营现金流量(元) | 0.33 | -0.08 | |
| | 每股净资产/调整后(元) | | | |
| | 未分利润(万元) | 11200.26 | 5069.87 | |
| | 资本公积(万元) | 71.21 | 71.21 | |
| 利润构成 | 主营收入(万元) | 56591.52 | 33596.92 | |
| | 主营利润(万元) | 17887.09 | 11218.66 | |
| | 投资收益(万元) | 11.65 | -9.1 | |
| | 利润总额(万元) | 10914.94 | 6634.4 | |
| | 净利润(万元) | 7375.03 | 5134.74 | |
| 近年分配: | | | | |

| 主要股东及持股比例%、持股性质 |
|---|
| 天津市中环电子信息集团有限公司 43.189%（国有股） |
| 天津药业集团有限公司 25.481%（国有股） |
| 天津经发投资有限公司 1.477%（国有股） |
| 天津新技术产业园区海泰科技投资管理有限公司 0.739%（国有股） |
| 禄大新 0.385%（非流通股） |
| 招商证券股份有限公司 0.23%（流通A股） |
| 中信证券股份有限公司 0.16%（流通A股） |
| 张爱华 0.144%（非流通股） |
| 丛培金 0.144%（非流通股） |
| 孙志昌 0.144%（非流通股） |
| 实际控制人: |

二〇〇六年以来市场表现

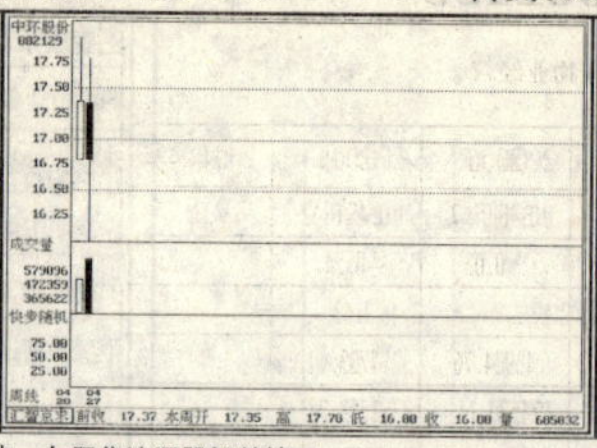

| | |
|---|---|
| 2006年涨跌幅(%) | |
| 2006年最高(元) | |
| 2007年涨跌幅(%) | -3.28 |
| 2007.4.27收盘(元) | 16.8 |
| 2007年最高(元) | 18 |
| 2007年最低(元) | 16 |
| 2007年换手率(%) | 150.45 |

未来一年限售流通股解禁情况:

| 最新股本 | 总股本 | 非(限售)流通 | 流通A | 流通B/H/S | 股东户数 | 06年末 | 06三季 |
|---|---|---|---|---|---|---|---|
| | 36266.37 | 28266.37 | 8000 | | | 51386 | |

**年报点评**：公司主营半导体分立器件，在国内分立器件领域市场占有率排名第七位。在国内的分立器件市场国外厂商占据优势地位，因此在竞争中不具有很大的竞争优势。但是由于我国电子市场需求强劲，公司经过改制后竞争力有所加强，预计公司能够保持平稳发展。

## 沃尔核材（002130）

上市日期:07/04/20　电话:0755－26586765　传真:0755－26586765

**主营**：辐射改性热缩材料、冷缩材料的研发、生产与销售

| | 年　度 | 2006 | 2005 | 2004 |
|---|---|---|---|---|
| 主要指标 | 每股收益/扣除后(元) | 0.77 | 0.54 | |
| | 每股经营现金流量(元) | | | |
| | 每股净资产/调整后(元) | 2.83/2.83 | 1.91/1.91 | |
| | 未分利润(万元) | 5980.93 | 2636.63 | |
| | 资本公积(万元) | 575.8 | 575.8 | |
| 利润构成 | 主营收入(万元) | 23762.58 | 16955.18 | |
| | 主营利润(万元) | 7997.5 | 5937.02 | |
| | 投资收益(万元) | | | |
| | 利润总额(万元) | 4024.35 | 2808.46 | |
| | 净利润(万元) | 3715.41 | 2543.83 | |
| 近年分配: | | | | |

| 主要股东及持股比例%、持股性质 |
|---|
| 周和平 55.7%（非流通股） |
| 邱丽敏 10.78%（非流通股） |
| 周文河 2.25%（非流通股） |
| 邱宝军 1.19%（非流通股） |
| 石旭东 0.8%（非流通股） |
| 彭雄心 0.74%（非流通股） |
| 林嗬光 0.51%（非流通股） |
| 宋伯学 0.43%（非流通股） |
| 周合理 0.43%（非流通股） |
| 王福 0.34%（非流通股） |
| 实际控制人: |

二〇〇六年以来市场表现

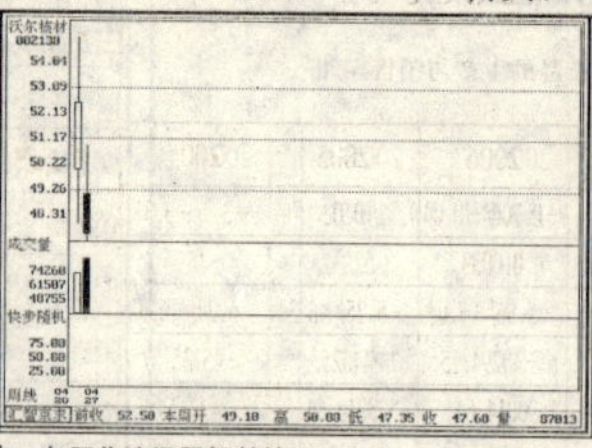

| | |
|---|---|
| 2006年涨跌幅(%) | |
| 2006年最高(元) | |
| 2007年涨跌幅(%) | -9.33 |
| 2007.4.27收盘(元) | 47.6 |
| 2007年最高(元) | 55 |
| 2007年最低(元) | 47.35 |
| 2007年换手率(%) | 141.98 |

未来一年限售流通股解禁情况:

| 最新股本 | 总股本 | 非(限售)流通 | 流通A | 流通B/H/S | 股东户数 | 06年末 | 06三季 |
|---|---|---|---|---|---|---|---|
| | 5435 | 4315 | 1120 | | | 10635 | |

**年报点评**：公司的主要产品是高分子热缩材料，市场空间广阔。国家电网的巨资改造和铁道部对铁路电气化规划的实施将给公司的电力类产品带来广阔市场。募集资金投向环保阻燃热缩，冷缩材料及系列制品产业化项目，达产后各类产品的产能皆翻番。

## 利欧股份（002131）

上市日期:07/04/27　电话:0576－6516392　传真:0576－6516511

**主营**：微型小型水泵和园林机械的研发、设计、制造、销售

| | 年　度 | 2006 | 2005 | 2004 |
|---|---|---|---|---|
| 主要指标 | 每股收益/扣除后(元) | 0.65/0.62 | 0.39/0.35 | |
| | 每股经营现金流量(元) | 0.83 | 0.32 | |
| | 每股净资产/调整后(元) | | | |
| | 未分利润(万元) | 5186.27 | 1882.58 | |
| | 资本公积(万元) | 16.78 | 11.06 | |
| 利润构成 | 主营收入(万元) | 60894.57 | 46103.81 | |
| | 主营利润(万元) | 11359.91 | 7782.13 | |
| | 投资收益(万元) | 18.08 | -118.17 | |
| | 利润总额(万元) | 5117.23 | 2823.43 | |
| | 净利润(万元) | 3670.76 | 2214.8 | |
| 近年分配: | | | | |

| 主要股东及持股比例%、持股性质 |
|---|
| 王相荣 26.91%（非流通股） |
| 张灵正 20.19%（非流通股） |
| 王壮利 20.19%（非流通股） |
| 温岭中恒投资有限公司 5.98%（非流通股） |
| 颜土富 0.75%（非流通股） |
| 王珍萍 0.75%（非流通股） |
| 中信证券股份有限公司 0.34%（流通A股） |
| 招商证券股份有限公司 0.33%（流通A股） |
| 中信建投证券有限责任公司 0.2%（流通A股） |
| 中油财务有限责任公司 0.14%（流通A股） |
| 实际控制人: |

二〇〇六年以来市场表现

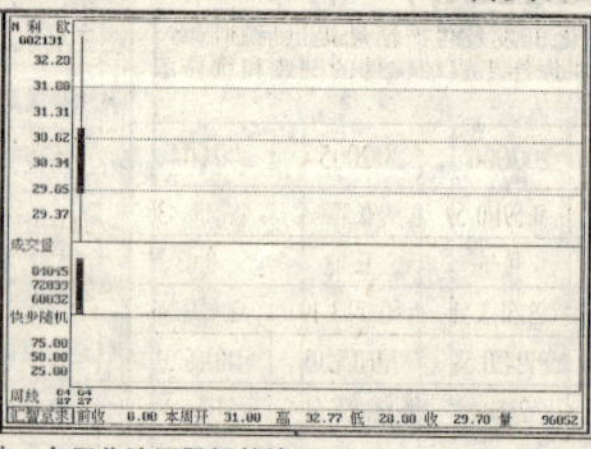

| | |
|---|---|
| 2006年涨跌幅(%) | |
| 2006年最高(元) | |
| 2007年涨跌幅(%) | |
| 2007.4.27收盘(元) | 29.78 |
| 2007年最高(元) | 32.77 |
| 2007年最低(元) | 28.88 |
| 2007年换手率(%) | 63.19 |

未来一年限售流通股解禁情况:

| 最新股本 | 总股本 | 非(限售)流通 | 流通A | 流通B/H/S | 股东户数 | 06年末 | 06三季 |
|---|---|---|---|---|---|---|---|
| | 7528 | 6008 | 1520 | | | 10310 | |

**年报点评**：

## 恒星科技（002132）

上市日期:07/04/27　电话:0371－64349800　传真:0371－64349800

**主营**：子午轮胎用钢帘线、胶管钢丝的研究、开发、生产和销售。

| | 年　度 | 2006 | 2005 | 2004 |
|---|---|---|---|---|
| 主要指标 | 每股收益/扣除后(元) | 0.44/0.43 | 0.28/0.25 | |
| | 每股经营现金流量(元) | 0.33 | 0.47 | |
| | 每股净资产/调整后(元) | | | |
| | 未分利润(万元) | 9371.35 | 4581.97 | |
| | 资本公积(万元) | 449.72 | 0.02 | |
| 利润构成 | 主营收入(万元) | 51623.53 | 39266.4 | |
| | 主营利润(万元) | 10513.78 | 8194.53 | |
| | 投资收益(万元) | 26.94 | 12.25 | |
| | 利润总额(万元) | 6558.23 | 3857.98 | |
| | 净利润(万元) | 5320.58 | 3374.29 | |
| 近年分配: | | | | |

| 主要股东及持股比例%、持股性质 |
|---|
| 谢保军 38.18%（非流通股） |
| 焦耀中 9.73%（非流通股） |
| 谢富强 6.74%（非流通股） |
| 吴定章 6.74%（非流通股） |
| 陈丙章 6.74%（非流通股） |
| 谭士泓 6.74%（非流通股） |
| 中信证券股份有限公司 0.29%（流通A股） |
| 中信建投证券股份有限公司 0.2%（流通A股） |
| 安信证券股份有限公司 0.14%（流通A股） |
| 中油财务有限责任公司 0.12%（流通A股） |
| 实际控制人: |

二〇〇六年以来市场表现

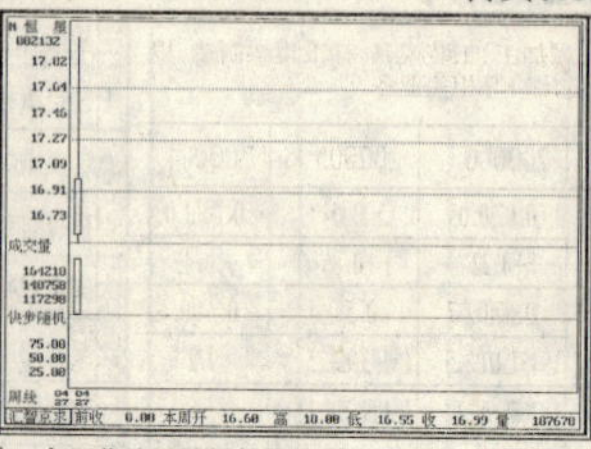

| | |
|---|---|
| 2006年涨跌幅(%) | |
| 2006年最高(元) | |
| 2007年涨跌幅(%) | |
| 2007.4.27收盘(元) | 16.99 |
| 2007年最高(元) | 18 |
| 2007年最低(元) | 16.55 |
| 2007年换手率(%) | 57.22 |

未来一年限售流通股解禁情况:

| 最新股本 | 总股本 | 非(限售)流通 | 流通A | 流通B/H/S | 股东户数 | 06年末 | 06三季 |
|---|---|---|---|---|---|---|---|
| | 16307.8 | 13027.8 | 3280 | | | 23921 | |

**年报点评**：

## 广宇集团（002133）

上市日期:07/04/27　电话:0571－87925786　传真:0571－87925813

主营：房地产开发经营、商业物业经营

| | 年度 | 2006 | 2005 | 2004 |
|---|---|---|---|---|
| 主要指标 | 每股收益/扣除后(元) | 0.48/0.47 | 0.45/0.42 | |
| | 每股经营现金流量(元) | -0.03 | 0.54 | |
| | 每股净资产/调整后(元) | | | |
| | 未分利润(万元) | 13934.76 | 7703.44 | |
| | 资本公积(万元) | 1520.14 | 1509.78 | |
| 利润构成 | 主营收入(万元) | 46418.44 | 67271.63 | |
| | 主营利润(万元) | 18369.78 | 19364.28 | |
| | 投资收益(万元) | 1338.25 | -1207.46 | |
| | 利润总额(万元) | 14291.54 | 14704.18 | |
| | 净利润(万元) | 9032.97 | 8470.86 | |

近年分配:

主要股东及持股比例%、持股性质

- 杭州平海投资有限公司 22.52%（非流通股）
- 王鹤鸣 21.53%（非流通股）
- 阮志毅 3.11%（非流通股）
- 程大涛 3.11%（非流通股）
- 王伟强 3%（非流通股）
- 江利雄 2.47%（非流通股）
- 胡巍华 2.47%（非流通股）
- 杭州上城区资产经营有限公司 2.45%（国有股）
- 应锡林 1.94%（非流通股）
- 裘红梅 1.94%（非流通股）

实际控制人:

二〇〇六年以来市场表现

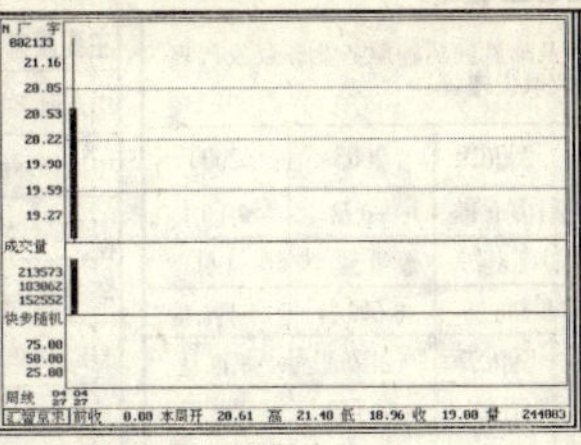

| | |
|---|---|
| 2006 年涨跌幅(%) | |
| 2006 年最高(元) | |
| 2007 年涨跌幅(%) | |
| 2007.4.27 收盘(元) | 19 |
| 2007 年最高(元) | 21.48 |
| 2007 年最低(元) | 18.96 |
| 2007 年换手率(%) | 48.43 |

未来一年限售流通股解禁情况:

| 最新股本 | 总股本 | 非(限售)流通 | 流通 A | 流通 B/H/S | 股东户数 | 06 年末 | 06 三季 |
|---|---|---|---|---|---|---|---|
| | 24930 | 19890 | 5040 | | | 31565 | |

年报点评:

## ＊ST 本实 B（200041）

上市日期:94/05/30　电话:0755－26068614　传真:0755－26402007

主营：血液制口及医疗器械产品的生产与销售。

| | 年度 | 2006 | 2005 | 2004 |
|---|---|---|---|---|
| 主要指标 | 每股收益/扣除后(元) | -0.706/-0.04 | 0.02 | -3.7/-3.37 |
| | 每股经营现金流量(元) | 0.0003 | | -0.35 |
| | 每股净资产/调整后(元) | -5.96/-7.04 | -5.25/-6.34 | -6.24/-6.33 |
| | 未分利润(万元) | -48294.15 | -44025.32 | -45735.57 |
| | 资本公积(万元) | 3014.64 | 3014.64 | 3014.64 |
| 利润构成 | 主营收入(万元) | | | 1751.99 |
| | 主营利润(万元) | | | -389.69 |
| | 投资收益(万元) | | | -9990.67 |
| | 利润总额(万元) | -4268.83 | 118.94 | -28487.6 |
| | 净利润(万元) | -4268.83 | 118.94 | -22389.85 |

近年分配:

主要股东及持股比例%、持股性质

- 海南如来木业有限公司 24.25%（非流通股）
- 香港佳利精密制造有限公司 23.55%（外资股）
- 武汉华兴电子有限公司 14%（非流通股）
- 蛇口汉盛电子有限公司 8.08%（外资股）
- 孙立峰 3.19%（流通 B 股）
- 香港东方投资有限公司 1.72%（外资股）
- 王勇 0.53%（流通 B 股）
- 汪燕 0.5%（流通 B 股）
- ABN AMRO BANK NV 0.41%（流通 B 股）
- KOTO TRANSPORT LTD 0.33%（流通 B 股）

实际控制人: HSU WEN

二〇〇六年以来市场表现

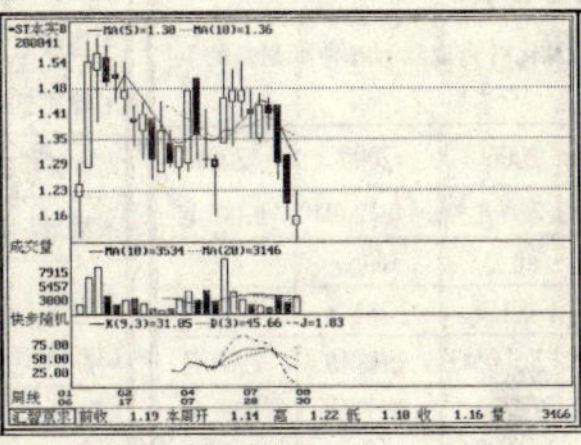

| | |
|---|---|
| 2006 年涨跌幅(%) | -4.13 |
| 2006 年最高(元) | 1.6 |
| 2007 年涨跌幅(%) | |
| 2007.4.27 收盘(元) | |
| 2007 年最高(元) | |
| 2007 年最低(元) | |
| 2007 年换手率(%) | |

未来一年限售流通股解禁情况:

| 最新股本 | 总股本 | 非(限售)流通 | 流通 A | 流通 .B/H/S | 股东户数 | 06 年末 | 06 三季 |
|---|---|---|---|---|---|---|---|
| | 6050 | 4477 | | 1573 | | 3865 | 3865 |

年报点评：2006 年，公司仍无主营业务收入。由于公司存在资不抵债、巨额的对外担保并可能要承担连带赔偿责任、资产被查封之诸多不利因素，公司在 2006 年度把债务重组工作列为全年工作的重中之重，公司与中国东方资产管理公司深圳办事处及成都办事处签订债务重组合同，重组工作取得了重大进展。

## 深基地 B（200053）

上市日期:95/07/28　电话:0755－26694211　传真:0755－26694227

主营：为中国南海石油的勘探、开发及生产活动提供后勤服务，并通过其参资公司提供海洋工程结构件的制造和维修服务。

| | 年度 | 2006 | 2005 | 2004 |
|---|---|---|---|---|
| 主要指标 | 每股收益/扣除后(元) | 0.591/0.59 | 0.498 | 0.44/0.436 |
| | 每股经营现金流量(元) | 0.467 | 0.466 | 0.43 |
| | 每股净资产/调整后(元) | 3.51/3.51 | 3.19/3.19 | 2.92/2.86 |
| | 未分利润(万元) | 21450.58 | 16071.03 | 10766.31 |
| | 资本公积(万元) | 21110.5 | 21065.61 | 21856.44 |
| 利润构成 | 主营收入(万元) | 19470.58 | 16446.81 | 15654.52 |
| | 主营利润(万元) | 11111.58 | 9062.19 | 8790.85 |
| | 投资收益(万元) | 7417.5 | 5471.13 | 4154.57 |
| | 利润总额(万元) | 14600.64 | 12445.28 | 11036.13 |
| | 净利润(万元) | 13625.67 | 11472.57 | 10041.2 |

近年分配: 06 预案:10 派 2.95；05 年:10 派 2.6499；04 年:10 派 2.05

主要股东及持股比例%、持股性质

- 中国南山开发(集团)股份有限公司 51.79%（非流通股）
- OFFSHORE JOINT SERVICES (BASES) CO. OF SGP. PTE LTD 22.19%（外资股）
- GOLDMAN SACHS INTL 1.02%（流通 B 股）
- GUOTAI JUNAN SECURIES HONG KONG LIMITED 0.67%（流通 B 股）
- 中信资本证券有限公司 0.57%（流通 B 股）
- ABN AMRO BANK NV 0.32%（流通 B 股）
- 何京霖 0.26%（流通 B 股）
- 第一上海证券有限公司 0.21%（流通 B 股）
- BNP PARIBAS PRIVATE BANK SINGAPORE BRANCH 0.21%（流通 B 股）
- 王美兰 0.19%（流通 B 股）

实际控制人: 招商局(南山)控股有限公司

二〇〇六年以来市场表现

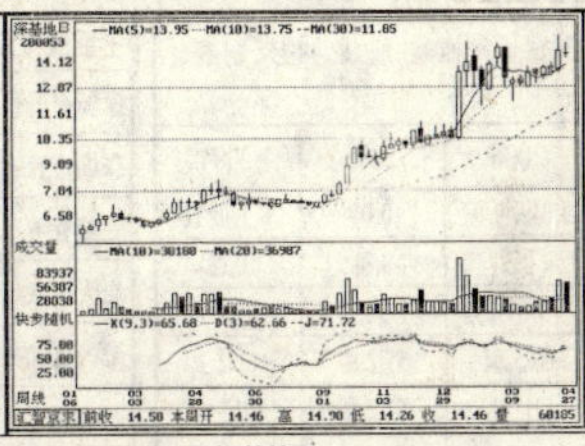

| | |
|---|---|
| 2006 年涨跌幅(%) | 89.63 |
| 2006 年最高(元) | 11.41 |
| 2007 年涨跌幅(%) | 36.16 |
| 2007.4.27 收盘(元) | 14.46 |
| 2007 年最高(元) | 15.38 |
| 2007 年最低(元) | 10.23 |
| 2007 年换手率(%) | 56.08 |

未来一年限售流通股解禁情况:

| 最新股本 | 总股本 | 非(限售)流通 | 流通 A | 流通 B/H/S | 股东户数 | 06 年末 | 06 三季 |
|---|---|---|---|---|---|---|---|
| | 23060 | 11942 | | 11118 | | 9351 | 9534 |

年报点评：2006 年净利润 13625 万元，较上年同期增长 18.77%。2006 年，公司成立了石油后勤服务本部，将总部费用剥离进行独立核算，仓库、堆场、办公租赁出租率总体上比上年略有提高。赤湾物流配送在管理和成本上实现了规模效益。

## 建摩 B（200054）

上市日期:95/07/25　电话:023－68483175　传真:023－68676987

主营：摩托车及其零部件、机械加工、工装模具、标准模架制造，以及产品、原材料、设备进出口等相关业务

| | 年度 | 2006 | 2005 | 2004 |
|---|---|---|---|---|
| 主要指标 | 每股收益/扣除后(元) | 0.07/0.05 | 0.04 | 0.06/0.004 |
| | 每股经营现金流量(元) | 0.22 | 0.86 | 0.49 |
| | 每股净资产/调整后(元) | 0.57/0.57 | 0.5/0.5 | 0.44/0.43 |
| | 未分利润(万元) | -92102.5 | -95225 | -97276.5 |
| | 资本公积(万元) | 58998.1 | 58978.1 | 57884.7 |
| 利润构成 | 主营收入(万元) | 230781.5 | 225278.3 | 185097.5 |
| | 主营利润(万元) | 23805.9 | 25733.7 | 21753.4 |
| | 投资收益(万元) | 895.4 | -179.5 | -99.9 |
| | 利润总额(万元) | 3057.2 | 1756.6 | 2716.4 |
| | 净利润(万元) | 3122.5 | 2051.5 | 2665.3 |

近年分配:

主要股东及持股比例%、持股性质

- 中国南方工业集团公司 71.13%（国有股）
- 中国北方工业深圳公司 3.74%（国有股）
- HARUHIKO SUZUKI 铃木晴彦 0.23%（流通 B 股）
- ABN AMRO BANK NV 0.16%（流通 B 股）
- 杨洋 0.13%（流通 B 股）
- GUOTAI JUNAN SECURIES HONG KONG LIMITED 0.13%（流通 B 股）
- 金明飞 0.11%（流通 B 股）
- 董鹏学 0.1%（流通 B 股）
- MING HUI LUO 0.09%（流通 B 股）
- 陈永泉 0.09%（流通 B 股）

实际控制人: 中国南方工业集团公司

二〇〇六年以来市场表现

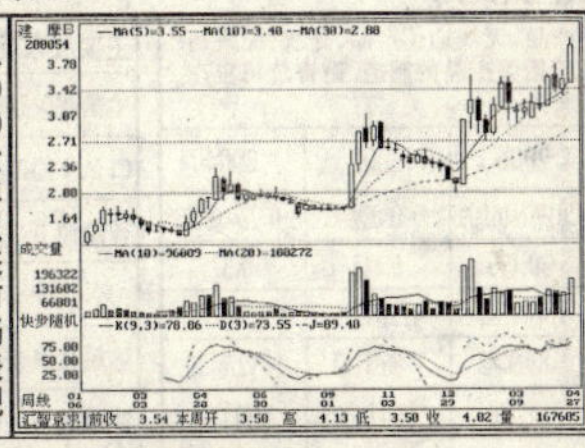

| | |
|---|---|
| 2006 年涨跌幅(%) | 64.89 |
| 2006 年最高(元) | 3.07 |
| 2007 年涨跌幅(%) | 86.11 |
| 2007.4.27 收盘(元) | 4.02 |
| 2007 年最高(元) | 4.13 |
| 2007 年最低(元) | 1.99 |
| 2007 年换手率(%) | 131.1 |

未来一年限售流通股解禁情况:

| 最新股本 | 总股本 | 非(限售)流通 | 流通 A | 流通 B/H/S | 股东户数 | 06 年末 | 06 三季 |
|---|---|---|---|---|---|---|---|
| | 47750 | 35750 | | 12000 | | 18030 | 17835 |

年报点评：公司主营建设摩托车及汽车空调压缩机，06 年是公司"六年三步走"第二步发展目标的收官之年，即"实现从国内市场竞争者到国内市场引领者的跨越"，并取得了较好成效。07 年公司将实施产品转型与技术升级，需要公司提升经营能力，以实现公司经营目标。

## 山航B(200152)

上市日期:00/09/12　　电话:0531-5698987　　传真:0531-5698679

**主营**：民用航空的客运、货运以及邮件的运输服务业务以及代理其他航空公司的机票而收取代理费。

| | 年度 | 2006 | 2005 | 2004 |
|---|---|---|---|---|
| 主要指标 | 每股收益/扣除后(元) | 0.11/-0.106 | -0.68 | 0.1/0.1 |
| | 每股经营现金流量(元) | 2.65 | 0.54 | 1.01 |
| | 每股净资产/调整后(元) | 0.77/0.26 | 0.66/0.24 | 1.48/1.18 |
| | 未分利润(万元) | -19916.77 | -24286.03 | 8110.18 |
| | 资本公积(万元) | 8405.02 | 8405.02 | 8288.97 |
| 利润构成 | 主营收入(万元) | 419815.24 | 289101.66 | 222935.7 |
| | 主营利润(万元) | 59231.92 | 27786.84 | 42916.55 |
| | 投资收益(万元) | 1641.34 | 93.97 | 306.48 |
| | 利润总额(万元) | 4571.17 | -27259.14 | 4175.88 |
| | 净利润(万元) | 4401.78 | -27363.8 | 4121.46 |

**近年分配**：04年:10派0.5655

**主要股东及持股比例%、持股性质**

山东航空集团有限公司 42%（国有股）
中国国际航空股份有限公司 22.8%（国有股）
TENG HWEE CHIEN 1.06%（流通B股）
陈春蓬 0.39%（流通B股）
XIE KE 0.29%（流通B股）
吴浩源 0.26%（流通B股）
卜浩文 0.26%（流通B股）
刘丽亚 0.25%（流通B股）
ABN AMRO BANK NV 0.23%（流通B股）
陈楚佳 0.19%（流通B股）

**实际控制人**：中国国际航空股份有限公司

二〇〇六年以来市场表现

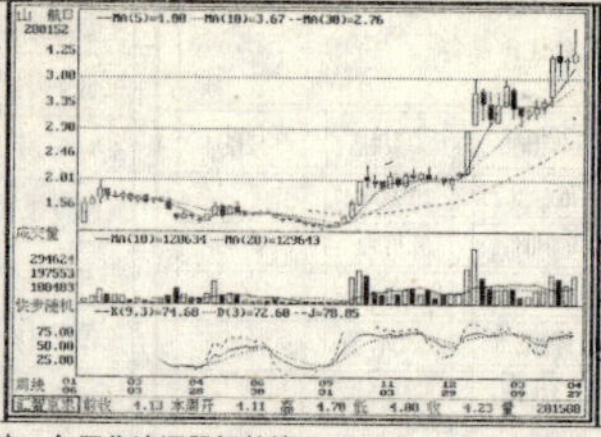

| | |
|---|---|
| 2006年涨跌幅(%) | 49.27 |
| 2006年最高(元) | 2.25 |
| 2007年涨跌幅(%) | 108.37 |
| 2007.4.27收盘(元) | 4.23 |
| 2007年最高(元) | 4.7 |
| 2007年最低(元) | 2.07 |
| 2007年换手率(%) | 146.36 |

**未来一年限售流通股解禁情况:**

| 最新股本 | 总股本 | 非(限售)流通 | 流通A | 流通B/H/S | 股东户数 | 06年末 | 06三季 |
|---|---|---|---|---|---|---|---|
| | 40000 | 26000 | | 14000 | | 18820 | 19079 |

**年报点评**：公司实际控制人为第二大股东为国航股份。由于2006年平均油价比2005年上涨超过20%；油价成为吞噬公司利润主要因素。2006年公司实现净利润为4402万元，但扣除非经常性收益后，公司实际亏损为4238万元。2007年随着油价有所下跌，预计经营环境有所好转。

## 帝贤B(200160)

上市日期:00/09/29　　电话:0314-3115048　　传真:0314-3182013

**主营**：各种针织服装、各种纱线及化纤合成丝和各种纸制品的生产和销售。

| | 年度 | 2006 | 2005 | 2004 |
|---|---|---|---|---|
| 主要指标 | 每股收益/扣除后(元) | -0.486/-0.396 | 0.034/0.034 | 0.18/0.18 |
| | 每股经营现金流量(元) | -0.25 | 0.05 | 0.13 |
| | 每股净资产/调整后(元) | 1.38/1.38 | 2.24/2.24 | 2.21/2.2 |
| | 未分利润(万元) | -20514.54 | 25608.16 | 23849.13 |
| | 资本公积(万元) | 39377.61 | 39339.61 | 39199.66 |
| 利润构成 | 主营收入(万元) | 23119.51 | 28973.8 | 52568.56 |
| | 主营利润(万元) | 2450.95 | 6745.66 | 17194.21 |
| | 投资收益(万元) | -5598 | | 88.61 |
| | 利润总额(万元) | -39114.89 | 2221.6 | 11282.99 |
| | 净利润(万元) | -34350.69 | 2030.61 | 10512.75 |

**近年分配**：05年:10送2

**主要股东及持股比例%、持股性质**

王淑贤 29.49%（非流通股）
南方证券股份有限公司 23.58%（流通B股）
承德北方实业总公司 2.62%（非流通股）
王正松 1.89%（非流通股）
RIPPERTON ASSETS LIMITED 1.84%（流通B股）
CSSC INTL LTD南证国际有限公司 1.7%（流通B股）
王文胜 1.57%（流通B股）
南方证券(香港)有限公司 1.55%（流通B股）
中国中小企业发展基金有限公司 1.53%（流通B股）
PERFECT SPACE INVESTMENTS 1.18%（流通B股）

**实际控制人**：

二〇〇六年以来市场表现

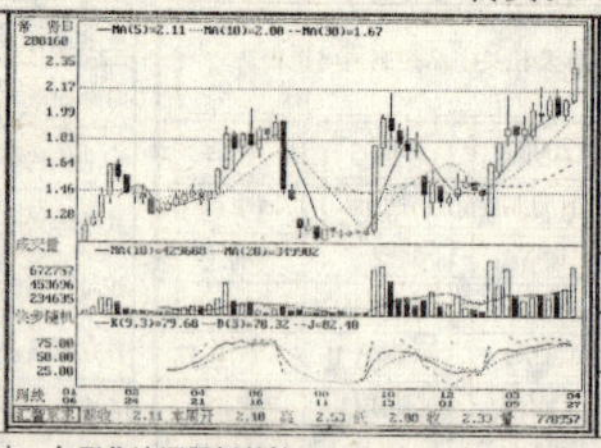

| | |
|---|---|
| 2006年涨跌幅(%) | 57.09 |
| 2006年最高(元) | 2.58 |
| 2007年涨跌幅(%) | 61.81 |
| 2007.4.27收盘(元) | 2.33 |
| 2007年最高(元) | 2.53 |
| 2007年最低(元) | 1.3 |
| 2007年换手率(%) | 112.43 |

**未来一年限售流通股解禁情况:**

| 最新股本 | 总股本 | 非(限售)流通 | 流通A | 流通B/H/S | 股东户数 | 06年末 | 06三季 |
|---|---|---|---|---|---|---|---|
| | 70632 | 24480 | | 46152 | | 15147 | 17448 |

**年报点评**：目前公司资金紧张，除造纸没有正常生产外，纺纱和服装生产经营情况相对比较稳定。公司有大批土地，厂房和能够赚钱的设备，是能够摆脱困境和持续经营的根本。公司有近3000亩土地和70万平米厂房及大批先进的机器设备，有很大潜力。

## 雷伊B(200168)

上市日期:00/10/27　　电话:0755-82032083　　传真:0755-82032383

**主营**：服装设计、生产、销售。主要生产西装、时装、衬衫、制服、针、纺织品。

| | 年度 | 2006 | 2005 | 2004 |
|---|---|---|---|---|
| 主要指标 | 每股收益/扣除后(元) | 0.04/-0.08 | 0.04 | 0.17/0.11 |
| | 每股经营现金流量(元) | 0.3 | 0.01 | 0.03 |
| | 每股净资产/调整后(元) | 1.64/1.63 | 1.6/1.57 | 1.62/1.61 |
| | 未分利润(万元) | 6625.94 | 5572.67 | 6142.2 |
| | 资本公积(万元) | 5212.95 | 5212.95 | 5212.95 |
| 利润构成 | 主营收入(万元) | 48355.81 | 45904.86 | 65171.76 |
| | 主营利润(万元) | 19592.01 | 18443.08 | 19307.96 |
| | 投资收益(万元) | 2952.73 | -611.84 | -461.77 |
| | 利润总额(万元) | 3949.88 | 3321.89 | 8344.77 |
| | 净利润(万元) | 1174.65 | 1261.87 | 5305.22 |

**近年分配**：04年:10派0.5

**主要股东及持股比例%、持股性质**

深圳市升恒昌实业有限公司 36.99%（非流通股）
深圳市日N投资有限公司 10.68%（非流通股）
陈美香 6.85%（流通B股）
汕头市联华实业有限公司 3.81%（非流通股）
ABN AMRO BANK NV 0.32%（流通B股）
周小群 0.2%（流通B股）
阮洪波 0.16%（流通B股）
刘锦群 0.14%（流通B股）
蔡明园 0.13%（流通B股）
潘秀玲 0.13%（流通B股）

**实际控制人**：陈鸿成

二〇〇六年以来市场表现

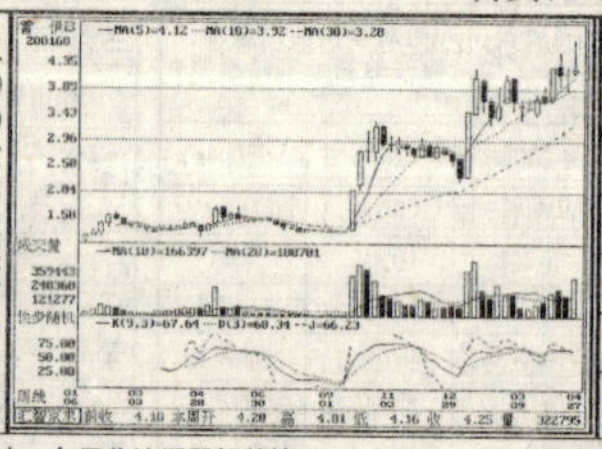

| | |
|---|---|
| 2006年涨跌幅(%) | 125 |
| 2006年最高(元) | 3.29 |
| 2007年涨跌幅(%) | 62.84 |
| 2007.4.27收盘(元) | 4.25 |
| 2007年最高(元) | 4.81 |
| 2007年最低(元) | 2.22 |
| 2007年换手率(%) | 210.39 |

**未来一年限售流通股解禁情况:**

| 最新股本 | 总股本 | 非(限售)流通 | 流通A | 流通B/H/S | 股东户数 | 06年末 | 06三季 |
|---|---|---|---|---|---|---|---|
| | 31860 | 16402.5 | | 15457.5 | | 16363 | 15021 |

**年报点评**：克服欧美纺织品设限，原材料及国际石油价格上涨、棉花缺口加大、劳动力成本上升等一系列不利因素影响，通过产品结构调整、加大内部管理，压缩期间费用等方式实现增长。纺织品内需成为推动今年纺织业增产增销增效的主导力量。

## 宁通信B(200468)

上市日期:97/05/22　　电话:025-2418518　　传真:025-2418518-2258

**主营**：数据通信产品、有线通信产品、无线通信产品，分线、配线通信产品，多媒体计算机及其相关产品的制造，销售公司自产产品，并提供相关的售后服务。

| | 年度 | 2006 | 2005 | 2004 |
|---|---|---|---|---|
| 主要指标 | 每股收益/扣除后(元) | 0.019/-0.009 | 0.029 | -0.22/-0.228 |
| | 每股经营现金流量(元) | -0.079 | 0.145 | 0.37 |
| | 每股净资产/调整后(元) | 1.47/1.42 | 1.59/1.51 | 1.57/1.5 |
| | 未分利润(万元) | -8309.82 | -8631.47 | -9276.31 |
| | 资本公积(万元) | 18917.8 | 18917.78 | 18913.46 |
| 利润构成 | 主营收入(万元) | 99179.52 | 77578.31 | 85129.26 |
| | 主营利润(万元) | 19002.32 | 12728.29 | 15771.26 |
| | 投资收益(万元) | 53.72 | 1037.14 | -889.13 |
| | 利润总额(万元) | -185.18 | 1072.97 | -5526.99 |
| | 净利润(万元) | 411.81 | 630.34 | -4784.54 |

**近年分配**：

**主要股东及持股比例%、持股性质**

中国普天信息产业股份有限公司 53.49%（国有股）
CHAN KEUNG 0.59%（流通B股）
曾淦池 0.32%（流通B股）
ABN AMRO BANK NV 0.3%（流通B股）
陈超凡 0.19%（流通B股）
钟国威 0.19%（流通B股）
赵广辉 0.18%（流通B股）
李毅 0.16%（流通B股）
THE CHINA INDEX FUND LIMITED 0.16%（流通B股）
叶转有 0.15%（流通B股）

**实际控制人**：中国普天信息产业集团公司

二〇〇六年以来市场表现

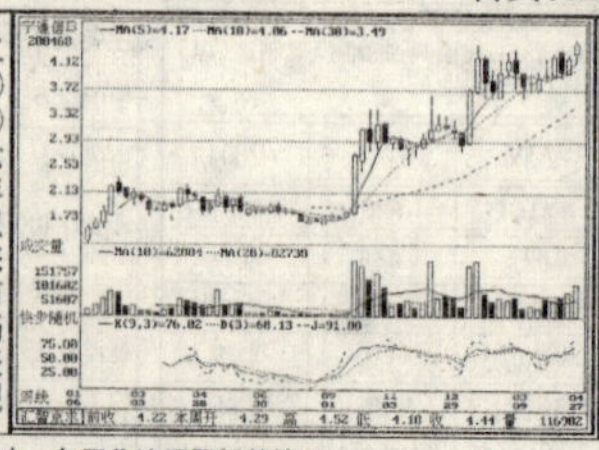

| | |
|---|---|
| 2006年涨跌幅(%) | 124.09 |
| 2006年最高(元) | 3.63 |
| 2007年涨跌幅(%) | 44.63 |
| 2007.4.27收盘(元) | 4.44 |
| 2007年最高(元) | 4.52 |
| 2007年最低(元) | 2.77 |
| 2007年换手率(%) | 124.64 |

**未来一年限售流通股解禁情况:**

| 最新股本 | 总股本 | 非(限售)流通 | 流通A | 流通B/H/S | 股东户数 | 06年末 | 06三季 |
|---|---|---|---|---|---|---|---|
| | 21500 | 11500 | | 10000 | | 15807 | 15779 |

**年报点评**：公司所处的信息通信产业经过近年来的调整，正在出现恢复性增长，同时行业竞争更趋激烈。公司依然徘徊在亏损与微利边缘，基本面仍存在相当的不确定性。预计未来公司经营状况难以有较大幅度改善。

## *ST 灿坤 B（200512）

上市日期:93/06/30　　电话:0592－6030228　　传真:0592－6035905

| 主营 | 开发、生产家用电器、电子、轻工产品等。 | | | |
|---|---|---|---|---|
| | 年　度 | 2006 | 2005 | 2004 |
| 主要指标 | 每股收益/扣除后(元) | -0.765/-0.761 | -0.358 | 0.04/0.07 |
| | 每股经营现金流量(元) | 0.0408 | 0.073 | -0.24 |
| | 每股净资产/调整后(元) | 0.18/0.18 | 0.92/0.92 | 1.41/1.39 |
| | 未分利润(万元) | -108842.8 | -38190.39 | 8759.04 |
| | 资本公积(万元) | 12960.76 | 10290.64 | 10290.64 |
| 利润构成 | 主营收入(万元) | 604088.67 | 589603.58 | 669223.61 |
| | 主营利润(万元) | -53732.71 | 32928.81 | 90472.08 |
| | 投资收益(万元) | -530.4 | -121.24 | -121.24 |
| | 利润总额(万元) | -112165.48 | -50091.23 | 5924.87 |
| | 净利润(万元) | -85108.69 | -39870.84 | 4041.99 |
| 近年分配: | 04 年:10 送 0.7 转增 0.3 | | | |

| 主要股东及持股比例%、持股性质 | |
|---|---|
| FORDCHEE DEVELOPMENT LIMITED 29.19%（流通 B 股） | |
| EUPA INDUSTRY CORPORATION LIMITED 29.19%（流通 B 股） | |
| FILLMAN INVESTMENTS LIMITED 14.59%（流通 B 股） | |
| TIMMERTON CO INC 1.3%（流通 B 股） | |
| CORE PACIFIC－YAMAICHI INTERNATIONAL（H.K.）LIMITED 1.16%（流通 B 股） | |
| MORGAN STANLEY INT'L（CHINA）－FIRM 0.57%（流通 B 股） | |
| CSC SECURITIES（HK）LTD. 0.44%（流通 B 股） | |
| TSAI SHU HUI 0.39%（流通 B 股） | |
| GUOTAI JUNAN SECURIES HONG KONG LIMITED 0.34%（流通 B 股） | |
| 陈永泉 0.29%（流通 B 股） | |
| 实际控制人: | FORDCHEE DEVELOPMENT LIMITED |

二〇〇六年以来市场表现

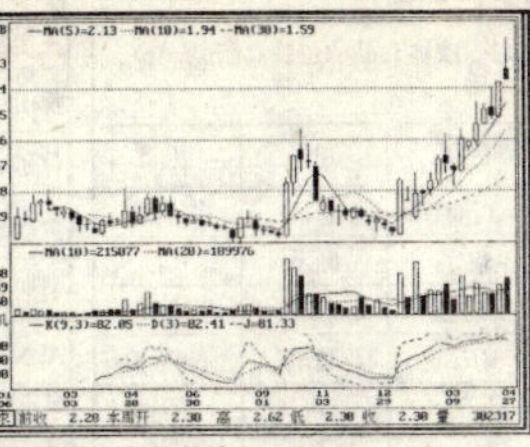

| | |
|---|---|
| 2006 年涨跌幅(%) | 5.22 |
| 2006 年最高(元) | 1.94 |
| 2007 年涨跌幅(%) | 90.08 |
| 2007.4.27 收盘(元) | 2.3 |
| 2007 年最高(元) | 2.62 |
| 2007 年最低(元) | 1.14 |
| 2007 年换手率(%) | 112.74 |

未来一年限售流通股解禁情况:

| 最新股本 | 总股本 | 非(限售)流通 | 流通 A | 流通 B/H/S | 股东户数 | 06 年末 | 06 三季 |
|---|---|---|---|---|---|---|---|
| | 111235.01 | 70047.68 | | 41187.32 | | 17140 | 17225 |

**年报点评** 公司是一家以小家电生产为主的外资企业，自上市以来，公司业绩一直保持较高的增长势头，今年公司更是加大了产品的科技含量，向智能家电领域发展。但是近年来，由于原材料成本上升较快和坏账准备计提，公司的盈利大幅度下滑。预计未来发展将会有较大改善。

## 瓦轴 B（200706）

上市日期:97/03/25　　电话:0411－5509888　　传真:0411－5500794

| 主营 | 轴承、机械设备、汽车零配件及相关产品的制造与销售。 | | | |
|---|---|---|---|---|
| | 年　度 | 2006 | 2005 | 2004 |
| 主要指标 | 每股收益/扣除后(元) | 0.112/0.091 | 0.093/0.104 | 0.106/0.139 |
| | 每股经营现金流量(元) | 0.45 | 0.33 | 0.34 |
| | 每股净资产/调整后(元) | 2.86/2.8 | 3.31/3.14 | 3.25/3.12 |
| | 未分利润(万元) | 20573.76 | 17710.08 | 16514.21 |
| | 资本公积(万元) | 48952.1 | 53137.62 | 52810.1 |
| 利润构成 | 主营收入(万元) | 175908.85 | 164909.99 | 156453.43 |
| | 主营利润(万元) | 26443.92 | 27487.42 | 29982.64 |
| | 投资收益(万元) | 1466.42 | 1815.48 | 1636.6 |
| | 利润总额(万元) | 5384.32 | 4056.68 | 4584.73 |
| | 净利润(万元) | 4513.68 | 3084.03 | 3485.1 |
| 近年分配: | 06 预案:10 派 0.35；05 年:10 派 0.48515；04 年:10 派 0.2816 | | | |

| 主要股东及持股比例%、持股性质 | |
|---|---|
| 瓦房店轴承集团有限责任公司 60.6%（国有股） | |
| AKTIEBOLAGET SKF 19.7%（流通 B 股） | |
| 王俊刚 0.29%（流通 B 股） | |
| ABN AMRO BANK NV 0.26%（流通 B 股） | |
| MANKWAI WING 文贵荣 0.17%（流通 B 股） | |
| SUN HUNG KAI INVESTMENT SERVICES LTD－CUSTOMERS A/C 0.12%（流通 B 股） | |
| KGI ASIA LIMITED 0.11%（流通 B 股） | |
| 莫丽霞 0.11%（流通 B 股） | |
| 关丽冰 0.09%（流通 B 股） | |
| 林锦湖 0.09%（流通 B 股） | |
| 实际控制人: | 大连市人民政府国有资产监督管理委员会 |

二〇〇六年以来市场表现

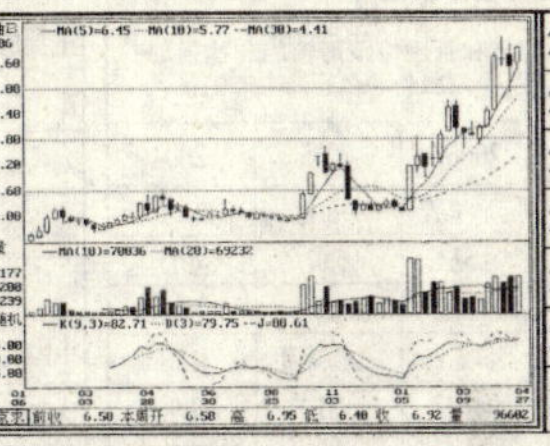

| | |
|---|---|
| 2006 年涨跌幅(%) | 62.15 |
| 2006 年最高(元) | 4.64 |
| 2007 年涨跌幅(%) | 116.93 |
| 2007.4.27 收盘(元) | 6.92 |
| 2007 年最高(元) | 7.2 |
| 2007 年最低(元) | 3.09 |
| 2007 年换手率(%) | 78.05 |

未来一年限售流通股解禁情况:

| 最新股本 | 总股本 | 非(限售)流通 | 流通 A | 流通 B/H/S | 股东户数 | 06 年末 | 06 三季 |
|---|---|---|---|---|---|---|---|
| | 40260 | 24400 | | 15860 | | 10849 | 10811 |

**年报点评** 公司主营轴承、汽车零配件等，06 年公司调整产品结构，发展替代进口产品；改革营销体制，推行新的分配制度；加强内部管理，提升管理效率，实现利润增长超过收入增长。随着国内机械行业发展及企业经营效率提升，公司也将迎来新的发展期。

## 武锅 B（200770）

上市日期:98/04/15　　电话:027－87652719　　传真:027－87655152

| 主营 | 从事电站锅炉、特种锅炉、脱硫设备及其它压力容器及辅助设备等产品的开发、生产及销售。 | | | |
|---|---|---|---|---|
| | 年　度 | 2006 | 2005 | 2004 |
| 主要指标 | 每股收益/扣除后(元) | 0.03/0.04 | 0.08 | 0.15/0.15 |
| | 每股经营现金流量(元) | -2.22 | 1.24 | -1.18 |
| | 每股净资产/调整后(元) | 2.07/1.71 | 2.07/1.87 | 1.95/1.81 |
| | 未分利润(万元) | 9476.57 | 9611.28 | 9109.56 |
| | 资本公积(万元) | 17937.6 | 17879.82 | 15254.84 |
| 利润构成 | 主营收入(万元) | 228919.71 | 287419.19 | 221462.52 |
| | 主营利润(万元) | 25435.06 | 24663.06 | 27611.45 |
| | 投资收益(万元) | -45.22 | -25.3 | 288.65 |
| | 利润总额(万元) | 3261.42 | 4583.73 | 8377.28 |
| | 净利润(万元) | 1005.32 | 2454.63 | 4486.41 |
| 近年分配: | 06 预案:10 派 0.2；05 年:10 派 0.3381；04 年:10 派 0.443 | | | |

| 主要股东及持股比例%、持股性质 | |
|---|---|
| 武汉锅炉集团有限公司 57.9%（国有股） | |
| 王家宜 0.73%（流通 B 股） | |
| 吴乃文 0.48%（流通 B 股） | |
| GUOTAI JUNAN SECURIES HONG KONG LIMITED 0.33%（流通 B 股） | |
| ABN AMRO BANK NV 0.28%（流通 B 股） | |
| 唐娟 0.26%（流通 B 股） | |
| 杨蓉芳 0.24%（流通 B 股） | |
| 詹长城 0.22%（流通 B 股） | |
| 朱云江 0.22%（流通 B 股） | |
| 何长津 0.17%（流通 B 股） | |
| 实际控制人: | 武汉市国资委 |

二〇〇六年以来市场表现

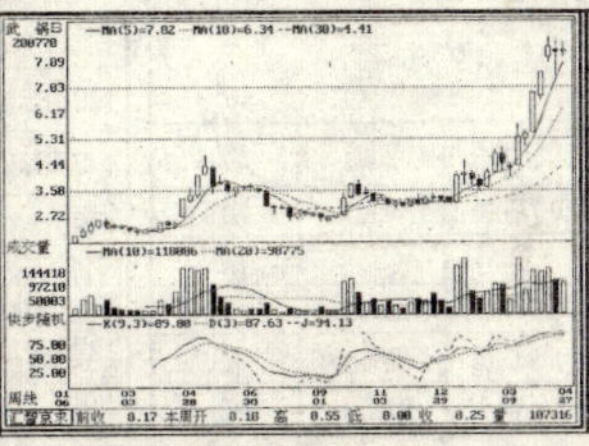

| | |
|---|---|
| 2006 年涨跌幅(%) | 74.28 |
| 2006 年最高(元) | 4.73 |
| 2007 年涨跌幅(%) | 153.07 |
| 2007.4.27 收盘(元) | 8.25 |
| 2007 年最高(元) | 8.75 |
| 2007 年最低(元) | 3.11 |
| 2007 年换手率(%) | 141.06 |

未来一年限售流通股解禁情况:

| 最新股本 | 总股本 | 非(限售)流通 | 流通 A | 流通 B/H/S | 股东户数 | 06 年末 | 06 三季 |
|---|---|---|---|---|---|---|---|
| | 29700 | 17200 | | 12500 | | 16118 | 16836 |

**年报点评** 公司主营电站锅炉、特种锅炉、脱硫设备等产品的生产及销售。06 年在电站锅炉行业逐步下滑的不利环境下，企业净利润下降幅度超过了收入的下降幅度，说明公司管理效率没有明显提升。后续在行业发展仍不利的情况下，企业经营将面临较大的困难。

## 杭汽轮 B（200771）

上市日期:98/04/28　　电话:0571－85780198　　传真:0571－85780433

| 主营 | 工业汽轮机的开发研究、设计、制造和销售 | | | |
|---|---|---|---|---|
| | 年　度 | 2006 | 2005 | 2004 |
| 主要指标 | 每股收益/扣除后(元) | 1.509/1.51 | 1.586 | 0.79/0.766 |
| | 每股经营现金流量(元) | 0.49 | 0.87 | 2.01 |
| | 每股净资产/调整后(元) | 4.19/4.16 | 3.85/3.82 | 2.94/2.9 |
| | 未分利润(万元) | 56027.58 | 28901.95 | 17493.01 |
| | 资本公积(万元) | 13674.95 | 17320.94 | 16715.8 |
| 利润构成 | 主营收入(万元) | 237073.57 | 193177.62 | 97782.6 |
| | 主营利润(万元) | 96591.85 | 78470.46 | 39439.63 |
| | 投资收益(万元) | 1228.97 | -3.95 | -195.96 |
| | 利润总额(万元) | 65682.42 | 53307.91 | 25462.19 |
| | 净利润(万元) | 43146.09 | 34883.3 | 17419.06 |
| 近年分配: | 06 预案:10 派 5 送 3；05 年:10 派 4.84 转增 3；04 年:10 派 6.598 | | | |

| 主要股东及持股比例%、持股性质 | |
|---|---|
| 杭州汽轮动力集团有限公司 63.64%（国有股） | |
| SCHRODER INTL SELECTION FD－GREATER CN FD GTI 25287 2.9%（流通 B 股） | |
| SCHRODER INTERNATIONAL SELECTION FUND 1.21%（流通 B 股） | |
| PRUDENTIAL UNIT TRUSIST－DRAGON PEACOCK FUND 1.2%（流通 B 股） | |
| GOVERNMENT OF SINGAPORE INV.CORP.－A/C "C" 1.12%（流通 B 股） | |
| NOREGES BANK 0.82%（流通 B 股） | |
| TOYO SECURITIES ASIA LIMITEDC A/C CLIENT 0.8%（流通 B 股） | |
| FORTIS BANQUE LUXEMBOURG S.A. 0.7%（流通 B 股） | |
| DWS CHINA EQUITY FUND 0.66%（流通 B 股） | |
| GSIC A/C MONETRAY AUTHORITYOF SINGAPORE 0.65%（流通 B 股） | |
| 实际控制人: | 杭州汽轮动力集团有限公司 |

二〇〇六年以来市场表现

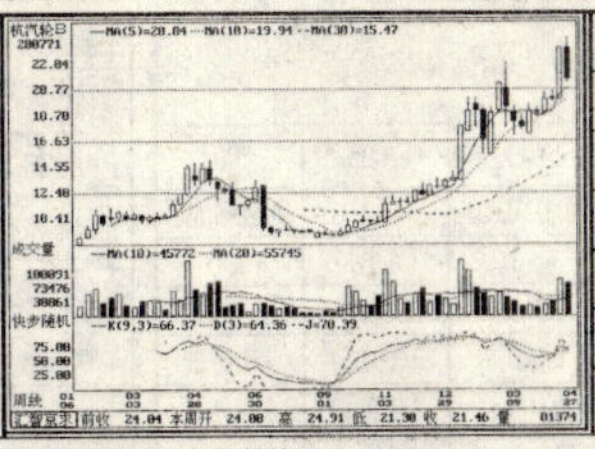

| | |
|---|---|
| 2006 年涨跌幅(%) | 112.81 |
| 2006 年最高(元) | 18.02 |
| 2007 年涨跌幅(%) | 61.6 |
| 2007.4.27 收盘(元) | 21.46 |
| 2007 年最高(元) | 24.91 |
| 2007 年最低(元) | 13.28 |
| 2007 年换手率(%) | 88 |

未来一年限售流通股解禁情况:

| 最新股本 | 总股本 | 非(限售)流通 | 流通 A | 流通 B/H/S | 股东户数 | 06 年末 | 06 三季 |
|---|---|---|---|---|---|---|---|
| | 28600 | 18200 | | 10400 | | 9015 | 9568 |

**年报点评** 公司主营为汽轮机及其辅助设备等的制造与售后服务，06 年面对电力行业发展的不利局面，公司通过加大创新力度，逐步开拓其他行业的力度，实现收入与利润的稳定增长。07 年公司将通过管理效率的提升，及产品开拓来实现企业稳定发展。

## 粤华包 B（200986）

上市日期:00/07/06　　电话:0757－3981729　　传真:0757－3992026

| | | | |
|---|---|---|---|
| 主营 | 生产及销售高级涂布白纸板、液体食品软包装盒(利乐包)、彩色印刷包装、铝塑复合纸罐。 | | |
| 年　度 | 2006 | 2005 | 2004 |
| 每股收益/扣除后(元) | 0.2/0.19 | 0.16 | 0.2/0.204 |
| 每股经营现金流量(元) | 0.473 | 0.085 | 0.13 |
| 每股净资产/调整后(元) | 2.62/2.61 | 2.43/2.41 | 2.27/2.25 |
| 未分利润(万元) | 34772.09 | 27027.67 | 21076.09 |
| 资本公积(万元) | 25376.4 | 25376.4 | 25376.4 |
| 主营收入(万元) | 67013.43 | 60412.65 | 59238.8 |
| 主营利润(万元) | 5468.1 | 5996.52 | 8775.64 |
| 投资收益(万元) | 8584.58 | 6918.18 | 7370.79 |
| 利润总额(万元) | 8871.18 | 7336.66 | 10160.94 |
| 净利润(万元) | 8604.91 | 7001.86 | 8995.25 |
| 近年分配: | 06 预案:10 派 0.5 送 1.5 | | |

| 主要股东及持股比例%、持股性质 |
|---|
| 佛山华新发展有限公司 65.2%（国有股） |
| 林楚斌 0.45%（流通 B 股） |
| 黄嘉豪 0.38%（流通 B 股） |
| 吴浩源 0.26%（流通 B 股） |
| ABN AMRO BANK NV 0.22%（流通 B 股） |
| SURE WIDE INTERNATIONAL LIMITED 瑞宏国际有限公司 0.22%（流通 B 股） |
| 朴光实 PIAO JOY GUANGSHI 0.15%（流通 B 股） |
| 黄宏卓 0.15%（流通 B 股） |
| THE CHINA INDEX FUND LIMITED 0.14%（流通 B 股） |
| 李芳 0.13%（流通 B 股） |
| 实际控制人：中国物资开发投资总公司 |

二〇〇六年以来市场表现

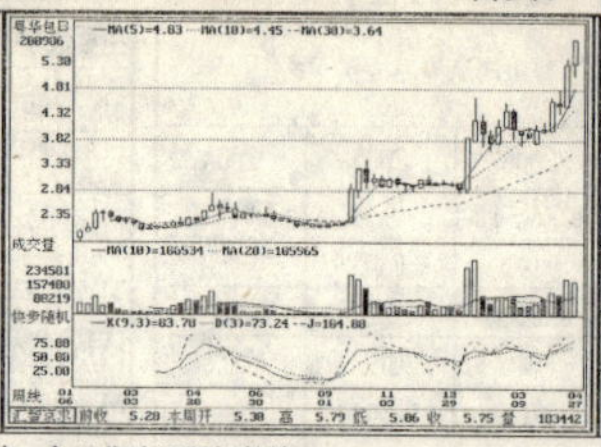

| | |
|---|---|
| 2006 年涨跌幅(%) | 50.25 |
| 2006 年最高(元) | 3.44 |
| 2007 年涨跌幅(%) | 94.26 |
| 2007.4.27 收盘(元) | 5.75 |
| 2007 年最高(元) | 5.79 |
| 2007 年最低(元) | 2.8 |
| 2007 年换手率(%) | 128.77 |

未来一年限售流通股解禁情况:

| 最新股本 | 总股本 | 非(限售)流通 | 流通 A | 流通 B/H/S | 股东户数 | 06 年末 | 06 三季 |
|---|---|---|---|---|---|---|---|
| | 43950 | 29000 | | 14950 | | 19278 | 19394 |

年报点评：公司主营产品为高级涂布白纸板、彩色印刷包装。原材料价格上涨，抬升了国内造纸公司成本。由于国内产能释放较快，导致供求缺口降低，造成国内纸品价格下降。煤电油运供应持续紧张，整个公司的赢利情况受到一定的影响。

## ST 中鲁 B（200992）

上市日期:00/07/24　　电话:0531－6553276　　传真:0531－6943084

| | | | |
|---|---|---|---|
| 主营 | 远洋捕捞及加工、运营、租赁和管理冷藏运输船和捕捞船、水产品贸易、水产品加工及冷藏服务和鱼肝油生产销售。 | | |
| 年　度 | 2006 | 2005 | 2004 |
| 每股收益/扣除后(元) | 0.57/－0.22 | －0.18 | 0.01/－0.11 |
| 每股经营现金流量(元) | 0.57 | 0.07 | 0.15 |
| 每股净资产/调整后(元) | 0.69/0.69 | 0.12/0.11 | 0.29/0.29 |
| 未分利润(万元) | －30796.21 | －46094.51 | －41333.89 |
| 资本公积(万元) | 20446.58 | 20425.13 | 20219.51 |
| 主营收入(万元) | 19056.14 | 16718.43 | 22408.92 |
| 主营利润(万元) | 326.1 | 2079.27 | 4837.45 |
| 投资收益(万元) | 3.83 | －330.69 | －1981.19 |
| 利润总额(万元) | 15503.71 | －4374.5 | 410.54 |
| 净利润(万元) | 15298.3 | －4752.01 | 339.82 |
| 近年分配: | | | |

| 主要股东及持股比例%、持股性质 |
|---|
| 水产集团 47.25%（国有股） |
| 刘丹 1.15%（流通 B 股） |
| 陈倩芬 1.09%（流通 B 股） |
| 梁玉贞 0.75%（流通 B 股） |
| 中国重汽集团济南卡车有限责任公司 0.73%（国有股） |
| 许新潮 0.63%（流通 B 股） |
| LI LEON ZHAN WEI 0.56%（流通 B 股） |
| 上海香港万国证券 0.54%（流通 B 股） |
| 伊影 0.41%（流通 B 股） |
| 罗利群 0.39%（流通 B 股） |
| 实际控制人：山东省人民政府国有资产监督管理委员会 |

二〇〇六年以来市场表现

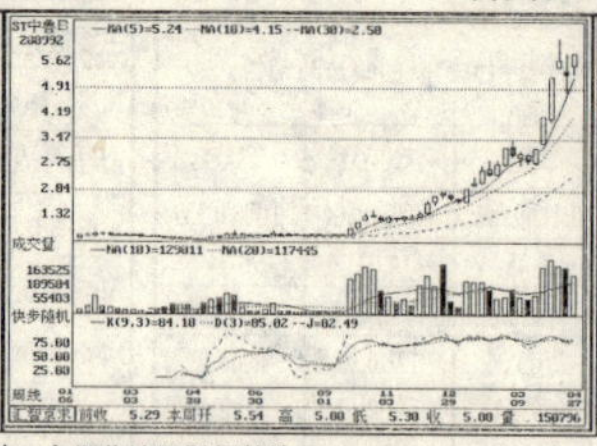

| | |
|---|---|
| 2006 年涨跌幅(%) | 164.71 |
| 2006 年最高(元) | 1.99 |
| 2007 年涨跌幅(%) | 226.67 |
| 2007.4.27 收盘(元) | 5.88 |
| 2007 年最高(元) | 6.34 |
| 2007 年最低(元) | 1.66 |
| 2007 年换手率(%) | 104.47 |

未来一年限售流通股解禁情况:

| 最新股本 | 总股本 | 非(限售)流通 | 流通 A | 流通 B/H/S | 股东户数 | 06 年末 | 06 三季 |
|---|---|---|---|---|---|---|---|
| | 26607.13 | 12807.13 | | 13800 | | 14875 | 16181 |

年报点评：公司是从事远洋渔业综合性企业，主营为远洋捕捞、水产品进出口贸易、水产品的加工等。原大股东山东水产企业集团总公司归还非经营性资金占款后，公司 06 年度扭亏为盈。公司大股东转变为山东省国有资产投资控股有限公司，为公司后续发展带来想像空间。

## 浦发银行（600000）

上市日期:99/11/10　　电话:021－63611226　　传真:021－63230807

| | | | |
|---|---|---|---|
| 主营 | 商业银行业务 | | |
| 年　度 | 2006 | 2005 | 2004 |
| 每股收益/扣除后(元) | 0.77/0.76 | 0.653 | 0.493/0.48 |
| 每股经营现金流量(元) | | | 1.255 |
| 每股净资产/调整后(元) | 5.67/5.67 | 4.08/4.08 | 3.45/3.45 |
| 未分利润(万元) | 103813.02 | 68996.16 | 55429.76 |
| 资本公积(万元) | 1056344.24 | 511073.66 | 486939.55 |
| 主营收入(万元) | 1890428.55 | 1454642.18 | 1676098.91 |
| 主营利润(万元) | 1128956.54 | 880993.4 | 698006.88 |
| 投资收益(万元) | | | |
| 利润总额(万元) | 603405.43 | 433922.82 | 304881.82 |
| 净利润(万元) | 335302.66 | 255800.38 | 193003.08 |
| 近年分配: | 06 预案:10 派 1.5；05 年:10 派 1.3；04 年:10 派 1.2 | | |

| 主要股东及持股比例%、持股性质 |
|---|
| 上海国际集团有限公司 23.573%（国有股） |
| 上海国际信托投资有限公司 7.286%（国有股） |
| 上海上实(集团)有限公司 3.983%（国有股） |
| CITIBANK OVERSEAS INVESTMENT CORPORATION 3.779%（外资股） |
| 中国平安人寿保险股份有限公司－传统－普通保险产品 2.75%（部分流通部分不流通） |
| 中国平安人寿保险股份有限公司－分红－个险分红 1.716%（部分流通部分不流通） |
| 中国烟草总公司江苏省公司 1.201%（国有股） |
| 云南国际信托投资有限公司 0.944%（国有股） |
| 国家电网公司 0.941%（国有股） |
| 华北电网有限公司 0.941%（国有股） |
| 实际控制人：上海国际集团有限公司 |

二〇〇六年以来市场表现

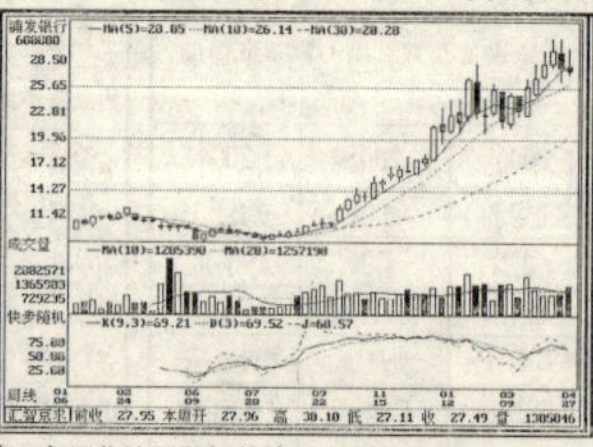

| | |
|---|---|
| 2006 年涨跌幅(%) | 185.87 |
| 2006 年最高(元) | 28.16 |
| 2007 年涨跌幅(%) | 29 |
| 2007.4.27 收盘(元) | 27.49 |
| 2007 年最高(元) | 31.34 |
| 2007 年最低(元) | 19.52 |
| 2007 年换手率(%) | 154.29 |

未来一年限售流通股解禁情况:1929688209 股 05 月 12 日解禁

| 最新股本 | 总股本 | 非(限售)流通 | 流通 A | 流通 B/H/S | 股东户数 | 06 年末 | 06 三季 |
|---|---|---|---|---|---|---|---|
| | 435488.27 | 302261.94 | 133226.33 | | | 79002 | 150638 |

年报点评：2006 年拨备覆盖率提高，拨备支出压力下降，有效税率短期非正常上升，未来将有望明显下降。未来两年该行净利润增速将明显高于拨备前利润。

## 邯郸钢铁（600001）

上市日期:98/01/22　　电话:0310－6074191　　传真:0310－6074190

| | | | |
|---|---|---|---|
| 主营 | 冶炼、钢坯、钢材轧制的生产和销售 | | |
| 年　度 | 2006 | 2005 | 2004 |
| 每股收益/扣除后(元) | 0.321/0.304 | 0.4 | 0.615/0.618 |
| 每股经营现金流量(元) | 1.37 | 0.039 | 1.65 |
| 每股净资产/调整后(元) | 3.94/3.94 | 3.8/3.79 | 5.25/5.23 |
| 未分利润(万元) | 187907.59 | 144235.97 | 179100.28 |
| 资本公积(万元) | 461187.56 | 333310.69 | 327233.33 |
| 主营收入(万元) | 2220088.42 | 1988521.34 | 1945300.57 |
| 主营利润(万元) | 260632.83 | 201757.6 | 204588.14 |
| 投资收益(万元) | 15063.81 | －10342.72 | －6229.17 |
| 利润总额(万元) | 129064.03 | 119411.45 | 140987.54 |
| 净利润(万元) | 89467.54 | 90286.7 | 91679.63 |
| 近年分配: | 06 预案:10 派 1；05 年:10 派 1；04 中期:10 派 3 年终:10 派 1.5 送 5 | | |

| 主要股东及持股比例%、持股性质 |
|---|
| 邯郸钢铁集团有限责任公司 65.82%（部分流通部分不流通） |
| 上海宝钢工程技术有限公司 2.5%（流通 A 股） |
| 宝钢集团有限公司 1.7%（流通 A 股） |
| 河北省信息产业投资有限公司 1.31%（国有股） |
| 上海宝钢工业检测公司 0.86%（流通 A 股） |
| 权证创设履约担保证券交收专用账户－长江证券有限责任公司 0.79%（流通 A 股） |
| 权证创设履约担保证券交收专用账户－招商证券股份有限公司 0.72%（流通 A 股） |
| 权证创设履约担保证券交收专用账户－国泰君安证券股份有限公司 0.57%（流通 A 股） |
| 中国平安保险(集团)股份有限公司 0.46%（流通 A 股） |
| 中国工商银行－上证 50 交易型开放式指数证券投资基金 0.45%（流通 A 股） |
| 实际控制人：邯郸钢铁集团有限责任公司 |

二〇〇六年以来市场表现

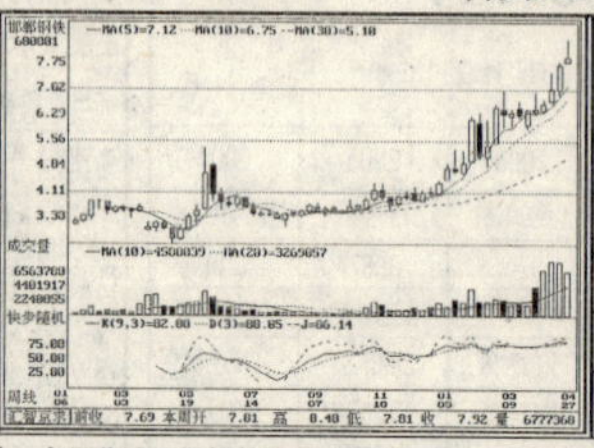

| | |
|---|---|
| 2006 年涨跌幅(%) | 58.26 |
| 2006 年最高(元) | 5.87 |
| 2007 年涨跌幅(%) | 81.65 |
| 2007.4.27 收盘(元) | 7.92 |
| 2007 年最高(元) | 8.48 |
| 2007 年最低(元) | 4.44 |
| 2007 年换手率(%) | 351.14 |

未来一年限售流通股解禁情况:87587904 股 04 月 05 日解禁

| 最新股本 | 总股本 | 非(限售)流通 | 流通 A | 流通 B/H/S | 股东户数 | 06 年末 | 06 三季 |
|---|---|---|---|---|---|---|---|
| | 279144.48 | 136793.45 | 142351.04 | | | 134593 | |

年报点评：公司在原材料价格压力较大和产品价格下降的环境下，通过内部挖潜产铁 513.7 万吨，同比增长 14.43%。河北省政府提出了将钢铁产业列为全省第一大支柱性产业，成为邯钢做大做强的有力支撑。

# 东北高速（600003）

上市日期:99/08/10　　电话:0431－84639168　　传真:0431－84653168

| 主营 | 投资、开发、建设和经营管理收费公路 | | | |
|---|---|---|---|---|
| | 年　度 | 2006 | 2005 | 2004 |
| 主要指标 | 每股收益/扣除后(元) | 0.15/0.15 | 0.14 | －0.103/0.017 |
| | 每股经营现金流量(元) | 0.27 | 0.25 | 0.1477 |
| | 每股净资产/调整后(元) | 2.73/2.73 | 2.64/2.64 | 2.51/2.5 |
| | 未分利润(万元) | 53251.34 | 42846.68 | 28483.74 |
| | 资本公积(万元) | 137168 | 137474.53 | 137474.53 |
| 利润构成 | 主营收入(万元) | 71369.03 | 62647.96 | 57729.83 |
| | 主营利润(万元) | 42516.96 | 38150.6 | 28835 |
| | 投资收益(万元) | 558.61 | 917.01 | －21379 |
| | 利润总额(万元) | 27843.06 | 25092.11 | －10639.32 |
| | 净利润(万元) | 18300.74 | 16897.57 | －12547.8 |
| 近年分配: | 06 预案:10 派 1；05 年:10 派 0.5 | | | |

| 主要股东及持股比例%、持股性质 |
|---|
| 黑龙江省高速公路公司 30.176%（国有股） |
| 吉林省高速公路公司 24.998%（国有股） |
| 华建交通经济开发中心 20.098%（国有股） |
| 廖国红 0.077%（流通 A 股） |
| 郭海方 0.069%（流通 A 股） |
| 葛瑞平 0.062%（流通 A 股） |
| 钱磊 0.061%（流通 A 股） |
| 中国建设银行－博时裕富证券投资基金 0.049%（流通 A 股） |
| 张淄良 0.041%（流通 A 股） |
| 兴和证券投资基金 0.036%（流通 A 股） |
| 实际控制人:　黑龙江省高速公路公司 |

二〇〇六年以来市场表现

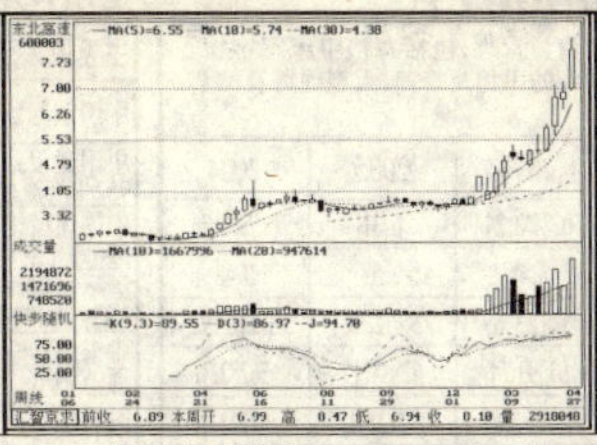

| | |
|---|---|
| 2006 年涨跌幅(%) | 46.79 |
| 2006 年最高(元) | 4.34 |
| 2007 年涨跌幅(%) | 180.55 |
| 2007.4.27 收盘(元) | 8.1 |
| 2007 年最高(元) | 11.27 |
| 2007 年最低(元) | 4.03 |
| 2007 年换手率(%) | 449.34 |

未来一年限售流通股解禁情况:181980000 股 02 月 08 日解禁

| 最新股本 | 总股本 | 非(限售)流通 | 流通 A | 流通 B/H/S | 股东户数 | 06 年末 | 06 三季 |
|---|---|---|---|---|---|---|---|
| | 121320 | 91320 | 30000 | | | 113082 | 119575 |

年报点评：2006 年公司运营的哈大高速、长平高速、长春绕城高速平稳增长，收入较上年同比增长 15.46%，但由于报告期内加大公路养护力度及专项工程投入，毛利率较上年减少 2.05 年百分点。值得注意的是，目前公司仍有部分诉讼尚未结案或执行。

# 白云机场（600004）

上市日期:03/04/28　　电话:020－36063593/5　　传真:020－36063416

| 主营 | 航空地面客货过港服务 | | | |
|---|---|---|---|---|
| | 年　度 | 2006 | 2005 | 2004 |
| 主要指标 | 每股收益/扣除后(元) | 0.29/0.29 | 0.25 | 0.28/0.28 |
| | 每股经营现金流量(元) | 1.04 | 0.47 | 0.29 |
| | 每股净资产/调整后(元) | 4.18/4.11 | 3.99/3.92 | 3.97/3.92 |
| | 未分利润(万元) | 57009.99 | 46141.3 | 33714.71 |
| | 资本公积(万元) | 218691.85 | 218725.35 | 218629.62 |
| 利润构成 | 主营收入(万元) | 240979.76 | 214930.82 | 154078.27 |
| | 主营利润(万元) | 106103.09 | 88687.35 | 78468.97 |
| | 投资收益(万元) | －227.46 | －287.18 | －616.77 |
| | 利润总额(万元) | 47070.21 | 39873.79 | 44157.61 |
| | 净利润(万元) | 29220.45 | 25151.29 | 28357.17 |
| 近年分配: | 06 预案:10 派 1.5；05 年:10 派 1；04 年:10 派 2.5 | | | |

| 主要股东及持股比例%、持股性质 |
|---|
| 广东省机场管理集团公司 60.48%（部分流通部分不流通） |
| 东海证券有限责任公司 0.8%（流通 A 股） |
| 中国农业银行－长城安心回报混合型证券投资基金 0.54%（流通 A 股） |
| 中国航空集团公司 0.52%（流通 A 股） |
| 广州白云国际机场有限公司 0.52%（流通 A 股） |
| 广州交通投资有限公司 0.52%（流通 A 股） |
| 中国民航机场建设总公司 0.52%（流通 A 股） |
| 中国工商银行－上证 50 交易型开放式指数证券投资基金 0.38%（流通 A 股） |
| 新华人寿保险股份有限公司－分红－团体分红－018L－FH001 沪 0.3%（流通 A 股） |
| 全国社保基金零零二组合 0.25%（流通 A 股） |
| 实际控制人:　广东省人民政府 |

二〇〇六年以来市场表现

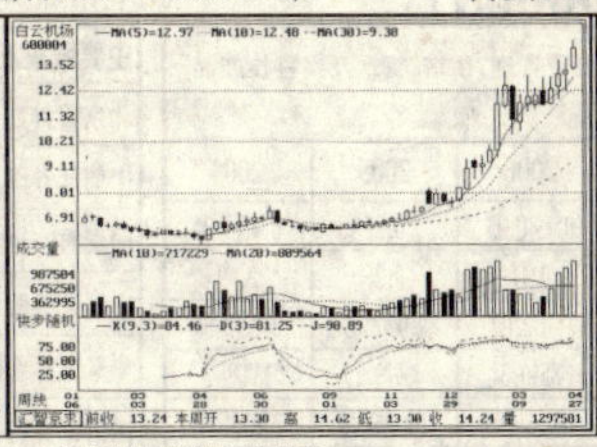

| | |
|---|---|
| 2006 年涨跌幅(%) | 13.02 |
| 2006 年最高(元) | 8.28 |
| 2007 年涨跌幅(%) | 88.86 |
| 2007.4.27 收盘(元) | 14.24 |
| 2007 年最高(元) | 14.62 |
| 2007 年最低(元) | 7.6 |
| 2007 年换手率(%) | 269.07 |

未来一年限售流通股解禁情况:

| 最新股本 | 总股本 | 非(限售)流通 | 流通 A | 流通 B/H/S | 股东户数 | 06 年末 | 06 三季 |
|---|---|---|---|---|---|---|---|
| | 100000 | 50304 | 49696 | | | 55108 | 56524 |

年报点评：2006 年白云机场业务量增速处于相对较低水平。从收入构成来看，航空服务收入占主营业务收入比重为 52.7%，其中机场建设费返还收入 3.32 亿元占收入比重达到 13.8%，仍然是利润的重要支撑。

# 武钢股份（600005）

上市日期:99/08/03　　电话:027－86306023　　传真:027－86807873

| 主营 | 生产和销售冷轧薄板和冷轧硅钢片。 | | | |
|---|---|---|---|---|
| | 年　度 | 2006 | 2005 | 2004 |
| 主要指标 | 每股收益/扣除后(元) | 0.497/0.488 | 0.616 | 0.409/0.409 |
| | 每股经营现金流量(元) | 0.794 | 1.061 | 0.695 |
| | 每股净资产/调整后(元) | 2.78/2.78 | 2.59/2.59 | 2.22/2.22 |
| | 未分利润(万元) | 531005.88 | 415415.33 | 272833.69 |
| | 资本公积(万元) | 577516.38 | 577506.19 | 569993.81 |
| 利润构成 | 主营收入(万元) | 4131693.85 | 4074603.36 | 2414816.05 |
| | 主营利润(万元) | 692694.39 | 805853.2 | 546327.31 |
| | 投资收益(万元) | 1732.55 | 1144.7 | 875.94 |
| | 利润总额(万元) | 580399.89 | 706679.64 | 472183.66 |
| | 净利润(万元) | 389700.62 | 482489.04 | 320358.31 |
| 近年分配: | 06 预案:10 派 3；05 年:10 派 3；04 中期:10 转增 10 年终:10 派 2.5 | | | |

| 主要股东及持股比例%、持股性质 |
|---|
| 武汉钢铁(集团)公司 63.82%（国有股） |
| 广发策略优选混合型证券投资基金 1.39%（流通 A 股） |
| 华夏优势增长股票型证券投资基金 1.36%（流通 A 股） |
| 景顺长城内需增长贰号股票型证券投资基金 1.28%（流通 A 股） |
| 易方达策略成长二号混合型证券投资基金 1.12%（流通 A 股） |
| 上投摩根成长先锋股票型证券投资基金 1.07%（流通 A 股） |
| 易方达价值精选股票型证券投资基金 0.99%（流通 A 股） |
| 广发证券股份有限公司 0.86%（流通 A 股） |
| 丰和价值证券投资基金 0.82%（流通 A 股） |
| 科瑞证券投资基金 0.82%（流通 A 股） |
| 实际控制人:　国务院国有资产监督管理委员会 |

二〇〇六年以来市场表现

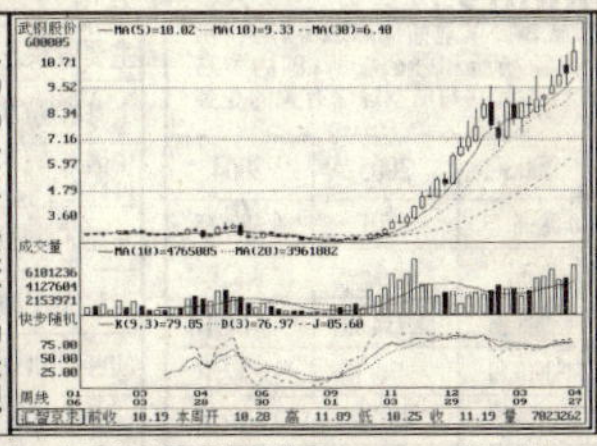

| | |
|---|---|
| 2006 年涨跌幅(%) | 145.76 |
| 2006 年最高(元) | 6.78 |
| 2007 年涨跌幅(%) | 75.94 |
| 2007.4.27 收盘(元) | 11.19 |
| 2007 年最高(元) | 11.89 |
| 2007 年最低(元) | 6.3 |
| 2007 年换手率(%) | 268.52 |

未来一年限售流通股解禁情况:765200000 股 11 月 21 日解禁

| 最新股本 | 总股本 | 非(限售)流通 | 流通 A | 流通 B/H/S | 股东户数 | 06 年末 | 06 三季 |
|---|---|---|---|---|---|---|---|
| | 783800 | 500201.24 | 283598.76 | | | 58166 | 128146 |

年报点评：公司主要从事热轧板卷、中厚板、大型材、高速线材、棒材、冷轧及涂镀板、冷轧硅钢等钢材产品的生产和销售。报告期内公司面对严峻复杂的市场形势，以技术进步推进品种结构优化高，以挖潜促进技术经济指标进步，但业绩仍旧有所回落。

# 东风汽车（600006）

上市日期:99/07/27　　电话:027－84287971　　传真:027－84287977

| 主营 | 汽车、汽车发动机及其零部件、铸件的开发、设计、生产和销售。 | | | |
|---|---|---|---|---|
| | 年　度 | 2006 | 2005 | 2004 |
| 主要指标 | 每股收益/扣除后(元) | 0.217/0.18 | 0.197/0.167 | 0.233/0.232 |
| | 每股经营现金流量(元) | 0.5524 | 0.6863 | 0.3624 |
| | 每股净资产/调整后(元) | 2.41/2.22 | 2.27/2.18 | 2.15/2.15 |
| | 未分利润(万元) | 162841.3 | 139751.12 | 122664.89 |
| | 资本公积(万元) | 63848.08 | 63690.41 | 63095.24 |
| 利润构成 | 主营收入(万元) | 1007124.9 | 880105.79 | 610013.25 |
| | 主营利润(万元) | 149625.23 | 126013.85 | 111494.1 |
| | 投资收益(万元) | 1219.54 | －819.48 | －1676.8 |
| | 利润总额(万元) | 54879.6 | 48993.87 | 54329.62 |
| | 净利润(万元) | 43433.53 | 39388.47 | 46587.48 |
| 近年分配: | 06 预案:10 派 1.2；05 年:10 派 0.8；04 年:10 派 0.75 | | | |

| 主要股东及持股比例%、持股性质 |
|---|
| 东风汽车有限公司 60.1%（非流通股） |
| 中国银河证券有限责任公司 3.801%（流通 A 股） |
| 王敬慧 0.2%（流通 A 股） |
| 苏丽琼 0.181%（流通 A 股） |
| 王艳丽 0.133%（流通 A 股） |
| 宋证海 0.126%（流通 A 股） |
| 张蕊 0.126%（流通 A 股） |
| 吴书卫 0.125%（流通 A 股） |
| 陈实 0.121%（流通 A 股） |
| 中国人寿保险股份有限公司－传统－普通保险产品－005L－CT001 沪 0.108%（流通 A 股） |
| 实际控制人:　东风汽车公司 |

二〇〇六年以来市场表现

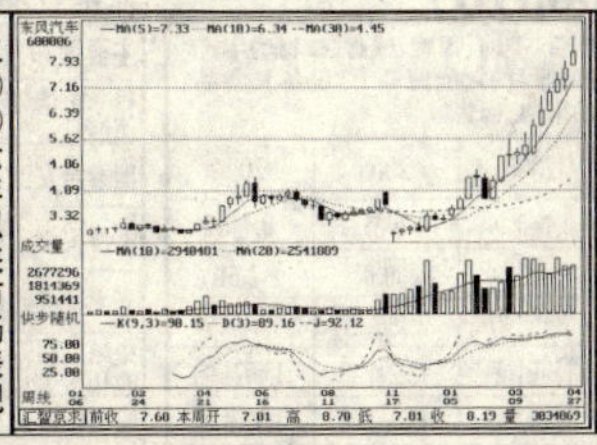

| | |
|---|---|
| 2006 年涨跌幅(%) | 55.81 |
| 2006 年最高(元) | 4.67 |
| 2007 年涨跌幅(%) | 154.35 |
| 2007.4.27 收盘(元) | 8.19 |
| 2007 年最高(元) | 8.7 |
| 2007 年最低(元) | 3.25 |
| 2007 年换手率(%) | 532.16 |

未来一年限售流通股解禁情况:

| 最新股本 | 总股本 | 非(限售)流通 | 流通 A | 流通 B/H/S | 股东户数 | 06 年末 | 06 三季 |
|---|---|---|---|---|---|---|---|
| | 200000 | 120200 | 79800 | | | 81783 | 46410 |

年报点评：公司主营汽车生产和销售。06 年国内汽车销售转暖，公司主营业务收入和净利润均小幅增长。预计 07 年国内汽车市场景气度依然持续向好，公司汽车事业正在逐步构建"1＋4＋1"的汽车事业战略格局，发动机也将立足东风实施多元化战略，公司前景看好。

## 中国国贸（600007）

上市日期:99/03/12　电话:010－65052288　传真:010－65053862

**主营**：商务服务设施的投资、经营与管理,包括高档甲级写字楼、高档涉外公寓、商场等设施的出租及管理,大型展览及配套服务、停车设施服务等。

| | 年　度 | 2006 | 2005 | 2004 |
|---|---|---|---|---|
| 主要指标 | 每股收益/扣除后(元) | 0.24/0.24 | 0.31 | 0.26/0.26 |
| | 每股经营现金流量(元) | 0.44 | 0.52 | 0.48 |
| | 每股净资产/调整后(元) | 3.82/3.65 | 3.2/2.98 | 3.17/2.92 |
| | 未分利润(万元) | 67090.51 | 62883.17 | 56282.1 |
| | 资本公积(万元) | 187251.86 | 92122.1 | 92122.1 |
| 利润构成 | 主营收入(万元) | 81733.4 | 77817 | 71142.4 |
| | 主营利润(万元) | 48352.34 | 44905.8 | 38989.5 |
| | 投资收益(万元) | 818.79 | 638.63 | 583.5 |
| | 利润总额(万元) | 35800.65 | 37054.52 | 31803.6 |
| | 净利润(万元) | 24119.04 | 24667.86 | 21143.9 |

近年分配：06 预案:10 派 1.2；05 年:10 派 2；04 年:10 派 1.95

**主要股东及持股比例%、持股性质**

- 中国国际贸易中心有限公司 80.14%（非流通股）
- 中国建设银行－华夏优势增长股票型证券投资基金 0.952%（流通 A 股）
- 中国建设银行－华夏红利混合型开放式证券投资基金 0.596%（流通 A 股）
- 国际金融－汇丰－TEMASEK FULLERTON ALPHA PTE LTD 0.471%（流通 A 股）
- 中银国际－中行－法国爱德蒙得洛希尔银行 0.397%（流通 A 股）
- 海通－汇丰－ABN AMRO BANK N. V. 0.388%（流通 A 股）
- 申银万国－农行－BNP PARIBAS 0.372%（流通 A 股）
- 银丰证券投资基金 0.367%（流通 A 股）
- 中国工商银行－申万巴黎新经济混合型证券投资基金 0.353%（流通 A 股）
- 全国社保基金——二组合 0.308%（流通 A 股）

实际控制人：中国世贸投资有限公司

二〇〇六年以来市场表现

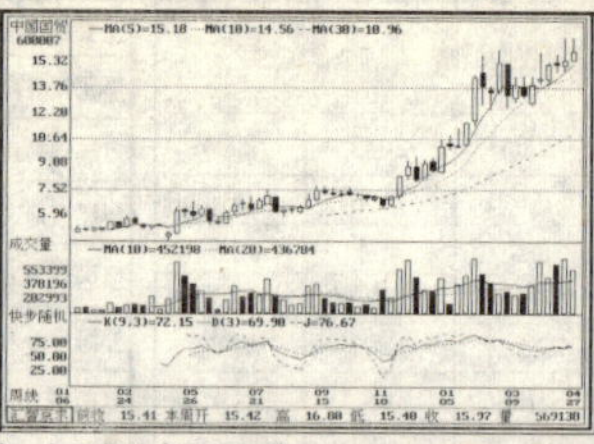

| | |
|---|---|
| 2006 年涨跌幅(%) | 165.46 |
| 2006 年最高(元) | 13.5 |
| 2007 年涨跌幅(%) | 58.12 |
| 2007.4.27 收盘(元) | 15.97 |
| 2007 年最高(元) | 16.88 |
| 2007 年最低(元) | 9.97 |
| 2007 年换手率(%) | 359.43 |

未来一年限售流通股解禁情况:40000000 股 04 月 28 日解禁

| 最新股本 | 总股本 | 非(限售)流通 | 流通 A | 流通 B/H/S | 股东户数 06 年末 | 股东户数 06 三季 |
|---|---|---|---|---|---|---|
| | 100728.25 | 80728.25 | 20000 | | 47217 | 56513 |

**年报点评**：主要从事商务服务设施的投资、经营和管理,目前物管公司拥有管理项目 36 个,06 年主营收入平稳增长,净利润由于向国贸公司支付资金占用费而略有下降。06 年实现出租率和平均租金双增长,目前正在进行国贸三期的建设和招租,业绩有望继续提高。

## 首创股份（600008）

上市日期:00/04/27　电话:010－64689035　传真:010－64689030

**主营**：公用基础设施的投资及投资管理,住宿、餐饮及高科技产品的开发、咨询、转让等。

| | 年　度 | 2006 | 2005 | 2004 |
|---|---|---|---|---|
| 主要指标 | 每股收益/扣除后(元) | 0.19/0.03 | 0.22 | 0.45/0.04 |
| | 每股经营现金流量(元) | 0.41 | 0.26 | 0.49 |
| | 每股净资产/调整后(元) | 2.1/2.09 | 2.09/2.09 | 3.86/3.86 |
| | 未分利润(万元) | 38510.34 | 40973.15 | 13429.3 |
| | 资本公积(万元) | 160554.93 | 160498.48 | 270361.78 |
| 利润构成 | 主营收入(万元) | 109997.97 | 47090.15 | 31274.6 |
| | 主营利润(万元) | 46978.82 | 26772 | 20260.49 |
| | 投资收益(万元) | 10464.64 | 13373.24 | 7750.61 |
| | 利润总额(万元) | 51767.29 | 52630 | 52149.57 |
| | 净利润(万元) | 42692.52 | 48154.18 | 49045.92 |

近年分配：06 预案:10 派 1.7；05 年:10 派 1.8；04 年:10 派 1.2 转增 10

**主要股东及持股比例%、持股性质**

- 北京首都创业集团有限公司 64.43%（国有股）
- 中信证券股份有限公司 1.45%（流通 A 股）
- 国泰君安证券股份有限公司 0.91%（流通 A 股）
- 广发证券股份有限公司 0.73%（流通 A 股）
- 华泰证券有限责任公司 0.68%（流通 A 股）
- 国信证券有限责任公司 0.64%（流通 A 股）
- 海通证券股份有限公司 0.61%（流通 A 股）
- 长江证券有限责任公司 0.5%（流通 A 股）
- 国元证券有限责任公司 0.5%（流通 A 股）
- 招商证券股份有限公司 0.45%（流通 A 股）

实际控制人：北京市国有资产监督管理委员会

二〇〇六年以来市场表现

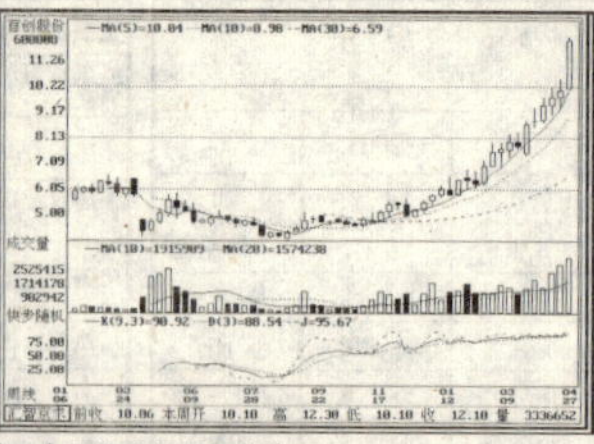

| | |
|---|---|
| 2006 年涨跌幅(%) | 37.91 |
| 2006 年最高(元) | 7.81 |
| 2007 年涨跌幅(%) | 110.44 |
| 2007.4.27 收盘(元) | 12.1 |
| 2007 年最高(元) | 12.3 |
| 2007 年最低(元) | 5.69 |
| 2007 年换手率(%) | 332.74 |

未来一年限售流通股解禁情况:

| 最新股本 | 总股本 | 非(限售)流通 | 流通 A | 流通 B/H/S | 股东户数 06 年末 | 股东户数 06 三季 |
|---|---|---|---|---|---|---|
| | 220000 | 142000 | 78000 | | 106336 | 108190 |

**年报点评**：公司主要经营水务市场的投资和运营,在北京、秦皇岛、铜陵、通用、安阳、临沂、宝鸡等地设立水务公司,总处理能力达到 790 万吨/日,是我国水务行业的领先企业。公司拥有京通快速路的收费权以及北京新大都酒店,将受益于北京奥运。

## 上海机场（600009）

上市日期:98/02/18　电话:021－68341609　传真:021－68341615

**主营**：为国内外航空运输企业及旅客提供地面保障服务,经营出租机场内航空营业场所、商业场所和办公场所,国内贸易(除专项规定);广告经营,经营其它与航空运输有关的业务等。

| | 年　度 | 2006 | 2005 | 2004 |
|---|---|---|---|---|
| 主要指标 | 每股收益/扣除后(元) | 0.785/0.78 | 0.721 | 0.67/0.65 |
| | 每股经营现金流量(元) | 0.761 | 0.77 | 0.523 |
| | 每股净资产/调整后(元) | 5.26/5.26 | 4.73/4.73 | 4.11/4.11 |
| | 未分利润(万元) | 433916.81 | 330749.08 | 238882.14 |
| | 资本公积(万元) | 256797.79 | 256682.79 | 256682.79 |
| 利润构成 | 主营收入(万元) | 295522.1 | 268078.82 | 235201.74 |
| | 主营利润(万元) | 170921.93 | 152561.47 | 131146.31 |
| | 投资收益(万元) | 23443.38 | 23173.06 | 24604.06 |
| | 利润总额(万元) | 173786.13 | 160744 | 147286.05 |
| | 净利润(万元) | 151341.7 | 138920.66 | 129164.69 |

近年分配：06 中期:10 派 1 年终预案:10 派 1.5；05 年:10 派 1.5；04 年:10 派 1

**主要股东及持股比例%、持股性质**

- 上海机场(集团)有限公司 53.25%（国有股）
- 中国人寿保险股份有限公司－分红－个人分红－005L－FH002 沪 2.53%（流通 A 股）
- 安顺证券投资基金 1.56%（流通 A 股）
- 丰和价值证券投资基金 1.5%（流通 A 股）
- UBS LIMITED 1.45%（流通 A 股）
- 嘉实策略增长混合型证券投资基金 1.19%（流通 A 股）
- 中国平安人寿保险股份有限公司－传统－普通保险产品 1.05%（流通 A 股）
- 中国人寿保险(集团)公司－传统－普通保险产品 0.97%（流通 A 股）
- 全国社保基金—零六组合 0.97%（流通 A 股）
- 工银瑞信稳健成长股票型证券投资基金 0.89%（流通 A 股）

实际控制人：上海市政府

二〇〇六年以来市场表现

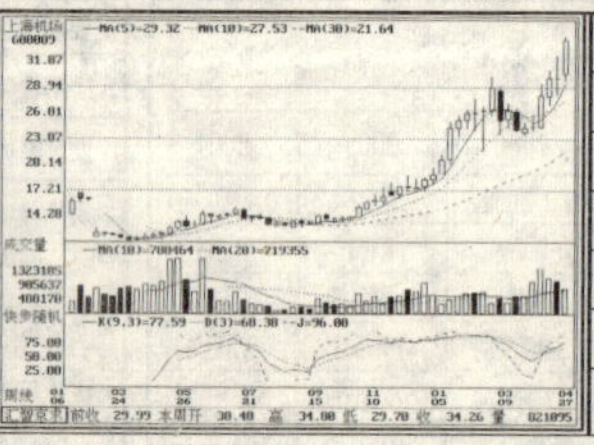

| | |
|---|---|
| 2006 年涨跌幅(%) | 58.12 |
| 2006 年最高(元) | 23.68 |
| 2007 年涨跌幅(%) | 81.17 |
| 2007.4.27 收盘(元) | 34.26 |
| 2007 年最高(元) | 34.8 |
| 2007 年最低(元) | 19.07 |
| 2007 年换手率(%) | 117.56 |

未来一年限售流通股解禁情况:96347922 股 03 月 02 日解禁

| 最新股本 | 总股本 | 非(限售)流通 | 流通 A | 流通 B/H/S | 股东户数 06 年末 | 股东户数 06 三季 |
|---|---|---|---|---|---|---|
| | 192695.84 | 102617.79 | 90078.06 | | 32695 | 40806 |

**年报点评**：2006 年上海浦东国际机场起降架次增幅略有下降,单架次起降服务费及相关收入保持稳定。航空服务性收入比重为 71.1%,预计随着浦东机场二期工程的投入使用、奥运会及世博会的召开,公司非航收入将自 2007 年开始进入高速增长期。

## 包钢股份（600010）

上市日期:01/03/09　电话:0472－2189528　传真:0472－2189530 2189510

**主营**：重轨、大型工槽钢、无缝钢管、带钢、焊管、线材、棒材的生产营销;各类钢材生产过程的原材料、能源动力、设备及备品备件、机电类、辅助材料的采购、销售。

| | 年　度 | 2006 | 2005 | 2004 |
|---|---|---|---|---|
| 主要指标 | 每股收益/扣除后(元) | 0.19/0.19 | 0.35 | 0.7/0.7 |
| | 每股经营现金流量(元) | 0.1 | -0.02 | 2.61 |
| | 每股净资产/调整后(元) | 2.31/2.27 | 2.23/2.21 | 3.94/3.94 |
| | 未分利润(万元) | 154021.29 | 122294.48 | 136724.93 |
| | 资本公积(万元) | 228312.15 | 176362.46 | 191246.04 |
| 利润构成 | 主营收入(万元) | 1826546.18 | 1897097.13 | 1624616.37 |
| | 主营利润(万元) | 128209.55 | 134181.24 | 130754.79 |
| | 投资收益(万元) | 20.73 | 2.58 | 333.26 |
| | 利润总额(万元) | 73212.8 | 112750.65 | 97640.81 |
| | 净利润(万元) | 65380.27 | 100641.92 | 87809.32 |

近年分配：06 预案:10 派 0.55；05 中期:10 派 2 送 5 转增 5 年终:10 派 0.8

**主要股东及持股比例%、持股性质**

- 包头钢铁(集团)有限责任公司 46.7%（部分流通部分不流通）
- 国泰君安证券股份有限公司 0.59%（流通 A 股）
- 上海宝钢工程技术有限公司 0.52%（流通 A 股）
- 光大证券股份有限公司 0.5%（流通 A 股）
- 中国工商银行－上证 50 交易型开放式指数证券投资基金 0.46%（流通 A 股）
- 东方证券股份有限公司 0.41%（流通 A 股）
- 丽珠医药集团股份有限公司 0.37%（流通 A 股）
- 国元证券有限责任公司 0.35%（流通 A 股）
- 国信证券有限责任公司 0.35%（流通 A 股）
- 中国人寿保险(集团)公司－传统－普通保险产品 0.35%（流通 A 股）

实际控制人：包头钢铁(集团)有限责任公司

二〇〇六年以来市场表现

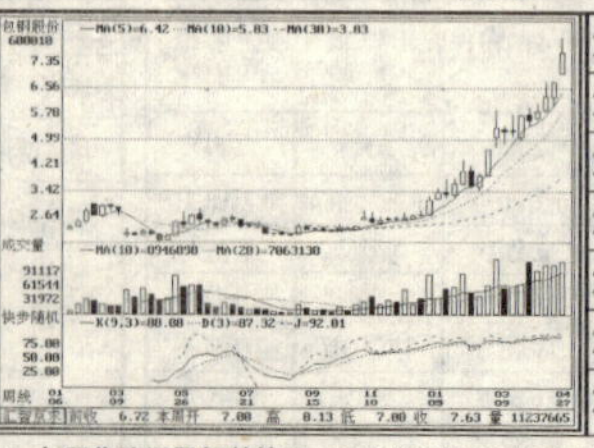

| | |
|---|---|
| 2006 年涨跌幅(%) | 67.96 |
| 2006 年最高(元) | 3.87 |
| 2007 年涨跌幅(%) | 144.55 |
| 2007.4.27 收盘(元) | 7.63 |
| 2007 年最高(元) | 8.13 |
| 2007 年最低(元) | 3.15 |
| 2007 年换手率(%) | 590.59 |

未来一年限售流通股解禁情况:169434993 股 03 月 28 日解禁

| 最新股本 | 总股本 | 非(限售)流通 | 流通 A | 流通 B/H/S | 股东户数 06 年末 | 股东户数 06 三季 |
|---|---|---|---|---|---|---|
| | 339058.64 | 154580.8 | 184477.84 | | 190272 | 189418 |

**年报点评**：前期公司通过增发收购集团公司资产实现整体上市。收购完成后,集团钢铁各生产环节的利润均将在新公司集中体现,产量将从 850 万吨激增至 1500 万吨,由于西部大开发将对钢材需求增加,公司未来发展空间较大。

## 华能国际（600011）

上市日期:01/12/06　　电话:010－66491999　　传真:010－66491888

| | | | | |
|---|---|---|---|---|
| 主营 | 大型火力发电厂的开发、建设和运营 | | | |
| 主要指标 | 年　度 | 2006 | 2005 | 2004 |
| | 每股收益/扣除后(元) | 0.46/0.47 | 0.4 | 0.45/0.44 |
| | 每股经营现金流量(元) | 1.14 | 0.87 | 0.75 |
| | 每股净资产/调整后(元) | 3.47/3.45 | 3.24/3.22 | 3.08/3.02 |
| | 未分利润(万元) | 1529663.94 | 1331514.18 | 1239982.21 |
| | 资本公积(万元) | 893028.69 | 876535.25 | 861598.22 |
| 利润构成 | 主营收入(万元) | 4431282.68 | 4024777.56 | 3029269.87 |
| | 主营利润(万元) | 1038782.4 | 876022.44 | 771140.43 |
| | 投资收益(万元) | 26768.29 | 22866.44 | 19595.92 |
| | 利润总额(万元) | 775000.63 | 667903.71 | 669184.14 |
| | 净利润(万元) | 555038.15 | 476262.5 | 538905.7 |
| 近年分配: | 06 预案:10 派 2.8；05 年:10 派 2.5；04 年:10 派 2.5 | | | |

| 主要股东及持股比例%、持股性质 |
|---|
| 华能国际电力开发公司 42.03%（国有股） |
| 中国华能集团公司 8.75%（国有股） |
| 河北省建设投资公司 5%（国有股） |
| 江苏省投资管理有限责任公司 3.45%（国有股） |
| 福建投资企业集团公司 2.81%（国有股） |
| 辽宁能源投资(集团)有限责任公司 2.76%（国有股） |
| 大连市建设投资公司 2.5%（国有股） |
| Horizon Asset Management Inc. 1.45%（H股） |
| 闽信集团有限公司 0.9%（非流通股） |
| 南通投资管理有限公司 0.75%（国有股） |
| 实际控制人: 国务院国有资产监督管理委员会 |

二〇〇六年以来市场表现

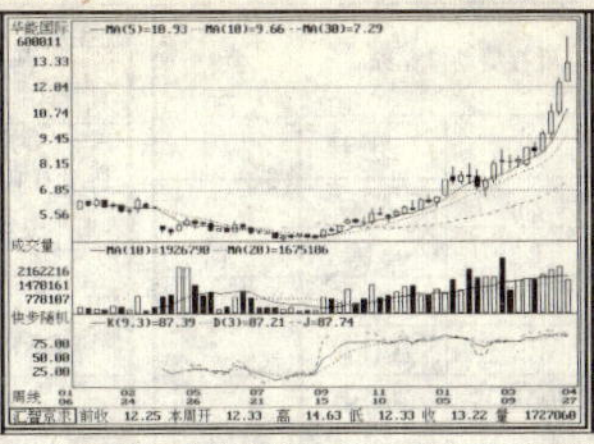

| | |
|---|---|
| 2006 年涨跌幅(%) | 51.74 |
| 2006 年最高(元) | 8.85 |
| 2007 年涨跌幅(%) | 104.96 |
| 2007.4.27 收盘(元) | 13.22 |
| 2007 年最高(元) | 14.63 |
| 2007 年最低(元) | 6.49 |
| 2007 年换手率(%) | 411.17 |

未来一年限售流通股解禁情况:230828 股 04 月 19 日解禁

| 最新股本 | 总股本 | 非(限售)流通 | 流通 A | 流通 B/H/S | 股东户数 | 06 年末 | 06 三季 |
|---|---|---|---|---|---|---|---|
| | 1205538.34 | 835000 | 65000 | 305538.34 | | 50831 | 61966 |

年报点评：2006 年公司收入和利润稳步增长。2006 年公司全资及控股各运行发电企业完成发电量 1598.97 亿千瓦时，售电量 1508.92 亿千瓦时，分别较去年同期增长了 6.24% 和 6.20%。生产规模的扩大保证了业绩的稳步增长。

## 皖通高速（600012）

上市日期:03/01/07　　电话:(0551)3433722　　传真:(0551)3434602

| | | | | |
|---|---|---|---|---|
| 主营 | 持有、经营及开发安徽省境内外收费高速公路及公路。 | | | |
| 主要指标 | 年　度 | 2006 | 2005 | 2004 |
| | 每股收益/扣除后(元) | 0.452/0.451 | 0.398 | 0.24/0.247 |
| | 每股经营现金流量(元) | 0.66 | 0.61 | 0.55 |
| | 每股净资产/调整后(元) | 2.97/2.97 | 2.8/2.8 | 2.5/2.5 |
| | 未分利润(万元) | 146903.56 | 121627.34 | 89113.57 |
| | 资本公积(万元) | 117883.16 | 117904.28 | 117898.6 |
| 利润构成 | 主营收入(万元) | 161789.8 | 153801.71 | 124289.89 |
| | 主营利润(万元) | 111519.94 | 100257.03 | 65342.1 |
| | 投资收益(万元) | 144.64 | 407.63 | 11.88 |
| | 利润总额(万元) | 96897.98 | 86022.62 | 52070.49 |
| | 净利润(万元) | 74930.25 | 65924.84 | 40440.34 |
| 近年分配: | 06 预案:10 派 2.5；05 年:10 派 2.8；04 年:10 派 1 | | | |

| 主要股东及持股比例%、持股性质 |
|---|
| 安徽省高速公路总公司 31.27%（国有股） |
| HKSCC NOMINEES LIMITED(代理人) 29.32%（H股） |
| 华建交通经济开发中心 20.92%（国有股） |
| 全国社保基金一零八组合 1.22%（流通 A股） |
| 摩根士丹利投资管理公司－摩根士丹利中国 A股基金 0.78%（流通 A股） |
| 中国建设银行－博时主题行业股票证券投资基金 0.68%（流通 A股） |
| 全国社保基金一零二组合 0.6%（流通 A股） |
| 中国农业银行－富兰克林国海弹性市值股票型证券投资基金 0.51%（流通 A股） |
| 中国太平洋人寿保险股份有限公司－传统－普通保险产品 0.47%（流通 A股） |
| 国际金融－汇丰－MORGAN STANLEY & CO. INTERNATIONAL LIMITED 0.47%（流通 A股） |
| 实际控制人: 安徽省人民政府国有资产管理监督委员会 |

二〇〇六年以来市场表现

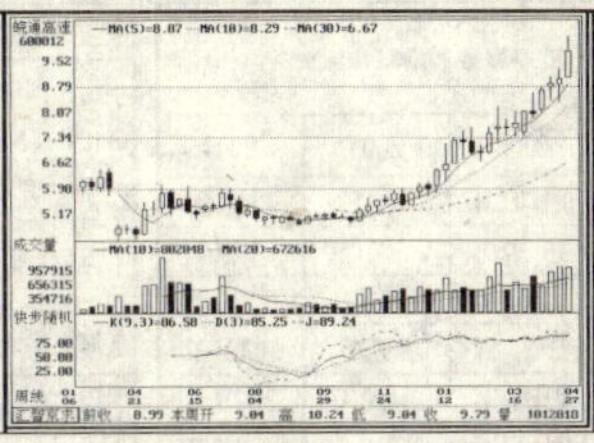

| | |
|---|---|
| 2006 年涨跌幅(%) | 30.05 |
| 2006 年最高(元) | 8.06 |
| 2007 年涨跌幅(%) | 67.07 |
| 2007.4.27 收盘(元) | 9.79 |
| 2007 年最高(元) | 10.24 |
| 2007 年最低(元) | 5.75 |
| 2007 年换手率(%) | 339.95 |

未来一年限售流通股解禁情况:165861000 股 04 月 03 日解禁

| 最新股本 | 总股本 | 非(限售)流通 | 流通 A | 流通 B/H/S | 股东户数 | 06 年末 | 06 三季 |
|---|---|---|---|---|---|---|---|
| | 165861 | 86560 | 30000 | 49301 | | 31130 | 35019 |

年报点评：2006 年公司所辖路段车流量保持较好增长，合宁、205 国道天长段、高界、宣广和连霍安徽段的车流量同比增速分别为 17.76%、5.63%、11.35%、1.35%、14.31%。由于路面维修工程减少、毛利率同比增加了近 4 个百分点、其他业务利润增加等，使公司业绩保持增长。

## 华夏银行（600015）

上市日期:03/09/12　　电话:010－85239938　　传真:010－85238504

| | | | | |
|---|---|---|---|---|
| 主营 | 商业银行业务 | | | |
| 主要指标 | 年　度 | 2006 | 2005 | 2004 |
| | 每股收益/扣除后(元) | 0.35/0.38 | 0.3/0.34 | 0.24/0.27 |
| | 每股经营现金流量(元) | 9.02 | -1.57 | 3.95 |
| | 每股净资产/调整后(元) | 2.77/2.65 | 2.51/2.37 | 2.29/2.16 |
| | 未分利润(万元) | 73740.8 | 88806.91 | 100042.31 |
| | 资本公积(万元) | 391526.35 | 382299.46 | 375961.96 |
| 利润构成 | 主营收入(万元) | 1007047.75 | 763088.77 | 1082680.38 |
| | 主营利润(万元) | 257044.51 | 217071.93 | 181744.05 |
| | 投资收益(万元) | | | |
| | 利润总额(万元) | 241122.96 | 198917.48 | 166067.67 |
| | 净利润(万元) | 145704.33 | 127959.41 | 101691.76 |
| 近年分配: | 06 年:10 派 1.1；05 年:10 派 1.1；04 年:10 派 1 | | | |

| 主要股东及持股比例%、持股性质 |
|---|
| 首钢总公司 10.19%（国有股） |
| 山东电力集团公司 8.15%（国有股） |
| 红塔烟草(集团)有限责任公司 7.13%（国有股） |
| DEUTSCHE BANK AKTIENGESELLSCHAFT 德意志银行股份有限公司 7.02%（非流通股） |
| 联大集团有限公司 6.88%（国有股） |
| SAL. OPPENHEIM JR. &CIE. KOMMANDITGESELLSCHAFT AUF AKTIEN 萨尔 4.08%（非流通股） |
| 北京三吉利能源股份有限公司 3.22%（国有股） |
| DEUTSCHE BANK LUXEMBOURG S. A. 德意志银行卢森堡股份有限公司 2.88%（非流通股） |
| 包头华资实业股份有限公司 2.51%（国有股） |
| 上海健特生命科技有限公司 2.41%（非流通股） |
| 实际控制人: 首钢总公司 |

二〇〇六年以来市场表现

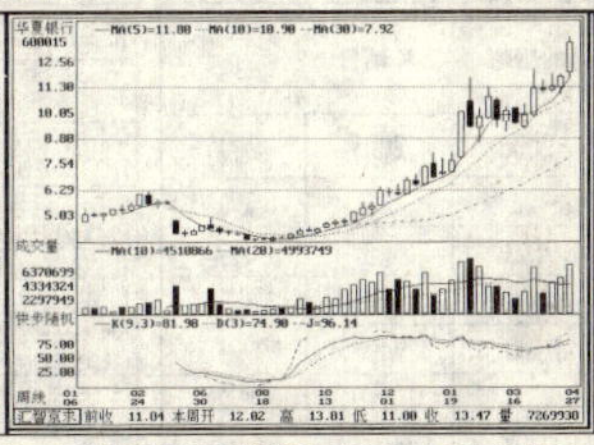

| | |
|---|---|
| 2006 年涨跌幅(%) | 105 |
| 2006 年最高(元) | 9.83 |
| 2007 年涨跌幅(%) | 83.76 |
| 2007.4.27 收盘(元) | 13.47 |
| 2007 年最高(元) | 13.92 |
| 2007 年最低(元) | 6.85 |
| 2007 年换手率(%) | 512.67 |

未来一年限售流通股解禁情况:126600000 股 06 月 06 日解禁

| 最新股本 | 总股本 | 非(限售)流通 | 流通 A | 流通 B/H/S | 股东户数 | 06 年末 | 06 三季 |
|---|---|---|---|---|---|---|---|
| | 420000 | 264000 | 156000 | | | 214130 | 249209 |

年报点评：2006 年，华夏银行利润增长温和。利息收入稳步增长，中间业务快速发展，费用控制得当是驱动利润增长的因素；计提资产减值准备支出与实际税率的提高是阻滞净利润增长的因素。估值水平相对较低。

## 民生银行（600016）

上市日期:00/12/19　　电话:010－68946790　　传真:010－68466796

| | | | | |
|---|---|---|---|---|
| 主营 | 商业银行业务 | | | |
| 主要指标 | 年　度 | 2006 | 2005 | 2004 |
| | 每股收益/扣除后(元) | 0.38/0.38 | 0.37/0.37 | 0.39/0.39 |
| | 每股经营现金流量(元) | 4.04 | 1.6 | -2.91 |
| | 每股净资产/调整后(元) | 1.9/1.84 | 2.12/2.06 | 2.49/2.42 |
| | 未分利润(万元) | 178009.1 | 158371.5 | 199959.5 |
| | 资本公积(万元) | 240217.1 | 420743.5 | 494849.1 |
| 利润构成 | 主营收入(万元) | 1745408.6 | 1282623.3 | 1795877.9 |
| | 主营利润(万元) | 533230.4 | 419106.7 | 284455 |
| | 投资收益(万元) | | | |
| | 利润总额(万元) | 532448.4 | 419343.1 | 286544.6 |
| | 净利润(万元) | 383182.6 | 267341.7 | 203840.1 |
| 近年分配: | 06 预案:10 转增 1.9；05 年:10 派 0.5 送 1.5 转增 2.5；04 年:10 派 0.7 送 2 | | | |

| 主要股东及持股比例%、持股性质 |
|---|
| 新希望投资有限公司 5.98%（非流通股） |
| 中国泛海控股集团有限公司 5.64%（非流通股） |
| 中国中小企业投资有限公司 5%（非流通股） |
| 东方集团股份有限公司 4.71%（非流通股） |
| 中国船东互保协会 4.64%（非流通股） |
| 厦门福信集团有限公司 4.08%（非流通股） |
| ASIA FINANCIAL HOLDINGS PTE. LTD. 3.9%（外资股） |
| 上海健特生命科技有限公司 3.11%（非流通股） |
| 四川南方希望实业有限公司 2.82%（非流通股） |
| 哈尔滨岁宝热电股份有限公司 2.12%（流通 A股） |
| 实际控制人: |

二〇〇六年以来市场表现

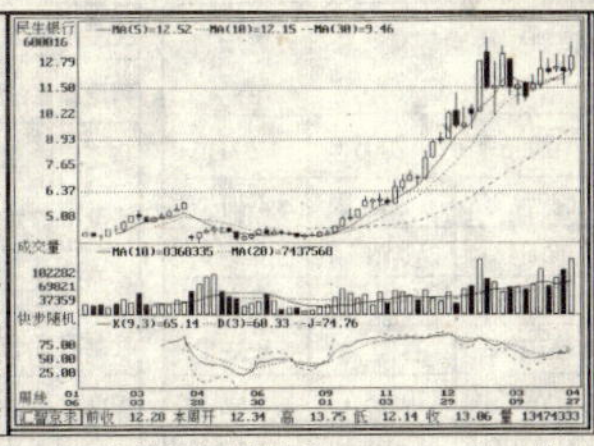

| | |
|---|---|
| 2006 年涨跌幅(%) | 252.96 |
| 2006 年最高(元) | 14.53 |
| 2007 年涨跌幅(%) | 28.04 |
| 2007.4.27 收盘(元) | 13.06 |
| 2007 年最高(元) | 14.07 |
| 2007 年最低(元) | 9.39 |
| 2007 年换手率(%) | 212.61 |

未来一年限售流通股解禁情况:4053580664 股 10 月 26 日解禁

| 最新股本 | 总股本 | 非(限售)流通 | 流通 A | 流通 B/H/S | 股东户数 | 06 年末 | 06 三季 |
|---|---|---|---|---|---|---|---|
| | 1016711.21 | 405358.07 | 611353.14 | | | 180102 | 203107 |

年报点评：2006 年，城商行的并购、利差扩大和中间业务收入的高增长使收入快速增长，而且拨备支出压力下降，费用增长虽快，但利润增速仍然很高。未来民生银行的利差将进一步扩大，中间业务收入也还将保持高速增长，而拨备支出的压力将继续下降。

# 日照港（600017）

上市日期:06/10/17　　电话:0633－8387350　　传真:0633－8387361

| 主营 | 煤炭、矿石等杂货的装卸、堆存等港口业务。 | | | |
|---|---|---|---|---|
| | 年　度 | 2006 | 2005 | 2004 |
| 主要指标 | 每股收益/扣除后(元) | 0.27/0.27 | 0.38 | |
| | 每股经营现金流量(元) | 0.33 | 0.66 | |
| | 每股净资产/调整后(元) | 3.52/3.52 | 2.51/2.51 | |
| | 未分利润(万元) | 38834.53 | 23317.49 | |
| | 资本公积(万元) | 109531.18 | 28331.43 | |
| 利润构成 | 主营收入(万元) | 80482.93 | 59405.78 | |
| | 主营利润(万元) | 21134.21 | 15549.07 | |
| | 投资收益(万元) | －339.39 | 48.43 | |
| | 利润总额(万元) | 14718.19 | 16641.39 | |
| | 净利润(万元) | 17237.53 | 15273.63 | |
| 近年分配: | 06年:10派1.5 | | | |

| 主要股东及持股比例%、持股性质 |
|---|
| 日照港(集团)有限公司 54.42%（国有股） |
| 中国工商银行－南方稳健成长贰号证券投资基金 3.34%（流通A股） |
| 兖矿集团有限公司 2.99%（国有股） |
| 中国中煤能源集团公司 2.67%（国有股） |
| 淄博矿业集团有限责任公司 1.28%（国有股） |
| 山西潞安矿业(集团)有限责任公司 1.07%（国有股） |
| 山西晋城无烟煤矿业集团有限责任公司 1.07%（国有股） |
| 中国工商银行－开元证券投资基金 1.05%（流通A股） |
| 中国人寿保险股份有限公司－分红－团体分红－005L－FH001沪 0.23%（部分流通部分不流通） |
| 中国人寿保险股份有限公司－分红－个人分红－005L－FH001沪 0.23%（部分流通部分不流通） |
| 实际控制人：日照港(集团)有限公司 |

二〇〇六年以来市场表现

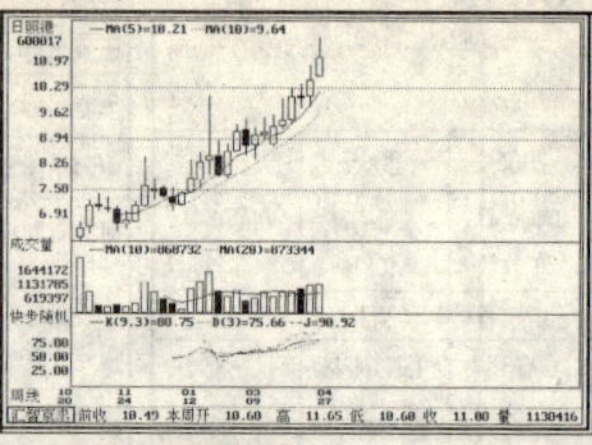

| 项目 | 数值 |
|---|---|
| 2006年涨跌幅(%) | 11.94 |
| 2006年最高(元) | 8.46 |
| 2007年涨跌幅(%) | 55.54 |
| 2007.4.27收盘(元) | 11.08 |
| 2007年最高(元) | 11.8 |
| 2007年最低(元) | 7.14 |
| 2007年换手率(%) | 644.57 |

未来一年限售流通股解禁情况:

| 最新股本 | 总股本 | 非(限售)流通 | 流通A | 流通B/H/S | 股东户数 | 06年末 | 06三季 |
|---|---|---|---|---|---|---|---|
| | 63000 | 44600 | 18400 | | | 36622 | 37095 |

年报点评：2006年公司煤炭业务出现加速滑坡。铁矿石业务保持高速增长，腹地钢铁企业众多，水深条件好，日照港已经成为我国发展最快的铁矿石装卸大港。公司资金压力极大，拟发行可分离式可转债，募集8.8亿元资金。06年所得税抵免增加每股收益0.07元。

# 上港集团（600018）

上市日期:00/07/19　　电话:021－63290660　　传真:021－65859838

| 主营 | 集装箱业务、散杂货业务、港口服务和港口物流业务 | | | |
|---|---|---|---|---|
| | 年　度 | 2006 | 2005 | 2004 |
| 主要指标 | 每股收益/扣除后(元) | 0.14/0.134 | 0.13 | 0.64/0.649 |
| | 每股经营现金流量(元) | 0.2278 | | 1.0009 |
| | 每股净资产/调整后(元) | 1.15/0.98 | 1.14/1.14 | 3.77/3.75 |
| | 未分利润(万元) | 237066.53 | 5497.05 | 207077.37 |
| | 资本公积(万元) | 22595.34 | 254600.47 | 204259.12 |
| 利润构成 | 主营收入(万元) | 1248437.15 | 1099040.72 | 404345.71 |
| | 主营利润(万元) | 585736.62 | 523160.5 | 212905.34 |
| | 投资收益(万元) | 45074.82 | 19671.82 | 4754.28 |
| | 利润总额(万元) | 436267.7 | 376916.06 | 187067.72 |
| | 净利润(万元) | 296322.15 | 250414.93 | 115574.41 |
| 近年分配: | 06预案:10派0.76；05年:10派3.6；04年:10派3 | | | |

| 主要股东及持股比例%、持股性质 |
|---|
| 上海市国有资产监督管理委员会 44.23%（国有股） |
| CHINA MERCHANTS INTERNATIONAL TERMINALS (SHANGHAI) LIMITED 26.54%（外资股） |
| 上海同盛投资(集团)有限公司 16.81%（国有股） |
| 上海国有资产经营有限公司 3.01%（部分流通部分不流通） |
| 上海大盛资产有限公司 0.44%（国有股） |
| 中国平安人寿保险股份有限公司－传统－普通保险产品 0.21%（流通A股） |
| 上海交通投资(集团)有限公司 0.14%（流通A股） |
| 东方国际(集团)有限公司 0.11%（流通A股） |
| 中国工商银行－上证50交易型开放式指数证券投资基金 0.11%（流通A股） |
| UBS AG 0.1%（流通A股） |
| 实际控制人：上海市国有资产监督管理委员会 |

二〇〇六年以来市场表现

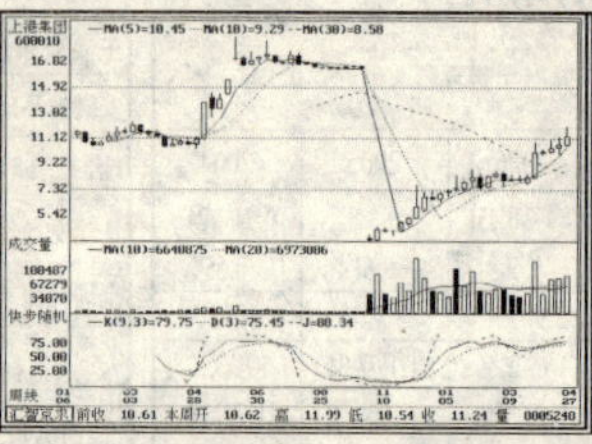

| 项目 | 数值 |
|---|---|
| 2006年涨跌幅(%) | 90.46 |
| 2006年最高(元) | 7.6 |
| 2007年涨跌幅(%) | 60.8 |
| 2007.4.27收盘(元) | 11.24 |
| 2007年最高(元) | 11.99 |
| 2007年最低(元) | 6.8 |
| 2007年换手率(%) | 443.93 |

未来一年限售流通股解禁情况:90220000股08月22日解禁

| 最新股本 | 总股本 | 非(限售)流通 | 流通A | 流通B/H/S | 股东户数 | 06年末 | 06三季 |
|---|---|---|---|---|---|---|---|
| | 2099069.35 | 1856898.3 | 242171.05 | | | 313048 | |

年报点评：公司是我国最大、国际第三大集装箱港口，2006年完成2172万标准箱，货物吞吐量首次突破3亿吨大关，名列世界第一。公司未来的发展主要取决于洋山港能否取代釜山和高雄，顺利成为东北亚地区的中转枢纽港口。

# 宝钢股份（600019）

上市日期:00/12/12　　电话:021－26647000　　传真:021－26646999

| 主营 | 高档钢材和其他钢铁产品的冶炼、加工和销售。 | | | |
|---|---|---|---|---|
| | 年　度 | 2006 | 2005 | 2004 |
| 主要指标 | 每股收益/扣除后(元) | 0.74/0.76 | 0.72 | 0.75/0.75 |
| | 每股经营现金流量(元) | 1.23 | 1.3 | 1.34 |
| | 每股净资产/调整后(元) | 4.68/4.65 | 4.25/4.21 | 3.35/3.33 |
| | 未分利润(万元) | 1693632.31 | 1259139.55 | 996645.33 |
| | 资本公积(万元) | 3280394.02 | 3272297.14 | 1212229.8 |
| 利润构成 | 主营收入(万元) | 15779146.56 | 12660836.15 | 5863806.03 |
| | 主营利润(万元) | 2789307.66 | 2593146.36 | 1678270.93 |
| | 投资收益(万元) | 32536.73 | 18135.65 | 1066.12 |
| | 利润总额(万元) | 1900773.38 | 1831077.36 | 1358645.8 |
| | 净利润(万元) | 1301026.45 | 1266552.9 | 939523.14 |
| 近年分配: | 06预案:10派3.5；05年:10派3.2；04年:10派3.2 | | | |

| 主要股东及持股比例%、持股性质 |
|---|
| 宝钢集团有限公司 78.32%（部分流通部分不流通） |
| 中国平安人寿保险股份有限公司－传统－普通保险产品 1.23%（流通A股） |
| 中国人寿保险股份有限公司－分红－个人分红－005L－FH002沪 0.78%（流通A股） |
| 花旗环球金融有限公司(CITIGROUP GLOBAL MARKETS LIMITED) 0.65%（流通A股） |
| 中国人寿保险(集团)公司－传统－普通保险产品 0.54%（流通A股） |
| 摩根大通银行(JPMORGAN CHASE BANK NATIONAL ASSOCIATION) 0.4%（流通A股） |
| 丰和价值证券投资基金 0.38%（流通A股） |
| 嘉实策略增长混合型证券投资基金 0.37%（流通A股） |
| 瑞士银行有限公司(UBS LIMITED) 0.35%（流通A股） |
| 摩根士丹利国际有限公司(MORGAN STANLEY & CO. INTERNATIONAL LI 0.35%（流通A股） |
| 实际控制人：国务院国有资产监督管理委员会 |

二〇〇六年以来市场表现

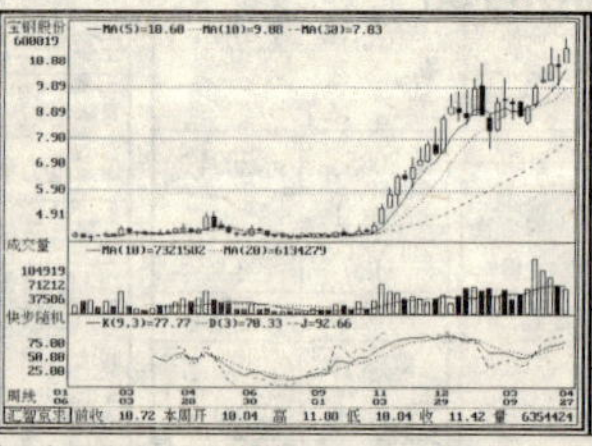

| 项目 | 数值 |
|---|---|
| 2006年涨跌幅(%) | 117.96 |
| 2006年最高(元) | 9.12 |
| 2007年涨跌幅(%) | 31.87 |
| 2007.4.27收盘(元) | 11.42 |
| 2007年最高(元) | 11.88 |
| 2007年最低(元) | 7.52 |
| 2007年换手率(%) | 262.91 |

未来一年限售流通股解禁情况:661953600股08月18日解禁

| 最新股本 | 总股本 | 非(限售)流通 | 流通A | 流通B/H/S | 股东户数 | 06年末 | 06三季 |
|---|---|---|---|---|---|---|---|
| | 1751200 | 1277700 | 473500 | | | 117928 | 199684 |

年报点评：公司消化原燃料涨价的能力越来越强，产品附加值高、结构合理。公司着眼于成为3000万吨级以上国际大型钢铁企业，在生产经营管理、产品研发生产、渠道管理等各方面已经远远超过了国内其他各钢铁企业，未来公司将实施外延式扩张。

# 中原高速（600020）

上市日期:03/08/08　　电话:0371－67717696　　传真:0371－67436333

| 主营 | 高等级公路、大型和特大型独立桥梁等交通基础设施项目投资、经营管理。 | | | |
|---|---|---|---|---|
| | 年　度 | 2006 | 2005 | 2004 |
| 主要指标 | 每股收益/扣除后(元) | 0.359/0.357 | 0.528/0.526 | 0.493/0.492 |
| | 每股经营现金流量(元) | 0.6142 | 0.9603 | 0.6869 |
| | 每股净资产/调整后(元) | 2.95/2.36 | 3.99/3.18 | 3.56/3.11 |
| | 未分利润(万元) | 56771.84 | 58407.43 | 24583.82 |
| | 资本公积(万元) | 175574.31 | 186266.63 | 186208.77 |
| 利润构成 | 主营收入(万元) | 160830.54 | 153225.94 | 123279.07 |
| | 主营利润(万元) | 105887.59 | 99372.32 | 82959.07 |
| | 投资收益(万元) | －121.64 | 117.08 | 294.26 |
| | 利润总额(万元) | 84458.97 | 82027.63 | 77541.76 |
| | 净利润(万元) | 56516.01 | 55404.51 | 51765.17 |
| 近年分配: | 06预案:10送1.7；05年:10派1送4转增1；04年:10派1 | | | |

| 主要股东及持股比例%、持股性质 |
|---|
| 河南高速公路发展有限责任公司 45.03%（国有股） |
| 华建交通经济开发中心 20%（国有股） |
| 深圳市得力丰实业有限公司 0.32%（流通A股） |
| 张照江 0.19%（流通A股） |
| 杜黎源 0.17%（流通A股） |
| 深圳市嘉和信实业有限公司 0.16%（流通A股） |
| 全国社保基金零零二组合 0.15%（流通A股） |
| 尹广兴 0.14%（流通A股） |
| 中国人寿保险股份有限公司－传统－普通保险产品－005L－CT001沪 0.12%（流通A股） |
| 中国工商银行－上证50交易型开放式指数证券投资基金 0.11%（流通A股） |
| 实际控制人：河南省人民政府 |

二〇〇六年以来市场表现

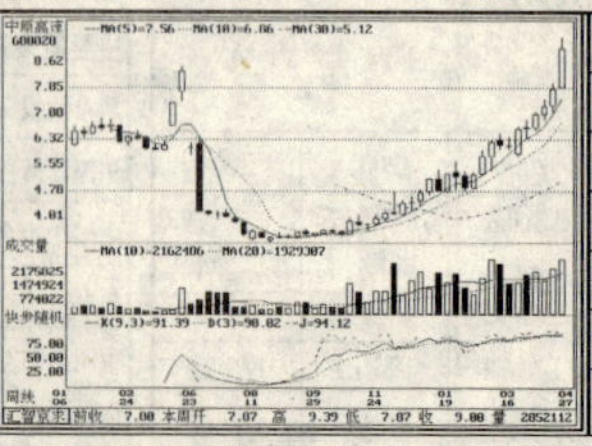

| 项目 | 数值 |
|---|---|
| 2006年涨跌幅(%) | 54.19 |
| 2006年最高(元) | 9.6 |
| 2007年涨跌幅(%) | 91.49 |
| 2007.4.27收盘(元) | 9 |
| 2007年最高(元) | 9.39 |
| 2007年最低(元) | 4.65 |
| 2007年换手率(%) | 565.87 |

未来一年限售流通股解禁情况:80042391股06月22日解禁

| 最新股本 | 总股本 | 非(限售)流通 | 流通A | 流通B/H/S | 股东户数 | 06年末 | 06三季 |
|---|---|---|---|---|---|---|---|
| | 157500 | 102564 | 54936 | | | 93951 | 74016 |

年报点评：2006年公司运营的郑漯高速、漯驻高速和郑州黄河公路大桥的日均交通量同比增长为4.29%、11.83%和－1.59%。目前，公司投资项目较多，项目总投资约160亿元。公司自2007年3月开始实施计重收费，但由于平行国道暂不实施，可能对车流量造成分流。

## 上海电力（600021）

上市日期:03/10/29　　电话:021－51171016　　传真:021－64723798

| | | | | |
|---|---|---|---|---|
| 主营 | 从事火力发电厂的运营,向用户提供电力和热力产品 | | | |
| | 年　度 | 2006 | 2005 | 2004 |
| 主要指标 | 每股收益/扣除后(元) | 0.259/0.255 | 0.257 | 0.254/0.239 |
| | 每股经营现金流量(元) | 1.23 | 0.82 | 0.5859 |
| | 每股净资产/调整后(元) | 4.08/4.05 | 4.02/4 | 3.96/3.96 |
| | 未分利润(万元) | 36442.24 | 35071.67 | 40333.7 |
| | 资本公积(万元) | 382340.42 | 382340.4 | 382016.44 |
| 利润构成 | 主营收入(万元) | 900636.84 | 747977.22 | 619023.66 |
| | 主营利润(万元) | 130246.38 | 100299.87 | 93054.53 |
| | 投资收益(万元) | 14923.78 | 19130.01 | 21254.29 |
| | 利润总额(万元) | 74254.24 | 71545.94 | 69588.36 |
| | 净利润(万元) | 40486.49 | 40203.86 | 39677.87 |
| 近年分配: | 06预案:10派2;05年:10派2;04年:10派2.1 | | | |

| 主要股东及持股比例%、持股性质 |
|---|
| 中国电力投资集团公司 60.82%(国有股) |
| 上海华东电力发展公司 18.92%(国有股) |
| 武汉都市环保工程技术股份有限公司 0.139%(流通A股) |
| 申银万国－汇丰－SOCIETE GENERALE 0.128%(流通A股) |
| 广州鸿慧投资咨询有限公司 0.096%(流通A股) |
| 唐伟星 0.084%(流通A股) |
| 严荣贵 0.083%(流通A股) |
| 张朝宏 0.075%(流通A股) |
| 中国人寿保险股份有限公司－传统－普通保险产品－005L－CT001沪 0.073%(流通A股) |
| 柯建成 0.07%(流通A股) |
| 实际控制人:中国电力投资集团公司 |

二〇〇六年以来市场表现

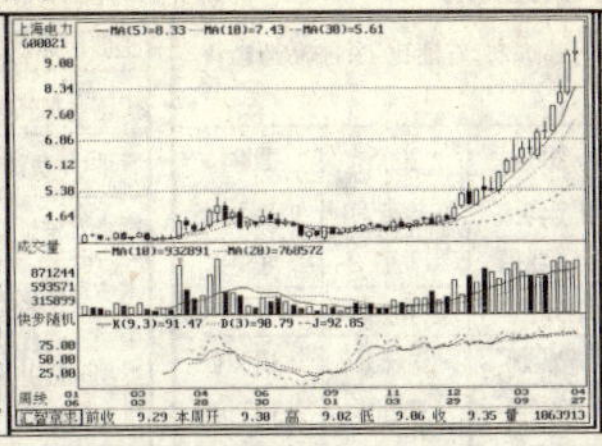

| | |
|---|---|
| 2006年涨跌幅(%) | 28.57 |
| 2006年最高(元) | 5.36 |
| 2007年涨跌幅(%) | 93.18 |
| 2007.4.27收盘(元) | 9.35 |
| 2007年最高(元) | 9.82 |
| 2007年最低(元) | 4:81 |
| 2007年换手率(%) | 401.44 |

未来一年限售流通股解禁情况:156350500股11月25日解禁

| | 总股本 | 非(限售)流通 | 流通A | 流通B/H/S | 股东户数 | 06年末 | 06三季 |
|---|---|---|---|---|---|---|---|
| 最新股本 | 156350.5 | 116852.98 | 39497.53 | | | 69507 | 70487 |

年报点评:2006年上半年由于天然气供应不足,使得公司持股36%的上海漕泾热电长出现亏损,随着天然气供给量的增加,漕泾热电厂当年实现盈利5988.65万元。另外公司可转债募集资金项目之一的田集电厂一期工程已于2006年下半年完成,并贡献了部分盈利。

## 济南钢铁（600022）

上市日期:04/06/29　　电话:0531－8865480　　传真:0531－8865265

| | | | | |
|---|---|---|---|---|
| 主营 | 生产、销售钢材、钢坯等钢铁产品 | | | |
| | 年　度 | 2006 | 2005 | 2004 |
| 主要指标 | 每股收益/扣除后(元) | 0.77/0.79 | 0.88 | 0.86/0.87 |
| | 每股经营现金流量(元) | 1.76 | 0.98 | 0.9 |
| | 每股净资产/调整后(元) | 3.98/3.98 | 4.25/4.25 | 3.66/3.66 |
| | 未分利润(万元) | 123674.27 | 92234.28 | 68804.71 |
| | 资本公积(万元) | 161171.39 | 170571.39 | 151011.39 |
| 利润构成 | 主营收入(万元) | 2628134.71 | 2401670.35 | 1914688.9 |
| | 主营利润(万元) | 243431.84 | 212168.34 | 225250.9 |
| | 投资收益(万元) | | | |
| | 利润总额(万元) | 136187.89 | 127781.34 | 137964.32 |
| | 净利润(万元) | 87155.55 | 82858.32 | 80378.29 |
| 近年分配: | 06预案:10派3送1转增1;05年:10派4送1转增1;04年:10派5 | | | |

| 主要股东及持股比例%、持股性质 |
|---|
| 济南钢铁集团总公司 68.69%(国有股) |
| 中国工商银行－景顺长城新兴成长股票型证券投资基金 2.57%(流通A股) |
| 中国农业银行－中邮核心优选股票型证券投资基金 1.96%(流通A股) |
| 宝钢集团有限公司 1.77%(流通A股) |
| 上海浦东发展银行－广发小盘成长股票型证券投资基金 1.18%(流通A股) |
| 中国银行－嘉实主题精选混合型证券投资基金 1.03%(流通A股) |
| 上海宝钢工程技术有限公司 0.81%(流通A股) |
| 中国工商银行－融通动力先锋股票型证券投资基金 0.8%(流通A股) |
| 中国银行－景顺长城鼎益股票型开放式证券投资基金 0.76%(流通A股) |
| 中国农业银行－景顺长城内需增长贰号股票型证券投资基金 0.73%(流通A股) |
| 实际控制人:山东省国有资产监督管理委员会 |

二〇〇六年以来市场表现

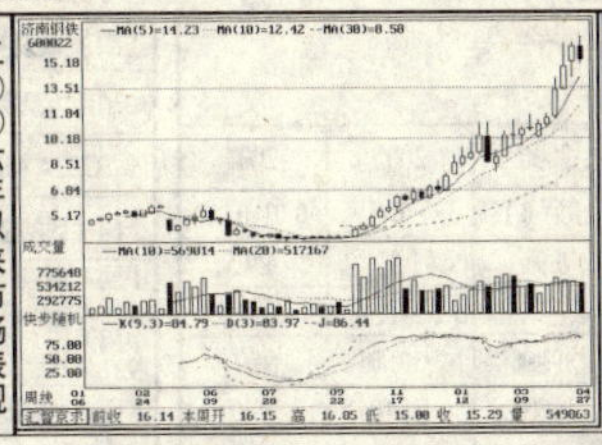

| | |
|---|---|
| 2006年涨跌幅(%) | 170 |
| 2006年最高(元) | 12.81 |
| 2007年涨跌幅(%) | 99.09 |
| 2007.4.27收盘(元) | 15.29 |
| 2007年最高(元) | 16.85 |
| 2007年最低(元) | 7.78 |
| 2007年换手率(%) | 247.29 |

未来一年限售流通股解禁情况:56400000股04月24日解禁

| | 总股本 | 非(限售)流通 | 流通A | 流通B/H/S | 股东户数 | 06年末 | 06三季 |
|---|---|---|---|---|---|---|---|
| 最新股本 | 112800 | 78480 | 34320 | | | 23065 | 55553 |

年报点评:公司主营钢铁冶炼、加工等业务。国家宏观调控政策影响国内钢铁需求但国际市场需求拉动了出口,公司积极控制成本,使得公司各项业务保持平稳增长。由于2006年三季度以后钢材价格有所回升,2007年以后也有望小幅上扬,公司业绩可望平稳增长。

## 中海发展（600026）

上市日期:02/05/23　　电话:021－65967160　　传真:021－65966160

| | | | | |
|---|---|---|---|---|
| 主营 | 海洋货物运输,主要运输货种是油品和以煤炭为主的干散货物。 | | | |
| | 年　度 | 2006 | 2005 | 2004 |
| 主要指标 | 每股收益/扣除后(元) | 0.83/0.79 | 0.816 | 0.569/0.558 |
| | 每股经营现金流量(元) | 0.994 | 1.104 | 0.831 |
| | 每股净资产/调整后(元) | 3.75/3.75 | 3.22/3.22 | 2.56/2.55 |
| | 未分利润(万元) | 543655.28 | 394037 | 231130.01 |
| | 资本公积(万元) | 205372.07 | 205372.07 | 205372.07 |
| 利润构成 | 主营收入(万元) | 977239.21 | 870044.82 | 648695.55 |
| | 主营利润(万元) | 339057.32 | 338067.04 | 243585.48 |
| | 投资收益(万元) | -998.17 | 188.83 | 2163.13 |
| | 利润总额(万元) | 322623.45 | 316953.8 | 220111.98 |
| | 净利润(万元) | 276079.29 | 271422.26 | 189207.4 |
| 近年分配: | 06预案:10派3;05年:10派3 | | | |

| 主要股东及持股比例%、持股性质 |
|---|
| 中国海运(集团)总公司 47.46%(国有股) |
| HKSCC NOMINEES LIMITED 38.61%(H股) |
| 海通－交行－日兴资产管理有限公司－日兴AM中国人民币A股母基金 0.36%(流通A股) |
| 中国人寿保险股份有限公司－分红－个人分红－005L－FH002沪 0.36%(流通A股) |
| 招商证券－渣打－ING BANK N.V. 0.27%(流通A股) |
| 国际金融－渣打－GOVERNMENT OF SINGAPORE INVESTMENT CORPORATI 0.26%(流通A股) |
| 中国银行－华宝兴业先进成长股票型证券投资基金 0.24%(流通A股) |
| 中国银行－易方达策略成长二号混合型证券投资基金 0.23%(流通A股) |
| 高盛国际资产管理公司－高盛国际中国基金 0.19%(流通A股) |
| UBS AG 0.19%(流通A股) |
| 实际控制人:中国海运(集团)总公司 |

二〇〇六年以来市场表现

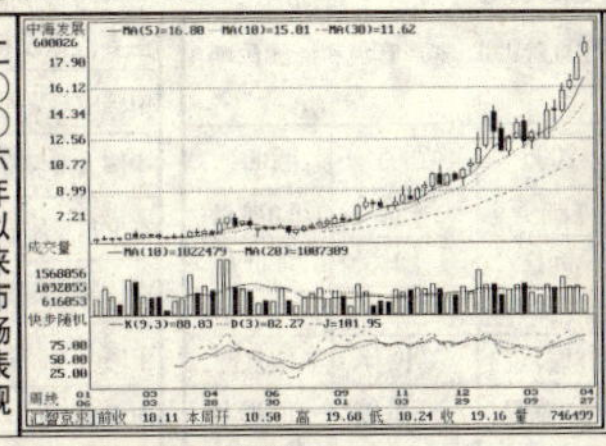

| | |
|---|---|
| 2006年涨跌幅(%) | 93.64 |
| 2006年最高(元) | 10.99 |
| 2007年涨跌幅(%) | 85.12 |
| 2007.4.27收盘(元) | 19.16 |
| 2007年最高(元) | 19.68 |
| 2007年最低(元) | 10.11 |
| 2007年换手率(%) | 368.72 |

未来一年限售流通股解禁情况:

| | 总股本 | 非(限售)流通 | 流通A | 流通B/H/S | 股东户数 | 06年末 | 06三季 |
|---|---|---|---|---|---|---|---|
| 最新股本 | 332600 | 157850 | 45150 | 129600 | | 51474 | 43016 |

年报点评:公司是我国海上能源运输龙头企业,主要经营油品运输和干散货运输。2006年内、外贸油运收入分别占油运收入的42.2%和57.8%。干散货运输主要为沿海电煤运输,2006年国内沿海煤炭运输需求平缓。燃油价格仍然是影响公司成本的主要因素。

## 华电国际（600027）

上市日期:05/02/03　　电话:0531－2366222　　传真:0531－2366090

| | | | | |
|---|---|---|---|---|
| 主营 | 发电厂的开发、建设和运营 | | | |
| | 年　度 | 2006 | 2005 | 2004 |
| 主要指标 | 每股收益/扣除后(元) | 0.186/0.184 | 0.169 | 0.199/0.2 |
| | 每股经营现金流量(元) | 0.61 | 0.51 | 0.56 |
| | 每股净资产/调整后(元) | 2.22/2.22 | 2.08/2.08 | 1.87/1.87 |
| | 未分利润(万元) | 381611.1 | 319778.4 | 254579.1 |
| | 资本公积(万元) | 201819 | 189756.1 | 75538.3 |
| 利润构成 | 主营收入(万元) | 1513092.7 | 1330039.7 | 1017543.8 |
| | 主营利润(万元) | 336813.1 | 294494.4 | 270274.9 |
| | 投资收益(万元) | 5584.5 | 1580.2 | 3032.9 |
| | 利润总额(万元) | 178650.5 | 161119.7 | 158343 |
| | 净利润(万元) | 112188.6 | 101497.6 | 104405.8 |
| 近年分配: | 06预案:10派0.62;05年:10派0.65;04年:10派0.35 | | | |

| 主要股东及持股比例%、持股性质 |
|---|
| 中国华电集团公司 49.18%(国有股) |
| 香港中央结算(代理人)有限公司 23.65%(H股) |
| 山东省国际信托投资有限公司 14.11%(国有股) |
| 山东鲁能发展集团有限公司 1.35%(国有股) |
| 摩根士丹利投资管理公司－摩根士丹利中国A股基金 0.54%(流通A股) |
| 枣庄市基本建设投资公司 0.31%(国有股) |
| 中国工商银行－中银国际收益混合型证券投资基金 0.29%(流通A股) |
| 申银万国－汇丰－MERRILL LYNCH INTERNATIONAL 0.28%(流通A股) |
| 中国建设银行－博时主题行业股票证券投资基金 0.27%(流通A股) |
| 高盛国际资产管理公司－高盛国际中国基金 0.27%(流通A股) |
| 实际控制人:国务院国有资产监督管理委员会 |

二〇〇六年以来市场表现

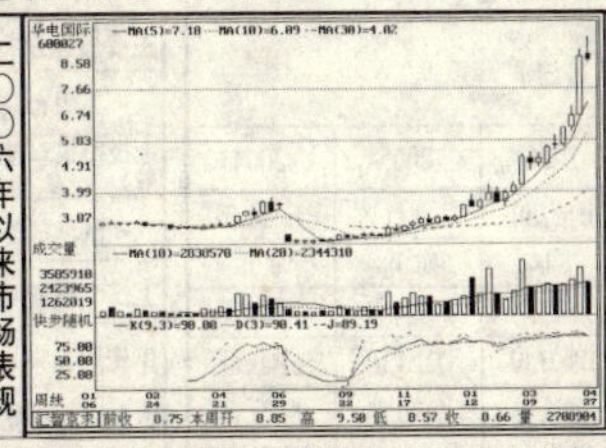

| | |
|---|---|
| 2006年涨跌幅(%) | 44.44 |
| 2006年最高(元) | 4.2 |
| 2007年涨跌幅(%) | 183.93 |
| 2007.4.27收盘(元) | 8.66 |
| 2007年最高(元) | 9.5 |
| 2007年最低(元) | 3.04 |
| 2007年换手率(%) | 583.65 |

未来一年限售流通股解禁情况:401198896股08月01日解禁

| | 总股本 | 非(限售)流通 | 流通A | 流通B/H/S | 股东户数 | 06年末 | 06三季 |
|---|---|---|---|---|---|---|---|
| 最新股本 | 602108.42 | 391044.47 | 67961.15 | 143102.8 | | 87190 | 100393 |

年报点评:目前公司拥有的电厂均为火力发电,主要集中在山东、四川、宁夏和安徽等省区。2006年这些省区的GDP增速均高于国家平均水平,公司发电量和销售收入也实现了稳步增长。随着新机组的投产及煤电联动继续发挥作用,2007年公司业绩预计将稳步增长。

## 中国石化（600028）

上市日期:01/08/08　　电话:010－64990060　　传真:010－64990022

| | | | | |
|---|---|---|---|---|
| 主营 | 石油、天然气勘探、开采;石油炼制;石油化工;成品油销售等。 | | | |
| | 年　度 | 2006 | 2005 | 2004 |
| 主要指标 | 每股收益/扣除后(元) | 0.584/0.56 | 0.456/0.404 | 0.372/0.415 |
| | 每股经营现金流量(元) | 1.183 | 0.98 | 0.809 |
| | 每股净资产/调整后(元) | 2.94/2.87 | 2.49/2.43 | 2.15/2.1 |
| | 未分利润(万元) | 7269300 | 5836600 | 3712400 |
| | 资本公积(万元) | 3760700 | 3712100 | 3712100 |
| 利润构成 | 主营收入(万元) | 104457900 | 79911500 | 59063200 |
| | 主营利润(万元) | 13626400 | 11371400 | 11522200 |
| | 投资收益(万元) | 4300 | 81300 | 108800 |
| | 利润总额(万元) | 7325200 | 6148200 | 5353500 |
| | 净利润(万元) | 5066400 | 3955800 | 3227500 |
| 近年分配: | 06中期:10派0.4年终预案:10派1.1;05中期:10派0.4年终:10派0.9;04中期:10派0.4年终:10派0.8 | | | |

| 主要股东及持股比例%、持股性质 | |
|---|---|
| 中国石油化工集团公司 75.84%（国有股） | |
| 香港(中央结算)代理人有限公司 19.24%（H股） | |
| 国泰君安证券股份有限公司 0.67%（国有股） | |
| 南方绩优成长股票型证券投资基金 0.15%（流通A股） | |
| 中国人寿保险股份有限公司－分红－个人分红－005L－FH002沪 0.15%（流通A股） | |
| 广发策略优选混合型证券投资基金 0.11%（流通A股） | |
| 易方达平稳增长证券投资基金 0.1%（流通A股） | |
| 易方达价值精选股票型证券投资基金 0.09%（流通A股） | |
| 中国人寿保险(集团)公司－传统－普通保险产品 0.09%（流通A股） | |
| 嘉实主题精选混合型证券投资基金 0.08%（流通A股） | |
| 实际控制人: | 中国石油化工集团公司 |

二〇〇六年以来市场表现

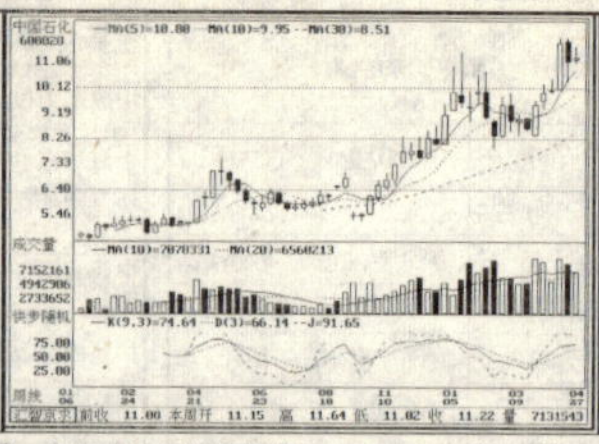

| | |
|---|---|
| 2006年涨跌幅(%) | 153.3 |
| 2006年最高(元) | 12.32 |
| 2007年涨跌幅(%) | 23.03 |
| 2007.4.27收盘(元) | 11.22 |
| 2007年最高(元) | 11.99 |
| 2007年最低(元) | 7.89 |
| 2007年换手率(%) | 312.53 |

未来一年限售流通股解禁情况:4915029000股10月10日解禁

| 最新股本 | 总股本 | 非(限售)流通 | 流通A | 流通B/H/S | 股东户数 | 06年末 | 06三季 |
|---|---|---|---|---|---|---|---|
| | 8670243.9 | 6633795.1 | 358400 | 1678048.8 | | 143307 | 187837 |

年报点评：2006年国际原油价格上涨带动了公司勘探开发业务盈利大幅提升,虽然公司炼油业务出现政策性亏损,但国家给予公司亏损补贴,同时化工、营销与分销业务盈利能力稳步提升,保证了公司利润稳步增长。

## S南航（600029）

上市日期:03/07/25　　电话:(020)86124737　　传真:(020)86659040

| | | | | |
|---|---|---|---|---|
| 主营 | 航空客运、货邮运输。 | | | |
| | 年　度 | 2006 | 2005 | 2004 |
| 主要指标 | 每股收益/扣除后(元) | 0.03/－0.13 | －0.41 | 0.024/0.021 |
| | 每股经营现金流量(元) | 0.96 | 1.35 | 0.985 |
| | 每股净资产/调整后(元) | 2.3/2.18 | 2.28/2.16 | 2.66/2.55 |
| | 未分利润(万元) | －93000 | －100700 | 80600 |
| | 资本公积(万元) | 589800 | 589300 | 580100 |
| 利润构成 | 主营收入(万元) | 4704700 | 3905200 | 2419400 |
| | 主营利润(万元) | 532600 | 362600 | 420600 |
| | 投资收益(万元) | 7600 | －20200 | 6300 |
| | 利润总额(万元) | 30600 | －177300 | 39200 |
| | 净利润(万元) | 11800 | －179400 | 10300 |
| 近年分配: | | | | |

| 主要股东及持股比例%、持股性质 | |
|---|---|
| 中国南方航空集团公司 50.3%（国有股） | |
| HKSCC NOMINEES LIMITED 26.3%（H股） | |
| 全国社保基金一零八组合 0.73%（流通A股） | |
| 中国工商银行－融通动力先锋股票型证券投资基金 0.65%（流通A股） | |
| 中国银行－华夏大盘精选证券投资基金 0.61%（流通A股） | |
| 全国社保基金一零二组合 0.46%（流通A股） | |
| 国际金融－渣打－CITIGROUP GLOBAL MARKETS LIMITED 0.42%（流通A股） | |
| 中国建设银行－博时价值增长贰号证券投资基金 0.39%（流通A股） | |
| 博时价值增长证券投资基金 0.35%（流通A股） | |
| 通乾证券投资基金 0.31%（流通A股） | |
| 实际控制人: | 中国南方航空集团公司 |

二〇〇六年以来市场表现

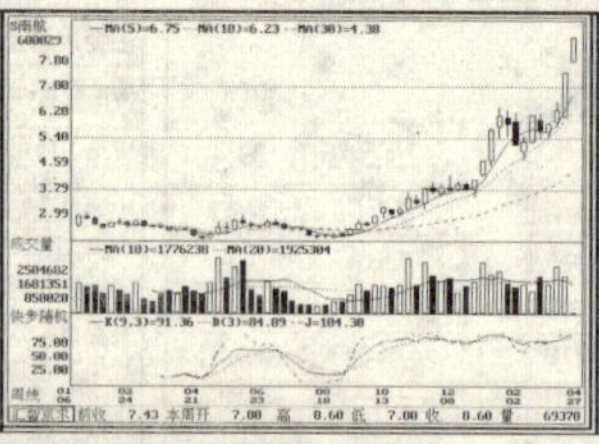

| | |
|---|---|
| 2006年涨跌幅(%) | 54.34 |
| 2006年最高(元) | 4.21 |
| 2007年涨跌幅(%) | 110.27 |
| 2007.4.27收盘(元) | 8.6 |
| 2007年最高(元) | 8.6 |
| 2007年最低(元) | 4.21 |
| 2007年换手率(%) | 230.14 |

未来一年限售流通股解禁情况:

| 最新股本 | 总股本 | 非(限售)流通 | 流通A | 流通B/H/S | 股东户数 | 06年末 | 06三季 |
|---|---|---|---|---|---|---|---|
| | 437417.8 | 220000 | 100000 | 117417.8 | | 92828 | 114044 |

年报点评：2006年运力扩张速度较缓,运输总周转量同比增长10.9%,综合载运率、客座率同比分别提高0.5、1.6个百分点,经营效率有所提高,但增幅不及全国平均水平。在汇兑收益及出售飞机等投资收益支撑下勉强实现盈利。

## 中信证券（600030）

上市日期:03/01/06　　电话:010－84588581　　传真:010－84865567

| | | | | |
|---|---|---|---|---|
| 主营 | 证券承销和上市推荐、证券自营买卖、资产管理和证券代理买卖等业务。 | | | |
| | 年　度 | 2006 | 2005 | 2004 |
| 主要指标 | 每股收益/扣除后(元) | 0.8/0.79 | 0.16 | 0.07/0.04 |
| | 每股经营现金流量(元) | 10.12 | 1.44 | －0.26 |
| | 每股净资产/调整后(元) | 4.13/4.11 | 2.28/2.25 | 2.17/2.15 |
| | 未分利润(万元) | 184664.07 | 30219.14 | 12623.52 |
| | 资本公积(万元) | 615496.19 | 201610.89 | 201582.14 |
| 利润构成 | 主营收入(万元) | 583183.59 | 91831.26 | 81390.48 |
| | 主营利润(万元) | 274809.85 | 40093.2 | 40683.34 |
| | 投资收益(万元) | －17866.54 | 19309.85 | |
| | 利润总额(万元) | 324990.85 | 37949.85 | 21581.52 |
| | 净利润(万元) | 237104.09 | 40004.16 | 16568.53 |
| 近年分配: | 06预案:10派2;05年:10派1.2;04年:10派0.5 | | | |

| 主要股东及持股比例%、持股性质 | |
|---|---|
| 中国中信集团公司 25.14%（部分流通部分不流通） | |
| 中国人寿保险股份有限公司 11.89%（非流通股） | |
| 雅戈尔集团股份有限公司 6.16%（部分流通部分不流通） | |
| 中信国安集团公司 6.16%（部分流通部分不流通） | |
| 中国人寿保险(集团)公司 5.32%（非流通股） | |
| 南京扬子石化炼化有限责任公司 2.74%（流通A股） | |
| 柳州两面针股份有限公司 1.53%（流通A股） | |
| 中国运载火箭技术研究院 1.49%（流通A股） | |
| 中国粮油食品(集团)有限公司 1.34%（流通A股） | |
| 南方高增长股票型开放式证券投资基金 1.34%（流通A股） | |
| 实际控制人: | 中国中信集团公司 |

二〇〇六年以来市场表现

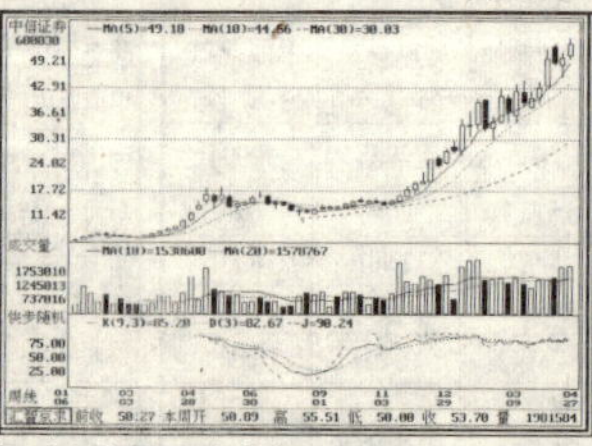

| | |
|---|---|
| 2006年涨跌幅(%) | 432.95 |
| 2006年最高(元) | 28.05 |
| 2007年涨跌幅(%) | 96.13 |
| 2007.4.27收盘(元) | 53.7 |
| 2007年最高(元) | 55.51 |
| 2007年最低(元) | 26.17 |
| 2007年换手率(%) | 149.04 |

未来一年限售流通股解禁情况:249021326股08月15日解禁

| 最新股本 | 总股本 | 非(限售)流通 | 流通A | 流通B/H/S | 股东户数 | 06年末 | 06三季 |
|---|---|---|---|---|---|---|---|
| | 298150 | 126693.17 | 171456.83 | | | 40845 | 49894 |

年报点评：作为证券行业的龙头企业,得益于国内资本市场的大发展,利润呈现爆发式增长,未来国内资本市场的发展是长期的趋势,中信证券的收入和利润仍将保持高速增长。

## 三一重工（600031）

上市日期:03/07/03　　电话:0731－4031555　　传真:0731－4031777

| | | | | |
|---|---|---|---|---|
| 主营 | 工程机械产品及配件的开发、生产和销售 | | | |
| | 年　度 | 2006 | 2005 | 2004 |
| 主要指标 | 每股收益/扣除后(元) | 1.16/1.01 | 0.45 | 1.36/1.29 |
| | 每股经营现金流量(元) | 1.18 | 0.31 | 0.01 |
| | 每股净资产/调整后(元) | 5.52/5.45 | 4.32/4.31 | 7.94/7.88 |
| | 未分利润(万元) | 119831.02 | 72251.69 | 63483.61 |
| | 资本公积(万元) | 61936.43 | 60385.83 | 84352.06 |
| 利润构成 | 主营收入(万元) | 457446.12 | 253739.73 | 265622.98 |
| | 主营利润(万元) | 162582.36 | 87814.66 | 83923.16 |
| | 投资收益(万元) | 8190.39 | 748.15 | 200.26 |
| | 利润总额(万元) | 68251.58 | 26969.98 | 35872.37 |
| | 净利润(万元) | 55734.41 | 21627.37 | 32729.76 |
| 近年分配: | 06年:10派2转增10;04年:10派2转增10 | | | |

| 主要股东及持股比例%、持股性质 | |
|---|---|
| 三一集团有限公司 66.34%（部分流通部分不流通） | |
| 上投摩根双息平衡混合型证券投资基金 3.08%（流通A股） | |
| 三一汽车制造有限公司 2.63%（流通A股） | |
| 上投摩根中国优势证券投资基金 2.48%（流通A股） | |
| JF中国先驱A股基金 1.47%（流通A股） | |
| 金泰证券投资基金 1.37%（流通A股） | |
| 三一重机有限公司 1.23%（流通A股） | |
| 南方稳健成长贰号证券投资基金 1.1%（流通A股） | |
| 日兴AM中国人民币A股母基金 1.04%（流通A股） | |
| 全国社保基金一一一组合 1.03%（流通A股） | |
| 实际控制人: | 三一集团有限公司 |

二〇〇六年以来市场表现

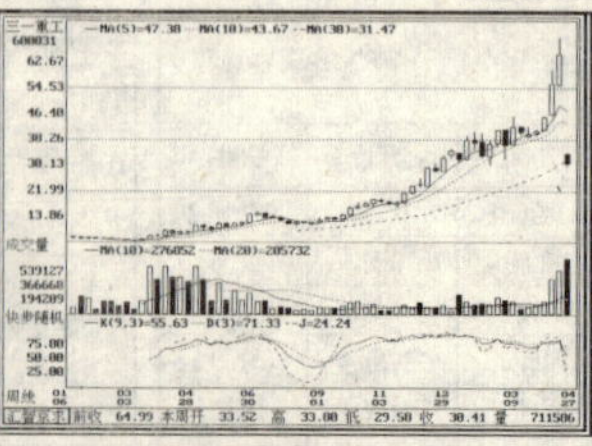

| | |
|---|---|
| 2006年涨跌幅(%) | 385.39 |
| 2006年最高(元) | 32.99 |
| 2007年涨跌幅(%) | 89.33 |
| 2007.4.27收盘(元) | 30.41 |
| 2007年最高(元) | 70.8 |
| 2007年最低(元) | 30 |
| 2007年换手率(%) | 190.44 |

未来一年限售流通股解禁情况:24000000股06月17日解禁

| 最新股本 | 总股本 | 非(限售)流通 | 流通A | 流通B/H/S | 股东户数 | 06年末 | 06三季 |
|---|---|---|---|---|---|---|---|
| | 48000 | 30706.31 | 17293.69 | | | 7762 | 9464 |

年报点评：公司生产混凝土设备,为国内龙头。2006行业复苏,公司产品出口也快速增长,业绩大幅攀升。2007年高速公路、铁路建设的大规模投资为公司提供了市场机遇,公司继续加大研发投入,开拓国际市场。并通过资本运作完成产业链的延伸。

## 福建高速(600033)

上市日期:01/02/09　　电话:0591-7077366　　传真:0591-7077266

| 主营 | 福州至厦门高速公路的项目融资、建设、经营、收费和管理。 | | |
|---|---|---|---|
| 年度 | 2006 | 2005 | 2004 |
| 主要指标：每股收益/扣除后(元) | 0.33/0.327 | 0.423 | 0.4/0.343 |
| 每股经营现金流量(元) | 0.604 | 0.7561 | 0.6852 |
| 每股净资产/调整后(元) | 2.27/2.27 | 3.27/3.27 | 3.2/3.19 |
| 未分利润(万元) | 52859.77 | 43402.65 | 44575 |
| 资本公积(万元) | 86250.9 | 135759.8 | 135759.8 |
| 利润构成：主营收入(万元) | 143009.38 | 126730.32 | 114143.18 |
| 主营利润(万元) | 103416.85 | 87892.38 | 74137.84 |
| 投资收益(万元) | -204.72 | -204.72 | -152.39 |
| 利润总额(万元) | 94720.31 | 79233.62 | 72706.54 |
| 净利润(万元) | 48867.91 | 41689.57 | 39494.37 |

近年分配:06中期:10转增5年终预案:10派2.5;05年:10派3.5;04年:10派3.5

**主要股东及持股比例%、持股性质**

福建省高速公路有限责任公司 42.58%(国有股)

华建交通经济中心 20.71%(国有股)

中国建设银行-华夏优势增长股票型证券投资基金 0.93%(流通A股)

招商证券-渣打-ING BANK N.V. 0.78%(流通A股)

全国社保基金一零八组合 0.76%(流通A股)

申银万国-花旗-DEUTSCHE BANK AKTIENGESELLSCHAFT 0.65%(流通A股)

中国光大银行股份有限公司-国投瑞银创新动力股票型证券投资基金 0.64%(流通A股)

中国农业银行-景顺长城内需增长开放式证券投资基金 0.6%(流通A股)

中国人寿保险股份有限公司-分红-个人分红-005L-FH002沪 0.56%(流通A股)

全国社保基金一零二组合 0.54%(流通A股)

实际控制人:福建省人民政府

二〇〇六年以来市场表现

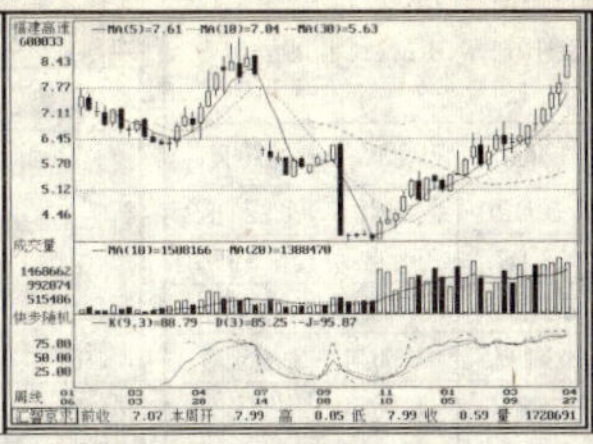

| | |
|---|---|
| 2006年涨跌幅(%) | 35.16 |
| 2006年最高(元) | 10.81 |
| 2007年涨跌幅(%) | 68.76 |
| 2007.4.27收盘(元) | 8.59 |
| 2007年最高(元) | 8.85 |
| 2007年最低(元) | 5.06 |
| 2007年换手率(%) | 418.22 |

未来一年限售流通股解禁情况:3165018股07月14日解禁

| 最新股本 | 总股本 | 非(限售)流通 | 流通A | 流通B/H/S | 股东户数 | 06年末 | 06三季 |
|---|---|---|---|---|---|---|---|
| | 147960 | 93960 | 54000 | | | 76156 | 53115 |

年报点评:2006年公司运营的泉厦高速、福泉高速继续保持稳定增长,日均车流量同比增幅分别为9.43%和15.99%。公司股改承诺的收购罗宁高速项目受交通部政策影响暂停。由于公司计划将于2008年开始拓宽泉厦高速,预计届时将影响公司业绩的稳定。

## 楚天高速(600035)

上市日期:04/03/10　　电话:027-83468733　　传真:027-83468733

| 主营 | 高等级公路、桥梁等交通基础设施项目投资、经营管理。 | | |
|---|---|---|---|
| 年度 | 2006 | 2005 | 2004 |
| 主要指标：每股收益/扣除后(元) | 0.28/0.28 | 0.098 | 0.124/0.129 |
| 每股经营现金流量(元) | 0.41 | 0.3664 | 0.1806 |
| 每股净资产/调整后(元) | 2.34/2.34 | 2.29/2.29 | 2.26/2.26 |
| 未分利润(万元) | 18539.81 | 19713.84 | 18927.51 |
| 资本公积(万元) | 88035.1 | 87988.39 | 87988.39 |
| 利润构成：主营收入(万元) | 62112.63 | 51452.73 | 38977.02 |
| 主营利润(万元) | 42640.48 | 16457.62 | 19086.76 |
| 投资收益(万元) | | | |
| 利润总额(万元) | 39061.04 | 13697.96 | 17464.23 |
| 净利润(万元) | 25899.76 | 9122.76 | 11572.33 |

近年分配:06预案:10派1.2;05年:10派0.7;04年:10派0.65

**主要股东及持股比例%、持股性质**

湖北省高速公路集团有限公司 40.37%(国有股)

华建交通经济开发中心 23.02%(国有股)

全国社保基金一一二组合 0.65%(流通A股)

国际金融-中行-中金股票精选集合资产管理计划 0.46%(流通A股)

中银国际-中行-法国爱德蒙得洛希尔银行 0.39%(流通A股)

中信证券-工行-CREDIT SUISSE(HONGKONG)LIMITED 0.32%(流通A股)

招商银行股份有限公司-海富通强化回报混合型证券投资基金 0.32%(流通A股)

中国人寿保险股份有限公司-传统-普通保险产品-005L-CT001沪 0.22%(流通A股)

吴胜群 0.18%(流通A股)

薛燕 0.15%(流通A股)

实际控制人:湖北省交通厅

二〇〇六年以来市场表现

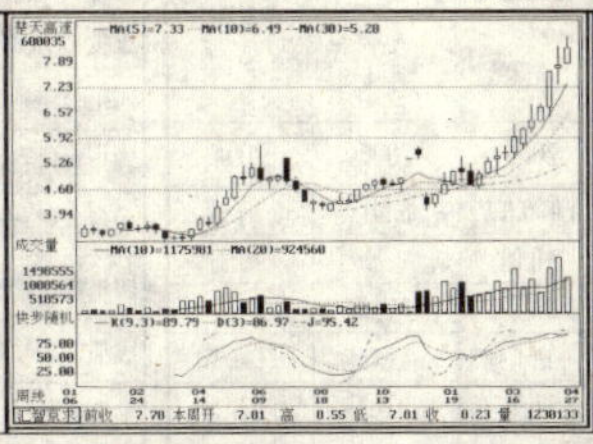

| | |
|---|---|
| 2006年涨跌幅(%) | 67.58 |
| 2006年最高(元) | 6.1 |
| 2007年涨跌幅(%) | 96.89 |
| 2007.4.27收盘(元) | 8.23 |
| 2007年最高(元) | 8.55 |
| 2007年最低(元) | 4.13 |
| 2007年换手率(%) | 487.22 |

未来一年限售流通股解禁情况:47467553股12月26日解禁

| 最新股本 | 总股本 | 非(限售)流通 | 流通A | 流通B/H/S | 股东户数 | 06年末 | 06三季 |
|---|---|---|---|---|---|---|---|
| | 93165.25 | 59145.25 | 34020 | | | 67134 | 64950 |

年报点评:随着沪渝沿线经济、尤其是湖北经济的快速增长,再加上公司所有大修工作在2006年上半年结束,2006年汉宜高速收入及毛利率大幅增长。此外,由于收入大幅增长,公司管理费用率亦大幅下降。

## 招商银行(600036)

上市日期:02/04/09　　电话:0755-83198888　　传真:0755-83195200

| 主营 | 商业银行业务 | | |
|---|---|---|---|
| 年度 | 2006 | 2005 | 2004 |
| 主要指标：每股收益/扣除后(元) | 0.48/0.48 | 0.37 | 0.46/0.45 |
| 每股经营现金流量(元) | 4.84 | 2.63 | 0.96 |
| 每股净资产/调整后(元) | 3.75/3.75 | 2.51/2.51 | 3.05/3.03 |
| 未分利润(万元) | 348931.3 | 378561.6 | 431329.9 |
| 资本公积(万元) | 2738003.6 | 646034.6 | 812838.3 |
| 利润构成：主营收入(万元) | 2508377.9 | 1917854.6 | 1991645.9 |
| 主营利润(万元) | 1399325.9 | 1006331.3 | 788802.8 |
| 投资收益(万元) | | | |
| 利润总额(万元) | 1039712.4 | 650012.4 | 501222.2 |
| 净利润(万元) | 710752.6 | 378683.9 | 314408.7 |

近年分配:06预案:10派1.2;05年:10派0.8;04年:10派1.1转增5

**主要股东及持股比例%、持股性质**

香港中央结算(代理人)有限公司 17.79%(H股)

香港中央结算(代理人)有限公司 17.79%(H股)

招商局轮船股份有限公司 12.1%(国有股)

中国远洋运输(集团)总公司 6.44%(国有股)

广州海运(集团)有限公司 3.85%(国有股)

深圳市晏清投资发展有限公司 2.95%(外资股)

深圳市楚源投资发展有限公司 2.58%(国有股)

中国交通建设集团有限公司 1.78%(国有股)

上海汽车工业有限公司 1.7%(国有股)

中海石油投资控股有限公司 1.4%(国有股)

实际控制人:

二〇〇六年以来市场表现

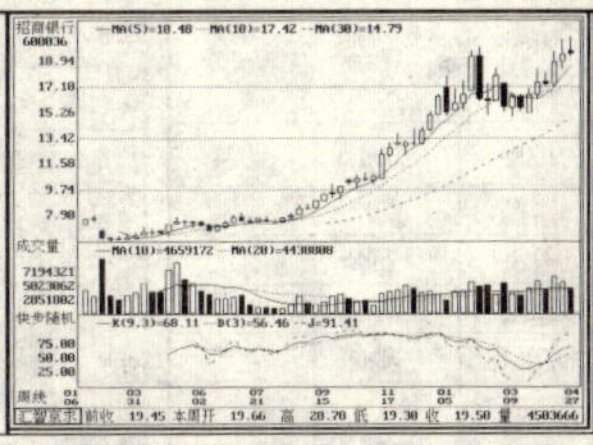

| | |
|---|---|
| 2006年涨跌幅(%) | 218.16 |
| 2006年最高(元) | 21.11 |
| 2007年涨跌幅(%) | 19.19 |
| 2007.4.27收盘(元) | 19.5 |
| 2007年最高(元) | 20.78 |
| 2007年最低(元) | 14.95 |
| 2007年换手率(%) | 154.2 |

未来一年限售流通股解禁情况:2604628796股02月27日解禁

| 最新股本 | 总股本 | 非(限售)流通 | 流通A | 流通B/H/S | 股东户数 | 06年末 | 06三季 |
|---|---|---|---|---|---|---|---|
| | 1470325.93 | 733162.96 | 470962.97 | 266200 | | 197275 | |

年报点评:2006年净利润超常增长,这将是未来5年净利润增速的峰值。驱动因素主要有利差的明显扩大,中间业务收入快速增长,费用收入比下降,拨备支出增长放慢和有效税率的下降。这些因素还将在2007-2008年发挥作用,公司利润有望保持高速增长。

## 歌华有线(600037)

上市日期:01/02/08　　电话:010-62035573　　传真:010-62020048

| 主营 | 广播电视网络的建设开发、经营管理和维护;广播电视节目收转、传送;广播电视网络信息服务;承办外省市卫星电视节目落地频道在北京有线电视台发布的广告业务。 | | |
|---|---|---|---|
| 年度 | 2006 | 2005 | 2004 |
| 主要指标：每股收益/扣除后(元) | 0.65/0.65 | 0.46/0.46 | 0.58/0.59 |
| 每股经营现金流量(元) | 1.14 | 0.9 | 1.56 |
| 每股净资产/调整后(元) | 5.54/5.51 | 4.25/4.23 | 5.55/5.52 |
| 未分利润(万元) | 59108.41 | 40050.43 | 23742.7 |
| 资本公积(万元) | 212253.09 | 126583.43 | 116651.49 |
| 利润构成：主营收入(万元) | 102421.66 | 89478.14 | 72283.81 |
| 主营利润(万元) | 43219.9 | 38213.05 | 34062.71 |
| 投资收益(万元) | 253.51 | 33.34 | -357.61 |
| 利润总额(万元) | 34728.78 | 32190.56 | 24022.87 |
| 净利润(万元) | 43258.71 | 27047.1 | 20398.22 |

近年分配:06预案:10派1转增6;05中期:10转增6年终:10派3;04中期:10派3年终:10派1.5

**主要股东及持股比例%、持股性质**

北京北广传媒投资发展中心 44.99%(国有股)

中国农业银行-泰达荷银首选企业股票型证券投资基金 1.77%(流通A股)

中国工商银行-易方达价值精选股票型证券投资基金 1.62%(流通A股)

中国农业银行-交银施罗德成长股票证券投资基金 1.52%(流通A股)

中国银行-易方达策略成长二号混合型证券投资基金 1.5%(流通A股)

中国建设银行-华夏优势增长股票型证券投资基金 1.45%(流通A股)

中国银行-银华优质增长股票型证券投资基金 1.3%(流通A股)

中国银行-易方达策略成长证券投资基金 1.21%(流通A股)

中国人寿保险股份有限公司-分红-个人分红-005L-FH002沪 1.1%(流通A股)

中国银行-泰达荷银行业精选证券投资基金 1%(流通A股)

实际控制人:北广传媒集团有限公司

二〇〇六年以来市场表现

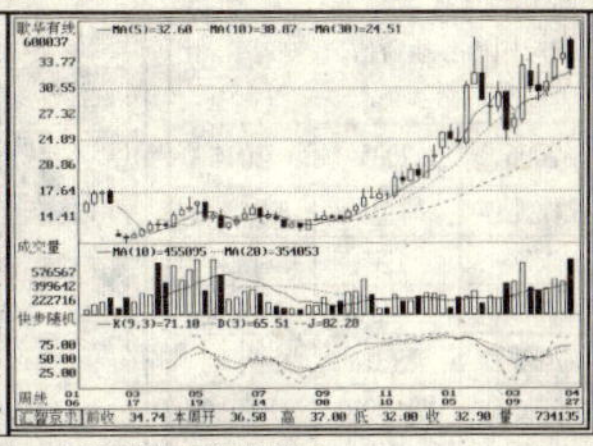

| | |
|---|---|
| 2006年涨跌幅(%) | 117.62 |
| 2006年最高(元) | 32.85 |
| 2007年涨跌幅(%) | 32.34 |
| 2007.4.27收盘(元) | 32.9 |
| 2007年最高(元) | 37 |
| 2007年最低(元) | 23.28 |
| 2007年换手率(%) | 165.99 |

未来一年限售流通股解禁情况:

| 最新股本 | 总股本 | 非(限售)流通 | 流通A | 流通B/H/S | 股东户数 | 06年末 | 06三季 |
|---|---|---|---|---|---|---|---|
| | 66251.41 | 31550.79 | 34700.62 | | | 18701 | 33032 |

年报点评:2006年,公司以北京市大力发展文化创意产业为契机,积极对接奥运建设、社会主义新农村建设以及三网融合;积极把握城市居民消费结构变化,夯实有线电视网络特有的"渠道"价值。公司实现主营业务收入10.24亿元,净利润同比增长59.94%。

## 哈飞股份（600038）

上市日期:00/12/18　　电话:0451－6528350　　传真:0451－6528350

| | | | | |
|---|---|---|---|---|
| 主营 | 航空产品及零件的开发、设计、研制、生产、销售，航空科学技术开发、咨询、服务。经营进出口业务。 | | | |
| | 年　度 | 2006 | 2005 | 2004 |
| 主要指标 | 每股收益/扣除后(元) | 0.275/0.271 | 0.244 | 0.231/0.222 |
| | 每股经营现金流量(元) | 0.14 | 0.05 | 0.31 |
| | 每股净资产/调整后(元) | 3.38/3.29 | 3.44/3.35 | 3.3/3.2 |
| | 未分利润(万元) | 8361.65 | 11370.94 | 8156.89 |
| | 资本公积(万元) | 62536.61 | 62536.61 | 62536.61 |
| 利润构成 | 主营收入(万元) | 196564.36 | 147334.2 | 98053.66 |
| | 主营利润(万元) | 23310.55 | 14325.92 | 13180.52 |
| | 投资收益(万元) | 2120.23 | 2532.87 | 612.6 |
| | 利润总额(万元) | 10381.12 | 9364.86 | 8834.47 |
| | 净利润(万元) | 9288.22 | 8234.45 | 7785.09 |
| 近年分配: | 06 中期:10 派 3.37；04 年:10 派 1 | | | |

| 主要股东及持股比例%、持股性质 |
|---|
| 哈尔滨航空工业(集团)有限公司 50.05%（国有股） |
| 南方证券有限公司 41.74%（流通 A 股） |
| 东方证券股份有限公司 0.72%（流通 A 股） |
| 中国银行－嘉实增长开放式证券投资基金 0.24%（流通 A 股） |
| 上海南证财务顾问有限公司 0.22%（流通 A 股） |
| 中国飞龙专业航空公司 0.08%（国有股） |
| 中国航空工业供销总公司 0.08%（国有股） |
| 哈尔滨双龙航空工程有限公司 0.08%（非流通股） |
| 哈尔滨华泰投资咨询有限公司 0.07%（流通 A 股） |
| 中国航空技术进出口哈尔滨公司 0.06%（国有股） |
| 实际控制人：中国航空工业第二集团公司 |

二〇〇六年以来市场表现

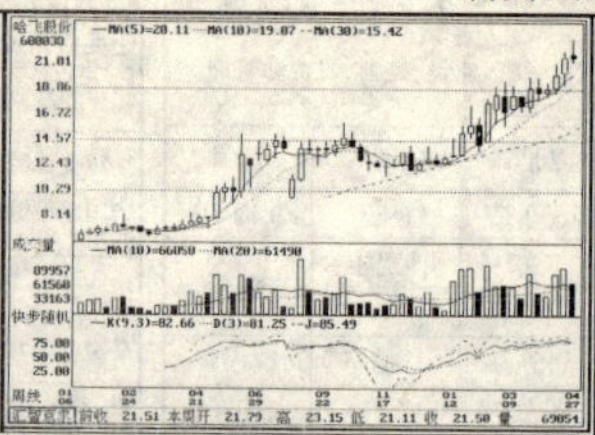

| | |
|---|---|
| 2006 年涨跌幅(%) | 153.56 |
| 2006 年最高(元) | 19.19 |
| 2007 年涨跌幅(%) | 70.1 |
| 2007.4.27 收盘(元) | 21.5 |
| 2007 年最高(元) | 23.15 |
| 2007 年最低(元) | 12.4 |
| 2007 年换手率(%) | 65.71 |

未来一年限售流通股解禁情况:1027477 股 08 月 24 日解禁

| 最新股本 | 总股本 | 非(限售)流通 | 流通 A | 流通 B/H/S | 股东户数 | 06 年末 | 06 三季 |
|---|---|---|---|---|---|---|---|
| | 33735 | 16988.4 | 16746.6 | | | 6089 | 5272 |

年报点评：公司主业为航空产品及零部件开发。2006 年公司总体经营情况平稳，业绩小幅增长。2007 年公司将进一步优化生产工艺流程，合理布局，加大产能；加大新产品的技术开发投入、加强国内外市场开发力度，争取实现总体销售收入和净利润较上一年度有稳定增长。

## 四川路桥（600039）

上市日期:03/03/25　　电话:028－85126084　　传真:028－85126085

| | | | | |
|---|---|---|---|---|
| 主营 | 公路、桥梁、隧道工程施工。 | | | |
| | 年　度 | 2006 | 2005 | 2004 |
| 主要指标 | 每股收益/扣除后(元) | 0.04/0.021 | 0.011 | -0.28/-0.36 |
| | 每股经营现金流量(元) | -0.08 | 0.29 | -0.33 |
| | 每股净资产/调整后(元) | 2.39/2.36 | 3.06/3.05 | 3.01/3 |
| | 未分利润(万元) | -3284.44 | -4354.34 | -6401.51 |
| | 资本公积(万元) | 38186 | 60137.19 | 59111.59 |
| 利润构成 | 主营收入(万元) | 236325.45 | 214291.26 | 198888.96 |
| | 主营利润(万元) | 14433.84 | 11382.76 | 2784.83 |
| | 投资收益(万元) | 1706.74 | 456.16 | 200.67 |
| | 利润总额(万元) | 2451.55 | 808.75 | -8751.28 |
| | 净利润(万元) | 1267.8 | 336.04 | -8421.22 |
| 近年分配: | | | | |

| 主要股东及持股比例%、持股性质 |
|---|
| 四川公路桥梁建设集团有限公司 35.79%（国有股） |
| 四川嘉陵资产经营管理有限责任公司 0.26%（非流通股） |
| 四川九寨黄龙机场有限责任公司 0.26%（非流通股） |
| 四川贵通建设集团有限公司 0.26%（非流通股） |
| 成都阳耀物资有限责任公司 0.26%（非流通股） |
| 王秀英 0.25%（流通 A 股） |
| 蒋国坚 0.23%（流通 A 股） |
| 孙新元 0.2%（流通 A 股） |
| 杨银花 0.19%（流通 A 股） |
| 马玲 0.18%（流通 A 股） |
| 实际控制人：四川省国有资产监督管理委员会 |

二〇〇六年以来市场表现

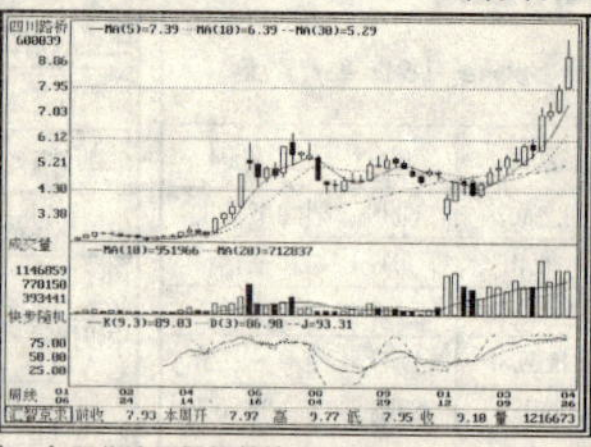

| | |
|---|---|
| 2006 年涨跌幅(%) | 97.58 |
| 2006 年最高(元) | 6.3 |
| 2007 年涨跌幅(%) | 197.14 |
| 2007.4.27 收盘(元) | 9.1 |
| 2007 年最高(元) | 15.63 |
| 2007 年最低(元) | 5.2 |
| 2007 年换手率(%) | 710.18 |

未来一年限售流通股解禁情况:18390560 股 01 月 08 日解禁

| 最新股本 | 总股本 | 非(限售)流通 | 流通 A | 流通 B/H/S | 股东户数 | 06 年末 | 06 三季 |
|---|---|---|---|---|---|---|---|
| | 30400 | 11200 | 19200 | | | 31913 | 32239 |

年报点评：公司主营路桥施工及水电投资等。全年新中标项目 14 个，合同总金额 16 亿元，未完成合同订单 39 亿元。其中，公司投资的水电站工程进展顺利；宜宾三桥收费、宜宾菜园沱大桥建设及泸州绕城路 BOT 项目建设总体顺利。2007 年公司业务将稳定增长。

## 保利地产（600048）

上市日期:06/07/31　　电话:020－89898833　　传真:020－89898666

| | | | | |
|---|---|---|---|---|
| 主营 | 房地产开发、销售、租赁及其物业管理。 | | | |
| | 年　度 | 2006 | 2005 | 2004 |
| 主要指标 | 每股收益/扣除后(元) | 1.2/1.2 | 1.02 | |
| | 每股经营现金流量(元) | -7.31 | -2.09 | |
| | 每股净资产/调整后(元) | 6.59/6.57 | 2.38/2.33 | |
| | 未分利润(万元) | 101304.06 | 42088.61 | |
| | 资本公积(万元) | 188720.57 | 1948.48 | |
| 利润构成 | 主营收入(万元) | 402722.3 | 235641.88 | |
| | 主营利润(万元) | 112521.09 | 84769.59 | |
| | 投资收益(万元) | 19930.55 | -39.06 | |
| | 利润总额(万元) | 104740.24 | 65569.5 | |
| | 净利润(万元) | 65877.07 | 40684.64 | |
| 近年分配: | 06 年:10 派 0.3 转增 10 | | | |

| 主要股东及持股比例%、持股性质 |
|---|
| 保利南方集团有限公司 54.59%（国有股） |
| 广东华美国际投资集团有限公司 11.05%（非流通股） |
| 张克强 3.27%（非流通股） |
| 中国工商银行－南方绩优成长股票型证券投资基金 1.75%（流通 A 股） |
| 中国工商银行－广发策略优选混合型证券投资基金 1.56%（流通 A 股） |
| 中国工商银行－广发稳健增长证券投资基金 1.36%（流通 A 股） |
| 中国银行－华宝兴业先进成长股票型证券投资基金 0.98%（流通 A 股） |
| 中国工商银行－易方达价值精选股票型证券投资基金 0.78%（流通 A 股） |
| 中国工商银行－广发聚丰股票型证券投资基金 0.68%（流通 A 股） |
| 金鑫证券投资基金 0.66%（流通 A 股） |
| 实际控制人：中国保利集团公司 |

二〇〇六年以来市场表现

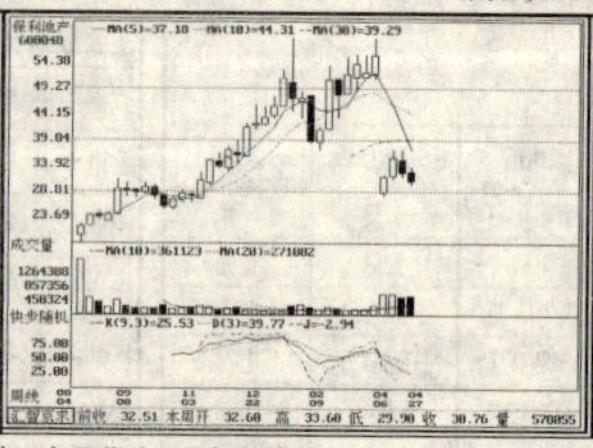

| | |
|---|---|
| 2006 年涨跌幅(%) | 114.35 |
| 2006 年最高(元) | 45.8 |
| 2007 年涨跌幅(%) | 42.08 |
| 2007.4.27 收盘(元) | 30.76 |
| 2007 年最高(元) | 74.03 |
| 2007 年最低(元) | 36.95 |
| 2007 年换手率(%) | 241.02 |

未来一年限售流通股解禁情况:

| 最新股本 | 总股本 | 非(限售)流通 | 流通 A | 流通 B/H/S | 股东户数 | 06 年末 | 06 三季 |
|---|---|---|---|---|---|---|---|
| | 55000 | 40000 | 15000 | | | 12443 | 16943 |

年报点评：2006 年保利地产主营收入同比增长 70.90%，净利润同比增长 61.92%。竣工面积 87.7 万平方米，销售面积 123 万平方米，结算 73.20 万平方米，新拓展 11 个，权益建面 311 万平方米，主要分布在广州、北京、上海、沈阳等地。

## 中国联通（600050）

上市日期:02/10/09　　电话:021－52732228　　传真:021－52732220

| | | | | |
|---|---|---|---|---|
| 主营 | GSM 和 CDMA 移动通信、国际国内长途通信、数据通信和互联网及寻呼等综合电信业务。 | | | |
| | 年　度 | 2006 | 2005 | 2004 |
| 主要指标 | 每股收益/扣除后(元) | 0.172/0.17 | 0.134 | 0.117/0.11 |
| | 每股经营现金流量(元) | 1.72 | 1.53 | 1.23 |
| | 每股净资产/调整后(元) | 2.37/2.18 | 2.24/2.01 | 2.14/1.81 |
| | 未分利润(万元) | 1024086.11 | 783825.1 | 596914.3 |
| | 资本公积(万元) | 1708605.62 | 1714041.22 | 1714333.79 |
| 利润构成 | 主营收入(万元) | 8048003.82 | 7610879.05 | 7073859.05 |
| | 主营利润(万元) | 3489753.43 | 3443882.27 | 3397480.09 |
| | 投资收益(万元) | -12100.69 | -12100.69 | -12100.69 |
| | 利润总额(万元) | 844455.24 | 652753.75 | 610491.44 |
| | 净利润(万元) | 364461.03 | 284221.93 | 247114.63 |
| 近年分配: | 06 预案:10 派 0.672；05 年:10 派 0.414；04 年:10 派 0.325 | | | |

| 主要股东及持股比例%、持股性质 |
|---|
| 中国联合通信有限公司 61.74%（国有股） |
| 中国人寿保险股份有限公司－分红－个人分红－005L－FH002 沪 1.26%（流通 A 股） |
| 中国工商银行－广发策略优选混合型证券投资基金 0.96%（流通 A 股） |
| 中国农业银行－景顺长城内需增长贰号股票型证券投资基金 0.6%（流通 A 股） |
| 中国人寿保险(集团)公司－传统－普通保险产品 0.56%（流通 A 股） |
| 全国社保基金一零二组合 0.55%（流通 A 股） |
| 中国平安人寿保险股份有限公司－万能－个险万能 0.48%（流通 A 股） |
| 全国社保基金一零八组合 0.34%（流通 A 股） |
| 海通－中行－FORTIS BANK SA/NV 0.33%（流通 A 股） |
| 裕阳证券投资基金 0.32%（流通 A 股） |
| 实际控制人：国务院国有资产监督管理委员会 |

二〇〇六年以来市场表现

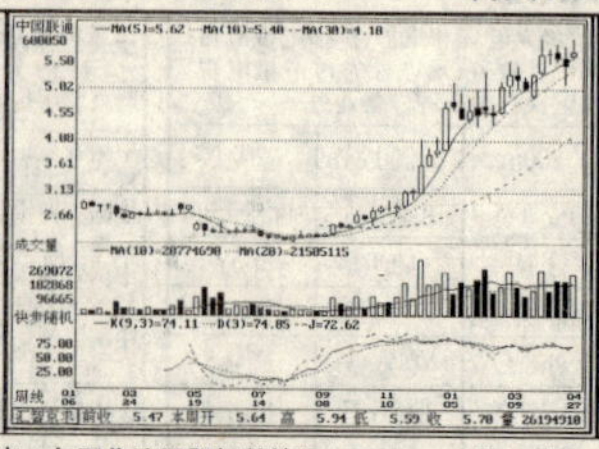

| | |
|---|---|
| 2006 年涨跌幅(%) | 115.38 |
| 2006 年最高(元) | 6.17 |
| 2007 年涨跌幅(%) | 22.06 |
| 2007.4.27 收盘(元) | 5.7 |
| 2007 年最高(元) | 5.97 |
| 2007 年最低(元) | 4.34 |
| 2007 年换手率(%) | 396.88 |

未来一年限售流通股解禁情况:1062107840 股 05 月 19 日解禁

| 最新股本 | 总股本 | 非(限售)流通 | 流通 A | 流通 B/H/S | 股东户数 | 06 年末 | 06 三季 |
|---|---|---|---|---|---|---|---|
| | 2119659.64 | 1308867.77 | 810791.87 | | | 613102 | 542286 |

年报点评：2006 年移动业务用户规模稳步扩大，达到 14236 万户，增长 11.4%，移动增值业务继续快速增长。年增长率达到 38.8%。全年移动增值业务收入达到 172.5 亿元，增长了 39.5%，占移动业务收入比重由二零零五年的 17.0%上升至 22.1%。

## 宁波联合（600051）

上市日期:97/04/10　电话:0574－86221609　传真:0574－86221320

| 主营 | 基础设施、房地产、对外贸易、医药生物和其他高新技术产业开发。 | | | |
|---|---|---|---|---|
| | 年度 | 2006 | 2005 | 2004 |
| 主要指标 | 每股收益/扣除后(元) | 0.77/0.772 | 0.14 | 0.098/0.025 |
| | 每股经营现金流量(元) | 1.57 | 0.55 | 0.1 |
| | 每股净资产/调整后(元) | 3.57/3.54 | 2.59/2.53 | 2.75 |
| | 未分利润(万元) | 14945.06 | -2238.8 | -1977.66 |
| | 资本公积(万元) | 40414.41 | 40414.41 | 39907.07 |
| 利润构成 | 主营收入(万元) | 497859.31 | 312895.2 | 422961.5 |
| | 主营利润(万元) | 83802 | 27030.7 | 25352.29 |
| | 投资收益(万元) | -456.67 | -138.05 | 1649.3 |
| | 利润总额(万元) | 64726.55 | 10653.94 | 5442.8 |
| | 净利润(万元) | 23375.41 | 4282.89 | 2962.98 |
| 近年分配: | 06 预案:10 派 5；05 年:10 派 0.2；04 年:10 派 1 | | | |

| 主要股东及持股比例%、持股性质 |
|---|
| 宁波经济技术开发区控股有限公司 33.59%（国有股） |
| 五矿发展股份有限公司 21.56%（国有股） |
| 中国机械进出口(集团)有限公司 7.57%（国有股） |
| 王捷敏 0.28%（流通 A 股） |
| 中国工商银行－南方绩优成长股票型证券投资基金 0.24%（流通 A 股） |
| 邓永锐 0.2%（流通 A 股） |
| 宗建华 0.18%（流通 A 股） |
| 林海文 0.17%（流通 A 股） |
| 沈光明 0.15%（流通 A 股） |
| 王丽仪 0.1%（流通 A 股） |
| 实际控制人：宁波经济技术开发区管理委员会 |

二〇〇六年以来市场表现

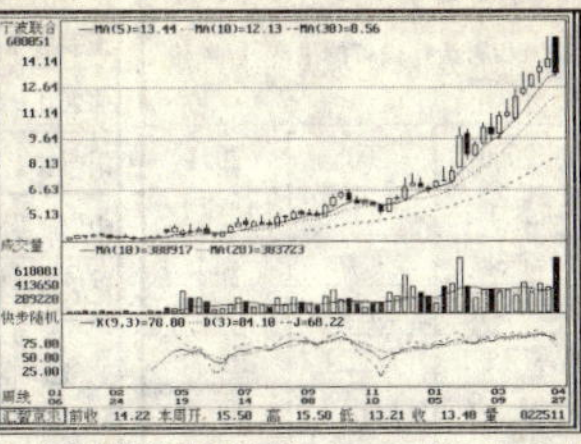

| 项目 | 数值 |
|---|---|
| 2006 年涨跌幅(%) | 139.61 |
| 2006 年最高(元) | 9.98 |
| 2007 年涨跌幅(%) | 101.2 |
| 2007.4.27 收盘(元) | 13.4 |
| 2007 年最高(元) | 15.64 |
| 2007 年最低(元) | 6.67 |
| 2007 年换手率(%) | 550.84 |

未来一年限售流通股解禁情况:45360000 股 05 月 16 日解禁

| 最新股本 | 总股本 | 非(限售)流通 | 流通 A | 流通 B/H/S | 股东户数 | 06 年末 | 06 三季 |
|---|---|---|---|---|---|---|---|
| | 30240 | 18967.48 | 11272.52 | | | 36738 | 31938 |

年报点评：公司间接控股的子公司开发的天水家园一期项目竣工交付导致销售收入和利润大幅增长，其他房产项目如“天合家园一期”、温州的“怡和家园”等的工程建设进度、(预)销售和资金回笼情况良好，业务有望稳定增长。

## ＊ST 广厦（600052）

上市日期:97/04/15　电话:0571－87969988　传真:0571－85125355

| 主营 | 建筑工程的总承包、设计、施工、房地产开发。 | | | |
|---|---|---|---|---|
| | 年度 | 2006 | 2005 | 2004 |
| 主要指标 | 每股收益/扣除后(元) | -0.53/-0.55 | -0.38 | 0.03/0.01 |
| | 每股经营现金流量(元) | -1.03 | -0.3 | -0.02 |
| | 每股净资产/调整后(元) | 2.41/2.21 | 2.93/2.92 | 3.3/3.28 |
| | 未分利润(万元) | -22115.24 | 3405.53 | 21082.64 |
| | 资本公积(万元) | 78020.84 | 77992.87 | 77644.83 |
| 利润构成 | 主营收入(万元) | 66112.51 | 84475.53 | 57389.94 |
| | 主营利润(万元) | 14552.74 | 26220.21 | 24148.11 |
| | 投资收益(万元) | -17035.29 | -8104.21 | 709.7 |
| | 利润总额(万元) | -25838.51 | -14675.34 | 5492.5 |
| | 净利润(万元) | -25520.76 | -18393.13 | 1477.76 |
| 近年分配: | | | | |

| 主要股东及持股比例%、持股性质 |
|---|
| 广厦建设集团有限责任公司 17.87%（非流通股） |
| 金华市泰恒投资有限公司 6.74%（非流通股） |
| 浙江万福建材有限公司 3.88%（非流通股） |
| 杭州股权管理中心 3.26%（非流通股） |
| 上海全球通房地产有限公司 2.96%（流通 A 股） |
| 上海邦斯安盈投资咨询有限公司 1.31%（流通 A 股） |
| 上海龙潭房地产开发有限公司 1.17%（流通 A 股） |
| 浙江广厦集团自应力水泥厂 0.9%（非流通股） |
| 招商证券股份有限公司 0.89%（流通 A 股） |
| 浙江广厦集团建筑装璜材料公司 0.88%（非流通股） |
| 实际控制人：楼忠福 |

二〇〇六年以来市场表现

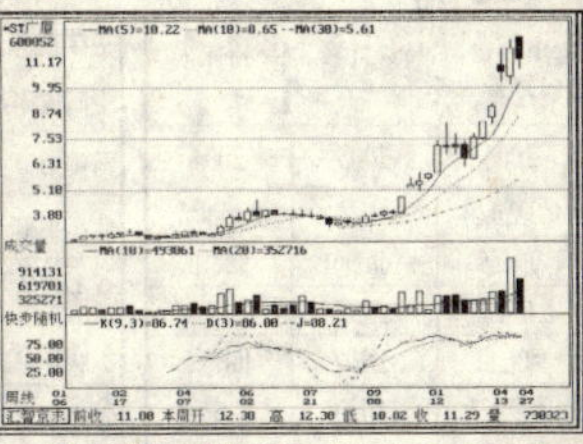

| 项目 | 数值 |
|---|---|
| 2006 年涨跌幅(%) | 100.37 |
| 2006 年最高(元) | 5.86 |
| 2007 年涨跌幅(%) | 148.59 |
| 2007.4.27 收盘(元) | 11.29 |
| 2007 年最高(元) | 14.86 |
| 2007 年最低(元) | 5.52 |
| 2007 年换手率(%) | 180.9 |

未来一年限售流通股解禁情况:159835640.4 股 04 月 13 日解禁

| 最新股本 | 总股本 | 非(限售)流通 | 流通 A | 流通 B/H/S | 股东户数 | 06 年末 | 06 三季 |
|---|---|---|---|---|---|---|---|
| | 48363.35 | 22810.55 | 25552.8 | | | 58337 | 61406 |

年报点评：由于大部分房产收入不能达到房地产收入确认条件，公司房产收入较少，是 2006 年主营收入同比下降的主要原因。公司已经连续两年亏损，主要原因是计提减值准备所致，同时开发的楼盘规模较大，导致前期利润水平较低，也是原因之一。

## 中江地产（600053）

上市日期:97/04/18　电话:0791－8632392　传真:0791－8632392

| 主营 | 房地产开发及经营 | | | |
|---|---|---|---|---|
| | 年度 | 2006 | 2005 | 2004 |
| 主要指标 | 每股收益/扣除后(元) | 0.23/0.22 | 0.03 | 0.65/-1.25 |
| | 每股经营现金流量(元) | 0.21 | 0.22 | 0.02 |
| | 每股净资产/调整后(元) | 2.17/2.13 | -0.64/-0.64 | -0.75/-1.16 |
| | 未分利润(万元) | -23947.34 | -30940.61 | -32123.9 |
| | 资本公积(万元) | 57643.11 | 3302.28 | 2516.24 |
| 利润构成 | 主营收入(万元) | 36654.64 | 7215.73 | 9528.53 |
| | 主营利润(万元) | 12808.49 | -353.67 | -3345.23 |
| | 投资收益(万元) | 1200.37 | -351.36 | -8 |
| | 利润总额(万元) | 10797.52 | 520.95 | 10503.92 |
| | 净利润(万元) | 6993.27 | 520.95 | 10503.92 |
| 近年分配: | | | | |

| 主要股东及持股比例%、持股性质 |
|---|
| 江西江中制药(集团)有限责任公司 69.61%（国有股） |
| 南昌好又多实业有限公司 2.2%（国有股） |
| 上海泰阳实业有限公司 1.71%（国有股） |
| 上海岩鑫实业投资有限公司 0.62%（非流通股） |
| 瑞安市双金机械附件厂 0.61%（非流通股） |
| 孙军忠 0.59%（流通 A 股） |
| 姜强国 0.36%（流通 A 股） |
| 沈宁 0.3%（流通 A 股） |
| 徐玮 0.29%（流通 A 股） |
| 江西丰源房地产开发有限公司 0.24%（流通 A 股） |
| 实际控制人：江西省国资委 |

二〇〇六年以来市场表现

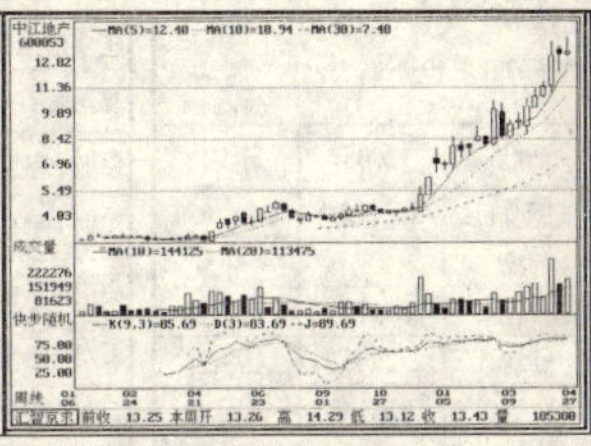

| 项目 | 数值 |
|---|---|
| 2006 年涨跌幅(%) | 161.8 |
| 2006 年最高(元) | 7.9 |
| 2007 年涨跌幅(%) | 92.13 |
| 2007.4.27 收盘(元) | 13.43 |
| 2007 年最高(元) | 14.29 |
| 2007 年最低(元) | 6.64 |
| 2007 年换手率(%) | 241.54 |

未来一年限售流通股解禁情况:30509595 股 12 月 29 日解禁

| 最新股本 | 总股本 | 非(限售)流通 | 流通 A | 流通 B/H/S | 股东户数 | 06 年末 | 06 三季 |
|---|---|---|---|---|---|---|---|
| | 30107 | 22502 | 7605 | | | 13139 | 14312 |

年报点评：公司原本主营造纸，但由于设备效率低下、成本过高、环保不达标等原因已经停产。经过与江西江中制药(集团)的资产重组，将江中集团旗下专业从事房地产开发业务的江中置业整体置入公司，主营变更为房地产开发和销售。紫金城项目成为主要业绩来源。

## 黄山旅游（600054/900942）

上市日期:A: 97/05/06 B: 96/11/22　电话:0559－5561113　传真:0559－5561110

| 主营 | 宾馆的经营与管理、索道的经营与管理、园林管理与门票的出售、旅行社业务以及其它业务。 | | | |
|---|---|---|---|---|
| | 年度 | 2006 | 2005 | 2004 |
| 主要指标 | 每股收益/扣除后(元) | 0.31/0.26 | 0.23/0.23 | 0.01/0.01 |
| | 每股经营现金流量(元) | 0.49 | 0.56 | 0.7 |
| | 每股净资产/调整后(元) | 1.83/1.75 | 2.37/2.32 | 2.24/2.18 |
| | 未分利润(万元) | 14014.3 | 4112.19 | 2014.16 |
| | 资本公积(万元) | 10446.84 | 25591.84 | 25589.74 |
| 利润构成 | 主营收入(万元) | 81672.9 | 68905.37 | 52987.23 |
| | 主营利润(万元) | 30439.96 | 24407.1 | 22996.58 |
| | 投资收益(万元) | 2090.18 | -2238.77 | -6271.35 |
| | 利润总额(万元) | 22140.69 | 12513.45 | 5559.37 |
| | 净利润(万元) | 13868.77 | 6881.63 | 432.75 |
| 近年分配: | 06 中期:10 转增 5 年终:10 派 1.4；05 年:10 派 0.85；04 年:10 派 1 | | | |

| 主要股东及持股比例%、持股性质 |
|---|
| 黄山旅游集团有限公司 43.52%（国有股） |
| GOLDEN CHINA MASTER FUND 3.19%（流通 B 股） |
| PINPOINT CHINA FUND 2.99%（流通 B 股） |
| GUOTAI JUNAN SECURITIES(HONGKONG) LIMITED 1.77%（流通 B 股） |
| PURE HEART CHINA GROWTH INVESTMENT FUND 1.47%（流通 B 股） |
| GT PRC FUND 1.39%（流通 B 股） |
| 中国工商银行－景顺长城新兴成长股票型证券投资基金 1.38%（流通 A 股） |
| SHENYIN WANGGUO NOMINEES (HK) LTD 1.34%（流通 B 股） |
| 中国工商银行－同盛证券投资基金 1%（流通 A 股） |
| 袁赛男 0.76%（流通 B 股） |
| 实际控制人：黄山风景区管理委员会 |

二〇〇六年以来市场表现

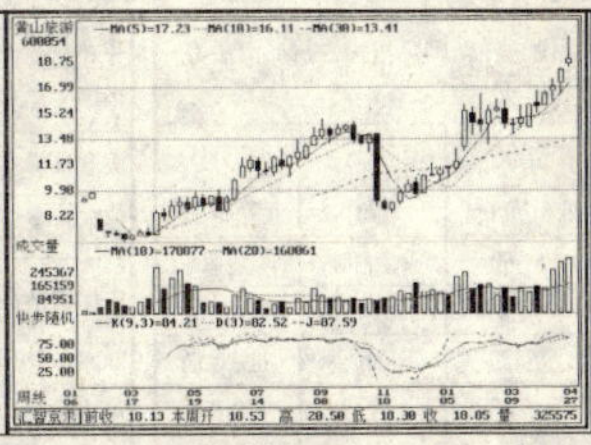

| 项目 | 数值 |
|---|---|
| 2006 年涨跌幅(%) | 138.44 |
| 2006 年最高(元) | 22.9 |
| 2007 年涨跌幅(%) | 68.35 |
| 2007.4.27 收盘(元) | 18.85 |
| 2007 年最高(元) | 20.64 |
| 2007 年最低(元) | 10.74 |
| 2007 年换手率(%) | 279.4 |

未来一年限售流通股解禁情况:22717500 股 02 月 17 日解禁

| 最新股本 | 总股本 | 非(限售)流通 | 流通 A | 流通 B/H/S | 股东户数 | 06 年末 | 06 三季 |
|---|---|---|---|---|---|---|---|
| | 45435 | 19773 | 10062 | 15600 | | 31790 | 30540 |

年报点评：公司类属资源型旅游企业，主营业务为园林门票、客运索道、酒店食宿及旅游服务等部分。2006 年，黄山市旅游业整体继续保持良好的发展态势，公司以黄山风景区争创“5A 级旅游景区”为契机，各项工作在原有的基础上均取得了新的发展和进步。

## 万东医疗（600055）

上市日期:97/05/19　电话:010－65682598　传真:010－65682598

| 主营 | 各类型医用诊断X射线机及齿科治疗设备的生产、销售和开发。 | | | |
|---|---|---|---|---|
| | 年　度 | 2006 | 2005 | 2004 |
| 主要指标 | 每股收益/扣除后(元) | 0.205/0.2 | 0.12 | 0.22/0.22 |
| | 每股经营现金流量(元) | 0.34 | 0.44 | -0.13 |
| | 每股净资产/调整后(元) | 3.09/3.08 | 2.93/2.9 | 2.94/2.92 |
| | 未分利润(万元) | 8753.87 | 6812.29 | 7139.84 |
| | 资本公积(万元) | 16263.88 | 16291.33 | 15933.15 |
| 利润构成 | 主营收入(万元) | 51481.19 | 49494.65 | 47993.89 |
| | 主营利润(万元) | 16664.89 | 15255.58 | 15929.84 |
| | 投资收益(万元) | 137.48 | -76.32 | 108.95 |
| | 利润总额(万元) | 3231.32 | 2114.79 | 3818.22 |
| | 净利润(万元) | 2954.12 | 1757.27 | 3218.37 |
| 近年分配: | 06预案:10派0.5;05年:10派0.5;04年:10派0.8 | | | |

| 主要股东及持股比例%、持股性质 |
|---|
| 北京万东医疗装备公司 51.51%(国有股) |
| 国瑜珈 1.23%(流通A股) |
| 中信证券股份有限公司 0.69%(流通A股) |
| 星火投资有限公司 0.3%(流通A股) |
| 郭长棋 0.27%(流通A股) |
| 陆振达 0.23%(流通A股) |
| 易致宏 0.21%(流通A股) |
| 刘林飞 0.2%(流通A股) |
| 娄为民 0.16%(流通A股) |
| 李珠华 0.16%(流通A股) |
| 实际控制人:北京医药集团有限责任公司 |

二〇〇六年以来市场表现

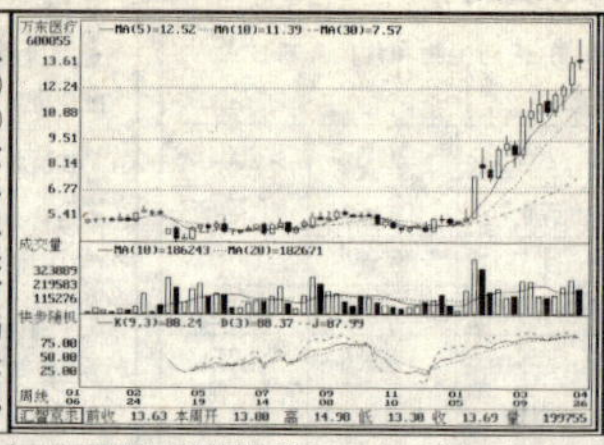

| | |
|---|---|
| 2006年涨跌幅(%) | 40.48 |
| 2006年最高(元) | 8 |
| 2007年涨跌幅(%) | 171.63 |
| 2007.4.27收盘(元) | 13.69 |
| 2007年最高(元) | 14.98 |
| 2007年最低(元) | 4.9 |
| 2007年换手率(%) | 453.16 |

未来一年限售流通股解禁情况:7215000股04月11日解禁

| 最新股本 | 总股本 | 非(限售)流通 | 流通A | 流通B/H/S | 股东户数 | 06年末 | 06三季 |
|---|---|---|---|---|---|---|---|
| | 14430 | 7433.4 | 6996.6 | | | 12912 | 13171 |

年报点评：从事医用诊疗X射线机的生产经营,产品在国内市场占有率稳居第一,具备垄断优势。公司新开发了磁共振产品进军医疗器械高端市场。华润成为公司控制人后,将有可能以公司为平台整合医疗器械。公司2006年经营情况较好,盈利能力提升。

## 中技贸易（600056）

上市日期:97/05/15　电话:010－68404720　传真:010－68476727

| 主营 | 高新技术与成套设备的进出口贸易、易货贸易、国际招标采购、国际合作业务以及国内贸易业务等。 | | | |
|---|---|---|---|---|
| | 年　度 | 2006 | 2005 | 2004 |
| 主要指标 | 每股收益/扣除后(元) | 0.302/0.21 | 0.348 | 0.031/0.1 |
| | 每股经营现金流量(元) | 0.4755 | -0.2104 | 0.241 |
| | 每股净资产/调整后(元) | 2.63/2.62 | 3.28/3.27 | 2.93/2.92 |
| | 未分利润(万元) | 9916.61 | 15921.9 | 10115.5 |
| | 资本公积(万元) | 20995.27 | 24277.6 | 24232.6 |
| 利润构成 | 主营收入(万元) | 270323.4 | 192967 | 217443.67 |
| | 主营利润(万元) | 23258.06 | 20031.94 | 6968.63 |
| | 投资收益(万元) | 3410.5 | 3349.23 | -1083.18 |
| | 利润总额(万元) | 11447.01 | 10355.92 | 1457.87 |
| | 净利润(万元) | 7231.45 | 7258 | 655.11 |
| 近年分配: | 05年:10派6 | | | |

| 主要股东及持股比例%、持股性质 |
|---|
| 中国通用技术(集团)控股有限责任公司 61.1%(国有股) |
| 邓俊弟 0.56%(流通A股) |
| 叶小平 0.52%(流通A股) |
| 林少辉 0.51%(流通A股) |
| 张红养 0.34%(流通A股) |
| 曾尚玉 0.34%(流通A股) |
| 黄桂连 0.32%(流通A股) |
| 杨叶 0.24%(流通A股) |
| 李妈问 0.22%(流通A股) |
| 薛国平 0.19%(流通A股) |
| 实际控制人:中国通用技术(集团)控股有限责任公司 |

二〇〇六年以来市场表现

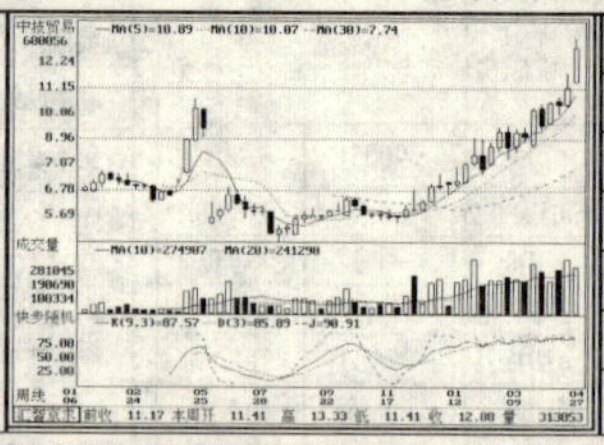

| | |
|---|---|
| 2006年涨跌幅(%) | 64.8 |
| 2006年最高(元) | 11.74 |
| 2007年涨跌幅(%) | 84.79 |
| 2007.4.27收盘(元) | 12.88 |
| 2007年最高(元) | 13.33 |
| 2007年最低(元) | 6.57 |
| 2007年换手率(%) | 435.87 |

未来一年限售流通股解禁情况:11959920股06月13日解禁

| 最新股本 | 总股本 | 非(限售)流通 | 流通A | 流通B/H/S | 股东户数 | 06年末 | 06三季 |
|---|---|---|---|---|---|---|---|
| | 23919.84 | 14616 | 9303.84 | | | 20510 | 22695 |

年报点评：公司主营业务包括天然药物及药品生产和销售、药品和医疗器械分销与直销、药品和医疗器械的贸易代理、国外工程承包和国内工程施工等业务。主要利润来源于中国医药保健品有限公司和海南通用三洋药业有限公司。在较为激烈的竞争环境下,公司业绩保持稳定。

## 夏新电子（600057）

上市日期:97/06/04　电话:0592－5058123　传真:0592－5051631

| 主营 | 数字化通讯产品等电子产品的开发和制造。 | | | |
|---|---|---|---|---|
| | 年　度 | 2006 | 2005 | 2004 |
| 主要指标 | 每股收益/扣除后(元) | 0.056/0.012 | -1.53 | 0.04/-0.01 |
| | 每股经营现金流量(元) | 0.39 | 0.36 | -1.54 |
| | 每股净资产/调整后(元) | 1.47/1.47 | 1.43/1.41 | 3.07/3.06 |
| | 未分利润(万元) | -8656.1 | -27693.3 | 41486.33 |
| | 资本公积(万元) | 30185.69 | 30163.45 | 30163.45 |
| 利润构成 | 主营收入(万元) | 551301.3 | 480928.34 | 505454.08 |
| | 主营利润(万元) | 106935.4 | 56787.39 | 104512.08 |
| | 投资收益(万元) | 663.5 | 2988.37 | -17.23 |
| | 利润总额(万元) | 2924.91 | -66435.83 | 1563.91 |
| | 净利润(万元) | 2421.26 | -65805.05 | 1585.43 |
| 近年分配: | | | | |

| 主要股东及持股比例%、持股性质 |
|---|
| 夏新电子有限公司 43.09%(非流通股) |
| 深圳中航实业股份有限公司 3.57%(流通A股) |
| 深圳天虹商场有限公司 1.11%(流通A股) |
| 中国电子信息产业集团公司 0.91%(国有股) |
| 厦门市电子器材公司 0.68%(国有股) |
| 新利(厦门)工业有限公司 0.65%(非流通股) |
| 厦门国际信托投资有限公司 0.45%(流通A股) |
| 范昕 0.34%(流通A股) |
| 刘朝辉 0.34%(流通A股) |
| 山西雷鲅德科技有限公司 0.25%(流通A股) |
| 实际控制人:中国电子信息产业集团公司 |

二〇〇六年以来市场表现

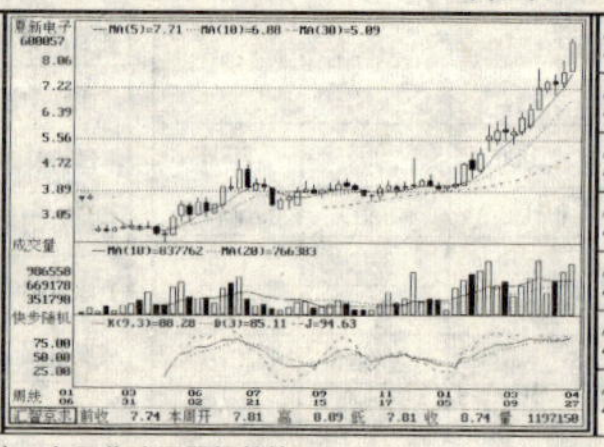

| | |
|---|---|
| 2006年涨跌幅(%) | 60.54 |
| 2006年最高(元) | 6.68 |
| 2007年涨跌幅(%) | 120.71 |
| 2007.4.27收盘(元) | 8.74 |
| 2007年最高(元) | 8.89 |
| 2007年最低(元) | 3.85 |
| 2007年换手率(%) | 565.43 |

未来一年限售流通股解禁情况:

| 最新股本 | 总股本 | 非(限售)流通 | 流通A | 流通B/H/S | 股东户数 | 06年末 | 06三季 |
|---|---|---|---|---|---|---|---|
| | 42984 | 19656 | 23328 | | | 39429 | 38665 |

年报点评：2006年公司仍以通讯终端产品的开发、生产、销售为主,手机产品占主营业务75%左右。虽然没有彻底摆脱行业性的困难局面,但公司所处市场地位保持了稳定,公司主营产品的销量仍然保持一定的增长幅度。"夏新"品牌手机再次被评为"中国名牌产品"称号。

## 五矿发展（600058）

上市日期:97/05/28　电话:010－68494208　传真:010－68494207

| 主营 | 国内外贸易、国际货运、货代、仓储、国际招标、投标、酒店经营、工业生产、高新科技、金融等。 | | | |
|---|---|---|---|---|
| | 年　度 | 2006 | 2005 | 2004 |
| 主要指标 | 每股收益/扣除后(元) | 0.642/0.614 | 0.402 | 0.723/0.718 |
| | 每股经营现金流量(元) | 8.961 | -4.8109 | 2.2718 |
| | 每股净资产/调整后(元) | 3.98/3.94 | 3.59/3.56 | 3.34/3.32 |
| | 未分利润(万元) | 139247.72 | 116701.98 | 103398.06 |
| | 资本公积(万元) | 66674.36 | 66435.71 | 62607.32 |
| 利润构成 | 主营收入(万元) | 7647488.19 | 6659694.9 | 6459345.71 |
| | 主营利润(万元) | 240761.79 | 197929.91 | 251046.45 |
| | 投资收益(万元) | 5975.11 | 6902.23 | 4381 |
| | 利润总额(万元) | 83765.49 | 65723.54 | 96816.62 |
| | 净利润(万元) | 53064.05 | 33250.03 | 59810.47 |
| 近年分配: | 06预案:10派3;05年:10派3;04中期:10转增5年终:10派2 | | | |

| 主要股东及持股比例%、持股性质 |
|---|
| 中国五矿集团公司 63.22%(国有股) |
| 大鹏证券有限责任公司 1.1%(流通A股) |
| 融通蓝筹成长证券投资基金 0.65%(流通A股) |
| 中国平安人寿保险股份有限公司 0.27%(流通A股) |
| 赵荣富 0.16%(流通A股) |
| 南京扬子石化公司总工会 0.15%(流通A股) |
| 中国人寿保险股份有限公司 0.13%(流通A股) |
| 张彪 0.13%(流通A股) |
| 潘利芳 0.12%(流通A股) |
| 上证50交易型开放式指数证券投资基金 0.11%(流通A股) |
| 实际控制人:中国五矿集团公司 |

二〇〇六年以来市场表现

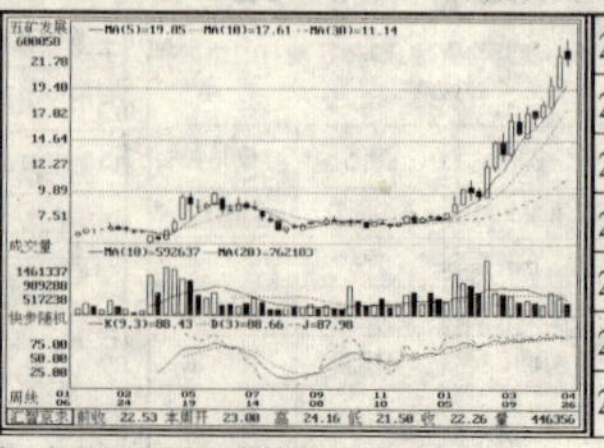

| | |
|---|---|
| 2006年涨跌幅(%) | 73.79 |
| 2006年最高(元) | 12.75 |
| 2007年涨跌幅(%) | 204.1 |
| 2007.4.27收盘(元) | 22.26 |
| 2007年最高(元) | 24.16 |
| 2007年最低(元) | 7.33 |
| 2007年换手率(%) | 416.45 |

未来一年限售流通股解禁情况:

| 最新股本 | 总股本 | 非(限售)流通 | 流通A | 流通B/H/S | 股东户数 | 06年末 | 06三季 |
|---|---|---|---|---|---|---|---|
| | 82697.3 | 52284.67 | 30412.63 | | | 50770 | 37166 |

年报点评：公司是目前国内最大的钢材经销商和冶金原材料集成供应商,从钢铁行业上下游同时展开业务的经营模式是公司相对其他钢铁原材料贸易商或钢材分销商所具备的核心竞争优势之一。报告期内公司在主营业务稳定增长的情况下取得了净利润的大幅增长。

# 古越龙山（600059）

上市日期:97/05/16　　电话:0575－5158435　　传真:0575－5166884

| | |
|---|---|
| 主营 | 黄酒、白酒、果酒、饮料、副食品及食品原辅料的开发、制造、销售。 |

| | 年　度 | 2006 | 2005 | 2004 |
|---|---|---|---|---|
| 主要指标 | 每股收益/扣除后(元) | 0.139/0.133 | 0.112 | 0.22/0.195 |
| | 每股经营现金流量(元) | 0.45 | 0.583 | 0.171 |
| | 每股净资产/调整后(元) | 4.99/4.99 | 5.06/5.06 | 5.15/5.15 |
| | 未分利润(万元) | 11370.86 | 13131.59 | 15451.99 |
| | 资本公积(万元) | 70659.9 | 70815.15 | 70815.15 |
| 利润构成 | 主营收入(万元) | 73197.82 | 60872.87 | 56311.8 |
| | 主营利润(万元) | 21709.22 | 17310.77 | 18627.66 |
| | 投资收益(万元) | 604.48 | 721.79 | 379.31 |
| | 利润总额(万元) | 5013.83 | 4174.21 | 7500.86 |
| | 净利润(万元) | 3233.33 | 2603.58 | 5130.83 |

近年分配: 06 预案:10 派 2；05 年:10 派 2；04 年:10 派 2

| 主要股东及持股比例%、持股性质 |
|---|
| 中国绍兴黄酒集团有限公司 40.55%（国有股） |
| 中国工商银行－广发策略优选混合型证券投资基金 1.73%（流通 A 股） |
| 招商证券－渣打－ING BANK N.V. 1.69%（流通 A 股） |
| 交通银行－安顺证券投资基金 1.42%（流通 A 股） |
| 中国建设银行－华安宏利股票型证券投资基金 1.11%（流通 A 股） |
| 中国银行－嘉实增长开放式证券投资基金 0.94%（流通 A 股） |
| 中国工商银行－国投瑞银核心企业股票型证券投资基金 0.93%（流通 A 股） |
| 中国平安人寿保险股份有限公司－传统－普通保险产品 0.74%（流通 A 股） |
| 陈芙蓉 0.6%（流通 A 股） |
| 交通银行－华安创新证券投资基金 0.6%（流通 A 股） |
| 实际控制人: 绍兴市国有资产监督管理委员会 |

二〇〇六年以来市场表现

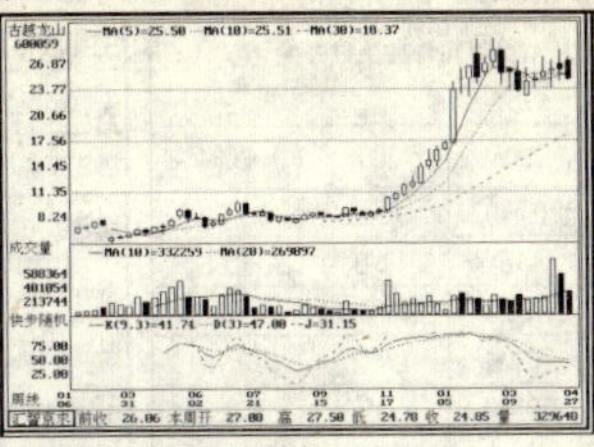


| | |
|---|---|
| 2006 年涨跌幅(%) | 237.02 |
| 2006 年最高(元) | 21.94 |
| 2007 年涨跌幅(%) | 52.08 |
| 2007.4.27 收盘(元) | 24.85 |
| 2007 年最高(元) | 29.98 |
| 2007 年最低(元) | 16.32 |
| 2007 年换手率(%) | 331.87 |

未来一年限售流通股解禁情况:

| 最新股本 | 总股本 | 非(限售)流通 | 流通 A | 流通 B/H/S | 股东户数 | 06 年末 | 06 三季 |
|---|---|---|---|---|---|---|---|
| | 23280 | 9438.9 | 13841.1 | | | 15322 | 23136 |

年报点评: 公司是黄酒行业龙头企业，持续三年的大量投放广告使黄酒和“古越龙山”品牌的知名度大幅提高，公司不断推出高档陈年黄酒系列产品，提高了产品档次。公司有部分氨纶业务，06 年氨纶市场行情有所好转，龙山氨纶的亏损局面逐步得以遏制，公司盈利能力上升。

# 海信电器（600060）

上市日期:97/04/22　　电话:0532－3889556　　传真:0532－3878888－8315

| | |
|---|---|
| 主营 | 电视机、广播电视设备和电子计算机、通讯产品、信息技术产品、家用、商用及其它电器电子产品制造、销售和服务。 |

| | 年　度 | 2006 | 2005 | 2004 |
|---|---|---|---|---|
| 主要指标 | 每股收益/扣除后(元) | 0.253/0.257 | 0.207 | 0.118/0.113 |
| | 每股经营现金流量(元) | 0.37 | －0.02 | 0.17 |
| | 每股净资产/调整后(元) | 5.37/5.24 | 5.02/4.86 | 4.88/4.8 |
| | 未分利润(万元) | 36871.6 | 27267.05 | 27263.06 |
| | 资本公积(万元) | 156431.84 | 151891.99 | 147560.82 |
| 利润构成 | 主营收入(万元) | 1182470.62 | 1016343.23 | 750020.87 |
| | 主营利润(万元) | 179118.19 | 161639.11 | 105449.21 |
| | 投资收益(万元) | －302.83 | －1316.47 | －603.81 |
| | 利润总额(万元) | 19426.36 | 15534.28 | 9313.44 |
| | 净利润(万元) | 12509.27 | 10240.07 | 5842.48 |

近年分配: 06 预案:10 派 1；04 年:10 派 1

| 主要股东及持股比例%、持股性质 |
|---|
| 海信集团有限公司 48.4%（国有股） |
| 中国平安人寿保险股份有限公司－分红－团险分红 1.75%（流通 A 股） |
| 青岛海立钢制品有限公司 0.4%（流通 A 股） |
| 即墨市恒泰机械配件厂 0.28%（流通 A 股） |
| 青岛立业电器有限公司 0.22%（流通 A 股） |
| 江苏亚美电器有限公司 0.21%（流通 A 股） |
| 常州海弘电子有限公司 0.2%（流通 A 股） |
| 青岛即墨市利浩五金工具制造有限公司 0.17%（流通 A 股） |
| 张克蓝 0.16%（流通 A 股） |
| 北京衍森装饰有限公司 0.14%（流通 A 股） |
| 实际控制人: 青岛市人民政府国有资产监督管理委员会 |

二〇〇六年以来市场表现

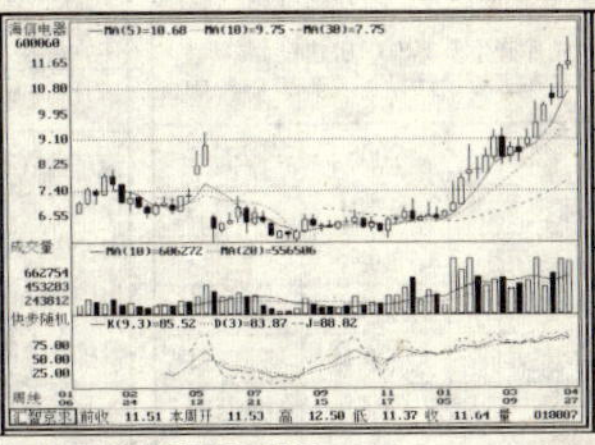


| | |
|---|---|
| 2006 年涨跌幅(%) | 21.61 |
| 2006 年最高(元) | 9.29 |
| 2007 年涨跌幅(%) | 80.47 |
| 2007.4.27 收盘(元) | 11.64 |
| 2007 年最高(元) | 12.5 |
| 2007 年最低(元) | 6.4 |
| 2007 年换手率(%) | 378.37 |

未来一年限售流通股解禁情况:

| 最新股本 | 总股本 | 非(限售)流通 | 流通 A | 流通 B/H/S | 股东户数 | 06 年末 | 06 三季 |
|---|---|---|---|---|---|---|---|
| | 49376.78 | 23896.78 | 25480 | | | 89172 | 93705 |

年报点评: 公司主营彩电和冰箱。由于彩电行业的产品升级和消费升级呈现出加速发展的态势，同时，国际市场上国内彩电厂商面临着较大的阻力，公司 2006 年平板电视销售高速增长，市场占有率位居第一，盈利增长稳健。平板进一步普及将推动业绩增长。

# 中纺投资（600061）

上市日期:97/05/19　　电话:021－62818687　　传真:021－62816868

| | |
|---|---|
| 主营 | 锦纶单丝、涤纶长丝、羊绒制品、高强 PE 纤维等产品的开发、生产和销售。 |

| | 年　度 | 2006 | 2005 | 2004 |
|---|---|---|---|---|
| 主要指标 | 每股收益/扣除后(元) | 0.034/0.03 | 0.015 | 0.014/0.004 |
| | 每股经营现金流量(元) | 0.11 | 0.32 | －0.07 |
| | 每股净资产/调整后(元) | 1.19/1.19 | 1.33/1.33 | 1.31/1.31 |
| | 未分利润(万元) | 2668.6 | 1529.99 | 944.35 |
| | 资本公积(万元) | 506.24 | 6195.7 | 6195.7 |
| 利润构成 | 主营收入(万元) | 122573.23 | 104706.86 | 86839 |
| | 主营利润(万元) | 8442.91 | 5832.31 | 6110.14 |
| | 投资收益(万元) | －5.13 | 220.37 | 149.44 |
| | 利润总额(万元) | 1984.45 | 396.54 | 652.07 |
| | 净利润(万元) | 1455.59 | 571.98 | 529.49 |

近年分配:

| 主要股东及持股比例%、持股性质 |
|---|
| 中国纺织物资(集团)总公司 35.99%（国有股） |
| 中国丝绸进出口总公司 8.82%（国有股） |
| 澳大利亚 CTRC 股份有限公司 8.82%（外资股） |
| 陕西省纺织工业供销公司 1.39%（国有股） |
| 中国银行－泰信优质生活股票型证券投资基金 0.15%（流通 A 股） |
| 孟东辉 0.13%（流通 A 股） |
| 吴建新 0.12%（流通 A 股） |
| 李永祥 0.11%（流通 A 股） |
| 胡洪元 0.11%（流通 A 股） |
| 章建成 0.1%（流通 A 股） |
| 实际控制人: 中国纺织物资(集团)总公司 |

二〇〇六年以来市场表现

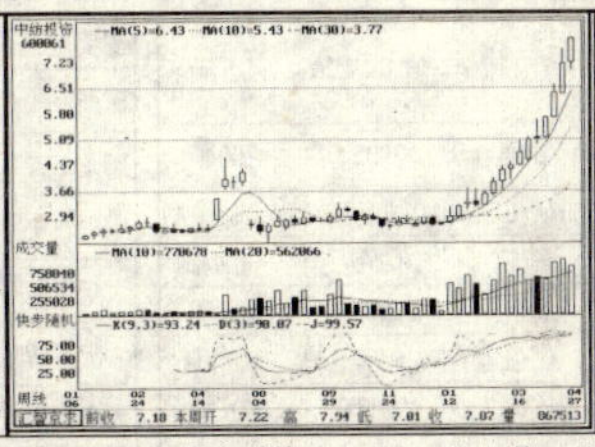


| | |
|---|---|
| 2006 年涨跌幅(%) | 83.79 |
| 2006 年最高(元) | 5.24 |
| 2007 年涨跌幅(%) | 190.41 |
| 2007.4.27 收盘(元) | 7.87 |
| 2007 年最高(元) | 7.94 |
| 2007 年最低(元) | 2.65 |
| 2007 年换手率(%) | 539.7 |

未来一年限售流通股解禁情况:70325882 股 07 月 24 日解禁

| 最新股本 | 总股本 | 非(限售)流通 | 流通 A | 流通 B/H/S | 股东户数 | 06 年末 | 06 三季 |
|---|---|---|---|---|---|---|---|
| | 42908.29 | 23604.31 | 19303.99 | | | 27950 | 28283 |

年报点评: 公司主营化纤、毛纺原料、羊绒等纺织业务。2006 年公司经营业绩大幅提高，主要得益于化纤业务经营规模扩大和毛纺原料品种结构调整和深化加工，公司产品毛利率有所增长。但是原材料价格上升、人民币升值、出口退税进一步下调等使外部经营环境依然严峻。

# 双鹤药业（600062）

上市日期:97/05/22　　电话:010－64742227　　传真:010－64398086

| | |
|---|---|
| 主营 | 加工、制造原料药、注射剂（水针、粉针、输液）、片剂、胶囊剂、颗粒剂、软胶囊、制药机械设备。 |

| | 年　度 | 2006 | 2005 | 2004 |
|---|---|---|---|---|
| 主要指标 | 每股收益/扣除后(元) | 0.374/0.312 | 0.423/0.228 | 0.011/－0.009 |
| | 每股经营现金流量(元) | 0.6886 | 0.3169 | 1.0287 |
| | 每股净资产/调整后(元) | 4.12/4.07 | 3.92/3.84 | 3.47/3.42 |
| | 未分利润(万元) | 52698.66 | 46246.45 | 32631.55 |
| | 资本公积(万元) | 60878.07 | 60775.96 | 60377.33 |
| 利润构成 | 主营收入(万元) | 404909 | 459742.9 | 419571.54 |
| | 主营利润(万元) | 112187.11 | 120725.5 | 108628.81 |
| | 投资收益(万元) | －207.66 | 7685.28 | －5506.74 |
| | 利润总额(万元) | 25305.83 | 24067.65 | 2796.85 |
| | 净利润(万元) | 16489.34 | 18663.93 | 470.53 |

近年分配: 06 预案:10 派 1.6；05 年:10 派 1.8

| 主要股东及持股比例%、持股性质 |
|---|
| 北京医药集团有限责任公司 48.89%（部分流通部分不流通） |
| 兴和证券投资基金 2.04%（流通 A 股） |
| 中国建设银行－博时主题行业股票证券投资基金 0.9%（流通 A 股） |
| 中国银行－银华优势企业(平衡型)证券投资基金 0.77%（流通 A 股） |
| UBS AG 0.65%（流通 A 股） |
| 中信证券－中信－中信理财 2 号集合资产管理计划 0.44%（流通 A 股） |
| 华宝信托投资有限责任公司－单一类资金信托 2005 年第 22 号 0.37%（流通 A 股） |
| 北京科梦嘉生物技术开发有限责任公司 0.31%（非流通股） |
| 安徽兴元投资管理有限责任公司 0.24%（流通 A 股） |
| 张建新 0.24%（流通 A 股） |
| 实际控制人: 北京医药集团有限责任公司 |

二〇〇六年以来市场表现

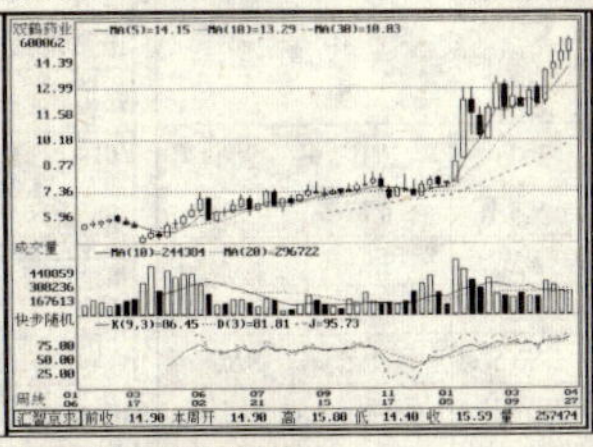


| | |
|---|---|
| 2006 年涨跌幅(%) | 94.05 |
| 2006 年最高(元) | 11.31 |
| 2007 年涨跌幅(%) | 103.26 |
| 2007.4.27 收盘(元) | 15.59 |
| 2007 年最高(元) | 15.8 |
| 2007 年最低(元) | 7.5 |
| 2007 年换手率(%) | 190.97 |

未来一年限售流通股解禁情况:

| 最新股本 | 总股本 | 非(限售)流通 | 流通 A | 流通 B/H/S | 股东户数 | 06 年末 | 06 三季 |
|---|---|---|---|---|---|---|---|
| | 44107.57 | 19573.23 | 24534.34 | | | 17969 | 15832 |

年报点评: 公司重点发展大输液、心脑血管和内分泌三个领域。产品市场占有率较高，公司目前资产质量较好。2006 年公司收入下降是由于处理子公司，净利润保持快速增长。公司产品进入基本用药目录，受益于医改推进。公司未来发展前景较好。

## 皖维高新（600063）

上市日期:97/05/28　电话:0565－2317280　传真:0565－2317447

**主营**：聚乙烯醇、高科技含量的新型材料和特种化纤开发、生产和销售。

| | 年　度 | 2006 | 2005 | 2004 |
|---|---|---|---|---|
| 主要指标 | 每股收益/扣除后(元) | 0.187/0.12 | 0.065 | 0.095/0.1 |
| | 每股经营现金流量(元) | 1.06 | 0.73 | 0.61 |
| | 每股净资产/调整后(元) | 2.71/2.68 | 2.61/2.58 | 2.59/2.56 |
| | 未分利润(万元) | 5323.94 | 1590.12 | 373.13 |
| | 资本公积(万元) | 27569.11 | 33615.23 | 32795.59 |
| 利润构成 | 主营收入(万元) | 139592.87 | 126747.66 | 143738.93 |
| | 主营利润(万元) | 20377.04 | 17815.13 | 15393.1 |
| | 投资收益(万元) | 1305.23 | －1441.28 | 8.71 |
| | 利润总额(万元) | 6958.91 | 3769.12 | 4119.59 |
| | 净利润(万元) | 4234.79 | 1655.66 | 2407.03 |

**近年分配**：04 年:10 派 0.8

**主要股东及持股比例%、持股性质**

- 安徽皖维集团有限责任公司 41.53%（国有股）
- 湛江市住房公积金管理中心 0.45%（流通 A 股）
- 郑帮雄 0.366%（流通 A 股）
- 王若娟 0.261%（流通 A 股）
- 温武聚 0.234%（流通 A 股）
- 张嘉鹏 0.206%（流通 A 股）
- 张佩珂 0.191%（流通 A 股）
- 丁家志 0.19%（流通 A 股）
- 刘惠 0.19%（流通 A 股）
- 张旭清 0.188%（流通 A 股）

**实际控制人**：安徽皖维集团有限责任公司

二〇〇六年以来市场表现

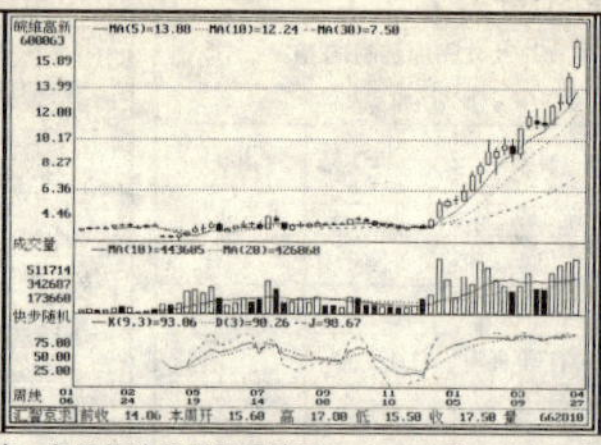

| | |
|---|---|
| 2006 年涨跌幅(%) | 124.77 |
| 2006 年最高(元) | 7.52 |
| 2007 年涨跌幅(%) | 218.18 |
| 2007.4.27 收盘(元) | 17.5 |
| 2007 年最高(元) | 17.8 |
| 2007 年最低(元) | 5.31 |
| 2007 年换手率(%) | 521.62 |

未来一年限售流通股解禁情况:11344305 股 04 月 13 日解禁

| 最新股本 | 总股本 | 非(限售)流通 | 流通 A | 流通 B/H/S | 股东户数 | 06 年末 | 06 三季 |
|---|---|---|---|---|---|---|---|
| | 22688.61 | 9422.61 | 13266 | | | 39432 | 42725 |

**年报点评**：公司目前已发展成为中国最大的聚乙烯醇生产企业、中国最大、世界第二的高强高模聚乙烯醇出口基地和安徽省最大的化工化纤建材联合企业。主要产品价格上升和产品结构调整是公司去年业绩增长的一个重要原因。公司持有国元证券 1 亿股将增加其未来的投资收益。

## 南京高科（600064）

上市日期:97/05/06　电话:025－85800728　传真:025－85800720

**主营**：市政基础设施建设，土地成片开发及标准厂房建设，高新技术产业，建筑安装装饰工程和工程设计等

| | 年　度 | 2006 | 2005 | 2004 |
|---|---|---|---|---|
| 主要指标 | 每股收益/扣除后(元) | 0.295/0.272 | 0.271 | 0.242/0.242 |
| | 每股经营现金流量(元) | 0.712 | 1.029 | 0.591 |
| | 每股净资产/调整后(元) | 4.11/4.1 | 3.98/3.96 | 3.91/3.86 |
| | 未分利润(万元) | 26150.01 | 27510.44 | 27226.01 |
| | 资本公积(万元) | 57615.79 | 57855.9 | 56625.77 |
| 利润构成 | 主营收入(万元) | 167526.28 | 163642.89 | 139877.85 |
| | 主营利润(万元) | 27888.17 | 27426.59 | 21235 |
| | 投资收益(万元) | 3059.37 | 3002.86 | 3739.02 |
| | 利润总额(万元) | 8493.45 | 7585.62 | 6834.55 |
| | 净利润(万元) | 10142.39 | 9317.51 | 8332.19 |

**近年分配**：06 年:10 派 2；05 年:10 派 3；04 年:10 派 2

**主要股东及持股比例%、持股性质**

- 南京新港开发总公司 34.46%（国有股）
- 南京港口经济发展总公司 5.77%（国有股）
- 中国工商银行－中银国际持续增长股票型证券投资基金 0.93%（流通 A 股）
- 山西信托投资有限责任公司 0.58%（流通 A 股）
- 景福证券投资基金 0.58%（流通 A 股）
- 全国社保基金一零六组合 0.58%（流通 A 股）
- 中国建设银行－华夏红利混合型开放式证券投资基金 0.58%（流通 A 股）
- 杨荔雯 0.47%（流通 A 股）
- 江苏鑫苏财务顾问有限公司 0.45%（流通 A 股）
- 招商银行股份有限公司－上证红利交易型开放式指数证券投资基金 0.44%（流通 A 股）

**实际控制人**：南京市人民政府国有资产监督管理委员会

二〇〇六年以来市场表现

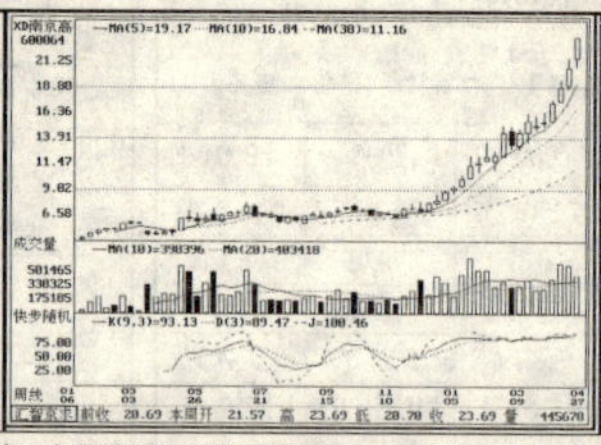

| | |
|---|---|
| 2006 年涨跌幅(%) | 190.21 |
| 2006 年最高(元) | 12.1 |
| 2007 年涨跌幅(%) | 172.1 |
| 2007.4.27 收盘(元) | 23.69 |
| 2007 年最高(元) | 23.89 |
| 2007 年最低(元) | 8.61 |
| 2007 年换手率(%) | 316.08 |

未来一年限售流通股解禁情况:2635885 股 04 月 03 日解禁

| 最新股本 | 总股本 | 非(限售)流通 | 流通 A | 流通 B/H/S | 股东户数 | 06 年末 | 06 三季 |
|---|---|---|---|---|---|---|---|
| | 34414.59 | 13890.23 | 20524.36 | | | 56012 | 66022 |

**年报点评**：公司主营园区开发及相关的投资业务。2006 年公司整合资源，稳固传统主业，集中资源培育公用事业、地产、医药三个产业成长梯队，各项业务均有一定增长。公司下属医药企业臣功制药和新港医药面对行业性调整的困难，也取得了较好的业绩。

## ＊ST 联谊（600065）

上市日期:97/05/23　电话:0459－6717944　传真:0459－6717944

**主营**：石油炼制、石油开采及石化产品生产、加工、运销

| | 年　度 | 2006 | 2005 | 2004 |
|---|---|---|---|---|
| 主要指标 | 每股收益/扣除后(元) | 0.06/－0.532 | －0.862 | －0.998/－0.49 |
| | 每股经营现金流量(元) | 0.257 | 0.0692 | －0.0146 |
| | 每股净资产/调整后(元) | 0.58/0.51 | 0.65/0.41 | 1.58/1.33 |
| | 未分利润(万元) | －61383.22 | －62824.3 | －44884.01 |
| | 资本公积(万元) | 41574.13 | 46275.08 | 46209.97 |
| 利润构成 | 主营收入(万元) | 12984.39 | 32255.46 | 39634.07 |
| | 主营利润(万元) | －1336.44 | 30.72 | －1031.72 |
| | 投资收益(万元) | －215.71 | －277.76 | －0.07 |
| | 利润总额(万元) | 1078.92 | －16567.9 | －19140.62 |
| | 净利润(万元) | 1441.08 | －16552.2 | －19161.33 |

**近年分配**：

**主要股东及持股比例%、持股性质**

- 深圳市淞江投资担保集团有限公司 29.33%（非流通股）
- 黑龙江省大庆联谊石油化工总厂 22.96%（非流通股）
- 中国农业银行大庆市分行 3.09%（国有股）
- 大庆市大同区林源建材公司 2.02%（非流通股）
- 大庆高新区联谊润滑油调合厂 1.76%（非流通股）
- 大庆市联谊劳动服务站 1.01%（非流通股）
- 大庆市联谊石化宾馆 0.76%（非流通股）
- 岳国良 0.39%（流通 A 股）
- 何汝忠 0.33%（流通 A 股）
- 陈星亮 0.31%（流通 A 股）

**实际控制人**：深圳市淞江投资担保集团有限公司

二〇〇六年以来市场表现

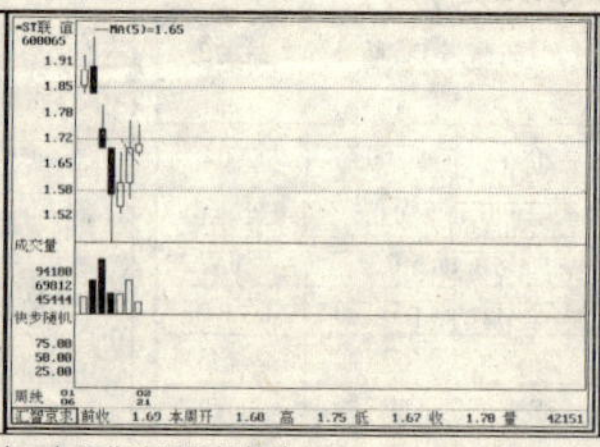

| | |
|---|---|
| 2006 年涨跌幅(%) | |
| 2006 年最高(元) | |
| 2007 年涨跌幅(%) | |
| 2007.4.27 收盘(元) | |
| 2007 年最高(元) | |
| 2007 年最低(元) | |
| 2007 年换手率(%) | |

未来一年限售流通股解禁情况:

| 最新股本 | 总股本 | 非(限售)流通 | 流通 A | 流通 B/H/S | 股东户数 | 06 年末 | 06 三季 |
|---|---|---|---|---|---|---|---|
| | 23800.95 | 14500.95 | 9300 | | | 28492 | 28493 |

**年报点评**：公司股票于 2006 年 3 月 10 日起暂停上市交易。2006 年，由于公司所处行业及经营范围未发生变化，虽然公司加强了内部管理，但受到国际、国内大环境的影响，公司主业继续亏损。

## 宇通客车（600066）

上市日期:97/05/08　电话:0371—6806316　传真:0371－6806000

**主营**：大中型客车的生产及销售。

| | 年　度 | 2006 | 2005 | 2004 |
|---|---|---|---|---|
| 主要指标 | 每股收益/扣除后(元) | 0.55/0.54 | 0.7 | 0.7/0.72 |
| | 每股经营现金流量(元) | 2.36 | 1.9 | 2.13 |
| | 每股净资产/调整后(元) | 3.12/3.11 | 4.8/4.76 | 5.83/5.83 |
| | 未分利润(万元) | 27535.54 | 34386.21 | 28857.86 |
| | 资本公积(万元) | 41159.23 | 53078.69 | 59221.57 |
| 利润构成 | 主营收入(万元) | 495450.67 | 457643.56 | 394908.87 |
| | 主营利润(万元) | 87287.68 | 82523.81 | 65882.55 |
| | 投资收益(万元) | 1318.53 | 917.18 | 218.65 |
| | 利润总额(万元) | 32566.86 | 27045.53 | 19633.65 |
| | 净利润(万元) | 22074.17 | 18567.8 | 14368.36 |

**近年分配**：06 年:10 派 5；05 年:10 派 10 转增 5；04 年:10 派 5 转增 3

**主要股东及持股比例%、持股性质**

- 郑州宇通集团有限公司 31.4%（非流通股）
- 中国工商银行－南方绩优成长股票型证券投资基金 4.96%（流通 A 股）
- 中国银行－南方高增长股票型开放式证券投资基金 4.88%（流通 A 股）
- 申银万国－花旗－DEUTSCHE BANK AKTIENGESELLSCHAFT 4.82%（流通 A 股）
- 中国工商银行－汇添富均衡增长股票型证券投资基金 2.88%（流通 A 股）
- 中国公路车辆机械有限公司 2.43%（国有股）
- 摩根士丹利投资管理公司－摩根士丹利中国 A 股基金 2.23%（流通 A 股）
- 招商银行股份有限公司－富国天合稳健优选股票型证券投资基金 2.09%（流通 A 股）
- 中国工商银行－安信证券投资基金 2%（流通 A 股）
- 海通－汇丰－ABN AMRO BANK N. V. 1.73%（流通 A 股）

**实际控制人**：汤玉祥等自然人

二〇〇六年以来市场表现

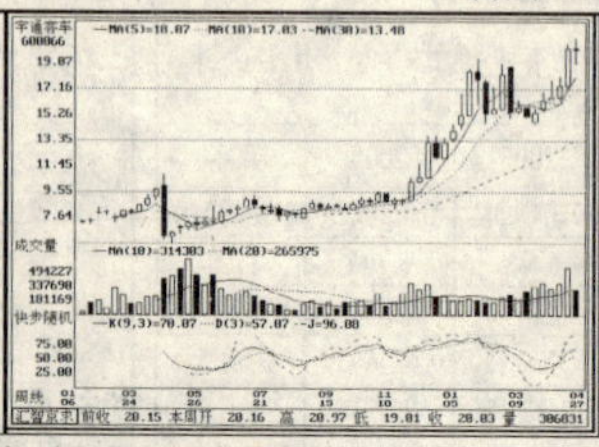

| | |
|---|---|
| 2006 年涨跌幅(%) | 200.97 |
| 2006 年最高(元) | 22.62 |
| 2007 年涨跌幅(%) | 55.89 |
| 2007.4.27 收盘(元) | 20.03 |
| 2007 年最高(元) | 21.47 |
| 2007 年最低(元) | 13.22 |
| 2007 年换手率(%) | 158.88 |

未来一年限售流通股解禁情况:9727195.5 股 03 月 06 日解禁

| 最新股本 | 总股本 | 非(限售)流通 | 流通 A | 流通 B/H/S | 股东户数 | 06 年末 | 06 三季 |
|---|---|---|---|---|---|---|---|
| | 39991.67 | 13529.37 | 26462.3 | | | 17667 | 24888 |

**年报点评**：公司主营客车生产和销售。06 年国内汽车销售形势好转，公司产销量均有所增长，但净利润略有下降。07 年国内汽车市场进一步转暖，但行业竞争激烈，公司有望通过新厂房的建成等解决公司产能瓶颈，并通过开发新产品，拓展国际市场等手段促进增长。

## 冠城大通（600067）

上市日期:97/05/08　电话:0591－3353338　传真:0591－3350026

| | | | | |
|---|---|---|---|---|
| 主营 | 特种漆包线制造与销售;房地产开发与销售等。 | | | |
| | 年　度 | 2006 | 2005 | 2004 |
| 主要指标 | 每股收益/扣除后(元) | 0.31/0.31 | 0.3 | 0.24/0.23 |
| | 每股经营现金流量(元) | -1.53 | 1.41 | -1.74 |
| | 每股净资产/调整后(元) | 1.69/1.68 | 1.61/1.54 | 1.62/1.6 |
| | 未分利润(万元) | 12846.1 | 9235.54 | 6793.47 |
| | 资本公积(万元) | 234.77 | 396.51 | 2976.04 |
| 利润构成 | 主营收入(万元) | 343365.94 | 221075.56 | 161814.21 |
| | 主营利润(万元) | 36712.03 | 28242.32 | 20470.79 |
| | 投资收益(万元) | -1148.46 | 5.37 | 65.73 |
| | 利润总额(万元) | 18890.99 | 17152.53 | 11542.53 |
| | 净利润(万元) | 11384.3 | 9740.74 | 6414.65 |
| 近年分配: | 06 预案:10 派 0.1 送 0.836；05 年:10 派 0.167 送 1.5；04 年:10 派 0.5 送 1 转增 1 | | | |

| 主要股东及持股比例%、持股性质 |
|---|
| 福建丰榕投资有限公司 31.45%（部分流通部分不流通） |
| 中国工商银行－南方绩优成长股票型证券投资基金 2.29%（流通 A 股） |
| 中国银行－同智证券投资基金 1.91%（流通 A 股） |
| 福州景科投资有限公司 1.81%（非流通股） |
| 中国工商银行－中银国际收益混合型证券投资基金 1.74%（流通 A 股） |
| 福州建银贸易公司 1.52%（非流通股） |
| 中国建设银行福建省分行直属支行 1.49%（非流通股） |
| 天华证券投资基金 1.21%（流通 A 股） |
| 福州市投资管理公司 1.1%（非流通股） |
| 同德证券投资基金 1.08%（流通 A 股） |
| 实际控制人：薛黎曦 |

二〇〇六年以来市场表现

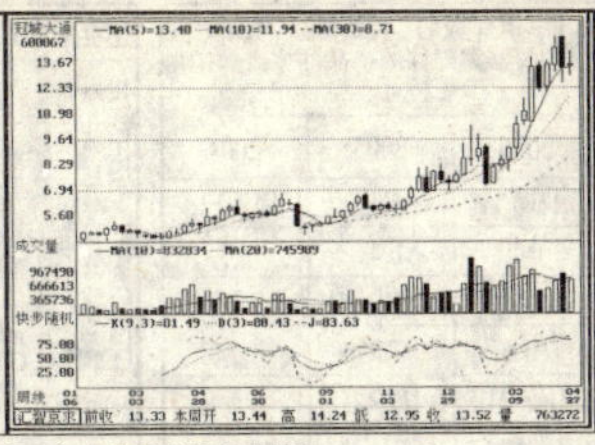

| | |
|---|---|
| 2006 年涨跌幅(%) | 103.76 |
| 2006 年最高(元) | 10.52 |
| 2007 年涨跌幅(%) | 86.48 |
| 2007.4.27 收盘(元) | 13.52 |
| 2007 年最高(元) | 15.02 |
| 2007 年最低(元) | 7.13 |
| 2007 年换手率(%) | 463.01 |

未来一年限售流通股解禁情况:

| | 总股本 | 非(限售)流通 | 流通 A | 流通 B/H/S | 股东户数 | 06 年末 | 06 三季 |
|---|---|---|---|---|---|---|---|
| 最新股本 | 37098.52 | 10702.6 | 26395.91 | | | 17388 | 11379 |

年报点评：主营收入和净利润实现较大增长，房地产共完成销售面积 13.73 万平方米，主要开发太阳星城项目进展顺利。报告期漆包线主要原材料铜价格仍然在高位运行且波动剧烈，激烈的行业竞争现状仍未得到改观，行业毛利率仍然在低位徘徊。

## 葛洲坝（600068）

上市日期:97/05/26　电话:027－83790455　传真:027－83790721

| | | | | |
|---|---|---|---|---|
| 主营 | 建筑工程承包施工和水泥生产。 | | | |
| | 年　度 | 2006 | 2005 | 2004 |
| 主要指标 | 每股收益/扣除后(元) | 0.067/0.043 | 0.086 | 0.073/0.082 |
| | 每股经营现金流量(元) | 0.458 | 0.413 | 1.294 |
| | 每股净资产/调整后(元) | 3.33/3.3 | 4.91/4.87 | 4.87/4.83 |
| | 未分利润(万元) | 61676.69 | 58458.14 | 53876.32 |
| | 资本公积(万元) | 167144.04 | 201889.6 | 201889.6 |
| 利润构成 | 主营收入(万元) | 190986.21 | 164511.53 | 186600.52 |
| | 主营利润(万元) | 50602.27 | 40256.92 | 32252.11 |
| | 投资收益(万元) | 1348.44 | 3715.05 | 465.77 |
| | 利润总额(万元) | 10805.76 | 7403.6 | 7289.51 |
| | 净利润(万元) | 7081.5 | 6067.7 | 5184.41 |
| 近年分配: | 06 预案:10 派 0.4；05 年:10 派 0.3；04 年:10 派 0.3 | | | |

| 主要股东及持股比例%、持股性质 |
|---|
| 中国葛洲坝水利水电工程集团有限公司 25.27%（国有股） |
| 交通银行股份有限公司海南分行 5.71%（非流通股） |
| 中国高科集团股份有限公司 1.48%（非流通股） |
| 中国航空(集团)有限公司 0.66%（外资股） |
| 海南宝生经济贸易公司 0.41%（国有股） |
| 西安高科(集团)公司 0.37%（国有股） |
| 武汉市商业银行 0.11%（非流通股） |
| 于宁军 0.11%（流通 A 股） |
| 交通银行股份有限公司武汉分行 0.1%（非流通股） |
| 杨常喜 0.08%（流通 A 股） |
| 实际控制人：中国葛洲坝集团公司 |

二〇〇六年以来市场表现

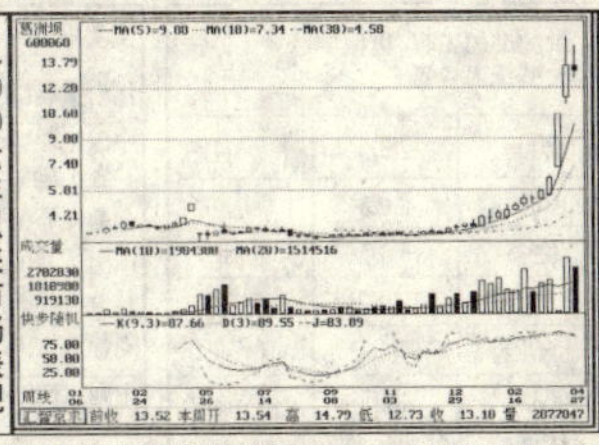

| | |
|---|---|
| 2006 年涨跌幅(%) | 99.74 |
| 2006 年最高(元) | 6.7 |
| 2007 年涨跌幅(%) | 286.51 |
| 2007.4.27 收盘(元) | 13.18 |
| 2007 年最高(元) | 15.39 |
| 2007 年最低(元) | 3.37 |
| 2007 年换手率(%) | 372.47 |

未来一年限售流通股解禁情况:86797324 股 05 月 17 日解禁

| | 总股本 | 非(限售)流通 | 流通 A | 流通 B/H/S | 股东户数 | 06 年末 | 06 三季 |
|---|---|---|---|---|---|---|---|
| 最新股本 | 105160 | 35999.99 | 69160.01 | | | 187956 | 197158 |

年报点评：公司主营业务为水泥生产销售、建筑工程承包施工、民用爆破、水力发电、高速公路营运和房地产。2006 年收入和利润均呈现良好增长，公司加大兼并重组力度，突出优势产业。2007 年，公司计划完成企业总产值 22 亿元，同时投资湖北荆门子陵日产 4800t/d 水泥项目。

## 银鸽投资（600069）

上市日期:97/04/30　电话:0395－2355681　传真:0395－2355681

| | | | | |
|---|---|---|---|---|
| 主营 | 纸张、纸浆及其深加工。 | | | |
| | 年　度 | 2006 | 2005 | 2004 |
| 主要指标 | 每股收益/扣除后(元) | 0.35/0.3 | 0.3 | 0.12/0.13 |
| | 每股经营现金流量(元) | 0.68 | 0.43 | 0.36 |
| | 每股净资产/调整后(元) | 1.92/1.9 | 1.57/1.55 | 1.27/1.26 |
| | 未分利润(万元) | 16100.85 | 4078.23 | -7136.62 |
| | 资本公积(万元) | 13779.72 | 13762.88 | 13762.88 |
| 利润构成 | 主营收入(万元) | 149709.37 | 107266.51 | 79447.52 |
| | 主营利润(万元) | 25841.81 | 18171.14 | 12352.97 |
| | 投资收益(万元) | -24.02 | -11.76 | -0.81 |
| | 利润总额(万元) | 15193.59 | 11806.29 | 4668.95 |
| | 净利润(万元) | 13025.45 | 11255.22 | 4530.34 |
| 近年分配: | | | | |

| 主要股东及持股比例%、持股性质 |
|---|
| 漯河银鸽实业集团有限公司 29.14%（国有股） |
| 辽阳造纸机械股份有限公司 3.71%（流通 A 股） |
| 许继集团国际工程有限公司 3.02%（部分流通部分不流通） |
| 姜传平 0.64%（流通 A 股） |
| 刘庭兰 0.41%（流通 A 股） |
| 黄希法 0.36%（流通 A 股） |
| 杨涛 0.33%（流通 A 股） |
| 汪湘冰 0.32%（流通 A 股） |
| 赵宇鸣 0.29%（流通 A 股） |
| 何林璇 0.27%（流通 A 股） |
| 实际控制人：河南省漯河市财政局 |

二〇〇六年以来市场表现

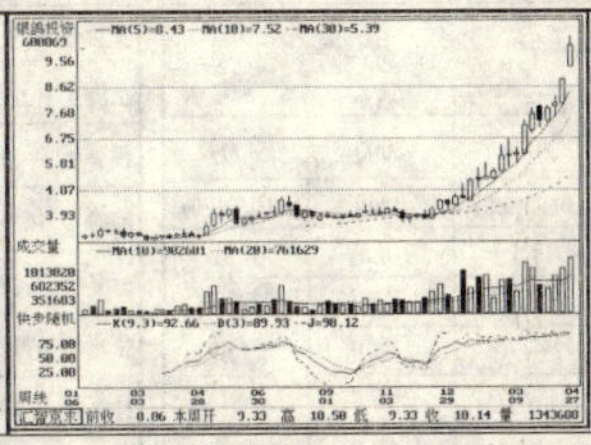

| | |
|---|---|
| 2006 年涨跌幅(%) | 36.74 |
| 2006 年最高(元) | 4.61 |
| 2007 年涨跌幅(%) | 136.92 |
| 2007.4.27 收盘(元) | 10.14 |
| 2007 年最高(元) | 10.5 |
| 2007 年最低(元) | 4.26 |
| 2007 年换手率(%) | 517.8 |

未来一年限售流通股解禁情况:27357600 股 08 月 23 日解禁

| | 总股本 | 非(限售)流通 | 流通 A | 流通 B/H/S | 股东户数 | 06 年末 | 06 三季 |
|---|---|---|---|---|---|---|---|
| 最新股本 | 37160 | 11707.04 | 25452.96 | | | 51973 | 53667 |

年报点评：公司主要业务是以草浆为主要原材料的文化纸、特种纸和以废纸为主要原材料的箱板纸。行业内由于污染问题，小型纸厂正逐步退出市场。草浆原材料在过去一年中给公司带来了良好的成本优势。定向增发实施进度将成为影响公司未来业绩的主要因素。

## 浙江富润（600070）

上市日期:97/06/04　电话:0575－7222043　传真:0575－7223018

| | | | | |
|---|---|---|---|---|
| 主营 | 绢丝及绢纺绸产品、精纺呢绒面料、纺织品印染砂洗加工服务。 | | | |
| | 年　度 | 2006 | 2005 | 2004 |
| 主要指标 | 每股收益/扣除后(元) | 0.06/0.005 | 0.13 | 0.16/0.14 |
| | 每股经营现金流量(元) | -0.03 | 0.73 | 0.47 |
| | 每股净资产/调整后(元) | 2.82/2.8 | 3.83/3.82 | 3.81/3.8 |
| | 未分利润(万元) | 3540.63 | 3182.83 | 3406.69 |
| | 资本公积(万元) | 19256.97 | 23171.56 | 22936 |
| 利润构成 | 主营收入(万元) | 49602.37 | 44372.23 | 33865.86 |
| | 主营利润(万元) | 4622.79 | 4741.94 | 4132.16 |
| | 投资收益(万元) | 214.11 | 287.16 | -181.71 |
| | 利润总额(万元) | 3612.67 | 2840.4 | 2338.18 |
| | 净利润(万元) | 844.2 | 1317.84 | 1604.83 |
| 近年分配: | 06 预案:10 派 0.6；04 年:10 派 1 | | | |

| 主要股东及持股比例%、持股性质 |
|---|
| 富润控股集团有限公司 25.64%（国有股） |
| 浙江省诸暨市绢纺织研究所 2.28%（非流通股） |
| 诸暨市电力实业总公司 2.05%（非流通股） |
| 诸暨市地毯工贸公司 1.84%（非流通股） |
| 诸暨鹰龙制衣有限公司 1.45%（非流通股） |
| 浙江鑫盛黄金有限公司 1.07%（非流通股） |
| 薛秋英 0.64%（流通 A 股） |
| 杭州青春工贸有限公司 0.6%（非流通股） |
| 薛兴林 0.58%（流通 A 股） |
| 戴祖荣 0.5%（流通 A 股） |
| 实际控制人：富润控股集团有限公司 |

二〇〇六年以来市场表现

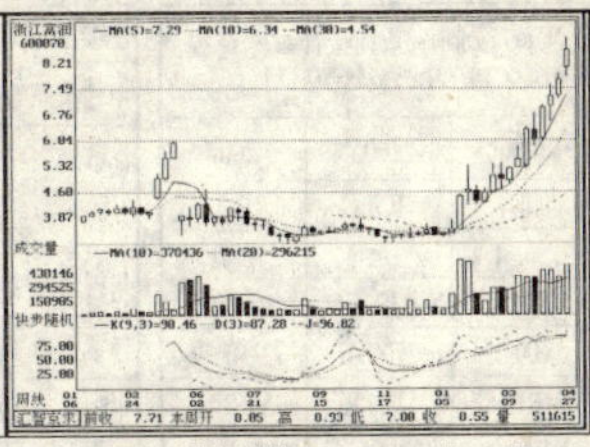

| | |
|---|---|
| 2006 年涨跌幅(%) | 57.23 |
| 2006 年最高(元) | 8.28 |
| 2007 年涨跌幅(%) | 156.76 |
| 2007.4.27 收盘(元) | 8.55 |
| 2007 年最高(元) | 8.93 |
| 2007 年最低(元) | 3.28 |
| 2007 年换手率(%) | 635.43 |

未来一年限售流通股解禁情况:24999184 股 05 月 17 日解禁

| | 总股本 | 非(限售)流通 | 流通 A | 流通 B/H/S | 股东户数 | 06 年末 | 06 三季 |
|---|---|---|---|---|---|---|---|
| 最新股本 | 14067.58 | 5403.96 | 8663.62 | | | 16954 | 17421 |

年报点评：公司主营针纺织品、服装的制造加工、印染，06 年在原材料价格上涨、贸易出口成本增加、人民币持续升值的环境下公司生产经营保持了稳定的发展，并且纺织品加工增长较快，不过主营业务利润率总体下降。

## 凤凰光学（600071）

上市日期：97/05/28　　电话：0793－8259547　　传真：0793－8259547

| 主营 | 光学镜头、照相器材、望远镜、钢片快门、水晶饰品、电子产品及通信设备、光学原材料、仪器零配件等产品的生产和销售。 | | | |
|---|---|---|---|---|
| | 年　度 | 2006 | 2005 | 2004 |
| 主要指标 | 每股收益/扣除后(元) | 0.143/0.136 | 0.12 | 0.159/0.16 |
| | 每股经营现金流量(元) | 0.7 | 0.48 | 0.3 |
| | 每股净资产/调整后(元) | 2.1/2.07 | 2.14/2.11 | 2.03/2 |
| | 未分利润(万元) | 7251.67 | 9037.28 | 7165.03 |
| | 资本公积(万元) | 11009.61 | 11037.16 | 11036.69 |
| 利润构成 | 主营收入(万元) | 82806.13 | 53469.75 | 60365.3 |
| | 主营利润(万元) | 19212.41 | 14371.51 | 12617.51 |
| | 投资收益(万元) | -383.2 | -563.28 | 612.99 |
| | 利润总额(万元) | 8637.99 | 5448.82 | 5529.08 |
| | 净利润(万元) | 3406.97 | 2857.23 | 3779.1 |
| 近年分配： | 05年：10派1.5 | | | |

**主要股东及持股比例%、持股性质**

凤凰光学控股有限公司 40.73%（国有股）

中国银行－华夏大盘精选证券投资基金 2.94%（流通A股）

上海浦东发展银行－广发小盘成长股票型证券投资基金 2.32%（流通A股）

中国农业银行－华夏平稳增长混合型证券投资基金 0.63%（流通A股）

国际金融－中行－AIG GLOBAL INVESTMENT CORPORATION 0.43%（流通A股）

薛福英 0.34%（流通A股）

邹亚林 0.29%（流通A股）

何建文 0.19%（流通A股）

孙坚毅 0.17%（流通A股）

王晏清 0.17%（流通A股）

实际控制人：江西省国有资产监督管理委员会

二〇〇六年以来市场表现

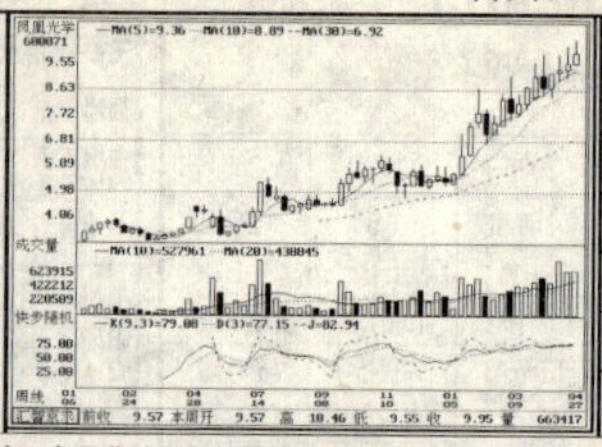

| | |
|---|---|
| 2006年涨跌幅(%) | 125.93 |
| 2006年最高(元) | 8.38 |
| 2007年涨跌幅(%) | 87.74 |
| 2007.4.27收盘(元) | 9.95 |
| 2007年最高(元) | 10.46 |
| 2007年最低(元) | 5.23 |
| 2007年换手率(%) | 535.52 |

未来一年限售流通股解禁情况：11873622股05月30日解禁

| 最新股本 | 总股本 | 非(限售)流通 | 流通A | 流通B/H/S | 股东户数 | 06年末 | 06三季 |
|---|---|---|---|---|---|---|---|
| | 23747.25 | 9671.27 | 14075.98 | | | 28100 | 22795 |

**年报点评**：公司主营光学产品，为行业龙头。2006年公司的大光学产业保持了良好的发展态势，上海光学基地迅速成长，业绩保持平稳增长。2007年，公司将计划完成主营业务收入9亿元，加速推动技术进步，实现产业升级，重点推进光学镜头产业的快速发展。

## 江南重工（600072）

上市日期：97/06/03　　电话：021－53023456　　传真：021－63141103

| 主营 | 为交通、能源、公用事业提供配套的工程、机械制造加工，主要制造大型钢结构工程及大型压力容器。 | | | |
|---|---|---|---|---|
| | 年　度 | 2006 | 2005 | 2004 |
| 主要指标 | 每股收益/扣除后(元) | 0.037/0.017 | 0.026 | 0.021/0.016 |
| | 每股经营现金流量(元) | 0.508 | 0.075 | 0.081 |
| | 每股净资产/调整后(元) | 2.83/2.71 | 2.8/2.76 | 2.78/2.74 |
| | 未分利润(万元) | 10864.12 | 9724.62 | 9045.95 |
| | 资本公积(万元) | 48532.07 | 48815 | 48815 |
| 利润构成 | 主营收入(万元) | 78747.72 | 59106.48 | 49629.73 |
| | 主营利润(万元) | 5301.39 | 4486.01 | 2916.43 |
| | 投资收益(万元) | 1139.46 | -545.78 | 50.45 |
| | 利润总额(万元) | 1737.17 | 1295.56 | 994.23 |
| | 净利润(万元) | 1347.03 | 927.95 | 755.59 |
| 近年分配： | | | | |

**主要股东及持股比例%、持股性质**

江南造船(集团)有限责任公司 40%（国有股）

中国工商银行－申万巴黎新经济混合型证券投资基金 0.55%（流通A股）

金鼎证券投资基金 0.52%（流通A股）

中国工商银行－广发策略优选混合型证券投资基金 0.41%（流通A股）

刘静 0.22%（流通A股）

中国工商银行－申万巴黎新动力股票型证券投资基金 0.22%（流通A股）

曹志高 0.21%（流通A股）

宋樟宝 0.18%（流通A股）

王彬 0.17%（流通A股）

朱春蕾 0.15%（流通A股）

实际控制人：中国船舶工业集团公司

二〇〇六年以来市场表现

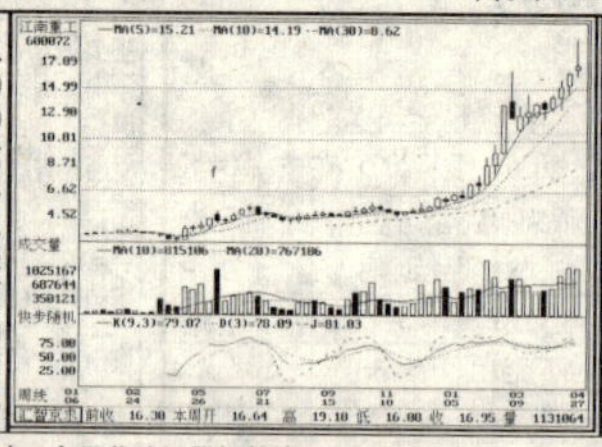

| | |
|---|---|
| 2006年涨跌幅(%) | 164.91 |
| 2006年最高(元) | 8.12 |
| 2007年涨跌幅(%) | 191.24 |
| 2007.4.27收盘(元) | 16.95 |
| 2007年最高(元) | 19.18 |
| 2007年最低(元) | 5.82 |
| 2007年换手率(%) | 580.61 |

未来一年限售流通股解禁情况：

| 最新股本 | 总股本 | 非(限售)流通 | 流通A | 流通B/H/S | 股东户数 | 06年末 | 06三季 |
|---|---|---|---|---|---|---|---|
| | 36244.67 | 14499.51 | 21745.15 | | | 57949 | 57303 |

**年报点评**：2006年，公司承接了大量钢结构厂房、坞门及7台超大型龙门吊的制作合同，为公司全年满负荷生产打下了坚实的基础，同时公司继续保持在国内大型船用液罐领域的领先地位。2006年公司实现了收入和利润的稳步增长。

## 上海梅林（600073）

上市日期：97/07/04　　电话：021－65419725　　传真：021－65123609

| 主营 | 饮用水和罐头食品生产与销售。 | | | |
|---|---|---|---|---|
| | 年　度 | 2006 | 2005 | 2004 |
| 主要指标 | 每股收益/扣除后(元) | 0.014/-0.016 | 0.019 | 0.021/-0.062 |
| | 每股经营现金流量(元) | 0.3 | -0.42 | 0.23 |
| | 每股净资产/调整后(元) | 2.53/2.5 | 2.52/2.51 | 2.5/2.48 |
| | 未分利润(万元) | 2539.32 | 2240.18 | 1840.14 |
| | 资本公积(万元) | 44087.73 | 44087.73 | 43994.9 |
| 利润构成 | 主营收入(万元) | 87781.04 | 87428.92 | 63744.65 |
| | 主营利润(万元) | 12124.15 | 10115.25 | 7719.23 |
| | 投资收益(万元) | 1710.29 | 1640.6 | 4521.87 |
| | 利润总额(万元) | 539.44 | 875.15 | 1055.45 |
| | 净利润(万元) | 447.5 | 618.59 | 670.56 |
| 近年分配： | 06预案：10送0.5转增0.5 | | | |

**主要股东及持股比例%、持股性质**

上海梅林正广和(集团)有限公司 50.74%（国有股）

魏馨怡 0.21%（流通A股）

陈峰 0.16%（流通A股）

彭冬梅 0.13%（流通A股）

张得琪 0.12%（流通A股）

杜乐民 0.12%（流通A股）

代玲 0.11%（流通A股）

陈丽英 0.1%（流通A股）

魏光涛 0.09%（流通A股）

江苏嘉华实业有限公司 0.09%（流通A股）

实际控制人：上海市国有资产监督管理委员会

二〇〇六年以来市场表现

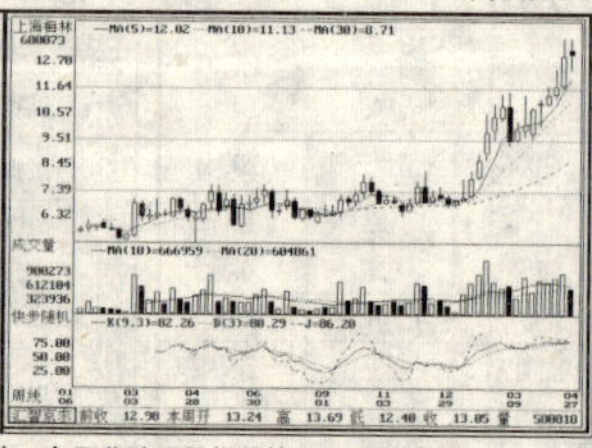

| | |
|---|---|
| 2006年涨跌幅(%) | 20.28 |
| 2006年最高(元) | 8.2 |
| 2007年涨跌幅(%) | 91.35 |
| 2007.4.27收盘(元) | 13.05 |
| 2007年最高(元) | 13.76 |
| 2007年最低(元) | 6.72 |
| 2007年换手率(%) | 668.11 |

未来一年限售流通股解禁情况：16200000股12月15日解禁

| 最新股本 | 总股本 | 非(限售)流通 | 流通A | 流通B/H/S | 股东户数 | 06年末 | 06三季 |
|---|---|---|---|---|---|---|---|
| | 32400 | 16440 | 15960 | | | 63833 | 64404 |

**年报点评**：公司是我国的主要罐头生产厂商，2006年实现净利润447万元，比上年618万元下降27.67%。利润的下降主要原因为原材料价格上涨和人民币升值。建议投资者关注上海的大光明食品集团的整合。

## 中达股份（600074）

上市日期：97/06/23　　电话：0510－6684039　　传真：0510－6684039 6686352

| 主营 | 生产销售双向拉伸聚丙烯薄膜(BOPP)、双向拉伸聚酯薄膜(BOPET)、多层共挤流延薄膜(CPP)等新型软塑材料。 | | | |
|---|---|---|---|---|
| | 年　度 | 2006 | 2005 | 2004 |
| 主要指标 | 每股收益/扣除后(元) | 0.004 | 0.208 | 0.237/0.235 |
| | 每股经营现金流量(元) | -0.54 | -0.19 | 0.62 |
| | 每股净资产/调整后(元) | 1.88/1.85 | 3.35/3.31 | 3.51/3.43 |
| | 未分利润(万元) | 25870.39 | 25787.32 | 23947.69 |
| | 资本公积(万元) | 24311.68 | 52894.96 | 52894.96 |
| 利润构成 | 主营收入(万元) | 217612.06 | 230498.36 | 177613.48 |
| | 主营利润(万元) | 24408.65 | 33276.06 | 34671.74 |
| | 投资收益(万元) | -885.08 | 1567.04 | -353.72 |
| | 利润总额(万元) | 2954.96 | 15902.69 | 15616.52 |
| | 净利润(万元) | 256.94 | 7794.45 | 8074.63 |
| 近年分配： | 05年：10派0.2838；04年：10派0.5送1 | | | |

**主要股东及持股比例%、持股性质**

申达集团有限公司 21.66%（非流通股）

江苏瀛寰实业集团有限公司 12.74%（非流通股）

无锡市国联发展(集团)有限公司 1.48%（国有股）

朱树峰 0.27%（流通A股）

钮达人 0.18%（流通A股）

王淑艳 0.12%（流通A股）

沈蔷英 0.12%（流通A股）

刘荣 0.11%（流通A股）

朱玉萍 0.11%（流通A股）

潘绍安 0.1%（流通A股）

实际控制人：张国平

二〇〇六年以来市场表现

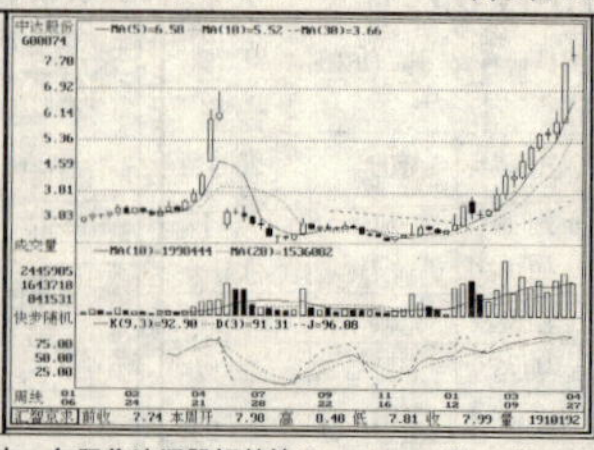

| | |
|---|---|
| 2006年涨跌幅(%) | 99.18 |
| 2006年最高(元) | 7.37 |
| 2007年涨跌幅(%) | 210.9 |
| 2007.4.27收盘(元) | 7.99 |
| 2007年最高(元) | 8.48 |
| 2007年最低(元) | 2.53 |
| 2007年换手率(%) | 655.37 |

未来一年限售流通股解禁情况：10356746股06月26日解禁

| 最新股本 | 总股本 | 非(限售)流通 | 流通A | 流通B/H/S | 股东户数 | 06年末 | 06三季 |
|---|---|---|---|---|---|---|---|
| | 66124.08 | 23783.76 | 42340.32 | | | 63694 | 64310 |

**年报点评**：公司主要生产双向拉伸聚酯膜、聚丙烯薄膜等软塑新材料及彩色印刷复合制品。由于去年原材料涨价和塑料薄膜市场竞争激烈，公司业绩大幅下降。今年随着石油价格逐步回落，公司生产成本压力有所减轻；另外，大股东注入房地产资产也有望带动公司业绩反弹。

## 新疆天业（600075）

上市日期:97/06/17　　电话:0993－2623118　　传真:0993－2623163

| 主营 | 塑料制品、氯碱化工以及农业种植、农副产品加工等的生产和销售。 | | |
|---|---|---|---|
| 年度 | 2006 | 2005 | 2004 |
| 主要指标：每股收益/扣除后(元) | 0.48/0.47 | 0.71 | 0.33/0.27 |
| 每股经营现金流量(元) | 0.59 | 1.15 | 2.25 |
| 每股净资产/调整后(元) | 2.99/2.78 | 5.88/5.65 | 5.24/5.08 |
| 未分利润(万元) | 47323.16 | 33242.66 | 21092.37 |
| 资本公积(万元) | 25526.11 | 65028.98 | 64916.8 |
| 利润构成：主营收入(万元) | 302158.2 | 304776.13 | 258655.59 |
| 主营利润(万元) | 68714.01 | 54554.38 | 33266.76 |
| 投资收益(万元) | 394.9 | -956.74 | -23.47 |
| 利润总额(万元) | 28286.36 | 18862.09 | 11183.4 |
| 净利润(万元) | 21078.67 | 16018.76 | 7480.14 |
| 近年分配 | 05年:10派0.23送2转增8 | | |

**主要股东及持股比例%、持股性质**

新疆天业(集团)有限公司 43.27%（国有股）

中国人寿保险(集团)公司－传统－普通保险产品 0.46%（流通A股）

吴良定 0.25%（流通A股）

贺殿彬 0.21%（流通A股）

张海 0.19%（流通A股）

上海国际信托投资有限公司－(德汇)证券投资资金信托(E－7001) 0.18%（流通A股）

王平 0.18%（流通A股）

许雪梅 0.17%（流通A股）

邓翔凌 0.13%（流通A股）

俞少怀 0.13%（流通A股）

实际控制人：新疆天业(集团)有限公司

二〇〇六年以来市场表现

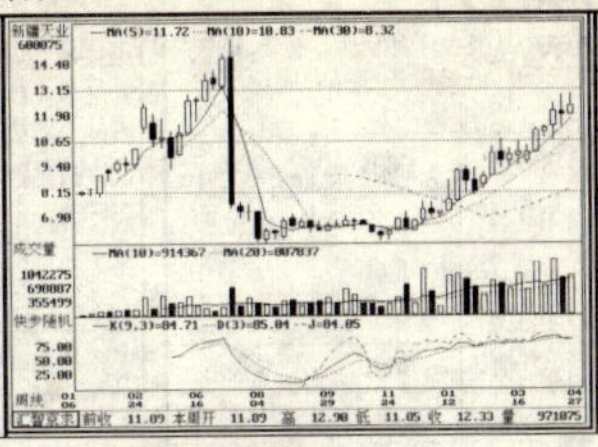

| | |
|---|---|
| 2006年涨跌幅(%) | 125.08 |
| 2006年最高(元) | 21.58 |
| 2007年涨跌幅(%) | 75.64 |
| 2007.4.27收盘(元) | 12.33 |
| 2007年最高(元) | 12.9 |
| 2007年最低(元) | 6.85 |
| 2007年换手率(%) | 538.15 |

未来一年限售流通股解禁情况:

| 最新股本 | 总股本 | 非(限售)流通 | 流通A | 流通B/H/S | 股东户数 | 06年末 | 06三季 |
|---|---|---|---|---|---|---|---|
| | 43859.2 | 18976 | 24883.2 | | | 51140 | 43741 |

**年报点评** 公司所处新疆地区煤炭资源丰富,具有发展氯碱产业的资源优势。截至2006年底,公司已具备30万吨PVC、26万吨烧碱的生产能力,是国内最大的氯碱生产企业之一。利用资源优势,公司氯碱及下游产品毛利率有所提升,从而带动公司利润实现了一定幅度的增长。

## ＊ST华光（600076）

上市日期:97/05/26　　电话:0536－2991601　　传真:0536－8865200

| 主营 | 通信类产品、计算机应用类产品、广电网产品的研制、开发、生产、销售。 | | |
|---|---|---|---|
| 年度 | 2006 | 2005 | 2004 |
| 主要指标：每股收益/扣除后(元) | 0.02/-0.34 | -1.05 | -1.53/-1.51 |
| 每股经营现金流量(元) | 0.2 | 0.29 | -0.423 |
| 每股净资产/调整后(元) | 0.8/0.6 | 1.14/0.88 | 2.48/2.01 |
| 未分利润(万元) | -57132.55 | -57979.6 | -25081.22 |
| 资本公积(万元) | 43604.21 | 54836.21 | 54771.85 |
| 利润构成：主营收入(万元) | 25122.72 | 26599.43 | 37404.86 |
| 主营利润(万元) | 5784.09 | 6600.14 | 10077.8 |
| 投资收益(万元) | 10608.79 | -12295.79 | -10855.05 |
| 利润总额(万元) | -37.59 | -31713.33 | -42772.72 |
| 净利润(万元) | 847.05 | -26603.75 | -38639.77 |
| 近年分配 | | | |

**主要股东及持股比例%、持股性质**

北京天桥北大青鸟科技股份有限公司 12.28%（非流通股）

北京北大青鸟有限责任公司 5.34%（非流通股）

海口万志贸易有限公司 2.14%（非流通股）

闫占表 1.48%（流通A股）

中国信息信托投资公司 1.25%（非流通股）

陕西东邦科技发展有限公司 0.88%（非流通股）

潍坊广发工贸公司 0.81%（非流通股）

潍坊鸢都电子商场 0.77%（非流通股）

潍坊协和贸易公司 0.74%（非流通股）

山东省计算机系统工程公司 0.74%（非流通股）

实际控制人：北京大学

二〇〇六年以来市场表现

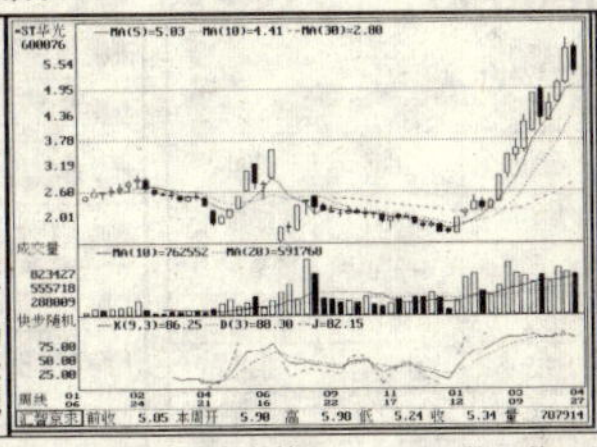

| | |
|---|---|
| 2006年涨跌幅(%) | 30.38 |
| 2006年最高(元) | 4.73 |
| 2007年涨跌幅(%) | 225.61 |
| 2007.4.27收盘(元) | 5.34 |
| 2007年最高(元) | 6.13 |
| 2007年最低(元) | 1.6 |
| 2007年换手率(%) | 438.29 |

未来一年限售流通股解禁情况:100553600股08月08日解禁

| 最新股本 | 总股本 | 非(限售)流通 | 流通A | 流通B/H/S | 股东户数 | 06年末 | 06三季 |
|---|---|---|---|---|---|---|---|
| | 36553.6 | 12841.6 | 23712 | | | 31313 | 34942 |

**年报点评** 2006年公司以"整合资源,进行资产结构调整"为战略方针,对现有资源进行了整合。对于原有的动力电池业务,由于外资的进入,成本优势的丧失,市场份额越来越小。2006年公司成功扭亏,主要原因是拍卖产生的收益及计提减少。

## 国能集团（600077）

上市日期:97/05/20　　电话:024－83601013　　传真:024－83601010

| 主营 | 通讯电源产品、半导体改性产品、计算机软件及系统集成产品、机械制造产品。 | | |
|---|---|---|---|
| 年度 | 2006 | 2005 | 2004 |
| 主要指标：每股收益/扣除后(元) | 0.09/0.09 | 0.09 | 0.03/0.029 |
| 每股经营现金流量(元) | -0.2758 | -0.3226 | 0.0096 |
| 每股净资产/调整后(元) | 2/2 | 2.4/2.4 | 2.31/2.3 |
| 未分利润(万元) | -3634.78 | -5005.88 | -6475.58 |
| 资本公积(万元) | 18130.93 | 21360.86 | 21360.86 |
| 利润构成：主营收入(万元) | 50369.93 | 16355.82 | 9447.33 |
| 主营利润(万元) | 1919.9 | 1867.95 | 3010.34 |
| 投资收益(万元) | 9.31 | 832.11 | -191.81 |
| 利润总额(万元) | 1370.6 | 976.2 | 574.31 |
| 净利润(万元) | 1371.09 | 1203.94 | 375.83 |
| 近年分配 | | | |

**主要股东及持股比例%、持股性质**

百科实业集团有限公司 27.532%（非流通股）

本溪超越船板加工有限公司 14.346%（非流通股）

铁岭市国有资产管理局 4.143%（国有股）

沈阳中成新技术开发有限公司 2%（非流通股）

铁岭市资金管理局 1.307%（国有股）

辽宁节能投资控股有限公司 0.797%（国有股）

白桦 0.567%（流通A股）

陈占瑛 0.246%（流通A股）

李世卿 0.218%（流通A股）

潘彪 0.21%（流通A股）

实际控制人：潘广超

二〇〇六年以来市场表现

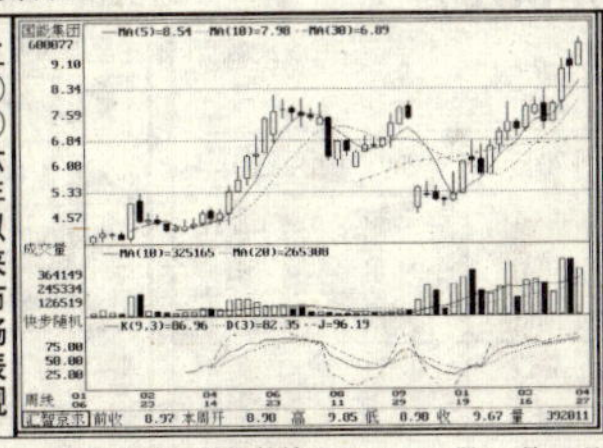

| | |
|---|---|
| 2006年涨跌幅(%) | 121.49 |
| 2006年最高(元) | 9.44 |
| 2007年涨跌幅(%) | 91.11 |
| 2007.4.27收盘(元) | 9.67 |
| 2007年最高(元) | 9.85 |
| 2007年最低(元) | 4.86 |
| 2007年换手率(%) | 592.35 |

未来一年限售流通股解禁情况:29554433股12月15日解禁

| 最新股本 | 总股本 | 非(限售)流通 | 流通A | 流通B/H/S | 股东户数 | 06年末 | 06三季 |
|---|---|---|---|---|---|---|---|
| | 15911.84 | 8027.84 | 7884 | | | 22341 | 19714 |

**年报点评** 2006年是公司主营业务全面转向钢铁物流的开局年,报告期内,公司秉承科技创造未来,信息化提升传统钢铁产业的现代物流新理念,以网上批发、物流加工配送、连锁超市为核心业务。完成钢材销售151207吨,实现主营业务收入50369万元,增长208%。

## 澄星股份（600078）

上市日期:97/06/27　　电话:0510－6281316　　传真:0510－6281884

| 主营 | 主营磷酸及磷酸盐系列产品的生产销售, | | |
|---|---|---|---|
| 年度 | 2006 | 2005 | 2004 |
| 主要指标：每股收益/扣除后(元) | 0.167/0.141 | 0.13 | 0.25/0.235 |
| 每股经营现金流量(元) | 0.14 | 0.18 | 0.52 |
| 每股净资产/调整后(元) | 2.86/2.84 | 2.7/2.68 | 2.57/2.55 |
| 未分利润(万元) | 33686.29 | 28271.12 | 24072.07 |
| 资本公积(万元) | 26150.75 | 26264.75 | 26264.75 |
| 利润构成：主营收入(万元) | 158473.1 | 161931.75 | 135728.89 |
| 主营利润(万元) | 20813.94 | 16094.89 | 22148.39 |
| 投资收益(万元) | -145.5 | -147.18 | -145.5 |
| 利润总额(万元) | 9683.42 | 7580.95 | 16078.32 |
| 净利润(万元) | 6687.67 | 5140.2 | 10007.45 |
| 近年分配 | 06年:10派0.5送3转增3 | | |

**主要股东及持股比例%、持股性质**

江阴澄星实业集团有限公司 28.91%（非流通股）

江苏红柳床单集团公司 16.58%（非流通股）

江阴市澄江镇投资有限公司 7.99%（非流通股）

江阴清源水处理有限公司 0.88%（流通A股）

江阴市基础产业总公司 0.77%（流通A股）

上海科技投资股份有限公司 0.76%（非流通股）

中国人寿保险(集团)公司－传统－普通保险产品 0.75%（流通A股）

中国人寿保险股份有限公司－传统－普通保险产品 0.71%（流通A股）

南京穗源电气工程有限公司 0.67%（流通A股）

中国平安人寿保险股份有限公司－传统－普通保险产品 0.6%（流通A股）

实际控制人：李兴

二〇〇六年以来市场表现

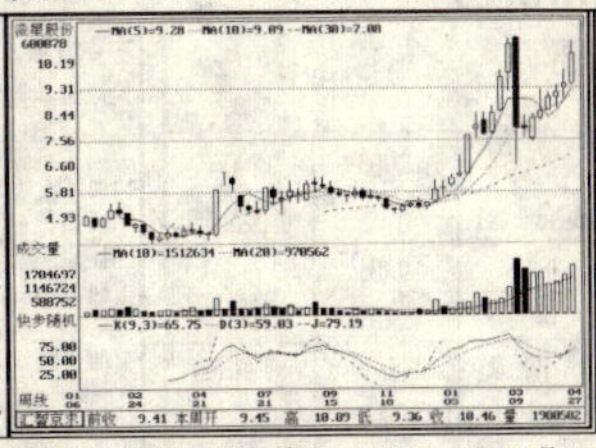

| | |
|---|---|
| 2006年涨跌幅(%) | 39.1 |
| 2006年最高(元) | 6.92 |
| 2007年涨跌幅(%) | 185.48 |
| 2007.4.27收盘(元) | 10.46 |
| 2007年最高(元) | 17.47 |
| 2007年最低(元) | 5.93 |
| 2007年换手率(%) | 704.03 |

未来一年限售流通股解禁情况:40567505.6股06月28日解禁

| 最新股本 | 总股本 | 非(限售)流通 | 流通A | 流通B/H/S | 股东户数 | 06年末 | 06三季 |
|---|---|---|---|---|---|---|---|
| | 39989 | 21033.85 | 18955.14 | | | 21093 | 22457 |

**年报点评** 2006年公司克服了国内黄磷价格大幅波动的不利影响,实现了磷酸和磷酸盐产品毛利率的稳步提升。在产品盈利能力提升的带动下,公司净利润同比实现了较大幅度增长。随着公司宣威磷电和弥勒磷电项目的竣工投产,预计公司2007年业绩将大幅增长。

## 人福科技（600079）

上市日期:97/06/06　　电话:027－87597232　　传真:027－87597232

| 主营 | 医药、医疗器械、生殖健康等产品及技术的研发、生产、销售及技术服务；房地产开发及销售；供热设备产品的制造及销售。 | | |
|---|---|---|---|
| 年度 | 2006 | 2005 | 2004 |
| 主要指标 每股收益/扣除后(元) | 0.41/0.17 | 0.25 | 0.2/0.2 |
| 每股经营现金流量(元) | 0.33 | 0.63 | 0.35 |
| 每股净资产/调整后(元) | 3.41/3.36 | 2.86/2.83 | 2.66/2.64 |
| 未分利润(万元) | 18422.69 | 9360 | 5998.86 |
| 资本公积(万元) | 35915.48 | 21349.85 | 21138.62 |
| 利润构成 主营收入(万元) | 75064.42 | 74790.47 | 59230.77 |
| 主营利润(万元) | 28287.43 | 29153.87 | 24290.34 |
| 投资收益(万元) | 11182.24 | 1404.38 | -4.11 |
| 利润总额(万元) | 13041 | 9102 | 6781.63 |
| 净利润(万元) | 10747.43 | 5143.37 | 4021.89 |
| 近年分配: | 06预案:10派0.12送1转增4；05年:10派0.3；04年:10派0.2 | | |

| 主要股东及持股比例%、持股性质 |
|---|
| 武汉当代科技产业集团股份有限公司 21.33%（部分流通部分不流通） |
| 武汉高科国有控股集团有限公司 1.898%（流通A股） |
| 武汉市仁军投资咨询有限责任公司 0.968%（部分流通部分不流通） |
| 华宝信托投资有限责任公司－集合类资金信托2006年第5号 0.396%（流通A股） |
| 天津沃达丰工贸有限公司 0.193%（流通A股） |
| 陈德坦 0.167%（流通A股） |
| 张益庚 0.154%（流通A股） |
| 陈阳辉 0.154%（流通A股） |
| 张雅文 0.15%（流通A股） |
| 黎红 0.135%（流通A股） |
| 实际控制人：武汉当代科技产业集团股份有限公司 |

二〇〇六年以来市场表现

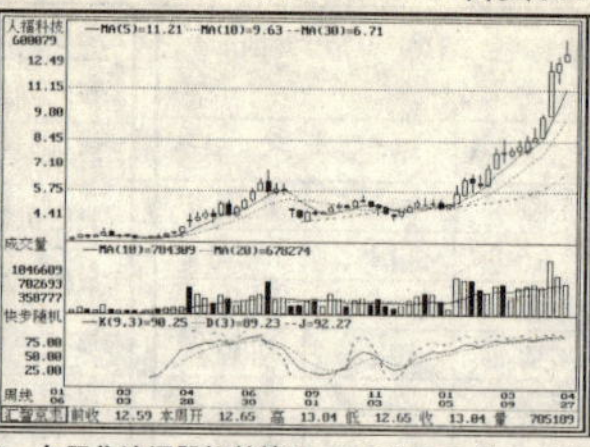

| | |
|---|---|
| 2006年涨跌幅(%) | 70.91 |
| 2006年最高(元) | 6.8 |
| 2007年涨跌幅(%) | 166.67 |
| 2007.4.27收盘(元) | 13.04 |
| 2007年最高(元) | 13.84 |
| 2007年最低(元) | 4.82 |
| 2007年换手率(%) | 542.56 |

未来一年限售流通股解禁情况:316518股08月19日解禁

| 最新股本 | 总股本 | 非(限售)流通 | 流通A | 流通B/H/S | 股东户数 | 06年末 | 06三季 |
|---|---|---|---|---|---|---|---|
| | 25939.05 | 4287.69 | 21651.36 | | | 49743 | 47234 |

年报点评：公司2006年收入基本持平，主要是公司出售控股子公司杰士邦70%股权。公司因出售杰士邦股权获得投资收益超过八千万，另外投资房地产以及高校获得较好的投资回报，以上原因使得公司2006年业绩大幅增长。2007年公司投资受益将减少，公司业绩增长空间有限。

## *ST金花（600080）

上市日期:97/06/12　　电话:029－88404118　　传真:029－88404468

| 主营 | 生物制药、旅游开发、影视及软件开发。 | | |
|---|---|---|---|
| 年度 | 2006 | 2005 | 2004 |
| 主要指标 每股收益/扣除后(元) | -0.248/-0.265 | -0.426 | 0.039/0.005 |
| 每股经营现金流量(元) | -0.01 | -0.03 | 0.34 |
| 每股净资产/调整后(元) | 2.29/2.25 | 3.36/3.35 | 3.79/3.67 |
| 未分利润(万元) | 12915.95 | 20491.11 | 30335.05 |
| 资本公积(万元) | 20399.18 | 27837.56 | 27837.56 |
| 利润构成 主营收入(万元) | 30827.4 | 77103.77 | 79455.2 |
| 主营利润(万元) | 4115.31 | 4117.25 | 7343.25 |
| 投资收益(万元) | 1614.88 | -127.44 | 141.33 |
| 利润总额(万元) | -7578.87 | -9992.17 | 1018.92 |
| 净利润(万元) | -7575.16 | -9843.94 | 903.8 |
| 近年分配: | | | |

| 主要股东及持股比例%、持股性质 |
|---|
| 金花投资有限公司 33.684%（非流通股） |
| 北京市粮油食品进出口公司 3.472%（非流通股） |
| 陕西天信实业发展有限责任公司 3.354%（非流通股） |
| 上海龙圣科技发展有限公司 0.776%（非流通股） |
| 上海创立投资管理有限公司 0.655%（非流通股） |
| 北京市金正资产投资经营公司 0.538%（非流通股） |
| 梁开素 0.479%（流通A股） |
| 海门市创新包装厂 0.397%（流通A股） |
| 郑武 0.357%（流通A股） |
| 洪常英 0.335%（流通A股） |
| 实际控制人：吴一坚 |

二〇〇六年以来市场表现

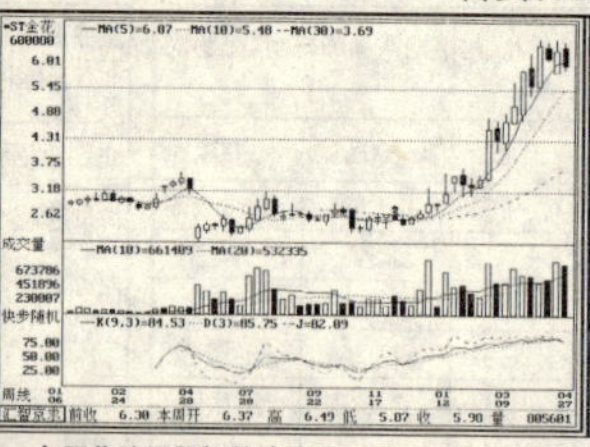

| | |
|---|---|
| 2006年涨跌幅(%) | 65.09 |
| 2006年最高(元) | 5.29 |
| 2007年涨跌幅(%) | 107.64 |
| 2007.4.27收盘(元) | 5.98 |
| 2007年最高(元) | 6.58 |
| 2007年最低(元) | 2.73 |
| 2007年换手率(%) | 514.79 |

未来一年限售流通股解禁情况:28159166股06月14日解禁

| 最新股本 | 总股本 | 非(限售)流通 | 流通A | 流通B/H/S | 股东户数 | 06年末 | 06三季 |
|---|---|---|---|---|---|---|---|
| | 30529.59 | 13099.44 | 17430.15 | | | 50194 | 55262 |

年报点评：公司2006年收入大幅下滑，主要是处理亏损的商业子公司，但公司继续发生大幅亏损。公司主营产品增长前景不明，成本控制能力较差。公司存在大幅对外担保，担保额超过净资产的50%。公司与大股东之间的关联交易较多。公司2007年经营压力仍然较大，可能继续亏损。

## 东风科技（600081）

上市日期:97/07/03　　电话:021－62033003　　传真:021－62032133

| 主营 | 主营汽车零部件及汽车贸易。 | | |
|---|---|---|---|
| 年度 | 2006 | 2005 | 2004 |
| 主要指标 每股收益/扣除后(元) | 0.01/-0.01 | -0.37 | 0.12/0.11 |
| 每股经营现金流量(元) | -0.11 | -0.01 | 0.24 |
| 每股净资产/调整后(元) | 1.26/1.24 | 1.24/1.21 | 1.76/1.75 |
| 未分利润(万元) | -766.45 | -1031.08 | 15214.54 |
| 资本公积(万元) | 2254.31 | 1886.08 | 1886.08 |
| 利润构成 主营收入(万元) | 85177.58 | 90443.18 | 81551.56 |
| 主营利润(万元) | 8702.48 | 5994.07 | 13502.39 |
| 投资收益(万元) | 3403.74 | -2727.3 | 446.25 |
| 利润总额(万元) | 480.03 | -11943.4 | 4510.47 |
| 净利润(万元) | 264.62 | -11542.21 | 3651.47 |
| 近年分配: | 04年:10派1.5 | | |

| 主要股东及持股比例%、持股性质 |
|---|
| 东风汽车有限公司 75%（非流通股） |
| 章金彪 0.48%（流通A股） |
| 王炳霞 0.27%（流通A股） |
| 何国辉 0.24%（流通A股） |
| 周天秀 0.21%（流通A股） |
| 姜念 0.19%（流通A股） |
| 梁算方 0.17%（流通A股） |
| 周炜 0.16%（流通A股） |
| 郑敏智 0.16%（流通A股） |
| 赵垣 0.14%（流通A股） |
| 实际控制人：东风汽车公司、日产自动车株式会社 |

二〇〇六年以来市场表现

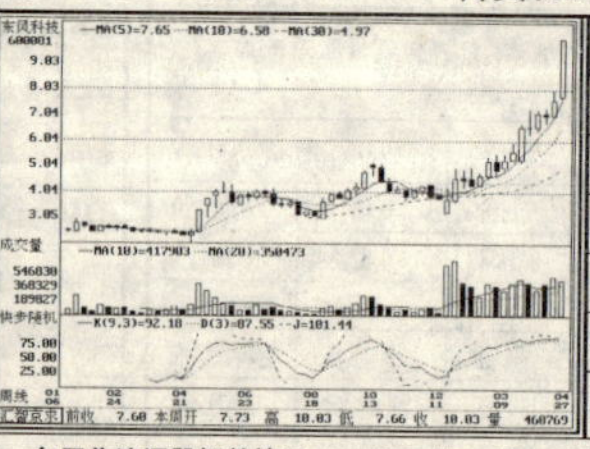

| | |
|---|---|
| 2006年涨跌幅(%) | 51 |
| 2006年最高(元) | 5.15 |
| 2007年涨跌幅(%) | 273.46 |
| 2007.4.27收盘(元) | 10.03 |
| 2007年最高(元) | 14.04 |
| 2007年最低(元) | 4.51 |
| 2007年换手率(%) | 602.61 |

未来一年限售流通股解禁情况:15678000股01月10日解禁

| 最新股本 | 总股本 | 非(限售)流通 | 流通A | 流通B/H/S | 股东户数 | 06年末 | 06三季 |
|---|---|---|---|---|---|---|---|
| | 31356 | 23517 | 7839 | | | 8403 | 6934 |

年报点评：06年公司面临汽车价格下降、能源及原材料价格上涨等诸多不利影响，公司主营业务有所下降，但净利润大幅增长。07年我国汽车产销将继续保持较快增长势头，汽车产销增幅预计可达25%，公司业绩将保持快速增长。

## 海泰发展（600082）

上市日期:97/06/20　　电话:022－85689999　　传真:022－85689889

| 主营 | 孵化器建设、运营，创业孵化服务及高科技项目投资。 | | |
|---|---|---|---|
| 年度 | 2006 | 2005 | 2004 |
| 主要指标 每股收益/扣除后(元) | 0.208/0.189 | 0.188 | 0.188/0.181 |
| 每股经营现金流量(元) | 0.218 | 0.035 | -0.163 |
| 每股净资产/调整后(元) | 2.04/2.03 | 1.81/1.8 | 1.65/1.65 |
| 未分利润(万元) | 12191.99 | 9133.01 | 5301.81 |
| 资本公积(万元) | 8215.79 | 7552.75 | 7552.75 |
| 利润构成 主营收入(万元) | 57436.22 | 59061.14 | 43136.63 |
| 主营利润(万元) | 11163.66 | 9746.94 | 10699.49 |
| 投资收益(万元) | 177.67 | 399.56 | -269.05 |
| 利润总额(万元) | 7537.59 | 6845.26 | 7818.92 |
| 净利润(万元) | 5585.08 | 5045.25 | 5032.59 |
| 近年分配: | 06年:10派0.7；04年:10派0.25 | | |

| 主要股东及持股比例%、持股性质 |
|---|
| 天津海泰控股集团有限公司 19.68%（部分流通部分不流通） |
| 中国工商银行－广发策略优选混合型证券投资基金 3.44%（流通A股） |
| 中国银行－嘉实主题精选混合型证券投资基金 1.83%（流通A股） |
| 申银万国证券股份有限公司 0.88%（非流通股） |
| 天津天峰国际运输有限公司 0.56%（流通A股） |
| 徐海洋 0.56%（流通A股） |
| 中国银行－华夏大盘精选证券投资基金 0.44%（流通A股） |
| 华泰证券有限责任公司 0.44%（非流通股） |
| 祝灏 0.41%（流通A股） |
| 天津滨海新城镇产业投资有限公司 0.38%（流通A股） |
| 实际控制人：天津海泰控股集团有限公司 |

二〇〇六年以来市场表现

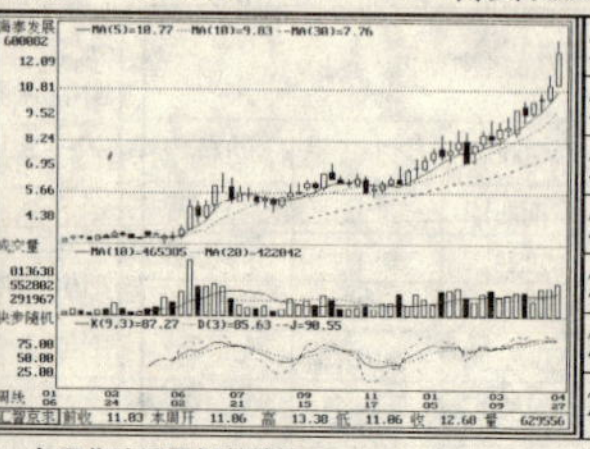

| | |
|---|---|
| 2006年涨跌幅(%) | 182.08 |
| 2006年最高(元) | 9.13 |
| 2007年涨跌幅(%) | 75.62 |
| 2007.4.27收盘(元) | 12.68 |
| 2007年最高(元) | 13.45 |
| 2007年最低(元) | 7.12 |
| 2007年换手率(%) | 403.6 |

未来一年限售流通股解禁情况:47625392股05月17日解禁

| 最新股本 | 总股本 | 非(限售)流通 | 流通A | 流通B/H/S | 股东户数 | 06年末 | 06三季 |
|---|---|---|---|---|---|---|---|
| | 26816.54 | 9426.81 | 17389.73 | | | 23821 | 22282 |

年报点评：公司主营孵化服务、工业地产和产业投资三项业务。总建筑规模31万平米的工业科技园－海泰绿色产业基地项目已全部竣工，公司控股子公司2006年自主研发的软件产品－－Data Grid数据管理平台被列为2006年信息化产业关键产业化专项。处于天津开发区具有地域优势。

## *ST 博讯(600083)

上市日期:97/06/06

电话:0769－2906116　　传真:0769－2906119

**主营:** 偏转线圈、金属漆包线、会聚磁组件等电子元器件的研究、开发、生产、销售。

| | 年　度 | 2006 | 2005 | 2004 |
|---|---|---|---|---|
| 主要指标 | 每股收益/扣除后(元) | -0.269/-0.293 | -0.199 | 0.011/0.005 |
| | 每股经营现金流量(元) | 0.097 | -0.0002 | 0.204 |
| | 每股净资产/调整后(元) | 0.05/0.05 | -0.11/-0.12 | 0.09/0.08 |
| | 未分利润(万元) | -34080.94 | -27900.4 | -23323.02 |
| | 资本公积(万元) | 12329.59 | 2419.92 | 2419.92 |
| 利润构成 | 主营收入(万元) | 18333.69 | 11895.01 | 16130.11 |
| | 主营利润(万元) | 1500.22 | 209.56 | 2896.37 |
| | 投资收益(万元) | -23.75 | -17.02 | -0.01 |
| | 利润总额(万元) | -6180.54 | -4577.38 | 254.42 |
| | 净利润(万元) | -6180.54 | -4577.38 | 254.42 |

近年分配:

**主要股东及持股比例%、持股性质**

- 东莞市博讯电子技术有限公司 16.26% (非流通股)
- 东莞市盈丰油粕工业有限公司 13.31% (非流通股)
- 广东福地科技总公司 5.05% (国有股)
- 成都博坤投资有限公司 0.81% (流通A股)
- 杨秀金 0.67% (流通A股)
- 赵明海 0.5% (流通A股)
- 田德荣 0.5% (流通A股)
- 四川成都全兴集团有限公司 0.49% (非流通股)
- 王建新 0.38% (流通A股)
- 深圳市周鼎胜投资顾问有限公司 0.36% (流通A股)

实际控制人:刘国昌

二〇〇六年以来市场表现

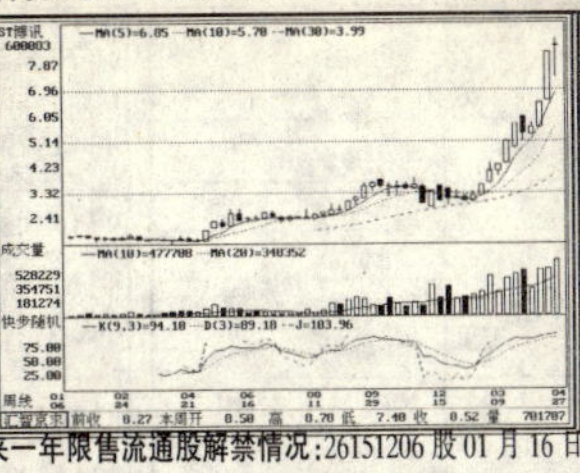

| | |
|---|---|
| 2006年涨跌幅(%) | 74.71 |
| 2006年最高(元) | 3.8 |
| 2007年涨跌幅(%) | 186.87 |
| 2007.4.27收盘(元) | 8.52 |
| 2007年最高(元) | 8.78 |
| 2007年最低(元) | 2.82 |
| 2007年换手率(%) | 428.9 |

未来一年限售流通股解禁情况:26151206股01月16日解禁,23000000股04月16日解禁

| 最新股本 | 总股本 | 非(限售)流通 | 流通A | 流通B/H/S | 股东户数 | 06年末 | 06三季 |
|---|---|---|---|---|---|---|---|
| | 23000 | 9426.94 | 13573.06 | | | 29459 | 29034 |

**年报点评:** 公司主营彩电用偏转线圈。彩电行业产品升级导致CRT彩电需求下降,从而导致公司主营增长乏力,加上原材料成本居高不下,行业竞争激烈,公司盈利持续亏损。预计彩电产品升级将持续,若公司主营结构没有改善,则业绩难以好转。

## *ST 新天(600084)

上市日期:97/07/11

电话:0991－8882439　　传真:0991－8882439

**主营:** 国内、国际贸易、对外经济技术合作、农业综合开发、葡萄酒生产销售等。

| | 年　度 | 2006 | 2005 | 2004 |
|---|---|---|---|---|
| 主要指标 | 每股收益/扣除后(元) | -1.134 | -0.79 | 0.02/0.01 |
| | 每股经营现金流量(元) | 0.47 | 0.83 | 1.39 |
| | 每股净资产/调整后(元) | -0.83/-0.94 | 0.73/0.62 | 1.67/1.57 |
| | 未分利润(万元) | -67392.42 | -14742.72 | 22712.4 |
| | 资本公积(万元) | 555.9 | 704.08 | 702.29 |
| 利润构成 | 主营收入(万元) | 36634.52 | 135565.36 | 194150.42 |
| | 主营利润(万元) | -2083.38 | -328.35 | 35035.71 |
| | 投资收益(万元) | -5079.94 | 1284.76 | -1365.03 |
| | 利润总额(万元) | -86770.78 | -47588.88 | 3692.76 |
| | 净利润(万元) | -53328.92 | -37436.71 | 773.91 |

近年分配:

**主要股东及持股比例%、持股性质**

- 新天国际经济技术合作(集团)有限公司 42.24% (国有股)
- 中国成套设备进出口(集团)总公司 3.62% (国有股)
- 新疆生产建设兵团投资有限责任公司 1.78% (国有股)
- 中国建设银行－海富通风格优势股票型证券投资基金 1.74% (流通A股)
- 中国银行－海富通收益增长证券投资基金 1.19% (流通A股)
- 中国工商银行－易方达价值精选股票型证券投资基金 1.08% (流通A股)
- 兴业银行股份有限公司－万家和谐增长混合型证券投资基金 1.03% (流通A股)
- 全国社保基金——零组合 0.77% (流通A股)
- 中国银行－海富通股票证券投资基金 0.54% (流通A股)
- 浙江博美投资有限公司 0.43% (流通A股)

实际控制人:新天国际经济技术合作(集团)有限公司

二〇〇六年以来市场表现

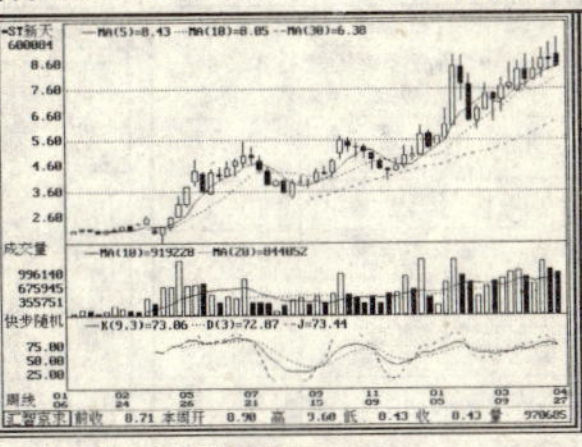

| | |
|---|---|
| 2006年涨跌幅(%) | 269.17 |
| 2006年最高(元) | 8.49 |
| 2007年涨跌幅(%) | 59.96 |
| 2007.4.27收盘(元) | 8.43 |
| 2007年最高(元) | 9.6 |
| 2007年最低(元) | 5.38 |
| 2007年换手率(%) | 549.27 |

未来一年限售流通股解禁情况:

| 最新股本 | 总股本 | 非(限售)流通 | 流通A | 流通B/H/S | 股东户数 | 06年末 | 06三季 |
|---|---|---|---|---|---|---|---|
| | 47036.08 | 22408.05 | 24628.03 | | | 60594 | 20460 |

**年报点评:** 2006年公司进行了战略调整,退出贸易等不相关产业,集中精力发展葡萄酒业。贸易业务收入缩减是公司报告期内主营业务收入大幅降低的主要原因。而调整也导致公司葡萄酒销售总额较上年降低,营业费用增加,加大了公司报告期的亏损。

## 同仁堂(600085)

上市日期:97/06/25

电话:010－67020018　　传真:010－67020018

**主营:** 制造、加工中成药、经营中西药品。

| | 年　度 | 2006 | 2005 | 2004 |
|---|---|---|---|---|
| 主要指标 | 每股收益/扣除后(元) | 0.359/0.359 | 0.694/0.665 | 0.793/0.797 |
| | 每股经营现金流量(元) | 0.886 | 0.441 | 1.15 |
| | 每股净资产/调整后(元) | 5.53/5.46 | 5.41/5.27 | 5.92/5.79 |
| | 未分利润(万元) | 73657.69 | 71456.43 | 57937.88 |
| | 资本公积(万元) | 80866.5 | 80692.59 | 88060.09 |
| 利润构成 | 主营收入(万元) | 239650.52 | 260573.24 | 244525.21 |
| | 主营利润(万元) | 93066.62 | 114138.12 | 111388.17 |
| | 投资收益(万元) | 115.84 | 162.15 | 129.41 |
| | 利润总额(万元) | 28962.12 | 46120.89 | 43563.04 |
| | 净利润(万元) | 15602.12 | 30123.12 | 28678.01 |

近年分配:06预案:10派1.5;05年:10派2.5;04年:10派2.5转增2

**主要股东及持股比例%、持股性质**

- 中国北京同仁堂(集团)有限责任公司 55.24% (国有股)
- 开元证券投资基金 1.53% (流通A股)
- 全国社保基金一零五组合 1.33% (流通A股)
- 工银瑞信精选平衡混合型证券投资基金 1.26% (流通A股)
- FORTIS BANK SA/NV 1.07% (流通A股)
- 同益证券投资基金 1.06% (流通A股)
- 普丰证券投资基金 1.02% (流通A股)
- 银丰证券投资基金 0.92% (流通A股)
- 中邮核心优选股票型证券投资基金 0.92% (流通A股)
- 新华人寿保险股份有限公司－分红－团体分红－018L－FH001沪 0.86% (流通A股)

实际控制人:中国北京同仁堂(集团)有限责任公司

二〇〇六年以来市场表现

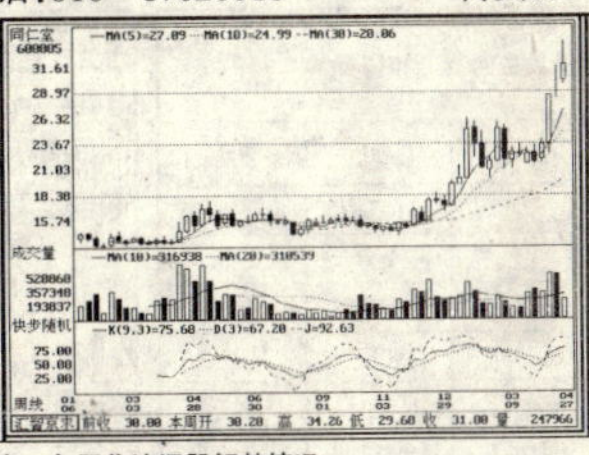

| | |
|---|---|
| 2006年涨跌幅(%) | 25.31 |
| 2006年最高(元) | 18.8 |
| 2007年涨跌幅(%) | 85.1 |
| 2007.4.27收盘(元) | 31.8 |
| 2007年最高(元) | 34.26 |
| 2007年最低(元) | 17.11 |
| 2007年换手率(%) | 252.28 |

未来一年限售流通股解禁情况:

| 最新股本 | 总股本 | 非(限售)流通 | 流通A | 流通B/H/S | 股东户数 | 06年末 | 06三季 |
|---|---|---|---|---|---|---|---|
| | 43402.19 | 23976.95 | 19425.24 | | | 27931 | 29776 |

**年报点评:** 公司是国内中药行业的龙头,品牌优势明显,相比较其他企业行业地位高。作为国药第一品牌,公司逐步重视销售整合,扩大营销力度。公司2006年业绩下滑较多,但未来增长趋势明确。

## 东方金钰(600086)

上市日期:97/06/06

电话:027－87592157　　传真:027－87592144

**主营:** 珠宝、玉石、首饰的加工与销售

| | 年　度 | 2006 | 2005 | 2004 |
|---|---|---|---|---|
| 主要指标 | 每股收益/扣除后(元) | 0.03/0.03 | 0.015 | -0.56/-0.56 |
| | 每股经营现金流量(元) | -0.27 | 0.0305 | -0.029 |
| | 每股净资产/调整后(元) | 0.93/0.81 | 0.9/0.89 | 0.89/0.87 |
| | 未分利润(万元) | -14031.09 | -15114.12 | -15659.59 |
| | 资本公积(万元) | 8039.96 | 8039.96 | 8039.96 |
| 利润构成 | 主营收入(万元) | 15884.24 | 8303.38 | 3289.77 |
| | 主营利润(万元) | 5825.92 | 3449.47 | -495.01 |
| | 投资收益(万元) | -95.62 | -119.59 | -159.37 |
| | 利润总额(万元) | 1377.73 | 735.33 | -21696.64 |
| | 净利润(万元) | 1083.03 | 545.47 | -19673.76 |

近年分配:

**主要股东及持股比例%、持股性质**

- 云南兴龙实业有限公司 47.09% (非流通股)
- 鄂州市民康企业有限公司 7.13% (非流通股)
- 海南裕泽源投资有限公司 3.67% (非流通股)
- 鄂州市建设投资公司 2.68% (非流通股)
- 云南浩通投资有限公司 0.81% (流通A股)
- 金鼎证券投资基金 0.79% (流通A股)
- 中国工商银行湖北省分行 0.76% (非流通股)
- 浙江恒信投资管理有限公司 0.53% (流通A股)
- 杭祖良 0.37% (流通A股)
- 赫荣杰 0.36% (流通A股)

实际控制人:赵宁

二〇〇六年以来市场表现

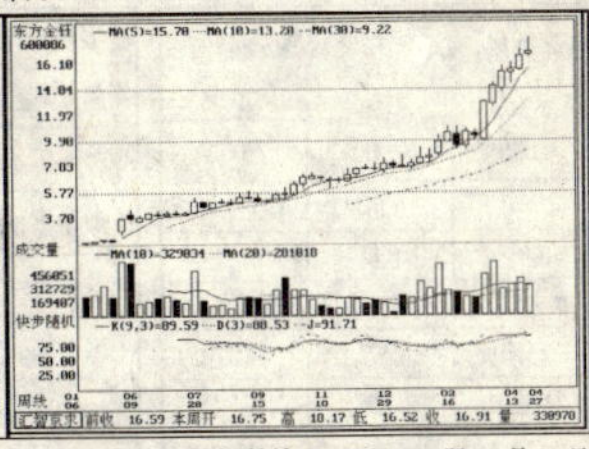

| | |
|---|---|
| 2006年涨跌幅(%) | 399.38 |
| 2006年最高(元) | 8.87 |
| 2007年涨跌幅(%) | 111.64 |
| 2007.4.27收盘(元) | 16.91 |
| 2007年最高(元) | 18.17 |
| 2007年最低(元) | 7.5 |
| 2007年换手率(%) | 369.81 |

未来一年限售流通股解禁情况:26663812股05月29日解禁

| 最新股本 | 总股本 | 非(限售)流通 | 流通A | 流通B/H/S | 股东户数 | 06年末 | 06三季 |
|---|---|---|---|---|---|---|---|
| | 35228.17 | 21765.05 | 13463.11 | | | 11033 | 14880 |

**年报点评:** 公司主营宝石、珠宝饰品、翡翠原材料的批发销售,控制了大部分在边境交易的翡翠原材料。06年公司陆续在北京、广州等窗口城市开设专卖店,发展翡翠专柜及加盟店。北京东方金钰珠宝商场旗舰店的开业,使公司成功进军北京。

## 南京水运（600087）

上市日期:97/06/12　电话:025－58586111　传真:025－58586170

| | | | | |
|---|---|---|---|---|
| 主营 | 主营长江、沿海石油及化学制品储运。 | | | |
| | 年　度 | 2006 | 2005 | 2004 |
| 主要指标 | 每股收益/扣除后(元) | 0.35/0.34 | 0.46 | 0.34/0.34 |
| | 每股经营现金流量(元) | 0.77 | 0.63 | 0.54 |
| | 每股净资产/调整后(元) | 2.95/2.95 | 2.75/2.75 | 2.57/2.57 |
| | 未分利润(万元) | 39817.36 | 31469.3 | 26905.9 |
| | 资本公积(万元) | 34714.06 | 34498.54 | 34441.44 |
| 利润构成 | 主营收入(万元) | 121810.33 | 109183.19 | 82690.38 |
| | 主营利润(万元) | 34113.76 | 41002.58 | 29114.49 |
| | 投资收益(万元) | 46.17 | 1106.95 | -9.16 |
| | 利润总额(万元) | 26559.11 | 34806.87 | 25188.83 |
| | 净利润(万元) | 17871.16 | 23974.19 | 17377.46 |
| 近年分配: | 06 预案:10 派 1；05 年:10 派 1.5；04 年:10 派 2 | | | |

| 主要股东及持股比例%、持股性质 |
|---|
| 南京长江油运公司 31.98%（国有股） |
| 中国工商银行－易方达价值精选股票型证券投资基金 2.45%（流通 A 股） |
| 中国石化集团安庆石油化工总厂 1.65%（流通 A 股） |
| 中国石化集团九江石油化工总厂 1.65%（流通 A 股） |
| 中国石化集团长岭炼油化工有限责任公司 1.65%（流通 A 股） |
| 中国石化集团武汉石油化工厂 1.34%（流通 A 股） |
| 中国石化销售有限公司华东分公司 1.03%（流通 A 股） |
| 中国石化集团荆门石油化工总厂 1.03%（流通 A 股） |
| 中国石化集团江苏石油有限责任公司 1.03%（流通 A 股） |
| 中国石化集团管道储运公司 1.03%（流通 A 股） |
| 实际控制人：中国长江航运(集团)总公司 |

二〇〇六年以来市场表现

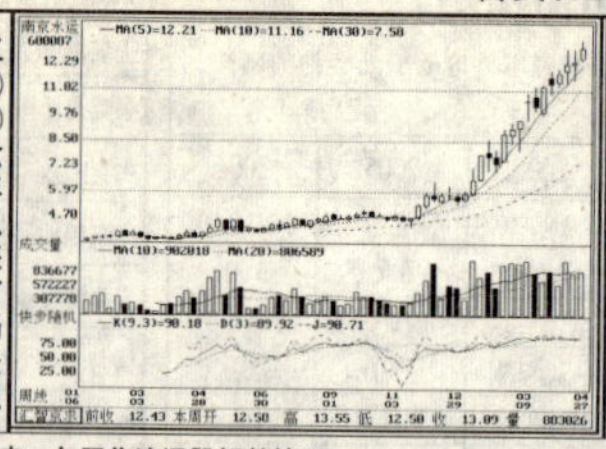

| | |
|---|---|
| 2006 年涨跌幅(%) | 61.54 |
| 2006 年最高(元) | 6.61 |
| 2007 年涨跌幅(%) | 137.14 |
| 2007.4.27 收盘(元) | 13.09 |
| 2007 年最高(元) | 13.55 |
| 2007 年最低(元) | 5.44 |
| 2007 年换手率(%) | 383.88 |

未来一年限售流通股解禁情况：

| 最新股本 | 总股本 | 非(限售)流通 | 流通 A | 流通 B/H/S | 股东户数 | 06 年末 | 06 三季 |
|---|---|---|---|---|---|---|---|
| | 51616.03 | 16504.46 | 35111.57 | | | 41171 | |

年报点评：2006 年中石化沿江输油管道建成投产，下半年长江原油运输业务萎缩，导致南京水运全年业绩同比下降 25%。公司实施"出江入海"转型，海上运输业务按计划实施，较为有效地弥补了长江业务萎缩的负面影响。

## 中视传媒（600088）

上市日期:97/06/16　电话:021－68765168　传真:021－68763868

| | | | | |
|---|---|---|---|---|
| 主营 | 影视拍摄基地开发、经营，影视拍摄(电影除外)、电视剧节目制作、销售经营，影视设备租赁，高清晰度影视技术、网络系统集成技术的开发及相关的信息服务，综合文艺表演等。 | | | |
| | 年　度 | 2006 | 2005 | 2004 |
| 主要指标 | 每股收益/扣除后(元) | 0.201/0.187 | 0.086 | 0.051/－0.008 |
| | 每股经营现金流量(元) | 1.11 | 0.29 | －0.06 |
| | 每股净资产/调整后(元) | 3.28/3.24 | 3.17/3.11 | 3.13/3.11 |
| | 未分利润(万元) | 5320.41 | 3177.07 | 2835.35 |
| | 资本公积(万元) | 41534.12 | 41596.45 | 41596.45 |
| 利润构成 | 主营收入(万元) | 63506.79 | 41759 | 35958.2 |
| | 主营利润(万元) | 13285.6 | 8476.73 | 6458.48 |
| | 投资收益(万元) | 0.53 | 44.3 | 423.29 |
| | 利润总额(万元) | 6635.91 | 3044.72 | 1687.34 |
| | 净利润(万元) | 4749.62 | 2033.82 | 1199.61 |
| 近年分配: | 06 预案:10 派 1；05 年:10 派 0.8；04 年:10 派 0.5 | | | |

| 主要股东及持股比例%、持股性质 |
|---|
| 中央电视台无锡太湖影视城 54.37%（国有股） |
| 金鑫证券投资基金 4.23%（流通 A 股） |
| 中国银行－嘉实服务增值行业证券投资基金 1.78%（流通 A 股） |
| 中国人寿保险(集团)公司－传统－普通保险产品 1.28%（流通 A 股） |
| 中国工商银行－易方达价值精选股票型证券投资基金 1.22%（流通 A 股） |
| 中国国际电视总公司 0.84%（国有股） |
| 北京中电高科技电视发展公司 0.84%（国有股） |
| 北京未来广告公司 0.84%（国有股） |
| 中国人寿保险股份有限公司－分红－个人分红－005L－FH002 沪 0.7%（流通 A 股） |
| 中国银行－嘉实增长开放式证券投资基金 0.69%（流通 A 股） |
| 实际控制人：中央电视台 |

二〇〇六年以来市场表现

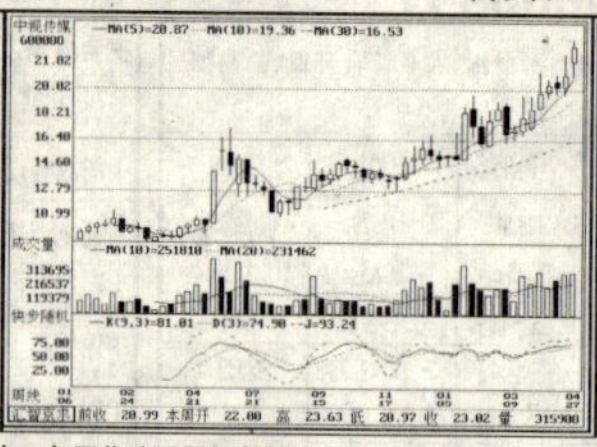

| | |
|---|---|
| 2006 年涨跌幅(%) | 112.48 |
| 2006 年最高(元) | 21.94 |
| 2007 年涨跌幅(%) | 53.57 |
| 2007.4.27 收盘(元) | 23.02 |
| 2007 年最高(元) | 23.63 |
| 2007 年最低(元) | 14.61 |
| 2007 年换手率(%) | 372.23 |

未来一年限售流通股解禁情况：

| 最新股本 | 总股本 | 非(限售)流通 | 流通 A | 流通 B/H/S | 股东户数 | 06 年末 | 06 三季 |
|---|---|---|---|---|---|---|---|
| | 23673 | 13533 | 10140 | | | 20955 | 19417 |

年报点评：2006 年，公司以股权分置改革为契机，加快发展影视和广告业务，精耕细作旅游业务，努力促进影视、广告、旅游三大主业良性互动。全年主营业务收入及净利润均大幅增长，主要是由于各项主营业务盈利能力持续增长，特别是广告业务和旅游门票业务。

## 特变电工（600089）

上市日期:97/06/18　电话:0994－2724766　传真:0994－2724766

| | | | | |
|---|---|---|---|---|
| 主营 | 变压器、电线电缆及其辅助设备的制造和销售。 | | | |
| | 年　度 | 2006 | 2005 | 2004 |
| 主要指标 | 每股收益/扣除后(元) | 0.507/0.41 | 0.323 | 0.319/0.288 |
| | 每股经营现金流量(元) | 1.2 | 1.57 | 0.76 |
| | 每股净资产/调整后(元) | 4.2/4.14 | 3.99/3.95 | 4.64/4.55 |
| | 未分利润(万元) | 46327.62 | 31810.35 | 29523.01 |
| | 资本公积(万元) | 68723.55 | 65758.27 | 68043.23 |
| 利润构成 | 主营收入(万元) | 591420.36 | 448756.18 | 367407.91 |
| | 主营利润(万元) | 101701.27 | 82654.4 | 70669.01 |
| | 投资收益(万元) | 7492.76 | 2431.22 | 2588.21 |
| | 利润总额(万元) | 29694.82 | 23521.01 | 18665.19 |
| | 净利润(万元) | 21638.71 | 12548.15 | 9520.86 |
| 近年分配: | 06 预案:10 派 1；05 年:10 派 0.909；04 年:10 派 1 转增 3 | | | |

| 主要股东及持股比例%、持股性质 |
|---|
| 新疆天山电气有限公司 13.1%（非流通股） |
| 上海宏联创业投资有限公司 8.85%（非流通股） |
| 中国建设银行－上投摩根成长先锋股票型证券投资基金 4.51%（流通 A 股） |
| 新疆昌吉电力实业总公司 4.27%（非流通股） |
| 全国社保基金一零九组合 4.12%（流通 A 股） |
| 中国银行－易方达策略成长证券投资基金 2.88%（流通 A 股） |
| 新疆维吾尔自治区投资公司 2.87%（非流通股） |
| 中国工商银行－科翔证券投资基金 1.9%（流通 A 股） |
| 交通银行－科瑞证券投资基金 1.54%（流通 A 股） |
| 上海鼎丰科技发展有限公司 1.45%（非流通股） |
| 实际控制人：张新 |

二〇〇六年以来市场表现

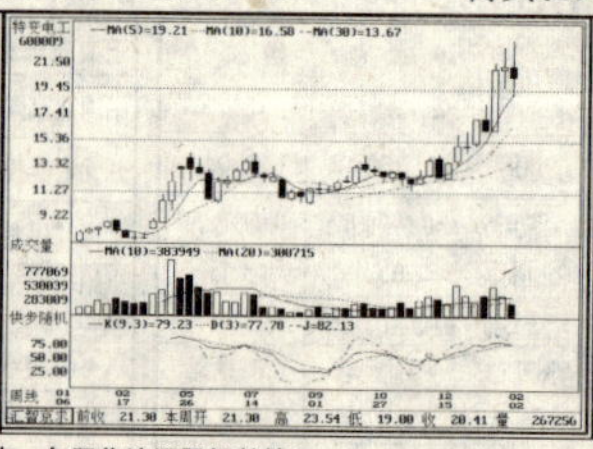

| | |
|---|---|
| 2006 年涨跌幅(%) | 173.1 |
| 2006 年最高(元) | 21.44 |
| 2007 年涨跌幅(%) | 36.52 |
| 2007.4.27 收盘(元) | 20.41 |
| 2007 年最高(元) | 23.54 |
| 2007 年最低(元) | 14.95 |
| 2007 年换手率(%) | 65.38 |

未来一年限售流通股解禁情况：

| 最新股本 | 总股本 | 非(限售)流通 | 流通 A | 流通 B/H/S | 股东户数 | 06 年末 | 06 三季 |
|---|---|---|---|---|---|---|---|
| | 42701.94 | 13892.36 | 28809.58 | | | 41498 | 46635 |

年报点评：06 年国内输配电行业快速发展，公司作为国内变压器龙头，变压器产品销售收入大幅增长，即使在原材料价格大幅上涨的情况下，主营业务利润仍取得了较大增长。07 年公司变压器业务仍将继续大幅上涨，公司前景看好。

## ST 啤酒花（600090）

上市日期:97/06/16　电话:0991－3687305　传真:0991－3687302

| | | | | |
|---|---|---|---|---|
| 主营 | 主营啤酒花、啤酒大麦、食品饮料、房地产开发、农副产品等业务。 | | | |
| | 年　度 | 2006 | 2005 | 2004 |
| 主要指标 | 每股收益/扣除后(元) | 0.104/0.1 | 0.011 | －0.563/－0.57 |
| | 每股经营现金流量(元) | 0.577 | 0.01 | 0.01 |
| | 每股净资产/调整后(元) | 0.49/0.43 | －0.36/－0.39 | －3.08/－3.16 |
| | 未分利润(万元) | －60571.96 | －63677.27 | －140808.59 |
| | 资本公积(万元) | 39595.34 | 9473.75 | 4825.55 |
| 利润构成 | 主营收入(万元) | 69775.2 | 18325.54 | 24347.09 |
| | 主营利润(万元) | 30969.27 | 6712.55 | 8246.16 |
| | 投资收益(万元) | －503.31 | －5662.78 | －6737.97 |
| | 利润总额(万元) | 10611.18 | 901.66 | －28430.56 |
| | 净利润(万元) | 3822.31 | 385.67 | －20709.8 |
| 近年分配: | | | | |

| 主要股东及持股比例%、持股性质 |
|---|
| 新疆蓝剑嘉酿投资有限公司 41.36%（非流通股） |
| 申银万国－花旗－UBS 2.37%（流通 A 股） |
| 上海平杰投资咨询有限公司 1.36%（非流通股） |
| 中科金投资有限公司 1.03%（非流通股） |
| 上海申攀商贸有限公司 0.87%（非流通股） |
| 北京盛神准成科技发展有限公司 0.66%（非流通股） |
| 马世叔 0.64%（流通 A 股） |
| 上海财政证券公司 0.57%（流通 A 股） |
| 上海贝特担保有限公司 0.36%（流通 A 股） |
| 谭第建 0.27%（流通 A 股） |
| 实际控制人：新疆蓝剑嘉酿投资有限公司 |

二〇〇六年以来市场表现

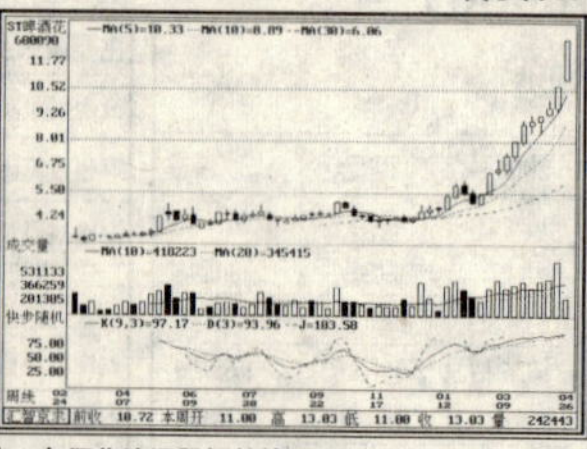

| | |
|---|---|
| 2006 年涨跌幅(%) | 68.24 |
| 2006 年最高(元) | 5.58 |
| 2007 年涨跌幅(%) | 178.42 |
| 2007.4.27 收盘(元) | 13.03 |
| 2007 年最高(元) | 13.03 |
| 2007 年最低(元) | 4.5 |
| 2007 年换手率(%) | 289.61 |

未来一年限售流通股解禁情况：

| 最新股本 | 总股本 | 非(限售)流通 | 流通 A | 流通 B/H/S | 股东户数 | 06 年末 | 06 三季 |
|---|---|---|---|---|---|---|---|
| | 36791.66 | 17638.36 | 19153.31 | | | 18407 | 20003 |

年报点评：公司主营啤酒花、啤酒花制品的生产、销售，其下游行业啤酒行业 2006 产销量都大幅增长，行业效益明显增长，这使得公司业务好转出现契机。06 年公司完成了资产重组，通过公司整合经营效益明显上升，摆脱了长期亏损的局面。

# 明天科技(600091)

上市日期:97/07/04　　电话:0472－2207068　　传真:0472－2207059

| 主营 | 烧碱、聚氯乙烯树脂、硫酸、盐酸、苯酚、氢氟酸、无水氟化氢、氟化盐产品、液氯、电石、溶解乙炔,电子产品的生产和销售,计算机的生产、研制开发。 | | |
|---|---|---|---|
| 年度 | 2006 | 2005 | 2004 |
| 主要指标 每股收益/扣除后(元) | -0.17/-0.22 | 0.03 | 0.21/0.17 |
| 每股经营现金流量(元) | -0.1 | 0.47 | 0.58 |
| 每股净资产/调整后(元) | 5.55/5.48 | 5.69/5.58 | 5.74/5.65 |
| 未分利润(万元) | 20119.54 | 26000.67 | 26628.32 |
| 资本公积(万元) | 121787.99 | 122150.18 | 122150.18 |
| 利润构成 主营收入(万元) | 83214.7 | 77739.77 | 80465.31 |
| 主营利润(万元) | 1119.26 | 4192.2 | 10824.67 |
| 投资收益(万元) | 5200.19 | 2250.28 | 3468.42 |
| 利润总额(万元) | -11220.99 | -1956.39 | 7490.81 |
| 净利润(万元) | -5881.14 | 1075.81 | 7230.95 |
| 近年分配: | | | |

| 主要股东及持股比例%、持股性质 |
|---|
| 包头市北普实业有限公司 10.32% (非流通股) |
| 包头北大明天资源科技有限公司 7.46% (国有股) |
| 浙江恒际实业发展有限公司 6.24% (非流通股) |
| 叶正大 0.34% (流通A股) |
| 陈世群 0.3% (流通A股) |
| 吴晓东 0.26% (流通A股) |
| 陈尚军 0.25% (流通A股) |
| 葛立宏 0.24% (流通A股) |
| 马东红 0.24% (流通A股) |
| 田雪晶 0.2% (流通A股) |
| 实际控制人: 明天控股有限公司 |

二〇〇六年以来市场表现

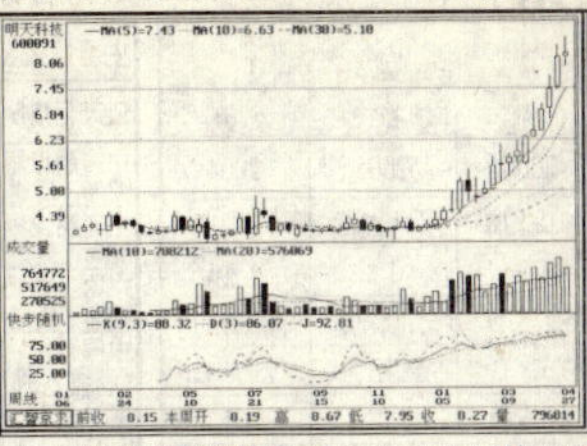

| | |
|---|---|
| 2006年涨跌幅(%) | 33.37 |
| 2006年最高(元) | 6.04 |
| 2007年涨跌幅(%) | 93.68 |
| 2007.4.27收盘(元) | 8.27 |
| 2007年最高(元) | 8.67 |
| 2007年最低(元) | 4.23 |
| 2007年换手率(%) | 406.14 |

未来一年限售流通股解禁情况:50478900股05月31日解禁

| 最新股本 | 总股本 | 非(限售)流通 | 流通A | 流通B/H/S | 股东户数 | 06年末 | 06三季 |
|---|---|---|---|---|---|---|---|
| | 33652.6 | 8083.8 | 25568.8 | | | 61213 | 65968 |

**年报点评** 2006年受氯碱等基础化工行业产品阶段性产能过剩、供大于求的影响,且计算机软、硬件行业竞争激烈,导致公司生产成本升高、利润水平下降。同时期间费用增幅较快,从而导致公司出现亏损。

# *ST禾嘉(600093)

上市日期:97/06/26　　电话:028－5155498　　传真:028－5155498

| 主营 | 对农副产品的深加工、销售,优质水稻、小麦的种植、销售及技术服务。 | | |
|---|---|---|---|
| 年度 | 2006 | 2005 | 2004 |
| 主要指标 每股收益/扣除后(元) | 0.006/0.003 | -0.228 | -0.025/-0.028 |
| 每股经营现金流量(元) | 0.063 | 0.066 | 0.075 |
| 每股净资产/调整后(元) | 1.13/0.95 | 1.48/1.12 | 1.48/1.42 |
| 未分利润(万元) | -1837.99 | -1799.11 | 5027.14 |
| 资本公积(万元) | 1679.54 | 5236.79 | 5162.62 |
| 利润构成 主营收入(万元) | 22790.27 | 34852.26 | 34599.02 |
| 主营利润(万元) | 6714.99 | 7503.23 | 7633.75 |
| 投资收益(万元) | -251.86 | -284.95 | -95.31 |
| 利润总额(万元) | 817.01 | -6536.98 | -140.32 |
| 净利润(万元) | 197.06 | -6543.85 | -715.85 |
| 近年分配: | | | |

| 主要股东及持股比例%、持股性质 |
|---|
| 四川禾嘉实业(集团)有限公司 43.84% (非流通股) |
| 四川禾嘉房地产开发有限公司 2.34% (非流通股) |
| 成都市武侯区百花洲娱乐世界 2.34% (非流通股) |
| 北海海利实业公司 1.17% (非流通股) |
| 四川星火食品研究院 1.17% (非流通股) |
| 刘昔燎 0.706% (流通A股) |
| 尹光明 0.54% (流通A股) |
| 滕世来 0.466% (流通A股) |
| 孙元贵 0.33% (流通A股) |
| 杜习芳 0.23% (流通A股) |
| 实际控制人: 夏朝嘉 |

二〇〇六年以来市场表现

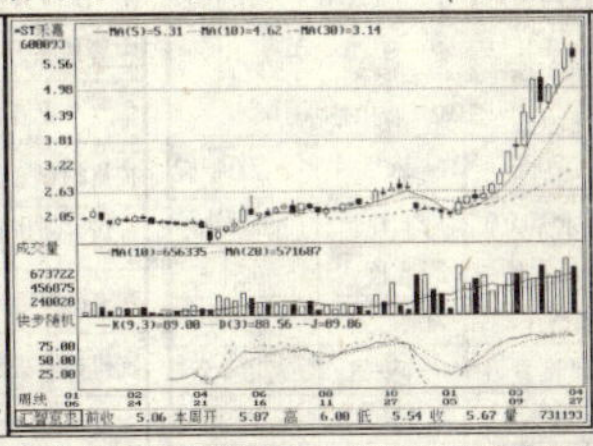

| | |
|---|---|
| 2006年涨跌幅(%) | 49.37 |
| 2006年最高(元) | 3.25 |
| 2007年涨跌幅(%) | 168.72 |
| 2007.4.27收盘(元) | 5.67 |
| 2007年最高(元) | 6.15 |
| 2007年最低(元) | 1.99 |
| 2007年换手率(%) | 596.66 |

未来一年限售流通股解禁情况:38842875股12月06日解禁

| 最新股本 | 总股本 | 非(限售)流通 | 流通A | 流通B/H/S | 股东户数 | 06年末 | 06三季 |
|---|---|---|---|---|---|---|---|
| | 32244.75 | 16409.25 | 15835.5 | | | 23364 | 22097 |

**年报点评** 2006年,尽管公司收入大幅下滑,主要是因为公司出售了连年亏损的控股子公司四川禾嘉阳公食品有限公司的全部股权,在有效控制费用之后,公司终于实现盈利。公司在食品加工方面的业务有所减少。公司的业务调整仍在持续。

# *ST华源(600094/900940)

上市日期:A: 97/07/03 B: 96/07/26　　电话:021－58799888　　传真:021－58825887

| 主营 | 合成、超细纤维,仿真丝面料,特种作业用面料,纤维用聚酯切片,各种包装、装潢用聚酯切片,建筑装潢用新型复合材料,生物制药产品,现代通讯信息新材料及相关器件等。 | | |
|---|---|---|---|
| 年度 | 2006 | 2005 | 2004 |
| 主要指标 每股收益/扣除后(元) | -1.934/-1.906 | -1.007 | 0.066/0.004 |
| 每股经营现金流量(元) | -0.028 | 0.699 | 0.527 |
| 每股净资产/调整后(元) | -0.49/-1.06 | 1.9/1.82 | 3.26/3.23 |
| 未分利润(万元) | -145441.26 | -50297.24 | 12726.5 |
| 资本公积(万元) | 74392.79 | 74451.75 | 74025.24 |
| 利润构成 主营收入(万元) | 169641.32 | 554783.02 | 484438.18 |
| 主营利润(万元) | 5814.25 | 29983.95 | 43096.69 |
| 投资收益(万元) | -20744.73 | -23698.27 | 6447.71 |
| 利润总额(万元) | -124883.23 | -52537.06 | 7776.65 |
| 净利润(万元) | -95124.21 | -49505.03 | 3236.06 |
| 近年分配: | | | |

| 主要股东及持股比例%、持股性质 |
|---|
| 中国华源集团有限公司 31.51% (国有股) |
| 锡山市长苑丝织厂 2.06% (非流通股) |
| 江苏秋艳(集团)公司 1.89% (非流通股) |
| 东方精选混合型开放式证券投资基金 1.22% (流通A股) |
| 全国社保基金一零六组合 0.29% (流通A股) |
| 许伟东 0.28% (流通A股) |
| 钟原 0.22% (流通B股) |
| 李良川 0.19% (流通B股) |
| SCBHK A/C INVESTMENTS ASIA LIMITED 0.15% (流通B股) |
| 俞仲德 0.15% (流通B股) |
| 实际控制人: 国务院国有资产监督管理委员会 |

二〇〇六年以来市场表现

| | |
|---|---|
| 2006年涨跌幅(%) | 73.53 |
| 2006年最高(元) | 6.45 |
| 2007年涨跌幅(%) | 141.55 |
| 2007.4.27收盘(元) | 6.62 |
| 2007年最高(元) | 13.05 |
| 2007年最低(元) | 4.53 |
| 2007年换手率(%) | 387.86 |

未来一年限售流通股解禁情况:50894256股03月19日解禁

| 最新股本 | 总股本 | 非(限售)流通 | 流通A | 流通B/H/S | 股东户数 | 06年末 | 06三季 |
|---|---|---|---|---|---|---|---|
| | 49175.4 | 17435.4 | 11040 | 20700 | | 64115 | 66675 |

**年报点评** 公司主业包括聚酯产品、化纤、服装等纺织品、制药以及新型建材等。2006年化纤行业市场竞争仍然十分激烈,公司主要产品市场依然疲软,受国际市场石油价格上涨的影响,原料价格仍处高位,生产和经营环境未有好转,资金紧张已经影响公司正常生产。

# 哈高科(600095)

上市日期:97/07/08　　电话:0451－4348333　　传真:0451—4348057

| 主营 | 粮豆深加工、制药、房地产开发及基础设施建设及防水建材的生产。 | | |
|---|---|---|---|
| 年度 | 2006 | 2005 | 2004 |
| 主要指标 每股收益/扣除后(元) | 0.063/-0.025 | 0.032 | 0.015/-0.046 |
| 每股经营现金流量(元) | 0.132 | 0.205 | -0.09 |
| 每股净资产/调整后(元) | 1.78/1.74 | 2.38/2.31 | 2.32/2.21 |
| 未分利润(万元) | -2143.04 | -4338.01 | -5074.32 |
| 资本公积(万元) | 26854.53 | 37143.38 | 36273.97 |
| 利润构成 主营收入(万元) | 26739.87 | 25277.68 | 27696.6 |
| 主营利润(万元) | 6039.73 | 3882.35 | 5787.9 |
| 投资收益(万元) | 332.18 | 527.97 | 255.15 |
| 利润总额(万元) | 2292.53 | 1016.62 | 524.09 |
| 净利润(万元) | 2270.57 | 843.6 | 378.53 |
| 近年分配: | | | |

| 主要股东及持股比例%、持股性质 |
|---|
| 新湖控股有限公司 30.59% (非流通股) |
| 何敏瑞 0.411% (流通A股) |
| 陈林根 0.205% (流通A股) |
| 王雪祥 0.182% (流通A股) |
| 朱云平 0.14% (流通A股) |
| 何万彬 0.139% (流通A股) |
| 王爱庆 0.133% (流通A股) |
| 严永敏 0.125% (流通A股) |
| 杨东 0.113% (流通A股) |
| 扶勇华 0.11% (流通A股) |
| 实际控制人: 黄伟 |

二〇〇六年以来市场表现

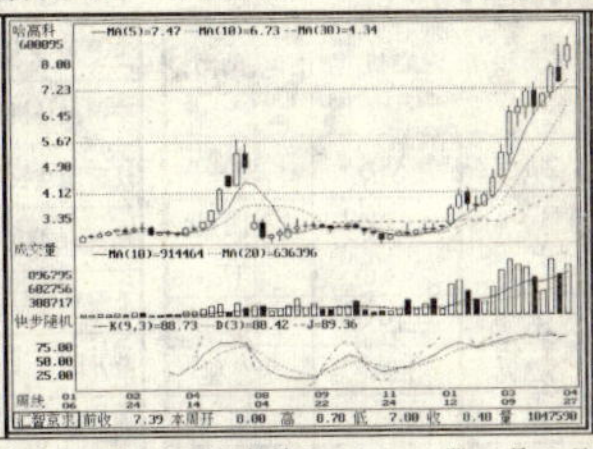

| | |
|---|---|
| 2006年涨跌幅(%) | 84.72 |
| 2006年最高(元) | 5.73 |
| 2007年涨跌幅(%) | 186.49 |
| 2007.4.27收盘(元) | 8.48 |
| 2007年最高(元) | 8.78 |
| 2007年最低(元) | 2.95 |
| 2007年换手率(%) | 467.47 |

未来一年限售流通股解禁情况:18063178股07月28日解禁

| 最新股本 | 总股本 | 非(限售)流通 | 流通A | 流通B/H/S | 股东户数 | 06年末 | 06三季 |
|---|---|---|---|---|---|---|---|
| | 36126.36 | 11049.4 | 25076.96 | | | 79777 | 84996 |

**年报点评** 哈高科是国内规模最大和产业链最完整的大豆深加工企业之一。主要产品增长较快,高端产品占比提高。哈尔滨高科技集团房地产开发有限公司销售收入和利润将在2007年体现。工业地产项目有望成为公司2007年新的利润增长点。

## 云天化（600096）

上市日期:97/07/09　电话:0870－8662006　传真:0870－8662010

| | | 2006 | 2005 | 2004 |
|---|---|---|---|---|
| 主营 | 生产、销售尿素、合成氨等化肥产品及相关化工原料。 | | | |
| | 年　度 | 2006 | 2005 | 2004 |
| 主要指标 | 每股收益/扣除后(元) | 1.09/1.08 | 1.27 | 0.95/0.95 |
| | 每股经营现金流量(元) | 1.36 | 1.8 | 1.396 |
| | 每股净资产/调整后(元) | 5.22/5.19 | 5.05/5.03 | 4.03/4.01 |
| | 未分利润(万元) | 32578.73 | 56382.79 | 23277.15 |
| | 资本公积(万元) | 95365.19 | 87108.8 | 70255.13 |
| 利润构成 | 主营收入(万元) | 443079.81 | 267584.08 | 185856.14 |
| | 主营利润(万元) | 124542.18 | 110117.66 | 77720.64 |
| | 投资收益(万元) | 1440.9 | 2636.82 | -378.71 |
| | 利润总额(万元) | 75774.42 | 79054.95 | 56856.92 |
| | 净利润(万元) | 58586.49 | 67024.73 | 47880.63 |
| 近年分配: | 06预案:10派4；05年:10派10；04中期:10派0.75送3年终:10派4 | | | |

**主要股东及持股比例%、持股性质**

- 云天化集团有限责任公司 60.81%（国有股）
- 中国建设银行－华夏优势增长股票型证券投资基金 1.92%（流通A股）
- 中国建设银行－华夏红利混合型开放式证券投资基金 1.38%（流通A股）
- 中国工商银行－广发策略优选混合型证券投资基金 0.83%（流通A股）
- 中国银行－银华优势企业(平衡型)证券投资基金 0.72%（流通A股）
- 申银万国－汇丰－MERRILL LYNCH INTERNATIONAL 0.65%（流通A股）
- 招商证券－渣打－ING BANK N.V. 0.44%（流通A股）
- 中国农业银行－富国天瑞强势地区精选混合型开放式证券投资基金 0.43%（流通A股）
- 招商银行股份有限公司－上证红利交易型开放式指数证券投资基金 0.42%（流通A股）
- 国际金融－花旗－MARTIN CURRIE INVESTMENT MANAGEMENT LIMITED 0.41%（流通A股）

实际控制人：云南省人民政府国有资产监督管理委员会

二〇〇六年以来市场表现

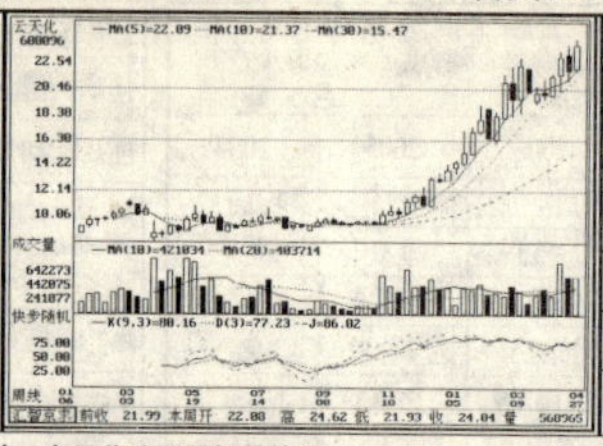

| | |
|---|---|
| 2006年涨跌幅(%) | 110.89 |
| 2006年最高(元) | 18.7 |
| 2007年涨跌幅(%) | 74.58 |
| 2007.4.27收盘(元) | 24.04 |
| 2007年最高(元) | 24.62 |
| 2007年最低(元) | 13.5 |
| 2007年换手率(%) | 298.95 |

未来一年限售流通股解禁情况:

| 最新股本 | 总股本 | 非(限售)流通 | 流通A | 流通B/H/S | 股东户数 | 06年末 | 06三季 |
|---|---|---|---|---|---|---|---|
| | 53635.03 | 32614.2 | 21020.83 | | | 33181 | 43458 |

年报点评：2006年公司商贸收入增长但毛利率低，同时公司主营的尿素和玻璃纤维产品毛利率出现了一定幅度的下降，使得公司盈利同比略有下降。随着玻璃纤维、聚甲醛产品产能的增长，公司多元化经营格局将更明显，而50万吨合成氨项目的完成将进一步增强公司盈利能力。

## 华立科技（600097）

上市日期:97/06/19　电话:0571－88471777　传真:0571－88741666

| | | 2006 | 2005 | 2004 |
|---|---|---|---|---|
| 主营 | 电力自动化系统产品的研制、销售和技术服务。 | | | |
| | 年　度 | 2006 | 2005 | 2004 |
| 主要指标 | 每股收益/扣除后(元) | 0.059/0.096 | 0.11 | 0.09/0.09 |
| | 每股经营现金流量(元) | -0.28 | 0.19 | 0.24 |
| | 每股净资产/调整后(元) | 1.52/1.48 | 1.49/1.41 | 1.38/1.33 |
| | 未分利润(万元) | 18.11 | -659.73 | -21024.55 |
| | 资本公积(万元) | 4931.86 | 5228.73 | 24325.96 |
| 利润构成 | 主营收入(万元) | 30157.86 | 33811.17 | 28933.14 |
| | 主营利润(万元) | 7752.71 | 7406.05 | 5793.31 |
| | 投资收益(万元) | -47.19 | -44.48 | -8.27 |
| | 利润总额(万元) | 1155.37 | 1248.71 | 1052.38 |
| | 净利润(万元) | 686.53 | 1267.03 | 1044.24 |
| 近年分配: | | | | |

**主要股东及持股比例%、持股性质**

- 华立产业集团有限公司 23.8%（非流通股）
- 杭州华春工贸有限公司 7.42%（非流通股）
- 杭州永建福利厂 4.9%（非流通股）
- 海南恒泰集团有限公司 4.77%（非流通股）
- 杭州长乐富华电器元件厂 4.15%（非流通股）
- 宜章玉溪河综合投资开发有限公司 4.08%（非流通股）
- 杭州中南五金厂 3.86%（非流通股）
- 海南银泰建设投资开发公司 2.53%（非流通股）
- 湖南华英科技有限公司 1.79%（非流通股）
- 海南省国信实业发展公司 1.27%（非流通股）

实际控制人：汪力成

二〇〇六年以来市场表现

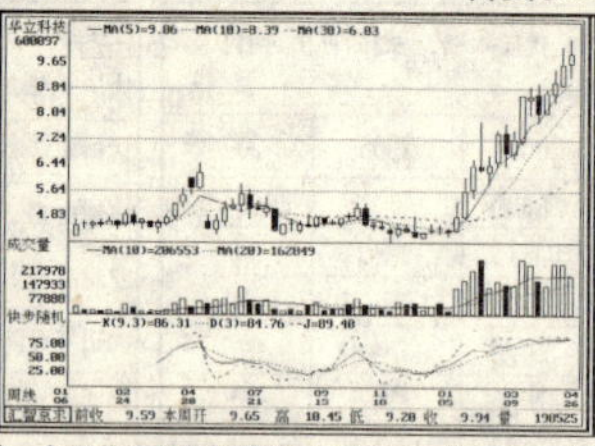

| | |
|---|---|
| 2006年涨跌幅(%) | 37.64 |
| 2006年最高(元) | 7.74 |
| 2007年涨跌幅(%) | 123.37 |
| 2007.4.27收盘(元) | 9.94 |
| 2007年最高(元) | 10.45 |
| 2007年最低(元) | 4.19 |
| 2007年换手率(%) | 656.11 |

未来一年限售流通股解禁情况:44409343股06月08日解禁

| 最新股本 | 总股本 | 非(限售)流通 | 流通A | 流通B/H/S | 股东户数 | 06年末 | 06三季 |
|---|---|---|---|---|---|---|---|
| | 11544.99 | 6889.99 | 4655 | | | 13411 | 13689 |

年报点评：公司主营电能表和电力自动化产品。06年公司电能表的销售下降，主营业务收入及利润均大幅下滑。07年预计电力二次设备行业仍将平稳快速发展，但行业的竞争激烈程度可能加剧。公司需加快产品转型，尽快实现产业的调整和升级。

## 广州控股（600098）

上市日期:97/07/18　电话:020－37850968　传真:020－37850938

| | | 2006 | 2005 | 2004 |
|---|---|---|---|---|
| 主营 | 从事能源、基础设施、物流、金融等产业的投资、建设、生产管理和经营业务。 | | | |
| | 年　度 | 2006 | 2005 | 2004 |
| 主要指标 | 每股收益/扣除后(元) | 0.34/0.314 | 0.301/0.296 | 0.571/0.549 |
| | 每股经营现金流量(元) | 0.651 | 0.559 | 0.61 |
| | 每股净资产/调整后(元) | 3.94/3.93 | 3.74/3.74 | 5.37/5.37 |
| | 未分利润(万元) | 204564.81 | 172353.29 | 201995.6 |
| | 资本公积(万元) | 197979.19 | 197979.19 | 212013.46 |
| 利润构成 | 主营收入(万元) | 609603.47 | 626490.12 | 473289.36 |
| | 主营利润(万元) | 123364.03 | 117607.83 | 141508.1 |
| | 投资收益(万元) | 14271.12 | 8808.05 | 12645.33 |
| | 利润总额(万元) | 126102.52 | 110785.73 | 136363.27 |
| | 净利润(万元) | 70110.58 | 62030.22 | 78443.82 |
| 近年分配: | 06年:10派2；05年:10派1.5；04年:10派2送4转增1 | | | |

**主要股东及持股比例%、持股性质**

- 广州发展集团有限公司 66.993%（国有股）
- 中国长江电力股份有限公司 11.238%（流通A股）
- 中国建设银行－上投摩根成长先锋股票型证券投资基金 0.594%（流通A股）
- 招商银行股份有限公司－上证红利交易型开放式指数证券投资基金 0.411%（流通A股）
- 中国工商银行－诺安价值增长股票证券投资基金 0.316%（流通A股）
- 中国银行－易方达平稳增长证券投资基金 0.214%（流通A股）
- 中国建设银行－上投摩根双息平衡混合型证券投资基金 0.209%（流通A股）
- 黎建华 0.19%（流通A股）
- 中国人寿保险股份有限公司－传统－普通保险产品－005L－CT001沪 0.144%（流通A股）
- 中国建设银行－上投摩根阿尔法股票型证券投资基金 0.144%（流通A股）

实际控制人：广州发展集团有限公司

二〇〇六年以来市场表现

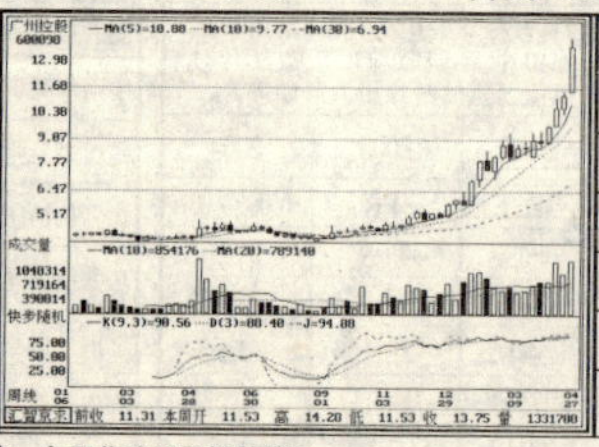

| | |
|---|---|
| 2006年涨跌幅(%) | 43.31 |
| 2006年最高(元) | 5.99 |
| 2007年涨跌幅(%) | 139.55 |
| 2007.4.27收盘(元) | 13.75 |
| 2007年最高(元) | 14.28 |
| 2007年最低(元) | 5.51 |
| 2007年换手率(%) | 198.18 |

未来一年限售流通股解禁情况:

| 最新股本 | 总股本 | 非(限售)流通 | 流通A | 流通B/H/S | 股东户数 | 06年末 | 06三季 |
|---|---|---|---|---|---|---|---|
| | 205920 | 137952 | 67968 | | | 64040 | 71398 |

年报点评：2006年7月实施第二次煤电联动后，公司电力销售价格有所提升，电力业务销售毛利率的提升带动了公司主营业务利润同比稳步增长。公司将全免发展电力、煤炭、油品、天然气及新能源业务，建设面向珠三角的大型综合能源供应商。

## 林海股份（600099）

上市日期:97/07/04　电话:0523－6551888　传真:0523－6551403

| | | 2006 | 2005 | 2004 |
|---|---|---|---|---|
| 主营 | 营林机械、喷灌机械、木材采运设备、内燃机、摩托车、助力车、消防机械、微型汽车及以上产品配件的制造和销售。 | | | |
| | 年　度 | 2006 | 2005 | 2004 |
| 主要指标 | 每股收益/扣除后(元) | 0.05/0.063 | 0.039 | 0.031/0.019 |
| | 每股经营现金流量(元) | 0.06 | -0.05 | 0.172 |
| | 每股净资产/调整后(元) | 2.14/2.12 | 2.1/2.08 | 2.11/2.07 |
| | 未分利润(万元) | 2972.97 | 1980.2 | 2427.98 |
| | 资本公积(万元) | 19940.76 | 20190.76 | 20190.76 |
| 利润构成 | 主营收入(万元) | 43377.14 | 40853.52 | 35532.23 |
| | 主营利润(万元) | 4761.72 | 3554.29 | 2803.02 |
| | 投资收益(万元) | -14.62 | 48.7 | 70.34 |
| | 利润总额(万元) | 1574.5 | 1011.65 | 902.96 |
| | 净利润(万元) | 1167.96 | 863.77 | 681.77 |
| 近年分配: | 04年:10派0.5 | | | |

**主要股东及持股比例%、持股性质**

- 中国福马机械集团有限公司 45.06%（国有股）
- 辽宁瑞鑫投资管理有限公司 0.51%（流通A股）
- 郑灰 0.47%（流通A股）
- 上海意登复合材料有限公司 0.47%（流通A股）
- 游开国 0.46%（流通A股）
- 刘玉兰 0.33%（流通A股）
- 曹玉香 0.3%（流通A股）
- 于霞 0.29%（流通A股）
- 叶丹 0.29%（流通A股）
- 魏卫 0.25%（流通A股）

实际控制人：中国福马机械集团有限公司

二〇〇六年以来市场表现

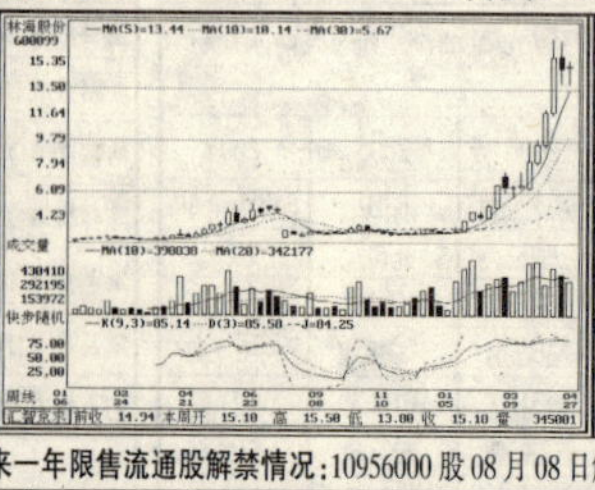

| | |
|---|---|
| 2006年涨跌幅(%) | 69.79 |
| 2006年最高(元) | 5.18 |
| 2007年涨跌幅(%) | 389.68 |
| 2007.4.27收盘(元) | 15.18 |
| 2007年最高(元) | 17.2 |
| 2007年最低(元) | 3.03 |
| 2007年换手率(%) | 499.68 |

未来一年限售流通股解禁情况:10956000股08月08日解禁

| 最新股本 | 总股本 | 非(限售)流通 | 流通A | 流通B/H/S | 股东户数 | 06年末 | 06三季 |
|---|---|---|---|---|---|---|---|
| | 21912 | 9873.6 | 12038.4 | | | 22711 | 23434 |

年报点评：公司主要产品有通用发动机及配套机械，摩托车及摩托车发动机，特种车。虽然摩托车行业竞争较为激烈，但公司06年销售收入略有增长，毛利率小幅提升，净利润有较大增长。由于行业竞争激烈，公司业绩增长尚需培养核心竞争力。

## 同方股份（600100）

上市日期:97/06/27　电话:010－82399888　传真:010－82399970

主营：计算机及周边设备的生产、销售；网络、软件、系统集成与信息服务；能源与环境工程及设备的设计、生产、销售等。

| | 年　度 | 2006 | 2005 | 2004 |
|---|---|---|---|---|
| 主要指标 | 每股收益/扣除后(元) | 0.28/0.147 | 0.183 | 0.202/0.149 |
| | 每股经营现金流量(元) | 0.481 | 1.139 | 0.179 |
| | 每股净资产/调整后(元) | 5.51/5.22 | 5.3/5.06 | 5.18/4.9 |
| | 未分利润(万元) | 63215.48 | 54505.52 | 50784.53 |
| | 资本公积(万元) | 164143.17 | 161005.24 | 158704.64 |
| 利润构成 | 主营收入(万元) | 1211741.17 | 977518.69 | 814854.95 |
| | 主营利润(万元) | 160608.93 | 129866.81 | 105982.75 |
| | 投资收益(万元) | 5085.1 | 5638.54 | -382.15 |
| | 利润总额(万元) | 37635.74 | 22691.16 | 23136.92 |
| | 净利润(万元) | 16062.32 | 10519.02 | 11590.87 |

近年分配：06 预案:10 派 1；05 年:10 派 1；04 年:10 派 1

| 主要股东及持股比例%、持股性质 |
|---|
| 清华控股有限公司 33.06%（国有股） |
| 泰豪集团有限公司 0.68%（非流通股） |
| 金鑫证券投资基金 0.66%（流通 A 股） |
| 上证 50 交易型开放式指数证券投资基金 0.54%（流通 A 股） |
| 华夏大盘精选证券投资基金 0.52%（流通 A 股） |
| 全国社保基金零零二组合 0.34%（流通 A 股） |
| 中国人寿保险股份有限公司 0.32%（流通 A 股） |
| 上海智诚科技投资有限公司 0.26%（流通 A 股） |
| 北京沃斯太酒店设备安装公司 0.23%（非流通股） |
| 北京首都创业集团有限公司 0.23%（非流通股） |
| 实际控制人：清华控股有限公司 |

二〇〇六年以来市场表现

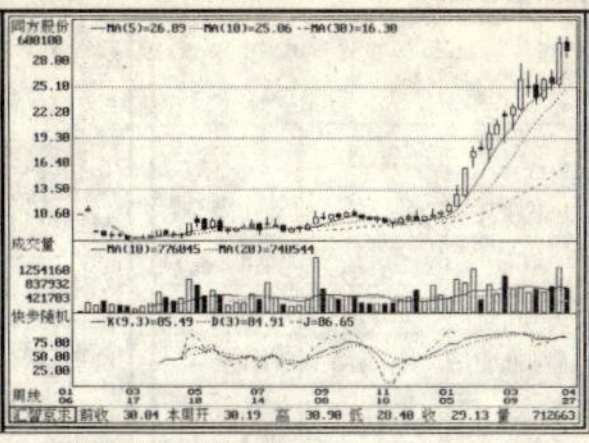

| | |
|---|---|
| 2006 年涨跌幅(%) | 57.49 |
| 2006 年最高(元) | 15.59 |
| 2007 年涨跌幅(%) | 169.47 |
| 2007.4.27 收盘(元) | 29.13 |
| 2007 年最高(元) | 30.9 |
| 2007 年最低(元) | 10.71 |
| 2007 年换手率(%) | 327.91 |

未来一年限售流通股解禁情况：

| 最新股本 | 总股本 | 非(限售)流通 | 流通 A | 流通 B/H/S | 股东户数 | 06 年末 | 06 三季 |
|---|---|---|---|---|---|---|---|
| | 57461.23 | 19783.02 | 37678.21 | | | 129183 | 138067 |

年报点评：公司属于投资型企业，涉及信息技术业、能源和环保业等行业。2006 年，公司安防、智能建筑、数字电视和数字通信等业务获得快速增长。同时，盈利能力较强的业务比重上升使盈利能力得到提升。股权激励是公司业绩成长的关键驱动因素。

## ＊ST 明星（600101）

上市日期:97/06/27　电话:0825－2210076　传真:0825－2210017

主营：经营电力生产供应、送变电工程、线路及设备安装，自来水生产供应，宾馆服务业等。

| | 年　度 | 2006 | 2005 | 2004 |
|---|---|---|---|---|
| 主要指标 | 每股收益/扣除后(元) | -0.76/0.24 | -1.161 | 0.413/0.38 |
| | 每股经营现金流量(元) | 0.2 | 0.55 | 1.13 |
| | 每股净资产/调整后(元) | 2.68/2.67 | 3.41/3.37 | 5.99/5.96 |
| | 未分利润(万元) | -20577.66 | -9189.59 | 24419.62 |
| | 资本公积(万元) | 49956.99 | 49138.08 | 52970.56 |
| 利润构成 | 主营收入(万元) | 63775.64 | 53942.39 | 54764.41 |
| | 主营利润(万元) | 22704.93 | 21148.19 | 20597.53 |
| | 投资收益(万元) | -7738.42 | -2114.51 | 114.8 |
| | 利润总额(万元) | -19234.92 | -32239.11 | 11240.17 |
| | 净利润(万元) | -20164.47 | -30755.63 | 8413.96 |

近年分配：04 年:10 派 0.2 送 1 转增 2

| 主要股东及持股比例%、持股性质 |
|---|
| 四川明珠水利电力股份有限公司 28.138%（非流通股） |
| 遂宁兴业资产经营公司 7.994%（非流通股） |
| 遂宁金源科技发展公司 7.919%（非流通股） |
| 国盛证券 2.792%（流通 A 股） |
| 海创置业 0.834%（流通 A 股） |
| 应京 0.477%（流通 A 股） |
| 聚鑫投资 0.468%（流通 A 股） |
| 宫剑 0.455%（流通 A 股） |
| 张冬梅 0.434%（流通 A 股） |
| 贾光爱 0.365%（流通 A 股） |
| 实际控制人：四川明珠水利电力股份有限公司 |

二〇〇六年以来市场表现

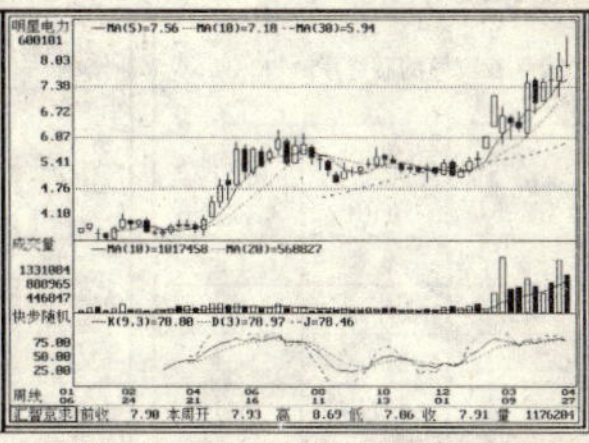

| | |
|---|---|
| 2006 年涨跌幅(%) | 50.27 |
| 2006 年最高(元) | 6.25 |
| 2007 年涨跌幅(%) | 121.48 |
| 2007.4.27 收盘(元) | 7.91 |
| 2007 年最高(元) | 13.38 |
| 2007 年最低(元) | 5.78 |
| 2007 年换手率(%) | 471.97 |

未来一年限售流通股解禁情况：32417898 股 02 月 26 日解禁

| 最新股本 | 总股本 | 非(限售)流通 | 流通 A | 流通 B/H/S | 股东户数 | 06 年末 | 06 三季 |
|---|---|---|---|---|---|---|---|
| | 26489.65 | 11669.01 | 14820.63 | | | 32762 | 29069 |

年报点评：公司在前三季度盈利的情况下，全年仍出现亏损，主要是由于公司所查封的深圳市明伦集团 5000 亩的高尔夫球用地的现金回收情况存在较大不确定性，因而公司决定充分计提所有相关坏账准备和预计负债，从而导致亏损。

## 莱钢股份（600102）

上市日期:97/08/28　电话:0634－6820601　传真:0634－6821094

主营：生铁、钢锭、钢坯、钢材、大锻件、水渣、炼焦化产品及炼钢副产品等的生产经营

| | 年　度 | 2006 | 2005 | 2004 |
|---|---|---|---|---|
| 主要指标 | 每股收益/扣除后(元) | 0.809/0.82 | 0.451 | 0.804/0.804 |
| | 每股经营现金流量(元) | 0.81 | 1.28 | 1.02 |
| | 每股净资产/调整后(元) | 5.93/5.58 | 5.11/5.09 | 5.05/5.04 |
| | 未分利润(万元) | 190843.43 | 154068.44 | 123114.47 |
| | 资本公积(万元) | 136217.37 | 135533.53 | 134554.98 |
| 利润构成 | 主营收入(万元) | 2432472.44 | 1981564.92 | 1776182.61 |
| | 主营利润(万元) | 252376.45 | 159580.94 | 163673.15 |
| | 投资收益(万元) | -535.36 | -5685.26 | 43.6 |
| | 利润总额(万元) | 114807.28 | 59707.67 | 103974.42 |
| | 净利润(万元) | 74604.07 | 41548.13 | 74138.87 |

近年分配：06 预案:10 派 3.97；04 年:10 派 4

| 主要股东及持股比例%、持股性质 |
|---|
| 莱芜钢铁集团有限公司 76.82%（国有股） |
| 山东省经济开发投资公司 1.19%（国有股） |
| 河北广运煤炭运销有限公司 0.49%（流通 A 股） |
| 山东固德化工有限公司 0.49%（流通 A 股） |
| 双利经贸有限公司 0.43%（流通 A 股） |
| 海通证券股份有限公司 0.41%（流通 A 股） |
| 山东沂源兴国矿业有限公司 0.33%（流通 A 股） |
| 中国银行－华夏大盘精选证券投资基金 0.33%（流通 A 股） |
| 兵器财务有限责任公司 0.17%（流通 A 股） |
| 东莞信托投资有限公司 0.15%（流通 A 股） |
| 实际控制人：山东省国有资产监督管理委员会 |

二〇〇六年以来市场表现

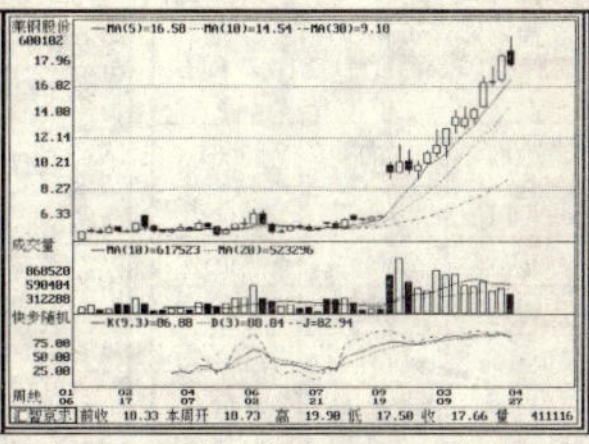

| | |
|---|---|
| 2006 年涨跌幅(%) | 37.75 |
| 2006 年最高(元) | 6.74 |
| 2007 年涨跌幅(%) | 234.58 |
| 2007.4.27 收盘(元) | 17.66 |
| 2007 年最高(元) | 22.97 |
| 2007 年最低(元) | 10.93 |
| 2007 年换手率(%) | 416.82 |

未来一年限售流通股解禁情况：10689940 股 01 月 18 日解禁

| 最新股本 | 总股本 | 非(限售)流通 | 流通 A | 流通 B/H/S | 股东户数 | 06 年末 | 06 三季 |
|---|---|---|---|---|---|---|---|
| | 92227.31 | 71947.31 | 20280 | | | 61334 | 61334 |

年报点评：公司近几年产能迅速扩张，与外资合作的步伐有所放慢，但公司争夺山东省钢铁企业第一的目标不会改变，未来山东钢铁企业的整合将为公司的发展注入生机。

## 青山纸业（600103）

上市日期:97/07/03　电话:0591－3367773　传真:0591－7588745

主营：纸袋纸及卡纸系列产品、碱电产品、医药产品、营林业产品和贸易经营。

| | 年　度 | 2006 | 2005 | 2004 |
|---|---|---|---|---|
| 主要指标 | 每股收益/扣除后(元) | 0.013/0.014 | 0.028 | 0.015/0.018 |
| | 每股经营现金流量(元) | 0.1 | 0.307 | 0.201 |
| | 每股净资产/调整后(元) | 1.81/1.8 | 2.26/2.24 | 2.23/2.23 |
| | 未分利润(万元) | 32275.76 | 31275.44 | 30017.64 |
| | 资本公积(万元) | 18755.62 | 37130.41 | 36987.51 |
| 利润构成 | 主营收入(万元) | 125987.2 | 117772.5 | 118905.88 |
| | 主营利润(万元) | 19880.15 | 18582.71 | 17783.15 |
| | 投资收益(万元) | 3.94 | -488.47 | -947.65 |
| | 利润总额(万元) | 2897.47 | 3613.03 | 3262.97 |
| | 净利润(万元) | 1109.2 | 1969.29 | 1041.27 |

近年分配：06 年:10 转增 2；04 年:10 派 0.1

| 主要股东及持股比例%、持股性质 |
|---|
| 福建省青州造纸有限责任公司 8.07%（国有股） |
| 福建省南纸股份有限公司 7.91%（国有股） |
| 国投机轻有限公司 6.6%（国有股） |
| 福建省金皇贸易公司 2.71%（国有股） |
| 福建省轻纺(控股)有限责任公司 2.1%（国有股） |
| 福建省盐业公司 1.51%（非流通股） |
| 赵志勇 0.63%（流通 A 股） |
| 福建省永安林业(集团)股份有限公司 0.45%（非流通股） |
| 林卫 0.45%（流通 A 股） |
| 黄德琼 0.13%（流通 A 股） |
| 实际控制人： |

二〇〇六年以来市场表现

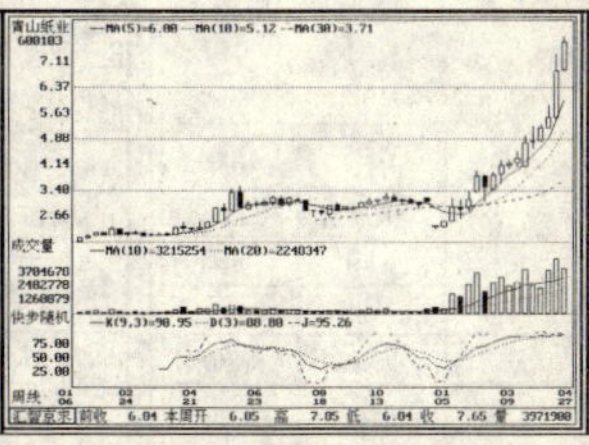

| | |
|---|---|
| 2006 年涨跌幅(%) | 69.02 |
| 2006 年最高(元) | 3.49 |
| 2007 年涨跌幅(%) | 293.99 |
| 2007.4.27 收盘(元) | 7.65 |
| 2007 年最高(元) | 9.42 |
| 2007 年最低(元) | 2.3 |
| 2007 年换手率(%) | 590.15 |

未来一年限售流通股解禁情况：231324240 股 12 月 27 日解禁

| 最新股本 | 总股本 | 非(限售)流通 | 流通 A | 流通 B/H/S | 股东户数 | 06 年末 | 06 三季 |
|---|---|---|---|---|---|---|---|
| | 88486.8 | 25988 | 62498.8 | | | 173399 | 184855 |

年报点评：公司净利润已连续两年维持微利。2006 年虽然造纸原材料价格仍在持续上涨，但公司通过加强内部管理，实现了盈利能力保持稳定。但由于公司管理费用增幅较大，从而影响了公司净利润的增长。

## 上海汽车（600104）

上市日期:97/11/25　　电话:021－50803808　　传真:021－50803780

| | | | | |
|---|---|---|---|---|
| 主营 | 主营汽车、摩托车、拖拉机等各种机动车整车、总成及零部件的生产、销售。 | | | |
| | 年　度 | 2006 | 2005 | 2004 |
| 主要指标 | 每股收益/扣除后(元) | 0.218/0.211 | 0.337 | 0.604/0.583 |
| | 每股经营现金流量(元) | 1.043 | 0.198 | 0.088 |
| | 每股净资产/调整后(元) | 4.83/4.78 | 3.56/3.54 | 3.47/3.46 |
| | 未分利润(万元) | 194750.56 | 160089.49 | 157296.42 |
| | 资本公积(万元) | 2088874.12 | 497054.64 | 496916.01 |
| 利润构成 | 主营收入(万元) | 3050298.21 | 638868.91 | 749051.54 |
| | 主营利润(万元) | 506584.77 | 116067.19 | 189938.45 |
| | 投资收益(万元) | 85617.83 | 98772.75 | 152323.85 |
| | 利润总额(万元) | 150808.1 | 116002.23 | 207212.87 |
| | 净利润(万元) | 142492 | 110462.18 | 197808.92 |
| 近年分配: | 06 预案:10 派 1.6；05 年:10 派 2.5；04 年:10 派 2.5 | | | |

| 主要股东及持股比例%、持股性质 |
|---|
| 上海汽车集团股份有限公司 79.9%（国有股） |
| 上海汽车集团股份有限公司股份增持专用帐户 3.93%（流通 A 股） |
| 全国社保基金一零二组合 0.57%（流通 A 股） |
| 裕阳证券投资基金 0.49%（流通 A 股） |
| 全国社保基金一零三组合 0.44%（流通 A 股） |
| 全国社保基金一零八组合 0.41%（流通 A 股） |
| 博时价值增长证券投资基金 0.3%（流通 A 股） |
| 中国建设银行－博时价值增长贰号证券投资基金 0.25%（流通 A 股） |
| 招商银行股份有限公司－上证红利交易型开放式指数证券投资基金 0.25%（流通 A 股） |
| 中国工商银行－易方达价值精选股票型证券投资基金 0.23%（流通 A 股） |
| 实际控制人：上海市国有资产管理委员会 |

二〇〇六年以来市场表现

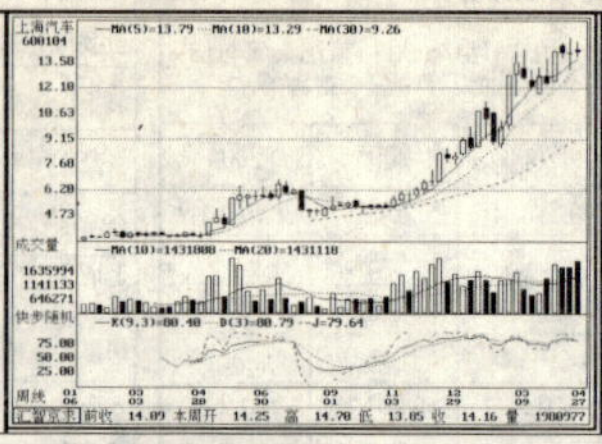

| | |
|---|---|
| 2006 年涨跌幅(%) | 154.38 |
| 2006 年最高(元) | 8.85 |
| 2007 年涨跌幅(%) | 73.32 |
| 2007.4.27 收盘(元) | 14.16 |
| 2007 年最高(元) | 15.05 |
| 2007 年最低(元) | 8.18 |
| 2007 年换手率(%) | 147.44 |

未来一年限售流通股解禁情况:163799954 股 10 月 24 日解禁

| 最新股本 | 总股本 | 非(限售)流通 | 流通 A | 流通 B/H/S | 股东户数 | 06 年末 | 06 三季 |
|---|---|---|---|---|---|---|---|
| | 655102.91 | 507027.75 | 148075.16 | | | 77907 | 79431 |

年报点评：公司主营汽车零部件及整车生产销售。06 年公司实现了主营业务由以汽车零部件为主向整车为主的转型，成为国内领先的乘用车制造商、最大的微型车制造商和销量最大的汽车制造商。07 年预计国内汽车行业前景向好，公司作为国内最大的汽车制造商，前景看好。

## 永鼎光缆（600105）

上市日期:97/09/29　　电话:0512－63272395　　传真:0512－63271975

| | | | | |
|---|---|---|---|---|
| 主营 | 通信光缆、电缆、其他通信设备及铜丝的制造及销售。 | | | |
| | 年　度 | 2006 | 2005 | 2004 |
| 主要指标 | 每股收益/扣除后(元) | 0.238/－0.07 | 0.098 | 0.151/0.03 |
| | 每股经营现金流量(元) | －0.25 | 0.69 | 0.05 |
| | 每股净资产/调整后(元) | 3.86/3.75 | 3.71/3.65 | 3.73/3.71 |
| | 未分利润(万元) | 12085.3 | 8978.88 | 9535.5 |
| | 资本公积(万元) | 52135.74 | 51864.4 | 51940.41 |
| 利润构成 | 主营收入(万元) | 162945.27 | 121185.33 | 125992.04 |
| | 主营利润(万元) | 16765.81 | 15892.57 | 19402.86 |
| | 投资收益(万元) | 7960.06 | 2171.95 | －78.01 |
| | 利润总额(万元) | 7339.3 | 2785.96 | 5529.07 |
| | 净利润(万元) | 6469.32 | 2664.91 | 4100.1 |
| 近年分配: | 06 预案:10 派 0.8；05 年:10 派 1；04 年:10 派 1 | | | |

| 主要股东及持股比例%、持股性质 |
|---|
| 永鼎集团有限公司 36.8%（非流通股） |
| 吴江市芦墟镇集体资产经营公司 3.19%（流通 A 股） |
| 北京市电信器材公司 1.31%（流通 A 股） |
| 天津市电话器材公司 1.25%（流通 A 股） |
| 北京红帆通信总公司 1.18%（流通 A 股） |
| 吴江市苏源电力实业有限公司 1.01%（流通 A 股） |
| 上海电信科技发展有限公司 1.01%（流通 A 股） |
| 上海矽钢有限公司 1.01%（流通 A 股） |
| 中国电信集团重庆市电信公司 0.86%（流通 A 股） |
| 上海富欣通信技术发展有限公司 0.82%（流通 A 股） |
| 实际控制人：顾云奎、莫林弟、莫林根 |

二〇〇六年以来市场表现

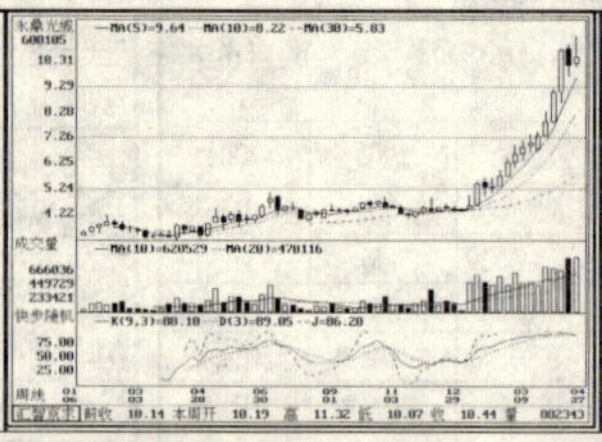

| | |
|---|---|
| 2006 年涨跌幅(%) | 32.94 |
| 2006 年最高(元) | 5.17 |
| 2007 年涨跌幅(%) | 138.36 |
| 2007.4.27 收盘(元) | 10.44 |
| 2007 年最高(元) | 11.32 |
| 2007 年最低(元) | 4.29 |
| 2007 年换手率(%) | 509.13 |

未来一年限售流通股解禁情况:10884418 股 11 月 23 日解禁

| 最新股本 | 总股本 | 非(限售)流通 | 流通 A | 流通 B/H/S | 股东户数 | 06 年末 | 06 三季 |
|---|---|---|---|---|---|---|---|
| | 27211.05 | 10013.65 | 17197.39 | | | 46834 | 45971 |

年报点评：2006 年以来，国内光电缆市场呈现较大幅度的增长，但由于铜、铝等原材料价格大幅上涨，以及行业生产规模无序扩张，行业盈利能力还是受到很大的影响。公司立足主业，做活做实其他产业，抓住投资机遇，巩固提升公司整体效益。

## 重庆路桥（600106）

上市日期:97/06/18　　电话:023－62803632　　传真:023－62909387

| | | | | |
|---|---|---|---|---|
| 主营 | 主营石板坡长江大桥、牛角沱嘉陵江大桥、石门嘉陵江大桥、南山旅游公路、资威公路(资中段)的过桥过路收费和建设工程承包。 | | | |
| | 年　度 | 2006 | 2005 | 2004 |
| 主要指标 | 每股收益/扣除后(元) | 0.291/0.172 | 0.268/0.188 | 0.21/0.21 |
| | 每股经营现金流量(元) | 1.46 | 0.26 | －0.51 |
| | 每股净资产/调整后(元) | 3.81/3.79 | 3.63/3.56 | 3.47/3.4 |
| | 未分利润(万元) | 31830.16 | 27039.49 | 23497.57 |
| | 资本公积(万元) | 41679.06 | 41679.06 | 41803.67 |
| 利润构成 | 主营收入(万元) | 23083.33 | 23542.14 | 40289.36 |
| | 主营利润(万元) | 11265.71 | 12488.11 | 12807.34 |
| | 投资收益(万元) | 3702.06 | 1737.06 | 459.3 |
| | 利润总额(万元) | 10692.84 | 9728.28 | 7314.57 |
| | 净利润(万元) | 9025.66 | 8312.76 | 6504.65 |
| 近年分配: | 06 预案:10 派 0.79 送 1；05 年:10 派 1.0713；04 年:10 派 1 | | | |

| 主要股东及持股比例%、持股性质 |
|---|
| 重庆国际信托投资有限公司 59.94%（部分流通部分不流通） |
| 上海星河数码投资有限公司 1.35%（流通 A 股） |
| 郑烨 0.25%（流通 A 股） |
| 李玉兰 0.18%（流通 A 股） |
| 林华敏 0.18%（流通 A 股） |
| 李晋宏 0.15%（流通 A 股） |
| 袁辉 0.14%（流通 A 股） |
| 王志立 0.14%（流通 A 股） |
| 李秀兰 0.13%（流通 A 股） |
| 钱中青 0.13%（流通 A 股） |
| 实际控制人：重庆市城市建设投资公司 |

二〇〇六年以来市场表现

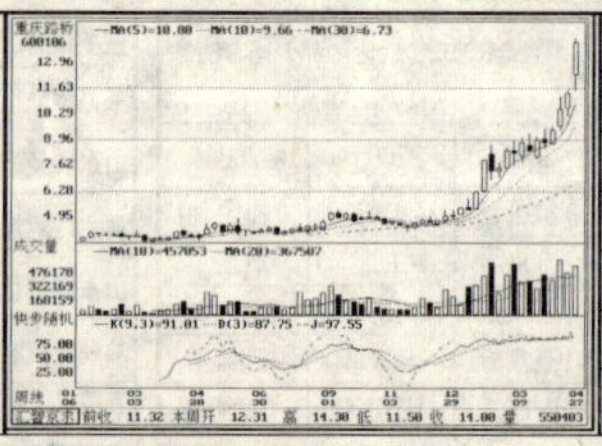

| | |
|---|---|
| 2006 年涨跌幅(%) | 39.37 |
| 2006 年最高(元) | 5.4 |
| 2007 年涨跌幅(%) | 181.12 |
| 2007.4.27 收盘(元) | 14 |
| 2007 年最高(元) | 14.3 |
| 2007 年最低(元) | 5 |
| 2007 年换手率(%) | 473.7 |

未来一年限售流通股解禁情况:15500000 股 10 月 24 日解禁

| 最新股本 | 总股本 | 非(限售)流通 | 流通 A | 流通 B/H/S | 股东户数 | 06 年末 | 06 三季 |
|---|---|---|---|---|---|---|---|
| | 31000 | 17032.21 | 13967.79 | | | 35315 | 37779 |

年报点评：2006 年公司主营业务收入与主营业务利润与上年同期相比微幅下降，净利润的增长主要来自于闲置资金投资证券市场获利以及转回以前年度计提的各项减值准备。总投资高达 22.14 亿元的嘉华嘉陵江大桥将于 2007 年 6 月完成，预计将成为公司未来主要增长点。

## 美尔雅（600107）

上市日期:97/11/06　　电话:0714－6360298　　传真:0714－6360212

| | | | | |
|---|---|---|---|---|
| 主营 | 服装系列产品、精毛纺面料的生产、加工与销售 | | | |
| | 年　度 | 2006 | 2005 | 2004 |
| 主要指标 | 每股收益/扣除后(元) | 0.09/－0.05 | 0.02 | －0.15/－0.03 |
| | 每股经营现金流量(元) | 0.078 | 0.047 | 0.061 |
| | 每股净资产/调整后(元) | 1.14/0.67 | 1.05/0.71 | 1.03/0.68 |
| | 未分利润(万元) | －13553.82 | －16926.65 | －17609.61 |
| | 资本公积(万元) | 16125.42 | 16125.42 | 16076.8 |
| 利润构成 | 主营收入(万元) | 18447.16 | 16382.62 | 16304.16 |
| | 主营利润(万元) | 7013.1 | 6686.26 | 4824.07 |
| | 投资收益(万元) | －1134.68 | －9.03 | 146.19 |
| | 利润总额(万元) | 3857.28 | 1080.04 | －4893.6 |
| | 净利润(万元) | 3372.83 | 682.96 | －5487.56 |
| 近年分配: | | | | |

| 主要股东及持股比例%、持股性质 |
|---|
| 湖北美尔雅集团有限公司 32.76%（非流通股） |
| 海南金地源投资管理有限公司 3.33%（非流通股） |
| 海南合旺实业投资有限公司 3.06%（非流通股） |
| 青岛杰宏商务有限公司 2.5%（非流通股） |
| 上海招财龙投资管理有限公司 2.43%（非流通股） |
| 中国东方资产管理公司 2.4%（非流通股） |
| 黄石电力集团有限公司 2%（非流通股） |
| 黄石市华耀纺织实业有限公司 1.67%（非流通股） |
| 武汉机构投资者服务有限公司 1.62%（非流通股） |
| 上海大松投资咨询有限公司 1.59%（非流通股） |
| 实际控制人：中国信达资产管理公司 |

二〇〇六年以来市场表现

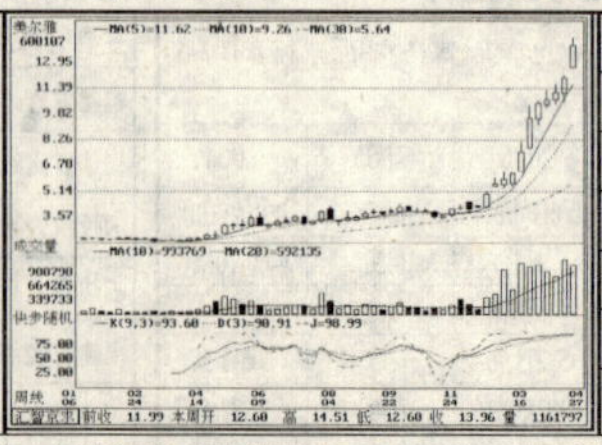

| | |
|---|---|
| 2006 年涨跌幅(%) | 85.25 |
| 2006 年最高(元) | 4.44 |
| 2007 年涨跌幅(%) | 386.17 |
| 2007.4.27 收盘(元) | 13.96 |
| 2007 年最高(元) | 20.31 |
| 2007 年最低(元) | 4.04 |
| 2007 年换手率(%) | 570.14 |

未来一年限售流通股解禁情况:82231262 股 02 月 16 日解禁

| 最新股本 | 总股本 | 非(限售)流通 | 流通 A | 流通 B/H/S | 股东户数 | 06 年末 | 06 三季 |
|---|---|---|---|---|---|---|---|
| | 36000 | 22680 | 13320 | | | 51172 | 51963 |

年报点评：公司主营精毛纺织品、服装的生产和销售，兼营酒店业和期货业务，2006 年公司销售收入略有上升，但是产品盈利能力不高，营业利润仍然是亏损，但是由于非经常性损益的大幅增加，公司净利润大幅上涨，不过这并不具备持续性。

# 亚盛集团（600108）

上市日期:97/08/18　　电话:0931－8471961　　传真:0931－8471961

**主营**：公司以建设"农业高科技产业化"为主,兼营无机化工、国际贸易、印染业务等。

| | 年　度 | 2006 | 2005 | 2004 |
|---|---|---|---|---|
| 主要指标 | 每股收益/扣除后(元) | 0.01/0.012 | 0.011 | 0.053/0.054 |
| | 每股经营现金流量(元) | 0.06 | 0.11 | 0.124 |
| | 每股净资产/调整后(元) | 1.1/1.1 | 1.7/1.7 | 1.68/1.67 |
| | 未分利润(万元) | 934.34 | 34947.27 | 34051.53 |
| | 资本公积(万元) | 816.17 | 17788.86 | 17153.51 |
| 利润构成 | 主营收入(万元) | 100080.55 | 91247.49 | 66926.9 |
| | 主营利润(万元) | 14319.51 | 14144.06 | 13473.66 |
| | 投资收益(万元) | -7.61 | -1242.91 | -1211.73 |
| | 利润总额(万元) | 1880.18 | 1910.73 | 5956.67 |
| | 净利润(万元) | 1477.84 | 1053.82 | 4966.66 |
| 近年分配: | | | | |

| 主要股东及持股比例%、持股性质 |
|---|
| 甘肃亚盛盐化工业集团有限责任公司 14.65%（国有股） |
| 山东龙喜集团公司 5.47%（非流通股） |
| 甘肃金塔县恒盛农业发展有限责任公司 5.4%（非流通股） |
| 甘肃金盛实业有限公司 2.79%（非流通股） |
| 甘肃宏泰农业科技有限责任公司 1.43%（非流通股） |
| 甘肃省国营生地湾双丰化工厂 1.06%（非流通股） |
| 姚真 0.33%（流通A股） |
| 申永秀 0.2%（流通A股） |
| 毛象军 0.19%（流通A股） |
| 张勇 0.13%（流通A股） |
| 实际控制人：甘肃省农垦集团有限责任公司 |

二〇〇六年以来市场表现

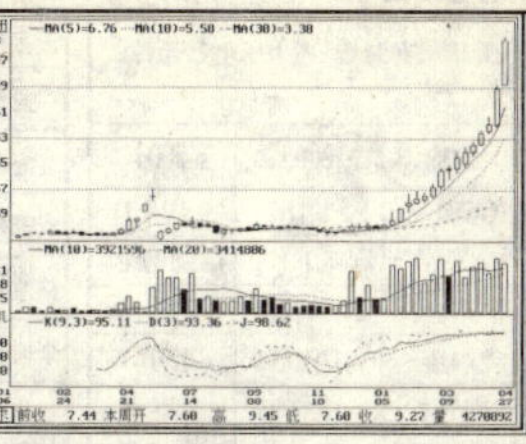

| | |
|---|---|
| 2006年涨跌幅(%) | 151.64 |
| 2006年最高(元) | 5.07 |
| 2007年涨跌幅(%) | 341.43 |
| 2007.4.27收盘(元) | 9.27 |
| 2007年最高(元) | 9.45 |
| 2007年最低(元) | 2.08 |
| 2007年换手率(%) | 601.12 |

未来一年限售流通股解禁情况:292289424股06月14日解禁

| 最新股本 | 总股本 | 非(限售)流通 | 流通A | 流通B/H/S | 股东户数 06年末 | 股东户数 06三季 |
|---|---|---|---|---|---|---|
| | 144119.06 | 44382 | 99737.06 | | 160050 | 157334 |

**年报点评**：公司的主营业务相对分散,有农副产品加工、印染和化工业务,其中化工业务的发展潜力最大。公司出资6600万元参股西南证券,占其总股本的5.32%,还持有甘肃证券20%股权,同时持有两大券商股权将为2007年业绩增长作出贡献。

# 成都建投（600109）

上市日期:97/08/07　　电话:028－85146209　　传真:028－85146209

**主营**：证券的代理买卖,代理证券的还本付息、分红派息,证券代保管、鉴证,代理登记开户,证券的自营买卖,证券的承销,证券投资咨询(含财务顾问)。

| | 年　度 | 2006 | 2005 | 2004 |
|---|---|---|---|---|
| 主要指标 | 每股收益/扣除后(元) | -0.333/-0.496 | 0.015 | 0.187/0.187 |
| | 每股经营现金流量(元) | 0.546 | -1.391 | -2.285 |
| | 每股净资产/调整后(元) | 2.55/2.54 | 2.88/2.87 | 2.91/2.91 |
| | 未分利润(万元) | -1073.22 | 1287.87 | 1547.22 |
| | 资本公积(万元) | 11773.33 | 11773.33 | 11754.8 |
| 利润构成 | 主营收入(万元) | 9029.17 | 5266.98 | 17503.59 |
| | 主营利润(万元) | -352.19 | 793.97 | 4516.32 |
| | 投资收益(万元) | -185.62 | 711.64 | |
| | 利润总额(万元) | -2363.81 | 119.35 | 2085.16 |
| | 净利润(万元) | -2361.09 | 106.18 | 1325.94 |
| 近年分配: | 04年:10派0.5 | | | |

| 主要股东及持股比例%、持股性质 |
|---|
| 成都市国有资产监督管理委员会 47.17%（国有股） |
| 百联集团有限公司 3.1%（非流通股） |
| 奥伊尔投资管理有限责任公司 2.25%（非流通股） |
| 徐军辉 1.33%（流通A股） |
| 杨继华 1.07%（流通A股） |
| 中国银行－同盛证券投资基金 1.07%（流通A股） |
| 成都博瑞传播股份有限公司 0.99%（非流通股） |
| 上海浦新集邮用品有限公司 0.85%（非流通股） |
| 肖保华 0.83%（流通A股） |
| 上海延成贸易有限公司 0.7%（非流通股） |
| 实际控制人：成都市国有资产监督管理委员会 |

二〇〇六年以来市场表现

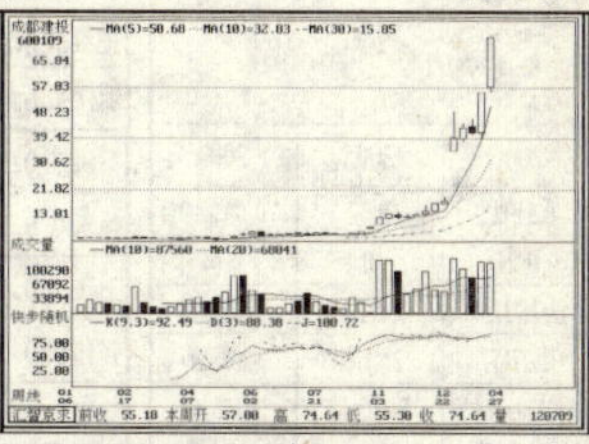

| | |
|---|---|
| 2006年涨跌幅(%) | 272.61 |
| 2006年最高(元) | 19.08 |
| 2007年涨跌幅(%) | 315.59 |
| 2007.4.27收盘(元) | 74.64 |
| 2007年最高(元) | 74.64 |
| 2007年最低(元) | 35.01 |
| 2007年换手率(%) | 205.87 |

未来一年限售流通股解禁情况:11192547股03月29日解禁

| 最新股本 | 总股本 | 非(限售)流通 | 流通A | 流通B/H/S | 股东户数 06年末 | 股东户数 06三季 |
|---|---|---|---|---|---|---|
| | 7098.27 | 4348.27 | 2750 | | 6185 | 7321 |

**年报点评**：公司原来从事房地产开发和水力发电等业务,报告期内公司实施重大资产置换、九芝堂集团收购成都市国资委持有公司47.17%的股权。在取得批复后,公司进行重组从而持有国金证券51.76%的股权,计划整体收购或吸收合并国金证券,转变为证券类上市公司。

# 中科英华（600110）

上市日期:97/10/07　　电话:0431－85161088　　传真:0431－85161071

**主营**：热缩、冷缩材料,铜箔、覆铜板及铜箔工业生产的专用设备,石油和化工产品,合成橡胶等高技术、新材料、新产品的开发、生产与经营;辐射加工;非标设备和机械配件加工。

| | 年　度 | 2006 | 2005 | 2004 |
|---|---|---|---|---|
| 主要指标 | 每股收益/扣除后(元) | 0.178/0.2 | 0.108 | 0.153/0.158 |
| | 每股经营现金流量(元) | 0.367 | 0.1203 | 0.1769 |
| | 每股净资产/调整后(元) | 2.33/2.3 | 2.19/2.12 | 2.08/2.05 |
| | 未分利润(万元) | 14675.27 | 10483.16 | 9098.38 |
| | 资本公积(万元) | 19198.5 | 20443.8 | 19750.29 |
| 利润构成 | 主营收入(万元) | 54646.9 | 28955.34 | 30971.07 |
| | 主营利润(万元) | 19491.62 | 7459.74 | 10204.77 |
| | 投资收益(万元) | 2156.96 | 1515.47 | -238.11 |
| | 利润总额(万元) | 13889.54 | 4810.35 | 6584.52 |
| | 净利润(万元) | 5937.62 | 3621.13 | 5110.02 |
| 近年分配: | 06预案:10送2转增3;04年:10派0.2 | | | |

| 主要股东及持股比例%、持股性质 |
|---|
| 杉杉集团有限公司 29.89%（非流通股） |
| 平安信托投资有限责任公司－中科英华股份投资集合资金信托 17.24%（非流通股） |
| 中国科学院长春应用化学科技总公司 2.19%（国有股） |
| 金鑫证券投资基金 0.51%（流通A股） |
| 黄青 0.29%（流通A股） |
| 中国人民财产保险股份有限公司－传统－普通保险产品－008C－CT00 0.25%（流通A股） |
| 盛春林 0.24%（流通A股） |
| 王强 0.23%（流通A股） |
| 张世举 0.2%（流通A股） |
| 付放 0.17%（流通A股） |
| 实际控制人：郑永刚 |

二〇〇六年以来市场表现

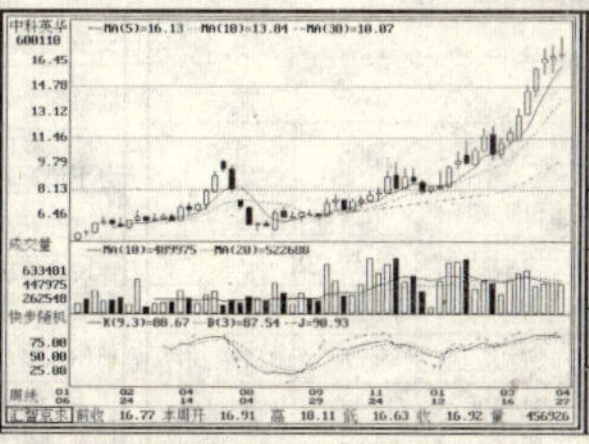

| | |
|---|---|
| 2006年涨跌幅(%) | 103.89 |
| 2006年最高(元) | 12.14 |
| 2007年涨跌幅(%) | 111.77 |
| 2007.4.27收盘(元) | 16.92 |
| 2007年最高(元) | 18.11 |
| 2007年最低(元) | 7.81 |
| 2007年换手率(%) | 486.06 |

未来一年限售流通股解禁情况:33412380股07月27日解禁

| 最新股本 | 总股本 | 非(限售)流通 | 流通A | 流通B/H/S | 股东户数 06年末 | 股东户数 06三季 |
|---|---|---|---|---|---|---|
| | 33412.38 | 16478.19 | 16934.19 | | 35135 | 32054 |

**年报点评**：公司主要产品包括热缩、冷缩材料,铜箔、覆铜板及铜箔工业生产的专用设备,石油和化工产品。公司最大的看点在于对久游网的投资。去年业绩的增长一方面来自于传统业务的扩大,另一方面则来自于对久游网的投资收益。随着久游网的上市,公司业绩会再次大幅增加。

# 稀土高科（600111）

上市日期:97/09/24　　电话:0472－220776699　　传真:0472－2207766

**主营**：稀土精矿、稀土深加工产品、稀土新材料生产与销售、稀土高科技应用产品的开发、生产与销售、稀土产品出口等。

| | 年　度 | 2006 | 2005 | 2004 |
|---|---|---|---|---|
| 主要指标 | 每股收益/扣除后(元) | 0.196/0.217 | 0.032 | 0.054/0.072 |
| | 每股经营现金流量(元) | 0.602 | 0.255 | 0.103 |
| | 每股净资产/调整后(元) | 3.04/2.83 | 2.83/2.63 | 2.79/2.61 |
| | 未分利润(万元) | 24240.97 | 17160.88 | 16244.16 |
| | 资本公积(万元) | 47503.49 | 47163.93 | 46585.6 |
| 利润构成 | 主营收入(万元) | 132768.39 | 88058.76 | 79523.03 |
| | 主营利润(万元) | 35927.9 | 11325.89 | 13189.35 |
| | 投资收益(万元) | 3.66 | 0.81 | 11.93 |
| | 利润总额(万元) | 16111.06 | 1944.69 | 3606.59 |
| | 净利润(万元) | 7905.86 | 1304.87 | 2187.75 |
| 近年分配: | 06预案:10派0.5 | | | |

| 主要股东及持股比例%、持股性质 |
|---|
| 包头钢铁(集团)有限责任公司 36.73%（国有股） |
| 嘉鑫有限公司(香港) 12.14%（外资股） |
| 包钢综合企业(集团)公司 3.53%（非流通股） |
| 中国建设银行—信诚精萃成长股票型证券投资基金 2.771%（流通A股） |
| 中国工商银行—申万巴黎新经济混合型证券投资基金 1.144%（流通A股） |
| 鸿阳证券投资基金 1.065%（流通A股） |
| 中国工商银行—国投瑞银核心企业股票型证券投资基金 0.991%（流通A股） |
| 中信证券－工行－CREDIT SUISSE（HONG KONG）LIMITED 0.929%（流通A股） |
| 鸿飞证券投资基金 0.495%（流通A股） |
| 中国工商银行—申万巴黎新动力股票型证券投资基金 0.332%（流通A股） |
| 实际控制人：包头钢铁(集团)有限责任公司 |

二〇〇六年以来市场表现

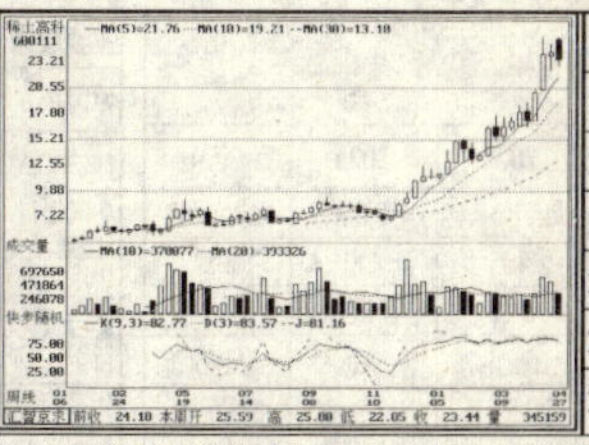

| | |
|---|---|
| 2006年涨跌幅(%) | 226.1 |
| 2006年最高(元) | 16.34 |
| 2007年涨跌幅(%) | 107.62 |
| 2007.4.27收盘(元) | 23.44 |
| 2007年最高(元) | 25.88 |
| 2007年最低(元) | 10.97 |
| 2007年换手率(%) | 291.29 |

未来一年限售流通股解禁情况:20183700股04月13日解禁

| 最新股本 | 总股本 | 非(限售)流通 | 流通A | 流通B/H/S | 股东户数 06年末 | 股东户数 06三季 |
|---|---|---|---|---|---|---|
| | 40367.4 | 21148.2 | 19219.2 | | 55832 | 71570 |

**年报点评**：国家有关部门陆续出台了一系列规范稀土行业发展的政策,带动了稀土行业的景气回升。国家发改委提出自2007年起对稀土矿产品和冶炼分离产品生产实行指令性计划,加强总量控制,从而为公司未来的发展奠定了基础。

## 长征电器（600112）

上市日期:97/11/27　电话:0852－8622952　传真:0852－8626701

| | | | | |
|---|---|---|---|---|
| 主营 | 研制、开发、生产及销售高低压成套装置、高中压电器元件、低压电器元件三大类产品。 | | | |
| | 年　度 | 2006 | 2005 | 2004 |
| 主要指标 | 每股收益/扣除后(元) | 0.055/0.05 | 0.11 | 0.131/0.13 |
| | 每股经营现金流量(元) | 0.3255 | 0.163 | －0.1286 |
| | 每股净资产/调整后(元) | 1.69/1.62 | 1.89/1.82 | 1.78/1.7 |
| | 未分利润(万元) | 2004.36 | 1251.83 | －12997.79 |
| | 资本公积(万元) | 10159.2 | 12943.9 | 24948.99 |
| 利润构成 | 主营收入(万元) | 30030.38 | 24635.59 | 20130.15 |
| | 主营利润(万元) | 8077.64 | 7891.84 | 7215.49 |
| | 投资收益(万元) | 172.89 | －167.21 | 89.32 |
| | 利润总额(万元) | 1813.17 | 2416.42 | 2547.54 |
| | 净利润(万元) | 1086.94 | 1896.81 | 2246.2 |
| 近年分配: | 06 预案:10 转增 3 | | | |

| 主要股东及持股比例%、持股性质 | |
|---|---|
| 广西银河集团有限公司 23.37%（非流通股） | |
| 北海银河科技电气有限责任公司 19.21%（非流通股） | |
| 成都财盛投资有限公司 17.82%（非流通股） | |
| 徐兰静 1.96%（流通 A 股） | |
| 李树亮 1.6%（流通 A 股） | |
| 张朝 1.19%（流通 A 股） | |
| 周维兰 1.18%（流通 A 股） | |
| 周沐 0.67%（流通 A 股） | |
| 何万彬 0.55%（流通 A 股） | |
| 成效祥 0.36%（流通 A 股） | |
| 实际控制人: | 广西银河集团有限公司 |

二〇〇六年以来市场表现

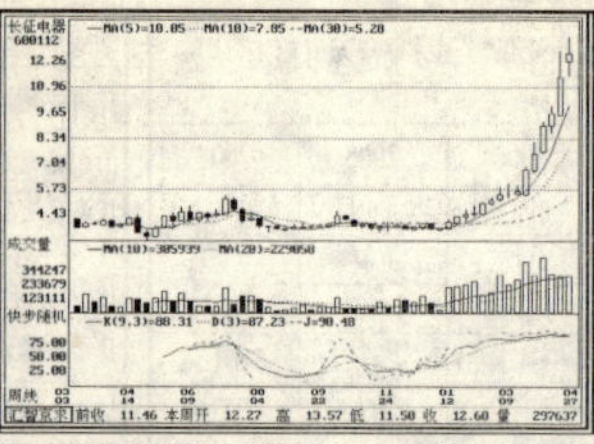

| | |
|---|---|
| 2006 年涨跌幅(%) | －3.75 |
| 2006 年最高(元) | 8.1 |
| 2007 年涨跌幅(%) | 245.5 |
| 2007.4.27 收盘(元) | 12.68 |
| 2007 年最高(元) | 13.57 |
| 2007 年最低(元) | 3.6 |
| 2007 年换手率(%) | 430.9 |

未来一年限售流通股解禁情况:29803644 股 02 月 27 日解禁

| 最新股本 | 总股本 | 非(限售)流通 | 流通 A | 流通 B/H/S | 股东户数 | 06 年末 | 06 三季 |
|---|---|---|---|---|---|---|---|
| | 19869.1 | 12000 | 7869.1 | | | 16302 | 16678 |

年报点评：公司主营中低压电力设备。尽管 06 年国内输配电设备市场需求旺盛,但由于原材料价格上涨较快,公司虽然主营业务增长幅度较大,但净利润同比大幅下滑。07 年公司将与银河科技进行产品和资源重组,公司可望走出经营困境。

## 浙江东日（600113）

上市日期:97/10/21　电话:0577－88812155　传真:0577－88822336

| | | | | |
|---|---|---|---|---|
| 主营 | 房地产销售、租赁以及物业管理等。 | | | |
| | 年　度 | 2006 | 2005 | 2004 |
| 主要指标 | 每股收益/扣除后(元) | 0.11/0.1 | 0.12 | 0.09/0.09 |
| | 每股经营现金流量(元) | 0.24 | －0.1 | 0.04 |
| | 每股净资产/调整后(元) | 3.25/3.24 | 3.2/3.19 | 3.18/3.18 |
| | 未分利润(万元) | 2627.57 | 2141.88 | 2075.8 |
| | 资本公积(万元) | 21505.18 | 21605.68 | 21605.68 |
| 利润构成 | 主营收入(万元) | 6921.92 | 6795.98 | 6755.39 |
| | 主营利润(万元) | 3332.38 | 2625.13 | 1973.4 |
| | 投资收益(万元) | 125.43 | －74.68 | －19.06 |
| | 利润总额(万元) | 1916.74 | 1625.59 | 1334.69 |
| | 净利润(万元) | 1269.34 | 1410.53 | 1080.96 |
| 近年分配: | 06 预案:10 派 0.5；05 年:10 派 0.5；04 年:10 派 1 | | | |

| 主要股东及持股比例%、持股性质 | |
|---|---|
| 浙江东方集团公司 53.22%（国有股） | |
| 梁洪发 0.56%（流通 A 股） | |
| 徐永浩 0.51%（流通 A 股） | |
| 王飞飞 0.4%（流通 A 股） | |
| 张伟权 0.36%（流通 A 股） | |
| 张秦场 0.22%（流通 A 股） | |
| 张献民 0.21%（流通 A 股） | |
| 沈黎 0.19%（流通 A 股） | |
| 王春艳 0.19%（流通 A 股） | |
| 张莉萍 0.18%（流通 A 股） | |
| 实际控制人: | 浙江东方集团公司 |

二〇〇六年以来市场表现

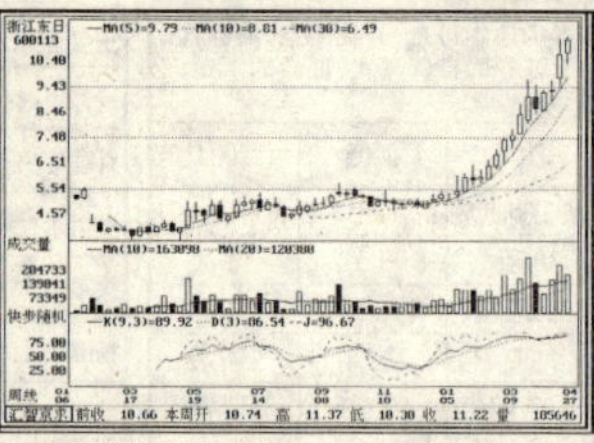

| | |
|---|---|
| 2006 年涨跌幅(%) | 54.46 |
| 2006 年最高(元) | 7.96 |
| 2007 年涨跌幅(%) | 111.7 |
| 2007.4.27 收盘(元) | 11.22 |
| 2007 年最高(元) | 11.37 |
| 2007 年最低(元) | 5.15 |
| 2007 年换手率(%) | 377.48 |

未来一年限售流通股解禁情况:5900000 股 02 月 08 日解禁

| 最新股本 | 总股本 | 非(限售)流通 | 流通 A | 流通 B/H/S | 股东户数 | 06 年末 | 06 三季 |
|---|---|---|---|---|---|---|---|
| | 11800 | 6280 | 5520 | | | 15640 | 17092 |

年报点评：主营收入来自于高等职业教育、灯具市场经营与房地产开发。2006 年主营业务收入略有增长,净利润同比下降 10.01%,主要是房地产销售收入下降所致。07 年房地产业务的重心余姚东方名苑项目有望提升公司未来业绩。

## 宁波东睦（600114）

上市日期:04/05/11　电话:0574－87841061　传真:0574－87837692

| | | | | |
|---|---|---|---|---|
| 主营 | 粉末冶金制品的生产、销售。 | | | |
| | 年　度 | 2006 | 2005 | 2004 |
| 主要指标 | 每股收益/扣除后(元) | 0.01/0.002 | 0.23 | 0.75/0.32 |
| | 每股经营现金流量(元) | 0.13 | 0.32 | －0.31 |
| | 每股净资产/调整后(元) | 3.05/3.05 | 3.2/3.19 | 5.3/5.28 |
| | 未分利润(万元) | 5762.88 | 8545.82 | 4524.51 |
| | 资本公积(万元) | 31080.48 | 31118.08 | 39148.08 |
| 利润构成 | 主营收入(万元) | 48726.59 | 44477.19 | 34884.14 |
| | 主营利润(万元) | 7728 | 10482.17 | 9998.58 |
| | 投资收益(万元) | －15.33 | －14.17 | －13.94 |
| | 利润总额(万元) | －339.92 | 4983.27 | 10872.76 |
| | 净利润(万元) | 169.19 | 4418.82 | 8632.69 |
| 近年分配: | 06 年:10 派 1；05 年:10 派 1.5；04 年:10 派 2.5 转增 7 | | | |

| 主要股东及持股比例%、持股性质 | |
|---|---|
| 睦特殊金属工业株式会社 33.34%（外资股） | |
| 宁波保税区金广投资股份有限公司 12.26%（部分流通部分不流通） | |
| 宁波友利投资有限公司 4.49%（非流通股） | |
| 中国建设银行—博时主题行业股票证券投资基金 3.61%（流通 A 股） | |
| 裕阳证券投资基金 2.61%（流通 A 股） | |
| 国际金融—花旗—MARTIN CURRIE INVESTMENT MANAGEMENT LIMITED 1.66%（流通 A 股） | |
| 全国社保基金—零三组合 1.53%（流通 A 股） | |
| 泰康人寿保险股份有限公司—分红—个人分红—019L—FH002 沪 0.84%（流通 A 股） | |
| 国际金融—汇丰—TEMASEK FULLERTON ALPHA PTE LTD 0.78%（流通 A 股） | |
| 江苏富航投资有限公司 0.66%（流通 A 股） | |
| 实际控制人: | |

二〇〇六年以来市场表现

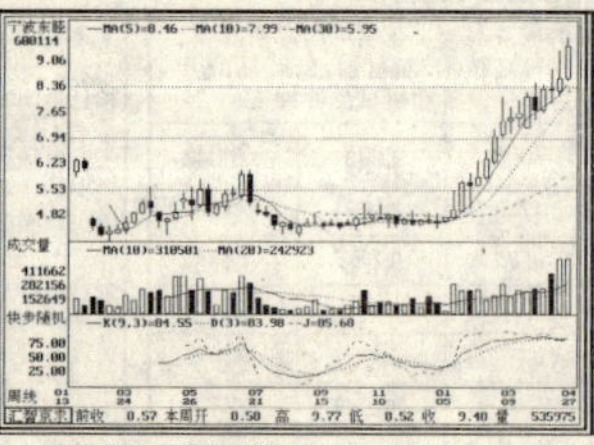

| | |
|---|---|
| 2006 年涨跌幅(%) | 12.26 |
| 2006 年最高(元) | 7.95 |
| 2007 年涨跌幅(%) | 106.91 |
| 2007.4.27 收盘(元) | 9.48 |
| 2007 年最高(元) | 9.87 |
| 2007 年最低(元) | 4.61 |
| 2007 年换手率(%) | 416.48 |

未来一年限售流通股解禁情况:

| 最新股本 | 总股本 | 非(限售)流通 | 流通 A | 流通 B/H/S | 股东户数 | 06 年末 | 06 三季 |
|---|---|---|---|---|---|---|---|
| | 19550 | 9758 | 9792 | | | 15078 | 18102 |

年报点评：公司是目前国内最大的粉末冶金机械零件制造企业之一,是“国家重点高新企业”,总产能超过 2.5 万吨/年,远远高出行业内其他企业。公司在产品技术方面具有优势,2007 年将保持快速发展,业绩增长超出预期。

## 东方航空（600115）

上市日期:97/11/05　电话:021－51130920　传真:021－62686116

| | | | | |
|---|---|---|---|---|
| 主营 | 航空客运业务、货邮运输业务。 | | | |
| | 年　度 | 2006 | 2005 | 2004 |
| 主要指标 | 每股收益/扣除后(元) | －0.571/－0.686 | 0.012 | 0.11/0.048 |
| | 每股经营现金流量(元) | 0.75 | 0.81 | 0.87 |
| | 每股净资产/调整后(元) | 0.62 | 1.2 | 1.19/1.12 |
| | 未分利润(万元) | －330379.76 | －50175.85 | －53473.76 |
| | 资本公积(万元) | 123873.76 | 123676.58 | 118268.21 |
| 利润构成 | 主营收入(万元) | 3680573.09 | 2639202.76 | 1989314.36 |
| | 主营利润(万元) | 182026.21 | 290123.2 | 324799.26 |
| | 投资收益(万元) | 2670.02 | 640.46 | －2940.2 |
| | 利润总额(万元) | －284750.15 | 10555.81 | 91460.07 |
| | 净利润(万元) | －277997.89 | 6047.42 | 53634.21 |
| 近年分配: | 04 年:10 派 0.2 | | | |

| 主要股东及持股比例%、持股性质 | |
|---|---|
| 中国东方航空集团公司 61.64%（国有股） | |
| HKSCC NOMINEES LIMITED 30.7%（H 股） | |
| 中国银行－嘉实主题精选混合型证券投资基金 0.24%（流通 A 股） | |
| 中国工商银行－建信优选成长股票型证券投资基金 0.22%（流通 A 股） | |
| 海通－交行－日兴资产管理有限公司－日兴 AM 中国人民币 A 股母基金 0.21%（流通 A 股） | |
| 华宝信托投资有限责任公司－单一类资金信托 2006 年第 7 号 0.12%（流通 A 股） | |
| HSBC NOMINEES (HONG KONG) LIMITED 0.1%（H 股） | |
| 华宝信托投资有限责任公司－单一类资金信托 2006 年第 8 号 0.07%（流通 A 股） | |
| HSBC NOMINEES (HONG KONG) LIMITED ＜A/C BR－9＞ 0.06%（H 股） | |
| 全国社保基金—零六组合 0.05%（流通 A 股） | |
| 实际控制人: | 国务院国有资产监督管理委员会 |

二〇〇六年以来市场表现

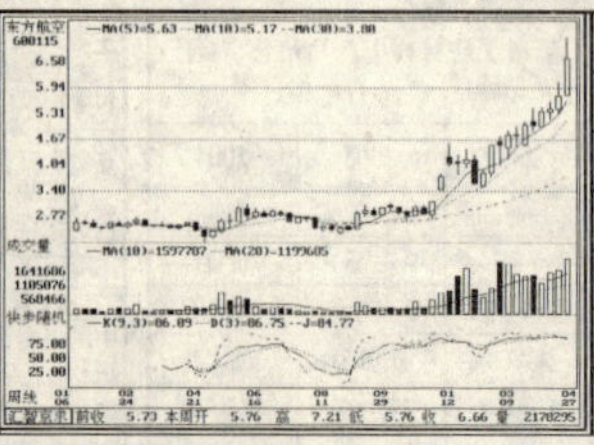

| | |
|---|---|
| 2006 年涨跌幅(%) | 54.77 |
| 2006 年最高(元) | 3.8 |
| 2007 年涨跌幅(%) | 135.69 |
| 2007.4.27 收盘(元) | 6.66 |
| 2007 年最高(元) | 9.52 |
| 2007 年最低(元) | 4.55 |
| 2007 年换手率(%) | 547.24 |

未来一年限售流通股解禁情况:

| 最新股本 | 总股本 | 非(限售)流通 | 流通 A | 流通 B/H/S | 股东户数 | 06 年末 | 06 三季 |
|---|---|---|---|---|---|---|---|
| | 486695 | 300000 | 30000 | 156695 | | 88648 | 92393 |

年报点评：公司主营业务收入增幅高于公司总周转量 28.47% 的增幅,但由于航油价格高涨,公司航油成本较 2005 年增加了 46.45 亿元,虽然在人民币升值影响下公司获得 8.88 亿元汇兑净收益,但仍然不能扭转公司巨亏局面。

## 三峡水利（600116）

上市日期:97/08/04　电话:023－63801161　传真:023－63801165

**主营**：发电、供电。

| 年　度 | 2006 | 2005 | 2004 |
|---|---|---|---|
| 每股收益/扣除后(元) | 0.04/0.02 | 0.12 | 0.06/0.11 |
| 每股经营现金流量(元) | 0.4 | 0.43 | 0.21 |
| 每股净资产/调整后(元) | 2.06/2.02 | 2.43/2.3 | 2.27/2.07 |
| 未分利润(万元) | 3066.32 | 2383.7 | 496.41 |
| 资本公积(万元) | 17498.93 | 20984.09 | 20231.62 |
| 主营收入(万元) | 45852.43 | 38324.78 | 40272.44 |
| 主营利润(万元) | 12114.09 | 14660.15 | 14224.56 |
| 投资收益(万元) | 0.62 | －306.87 | －1102.7 |
| 利润总额(万元) | 1326.04 | 2854.44 | 1479.38 |
| 净利润(万元) | 761.35 | 2043.56 | 1030.55 |

（主要指标：每股收益至资本公积；利润构成：主营收入至净利润）

近年分配:

**主要股东及持股比例%、持股性质**

重庆市水利电力产业(集团)有限责任公司 17.65%（国有股）
水利部经济管理局 15.62%（国有股）
长江水利水电开发总公司 5.25%（非流通股）
重庆三峡水利电力(集团)股份有限公司职工持股会 4.75%（非流通股）
新华水利水电投资公司 3.34%（非流通股）
中国灌排技术开发公司 1.76%（非流通股）
长春永顺经贸有限公司 1.69%（非流通股）
四川长平机械厂 0.52%（非流通股）
重庆市万渝水电发展有限公司 0.52%（非流通股）
北京恒丰兆业投资有限公司 0.33%（非流通股）

实际控制人：水利部综合事业局

二〇〇六年以来市场表现

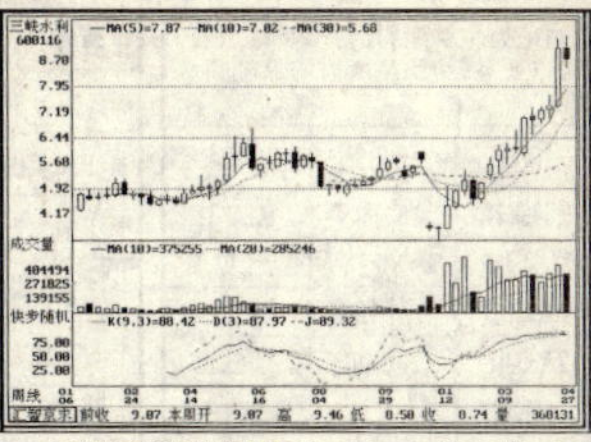

| | |
|---|---|
| 2006年涨跌幅(%) | 40.85 |
| 2006年最高(元) | 6.7 |
| 2007年涨跌幅(%) | 133.07 |
| 2007.4.27收盘(元) | 8.74 |
| 2007年最高(元) | 9.46 |
| 2007年最低(元) | 3.41 |
| 2007年换手率(%) | 586.54 |

未来一年限售流通股解禁情况:67492480股12月27日解禁

| 最新股本 | 总股本 | 非(限售)流通 | 流通A | 流通B/H/S | 股东户数 | 06年末 | 06三季 |
|---|---|---|---|---|---|---|---|
| | 20956.32 | 11677.6 | 9278.72 | | | 29344 | 28675 |

**年报点评**：2006年,公司所属主力电站上游龙头水库来水量大幅减少,火电量及外购电量大幅增加,致使公司供电成本大幅增长,公司当年毛利率同比有较大幅度下降。另外由于公司在2006年处置了部分资产,并计提了减值准备,从而导致公司全年净利润低于前三季度。

## 西宁特钢（600117）

上市日期:97/10/15　电话:0971－5299089　传真:0971－5218389

**主营**：特殊钢冶炼及压延加工、机械设备制造、来料加工等。

| 年　度 | 2006 | 2005 | 2004 |
|---|---|---|---|
| 每股收益/扣除后(元) | 0.305/0.296 | 0.231 | 0.178/0.177 |
| 每股经营现金流量(元) | 0.37 | 1.29 | 0.2714 |
| 每股净资产/调整后(元) | 2.92/2.66 | 2.88/2.65 | 2.65/2.5 |
| 未分利润(万元) | 41867.52 | 30191.78 | 17832.25 |
| 资本公积(万元) | 75590.48 | 75867.17 | 75867.17 |
| 主营收入(万元) | 317953.89 | 254605.33 | 208118.75 |
| 主营利润(万元) | 57198.48 | 34220.07 | 31975.73 |
| 投资收益(万元) | 4240.49 | 1114.15 | |
| 利润总额(万元) | 29693.68 | 16156.05 | 12948.87 |
| 净利润(万元) | 21147.34 | 14568.06 | 11241.38 |

近年分配:06中期:10送1

**主要股东及持股比例%、持股性质**

西宁特殊钢集团有限责任公司 53.33%（国有股）
青海省电力公司 1.89%（非流通股）
中国工商银行－兴业可转债混合型证券投资基金 0.72%（流通A股）
深圳市通利来实业有限公司 0.69%（非流通股）
中国仪器进出口(集团)公司 0.29%（流通A股）
吉林铁合金集团有限责任公司 0.27%（非流通股）
北京祥恒科技有限公司 0.23%（非流通股）
兰州炭素有限公司 0.23%（非流通股）
青海铝业有限责任公司 0.23%（非流通股）
中国冶金建设集团包头钢铁设计研究总院 0.23%（非流通股）

实际控制人：青海省政府国有资产监督管理委员会

二〇〇六年以来市场表现

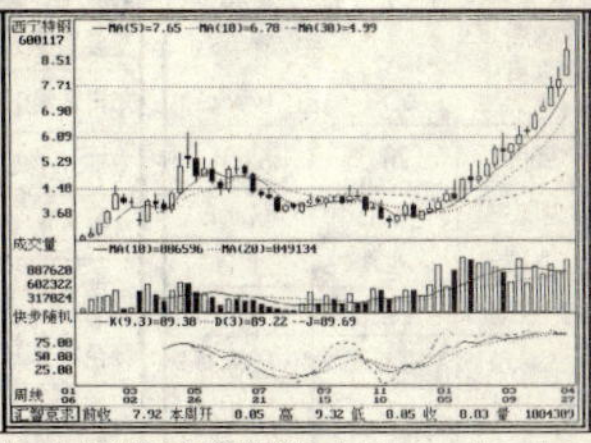

| | |
|---|---|
| 2006年涨跌幅(%) | 100.1 |
| 2006年最高(元) | 8.11 |
| 2007年涨跌幅(%) | 119.11 |
| 2007.4.27收盘(元) | 8.83 |
| 2007年最高(元) | 9.32 |
| 2007年最低(元) | 4.02 |
| 2007年换手率(%) | 479.3 |

未来一年限售流通股解禁情况:34658263.2股03月27日解禁

| 最新股本 | 总股本 | 非(限售)流通 | 流通A | 流通B/H/S | 股东户数 | 06年末 | 06三季 |
|---|---|---|---|---|---|---|---|
| | 69316.98 | 39582.5 | 29734.48 | | | 77835 | |

**年报点评**：公司是钢铁行业中为数不多的拥有铁矿资源的上市公司之一,共拥有3.7亿吨铁矿资源,6.4亿吨焦煤资源,由于铁矿石和能源连年涨价,公司在成本上就非常具有优势。

## 中国卫星（600118）

上市日期:97/09/08　电话:010－68768890　传真:010－68768891

**主营**：卫星应用运营服务、卫星及卫星应用产品和基础的研制、系统制成。旅游项目投资。

| 年　度 | 2006 | 2005 | 2004 |
|---|---|---|---|
| 每股收益/扣除后(元) | 0.24/0.24 | 0.03 | 0.02/0.02 |
| 每股经营现金流量(元) | 0.63 | 0.42 | 0.13 |
| 每股净资产/调整后(元) | 1.71/1.69 | 1.45/1.42 | 1.41/1.38 |
| 未分利润(万元) | 7042.56 | 2086.7 | 2135.95 |
| 资本公积(万元) | 2612.88 | 2186.72 | 1973.07 |
| 主营收入(万元) | 89442.9 | 44117.94 | 34320.9 |
| 主营利润(万元) | 11751.01 | 6547.02 | 8674.88 |
| 投资收益(万元) | －940.71 | －1181.38 | －686.83 |
| 利润总额(万元) | 6817.97 | 1177.15 | 1141.03 |
| 净利润(万元) | 5515.37 | 644.21 | 335.96 |

近年分配:

**主要股东及持股比例%、持股性质**

中国航天科技集团公司第五研究院 41%（国有股）
北京航天卫星应用总公司 10%（国有股）
中国银行－嘉实增长开放式证券投资基金 2.98%（流通A股）
中国旅游商贸服务总公司 2.73%（国有股）
中国工商银行－嘉实策略增长混合型证券投资基金 2.72%（流通A股）
北京波菲特旅游礼品公司 1.99%（非流通股）
中国建设银行－华夏优势增长股票型证券投资基金 1.59%（流通A股）
中国工商银行－景顺长城新兴成长股票型证券投资基金 1.52%（流通A股）
港旅建筑装饰工程有限公司 1.49%（非流通股）
中国工商银行－诺安价值增长股票证券投资基金 1.29%（流通A股）

实际控制人：中国航天科技集团公司

二〇〇六年以来市场表现

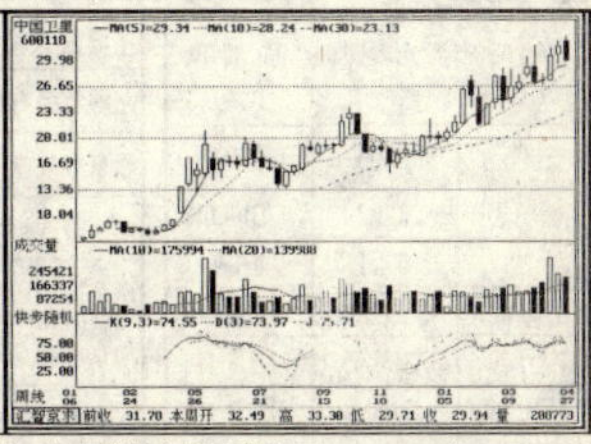

| | |
|---|---|
| 2006年涨跌幅(%) | 222.86 |
| 2006年最高(元) | 26.29 |
| 2007年涨跌幅(%) | 50.45 |
| 2007.4.27收盘(元) | 29.94 |
| 2007年最高(元) | 33.3 |
| 2007年最低(元) | 19.45 |
| 2007年换手率(%) | 247.51 |

未来一年限售流通股解禁情况:16388352股05月26日解禁

| 最新股本 | 总股本 | 非(限售)流通 | 流通A | 流通B/H/S | 股东户数 | 06年末 | 06三季 |
|---|---|---|---|---|---|---|---|
| | 22740.48 | 13236.48 | 9504 | | | 9368 | 9440 |

**年报点评**：2006年公司成功发射实践六号B星,卫星应用业务也取得了一定进展,收入、利润大幅增长。2007年公司将通过深化实体化经营和资源整合,提升小卫星研制和卫星应用两大核心业务能力,扩大公司资产和业务规模,并进一步规范公司治理。

## 长江投资（600119）

上市日期:98/01/15　电话:021－68407009　传真:021－68407009

**主营**：区域商贸综合开发、信息技术、生物制药、新材料等。

| 年　度 | 2006 | 2005 | 2004 |
|---|---|---|---|
| 每股收益/扣除后(元) | 0.033/－0.149 | 0.042 | 0.08/0.079 |
| 每股经营现金流量(元) | 0.1147 | 0.5929 | 0.035 |
| 每股净资产/调整后(元) | 1.8/1.66 | 1.78/1.55 | 1.73/1.66 |
| 未分利润(万元) | 7866.46 | 7314.88 | 6938.48 |
| 资本公积(万元) | 9145.57 | 9465.51 | 9399.64 |
| 主营收入(万元) | 123703.22 | 79282.67 | 83357.97 |
| 主营利润(万元) | 17156.88 | 13879.69 | 12869.97 |
| 投资收益(万元) | 4457.79 | 1676.53 | 1026.56 |
| 利润总额(万元) | －164.53 | －228.18 | 2567.64 |
| 净利润(万元) | 853.04 | 1071.6 | 2045.86 |

近年分配:

**主要股东及持股比例%、持股性质**

长江经济联合发展(集团)股份有限公司 46.11%（国有股）
宁波长江发展商城有限公司 5.59%（国有股）
长江联合资产经营有限公司 4.67%（国有股）
朱进英 0.39%（流通A股）
武汉长发物业发展有限公司 0.28%（国有股）
凌伟 0.2%（流通A股）
张文彪 0.15%（流通A股）
马杰 0.14%（流通A股）
南京长江发展股份有限公司 0.14%（国有股）
陈秀飞 0.12%（流通A股）

实际控制人：长江经济联合发展(集团)股份有限公司

二〇〇六年以来市场表现

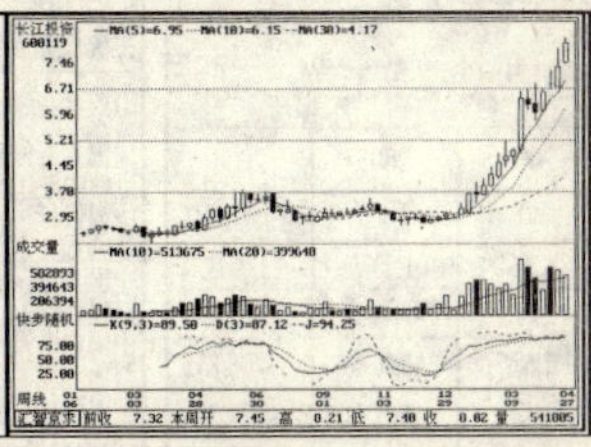

| | |
|---|---|
| 2006年涨跌幅(%) | 33.67 |
| 2006年最高(元) | 5.06 |
| 2007年涨跌幅(%) | 165.56 |
| 2007.4.27收盘(元) | 8.02 |
| 2007年最高(元) | 8.21 |
| 2007年最低(元) | 2.9 |
| 2007年换手率(%) | 486.59 |

未来一年限售流通股解禁情况:14390522股01月04日解禁

| 最新股本 | 总股本 | 非(限售)流通 | 流通A | 流通B/H/S | 股东户数 | 06年末 | 06三季 |
|---|---|---|---|---|---|---|---|
| | 25740 | 14620.32 | 11119.68 | | | 19635 | 19290 |

**年报点评**：公司主营工业和商业,报告期内夯实了资产质量,推进了物流主业整合进程,推升了主营收入较大幅度的增长,但由于计提消化了长凯公司下属新方特公司的坏账,导致净利润的下滑。公司现代物流产业在2005年中国国际货代物流百强中名列第23名。

## 浙江东方（600120）

上市日期:97/12/01　电话:0571－87215678　传真:0571－87214481

| 主营 | 主要经营以棉、毛、丝、麻、晴纶为主要原料的针织、梭织服装、服饰和家用纺织品的出口业务;纺织品所需的原辅料、染化料、机械设备等进口业。 | | | |
|---|---|---|---|---|
| | 年　度 | 2006 | 2005 | 2004 |
| 主要指标 | 每股收益/扣除后(元) | 0.18/0.11 | 0.18 | 0.2/0.11 |
| | 每股经营现金流量(元) | －0.1 | －0.1 | 1.92 |
| | 每股净资产/调整后(元) | 2.03/2.03 | 1.95/1.94 | 1.95/1.94 |
| | 未分利润(万元) | 27230.47 | 24056.01 | 24363.62 |
| | 资本公积(万元) | 5967.73 | 5972.06 | 5910.3 |
| 利润构成 | 主营收入(万元) | 519571.06 | 606755.99 | 516646.34 |
| | 主营利润(万元) | 53205.46 | 64828.37 | 45900.02 |
| | 投资收益(万元) | 4119 | 838.64 | 3947.32 |
| | 利润总额(万元) | 24762.42 | 31931.15 | 19143.62 |
| | 净利润(万元) | 9344.33 | 8965.9 | 10201.14 |
| 近年分配: | 06 预案:10 派 1 ; 05 年:10 派 1 ; 04 年:10 派 1 | | | |

| 主要股东及持股比例%、持股性质 | |
|---|---|
| 浙江东方集团控股有限公司 33.13%（国有股） | |
| 浙江天业投资有限公司 8.03%（非流通股） | |
| 浙江中大集团控股有限公司 4.56%（非流通股） | |
| 浙江省国际信托投资公司 4.34%（流通 A 股） | |
| 上海市拥军优属基金会 0.5%（流通 A 股） | |
| 杭州万泰认证有限公司 0.3%（非流通股） | |
| 施坚钢 0.21%（流通 A 股） | |
| 陈生平 0.17%（流通 A 股） | |
| 宋兰英 0.17%（流通 A 股） | |
| 文晓康 0.16%（流通 A 股） | |
| 实际控制人: | 浙江东方集团控股有限公司 |

二〇〇六年以来市场表现

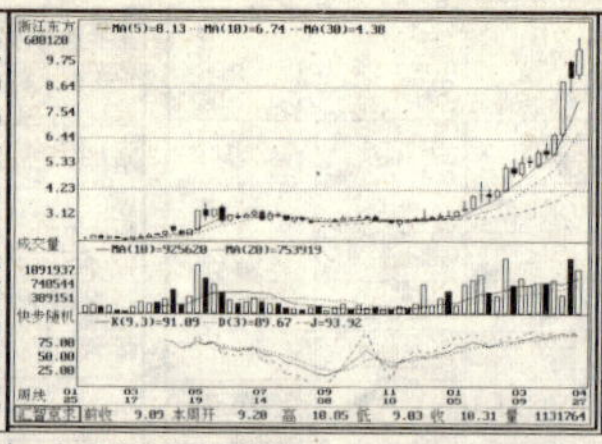

| | |
|---|---|
| 2006 年涨跌幅(%) | 60.74 |
| 2006 年最高(元) | 4.71 |
| 2007 年涨跌幅(%) | 233.66 |
| 2007.4.27 收盘(元) | 10.31 |
| 2007 年最高(元) | 10.85 |
| 2007 年最低(元) | 3.08 |
| 2007 年换手率(%) | 392.93 |

未来一年限售流通股解禁情况:40616205 股 01 月 23 日解禁

| 最新股本 | 总股本 | 非(限售)流通 | 流通 A | 流通 B/H/S | 股东户数 | 06 年末 | 06 三季 |
|---|---|---|---|---|---|---|---|
| | 50547.35 | 23262.8 | 27284.54 | | | 35467 | 38445 |

年报点评：公司主营商业贸易、房地产开发等。报告期内外贸主业经营环境比较严峻,地产项目也遭受一定周期性影响,销售收入和利润总额出现不同程度的下降,但公司的毛利率和净利润均同比有所增长,这得益于投资收益的良好回报。

## 郑州煤电（600121）

上市日期:98/01/07　电话:0371－6591333　传真:0371－6950227

| 主营 | 煤炭生产及销售、发电及输变电。 | | | |
|---|---|---|---|---|
| | 年　度 | 2006 | 2005 | 2004 |
| 主要指标 | 每股收益/扣除后(元) | 0.234/0.234 | 0.312 | 0.2/0.19 |
| | 每股经营现金流量(元) | 0.12 | 0.79 | 0.15 |
| | 每股净资产/调整后(元) | 2.14/2.02 | 1.9/1.9 | 1.91/1.91 |
| | 未分利润(万元) | 53248.86 | 40017.96 | 32398.48 |
| | 资本公积(万元) | | | 22371.87 |
| 利润构成 | 主营收入(万元) | 258071.53 | 148382.18 | 128089.83 |
| | 主营利润(万元) | 55261.31 | 47387.03 | 42698.89 |
| | 投资收益(万元) | －212.07 | －251.75 | －329.14 |
| | 利润总额(万元) | 22693.4 | 29537.41 | 24096.22 |
| | 净利润(万元) | 14722.58 | 19649.35 | 15826.49 |
| 近年分配: | 06 预案:10 派 1 ; 04 年:10 派 1 | | | |

| 主要股东及持股比例%、持股性质 | |
|---|---|
| 郑州煤炭工业(集团)有限责任公司 52.62%（国有股） | |
| 王平 0.19%（流通 A 股） | |
| 吕庄 0.18%（流通 A 股） | |
| 侯琪 0.12%（流通 A 股） | |
| 贾春旭 0.12%（流通 A 股） | |
| 刘倩 0.11%（流通 A 股） | |
| 王昊尧 0.1%（流通 A 股） | |
| 陈良学 0.1%（流通 A 股） | |
| 张少明 0.1%（流通 A 股） | |
| 杨雪 0.09%（流通 A 股） | |
| 实际控制人: | |

二〇〇六年以来市场表现

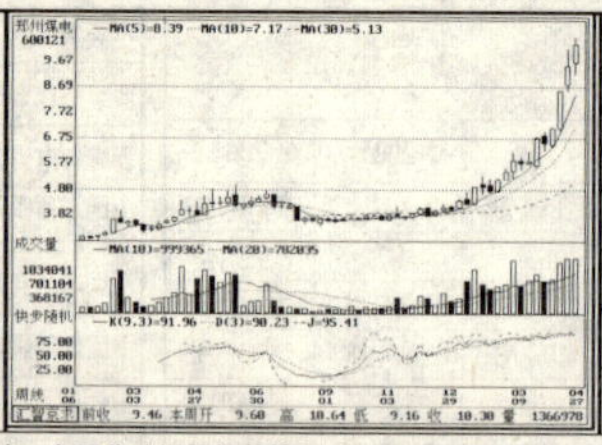

| | |
|---|---|
| 2006 年涨跌幅(%) | 40.91 |
| 2006 年最高(元) | 4.94 |
| 2007 年涨跌幅(%) | 155.58 |
| 2007.4.27 收盘(元) | 10.3 |
| 2007 年最高(元) | 10.64 |
| 2007 年最低(元) | 4.04 |
| 2007 年换手率(%) | 476.33 |

未来一年限售流通股解禁情况:31457000 股 08 月 22 日解禁

| 最新股本 | 总股本 | 非(限售)流通 | 流通 A | 流通 B/H/S | 股东户数 | 06 年末 | 06 三季 |
|---|---|---|---|---|---|---|---|
| | 62914 | 33106 | 29808 | | | 68516 | 70171 |

年报点评：2006 年公司主营收入同比大幅增长,但由于煤质下降导致煤炭销售价格下降,从而使得公司主营业务利润率同比下降了 10 个百分点。另外由于管理费用、财务费用大幅提升,使得公司净利润同比略有下降。

## 宏图高科（600122）

上市日期:98/04/20　电话:025－83274692　传真:025－83274701

| 主营 | 计算机、软件、系统集成及网络设备,激光影碟机产品,通讯设备及电缆等产品的开发、生产与销售。 | | | |
|---|---|---|---|---|
| | 年　度 | 2006 | 2005 | 2004 |
| 主要指标 | 每股收益/扣除后(元) | 0.059/0.051 | 0.047 | 0.031/0.016 |
| | 每股经营现金流量(元) | 0.218 | 0.461 | 0.159 |
| | 每股净资产/调整后(元) | 3.3/3.09 | 3.23/2.88 | 3.18/2.84 |
| | 未分利润(万元) | 19854.29 | 18432.45 | 17876.44 |
| | 资本公积(万元) | 44390.66 | 43948.89 | 43922.14 |
| 利润构成 | 主营收入(万元) | 439581.92 | 346715.68 | 300929.02 |
| | 主营利润(万元) | 49927.63 | 38278.28 | 32518.09 |
| | 投资收益(万元) | 787.96 | －57.78 | 445.32 |
| | 利润总额(万元) | 4294.03 | 3691.52 | 4521.27 |
| | 净利润(万元) | 1879.31 | 1488.58 | 987.99 |
| 近年分配: | | | | |

| 主要股东及持股比例%、持股性质 | |
|---|---|
| 三胞集团有限公司 19.86%（非流通股） | |
| 南京有线电厂有限公司 7.48%（非流通股） | |
| 南京雷德投资管理有限公司 5.39%（非流通股） | |
| 南京博融科技开发有限公司 5.03%（非流通股） | |
| 南京中森泰富科技发展有限公司 3.93%（非流通股） | |
| 上海道乐投资有限公司 2.48%（非流通股） | |
| 常州海坤通信设备有限公司 2.16%（非流通股） | |
| 中国平安人寿保险股份有限公司－分红－团险分红 1.88%（流通 A 股） | |
| 中国银行－嘉实成长收益型证券投资基金 1.71%（流通 A 股） | |
| 全国社保基金一零六组合 1.54%（流通 A 股） | |
| 实际控制人: | 袁亚非 |

二〇〇六年以来市场表现

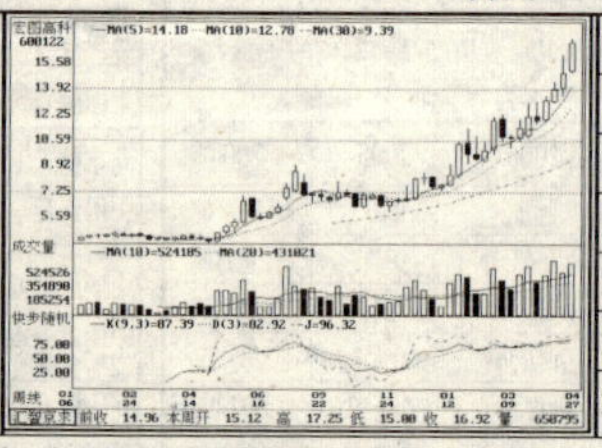

| | |
|---|---|
| 2006 年涨跌幅(%) | 116.26 |
| 2006 年最高(元) | 9.93 |
| 2007 年涨跌幅(%) | 123.81 |
| 2007.4.27 收盘(元) | 16.92 |
| 2007 年最高(元) | 17.25 |
| 2007 年最低(元) | 7.3 |
| 2007 年换手率(%) | 433.06 |

未来一年限售流通股解禁情况:78070599 股 09 月 05 日解禁

| 最新股本 | 总股本 | 非(限售)流通 | 流通 A | 流通 B/H/S | 股东户数 | 06 年末 | 06 三季 |
|---|---|---|---|---|---|---|---|
| | 31920 | 15072 | 16848 | | | 42623 | 45801 |

年报点评：公司主营 IT 连锁卖场、光线光缆和房地产等业务。2006 年公司进一步加快产业整合,使产业布局趋向合理,各项业务在稳健的基础上快速发展。置入的土地资产使公司资产质量得到优化。公司将在 IT 连锁卖场和汽车电子领域加大投入,前景值得期待。

## 兰花科创（600123）

上市日期:98/12/17　电话:0356－2189600　传真:0356－2189600

| 主营 | 煤炭、型煤、化工产品、建筑材料的生产、销售。 | | | |
|---|---|---|---|---|
| | 年　度 | 2006 | 2005 | 2004 |
| 主要指标 | 每股收益/扣除后(元) | 1.374/1.411 | 1.153 | 0.759/0.747 |
| | 每股经营现金流量(元) | 2.3964 | 1.7817 | 1.7593 |
| | 每股净资产/调整后(元) | 6.19/6.17 | 4.4/4.37 | 3.46/3.44 |
| | 未分利润(万元) | 101188.37 | 61886.46 | 34998.83 |
| | 资本公积(万元) | 84412.2 | 44601.11 | 44534.71 |
| 利润构成 | 主营收入(万元) | 225404.75 | 171262.05 | 130064.84 |
| | 主营利润(万元) | 113409.1 | 92207.28 | 64797.39 |
| | 投资收益(万元) | －147.76 | 94.73 | 2304.74 |
| | 利润总额(万元) | 80957.69 | 62664.79 | 43729.62 |
| | 净利润(万元) | 56077.35 | 42811.88 | 28186.79 |
| 近年分配: | 06 预案:10 派 4 ; 05 年:10 派 3 ; 04 年:10 派 2 | | | |

| 主要股东及持股比例%、持股性质 | |
|---|---|
| 山西兰花煤炭实业集团有限公司 45.11%（国有股） | |
| 中国人寿保险股份有限公司－分红－个人分红－005L－FH002 沪 1.96%（非流通股） | |
| 中国银行－银华优质增长股票型证券投资基金 1.9%（流通 A 股） | |
| 中国人寿保险(集团)公司－传统－普通保险产品 1.29%（非流通股） | |
| 中国建设银行－银华富裕主题股票型证券投资基金 1.23%（流通 A 股） | |
| 中国银行－银华优势企业(平衡型)证券投资基金 1.07%（流通 A 股） | |
| 中国工商银行－诺安价值增长股票证券投资基金 1.05%（非流通股） | |
| 中国农业银行－富兰克林国海弹性市值股票型证券投资基金 1.05%（流通 A 股） | |
| 汉盛证券投资基金 1%（流通 A 股） | |
| 中国人寿保险股份有限公司－传统－普通保险产品－005L－CT001 沪 0.95%（非流通股） | |
| 实际控制人: | 山西太行无烟煤发展集团有限公司 |

二〇〇六年以来市场表现

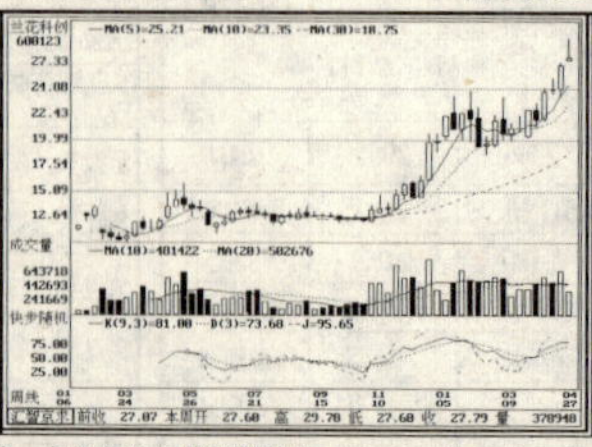

| | |
|---|---|
| 2006 年涨跌幅(%) | 132 |
| 2006 年最高(元) | 27.17 |
| 2007 年涨跌幅(%) | 40.14 |
| 2007.4.27 收盘(元) | 27.79 |
| 2007 年最高(元) | 29.78 |
| 2007 年最低(元) | 18.58 |
| 2007 年换手率(%) | 398.12 |

未来一年限售流通股解禁情况:18562500 股 02 月 28 日解禁

| 最新股本 | 总股本 | 非(限售)流通 | 流通 A | 流通 B/H/S | 股东户数 | 06 年末 | 06 三季 |
|---|---|---|---|---|---|---|---|
| | 40800 | 22080 | 18720 | | | 26945 | 40033 |

年报点评：2006 年,公司销售煤炭同比增长 22.73%,销售尿素同比增长 64.8%,这保证了公司主营业务收入和利润同比稳步提升。2007 年公司将在目前煤炭主业的基础上,继续扩大煤化工产业,煤化工项目的建成将进一步丰富公司的产业链,增强公司盈利能力。

## 铁龙物流（600125）

上市日期:98/05/11　电话:0411－2810881　传真:0411－2816639

**主营**：铁路客运、货运、仓储、服务业等。

| | 年　度 | 2006 | 2005 | 2004 |
|---|---|---|---|---|
| 主要指标 | 每股收益/扣除后(元) | 0.297/0.296 | 0.245 | 0.333/0.333 |
| | 每股经营现金流量(元) | 0.797 | －0.341 | 0.739 |
| | 每股净资产/调整后(元) | 2.01/1.99 | 2.28/2.25 | 3.28/3.21 |
| | 未分利润(万元) | 39894.49 | 39979.85 | 34307.24 |
| | 资本公积(万元) | 421.02 | 995.54 | 15354.58 |
| 利润构成 | 主营收入(万元) | 81972.88 | 50408.3 | 44500.68 |
| | 主营利润(万元) | 32868.8 | 21722.64 | 18647.92 |
| | 投资收益(万元) | 745.79 | 116.19 | 226.44 |
| | 利润总额(万元) | 23833.51 | 14354.33 | 12003.95 |
| | 净利润(万元) | 17720.24 | 11264.41 | 9564.3 |

**近年分配**：06 预案:10 派 0.34 送 3；05 年:10 派 0.4 送 3；04 年:10 派 0.3 送 1 转增 5

**主要股东及持股比例%、持股性质**

中铁集装箱运输有限责任公司 17.13%（国有股）

大连铁路经济技术开发总公司 15.2%（国有股）

海通－中行－FORTIS BANK SA/NV 2.84%（流通 A 股）

全国社保基金一零六组合 1.99%（流通 A 股）

中国银行－易方达平稳增长证券投资基金 1.91%（流通 A 股）

中国工商银行－中银国际持续增长股票型证券投资基金 1.8%（流通 A 股）

湘财－汇丰－CALYON S.A. 1.61%（流通 A 股）

中国银行－嘉实服务增值行业证券投资基金 1.4%（流通 A 股）

中国建设银行－工银瑞信精选平衡混合型证券投资基金 1.29%（流通 A 股）

中国银行－工银瑞信核心价值股票型证券投资基金 1.17%（流通 A 股）

**实际控制人**：中华人民共和国铁道部

二〇〇六年以来市场表现

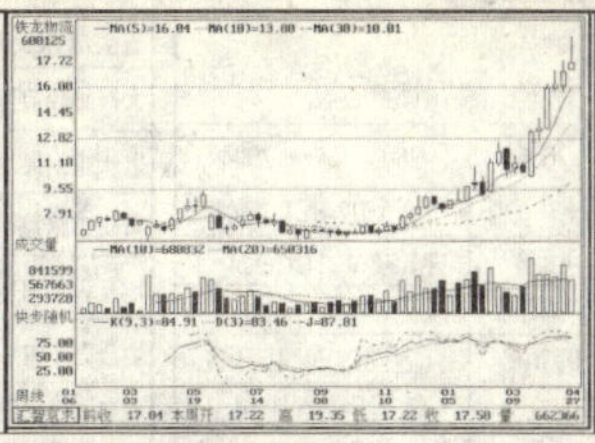

| | |
|---|---|
| 2006 年涨跌幅(%) | 100.13 |
| 2006 年最高(元) | 14.84 |
| 2007 年涨跌幅(%) | 112.58 |
| 2007.4.27 收盘(元) | 17.58 |
| 2007 年最高(元) | 19.35 |
| 2007 年最低(元) | 8.3 |
| 2007 年换手率(%) | 265.68 |

**未来一年限售流通股解禁情况**:

| 最新股本 | 总股本 | 非(限售)流通 | 流通 A | 流通 B/H/S | 股东户数 | 06 年末 | 06 三季 |
|---|---|---|---|---|---|---|---|
| | 59760.78 | 19873.81 | 39886.97 | | | 42665 | 43282 |

**年报点评**：2006 年公司主营业务收入大幅增长 62.6%，主要原因是公司于 2006 年初全面完成铁路特种集装箱资产及业务的收购并开始运营，目前该项目业务收入已占公司主营业务收入的 30.5%，毛利率达 34.9%。此外公司铁路货运及临港物流业务亦大幅增长。

## 杭钢股份（600126）

上市日期:98/03/11　电话:0571－8132917　传真:0571－8132919

**主营**：钢铁及其压延产品、焦炭及其副产品的生产和销售；冶金、焦化的技术开发、协作、咨询、服务与培训。

| | 年　度 | 2006 | 2005 | 2004 |
|---|---|---|---|---|
| 主要指标 | 每股收益/扣除后(元) | 0.32/0.31 | 0.33 | 1.04/1.06 |
| | 每股经营现金流量(元) | 0.62 | 1.4 | 1.41 |
| | 每股净资产/调整后(元) | 5.08/5.07 | 4.93/4.93 | 4.91/4.91 |
| | 未分利润(万元) | 144302.66 | 136838.19 | 138638.35 |
| | 资本公积(万元) | 73577.1 | 73886.84 | 73820.84 |
| 利润构成 | 主营收入(万元) | 1259912.47 | 987270.94 | 995502.98 |
| | 主营利润(万元) | 75781.79 | 59869.02 | 135059.33 |
| | 投资收益(万元) | －442.2 | －1170.19 | －931.18 |
| | 利润总额(万元) | 36460.99 | 32081.63 | 102481.07 |
| | 净利润(万元) | 20482.9 | 21190.25 | 66905.04 |

**近年分配**：06 预案:10 派 2；05 年:10 派 1.7；04 年:10 派 3

**主要股东及持股比例%、持股性质**

杭州钢铁集团公司 65.07%（国有股）

全国社保基金一零二组合 3.07%（流通 A 股）

朱爱萍 0.69%（流通 A 股）

唐山天辰投资有限责任公司 0.52%（流通 A 股）

俞理合 0.38%（流通 A 股）

胡红湘 0.38%（流通 A 股）

王从兰 0.2%（流通 A 股）

华宝信托投资有限责任公司－集合类资金信托 2006 年第 15 号 0.16%（流通 A 股）

冶培兰 0.12%（流通 A 股）

北京宁高投资咨询有限公司 0.12%（流通 A 股）

**实际控制人**：杭州钢铁集团公司

二〇〇六年以来市场表现

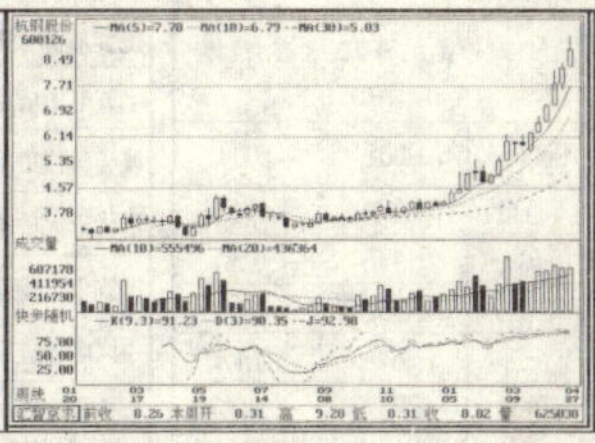

| | |
|---|---|
| 2006 年涨跌幅(%) | 42.68 |
| 2006 年最高(元) | 5.97 |
| 2007 年涨跌幅(%) | 115.12 |
| 2007.4.27 收盘(元) | 8.82 |
| 2007 年最高(元) | 9.28 |
| 2007 年最低(元) | 4.08 |
| 2007 年换手率(%) | 307.47 |

**未来一年限售流通股解禁情况**:32266875 股 01 月 19 日解禁

| 最新股本 | 总股本 | 非(限售)流通 | 流通 A | 流通 B/H/S | 股东户数 | 06 年末 | 06 三季 |
|---|---|---|---|---|---|---|---|
| | 64533.75 | 41991.75 | 22542 | | | 51292 | 59105 |

**年报点评**：公司主营钢铁及其压延产品、焦炭及其副产品的生产、销售等业务。面对钢铁行业的不良环境和成本压力，公司及时转变经营思路，把握了市场机遇，全年营收首次突破百亿大关，实现较快增长，但净利润有所下降。成本控制措施提升了公司盈利空间。

## 金健米业（600127）

上市日期:98/05/06　电话:0736－7308616　传真:0736－7308666

**主营**：开发、生产销售优质粮油及制品、农副产品、新型食品、油脂化工产品、优质稻种子，经营宾馆餐饮和公司自产产品及技术设备进出口业务。

| | 年　度 | 2006 | 2005 | 2004 |
|---|---|---|---|---|
| 主要指标 | 每股收益/扣除后(元) | 0.014/0.009 | 0.013 | －0.582/－0.55 |
| | 每股经营现金流量(元) | 0.134 | 0.023 | －0.265 |
| | 每股净资产/调整后(元) | 1.38/1.35 | 2.07/2.06 | 2.05/2.05 |
| | 未分利润(万元) | 150.63 | －404.45 | －38747.32 |
| | 资本公积(万元) | 18803.12 | 45307.71 | 82216.17 |
| 利润构成 | 主营收入(万元) | 83284.26 | 77710.59 | 66379.71 |
| | 主营利润(万元) | 11566.42 | 11003.57 | 8382.75 |
| | 投资收益(万元) | 72.51 | 485.01 | －345.44 |
| | 利润总额(万元) | 398.86 | 1017.02 | －25921.12 |
| | 净利润(万元) | 775.64 | 556.45 | －25188.13 |

**近年分配**：

**主要股东及持股比例%、持股性质**

中国农业银行常德市分行 26.82%（国有股）

何志伟 0.21%（流通 A 股）

倪坚定 0.15%（流通 A 股）

高舒文 0.15%（流通 A 股）

毛国民 0.13%（流通 A 股）

顺德市真美实业发展有限公司 0.13%（流通 A 股）

李平 0.12%（流通 A 股）

李秀群 0.11%（流通 A 股）

孙遵义 0.11%（流通 A 股）

张建和 0.1%（流通 A 股）

**实际控制人**：中国农业银行

二〇〇六年以来市场表现

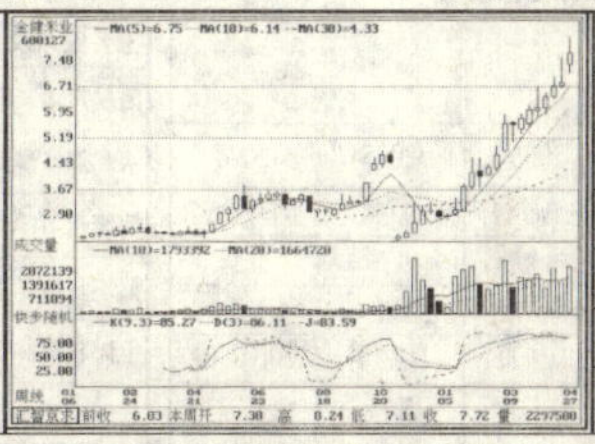

| | |
|---|---|
| 2006 年涨跌幅(%) | 166.94 |
| 2006 年最高(元) | 6.81 |
| 2007 年涨跌幅(%) | 169.93 |
| 2007.4.27 收盘(元) | 7.72 |
| 2007 年最高(元) | 8.24 |
| 2007 年最低(元) | 2.76 |
| 2007 年换手率(%) | 679.08 |

**未来一年限售流通股解禁情况**:16877335 股 11 月 24 日解禁

| 最新股本 | 总股本 | 非(限售)流通 | 流通 A | 流通 B/H/S | 股东户数 | 06 年末 | 06 三季 |
|---|---|---|---|---|---|---|---|
| | 54445.96 | 14600.56 | 39845.4 | | | 96881 | 76261 |

**年报点评**：公司主营大米和油脂加工，2006 年全年共实现主营业务收入 8.33 亿元，较上年仅增长 7.17%，但公司 2006 年狠抓管理，严控费用，特别是减少银行贷款降低财务费用 1800 万元，从而实现净利润 776 万元，较上年增长 39.39%。公司的业务结构还在调整中。

## 弘业股份（600128）

上市日期:97/09/01　电话:025－2308738　传真:025－2307117

**主营**：工艺品等商品的进出口业务，接受委托，代理上述商品的进出口业务，承办中外合资经营、合作，"三来一补"业务及转口贸易。

| | 年　度 | 2006 | 2005 | 2004 |
|---|---|---|---|---|
| 主要指标 | 每股收益/扣除后(元) | 0.125/0.102 | 0.137 | 0.104/0.086 |
| | 每股经营现金流量(元) | 0.6478 | 0.0289 | 1.21 |
| | 每股净资产/调整后(元) | 3.06/3.02 | 3.02/3 | 2.96/2.93 |
| | 未分利润(万元) | 8282.26 | 7776.76 | 8168.61 |
| | 资本公积(万元) | 23277.9 | 23495.22 | 22661.73 |
| 利润构成 | 主营收入(万元) | 201538.2 | 208649.67 | 180240.2 |
| | 主营利润(万元) | 15773.64 | 13778.94 | 11895.64 |
| | 投资收益(万元) | 1248.72 | 2532.35 | 873.1 |
| | 利润总额(万元) | 4629.25 | 5037.03 | 4922.49 |
| | 净利润(万元) | 2489.84 | 2739.34 | 2077.65 |

**近年分配**：06 预案:10 派 0.5；05 年:10 派 0.8；04 年:10 派 1

**主要股东及持股比例%、持股性质**

江苏弘业国际集团有限公司 39.65%（国有股）

中国烟草总公司江苏省公司 1.57%（国有股）

江苏苏豪国际集团股份有限公司 1.42%（国有股）

南京商茂投资集团有限公司 1.17%（非流通股）

江苏省东晟燃料有限公司 0.71%（国有股）

江苏汇鸿国际集团针棉织品进出口有限公司 0.71%（国有股）

江苏舜天股份有限公司 0.71%（国有股）

江苏开元国际集团轻工业品进出口股份有限公司 0.71%（国有股）

南京纺织品进出口股份有限公司 0.71%（国有股）

江苏省陶瓷进出口(集团)有限公司 0.57%（非流通股）

**实际控制人**：江苏省人民政府国有资产监督管理委员会

二〇〇六年以来市场表现

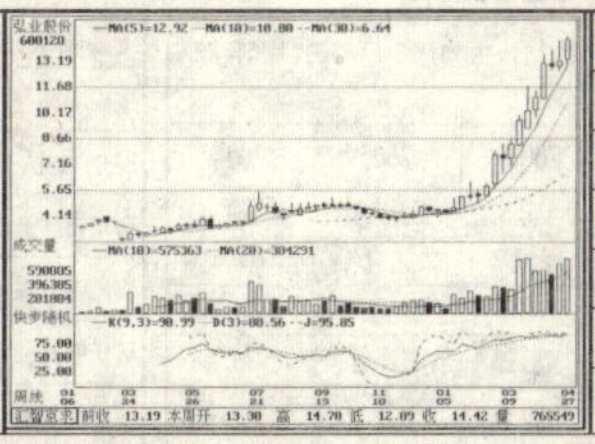

| | |
|---|---|
| 2006 年涨跌幅(%) | 79.6 |
| 2006 年最高(元) | 7.39 |
| 2007 年涨跌幅(%) | 225.51 |
| 2007.4.27 收盘(元) | 14.42 |
| 2007 年最高(元) | 14.7 |
| 2007 年最低(元) | 4.17 |
| 2007 年换手率(%) | 602.07 |

**未来一年限售流通股解禁情况**:9972375 股 03 月 14 日解禁

| 最新股本 | 总股本 | 非(限售)流通 | 流通 A | 流通 B/H/S | 股东户数 | 06 年末 | 06 三季 |
|---|---|---|---|---|---|---|---|
| | 19944.75 | 9938.13 | 10006.62 | | | 32067 | 35309 |

**年报点评**：公司主营进出口贸易。报告期内公司的传统外贸主营面临较大压力，对公司净利润的下滑产生一定影响。但所涉及的房地产、期货经纪及文化休闲领域已进入或即将进入利润贡献期。

## 太极集团（600129）

上市日期:97/11/18　电话:023-72800072　传真:023-72800072

| | | | |
|---|---|---|---|
| 主营 | 中成药的开发、生产和销售。 | | |
| 年　度 | 2006 | 2005 | 2004 |
| 主要指标 每股收益/扣除后(元) | 0.19/-0.08 | 0.16/0.02 | 0.27/0.17 |
| 每股经营现金流量(元) | 1.083 | 1.608 | 0.68 |
| 每股净资产/调整后(元) | 4.74/4.62 | 4.53/4.41 | 3.82/3.47 |
| 未分利润(万元) | 18551.05 | 14293.09 | 11623.09 |
| 资本公积(万元) | 63172.52 | 62478.7 | 49896.32 |
| 利润构成 主营收入(万元) | 405470.1 | 392248.91 | 387921.21 |
| 主营利润(万元) | 95064.75 | 94590.83 | 95683.55 |
| 投资收益(万元) | 6329.05 | 3182.26 | -3011.61 |
| 利润总额(万元) | 9934.34 | 10317.99 | 11369.31 |
| 净利润(万元) | 4784.82 | 4164.22 | 6703.99 |
| 近年分配: | | | |

**主要股东及持股比例%、持股性质**

- 太极集团有限公司 49.02%（国有股）
- 重庆市涪陵区希兰生物科技有限公司 6.55%（非流通股）
- 重庆市涪陵药用植物资源开发研究所 5.09%（非流通股）
- 华夏证券有限公司 2.27%（流通A股）
- 金海莲 0.4%（流通A股）
- 李雪 0.26%（流通A股）
- 朱清 0.24%（流通A股）
- 彭雁英 0.24%（流通A股）
- 张崇舜 0.16%（流通A股）
- 余明伟 0.15%（流通A股）

实际控制人：太极集团有限公司

二〇〇六年以来市场表现

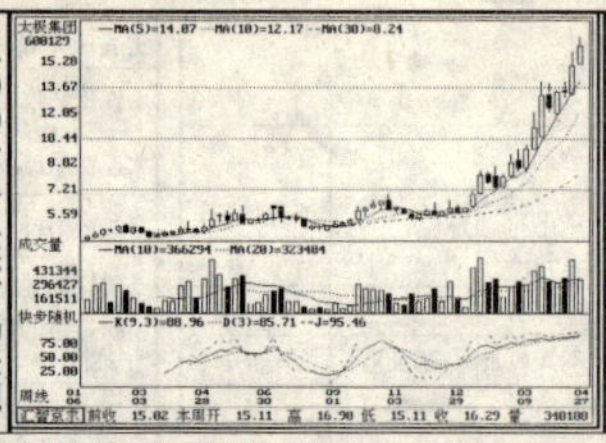

| | |
|---|---|
| 2006年涨跌幅(%) | 57.85 |
| 2006年最高(元) | 9.04 |
| 2007年涨跌幅(%) | 183.8 |
| 2007.4.27收盘(元) | 16.29 |
| 2007年最高(元) | 16.9 |
| 2007年最低(元) | 5.7 |
| 2007年换手率(%) | 427.63 |

未来一年限售流通股解禁情况:16772400股01月06日解禁

| 最新股本 | 总股本 | 非(限售)流通 | 流通A | 流通B/H/S | 股东户数 | 06年末 | 06三季 |
|---|---|---|---|---|---|---|---|
| | 25260 | 15360 | 9900 | | | 19076 | 17932 |

年报点评：公司是综合性医药企业，主营包括化学药、中药、医药流通。公司2006年收入达到40亿元，但增长幅度有限。公司整体盈利水平较低与公司产品较高的毛利率形成反差，公司担保较多，一旦解决，公司的盈利水平可以获得较大提升。

## 波导股份（600130）

上市日期:00/07/06　电话:0574-88918855　传真:0574-88929054

| | | | |
|---|---|---|---|
| 主营 | 移动电话、寻呼机等移动通信终端产品的开发、生产、销售及相应的维修服务。 | | |
| 年　度 | 2006 | 2005 | 2004 |
| 主要指标 每股收益/扣除后(元) | 0.04/0.01 | -1.24 | 1.08/1.03 |
| 每股经营现金流量(元) | 0.02 | -1.03 | 0.28 |
| 每股净资产/调整后(元) | 1.76/1.73 | 3.45/3.36 | 9.68/9.65 |
| 未分利润(万元) | 3859.28 | -3640.6 | 51031.62 |
| 资本公积(万元) | 47679.12 | 86243.87 | 103913.71 |
| 利润构成 主营收入(万元) | 673956.44 | 905028.74 | 1024598.86 |
| 主营利润(万元) | 70377.7 | 67614.63 | 156321.07 |
| 投资收益(万元) | 3689.37 | 1175.58 | 250.81 |
| 利润总额(万元) | 2829.49 | -47310.31 | 25836.84 |
| 净利润(万元) | 3058.48 | -47489.68 | 20745.98 |
| 近年分配: | 05年:10转增10；04年:10派3转增10 | | |

**主要股东及持股比例%、持股性质**

- 宁波电子信息集团有限公司 21.71%（国有股）
- 波导科技集团股份有限公司 21.23%（非流通股）
- 奉化市大桥镇资产经营总公司 2.44%（非流通股）
- 宁波市工业投资有限责任公司 2.43%（国有股）
- 中国电子进出口宁波有限公司 0.44%（国有股）
- 信达投资有限公司 0.35%（流通A股）
- 丁文聪 0.28%（流通A股）
- 谢银弟 0.26%（流通A股）
- 吴柏年 0.26%（流通A股）
- 余淑云 0.14%（流通A股）

实际控制人：周骐

二〇〇六年以来市场表现

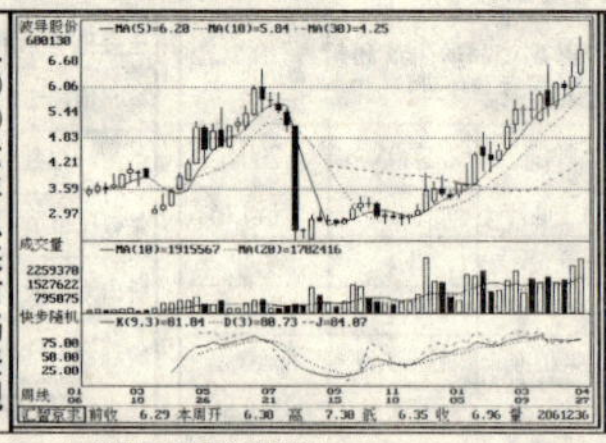

| | |
|---|---|
| 2006年涨跌幅(%) | 176.81 |
| 2006年最高(元) | 10.93 |
| 2007年涨跌幅(%) | 104.71 |
| 2007.4.27收盘(元) | 6.96 |
| 2007年最高(元) | 7.3 |
| 2007年最低(元) | 3.35 |
| 2007年换手率(%) | 698.42 |

未来一年限售流通股解禁情况:

| 最新股本 | 总股本 | 非(限售)流通 | 流通A | 流通B/H/S | 股东户数 | 06年末 | 06三季 |
|---|---|---|---|---|---|---|---|
| | 76800 | 37056 | 39744 | | | 67464 | 61308 |

年报点评：2006年，公司所处行业整体的经营环境未发生实质性好转，国际品牌的强势增长、国内新品牌的涌入以及"黑手机"的泛滥，导致手机市场的价格竞争愈演愈烈。报告期内，公司手机销量与上年度基本持平，但销售收入仍出现了较大幅度的下降。

## 岷江水电（600131）

上市日期:98/04/02　电话:028-87292621　传真:028-87292893

| | | | |
|---|---|---|---|
| 主营 | 发电、售电及转售电 | | |
| 年　度 | 2006 | 2005 | 2004 |
| 主要指标 每股收益/扣除后(元) | 0.19/0.19 | 0.098 | 0.089/0.087 |
| 每股经营现金流量(元) | 0.29 | 0.26 | 0.14 |
| 每股净资产/调整后(元) | 1.61/1.56 | 1.45/1.43 | 1.37/1.29 |
| 未分利润(万元) | 18498.81 | 11352.43 | 9534.3 |
| 资本公积(万元) | 4714.31 | 4709.81 | 2673.43 |
| 利润构成 主营收入(万元) | 72312.1 | 63248.35 | 38778.61 |
| 主营利润(万元) | 13581.78 | 15194.33 | 15242.89 |
| 投资收益(万元) | 10967.08 | 8504.76 | -101.9 |
| 利润总额(万元) | 10523.27 | 6273.55 | 5656.06 |
| 净利润(万元) | 9620.85 | 4937.93 | 4463.64 |
| 近年分配: | 06年:10派1；05年:10派0.3 | | |

**主要股东及持股比例%、持股性质**

- 阿坝州水利电网资产经营公司 28.61%（国有股）
- 水利部经济局 20.03%（国有股）
- 阿坝州下庄水电厂 8.39%（非流通股）
- 阿坝州信托投资公司 3.34%（非流通股）
- 上海鹏信经贸发展有限公司 0.74%（非流通股）
- 阿坝州甘堡水电厂 0.67%（非流通股）
- 四川省电力开发公司 0.67%（非流通股）
- 上海茋新贸易发展有限公司 0.36%（非流通股）
- 阿坝州马尔康水电厂 0.33%（非流通股）
- 四川金沙阳光房地产开发有限责任公司 0.33%（非流通股）

实际控制人：四川省电力公司

二〇〇六年以来市场表现

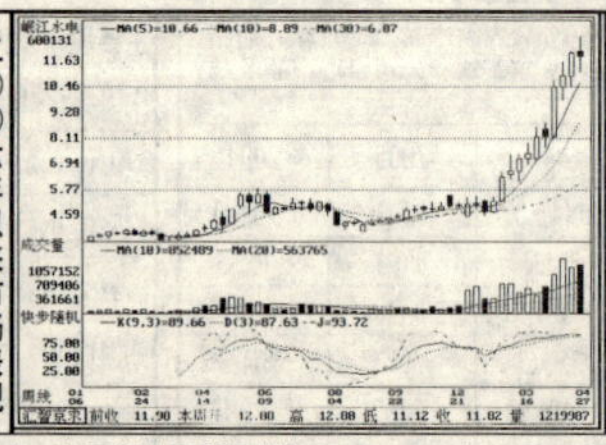

| | |
|---|---|
| 2006年涨跌幅(%) | 46.09 |
| 2006年最高(元) | 5.78 |
| 2007年涨跌幅(%) | 214.06 |
| 2007.4.27收盘(元) | 11.82 |
| 2007年最高(元) | 17.03 |
| 2007年最低(元) | 5.91 |
| 2007年换手率(%) | 470.42 |

未来一年限售流通股解禁情况:90551879股01月18日解禁

| 最新股本 | 总股本 | 非(限售)流通 | 流通A | 流通B/H/S | 股东户数 | 06年末 | 06三季 |
|---|---|---|---|---|---|---|---|
| | 50412.52 | 33421.01 | 16991.5 | | | 38682 | 38986 |

年报点评：2006年由于外购电量的增加和外购电单价的上涨，导致公司主营业务利润同比下降。虽然公司主业业务盈利有所下滑，但公司通过控制费用，实现三项费用同比下降，同时因公司的投资收益有一定增长，使公司净利润实现了大幅增长。

## 重庆啤酒（600132）

上市日期:97/10/30　电话:023-89069086　传真:023-68629476

| | | | |
|---|---|---|---|
| 主营 | 啤酒制造和销售，以及制造、销售生物化学原料药、片剂、颗粒剂、胶囊、口服溶剂等。 | | |
| 年　度 | 2006 | 2005 | 2004 |
| 主要指标 每股收益/扣除后(元) | 0.52/0.52 | 0.31/0.31 | 0.26/0.26 |
| 每股经营现金流量(元) | 1.24 | 1.12 | 0.699 |
| 每股净资产/调整后(元) | 2.9/2.88 | 2.72/2.7 | 2.6/2.59 |
| 未分利润(万元) | 19783.23 | 7714.92 | 5746.21 |
| 资本公积(万元) | 22296.01 | 25446.57 | 25244.45 |
| 利润构成 主营收入(万元) | 181274.43 | 149045.35 | 125123.61 |
| 主营利润(万元) | 64874.14 | 48831.35 | 42867.21 |
| 投资收益(万元) | -137.51 | -355.41 | -377.67 |
| 利润总额(万元) | 19400.24 | 10146.25 | 8304.7 |
| 净利润(万元) | 14833.16 | 7883.19 | 6595.24 |
| 近年分配: | 06预案:10派2转增3；05年:10派0.5；04年:10派2 | | |

**主要股东及持股比例%、持股性质**

- 重庆啤酒(集团)有限责任公司 32.25%（国有股）
- S&N ASIA PACIFIC LIMITED 17.46%（外资股）
- 合川市银源商贸有限公司 3.1%（非流通股）
- 交通银行－安顺证券投资基金 2.18%（流通A股）
- 重庆钰鑫实业集团有限责任公司 1.51%（非流通股）
- 国联证券有限责任公司 1.37%（流通A股）
- 东方证券股份有限公司 1.22%（流通A股）
- 宏源证券股份有限公司 0.81%（流通A股）
- 银丰证券投资基金 0.63%（流通A股）
- 北京北方泰格投资有限公司 0.5%（流通A股）

实际控制人：重庆市国有资产监督管理委员会

二〇〇六年以来市场表现

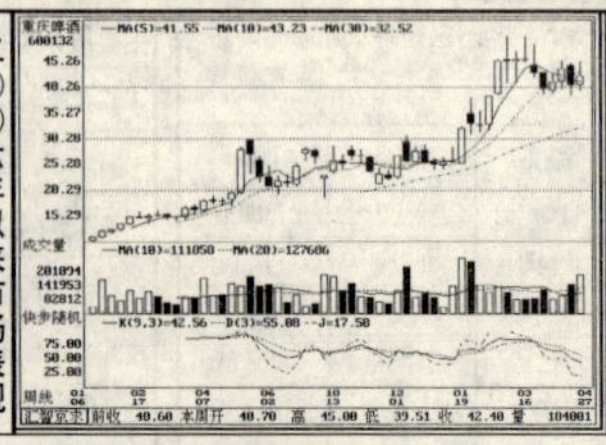

| | |
|---|---|
| 2006年涨跌幅(%) | 232.93 |
| 2006年最高(元) | 42.72 |
| 2007年涨跌幅(%) | 68.92 |
| 2007.4.27收盘(元) | 42.4 |
| 2007年最高(元) | 50.25 |
| 2007年最低(元) | 24.38 |
| 2007年换手率(%) | 190.2 |

未来一年限售流通股解禁情况:45827800股09月27日解禁

| 最新股本 | 总股本 | 非(限售)流通 | 流通A | 流通B/H/S | 股东户数 | 06年末 | 06三季 |
|---|---|---|---|---|---|---|---|
| | 28637.35 | 17830.8 | 10806.55 | | | 13204 | 10142 |

年报点评：公司主营啤酒的生产和销售，06年啤酒行业的市场增长率达到了14%，公司年度实现啤酒销量快速增长同比上升了29%。公司控股的重庆佳辰生物工程有限公司开发的国家一类新药"治疗用合成肽乙型肝炎疫苗"已于年初正式启动二期临床研究试验。

## S东湖新（600133）

上市日期:98/02/12　　电话:027－87561686　　传真:027－87561866

**主营**：科技工业园开发建设和高新技术产业的项目投资。

| | 年　度 | 2006 | 2005 | 2004 |
|---|---|---|---|---|
| 主要指标 | 每股收益/扣除后(元) | 0.047/0.043 | 0.014 | 0.172/0.173 |
| | 每股经营现金流量(元) | 0.8539 | 0.704 | 0.2883 |
| | 每股净资产/调整后(元) | 2.83/2.57 | 2.79/2.2 | 2.82/2.54 |
| | 未分利润(万元) | 13988.8 | 12812.7 | 13857.77 |
| | 资本公积(万元) | 28568.65 | 28568.65 | 28568.65 |
| 利润构成 | 主营收入(万元) | 20737.56 | 32789.86 | 52896.44 |
| | 主营利润(万元) | 4941.94 | 7702.53 | 11116.57 |
| | 投资收益(万元) | 796.28 | 2970.22 | －66.92 |
| | 利润总额(万元) | 1822.34 | 145.05 | 5581.56 |
| | 净利润(万元) | 1306.78 | 391.64 | 4752.22 |

近年分配：04年:10派0.5

| 主要股东及持股比例%、持股性质 |
|---|
| 武汉凯迪电力股份有限公司 29.58%（非流通股） |
| 武汉长江通信产业集团股份有限公司 18.29%（非流通股） |
| 武汉地产开发集团有限公司 8.69%（国有股） |
| 武汉金丹科技有限责任公司 6.78%（非流通股） |
| 武汉庙山实业发展总公司 6.47%（国有股） |
| 王汉军 0.15%（流通A股） |
| 谢仙娣 0.15%（流通A股） |
| 刘政文 0.11%（流通A股） |
| 俞明之 0.1%（流通A股） |
| 刘安仁 0.1%（流通A股） |
| 实际控制人：武汉凯迪控股投资有限公司 |

二〇〇六年以来市场表现

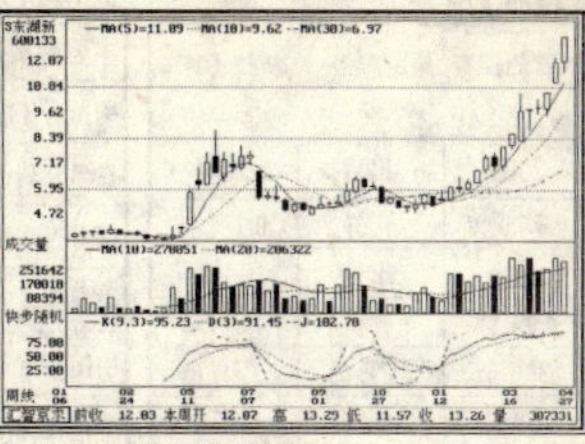

| | |
|---|---|
| 2006年涨跌幅(%) | 41.48 |
| 2006年最高(元) | 8.75 |
| 2007年涨跌幅(%) | 157.48 |
| 2007.4.27收盘(元) | 13.26 |
| 2007年最高(元) | 13.29 |
| 2007年最低(元) | 5.35 |
| 2007年换手率(%) | 439.38 |

未来一年限售流通股解禁情况：

| | 总股本 | 非(限售)流通 | 流通A | 流通B/H/S | 股东户数 | 06年末 | 06三季 |
|---|---|---|---|---|---|---|---|
| 最新股本 | 27559.22 | 19239.22 | 8320 | | | 35830 | 37323 |

**年报点评**：公司主要从事清洁能源及环保电力等高新技术产业的投资经营及科技工业园的开发建设。2006年收回政府前期欠款和资产重组欠款2.6亿元，2007年将全面启动义马环保电力项目建设，并力争省电网公司同购220KV接入系统。

## S乐凯（600135）

上市日期:98/01/22　　电话:0312－3302372　　传真:0312－3302372

**主营**：彩色胶卷、彩色相纸、彩色电影胶片等彩色感光材料产品的生产、科研、销售。

| | 年　度 | 2006 | 2005 | 2004 |
|---|---|---|---|---|
| 主要指标 | 每股收益/扣除后(元) | 0.08/0.07 | 0.065 | 0.228/0.227 |
| | 每股经营现金流量(元) | 0.133 | 0.062 | 0.25 |
| | 每股净资产/调整后(元) | 2.74/2.74 | 2.65/2.61 | 2.79/2.78 |
| | 未分利润(万元) | 12341.55 | 9859.37 | 7948.85 |
| | 资本公积(万元) | 34106.57 | 33902.61 | 33245.62 |
| 利润构成 | 主营收入(万元) | 86259.59 | 61213.9 | 61899.75 |
| | 主营利润(万元) | 18298.69 | 13998.69 | 19165.53 |
| | 投资收益(万元) | 241.92 | 342.64 | 153.3 |
| | 利润总额(万元) | 3102.92 | 2587.29 | 9072.07 |
| | 净利润(万元) | 2757.2 | 2233.5 | 7803.58 |

近年分配：04年:10派2.2

| 主要股东及持股比例%、持股性质 |
|---|
| 中国乐凯胶片集团公司 50.16%（国有股） |
| 柯达(中国)投资有限公司 13%（外资股） |
| 中国银行－华夏大盘精选证券投资基金 2.21%（流通A股） |
| 国金证券有限责任公司 1.24%（流通A股） |
| 全国社保基金一零六组合 0.89%（流通A股） |
| 云南国际信托投资有限公司－中国龙资本市场资金信托计划 0.6%（流通A股） |
| 长江证券有限责任公司 0.29%（流通A股） |
| 云南国际信托投资有限公司－金丝猴证券投资.瑞园 0.27%（流通A股） |
| 刘正涛 0.17%（流通A股） |
| 励建民 0.17%（流通A股） |
| 实际控制人：国务院国有资产监督管理委员会 |

二〇〇六年以来市场表现

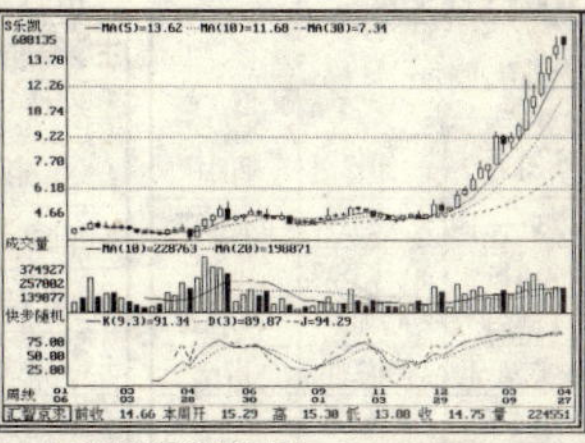

| | |
|---|---|
| 2006年涨跌幅(%) | 37.04 |
| 2006年最高(元) | 5.49 |
| 2007年涨跌幅(%) | 206.65 |
| 2007.4.27收盘(元) | 14.75 |
| 2007年最高(元) | 15.3 |
| 2007年最低(元) | 4.8 |
| 2007年换手率(%) | 266.69 |

未来一年限售流通股解禁情况：

| | 总股本 | 非(限售)流通 | 流通A | 流通B/H/S | 股东户数 | 06年末 | 06三季 |
|---|---|---|---|---|---|---|---|
| 最新股本 | 34200 | 21600 | 12600 | | | 28933 | 34459 |

**年报点评**：公司是世界六大彩卷生产巨头之一和我国特种感光材料基地。去年业绩不佳主要原因为传统感光材料市场容量在数码产品冲击下下降，而硝酸银等主要原材料和能源价格大幅上升。目前公司与柯达合作建设项目已全部完成，这是公司未来业绩增长的一个重要保证。

## *ST道博（600136）

上市日期:98/03/03　　电话:027－81732221　　传真:027－81732230

**主营**：房地产开发与商品房销售、电子产品的生产与销售、宽带网络及关联业务、酒类销售等。

| | 年　度 | 2006 | 2005 | 2004 |
|---|---|---|---|---|
| 主要指标 | 每股收益/扣除后(元) | 0.06/0.05 | －0.44 | －2.33/－1.75 |
| | 每股经营现金流量(元) | －0.36 | 0.04 | 0.01 |
| | 每股净资产/调整后(元) | 0.16/0.16 | －0.22/－0.3 | 0.22/0.1 |
| | 未分利润(万元) | －13208.49 | －13811.43 | －35080.54 |
| | 资本公积(万元) | 3768.02 | 342.51 | 24785.78 |
| 利润构成 | 主营收入(万元) | 5611.96 | 3855.79 | 8755.22 |
| | 主营利润(万元) | 1103.24 | 233.99 | 149.91 |
| | 投资收益(万元) | 3683.65 | 1140.13 | －3160.13 |
| | 利润总额(万元) | 725.03 | －4746.91 | －25626.04 |
| | 净利润(万元) | 602.94 | －4562.79 | －24292.47 |

近年分配：

| 主要股东及持股比例%、持股性质 |
|---|
| 武汉洪山新星商贸有限公司 18.94%（非流通股） |
| 武汉市夏天科教发展有限公司 16.02%（非流通股） |
| 武汉合信实业有限公司 8.43%（非流通股） |
| 武汉远洲生物工程有限公司 7%（非流通股） |
| 武汉银峰综合开发公司 1.72%（非流通股） |
| 招商局物流集团有限公司 1.15%（非流通股） |
| 北京新恒基投资管理集团有限公司 1.05%（非流通股） |
| 任广英 0.3%（流通A股） |
| 上海金梦经济发展有限公司 0.29%（非流通股） |
| 卢晓利 0.29%（流通A股） |
| 实际控制人：陈小燕 |

二〇〇六年以来市场表现

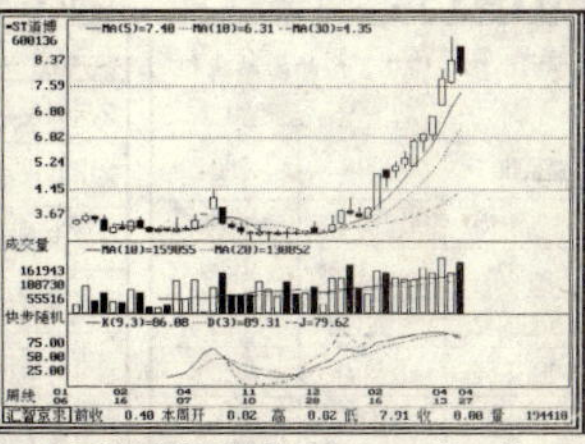

| | |
|---|---|
| 2006年涨跌幅(%) | 1.86 |
| 2006年最高(元) | 4.44 |
| 2007年涨跌幅(%) | 155.59 |
| 2007.4.27收盘(元) | 8 |
| 2007年最高(元) | 9.16 |
| 2007年最低(元) | 3.12 |
| 2007年换手率(%) | 498.22 |

未来一年限售流通股解禁情况:22466600股10月16日解禁

| | 总股本 | 非(限售)流通 | 流通A | 流通B/H/S | 股东户数 | 06年末 | 06三季 |
|---|---|---|---|---|---|---|---|
| 最新股本 | 10444.4 | 5942.76 | 4501.64 | | | 12175 | 14977 |

**年报点评**：2006年是公司求生存、谋发展至为关键的一年。公司按照"以股权分置改革为契机、以资产重组为手段、以摆脱困境和谋求发展为目标"的年度目标，通过重大资产重组，剥离了大量不良资产和历史债务，经营恢复正常，奠定了持续健康发展的基础。

## *ST长控（600137）

上市日期:98/04/16　　电话:0831－7115019　　传真:0831－7115019

**主营**：生产销售工业包装用纸，纸张检测仪器以及造纸技术咨询服务。

| | 年　度 | 2006 | 2005 | 2004 |
|---|---|---|---|---|
| 主要指标 | 每股收益/扣除后(元) | 0.141/－0.147 | －0.798 | －0.517/－0.447 |
| | 每股经营现金流量(元) | 0.02 | －0.99 | 0.016 |
| | 每股净资产/调整后(元) | －7.94/－7.99 | －8.61/－8.63 | －8.43/－8.45 |
| | 未分利润(万元) | －59430.38 | －60288.74 | －74387.03 |
| | 资本公积(万元) | 8991.2 | 5290.41 | 17956.61 |
| 利润构成 | 主营收入(万元) | 1369.86 | 1663.65 | 4803.69 |
| | 主营利润(万元) | 533.97 | 677.46 | 283.55 |
| | 投资收益(万元) | 172.17 | －87.46 | －29.96 |
| | 利润总额(万元) | 346.41 | －7484.14 | －4417 |
| | 净利润(万元) | 858.36 | －4844.6 | －3140.98 |

近年分配：

| 主要股东及持股比例%、持股性质 |
|---|
| 四川省政府国有资产监督管理委员会 57.11%（国有股） |
| 深圳市旭能投资有限公司 1.98%（非流通股） |
| 深圳能源股份有限公司 1.98%（非流通股） |
| 成都嘉泰投资有限公司 1.98%（非流通股） |
| 深圳中投信息咨询中心 1.98%（非流通股） |
| 深圳有色金属财务公司 1.98%（非流通股） |
| 金玉龙 0.65%（流通A股） |
| 郑丽 0.5%（流通A股） |
| 上海嘉年华纺织品有限公司 0.41%（非流通股） |
| 上海高盈投资咨询有限公司 0.4%（非流通股） |
| 实际控制人：浙江浪莎控股有限公司 |

二〇〇六年以来市场表现

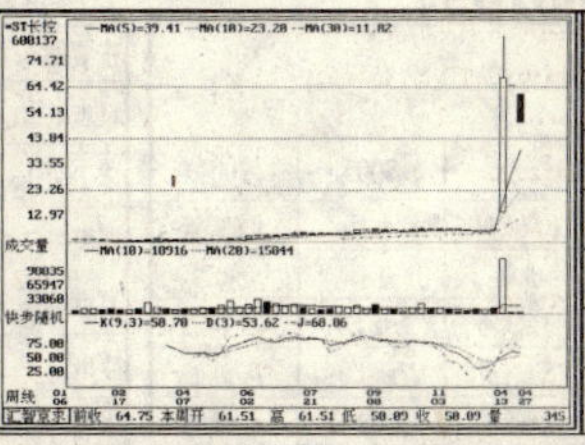

| | |
|---|---|
| 2006年涨跌幅(%) | 132.36 |
| 2006年最高(元) | 7.99 |
| 2007年涨跌幅(%) | 772.04 |
| 2007.4.27收盘(元) | 50.09 |
| 2007年最高(元) | 106.25 |
| 2007年最低(元) | 17.95 |
| 2007年换手率(%) | 61.09 |

未来一年限售流通股解禁情况:8252317股04月13日解禁

| | 总股本 | 非(限售)流通 | 流通A | 流通B/H/S | 股东户数 | 06年末 | 06三季 |
|---|---|---|---|---|---|---|---|
| 最新股本 | 6071.13 | 4331.13 | 1740 | | | 4414 | 4452 |

**年报点评**：公司主营造纸，主要业务为机制纸、水泥袋纸等。公司造纸业务萎缩，虽然依靠宜宾市财政局给予的一次性财政补贴扭亏，但净利润仍旧下滑。公司计划通过非公开发行股票方式购买浙江浪莎内衣有限公司100%的股权，将主业转为内衣制造业务。

## 中青旅（600138）

上市日期:97/12/03　电话:010－58158702　传真:010－58158708

| 主营 | 旅游、高科技、风险投资领域的投资、旅游服务、高新技术产品开发和技术服务。 | | | |
|---|---|---|---|---|
| | 年　度 | 2006 | 2005 | 2004 |
| 主要指标 | 每股收益/扣除后(元) | 0.341/0.16 | 0.231 | 0.27/0.14 |
| | 每股经营现金流量(元) | 0.548 | -1.198 | 0.1936 |
| | 每股净资产/调整后(元) | 4.9/4.84 | 4.69/4.66 | 4.63/4.61 |
| | 未分利润(万元) | 29192.65 | 25792.65 | 23749.65 |
| | 资本公积(万元) | 60518.79 | 60804.05 | 60767.51 |
| 利润构成 | 主营收入(万元) | 286580.76 | 230750.38 | 174490.67 |
| | 主营利润(万元) | 36545.15 | 25049.78 | 16596.98 |
| | 投资收益(万元) | 3640.38 | 148.09 | 4758.45 |
| | 利润总额(万元) | 11651.12 | 6933.31 | 7815.69 |
| | 净利润(万元) | 9102.78 | 6172.94 | 7216.58 |
| 近年分配: | 06 预案:10 派 1.5；05 年:10 派 1.2；04 年:10 派 1.8 | | | |

**主要股东及持股比例%、持股性质**

- 中国青年旅行社总社 19.82%（国有股）
- 嘉事堂药业股份有限公司 6.23%（国有股）
- 国寿投资控股有限公司 5.66%（国有股）
- 上海云联资产管理有限公司 4.32%（非流通股）
- 中国东方资产管理公司 2.1%（国有股）
- 全国社保基金一零四组合 1.82%（流通 A 股）
- 嘉实主题精选混合型证券投资基金 1.6%（流通 A 股）
- 广西壮族自治区青年联合会 1.42%（国有股）
- 苏州市区农村信用合作社联合社 1.34%（国有股）
- 中国农业银行 1.25%（国有股）

**实际控制人:** 中国青年旅行社总社

二〇〇六年以来市场表现

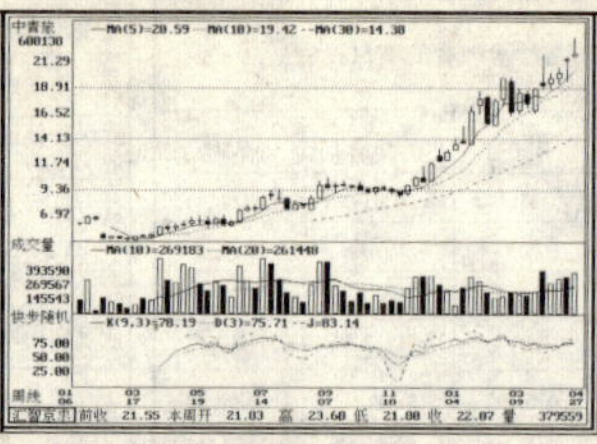

| | |
|---|---|
| 2006 年涨跌幅(%) | 201.24 |
| 2006 年最高(元) | 17.23 |
| 2007 年涨跌幅(%) | 72.29 |
| 2007.4.27 收盘(元) | 22.07 |
| 2007 年最高(元) | 23.68 |
| 2007 年最低(元) | 13.1 |
| 2007 年换手率(%) | 219.84 |

未来一年限售流通股解禁情况:5048684 股 02 月 16 日解禁

| 最新股本 | 总股本 | 非(限售)流通 | 流通 A | 流通 B/H/S | 股东户数 | 06 年末 | 06 三季 |
|---|---|---|---|---|---|---|---|
| | 26700 | 11490 | 15210 | | | 30993 | 38374 |

**年报点评** 2006 年是公司落实三年发展目标的收官之年,公司启动了定向增发项目;中青旅山水酒店按既定计划实施拓展;公司与乌镇景区达成增资合作协议。目前,公司已形成以旅行社业务为主干,以景区、酒店等旅游相关业为两翼的旅游主业体系。

## ＊ST 绵高（600139）

上市日期:98/02/25　电话:0838－2826498　传真:0838－2821217

| 主营 | 基础设施建设、房地产开发和市政维护 | | | |
|---|---|---|---|---|
| | 年　度 | 2006 | 2005 | 2004 |
| 主要指标 | 每股收益/扣除后(元) | -2.38/-1.181 | -0.73 | 0.16/0.074 |
| | 每股经营现金流量(元) | -0.06 | -0.15 | 0.38 |
| | 每股净资产/调整后(元) | -1.63/-1.72 | 0.74/0.4 | 1.47/1.28 |
| | 未分利润(万元) | -23260.51 | -5187.01 | 367.96 |
| | 资本公积(万元) | 2544.42 | 2516.85 | 2505.97 |
| 利润构成 | 主营收入(万元) | 5975.88 | 5487.67 | 15951.22 |
| | 主营利润(万元) | 307.9 | 554.08 | 2172.34 |
| | 投资收益(万元) | -1171.36 | -11.76 | 82.29 |
| | 利润总额(万元) | -18073.3 | -5543.1 | 1395.6 |
| | 净利润(万元) | -18073.5 | -5554.97 | 1189.05 |
| 近年分配: | | | | |

**主要股东及持股比例%、持股性质**

- 绵阳高新区投资控股集团有限责任公司 28.94%（国有股）
- 上海银润投资有限公司 21.05%（非流通股）
- 绵阳市华力达房地产开发有限公司 9.1%（非流通股）
- 四川鼎天集团有限公司 2.22%（非流通股）
- 王书 2%（流通 A 股）
- 李双林 1.24%（流通 A 股）
- 姚秀娥 0.91%（流通 A 股）
- 成都银智投资咨询有限责任公司 0.74%（流通 A 股）
- 朱照荣 0.72%（流通 A 股）
- 黄凤祥 0.7%（流通 A 股）

**实际控制人:** 绵阳高新技术产业开发区管理委员会

二〇〇六年以来市场表现

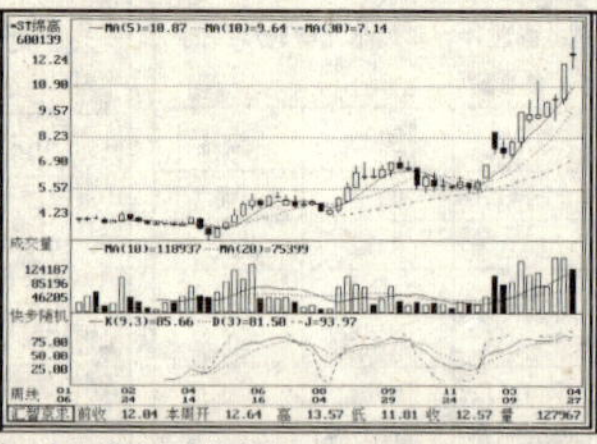

| | |
|---|---|
| 2006 年涨跌幅(%) | 48.99 |
| 2006 年最高(元) | 7.25 |
| 2007 年涨跌幅(%) | 156.97 |
| 2007.4.27 收盘(元) | 12.57 |
| 2007 年最高(元) | 16.28 |
| 2007 年最低(元) | 6.16 |
| 2007 年换手率(%) | 354.44 |

未来一年限售流通股解禁情况:16468240 股 02 月 15 日解禁

| 最新股本 | 总股本 | 非(限售)流通 | 流通 A | 流通 B/H/S | 股东户数 | 06 年末 | 06 三季 |
|---|---|---|---|---|---|---|---|
| | 7601.02 | 4661.02 | 2940 | | | 5474 | 5415 |

**年报点评** 2006 年公司继续大幅亏损。造成公司大幅亏损的主要原因在于:应收帐款和其他应收款发生坏帐的可能性大,公司计提了大量减值准备。另外公司为鼎天集团、鼎天软件等提供违规担保,导致公司亏损额巨大。

## 兴发集团（600141）

上市日期:99/06/16　电话:0717－6760850　传真:0717－6760850

| 主营 | 黄磷、三聚磷酸钠以及六偏磷酸钠等磷化工产品的制造和销售。 | | | |
|---|---|---|---|---|
| | 年　度 | 2006 | 2005 | 2004 |
| 主要指标 | 每股收益/扣除后(元) | 0.26/0.248 | 0.21/0.21 | 0.186/0.19 |
| | 每股经营现金流量(元) | 1.52 | 1.33 | 0.7 |
| | 每股净资产/调整后(元) | 3.53/3.52 | 3.26/3.23 | 3.08/3.07 |
| | 未分利润(万元) | 10832.54 | 8658.41 | 6628.94 |
| | 资本公积(万元) | 23134.91 | 21617.19 | 21318.89 |
| 利润构成 | 主营收入(万元) | 147219.78 | 121094.29 | 100588.37 |
| | 主营利润(万元) | 27707.3 | 23907.61 | 19701.47 |
| | 投资收益(万元) | 8.84 | 9.88 | 0.32 |
| | 利润总额(万元) | 6607.95 | 5461.74 | 4516.9 |
| | 净利润(万元) | 4193.48 | 3326.24 | 2983.44 |
| 近年分配: | 06 预案:10 派 1；05 年:10 派 1；04 年:10 派 0.5 | | | |

**主要股东及持股比例%、持股性质**

- 宜昌兴发集团有限责任公司 24.41%（国有股）
- 兴山县水电专业公司 21.16%（国有股）
- 宜昌市夷陵国有资产经营有限公司 8.28%（国有股）
- 宜昌泰兴化工有限公司 5.52%（非流通股）
- 兴山县高岚河电业有限责任公司 5.52%（非流通股）
- 中国平安人寿保险股份有限公司－传统－普通保险产品 1.34%（流通 A 股）
- 中国工商银行－诺安价值增长股票证券投资基金 0.64%（流通 A 股）
- 湖北双环化工集团有限公司 0.55%（非流通股）
- 曹志高 0.51%（流通 A 股）
- 华资资产管理有限公司 0.41%（非流通股）

**实际控制人:** 兴山县国资局

二〇〇六年以来市场表现

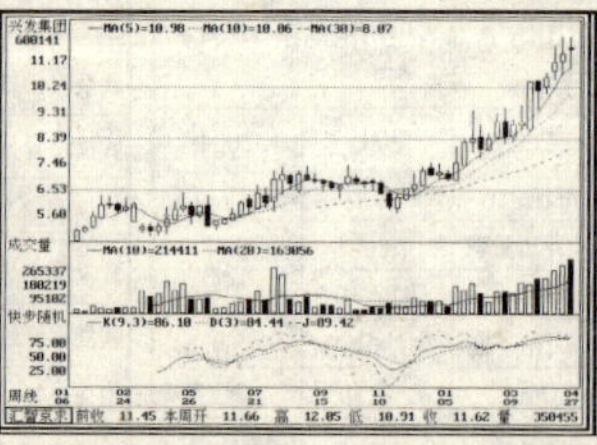

| | |
|---|---|
| 2006 年涨跌幅(%) | 108.25 |
| 2006 年最高(元) | 10.26 |
| 2007 年涨跌幅(%) | 62.52 |
| 2007.4.27 收盘(元) | 11.62 |
| 2007 年最高(元) | 12.1 |
| 2007 年最低(元) | 6.84 |
| 2007 年换手率(%) | 457.51 |

未来一年限售流通股解禁情况:22916666 股 04 月 05 日解禁

| 最新股本 | 总股本 | 非(限售)流通 | 流通 A | 流通 B/H/S | 股东户数 | 06 年末 | 06 三季 |
|---|---|---|---|---|---|---|---|
| | 16000 | 10600 | 5400 | | | 12828 | 14625 |

**年报点评** 公司是国内最大的三聚磷酸钠生产企业。2006 年公司克服了黄磷价格上涨的不利影响,实现了收入和利润的稳步增长。在公司磷矿资源不断增加的基础上,公司具备了长远发展的基础。预计随着竞争的加剧,公司的矿电磷一体化优势将逐步显现。

## 金发科技（600143）

上市日期:04/06/23　电话:020－87037333　传真:020－87037827

| 主营 | 改性塑料的研发、生产和销售。 | | | |
|---|---|---|---|---|
| | 年　度 | 2006 | 2005 | 2004 |
| 主要指标 | 每股收益/扣除后(元) | 0.96/0.91 | 0.72 | 0.6/0.55 |
| | 每股经营现金流量(元) | 0.76 | 0.44 | -0.79 |
| | 每股净资产/调整后(元) | 3.9/3.86 | 4.15/4.14 | 4.73/4.73 |
| | 未分利润(万元) | 52448.31 | 25909.09 | 16759.73 |
| | 资本公积(万元) | 29865.03 | 38925.73 | 43995.73 |
| 利润构成 | 主营收入(万元) | 465181.15 | 345487.33 | 239157.57 |
| | 主营利润(万元) | 57900.43 | 35426.53 | 24647.18 |
| | 投资收益(万元) | | | |
| | 利润总额(万元) | 35531.24 | 18316.57 | 12033.28 |
| | 净利润(万元) | 30693.55 | 16353.5 | 10465.43 |
| 近年分配: | 06 年:10 派 3 送 2 转增 8；05 年:10 派 0.5 转增 4；04 年:10 派 2 转增 3 | | | |

**主要股东及持股比例%、持股性质**

- 袁志敏 21.58%（非流通股）
- 宋子明 13.41%（非流通股）
- 熊海涛 7.6%（非流通股）
- 夏世勇 4.72%（非流通股）
- 李南京 4.33%（非流通股）
- 丰和价值证券投资基金 3.87%（流通 A 股）
- 汇添富均衡增长股票型证券投资基金 3.11%（流通 A 股）
- 泰和证券投资基金 2.67%（流通 A 股）
- 南方避险增值基金 2.19%（流通 A 股）
- 张振广 1.54%（部分流通部分不流通）

**实际控制人:** 袁志敏

二〇〇六年以来市场表现

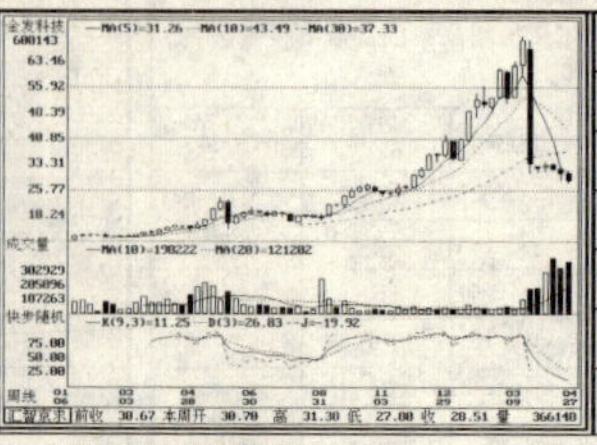

| | |
|---|---|
| 2006 年涨跌幅(%) | 417.36 |
| 2006 年最高(元) | 58.85 |
| 2007 年涨跌幅(%) | 43.09 |
| 2007.4.27 收盘(元) | 28.51 |
| 2007 年最高(元) | 71 |
| 2007 年最低(元) | 34.45 |
| 2007 年换手率(%) | 105.29 |

未来一年限售流通股解禁情况:

| 最新股本 | 总股本 | 非(限售)流通 | 流通 A | 流通 B/H/S | 股东户数 | 06 年末 | 06 三季 |
|---|---|---|---|---|---|---|---|
| | 31850 | 18418.34 | 13431.66 | | | 3801 | 4562 |

**年报点评** 公司是国内改性塑料行业的龙头。由于上游原料价格的回落,去年公司几种主营业务产品的毛利都出现不同程度的回升,其中以塑料合金类产品毛利率上涨最为明显。预计在 2007 年国际原油价格继续稳步回落的背景下,公司的毛利水平还应有一定程度的回升。

## 四维瓷业（600145）

上市日期:99/09/23　　电话:023－61088888　　传真:023－61088999

| | | | | |
|---|---|---|---|---|
| 主营 | 自产自销陶瓷制品，复合材料浴缸，塑料制品，搪瓷制品，灰砂砖，水泥预制构件和销售普通机械，仪器。 | | | |
| | 年　度 | 2006 | 2005 | 2004 |
| 主要指标 | 每股收益/扣除后(元) | 0.029 | 0.029 | 0.054/0.045 |
| | 每股经营现金流量(元) | 0.1 | 0.027 | 0.041 |
| | 每股净资产/调整后(元) | 1.38/1.37 | 1.48/1.48 | 1.46/1.45 |
| | 未分利润(万元) | 7464.95 | 9734.95 | 8962.49 |
| | 资本公积(万元) | 3015.16 | 3207.82 | 3183.38 |
| 利润构成 | 主营收入(万元) | 36920.63 | 36829.32 | 36779.16 |
| | 主营利润(万元) | 9844.48 | 11275.16 | 14111 |
| | 投资收益(万元) | 543.64 | -488.5 | -328.93 |
| | 利润总额(万元) | 1374.32 | 1187.35 | 2321.4 |
| | 净利润(万元) | 1102.33 | 992.91 | 1883.02 |
| 近年分配: | 06 预案:10 派 0.1 | | | |

| 主要股东及持股比例%、持股性质 |
|---|
| 青海中金创业投资有限公司 24.38%（非流通股） |
| 重庆轻纺控股(集团)公司 23.67%（国有股） |
| 重庆万吉实业发展有限公司 4.57%（非流通股） |
| 广州科技风险投资有限公司 1.06%（流通 A 股） |
| 上海申能创业投资有限公司 1.06%（流通 A 股） |
| 四川石油输气广汉公用实业开发公司 0.91%（非流通股） |
| 重庆天和洁具有限公司 0.64%（非流通股） |
| 卢蔚苇 0.42%（流通 A 股） |
| 申银万国－花旗－DEUTSCHE BANK AKTIENGESELLSCHAFT 0.39%（流通 A 股） |
| 吴燕 0.38%（流通 A 股） |
| 实际控制人：方利雄 |

二〇〇六年以来市场表现

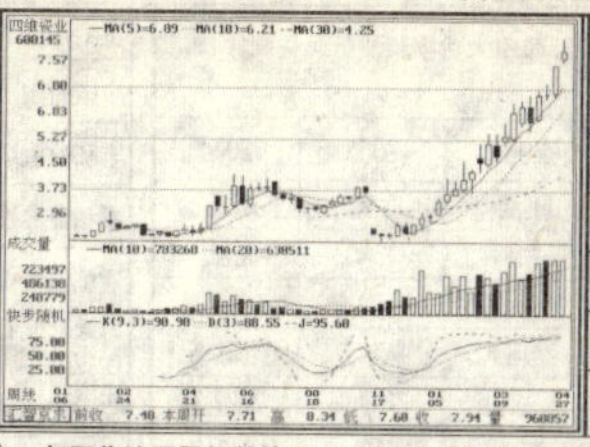

| | |
|---|---|
| 2006 年涨跌幅(%) | 83.82 |
| 2006 年最高(元) | 4.35 |
| 2007 年涨跌幅(%) | 168.24 |
| 2007.4.27 收盘(元) | 7.94 |
| 2007 年最高(元) | 8.34 |
| 2007 年最低(元) | 2.97 |
| 2007 年换手率(%) | 642.44 |

未来一年限售流通股解禁情况:61845213 股 11 月 09 日解禁

| 最新股本 | 总股本 | 非(限售)流通 | 流通 A | 流通 B/H/S | 股东户数 | 06 年末 | 06 三季 |
|---|---|---|---|---|---|---|---|
| | 37768.5 | 20554.38 | 17214.12 | | | 26115 | 27269 |

年报点评：2006 年收入有所增长但利润下降，主要原因是原材料及燃料价格高启导致成本增加，出口退税政策的调整也给公司带来经营压力。预计 2007 年公司的经营环境仍较为困难。

## 大元股份（600146）

上市日期:99/07/07　　电话:010－82332716　　传真:010－82332713

| | | | | |
|---|---|---|---|---|
| 主营 | 生产销售工程用塑料板材、管材、异型材、电线、电缆。 | | | |
| | 年　度 | 2006 | 2005 | 2004 |
| 主要指标 | 每股收益/扣除后(元) | 0.031/0.023 | 0.037 | -0.185/-0.203 |
| | 每股经营现金流量(元) | -0.081 | 0.132 | 0.088 |
| | 每股净资产/调整后(元) | 1.67/1.67 | 1.65/1.64 | 1.6/1.59 |
| | 未分利润(万元) | 983.38 | 432.5 | -13870.2 |
| | 资本公积(万元) | 11951.86 | 12156.86 | 25028.43 |
| 利润构成 | 主营收入(万元) | 8269.34 | 7647.91 | 4231.73 |
| | 主营利润(万元) | 1826.32 | 1323.46 | -50.15 |
| | 投资收益(万元) | 385.13 | 315.19 | 249.6 |
| | 利润总额(万元) | 751.13 | 860.37 | -3963.16 |
| | 净利润(万元) | 610.75 | 741.54 | -3692.3 |
| 近年分配: | | | | |

| 主要股东及持股比例%、持股性质 |
|---|
| 大连实德投资有限公司 60.4%（非流通股） |
| 华尔投资 1.52%（流通 A 股） |
| 龙信投资 1.07%（流通 A 股） |
| 川江公司 0.81%（流通 A 股） |
| 实务经贸 0.74%（流通 A 股） |
| 邱洪雨 0.3%（流通 A 股） |
| 张荔钒 0.29%（流通 A 股） |
| 余冬凤 0.24%（流通 A 股） |
| 关淑彦 0.23%（流通 A 股） |
| 蔡白妛 0.22%（流通 A 股） |
| 实际控制人：陈春国 |

二〇〇六年以来市场表现

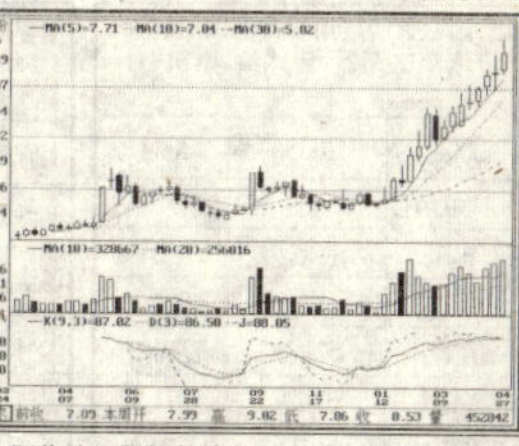

| | |
|---|---|
| 2006 年涨跌幅(%) | 55.53 |
| 2006 年最高(元) | 6.32 |
| 2007 年涨跌幅(%) | 138.94 |
| 2007.4.27 收盘(元) | 8.53 |
| 2007 年最高(元) | 9.02 |
| 2007 年最低(元) | 3.48 |
| 2007 年换手率(%) | 606.99 |

未来一年限售流通股解禁情况:

| 最新股本 | 总股本 | 非(限售)流通 | 流通 A | 流通 B/H/S | 股东户数 | 06 年末 | 06 三季 |
|---|---|---|---|---|---|---|---|
| | 20000 | 12080 | 7920 | | | 11539 | 12687 |

年报点评：公司主要产品为塑料板材、苹果酸及防老剂以及碳纤维及其制品。背景强大的大连实德投资公司成为公司第一大股东后，收购兼并步伐不断加大。随着实德资产的注入，公司的业绩将不断得到改善。

## 长春一东（600148）

上市日期:98/05/20　　电话:0431－85158520　　传真:0431－85174234

| | | | | |
|---|---|---|---|---|
| 主营 | 生产和销售重、中、客、轻、轿、微等各种型号的汽车离合器，农用车离合器；各种铝、锌压铸件。 | | | |
| | 年　度 | 2006 | 2005 | 2004 |
| 主要指标 | 每股收益/扣除后(元) | 0.057/0.054 | 0.015 | 0.116/0.119 |
| | 每股经营现金流量(元) | 0.14 | -0.154 | 0.03 |
| | 每股净资产/调整后(元) | 2.01/1.94 | 1.98/1.93 | 2/1.93 |
| | 未分利润(万元) | 3360.61 | 2945.87 | 3292.77 |
| | 资本公积(万元) | 8911.75 | 9064.45 | 9044.95 |
| 利润构成 | 主营收入(万元) | 43493.08 | 36278.43 | 30200.05 |
| | 主营利润(万元) | 6999.34 | 5740.09 | 6924.61 |
| | 投资收益(万元) | | | |
| | 利润总额(万元) | 1095.3 | 307.89 | 2179.62 |
| | 净利润(万元) | 812.76 | 214.69 | 1642.34 |
| 近年分配: | 06 预案:10 派 0.47；05 年:10 派 0.22；04 年:10 派 0.37 | | | |

| 主要股东及持股比例%、持股性质 |
|---|
| 吉林东光集团有限公司 37.01%（国有股） |
| 中国第一汽车集团公司 23.51%（国有股） |
| 刘永 1.09%（流通 A 股） |
| 余长清 0.62%（流通 A 股） |
| 荀照兰 0.42%（流通 A 股） |
| 周斌 0.27%（流通 A 股） |
| 辛拓 0.21%（流通 A 股） |
| 王庆欢 0.19%（流通 A 股） |
| 崔中林 0.16%（流通 A 股） |
| 丁莉 0.15%（流通 A 股） |
| 实际控制人：中国兵器工业集团公司 |

二〇〇六年以来市场表现

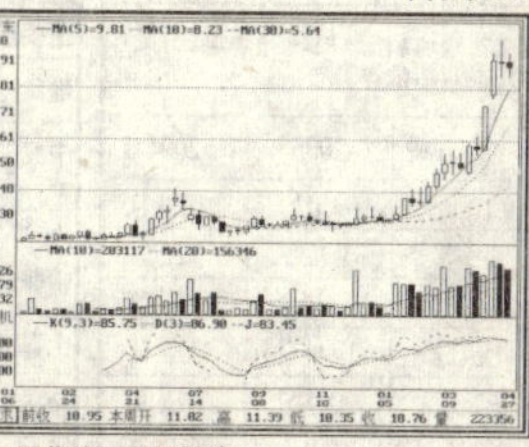

| | |
|---|---|
| 2006 年涨跌幅(%) | 73.59 |
| 2006 年最高(元) | 6.3 |
| 2007 年涨跌幅(%) | 158.65 |
| 2007.4.27 收盘(元) | 10.76 |
| 2007 年最高(元) | 12.01 |
| 2007 年最低(元) | 4.06 |
| 2007 年换手率(%) | 494.73 |

未来一年限售流通股解禁情况:

| 最新股本 | 总股本 | 非(限售)流通 | 流通 A | 流通 B/H/S | 股东户数 | 06 年末 | 06 三季 |
|---|---|---|---|---|---|---|---|
| | 14151.65 | 8565.65 | 5586 | | | 21246 | 22290 |

年报点评：公司主营汽车离合器。06 年公司基本摆脱经营困境走出低谷，主营业务收入有所增长，并且依靠产品结构调整，净利润大幅度增长，但绝对盈利水平较低。07 年预计汽车行业需求进一步增长，公司有望依靠重卡离合器及轿车离合器等新产品进一步增长。

## 华夏建通（600149）

上市日期:99/10/14　　电话:021－53960935　　传真:021－53960994

| | | | | |
|---|---|---|---|---|
| 主营 | 各类轧辊的设计制造及销售 | | | |
| | 年　度 | 2006 | 2005 | 2004 |
| 主要指标 | 每股收益/扣除后(元) | 0.02/0.01 | -0.029 | 0.037/0.039 |
| | 每股经营现金流量(元) | 0.19 | 0.059 | 0.276 |
| | 每股净资产/调整后(元) | 1.94/1.93 | 1.9/1.88 | 1.93/1.89 |
| | 未分利润(万元) | 10910.04 | 10322.35 | 11223.22 |
| | 资本公积(万元) | 13020.29 | 12373.76 | 12373.76 |
| 利润构成 | 主营收入(万元) | 16693.24 | 9848.88 | 15237.29 |
| | 主营利润(万元) | 3258.96 | 1798.24 | 4292.28 |
| | 投资收益(万元) | -262.26 | -446.18 | 553.57 |
| | 利润总额(万元) | 766.93 | -793.2 | 1267.95 |
| | 净利润(万元) | 708.48 | -900.87 | 1133.69 |
| 近年分配: | | | | |

| 主要股东及持股比例%、持股性质 |
|---|
| 华夏建通科技开发集团有限责任公司 22.46%（国有股） |
| 中钢集团邢台机械轧辊有限公司 16.27%（国有股） |
| 江西洪都航空工业股份有限公司 11.6%（国有股） |
| 上海华新电线电缆有限公司 6.54%（国有股） |
| 邢台顺达实业公司 1.89%（非流通股） |
| 河北省信息产业投资有限公司 0.61%（国有股） |
| 俞逸修 0.54%（流通 A 股） |
| 于建惠 0.29%（流通 A 股） |
| 徐龙 0.28%（流通 A 股） |
| 蔡晓东 0.14%（流通 A 股） |
| 实际控制人：施文 |

二〇〇六年以来市场表现

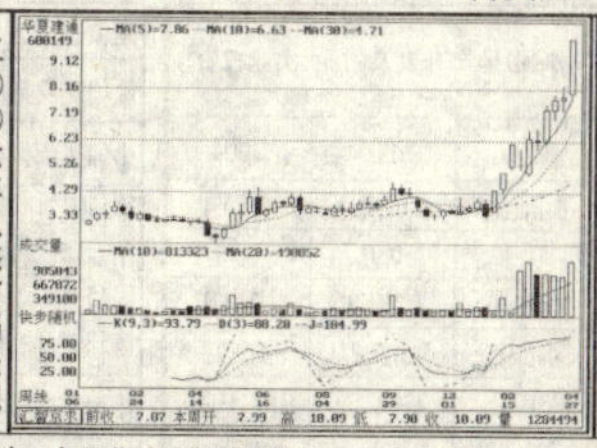

| | |
|---|---|
| 2006 年涨跌幅(%) | 13.76 |
| 2006 年最高(元) | 4.64 |
| 2007 年涨跌幅(%) | 376.22 |
| 2007.4.27 收盘(元) | 10.09 |
| 2007 年最高(元) | 16.14 |
| 2007 年最低(元) | 3.56 |
| 2007 年换手率(%) | 428.15 |

未来一年限售流通股解禁情况:83642000 股 03 月 15 日解禁

| 最新股本 | 总股本 | 非(限售)流通 | 流通 A | 流通 B/H/S | 股东户数 | 06 年末 | 06 三季 |
|---|---|---|---|---|---|---|---|
| | 30564 | 18144 | 12420 | | | 24450 | 25578 |

年报点评：公司主营综合业务向种植业转换。06 年公司主营业务收入和净利润均大幅增长。07 年公司已与实际控制人海南亿林订资产置换协议，置入海南亿林所拥有的棕榈藤产权、南药益智产权。通过种植、销售棕榈藤及南药益智等可获得较为稳定的收益。

## 沪东重机（600150）

上市日期:98/05/20　　电话:021－58461891　　传真:021－38710103

| 主营 | 设计、制造和销售各种类型船用大功率柴油机及备配件、铸锻件。 | | | |
|---|---|---|---|---|
| | 年　度 | 2006 | 2005 | 2004 |
| 主要指标 | 每股收益/扣除后(元) | 1.019/0.988 | 0.561 | 0.328/0.288 |
| | 每股经营现金流量(元) | 1.684 | 1.443 | 1.822 |
| | 每股净资产/调整后(元) | 4.69/4.68 | 2.97/2.96 | 2.51/2.49 |
| | 未分利润(万元) | 27506.82 | 8681.52 | 2666.96 |
| | 资本公积(万元) | 56967.05 | 29449.96 | 29547.24 |
| 利润构成 | 主营收入(万元) | 225860 | 142328.42 | 115174.74 |
| | 主营利润(万元) | 43221.46 | 24504.79 | 16492.66 |
| | 投资收益(万元) | 168.36 | 8.43 | －12.65 |
| | 利润总额(万元) | 31759.43 | 16180.61 | 9439.91 |
| | 净利润(万元) | 26751.59 | 13555.53 | 8259.82 |
| 近年分配: | 06 预案:10 派 2；05 年:10 派 2；04 年:10 派 1.2 | | | |

| 主要股东及持股比例%、持股性质 | |
|---|---|
| 中国船舶工业集团公司 53.27%（国有股） | |
| 丰和价值证券投资基金 3.5%（流通 A 股） | |
| 泰和证券投资基金 2.79%（流通 A 股） | |
| 通乾证券投资基金 2.78%（流通 A 股） | |
| 海通－交行－日兴资产管理有限公司－日兴 AM 中国人民币 A 股母基金 2.59%（流通 A 股） | |
| 中国银行－南方高增长股票型开放式证券投资基金 2.29%（流通 A 股） | |
| 中国银行－银华优质增长股票型证券投资基金 2.02%（流通 A 股） | |
| 全国社保基金—零九组合 1.6%（非流通股） | |
| 交通银行－科瑞证券投资基金 1.29%（非流通股） | |
| 中国建设银行－上投摩根成长先锋股票型证券投资基金 1.29%（流通 A 股） | |
| 实际控制人: | 国务院国有资产监督管理委员会 |

二〇〇六年以来市场表现

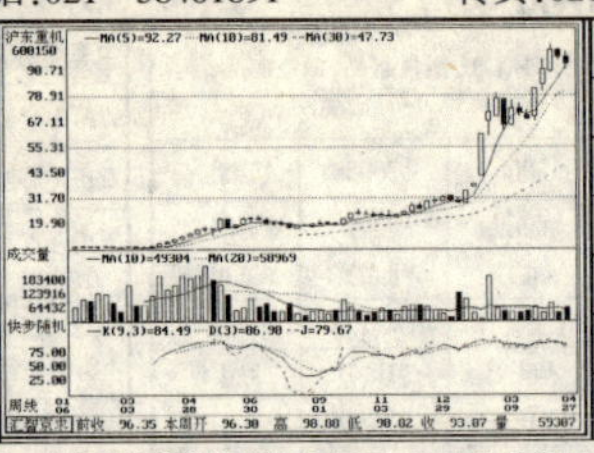

| | |
|---|---|
| 2006 年涨跌幅(%) | 283.23 |
| 2006 年最高(元) | 32.3 |
| 2007 年涨跌幅(%) | 192.67 |
| 2007.4.27 收盘(元) | 93.07 |
| 2007 年最高(元) | 102.51 |
| 2007 年最低(元) | 28.6 |
| 2007 年换手率(%) | 95.13 |

未来一年限售流通股解禁情况:12074656 股 05 月 30 日解禁

| 最新股本 | 总股本 | 非(限售)流通 | 流通 A | 流通 B/H/S | 股东户数 | 06 年末 | 06 三季 |
|---|---|---|---|---|---|---|---|
| | 26255.65 | 16091.65 | 10164 | | | 5961 | 7700 |

| 年报点评 | 2006 年公司抓住船市兴旺的有利时机,柴油机完工突破 147 万马力,业绩实现大幅增长。2007 年公司力争使船用柴油机产量突破 155 万马力,拟通过定向增发方式,完成中船集团三块核心民品业务的整合,形成完整产业链。 |
|---|---|

## 航天机电（600151）

上市日期:98/06/05　　电话:021－64827176　　传真:021－64827177

| 主营 | 研制、开发卫星及卫星应用、运载火箭应用及其他民用航天相关产品,研制、生产和销售汽车空调器、传感器、电机、自动天线等汽车零部件。 | | | |
|---|---|---|---|---|
| | 年　度 | 2006 | 2005 | 2004 |
| 主要指标 | 每股收益/扣除后(元) | 0.146/0.098 | 0.138 | 0.217/0.199 |
| | 每股经营现金流量(元) | －0.116 | 0.401 | 0.273 |
| | 每股净资产/调整后(元) | 1.71/1.67 | 2.68/2.56 | 2.79/2.77 |
| | 未分利润(万元) | 4092.79 | 4575.25 | 2274.76 |
| | 资本公积(万元) | 26475 | 53132.9 | 55774.56 |
| 利润构成 | 主营收入(万元) | 260677.01 | 180319 | 175774.36 |
| | 主营利润(万元) | 38618.26 | 34676.32 | 36255.8 |
| | 投资收益(万元) | 5501.24 | 450.34 | 2967.35 |
| | 利润总额(万元) | 16845.38 | 13330.29 | 18482.96 |
| | 净利润(万元) | 10956.28 | 6458.09 | 10162.58 |
| 近年分配: | 06 预案:10 派 1；05 年:10 派 2 转增 6；04 年:10 派 1.5 | | | |

| 主要股东及持股比例%、持股性质 | |
|---|---|
| 上海航天工业总公司 50.42%（非流通股） | |
| 上海新光电讯厂 4.69%（非流通股） | |
| 上海舒乐电器总厂 4.63%（非流通股） | |
| 汤洁雯 0.54%（流通 A 股） | |
| 上海仪表厂有限责任公司 0.35%（非流通股） | |
| 招商银行股份有限公司－上证红利交易型开放式指数证券投资基金 0.31%（流通 A 股） | |
| 马素敏 0.18%（流通 A 股） | |
| 程圣森 0.17%（流通 A 股） | |
| 国信证券有限责任公司 0.17%（流通 A 股） | |
| 孔小仙 0.15%（流通 A 股） | |
| 实际控制人: | 中国航天科技集团公司 |

二〇〇六年以来市场表现

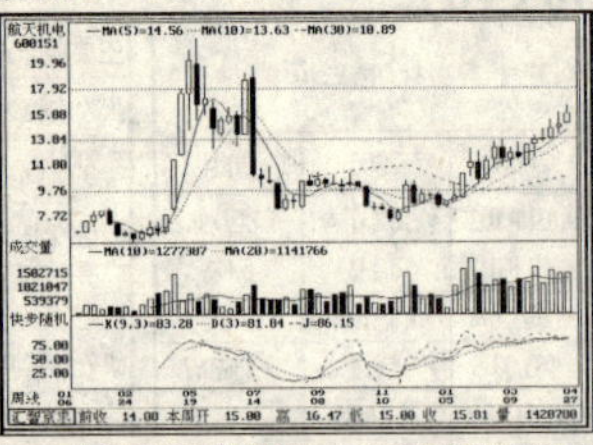

| | |
|---|---|
| 2006 年涨跌幅(%) | 181.44 |
| 2006 年最高(元) | 29.04 |
| 2007 年涨跌幅(%) | 85.78 |
| 2007.4.27 收盘(元) | 15.81 |
| 2007 年最高(元) | 16.47 |
| 2007 年最低(元) | 8.3 |
| 2007 年换手率(%) | 670.11 |

未来一年限售流通股解禁情况:44982272 股 04 月 07 日解禁

| 最新股本 | 总股本 | 非(限售)流通 | 流通 A | 流通 B/H/S | 股东户数 | 06 年末 | 06 三季 |
|---|---|---|---|---|---|---|---|
| | 74854.4 | 44982.27 | 29872.13 | | | 64570 | 66684 |

| 年报点评 | 公司主营卫星和汽车等零部件业务。2006 年公司主要经济指标出现较大幅度增长,其中太阳能业务大幅增长,对国泰君安长期投资减值准备转回 1309 万元。2007 年是公司实现"十一五"战略目标的关键一年,公司计划实现主营业务收入 20 亿元。 |
|---|---|

## 维科精华（600152）

上市日期:98/06/09　　电话:0574－87341480　　传真:0574－87279527

| 主营 | 生产涤纶缝纫线、人造丝绣花线、高档纯棉丝光烧毛纱线、纱包线、针织衫、各类民用、工业用带等。 | | | |
|---|---|---|---|---|
| | 年　度 | 2006 | 2005 | 2004 |
| 主要指标 | 每股收益/扣除后(元) | 0.119/0.07 | 0.111 | 0.172/0.145 |
| | 每股经营现金流量(元) | 0.5478 | 0.1639 | 0.5276 |
| | 每股净资产/调整后(元) | 2.5/2.48 | 2.43/2.4 | 2.37/2.34 |
| | 未分利润(万元) | 15292.27 | 13940.44 | 13069.74 |
| | 资本公积(万元) | 21763.28 | 21531.57 | 21226.9 |
| 利润构成 | 主营收入(万元) | 265213.78 | 255941.76 | 198412.7 |
| | 主营利润(万元) | 24673.42 | 23104.18 | 22117.58 |
| | 投资收益(万元) | －335.6 | 996.41 | 846.25 |
| | 利润总额(万元) | 5838.97 | 5852.32 | 8594.94 |
| | 净利润(万元) | 3498.88 | 3265.13 | 5037.5 |
| 近年分配: | 06 预案:10 派 0.6；05 年:10 派 0.6；04 年:10 派 0.6 | | | |

| 主要股东及持股比例%、持股性质 | |
|---|---|
| 维科控股集团股份有限公司 24.28%（国有股） | |
| 宁波工业投资有限责任公司 14.3%（国有股） | |
| 宁波纺织(控股)集团有限公司 5.01%（国有股） | |
| 伊藤忠商事株式会社 2.17%（外资股） | |
| 上海南方房地产有限公司 1.19%（非流通股） | |
| 杭州一生贸易有限公司 0.76%（非流通股） | |
| 杭州天目山药业股份有限公司 0.72%（非流通股） | |
| 宁波银盛投资发展有限公司 0.71%（非流通股） | |
| 海南普林投资管理有限公司 0.56%（非流通股） | |
| 上海佳事达贸易有限责任公司 0.3%（非流通股） | |
| 实际控制人: | 宁兴(集团)有限公司 |

二〇〇六年以来市场表现

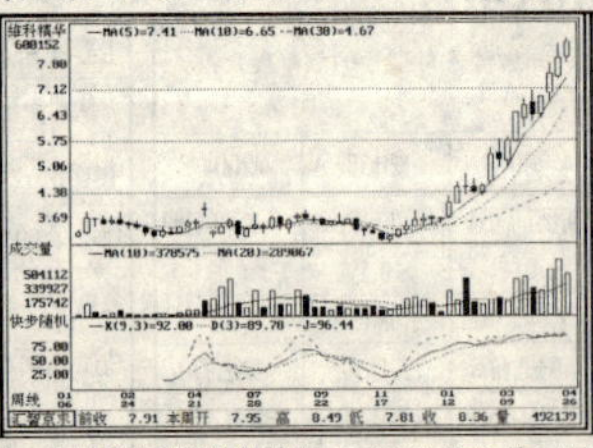

| | |
|---|---|
| 2006 年涨跌幅(%) | 50.28 |
| 2006 年最高(元) | 5.12 |
| 2007 年涨跌幅(%) | 130.3 |
| 2007.4.27 收盘(元) | 8.36 |
| 2007 年最高(元) | 8.49 |
| 2007 年最低(元) | 3.51 |
| 2007 年换手率(%) | 348.81 |

未来一年限售流通股解禁情况:65290710 股 06 月 21 日解禁

| 最新股本 | 总股本 | 非(限售)流通 | 流通 A | 流通 B/H/S | 股东户数 | 06 年末 | 06 三季 |
|---|---|---|---|---|---|---|---|
| | 29349.42 | 14922.67 | 14426.75 | | | 49000 | 56866 |

| 年报点评 | 公司主营业务为纺织品,以家纺类、纱线类产品为主,兼有部分服装和染整加工,其中主要产品 85%以上用于出口,对国际市场的业务依存度较高,人民币升值等都对公司经营造成了不利的影响,不过公司主营业务收入和利润仍然小幅上升。 |
|---|---|

## 建发股份（600153）

上市日期:98/06/16　　电话:0592－2132319　　传真:0592－2132319

| 主营 | 进出口贸易及物流配套服务、房地产开发及物业、实业投资 | | | |
|---|---|---|---|---|
| | 年　度 | 2006 | 2005 | 2004 |
| 主要指标 | 每股收益/扣除后(元) | 0.7/0.56 | 0.345 | 0.5/0.4 |
| | 每股经营现金流量(元) | －0.1 | 0.97 | 0.18 |
| | 每股净资产/调整后(元) | 4.54/4.51 | 4.23/4.21 | 4.23/4.22 |
| | 未分利润(万元) | 60020.23 | 45727.77 | 48185.3 |
| | 资本公积(万元) | 135052.24 | 134641.39 | 134493.83 |
| 利润构成 | 主营收入(万元) | 2097949.83 | 1578219.25 | 1437779.89 |
| | 主营利润(万元) | 96702.51 | 60773.94 | 60803.51 |
| | 投资收益(万元) | 2048.79 | 3047.3 | 1473.85 |
| | 利润总额(万元) | 55605.51 | 28895.08 | 39772.2 |
| | 净利润(万元) | 43394.22 | 21287.19 | 30949.83 |
| 近年分配: | 06 预案:10 派 5；05 年:10 派 4；04 年:10 派 3.5 | | | |

| 主要股东及持股比例%、持股性质 | |
|---|---|
| 厦门建发集团有限公司 51.55%（国有股） | |
| 中国工商银行－安信证券投资基金 1.62%（流通 A 股） | |
| 招商银行股份有限公司－上证红利交易型开放式指数证券投资基金 0.51%（流通 A 股） | |
| 中国建设银行－华宝兴业收益增长混合型证券投资基金 0.45%（流通 A 股） | |
| 德邦证券有限责任公司 0.42%（流通 A 股） | |
| 中国工商银行－裕元证券投资基金 0.32%（流通 A 股） | |
| 中国工商银行－安瑞证券投资基金 0.32%（流通 A 股） | |
| 裕隆证券投资基金 0.32%（流通 A 股） | |
| 五矿集团财务有限责任公司 0.26%（流通 A 股） | |
| 山西证券有限责任公司 0.2%（流通 A 股） | |
| 实际控制人: | 厦门市国有资产监督管理委员会 |

二〇〇六年以来市场表现

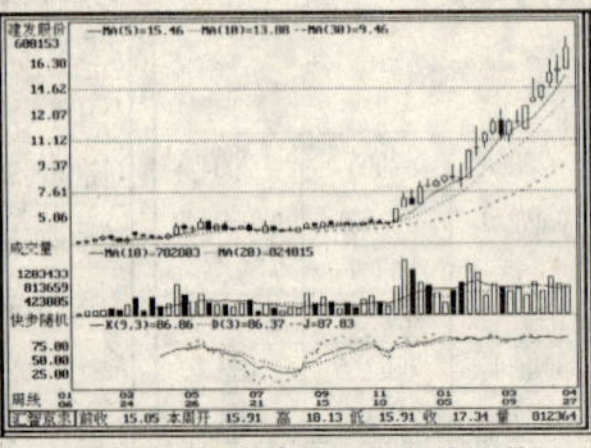

| | |
|---|---|
| 2006 年涨跌幅(%) | 127.14 |
| 2006 年最高(元) | 9.67 |
| 2007 年涨跌幅(%) | 111.72 |
| 2007.4.27 收盘(元) | 17.34 |
| 2007 年最高(元) | 18.13 |
| 2007 年最低(元) | 7.8 |
| 2007 年换手率(%) | 430.37 |

未来一年限售流通股解禁情况:61760000 股 04 月 10 日解禁

| 最新股本 | 总股本 | 非(限售)流通 | 流通 A | 流通 B/H/S | 股东户数 | 06 年末 | 06 三季 |
|---|---|---|---|---|---|---|---|
| | 61760 | 31840 | 29920 | | | 42902 | 46369 |

| 年报点评 | 公司主营包括贸易物流、房地产和会展等。报告期内核心业务贸易行业取得了稳定增长,全资控股的建发物流位列中国物流百强第 44 位。房地产业务继续为公司贡可观利润,物业租赁面积继续扩大,预计未来将有较大增长。会展业务平稳中蕴含发展机会。 |
|---|---|

## ＊ST 宝硕（600155）

上市日期:98/09/18　　电话:0312－3109607　　传真:0312－3109605

**主营**：PE 农地膜、包装薄膜、PVC 管材管件、PVC 异型材及塑钢门窗、氯碱产品、木糖醇及糠醇等产品的生产和销售。

| | 年度 | 2006 | 2005 | 2004 |
|---|---|---|---|---|
| 主要指标 | 每股收益/扣除后(元) | -4.029 | -0.722 | 0.15/0.147 |
| | 每股经营现金流量(元) | -0.6486 | -0.42075 | 0.468 |
| | 每股净资产/调整后(元) | -4 | 0.03 | 2.21/2.19 |
| | 未分利润(万元) | -232243.53 | -66039.85 | 18053.77 |
| | 资本公积(万元) | 24413.16 | 24361.31 | 23753.81 |
| 利润构成 | 主营收入(万元) | 143793.13 | 180069.42 | 198701.89 |
| | 主营利润(万元) | 14657.8 | 22135.97 | 25270.34 |
| | 投资收益(万元) | -5543.07 | -1861.9 | -1521.69 |
| | 利润总额(万元) | -167916.04 | -28707.85 | 6686.55 |
| | 净利润(万元) | -166203.68 | -29786.3 | 6199.7 |

近年分配：04 年:10 派 0.3

| 主要股东及持股比例%、持股性质 |
|---|
| 河北宝硕集团有限公司 36.53% (国有股) |
| 中国信达资产管理公司 8.08% (国有股) |
| 传化集团有限公司 6.72% (非流通股) |
| 金华雅苑房地产有限公司 5.33% (非流通股) |
| 中润经济发展有限责任公司 3.77% (国有股) |
| 石家庄大通投资咨询有限公司 0.58% (非流通股) |
| 顾丽娅 0.12% (流通 A股) |
| 吴江新联纺器纺机厂 0.11% (流通 A股) |
| 阎立生 0.1% (流通 A股) |
| 张承荣 0.1% (流通 A股) |
| 实际控制人：保定市人民政府国有资产监督管理委员会 |

二〇〇六年以来市场表现

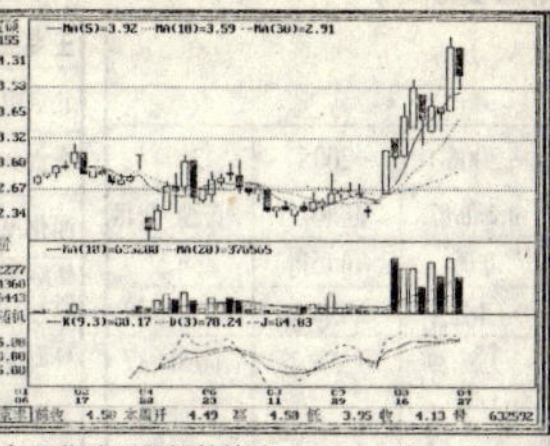

| | |
|---|---|
| 2006 年涨跌幅(%) | 16.76 |
| 2006 年最高(元) | 4.15 |
| 2007 年涨跌幅(%) | 74.26 |
| 2007.4.27 收盘(元) | 4.13 |
| 2007 年最高(元) | 4.64 |
| 2007 年最低(元) | 2.49 |
| 2007 年换手率(%) | 395.08 |

未来一年限售流通股解禁情况:19806827 股 04 月 26 日解禁

| 最新股本 | 总股本 | 非(限售)流通 | 流通 A | 流通 B/H/S | 股东户数 | 06 年末 | 06 三季 |
|---|---|---|---|---|---|---|---|
| | 41250 | 25170 | 16080 | | | 50466 | |

**年报点评**：由于被大股东占款,公司日常生产经营资金周转没有解决,这严重影响了其生产经营;进入破产程序后,公司产品销售市场出现严重萎缩,导致公司主营业务盈利能力下降。目前,公司的出路在于重组,由于包袱过大,破产清算可能性极大。

## 华升股份（600156）

上市日期:98/05/27　　电话:0731－5237867　　传真:0731－5237861

**主营**：苎麻纺织品、服装及维尼纶系列产品的生产、销售与出口。

| | 年度 | 2006 | 2005 | 2004 |
|---|---|---|---|---|
| 主要指标 | 每股收益/扣除后(元) | 0.02/-0.02 | -0.448 | 0.019/0.006 |
| | 每股经营现金流量(元) | -0.06 | 0.03 | 0.12 |
| | 每股净资产/调整后(元) | 1.35/1.35 | 1.43/1.43 | 1.88/1.88 |
| | 未分利润(万元) | 1235.52 | 474.59 | -25140.23 |
| | 资本公积(万元) | 11101.56 | 16868.51 | 59545.94 |
| 利润构成 | 主营收入(万元) | 77456.08 | 71245.68 | 84135.85 |
| | 主营利润(万元) | 4097.23 | 3704.12 | 5086.12 |
| | 投资收益(万元) | 1920.38 | -20347.65 | 115.64 |
| | 利润总额(万元) | 1020.88 | -19551.49 | 827.15 |
| | 净利润(万元) | 926.35 | -19644.02 | 815.57 |

近年分配：-

| 主要股东及持股比例%、持股性质 |
|---|
| 湖南华升工贸进出口(集团)公司 44.41% (国有股) |
| 中国信达资产管理公司长沙办事处 5.45% (国有股) |
| 湖南省益阳市财源建设投资有限公司 1.48% (国有股) |
| 湖南信托投资有限公司 1.38% (国有股) |
| 中国服装集团公司 0.94% (国有股) |
| 蔡韩琦 0.24% (流通 A股) |
| 周晓宏 0.18% (流通 A股) |
| 胡丽珍 0.17% (流通 A股) |
| 胡爱香 0.16% (流通 A股) |
| 陈旭 0.14% (流通 A股) |
| 实际控制人：湖南省人民政府国有资产监督管理委员会 |

二〇〇六年以来市场表现

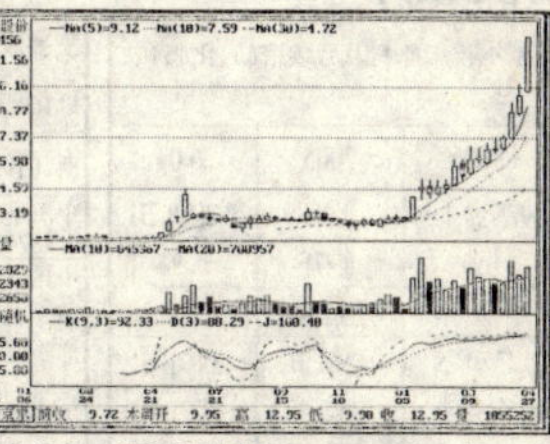

| | |
|---|---|
| 2006 年涨跌幅(%) | 114.25 |
| 2006 年最高(元) | 4.85 |
| 2007 年涨跌幅(%) | 340.48 |
| 2007.4.27 收盘(元) | 12.95 |
| 2007 年最高(元) | 12.95 |
| 2007 年最低(元) | 2.86 |
| 2007 年换手率(%) | 681.39 |

未来一年限售流通股解禁情况:37236804 股 06 月 27 日解禁

| 最新股本 | 总股本 | 非(限售)流通 | 流通 A | 流通 B/H/S | 股东户数 | 06 年末 | 06 三季 |
|---|---|---|---|---|---|---|---|
| | 40211.07 | 21579.07 | 18632 | | | 49748 | 53672 |

**年报点评**：公司主营业务为苎麻纺织品的开发、生产和进出口贸易。苎麻是具有中国特色的天然纺织原料,公司的苎麻纺织品生产加工能力、出口规模保持国内同行业的领先地位。但是随着出口配额的取消,市场竞争将越来越激烈,人民币升值对公司盈利能力也有一定影响。

## S 鲁润（600157）

上市日期:98/05/13　　电话:0538－6265679　　传真:0538－8226885

**主营**：成品油经营、润滑油生产与销售、房地产业务开发、装饰装璜、兼营水泥生产销售、港口经营、金矿开采等。

| | 年度 | 2006 | 2005 | 2004 |
|---|---|---|---|---|
| 主要指标 | 每股收益/扣除后(元) | 0.015/0.085 | 0.076 | 0.073/0.042 |
| | 每股经营现金流量(元) | 0.58 | 0.41 | 0.48 |
| | 每股净资产/调整后(元) | 1.93/1.85 | 1.96/1.83 | 1.88/1.81 |
| | 未分利润(万元) | 10798.54 | 10577.56 | 9546.56 |
| | 资本公积(万元) | 968.16 | 848.11 | 848.11 |
| 利润构成 | 主营收入(万元) | 146300.83 | 113461.33 | 83094.21 |
| | 主营利润(万元) | 9222.88 | 7592.52 | 8388.77 |
| | 投资收益(万元) | -101.54 | 255.74 | 706.93 |
| | 利润总额(万元) | 521.03 | 2382.33 | 2030.08 |
| | 净利润(万元) | 256.18 | 1294.77 | 1242.92 |

近年分配：

| 主要股东及持股比例%、持股性质 |
|---|
| 中国石化泰山石油股份有限公司 29.5% (非流通股) |
| 泰安鲁浩贸易公司 25.68% (非流通股) |
| 泰安市人民政府国有资产监督管理委员会 6.46% (非流通股) |
| 日照市岚山黄海紫菜厂 1.07% (非流通股) |
| 武启 0.3% (流通 A股) |
| 孙全军 0.22% (流通 A股) |
| 苏景滨 0.17% (流通 A股) |
| 林志良 0.15% (流通 A股) |
| 刘锦峰 0.13% (流通 A股) |
| 王乐东 0.13% (流通 A股) |
| 实际控制人：中国石油化工股份有限公司 |

二〇〇六年以来市场表现

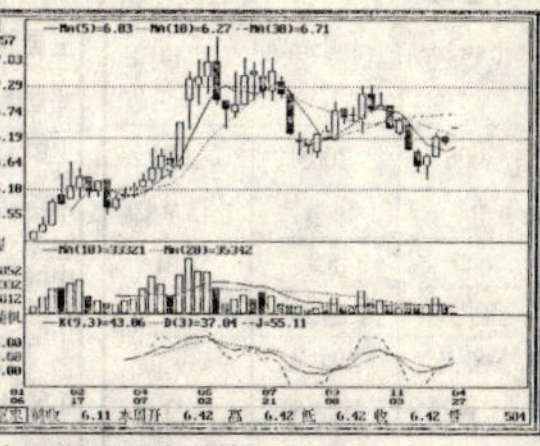

| | |
|---|---|
| 2006 年涨跌幅(%) | 52.75 |
| 2006 年最高(元) | 8.38 |
| 2007 年涨跌幅(%) | 5.07 |
| 2007.4.27 收盘(元) | 6.42 |
| 2007 年最高(元) | 6.42 |
| 2007 年最低(元) | 6.42 |
| 2007 年换手率(%) | 0.09 |

未来一年限售流通股解禁情况:

| 最新股本 | 总股本 | 非(限售)流通 | 流通 A | 流通 B/H/S | 股东户数 | 06 年末 | 06 三季 |
|---|---|---|---|---|---|---|---|
| | 17044.62 | 10688.77 | 6355.84 | | | 36623 | 37287 |

**年报点评**：公司盈利连续几年保持在微利水平。2006 年,公司主营业务收入和利润实现了稳步增长,但由于公司控股 80%的泰安鲁润水泥制造公司从 2006 年 9 月开始停产,出现较大亏损,影响了公司全年业绩的增长。

## 中体产业（600158）

上市日期:98/03/27　　电话:010－65536158　　传真:010－65515338

**主营**：承办体育比赛;体育俱乐部的投资、经营;体育健身项目的开发、经营;体育场馆、设施的建设、开发、经营;体育主题社区的建设;体育建筑材料和器材的生产、加工、销售。

| | 年度 | 2006 | 2005 | 2004 |
|---|---|---|---|---|
| 主要指标 | 每股收益/扣除后(元) | 0.161/0.117 | 0.122 | 0.083/0.07 |
| | 每股经营现金流量(元) | 0.1396 | -1.3368 | 0.825 |
| | 每股净资产/调整后(元) | 3.46/3.34 | 3.35/3.22 | 3.21/3.04 |
| | 未分利润(万元) | 3277.59 | 1958.89 | 340.94 |
| | 资本公积(万元) | 50086.27 | 49965.25 | 48916.45 |
| 利润构成 | 主营收入(万元) | 101493.01 | 84727.82 | 105717.64 |
| | 主营利润(万元) | 38810.25 | 30840.83 | 29429.51 |
| | 投资收益(万元) | 459.82 | -316.27 | 360.57 |
| | 利润总额(万元) | 12415.28 | 11382.79 | 7864.17 |
| | 净利润(万元) | 4085.24 | 3103.06 | 2096.11 |

近年分配：06 年:10 派 0.7 送 0.5 转增 7.5 ; 05 年:10 派 0.6 ; 04 年:10 派 0.13

| 主要股东及持股比例%、持股性质 |
|---|
| 国家体育总局体育基金管理中心 25.08% (国有股) |
| 金保利亚洲有限公司 15.06% (外资股) |
| 上海汉晟信投资有限公司 5.55% (非流通股) |
| 北京美华恒润科贸有限公司 5.55% (非流通股) |
| 新理益集团有限公司 5.55% (非流通股) |
| 富邦资产管理有限公司 5.55% (非流通股) |
| 国家体育总局体育彩票管理中心 3.66% (国有股) |
| 中华全国体育基金会 3.66% (国有股) |
| 金鑫证券投资基金 1.36% (流通 A股) |
| 国家体育总局体育器材装备中心 0.33% (国有股) |
| 实际控制人：国家体育总局 |

二〇〇六年以来市场表现

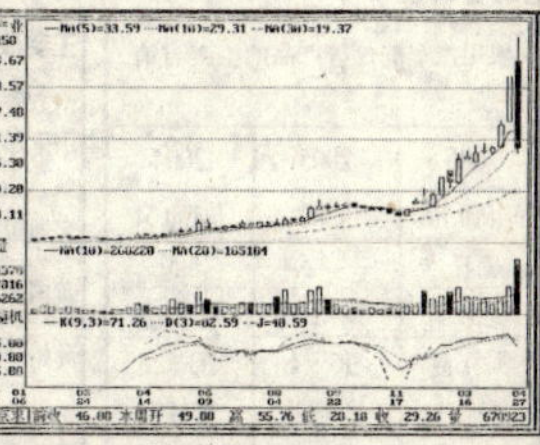

| | |
|---|---|
| 2006 年涨跌幅(%) | 135.33 |
| 2006 年最高(元) | 17.36 |
| 2007 年涨跌幅(%) | 310.11 |
| 2007.4.27 收盘(元) | 29.26 |
| 2007 年最高(元) | 77.27 |
| 2007 年最低(元) | 19.84 |
| 2007 年换手率(%) | 304.4 |

未来一年限售流通股解禁情况:165709342.8 股 02 月 01 日解禁

| 最新股本 | 总股本 | 非(限售)流通 | 流通 A | 流通 B/H/S | 股东户数 | 06 年末 | 06 三季 |
|---|---|---|---|---|---|---|---|
| | 25364.82 | 17759.82 | 7605 | | | 31854 | 33598 |

**年报点评**：公司主要产业分为三块:体育主题地产"奥林匹克花园"项目,健身俱乐部建设,体育赛事运作。公司围绕既定的"一园二健三竞赛"的发展战略,采取了多种措施,积极克服国家宏观调控政策对公司带来的影响,各项经营活动均取得了较好的业绩。

## 大龙地产（600159）

上市日期:98/05/26　电话:010－69446339　传真:010－69446339

| | | | |
|---|---|---|---|
| 主营 | 房地产开发 | | |

| | 年度 | 2006 | 2005 | 2004 |
|---|---|---|---|---|
| 主要指标 | 每股收益/扣除后(元) | 0.07/0.07 | 0.037 | －0.29/－0.18 |
| | 每股经营现金流量(元) | 0.06 | 0.051 | －0.12 |
| | 每股净资产/调整后(元) | 1/1 | 0.93/0.93 | 0.22/－0.09 |
| | 未分利润(万元) | －1388.89 | －3330.77 | －6814.85 |
| | 资本公积(万元) | | | 41266.36 |
| 利润构成 | 主营收入(万元) | 46474.42 | 27800.13 | 597.63 |
| | 主营利润(万元) | 8988.72 | 4517.45 | －377.62 |
| | 投资收益(万元) | －736.39 | 298.74 | |
| | 利润总额(万元) | 3735.25 | 2327.58 | －9312.66 |
| | 净利润(万元) | 2260.32 | 1134.12 | －8987.57 |

近年分配:

**主要股东及持股比例%、持股性质**

- 北京市顺义大龙城乡建设开发总公司 48.7%（国有股）
- 北京顺鑫农业发展集团有限公司 16.68%（国有股）
- 谢化民 0.87%（流通A股）
- 新顺平安(北京)消防技术服务有限公司 0.51%（流通A股）
- 林韬 0.41%（流通A股）
- 龙燕 0.4%（流通A股）
- 中信证券－工行－CREDIT SUISSE（HONG KONG）LIMITED 0.39%（流通A股）
- 长盛成长价值证券投资基金 0.33%（流通A股）
- 马志玲 0.3%（流通A股）
- 王振树 0.26%（流通A股）

实际控制人:

二〇〇六年以来市场表现

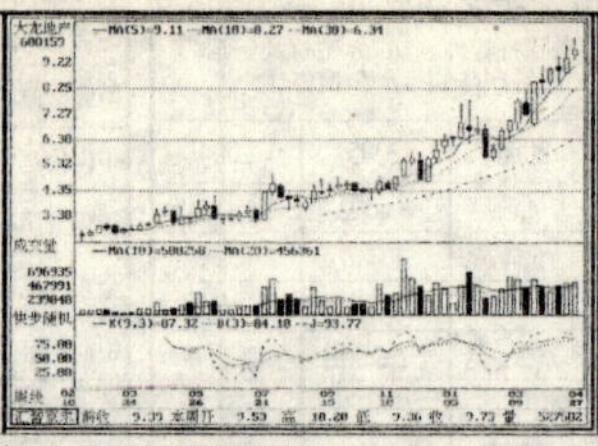

| | |
|---|---|
| 2006年涨跌幅(%) | 162.82 |
| 2006年最高(元) | 7.8 |
| 2007年涨跌幅(%) | 56.43 |
| 2007.4.27收盘(元) | 9.73 |
| 2007年最高(元) | 10.2 |
| 2007年最低(元) | 5.48 |
| 2007年换手率(%) | 589.3 |

未来一年限售流通股解禁情况:30500162股02月06日解禁

| 最新股本 | 总股本 | 非(限售)流通 | 流通A | 流通B/H/S | 股东户数 | 06年末 | 06三季 |
|---|---|---|---|---|---|---|---|
| | 30500.16 | 19939.24 | 10560.92 | | | 20007 | 15653 |

年报点评：公司主营房地产开发。06年公司房地产开发收入占主营业务收入的83.59%,是公司利润的最主要来源,其中房地产项目销售收入来源于北京顺义区当地项目。随着王府井西部会馆项目以及满洲里项目的完工和销售,公司业绩有望增加。

## 巨化股份（600160）

上市日期:98/06/26　电话:0570－3091704　传真:0571－3091777

| | | | |
|---|---|---|---|
| 主营 | 氟化工原料及后续产品、基本化工原料及后续产品、化肥和农药的生产与销售等。 | | |

| | 年度 | 2006 | 2005 | 2004 |
|---|---|---|---|---|
| 主要指标 | 每股收益/扣除后(元) | 0.295/0.163 | 0.343 | 0.265/0.273 |
| | 每股经营现金流量(元) | 1.006 | 0.474 | 0.368 |
| | 每股净资产/调整后(元) | 3.13/3.04 | 2.9/2.88 | 2.72/2.7 |
| | 未分利润(万元) | 47490.25 | 42966.37 | 35006.73 |
| | 资本公积(万元) | 55034.29 | 54549.26 | 54323.44 |
| 利润构成 | 主营收入(万元) | 383504.09 | 307130.04 | 249588.34 |
| | 主营利润(万元) | 52950.25 | 62952.8 | 52358.7 |
| | 投资收益(万元) | 1620.28 | －52.5 | －131.19 |
| | 利润总额(万元) | 20141.79 | 21985.55 | 16933.52 |
| | 净利润(万元) | 16400.22 | 19074.49 | 14748.88 |

近年分配:06预案:10派1；05年:10派1.8；04中期:10转增5年终:10派1.5

**主要股东及持股比例%、持股性质**

- 巨化集团公司 57.02%（非流通股）
- 浙江省经济建设投资公司 1.37%（非流通股）
- 中国平安人寿保险股份有限公司－传统－普通保险产品 0.487%（流通A股）
- 中国民生银行股份有限公司－长信增利动态策略股票型基金 0.249%（流通A股）
- 邰崇荣 0.119%（流通A股）
- 王明波 0.081%（流通A股）
- 陈崇智 0.074%（流通A股）
- 何梦明 0.073%（流通A股）
- 郜一鸣 0.07%（流通A股）
- 章国强 0.068%（流通A股）

实际控制人: 巨化集团公司

二〇〇六年以来市场表现

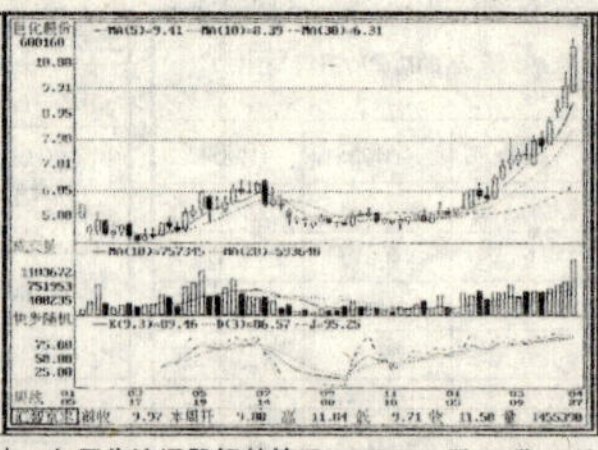

| | |
|---|---|
| 2006年涨跌幅(%) | 39.7 |
| 2006年最高(元) | 8.98 |
| 2007年涨跌幅(%) | 122.44 |
| 2007.4.27收盘(元) | 11.5 |
| 2007年最高(元) | 11.84 |
| 2007年最低(元) | 5.1 |
| 2007年换手率(%) | 404.21 |

未来一年限售流通股解禁情况:27840000股01月25日解禁

| 最新股本 | 总股本 | 非(限售)流通 | 流通A | 流通B/H/S | 股东户数 | 06年末 | 06三季 |
|---|---|---|---|---|---|---|---|
| | 55680 | 32514 | 23166 | | | 53996 | 56883 |

年报点评：公司主要生产氟化工产品、氯碱产品、氨产品、酸产品、农药产品,以及精细化工制品。其中,前三种产品对主营利润的贡献最大。但展望未来,公司的主营业务发展不容乐观。业绩的改善还要依靠CDM项目。

## 天坛生物（600161）

上市日期:98/06/16　电话:010－65762911　传真:010－65772354

| | | | |
|---|---|---|---|
| 主营 | 疫苗、血制品、诊断试剂等生物制品的研制、开发、生产和销售。 | | |

| | 年度 | 2006 | 2005 | 2004 |
|---|---|---|---|---|
| 主要指标 | 每股收益/扣除后(元) | 0.31/0.3 | 0.21 | 0.146/0.146 |
| | 每股经营现金流量(元) | 0.47 | 0.4 | 0.34 |
| | 每股净资产/调整后(元) | 2.02/1.99 | 2.05/2.05 | 1.95/1.95 |
| | 未分利润(万元) | 5857.56 | 8481.56 | 6868.02 |
| | 资本公积(万元) | 19236.19 | 18868.59 | 18632.82 |
| 利润构成 | 主营收入(万元) | 41378.12 | 34335.86 | 29004.94 |
| | 主营利润(万元) | 25127.96 | 18910 | 14376.11 |
| | 投资收益(万元) | －169.47 | －890.48 | －334.49 |
| | 利润总额(万元) | 12519.49 | 8355.05 | 5573.48 |
| | 净利润(万元) | 10104.57 | 6899.95 | 4753.17 |

近年分配:06中期:10派1.6年终预案:10派1.8；05年:10派2；04中期:10派0.5转增5年终:10派1.2

**主要股东及持股比例%、持股性质**

- 北京生物制品研究所 56.27%（国有股）
- 中国工商银行－广发策略优选混合型证券投资基金 1.75%（流通A股）
- 中国工商银行－易方达价值精选股票型证券投资基金 1.64%（流通A股）
- 中国建设银行－工银瑞信精选平衡混合型证券投资基金 1.51%（流通A股）
- 中国银行－嘉实服务增值行业证券投资基金 1.42%（流通A股）
- 中国银行－银华优质增长股票型证券投资基金 1.33%（流通A股）
- 中国建设银行－工银瑞信稳健成长股票型证券投资基金 1.25%（流通A股）
- 中国农业银行－东吴价值成长双动力股票型证券投资基金 0.94%（流通A股）
- 中国工商银行－融鑫证券投资基金 0.92%（流通A股）
- 中国银行－工银瑞信核心价值股票型证券投资基金 0.82%（流通A股）

实际控制人: 中国生物技术集团公司

二〇〇六年以来市场表现

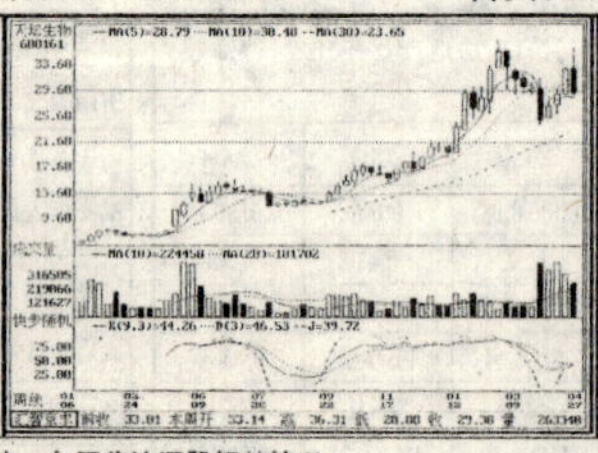

| | |
|---|---|
| 2006年涨跌幅(%) | 378.42 |
| 2006年最高(元) | 28.98 |
| 2007年涨跌幅(%) | 41.55 |
| 2007.4.27收盘(元) | 29.3 |
| 2007年最高(元) | 37.68 |
| 2007年最低(元) | 19.24 |
| 2007年换手率(%) | 218.46 |

未来一年限售流通股解禁情况:

| 最新股本 | 总股本 | 非(限售)流通 | 流通A | 流通B/H/S | 股东户数 | 06年末 | 06三季 |
|---|---|---|---|---|---|---|---|
| | 32550 | 18315 | 14235 | | | 13918 | 20347 |

年报点评：公司是国内生物科技领域的龙头,主要从事疫苗、血液制剂、诊断用品、培养基等生物制品的研发、生产和销售。中生集团准备将资产装入公司实现整体上市,公司05、06年连续快速增长,年报预测未来一年利润下滑,但长远来看将获得较大的发展。

## 香江控股（600162）

上市日期:98/06/09　电话:020－34821006　传真:020－34821008

| | | | |
|---|---|---|---|
| 主营 | 轮式装载机、液压挖掘机、农用汽车配件等产品的生产与销售。 | | |

| | 年度 | 2006 | 2005 | 2004 |
|---|---|---|---|---|
| 主要指标 | 每股收益/扣除后(元) | 0.166/0.166 | 0.042 | 0.49/0.54 |
| | 每股经营现金流量(元) | 0.17 | －0.5 | 0.52 |
| | 每股净资产/调整后(元) | 2.13/2.1 | 2.17/2.09 | 4.27/4.21 |
| | 未分利润(万元) | 26251.39 | 20558.4 | 19396.58 |
| | 资本公积(万元) | 8835.13 | 12593.23 | 30561.46 |
| 利润构成 | 主营收入(万元) | 240097.76 | 249315.82 | 221510.36 |
| | 主营利润(万元) | 34700.65 | 27356.72 | 32524.7 |
| | 投资收益(万元) | －1144.96 | 738.47 | 992.41 |
| | 利润总额(万元) | 10729.3 | 4008.46 | 13957.49 |
| | 净利润(万元) | 6390.77 | 1480.32 | 8660.88 |

近年分配:06预案:10派0.3；04年:10转增10

**主要股东及持股比例%、持股性质**

- 南方香江集团有限公司 35.41%（非流通股）
- 中国建设银行－宝康灵活配置证券投资基金 1.17%（流通A股）
- 交通银行－华安创新证券投资基金 0.62%（流通A股）
- 黄国强 0.5%（流通A股）
- 商娟全 0.46%（流通A股）
- 黄容好 0.44%（流通A股）
- 罗华仔 0.44%（流通A股）
- 罗永秀 0.43%（流通A股）
- 钟秀明 0.43%（流通A股）
- 罗庆兰 0.41%（流通A股）

实际控制人: 刘志强、翟美卿

二〇〇六年以来市场表现

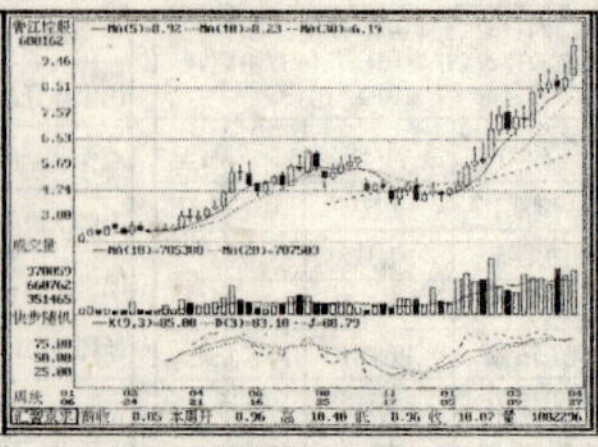

| | |
|---|---|
| 2006年涨跌幅(%) | 85.52 |
| 2006年最高(元) | 6.25 |
| 2007年涨跌幅(%) | 119.39 |
| 2007.4.27收盘(元) | 10.07 |
| 2007年最高(元) | 10.4 |
| 2007年最低(元) | 4.51 |
| 2007年换手率(%) | 506.27 |

未来一年限售流通股解禁情况:19309320股10月27日解禁

| 最新股本 | 总股本 | 非(限售)流通 | 流通A | 流通B/H/S | 股东户数 | 06年末 | 06三季 |
|---|---|---|---|---|---|---|---|
| | 38618.64 | 13674 | 24944.64 | | | 34427 | 27034 |

年报点评：公司主业为房地产开发、商铺出租和物流业。2006年公司完成资产置换,变更后的主业商铺产品毛利率较高,因此业绩大幅增长。2007年公司改变以往以出售为主的盈利模式为出售和出租相结合的方式。此外,公司还将从市场管理和服务获取一定的收入。

## 福建南纸（600163）

上市日期:98/06/02　　电话:0599－8808806　　传真:0599－8801260

| | | | | |
|---|---|---|---|---|
| 主营 | 新闻纸、纸制品、纸浆及副产品的生产和销售。 | | | |
| | 年　度 | 2006 | 2005 | 2004 |
| 主要指标 | 每股收益/扣除后(元) | 0.04/0.02 | 0.04 | 0.04/0.02 |
| | 每股经营现金流量(元) | 1.16 | 0.34 | 1.46 |
| | 每股净资产/调整后(元) | 3.74/3.68 | 3.71/3.69 | 3.7/3.67 |
| | 未分利润(万元) | 15136.97 | 14123.96 | 13677.84 |
| | 资本公积(万元) | 61392.76 | 61639.37 | 61639.37 |
| 利润构成 | 主营收入(万元) | 148975.28 | 158660.22 | 151221.13 |
| | 主营利润(万元) | 20717.64 | 21604.22 | 21958.91 |
| | 投资收益(万元) | 67.01 | -330.22 | -365.63 |
| | 利润总额(万元) | 1290.9 | 927.69 | 956.25 |
| | 净利润(万元) | 1166.6 | 1115.7 | 1146.47 |
| 近年分配: | | | | |

| 主要股东及持股比例%、持股性质 | |
|---|---|
| 福建省轻纺(控股)有限责任公司 60.441%（国有股） | |
| 宁波丽缘 0.349%（流通 A 股） | |
| 葛俊伟 0.314%（流通 A 股） | |
| 张志宏 0.177%（流通 A 股） | |
| 罗仁俊 0.154%（流通 A 股） | |
| 李艳华 0.115%（流通 A 股） | |
| 蔡文 0.114%（流通 A 股） | |
| 杨文伟 0.105%（流通 A 股） | |
| 王素君 0.092%（流通 A 股） | |
| 戚谷文 0.089%（流通 A 股） | |
| 实际控制人: | 福建省人民政府国有资产监督管理委员会 |

二〇〇六年以来市场表现

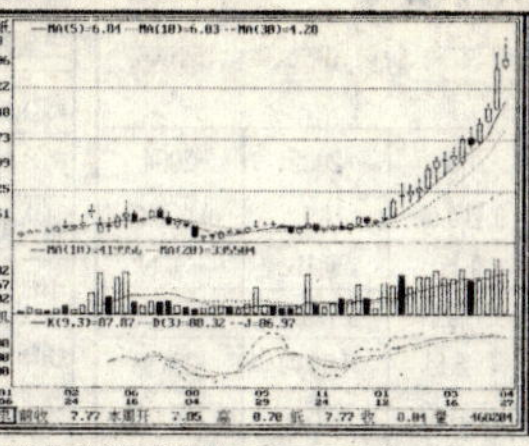

| | |
|---|---|
| 2006 年涨跌幅(%) | 51.8 |
| 2006 年最高(元) | 5.21 |
| 2007 年涨跌幅(%) | 142.9 |
| 2007.4.27 收盘(元) | 8.04 |
| 2007 年最高(元) | 8.7 |
| 2007 年最低(元) | 3.24 |
| 2007 年换手率(%) | 489.81 |

未来一年限售流通股解禁情况:15297332 股 05 月 15 日解禁

| 最新股本 | 总股本 | 非(限售)流通 | 流通 A | 流通 B/H/S | 股东户数 | 06 年末 | 06 三季 |
|---|---|---|---|---|---|---|---|
| | 30594.66 | 18491.66 | 12103 | | | 33498 | 36110 |

年报点评：公司主营造纸，主要产品为新闻纸和未漂硫酸盐木浆。公司产品的主要原材料中，废纸、原木和木片价格上涨较快，对公司成本产品较大影响。由于新闻纸行业在2006 年产能扩张过快，需求增长有限，造成新闻纸行业过度竞争，产品价格下降。

## 宁夏恒力（600165）

上市日期:98/05/29　　电话:0952－3671240　　传真:0952－3671799

| | | | | |
|---|---|---|---|---|
| 主营 | 钢丝绳、钢丝、钢绞线等金属制品的生产与销售 | | | |
| | 年　度 | 2006 | 2005 | 2004 |
| 主要指标 | 每股收益/扣除后(元) | -0.19/-0.242 | 0.015 | 0.023/-0.009 |
| | 每股经营现金流量(元) | -0.37 | 0.085 | 0.3 |
| | 每股净资产/调整后(元) | 2.39/2.34 | 2.72/2.68 | 2.7/2.68 |
| | 未分利润(万元) | -808.58 | 2912.4 | 2644.72 |
| | 资本公积(万元) | 22814.9 | 35266.35 | 35257.15 |
| 利润构成 | 主营收入(万元) | 84775.15 | 71077.68 | 64442.62 |
| | 主营利润(万元) | 7180.22 | 9726.56 | 9040 |
| | 投资收益(万元) | -224.48 | 528.3 | 223.23 |
| | 利润总额(万元) | -3685.91 | 450.65 | 616.04 |
| | 净利润(万元) | -3687.38 | 373.46 | 581.73 |
| 近年分配: | | | | |

| 主要股东及持股比例%、持股性质 | |
|---|---|
| 宁夏电力投资集团有限公司 20.98%（国有股） | |
| 宁夏西洋恒力集团有限公司 16.45%（国有股） | |
| 荣成市邱家镇资产经营中心 2.32%（非流通股） | |
| 宁夏回族自治区综合投资公司 1.36%（国有股） | |
| 酒泉钢铁公司 0.45%（国有股） | |
| 太西集团有限公司 0.45%（国有股） | |
| 宁夏有色金属冶炼厂 0.45%（国有股） | |
| 江阴市电力发展中心 0.31%（流通 A 股） | |
| 李功 0.24%（流通 A 股） | |
| 赵立刚 0.22%（流通 A 股） | |
| 实际控制人: | |

二〇〇六年以来市场表现

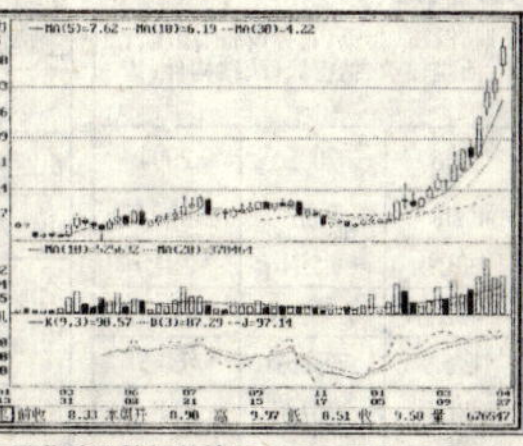

| | |
|---|---|
| 2006 年涨跌幅(%) | 35.7 |
| 2006 年最高(元) | 4.3 |
| 2007 年涨跌幅(%) | 218.27 |
| 2007.4.27 收盘(元) | 9.58 |
| 2007 年最高(元) | 9.97 |
| 2007 年最低(元) | 2.88 |
| 2007 年换手率(%) | 521.08 |

未来一年限售流通股解禁情况:19395352 股 02 月 27 日解禁

| 最新股本 | 总股本 | 非(限售)流通 | 流通 A | 流通 B/H/S | 股东户数 | 06 年末 | 06 三季 |
|---|---|---|---|---|---|---|---|
| | 19395.35 | 8236.95 | 11158.4 | | | 27751 | 27268 |

年报点评：2006 年，由于铅、锌、油、麻、煤焦油、电等生产用辅助材料价格暴涨，而且公司主要产品——预应力钢绞线价格一路走低，造成盈利空间减少，全年减利 1912 万元，公司经营情况不佳。我们预计未来原料价格短期内难以回落，公司经营短期内难以改观。

## 福田汽车（600166）

上市日期:98/06/02　　电话:010－80717181　　传真:010－80717180

| | | | | |
|---|---|---|---|---|
| 主营 | 制造、销售汽车、农用车、农业机械、模具、冲压件等。 | | | |
| | 年　度 | 2006 | 2005 | 2004 |
| 主要指标 | 每股收益/扣除后(元) | 0.059/-0.016 | -0.65/-0.641 | 0.476/0.442 |
| | 每股经营现金流量(元) | 0.29 | -0.18 | 0.64 |
| | 每股净资产/调整后(元) | 1.85/1.61 | 3.18/2.86 | 3.81/3.58 |
| | 未分利润(万元) | 329.74 | -4424.24 | 29825.61 |
| | 资本公积(万元) | 40009.21 | 75734.04 | 70291.77 |
| 利润构成 | 主营收入(万元) | 1931145.99 | 1472536.41 | 1788640 |
| | 主营利润(万元) | 143988.25 | 99061.31 | 136964.15 |
| | 投资收益(万元) | -903.82 | -385.71 | 576.36 |
| | 利润总额(万元) | 7209.39 | -27887.76 | 32608.19 |
| | 净利润(万元) | 4762.25 | -29677.56 | 21733.63 |
| 近年分配: | 05 年:10 转增 5；04 中期:10 派 1.2 年终:10 派 1 | | | |

| 主要股东及持股比例%、持股性质 | |
|---|---|
| 北京汽车摩托车联合制造公司 32%（国有股） | |
| 常柴股份有限公司 5.68%（国有股） | |
| 北京汽车工业控股有限责任公司 3.94%（部分流通部分不流通） | |
| 诸城市义和车桥有限公司 3.22%（非流通股） | |
| 华宝信托投资有限责任公司 3.12%（非流通股） | |
| 山东莱动内燃机有限公司 1.97%（非流通股） | |
| 国泰君安证券股份有限公司 1.39%（流通 A 股） | |
| 姬媛 1%（非流通股） | |
| 上海拖拉机内燃机公司 0.89%（国有股） | |
| 丹东曙光车桥股份有限公司 0.8%（非流通股） | |
| 实际控制人: | 北京汽车工业控股有限责任公司 |

二〇〇六年以来市场表现

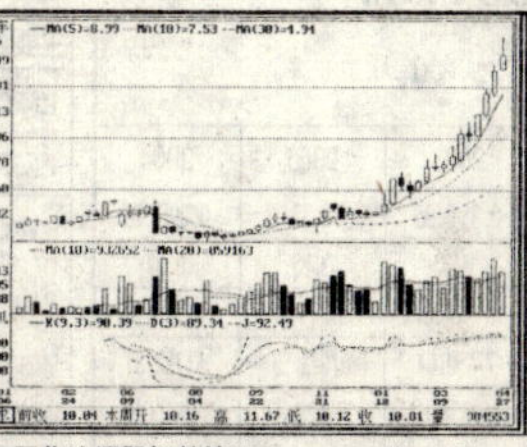

| | |
|---|---|
| 2006 年涨跌幅(%) | 179.8 |
| 2006 年最高(元) | 9.17 |
| 2007 年涨跌幅(%) | 214.24 |
| 2007.4.27 收盘(元) | 10.81 |
| 2007 年最高(元) | 11.67 |
| 2007 年最低(元) | 3.38 |
| 2007 年换手率(%) | 397.98 |

未来一年限售流通股解禁情况:184775532 股 05 月 31 日解禁

| 最新股本 | 总股本 | 非(限售)流通 | 流通 A | 流通 B/H/S | 股东户数 | 06 年末 | 06 三季 |
|---|---|---|---|---|---|---|---|
| | 81140.85 | 45104.85 | 36036 | | | 35506 | 32262 |

年报点评：公司主营各种卡车生产和销售。2006 公司中重型卡车销量大幅增长带动公司主营业务收入和净利润大幅增长。07 年国内汽车行业趋势向好，公司走内涵增长为基础的业务扩张道路，做强商用车、进入乘用车、推进全球化的战略可望使公司业绩持续向好。

## 沈阳新开（600167）

上市日期:99/01/28　　电话:024－23784835　　传真:024－83781352

| | | | | |
|---|---|---|---|---|
| 主营 | 在沈阳浑南新区从事土地整理、开发、热力供暖、供水、房屋厂房出租等。 | | | |
| | 年　度 | 2006 | 2005 | 2004 |
| 主要指标 | 每股收益/扣除后(元) | 0.01 | -0.069 | 0.3/0.266 |
| | 每股经营现金流量(元) | 0.54 | 0.73 | 0.85 |
| | 每股净资产/调整后(元) | 2.32/2.31 | 2.31/2.29 | 2.42/2.42 |
| | 未分利润(万元) | -2033.47 | -2166.63 | -6310.83 |
| | 资本公积(万元) | 27074.96 | 27034.59 | 33345.42 |
| 利润构成 | 主营收入(万元) | 13988.98 | 10029.01 | 33251.31 |
| | 主营利润(万元) | 3139.83 | 1528.77 | 9300.17 |
| | 投资收益(万元) | 85.63 | 13.65 | 790.4 |
| | 利润总额(万元) | 406.71 | -1280.09 | 6080.67 |
| | 净利润(万元) | 133.16 | -1317.4 | 5627.08 |
| 近年分配: | | | | |

| 主要股东及持股比例%、持股性质 | |
|---|---|
| 汕头市联美投资(集团)有限公司 29%（非流通股） | |
| 沈阳南湖科技开发集团公司 23.16%（非流通股） | |
| 北京浩天投资有限公司 11%（非流通股） | |
| 北京溢达创展科技有限公司 2.91%（流通 A 股） | |
| 严建定 1.72%（流通 A 股） | |
| 竺大可 1.35%（流通 A 股） | |
| 周育民 1.05%（流通 A 股） | |
| 大庆油田水泥有限责任公司 0.69%（流通 A 股） | |
| 周德滨 0.69%（流通 A 股） | |
| 苏小扬 0.62%（流通 A 股） | |
| 实际控制人: | 苏素玉 |

二〇〇六年以来市场表现

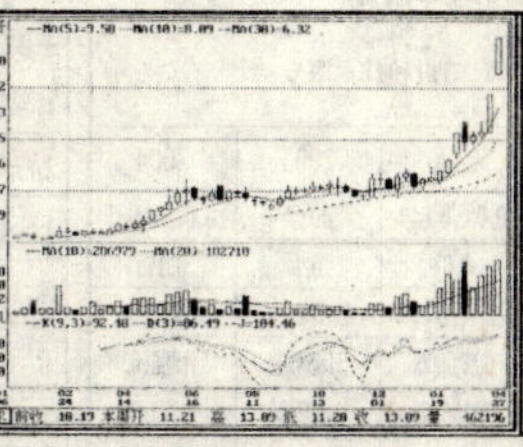

| | |
|---|---|
| 2006 年涨跌幅(%) | 90.75 |
| 2006 年最高(元) | 6.45 |
| 2007 年涨跌幅(%) | 205.51 |
| 2007.4.27 收盘(元) | 13.09 |
| 2007 年最高(元) | 17.02 |
| 2007 年最低(元) | 5.35 |
| 2007 年换手率(%) | 348.92 |

未来一年限售流通股解禁情况:10550000 股 03 月 26 日解禁

| 最新股本 | 总股本 | 非(限售)流通 | 流通 A | 流通 B/H/S | 股东户数 | 06 年末 | 06 三季 |
|---|---|---|---|---|---|---|---|
| | 19000 | 12000 | 7000 | | | 17328 | 19277 |

年报点评：由于供暖面积增加、联网面积增加，公司 2006 年主营收入同比增长 39.49%；同时成本增长得到有效控制，主营利润同比增长 105.38%，净利润实现扭亏为盈。2007 年公司将继续扩大市场，同时尝试多种经营，尽快形成新增长点。

## 武汉控股（600168）

上市日期:98/04/27　　电话:027-85725739　　传真:027-85725730

**主营**：城市给排水、污水综合治理、道路、桥梁、供气、供电、通讯等基础设施的投资、建设和经营管理。

| | 年度 | 2006 | 2005 | 2004 |
|---|---|---|---|---|
| 主要指标 | 每股收益/扣除后(元) | 0.13/0.09 | 0.1 | 0.08/0.08 |
| | 每股经营现金流量(元) | 0.16 | 0.11 | -0.07 |
| | 每股净资产/调整后(元) | 3.19/3.17 | 3.14/3.13 | 3.1/3.1 |
| | 未分利润(万元) | 7546.65 | 5418.09 | 4196.93 |
| | 资本公积(万元) | 77335.59 | 77619.49 | 77619.49 |
| 利润构成 | 主营收入(万元) | 28724.87 | 17094.17 | 17006.44 |
| | 主营利润(万元) | 8474.82 | 4887.55 | 5996.92 |
| | 投资收益(万元) | 515 | 9567.98 | 2011.05 |
| | 利润总额(万元) | 8476.95 | 7872.86 | 5568.32 |
| | 净利润(万元) | 5796.46 | 4550.65 | 3563.56 |
| 近年分配: | 06 预案:10 派 0.6；05 年:10 派 0.7；04 年:10 派 0.6 | | | |

| 主要股东及持股比例%、持股性质 |
|---|
| 武汉市水务集团有限公司 61.85%（国有股） |
| 顾香桂 0.33%（流通 A 股） |
| 张世宽 0.21%（流通 A 股） |
| 中国银河证券有限责任公司 0.19%（流通 A 股） |
| 杨翠凤 0.15%（流通 A 股） |
| 陈友林 0.14%（流通 A 股） |
| 顾五庆 0.14%（流通 A 股） |
| 黄强 0.13%（流通 A 股） |
| 蒋裕富 0.12%（流通 A 股） |
| 沈伟超 0.12%（流通 A 股） |
| 实际控制人：武汉市人民政府国有资产监督管理委员会 |

二〇〇六年以来市场表现

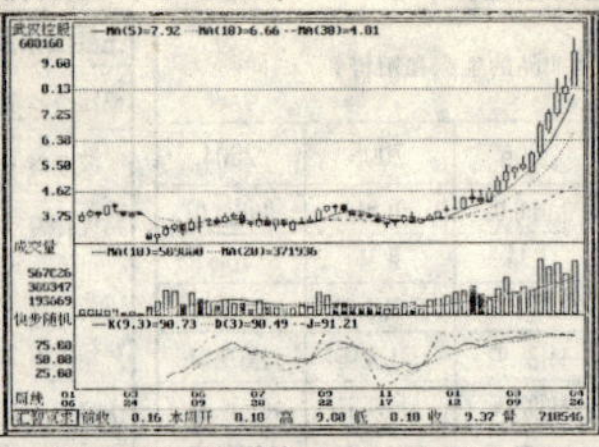

| | |
|---|---|
| 2006 年涨跌幅(%) | 44.87 |
| 2006 年最高(元) | 5.54 |
| 2007 年涨跌幅(%) | 142.12 |
| 2007.4.27 收盘(元) | 9.37 |
| 2007 年最高(元) | 9.88 |
| 2007 年最低(元) | 3.88 |
| 2007 年换手率(%) | 404.12 |

未来一年限售流通股解禁情况:22057500 股 04 月 20 日解禁

| 最新股本 | 总股本 | 非(限售)流通 | 流通 A | 流通 B/H/S | 股东户数 | 06 年末 | 06 三季 |
|---|---|---|---|---|---|---|---|
| | 44115 | 27285 | 16830 | | | 42662 | 46629 |

**年报点评**：公司主要经营武汉市自来水业务，06 年新增了房地产业务，各占主营业务收入的 53%和 42%。自来水业务两家水厂经营稳定。房地产"都市假日"项目一期 2006 年交付使用，二期 06 年 5 月开始销售，三期 06 年 9 月开始销售。

## 太原重工（600169）

上市日期:98/09/04　　电话:0351-6361155　　传真:0351-6362554

**主营**：制造销售火车轴、冶金、轧钢、锻压、起重、非标设备、加压气化炉；压力容器、工矿配件、油膜轴承、精密锻件、结构件；齿轮及汽车变速箱。

| | 年度 | 2006 | 2005 | 2004 |
|---|---|---|---|---|
| 主要指标 | 每股收益/扣除后(元) | 0.216 | 0.072 | 0.049/0.053 |
| | 每股经营现金流量(元) | 1.0339 | 0.5514 | 0.4457 |
| | 每股净资产/调整后(元) | 2.49/2.39 | 2.28/2.15 | 2.2/2.11 |
| | 未分利润(万元) | 14285.9 | 7030.55 | 4733.57 |
| | 资本公积(万元) | 36891.44 | 36857.67 | 36831.7 |
| 利润构成 | 主营收入(万元) | 344067.51 | 245089.25 | 183292.91 |
| | 主营利润(万元) | 42897.57 | 26871.44 | 25009.19 |
| | 投资收益(万元) | 0.4 | 0.54 | -116.18 |
| | 利润总额(万元) | 8143.83 | 2738.76 | 1868.05 |
| | 净利润(万元) | 8056.28 | 2689.19 | 1823.68 |
| 近年分配: | | | | |

| 主要股东及持股比例%、持股性质 |
|---|
| 太原重型机械(集团)制造有限公司 36.02%（非流通股） |
| 山西大同齿轮集团有限责任公司 10.03%（非流通股） |
| 山西省经贸资产经营有限责任公司 2.49%（非流通股） |
| 全国社保基金一零七组合 2.4%（流通 A 股） |
| 中国银行－易方达平稳增长证券投资基金 1.59%（流通 A 股） |
| 中国人寿保险股份有限公司 1.33%（流通 A 股） |
| 中国银行－华夏大盘精选证券投资基金 1.25%（流通 A 股） |
| 中国建设银行－信诚精萃成长股票型证券投资基金 0.95%（流通 A 股） |
| 华夏成长证券投资基金 0.93%（流通 A 股） |
| 东方证券股份有限公司 0.67%（流通 A 股） |
| 实际控制人：太原重型机械集团有限公司 |

二〇〇六年以来市场表现

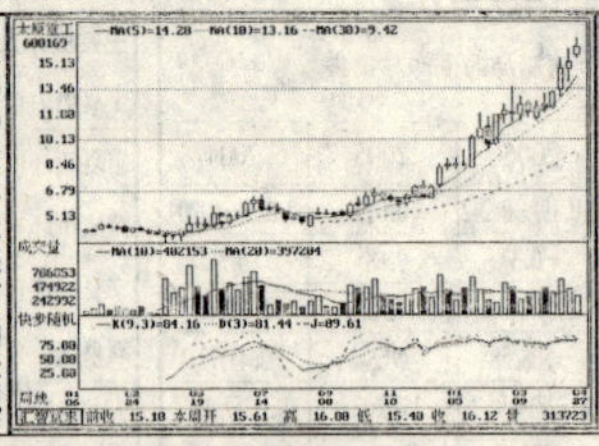

| | |
|---|---|
| 2006 年涨跌幅(%) | 165.68 |
| 2006 年最高(元) | 11.73 |
| 2007 年涨跌幅(%) | 94.45 |
| 2007.4.27 收盘(元) | 16.12 |
| 2007 年最高(元) | 16.8 |
| 2007 年最低(元) | 8.12 |
| 2007 年换手率(%) | 319.98 |

未来一年限售流通股解禁情况:

| 最新股本 | 总股本 | 非(限售)流通 | 流通 A | 流通 B/H/S | 股东户数 | 06 年末 | 06 三季 |
|---|---|---|---|---|---|---|---|
| | 37217.24 | 18065.24 | 19152 | | | 38009 | 45487 |

**年报点评**：公司主营重型机械设备和火车轴。2006 年公司做好重大项目、重点用户的订货；并积极开拓国际市场、增添关键设备，业绩大幅增长。2007 年公司力争实现销售收入 40 亿元，实现利润的较大增长。具体包括"超大型露天矿用挖掘机(电铲)技术改造项目"等。

## 上海建工（600170）

上市日期:98/06/23　　电话:021-68872178　　传真:021-58795500

**主营**：各类土木建筑工程的总承包、设计、施工业务。

| | 年度 | 2006 | 2005 | 2004 |
|---|---|---|---|---|
| 主要指标 | 每股收益/扣除后(元) | 0.35/0.35 | 0.32 | 0.29/0.29 |
| | 每股经营现金流量(元) | 2.7 | 2.25 | 0.81 |
| | 每股净资产/调整后(元) | 4.67/4.67 | 4.48/4.48 | 4.34/4.33 |
| | 未分利润(万元) | 77850.64 | 67623.33 | 61722.87 |
| | 资本公积(万元) | 150054.17 | 149629.87 | 149629.87 |
| 利润构成 | 主营收入(万元) | 2160244.72 | 1828555.24 | 1416546.4 |
| | 主营利润(万元) | 59909.26 | 62967.91 | 58188.56 |
| | 投资收益(万元) | 6840.05 | 6057.98 | 5147.52 |
| | 利润总额(万元) | 31814.51 | 28632.07 | 24973.48 |
| | 净利润(万元) | 25350.03 | 23110.22 | 20842.41 |
| 近年分配: | 06 预案:10 派 1.5；05 年:10 派 1.75；04 年:10 派 1.75 | | | |

| 主要股东及持股比例%、持股性质 |
|---|
| 上海建工(集团)总公司 56.41%（国有股） |
| 平安保险公司普通保险产品 0.53%（流通 A 股） |
| 金鑫证券投资基金 0.31%（流通 A 股） |
| 全国社保基金 108 组合 0.19%（流通 A 股） |
| 顾人祖 0.12%（流通 A 股） |
| 林连芳 0.12%（流通 A 股） |
| 张志宏 0.11%（流通 A 股） |
| 瞿元庆 0.11%（流通 A 股） |
| 吴建滨 0.09%（流通 A 股） |
| 罗家兴 0.09%（流通 A 股） |
| 实际控制人：上海市国有资产管理委员会 |

二〇〇六年以来市场表现

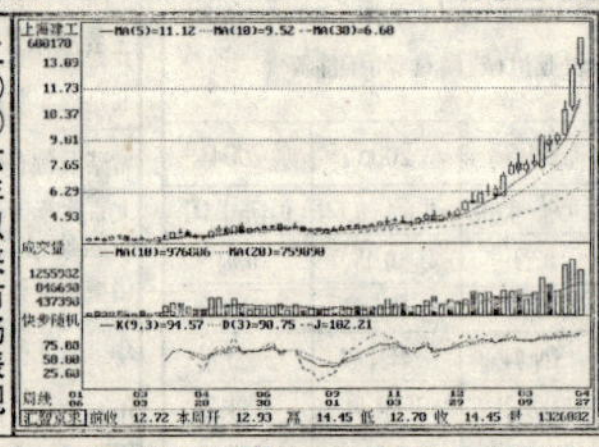

| | |
|---|---|
| 2006 年涨跌幅(%) | 45.94 |
| 2006 年最高(元) | 5.52 |
| 2007 年涨跌幅(%) | 177.35 |
| 2007.4.27 收盘(元) | 14.45 |
| 2007 年最高(元) | 14.45 |
| 2007 年最低(元) | 5.2 |
| 2007 年换手率(%) | 431.22 |

未来一年限售流通股解禁情况:35964900 股 11 月 08 日解禁

| 最新股本 | 总股本 | 非(限售)流通 | 流通 A | 流通 B/H/S | 股东户数 | 06 年末 | 06 三季 |
|---|---|---|---|---|---|---|---|
| | 71929.8 | 40573.8 | 31356 | | | 74638 | 77943 |

**年报点评**：公司主营建筑工程承包，在建筑行业具有很强的声誉和品牌。2006 年公司新接工程项目数 1000 个，面积 694.9 万平方米；新签主营业务合同 289.93 亿元，比上年增幅明显。投资控股的同三高速公路(上海段)2006 年运营实现赢利。持有东方证券 3%股权成为公司的亮点。

## 上海贝岭（600171）

上市日期:98/09/24　　电话:021-64850700　　传真:021-64854424

**主营**：从事集成电路的设计、制造、销售和技术服务。

| | 年度 | 2006 | 2005 | 2004 |
|---|---|---|---|---|
| 主要指标 | 每股收益/扣除后(元) | 0.052/0.049 | 0.054 | 0.072/0.055 |
| | 每股经营现金流量(元) | 0.02 | 0.1 | 0.116 |
| | 每股净资产/调整后(元) | 2.88/2.88 | 2.87/2.87 | 2.87/2.86 |
| | 未分利润(万元) | 32242.78 | 31858.02 | 31886.03 |
| | 资本公积(万元) | 70306.48 | 70582.06 | 70582.06 |
| 利润构成 | 主营收入(万元) | 67241.44 | 63813.54 | 73723.24 |
| | 主营利润(万元) | 11754.27 | 8292.2 | 8370.97 |
| | 投资收益(万元) | -73.07 | -1228.66 | 1969.42 |
| | 利润总额(万元) | 3636.88 | 3581.54 | 4895.4 |
| | 净利润(万元) | 3170.08 | 3317.3 | 4401.43 |
| 近年分配: | 06 预案:10 派 0.4；05 年:10 派 0.4；04 年:10 派 0.4 | | | |

| 主要股东及持股比例%、持股性质 |
|---|
| 上海华虹(集团)有限公司 27.8%（国有股） |
| 上海贝尔阿尔卡特股份有限公司 18.72%（非流通股） |
| 上海张江(集团)有限公司 0.51%（国有股） |
| 林君 0.24%（流通 A 股） |
| 梁恩雄 0.14%（流通 A 股） |
| 南京三埃自控设备有限公司 0.09%（流通 A 股） |
| 陈叔伟 0.09%（流通 A 股） |
| 孙宏 0.09%（流通 A 股） |
| 东海证券有限责任公司 0.09%（流通 A 股） |
| 张志俊 0.07%（流通 A 股） |
| 实际控制人：中国电子信息产业集团公司 |

二〇〇六年以来市场表现

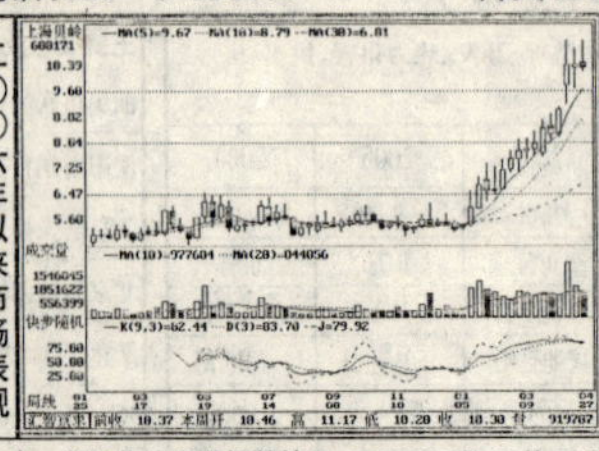

| | |
|---|---|
| 2006 年涨跌幅(%) | 22.54 |
| 2006 年最高(元) | 8.42 |
| 2007 年涨跌幅(%) | 91.45 |
| 2007.4.27 收盘(元) | 10.3 |
| 2007 年最高(元) | 11.17 |
| 2007 年最低(元) | 5.33 |
| 2007 年换手率(%) | 425.81 |

未来一年限售流通股解禁情况:91882878 股 01 月 23 日解禁

| 最新股本 | 总股本 | 非(限售)流通 | 流通 A | 流通 B/H/S | 股东户数 | 06 年末 | 06 三季 |
|---|---|---|---|---|---|---|---|
| | 61255.25 | 28809.08 | 32446.17 | | | 98242 | 100722 |

**年报点评**：公司业务包括芯片加工、集成电路生产销售、电子标签及指纹认证和微电子贸易等，发展战略是 IDM，但我们认为公司拳头产品不明，规模、技术优势不明显，进入高端面临庞大资金压力，业绩提升难度大，如无外力牵引，公司实施 IDM 战略的发展前途还需观察。

## 黄河旋风（600172）

上市日期:98/11/26　　电话:0374－6165530　　传真:0374－6128688

| 主营 | 人造金刚石、人造金刚石磨削切割工具等金刚石制品,以及建筑、装修机具等。 | | |
|---|---|---|---|
| 年　度 | 2006 | 2005 | 2004 |
| 主要指标：每股收益/扣除后(元) | 0.21/0.2 | 0.27 | 0.22/0.21 |
| 每股经营现金流量(元) | 0.333 | 0.217 | 0.424 |
| 每股净资产/调整后(元) | 3.62/3.52 | 3.4/3.36 | 3.2/3.19 |
| 未分利润(万元) | 22859.06 | 17778.09 | 13687.07 |
| 资本公积(万元) | 39287.26 | 39287.26 | 39284.93 |
| 利润构成：主营收入(万元) | 65422.47 | 62255.19 | 53784.94 |
| 主营利润(万元) | 17044.72 | 20444.8 | 16845.69 |
| 投资收益(万元) | －87.21 | －15.64 | 600.24 |
| 利润总额(万元) | 8685.09 | 10895.97 | 8721.17 |
| 净利润(万元) | 5645.52 | 7123.77 | 6009.37 |
| 近年分配: | 06 预案:10 派 1 ; 04 年:10 派 0.6 | | |

| 主要股东及持股比例%、持股性质 |
|---|
| 河南黄河实业集团股份有限公司 30.86% (非流通股) |
| 日本联合材料公司 11.34% (外资股) |
| 郑州磨料磨具磨削研究所 2.48% (国有股) |
| 金鼎证券投资基金 0.75% (流通 A 股) |
| 陈小丽 0.58% (流通 A 股) |
| 长葛市星星电子制品厂 0.5% (国有股) |
| 长葛市树脂磨具厂 0.5% (国有股) |
| 全国社保基金一零九组合 0.48% (流通 A 股) |
| 中国工商银行－科翔证券投资基金 0.24% (流通 A 股) |
| 中信信托投资有限责任公司－分层 02 0.22% (流通 A 股) |
| 实际控制人: 河南黄河实业集团股份有限公司 |

二〇〇六年以来市场表现

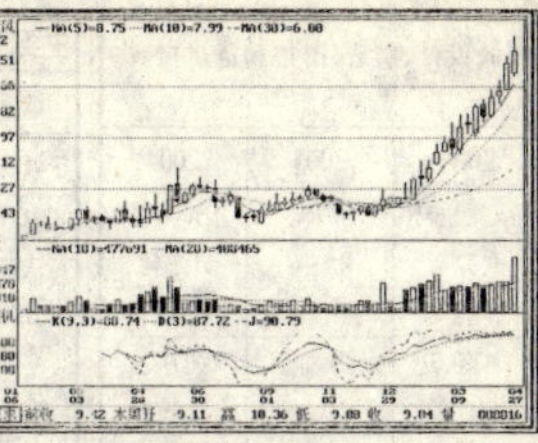

| | |
|---|---|
| 2006 年涨跌幅(%) | 31.11 |
| 2006 年最高(元) | 5.96 |
| 2007 年涨跌幅(%) | 108.48 |
| 2007.4.27 收盘(元) | 9.84 |
| 2007 年最高(元) | 10.36 |
| 2007 年最低(元) | 4.66 |
| 2007 年换手率(%) | 434.77 |

未来一年限售流通股解禁情况:13400000 股 11 月 18 日解禁

| 最新股本 | 总股本 | 非(限售)流通 | 流通 A | 流通 B/H/S | 股东户数 | 06 年末 | 06 三季 |
|---|---|---|---|---|---|---|---|
| | 26800 | 12240 | 14560 | | | 41843 | 40953 |

年报点评：公司主营人造金刚石,人造金刚石磨料磨具磨削及其他金刚石制品。06 年人造金刚石市场竞争激烈,价格下降,公司主营业务和净利润均有一定程度下滑。07 年公司将加大金刚石高附加值产品超硬复合材料 PCD、PCBN 等领域投入力度,前景值得期待。

## S＊ST 丹江（600173）

上市日期:99/04/15　　电话:0453－6497558　　传真:0453－6499002

| 主营 | 主营水泥生产与销售、窑尾余热煤矸石补燃发电。 | | |
|---|---|---|---|
| 年　度 | 2006 | 2005 | 2004 |
| 主要指标：每股收益/扣除后(元) | 0.04/－0.466 | －0.583/－0.583 | －0.353/－0.348 |
| 每股经营现金流量(元) | 0.106 | 0.063 | 0.202 |
| 每股净资产/调整后(元) | 1.87/1.87 | 1.82/1.76 | 2.39/2.39 |
| 未分利润(万元) | －14117.7 | －15028.26 | －1612.41 |
| 资本公积(万元) | 29170.4 | 29064.4 | 28774.4 |
| 利润构成：主营收入(万元) | 17841.08 | 24489.3 | 38745.19 |
| 主营利润(万元) | －1667.93 | －1279.47 | 3251.51 |
| 投资收益(万元) | | | |
| 利润总额(万元) | 910.56 | －13415.85 | －8127.69 |
| 净利润(万元) | 910.56 | －13415.85 | －8127.69 |
| 近年分配: | | | |

| 主要股东及持股比例%、持股性质 |
|---|
| 牡丹江水泥集团有限责任公司 52.12% (国有股) |
| 中国建筑材料集团公司 0.97% (国有股) |
| 牡丹江水泥集团社会福利编织袋厂 0.87% (非流通股) |
| 康宁 0.57% (流通 A 股) |
| 黑龙江省交通物资公司 0.43% (非流通股) |
| 黑龙江省达华经济贸易公司 0.43% (非流通股) |
| 王达 0.39% (流通 A 股) |
| 缪金良 0.33% (流通 A 股) |
| 潘深田 0.32% (流通 A 股) |
| 葛春霞 0.29% (流通 A 股) |
| 实际控制人: 牡丹江市国有资产管理委员会 |

二〇〇六年以来市场表现

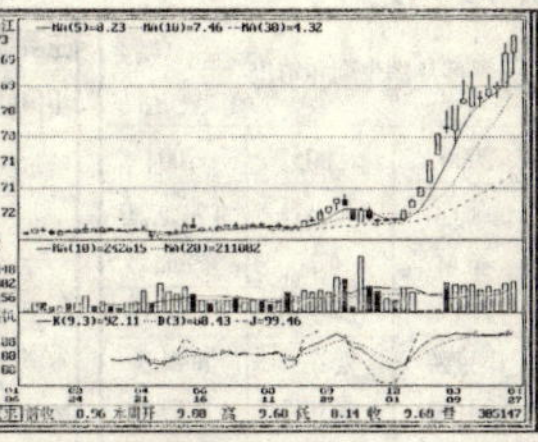

| | |
|---|---|
| 2006 年涨跌幅(%) | 66.67 |
| 2006 年最高(元) | 3.42 |
| 2007 年涨跌幅(%) | 202.5 |
| 2007.4.27 收盘(元) | 9.68 |
| 2007 年最高(元) | 9.68 |
| 2007 年最低(元) | 3.36 |
| 2007 年换手率(%) | 240.23 |

未来一年限售流通股解禁情况:

| 最新股本 | 总股本 | 非(限售)流通 | 流通 A | 流通 B/H/S | 股东户数 | 06 年末 | 06 三季 |
|---|---|---|---|---|---|---|---|
| | 23000 | 12848.45 | 10151.55 | | | 23799 | 27558 |

年报点评：公司为水泥生产企业,宏观调控政策实施后,中小水泥企业的生产空间受到很大的挤压,公司报告期内产销量、主营业务收入、主营业务利润等较上年同期大幅下滑,全年水泥产销量 54 万吨。未来公司将加速与浙江卧龙置业有限公司的重组进程。

## 美都控股（600175）

上市日期:99/04/08　　电话:0571－88301605　　传真:0571－88301307

| 主营 | 从事酒店业、物业经营、房地产开发、实业投资及建筑材料销售。 | | |
|---|---|---|---|
| 年　度 | 2006 | 2005 | 2004 |
| 主要指标：每股收益/扣除后(元) | 0.1/0.09 | 0.1 | 0.04/－0.103 |
| 每股经营现金流量(元) | －0.58 | －1.03 | －0.28 |
| 每股净资产/调整后(元) | 2.96/2.92 | 3.75/3.52 | 4.39/4.33 |
| 未分利润(万元) | 2547.39 | 1540.4 | －380.1 |
| 资本公积(万元) | 23016.78 | 26657.53 | 28791.13 |
| 利润构成：主营收入(万元) | 178640.13 | 76125.75 | 28355.75 |
| 主营利润(万元) | 11328.67 | 6528.16 | 3325.05 |
| 投资收益(万元) | 1024.35 | 1235.04 | 2157.74 |
| 利润总额(万元) | 5274.66 | 1447.56 | 152.66 |
| 净利润(万元) | 1701.25 | 1292.2 | 383.24 |
| 近年分配: | 06 预案:10 派 0.3 ; 05 年:10 派 0.3 转增 3 ; 04 年:10 转增 2 | | |

| 主要股东及持股比例%、持股性质 |
|---|
| 美都集团股份有限公司 22.68% (非流通股) |
| 北京天鸿集团公司 18.81% (国有股) |
| 浙江天成投资管理有限公司 7.78% (非流通股) |
| 京华房产有限公司 3.06% (非流通股) |
| 林庄喜 0.32% (流通 A 股) |
| 王莹莹 0.24% (流通 A 股) |
| 张德枝 0.22% (流通 A 股) |
| 龙乔英 0.21% (流通 A 股) |
| 李建明 0.21% (流通 A 股) |
| 魏海涛 0.2% (流通 A 股) |
| 实际控制人: 闻掌华 |

二〇〇六年以来市场表现

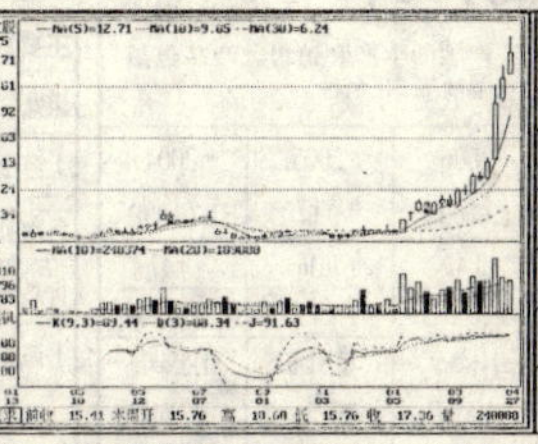

| | |
|---|---|
| 2006 年涨跌幅(%) | 59.22 |
| 2006 年最高(元) | 7.5 |
| 2007 年涨跌幅(%) | 314.32 |
| 2007.4.27 收盘(元) | 17.36 |
| 2007 年最高(元) | 18.6 |
| 2007 年最低(元) | 4.02 |
| 2007 年换手率(%) | 428.11 |

未来一年限售流通股解禁情况:12948000 股 01 月 12 日解禁

| 最新股本 | 总股本 | 非(限售)流通 | 流通 A | 流通 B/H/S | 股东户数 | 06 年末 | 06 三季 |
|---|---|---|---|---|---|---|---|
| | 16642.08 | 8709.48 | 7932.6 | | | 15665 | 16383 |

年报点评：公司主营房地产开发,贸易与酒店服务业。公司 2006 年收入快速增长,主要是房地产部分结转。贸易业务迅猛发展,收入快速增长。公司利润总额大幅增长,同时公司的所得税及少数股东权益也出现大幅增长,净利润增幅不大。

## 中国玻纤（600176）

上市日期:99/04/22　　电话:010－88028660　　传真:010－88028955

| 主营 | 玻璃纤维及其制品、建筑塑料地板、PVC 塑料管材、管件的生产、销售和综合类商品市场和建材市场等业务。 | | |
|---|---|---|---|
| 年　度 | 2006 | 2005 | 2004 |
| 主要指标：每股收益/扣除后(元) | 0.318/0.309 | 0.289/0.264 | 0.215/0.204 |
| 每股经营现金流量(元) | 0.7564 | 0.2809 | 1.1137 |
| 每股净资产/调整后(元) | 1.97/1.92 | 1.73/1.68 | 1.48/1.43 |
| 未分利润(万元) | 13466.55 | 9093.79 | 6071.16 |
| 资本公积(万元) | 5369.7 | 4433.86 | 3964.37 |
| 利润构成：主营收入(万元) | 201680.14 | 146418.93 | 114565.37 |
| 主营利润(万元) | 62255.54 | 46217.88 | 33879.82 |
| 投资收益(万元) | 445.62 | 2144.42 | 819.35 |
| 利润总额(万元) | 32425.95 | 24577.43 | 19199.88 |
| 净利润(万元) | 13605.01 | 12347.64 | 9184.61 |
| 近年分配: | 06 预案:10 派 1 ; 05 年:10 派 1 ; 04 年:10 派 0.5 | | |

| 主要股东及持股比例%、持股性质 |
|---|
| 中国建材股份有限公司 36.15% (非流通股) |
| 振石集团股份有限公司 20.04% (非流通股) |
| 江阴市长江钢管有限公司 3.81% (非流通股) |
| 招商证券－渣打－ING BANK N.V. 1.85% (流通 A 股) |
| 广发－交行－广发集合资产管理计划(3 号) 0.98% (流通 A 股) |
| 国际金融－花旗－MARTIN CURRIE INVESTMENT MANAGEMENT LIMITED 0.54% (流通 A 股) |
| 中国农业银行－长盛动态精选证券投资基金 0.47% (流通 A 股) |
| 国泰君安－建行－香港上海汇丰银行有限公司 0.4% (流通 A 股) |
| 朱莹 0.4% (流通 A 股) |
| 全国社保基金六零三组合 0.37% (流通 A 股) |
| 实际控制人: 中国建筑材料集团公司 |

二〇〇六年以来市场表现

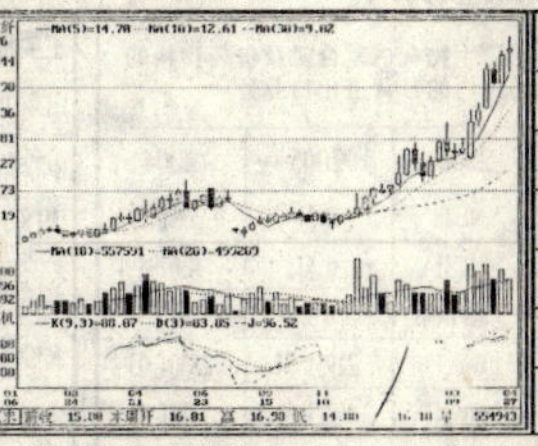

| | |
|---|---|
| 2006 年涨跌幅(%) | 103.72 |
| 2006 年最高(元) | 10.17 |
| 2007 年涨跌幅(%) | 113.74 |
| 2007.4.27 收盘(元) | 16.18 |
| 2007 年最高(元) | 16.98 |
| 2007 年最低(元) | 7.38 |
| 2007 年换手率(%) | 453.68 |

未来一年限售流通股解禁情况:59041152 股 08 月 17 日解禁

| 最新股本 | 总股本 | 非(限售)流通 | 流通 A | 流通 B/H/S | 股东户数 | 06 年末 | 06 三季 |
|---|---|---|---|---|---|---|---|
| | 42739.2 | 25643.52 | 17095.68 | | | 23712 | 26742 |

年报点评：公司现有年产 38 万吨的玻纤生产能力,2006 年新增产能 17 万吨。公司是我国玻纤行业的龙头企业,其玻璃纤维的产量、销量、出口量等多项指标长期保持国内第一。预计 2007 年底,公司将建设完成浙江、成都和九江玻纤基地,实现年产能突破 50 万吨。

## 雅戈尔（600177）

上市日期：98/11/19　　电话：0574－87425136　　传真：0574－87425390

| | |
|---|---|
| 主营 | 服装服饰产品及服装辅料的设计、制造、销售和进出口贸易。 |

| | 年度 | 2006 | 2005 | 2004 |
|---|---|---|---|---|
| 主要指标 | 每股收益/扣除后(元) | 0.424/0.387 | 0.344 | 0.518/0.459 |
| | 每股经营现金流量(元) | 0.7759 | 0.6806 | 1.7644 |
| | 每股净资产/调整后(元) | 2.55/2.53 | 2.31/2.27 | 3.18/3.13 |
| | 未分利润(万元) | 121770.72 | 103680.2 | 88177.24 |
| | 资本公积(万元) | 59347.38 | 27338.94 | 74095.25 |
| 利润构成 | 主营收入(万元) | 597566.39 | 462815.16 | 415521.09 |
| | 主营利润(万元) | 205074.49 | 164269.19 | 138412.29 |
| | 投资收益(万元) | 3491.54 | 480.58 | 3636.69 |
| | 利润总额(万元) | 114646.23 | 81401.34 | 75527.24 |
| | 净利润(万元) | 75500.83 | 56479.09 | 55786.32 |

近年分配：06 预案：10 派 3 转增 2.5；05 年：10 派 2.5；04 年：10 派 2.5 转增 5

| 主要股东及持股比例%、持股性质 |
|---|
| 宁波青春投资控股有限公司 44.01%（非流通股） |
| 宁波青春服装厂 5.36%（流通 A 股） |
| 宁波青春投资控股有限公司股权分置改革权证行权专用证券账户 5.09%（非流通股） |
| 权证创设履约担保证券交收专用账户－国泰君安证券股份有限公司 1.01%（流通 A 股） |
| 宁波盛达发展公司 0.91%（流通 A 股） |
| 权证创设履约担保证券交收专用账户－申银万国证券股份有限公司 0.67%（流通 A 股） |
| 中国银行－嘉实主题精选混合型证券投资基金 0.67%（流通 A 股） |
| 权证创设履约担保证券交收专用账户－国元证券有限责任公司 0.62%（流通 A 股） |
| 权证创设履约担保证券交收专用账户－东方证券股份有限公司 0.62%（流通 A 股） |
| 权证创设履约担保证券交收专用账户－长江证券有限责任公司 0.62%（流通 A 股） |
| 实际控制人：李如成 |

二〇〇六年以来市场表现

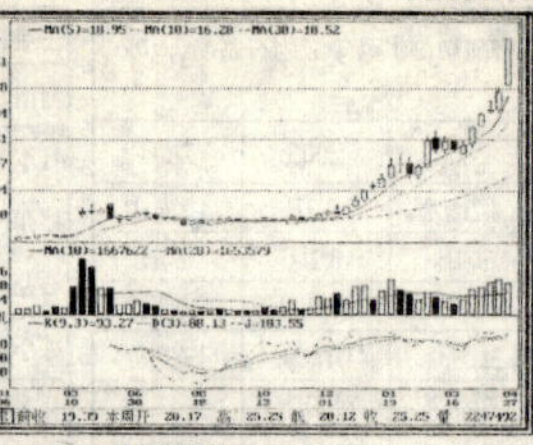

| | |
|---|---|
| 2006 年涨跌幅(%) | 165.98 |
| 2006 年最高(元) | 9.09 |
| 2007 年涨跌幅(%) | 186.28 |
| 2007.4.27 收盘(元) | 25.25 |
| 2007 年最高(元) | 25.25 |
| 2007 年最低(元) | 8.9 |
| 2007 年换手率(%) | 290.63 |

未来一年限售流通股解禁情况：

| 最新股本 | 总股本 | 非(限售)流通 | 流通 A | 流通 B/H/S | 股东户数 | 06 年末 | 06 三季 |
|---|---|---|---|---|---|---|---|
| | 178128.94 | 87467.17 | 90661.77 | | | 85535 | 105271 |

年报点评：雅戈尔主营服装、纺织的生产销售以及房地产业务。雅戈尔服装品牌 06 年在国内市场得到巩固和提升，雅戈尔置业在产品创新、品牌建设、规模扩张方面取得了长足发展，纺织业务不仅取得良好的经济效益，而且有效提升了雅戈尔服装的品牌附加值。

## 东安动力（600178）

上市日期：98/10/14　　电话：0451－6528172　　传真：0451－6505502

| | |
|---|---|
| 主营 | 微型汽车发动机、变速箱及零部件的生产和销售。 |

| | 年度 | 2006 | 2005 | 2004 |
|---|---|---|---|---|
| 主要指标 | 每股收益/扣除后(元) | 0.08/0.11 | 0.183 | 0.206/0.207 |
| | 每股经营现金流量(元) | -0.64 | 0.76 | 0.81 |
| | 每股净资产/调整后(元) | 3.47/3.47 | 3.49/3.47 | 3.4/3.39 |
| | 未分利润(万元) | 11219.89 | 12527.57 | 10384.56 |
| | 资本公积(万元) | 85644.32 | 85831.22 | 85379.24 |
| 利润构成 | 主营收入(万元) | 213663.44 | 225466.9 | 251202.48 |
| | 主营利润(万元) | 17274.05 | 25390.75 | 38791.74 |
| | 投资收益(万元) | 7236.76 | 3808.04 | 639.75 |
| | 利润总额(万元) | 3729.02 | 9346.95 | 9738.03 |
| | 净利润(万元) | 3681.25 | 8454.76 | 9506.37 |

近年分配：05 年：10 派 1；04 年：10 派 1

| 主要股东及持股比例%、持股性质 |
|---|
| 中国航空科技工业股份有限公司 59.51%（国有股） |
| 哈尔滨东安机电制造有限责任公司 0.75%（流通 A 股） |
| 王芳 0.16%（流通 A 股） |
| 刘维四 0.11%（流通 A 股） |
| 云南协力投资发展有限公司 0.08%（流通 A 股） |
| 陈实武 0.07%（流通 A 股） |
| 黄丽莲 0.07%（流通 A 股） |
| 哈尔滨东安大诚机电有限公司 0.06%（流通 A 股） |
| 王建华 0.06%（流通 A 股） |
| 林钟干 0.06%（流通 A 股） |
| 实际控制人：中国航空工业第二集团公司 |

二〇〇六年以来市场表现

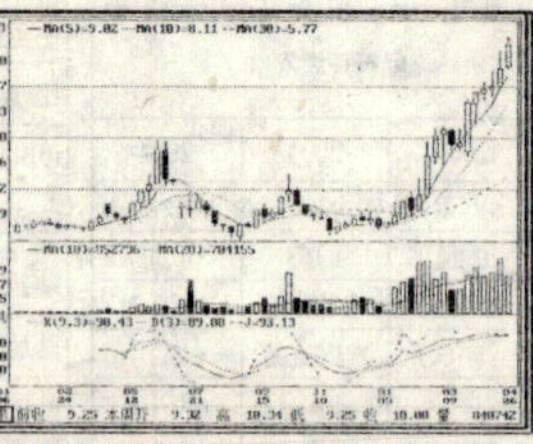

| | |
|---|---|
| 2006 年涨跌幅(%) | 41.96 |
| 2006 年最高(元) | 7.92 |
| 2007 年涨跌幅(%) | 146.46 |
| 2007.4.27 收盘(元) | 10.08 |
| 2007 年最高(元) | 10.34 |
| 2007 年最低(元) | 4.04 |
| 2007 年换手率(%) | 693.62 |

未来一年限售流通股解禁情况：23104000 股 07 月 05 日解禁

| 最新股本 | 总股本 | 非(限售)流通 | 流通 A | 流通 B/H/S | 股东户数 | 06 年末 | 06 三季 |
|---|---|---|---|---|---|---|---|
| | 46208 | 27499.7 | 18708.3 | | | 57656 | 55843 |

年报点评：公司主营微型车发动机。06 年虽然汽车市场转暖，但主要是经济型轿车的销售势头好转，公司配套的微型车市场不见起色，主营业务下降，净利润同比大幅下滑。预计 07 年国内汽车行业发展趋势看好，但公司的发展前景须看微型车的销售形势。

## 黑化股份（600179）

上市日期：98/11/04　　电话：0452－8927290　　传真：0452－8927290

| | |
|---|---|
| 主营 | 焦炭、焦化产品及石油加工产品的生产和销售。产品包括焦炭、硝酸铵、尿素、汽油和柴油等 30 余种。 |

| | 年度 | 2006 | 2005 | 2004 |
|---|---|---|---|---|
| 主要指标 | 每股收益/扣除后(元) | 0.04/0.02 | 0.04 | 0.08/0.02 |
| | 每股经营现金流量(元) | 0.42 | 0.16 | 0.17 |
| | 每股净资产/调整后(元) | 2.26/2.22 | 2.63/2.5 | 2.59/2.51 |
| | 未分利润(万元) | 14143.9 | 12791.67 | 11556.76 |
| | 资本公积(万元) | 32565.73 | 38726.28 | 38726.28 |
| 利润构成 | 主营收入(万元) | 90347.76 | 98322.44 | 99926.47 |
| | 主营利润(万元) | 8895.46 | 8700.83 | 8804.1 |
| | 投资收益(万元) | -6.69 | -6.69 | -3.34 |
| | 利润总额(万元) | 1647.71 | 2112.12 | 3296 |
| | 净利润(万元) | 1502.61 | 1452.84 | 2687.23 |

近年分配：

| 主要股东及持股比例%、持股性质 |
|---|
| 黑龙江黑化集团有限公司 52.66%（国有股） |
| 上海金轮橡胶轮胎有限公司 4.26%（非流通股） |
| 沂南县隆泰资产运行管理有限公司 0.51%（非流通股） |
| 青岛丽派木业有限公司 0.41%（非流通股） |
| 上海锦彬投资管理有限公司 0.39%（非流通股） |
| 江苏金泰建设发展有限公司 0.28%（非流通股） |
| 上海灵犀房地产经纪有限公司 0.26%（非流通股） |
| 郇良 0.25%（流通 A 股） |
| 工装自控工程(无锡)有限公司 0.12%（非流通股） |
| 上海保税商品交易市场中国机电贸易中心有限公司 0.11%（流通 A 股） |
| 实际控制人：中国化工集团公司、中国化工新材料总公司 |

二〇〇六年以来市场表现

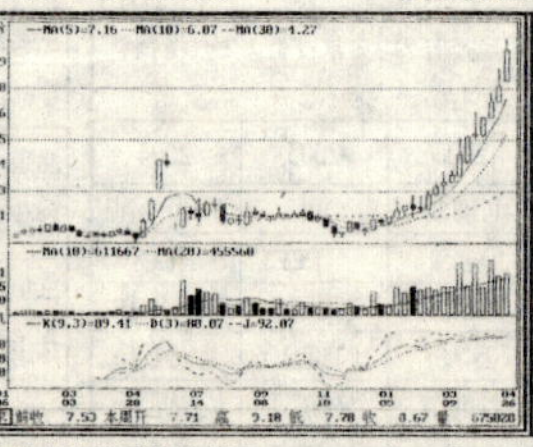

| | |
|---|---|
| 2006 年涨跌幅(%) | 87.93 |
| 2006 年最高(元) | 6.37 |
| 2007 年涨跌幅(%) | 168.42 |
| 2007.4.27 收盘(元) | 8.67 |
| 2007 年最高(元) | 9.1 |
| 2007 年最低(元) | 3.12 |
| 2007 年换手率(%) | 522.08 |

未来一年限售流通股解禁情况：41608270 股 06 月 23 日解禁

| 最新股本 | 总股本 | 非(限售)流通 | 流通 A | 流通 B/H/S | 股东户数 | 06 年末 | 06 三季 |
|---|---|---|---|---|---|---|---|
| | 39000 | 23000 | 16000 | | | 48941 | 52367 |

年报点评：2006 年公司主营的焦炭产品毛利率虽然下降，但在尿素产品亏损幅度减小的情况下，公司仍实现了当年净利润与上年基本持平。另外，公司借助股改契机，解决了集团占用上市公司资金问题，同时也优化了公司资产，为公司未来发展奠定了坚实基础。

## 九发股份（600180）

上市日期：98/07/03　　电话：0535－6623880　　传真：0535－6623798

| | |
|---|---|
| 主营 | 食用菌、罐头、水产品、蔬菜、生物有机复合肥及包装物料的生产及销售和国家允许范围内的自营进出口业务。 |

| | 年度 | 2006 | 2005 | 2004 |
|---|---|---|---|---|
| 主要指标 | 每股收益/扣除后(元) | -0.46 | 0.11 | 0.268/0.244 |
| | 每股经营现金流量(元) | -0.31 | 0.51 | 0.0795 |
| | 每股净资产/调整后(元) | 3.12/3.04 | 3.6/3.53 | 3.86/3.79 |
| | 未分利润(万元) | 10373.19 | 21951.34 | 28304.03 |
| | 资本公积(万元) | 36506.41 | 36721.52 | 36721.48 |
| 利润构成 | 主营收入(万元) | 60942.83 | 95435.63 | 121237.27 |
| | 主营利润(万元) | 4136.95 | 10962.46 | 14800.22 |
| | 投资收益(万元) | 342.04 | 427.27 | 246.64 |
| | 利润总额(万元) | -12377.67 | 2729.19 | 7128.08 |
| | 净利润(万元) | -11578.15 | 2655.2 | 6722.58 |

近年分配：04 年：10 派 2

| 主要股东及持股比例%、持股性质 |
|---|
| 山东九发集团公司 47.97%（国有股） |
| 中泰信托投资有限责任公司 10.66%（非流通股） |
| 中国工商银行－建信优选成长股票型证券投资基金 2.19%（流通 A 股） |
| 黄国辉 0.46%（流通 A 股） |
| 安健 0.41%（流通 A 股） |
| 钱巍 0.405%（流通 A 股） |
| 王英 0.4%（流通 A 股） |
| 彭皓林 0.38%（流通 A 股） |
| 易瑞珍 0.36%（流通 A 股） |
| 彭永松 0.31%（流通 A 股） |
| 实际控制人：烟台牟平区经济贸易局 |

二〇〇六年以来市场表现

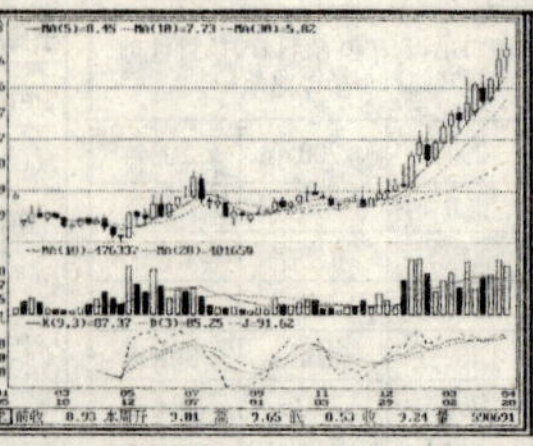

| | |
|---|---|
| 2006 年涨跌幅(%) | 36.44 |
| 2006 年最高(元) | 7.1 |
| 2007 年涨跌幅(%) | 89.73 |
| 2007.4.27 收盘(元) | 9.24 |
| 2007 年最高(元) | 9.65 |
| 2007 年最低(元) | 4.82 |
| 2007 年换手率(%) | 669.18 |

未来一年限售流通股解禁情况：25099008 股 01 月 24 日解禁

| 最新股本 | 总股本 | 非(限售)流通 | 流通 A | 流通 B/H/S | 股东户数 | 06 年末 | 06 三季 |
|---|---|---|---|---|---|---|---|
| | 25099.01 | 14715.65 | 10383.36 | | | 16044 | 16424 |

年报点评：公司的食用菌产业发展较为平稳。进出口业务较上年同期有较大提高。复合肥产业的下降幅度较大。但人民币处在升值通道中，对公司的出口业务有不利影响。伴随消费升级，公司将加大国内市场的拓展力度。

## S＊ST 云大（600181）

上市日期:98/09/28　　电话:0871－8315883　　传真:0871－8315072

**主营**：农化、医药及功能食品、花卉产业及相关进出口业务。

| | 年　度 | 2006 | 2005 | 2004 |
|---|---|---|---|---|
| 主要指标 | 每股收益/扣除后(元) | －0.264 | －0.577 | －1.582/－1.677 |
| | 每股经营现金流量(元) | 0.07 | 0.08 | －0.08 |
| | 每股净资产/调整后(元) | －0.77/－1.68 | －0.38/－1.06 | 0.35/－0.36 |
| | 未分利润(万元) | －100575.69 | －91376.46 | －71272.1 |
| | 资本公积(万元) | 44012.92 | 43985.61 | 43950.91 |
| 利润构成 | 主营收入(万元) | 9671.8 | 12064.85 | 25138.96 |
| | 主营利润(万元) | 5491.32 | 3142.72 | 72.73 |
| | 投资收益(万元) | －127.2 | －5446.45 | －3144.04 |
| | 利润总额(万元) | －14149.16 | －27118.3 | －55899.47 |
| | 净利润(万元) | －9199.23 | －20104.3 | －55081.75 |

近年分配:

| 主要股东及持股比例%、持股性质 |
|---|
| 云南云大投资控股有限公司 20.95%（国有股） |
| 云南龙泰农业资源开发有限公司 8.93%（非流通股） |
| 中国和平(北京)投资有限公司 8.73%（非流通股） |
| 深圳市蛇口大赢工贸有限公司 4.98%（非流通股） |
| 深圳市捷发信息咨询服务有限公司 4.76%（非流通股） |
| 深圳市新旺投资咨询有限公司 4.52%（流通 A 股） |
| 天津市万博咨询公司 2.07%（流通 A 股） |
| 中国抽纱汕头进出口公司 1.72%（非流通股） |
| 云南正通经贸有限责任公司 1.67%（非流通股） |
| 天津开创投资有限责任公司 1.63%（流通 A 股） |
| 实际控制人：云南大学 |

二〇〇六年以来市场表现

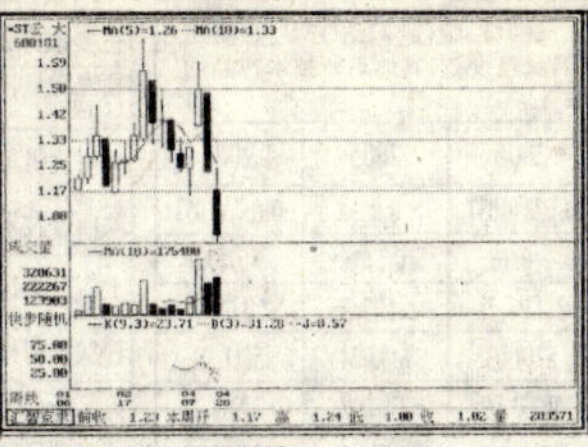

| | |
|---|---|
| 2006 年涨跌幅(%) | |
| 2006 年最高(元) | |
| 2007 年涨跌幅(%) | |
| 2007.4.27 收盘(元) | |
| 2007 年最高(元) | |
| 2007 年最低(元) | |
| 2007 年换手率(%) | |

未来一年限售流通股解禁情况:

| 最新股本 | 总股本 | 非(限售)流通 | 流通 A | 流通 B/H/S | 股东户数 | 06 年末 | 06 三季 |
|---|---|---|---|---|---|---|---|
| | 34813.62 | 18013.62 | 16800 | | | 29141 | 29141 |

**年报点评**：2006 年公司经营的农化业务和医药业务盈利情况一般，但由于收到资金限制，这两项业务的收入和盈利同比有一定幅度下降。另外由于信用恶化状况未得到改善，债务逾期、债权人诉讼增加等也对公司正常经营产生了一定影响。

## S 佳通（600182）

上市日期:99/05/07　　电话:021－22073131　　传真:021－22073002

**主营**：轮胎的生产和销售

| | 年　度 | 2006 | 2005 | 2004 |
|---|---|---|---|---|
| 主要指标 | 每股收益/扣除后(元) | 0.017/0.014 | 0.157 | 0.212/0.218 |
| | 每股经营现金流量(元) | 0.621 | 0.173 | 0.416 |
| | 每股净资产/调整后(元) | 1.06/0.76 | 1.05/0.8 | 0.89/0.67 |
| | 未分利润(万元) | －873.67 | －1298.92 | －91380.87 |
| | 资本公积(万元) | 119.85 | 119.85 | 83135.26 |
| 利润构成 | 主营收入(万元) | 200094.58 | 188954.26 | 169029.82 |
| | 主营利润(万元) | 17741.98 | 31666.12 | 28816.06 |
| | 投资收益(万元) | －237.03 | －522.13 | －391.6 |
| | 利润总额(万元) | 1701.03 | 12019.09 | 17955.62 |
| | 净利润(万元) | 580.8 | 5332.94 | 7204.42 |

近年分配:

| 主要股东及持股比例%、持股性质 |
|---|
| 佳通轮胎(中国)投资有限公司 44.43%（外资股） |
| 黑龙江省国际信托投资公司 1.53%（非流通股） |
| 云南云电财经管理有限公司 0.89%（流通 A 股） |
| 黑龙江省火电第一工程公司 0.88%（非流通股） |
| 牡丹江财政资产投资经营公司 0.74%（非流通股） |
| 中国信达资产管理公司 0.59%（非流通股） |
| 中国人寿保险股份有限公司－分红－个人分红－005L－FH002 沪 0.4%（流通 A 股） |
| 李刚 0.36%（流通 A 股） |
| 桦林集团实业公司 0.33%（非流通股） |
| 陈惠琴 0.31%（流通 A 股） |
| 实际控制人：林美凤、林美金 |

二〇〇六年以来市场表现

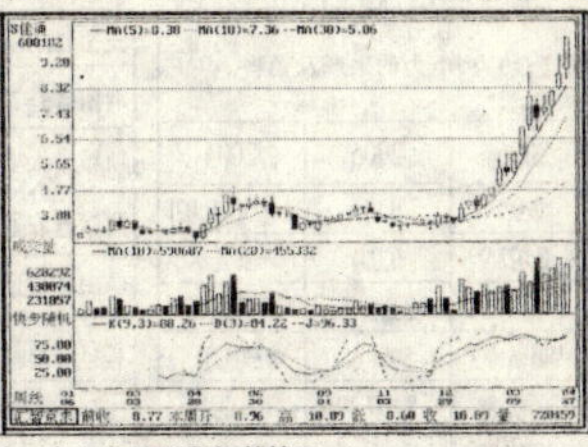

| | |
|---|---|
| 2006 年涨跌幅(%) | 21.09 |
| 2006 年最高(元) | 4.87 |
| 2007 年涨跌幅(%) | 166.23 |
| 2007.4.27 收盘(元) | 10.09 |
| 2007 年最高(元) | 10.09 |
| 2007 年最低(元) | 3.58 |
| 2007 年换手率(%) | 471.95 |

未来一年限售流通股解禁情况:

| 最新股本 | 总股本 | 非(限售)流通 | 流通 A | 流通 B/H/S | 股东户数 | 06 年末 | 06 三季 |
|---|---|---|---|---|---|---|---|
| | 34000 | 17000 | 17000 | | | 30881 | 34453 |

**年报点评**：在收入同比增长的情况下，公司 2006 年净利润同比却大幅下降。2006 年国内天然橡胶价格同比上涨了 45.91%，合成橡胶价格同比上涨了 20.12%。由于橡胶是轮胎制造的主要原材料，胶价大幅上涨导致公司生产成本提升，最终导致公司净利润大幅下降。

## 生益科技（600183）

上市日期:98/10/28　　电话:0769－2271828　　传真:0769－2271828－8225

**主营**：生产覆铜箔板和半固化片以及印刷线路板产品。

| | 年　度 | 2006 | 2005 | 2004 |
|---|---|---|---|---|
| 主要指标 | 每股收益/扣除后(元) | 0.45/0.45 | 0.33/0.33 | 0.33/0.33 |
| | 每股经营现金流量(元) | 0.3418 | 0.3715 | 0.0837 |
| | 每股净资产/调整后(元) | 1.72/1.71 | 2.13/2.11 | 1.99/1.96 |
| | 未分利润(万元) | 12466.87 | 18851.02 | 12324.4 |
| | 资本公积(万元) | 22353.55 | 21920.98 | 21850.68 |
| 利润构成 | 主营收入(万元) | 339861.42 | 241253.96 | 184253.1 |
| | 主营利润(万元) | 64125.3 | 37333.5 | 43463.9 |
| | 投资收益(万元) | 5605.14 | 3142.28 | －4339.98 |
| | 利润总额(万元) | 49242.25 | 24553.15 | 24315.45 |
| | 净利润(万元) | 42955.28 | 21189.3 | 21217.09 |

近年分配：06 中期:10 派 0.56 送 5 年终预案:10 派 1；05 年:10 派 1.8；04 年:10 派 1.9

| 主要股东及持股比例%、持股性质 |
|---|
| 伟华电子有限公司 22.18%（外资股） |
| 东莞市电子工业总公司 20.43%（国有股） |
| 广东省外贸开发公司 9.16%（国有股） |
| 广东省外贸开发公司工会委员会 2.56%（国有股） |
| 广东粤财信托投资有限公司(受让生益科技股权专用) 1.88%（国有股） |
| 东莞市生益电子有限公司工会委员会 0.77%（非流通股） |
| 中国银行－易方达策略成长二号混合型证券投资基金 0.63%（流通 A 股） |
| 中国工商银行－开元证券投资基金 0.55%（流通 A 股） |
| 中国建设银行－博时主题行业股票证券投资基金 0.38%（流通 A 股） |
| 中国农业银行－富兰克林国海弹性市值股票型证券投资基金 0.38%（流通 A 股） |
| 实际控制人：唐翔千 |

二〇〇六年以来市场表现

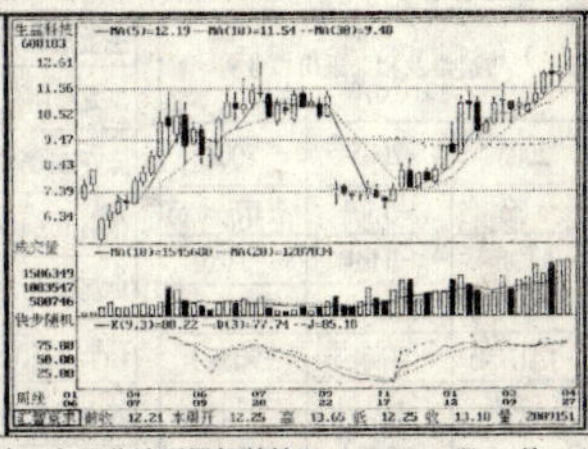

| | |
|---|---|
| 2006 年涨跌幅(%) | 134.73 |
| 2006 年最高(元) | 17.67 |
| 2007 年涨跌幅(%) | 60.34 |
| 2007.4.27 收盘(元) | 13.18 |
| 2007 年最高(元) | 13.65 |
| 2007 年最低(元) | 8.23 |
| 2007 年换手率(%) | 570.13 |

未来一年限售流通股解禁情况:135516426 股 03 月 09 日解禁

| 最新股本 | 总股本 | 非(限售)流通 | 流通 A | 流通 B/H/S | 股东户数 | 06 年末 | 06 三季 |
|---|---|---|---|---|---|---|---|
| | 95702.34 | 57061.22 | 38641.12 | | | 69819 | 53695 |

**年报点评**：公司主营覆铜板、粘结片和硅微粉，2006 年铜箔、玻纤布等原料价格上升到历史新高，导致成本大幅上升，但下游消费类电子需求强劲，而供给充分转移到国内，作为国内供应商中最具竞争力的行业龙头，公司顺利转嫁成本压力并取得良好业绩。

## 新华光（600184）

上市日期:03/11/06　　电话:0710－3349712　　传真:0710－3349308

**主营**：光学玻璃、光学玻璃一次、二次型件、微晶玻璃基板以及光电子材料的生产与销售。

| | 年　度 | 2006 | 2005 | 2004 |
|---|---|---|---|---|
| 主要指标 | 每股收益/扣除后(元) | 0.09/－0.04 | 0.06 | 0.13/0.12 |
| | 每股经营现金流量(元) | 0.45 | －0.33 | 0.08 |
| | 每股净资产/调整后(元) | 4.63/4.62 | 3.98/3.97 | 3.88/3.88 |
| | 未分利润(万元) | 3642.9 | 3087.28 | 2759.56 |
| | 资本公积(万元) | 20529.94 | 16596.79 | 16363.02 |
| 利润构成 | 主营收入(万元) | 19231.88 | 15749.41 | 12694.87 |
| | 主营利润(万元) | 3248.4 | 2663.25 | 3268 |
| | 投资收益(万元) | －24.94 | 6.16 | －0.19 |
| | 利润总额(万元) | 631.87 | 138.06 | 851.85 |
| | 净利润(万元) | 617.35 | 409.86 | 889.48 |

近年分配:

| 主要股东及持股比例%、持股性质 |
|---|
| 湖北华光新材料有限公司 30.002%（国有股） |
| 西安北方光电有限公司 16.232%（国有股） |
| 襄樊华天元件有限公司 5.016%（非流通股） |
| 东方证券股份有限公司 3.313%（流通 A 股） |
| 深圳市同仁和实业有限公司 0.946%（非流通股） |
| 南阳市卧龙光学有限公司 0.946%（非流通股） |
| 招商银行北京分行 0.714%（国有股） |
| 交通银行股份有限公司北京分行 0.714%（国有股） |
| 胡岚 0.571%（流通 A 股） |
| 中国银行－华宝兴业动力组合股票型证券投资基金 0.509%（流通 A 股） |
| 实际控制人：中国兵器工业集团公司 |

二〇〇六年以来市场表现

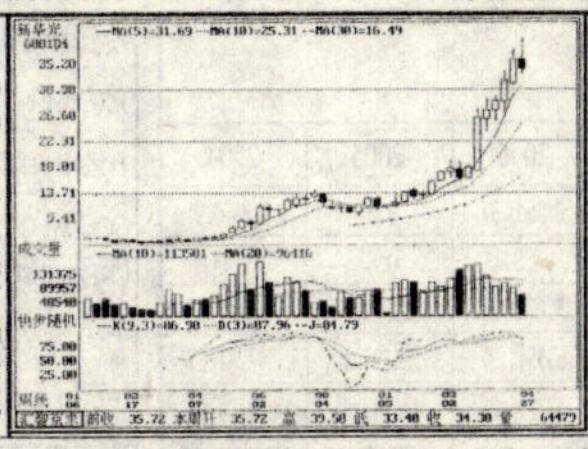

| | |
|---|---|
| 2006 年涨跌幅(%) | 102.85 |
| 2006 年最高(元) | 13.98 |
| 2007 年涨跌幅(%) | 203.27 |
| 2007.4.27 收盘(元) | 34.3 |
| 2007 年最高(元) | 39.5 |
| 2007 年最低(元) | 10.83 |
| 2007 年换手率(%) | 518.16 |

未来一年限售流通股解禁情况:5487500 股 11 月 23 日解禁

| 最新股本 | 总股本 | 非(限售)流通 | 流通 A | 流通 B/H/S | 股东户数 | 06 年末 | 06 三季 |
|---|---|---|---|---|---|---|---|
| | 7000 | 3820 | 3180 | | | 7926 | 6813 |

**年报点评**：公司主营光学玻璃和太阳能光伏电池等业务。2006 年业务稳定增长。2007 年公司将重点进行高档光学玻璃下游产品的生产与市场开发；加快新的高效太阳电池自动化生产线建设，继续扩大太阳电池产能，力争具备一定的太阳电池产业高技术水平优势与规模优势。

## 海星科技（600185）

上市日期:99/06/11　电话:029－82307606　传真:029－82307607

**主营**：计算机硬件产品开发、生产、销售、维修；网络工程、系统集成及软件开发；电子通讯器材及设备；其他高新技术产品的开发、生产、销售及技术服务。

| | 年　度 | 2006 | 2005 | 2004 |
|---|---|---|---|---|
| 主要指标 | 每股收益/扣除后(元) | 0.028/0.037 | 0.051 | 0.056/0.053 |
| | 每股经营现金流量(元) | －0.16 | 0.5406 | －0.1064 |
| | 每股净资产/调整后(元) | 2.13/1.71 | 2.44/2.36 | 2.43/2.27 |
| | 未分利润(万元) | 6718.03 | 6190.34 | 5211.99 |
| | 资本公积(万元) | 19733.09 | 23909.2 | 23909.2 |
| 利润构成 | 主营收入(万元) | 63447.47 | 101680.81 | 78685.9 |
| | 主营利润(万元) | 9034.69 | 17091.97 | 13666.71 |
| | 投资收益(万元) | －95.89 | －381.24 | －437.93 |
| | 利润总额(万元) | 1850.03 | 872.48 | 1162.15 |
| | 净利润(万元) | 715.13 | 1117.57 | 1226.37 |

近年分配：06 预案:10 转增 3

**主要股东及持股比例%、持股性质**

- 西安海星科技投资控股(集团)有限公司 26.63%（非流通股）
- 西安飞机工业(集团)有限公司 4.24%（非流通股）
- 陕西省技术进步投资有限责任公司 4.24%（非流通股）
- 上海发光经贸发展有限公司 3.77%（非流通股）
- 神威医药科技股份有限公司 1.78%（非流通股）
- 海南博妮达贸易有限公司 1.5%（非流通股）
- 上海葆鑫企业发展有限公司 1.3%（非流通股）
- 西安协同软件股份有限公司 0.85%（非流通股）
- 无锡市华信投资管理有限公司 0.85%（非流通股）
- 上海东方国信投资管理有限公司 0.85%（非流通股）

实际控制人：荣海

二〇〇六年以来市场表现

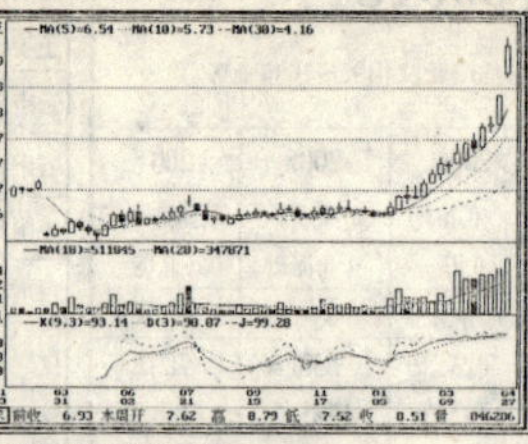

| | |
|---|---|
| 2006 年涨跌幅(%) | 44.07 |
| 2006 年最高(元) | 5.87 |
| 2007 年涨跌幅(%) | 171.02 |
| 2007.4.27 收盘(元) | 8.51 |
| 2007 年最高(元) | 8.79 |
| 2007 年最低(元) | 3.1 |
| 2007 年换手率(%) | 419 |

未来一年限售流通股解禁情况:

| 最新股本 | 总股本 | 非(限售)流通 | 流通 A | 流通 B/H/S | 股东户数 | 06 年末 | 06 三季 |
|---|---|---|---|---|---|---|---|
| | 25968.8 | 14300 | 11668.8 | | | 33661 | 36112 |

**年报点评**：公司主营系统集成、房地产和高速公路业务。2006 年,公司以提高综合毛利率和市场竞争实力为目标,积极开展资产的结构调整和资源的优化配置,使整体资产质量有所改善,尽管结构的调整导致公司主营业务收入有所下降。

## 莲花味精（600186）

上市日期:98/08/25　电话:0394－4298666　传真:0394－4298899

**主营**：味精和调味品的生产及销售；热力、电力的生产及销售。

| | 年　度 | 2006 | 2005 | 2004 |
|---|---|---|---|---|
| 主要指标 | 每股收益/扣除后(元) | 0.02 | 0.011 | 0.005/－0.021 |
| | 每股经营现金流量(元) | 0.022 | 0.094 | －0.2648 |
| | 每股净资产/调整后(元) | 1.47/1.43 | 2.2/2.15 | 2.19/2.15 |
| | 未分利润(万元) | 10196.6 | 8060.66 | 7303.81 |
| | 资本公积(万元) | 30582.5 | 89037.19 | 89037.19 |
| 利润构成 | 主营收入(万元) | 185571.88 | 133754.88 | 95216.52 |
| | 主营利润(万元) | 18919.75 | 16864.13 | 15656.33 |
| | 投资收益(万元) | 6.65 | 1574.17 | －2.07 |
| | 利润总额(万元) | 2135.94 | 706.15 | 468.7 |
| | 净利润(万元) | 2135.94 | 972.41 | 460.5 |

近年分配：

**主要股东及持股比例%、持股性质**

- 河南省莲花味精集团有限公司 23.3%（国有股）
- 项城市天安科技有限公司 7.37%（非流通股）
- 河南省农业综合开发公司 6.96%（国有股）
- 中国长城资产管理公司 6.86%（国有股）
- 北京祥恒科技有限公司 4.1%（非流通股）
- 新华都实业集团股份有限公司 0.4%（流通 A 股）
- 赵爱春 0.28%（流通 A 股）
- 闫春英 0.26%（流通 A 股）
- 北京承乾世博科技投资有限公司 0.21%（流通 A 股）
- 张丁 0.18%（流通 A 股）

实际控制人：河南省项城市人民政府

二〇〇六年以来市场表现

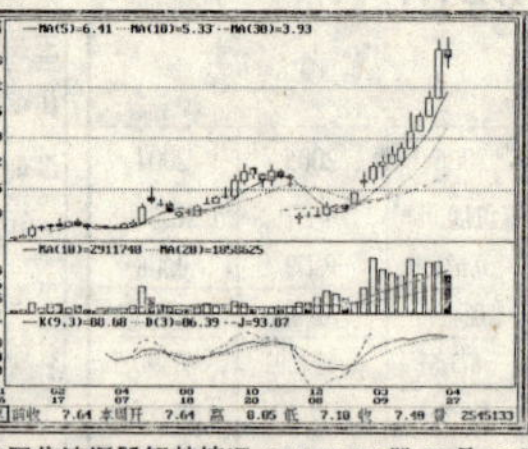

| | |
|---|---|
| 2006 年涨跌幅(%) | 122.68 |
| 2006 年最高(元) | 4.58 |
| 2007 年涨跌幅(%) | 221.18 |
| 2007.4.27 收盘(元) | 7.4 |
| 2007 年最高(元) | 10.06 |
| 2007 年最低(元) | 3.02 |
| 2007 年换手率(%) | 439.94 |

未来一年限售流通股解禁情况:244411518 股 02 月 16 日解禁

| 最新股本 | 总股本 | 非(限售)流通 | 流通 A | 流通 B/H/S | 股东户数 | 06 年末 | 06 三季 |
|---|---|---|---|---|---|---|---|
| | 106202.43 | 51602.43 | 54600 | | | 69473 | 61791 |

**年报点评**：公司以味精生产和销售为主业,2006 年是公司的改革发展之年。重点狠抓基础管理,强力开拓国际市场,积极解决历史遗留问题,加大环保治理力度,生产经营形势在去年恢复性增长的基础上,保持了稳定和谐发展的态势。

## S＊ST 黑龙（600187）

上市日期:98/11/11　电话:0452－2817931　传真:0452－2816277

**主营**：新闻纸和冰雪运动器材的生产与销售及相关进出口业务。

| | 年　度 | 2006 | 2005 | 2004 |
|---|---|---|---|---|
| 主要指标 | 每股收益/扣除后(元) | 0.055 | －1.093 | －2.477/－0.557 |
| | 每股经营现金流量(元) | 0.0001 | －0.0034 | －0.0531 |
| | 每股净资产/调整后(元) | －1.78/－2.01 | －1.84/－2.03 | －0.74/－0.92 |
| | 未分利润(万元) | －128117.45 | －129904.59 | －94155.34 |
| | 资本公积(万元) | 34548.46 | 34532.03 | 34489.28 |
| 利润构成 | 主营收入(万元) | | 0.12 | 21064.8 |
| | 主营利润(万元) | | －0.05 | 84.04 |
| | 投资收益(万元) | | | |
| | 利润总额(万元) | 1787.14 | －35749.24 | －81044.5 |
| | 净利润(万元) | 1787.14 | －35749.24 | －81044.5 |

近年分配：

**主要股东及持股比例%、持股性质**

- 黑龙集团公司 70.21%（国有股）
- 陈好 0.86%（流通 A 股）
- 张羽 0.64%（流通 A 股）
- 史福根 0.3%（流通 A 股）
- 孙平 0.3%（流通 A 股）
- 万文国 0.26%（流通 A 股）
- 田幸文 0.23%（流通 A 股）
- 张明月 0.21%（流通 A 股）
- 张振龙 0.18%（流通 A 股）
- 潘江 0.18%（流通 A 股）

实际控制人：齐齐哈尔市国有资产监督管理委员会

二〇〇六年以来市场表现

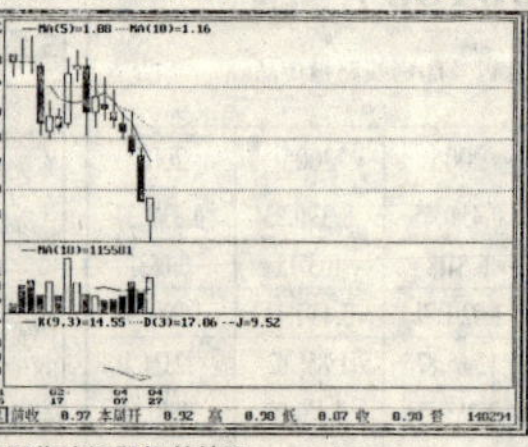

| | |
|---|---|
| 2006 年涨跌幅(%) | |
| 2006 年最高(元) | |
| 2007 年涨跌幅(%) | |
| 2007.4.27 收盘(元) | |
| 2007 年最高(元) | |
| 2007 年最低(元) | |
| 2007 年换手率(%) | |

未来一年限售流通股解禁情况:

| 最新股本 | 总股本 | 非(限售)流通 | 流通 A | 流通 B/H/S | 股东户数 | 06 年末 | 06 三季 |
|---|---|---|---|---|---|---|---|
| | 32722.5 | 22972.5 | 9750 | | | 20025 | 20025 |

**年报点评**：近年来,公司生产经营面临着较大困难,自 2004 年 1 月以来基本处于停产状态。目前已经把公司全部生产经营性资产租赁给齐齐哈尔中纸实业发展有限公司。但公司新闻纸生产没有特别的竞争优势,加之财务状况恶化,未来寄希望于资产重组。

## 兖州煤业（600188）

上市日期:98/07/01　电话:0537－5382319　传真:0537－5383311

**主营**：煤炭开采、洗选和销售。

| | 年　度 | 2006 | 2005 | 2004 |
|---|---|---|---|---|
| 主要指标 | 每股收益/扣除后(元) | 0.36/0.37 | 0.51 | 0.88/0.9 |
| | 每股经营现金流量(元) | 0.89 | 0.81 | 1.44 |
| | 每股净资产/调整后(元) | 3.67/3.66 | 3.49/3.47 | 4.96/4.94 |
| | 未分利润(万元) | 633544.37 | 584397.19 | 372281.27 |
| | 资本公积(万元) | 507896.08 | 486548.08 | 650194.94 |
| 利润构成 | 主营收入(万元) | 1322429.57 | 1270552.99 | 1220916.35 |
| | 主营利润(万元) | 615343.09 | 653990.53 | 689135.06 |
| | 投资收益(万元) | 419.43 | 909.24 | 2517.5 |
| | 利润总额(万元) | 303523.26 | 391081.93 | 411482.32 |
| | 净利润(万元) | 174934.11 | 249548.15 | 270778.48 |

近年分配：06 预案:10 派 2；05 年:10 派 2.2；04 年:10 派 2.6 转增 6

**主要股东及持股比例%、持股性质**

- 兖矿集团有限公司 52.86%（非流通股）
- 香港中央结算(代理人)有限公司 39.72%（H 股）
- GOLDMAN SACHS & CO. 0.61%（流通 A 股）
- CREDIT SUISSE (HONG KONG) LIMITED 0.28%（流通 A 股）
- 上证 50 交易型开放式指数证券投资基金 0.09%（流通 A 股）
- 长信增利动态策略股票型证券投资基金 0.08%（流通 A 股）
- 东风汽车股份有限公司 0.07%（流通 A 股）
- CITIGROUP GLOBAL MARKETS LIMITED 0.06%（流通 A 股）
- 全国社保基金零零二组合 0.06%（流通 A 股）
- UBS LIMITED 0.05%（流通 A 股）

实际控制人：山东省人民政府国有资产监督管理委员会

二〇〇六年以来市场表现

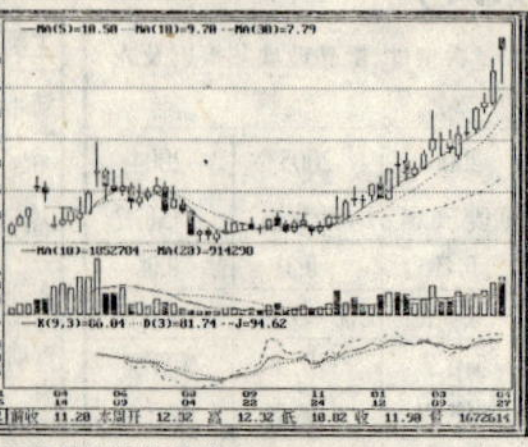

| | |
|---|---|
| 2006 年涨跌幅(%) | 53.93 |
| 2006 年最高(元) | 11.13 |
| 2007 年涨跌幅(%) | 68.32 |
| 2007.4.27 收盘(元) | 11.9 |
| 2007 年最高(元) | 12.32 |
| 2007 年最低(元) | 7.07 |
| 2007 年换手率(%) | 427.29 |

未来一年限售流通股解禁情况:

| 最新股本 | 总股本 | 非(限售)流通 | 流通 A | 流通 B/H/S | 股东户数 | 06 年末 | 06 三季 |
|---|---|---|---|---|---|---|---|
| | 491840 | 260000 | 36000 | 195840 | | 75733 | 84965 |

**年报点评**：2006 年公司收入实现稳步增长,但原材料成本上升、员工工资增加、塌陷费用支出增加等影响了公司盈利能力,造成公司主营业务利润率下降了近 5 个百分点,并最终导致公司净利润同比略有下降。

## 吉林森工（600189）

上市日期：98/10/07　　电话：0431－88912969　　传真：0431－88930595

| | | | | |
|---|---|---|---|---|
| 主营 | 木材、人造板，批发和零售贸易，医药、生物制品等。 | | | |
| | 年　度 | 2006 | 2005 | 2004 |
| 主要指标 | 每股收益/扣除后(元) | 0.21/0.19 | 0.25 | 0.32/0.32 |
| | 每股经营现金流量(元) | 0.6 | 0.18 | 0.45 |
| | 每股净资产/调整后(元) | 4.22/4.1 | 4.31/4.2 | 4.39/4.28 |
| | 未分利润(万元) | 20352.33 | 23850.31 | 27059.61 |
| | 资本公积(万元) | 64478.97 | 64454.18 | 65042.79 |
| 利润构成 | 主营收入(万元) | 130168.01 | 116692.2 | 112033.16 |
| | 主营利润(万元) | 29211.15 | 28785.12 | 28016.13 |
| | 投资收益(万元) | 463.94 | 360.44 | 232.88 |
| | 利润总额(万元) | 7004.24 | 8454.63 | 11002.23 |
| | 净利润(万元) | 6558.32 | 7703.76 | 10053.98 |
| 近年分配: | 05 年：10 派 3；04 年：10 派 3 | | | |

| 主要股东及持股比例%、持股性质 | |
|---|---|
| 中国吉林森林工业集团有限责任公司 50.89%（部分流通部分不流通） | |
| 中国工商银行－易方达价值精选股票型证券投资基金 4.06%（流通 A 股） | |
| 中国工商银行－普华证券投资基金 1.4%（流通 A 股） | |
| 中国银行－嘉实服务增值行业证券投资基金 1.37%（流通 A 股） | |
| 中国工商银行－天元证券投资基金 1.19%（流通 A 股） | |
| 中国工商银行－南方绩优成长股票型证券投资基金 1.16%（流通 A 股） | |
| 全国社保基金一零七组合 0.97%（流通 A 股） | |
| 中国建设银行－华夏红利混合型开放式证券投资基金 0.93%（流通 A 股） | |
| 中国工商银行－国投瑞银核心企业股票型证券投资基金 0.87%（流通 A 股） | |
| 同德证券投资基金 0.65%（流通 A 股） | |
| 实际控制人: | 吉林省人民政府国有资产监督管理委员会 |

二〇〇六年以来市场表现

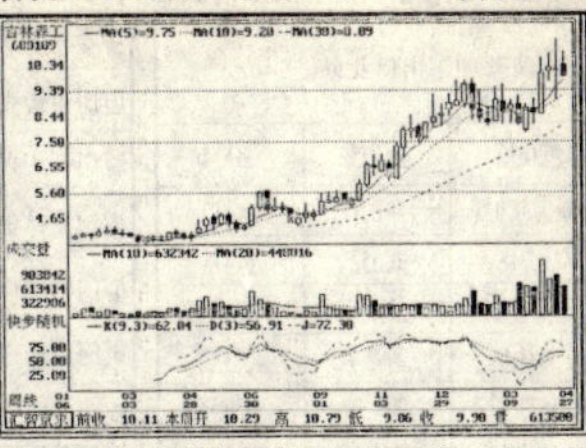

| | |
|---|---|
| 2006 年涨跌幅(%) | 125.9 |
| 2006 年最高(元) | 9.53 |
| 2007 年涨跌幅(%) | 16.33 |
| 2007.4.27 收盘(元) | 9.9 |
| 2007 年最高(元) | 11.29 |
| 2007 年最低(元) | 7.8 |
| 2007 年换手率(%) | 481.4 |

未来一年限售流通股解禁情况：15525000 股 12 月 19 日解禁

| 最新股本 | 总股本 | 非(限售)流通 | 流通 A | 流通 B/H/S | 股东户数 | 06 年末 | 06 三季 |
|---|---|---|---|---|---|---|---|
| | 31050 | 14248.5 | 16801.5 | | | 20583 | 30695 |

年报点评：2006 年，公司主营业务收入同比增长 11.55%；净利润同比减少 14.87%，主要原因为木材政策性减产 8%；贷款增多导致财务费用同比增加；公司运行成本不断提高，毛利率下降；根据应收款项的可收回性，对部分应收款项全额计提坏账准备，也影响了净利润的实现。

## 锦州港（600190/900952）

上市日期：A：99/06/09 B：98/05/19　　电话：0416－3586462　　传真：0416－3582431

| | | | | |
|---|---|---|---|---|
| 主营 | 为东北三省中部和西部、内蒙古东部、华北北部广大腹地提供货物装卸、仓储及倒货代理服务。港口主要装卸货种有原油、成品油、粮食和煤炭。 | | | |
| | 年　度 | 2006 | 2005 | 2004 |
| 主要指标 | 每股收益/扣除后(元) | 0.1/0.101 | 0.143 | 0.126/0.13 |
| | 每股经营现金流量(元) | 0.213 | 0.253 | 0.236 |
| | 每股净资产/调整后(元) | 1.26/1.25 | 1.33/1.31 | 1.18/1.16 |
| | 未分利润(万元) | 10160.12 | 4550.77 | －7033.68 |
| | 资本公积(万元) | 9781.48 | 20669.01 | 20521.04 |
| 利润构成 | 主营收入(万元) | 47559.07 | 50802.77 | 47534.71 |
| | 主营利润(万元) | 27737.14 | 30747.91 | 26756.31 |
| | 投资收益(万元) | 259.65 | 273.02 | 105.58 |
| | 利润总额(万元) | 16429.36 | 21039.02 | 17180.63 |
| | 净利润(万元) | 10561.06 | 13534.78 | 11931 |
| 近年分配: | 05 年：10 派 0.3 | | | |

| 主要股东及持股比例%、持股性质 | |
|---|---|
| 东方集团股份有限公司 24.33%（非流通股） | |
| 锦州港国有资产经营管理有限公司 14.21%（国有股） | |
| 锦州石油化工公司 7.91%（国有股） | |
| 辽宁省投资集团有限公司 3.84%（非流通股） | |
| 锦西炼油化工总厂 1.42%（非流通股） | |
| 辽宁省建设投资公司 0.43%（非流通股） | |
| 恒泰证券有限责任公司 0.21%（流通 A 股） | |
| 锦州碧海石油化工有限公司 0.16%（非流通股） | |
| 侯春伟 0.15%（流通 A 股） | |
| 俞峰 0.12%（流通 B 股） | |
| 实际控制人: | 张宏伟 |

二〇〇六年以来市场表现

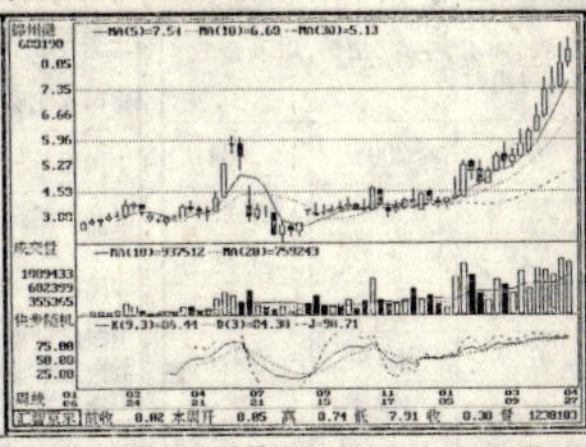

| | |
|---|---|
| 2006 年涨跌幅(%) | 66.94 |
| 2006 年最高(元) | 6.6 |
| 2007 年涨跌幅(%) | 98.11 |
| 2007.4.27 收盘(元) | 8.38 |
| 2007 年最高(元) | 8.74 |
| 2007 年最低(元) | 4.11 |
| 2007 年换手率(%) | 423.03 |

未来一年限售流通股解禁情况：220033422 股 07 月 11 日解禁

| 最新股本 | 总股本 | 非(限售)流通 | 流通 A | 流通 B/H/S | 股东户数 | 06 年末 | 06 三季 |
|---|---|---|---|---|---|---|---|
| | 105548.95 | 55200 | 31781.7 | 18567.25 | | 108643 | 114119 |

年报点评：公司是渤海湾地区粮食、煤炭和油品装卸大港，2006 年受国际原油价格波动以及国家外贸政策调整的影响，费率较高的外贸油品和外贸粮食货源严重下滑。公司港口建设投资加大，财务费用大幅增长也导致利润下降。

## 华资实业（600191）

上市日期：98/12/10　　电话：0472－6957544　　传真：0472－4190473

| | | | | |
|---|---|---|---|---|
| 主营 | 甜菜制糖业和电子业，计算机的研制、推广应用，软件开发，计算机软硬件及外围设备，计算机配件，以及糖机设备的制造与销售等。 | | | |
| | 年　度 | 2006 | 2005 | 2004 |
| 主要指标 | 每股收益/扣除后(元) | 0.05/0.06 | 0.09 | 0.23/0.23 |
| | 每股经营现金流量(元) | 0.07 | 0.13 | 0.57 |
| | 每股净资产/调整后(元) | 4.3/4.28 | 4.24/4.22 | 4.15/4.13 |
| | 未分利润(万元) | 31741.61 | 30465.91 | 28230.57 |
| | 资本公积(万元) | 60571.34 | 60341.34 | 60341.34 |
| 利润构成 | 主营收入(万元) | 50251.86 | 65579.11 | 105987.74 |
| | 主营利润(万元) | 10429.22 | 10747.41 | 19449.48 |
| | 投资收益(万元) | 1203.99 | 435.97 | 30.04 |
| | 利润总额(万元) | 2161.83 | 2882.9 | 8142.19 |
| | 净利润(万元) | 1417.44 | 2629.82 | 7032.97 |
| 近年分配: | | | | |

| 主要股东及持股比例%、持股性质 | |
|---|---|
| 包头草原糖业集团有限责任公司 31.49%（国有股） | |
| 包头市实创经济技术开发有限公司 17.61%（国有股） | |
| 包头市北普实业有限公司 5.32%（国有股） | |
| 马阳都 0.236%（流通 A 股） | |
| 樊光沛 0.216%（流通 A 股） | |
| 彭爱兰 0.214%（流通 A 股） | |
| 王华玉 0.181%（流通 A 股） | |
| 远林耀 0.103%（流通 A 股） | |
| 李淑萍 0.099%（流通 A 股） | |
| 刘金栋 0.094%（流通 A 股） | |
| 实际控制人: | 包头草原糖业集团有限责任公司 |

二〇〇六年以来市场表现

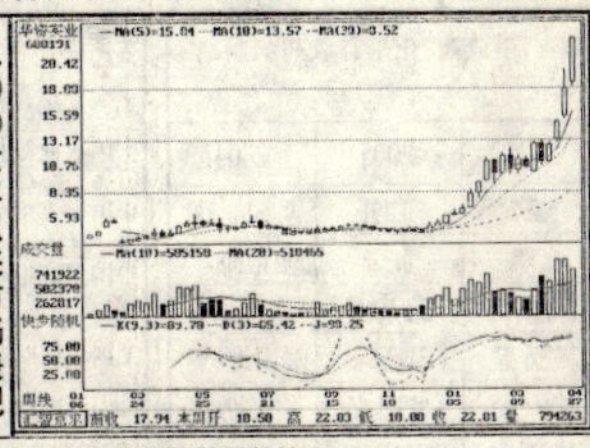

| | |
|---|---|
| 2006 年涨跌幅(%) | 95.4 |
| 2006 年最高(元) | 8.16 |
| 2007 年涨跌幅(%) | 279.53 |
| 2007.4.27 收盘(元) | 22.81 |
| 2007 年最高(元) | 22.83 |
| 2007 年最低(元) | 6.06 |
| 2007 年换手率(%) | 645.24 |

未来一年限售流通股解禁情况：

| 最新股本 | 总股本 | 非(限售)流通 | 流通 A | 流通 B/H/S | 股东户数 | 06 年末 | 06 三季 |
|---|---|---|---|---|---|---|---|
| | 30308.25 | 16494.45 | 13813.8 | | | 37611 | 42400 |

年报点评：公司以电子信息类和制糖为主业。2006 年，由于市场竞争激烈，原材料价格进一步上涨，电子业务大幅减少。而制糖业务尽管 2006 年糖价高，但因公司的产糖规模有限，同时所得税率提高导致利润增长幅度并不大。

## 长城电工（600192）

上市日期：98/12/24　　电话：0931－8415912　　传真：0931－8414606

| | | | | |
|---|---|---|---|---|
| 主营 | 一般交流发电机、大中型交直流电机、伺服主轴电机、高低压开关设备、电气传动装置、高低压电器元件等产品的生产和销售。 | | | |
| | 年　度 | 2006 | 2005 | 2004 |
| 主要指标 | 每股收益/扣除后(元) | 0.099/0.078 | 0.056 | 0.054/0.057 |
| | 每股经营现金流量(元) | 0.0341 | 0.3702 | 0.372 |
| | 每股净资产/调整后(元) | 3.39/3.35 | 3.43/3.37 | 3.37/3.34 |
| | 未分利润(万元) | 13377.06 | 10833.88 | 9423.63 |
| | 资本公积(万元) | 50377.39 | 62931.29 | 62783.83 |
| 利润构成 | 主营收入(万元) | 133627.31 | 122421.56 | 104339.44 |
| | 主营利润(万元) | 27384.05 | 27386.87 | 24936.42 |
| | 投资收益(万元) | －841.61 | 886.07 | －242.29 |
| | 利润总额(万元) | 3643.6 | 2673.66 | 2318.31 |
| | 净利润(万元) | 2825.99 | 1792.67 | 1739.57 |
| 近年分配: | | | | |

| 主要股东及持股比例%、持股性质 | |
|---|---|
| 甘肃长城电工集团有限责任公司 49.17%（国有股） | |
| 中信证券－中信－中信理财 2 号集合资产管理计划 0.41%（流通 A 股） | |
| 李娟 0.37%（流通 A 股） | |
| 代玲 0.35%（流通 A 股） | |
| 上海汽车集团财务有限责任公司 0.32%（流通 A 股） | |
| 阙静 0.29%（流通 A 股） | |
| 张立伟 0.28%（流通 A 股） | |
| 中国工商银行－中万巴黎新动力股票型证券投资基金 0.27%（流通 A 股） | |
| 贾金山 0.24%（流通 A 股） | |
| 海通－交行－海通稳健增值型集合资产管理计划 0.23%（流通 A 股） | |
| 实际控制人: | |

二〇〇六年以来市场表现

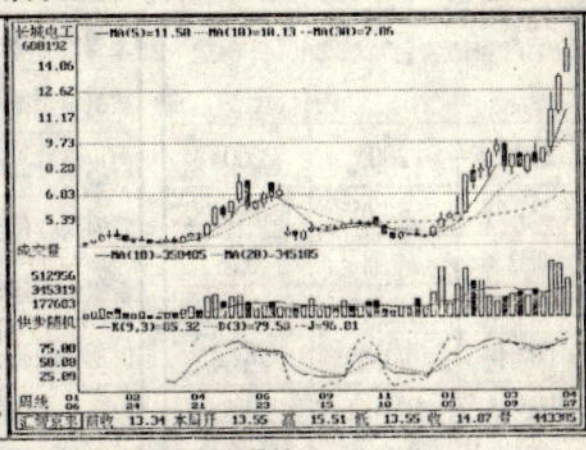

| | |
|---|---|
| 2006 年涨跌幅(%) | 74.23 |
| 2006 年最高(元) | 7.97 |
| 2007 年涨跌幅(%) | 181.63 |
| 2007.4.27 收盘(元) | 14.87 |
| 2007 年最高(元) | 15.51 |
| 2007 年最低(元) | 5.32 |
| 2007 年换手率(%) | 394.29 |

未来一年限售流通股解禁情况：

| 最新股本 | 总股本 | 非(限售)流通 | 流通 A | 流通 B/H/S | 股东户数 | 06 年末 | 06 三季 |
|---|---|---|---|---|---|---|---|
| | 28478.5 | 14003.5 | 14475 | | | 49060 | 54636 |

年报点评：2006 年公司实施了重大资产置换，虽然主营业务收入略有增长，但净利润同比有较大增长。进行资产置换后，长城电工甩掉了历史包袱，未来风力发电机和高压开关柜的产业化可望带领公司业务走长快速发展的道路。

## 创兴科技(600193)

上市日期:99/05/27　　电话:0592－5311857　　传真:0592－5311821

| | | | | |
|---|---|---|---|---|
| 主营 | 从事房地产开发经营和速冻蔬菜加工出口业务。 | | | |
| | 年度 | 2006 | 2005 | 2004 |
| 主要指标 | 每股收益/扣除后(元) | 0.07/0.023 | －0.1 | 0.06/0.06 |
| | 每股经营现金流量(元) | 0.318 | 0.552 | 0.476 |
| | 每股净资产/调整后(元) | 1.67/1.65 | 1.55/1.51 | 1.66/1.65 |
| | 未分利润(万元) | 3994.09 | 2982.7 | 4673.59 |
| | 资本公积(万元) | 5579.93 | 4850.09 | 4850.09 |
| 利润构成 | 主营收入(万元) | 5384.97 | 7945.01 | 9795.17 |
| | 主营利润(万元) | 1254.63 | 2139.45 | 4093.39 |
| | 投资收益(万元) | 1139.59 | －1217.69 | 664.99 |
| | 利润总额(万元) | 953.09 | －1676.98 | 1492.27 |
| | 净利润(万元) | 1123.76 | －1595.89 | 983.29 |
| 近年分配: | | | | |

| 主要股东及持股比例%、持股性质 |
|---|
| 厦门市迈克生化有限公司 17.17%(非流通股) |
| 厦门百汇兴投资有限公司 16.41%(非流通股) |
| 厦门大洋集团股份有限公司 15.23%(非流通股) |
| 厦门博纳科技有限公司 11.93%(非流通股) |
| 厦门海洋三所科技开发公司 3.63%(国有股) |
| 深圳市海丰源投资股份有限公司 1.4%(流通A股) |
| 黑龙江省大正投资集团有限责任公司 1.31%(流通A股) |
| 王嵩 0.42%(流通A股) |
| 陈勇 0.24%(流通A股) |
| 黄荣军 0.2%(流通A股) |
| 实际控制人: |

二〇〇六年以来市场表现

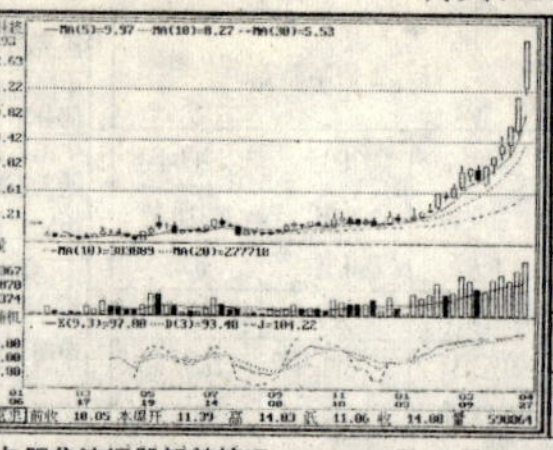

| | |
|---|---|
| 2006年涨跌幅(%) | 44.21 |
| 2006年最高(元) | 5.92 |
| 2007年涨跌幅(%) | 244.83 |
| 2007.4.27收盘(元) | 14 |
| 2007年最高(元) | 14.03 |
| 2007年最低(元) | 3.95 |
| 2007年换手率(%) | 602.58 |

未来一年限售流通股解禁情况:33560000股02月07日解禁

| 最新股本 | 总股本 | 非(限售)流通 | 流通A | 流通B/H/S | 股东户数 | 06年末 | 06三季 |
|---|---|---|---|---|---|---|---|
| | 16780 | 10800 | 5980 | | | 17713 | 19892 |

年报点评:公司开发的东方夏威夷和参股金帝豪苑别墅项目销售良好,但是销售的东方夏威夷项目预售房款不能结转导致主营收入和主营利润同比下降,投资收益同比增长主要是国盟大厦结转收入所致,从而2006年净利润实现扭亏为盈。

## 中牧股份(600195)

上市日期:99/01/07　　电话:010－63702195　　传真:010－63702196

| | | | | |
|---|---|---|---|---|
| 主营 | 动物保健品、饲料、肉类制品的加工、生产、销售,以及畜牧业生产资料贸易和自营产品进出口。 | | | |
| | 年度 | 2006 | 2005 | 2004 |
| 主要指标 | 每股收益/扣除后(元) | 0.33/0.28 | 0.16/0.15 | 0.16/0.12 |
| | 每股经营现金流量(元) | 0.18 | 0.62 | 0.32 |
| | 每股净资产/调整后(元) | 2.56/2.52 | 2.31/2.27 | 2.21/2.18 |
| | 未分利润(万元) | 15037.99 | 7129.94 | 5964.91 |
| | 资本公积(万元) | 35481.58 | 34976.45 | 33471.7 |
| 利润构成 | 主营收入(万元) | 148469.37 | 161795.71 | 139481.48 |
| | 主营利润(万元) | 51858.62 | 44273.07 | 36672.32 |
| | 投资收益(万元) | 1211.94 | －2369.37 | －641.6 |
| | 利润总额(万元) | 16584.88 | 8851.83 | 7405.3 |
| | 净利润(万元) | 13054.77 | 6331.28 | 6201.01 |
| 近年分配: | 06预案:10派2;05年:10派1;04年:10派1 | | | |

| 主要股东及持股比例%、持股性质 |
|---|
| 中国牧工商(集团)总公司 58.46%(非流通股) |
| 中国银行－同盛证券投资基金 1.79%(流通A股) |
| 海通－中行－FORTIS BANK SA/NV 1.67%(流通A股) |
| 中国银行－海富通股票证券投资基金 1.62%(流通A股) |
| 中国建设银行－海富通风格优势股票型证券投资基金 1.39%(流通A股) |
| 中国工商银行－融通动力先锋股票型证券投资基金 1.37%(流通A股) |
| 中国银行－海富通收益增长证券投资基金 1.29%(流通A股) |
| 全国社保基金一零九组合 1.19%(流通A股) |
| 鸿阳证券投资基金 1.13%(流通A股) |
| 交通银行－海富通精选证券投资基金 1.03%(流通A股) |
| 实际控制人:中国农业发展集团总公司 |

二〇〇六年以来市场表现

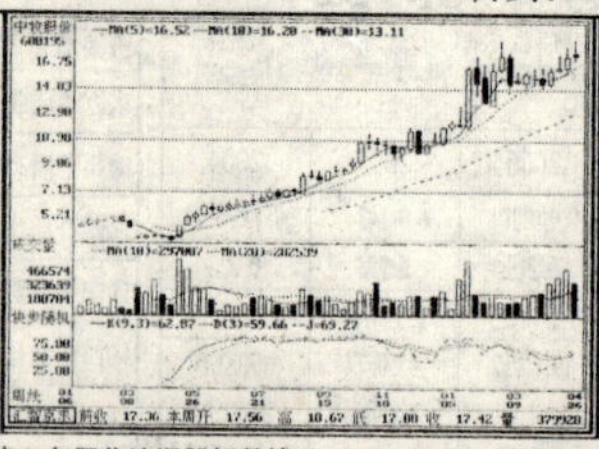

| | |
|---|---|
| 2006年涨跌幅(%) | 268.71 |
| 2006年最高(元) | 16.4 |
| 2007年涨跌幅(%) | 46.51 |
| 2007.4.27收盘(元) | 17.42 |
| 2007年最高(元) | 18.67 |
| 2007年最低(元) | 11.65 |
| 2007年换手率(%) | 294.36 |

未来一年限售流通股解禁情况:19500000股03月28日解禁

| 最新股本 | 总股本 | 非(限售)流通 | 流通A | 流通B/H/S | 股东户数 | 06年末 | 06三季 |
|---|---|---|---|---|---|---|---|
| | 39000 | 22800 | 16200 | | | 23158 | 33368 |

年报点评:公司是国内畜牧行业的龙头企业,主要产品在国内都占有较高的市场份额,目前已成为国内生物制品领域产品品种最全、生产能力和产量规模最大的企业。2006年公司业绩出现快速增长,未来几年成长可期。

## 复星医药(600196)

上市日期:98/08/07　　电话:021－63325070　　传真:021－63325079

| | | | | |
|---|---|---|---|---|
| 主营 | 医疗诊断产品;基因工程药物、中成药、化学合成药的制造及药品销售;医疗器械等。 | | | |
| | 年度 | 2006 | 2005 | 2004 |
| 主要指标 | 每股收益/扣除后(元) | 0.272 | 0.191 | 0.261/0.239 |
| | 每股经营现金流量(元) | 0.194 | 0.226 | 0.248 |
| | 每股净资产/调整后(元) | 3.25/3.25 | 2.87/2.87 | 2.79/2.77 |
| | 未分利润(万元) | 26286.27 | 34933.48 | 41128.93 |
| | 资本公积(万元) | 142606.55 | 81963.96 | 75799 |
| 利润构成 | 主营收入(万元) | 310200.24 | 298852.68 | 242543.59 |
| | 主营利润(万元) | 80553.84 | 89617.36 | 75726.56 |
| | 投资收益(万元) | 33454.75 | 14512.08 | 16822.95 |
| | 利润总额(万元) | 34098.47 | 26930.41 | 31288.24 |
| | 净利润(万元) | 25915.8 | 15903.07 | 21533.34 |
| 近年分配: | 06预案:10派1转增3;04年:10派1.5 | | | |

| 主要股东及持股比例%、持股性质 |
|---|
| 上海复星高科技(集团)有限公司 49.03%(非流通股) |
| 中国农业银行－中邮核心优选股票型证券投资基金 1.61%(流通A股) |
| 中国平安保险(集团)股份有限公司－集团本级－自有资金 1.45%(流通A股) |
| 中国工商银行－诺安价值增长股票证券投资基金 0.85%(流通A股) |
| 全国社保基金二零二组合 0.55%(流通A股) |
| 上海申新(集团)有限公司 0.47%(非流通股) |
| 国际金融－汇丰－BILL&MELINDA GATES FOUNDATION 0.37%(流通A股) |
| 中国平安保险(集团)股份有限公司 0.37%(流通A股) |
| 兴业证券股份有限公司 0.32%(流通A股) |
| 中国银行－易方达平稳增长证券投资基金 0.32%(流通A股) |
| 实际控制人:郭广昌 |

二〇〇六年以来市场表现

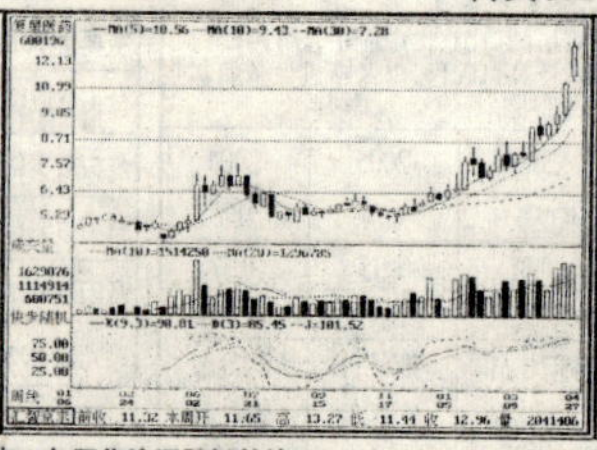

| | |
|---|---|
| 2006年涨跌幅(%) | 46.02 |
| 2006年最高(元) | 8.45 |
| 2007年涨跌幅(%) | 110.73 |
| 2007.4.27收盘(元) | 12.96 |
| 2007年最高(元) | 13.27 |
| 2007年最低(元) | 6.13 |
| 2007年换手率(%) | 457.48 |

未来一年限售流通股解禁情况:

| 最新股本 | 总股本 | 非(限售)流通 | 流通A | 流通B/H/S | 股东户数 | 06年末 | 06三季 |
|---|---|---|---|---|---|---|---|
| | 95213.45 | 47127.6 | 48085.85 | | | 67084 | 73928 |

年报点评:公司是一家医药控股型企业。受到行业政策影响,2006年公司主营收入小幅增长,盈利能力有所下降。公司股改承诺2006年净利润相比2005年增速低于50%有可能触发追送条款。公司通过非经常性损益,实现利润的快速增长。公司投资的股权增值较快。

## 伊力特(600197)

上市日期:99/09/16　　电话:0991－3667490　　传真:0991－3672172

| | | | | |
|---|---|---|---|---|
| 主营 | 白酒、葡萄酒、饮料、纸箱的生产和销售,火力发电,货物运输。 | | | |
| | 年度 | 2006 | 2005 | 2004 |
| 主要指标 | 每股收益/扣除后(元) | 0.22/0.21 | －0.05 | 0.185/0.182 |
| | 每股经营现金流量(元) | 0.12 | 0.18 | 0.08 |
| | 每股净资产/调整后(元) | 1.94/1.92 | 1.75/1.73 | 1.95/1.95 |
| | 未分利润(万元) | 1812.4 | 163.42 | 4038.47 |
| | 资本公积(万元) | 21085.95 | 21174.76 | 21105.9 |
| 利润构成 | 主营收入(万元) | 48325.1 | 43068.01 | 33194.72 |
| | 主营利润(万元) | 17212.3 | 13764.71 | 12271.32 |
| | 投资收益(万元) | 856.92 | －7796.9 | 616.25 |
| | 利润总额(万元) | 10951.54 | 1016 | 9469.96 |
| | 净利润(万元) | 9701.46 | －2204.63 | 8151.12 |
| 近年分配: | 06预案:10派1.6;05年:10派0.25;04年:10派1.4 | | | |

| 主要股东及持股比例%、持股性质 |
|---|
| 新疆伊犁酿酒总厂 50.48%(国有股) |
| 四川微特光电饰件有限公司 1.92%(非流通股) |
| 新疆副食(集团)有限责任公司 1.59%(非流通股) |
| 新疆生产建设兵团投资有限责任公司 0.77%(国有股) |
| 伊犁糖烟酒有限责任公司 0.58%(非流通股) |
| 赵立雨 0.14%(流通A股) |
| 田正东 0.14%(流通A股) |
| 曾云霞 0.12%(流通A股) |
| 蒋顺江 0.12%(流通A股) |
| 骆渊源 0.11%(流通A股) |
| 实际控制人:新疆伊力特集团有限公司 |

二〇〇六年以来市场表现

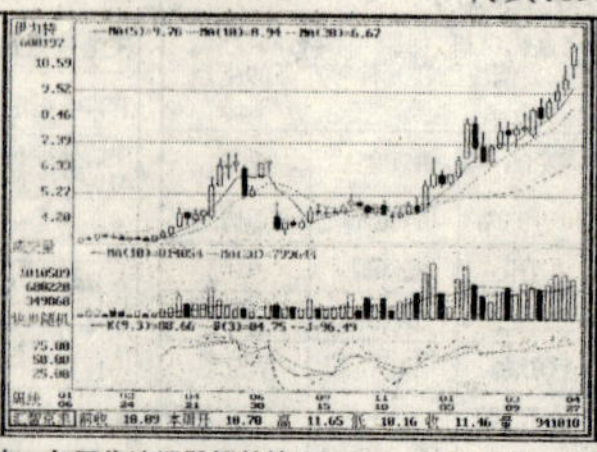

| | |
|---|---|
| 2006年涨跌幅(%) | 136.18 |
| 2006年最高(元) | 8.89 |
| 2007年涨跌幅(%) | 99.65 |
| 2007.4.27收盘(元) | 11.46 |
| 2007年最高(元) | 11.65 |
| 2007年最低(元) | 5.68 |
| 2007年换手率(%) | 633.03 |

未来一年限售流通股解禁情况:23371133股08月01日解禁

| 最新股本 | 总股本 | 非(限售)流通 | 流通A | 流通B/H/S | 股东户数 | 06年末 | 06三季 |
|---|---|---|---|---|---|---|---|
| | 44100 | 24600 | 19500 | | | 43977 | 31472 |

年报点评:公司主营白酒的生产和销售,06年白酒销售收入和毛利率均有增长,但是白酒销售的增长速度明显放慢。公司已经公告与新疆七十一团共同出资组建新疆伊力特煤化工有限责任公司,进军煤焦化,这可能成为公司下一个利润增长点。

## *ST 大唐（600198）

上市日期:98/10/21　电话:010－62303607　传真:010－62303607

| | 年度 | 2006 | 2005 | 2004 |
|---|---|---|---|---|
| 主营 | 各类通信网络系统、各类通信终端、计算机软硬件及外部设备、网络管理和信息安全应用软件、微电子等产品开发、生产、销售以及系统集成和网络建设。 | | | |
| 主要指标 | 每股收益/扣除后(元) | -1.637/-1.634 | -1.586 | 0.045/-0.014 |
| | 每股经营现金流量(元) | 0.3677 | 0.49 | 1.03 |
| | 每股净资产/调整后(元) | 0.75/0.71 | 2.38/1.83 | 3.98/3.71 |
| | 未分利润(万元) | -150133.94 | -78247.74 | -6239.72 |
| | 资本公积(万元) | 133145.87 | 133068.75 | 131151.37 |
| 利润构成 | 主营收入(万元) | 214300.59 | 156044.2 | 262918.62 |
| | 主营利润(万元) | 49729.19 | 20558.04 | 55029.97 |
| | 投资收益(万元) | 126.95 | 1470.81 | 1352.28 |
| | 利润总额(万元) | -69215.53 | -69472.39 | 6238.58 |
| | 净利润(万元) | -71886.2 | -69612.02 | 1982.36 |
| 近年分配: | | | | |

| 主要股东及持股比例%、持股性质 |
|---|
| 电信科学技术研究院 30.34%（国有股） |
| 电信科学技术第十研究所 6.26%（国有股） |
| INTERNATIONAL TELEPHONE AND TELEDATA INC. 5.22%（外资股） |
| 西安高科(集团)公司 1.83%（国有股） |
| 陕西省国际信托投资股份有限公司 1.47%（国有股） |
| 北京凯腾飞信息技术有限公司 1.2%（非流通股） |
| 中国中化集团公司 0.87%（国有股） |
| 湖南南天集团有限公司 0.75%（非流通股） |
| 朱爱军 0.39%（流通 A 股） |
| 山西鸿飞通信实业总公司 0.38%（国有股） |
| 实际控制人：国务院国有资产监督管理委员会 |

二〇〇六年以来市场表现

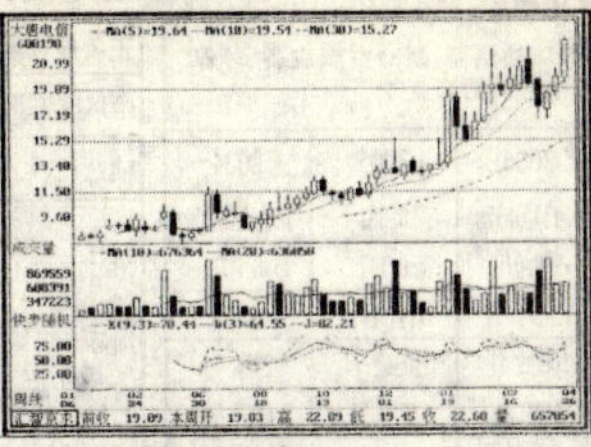

| | |
|---|---|
| 2006 年涨跌幅(%) | 117.07 |
| 2006 年最高(元) | 20.65 |
| 2007 年涨跌幅(%) | 76.15 |
| 2007.4.27 收盘(元) | 22.6 |
| 2007 年最高(元) | 22.89 |
| 2007 年最低(元) | 12.65 |
| 2007 年换手率(%) | 469.29 |

未来一年限售流通股解禁情况:54058682 股 05 月 30 日解禁

| 最新股本 | 总股本 | 非(限售)流通 | 流通 A | 流通 B/H/S | 股东户数 | 06 年末 | 06 三季 |
|---|---|---|---|---|---|---|---|
| | 43898.64 | 21738.56 | 22160.08 | | | 73905 | 68380 |

年报点评：尽管公司 2006 年度主营业务规模和主营业务盈利能力大幅提高，但鉴于公司无线、光通信等传统通信设备产业历年经营留存的大量资产给公司带来预期的收益能力有限，仍需对整合后的无线、光通信资产大幅计提减值准备，由此造成公司 2006 年度财务报告亏损。

## ST 金种子（600199）

上市日期:98/08/12　电话:0558－2210568　传真:0558－2212666

| | 年度 | 2006 | 2005 | 2004 |
|---|---|---|---|---|
| 主营 | 白酒、啤酒及配套包装产品的生产经营。 | | | |
| 主要指标 | 每股收益/扣除后(元) | 0.076/0.031 | 0.02 | -0.54/-0.562 |
| | 每股经营现金流量(元) | 0.098 | 0.146 | 0.198 |
| | 每股净资产/调整后(元) | 2.01/2.01 | 1.92/1.92 | 1.85/1.85 |
| | 未分利润(万元) | -22936.2 | -24314.68 | -25324 |
| | 资本公积(万元) | 45687.16 | 53108.13 | 52102.2 |
| 利润构成 | 主营收入(万元) | 76185.24 | 75793.86 | 41969.51 |
| | 主营利润(万元) | 8591.45 | 4230.85 | 4510.33 |
| | 投资收益(万元) | -310.66 | 2604.03 | 124.69 |
| | 利润总额(万元) | 2251.11 | -3315.96 | -18780.4 |
| | 净利润(万元) | 1974.61 | 686.84 | -18652.71 |
| 近年分配: | | | | |

| 主要股东及持股比例%、持股性质 |
|---|
| 安徽金种子集团有限公司 35.18%（国有股） |
| 张曙光 0.38%（流通 A 股） |
| 广西邦达项目投资有限公司 0.37%（流通 A 股） |
| 覃斌 0.27%（流通 A 股） |
| 牛世峡 0.2%（流通 A 股） |
| 张灼凡 0.19%（流通 A 股） |
| 上海联誉装饰有限公司 0.19%（流通 A 股） |
| 应后秀 0.15%（流通 A 股） |
| 潘庆基 0.13%（流通 A 股） |
| 石慧霞 0.13%（流通 A 股） |
| 实际控制人：阜阳市国资委 |

二〇〇六年以来市场表现

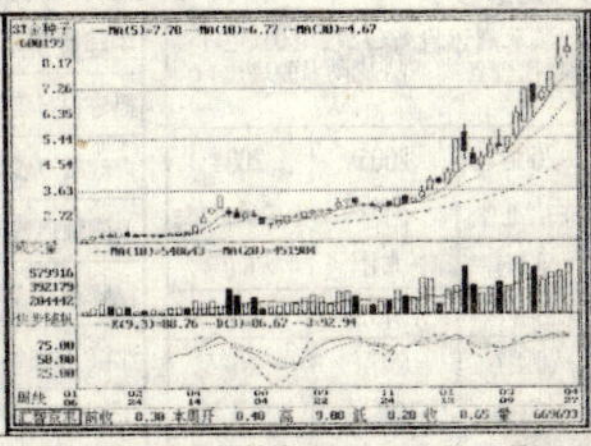

| | |
|---|---|
| 2006 年涨跌幅(%) | 179.18 |
| 2006 年最高(元) | 5.3 |
| 2007 年涨跌幅(%) | 120.1 |
| 2007.4.27 收盘(元) | 8.65 |
| 2007 年最高(元) | 9.08 |
| 2007 年最低(元) | 3.8 |
| 2007 年换手率(%) | 451.14 |

未来一年限售流通股解禁情况:13036073 股 07 月 04 日解禁

| 最新股本 | 总股本 | 非(限售)流通 | 流通 A | 流通 B/H/S | 股东户数 | 06 年末 | 06 三季 |
|---|---|---|---|---|---|---|---|
| | 26072.15 | 9172.15 | 16900 | | | 51626 | 53504 |

年报点评：2006 年，公司调整发展战略，确立了以白酒为核心主业的产业定位。公司是安徽省内的龙头酒类企业。但值得注意的是公司的酒类业务受市场竞争的影响，2006 年收入下滑 49%。2006 年的业绩增长依赖于生化药物业务的快速增长。

## 江苏吴中（600200）

上市日期:99/04/01　电话:0512－5272131　传真:0512－5270086

| | 年度 | 2006 | 2005 | 2004 |
|---|---|---|---|---|
| 主营 | 服装生产销售；各种抗生素类、维生素类、止血类普通药品和 G－CSF 等生物药品的生产、销售。 | | | |
| 主要指标 | 每股收益/扣除后(元) | 0.025/-0.021 | 0.072 | 0.131/0.134 |
| | 每股经营现金流量(元) | 0.086 | 0.132 | 0.411 |
| | 每股净资产/调整后(元) | 1.4/1.38 | 2.12/2.08 | 2.1/2.08 |
| | 未分利润(万元) | 10994.89 | 11657.23 | 12056.9 |
| | 资本公积(万元) | 962.13 | 21752.12 | 21122.81 |
| 利润构成 | 主营收入(万元) | 184841.17 | 143169.35 | 117424.82 |
| | 主营利润(万元) | 18724.51 | 23588.61 | 25151.43 |
| | 投资收益(万元) | 2698.42 | 530.61 | 468.65 |
| | 利润总额(万元) | 2859.61 | 5592.61 | 9611.32 |
| | 净利润(万元) | 1575.67 | 2994.89 | 5457.99 |
| 近年分配: | 06 中期：10 转增 5 年终预案：10 派 0.2；05 年：10 派 0.5；04 年：10 派 0.6 | | | |

| 主要股东及持股比例%、持股性质 |
|---|
| 江苏吴中集团有限公司 21.29%（非流通股） |
| 苏州市基础设施投资管理有限公司 4.89%（流通 A 股） |
| 苏州工业园区股份有限公司 4.8%（流通 A 股） |
| 苏州市吴中区协力商社 4.64%（非流通股） |
| 苏州诚信投资发展有限公司 3.59%（流通 A 股） |
| 苏州市营财投资集团公司 3.29%（流通 A 股） |
| 苏州市大有物贸公司 1.16%（非流通股） |
| 苏州市鸿升工贸有限公司 0.97%（流通 A 股） |
| 江苏省苏高新风险投资股份有限公司 0.96%（流通 A 股） |
| 苏州爱普电器有限公司 0.93%（流通 A 股） |
| 实际控制人：苏州市吴中区校办工业公司 |

二〇〇六年以来市场表现

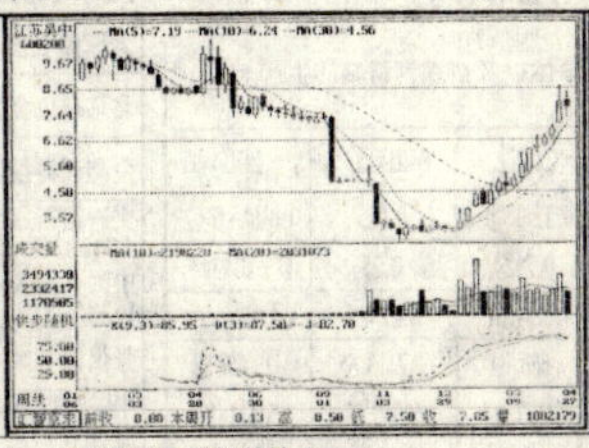

| | |
|---|---|
| 2006 年涨跌幅(%) | -48.28 |
| 2006 年最高(元) | 10.69 |
| 2007 年涨跌幅(%) | 154.87 |
| 2007.4.27 收盘(元) | 7.85 |
| 2007 年最高(元) | 8.75 |
| 2007 年最低(元) | 2.95 |
| 2007 年换手率(%) | 790.15 |

未来一年限售流通股解禁情况:

| 最新股本 | 总股本 | 非(限售)流通 | 流通 A | 流通 B/H/S | 股东户数 | 06 年末 | 06 三季 |
|---|---|---|---|---|---|---|---|
| | 62370 | 17309.33 | 45060.67 | | | 39159 | 14816 |

年报点评：公司主营业务为服装生产、羽绒制品生产、药品生产销售和贵金属加工。虽然公司贵金属业务增长较快导致 06 年收入上升，但是毛利率非常低，而公司服装、羽绒、医药的营业收入业务和盈利水平均下降使得公司的利润下降幅度较大。

## 金宇集团（600201）

上市日期:99/01/15　电话:0471－5972266　传真:0471－5972931

| | 年度 | 2006 | 2005 | 2004 |
|---|---|---|---|---|
| 主营 | 生物药品制造、羊绒纺织。 | | | |
| 主要指标 | 每股收益/扣除后(元) | 0.13/0.12 | 0.06 | 0.2/0.19 |
| | 每股经营现金流量(元) | 0.37 | 0.13 | 0.37 |
| | 每股净资产/调整后(元) | 2.15/2.15 | 2.63/2.63 | 2.78/2.77 |
| | 未分利润(万元) | 6718.58 | 3993.22 | 7341.06 |
| | 资本公积(万元) | 21463.73 | 27917.22 | 27917.22 |
| 利润构成 | 主营收入(万元) | 56186.69 | 55259.8 | 46689.94 |
| | 主营利润(万元) | 22102.37 | 22285.88 | 17340.92 |
| | 投资收益(万元) | 177.53 | -879.97 | -748.19 |
| | 利润总额(万元) | 5691.58 | 2798.5 | 4446.5 |
| | 净利润(万元) | 3745.82 | 1228.18 | 4419.99 |
| 近年分配: | 05 年：10 派 0.23；04 年：10 派 2 | | | |

| 主要股东及持股比例%、持股性质 |
|---|
| 大象创业投资有限公司 14.67%（非流通股） |
| 内蒙古农牧业有限责任公司 11.97%（非流通股） |
| 呼和浩特市立鑫投资有限责任公司 4.27%（非流通股） |
| 深圳市艾韬投资有限公司 2.85%（非流通股） |
| 内蒙古元迪投资有限责任公司 2.49%（非流通股） |
| 深圳市置信实业有限公司 2.14%（非流通股） |
| 中国工商银行－诺安价值增长股票证券投资基金 1.88%（流通 A 股） |
| 上海星河数码投资有限公司 1.5%（流通 A 股） |
| 中国工商银行　金泰证券投资基金 1.42%（流通 A 股） |
| 鄂托克旗维宝商贸有限责任公司 1.42%（非流通股） |
| 实际控制人：深圳国际信托投资有限责任公司 |

二〇〇六年以来市场表现

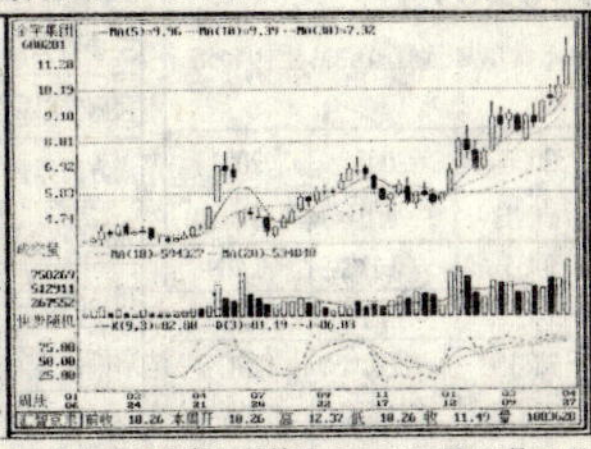

| | |
|---|---|
| 2006 年涨跌幅(%) | 131.07 |
| 2006 年最高(元) | 11.85 |
| 2007 年涨跌幅(%) | 115.17 |
| 2007.4.27 收盘(元) | 11.49 |
| 2007 年最高(元) | 12.37 |
| 2007 年最低(元) | 5.29 |
| 2007 年换手率(%) | 564.77 |

未来一年限售流通股解禁情况:71081490 股 07 月 12 日解禁

| 最新股本 | 总股本 | 非(限售)流通 | 流通 A | 流通 B/H/S | 股东户数 | 06 年末 | 06 三季 |
|---|---|---|---|---|---|---|---|
| | 28081.49 | 11780 | 16301.49 | | | 20800 | 11249 |

年报点评：公司是一家主业以动物疫苗和房地产的综合性公司。公司 2006 年动物疫苗恢复正常生产，出现稳步增长。房地产业务盈利水平大幅提升，加上公司投资收益，营业外支出等减少，公司的净利润出现较快增长。公司 2007 年将保持稳步增长。

# 哈空调（600202）

上市日期:99/06/03　　电话:0451－4644521　　传真:0451－4676205

| | | | | |
|---|---|---|---|---|
| 主营 | 空气冷却冷凝设备、高中低压换热器、制冷空调设备、环保除尘设备、散热器的开发、生产与销售业务 | | | |
| | 年　度 | 2006 | 2005 | 2004 |
| 主要指标 | 每股收益/扣除后(元) | 0.434/0.378 | 0.381 | 0.045/0.009 |
| | 每股经营现金流量(元) | -0.019 | 0.147 | 0.802 |
| | 每股净资产/调整后(元) | 1.96/1.73 | 1.91/1.75 | 1.53/1.42 |
| | 未分利润(万元) | 10086.41 | 10312.74 | 2358.46 |
| | 资本公积(万元) | 7441.24 | 6869.33 | 6869.33 |
| 利润构成 | 主营收入(万元) | 84019.17 | 92283.13 | 27127.69 |
| | 主营利润(万元) | 20682.87 | 19500.08 | 5435.14 |
| | 投资收益(万元) | | -128.95 | 24.37 |
| | 利润总额(万元) | 12507.43 | 10008.51 | 1002.06 |
| | 净利润(万元) | 10675.69 | 9357.98 | 1095.83 |
| 近年分配: | 06预案:10派4；05年:10派4 | | | |

| 主要股东及持股比例%、持股性质 | |
|---|---|
| 哈尔滨工业资产经营有限责任公司 46.69%（国有股） | |
| UBS AG 1.54%（流通A股） | |
| 中银万国－汇丰－MERRILL LYNCH INTERNATIONAL 1.37%（流通A股） | |
| 中国银行－泰信优质生活股票型证券投资基金 0.92%（流通A股） | |
| 国际金融－花旗－MARTIN CURRIE INVESTMENT MANAGEMENT LIMITED 0.77%（流通A股） | |
| 国泰君安－建行－香港上海汇丰银行有限公司 0.73%（流通A股） | |
| 国际金融－汇丰－JPMORGAN CHASE BANK NATIONAL ASSOCIATION 0.37%（流通A股） | |
| 韩建伟 0.33%（流通A股） | |
| 刘国颖 0.33%（流通A股） | |
| 谢恺然 0.19%（流通A股） | |
| 实际控制人: | 哈尔滨市人民政府国有资产监督管理委员会 |

二〇〇六年以来市场表现

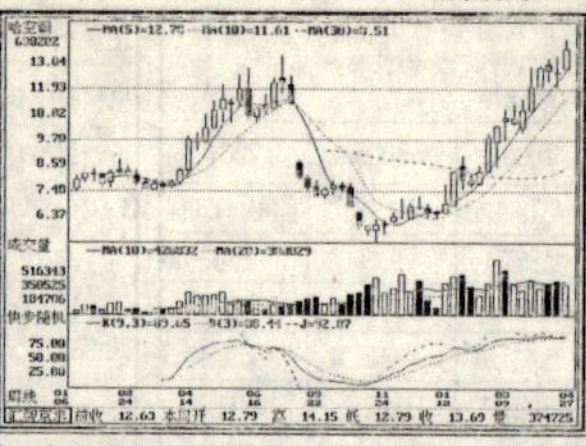

| | |
|---|---|
| 2006年涨跌幅(%) | 18.6 |
| 2006年最高(元) | 13.78 |
| 2007年涨跌幅(%) | 108.06 |
| 2007.4.27收盘(元) | 13.69 |
| 2007年最高(元) | 14.15 |
| 2007年最低(元) | 6.3 |
| 2007年换手率(%) | 476.02 |

未来一年限售流通股解禁情况:12286560股09月05日解禁

| 最新股本 | 总股本 | 非(限售)流通 | 流通A | 流通B/H/S | 股东户数 | 06年末 | 06三季 |
|---|---|---|---|---|---|---|---|
| | 24573.12 | 11472.03 | 13101.09 | | | 24088 | 18731 |

年报点评：公司主营石化及电站空冷设备。06年公司石化空冷设备平稳增长，电站空冷设备略有下降。公司主营业务略有下降而净利润有所增长。预计07年公司石化空冷设备将保持平稳增长，而电站空冷设备随着火力发电主设备行业周期下降的来临有所下降。

# 福日电子（600203）

上市日期:99/05/14　　电话:0591－3315984　　传真:0591－3319978

| | | | | |
|---|---|---|---|---|
| 主营 | 电子计算机及配件、电子产品及通讯设备、家用电器、电子元器件的制造、销售；自营和代理各类商品及技术的进出口业务。 | | | |
| | 年　度 | 2006 | 2005 | 2004 |
| 主要指标 | 每股收益/扣除后(元) | 0.021/-0.085 | 0.083 | 0.034/-0.054 |
| | 每股经营现金流量(元) | -0.044 | -0.114 | -0.073 |
| | 每股净资产/调整后(元) | 1.39/1.18 | 1.97/1.7 | 1.88/1.69 |
| | 未分利润(万元) | -6064.78 | -6527.89 | -8604.52 |
| | 资本公积(万元) | 13436.4 | 29201.56 | 29151.88 |
| 利润构成 | 主营收入(万元) | 174007.57 | 203149.83 | 157027.95 |
| | 主营利润(万元) | 4944.96 | 6342.26 | 4242.72 |
| | 投资收益(万元) | 5875.53 | 7114.76 | 4805.92 |
| | 利润总额(万元) | 484.56 | 2402.71 | 419.99 |
| | 净利润(万元) | 508.72 | 2131.27 | 876.91 |
| 近年分配: | | | | |

| 主要股东及持股比例%、持股性质 | |
|---|---|
| 福建福日集团公司 52.07%（国有股） | |
| 卢健雄 0.58%（流通A股） | |
| 上海源岛置业有限公司 0.52%（流通A股） | |
| 宣晓东 0.38%（流通A股） | |
| 沈榕 0.26%（流通A股） | |
| 占永恭 0.24%（流通A股） | |
| 谢建晃 0.22%（流通A股） | |
| 重庆源野货运有限公司 0.22%（流通A股） | |
| 廖锦耀 0.22%（流通A股） | |
| 吴志江 0.21%（流通A股） | |
| 实际控制人: | 福建省电子信息(集团)有限责任公司 |

二〇〇六年以来市场表现

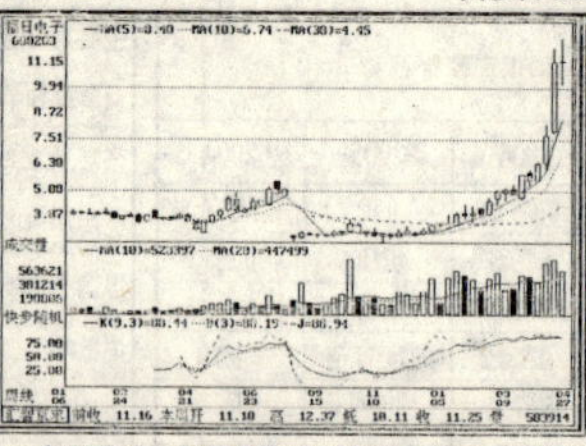

| | |
|---|---|
| 2006年涨跌幅(%) | 43.59 |
| 2006年最高(元) | 6.13 |
| 2007年涨跌幅(%) | 230.88 |
| 2007.4.27收盘(元) | 11.25 |
| 2007年最高(元) | 12.37 |
| 2007年最低(元) | 3.25 |
| 2007年换手率(%) | 671.07 |

未来一年限售流通股解禁情况:15084500股08月23日解禁

| 最新股本 | 总股本 | 非(限售)流通 | 流通A | 流通B/H/S | 股东户数 | 06年末 | 06三季 |
|---|---|---|---|---|---|---|---|
| | 24054.41 | 12525.41 | 11529 | | | 23541 | 24755 |

年报点评：公司主营电子整机制造和进出口业务。2006年，人民币升值和出口退税率下降导致公司主营下降。作为公司利润主要来源的参股公司华映光电利润下降导致公司投资收益大幅减少，利润下降明显。公司积极培育的电子元器件业务是未来发展的寄托所在。

# 有研硅股（600206）

上市日期:99/03/19　　电话:010－62355380　　传真:010－62355381

| | | | | |
|---|---|---|---|---|
| 主营 | 硅单晶抛光片、化合物半导体以及锗系列材料的生产 | | | |
| | 年　度 | 2006 | 2005 | 2004 |
| 主要指标 | 每股收益/扣除后(元) | 0.12/0.08 | 0.025 | 0.016/-0.027 |
| | 每股经营现金流量(元) | 0.212 | 0.25 | -0.134 |
| | 每股净资产/调整后(元) | 4.62/4.61 | 4.51/4.5 | 4.49/4.46 |
| | 未分利润(万元) | -660.84 | -2413.65 | -2706.38 |
| | 资本公积(万元) | 51377.9 | 51549.07 | 51561.17 |
| 利润构成 | 主营收入(万元) | 49027.36 | 32429.52 | 28795.3 |
| | 主营利润(万元) | 6984.66 | 5214.86 | 4354.7 |
| | 投资收益(万元) | -15.23 | -3.42 | -93.45 |
| | 利润总额(万元) | 1826.64 | 480.75 | 553.31 |
| | 净利润(万元) | 1787.92 | 366.32 | 233.51 |
| 近年分配: | | | | |

| 主要股东及持股比例%、持股性质 | |
|---|---|
| 北京有色金属研究总院 39.48%（国有股） | |
| 金鑫证券投资基金 2.22%（流通A股） | |
| 交通银行－泰达荷银价值优化型成长类行业证券投资基金 1.92%（流通A股） | |
| 中国平安人寿保险股份有限公司－传统－普通保险产品 1.38%（流通A股） | |
| 张仪曾 0.85%（流通A股） | |
| 中国银行－泰达荷银行业精选证券投资基金 0.69%（流通A股） | |
| 江西昌和房地产开发有限公司 0.65%（流通A股） | |
| 侯卫 0.46%（流通A股） | |
| 石永红 0.44%（流通A股） | |
| 王焱 0.43%（流通A股） | |
| 实际控制人: | 北京有色金属研究总院 |

二〇〇六年以来市场表现

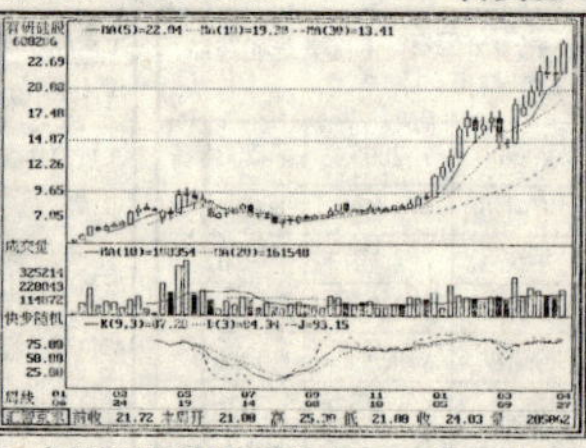

| | |
|---|---|
| 2006年涨跌幅(%) | 241.92 |
| 2006年最高(元) | 15.53 |
| 2007年涨跌幅(%) | 121.3 |
| 2007.4.27收盘(元) | 24.83 |
| 2007年最高(元) | 25.3 |
| 2007年最低(元) | 11 |
| 2007年换手率(%) | 300.94 |

未来一年限售流通股解禁情况:14500000股04月17日解禁

| 最新股本 | 总股本 | 非(限售)流通 | 流通A | 流通B/H/S | 股东户数 | 06年末 | 06三季 |
|---|---|---|---|---|---|---|---|
| | 14500 | 5725 | 8775 | | | 24616 | 31750 |

年报点评：公司主营半导体材料，主导产品为4－6寸硅片、大尺寸单晶硅棒。受益于太阳能产业发展，原料紧张带动硅加工行业的毛利率上升，公司短期内从行业转折中明显受益，但长期发展则依赖于12寸硅片项目的成功与否。

# ＊ST安彩（600207）

上市日期:99/07/14　　电话:0372－3932916　　传真:0372－3938035

| | | | | |
|---|---|---|---|---|
| 主营 | 彩电显像管玻壳和终端显示器用显示管玻壳的生产和销售。 | | | |
| | 年　度 | 2006 | 2005 | 2004 |
| 主要指标 | 每股收益/扣除后(元) | -1.913 | -0.415 | 0.531/0.524 |
| | 每股经营现金流量(元) | 0.815 | -0.2908 | 0.6319 |
| | 每股净资产/调整后(元) | 3.04/3.02 | 4.96/4.95 | 5.67/5.65 |
| | 未分利润(万元) | -72683.92 | 11535.18 | 42991.32 |
| | 资本公积(万元) | 123544.92 | 123426.37 | 123386.16 |
| 利润构成 | 主营收入(万元) | 195985.96 | 230115.79 | 290355.8 |
| | 主营利润(万元) | 15200.59 | 35987.82 | 84743.72 |
| | 投资收益(万元) | -324.76 | -503.1 | -147.64 |
| | 利润总额(万元) | -84407.91 | -18275.57 | 43256.53 |
| | 净利润(万元) | -84176.19 | -18245.04 | 23346.98 |
| 近年分配: | 04年:10派3 | | | |

| 主要股东及持股比例%、持股性质 | |
|---|---|
| 河南安阳彩色显像管玻壳有限公司 45.02%（国有股） | |
| 南方证券有限公司 1.19%（流通A股） | |
| 张建伟 0.34%（流通A股） | |
| 褚建刚 0.31%（流通A股） | |
| 魏海喜 0.3%（流通A股） | |
| 李彤 0.26%（流通A股） | |
| 李慧 0.25%（流通A股） | |
| 莫志敖 0.23%（流通A股） | |
| 张青 0.2%（流通A股） | |
| 毕可功 0.18%（流通A股） | |
| 实际控制人: | 河南省人民政府国有资产管理委员会 |

二〇〇六年以来市场表现

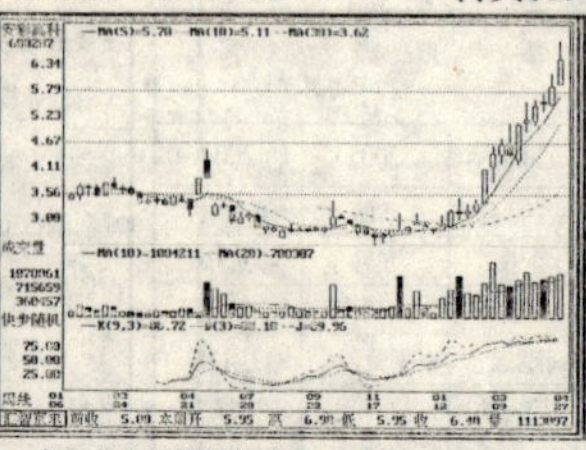

| | |
|---|---|
| 2006年涨跌幅(%) | 6.58 |
| 2006年最高(元) | 4.54 |
| 2007年涨跌幅(%) | 134.78 |
| 2007.4.27收盘(元) | 6.48 |
| 2007年最高(元) | 6.9 |
| 2007年最低(元) | 2.67 |
| 2007年换手率(%) | 563.74 |

未来一年限售流通股解禁情况:22691587股06月28日解禁

| 最新股本 | 总股本 | 非(限售)流通 | 流通A | 流通B/H/S | 股东户数 | 06年末 | 06三季 |
|---|---|---|---|---|---|---|---|
| | 44000 | 19880 | 24120 | | | 50003 | 52092 |

年报点评：公司主营生产和销售各类玻壳产品，在传统的CRT玻壳生产上具有非常强的技术优势和竞争优势。2006年三季度2＃屏炉、3＃锥炉先后成功点火，导致公司收入有所增长，但由于国内外CRT玻壳行业竞争依然激烈，公司的盈利能力还是经受很大的考验。

## 中宝股份（600208）

上市日期:99/06/23　　电话:(0573)2080040　　传真:(0573)2030109

**主营**：房地产开发与销售

| | 年　度 | 2006 | 2005 | 2004 |
|---|---|---|---|---|
| 主要指标 | 每股收益/扣除后(元) | 0.16/0.14 | 0.13 | 0.02/-0.19 |
| | 每股经营现金流量(元) | -0.57 | 0.24 | 0.19 |
| | 每股净资产/调整后(元) | 1.31/1.27 | 1.41/1.17 | 2.47/2.26 |
| | 未分利润(万元) | 10524.72 | 6298.77 | 6840.21 |
| | 资本公积(万元) | 24090.18 | 23170.21 | 23170.21 |
| 利润构成 | 主营收入(万元) | 214552.44 | 219545.26 | 85389.4 |
| | 主营利润(万元) | 37584.98 | 37731.75 | 10934.71 |
| | 投资收益(万元) | 13647.43 | 879.88 | 3726.71 |
| | 利润总额(万元) | 30487.72 | 16731.86 | 1526.87 |
| | 净利润(万元) | 23519.57 | 11737.9 | 511.23 |

近年分配：06 年:10 转增 1

| 主要股东及持股比例%、持股性质 |
|---|
| 浙江新湖集团股份有限公司 81.47%（非流通股） |
| 浙江恒兴力控股集团有限公司 3.09%（非流通股） |
| 嘉兴市社会发展资产经营投资有限公司 1.14%（国有股） |
| 中国银行－嘉实主题精选混合型证券投资基金 0.95%（流通 A 股） |
| 上海子江投资发展有限公司 0.8%（非流通股） |
| 中国建设银行－上投摩根中国优势证券投资基金 0.68%（流通 A 股） |
| 涌金实业(集团)有限公司 0.54%（非流通股） |
| JF 资产管理有限公司－JF 中国先驱 A 股基金 0.52%（流通 A 股） |
| 浙江泰丰控股集团有限公司 0.51%（非流通股） |
| 中国工商银行－建信优选成长股票型证券投资基金 0.43%（流通 A 股） |
| 实际控制人：黄伟 |

二〇〇六年以来市场表现

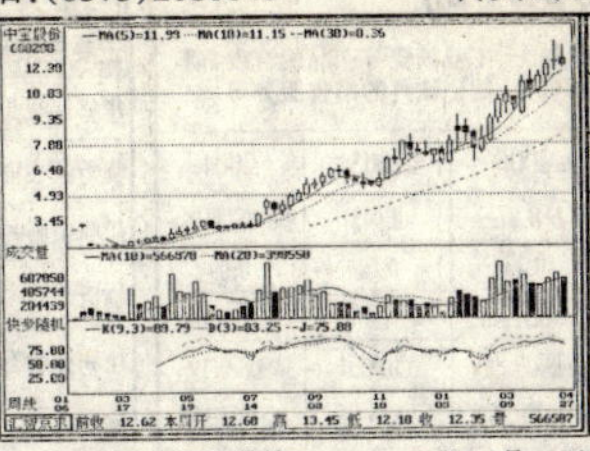

| 项目 | 数值 |
|---|---|
| 2006 年涨跌幅(%) | 344.31 |
| 2006 年最高(元) | 13.44 |
| 2007 年涨跌幅(%) | 65.33 |
| 2007.4.27 收盘(元) | 12.35 |
| 2007 年最高(元) | 13.78 |
| 2007 年最低(元) | 6.6 |
| 2007 年换手率(%) | 325.81 |

未来一年限售流通股解禁情况:17207713 股 02 月 14 日解禁

| 最新股本 | 总股本 | 非(限售)流通 | 流通 A | 流通 B/H/S | 股东户数 06 年末 | 股东户数 06 三季 |
|---|---|---|---|---|---|---|
| | 151276.03 | 134764.03 | 16512 | | 20671 | 24597 |

**年报点评**：报告期内公司完成了对新湖集团的定向发行，实现了产业结构、资产规模、盈利能力等方面的改善。公司以港口、酒店、教育产业为主体的原有存量资产和业务保持了经营业绩的基本稳定，成为公司新主业的住宅地产为公司的业绩增长提供了有力支持。

## ＊ST 罗顿（600209）

上市日期:99/03/25　　电话:0898－66258868　　传真:0898－66254868

**主营**：酒店经营、装饰工程、油品经营和网络设备及通信业。

| | 年　度 | 2006 | 2005 | 2004 |
|---|---|---|---|---|
| 主要指标 | 每股收益/扣除后(元) | 0.02/0.01 | -0.11 | -0.02/-0.03 |
| | 每股经营现金流量(元) | 0.1791 | 0.0483 | 0.1258 |
| | 每股净资产/调整后(元) | 1.61/1.6 | 1.59/1.57 | 1.7/1.66 |
| | 未分利润(万元) | 10199.83 | 9423.72 | 14229.25 |
| | 资本公积(万元) | 11846.97 | 11957.06 | 11957.06 |
| 利润构成 | 主营收入(万元) | 25597.55 | 12098.8 | 27226.93 |
| | 主营利润(万元) | 4401.35 | 1683.87 | 4738.69 |
| | 投资收益(万元) | 1288.07 | -222.19 | -22.54 |
| | 利润总额(万元) | -475.67 | -6418.13 | -1928 |
| | 净利润(万元) | 930.9 | -4805.53 | -984.73 |

近年分配：

| 主要股东及持股比例%、持股性质 |
|---|
| 海南黄金海岸集团有限公司 32.07%（非流通股） |
| 海口金海岸罗顿国际旅业发展有限公司 9.81%（非流通股） |
| 海口黄金海岸技术产业投资有限公司 3.73%（非流通股） |
| 海口国能物业发展有限公司 2.45%（非流通股） |
| 海南大宇实业有限公司 0.98%（非流通股） |
| 陈默 0.46%（流通 A 股） |
| 王伟 0.18%（流通 A 股） |
| 虞红伟 0.18%（流通 A 股） |
| 邱家沛 0.17%（流通 A 股） |
| 樊秋成 0.14%（流通 A 股） |
| 实际控制人：海南罗衡机电工程设备安装有限公司 |

二〇〇六年以来市场表现

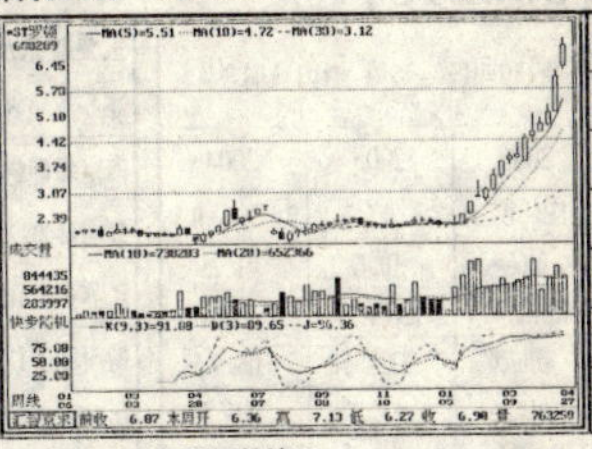

| 项目 | 数值 |
|---|---|
| 2006 年涨跌幅(%) | 45.85 |
| 2006 年最高(元) | 3.31 |
| 2007 年涨跌幅(%) | 220.93 |
| 2007.4.27 收盘(元) | 6.9 |
| 2007 年最高(元) | 7.13 |
| 2007 年最低(元) | 2.09 |
| 2007 年换手率(%) | 513.27 |

未来一年限售流通股解禁情况：

| 最新股本 | 总股本 | 非(限售)流通 | 流通 A | 流通 B/H/S | 股东户数 06 年末 | 股东户数 06 三季 |
|---|---|---|---|---|---|---|
| | 43901.12 | 21524.87 | 22376.25 | | 35753 | 39235 |

**年报点评**：公司主营酒店经营及管理、建筑装饰工程等业务。2006 年收入主要增长点为装饰工程业务，由于向大城市的成功拓展，主营收入增长迅速，但酒店等相关服务收入减少明显，而网络通讯产品业务尚处于产品结构调整期。未来装饰业务占收入比例仍较高。

## 紫江企业（600210）

上市日期:99/08/24　　电话:021－54421100　　传真:021－54425003

**主营**：PET 瓶和瓶坯、皇冠盖、多种材料塑料标签、各类印刷油墨等的生产和销售。

| | 年　度 | 2006 | 2005 | 2004 |
|---|---|---|---|---|
| 主要指标 | 每股收益/扣除后(元) | 0.05/0.05 | 0.1 | 0.15/0.119 |
| | 每股经营现金流量(元) | 0.47 | 0.42 | 0.36 |
| | 每股净资产/调整后(元) | 1.9/1.88 | 1.89/1.87 | 1.87/1.83 |
| | 未分利润(万元) | 27718.29 | 29174.68 | 27667.68 |
| | 资本公积(万元) | 79699.63 | 78736.92 | 79244.47 |
| 利润构成 | 主营收入(万元) | 371421.19 | 335751.19 | 279717.91 |
| | 主营利润(万元) | 61956.08 | 56786.29 | 55559.27 |
| | 投资收益(万元) | -571.58 | 4166.7 | 3730.46 |
| | 利润总额(万元) | 13144.54 | 19459.66 | 30070.08 |
| | 净利润(万元) | 7671.02 | 14458.12 | 21582.05 |

近年分配：06 预案:10 派 0.5；05 年:10 派 0.5；04 中期:10 转增 4 年终:10 派 0.75

| 主要股东及持股比例%、持股性质 |
|---|
| 上海紫江(集团)有限公司 29.4%（部分流通部分不流通） |
| 氏达投资(香港)有限公司 16.76%（部分流通部分不流通） |
| CREDIT SUISSE (HONG KONG) LIMITED 0.54%（流通 A 股） |
| 沈雯 0.35%（流通 A 股） |
| 全国社保基金零零二组合 0.29%（流通 A 股） |
| 国投瑞银创新动力股票型证券投资基金 0.28%（流通 A 股） |
| 童红才 0.27%（流通 A 股） |
| 常州大亚投资担保有限公司 0.26%（流通 A 股） |
| 北京世纪恒逸投资有限公司 0.24%（流通 A 股） |
| 上证 50 交易型开放式指数证券投资基金 0.19%（流通 A 股） |
| 实际控制人：沈雯 |

二〇〇六年以来市场表现

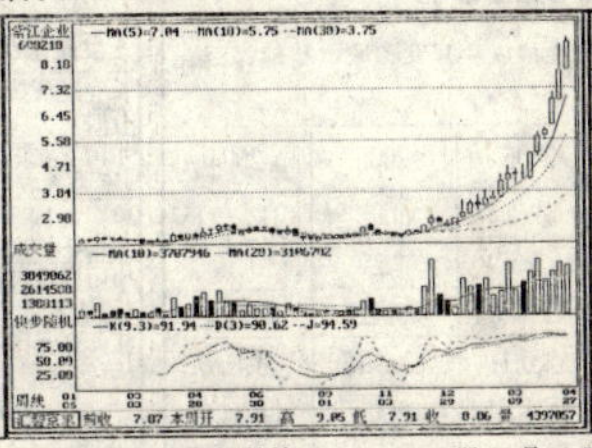

| 项目 | 数值 |
|---|---|
| 2006 年涨跌幅(%) | 24.07 |
| 2006 年最高(元) | 3.06 |
| 2007 年涨跌幅(%) | 236.88 |
| 2007.4.27 收盘(元) | 8.86 |
| 2007 年最高(元) | 9.05 |
| 2007 年最低(元) | 2.67 |
| 2007 年换手率(%) | 568.15 |

未来一年限售流通股解禁情况:158040977 股 07 月 29 日解禁

| 最新股本 | 总股本 | 非(限售)流通 | 流通 A | 流通 B/H/S | 股东户数 06 年末 | 股东户数 06 三季 |
|---|---|---|---|---|---|---|
| | 143673.62 | 53181.6 | 90492.01 | | 86461 | 90108 |

**年报点评**：公司主要从事 PET 瓶和 BOPP、BOPET 薄膜的生产，去年 PET 瓶业务随着下游需求增长而好转，不过薄膜业务因为国内产能急剧扩张陷入亏损，薄膜业务拖累了公司整体业绩。今年大股东将佘山的房地产业务注入股份公司，这将有效改善公司业绩。

## S 藏药业（600211）

上市日期:99/07/21　　电话:028－86653915　　传真:028－86660740

**主营**：生产、销售诺迪康胶囊、诺迪康颗粒、诺迪康口服液、小儿双清颗粒，藏药产品及医疗器械、卫生保健品的经营。

| | 年　度 | 2006 | 2005 | 2004 |
|---|---|---|---|---|
| 主要指标 | 每股收益/扣除后(元) | 0.025/0.078 | -0.337 | 0.05/-0.017 |
| | 每股经营现金流量(元) | 0.27 | 0.15 | 0.22 |
| | 每股净资产/调整后(元) | 3.17/2.67 | 3.14/3.09 | 3.48/3.4 |
| | 未分利润(万元) | 975.04 | 676.6 | 4893.67 |
| | 资本公积(万元) | 23851.22 | 23851.22 | 23851.22 |
| 利润构成 | 主营收入(万元) | 86184.18 | 69648.22 | 18266.21 |
| | 主营利润(万元) | 22012.11 | 11640.45 | 8268.77 |
| | 投资收益(万元) | -75.45 | -83.49 | -191.47 |
| | 利润总额(万元) | 275.01 | -4262.94 | 605.92 |
| | 净利润(万元) | 397.73 | -4132.4 | 603.13 |

近年分配：

| 主要股东及持股比例%、持股性质 |
|---|
| 西藏华西药业集团有限公司 57.03%（非流通股） |
| 中国建设银行－工银瑞信精选平衡混合型证券投资 4.25%（流通 A 股） |
| 西藏自治区藏药厂 3.13%（国有股） |
| 金鑫证券投资基金 3.07%（流通 A 股） |
| 西藏自治区科技开发交流中心 1.57%（国有股） |
| 中国银行－银华优质增长股票型证券投资基金 1.26%（流通 A 股） |
| 西藏科龙建筑建材有限公司 1.04%（国有股） |
| 天华证券投资基金 0.65%（流通 A 股） |
| 中国银行－工银瑞信核心价值股票型证券投资基金 0.65%（流通 A 股） |
| 西藏科光太阳能工程技术有限公司 0.52%（国有股） |
| 实际控制人：陈达彬 |

二〇〇六年以来市场表现

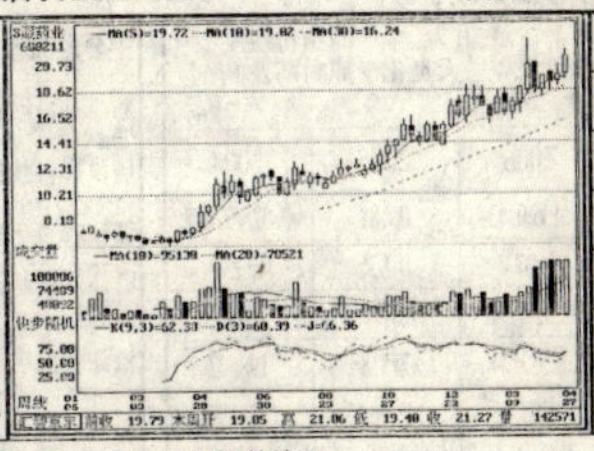

| 项目 | 数值 |
|---|---|
| 2006 年涨跌幅(%) | 138.4 |
| 2006 年最高(元) | 17.8 |
| 2007 年涨跌幅(%) | 23.23 |
| 2007.4.27 收盘(元) | 21.27 |
| 2007 年最高(元) | 22.83 |
| 2007 年最低(元) | 15.77 |
| 2007 年换手率(%) | 271.83 |

未来一年限售流通股解禁情况：

| 最新股本 | 总股本 | 非(限售)流通 | 流通 A | 流通 B/H/S | 股东户数 06 年末 | 股东户数 06 三季 |
|---|---|---|---|---|---|---|
| | 12260 | 7760 | 4500 | | 12635 | 14601 |

**年报点评**：公司主营生产诺迪康产品，藏药产品及医疗器械等。公司研究开发的新药冻干重组人脑利钠肽有望成为公司新的利润增长点。2006 年公司主营收入稳步增长，公司实现扭亏。公司目前尚未完成股改，股改将于 2007 年实施。

# 江泉实业（600212）

上市日期:99/08/17　　电话:0539－8246243　　传真:0539－8271388

**主营**：建筑陶瓷、日用陶瓷、木材加工、工业搪瓷等产品的开发、研制、销售，及进口木材国际贸易、搪瓷洁具的销售服务等。

| | 年　度 | 2006 | 2005 | 2004 |
|---|---|---|---|---|
| 主要指标 | 每股收益/扣除后(元) | -0.072 | 0.043 | 0.057/0.06 |
| | 每股经营现金流量(元) | 0.13 | 0.04 | 0.09 |
| | 每股净资产/调整后(元) | 2.52/2.46 | 4.11/4.05 | 4.07/4.01 |
| | 未分利润(万元) | 28329.84 | 32018.51 | 30870.19 |
| | 资本公积(万元) | 39270.27 | 57055.95 | 57055.95 |
| 利润构成 | 主营收入(万元) | 97517.51 | 93803.28 | 77399.87 |
| | 主营利润(万元) | 6152.58 | 9929.12 | 9620.67 |
| | 投资收益(万元) | | | |
| | 利润总额(万元) | -3753.87 | 2076.4 | 3090.78 |
| | 净利润(万元) | -3688.67 | 1362.39 | 1828.61 |

近年分配:

| 主要股东及持股比例%、持股性质 |
|---|
| 华盛江泉集团有限公司 18.4%（非流通股） |
| 临沂蒙飞商贸有限公司 3.73%（非流通股） |
| 广州风险投资有限公司 1.55%（非流通股） |
| 临沂宝泉实业股份有限公司 0.88%（非流通股） |
| 翔和控股有限公司 0.39%（非流通股） |
| 陈锦亮 0.29%（流通 A 股） |
| 辛永青 0.23%（流通 A 股） |
| 许桂英 0.15%（流通 A 股） |
| 李婉娉 0.14%（流通 A 股） |
| 朱礼霞 0.13%（流通 A 股） |
| 实际控制人：临沂市罗庄区罗庄街道沈泉庄村民委员会 |

二〇〇六年以来市场表现

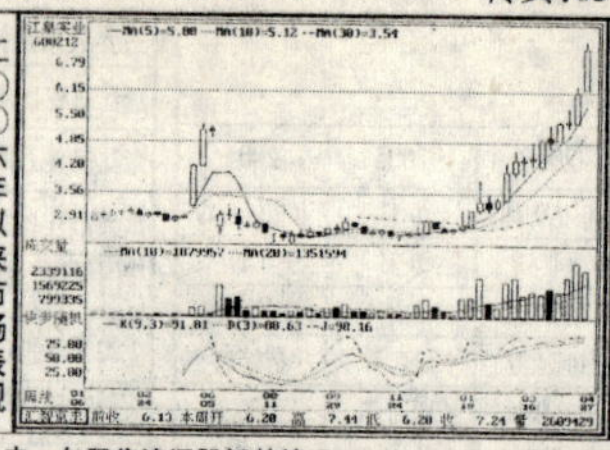

| | |
|---|---|
| 2006 年涨跌幅(%) | 80.99 |
| 2006 年最高(元) | 6.28 |
| 2007 年涨跌幅(%) | 181.71 |
| 2007.4.27 收盘(元) | 7.24 |
| 2007 年最高(元) | 7.44 |
| 2007 年最低(元) | 2.54 |
| 2007 年换手率(%) | 638.71 |

未来一年限售流通股解禁情况:33969243 股 06 月 26 日解禁

| 最新股本 | 总股本 | 非(限售)流通 | 流通 A | 流通 B/H/S | 股东户数 | 06 年末 | 06 三季 |
|---|---|---|---|---|---|---|---|
| | 51169.72 | 12810.45 | 38359.27 | | | 69930 | 73098 |

**年报点评**：公司主营搪瓷制品、建材生产和销售等业务。2006 年公司克服了原材料涨价等不利因素，降低成本，实现销售收入和利润较快增长。公司收购江泉集团的铁路运营分公司资产使得公司介入垄断经营的铁路运营领域是公司利润的增长点。

# S＊ST 亚星（600213）

上市日期:99/08/31　　电话:0514－7850400　　传真:0514－7852329

**主营**：大、中、轻型客车和汽车零部件的开发、制造、销售及服务。

| | 年　度 | 2006 | 2005 | 2004 |
|---|---|---|---|---|
| 主要指标 | 每股收益/扣除后(元) | 0.131/-0.324 | -0.647 | -0.364/-0.36 |
| | 每股经营现金流量(元) | 0.66 | -0.49 | -0.25 |
| | 每股净资产/调整后(元) | 1.55/1.46 | 1.41/1.35 | 2.16/2.11 |
| | 未分利润(万元) | -30762.62 | -33250.57 | -18989.53 |
| | 资本公积(万元) | 36910.15 | 36832.99 | 36819.77 |
| 利润构成 | 主营收入(万元) | 45834.14 | 78780.41 | 79528.88 |
| | 主营利润(万元) | 4450.55 | 3425.17 | 7380.22 |
| | 投资收益(万元) | 1466.15 | 7227.71 | -2492.53 |
| | 利润总额(万元) | 2464.92 | -12103.69 | -7101.06 |
| | 净利润(万元) | 2487.95 | -12292.46 | -6926.12 |

近年分配:

| 主要股东及持股比例%、持股性质 |
|---|
| 江苏亚星客车集团有限公司 67.67%（国有股） |
| 南京绿洲机器厂 0.23%（非流通股） |
| 樊能廷 0.22%（流通 A 股） |
| 江苏扬农化工集团有限公司 0.19%（非流通股） |
| 扬州经济技术开发区开发总公司 0.19%（非流通股） |
| 扬州冶金机械有限公司 0.15%（非流通股） |
| 史青 0.14%（流通 A 股） |
| 韩雪莹 0.11%（流通 A 股） |
| 张舵 0.1%（流通 A 股） |
| 张冬梅 0.1%（流通 A 股） |
| 实际控制人：江苏亚星客车集团有限公司 |

二〇〇六年以来市场表现

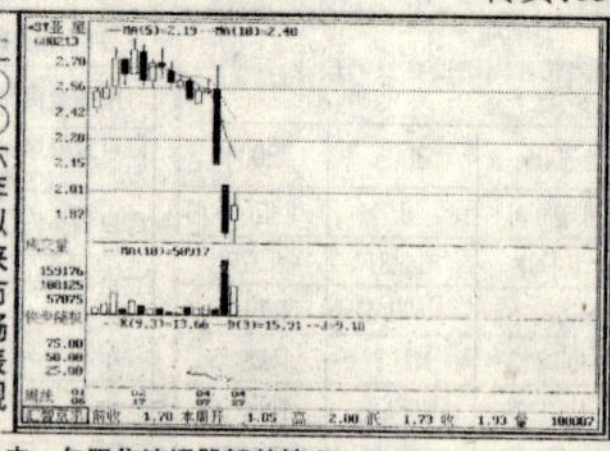

| | |
|---|---|
| 2006 年涨跌幅(%) | |
| 2006 年最高(元) | |
| 2007 年涨跌幅(%) | |
| 2007.4.27 收盘(元) | |
| 2007 年最高(元) | |
| 2007 年最低(元) | |
| 2007 年换手率(%) | |

未来一年限售流通股解禁情况:

| 最新股本 | 总股本 | 非(限售)流通 | 流通 A | 流通 B/H/S | 股东户数 | 06 年末 | 06 三季 |
|---|---|---|---|---|---|---|---|
| | 19000 | 13000 | 6000 | | | 26364 | 26365 |

**年报点评**：公司主营客车生产和销售。受实际控制人的影响，06 年是公司连续亏损的第三年，06 年 7 月才调整了公司经营层。07 年将是公司发展的关键年，公司有望通过增加销售和狠抓内部管理节约成本费用实现主营业务的扭亏为盈。

# 长春经开（600215）

上市日期:99/09/09　　电话:0431－84644225　　传真:0431－84630809

**主营**：长春经济技术开发区内的土地成片开发和城市基础、公益设施的建设。

| | 年　度 | 2006 | 2005 | 2004 |
|---|---|---|---|---|
| 主要指标 | 每股收益/扣除后(元) | 0.09/-0.51 | 0.09 | 0.112/-0.087 |
| | 每股经营现金流量(元) | -0.55 | 0.25 | 1.86 |
| | 每股净资产/调整后(元) | 6.39/6.39 | 6.32/6.32 | 6.22/6.22 |
| | 未分利润(万元) | 65955.14 | 62669.66 | 60242.77 |
| | 资本公积(万元) | 108704.31 | 109170.93 | 108756.31 |
| 利润构成 | 主营收入(万元) | 18093.25 | 35666.72 | 43495.17 |
| | 主营利润(万元) | 2763.31 | 9739.02 | 16566.13 |
| | 投资收益(万元) | 15192.04 | | -9.14 |
| | 利润总额(万元) | 6278.98 | 4794.56 | 6351.83 |
| | 净利润(万元) | 3152.49 | 3303.43 | 3999.13 |

近年分配:

| 主要股东及持股比例%、持股性质 |
|---|
| 长春经济技术开发区创业投资控股有限公司 21.88%（国有股） |
| 中国农业银行－信城四季红混合型证券投资基金 1.21%（流通 A 股） |
| 申银万国－花旗－DEUTSCHE BANK AKTIENGESELLSCHAFT 0.84%（流通 A 股） |
| 中国建设银行－上投摩根中国优势证券投资基金 0.73%（流通 A 股） |
| 江苏开元国际集团轻工业品进出口股份有限公司 0.61%（流通 A 股） |
| 云南云电财金管理有限公司 0.52%（流通 A 股） |
| 严倩 0.27%（流通 A 股） |
| 叶方华 0.26%（流通 A 股） |
| 洪良财 0.22%（流通 A 股） |
| 华宝信托投资有限责任公司 0.21%（流通 A 股） |
| 实际控制人：长春市国有资产监督管理委员会 |

二〇〇六年以来市场表现

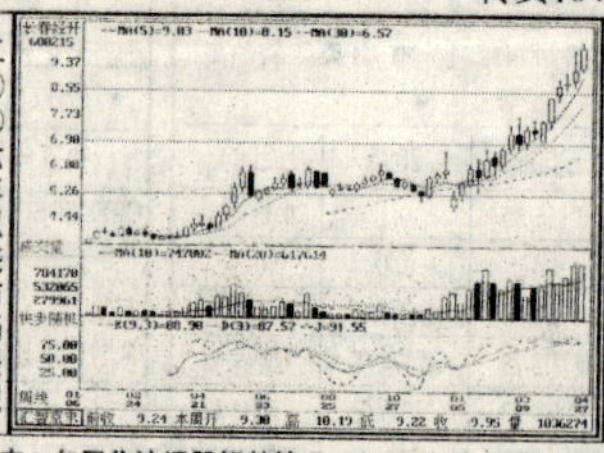

| | |
|---|---|
| 2006 年涨跌幅(%) | 84.95 |
| 2006 年最高(元) | 7.01 |
| 2007 年涨跌幅(%) | 93.2 |
| 2007.4.27 收盘(元) | 9.95 |
| 2007 年最高(元) | 10.19 |
| 2007 年最低(元) | 5.05 |
| 2007 年换手率(%) | 398.56 |

未来一年限售流通股解禁情况:17885880 股 12 月 27 日解禁

| 最新股本 | 总股本 | 非(限售)流通 | 流通 A | 流通 B/H/S | 股东户数 | 06 年末 | 06 三季 |
|---|---|---|---|---|---|---|---|
| | 35771.76 | 7825.92 | 27945.84 | | | 58694 | 65439 |

**年报点评**：公司主营园区基础设施及开发业务。2006 年公司业绩有所下滑，缘于公司处于业务转型时期。公司实施了重大资产重组和购买方案，业务向房地产开发转型，拥有待开发的土地面积达到 617 万平方米。预计公司未来的房地产业务将高速增长。

# 浙江医药（600216）

上市日期:99/10/21　　电话:0571－87213883　　传真:0571－87213883 0571－87213793

**主营**：化学原料药及其制剂产品的研制、开发、生产与销售。主要生产氟喹诺酮、抗生素、维生素等三大类化学原料药及制剂产品。

| | 年　度 | 2006 | 2005 | 2004 |
|---|---|---|---|---|
| 主要指标 | 每股收益/扣除后(元) | 0.135/0.134 | 0.181 | 0.028/0.015 |
| | 每股经营现金流量(元) | 0.377 | 0.056 | 0.239 |
| | 每股净资产/调整后(元) | 1.71/1.71 | 1.61/1.59 | 1.42/1.37 |
| | 未分利润(万元) | 12533.74 | 8713.88 | 1986.2 |
| | 资本公积(万元) | 14303.65 | 14376.15 | 14334.92 |
| 利润构成 | 主营收入(万元) | 219649.66 | 188465.87 | 138278.28 |
| | 主营利润(万元) | 36915.73 | 36685.64 | 18752.19 |
| | 投资收益(万元) | 493.96 | 1904.76 | 122.99 |
| | 利润总额(万元) | 9053.61 | 9283.53 | 1831.41 |
| | 净利润(万元) | 6061.86 | 8164.32 | 1274.37 |

近年分配:06 预案:10 派 0.3；05 年:10 派 0.3

| 主要股东及持股比例%、持股性质 |
|---|
| 新昌县昌欣投资发展有限公司 25.584%（非流通股） |
| 国投高科技投资有限公司 18.655%（非流通股） |
| 浙江省石化建材集团有限公司 2.272%（国有股） |
| 浙江仙琚制药股份有限公司职工技术协会 2.193%（非流通股） |
| 浙江省仙居县资产经营公司 2.129%（国有股） |
| 新昌金昌实业发展有限公司 1.882%（非流通股） |
| 中国工商银行股份有限公司台州分行 1.818%（非流通股） |
| 上海天迪科技投资发展有限公司 1.572%（非流通股） |
| 浙江省经济建设投资公司 1.212%（非流通股） |
| 上海和以贸易有限公司 0.774%（非流通股） |
| 实际控制人：李春波 |

二〇〇六年以来市场表现

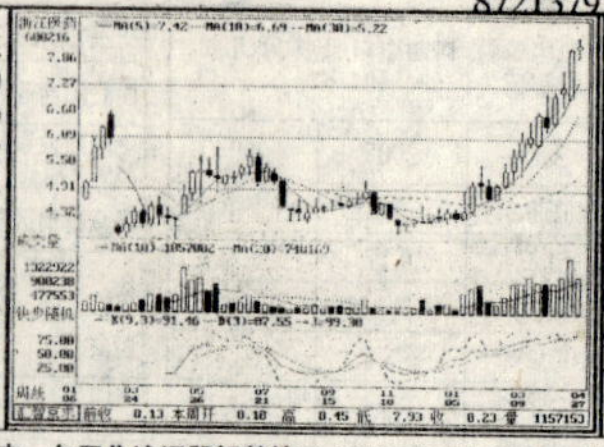

| | |
|---|---|
| 2006 年涨跌幅(%) | 25.88 |
| 2006 年最高(元) | 7.78 |
| 2007 年涨跌幅(%) | 87.47 |
| 2007.4.27 收盘(元) | 8.23 |
| 2007 年最高(元) | 8.45 |
| 2007 年最低(元) | 4.17 |
| 2007 年换手率(%) | 603.53 |

未来一年限售流通股解禁情况:22503000 股 03 月 08 日解禁

| 最新股本 | 总股本 | 非(限售)流通 | 流通 A | 流通 B/H/S | 股东户数 | 06 年末 | 06 三季 |
|---|---|---|---|---|---|---|---|
| | 45006 | 27430.42 | 17575.58 | | | 36422 | 36058 |

**年报点评**：公司是化学原料药和制剂生产企业，创新产品较多。为公司带来丰厚利润的辅酶 Q10 产品在 2006 年价格大幅下降，毛利率快速下降。与诺华合同生产的产品没有达产，其他产品平稳增长。公司 2006 年收入稳步增长，但成本费用增长较快，公司业绩有所下滑。

## *ST 秦岭（600217）

上市日期:99/12/16　　电话:0919－6231630　　传真:0919－6233344

**主营**：各种建筑用水泥生产和销售

| | 年　度 | 2006 | 2005 | 2004 |
|---|---|---|---|---|
| 主要指标 | 每股收益/扣除后(元) | -0.267/-0.266 | -0.21 | 0.085/0.086 |
| | 每股经营现金流量(元) | 0.103 | -0.03 | 0.12 |
| | 每股净资产/调整后(元) | 0.77/0.75 | 1.05/1.01 | 1.28/1.26 |
| | 未分利润(万元) | -25994.75 | -8325.32 | 6604.58 |
| | 资本公积(万元) | 4187.67 | 4542.23 | 4542.23 |
| 利润构成 | 主营收入(万元) | 79963.25 | 55012.2 | 62639.19 |
| | 主营利润(万元) | 8167.79 | 4762.18 | 22661.4 |
| | 投资收益(万元) | -90.49 | -4.21 | -275.18 |
| | 利润总额(万元) | -18274.87 | -14336.3 | 6213.07 |
| | 净利润(万元) | -17669.43 | -13872.24 | 5604.94 |
| 近年分配: | | | | |

**主要股东及持股比例%、持股性质**

陕西省耀县水泥厂 29.63%（国有股）
陕西省耀县水泥厂劳动服务公司 14.22%（非流通股）
陕西信立达财务咨询有限公司 3.51%（非流通股）
上海荣福室内装潢有限公司 1.62%（非流通股）
上海谦益投资咨询有限公司 1.22%（非流通股）
陕西宏正投资咨询有限公司 1.12%（非流通股）
上海市政资产经营发展有限公司 0.97%（非流通股）
张鹏 0.51%（流通 A 股）
陕西铜鑫科技开发公司 0.48%（非流通股）
吴煌森 0.33%（流通 A 股）

**实际控制人:** 陕西省铜川市国有资产监督管理委员会

**二〇〇六年以来市场表现**

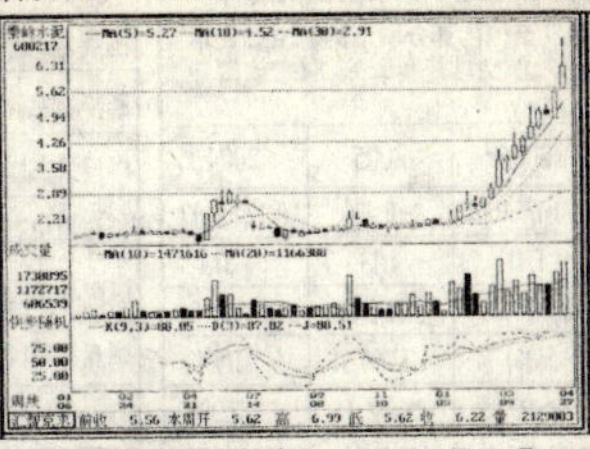

| | |
|---|---|
| 2006 年涨跌幅(%) | 62.35 |
| 2006 年最高(元) | 3.27 |
| 2007 年涨跌幅(%) | 211 |
| 2007.4.27 收盘(元) | 6.22 |
| 2007 年最高(元) | 6.99 |
| 2007 年最低(元) | 1.96 |
| 2007 年换手率(%) | 664.82 |

**未来一年限售流通股解禁情况:** 124047200 股 07 月 13 日解禁

| 最新股本 | 总股本 | 非(限售)流通 | 流通 A | 流通 B/H/S | 股东户数 06 年末 | 股东户数 06 三季 |
|---|---|---|---|---|---|---|
| | 66080 | 35068 | 31012 | | 51829 | 48460 |

**年报点评**：公司主营水泥生产和销售。公司是区域的水泥生产企业，但由于原材料成本的上升导致公司经营压力较大。秦岭水泥作为铜川市的唯一一家上市公司，当地政府有可能积极支持公司的发展，注入优质资产提升公司盈利能力。

## 全柴动力（600218）

上市日期:98/12/03　　电话:0550－5018888　　传真:0550－5011156

**主营**：主营内燃机和新型化学建材的生产和销售。

| | 年　度 | 2006 | 2005 | 2004 |
|---|---|---|---|---|
| 主要指标 | 每股收益/扣除后(元) | 0.04/0.02 | 0.036 | -0.19/-0.2 |
| | 每股经营现金流量(元) | 0.11 | 0.06 | 0.33 |
| | 每股净资产/调整后(元) | 2.97/2.84 | 2.93/2.81 | 2.89/2.81 |
| | 未分利润(万元) | 6258.23 | 5197.85 | 4324.99 |
| | 资本公积(万元) | 45566.12 | 45731.15 | 45710.85 |
| 利润构成 | 主营收入(万元) | 110291.1 | 102724.54 | 90791.39 |
| | 主营利润(万元) | 10074.31 | 11144.93 | 8433.21 |
| | 投资收益(万元) | 374.34 | 20.52 | -2268.23 |
| | 利润总额(万元) | 2625.4 | 2677.97 | -4916.93 |
| | 净利润(万元) | 1185.36 | 1025.18 | -5291.06 |
| 近年分配: | 06 预案:10 派 0.5 | | | |

**主要股东及持股比例%、持股性质**

安徽全柴集团有限公司 46.16%（国有股）
北汽福田车辆股份有限公司 5.54%（国有股）
陆敏吉 0.16%（流通 A 股）
乔祥根 0.15%（流通 A 股）
董定方 0.15%（流通 A 股）
何真华 0.14%（流通 A 股）
谭晓宁 0.14%（流通 A 股）
刘晓昕 0.11%（流通 A 股）
谈雪峰 0.11%（流通 A 股）
朱永琫 0.11%（流通 A 股）

**实际控制人:** 安徽全柴集团有限公司

**二〇〇六年以来市场表现**

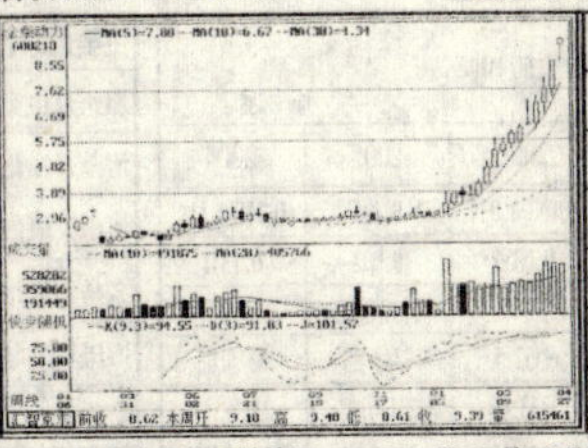

| | |
|---|---|
| 2006 年涨跌幅(%) | 58.82 |
| 2006 年最高(元) | 4.52 |
| 2007 年涨跌幅(%) | 213 |
| 2007.4.27 收盘(元) | 9.39 |
| 2007 年最高(元) | 9.48 |
| 2007 年最低(元) | 2.98 |
| 2007 年换手率(%) | 479.42 |

**未来一年限售流通股解禁情况:** 15697500 股 03 月 06 日解禁

| 最新股本 | 总股本 | 非(限售)流通 | 流通 A | 流通 B/H/S | 股东户数 06 年末 | 股东户数 06 三季 |
|---|---|---|---|---|---|---|
| | 28340 | 14651 | 13689 | | 40269 | 42880 |

**年报点评**：公司主营内燃机的生产和销售。06 年虽然存在行业竞争日趋激烈，产品价格下降原材料成本上升等不利因素，公司主营和净利润仍实现同步增长。目前公司柴油发动机产销量逐年增长，市场占有率处于同行业领先水平，公司主业处于上升通道中。

## 南山铝业（600219）

上市日期:99/12/23　　电话:0535－8616188　　传真:0535－8616180

**主营**：铝制品、毛纺织品的开发、生产及销售、电力的生产及供应。

| | 年　度 | 2006 | 2005 | 2004 |
|---|---|---|---|---|
| 主要指标 | 每股收益/扣除后(元) | 0.28/0.3 | 0.54 | 0.52/0.5 |
| | 每股经营现金流量(元) | 0.48 | 0.9 | 0.88 |
| | 每股净资产/调整后(元) | 4.52/4.52 | 6.79/6.79 | 6.38 |
| | 未分利润(万元) | 74121.07 | 58554.95 | 49923.71 |
| | 资本公积(万元) | 123257.79 | 71574.3 | 71564.38 |
| 利润构成 | 主营收入(万元) | 224352.05 | 140702.67 | 119965.38 |
| | 主营利润(万元) | 39542.38 | 28083.81 | 26209.18 |
| | 投资收益(万元) | | | |
| | 利润总额(万元) | 26518.56 | 20974.89 | 19782.33 |
| | 净利润(万元) | 17295.68 | 13782.65 | 13406.88 |
| 近年分配: | 04 年:10 派 1.2 | | | |

**主要股东及持股比例%、持股性质**

南山集团公司 19.72%（非流通股）
中国人寿保险股份有限公司 4.23%（流通 A 股）
中国建设银行－上投摩根中国优势证券投资基金 2.74%（流通 A 股）
中国银行－华夏回报二号证券投资基金 2.22%（流通 A 股）
中国工商银行－诺安价值增长股票证券投资基金 2.21%（流通 A 股）
中国人寿保险(集团)公司 2.17%（流通 A 股）
中国建设银行－上投摩根阿尔法股票型证券投资基金 2.04%（流通 A 股）
中国建设银行－华夏优势增长股票型证券投资基金 1.58%（流通 A 股）
中国平安保险(集团)股份有限公司 1.43%（流通 A 股）
中国建设银行－上投摩根成长先锋股票型证券投资基金 1.37%（流通 A 股）

**实际控制人:** 南山集团公司

**二〇〇六年以来市场表现**

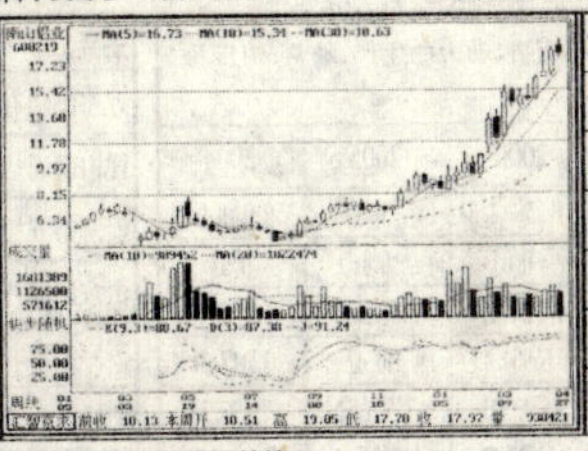

| | |
|---|---|
| 2006 年涨跌幅(%) | 208.41 |
| 2006 年最高(元) | 19.16 |
| 2007 年涨跌幅(%) | 99.89 |
| 2007.4.27 收盘(元) | 17.97 |
| 2007 年最高(元) | 19.05 |
| 2007 年最低(元) | 8.25 |
| 2007 年换手率(%) | 349.63 |

**未来一年限售流通股解禁情况:**

| 最新股本 | 总股本 | 非(限售)流通 | 流通 A | 流通 B/H/S | 股东户数 06 年末 | 股东户数 06 三季 |
|---|---|---|---|---|---|---|
| | 61879.52 | 12200 | 49679.52 | | 46607 | 43604 |

**年报点评**：公司在氧化铝、熔铸、热轧、冷轧生产线上配备有德国、日本、荷兰、美国等国家最先进的进口设备，在熔铸技术、铝合金板带技术以及热冷轧设备上都处于国内领先地位，在箔轧方面更是具有很强优势，未来公司将进入快速发展阶段。

## 江苏阳光（600220）

上市日期:99/09/27　　电话:0510－86121688　　传真:0510－86121688

**主营**：从事中高档精毛纺呢绒、高档男式西服和女式时装的生产和销售。

| | 年　度 | 2006 | 2005 | 2004 |
|---|---|---|---|---|
| 主要指标 | 每股收益/扣除后(元) | 0.093/0.099 | 0.018 | 0.06/0.07 |
| | 每股经营现金流量(元) | -0.17 | 0.21 | 0.73 |
| | 每股净资产/调整后(元) | 2.56/2.51 | 2.47/2.47 | 2.29/2.29 |
| | 未分利润(万元) | 53657.89 | 46980.87 | 45893.73 |
| | 资本公积(万元) | 81957.66 | 81957.66 | 70248.68 |
| 利润构成 | 主营收入(万元) | 242706.91 | 250029.6 | 207383.35 |
| | 主营利润(万元) | 34234.91 | 26210.12 | 25940.19 |
| | 投资收益(万元) | 2526.62 | -624.34 | -138.91 |
| | 利润总额(万元) | 11412.75 | 2472.77 | 7472 |
| | 净利润(万元) | 8932.37 | 1759.92 | 5248.9 |
| 近年分配: | | | | |

**主要股东及持股比例%、持股性质**

江苏阳光集团有限公司 37.71%（部分流通部分不流通）
江阴市盛银投资有限公司 5.37%（非流通股）
江阴赛特科技有限公司 4.03%（非流通股）
邵安 0.38%（流通 A 股）
深圳市现代国方贸易有限公司 0.33%（流通 A 股）
张家港保税区佳源毛纺有限公司 0.31%（流通 A 股）
张梅度 0.27%（流通 A 股）
陶红霞 0.24%（流通 A 股）
高洁 0.24%（流通 A 股）
薛春风 0.23%（流通 A 股）

**实际控制人:** 陆克平

**二〇〇六年以来市场表现**

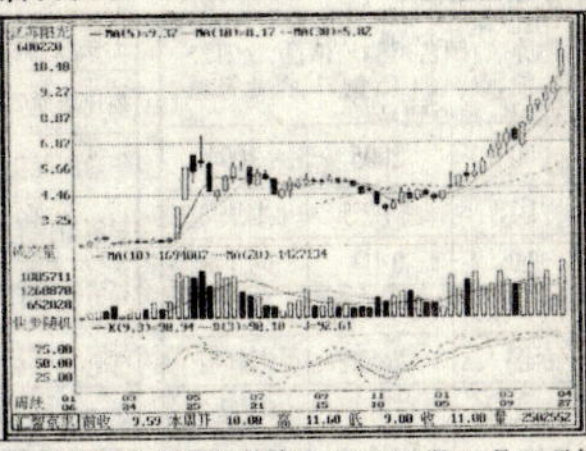

| | |
|---|---|
| 2006 年涨跌幅(%) | 120 |
| 2006 年最高(元) | 7.92 |
| 2007 年涨跌幅(%) | 167.63 |
| 2007.4.27 收盘(元) | 11.08 |
| 2007 年最高(元) | 11.68 |
| 2007 年最低(元) | 4 |
| 2007 年换手率(%) | 429.46 |

**未来一年限售流通股解禁情况:** 3567963 股 03 月 07 日解禁

| 最新股本 | 总股本 | 非(限售)流通 | 流通 A | 流通 B/H/S | 股东户数 06 年末 | 股东户数 06 三季 |
|---|---|---|---|---|---|---|
| | 96396.77 | 41413.08 | 54983.7 | | 86265 | 85229 |

**年报点评**：公司主营呢绒面料、毛纱线、服装等，公司的"阳光牌"精纺呢绒目前国内市场占有率第一，06 年受欧美纺织品设限等因素影响，虽然我国对欧美出口增幅急剧下降，但是公司产品销售价格有一定提高，产品毛利率小幅上升，主营业务利润同比大幅上升。

## 海南航空（600221/900945）

上市日期：A：99/11/25 B：97/06/26　　电话：0898－66739961　　传真：0898－66739960

| | | | | |
|---|---|---|---|---|
| 主营 | 经营海南省内及海南省始发至国内部分城市的航空客货运输业务，国内公务包机业务，航空维修和服务、航空旅游等业务。 | | | |
| | 年　度 | 2006 | 2005 | 2004 |
| 主要指标 | 每股收益/扣除后(元) | 0.051/－0.02 | －0.296 | 0.12/－0.17 |
| | 每股经营现金流量(元) | 1.41 | 4.13 | 4.37 |
| | 每股净资产/调整后(元) | 1.98/1.88 | 3.72/2.67 | 1.96/1.16 |
| | 未分利润(万元) | －54840.74 | －73000.91 | －51419.12 |
| | 资本公积(万元) | 385490.08 | 255888.44 | 105872.94 |
| 利润构成 | 主营收入(万元) | 1244835.99 | 1006146.84 | 841053.87 |
| | 主营利润(万元) | 170159.51 | 153436.5 | 177100.41 |
| | 投资收益(万元) | －1479.27 | －1583.49 | －1666.7 |
| | 利润总额(万元) | 20168.68 | －21869.78 | 7651.41 |
| | 净利润(万元) | 18160.17 | －21581.79 | 9064.88 |
| 近年分配： | | | | |

| 主要股东及持股比例%、持股性质 |
|---|
| 新华航空控股有限公司 48.62%（部分流通部分不流通） |
| 海口美兰国际机场有限责任公司 12.22%（非流通股） |
| 长江租赁有限公司 8.15%（非流通股） |
| 海南嘉信投资管理有限公司 6.52%（非流通股） |
| 三亚凤凰国际机场有限责任公司 4.07%（非流通股） |
| American Aviation LTD 3.06%（流通 B股） |
| 海南金城国有资产经营管理有限责任公司 0.47%（非流通股） |
| 海南泰衡实业有限公司 0.27%（非流通股） |
| 中国国际旅行社总社 0.18%（非流通股） |
| 海航集团有限公司 0.18%（非流通股） |
| 实际控制人：海南省发展控股有限公司 |

二〇〇六年以来市场表现

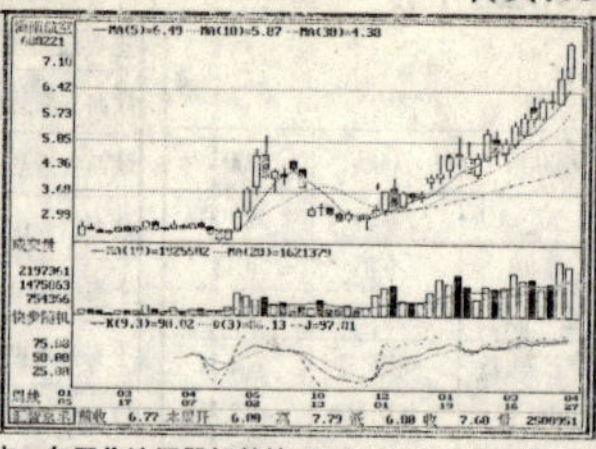

| | |
|---|---|
| 2006 年涨跌幅(%) | 94.63 |
| 2006 年最高(元) | 5.39 |
| 2007 年涨跌幅(%) | 113.33 |
| 2007.4.27 收盘(元) | 7.68 |
| 2007 年最高(元) | 7.79 |
| 2007 年最低(元) | 3.8 |
| 2007 年换手率(%) | 578.39 |

未来一年限售流通股解禁情况：729392192 股 09 月 29 日解禁

| 最新股本 | 总股本 | 非(限售)流通 | 流通 A | 流通 B/H/S | 股东户数 | 06 年末 | 06 三季 |
|---|---|---|---|---|---|---|---|
| | 353025.28 | 285082.58 | 49470.38 | 18472.32 | | 113906 | 100756 |

年报点评：2006 年公司旅客运输量同比增幅 12.4%，低于主营业务收入增幅，主要系燃油附加费增收所致。随着航油价格上涨，航油成本占公司主营业务成本比重已达 40%左右，同时导致主营业务利润率略有下降。在人民币升值背景下，公司汇兑收益达到 2.36 亿元。

## 太龙药业（600222）

上市日期：99/11/05　　电话：(0371)67982194　　传真：(0371)67993600

| | | | | |
|---|---|---|---|---|
| 主营 | 研制、开发、生产和销售中成药和西药。 | | | |
| | 年　度 | 2006 | 2005 | 2004 |
| 主要指标 | 每股收益/扣除后(元) | 0.063/0.034 | 0.125 | 0.119/0.114 |
| | 每股经营现金流量(元) | 0.0055 | 0.002 | 0.1341 |
| | 每股净资产/调整后(元) | 1.69/1.63 | 3.47/3.32 | 3.35/3.12 |
| | 未分利润(万元) | 9352.5 | 7743.85 | 6346.63 |
| | 资本公积(万元) | 7753.47 | 23176.98 | 23149.47 |
| 利润构成 | 主营收入(万元) | 36454.3 | 25132.31 | 20403.99 |
| | 主营利润(万元) | 7604.55 | 7735.93 | 7439.62 |
| | 投资收益(万元) | | | |
| | 利润总额(万元) | 1621.12 | 1960.53 | 1858.54 |
| | 净利润(万元) | 1803.62 | 1704.38 | 1624.77 |
| 近年分配： | 05 年：10 转增 8.94249 | | | |

| 主要股东及持股比例%、持股性质 |
|---|
| 郑州众生实业集团有限公司 52.52%（国有股） |
| 河南开祥化工有限公司 13.14%（非流通股） |
| 河南天域信息网络技术有限公司 1.31%（流通 A股） |
| 义马科亿化工投资有限公司 0.98%（流通 A股） |
| 四川星凯电力有限责任公司 0.67%（流通 A股） |
| 蒋骏 0.24%（流通 A股） |
| 上海福滔工贸有限公司 0.23%（非流通股） |
| 郑州市竹林耐火材料公司 0.23%（非流通股） |
| 郑州市竹林仙竹洗涤用品有限公司 0.23%（非流通股） |
| 饶来秀 0.11%（流通 A股） |
| 实际控制人：巩义市竹林镇政府 |

二〇〇六年以来市场表现

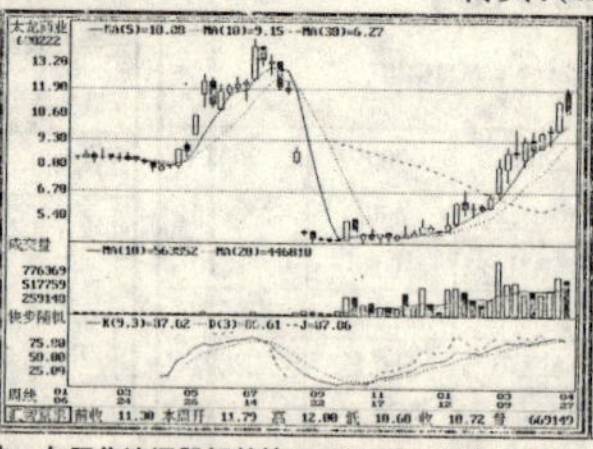

| | |
|---|---|
| 2006 年涨跌幅(%) | 54.64 |
| 2006 年最高(元) | 14.74 |
| 2007 年涨跌幅(%) | 129.06 |
| 2007.4.27 收盘(元) | 10.72 |
| 2007 年最高(元) | 12 |
| 2007 年最低(元) | 4.53 |
| 2007 年换手率(%) | 792.03 |

未来一年限售流通股解禁情况：2254156.31 股 08 月 28 日解禁

| 最新股本 | 总股本 | 非(限售)流通 | 流通 A | 流通 B/H/S | 股东户数 | 06 年末 | 06 三季 |
|---|---|---|---|---|---|---|---|
| | 28839.05 | 19159.43 | 9679.62 | | | 17481 | 11736 |

年报点评：公司主要产品是双黄连。2006 年主打产品销量增加较快，导致公司主营收入快速增长。同时原料成本上升较快导致毛利率大幅下降，公司的净利润只出现小幅增长。公司产品品种和规模目前还处在较小水平，未来成长性值得期待。

## ＊ST 万杰（600223）

上市日期：00/01/13　　电话：0533－3585809　　传真：0533－3585836

| | | | | |
|---|---|---|---|---|
| 主营 | 化纤新材料及多功能化纤面料、动力的生产、经营、销售及医疗服务。 | | | |
| | 年　度 | 2006 | 2005 | 2004 |
| 主要指标 | 每股收益/扣除后(元) | －1.25/－1.31 | －0.23 | 0.04/0.04 |
| | 每股经营现金流量(元) | －0.05 | 0.4 | 0.63 |
| | 每股净资产/调整后(元) | 1.51/1.51 | 2.76/2.76 | 2.99/2.96 |
| | 未分利润(万元) | －66954.43 | 340.47 | 12447.21 |
| | 资本公积(万元) | 75543.93 | 75526.72 | 75526.72 |
| 利润构成 | 主营收入(万元) | 123937.71 | 217030.41 | 245138.01 |
| | 主营利润(万元) | －16802 | 7879.72 | 16858.34 |
| | 投资收益(万元) | －1315.95 | －1203.2 | －199.08 |
| | 利润总额(万元) | －82147.21 | －14223.24 | 2632.76 |
| | 净利润(万元) | －67294.9 | －12106.74 | 2152.52 |
| 近年分配： | | | | |

| 主要股东及持股比例%、持股性质 |
|---|
| 万杰集团有限责任公司 44.56%（非流通股） |
| 博山万通达建筑安装公司 3.64%（非流通股） |
| 淄博第五棉纺织厂 1.04%（非流通股） |
| 山东淄博万通达工业技术研究所 0.44%（非流通股） |
| 淄博市博山毛巾厂 0.44%（非流通股） |
| 淄博邑山染料化工厂 0.44%（非流通股） |
| 刘文武 0.34%（流通 A股） |
| 邵福喜 0.2%（流通 A股） |
| 郑协枚 0.19%（流通 A股） |
| 甘志斌 0.18%（流通 A股） |
| 实际控制人：万杰集团有限责任公司 |

二〇〇六年以来市场表现

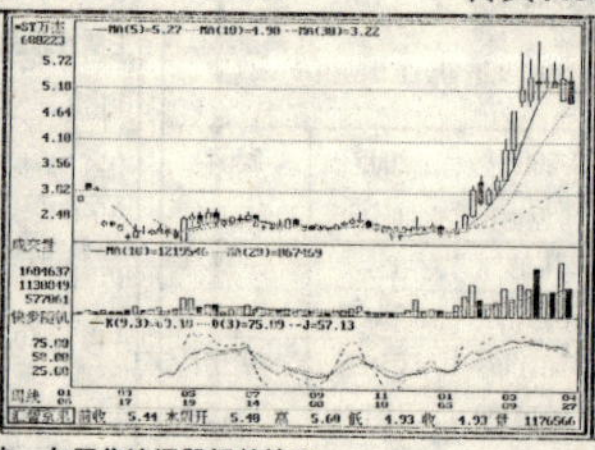

| | |
|---|---|
| 2006 年涨跌幅(%) | －4.36 |
| 2006 年最高(元) | 3.31 |
| 2007 年涨跌幅(%) | 129.3 |
| 2007.4.27 收盘(元) | 4.93 |
| 2007 年最高(元) | 6.26 |
| 2007 年最低(元) | 2.1 |
| 2007 年换手率(%) | 583.27 |

未来一年限售流通股解禁情况：

| 最新股本 | 总股本 | 非(限售)流通 | 流通 A | 流通 B/H/S | 股东户数 | 06 年末 | 06 三季 |
|---|---|---|---|---|---|---|---|
| | 53625 | 27210.63 | 26414.38 | | | 77378 | 82676 |

年报点评：公司主营化纤的生产与销售，拥有一家医院及学校，公司还参与网络游戏经营。由于国际原油价格持续高位运行，造成公司生产成本增加，主营业务出现大幅亏损。2006 年，公司化纤业务全面亏损，医疗服务也出现亏损。

## S＊ST 天香（600225）

上市日期：00/01/27　　电话：021－63372666　　传真：021－63372100

| | | | | |
|---|---|---|---|---|
| 主营 | 项目投资开发管理，生物技术开发，电子信息技术的开发；饲养活动物；海水、淡水动物养殖；园艺植物培植；植物园经营；农业技术服务；食用植物油、食品加工，饲料、农业机械加工；食品，住宿服务；咨询服务；国内贸易。 | | | |
| | 年　度 | 2006 | 2005 | 2004 |
| 主要指标 | 每股收益/扣除后(元) | －1.739 | －1.255 | －0.145/－0.168 |
| | 每股经营现金流量(元) | －0.064 | 0.117 | 0.195 |
| | 每股净资产/调整后(元) | －1.54/－1.54 | 0.51/0.51 | 1.76 |
| | 未分利润(万元) | －64453.82 | －26012.27 | 1744.02 |
| | 资本公积(万元) | 13583.82 | 13530.92 | 13502.2 |
| 利润构成 | 主营收入(万元) | 10134.29 | 15219.11 | 35216.36 |
| | 主营利润(万元) | 44.96 | 2031.48 | 3458.74 |
| | 投资收益(万元) | －4716.41 | －17747.5 | 538.58 |
| | 利润总额(万元) | －46064.77 | －29785.19 | －2906.57 |
| | 净利润(万元) | －38441.55 | －27756.17 | －3211.34 |
| 近年分配： | | | | |

| 主要股东及持股比例%、持股性质 |
|---|
| 福建华通置业有限公司 20%（非流通股） |
| 华通国际招商集团股份有限公司 13.12%（非流通股） |
| 福清市国有资产营运投资有限公司 8.81%（国有股） |
| 福清市粮食经济开发总公司 3.28%（非流通股） |
| 景宁畲族自治县金泰商贸有限公司 2.57%（非流通股） |
| 福建华兴信托投资公司 2.24%（非流通股） |
| 浙江耀江投资管理有限公司 1.8%（非流通股） |
| 海城市第一粮库 0.75%（非流通股） |
| 杭州国梁经济信息咨询有限公司 0.75%（非流通股） |
| 福州市粮食购销有限公司 0.6%（非流通股） |
| 实际控制人：高扬瑜 |

二〇〇六年以来市场表现

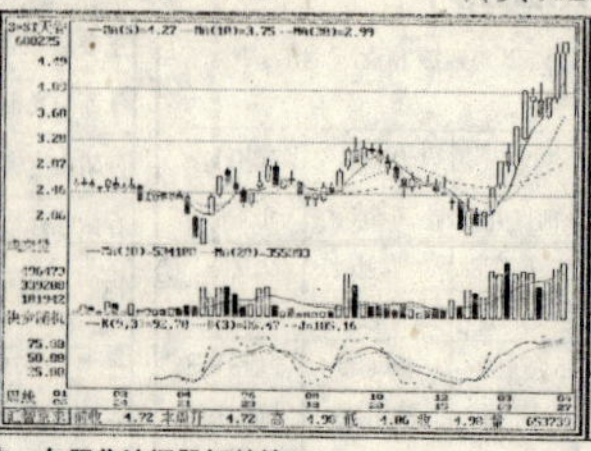

| | |
|---|---|
| 2006 年涨跌幅(%) | －24 |
| 2006 年最高(元) | 3.35 |
| 2007 年涨跌幅(%) | 157.9 |
| 2007.4.27 收盘(元) | 4.9 |
| 2007 年最高(元) | 4.9 |
| 2007 年最低(元) | 1.82 |
| 2007 年换手率(%) | 654.4 |

未来一年限售流通股解禁情况：

| 最新股本 | 总股本 | 非(限售)流通 | 流通 A | 流通 B/H/S | 股东户数 | 06 年末 | 06 三季 |
|---|---|---|---|---|---|---|---|
| | 22110 | 12595.19 | 9514.81 | | | 15906 | 18557 |

年报点评：公司主营较为分散，2006 年制种业稳步增长，在原有的越南市场基础上进一步拓展边贸市场；畜牧业受市场影响利润率进一步下降；进出口贸易因受汇率和季节影响利率有所增加；北京丰台科技园区的建设正在正常进行。

## 升华拜克（600226）

上市日期:99/11/16　电话:0572－8402738　传真:0572－8402738

| | | | | |
|---|---|---|---|---|
| 主营 | 生产经营生物农药、兽药的原料药、制成品及相关的饲料添加剂。 | | | |
| | 年　度 | 2006 | 2005 | 2004 |
| 主要指标 | 每股收益/扣除后(元) | 0.24 | 0.27 | 0.22/0.22 |
| | 每股经营现金流量(元) | 0.68 | 0.63 | 0.37 |
| | 每股净资产/调整后(元) | 3.53/3.52 | 3.36/3.35 | 3.15/3.14 |
| | 未分利润(万元) | 14068.61 | 11345.07 | 7939.32 |
| | 资本公积(万元) | 46796.05 | 46529.4 | 45168.65 |
| 利润构成 | 主营收入(万元) | 159875.28 | 146585.22 | 100801.65 |
| | 主营利润(万元) | 20721.69 | 22779.37 | 16092.9 |
| | 投资收益(万元) | 1637.21 | 681.53 | 365.94 |
| | 利润总额(万元) | 8397.8 | 10095.88 | 7605.29 |
| | 净利润(万元) | 6592.21 | 7373.11 | 6019.02 |
| 近年分配: | 06 预案:10 派 1.3；05 年:10 派 1.2；04 年:10 派 1.2 | | | |

| 主要股东及持股比例%、持股性质 |
|---|
| 升华集团控股有限公司 39.28%（非流通股） |
| 源裕投资有限公司 5.66%（外资股） |
| 天津开发区鸿基置业有限公司 5%（非流通股） |
| 浙江省科技风险投资有限公司 2.15%（非流通股） |
| 金信信托投资有限公司 1.06%（非流通股） |
| 昆明南天整流设备有限公司 0.16%（流通 A 股） |
| 李静文 0.12%（流通 A 股） |
| 郭传道 0.12%（流通 A 股） |
| 张学寨 0.11%（流通 A 股） |
| 陈茂友 0.11%（流通 A 股） |
| 实际控制人：夏土林 |

二〇〇六年以来市场表现

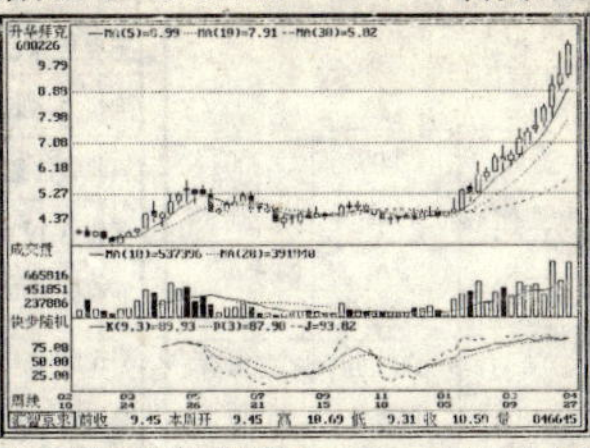

| | |
|---|---|
| 2006 年涨跌幅(%) | 31.73 |
| 2006 年最高(元) | 7.45 |
| 2007 年涨跌幅(%) | 135.43 |
| 2007.4.27 收盘(元) | 10.5 |
| 2007 年最高(元) | 10.69 |
| 2007 年最低(元) | 4.41 |
| 2007 年换手率(%) | 482.1 |

未来一年限售流通股解禁情况:1779766 股 02 月 10 日解禁

| 最新股本 | 总股本 | 非(限售)流通 | 流通 A | 流通 B/H/S | 股东户数 | 06 年末 | 06 三季 |
|---|---|---|---|---|---|---|---|
| | 27036.62 | 14369.42 | 12667.2 | | | 28194 | 30879 |

年报点评：农药、兽药、锆系列是公司收入的主要构成。去年农药销售收入得益于阿维菌素和麦草畏产能扩张；兽药销售收入增长，但受禽流感的影响，毛利率下降。公司将动物保健品和医药中间体作为今后产品结构调整的主要目标，届时业绩会有所改善。

## 赤天化（600227）

上市日期:00/02/21　电话:0852－2878788　传真:0852－2878332

| | | | | |
|---|---|---|---|---|
| 主营 | 尿素的生产和销售。 | | | |
| | 年　度 | 2006 | 2005 | 2004 |
| 主要指标 | 每股收益/扣除后(元) | 1.004/1.03 | 1.03 | 0.621/0.581 |
| | 每股经营现金流量(元) | 1.322 | 1.996 | 0.913 |
| | 每股净资产/调整后(元) | 6.88/6.88 | 6.07/6.07 | 5.24/5.24 |
| | 未分利润(万元) | 39673.95 | 27717.51 | 17113.55 |
| | 资本公积(万元) | 46809.08 | 46809.08 | 46809.08 |
| 利润构成 | 主营收入(万元) | 85292.36 | 87423.42 | 73149.42 |
| | 主营利润(万元) | 29467.42 | 30346.2 | 20795.95 |
| | 投资收益(万元) | 226.18 | －2291.96 | －2201.75 |
| | 利润总额(万元) | 20173.76 | 22075.11 | 12989.96 |
| | 净利润(万元) | 17062.72 | 17508.53 | 10561.46 |
| 近年分配: | 06 年:10 派 2；05 年:10 派 2；04 年:10 派 2 | | | |

| 主要股东及持股比例%、持股性质 |
|---|
| 贵州赤天化集团有限责任公司 43.38%（国有股） |
| 贵州赤天化集团有限责任公司工会 0.98%（非流通股） |
| 陆民 0.38%（流通 A 股） |
| 国泰君安－建行－恒生银行有限公司 0.19%（流通 A 股） |
| 刘悦 0.14%（流通 A 股） |
| 凌锡华 0.14%（流通 A 股） |
| 陈阳辉 0.12%（流通 A 股） |
| 范明月 0.12%（流通 A 股） |
| 毛樟葵 0.12%（流通 A 股） |
| 张才华 0.11%（流通 A 股） |
| 实际控制人：贵州省人民政府国有资产监督管理委员会 |

二〇〇六年以来市场表现

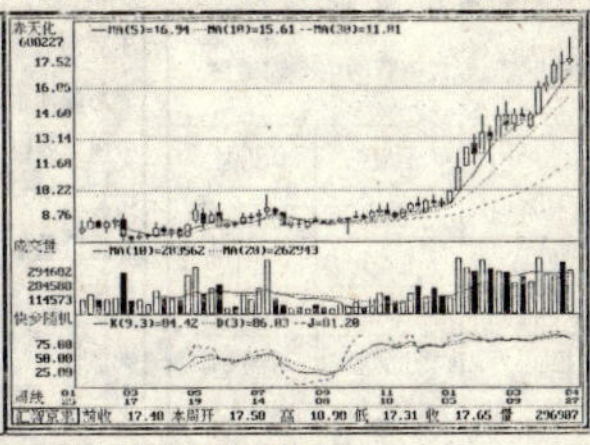

| | |
|---|---|
| 2006 年涨跌幅(%) | 34.72 |
| 2006 年最高(元) | 13.62 |
| 2007 年涨跌幅(%) | 89.29 |
| 2007.4.27 收盘(元) | 17.65 |
| 2007 年最高(元) | 19.18 |
| 2007 年最低(元) | 9.42 |
| 2007 年换手率(%) | 479.63 |

未来一年限售流通股解禁情况:

| 最新股本 | 总股本 | 非(限售)流通 | 流通 A | 流通 B/H/S | 股东户数 | 06 年末 | 06 三季 |
|---|---|---|---|---|---|---|---|
| | 17000 | 7550 | 9450 | | | 33805 | 34500 |

年报点评：2006 年受到天然气价格提升的不利影响，公司收入和利润同比略有下降。为增强抵御尿素行业波动风险的能力，公司制定了“以肥为主，相关多元化”的发展战略，努力培育化肥、煤化工和纸业三个效益增长点，形成多元化的生产格局，保证业绩的稳步增长。

## 昌九生化（600228）

上市日期:99/01/19　电话:0791－8504560　传真:0791－8504797

| | | | | |
|---|---|---|---|---|
| 主营 | 聚丙烯酰胺、双氧水、甲醇、白炭黑、液体二氧化碳、塑料管材、尿素、合成氨等化工原料、环保及生化产品的研制、生产和销售。 | | | |
| | 年　度 | 2006 | 2005 | 2004 |
| 主要指标 | 每股收益/扣除后(元) | 0.047/0.035 | 0.037 | 0.025/0.016 |
| | 每股经营现金流量(元) | 0.386 | 0.142 | 0.047 |
| | 每股净资产/调整后(元) | 1.27/1.19 | 1.33/1.22 | 1.29/1.21 |
| | 未分利润(万元) | －5073.24 | －6215.22 | －7472.89 |
| | 资本公积(万元) | 10354.63 | 14280.63 | 14280.63 |
| 利润构成 | 主营收入(万元) | 80950.92 | 79477.21 | 53510.9 |
| | 主营利润(万元) | 8654.15 | 9541.52 | 7901.39 |
| | 投资收益(万元) | －133.09 | －54.22 | －6.04 |
| | 利润总额(万元) | 2350.7 | 3139.69 | 1318.7 |
| | 净利润(万元) | 1141.98 | 1071.94 | 713.36 |
| 近年分配: | | | | |

| 主要股东及持股比例%、持股性质 |
|---|
| 江西昌九化工集团有限公司 45.44%（国有股） |
| 南京熊猫信息产业有限公司 1.45%（流通 A 股） |
| 景德镇市开门子农用化工有限公司 0.85%（国有股） |
| 胡军 0.45%（流通 A 股） |
| 顾平 0.42%（流通 A 股） |
| 谢仁国 0.32%（流通 A 股） |
| 曹仁均 0.27%（流通 A 股） |
| 谢瑞富 0.22%（流通 A 股） |
| 欧阳琼芝 0.21%（流通 A 股） |
| 徐玲 0.21%（流通 A 股） |
| 实际控制人：江西省国有资产监督管理委员会 |

二〇〇六年以来市场表现

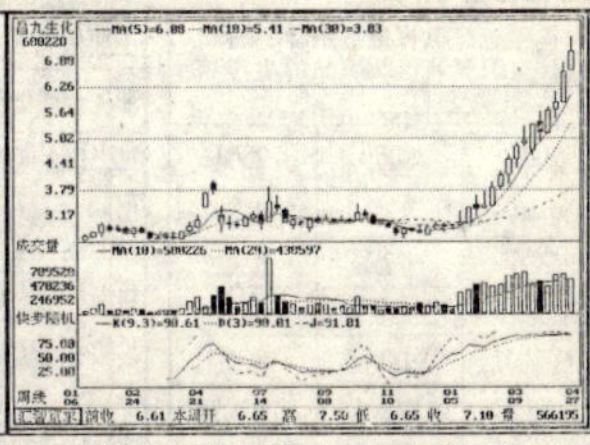

| | |
|---|---|
| 2006 年涨跌幅(%) | 52.34 |
| 2006 年最高(元) | 5.2 |
| 2007 年涨跌幅(%) | 144.83 |
| 2007.4.27 收盘(元) | 7.1 |
| 2007 年最高(元) | 7.5 |
| 2007 年最低(元) | 2.82 |
| 2007 年换手率(%) | 625.3 |

未来一年限售流通股解禁情况:2062500 股 06 月 06 日解禁

| 最新股本 | 总股本 | 非(限售)流通 | 流通 A | 流通 B/H/S | 股东户数 | 06 年末 | 06 三季 |
|---|---|---|---|---|---|---|---|
| | 24132 | 11172 | 12960 | | | 25192 | 27690 |

年报点评：由于大股东占款和原材料市场涨价，公司去年业绩一般。公司丙烯酰胺产品的规模已是国内最大，公司正在加大生产规模，力争未来达到亚洲或世界最大规模。随着大股东占款问题的解决公司基本面将有所改善。

## 青岛碱业（600229）

上市日期:00/03/09　电话:0532－4822574　传真:0532－4815402

| | | | | |
|---|---|---|---|---|
| 主营 | 纯碱、肥料、农药及其它化工产品的生产、加工、销售及服务。 | | | |
| | 年　度 | 2006 | 2005 | 2004 |
| 主要指标 | 每股收益/扣除后(元) | 0.12/0.12 | 0.09 | 0.1/0.1 |
| | 每股经营现金流量(元) | 0.75 | 0.43 | 0.45 |
| | 每股净资产/调整后(元) | 3.16/3.16 | 3.03/3.03 | 2.96/2.84 |
| | 未分利润(万元) | 17267.93 | 14211.41 | 12197.38 |
| | 资本公积(万元) | 36839.7 | 37277.7 | 37783.32 |
| 利润构成 | 主营收入(万元) | 152522.24 | 136424.1 | 117057.7 |
| | 主营利润(万元) | 28239.64 | 22870.97 | 18469.63 |
| | 投资收益(万元) | 90.06 | －253.26 | 1050.77 |
| | 利润总额(万元) | 5670.29 | 4432.88 | 4169.61 |
| | 净利润(万元) | 3439.81 | 2517.53 | 3057.83 |
| 近年分配: | | | | |

| 主要股东及持股比例%、持股性质 |
|---|
| 青岛海湾集团有限公司 38.94%（国有股） |
| 青岛天柱化工(集团)有限公司 5.74%（国有股） |
| 青岛国信实业有限公司 1.26%（国有股） |
| 青岛凯联(集团)有限责任公司 0.98%（国有股） |
| 深圳市瑞银咨讯有限公司 0.81%（流通 A 股） |
| 谭志辉 0.75%（流通 A 股） |
| 欧阳全仔 0.46%（流通 A 股） |
| 罗金菊 0.39%（流通 A 股） |
| 顾伟 0.306%（流通 A 股） |
| 岑文龙 0.306%（流通 A 股） |
| 实际控制人：青岛市国有资产管理委员会 |

二〇〇六年以来市场表现

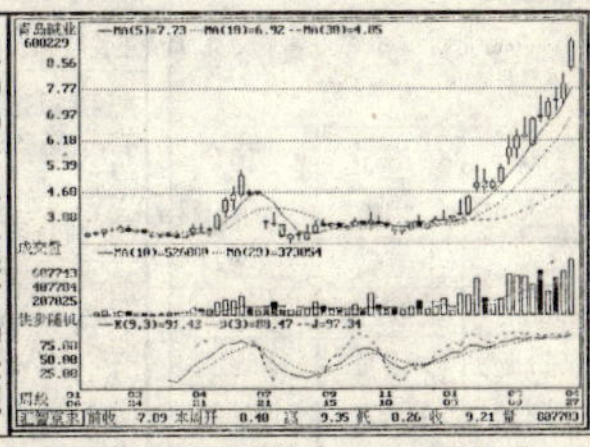

| | |
|---|---|
| 2006 年涨跌幅(%) | 44.92 |
| 2006 年最高(元) | 5.25 |
| 2007 年涨跌幅(%) | 148.25 |
| 2007.4.27 收盘(元) | 9.21 |
| 2007 年最高(元) | 9.35 |
| 2007 年最低(元) | 3.61 |
| 2007 年换手率(%) | 435.18 |

未来一年限售流通股解禁情况:37218513 股 07 月 20 日解禁

| 最新股本 | 总股本 | 非(限售)流通 | 流通 A | 流通 B/H/S | 股东户数 | 06 年末 | 06 三季 |
|---|---|---|---|---|---|---|---|
| | 29512.62 | 13956.95 | 15555.67 | | | 50304 | 55327 |

年报点评：公司主要产品包括纯碱和化肥。去年由于积极调整营销策略，公司纯碱业务业绩提升；而受制于出口退税率的降低，公司化肥业务出现了亏损。下游玻璃等行业产能扩张较大，对纯碱需求强劲，预计未来 2 年内纯碱价格将保持坚挺。

## 沧州大化（600230）

上市日期:00/04/06　　电话:0317－3025065　　传真:0317－3025065

| 主营 | 尿素、合成氨等化肥产品的生产、销售。 | | | |
|---|---|---|---|---|
| | 年　度 | 2006 | 2005 | 2004 |
| 主要指标 | 每股收益/扣除后(元) | 0.39/0.4 | 0.44 | 0.328/0.327 |
| | 每股经营现金流量(元) | 1.27 | 0.87 | 1.207 |
| | 每股净资产/调整后(元) | 3.45/3.44 | 3.17/3.15 | 2.84/2.82 |
| | 未分利润(万元) | 20030.19 | 13683.91 | 7228.87 |
| | 资本公积(万元) | 35613.81 | 35696.86 | 35690.83 |
| 利润构成 | 主营收入(万元) | 163091.15 | 110644.81 | 124692.86 |
| | 主营利润(万元) | 35446.49 | 23992.7 | 22190.47 |
| | 投资收益(万元) | | －198.59 | －264.11 |
| | 利润总额(万元) | 19714.26 | 16598.73 | 12475.63 |
| | 净利润(万元) | 10225.53 | 11302.56 | 8506.57 |
| 近年分配: | 06年:10派1.1；05年:10派1.1；04年:10派1 | | | |

**主要股东及持股比例%、持股性质**

沧州大化集团有限责任公司 58.25%（国有股）
河北省信息产业投资有限公司 0.26%（国有股）
蒋伟 0.19%（流通A股）
上海良能建筑有限公司 0.17%（流通A股）
邓振浩 0.15%（流通A股）
邓振洲 0.14%（流通A股）
王万青 0.13%（流通A股）
河北沧州塑料集团股份有限公司 0.13%（非流通股）
中国化学工程第十三建设公司 0.13%（国有股）
严淑芳 0.12%（流通A股）
实际控制人：中国化工农化总公司

二〇〇六年以来市场表现

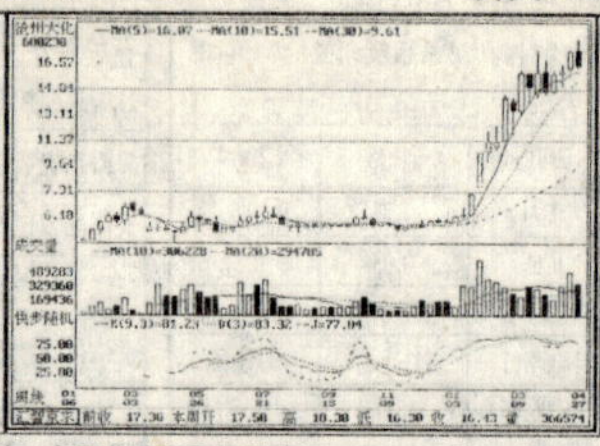

| | |
|---|---|
| 2006年涨跌幅(%) | 76.25 |
| 2006年最高(元) | 9.23 |
| 2007年涨跌幅(%) | 183.22 |
| 2007.4.27收盘(元) | 16.43 |
| 2007年最高(元) | 18.41 |
| 2007年最低(元) | 5.82 |
| 2007年换手率(%) | 494.47 |

未来一年限售流通股解禁情况:12966581股04月07日解禁

| 最新股本 | 总股本 | 非(限售)流通 | 流通A | 流通B/H/S | 股东户数 | 06年末 | 06三季 |
|---|---|---|---|---|---|---|---|
| | 25933.16 | 15293.16 | 10640 | | | 30412 | 33632 |

年报点评：2006年由于公司管理费用上升较快,导致公司在收入增长的情况下,出现利润下降。2006年在公司尿素产品盈利情况下滑的情况下,TDI产能和毛利率的提升使得公司净利润并没有出现大幅下滑。随着TDI行业转暖,2007年公司TDI业务将使公司业绩大幅增长。

## 凌钢股份（600231）

上市日期:00/05/11　　电话:0421－6838259　　传真:0421－6830436

| 主营 | 连铸钢坯、热轧小型材、热轧钢坯、焊接钢管的生产和销售 | | | |
|---|---|---|---|---|
| | 年　度 | 2006 | 2005 | 2004 |
| 主要指标 | 每股收益/扣除后(元) | 0.684/0.704 | 0.62 | 0.873/0.879 |
| | 每股经营现金流量(元) | 1.196 | 0.425 | 0.421 |
| | 每股净资产/调整后(元) | 5.07/5.07 | 4.63/4.63 | 4.26/4.26 |
| | 未分利润(万元) | 130223.5 | 111079.89 | 96572.76 |
| | 资本公积(万元) | 43822.69 | 43822.69 | 43769.85 |
| 利润构成 | 主营收入(万元) | 597229.54 | 586373.57 | 578779.07 |
| | 主营利润(万元) | 72658.81 | 58092.13 | 69582.8 |
| | 投资收益(万元) | | | 21.42 |
| | 利润总额(万元) | 46171.34 | 42814.16 | 58350.09 |
| | 净利润(万元) | 35823.45 | 32476.04 | 45762.51 |
| 近年分配: | 06预案:10派2.8；05年:10派2.5；04年:10派2.5 | | | |

**主要股东及持股比例%、持股性质**

凌源钢铁集团有限责任公司 44.88%（国有股）
中国工商银行－诺安价值增长股票证券投资基金 0.79%（流通A股）
招商银行股份有限公司－上证红利交易型开放式指数证券投资基金 0.61%（流通A股）
蔡伟华 0.56%（流通A股）
凌钢物资综合开发公司 0.5%（非流通股）
张朝宏 0.42%（流通A股）
张君 0.38%（流通A股）
吴家麟 0.38%（流通A股）
梁光余 0.37%（流通A股）
李学华 0.27%（流通A股）
实际控制人：朝阳市国有资产监督管理委员会

二〇〇六年以来市场表现

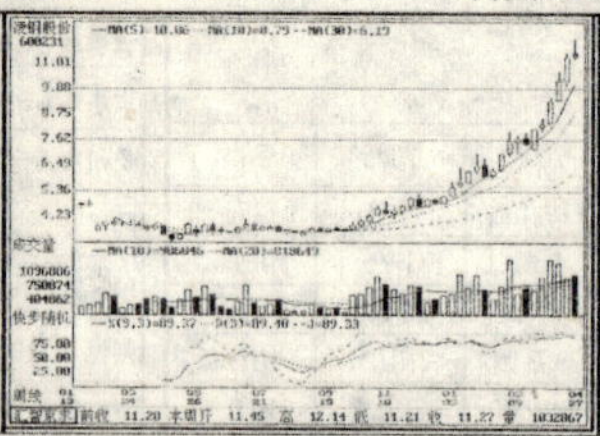

| | |
|---|---|
| 2006年涨跌幅(%) | 65.78 |
| 2006年最高(元) | 7.19 |
| 2007年涨跌幅(%) | 120.98 |
| 2007.4.27收盘(元) | 11.27 |
| 2007年最高(元) | 12.14 |
| 2007年最低(元) | 5.13 |
| 2007年换手率(%) | 500.73 |

未来一年限售流通股解禁情况:

| 最新股本 | 总股本 | 非(限售)流通 | 流通A | 流通B/H/S | 股东户数 | 06年末 | 06三季 |
|---|---|---|---|---|---|---|---|
| | 52390 | 24170.38 | 28219.62 | | | 48092 | 54271 |

年报点评：公司不仅拥有丰富的铁矿石,而且其自有矿山的品位70%,列全国第一位,同时具有丰富的石灰石和膨润土等钢铁辅料资源。公司以品种质量效益为中心,控制成本的能力很强,因此抵抗产品价格波动带来的业绩风险的能力也非常强。

## 金鹰股份（600232）

上市日期:00/06/02　　电话:0580－8021228　　传真:0580－8020228

| 主营 | 绢、麻、丝、毛纺织机械成套设备和塑料机械制造销售;绢丝、绢绸、亚麻纱(布)、绢丝针织、梭织服装等纺织品的生产销售。 | | | |
|---|---|---|---|---|
| | 年　度 | 2006 | 2005 | 2004 |
| 主要指标 | 每股收益/扣除后(元) | 0.441 | 0.484 | 0.686/0.667 |
| | 每股经营现金流量(元) | 0.295 | 0.256 | 0.542 |
| | 每股净资产/调整后(元) | 4.16/4.1 | 3.82/3.78 | 3.41/3.37 |
| | 未分利润(万元) | 42378.67 | 36081.66 | 28680.2 |
| | 资本公积(万元) | 15998.87 | 15838.3 | 15471.73 |
| 利润构成 | 主营收入(万元) | 150814.53 | 130688.94 | 129218.06 |
| | 主营利润(万元) | 25111.26 | 23930.02 | 27903.65 |
| | 投资收益(万元) | －20.3 | －20.3 | 57.65 |
| | 利润总额(万元) | 12915.73 | 13208.08 | 19045.04 |
| | 净利润(万元) | 9645.66 | 10593.86 | 15015.22 |
| 近年分配: | 06预案:10派0.8；05年:10派1.1；04年:10派1 | | | |

**主要股东及持股比例%、持股性质**

浙江金鹰集团有限公司 59.85%（非流通股）
舟山市定海区小沙镇经济开发实业总公司 3.67%（非流通股）
国际金融－汇丰－MORGAN STANLEY & CO. INTERNATIONAL LIMITED 1.83%（流通A股）
招商证券－渣打－ING BANK N.V 1.6%（流通A股）
晏福有 1.6%（流通A股）
申银万国－花旗－DEUTSCHE BANK AKTIENGESELLSCHAFT 1.37%（流通A股）
程晓燕 1.35%（流通A股）
UBS AG 0.96%（流通A股）
舟山制衣公司 0.8%（非流通股）
国际金融－汇丰－BILL&MELINDA GATES FOUNDATION 0.65%（流通A股）
实际控制人：浙江省定海纺织机械总厂

二〇〇六年以来市场表现

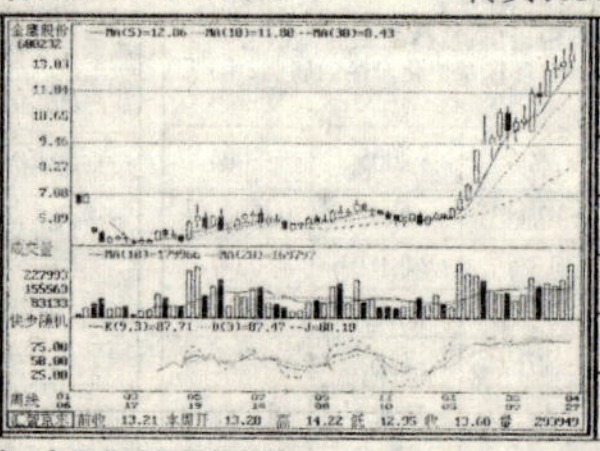

| | |
|---|---|
| 2006年涨跌幅(%) | 26.6 |
| 2006年最高(元) | 9.13 |
| 2007年涨跌幅(%) | 127.05 |
| 2007.4.27收盘(元) | 13.6 |
| 2007年最高(元) | 14.22 |
| 2007年最低(元) | 5.93 |
| 2007年换手率(%) | 361.35 |

未来一年限售流通股解禁情况:10942594股02月10日解禁

| 最新股本 | 总股本 | 非(限售)流通 | 流通A | 流通B/H/S | 股东户数 | 06年末 | 06三季 |
|---|---|---|---|---|---|---|---|
| | 21885.19 | 14163.19 | 7722 | | | 11734 | 12618 |

年报点评：公司主营业务包括麻纺和绢纺的纺织业务、纺织机械和塑料机械的机械制造。2006年受到下游行业景气上升的拉动,公司机械制造产销量和利润都大幅上升,纺织业务增长缓慢,不过麻纺生产和销售有一定增长,绢纺景气度仍然不高。

## 大杨创世（600233）

上市日期:00/06/08　　电话:0411－7610778　　传真:0411－7622686

| 主营 | 中高档男西服、女时装、运动装、职业装、学生装等服装的生产、销售及其它业务。 | | | |
|---|---|---|---|---|
| | 年　度 | 2006 | 2005 | 2004 |
| 主要指标 | 每股收益/扣除后(元) | 0.256/0.226 | 0.164 | 0.161/0.18 |
| | 每股经营现金流量(元) | 0.56 | 0.4 | 0.56 |
| | 每股净资产/调整后(元) | 3.03/3.01 | 2.87/2.84 | 2.82/2.8 |
| | 未分利润(万元) | 6123.85 | 4320.02 | 4165.29 |
| | 资本公积(万元) | 18328.06 | 18328.06 | 18614.45 |
| 利润构成 | 主营收入(万元) | 64865.47 | 52084.49 | 43805.14 |
| | 主营利润(万元) | 14599.09 | 11374.95 | 8946.59 |
| | 投资收益(万元) | －51.4 | －1942.07 | －1735.89 |
| | 利润总额(万元) | 7242.62 | 4497.23 | 3698.34 |
| | 净利润(万元) | 4220.12 | 2712.67 | 2659.92 |
| 近年分配: | 06预案:10派1.3；05年:10派1；04年:10派1 | | | |

**主要股东及持股比例%、持股性质**

大杨集团有限责任公司 41.5%（部分流通部分不流通）
中国建设银行－博时价值增长贰号证券投资基金 2.38%（流通A股）
石祥麟 0.61%（流通A股）
郭伟 0.35%（流通A股）
李国 0.3%（流通A股）
王艳 0.3%（流通A股）
倪江涛 0.29%（流通A股）
卜功桃 0.28%（流通A股）
杨乐锡 0.24%（流通A股）
罗细梅 0.21%（流通A股）
实际控制人：李桂莲

二〇〇六年以来市场表现

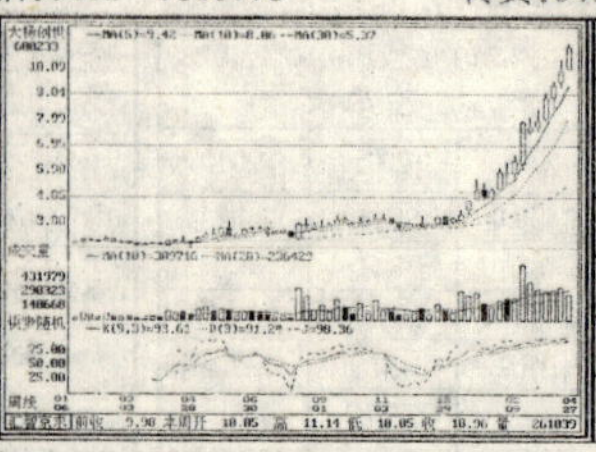

| | |
|---|---|
| 2006年涨跌幅(%) | 31.72 |
| 2006年最高(元) | 4.24 |
| 2007年涨跌幅(%) | 194.62 |
| 2007.4.27收盘(元) | 10.96 |
| 2007年最高(元) | 11.14 |
| 2007年最低(元) | 3.72 |
| 2007年换手率(%) | 438.06 |

未来一年限售流通股解禁情况:

| 最新股本 | 总股本 | 非(限售)流通 | 流通A | 流通B/H/S | 股东户数 | 06年末 | 06三季 |
|---|---|---|---|---|---|---|---|
| | 16500 | 6600 | 9900 | | | 20328 | 21804 |

年报点评：公司主要生产和营销各类中高档服装,2006年公司全年完成产量702万件,比上年增长26.26%。尽管受到人民币升值的不利影响,但是通过对公司产品和品牌的运作,公司形象得到了很大的提升,产品销售毛利率还是略有上升。

## *ST 天龙(600234)

上市日期:00/06/15　电话:0351－4040922　传真:0351－4810073

| | | | | |
|---|---|---|---|---|
| 主营 | 商品的零售批发;生产及销售 VCD 机、DVD 机、功放、音箱等电子产品及家用电器,开发、生产、销售有线电话、无绳电话、移动电话等通讯器材及其他消费性数字电子产品。 | | | |
| | 年　度 | 2006 | 2005 | 2004 |
| 主要指标 | 每股收益/扣除后(元) | 0.11/－0.226 | －3.1 | －2.23/－1.58 |
| | 每股经营现金流量(元) | 0.14 | －0.03 | －1.31 |
| | 每股净资产/调整后(元) | －7.01/－7.01 | －6.86/－6.87 | －3.73/－3.81 |
| | 未分利润(万元) | －68345.17 | －69367.48 | －40231.04 |
| | 资本公积(万元) | 23912.07 | 23902.97 | 23226.95 |
| 利润构成 | 主营收入(万元) | 7831.45 | 4950.71 | 70245.78 |
| | 主营利润(万元) | 1171.53 | 670.58 | 2256.81 |
| | 投资收益(万元) | 49.45 | －63.08 | －104.13 |
| | 利润总额(万元) | －1592.97 | －33136.32 | －54216.98 |
| | 净利润(万元) | 1022.31 | －29136.45 | －20943.44 |
| 近年分配: | | | | |

| 主要股东及持股比例%、持股性质 |
|---|
| 东莞市金正数码科技有限公司 29%(非流通股) |
| 山西天龙山古文化发展有限公司 17.34%(非流通股) |
| 国有股 7.08%(国有股) |
| 沈为忠 0.39%(流通 A 股) |
| 张光华 0.38%(流通 A 股) |
| 周玉满 0.36%(流通 A 股) |
| 张国华 0.36%(流通 A 股) |
| 五矿贵稀矿产品进出口公司 0.32%(非流通股) |
| 冯渭春 0.31%(流通 A 股) |
| 王春艳 0.3%(流通 A 股) |
| 实际控制人:田家俊 |

二〇〇六年以来市场表现

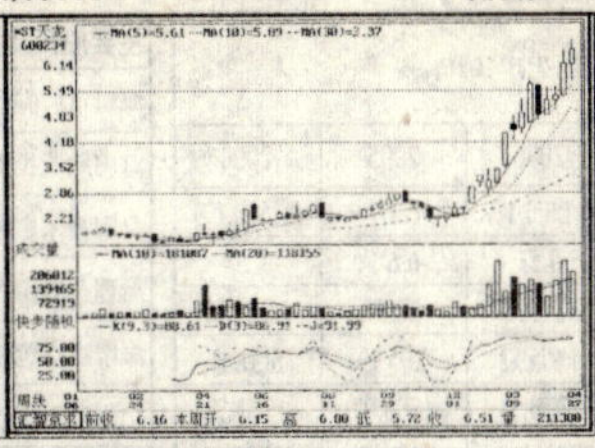

| | |
|---|---|
| 2006 年涨跌幅(%) | 35.36 |
| 2006 年最高(元) | 2.88 |
| 2007 年涨跌幅(%) | 346.4 |
| 2007.4.27 收盘(元) | 6.51 |
| 2007 年最高(元) | 11.42 |
| 2007 年最低(元) | 2.57 |
| 2007 年换手率(%) | 293.99 |

未来一年限售流通股解禁情况:43330920 股 02 月 09 日解禁

| 最新股本 | 总股本 | 非(限售)流通 | 流通 A | 流通 B/H/S | 股东户数 | 06 年末 | 06 三季 |
|---|---|---|---|---|---|---|---|
| | 9386 | 5086 | 4300 | | | 15101 | 16031 |

年报点评:公司主营视频产品和商业。2006 年,公司通过内部整合、加强管理、降低成本,提高工作效率、产品质量及售后服务,统一销售政策及销售价格,同时将天龙购物广场的经营模式由自主经营变为租赁经营等措施使主营有所改善,实现大幅减亏。

## 民丰特纸(600235)

上市日期:00/06/15　电话:0573－2812992　传真:0573－2812992

| | | | | |
|---|---|---|---|---|
| 主营 | 特种用纸和卷烟配套用纸的生产、销售和其他相关业务。 | | | |
| | 年　度 | 2006 | 2005 | 2004 |
| 主要指标 | 每股收益/扣除后(元) | 0.023 | 0.082 | 0.146/0.147 |
| | 每股经营现金流量(元) | 0.5064 | 0.4478 | 0.6288 |
| | 每股净资产/调整后(元) | 3.12/3.1 | 3.19/3.16 | 3.22/3.19 |
| | 未分利润(万元) | 2607.26 | 4182.56 | 5569.67 |
| | 资本公积(万元) | 48780.88 | 48968.66 | 48952.31 |
| 利润构成 | 主营收入(万元) | 95491.63 | 66979.23 | 56499.49 |
| | 主营利润(万元) | 18865.59 | 16562.99 | 15336.94 |
| | 投资收益(万元) | 581.96 | 308.15 | 1678.13 |
| | 利润总额(万元) | 1095.72 | 2720.38 | 4687.54 |
| | 净利润(万元) | 596.07 | 2164.52 | 3848.8 |
| 近年分配: | 05 年:10 派 0.8;04 年:10 派 1.2 | | | |

| 主要股东及持股比例%、持股性质 |
|---|
| 嘉兴民丰集团有限公司 54.21%(国有股) |
| 浙江国信控股集团有限责任公司 1.77%(流通 A 股) |
| 宁波大榭开发区浙新商贸有限公司 0.82%(流通 A 股) |
| 浙江时代房地产开发有限公司 0.76%(流通 A 股) |
| 浙江省信鸿实业有限责任公司 0.62%(流通 A 股) |
| 周和平 0.61%(流通 A 股) |
| 浙江平安担保有限公司 0.34%(流通 A 股) |
| 嘉兴市社会发展资产经营投资有限公司 0.28%(国有股) |
| 深圳市国傲通实业有限公司 0.22%(流通 A 股) |
| 浙江新纪元商业经济发展有限公司 0.2%(流通 A 股) |
| 实际控制人:嘉兴市国有资产监督管理委员会 |

二〇〇六年以来市场表现

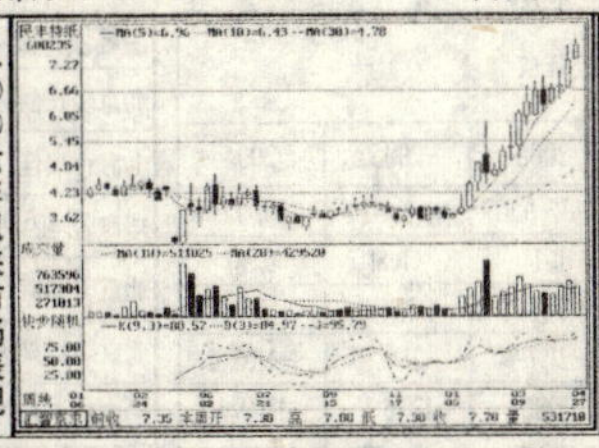

| | |
|---|---|
| 2006 年涨跌幅(%) | 19.94 |
| 2006 年最高(元) | 6.36 |
| 2007 年涨跌幅(%) | 113.3 |
| 2007.4.27 收盘(元) | 7.7 |
| 2007 年最高(元) | 7.88 |
| 2007 年最低(元) | 3.56 |
| 2007 年换手率(%) | 663.01 |

未来一年限售流通股解禁情况:13170000 股 04 月 28 日解禁

| 最新股本 | 总股本 | 非(限售)流通 | 流通 A | 流通 B/H/S | 股东户数 | 06 年末 | 06 三季 |
|---|---|---|---|---|---|---|---|
| | 26339.98 | 14405.98 | 11934 | | | 17238 | 18746 |

年报点评:公司主营造纸,主要产品有卷烟系列用纸、描图纸、电容器纸等。主要原料木浆价格持续上涨使公司成本增加 2593 万元,公司财务费用有较大幅度的增加等因素,使得公司盈利状况一般。

## 桂冠电力(600236)

上市日期:00/03/23　电话:0771－5636271　传真:0771－5620664

| | | | | |
|---|---|---|---|---|
| 主营 | 水力发电 | | | |
| | 年　度 | 2006 | 2005 | 2004 |
| 主要指标 | 每股收益/扣除后(元) | 0.23/0.23 | 0.163 | 0.352/0.344 |
| | 每股经营现金流量(元) | 0.9 | 0.58 | 0.54 |
| | 每股净资产/调整后(元) | 2.4/2.4 | 2.23/2.23 | 4.36/4.36 |
| | 未分利润(万元) | 31320.34 | 22819.02 | 24897.87 |
| | 资本公积(万元) | 94377.41 | 87012.99 | 154548.71 |
| 利润构成 | 主营收入(万元) | 324631.42 | 257265.68 | 71338.2 |
| | 主营利润(万元) | 86454.11 | 63198.39 | 35617.35 |
| | 投资收益(万元) | 5897.4 | 899.67 | 1707.54 |
| | 利润总额(万元) | 50802.29 | 33112.36 | 27458.92 |
| | 净利润(万元) | 31860.29 | 21954.6 | 23775.65 |
| 近年分配: | 06 预案:10 派 1.8;05 年:10 派 1.1;04 年:10 派 2.2 转增 10 | | | |

| 主要股东及持股比例%、持股性质 |
|---|
| 中国大唐集团公司 49.36%(国有股) |
| 广西投资集团有限公司 17.87%(国有股) |
| 广西大化金达实业开发有限公司 4.13%(非流通股) |
| 江苏省江海粮油贸易公司 0.76%(流通 A 股) |
| 黑龙江省华富电力投资有限公司 0.73%(流通 A 股) |
| 中国平安人寿保险股份有限公司 0.36%(流通 A 股) |
| 易方达策略成长二号混合型证券投资基金 0.33%(流通 A 股) |
| 工银瑞信稳健成长股票型证券投资基金 0.33%(流通 A 股) |
| 上证红利交易型开放式指数证券投资基金 0.31%(流通 A 股) |
| 广西壮族自治区水电工程局 0.25%(非流通股) |
| 实际控制人:国务院国有资产管理委员会 |

二〇〇六年以来市场表现

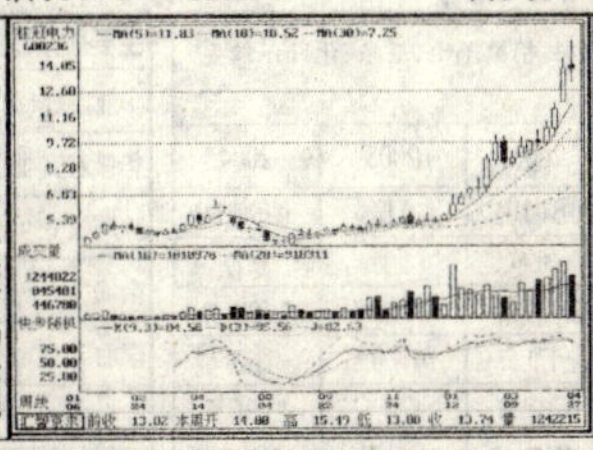

| | |
|---|---|
| 2006 年涨跌幅(%) | 69.31 |
| 2006 年最高(元) | 7.36 |
| 2007 年涨跌幅(%) | 157.79 |
| 2007.4.27 收盘(元) | 13.74 |
| 2007 年最高(元) | 15.49 |
| 2007 年最低(元) | 5.28 |
| 2007 年换手率(%) | 399.13 |

未来一年限售流通股解禁情况:139322409 股 07 月 06 日解禁

| 最新股本 | 总股本 | 非(限售)流通 | 流通 A | 流通 B/H/S | 股东户数 | 06 年末 | 06 三季 |
|---|---|---|---|---|---|---|---|
| | 136503.4 | 98881.59 | 37621.81 | | | 72686 | 61856 |

年报点评:2006 年在新增发电装机容量,上网电量增长,火电上网电价提高的基础上,公司实现了收入和利润的稳步增长;另外公司投资的百色银海铝业公司 2006 年净利润大幅增加,使得公司获得了不错的投资收益,并带动公司净利润同比大幅增长。

## 铜峰电子(600237)

上市日期:00/06/09　电话:0562－2819178　传真:0562－2809105

| | | | | |
|---|---|---|---|---|
| 主营 | 薄膜电容器及其相关材料的研究、开发、生产、销售和科技成果转让等。 | | | |
| | 年　度 | 2006 | 2005 | 2004 |
| 主要指标 | 每股收益/扣除后(元) | 0.04/0.02 | 0.13 | 0.23/0.23 |
| | 每股经营现金流量(元) | 0.13 | 0.2 | 0.24 |
| | 每股净资产/调整后(元) | 1.98/1.95 | 2.79/2.77 | 2.75/2.72 |
| | 未分利润(万元) | 5353.49 | 12164.09 | 11961.9 |
| | 资本公积(万元) | 27286.82 | 17173.53 | 17130.6 |
| 利润构成 | 主营收入(万元) | 49082.91 | 39944.69 | 39548.43 |
| | 主营利润(万元) | 9560.62 | 9811.58 | 11935.38 |
| | 投资收益(万元) | －0.77 | －43.99 | |
| | 利润总额(万元) | 2236.39 | 3458.12 | 5666.47 |
| | 净利润(万元) | 1539.67 | 2610.09 | 4580.61 |
| 近年分配: | 05 年:10 派 0.5 送 3 转增 2;04 年:10 派 1 | | | |

| 主要股东及持股比例%、持股性质 |
|---|
| 安徽铜峰电子(集团)公司 18.35%(国有股) |
| 铜陵市工业国有资产经营有限公司 8.85%(国有股) |
| 中国工商银行－南方稳健成长贰号证券投资基金 5%(非流通股) |
| 铜陵市天时光电材料有限责任公司 4.66%(部分流通部分不流通) |
| 中国新时代控股(集团)公司 3.54%(流通 A 股) |
| 哈尔滨市道外投资有限责任公司 2.5%(非流通股) |
| 中船重工财务有限责任公司 2.5%(非流通股) |
| 长江证券有限责任公司 2.5%(非流通股) |
| 上海嘉盛置业有限公司 2.5%(非流通股) |
| 国联证券有限责任公司 2.5%(非流通股) |
| 实际控制人:铜陵市工业国有资产经营有限公司 |

二〇〇六年以来市场表现

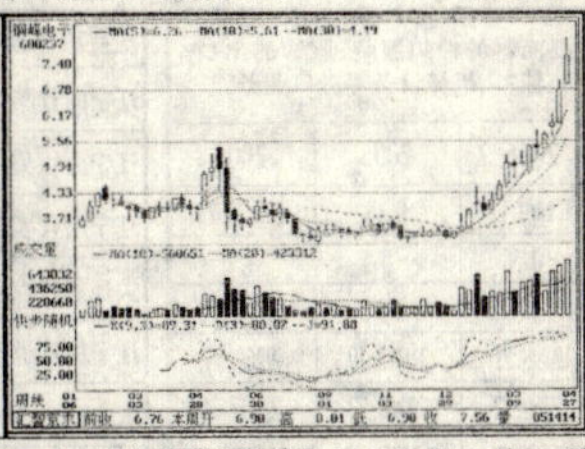

| | |
|---|---|
| 2006 年涨跌幅(%) | 39.86 |
| 2006 年最高(元) | 6.35 |
| 2007 年涨跌幅(%) | 134.06 |
| 2007.4.27 收盘(元) | 7.56 |
| 2007 年最高(元) | 8.01 |
| 2007 年最低(元) | 3.2 |
| 2007 年换手率(%) | 412.62 |

未来一年限售流通股解禁情况:3648720 股 12 月 07 日解禁

| 最新股本 | 总股本 | 非(限售)流通 | 流通 A | 流通 B/H/S | 股东户数 | 06 年末 | 06 三季 |
|---|---|---|---|---|---|---|---|
| | 40000 | 21244 | 18756 | | | 30703 | 32378 |

年报点评:公司主营薄膜电容器及其上游材料,产品以聚丙烯光膜、金属化镀膜和有机薄膜容器为主,由于主导产品供过于求、行业面临整合、原料成本大幅上涨,毛利率和净利润同比减少。公司需调整产品结构,理顺股权关系,做大主业。

## 海南椰岛（600238）

上市日期:00/01/20　电话:0898－66532987　传真:0898－66532908

| | | | | |
|---|---|---|---|---|
| 主营 | 保健酒、白酒等产品的开发、生产、销售。 | | | |
| | 年　度 | 2006 | 2005 | 2004 |
| 主要指标 | 每股收益/扣除后(元) | 0.194/0.176 | 0.171 | 0.165/0.079 |
| | 每股经营现金流量(元) | 0.53 | 0.641 | 0.294 |
| | 每股净资产/调整后(元) | 3.21/3.17 | 3/2.99 | 2.92/2.89 |
| | 未分利润(万元) | 10975.82 | 7375.19 | 8139.42 |
| | 资本公积(万元) | 17480.33 | 16736.98 | 16463.72 |
| 利润构成 | 主营收入(万元) | 135368.55 | 133707.73 | 129103.49 |
| | 主营利润(万元) | 23358.46 | 22641.68 | 22641.54 |
| | 投资收益(万元) | －224.11 | －694.33 | －780.59 |
| | 利润总额(万元) | 3026.2 | 5205.31 | 6137.63 |
| | 净利润(万元) | 3224 | 2841.03 | 2743.65 |
| 近年分配: | 06 方案:10 派 0.8；04 年:10 派 0.5 | | | |

| 主要股东及持股比例%、持股性质 |
|---|
| 海口市国有资产经营有限公司 14.37% (国有股) |
| 海南欣茂投资实业有限责任公司 4.28% (非流通股) |
| 贵阳神采广告有限公司 3.25% (非流通股) |
| 新理益集团有限公司 2.89% (非流通股) |
| 海南珙璐包装有限公司 2.52% (非流通股) |
| 化州市乐岭玻璃厂 1.28% (非流通股) |
| 深圳市慧能(集团)有限公司 0.9% (非流通股) |
| 北京东方巴索投资顾问有限公司 0.77% (非流通股) |
| 上海丰德企业发展有限公司 0.66% (非流通股) |
| 中国科技国际信托投资有限公司 0.62% (非流通股) |
| 实际控制人: 海口市国有资产经营有限公司 |

二〇〇六年以来市场表现

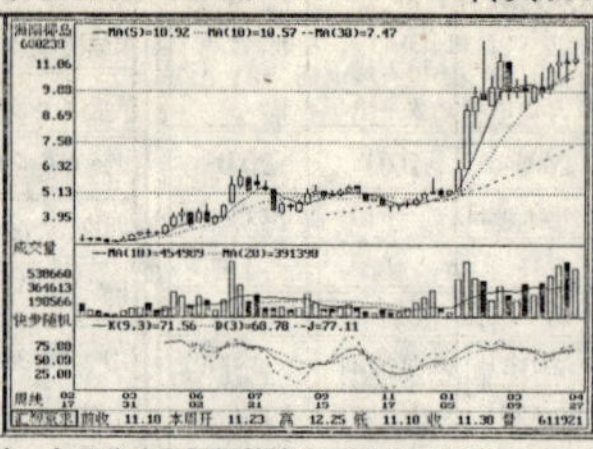

| | |
|---|---|
| 2006 年涨跌幅(%) | 82.78 |
| 2006 年最高(元) | 8.46 |
| 2007 年涨跌幅(%) | 125.79 |
| 2007.4.27 收盘(元) | 11.38 |
| 2007 年最高(元) | 12.25 |
| 2007 年最低(元) | 5 |
| 2007 年换手率(%) | 635.12 |

未来一年限售流通股解禁情况:28209010 股 02 月 15 日解禁

| 最新股本 | 总股本 | 非(限售)流通 | 流通 A | 流通 B/H/S | 股东户数 | 06 年末 | 06 三季 |
|---|---|---|---|---|---|---|---|
| | 16600 | 6536 | 10064 | | | 31077 | 32588 |

年报点评：公司主营以“椰岛鹿龟酒”为主的保健酒,06 年主业发展平稳,市场份额迅速增长,在国内白酒行业景气度高涨的背景下,酒类产量毛利上升。公司还拥有部分贸易业务,06 年对贸易部分进行了调整收缩,对几家贸易公司进行了整合。

## S 红河（600239）

上市日期:99/12/02　电话:0873－7123420　传真:0873－712252

| | | | | |
|---|---|---|---|---|
| 主营 | 啤酒、饮料和矿泉水的生产及销售。 | | | |
| | 年　度 | 2006 | 2005 | 2004 |
| 主要指标 | 每股收益/扣除后(元) | 0.03/－0.077 | －0.092 | 0.003/0.004 |
| | 每股经营现金流量(元) | 0.14 | －0.81 | 0.287 |
| | 每股净资产/调整后(元) | 1.74/1.73 | 1.72/1.7 | 1.83/1.8 |
| | 未分利润(万元) | －2197.94 | －2738.68 | －1104.52 |
| | 资本公积(万元) | 12968.1 | 12968.1 | 12968.1 |
| 利润构成 | 主营收入(万元) | 4188.87 | 4291.57 | 5865.93 |
| | 主营利润(万元) | 852.96 | 849.8 | 2021.93 |
| | 投资收益(万元) | 1140.79 | －5.43 | －0.05 |
| | 利润总额(万元) | 266.07 | －1954.91 | 46.58 |
| | 净利润(万元) | 540.74 | －1634.16 | 51.53 |
| 近年分配: | | | | |

| 主要股东及持股比例%、持股性质 |
|---|
| 北京步长创业投资有限公司 28.7% (非流通股) |
| 上海百瑞佳投资有限公司 13.8% (非流通股) |
| 郑海若 4.91% (流通 A 股) |
| 北京美华恒润科贸有限公司 4.45% (流通 A 股) |
| 北京瑞祥兴达贸易有限公司 4.27% (流通 A 股) |
| 云南省小龙潭矿务局 3.28% (非流通股) |
| 北京赢庆投资咨询有限公司 1.12% (流通 A 股) |
| 齐喜榴 0.72% (流通 A 股) |
| 郭瑞 0.7% (流通 A 股) |
| 开远恒虹经贸有限公司 0.6% (非流通股) |
| 实际控制人: 山西南娄集团股份有限公司 |

二〇〇六年以来市场表现

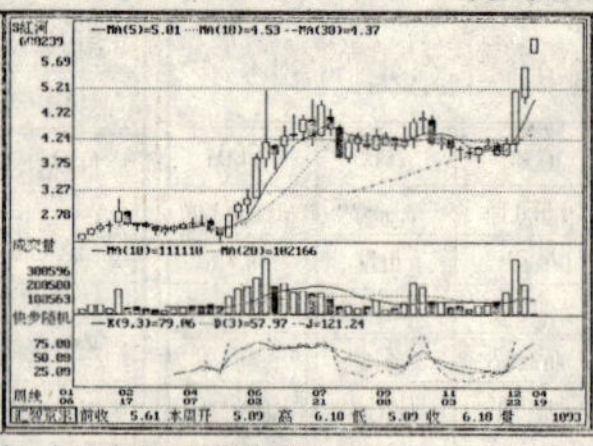

| | |
|---|---|
| 2006 年涨跌幅(%) | 141.81 |
| 2006 年最高(元) | 5.61 |
| 2007 年涨跌幅(%) | 10.16 |
| 2007.4.27 收盘(元) | 6.18 |
| 2007 年最高(元) | 6.18 |
| 2007 年最低(元) | 5.89 |
| 2007 年换手率(%) | 0.12 |

未来一年限售流通股解禁情况:

| 最新股本 | 总股本 | 非(限售)流通 | 流通 A | 流通 B/H/S | 股东户数 | 06 年末 | 06 三季 |
|---|---|---|---|---|---|---|---|
| | 17733.82 | 8280.79 | 9453.02 | | | 10213 | 14137 |

年报点评：公司的主营业务为啤酒产品及印楝产品的生产和销售。公司的啤酒生产较为稳定,狠抓了各项费用,使啤酒经营产生的亏损大大降低;印楝产业经过几年的发展已经打下较为坚实的基础,初步形成了原料基地－研发－生产的产业链,即将发挥整体拉动效应。

## 华业地产（600240）

上市日期:00/06/28　电话:010－65952451　传真:010－65951475

| | | | | |
|---|---|---|---|---|
| 主营 | 中高档西服、服装,精纺面料、精梳羊毛、毛条、化纤条的生产、销售及科研开发。 | | | |
| | 年　度 | 2006 | 2005 | 2004 |
| 主要指标 | 每股收益/扣除后(元) | 0.34/0.33 | 0.06 | 0.07/0.01 |
| | 每股经营现金流量(元) | －0.61 | 1.36 | 0.79 |
| | 每股净资产/调整后(元) | 2.07/2.07 | 3.46/3.46 | 3.39/3.39 |
| | 未分利润(万元) | －170.57 | －11970.61 | －13226.67 |
| | 资本公积(万元) | 36333.92 | 53794.57 | 53794.57 |
| 利润构成 | 主营收入(万元) | 112022.55 | 1484.26 | 2831.59 |
| | 主营利润(万元) | 18543.07 | 697.45 | 927.47 |
| | 投资收益(万元) | 590.31 | 1246.91 | －8.85 |
| | 利润总额(万元) | 17442.33 | 925.4 | 1195.66 |
| | 净利润(万元) | 11800.04 | 1136.02 | 1249.01 |
| 近年分配: | 06 中期:10 转增 10 | | | |

| 主要股东及持股比例%、持股性质 |
|---|
| 华业发展(深圳)有限公司 25.71% (非流通股) |
| 华保宏实业(深圳)有限公司 24.56% (非流通股) |
| 陈浩钦 0.97% (流通 A 股) |
| 余锦凤 0.8% (流通 A 股) |
| 李丽云 0.61% (流通 A 股) |
| 陈东生 0.58% (流通 A 股) |
| 银丰证券投资基金 0.54% (流通 A 股) |
| 北京市中诚和信投资顾问有限责任公司 0.32% (流通 A 股) |
| 中关村证券股份有限公司 0.31% (流通 A 股) |
| 上海国际信托投资有限公司－(鑫宏)证券投资资金信托(E－1601) 0.26% (流通 A 股) |
| 实际控制人: 周文焕 |

二〇〇六年以来市场表现

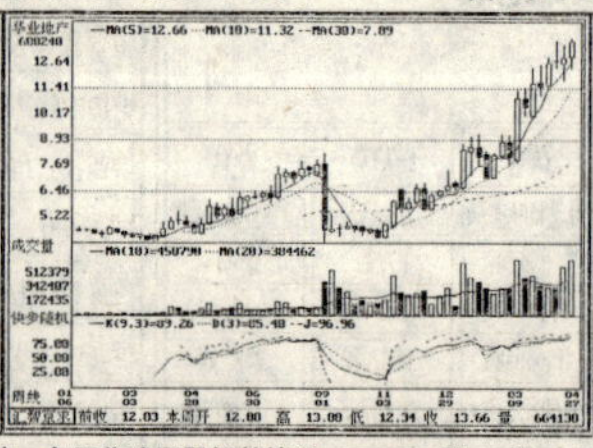

| | |
|---|---|
| 2006 年涨跌幅(%) | 191.11 |
| 2006 年最高(元) | 14.9 |
| 2007 年涨跌幅(%) | 103.58 |
| 2007.4.27 收盘(元) | 13.66 |
| 2007 年最高(元) | 13.88 |
| 2007 年最低(元) | 6.49 |
| 2007 年换手率(%) | 384.9 |

未来一年限售流通股解禁情况:35000000 股 12 月 26 日解禁

| 最新股本 | 总股本 | 非(限售)流通 | 流通 A | 流通 B/H/S | 股东户数 | 06 年末 | 06 三季 |
|---|---|---|---|---|---|---|---|
| | 35000 | 17596.21 | 17403.79 | | | 24204 | 27794 |

年报点评：2006 年主营收入、净利润均大幅上升,主要是开发的华业玫瑰东方园一期住宅竣工结算。华业玫瑰东方园二期住宅及办公楼华业国际中心售状况良好,住宅整体销售率达到了 99%,为公司 2007 年业绩增长奠定了基础。

## 辽宁时代（600241）

上市日期:00/11/28　电话:0411－2798051　传真:0411－2798191

| | | | | |
|---|---|---|---|---|
| 主营 | 以棉、毛、丝、麻、晴纶为主要面料的梭织服装、服饰的出口业务,出口服装所需的面料、辅料、机械设备等进口业务。 | | | |
| | 年　度 | 2006 | 2005 | 2004 |
| 主要指标 | 每股收益/扣除后(元) | 0.14/0.12 | 0.18 | 0.24/0.22 |
| | 每股经营现金流量(元) | －0.56 | －0.5 | 1.2 |
| | 每股净资产/调整后(元) | 4.46/4.42 | 4.4/4.36 | 4.25/4.23 |
| | 未分利润(万元) | 10793.21 | 10315.19 | 9266.55 |
| | 资本公积(万元) | 22760.72 | 22760.72 | 22487.71 |
| 利润构成 | 主营收入(万元) | 188929.76 | 174854.48 | 159320.43 |
| | 主营利润(万元) | 11239.41 | 12344.59 | 12083.54 |
| | 投资收益(万元) | 53.81 | －52.62 | 57.59 |
| | 利润总额(万元) | 2553.64 | 2923.99 | 3759.03 |
| | 净利润(万元) | 1473.35 | 1857.22 | 2537.39 |
| 近年分配: | 06 预案:10 派 0.7；05 年:10 派 0.8；04 年:10 派 0.5 | | | |

| 主要股东及持股比例%、持股性质 |
|---|
| 辽宁时代集团有限责任公司 56.65% (国有股) |
| 辽宁万恒集团有限公司 2.43% (非流通股) |
| 辽宁时代实业有限责任公司 0.81% (非流通股) |
| 大连利盟投资有限公司 0.81% (国有股) |
| 辽宁粮油进出口股份有限公司 0.81% (非流通股) |
| 朱本旺 0.31% (流通 A 股) |
| 王富成 0.24% (流通 A 股) |
| 蒋思华 0.23% (流通 A 股) |
| 刘石英 0.22% (流通 A 股) |
| 王蕴 0.2% (流通 A 股) |
| 实际控制人: 辽宁省人民政府国有资产监督管理委员会 |

二〇〇六年以来市场表现

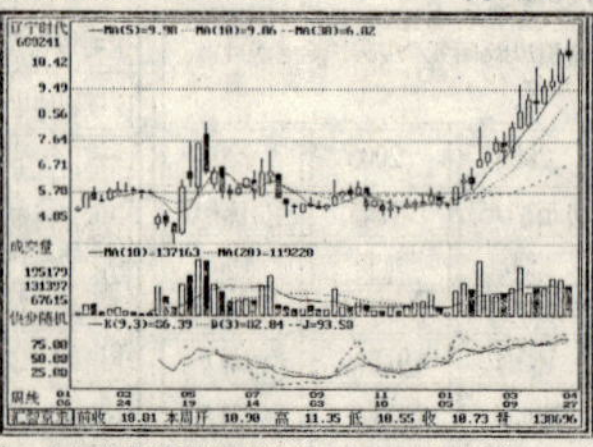

| | |
|---|---|
| 2006 年涨跌幅(%) | 44.6 |
| 2006 年最高(元) | 11.23 |
| 2007 年涨跌幅(%) | 102.45 |
| 2007.4.27 收盘(元) | 10.73 |
| 2007 年最高(元) | 11.35 |
| 2007 年最低(元) | 5.18 |
| 2007 年换手率(%) | 507.35 |

未来一年限售流通股解禁情况:5300000 股 04 月 11 日解禁

| 最新股本 | 总股本 | 非(限售)流通 | 流通 A | 流通 B/H/S | 股东户数 | 06 年末 | 06 三季 |
|---|---|---|---|---|---|---|---|
| | 10600 | 6520 | 4080 | | | 13120 | 14177 |

年报点评：公司主要经营梭织服装、服饰的出口业务等。报告期内,人民币升值、原材料涨价等因素严重冲击服装出口的利润空间。控股子公司辽宁时代熊岳制衣由于新建投产、竞争激烈、客户资源不足等原因出现亏损,导致公司利润下滑。

## S＊ST 华龙（600242）

上市日期:00/12/07　　电话:0662－3229088　　传真:

| | | | | |
|---|---|---|---|---|
| 主营 | 远洋捕捞和海洋养殖。 | | | |
| | 年　度 | 2006 | 2005 | 2004 |
| 主要指标 | 每股收益/扣除后(元) | -0.65/-0.61 | -3.04 | -0.75/-0.73 |
| | 每股经营现金流量(元) | | -0.03 | -1.04 |
| | 每股净资产/调整后(元) | -2.11/-2.11 | -1.51/-1.51 | 2.11/1.86 |
| | 未分利润(万元) | -73714.34 | -62383.96 | -9483.13 |
| | 资本公积(万元) | 27244.53 | 27244.53 | 27244.53 |
| 利润构成 | 主营收入(万元) | | 632.13 | 13777.91 |
| | 主营利润(万元) | | -1145.64 | -370.36 |
| | 投资收益(万元) | -88.81 | -4888.08 | -1527.96 |
| | 利润总额(万元) | -11999.87 | -63919.9 | -13481.12 |
| | 净利润(万元) | -11330.38 | -52900.83 | -12965.31 |
| 近年分配: | | | | |

| 主要股东及持股比例%、持股性质 |
|---|
| 广州市福兴经济发展有限公司 17.32%（非流通股） |
| 北京国力神州科技发展有限公司 5.78%（非流通股） |
| 四川省永成电子系统有限责任公司 2.31%（非流通股） |
| 镇江市环宇投资咨询有限公司 0.86%（非流通股） |
| 茂名市茂南区南方公司 0.86%（非流通股） |
| 上海宏亿投资咨询有限公司 0.8%（非流通股） |
| 阳东县合山城建开发公司 0.76%（非流通股） |
| 阳江市东田科技发展有限公司 0.72%（非流通股） |
| 珠海市珠澳旅游出租汽车有限公司 0.72%（非流通股） |
| 阳东县合山化工助剂厂 0.7%（非流通股） |
| 实际控制人：张小玲 |

二〇〇六年以来市场表现

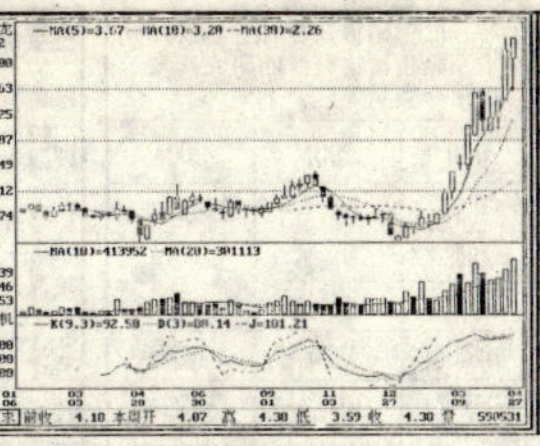

| | |
|---|---|
| 2006 年涨跌幅(%) | -20.33 |
| 2006 年最高(元) | 2.4 |
| 2007 年涨跌幅(%) | 202.07 |
| 2007.4.27 收盘(元) | 4.38 |
| 2007 年最高(元) | 4.38 |
| 2007 年最低(元) | 1.38 |
| 2007 年换手率(%) | 610.39 |

未来一年限售流通股解禁情况:

| 最新股本 | 总股本 | 非(限售)流通 | 流通 A | 流通 B/H/S | 股东户数 | 06 年末 | 06 三季 |
|---|---|---|---|---|---|---|---|
| | 17402.98 | 8607 | 8795.98 | | | 21460 | 22944 |

年报点评：公司经营困境未得到有效改善，且无力偿还以往年度累计到期负债以及大额的到期对外担保，已引发大量债务诉讼，导致大量资产被冻结、查封，经营基本陷入停顿。只能通过债务重组，并依托股东的力量，结合股改方案，注入有效资产等等。

## 青海华鼎（600243）

上市日期:00/11/20　　电话:0971－6249618　　传真:0971－6249617

| | | | | |
|---|---|---|---|---|
| 主营 | 机床(重型机床、加工中心、数控铣床等)、食品机械、电梯配件、齿轮箱等产品的生产和销售及国内贸易。 | | | |
| | 年　度 | 2006 | 2005 | 2004 |
| 主要指标 | 每股收益/扣除后(元) | 0.07/0.06 | 0.062 | 0.065/0.02 |
| | 每股经营现金流量(元) | 0.39 | 0.18 | 0.116 |
| | 每股净资产/调整后(元) | 2.42/2.33 | 2.81/2.7 | 2.71/2.47 |
| | 未分利润(万元) | 4636.62 | 3452.06 | 2628.99 |
| | 资本公积(万元) | 20342.01 | 23482.45 | 22925.6 |
| 利润构成 | 主营收入(万元) | 67315.02 | 52672 | 43810.89 |
| | 主营利润(万元) | 12984.51 | 8851.35 | 7491.65 |
| | 投资收益(万元) | -19.4 | -20.86 | -9.09 |
| | 利润总额(万元) | 1813.61 | 1325.21 | 1416.24 |
| | 净利润(万元) | 1315.64 | 968.32 | 1024.26 |
| 近年分配: | | | | |

| 主要股东及持股比例%、持股性质 |
|---|
| 青海重型机床有限责任公司 26.76%（国有股） |
| 广东万鼎企业集团有限公司 26.61%（非流通股） |
| 中技国际招标公司 3.12%（流通 A 股） |
| 上海菜织华实业发展有限公司 0.74%（流通 A 股） |
| 广州市番禺区万鸣实业有限公司 0.64%（非流通股） |
| 通用技术集团国际物流有限公司 0.24%（流通 A 股） |
| 梁中档 0.21%（流通 A 股） |
| 张银瑞 0.2%（流通 A 股） |
| 唐山重型机床厂 0.18%（国有股） |
| 庄河市蹑驾山建筑工程公司 0.18%（非流通股） |
| 实际控制人：青海天象投资实业有限公司 |

二〇〇六年以来市场表现

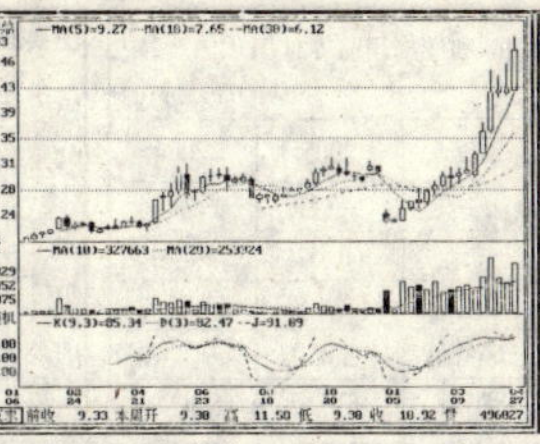

| | |
|---|---|
| 2006 年涨跌幅(%) | 90.73 |
| 2006 年最高(元) | 6.91 |
| 2007 年涨跌幅(%) | 176.46 |
| 2007.4.27 收盘(元) | 10.92 |
| 2007 年最高(元) | 11.5 |
| 2007 年最低(元) | 3.93 |
| 2007 年换手率(%) | 555.04 |

未来一年限售流通股解禁情况:11222500 股 12 月 25 日解禁

| 最新股本 | 总股本 | 非(限售)流通 | 流通 A | 流通 B/H/S | 股东户数 | 06 年末 | 06 三季 |
|---|---|---|---|---|---|---|---|
| | 18685 | 10160 | 8525 | | | 20025 | 20068 |

年报点评：2006 年以数控机床、食品机械、电梯配件、齿轮箱等产品为主业，充分利用装备制造业发展的机遇，克服了原材料等成本上升和产能不足等不利影响，实现利润的较大增长。预计机床行业的增长仍能给公司未来几年带来良好的发展机遇。

## 万通先锋（600246）

上市日期:00/09/22　　电话:010－68046080　　传真:010－68032398

| | | | | |
|---|---|---|---|---|
| 主营 | 房地产开发 | | | |
| | 年　度 | 2006 | 2005 | 2004 |
| 主要指标 | 每股收益/扣除后(元) | 0.203/0.159 | 0.439 | 0.373/0.326 |
| | 每股经营现金流量(元) | -2.34 | 7.99 | 1.814 |
| | 每股净资产/调整后(元) | 6.15/6.08 | 4.42/4.38 | 4.13/4.12 |
| | 未分利润(万元) | 10610.88 | 9242.82 | 7187.65 |
| | 资本公积(万元) | 60528.3 | 19447.3 | 19447.3 |
| 利润构成 | 主营收入(万元) | 25071.33 | 85795.42 | 95231.2 |
| | 主营利润(万元) | 8393.91 | 19427.1 | 15982.48 |
| | 投资收益(万元) | -138.63 | -702.88 | -1005.59 |
| | 利润总额(万元) | 4711.89 | 13351.17 | 9717.32 |
| | 净利润(万元) | 2917.29 | 4040.29 | 3430.73 |
| 近年分配: | 06 年:10 派 1 转增 10；05 年:10 派 1.5；04 年:10 派 1.5 | | | |

| 主要股东及持股比例%、持股性质 |
|---|
| 北京万通星河实业有限公司 60.04%（非流通股） |
| 北京嘉华筑业实业有限公司 7.17%（非流通股） |
| 北京恒通恒技术发展有限公司 3.23%（非流通股） |
| 北京星河房地产综合开发有限责任公司 1.85%（非流通股） |
| 北京银帆现代建筑工程有限公司 0.43%（流通 A 股） |
| 程瑞兰 0.34%（流通 A 股） |
| 李新兰 0.32%（流通 A 股） |
| 李国庆 0.32%（流通 A 股） |
| 石锦 0.31%（流通 A 股） |
| 天津市嘉恒世纪科技开发有限公司 0.31%（流通 A 股） |
| 实际控制人：北京万通地产股份有限公司 |

二〇〇六年以来市场表现

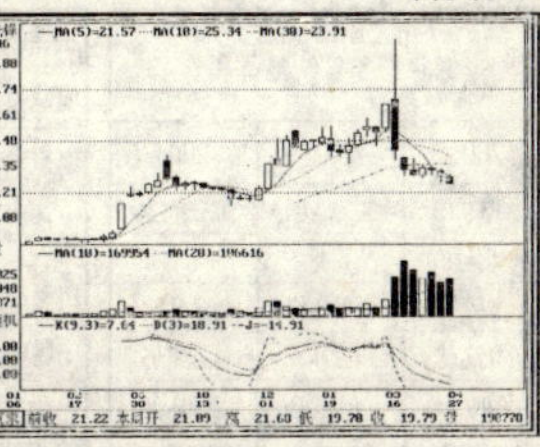

| | |
|---|---|
| 2006 年涨跌幅(%) | 373.92 |
| 2006 年最高(元) | 40.72 |
| 2007 年涨跌幅(%) | 40.81 |
| 2007.4.27 收盘(元) | 19.79 |
| 2007 年最高(元) | 53.92 |
| 2007 年最低(元) | 23.72 |
| 2007 年换手率(%) | 322.2 |

未来一年限售流通股解禁情况:40304452 股 09 月 08 日解禁

| 最新股本 | 总股本 | 非(限售)流通 | 流通 A | 流通 B/H/S | 股东户数 | 06 年末 | 06 三季 |
|---|---|---|---|---|---|---|---|
| | 14400 | 10410 | 3990 | | | 4610 | 4860 |

年报点评：主营收入来自北京地区的商品房开发销售，2006 年主营收入、净利润均有不同程度下降，主要是因为公司正在开发的项目尚不具备收入确认条件，定向增发置入的三个项目公司，除龙山置业能确认部分收入外，其他两个项目公司也不具备收入确认条件。

## 物华股份（600247）

上市日期:00/11/23　　电话:0432－2485305　　传真:0432－2452677

| | | | | |
|---|---|---|---|---|
| 主营 | 柜台和场地出租、市场开发、办公自动化设备及配件、消耗材料经销；废旧物资、超储积压及闲置物资、铁合金炉料经销；橡胶制品、农副产品、五金、化工产品、稀有金属批发、零售。 | | | |
| | 年　度 | 2006 | 2005 | 2004 |
| 主要指标 | 每股收益/扣除后(元) | 0.052/0.053 | 0.106 | 0.13/0.13 |
| | 每股经营现金流量(元) | 0.32 | 0.06 | -0.35 |
| | 每股净资产/调整后(元) | 1.34/1.33 | 1.53/1.52 | 1.71/1.69 |
| | 未分利润(万元) | 5975.42 | 9597.03 | 8128.66 |
| | 资本公积(万元) | 458.34 | 168.3 | 4920.3 |
| 利润构成 | 主营收入(万元) | 18062.27 | 31427.38 | 21367.61 |
| | 主营利润(万元) | 6144.92 | 10488.54 | 9388.42 |
| | 投资收益(万元) | -130.67 | -144.53 | -155.9 |
| | 利润总额(万元) | 2885.77 | 6546.15 | 5736.29 |
| | 净利润(万元) | 1762.77 | 3036.51 | 2998.44 |
| 近年分配: | 05 年:10 派 0.2 送 1.8；04 年:10 派 0.05 转增 2 | | | |

| 主要股东及持股比例%、持股性质 |
|---|
| 深圳市中技实业(集团)有限公司 18.04%（非流通股） |
| 深圳市红旗渠实业发展有限公司 4.53%（部分流通部分不流通） |
| 吉林市物资回收利用总公司 3.36%（流通 A 股） |
| 新疆伊力经贸有限责任公司 2.1%（流通 A 股） |
| 中国再生资源开发公司 1.93%（非流通股） |
| 新疆伊力特大酒店 1.05%（流通 A 股） |
| 李观荣 0.96%（流通 A 股） |
| 杨力勇 0.83%（流通 A 股） |
| 上海振都房地产开发有限公司 0.62%（流通 A 股） |
| 李大勇 0.6%（流通 A 股） |
| 实际控制人：深圳市中技实业(集团)有限公司 |

二〇〇六年以来市场表现

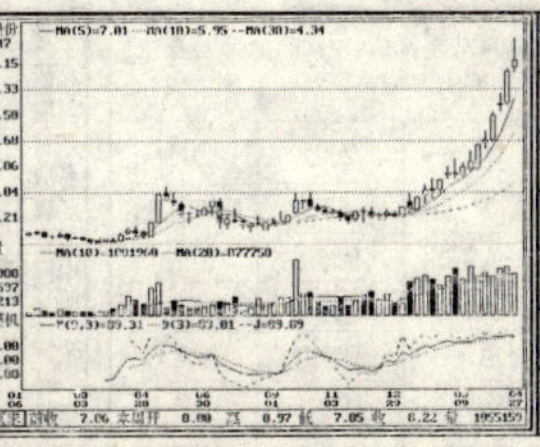

| | |
|---|---|
| 2006 年涨跌幅(%) | 43.06 |
| 2006 年最高(元) | 4.75 |
| 2007 年涨跌幅(%) | 155.28 |
| 2007.4.27 收盘(元) | 8.22 |
| 2007 年最高(元) | 8.97 |
| 2007 年最低(元) | 3.21 |
| 2007 年换手率(%) | 596.42 |

未来一年限售流通股解禁情况:47462297.48 股 08 月 17 日解禁

| 最新股本 | 总股本 | 非(限售)流通 | 流通 A | 流通 B/H/S | 股东户数 | 06 年末 | 06 三季 |
|---|---|---|---|---|---|---|---|
| | 33644.16 | 7451.23 | 26192.93 | | | 29343 | 24400 |

年报点评：公司主营商业地产租赁及房地产开发，2006 年主营收入和净利润同比大幅下降，主要是公司北京天工开发业务减少所致，由于上海康桥地产及上海市普陀区陕西北路华生经贸大厦裙楼 3－4 层商场租金收入增加导致本期租赁收入增加。

## *ST 秦丰（600248）

上市日期:00/06/22　　电话:029－87033019　　传真:029－87031001

**主营**：各类农作物种子的培育、生产、加工、销售;农用生产资料的生产、加工、销售;农业新技术及野生植物资源的研究开发;农产品的生产、加工、销售;进出口贸易等。

| | 年　度 | 2006 | 2005 | 2004 |
|---|---|---|---|---|
| 主要指标 | 每股收益/扣除后(元) | -0.27 | -1.33 | -0.969/-0.644 |
| | 每股经营现金流量(元) | -0.08 | -0.06 | -1.04 |
| | 每股净资产/调整后(元) | 0.04/0.04 | 0.29/0.29 | 2.28/2.28 |
| | 未分利润(万元) | -36438.54 | -32984.15 | -21228.38 |
| | 资本公积(万元) | 23275.54 | 23140.41 | 36186.44 |
| 利润构成 | 主营收入(万元) | 7503.39 | 10929.88 | 43273.51 |
| | 主营利润(万元) | 3201.79 | 2476.71 | 6006.72 |
| | 投资收益(万元) | 492.59 | -6184.11 | 947.83 |
| | 利润总额(万元) | -3644.16 | -18452.38 | -14825.35 |
| | 净利润(万元) | -3454.39 | -17141.78 | -12483.99 |
| 近年分配: | | | | |

| 主要股东及持股比例%、持股性质 |
|---|
| 陕西省种业集团有限责任公司 36.55%（非流通股） |
| 陕西省高新技术产业投资有限公司 7.76%（国有股） |
| 杨凌现代农业开发有限公司 6.2%（国有股） |
| 陕西省投资公司 3.49%（国有股） |
| 北京中普友通软件技术有限公司 3.11%（非流通股） |
| 陕西肖特贸易有限责任公司 1.98%（非流通股） |
| 西北农林科技大学农业科技发展公司 1.75%（非流通股） |
| 海南博胜达实业发展有限公司 1.32%（非流通股） |
| 汤汇海 0.91%（流通A股） |
| 中国科学院西北植物研究所科飞农业科技开发中心 0.58%（非流通股） |
| 实际控制人：陕西省种业集团有限责任公司 |

二〇〇六年以来市场表现

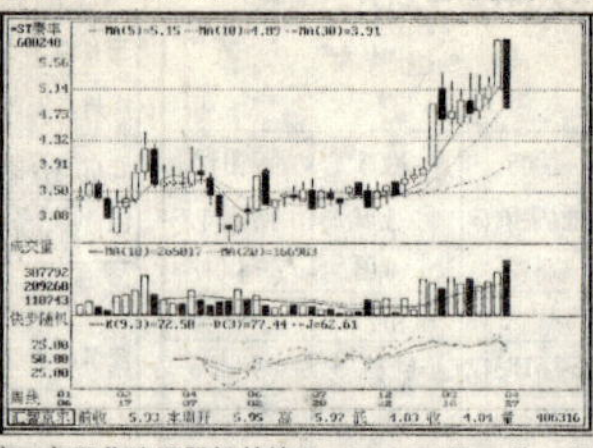

| | |
|---|---|
| 2006年涨跌幅(%) | 2.08 |
| 2006年最高(元) | 4.45 |
| 2007年涨跌幅(%) | 78.45 |
| 2007.4.27收盘(元) | 4.84 |
| 2007年最高(元) | 7.57 |
| 2007年最低(元) | 3.4 |
| 2007年换手率(%) | 471.65 |

未来一年限售流通股解禁情况:28632000股02月15日解禁

| 最新股本 | 总股本 | 非(限售)流通 | 流通A | 流通B/H/S | 股东户数 | 06年末 | 06三季 |
|---|---|---|---|---|---|---|---|
| | 12882 | 8082 | 4800 | | | 15985 | 16521 |

**年报点评**：公司的种子业务由于今年种子市场供过于求,销售相对滞后,同比下降幅度较大;农化公司进行了两个多月的停产检修导致经营计划无法完成。同时,由于债务较多财务费用支出较大。

## 两面针（600249）

上市日期:04/01/30　　电话:0772－2506159　　传真:0772－2506158

**主营**：口腔卫生用品、妇女卫生用品和洗涤用品等日用化工产品的生产销售。

| | 年　度 | 2006 | 2005 | 2004 |
|---|---|---|---|---|
| 主要指标 | 每股收益/扣除后(元) | 0.21/-0.72 | -0.23 | 0.27/0.05 |
| | 每股经营现金流量(元) | -0.9 | 0.55 | -1.33 |
| | 每股净资产/调整后(元) | 5.07/5.04 | 4.93/4.83 | 6.81/6.72 |
| | 未分利润(万元) | -18895.01 | -21346.12 | 6824.08 |
| | 资本公积(万元) | 65905.98 | 66215.62 | 66212.06 |
| 利润构成 | 主营收入(万元) | 40380.89 | 53692.74 | 56892.47 |
| | 主营利润(万元) | 10573.83 | 10462.2 | 12728.35 |
| | 投资收益(万元) | 15127.76 | 529.08 | 3640.5 |
| | 利润总额(万元) | 3519.54 | -3485.22 | 5172.19 |
| | 净利润(万元) | 3201.11 | -3404.96 | 4059.47 |
| 近年分配: | 05年:10派0.5；04年:10派1.8 | | | |

| 主要股东及持股比例%、持股性质 |
|---|
| 柳州市财政局 18.52%（国有股） |
| 柳州市经济发展总公司 7.32%（非流通股） |
| 汕头市广大印铁制罐有限公司 4.42%（非流通股） |
| 柳州市联阳彩印包装厂 4.21%（非流通股） |
| 汕头市广大投资有限公司 3.83%（非流通股） |
| 柳州市两面针旅游用品厂 3.76%（非流通股） |
| 广西柳州市建设投资开发有限责任公司 2.53%（非流通股） |
| 袁明 0.72%（流通A股） |
| 吴庆德 0.396%（流通A股） |
| 罗蒙集团股份有限公司 0.367%（流通A股） |
| 实际控制人：柳州市财政局 |

二〇〇六年以来市场表现

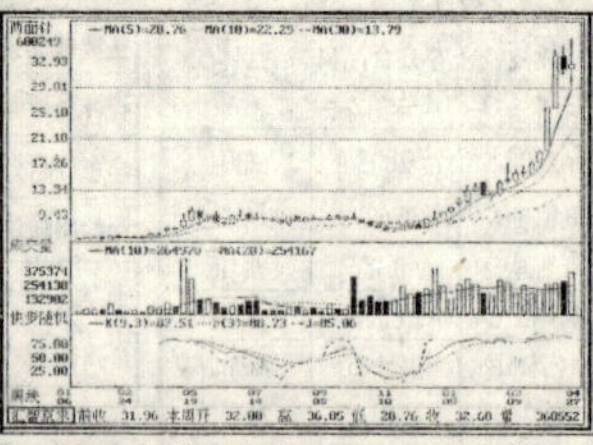

| | |
|---|---|
| 2006年涨跌幅(%) | 130.99 |
| 2006年最高(元) | 14.23 |
| 2007年涨跌幅(%) | 234.15 |
| 2007.4.27收盘(元) | 32.68 |
| 2007年最高(元) | 36.85 |
| 2007年最低(元) | 9.9 |
| 2007年换手率(%) | 488.64 |

未来一年限售流通股解禁情况:46426727股05月10日解禁

| 最新股本 | 总股本 | 非(限售)流通 | 流通A | 流通B/H/S | 股东户数 | 06年末 | 06三季 |
|---|---|---|---|---|---|---|---|
| | 15000 | 7020 | 7980 | | | 16593 | 14206 |

**年报点评**：2006年公司主营产品牙膏、香皂等产品经营情况稳定,这为公司未来业绩稳定增长奠定了坚实基础。值得关注的是公司持有中信证券5050.8万股法人股,由于可以在二级市场上出售,这项投资将为公司带来可观的投资收益。

## 南纺股份（600250）

上市日期:01/03/06　　电话:025－3306789　　传真:025－3300518

**主营**：纺织、丝绸、针织、服装、机电设备、化工原料、轻工产品等产品的进出口业务及对外劳务合作业务和对外派遣工程、生产及服务行业的劳务人员(不含海员)。

| | 年　度 | 2006 | 2005 | 2004 |
|---|---|---|---|---|
| 主要指标 | 每股收益/扣除后(元) | 0.08/0.06 | 0.09/0.08 | 0.26/0.24 |
| | 每股经营现金流量(元) | 0.67 | 0.48 | 4.19 |
| | 每股净资产/调整后(元) | 3.09/3 | 3.01/2.87 | 3.1/3 |
| | 未分利润(万元) | 14153.68 | 13290.8 | 13981.95 |
| | 资本公积(万元) | 30369.94 | 29417.63 | 29400.76 |
| 利润构成 | 主营收入(万元) | 792388.04 | 866923.67 | 899893.26 |
| | 主营利润(万元) | 41000.07 | 46328.34 | 51475.95 |
| | 投资收益(万元) | 1289.9 | 238.44 | 774.51 |
| | 利润总额(万元) | 2440.5 | 3957.71 | 12995.35 |
| | 净利润(万元) | 2105.16 | 2235.91 | 6719.25 |
| 近年分配: | 06预案:10派0.3；05年:10派0.3；04年:10派0.5 | | | |

| 主要股东及持股比例%、持股性质 |
|---|
| 南京市国有资产经营(控股)有限公司 34.99%（国有股） |
| 南京商厦股份有限公司 5.07%（国有股） |
| 汉唐证券有限责任公司 3.89%（流通A股） |
| 南京新亚实业有限公司 2.07%（非流通股） |
| 中国外运江苏公司 1.38%（国有股） |
| 江苏弘业股份有限公司 0.69%（非流通股） |
| 上海民新税务师事务所有限责任公司 0.57%（流通A股） |
| 上海南慧税务师事务所有限公司 0.47%（流通A股） |
| 缪建 0.24%（流通A股） |
| 吴东萍 0.21%（流通A股） |
| 实际控制人：南京市人民政府国有资产监督管理委员会 |

二〇〇六年以来市场表现

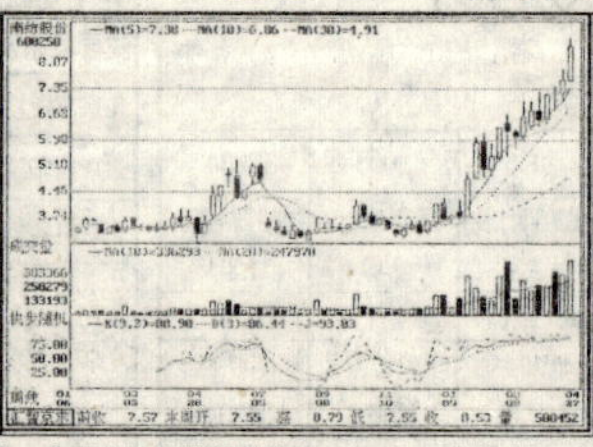

| | |
|---|---|
| 2006年涨跌幅(%) | 45 |
| 2006年最高(元) | 5.57 |
| 2007年涨跌幅(%) | 131.79 |
| 2007.4.27收盘(元) | 8.53 |
| 2007年最高(元) | 8.79 |
| 2007年最低(元) | 3.58 |
| 2007年换手率(%) | 309.24 |

未来一年限售流通股解禁情况:36572148股07月20日解禁

| 最新股本 | 总股本 | 非(限售)流通 | 流通A | 流通B/H/S | 股东户数 | 06年末 | 06三季 |
|---|---|---|---|---|---|---|---|
| | 25869.25 | 11434.55 | 14434.7 | | | 13920 | 14634 |

**年报点评**：公司主营纺织品、服装进出口业务。报告期内受人民币汇率不断攀升,出口退税率下调等负面因素的影响,公司虽然保持了主营收入的增长,但主营利润同比下滑,但是靠着1000多万的投资收益,基本维持了业绩小幅下降的局面。

## 冠农股份（600251）

上市日期:03/06/09　　电话:0996－2113816　　传真:0996－2113676

**主营**：果业种植、仓储、加工及销售;马鹿养殖;鹿产品的加工及销售;纸箱、网套等果品包装物的生产与销售。

| | 年　度 | 2006 | 2005 | 2004 |
|---|---|---|---|---|
| 主要指标 | 每股收益/扣除后(元) | -0.178/-0.192 | 0.032 | 0.071/0.066 |
| | 每股经营现金流量(元) | -0.3697 | 0.1592 | 0.7526 |
| | 每股净资产/调整后(元) | 1.97/1.95 | 2.16/2.14 | 2.12/2.06 |
| | 未分利润(万元) | 69.66 | 3295.71 | 2809.15 |
| | 资本公积(万元) | 15245.11 | 15446.8 | 15117.78 |
| 利润构成 | 主营收入(万元) | 26681.74 | 19041.78 | 31357.07 |
| | 主营利润(万元) | 6471.27 | 6347.64 | 9470.08 |
| | 投资收益(万元) | 306.13 | 5184.22 | -365.6 |
| | 利润总额(万元) | -3247.62 | 1301.33 | 178.83 |
| | 净利润(万元) | -3211.02 | 579.32 | 1275.14 |
| 近年分配: | 04年:10派0.3 | | | |

| 主要股东及持股比例%、持股性质 |
|---|
| 新疆生产建设兵团农业建设第二师二十九团 22.67%（国有股） |
| 新疆生产建设兵团农业建设第二师二十八团 20.1%（国有股） |
| 新疆生产建设兵团农业建设第二师三十团 13.04%（国有股） |
| 中国银行－易方达平稳增长证券投资基金 1.43%（流通A股） |
| 全国社保基金一零七组合 1.11%（流通A股） |
| 李艳丽 1.05%（流通A股） |
| 马宏 1.01%（流通A股） |
| 东北证券有限责任公司 0.8%（流通A股） |
| 中国建设银行－华夏红利混合型开放式证券投资基金 0.56%（流通A股） |
| 杨玉东 0.55%（流通A股） |
| 实际控制人：新疆生产建设兵团农业建设第二师二十九团 |

二〇〇六年以来市场表现

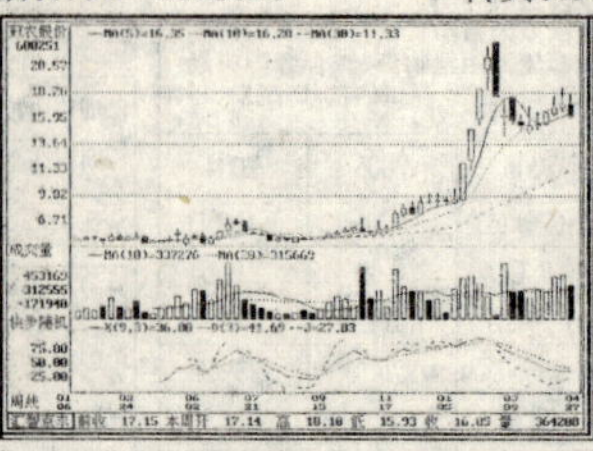

| | |
|---|---|
| 2006年涨跌幅(%) | 138.61 |
| 2006年最高(元) | 12.12 |
| 2007年涨跌幅(%) | 87.72 |
| 2007.4.27收盘(元) | 16.05 |
| 2007年最高(元) | 22.88 |
| 2007年最低(元) | 8.05 |
| 2007年换手率(%) | 668.78 |

未来一年限售流通股解禁情况:27351288股05月26日解禁

| 最新股本 | 总股本 | 非(限售)流通 | 流通A | 流通B/H/S | 股东户数 | 06年末 | 06三季 |
|---|---|---|---|---|---|---|---|
| | 18000 | 10080 | 7920 | | | 10875 | 18859 |

**年报点评**：尽管公司200年度亏损,但我们认为2007年公司将扭亏为盈。首先,公司将盈利能利较弱的园林、马鹿资产置换出去,置换入市场前景非常看好的二师绿原糖业资产。其次,并收购二师绿原国资公司持有的5%的罗布泊钾盐有限责任股权,而罗钾公司盈利情况良好。

## 中恒集团（600252）

上市日期:00/11/30　　电话:0774－5830828　　传真:0774－5830900

**主营**：城市基础设施的建设、桥梁经营与管理、房地产开发及蛋白肠衣的生产经营。

| | 年　度 | 2006 | 2005 | 2004 |
|---|---|---|---|---|
| 主要指标 | 每股收益/扣除后(元) | 0.09/0.086 | －0.44 | 0.01/0.02 |
| | 每股经营现金流量(元) | 0.92 | 0.26 | 0.66 |
| | 每股净资产/调整后(元) | 1.63/1.6 | 1.54/1.48 | 2.01/1.95 |
| | 未分利润(万元) | －4750.6 | －6875.02 | 2197.1 |
| | 资本公积(万元) | 15823.24 | 15568.15 | 15545.18 |
| 利润构成 | 主营收入(万元) | 32116.85 | 32401.68 | 47573.96 |
| | 主营利润(万元) | 15412.01 | 13587.7 | 16020.58 |
| | 投资收益(万元) | 252.56 | －4139.64 | －549.66 |
| | 利润总额(万元) | 2144.03 | －9018.76 | 317.41 |
| | 净利润(万元) | 1966.35 | －9598.34 | 209.49 |

近年分配：04 中期:10 派 0.25 送 1 转增 2

| 主要股东及持股比例%、持股性质 |
|---|
| 梧州鸳鸯江大桥有限公司 23.05%（非流通股） |
| 梧州市人民政府国有资产监督管理委员会 7.3%（国有股） |
| 梧州市地产发展公司 4.42%（国有股） |
| 浙江聚能控股有限公司 3.04%（非流通股） |
| 梧州市住宅配套服务公司 2.75%（非流通股） |
| 广西梧州融兴贸易有限公司 1.22%（国有股） |
| 陈连新 1.13%（流通 A 股） |
| 南京证券有限责任公司 0.92%（流通 A 股） |
| 中房集团柳州房地产开发公司 0.47%（国有股） |
| 马珊 0.39%（流通 A 股） |

实际控制人：广州保宇实业有限公司

二〇〇六年以来市场表现

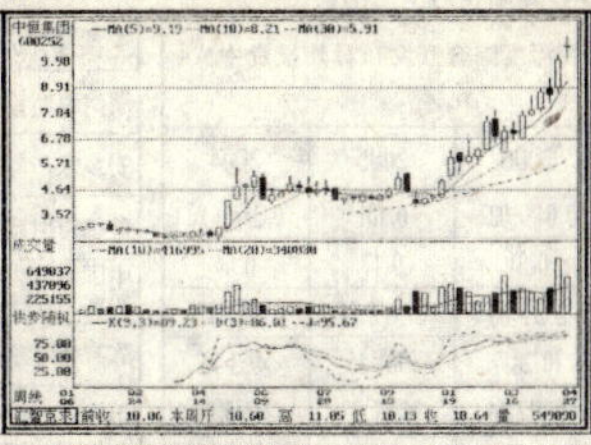

| | |
|---|---|
| 2006 年涨跌幅(%) | 83.97 |
| 2006 年最高(元) | 5.75 |
| 2007 年涨跌幅(%) | 150.94 |
| 2007.4.27 收盘(元) | 10.64 |
| 2007 年最高(元) | 11.05 |
| 2007 年最低(元) | 4.11 |
| 2007 年换手率(%) | 478.56 |

未来一年限售流通股解禁情况:37145195 股 12 月 20 日解禁

| 最新股本 | 总股本 | 非(限售)流通 | 流通 A | 流通 B/H/S | 股东户数 | 06 年末 | 06 三季 |
|---|---|---|---|---|---|---|---|
| | 21744.74 | 9228.21 | 12516.53 | | | 23139 | 20900 |

**年报点评**：2006 年主营收入与上年持平，公司核心业务初显雏形。公司成功实现扭亏为盈，主要得益于公司加强管理，严控费用以及冲回 2005 年计提资产减值准备，财务费用增加主要是汇兑收益导致 2005 年基数变小所致。

## 天方药业（600253）

上市日期:00/12/27　　电话:0396－3823517　　传真:0396－3815761

**主营**：研制、开发、生产和销售成品药及原料药。

| | 年　度 | 2006 | 2005 | 2004 |
|---|---|---|---|---|
| 主要指标 | 每股收益/扣除后(元) | 0.052/－0.006 | 0.078 | 0.11/0.1 |
| | 每股经营现金流量(元) | 0.2 | 0.22 | 0.01 |
| | 每股净资产/调整后(元) | 2.03/2.03 | 2/2 | 1.97/1.97 |
| | 未分利润(万元) | 13056.43 | 11924.29 | 11242.15 |
| | 资本公积(万元) | 25730.1 | 25730.1 | 25730.1 |
| 利润构成 | 主营收入(万元) | 124936.41 | 91795.61 | 84513.64 |
| | 主营利润(万元) | 20074.82 | 18672.08 | 20543.1 |
| | 投资收益(万元) | －166.29 | －289.84 | －52.75 |
| | 利润总额(万元) | 3484.29 | 5197.41 | 7188.5 |
| | 净利润(万元) | 2191.26 | 3274.78 | 4723.89 |

近年分配：05 年:10 派 0.2；04 年:10 派 0.5

| 主要股东及持股比例%、持股性质 |
|---|
| 河南省天方药业集团公司 43.537%（国有股） |
| 住友商事株式会社 16%（外资股） |
| 住友商事(中国)有限公司 4%（非流通股） |
| 国联证券有限责任公司 1.105%（流通 A 股） |
| 陈懿华 0.416%（流通 A 股） |
| 秦革 0.317%（流通 A 股） |
| 卫晨禦 0.25%（流通 A 股） |
| 北京新丰瑞和科技有限责任公司 0.246%（流通 A 股） |
| 邓强强 0.189%（流通 A 股） |
| 郑诗华 0.159%（流通 A 股） |

实际控制人：河南省天方药业集团公司

二〇〇六年以来市场表现

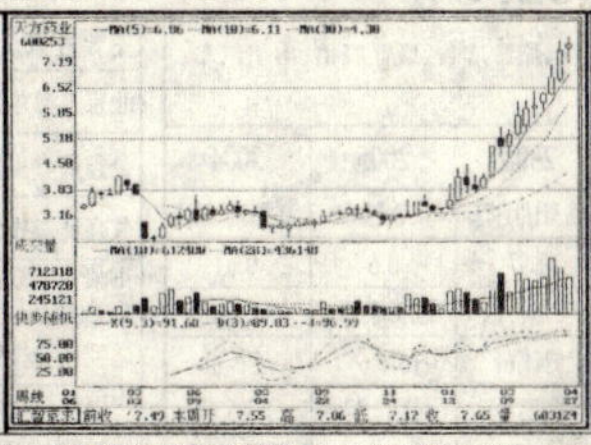

| | |
|---|---|
| 2006 年涨跌幅(%) | 32.56 |
| 2006 年最高(元) | 4.95 |
| 2007 年涨跌幅(%) | 132.52 |
| 2007.4.27 收盘(元) | 7.65 |
| 2007 年最高(元) | 7.86 |
| 2007 年最低(元) | 3.19 |
| 2007 年换手率(%) | 491.88 |

未来一年限售流通股解禁情况:42000000 股 04 月 19 日解禁

| 最新股本 | 总股本 | 非(限售)流通 | 流通 A | 流通 B/H/S | 股东户数 | 06 年末 | 06 三季 |
|---|---|---|---|---|---|---|---|
| | 42000 | 26803.2 | 15196.8 | | | 28960 | 30761 |

**年报点评**：公司是化学药企业，主营业务包括原料药，制剂和医药商业。公司产品类别包括抗生素，抗艾滋病药物等。公司 2006 年主营业务收入较快增长来自于医药商业，公司受产品价格下降，投资增加的影响，公司净利润出现较大幅度下降。

## 鑫科材料（600255）

上市日期:00/11/22　　电话:0553－5847323　　传真:0553－5847423

**主营**：稀土光亮铜杆、稀土合金铜带、超薄铜箔、金属基碳纤维复合材料制品、氧化物系精密陶瓷粉体及制品、钼酸铵系列产品、辐照特种电缆等的开发、生产、销售。

| | 年　度 | 2006 | 2005 | 2004 |
|---|---|---|---|---|
| 主要指标 | 每股收益/扣除后(元) | 0.41/0.42 | 0.17 | 0.17/0.16 |
| | 每股经营现金流量(元) | 0.11 | 0.37 | 1.05 |
| | 每股净资产/调整后(元) | 4.6/4.59 | 4.24/4.23 | 5.32/5.32 |
| | 未分利润(万元) | 9161.28 | 5104.27 | 3818.77 |
| | 资本公积(万元) | 32351.21 | 35381.92 | 35224.42 |
| 利润构成 | 主营收入(万元) | 389242.17 | 212146.62 | 169331.11 |
| | 主营利润(万元) | 18786.45 | 11833.23 | 12848.29 |
| | 投资收益(万元) | 869.03 | 172.48 | －429.1 |
| | 利润总额(万元) | 7251.48 | 3322.33 | 3267.37 |
| | 净利润(万元) | 5053.91 | 2115.83 | 1593.38 |

近年分配：06 年:10 派 1 转增 5；05 年:10 派 0.5 转增 3；04 年:10 派 0.5

| 主要股东及持股比例%、持股性质 |
|---|
| 芜湖恒鑫铜业集团有限公司 44.6%（非流通股） |
| 合肥工大复合材料高新技术开发有限公司 6.86%（非流通股） |
| 芜湖市鸠江工业投资有限责任公司 3.22%（国有股） |
| 安徽省冶金科学研究所 2.19%（国有股） |
| 芜湖市建设投资有限公司 2.08%（国有股） |
| 赵炎林 0.21%（流通 A 股） |
| 玄富国 0.17%（流通 A 股） |
| 李玲娜 0.16%（流通 A 股） |
| 廖小辉 0.13%（流通 A 股） |
| 王西克 0.12%（流通 A 股） |

实际控制人：李非列

二〇〇六年以来市场表现

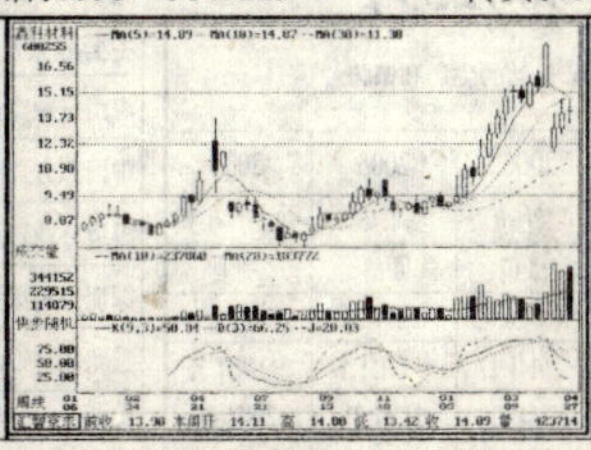

| | |
|---|---|
| 2006 年涨跌幅(%) | 99.33 |
| 2006 年最高(元) | 17.61 |
| 2007 年涨跌幅(%) | 140.22 |
| 2007.4.27 收盘(元) | 14.09 |
| 2007 年最高(元) | 22.3 |
| 2007 年最低(元) | 8.7 |
| 2007 年换手率(%) | 588.31 |

未来一年限售流通股解禁情况:32407249.5 股 06 月 21 日解禁

| 最新股本 | 总股本 | 非(限售)流通 | 流通 A | 流通 B/H/S | 股东户数 | 06 年末 | 06 三季 |
|---|---|---|---|---|---|---|---|
| | 12350 | 7280 | 5070 | | | 20862 | 21383 |

**年报点评**：公司主营铜加工产品，公司的高精度铜板带目前产能 1.3 万吨，占据了这个细分市场 30% 的市场份额，普通铜带产能 2.4 万吨。公司的负面影响为关联交易太大，无法在短期内消除。

## 广汇股份（600256）

上市日期:00/05/26　　电话:0991－3719668　　传真:0991－8637008

**主营**：花岗岩装饰材料的生产及销售；塑钢门窗生产、销售及安装服务；房地产购销与租赁；液化天然气项目的投资等。

| | 年　度 | 2006 | 2005 | 2004 |
|---|---|---|---|---|
| 主要指标 | 每股收益/扣除后(元) | 0.211/0.197 | 0.224 | 0.261/0.247 |
| | 每股经营现金流量(元) | 0.026 | 0.365 | 0.454 |
| | 每股净资产/调整后(元) | 2.32/2.29 | 2.07/2.04 | 1.84/1.82 |
| | 未分利润(万元) | 54278.12 | 46958.48 | 29984.1 |
| | 资本公积(万元) | 9487.76 | 6312.88 | 5987.07 |
| 利润构成 | 主营收入(万元) | 185589.68 | 226485.57 | 235114.37 |
| | 主营利润(万元) | 35077.37 | 35990.65 | 51184.71 |
| | 投资收益(万元) | 2325.35 | 15.35 | 102.34 |
| | 利润总额(万元) | 21577.99 | 18277.1 | 30939.6 |
| | 净利润(万元) | 18286.26 | 19371.75 | 22576.55 |

近年分配：06 预案:10 派 1

| 主要股东及持股比例%、持股性质 |
|---|
| 新疆广汇实业投资(集团)有限责任公司 41.93%（非流通股） |
| 上海汇能投资管理有限公司 13.57%（非流通股） |
| 刘世莹 3.82%（非流通股） |
| 新疆维吾尔自治区技术改造投资公司 2.59%（国有股） |
| 托里县花岗岩资源开发总公司 0.97%（国有股） |
| 新疆银星科技发展有限责任公司 0.95%（非流通股） |
| 北京中咨兰德工程技术开发公司 0.49%（国有股） |
| 上海国际信托投资有限公司－(邦联)持续增值主题投资资金信托(E－5 0.33%（流通 A 股） |
| 铁岭市嘉鑫有色金属制品厂 0.17%（非流通股） |
| 上海南戴湖企业发展有限公司 0.17%（非流通股） |

实际控制人：孙广信

二〇〇六年以来市场表现

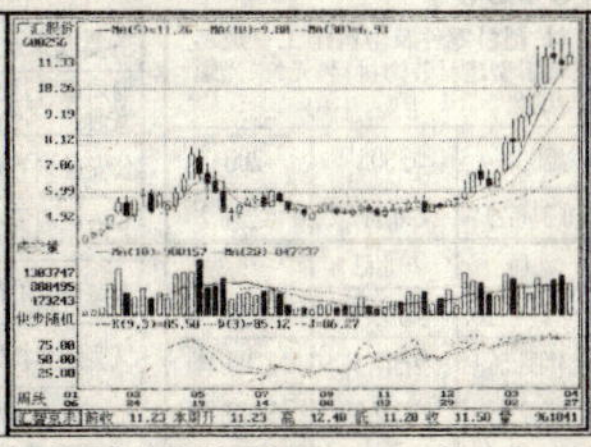

| | |
|---|---|
| 2006 年涨跌幅(%) | 80.23 |
| 2006 年最高(元) | 9.8 |
| 2007 年涨跌幅(%) | 107.53 |
| 2007.4.27 收盘(元) | 11.58 |
| 2007 年最高(元) | 12.4 |
| 2007 年最低(元) | 5.4 |
| 2007 年换手率(%) | 437.28 |

未来一年限售流通股解禁情况:43303062 股 04 月 14 日解禁

| 最新股本 | 总股本 | 非(限售)流通 | 流通 A | 流通 B/H/S | 股东户数 | 06 年末 | 06 三季 |
|---|---|---|---|---|---|---|---|
| | 86606.12 | 56006.12 | 30600 | | | 48582 | 45938 |

**年报点评**：公司主营建材生产及液化天然气项目的投资。2006 年公司液化天然气业务运营稳定，成为公司利润的主要来源，房产代销等其它业务有下滑的趋势。公司非公开发行 8000 万股与集团一起投资 120 万吨甲醚和 80 万吨二甲醚项目成为未来利润的重要增长点。

## 洞庭水殖（600257）

上市日期:00/06/12　电话:0736－7252796　传真:0736－7266736

| | | | | |
|---|---|---|---|---|
| 主营 | 水产品及水禽养殖、加工及深度综合开发和对外投资中成药开发、生产、销售。 | | | |
| | 年　度 | 2006 | 2005 | 2004 |
| 主要指标 | 每股收益/扣除后(元) | 0.04/0.022 | 0.101 | 0.257/0.26 |
| | 每股经营现金流量(元) | 0.31 | 0.17 | 0.04 |
| | 每股净资产/调整后(元) | 2.2/2.06 | 2.36/2.21 | 3.4/3.17 |
| | 未分利润(万元) | 10720.7 | 9764.15 | 8053.73 |
| | 资本公积(万元) | 19917.64 | 16857.29 | 24245.04 |
| 利润构成 | 主营收入(万元) | 31952.04 | 30491.51 | 30393.29 |
| | 主营利润(万元) | 9229.33 | 10473.19 | 11620.93 |
| | 投资收益(万元) | 500.38 | 238.29 | 82.28 |
| | 利润总额(万元) | 1263.22 | 2339.36 | 4405.07 |
| | 净利润(万元) | 1152.96 | 2214.51 | 3755.44 |
| 近年分配: | 06 预案:10 派 0.1 ; 04 年:10 派 0.2 转增 5 | | | |

| 主要股东及持股比例%、持股性质 |
|---|
| 湖南泓鑫控股有限公司 28.47%（非流通股） |
| 安乡水产养殖有限公司 6.96%（国有股） |
| 常德市财政局 3.63%（国有股） |
| 中国农业银行－中邮核心优选股票型证券投资基金 3.29%（流通 A 股） |
| 陈有年 1.35%（流通 A 股） |
| 中国水产科学研究院 0.63%（国有股） |
| 中国建设银行－博时价值增长贰号证券投资基金 0.53%（流通 A 股） |
| 陈荣升 0.48%（流通 A 股） |
| 周萍 0.44%（流通 A 股） |
| 常德市鼎城区武陵镇农村信用合作社 0.38%（国有股） |
| 实际控制人：常德晟禾农业有限公司 |

二〇〇六年以来市场表现

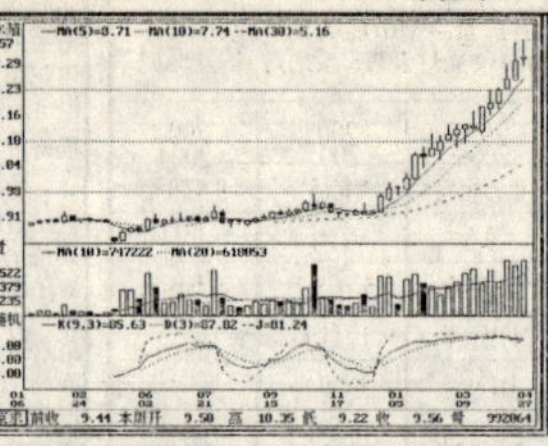

| | |
|---|---|
| 2006 年涨跌幅(%) | 126.72 |
| 2006 年最高(元) | 6.14 |
| 2007 年涨跌幅(%) | 132.04 |
| 2007.4.27 收盘(元) | 9.56 |
| 2007 年最高(元) | 10.35 |
| 2007 年最低(元) | 3.81 |
| 2007 年换手率(%) | 611.41 |

未来一年限售流通股解禁情况:19800000 股 04 月 25 日解禁

| 最新股本 | 总股本 | 非(限售)流通 | 流通 A | 流通 B/H/S | 股东户数 | 06 年末 | 06 三季 |
|---|---|---|---|---|---|---|---|
| | 28470 | 11499.2 | 16970.8 | | | 18493 | 23071 |

年报点评：2006 年公司收入增长,但利润大幅下降 47%,下降的主要原因是:1)"鸿仪系"公司担保被迫应诉与上诉,管理费用增加;2)宏观调控政策出台之后,对小型房地产公司尤为不利,公司参股的上海泓鑫置业有限公司建设的天山路商业房产至今未实现销售。

## 首旅股份（600258）

上市日期:00/06/01　电话:010－66014466　传真:010－66019471

| | | | | |
|---|---|---|---|---|
| 主营 | 旅游饭店经营管理、旅行社、旅游广告、展览展销、出租汽车等业务。 | | | |
| | 年　度 | 2006 | 2005 | 2004 |
| 主要指标 | 每股收益/扣除后(元) | 0.341/0.352 | 0.25 | 0.261/0.266 |
| | 每股经营现金流量(元) | 0.97 | 0.6 | 0.63 |
| | 每股净资产/调整后(元) | 3.76/3.73 | 3.59/3.55 | 3.5/3.46 |
| | 未分利润(万元) | 9244.61 | 6578.66 | 6501.81 |
| | 资本公积(万元) | 42323.04 | 42414.12 | 42385.67 |
| 利润构成 | 主营收入(万元) | 146445.45 | 127844.46 | 135168.23 |
| | 主营利润(万元) | 46130.09 | 44025.4 | 45356.64 |
| | 投资收益(万元) | 735.65 | 986.68 | 611.52 |
| | 利润总额(万元) | 12504.28 | 9072.32 | 9943.24 |
| | 净利润(万元) | 7900.27 | 5788.44 | 6047.97 |
| 近年分配: | 06 预案:10 派 1.7 ; 05 年:10 派 1.7 ; 04 年:10 派 1.6 | | | |

| 主要股东及持股比例%、持股性质 |
|---|
| 北京首都旅游集团有限责任公司 69.14%（国有股） |
| 金鑫证券投资基金 1.64%（流通 A 股） |
| 久嘉证券投资基金 0.885%（流通 A 股） |
| JF 资产管理有限公司－JF 中国先驱 A 股基金 0.884%（流通 A 股） |
| 通乾证券投资基金 0.845%（流通 A 股） |
| 中国银行－国泰金鹿保本增值混合证券投资基金 0.811%（流通 A 股） |
| 中信实业银行－建信恒久价值股票型证券投资基金 0.575%（流通 A 股） |
| 中国工商银行－金泰证券投资基金 0.374%（流通 A 股） |
| 鸿飞证券投资基金 0.346%（流通 A 股） |
| 中国民生银行股份有限公司－长信增利动态策略股票型证券投资基金 0.329%（流通 A 股） |
| 实际控制人：北京市人民政府国有资产监督管理委员会 |

二〇〇六年以来市场表现

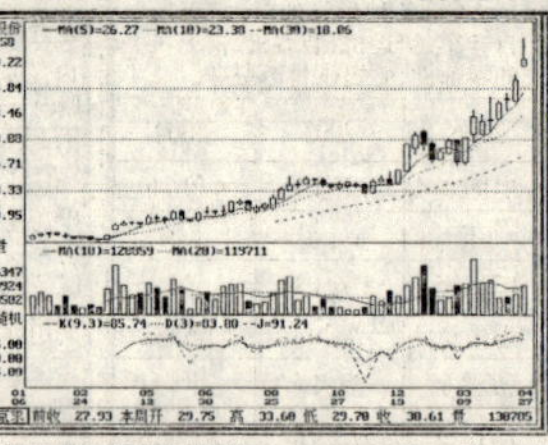

| | |
|---|---|
| 2006 年涨跌幅(%) | 182.75 |
| 2006 年最高(元) | 19.64 |
| 2007 年涨跌幅(%) | 105.76 |
| 2007.4.27 收盘(元) | 30.61 |
| 2007 年最高(元) | 43.68 |
| 2007 年最低(元) | 21.53 |
| 2007 年换手率(%) | 204.18 |

未来一年限售流通股解禁情况:12787844 股 01 月 18 日解禁

| 最新股本 | 总股本 | 非(限售)流通 | 流通 A | 流通 B/H/S | 股东户数 | 06 年末 | 06 三季 |
|---|---|---|---|---|---|---|---|
| | 23140 | 14040 | 9100 | | | 16552 | 19413 |

年报点评：2006 年公司加强优化资产配置,加强固定资产投资管理和财务管理等方面工作,努力开拓经营市场,继续突出旅游主业核心资产的再投入,实现主营业务收入 146445.4 万元,增长 14.55%,公司的旅游景区、会展经营情况良好,酒店业务增长明显。

## S＊ST 聚酯（600259）

上市日期:00/05/25　电话:0898－68669470　传真:0898－68664045

| | | | | |
|---|---|---|---|---|
| 主营 | 聚酯切片和熔体直纺 FDY 长丝的生产和销售。 | | | |
| | 年　度 | 2006 | 2005 | 2004 |
| 主要指标 | 每股收益/扣除后(元) | －0.28/－0.28 | －1.405 | －0.37/－0.378 |
| | 每股经营现金流量(元) | －0.07 | 0.63 | －0.09 |
| | 每股净资产/调整后(元) | 0.00/－0.02 | 0.29/0.28 | 1.7/1.68 |
| | 未分利润(万元) | －50141.11 | －44151.1 | －14037.35 |
| | 资本公积(万元) | 25864.21 | 25864.21 | 25864.21 |
| 利润构成 | 主营收入(万元) | 61635.94 | 51653.31 | 54435.46 |
| | 主营利润(万元) | 1307.85 | －5541.35 | －1291.38 |
| | 投资收益(万元) | 30.23 | －59.02 | －5.06 |
| | 利润总额(万元) | －5585.92 | －31222.93 | －9702.83 |
| | 净利润(万元) | －5990.01 | －29976.78 | －7973.18 |
| 近年分配: | | | | |

| 主要股东及持股比例%、持股性质 |
|---|
| 海南华顺实业有限责任公司 31.57%（国有股） |
| 中国东方资产管理公司海口办事处 16.87%（国有股） |
| 澄迈盛业贸易有限公司 6.56%（国有股） |
| 深圳市惠深沿海投资有限公司 2.04%（流通 A 股） |
| 黑龙江富野建筑工程有限公司 1.98%（流通 A 股） |
| 深圳市盈野泰森投资有限公司 0.79%（流通 A 股） |
| 中国技术进出口总公司 0.67%（国有股） |
| 云秀爱 0.45%（流通 A 股） |
| 沈雪军 0.4%（流通 A 股） |
| 唐磊 0.39%（流通 A 股） |
| 实际控制人：海南省政府国有资产监督管理委员会 |

二〇〇六年以来市场表现

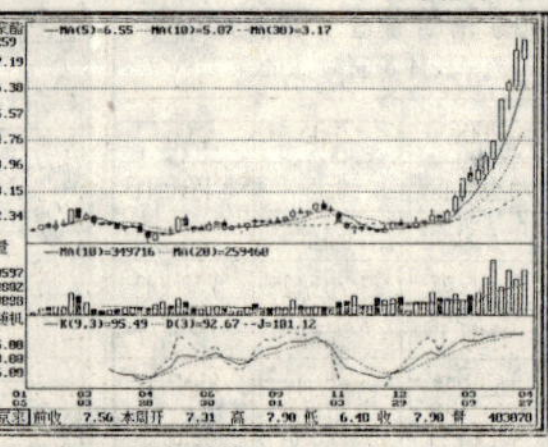

| | |
|---|---|
| 2006 年涨跌幅(%) | 7.33 |
| 2006 年最高(元) | 2.84 |
| 2007 年涨跌幅(%) | 285.37 |
| 2007.4.27 收盘(元) | 7.9 |
| 2007 年最高(元) | 8 |
| 2007 年最低(元) | 1.96 |
| 2007 年换手率(%) | 470.7 |

未来一年限售流通股解禁情况:

| 最新股本 | 总股本 | 非(限售)流通 | 流通 A | 流通 B/H/S | 股东户数 | 06 年末 | 06 三季 |
|---|---|---|---|---|---|---|---|
| | 21340 | 11880 | 9460 | | | 20339 | 23884 |

年报点评：去年国际原油价格高位运行,致使公司主要原材料价格仍旧较高;公司远离聚酯产品消费市场,运输成本过高的问题依然存在;公司银行债务、固定成本负担过重的严峻现实也未有明显改观。公司的未来在于重组,暂停交易使得其投资风险剧增。

## 凯乐科技（600260）

上市日期:00/07/06　电话:027－87250890　传真:027－87250586

| | | | | |
|---|---|---|---|---|
| 主营 | 塑料硬管及管件、软管、管材、塑料零件及塑料土工合成材料、网络光缆塑料护套材料、新型建材装饰材料、光纤、光缆产品、化工新材料的制造与销售。 | | | |
| | 年　度 | 2006 | 2005 | 2004 |
| 主要指标 | 每股收益/扣除后(元) | 0.32/0.29 | 0.18 | 0.23/0.2 |
| | 每股经营现金流量(元) | 0.06 | －0.53 | －0.39 |
| | 每股净资产/调整后(元) | 4.23/4.22 | 3.92/3.91 | 3.73/3.74 |
| | 未分利润(万元) | 34038.56 | 27377.34 | 23915.44 |
| | 资本公积(万元) | 39202.95 | 39202.95 | 39089.11 |
| 利润构成 | 主营收入(万元) | 87585.66 | 50900.78 | 50589.89 |
| | 主营利润(万元) | 21315.67 | 7835.52 | 11857.61 |
| | 投资收益(万元) | －146.32 | 1291.58 | 176.71 |
| | 利润总额(万元) | 13592.27 | 6995.6 | 9101.03 |
| | 净利润(万元) | 8393.32 | 4629.44 | 6062.4 |
| 近年分配: | 04 中期:10 转增 5 | | | |

| 主要股东及持股比例%、持股性质 |
|---|
| 荆州市科达商贸投资有限公司 24.83%（部分流通部分不流通） |
| 公安县国有资产管理局 5.74%（部分流通部分不流通） |
| 北海银河高科技产业股份有限公司 1.15%（非流通股） |
| 上海证券有限责任公司 1.14%（流通 A 股） |
| 汉盛证券投资基金 1.14%（流通 A 股） |
| 东海证券有限责任公司 0.83%（流通 A 股） |
| 广西银河集团有限公司 0.76%（非流通股） |
| 深圳市天成投资有限公司 0.57%（非流通股） |
| 东风汽车股份有限公司 0.55%（流通 A 股） |
| 陈淑芬 0.36%（流通 A 股） |
| 实际控制人：荆州市科达商贸投资有限公司 |

二〇〇六年以来市场表现

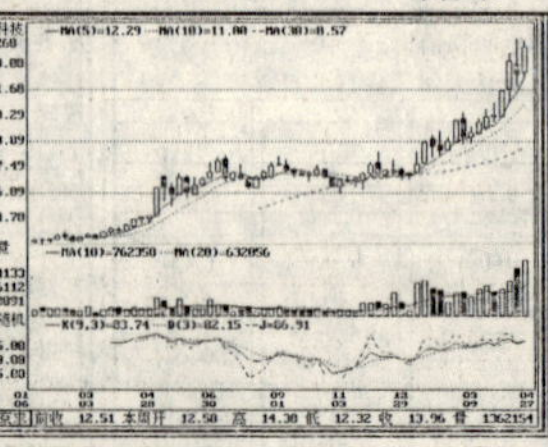

| | |
|---|---|
| 2006 年涨跌幅(%) | 105.9 |
| 2006 年最高(元) | 8.29 |
| 2007 年涨跌幅(%) | 100 |
| 2007.4.27 收盘(元) | 13.96 |
| 2007 年最高(元) | 14.48 |
| 2007 年最低(元) | 6.8 |
| 2007 年换手率(%) | 535.72 |

未来一年限售流通股解禁情况:15131287 股 12 月 22 日解禁

| 最新股本 | 总股本 | 非(限售)流通 | 流通 A | 流通 B/H/S | 股东户数 | 06 年末 | 06 三季 |
|---|---|---|---|---|---|---|---|
| | 26382 | 6309.84 | 20072.16 | | | 22692 | 17225 |

年报点评：公司目前材料业务已发展为拥有网络信息材料、塑料管材、土工合成材料和塑料异型材四大类产品。公司准确捕捉到了武汉房地产市场崛起的机会,于 2004 年进军房地产市场,这是公司去年业绩增长的主要原因,但这一业务持续性不强。

## 浙江阳光（600261）

上市日期:00/07/20　　电话:0575－2027721　　传真:0575－2027720

| | | | | |
|---|---|---|---|---|
| 主营 | 主要生产一体化电子节能灯、紧凑型节能荧光灯管、小功率直管型荧光灯管、T5大功率荧光灯及T5系列灯具等产品。 | | | |
| | 年　度 | 2006 | 2005 | 2004 |
| 主要指标 | 每股收益/扣除后(元) | 0.73/0.72 | 0.65 | 0.47/0.43 |
| | 每股经营现金流量(元) | 0.3 | 1.41 | 0.67 |
| | 每股净资产/调整后(元) | 5.37/5.36 | 5.74/5.73 | 5.46/5.31 |
| | 未分利润(万元) | 19192.38 | 14681.41 | 13471.84 |
| | 资本公积(万元) | 34479.66 | 34479.66 | 34479.66 |
| 利润构成 | 主营收入(万元) | 158873.63 | 109420.7 | 73494.29 |
| | 主营利润(万元) | 24047.23 | 20737.39 | 16091.95 |
| | 投资收益(万元) | 255 | 41.96 | 258.37 |
| | 利润总额(万元) | 15860.4 | 12869.16 | 8758.09 |
| | 净利润(万元) | 10791.57 | 8007.91 | 5798.35 |
| 近年分配: | 06预案:10派1送3；05年:10派1.5送2；04年:10派3.5 | | | |

| 主要股东及持股比例%、持股性质 |
|---|
| 世纪阳光控股集团有限公司 36.91%（非流通股） |
| 陈森洁 6.88%（非流通股） |
| 陈月明 4.85%（非流通股） |
| 招商银行股份有限公司－中信经典配置证券投资基金 3.92%（流通A股） |
| 杭州易安投资有限公司 3.92%（非流通股） |
| 中国建设银行－华夏优势增长股票型证券投资基金 2.71%（流通A股） |
| 浙江桢利信息科技有限公司 2.43%（非流通股） |
| 中国工商银行－安信证券投资基金 2.03%（流通A股） |
| 中国人寿保险(集团)公司－传统－普通保险产品 1.81%（流通A股） |
| 上虞市沥海镇集体资产经营公司 1.73%（非流通股） |
| 实际控制人：陈森洁 |

二〇〇六年以来市场表现

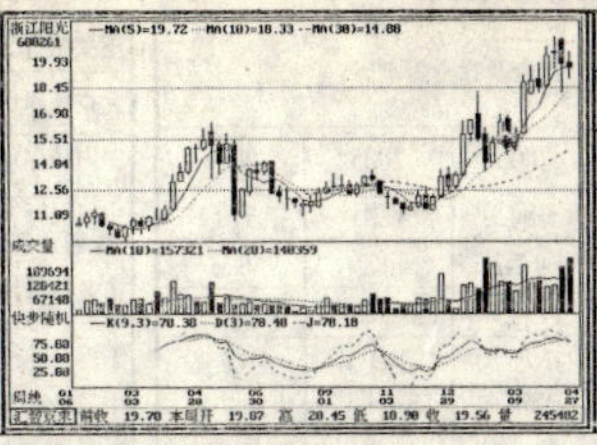

| | |
|---|---|
| 2006年涨跌幅(%) | 42.5 |
| 2006年最高(元) | 17.19 |
| 2007年涨跌幅(%) | 54.02 |
| 2007.4.27收盘(元) | 19.56 |
| 2007年最高(元) | 21.4 |
| 2007年最低(元) | 12.61 |
| 2007年换手率(%) | 390.37 |

未来一年限售流通股解禁情况：

| 最新股本 | 总股本 | 非(限售)流通 | 流通A | 流通B/H/S | 股东户数 | 06年末 | 06三季 |
|---|---|---|---|---|---|---|---|
| | 14779.2 | 8539.2 | 6240 | | | 9433 | 9935 |

年报点评：公司主营节能电光源和照明电器。2006公司克服原材料上涨和人民币升值的困难，主导产品电子节能灯、T5、特种灯具销量持续增长，业绩实现了较快增长。今后两年公司将增加上虞、江西两个生产基地的产能，预计2007年业绩将有10%以上的涨幅。

## 北方股份（600262）

上市日期:00/06/30　　电话:0472－2207888　　传真:0472－2207538

| | | | | |
|---|---|---|---|---|
| 主营 | 开发、制造、销售、维修(包括大修)各种型号的"特雷克斯"牌的非公路(或工矿两用)自卸车、铲运机、装载机、推土机、挖掘机等工程机械及相应的零部件，并提供售后服务。 | | | |
| | 年　度 | 2006 | 2005 | 2004 |
| 主要指标 | 每股收益/扣除后(元) | 0.11/0.08 | 0.17/0.17 | 0.09/0.07 |
| | 每股经营现金流量(元) | 0.12 | -1.53 | 0.09 |
| | 每股净资产/调整后(元) | 3.79/3.45 | 3.72/3.38 | 3.51/3.45 |
| | 未分利润(万元) | 2321.52 | 2672.84 | 1757.33 |
| | 资本公积(万元) | 39908.6 | 39094.6 | 37108.64 |
| 利润构成 | 主营收入(万元) | 75117.75 | 62213.18 | 36036.28 |
| | 主营利润(万元) | 19758.31 | 16949.48 | 9595.79 |
| | 投资收益(万元) | 384.92 | 132.87 | -16.64 |
| | 利润总额(万元) | 1261.75 | 2835.74 | 1610.61 |
| | 净利润(万元) | 1898.48 | 2956.68 | 1565.45 |
| 近年分配: | 06预案:10派1；05年:10派0.9；04年:10派0.8 | | | |

| 主要股东及持股比例%、持股性质 |
|---|
| 内蒙古北方重工业集团有限公司 35.44%（国有股） |
| TEREX EQUIPMENT LIMITED 25.16%（外资股） |
| 中国工商银行－中银国际收益混合型证券投资基金 1.55%（流通A股） |
| 光大证券股份有限公司 1.18%（流通A股） |
| 全国社保基金一零七组合 0.99%（流通A股） |
| 中国建设银行－海富通风格优势股票型证券投资基金 0.51%（流通A股） |
| 中国工商银行－普华证券投资基金 0.35%（流通A股） |
| 叶方华 0.28%（流通A股） |
| 包头华中实业总公司 0.23%（非流通股） |
| 庄淑珠 0.18%（流通A股） |
| 实际控制人：中国兵器工业集团公司 |

二〇〇六年以来市场表现

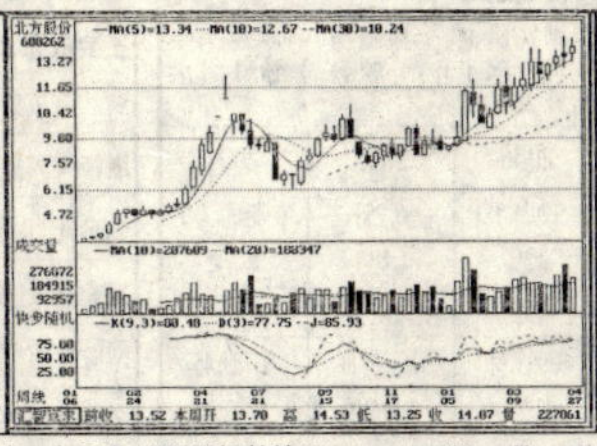

| | |
|---|---|
| 2006年涨跌幅(%) | 219.34 |
| 2006年最高(元) | 13.61 |
| 2007年涨跌幅(%) | 68.91 |
| 2007.4.27收盘(元) | 14.07 |
| 2007年最高(元) | 14.7 |
| 2007年最低(元) | 8.18 |
| 2007年换手率(%) | 484.31 |

未来一年限售流通股解禁情况:17974840股06月28日解禁

| 最新股本 | 总股本 | 非(限售)流通 | 流通A | 流通B/H/S | 股东户数 | 06年末 | 06三季 |
|---|---|---|---|---|---|---|---|
| | 17000 | 10400 | 6600 | | | 19511 | 15972 |

年报点评：公司主营"特雷克斯"牌钢性车、铰接式车、变型车等。2006年公司不断夯实"矿用汽车、工程机械、桩工机械、零部件供应"四大产业平台，主营业务收入和净利润均大幅增长。2007年我国铁路建设投资增加，公司未来增长前景值得看好。

## 路桥建设（600263）

上市日期:00/07/25　　电话:010－64181166　　传真:010－64182080

| | | | | |
|---|---|---|---|---|
| 主营 | 从事国内外公路、桥梁、机场、港口、隧道、给排水及其他土木工程建设总承包。 | | | |
| | 年　度 | 2006 | 2005 | 2004 |
| 主要指标 | 每股收益/扣除后(元) | 0.18/0.18 | 0.15 | 0.153/0.143 |
| | 每股经营现金流量(元) | 0.51 | 0.135 | -0.258 |
| | 每股净资产/调整后(元) | 3.83/3.74 | 3.73/3.62 | 3.58/3.42 |
| | 未分利润(万元) | 17912.1 | 15205.97 | 11036.67 |
| | 资本公积(万元) | 86292.14 | 86292.14 | 85997.32 |
| 利润构成 | 主营收入(万元) | 421503.94 | 351365.64 | 332166.34 |
| | 主营利润(万元) | 28357.62 | 24014.94 | 21357.59 |
| | 投资收益(万元) | 3438.94 | 3492.58 | 4127.53 |
| | 利润总额(万元) | 8801.12 | 7173.28 | 6869.84 |
| | 净利润(万元) | 7238.9 | 6068.38 | 6232.82 |
| 近年分配: | 06预案:10派0.3；05年:10派0.8 | | | |

| 主要股东及持股比例%、持股性质 |
|---|
| 中国交通建设股份有限公司 63.72%（部分流通部分不流通） |
| 戴晖荣 0.19%（流通A股） |
| 方志伟 0.15%（流通A股） |
| 中交第一公路勘察设计研究院 0.14%（国有股） |
| 张缨 0.13%（流通A股） |
| 中交第二公路勘察设计研究院 0.12%（国有股） |
| 史俊生 0.1%（流通A股） |
| 史俊生 0.1%（流通A股） |
| 辛晓光 0.08%（流通A股） |
| 林俊华 0.07%（流通A股） |
| 实际控制人：中国交通建设集团有限公司 |

二〇〇六年以来市场表现

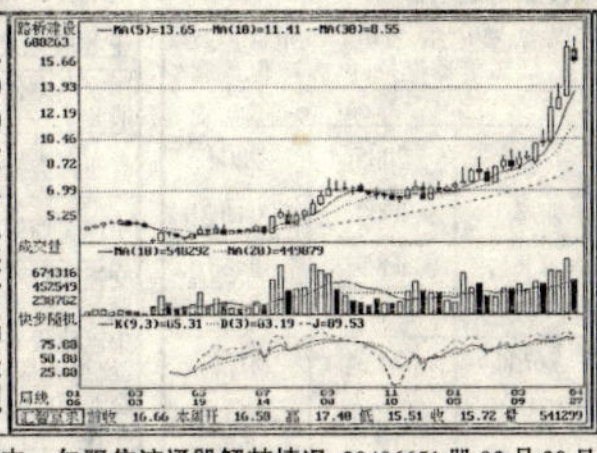

| | |
|---|---|
| 2006年涨跌幅(%) | 128.44 |
| 2006年最高(元) | 10.71 |
| 2007年涨跌幅(%) | 121.72 |
| 2007.4.27收盘(元) | 15.72 |
| 2007年最高(元) | 17.4 |
| 2007年最低(元) | 7 |
| 2007年换手率(%) | 470.48 |

未来一年限售流通股解禁情况:20406651股03月29日解禁

| 最新股本 | 总股本 | 非(限售)流通 | 流通A | 流通B/H/S | 股东户数 | 06年末 | 06三季 |
|---|---|---|---|---|---|---|---|
| | 40813.3 | 25058.3 | 15755 | | | 53855 | 55086 |

年报点评：公司主营路、桥等承包业务，2006年公司新签合同额60.70亿元，实现净利润7238.90万元，两项指标保持同向增长。公司充分利用资金优势，继续尝试参与BOT项目，拓展业务范围，培育新的利润增长点。预计未来BOT项目在公司的业务收入比例将进一步增加。

## 景谷林业（600265）

上市日期:00/08/25　　电话:0879－5224720　　传真:0879－5228008

| | | | | |
|---|---|---|---|---|
| 主营 | 林化、林板及木材产品的生产和销售。 | | | |
| | 年　度 | 2006 | 2005 | 2004 |
| 主要指标 | 每股收益/扣除后(元) | -0.27/-0.28 | 0.06 | 0.05/0.06 |
| | 每股经营现金流量(元) | 0.38 | -0.12 | -0.73 |
| | 每股净资产/调整后(元) | 2.57/2.44 | 3.48/3.25 | 3.4/3.2 |
| | 未分利润(万元) | 1785.15 | 5230.57 | 4792.99 |
| | 资本公积(万元) | 17658.5 | 19862.27 | 19288.34 |
| 利润构成 | 主营收入(万元) | 33920.67 | 33761.39 | 33167.9 |
| | 主营利润(万元) | 2878.03 | 6482.04 | 7012.96 |
| | 投资收益(万元) | -120.53 | -165.78 | -73.15 |
| | 利润总额(万元) | -3891.56 | 1157.92 | 907.75 |
| | 净利润(万元) | -3443.45 | 651.05 | 542.68 |
| 近年分配: | | | | |

| 主要股东及持股比例%、持股性质 |
|---|
| 中泰信用担保有限公司 24.11%（非流通股） |
| 景谷傣族彝族自治县林业企业总公司 23.13%（国有股） |
| 景谷傣族彝族自治县电力有限责任公司 1.03%（非流通股） |
| 景谷泰毓建材有限公司 1.03%（非流通股） |
| 景谷傣族彝族自治县林业投资有限公司 0.52%（非流通股） |
| 景谷傣族彝族自治县糖业企业总公司 0.26%（非流通股） |
| 汪月英 0.25%（流通A股） |
| 何春燕 0.2%（流通A股） |
| 胡宏 0.16%（流通A股） |
| 文德泰 0.15%（流通A股） |
| 实际控制人：中泰信用担保有限公司 |

二〇〇六年以来市场表现

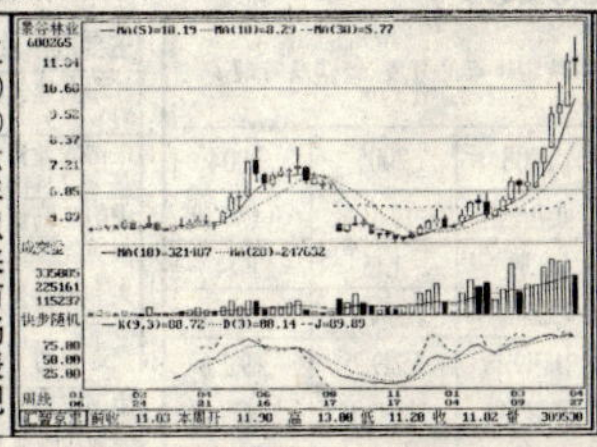

| | |
|---|---|
| 2006年涨跌幅(%) | 61.63 |
| 2006年最高(元) | 8.46 |
| 2007年涨跌幅(%) | 170.48 |
| 2007.4.27收盘(元) | 11.82 |
| 2007年最高(元) | 13 |
| 2007年最低(元) | 4.35 |
| 2007年换手率(%) | 657.36 |

未来一年限售流通股解禁情况:3680000股09月21日解禁

| 最新股本 | 总股本 | 非(限售)流通 | 流通A | 流通B/H/S | 股东户数 | 06年末 | 06三季 |
|---|---|---|---|---|---|---|---|
| | 12980 | 6500 | 6480 | | | 22832 | 20748 |

年报点评：公司主要从事本企业自产的脂松香、脂松节油、α蒎烯、β蒎烯等林产化工产品。由于松脂收购政策变化，导致松脂外流严重，松脂收购竞争激烈，严重影响公司林化生产。但公司调整经营策略，有效规避林化产品市场风险。

## 北京城建（600266）

上市日期:99/02/03　　电话:010－82275566　　传真:010－62035933

| 主营 | 房地产开发、销售商品房;投资及投资管理等。 | | | |
|---|---|---|---|---|
| | 年　度 | 2006 | 2005 | 2004 |
| 主要指标 | 每股收益/扣除后(元) | 0.131/0.129 | 0.243 | 0.15/0.14 |
| | 每股经营现金流量(元) | －0.2423 | 0.8704 | 0.53 |
| | 每股净资产/调整后(元) | 3.15/2.97 | 3.21/3.04 | 2.96/2.79 |
| | 未分利润(万元) | 37925.78 | 42811.34 | 30376.06 |
| | 资本公积(万元) | 70891.29 | 70547.06 | 70156.38 |
| 利润构成 | 主营收入(万元) | 210313.31 | 181823.11 | 182221.93 |
| | 主营利润(万元) | 52997.03 | 40210.1 | 31743.13 |
| | 投资收益(万元) | －4974.33 | 13436.2 | 3556.62 |
| | 利润总额(万元) | 23161.43 | 28993.76 | 14082.93 |
| | 净利润(万元) | 7834.5 | 14582.03 | 8802.71 |
| 近年分配: | 06 预案:10 派 0.5 ; 05 年:10 派 2 | | | |

| 主要股东及持股比例%、持股性质 | |
|---|---|
| 北京城建集团有限责任公司 65.25%（国有股） | |
| 中国建设银行－上投摩根双息平衡混合型证券投资基金 0.92%（流通 A 股） | |
| 中国银行－银华优势企业(平衡型)证券投资基金 0.87%（流通 A 股） | |
| 通乾证券投资基金 0.87%（流通 A 股） | |
| 景博证券投资基金 0.82%（流通 A 股） | |
| 中国平安人寿保险股份有限公司－分红－银保分红 0.67%（流通 A 股） | |
| 天华证券投资基金 0.5%（流通 A 股） | |
| 中国银行－招商先锋证券投资基金 0.47%（流通 A 股） | |
| 中国农业银行－大成精选增值混合型证券投资基金 0.36%（流通 A 股） | |
| 浙江纳德物业管理有限公司 0.33%（流通 A 股） | |
| 实际控制人: | 北京城建集团有限责任公司 |

二〇〇六年以来市场表现

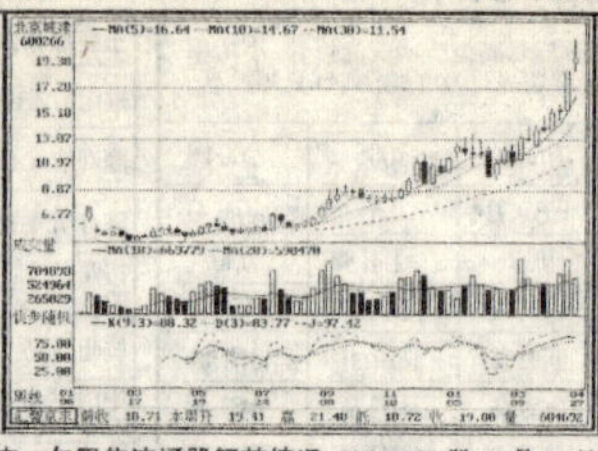

| | |
|---|---|
| 2006 年涨跌幅(%) | 192.8 |
| 2006 年最高(元) | 16.78 |
| 2007 年涨跌幅(%) | 72.62 |
| 2007.4.27 收盘(元) | 19.8 |
| 2007 年最高(元) | 21.48 |
| 2007 年最低(元) | 9.8 |
| 2007 年换手率(%) | 465.1 |

未来一年限售流通股解禁情况:3000000 股 02 月 09 日解禁

| 最新股本 | 总股本 | 非(限售)流通 | 流通 A | 流通 B/H/S | 股东户数 | 06 年末 | 06 三季 |
|---|---|---|---|---|---|---|---|
| | 60000 | 39150 | 20850 | | | 64830 | 72528 |

年报点评：2006 年主营收入同比小幅增长，继续保持了稳定增长，净利润同比大幅下降，主要是 2005 年转让收益较大，同时计提减值准备也影响了净利润增长。业绩增长主要是北苑家园、花市枣苑、富海大厦、尚源印象等项目盈利能力提高。

## 海正药业（600267）

上市日期:00/07/25　　电话:0571－85278141　　传真:0571－85270053

| 主营 | 化学原料药，化学中间体，医药制剂、生物制药，中成药、中药制剂、医药辅料(以上五类仅限于片剂、胶囊剂、粉针剂、口服液四种品种)的生产、开发、销售。 | | | |
|---|---|---|---|---|
| | 年　度 | 2006 | 2005 | 2004 |
| 主要指标 | 每股收益/扣除后(元) | 0.179/0.181 | 0.258 | 0.484/0.489 |
| | 每股经营现金流量(元) | 0.24 | 0.253 | 0.697 |
| | 每股净资产/调整后(元) | 2.78/2.76 | 2.69/2.69 | 2.61/2.61 |
| | 未分利润(万元) | 37985.51 | 35335.76 | 33789.45 |
| | 资本公积(万元) | 26657.04 | 26294.01 | 26292.43 |
| 利润构成 | 主营收入(万元) | 226198.56 | 190587.04 | 177983.62 |
| | 主营利润(万元) | 49845.45 | 50710.31 | 66644.4 |
| | 投资收益(万元) | 58.24 | 395.12 | 4.2 |
| | 利润总额(万元) | 10641.11 | 16859.43 | 29527.42 |
| | 净利润(万元) | 8033.89 | 11587.67 | 21724.6 |
| 近年分配: | 06 预案:10 派 1 ; 05 年:10 派 1 ; 04 中期:10 转增 8 年终:10 派 1.5 | | | |

| 主要股东及持股比例%、持股性质 | |
|---|---|
| 浙江海正集团有限公司 49.61%（国有股） | |
| 浙江荣大集团控股有限公司 14.5%（国有股） | |
| UBS AG 0.94%（流通 A 股） | |
| 三龙投资(中国)有限公司 0.86%（外资股） | |
| 博时价值增长证券投资基金 0.45%（流通 A 股） | |
| 全国社保基金一零三组合 0.44%（流通 A 股） | |
| 裕阳证券投资基金 0.33%（流通 A 股） | |
| 中国药科大学 0.29%（国有股） | |
| 浙江英特药业有限责任公司 0.29%（国有股） | |
| 中国医药集团总公司四川抗菌素工业研究所 0.29%（国有股） | |
| 实际控制人: | 台州市椒江区国有资产经营有限公司 |

二〇〇六年以来市场表现

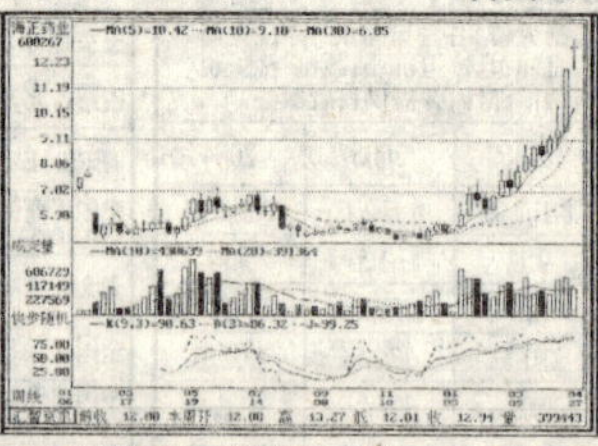

| | |
|---|---|
| 2006 年涨跌幅(%) | 1.25 |
| 2006 年最高(元) | 9.35 |
| 2007 年涨跌幅(%) | 140.52 |
| 2007.4.27 收盘(元) | 12.94 |
| 2007 年最高(元) | 13.27 |
| 2007 年最低(元) | 5.3 |
| 2007 年换手率(%) | 376.51 |

未来一年限售流通股解禁情况:44928000 股 02 月 16 日解禁

| 最新股本 | 总股本 | 非(限售)流通 | 流通 A | 流通 B/H/S | 股东户数 | 06 年末 | 06 三季 |
|---|---|---|---|---|---|---|---|
| | 44928 | 29836.8 | 15091.2 | | | 25739 | 25585 |

年报点评：公司是化学原料药企业中的龙头。公司收入保持较快增长，2006 年公司主要产品心血管药物的价格出现大幅下降，导致公司毛利率下滑较多，净利润下降 30%。公司 2007 年经营情况有望出现好转，产品价格企稳回升，业绩也将出现较快增长。

## 国电南自（600268）

上市日期:99/11/18　　电话:025－3410173　　传真:025－3410871

| 主营 | 电力系统各类自化系统及装置;变电站、发电厂继电保护及自动控制设备，输变电设备，低压电器设备，电力环保控制设备。 | | | |
|---|---|---|---|---|
| | 年　度 | 2006 | 2005 | 2004 |
| 主要指标 | 每股收益/扣除后(元) | 0.389/0.334 | 0.413 | 0.344/0.321 |
| | 每股经营现金流量(元) | 0.162 | 0.829 | 0.096 |
| | 每股净资产/调整后(元) | 3.38/3.23 | 4.7/4.5 | 4.44/3.96 |
| | 未分利润(万元) | 6667.01 | 3797.34 | 2875.57 |
| | 资本公积(万元) | 24531.46 | 30536.09 | 30463.03 |
| 利润构成 | 主营收入(万元) | 113011.57 | 90955.39 | 70194.32 |
| | 主营利润(万元) | 30344.17 | 29070.77 | 23821.18 |
| | 投资收益(万元) | 1453.96 | －682.08 | 454.56 |
| | 利润总额(万元) | 9268.4 | 7116.71 | 6136.83 |
| | 净利润(万元) | 6884.25 | 4869.84 | 4058.44 |
| 近年分配: | 06 中期:10 转增 5 年终预案:10 派 1.5 ; 05 年:10 派 2 ; 04 年:10 派 1.5 | | | |

| 主要股东及持股比例%、持股性质 | |
|---|---|
| 国家电力公司南京电力自动化设备总厂 55.254%（国有股） | |
| 普丰证券投资基金 4.568%（流通 A 股） | |
| 中国工商银行－安信证券投资基金 2.206%（流通 A 股） | |
| 交通银行－华安宝利配置证券投资基金 1.271%（流通 A 股） | |
| 中国建设银行－华安宏利股票型证券投资基金 0.667%（流通 A 股） | |
| 交通银行－金鹰中小盘精选证券投资基金 0.424%（流通 A 股） | |
| 交通银行－鹏华中国 50 开放式证券投资基金 0.395%（流通 A 股） | |
| 中国工商银行－普华证券投资基金 0.367%（流通 A 股） | |
| 中国工商银行－中银国际收益混合型证券投资基金 0.256%（流通 A 股） | |
| 方世章 0.247%（流通 A 股） | |
| 实际控制人: | 中国华电工程(集团)有限公司 |

二〇〇六年以来市场表现

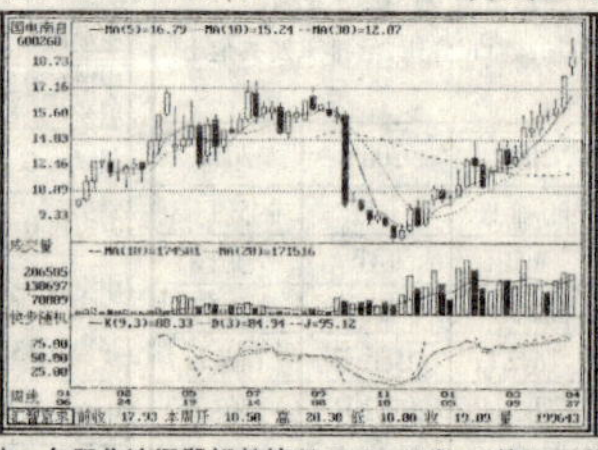

| | |
|---|---|
| 2006 年涨跌幅(%) | 110.64 |
| 2006 年最高(元) | 23.21 |
| 2007 年涨跌幅(%) | 83.21 |
| 2007.4.27 收盘(元) | 19.09 |
| 2007 年最高(元) | 20.3 |
| 2007 年最低(元) | 9.96 |
| 2007 年换手率(%) | 351.11 |

未来一年限售流通股解禁情况:8850000 股 04 月 25 日解禁

| 最新股本 | 总股本 | 非(限售)流通 | 流通 A | 流通 B/H/S | 股东户数 | 06 年末 | 06 三季 |
|---|---|---|---|---|---|---|---|
| | 17700 | 9784.72 | 7915.28 | | | 21181 | 16105 |

年报点评：公司主营各种电力自动化产品的生产和销售。06 年公司主营业务收入和净利润均有较大幅度增长。未来公司将抓住节能降耗的政策机遇和市场契机，主要发展发电行业环保、节能、安全控制及自动化产品，公司长远前景看好，业绩将稳步增长。

## 赣粤高速（600269）

上市日期:00/05/18　　电话:0791－6532505　　传真:0791－6507178

| 主营 | 江西省境内的特定公路及特定桥梁的开发、经营及管理。 | | | |
|---|---|---|---|---|
| | 年　度 | 2006 | 2005 | 2004 |
| 主要指标 | 每股收益/扣除后(元) | 0.71/0.6 | 0.51 | 0.47/0.39 |
| | 每股经营现金流量(元) | 0.99 | 1.05 | 0.84 |
| | 每股净资产/调整后(元) | 4.62/4.62 | 4.91/4.91 | 4.6/4.6 |
| | 未分利润(万元) | 113719.16 | 55229.75 | 36962.6 |
| | 资本公积(万元) | 273743.95 | 222713.18 | 222679.43 |
| 利润构成 | 主营收入(万元) | 182464.87 | 130918.41 | 102986.55 |
| | 主营利润(万元) | 109087.81 | 69672.14 | 63904.19 |
| | 投资收益(万元) | 2777.53 | －3189.53 | 1624.47 |
| | 利润总额(万元) | 111027.41 | 61869.62 | 66151 |
| | 净利润(万元) | 82363.94 | 39865.84 | 36874.93 |
| 近年分配: | 06 中期:10 转增 5 年终预案:10 派 2 ; 05 年:10 派 2 ; 04 年:10 派 2 | | | |

| 主要股东及持股比例%、持股性质 | |
|---|---|
| 江西高速公路投资发展(控股)有限公司 51.98%（国有股） | |
| 中国农业银行－景顺长城内需增长贰号股票型证券投资基金 2.44%（流通 A 股） | |
| 中国工商银行－广发策略优选混合型证券投资基金 1.44%（流通 A 股） | |
| 兴和证券投资基金 1.13%（流通 A 股） | |
| 交通银行－安顺证券投资基金 1.1%（流通 A 股） | |
| 中国工商银行－汇添富均衡增长股票型证券投资基金 1.05%（流通 A 股） | |
| 中国农业银行－景顺长城内需增长开放式证券投资基金 1.05%（流通 A 股） | |
| 汉盛证券投资基金 1.04%（流通 A 股） | |
| 招商银行股份有限公司－富国天合稳健优选股票型证券投资基金 0.94%（流通 A 股） | |
| 中国银行－银华优质增长股票型证券投资基金 0.8%（流通 A 股） | |
| 实际控制人: | 江西省交通厅 |

二〇〇六年以来市场表现

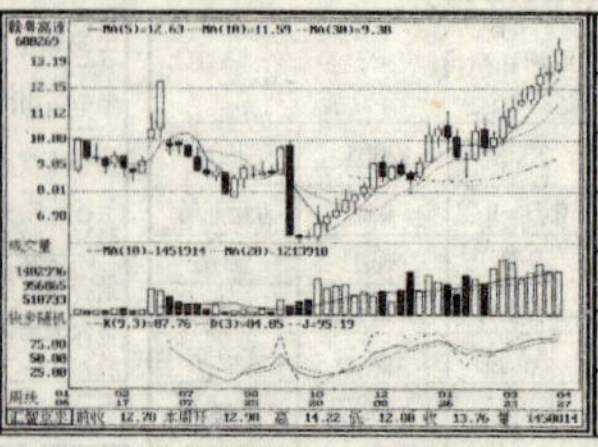

| | |
|---|---|
| 2006 年涨跌幅(%) | 71.03 |
| 2006 年最高(元) | 17.04 |
| 2007 年涨跌幅(%) | 62.07 |
| 2007.4.27 收盘(元) | 13.76 |
| 2007 年最高(元) | 14.22 |
| 2007 年最低(元) | 8.46 |
| 2007 年换手率(%) | 373.06 |

未来一年限售流通股解禁情况:62202691.5 股 06 月 19 日解禁

| 最新股本 | 总股本 | 非(限售)流通 | 流通 A | 流通 B/H/S | 股东户数 | 06 年末 | 06 三季 |
|---|---|---|---|---|---|---|---|
| | 116766.75 | 61074.75 | 55692 | | | 37800 | 30025 |

年报点评：2006 年公司通行费收入同比增长 37.4%，主要来源于新路收购及计重收费的实施:温厚、九景两条新收路产实现通行费收入 1.55 亿元，而计重收费对公司全年收入的提升效果估计在 15%左右。同时在计重收费的影响下，通行费收入的毛利率较上年上升了 8 个百分点。

## 外运发展（600270）

上市日期:00/12/28　　电话:010－80418928　　传真:010－80418933

| 主营 | 空运进出口货物的国际货运代理业务,主要包括:航空货运代理出口、航空货运代理进口和航空快递。 | | |
|---|---|---|---|
| 年　度 | 2006 | 2005 | 2004 |
| 主要指标 每股收益/扣除后(元) | 0.757/0.76 | 0.512 | 0.484/0.482 |
| 每股经营现金流量(元) | 1.18 | 1.22 | 0.7288 |
| 每股净资产/调整后(元) | 3.66/3.58 | 3/2.94 | 2.94/2.85 |
| 未分利润(万元) | 144274.22 | 91645.72 | 76963.03 |
| 资本公积(万元) | 61008.57 | 60824.94 | 60760.89 |
| 利润构成 主营收入(万元) | 588526.55 | 494761.9 | 381489.66 |
| 主营利润(万元) | 223836.93 | 185510.63 | 149075.75 |
| 投资收益(万元) | 10603.45 | 7957.52 | 6983.01 |
| 利润总额(万元) | 129194.23 | 90164.62 | 79200.34 |
| 净利润(万元) | 68537.02 | 46326.64 | 39860.76 |
| 近年分配: | 06 预案:10 派 3 ; 05 年:10 派 1 ; 04 年:10 派 2 送 1 | | |

| 主要股东及持股比例%、持股性质 |
|---|
| 中国外运股份有限公司 63.46% (国有股) |
| 中国机械进出口(集团)有限公司 2.93% (国有股) |
| 全国社保基金一零二组合 0.87% (流通 A 股) |
| 北京首都旅游股份有限公司 0.65% (国有股) |
| 国际金融－汇丰－BILL&MELINDA GATES FOUNDATION 0.34% (流通 A 股) |
| 邓敏秋 0.29% (流通 A 股) |
| 高华－汇丰－GOLDMAN SACHS & CO. 0.24% (流通 A 股) |
| 陈经建 0.23% (流通 A 股) |
| 裕阳证券投资基金 0.22% (流通 A 股) |
| 北京三元集团有限责任公司 0.21% (国有股) |
| 实际控制人: 中国对外贸易运输(集团)总公司 |

二〇〇六年以来市场表现

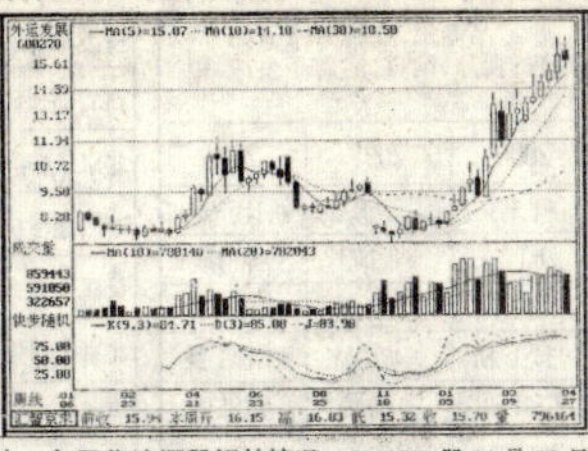

| 2006 年涨跌幅(%) | 33.16 |
|---|---|
| 2006 年最高(元) | 12.1 |
| 2007 年涨跌幅(%) | 100 |
| 2007.4.27 收盘(元) | 15.7 |
| 2007 年最高(元) | 16.83 |
| 2007 年最低(元) | 7.79 |
| 2007 年换手率(%) | 447.68 |

未来一年限售流通股解禁情况:35833824 股 11 月 02 日解禁

| 最新股本 | 总股本 | 非(限售)流通 | 流通 A | 流通 B/H/S | 股东户数 | 06 年末 | 06 三季 |
|---|---|---|---|---|---|---|---|
| | 90548.17 | 61047.16 | 29501.01 | | | 52239 | 35983 |

**年报点评** 2006 年公司业绩大幅增长,主要原因是 UPS 移交业务对价款达 33855 万元。从公司经营业务来看,国际航空货运代理业务形势严峻,"e 速"业务仍在培育期,中外运敦豪增长强劲,但在新会计制度下预计将不能并报,公司 2007 年主营业务收入将大幅下降。

## 航天信息（600271）

上市日期:03/07/11　　电话:010－88439766　　传真:010－88439766

| 主营 | 国家金税工程的增值税专用发票防伪税控系统及其配套设备、与金卡工程和金盾工程相关的 IC 卡及计算机软、硬件产品的研制生产,以及计算机系统集成项目和服务等。 | | |
|---|---|---|---|
| 年　度 | 2006 | 2005 | 2004 |
| 主要指标 每股收益/扣除后(元) | 1.14/1.03 | 0.82 | 1.36/1.28 |
| 每股经营现金流量(元) | 1.63 | 1.69 | 0.64 |
| 每股净资产/调整后(元) | 7.31/7.26 | 6.44/6.41 | 11.12/11.1 |
| 未分利润(万元) | 88953.67 | 62946.37 | 48102.46 |
| 资本公积(万元) | 85064.94 | 84190.86 | 98728.03 |
| 利润构成 主营收入(万元) | 367715.06 | 252526.18 | 202715.21 |
| 主营利润(万元) | 103724.98 | 61792.73 | 58468.61 |
| 投资收益(万元) | 3818.98 | 1230.38 | 413.32 |
| 利润总额(万元) | 51913.52 | 37423.57 | 29055.8 |
| 净利润(万元) | 35241.3 | 25339.92 | 22023.77 |
| 近年分配: | 06 预案:10 派 3.6 ; 05 年:10 派 3 ; 04 年:10 派 4.5 转增 9 | | |

| 主要股东及持股比例%、持股性质 |
|---|
| 中国航天科工集团公司 35.55% (国有股) |
| 航天新概念科技有限公司 5.68% (非流通股) |
| 中国运载火箭研究院 5.56% (国有股) |
| 富国天益价值证券投资基金 4.28% (流通 A 股) |
| 中国长城工业总公司 4.25% (国有股) |
| 中国航天海鹰机电技术研究院 3.99% (国有股) |
| 中国航天科技集团公司第五研究院 3.99% (国有股) |
| 安顺证券投资基金 2.92% (流通 A 股) |
| 北京市爱威电子技术公司 2.92% (国有股) |
| 北京遥测技术研究所 2.4% (国有股) |
| 实际控制人: 国务院国有资产监督管理委员会 |

二〇〇六年以来市场表现

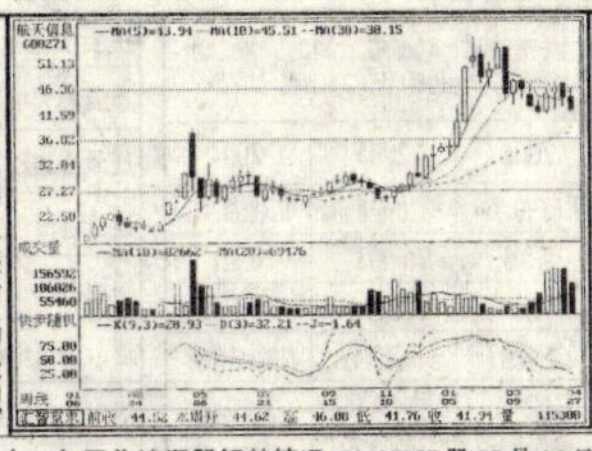

| 2006 年涨跌幅(%) | 148.86 |
|---|---|
| 2006 年最高(元) | 49.29 |
| 2007 年涨跌幅(%) | 19.79 |
| 2007.4.27 收盘(元) | 41.94 |
| 2007 年最高(元) | 55.9 |
| 2007 年最低(元) | 33.61 |
| 2007 年换手率(%) | 108.96 |

未来一年限售流通股解禁情况:93197927 股 05 月 16 日解禁

| 最新股本 | 总股本 | 非(限售)流通 | 流通 A | 流通 B/H/S | 股东户数 | 06 年末 | 06 三季 |
|---|---|---|---|---|---|---|---|
| | 30780 | 20645.4 | 10134.6 | | | 6697 | 8097 |

**年报点评** 航天信息主营增值税防伪税控系统,是该领域事实上的唯一供应商。2006 年,一机多票的普及推动公司业绩快速增长,U3 的成功推广也充分体现了公司的渠道价值。2007 年,一机多票推广接近尾声,但一般纳税人标准降低仍为公司业绩增长提供充分想象空间。

## 开开实业（600272/900943）

上市日期:A: 01/02/28 B: 97/01/08　　电话:021－52135020　　传真:021－52138586

| 主营 | 生产和销售衬衫、羊毛衫、针棉织品、服装、鞋帽、纺织面料;内销日用百货等;提供产品咨询及售后服务。 | | |
|---|---|---|---|
| 年　度 | 2006 | 2005 | 2004 |
| 主要指标 每股收益/扣除后(元) | -0.163 | 0.021 | -3.007/-3.037 |
| 每股经营现金流量(元) | 0.228 | -0.359 | -0.63 |
| 每股净资产/调整后(元) | 0.39/0.39 | 0.56/0.55 | 0.45/0.44 |
| 未分利润(万元) | -19439.61 | -15334.69 | -70402.51 |
| 资本公积(万元) | 258.21 | 258.21 | 45678.19 |
| 利润构成 主营收入(万元) | 69394.55 | 83367.92 | 188694.43 |
| 主营利润(万元) | 13227.51 | 14999.71 | 16002.49 |
| 投资收益(万元) | -409.94 | -211.37 | -26555 |
| 利润总额(万元) | -3798.03 | 703.55 | -77476.09 |
| 净利润(万元) | -3957.91 | 512.33 | -73059.99 |
| 近年分配: | | | |

| 主要股东及持股比例%、持股性质 |
|---|
| 上海开开(集团)有限公司 18.97% (国有股) |
| 上海九豫服饰有限公司 7.82% (非流通股) |
| 上海怡邦针织品有限公司 6.17% (非流通股) |
| 中国石油化工股份有限公司上海石油零售分公司 1.85% (非流通股) |
| 上海华凯贸易发展有限公司 1.85% (非流通股) |
| 上海东方明珠(集团)股份有限公司 1.23% (非流通股) |
| 上海金兴贸易发展中心 1.23% (非流通股) |
| SCBHK A/C CHINA INTERNATIONAL CAPITAL CORPORATION HONG KONG 0.48% (流通 B 股) |
| 上海现代建筑设计(集团)有限公司 0.37% (非流通股) |
| 郭鹿 0.32% (流通 B 股) |
| 实际控制人: 上海市静安区国有资产监督管理委员会 |

二〇〇六年以来市场表现

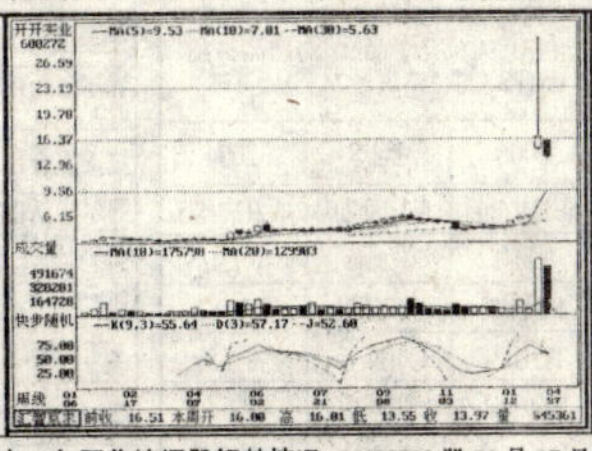

| 2006 年涨跌幅(%) | 66.67 |
|---|---|
| 2006 年最高(元) | 6.5 |
| 2007 年涨跌幅(%) | 264.44 |
| 2007.4.27 收盘(元) | 13.97 |
| 2007 年最高(元) | 36 |
| 2007 年最低(元) | 4.83 |
| 2007 年换手率(%) | 200.04 |

未来一年限售流通股解禁情况:56690702 股 04 月 17 日解禁

| 最新股本 | 总股本 | 非(限售)流通 | 流通 A | 流通 B/H/S | 股东户数 | 06 年末 | 06 三季 |
|---|---|---|---|---|---|---|---|
| | 24300 | 10300 | 6000 | 8000 | | 35170 | 36232 |

**年报点评** 公司主营服装和医药。公司服装业坚持走开开品牌创新之路,主导产品为开开牌衬衫,在医药产业,公司拥有知名的雷允上药和静安制药公司,在行业中都具有一定的品牌优势。但是 2006 年公司经营状况一般,并且由于处理库存商品和清理资产等,减少了利润。

## 华芳纺织（600273）

上市日期:03/06/27　　电话:0512－58438202　　传真:0512－58441898

| 主营 | 生产各种规格的针织纱、针织坯布、针织染整布及各类针织服装。 | | |
|---|---|---|---|
| 年　度 | 2006 | 2005 | 2004 |
| 主要指标 每股收益/扣除后(元) | 0.07/0.07 | 0.071 | 0.067/0.06 |
| 每股经营现金流量(元) | 0.22 | 0.62 | 0.29 |
| 每股净资产/调整后(元) | 2.91/2.91 | 2.88/2.88 | 2.86/2.87 |
| 未分利润(万元) | 5701.94 | 5405.57 | 5178.42 |
| 资本公积(万元) | 32857.23 | 32800.18 | 32781.69 |
| 利润构成 主营收入(万元) | 65424.69 | 52745.41 | 55694.38 |
| 主营利润(万元) | 4932.07 | 4552.58 | 4873.45 |
| 投资收益(万元) | | | |
| 利润总额(万元) | 2343.18 | 2514.22 | 2283.31 |
| 净利润(万元) | 1523.74 | 1531.94 | 1453.3 |
| 近年分配: | 06 预案:10 派 0.5 ; 05 年:10 派 0.5 ; 04 年:10 派 0.5 | | |

| 主要股东及持股比例%、持股性质 |
|---|
| 华芳集团有限公司 35.46% (非流通股) |
| 张家港市塘桥福利毛织厂 7.09% (非流通股) |
| 张家港市青龙铜材厂 1.59% (非流通股) |
| 上海金臣纺织品有限公司 1.18% (流通 A 股) |
| 钱豪 0.27% (流通 A 股) |
| 汪晓东 0.24% (流通 A 股) |
| 温东霞 0.23% (流通 A 股) |
| 陶丽萍 0.19% (流通 A 股) |
| 刘云 0.17% (流通 A 股) |
| 魏双勤 0.15% (流通 A 股) |
| 实际控制人: 秦大乾 |

二〇〇六年以来市场表现

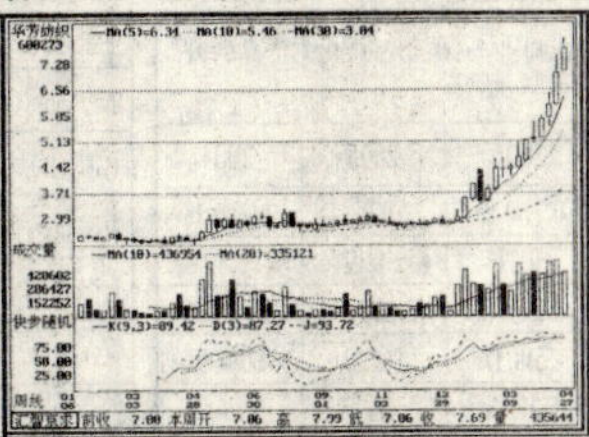

| 2006 年涨跌幅(%) | 19.09 |
|---|---|
| 2006 年最高(元) | 3.3 |
| 2007 年涨跌幅(%) | 172.7 |
| 2007.4.27 收盘(元) | 7.69 |
| 2007 年最高(元) | 7.99 |
| 2007 年最低(元) | 2.81 |
| 2007 年换手率(%) | 508.42 |

未来一年限售流通股解禁情况:4498000 股 12 月 12 日解禁

| 最新股本 | 总股本 | 非(限售)流通 | 流通 A | 流通 B/H/S | 股东户数 | 06 年末 | 06 三季 |
|---|---|---|---|---|---|---|---|
| | 21500 | 9530 | 11970 | | | 21453 | 24661 |

**年报点评** 公司主营针纺织品、服装制造和纺织原料销售。由于外贸产品占公司产品很大比例,产成品附加值较低,在人民币升值和棉花等主要纺织原料供应紧张、价格普遍较高的不利影响下,公司销售毛利率明显下降,在经济运行方面产生了较大的压力。

# 武昌鱼（600275）

上市日期:00/08/10　　电话:0711－3200331　　传真:0711－3200330

| | | | | |
|---|---|---|---|---|
| 主营 | 房地产业、淡水鱼类及其它水产品养殖、牲畜养殖、以上产品及蔬菜的加工、储运与销售;食品、饲料、渔需品生产、销售;科技服务和相关产业投资等。 | | | |
| | 年　度 | 2006 | 2005 | 2004 |
| 主要指标 | 每股收益/扣除后(元) | -0.195 | 0.009 | -0.141/-0.107 |
| | 每股经营现金流量(元) | -0.0584 | -0.1867 | 0.377 |
| | 每股净资产/调整后(元) | 1.23/1.17 | 1.63/1.58 | 1.62/1.61 |
| | 未分利润(万元) | -14525.86 | -4627.22 | -4991.24 |
| | 资本公积(万元) | 23564.39 | 30150.99 | 30150.99 |
| 利润构成 | 主营收入(万元) | 3626.05 | 41655.2 | 10423.04 |
| | 主营利润(万元) | -2216.85 | 4764.15 | 1995.5 |
| | 投资收益(万元) | -1946.34 | 347.62 | -2021.44 |
| | 利润总额(万元) | -11742.46 | 3203.02 | -5756.16 |
| | 净利润(万元) | -9898.65 | 411.64 | -6286.8 |
| 近年分配: | | | | |

| 主要股东及持股比例%、持股性质 |
|---|
| 湖北鄂州武昌鱼集团有限责任公司 23.72%（非流通股） |
| 北京华普产业集团有限公司 17.51%（非流通股） |
| 中国经济技术投资担保有限公司 4.91%（非流通股） |
| 长江证券有限责任公司 2.59%（非流通股） |
| 北京金保投资管理有限公司 2.55%（非流通股） |
| 淄博新雅东投资咨询有限公司 1.97%（非流通股） |
| 海南鑫淼投资咨询有限公司 1.97%（非流通股） |
| 海南振群实业有限公司 1.77%（非流通股） |
| 上海大松投资咨询有限公司 1.67%（非流通股） |
| 鄂州市建设投资公司 0.97%（国有股） |
| 实际控制人: 北京华普产业集团有限公司 |

二〇〇六年以来市场表现

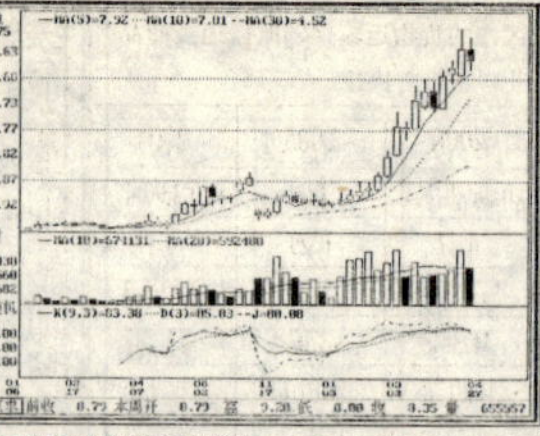

| | |
|---|---|
| 2006年涨跌幅(%) | 124.62 |
| 2006年最高(元) | 5.22 |
| 2007年涨跌幅(%) | 183.05 |
| 2007.4.27收盘(元) | 8.35 |
| 2007年最高(元) | 9.58 |
| 2007年最低(元) | 2.85 |
| 2007年换手率(%) | 547.11 |

未来一年限售流通股解禁情况:133369883股11月07日解禁

| 最新股本 | 总股本 | 非(限售)流通 | 流通A | 流通B/H/S | 股东户数 | 06年末 | 06三季 |
|---|---|---|---|---|---|---|---|
| | 50883.72 | 31773.72 | 19110 | | | 35777 | 36443 |

年报点评：由于收购华普集团持有的北京中地房地产公司股权，债权银行冻结不能过户，加之中地房地产项目仍在建，尚未实现收入;农业行业都采取承包经营方式，它的收益不体现在主营收入上，因此没有产生主营收入，净利润亏损。

# 恒瑞医药（600276）

上市日期:00/10/18　　电话:0518－5457194　　传真:0518－5452340

| | | | | |
|---|---|---|---|---|
| 主营 | 化学原料药及片剂、针剂、胶囊、粉针等西药制剂的开发、制造和销售;SP铝箔、PTP铝箔的制造和销售。 | | | |
| | 年　度 | 2006 | 2005 | 2004 |
| 主要指标 | 每股收益/扣除后(元) | 0.623/0.586 | 0.636 | 0.481/0.473 |
| | 每股经营现金流量(元) | 0.803 | 0.893 | 0.821 |
| | 每股净资产/调整后(元) | 3.76/3.76 | 4.29/4.29 | 3.86/3.83 |
| | 未分利润(万元) | 43304.13 | 30317.41 | 22441.08 |
| | 资本公积(万元) | 31828.5 | 39480.66 | 39480.66 |
| 利润构成 | 主营收入(万元) | 142245.69 | 117925.96 | 114514.36 |
| | 主营利润(万元) | 113350.9 | 93016.61 | 84127.08 |
| | 投资收益(万元) | 1815.04 | | 38.94 |
| | 利润总额(万元) | 28929.54 | 22070.39 | 17265.7 |
| | 净利润(万元) | 20664.78 | 16222.21 | 12262.05 |
| 近年分配: | 06中期:10转增3年终:10派1.6送3；05年:10派2.2；04年:10派2 | | | |

| 主要股东及持股比例%、持股性质 |
|---|
| 连云港天宇医药有限公司 24.6%（非流通股） |
| 连云港达远投资有限公司 16.95%（非流通股） |
| 连云港恒创医药科技有限公司 8.92%（非流通股） |
| 中国医药工业有限公司 6.24%（国有股） |
| 连云港恒瑞集团有限公司 5.35%（国有股） |
| 南方避险增值基金 3.63%（流通A股） |
| 景宏证券投资基金 3.38%（流通A股） |
| 工银瑞信精选平衡混合型证券投资基金 3.15%（流通A股） |
| 中国人寿保险股份有限公司－分红－个人分红－005L－FH002沪 1.84%（流通A股） |
| 华宝兴业先进成长股票型证券投资基金 1.81%（流通A股） |
| 实际控制人: 孙飘扬 |

二〇〇六年以来市场表现

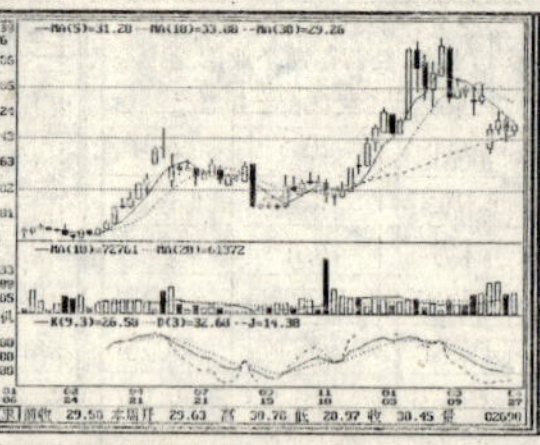

| | |
|---|---|
| 2006年涨跌幅(%) | 257.27 |
| 2006年最高(元) | 53.9 |
| 2007年涨跌幅(%) | 23.2 |
| 2007.4.27收盘(元) | 30.45 |
| 2007年最高(元) | 43.67 |
| 2007年最低(元) | 29.04 |
| 2007年换手率(%) | 73.52 |

未来一年限售流通股解禁情况:51785347股06月20日解禁

| 最新股本 | 总股本 | 非(限售)流通 | 流通A | 流通B/H/S | 股东户数 | 06年末 | 06三季 |
|---|---|---|---|---|---|---|---|
| | 33159.36 | 20679.36 | 12480 | | | 3349 | 5259 |

年报点评：公司是抗肿瘤药物龙头企业，2006年在产品价格下降的情况下，公司收入和利润继续保持较快的发展速度。公司在创新方面做得较好，3个一类新药处于临床，未来增长可期。

# 亿利科技（600277）

上市日期:00/07/25　　电话:0477－8372708　　传真:0477－8371744

| | | | | |
|---|---|---|---|---|
| 主营 | 芒硝矿、湖盐、原碱开采与利用，无机化学品、医药产品科技开发和生产、销售;化工产品(除专营)销售。 | | | |
| | 年　度 | 2006 | 2005 | 2004 |
| 主要指标 | 每股收益/扣除后(元) | 0.12/0.101 | 0.221/0.205 | 0.217/0.185 |
| | 每股经营现金流量(元) | 0.8141 | 1.6646 | 0.1247 |
| | 每股净资产/调整后(元) | 4.89/4.82 | 4.77/4.71 | 4.54/4.5 |
| | 未分利润(万元) | 11545.84 | 10116.45 | 7838.36 |
| | 资本公积(万元) | 49293.02 | 49293.02 | 49293.02 |
| 利润构成 | 主营收入(万元) | 144554.04 | 133396.54 | 133687.77 |
| | 主营利润(万元) | 18931.05 | 21524.97 | 17785.36 |
| | 投资收益(万元) | -156.58 | -118.6 | -118.37 |
| | 利润总额(万元) | 4001.48 | 5491.22 | 5519.46 |
| | 净利润(万元) | 2084.25 | 3848.25 | 3775.8 |
| 近年分配: | | | | |

| 主要股东及持股比例%、持股性质 |
|---|
| 鄂尔多斯市亿利资源集团有限责任公司 50.19%（非流通股） |
| 杭锦旗金田农业开发有限公司 0.51%（非流通股） |
| 鄂尔多斯市富强建筑安装工程有限责任公司 0.34%（非流通股） |
| 伊金霍洛旗崇金泓塑料制品有限责任公司 0.34%（非流通股） |
| 王玉妹 0.18%（流通A股） |
| 鄂尔多斯市亿通煤化有限责任公司 0.17%（非流通股） |
| 王建兴 0.17%（流通A股） |
| 施桂香 0.17%（流通A股） |
| 张京南 0.16%（流通A股） |
| 阙蓉惠 0.16%（流通A股） |
| 实际控制人: 亿利资源集团工会联合会 |

二〇〇六年以来市场表现

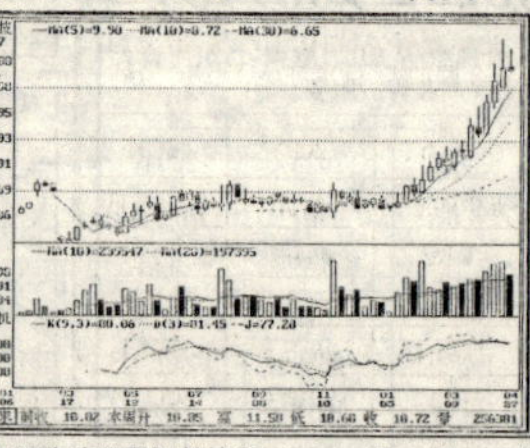

| | |
|---|---|
| 2006年涨跌幅(%) | 38.07 |
| 2006年最高(元) | 8.29 |
| 2007年涨跌幅(%) | 104.97 |
| 2007.4.27收盘(元) | 10.72 |
| 2007年最高(元) | 12.02 |
| 2007年最低(元) | 5.11 |
| 2007年换手率(%) | 410.23 |

未来一年限售流通股解禁情况:4361442股03月09日解禁

| 最新股本 | 总股本 | 非(限售)流通 | 流通A | 流通B/H/S | 股东户数 | 06年末 | 06三季 |
|---|---|---|---|---|---|---|---|
| | 17380 | 8958.4 | 8421.6 | | | 29129 | 31325 |

年报点评：公司是中药行业中的植物药企业，拥有的通过GAP认证的天然药材基地、甘草资源优势、企业品牌以及完善的管理体系和市场网络体系。公司在精细化工方面具有一定优势。但公司整体盈利水平处于较低水平，公司将延伸制药业务，提高盈利水平。

# 东方创业（600278）

上市日期:00/07/12　　电话:021－62789999　　传真:021－62784020

| | | | | |
|---|---|---|---|---|
| 主营 | 自营和代理商品、技术进出口业务，生物医药化工产品的开发、生产、销售，国际货代和服务贸易。 | | | |
| | 年　度 | 2006 | 2005 | 2004 |
| 主要指标 | 每股收益/扣除后(元) | 0.17/0.05 | 0.01 | 0.23/0.18 |
| | 每股经营现金流量(元) | 0.39 | -0.02 | 1.41 |
| | 每股净资产/调整后(元) | 3.24/3.16 | 3.06/2.94 | 3.45/3.36 |
| | 未分利润(万元) | 5518.17 | 965.29 | 12194.98 |
| | 资本公积(万元) | 55210.59 | 54788.5 | 54726.93 |
| 利润构成 | 主营收入(万元) | 674992.37 | 616029.27 | 400168.16 |
| | 主营利润(万元) | 43796.2 | 35803.29 | 41980.58 |
| | 投资收益(万元) | 5802.13 | 4113.58 | -603.46 |
| | 利润总额(万元) | 10915.24 | 3587 | 10532.92 |
| | 净利润(万元) | 5462.76 | 372.08 | 7372.84 |
| 近年分配: | 06预案:10派0.5；04年:10派1 | | | |

| 主要股东及持股比例%、持股性质 |
|---|
| 东方国际(集团)有限公司 65.39%（国有股） |
| 上海国际港务(集团)股份有限公司 2.61%（流通A股） |
| 中国银河证券有限责任公司 2.55%（流通A股） |
| 上海杨浦工贸集团有限公司 0.96%（流通A股） |
| 应强振 0.31%（流通A股） |
| 东方国际集团上海市纺织品进出口有限公司 0.18%（流通A股） |
| 东方国际集团上海市家用纺织品进出口有限公司 0.18%（流通A股） |
| 东方国际集团上海市丝绸进出口有限公司 0.18%（流通A股） |
| 东方国际集团上海市针织品进出口有限公司 0.18%（流通A股） |
| 东方国际集团上海市对外贸易有限公司 0.14%（流通A股） |
| 实际控制人: 东方国际(集团)有限公司 |

二〇〇六年以来市场表现

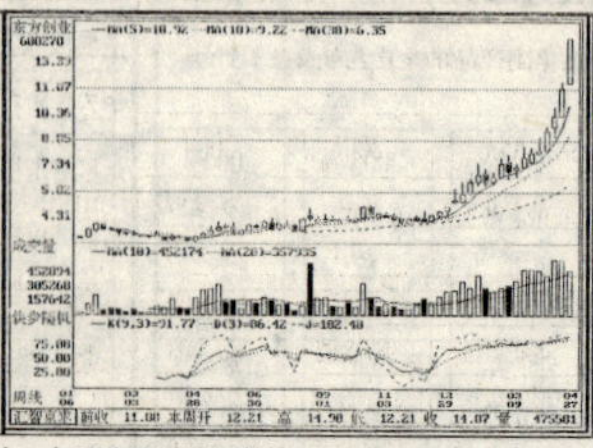

| | |
|---|---|
| 2006年涨跌幅(%) | 63.37 |
| 2006年最高(元) | 4.97 |
| 2007年涨跌幅(%) | 200.4 |
| 2007.4.27收盘(元) | 14.87 |
| 2007年最高(元) | 14.9 |
| 2007年最低(元) | 5.1 |
| 2007年换手率(%) | 577.99 |

未来一年限售流通股解禁情况:16000000股11月23日解禁

| 最新股本 | 总股本 | 非(限售)流通 | 流通A | 流通B/H/S | 股东户数 | 06年末 | 06三季 |
|---|---|---|---|---|---|---|---|
| | 32000 | 20925.33 | 11074.67 | | | 24916 | 27022 |

年报点评：公司主营进出口贸易。报告期内，人民币升值、纺织品配额价格走低、市场竞争激烈等因素虽然造成一定压力，但控股子公司东方国际物流（集团）业绩提升明显以及欧美地区2006年恢复配额后外贸业务向好等，仍旧推动了主营收入的增长。

# 重庆港九（600279）

上市日期：00/07/31　　电话：023－63100879　　传真：023－63801564

| 主营 | 九龙坡港区和蓝家沱港区内的货物运输、装卸、搬运及商品储存等。 | | |
|---|---|---|---|
| 年　度 | 2006 | 2005 | 2004 |
| 主要指标：每股收益/扣除后(元) | 0.149/0.114 | 0.1 | 0.13/0.1 |
| 每股经营现金流量(元) | 0.17 | 0.29 | －0.119 |
| 每股净资产/调整后(元) | 3.36/3.36 | 3.31/3.31 | 3.32/3.3 |
| 未分利润(万元) | 4473.48 | 3702 | 3914.81 |
| 资本公积(万元) | 44681.76 | 44707.61 | 44899.45 |
| 利润构成：主营收入(万元) | 30533.51 | 26649.49 | 20630.7 |
| 主营利润(万元) | 9625.68 | 9391.26 | 7387.65 |
| 投资收益(万元) | －11.69 | 738.53 | 611.4 |
| 利润总额(万元) | 3918.3 | 2927.39 | 3517.25 |
| 净利润(万元) | 3399.97 | 2306.69 | 2960 |
| 近年分配： | 06 预案：10 派 1；05 年：10 派 1；04 年：10 派 1 | | |

| 主要股东及持股比例%、持股性质 |
|---|
| 重庆港务(集团)有限责任公司 42.32%（国有股） |
| 重庆市城市建设投资公司 7.06%（部分流通部分不流通） |
| 上海申能生物技术有限公司 2.13%（流通 A 股） |
| 中国机械进出口(集团)有限公司 0.82%（流通 A 股） |
| 上海申能创业投资有限公司工会委员会 0.79%（流通 A 股） |
| 王君燕 0.61%（流通 A 股） |
| 中技国际招标公司 0.49%（流通 A 股） |
| 上海拓升企业投资咨询有限公司 0.45%（流通 A 股） |
| 李城 0.44%（流通 A 股） |
| 王荣 0.4%（流通 A 股） |
| 实际控制人：重庆港务(集团)有限责任公司 |

二〇〇六年以来市场表现

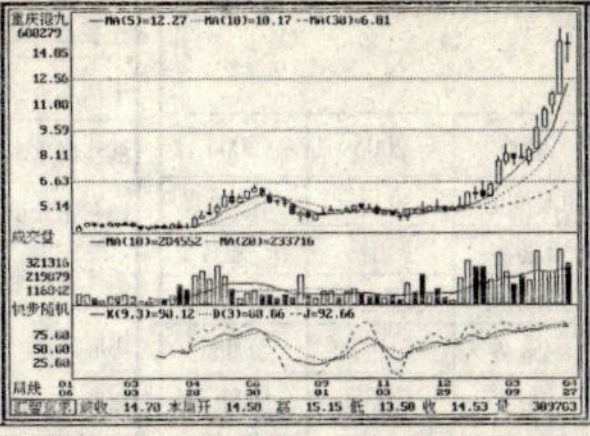

| | |
|---|---|
| 2006 年涨跌幅(%) | 35.87 |
| 2006 年最高(元) | 6.46 |
| 2007 年涨跌幅(%) | 196.53 |
| 2007.4.27 收盘(元) | 14.53 |
| 2007 年最高(元) | 15.53 |
| 2007 年最低(元) | 4.83 |
| 2007 年换手率(%) | 328.71 |

未来一年限售流通股解禁情况：4715038 股 12 月 09 日解禁

| 最新股本 | 总股本 | 非(限售)流通 | 流通 A | 流通 B/H/S | 股东户数 | 06 年末 | 06 三季 |
|---|---|---|---|---|---|---|---|
| | 22839.1 | 10138.04 | 12701.06 | | | 34255 | 36280 |

年报点评：公司 06 年完成了对港区码头扩能改建，寸滩港一期集装箱码头和九龙坡集装箱码头已经建成。尽管受三峡完建工程带来的碍航和重庆地区百年不遇的连啃高温等不利因素影响，公司的货物吞吐量、和集装箱量都有所增长。

# 南京中商（600280）

上市日期：00/09/26　　电话：025－4728470　　传真：025－4722766

| 主营 | 百货、食品、针织服装、五金交电化工等商品的零售、批发、自营和代理商业系统的出口业务；经营连锁企业配送中心批发商品和连锁企业自用商品及相关技术的进口业务等。 | | |
|---|---|---|---|
| 年　度 | 2006 | 2005 | 2004 |
| 主要指标：每股收益/扣除后(元) | 0.39/0.47 | 0.33 | 0.35/0.36 |
| 每股经营现金流量(元) | 1.79 | 0.71 | 0.72 |
| 每股净资产/调整后(元) | 4.4/4.17 | 4.47/4.24 | 4.43/4.21 |
| 未分利润(万元) | 12309.15 | 10489.99 | 10028.33 |
| 资本公积(万元) | 29933.23 | 29933.23 | 29717.57 |
| 利润构成：主营收入(万元) | 304796.09 | 284281.38 | 231020.34 |
| 主营利润(万元) | 52047.77 | 46289.63 | 38303.02 |
| 投资收益(万元) | －603.48 | －688.04 | －226.76 |
| 利润总额(万元) | 6439 | 6526.72 | 7264.06 |
| 净利润(万元) | 5615.93 | 4795.51 | 5018.73 |
| 近年分配： | 06 预案：10 派 2；05 年：10 派 2；04 年：10 派 2 | | |

| 主要股东及持股比例%、持股性质 |
|---|
| 江苏地华实业集团有限公司 29.49%（流通 A 股） |
| 南京市国有资产经营(控股)有限公司 12.8%（国有股） |
| 南京中天投资发展有限公司 9.71%（非流通股） |
| 中国建设银行－博时主题行业股票证券投资基金 3.86%（流通 A 股） |
| 全国社保基金一零八组合 1.45%（流通 A 股） |
| 南京小天鹅电子有限公司 1.44%（非流通股） |
| 中国建设银行－华夏红利混合型开放式证券投资基金 1.39%（流通 A 股） |
| 兴业银行股份有限公司－兴业趋势投资混合型证券投资基金 1.37%（流通 A 股） |
| 裕阳证券投资基金 1.19%（流通 A 股） |
| 中国农业银行－中海分红增利混合型开放式证券投资基金 1.19%（流通 A 股） |
| 实际控制人：祝义才 |

二〇〇六年以来市场表现

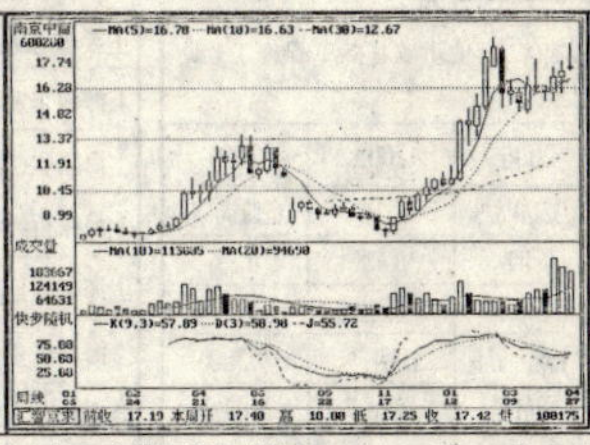

| | |
|---|---|
| 2006 年涨跌幅(%) | 69.42 |
| 2006 年最高(元) | 13.55 |
| 2007 年涨跌幅(%) | 58.65 |
| 2007.4.27 收盘(元) | 17.42 |
| 2007 年最高(元) | 19.2 |
| 2007 年最低(元) | 10.6 |
| 2007 年换手率(%) | 145.47 |

未来一年限售流通股解禁情况：16421980 股 08 月 21 日解禁

| 最新股本 | 总股本 | 非(限售)流通 | 流通 A | 流通 B/H/S | 股东户数 | 06 年末 | 06 三季 |
|---|---|---|---|---|---|---|---|
| | 14354.18 | 3438.36 | 10915.83 | | | 13132 | 14893 |

年报点评：公司主营商业零售，报告期内公司坚持以本埠零售单体店为龙头，以百货连锁经营、房地产开发为两翼发展。随着本部四期工程和百货连锁洛阳店投入营运，公司规模进一步扩大，百货和仓储超市的毛利率均得到提升，净利润的增长完成了股改中的承诺。

# 太化股份（600281）

上市日期：00/11/09　　电话：0351－5638038　　传真：0351－5638000

| 主营 | 生产经营基本化工原料、化学肥料、精细化工产品、冶金焦等多种系列化工产品及资金局加工、供水等。 | | |
|---|---|---|---|
| 年　度 | 2006 | 2005 | 2004 |
| 主要指标：每股收益/扣除后(元) | 0.093/0.099 | 0.14 | 0.136/0.131 |
| 每股经营现金流量(元) | 0.082 | 0.419 | 0.5391 |
| 每股净资产/调整后(元) | 2.63/2.23 | 3.24/3.15 | 3.11/3.06 |
| 未分利润(万元) | 19694.43 | 16307.6 | 12734.16 |
| 资本公积(万元) | 51612.7 | 59438.33 | 59078.33 |
| 利润构成：主营收入(万元) | 185020.83 | 167669.58 | 132337.8 |
| 主营利润(万元) | 23409.83 | 25347.42 | 21758.88 |
| 投资收益(万元) | 4.39 | 3.16 | －13.39 |
| 利润总额(万元) | 4761.44 | 5545.65 | 5396.41 |
| 净利润(万元) | 4344.4 | 5040.9 | 4896.34 |
| 近年分配： | 06 中期：10 转增 3 年终预案：10 派 0.06 送 0.5；05 年：10 派 0.15；04 年：10 派 0.2 | | |

| 主要股东及持股比例%、持股性质 |
|---|
| 太原化学工业集团有限公司 50.65%（国有股） |
| 颐和银丰实业有限公司 3.87%（非流通股） |
| 北京祥恒科技有限公司 1.78%（非流通股） |
| 浙江兰申信息科技投资有限公司 1.2%（非流通股） |
| 上海东点企业发展有限公司 1.04%（非流通股） |
| 天津开发区今钢工贸发展有限公司 0.84%（非流通股） |
| 上海金轮橡胶轮胎有限公司 0.64%（非流通股） |
| 山西永兴化工有限公司 0.62%（非流通股） |
| 山西省太原市中都物资贸易有限公司 0.27%（非流通股） |
| 太原双凯化工有限公司 0.24%（非流通股） |
| 实际控制人：山西省国有资产监督管理委员会 |

二〇〇六年以来市场表现

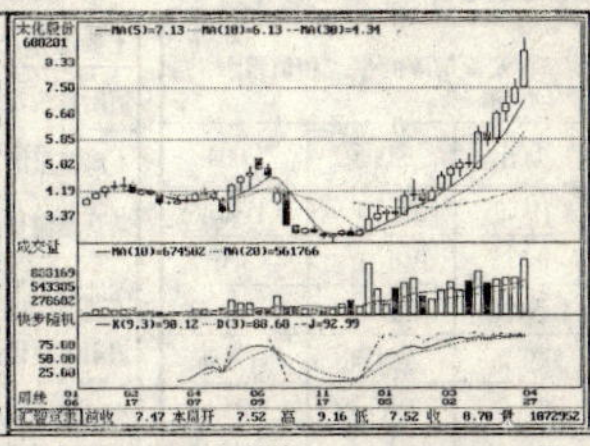

| | |
|---|---|
| 2006 年涨跌幅(%) | 57.81 |
| 2006 年最高(元) | 6.4 |
| 2007 年涨跌幅(%) | 152.91 |
| 2007.4.27 收盘(元) | 8.7 |
| 2007 年最高(元) | 9.16 |
| 2007 年最低(元) | 3.2 |
| 2007 年换手率(%) | 519.73 |

未来一年限售流通股解禁情况：43765151.3 股 10 月 09 日解禁

| 最新股本 | 总股本 | 非(限售)流通 | 流通 A | 流通 B/H/S | 股东户数 | 06 年末 | 06 三季 |
|---|---|---|---|---|---|---|---|
| | 46657.78 | 28639.78 | 18018 | | | 44223 | 42257 |

年报点评：2006 年公司生产所需的原盐、煤炭等原材料价格上涨，同时烧碱、PVC 产品价格相对稳定，从而影响了公司主营业务利润率，并造成了公司净利润同比略有下降。随着公司粗苯精制、己二酸项目的陆续完成，公司未来几年盈利有望实现稳步增长。

# 南钢股份（600282）

上市日期：00/09/19　　电话：025－7056780　　传真：025－7052184

| 主营 | 钢铁冶炼、钢材轧制及焦化副产品的生产与销售。 | | |
|---|---|---|---|
| 年　度 | 2006 | 2005 | 2004 |
| 主要指标：每股收益/扣除后(元) | 0.42/0.4 | 0.44 | 1.04/0.97 |
| 每股经营现金流量(元) | －0.06 | －0.1 | 0.79 |
| 每股净资产/调整后(元) | 3.73/3.72 | 3.79/3.77 | 5.1/5.08 |
| 未分利润(万元) | 89039.15 | 98975.32 | 82825.38 |
| 资本公积(万元) | 112831.07 | 112648.53 | 80278.83 |
| 利润构成：主营收入(万元) | 1570775.86 | 1485910.45 | 1022567.03 |
| 主营利润(万元) | 101818.6 | 96155.57 | 99546.79 |
| 投资收益(万元) | －34.66 | | 252.33 |
| 利润总额(万元) | 55831.72 | 57935.21 | 76004.36 |
| 净利润(万元) | 38934.44 | 41023.46 | 52321.02 |
| 近年分配： | 06 预案：10 派 2；05 年：10 派 2；04 年：10 派 3 转增 5 | | |

| 主要股东及持股比例%、持股性质 |
|---|
| 南京钢铁联合有限公司 71.78%（部分流通部分不流通） |
| 宁波大榭开发区投资控股有限公司 1.2%（流通 A 股） |
| 山西信托投资有限责任公司－信泰资金信托 1%（流通 A 股） |
| 松芝置业(上海)有限公司 0.7%（流通 A 股） |
| 招商银行股份有限公司－上证红利交易型开放式指数证券投资基金 0.5%（流通 A 股） |
| 中国工商银行－诺安价值增长股票证券投资基金 0.5%（流通 A 股） |
| 陈惠燕 0.49%（流通 A 股） |
| 山西信托投资有限责任公司－信德资金信托 0.43%（流通 A 股） |
| 张朝宏 0.32%（流通 A 股） |
| 李春英 0.29%（流通 A 股） |
| 实际控制人：郭广昌 |

二〇〇六年以来市场表现

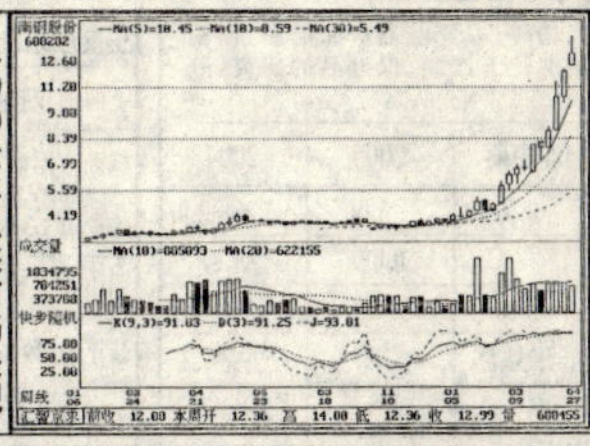

| | |
|---|---|
| 2006 年涨跌幅(%) | 69 |
| 2006 年最高(元) | 4.85 |
| 2007 年涨跌幅(%) | 235.66 |
| 2007.4.27 收盘(元) | 12.99 |
| 2007 年最高(元) | 14 |
| 2007 年最低(元) | 3.88 |
| 2007 年换手率(%) | 316.1 |

未来一年限售流通股解禁情况：50400000 股 10 月 25 日解禁

| 最新股本 | 总股本 | 非(限售)流通 | 流通 A | 流通 B/H/S | 股东户数 | 06 年末 | 06 三季 |
|---|---|---|---|---|---|---|---|
| | 93600 | 64467.08 | 29132.92 | | | 32150 | 41423 |

年报点评：公司投资建设的宽中厚板生产线技术装备达到国际先进水平。公司品种板（即管线钢、船板、低合金板、锅炉容器板、桥梁板等）产量的比重大大高于其他中厚板生产厂商，在竞争中具有优势。南钢股份将逐步发展成为国内宽中厚板的精品生产基地。

## 钱江水利（600283）

上市日期:00/10/18　电话:0571—87974387　传真:0571—87974400

| | | | | |
|---|---|---|---|---|
| 主营 | 水力发电、供水。 | | | |
| | 年　度 | 2006 | 2005 | 2004 |
| 主要指标 | 每股收益/扣除后(元) | 0.08/0.03 | 0.08 | 0.06/-0.06 |
| | 每股经营现金流量(元) | 0.2644 | 0.0113 | -0.74 |
| | 每股净资产/调整后(元) | 3.26/2.81 | 3.17/2.64 | 3.12/2.65 |
| | 未分利润(万元) | 5458.49 | 6331.4 | 5700.61 |
| | 资本公积(万元) | 55183.14 | 52183.3 | 51550.27 |
| 利润构成 | 主营收入(万元) | 36278.08 | 24495.57 | 15733.37 |
| | 主营利润(万元) | 13155.52 | 11074.09 | 7442.75 |
| | 投资收益(万元) | 4494.02 | 2187.86 | 1714.63 |
| | 利润总额(万元) | 6939.67 | 5119.48 | 2997.24 |
| | 净利润(万元) | 2418.17 | 2202.65 | 1652.76 |
| 近年分配: | 06 预案:10 派 1；05 年:10 派 1；04 年:10 派 0.5 | | | |

| 主要股东及持股比例%、持股性质 |
|---|
| 中国水务投资有限公司 25.5%（国有股） |
| 浙江省水利水电投资集团有限公司 17.21%（国有股） |
| 嵊州市水电开发有限公司 11.34%（非流通股） |
| 浙江省水电实业公司 5.63%（国有股） |
| 国际金融－汇丰－BILL & MELIN 2.37%（流通 A 股） |
| 高晶 0.29%（流通 A 股） |
| 陈姚江 0.25%（流通 A 股） |
| 徐先东 0.24%（流通 A 股） |
| 袁来红 0.2%（流通 A 股） |
| 张维军 0.19%（流通 A 股） |
| 实际控制人：水利部综合事业局 |

二〇〇六年以来市场表现

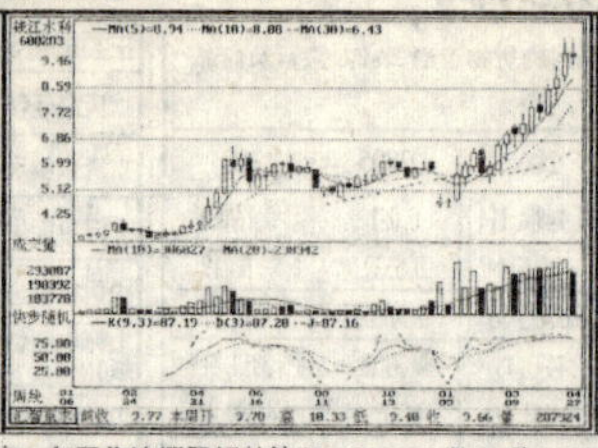

| | |
|---|---|
| 2006 年涨跌幅(%) | 91.15 |
| 2006 年最高(元) | 6.8 |
| 2007 年涨跌幅(%) | 103.8 |
| 2007.4.27 收盘(元) | 9.66 |
| 2007 年最高(元) | 10.33 |
| 2007 年最低(元) | 4.52 |
| 2007 年换手率(%) | 380.05 |

未来一年限售流通股解禁情况:43080493 股 12 月 27 日解禁

| 最新股本 | 总股本 | 非(限售)流通 | 流通 A | 流通 B/H/S | 股东户数 | 06 年末 | 06 三季 |
|---|---|---|---|---|---|---|---|
| | 28533 | 17058 | 11475 | | | 35474 | 37476 |

年报点评：2006 年公司收入实现较大幅度增长，但主营业务利润率同比下降了近 10 个百分点，同时公司管理费用、财务费用同比有较大提升，从而导致公司净利润与上一年度基本持平。我们预计公司未来几年的盈利将继续保持相对稳定。

## 浦东建设（600284）

上市日期:04/03/16　电话:021－68765756　传真:021－68765759

| | | | | |
|---|---|---|---|---|
| 主营 | 道路、公路、桥梁路面摊铺施工、其他市政基础工程施工、沥青销售和其他建筑材料销售。 | | | |
| | 年　度 | 2006 | 2005 | 2004 |
| 主要指标 | 每股收益/扣除后(元) | 0.321/0.329 | 0.249 | 0.205/0.18 |
| | 每股经营现金流量(元) | 0.108 | 0.428 | 0.356 |
| | 每股净资产/调整后(元) | 3.27/3.06 | 3.06/2.98 | 2.92/2.86 |
| | 未分利润(万元) | 15667.67 | 11891.39 | 9724.22 |
| | 资本公积(万元) | 29161.7 | 29161.7 | 29411.29 |
| 利润构成 | 主营收入(万元) | 87576.29 | 80034.18 | 85349.8 |
| | 主营利润(万元) | 8123.3 | 7391.33 | 6340.72 |
| | 投资收益(万元) | 6160.97 | 3417.35 | 1735.65 |
| | 利润总额(万元) | 9087.14 | 7050.97 | 5692.1 |
| | 净利润(万元) | 7244.96 | 5621.95 | 4627.8 |
| 近年分配: | 06 预案:10 派 1.5；05 年:10 派 1.1；04 年:10 派 1.05 | | | |

| 主要股东及持股比例%、持股性质 |
|---|
| 上海浦东发展(集团)有限公司 34.66%（国有股） |
| 上海鹏欣(集团)有限公司 7.85%（部分流通部分不流通） |
| 上海张桥经济发展总公司 5.47%（部分流通部分不流通） |
| 上海东缆技术工程有限公司 3.65%（流通 A 股） |
| 上海同济企业管理中心 1.28%（流通 A 股） |
| 陈宇峰 0.32%（流通 A 股） |
| 郑昌曲 0.25%（流通 A 股） |
| 赵玉兰 0.24%（流通 A 股） |
| 施凌志 0.21%（流通 A 股） |
| 金华芳 0.19%（流通 A 股） |
| 实际控制人：上海市浦东新区国有资产监督管理委员会 |

二〇〇六年以来市场表现

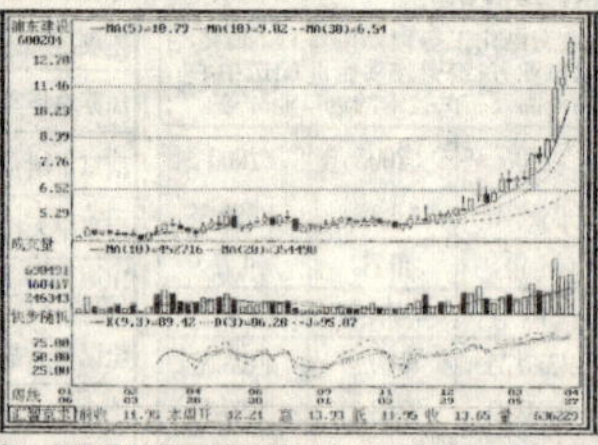

| | |
|---|---|
| 2006 年涨跌幅(%) | 32.12 |
| 2006 年最高(元) | 5.88 |
| 2007 年涨跌幅(%) | 156.58 |
| 2007.4.27 收盘(元) | 13.65 |
| 2007 年最高(元) | 13.93 |
| 2007 年最低(元) | 5.31 |
| 2007 年换手率(%) | 444.28 |

未来一年限售流通股解禁情况:18800000 股 12 月 21 日解禁

| 最新股本 | 总股本 | 非(限售)流通 | 流通 A | 流通 B/H/S | 股东户数 | 06 年末 | 06 三季 |
|---|---|---|---|---|---|---|---|
| | 22600 | 8584.25 | 14015.75 | | | 25893 | 26023 |

年报点评：公司主营道路桥梁等基础施工业务。2006 年公司完成主营业务收入 87576.28 万元，比上年同期增长 9.42%；实现净利润 7244.96 万元，比上年同期增长 28.87%。上海世博会道路及相应配套设施的建设将成为公司业务的新的增长机遇。

## 羚锐股份（600285）

上市日期:00/10/18　电话:0397－2981650　传真:0397－2987888

| | | | | |
|---|---|---|---|---|
| 主营 | 中药硬膏剂、冲剂、搽剂、片剂、胶囊剂等的生产和销售。 | | | |
| | 年　度 | 2006 | 2005 | 2004 |
| 主要指标 | 每股收益/扣除后(元) | 0.11/0.05 | 0.184 | 0.153/0.135 |
| | 每股经营现金流量(元) | 0.27 | 0.33 | 0.35 |
| | 每股净资产/调整后(元) | 4.55/4.48 | 4.52/4.44 | 4.38/4.32 |
| | 未分利润(万元) | 5720.76 | 5221.76 | 4153.96 |
| | 资本公积(万元) | 28073.34 | 28415.85 | 28415.85 |
| 利润构成 | 主营收入(万元) | 39217.79 | 39937.45 | 34004.65 |
| | 主营利润(万元) | 18058.99 | 18901.76 | 18382.62 |
| | 投资收益(万元) | 150.23 | 110.29 | 265.83 |
| | 利润总额(万元) | 1591.76 | 2551.82 | 2006.53 |
| | 净利润(万元) | 1112 | 1846.59 | 1533.65 |
| 近年分配: | 05 年:10 派 0.5；04 年:10 派 0.5 | | | |

| 主要股东及持股比例%、持股性质 |
|---|
| 信阳羚锐发展有限公司 14.76%（国有股） |
| 上海复星医药产业发展有限公司 11.72%（非流通股） |
| 新县鑫源贸易有限公司 8.76%（非流通股） |
| 湖北盛阳卫星定位技术有限公司 5.98%（非流通股） |
| 信阳市建设投资总公司 5.16%（国有股） |
| 熊维政 0.97%（非流通股） |
| 张军兵 0.84%（非流通股） |
| 朱飞 0.4%（流通 A 股） |
| 王洪博 0.28%（流通 A 股） |
| 吴海霞 0.21%（流通 A 股） |
| 实际控制人：新县财政局 |

二〇〇六年以来市场表现

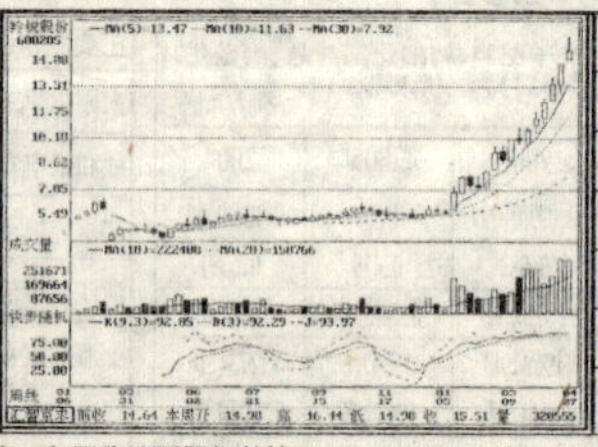

| | |
|---|---|
| 2006 年涨跌幅(%) | 41.08 |
| 2006 年最高(元) | 8.11 |
| 2007 年涨跌幅(%) | 173.06 |
| 2007.4.27 收盘(元) | 15.51 |
| 2007 年最高(元) | 16.44 |
| 2007 年最低(元) | 5.53 |
| 2007 年换手率(%) | 462.8 |

未来一年限售流通股解禁情况:5018000 股 09 月 13 日解禁，14946244 股 03 月 13 日解禁

| 最新股本 | 总股本 | 非(限售)流通 | 流通 A | 流通 B/H/S | 股东户数 | 06 年末 | 06 三季 |
|---|---|---|---|---|---|---|---|
| | 10036 | 4836 | 5200 | | | 18565 | 20163 |

年报点评：公司是一家中药生产企业。是中部地区较大的制药企业之一，公司在中药膏剂及植物药方面具有一定的优势。2006 年公司自营收入稳步增长，盈利水平与上年基本持平。公司股票在 2006 年屡屡遭到大股东减持。未来公司将保持平稳发展。

## S＊ST 国瓷（600286）

上市日期:99/12/09　电话:0731－5127960　传真:0731－5127960

| | | | | |
|---|---|---|---|---|
| 主营 | 日用陶瓷、碳化硅窑具、广场砖、电瓷电器产品的制造、销售；对医药领域的投资，精细化工产品、保健品的研究、开发，天然植物提取等。 | | | |
| | 年　度 | 06 中期 | 2005 | 2004 |
| 主要指标 | 每股收益/扣除后(元) | -0.36 | -5.01 | -2.26/-2.01 |
| | 每股经营现金流量(元) | | 0.019 | -1.84 |
| | 每股净资产/调整后(元) | -5.06 | -4.7 | 0.31/0.21 |
| | 未分利润(万元) | -91232.55 | -87101.4 | -29989.23 |
| | 资本公积(万元) | 20545.28 | 20545.28 | 20462.76 |
| 利润构成 | 主营收入(万元) | 8215.97 | 21575.32 | 38263.15 |
| | 主营利润(万元) | 693.49 | 2944.15 | 4646.55 |
| | 投资收益(万元) | | -466.3 | -1507.26 |
| | 利润总额(万元) | -4455.65 | -60525.1 | -27208.46 |
| | 净利润(万元) | -4131.14 | -57112.18 | -25724.15 |
| 近年分配: | | | | |

| 主要股东及持股比例%、持股性质 |
|---|
| 上海鸿仪投资发展有限公司 28.42%（非流通股） |
| 株洲市财政局 3.16%（国有股） |
| 陈迪 0.63%（流通 A 股） |
| 湖南日升物资贸易有限公司 0.57%（非流通股） |
| 聂正 0.39%（流通 A 股） |
| 王清福 0.37%（流通 A 股） |
| 湖南省醴陵兴业总公司 0.37%（非流通股） |
| 邹兆龙 0.27%（流通 A 股） |
| 钱雪民 0.27%（流通 A 股） |
| 于冬萍 0.25%（流通 A 股） |
| 实际控制人： |

二〇〇六年以来市场表现

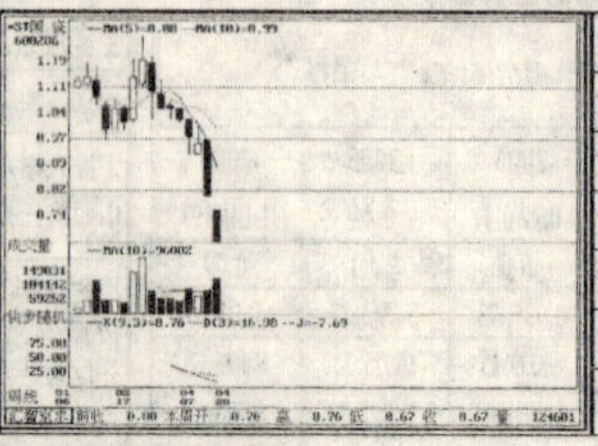

| | |
|---|---|
| 2006 年涨跌幅(%) | |
| 2006 年最高(元) | |
| 2007 年涨跌幅(%) | |
| 2007.4.27 收盘(元) | |
| 2007 年最高(元) | |
| 2007 年最低(元) | |
| 2007 年换手率(%) | |

未来一年限售流通股解禁情况:

| 最新股本 | 总股本 | 非(限售)流通 | 流通 A | 流通 B/H/S | 股东户数 | 06 年末 | 06 三季 |
|---|---|---|---|---|---|---|---|
| | 11400 | 3888 | 7512 | | | | 20007 |

年报点评：公司主营日用瓷等建材业务。2006 年公司虽积极调整经营战略，但由于诸多不利因素：大股东巨额资金占用，造成财务费用大幅度增加，流动资金严重紧缺；公司面临的银行诉讼不断，正常生产经营受到影响。短期来看，公司仍然有较大困难需要解决。

## 江苏舜天（600287）

上市日期：00/09/01　　电话：025－4208688　　传真：025－4201927

**主营：** 各类服装、面料、辅料及相关的纺织服装产品的进出口贸易。

| | 年　度 | 2006 | 2005 | 2004 |
|---|---|---|---|---|
| 主要指标 | 每股收益/扣除后(元) | 0.073/0.03 | 0.082 | 0.15/0.12 |
| | 每股经营现金流量(元) | －0.4698 | 0.5537 | 1.2717 |
| | 每股净资产/调整后(元) | 1.88/1.88 | 1.91/1.9 | 1.88/1.87 |
| | 未分利润(万元) | 6799.87 | 8172.17 | 11004.19 |
| | 资本公积(万元) | 23258.61 | 23516.76 | 21306.3 |
| 利润构成 | 主营收入(万元) | 487370.39 | 641471.37 | 552053.88 |
| | 主营利润(万元) | 37670.68 | 52695.77 | 51652.23 |
| | 投资收益(万元) | 1950.45 | －385.29 | －3250.47 |
| | 利润总额(万元) | 9031.3 | 12654.75 | 14379.28 |
| | 净利润(万元) | 3202.8 | 3581.89 | 6684.48 |

**近年分配：** 06预案：10派0.7；05年：10派0.9；04年：10派1.3

**主要股东及持股比例%、持股性质**

- 江苏舜天国际集团有限公司 50.64%（国有股）
- 江苏开元股份有限公司 2.22%（非流通股）
- 江苏交通控股有限公司 1.24%（非流通股）
- 中国外运江苏公司 1.18%（非流通股）
- 江苏开元国际集团轻工业品进出口股份有限公司 0.93%（非流通股）
- 江苏东恒国际集团有限公司 0.62%（非流通股）
- 江苏汇鸿国际集团有限公司 0.62%（非流通股）
- 江苏弘业股份有限公司 0.62%（非流通股）
- 广东省广新外贸轻纺(控股)公司 0.62%（非流通股）
- 江苏苏豪国际集团股份有限公司 0.5%（非流通股）

**实际控制人：** 江苏省人民政府国有资产监督管理委员会

二〇〇六年以来市场表现

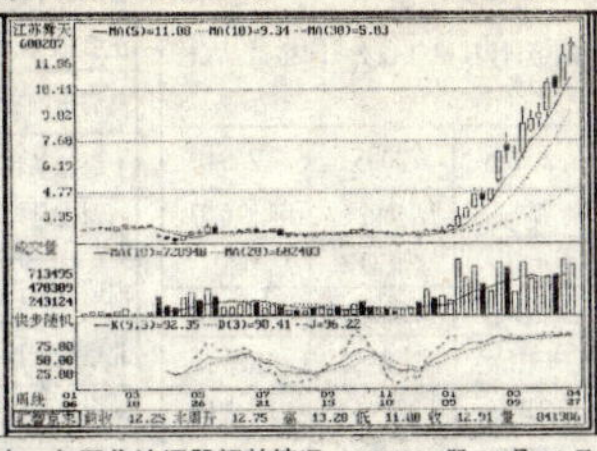

| | |
|---|---|
| 2006年涨跌幅(%) | 40.73 |
| 2006年最高(元) | 4.04 |
| 2007年涨跌幅(%) | 406.28 |
| 2007.4.27收盘(元) | 12.91 |
| 2007年最高(元) | 13.28 |
| 2007年最低(元) | 2.52 |
| 2007年换手率(%) | 607.11 |

**未来一年限售流通股解禁情况：** 21839804股04月12日解禁

| 最新股本 | 总股本 | 非(限售)流通 | 流通A | 流通B/H/S | 股东户数 | 06年末 | 06三季 |
|---|---|---|---|---|---|---|---|
| | 43679.61 | 26902.6 | 16777.01 | | | 25342 | 27889 |

**年报点评：** 报告期内公司主要从事的服装、纺织品出口业务市场竞争日趋激烈，主营业务相关的各项原辅材料仍然保持较高的价格水平，公司的成本水平居高不下。虽然公司各项费用出现了一定程度的下降，但收入较大幅度的下降引起净利润的下滑。

## 大恒科技（600288）

上市日期：00/11/29　　电话：010－82827850　　传真：010－82827853

**主营：** 以光机电一体化产品和信息技术产品为主要内容的高新技术产品开发、生产和经营；市场设施开发、经营；汽车及零件销售三足鼎立的格局。

| | 年　度 | 2006 | 2005 | 2004 |
|---|---|---|---|---|
| 主要指标 | 每股收益/扣除后(元) | 0.155/0.159 | 0.204 | 0.176/0.175 |
| | 每股经营现金流量(元) | 0.261 | 0.525 | 0.013 |
| | 每股净资产/调整后(元) | 2.54/2.49 | 3.89/3.85 | 3.71/3.67 |
| | 未分利润(万元) | 17513.57 | 14627.59 | 11883.06 |
| | 资本公积(万元) | 25113.95 | 37799.63 | 37799.63 |
| 利润构成 | 主营收入(万元) | 322014.38 | 318417.74 | 280012.15 |
| | 主营利润(万元) | 29615.48 | 30370.85 | 26577.65 |
| | 投资收益(万元) | 1491.1 | 906.83 | 184.98 |
| | 利润总额(万元) | 8255.21 | 7962.9 | 6623.39 |
| | 净利润(万元) | 5224.61 | 4294.64 | 3697.04 |

**近年分配：** 05年：10派0.6转增6；04年：10派0.5

**主要股东及持股比例%、持股性质**

- 中国新纪元有限公司 34.52%（非流通股）
- 北京中关村科学城建设股份有限公司 17.26%（非流通股）
- 中国银河证券有限责任公司 0.35%（流通A股）
- 姚玉英 0.18%（流通A股）
- 孔明 0.18%（流通A股）
- 吕为民 0.15%（流通A股）
- 朱定芳 0.12%（流通A股）
- 高玉坤 0.11%（流通A股）
- 郑介娜 0.1%（流通A股）
- 王晋中 0.1%（流通A股）

**实际控制人：** 周骐、陈桢

二〇〇六年以来市场表现

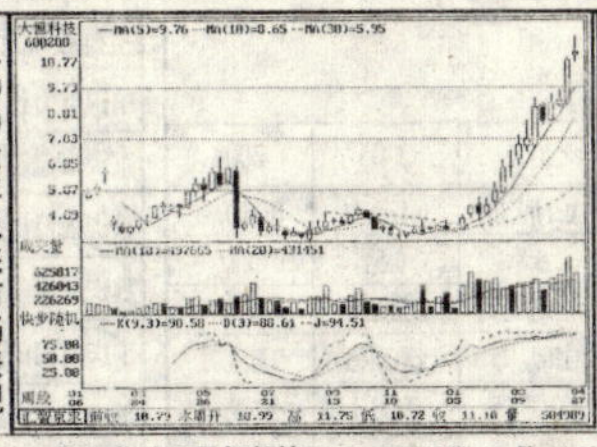

| | |
|---|---|
| 2006年涨跌幅(%) | 85.16 |
| 2006年最高(元) | 11.21 |
| 2007年涨跌幅(%) | 158.14 |
| 2007.4.27收盘(元) | 11.1 |
| 2007年最高(元) | 11.75 |
| 2007年最低(元) | 4.2 |
| 2007年换手率(%) | 451.39 |

**未来一年限售流通股解禁情况：** 50400000股03月01日解禁

| 最新股本 | 总股本 | 非(限售)流通 | 流通A | 流通B/H/S | 股东户数 | 06年末 | 06三季 |
|---|---|---|---|---|---|---|---|
| | 33600 | 17400 | 16200 | | | 39910 | 39528 |

**年报点评：** 公司主营光学和激光设备。2006年公司对经营班子进行了适度调整，业务规模稳步发展，赢利水平形成上升拐点。2007年公司将继续有效提升业绩，在营业规模保持稳定增长的基础上，净利润水平将与2006年度同比增长15%以上。

## 亿阳信通（600289）

上市日期：00/07/20　　电话：010－88157899　　传真：010－88140589

**主营：** 从事电信、金融、石化等行业计算机应用软件的开发、生产、销售及系统集成业务。

| | 年　度 | 2006 | 2005 | 2004 |
|---|---|---|---|---|
| 主要指标 | 每股收益/扣除后(元) | 0.37/0.32 | 0.32 | 0.5/0.5 |
| | 每股经营现金流量(元) | 0.56 | 1 | －0.36 |
| | 每股净资产/调整后(元) | 4.87/4.81 | 5.32/5.18 | 5.07/4.97 |
| | 未分利润(万元) | 31286.98 | 25369.16 | 21642.89 |
| | 资本公积(万元) | 53918.02 | 57213.26 | 57134.79 |
| 利润构成 | 主营收入(万元) | 89109.36 | 66354.94 | 75142.72 |
| | 主营利润(万元) | 26710.91 | 21827.12 | 24905.4 |
| | 投资收益(万元) | 1396.78 | 72.28 | －729.8 |
| | 利润总额(万元) | 9320.2 | 8388.79 | 11782.05 |
| | 净利润(万元) | 9036.09 | 6881.04 | 10547.83 |

**近年分配：** 06预案：10派0.25送2；05年：10派0.8664；04年：10派1

**主要股东及持股比例%、持股性质**

- 亿阳集团股份有限公司 42.09%（非流通股）
- 哈尔滨市光大电脑有限公司 5.91%（非流通股）
- 哈尔滨现代设备安装有限公司 3.07%（非流通股）
- 易方达价值精选股票型证券投资基金 2.71%（流通A股）
- 全国社保基金——二组合 2.4%（流通A股）
- 中金股票精选集合资产管理计划 1.78%（流通A股）
- 易方达策略成长二号混合型证券投资基金 1.67%（流通A股）
- 北京市北邮通信技术公司 1.66%（国有股）
- 易方达策略成长投资基金 1.62%（流通A股）
- 金鑫证券投资基金 1.32%（流通A股）

**实际控制人：** 邓伟

二〇〇六年以来市场表现

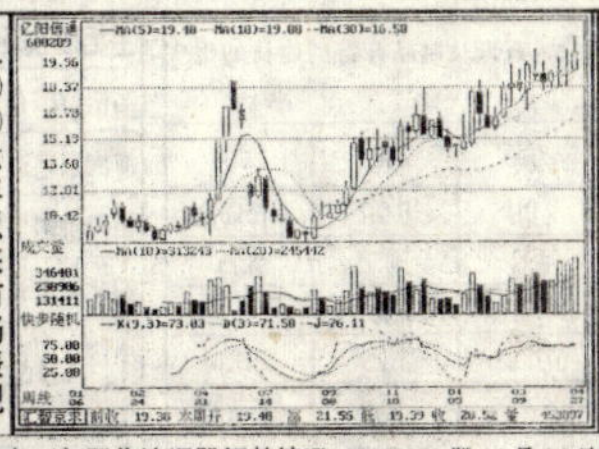

| | |
|---|---|
| 2006年涨跌幅(%) | 132.36 |
| 2006年最高(元) | 25.95 |
| 2007年涨跌幅(%) | 40.55 |
| 2007.4.27收盘(元) | 20.52 |
| 2007年最高(元) | 21.55 |
| 2007年最低(元) | 13.98 |
| 2007年换手率(%) | 375.05 |

**未来一年限售流通股解禁情况：** 38892032股06月26日解禁

| 最新股本 | 总股本 | 非(限售)流通 | 流通A | 流通B/H/S | 股东户数 | 06年末 | 06三季 |
|---|---|---|---|---|---|---|---|
| | 24442.43 | 13178 | 11264.43 | | | 23084 | 20852 |

**年报点评：** 2006年公司主营业务集中在电信、交通、政府、石油石化、电力等领域。公司继续实施“四轮驱动”发展战略，在巩固现有电信运营支撑系统产品及服务基础上，按发展战略布局开展相关业务拓展并取得良好成效，实现净利润较大幅度增长，实现了股改承诺。

## 华仪电气（600290）

上市日期：00/11/06　　电话：0512－66627610　　传真：0512－66627642

**主营：** 高压电器和风电设备行业的生产经营

| | 年　度 | 2006 | 2005 | 2004 |
|---|---|---|---|---|
| 主要指标 | 每股收益/扣除后(元) | 0.01/－0.14 | －0.21 | 0.01/0.03 |
| | 每股经营现金流量(元) | －0.05 | －0.21 | 0.14 |
| | 每股净资产/调整后(元) | 1.16/1.04 | 1.15/1.02 | 1.35/1.24 |
| | 未分利润(万元) | －1459.83 | －1714.24 | 1950.5 |
| | 资本公积(万元) | 3435.63 | 3404.26 | 3284.32 |
| 利润构成 | 主营收入(万元) | 31904.87 | 32251.61 | 36514.16 |
| | 主营利润(万元) | 3590.51 | 3491.27 | 7924.62 |
| | 投资收益(万元) | 269.38 | －288.43 | －1170.77 |
| | 利润总额(万元) | 538.04 | －3952.8 | 59.34 |
| | 净利润(万元) | 254.41 | －3664.74 | 141.89 |

**近年分配：**

**主要股东及持股比例%、持股性质**

- 中国福马机械集团有限公司 59.68%（国有股）
- 交通银行－华安创新证券投资基金 2.29%（流通A股）
- 北京同大盛业投资顾问有限公司 2.24%（流通A股）
- 北京元丰盛业科技发展有限公司 1.77%（流通A股）
- 寿光市政工程有限公司 1.67%（流通A股）
- 吴江电子仪器厂 1.48%（非流通股）
- 中国工商银行－融通动力先锋股票型证券投资基金 1.12%（流通A股）
- 东北证券有限责任公司 1%（流通A股）
- 雷鹏 0.97%（流通A股）
- 吴县市黄桥林机配套厂 0.94%（非流通股）

**实际控制人：** 中国福马机械集团有限公司

二〇〇六年以来市场表现

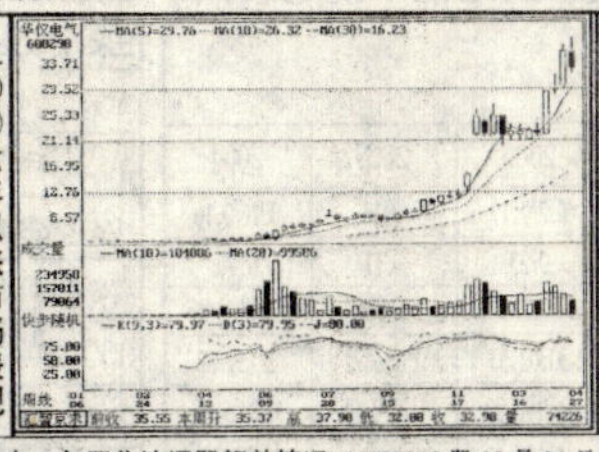

| | |
|---|---|
| 2006年涨跌幅(%) | 231.97 |
| 2006年最高(元) | 15.8 |
| 2007年涨跌幅(%) | 133.94 |
| 2007.4.27收盘(元) | 32.9 |
| 2007年最高(元) | 41.69 |
| 2007年最低(元) | 22.22 |
| 2007年换手率(%) | 204.92 |

**未来一年限售流通股解禁情况：** 15580218股02月01日解禁

| 最新股本 | 总股本 | 非(限售)流通 | 流通A | 流通B/H/S | 股东户数 | 06年末 | 06三季 |
|---|---|---|---|---|---|---|---|
| | 17430 | 11130 | 6300 | | | 4466 | 4679 |

**年报点评：** 公司主营电力设备和风力发电，2006年实现借壳上市，主业由林业机械转为电力设备和风电业务，业绩实现扭亏。2007年公司计划持续推进质量管理和"华仪"品牌培育工作，集中力量以创新发展模式发展风电设备市场，较快的扩大公司主营业务规模。

## 西水股份(600291)

上市日期:00/07/31　电话:0473－4663855　传真:0473－4663855

**主营**：水泥、商品熟料的生产与销售;计算机软硬件、网络产品研发、销售及网络集成和技术服务等。

| | 年　度 | 2006 | 2005 | 2004 |
|---|---|---|---|---|
| 主要指标 | 每股收益/扣除后(元) | -0.77/-0.35 | 0.05 | 0.29/0.27 |
| | 每股经营现金流量(元) | 0.43 | 0.49 | 0.62 |
| | 每股净资产/调整后(元) | 3.48/3.39 | 4.27/4.09 | 4.22/4.08 |
| | 未分利润(万元) | -1178 | 11305.91 | 11084.98 |
| | 资本公积(万元) | 34201.86 | 34543.94 | 34543.94 |
| 利润构成 | 主营收入(万元) | 44754.79 | 54196.25 | 80445.96 |
| | 主营利润(万元) | 7743.72 | 10450.37 | 15936.85 |
| | 投资收益(万元) | 0.3 | 770 | 774.74 |
| | 利润总额(万元) | -12198.51 | 1026.3 | 5489.59 |
| | 净利润(万元) | -12345.07 | 760.37 | 4647.31 |

近年分配:

**主要股东及持股比例%、持股性质**

乌海市国有资产管理委员会 12.94%(国有股)
上海德莱科技有限公司 11.53%(非流通股)
内蒙古乌海西卓子山第三产业开发公司 11.38%(非流通股)
内蒙古乌海西卓子山建筑安装公司 7.31%(非流通股)
北京新天地互动多媒体技术有限公司 7.18%(非流通股)
中国机械进出口(集团)有限公司 1.88%(流通A股)
郑慧华 0.45%(流通A股)
杨蕊雯 0.44%(流通A股)
深圳市盛龙投资管理有限公司 0.41%(流通A股)
深圳市华人捷讯广告有限公司 0.39%(流通A股)

实际控制人:乌海市国有资产管理委员会

二〇〇六年以来市场表现

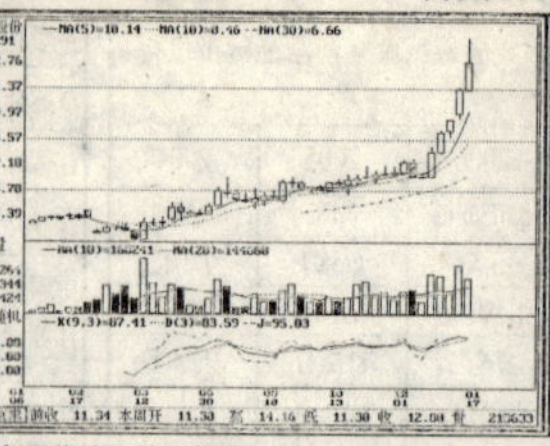

| | |
|---|---|
| 2006年涨跌幅(%) | 202.59 |
| 2006年最高(元) | 12 |
| 2007年涨跌幅(%) | 43.18 |
| 2007.4.27收盘(元) | 12.8 |
| 2007年最高(元) | 14.16 |
| 2007年最低(元) | 8.71 |
| 2007年换手率(%) | 79.66 |

未来一年限售流通股解禁情况:31173440股03月29日解禁

| 最新股本 | 总股本 | 非(限售)流通 | 流通A | 流通B/H/S | 股东户数 | 06年末 | 06三季 |
|---|---|---|---|---|---|---|---|
| | 16000 | 8080 | 7920 | | | 19400 | 24519 |

**年报点评**：公司主营水泥生产和销售,但2006年公司与恒泰证券有限责任公司、新时代证券有限责任公司共同就资产重组,公司吸收合并恒泰证券和新时代证券。该事项如果成功,公司主营将转型为证券业。

## 九龙电力(600292)

上市日期:00/11/01　电话:023－68787928　传真:023－68787944

**主营**：电力生产

| | 年　度 | 2006 | 2005 | 2004 |
|---|---|---|---|---|
| 主要指标 | 每股收益/扣除后(元) | 0.17/0.16 | 0.13/0.14 | 0.14/0.13 |
| | 每股经营现金流量(元) | 0.8 | 0.58 | 0.42 |
| | 每股净资产/调整后(元) | 2.65/2.6 | 2.57/2.56 | 2.56/2.56 |
| | 未分利润(万元) | 13094.45 | 12873.35 | 13756.72 |
| | 资本公积(万元) | 30735.25 | 29693.1 | 29629.65 |
| 利润构成 | 主营收入(万元) | 232121.46 | 135172.9 | 69008.32 |
| | 主营利润(万元) | 31413.91 | 18789.58 | 13782.16 |
| | 投资收益(万元) | -2584.3 | 539.08 | -424.07 |
| | 利润总额(万元) | 11672.61 | 6526.49 | 6239.85 |
| | 净利润(万元) | 5609.88 | 4487.39 | 4658.99 |

近年分配:06预案:10派1.37;05年:10派1.2;04中期:10转增10年终:10派1.25

**主要股东及持股比例%、持股性质**

中国电力投资集团公司 30.62%(国有股)
重庆市建设投资公司 14.73%(国有股)
重庆松藻煤电有限责任公司 1.47%(国有股)
重庆煤炭集团物资有限责任公司 0.98%(国有股)
重庆南桐矿业有限责任公司 0.98%(国有股)
重庆天府矿业有限责任公司 0.98%(国有股)
重庆路电实业有限责任公司 0.98%(非流通股)
重庆铁路投资开发有限责任公司 0.98%(非流通股)
黑龙江省华富电力投资有限公司 0.81%(流通A股)
天府矿务局物资经营公司 0.38%(国有股)

实际控制人:中国电力投资集团公司

二〇〇六年以来市场表现

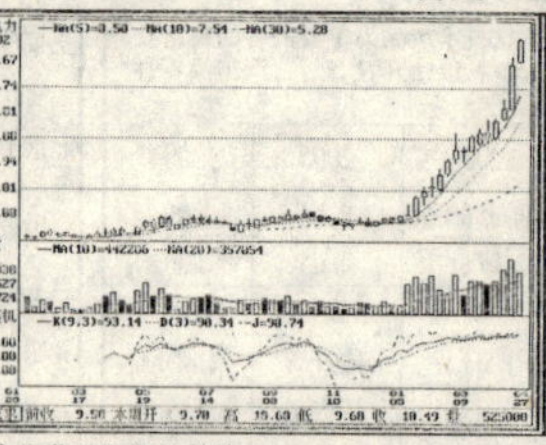

| | |
|---|---|
| 2006年涨跌幅(%) | 30.03 |
| 2006年最高(元) | 5.78 |
| 2007年涨跌幅(%) | 173.89 |
| 2007.4.27收盘(元) | 10.49 |
| 2007年最高(元) | 10.6 |
| 2007年最低(元) | 3.79 |
| 2007年换手率(%) | 341.37 |

未来一年限售流通股解禁情况:16725000股01月19日解禁

| 最新股本 | 总股本 | 非(限售)流通 | 流通A | 流通B/H/S | 股东户数 | 06年末 | 06三季 |
|---|---|---|---|---|---|---|---|
| | 33450 | 17610 | 15840 | | | 31653 | 32540 |

**年报点评**：2006年公司一方面积极落实国家煤电价格联动政策执行到位,稳步开拓电力市场提高发电量;另一方面大力发展环保业务。在控股子公司重庆白鹤电力盈利大幅提升的带动下,公司整体收入和利润保持了稳步上涨。

## 三峡新材(600293)

上市日期:00/09/19　电话:0717－3280108　传真:0717－8934018

**主营**：平板玻璃及玻璃深加工制品、石膏及制品等新型建材的生产与销售。

| | 年　度 | 2006 | 2005 | 2004 |
|---|---|---|---|---|
| 主要指标 | 每股收益/扣除后(元) | 0.011 | 0.007 | 0.064/0.06 |
| | 每股经营现金流量(元) | 0.12 | -0.15 | 0.25 |
| | 每股净资产/调整后(元) | 2.17/2.15 | 2.73/2.71 | 2.72/2.72 |
| | 未分利润(万元) | 3721.62 | 3391.97 | 3211.64 |
| | 资本公积(万元) | 31896.89 | 39366.85 | 39366.85 |
| 利润构成 | 主营收入(万元) | 56626.61 | 46657.34 | 41718.77 |
| | 主营利润(万元) | 7207.99 | 4333.71 | 8446.61 |
| | 投资收益(万元) | 4.97 | 155.2 | 175.17 |
| | 利润总额(万元) | 684.71 | 19.86 | 2492.91 |
| | 净利润(万元) | 384.98 | 206.63 | 1764.9 |

近年分配:06预案:10派0.06

**主要股东及持股比例%、持股性质**

当阳市国有资产管理局 16.13%(国有股)
海南宗宣达实业投资有限公司 13.77%(非流通股)
当阳市国中安投资有限公司 12.16%(非流通股)
湖北荆玻新兴建材有限公司 1.06%(非流通股)
中国东方资产管理公司 0.78%(非流通股)
上海利有实业有限公司 0.75%(非流通股)
蚌埠玻璃工业设计研究院 0.74%(国有股)
当阳电力联营公司 0.64%(国有股)
福建省土木建设实业有限公司 0.49%(非流通股)
上海启元科技投资有限公司 0.45%(非流通股)

实际控制人:当阳市国有资产管理局

二〇〇六年以来市场表现

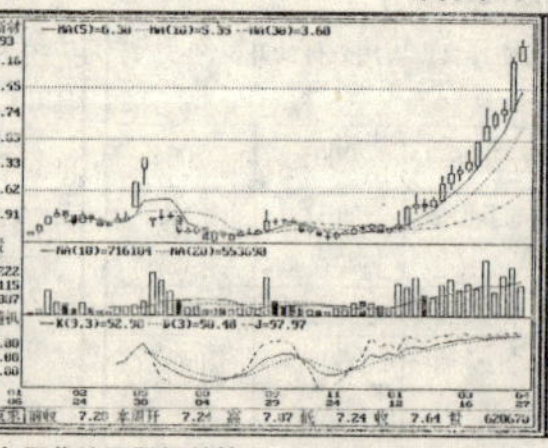

| | |
|---|---|
| 2006年涨跌幅(%) | 75.53 |
| 2006年最高(元) | 5.1 |
| 2007年涨跌幅(%) | 205.6 |
| 2007.4.27收盘(元) | 7.64 |
| 2007年最高(元) | 7.87 |
| 2007年最低(元) | 2.45 |
| 2007年换手率(%) | 565.43 |

未来一年限售流通股解禁情况:21387600股06月19日解禁

| 最新股本 | 总股本 | 非(限售)流通 | 流通A | 流通B/H/S | 股东户数 | 06年末 | 06三季 |
|---|---|---|---|---|---|---|---|
| | 34450.26 | 16629.6 | 17820.66 | | | 32024 | 35591 |

**年报点评**：2006年国内玻璃行业由于产能增加供大于求及煤、电、油、纯碱等原燃料价格大幅上涨,整个行业仍处于复苏阶段。公司将通过对浮法线进行"油改气"以降低成本,此外原压花玻璃生产线技术改造和加工玻璃异地搬迁改造项目前期准备工作也有了新的进展。

## 鄂尔多斯(600295/900936)

上市日期:A:01/04/26 B:95/10/20　电话:0477－8543509　传真:0477－8523812

**主营**：生产及销售羊绒制品

| | 年　度 | 2006 | 2005 | 2004 |
|---|---|---|---|---|
| 主要指标 | 每股收益/扣除后(元) | 0.2/0.17 | 0.18 | 0.16/0.16 |
| | 每股经营现金流量(元) | 0.33 | 0.21 | 0.76 |
| | 每股净资产/调整后(元) | 3.2/3.12 | 3.13/3.11 | 3.07/3.05 |
| | 未分利润(万元) | 30302.57 | 25315.72 | 22259.82 |
| | 资本公积(万元) | 168190.27 | 167895.28 | 167895.28 |
| 利润构成 | 主营收入(万元) | 400270.63 | 293992.41 | 309750.43 |
| | 主营利润(万元) | 120345.77 | 88372.59 | 89570.85 |
| | 投资收益(万元) | -2261.47 | 1200.87 | -207.67 |
| | 利润总额(万元) | 34905.11 | 26517.27 | 24379.93 |
| | 净利润(万元) | 20447.61 | 18164.59 | 16294.79 |

近年分配:06预案:10派1.5;05年:10派1.3;04年:10派1.2

**主要股东及持股比例%、持股性质**

鄂尔多斯羊绒集团 40.7%(非流通股)
TOYO SECURITIES ASIA LTD. A/C CLIENT 2.4%(流通B股)
NAITO SECURITIES CO. LTD. 1%(流通B股)
高峰集团 0.85%(流通A股)
GLORY INSIGHT LIMITED 0.68%(流通B股)
国都证券 0.67%(流通A股)
DEUTSCHE BANK LONDON 0.6%(流通B股)
AIZAWA SECURITIES CO. LTD. 0.46%(流通B股)
秦筠 0.36%(流通B股)
GUOTAI JUNAN SECURITIES(HONGKONG) LIMITED 0.33%(流通B股)

实际控制人:鄂尔多斯市东民投资有限责任公司

二〇〇六年以来市场表现

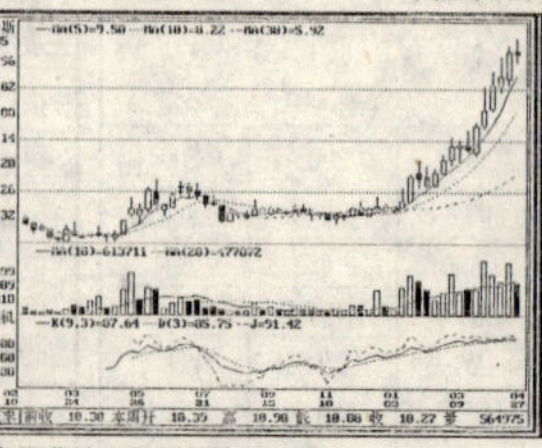

| | |
|---|---|
| 2006年涨跌幅(%) | 25.89 |
| 2006年最高(元) | 6.86 |
| 2007年涨跌幅(%) | 124.73 |
| 2007.4.27收盘(元) | 10.27 |
| 2007年最高(元) | 10.9 |
| 2007年最低(元) | 4.5 |
| 2007年换手率(%) | 452.01 |

未来一年限售流通股解禁情况:

| 最新股本 | 总股本 | 非(限售)流通 | 流通A | 流通B/H/S | 股东户数 | 06年末 | 06三季 |
|---|---|---|---|---|---|---|---|
| | 103200 | 42000 | 19200 | 42000 | | 72679 | 74070 |

**年报点评**：公司是目前全世界最大的羊绒制品加工企业,是全球羊绒原料最大的拥有者,旗下品牌"鄂尔多斯"是中国羊绒纺织业驰名商标,公司目前还积极发展硅铁业务,合资兴建的电力冶金项目2006年顺利运行,成为公司新的利润增长点。

# 美罗药业（600297）

上市日期:00/11/16　　电话:0411－84820297　　传真:0411－84820297

| | | | | |
|---|---|---|---|---|
| 主营 | 化学原料药、化学制剂、医药器械、植物药等医药产品的生产、销售和各类药品的批发、零售。 | | | |
| | 年　度 | 2006 | 2005 | 2004 |
| 主要指标 | 每股收益/扣除后(元) | 0.13/0.121 | 0.12 | 0.11/0.094 |
| | 每股经营现金流量(元) | 0.6008 | 0.4904 | 0.2785 |
| | 每股净资产/调整后(元) | 4.29/4.13 | 4.99/4.84 | 4.9/4.75 |
| | 未分利润(万元) | 7547.35 | 8211.4 | 7064.67 |
| | 资本公积(万元) | 36522.79 | 36480.53 | 36450.53 |
| 利润构成 | 主营收入(万元) | 84609.36 | 59286.95 | 68870.02 |
| | 主营利润(万元) | 10997.74 | 11287.89 | 12643.77 |
| | 投资收益(万元) | －57.38 | －109.27 | －118.71 |
| | 利润总额(万元) | 1622.35 | 1050.43 | 1274.37 |
| | 净利润(万元) | 1782.46 | 1339.51 | 1215.95 |
| 近年分配: | | | | |

| 主要股东及持股比例%、持股性质 |
|---|
| 大连美罗集团有限公司 53.21%（非流通股） |
| 大连凯飞化学股份有限公司 0.74%（非流通股） |
| 曲云会 0.69%（流通A股） |
| 王德志 0.65%（流通A股） |
| 大连金斯曼医药科技开发有限公司 0.44%（非流通股） |
| 大连兴业汇通集团有限公司 0.4%（流通A股） |
| 大连太平洋化工有限公司 0.35%（流通A股） |
| 韦华战 0.27%（流通A股） |
| 魏连庆 0.27%（流通A股） |
| 大连德生医疗器械有限公司 0.26%（非流通股） |
| 实际控制人：西域投资(香港)有限公司 |

二〇〇六年以来市场表现

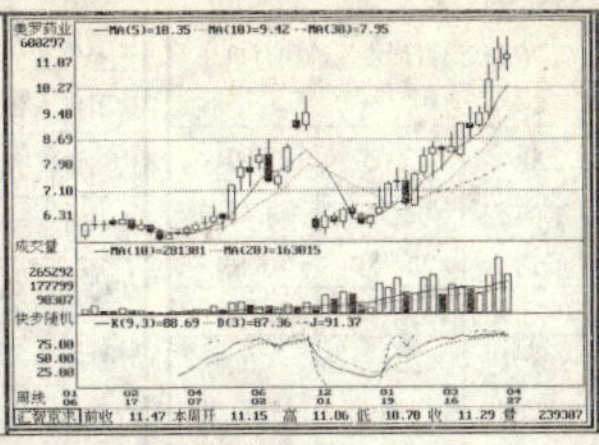

| | |
|---|---|
| 2006年涨跌幅(%) | 66.67 |
| 2006年最高(元) | 10.3 |
| 2007年涨跌幅(%) | 86.61 |
| 2007.4.27收盘(元) | 11.29 |
| 2007年最高(元) | 11.86 |
| 2007年最低(元) | 5.91 |
| 2007年换手率(%) | 461.62 |

未来一年限售流通股解禁情况:2100000股11月24日解禁

| 最新股本 | 总股本 | 非(限售)流通 | 流通A | 流通B/H/S | 股东户数 | 06年末 | 06三季 |
|---|---|---|---|---|---|---|---|
| | 13700 | 7500 | 6200 | | | 23193 | 22486 |

年报点评：公司主营业务包括医药制造和医药商业,2006年公司收入大幅增长主要是由于医药商业收入大幅增长,而医药工业出现下滑。公司在抗生素方面具有一定的优势,中药发展较快,部分产品进入基本用药目录。公司业务未来将保持稳步增长。

# 安琪酵母（600298）

上市日期:00/08/18　　电话:0717－6369865　　传真:0717－6369865

| | | | | |
|---|---|---|---|---|
| 主营 | 酵母及深加工产品、生物制品、食品添加剂、豆制品、奶制品、调味品、粮食制品的生产、销售。 | | | |
| | 年　度 | 2006 | 2005 | 2004 |
| 主要指标 | 每股收益/扣除后(元) | 0.564/0.51 | 0.46 | 0.396/0.395 |
| | 每股经营现金流量(元) | 1.1735 | 0.9032 | 0.523 |
| | 每股净资产/调整后(元) | 5.22/5.22 | 4.85/4.88 | 4.62/4.6 |
| | 未分利润(万元) | 8348.08 | 5500.11 | 4122.29 |
| | 资本公积(万元) | 38891.28 | 38095.64 | 37792.55 |
| 利润构成 | 主营收入(万元) | 86385.59 | 70562.36 | 54475 |
| | 主营利润(万元) | 29279.77 | 22310.1 | 20872.59 |
| | 投资收益(万元) | 1041.59 | －259.97 | －470.69 |
| | 利润总额(万元) | 11177.92 | 7145.33 | 7118.75 |
| | 净利润(万元) | 7646.39 | 6236.6 | 5366.88 |
| 近年分配: | 06方案:10派2.5；05年:10派2.5；04年:10派2.5 | | | |

| 主要股东及持股比例%、持股性质 |
|---|
| 湖北安琪生物集团有限公司 45.32%（国有股） |
| 新理益集团有限公司 4.55%（非流通股） |
| 交通银行－汉兴证券投资基金 4.42%（流通A股） |
| 大鹏资产管理有限责任公司 4.39%（非流通股） |
| 海南浦海实业有限公司 4.18%（非流通股） |
| 上海日兴康生物工程有限公司 4.05%（非流通股） |
| 招商银行股份有限公司－富国天合稳健优选股票型证券投资基金 2.97%（流通A股） |
| 宜昌西陵酒业有限公司 2.16%（国有股） |
| 金鑫证券投资基金 1.5%（流通A股） |
| 中国人寿保险股份有限公司－分红－个人分红－005L－FH002沪 1.3%（流通A股） |
| 实际控制人：湖北安琪生物集团有限公司 |

二〇〇六年以来市场表现

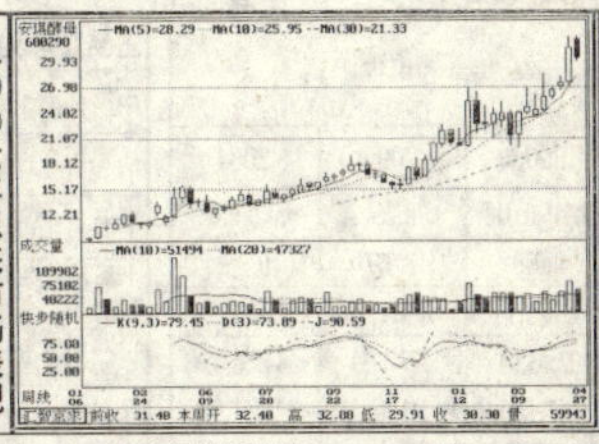

| | |
|---|---|
| 2006年涨跌幅(%) | 213.06 |
| 2006年最高(元) | 30.16 |
| 2007年涨跌幅(%) | 38.8 |
| 2007.4.27收盘(元) | 30.3 |
| 2007年最高(元) | 32.88 |
| 2007年最低(元) | 20 |
| 2007年换手率(%) | 167.76 |

未来一年限售流通股解禁情况:6785000股04月28日解禁

| 最新股本 | 总股本 | 非(限售)流通 | 流通A | 流通B/H/S | 股东户数 | 06年末 | 06三季 |
|---|---|---|---|---|---|---|---|
| | 13570 | 8950 | 4620 | | | 7656 | 10261 |

年报点评：2006年,公司业务稳步增长,主导产品酵母销量达到37000吨,同比增长20.9%,酵母抽提物、营养健康产品均保持较好地增长,公司销售规模不断扩大。公司实现主营业务收入8.64亿元,同比增长22.42%;净利润7646.39万元,同比增长22.59%。

# 星新材料（600299）

上市日期:00/04/20　　电话:010－64411094　　传真:010－64429425

| | | | | |
|---|---|---|---|---|
| 主营 | 有机硅、双酚A及环氧树脂的生产与销售。 | | | |
| | 年　度 | 2006 | 2005 | 2004 |
| 主要指标 | 每股收益/扣除后(元) | 0.557/0.556 | 0.902 | 0.375/0.38 |
| | 每股经营现金流量(元) | 0.44 | 3.66 | 0.844 |
| | 每股净资产/调整后(元) | 3.38/3.37 | 4.45/4.43 | 3.82/3.79 |
| | 未分利润(万元) | 29721.07 | 26586.89 | 10169.02 |
| | 资本公积(万元) | 47772.16 | 47688.66 | 46618.53 |
| 利润构成 | 主营收入(万元) | 373516.99 | 248978.88 | 188023.83 |
| | 主营利润(万元) | 52771.18 | 53059.54 | 28560.09 |
| | 投资收益(万元) | 32.05 | －2.52 | |
| | 利润总额(万元) | 22056.08 | 22390.88 | 10780.52 |
| | 净利润(万元) | 20040.68 | 21644.38 | 9001.44 |
| 近年分配: | 06预案:10派2；05年:10派1.2送5；04年:10派2.2 | | | |

| 主要股东及持股比例%、持股性质 |
|---|
| 中国蓝星(集团)总公司 54.27%（国有股） |
| 中国建设银行－上投摩根双息平衡混合型证券投资基金 2.97%（流通A股） |
| 中国建设银行－上投摩根阿尔法股票型证券投资基金 2.94%（流通A股） |
| 中国建设银行－上投摩根中国优势证券投资基金 2.46%（流通A股） |
| 丰和价值证券投资基金 2.44%（流通A股） |
| 全国社保基金一零六组合 1.94%（流通A股） |
| 中国工商银行－金泰证券投资基金 1.61%（流通A股） |
| 中国银行－嘉实主题精选混合型证券投资基金 1.14%（流通A股） |
| 全国社保基金一零七组合 1.11%（流通A股） |
| 兴华证券投资基金 1.04%（流通A股） |
| 实际控制人：中国化工集团公司 |

二〇〇六年以来市场表现

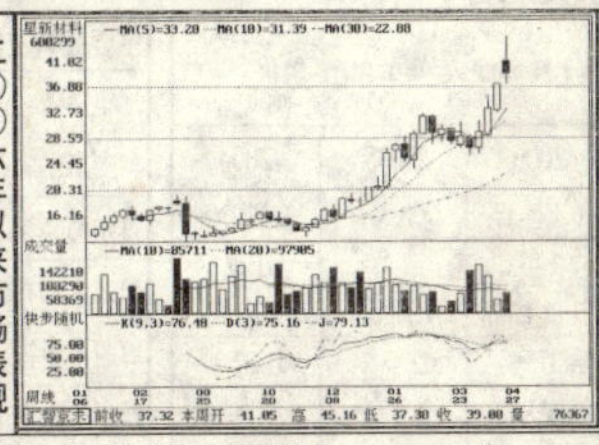

| | |
|---|---|
| 2006年涨跌幅(%) | 173.93 |
| 2006年最高(元) | 38.34 |
| 2007年涨跌幅(%) | 113.35 |
| 2007.4.27收盘(元) | 39 |
| 2007年最高(元) | 45.16 |
| 2007年最低(元) | 18.15 |
| 2007年换手率(%) | 94.51 |

未来一年限售流通股解禁情况:26624452.5股08月03日解禁

| 最新股本 | 总股本 | 非(限售)流通 | 流通A | 流通B/H/S | 股东户数 | 06年末 | 06三季 |
|---|---|---|---|---|---|---|---|
| | 36000 | 20400 | 15600 | | | 11978 | 14437 |

年报点评：公司主要产品为有机硅、苯酚丙酮、双酚A和环氧树脂。去年受制于主要产品价格回落,公司净利润有所下降。今年新建10万吨有机硅项目和1万吨PPE项目的建成投产将会带动公司利润将上涨。随着本次定向增发的进行,预计更多优质资产将持续注入。

# 维维股份（600300）

上市日期:00/06/30　　电话:0516－83290169　　传真:0516－83394888

| | | | | |
|---|---|---|---|---|
| 主营 | 研究、开发、生产食品、饮料系列产品及相关产品,销售自产产品。 | | | |
| | 年　度 | 2006 | 2005 | 2004 |
| 主要指标 | 每股收益/扣除后(元) | 0.11/0.1 | 0.14 | 0.27/0.06 |
| | 每股经营现金流量(元) | 0.18 | 1.11 | －1.69 |
| | 每股净资产/调整后(元) | 2.2/2.19 | 2.17/2.16 | 4.3/4.29 |
| | 未分利润(万元) | 8577.38 | 7957.28 | 8445.95 |
| | 资本公积(万元) | 57265.83 | 57230.71 | 90199.75 |
| 利润构成 | 主营收入(万元) | 314562.77 | 291572.09 | 226238.37 |
| | 主营利润(万元) | 47020.96 | 50328.69 | 38331.59 |
| | 投资收益(万元) | －1047.8 | －587.43 | 7910.08 |
| | 利润总额(万元) | 11250.96 | 13226.18 | 12313.11 |
| | 净利润(万元) | 7072.96 | 9123.19 | 9050.84 |
| 近年分配: | 06方案:10派0.6；05年:10派0.8；04年:10派2.5转增10 | | | |

| 主要股东及持股比例%、持股性质 |
|---|
| 维维集团股份有限公司 34.45%（非流通股） |
| GIANT HARVEST LIMITED 21.82%（外资股） |
| 大冢(中国)投资有限公司 4.18%（外资股） |
| 东海证券有限责任公司 0.55%（流通A股） |
| 中国工商银行－南方稳健成长贰号证券投资基金 0.36%（流通A股） |
| 中国工商银行－南方稳健成长证券投资基金 0.33%（流通A股） |
| 上海茉织华股份有限公司 0.28%（流通A股） |
| 朱南松 0.21%（流通A股） |
| 中国牧工商(集团)总公司 0.19%（流通A股） |
| 何伟 0.18%（流通A股） |
| 实际控制人：崔焕礼、杨启典、魏佰玲、胡云峰、张桂宣、曹荣开、庞政堂 |

二〇〇六年以来市场表现

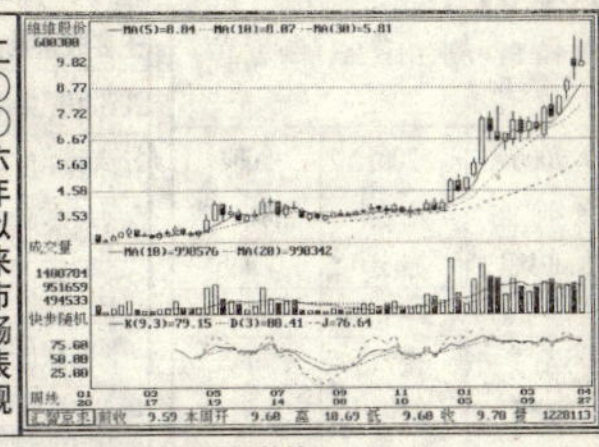

| | |
|---|---|
| 2006年涨跌幅(%) | 94.79 |
| 2006年最高(元) | 6.84 |
| 2007年涨跌幅(%) | 114.95 |
| 2007.4.27收盘(元) | 9.78 |
| 2007年最高(元) | 10.87 |
| 2007年最低(元) | 4.5 |
| 2007年换手率(%) | 620.33 |

未来一年限售流通股解禁情况:

| 最新股本 | 总股本 | 非(限售)流通 | 流通A | 流通B/H/S | 股东户数 | 06年末 | 06三季 |
|---|---|---|---|---|---|---|---|
| | 66000 | 40000 | 26000 | | | 34825 | 36284 |

年报点评：公司是我国最大的豆奶粉生产企业。2006年豆奶粉业务保持稳定,主营收入同比略有下滑,乳品收入微幅增长6%,利润率略有下滑。贸易收入同比大幅增长,但利润率较低,导致全年主营业务利润同比下降6%。同时由于费用的增加,导致净利润下滑22.47%。

## 南化股份（600301）

上市日期:00/07/12　　电话:0771－4835135　　传真:0771－4835643

**主营**：氯碱化学工业及其系列产品,农药、消毒剂等无机和有机化工产品的生产和销售。

| | 年　度 | 2006 | 2005 | 2004 |
|---|---|---|---|---|
| 主要指标 | 每股收益/扣除后(元) | 0.287/0.283 | 0.308 | 0.474/0.472 |
| | 每股经营现金流量(元) | 0.8627 | 0.7852 | 0.804 |
| | 每股净资产/调整后(元) | 3.44/3.36 | 3.14/3.08 | 3.18/3.12 |
| | 未分利润(万元) | 5035.71 | 2284.78 | 4160.06 |
| | 资本公积(万元) | 35197.64 | 32904.22 | 32484.22 |
| 利润构成 | 主营收入(万元) | 125479.12 | 90561.79 | 83449.43 |
| | 主营利润(万元) | 18990.6 | 17000.52 | 22702.07 |
| | 投资收益(万元) | 237.17 | 127.2 | 168.31 |
| | 利润总额(万元) | 6224.56 | 5924.1 | 10656.78 |
| | 净利润(万元) | 5319.51 | 5711.01 | 8775.7 |

近年分配:05 中期:10 派 1.5 年终:10 派 1.1；04 中期:10 派 1.9 年终:10 派 2.2

**主要股东及持股比例%、持股性质**

南宁化工集团有限公司 40.64%（部分流通部分不流通）
广州市帆华投资有限公司 4.7%（流通 A 股）
南宁市高新技术开发投资公司 3.6%（流通 A 股）
胡柏君 0.59%（流通 A 股）
林碧华 0.5%（流通 A 股）
广州市金立信化工有限公司 0.39%（流通 A 股）
卢红月 0.28%（流通 A 股）
南宁统一资产管理有限责任公司 0.26%（流通 A 股）
李建民 0.22%（流通 A 股）
唐尔铨 0.19%（流通 A 股）

实际控制人:南宁市人民政府国有资产监督管理委员会

二〇〇六年以来市场表现

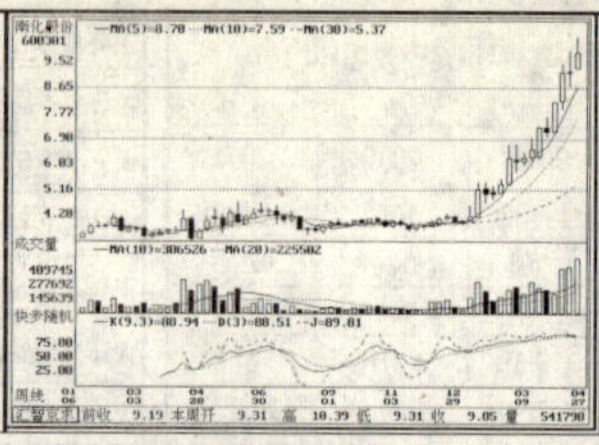

| | |
|---|---|
| 2006 年涨跌幅(%) | 18.23 |
| 2006 年最高(元) | 4.81 |
| 2007 年涨跌幅(%) | 143.81 |
| 2007.4.27 收盘(元) | 9.85 |
| 2007 年最高(元) | 10.39 |
| 2007 年最低(元) | 3.97 |
| 2007 年换手率(%) | 342.64 |

未来一年限售流通股解禁情况:9257407 股 10 月 25 日解禁

| 最新股本 | 总股本 | 非(限售)流通 | 流通 A | 流通 B/H/S | 股东户数 | 06 年末 | 06 三季 |
|---|---|---|---|---|---|---|---|
| | 18514.81 | 6631.57 | 11883.25 | | | 27976 | 30752 |

**年报点评**：随着 6 万吨烧碱和 PVC 技改项目在 2006 年的完成,公司 2006 年收入实现了较大幅度增长。但由于主营产品烧碱和 PVC 毛利率同比出现一定幅度下降,使得公司主营利润上涨幅度低于收入增幅。另外由于 2006 年没有国产设备抵免所得税,使得公司净利润同比略有下降。

## 标准股份（600302）

上市日期:00/12/13　　电话:029－8279352　　传真:029－8263001

**主营**：标准牌工业缝纫机的研制、开发、生产和销售。

| | 年　度 | 2006 | 2005 | 2004 |
|---|---|---|---|---|
| 主要指标 | 每股收益/扣除后(元) | 0.316/0.318 | 0.264 | 0.363/0.359 |
| | 每股经营现金流量(元) | 0.278 | 0.377 | 0.052 |
| | 每股净资产/调整后(元) | 3.18/3.16 | 2.96/2.95 | 2.63/2.59 |
| | 未分利润(万元) | 22503.04 | 17741.39 | 14766.15 |
| | 资本公积(万元) | 34144.43 | 34140.12 | 23753.97 |
| 利润构成 | 主营收入(万元) | 113831.25 | 105406 | 89838.18 |
| | 主营利润(万元) | 28912.95 | 26837.33 | 22799.83 |
| | 投资收益(万元) | 776.76 | 1170.78 | 2106.82 |
| | 利润总额(万元) | 13276 | 11369.89 | 13856.4 |
| | 净利润(万元) | 10947.86 | 9122.53 | 11568.58 |

近年分配:06 预案:10 派 1；05 年:10 派 1；04 年:10 派 1

**主要股东及持股比例%、持股性质**

中国标准工业集团有限公司 47.11%（国有股）
汕头市菀坪贸易有限公司 6.57%（非流通股）
上海惠工电脑绣花机技术服务部 1.77%（流通 A 股）
上海浦东发展银行－广发小盘成长股票型证券投资基金 1.45%（流通 A 股）
招商银行股份有限公司－中信经典配置证券投资基金 1.32%（流通 A 股）
林美和 0.87%（流通 A 股）
西部信托投资有限公司 0.84%（国有股）
国际金融－花旗－MARTIN CURRIE INVESTMENT MANAGEMENT LIMITED 0.8%（流通 A 股）
中技国际招标公司 0.78%（流通 A 股）
华夏银行股份有限公司－德盛精选股票证券投资基金 0.69%（流通 A 股）

实际控制人:西安工业资产经营有限公司

二〇〇六年以来市场表现

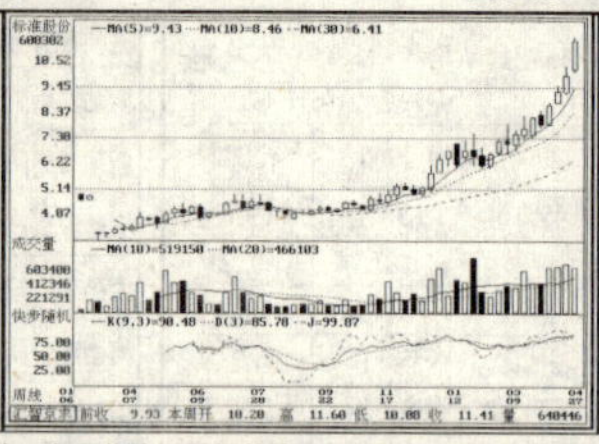

| | |
|---|---|
| 2006 年涨跌幅(%) | 94.85 |
| 2006 年最高(元) | 8.91 |
| 2007 年涨跌幅(%) | 78.56 |
| 2007.4.27 收盘(元) | 11.41 |
| 2007 年最高(元) | 11.6 |
| 2007 年最低(元) | 6 |
| 2007 年换手率(%) | 469.92 |

未来一年限售流通股解禁情况:5436018 股 03 月 08 日解禁

| 最新股本 | 总股本 | 非(限售)流通 | 流通 A | 流通 B/H/S | 股东户数 | 06 年末 | 06 三季 |
|---|---|---|---|---|---|---|---|
| | 34600.98 | 19039.98 | 15561 | | | 15566 | 21665 |

**年报点评**：公司主营工业缝纫机制造。2006 年公司克服人民币升值影响,生产工纫机 52 万架,业绩保持平稳增长。2007 年度公司将继续加大产品升级速度,进行产品结构调整,完成无油电脑缝纫机和特种工业缝纫机的产品研制,计划完成销售收入 13 亿元,增长 14%。

## 曙光股份（600303）

上市日期:00/12/26　　电话:0415－4146825　　传真:0415－4142821

**主营**：汽车前后桥、汽车底盘、汽车零部件、客车的生产、销售。

| | 年　度 | 2006 | 2005 | 2004 |
|---|---|---|---|---|
| 主要指标 | 每股收益/扣除后(元) | 0.45/0.45 | 0.54 | 0.69/0.65 |
| | 每股经营现金流量(元) | 1.03 | 1.13 | 1.82 |
| | 每股净资产/调整后(元) | 4.81/4.78 | 4.11/4.09 | 3.7/3.69 |
| | 未分利润(万元) | 18277.66 | 12748.74 | 11487.29 |
| | 资本公积(万元) | 51653.47 | 24917.39 | 23728.37 |
| 利润构成 | 主营收入(万元) | 347098.69 | 264478.28 | 268897.01 |
| | 主营利润(万元) | 55317.58 | 38409.89 | 38376.21 |
| | 投资收益(万元) | 563.11 | 343.69 | 1655.08 |
| | 利润总额(万元) | 16303.48 | 12423.15 | 14866.43 |
| | 净利润(万元) | 9983.46 | 8701.16 | 11146.91 |

近年分配:05 年:10 派 1.5；04 年:10 派 2

**主要股东及持股比例%、持股性质**

辽宁曙光实业集团有限责任公司 24.4%（非流通股）
湖南嘉宇实业有限公司 4.5%（非流通股）
丹东海联 4.5%（非流通股）
长江证券有限责任公司 4.5%（非流通股）
海通－中行－FORTIS BANK SA/NV 3.6%（非流通股）
四川星光宾馆 2.7%（非流通股）
中国农业银行－华夏平稳增长混合型证券投资基金 1.35%（非流通股）
四川省乾盛投资有限公司 1.35%（非流通股）
西安华明投资有限公司 1.35%（非流通股）
武汉华虹科技投资管理有限公司 1.35%（非流通股）

实际控制人:李进巅、李海阳

二〇〇六年以来市场表现

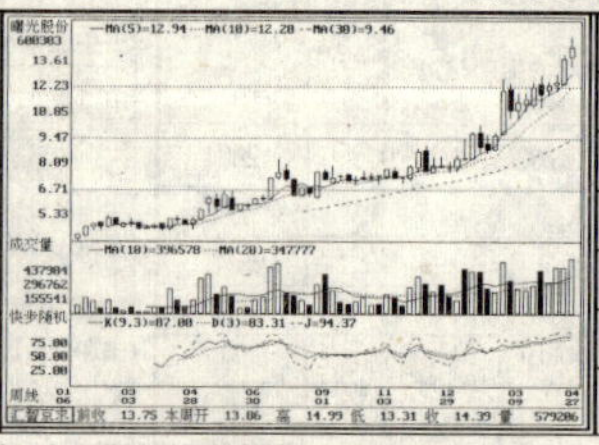

| | |
|---|---|
| 2006 年涨跌幅(%) | 98.76 |
| 2006 年最高(元) | 9.22 |
| 2007 年涨跌幅(%) | 83.08 |
| 2007.4.27 收盘(元) | 14.39 |
| 2007 年最高(元) | 14.99 |
| 2007 年最低(元) | 7.68 |
| 2007 年换手率(%) | 513.62 |

未来一年限售流通股解禁情况:

| 最新股本 | 总股本 | 非(限售)流通 | 流通 A | 流通 B/H/S | 股东户数 | 06 年末 | 06 三季 |
|---|---|---|---|---|---|---|---|
| | 22200 | 10668.75 | 11531.25 | | | 25328 | 25684 |

**年报点评**：公司主营客车、SUV 车、皮卡车、特种车和汽车车桥及零部件的生产销售。06 年公司整车及零部件销售均大幅度增加,同时公司毛利率也有所上升。07 年国内汽车行业市场好转,公司的客车业务和零部件业务发展势头较好,业绩有望持续增长。

## 恒顺醋业（600305）

上市日期:01/02/06　　电话:0511－5230227　　传真:0522－5230209

**主营**：食醋、酱油、酱菜、复合调味料、调味剂、副食品、粮油制品、饮料、色酒的生产、销售。

| | 年　度 | 2006 | 2005 | 2004 |
|---|---|---|---|---|
| 主要指标 | 每股收益/扣除后(元) | 0.34/0.103 | 0.255 | 0.074/0.029 |
| | 每股经营现金流量(元) | －0.3584 | 3.55 | －0.95 |
| | 每股净资产/调整后(元) | 3.61/3.48 | 3.4/3.31 | 3.14/3.08 |
| | 未分利润(万元) | 5553.32 | 3457.65 | 807.09 |
| | 资本公积(万元) | 25005.71 | 24754.11 | 24650.17 |
| 利润构成 | 主营收入(万元) | 67092.7 | 66561.27 | 54606.76 |
| | 主营利润(万元) | 16273.71 | 14908.54 | 12812.38 |
| | 投资收益(万元) | 4869.43 | 1904.77 | －259.45 |
| | 利润总额(万元) | 6649.23 | 5196.11 | 2487.58 |
| | 净利润(万元) | 4317.81 | 3247.44 | 947.04 |

近年分配:06 预案:10 派 1.1；05 年:10 派 1.5

**主要股东及持股比例%、持股性质**

江苏恒顺集团有限公司 52.96%（国有股）
江苏瑞华投资发展有限公司 2.96%（非流通股）
光大证券股份有限公司 2.79%（流通 A 股）
金鑫证券投资基金 2.69%（流通 A 股）
上海智联创业投资有限公司 1.71%（非流通股）
国际金融－花旗－MARTIN CURRIE INVESTMENT MANAGEMENT LIMITED 1.62%（流通 A 股）
镇江三联房地产实业发展有限公司 1.48%（非流通股）
万联证券有限责任公司 0.51%（流通 A 股）
中国建设银行－华安宏利股票型证券投资基金 0.31%（流通 A 股）
中国银行－嘉实服务增值行业证券投资基金 0.27%（流通 A 股）

实际控制人:江苏恒顺集团有限公司

二〇〇六年以来市场表现

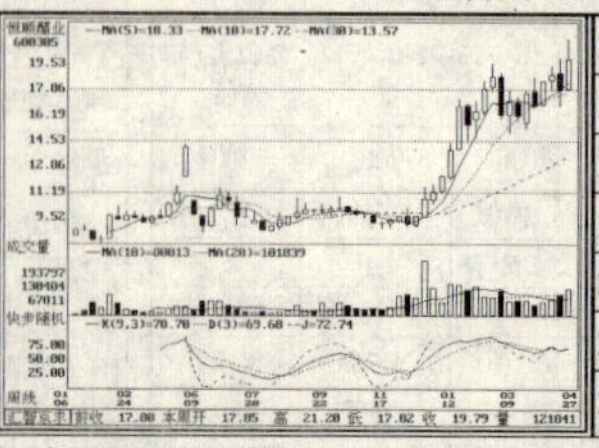

| | |
|---|---|
| 2006 年涨跌幅(%) | 76.4 |
| 2006 年最高(元) | 15.37 |
| 2007 年涨跌幅(%) | 77.01 |
| 2007.4.27 收盘(元) | 19.79 |
| 2007 年最高(元) | 21.2 |
| 2007 年最低(元) | 11.1 |
| 2007 年换手率(%) | 284.39 |

未来一年限售流通股解禁情况:10303500 股 06 月 09 日解禁

| 最新股本 | 总股本 | 非(限售)流通 | 流通 A | 流通 B/H/S | 股东户数 | 06 年末 | 06 三季 |
|---|---|---|---|---|---|---|---|
| | 12715 | 7515 | 5200 | | | 15223 | 15174 |

**年报点评**：公司食醋年产量达到 11 万吨,确保了全国同行业领先地位。2006 年恒顺香醋合资扩建项目一期 20 万吨工程顺利开工,中新合资江苏恒顺调味食品有限公司顺利完成组建工作。但因为宏观调控政策,下属的房地产公司的资金压力较为紧张。

## 商业城（600306）

上市日期:00/12/26　　电话:024－24865838　　传真:024－24848007

**主营**：经销服装、鞋帽、家电、百货、针织、金银饰品、文化钟表、化妆品、皮具制品等18大类商品。

| | 年　度 | 2006 | 2005 | 2004 |
|---|---|---|---|---|
| 主要指标 | 每股收益/扣除后(元) | 0.04/－0.03 | 0.06 | 0.1/0.13 |
| | 每股经营现金流量(元) | －0.07 | 0.396 | 0.16 |
| | 每股净资产/调整后(元) | 2.69/2.67 | 2.66/2.65 | 2.61/2.57 |
| | 未分利润(万元) | 6684.96 | 6262.86 | 5759.24 |
| | 资本公积(万元) | 20447.16 | 20694.06 | 20641.33 |
| 利润构成 | 主营收入(万元) | 163891.28 | 144644.65 | 139364.93 |
| | 主营利润(万元) | 20125.23 | 18692.91 | 17941.23 |
| | 投资收益(万元) | 1823 | －257.34 | 293.4 |
| | 利润总额(万元) | 2005.86 | 1855.11 | 2804.37 |
| | 净利润(万元) | 731.91 | 1131.29 | 1843.73 |

**近年分配**：04年:10派0.2

| 主要股东及持股比例%、持股性质 |
|---|
| 沈阳商业城(集团) 29.4%（国有股） |
| 深圳市天元伟业实业发展有限公司 6.73%（非流通股） |
| 惠州市时俊投资发展有限公司 6.48%（非流通股） |
| 惠州市惠雄贸易发展有限公司 5.15%（非流通股） |
| 上海名成投资咨询有限公司 1.64%（非流通股） |
| 沈阳市商业国有资产经营有限责任公司 1.37%（国有股） |
| 柳州铁路局 1.31%（流通A股） |
| 上海锋泽投资咨询有限公司 0.75%（非流通股） |
| 北京二维投资管理有限公司 0.68%（非流通股） |
| 邹泰民 0.35%（流通A股） |
| 实际控制人：沈阳商业城(集团) |

二〇〇六年以来市场表现

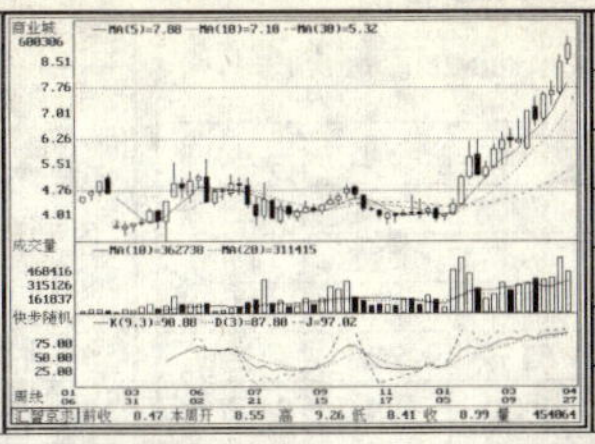

| | |
|---|---|
| 2006年涨跌幅(%) | 14.64 |
| 2006年最高(元) | 7.35 |
| 2007年涨跌幅(%) | 131.7 |
| 2007.4.27收盘(元) | 8.99 |
| 2007年最高(元) | 9.26 |
| 2007年最低(元) | 3.8 |
| 2007年换手率(%) | 607.17 |

未来一年限售流通股解禁情况:11819163股03月17日解禁

| 最新股本 | 总股本 | 非(限售)流通 | 流通A | 流通B/H/S | 股东户数 | 06年末 | 06三季 |
|---|---|---|---|---|---|---|---|
| | 17813.89 | 9566.01 | 8247.88 | | | 12745 | 12721 |

**年报点评**：公司主营商业零售,报告期内公司主营收入保持了稳定增长,但由于营业费用大幅增加,导致净利润出现了下降。而费用增加主要的原因是报告期加大促销力度使得广告费用同比增加,以及控股子公司沈阳安立置业公司利息支出增加。

## 酒钢宏兴（600307）

上市日期:00/12/20　　电话:0937－6715370　　传真:0937－6715507

**主营**：钢、铁及其压延产品的生产和销售。

| | 年　度 | 2006 | 2005 | 2004 |
|---|---|---|---|---|
| 主要指标 | 每股收益/扣除后(元) | 0.51/0.51 | 0.59 | 1.05/1.09 |
| | 每股经营现金流量(元) | 1.45 | 0.63 | 1.59 |
| | 每股净资产/调整后(元) | 4.76/4.76 | 4.33/4.33 | 4.75/4.75 |
| | 未分利润(万元) | 165485.04 | 137137.49 | 114363.69 |
| | 资本公积(万元) | 100881.24 | 115932.24 | 115815.77 |
| 利润构成 | 主营收入(万元) | 1347143.94 | 1064314.83 | 896474.63 |
| | 主营利润(万元) | 133820.68 | 128309.64 | 153695.51 |
| | 投资收益(万元) | －3269.59 | －3269.59 | －9808.76 |
| | 利润总额(万元) | 56464.65 | 63544.92 | 93412.45 |
| | 净利润(万元) | 44534.43 | 51269.1 | 76506.24 |

**近年分配**：06预案:10派1.6；05年:10派1转增2；04年:10派2.4

| 主要股东及持股比例%、持股性质 |
|---|
| 酒泉钢铁(集团)有限责任公司 61.91%（国有股） |
| 嘉峪关大友企业公司 3.58%（流通A股） |
| 昆明云内动力股份有限公司 1.08%（流通A股） |
| 兰州铁路局 0.6%（国有股） |
| 甘肃省电力公司 0.6%（国有股） |
| 招商银行股份有限公司—上证红利交易型开放式指数证券投资基金 0.41%（流通A股） |
| 中国工商银行—诺安价值增长股票证券投资基金 0.37%（流通A股） |
| 金川集团有限公司 0.3%（流通A股） |
| 嘉峪关宏晟电热有限责任公司 0.25%（流通A股） |
| 姚静 0.23%（流通A股） |
| 实际控制人：甘肃省国有资产监督管理委员会 |

二〇〇六年以来市场表现

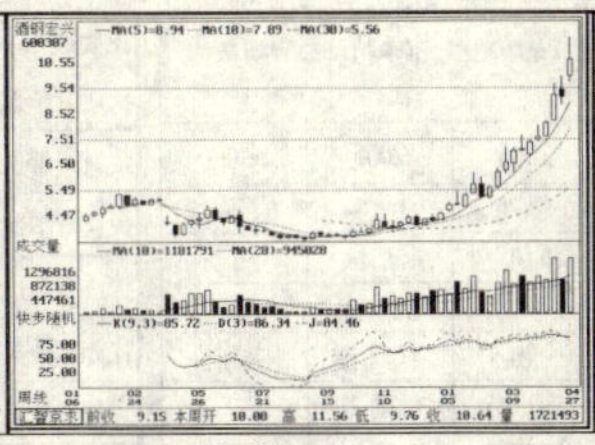

| | |
|---|---|
| 2006年涨跌幅(%) | 71.57 |
| 2006年最高(元) | 7.4 |
| 2007年涨跌幅(%) | 135.4 |
| 2007.4.27收盘(元) | 10.64 |
| 2007年最高(元) | 11.56 |
| 2007年最低(元) | 4.57 |
| 2007年换手率(%) | 513.46 |

未来一年限售流通股解禁情况:

| 最新股本 | 总股本 | 非(限售)流通 | 流通A | 流通B/H/S | 股东户数 | 06年末 | 06三季 |
|---|---|---|---|---|---|---|---|
| | 87360 | 55680 | 31680 | | | 44075 | 43923 |

**年报点评**：酒钢集团和酒钢宏兴在钢铁主业上构成同业竞争,而随着武钢股份、宝钢股份、鞍钢股份、太钢不锈、包钢股份等主要钢铁上市公司的整体上市相继完成,酒钢集团将加快整体上市的步伐,酒钢宏兴未来的发展空间将逐步扩大。

## 华泰股份（600308）

上市日期:00/09/28　　电话:0546－6888879　　传真:0546－6871957

**主营**：造纸及纸制品的加工、销售。

| | 年　度 | 2006 | 2005 | 2004 |
|---|---|---|---|---|
| 主要指标 | 每股收益/扣除后(元) | 0.83/0.83 | 1.11/1.14 | 0.9/0.98 |
| | 每股经营现金流量(元) | 2.18 | 2.19 | 2.08 |
| | 每股净资产/调整后(元) | 5.57/5.57 | 7.95/7.93 | 7.04/7.02 |
| | 未分利润(万元) | 87263.1 | 65442.44 | 49569.11 |
| | 资本公积(万元) | 83758.61 | 100041.78 | 99700.94 |
| 利润构成 | 主营收入(万元) | 373961.91 | 283517.58 | 262629.78 |
| | 主营利润(万元) | 78205.96 | 71403.66 | 63103.52 |
| | 投资收益(万元) | 72.8 | 706.71 | －2868.26 |
| | 利润总额(万元) | 45213.46 | 43820.11 | 37368.79 |
| | 净利润(万元) | 39878.14 | 33242.87 | 27097.83 |

**近年分配**：06预案:10派2.5；05年:10派3.44转增6；04年:10派2

| 主要股东及持股比例%、持股性质 |
|---|
| 华泰集团有限公司 32.23%（部分流通部分不流通） |
| 中国银行－南方高增长股票型开放式证券投资基金 3.54%（流通A股） |
| 招商银行股份有限公司－富国天合稳健优选股票型证券投资基金 2.59%（流通A股） |
| 中国工商银行－广发策略优选混合型证券投资基金 1.46%（流通A股） |
| 普丰证券投资基金 1.1%（流通A股） |
| 全国社保基金一零七组合 1.04%（流通A股） |
| 中国建设银行－博时主题行业股票证券投资基金 0.96%（流通A股） |
| 国际金融－汇丰－MORGAN STANLEY & CO. INTERNATIONAL LIMITED 0.88%（流通A股） |
| 陈志雄 0.85%（流通A股） |
| 中国工商银行－南方绩优成长股票型证券投资基金 0.84%（流通A股） |
| 实际控制人：李建华 |

二〇〇六年以来市场表现

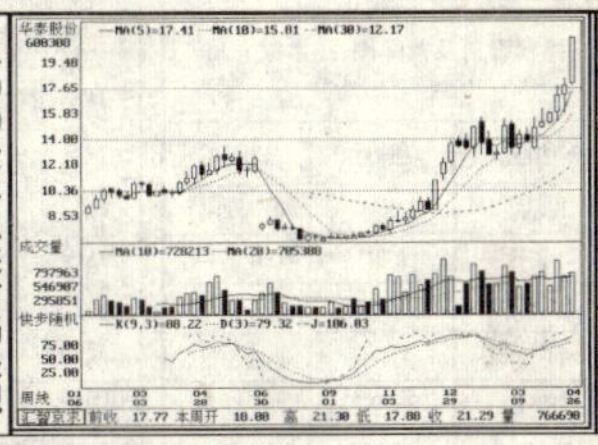

| | |
|---|---|
| 2006年涨跌幅(%) | 152.3 |
| 2006年最高(元) | 22.47 |
| 2007年涨跌幅(%) | 56.2 |
| 2007.4.27收盘(元) | 21.29 |
| 2007年最高(元) | 21.3 |
| 2007年最低(元) | 12.47 |
| 2007年换手率(%) | 315.94 |

未来一年限售流通股解禁情况:

| 最新股本 | 总股本 | 非(限售)流通 | 流通A | 流通B/H/S | 股东户数 | 06年末 | 06三季 |
|---|---|---|---|---|---|---|---|
| | 48041.34 | 13401.85 | 34639.49 | | | 33470 | 54482 |

**年报点评**：公司主营造纸,主要业务为新闻纸的生产和销售。新闻纸行业在过去一年中由于原材料价格上涨、竞争激烈导致的产品价格大幅下滑等因素,行业毛利率下降较多。公司计划向其控股股东定向发行不超过8000万股股份,购买华泰集团所拥有的化工资产。

## 烟台万华（600309）

上市日期:01/01/05　　电话:0535－6837888　　传真:0535－6837894

**主营**：聚氨酯及助剂、异氰酸酯及衍生产品的开发、生产、销售。

| | 年　度 | 2006 | 2005 | 2004 |
|---|---|---|---|---|
| 主要指标 | 每股收益/扣除后(元) | 0.7/0.66 | 0.73 | 0.62/0.66 |
| | 每股经营现金流量(元) | 0.78 | 0.97 | 0.31 |
| | 每股净资产/调整后(元) | 2.09/2.09 | 2.1/2.09 | 1.98/1.98 |
| | 未分利润(万元) | 68122.81 | 50149.18 | 36641.22 |
| | 资本公积(万元) | 3136.7 | 3106.83 | 3064.37 |
| 利润构成 | 主营收入(万元) | 490757.19 | 330954.07 | 210422.87 |
| | 主营利润(万元) | 173327.54 | 121390.96 | 83833.83 |
| | 投资收益(万元) | 1431.87 | 322.84 | 289.09 |
| | 利润总额(万元) | 130926.16 | 86523.97 | 51373.62 |
| | 净利润(万元) | 82595.88 | 61763.02 | 40350.44 |

**近年分配**：06预案:10派1送4；05年:10派1.5送4；04年:10派2送3

| 主要股东及持股比例%、持股性质 |
|---|
| 烟台万华华信合成革有限公司 57.19%（国有股） |
| 中国工商银行－南方绩优成长股票型证券投资基金 2.04%（流通A股） |
| 东方证券股份有限公司 1.74%（流通A股） |
| 烟台冰轮股份有限公司 1.53%（非流通股） |
| 烟台东方电子信息产业集团有限公司 1.53%（国有股） |
| 中国银行－南方高增长股票型开放式证券投资基金 1.43%（流通A股） |
| 中国建设银行－工银瑞信精选平衡混合型证券投资基金 1.4%（流通A股） |
| 中国工商银行－广发策略优选混合型证券投资基金 1.22%（流通A股） |
| 中国工商银行－南方避险增值基金 1.12%（流通A股） |
| 招商银行股份有限公司－富国天合稳健优选股票型证券投资基金 1.11%（流通A股） |
| 实际控制人：烟台万华合成革集团有限公司 |

二〇〇六年以来市场表现

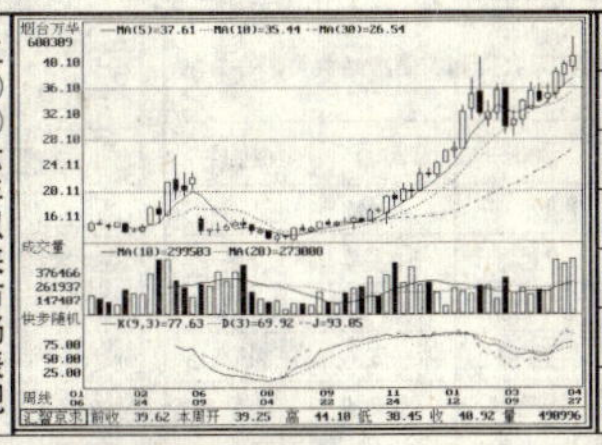

| | |
|---|---|
| 2006年涨跌幅(%) | 181.31 |
| 2006年最高(元) | 40.12 |
| 2007年涨跌幅(%) | 68.88 |
| 2007.4.27收盘(元) | 40.92 |
| 2007年最高(元) | 44.1 |
| 2007年最低(元) | 24.45 |
| 2007年换手率(%) | 93.21 |

未来一年限售流通股解禁情况:

| 最新股本 | 总股本 | 非(限售)流通 | 流通A | 流通B/H/S | 股东户数 | 06年末 | 06三季 |
|---|---|---|---|---|---|---|---|
| | 118809.6 | 72869.89 | 45939.71 | | | 10788 | 19726 |

**年报点评**：2006年万华纯MDI国内市场占有率由2005年的33%提高到47%,取得明显优势地位;聚合MDI国内销量市场占有率由2005年19.9%提高到24.2%,国内市场占有率由2005年的第三位跃居首位。MDI产销量的增长,保证了公司业绩同比有较大幅度提升。

# 桂东电力（600310）

上市日期:01/02/28　　电话:0774－5297881　　传真:0774－5283343

| | | | | |
|---|---|---|---|---|
| 主营 | 水电生产和销售业务及发、供电组成的地方电网业务。 | | | |
| | 年　　度 | 2006 | 2005 | 2004 |
| 主要指标 | 每股收益/扣除后(元) | 0.586/0.48 | 0.341 | 0.332/0.308 |
| | 每股经营现金流量(元) | 0.9495 | 0.5009 | 0.9786 |
| | 每股净资产/调整后(元) | 4.34/4.33 | 4/3.99 | 4.27/4.26 |
| | 未分利润(万元) | 2558.78 | 560.03 | 1305.27 |
| | 资本公积(万元) | 40356.15 | 40356.15 | 40279.55 |
| 利润构成 | 主营收入(万元) | 72481.18 | 49213.02 | 39393.17 |
| | 主营利润(万元) | 21624.75 | 13593.39 | 11309.27 |
| | 投资收益(万元) | 1626.13 | 1064.35 | 425.3 |
| | 利润总额(万元) | 11792.86 | 7721.7 | 6944.67 |
| | 净利润(万元) | 9187.5 | 5340.45 | 5204.93 |
| 近年分配: | 06 预案:10 派 4；05 年:10 派 2.5；04 年:10 派 3 | | | |

| 主要股东及持股比例％、持股性质 | |
|---|---|
| 贺州市电业公司 61.265％（国有股） | |
| 国际金融－汇丰－JPMORGAN CHASE BANK NATIONAL ASSOCIATION 0.92％（流通 A 股） | |
| 许玫 0.8％（流通 A 股） | |
| 薛洪君 0.76％（流通 A 股） | |
| 刘海涛 0.75％（流通 A 股） | |
| 国际金融－汇丰－MORGAN STANLEY & CO. INTERNATIONAL LIMITED 0.49％（流通 A 股） | |
| 中信证券－工行－CREDIT SUISSE（HONGKONG）LIMITED 0.48％（流通 A 股） | |
| 应京 0.28％（流通 A 股） | |
| 广西壮族自治区水利厅那板水库管理处 0.22％（国有股） | |
| 孙理胜 0.22％（流通 A 股） | |
| 实际控制人: | 广西贺州市人民政府国资委 |

二〇〇六年以来市场表现

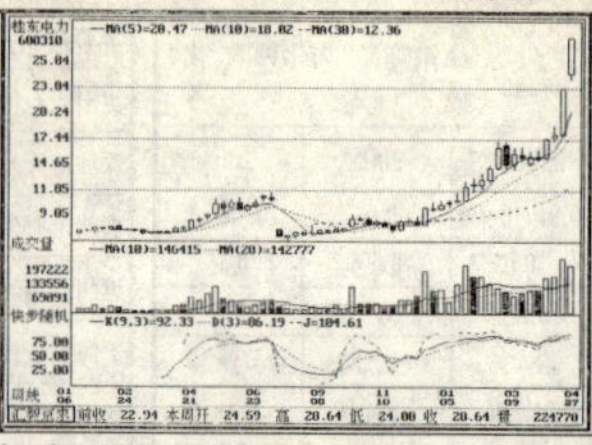

| | |
|---|---|
| 2006 年涨跌幅(％) | 97.84 |
| 2006 年最高(元) | 14.34 |
| 2007 年涨跌幅(％) | 182.17 |
| 2007.4.27 收盘(元) | 28.64 |
| 2007 年最高(元) | 28.64 |
| 2007 年最低(元) | 9.9 |
| 2007 年换手率(％) | 393.59 |

未来一年限售流通股解禁情况:867114 股 08 月 03 日解禁

| 最新股本 | 总股本 | 非(限售)流通 | 流通 A | 流通 B/H/S | 股东户数 | 06 年末 | 06 三季 |
|---|---|---|---|---|---|---|---|
| | 15675 | 9690 | 5985 | | | 17185 | 18975 |

年报点评：2006 年公司所处地区雨水均匀，来水情况良好，同时由于两个控股子公司新建电站发电机组并网发电，使公司 2006 年总的自发电量同比大幅提升。在毛利率提升，售电量增加，以及冲回以前年度计提的对国海证券投资减值准备的基础上，公司业绩实现了大幅增长。

# 荣华实业（600311）

上市日期:01/06/26　　电话:0935－6151222　　传真:0935－6151333

| | | | | |
|---|---|---|---|---|
| 主营 | 主营玉米淀粉及其副产品、农用地膜、玉米精练油和糊精的生产和销售。 | | | |
| | 年　　度 | 2006 | 2005 | 2004 |
| 主要指标 | 每股收益/扣除后(元) | －0.52/－0.203 | 0.033 | 0.25/0.25 |
| | 每股经营现金流量(元) | 0.004 | 0.14 | －0.46 |
| | 每股净资产/调整后(元) | 2.79/2.78 | 4.22/4.12 | 5.51/5.38 |
| | 未分利润(万元) | －180.5 | 17158.19 | 17400.19 |
| | 资本公积(万元) | 55113.55 | 61940.72 | 67841.28 |
| 利润构成 | 主营收入(万元) | 16391.69 | 31144.49 | 43286.45 |
| | 主营利润(万元) | 1790.44 | 5877.8 | 8629.59 |
| | 投资收益(万元) | | －7.87 | －11.8 |
| | 利润总额(万元) | －17338.69 | 815.41 | 5267.45 |
| | 净利润(万元) | －17338.69 | 862.99 | 5015.91 |
| 近年分配: | 04 年:10 转增 3 | | | |

| 主要股东及持股比例％、持股性质 | |
|---|---|
| 武威荣华工贸有限公司 20.86％（非流通股） | |
| 武威塑料包装有限公司 12.89％（非流通股） | |
| 武威市华信食品供销有限责任公司 4.3％（非流通股） | |
| 武威市融达饲料有限责任公司 4.3％（非流通股） | |
| 江苏天香集团公司 2.21％（非流通股） | |
| 甘肃省武威饴糖厂 1.05％（非流通股） | |
| 武威市永鼎商贸有限公司 0.64％（非流通股） | |
| 武威远通贸易有限公司 0.63％（非流通股） | |
| 韩秀珍 0.44％（流通 A 股） | |
| 葛立宏 0.3％（流通 A 股） | |
| 实际控制人: | 张严德 |

二〇〇六年以来市场表现

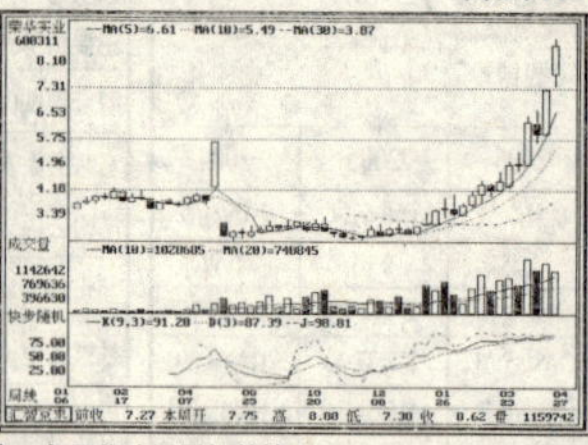

| | |
|---|---|
| 2006 年涨跌幅(％) | 35.34 |
| 2006 年最高(元) | 5.68 |
| 2007 年涨跌幅(％) | 202.46 |
| 2007.4.27 收盘(元) | 8.62 |
| 2007 年最高(元) | 8.88 |
| 2007 年最低(元) | 2.79 |
| 2007 年换手率(％) | 768.79 |

未来一年限售流通股解禁情况:76960000 股 07 月 31 日解禁

| 最新股本 | 总股本 | 非(限售)流通 | 流通 A | 流通 B/H/S | 股东户数 | 06 年末 | 06 三季 |
|---|---|---|---|---|---|---|---|
| | 33280 | 15600 | 17680 | | | 37352 | 36272 |

年报点评：公司 2006 年大幅亏损的主要原因是主要销售客户甘肃荣华味精有限公司回款不利，占用了公司的资金。公司通过以资抵债的实施解决了关联方资金占用的问题，同时公司正在积极与大股东协商，力争通过多种方式回收资金，早日走出经营困境。

# 平高电气（600312）

上市日期:01/02/21　　电话:0375－3804061　　传真:0375－3804464

| | | | | |
|---|---|---|---|---|
| 主营 | 制造、销售高压开关设备、控制设备及其配件；技术服务；技术咨询。 | | | |
| | 年　　度 | 2006 | 2005 | 2004 |
| 主要指标 | 每股收益/扣除后(元) | 0.43/0.4 | 0.33 | 0.168/0.17 |
| | 每股经营现金流量(元) | 0.11 | 0.011 | 0.063 |
| | 每股净资产/调整后(元) | 2.94/2.91 | 3.35/3.32 | 3.12/3.11 |
| | 未分利润(万元) | 14310.41 | 174.46 | 4665.78 |
| | 资本公积(万元) | 48853.53 | 54429.77 | 54212.99 |
| 利润构成 | 主营收入(万元) | 209773.98 | 153479.94 | 116406.21 |
| | 主营利润(万元) | 53867.67 | 36220.27 | 21819.06 |
| | 投资收益(万元) | 102.96 | | －133.73 |
| | 利润总额(万元) | 19120.29 | 12028.93 | 7297.6 |
| | 净利润(万元) | 15706.61 | 10378.02 | 5246.34 |
| 近年分配: | 05 年:10 派 4；04 年:10 派 1 | | | |

| 主要股东及持股比例％、持股性质 | |
|---|---|
| 平高集团有限公司 22.71％（国有股） | |
| 科瑞集团有限公司 20.12％（非流通股） | |
| 北京亚太世纪科技发展有限责任公司 13.8％（非流通股） | |
| 中国工商银行－广发策略优选混合型证券投资基金 2.63％（流通 A 股） | |
| 交通银行－汉兴证券投资基金 2.46％（流通 A 股） | |
| 中国建设银行－华夏优势增长股票型证券投资基金 1.95％（流通 A 股） | |
| 中国建设银行－上投摩根成长先锋股票型证券投资基金 1.61％（流通 A 股） | |
| 全国社保基金一零七组合 1.45％（流通 A 股） | |
| 招商银行股份有限公司－富国天合稳健优选股票型证券投资基金 1.31％（流通 A 股） | |
| 中国建设银行－泰达荷银效率优选混合型证券投资基金 1.26％（流通 A 股） | |
| 实际控制人: | 平高集团有限公司 |

二〇〇六年以来市场表现

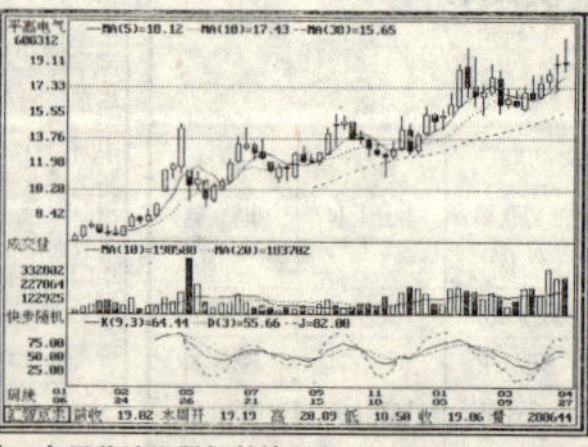

| | |
|---|---|
| 2006 年涨跌幅(％) | 249.12 |
| 2006 年最高(元) | 24.75 |
| 2007 年涨跌幅(％) | 27.32 |
| 2007.4.27 收盘(元) | 19.06 |
| 2007 年最高(元) | 20.89 |
| 2007 年最低(元) | 14.35 |
| 2007 年换手率(％) | 192.94 |

未来一年限售流通股解禁情况:39666620 股 05 月 22 日解禁

| 最新股本 | 总股本 | 非(限售)流通 | 流通 A | 流通 B/H/S | 股东户数 | 06 年末 | 06 三季 |
|---|---|---|---|---|---|---|---|
| | 36517.37 | 20995 | 15522.37 | | | 9210 | 9111 |

年报点评：公司主营输配电高压开关。是目前国内最具有垄断竞争优势的三大高压开关之一。06 年在输配电行业向好的情况下，公司主营业务收入和净利润均大幅增长。07 年国内输配电市场需求继续保持快速增长，公司长期前景看好。

# SST 中农（600313）

上市日期:01/01/19　　电话:010－83607371　　传真:010－83607419

| | | | | |
|---|---|---|---|---|
| 主营 | 农作物种子选育加工、化肥等农资和农副产品贸易。 | | | |
| | 年　　度 | 2006 | 2005 | 2004 |
| 主要指标 | 每股收益/扣除后(元) | 0.05/0.007 | －0.044 | 0.014/0.013 |
| | 每股经营现金流量(元) | 0.0548 | －0.1242 | 0.32 |
| | 每股净资产/调整后(元) | 2.13/2.01 | 2.08/1.88 | 2.16/2.09 |
| | 未分利润(万元) | 356.07 | －914.35 | －21220.13 |
| | 资本公积(万元) | 28873.14 | 28899.39 | 49622.19 |
| 利润构成 | 主营收入(万元) | 89669.76 | 131675.49 | 132560.7 |
| | 主营利润(万元) | 5774.44 | 5331.66 | 10534.37 |
| | 投资收益(万元) | －88.84 | －96.85 | －88.84 |
| | 利润总额(万元) | 1294.19 | －2562.83 | 1427.01 |
| | 净利润(万元) | 1270.42 | －1110.41 | 345.54 |
| 近年分配: | | | | |

| 主要股东及持股比例％、持股性质 | |
|---|---|
| 中国农垦(集团)总公司 39.69％（国有股） | |
| 新华信托投资股份有限公司 28.17％（非流通股） | |
| 钟福兵 0.39％（流通 A 股） | |
| 莫财龙 0.34％（流通 A 股） | |
| 林蓉彬 0.21％（流通 A 股） | |
| 赵卓娟 0.21％（流通 A 股） | |
| 张燕 0.2％（流通 A 股） | |
| 谷云福 0.2％（流通 A 股） | |
| 张碧勤 0.2％（流通 A 股） | |
| 杨虹 0.19％（流通 A 股） | |
| 实际控制人: | 北京市海淀区国有资产投资经营公司 |

二〇〇六年以来市场表现

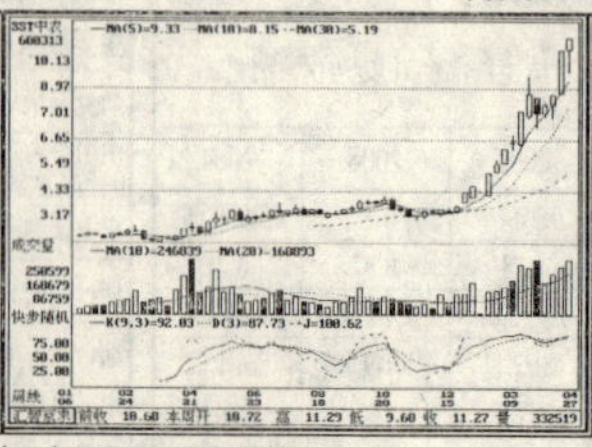

| | |
|---|---|
| 2006 年涨跌幅(％) | 61.88 |
| 2006 年最高(元) | 4.08 |
| 2007 年涨跌幅(％) | 212.19 |
| 2007.4.27 收盘(元) | 11.27 |
| 2007 年最高(元) | 11.29 |
| 2007 年最低(元) | 3.79 |
| 2007 年换手率(％) | 366.97 |

未来一年限售流通股解禁情况:

| 最新股本 | 总股本 | 非(限售)流通 | 流通 A | 流通 B/H/S | 股东户数 | 06 年末 | 06 三季 |
|---|---|---|---|---|---|---|---|
| | 25220 | 17220 | 8000 | | | 32508 | 26009 |

年报点评：公司控股子公司江苏大华种业有限公司面对种子激烈竞争的经营形势，及时调整品种结构及经营策略，经营业绩较上年同期大幅度减亏。其他产业表现平平，公司仍面临较大的经营压力。

## 上海家化（600315）

上市日期:01/03/15　　电话:021－65456400　　传真:021－65129748

| | | | | |
|---|---|---|---|---|
| 主营 | 开发和生产日用化学制品 | | | |
| | 年　度 | 2006 | 2005 | 2004 |
| 主要指标 | 每股收益/扣除后(元) | 0.42/0.39 | 0.14 | 0.18/0.16 |
| | 每股经营现金流量(元) | 2.35 | 0.01 | 0.27 |
| | 每股净资产/调整后(元) | 4.56/4.36 | 4.39/4.32 | 4.43/4.34 |
| | 未分利润(万元) | 14110.1 | 9449.74 | 11112.88 |
| | 资本公积(万元) | 39611.95 | 75342.77 | 75317.67 |
| 利润构成 | 主营收入(万元) | 215913.45 | 194887 | 166895.75 |
| | 主营利润(万元) | 93309.13 | 73176.69 | 62266.59 |
| | 投资收益(万元) | －1613.71 | －396.43 | －91.82 |
| | 利润总额(万元) | 11610.69 | 6186.35 | 6759.41 |
| | 净利润(万元) | 7376.62 | 3857.65 | 4732.33 |
| 近年分配: | 06 预案:10 派 1.5；05 年:10 派 0.49；04 年:10 派 1.6 | | | |

| 主要股东及持股比例%、持股性质 |
|---|
| 上海家化(集团)有限公司 39.38%（国有股） |
| 工银瑞信精选平衡混合型证券投资基金 4.49%（流通 A 股） |
| 汇添富均衡增长股票型证券投资基金 2.9%（流通 A 股） |
| 工银瑞信核心价值股票型证券投资基金 2.86%（流通 A 股） |
| 易方达策略成长证券投资基金 2.56%（流通 A 股） |
| 上海惠盛实业有限公司 2.36%（国有股） |
| 工银瑞信稳健成长股票型证券投资基金 2.22%（流通 A 股） |
| 华安创新证券投资基金 2.1%（流通 A 股） |
| 全国社保基金一零四组合 1.8%（流通 A 股） |
| 上投摩根阿尔法股票型证券投资基金 1.75%（流通 A 股） |
| 实际控制人：上海大盛资产有限公司 |

二〇〇六年以来市场表现

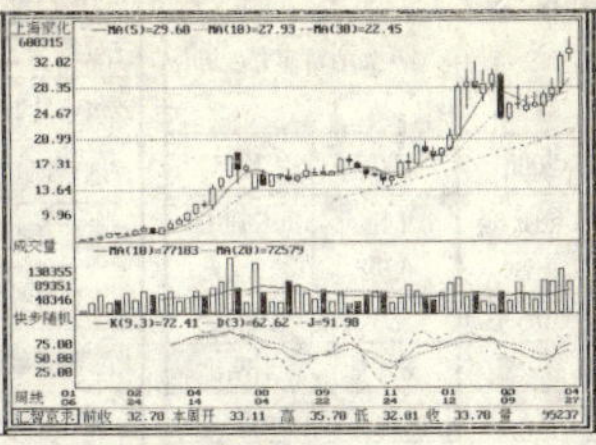

| | |
|---|---|
| 2006 年涨跌幅(%) | 257.53 |
| 2006 年最高(元) | 25.56 |
| 2007 年涨跌幅(%) | 82.89 |
| 2007.4.27 收盘(元) | 33.78 |
| 2007 年最高(元) | 35.7 |
| 2007 年最低(元) | 17.4 |
| 2007 年换手率(%) | 116.96 |

未来一年限售流通股解禁情况:

| 最新股本 | 总股本 | 非(限售)流通 | 流通 A | 流通 B/H/S | 股东户数 | 06 年末 | 06 三季 |
|---|---|---|---|---|---|---|---|
| | 17525.94 | 7315.2 | 10210.74 | | | 8113 | 11268 |

年报点评：2006 年公司根据日化市场变化,调整经营策略,采取优化营销策略等形式,使公司重点投入的两大品牌六神和百草集呈现了健康成长态势,其中百草集品牌增长率超过100%。在收入增长的同时,公司各项业务的毛利率均有提升,从而保证了公司净利润的大幅增长。

## 洪都航空（600316）

上市日期:00/12/15　　电话:0791－8467844　　传真:0791－8467844

| | | | | |
|---|---|---|---|---|
| 主营 | 航空产品开发制造业,主营产品是 K8 喷气教练机、N5A 农林多用途飞机和海燕螺旋桨飞机。 | | | |
| | 年　度 | 2006 | 2005 | 2004 |
| 主要指标 | 每股收益/扣除后(元) | 0.28 | 0.23 | 0.13/0.142 |
| | 每股经营现金流量(元) | 0.83 | 0.063 | 0.21 |
| | 每股净资产/调整后(元) | 5.89/5.89 | 4.78/4.78 | 4.57/4.57 |
| | 未分利润(万元) | 15781.72 | 9998.38 | 5897.6 |
| | 资本公积(万元) | 100206.63 | 78714.05 | 78714.05 |
| 利润构成 | 主营收入(万元) | 59010.65 | 62426.62 | 65585.72 |
| | 主营利润(万元) | 13126.9 | 14025.74 | 12458.28 |
| | 投资收益(万元) | 865.99 | －2185.74 | －2973.26 |
| | 利润总额(万元) | 8077.99 | 6131.48 | 4722.25 |
| | 净利润(万元) | 7076.48 | 5777.61 | 3400.15 |
| 近年分配: | 06 预案:10 派 1；05 年:10 派 0.2；04 年:10 派 0.2 | | | |

| 主要股东及持股比例%、持股性质 |
|---|
| 江西洪都飞机工业有限公司 55.29%（国有股） |
| 中国农业银行－景顺长城内需增长开放式证券投资基金 1.62%（流通 A 股） |
| 中国工商银行－广发策略优选混合型证券投资基金 1.62%（流通 A 股） |
| 中国工商银行－景顺长城新兴成长股票型证券投资基金 1.59%（流通 A 股） |
| 中国农业银行－景顺长城内需增长贰号股票型证券投资基金 1.15%（流通 A 股） |
| 江西洪都航空工业集团有限责任公司 1.03%（国有股） |
| 江西省军工资产经营有限公司 0.68%（非流通股） |
| 中国工商银行－广发稳健增长证券投资基金 0.57%（流通 A 股） |
| 全国社保基金一零四组合 0.56%（流通 A 股） |
| 天华证券投资基金 0.56%（流通 A 股） |
| 实际控制人：中国航空工业第二集团公司 |

二〇〇六年以来市场表现

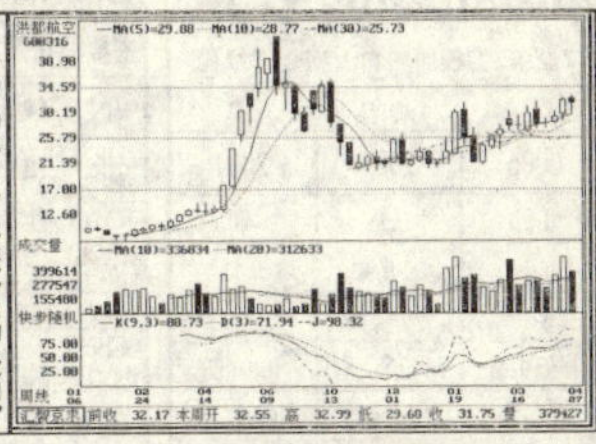

| | |
|---|---|
| 2006 年涨跌幅(%) | 119.77 |
| 2006 年最高(元) | 43.38 |
| 2007 年涨跌幅(%) | 50.47 |
| 2007.4.27 收盘(元) | 31.75 |
| 2007 年最高(元) | 32.99 |
| 2007 年最低(元) | 20.6 |
| 2007 年换手率(%) | 494.07 |

未来一年限售流通股解禁情况:17278830 股 09 月 19 日解禁

| 最新股本 | 总股本 | 非(限售)流通 | 流通 A | 流通 B/H/S | 股东户数 | 06 年末 | 06 三季 |
|---|---|---|---|---|---|---|---|
| | 25200 | 14400 | 10800 | | | 21058 | 8721 |

年报点评：公司主业为教练机和通用飞机开发。2006 年公司实施了股权分置改革,销售收入和盈利能力大幅提高,拥有了较为完整的飞机生产线,业绩平稳增长。国际上对于教练机市场的需求大增,教练机的国际市场前景将十分广阔。2007 年公司将大力开拓海内外市场。

## 营口港（600317）

上市日期:02/01/31　　电话:0417－6268507　　传真:0417－6268506

| | | | | |
|---|---|---|---|---|
| 主营 | 散杂货物的装卸、堆存、运输业务。 | | | |
| | 年　度 | 2006 | 2005 | 2004 |
| 主要指标 | 每股收益/扣除后(元) | 0.63/0.642 | 0.52 | 0.36/0.37 |
| | 每股经营现金流量(元) | 0.4 | 0.74 | 0.07 |
| | 每股净资产/调整后(元) | 4.4/4.39 | 4.65/4.64 | 4.19/4.18 |
| | 未分利润(万元) | 17026.76 | 26624.21 | 18401.88 |
| | 资本公积(万元) | 60982.42 | 57318.32 | 55913.12 |
| 利润构成 | 主营收入(万元) | 84728.94 | 74829.99 | 56719.65 |
| | 主营利润(万元) | 30659.36 | 24995.19 | 19386.87 |
| | 投资收益(万元) | 2673.72 | 1921.09 | 766.86 |
| | 利润总额(万元) | 20131.54 | 16345.37 | 12220.28 |
| | 净利润(万元) | 16105.73 | 13076.02 | 9017.5 |
| 近年分配: | 04 年:10 派 1 | | | |

| 主要股东及持股比例%、持股性质 |
|---|
| 营口港务集团有限公司 49.54%（国有股） |
| 中国银行－易方达平稳增长证券投资基金 1.29%（流通 A 股） |
| 上海轩卓物资有限公司 0.61%（非流通股） |
| 全国社保基金二零三组合 0.44%（流通 A 股） |
| 罗吉琼 0.36%（流通 A 股） |
| 曹仁均 0.34%（流通 A 股） |
| 招商银行股份有限公司－上证红利交易型开放式指数证券投资基金 0.34%（流通 A 股） |
| 中国农业银行－长盛中证 100 指数证券投资基金 0.28%（流通 A 股） |
| 泰康人寿保险股份有限公司－分红－个人分红－019L－FH002 沪 0.21%（流通 A 股） |
| 李敏娟 0.19%（流通 A 股） |
| 实际控制人：营口市人民政府 |

二〇〇六年以来市场表现

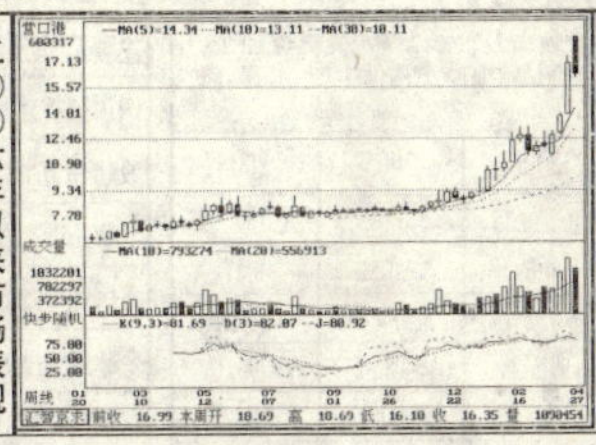

| | |
|---|---|
| 2006 年涨跌幅(%) | 28.53 |
| 2006 年最高(元) | 13.2 |
| 2007 年涨跌幅(%) | 87.93 |
| 2007.4.27 收盘(元) | 16.35 |
| 2007 年最高(元) | 18.69 |
| 2007 年最低(元) | 8.7 |
| 2007 年换手率(%) | 635.9 |

未来一年限售流通股解禁情况:6506320 股 01 月 17 日解禁

| 最新股本 | 总股本 | 非(限售)流通 | 流通 A | 流通 B/H/S | 股东户数 | 06 年末 | 06 三季 |
|---|---|---|---|---|---|---|---|
| | 25708.16 | 12980.71 | 12727.46 | | | 30067 | 33826 |

年报点评：营口港是东北地区铁矿石和钢铁运输大港,其他运输货种包括液体化工、粮食和集装箱业务。鞍钢、抚顺化工、辽阳化工、吉林化工等客户对营口港的装卸业务构成实质性支撑。2006 年,公司国产设备投资抵免所得税 1908 万元,增加每股收益 0.08 元。

## S 巢东（600318）

上市日期:00/12/08　　电话:0565－2391720　　传真:0565－2391918

| | | | | |
|---|---|---|---|---|
| 主营 | 各种建筑用水泥及钢结构建材产品的生产和销售 | | | |
| | 年　度 | 2006 | 2005 | 2004 |
| 主要指标 | 每股收益/扣除后(元) | 0.23/0.01 | －0.93 | 0.09/0.09 |
| | 每股经营现金流量(元) | 1.35 | 0.29 | 0.15 |
| | 每股净资产/调整后(元) | 2.31/2.31 | 2.23/2.23 | 3.2/3.2 |
| | 未分利润(万元) | －8671.27 | －13172.67 | 5156.25 |
| | 资本公积(万元) | 39495.41 | 38699.8 | 36750.45 |
| 利润构成 | 主营收入(万元) | 57574.39 | 54953.74 | 77158.55 |
| | 主营利润(万元) | 12312.4 | 10645.28 | 19435.29 |
| | 投资收益(万元) | －365.21 | －625.02 | 0.21 |
| | 利润总额(万元) | 954.12 | －21971.47 | 3356.72 |
| | 净利润(万元) | 4501.4 | －18652.36 | 1702.37 |
| 近年分配: | | | | |

| 主要股东及持股比例%、持股性质 |
|---|
| 安徽巢东水泥集团有限公司 59.69%（国有股） |
| 程华 0.25%（流通 A 股） |
| 黄建国 0.25%（流通 A 股） |
| 江建军 0.23%（流通 A 股） |
| 李培惠 0.22%（流通 A 股） |
| 杜长英 0.19%（流通 A 股） |
| 安徽省巢湖市安得房地产开发有限公司 0.17%（非流通股） |
| 文宗瑜 0.16%（流通 A 股） |
| 吴金英 0.15%（流通 A 股） |
| 潘素梅 0.15%（流通 A 股） |
| 实际控制人：安徽巢东水泥集团有限公司 |

二〇〇六年以来市场表现

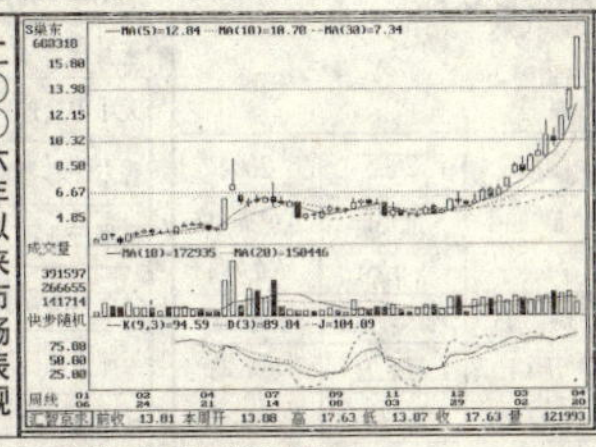

| | |
|---|---|
| 2006 年涨跌幅(%) | 87.9 |
| 2006 年最高(元) | 9.02 |
| 2007 年涨跌幅(%) | 198.81 |
| 2007.4.27 收盘(元) | 17.63 |
| 2007 年最高(元) | 17.63 |
| 2007 年最低(元) | 5.66 |
| 2007 年换手率(%) | 301.05 |

未来一年限售流通股解禁情况:

| 最新股本 | 总股本 | 非(限售)流通 | 流通 A | 流通 B/H/S | 股东户数 | 06 年末 | 06 三季 |
|---|---|---|---|---|---|---|---|
| | 20000 | 12000 | 8000 | | | 31628 | 35025 |

年报点评：2006 年对市场部进行了重新整合,加大对水泥销售的考核,建立内部考核激励机制。公司销售水泥 268.94 万吨,实现净利润 4501.40 万元,同比上升 124.13%。2007 年公司大股东股权转让给昌兴矿业和海螺水泥后,业务能够迎来新的发展机遇。

## 亚星化学（600319）

上市日期:01/03/26　　电话:0536－8667941　　传真:0536－8666877

**主营**：烧碱、聚氯乙烯、氯化聚乙烯及延伸化工产品的科研开发和生产、销售业务。

| | 年　度 | 2006 | 2005 | 2004 |
|---|---|---|---|---|
| 主要指标 | 每股收益/扣除后(元) | 0.102/0.105 | 0.118 | 0.126/0.127 |
| | 每股经营现金流量(元) | 0.588 | 0.502 | 0.461 |
| | 每股净资产/调整后(元) | 3.37/3.33 | 3.38/3.36 | 3.38/3.35 |
| | 未分利润(万元) | 3377.87 | 3868.56 | 4419.69 |
| | 资本公积(万元) | 66063.73 | 66366.07 | 66368.6 |
| 利润构成 | 主营收入(万元) | 163554.13 | 121178.1 | 99008.49 |
| | 主营利润(万元) | 20277.5 | 14330.83 | 12560.63 |
| | 投资收益(万元) | -490.36 | | |
| | 利润总额(万元) | 5554.47 | 4316.32 | 4264.68 |
| | 净利润(万元) | 3228.62 | 3716.76 | 3968.88 |

**近年分配:** 06 预案:10 派 1；05 年:10 派 1；04 年:10 派 1

**主要股东及持股比例%、持股性质**

- 潍坊亚星集团有限公司 36.94%（国有股）
- 香港嘉耀国际投资有限公司 25.9%（外资股）
- 衡平信托投资有限责任公司 3.31%（非流通股）
- 银丰证券投资基金 0.87%（流通 A 股）
- 北京海达教育投资有限公司 0.46%（流通 A 股）
- 金俊 0.44%（流通 A 股）
- 朱雅文 0.27%（流通 A 股）
- 杨晓菁 0.26%（流通 A 股）
- 上海庆华投资发展有限公司 0.23%（流通 A 股）
- 朱伯荣 0.21%（流通 A 股）

**实际控制人:** 潍坊市国有资产管理办公室

二〇〇六年以来市场表现

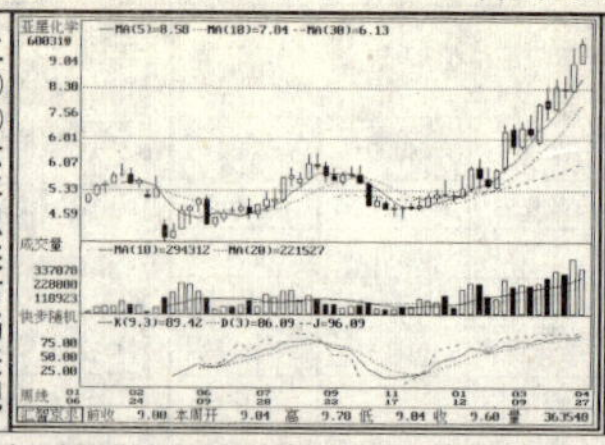

| | |
|---|---|
| 2006 年涨跌幅(%) | 41.31 |
| 2006 年最高(元) | 8.62 |
| 2007 年涨跌幅(%) | 85.69 |
| 2007.4.27 收盘(元) | 9.6 |
| 2007 年最高(元) | 9.78 |
| 2007 年最低(元) | 5 |
| 2007 年换手率(%) | 368.92 |

未来一年限售流通股解禁情况:15779700 股 04 月 26 日解禁

| 最新股本 | 总股本 | 非(限售)流通 | 流通 A | 流通 B/H/S | 股东户数 | 06 年末 | 06 三季 |
|---|---|---|---|---|---|---|---|
| | 31559.4 | 20919.4 | 10640 | | | 28426 | 32390 |

**年报点评**：公司主要产品为烧碱、聚氯乙烯和氯化聚乙烯。2006 年公司主营业务收入及主营业务利润的增加，主要原因是由于氯化聚乙烯销售数量的增加和销售价格的提高。来自塑料行业的旺盛需求和橡胶行业的潜在需求能够保证 CPE 行业在未来 3－5 年内仍将保持增长态势。

## 振华港机（600320/900947）

上市日期:A: 00/12/21 B: 97/08/05　　电话:021－58396666　　传真:021－58399555

**主营**：设计、建造和安装大型港口设备、工程船舶和大型金属结构件及其部件、配件。

| | 年　度 | 2006 | 2005 | 2004 |
|---|---|---|---|---|
| 主要指标 | 每股收益/扣除后(元) | 0.52 | 0.78 | 0.44/0.44 |
| | 每股经营现金流量(元) | 0.29 | -0.3 | 0.15 |
| | 每股净资产/调整后(元) | 1.9/1.9 | 2.97/2.96 | 3.37/3.37 |
| | 未分利润(万元) | 153609.23 | 102059.38 | 16196.36 |
| | 资本公积(万元) | 26178.08 | 118633.28 | 169997.28 |
| 利润构成 | 主营收入(万元) | 1680837.44 | 1210479.58 | 710966.43 |
| | 主营利润(万元) | 254661.87 | 160464.96 | 87222.93 |
| | 投资收益(万元) | -324.22 | 129.03 | 150.04 |
| | 利润总额(万元) | 171722.08 | 131891.67 | 46605.88 |
| | 净利润(万元) | 160247.21 | 120752.91 | 45690.79 |

**近年分配:** 06 预案:10 派 1.5；05 年:10 派 2 送 4 转增 6；04 年:10 派 1.2 转增 5

**主要股东及持股比例%、持股性质**

- 中国交通建设股份有限公司 24.19%（国有股）
- ZHEN HUA ENGINEERING COMPANY LIMITED 18.71%（外资股）
- TOYO SECURITIES ASIA LTD. A/C CLIENT 1.65%（流通 B 股）
- HKSBCSB S/A－BANQUE INT. A LUXEMBOURG S/A HSBC GLOBAL INV. FUN 1.03%（流通 B 股）
- SCBHK A/C GOVERNMENT OF SINGAPORE INVESTMENT CORPORATION－A/C 0.88%（流通 B 股）
- NAITO SECURITIES CO. LTD. 0.84%（流通 B 股）
- SCBHK A/C BONY S/A MATTHEWS INTL FUNDS－MATTHEWS DRAGON CENTU 0.82%（流通 B 股）
- AIZAWA SECURITIES CO. LTD. 0.53%（流通 B 股）
- 景顺内需贰基金 0.49%（流通 A 股）
- SCBHK A/C GSIC S/A MONETARY AUTHORITY OF SINGAPORE 0.44%（流通 B 股）

**实际控制人:** 中国交通建设集团有限公司

二〇〇六年以来市场表现

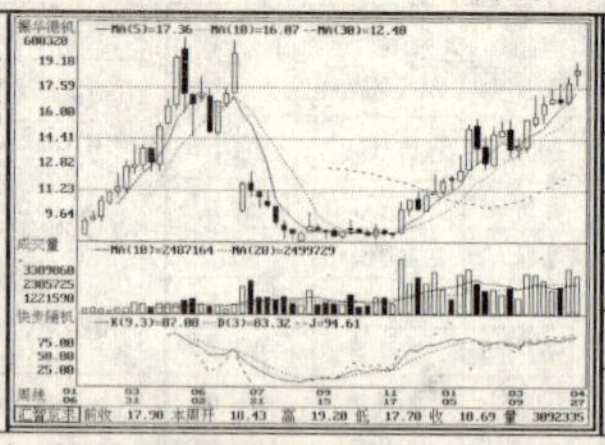

| | |
|---|---|
| 2006 年涨跌幅(%) | 249.65 |
| 2006 年最高(元) | 31.13 |
| 2007 年涨跌幅(%) | 58.93 |
| 2007.4.27 收盘(元) | 18.69 |
| 2007 年最高(元) | 19.2 |
| 2007 年最低(元) | 11.15 |
| 2007 年换手率(%) | 360.62 |

未来一年限售流通股解禁情况:154092000 股 03 月 29 日解禁

| 最新股本 | 总股本 | 非(限售)流通 | 流通 A | 流通 B/H/S | 股东户数 | 06 年末 | 06 三季 |
|---|---|---|---|---|---|---|---|
| | 308184 | 133329 | 108855 | 66000 | | 192893 | 199846 |

**年报点评**：公司主导产品岸桥、场桥所需原材料和配件主要包括特种钢材、电动机、电缆、油漆、柴油机和电气控制设备，港口机械是公司的主导产品。报告期内公司主营收入、毛利率和净利润均取得了较大幅度的提升，每股经营性现金流也同比有所提高。

## 国栋建设（600321）

上市日期:01/05/24　　电话:028－86119148　　传真:028－86154162

**主营**：溅射镀膜、中空、钢化、夹胶玻璃及玻璃制品、玻璃深加工；工业与民用建筑总承包、木制品、混凝土构件生产、水利、路桥、市政工程施工；幕墙装饰。

| | 年　度 | 2006 | 2005 | 2004 |
|---|---|---|---|---|
| 主要指标 | 每股收益/扣除后(元) | 0.17/0.13 | 0.08 | 0.13/0.09 |
| | 每股经营现金流量(元) | 0.09 | -0.84 | 0.17 |
| | 每股净资产/调整后(元) | 5.13/5.13 | 4.97/4.97 | 4.89/4.89 |
| | 未分利润(万元) | 9916.28 | 6408.81 | 4796.32 |
| | 资本公积(万元) | 77293.47 | 77462.27 | 77462.27 |
| 利润构成 | 主营收入(万元) | 37081.17 | 22580.17 | 17986.28 |
| | 主营利润(万元) | 5144.6 | 2770.8 | 3785.58 |
| | 投资收益(万元) | | 17.5 | 536.2 |
| | 利润总额(万元) | 3802.54 | 2196.7 | 3490.62 |
| | 净利润(万元) | 3897.19 | 1897.05 | 2940.04 |

**近年分配:** 06 预案:10 派 3.5

**主要股东及持股比例%、持股性质**

- 四川国栋建设集团有限公司 38.78%（非流通股）
- 殷建伟 0.63%（流通 A 股）
- 成都正蓉物资实业有限公司 0.47%（流通 A 股）
- 王国相 0.23%（流通 A 股）
- 余咏龙 0.19%（流通 A 股）
- 蒋杜瑶 0.18%（流通 A 股）
- 王国存 0.17%（流通 A 股）
- 廖少达 0.16%（流通 A 股）
- 何开斌 0.14%（流通 A 股）
- 李伟 0.14%（流通 A 股）

**实际控制人:** 王春鸣

二〇〇六年以来市场表现

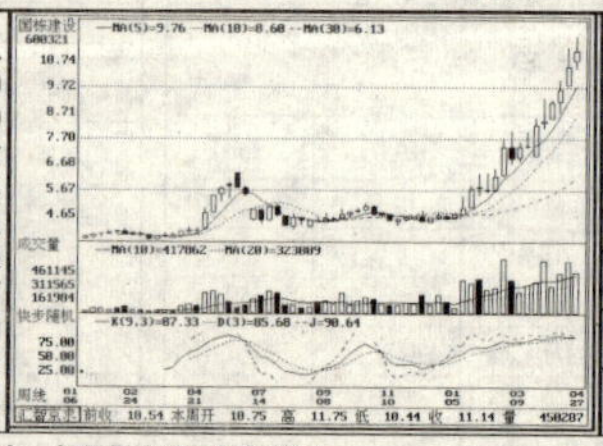

| | |
|---|---|
| 2006 年涨跌幅(%) | 58.66 |
| 2006 年最高(元) | 6.62 |
| 2007 年涨跌幅(%) | 145.37 |
| 2007.4.27 收盘(元) | 11.14 |
| 2007 年最高(元) | 11.75 |
| 2007 年最低(元) | 4.53 |
| 2007 年换手率(%) | 418.94 |

未来一年限售流通股解禁情况:

| 最新股本 | 总股本 | 非(限售)流通 | 流通 A | 流通 B/H/S | 股东户数 | 06 年末 | 06 三季 |
|---|---|---|---|---|---|---|---|
| | 22776 | 8833.5 | 13942.5 | | | 33835 | 35889 |

**年报点评**：公司主营玻璃及建材生产和销售等业务。2006 年公司 20 万立方米秸秆/木质中、高密度纤维板生产线投产，受板式家具景气回升产品供不应求，收入和净利润大幅增长。公司利用四川广元木材资源优势，进一步提高刨花板产能。未来公司业务可望稳定增长。

## 天房发展（600322）

上市日期:01/09/10　　电话:022—23122254　　传真:022—23122254

**主营**：房地产开发经营、销售与出租等。

| | 年　度 | 2006 | 2005 | 2004 |
|---|---|---|---|---|
| 主要指标 | 每股收益/扣除后(元) | 0.078/0.08 | 0.051 | 0.037/0.035 |
| | 每股经营现金流量(元) | -0.446 | -0.351 | -0.2961 |
| | 每股净资产/调整后(元) | 3.97/3.78 | 3.96/3.82 | 3.95/3.82 |
| | 未分利润(万元) | 7798.1 | 7738.22 | 6306.45 |
| | 资本公积(万元) | 97864.85 | 98222.69 | 98210.38 |
| 利润构成 | 主营收入(万元) | 99006.35 | 70028.01 | 56199.72 |
| | 主营利润(万元) | 18597.4 | 20491.8 | 17085.73 |
| | 投资收益(万元) | -364.85 | -1139.55 | -188.07 |
| | 利润总额(万元) | 5237.27 | 4319.69 | 3073.34 |
| | 净利润(万元) | 3324.13 | 2163.91 | 1571.87 |

**近年分配:** 06 预案:10 派 0.6 转增 10；05 年:10 派 0.6；04 年:10 派 0.4

**主要股东及持股比例%、持股性质**

- 天津市房地产开发经营集团有限公司 25.11%（国有股）
- 普丰证券投资基金 2.73%（流通 A 股）
- 鹏华行业成长证券投资基金 0.52%（流通 A 股）
- 李迪 0.5%（流通 A 股）
- 天津天峰国际运输有限公司 0.47%（流通 A 股）
- 长盛成长价值证券投资基金 0.47%（流通 A 股）
- 徐海洋 0.39%（流通 A 股）
- 申银万国－花旗－DEUTSCHE BANK AKTIENGESELLSCHAFT 0.34%（流通 A 股）
- 天津交行 0.3%（非流通股）
- 杨志远 0.27%（流通 A 股）

**实际控制人:** 天津市房地产开发经营集团有限公司

二〇〇六年以来市场表现

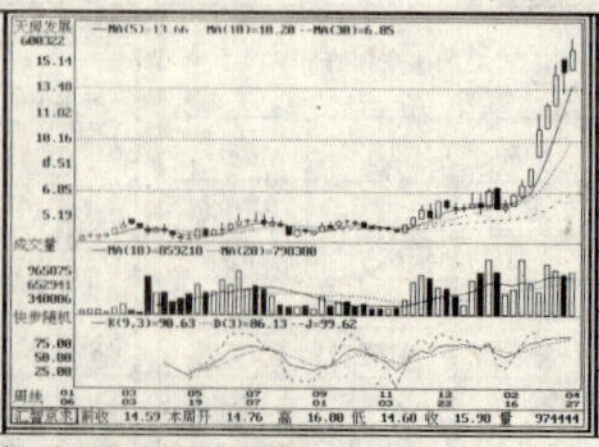

| | |
|---|---|
| 2006 年涨跌幅(%) | 123.83 |
| 2006 年最高(元) | 8.71 |
| 2007 年涨跌幅(%) | 178.4 |
| 2007.4.27 收盘(元) | 15.98 |
| 2007 年最高(元) | 16.8 |
| 2007 年最低(元) | 5.32 |
| 2007 年换手率(%) | 416.33 |

未来一年限售流通股解禁情况:

| 最新股本 | 总股本 | 非(限售)流通 | 流通 A | 流通 B/H/S | 股东户数 | 06 年末 | 06 三季 |
|---|---|---|---|---|---|---|---|
| | 42370.74 | 15685.68 | 26685.07 | | | 63981 | 70670 |

**年报点评**：主营房地产的开发经营、销售与出租，2006 年主营收入同比增长 41.38%，净利润同比增长 53.62%，主要是经济适用房项目的持续旺销以及其他项目销售的平稳增长。但经济适用房的利润率较低，导致毛利率有所下降。

## 南海发展（600323）

上市日期:00/12/25　　电话:0757－86280996　　传真:0757－86328565

| | | | | |
|---|---|---|---|---|
| 主营 | 自来水的生产、供应和路桥投资等 | | | |
| | 年　度 | 2006 | 2005 | 2004 |
| 主要指标 | 每股收益/扣除后(元) | 0.41/0.4 | 0.37 | 0.34/0.36 |
| | 每股经营现金流量(元) | 0.82 | 0.7 | 0.63 |
| | 每股净资产/调整后(元) | 3.97/3.83 | 3.97/3.92 | 3.85/3.81 |
| | 未分利润(万元) | 5171.76 | 5231.43 | 4630.22 |
| | 资本公积(万元) | 38179.66 | 38473.16 | 38473.16 |
| 利润构成 | 主营收入(万元) | 35929.24 | 31887.37 | 27239.12 |
| | 主营利润(万元) | 17583.82 | 15953.46 | 14603.49 |
| | 投资收益(万元) | 379.62 | 15.31 | －55.75 |
| | 利润总额(万元) | 13867.93 | 12971.29 | 11445.38 |
| | 净利润(万元) | 8515.68 | 7752.08 | 7151.69 |
| 近年分配: | 06 预案:10 派 2；05 年:10 派 2.5；04 年:10 派 2.5 | | | |

| 主要股东及持股比例%、持股性质 |
|---|
| 佛山市南海供水集团有限公司 28.24%（国有股） |
| 北京水星投资管理有限责任公司 4.49%（流通 A 股） |
| 中国银行－华宝兴业先进成长股票型证券投资基金 2.09%（流通 A 股） |
| 海通－交行－日兴资产管理有限公司－日兴 AM 中国人民币 A 股母基金 1.23%（流通 A 股） |
| 中国建设银行－华安宏利股票型证券投资基金 1.1%（流通 A 股） |
| 中国建设银行－鹏华价值优势股票型证券投资基金 1.09%（流通 A 股） |
| 中国建设银行－博时主题行业股票证券投资基金 1.01%（流通 A 股） |
| 郭品洁 0.96%（流通 A 股） |
| 中国工商银行－安瑞证券投资基金 0.72%（流通 A 股） |
| 招商银行股份有限公司－上证红利交易型开放式指数证券投资基金 0.65%（流通 A 股） |
| 实际控制人: 佛山市南海供水集团有限公司 |

二〇〇六年以来市场表现

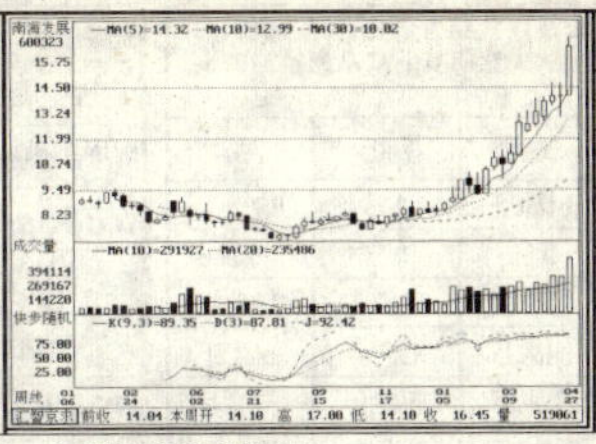

| | |
|---|---|
| 2006 年涨跌幅(%) | 14.73 |
| 2006 年最高(元) | 10.59 |
| 2007 年涨跌幅(%) | 93.99 |
| 2007.4.27 收盘(元) | 16.45 |
| 2007 年最高(元) | 17 |
| 2007 年最低(元) | 8.32 |
| 2007 年换手率(%) | 276.41 |

未来一年限售流通股解禁情况:

| 最新股本 | 总股本 | 非(限售)流通 | 流通 A | 流通 B/H/S | 股东户数 | 06 年末 | 06 三季 |
|---|---|---|---|---|---|---|---|
| | 20851.42 | 5888 | 14963.42 | | | 31444 | 32705 |

年报点评：公司主营城市供水、垃圾处理和垃圾焚烧发电业务。2006 年电价上涨因素导致供水业务毛利率低于预期。南海污水处理率仅为 40%，低于全国平均水平，水厂建设完成将逐步产生收入。垃圾发电项目一期已于 06 年 8 月委托运营，07 年初开始产生发电收益。

## 华发股份（600325）

上市日期:04/02/25　　电话:0756－8282938　　传真:0756－8883298

| | | | | |
|---|---|---|---|---|
| 主营 | 房地产开发和销售 | | | |
| | 年　度 | 2006 | 2005 | 2004 |
| 主要指标 | 每股收益/扣除后(元) | 0.55/0.51 | 0.5/0.39 | 0.43/0.43 |
| | 每股经营现金流量(元) | 1.2 | 1.07 | 0.5963 |
| | 每股净资产/调整后(元) | 4.67/4.67 | 4.22/4.22 | 4.95/4.94 |
| | 未分利润(万元) | 45824.67 | 32965.6 | 24855.1 |
| | 资本公积(万元) | 35444.45 | 35382.73 | 41382.73 |
| 利润构成 | 主营收入(万元) | 83909.05 | 71428.75 | 53034.52 |
| | 主营利润(万元) | 25434.42 | 20639.06 | 15799.61 |
| | 投资收益(万元) | 993.8 | 2884.66 | 0.94 |
| | 利润总额(万元) | 17201.41 | 15775.55 | 10023.52 |
| | 净利润(万元) | 14225.55 | 12881.17 | 8579.17 |
| 近年分配: | 05 中期:10 转增 3 年终:10 派 1；04 年:10 派 1 | | | |

| 主要股东及持股比例%、持股性质 |
|---|
| 珠海经济特区华发集团公司 27.06%（国有股） |
| 全国社保基金一零九组合 2.31%（流通 A 股） |
| 裕隆证券投资基金 1.97%（流通 A 股） |
| 珠海经济特区华发汽车展销中心 1.79%（国有股） |
| 珠海华发物业管理服务有限公司 1.79%（国有股） |
| 易方达策略成长证券投资基金 1.76%（流通 A 股） |
| 易方达策略成长二号混合型证券投资基金 1.65%（流通 A 股） |
| 广发策略优选混合型证券投资基金 1.61%（流通 A 股） |
| 裕阳证券投资基金 1.42%（流通 A 股） |
| 中国人寿保险股份有限公司 1.33%（流通 A 股） |
| 实际控制人: 珠海经济特区华发集团公司 |

二〇〇六年以来市场表现

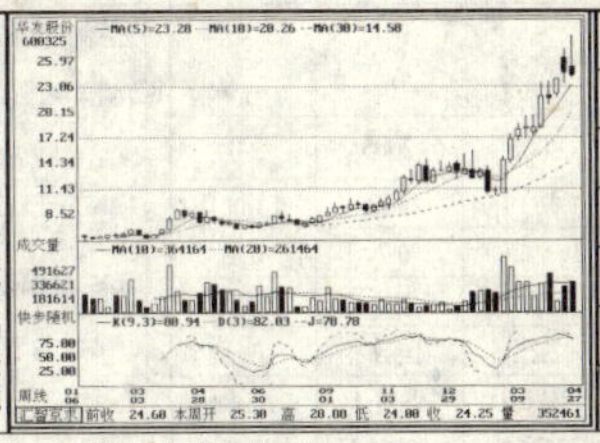

| | |
|---|---|
| 2006 年涨跌幅(%) | 126.8 |
| 2006 年最高(元) | 14.76 |
| 2007 年涨跌幅(%) | 75.98 |
| 2007.4.27 收盘(元) | 24.25 |
| 2007 年最高(元) | 28.88 |
| 2007 年最低(元) | 10.52 |
| 2007 年换手率(%) | 293.74 |

未来一年限售流通股解禁情况:

| 最新股本 | 总股本 | 非(限售)流通 | 流通 A | 流通 B/H/S | 股东户数 | 06 年末 | 06 三季 |
|---|---|---|---|---|---|---|---|
| | 26000 | 15860 | 10140 | | | 20447 | 24129 |

年报点评：公司主营房地产开发，2006 年主营收入和净利润有所增加，主营毛利率略有增长。主营收入增加主要是华发新城三期一部分提前竣工入伙。华发新城四期、华发世纪城、华发九洲等项目的相继开工，保证 2007 年未来利润的主要来源。

## 西藏天路（600326）

上市日期:01/01/16　　电话:0891－6902700　　传真:0891－6903003

| | | | | |
|---|---|---|---|---|
| 主营 | 公路工程施工的基础设施建设，主要承担西藏自治区内的公路桥梁的建设任务。 | | | |
| | 年　度 | 2006 | 2005 | 2004 |
| 主要指标 | 每股收益/扣除后(元) | 0.094/0.079 | 0.177/0.159 | 0.159/0.149 |
| | 每股经营现金流量(元) | 0.1001 | 0.1094 | －0.1307 |
| | 每股净资产/调整后(元) | 2.59/2.57 | 2.45/2.44 | 2.27/2.27 |
| | 未分利润(万元) | 6890.56 | 5370.16 | 2872.94 |
| | 资本公积(万元) | 17958.91 | 17239.36 | 17239.36 |
| 利润构成 | 主营收入(万元) | 48906.73 | 38773.21 | 34827.97 |
| | 主营利润(万元) | 3865.37 | 5477.15 | 5443.23 |
| | 投资收益(万元) | 687.18 | 667.06 | 734.91 |
| | 利润总额(万元) | 1424.25 | 3651.85 | 3121.54 |
| | 净利润(万元) | 1686.08 | 3188.36 | 2854.26 |
| 近年分配: | 06 预案:10 派 1 | | | |

| 主要股东及持股比例%、持股性质 |
|---|
| 西藏公路工程总公司 35.52%（国有股） |
| 西藏自治区交通工业总公司 7.12%（国有股） |
| 西藏拉萨汽车运输总公司 5.82%（国有股） |
| 北京玺萌房地产开发有限公司 2.2%（流通 A 股） |
| 上海潮涌化工有限公司 1.07%（流通 A 股） |
| 上海金象铝业有限公司 1.04%（流通 A 股） |
| 齐广胜 0.84%（流通 A 股） |
| 周牛姑 0.83%（流通 A 股） |
| 西藏坤泰投资管理有限公司 0.78%（流通 A 股） |
| 万向资源有限公司 0.73%（流通 A 股） |
| 实际控制人: 西藏公路工程总公司 |

二〇〇六年以来市场表现

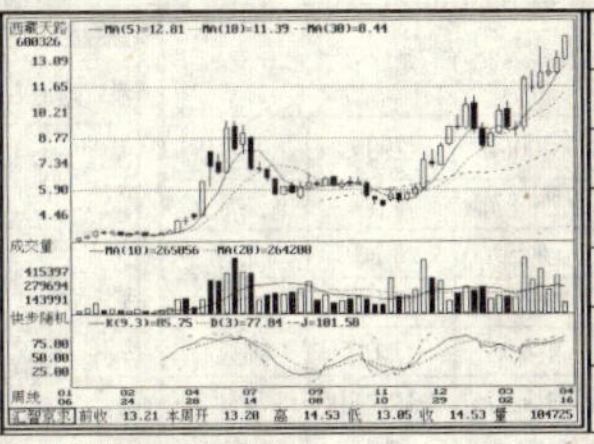

| | |
|---|---|
| 2006 年涨跌幅(%) | 249.47 |
| 2006 年最高(元) | 12.42 |
| 2007 年涨跌幅(%) | 75.06 |
| 2007.4.27 收盘(元) | 14.53 |
| 2007 年最高(元) | 14.53 |
| 2007 年最低(元) | 8.03 |
| 2007 年换手率(%) | 401.23 |

未来一年限售流通股解禁情况:

| 最新股本 | 总股本 | 非(限售)流通 | 流通 A | 流通 B/H/S | 股东户数 | 06 年末 | 06 三季 |
|---|---|---|---|---|---|---|---|
| | 18000 | 8784 | 9216 | | | 14187 | 22404 |

年报点评：2006 年新疆区内公路建设行业竞争日益激烈；“合理低价中标”模式增加了公司的业务风险。2006 年公司组建西藏天路矿业开发有限公司开发有色金属矿产资源，将成为业务增长点。

## 大厦股份（600327）

上市日期:02/06/25　　电话:0510－2702093　　传真:0510－2700159

| | | | | |
|---|---|---|---|---|
| 主营 | 国内一般商业百货零售 | | | |
| | 年　度 | 2006 | 2005 | 2004 |
| 主要指标 | 每股收益/扣除后(元) | 0.225/0.233 | 0.394 | 0.329/0.324 |
| | 每股经营现金流量(元) | 0.53 | 1.1 | 0.09 |
| | 每股净资产/调整后(元) | 1.95/1.91 | 2.85/2.74 | 2.8/2.68 |
| | 未分利润(万元) | 7407.09 | 6650.96 | 7743.36 |
| | 资本公积(万元) | 15064.42 | 26105.41 | 26105.41 |
| 利润构成 | 主营收入(万元) | 321067.76 | 293669.88 | 260681.59 |
| | 主营利润(万元) | 36979.51 | 35236.98 | 31387.8 |
| | 投资收益(万元) | 194.27 | －36.91 | 142.41 |
| | 利润总额(万元) | 14108.84 | 14952.61 | 12362.46 |
| | 净利润(万元) | 7323.44 | 8554.02 | 7156.42 |
| 近年分配: | 06 预案:10 派 1；05 年:10 派 2.5 转增 5；04 年:10 派 3.5 | | | |

| 主要股东及持股比例%、持股性质 |
|---|
| 江苏无锡商业大厦集团有限公司 47.03%（非流通股） |
| 无锡市商业实业有限公司 5.73%（国有股） |
| 中国银行－嘉实主题精选混合型证券投资基金 4.13%（流通 A 股） |
| 交通银行－汉兴证券投资基金 2.76%（流通 A 股） |
| 中国农业银行－交银施罗德成长股票证券投资基金 2.54%（流通 A 股） |
| 全国社保基金一零六组合 1.71%（流通 A 股） |
| 中国工商银行－申万巴黎新经济混合型证券投资基金 1.7%（流通 A 股） |
| 汉盛证券投资基金 1.5%（流通 A 股） |
| 中国建设银行－华夏优势增长股票型证券投资基金 1.38%（流通 A 股） |
| 中国工商银行－金泰证券投资基金 1.08%（流通 A 股） |
| 实际控制人: 王均金 |

二〇〇六年以来市场表现

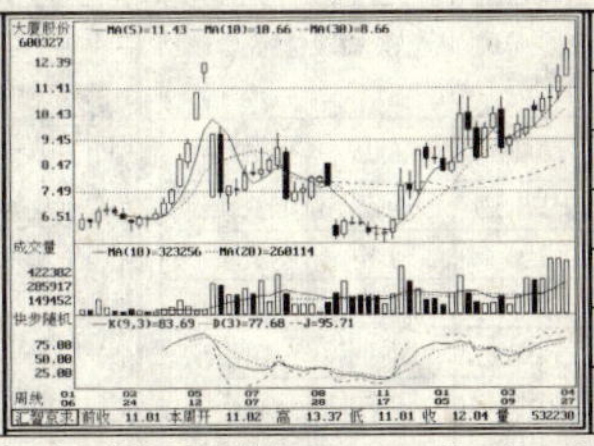

| | |
|---|---|
| 2006 年涨跌幅(%) | 177.3 |
| 2006 年最高(元) | 17.93 |
| 2007 年涨跌幅(%) | 47.76 |
| 2007.4.27 收盘(元) | 12.84 |
| 2007 年最高(元) | 13.37 |
| 2007 年最低(元) | 8.1 |
| 2007 年换手率(%) | 284.45 |

未来一年限售流通股解禁情况:17918625 股 09 月 26 日解禁

| 最新股本 | 总股本 | 非(限售)流通 | 流通 A | 流通 B/H/S | 股东户数 | 06 年末 | 06 三季 |
|---|---|---|---|---|---|---|---|
| | 32606.99 | 17366.99 | 15240 | | | 8460 | 16785 |

年报点评：公司主营商业零售、汽车销售、食品餐饮等业务，受到部分经营楼面装修的影响，公司百货业务收入增长低于历史水平，而汽车销售则出现收入和毛利率齐增局面。公司旗下三凤桥公司的熟食制品已打入上海家乐福等 10 家门店，并首次出口日本市场。

## 兰太实业（600328）

上市日期:00/12/22　　电话:0483－8838636　　传真:0483－8838735

**主营：** 加碘食用盐、化工原料盐以及以盐湖为依托，高附加值、高科技含量的金属钠及副产品、天然胡萝卜素系列产品的生产与销售。

| | 年　度 | 2006 | 2005 | 2004 |
|---|---|---|---|---|
| 主要指标 | 每股收益/扣除后(元) | 0.17/0.16 | 0.23 | 0.13/0.12 |
| | 每股经营现金流量(元) | 0.24 | 0.58 | 0.24 |
| | 每股净资产/调整后(元) | 2.37/2.34 | 2.26/2.23 | 2.03/2.02 |
| | 未分利润(万元) | 16188.15 | 12186.4 | 6488.01 |
| | 资本公积(万元) | 27550.95 | 27923.99 | 26837.49 |
| 利润构成 | 主营收入(万元) | 78004.55 | 81843.82 | 56177.66 |
| | 主营利润(万元) | 27491.19 | 40248.19 | 24106.75 |
| | 投资收益(万元) | 53.45 | －96.55 | －114.32 |
| | 利润总额(万元) | 4571.67 | 12452.79 | 5609.67 |
| | 净利润(万元) | 5966.86 | 8406.33 | 4584.99 |

近年分配：06 预案:10 派 0.2；05 年:10 派 0.4

**主要股东及持股比例%、持股性质**

- 中盐吉兰泰盐化集团有限公司 49.13%（国有股）
- 阿拉善达康精细化工股份有限公司 4.06%（非流通股）
- 内蒙古自治区盐业公司 0.62%（国有股）
- 沈燕 0.61%（流通 A 股）
- 浙江平安担保有限公司 0.28%（流通 A 股）
- 顾德才 0.22%（流通 A 股）
- 丁勇 0.16%（流通 A 股）
- 山西省盐业公司 0.16%（非流通股）
- 宁夏回族自治区盐业公司 0.16%（非流通股）
- 范成辉 0.15%（流通 A 股）

实际控制人：中国盐业总公司

二〇〇六年以来市场表现

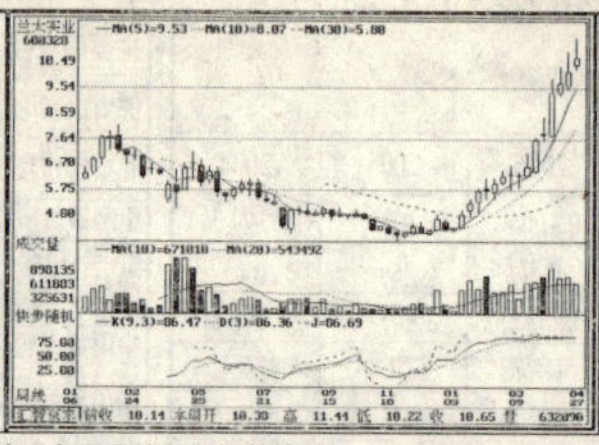

| | |
|---|---|
| 2006 年涨跌幅(%) | －7.13 |
| 2006 年最高(元) | 9.44 |
| 2007 年涨跌幅(%) | 148.83 |
| 2007.4.27 收盘(元) | 10.65 |
| 2007 年最高(元) | 11.44 |
| 2007 年最低(元) | 4.18 |
| 2007 年换手率(%) | 589.17 |

未来一年限售流通股解禁情况:17955902 股 04 月 18 日解禁

| 最新股本 | 总股本 | 非(限售)流通 | 流通 A | 流通 B/H/S | 股东户数 | 06 年末 | 06 三季 |
|---|---|---|---|---|---|---|---|
| | 35911.8 | 19438.2 | 16473.6 | | | 37412 | 41855 |

**年报点评：** 2006 年由于公司盐和金属钠产品价格下降同时原材料成本上升，导致公司主营产品毛利率下滑，进而导致公司净利润同比有较大幅度下降。2007 年，公司将继续保持盐－盐化工－生物制药三大产业共同发展的格局，力争实现业绩增长。

## 中新药业（600329）

上市日期:01/06/06　　电话:022－27020926　　传真:022－27020926

**主营：** 中、西药品的生产和销售

| | 年　度 | 2006 | 2005 | 2004 |
|---|---|---|---|---|
| 主要指标 | 每股收益/扣除后(元) | －1.02/－1.04 | 0.22 | 0.17/0.11 |
| | 每股经营现金流量(元) | －0.076 | 0.71 | 0.03 |
| | 每股净资产/调整后(元) | 3.25/3.24 | 4.41/4.41 | 4.34/4.33 |
| | 未分利润(万元) | －29271.5 | 14049.7 | 12962.8 |
| | 资本公积(万元) | 93300.2 | 93037.4 | 92836.6 |
| 利润构成 | 主营收入(万元) | 214996.8 | 251714.1 | 211575.6 |
| | 主营利润(万元) | 74851.8 | 107194.3 | 95485.6 |
| | 投资收益(万元) | 3849.7 | 8354.3 | 6018.6 |
| | 利润总额(万元) | －38208.1 | 10497.3 | 9318.3 |
| | 净利润(万元) | －37776.4 | 8078.7 | 6403.2 |

近年分配：05 年:10 派 1.5；04 年:10 派 1.5

**主要股东及持股比例%、持股性质**

- 天津市医药集团有限公司 47.98%（国有股）
- UOB KAY HIAN PTE LTD 1.26%（S股）
- TAN SWEE TECK MICHAEL OR TAN TOH HEAH 0.73%（S股）
- OCBC SECURITIES PRIVATE LTD 0.6%（S股）
- KIM ENG SECURITIES PTE. LTD. 0.51%（S股）
- TAN AH CHYE 0.37%（S股）
- UNITED OVERSEAS BANK NOMINEES 0.36%（S股）
- CHAN WAI MAN 0.35%（S股）
- CIMB－GK SECURITIES PTE. LTD. 0.29%（S股）
- PEH CHIN CHIONG 0.28%（S股）

实际控制人：天津市医药集团有限公司

二〇〇六年以来市场表现

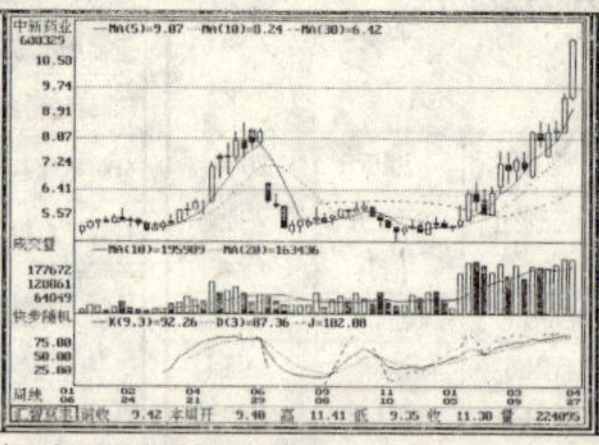

| | |
|---|---|
| 2006 年涨跌幅(%) | 36.67 |
| 2006 年最高(元) | 8.6 |
| 2007 年涨跌幅(%) | 117.31 |
| 2007.4.27 收盘(元) | 11.3 |
| 2007 年最高(元) | 11.41 |
| 2007 年最低(元) | 5.08 |
| 2007 年换手率(%) | 366.39 |

未来　年限售流通股解禁情况:11701241 股 07 月 19 日解禁

| 最新股本 | 总股本 | 非(限售)流通 | 流通 A | 流通 B/H/S | 股东户数 | 06 年末 | 06 三季 |
|---|---|---|---|---|---|---|---|
| | 36965.44 | 18907.84 | 8057.6 | 10000 | | 37409 | 39492 |

**年报点评：** 公司是天津最大以中成药制造业为主的国有控股医药企业，主要产品销售稳定，子公司经营情况较好。2006 年公司处理历史遗留问题导致大幅亏损。公司管理层发生变动。未来几年公司经营情况有望逐步转好。

## 天通股份（600330）

上市日期:01/01/18　　电话:0573－7230878　　传真:0573－7230228

**主营：** 磁性材料、电子元件、机械设备的生产、销售及技术开发。

| | 年　度 | 2006 | 2005 | 2004 |
|---|---|---|---|---|
| 主要指标 | 每股收益/扣除后(元) | 0.221/0.205 | 0.089 | 0.279/0.262 |
| | 每股经营现金流量(元) | 0.15 | 0.208 | 0.485 |
| | 每股净资产/调整后(元) | 2.37/2.36 | 2.21/2.21 | 3.02/3.01 |
| | 未分利润(万元) | 24171.46 | 17622.5 | 14098.42 |
| | 资本公积(万元) | 29256.07 | 30011.94 | 24284.3 |
| 利润构成 | 主营收入(万元) | 94452.63 | 63795.53 | 44635.72 |
| | 主营利润(万元) | 21049.32 | 14609.83 | 13031.06 |
| | 投资收益(万元) | 1260.41 | 278.01 | 776.43 |
| | 利润总额(万元) | 9909.49 | 5458.63 | 7446.49 |
| | 净利润(万元) | 9703.09 | 3913.6 | 6412.95 |

近年分配：06 预案:10 派 0.6；05 年:10 派 0.5；04 年:10 派 1 转增 6

**主要股东及持股比例%、持股性质**

- 潘广通 8.87%（非流通股）
- 浙江天力工贸有限公司 8%（非流通股）
- 潘建清 7.64%（非流通股）
- 宝钢集团企业开发总公司 5.34%（国有股）
- 招商银行股份有限公司－中信经典配置证券投资基金 2.73%（流通 A 股）
- 海宁市经济发展投资公司 2.41%（国有股）
- 中国电子科技集团公司第四十八研究所 2.22%（国有股）
- 中国工商银行－开元证券投资基金 1.78%（流通 A 股）
- UBS AG 1.6%（流通 A 股）
- 潘金鑫 1.28%（非流通股）

实际控制人：潘广通

二〇〇六年以来市场表现

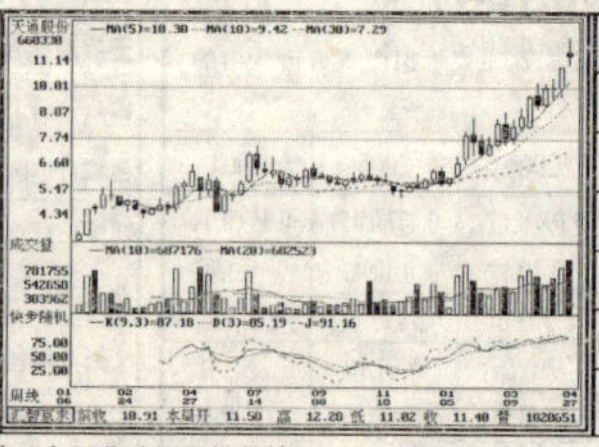

| | |
|---|---|
| 2006 年涨跌幅(%) | 136.44 |
| 2006 年最高(元) | 9.71 |
| 2007 年涨跌幅(%) | 97.57 |
| 2007.4.27 收盘(元) | 11.4 |
| 2007 年最高(元) | 12.28 |
| 2007 年最低(元) | 5.65 |
| 2007 年换手率(%) | 463.32 |

未来一年限售流通股解禁情况:79894128 股 05 月 22 日解禁

| 最新股本 | 总股本 | 非(限售)流通 | 流通 A | 流通 B/H/S | 股东户数 | 06 年末 | 06 三季 |
|---|---|---|---|---|---|---|---|
| | 43915.2 | 22075.2 | 21840 | | | 29861 | 22508 |

**年报点评：** 公司主营软磁铁氧体磁芯、电子制造等。软磁供给趋势是高端生产向国内转移，低端竞争激烈，公司调整产品和客户结构，开拓高端国际市场和大客户，克服了原料和电力涨价、人民币升值、折旧增加等不利压力，实现毛利稳定和业绩成长。

## 宏达股份（600331）

上市日期:01/12/20　　电话:028－86141081　　传真:028－86140372

**主营：** 普通过磷酸钙、钾肥、复混肥、锌锭、氧化锌、磷酸氢钙、磷酸一铵以及锌锭的生产和销售。

| | 年　度 | 2006 | 2005 | 2004 |
|---|---|---|---|---|
| 主要指标 | 每股收益/扣除后(元) | 1.532/1.539 | 0.453 | 0.233/0.239 |
| | 每股经营现金流量(元) | 1.38 | 0.94 | 0.7629 |
| | 每股净资产/调整后(元) | 3.88/3.56 | 2.38/2.25 | 1.98/1.98 |
| | 未分利润(万元) | 56853.58 | 28190.98 | 15193.09 |
| | 资本公积(万元) | 12551.24 | 12246.21 | 12012.62 |
| 利润构成 | 主营收入(万元) | 504717.7 | 272605.02 | 166717.26 |
| | 主营利润(万元) | 196433.65 | 76264.26 | 45197.83 |
| | 投资收益(万元) | －77.23 | －241.42 | 103.88 |
| | 利润总额(万元) | 139662.24 | 36688.97 | 18918.94 |
| | 净利润(万元) | 63740.67 | 18847.36 | 9673.9 |

近年分配：06 预案:10 派 6.9；05 年:10 派 0.5；04 中期:10 转增 10 年终:10 派 0.5

**主要股东及持股比例%、持股性质**

- 什邡宏达发展有限公司 26.923%（非流通股）
- 四川平原实业发展有限公司 16.086%（部分流通部分不流通）
- 绵阳市益多园房地产开发有限责任公司 6.806%（部分流通部分不流通）
- 中国人寿保险股份有限公司－分红－个人分红－005L－FH002 沪 1.534%（流通 A 股）
- 中国工商银行－易方达价值精选股票型证券投资基金 1.084%（流通 A 股）
- 中国建设银行－上投摩根成长先锋股票型证券投资基金 0.962%（流通 A 股）
- 交通银行－汉兴证券投资基金 0.775%（流通 A 股）
- 汉盛证券投资基金 0.584%（流通 A 股）
- 深圳市博厚实业有限公司 0.414%（流通 A 股）
- 高山 0.413%（流通 A 股）

实际控制人：

二〇〇六年以来市场表现

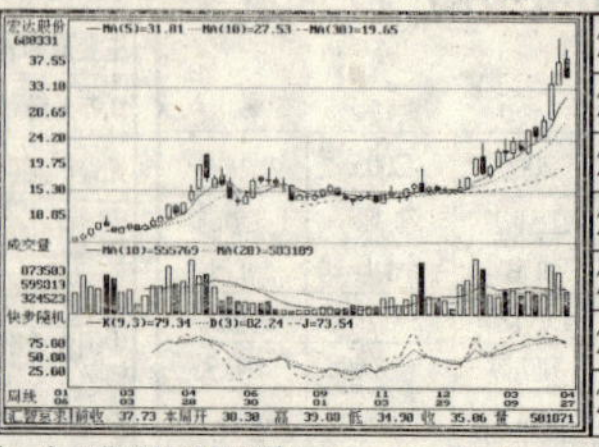

| | |
|---|---|
| 2006 年涨跌幅(%) | 139.54 |
| 2006 年最高(元) | 21.7 |
| 2007 年涨跌幅(%) | 125.9 |
| 2007.4.27 收盘(元) | 35.06 |
| 2007 年最高(元) | 42 |
| 2007 年最低(元) | 14.9 |
| 2007 年换手率(%) | 381.25 |

未来一年限售流通股解禁情况:28313600 股 12 月 27 日解禁

| 最新股本 | 总股本 | 非(限售)流通 | 流通 A | 流通 B/H/S | 股东户数 | 06 年末 | 06 三季 |
|---|---|---|---|---|---|---|---|
| | 41600 | 16563.2 | 25036.8 | | | 25255 | 15842 |

**年报点评：** 公司的控股股东拥有亚洲最大的锌矿资源，定向增发新建锌合金项目也在积极筹备中，国际锌价持续高位运行等，这些都将有力地支撑公司未来的发展。另外，我国锌冶炼行业的兼并重组也将给公司的发展打开空间。

## 广州药业（600332）

上市日期:01/02/06　电话:020－81218117　传真:020－81876408

| | | | | |
|---|---|---|---|---|
| 主营 | 中成药的研究开发、制造及销售;西药、中药和医疗器械的批发、零售和进出口业务;天然药品及生物药品的研究开发。 | | | |
| | 年　度 | 2006 | 2005 | 2004 |
| 主要指标 | 每股收益/扣除后(元) | 0.28 | 0.23 | 0.07/0.08 |
| | 每股经营现金流量(元) | 0.05 | 0.18 | 0.25 |
| | 每股净资产/调整后(元) | 3.44/3.41 | 3.23/3.17 | 3.01/2.96 |
| | 未分利润(万元) | 17590.46 | 9383.97 | 2250.59 |
| | 资本公积(万元) | 115322.05 | 114945.38 | 112638.14 |
| 利润构成 | 主营收入(万元) | 1024100.35 | 902634.04 | 770831.36 |
| | 主营利润(万元) | 174318.46 | 152875.22 | 137248.91 |
| | 投资收益(万元) | 710.55 | －806.31 | －473.58 |
| | 利润总额(万元) | 37036.25 | 30674.08 | 16764.24 |
| | 净利润(万元) | 22732.77 | 18448.15 | 5529.16 |
| 近年分配: | 06 预案:10 派 0.84 ; 05 年:10 派 0.7 ; 04 年:10 派 0.25 | | | |

| 主要股东及持股比例%、持股性质 |
|---|
| 广药集团 57.79% (国有股) |
| 香港中央结算(代理人)有限公司 26.98% (H股) |
| 长城公司 2.59% (国有股) |
| 中国银行－易方达平稳增长证券投资基金 1.03% (流通A股) |
| 交通银行－科汇证券投资基金 0.62% (流通A股) |
| 西部证券股份有限公司 0.53% (流通A股) |
| 中国工商银行－开元证券投资基金 0.48% (流通A股) |
| 中国银行－易方达策略成长二号混合型证券投资基金 0.17% (流通A股) |
| 中国工商银行－易方达价值精选股票型证券投资基金 0.15% (流通A股) |
| 全国社保基金一零九组合 0.13% (流通A股) |
| 实际控制人: 广州市国有资产监督管理委员会 |

二〇〇六年以来市场表现

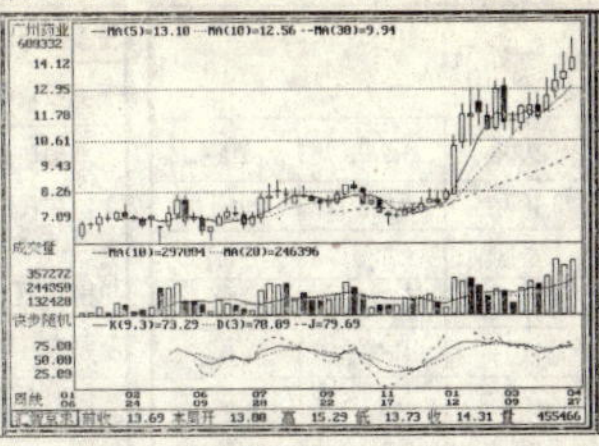

| | |
|---|---|
| 2006 年涨跌幅(%) | 61.57 |
| 2006 年最高(元) | 11.52 |
| 2007 年涨跌幅(%) | 85.6 |
| 2007.4.27 收盘(元) | 14.31 |
| 2007 年最高(元) | 15.29 |
| 2007 年最低(元) | 7.8 |
| 2007 年换手率(%) | 415 |

未来一年限售流通股解禁情况:40545000 股 04 月 24 日解禁

| 最新股本 | 总股本 | 非(限售)流通 | 流通 A | 流通 B/H/S | 股东户数 | 06 年末 | 06 三季 |
|---|---|---|---|---|---|---|---|
| | 81090 | 48960 | 10140 | 21990 | | 29932 | 33292 |

年报点评:公司是中国最大的中成药制造企业之一。公司拥有多个百年老字号品牌,生产的中成药品种有 400 多个,国家中药保护品种有 40 个。2006 年公司主营保持稳步增长,有多个产品销售超亿元,净利润稳步增长。公司与外资合作提升公司管理,未来增长趋势较好。

## 长春燃气（600333）

上市日期:00/12/11　电话:0431－5668756　传真:0431－5668761

| | | | | |
|---|---|---|---|---|
| 主营 | 长春市城市管道燃气生产、供应;冶金焦炭、煤焦油生产、销售。 | | | |
| | 年　度 | 2006 | 2005 | 2004 |
| 主要指标 | 每股收益/扣除后(元) | 0.14/0.17 | 0.16 | 0.52/0.52 |
| | 每股经营现金流量(元) | 0.25 | 0.33 | 0.24 |
| | 每股净资产/调整后(元) | 2.41/2.28 | 2.68/2.66 | 2.66/2.65 |
| | 未分利润(万元) | 37175.7 | 35274.85 | 35503.65 |
| | 资本公积(万元) | 17396.31 | 23088.07 | 23030.25 |
| 利润构成 | 主营收入(万元) | 112836.41 | 127227.04 | 110435.77 |
| | 主营利润(万元) | 21179.9 | 22689.2 | 37601.24 |
| | 投资收益(万元) | 16.8 | 2.04 | 248.85 |
| | 利润总额(万元) | 7941.49 | 7572.44 | 24881.5 |
| | 净利润(万元) | 6629.07 | 6521.29 | 21331.69 |
| 近年分配: | 06 预案:10 派 1 ; 05 年:10 派 1 ; 04 年:10 派 1.5 | | | |

| 主要股东及持股比例%、持股性质 |
|---|
| 长春燃气控股有限公司 53.04% (非流通股) |
| 邢康 0.21% (流通A股) |
| 杨鄂 0.17% (流通A股) |
| 张少强 0.14% (流通A股) |
| 谢荣禄 0.11% (流通A股) |
| 上海见华网络数据技术有限公司 0.1% (流通A股) |
| 张剑光 0.1% (流通A股) |
| 张勇 0.1% (流通A股) |
| 陈士盛 0.1% (流通A股) |
| 莫建明 0.09% (流通A股) |
| 实际控制人: 长春国有资产管理委员会 |

二〇〇六年以来市场表现

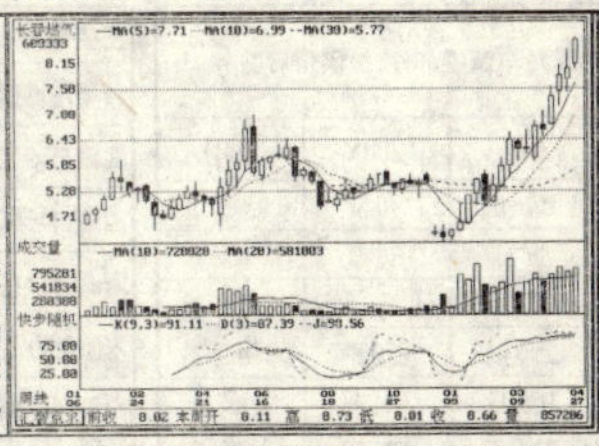

| | |
|---|---|
| 2006 年涨跌幅(%) | 27.04 |
| 2006 年最高(元) | 7 |
| 2007 年涨跌幅(%) | 105.21 |
| 2007.4.27 收盘(元) | 8.66 |
| 2007 年最高(元) | 8.73 |
| 2007 年最低(元) | 4.16 |
| 2007 年换手率(%) | 498.26 |

未来一年限售流通股解禁情况:23075990 股 12 月 22 日解禁

| 最新股本 | 总股本 | 非(限售)流通 | 流通 A | 流通 B/H/S | 股东户数 | 06 年末 | 06 三季 |
|---|---|---|---|---|---|---|---|
| | 46151.98 | 24480 | 21671.98 | | | 45662 | 44082 |

年报点评:公司主营燃气、天然气销售以及冶金焦炭、煤焦油销售。2006 年国内焦炭市场的需求逐渐转强,焦炭产量有恢复性增长,销售价格略有上扬。煤炭价格小幅回落。天然气供应紧张状况仍然严峻,公司混合燃气和天然气的销售量小幅增长。

## 鼎盛天工（600335）

上市日期:01/03/05　电话:022－58396200　传真:022－58396201

| | | | | |
|---|---|---|---|---|
| 主营 | 以平地机产品为主的工程建设机械及高等级公路施工成套设备、商品混凝土技术与装备的研究、开发、生产和销售。 | | | |
| | 年　度 | 2006 | 2005 | 2004 |
| 主要指标 | 每股收益/扣除后(元) | 0.017/－0.031 | 0.037 | 0.032/－0.042 |
| | 每股经营现金流量(元) | 0.068 | 0.08 | 1.12 |
| | 每股净资产/调整后(元) | 2.11/2.06 | 2.47/2.41 | 2.44/2.31 |
| | 未分利润(万元) | －4048.62 | －4227.36 | －4345.43 |
| | 资本公积(万元) | 18844.51 | 20914.54 | 20891.93 |
| 利润构成 | 主营收入(万元) | 39902.94 | 44492.04 | 28209.7 |
| | 主营利润(万元) | 8589.38 | 10164.74 | 5661.43 |
| | 投资收益(万元) | －106.15 | －92.42 | －15.84 |
| | 利润总额(万元) | 346.81 | 937.03 | 517.57 |
| | 净利润(万元) | 229.32 | 426.37 | 377.75 |
| 近年分配: | | | | |

| 主要股东及持股比例%、持股性质 |
|---|
| 天津工程机械研究院 45.397% (国有股) |
| 天津市机电工业控股集团公司 9.233% (国有股) |
| 中国南车集团北京机车车辆厂 1.812% (国有股) |
| 武汉当代科技产业集团股份有限公司 1.418% (非流通股) |
| 天津泰鑫实业开发有限公司 0.577% (非流通股) |
| 天津华泽(集团)有限责任公司 0.481% (国有股) |
| 杨培胜 0.47% (流通A股) |
| 周晨 0.306% (流通A股) |
| 蔡运琴 0.254% (流通A股) |
| 李娟 0.246% (流通A股) |
| 实际控制人: 中国机械工业集团公司 |

二〇〇六年以来市场表现

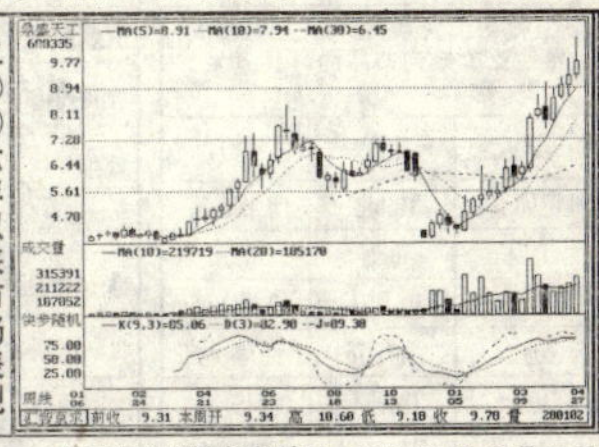

| | |
|---|---|
| 2006 年涨跌幅(%) | 79.92 |
| 2006 年最高(元) | 8.38 |
| 2007 年涨跌幅(%) | 118.79 |
| 2007.4.27 收盘(元) | 9.78 |
| 2007 年最高(元) | 10.6 |
| 2007 年最低(元) | 4.2 |
| 2007 年换手率(%) | 569.16 |

未来一年限售流通股解禁情况:12957497 股 12 月 08 日解禁

| 最新股本 | 总股本 | 非(限售)流通 | 流通 A | 流通 B/H/S | 股东户数 | 06 年末 | 06 三季 |
|---|---|---|---|---|---|---|---|
| | 13797.86 | 8162.86 | 5635 | | | 15563 | 14975 |

年报点评:公司主营业务为开发、生产、销售工程机械、路面机械等系列产品。报告期内公司所处的工程机械行业受国家宏观经济调控政策的影响,行业竞争激烈,人民币升值对公司出口业务利润增长形成一定的压力。公司主营收入和净利润均出现了下滑。

## 澳柯玛（600336）

上市日期:00/12/29　电话:0532－86765129　传真:0532－86765166

| | | | | |
|---|---|---|---|---|
| 主营 | 冰柜、冰箱、展示柜、空调器、自动售货机、锂电池、共轭亚油酸等产品的生产和经营。 | | | |
| | 年　度 | 2006 | 2005 | 2004 |
| 主要指标 | 每股收益/扣除后(元) | 0.029/－0.512 | －0.215 | 0.07/0.016 |
| | 每股经营现金流量(元) | －1.158 | －0.892 | 0.008 |
| | 每股净资产/调整后(元) | 3.02/3 | 3.2/3.09 | 3.55/3.5 |
| | 未分利润(万元) | －5673.32 | －7288.94 | 1805.34 |
| | 资本公积(万元) | 83982.88 | 83982.88 | 84303.72 |
| 利润构成 | 主营收入(万元) | 109002.09 | 194240.59 | 246496.17 |
| | 主营利润(万元) | 16095.6 | 30266.17 | 39860.94 |
| | 投资收益(万元) | 16080.49 | －1417.63 | 1423.91 |
| | 利润总额(万元) | －5089.41 | －9634.12 | 2445.42 |
| | 净利润(万元) | 973.95 | －7345.47 | 2390.06 |
| 近年分配: | 04 年:10 派 0.5 | | | |

| 主要股东及持股比例%、持股性质 |
|---|
| 青岛市企业发展投资有限公司 52.598% (国有股) |
| 青岛澳柯玛集团总公司 8.128% (国有股) |
| 南京汉唐信息咨询有限公司 0.63% (流通A股) |
| 王谷亮 0.405% (流通A股) |
| 上海新士业商务咨询有限公司 0.386% (流通A股) |
| 黄建国 0.317% (流通A股) |
| 广东银达担保投资集团有限公司 0.293% (国有股) |
| 王贤圣 0.217% (流通A股) |
| 谭亦斌 0.176% (流通A股) |
| 马海志 0.176% (流通A股) |
| 实际控制人: 青岛市人民政府国有资产监督管理委员会 |

二〇〇六年以来市场表现

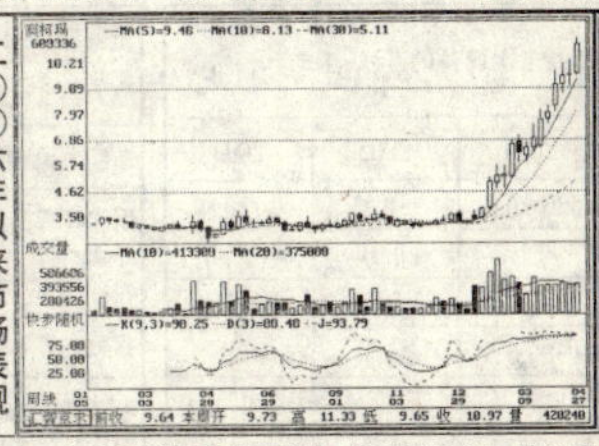

| | |
|---|---|
| 2006 年涨跌幅(%) | 1.89 |
| 2006 年最高(元) | 3.82 |
| 2007 年涨跌幅(%) | 238.58 |
| 2007.4.27 收盘(元) | 10.97 |
| 2007 年最高(元) | 11.33 |
| 2007 年最低(元) | 3.1 |
| 2007 年换手率(%) | 509.1 |

未来一年限售流通股解禁情况:17051800 股 12 月 12 日解禁

| 最新股本 | 总股本 | 非(限售)流通 | 流通 A | 流通 B/H/S | 股东户数 | 06 年末 | 06 三季 |
|---|---|---|---|---|---|---|---|
| | 34103.6 | 20809.65 | 13293.95 | | | 36164 | 40472 |

年报点评:公司主营空调产品。2006 年,因资金短缺,公司空调器厂生产基本停滞,制冷产品正常生产也受到影响,导致销售收入同比下降幅度较大。管理费用和财务费用猛增则导致净利润大幅下滑。今年空调需求看好,公司业绩将会有所好转。

## 美克股份（600337）

上市日期：00/11/27　　电话：0991－3836028　　传真：0991－3838191

主营：茶几、餐桌、餐椅、橱柜的生产和出口。

| 年　度 | 2006 | 2005 | 2004 |
|---|---|---|---|
| **主要指标** | | | |
| 每股收益/扣除后(元) | 0.16/0.15 | 0.16/0.14 | 0.15/0.09 |
| 每股经营现金流量(元) | 0.13 | 0.53 | -0.12 |
| 每股净资产/调整后(元) | 3.79/3.75 | 3.69/3.66 | 3.57/3.54 |
| 未分利润(万元) | 13223 | 11670.83 | 9936.07 |
| 资本公积(万元) | 36069.72 | 36264.52 | 36264.52 |
| **利润构成** | | | |
| 主营收入(万元) | 104620.69 | 82723.98 | 70642.08 |
| 主营利润(万元) | 33674.32 | 24036.8 | 18493.19 |
| 投资收益(万元) | 22.01 | 17.43 | 17.43 |
| 利润总额(万元) | 5668.71 | 4742.9 | 3156.55 |
| 净利润(万元) | 3206.98 | 3252.81 | 2934.89 |

近年分配：06预案：10派0.5；05年：10派0.5；04中期：10转增8年终：10派0.5

**主要股东及持股比例%、持股性质**

- 美克投资集团有限公司 30.16%（部分流通部分不流通）
- 香港博伊西家具有限公司 11.42%（外资股）
- 中国建设银行－交银施罗德稳健配置混合型证券投资基金 3.72%（流通A股）
- 富缊林场 2.97%（国有股）
- 新疆维吾尔自治区天山西部林业局 2.97%（国有股）
- 中国农业银行－交银施罗德成长股票证券投资基金 2.53%（流通A股）
- 中国工商银行－广发策略优选混合型证券投资基金 2.39%（流通A股）
- 中国工商银行－申万巴黎盛利精选证券投资基金 2.39%（流通A股）
- 西部证券股份有限公司 2.19%（流通A股）
- 兴和证券投资基金 2.04%（流通A股）

实际控制人：冯东明

二〇〇六年以来市场表现

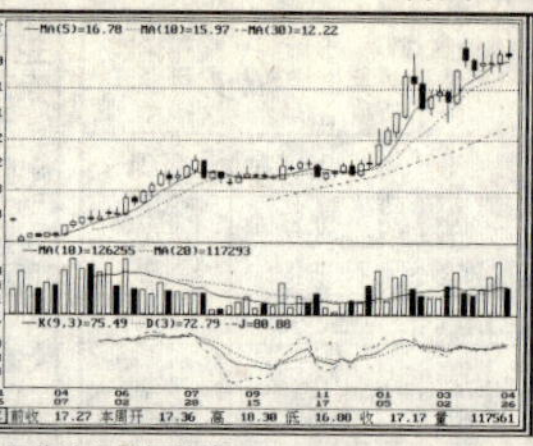

| | |
|---|---|
| 2006年涨跌幅(%) | 163.25 |
| 2006年最高(元) | 15.09 |
| 2007年涨跌幅(%) | 57.81 |
| 2007.4.27收盘(元) | 17.17 |
| 2007年最高(元) | 18.4 |
| 2007年最低(元) | 10.92 |
| 2007年换手率(%) | 153.43 |

未来一年限售流通股解禁情况：29833920股03月01日解禁

| 最新股本 | 总股本 | 非(限售)流通 | 流通A | 流通B/H/S | 股东户数 | 06年末 | 06三季 |
|---|---|---|---|---|---|---|---|
| | 19889.28 | 9089.28 | 10800 | | | 9133 | 10013 |

年报点评：公司主营家具制造业务，2006年公司克服人民币升值、出口退税政策调整等困难，保持行业领先地位，所得税大幅上升在于内销利润占比迅速上升。公司已经从设计优势、服务优势过渡到品牌优势，有遍布全国的零售网络，未来优势地位有望进一步强化。

## ST珠峰（600338）

上市日期：00/12/27　　电话：028－85092553　　传真：028－85096629

主营：生产、销售"珠峰"牌系列摩托车及零部件，提供售后服务。

| 年　度 | 2006 | 2005 | 2004 |
|---|---|---|---|
| **主要指标** | | | |
| 每股收益/扣除后(元) | 0.007/-0.02 | -0.34 | 0.02/-0.267 |
| 每股经营现金流量(元) | 0.66 | -0.04 | 0.15 |
| 每股净资产/调整后(元) | -0.28/-0.73 | -0.27/-0.52 | 0.06/0.06 |
| 未分利润(万元) | -25083.26 | -25112.72 | -58055.41 |
| 资本公积(万元) | 3425.13 | 3634.48 | 40464.51 |
| **利润构成** | | | |
| 主营收入(万元) | 37296.45 | 3216.52 | 23885.42 |
| 主营利润(万元) | 5769.03 | 419.1 | 2883.67 |
| 投资收益(万元) | -401.79 | -440.78 | -188.74 |
| 利润总额(万元) | 1018.75 | -5520.83 | 491.67 |
| 净利润(万元) | 107.61 | -5405.37 | 390.65 |

近年分配：

**主要股东及持股比例%、持股性质**

- 新疆塔城国际资源有限公司 36.31%（非流通股）
- 西藏自治区信托投资公司 13.27%（国有股）
- 西藏自治区国有资产经营公司 6.7%（国有股）
- 西藏自治区交通工业总公司 3.03%（国有股）
- 朱海林 0.61%（流通A股）
- 西藏国际经济技术合作公司 0.61%（国有股）
- 西藏赛亚经贸服务公司 0.61%（非流通股）
- 陈豪 0.33%（流通A股）
- 王中辉 0.32%（流通A股）
- 罗瑞东 0.31%（流通A股）

实际控制人：潘雄

二〇〇六年以来市场表现

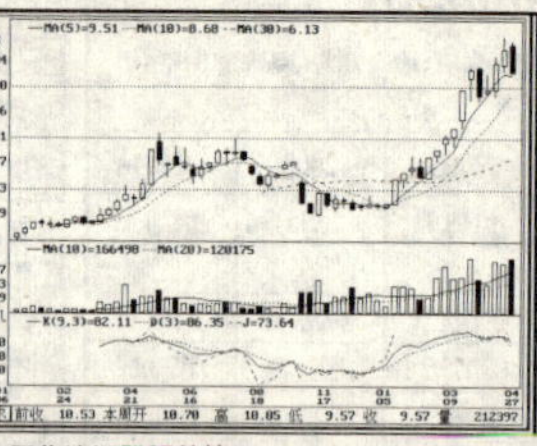

| | |
|---|---|
| 2006年涨跌幅(%) | 82.06 |
| 2006年最高(元) | 7.08 |
| 2007年涨跌幅(%) | 128.95 |
| 2007.4.27收盘(元) | 9.57 |
| 2007年最高(元) | 11.08 |
| 2007年最低(元) | 4.08 |
| 2007年换手率(%) | 338.49 |

未来一年限售流通股解禁情况：30458334股10月23日解禁

| 最新股本 | 总股本 | 非(限售)流通 | 流通A | 流通B/H/S | 股东户数 | 06年末 | 06三季 |
|---|---|---|---|---|---|---|---|
| | 15833.33 | 9583.33 | 6250 | | | 8655 | 9217 |

年报点评：公司主营变更为锌、铟等有色金属冶炼及销售。06年完成重大资产收购，由于锌价单边持续上涨，公司库存产生大幅价差，锌冶炼业务经营绩效大幅提高。同时，公司收购的青海西部铟业也扭亏为赢，07年公司经营业务还看有色金属价格波动情况。

## 天利高新（600339）

上市日期：00/12/25　　电话：0992－3655959　　传真：0992－3659999

主营：高级润滑油系列添加剂产品、高级沥青系列产品、土工合成新材料、塑料原料及制品，精细化工系列产品的科技开发、生产、储运和销售。

| 年　度 | 2006 | 2005 | 2004 |
|---|---|---|---|
| **主要指标** | | | |
| 每股收益/扣除后(元) | 0.023/0.028 | 0.012 | 0.18/0.18 |
| 每股经营现金流量(元) | 0.74 | 0.28 | 0.07 |
| 每股净资产/调整后(元) | 1.98/1.97 | 1.64/1.63 | 2.05/2.05 |
| 未分利润(万元) | 3638.54 | 3675.76 | 6744.48 |
| 资本公积(万元) | 22194.6 | 18040.44 | 25180.44 |
| **利润构成** | | | |
| 主营收入(万元) | 96360.66 | 109194.94 | 179177.54 |
| 主营利润(万元) | 18728.27 | 14633.86 | 19250.37 |
| 投资收益(万元) | 638.27 | 241.54 | -316.64 |
| 利润总额(万元) | 2165.99 | 1092.69 | 7684.73 |
| 净利润(万元) | 743.26 | 532.52 | 6476.51 |

近年分配：04年：10派1转增2

**主要股东及持股比例%、持股性质**

- 新疆独山子天利实业总公司 26.68%（国有股）
- 新疆维吾尔自治区石油管理局 20.82%（国有股）
- 新疆高新房地产有限责任公司 2.94%（非流通股）
- 特变电工股份有限公司 1.73%（非流通股）
- 北京国瑞金泉投资有限公司 0.39%（流通A股）
- 舒春萍 0.22%（流通A股）
- 上海中大高新电子技术有限公司 0.18%（非流通股）
- 蔡新华 0.17%（流通A股）
- 谌宝珍 0.16%（流通A股）
- 李旋 0.16%（流通A股）

实际控制人：新疆独山子天利实业总公司

二〇〇六年以来市场表现

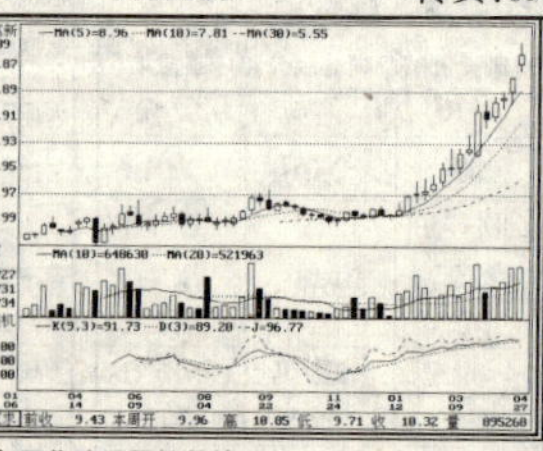

| | |
|---|---|
| 2006年涨跌幅(%) | 29.6 |
| 2006年最高(元) | 5.14 |
| 2007年涨跌幅(%) | 148.08 |
| 2007.4.27收盘(元) | 10.32 |
| 2007年最高(元) | 10.85 |
| 2007年最低(元) | 4.07 |
| 2007年换手率(%) | 582.24 |

未来一年限售流通股解禁情况：15865199股04月10日解禁

| 最新股本 | 总股本 | 非(限售)流通 | 流通A | 流通B/H/S | 股东户数 | 06年末 | 06三季 |
|---|---|---|---|---|---|---|---|
| | 31730.4 | '16610.4 | 15120 | | | 20890 | 22334 |

年报点评：2006年公司主营产品聚丙烯粉料和地膜产品由于原料不足，产销量降低，但在毛利率提升的带动下，公司塑料类产品的盈利同比略有增长，同时沥青类产品的盈利也有较大幅度增长。但由于公司期间费用一直居高不下，从而导致公司最终盈利一直处于较低水平。

## 国祥股份（600340）

上市日期：03/12/30　　电话：0575—2158818　　传真：0575—2151888

主营：电制动商用中央空调主机及末端设备的开发、生产和销售。

| 年　度 | 2006 | 2005 | 2004 |
|---|---|---|---|
| **主要指标** | | | |
| 每股收益/扣除后(元) | 0.05/-0.03 | -0.22 | 0.11/0.09 |
| 每股经营现金流量(元) | 0.23 | -0.0049 | -0.197 |
| 每股净资产/调整后(元) | 2.31/2.25 | 3.5/3.44 | 3.93/3.85 |
| 未分利润(万元) | 897.3 | 264.51 | 4490.7 |
| 资本公积(万元) | 16964.34 | 23619.42 | 23619.42 |
| **利润构成** | | | |
| 主营收入(万元) | 22325.57 | 16085.4 | 17952.48 |
| 主营利润(万元) | 5437.78 | 3473.68 | 5362.48 |
| 投资收益(万元) | 19.45 | -367.9 | -21.06 |
| 利润总额(万元) | 955.8 | -2321.47 | 1396.9 |
| 净利润(万元) | 716.69 | -2226.19 | 1125.33 |

近年分配：05年：10转增5.24523；04年：10派2

**主要股东及持股比例%、持股性质**

- 陈天麟 23.27%（外资股）
- 浙江上风实业股份有限公司 12.32%（非流通股）
- 浙江春晖集团有限公司 9.86%（非流通股）
- 周银妹 1%（流通A股）
- 蔡志奎 0.5%（流通A股）
- 秦缨 0.47%（流通A股）
- 朱春晓 0.47%（流通A股）
- 阮群兵 0.45%（流通A股）
- 徐君岳 0.39%（流通A股）
- 翁建勋 0.37%（流通A股）

实际控制人：陈天麟

二〇〇六年以来市场表现

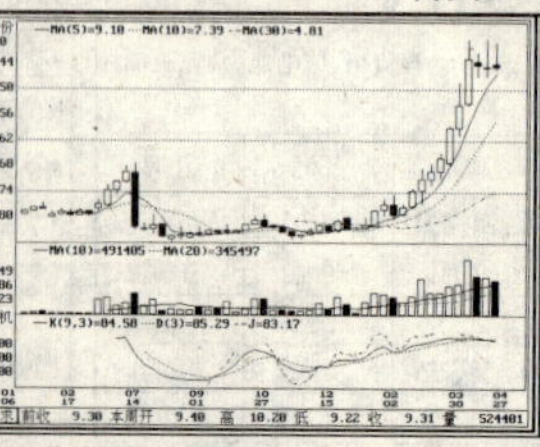

| | |
|---|---|
| 2006年涨跌幅(%) | 72.14 |
| 2006年最高(元) | 8.38 |
| 2007年涨跌幅(%) | 176.26 |
| 2007.4.27收盘(元) | 9.31 |
| 2007年最高(元) | 10.38 |
| 2007年最低(元) | 3.3 |
| 2007年换手率(%) | 785.31 |

未来一年限售流通股解禁情况：14532469.76181股06月12日解禁

| 最新股本 | 总股本 | 非(限售)流通 | 流通A | 流通B/H/S | 股东户数 | 06年末 | 06三季 |
|---|---|---|---|---|---|---|---|
| | 14532.47 | 6604.95 | 7927.52 | | | 13857 | 16439 |

年报点评：公司主营恒温恒湿机、冷冻机组、冷水机组及其他制冷设备的生产和销售。2006年公司加大销售网络，主营业务收入同比有所增长，但由于铜等原材料价格的大幅上涨以及销售网络的调整，公司净利润亏损。2007年公司仍将面临激烈的行业竞争。

## 航天动力（600343）

上市日期:03/04/08　　电话:029－5615241　　传真:029－5615240

**主营**：特种泵、钣金冲焊型液力变矩器、IC卡燃气表、光机电一体化设备和工程钻机等产品的研究、设计、生产和销售等。

| | 年度 | 2006 | 2005 | 2004 |
|---|---|---|---|---|
| 主要指标 | 每股收益/扣除后(元) | 0.105/0.105 | 0.116 | 0.111/0.097 |
| | 每股经营现金流量(元) | －0.0777 | 0.0992 | －0.0294 |
| | 每股净资产/调整后(元) | 2.38/2.31 | 2.28/2.23 | 2.26/2.24 |
| | 未分利润(万元) | 7196.75 | 5449.43 | 3629.52 |
| | 资本公积(万元) | 16359.85 | 16359.85 | 16357.77 |
| 利润构成 | 主营收入(万元) | 28170.79 | 18470.02 | 14332.24 |
| | 主营利润(万元) | 8041.81 | 6347.08 | 5061.73 |
| | 投资收益(万元) | 39.63 | 49.33 | －217.57 |
| | 利润总额(万元) | 2675.66 | 2700.03 | 2487.03 |
| | 净利润(万元) | 1942.35 | 2139.13 | 2045.88 |

**近年分配**：04年:10派1

| 主要股东及持股比例%、持股性质 |
|---|
| 西安航天科技工业公司 20.05%（国有股） |
| 陕西苍松机械厂 12.48%（国有股） |
| 西安航天发动机厂 10.02%（国有股） |
| 陕西动力机械设计研究所 5.6%（国有股） |
| 通联创业投资股份有限公司 4.56%（非流通股） |
| 航天时代仪器公司 1.96%（国有股） |
| 金鼎证券投资基金 1.24%（流通A股） |
| 楼雄壮 1.08%（流通A股） |
| 民生证券有限责任公司 1.04%（流通A股） |
| 张凤霞 0.59%（流通A股） |
| 实际控制人：中国航天科技集团公司 |

二〇〇六年以来市场表现

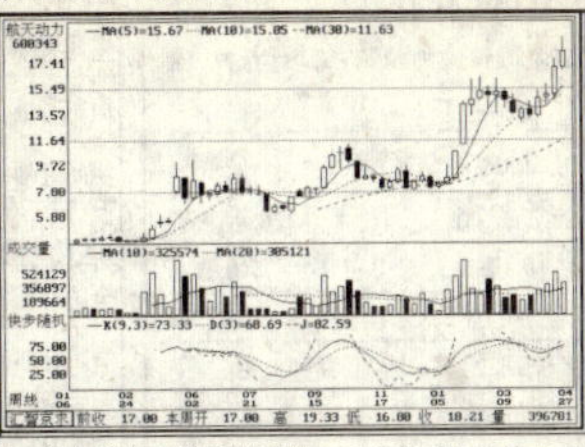

| | |
|---|---|
| 2006年涨跌幅(%) | 162.22 |
| 2006年最高(元) | 14.64 |
| 2007年涨跌幅(%) | 125.65 |
| 2007.4.27收盘(元) | 18.21 |
| 2007年最高(元) | 19.33 |
| 2007年最低(元) | 7.96 |
| 2007年换手率(%) | 638 |

未来一年限售流通股解禁情况:49053709股05月16日解禁

| 最新股本 | 总股本 | 非(限售)流通 | 流通A | 流通B/H/S | 股东户数 | 06年末 | 06三季 |
|---|---|---|---|---|---|---|---|
| | 18500 | 10115 | 8385 | | | 19784 | 13840 |

**年报点评**：公司主营液力变矩器和特种泵。2006年随收入增加，但毛利率水平下降，导致净利润下滑。2007年公司力争实现销售收入5亿元，依托流体技术优势和现有产品的成熟市场，采取横向拓展和纵向渗透的市场定位策略，逐渐扩展系统集成产品的应用领域。

## 长江通信（600345）

上市日期:00/12/22　　电话:027－67840308　　传真:027－67840308

**主营**：通信、电子、计算机技术及产品的开发、研制、技术服务及销售；通信工程的设计、施工等。

| | 年度 | 2006 | 2005 | 2004 |
|---|---|---|---|---|
| 主要指标 | 每股收益/扣除后(元) | 0.082/0.06 | 0.067 | 0.09/0.08 |
| | 每股经营现金流量(元) | 0.39 | 0.42 | 0.09 |
| | 每股净资产/调整后(元) | 4.73/4.67 | 4.7/4.66 | 4.69/4.64 |
| | 未分利润(万元) | 22900.38 | 22594.85 | 22792.71 |
| | 资本公积(万元) | 34446.38 | 34595.31 | 34595.31 |
| 利润构成 | 主营收入(万元) | 56686.63 | 66852.49 | 59640.14 |
| | 主营利润(万元) | 10091.08 | 10530.4 | 9819.8 |
| | 投资收益(万元) | 2897.61 | 849.82 | 2223.03 |
| | 利润总额(万元) | 3142.03 | 3325.56 | 3561.49 |
| | 净利润(万元) | 1619.41 | 1318.4 | 1826.47 |

**近年分配**：06预案:10派0.65；05年:10派0.5；04年:10派0.5

| 主要股东及持股比例%、持股性质 |
|---|
| 武汉长江光通信产业有限公司 28.69%（国有股） |
| 武汉高科国有控股集团有限公司 24.98%（国有股） |
| 青岛海协信托投资有限公司－股权收购项目资金信托 4.84%（非流通股） |
| 武汉新能实业发展有限公司 1.81%（非流通股） |
| 长江经济联合发展(集团)股份有限公司武汉公司 0.77%（非流通股） |
| 华中科技实业总公司 0.41%（国有股） |
| 重庆顺升商贸有限公司 0.31%（非流通股） |
| 毛丽明 0.29%（流通A股） |
| 青岛紫东装饰工程有限公司 0.28%（流通A股） |
| 徐卫平 0.23%（流通A股） |
| 实际控制人：武汉市国有资产管理委员会 |

二〇〇六年以来市场表现

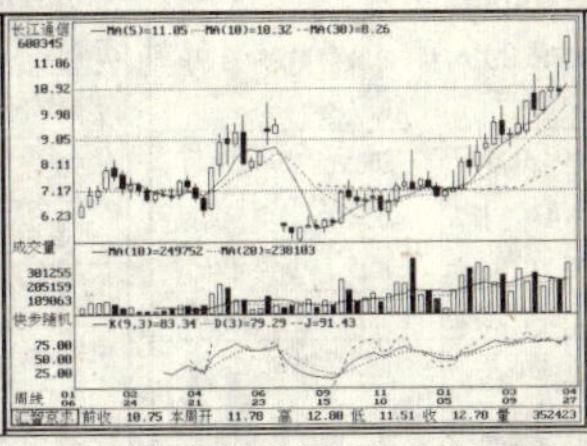

| | |
|---|---|
| 2006年涨跌幅(%) | 55.61 |
| 2006年最高(元) | 12.08 |
| 2007年涨跌幅(%) | 85.22 |
| 2007.4.27收盘(元) | 12.78 |
| 2007年最高(元) | 12.8 |
| 2007年最低(元) | 6.7 |
| 2007年换手率(%) | 524.59 |

未来一年限售流通股解禁情况:22435800股08月10日解禁

| 最新股本 | 总股本 | 非(限售)流通 | 流通A | 流通B/H/S | 股东户数 | 06年末 | 06三季 |
|---|---|---|---|---|---|---|---|
| | 19800 | 12240 | 7560 | | | 25863 | 26096 |

**年报点评**：2006年以来，在全国各通信运营商加大投资规模、宽带用户数量高速增长和"村村通"工程全面推开等因素的作用下，我国光通信行业景气趋向回升，对光纤光缆需求日渐旺盛。公司实现主营收入5.67亿元，净利润1619万元，净利润同比增加22.83%。

## 大橡塑（600346）

上市日期:01/08/20　　电话:0411－6641861　　传真:0411－6641645

**主营**：从事橡胶机械专用设备、塑料机械专用设备及其零配件的研制、生产和销售。

| | 年度 | 2006 | 2005 | 2004 |
|---|---|---|---|---|
| 主要指标 | 每股收益/扣除后(元) | 0.027/0.008 | 0.026 | 0.046/0.04 |
| | 每股经营现金流量(元) | 0.06 | 0.2 | 0.26 |
| | 每股净资产/调整后(元) | 3.07/2.89 | 3.08/2.93 | 3.04/2.96 |
| | 未分利润(万元) | 1292.48 | 1558.47 | 1337.6 |
| | 资本公积(万元) | 19290.83 | 19172.83 | 19028.03 |
| 利润构成 | 主营收入(万元) | 33137.35 | 30045.19 | 27322.64 |
| | 主营利润(万元) | 7786.68 | 6547.46 | 5651 |
| | 投资收益(万元) | －136.93 | －228.27 | －27.87 |
| | 利润总额(万元) | 323.91 | 280.34 | 460.01 |
| | 净利润(万元) | 287.79 | 276.08 | 483.06 |

**近年分配**：05年:10派0.5

| 主要股东及持股比例%、持股性质 |
|---|
| 大连市人民政府国有资产监督管理委员会 47.42%（非流通股） |
| 大连冷冻机股份有限公司 1.11%（非流通股） |
| 阮章新 0.41%（流通A股） |
| 大连冶金轴承集团有限公司 0.39%（非流通股） |
| 肖瑞英 0.35%（流通A股） |
| 周小兔 0.32%（流通A股） |
| 栾忠义 0.3%（流通A股） |
| 周国富 0.29%（流通A股） |
| 余玉兰 0.27%（流通A股） |
| 魏杰 0.25%（流通A股） |
| 实际控制人：大连市人民政府国有资产监督管理委员会 |

二〇〇六年以来市场表现

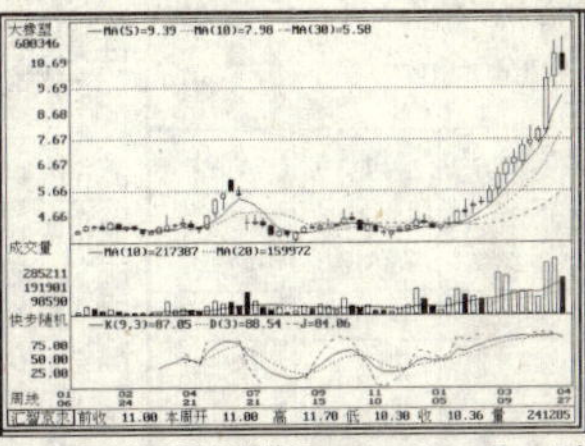

| | |
|---|---|
| 2006年涨跌幅(%) | 45.13 |
| 2006年最高(元) | 6.81 |
| 2007年涨跌幅(%) | 149.04 |
| 2007.4.27收盘(元) | 10.36 |
| 2007年最高(元) | 11.7 |
| 2007年最低(元) | 4.02 |
| 2007年换手率(%) | 529.72 |

未来一年限售流通股解禁情况:2082600股07月11日解禁

| 最新股本 | 总股本 | 非(限售)流通 | 流通A | 流通B/H/S | 股东户数 | 06年末 | 06三季 |
|---|---|---|---|---|---|---|---|
| | 10500 | 5187 | 5313 | | | 14443 | 15041 |

**年报点评**：06年公司大力开拓啮合型密炼机、平板硫化机等新产品，主营收入和净利润均小幅增长。07年公司需加强橡胶制品机械和石化行业装备市场的开发力度，尽快培养自身的核心竞争力，以应对竞争日益激烈的橡胶机械市场竞争形势。

## 国阳新能（600348）

上市日期:03/08/21　　电话:0353－7078728　　传真:0353－7078718

**主营**：煤炭采掘、洗选加工，发供电、热业务

| | 年度 | 2006 | 2005 | 2004 |
|---|---|---|---|---|
| 主要指标 | 每股收益/扣除后(元) | 1.45/1.46 | 1.21 | 0.72/0.786 |
| | 每股经营现金流量(元) | 2.56 | 3.88 | 1.95 |
| | 每股净资产/调整后(元) | 6.47/6.42 | 5.52/5.45 | 4.63/4.62 |
| | 未分利润(万元) | 104547.2 | 65767.76 | 34627.47 |
| | 资本公积(万元) | 121153.67 | 121143.67 | 121143.67 |
| 利润构成 | 主营收入(万元) | 849015.87 | 720135.13 | 473777.25 |
| | 主营利润(万元) | 156925.4 | 154111.69 | 105784.39 |
| | 投资收益(万元) | | 400 | 500 |
| | 利润总额(万元) | 88283.33 | 85933.4 | 43245.62 |
| | 净利润(万元) | 69794.58 | 58165.36 | 34790.35 |

**近年分配**：06预案:10派6.55；05年:10派5；04年:10派3.2

| 主要股东及持股比例%、持股性质 |
|---|
| 阳泉煤业(集团)有限责任公司 58.34%（非流通股） |
| 中国人寿保险股份有限公司－分红－个人分红－005L－FH002沪 2.08%（流通A股） |
| 中国农业银行－富兰克林国海弹性市值股票型证券投资基金 1.2%（流通A股） |
| 中国人寿保险(集团)公司－传统－普通保险产品 1.17%（流通A股） |
| 通乾证券投资基金 1.1%（流通A股） |
| 中国工商银行－广发策略优选混合型证券投资基金 1.04%（流通A股） |
| 中国银行－嘉实稳健开放式证券投资基金 0.99%（流通A股） |
| 中国工商银行－广发聚丰股票型证券投资基金 0.89%（流通A股） |
| 中国银河证券有限责任公司 0.81%（流通A股） |
| 中国太平洋人寿保险股份有限公司－传统－普通保险产品 0.7%（流通A股） |
| 实际控制人：山西省国有资产监督管理委员会 |

二〇〇六年以来市场表现

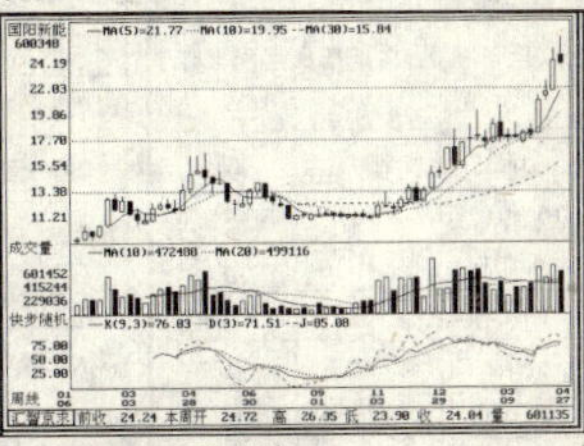

| | |
|---|---|
| 2006年涨跌幅(%) | 68.53 |
| 2006年最高(元) | 16.53 |
| 2007年涨跌幅(%) | 61.67 |
| 2007.4.27收盘(元) | 24.04 |
| 2007年最高(元) | 26.35 |
| 2007年最低(元) | 15.03 |
| 2007年换手率(%) | 401.99 |

未来一年限售流通股解禁情况:

| 最新股本 | 总股本 | 非(限售)流通 | 流通A | 流通B/H/S | 股东户数 | 06年末 | 06三季 |
|---|---|---|---|---|---|---|---|
| | 48100 | 28060.76 | 20039.24 | | | 26267 | 25070 |

**年报点评**：2006年公司煤炭销量和销售价格的上涨推动了公司收入的增长，但由于原料煤成本增加以及员工工资及福利费的增加，公司销售毛利率同比略有下降。另外由于获得所得税减免及国产设备抵税的优惠，公司净利润实现了同比小幅增长。

## 山东高速（600350）

上市日期:02/03/18　　电话:0531－89260052　　传真:0531－89260050

| | |
|---|---|
| 主营 | 对高等级公路、桥梁、隧道基础设施的投资、管理、养护、咨询服务及批准的收费等。 |

| | 年　度 | 2006 | 2005 | 2004 |
|---|---|---|---|---|
| 主要指标 | 每股收益/扣除后(元) | 0.267/0.265 | 0.204 | 0.185/0.182 |
| | 每股经营现金流量(元) | 0.338 | 0.33 | 0.29 |
| | 每股净资产/调整后(元) | 2.28/2.28 | 2.14/2.14 | 2.04/2.04 |
| | 未分利润(万元) | 143770.22 | 106710.77 | 82124.57 |
| | 资本公积(万元) | 232074.02 | 232074.02 | 232074.02 |
| 利润构成 | 主营收入(万元) | 251663.38 | 261575.84 | 206385.33 |
| | 主营利润(万元) | 149843.14 | 117567.38 | 108920.28 |
| | 投资收益(万元) | -82.28 | -909.59 | -2428.92 |
| | 利润总额(万元) | 135984.71 | 106580.06 | 96916.03 |
| | 净利润(万元) | 89770.2 | 68570.19 | 62079.69 |
| 近年分配: | 06 预案:10 派 1.25 ; 05 年:10 派 1.3 ; 04 年:10 派 1 | | | |

| 主要股东及持股比例%、持股性质 | |
|---|---|
| 山东省高速公路集团有限公司 58.82%（国有股） | |
| 华建交通经济开发中心 21.37%（国有股） | |
| 申银万国－花旗－DEUTSCHE BANK AKTIENGESELLSCHAFT 0.96%（流通 A 股） | |
| 全国社保基金一零二组合 0.86%（流通 A 股） | |
| 全国社保基金一零三组合 0.55%（流通 A 股） | |
| 兴业银行股份有限公司－兴业全球视野股票型证券投资基金 0.51%（流通 A 股） | |
| 中国建设银行－华夏优势增长股票型证券投资基金 0.47%（流通 A 股） | |
| 裕阳证券投资基金 0.4%（流通 A 股） | |
| 国际金融－汇丰－MORGAN STANLEY & CO. INTERNATIONAL LIMITED 0.35%（流通 A 股） | |
| 红塔证券股份有限公司 0.34%（流通 A 股） | |
| 实际控制人: | 山东省人民政府国有资产监督管理委员会 |

二〇〇六年以来市场表现

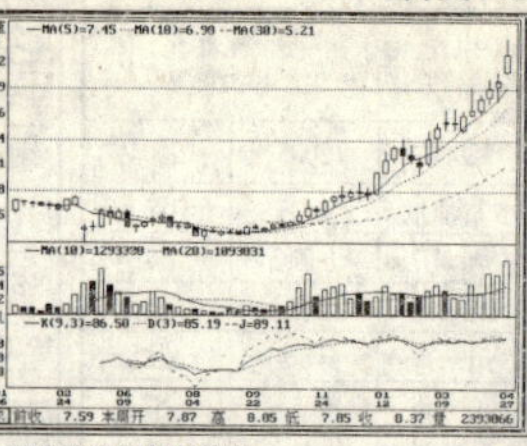

| | |
|---|---|
| 2006 年涨跌幅(%) | 52.7 |
| 2006 年最高(元) | 6.4 |
| 2007 年涨跌幅(%) | 91.53 |
| 2007.4.27 收盘(元) | 8.37 |
| 2007 年最高(元) | 8.85 |
| 2007 年最低(元) | 4.36 |
| 2007 年换手率(%) | 273.44 |

未来一年限售流通股解禁情况:

| 最新股本 | 总股本 | 非(限售)流通 | 流通 A | 流通 B/H/S | 股东户数 | 06 年末 | 06 三季 |
|---|---|---|---|---|---|---|---|
| | 336380 | 269720 | 66660 | | | 63668 | 88755 |

年报点评：由于子公司停止供应京福高速沿线加油站石油制品,公司该项收入同比下降 35.5%,造成公司主营业务收入同比下降 3.8%。从路费收入来看,保持稳定增长,占收入比重达 84.7%,同时毛利率达到 62.6%,较上年同期上升 14.3 个百分点。

## 亚宝药业（600351）

上市日期:02/09/26　　电话:0359－3388076　　传真:0359－3388076

| | |
|---|---|
| 主营 | 医药化工原料、中西药制剂、卫生材料、包装材料、兽药、中药材种植加工等医药产品的生产、销售。 |

| | 年　度 | 2006 | 2005 | 2004 |
|---|---|---|---|---|
| 主要指标 | 每股收益/扣除后(元) | 0.16/0.17 | 0.14 | 0.18/0.19 |
| | 每股经营现金流量(元) | 0.09 | 0.15 | 0.46 |
| | 每股净资产/调整后(元) | 2.42/2.39 | 1.91/1.88 | 1.78/1.75 |
| | 未分利润(万元) | 3605.75 | 4703.81 | 2408.16 |
| | 资本公积(万元) | 13350.79 | 9112.67 | 9040.46 |
| 利润构成 | 主营收入(万元) | 74129.99 | 68578.28 | 59680.35 |
| | 主营利润(万元) | 25813.4 | 23733.04 | 20768.37 |
| | 投资收益(万元) | -24.44 | 66.26 | -0.43 |
| | 利润总额(万元) | 2356.28 | 3029.9 | 4384.53 |
| | 净利润(万元) | 2182.22 | 2436.09 | 3125.1 |
| 近年分配: | 06 预案:10 派 1.2 ; 05 年:10 派 1.8 ; 04 年:10 派 0.2 | | | |

| 主要股东及持股比例%、持股性质 | |
|---|---|
| 芮城欣钰盛科技有限公司 20.07%（非流通股） | |
| 山西省风陵渡开发区众力投资发展有限公司 18.31%（非流通股） | |
| 山西省经济建设投资公司 5.42%（国有股） | |
| 山西省科技基金发展总公司 4.06%（国有股） | |
| 大同中药厂 4.01%（国有股） | |
| 山西省经贸资产经营有限责任公司 3.05%（国有股） | |
| 徐州市财苑房地产经营开发有限公司 0.59%（流通 A 股） | |
| 阳利泓 0.37%（流通 A 股） | |
| 潘广非 0.28%（流通 A 股） | |
| 陈鑫 0.27%（流通 A 股） | |
| 实际控制人: | 芮城县经济贸易局 |

二〇〇六年以来市场表现

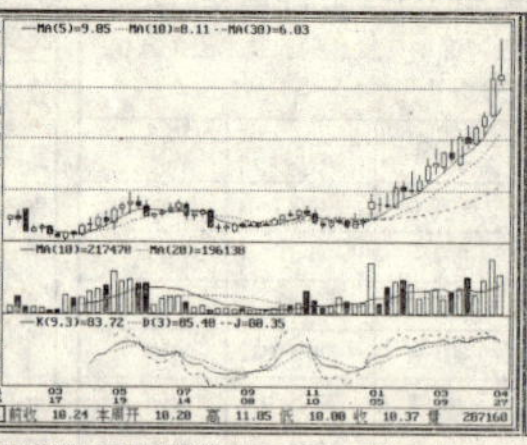

| | |
|---|---|
| 2006 年涨跌幅(%) | 29.07 |
| 2006 年最高(元) | 5.86 |
| 2007 年涨跌幅(%) | 93.11 |
| 2007.4.27 收盘(元) | 10.37 |
| 2007 年最高(元) | 11.85 |
| 2007 年最低(元) | 4.96 |
| 2007 年换手率(%) | 422.5 |

未来一年限售流通股解禁情况:13871250 股 02 月 16 日解禁

| 最新股本 | 总股本 | 非(限售)流通 | 流通 A | 流通 B/H/S | 股东户数 | 06 年末 | 06 三季 |
|---|---|---|---|---|---|---|---|
| | 13312.5 | 7312.5 | 6000 | | | 12633 | 11286 |

年报点评：公司属于特色中药企业,实行自主开发和联合开发相结合,高新技术产品研发和市场前景看好的产品仿制相结合,并注重专利产品的申报。公司顺利完成了下属子公司的投资建设。2006 年收入稳步增长,利润有所下滑。未来将平稳增长。

## 浙江龙盛（600352）

上市日期:03/08/01　　电话:0575－2042778　　传真:0575－2042878

| | |
|---|---|
| 主营 | 染料、助剂、中间体的研发、生产和销售 |

| | 年　度 | 2006 | 2005 | 2004 |
|---|---|---|---|---|
| 主要指标 | 每股收益/扣除后(元) | 0.352/0.35 | 0.293 | 0.35/0.259 |
| | 每股经营现金流量(元) | 0.6135 | 0.5253 | -0.2926 |
| | 每股净资产/调整后(元) | 2.05/2.03 | 1.79/1.78 | 2.05/2.03 |
| | 未分利润(万元) | 40688.8 | 27878.61 | 17468.12 |
| | 资本公积(万元) | 8164.38 | 8118.33 | 21637.31 |
| 利润构成 | 主营收入(万元) | 244516.97 | 190353.16 | 137517.17 |
| | 主营利润(万元) | 45339.13 | 37622.24 | 32904.55 |
| | 投资收益(万元) | -104.3 | 9.53 | 287.07 |
| | 利润总额(万元) | 24025.78 | 21824.12 | 21110.28 |
| | 净利润(万元) | 20795.57 | 17313.51 | 15683.85 |
| 近年分配: | 06 预案:10 派 1 ; 05 年:10 派 1 ; 04 年:10 派 1 转增 3 | | | |

| 主要股东及持股比例%、持股性质 | |
|---|---|
| 阮水龙 15.52%（部分流通部分不流通） | |
| 阮伟祥 8.92%（部分流通部分不流通） | |
| 阮伟兴 8.46%（部分流通部分不流通） | |
| 苏紫薇 4.4%（部分流通部分不流通） | |
| 诺安价值增长股票证券投资基金 4.37%（流通 A 股） | |
| 章荣夫 4.15%（流通 A 股） | |
| 项志峰 4.03%（流通 A 股） | |
| 浙江龙盛控股有限公司 3.92%（流通 A 股） | |
| 潘小成 2.13%（流通 A 股） | |
| 诺安股票证券投资基金 1.17%（流通 A 股） | |
| 实际控制人: | 阮水龙 |

二〇〇六年以来市场表现

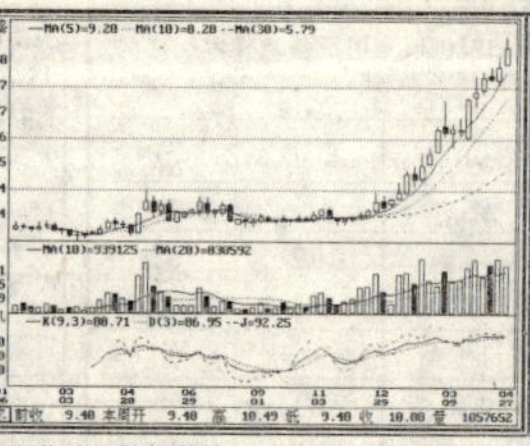

| | |
|---|---|
| 2006 年涨跌幅(%) | 25.14 |
| 2006 年最高(元) | 5.05 |
| 2007 年涨跌幅(%) | 127.54 |
| 2007.4.27 收盘(元) | 10.08 |
| 2007 年最高(元) | 10.49 |
| 2007 年最低(元) | 4.43 |
| 2007 年换手率(%) | 299.8 |

未来一年限售流通股解禁情况:89656881 股 08 月 05 日解禁

| 最新股本 | 总股本 | 非(限售)流通 | 流通 A | 流通 B/H/S | 股东户数 | 06 年末 | 06 三季 |
|---|---|---|---|---|---|---|---|
| | 59020 | 12226.46 | 46793.54 | | | 25484 | 28146 |

年报点评：公司作为全球最大的染料生产企业,龙头地位稳固。公司中间体主要是间苯二胺,当前产能约 2 万吨/年,包括 1.7 万吨的普通级间苯二胺(灰品)和 3000 吨的聚合级间苯二胺(白品),该项业务壁垒较高,具有较强的规模优势和技术优势,未来有望持续增长。

## 旭光股份（600353）

上市日期:02/11/20　　电话:028－83967182　　传真:028－83967248

| | |
|---|---|
| 主营 | 生产和销售电子真空器件、电子整机、高低压成套配电装置、电子应用产品等产品。 |

| | 年　度 | 2006 | 2005 | 2004 |
|---|---|---|---|---|
| 主要指标 | 每股收益/扣除后(元) | 0.108/0.075 | -0.439 | 0.203/0.202 |
| | 每股经营现金流量(元) | 0.0025 | 0.1143 | 0.1652 |
| | 每股净资产/调整后(元) | 3.1/3.08 | 3.58/3.57 | 4.14/4.1 |
| | 未分利润(万元) | 8.78 | -1215.94 | 2957.66 |
| | 资本公积(万元) | 18535.52 | 20523.54 | 20522.41 |
| 利润构成 | 主营收入(万元) | 23297.02 | 19684 | 24964.3 |
| | 主营利润(万元) | 5403.56 | 5388.01 | 8504.55 |
| | 投资收益(万元) | 4.19 | -7.48 | -8.44 |
| | 利润总额(万元) | 1379.84 | -4465.61 | 2384.51 |
| | 净利润(万元) | 1224.72 | -4173.6 | 1924.78 |
| 近年分配: | 04 年:10 派 1.2 | | | |

| 主要股东及持股比例%、持股性质 | |
|---|---|
| 广东新的科技集团有限公司 21.79%（非流通股） | |
| 成都欣天颐投资有限责任公司 18.12%（国有股） | |
| 北京励达事投资有限责任公司 3.96%（非流通股） | |
| 佛山市顺德区利东贸易有限公司 1.46%（流通 A 股） | |
| 张永花 0.84%（流通 A 股） | |
| 皮大勇 0.68%（流通 A 股） | |
| 张流明 0.48%（流通 A 股） | |
| 胡为春 0.47%（流通 A 股） | |
| 丁丰元 0.38%（流通 A 股） | |
| 赵伟强 0.37%（流通 A 股） | |
| 实际控制人: | 张建和 |

二〇〇六年以来市场表现

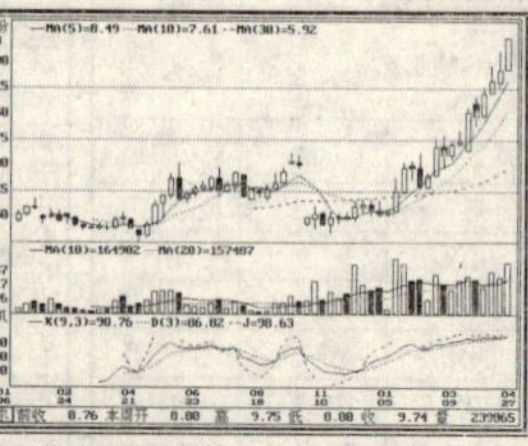

| | |
|---|---|
| 2006 年涨跌幅(%) | 47.17 |
| 2006 年最高(元) | 7.16 |
| 2007 年涨跌幅(%) | 112.2 |
| 2007.4.27 收盘(元) | 9.74 |
| 2007 年最高(元) | 9.75 |
| 2007 年最低(元) | 4.51 |
| 2007 年换手率(%) | 420.24 |

未来一年限售流通股解禁情况:11798986 股 10 月 27 日解禁

| 最新股本 | 总股本 | 非(限售)流通 | 流通 A | 流通 B/H/S | 股东户数 | 06 年末 | 06 三季 |
|---|---|---|---|---|---|---|---|
| | 11324.05 | 5254.9 | 6069.15 | | | 13045 | 13260 |

年报点评：随电力行业扩容升级,真空灭弧室面临旺盛需求,大功率广播发射和高频率电子加热所用电子管市场需求将长期存在,公司顺应上述需求变化,实现产品结构调整,加快新品开发,使 2006 年业绩扭亏为盈。

## 敦煌种业（600354）

上市日期:04/01/15　　电话:0937－2663908　　传真:0937－2663908

| 主营 | 农作物种子的繁育、生产、加工与销售;棉花的收购、加工、销售及副产品经营 | | | |
|---|---|---|---|---|
| | 年　度 | 2006 | 2005 | 2004 |
| 主要指标 | 每股收益/扣除后(元) | 0.07/0.067 | -0.65/-0.64 | 0.16/0.13 |
| | 每股经营现金流量(元) | 0.77 | 0.16 | -1.52 |
| | 每股净资产/调整后(元) | 3.1/3.09 | 3.04/2.94 | 3.73/3.66 |
| | 未分利润(万元) | -1261.8 | -2525.42 | 10346.2 |
| | 资本公积(万元) | 37030.64 | 37237.05 | 37191.54 |
| 利润构成 | 主营收入(万元) | 89366.9 | 77486.17 | 74621.48 |
| | 主营利润(万元) | 19937.05 | 9769.04 | 14701.62 |
| | 投资收益(万元) | -227.66 | -305.09 | -197.5 |
| | 利润总额(万元) | 1333.59 | -11829.46 | 3128.63 |
| | 净利润(万元) | 1301.23 | -12063.95 | 3024.94 |
| 近年分配: | 04年:10派0.4 | | | |

**主要股东及持股比例%、持股性质**

- 酒泉地区现代农业(控股集团)有限责任公司 21.07%（国有股）
- 敦煌市供销社 12.09%（非流通股）
- 金塔县供销合作联社 9.44%（非流通股）
- 安西县供销社 2.13%（非流通股）
- 酒泉市农业科学研究所 2.03%（国有股）
- 申银万国－汇丰－MERRILL LYNCH INTERNATIONAL 1.26%（流通A股）
- 申银万国－花旗－UBS LIMITED 0.95%（流通A股）
- 国泰君安－建行－香港上海汇丰银行有限公司 0.8%（流通A股）
- 东方证券－农行－LEHMAN BROTHERS INTERNATIONAL（EUROPE）0.65%（流通A股）
- 陈文生 0.28%（流通A股）

实际控制人: 酒泉地区现代农业(控股集团)有限责任公司

二〇〇六年以来市场表现

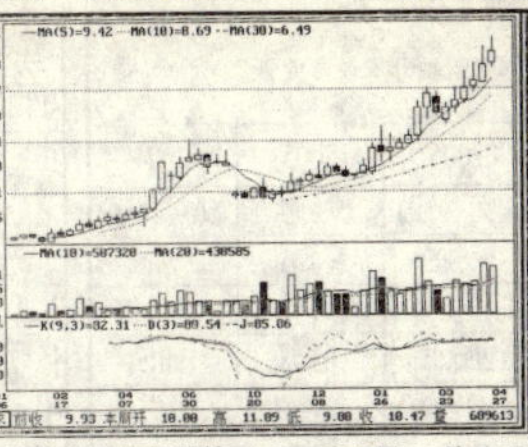

| | |
|---|---|
| 2006年涨跌幅(%) | 154.4 |
| 2006年最高(元) | 7.85 |
| 2007年涨跌幅(%) | 97.55 |
| 2007.4.27收盘(元) | 10.47 |
| 2007年最高(元) | 11.09 |
| 2007年最低(元) | 5.13 |
| 2007年换手率(%) | 741.43 |

未来一年限售流通股解禁情况:35629800股09月27日解禁

| 最新股本 | 总股本 | 非(限售)流通 | 流通A | 流通B/H/S | 股东户数 | 06年末 | 06三季 |
|---|---|---|---|---|---|---|---|
| | 18596.64 | 8696.64 | 9900 | | | 24228 | 24485 |

年报点评: 公司的主营是制种和棉花销售。凭借地理优势,公司委托制种业务平稳增长。但棉花区内收购主体多,争夺资源现象严重,06年秋季收购加工的棉花又遇销售市场持续低迷,加大了公司财务费用支出。

## 精伦电子（600355）

上市日期:02/06/13　　电话:027－87921111—3226　　传真:027－87921111—3223

| 主营 | 公用通信终端产品及其集中管理系统的研制、生产和销售。 | | | |
|---|---|---|---|---|
| | 年　度 | 2006 | 2005 | 2004 |
| 主要指标 | 每股收益/扣除后(元) | 0.01/-0.02 | -0.45 | 0.02/-0.03 |
| | 每股经营现金流量(元) | -0.04 | -0.22 | -0.06 |
| | 每股净资产/调整后(元) | 2.56/2.55 | 2.57/2.57 | 3.04/3.04 |
| | 未分利润(万元) | 2563.17 | 2308.56 | 13497.29 |
| | 资本公积(万元) | 32565.66 | 32553.72 | 32646.73 |
| 利润构成 | 主营收入(万元) | 23352.44 | 14201.94 | 25730.24 |
| | 主营利润(万元) | 7750.35 | 3472.82 | 10490.56 |
| | 投资收益(万元) | 428.26 | -198.26 | 401.34 |
| | 利润总额(万元) | -15.02 | -12111.17 | 253.82 |
| | 净利润(万元) | 254.6 | -11188.73 | 563.98 |
| 近年分配: | | | | |

**主要股东及持股比例%、持股性质**

- 张学阳 21.35%（非流通股）
- 曹若欣 11.66%（非流通股）
- 蔡远宏 11.66%（非流通股）
- 罗剑峰 11.66%（非流通股）
- 刘起滔 3.82%（非流通股）
- 习梅 3.82%（非流通股）
- 橡果网络 0.61%（流通A股）
- 胡煜君 0.51%（流通A股）
- 刘永生 0.49%（流通A股）
- 黎俊英 0.25%（流通A股）

实际控制人: 习梅

二〇〇六年以来市场表现

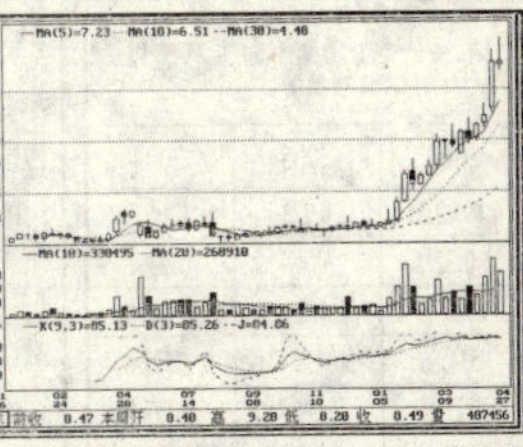

| | |
|---|---|
| 2006年涨跌幅(%) | 67.87 |
| 2006年最高(元) | 5.25 |
| 2007年涨跌幅(%) | 162.04 |
| 2007.4.27收盘(元) | 8.49 |
| 2007年最高(元) | 9.28 |
| 2007年最低(元) | 3.16 |
| 2007年换手率(%) | 549.48 |

未来一年限售流通股解禁情况:68029688股05月29日解禁

| 最新股本 | 总股本 | 非(限售)流通 | 流通A | 流通B/H/S | 股东户数 | 06年末 | 06三季 |
|---|---|---|---|---|---|---|---|
| | 24604.46 | 15738.46 | 8866 | | | 20714 | 19237 |

年报点评: 2006年是公司实现转型的关键一年,公司各产品线全面发力,已全部实现实质性销售,初步实现了"通信终端产品＋智能监控产品＋智能商用终端产品＋电力负控产品＋电子伺服系统产品"的业务架构,有效遏制了上一个报告期业绩下滑带来的不利影响。

## 恒丰纸业（600356）

上市日期:01/04/19　　电话:0453－6336668　　传真:0453－6330989

| 主营 | 卷烟配套系列用纸的生产与销售 | | | |
|---|---|---|---|---|
| | 年　度 | 2006 | 2005 | 2004 |
| 主要指标 | 每股收益/扣除后(元) | 0.29/0.29 | 0.54 | 0.53/0.52 |
| | 每股经营现金流量(元) | 0.48 | 0.77 | 0.74 |
| | 每股净资产/调整后(元) | 5.27/5.26 | 5.04/5.03 | 4.6/4.59 |
| | 未分利润(万元) | 24516.92 | 21619.36 | 16627.69 |
| | 资本公积(万元) | 27472.97 | 27472.97 | 27472.97 |
| 利润构成 | 主营收入(万元) | 75349.25 | 69058.63 | 56647.58 |
| | 主营利润(万元) | 19941.15 | 23999.51 | 21218.74 |
| | 投资收益(万元) | -230.59 | -31.97 | 155.65 |
| | 利润总额(万元) | 4843.87 | 11256.7 | 10950.75 |
| | 净利润(万元) | 3995.41 | 7519.61 | 7458.19 |
| 近年分配: | 06预案:10派2;05年:10派0.5;04年:10派1 | | | |

**主要股东及持股比例%、持股性质**

- 牡丹江恒丰纸业集团有限责任公司 42.86%（部分流通部分不流通）
- 中国银河证券有限责任公司 1.66%（流通A股）
- 国际金融－汇丰－BILL & MELINDA GATES FOUNDATION 1.61%（流通A股）
- 谭志辉 0.43%（流通A股）
- 刘国强 0.27%（流通A股）
- 叶菲菲 0.25%（流通A股）
- 方广鹏 0.24%（流通A股）
- 上海宝鼎物业管理有限公司 0.24%（流通A股）
- 叶承明 0.23%（流通A股）
- 侯春虎 0.23%（流通A股）

实际控制人: 牡丹江国有资产管理委员会

二〇〇六年以来市场表现

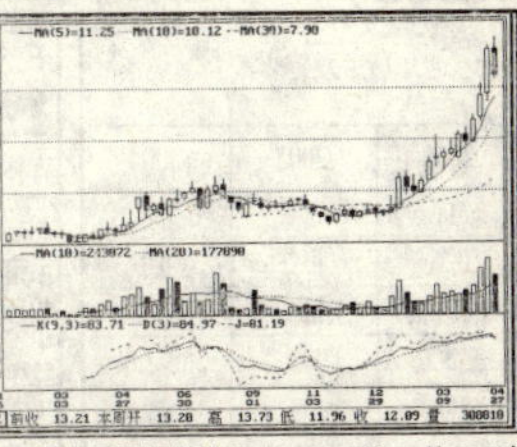

| | |
|---|---|
| 2006年涨跌幅(%) | 21.73 |
| 2006年最高(元) | 8.08 |
| 2007年涨跌幅(%) | 84.3 |
| 2007.4.27收盘(元) | 12.09 |
| 2007年最高(元) | 13.73 |
| 2007年最低(元) | 6.33 |
| 2007年换手率(%) | 373.12 |

未来一年限售流通股解禁情况:7000000股11月29日解禁

| 最新股本 | 总股本 | 非(限售)流通 | 流通A | 流通B/H/S | 股东户数 | 06年末 | 06三季 |
|---|---|---|---|---|---|---|---|
| | 14000 | 5300 | 8700 | | | 20007 | 22884 |

年报点评: 公司主要业务为卷烟配套系列用纸。公司所处卷烟纸行业收益稳定,但主要原材料木浆成本上升,导致毛利率下降。此外,公司去年6月底投产的年产2万吨高档印刷型水松原纸生产线因设备调试,设备调试期间的试运行不稳定,发生较大费用化成本。

## 承德钒钛（600357）

上市日期:02/09/06　　电话:0314－4073210　　传真:0314－4079279

| 主营 | 含钒低合金钢产品和钒系列产品(片剂、粉剂五氧化二钒,钒铁合金)的生产、销售和技术开发。 | | | |
|---|---|---|---|---|
| | 年　度 | 2006 | 2005 | 2004 |
| 主要指标 | 每股收益/扣除后(元) | 0.37/0.37 | 0.25/0.26 | 0.36/0.36 |
| | 每股经营现金流量(元) | 0.06 | 0.8 | 0.38 |
| | 每股净资产/调整后(元) | 3.24/3.25 | 2.56/2.54 | 2.47/2.45 |
| | 未分利润(万元) | 77398.7 | 45131.54 | 44490.43 |
| | 资本公积(万元) | 113951.11 | 49175.13 | 46607.63 |
| 利润构成 | 主营收入(万元) | 778161.76 | 751527.4 | 634902.2 |
| | 主营利润(万元) | 100841.83 | 79539.53 | 90965.57 |
| | 投资收益(万元) | 1884.24 | 797.97 | 187.58 |
| | 利润总额(万元) | 45352.85 | 27701.54 | 37548.74 |
| | 净利润(万元) | 36545.52 | 19396.06 | 27723.72 |
| 近年分配: | 06预案:10派2;04中期:10转增10 年终:10派2 | | | |

**主要股东及持股比例%、持股性质**

- 承德钢铁集团有限公司 40.43%（国有股）
- 国华能源有限公司 2.66%（非流通股）
- 承德昌达经营开发有限公司 0.98%（非流通股）
- 山西焦化集团有限公司 0.72%（非流通股）
- 何理 0.45%（流通A股）
- 浙江省饲料公司 0.31%（流通A股）
- 河北物产企业(集团)公司 0.27%（非流通股）
- 中国诚通金属集团公司 0.22%（流通A股）
- 石家庄焦化集团有限责任公司 0.22%（流通A股）
- 顾龙根 0.21%（流通A股）

实际控制人: 承德钢铁集团有限公司

二〇〇六年以来市场表现

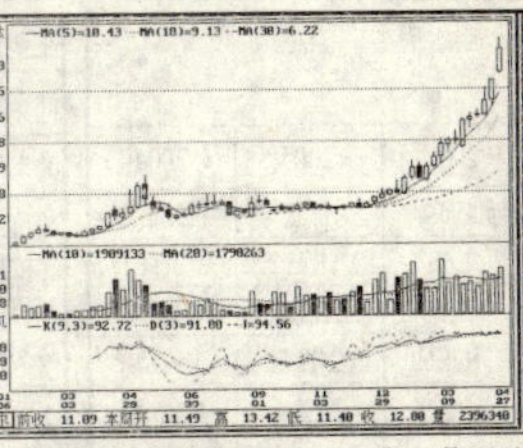

| | |
|---|---|
| 2006年涨跌幅(%) | 107.66 |
| 2006年最高(元) | 6.04 |
| 2007年涨跌幅(%) | 162.3 |
| 2007.4.27收盘(元) | 12.8 |
| 2007年最高(元) | 13.42 |
| 2007年最低(元) | 4.85 |
| 2007年换手率(%) | 549.9 |

未来一年限售流通股解禁情况:41909572股11月03日解禁

| 最新股本 | 总股本 | 非(限售)流通 | 流通A | 流通B/H/S | 股东户数 | 06年末 | 06三季 |
|---|---|---|---|---|---|---|---|
| | 98066.7 | 44111.58 | 53955.12 | | | 107391 | 104331 |

年报点评: 公司主营业务为钒产品、含钒低(微)合金钢产品和钛产品的生产、销售和技术开发。公司具有独特的钒钛资源,钒钛资源综合利用产业是属于国家产业政策重点支持发展的产业,未来发展前景看好。

## 国旅联合（600358）

上市日期:00/09/22　　电话:025－4711172　　传真:025－4711192

**主营**：旅游交通客运业务和休闲度假地开发经营业务。

| | 年　度 | 2006 | 2005 | 2004 |
|---|---|---|---|---|
| 主要指标 | 每股收益/扣除后(元) | 0.04/－0.013 | －0.03 | 0.009/－0.008 |
| | 每股经营现金流量(元) | －0.05 | －0.15 | －0.09 |
| | 每股净资产/调整后(元) | 1.16/1.16 | 1.11/1.1 | 1.14/0.88 |
| | 未分利润(万元) | 2160.95 | 713.78 | 1801.52 |
| | 资本公积(万元) | 6411.29 | 5858.07 | 5844.54 |
| 利润构成 | 主营收入(万元) | 9013.28 | 22420.43 | 32815.89 |
| | 主营利润(万元) | 4076.65 | 9951.82 | 10941.49 |
| | 投资收益(万元) | 3300.93 | －339.71 | 697.08 |
| | 利润总额(万元) | 1587.06 | 875 | 2776.57 |
| | 净利润(万元) | 1547.8 | －1087.74 | 375.36 |
| 近年分配: | | | | |

**主要股东及持股比例%、持股性质**

中国国际旅行社总社 16.45%（国有股）

南京市江宁区国有资产经营(控股)有限公司 10.18%（国有股）

浙江富春江旅游股份有限公司 8.64%（非流通股）

江苏兴园软件园开发建设有限公司 5%（非流通股）

深圳市思强实业发展有限公司 4.04%（非流通股）

上海大世界(集团)公司 3.5%（国有股）

杭州市之江发展总公司 2.62%（国有股）

该部分证券未经发行人确认 2.18%（非流通股）

刘龙珠 0.52%（非流通股）

清华紫光古汉生物制药股份有限公司 0.48%（非流通股）

实际控制人：中国国际旅行社总社

二〇〇六年以来市场表现

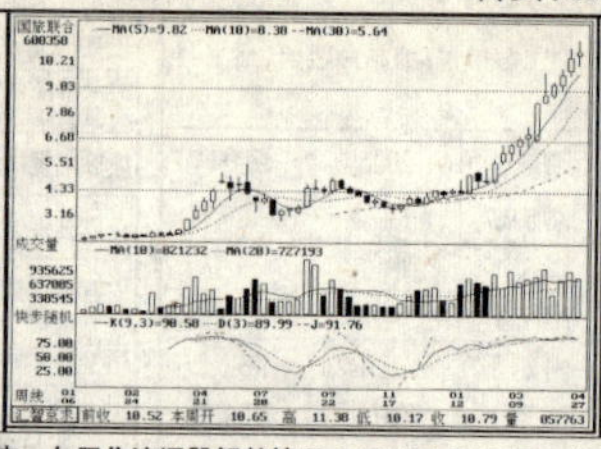

| | |
|---|---|
| 2006 年涨跌幅(%) | 172.35 |
| 2006 年最高(元) | 6.37 |
| 2007 年涨跌幅(%) | 157.52 |
| 2007.4.27 收盘(元) | 10.79 |
| 2007 年最高(元) | 11.38 |
| 2007 年最低(元) | 4.21 |
| 2007 年换手率(%) | 706.21 |

未来一年限售流通股解禁情况:96618521 股 07 月 18 日解禁

| 最新股本 | 总股本 | 非(限售)流通 | 流通 A | 流通 B/H/S | 股东户数 | 06 年末 | 06 三季 |
|---|---|---|---|---|---|---|---|
| | 43200 | 25650 | 17550 | | | 36924 | 36247 |

**年报点评**：2006 年公司经营班子遵循温泉发展规划,转让不符合公司发展战略的资产和业务,打造"以温泉休闲度假为核心业务,以'颐尚温泉'为核心品牌,以 SPA 水疗为核心产品"的主营业务模式。主营业务利润增加较多的原因主要是温泉度假业务营业收入大幅增加。

## 新农开发（600359）

上市日期:99/04/29　　电话:0997－2134018　　传真:0997－2125238

**主营**：农业种植;牧渔养殖;农产品、畜产品的生产、加工及销售;同时生产加工种子、种衣剂、农用塑料制品等。

| | 年　度 | 2006 | 2005 | 2004 |
|---|---|---|---|---|
| 主要指标 | 每股收益/扣除后(元) | 0.093/0.11 | 0.173 | 0.324/0.316 |
| | 每股经营现金流量(元) | 0.32 | 0.49 | 0.2364 |
| | 每股净资产/调整后(元) | 3.4/2.49 | 3.41/2.47 | 3.64/2.64 |
| | 未分利润(万元) | 9534.56 | 10036.03 | 17575.8 |
| | 资本公积(万元) | 59727.88 | 59799.74 | 59797.9 |
| 利润构成 | 主营收入(万元) | 84875.43 | 95646.62 | 102359.12 |
| | 主营利润(万元) | 14489.35 | 20738.91 | 26403.72 |
| | 投资收益(万元) | －19.6 | －134.73 | 203.7 |
| | 利润总额(万元) | 2808.25 | 7210.17 | 11810.69 |
| | 净利润(万元) | 3000.57 | 5566.94 | 10397.57 |
| 近年分配: | 06 预案:10 派 0.5;05 年:10 派 1;04 年:10 派 2 | | | |

**主要股东及持股比例%、持股性质**

新疆阿克苏农垦农工商联合总公司 50.794%（国有股）

中国工商银行－诺安价值增长股票证券投资基金 1.722%（流通 A 股）

中国工商银行－诺安股票证券投资基金 0.476%（流通 A 股）

北京浩鸿房地产开发有限公司 0.442%（流通 A 股）

吴薇 0.434%（流通 A 股）

北京鼎华文苑文化发展有限公司 0.174%（流通 A 股）

高甲云 0.154%（流通 A 股）

柳卉 0.151%（流通 A 股）

吴培丰 0.126%（流通 A 股）

钱志伟 0.118%（流通 A 股）

实际控制人：新疆生产建设兵团农一师

二〇〇六年以来市场表现

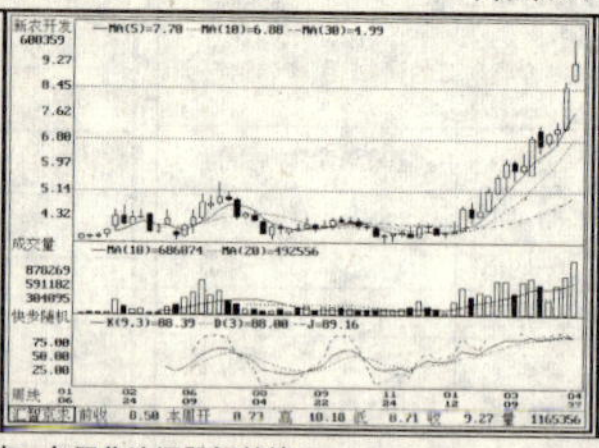

| | |
|---|---|
| 2006 年涨跌幅(%) | 44.8 |
| 2006 年最高(元) | 7.29 |
| 2007 年涨跌幅(%) | 147.86 |
| 2007.4.27 收盘(元) | 9.27 |
| 2007 年最高(元) | 10.1 |
| 2007 年最低(元) | 3.65 |
| 2007 年换手率(%) | 574.47 |

未来一年限售流通股解禁情况:

| 最新股本 | 总股本 | 非(限售)流通 | 流通 A | 流通 B/H/S | 股东户数 | 06 年末 | 06 三季 |
|---|---|---|---|---|---|---|---|
| | 32100 | 16305 | 15795 | | | 48127 | 52349 |

**年报点评**：公司 2006 年净利润同比下滑 46%主要原因是:受国际和国内棉价下降影响,新疆地区棉花销售价比上年同期下降 10%左右;由于棉花价格的下跌对棉花销售进度造成一定影响,致使棉花销售量比上年同期减少 15%左右。

## 华微电子（600360）

上市日期:01/03/16　　电话:0432－4678411　　传真:0432－4665812

**主营**：功率半导体器件的设计开发、芯片加工及封装

| | 年　度 | 2006 | 2005 | 2004 |
|---|---|---|---|---|
| 主要指标 | 每股收益/扣除后(元) | 0.51/0.5 | 0.38 | 0.37/0.38 |
| | 每股经营现金流量(元) | 0.28 | －0.32 | 0.3 |
| | 每股净资产/调整后(元) | 3.64/3.52 | 3.16/3.09 | 5.61/5.46 |
| | 未分利润(万元) | 28328.65 | 17572.22 | 10557.06 |
| | 资本公积(万元) | 28840.33 | 29658.86 | 41458.86 |
| 利润构成 | 主营收入(万元) | 89221.18 | 61290.3 | 43237.53 |
| | 主营利润(万元) | 26445.02 | 21638.54 | 15390.64 |
| | 投资收益(万元) | －36.68 | 224.12 | －111.99 |
| | 利润总额(万元) | 14673.7 | 10019.96 | 5215.02 |
| | 净利润(万元) | 12029.28 | 8947.25 | 4364.93 |
| 近年分配: | 05 中期:10 转增 10;04 年:10 派 0.5 | | | |

**主要股东及持股比例%、持股性质**

上海盈瀚科技实业有限公司 28.58%（非流通股）

吉林华星电子集团有限公司 9%（国有股）

北京光大汇金投资有限公司 8.11%（非流通股）

中国工商银行－广发策略优选混合型证券投资基金 4.19%（流通 A 股）

中国银行－易方达策略成长二号混合型证券投资基金 3.11%（流通 A 股）

中国工商银行－易方达价值精选股票型证券投资基金 1.88%（流通 A 股）

中国银行－易方达策略成长证券投资基金 1.77%（流通 A 股）

全国社保基金一零四组合 1.71%（流通 A 股）

交通银行－科瑞证券投资基金 1.2%（流通 A 股）

中国人寿保险股份有限公司－分红－个人分红－005L－FH002 沪 1.19%（流通 A 股）

实际控制人：梁志勇

二〇〇六年以来市场表现

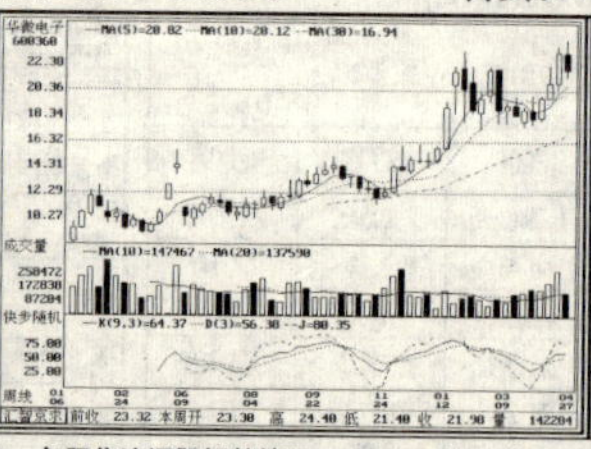

| | |
|---|---|
| 2006 年涨跌幅(%) | 121.72 |
| 2006 年最高(元) | 20.13 |
| 2007 年涨跌幅(%) | 49.12 |
| 2007.4.27 收盘(元) | 21.98 |
| 2007 年最高(元) | 24.4 |
| 2007 年最低(元) | 14.64 |
| 2007 年换手率(%) | 167.33 |

未来一年限售流通股解禁情况:38581531 股 06 月 09 日解禁

| 最新股本 | 总股本 | 非(限售)流通 | 流通 A | 流通 B/H/S | 股东户数 | 06 年末 | 06 三季 |
|---|---|---|---|---|---|---|---|
| | 23600 | 11100 | 12500 | | | 10507 | 13103 |

**年报点评**：公司主营节能灯用、彩电用和机箱用功率晶体管等中低端产品,面临原料成本上升和产品自然价格下跌压力。通过提高产品合格率,发行股票筹集资金发展 vdmos、igbt 等中高端产品,使附加值大幅提升,增强了盈利可持续能力,公司产品升级空间广阔。

## 华联综超（600361）

上市日期:01/11/29　　电话:010－88363718　　传真:010－68364733

**主营**：零售业

| | 年　度 | 2006 | 2005 | 2004 |
|---|---|---|---|---|
| 主要指标 | 每股收益/扣除后(元) | 0.45/0.44 | 0.52 | 0.39/0.38 |
| | 每股经营现金流量(元) | 1.62 | 1.45 | 1.34 |
| | 每股净资产/调整后(元) | 4.09/3.34 | 3.11/2.48 | 2.81/2.3 |
| | 未分利润(万元) | 37191.61 | 22419.31 | 16907.86 |
| | 资本公积(万元) | 68605.18 | 23152.8 | 23668.86 |
| 利润构成 | 主营收入(万元) | 591188.19 | 530083.28 | 468796.18 |
| | 主营利润(万元) | 64845.81 | 57450.28 | 50350.48 |
| | 投资收益(万元) | －53.2 | －53.9 | －45.21 |
| | 利润总额(万元) | 23046.64 | 19845.89 | 13976.65 |
| | 净利润(万元) | 16743.84 | 13011.06 | 9724.96 |
| 近年分配: | 06 预案:10 派 2;05 年:10 转增 3;04 年:10 派 2 | | | |

**主要股东及持股比例%、持股性质**

北京华联集团投资控股有限公司 22.78%（非流通股）

北京华联商厦股份有限公司 13.4%（非流通股）

海口金绥实业有限公司 4.91%（非流通股）

中国建设银行－工银瑞信精选平衡混合型证券投资基金 4.68%（流通 A 股）

海南亿雄商业投资管理有限公司 3.57%（非流通股）

全国社保基金一零六组合 3.41%（部分流通部分不流通）

中国银行－工银瑞信核心价值股票型证券投资基金 2.93%（流通 A 股）

中国银行－华夏回报二号证券投资基金 1.61%（流通 A 股）

中国银行－易方达积极成长证券投资基金 1.55%（非流通股）

中国银行－易方达策略成长证券投资基金 1.48%（非流通股）

实际控制人：北京华联集团投资控股有限公司

二〇〇六年以来市场表现

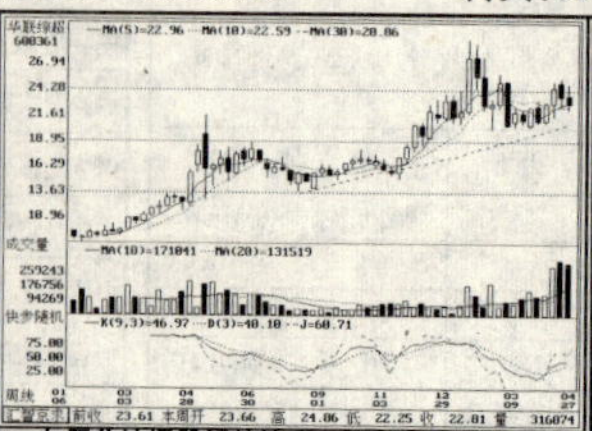

| | |
|---|---|
| 2006 年涨跌幅(%) | 219.67 |
| 2006 年最高(元) | 30.98 |
| 2007 年涨跌幅(%) | －1.21 |
| 2007.4.27 收盘(元) | 22.81 |
| 2007 年最高(元) | 29.6 |
| 2007 年最低(元) | 20.26 |
| 2007 年换手率(%) | 148.26 |

未来一年限售流通股解禁情况:1959 万股 08 月 29 日,1959 万股 11 月 29 日,1822 万股 02 月 29 日解禁

| 最新股本 | 总股本 | 非(限售)流通 | 流通 A | 流通 B/H/S | 股东户数 | 06 年末 | 06 三季 |
|---|---|---|---|---|---|---|---|
| | 37292.92 | 21302.92 | 15990 | | | 2075 | 4166 |

**年报点评**：公司主营连锁超市卖场,网点规模和收入不断扩大,目前门店遍布在全国 20 个省、市、自治区。报告期内公司增发募集资金近 6 个亿,计划新投资的门店已经大部分陆续营业,为公司未来业绩的提升奠定了基础。

## 江西铜业（600362）

上市日期:02/01/11　　电话:0701－3777735　　传真:0701－3777013

| | | | | |
|---|---|---|---|---|
| 主营 | 铜的采矿、选矿、熔炼及精炼 | | | |
| | 年　度 | 2006 | 2005 | 2004 |
| 主要指标 | 每股收益/扣除后(元) | 1.59/1.6 | 0.64 | 0.43/0.46 |
| | 每股经营现金流量(元) | 0.76 | 0.75 | 0.35 |
| | 每股净资产/调整后(元) | 4.34/4.34 | 2.94/2.94 | 2.28/2.28 |
| | 未分利润(万元) | 399896.48 | 181227.6 | 70516.55 |
| | 资本公积(万元) | 204777.39 | 204333.68 | 137814.7 |
| 利润构成 | 主营收入(万元) | 2543505.84 | 1334069.24 | 1062727.35 |
| | 主营利润(万元) | 768434.87 | 334181.52 | 193311.37 |
| | 投资收益(万元) | 257.56 | 317.99 | －1139.21 |
| | 利润总额(万元) | 553350.61 | 217589.38 | 127231.86 |
| | 净利润(万元) | 460934.55 | 185138.39 | 114350.14 |
| 近年分配: | 06 预案:10 派 4；05 年:10 派 1.92；04 年:10 派 1.2 | | | |

| 主要股东及持股比例%、持股性质 |
|---|
| 香港中央结算代理人有限公司 47.62%（H股） |
| 江西铜业集团公司 42.31%（国有股） |
| 王元忠 0.17%（流通 A 股） |
| 董国顺 0.13%（流通 A 股） |
| CITIGROUP 0.09%（流通 A 股） |
| 高盛国际 0.08%（流通 A 股） |
| 住联房产 0.07%（流通 A 股） |
| 法国兴业银行 0.07%（流通 A 股） |
| HSBC NOMINEES（HONG KONG）LIMITED 0.06%（H股） |
| 嘉利能源 0.05%（流通 A 股） |
| 实际控制人: |

二〇〇六年以来市场表现

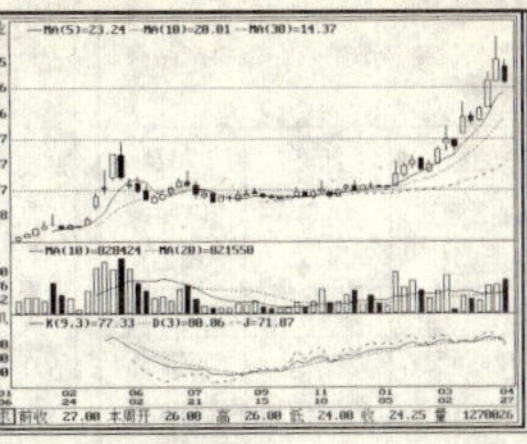

| | |
|---|---|
| 2006 年涨跌幅(%) | 183.19 |
| 2006 年最高(元) | 20.91 |
| 2007 年涨跌幅(%) | 109.05 |
| 2007.4.27 收盘(元) | 24.25 |
| 2007 年最高(元) | 29.85 |
| 2007 年最低(元) | 11.19 |
| 2007 年换手率(%) | 472.58 |

未来一年限售流通股解禁情况:

| 最新股本 | 总股本 | 非(限售)流通 | 流通 A | 流通 B/H/S | 股东户数 | 06 年末 | 06 三季 |
|---|---|---|---|---|---|---|---|
| | 289503.82 | 122695.62 | 28060 | 138748.2 | | 62031 | 61572 |

年报点评：公司抓住铜价格上涨机遇开拓冶炼和矿山业务。06 年完成四川康西铜业年产 3 万吨粗炼扩建项目,年产 30 万吨阴极铜的贵冶四期也将完成。德兴铜矿富家坞铜等矿区的建设也在积极推进。生铜冶炼加工费(TC/RC)下降给公司盈利带来压力。

## 联创光电（600363）

上市日期:01/03/29　　电话:0791—8161878　　传真:0791—8162001

| | | | | |
|---|---|---|---|---|
| 主营 | 光电器件及其它新型电子元器件、信息传输线缆、通信终端及专用通信交换设备的生产及销售。 | | | |
| | 年　度 | 2006 | 2005 | 2004 |
| 主要指标 | 每股收益/扣除后(元) | 0.123/0.12 | 0.129 | 0.155/0.127 |
| | 每股经营现金流量(元) | 0.47 | 0.57 | 0.2316 |
| | 每股净资产/调整后(元) | 2.05/1.99 | 2.91/2.87 | 2.82/2.81 |
| | 未分利润(万元) | 7599.2 | 5328.65 | 4800.95 |
| | 资本公积(万元) | 21383.47 | 33088.33 | 32760.61 |
| 利润构成 | 主营收入(万元) | 154598.18 | 122382.02 | 114758.75 |
| | 主营利润(万元) | 34580.17 | 30186.83 | 27763.58 |
| | 投资收益(万元) | 919.5 | 47.97 | －332.35 |
| | 利润总额(万元) | 10156.18 | 8126.77 | 8518.47 |
| | 净利润(万元) | 4548.57 | 3179.89 | 3830.91 |
| 近年分配: | 06 预案:10 派 0.35；05 年:10 转增 5 年终:10 派 0.5；04 年:10 派 0.5 | | | |

| 主要股东及持股比例%、持股性质 |
|---|
| 江西省电子集团公司 32.42%（国有股） |
| 江西电线电缆总厂 10.13%（国有股） |
| 武汉招银物业有限公司 6.77%（非流通股） |
| 李春辉 1.62%（流通 A 股） |
| 南昌高新科技投资有限公司 1.19%（非流通股） |
| 富丽卿 0.66%（流通 A 股） |
| 泰豪集团有限公司 0.66%（非流通股） |
| 中国农业银行江西省井冈山培训中心 0.4%（国有股） |
| 张缨 0.32%（流通 A 股） |
| 张思宇 0.25%（流通 A 股） |
| 实际控制人: 江西省国有资产管理委员会 |

二〇〇六年以来市场表现

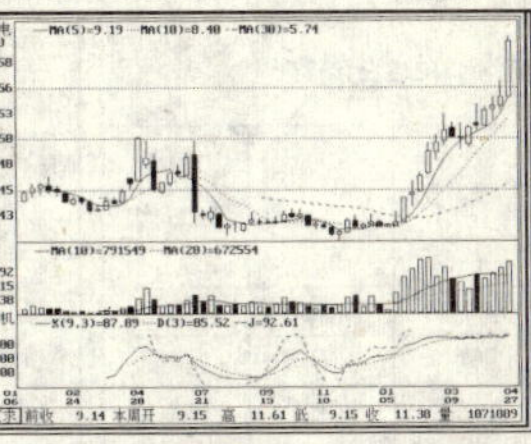

| | |
|---|---|
| 2006 年涨跌幅(%) | 59.24 |
| 2006 年最高(元) | 9.89 |
| 2007 年涨跌幅(%) | 188.1 |
| 2007.4.27 收盘(元) | 11.38 |
| 2007 年最高(元) | 11.61 |
| 2007 年最低(元) | 3.9 |
| 2007 年换手率(%) | 691.42 |

未来一年限售流通股解禁情况:45436279.5 股 05 月 31 日解禁

| 最新股本 | 总股本 | 非(限售)流通 | 流通 A | 流通 B/H/S | 股东户数 | 06 年末 | 06 三季 |
|---|---|---|---|---|---|---|---|
| | 37080.68 | 19125.67 | 17955 | | | 41328 | 40038 |

年报点评：公司主营光电子元器件、继电器、通信终端与信息系统设备等多种产品的生产和销售。2006 年公司营收增长达到 26.3%,其中光电线缆、专用通信增长 55%以上。毛利率下降的原因是子公司厦门宏发主要原材料涨价而公司没有同步上调产品价格。

## 通葡股份（600365）

上市日期:01/01/15　　电话:0435－3948012　　传真:0435－3949616

| | | | | |
|---|---|---|---|---|
| 主营 | 果露酒、葡萄酒制造、销售。 | | | |
| | 年　度 | 2006 | 2005 | 2004 |
| 主要指标 | 每股收益/扣除后(元) | 0.008/－0.021 | 0.007 | －0.705/－0.705 |
| | 每股经营现金流量(元) | －0.0491 | 0.1402 | 0.0755 |
| | 每股净资产/调整后(元) | 3.08/2.57 | 3.09/2.64 | 3.09/2.69 |
| | 未分利润(万元) | 146 | 58.24 | －6810.14 |
| | 资本公积(万元) | 28555.66 | 28914.09 | 35066.13 |
| 利润构成 | 主营收入(万元) | 7036.37 | 6977.81 | 3981.69 |
| | 主营利润(万元) | 2020.25 | 1901.08 | 470.93 |
| | 投资收益(万元) | | | 0.22 |
| | 利润总额(万元) | 233.97 | 102.25 | －9873.78 |
| | 净利润(万元) | 116.86 | 102.68 | －9873.78 |
| 近年分配: | | | | |

| 主要股东及持股比例%、持股性质 |
|---|
| 新华联控股有限公司 22.53%（非流通股） |
| 通化东宝药业股份有限公司 18.65%（非流通股） |
| 东宝实业集团有限公司 3.1%（非流通股） |
| 郑长富 0.56%（流通 A 股） |
| 蒋仁圣 0.5%（流通 A 股） |
| 海宁市诚泰投资有限公司 0.42%（流通 A 股） |
| 深圳市璟华投资发展有限公司 0.36%（流通 A 股） |
| 罗延新 0.33%（流通 A 股） |
| 海宁市华海房地产开发有限公司 0.25%（流通 A 股） |
| 张国能 0.24%（流通 A 股） |
| 实际控制人: 傅军 |

二〇〇六年以来市场表现

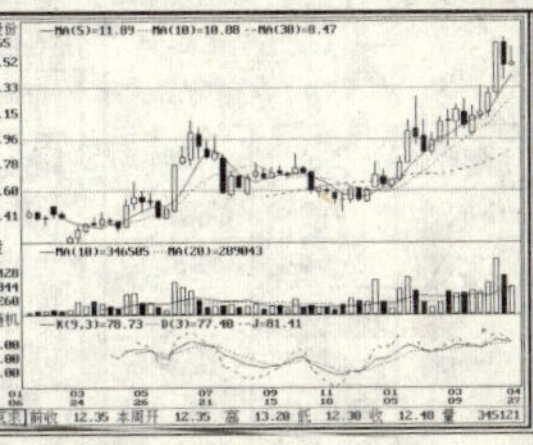

| | |
|---|---|
| 2006 年涨跌幅(%) | 67.04 |
| 2006 年最高(元) | 12.74 |
| 2007 年涨跌幅(%) | 83.26 |
| 2007.4.27 收盘(元) | 12.48 |
| 2007 年最高(元) | 13.7 |
| 2007 年最低(元) | 6.57 |
| 2007 年换手率(%) | 562.71 |

未来一年限售流通股解禁情况:14000000 股 03 月 17 日解禁

| 最新股本 | 总股本 | 非(限售)流通 | 流通 A | 流通 B/H/S | 股东户数 | 06 年末 | 06 三季 |
|---|---|---|---|---|---|---|---|
| | 14000 | 6200 | 7800 | | | 26683 | 23079 |

年报点评：公司主营葡萄酒的生产和销售,2006 年葡萄酒行业保持了较快的增长,行业竞争日益激励,公司销售收入微增,销售毛利率略有上升,净利率大幅增长,但是公司净资产收益率仍然比较低。公司销售以"通化葡萄酒"品牌为核心,正重点加大销售力度,推广品牌。

## 宁波韵升（600366）

上市日期:00/10/30　　电话:0574－87776804　　传真:0574－87776466

| | | | | |
|---|---|---|---|---|
| 主营 | 钕铁硼永磁材料、八音琴及电机的生产与销售。 | | | |
| | 年　度 | 2006 | 2005 | 2004 |
| 主要指标 | 每股收益/扣除后(元) | 0.221/0.186 | 0.215 | 0.205/0.138 |
| | 每股经营现金流量(元) | 0.3464 | 0.691 | 0.7884 |
| | 每股净资产/调整后(元) | 1.98/1.96 | 2.38/2.36 | 2.38/2.37 |
| | 未分利润(万元) | 11724.69 | 8064.34 | 10792.16 |
| | 资本公积(万元) | 10132.6 | 18434.68 | 18352.75 |
| 利润构成 | 主营收入(万元) | 420436.88 | 228166.79 | 164666.2 |
| | 主营利润(万元) | 35819.3 | 28555 | 21403.18 |
| | 投资收益(万元) | 723.85 | 428.94 | 800.04 |
| | 利润总额(万元) | 13800.01 | 9922 | 8630.02 |
| | 净利润(万元) | 8229.34 | 6141.1 | 5867.22 |
| 近年分配: | 06 预案:10 派 1；05 年:10 派 1 转增 3；04 年:10 派 2 | | | |

| 主要股东及持股比例%、持股性质 |
|---|
| 韵升控股集团有限公司 52.14%（部分流通部分不流通） |
| 宁波信达中建置业有限公司 6.15%（部分流通部分不流通） |
| 中国机电出口产品投资公司 3.31%（流通 A 股） |
| 中国银行－华宝兴业先进成长股票型证券投资基金 2.26%（流通 A 股） |
| 竺韵德 0.62%（流通 A 股） |
| 中国建设银行－宝康灵活配置证券投资基金 0.54%（流通 A 股） |
| 杭州宏海投资管理咨询有限公司 0.49%（流通 A 股） |
| 全国社保基金一零九组合 0.42%（流通 A 股） |
| 余银增 0.27%（流通 A 股） |
| 浙江诗洁生物制药有限公司 0.25%（流通 A 股） |
| 实际控制人: 竺韵德 |

二〇〇六年以来市场表现

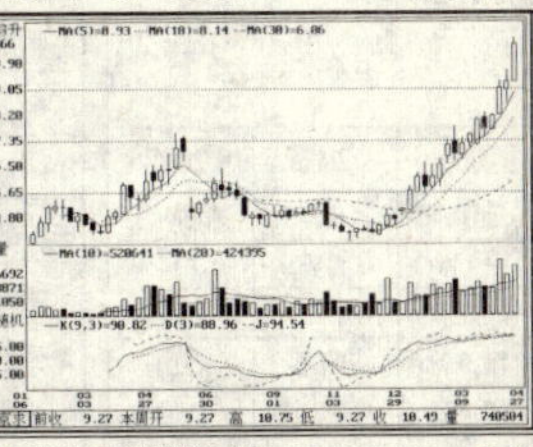

| | |
|---|---|
| 2006 年涨跌幅(%) | 55.9 |
| 2006 年最高(元) | 8.46 |
| 2007 年涨跌幅(%) | 122.25 |
| 2007.4.27 收盘(元) | 10.49 |
| 2007 年最高(元) | 10.75 |
| 2007 年最低(元) | 4.82 |
| 2007 年换手率(%) | 378.04 |

未来一年限售流通股解禁情况:22868281.8 股 12 月 06 日解禁

| 最新股本 | 总股本 | 非(限售)流通 | 流通 A | 流通 B/H/S | 股东户数 | 06 年末 | 06 三季 |
|---|---|---|---|---|---|---|---|
| | 37176.75 | 17950.16 | 19226.59 | | | 24007 | 24572 |

年报点评：公司磁材及其下游应用业务竞争优势明显,是盈利主力;进出口贸易业务增收贡献巨大,增利作用有待发酵。在人民币升值、原料价格上涨和进出口业务毛利率低背景下,综合毛利率受拖累,但仍实现收入和利润的增长。

## 红星发展（600367）

上市日期：01/03/20　　电话：0853－6780066　　传真：0853－6780074

| 主营 | 无机化工产品、精细化工产品的生产和销售。主要产品有碳酸钡、碳酸锶及副产品硫磺等 | | | |
|---|---|---|---|---|
| | 年　度 | 2006 | 2005 | 2004 |
| 主要指标 | 每股收益/扣除后(元) | 0.22/0.23 | 0.43 | 0.42/0.43 |
| | 每股经营现金流量(元) | 0.23 | 0.66 | 0.44 |
| | 每股净资产/调整后(元) | 3.46/3.45 | 3.24/3.23 | 2.92/2.91 |
| | 未分利润(万元) | 27026.52 | 21654.18 | 16820.51 |
| | 资本公积(万元) | 28398.75 | 28398.75 | 28396.18 |
| 利润构成 | 主营收入(万元) | 106742.79 | 104222.87 | 93925.41 |
| | 主营利润(万元) | 33294.47 | 37642.74 | 38560.45 |
| | 投资收益(万元) | -66.74 | 816.68 | 114.37 |
| | 利润总额(万元) | 8820.87 | 17388.4 | 18033.4 |
| | 净利润(万元) | 6414.7 | 12533.2 | 12181.29 |
| 近年分配： | 04年：10派1 | | | |

| 主要股东及持股比例%、持股性质 |
|---|
| 青岛红星化工集团有限责任公司 57.13%（国有股） |
| 邢康 0.57%（流通A股） |
| 华宝信托投资有限责任公司－集合类资金信托2006年第5号 0.44%（流通A股） |
| 安顺市国有资产管理有限公司 0.42%（流通A股） |
| 李辉 0.29%（流通A股） |
| 镇宁县红蝶实业有限责任公司 0.25%（流通A股） |
| 青岛红星化工集团自力实业公司 0.25%（流通A股） |
| 青岛红星化工集团进出口有限公司 0.25%（流通A股） |
| 方红霞 0.17%（流通A股） |
| 杭州青春服装厂 0.15%（流通A股） |
| 实际控制人：青岛市国有资产监督管理委员会 |

二〇〇六年以来市场表现

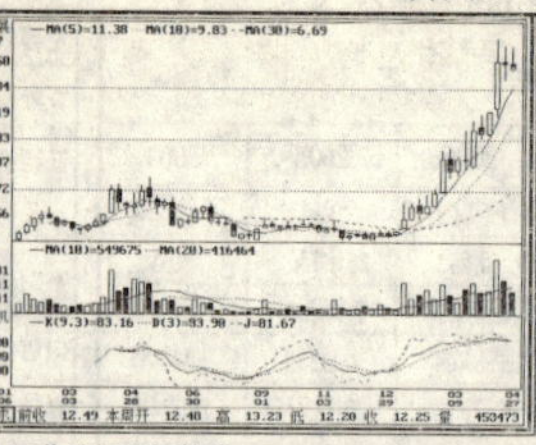

| | |
|---|---|
| 2006年涨跌幅(%) | 6.11 |
| 2006年最高(元) | 7.27 |
| 2007年涨跌幅(%) | 161.19 |
| 2007.4.27收盘(元) | 12.25 |
| 2007年最高(元) | 13.66 |
| 2007年最低(元) | 4.65 |
| 2007年换手率(%) | 595.37 |

未来一年限售流通股解禁情况：14560000股12月02日解禁

| 最新股本 | 总股本 | 非(限售)流通 | 流通A | 流通B/H/S | 股东户数 | 06年末 | 06三季 |
|---|---|---|---|---|---|---|---|
| | 29120 | 15181.42 | 13938.58 | | | 24341 | 26073 |

**年报点评**：2006年由于公司主营的碳酸锶、碳酸钡等无机盐产品盈利能力大幅下滑导致公司净利润同比有较大幅度下降。由于传统CRT玻壳企业受到平板显示器的冲击，普遍出现大幅亏损，现金状况恶化，直接导致公司应收帐款风险加大，效益下滑。

## 五洲交通（600368）

上市日期：00/12/21　　电话：0771－5518383　　传真：0771－5518111

| 主营 | 广西境内公路、桥梁、站场、港口的建设、经营管理。 | | | |
|---|---|---|---|---|
| | 年　度 | 2006 | 2005 | 2004 |
| 主要指标 | 每股收益/扣除后(元) | 0.17/0.17 | 0.2 | 0.21/0.18 |
| | 每股经营现金流量(元) | -0.014 | 0.28 | 0.32 |
| | 每股净资产/调整后(元) | 3.09/3.09 | 2.98/2.98 | 2.86/2.86 |
| | 未分利润(万元) | 31792.9 | 28140.74 | 23391.5 |
| | 资本公积(万元) | 36806.65 | 36806.65 | 36806.65 |
| 利润构成 | 主营收入(万元) | 14751.93 | 14951.72 | 16961 |
| | 主营利润(万元) | 10069.62 | 10121.8 | 10643.44 |
| | 投资收益(万元) | -194 | | -3.64 |
| | 利润总额(万元) | 8944.12 | 10417.96 | 11259.51 |
| | 净利润(万元) | 7495.74 | 8707.34 | 9454.07 |
| 近年分配： | 06预案：10派0.7；05年：10派0.6；04年：10派0.8 | | | |

| 主要股东及持股比例%、持股性质 |
|---|
| 广西壮族自治区高速公路管理局 27.57%（国有股） |
| 华建交通经济开发中心 17.43%（国有股） |
| 广西壮族自治区公路管理局 13.09%（国有股） |
| 广西民族经济发展资金管理局 9.41%（国有股） |
| 广西壮族自治区道路运输管理局 2.05%（国有股） |
| 朱朝晖 0.11%（流通A股） |
| 邱剑武 0.11%（流通A股） |
| 黄国明 0.09%（流通A股） |
| 尹裕德 0.08%（流通A股） |
| 徐润潮 0.07%（流通A股） |
| 实际控制人：广西壮族自治区交通厅 |

二〇〇六年以来市场表现

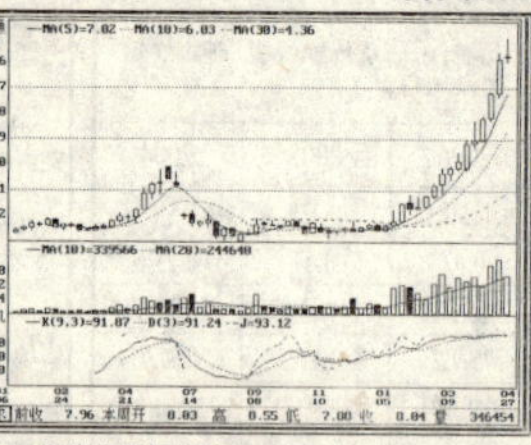

| | |
|---|---|
| 2006年涨跌幅(%) | 38.39 |
| 2006年最高(元) | 5.14 |
| 2007年涨跌幅(%) | 142.17 |
| 2007.4.27收盘(元) | 8.04 |
| 2007年最高(元) | 8.55 |
| 2007年最低(元) | 3.3 |
| 2007年换手率(%) | 335.25 |

未来一年限售流通股解禁情况：75340000股07月05日解禁

| 最新股本 | 总股本 | 非(限售)流通 | 流通A | 流通B/H/S | 股东户数 | 06年末 | 06三季 |
|---|---|---|---|---|---|---|---|
| | 44200 | 30736 | 13464 | | | 48595 | 51941 |

**年报点评**：2006年受车辆分流、治理"三超"和"绿色通道"政策的影响，南梧路、金宜路通行费收入继续减少，不过平王路通行费收入在增长，公司主营业务收入及利润与上年基本持平。2007年公司投资项目将逐渐产生效益，同时公司也将加快新项目的收购进程。

## ST长运（600369）

上市日期：01/01/09　　电话：023－63819926　　传真：023－63819708

| 主营 | 水上客、货运输和旅游运输及相关服务。 | | | |
|---|---|---|---|---|
| | 年　度 | 2006 | 2005 | 2004 |
| 主要指标 | 每股收益/扣除后(元) | -0.5 | 0.031 | -0.649/-0.664 |
| | 每股经营现金流量(元) | -0.129 | -0.313 | -0.223 |
| | 每股净资产/调整后(元) | 0.21/0.1 | 0.98/0.79 | 2.32/2.2 |
| | 未分利润(万元) | -53067.89 | -40828.25 | -17257.76 |
| | 资本公积(万元) | 29581.52 | 36401.67 | 35905.83 |
| 利润构成 | 主营收入(万元) | 5764.7 | 4350.83 | 7761.95 |
| | 主营利润(万元) | 652.94 | -799.55 | 48.92 |
| | 投资收益(万元) | -69.97 | -712.14 | -390.56 |
| | 利润总额(万元) | -12574.64 | -189.52 | -11184.7 |
| | 净利润(万元) | -12239.63 | 538.59 | -11178.79 |
| 近年分配： | | | | |

| 主要股东及持股比例%、持股性质 |
|---|
| 重庆市涪陵区资产经营公司 11.8%（国有股） |
| 华融投资有限公司 9.49%（非流通股） |
| 温州新城投资管理有限公司 7.6%（非流通股） |
| 北海现代投资股份有限公司 6.7%（非流通股） |
| 四川省港航开发有限责任公司 3.16%（非流通股） |
| 北京和泉投资顾问公司 1.9%（非流通股） |
| 李予成 0.61%（流通A股） |
| 上海证券有限责任公司 0.57%（流通A股） |
| 曾实 0.53%（部分流通部分不流通） |
| 刘红梅 0.51%（流通A股） |
| 实际控制人：华融投资有限公司 |

二〇〇六年以来市场表现

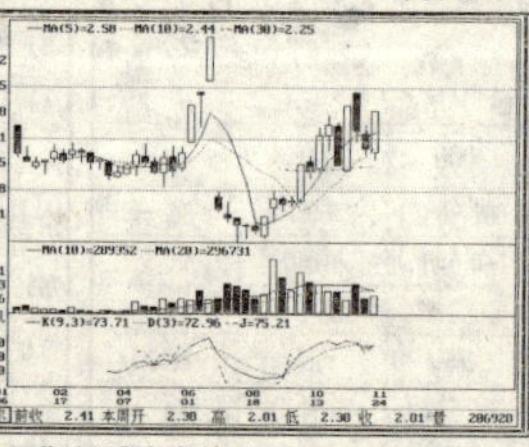

| | |
|---|---|
| 2006年涨跌幅(%) | 123.9 |
| 2006年最高(元) | 6 |
| 2007年涨跌幅(%) | |
| 2007.4.27收盘(元) | 2.81 |
| 2007年最高(元) | |
| 2007年最低(元) | |
| 2007年换手率(%) | |

未来一年限售流通股解禁情况：7951500股07月21日解禁，53621500股01月21日解禁

| 最新股本 | 总股本 | 非(限售)流通 | 流通A | 流通B/H/S | 股东户数 | 06年末 | 06三季 |
|---|---|---|---|---|---|---|---|
| | 24485.75 | 9974.25 | 14511.5 | | | 17229 | 20338 |

**年报点评**：公司2006年业绩同比大幅下降，亏损1.2亿元左右。主要原因是公司2005年度盈利主要是依靠出售重庆船厂土地实现大额营业外收益所致。2006年主营业务经营亏损，对外投资收益低，财务费用居高不下，并计提了大额职工安置费用。

## 三房巷（600370）

上市日期：03/03/06　　电话：0510－86229867　　传真：0510－86229823

| 主营 | 坯布染色整理 | | | |
|---|---|---|---|---|
| | 年　度 | 2006 | 2005 | 2004 |
| 主要指标 | 每股收益/扣除后(元) | 0.265/0.265 | 0.44 | 0.45/0.45 |
| | 每股经营现金流量(元) | -0.19 | 0.57 | 1.54 |
| | 每股净资产/调整后(元) | 2.61/2.61 | | 4.26/4.26 |
| | 未分利润(万元) | 11220.78 | 9427.37 | 6795.13 |
| | 资本公积(万元) | 24519.75 | 37240.55 | 37240.55 |
| 利润构成 | 主营收入(万元) | 133565.13 | 117233.7 | 94041.78 |
| | 主营利润(万元) | 13800.24 | 11977.78 | 13805.44 |
| | 投资收益(万元) | 10 | 20 | 40 |
| | 利润总额(万元) | 11219.95 | 9835.26 | 10044.99 |
| | 净利润(万元) | 7552.14 | 6993.05 | 7168.84 |
| 近年分配： | 06中期：10转增8年终：10派0.5；05年：10派2.8；04年：10派1.8 | | | |

| 主要股东及持股比例%、持股性质 |
|---|
| 江苏三房巷集团有限公司 56.34%（非流通股） |
| 江阴市瑞兴塑纺有限公司 0.38%（流通A股） |
| 埃迪恩信息（上海）信息技术有限公司 0.25%（流通A股） |
| 富莉清 0.21%（流通A股） |
| 裔式春 0.2%（流通A股） |
| 沈文均 0.19%（流通A股） |
| 贾琴华 0.19%（流通A股） |
| 贾琴琴 0.19%（流通A股） |
| 毛佳超 0.19%（流通A股） |
| 沈文芳 0.19%（流通A股） |
| 实际控制人：卞兴才 |

二〇〇六年以来市场表现

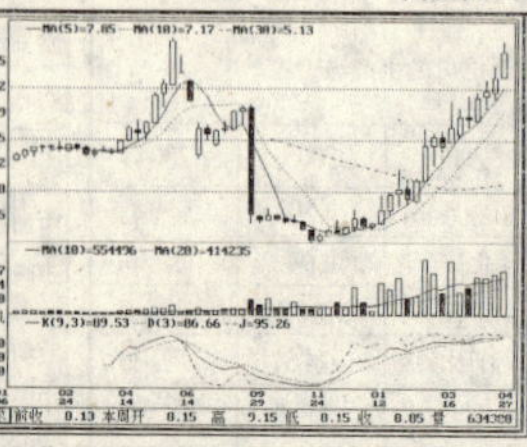

| | |
|---|---|
| 2006年涨跌幅(%) | 50.51 |
| 2006年最高(元) | 10 |
| 2007年涨跌幅(%) | 129.97 |
| 2007.4.27收盘(元) | 8.85 |
| 2007年最高(元) | 9.2 |
| 2007年最低(元) | 3.8 |
| 2007年换手率(%) | 599.64 |

未来一年限售流通股解禁情况：14243400股08月07日解禁

| 最新股本 | 总股本 | 非(限售)流通 | 流通A | 流通B/H/S | 股东户数 | 06年末 | 06三季 |
|---|---|---|---|---|---|---|---|
| | 28486.8 | 16049.2 | 12437.6 | | | 20102 | 18101 |

**年报点评**：公司主营各类染色布的生产与销售，国内印染企业数量众多，但是产品结构不合理，中低档产品供大于求，高档产品供不应求。公司积极调整产品结构，控制成本费用，在国内竞争激励，出口退税下降的情况下纺织主业产品销售毛利率仍然上升。

## 华冠科技（600371）

上市日期:02/09/16　　电话:0451－82368448　　传真:0451－82368448

| | | | | |
|---|---|---|---|---|
| 主营 | 食品添加剂、玉米淀粉糖，饲料等系列产品的研发、生产和销售。 | | | |
| | 年　度 | 2006 | 2005 | 2004 |
| 主要指标 | 每股收益/扣除后(元) | 0.12/0.13 | 0.05 | 0.03/0.03 |
| | 每股经营现金流量(元) | 0.68 | 0.22 | 0.61 |
| | 每股净资产/调整后(元) | 1.95/1.84 | 1.85/1.83 | 1.79/1.78 |
| | 未分利润(万元) | 5211.86 | 4424.94 | 4483.86 |
| | 资本公积(万元) | 4330.98 | 4650.23 | 4587.38 |
| 利润构成 | 主营收入(万元) | 56863.43 | 33722.24 | 35650.85 |
| | 主营利润(万元) | 16633.12 | 10406.51 | 9619.68 |
| | 投资收益(万元) | －3885.54 | －436.77 | －381.44 |
| | 利润总额(万元) | 3693.52 | 1451.82 | 1195.6 |
| | 净利润(万元) | 1811.28 | 823.7 | 475.98 |
| 近年分配: | 06 年:10 派 1 | | | |

| 主要股东及持股比例%、持股性质 |
|---|
| 万向三农有限公司 56.85%（非流通股） |
| 哈尔滨曼哈顿多元集团有限公司 5.83%（非流通股） |
| 中国建设银行－宝康消费品证券投资基金 1.91%（流通 A 股） |
| 全国社保基金一零三组合 1.22%（流通 A 股） |
| 中国工商银行－中银国际持续增长股票型证券投资基金 1.14%（流通 A 股） |
| 上海东信投资管理有限公司 1%（非流通股） |
| 中国建设银行－华宝兴业收益增长混合型证券投资基金 0.97%（流通 A 股） |
| 裕阳证券投资基金 0.85%（流通 A 股） |
| 广发证券股份有限公司 0.81%（流通 A 股） |
| 蒋仕波 0.7%（流通 A 股） |
| 实际控制人:　鲁冠球 |

二〇〇六年以来市场表现

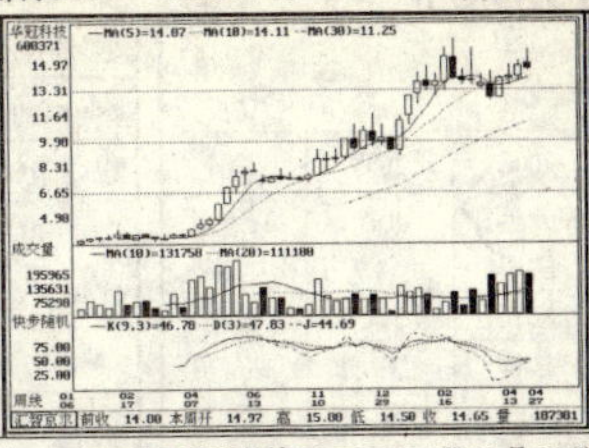

| | |
|---|---|
| 2006 年涨跌幅(%) | 239.51 |
| 2006 年最高(元) | 13.04 |
| 2007 年涨跌幅(%) | 45.46 |
| 2007.4.27 收盘(元) | 14.65 |
| 2007 年最高(元) | 16.64 |
| 2007 年最低(元) | 9.01 |
| 2007 年换手率(%) | 321.4 |

未来一年限售流通股解禁情况:17825000 股 09 月 20 日解禁

| 最新股本 | 总股本 | 非(限售)流通 | 流通 A | 流通 B/H/S | 股东户数 | 06 年末 | 06 三季 |
|---|---|---|---|---|---|---|---|
| | 15500 | 9948.14 | 5551.86 | | | 7765 | 10144 |

年报点评：2006 年公司净利润大幅增长 119.89%。主要得益于种业的快速增长。种子销售数量超过 9000 万公斤，比上年度增长 40% 以上，占我国玉米杂交种市场总需求的近 9%，特别是郑单 958 在保持上年度旺销的基础上，2006 年在全国的种植面积又得到进一步扩大。

## 昌河股份（600372）

上市日期:01/07/06　　电话:0798－8448974　　传真:0798－8448974

| | | | | |
|---|---|---|---|---|
| 主营 | 微型汽车系列车型、经济型乘用车(整车)设计、开发、制造、销售、售后服务等。 | | | |
| | 年　度 | 2006 | 2005 | 2004 |
| 主要指标 | 每股收益/扣除后(元) | －0.55/－0.63 | 0.04 | －0.12/－0.14 |
| | 每股经营现金流量(元) | 0.73 | 0.13 | －0.13 |
| | 每股净资产/调整后(元) | 2.55/2.54 | 3.11/2.99 | 3.09/3 |
| | 未分利润(万元) | －26097.78 | －3534.79 | －4508.37 |
| | 资本公积(万元) | 83530.41 | 83802.04 | 83802.04 |
| 利润构成 | 主营收入(万元) | 440871.81 | 339487.03 | 313872.52 |
| | 主营利润(万元) | 16158.33 | 27649.81 | 34411.81 |
| | 投资收益(万元) | －107.47 | －160.05 | 48.85 |
| | 利润总额(万元) | －39341.4 | －2295.59 | －3340.01 |
| | 净利润(万元) | －22562.99 | 1673.66 | －4800.81 |
| 近年分配: | | | | |

| 主要股东及持股比例%、持股性质 |
|---|
| 中国航空科技工业股份有限公司 62.39%（国有股） |
| 中国银河证券有限责任公司 2.41%（流通 A 股） |
| 哈尔滨东安汽车动力股份有限公司 0.84%（非流通股） |
| 中国民用飞机开发公司 0.28%（国有股） |
| 周国政 0.2%（流通 A 股） |
| 杨仲冬 0.142%（流通 A 股） |
| 中国航空工业供销总公司 0.14%（国有股） |
| 安徽江南机械有限责任公司 0.14%（非流通股） |
| 钟菊英 0.12%（流通 A 股） |
| 绍兴柯岩旅游有限公司 0.09%（流通 A 股） |
| 实际控制人:　中国航空工业第二集团公司 |

二〇〇六年以来市场表现

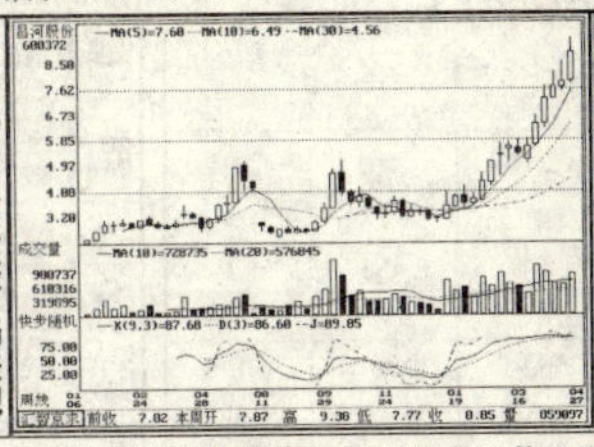

| | |
|---|---|
| 2006 年涨跌幅(%) | 79.03 |
| 2006 年最高(元) | 6.94 |
| 2007 年涨跌幅(%) | 186.41 |
| 2007.4.27 收盘(元) | 8.85 |
| 2007 年最高(元) | 9.38 |
| 2007 年最低(元) | 2.96 |
| 2007 年换手率(%) | 699.02 |

未来一年限售流通股解禁情况:26212043 股 08 月 09 日解禁

| 最新股本 | 总股本 | 非(限售)流通 | 流通 A | 流通 B/H/S | 股东户数 | 06 年末 | 06 三季 |
|---|---|---|---|---|---|---|---|
| | 41000 | 26150 | 14850 | | | 34178 | 33200 |

年报点评：公司主营小排量紧凑型汽车及汽车发动机生产销售。06 年公司汽车销量和销售收入均有所增长，但成本及费用的增长更快，导致公司净利润亏损。07 年汽车行业转暖，公司小排量经济型汽车具有系列化优势，但行业竞争非常激烈，公司前景不容乐观。

## 鑫新股份（600373）

上市日期:02/03/04　　电话:0793－8238282　　传真:0793－8222255

| | | | | |
|---|---|---|---|---|
| 主营 | 系列中、普档客车及漆包线的生产及销售。 | | | |
| | 年　度 | 2006 | 2005 | 2004 |
| 主要指标 | 每股收益/扣除后(元) | 0.081/0.05 | 0.1 | 0.1/0.071 |
| | 每股经营现金流量(元) | 0.39 | 0.12 | 0.04 |
| | 每股净资产/调整后(元) | 2.31 | 2.26 | 2.17/2.17 |
| | 未分利润(万元) | 5057.3 | 4334.08 | 3450.04 |
| | 资本公积(万元) | 10333.42 | 10499.63 | 10498.4 |
| 利润构成 | 主营收入(万元) | 67958.07 | 53262.69 | 51461.11 |
| | 主营利润(万元) | 6537.51 | 5744.08 | 6024.52 |
| | 投资收益(万元) | －20.82 | 4.89 | 440.11 |
| | 利润总额(万元) | 1128.2 | 1540.62 | 1422.8 |
| | 净利润(万元) | 1010.96 | 1216.52 | 1254.08 |
| 近年分配: | 06 预案:10 派 0.15；05 年:10 派 0.15；04 年:10 派 0.12 | | | |

| 主要股东及持股比例%、持股性质 |
|---|
| 江西信江实业有限公司 50.52%（非流通股） |
| 岳军 0.3%（流通 A 股） |
| 李鸣 0.29%（流通 A 股） |
| 周卫安 0.24%（流通 A 股） |
| 江西铜业集团公司 0.24%（国有股） |
| 江西省投资集团公司 0.24%（国有股） |
| 江西省长运集团有限公司 0.24%（国有股） |
| 常州市智通树脂有限公司 0.24%（非流通股） |
| 常州绝缘材料总厂有限公司 0.24%（非流通股） |
| 岳军 0%（流通 A 股） |
| 实际控制人:　温显来 |

二〇〇六年以来市场表现

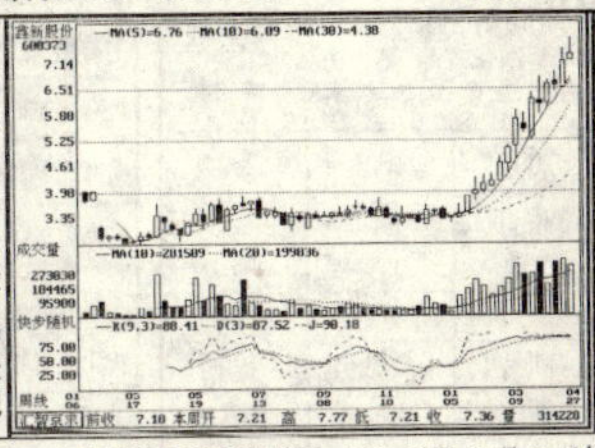

| | |
|---|---|
| 2006 年涨跌幅(%) | 22.46 |
| 2006 年最高(元) | 5.19 |
| 2007 年涨跌幅(%) | 123.03 |
| 2007.4.27 收盘(元) | 7.36 |
| 2007 年最高(元) | 7.77 |
| 2007 年最低(元) | 3.21 |
| 2007 年换手率(%) | 557.59 |

未来一年限售流通股解禁情况:6250000 股 02 月 13 日解禁

| 最新股本 | 总股本 | 非(限售)流通 | 流通 A | 流通 B/H/S | 股东户数 | 06 年末 | 06 三季 |
|---|---|---|---|---|---|---|---|
| | 12500 | 6465.5 | 6034.5 | | | 15545 | 17366 |

年报点评：06 年受国际铜价格波动的影响，公司漆包线业务成本大幅上升，虽然主营业务收入有所上升，但净利润同比下降。公司客车业务产品结构调整虽已初见成效，但产量较小市场占有率较低，且行业竞争依然激烈，公司未来发展需培养产品核心竞争力。

## 星马汽车（600375）

上市日期:03/04/01　　电话:0555－8323038　　传真:0555－8323038

| | | | | |
|---|---|---|---|---|
| 主营 | 散装水泥车、混凝土搅拌车和混凝土泵车等专用汽车产品的研究开发、生产、销售和服务。 | | | |
| | 年　度 | 2006 | 2005 | 2004 |
| 主要指标 | 每股收益/扣除后(元) | 0.162/0.163 | 0.173 | 0.1/0.1 |
| | 每股经营现金流量(元) | 0.76 | 1.44 | －1.21 |
| | 每股净资产/调整后(元) | 2.41/2.41 | 3.53/3.52 | 3.64/3.63 |
| | 未分利润(万元) | 8067.36 | 7211.5 | 8726.94 |
| | 资本公积(万元) | 15210.17 | 21546.55 | 21546.55 |
| 利润构成 | 主营收入(万元) | 171991.34 | 117318.03 | 135415.23 |
| | 主营利润(万元) | 14764.55 | 8981.35 | 7533.16 |
| | 投资收益(万元) | | | |
| | 利润总额(万元) | 4800.71 | 3392.02 | 2908.18 |
| | 净利润(万元) | 3034.08 | 2165.19 | 1303.02 |
| 近年分配: | 06 预案:10 派 1；05 年:10 派 1.5 转增 5；04 年:10 派 2 | | | |

| 主要股东及持股比例%、持股性质 |
|---|
| 马鞍山华神建材工业有限公司 30.73%（国有股） |
| 马鞍山经济技术开发区经济技术发展总公司 5.98%（国有股） |
| 安徽省经贸投资集团有限责任公司 5.89%（国有股） |
| 安徽国元信托投资有限责任公司 5.01%（国有股） |
| 马鞍山金星化工(集团)有限公司 4.5%（国有股） |
| 中国平安人寿保险股份有限公司－传统－普通保险产品 1.86%（流通 A 股） |
| 周小英 0.43%（流通 A 股） |
| 黄振华 0.23%（流通 A 股） |
| 张维铭 0.21%（流通 A 股） |
| 徐镇国 0.2%（流通 A 股） |
| 实际控制人:　安徽星马汽车集团有限公司 |

二〇〇六年以来市场表现

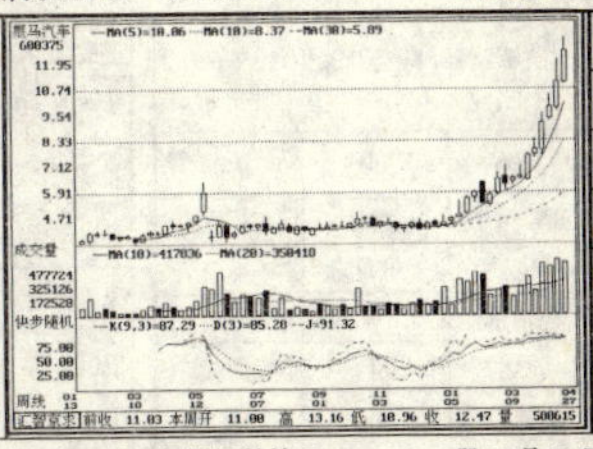

| | |
|---|---|
| 2006 年涨跌幅(%) | 121.5 |
| 2006 年最高(元) | 10 |
| 2007 年涨跌幅(%) | 181.49 |
| 2007.4.27 收盘(元) | 12.47 |
| 2007 年最高(元) | 13.16 |
| 2007 年最低(元) | 4.35 |
| 2007 年换手率(%) | 510.29 |

未来一年限售流通股解禁情况:3524269.5 股 01 月 13 日解禁

| 最新股本 | 总股本 | 非(限售)流通 | 流通 A | 流通 B/H/S | 股东户数 | 06 年末 | 06 三季 |
|---|---|---|---|---|---|---|---|
| | 18748.13 | 9770.63 | 8977.5 | | | 16103 | 16801 |

年报点评：公司主营专用汽车和汽车配件，目前是国内最大的罐式专用汽车企业。2006 年行业复苏，公司主要产品国产化率不断提高，业绩实现较快增长。公司希望通过 3－5 年的时间，成为中国最大的、最有竞争力的专用汽车经营企业，树立起“星马”的领先品牌地位。

## 天鸿宝业（600376）

上市日期:01/03/12　　电话:010－64401653　　传真:010－64401637

主营：房地产的开发与经营

| 年度 | | 2006 | 2005 | 2004 |
|---|---|---|---|---|
| 主要指标 | 每股收益/扣除后(元) | 0.03/-0.11 | 0.15 | 0.27/0.26 |
| | 每股经营现金流量(元) | -3.85 | -4.9 | -1.27 |
| | 每股净资产/调整后(元) | 2.87/2.87 | 4.31/4.31 | 4.27/4.27 |
| | 未分利润(万元) | 12494 | 12737.93 | 12264.67 |
| | 资本公积(万元) | 28171.62 | 36831.62 | 36831.62 |
| 利润构成 | 主营收入(万元) | 4834.12 | 45798.85 | 82374.1 |
| | 主营利润(万元) | 1191.59 | 8104.21 | 17188.09 |
| | 投资收益(万元) | 5081.08 | -249.56 | -70.75 |
| | 利润总额(万元) | 1064.15 | 3569.97 | 7647.44 |
| | 净利润(万元) | 691.19 | 2594.43 | 4695.96 |

近年分配：06 预案:10 派 0.5；05 年:10 派 0.5 转增 5；04 年:10 派 1

| 主要股东及持股比例%、持股性质 |
|---|
| 北京天鸿集团公司 28.17%（国有股） |
| 美都控股股份有限公司 13.32%（非流通股） |
| 深圳金阳投资有限责任公司 7.48%（国有股） |
| 京华房产有限公司 1.98%（非流通股） |
| 长城证券有限责任公司 1.93%（流通 A 股） |
| 北京宝信实业发展公司 1%（非流通股） |
| 中国银行－嘉实服务增值行业证券投资基金 0.55%（流通 A 股） |
| 唐亮 0.34%（流通 A 股） |
| 胡天闻 0.25%（流通 A 股） |
| 宋衍 0.19%（流通 A 股） |
| 实际控制人：北京市人民政府国有资产监督管理委员会 |

二〇〇六年以来市场表现

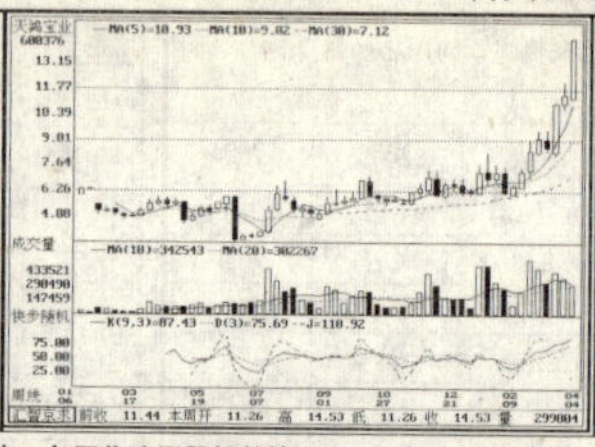

| | |
|---|---|
| 2006 年涨跌幅(%) | 102.3 |
| 2006 年最高(元) | 14.42 |
| 2007 年涨跌幅(%) | 135.88 |
| 2007.4.27 收盘(元) | 14.53 |
| 2007 年最高(元) | 14.53 |
| 2007 年最低(元) | 6.02 |
| 2007 年换手率(%) | 330.86 |

未来一年限售流通股解禁情况:19443955.5 股 02 月 16 日解禁

| 最新股本 | 总股本 | 非(限售)流通 | 流通 A | 流通 B/H/S | 股东户数 | 06 年末 | 06 三季 |
|---|---|---|---|---|---|---|---|
| | 25980 | 13500 | 12480 | | | 15993 | 13527 |

年报点评：目前业务主要集中在北京、天津两地。由于没有可供结算收入的项目,使得公司报告期经营收入与往年相比,有大幅的减少。由于目前主要开发的回龙观文化居住区等项目均处于施工或前期规划阶段,未取得销售收入,导致主营收入和净利润同比下降。

## 宁沪高速（600377）

上市日期:01/01/16　　电话:025－84204028　　传真:025－84365441

主营：投资、建设、经营和管理沪宁高速公路江苏段及江苏省境内的其他收费公路。

| 年度 | | 2006 | 2005 | 2004 |
|---|---|---|---|---|
| 主要指标 | 每股收益/扣除后(元) | 0.224/0.225 | 0.138 | 0.164/0.219 |
| | 每股经营现金流量(元) | 0.48 | 0.26 | 0.33 |
| | 每股净资产/调整后(元) | 2.98/2.98 | 2.9/2.9 | 2.91/2.91 |
| | 未分利润(万元) | 130929.79 | 104769.44 | 48412.52 |
| | 资本公积(万元) | 748868.67 | 748868.67 | 748819.44 |
| 利润构成 | 主营收入(万元) | 404625.61 | 219473.58 | 306008.13 |
| | 主营利润(万元) | 226067.74 | 118022.65 | 184735.02 |
| | 投资收益(万元) | 11780.12 | 12894.53 | 13125.35 |
| | 利润总额(万元) | 171602.67 | 94443.63 | 139020.4 |
| | 净利润(万元) | 112778.14 | 69645.6 | 82672.5 |

近年分配：06 预案:10 派 1.9；05 年:10 派 1.45；04 年:10 派 1.45

| 主要股东及持股比例%、持股性质 |
|---|
| 江苏交通控股有限公司 54.44%（国有股） |
| 华建交通经济开发中心 11.69%（国有股） |
| JPMorgan Chase & Co. 2.91%（H 股） |
| UBS AG 1.72%（H 股） |
| Sumitomo Mitsui Asset Management Limited 1.45%（H 股） |
| HSBC Halbis Partners (Hong Kong) Limited 1.38%（H 股） |
| Schroder Investment Management Limited 1.23%（H 股） |
| 银河证券有限责任公司 0.45%（流通 A 股） |
| 华夏证券有限公司 0.42%（非流通股） |
| 申银万国证券股份有限公司 0.29%（非流通股） |
| 实际控制人：江苏交通控股有限公司 |

二〇〇六年以来市场表现

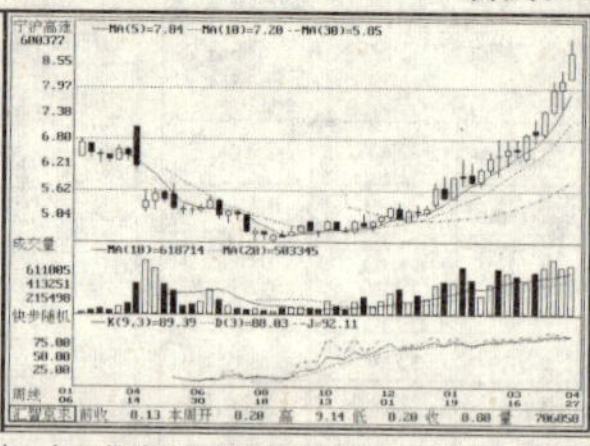

| | |
|---|---|
| 2006 年涨跌幅(%) | 10.38 |
| 2006 年最高(元) | 7.59 |
| 2007 年涨跌幅(%) | 69.56 |
| 2007.4.27 收盘(元) | 8.8 |
| 2007 年最高(元) | 9.14 |
| 2007 年最低(元) | 5.23 |
| 2007 年换手率(%) | 453.44 |

未来一年限售流通股解禁情况:286408139 股 05 月 16 日解禁

| 最新股本 | 总股本 | 非(限售)流通 | 流通 A | 流通 B/H/S | 股东户数 | 06 年末 | 06 三季 |
|---|---|---|---|---|---|---|---|
| | 503774.75 | 361774.75 | 19800 | 122200 | | 37196 | 39748 |

年报点评：2006 年沪宁高速公路八车道投入使用后日均混合车流量同比增幅达 82%,占公司通行费收入总额的 74.7%,是公司主营业务收入大幅增长的主要原因。除 312 国道沪宁段受沪宁高速全线开通影响收入大幅下降以外,公司经营的其他路段收入均呈现良好增长态势。

## 天科股份（600378）

上市日期:01/01/11　　电话:028－85963659　　传真:028－85881997

主营：碳一化学技术及催化剂,变压吸附气体分离技术及装置,合成芳樟醇、维生素 E 系列及精细化工品(不含药品)、工业气体(不含危险品)的研制、开发、生产、销售、技术服务及相关的工程设计与工程承包。

| 年度 | | 2006 | 2005 | 2004 |
|---|---|---|---|---|
| 主要指标 | 每股收益/扣除后(元) | -0.15/-0.12 | 0.02 | -0.17/-0.15 |
| | 每股经营现金流量(元) | 0.2 | 0.39 | -0.22 |
| | 每股净资产/调整后(元) | 1.41/1.41 | 1.98/1.98 | 2.04/2.02 |
| | 未分利润(万元) | -6707.94 | -2973.93 | -1802.19 |
| | 资本公积(万元) | 15197.68 | 20478.99 | 20463.36 |
| 利润构成 | 主营收入(万元) | 36826.78 | 29140.54 | 28039.52 |
| | 主营利润(万元) | 8212.87 | 5156.53 | 4626.91 |
| | 投资收益(万元) | -378.75 | 36.61 | -113.08 |
| | 利润总额(万元) | -2382.89 | 516.93 | -3363.71 |
| | 净利润(万元) | -3702.83 | 365.46 | -3304.47 |

近年分配：

| 主要股东及持股比例%、持股性质 |
|---|
| 西南化工研究设计院 23.13%（国有股） |
| 成都愿景科技有限公司 16.72%（非流通股） |
| 成都美辰科技有限责任公司 4.38%（非流通股） |
| 沈阳易捷电子机械有限公司 3.41%（非流通股） |
| 浙江金融租赁股份有限公司 0.86%（流通 A 股） |
| 南京海冉工贸实业有限公司 0.47%（流通 A 股） |
| 赵行衍 0.41%（流通 A 股） |
| 胡继成 0.37%（流通 A 股） |
| 中化化工科学技术研究总院 0.34%（非流通股） |
| 中橡集团炭黑工业研究设计院 0.34%（非流通股） |
| 实际控制人：中国昊华化工(集团)总公司 |

二〇〇六年以来市场表现

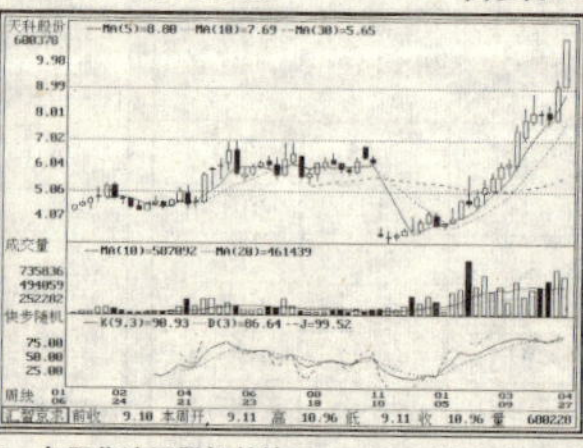

| | |
|---|---|
| 2006 年涨跌幅(%) | 44.83 |
| 2006 年最高(元) | 7.15 |
| 2007 年涨跌幅(%) | 193.83 |
| 2007.4.27 收盘(元) | 10.96 |
| 2007 年最高(元) | 10.96 |
| 2007 年最低(元) | 3.6 |
| 2007 年换手率(%) | 647.56 |

未来一年限售流通股解禁情况:46193116 股 11 月 09 日解禁

| 最新股本 | 总股本 | 非(限售)流通 | 流通 A | 流通 B/H/S | 股东户数 | 06 年末 | 06 三季 |
|---|---|---|---|---|---|---|---|
| | 24561.43 | 11952.34 | 12609.09 | | | 22265 | 18568 |

年报点评：去年由于公司对旗下非核心业务进行清理,对不符合公司整体战略发展方向及经营效益不佳的投资项目逐渐退出和转让,并投资二甲醚项目。但由于管理层动荡,经营一般。未来管理层稳定之后业绩有望改善。

## S 宝光（600379）

上市日期:02/01/16　　电话:0917－3561512　　传真:0917－3561512

主营：高、中、低压真空灭弧室、真空断路器、真空开关柜等产品的研制、生产、销售及服务。

| 年度 | | 2006 | 2005 | 2004 |
|---|---|---|---|---|
| 主要指标 | 每股收益/扣除后(元) | 0.079/-0.082 | 0.013 | 0.12/0.13 |
| | 每股经营现金流量(元) | -0.0479 | -0.0192 | 0.27 |
| | 每股净资产/调整后(元) | 1.91/1.88 | 1.83/1.79 | 1.82/1.7 |
| | 未分利润(万元) | 4285.42 | 3164.61 | 2988.29 |
| | 资本公积(万元) | 8706.79 | 8706.79 | 8678.49 |
| 利润构成 | 主营收入(万元) | 28632.24 | 28994.63 | 33961.63 |
| | 主营利润(万元) | 6759.21 | 7985.83 | 9798.31 |
| | 投资收益(万元) | -98.06 | -204.11 | -134.94 |
| | 利润总额(万元) | 1526.84 | 451.94 | 2189.93 |
| | 净利润(万元) | 1245.35 | 207.43 | 1903.7 |

近年分配：

| 主要股东及持股比例%、持股性质 |
|---|
| 陕西宝光集团有限公司 22.15%（国有股） |
| 北京茂恒投资管理有限公司 20.89%（非流通股） |
| 长宜环保工程有限公司 15.82%（非流通股） |
| 陕西省技术进步投资有限责任公司 6.33%（国有股） |
| 中国长城工业总公司 3.16%（非流通股） |
| 上海汽车集团财务有限责任公司 2.56%（流通 A 股） |
| 同德证券投资基金 1.33%（流通 A 股） |
| 中国建设银行－华安宏利股票型证券投资基金 1.18%（流通 A 股） |
| 山东新财富投资有限公司 0.83%（流通 A 股） |
| 曹裕昌 0.6%（流通 A 股） |
| 实际控制人： |

二〇〇六年以来市场表现

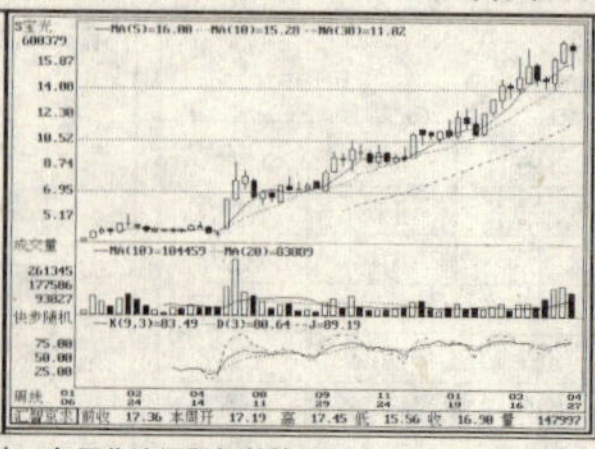

| | |
|---|---|
| 2006 年涨跌幅(%) | 218.77 |
| 2006 年最高(元) | 11.28 |
| 2007 年涨跌幅(%) | 55.47 |
| 2007.4.27 收盘(元) | 16.9 |
| 2007 年最高(元) | 17.65 |
| 2007 年最低(元) | 10.36 |
| 2007 年换手率(%) | 275.47 |

未来一年限售流通股解禁情况:

| 最新股本 | 总股本 | 非(限售)流通 | 流通 A | 流通 B/H/S | 股东户数 | 06 年末 | 06 三季 |
|---|---|---|---|---|---|---|---|
| | 15800 | 10800 | 5000 | | | 7966 | 11153 |

年报点评：06 年原材料价格大幅上涨,公司主营业务利润亏损,但出售宝光断路器仍使净利润大幅增长。随着施耐德宝光电器的成立,公司作为独家供应商向其持续供应灭弧室,未来短期利润有保证,但长期发展仍然依赖于施奈德中压开关全球业务拓展能力。

## 健康元（600380）

上市日期:01/06/08　　电话:0755－82478966　　传真:0755－82478967

| | | | | |
|---|---|---|---|---|
| 主营 | 研究开发、生产经营营养保健口服液、保健泡腾片、保健颗粒剂、中成药、口服液、片剂、胶囊剂、颗粒剂、激素类片剂、食品、强化食品、保健食品。 | | | |
| | 年　度 | 2006 | 2005 | 2004 |
| 主要指标 | 每股收益/扣除后(元) | -0.13/-0.24 | 0.21 | 0.16/0.14 |
| | 每股经营现金流量(元) | 0.45 | 0.6 | 0.4 |
| | 每股净资产/调整后(元) | 3.13/3.07 | 3.47/3.44 | 3.38/3.32 |
| | 未分利润(万元) | -8258.69 | 9991.36 | 7140.43 |
| | 资本公积(万元) | 131190.47 | 131427.19 | 131244.14 |
| 利润构成 | 主营收入(万元) | 207620.37 | 248891.81 | 234579.84 |
| | 主营利润(万元) | 108140.63 | 132267.12 | 132165.58 |
| | 投资收益(万元) | 428.98 | -1129.86 | -4244.9 |
| | 利润总额(万元) | 5021.63 | 19230.68 | 19365.08 |
| | 净利润(万元) | -7744.06 | 12800.9 | 9726.34 |
| 近年分配: | 05年:10派1.6；04年:10派1.1 | | | |

| 主要股东及持股比例%、持股性质 |
|---|
| 深圳市百业源投资有限公司 48.27%（非流通股） |
| 鸿信行有限公司 16.09%（外资股） |
| 柳州铁路局 4.14%（流通A股） |
| 北京能源投资(集团)有限公司 1.14%（流通A股） |
| 周祖发 0.36%（流通A股） |
| 严丽亚 0.27%（流通A股） |
| 上海国际信托投资有限公司－(邦联)持续增值主题投资资金信托(E－5 0.25%（流通A股） |
| 山西鑫仑实业有限公司 0.17%（流通A股） |
| 邹华云 0.17%（流通A股） |
| 钟启明 0.15%（流通A股） |
| 实际控制人：朱保国 |

二〇〇六年以来市场表现

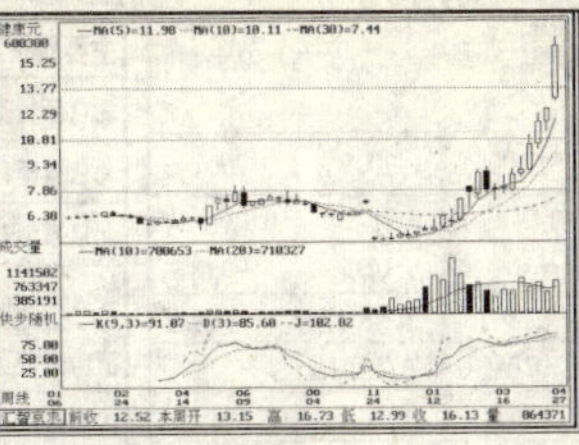

| | |
|---|---|
| 2006年涨跌幅(%) | 19.82 |
| 2006年最高(元) | 8.24 |
| 2007年涨跌幅(%) | 199.81 |
| 2007.4.27收盘(元) | 16.13 |
| 2007年最高(元) | 16.73 |
| 2007年最低(元) | 5.46 |
| 2007年换手率(%) | 595.66 |

未来一年限售流通股解禁情况:

| 最新股本 | 总股本 | 非(限售)流通 | 流通A | 流通B/H/S | 股东户数 | 06年末 | 06三季 |
|---|---|---|---|---|---|---|---|
| | 60993 | 39258 | 21735 | | | 24019 | 22217 |

年报点评：公司保健品销售持续下滑，美罗培南成为公司重要的利润支柱；实现对丽珠集团的股权增持，稳定公司对丽珠集团的控股权地位。7－aca生产基地建设也基本竣工，有望成为2007年一个新的利润增长点。公司对委托天同证券投资的国债进行了计提导致亏损。

## ＊ST 贤成（600381）

上市日期:01/05/08　　电话:0971－5125329　　传真:0971－5125329

| | | | | |
|---|---|---|---|---|
| 主营 | 房地产开发、中、高档牦牛绒衫及牛绒面料的开发、设计、生产、加工和销售。 | | | |
| | 年　度 | 2006 | 2005 | 2004 |
| 主要指标 | 每股收益/扣除后(元) | -1.823 | -0.561 | 0.086/0.07 |
| | 每股经营现金流量(元) | 0.07 | 0.57 | 0.15 |
| | 每股净资产/调整后(元) | -1.43/-1.43 | 0.78/0.77 | 1.75/1.74 |
| | 未分利润(万元) | -65759.34 | -10928.63 | 5758.35 |
| | 资本公积(万元) | 7.62 | 2046.02 | 8646.02 |
| 利润构成 | 主营收入(万元) | 8641.68 | 58528.04 | 99049.84 |
| | 主营利润(万元) | 3956.37 | 11304.24 | 16476.28 |
| | 投资收益(万元) | -7639.36 | -2830.37 | -440.74 |
| | 利润总额(万元) | -69972.67 | -11229.47 | 9241.9 |
| | 净利润(万元) | -55837.56 | -16034.67 | 1886.16 |
| 近年分配: | 04年:10转增3 | | | |

| 主要股东及持股比例%、持股性质 |
|---|
| 西宁市国新投资控股有限公司 57.35%（非流通股） |
| 西宁大十字百货商店有限公司 4.94%（非流通股） |
| 上海振鲁实业有限公司 0.66%（非流通股） |
| 西宁特殊钢(集团)有限责任公司 0.5%（非流通股） |
| 卞大兵 0.46%（流通A股） |
| 邓汝萍 0.41%（流通A股） |
| 徐永华 0.29%（流通A股） |
| 高洲 0.27%（流通A股） |
| 于洋 0.25%（流通A股） |
| 梁以东 0.23%（流通A股） |
| 实际控制人： |

二〇〇六年以来市场表现

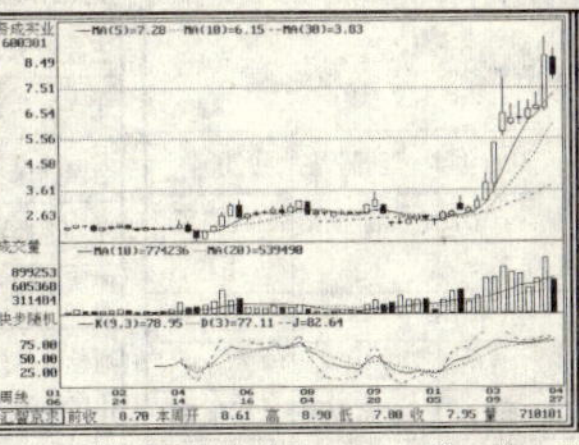

| | |
|---|---|
| 2006年涨跌幅(%) | 42.61 |
| 2006年最高(元) | 3.5 |
| 2007年涨跌幅(%) | 221.86 |
| 2007.4.27收盘(元) | 7.95 |
| 2007年最高(元) | 9.46 |
| 2007年最低(元) | 2.22 |
| 2007年换手率(%) | 836.09 |

未来一年限售流通股解禁情况:34611200股11月27日解禁

| 最新股本 | 总股本 | 非(限售)流通 | 流通A | 流通B/H/S | 股东户数 | 06年末 | 06三季 |
|---|---|---|---|---|---|---|---|
| | 30638.4 | 19500 | 11138.4 | | | 22444 | 18833 |

年报点评：公司主营房地产业务和纺织品的生产和销售。公司逐渐压缩了纺织业务规模，在纺织行业景气度上升的背景下，纺织的亏损程度下降。地产业务销售毛利率上升，但是地产的收入确认存在很大的随意性和年度季度间确认的不平衡。

## 广东明珠（600382）

上市日期:01/01/18　　电话:0753－3338549　　传真:0753－3324118

| | | | | |
|---|---|---|---|---|
| 主营 | 球阀产品及其驱动装置、阴极铜等产品的生产经营和研制开发。 | | | |
| | 年　度 | 2006 | 2005 | 2004 |
| 主要指标 | 每股收益/扣除后(元) | 0.34/0.32 | 0.27 | 0.26/0.24 |
| | 每股经营现金流量(元) | -0.41 | -0.33 | 0.97 |
| | 每股净资产/调整后(元) | 3.78/3.76 | 3.5/3.49 | 3.25/3.25 |
| | 未分利润(万元) | 15465.77 | 11041.79 | 7748.19 |
| | 资本公积(万元) | 26303.77 | 26463.31 | 26047.81 |
| 利润构成 | 主营收入(万元) | 68010.57 | 66494.8 | 63424.75 |
| | 主营利润(万元) | 12052.7 | 13842.8 | 12214.73 |
| | 投资收益(万元) | 3533.05 | -166.32 | -566.88 |
| | 利润总额(万元) | 7843.13 | 6683.29 | 5629.59 |
| | 净利润(万元) | 5862.47 | 4627.62 | 4419.02 |
| 近年分配: | 06预案:10派0.5；05年:10派0.5；04年:10派0.5 | | | |

| 主要股东及持股比例%、持股性质 |
|---|
| 深圳市金信安投资有限公司 23.49%（非流通股） |
| 兴宁市友谊投资发展有限公司 12.4%（非流通股） |
| 兴宁市财政局 11.56%（国有股） |
| 兴宁市明珠投资集团有限公司 5.33%（非流通股） |
| 李良贤 0.86%（流通A股） |
| 原静 0.83%（流通A股） |
| 梁祖锵 0.79%（流通A股） |
| 梁丽珠 0.78%（流通A股） |
| 刘伟韬 0.68%（流通A股） |
| 佛山市东晖发展有限公司 0.49%（流通A股） |
| 实际控制人：张伟标 |

二〇〇六年以来市场表现

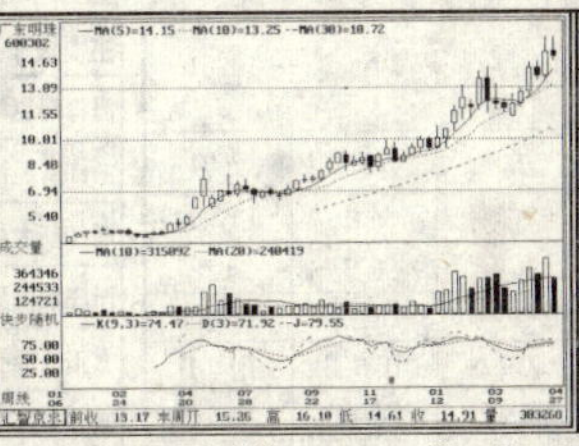

| | |
|---|---|
| 2006年涨跌幅(%) | 240.73 |
| 2006年最高(元) | 13.53 |
| 2007年涨跌幅(%) | 50.76 |
| 2007.4.27收盘(元) | 14.91 |
| 2007年最高(元) | 16.17 |
| 2007年最低(元) | 9.23 |
| 2007年换手率(%) | 561.79 |

未来一年限售流通股解禁情况:26503524股06月26日解禁

| 最新股本 | 总股本 | 非(限售)流通 | 流通A | 流通B/H/S | 股东户数 | 06年末 | 06三季 |
|---|---|---|---|---|---|---|---|
| | 17087.33 | 9107.33 | 7980 | | | 17944 | 21940 |

年报点评：公司主营建安、贸易和水电设备、阀门制造等。06年公司由自主生产向实业投资发展，在参股公司取得丰厚投资回报，主营业务收入小幅增长，净利润较大幅度增长。07年公司水电制造合同充足，其他投资将进一步扩大，未来业绩可望进一步提高。

## 金地集团（600383）

上市日期:01/04/12　　电话:0755－83303333　　传真:0755－83844555

| | | | | |
|---|---|---|---|---|
| 主营 | 主要从事房地产开发与经营、物业租赁和物业管理等。 | | | |
| | 年　度 | 2006 | 2005 | 2004 |
| 主要指标 | 每股收益/扣除后(元) | 0.67/0.64 | 0.48 | 0.666/0.64 |
| | 每股经营现金流量(元) | -2.21 | -1.75 | 3.1 |
| | 每股净资产/调整后(元) | 4.64/4.63 | 4.12/4.11 | 6.88/6.87 |
| | 未分利润(万元) | 81551.09 | 51346.03 | 35131.73 |
| | 资本公积(万元) | 125932.42 | 126202.23 | 155878.92 |
| 利润构成 | 主营收入(万元) | 355441.22 | 257501.05 | 317536.63 |
| | 主营利润(万元) | 93949.64 | 78858.56 | 67378.78 |
| | 投资收益(万元) | 9020.37 | -3310.36 | -1925.18 |
| | 利润总额(万元) | 67333.82 | 46756.9 | 42046.67 |
| | 净利润(万元) | 44528.56 | 32003.21 | 24625.48 |
| 近年分配: | 06年:10派2.38；05年:10派1.5；04年:10派3.3转增8 | | | |

| 主要股东及持股比例%、持股性质 |
|---|
| 深圳市福田投资发展公司 12.32%（国有股） |
| 深圳市福田建设股份有限公司 7.06%（非流通股） |
| 深圳市中科讯实业有限公司 4.23%（非流通股） |
| 通和投资控股有限公司 4.05%（非流通股） |
| 中国工商银行－广发策略优选混合型证券投资基金 3.01%（流通A股） |
| 中国工商银行－易方达价值精选股票型证券投资基金 2.58%（流通A股） |
| 广东浩和创业有限公司 2.23%（非流通股） |
| 深圳市通产实业有限公司 2.08%（国有股） |
| UTSTAR COM,INC 2.08%（外资股） |
| 中国银行－银华优质增长股票型证券投资基金 1.93%（流通A股） |
| 实际控制人：深圳市福田区国有资产管理委员会 |

二〇〇六年以来市场表现

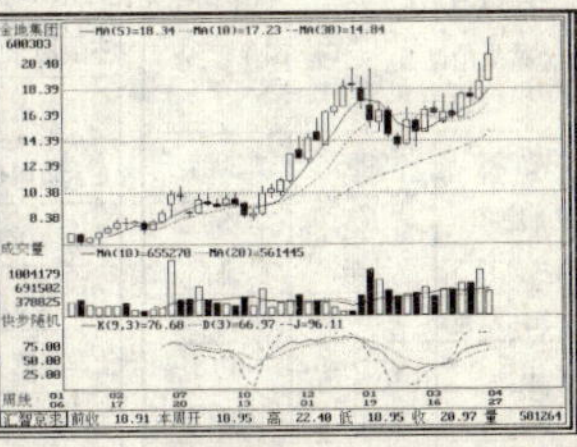

| | |
|---|---|
| 2006年涨跌幅(%) | 240.41 |
| 2006年最高(元) | 23.9 |
| 2007年涨跌幅(%) | 14.76 |
| 2007.4.27收盘(元) | 20.97 |
| 2007年最高(元) | 22.64 |
| 2007年最低(元) | 13.7 |
| 2007年换手率(%) | 237.79 |

未来一年限售流通股解禁情况:176037735股08月24日解禁

| 最新股本 | 总股本 | 非(限售)流通 | 流通A | 流通B/H/S | 股东户数 | 06年末 | 06三季 |
|---|---|---|---|---|---|---|---|
| | 66600 | 23850 | 42750 | | | 12089 | 19359 |

年报点评：2006年实现主营收入同比增长38.03%，净利润同比增长39.1%，实现销售面积73.24万平方米，完成结算面积63.98万平方米，已经销售未结转面积30.96万平方米，结算主要来自深圳梅陇镇、上海未来域、上海格林世界和东莞等项目。

## *ST 金泰（600385）

上市日期:01/07/23

电话:0531－8902341　　传真:0531－8902341

| | | | | |
|---|---|---|---|---|
| 主营 | 医药制剂产品、生物工程产品、化学原料药、兽药产品的研究、开发、生产和销售。 | | | |
| | 年　度 | 2006 | 2005 | 2004 |
| 主要指标 | 每股收益/扣除后(元) | -0.66/-0.66 | -0.54 | 0.02/-0.14 |
| | 每股经营现金流量(元) | | -0.01 | -0.08 |
| | 每股净资产/调整后(元) | -1.37/-1.4 | -0.74/-1.03 | -0.2/-0.45 |
| | 未分利润(万元) | -37755.34 | -27953.17 | |
| | 资本公积(万元) | 1060.05 | 1738.4 | 1738.4 |
| 利润构成 | 主营收入(万元) | 70.41 | 81.31 | 697.05 |
| | 主营利润(万元) | 25.26 | 40.01 | 233.58 |
| | 投资收益(万元) | -79.11 | -172.12 | 940.09 |
| | 利润总额(万元) | -10163.13 | -7657.79 | 431.18 |
| | 净利润(万元) | -9802.17 | -7575.81 | 302.46 |
| 近年分配: | | | | |

| 主要股东及持股比例%、持股性质 | |
|---|---|
| 北京新恒基投资管理集团有限公司 17.38%（非流通股） | |
| 北京盈泽科技投资有限公司 8.8%（非流通股） | |
| 北京新恒基房地产集团有限公司 5.42%（非流通股） | |
| 英大国际信托投资有限责任公司 4.86%（非流通股） | |
| 济南金鲁实业总公司 3.6%（非流通股） | |
| 济南金桥开发公司 1.62%（非流通股） | |
| 济南市经济开发投资公司 1.62%（非流通股） | |
| 田农 1.07%（流通 A 股） | |
| 王锡娟 1.07%（流通 A 股） | |
| 廖睿智 0.97%（流通 A 股） | |
| 实际控制人: | 黄俊钦 |

二〇〇六年以来市场表现

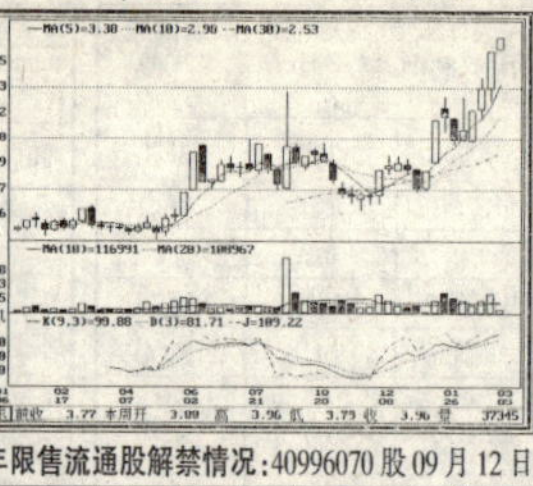

| | |
|---|---|
| 2006 年涨跌幅(%) | 65.74 |
| 2006 年最高(元) | 4 |
| 2007 年涨跌幅(%) | 90.39 |
| 2007.4.27 收盘(元) | 3.96 |
| 2007 年最高(元) | 3.96 |
| 2007 年最低(元) | 2.05 |
| 2007 年换手率(%) | 133.89 |

未来一年限售流通股解禁情况:40996070 股 09 月 12 日解禁

| 最新股本 | 总股本 | 非(限售)流通 | 流通 A | 流通 B/H/S | 股东户数 | 06 年末 | 06 三季 |
|---|---|---|---|---|---|---|---|
| | 14810.71 | 6613.98 | 8196.74 | | | 14220 | 16672 |

年报点评：公司经营基本处于停顿状态,连续大幅亏损。公司大股东恒基房地产将对公司进行重组,注入房地产业务。

## 北京巴士（600386）

上市日期:01/02/16

电话:010－68477383　　传真:010－68731430

| | | | | |
|---|---|---|---|---|
| 主营 | 城市公共汽车客运,公交广告业务。 | | | |
| | 年　度 | 2006 | 2005 | 2004 |
| 主要指标 | 每股收益/扣除后(元) | -0.86/-1.7 | -0.34/-0.68 | 0.14/0.07 |
| | 每股经营现金流量(元) | 0.75 | 0.8 | 1.45 |
| | 每股净资产/调整后(元) | 1.86/1.79 | 2.65/2.54 | 4.85/4.67 |
| | 未分利润(万元) | -47345.05 | -12344.56 | 2898.21 |
| | 资本公积(万元) | 65470.13 | 64161.36 | 79278.74 |
| 利润构成 | 主营收入(万元) | 250792.78 | 238077.28 | 219138.9 |
| | 主营利润(万元) | -25173.04 | -1842.34 | 31371.47 |
| | 投资收益(万元) | 59.25 | -196.85 | 35.62 |
| | 利润总额(万元) | -32734.3 | -13871.29 | 5298.73 |
| | 净利润(万元) | -34858.64 | -13671.68 | 3443.51 |
| 近年分配: | 04 年:10 派 0.6 转增 6 | | | |

| 主要股东及持股比例%、持股性质 | |
|---|---|
| 北京公共交通控股(集团)有限公司 55%（国有股） | |
| 全国社保基金一零六组合 3.83%（流通 A 股） | |
| 汉盛证券投资基金 2.84%（流通 A 股） | |
| 中国银行－嘉实成长收益型证券投资基金 2.15%（流通 A 股） | |
| 通乾证券投资基金 1.97%（流通 A 股） | |
| 中国银行－嘉实服务增值行业证券投资基金 1.88%（流通 A 股） | |
| 全国社保基金一零四组合 1.64%（流通 A 股） | |
| 中国银行－嘉实增长开放式证券投资基金 1.24%（流通 A 股） | |
| 全国社保基金一一二组合 1%（流通 A 股） | |
| 中国工商银行－同益证券投资基金 0.8%（流通 A 股） | |
| 实际控制人: | 北京市人民政府国有资产监督管理委员会 |

二〇〇六年以来市场表现

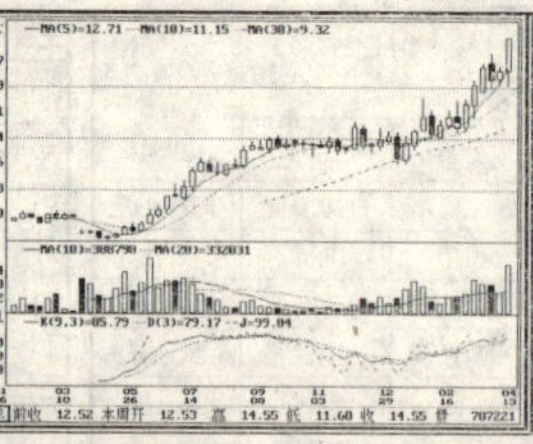

| | |
|---|---|
| 2006 年涨跌幅(%) | 221.05 |
| 2006 年最高(元) | 13.4 |
| 2007 年涨跌幅(%) | 66.1 |
| 2007.4.27 收盘(元) | 14.55 |
| 2007 年最高(元) | 14.55 |
| 2007 年最低(元) | 7.15 |
| 2007 年换手率(%) | 301.45 |

未来一年限售流通股解禁情况:20160000 股 04 月 05 日解禁

| 最新股本 | 总股本 | 非(限售)流通 | 流通 A | 流通 B/H/S | 股东户数 | 06 年末 | 06 三季 |
|---|---|---|---|---|---|---|---|
| | 40320 | 22400 | 17920 | | | 19396 | 20639 |

年报点评：由于减少城市客运业务给公司带来亏损的相关政策支持在 2006 年底前没有落实,公司业绩出现亏损。目前公司资产置换与资源整合接近尾声,在资产置入后的业务架构中,广告业务将成为未来三年最重要的利润支柱和增长点。

## 海越股份（600387）

上市日期:04/02/18

电话:0575－7011538　　传真:0575－7013968

| | | | | |
|---|---|---|---|---|
| 主营 | 交通、能源等基础设施的投资和经营。 | | | |
| | 年　度 | 2006 | 2005 | 2004 |
| 主要指标 | 每股收益/扣除后(元) | 0.21/0.01 | 0.11 | 0.15/0.04 |
| | 每股经营现金流量(元) | 0.36 | 0.23 | 0.24 |
| | 每股净资产/调整后(元) | 3.14/3.14 | 3.09/3.09 | 3.07/3.07 |
| | 未分利润(万元) | 12207.83 | 11597.83 | 11548.11 |
| | 资本公积(万元) | 23879.27 | 23879.27 | 23879.27 |
| 利润构成 | 主营收入(万元) | 71173.98 | 54769.84 | 49058.18 |
| | 主营利润(万元) | 2534.96 | 2757.27 | 3404.42 |
| | 投资收益(万元) | 7882.7 | 2471.03 | 819.92 |
| | 利润总额(万元) | 4514.1 | 2592.17 | 3387.35 |
| | 净利润(万元) | 4073.75 | 2248.8 | 3001.04 |
| 近年分配: | 06 预案:10 派 1 送 1.5 转增 3.5；05 年:10 派 1.5；04 年:10 派 1 | | | |

| 主要股东及持股比例%、持股性质 | |
|---|---|
| 海口海越经济开发有限公司 21.02%（非流通股） | |
| 浙江省经协集团有限公司 4.95%（非流通股） | |
| 浙江新大集团有限公司 2.12%（非流通股） | |
| 浙江农资集团有限公司 2.12%（非流通股） | |
| 方正证券有限责任公司 0.85%（非流通股） | |
| 诸暨市经济建设发展总公司 0.74%（非流通股） | |
| 诸暨市经济开发总公司 0.68%（非流通股） | |
| 上海申能资产管理有限公司 0.52%（流通 A 股） | |
| 诸暨市巨力物资贸易有限公司 0.45%（非流通股） | |
| 杭州萧山凯蒂化工有限公司 0.42%（非流通股） | |
| 实际控制人: | 杭州天途实业投资有限公司 |

二〇〇六年以来市场表现

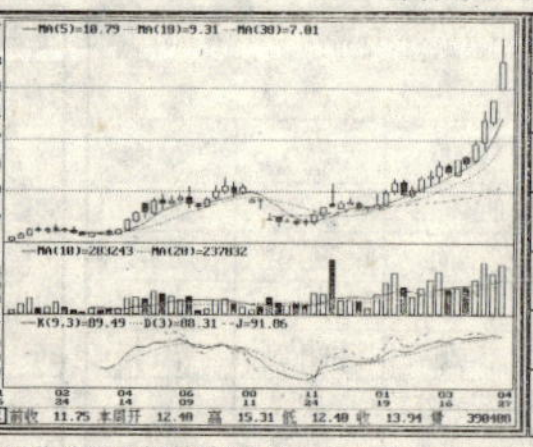

| | |
|---|---|
| 2006 年涨跌幅(%) | 97.04 |
| 2006 年最高(元) | 9.37 |
| 2007 年涨跌幅(%) | 143.71 |
| 2007.4.27 收盘(元) | 13.94 |
| 2007 年最高(元) | 15.31 |
| 2007 年最低(元) | 5.49 |
| 2007 年换手率(%) | 430.45 |

未来一年限售流通股解禁情况:63274317 股 10 月 16 日解禁

| 最新股本 | 总股本 | 非(限售)流通 | 流通 A | 流通 B/H/S | 股东户数 | 06 年末 | 06 三季 |
|---|---|---|---|---|---|---|---|
| | 19800 | 12000 | 7800 | | | 20534 | 19818 |

年报点评：2006 年公司净利润同比实现大幅增长。在公司主营业务盈利保持稳定的情况下,公司投资浙江杭金衢高速公路公司取得了不错的投资收益,同时转让嘉善海越交通建设有限公司 51%的股权也获得较高的转让收益,从而使公司实现了业绩大幅增长。

## 龙净环保（600388）

上市日期:00/12/29

电话:0597－2210288　　传真:0597－2290903

| | | | | |
|---|---|---|---|---|
| 主营 | 环境污染防治设备,高压硅整流用设备,低压配套设备,水利水电、电站用高低压控制设备,电器机械及器材。 | | | |
| | 年　度 | 2006 | 2005 | 2004 |
| 主要指标 | 每股收益/扣除后(元) | 0.82/0.4 | 0.3 | 0.28/0.23 |
| | 每股经营现金流量(元) | -0.18 | 0.97 | 0.8 |
| | 每股净资产/调整后(元) | 5.11/5.03 | 4.42/4.34 | 4.24/4.17 |
| | 未分利润(万元) | 21248.25 | 11282.89 | 9071.12 |
| | 资本公积(万元) | 42146.16 | 42052.21 | 42001.26 |
| 利润构成 | 主营收入(万元) | 176303.41 | 137468.78 | 114588.01 |
| | 主营利润(万元) | 27431.58 | 21692.74 | 17237.5 |
| | 投资收益(万元) | 9969.5 | -1460.79 | 1132.9 |
| | 利润总额(万元) | 20406.86 | 7920.1 | 7931.65 |
| | 净利润(万元) | 13663.31 | 5019.72 | 4756 |
| 近年分配: | 06 预案:10 派 3.7；05 年:10 派 1.4；04 年:10 派 1.2 | | | |

| 主要股东及持股比例%、持股性质 | |
|---|---|
| 福建省东正投资股份有限公司 21.98%（非流通股） | |
| 龙岩市国有资产投资经营有限公司 11.05%（国有股） | |
| 龙岩市海润投资有限公司 7.81%（非流通股） | |
| 中国银河证券有限责任公司 5.58%（流通 A 股） | |
| 上海华乾实业有限公司 3.44%（非流通股） | |
| 上海胜开经济发展有限公司 3.05%（非流通股） | |
| 龙岩市电力建设发展 1.02%（国有股） | |
| 中国电能成套设备有限公司 0.81%（国有股） | |
| 国际金融－中行－AIG GLOBAL 0.62%（流通 A 股） | |
| 上海彤晋贸易有限公司 0.55%（流通 A 股） | |
| 实际控制人: | 周苏伟 |

二〇〇六年以来市场表现

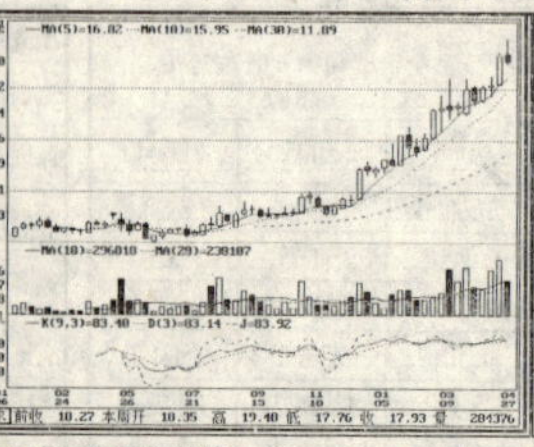

| | |
|---|---|
| 2006 年涨跌幅(%) | 121.48 |
| 2006 年最高(元) | 14.72 |
| 2007 年涨跌幅(%) | 65.56 |
| 2007.4.27 收盘(元) | 17.93 |
| 2007 年最高(元) | 19.48 |
| 2007 年最低(元) | 10.58 |
| 2007 年换手率(%) | 467.15 |

未来一年限售流通股解禁情况:32294869 股 05 月 15 日解禁

| 最新股本 | 总股本 | 非(限售)流通 | 流通 A | 流通 B/H/S | 股东户数 | 06 年末 | 06 三季 |
|---|---|---|---|---|---|---|---|
| | 16700 | 8380 | 8320 | | | 23968 | 25707 |

年报点评：公司主营静电除尘、烟气脱硫等业务。06 年公司主营业务收入增长较快,并且由于投资收益大幅增长,净利润也大幅增长。未来国内节能环保市场长期看好,但行业无序竞争激烈,公司需依靠自身产品技术和质量创造核心竞争力,方能保持竞争优势。

# 江山股份（600389）

上市日期:01/01/10　　电话:0513－83517961　　传真:0513－83521807

| 主营 | 化学农药、有机化学品、无机化学品、高分子聚合物制造、加工和销售 | | | |
|---|---|---|---|---|
| | 年　度 | 2006 | 2005 | 2004 |
| 主要指标 | 每股收益/扣除后(元) | 0.262/0.219 | 0.301 | 0.32/0.288 |
| | 每股经营现金流量(元) | 0.2907 | 0.568 | 0.1016 |
| | 每股净资产/调整后(元) | 3.04/3.02 | 2.83/2.82 | 2.84/2.83 |
| | 未分利润(万元) | 13236.46 | 10580.33 | 10005.74 |
| | 资本公积(万元) | 21147.43 | 20210.52 | 20221.8 |
| 利润构成 | 主营收入(万元) | 224088.78 | 210851.19 | 184379.34 |
| | 主营利润(万元) | 23493.41 | 22930.63 | 23178.79 |
| | 投资收益(万元) | 357.49 | 214.94 | 175.28 |
| | 利润总额(万元) | 7485.08 | 8066.89 | 7189.67 |
| | 净利润(万元) | 5179.48 | 5967.07 | 6331.21 |
| 近年分配: | 06 预案:10 派 1.3；05 年:10 派 1；04 年:10 派 1 | | | |

| 主要股东及持股比例%、持股性质 | |
|---|---|
| 南通工贸国有资产经营有限公司 56.44%（国有股） | |
| 南通中南实业有限公司 5.82%（非流通股） | |
| 沈阳化工研究院 0.87%（国有股） | |
| 南通石油化工总公司 0.58%（国有股） | |
| 罗静儿 0.29%（流通 A 股） | |
| 天津市绿保农用化学科技开发有限公司 0.29%（非流通股） | |
| 徐伟平 0.21%（流通 A 股） | |
| 沈晟 0.15%（流通 A 股） | |
| 王仲民 0.11%（流通 A 股） | |
| 周碎芬 0.1%（流通 A 股） | |
| 实际控制人: | 南通工贸国有资产经营有限公司 |

二〇〇六年以来市场表现

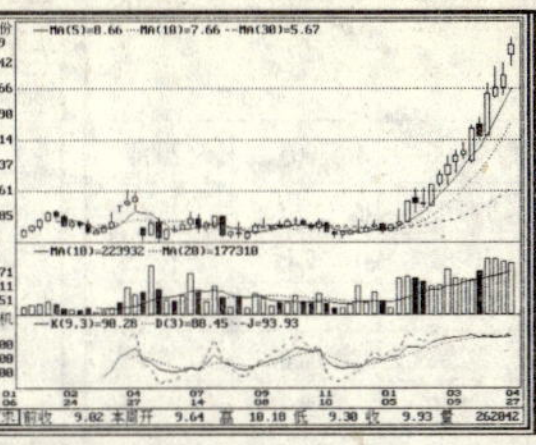


| | |
|---|---|
| 2006 年涨跌幅(%) | 43.96 |
| 2006 年最高(元) | 6.82 |
| 2007 年涨跌幅(%) | 125.68 |
| 2007.4.27 收盘(元) | 9.93 |
| 2007 年最高(元) | 10.18 |
| 2007 年最低(元) | 4.39 |
| 2007 年换手率(%) | 442.76 |

未来一年限售流通股解禁情况:13356000 股 05 月 25 日解禁

| 最新股本 | 总股本 | 非(限售)流通 | 流通 A | 流通 B/H/S | 股东户数 | 06 年末 | 06 三季 |
|---|---|---|---|---|---|---|---|
| | 19800 | 12672 | 7128 | | | 17154 | 17934 |

**年报点评** 公司主导产品之一是农药原药和制剂,其主要消费市场是水稻、棉花、玉米和水果、蔬菜等作物。另一主导产品是 PVC。公司地处南通市姚港化工区,未来生产区域整体搬迁将获得巨额搬迁补偿。此外,公司还参股交通银行和南通市商业银行,这会给其带来投资收益。

# 金瑞科技（600390）

上市日期:01/01/15　　电话:0731－8657400　　传真:0731－8711158

| 主营 | 电子基础材料、金属材料、超硬材料及其制品、专用设备的技术开发、生产和销售 | | | |
|---|---|---|---|---|
| | 年　度 | 2006 | 2005 | 2004 |
| 主要指标 | 每股收益/扣除后(元) | 0.3/0.14 | －1.26 | 0.19/0.13 |
| | 每股经营现金流量(元) | 0.64 | 0.56 | 0.39 |
| | 每股净资产/调整后(元) | 5.74/5.72 | 5.47/5.44 | 6.69/6.55 |
| | 未分利润(万元) | 2266.02 | －677.58 | 910.61 |
| | 资本公积(万元) | 47406.24 | 47687.21 | 58081.36 |
| 利润构成 | 主营收入(万元) | 79394.91 | 75110.11 | 73237.63 |
| | 主营利润(万元) | 11580.27 | 7411.99 | 10758.68 |
| | 投资收益(万元) | 958.18 | －5055.68 | 583.62 |
| | 利润总额(万元) | 3169.96 | －14299.77 | 2440.57 |
| | 净利润(万元) | 3197.73 | －13432.08 | 2063.16 |
| 近年分配: | 06 预案:10 派 0.4 转增 5 | | | |

| 主要股东及持股比例%、持股性质 | |
|---|---|
| 长沙矿冶研究院 41.34%（国有股） | |
| 湖南华菱钢铁集团有限责任公司 1.31%（国有股） | |
| 中国电子科技集团公司第四十八研究所 0.66%（国有股） | |
| 长沙高新技术产业开发区银佳科技有限公司 0.39%（非流通股） | |
| 潘爱钗 0.39%（流通 A 股） | |
| 王农生 0.39%（流通 A 股） | |
| 上海真丝商厦有限公司 0.24%（流通 A 股） | |
| 姚文莉 0.24%（流通 A 股） | |
| 陈晓东 0.23%（流通 A 股） | |
| 石晶圣 0.23%（流通 A 股） | |
| 实际控制人: | 国务院国有资产管理委员会 |

二〇〇六年以来市场表现

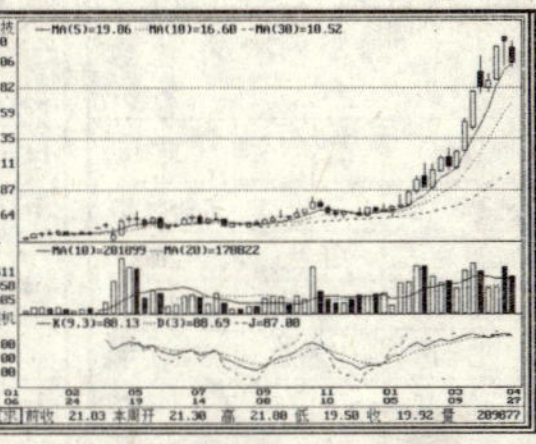


| | |
|---|---|
| 2006 年涨跌幅(%) | 135.43 |
| 2006 年最高(元) | 12.3 |
| 2007 年涨跌幅(%) | 180.17 |
| 2007.4.27 收盘(元) | 19.92 |
| 2007 年最高(元) | 22.3 |
| 2007 年最低(元) | 6.36 |
| 2007 年换手率(%) | 522.86 |

未来一年限售流通股解禁情况:

| 最新股本 | 总股本 | 非(限售)流通 | 流通 A | 流通 B/H/S | 股东户数 | 06 年末 | 06 三季 |
|---|---|---|---|---|---|---|---|
| | 10670 | 4670 | 6000 | | | 16609 | 16605 |

**年报点评** 公司电解锰、四氧化三锰在国内市场占有率高,在 2005 年充分计提坏账的基础上,2006 年轻装上阵实现扭亏为盈,其中四氧化三锰毛利率明显提升。从长期来看,虽然对上游原料和下游产品价格波动敏感,但仍然有成长空间。

# 成发科技（600391）

上市日期:01/12/12　　电话:028－84509005　　传真:028－84506505

| 主营 | 研究、制造、加工、维修、销售航空发动机及零部件、燃气轮机及零部件。 | | | |
|---|---|---|---|---|
| | 年　度 | 2006 | 2005 | 2004 |
| 主要指标 | 每股收益/扣除后(元) | 0.3/0.31 | 0.17 | 0.15/0.16 |
| | 每股经营现金流量(元) | 0.32 | 0.23 | －0.2 |
| | 每股净资产/调整后(元) | 3.56/3.51 | 3.3/3.29 | 3.18/3.16 |
| | 未分利润(万元) | 6202.67 | 3369.58 | 2005.18 |
| | 资本公积(万元) | 24207.88 | 26464.95 | 26464.95 |
| 利润构成 | 主营收入(万元) | 53824.78 | 42044.01 | 28519.1 |
| | 主营利润(万元) | 12090.98 | 9391.77 | 8068.68 |
| | 投资收益(万元) | | | －581.67 |
| | 利润总额(万元) | 4829.79 | 3204.52 | 2672.11 |
| | 净利润(万元) | 3925.74 | 2429.21 | 2070.29 |
| 近年分配: | 06 年:10 派 1.4；05 年:10 派 0.5；04 年:10 派 0.5 | | | |

| 主要股东及持股比例%、持股性质 | |
|---|---|
| 成都发动机(集团)有限公司 50.313%（国有股） | |
| 沈阳黎明航空发动机(集团)有限责任公司 4.4%（国有股） | |
| 国际金融－汇丰－TEMASEK FULLERTON ALPHA PTE LTD 2.21%（流通 A 股） | |
| 信泰证券有限责任公司 0.75%（流通 A 股） | |
| 申银万国－花旗－DEUTSCHE BANK AKTIENGESELL-SCHAFT 0.51%（流通 A 股） | |
| 丰县阳光影艺有限公司 0.46%（流通 A 股） | |
| 李智聪 0.29%（流通 A 股） | |
| 汪家涛 0.27%（流通 A 股） | |
| 南京隆鑫投资咨询有限责任公司 0.24%（流通 A 股） | |
| 周俊 0.24%（流通 A 股） | |
| 实际控制人: | 中国航空工业第二集团公司、中国华融资产管理公司 |

二〇〇六年以来市场表现

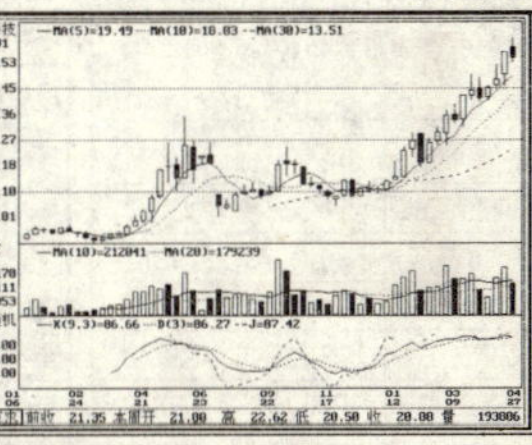


| | |
|---|---|
| 2006 年涨跌幅(%) | 93.36 |
| 2006 年最高(元) | 16.18 |
| 2007 年涨跌幅(%) | 106.08 |
| 2007.4.27 收盘(元) | 20.88 |
| 2007 年最高(元) | 22.76 |
| 2007 年最低(元) | 10 |
| 2007 年换手率(%) | 545.68 |

未来一年限售流通股解禁情况:13186913 股 08 月 07 日解禁

| 最新股本 | 总股本 | 非(限售)流通 | 流通 A | 流通 B/H/S | 股东户数 | 06 年末 | 06 三季 |
|---|---|---|---|---|---|---|---|
| | 13129.6 | 7268.17 | 5861.43 | | | 17356 | 17969 |

**年报点评** 公司主营航空发动机零部件制造。2006 年外贸产品飞速发展,而内贸产品持续下降。整体来说,公司外贸产品的快速发展已弥补了内贸产品结构性调整带来的对经营上的副面影响,全年业绩快速增长。2007 年公司着力搬迁工作,销售收入增长15%。

# 太工天成（600392）

上市日期:03/05/29　　电话:0351—3182809　　传真:0351—3186299

| 主营 | 智能化电子产品、应用软件与网络系统 | | | |
|---|---|---|---|---|
| | 年　度 | 2006 | 2005 | 2004 |
| 主要指标 | 每股收益/扣除后(元) | 0.36/0.23 | 0.37/0.372 | 0.503/0.5 |
| | 每股经营现金流量(元) | 0.13 | 0.689 | －0.219 |
| | 每股净资产/调整后(元) | 3.93/3.9 | 3.6/3.58 | 4.89/4.87 |
| | 未分利润(万元) | 10543 | 7328.37 | 5893.54 |
| | 资本公积(万元) | 17475.04 | 17475.04 | 19635.04 |
| 利润构成 | 主营收入(万元) | 47685.06 | 57688.09 | 61963.27 |
| | 主营利润(万元) | 10079.44 | 10690.34 | 9499.88 |
| | 投资收益(万元) | 111.79 | 25.22 | －7.26 |
| | 利润总额(万元) | 4784.23 | 5159.88 | 4710.53 |
| | 净利润(万元) | 3857.26 | 4010.37 | 3620.67 |
| 近年分配: | 05 年:10 派 0.2；04 年:10 派 0.5 送 2 转增 3 | | | |

| 主要股东及持股比例%、持股性质 | |
|---|---|
| 太原理工大学 28.67%（国有股） | |
| 山西山晋商贸有限公司 11.074%（非流通股） | |
| 山西宏展担保有限公司 3.581%（非流通股） | |
| 太原德雷科技开发有限公司 2.373%（流通 A 股） | |
| 山西佳成资讯有限公司 1.744%（流通 A 股） | |
| 深圳市殷图科技发展有限公司 1.296%（流通 A 股） | |
| 康风生 0.417%（流通 A 股） | |
| 赵红梅 0.292%（流通 A 股） | |
| 朱莉明 0.275%（流通 A 股） | |
| 南京市房屋拆迁公司 0.253%（流通 A 股） | |
| 实际控制人: | 山西省教育厅 |

二〇〇六年以来市场表现

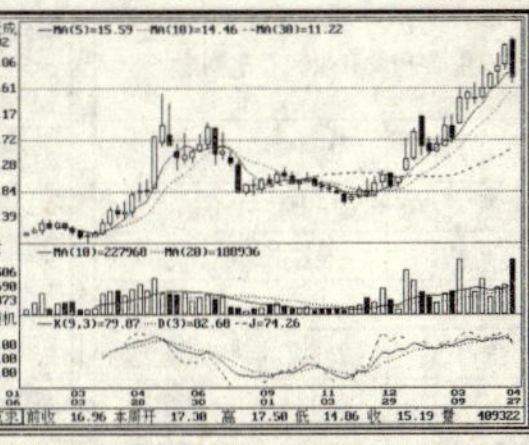


| | |
|---|---|
| 2006 年涨跌幅(%) | 43.97 |
| 2006 年最高(元) | 14.3 |
| 2007 年涨跌幅(%) | 67.85 |
| 2007.4.27 收盘(元) | 15.19 |
| 2007 年最高(元) | 17.5 |
| 2007 年最低(元) | 8.98 |
| 2007 年换手率(%) | 475.94 |

未来一年限售流通股解禁情况:18015902 股 11 月 10 日解禁

| 最新股本 | 总股本 | 非(限售)流通 | 流通 A | 流通 B/H/S | 股东户数 | 06 年末 | 06 三季 |
|---|---|---|---|---|---|---|---|
| | 10800 | 3933.93 | 6866.07 | | | 13438 | 11388 |

**年报点评** 公司主营 IT 和煤化工业务。2006 年,通过加强自主知识产权产品研发,压缩代理业务等措施使 IT 业务稳健发展。公司原规划的煤化工项目受限于环保政策而需要重新规划,为公司业绩增长带来一定不确定性。煤化工项目进展将决定公司业绩。

## 东华实业（600393）

上市日期:01/03/19　　电话:020－87393888　　传真:020－87386297

| 主营 | 房地产开发 | | | |
|---|---|---|---|---|
| | 年　　度 | 2006 | 2005 | 2004 |
| 主要指标 | 每股收益/扣除后(元) | 0.11/0.07 | 0.14 | 0.18/0.16 |
| | 每股经营现金流量(元) | 1.08 | －0.15 | 0.02 |
| | 每股净资产/调整后(元) | 1.78/1.78 | 1.73/1.73 | 2.52/2.52 |
| | 未分利润(万元) | 9425.83 | 8066.69 | 12911.79 |
| | 资本公积(万元) | 6219.02 | 6329.02 | 10470.16 |
| 利润构成 | 主营收入(万元) | 34218.71 | 57084.04 | 21793.15 |
| | 主营利润(万元) | 9775.58 | 10568.81 | 7879.2 |
| | 投资收益(万元) | 705.73 | 166.75 | －66.32 |
| | 利润总额(万元) | 3168.5 | 5307.49 | 4570.18 |
| | 净利润(万元) | 3176.82 | 4349.33 | 3538.48 |
| 近年分配: | 06 预案:10 派 0.5；05 年:10 派 0.5；04 年:10 派 1 送 3 转增 2 | | | |

| 主要股东及持股比例%、持股性质 |
|---|
| 广州粤泰集团有限公司 48.83%（非流通股） |
| 北京京城华威投资有限公司 10.43%（部分流通部分不流通） |
| 光大证券股份有限公司 1.71%（流通 A 股） |
| 邓声贵 1%（流通 A 股） |
| 蔡丽娜 0.71%（流通 A 股） |
| 陈水娟 0.67%（流通 A 股） |
| 广州市第三建筑工程有限公司 0.44%（流通 A 股） |
| 林振池 0.36%（流通 A 股） |
| 张飞 0.3%（流通 A 股） |
| 广州新利堡消防工程企业有限公司 0.27%（流通 A 股） |
| 实际控制人: 杨树坪 |

二〇〇六年以来市场表现

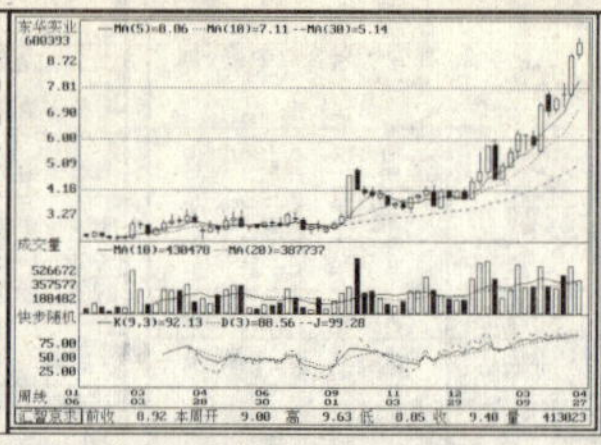

| | |
|---|---|
| 2006 年涨跌幅(%) | 62.5 |
| 2006 年最高(元) | 5.01 |
| 2007 年涨跌幅(%) | 128.71 |
| 2007.4.27 收盘(元) | 9.4 |
| 2007 年最高(元) | 9.63 |
| 2007 年最低(元) | 3.82 |
| 2007 年换手率(%) | 541.46 |

未来一年限售流通股解禁情况:15000000 股 11 月 07 日解禁

| 最新股本 | 总股本 | 非(限售)流通 | 流通 A | 流通 B/H/S | 股东户数 | 06 年末 | 06 三季 |
|---|---|---|---|---|---|---|---|
| | 30000 | 17349.01 | 12650.99 | | | 15208 | 16070 |

年报点评：主营收入来自广州地区的存货项目以及江门子公司的项目，而江门项目由于价格较低导致毛利率较低。北京天鹅湾项目仍处于预售阶段，不具备结转收入条件，因此无结算收入，新收购的项目尚处于开发阶段，未能给公司带来投资收益，净利润同比大幅度的下降。

## 盘江股份（600395）

上市日期:01/05/31　　电话:0858－3703069　　传真:0858－3700328

| 主营 | 原煤开采、选洗精煤、特殊加工煤 | | | |
|---|---|---|---|---|
| | 年　　度 | 2006 | 2005 | 2004 |
| 主要指标 | 每股收益/扣除后(元) | 0.224/0.223 | 0.216 | 0.209/0.211 |
| | 每股经营现金流量(元) | 0.41 | 0.25 | 1.063 |
| | 每股净资产/调整后(元) | 3.76/3.76 | 3.64/3.61 | 3.48/3.45 |
| | 未分利润(万元) | 21348.09 | 17587.31 | 14495.97 |
| | 资本公积(万元) | 74207.11 | 74206.6 | 72781.8 |
| 利润构成 | 主营收入(万元) | 244680.66 | 252949.48 | 170732.63 |
| | 主营利润(万元) | 29686.19 | 31818.2 | 22829.71 |
| | 投资收益(万元) | 48.74 | －121.62 | －70.75 |
| | 利润总额(万元) | 9548.51 | 9608.91 | 9145.37 |
| | 净利润(万元) | 8304.2 | 8005.1 | 7771.74 |
| 近年分配: | 06 预案:10 派 1.2；05 年:10 派 1；04 年:10 派 1 | | | |

| 主要股东及持股比例%、持股性质 |
|---|
| 贵州盘江煤电有限责任公司 54.76%（国有股） |
| 中国中煤能源集团公司 0.64%（国有股） |
| 四川川投峨眉铁合金(集团)有限责任公司 0.62%（国有股） |
| 福建省煤炭工业(集团)有限责任公司 0.46%（国有股） |
| 贵州省煤矿设计研究院 0.34%（国有股） |
| 中煤国际工程集团重庆设计研究院 0.23%（国有股） |
| 吴向前 0.23%（流通 A 股） |
| 佛山市顺德区网盈电脑科技有限公司 0.19%（流通 A 股） |
| 防城港务集团有限公司 0.18%（国有股） |
| 黄惠明 0.15%（流通 A 股） |
| 实际控制人: 盘江煤电(集团)有限责任公司 |

二〇〇六年以来市场表现

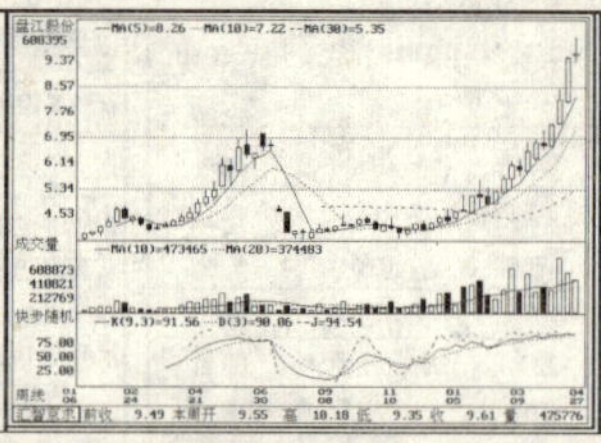

| | |
|---|---|
| 2006 年涨跌幅(%) | 56.62 |
| 2006 年最高(元) | 7.16 |
| 2007 年涨跌幅(%) | 120.92 |
| 2007.4.27 收盘(元) | 9.61 |
| 2007 年最高(元) | 10.18 |
| 2007 年最低(元) | 4.32 |
| 2007 年换手率(%) | 415.84 |

未来一年限售流通股解禁情况:9573299 股 07 月 28 日解禁

| 最新股本 | 总股本 | 非(限售)流通 | 流通 A | 流通 B/H/S | 股东户数 | 06 年末 | 06 三季 |
|---|---|---|---|---|---|---|---|
| | 37130 | 21290 | 15840 | | | 55322 | 58169 |

年报点评：公司属煤炭采掘业。主营业务为原煤开采、洗选加工及销售。2006 年公司通过全面加强安全管理，严把产品质量，精心组织生产销售，充分发挥现有生产水平，实现了收入和盈利的稳步增长。

## 金山股份（600396）

上市日期:01/03/28　　电话:23229022　　传真:024－23229139

| 主营 | 火力发电；供暖、供热；粉煤灰、金属材料销售；循环水综合利用；技术服务等。 | | | |
|---|---|---|---|---|
| | 年　　度 | 2006 | 2005 | 2004 |
| 主要指标 | 每股收益/扣除后(元) | 0.25/0.23 | 0.23 | 0.23/0.2 |
| | 每股经营现金流量(元) | 0.38 | 0.44 | 0.31 |
| | 每股净资产/调整后(元) | 3.29/3.27 | 2.48/2.47 | 2.29/2.28 |
| | 未分利润(万元) | 16651.13 | 11591.66 | 8096.47 |
| | 资本公积(万元) | 38335.03 | 17181.41 | 17668.49 |
| 利润构成 | 主营收入(万元) | 46549.14 | 33920.18 | 17671.84 |
| | 主营利润(万元) | 14012.42 | 9995.06 | 5738.66 |
| | 投资收益(万元) | 2272.47 | 889.81 | 2007.76 |
| | 利润总额(万元) | 10495.64 | 7768.77 | 7453.12 |
| | 净利润(万元) | 6511.52 | 5022.91 | 5096.5 |
| 近年分配: | 06 预案:10 派 0.25；05 年:10 派 0.2；04 年:10 派 0.25 | | | |

| 主要股东及持股比例%、持股性质 |
|---|
| 丹东东方新能源有限公司 16.91%（非流通股） |
| 丹东东辰经贸总公司 16.67%（部分流通部分不流通） |
| 深圳市联信投资有限公司 10.37%（部分流通部分不流通） |
| 国泰君安证券股份有限公司 2.86%（部分流通部分不流通） |
| 全国社保基金五零一组合 2.67%（非流通股） |
| 东方证券股份有限公司 2.29%（非流通股） |
| 洋浦远望投资发展有限公司 2.11%（部分流通部分不流通） |
| 中国建设银行－工银瑞信精选平衡混合型证券投资基金 2.01%（流通 A 股） |
| 中国人寿保险股份有限公司－分红－个人分红－005L－FH002 沪 1.91%（流通 A 股） |
| 德润国际投资有限公司 1.77%（部分流通部分不流通） |
| 实际控制人: 丹东东方新能源有限公司 |

二〇〇六年以来市场表现

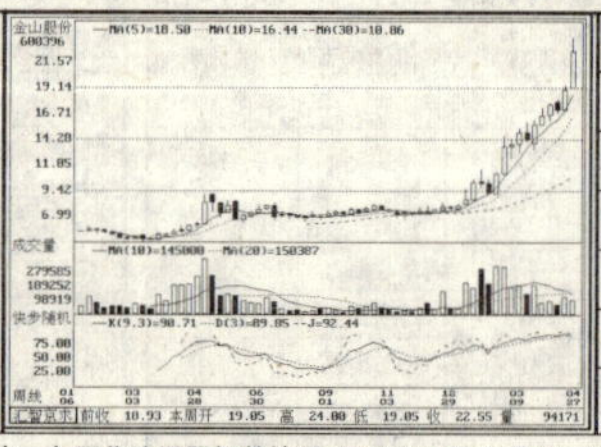

| | |
|---|---|
| 2006 年涨跌幅(%) | 40.98 |
| 2006 年最高(元) | 9.09 |
| 2007 年涨跌幅(%) | 192.1 |
| 2007.4.27 收盘(元) | 22.55 |
| 2007 年最高(元) | 24 |
| 2007 年最低(元) | 7.52 |
| 2007 年换手率(%) | 210.83 |

未来一年限售流通股解禁情况:22100000 股 10 月 31 日解禁

| 最新股本 | 总股本 | 非(限售)流通 | 流通 A | 流通 B/H/S | 股东户数 | 06 年末 | 06 三季 |
|---|---|---|---|---|---|---|---|
| | 26200 | 13433 | 12767 | | | 11125 | 12996 |

年报点评：在电力市场供需关系趋于缓和，燃煤价格居高不下且供给紧张的不利情况下，公司制定了差异化竞争的发展策略，通过发展煤电联营、建立坑口电厂、开拓热电联产、加大开发新能源－风电等一系列举措，实现了收入和利润的稳步增长。

## 安源股份（600397）

上市日期:02/07/02　　电话:0799－6776682　　传真:0799－6776660

| 主营 | 优质焦煤洗选加工及煤矸石综合开发利用和客车制造。 | | | |
|---|---|---|---|---|
| | 年　　度 | 2006 | 2005 | 2004 |
| 主要指标 | 每股收益/扣除后(元) | 0.06/－0.202 | －0.163 | 0.253/0.218 |
| | 每股经营现金流量(元) | 0.9034 | －0.2731 | 0.2317 |
| | 每股净资产/调整后(元) | 2.91/2.86 | 3.5/3.45 | 3.6/3.51 |
| | 未分利润(万元) | 3774.29 | 2403.92 | 7065.82 |
| | 资本公积(万元) | 41118.37 | 46419.8 | 43850.29 |
| 利润构成 | 主营收入(万元) | 96400.73 | 67369.6 | 53213.93 |
| | 主营利润(万元) | 9195.54 | 8646.38 | 17821.35 |
| | 投资收益(万元) | 281.65 | －126.27 | －222.07 |
| | 利润总额(万元) | 1456.46 | －5513.07 | 8358.63 |
| | 净利润(万元) | 1609.82 | －3591.47 | 5567.54 |
| 近年分配: | 04 年:10 派 0.5 | | | |

| 主要股东及持股比例%、持股性质 |
|---|
| 丰城矿务局 26.15%（国有股） |
| 新锦源投资有限公司 24.02%（国有股） |
| 西安交通大学 1.31%（国有股） |
| 朱楷 0.61%（流通 A 股） |
| 王勤 0.35%（流通 A 股） |
| 北京海达教育投资有限公司 0.3%（流通 A 股） |
| 刘炜华 0.27%（流通 A 股） |
| 尤齐 0.27%（流通 A 股） |
| 江西煤炭投资有限责任公司 0.26%（国有股） |
| 刘向东 0.22%（流通 A 股） |
| 实际控制人: 江西省煤炭集团公司 |

二〇〇六年以来市场表现

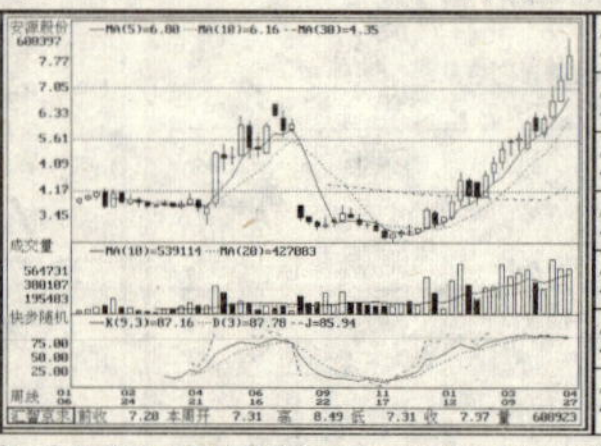

| | |
|---|---|
| 2006 年涨跌幅(%) | 37.01 |
| 2006 年最高(元) | 6.58 |
| 2007 年涨跌幅(%) | 145.99 |
| 2007.4.27 收盘(元) | 7.97 |
| 2007 年最高(元) | 8.49 |
| 2007 年最低(元) | 3.17 |
| 2007 年换手率(%) | 581.07 |

未来一年限售流通股解禁情况:31866512 股 08 月 30 日解禁

| 最新股本 | 总股本 | 非(限售)流通 | 流通 A | 流通 B/H/S | 股东户数 | 06 年末 | 06 三季 |
|---|---|---|---|---|---|---|---|
| | 26923.2 | 14000 | 12923.2 | | | 20263 | 20736 |

年报点评：2006 年虽然公司主营业务收入同比增长，但产品盈利能力继续下滑，期间费用继续维持在较高水平，从而导致公司继续出现营业亏损。由于公司在 2006 年获得了 6159 万元的补贴收入，从而使公司在 2006 年实现扭亏。

## 凯诺科技（600398）

上市日期:00/12/28　　电话:0510－86121388　　传真:0510－86126877

**主营**：主要从事高档精纺呢绒、高档西服、职业服的生产销售。

| | 年　度 | 2006 | 2005 | 2004 |
|---|---|---|---|---|
| 主要指标 | 每股收益/扣除后(元) | 0.41/0.43 | 0.45 | 0.44/0.45 |
| | 每股经营现金流量(元) | 0.82 | 1.1 | 0.9 |
| | 每股净资产/调整后(元) | 4.89/4.89 | 4.55/4.55 | 4.22/4.22 |
| | 未分利润(万元) | 40764.71 | 34354.62 | 28538.95 |
| | 资本公积(万元) | 41253.1 | 41253.1 | 41253.1 |
| 利润构成 | 主营收入(万元) | 116794.29 | 97254.53 | 83014.37 |
| | 主营利润(万元) | 30967.35 | 28887.5 | 26582.27 |
| | 投资收益(万元) | 98.36 | 101.22 | 14.22 |
| | 利润总额(万元) | 14461.42 | 14325.97 | 15009.48 |
| | 净利润(万元) | 9774.29 | 10542.79 | 10421.98 |

**近年分配**：05年:10派0.8；04年:10派1

| 主要股东及持股比例%、持股性质 |
|---|
| 海澜集团有限公司 17.5%（非流通股） |
| 江阴市第三精毛纺厂 14.31%（非流通股） |
| 陈军 0.46%（流通A股） |
| 吴汉文 0.42%（流通A股） |
| 江阴市协力毛纺织厂 0.32%（流通A股） |
| 曹日红 0.3%（流通A股） |
| 王卫东 0.29%（流通A股） |
| 李清泉 0.24%（流通A股） |
| 潘丽娟 0.22%（流通A股） |
| 苏春保 0.21%（流通A股） |
| 实际控制人：周建平 |

二〇〇六年以来市场表现

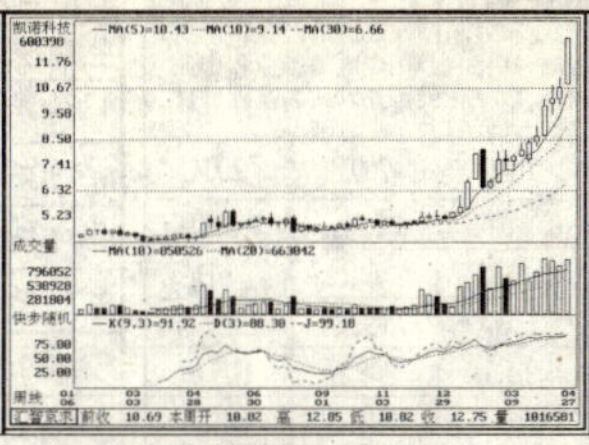

| | |
|---|---|
| 2006年涨跌幅(%) | 19.68 |
| 2006年最高(元) | 5.58 |
| 2007年涨跌幅(%) | 150.49 |
| 2007.4.27收盘(元) | 12.75 |
| 2007年最高(元) | 12.85 |
| 2007年最低(元) | 5.1 |
| 2007年换手率(%) | 725.83 |

未来一年限售流通股解禁情况：

| 最新股本 | 总股本 | 非(限售)流通 | 流通A | 流通B/H/S | 股东户数 | 06年末 | 06三季 |
|---|---|---|---|---|---|---|---|
| | 23665.88 | 7528.92 | 16136.96 | | | 26976 | 27067 |

**年报点评**：公司主要生产精纺呢绒、职业服和高档西服为主的服装。公司拥有先进的毛纺面料生产技术，利用面料生产的优势，公司大力发展服装产业。06年公司服装类产品销售收入以及占销售的比重大幅上升，带动了精纺呢绒自用比例的增加，有效地提高了产品的附加值。

## 抚顺特钢（600399）

上市日期:00/12/29　　电话:0413－6676495　　传真:0413－6688966

**主营**：钢冶炼、压延钢加工及冶金技术服务，工业气体（含液体）制造、销售。

| | 年　度 | 2006 | 2005 | 2004 |
|---|---|---|---|---|
| 主要指标 | 每股收益/扣除后(元) | 0.029/0.024 | 0.024 | 0.02/0.04 |
| | 每股经营现金流量(元) | 1.04 | 1.26 | 0.17 |
| | 每股净资产/调整后(元) | 2.89/2.81 | 2.86/2.8 | 2.83/2.77 |
| | 未分利润(万元) | 19984.8 | 18614.89 | 17561.42 |
| | 资本公积(万元) | 73636.03 | 73712.2 | 73103.04 |
| 利润构成 | 主营收入(万元) | 418862.88 | 460328.14 | 407026.45 |
| | 主营利润(万元) | 32439.26 | 33491.21 | 33824.08 |
| | 投资收益(万元) | 60.66 | −2812.27 | −3000 |
| | 利润总额(万元) | 2555.04 | 2953.3 | 3102.3 |
| | 净利润(万元) | 1522.12 | 1239.37 | 1139.39 |

**近年分配**：

| 主要股东及持股比例%、持股性质 |
|---|
| 东北特殊钢集团有限责任公司 50.84%（国有股） |
| 抚顺特殊钢(集团)有限责任公司 13.22%（国有股） |
| 抚顺长顺能源有限公司 4.44%（非流通股） |
| 长江证券有限责任公司 0.45%（流通A股） |
| 于静 0.29%（流通A股） |
| 刘康林 0.25%（流通A股） |
| 张红 0.23%（流通A股） |
| 刘伟雄 0.18%（流通A股） |
| 沈阳建设投资资产经营有限公司 0.17%（流通A股） |
| 华甜甜 0.11%（流通A股） |
| 实际控制人：东北特殊钢集团有限责任公司 |

二〇〇六年以来市场表现

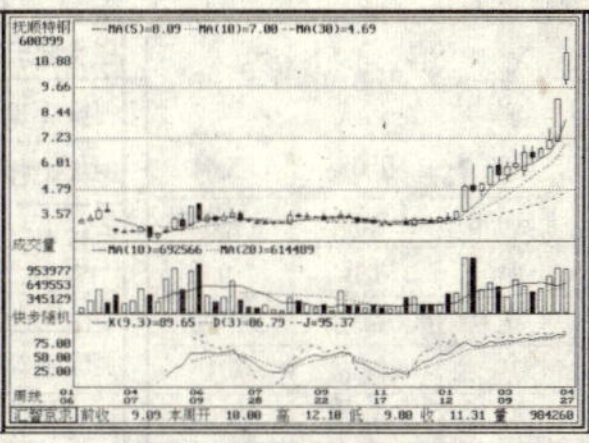

| | |
|---|---|
| 2006年涨跌幅(%) | 36.55 |
| 2006年最高(元) | 5.49 |
| 2007年涨跌幅(%) | 252.34 |
| 2007.4.27收盘(元) | 11.31 |
| 2007年最高(元) | 12.1 |
| 2007年最低(元) | 3.2 |
| 2007年换手率(%) | 624.33 |

未来一年限售流通股解禁情况:52000000股03月20日解禁

| 最新股本 | 总股本 | 非(限售)流通 | 流通A | 流通B/H/S | 股东户数 | 06年末 | 06三季 |
|---|---|---|---|---|---|---|---|
| | 52000 | 35920 | 16080 | | | 34928 | 33119 |

**年报点评**：2006年国内特殊钢行业整体运行平稳，公司通过以市场需求为导向适当控制产量规模，加速调整产品结构和推进技术改造，获得较好的效益。八五零轧机批量生产大圆钢和六五零轧机薄扁钢开发成功成为新利润增长点。

## 红豆股份（600400）

上市日期:01/01/08　　电话:0510－8761888　　传真:0510－8350139

**主营**：服装、针织品、服装面料的生产与销售，锦纶丝的生产与销售，以及房地产的开发与销售。

| | 年　度 | 2006 | 2005 | 2004 |
|---|---|---|---|---|
| 主要指标 | 每股收益/扣除后(元) | 0.13/0.13 | 0.25 | 0.41/0.42 |
| | 每股经营现金流量(元) | −0.55 | 0.05 | −0.09 |
| | 每股净资产/调整后(元) | 2.94/2.93 | 3.66/3.64 | 4.89/4.86 |
| | 未分利润(万元) | 31059.37 | 26802.45 | 22952.95 |
| | 资本公积(万元) | 37350.18 | 46331.07 | 54943.99 |
| 利润构成 | 主营收入(万元) | 118511.06 | 122944.19 | 100919.82 |
| | 主营利润(万元) | 20578.17 | 21108.41 | 19146.26 |
| | 投资收益(万元) | −36.69 | −2.71 | 42.98 |
| | 利润总额(万元) | 9098.82 | 12278.5 | 11900.89 |
| | 净利润(万元) | 4922.79 | 7397.3 | 8907.14 |

**近年分配**：06预案:10派0.12送1；05年:10转增3；04年:10派1.1转增4

| 主要股东及持股比例%、持股性质 |
|---|
| 红豆集团有限公司 46.95%（非流通股） |
| 周海江 0.63%（部分流通部分不流通） |
| 无锡市东方相思服装厂 0.48%（非流通股） |
| 无锡市锡山兴达制衣厂 0.24%（非流通股） |
| 无锡市雏鹰服装厂 0.24%（非流通股） |
| 无锡市红仕女装厂 0.24%（非流通股） |
| 陈圣良 0.19%（流通A股） |
| 无锡红马物资采购代理有限公司 0.13%（流通A股） |
| 陈先秀 0.12%（流通A股） |
| 无锡阿福物业管理有限公司 0.11%（流通A股） |
| 实际控制人：周耀庭 |

二〇〇六年以来市场表现

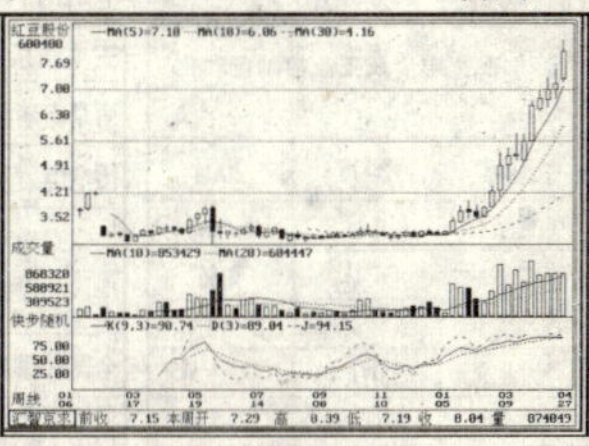

| | |
|---|---|
| 2006年涨跌幅(%) | 53.41 |
| 2006年最高(元) | 5.86 |
| 2007年涨跌幅(%) | 163.61 |
| 2007.4.27收盘(元) | 8.04 |
| 2007年最高(元) | 8.39 |
| 2007年最低(元) | 3.03 |
| 2007年换手率(%) | 539.31 |

未来一年限售流通股解禁情况：

| 最新股本 | 总股本 | 非(限售)流通 | 流通A | 流通B/H/S | 股东户数 | 06年末 | 06三季 |
|---|---|---|---|---|---|---|---|
| | 39188.79 | 18888.51 | 20300.28 | | | 36088 | 38944 |

**年报点评**：公司主要生产服装、毛线纱线及印染。公司拥有"红豆"品牌西服、衬衫，06年重点发展服装主业，加强、加快品牌化运作的进程，提升产品的档次和品位，提高产品附加值。但是受费用投入较大，子公司高强化纤业绩下降等因素影响，公司净利润大幅下降。

## 江苏申龙（600401）

上市日期:03/09/24　　电话:0510－6620263　　传真:0510－6627755

**主营**：软塑彩印、复合包装产品的生产及销售

| | 年　度 | 2006 | 2005 | 2004 |
|---|---|---|---|---|
| 主要指标 | 每股收益/扣除后(元) | −0.007/−0.01 | 0.081 | 0.173/0.173 |
| | 每股经营现金流量(元) | 0.0559 | 0.025 | 0.312 |
| | 每股净资产/调整后(元) | 1.48/1.46 | 1.49/1.47 | 2.54/2.54 |
| | 未分利润(万元) | 7326.03 | 7504.54 | 5787.13 |
| | 资本公积(万元) | 3336.81 | 3205.97 | 14813.19 |
| 利润构成 | 主营收入(万元) | 32292.29 | 33130.35 | 27097.96 |
| | 主营利润(万元) | 4248.26 | 5372.24 | 5737.45 |
| | 投资收益(万元) | 179.77 | 579.77 | 20.9 |
| | 利润总额(万元) | 132.93 | 2960.15 | 3697.65 |
| | 净利润(万元) | −178.5 | 2078.5 | 2485.08 |

**近年分配**：04年:10转增8

| 主要股东及持股比例%、持股性质 |
|---|
| 江苏申龙创业集团有限公司 34.95%（非流通股） |
| 江苏瀛寰实业集团有限公司 1.74%（流通A股） |
| 山西晋能集团有限公司 1.42%（流通A股） |
| 江阴申达包装材料有限公司 0.41%（流通A股） |
| 张忠田 0.33%（流通A股） |
| 陶永纯 0.24%（流通A股） |
| 朱建军 0.23%（流通A股） |
| 郑月英 0.22%（流通A股） |
| 王雅静 0.22%（流通A股） |
| 周平 0.21%（流通A股） |
| 实际控制人：符炳方 |

二〇〇六年以来市场表现

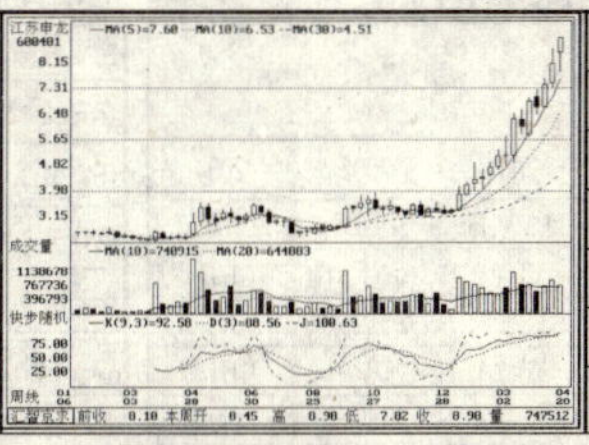

| | |
|---|---|
| 2006年涨跌幅(%) | 23.94 |
| 2006年最高(元) | 3.88 |
| 2007年涨跌幅(%) | 179.75 |
| 2007.4.27收盘(元) | 8.98 |
| 2007年最高(元) | 8.98 |
| 2007年最低(元) | 3.19 |
| 2007年换手率(%) | 643.49 |

未来一年限售流通股解禁情况：

| 最新股本 | 总股本 | 非(限售)流通 | 流通A | 流通B/H/S | 股东户数 | 06年末 | 06三季 |
|---|---|---|---|---|---|---|---|
| | 25804.76 | 9017.68 | 16787.08 | | | 20563 | 17308 |

**年报点评**：尽管由于上游原材料涨价，但由于公司积极应对，多次获得大股东支持，获得工业用地和商业地产，进军房地产市场，因此业绩仍有提升。今年房地产业务会有收益增加，加上投资东海证券也会获得投资收益，因此，业绩还会提升。

## 欣网视讯（600403）

上市日期:03/10/09　电话:025－4669999　传真:025－4669899

| | | | | |
|---|---|---|---|---|
| 主营 | 基于电信行业进而为大型企事业单位及政府部门提供信息化解决方案，主要面向通信、社保、烟草、广电等行业和企业开发软件产品、软件中间件、数字化设备并以此为基础提供信息化解决方案。 | | | |
| | 年　度 | 2006 | 2005 | 2004 |
| 主要指标 | 每股收益/扣除后(元) | 0.04/0.031 | 0.04 | 0.07/0.06 |
| | 每股经营现金流量(元) | -0.35 | 0.1 | 0.13 |
| | 每股净资产/调整后(元) | 2.03/2 | 2.05/2.05 | 2.02/2.01 |
| | 未分利润(万元) | 1815.39 | 2046.39 | 1725.68 |
| | 资本公积(万元) | 10241.85 | 10412.8 | 10412.8 |
| 利润构成 | 主营收入(万元) | 21597.6 | 24143.96 | 26158.85 |
| | 主营利润(万元) | 4226.28 | 3849.49 | 3645.25 |
| | 投资收益(万元) | 75.02 | 57.73 | |
| | 利润总额(万元) | 1223.38 | 979.67 | 1029.23 |
| | 净利润(万元) | 506.26 | 457.23 | 840.03 |
| 近年分配: | 05年:10派0.5；04中期:10转增8 | | | |

| 主要股东及持股比例%、持股性质 |
|---|
| 上海富欣投资发展有限公司 18.94%（非流通股） |
| 南京贝豪科技有限公司 9.69%（非流通股） |
| 中广有线信息网络有限公司 6.35%（国有股） |
| 南京大学 4.29%（国有股） |
| 马运山 2.83%（非流通股） |
| 沈雍钧 2.83%（非流通股） |
| 李陶白 0.79%（流通A股） |
| 谢银弟 0.54%（流通A股） |
| 张兵 0.46%（流通A股） |
| 易敏 0.45%（流通A股） |
| 实际控制人：上海贝尔工会 |

二〇〇六年以来市场表现

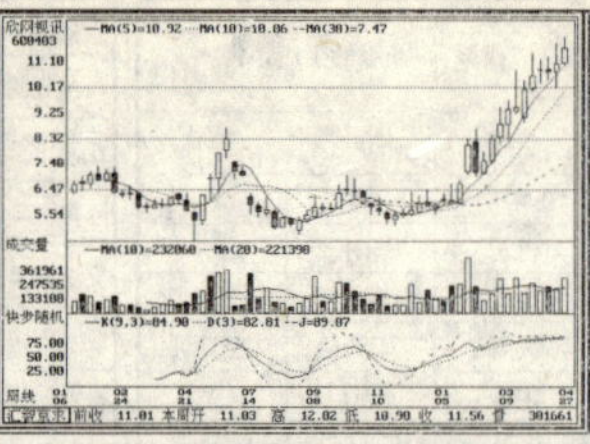

| | |
|---|---|
| 2006年涨跌幅(%) | 21.77 |
| 2006年最高(元) | 9.11 |
| 2007年涨跌幅(%) | 95.93 |
| 2007.4.27收盘(元) | 11.56 |
| 2007年最高(元) | 12.02 |
| 2007年最低(元) | 5.87 |
| 2007年换手率(%) | 533.32 |

未来一年限售流通股解禁情况:25420768股07月12日解禁

| 最新股本 | 总股本 | 非(限售)流通 | 流通A | 流通B/H/S | 股东户数 | 06年末 | 06三季 |
|---|---|---|---|---|---|---|---|
| | 12746.69 | 5726.69 | 7020 | | | 15177 | 16861 |

**年报点评**：2006年公司实现主营业务收入同比下降10.55%；主要原因是公司系统集成、外购商品中某些业务的毛利率下降，公司适当减少了这些业务。在所面临的市场因素依然不明朗的情况下，公司把业务方向从以电视为终端的IPTV业务转向流媒体技术应用。

## 动力源（600405）

上市日期:04/04/01　电话:010—83681321　传真:010—63783054

| | | | | |
|---|---|---|---|---|
| 主营 | 通信开关电源等电力电子设备的研发、制造和销售。 | | | |
| | 年　度 | 2006 | 2005 | 2004 |
| 主要指标 | 每股收益/扣除后(元) | 0.08/0.04 | 0.09 | 0.17/0.17 |
| | 每股经营现金流量(元) | -0.65 | 0.05 | -0.05 |
| | 每股净资产/调整后(元) | 3.4/3.39 | 3.39/3.39 | 4.1/4.09 |
| | 未分利润(万元) | 4736 | 4484.69 | 5023.5 |
| | 资本公积(万元) | 18694.94 | 19005.79 | 20573.27 |
| 利润构成 | 主营收入(万元) | 37109.21 | 22385.59 | 24088.56 |
| | 主营利润(万元) | 10160.62 | 7028.06 | 8338.62 |
| | 投资收益(万元) | 532.15 | -16.92 | -45.41 |
| | 利润总额(万元) | 1218.79 | 1039.64 | 1715.03 |
| | 净利润(万元) | 860.18 | 902.21 | 1498.56 |
| 近年分配: | 06预案:10派0.5转增10；05年:10派0.5；04年:10派1.5转增2 | | | |

| 主要股东及持股比例%、持股性质 |
|---|
| 何振亚 12.73%（非流通股） |
| 李林 4.71%（非流通股） |
| 台林 4.71%（非流通股） |
| 张守才 4.71%（非流通股） |
| 吴琼 4.71%（非流通股） |
| 周卫军 4.71%（非流通股） |
| 段辉国 2.36%（非流通股） |
| 赵金堂 2.36%（非流通股） |
| 邢康 2.04%（流通A股） |
| 曲春红 1.89%（非流通股） |
| 实际控制人：何振亚 |

二〇〇六年以来市场表现

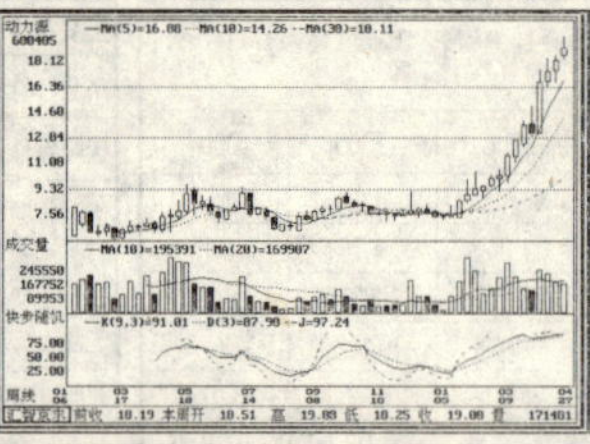

| | |
|---|---|
| 2006年涨跌幅(%) | 69.25 |
| 2006年最高(元) | 13.22 |
| 2007年涨跌幅(%) | 157.8 |
| 2007.4.27收盘(元) | 19 |
| 2007年最高(元) | 19.88 |
| 2007年最低(元) | 7.23 |
| 2007年换手率(%) | 400.39 |

未来一年限售流通股解禁情况:5217180股02月09日解禁

| 最新股本 | 总股本 | 非(限售)流通 | 流通A | 流通B/H/S | 股东户数 | 06年末 | 06三季 |
|---|---|---|---|---|---|---|---|
| | 10434.36 | 5466.36 | 4968 | | | 10102 | 11705 |

**年报点评**：公司所处电源行业2006年产品需求增加，但市场竞争激烈，产品价格下降。今后相当时间内，竞争激烈程度不会降低，价格下降趋势不会改变。2006年公司质量管理体系升级工作，中高压变频器产品的广工作初见成效，并对营销系统结构进行了调整。

## 国电南瑞（600406）

上市日期:03/10/16　电话:025－3407064　传真:025－3407064

| | | | | |
|---|---|---|---|---|
| 主营 | 电网调度自动化、变电站自动化、火电厂及工业控制自动化产品的研制、开发和销售。 | | | |
| | 年　度 | 2006 | 2005 | 2004 |
| 主要指标 | 每股收益/扣除后(元) | 0.52/0.52 | 0.48 | 0.4/0.4 |
| | 每股经营现金流量(元) | 0.73 | 0.43 | 0.56 |
| | 每股净资产/调整后(元) | 3.84/3.74 | 3.43/3.35 | 3.15/3.07 |
| | 未分利润(万元) | 26010.54 | 18177.9 | 14221.57 |
| | 资本公积(万元) | 27065.09 | 27335.09 | 27335.09 |
| 利润构成 | 主营收入(万元) | 89570.77 | 74924.47 | 47431.43 |
| | 主营利润(万元) | 27028.33 | 23431.98 | 16745.36 |
| | 投资收益(万元) | -198.69 | -198.69 | -16.56 |
| | 利润总额(万元) | 13809.52 | 11346.12 | 9226.02 |
| | 净利润(万元) | 11065.29 | 10265.29 | 8473.22 |
| 近年分配: | 06年:10转增2；05年:10派1；04中期:10转增3年终:10派2 | | | |

| 主要股东及持股比例%、持股性质 |
|---|
| 南京南瑞集团公司 23.81%（国有股） |
| 国电电力发展股份有限公司 16.27%（国有股） |
| 南京京瑞科电力设备有限公司 11.34%（非流通股） |
| 中国建设银行－交银施罗德稳健配置混合型证券投资基金 2.68%（流通A股） |
| 全国社保基金一零五组合 2.63%（流通A股） |
| 中国农业银行－交银施罗德成长股票证券投资基金 2.12%（流通A股） |
| 黑龙江省电力有限公司 1.87%（国有股） |
| 中国工商银行－同益证券投资基金 1.56%（流通A股） |
| 中国工商银行－南方绩优成长股票型证券投资基金 1.52%（流通A股） |
| 招商证券－渣打－ING BANK N.V. 1.44%（流通A股） |
| 实际控制人：国网南京自动化研究院 |

二〇〇六年以来市场表现

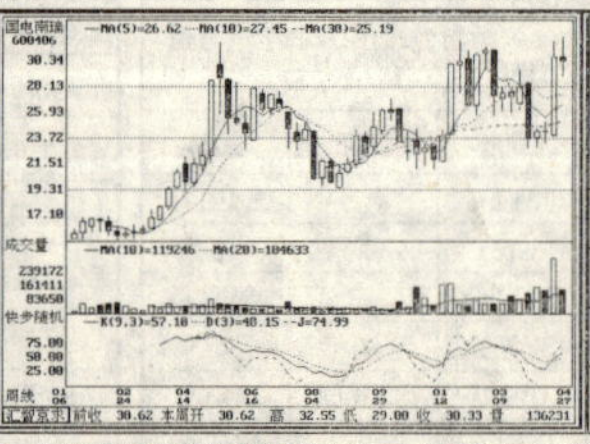

| | |
|---|---|
| 2006年涨跌幅(%) | 76.42 |
| 2006年最高(元) | 31.8 |
| 2007年涨跌幅(%) | 59.28 |
| 2007.4.27收盘(元) | 30.33 |
| 2007年最高(元) | 39.06 |
| 2007年最低(元) | 21 |
| 2007年换手率(%) | 174.93 |

未来一年限售流通股解禁情况:51714204股12月18日解禁

| 最新股本 | 总股本 | 非(限售)流通 | 流通A | 流通B/H/S | 股东户数 | 06年末 | 06三季 |
|---|---|---|---|---|---|---|---|
| | 21255 | 12051 | 9204 | | | 5147 | 4209 |

**年报点评**：公司主营电力自动化产品，是二次设备的龙头企业，在高端电力自动化领域具有较强的技术领先优势。06年公司主营业务收入和净利润水平均有不同程度增长，预计07年国内输配电二次设备需求仍将快速增长，公司作为行业龙头将受益。

## 安泰集团（600408）

上市日期:03/02/12　电话:(0354)7531034　传真:(0354)7536786

| | | | | |
|---|---|---|---|---|
| 主营 | 煤炭洗选、焦炭、生铁、水泥及其制品、电力的生产销售。 | | | |
| | 年　度 | 2006 | 2005 | 2004 |
| 主要指标 | 每股收益/扣除后(元) | 0.38/0.15 | 0.37 | 0.51/0.57 |
| | 每股经营现金流量(元) | 0.05 | 1 | 1.42 |
| | 每股净资产/调整后(元) | 2.8/2.77 | 2.52/2.48 | 2.28/2.24 |
| | 未分利润(万元) | 35562.1 | 26734.71 | 21174.55 |
| | 资本公积(万元) | 19262.8 | 19019.61 | 19019.61 |
| 利润构成 | 主营收入(万元) | 271907.81 | 207041.13 | 182221.98 |
| | 主营利润(万元) | 35914.52 | 47534.36 | 77325.64 |
| | 投资收益(万元) | 13752.88 | 183.66 | 229.25 |
| | 利润总额(万元) | 19708.44 | 20196.45 | 24018.06 |
| | 净利润(万元) | 14768.44 | 14323 | 20039.4 |
| 近年分配: | 06预案:10派0.5；05年:10派1；04年:10派1.25 | | | |

| 主要股东及持股比例%、持股性质 |
|---|
| 李安民 42.3%（非流通股） |
| 任家玺 3.4%（流通A股） |
| 范青玉 3.4%（流通A股） |
| 李光明 3.32%（流通A股） |
| 中国工商银行－中银国际收益混合型证券投资基金 2.91%（流通A股） |
| 冀焕文 2.87%（流通A股） |
| 郭玉明 2.87%（流通A股） |
| 中国工商银行－诺安价值增长股票证券投资基金 1.75%（流通A股） |
| 中国工商银行－诺安股票证券投资基金 1.06%（流通A股） |
| 李炽亨 0.76%（流通A股） |
| 实际控制人：李安民 |

二〇〇六年以来市场表现

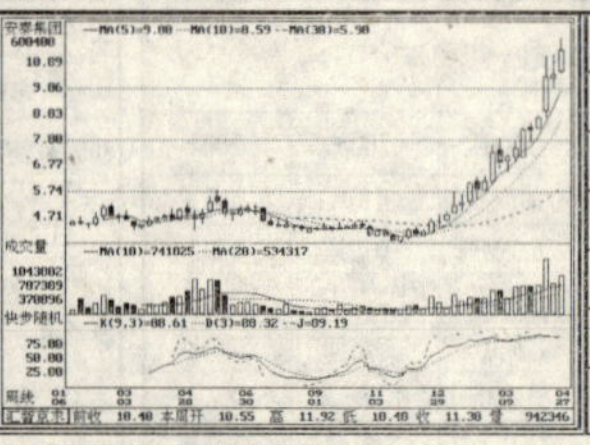

| | |
|---|---|
| 2006年涨跌幅(%) | 5.73 |
| 2006年最高(元) | 5.78 |
| 2007年涨跌幅(%) | 152.33 |
| 2007.4.27收盘(元) | 11.38 |
| 2007年最高(元) | 11.92 |
| 2007年最低(元) | 4.5 |
| 2007年换手率(%) | 425.79 |

未来一年限售流通股解禁情况:

| 最新股本 | 总股本 | 非(限售)流通 | 流通A | 流通B/H/S | 股东户数 | 06年末 | 06三季 |
|---|---|---|---|---|---|---|---|
| | 39100 | 16541 | 22559 | | | 22953 | 29040 |

**年报点评**：2006年，随着2×3000KW煤气发电机组和2×25MW综合利用发电机组工程第一台机组正式投入生产，公司的经营规模进一步扩大，推动公司收入实现了较大幅度增长。公司出售了部分民生银行股票，投资收益的增长保证了公司全年业绩与上一年度基本持平。

## 三友化工（600409）

上市日期:03/06/18　　电话:0315－8511642　　传真:0315－8519188

| 主营 | 纯碱的生产和销售 | | | |
|---|---|---|---|---|
| | 年　度 | 2006 | 2005 | 2004 |
| 主要指标 | 每股收益/扣除后(元) | 0.255/0.26 | 0.301 | 0.32/0.35 |
| | 每股经营现金流量(元) | 0.37 | 0.31 | 0.64 |
| | 每股净资产/调整后(元) | 2.34/2.32 | 2.83/2.78 | 3.18/3.13 |
| | 未分利润(万元) | 21208.24 | 15222.51 | 9917.32 |
| | 资本公积(万元) | 36481.26 | 48637.39 | 55636.78 |
| 利润构成 | 主营收入(万元) | 257875.87 | 214389.22 | 149658.25 |
| | 主营利润(万元) | 62911.13 | 46210.65 | 39856.69 |
| | 投资收益(万元) | 1695.59 | 484.61 | －368.49 |
| | 利润总额(万元) | 21428.14 | 18991.15 | 17056.38 |
| | 净利润(万元) | 13932.72 | 12664.93 | 11196.87 |
| 近年分配: | 06 预案:10 派 1.1；05 年:10 派 1.3 转增 3；04 年:10 派 1.5 转增 2 | | | |

| 主要股东及持股比例%、持股性质 | |
|---|---|
| 唐山三友碱业(集团)有限公司 54.88%（部分流通部分不流通） | |
| 国投资产管理公司 3.46%（流通 A 股） | |
| 上投摩根中国优势证券投资基金 2.9%（流通 A 股） | |
| 兴业全球视野股票型证券投资基金 1.9%（流通 A 股） | |
| 唐山投资有限公司 1.52%（流通 A 股） | |
| 河北省建设投资公司 1.38%（流通 A 股） | |
| 中国平安人寿保险股份有限公司－传统－普通保险产品 0.73%（流通 A 股） | |
| 上投摩根成长先锋股票型证券投资基金 0.55%（流通 A 股） | |
| 国富投资公司 0.47%（流通 A 股） | |
| 中银国际收益混合型证券投资基金 0.34%（流通 A 股） | |
| 实际控制人: | 唐山三友集团有限公司 |

二〇〇六年以来市场表现

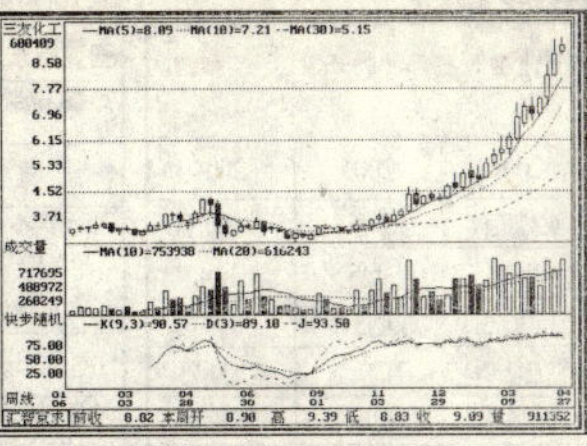


| | |
|---|---|
| 2006 年涨跌幅(%) | 75.62 |
| 2006 年最高(元) | 6.11 |
| 2007 年涨跌幅(%) | 113.88 |
| 2007.4.27 收盘(元) | 9.09 |
| 2007 年最高(元) | 9.39 |
| 2007 年最低(元) | 4.25 |
| 2007 年换手率(%) | 393.69 |

未来一年限售流通股解禁情况:27300000 股 12 月 07 日解禁

| 最新股本 | 总股本 | 非(限售)流通 | 流通 A | 流通 B/H/S | 股东户数 | 06 年末 | 06 三季 |
|---|---|---|---|---|---|---|---|
| | 54600 | 27233.83 | 27366.17 | | | 28046 | 41093 |

年报点评：去年原盐价格下滑弥补了纯碱价格下降、蒸气价格上涨以及大修费用的负面因素，使得公司纯碱毛利提升。未来原盐价格和纯碱价格走势将继续决定公司的盈利情况。公司新的亮点在于申报循环经济项目和“两税合一”有望带来的税收优惠。

## 华胜天成（600410）

上市日期:04/04/27　　电话:(010)82733988　　传真:(010)82733666

| 主营 | 主要为电信、金融等行业用户提供系统集成及专业服务。 | | | |
|---|---|---|---|---|
| | 年　度 | 2006 | 2005 | 2004 |
| 主要指标 | 每股收益/扣除后(元) | 0.765/0.71 | 0.831/0.7 | 0.874/0.871 |
| | 每股经营现金流量(元) | －0.327 | 0.915 | 0.432 |
| | 每股净资产/调整后(元) | 4.12/4.08 | 5.55/5.52 | 6.64/6.63 |
| | 未分利润(万元) | 18720.56 | 12653.27 | 8798.55 |
| | 资本公积(万元) | 28177.31 | 34468.9 | 37288.9 |
| 利润构成 | 主营收入(万元) | 172107.9 | 112797.62 | 91513.26 |
| | 主营利润(万元) | 33863.25 | 22999.75 | 19104.56 |
| | 投资收益(万元) | 1213.89 | 206.14 | 37.59 |
| | 利润总额(万元) | 16157.32 | 12043.38 | 9070.13 |
| | 净利润(万元) | 14019.25 | 10154.97 | 8213.29 |
| 近年分配: | 06 年:10 派 3.7 转增 8；05 年:10 派 5 转增 5；04 年:10 派 5 转增 3 | | | |

| 主要股东及持股比例%、持股性质 | |
|---|---|
| 苏纲 16.83%（非流通股） | |
| 王维航 12.79%（非流通股） | |
| 刘建柱 10.77%（非流通股） | |
| 刘燕京 10.1%（非流通股） | |
| 北京华胜计算机有限公司 8.42%（非流通股） | |
| 胡联奎 6.73%（非流通股） | |
| 中国人寿保险股份有限公司－分红－个人分红－005L－FH002 沪 2.87%（流通 A 股） | |
| 全国社保基金一零四组合 2.16%（流通 A 股） | |
| 广发策略优选混合型证券投资基金 2.02%（流通 A 股） | |
| 华安宏利股票型证券投资基金 1.75%（流通 A 股） | |
| 实际控制人: | 苏纲 |

二〇〇六年以来市场表现

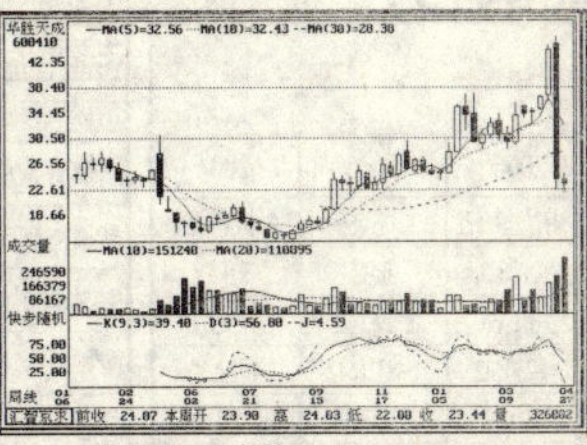


| | |
|---|---|
| 2006 年涨跌幅(%) | 94.95 |
| 2006 年最高(元) | 58 |
| 2007 年涨跌幅(%) | 71.21 |
| 2007.4.27 收盘(元) | 23.44 |
| 2007 年最高(元) | 46.3 |
| 2007 年最低(元) | 23.89 |
| 2007 年换手率(%) | 284.01 |

未来一年限售流通股解禁情况:5552820 股 05 月 19 日解禁

| 最新股本 | 总股本 | 非(限售)流通 | 流通 A | 流通 B/H/S | 股东户数 | 06 年末 | 06 三季 |
|---|---|---|---|---|---|---|---|
| | 18330 | 12339.6 | 5990.4 | | | 8566 | 6981 |

年报点评：2006 年公司超额完成营业收入和盈利指标，公司制定了明确和清晰的中长期战略发展规划，以“服务和联盟”为核心，大力推动应用软件和专业服务业务的拓展。公司成功实施了一批具有重要意义的典型项目，软件和专业服务成为公司的重要利润增长点。

## 小商品城（600415）

上市日期:02/05/09　　电话:0579－5182812　　传真:0579－5197755、5197700

| 主营 | 市场网点经营、房地产开发销售、酒店服务、商品销售等。 | | | |
|---|---|---|---|---|
| | 年　度 | 2006 | 2005 | 2004 |
| 主要指标 | 每股收益/扣除后(元) | 2.43 | 1.56 | 0.83/0.76 |
| | 每股经营现金流量(元) | 4.34 | 10.17 | 11.54 |
| | 每股净资产/调整后(元) | 9.25/9.22 | 7.85/7.81 | 6.58/6.54 |
| | 未分利润(万元) | 50736.54 | 35915.43 | 22756.18 |
| | 资本公积(万元) | 34559.02 | 34849.4 | 34849.4 |
| 利润构成 | 主营收入(万元) | 183744.63 | 154400.18 | 134620.31 |
| | 主营利润(万元) | 72781.67 | 51466.29 | 32688.63 |
| | 投资收益(万元) | 1334.78 | －347.93 | －225.49 |
| | 利润总额(万元) | 45537.17 | 29216.64 | 15335.55 |
| | 净利润(万元) | 30322.06 | 19510.98 | 10327.86 |
| 近年分配: | 06 中期:10 派 10；04 年:10 派 3 | | | |

| 主要股东及持股比例%、持股性质 | |
|---|---|
| 义乌中国小商品城恒大开发总公司 34.47%（国有股） | |
| 义乌市财务开发公司 5.29%（国有股） | |
| 浙江省财务开发公司 4.93%（非流通股） | |
| 浙江省国际信托投资有限责任公司 3.52%（国有股） | |
| 中国工商银行－建信优选成长股票型证券投资基金 1.6%（流通 A 股） | |
| 中国银行－工银瑞信核心价值股票型证券投资基金 1.53%（流通 A 股） | |
| 交通银行－科瑞证券投资基金 1.52%（流通 A 股） | |
| 中国银行－易方达策略成长二号混合型证券投资基金 1.52%（流通 A 股） | |
| 上海宝鼎投资股份有限公司 1.41%（流通 A 股） | |
| 中国工商银行－汇添富均衡增长股票型证券投资基金 1.22%（流通 A 股） | |
| 实际控制人: | 义乌中国小商品城恒大开发总公司 |

二〇〇六年以来市场表现

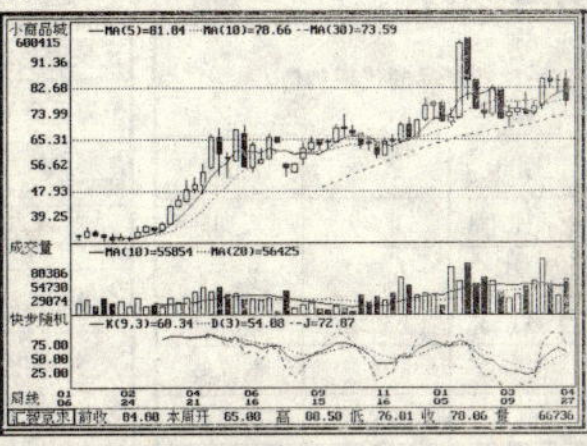


| | |
|---|---|
| 2006 年涨跌幅(%) | 166.34 |
| 2006 年最高(元) | 86.71 |
| 2007 年涨跌幅(%) | 0.72 |
| 2007.4.27 收盘(元) | 78.06 |
| 2007 年最高(元) | 100.05 |
| 2007 年最低(元) | 69 |
| 2007 年换手率(%) | 166.45 |

未来一年限售流通股解禁情况:17930067 股 08 月 14 日解禁

| 最新股本 | 总股本 | 非(限售)流通 | 流通 A | 流通 B/H/S | 股东户数 | 06 年末 | 06 三季 |
|---|---|---|---|---|---|---|---|
| | 12496.86 | 6761.08 | 5735.78 | | | 8502 | 6069 |

年报点评：公司主营业务为市场网点经营、房地产销售、酒店服务、商品销售等。报告期内公司以提升现代市场体系建设为中心，完成了国际商贸城一二期连廊工程建设、市场招商兴市、举办义博会等工作，连续第二年被全球竞争力组织评为中国上市公司竞争力第二名。

## 湘电股份（600416）

上市日期:02/07/18　　电话:0732－8595089　　传真:0732－8610767

| 主营 | 直流电机、交流电机、城市轻轨车、矿山开采运输成套设备的开发、生产和销售。 | | | |
|---|---|---|---|---|
| | 年　度 | 2006 | 2005 | 2004 |
| 主要指标 | 每股收益/扣除后(元) | 0.3/0.26 | 0.31 | 0.27/0.26 |
| | 每股经营现金流量(元) | －0.41 | 0.97 | 0.31 |
| | 每股净资产/调整后(元) | 4.51/4.48 | 3.63/3.61 | 3.49/3.48 |
| | 未分利润(万元) | 4488.79 | 3489.65 | 2409.39 |
| | 资本公积(万元) | 66648.02 | 38681.78 | 38433.43 |
| 利润构成 | 主营收入(万元) | 218162.15 | 178009.34 | 123018.34 |
| | 主营利润(万元) | 49953.48 | 43480.78 | 30733.84 |
| | 投资收益(万元) | －38.09 | －43.48 | －477.09 |
| | 利润总额(万元) | 10997.95 | 9443.62 | 8000.55 |
| | 净利润(万元) | 7108.72 | 6055.53 | 5199.38 |
| 近年分配: | 06 预案:10 派 2.1；05 年:10 派 2；04 年:10 派 1.9 | | | |

| 主要股东及持股比例%、持股性质 | |
|---|---|
| 湘潭电机集团有限公司 39.61%（部分流通部分不流通） | |
| 上海星河数码投资有限公司 4.68%（部分流通部分不流通） | |
| 广发策略优选混合型证券投资基金 3.3%（流通 A 股） | |
| 全国社保基金一一零组合 2.72%（非流通股） | |
| 隆控股有限公司 2.5%（部分流通部分不流通） | |
| 新华人寿个人分红－018L－FH002 沪 2.13%（非流通股） | |
| 上海国际信托投资有限公司 1.71%（非流通股） | |
| 东方证券股份有限公司 1.28%（非流通股） | |
| 上海致群实业发展有限公司 1.28%（非流通股） | |
| 广发小盘成长股票型证券投资基金 1.11%（流通 A 股） | |
| 实际控制人: | 湘潭电机集团有限公司 |

二〇〇六年以来市场表现

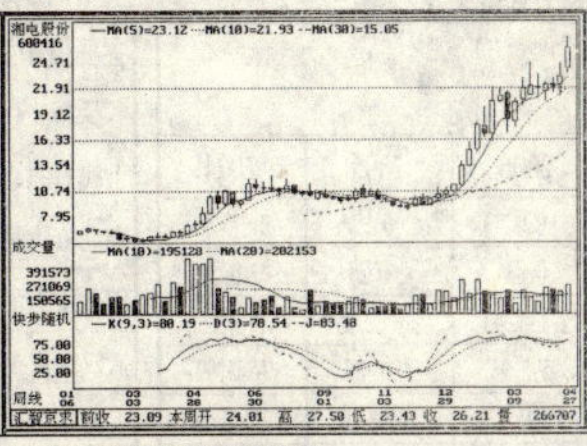


| | |
|---|---|
| 2006 年涨跌幅(%) | 76.76 |
| 2006 年最高(元) | 12.5 |
| 2007 年涨跌幅(%) | 147.26 |
| 2007.4.27 收盘(元) | 26.21 |
| 2007 年最高(元) | 27.5 |
| 2007 年最低(元) | 10.45 |
| 2007 年换手率(%) | 297.69 |

未来一年限售流通股解禁情况:

| 最新股本 | 总股本 | 非(限售)流通 | 流通 A | 流通 B/H/S | 股东户数 | 06 年末 | 06 三季 |
|---|---|---|---|---|---|---|---|
| | 23500 | 12331.95 | 11168.05 | | | 14804 | 15586 |

年报点评：公司主营各类机电产品。06 年实现主营业务收入和利润的同步稳定增长。07 年公司原有业务可望保持稳定增长，目前风电产业在国内高速发展，公司新的利润增长点主要看公司的风力发电机业务能否顺利完成产品的样机和批量化生产。

## 江淮汽车(600418)

上市日期:01/08/24　电话:0551－2296835　传真:0551－2296837

**主营**　汽车、汽车底盘及其汽车变速箱等零部件的开发、生产和销售。

| | 年　度 | 2006 | 2005 | 2004 |
|---|---|---|---|---|
| 主要指标 | 每股收益/扣除后(元) | 0.45/0.44 | 0.55 | 0.78/0.78 |
| | 每股经营现金流量(元) | 0.98 | 0.93 | 1.04 |
| | 每股净资产/调整后(元) | 3.32/3.31 | 3.05/3.05 | 3.68/3.68 |
| | 未分利润(万元) | 87242.99 | 70747.18 | 42854.23 |
| | 资本公积(万元) | 89692.21 | 88740.1 | 50960.88 |
| 利润构成 | 主营收入(万元) | 1029117.68 | 939465.88 | 806890.43 |
| | 主营利润(万元) | 127577.15 | 144829.84 | 144411.98 |
| | 投资收益(万元) | | 558.37 | －122.49 |
| | 利润总额(万元) | 44965.59 | 56323.22 | 45177.26 |
| | 净利润(万元) | 41175.54 | 49775.34 | 32143.83 |

**近年分配:** 06预案:10派1.5转增2;05年:10派1.8;04中期:10转增8年终:10派2.8

**主要股东及持股比例%、持股性质**

安徽江淮汽车集团有限公司 29.81%(部分流通部分不流通)
新加坡豪登投资有限公司 7.24%(外资股)
国际金融－汇丰－JPMORGAN CHASE BANK NATIONAL ASSOCIATION 0.92%(流通A股)
安徽省科技产业投资有限公司 0.92%(国有股)
UBS AG 0.91%(流通A股)
国际金融－汇丰－MORGAN STANLEY & CO. INTERNATIONAL LIMITED 0.85%(流通A股)
宗燕生 0.77%(流通A股)
招商银行股份有限公司－上证红利交易型开放式指数证券投资基金 0.77%(流通A股)
中国工商银行－上证50交易型开放式指数证券投资基金 0.64%(流通A股)
广发－交行－广发集合资产管理计划(3号) 0.62%(流通A股)

**实际控制人:** 安徽江淮汽车集团有限公司

二〇〇六年以来市场表现

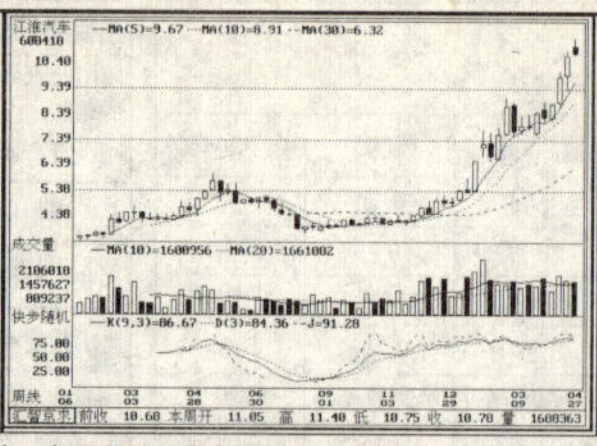

| | |
|---|---|
| 2006年涨跌幅(%) | 47.83 |
| 2006年最高(元) | 6.03 |
| 2007年涨跌幅(%) | 119.11 |
| 2007.4.27收盘(元) | 10.78 |
| 2007年最高(元) | 11.4 |
| 2007年最低(元) | 4.92 |
| 2007年换手率(%) | 413.23 |

未来一年限售流通股解禁情况:20655375股12月14日解禁

| 最新股本 | 总股本 | 非(限售)流通 | 流通A | 流通B/H/S | 股东户数 | 06年末 | 06三季 |
|---|---|---|---|---|---|---|---|
| | 91394.72 | 25560 | 65834.72 | | | 66530 | 56794 |

**年报点评**　公司主营汽车底盘、齿轮箱等零部件生产销售。06年虽然汽车市场销售形势看好,但公司主营业务收入和净利润均有较大幅度下滑。07年国内汽车市场继续向好,公司将重点巩固瑞风MPV、轻卡和客车底盘的优势,着力抓好市场销售。

## *ST天宏(600419)

上市日期:01/06/28　电话:0993－7526018　传真:0993－7526118

**主营**　造纸,纸制品及纸料的加工、销售。

| | 年　度 | 2006 | 2005 | 2004 |
|---|---|---|---|---|
| 主要指标 | 每股收益/扣除后(元) | 0.011/－0.172 | －1.166 | －0.165/－0.202 |
| | 每股经营现金流量(元) | 0.25 | 0.32 | －0.28 |
| | 每股净资产/调整后(元) | 2.3/2.26 | 2.29/2.28 | 3.45/3.43 |
| | 未分利润(万元) | －8230.22 | －8321.42 | 1022.19 |
| | 资本公积(万元) | 17490.22 | 17451.16 | 17451.16 |
| 利润构成 | 主营收入(万元) | 34658.13 | 27432.92 | 15091.21 |
| | 主营利润(万元) | 3581.07 | －532.35 | 2075.65 |
| | 投资收益(万元) | 5.74 | 24 | －18.19 |
| | 利润总额(万元) | 66.85 | －9824.83 | －1569.13 |
| | 净利润(万元) | 91.2 | －9343.61 | －1323.21 |

**近年分配:**

**主要股东及持股比例%、持股性质**

新疆石河子造纸厂 46.87%(国有股)
新疆教育出版社 1.3%(非流通股)
新疆出版印刷集团公司 0.65%(非流通股)
刘又珍 0.62%(流通A股)
叶柏波 0.61%(流通A股)
邱志杰 0.36%(流通A股)
蒋文珂 0.33%(流通A股)
新疆生产建设兵团印刷厂 0.33%(非流通股)
新疆白杨酒业有限公司 0.33%(非流通股)
陈长英 0.32%(流通A股)

**实际控制人:** 新疆石河子造纸厂

二〇〇六年以来市场表现

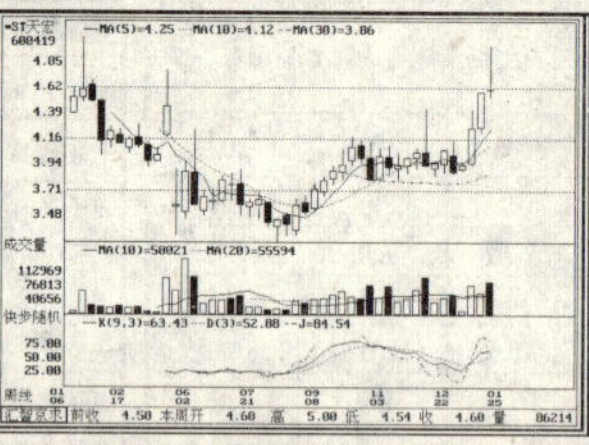

| | |
|---|---|
| 2006年涨跌幅(%) | 18.47 |
| 2006年最高(元) | 5.98 |
| 2007年涨跌幅(%) | 18.86 |
| 2007.4.27收盘(元) | 4.6 |
| 2007年最高(元) | 5 |
| 2007年最低(元) | 3.88 |
| 2007年换手率(%) | 57.98 |

未来一年限售流通股解禁情况:6095368股05月26日解禁

| 最新股本 | 总股本 | 非(限售)流通 | 流通A | 流通B/H/S | 股东户数 | 06年末 | 06三季 |
|---|---|---|---|---|---|---|---|
| | 8016 | 3966 | 4050 | | | 11323 | 12909 |

**年报点评**　公司主要产品有文化用纸、生活用纸等系列产品和棉纱。公司虽然扭亏为盈,但造纸主业利润仍不容乐观。公司拟与新疆天融投资(集团)有限公司(农八师石河子市国有资产投资公司)进行国有股权行政划转,定向增发及资产重组,将主业转向纺织业。

## 现代制药(600420)

上市日期:04/06/16　电话:021－62899111　传真:021－62899900

**主营**　医药产品的开发、生产、经营;医药产品的代理销售。

| | 年　度 | 2006 | 2005 | 2004 |
|---|---|---|---|---|
| 主要指标 | 每股收益/扣除后(元) | 0.193/0.188 | 0.449 | 0.422/0.395 |
| | 每股经营现金流量(元) | 0.2814 | 0.4427 | 0.1952 |
| | 每股净资产/调整后(元) | 1.73/1.73 | 3.3/3.25 | 4.61/4.6 |
| | 未分利润(万元) | 8052.61 | 6310.23 | 4816.84 |
| | 资本公积(万元) | 5204.61 | 18491.04 | 22850.64 |
| 利润构成 | 主营收入(万元) | 54587.06 | 50274.62 | 35853.19 |
| | 主营利润(万元) | 18948.51 | 18523.88 | 14140.2 |
| | 投资收益(万元) | －9.53 | －11.68 | －15.84 |
| | 利润总额(万元) | 7762.9 | 8116.78 | 5717.39 |
| | 净利润(万元) | 5049.77 | 5868.61 | 3683.01 |

**近年分配:** 06预案:10派1;05年:10派2转增10;04年:10派2转增5

**主要股东及持股比例%、持股性质**

上海医药工业研究院 37.69%(国有股)
上海现代药物制剂工程研究中心有限公司 6.27%(国有股)
上海广慈医学高科技公司 3.4%(非流通股)
上海高东经济发展有限公司 2.9%(非流通股)
上海华实医药研究开发有限公司 2.43%(非流通股)
上海浦东发展银行－广发小盘成长股票型证券投资基金 2.26%(流通A股)
甘骅 0.23%(流通A股)
冯国新 0.21%(流通A股)
杜延文 0.2%(流通A股)
上海申发工贸实业公司 0.17%(流通A股)

**实际控制人:** 上海医药工业研究院

二〇〇六年以来市场表现

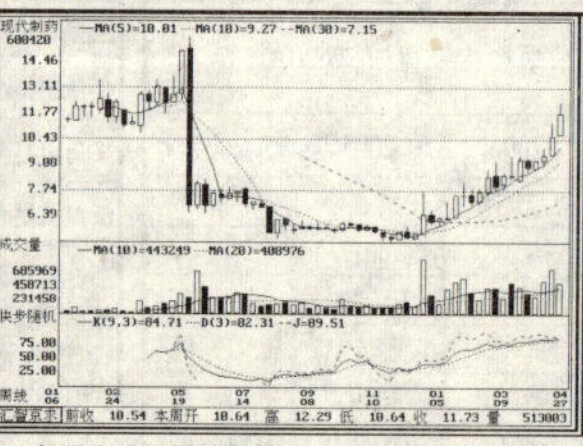

| | |
|---|---|
| 2006年涨跌幅(%) | 34.15 |
| 2006年最高(元) | 20.9 |
| 2007年涨跌幅(%) | 93.56 |
| 2007.4.27收盘(元) | 11.73 |
| 2007年最高(元) | 12.29 |
| 2007年最低(元) | 5.85 |
| 2007年换手率(%) | 493.75 |

未来一年限售流通股解禁情况:16390266股04月04日解禁

| 最新股本 | 总股本 | 非(限售)流通 | 流通A | 流通B/H/S | 股东户数 | 06年末 | 06三季 |
|---|---|---|---|---|---|---|---|
| | 26157.58 | 13782.58 | 12375 | | | 28117 | 28044 |

**年报点评**　公司大股东是上海医药工业研究院,目前在抗感染等多个研发领域处于国内领先水平。公司主要产品抗感染类药品受药品降价影响毛利率下滑,公司硫辛酸产品价格下降较多,影响公司业绩。公司股改承诺业绩增长,预计大股东将注入资产。

## 国药科技(600421)

上市日期:04/06/07　电话:(027)87654767　传真:(027)87654797

**主营**　生物保健食品和药品的研发、生产及销售

| | 年　度 | 2006 | 2005 | 2004 |
|---|---|---|---|---|
| 主要指标 | 每股收益/扣除后(元) | 0.08 | 0.1 | 0.2/0.19 |
| | 每股经营现金流量(元) | 0.08 | －0.28 | －0.51 |
| | 每股净资产/调整后(元) | 2.43/2.43 | 2.85/2.85 | 3.3/3.3 |
| | 未分利润(万元) | 9595.05 | 8220.85 | 6741.99 |
| | 资本公积(万元) | 15693.22 | 19392.16 | 22112.16 |
| 利润构成 | 主营收入(万元) | 29818.23 | 19689.33 | 20106.69 |
| | 主营利润(万元) | 9821.56 | 7090.66 | 9119.04 |
| | 投资收益(万元) | －147.53 | －3.66 | 15.75 |
| | 利润总额(万元) | 3278.3 | 2167.88 | 3526.05 |
| | 净利润(万元) | 1531.49 | 1636.99 | 2727.97 |

**近年分配:** 04年:10转增2

**主要股东及持股比例%、持股性质**

武汉新一代科技有限公司 35.73%(非流通股)
上海日兴康生物工程有限公司 5.58%(非流通股)
湖北春天科教集团有限公司 4.37%(非流通股)
湖北中医学院科技服务公司 4.19%(国有股)
武汉无限创业投资有限公司 3.36%(非流通股)
上海华篮实业发展有限公司 1.02%(非流通股)
武汉市工程科学技术研究院 0.56%(国有股)
海南合旺实业投资有限公司 0.51%(非流通股)
上海广紫机电设备工程安装有限公司 0.51%(非流通股)
谭润洪 0.31%(流通A股)

**实际控制人:** 徐进

二〇〇六年以来市场表现

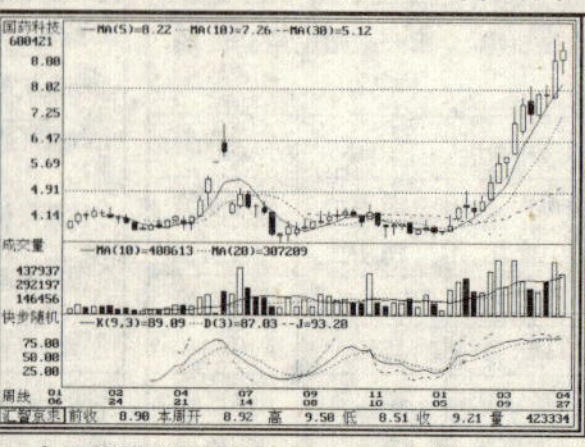

| | |
|---|---|
| 2006年涨跌幅(%) | 57.45 |
| 2006年最高(元) | 8 |
| 2007年涨跌幅(%) | 148.92 |
| 2007.4.27收盘(元) | 9.21 |
| 2007年最高(元) | 9.58 |
| 2007年最低(元) | 3.6 |
| 2007年换手率(%) | 646.47 |

未来一年限售流通股解禁情况:47412000股06月30日解禁

| 最新股本 | 总股本 | 非(限售)流通 | 流通A | 流通B/H/S | 股东户数 | 06年末 | 06三季 |
|---|---|---|---|---|---|---|---|
| | 19560 | 10920 | 8640 | | | 19657 | 21306 |

**年报点评**　公司2006年主营收入大幅增长,主要是由于合并子公司报表,公司净利润出现小幅下滑,公司费用和所得税增加是导致公司利润下滑的主要原因。公司整体经营情况处于行业中等水平,未来将平稳增长。

## 昆明制药（600422）

上市日期:00/12/06　　电话:0871－8324311　　传真:0871－8324311

| | | 2006 | 2005 | 2004 |
|---|---|---|---|---|
| 主营 | 天然植物药的研制、开发、生产与销售及外购药品的批发零售。 | | | |
| 主要指标 | 年　度 | 2006 | 2005 | 2004 |
| | 每股收益/扣除后(元) | 0.057/0.06 | -0.14/-0.146 | 0.58/0.56 |
| | 每股经营现金流量(元) | 0.19 | -0.56 | -0.02 |
| | 每股净资产/调整后(元) | 1.67/1.51 | 1.65/1.6 | 4.25/4.13 |
| | 未分利润(万元) | -4027.99 | -5756.95 | 9101.08 |
| | 资本公积(万元) | 25875.06 | 25957.04 | 32915.45 |
| 利润构成 | 主营收入(万元) | 114655.29 | 120763.47 | 67367.47 |
| | 主营利润(万元) | 31448.17 | 27120.13 | 37171.06 |
| | 投资收益(万元) | -48.9 | 621.61 | 1151.69 |
| | 利润总额(万元) | 1497.91 | -8836.35 | 11410.93 |
| | 净利润(万元) | 1783.03 | -4456.56 | 9177.87 |
| 近年分配: | 04年:10派1.5送5转增5 | | | |

| 主要股东及持股比例%、持股性质 |
|---|
| 华立产业集团有限公司 23.29%（非流通股） |
| 云南红塔集团有限公司 9.55%（非流通股） |
| 云南医药集团有限公司 7.43%（国有股） |
| 昆明云辰科工贸有限责任公司 3.8%（非流通股） |
| 昆明八达实业有限公司 1.49%（非流通股） |
| 云南新兴投资有限公司 1.49%（国有股） |
| 王恒 0.33%（流通A股） |
| 唐炜 0.17%（流通A股） |
| 牛天光 0.16%（流通A股） |
| 梁潮兴 0.16%（流通A股） |
| 实际控制人:汪力成 |

二〇〇六年以来市场表现

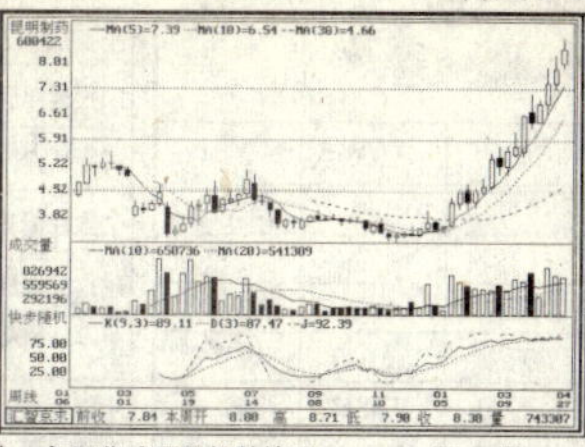

| | |
|---|---|
| 2006年涨跌幅(%) | 2.93 |
| 2006年最高(元) | 6.58 |
| 2007年涨跌幅(%) | 142.2 |
| 2007.4.27收盘(元) | 8.38 |
| 2007年最高(元) | 8.71 |
| 2007年最低(元) | 3.37 |
| 2007年换手率(%) | 505.79 |

未来一年限售流通股解禁情况:36401306股03月21日解禁

| 最新股本 | 总股本 | 非(限售)流通 | 流通A | 流通B/H/S | 股东户数 | 06年末 | 06三季 |
|---|---|---|---|---|---|---|---|
| | 31417.6 | 14777.6 | 16640 | | | 29076 | 29130 |

年报点评：公司主要产品植物药占比上升,经营亮点在于复方磷酸萘酚喹(ARCO)是公司具有自主知识产权的复方抗疟药,新增了五个注册国家。公司从抗疟药物原料供应商逐步转向制剂出口,抗疟药物增长前景看好。

## 柳化股份（600423）

上市日期:03/07/17　　电话:0772－2516580　　传真:0772－2510401

| | | 2006 | 2005 | 2004 |
|---|---|---|---|---|
| 主营 | 化工和化肥产品的生产销售 | | | |
| 主要指标 | 年　度 | 2006 | 2005 | 2004 |
| | 每股收益/扣除后(元) | 0.63/0.63 | 0.5 | 0.36/0.36 |
| | 每股经营现金流量(元) | 0.7 | 0.49 | 0.4 |
| | 每股净资产/调整后(元) | 4.44/4.29 | 3.91/3.78 | 3.42/3.3 |
| | 未分利润(万元) | 24004.37 | 13169.18 | 7038.55 |
| | 资本公积(万元) | 36414.74 | 36414.74 | 33590.74 |
| 利润构成 | 主营收入(万元) | 100345.41 | 88597.42 | 62989.29 |
| | 主营利润(万元) | 22106.85 | 18639.36 | 13121.03 |
| | 投资收益(万元) | | | |
| | 利润总额(万元) | 13678.97 | 10642.3 | 8094.34 |
| | 净利润(万元) | 12039.1 | 9457.47 | 6876.95 |
| 近年分配: | 05年:10派1；04年:10派1.5 | | | |

| 主要股东及持股比例%、持股性质 |
|---|
| 柳州化学工业集团有限公司 45.24%（部分流通部分不流通） |
| 中国平安保险(集团)股份有限公司－集团本级－自有资金 2.53%（流通A股） |
| 华宝兴业先进成长股票型证券投资基金 2.52%（流通A股） |
| 宝康灵活配置证券投资基金 2.17%（流通A股） |
| 全国社保基金一零九组合 2%（流通A股） |
| 博时主题行业股票证券投资基金 1.7%（流通A股） |
| 华宝兴业收益增长混合型证券投资基金 1.41%（流通A股） |
| 金泰证券投资基金 1.31%（流通A股） |
| 博时平衡配置混合型证券投资基金 1.26%（流通A股） |
| AIG GLOBAL INVESTMENT CORPORATION 0.68%（流通A股） |
| 实际控制人:柳州市国有资产管理委员会 |

二〇〇六年以来市场表现

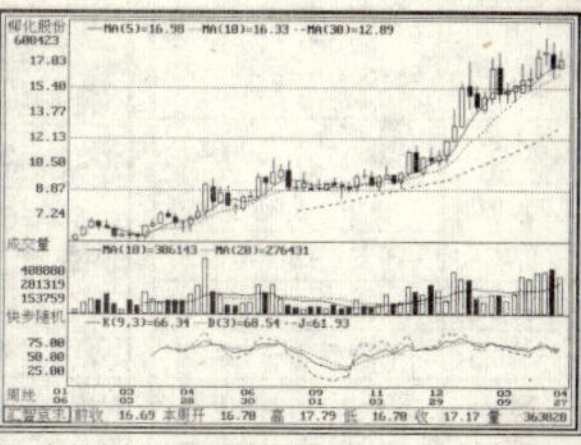

| | |
|---|---|
| 2006年涨跌幅(%) | 97 |
| 2006年最高(元) | 11.8 |
| 2007年涨跌幅(%) | 55.39 |
| 2007.4.27收盘(元) | 17.17 |
| 2007年最高(元) | 18.66 |
| 2007年最低(元) | 10.65 |
| 2007年换手率(%) | 378.28 |

未来一年限售流通股解禁情况:9541090股11月03日解禁

| 最新股本 | 总股本 | 非(限售)流通 | 流通A | 流通B/H/S | 股东户数 | 06年末 | 06三季 |
|---|---|---|---|---|---|---|---|
| | 19082.18 | 7691.85 | 11390.33 | | | 13531 | 10133 |

年报点评：2006年公司克服了部分产品价格回落、电价上调、工程试车时间延长等不利因素影响,实现了收入与利润的稳步增长。公司引进壳牌粉煤气化装置已在2007年一月试车成功,将力争实现该套装置的长周期运行。该套装置的成功投产,将为公司长远发展奠定坚实基础。

## 青松建化（600425）

上市日期:03/07/24　　电话:(0997)2811282　　传真:(0997)2811675

| | | 2006 | 2005 | 2004 |
|---|---|---|---|---|
| 主营 | 水泥及其制品、化工产品的生产与销售。 | | | |
| 主要指标 | 年　度 | 2006 | 2005 | 2004 |
| | 每股收益/扣除后(元) | 0.238/0.25 | 0.116 | 0.28/0.29 |
| | 每股经营现金流量(元) | 0.19 | 0.54 | 0.51 |
| | 每股净资产/调整后(元) | 2.89/2.79 | 2.71/2.64 | 2.72/2.67 |
| | 未分利润(万元) | 7588.79 | 4626.79 | 5109.47 |
| | 资本公积(万元) | 24417.65 | 24603.83 | 24603.83 |
| 利润构成 | 主营收入(万元) | 51179.41 | 25909.1 | 25762.45 |
| | 主营利润(万元) | 14231.02 | 6855.47 | 8600.29 |
| | 投资收益(万元) | 659.03 | 896.52 | 635.14 |
| | 利润总额(万元) | 5567.99 | 2151.21 | 5516.63 |
| | 净利润(万元) | 4395.39 | 2145.67 | 5246.08 |
| 近年分配: | 06预案:10派1；05年:10派0.5；04年:10派1.3 | | | |

| 主要股东及持股比例%、持股性质 |
|---|
| 新疆阿克苏青松建材化工总厂 54.7%（国有股） |
| 胡心平 0.77%（流通A股） |
| 王鑫强 0.74%（流通A股） |
| 左枚桂 0.725%（流通A股） |
| 新疆建设兵团农一师塔里木热电有限责任公司 0.72%（国有股） |
| 罗金菊 0.596%（流通A股） |
| 陕西瑞德实业发展有限公司 0.41%（流通A股） |
| 吕家燕 0.378%（流通A股） |
| 於建军 0.3%（流通A股） |
| 新疆阿拉尔水利水电工程总公司 0.3%（国有股） |
| 实际控制人:新疆生产建设兵团农一师 |

二〇〇六年以来市场表现

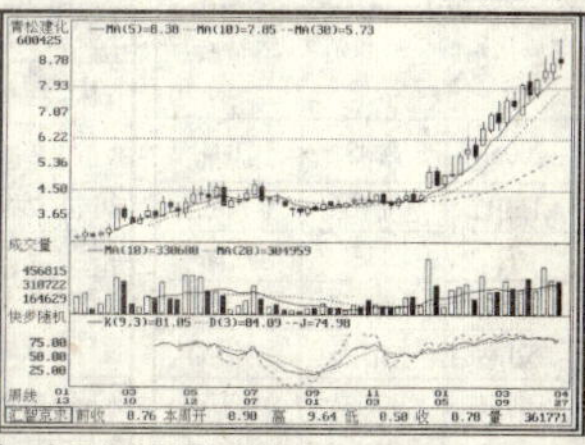

| | |
|---|---|
| 2006年涨跌幅(%) | 85.23 |
| 2006年最高(元) | 7.22 |
| 2007年涨跌幅(%) | 88.01 |
| 2007.4.27收盘(元) | 8.78 |
| 2007年最高(元) | 9.64 |
| 2007年最低(元) | 4.58 |
| 2007年换手率(%) | 591.91 |

未来一年限售流通股解禁情况:5068815股01月09日解禁

| 最新股本 | 总股本 | 非(限售)流通 | 流通A | 流通B/H/S | 股东户数 | 06年末 | 06三季 |
|---|---|---|---|---|---|---|---|
| | 18492.75 | 10392.75 | 8100 | | | 17663 | 19605 |

年报点评：公司主营业务为水泥及水泥制品的生产和销售。报告期内,公司三条生产线的投产使公司水泥产能从96万吨迅速扩大到320万吨。扩大产能以后,公司水泥生产和销售将保持高位的稳定增长,增强在区域市场的竞争力。

## 华鲁恒升（600426）

上市日期:02/06/20　　电话:0534－2460426　　传真:0534－2421845

| | | 2006 | 2005 | 2004 |
|---|---|---|---|---|
| 主营 | 尿素、甲醇的生产与销售 | | | |
| 主要指标 | 年　度 | 2006 | 2005 | 2004 |
| | 每股收益/扣除后(元) | 0.707/0.707 | 0.701 | 0.755/0.758 |
| | 每股经营现金流量(元) | 0.67 | 0.94 | 0.68 |
| | 每股净资产/调整后(元) | 5.18/5.18 | 3.69/3.68 | 4.42/4.42 |
| | 未分利润(万元) | 48588.45 | 30064.93 | 16813.43 |
| | 资本公积(万元) | 80134.71 | 30017.99 | 35701.05 |
| 利润构成 | 主营收入(万元) | 180698.05 | 135222.05 | 99347.56 |
| | 主营利润(万元) | 37359.14 | 25394.54 | 20088.59 |
| | 投资收益(万元) | | | |
| | 利润总额(万元) | 29451.35 | 21841.74 | 15226.29 |
| | 净利润(万元) | 23365.03 | 17554.7 | 12613.68 |
| 近年分配: | 06预案:10派1；05年:10派1；04年:10派1转增5 | | | |

| 主要股东及持股比例%、持股性质 |
|---|
| 山东华鲁恒升集团有限公司 38.98%（国有股） |
| 中化化肥有限公司 4.54%（非流通股） |
| 深圳市海丰源投资股份有限公司 3.27%（部分流通部分不流通） |
| 富国天合稳健优选股票型证券投资基金 3.14%（流通A股） |
| 安顺证券投资基金 2.72%（非流通股） |
| 上海证券有限责任公司 2.12%（非流通股） |
| 中国工商银行－安信证券投资基金 1.82%（非流通股） |
| 申银万国－花旗－DEUTSCHE BANK AKTIENGESELLSCHAFT 1.82%（非流通股） |
| 全国社保基金一一二组合 1.51%（非流通股） |
| 江苏瑞华投资发展有限公司 1.51%（非流通股） |
| 实际控制人:华鲁控股集团有限公司 |

二〇〇六年以来市场表现

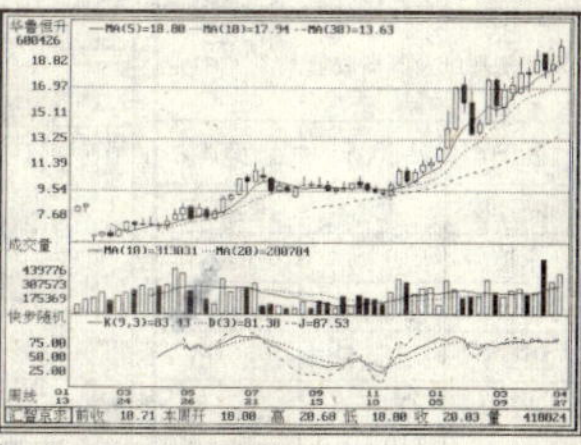

| | |
|---|---|
| 2006年涨跌幅(%) | 114.61 |
| 2006年最高(元) | 15.89 |
| 2007年涨跌幅(%) | 73.42 |
| 2007.4.27收盘(元) | 20.03 |
| 2007年最高(元) | 20.68 |
| 2007年最低(元) | 11.62 |
| 2007年换手率(%) | 370.59 |

未来一年限售流通股解禁情况:

| 最新股本 | 总股本 | 非(限售)流通 | 流通A | 流通B/H/S | 股东户数 | 06年末 | 06三季 |
|---|---|---|---|---|---|---|---|
| | 33050 | 21080 | 11970 | | | 13651 | 17355 |

年报点评：公司抵御尿素行业周期性风险的能力较强。2006年虽然公司尿素产品毛利率有所下滑,但在DMF毛利率提升的带动下,实现了收入和利润的稳步增长。随着公司尿素、甲醇和DMF产能的扩张,以及新增产品醋酸的投产,未来几年公司盈利将继续保持稳步增长。

# 中远航运（600428）

上市日期:02/04/18　　电话:020－62621288　　传真:020－62621388

| | | | | |
|---|---|---|---|---|
| 主营 | 特种杂货远洋运输及沿海运输 | | | |
| | 年　度 | 2006 | 2005 | 2004 |
| 主要指标 | 每股收益/扣除后(元) | 0.94 | 1.05 | 0.8/0.8 |
| | 每股经营现金流量(元) | 1.13 | 1.62 | 2.02 |
| | 每股净资产/调整后(元) | 3.97/3.97 | 3.24/3.24 | 3.86/3.86 |
| | 未分利润(万元) | 92641.44 | 56653.91 | 38837.27 |
| | 资本公积(万元) | 61381.63 | 61381.63 | 80101.63 |
| 利润构成 | 主营收入(万元) | 384837.87 | 374153.05 | 202982.2 |
| | 主营利润(万元) | 100171.87 | 118793.81 | 68363.49 |
| | 投资收益(万元) | 13.67 | | 124 |
| | 利润总额(万元) | 84189.06 | 103498.11 | 58196.59 |
| | 净利润(万元) | 61542.63 | 68506.79 | 37492.15 |
| 近年分配: | 06 预案:10 派 4 ; 05 中期:10 派 3.5 年终:10 派 2 ; 04 年:10 派 3 转增 4 | | | |

| 主要股东及持股比例%、持股性质 |
|---|
| 广州远洋运输公司 50.13% (国有股) |
| 安顺证券投资基金 4.44% (流通 A 股) |
| 全国社保基金一零六组合 2.52% (流通 A 股) |
| 建信优选成长股票型证券投资基金 2.15% (流通 A 股) |
| 易方达策略成长二号混合型证券投资基金 1.77% (流通 A 股) |
| 华安宏利股票型证券投资基金 1.61% (流通 A 股) |
| 广州经济技术开发区广远海运服务有限公司 1.46% (流通 A 股) |
| 博时主题行业股票证券投资基金 1.24% (流通 A 股) |
| 海富通股票证券投资基金 1.22% (流通 A 股) |
| 全国社保基金一零八组合 0.88% (流通 A 股) |
| 实际控制人: 中国远洋运输(集团)总公司 |

二〇〇六年以来市场表现

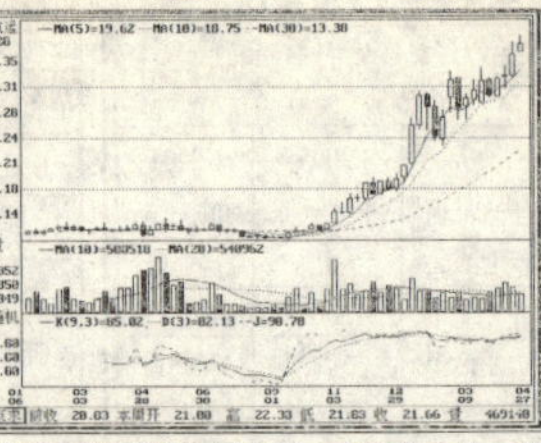

| | |
|---|---|
| 2006 年涨跌幅(%) | 69.01 |
| 2006 年最高(元) | 11.45 |
| 2007 年涨跌幅(%) | 99.26 |
| 2007.4.27 收盘(元) | 21.66 |
| 2007 年最高(元) | 22.38 |
| 2007 年最低(元) | 10.61 |
| 2007 年换手率(%) | 251.52 |

未来一年限售流通股解禁情况:32760000 股 12 月 09 日解禁

| 最新股本 | 总股本 | 非(限售)流通 | 流通 A | 流通 B/H/S | 股东户数 | 06 年末 | 06 三季 |
|---|---|---|---|---|---|---|---|
| | 65520 | 32844.04 | 32675.96 | | | 28996 | 59895 |

年报点评：公司是国内海上特种运输行业龙头企业。杂货船和多用途船占主营业务收入的 77.87%。船队还包括半潜船、汽车船、重吊船等,06 年市场需求都保持强劲。燃油成本占公司总成本的比重上升,对业绩构成一定压力。

# ＊ST 三元（600429）

上市日期:03/09/15　　电话:010－82411798010　　传真:010－82411798

| | | | | |
|---|---|---|---|---|
| 主营 | 乳制品、饮料、食品加工、销售 | | | |
| | 年　度 | 2006 | 2005 | 2004 |
| 主要指标 | 每股收益/扣除后(元) | 0.02/－0.01 | －0.09 | －0.2/－0.23 |
| | 每股经营现金流量(元) | 0.08 | 0.22 | 0.07 |
| | 每股净资产/调整后(元) | 1.2/1.16 | 1.15/1.12 | 1.23/1.2 |
| | 未分利润(万元) | －15461.3 | －16939.28 | －11742.71 |
| | 资本公积(万元) | 24467.6 | 23836.15 | 22609.83 |
| 利润构成 | 主营收入(万元) | 99364.45 | 98648.54 | 100862.31 |
| | 主营利润(万元) | 20976.92 | 20485.97 | 20174.06 |
| | 投资收益(万元) | 1275.99 | 116.64 | －2774.24 |
| | 利润总额(万元) | 1002.2 | －6752.33 | －12354.53 |
| | 净利润(万元) | 1477.98 | －5405.19 | －12583.45 |
| 近年分配: | | | | |

| 主要股东及持股比例%、持股性质 |
|---|
| 北京企业(食品)有限公司 47.85% (外资股) |
| 北京三元集团有限责任公司 17.28% (国有股) |
| 东顺兴业股份有限公司 0.665% (外资股) |
| 北京亦庄新城实业有限公司 0.665% (非流通股) |
| 裴贞爱 0.308% (流通 A 股) |
| 何艳 0.283% (流通 A 股) |
| 刘爱国 0.236% (流通 A 股) |
| 黄燕茹 0.2% (流通 A 股) |
| 张燃 0.195% (流通 A 股) |
| 马彦文 0.156% (流通 A 股) |
| 实际控制人: 北京三元集团有限责任公司 |

二〇〇六年以来市场表现

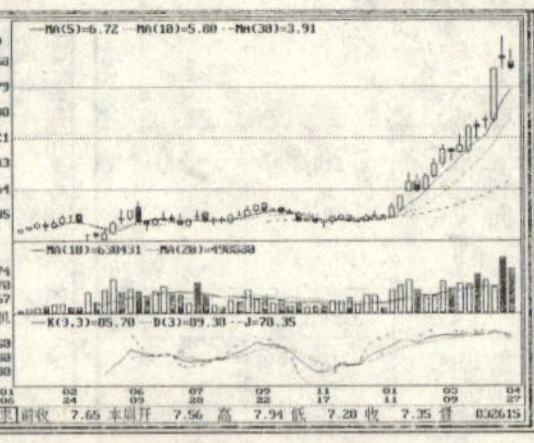

| | |
|---|---|
| 2006 年涨跌幅(%) | 73.76 |
| 2006 年最高(元) | 4.62 |
| 2007 年涨跌幅(%) | 163.44 |
| 2007.4.27 收盘(元) | 7.35 |
| 2007 年最高(元) | 8.37 |
| 2007 年最低(元) | 2.72 |
| 2007 年换手率(%) | 399.52 |

未来一年限售流通股解禁情况:63500000 股 04 月 19 日解禁

| 最新股本 | 总股本 | 非(限售)流通 | 流通 A | 流通 B/H/S | 股东户数 | 06 年末 | 06 三季 |
|---|---|---|---|---|---|---|---|
| | 63500 | 42200 | 21300 | | | 25447 | 26732 |

年报点评：2006 年公司扭亏为盈,这主要依赖于公司"降本减费"的有力执行,期间费用总额为 23311 万元,较上年同期 30177 万元减少 6866 万元。但公司面对的乳制品行业竞争形势依然较为严峻,北京市场依然是各乳业巨头的竞争重地,而公司在北京市场的销售收入出现下滑。

# 吉恩镍业（600432）

上市日期:03/09/05　　电话:0432－5610629　　传真:0432－5619014

| | | | | |
|---|---|---|---|---|
| 主营 | 高冰镍、硫酸镍、电解镍、氢氧化镍的生产和销售;铜精矿、硫酸铜的生产和销售 | | | |
| | 年　度 | 2006 | 2005 | 2004 |
| 主要指标 | 每股收益/扣除后(元) | 1.13/1.15 | 0.85 | 0.74/0.72 |
| | 每股经营现金流量(元) | 1.12 | 0.93 | 0.84 |
| | 每股净资产/调整后(元) | 4.22/4.19 | 3.81/3.77 | 3.24/3.2 |
| | 未分利润(万元) | 42521.69 | 21517.74 | 13645.61 |
| | 资本公积(万元) | 21210.16 | 24962.64 | 24717.5 |
| 利润构成 | 主营收入(万元) | 145299.71 | 103833.42 | 91173.25 |
| | 主营利润(万元) | 50253.5 | 33615.85 | 28075.67 |
| | 投资收益(万元) | －68.06 | | |
| | 利润总额(万元) | 29623.5 | 19448.07 | 15725.92 |
| | 净利润(万元) | 25725.88 | 16244.56 | 14061.5 |
| 近年分配: | 06 方案:10 派 2.5 ; 05 年:10 派 1 转增 2 ; 04 年:10 派 3 | | | |

| 主要股东及持股比例%、持股性质 |
|---|
| 吉林昊融有色金属集团有限公司 55.83% (国有股) |
| 佛山市华创化工有限公司 2.44% (非流通股) |
| 中国人寿保险(集团)公司－传统－普通保险产品 1.82% (流通 A 股) |
| 中国人寿保险股份有限公司－分红－个人分红－005L－FH002 沪 1.5% (流通 A 股) |
| 营口青花耐火材料股份有限公司 0.81% (非流通股) |
| 全国社保基金一零七组合 0.79% (流通 A 股) |
| 海通－交行－日兴资产管理有限公司－日兴 AM 中国人民币 A 股母基金 0.66% (流通 A 股) |
| 上海万业投资咨询有限公司 0.42% (流通 A 股) |
| 吉林省通化赤柏松铜镍矿 0.41% (国有股) |
| 长沙矿冶研究院 0.41% (国有股) |
| 实际控制人: 吉林省人民政府国有资产监督管理委员会 |

二〇〇六年以来市场表现

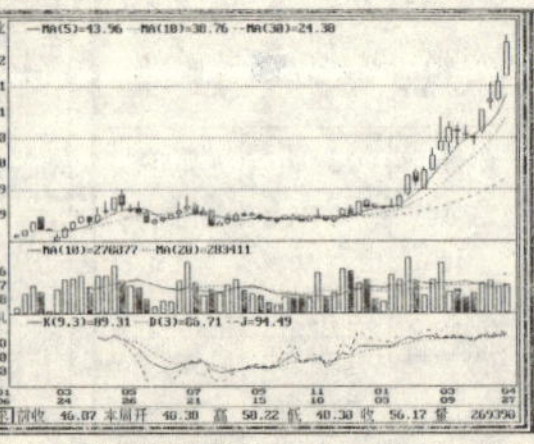

| | |
|---|---|
| 2006 年涨跌幅(%) | 160.68 |
| 2006 年最高(元) | 30.44 |
| 2007 年涨跌幅(%) | 226.38 |
| 2007.4.27 收盘(元) | 56.17 |
| 2007 年最高(元) | 58.22 |
| 2007 年最低(元) | 16.45 |
| 2007 年换手率(%) | 462.19 |

未来一年限售流通股解禁情况:11400000 股 03 月 15 日解禁

| 最新股本 | 总股本 | 非(限售)流通 | 流通 A | 流通 B/H/S | 股东户数 | 06 年末 | 06 三季 |
|---|---|---|---|---|---|---|---|
| | 22800 | 13656 | 9144 | | | 25061 | 23963 |

年报点评：据国际不锈钢协会预测,2007 年全球不锈钢产量仍将保持增长。世界金属统计局则认为,2007 年上半年全球镍市场供需缺口为 38000 吨。随着全球镍资源硫化矿资源的减少和品味下降,镍供应难以跟上镍需求的增长,公司必然会因镍价的上涨而受益。

# 冠豪高新（600433）

上市日期:03/06/19　　电话:0759－2820938　　传真:0759－3382109

| | | | | |
|---|---|---|---|---|
| 主营 | 生产和销售热敏记录纸、无碳复写纸及其微胶囊 | | | |
| | 年　度 | 2006 | 2005 | 2004 |
| 主要指标 | 每股收益/扣除后(元) | 0.076/0.08 | 0.06 | 0.11/0.1 |
| | 每股经营现金流量(元) | 1.12 | 0.406 | 0.023 |
| | 每股净资产/调整后(元) | 2.57/2.53 | 2.56/2.55 | 2.59/2.55 |
| | 未分利润(万元) | 2751.79 | 2454.19 | 3199.65 |
| | 资本公积(万元) | 20158.16 | 20446.34 | 20433.32 |
| 利润构成 | 主营收入(万元) | 57851.57 | 55470.79 | 39765.16 |
| | 主营利润(万元) | 10361.72 | 9139.69 | 7785.31 |
| | 投资收益(万元) | 0.09 | | －182.23 |
| | 利润总额(万元) | 1630.11 | 1441.72 | 2423.87 |
| | 净利润(万元) | 1219.55 | 1005.35 | 1723.47 |
| 近年分配: | 05 年:10 派 0.5 ; 04 年:10 派 1 | | | |

| 主要股东及持股比例%、持股性质 |
|---|
| 广东粤财投资有限公司 20.705% (国有股) |
| 湛江经济技术开发区新亚实业有限公司 19.695% (非流通股) |
| 浩正集团有限公司 5.05% (外资股) |
| 广州润华置业有限公司 2.525% (国有股) |
| 广东粤财实业发展有限公司 2.525% (国有股) |
| 郭衡宜 0.853% (流通 A 股) |
| 杨百岁 0.813% (流通 A 股) |
| 吕玉洲 0.587% (流通 A 股) |
| 陈宋孟 0.515% (流通 A 股) |
| 彭美珠 0.465% (流通 A 股) |
| 实际控制人: 广东粤财投资控股有限公司 |

二〇〇六年以来市场表现

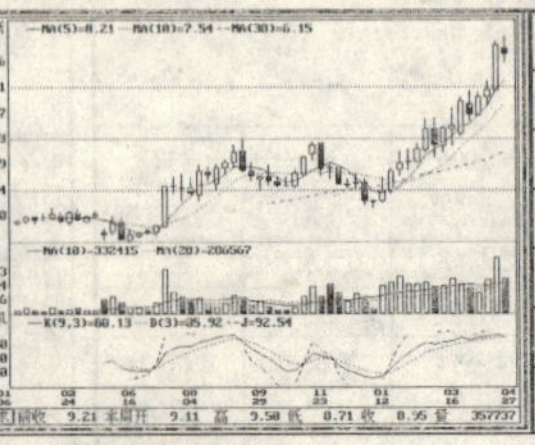

| | |
|---|---|
| 2006 年涨跌幅(%) | 59.88 |
| 2006 年最高(元) | 8.62 |
| 2007 年涨跌幅(%) | 90.02 |
| 2007.4.27 收盘(元) | 8.95 |
| 2007 年最高(元) | 9.5 |
| 2007 年最低(元) | 4.5 |
| 2007 年换手率(%) | 631.47 |

未来一年限售流通股解禁情况:

| 最新股本 | 总股本 | 非(限售)流通 | 流通 A | 流通 B/H/S | 股东户数 | 06 年末 | 06 三季 |
|---|---|---|---|---|---|---|---|
| | 16000 | 8080 | 7920 | | | 15009 | 12213 |

年报点评：公司是国内最大、质量最好的热敏纸制造商,无碳纸销量全行业第二,占据国内高端无碳纸市场份额的 60%。06 年利用热敏纸生产逐步向发展中国家转移的趋势以及无碳纸短期供应短缺的现状,公司加大了出口力度,取得了良好的业绩。

## 北方天鸟（600435）

**主营**：电脑刺绣机的研发、生产和销售

| | 年 度 | 2006 | 2005 | 2004 |
|---|---|---|---|---|
| 主要指标 | 每股收益/扣除后(元) | 0.09/0.09 | 0.18 | 0.17/0.16 |
| | 每股经营现金流量(元) | -0.06 | 0.16 | -0.18 |
| | 每股净资产/调整后(元) | 3.83/3.75 | 6.07/5.92 | 5.94/5.86 |
| | 未分利润(万元) | 4968.26 | 6999.62 | 6166.41 |
| | 资本公积(万元) | 33308.65 | 36351.92 | 36351.92 |
| 利润构成 | 主营收入(万元) | 37759.46 | 25847.9 | 20202.01 |
| | 主营利润(万元) | 11073.49 | 6000.24 | 5454.26 |
| | 投资收益(万元) | -14.96 | -2.77 | 4.32 |
| | 利润总额(万元) | 2753.91 | 1835.66 | 1680.47 |
| | 净利润(万元) | 1331.38 | 1612.54 | 1516.02 |

**近年分配**：05 年:10 派 0.5 送 3 转增 3 ; 04 年:10 派 0.5

上市日期:03/07/04

**主要股东及持股比例%、持股性质**

- 北京华北光学仪器有限公司 33.97% (国有股)
- 深圳市盈宁科技有限公司 4.24% (非流通股)
- 招商银行北京分行 0.85% (国有股)
- 交通银行股份有限公司北京分行 0.85% (国有股)
- 北京励科鸣科技发展中心 0.56% (非流通股)
- 李林南 0.48% (流通 A 股)
- 温州经济技术开发区大田线带有限公司 0.42% (非流通股)
- 深圳市博厚实业有限公司 0.36% (流通 A 股)
- 上海天纪投资有限公司 0.27% (流通 A 股)
- 张云 0.26% (流通 A 股)

**实际控制人**：北京华北光学仪器有限公司

电话:010－83682722　传真:010－63729771

二〇〇六年以来市场表现

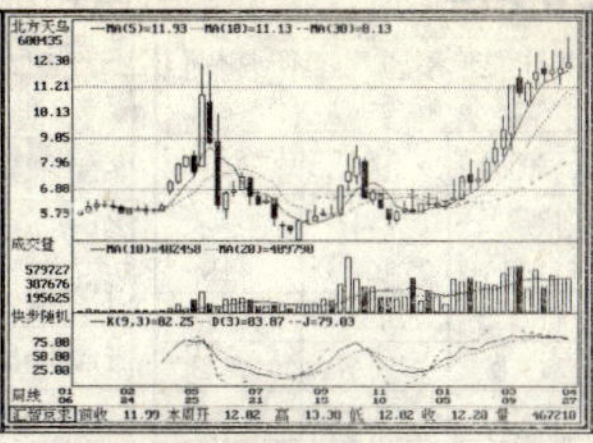

| | |
|---|---|
| 2006 年涨跌幅(%) | 132.87 |
| 2006 年最高(元) | 18.62 |
| 2007 年涨跌幅(%) | 95.2 |
| 2007.4.27 收盘(元) | 12.2 |
| 2007 年最高(元) | 13.38 |
| 2007 年最低(元) | 6 |
| 2007 年换手率(%) | 830.25 |

**未来一年限售流通股解禁情况**:9964744 股 05 月 22 日解禁

| 最新股本 | 总股本 | 非(限售)流通 | 流通 A | 流通 B/H/S | 股东户数 | 06 年末 | 06 三季 |
|---|---|---|---|---|---|---|---|
| | 14400 | 5888 | 8512 | | | 19322 | 16399 |

**年报点评**：公司主业为电脑刺绣机和零件加工。由于绣花机市场连续几年的“快速”增长,从 2006 年下半年开始已出现阶段性饱和,以及人民币升值、劳动力短缺等,公司 2006 年业绩下滑。“十一五”期间,公司做大做强电脑刺绣机主业,积极培育电脑针织横机第二主业。

## 片仔癀（600436）

**主营**：片仔癀系列及其他中成药品的生产经营

| | 年 度 | 2006 | 2005 | 2004 |
|---|---|---|---|---|
| 主要指标 | 每股收益/扣除后(元) | 0.585/0.534 | 0.617 | 0.298/0.294 |
| | 每股经营现金流量(元) | 0.362 | 0.493 | 0.705 |
| | 每股净资产/调整后(元) | 4.21/4.21 | 4.13/4.12 | 3.77/3.77 |
| | 未分利润(万元) | 7832.29 | 7372.59 | 3681.6 |
| | 资本公积(万元) | 30888.58 | 31003.39 | 31003.39 |
| 利润构成 | 主营收入(万元) | 52220.53 | 41882.09 | 25348.61 |
| | 主营利润(万元) | 18586.96 | 19853.96 | 16679.04 |
| | 投资收益(万元) | 1067.64 | 974.2 | 130.27 |
| | 利润总额(万元) | 12664.05 | 13350.62 | 7827.6 |
| | 净利润(万元) | 8190.82 | 8639.83 | 4177.36 |

**近年分配**：06 预案:10 派 4 ; 05 年:10 派 5 ; 04 年:10 派 2.6

上市日期:03/06/16

**主要股东及持股比例%、持股性质**

- 漳州片仔癀集团公司 54.55% (国有股)
- 漳州市国有资产投资经营有限公司 6.34% (国有股)
- 金鑫证券投资基金 3.9% (流通 A 股)
- 交通银行－汉兴证券投资基金 1.86% (流通 A 股)
- 中国建设银行－华夏红利混合型开放式证券投资基金 1.76% (流通 A 股)
- 中国人寿保险(集团)公司－传统－普通保险产品 1.76% (流通 A 股)
- 交通银行－普惠证券投资基金 1.32% (流通 A 股)
- 片仔癀(漳州)医药有限公司 1.27% (非流通股)
- 福建省药材公司 1.27% (国有股)
- 上海浦东发展银行－广发小盘成长股票型证券投资基金 1.19% (流通 A 股)

**实际控制人**：漳州片仔癀集团公司

电话:0596－2300313　传真:0596－2306435

二〇〇六年以来市场表现

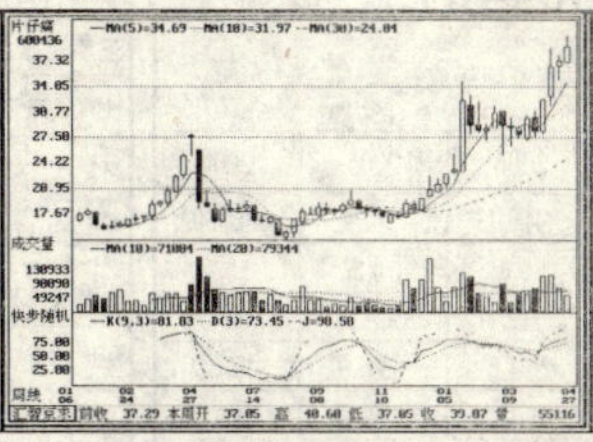

| | |
|---|---|
| 2006 年涨跌幅(%) | 64.79 |
| 2006 年最高(元) | 33.63 |
| 2007 年涨跌幅(%) | 82.74 |
| 2007.4.27 收盘(元) | 39.07 |
| 2007 年最高(元) | 40.6 |
| 2007 年最低(元) | 21.01 |
| 2007 年换手率(%) | 228.17 |

**未来一年限售流通股解禁情况**:10552000 股 05 月 22 日解禁

| 最新股本 | 总股本 | 非(限售)流通 | 流通 A | 流通 B/H/S | 股东户数 | 06 年末 | 06 三季 |
|---|---|---|---|---|---|---|---|
| | 14000 | 8880 | 5120 | | | 9079 | 9401 |

**年报点评**：公司属于特色中药企业,主打产品片仔癀销售保持平稳。公司具有产品自主定价能力,可以转移原料成本上涨的压力。公司 2006 年收入和利润基本和前一年持平。公司进入日用品领域,发展前景需要观察。

## 通威股份（600438）

**主营**：生产、销售饲料及饲料添加剂。

| | 年 度 | 2006 | 2005 | 2004 |
|---|---|---|---|---|
| 主要指标 | 每股收益/扣除后(元) | 0.44/0.431 | 0.71 | 0.41/0.41 |
| | 每股经营现金流量(元) | 0.13 | 0.98 | 1.43 |
| | 每股净资产/调整后(元) | 2.45/2.44 | 4.09/4.08 | 3.72/3.71 |
| | 未分利润(万元) | 13694.69 | 10302.77 | 6318.27 |
| | 资本公积(万元) | 27881.75 | 36413.79 | 36392.85 |
| 利润构成 | 主营收入(万元) | 482654.4 | 367135.33 | 262861.25 |
| | 主营利润(万元) | 51181.71 | 39059.63 | 25188.4 |
| | 投资收益(万元) | -358.27 | -624.19 | |
| | 利润总额(万元) | 21428.15 | 16145.29 | 9251.56 |
| | 净利润(万元) | 15030.32 | 12269.06 | 6975.34 |

**近年分配**：06 预案:10 派 0.4 送 3 转增 7 ; 05 年:10 派 0.56 送 5 转增 5 ; 04 年:10 派 3.5

上市日期:04/03/02

**主要股东及持股比例%、持股性质**

- 通威集团有限公司 55.06% (非流通股)
- 中国银行－易方达平稳增长证券投资基金 2.96% (流通 A 股)
- 交通银行－科汇证券投资基金 2.29% (流通 A 股)
- 中国工商银行－天元证券投资基金 2.18% (流通 A 股)
- 申银万国－花旗－DEUTSCHE BANK AKTIENGESELLSCHAFT 2.18% (流通 A 股)
- 刘定全 1.37% (非流通股)
- 中国建设银行－信诚精萃成长股票型证券投资基金 1.31% (流通 A 股)
- 国际金融－汇丰－MORGAN STANLEY & CO. INTERNATIONAL LIMITED 1.28% (流通 A 股)
- 中国人寿保险股份有限公司－分红－个人分红－005L－FH002 沪 1.26% (流通 A 股)
- 中国人寿保险(集团)公司－传统－普通保险产品 1.19% (流通 A 股)

**实际控制人**：刘汉元

电话:028－86022669　传真:028－86022556

二〇〇六年以来市场表现

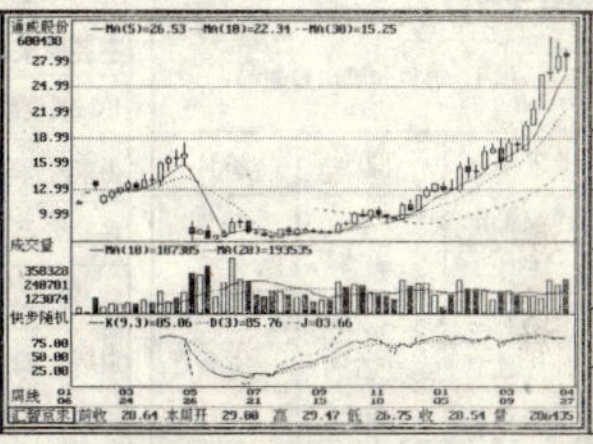

| | |
|---|---|
| 2006 年涨跌幅(%) | 176.9 |
| 2006 年最高(元) | 31.57 |
| 2007 年涨跌幅(%) | 110.78 |
| 2007.4.27 收盘(元) | 28.54 |
| 2007 年最高(元) | 30.99 |
| 2007 年最低(元) | 12.66 |
| 2007 年换手率(%) | 204.16 |

**未来一年限售流通股解禁情况**:17188000 股 11 月 03 日解禁

| 最新股本 | 总股本 | 非(限售)流通 | 流通 A | 流通 B/H/S | 股东户数 | 06 年末 | 06 三季 |
|---|---|---|---|---|---|---|---|
| | 34376 | 20576 | 13800 | | | 11125 | 18013 |

**年报点评**：2006 年,公司共销售饲料 230.91 万吨,同比增长 33%,全年饲料毛利率达到 10.60%,与上年同期基本持平。而从行业整体分析,2006 年的景气度低于上年。所以说公司在配方技术和营养参数上的优势充分体现。公司的扩张依然正在有序进行。

## 瑞贝卡（600439）

**主营**：工艺发条、化纤发等发制品的生产和销售。

| | 年 度 | 2006 | 2005 | 2004 |
|---|---|---|---|---|
| 主要指标 | 每股收益/扣除后(元) | 0.53/0.52 | 0.58 | 0.69/0.69 |
| | 每股经营现金流量(元) | 0.76 | 0.23 | 0.32 |
| | 每股净资产/调整后(元) | 4.85/4.83 | 3.92/3.91 | 4.54/4.54 |
| | 未分利润(万元) | 21044.39 | 14587.56 | 10212.52 |
| | 资本公积(万元) | 46746.5 | 18667.62 | 21609.62 |
| 利润构成 | 主营收入(万元) | 118255.88 | 84014.26 | 77701.31 |
| | 主营利润(万元) | 23376.54 | 17975.16 | 15414.24 |
| | 投资收益(万元) | 293.51 | 266.31 | 66.04 |
| | 利润总额(万元) | 14710.1 | 10616.32 | 9626.49 |
| | 净利润(万元) | 10087.52 | 7446.14 | 6799.81 |

**近年分配**：06 年:10 派 2 转增 2.5 ; 05 年:10 派 2 转增 2 ; 04 年:10 派 2 转增 3

上市日期:03/07/10

**主要股东及持股比例%、持股性质**

- 河南瑞贝卡控股有限责任公司 41.69% (非流通股)
- 许昌市魏都利达发制品有限责任公司 4.96% (部分流通部分不流通)
- 许昌县新和工艺品有限责任公司 4.36% (部分流通部分不流通)
- 易方达策略成长二号混合型证券投资基金 3.1% (流通 A 股)
- 工银瑞信精选平衡混合型证券投资基金 2.6% (流通 A 股)
- 中国人寿保险股份有限公司－传统－普通保险产品 2.29% (非流通股)
- 全国社保基金一零九组合 2.11% (部分流通部分不流通)
- 广发证券股份有限公司 2.11% (非流通股)
- 科翔证券投资基金 1.45% (部分流通部分不流通)
- 许昌县盛隆工艺有限责任公司 1.31% (流通 A 股)

**实际控制人**：郑有全

电话:0374－5136699　传真:0374－5136567

二〇〇六年以来市场表现

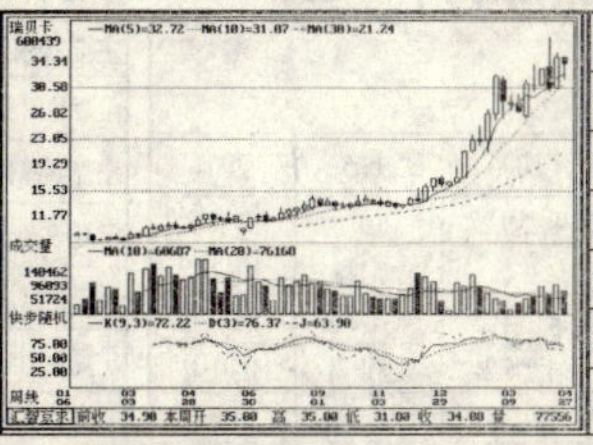

| | |
|---|---|
| 2006 年涨跌幅(%) | 125.76 |
| 2006 年最高(元) | 21.27 |
| 2007 年涨跌幅(%) | 161.45 |
| 2007.4.27 收盘(元) | 34.08 |
| 2007 年最高(元) | 44.64 |
| 2007 年最低(元) | 16 |
| 2007 年换手率(%) | 146.02 |

**未来一年限售流通股解禁情况**:1801800 股 11 月 08 日解禁

| 最新股本 | 总股本 | 非(限售)流通 | 流通 A | 流通 B/H/S | 股东户数 | 06 年末 | 06 三季 |
|---|---|---|---|---|---|---|---|
| | 18969 | 11648.54 | 7320.46 | | | 6727 | 10113 |

**年报点评**：公司主营工艺发条、女装假发等假发业务。我国是全球发制品最大的出口国,公司是国内发制品企业龙头,产品以出口为主。公司坚持以北美市场为主,积极开发非洲、欧洲市场,06 年海外销售量和销售收入都大幅增长,但是受到人民币升值的影响,销售毛利下降。

## 国通管业(600444)

上市日期:04/02/19　　电话:0551－3817860　　传真:0551－3817000

| | | | | |
|---|---|---|---|---|
| 主营 | 大口径UPVC管、PE管、塑料管材、管件生产、销售;技术研究、开发。 | | | |
| | 年　度 | 2006 | 2005 | 2004 |
| 主要指标 | 每股收益/扣除后(元) | 0.14/0.15 | 0.29 | 0.4/0.4 |
| | 每股经营现金流量(元) | 0.24 | 0.38 | 0.134 |
| | 每股净资产/调整后(元) | 4.06/4.02 | 3.91/3.87 | 3.63/3.63 |
| | 未分利润(万元) | 8490.88 | 7580.09 | 5873.83 |
| | 资本公积(万元) | 11354.17 | 11354.17 | 11354.17 |
| 利润构成 | 主营收入(万元) | 26801.08 | 30205.73 | 29309.37 |
| | 主营利润(万元) | 7388.1 | 8724.63 | 9232.34 |
| | 投资收益(万元) | －43.14 | －73.15 | 6.5 |
| | 利润总额(万元) | 1750.64 | 2408.91 | 2825.31 |
| | 净利润(万元) | 1011.98 | 2007.37 | 2787.16 |
| 近年分配: | | | | |

| 主要股东及持股比例%、持股性质 |
|---|
| 巢湖市第一塑料厂 11.891%(非流通股) |
| 安徽国风集团有限公司 11.426%(国有股) |
| 合肥天安集团有限公司 6.001%(部分流通部分不流通) |
| 北京中鼎投资有限公司 5.346%(部分流通部分不流通) |
| 北京华商投资有限公司 4.343%(流通A股) |
| 合肥长发实业有限公司 4.33%(流通A股) |
| 北京雅宝经济文化发展中心 1.158%(流通A股) |
| 孙孟林 0.699%(流通A股) |
| 朱海滨 0.5%(流通A股) |
| 王树新 0.34%(流通A股) |
| 实际控制人:巢湖市第一塑料厂 |

二〇〇六年以来市场表现

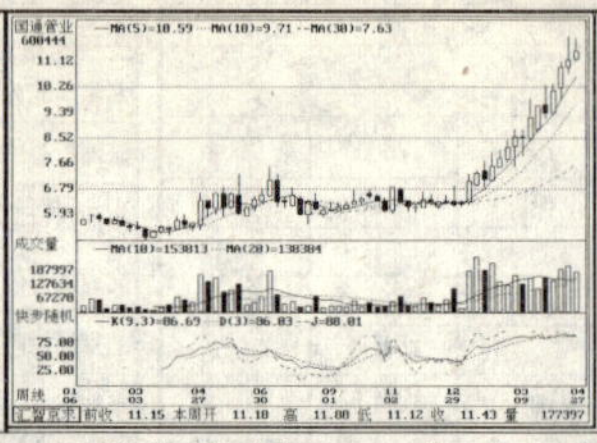

| | |
|---|---|
| 2006年涨跌幅(%) | 12.46 |
| 2006年最高(元) | 7.55 |
| 2007年涨跌幅(%) | 83.47 |
| 2007.4.27收盘(元) | 11.43 |
| 2007年最高(元) | 11.99 |
| 2007年最低(元) | 6.16 |
| 2007年换手率(%) | 479.91 |

未来一年限售流通股解禁情况:998240股12月26日解禁

| 最新股本 | 总股本 | 非(限售)流通 | 流通A | 流通B/H/S | 股东户数 | 06年末 | 06三季 |
|---|---|---|---|---|---|---|---|
| | 7000 | 1732 | 5268 | | | 11207 | 12308 |

年报点评:作为我国PVC管材的绝对龙头,旗下产品市场占有率超过30%。但由于原材料价格上涨等原因,去年公司主营利润和净利润都有大幅下降。未来国内市场对塑料管材的需求量可能以每年20%以上的速度继续增长,有助于公司改善业绩。

## 金证股份(600446)

上市日期:03/12/24　　电话:0755－82955524　　传真:0755－82955534

| | | | | |
|---|---|---|---|---|
| 主营 | 金融证券软件的研制开发和系统集成 | | | |
| | 年　度 | 2006 | 2005 | 2004 |
| 主要指标 | 每股收益/扣除后(元) | 0.44/0.13 | －0.59 | 0.06/0.02 |
| | 每股经营现金流量(元) | －0.03 | －0.32 | －0.43 |
| | 每股净资产/调整后(元) | 2.33/2.31 | 3.82/3.81 | 4.66/4.66 |
| | 未分利润(万元) | 2704.9 | －2996.97 | 1367.5 |
| | 资本公积(万元) | 13397.24 | 20450.98 | 20450.98 |
| 利润构成 | 主营收入(万元) | 93249.59 | 70614.55 | 47513.24 |
| | 主营利润(万元) | 12344.99 | 9549.15 | 8333.81 |
| | 投资收益(万元) | 3987.93 | －4896.44 | －32.02 |
| | 利润总额(万元) | 7164.25 | －3385.85 | 935.04 |
| | 净利润(万元) | 5984.12 | －4068.64 | 394.74 |
| 近年分配: | 06中期:10转增10;04年:10派2.5 | | | |

| 主要股东及持股比例%、持股性质 |
|---|
| 杜宣 12.52%(非流通股) |
| 赵剑 12.47%(非流通股) |
| 徐岷波 12.14%(非流通股) |
| 李结义 12.14%(非流通股) |
| 深圳市金证创新电子有限公司 3.14%(非流通股) |
| 王开因 1.61%(非流通股) |
| 合肥迅智软件科技有限公司 1.06%(流通A股) |
| 杨德仁 0.85%(非流通股) |
| 董世英 0.81%(非流通股) |
| 孙利民 0.81%(非流通股) |
| 实际控制人:杜宣 |

二〇〇六年以来市场表现

| | |
|---|---|
| 2006年涨跌幅(%) | 177.62 |
| 2006年最高(元) | 30.31 |
| 2007年涨跌幅(%) | 61.63 |
| 2007.4.27收盘(元) | 16.47 |
| 2007年最高(元) | 17.8 |
| 2007年最低(元) | 9.8 |
| 2007年换手率(%) | 590.16 |

未来一年限售流通股解禁情况:27488000股04月07日解禁

| 最新股本 | 总股本 | 非(限售)流通 | 流通A | 流通B/H/S | 股东户数 | 06年末 | 06三季 |
|---|---|---|---|---|---|---|---|
| | 13744 | 8992 | 4752 | | | 13746 | 11138 |

年报点评:公司是国内主要的证券软件供应商。证券市场回暖使公司主营实现快速增长,加上短期投资准备的冲回和参股公司经营有起色,推动公司盈利爆发式增长。在证券市场持续牛市的前提下,公司业绩仍将快速成长。

## 华纺股份(600448)

上市日期:01/09/03　　电话:0543－3288255　　传真:0543－3288520

| | | | | |
|---|---|---|---|---|
| 主营 | 棉纺、毛纺、印染产品的生产、加工、销售和进出口贸易。 | | | |
| | 年　度 | 2006 | 2005 | 2004 |
| 主要指标 | 每股收益/扣除后(元) | 0.05/0.04 | 0.04 | －0.42/－0.19 |
| | 每股经营现金流量(元) | 0.11 | 0.02 | 0.22 |
| | 每股净资产/调整后(元) | 1.88/1.74 | 2.4/2.23 | 2.39/2.2 |
| | 未分利润(万元) | －13747.53 | －15237.9 | －15609.84 |
| | 资本公积(万元) | 40768.06 | 48410.45 | 48410.45 |
| 利润构成 | 主营收入(万元) | 178790.59 | 160198.08 | 148177.63 |
| | 主营利润(万元) | 10796.19 | 8777.51 | 5853.43 |
| | 投资收益(万元) | | | －2396.22 |
| | 利润总额(万元) | 1784.89 | 1337.92 | －11378.4 |
| | 净利润(万元) | 1490.37 | 998.98 | －10311.07 |
| 近年分配: | | | | |

| 主要股东及持股比例%、持股性质 |
|---|
| 华诚投资管理有限公司 26.5%(国有股) |
| 山东滨州印染集团有限责任公司 20.23%(国有股) |
| 杨秀梅 0.26%(流通A股) |
| 陈洪 0.23%(流通A股) |
| 白燕 0.22%(流通A股) |
| 山东亚光纺织集团有限公司 0.22%(国有股) |
| 湖州惠丰纺织有限公司 0.22%(非流通股) |
| 上海雪羚毛纺织有限公司 0.22%(非流通股) |
| 马玉兰 0.19%(流通A股) |
| 陈福和 0.18%(流通A股) |
| 实际控制人:国务院国有资产监督管理委员会 |

二〇〇六年以来市场表现

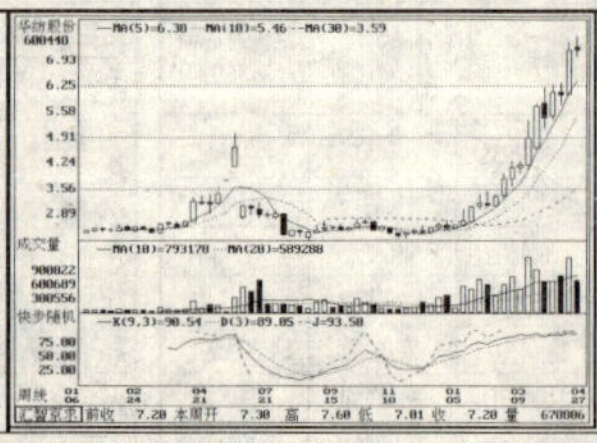

| | |
|---|---|
| 2006年涨跌幅(%) | 91.35 |
| 2006年最高(元) | 5.76 |
| 2007年涨跌幅(%) | 184.59 |
| 2007.4.27收盘(元) | 7.2 |
| 2007年最高(元) | 7.6 |
| 2007年最低(元) | 2.51 |
| 2007年换手率(%) | 636.37 |

未来一年限售流通股解禁情况:34056900股06月29日解禁

| 最新股本 | 总股本 | 非(限售)流通 | 流通A | 流通B/H/S | 股东户数 | 06年末 | 06三季 |
|---|---|---|---|---|---|---|---|
| | 31980 | 15150 | 16830 | | | 34380 | 37196 |

年报点评:公司主营印染以及棉纺织品,2006年公司无梭产品和家纺产品产量进一步加大,在行业出口摩擦、人民币升值以及能源和原材料价格上升的情况下,产品销售收入仍然上升,销售毛利率略有提高。2007年公司计划通过提升管理等多方面努力继续提升产品盈利能力。

## 赛马实业(600449)

上市日期:03/08/29　　电话:0951－2085256　　传真:0951－2085256

| | | | | |
|---|---|---|---|---|
| 主营 | 水泥制造、销售。 | | | |
| | 年　度 | 2006 | 2005 | 2004 |
| 主要指标 | 每股收益/扣除后(元) | 0.25/0.25 | 0.42 | 0.45/0.52 |
| | 每股经营现金流量(元) | 0.48 | 0.12 | 0.28 |
| | 每股净资产/调整后(元) | 4.33/4.33 | 4.94/4.89 | 4.67/4.64 |
| | 未分利润(万元) | 15246.24 | 13831.24 | 11311.42 |
| | 资本公积(万元) | 28938.17 | 31161.78 | 31160.74 |
| 利润构成 | 主营收入(万元) | 60924.8 | 49268.09 | 40081.23 |
| | 主营利润(万元) | 12591.66 | 14973.57 | 13795.74 |
| | 投资收益(万元) | | | 147.35 |
| | 利润总额(万元) | 4901.77 | 6640.09 | 6173.36 |
| | 净利润(万元) | 3622.22 | 5135.08 | 5529.41 |
| 近年分配: | 06预案:10派1.5;05年:10派1.5;04年:10派1.5 | | | |

| 主要股东及持股比例%、持股性质 |
|---|
| 宁夏建材集团有限责任公司 48.36%(国有股) |
| 宁夏共赢投资有限责任公司 1.56%(非流通股) |
| 宁夏青龙管道有限公司 1.56%(非流通股) |
| 珠海龙腾进出口有限公司 0.58%(流通A股) |
| 宁夏英力特化工股份有限公司 0.52%(非流通股) |
| 毛淑芝 0.46%(流通A股) |
| 唐正华 0.42%(流通A股) |
| 卢翠珠 0.31%(流通A股) |
| 东方证券－农行－LEHMAN BROTHERS INTERNATIONAL(EUROPE) 0.29%(流通A股) |
| 徐雯 0.28%(流通A股) |
| 实际控制人:宁夏回族自治区国有资产监督管理委员会 |

二〇〇六年以来市场表现

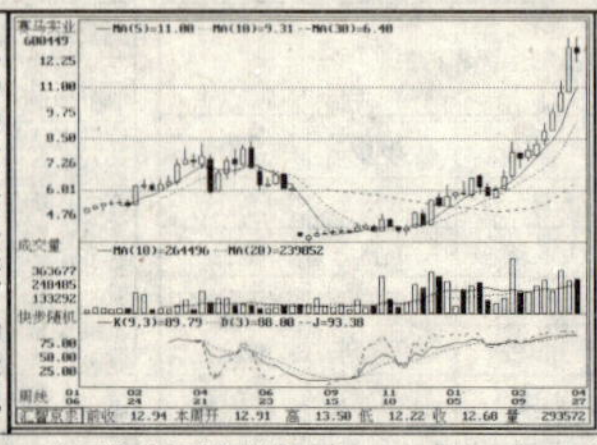

| | |
|---|---|
| 2006年涨跌幅(%) | 70.38 |
| 2006年最高(元) | 9.08 |
| 2007年涨跌幅(%) | 124.43 |
| 2007.4.27收盘(元) | 12.68 |
| 2007年最高(元) | 13.5 |
| 2007年最低(元) | 5.53 |
| 2007年换手率(%) | 525.4 |

未来一年限售流通股解禁情况:5250000股08月15日解禁

| 最新股本 | 总股本 | 非(限售)流通 | 流通A | 流通B/H/S | 股东户数 | 06年末 | 06三季 |
|---|---|---|---|---|---|---|---|
| | 14421.6 | 7500 | 6921.6 | | | 13904 | 12755 |

年报点评:2006年由于生产成本的上升,使公司净利润与上年相比出现下滑。报告期内公司2×2500t/d水泥熟料生产线技改项目一期工程及石嘴山赛马年产50万吨水泥粉磨站项目相继建成投产,公司规模进一步壮大,在区域的市场份额和竞争能力进一步得到增强。

## 涪陵电力（600452）

上市日期：04/03/03　　电话：023－72286349　　传真：023－72286349

| 主营 | 电力供应、销售。 | | |
|---|---|---|---|
| 年　度 | 2006 | 2005 | 2004 |
| 每股收益/扣除后(元) | 0.19/0.15 | 0.17 | 0.16/0.16 |
| 每股经营现金流量(元) | 0.0011 | 0.55 | 0.14 |
| 每股净资产/调整后(元) | 2.94/2.93 | 2.96/2.95 | 2.99/2.98 |
| 未分利润(万元) | 5464.95 | 5902.9 | 6735.85 |
| 资本公积(万元) | 23138.49 | 23316.96 | 23316.96 |
| 主营收入(万元) | 60771.73 | 49462.73 | 44625.32 |
| 主营利润(万元) | 6048.88 | 5577.57 | 5459.99 |
| 投资收益(万元) | 74.3 | −5.89 | |
| 利润总额(万元) | 3520.09 | 3307.59 | 3041.86 |
| 净利润(万元) | 3006.61 | 2785.86 | 2540.82 |
| 近年分配： | 06预案：10派2；05年：10派2；04年：10派2 | | |

（表中“主要指标”含每股收益至资本公积各行，“利润构成”含主营收入至净利润各行。）

| 主要股东及持股比例%、持股性质 |
|---|
| 重庆川东电力集团有限责任公司 51.64%（国有股） |
| 重庆市涪陵光明电力有限公司 4.35%（非流通股） |
| 重庆建筑物资总公司 0.5%（国有股） |
| 孙晖 0.36%（流通A股） |
| 周业锋 0.35%（流通A股） |
| 朱怿 0.29%（流通A股） |
| 重庆市涪陵区有色金属工业公司 0.22%（国有股） |
| 于庆和 0.198%（流通A股） |
| 陶菊花 0.196%（流通A股） |
| 重庆市亚东亚集团变压器有限公司 0.19%（国有股） |
| 实际控制人：重庆市涪陵区国有资产监督管理委员会 |

二〇〇六年以来市场表现

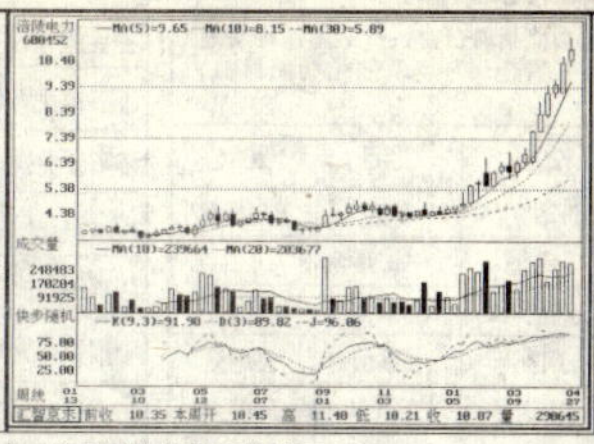

| | |
|---|---|
| 2006年涨跌幅(%) | 49.16 |
| 2006年最高(元) | 6.76 |
| 2007年涨跌幅(%) | 137.34 |
| 2007.4.27收盘(元) | 10.87 |
| 2007年最高(元) | 11.4 |
| 2007年最低(元) | 4.42 |
| 2007年换手率(%) | 470.88 |

未来一年限售流通股解禁情况：

| 最新股本 | 总股本 | 非(限售)流通 | 流通A | 流通B/H/S | 股东户数 | 06年末 | 06三季 |
|---|---|---|---|---|---|---|---|
| | 16000 | 9136 | 6864 | | | 15982 | 14268 |

年报点评：2006年，公司完成供电量17.66亿千瓦时，同比增长16.58%；售电量16.73亿千瓦时，同比增长17.23%。业务量的增长保证了公司净利润保持稳步增长态势。2007年公司力争实现供电量21亿度，售电量19.5亿度。

## 交大博通（600455）

上市日期：04/03/29　　电话：029－82666810　　传真：029－82666820

| 主营 | 自主知识产权的应用软件产品、行业解决方案研发、销售及与之相关的计算机系统集成等服务。 | | |
|---|---|---|---|
| 年　度 | 2006 | 2005 | 2004 |
| 每股收益/扣除后(元) | 0.11/0.13 | −1.12 | 0.03/0.04 |
| 每股经营现金流量(元) | −0.11 | 0.08 | −1.5 |
| 每股净资产/调整后(元) | 2.98/2.94 | 2.92/2.85 | 4.04/4.02 |
| 未分利润(万元) | −2887.34 | −3520.72 | 3448.46 |
| 资本公积(万元) | 14516.65 | 14787.27 | 14787.27 |
| 主营收入(万元) | 24165.46 | 7844.19 | 10442.69 |
| 主营利润(万元) | 6231.1 | 850.97 | 5448.88 |
| 投资收益(万元) | 351.71 | 56.47 | −6.56 |
| 利润总额(万元) | 1287.57 | −7285.98 | 317.28 |
| 净利润(万元) | 695.02 | −6969.18 | 215.78 |
| 近年分配： | | | |

| 主要股东及持股比例%、持股性质 |
|---|
| 西安经发集团有限责任公司 20.4%（国有股） |
| 西安交通大学产业(集团)总公司 14.45%（国有股） |
| 上海昊太投资有限公司 12.78%（非流通股） |
| 西安经发国际实业有限公司 6.63%（非流通股） |
| 西安计算机软件产业推进中心 3.24%（国有股） |
| 李台元 1.84%（非流通股） |
| 林碧玉 1.02%（流通A股） |
| 王进芝 0.59%（非流通股） |
| 徐峰 0.37%（流通A股） |
| 虞国伟 0.35%（流通A股） |
| 实际控制人：西安经济技术开发区管委会 |

二〇〇六年以来市场表现

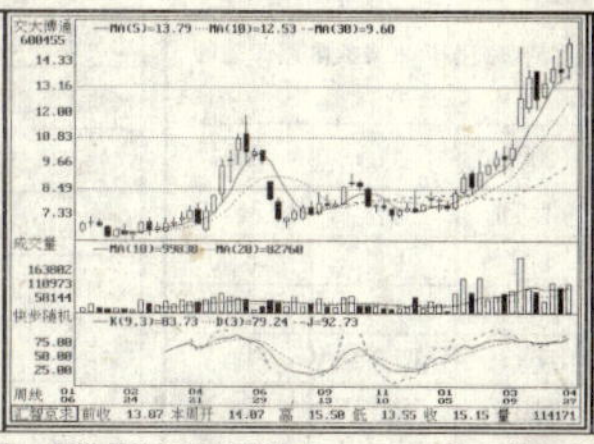

| | |
|---|---|
| 2006年涨跌幅(%) | 36.42 |
| 2006年最高(元) | 11.86 |
| 2007年涨跌幅(%) | 89.85 |
| 2007.4.27收盘(元) | 15.15 |
| 2007年最高(元) | 15.5 |
| 2007年最低(元) | 7.5 |
| 2007年换手率(%) | 598.12 |

未来一年限售流通股解禁情况：13075733股07月25日解禁

| 最新股本 | 总股本 | 非(限售)流通 | 流通A | 流通B/H/S | 股东户数 | 06年末 | 06三季 |
|---|---|---|---|---|---|---|---|
| | 6245.8 | 3759.8 | 2486 | | | 8793 | 9312 |

年报点评：公司主营软件及系统集成、果汁生产和教育产业。2006年，公司软件业务稳健增长，果汁业务积极收购果源，教育业务顺利完成招生。由于业务种类增加，公司主营快速增长，但主营盈利能力不强，竞争较为激烈，导致利润难以增长。

## 宝钛股份（600456）

上市日期：02/04/12　　电话：0917－3382026　　传真：0917－3382132

| 主营 | 钛及钛合金的生产、加工和销售等 | | |
|---|---|---|---|
| 年　度 | 2006 | 2005 | 2004 |
| 每股收益/扣除后(元) | 0.84/0.72 | 0.79/0.8 | 0.34/0.378 |
| 每股经营现金流量(元) | −0.08 | 0.82 | 0.41 |
| 每股净资产/调整后(元) | 4.55/4.54 | 3.9/3.88 | 3.31/3.27 |
| 未分利润(万元) | 31222.48 | 13056.18 | 5588.69 |
| 资本公积(万元) | 90944.45 | 32707.32 | 32707.32 |
| 主营收入(万元) | 172093.35 | 115507.41 | 62662.6 |
| 主营利润(万元) | 41570.54 | 30763.11 | 13943.14 |
| 投资收益(万元) | | | −1158.25 |
| 利润总额(万元) | 39356.7 | 20022.55 | 8127.62 |
| 净利润(万元) | 34190.58 | 15846.93 | 6804.49 |
| 近年分配： | 06预案：10派3.1；05年：10派3；04年：10派2 | | |

| 主要股东及持股比例%、持股性质 |
|---|
| 宝　集团有限公司 56%（国有股） |
| 交通银行－安顺证券投资基金 2.46%（部分流通部分不流通） |
| 中国工商银行－广发策略优选混合型证券投资基金 2.42%（部分流通部分不流通） |
| 中国建设银行－上投摩根中国优势证券投资基金 1.66%（流通A股） |
| 中国银行－华夏回报二号证券投资基金 1.54%（非流通股） |
| 全国社保基金一零四组合 1.24%（非流通股） |
| 中国银行－华宝兴业先进成长股票型证券投资基金 1.12%（流通A股） |
| 中国建设银行－上投摩根双息平衡混合型证券投资基金 1.03%（流通A股） |
| 中国农业银行－景顺长城内需增长贰号股票型证券投资基金 1.01%（流通A股） |
| 中国工商银行－广发聚丰股票型证券投资基金 1.01%（部分流通部分不流通） |
| 实际控制人：陕西有色金属控股集团有限责任公司 |

二〇〇六年以来市场表现

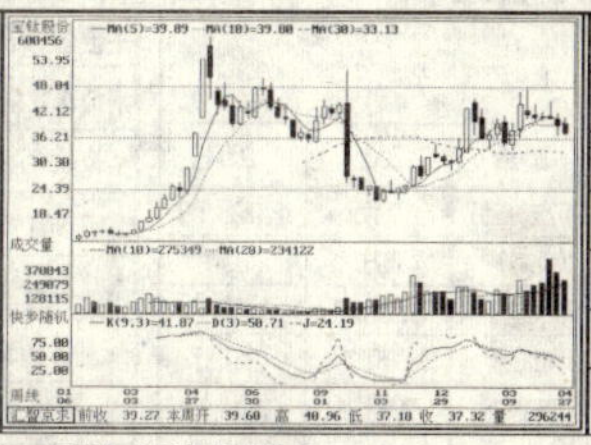

| | |
|---|---|
| 2006年涨跌幅(%) | 333.54 |
| 2006年最高(元) | 63.08 |
| 2007年涨跌幅(%) | 20.39 |
| 2007.4.27收盘(元) | 37.32 |
| 2007年最高(元) | 48 |
| 2007年最低(元) | 28.9 |
| 2007年换手率(%) | 272.82 |

未来一年限售流通股解禁情况：

| 最新股本 | 总股本 | 非(限售)流通 | 流通A | 流通B/H/S | 股东户数 | 06年末 | 06三季 |
|---|---|---|---|---|---|---|---|
| | 40662 | 27054 | 13608 | | | 19842 | 11887 |

年报点评：随着国内经济继续保持快速发展，钛产品市场需求呈现高速增长势态。未来市场海绵钛产能过剩将抑制海绵钛价格的上升，公司产品定位于高端产品，能够有效地规避市场价格波动风险，未来企业业绩继续看好。

## 时代新材（600458）

上市日期：02/12/19　　电话：0733－2837718　　传真：0733－2837786

| 主营 | 高分子材料减振降噪弹性元件、高分子复合改性材料和特种涂料及新型绝缘材料的研制、生产与销售。 | | |
|---|---|---|---|
| 年　度 | 2006 | 2005 | 2004 |
| 每股收益/扣除后(元) | 0.11/0.11 | 0.133 | 0.014/0.03 |
| 每股经营现金流量(元) | 0.2 | −0.12 | −0.28 |
| 每股净资产/调整后(元) | 1.85/1.84 | 2.13/2.12 | 1.99/1.97 |
| 未分利润(万元) | 5846.5 | 4734.72 | 3067.55 |
| 资本公积(万元) | 8581.69 | 11983.68 | 11926.1 |
| 主营收入(万元) | 51422.16 | 40583.84 | 31011.3 |
| 主营利润(万元) | 11557.69 | 9907.47 | 7778.48 |
| 投资收益(万元) | 230.92 | 147.4 | −488.66 |
| 利润总额(万元) | 2681.3 | 2407.81 | 307.27 |
| 净利润(万元) | 2348.17 | 2256.51 | 236.52 |
| 近年分配： | 06预案：10派0.5；05年：10派0.5转增2 | | |

| 主要股东及持股比例%、持股性质 |
|---|
| 中国南车集团株洲电力机车研究所 16.79%（国有股） |
| 北京铁工经贸公司 11.3%（国有股） |
| 国际金融－花旗－MARTIN CURRIE INVESTMENT MANAGEMENT LIMITED 2.15%（流通A股） |
| 中国南车集团株洲电力机车有限公司 2.11%（国有股） |
| 摩根士丹利投资管理公司－摩根士丹利中国A股基金 2%（流通A股） |
| 交通银行－久富证券投资基金 1.81%（流通A股） |
| 中国北车集团大同电力机车有限责任公司 1.8%（国有股） |
| 四方机车车辆有限责任公司 1.78%（国有股） |
| 中国南车集团株洲车辆厂 1.73%（国有股） |
| 中国北车集团大连机车车辆有限公司 1.72%（国有股） |
| 实际控制人：中国南方机车车辆工业集团公司 |

二〇〇六年以来市场表现

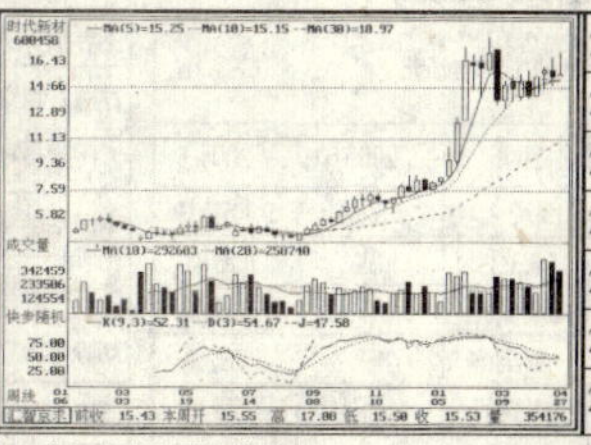

| | |
|---|---|
| 2006年涨跌幅(%) | 173.31 |
| 2006年最高(元) | 13.43 |
| 2007年涨跌幅(%) | 92.44 |
| 2007.4.27收盘(元) | 15.53 |
| 2007年最高(元) | 18.2 |
| 2007年最低(元) | 8 |
| 2007年换手率(%) | 398.37 |

未来一年限售流通股解禁情况：

| 最新股本 | 总股本 | 非(限售)流通 | 流通A | 流通B/H/S | 股东户数 | 06年末 | 06三季 |
|---|---|---|---|---|---|---|---|
| | 20435.52 | 9515.52 | 10920 | | | 12911 | 12317 |

年报点评：06年公司主营业务收入和净利润均有小幅增长。未来我国高铁建设投入巨大，公司在机车配件市场等弹性元件高端领域取得多项技术成果，市场前景看好。随着产品结构调整，公司在行业中的技术和市场地位将得到较大提升。

## 贵研铂业（600459）

上市日期:03/05/16　　电话:0871－8328190　　传真:0871－8326661

**主营**：贵金属高纯材料和贵金属功能材料(包括:贵金属特种功能材料、贵金属信息功能材料、贵金属环境及催化功能材料)的生产及销售。

| | 年　度 | 2006 | 2005 | 2004 |
|---|---|---|---|---|
| 主要指标 | 每股收益/扣除后(元) | 0.38/0.35 | 0.05 | 0.35/0.18 |
| | 每股经营现金流量(元) | －0.28 | －0.54 | 0.21 |
| | 每股净资产/调整后(元) | 5.76/5.74 | 4.49/4.48 | 4.64/4.63 |
| | 未分利润(万元) | 3718.78 | 1675.09 | 1301.33 |
| | 资本公积(万元) | 32062.43 | 32285.34 | 24401.05 |
| 利润构成 | 主营收入(万元) | 67288.85 | 34088.29 | 27894.27 |
| | 主营利润(万元) | 9850.88 | 3282.04 | 2901.56 |
| | 投资收益(万元) | 874.96 | 70.46 | 1452.03 |
| | 利润总额(万元) | 3950.34 | 721.54 | 2881.83 |
| | 净利润(万元) | 3249.79 | 444.12 | 2973.55 |

**近年分配**：06年:10派0.8；04年:10派2

**主要股东及持股比例%、持股性质**

云南锡业集团(控股)有限责任公司 40.72%（国有股）

裕阳证券投资基金 2.56%（流通A股）

云南铜业(集团)有限公司 1.95%（国有股）

红塔创新投资股份有限公司 1.95%（国有股）

中国银行－同盛证券投资基金 1.74%（流通A股）

云南烟草兴云投资股份有限公司 1.19%（国有股）

赵建平 0.85%（流通A股）

长盛成长价值证券投资基金 0.81%（流通A股）

中国工商银行－安瑞证券投资基金 0.54%（流通A股）

尹桂萍 0.51%（流通A股）

**实际控制人**：云南省国有资产监督管理委员会

二〇〇六年以来市场表现

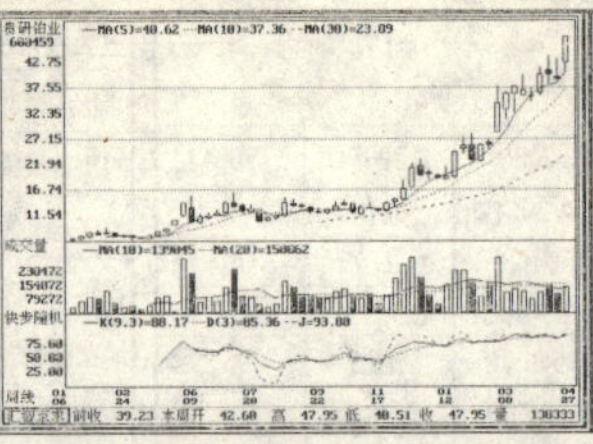

| | |
|---|---|
| 2006年涨跌幅(%) | 266.73 |
| 2006年最高(元) | 26.2 |
| 2007年涨跌幅(%) | 143.56 |
| 2007.4.27收盘(元) | 47.95 |
| 2007年最高(元) | 48.03 |
| 2007年最低(元) | 18.5 |
| 2007年换手率(%) | 506.35 |

未来一年限售流通股解禁情况:5350000股06月05日解禁

| 最新股本 | 总股本 | 非(限售)流通 | 流通A | 流通B/H/S | 股东户数 | 06年末 | 06三季 |
|---|---|---|---|---|---|---|---|
| | 8595 | 4035 | 4560 | | | 13382 | 13968 |

**年报点评**：大股东变更为云南锡业公司后,云南锡业将元江镍业装入贵研铂业。公司本身具有技术优势,元江镍业又有丰富的资源优势,因而公司业绩增长较快。引进镍业后,公司将走"贵金属＋镍"双主业并行的发展道路,未来发展前景持续看好。

## 士兰微（600460）

上市日期:03/03/11　　电话:0571－88212980　　传真:0571－88210763

**主营**：CMOS、BiCMOS和双极型等消费类整机用集成电路产品的开发、生产与销售。

| | 年　度 | 2006 | 2005 | 2004 |
|---|---|---|---|---|
| 主要指标 | 每股收益/扣除后(元) | 0.14/0.06 | 0.28 | 0.34/0.33 |
| | 每股经营现金流量(元) | 0.12 | 0.37 | 0.36 |
| | 每股净资产/调整后(元) | 1.6/1.6 | 2.95/2.92 | 2.78/2.78 |
| | 未分利润(万元) | 17958.45 | 19223.08 | 16440.34 |
| | 资本公积(万元) | 1514.79 | 15865.12 | 15994.33 |
| 利润构成 | 主营收入(万元) | 87417.71 | 62820.19 | 50426.41 |
| | 主营利润(万元) | 20521.62 | 15913.49 | 11759.22 |
| | 投资收益(万元) | 4197.84 | 689.24 | 852.21 |
| | 利润总额(万元) | 6628.47 | 5723.99 | 7504.16 |
| | 净利润(万元) | 5817.82 | 5652.35 | 6955 |

**近年分配**：06预案:10派0.5；05年:10派1送2.2转增7.8；04年:10派1

**主要股东及持股比例%、持股性质**

杭州士兰控股有限公司 56.32%（非流通股）

申银万国证券股份有限公司 3.22%（流通A股）

易方达价值精选股票型证券投资基金 2.49%（流通A股）

陈向东 1.51%（流通A股）

范伟宏 1.47%（流通A股）

郑少波 1.47%（流通A股）

江忠永 1.47%（流通A股）

罗华兵 1.12%（流通A股）

易方达策略成长二号混合型证券投资基金 1.04%（流通A股）

金鼎证券投资基金 0.71%（流通A股）

**实际控制人**：

二〇〇六年以来市场表现

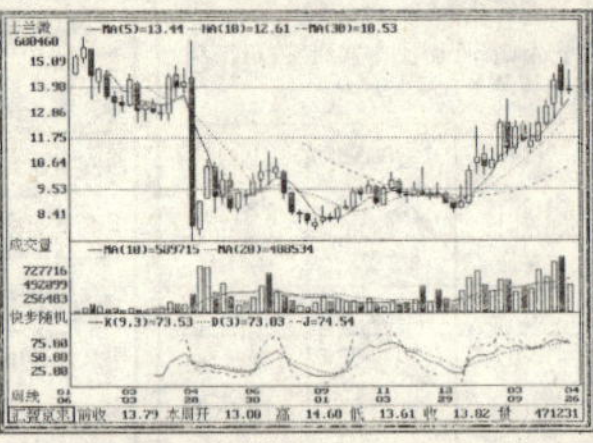

| | |
|---|---|
| 2006年涨跌幅(%) | 21.06 |
| 2006年最高(元) | 22.3 |
| 2007年涨跌幅(%) | 55.46 |
| 2007.4.27收盘(元) | 13.82 |
| 2007年最高(元) | 15.18 |
| 2007年最低(元) | 8.46 |
| 2007年换手率(%) | 455.85 |

未来一年限售流通股解禁情况:20204000股11月02日解禁

| 最新股本 | 总股本 | 非(限售)流通 | 流通A | 流通B/H/S | 股东户数 | 06年末 | 06三季 |
|---|---|---|---|---|---|---|---|
| | 40408 | 22756.06 | 17651.94 | | | 27928 | 26933 |

**年报点评**：公司主营IC设计、IC制造,总体仍处于产品结构调整的衔接期。2006年前三季度成长态势明确,但受制于原料价格上涨、中低端产品比重大,全年利润下降。未来公司成长将依托产品结构改善,如MP3/WMA解码芯片、LED和分立器件等。

## 洪城水业（600461）

上市日期:04/06/01　　电话:(0791)5235057　　传真:(0791)5226672

**主营**：自来水的生产和销售

| | 年　度 | 2006 | 2005 | 2004 |
|---|---|---|---|---|
| 主要指标 | 每股收益/扣除后(元) | 0.206/0.203 | 0.195 | 0.182/0.178 |
| | 每股经营现金流量(元) | 0.467 | 0.237 | 0.269 |
| | 每股净资产/调整后(元) | 3.31/3.27 | 3.22/3.22 | 3.13/3.13 |
| | 未分利润(万元) | 4281.8 | 3087.7 | 2167.85 |
| | 资本公积(万元) | 25918.26 | 26168.26 | 26168.26 |
| 利润构成 | 主营收入(万元) | 17049.81 | 15254.63 | 13390.05 |
| | 主营利润(万元) | 6361.81 | 5723.19 | 5417.78 |
| | 投资收益(万元) | 62.31 | 84.87 | 82.94 |
| | 利润总额(万元) | 4310.14 | 4079.43 | 3828.22 |
| | 净利润(万元) | 2882.33 | 2729.24 | 2550.41 |

**近年分配**：06预案:10派1.03；05年:10派1；04年:10派1

**主要股东及持股比例%、持股性质**

南昌水业集团有限责任公司 52.1%（国有股）

泰豪软件股份有限公司 0.6%（非流通股）

北京市自来水集团有限责任公司 0.6%（国有股）

南昌市煤气公司 0.6%（国有股）

陈立秋 0.53%（流通A股）

南昌市公用信息技术有限公司 0.4%（非流通股）

郑少纯 0.24%（流通A股）

钟世光 0.22%（流通A股）

杨军 0.18%（流通A股）

罗雄 0.16%（流通A股）

**实际控制人**：南昌市政公用投资控股(集团)有限责任公司

二〇〇六年以来市场表现

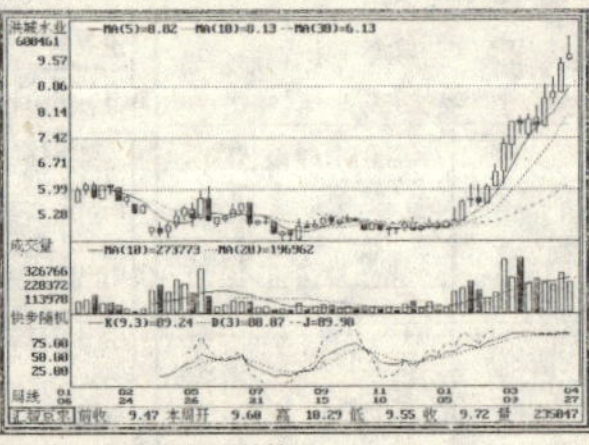

| | |
|---|---|
| 2006年涨跌幅(%) | 13.48 |
| 2006年最高(元) | 7.74 |
| 2007年涨跌幅(%) | 98.37 |
| 2007.4.27收盘(元) | 9.72 |
| 2007年最高(元) | 10.29 |
| 2007年最低(元) | 4.88 |
| 2007年换手率(%) | 567.42 |

未来一年限售流通股解禁情况:

| 最新股本 | 总股本 | 非(限售)流通 | 流通A | 流通B/H/S | 股东户数 | 06年末 | 06三季 |
|---|---|---|---|---|---|---|---|
| | 14000 | 7600 | 6400 | | | 15906 | 17221 |

**年报点评**：公司目前的主营业务是城市制水供水,在南昌供水市场则处于绝对领先地位。随着青云水厂三期工程和牛行水厂一期工程的先后投产,公司的供水规模提高了1/3。面临主要困难在于开拓异地市场有一定障碍。

## ＊ST石岘（600462）

上市日期:03/09/03　　电话:0433－3810015　　传真:0433－3810019

**主营**：新闻纸、商品木浆、胶版纸的生产与销售。

| | 年　度 | 2006 | 2005 | 2004 |
|---|---|---|---|---|
| 主要指标 | 每股收益/扣除后(元) | －1.47/－1.443 | －0.976 | 0.105/0.11 |
| | 每股经营现金流量(元) | 0.323 | 1.2362 | 0.8894 |
| | 每股净资产/调整后(元) | 2.02/2.02 | 3.46/3.43 | 4.46/4.46 |
| | 未分利润(万元) | －32178.66 | －7138.28 | 10168.96 |
| | 资本公积(万元) | 47437.08 | 46835.11 | 46537.87 |
| 利润构成 | 主营收入(万元) | 68125.55 | 70610.34 | 92709.83 |
| | 主营利润(万元) | －3191.33 | 4705.43 | 15566.9 |
| | 投资收益(万元) | －3.43 | | |
| | 利润总额(万元) | －24609.76 | －16629.63 | 2237.68 |
| | 净利润(万元) | －25038.15 | －16626.04 | 1789.77 |

**近年分配**：04年:10派0.4

**主要股东及持股比例%、持股性质**

吉林石岘纸业有限责任公司 40.28%（国有股）

中国建设银行股份有限公司吉林省分行 14.86%（国有股）

中国华融资产管理公司 8.07%（国有股）

中国东方资产管理公司 4.91%（国有股）

刘静萍 0.71%（流通A股）

石岘造纸厂三环企业总公司 0.59%（非流通股）

牡丹江市红林化工有限责任公司 0.59%（非流通股）

吉林延边林业集团有限公司 0.59%（国有股）

吉林日报社 0.59%（国有股）

刘雅萍 0.42%（流通A股）

**实际控制人**：延边国有资产经营总公司

二〇〇六年以来市场表现

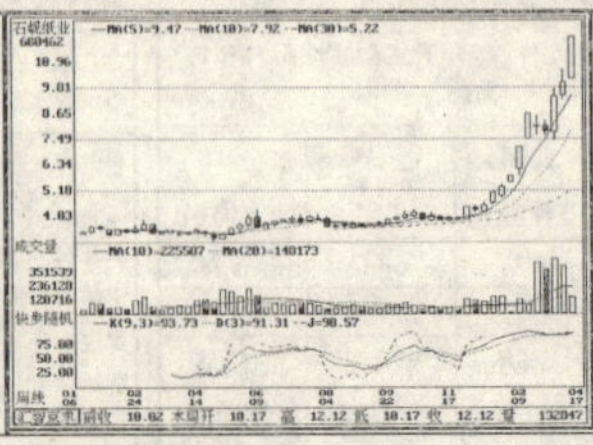

| | |
|---|---|
| 2006年涨跌幅(%) | 65 |
| 2006年最高(元) | 5.4 |
| 2007年涨跌幅(%) | 290.23 |
| 2007.4.27收盘(元) | 12.12 |
| 2007年最高(元) | 20.6 |
| 2007年最低(元) | 5.54 |
| 2007年换手率(%) | 248.84 |

未来一年限售流通股解禁情况:44215000股03月22日解禁

| 最新股本 | 总股本 | 非(限售)流通 | 流通A | 流通B/H/S | 股东户数 | 06年末 | 06三季 |
|---|---|---|---|---|---|---|---|
| | 17030 | 12030 | 5000 | | | 9295 | 13204 |

**年报点评**：公司以新闻纸生产为主业。06年国内几家大型造纸企业新增生产线陆续投产使新闻纸供求关系发生了变化,公司产品售价持续走低。美废纸、原木、木片、煤炭等企业生产用大宗原材料价格的持续上涨,使公司的生产成本居高不下,业绩下降。

## 空港股份（600463）

上市日期:04/03/18　电话:010－80489305　传真:010－80491684

| | | | | |
|---|---|---|---|---|
| 主营 | 土地开发、建筑工程施工、标准厂房经营和物业管理等。 | | | |
| | 年　度 | 2006 | 2005 | 2004 |
| 主要指标 | 每股收益/扣除后(元) | 0.27/0.27 | 0.24 | 0.24/0.24 |
| | 每股经营现金流量(元) | -1.41 | 0.19 | -0.54 |
| | 每股净资产/调整后(元) | 3.41/3.36 | 3.28/3.27 | 3.24/3.23 |
| | 未分利润(万元) | 11468.87 | 9844.58 | 9749.21 |
| | 资本公积(万元) | 18407 | 18730.49 | 18719.33 |
| 利润构成 | 主营收入(万元) | 36492.38 | 33042.32 | 24207.44 |
| | 主营利润(万元) | 9227.25 | 7955.31 | 7860.81 |
| | 投资收益(万元) | -29.32 | -41.36 | -90.77 |
| | 利润总额(万元) | 6360.92 | 5677.78 | 5384.73 |
| | 净利润(万元) | 3729.89 | 3419.06 | 3322.92 |
| 近年分配: | 06年:10派1.5；05年:10派1.2；04年:10派2 | | | |

| 主要股东及持股比例%、持股性质 |
|---|
| 北京天竺空港工业开发公司 58.25%（国有股） |
| 北京顺鑫农业股份有限公司 1.19%（非流通股） |
| 深圳市空港油料有限公司 1.1%（非流通股） |
| 中国银行－华夏大盘精选证券投资基金 0.57%（流通A股） |
| 北京华大基因研究中心 0.3%（非流通股） |
| 北京空港广远金属材料有限公司 0.3%（非流通股） |
| 国际金融－汇丰－JPMORGAN CHASE BANK NATIONAL ASSOCIATION 0.28%（流通A股） |
| 江伟 0.24%（流通A股） |
| 许三妹 0.2%（流通A股） |
| 罗启伦 0.2%（流通A股） |
| 实际控制人：北京市顺义区国资委 |

二〇〇六年以来市场表现

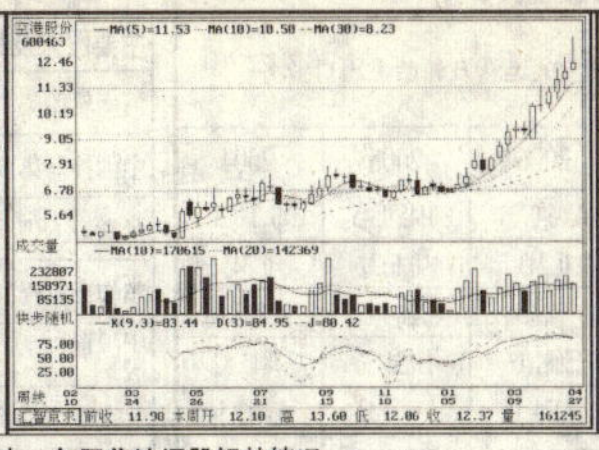

| | |
|---|---|
| 2006年涨跌幅(%) | 48.44 |
| 2006年最高(元) | 10.79 |
| 2007年涨跌幅(%) | 87.43 |
| 2007.4.27收盘(元) | 12.37 |
| 2007年最高(元) | 13.6 |
| 2007年最低(元) | 6.66 |
| 2007年换手率(%) | 438.84 |

未来一年限售流通股解禁情况:

| 最新股本 | 总股本 | 非(限售)流通 | 流通A | 流通B/H/S | 股东户数 | 06年末 | 06三季 |
|---|---|---|---|---|---|---|---|
| | 14000 | 8560 | 5440 | | | 13961 | 14530 |

年报点评：公司主要从事园区相关业务。2006年由于空港工业区B区四期地的开发带动公司收益提升;标准厂房出租和建筑施工收入也具有一定的增长。顺义区作为北京市重点发展的新城,公司凭借多年的土地开发经验和融资渠道,将在该区新一轮土地开发中占据优势地位。

## ＊ST迪康（600466）

上市日期:01/02/12　电话:028－87838250　传真:028－87838250

| | | | | |
|---|---|---|---|---|
| 主营 | 生产、销售儿科、妇科、皮肤科中成药和大输液产品。 | | | |
| | 年　度 | 2006 | 2005 | 2004 |
| 主要指标 | 每股收益/扣除后(元) | -1.08 | -0.59 | 0.06/0.04 |
| | 每股经营现金流量(元) | 0.1 | 0.1 | 0.06 |
| | 每股净资产/调整后(元) | 3.6/3.56 | 4.68/4.49 | 5.27/5.19 |
| | 未分利润(万元) | -14944.87 | -1201.49 | 6326.83 |
| | 资本公积(万元) | 45679.22 | 45678.01 | 45678.01 |
| 利润构成 | 主营收入(万元) | 16316.71 | 16584.99 | 18340.65 |
| | 主营利润(万元) | 5733.24 | 5859.94 | 7290.16 |
| | 投资收益(万元) | -0.75 | 217.25 | 68.72 |
| | 利润总额(万元) | -13650.15 | -7436.57 | 1151.72 |
| | 净利润(万元) | -13743.38 | -7528.32 | 745.58 |
| 近年分配: | | | | |

| 主要股东及持股比例%、持股性质 |
|---|
| 四川迪康产业控股集团股份有限公司 58.79%（非流通股） |
| 成都达美途科技开发有限公司 0.78%（非流通股） |
| 中国科学院成都有机化学有限公司 0.78%（非流通股） |
| 范付义 0.48%（流通A股） |
| 刘光祥 0.46%（流通A股） |
| 四川省中药研究所 0.39%（非流通股） |
| 尹相顺 0.38%（流通A股） |
| 鞠桂英 0.36%（流通A股） |
| 胡光剑 0.31%（流通A股） |
| 巩美霞 0.3%（流通A股） |
| 实际控制人：曾雁鸣 |

二〇〇六年以来市场表现

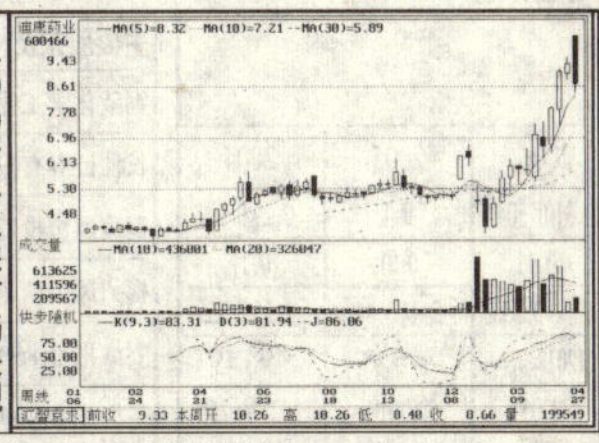

| | |
|---|---|
| 2006年涨跌幅(%) | 62.27 |
| 2006年最高(元) | 6.7 |
| 2007年涨跌幅(%) | 194.8 |
| 2007.4.27收盘(元) | 8.66 |
| 2007年最高(元) | 21.93 |
| 2007年最低(元) | 8.17 |
| 2007年换手率(%) | 664.59 |

未来一年限售流通股解禁情况:13505847.9股01月23日解禁

| 最新股本 | 总股本 | 非(限售)流通 | 流通A | 流通B/H/S | 股东户数 | 06年末 | 06三季 |
|---|---|---|---|---|---|---|---|
| | 12740 | 7740 | 5000 | | | 15279 | 17376 |

年报点评：公司是一家典型的中药生产企业,公司的品种较多,销售规模和盈利能力强的品种较少。公司销售规模较小,产品毛利率较低,加上大股东占款等原因,公司2006年将继续出现大幅亏损,公司股票将被ST处理。公司未来发展不确定性较大。

## 好当家（600467）

上市日期:04/04/05　电话:(0631)7438073　传真:(0631)7437033

| | | | | |
|---|---|---|---|---|
| 主营 | 牙鲆鱼、鲍鱼、海参、大菱鲆、海蜇等海产品的生产、销售和面类、肉类、蔬菜等冷冻食品的加工、销售业务。 | | | |
| | 年　度 | 2006 | 2005 | 2004 |
| 主要指标 | 每股收益/扣除后(元) | 0.23/0.23 | 0.44 | 0.35/0.35 |
| | 每股经营现金流量(元) | 0.4 | 0.58 | -0.0016 |
| | 每股净资产/调整后(元) | 2.31/2.31 | 4.02/4.02 | 3.66/3.66 |
| | 未分利润(万元) | 19261.12 | 12896.54 | 8221.78 |
| | 资本公积(万元) | 25439.52 | 35140.87 | 34859.09 |
| 利润构成 | 主营收入(万元) | 64479.26 | 57105.68 | 40057.83 |
| | 主营利润(万元) | 14675.9 | 12794.43 | 12051.87 |
| | 投资收益(万元) | | | |
| | 利润总额(万元) | 10066.34 | 10105.72 | 9760.5 |
| | 净利润(万元) | 9239.29 | 7916.07 | 6285.87 |
| 近年分配: | 06中期:10转增10 年终预案:10派0.5；05年:10派1；04年:10派1 | | | |

| 主要股东及持股比例%、持股性质 |
|---|
| 好当家集团有限公司 50.45%（非流通股） |
| 兴和证券投资基金 2.31%（流通A股） |
| 中国建设银行－华夏红利混合型开放式证券投资基金 1.01%（流通A股） |
| 景博证券投资基金 0.39%（流通A股） |
| 中国工商银行－广发聚丰股票型证券投资基金 0.38%（流通A股） |
| 中国工商银行－申万巴黎新经济混合型证券投资基金 0.32%（流通A股） |
| 中国农业银行－大成精选增值混合型证券投资基金 0.29%（流通A股） |
| 广发证券股份有限公司 0.25%（流通A股） |
| 交通银行－金鹰中小盘精选证券投资基金 0.2%（流通A股） |
| 陈锦途 0.16%（流通A股） |
| 实际控制人：好当家集团有限公司 |

二〇〇六年以来市场表现

| | |
|---|---|
| 2006年涨跌幅(%) | 211.18 |
| 2006年最高(元) | 23.29 |
| 2007年涨跌幅(%) | 32.35 |
| 2007.4.27收盘(元) | 10.8 |
| 2007年最高(元) | 11.78 |
| 2007年最低(元) | 7.98 |
| 2007年换手率(%) | 587.28 |

未来一年限售流通股解禁情况:19800000股06月06日解禁

| 最新股本 | 总股本 | 非(限售)流通 | 流通A | 流通B/H/S | 股东户数 | 06年末 | 06三季 |
|---|---|---|---|---|---|---|---|
| | 39600 | 24000 | 15600 | | | 36748 | 35403 |

年报点评：2006年,公司重点突出海参养殖,主营业务收入同比增长12.91%,主要是因为控股子公司业务量增加导致收入的增长及报告期内成立的捕捞公司7－12月份实现销售收入;净利润同比增长16.72%是因为享受减免企业所得税政策及捕捞公司所实现的净利润造成的。

## 百利电气（600468）

上市日期:01/06/15　电话:022－83963876　传真:022－27386320

| | | | | |
|---|---|---|---|---|
| 主营 | 液压元件、中低压电器和钨钼材料的制造和销售 | | | |
| | 年　度 | 2006 | 2005 | 2004 |
| 主要指标 | 每股收益/扣除后(元) | 0.101/0.021 | 0.133 | 0.093/0.08 |
| | 每股经营现金流量(元) | 0.287 | 0.434 | 0.246 |
| | 每股净资产/调整后(元) | 1.59/1.56 | 2.2/2.19 | 2.07/2.05 |
| | 未分利润(万元) | 2387.22 | 2905.33 | 1779.51 |
| | 资本公积(万元) | 6417.51 | 14736.32 | 14672.18 |
| 利润构成 | 主营收入(万元) | 80604.65 | 81436.1 | 53495.32 |
| | 主营利润(万元) | 10566.05 | 8586.85 | 10950.75 |
| | 投资收益(万元) | 2491.76 | 1006.42 | 723.24 |
| | 利润总额(万元) | 4618.27 | 4130.99 | 3488.18 |
| | 净利润(万元) | 2652.36 | 2338.72 | 1636.04 |
| 近年分配: | 06预案:10派1转增2；05年:10转增5 | | | |

| 主要股东及持股比例%、持股性质 |
|---|
| 天津液压机械(集团)有限公司 60.5%（国有股） |
| 天津泰鑫实业开发有限公司 1.06%（流通A股） |
| 天津市机械工业物资总公司 0.27%（流通A股） |
| 天津市静海县通达工业公司 0.27%（流通A股） |
| 蔡翔 0.16%（流通A股） |
| 许建晖 0.1%（流通A股） |
| 李剑 0.09%（流通A股） |
| 李俊英 0.08%（流通A股） |
| 文国福 0.08%（流通A股） |
| 傅艳婷 0.08%（流通A股） |
| 实际控制人：天津市机电工业控股集团公司 |

二〇〇六年以来市场表现

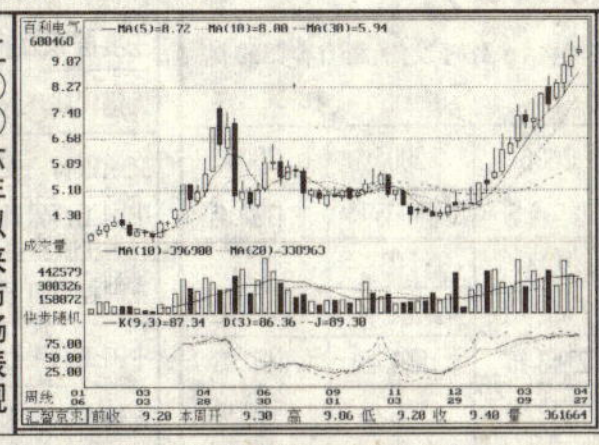

| | |
|---|---|
| 2006年涨跌幅(%) | 95.89 |
| 2006年最高(元) | 9.74 |
| 2007年涨跌幅(%) | 103.91 |
| 2007.4.27收盘(元) | 9.4 |
| 2007年最高(元) | 9.86 |
| 2007年最低(元) | 4.47 |
| 2007年换手率(%) | 557.23 |

未来一年限售流通股解禁情况:13200000股12月08日解禁

| 最新股本 | 总股本 | 非(限售)流通 | 流通A | 流通B/H/S | 股东户数 | 06年末 | 06三季 |
|---|---|---|---|---|---|---|---|
| | 26400 | 15972.41 | 10427.59 | | | 26613 | 25015 |

年报点评：公司主业为输配电及控制设备。2006年公司继续进行产业布局调整,完善输配电设备制造产业链,业绩实现小幅增长。公司作为滨海新区经济圈内唯一电气设备上市公司,具有巨大区位优势。2007年公司将整合电气设备生产企业的销售资源,向高压领域迈进。

## 风神股份（600469）

上市日期:03/10/21　电话:0391－3999006　传真:0391－3933952

| | | | | |
|---|---|---|---|---|
| 主营 | 轮胎的研制、设计、开发、生产、经营及轮胎进出口业务。 | | | |
| | 年　度 | 2006 | 2005 | 2004 |
| 主要指标 | 每股收益/扣除后(元) | 0.05/0.08 | 0.45/0.45 | 0.3/0.3 |
| | 每股经营现金流量(元) | 0.243 | 0.637 | 0.345 |
| | 每股净资产/调整后(元) | 3.14/3.01 | 3.21/3.07 | 2.75/2.68 |
| | 未分利润(万元) | 15681.06 | 17634.36 | 7843.82 |
| | 资本公积(万元) | 33370.15 | 33305.54 | 33043.54 |
| 利润构成 | 主营收入(万元) | 501583.95 | 370002.2 | 280117.12 |
| | 主营利润(万元) | 42499.94 | 51739.89 | 43329.17 |
| | 投资收益(万元) | | | 33 |
| | 利润总额(万元) | 3295.89 | 17095.99 | 12501.33 |
| | 净利润(万元) | 1229.67 | 11518.28 | 7664.82 |
| 近年分配: | 05 年:10 派 1.2 | | | |

| 主要股东及持股比例%、持股性质 |
|---|
| 河南轮胎集团有限责任公司 52.5%（国有股） |
| 中国神马集团有限责任公司 2.22%（流通 A股） |
| 张焱 0.68%（流通 A股） |
| 焦作市投资公司 0.64%（流通 A股） |
| 中国银行－华夏大盘精选证券投资基金 0.59%（流通 A股） |
| 北京淑怡时代投资有限公司 0.59%（流通 A股） |
| 国泰君安证券股份有限公司 0.51%（流通 A股） |
| 中国银行股份有限公司－友邦华泰盛世中国股票型开放式证券投资基 0.43%（流通 A股） |
| 郭素珠 0.37%（流通 A股） |
| 潘文波 0.33%（流通 A股） |
| 实际控制人：河南轮胎集团有限责任公司 |

二〇〇六年以来市场表现

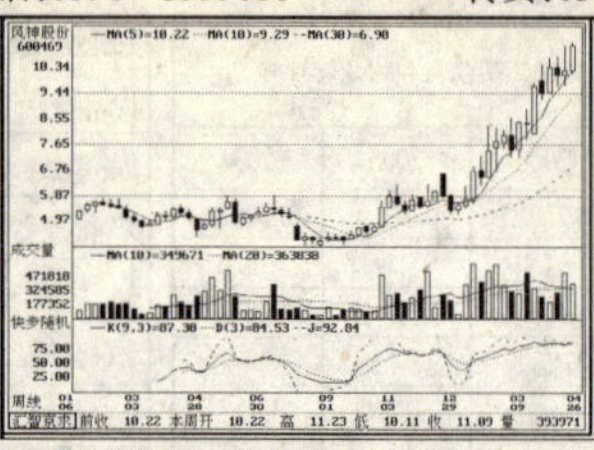

| | |
|---|---|
| 2006 年涨跌幅(%) | 7.54 |
| 2006 年最高(元) | 6.73 |
| 2007 年涨跌幅(%) | 109.25 |
| 2007.4.27 收盘(元) | 11.09 |
| 2007 年最高(元) | 11.23 |
| 2007 年最低(元) | 5.19 |
| 2007 年换手率(%) | 504.72 |

未来一年限售流通股解禁情况:25500000 股 08 月 16 日解禁

| 最新股本 | 总股本 | 非(限售)流通 | 流通 A | 流通 B/H/S | 股东户数 | 06 年末 | 06 三季 |
|---|---|---|---|---|---|---|---|
| | 25500 | 13386.68 | 12113.32 | | | 14179 | 21268 |

年报点评：2006 年由于国内外天然橡胶与合成橡胶上涨幅度较大，导致公司生产成本上升，公司主营产品子午胎毛利率同比下降了 11.69 个百分点。随着胶价的回落，以及公司轮胎产能的扩张，预计公司 2007 年业绩将有较大幅度增长。

## 六国化工（600470）

上市日期:04/03/05　电话:(0562)3801708　传真:(0562)3801014

| | | | | |
|---|---|---|---|---|
| 主营 | 磷酸二铵的生产和销售 | | | |
| | 年　度 | 2006 | 2005 | 2004 |
| 主要指标 | 每股收益/扣除后(元) | 0.31/0.304 | 0.4 | 0.29/0.29 |
| | 每股经营现金流量(元) | －0.11 | 0.01 | 0.71 |
| | 每股净资产/调整后(元) | 3.58/3.55 | 3.44/3.44 | 3.25/3.25 |
| | 未分利润(万元) | 12012.78 | 9895.93 | 7583.45 |
| | 资本公积(万元) | 32705 | 32820.86 | 32776.71 |
| 利润构成 | 主营收入(万元) | 150085.08 | 109975.59 | 89966.29 |
| | 主营利润(万元) | 15767.47 | 16850.36 | 12208.25 |
| | 投资收益(万元) | －10 | | |
| | 利润总额(万元) | 8818.5 | 11353.55 | 8207.19 |
| | 净利润(万元) | 5903.16 | 7586.46 | 5513.25 |
| 近年分配: | 06 预案:10 派 1.1；05 年:10 派 1.7；04 年:10 派 2.2 | | | |

| 主要股东及持股比例%、持股性质 |
|---|
| 铜陵化学工业集团有限公司 43.22%（国有股） |
| 长江证券有限责任公司 2.76%（流通 A股） |
| 铜陵通源投资服务有限公司 1.72%（国有股） |
| 柳州凤山糖业集团有限责任公司 0.92%（流通 A股） |
| 要彦彬 0.86%（流通 A股） |
| 王树元 0.49%（流通 A股） |
| 刘裕兴 0.37%（流通 A股） |
| 铜陵市三佳电子(集团)有限责任公司 0.29%（国有股） |
| 宣铁山 0.21%（流通 A股） |
| 王俊刚 0.209%（流通 A股） |
| 实际控制人：铜陵市国有资产管理委员会 |

二〇〇六年以来市场表现

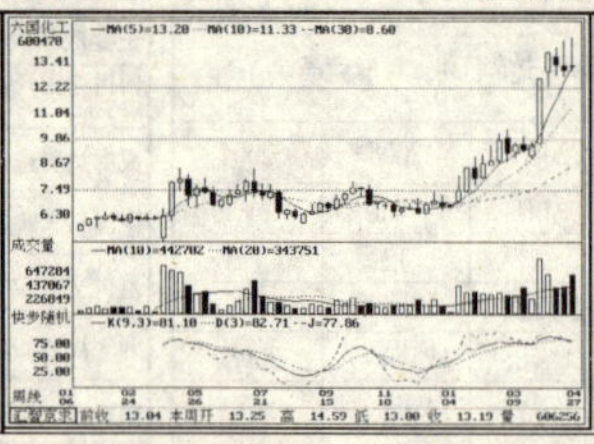

| | |
|---|---|
| 2006 年涨跌幅(%) | 58.74 |
| 2006 年最高(元) | 11.03 |
| 2007 年涨跌幅(%) | 95.41 |
| 2007.4.27 收盘(元) | 13.19 |
| 2007 年最高(元) | 14.59 |
| 2007 年最低(元) | 6.64 |
| 2007 年换手率(%) | 599.3 |

未来一年限售流通股解禁情况:

| 最新股本 | 总股本 | 非(限售)流通 | 流通 A | 流通 B/H/S | 股东户数 | 06 年末 | 06 三季 |
|---|---|---|---|---|---|---|---|
| | 18800 | 8560 | 10240 | | | 20678 | 21070 |

年报点评：2006 年公司在收入增长的情况下，净利润却出现了一定幅度的下滑，主要是由于 2006 年国家不再对磷酸二铵产品进行补贴所致。展望 2007 年，随着宿松磷矿“80 万吨磷矿采选”项目的完成，公司将形成矿酸肥结合的生产格局，竞争优势将进一步显现。

## 包头铝业（600472）

上市日期:05/05/09　电话:0472－6935506　传真:0472－6935667

| | | | | |
|---|---|---|---|---|
| 主营 | 以 A356 铸造用铝合金锭、稀土电工圆铝杆为主导产品的铝初加工产品和重熔用铝锭的生产和销售。 | | | |
| | 年　度 | 2006 | 2005 | 2004 |
| 主要指标 | 每股收益/扣除后(元) | 0.935/0.924 | 0.307 | 0.308/0.307 |
| | 每股经营现金流量(元) | 0.6577 | 0.5592 | 0.51 |
| | 每股净资产/调整后(元) | 3.92/3.91 | 3.12/3.11 | 2.73 |
| | 未分利润(万元) | 43535.71 | 19772.44 | 16305.91 |
| | 资本公积(万元) | 58665.72 | 58076.17 | 24659.08 |
| 利润构成 | 主营收入(万元) | 482183.54 | 369660.17 | 352900.33 |
| | 主营利润(万元) | 86004.79 | 45167.69 | 34211.25 |
| | 投资收益(万元) | 1.01 | －166.9 | －74.91 |
| | 利润总额(万元) | 45446.15 | 15071.77 | 10086.68 |
| | 净利润(万元) | 40306.9 | 13214.16 | 8958.14 |
| 近年分配: | 06 预案:10 派 1.5；05 年:10 派 1.5 | | | |

| 主要股东及持股比例%、持股性质 |
|---|
| 包头铝业(集团)有限责任公司 55.06%（国有股） |
| 中国人寿保险(集团)公司－传统－普通保险产品 0.84%（流通 A股） |
| 内蒙古电力(集团)有限责任公司 0.77%（国有股） |
| 中国建设银行－上投摩根成长先锋股票型证券投资基金 0.7%（流通 A股） |
| 广发－交行－广发集合资产管理计划(3 号) 0.65%（流通 A股） |
| 贵阳铝镁设计研究院 0.65%（国有股） |
| 上海浦东发展银行－广发小盘成长股票型证券投资基金 0.58%（流通 A股） |
| 深圳市北方投资有限公司 0.39%（国有股） |
| 北京轻工供销有限公司 0.39%（非流通股） |
| 中国银行－华夏大盘精选证券投资基金 0.32%（流通 A股） |
| 实际控制人：中国铝业公司 |

二〇〇六年以来市场表现

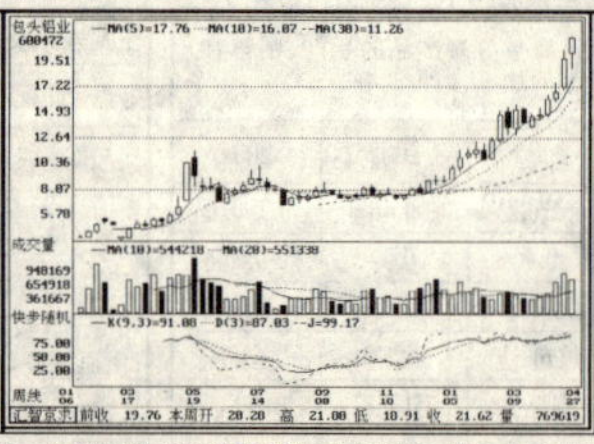

| | |
|---|---|
| 2006 年涨跌幅(%) | 212.83 |
| 2006 年最高(元) | 14.81 |
| 2007 年涨跌幅(%) | 144.29 |
| 2007.4.27 收盘(元) | 21.62 |
| 2007 年最高(元) | 21.8 |
| 2007 年最低(元) | 8.89 |
| 2007 年换手率(%) | 428.78 |

未来一年限售流通股解禁情况:21550000 股 03 月 10 日解禁

| 最新股本 | 总股本 | 非(限售)流通 | 流通 A | 流通 B/H/S | 股东户数 | 06 年末 | 06 三季 |
|---|---|---|---|---|---|---|---|
| | 43100 | 24900 | 18200 | | | 35869 | 39387 |

年报点评：公司是国内最大 A356 铸造用铝合金和稀土电工圆铝杆生产企业，汽车制造业和电力行业的增长给公司带来新机遇。抓住铜铝价差加大的机遇，重点加强了以杆、棒、碳块为主导产品的国际市场开发工作。

## 华光股份（600475）

上市日期:03/07/21　电话:0510－85215556　传真:0510－85225852

| | | | | |
|---|---|---|---|---|
| 主营 | 电站锅炉、工业锅炉、锅炉辅机、水处理设备、压力容器的制造、销售。 | | | |
| | 年　度 | 2006 | 2005 | 2004 |
| 主要指标 | 每股收益/扣除后(元) | 0.56/0.5 | 0.438 | 0.472/0.455 |
| | 每股经营现金流量(元) | 0.18 | 1.22 | 1.18 |
| | 每股净资产/调整后(元) | 2.81/2.68 | 2.28/2.16 | 3.49/3.47 |
| | 未分利润(万元) | 23063.16 | 11081.49 | 10957.78 |
| | 资本公积(万元) | 15752.98 | 15752.98 | 25352.98 |
| 利润构成 | 主营收入(万元) | 245641.59 | 200727.85 | 131250.92 |
| | 主营利润(万元) | 47635.75 | 36048.73 | 24872.32 |
| | 投资收益(万元) | 737.45 | 44.11 | 373.16 |
| | 利润总额(万元) | 17938.97 | 13344.18 | 8320.91 |
| | 净利润(万元) | 14339.15 | 11211.87 | 7546.1 |
| 近年分配: | 06 预案:10 派 2.8；05 中期:10 派 2.1875 年终:10 派 0.3125。 | | | |

| 主要股东及持股比例%、持股性质 |
|---|
| 无锡国联环保能源集团有限公司 46.17%（国有股） |
| 交通银行－安顺证券投资基金 4.22%（流通 A股） |
| 中国工商银行－易方达价值精选股票型证券投资基金 4.14%（流通 A股） |
| 亚洲控股有限公司 3.13%（非流通股） |
| 中国工商银行－裕元证券投资基金 2.19%（流通 A股） |
| 无锡高新技术风险投资股份有限公司 2.08%（非流通股） |
| 中国建设银行－华安宏利股票型证券投资基金 1.67%（流通 A股） |
| 中国建设银行－博时价值增长贰号证券投资基金 0.81%（流通 A股） |
| 中国工商银行－裕泽证券投资基金 0.78%（流通 A股） |
| 景博证券投资基金 0.61%（流通 A股） |
| 实际控制人：无锡市国联发展(集团)有限公司 |

二〇〇六年以来市场表现

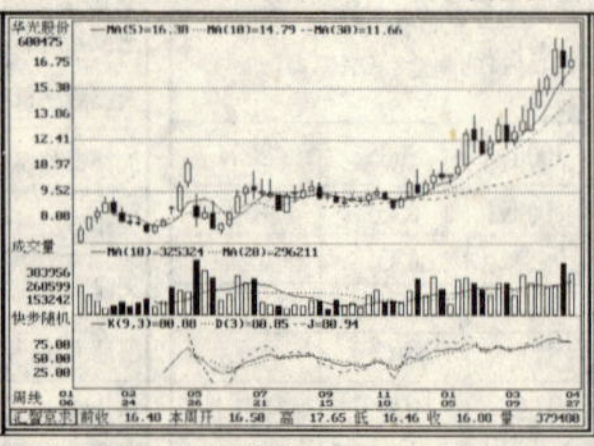

| | |
|---|---|
| 2006 年涨跌幅(%) | 98.56 |
| 2006 年最高(元) | 14.38 |
| 2007 年涨跌幅(%) | 63.88 |
| 2007.4.27 收盘(元) | 16.88 |
| 2007 年最高(元) | 18.19 |
| 2007 年最低(元) | 9.9 |
| 2007 年换手率(%) | 390.64 |

未来一年限售流通股解禁情况:14922240 股 05 月 24 日解禁

| 最新股本 | 总股本 | 非(限售)流通 | 流通 A | 流通 B/H/S | 股东户数 | 06 年末 | 06 三季 |
|---|---|---|---|---|---|---|---|
| | 25600 | 13312 | 12288 | | | 17233 | 15486 |

年报点评：公司主营电站锅炉和工业锅炉生产销售。06 年国内电站装机容量达到顶峰，公司主营业务收入和净利润均有较大幅度增长。07 年随着国家电力供应基本平衡，国家对新建项目控制力度加强，新增装机将开始减少，电力设备市场竞争将更加激烈。

## 湘邮科技（600476）

上市日期:03/12/10　　电话:0731－8998688　　传真:0731－8998686

| | | | | |
|---|---|---|---|---|
| 主营 | 软件开发和系统集成 | | | |
| | 年　度 | 2006 | 2005 | 2004 |
| 主要指标 | 每股收益/扣除后(元) | 0.07/0.07 | 0.025 | 0.19/0.17 |
| | 每股经营现金流量(元) | 0.194 | 0.051 | 0.022 |
| | 每股净资产/调整后(元) | 3.08/2.95 | 3.05/3.01 | 3.06/2.22 |
| | 未分利润(万元) | 2775.34 | 2122.29 | 2786.9 |
| | 资本公积(万元) | 17633.2 | 18077.78 | 17383.26 |
| 利润构成 | 主营收入(万元) | 25691.63 | 25577.57 | 20832.53 |
| | 主营利润(万元) | 4740.19 | 5408.17 | 4904.1 |
| | 投资收益(万元) | 476.7 | 291.68 | 281.36 |
| | 利润总额(万元) | 814.96 | 184.06 | 1952 |
| | 净利润(万元) | 725.62 | 258.75 | 1958.01 |
| 近年分配: | 06 预案:10 送 2；04 年:10 派 0.5 | | | |

| 主要股东及持股比例%、持股性质 | |
|---|---|
| 湖南省邮政局 34.62%（国有股） | |
| 中国速递服务公司 11.19%（国有股） | |
| 江西赣粤高速公路股份有限公司 4.26%（国有股） | |
| 湖南新时代通信网络股份有限公司 1.6%（国有股） | |
| 长沙万全科技开发有限公司 1.49%（非流通股） | |
| 上海爱建进出口有限公司 1.17%（非流通股） | |
| 湖南中移鼎讯通信有限公司 1.07%（非流通股） | |
| 湖南能通高科技发展有限公司 0.53%（非流通股） | |
| 武汉泰立投资有限公司 0.32%（流通 A 股） | |
| 朱阿弟 0.24%（流通 A 股） | |
| 实际控制人: | 国家邮政局 |

二〇〇六年以来市场表现

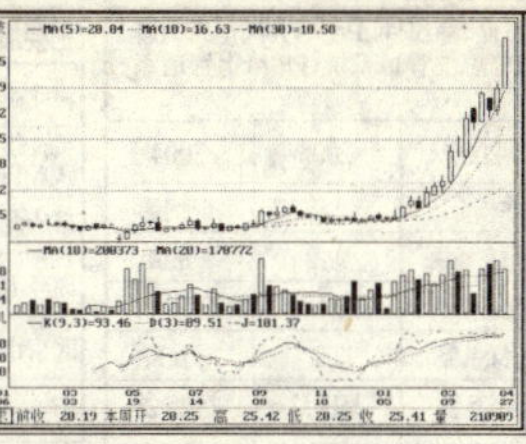

| | |
|---|---|
| 2006 年涨跌幅(%) | 51.42 |
| 2006 年最高(元) | 11.05 |
| 2007 年涨跌幅(%) | 259.41 |
| 2007.4.27 收盘(元) | 25.41 |
| 2007 年最高(元) | 25.42 |
| 2007 年最低(元) | 6.84 |
| 2007 年换手率(%) | 644.08 |

未来一年限售流通股解禁情况:10325000 股 04 月 28 日解禁

| 最新股本 | 总股本 | 非(限售)流通 | 流通 A | 流通 B/H/S | 股东户数 | 06 年末 | 06 三季 |
|---|---|---|---|---|---|---|---|
| | 10325 | 5775 | 4550 | | | 13701 | 12475 |

年报点评：湘邮科技主营邮政行业软件及系统集成。2006 年,中国邮政体制改革启动,公司承接的大型软件项目数量增加,邮资机开始全面铺开,公司业绩由此较快增长。费用计提减少则推动盈利高速增长。中国邮政体制改革的深入将为公司带来更大的发展空间。

## 杭萧钢构（600477）

上市日期:03/11/10　　电话:(0571)87246788　　传真:(0571)87240484

| | | | | |
|---|---|---|---|---|
| 主营 | 建筑钢结构的设计、制作、安装。 | | | |
| | 年　度 | 2006 | 2005 | 2004 |
| 主要指标 | 每股收益/扣除后(元) | 0.085/0.07 | 0.16/0.15 | 0.51/0.49 |
| | 每股经营现金流量(元) | －0.0596 | 0.27 | 0.17 |
| | 每股净资产/调整后(元) | 2.2/2.19 | 2.15/2.13 | 3.27/3.22 |
| | 未分利润(万元) | 14612.94 | 13891.46 | 13046.29 |
| | 资本公积(万元) | 7107.99 | 7221.74 | 16402.04 |
| 利润构成 | 主营收入(万元) | 187840.03 | 151626.4 | 157329.16 |
| | 主营利润(万元) | 24732.66 | 23376.1 | 23977.92 |
| | 投资收益(万元) | 0.48 | | 345.68 |
| | 利润总额(万元) | 3867.66 | 7004.98 | 10204.81 |
| | 净利润(万元) | 2112.77 | 4078.32 | 7937.3 |
| 近年分配: | 05 年:10 派 0.3；04 年:10 派 1 转增 6 | | | |

| 主要股东及持股比例%、持股性质 | |
|---|---|
| 单银木 37.42%（非流通股） | |
| 潘金水 9.48%（非流通股） | |
| 浙江国泰建设集团有限公司 5.73%（非流通股） | |
| 陈辉 1.5%（非流通股） | |
| 许荣根 1.5%（非流通股） | |
| 靖江市地方金属材料 1.15%（非流通股） | |
| 浙江省工业设计研究院 0.57%（国有股） | |
| 郑红梅 0.22%（流通 A 股） | |
| 王小弟 0.18%（流通 A 股） | |
| 邢玉君 0.12%（流通 A 股） | |
| 实际控制人: | 单银木 |

二〇〇六年以来市场表现

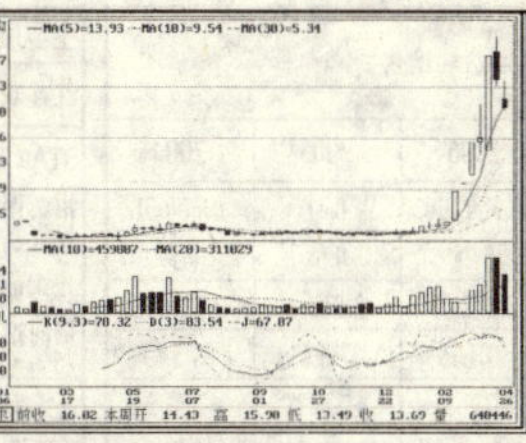

| | |
|---|---|
| 2006 年涨跌幅(%) | 13.98 |
| 2006 年最高(元) | 5.47 |
| 2007 年涨跌幅(%) | 319.94 |
| 2007.4.27 收盘(元) | 13.69 |
| 2007 年最高(元) | 19.7 |
| 2007 年最低(元) | 3.2 |
| 2007 年换手率(%) | 501.43 |

未来一年限售流通股解禁情况:

| 最新股本 | 总股本 | 非(限售)流通 | 流通 A | 流通 B/H/S | 股东户数 | 06 年末 | 06 三季 |
|---|---|---|---|---|---|---|---|
| | 24757.38 | 14197.38 | 10560 | | | 20189 | 20048 |

年报点评：公司主营钢结构设计、加工和安装等承包业务。2006 年公司新签工程承包合同 21.78 亿元,公司具有生产各类钢构件约 30 万吨的能力。但 2007 年以来公司受安哥拉 300 多亿元钢结构住宅订单的困扰,无法对该订单是否能够顺利执行做出合理估计。

## 力元新材（600478）

上市日期:03/09/18　　电话:0731－4019421　　传真:0731－4016101

| | | | | |
|---|---|---|---|---|
| 主营 | 连续化带状泡沫镍及系列产品的研制、开发、生产、销售并提供相关技术咨询服务。 | | | |
| | 年　度 | 2006 | 2005 | 2004 |
| 主要指标 | 每股收益/扣除后(元) | 0.055/0.055 | 0.049 | 0.159/0.153 |
| | 每股经营现金流量(元) | 0.143 | 0.455 | 0.09 |
| | 每股净资产/调整后(元) | 2.51/2.51 | 2.45/2.45 | 2.52/2.52 |
| | 未分利润(万元) | 1590.51 | 978.06 | 480.1 |
| | 资本公积(万元) | 14815.32 | 14815.32 | 14815.32 |
| 利润构成 | 主营收入(万元) | 51276.51 | 45162.82 | 37245.7 |
| | 主营利润(万元) | 4663.34 | 5094.8 | 6567.65 |
| | 投资收益(万元) | 185 | －70.89 | －172.99 |
| | 利润总额(万元) | 762.16 | 721.98 | 2211.8 |
| | 净利润(万元) | 683.6 | 602.1 | 1964.63 |
| 近年分配: | 06 预案:10 派 0.2；04 年:10 派 1.2 | | | |

| 主要股东及持股比例%、持股性质 | |
|---|---|
| 湖南新兴科技发展有限公司 20.3%（国有股） | |
| 成都银河动力股份有限公司 20.3%（非流通股） | |
| 钟发平 12.18%（非流通股） | |
| 上海三湘(集团)有限公司 6.76%（非流通股） | |
| 广东新锐投资有限公司 4.06%（非流通股） | |
| 湖南天联复合材料有限公司 4.06%（非流通股） | |
| 邬凌云 0.2%（流通 A 股） | |
| 沈焕章 0.18%（流通 A 股） | |
| 林瑞成 0.17%（流通 A 股） | |
| 陈卫星 0.16%（流通 A 股） | |
| 实际控制人: | 华天实业控股集团有限公司 |

二〇〇六年以来市场表现

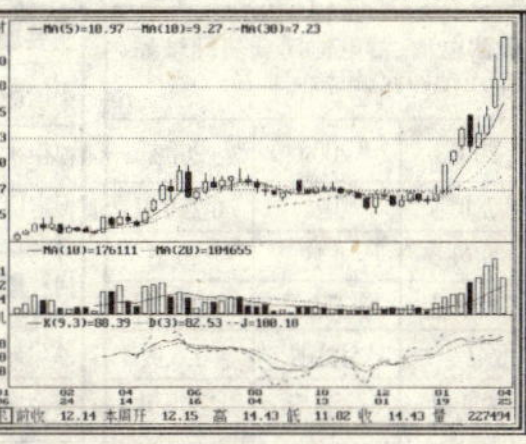

| | |
|---|---|
| 2006 年涨跌幅(%) | 52.06 |
| 2006 年最高(元) | 7.69 |
| 2007 年涨跌幅(%) | 222.84 |
| 2007.4.27 收盘(元) | 14.43 |
| 2007 年最高(元) | 19.05 |
| 2007 年最低(元) | 5.71 |
| 2007 年换手率(%) | 360.28 |

未来一年限售流通股解禁情况:44600510 股 03 月 29 日解禁

| 最新股本 | 总股本 | 非(限售)流通 | 流通 A | 流通 B/H/S | 股东户数 | 06 年末 | 06 三季 |
|---|---|---|---|---|---|---|---|
| | 12369.75 | 8369.75 | 4000 | | | 11486 | 13539 |

年报点评：公司主营连续化带泡沫镍产品的生产、销售等。2006 年主要原材料价格居高不下,公司生产经营依然压力较大。2007 年 4 月公司第一大股东湖南新兴科技发展有限公司将持有的 2126.93 万股转让给湖南科力远高技术有限公司等两公司,未来由重组的可能性。

## 千金药业（600479）

上市日期:04/03/12　　电话:0733－2496088　　传真:0733－2491978

| | | | | |
|---|---|---|---|---|
| 主营 | 中成药产品、中药保健品、化学药制品的开发、生产和销售。 | | | |
| | 年　度 | 2006 | 2005 | 2004 |
| 主要指标 | 每股收益/扣除后(元) | 0.57/0.39 | 0.713 | 0.81/0.75 |
| | 每股经营现金流量(元) | 0.9534 | 0.9107 | 0.33 |
| | 每股净资产/调整后(元) | 5.08/4.99 | 6.89/6.81 | 11.26/11.13 |
| | 未分利润(万元) | 11552.72 | 6070.04 | 12208.11 |
| | 资本公积(万元) | 33227.01 | 37556.01 | 40356.01 |
| 利润构成 | 主营收入(万元) | 60268.61 | 66582.59 | 60492.79 |
| | 主营利润(万元) | 28720.23 | 23758.49 | 19218.25 |
| | 投资收益(万元) | 2623.65 | 743.85 | 300.98 |
| | 利润总额(万元) | 8432.21 | 7433.33 | 5635.87 |
| | 净利润(万元) | 7177.87 | 5986.39 | 4538.78 |
| 近年分配: | 06 预案:10 派 2.6 转增 2；05 年:10 派 1 转增 5；04 年:10 派 5 转增 5 | | | |

| 主要股东及持股比例%、持股性质 | |
|---|---|
| 株洲市国有资产投资经营有限公司 19.5%（国有股） | |
| 湖南涌金投资(控股)有限公司 17.32%（非流通股） | |
| 上海昌瑞科技 5.8%（非流通股） | |
| 朱飞锦 2.18%（非流通股） | |
| 湖南省烟草公司株洲市公司 1.89%（非流通股） | |
| 全国社保基金一零八组合 1.62%（流通 A 股） | |
| 博时主题行业股票证券投资基金 1.61%（流通 A 股） | |
| 全国社保基金一零二组合 0.96%（流通 A 股） | |
| 杨依群 0.75%（流通 A 股） | |
| 申银万国－花旗－DEUTSCHE BANK AKTIENGESELLSCHAFT 0.61%（流通 A 股） | |
| 实际控制人: | 株洲市国有资产投资经营有限公司 |

二〇〇六年以来市场表现

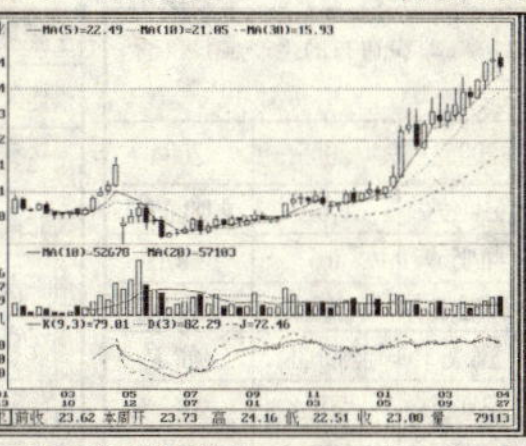

| | |
|---|---|
| 2006 年涨跌幅(%) | 71.78 |
| 2006 年最高(元) | 25.88 |
| 2007 年涨跌幅(%) | 82.74 |
| 2007.4.27 收盘(元) | 23.08 |
| 2007 年最高(元) | 25.45 |
| 2007 年最低(元) | 12.32 |
| 2007 年换手率(%) | 164.25 |

未来一年限售流通股解禁情况:21282369 股 01 月 12 日解禁

| 最新股本 | 总股本 | 非(限售)流通 | 流通 A | 流通 B/H/S | 股东户数 | 06 年末 | 06 三季 |
|---|---|---|---|---|---|---|---|
| | 12600 | 7983 | 4617 | | | 9736 | 11909 |

年报点评：公司是妇科用药专业生产企业。2006 年公司主营产品继续保持稳步增长,业绩也保持稳步增长。公司对医药商业进行调整,使其盈利能力大幅提升。公司在药品研发和市场开拓方面做得较好,未来公司将继续保持较好的增长。

## 凌云股份（600480）

上市日期:03/08/15　　电话:0312－3951002　　传真:0312－3951234

**主营**：汽车零部件(汽车车身辊压件、冲压件、PA－11 汽车压力管路总成)与 PE 管道系统(PE 燃气管道系统、PE 给水管道系统)的研制、生产与销售。

| | 年　度 | 2006 | 2005 | 2004 |
|---|---|---|---|---|
| 主要指标 | 每股收益/扣除后(元) | 0.16/0.15 | 0.09 | 0.2/0.2 |
| | 每股经营现金流量(元) | 0.46 | 0.22 | －0.04 |
| | 每股净资产/调整后(元) | 1.65/1.48 | 1.5/1.35 | 2.03/2.01 |
| | 未分利润(万元) | 8181.95 | 4030.2 | 6555.81 |
| | 资本公积(万元) | 8535.29 | 8519.52 | 15715.26 |
| 利润构成 | 主营收入(万元) | 127539.84 | 131785.04 | 101563.39 |
| | 主营利润(万元) | 27991.31 | 23596.26 | 25403.05 |
| | 投资收益(万元) | －250.86 | －300.55 | －520.87 |
| | 利润总额(万元) | 12519.77 | 8833.44 | 12068.49 |
| | 净利润(万元) | 4847.13 | 2837.88 | 4895.07 |

近年分配：04 年:10 派 2 转增 3

**主要股东及持股比例%、持股性质**

- 河北凌云工业集团有限公司 37.95%（国有股）
- 英属维尔京群岛第五汽车有限公司 AUTO(NO.5) COMPANYLIMITED 23.68%（外资股）
- 重庆北线旅游发展股份有限公司 0.46%（流通 A 股）
- 周晔 0.37%（流通 A 股）
- 北京市燃气集团有限责任公司 0.31%（国有股）
- 关燕 0.28%（流通 A 股）
- 陆卫平 0.27%（流通 A 股）
- 丁海燕 0.2%（流通 A 股）
- 中国市政工程华北设计研究院 0.19%（国有股）
- 中国市政工程西南设计研究院 0.19%（国有股）

实际控制人：中国兵器工业集团公司

二〇〇六年以来市场表现

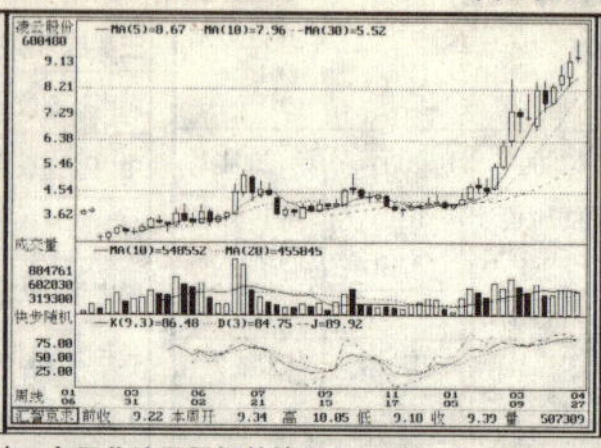


| | |
|---|---|
| 2006 年涨跌幅(%) | 50.63 |
| 2006 年最高(元) | 7.08 |
| 2007 年涨跌幅(%) | 138.93 |
| 2007.4.27 收盘(元) | 9.39 |
| 2007 年最高(元) | 10.05 |
| 2007 年最低(元) | 3.86 |
| 2007 年换手率(%) | 675.82 |

未来一年限售流通股解禁情况:46800000 股 03 月 01 日解禁

| 最新股本 | 总股本 | 非(限售)流通 | 流通 A | 流通 B/H/S | 股东户数 | 06 年末 | 06 三季 |
|---|---|---|---|---|---|---|---|
| | 31200 | 19442.8 | 11757.2 | | | 22072 | 20728 |

**年报点评**：公司主营塑料燃气管道和汽车零部件生产销售。06 年受汽车行业高速增长的影响,公司汽车零部件产销两旺,同时塑料管道的销售也继续增长,06 年销售收入和利润均大幅增长。07 年预计汽车市场和塑料管道市场继续保持旺盛的需求,公司前景看好。

## 双良股份（600481）

上市日期:03/04/22　　电话:0510－6632358　　传真:0510－6632307

**主营**：中央空调及其相关产品的制造和销售。

| | 年　度 | 2006 | 2005 | 2004 |
|---|---|---|---|---|
| 主要指标 | 每股收益/扣除后(元) | 0.31/0.316 | 0.11 | 0.31/0.31 |
| | 每股经营现金流量(元) | 0.25 | 0.08 | 0.39 |
| | 每股净资产/调整后(元) | 3.07/2.97 | 2.87/2.8 | 3.02/2.99 |
| | 未分利润(万元) | 9004.18 | 3718.52 | 8875.85 |
| | 资本公积(万元) | 47239.37 | 47334.28 | 47380.56 |
| 利润构成 | 主营收入(万元) | 142890.3 | 50701.35 | 62120.6 |
| | 主营利润(万元) | 31605.76 | 17854.36 | 24940.2 |
| | 投资收益(万元) | 188.15 | －179.23 | －179.52 |
| | 利润总额(万元) | 14295.97 | 4250.15 | 11307.26 |
| | 净利润(万元) | 9398.13 | 3374.09 | 9350.51 |

近年分配：06 预案:10 派 2.6；05 年:10 派 1；04 年:10 派 2.6

**主要股东及持股比例%、持股性质**

- 江苏双良集团有限公司 36.86%（非流通股）
- STAR BOARD LIMITED 25.85%（外资股）
- 招商银行股份有限公司－富国天合稳健优选股票型证券投资基金 2.72%（流通 A 股）
- 光大证券股份有限公司 2.15%（流通 A 股）
- 招商银行股份有限公司－中信经典配置证券投资基金 1.75%（流通 A 股）
- 江苏双良科技有限公司 1.32%（非流通股）
- 江苏双良停车设备有限公司 1.32%（非流通股）
- 中国工商银行－诺安价值增长股票证券投资基金 1.2%（流通 A 股）
- 长江证券有限责任公司 1.1%（流通 A 股）
- 中国平安人寿保险股份有限公司－传统－普通保险产品 0.98%（流通 A 股）

实际控制人：缪双大

二〇〇六年以来市场表现

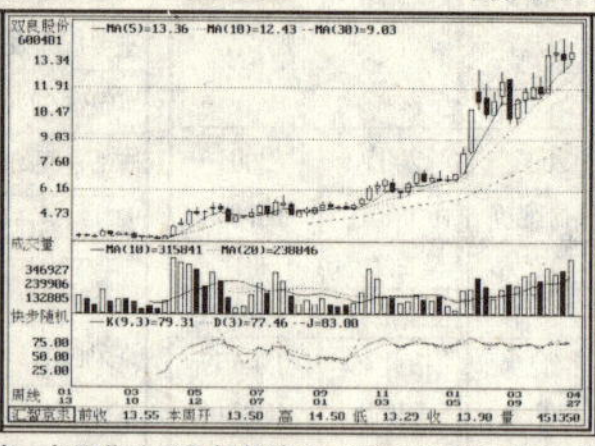


| | |
|---|---|
| 2006 年涨跌幅(%) | 124.22 |
| 2006 年最高(元) | 9.57 |
| 2007 年涨跌幅(%) | 106.54 |
| 2007.4.27 收盘(元) | 13.9 |
| 2007 年最高(元) | 14.78 |
| 2007 年最低(元) | 6.62 |
| 2007 年换手率(%) | 412.07 |

未来一年限售流通股解禁情况:40698000 股 07 月 12 日解禁

| 最新股本 | 总股本 | 非(限售)流通 | 流通 A | 流通 B/H/S | 股东户数 | 06 年末 | 06 三季 |
|---|---|---|---|---|---|---|---|
| | 30600 | 20200 | 10400 | | | 15775 | 23945 |

**年报点评**：公司主营中央空调、苯乙烯、苯胺等化工产品。06 年公司中央空调销售大幅增长,但原材料价格上升,毛利率仍然未有提升。公司投入的 21 万吨苯乙烯项目、年产 5 万吨苯胺项目顺利投产,主营业务收入及净利润均大幅增长,07 年公司仍将快速增长。

## 风帆股份（600482）

上市日期:04/07/14　　电话:0312－3208529　　传真:0312－3215920

**主营**：生产、销售汽车起动用铅酸蓄电池、蓄电池用玻璃纤维隔板、蓄电池壳体等产品;废旧电池回收;铅精矿贸易。

| | 年　度 | 2006 | 2005 | 2004 |
|---|---|---|---|---|
| 主要指标 | 每股收益/扣除后(元) | 0.28/0.29 | 0.24 | 0.23/0.24 |
| | 每股经营现金流量(元) | 0.49 | 0.13 | －0.03 |
| | 每股净资产/调整后(元) | 3.61/3.61 | 3.37/3.37 | 3.27/3.27 |
| | 未分利润(万元) | 8642.94 | 5523.29 | 4136.99 |
| | 资本公积(万元) | 43950.69 | 42518.71 | 42518.71 |
| 利润构成 | 主营收入(万元) | 182204.39 | 136741.21 | 99910.04 |
| | 主营利润(万元) | 27427.75 | 22010.89 | 19333.22 |
| | 投资收益(万元) | | | －98.79 |
| | 利润总额(万元) | 7690.44 | 6418.35 | 6018.67 |
| | 净利润(万元) | 6139.49 | 5323.13 | 4913.63 |

近年分配：06 年:10 派 1.3；05 年:10 派 1.1；04 年:10 派 1.25

**主要股东及持股比例%、持股性质**

- 中国船舶重工集团公司 35.94%（国有股）
- 保定汇源蓄电池配件厂 13.85%（非流通股）
- 保定国家高新技术产业开发区发展有限公司 1.16%（国有股）
- 柯桂霞 0.7%（流通 A 股）
- 林小英 0.59%（流通 A 股）
- 卫兵 0.53%（流通 A 股）
- 吴格青 0.48%（流通 A 股）
- 陈蕾 0.47%（流通 A 股）
- 东方证券股份有限公司 0.46%（流通 A 股）
- 长江证券有限责任公司 0.41%（流通 A 股）

实际控制人：国务院国资委

二〇〇六年以来市场表现

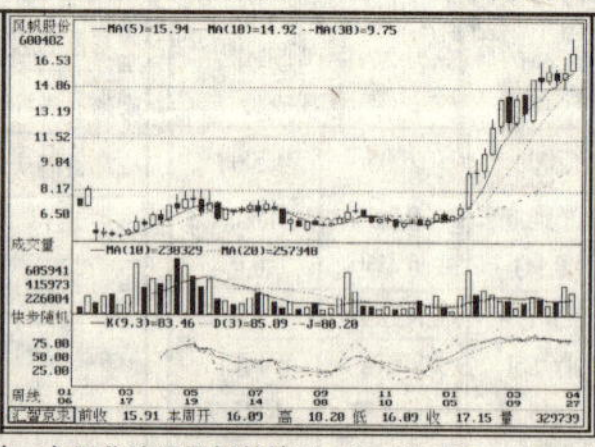


| | |
|---|---|
| 2006 年涨跌幅(%) | 23.9 |
| 2006 年最高(元) | 10.87 |
| 2007 年涨跌幅(%) | 174.72 |
| 2007.4.27 收盘(元) | 17.15 |
| 2007 年最高(元) | 18.2 |
| 2007 年最低(元) | 6.23 |
| 2007 年换手率(%) | 385.14 |

未来一年限售流通股解禁情况:10900000 股 02 月 17 日解禁

| 最新股本 | 总股本 | 非(限售)流通 | 流通 A | 流通 B/H/S | 股东户数 | 06 年末 | 06 三季 |
|---|---|---|---|---|---|---|---|
| | 21800 | 11160 | 10640 | | | 22530 | 26996 |

**年报点评**：公司主导各种蓄电池产品。06 年蓄电池销量小幅增长,公司主营业务收入和净利润均有不同幅度增长。07 年汽车行业市场形势看好,公司定向增发募集资金投入将形成起动用、工业用和新能源蓄电池三大主导产品产业布局,发展前景看好。

## 福建南纺（600483）

上市日期:04/05/31　　电话:0599－8813009　　传真:0599—8805190

**主营**：棉纱、棉布、PU 革基布、PU 革、非织造布的生产、销售(含出口)。

| | 年　度 | 2006 | 2005 | 2004 |
|---|---|---|---|---|
| 主要指标 | 每股收益/扣除后(元) | 0.034/0.032 | 0.042 | 0.081/0.051 |
| | 每股经营现金流量(元) | 0.05 | 0.5 | －0.15 |
| | 每股净资产/调整后(元) | 2.12/2.11 | 3.36/3.33 | 3.39/3.37 |
| | 未分利润(万元) | 536.36 | 3876.31 | 4467.65 |
| | 资本公积(万元) | 25350.86 | 35257.8 | 35257.8 |
| 利润构成 | 主营收入(万元) | 86303.56 | 85773.86 | 74632.88 |
| | 主营利润(万元) | 8602.25 | 8105.14 | 6760.15 |
| | 投资收益(万元) | 138.31 | 28.01 | 669.38 |
| | 利润总额(万元) | 1802.26 | 1988.05 | 2429 |
| | 净利润(万元) | 978.91 | 800.24 | 1549.96 |

近年分配：05 年:10 转增 5；04 年:10 派 0.5

**主要股东及持股比例%、持股性质**

- 福建天成集团有限公司 27.48%（国有股）
- 福建省南平市国有资产投资经营有限公司 17.24%（国有股）
- 闽北武夷信托投资公司 1.8%（非流通股）
- 南平市联才投资有限公司 0.63%（非流通股）
- 福建省晋江市英林玉坂协鑫制衣有限公司 0.62%（非流通股）
- 山西汇鑫源环保有限公司 0.52%（流通 A 股）
- 陈小曼 0.48%（流通 A 股）
- 浙江禾欣实业集团股份有限公司 0.45%（非流通股）
- 王任光 0.34%（流通 A 股）
- 陶文娟 0.27%（流通 A 股）

实际控制人：福建省人民政府国有资产监督管理委员会

二〇〇六年以来市场表现

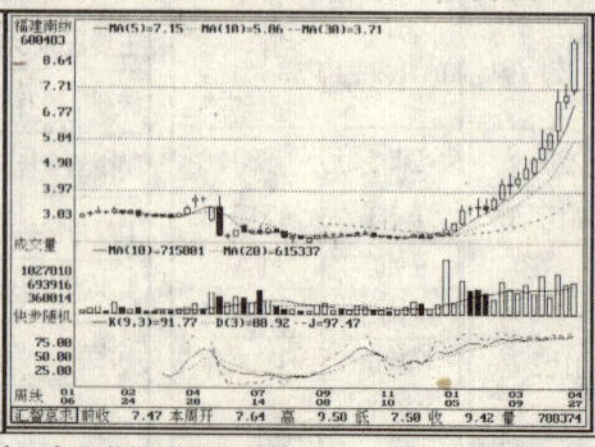


| | |
|---|---|
| 2006 年涨跌幅(%) | 74.89 |
| 2006 年最高(元) | 5.9 |
| 2007 年涨跌幅(%) | 267.97 |
| 2007.4.27 收盘(元) | 9.42 |
| 2007 年最高(元) | 9.58 |
| 2007 年最低(元) | 2.54 |
| 2007 年换手率(%) | 715.35 |

未来一年限售流通股解禁情况:15470431.5 股 05 月 29 日解禁

| 最新股本 | 总股本 | 非(限售)流通 | 流通 A | 流通 B/H/S | 股东户数 | 06 年末 | 06 三季 |
|---|---|---|---|---|---|---|---|
| | 28848.37 | 14448.37 | 14400 | | | 26223 | 28849 |

**年报点评**：公司是 PU 革基布行业的龙头企业,市场占有率较高且比较稳定,具有良好的规模经济和相对较强的创新和开发能力。虽然收入增长有限,但由于结构调整和费用控制,公司净利润仍然取得了快速增长。目前面临下游 PU 革行业产品外销受阻等系列不利因素影响。

## 中创信测（600485）

上市日期:03/08/07　　电话:010－62100118　　传真:010－62121092

**主营**：通信网测试维护产品的研制开发、生产、销售和服务。

| | 年　度 | 2006 | 2005 | 2004 |
|---|---|---|---|---|
| 主要指标 | 每股收益/扣除后(元) | 0.11/0.11 | －0.29 | 0.09/0.09 |
| | 每股经营现金流量(元) | 0.41 | －0.14 | 0.01 |
| | 每股净资产/调整后(元) | 1.93/1.89 | 1.83/1.82 | 2.11/2.1 |
| | 未分利润(万元) | 2427.32 | 923.99 | 4819.36 |
| | 资本公积(万元) | 9016.4 | 9063 | 9058.54 |
| 利润构成 | 主营收入(万元) | 18160.91 | 11643.93 | 20822.38 |
| | 主营利润(万元) | 9734.11 | 4472.17 | 9384.7 |
| | 投资收益(万元) | －190.72 | 196.13 | －184.24 |
| | 利润总额(万元) | 1503.34 | －3993.89 | 1344.13 |
| | 净利润(万元) | 1503.34 | －3895.38 | 1222.43 |
| 近年分配: | | | | |

**主要股东及持股比例%、持股性质**

北京英诺维电子技术有限公司 36.18%（非流通股）

北京协力得企业管理顾问有限公司 12.62%（非流通股）

北京智多维网络技术有限责任公司 12.62%（非流通股）

金鑫证券投资基金 2.83%（流通 A 股）

交通银行－泰达荷银价值优化型成长类行业证券投资基金 0.73%（流通 A 股）

中国再保险(集团)公司－集团本级－集团自有资金－007G－ZY001 沪 0.72%（流通 A 股）

北京正方兴通信技术研究所 0.63%（非流通股）

北京兴华动力科贸有限公司 0.63%（非流通股）

中国工商银行－开元证券投资基金 0.62%（流通 A 股）

全国社保基金一一一组合 0.59%（流通 A 股）

实际控制人：张春光

二〇〇六年以来市场表现

| | |
|---|---|
| 2006 年涨跌幅(%) | 263.72 |
| 2006 年最高(元) | 22.47 |
| 2007 年涨跌幅(%) | 29.63 |
| 2007.4.27 收盘(元) | 16.67 |
| 2007 年最高(元) | 18.42 |
| 2007 年最低(元) | 12.7 |
| 2007 年换手率(%) | 505.61 |

未来一年限售流通股解禁情况:20494800 股 03 月 28 日解禁

| 最新股本 | 总股本 | 非(限售)流通 | 流通 A | 流通 B/H/S | 股东户数 | 06 年末 | 06 三季 |
|---|---|---|---|---|---|---|---|
| | 13663.2 | 8623.2 | 5040 | | | 10336 | 6090 |

**年报点评**：2006 年是公司全面推进落实“走专业化道路,向国际化迈进”发展战略的第一年。公司成功实现与业内竞争对手北京沃泰丰通信技术有限公司的融合,实现了资源共享及低成本扩张,全年签订合同金额 3.2 亿元,完成净利润 1503.34 万元,实现扭亏。

## 扬农化工（600486）

上市日期:02/04/25　　电话:0514－5870486　　传真:0514－5889486

**主营**：拟除虫菊酯农药的生产、销售。

| | 年　度 | 2006 | 2005 | 2004 |
|---|---|---|---|---|
| 主要指标 | 每股收益/扣除后(元) | 0.476/0.471 | 0.429 | 0.337/0.351 |
| | 每股经营现金流量(元) | 1.798 | 1.745 | 0.395 |
| | 每股净资产/调整后(元) | 4.39/4.39 | 3.91/3.91 | 3.7/3.7 |
| | 未分利润(万元) | 6720.54 | 3038.85 | 2986.33 |
| | 资本公积(万元) | 22092.06 | 22051.63 | 22003.63 |
| 利润构成 | 主营收入(万元) | 101724.36 | 75192.1 | 54982.78 |
| | 主营利润(万元) | 14776.77 | 12319.53 | 10904.36 |
| | 投资收益(万元) | 530.62 | 8.28 | 90.34 |
| | 利润总额(万元) | 7297.44 | 5838.43 | 4755.84 |
| | 净利润(万元) | 4761.82 | 4294.09 | 3370.82 |
| 近年分配: | 06 预案:10 派 2；04 年:10 派 2.3 | | | |

**主要股东及持股比例%、持股性质**

江苏扬农化工集团有限公司 47.9%（国有股）

扬州福源化工科技有限公司 8.93%（国有股）

广州金骏资产管理有限公司 1.83%（流通 A 股）

扬州市电力中心 1.19%（国有股）

中国工商银行－科翔证券投资基金 0.99%（流通 A 股）

扬州产业投资经营公司 0.89%（国有股）

南京南大表面和界面化学工程技术研究中心有限责任公司 0.6%（国有股）

全国社保基金六零一组合 0.46%（流通 A 股）

叶国英 0.41%（流通 A 股）

广州市金鼎广铝装饰工程有限公司 0.4%（流通 A 股）

实际控制人：江苏金茂化工医药集团有限公司

二〇〇六年以来市场表现

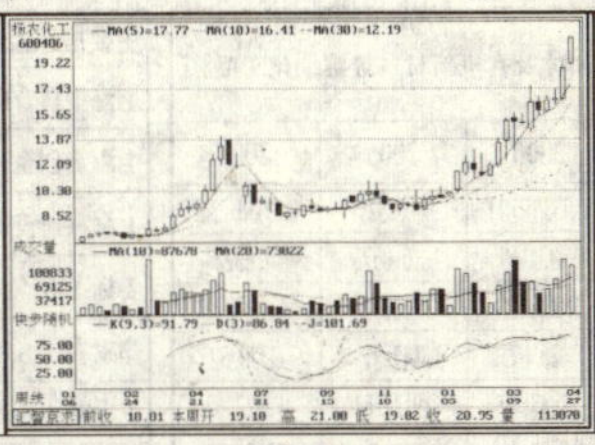


| | |
|---|---|
| 2006 年涨跌幅(%) | 91.24 |
| 2006 年最高(元) | 14.46 |
| 2007 年涨跌幅(%) | 115.54 |
| 2007.4.27 收盘(元) | 20.95 |
| 2007 年最高(元) | 21 |
| 2007 年最低(元) | 9.72 |
| 2007 年换手率(%) | 314.62 |

未来一年限售流通股解禁情况:8273306 股 07 月 05 日解禁

| 最新股本 | 总股本 | 非(限售)流通 | 流通 A | 流通 B/H/S | 股东户数 | 06 年末 | 06 三季 |
|---|---|---|---|---|---|---|---|
| | 10000 | 6010 | 3990 | | | 8693 | 9375 |

**年报点评**：公司是国内最大的菊酯生产企业,其中卫生用菊酯在国内拥有 70%以上的市场份额,全球销量排名第二。未来公司将在继续巩固卫生用菊酯优势地位的前提下重点发展农用菊酯。在替代高毒、高残留农药的预期下,公司的菊酯产品产销量将保持快速增长。

## 亨通光电（600487）

上市日期:03/08/22　　电话:0512－63802858　　传真:0512－63801518

**主营**：光纤光缆的生产与销售

| | 年　度 | 2006 | 2005 | 2004 |
|---|---|---|---|---|
| 主要指标 | 每股收益/扣除后(元) | 0.35/0.34 | 0.387 | 0.32/0.312 |
| | 每股经营现金流量(元) | 0.796 | 0.029 | 0.5365 |
| | 每股净资产/调整后(元) | 6.02/6.01 | 5.22/5.2 | 4.93/4.92 |
| | 未分利润(万元) | 16115.59 | 12552.62 | 9771.93 |
| | 资本公积(万元) | 59608.68 | 33757.58 | 33757.58 |
| 利润构成 | 主营收入(万元) | 106335.87 | 68947.15 | 60798.65 |
| | 主营利润(万元) | 20368.93 | 15744.11 | 12625.04 |
| | 投资收益(万元) | －255.9 | －253.36 | －128.47 |
| | 利润总额(万元) | 9464.68 | 7750.6 | 6516.73 |
| | 净利润(万元) | 5821.31 | 4876.58 | 4035.61 |
| 近年分配: | 06 预案:10 派 1.2；05 年:10 派 1.2；04 年:10 派 1 | | | |

**主要股东及持股比例%、持股性质**

亨通集团有限公司 32.9%（部分流通部分不流通）

毛慧苏 5.69%（部分流通部分不流通）

东华创投 5.41%（非流通股）

中国平安人寿保险股份有限公司－传统－普通保 4.81%（非流通股）

中天证券有限责任公司 3.4%（部分流通部分不流通）

东吴证券有限责任公司 3.01%（部分流通部分不流通）

深圳市东方泓达投资有限公司 3%（非流通股）

中国工商银行－诺安价值增长股票证券投资基金 2.94%（部分流通部分不流通）

中原证券股份有限公司 2.46%（部分流通部分不流通）

苏州苏源电力实业有限公司 1.43%（部分流通部分不流通）

实际控制人：崔根良

二〇〇六年以来市场表现

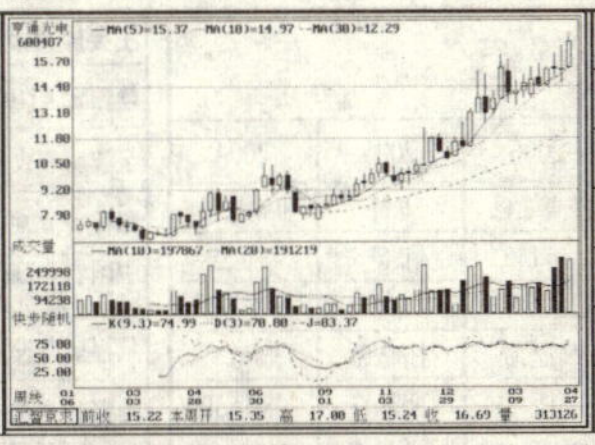


| | |
|---|---|
| 2006 年涨跌幅(%) | 51.75 |
| 2006 年最高(元) | 12.41 |
| 2007 年涨跌幅(%) | 55.55 |
| 2007.4.27 收盘(元) | 16.69 |
| 2007 年最高(元) | 17 |
| 2007 年最低(元) | 10.82 |
| 2007 年换手率(%) | 452.08 |

未来一年限售流通股解禁情况:2177810 股 05 月 08 日解禁,10468140 股 08 月 08 日解禁

| 最新股本 | 总股本 | 非(限售)流通 | 流通 A | 流通 B/H/S | 股东户数 | 06 年末 | 06 三季 |
|---|---|---|---|---|---|---|---|
| | 16612 | 9840.24 | 6771.76 | | | 15787 | 15952 |

**年报点评**：2006 年是通信行业快速发展的一年,光缆市场需求更加旺盛,公司订单比上年同期有较大幅度的增长。在这一年里,公司产销两旺,光缆产销量创新高,毛利率却有所下降。从收入和利润总额增长的来源看,主要是光缆产销量的大幅上升及亨通光纤效益提升。

## 天药股份（600488）

上市日期:01/06/18　　电话:022－24160861　　传真:022－24160910

**主营**：原料药的生产经营,包括皮质激素类原料药、心血管类原料药、镇痛类原料药。

| | 年　度 | 2006 | 2005 | 2004 |
|---|---|---|---|---|
| 主要指标 | 每股收益/扣除后(元) | 0.097/0.098 | 0.321 | 0.401/0.364 |
| | 每股经营现金流量(元) | 0.112 | －0.432 | 0.438 |
| | 每股净资产/调整后(元) | 2.27/2.26 | 3.96/3.95 | 3.73/3.72 |
| | 未分利润(万元) | 26766.79 | 24080.3 | 19754.76 |
| | 资本公积(万元) | 21564.91 | 41654.39 | 41582.46 |
| 利润构成 | 主营收入(万元) | 58563.63 | 66133.06 | 96417.63 |
| | 主营利润(万元) | 17013.12 | 18113.72 | 18670.23 |
| | 投资收益(万元) | －26.03 | －3.58 | 1085.9 |
| | 利润总额(万元) | 5218.66 | 9500.7 | 12210.32 |
| | 净利润(万元) | 4405.89 | 8080.35 | 10085.82 |
| 近年分配: | 06 年:10 派 0.2；05 年:10 派 0.5 转增 8；04 年:10 派 1 | | | |

**主要股东及持股比例%、持股性质**

天津药业集团有限公司 56.08%（部分流通部分不流通）

天津中新药业集团股份有限公司 0.56%（部分流通部分不流通）

天津市中央药业有限公司 0.56%（部分流通部分不流通）

天津宜药印务有限公司 0.56%（部分流通部分不流通）

中国银河证券有限责任公司 0.49%（部分流通部分不流通）

天津新技术产业园区海泰科技投资管理有限公司 0.42%（部分流通部分不流通）

周西成 0.24%（流通 A 股）

刘文敬 0.22%（部分流通部分不流通）

周贤华 0.19%（部分流通部分不流通）

王友娣 0.19%（流通 A 股）

实际控制人：天津金耀集团有限公司

二〇〇六年以来市场表现

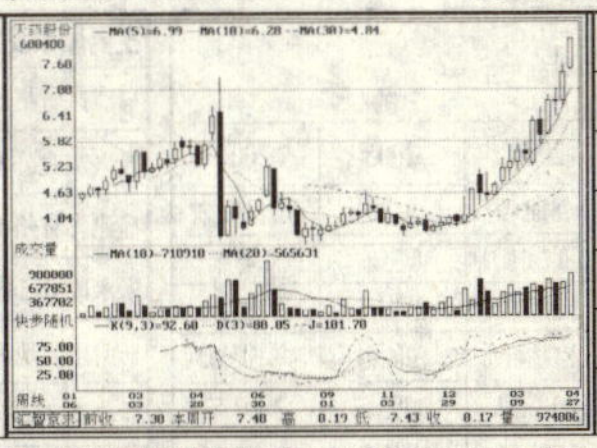


| | |
|---|---|
| 2006 年涨跌幅(%) | 61.24 |
| 2006 年最高(元) | 9.77 |
| 2007 年涨跌幅(%) | 103.23 |
| 2007.4.27 收盘(元) | 8.17 |
| 2007 年最高(元) | 8.21 |
| 2007 年最低(元) | 3.82 |
| 2007 年换手率(%) | 506.26 |

未来一年限售流通股解禁情况:45328501.8 股 10 月 24 日解禁

| 最新股本 | 总股本 | 非(限售)流通 | 流通 A | 流通 B/H/S | 股东户数 | 06 年末 | 06 三季 |
|---|---|---|---|---|---|---|---|
| | 45328.5 | 25420.93 | 19907.57 | | | 34477 | 34570 |

**年报点评**：公司是国内最大的皮质激素生产企业,2006 年由于产品价格下跌,公司销售收入下滑,加上汇兑损失较多,公司业绩出现大幅下滑。公司去年发行可转债成功,资金投向新生产工艺,盈利水平有望逐步回升。

## 中金黄金（600489）

上市日期:03/08/14　　电话:010－84117017　　传真:010－84121006

**主营**：黄金的地质勘查、采选和冶炼。

| | 年　度 | 2006 | 2005 | 2004 |
|---|---|---|---|---|
| 主要指标 | 每股收益/扣除后(元) | 0.53/0.54 | 0.24 | 0.139/0.118 |
| | 每股经营现金流量(元) | 1.93 | 1.01 | -0.06 |
| | 每股净资产/调整后(元) | 3.13/2.97 | 2.82/2.64 | 2.73/2.55 |
| | 未分利润(万元) | 13537.09 | 6503.93 | 6347.24 |
| | 资本公积(万元) | 38631.05 | 38631.05 | 38685.15 |
| 利润构成 | 主营收入(万元) | 538465.86 | 444605.89 | 346137.32 |
| | 主营利润(万元) | 71170.05 | 48832.31 | 17462.49 |
| | 投资收益(万元) | -984.61 | -1705.35 | -60.05 |
| | 利润总额(万元) | 40332.99 | 19051.21 | 6116.15 |
| | 净利润(万元) | 14793.41 | 6724.94 | 3883.86 |

**近年分配**：06 预案:10 派 2.8；05 年:10 派 2.2；04 年:10 派 1.5

**主要股东及持股比例%、持股性质**

中国黄金集团公司 48.06%（国有股）
中信国安集团公司 3.95%（国有股）
UBS AG 2.09%（流通 A 股）
全国社保基金一一零组合 1.66%（流通 A 股）
华夏优势增长股票型证券投资基金 1.52%（流通 A 股）
河南豫光金铅集团有限责任公司 0.99%（国有股）
王兴友 0.78%（流通 A 股）
西藏公路工程总公司 0.69%（国有股）
ING BANK N.V. 0.61%（流通 A 股）
吴香芬 0.55%（流通 A 股）

**实际控制人**：国务院国有资产监督管理委员会

**二〇〇六年以来市场表现**

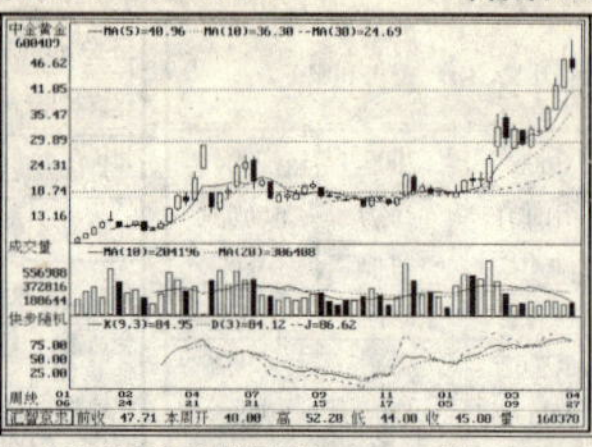

| | |
|---|---|
| 2006 年涨跌幅(%) | 221.98 |
| 2006 年最高(元) | 34.24 |
| 2007 年涨跌幅(%) | 143.14 |
| 2007.4.27 收盘(元) | 45.88 |
| 2007 年最高(元) | 52.2 |
| 2007 年最低(元) | 17.45 |
| 2007 年换手率(%) | 378.08 |

未来一年限售流通股解禁情况:17434485 股 06 月 14 日解禁

| 最新股本 | 总股本 | 非(限售)流通 | 流通 A | 流通 B/H/S | 股东户数 | 06 年末 | 06 三季 |
|---|---|---|---|---|---|---|---|
| | 28000 | 15200 | 12800 | | | 34494 | 31219 |

**年报点评**：2006 年受黄金价格维持高位的有利时机，积极收购上游的黄金矿产，增强公司综合盈利能力。2006 年收购广西泰富旗下平武县泰富黄金矿业开发有限公司(银厂金矿)全部资产有望成为公司新的利润增长点。

## 中科合臣（600490）

上市日期:03/06/26　　电话:021－62811555　　传真:021－52585660

**主营**：生产医药中间体、农药中间体及有机新材料等精细化工品

| | 年　度 | 2006 | 2005 | 2004 |
|---|---|---|---|---|
| 主要指标 | 每股收益/扣除后(元) | 0.032/0.011 | -0.327 | 0.263/0.262 |
| | 每股经营现金流量(元) | -0.4169 | -0.0673 | 0.6323 |
| | 每股净资产/调整后(元) | 3.23/3.23 | 3.72/3.69 | 4.19/4.18 |
| | 未分利润(万元) | 426.67 | 147.31 | 3770.32 |
| | 资本公积(万元) | 17847.49 | 19122.63 | 19122.63 |
| 利润构成 | 主营收入(万元) | 19902.42 | 9474.79 | 25885.25 |
| | 主营利润(万元) | 4346.21 | 1465.91 | 7803.03 |
| | 投资收益(万元) | 62.42 | 259.51 | -475.19 |
| | 利润总额(万元) | 318.87 | -2473.86 | 2562.96 |
| | 净利润(万元) | 280.21 | -2483.01 | 1994.81 |

**近年分配**：06 预案:10 转增 5；04 年:10 派 1.5

**主要股东及持股比例%、持股性质**

上海中科合臣化学有限责任公司 34.24%（非流通股）
上海嘉创企业(集团)有限公司 9.41%（非流通股）
上海科技投资公司 3.66%（非流通股）
姜标 1.83%（非流通股）
郑崇直 1.83%（非流通股）
王世跃 1.56%（流通 A 股）
上海市普陀区国有资产经营有限公司 0.52%（国有股）
王霖 0.42%（非流通股）
林可 0.36%（流通 A 股）
马香连 0.36%（流通 A 股）

**实际控制人**：中国科学院上海有机化学研究所

**二〇〇六年以来市场表现**

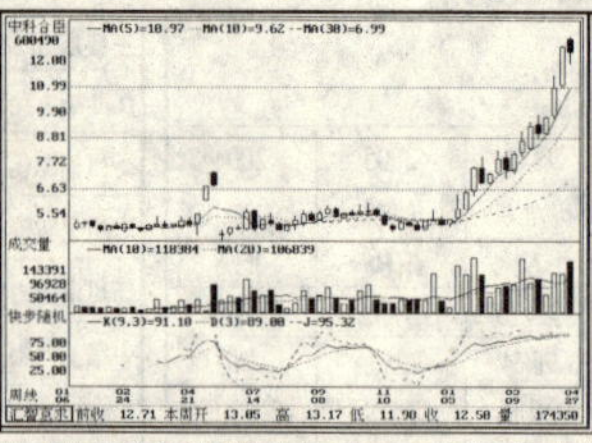

| | |
|---|---|
| 2006 年涨跌幅(%) | 45.66 |
| 2006 年最高(元) | 8.43 |
| 2007 年涨跌幅(%) | 142.72 |
| 2007.4.27 收盘(元) | 12.5 |
| 2007 年最高(元) | 13.17 |
| 2007 年最低(元) | 5.02 |
| 2007 年换手率(%) | 445.3 |

未来一年限售流通股解禁情况:16390000 股 06 月 15 日解禁

| 最新股本 | 总股本 | 非(限售)流通 | 流通 A | 流通 B/H/S | 股东户数 | 06 年末 | 06 三季 |
|---|---|---|---|---|---|---|---|
| | 8800 | 4600 | 4200 | | | 10143 | 10297 |

**年报点评**：公司主要从事医药中间体、农药中间体及有机新材料等精细化工品的生产和销售。去年公司完成了"由定制化学品供应商转型成为通用化学品兼定制化学品生产商"的既定目标。未来随着老产区的搬迁和生产技术水平的提高，业绩有望提升。

## 龙元建设（600491）

上市日期:04/05/24　　电话:021－65615689　　传真:021－65615689

**主营**：工业与民用建筑及公共设施的施工。

| | 年　度 | 2006 | 2005 | 2004 |
|---|---|---|---|---|
| 主要指标 | 每股收益/扣除后(元) | 0.48/0.45 | 0.61 | 0.64/0.63 |
| | 每股经营现金流量(元) | 0.04 | 0.67 | -0.35 |
| | 每股净资产/调整后(元) | 3.18/2.71 | 4.48/4.01 | 6.12/5.8 |
| | 未分利润(万元) | 56205.26 | 43742.75 | 36996.75 |
| | 资本公积(万元) | 15118.83 | 29698.83 | 38214.19 |
| 利润构成 | 主营收入(万元) | 715818.88 | 659952.38 | 554118.09 |
| | 主营利润(万元) | 48898.97 | 39268.84 | 28476.79 |
| | 投资收益(万元) | -518.2 | -290.82 | -34.1 |
| | 利润总额(万元) | 30647.45 | 25021.3 | 16775.9 |
| | 净利润(万元) | 18535.93 | 14877.42 | 10413.99 |

**近年分配**：06 预案:10 派 1；05 年:10 派 1.5 转增 6；04 中期:10 转增 5 年终:10 派 3 转增 5

**主要股东及持股比例%、持股性质**

赖振元 41.03%（非流通股）
宁波明和投资管理有限公司 6.32%（非流通股）
郑桂香 4.99%（非流通股）
中国农业银行－大成精选增值混合型证券投资基金 4.81%（流通 A 股）
景福证券投资基金 4.39%（流通 A 股）
赖野君 3.73%（非流通股）
赖朝辉 3.56%（非流通股）
中国建筑科学研究院 0.68%（国有股）
黄照青 0.53%（非流通股）
赖安平 0.52%（非流通股）

**实际控制人**：赖振元

**二〇〇六年以来市场表现**

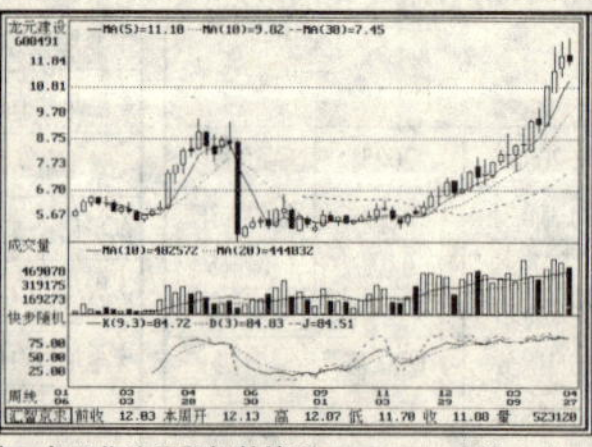

| | |
|---|---|
| 2006 年涨跌幅(%) | 100.81 |
| 2006 年最高(元) | 11.65 |
| 2007 年涨跌幅(%) | 69.47 |
| 2007.4.27 收盘(元) | 11.88 |
| 2007 年最高(元) | 12.87 |
| 2007 年最低(元) | 6.39 |
| 2007 年换手率(%) | 567.43 |

未来一年限售流通股解禁情况:117555748.8 股 11 月 15 日解禁

| 最新股本 | 总股本 | 非(限售)流通 | 流通 A | 流通 B/H/S | 股东户数 | 06 年末 | 06 三季 |
|---|---|---|---|---|---|---|---|
| | 38880 | 26280 | 12600 | | | 15763 | 19405 |

**年报点评**：公司 2006 年承接业务 92.56 亿元，其中上海地区承接业务 50.9 亿元；2006 年获得很多的建筑工程奖项，其中：上海市白玉兰工程 11 项。在第二届进沪施工企业综合实力排名中再次名列第一。预计公司长三角以外的业务有望逐步增长。

## 凤竹纺织（600493）

上市日期:04/04/21　　电话:0595－85656506　　传真:0595－85656941

**主营**：织造、染整、染纱和污水处理

| | 年　度 | 2006 | 2005 | 2004 |
|---|---|---|---|---|
| 主要指标 | 每股收益/扣除后(元) | 0.284/0.277 | 0.283 | 0.219/0.222 |
| | 每股经营现金流量(元) | 0.6011 | 0.3546 | 0.4828 |
| | 每股净资产/调整后(元) | 3.29/3.27 | 3.2/3.2 | 3.12/3.12 |
| | 未分利润(万元) | 8473.01 | 8016.83 | 8051.54 |
| | 资本公积(万元) | 24192.57 | 24192.57 | 24192.57 |
| 利润构成 | 主营收入(万元) | 54674.83 | 46641.74 | 34477.95 |
| | 主营利润(万元) | 9582.21 | 9087.69 | 6951.32 |
| | 投资收益(万元) | | | |
| | 利润总额(万元) | 5686.27 | 5638.79 | 4391.8 |
| | 净利润(万元) | 4828.19 | 4807.55 | 3717.69 |

**近年分配**：06 预案:10 派 2；05 年:10 派 2；04 年:10 派 2

**主要股东及持股比例%、持股性质**

福建凤竹集团有限公司 28.5%（非流通股）
振兴实业公司 25.19%（外资股）
福建省泉州市光大工贸有限公司 1.64%（非流通股）
朱永成 0.54%（流通 A 股）
三明市天地环保技术开发有限公司 0.274%（非流通股）
福建省环境保护设计院 0.274%（非流通股）
吴鹏 0.236%（流通 A 股）
王冬竹 0.217%（流通 A 股）
侯伟荣 0.204%（流通 A 股）
张学东 0.192%（流通 A 股）

**实际控制人**：福建凤竹集团有限公司

**二〇〇六年以来市场表现**

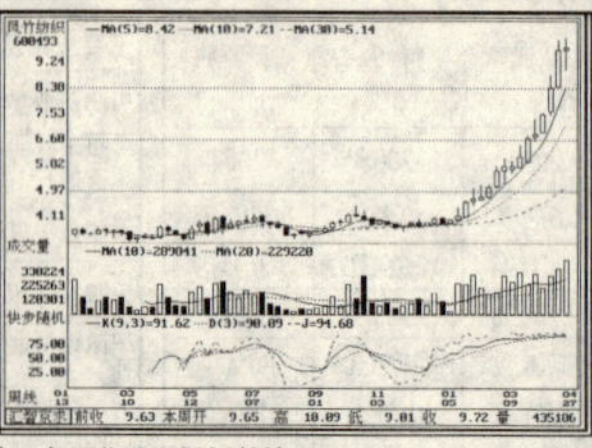

| | |
|---|---|
| 2006 年涨跌幅(%) | 26.51 |
| 2006 年最高(元) | 6 |
| 2007 年涨跌幅(%) | 151.81 |
| 2007.4.27 收盘(元) | 9.72 |
| 2007 年最高(元) | 10.09 |
| 2007 年最低(元) | 3.85 |
| 2007 年换手率(%) | 527.39 |

未来一年限售流通股解禁情况:17000000 股 01 月 09 日解禁

| 最新股本 | 总股本 | 非(限售)流通 | 流通 A | 流通 B/H/S | 股东户数 | 06 年末 | 06 三季 |
|---|---|---|---|---|---|---|---|
| | 17000 | 9500 | 7500 | | | 16964 | 15493 |

**年报点评**：公司主营棉纺面临及其染整，行业目前面临激烈竞争。2006 年公司主营业务收入有较快增长，但是产品盈利能力下降，利润增长缓慢。公司加大了对制造的投入，完善了染整项目配套工作，并积极向上游产业延伸，同时力争增加高附加值产品比例。

# 晋西车轴（600495）

上市日期:04/05/26

电话:(0351)6628286　　传真:(0351)6628281

**主营**：各类车轴的生产及销售,合金钢等精密锻件生产、销售或委托加工。

| | 年度 | 2006 | 2005 | 2004 |
|---|---|---|---|---|
| 主要指标 | 每股收益/扣除后(元) | 0.49/0.49 | 0.24 | 0.21/0.2 |
| | 每股经营现金流量(元) | 1.55 | 0.23 | 0.09 |
| | 每股净资产/调整后(元) | 4.21/4.18 | 3.82/3.8 | 3.67/3.67 |
| | 未分利润(万元) | 5761.09 | 2355.5 | 1383.9 |
| | 资本公积(万元) | 23786.88 | 23769.78 | 23766.4 |
| 利润构成 | 主营收入(万元) | 84660.29 | 27980.33 | 23745.64 |
| | 主营利润(万元) | 13073.57 | 5308.56 | 4279.21 |
| | 投资收益(万元) | 30.06 | 60.44 | |
| | 利润总额(万元) | 6410.88 | 3019.08 | 2555.42 |
| | 净利润(万元) | 5009.51 | 2422.05 | 2137.66 |

**近年分配**：06 预案:10 派 1.5 ; 05 年:10 派 1 ; 04 年:10 派 0.8

**主要股东及持股比例%、持股性质**

- 晋西机器工业集团有限责任公司 45.61% (国有股)
- 海通－交行－日兴资产管理有限公司－日兴 AM 中国人民币 A 股母基金 4.96% (流通 A 股)
- 中国工商银行－建信优选成长股票型证券投资基金 2.43% (流通 A 股)
- 中国工商银行－天元证券投资基金 1.85% (流通 A 股)
- 中国工商银行－诺安价值增长股票证券投资基金 1.78% (流通 A 股)
- 华夏成长证券投资基金 1.73% (流通 A 股)
- 中国工商银行－融通动力先锋股票型证券投资基金 1.6% (流通 A 股)
- 中信实业银行－建信恒久价值股票型证券投资基金 1.52% (流通 A 股)
- 中国农业银行－长盛动态精选证券投资基金 1.36% (流通 A 股)
- 国泰君安－建行－香港上海汇丰银行有限公司 1.16% (流通 A 股)

**实际控制人**：中国兵器工业集团公司

**二〇〇六年以来市场表现**

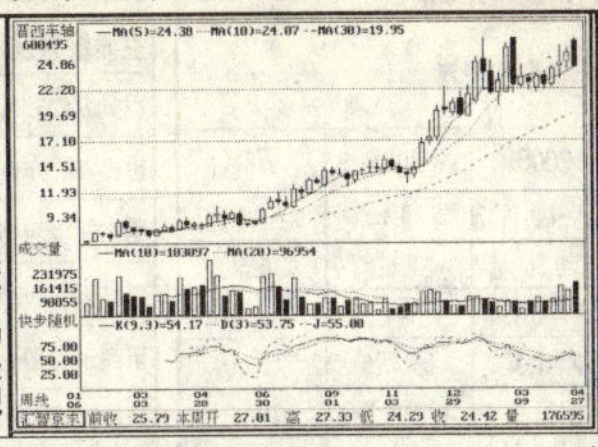

| | |
|---|---|
| 2006 年涨跌幅(%) | 206.89 |
| 2006 年最高(元) | 22.57 |
| 2007 年涨跌幅(%) | 17.24 |
| 2007.4.27 收盘(元) | 24.42 |
| 2007 年最高(元) | 27.45 |
| 2007 年最低(元) | 19.4 |
| 2007 年换手率(%) | 272.16 |

**未来一年限售流通股解禁情况**:5145500 股 06 月 29 日解禁

| 最新股本 | 总股本 | 非(限售)流通 | 流通 A | 流通 B/H/S | 股东户数 | 06 年末 | 06 三季 |
|---|---|---|---|---|---|---|---|
| | 10291 | 4693.5 | 5597.5 | | | 9221 | 8927 |

**年报点评**：公司 06 年主营业务和净利润呈现爆发式增长。07 年国内铁路行业仍将快速发展,公司作为车轴行业龙头,除国内销售形势看好外,国际市场分额也将大大增加。目前公司主要问题是产能不足,未来产能瓶颈消除后,业绩仍将大幅增长。

# 长江精工（600496）

上市日期:02/06/05

电话:0564－3630909　　传真:0564－3631386

**主营**：手扶拖拉机、联合收割机、配套农机具的研制、生产和销售。

| | 年度 | 2006 | 2005 | 2004 |
|---|---|---|---|---|
| 主要指标 | 每股收益/扣除后(元) | 0.26/0.264 | 0.41/0.384 | 0.18/0.17 |
| | 每股经营现金流量(元) | 0.07 | 1.38 | 1 |
| | 每股净资产/调整后(元) | 2.95/2.9 | 2.82/2.76 | 2.44/2.41 |
| | 未分利润(万元) | 8063.01 | 4308.95 | 1601.58 |
| | 资本公积(万元) | 32838.58 | 13085.99 | 12882.81 |
| 利润构成 | 主营收入(万元) | 182442.01 | 159679.7 | 117818.67 |
| | 主营利润(万元) | 26509.27 | 23924.63 | 15941.3 |
| | 投资收益(万元) | －423.33 | 53.4 | －534.96 |
| | 利润总额(万元) | 9727.46 | 6207.02 | 4816.29 |
| | 净利润(万元) | 6064.48 | 4490.32 | 1996.01 |

**近年分配**：05 年:10 派 1 转增 5 ; 04 年:10 派 0.5

**主要股东及持股比例%、持股性质**

- 浙江精工建设产业集团有限公司 35.62% (非流通股)
- 湖北鼎信投资有限公司 4.35% (非流通股)
- 六安手扶拖拉机厂 3.85% (国有股)
- 全国社保基金一零四组合 3.48% (非流通股)
- 中国工商银行－广发策略优选混合型证券投资基金 2.79% (部分流通部分不流通)
- 上海龙盛联业投资有限公司 2.17% (非流通股)
- 五矿投资发展有限责任公司 2.17% (非流通股)
- 常州投资集团有限公司 2.17% (非流通股)
- 中国人民财产保险股份有限公司－传统－普通保险产品－C－CT 沪 2.17% (非流通股)
- 全国社保基金一一一组合 1.74% (非流通股)

**实际控制人**：金良顺

**二〇〇六年以来市场表现**

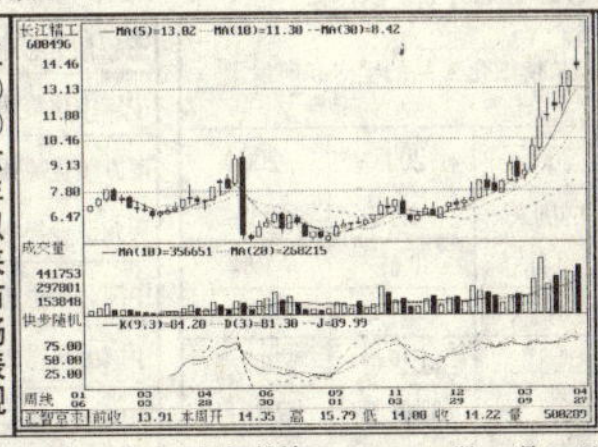

| | |
|---|---|
| 2006 年涨跌幅(%) | 55.66 |
| 2006 年最高(元) | 11.26 |
| 2007 年涨跌幅(%) | 103.43 |
| 2007.4.27 收盘(元) | 14.22 |
| 2007 年最高(元) | 15.79 |
| 2007 年最低(元) | 6.85 |
| 2007 年换手率(%) | 638.19 |

**未来一年限售流通股解禁情况**:25344879 股 11 月 10 日解禁

| 最新股本 | 总股本 | 非(限售)流通 | 流通 A | 流通 B/H/S | 股东户数 | 06 年末 | 06 三季 |
|---|---|---|---|---|---|---|---|
| | 23000 | 15577.01 | 7422.99 | | | 14129 | 13383 |

**年报点评**：2006 年承接工程额 22.46 亿元,尤其是华南市场和海外市场开拓取得了明显成效。相继承接了广州白云国际会议中心、广州新电视塔工程等大工程,全年累计完成钢结构生产近 27 万吨。公司的施工技术和品牌是公司的主要竞争优势。

# 驰宏锌锗（600497）

上市日期:04/04/20

电话:0874－8966698　　传真:0874－8966789

**主营**：铅、锌、锗系列产品的生产与销售

| | 年度 | 2006 | 2005 | 2004 |
|---|---|---|---|---|
| 主要指标 | 每股收益/扣除后(元) | 5.315/4.748 | 0.818/0.865 | 0.368/0.378 |
| | 每股经营现金流量(元) | 2.365 | 1.258 | 1.312 |
| | 每股净资产/调整后(元) | 11.99/11.98 | 4.51/4.5 | 3.77/3.77 |
| | 未分利润(万元) | 35517.23 | 718.01 | 208.77 |
| | 资本公积(万元) | 102239.04 | 39779.69 | 36154.26 |
| 利润构成 | 主营收入(万元) | 445744.24 | 116748.55 | 71350.36 |
| | 主营利润(万元) | 148136.35 | 35478.11 | 20336.44 |
| | 投资收益(万元) | －52.01 | 3.77 | －269.56 |
| | 利润总额(万元) | 110844.89 | 16291.69 | 7434.96 |
| | 净利润(万元) | 103646.89 | 13080.14 | 5892.5 |

**近年分配**：06 年:10 派 30 送 10 ; 05 年:10 派 5 ; 04 年:10 派 3

**主要股东及持股比例%、持股性质**

- 云南冶金集团总公司 51.32% (国有股)
- 曲靖富盛铅锌矿有限公司 1.33% (非流通股)
- 会泽县国有资产持股经营有限责任公司 1.3% (国有股)
- 中国建设银行－华安宏利股票型证券投资基金 0.92% (流通 A 股)
- 云南省以礼河实业有限公司 0.53% (非流通股)
- 何丽君 0.53% (流通 A 股)
- 交通银行－安顺证券投资基金 0.51% (流通 A 股)
- 陈智明 0.45% (流通 A 股)
- 景阳证券投资基金 0.41% (流通 A 股)
- 中国农业银行－长城安心回报混合型证券投资基金 0.34% (流通 A 股)

**实际控制人**：云南冶金集团总公司

**二〇〇六年以来市场表现**

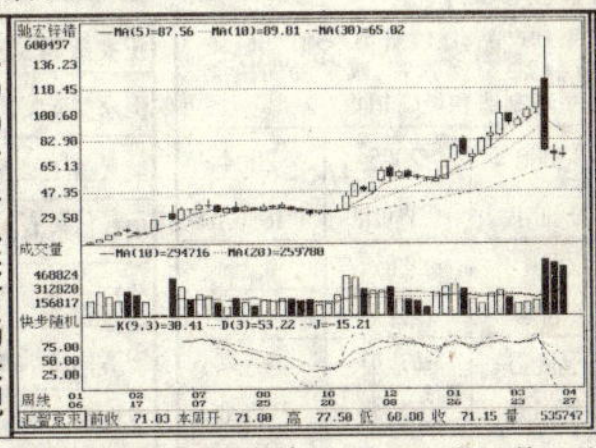

| | |
|---|---|
| 2006 年涨跌幅(%) | 510.5 |
| 2006 年最高(元) | 82.49 |
| 2007 年涨跌幅(%) | 156.9 |
| 2007.4.27 收盘(元) | 71.15 |
| 2007 年最高(元) | 173.3 |
| 2007 年最低(元) | 53.28 |
| 2007 年换手率(%) | 416.81 |

**未来一年限售流通股解禁情况**:12041784 股 06 月 12 日解禁

| 最新股本 | 总股本 | 非(限售)流通 | 流通 A | 流通 B/H/S | 股东户数 | 06 年末 | 06 三季 |
|---|---|---|---|---|---|---|---|
| | 19500 | 10610 | 8890 | | | 35233 | 25864 |

**年报点评**：公司投资建设的"6 万吨/年锌合金项目",已于 2006 年 10 月产出合格产品。公司向冶金集团新增发行 3500 万股流通 A 股收购冶金集团拥有的昭通铅锌矿 100%权益,实现了全体股东的利益统一。2007 年锌价仍将高位运行,铅价将有所回升,公司盈利前景看好。

# 烽火通信（600498）

上市日期:01/08/23

电话:027－87693885　　传真:027－87691704

**主营**：光纤通信设备及系统、光接入网设备、光纤、光缆、电缆等的科研开发、生产和销售。

| | 年度 | 2006 | 2005 | 2004 |
|---|---|---|---|---|
| 主要指标 | 每股收益/扣除后(元) | 0.125 | 0.103 | 0.086/0.08 |
| | 每股经营现金流量(元) | 0.42 | 0.73 | 0.19 |
| | 每股净资产/调整后(元) | 5.57/5.49 | 5.56/5.37 | 5.58/5.48 |
| | 未分利润(万元) | 6557.36 | 6876.71 | 8439.38 |
| | 资本公积(万元) | 171802.94 | 171663.18 | 171404.33 |
| 利润构成 | 主营收入(万元) | 183592.25 | 157023.27 | 155208.21 |
| | 主营利润(万元) | 45733.06 | 37802.98 | 37584.53 |
| | 投资收益(万元) | 1668.76 | 1071.07 | －1153.79 |
| | 利润总额(万元) | 7940.55 | 4093.15 | 4700.81 |
| | 净利润(万元) | 5133.3 | 4215.9 | 3516.07 |

**近年分配**：06 预案:10 派 1.2 ; 05 年:10 派 1.2 ; 04 年:10 派 1.2

**主要股东及持股比例%、持股性质**

- 武汉邮电科学研究院 61.24% (国有股)
- 武汉现代通信电器厂 1.63% (非流通股)
- 湖南三力通信经贸公司 1.38% (国有股)
- 湖北东南实业开发有限责任公司 1% (国有股)
- 华夏国际邮电工程有限公司 0.7% (非流通股)
- 北京科希盟科技产业中心 0.43% (国有股)
- 湖北省化学研究院 0.37% (国有股)
- 中京通信服务中心 0.37% (国有股)
- 中国电信集团江苏省电信公司 0.37% (国有股)
- 浙江南天邮电通讯发展集团股份有限公司 0.37% (非流通股)

**实际控制人**：国务院国有资产监督管理委员会

**二〇〇六年以来市场表现**

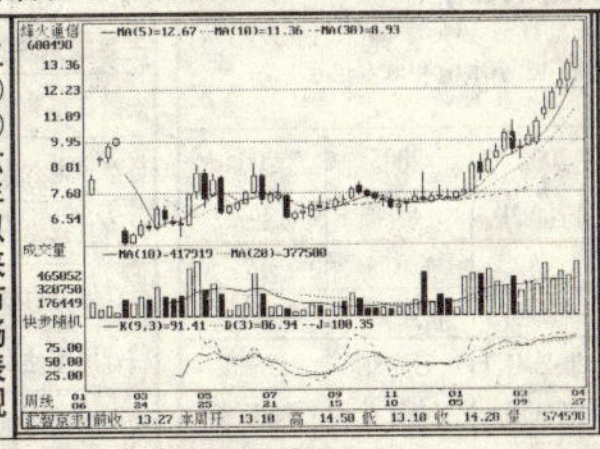

| | |
|---|---|
| 2006 年涨跌幅(%) | 44.51 |
| 2006 年最高(元) | 13.26 |
| 2007 年涨跌幅(%) | 94.55 |
| 2007.4.27 收盘(元) | 14.28 |
| 2007 年最高(元) | 14.5 |
| 2007 年最低(元) | 7.22 |
| 2007 年换手率(%) | 428.37 |

**未来一年限售流通股解禁情况**:

| 最新股本 | 总股本 | 非(限售)流通 | 流通 A | 流通 B/H/S | 股东户数 | 06 年末 | 06 三季 |
|---|---|---|---|---|---|---|---|
| | 41000 | 27976 | 13024 | | | 36019 | 37377 |

**年报点评**：2006 年,公司国内市场主流供应商地位更加巩固,海外市场新市场开拓取得突破,ASON、FTTH 等新产品全面走向市场,产品结构调整初见成效。全年公司可持续发展能力、抗风险能力、整体竞争能力和品牌地位得到进一步增强。

# 科达机电（600499）

上市日期:02/10/10 电话:0757－23833869 传真:0757－23833869

| 主营 | 建筑陶瓷技术装备的研发、生产和销售 | | | |
|---|---|---|---|---|
| | 年　度 | 2006 | 2005 | 2004 |
| 主要指标 | 每股收益/扣除后(元) | 0.31/0.26 | 0.4 | 0.508/0.507 |
| | 每股经营现金流量(元) | 0.56 | 0.62 | 0.51 |
| | 每股净资产/调整后(元) | 3.14/3.12 | 4.58/4.57 | 4.45/4.44 |
| | 未分利润(万元) | 10547.57 | 9514.26 | 9276.09 |
| | 资本公积(万元) | 17623.94 | 22904.28 | 22585.15 |
| 利润构成 | 主营收入(万元) | 82163.48 | 56021.23 | 54201.19 |
| | 主营利润(万元) | 16624.53 | 13298.35 | 12046.15 |
| | 投资收益(万元) | -7.71 | 137.85 | 231.12 |
| | 利润总额(万元) | 6654.5 | 5245.2 | 6003.75 |
| | 净利润(万元) | 4557.79 | 4013.23 | 5058.07 |
| 近年分配: | 06预案:10派2；05年:10派3转增5；04年:10派3 | | | |

| 主要股东及持股比例%、持股性质 | |
|---|---|
| 卢勤 24.35%（非流通股） | |
| 边程 10.18%（非流通股） | |
| 鲍杰军 4.91%（非流通股） | |
| 冯红健 3.92%（非流通股） | |
| 招商证券股份有限公司 2.9%（流通A股） | |
| 吴桂周 1.96%（非流通股） | |
| 庞少机 1.96%（非流通股） | |
| 尹育航 1.74%（非流通股） | |
| 黄建起 1.64%（非流通股） | |
| 吴跃飞 1.6%（非流通股） | |
| 实际控制人: | 卢勤 |

二〇〇六年以来市场表现

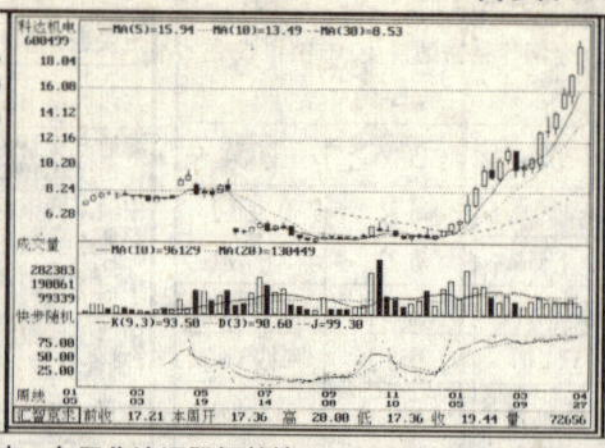

| 2006年涨跌幅(%) | 67.47 |
|---|---|
| 2006年最高(元) | 12.13 |
| 2007年涨跌幅(%) | 236.33 |
| 2007.4.27收盘(元) | 19.44 |
| 2007年最高(元) | 20 |
| 2007年最低(元) | 5.31 |
| 2007年换手率(%) | 276.21 |

未来一年限售流通股解禁情况:41400193.5股05月10日解禁

| 最新股本 | 总股本 | 非(限售)流通 | 流通A | 流通B/H/S | 股东户数 | 06年末 | 06三季 |
|---|---|---|---|---|---|---|---|
| | 14931 | 7803 | 7128 | . | | 10794 | 14279 |

年报点评：公司主营石材加工机械。2006年公司销售形势看好，主营业务收入大幅增长，但由于原材料成本上涨等因素影响，净利润未同步增长。2007年公司将通过调整产品结构配置，拓展供应商资源，压缩成本费用的开支等方式提高公司盈利能力。

# 中化国际（600500）

上市日期:00/03/01 电话:021－50498899 传真:021－50490909

| 主营 | 化工品营销、化工品物流以及精细化工品的生产和研发。 | | | |
|---|---|---|---|---|
| | 年　度 | 2006 | 2005 | 2004 |
| 主要指标 | 每股收益/扣除后(元) | 0.31/0.23 | 0.57 | 0.95/0.945 |
| | 每股经营现金流量(元) | 0.31 | 0.61 | 1.04 |
| | 每股净资产/调整后(元) | 2.41/2.4 | 2.46/2.45 | 3.09/3.06 |
| | 未分利润(万元) | 87988.12 | 97519.02 | 57407.26 |
| | 资本公积(万元) | 38978.59 | 38002.98 | 62711.81 |
| 利润构成 | 主营收入(万元) | 1542012.39 | 1591139.42 | 1300618.34 |
| | 主营利润(万元) | 90750.46 | 128077.83 | 172856.95 |
| | 投资收益(万元) | 9967.34 | 11935.32 | 8615.67 |
| | 利润总额(万元) | 54030.5 | 84548.11 | 101352.87 |
| | 净利润(万元) | 38369.57 | 71150.69 | 79770.11 |
| 近年分配: | 06预案:10派1.5；05年:10派3.5；04年:10派2.5送2转增3 | | | |

| 主要股东及持股比例%、持股性质 | |
|---|---|
| 中国中化集团公司 63.71%（部分流通部分不流通） | |
| 南方绩优成长股票型证券投资基金 4.72%（流通A股） | |
| 天元证券投资基金 0.96%（流通A股） | |
| 中国石油销售有限责任公司 0.62%（流通A股） | |
| 中国太平洋人寿保险股份有限公司 0.54%（流通A股） | |
| 中国平安保险(集团)股份有限公司 0.53%（流通A股） | |
| 银华优势企业(平衡型)证券投资基金 0.48%（流通A股） | |
| 兴业全球视野股票型证券投资基金 0.38%（流通A股） | |
| 中国粮油食品(集团)有限公司 0.34%（流通A股） | |
| 金玲梅 0.19%（流通A股） | |
| 实际控制人: | 国资委 |

二〇〇六年以来市场表现

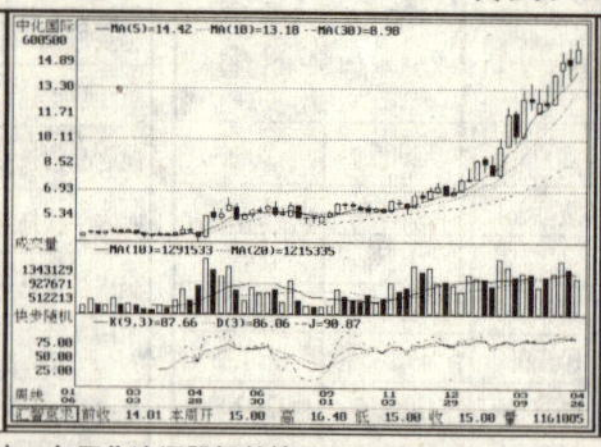

| 2006年涨跌幅(%) | 79.25 |
|---|---|
| 2006年最高(元) | 7.74 |
| 2007年涨跌幅(%) | 131.67 |
| 2007.4.27收盘(元) | 15.8 |
| 2007年最高(元) | 16.48 |
| 2007年最低(元) | 6.86 |
| 2007年换手率(%) | 384.82 |

未来一年限售流通股解禁情况:125769375股01月12日解禁

| 最新股本 | 总股本 | 非(限售)流通 | 流通A | 流通B/H/S | 股东户数 | 06年末 | 06三季 |
|---|---|---|---|---|---|---|---|
| | 125769.38 | 74267.37 | 51502 | | | 42434 | 29846 |

年报点评：公司的核心业务是化工、橡胶、冶金能源行业具有资源组织能力和市场领先地位的营销服务及产业投资，而向整个石化产业的高端物流服务。报告期内，受原利润占比较大的焦炭出口业务国际市场价格同比大幅下降的影响，公司经营业绩受了一定压力。

# 航天晨光（600501）

上市日期:01/06/15 电话:025－2441163 传真:025－2410226

| 主营 | 从事航天及民用专用汽车系列产品、波纹管类系列产品（金属波纹管补偿器、非金属补偿器、金属软管、汽车发动机柔性排气管等）的研究开发、生产制造和经营销售。 | | | |
|---|---|---|---|---|
| | 年　度 | 2006 | 2005 | 2004 |
| 主要指标 | 每股收益/扣除后(元) | 0.2/0.19 | 0.18/0.18 | 0.186/0.188 |
| | 每股经营现金流量(元) | 0.34 | 0.05 | 0.286 |
| | 每股净资产/调整后(元) | 1.88/1.79 | 1.8/1.76 | 2.65/2.58 |
| | 未分利润(万元) | 5618.23 | 4072.92 | 4595.44 |
| | 资本公积(万元) | 15803.08 | 15787.86 | 23276.06 |
| 利润构成 | 主营收入(万元) | 120001.08 | 110082.15 | 80028.9 |
| | 主营利润(万元) | 28397.65 | 26168.7 | 20543.51 |
| | 投资收益(万元) | 1491.41 | 1209.85 | -169.31 |
| | 利润总额(万元) | 6842.09 | 6233.44 | 4132.97 |
| | 净利润(万元) | 5848.47 | 5308.16 | 3486.67 |
| 近年分配: | 05年:10派1.2；04年:10派0.5送2转增4 | | | |

| 主要股东及持股比例%、持股性质 | |
|---|---|
| 南京晨光集团股份有限公司 50.88%（国有股） | |
| 航天科工财务有限责任公司 3.78%（流通A股） | |
| 国联证券有限责任公司 1.3%（流通A股） | |
| 北京北方泰格投资有限公司 1.25%（流通A股） | |
| 中国精密机械进出口深圳公司 1.21%（流通A股） | |
| 上海航天汽车机电股份有限公司 0.58%（国有股） | |
| 北京君业永丰科技发展有限责任公司 0.58%（流通A股） | |
| 中国农业银行－中邮核心优选股票型证券投资基金 0.39%（流通A股） | |
| 南京南瑞集团公司 0.27%（国有股） | |
| 张莉霞 0.24%（流通A股） | |
| 实际控制人: | 中国航天科工集团公司 |

二〇〇六年以来市场表现

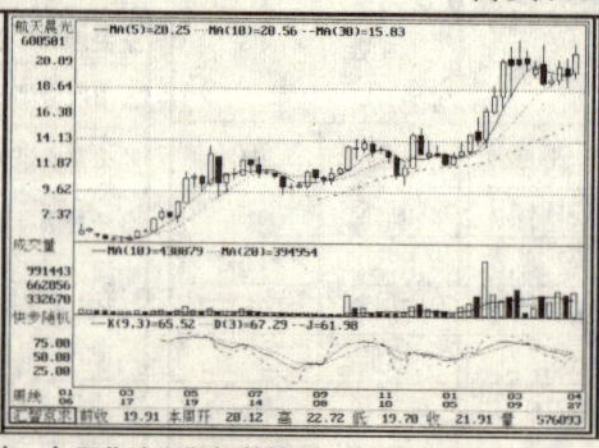

| 2006年涨跌幅(%) | 167.39 |
|---|---|
| 2006年最高(元) | 19.16 |
| 2007年涨跌幅(%) | 82.13 |
| 2007.4.27收盘(元) | 21.91 |
| 2007年最高(元) | 23.15 |
| 2007年最低(元) | 11.95 |
| 2007年换手率(%) | 484.09 |

未来一年限售流通股解禁情况:

| 最新股本 | 总股本 | 非(限售)流通 | 流通A | 流通B/H/S | 股东户数 | 06年末 | 06三季 |
|---|---|---|---|---|---|---|---|
| | 29970.3 | 15570.3 | 14400 | | | 9443 | 5954 |

年报点评：公司主营交通运输设备和管类产品。2006年固定资产投资及城镇化建设仍然保持较快增长，带动公司主导产品保持稳健发展势头。2007年公司主营业务产品将继续保持稳健发展态势，波纹管类产品将继续巩固市场龙头地位；专用汽车产品由于价格战会受一定影响。

# 安徽水利（600502）

上市日期:03/04/15 电话:0552－4081028 传真:0552－3950366

| 主营 | 水利水电工程及其他工程施工、小水电和城乡供水。 | | | |
|---|---|---|---|---|
| | 年　度 | 2006 | 2005 | 2004 |
| 主要指标 | 每股收益/扣除后(元) | 0.21/0.21 | 0.19 | 0.19/0.2 |
| | 每股经营现金流量(元) | 0.6 | -0.78 | 0.24 |
| | 每股净资产/调整后(元) | 3.52/3.51 | 3.21/3.17 | 3.01/2.97 |
| | 未分利润(万元) | 10512.41 | 7770.81 | 5579.82 |
| | 资本公积(万元) | 26213.09 | 24678.42 | 24635.36 |
| 利润构成 | 主营收入(万元) | 156541.41 | 130350.25 | 97791.39 |
| | 主营利润(万元) | 18772.97 | 15739.8 | 10875.61 |
| | 投资收益(万元) | 150.47 | 48.38 | -325.92 |
| | 利润总额(万元) | 5023.93 | 4374.83 | 4492.32 |
| | 净利润(万元) | 3311.23 | 2899.08 | 3016.89 |
| 近年分配: | 06预案:10派0.3送1 | | | |

| 主要股东及持股比例%、持股性质 | |
|---|---|
| 安徽省水利建筑工程总公司 19.02%（国有股） | |
| 金寨水电开发有限责任公司 10.2%（国有股） | |
| 凤台县永幸河管理总站 5.82%（国有股） | |
| 长江证券有限责任公司 0.67%（流通A股） | |
| 皖蚌埠市建设投资有限公司 0.58%（国有股） | |
| 安徽水利水电勘测设计院 0.58%（国有股） | |
| 徐州市国盛恒泰置业有限公司 0.31%（流通A股） | |
| 刘世富 0.28%（流通A股） | |
| 甘荣芳 0.24%（流通A股） | |
| 曾宪群 0.19%（流通A股） | |
| 实际控制人: | 安徽省人民政府国有资产监督管理委员 |

二〇〇六年以来市场表现

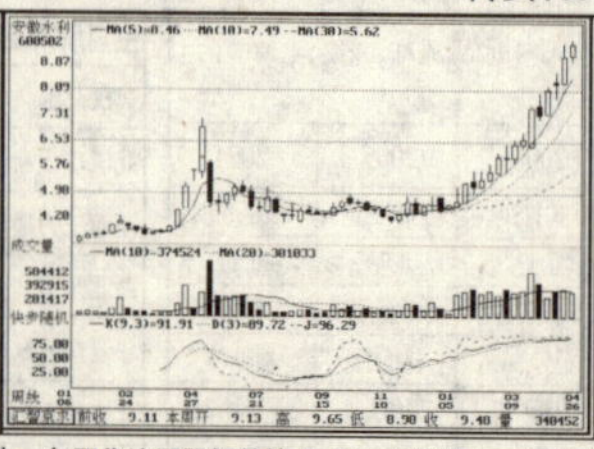

| 2006年涨跌幅(%) | 71.25 |
|---|---|
| 2006年最高(元) | 7.83 |
| 2007年涨跌幅(%) | 113.03 |
| 2007.4.27收盘(元) | 9.48 |
| 2007年最高(元) | 9.65 |
| 2007年最低(元) | 4.44 |
| 2007年换手率(%) | 550.11 |

未来一年限售流通股解禁情况:25221678股06月05日解禁

| 最新股本 | 总股本 | 非(限售)流通 | 流通A | 流通B/H/S | 股东户数 | 06年末 | 06三季 |
|---|---|---|---|---|---|---|---|
| | 15600 | 5647.2 | 9952.8 | | | 22490 | 24747 |

年报点评：2006年公司生产经营稳定增长，公司现以形成"以工程总承包为基础，房地产开发为重点，以水资源开发利用为支撑，以BESTWAY高新技术为补充"的相互协调、相互促进的同心多元化产业链。预计公司投资的金寨流波水电站将成为业务增长点。

## SST 新智（600503）

上市日期:02/07/09　　电话:0591－83335855　　传真:0591－87382507

**主营**：为电信企业提供有关客户管理、客户服务、业务管理、网络和系统管理、商业智能、增值业务平台等方面的应用软件产品和系统集成服务。

| | 年　度 | 2006 | 2005 | 2004 |
|---|---|---|---|---|
| 主要指标 | 每股收益/扣除后(元) | 0.03/0.08 | 0.03 | -1.51/-1.57 |
| | 每股经营现金流量(元) | 0.07 | 0.18 | 0.13 |
| | 每股净资产/调整后(元) | 1/1 | 0.97/0.97 | 0.93/0.93 |
| | 未分利润(万元) | -30785.06 | -31139.05 | -31492.09 |
| | 资本公积(万元) | 29240.68 | 29240.68 | 29240.68 |
| 利润构成 | 主营收入(万元) | 19004.02 | 13530.26 | 5331.67 |
| | 主营利润(万元) | 2026.4 | 3197.39 | -6032.67 |
| | 投资收益(万元) | -25.88 | -352.07 | -623.46 |
| | 利润总额(万元) | 350.57 | 267.79 | -16936.65 |
| | 净利润(万元) | 353.99 | 353.04 | -16617.85 |

近年分配:

**主要股东及持股比例%、持股性质**

王栋 18.035%（非流通股）
福建大乾数字信息有限公司 13.147%（非流通股）
湖南省信托投资有限公司 10.061%（非流通股）
李少林 5.727%（非流通股）
泉州市闽发物业发展有限公司 5.212%（非流通股）
陈大勇 4.455%（非流通股）
朱芳 4.136%（非流通股）
石狮融盛企业集团公司 2.864%（非流通股）
王凌佳 1.681%（流通 A 股）
丁青安 0.486%（流通 A 股）

实际控制人：王栋

二〇〇六年以来市场表现

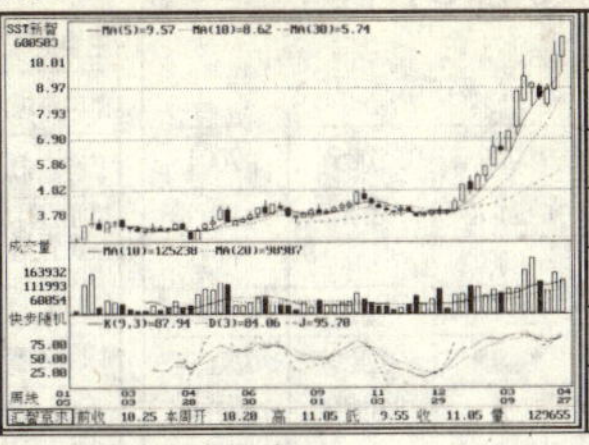

| | |
|---|---|
| 2006 年涨跌幅(%) | 42.49 |
| 2006 年最高(元) | 4.87 |
| 2007 年涨跌幅(%) | 184.06 |
| 2007.4.27 收盘(元) | 11.05 |
| 2007 年最高(元) | 11.05 |
| 2007 年最低(元) | 3.75 |
| 2007 年换手率(%) | 428.23 |

未来一年限售流通股解禁情况:

| 最新股本 | 总股本 | 非(限售)流通 | 流通 A | 流通 B/H/S | 股东户数 | 06 年末 | 06 三季 |
|---|---|---|---|---|---|---|---|
| | 11000 | 7000 | 4000 | | | 9662 | 10303 |

**年报点评**：2006 年主营业务收入主要来自于移动终端产品的集成和销售。由于上一年度公司业务基本停顿，资金链断裂，至报告期内公司仍处于恢复过渡期。在资金短缺的条件下，公司整合利用各种资源，克服困难取得净利润 354 万元的业绩，但毛利大幅下降。

## 西昌电力（600505）

上市日期:02/05/30　　电话:0834－3830007　　传真:0834－3830169

**主营**：生产、开发、销售电力产品。

| | 年　度 | 2006 | 2005 | 2004 |
|---|---|---|---|---|
| 主要指标 | 每股收益/扣除后(元) | 0.163/0.165 | -1.65 | 0.11/0.1 |
| | 每股经营现金流量(元) | 0.34 | 0.27 | 0.45 |
| | 每股净资产/调整后(元) | 0.36/0.24 | 0.2/0.17 | 1.94/1.85 |
| | 未分利润(万元) | -39245.03 | -44090.94 | 7577.03 |
| | 资本公积(万元) | 15075.73 | 15073.13 | 15073.13 |
| 利润构成 | 主营收入(万元) | 26477.59 | 25565.75 | 22860.91 |
| | 主营利润(万元) | 14732.37 | 15996.08 | 13370.38 |
| | 投资收益(万元) | 2719.4 | 179.65 | 290.94 |
| | 利润总额(万元) | 5539.44 | -48208.34 | 4149.71 |
| | 净利润(万元) | 4848.51 | -48975.3 | 3308.39 |

近年分配:04 年:10 派 1

**主要股东及持股比例%、持股性质**

凉山州国有资产经营管理有限责任公司 18.37%（国有股）
四川省水电投资经营集团有限公司 14.63%（非流通股）
四川省电力公司 12.5%（非流通股）
四川西昌泸山铁合金有限责任公司 6.12%（非流通股）
西昌东方航天旅游有限公司 4.85%（非流通股）
凉山州投资公司 2.42%（非流通股）
宁南县电力公司 1.87%（非流通股）
四川会理大铜有限责任公司 1.21%（非流通股）
普格县电力公司 1.21%（非流通股）
凉山州石广矿产公司 0.61%（非流通股）

实际控制人：凉山州国有资产监督管理委员会

二〇〇六年以来市场表现

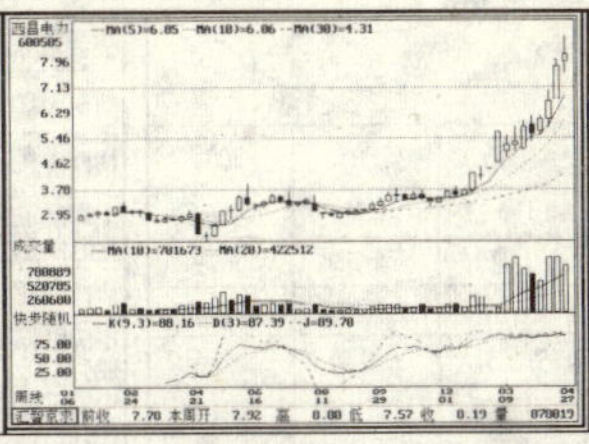

| | |
|---|---|
| 2006 年涨跌幅(%) | 50.9 |
| 2006 年最高(元) | 4.48 |
| 2007 年涨跌幅(%) | 220.99 |
| 2007.4.27 收盘(元) | 8.19 |
| 2007 年最高(元) | 14.52 |
| 2007 年最低(元) | 4.42 |
| 2007 年换手率(%) | 411.92 |

未来一年限售流通股解禁情况:112595985 股 03 月 08 日解禁

| 最新股本 | 总股本 | 非(限售)流通 | 流通 A | 流通 B/H/S | 股东户数 | 06 年末 | 06 三季 |
|---|---|---|---|---|---|---|---|
| | 29700 | 19305 | 10395 | | | 23328 | 29303 |

**年报点评**：2006 年公司成功实现扭亏。在主营业务盈利能力继续下降、主营业务利润下滑的不利情况下，公司通过压缩期间费用，实现了管理费用同比大幅下降，期间费用的下降是公司实现盈利的重要原因。

## 香梨股份（600506）

上市日期:01/12/26　　电话:0996—8851716　　传真:0996—8851721

**主营**：以库尔勒香梨为主的新疆"名、优、特、稀"水果的种植、加工和销售，种子、苗木的繁育生产经营等。

| | 年　度 | 2006 | 2005 | 2004 |
|---|---|---|---|---|
| 主要指标 | 每股收益/扣除后(元) | 0.009/-0.081 | -0.39 | 0.01/-0.11 |
| | 每股经营现金流量(元) | 0.088 | 0.11 | 0.22 |
| | 每股净资产/调整后(元) | 2.65/2.65 | 2.62/2.62 | 3.02/3.02 |
| | 未分利润(万元) | -1410.18 | -1463.59 | 4892.25 |
| | 资本公积(万元) | 22398.22 | 24083.8 | 24083.8 |
| 利润构成 | 主营收入(万元) | 3021.23 | 5731.76 | 4132.01 |
| | 主营利润(万元) | 208.93 | 473.31 | 225.74 |
| | 投资收益(万元) | 27.18 | 5.66 | 1670.61 |
| | 利润总额(万元) | 87.12 | -6487.46 | 58.71 |
| | 净利润(万元) | 134.18 | -6237.79 | 80.48 |

近年分配:

**主要股东及持股比例%、持股性质**

巴州沙依东园艺场 24.49%（国有股）
库尔楚园艺场 10.22%（国有股）
哈密中农科发展有限公司 9.53%（非流通股）
新疆库尔勒市人和农场农工贸有限责任公司 7.17%（非流通股）
新疆和硕新农种业科技有限责任公司 3.91%（非流通股）
张淑琴 0.278%（流通 A 股）
是晓东 0.275%（流通 A 股）
黄燕飞 0.27%（流通 A 股）
顾卫琴 0.25%（流通 A 股）
江钰 0.237%（流通 A 股）

实际控制人：新疆巴州国资局

二〇〇六年以来市场表现

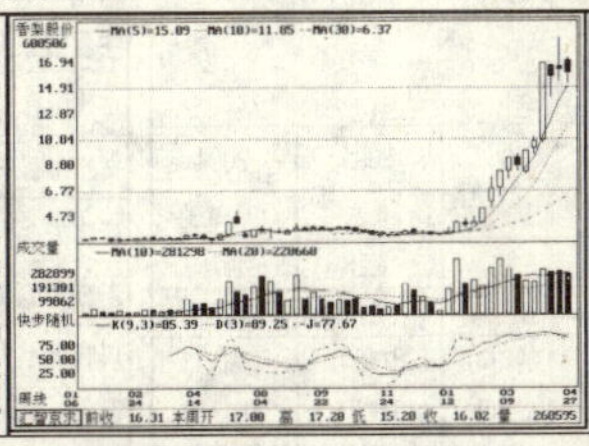

| | |
|---|---|
| 2006 年涨跌幅(%) | 46.72 |
| 2006 年最高(元) | 5.47 |
| 2007 年涨跌幅(%) | 402.19 |
| 2007.4.27 收盘(元) | 16.02 |
| 2007 年最高(元) | 18.98 |
| 2007 年最低(元) | 3.16 |
| 2007 年换手率(%) | 606.89 |

未来一年限售流通股解禁情况:35321864 股 07 月 18 日解禁

| 最新股本 | 总股本 | 非(限售)流通 | 流通 A | 流通 B/H/S | 股东户数 | 06 年末 | 06 三季 |
|---|---|---|---|---|---|---|---|
| | 14770.69 | 8170.69 | 6600 | | | 14783 | 16100 |

**年报点评**：2006 年，公司实现了扭亏为盈，未来公司的主营业务会有所变化，在传统的香梨业务之外，公司将进入化工产业。公司将收购新疆联合化工有限责任公司全部股权并建设年产四万吨聚甲醛项目，这为调整产业结构、创造新的利润增长点提供了有利条件。

## 长力股份（600507）

上市日期:03/09/30　　电话:0791－8394025　　传真:0791－8394023

**主营**：汽车钢板弹簧、弹簧扁钢等

| | 年　度 | 2006 | 2005 | 2004 |
|---|---|---|---|---|
| 主要指标 | 每股收益/扣除后(元) | 0.1/0.09 | 0.12 | 0.6/0.63 |
| | 每股经营现金流量(元) | -0.12 | 0.13 | 0.12 |
| | 每股净资产/调整后(元) | 2.19/2.19 | 1.77/1.77 | 4.69/4.69 |
| | 未分利润(万元) | 12471.69 | 8328.75 | 10150.18 |
| | 资本公积(万元) | 61663.36 | 10359.48 | 30296.31 |
| 利润构成 | 主营收入(万元) | 310879.32 | 145427.44 | 122252.14 |
| | 主营利润(万元) | 22277.76 | 13495.05 | 16241.12 |
| | 投资收益(万元) | 299.91 | 68.36 | -401.28 |
| | 利润总额(万元) | 8517.41 | 4801.91 | 9216.53 |
| | 净利润(万元) | 6567.92 | 3806.46 | 7518.02 |

近年分配:06 预案:10 派 0.5；05 中期:10 转增 3 年终:10 派 0.5；04 年:10 派 4 转增 10

**主要股东及持股比例%、持股性质**

南昌钢铁有限责任公司 46.55%（国有股）
江西汽车板簧有限公司 22.45%（部分流通部分不流通）
江西宝申实业有限公司 1.83%（非流通股）
东海证券有限责任公司 1.46%（非流通股）
烟台恒惠贸易有限责任公司 0.73%（非流通股）
广州市天高有限公司 0.58%（流通 A 股）
张帆 0.48%（流通 A 股）
江铃汽车集团公司 0.48%（流通 A 股）
薛东生 0.4%（流通 A 股）
王莹莹 0.26%（流通 A 股）

实际控制人：江西省冶金集团公司

二〇〇六年以来市场表现

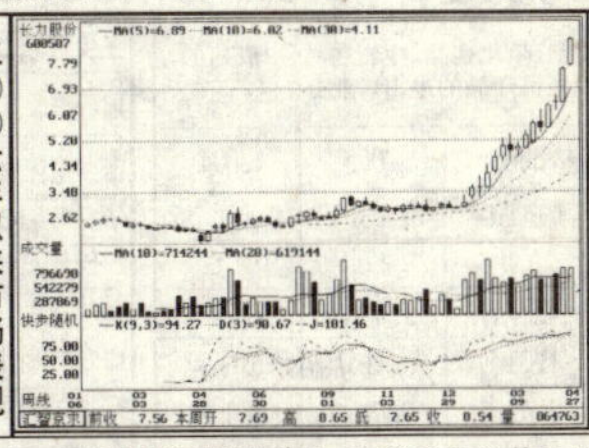

| | |
|---|---|
| 2006 年涨跌幅(%) | 26.18 |
| 2006 年最高(元) | 3.39 |
| 2007 年涨跌幅(%) | 195.5 |
| 2007.4.27 收盘(元) | 8.54 |
| 2007 年最高(元) | 8.65 |
| 2007 年最低(元) | 2.85 |
| 2007 年换手率(%) | 560.31 |

未来一年限售流通股解禁情况:16250000 股 08 月 19 日解禁

| 最新股本 | 总股本 | 非(限售)流通 | 流通 A | 流通 B/H/S | 股东户数 | 06 年末 | 06 三季 |
|---|---|---|---|---|---|---|---|
| | 68448.97 | 50898.97 | 17550 | | | 20939 | 23636 |

**年报点评**：公司主营汽车弹簧、弹簧扁钢、Φ25mm 以上中型优圆等产品，是目前国内汽车弹簧行业拥有"冶炼－轧制－成型"完整生产线的三家生产企业之一。06 年公司主营业务收入和净利润均大幅增长。07 年汽车市场转暖，公司发展前景看好。

## 上海能源（600508）

上市日期:01/08/29　电话:021－58218560　传真:021－58215101

| 主营 | 煤炭的开采、洗选加工和销售 | | | |
|---|---|---|---|---|
| | 年　度 | 2006 | 2005 | 2004 |
| 主要指标 | 每股收益/扣除后(元) | 0.62/0.63 | 1.01 | 0.91/0.88 |
| | 每股经营现金流量(元) | 1.48 | 1.86 | 2.1 |
| | 每股净资产/调整后(元) | 3.35/3.35 | 5.2/5.2 | 4.68/4.68 |
| | 未分利润(万元) | 59499.9 | 43198.79 | 32800.98 |
| | 资本公积(万元) | 83809.6 | 103101.6 | 98821.42 |
| 利润构成 | 主营收入(万元) | 431722.9 | 371567.77 | 247490.13 |
| | 主营利润(万元) | 116796.85 | 99801.5 | 72734.4 |
| | 投资收益(万元) | 365.34 | -36.46 | -36.46 |
| | 利润总额(万元) | 61061.05 | 53817.68 | 43758.18 |
| | 净利润(万元) | 44711.74 | 40488.95 | 36357.5 |
| 近年分配: | 06预案:10派2；05年:10派4送2转增6；04年:10派6 | | | |

| 主要股东及持股比例%、持股性质 |
|---|
| 中国中煤能源股份有限公司 62.43%（国有股） |
| 上海宝钢国际经济贸易有限公司 1.53%（国有股） |
| 招商银行股份有限公司－上证红利交易型开放式指数证券投资基金 0.69%（流通A股） |
| 中国平安人寿保险股份有限公司－传统－普通保险产品 0.35%（流通A股） |
| 上海煤气制气物资贸易有限公司 0.29%（非流通股） |
| 陈庆良 0.19%（流通A股） |
| 中国人寿保险股份有限公司－传统－普通保险产品－005L－CT001沪 0.17%（流通A股） |
| 关越 0.14%（流通A股） |
| 煤炭科学研究总院 0.14%（国有股） |
| 王淑芳 0.13%（流通A股） |
| 实际控制人：中国中煤能源集团公司 |

二〇〇六年以来市场表现

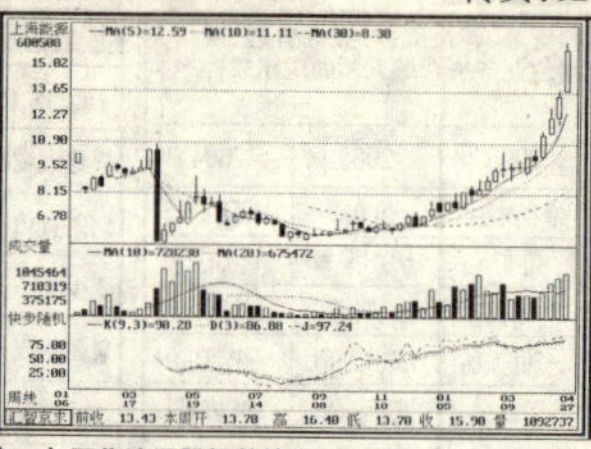

| | |
|---|---|
| 2006年涨跌幅(%) | 79.48 |
| 2006年最高(元) | 21.56 |
| 2007年涨跌幅(%) | 120.53 |
| 2007.4.27收盘(元) | 15.9 |
| 2007年最高(元) | 16.4 |
| 2007年最低(元) | 7.19 |
| 2007年换手率(%) | 435.69 |

未来一年限售流通股解禁情况:

| 最新股本 | 总股本 | 非(限售)流通 | 流通A | 流通B/H/S | 股东户数 | 06年末 | 06三季 |
|---|---|---|---|---|---|---|---|
| | 72271.8 | 46531.8 | 25740 | | | 60886 | 62299 |

**年报点评** 2006年公司通过加强安全长效机制建设，广泛开展双增双节双降活动，实现了洗煤、供电和电解铝业务毛利率稳步增长，带动了公司整体盈利能力的提升。伴随着公司收入的增长，以及期间费用增幅放缓，公司净利润实现了同比稳步增长。

## 天富热电（600509）

上市日期:02/02/28　电话:0993－2902860　传真:0993－2901728

| 主营 | 火电、水电、供电、供热 | | | |
|---|---|---|---|---|
| | 年　度 | 2006 | 2005 | 2004 |
| 主要指标 | 每股收益/扣除后(元) | 0.13/0.13 | 0.25 | 0.24/0.22 |
| | 每股经营现金流量(元) | 1.42 | 0.93 | 0.73 |
| | 每股净资产/调整后(元) | 2.8/2.8 | 2.78/2.78 | 2.72/2.72 |
| | 未分利润(万元) | 3941.54 | 6033.99 | 5657.54 |
| | 资本公积(万元) | 34175.75 | 32071.53 | 32051.51 |
| 利润构成 | 主营收入(万元) | 97517.25 | 81617.59 | 70399.66 |
| | 主营利润(万元) | 26261.51 | 24568.45 | 21269.55 |
| | 投资收益(万元) | -11.08 | 45.78 | 428.93 |
| | 利润总额(万元) | 3832.68 | 6009.5 | 6412.74 |
| | 净利润(万元) | 3416.82 | 6393.78 | 6022.88 |
| 近年分配: | 06年:10派1.5；05年:10派2；04年:10派2 | | | |

| 主要股东及持股比例%、持股性质 |
|---|
| 新疆天富电力(集团)有限责任公司 51.66%（非流通股） |
| 国联证券有限责任公司 4.64%（流通A股） |
| 上海浦东发展银行－广发小盘成长股票型证券投资基金 1.01%（流通A股） |
| 唐祥红 0.87%（流通A股） |
| 中国银行－华夏大盘精选证券投资基金 0.79%（流通A股） |
| 中国工商银行－广发聚富开放式证券投资基金 0.79%（流通A股） |
| 农七师电力工业公司 0.65%（非流通股） |
| 马雪霞 0.64%（流通A股） |
| 蔡进 0.58%（流通A股） |
| 邓儒理 0.56%（流通A股） |
| 实际控制人： |

二〇〇六年以来市场表现

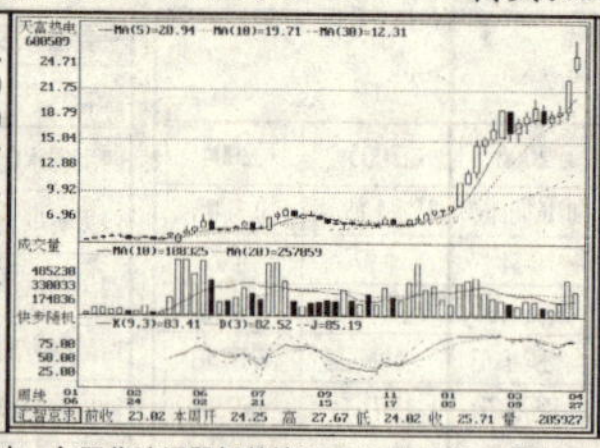

| | |
|---|---|
| 2006年涨跌幅(%) | 159.54 |
| 2006年最高(元) | 10.77 |
| 2007年涨跌幅(%) | 229.85 |
| 2007.4.27收盘(元) | 25.71 |
| 2007年最高(元) | 27.67 |
| 2007年最低(元) | 7.46 |
| 2007年换手率(%) | 310.31 |

未来一年限售流通股解禁情况:15578830股05月09日解禁

| 最新股本 | 总股本 | 非(限售)流通 | 流通A | 流通B/H/S | 股东户数 | 06年末 | 06三季 |
|---|---|---|---|---|---|---|---|
| | 25362.75 | 13392.75 | 11970 | | | 12057 | 18104 |

**年报点评** 2006年公司在主营业务保持稳步发展的情况下，净利润却出现大幅下降。由于公司在建项目较多，所需资金主要通过借款解决，从而造成公司财务费用在近几年一直居高不下。通过发行公司债券，公司每年的财务费用支出有望降低。

## 黑牡丹（600510）

上市日期:02/06/18　电话:0519－8166510　传真:0519－8109996

| 主营 | 牛仔布、服装的制造和加工 | | | |
|---|---|---|---|---|
| | 年　度 | 2006 | 2005 | 2004 |
| 主要指标 | 每股收益/扣除后(元) | 0.2/0.18 | 0.28 | 0.33/0.32 |
| | 每股经营现金流量(元) | 0.31 | 0.21 | 0.74 |
| | 每股净资产/调整后(元) | 2.34/2.34 | 2.38/2.38 | 3.4/3.4 |
| | 未分利润(万元) | 13094.04 | 16041.77 | 13062.15 |
| | 资本公积(万元) | 29815.05 | 29801.6 | 44248.09 |
| 利润构成 | 主营收入(万元) | 95627.9 | 106849.21 | 89658.97 |
| | 主营利润(万元) | 18509.55 | 21350.44 | 21489.76 |
| | 投资收益(万元) | 2031.16 | 1443.12 | -244.96 |
| | 利润总额(万元) | 13175.27 | 16867.3 | 14161.82 |
| | 净利润(万元) | 8966.09 | 12100.95 | 9674.85 |
| 近年分配: | 06预案:10派1.28；05年:10派2.5；04年:10派2.5转增5 | | | |

| 主要股东及持股比例%、持股性质 |
|---|
| 常州国有资产投资经营总公司 22%（国有股） |
| 常州市新发展实业公司 19.82%（非流通股） |
| 曹德法 2.11%（非流通股） |
| 王盘大 2.09%（非流通股） |
| 周顺生 1.72%（非流通股） |
| 戴伯春 1.71%（非流通股） |
| 张国兴 1.7%（非流通股） |
| 金梅英 1.7%（非流通股） |
| 任民 1.44%（流通A股） |
| 袁国民 1.03%（非流通股） |
| 实际控制人：常州国有资产投资经营总公司 |

二〇〇六年以来市场表现

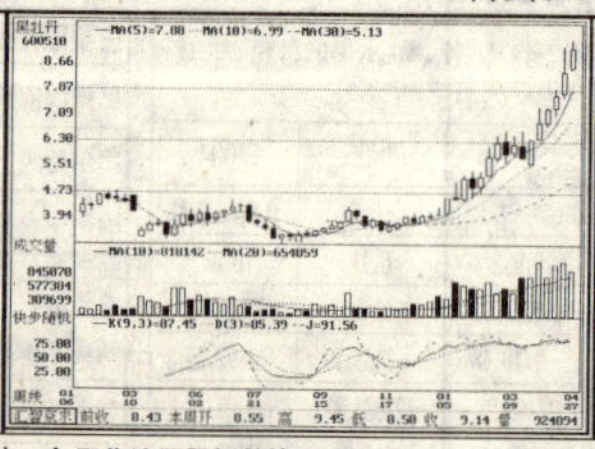

| | |
|---|---|
| 2006年涨跌幅(%) | 38.71 |
| 2006年最高(元) | 6.11 |
| 2007年涨跌幅(%) | 125.68 |
| 2007.4.27收盘(元) | 9.14 |
| 2007年最高(元) | 9.45 |
| 2007年最低(元) | 4.01 |
| 2007年换手率(%) | 568.28 |

未来一年限售流通股解禁情况:

| 最新股本 | 总股本 | 非(限售)流通 | 流通A | 流通B/H/S | 股东户数 | 06年末 | 06三季 |
|---|---|---|---|---|---|---|---|
| | 43837.08 | 24805.08 | 19032 | | | 22529 | 21686 |

**年报点评** 公司主营牛仔布的生产和销售，是国内最大的牛仔布生产企业。2006年公司经营形势较为严峻，由于人民币持续升值，国内棉价远高于外棉，对于大量使用棉花原材料的牛仔布来说大大降低了牛仔布的国际竞争能力，这直接导致了公司2006年经营业绩不佳。

## 国药股份（600511）

上市日期:02/11/27　电话:010－67262917　传真:010－67262919

| 主营 | 从事化学原料药、西药制剂、生化药品、生物制品、中成药的生产和销售；自营和代理各类商品的进出口业务。 | | | |
|---|---|---|---|---|
| | 年　度 | 2006 | 2005 | 2004 |
| 主要指标 | 每股收益/扣除后(元) | 0.64/0.64 | 0.38 | 0.263/0.285 |
| | 每股经营现金流量(元) | 0.91 | 0.69 | 0.37 |
| | 每股净资产/调整后(元) | 4.2/4.19 | 3.74/3.68 | 3.44/3.38 |
| | 未分利润(万元) | 13832.59 | 8212.57 | 5512.94 |
| | 资本公积(万元) | 24677.35 | 24979.41 | 24701.82 |
| 利润构成 | 主营收入(万元) | 280703.97 | 233388.21 | 180101.2 |
| | 主营利润(万元) | 25064.19 | 20242.37 | 17886.41 |
| | 投资收益(万元) | 1528.21 | 1303.23 | 17.54 |
| | 利润总额(万元) | 11528.03 | 7221.42 | 5662.66 |
| | 净利润(万元) | 8461.12 | 5037.04 | 3503.21 |
| 近年分配: | 06预案:10派2.5；05年:10派1.5；04年:10派1 | | | |

| 主要股东及持股比例%、持股性质 |
|---|
| 国药控股有限公司 47.01%（国有股） |
| 南方绩优成长股票型证券投资基金 3.11%（流通A股） |
| 华宝兴业先进成长股票型证券投资基金 3.04%（流通A股） |
| 易方达价值精选股票型证券投资基金 2.37%（流通A股） |
| 南方积极配置证券投资基金 1.75%（流通A股） |
| 富兰克林国海弹性市值股票型证券投资基金 1.53%（流通A股） |
| 景宏证券投资基金 1.43%（流通A股） |
| 嘉实增长开放式证券投资基金 1.43%（流通A股） |
| 招商先锋证券投资基金 1.38%（流通A股） |
| 工银瑞信精选平衡混合型证券投资基金 1.17%（流通A股） |
| 实际控制人：中国医药集团总公司 |

二〇〇六年以来市场表现

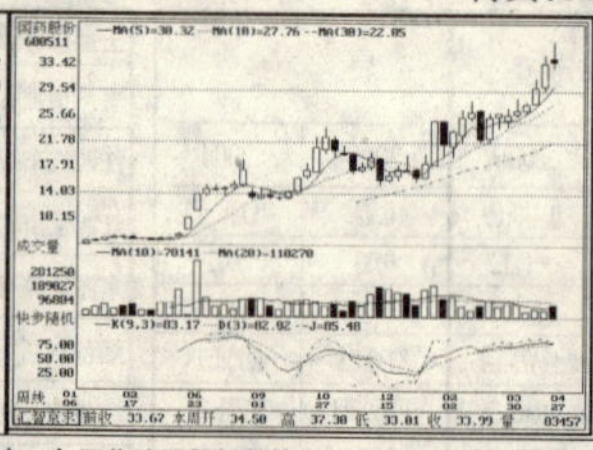

| | |
|---|---|
| 2006年涨跌幅(%) | 263.37 |
| 2006年最高(元) | 31.19 |
| 2007年涨跌幅(%) | 95.23 |
| 2007.4.27收盘(元) | 33.99 |
| 2007年最高(元) | 37.3 |
| 2007年最低(元) | 15.67 |
| 2007年换手率(%) | 218.04 |

未来一年限售流通股解禁情况:8223174股08月23日解禁

| 最新股本 | 总股本 | 非(限售)流通 | 流通A | 流通B/H/S | 股东户数 | 06年末 | 06三季 |
|---|---|---|---|---|---|---|---|
| | 13300 | 6410 | 6890 | | | 9007 | 7877 |

**年报点评** 公司是国内医药流通企业的龙头之一，业务覆盖区域较大。公司医药商业规模继续扩大，医药工业的盈利能力较好。2006年公司主营业务收入保持稳步增长，净利润大幅增长。公司存在资产注入预期。

## 腾达建设（600512）

上市日期:02/12/26　电话:021－56983912　传真:021－56983912

**主营**：市政工程和公路工程建设，包括道路、大型桥梁、高速公路、高架道路、雨污排水管道、大型排水泵站、污水处理厂等工程建筑。

| | 年　度 | 2006 | 2005 | 2004 |
|---|---|---|---|---|
| 主要指标 | 每股收益/扣除后(元) | 0.19/0.17 | 0.39 | 0.37/0.35 |
| | 每股经营现金流量(元) | 0.59 | 0.8 | -0.015 |
| | 每股净资产/调整后(元) | 1.74/1.66 | 3.52/3.4 | 3.23/3.14 |
| | 未分利润(万元) | 11805.84 | 12716.48 | 8755.22 |
| | 资本公积(万元) | 6708.75 | 22753.24 | 22753.24 |
| 利润构成 | 主营收入(万元) | 140868.74 | 137048.02 | 119264.79 |
| | 主营利润(万元) | 18249.02 | 14370.11 | 13642.69 |
| | 投资收益(万元) | 8.89 | 30.48 | |
| | 利润总额(万元) | 9333.31 | 9181.46 | 8915.81 |
| | 净利润(万元) | 6002.84 | 6172.59 | 5860.72 |

**近年分配**：06 预案:10 派 2；05 年:10 派 4 年终:10 转增 10；04 年:10 派 1

**主要股东及持股比例%、持股性质**

叶洋友 5.18%（非流通股）
叶立春 4.33%（非流通股）
叶小根 3.82%（非流通股）
叶林富 3.65%（非流通股）
叶春方 3.51%（非流通股）
叶洋增 2.45%（非流通股）
阮建军 2.23%（非流通股）
杨仙彩 2.08%（非流通股）
徐君明 2.08%（非流通股）
蔡晓彬 1.74%（非流通股）

**实际控制人**：叶洋友

二〇〇六年以来市场表现

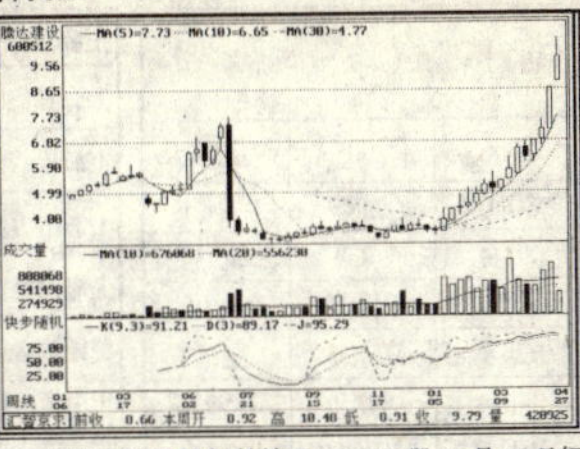

| | |
|---|---|
| 2006 年涨跌幅(%) | 96.58 |
| 2006 年最高(元) | 10.76 |
| 2007 年涨跌幅(%) | 174.23 |
| 2007.4.27 收盘(元) | 9.79 |
| 2007 年最高(元) | 10.48 |
| 2007 年最低(元) | 3.39 |
| 2007 年换手率(%) | 620.59 |

**未来一年限售流通股解禁情况**：566160 股 04 月 17 日解禁

| 最新股本 | 总股本 | 非(限售)流通 | 流通 A | 流通 B/H/S | 股东户数 | 06 年末 | 06 三季 |
|---|---|---|---|---|---|---|---|
| | 31947.03 | 16827.03 | 15120 | | | 23361 | 26082 |

**年报点评**：公司主营市政工程承包业务等，2006 年在轨道交通和公路施工业务取得突破。2007 年以打造成全国前三名的特级市政企业为目标，立足华东继续向天津、中部、广东及长三角推进，立足市政、公路、建筑向铁路、水利推进。预计公司将保持稳定增长。

## 联环药业（600513）

上市日期:03/03/19　电话:0514－7813082　传真:0514－7815079

**主营**：制造和销售化学原料药、化学药制剂、有机中间体

| | 年　度 | 2006 | 2005 | 2004 |
|---|---|---|---|---|
| 主要指标 | 每股收益/扣除后(元) | 0.13/0.13 | 0.13 | 0.12/0.13 |
| | 每股经营现金流量(元) | 0.17 | 0.06 | 0.06 |
| | 每股净资产/调整后(元) | 4.29/4.19 | 4.23/4.18 | 4.16/4.11 |
| | 未分利润(万元) | 4781.88 | 4352.88 | 4009.33 |
| | 资本公积(万元) | 13959.34 | 14127.59 | 14167.59 |
| 利润构成 | 主营收入(万元) | 16623.95 | 17299.36 | 18119.35 |
| | 主营利润(万元) | 7753.49 | 7340.43 | 6649.96 |
| | 投资收益(万元) | -55.43 | -26.47 | |
| | 利润总额(万元) | 1250.38 | 1141.49 | 1242.04 |
| | 净利润(万元) | 809.98 | 757.12 | 725.77 |

**近年分配**：06 预案:10 派 0.6；05 年:10 派 0.5；04 年:10 派 0.5

**主要股东及持股比例%、持股性质**

扬州制药厂 39.03%（国有股）
苏州工业园区药科大新药开发中心有限公司 3.85%（非流通股）
国药集团药业股份有限公司 3.85%（非流通股）
上海联创创业投资有限公司 3.85%（非流通股）
江苏新时空投资有限公司 3.23%（非流通股）
江苏省高科技产业投资有限公司 1.18%（非流通股）
南方证券有限公司 0.45%（流通 A 股）
中信证券－工行－CREDIT SUISSE（HONGKONG）LIMITED 0.34%（流通 A 股）
张宏 0.27%（流通 A 股）
戴燕萍 0.19%（流通 A 股）

**实际控制人**：江苏金茂化工医药集团有限公司

二〇〇六年以来市场表现

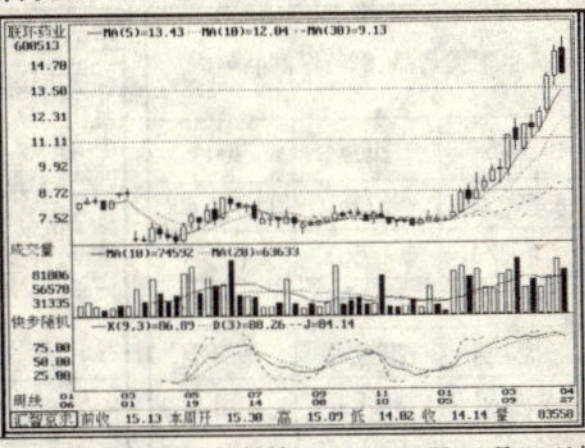

| | |
|---|---|
| 2006 年涨跌幅(%) | 25.21 |
| 2006 年最高(元) | 11.49 |
| 2007 年涨跌幅(%) | 91.86 |
| 2007.4.27 收盘(元) | 14.14 |
| 2007 年最高(元) | 15.89 |
| 2007 年最低(元) | 7.23 |
| 2007 年换手率(%) | 421 |

**未来一年限售流通股解禁情况**：6000000 股 03 月 22 日解禁

| 最新股本 | 总股本 | 非(限售)流通 | 流通 A | 流通 B/H/S | 股东户数 | 06 年末 | 06 三季 |
|---|---|---|---|---|---|---|---|
| | 6000 | 3300 | 2700 | | | 8641 | 9276 |

**年报点评**：公司是化学药制造企业。产品包括治疗前列腺增生药物、抗过敏药物和心血管药物三个系列。公司 2006 年产品销量增长，但受到产品价格下降的影响，公司的收入出现小幅下降，利润出现小幅增长。公司主营规模较小，未来增长空间较大。

## ＊ST 一投（600515）

上市日期:02/08/06　电话:0898－68530096　传真:0898－68513887

**主营**：商品零售业务和宾馆旅游业务

| | 年　度 | 2006 | 2005 | 2004 |
|---|---|---|---|---|
| 主要指标 | 每股收益/扣除后(元) | 0.07/0.02 | -0.91 | -1.46/-0.65 |
| | 每股经营现金流量(元) | 0.06 | 0.22 | 0.33 |
| | 每股净资产/调整后(元) | -0.22/-0.23 | -0.36/-0.37 | 0.35/0.31 |
| | 未分利润(万元) | -50527.18 | -52074.57 | -34939.84 |
| | 资本公积(万元) | 15140.33 | 13771.46 | 13655.18 |
| 利润构成 | 主营收入(万元) | 41213.46 | 40312.24 | 26057.35 |
| | 主营利润(万元) | 10616.95 | 10109.32 | 7462.88 |
| | 投资收益(万元) | 1020.01 | 260.86 | 281.01 |
| | 利润总额(万元) | 2020.73 | -22171.14 | -36164.26 |
| | 净利润(万元) | 1817.48 | -22213.58 | -35664.49 |

**近年分配**：

**主要股东及持股比例%、持股性质**

第一投资集团股份有限公司 28.63%（非流通股）
海南康泰投资顾问有限公司 3.18%（非流通股）
海南拓江科技投资有限公司 1.17%（非流通股）
三亚亚龙湾开发股份有限公司 1.09%（非流通股）
中国教学仪器设备总公司 0.96%（非流通股）
中国信达资产管理公司 0.93%（非流通股）
西安慧海科技投资有限公司 0.93%（非流通股）
海南宝生经济贸易公司 0.82%（非流通股）
吴剑高 0.56%（流通 A 股）
海口海越经济开发有限公司 0.55%（非流通股）

**实际控制人**：蒋会成

二〇〇六年以来市场表现

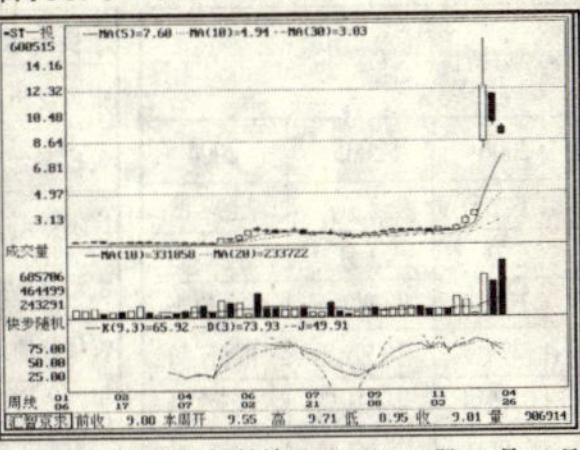

| | |
|---|---|
| 2006 年涨跌幅(%) | 113.89 |
| 2006 年最高(元) | 3.22 |
| 2007 年涨跌幅(%) | 309.55 |
| 2007.4.27 收盘(元) | 9.01 |
| 2007 年最高(元) | 22.4 |
| 2007 年最低(元) | 3.23 |
| 2007 年换手率(%) | 121.31 |

**未来一年限售流通股解禁情况**：68239617 股 04 月 13 日解禁

| 最新股本 | 总股本 | 非(限售)流通 | 流通 A | 流通 B/H/S | 股东户数 | 06 年末 | 06 三季 |
|---|---|---|---|---|---|---|---|
| | 24357.28 | 11360.49 | 12996.79 | | | 16075 | 18678 |

**年报点评**：公司主营商品零售业、旅游酒店业和房地产业。报告期内公司主营业务和主营利润比上年同期有不同程度的增长。但公司持有的海南可口可乐饮料有限公司和浙江中粮可口可乐饮料有限公司的股权在本报告期内被公开拍卖，对公司的经营业绩产生不利影响。

## ＊ST 方大（600516）

上市日期:02/08/30　电话:0931－6234288　传真:0931－6232285

**主营**：石墨电极、炭砖、炭糊、特种炭素新材料等石墨及炭素制品的生产销售

| | 年　度 | 2006 | 2005 | 2004 |
|---|---|---|---|---|
| 主要指标 | 每股收益/扣除后(元) | 0.054/0.04 | -0.698 | -0.42/-0.23 |
| | 每股经营现金流量(元) | 1.53 | 0.06 | -0.14 |
| | 每股净资产/调整后(元) | 2.79/2.79 | 2.76/2.76 | 3.47 |
| | 未分利润(万元) | -10848.29 | -11923.85 | 2175.52 |
| | 资本公积(万元) | 45230.76 | 45002.92 | 44978.87 |
| 利润构成 | 主营收入(万元) | 47408.83 | 52263.91 | 59999.6 |
| | 主营利润(万元) | 3126.85 | 3752.37 | 8624.68 |
| | 投资收益(万元) | 61.75 | -442.22 | -607.05 |
| | 利润总额(万元) | 568.38 | -14420.48 | -8799.68 |
| | 净利润(万元) | 1077.18 | -13961.32 | -8451.3 |

**近年分配**：

**主要股东及持股比例%、持股性质**

辽宁方大集团实业有限公司 51.62%（非流通股）
兰州炭素集团有限责任公司 6.39%（国有股）
李锋 2.15%（流通 A 股）
叶云 1.12%（流通 A 股）
上海中勇投资有限公司 1.07%（流通 A 股）
徐磊 0.86%（流通 A 股）
窑街煤电有限责任公司 0.75%（国有股）
太西集团有限责任公司 0.5%（国有股）
祁连山股份有限公司 0.5%（非流通股）
兰州科近技术公司 0.25%（国有股）

**实际控制人**：方威

二〇〇六年以来市场表现

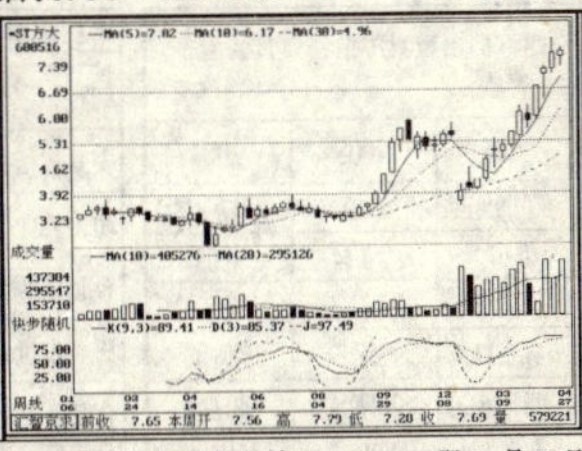

| | |
|---|---|
| 2006 年涨跌幅(%) | 65.85 |
| 2006 年最高(元) | 5.88 |
| 2007 年涨跌幅(%) | 212.35 |
| 2007.4.27 收盘(元) | 7.69 |
| 2007 年最高(元) | 17.85 |
| 2007 年最低(元) | 7.89 |
| 2007 年换手率(%) | 297.53 |

**未来一年限售流通股解禁情况**：16770000 股 01 月 25 日解禁

| 最新股本 | 总股本 | 非(限售)流通 | 流通 A | 流通 B/H/S | 股东户数 | 06 年末 | 06 三季 |
|---|---|---|---|---|---|---|---|
| | 20000 | 12000 | 8000 | | | 14476 | 16733 |

**年报点评**：2006 年公司收购辽宁方大集团持有的抚顺炭素有限责任公司、成都蓉光炭素股份有限公司、合肥炭素有限责任公司等三家公司的股权后，规避了同业竞争，提高盈利能力。主要挑战是主要原料供户相对集中，资源紧张导致采购成本上升。

## 置信电气（600517）

上市日期:03/10/10　　电话:021－62623388　　传真:021－62610088

**主营**：非晶合金变压器及相关产品

| | 年　度 | 2006 | 2005 | 2004 |
|---|---|---|---|---|
| 主要指标 | 每股收益/扣除后(元) | 0.341/0.34 | 0.098 | 0.19/0.19 |
| | 每股经营现金流量(元) | 0.26 | -0.06 | 0.23 |
| | 每股净资产/调整后(元) | 1.45/1.45 | 1.6/1.59 | 3.04/3.03 |
| | 未分利润(万元) | 6618.88 | 3757.33 | 2821.29 |
| | 资本公积(万元) | 181.69 | 4297.56 | 12280.56 |
| 利润构成 | 主营收入(万元) | 74512.52 | 31319.01 | 18384.44 |
| | 主营利润(万元) | 18424.99 | 9511.76 | 6235.81 |
| | 投资收益(万元) | 902.48 | 174.48 | 5.49 |
| | 利润总额(万元) | 7964.61 | 2653.65 | 2268.56 |
| | 净利润(万元) | 6796.75 | 1570.18 | 1480.87 |

**近年分配**：06年:10派2；05年:10派2转增2.5；04年:10派0.5转增10

| 主要股东及持股比例%、持股性质 |
|---|
| 上海置信(集团)有限公司 24.15%（非流通股） |
| 上海置信电气工程安装有限公司 10.03%（非流通股） |
| 上海电力实业总公司 9.13%（非流通股） |
| 上海国有资产经营有限公司 3.04%（国有股） |
| 费维武 3.04%（非流通股） |
| 中国工商银行－易方达价值精选股票型证券投资基金 2.51%（流通A股） |
| 杜筱燕 2.14%（非流通股） |
| 上海鑫达实业总公司 1.98%（非流通股） |
| 中国银行－易方达策略成长二号混合型证券投资基金 1.89%（流通A股） |
| 上海石化企业发展有限公司 1.72%（国有股） |

**实际控制人**：徐锦鑫

二〇〇六年以来市场表现

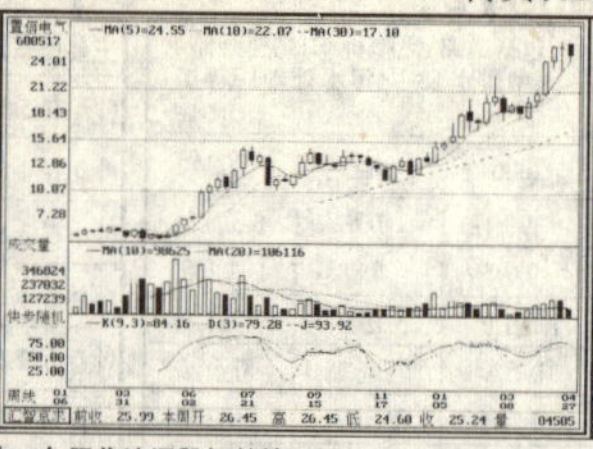

| | |
|---|---|
| 2006年涨跌幅(%) | 380.11 |
| 2006年最高(元) | 24.86 |
| 2007年涨跌幅(%) | 69.04 |
| 2007.4.27收盘(元) | 25.24 |
| 2007年最高(元) | 26.8 |
| 2007年最低(元) | 14.75 |
| 2007年换手率(%) | 178.79 |

未来一年限售流通股解禁情况:28196250股03月30日解禁

| 最新股本 | 总股本 | 非(限售)流通 | 流通A | 流通B/H/S | 股东户数 | 06年末 | 06三季 |
|---|---|---|---|---|---|---|---|
| | 19957.5 | 12145 | 7812.5 | | | 8293 | 7135 |

**年报点评**：公司主营非晶合金变压器。06年随着国家对节能降耗的重视,公司产品非晶合金变压器产品市场迅速打开,在江苏市场上取得了巨大突破,公司业绩大幅上涨。07年随着节能市场进一步打开和公司产能进一步扩张,短期公司业绩仍将大幅上涨。

## 康美药业（600518）

上市日期:01/03/19　　电话:0663－2917777　　传真:0663－2916111

**主营**：生产、销售化学药品制剂、抗生素类药品、医药保健品等。

| | 年　度 | 2006 | 2005 | 2004 |
|---|---|---|---|---|
| 主要指标 | 每股收益/扣除后(元) | 0.455/0.448 | 0.684 | 0.671/0.648 |
| | 每股经营现金流量(元) | 0.312 | 1.254 | 0.739 |
| | 每股净资产/调整后(元) | 5.27/5.26 | 5.4/5.35 | 4.82/4.73 |
| | 未分利润(万元) | 27857.28 | 21256.72 | 16674.78 |
| | 资本公积(万元) | 59795.97 | 20481.97 | 19981.97 |
| 利润构成 | 主营收入(万元) | 82560.66 | 58461.38 | 55311.04 |
| | 主营利润(万元) | 23777.16 | 18015.94 | 16802.72 |
| | 投资收益(万元) | | | |
| | 利润总额(万元) | 14947.52 | 10872.48 | 10567.89 |
| | 净利润(万元) | 9988.95 | 7264.63 | 7121.01 |

**近年分配**：06年:10派0.35送3转增7；05年:10派0.25送2转增3；04年:10派1.5

| 主要股东及持股比例%、持股性质 |
|---|
| 普宁市康美实业有限公司 38.67%（部分流通部分不流通） |
| 中国银行－嘉实主题精选混合型证券投资基金 4.13%（流通A股） |
| 普宁市金信典当行有限公司 2.72%（流通A股） |
| 许燕君 2.72%（流通A股） |
| 普宁市国际信息咨询服务有限公司 2.72%（流通A股） |
| 许冬瑾 2.72%（流通A股） |
| 全国社保基金一零六组合 2.08%（流通A股） |
| 全国社保基金一零八组合 1.19%（流通A股） |
| 中国人寿保险股份有限公司－分红－个人分红－005L－FH002沪 1.16%（流通A股） |
| 光大证券股份有限公司 1.14%（流通A股） |

**实际控制人**：马兴田

二〇〇六年以来市场表现

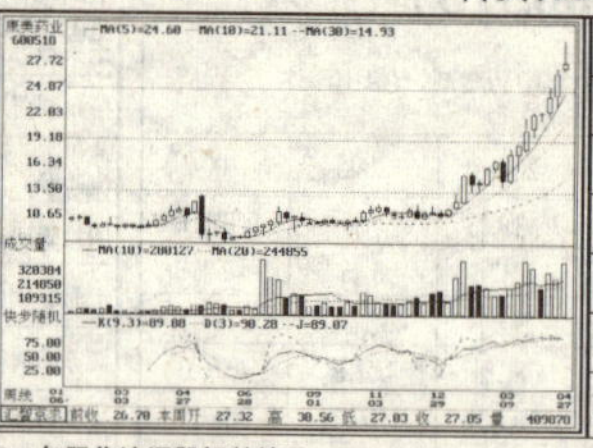

| | |
|---|---|
| 2006年涨跌幅(%) | 60.95 |
| 2006年最高(元) | 18.18 |
| 2007年涨跌幅(%) | 157.63 |
| 2007.4.27收盘(元) | 27.85 |
| 2007年最高(元) | 30.56 |
| 2007年最低(元) | 10.63 |
| 2007年换手率(%) | 302.22 |

未来一年限售流通股解禁情况:7965000股10月25日解禁

| 最新股本 | 总股本 | 非(限售)流通 | 流通A | 流通B/H/S | 股东户数 | 06年末 | 06三季 |
|---|---|---|---|---|---|---|---|
| | 21930 | 7683.44 | 14246.56 | | | 12028 | 9488 |

**年报点评**：公司是国内中药饮片龙头企业,目前中药饮片的生产能力3千吨,产能已经饱和,公司募集资金项目投向为8千吨中药饮片项目。公司2006年收入和利润均出现快速增长,未来业绩也将保持较快的增长速度。

## 贵州茅台（600519）

上市日期:01/08/27　　电话:0852－2386002　　传真:0852－2386005

**主营**：贵州茅台酒系列产品的生产与销售

| | 年　度 | 2006 | 2005 | 2004 |
|---|---|---|---|---|
| 主要指标 | 每股收益/扣除后(元) | 1.59/1.59 | 2.37 | 2.09/2.08 |
| | 每股经营现金流量(元) | 2.23 | 3.59 | 2.48 |
| | 每股净资产/调整后(元) | 6.25/6.17 | 10.79/10.66 | 10.6/10.45 |
| | 未分利润(万元) | 166479.08 | 166505.58 | 100677.56 |
| | 资本公积(万元) | 137444.93 | 184611.95 | 192393.73 |
| 利润构成 | 主营收入(万元) | 489618.69 | 393051.52 | 300979.35 |
| | 主营利润(万元) | 353030.75 | 271316.34 | 214988.17 |
| | 投资收益(万元) | 301.29 | 42.8 | 31.51 |
| | 利润总额(万元) | 248818.7 | 192024.64 | 149067.25 |
| | 净利润(万元) | 150411.68 | 111854.16 | 82055.4 |

**近年分配**：06预案:10派7；05年:10派3转增10；04年:10派5转增2

| 主要股东及持股比例%、持股性质 |
|---|
| 中国贵州茅台酒厂有限责任公司 61.78%（国有股） |
| 贵州茅台酒厂技术开发公司 3.69%（非流通股） |
| 广发策略优选混合型证券投资基金 0.98%（流通A股） |
| 汇添富均衡增长股票型证券投资基金 0.89%（流通A股） |
| 银华优质增长股票型证券投资基金 0.79%（流通A股） |
| 中国人寿保险股份有限公司－分红－个人分红－005L－FH002沪 0.74%（流通A股） |
| 科瑞证券投资基金 0.66%（流通A股） |
| 中国人寿保险(集团)公司－传统－普通保险产品 0.65%（流通A股） |
| 易方达平稳增长证券投资基金 0.64%（流通A股） |
| 富国天益价值证券投资基金 0.63%（流通A股） |

**实际控制人**：贵州省人民政府国有资产监督管理委员会

二〇〇六年以来市场表现

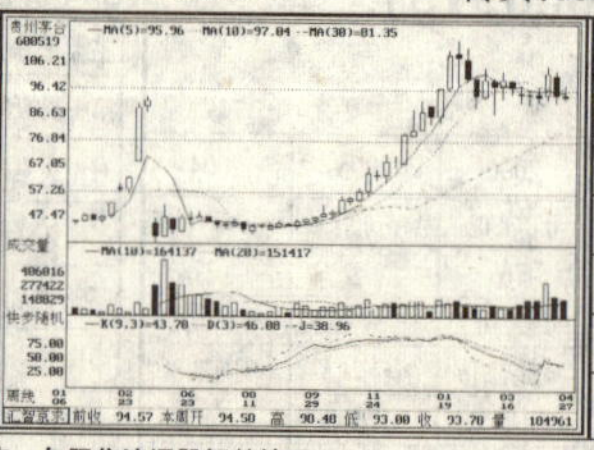

| | |
|---|---|
| 2006年涨跌幅(%) | 340.97 |
| 2006年最高(元) | 210.74 |
| 2007年涨跌幅(%) | 6.77 |
| 2007.4.27收盘(元) | 93.78 |
| 2007年最高(元) | 116 |
| 2007年最低(元) | 83.3 |
| 2007年换手率(%) | 80.52 |

未来一年限售流通股解禁情况:105612950股05月25日解禁

| 最新股本 | 总股本 | 非(限售)流通 | 流通A | 流通B/H/S | 股东户数 | 06年末 | 06三季 |
|---|---|---|---|---|---|---|---|
| | 94380 | 64148.2 | 30231.8 | | | 23572 | 26440 |

**年报点评**：公司主营贵州茅台酒系列产品的生产与销售,目前国内白酒、消费更多的向名优酒厂集中,向高端名优品牌集中高端市场的竞争将更加激烈,不过06年公司各项主要经济指标继续保持较好增长,连续八年实现了跨越式发展,茅台品牌价值大幅提升。

## 三佳科技（600520）

上市日期:02/01/08　　电话:0562－2627520　　传真:0562－2627555

**主营**：集成电路塑封模具与化学建材挤出模具等精密模具的生产与经营。

| | 年　度 | 2006 | 2005 | 2004 |
|---|---|---|---|---|
| 主要指标 | 每股收益/扣除后(元) | 0.03/0.01 | 0.02 | 0.17/0.16 |
| | 每股经营现金流量(元) | 0.07 | -0.14 | 0.05 |
| | 每股净资产/调整后(元) | 2.42/2.31 | 2.39/2.33 | 2.55/2.52 |
| | 未分利润(万元) | 4476.17 | 4255.17 | 5908.16 |
| | 资本公积(万元) | 10153.02 | 10179.6 | 10179.6 |
| 利润构成 | 主营收入(万元) | 29676.83 | 19488.5 | 15400.13 |
| | 主营利润(万元) | 5980.95 | 5366.96 | 4722.75 |
| | 投资收益(万元) | 0.75 | -141.66 | -13.55 |
| | 利润总额(万元) | 604.89 | 240.95 | 2448.21 |
| | 净利润(万元) | 344.74 | 231.42 | 1936.22 |

**近年分配**：04年:10派0.5

| 主要股东及持股比例%、持股性质 |
|---|
| 铜陵市三佳电子(集团)有限责任公司 43.54%（国有股） |
| 安徽省信托投资公司 3.18%（国有股） |
| 胡柏君 1.24%（流通A股） |
| 合肥创源智能网络有限责任公司 0.65%（非流通股） |
| 深圳市世纪之舟实业发展有限公司 0.52%（非流通股） |
| 合肥新创经贸有限责任公司 0.48%（非流通股） |
| 赵光 0.44%（流通A股） |
| 合肥圣文工贸有限公司 0.39%（非流通股） |
| 欧先瑞 0.38%（流通A股） |
| 梁郑 0.36%（流通A股） |

**实际控制人**：铜陵市工业国有资产经营有限公司

二〇〇六年以来市场表现

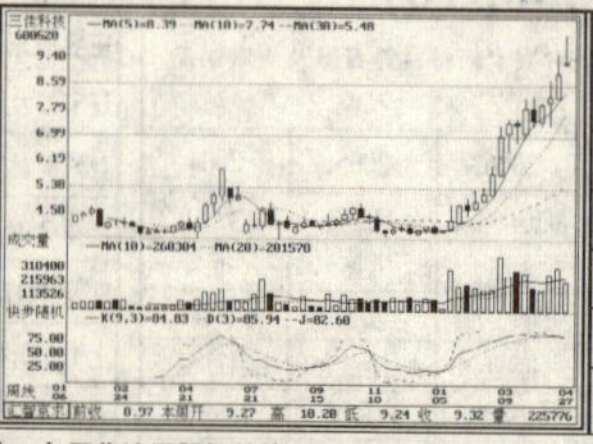

| | |
|---|---|
| 2006年涨跌幅(%) | 22.77 |
| 2006年最高(元) | 6.26 |
| 2007年涨跌幅(%) | 133.58 |
| 2007.4.27收盘(元) | 9.32 |
| 2007年最高(元) | 10.2 |
| 2007年最低(元) | 3.95 |
| 2007年换手率(%) | 637.15 |

未来一年限售流通股解禁情况:11878667股07月14日解禁

| 最新股本 | 总股本 | 非(限售)流通 | 流通A | 流通B/H/S | 股东户数 | 06年末 | 06三季 |
|---|---|---|---|---|---|---|---|
| | 11304 | 5544 | 5760 | | | 11783 | 12152 |

**年报点评**：公司主营各类模具,06年主营收入和净利润保持了同步大幅增长。目前公司集成电路塑封模具和塑料异材挤出模具产销均为全国第一,挤出模具位居世界前列。公司与日本山田共同投资建设的集成电路电子专用模具项目,将进一步提高公司盈利水平。

## 华海药业（600521）

上市日期:03/03/04　　电话:0576－5010288　　传真:0576－5016010

| | 年　度 | 2006 | 2005 | 2004 |
|---|---|---|---|---|
| 主营 | 原料药及医药中间体的制造和销售 | | | |
| 主要指标 | 每股收益/扣除后(元) | 0.48/0.45 | 0.55 | 0.66/0.58 |
| | 每股经营现金流量(元) | 0.34 | 0.23 | 0.91 |
| | 每股净资产/调整后(元) | 3.79/3.79 | 3.41/3.41 | 4.36/4.36 |
| | 未分利润(万元) | 24186.01 | 14454.75 | 14875.08 |
| | 资本公积(万元) | 32216.85 | 35473.19 | 41053.19 |
| 利润构成 | 主营收入(万元) | 55725.96 | 42324.56 | 39112.92 |
| | 主营利润(万元) | 26520.98 | 23021.2 | 19530.41 |
| | 投资收益(万元) | | 217.74 | 77.57 |
| | 利润总额(万元) | 14874.27 | 17617.69 | 16316.55 |
| | 净利润(万元) | 11001.38 | 12891.29 | 11911.2 |
| 近年分配: | 06 预案:10 派 2；04 年:10 派 3 转增 3 | | | |

**主要股东及持股比例%、持股性质**

陈保华 25.69%（非流通股）
陈明华 25.65%（非流通股）
中国建设银行—交银施罗德稳健配置混合型证券投资基金 1.94%（流通 A 股）
中国银行—银华优势企业(平衡型)证券投资基金 1.45%（流通 A 股）
孙德统 1.43%（流通 A 股）
翁震宇 1.43%（流通 A 股）
国际金融—汇丰—MORGAN STANLEY & CO. INTERNATIONAL LIMITED 1.38%（流通 A 股）
全国社保基金一零四组合 1.36%（流通 A 股）
北京东方经典商务顾问有限公司 1.32%（流通 A 股）
中国建设银行—信诚精萃成长股票型证券投资基金 1.27%（流通 A 股）
实际控制人:

二〇〇六年以来市场表现

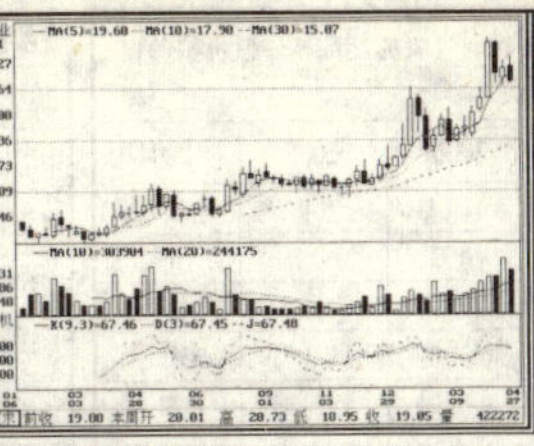

| | |
|---|---|
| 2006 年涨跌幅(%) | 38.73 |
| 2006 年最高(元) | 14.99 |
| 2007 年涨跌幅(%) | 40.69 |
| 2007.4.27 收盘(元) | 19.05 |
| 2007 年最高(元) | 21.91 |
| 2007 年最低(元) | 13.61 |
| 2007 年换手率(%) | 306.71 |

未来一年限售流通股解禁情况:23400000 股 08 月 16 日解禁

| 最新股本 | 总股本 | 非(限售)流通 | 流通 A | 流通 B/H/S | 股东户数 | 06 年末 | 06 三季 |
|---|---|---|---|---|---|---|---|
| | 23017.41 | 9466.76 | 13550.64 | | | 10234 | 9496 |

年报点评：公司属于特色原料药企业,主要产品为降压药和抗艾滋病药物,公司 2006 年收入保持较快增长,但费用快速上升,导致净利润有所下滑。公司在制剂 FDA 认证方面投入较多,有望成为国内首家实现制剂 FDA 认证的企业。未来几年收入快速增长可期。

## 中天科技（600522）

上市日期:02/10/24　　电话:0513－83599505　　传真:0513－83599504

| | 年　度 | 2006 | 2005 | 2004 |
|---|---|---|---|---|
| 主营 | 光纤、光缆、电缆材料及附件、有源器件、无源器件、数据电缆的制造与销售,光缆及电缆监测管理系统及网络工程设计、安装、施工。 | | | |
| 主要指标 | 每股收益/扣除后(元) | 0.13/0.132 | 0.114 | 0.076/0.072 |
| | 每股经营现金流量(元) | －0.065 | 0.072 | 0.357 |
| | 每股净资产/调整后(元) | 2.35/2.34 | 2.9/2.89 | 2.78/2.77 |
| | 未分利润(万元) | 6700.22 | 6196.17 | 4375.61 |
| | 资本公积(万元) | 25050.87 | 29458.35 | 29305.96 |
| 利润构成 | 主营收入(万元) | 113285.3 | 71763.8 | 59839.25 |
| | 主营利润(万元) | 20523.76 | 12322.9 | 8645.89 |
| | 投资收益(万元) | 206.24 | 288.01 | 154.89 |
| | 利润总额(万元) | 6918.48 | 4372.57 | 2386.78 |
| | 净利润(万元) | 3507.5 | 2356.13 | 1592.34 |
| 近年分配: | 05 年:10 派 0.1 送 0.9 转增 2.1 | | | |

**主要股东及持股比例%、持股性质**

中天科技集团有限公司 24.63%（非流通股）
如东县中天投资有限公司 24.27%（非流通股）
中国铁路通信信号上海工程公司 2.21%（国有股）
南京邮电大学 2.21%（国有股）
河北北方电力开发股份有限公司 2.21%（非流通股）
中国平安人寿保险股份有限公司－传统－普通保险产品 1.21%（流通 A 股）
李猛逵 0.63%（流通 A 股）
金汇海投资 0.43%（流通 A 股）
益美盈咨询 0.37%（流通 A 股）
刘书春 0.23%（流通 A 股）
实际控制人: 薛济萍

二〇〇六年以来市场表现

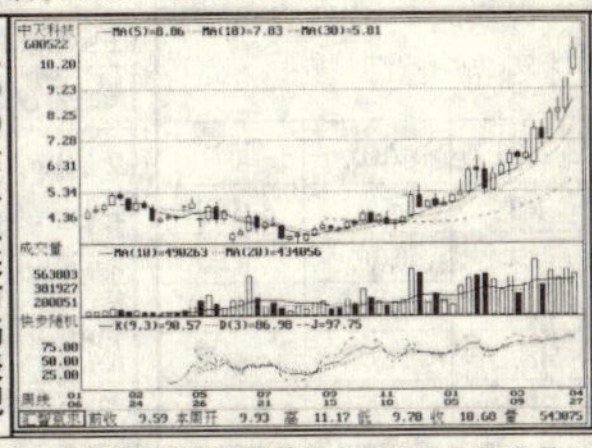

| | |
|---|---|
| 2006 年涨跌幅(%) | 94.82 |
| 2006 年最高(元) | 9.54 |
| 2007 年涨跌幅(%) | 120.66 |
| 2007.4.27 收盘(元) | 10.68 |
| 2007 年最高(元) | 11.17 |
| 2007 年最低(元) | 4.8 |
| 2007 年换手率(%) | 621.76 |

未来一年限售流通股解禁情况:45339643.7 股 05 月 24 日解禁

| 最新股本 | 总股本 | 非(限售)流通 | 流通 A | 流通 B/H/S | 股东户数 | 06 年末 | 06 三季 |
|---|---|---|---|---|---|---|---|
| | 27080.3 | 15068.3 | 12012 | | | 27039 | 30229 |

年报点评：2006 年,公司面对光缆行业激烈竞争的持续,按照"十一五"发展规划,坚持做大做强电信、电网两大产品链条,不断优化资源配置、强化内部管理,通过自主创新提高产品科技含量,实现了公司经营业绩的持续快速增长。

## 贵航股份（600523）

上市日期:01/12/27　　电话:0851－8317550　　传真:0851－8317558

| | 年　度 | 2006 | 2005 | 2004 |
|---|---|---|---|---|
| 主营 | 汽车、摩托车零部件,橡胶、塑料制品的开发、制造、销售及与其产品相关的进出口业务、技术开发研究。 | | | |
| 主要指标 | 每股收益/扣除后(元) | 0.09/0.08 | －0.42 | 0.008/0.018 |
| | 每股经营现金流量(元) | 0.04 | 0.23 | 0.18 |
| | 每股净资产/调整后(元) | 2.21/2.09 | 2.2/2.02 | 2.62/2.37 |
| | 未分利润(万元) | －6439.34 | －8220.81 | 1065.05 |
| | 资本公积(万元) | 31178.46 | 33536.75 | 33536.75 |
| 利润构成 | 主营收入(万元) | 76895.83 | 60118.33 | 50483.54 |
| | 主营利润(万元) | 16069.47 | 11403.47 | 12686.45 |
| | 投资收益(万元) | 181.4 | －809.79 | 34.8 |
| | 利润总额(万元) | 2655.42 | －8502.5 | 899.26 |
| | 净利润(万元) | 1864.05 | －9183.1 | 168.46 |
| 近年分配: | | | | |

**主要股东及持股比例%、持股性质**

中国贵州航空工业(集团)有限责任公司 48.19%（国有股）
贵阳市国有资产投资管理公司 8.39%（国有股）
全国社保基金一零五组合 3.64%（流通 A 股）
中国农业银行贵州省分行营业部 0.31%（国有股）
贵阳新达机械厂 0.27%（非流通股）
上海百联投资管理有限公司 0.22%（非流通股）
周万沅 0.15%（流通 A 股）
石其忠 0.14%（流通 A 股）
张莉霞 0.13%（流通 A 股）
王毓昀 0.13%（流通 A 股）
实际控制人: 中国航空工业第一集团公司

二〇〇六年以来市场表现

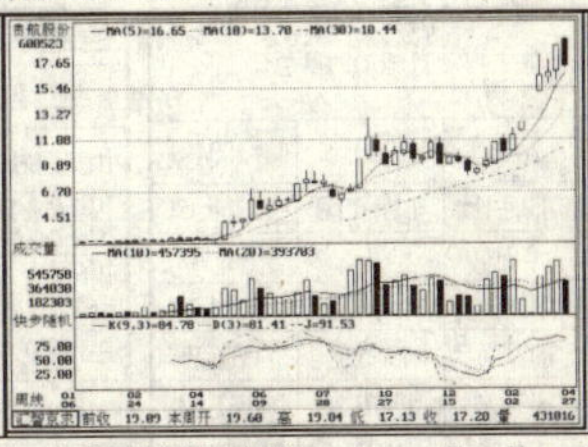

| | |
|---|---|
| 2006 年涨跌幅(%) | 357.2 |
| 2006 年最高(元) | 16.73 |
| 2007 年涨跌幅(%) | 108.19 |
| 2007.4.27 收盘(元) | 17.28 |
| 2007 年最高(元) | 19.84 |
| 2007 年最低(元) | 7.98 |
| 2007 年换手率(%) | 515.13 |

未来一年限售流通股解禁情况:12111525 股 09 月 14 日解禁

| 最新股本 | 总股本 | 非(限售)流通 | 流通 A | 流通 B/H/S | 股东户数 | 06 年末 | 06 三季 |
|---|---|---|---|---|---|---|---|
| | 21398.7 | 12298.7 | 9100 | | | 25359 | 18462 |

年报点评：公司主营汽车和摩托车零部件。2006 年我国汽车市场产销两旺,拉动了公司产品的的需求,公司业绩实现快速增长。2007 年公司计划销售收入同比去增长 17%上。在加强内部管理控制成本、新产品开发和市场开拓等方面多下功夫,以保持公司的竞争力。

## 长园新材（600525）

上市日期:02/12/02　　电话:0755－26717828　　传真:0755－26739871

| | 年　度 | 2006 | 2005 | 2004 |
|---|---|---|---|---|
| 主营 | 研制、生产、销售功能高分子材料(热缩材料、硅橡胶)及相关产品。 | | | |
| 主要指标 | 每股收益/扣除后(元) | 0.92/0.9 | 0.56 | 0.48/0.45 |
| | 每股经营现金流量(元) | 0.85 | 0.72 | 0.52 |
| | 每股净资产/调整后(元) | 4.4/4.4 | 3.94/3.94 | 3.48/3.48 |
| | 未分利润(万元) | 13052.45 | 6799.28 | 3958.24 |
| | 资本公积(万元) | 16006.68 | 15927.15 | 15731.08 |
| 利润构成 | 主营收入(万元) | 47381.87 | 36288.22 | 31763.46 |
| | 主营利润(万元) | 18424.33 | 14081.18 | 15030.5 |
| | 投资收益(万元) | 3822.42 | 951.45 | 608.26 |
| | 利润总额(万元) | 12825.32 | 7478.29 | 6961.98 |
| | 净利润(万元) | 10111.73 | 5598.9 | 4769.19 |
| 近年分配: | 06 预案:10 派 1 转增 1；05 年:10 派 1 送 1；04 年:10 派 1.2 | | | |

**主要股东及持股比例%、持股性质**

长和投资有限公司 41.56%（非流通股）
深圳国际信托投资有限责任公司 22.61%（部分流通部分不流通）
全国社保基金一零四组合 2.81%（流通 A 股）
中国银行－易方达策略成长二号混合型证券投资基金 2.56%（流通 A 股）
许晓文 1.63%（非流通股）
中国建设银行－华安宏利股票型证券投资基金 1.46%（流通 A 股）
交通银行－安顺证券投资基金 1.42%（流通 A 股）
普丰证券投资基金 1.21%（流通 A 股）
交通银行－普惠证券投资基金 1.04%（流通 A 股）
全国社保基金六零一组合 0.94%（流通 A 股）
实际控制人: 李嘉诚家族

二〇〇六年以来市场表现

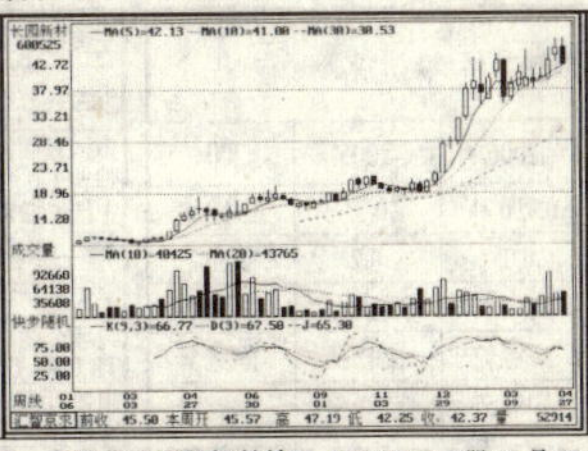

| | |
|---|---|
| 2006 年涨跌幅(%) | 214.02 |
| 2006 年最高(元) | 31.45 |
| 2007 年涨跌幅(%) | 52.41 |
| 2007.4.27 收盘(元) | 42.37 |
| 2007 年最高(元) | 47.47 |
| 2007 年最低(元) | 26.88 |
| 2007 年换手率(%) | 151.17 |

未来一年限售流通股解禁情况:13600193.2 股 12 月 23 日解禁

| 最新股本 | 总股本 | 非(限售)流通 | 流通 A | 流通 B/H/S | 股东户数 | 06 年末 | 06 三季 |
|---|---|---|---|---|---|---|---|
| | 10949.4 | 6744.43 | 4204.97 | | | 5410 | 5547 |

年报点评：公司在传统热缩材料行业龙头地位稳固。公司主业与电网建设密切相关,未来国家电网建设的继续发展保证了公司主业的兴旺。公司的成本 65%来自于原材料,原料聚乙烯 06 年价格上涨对公司的成本造成一定的负面影响。未来原油价格下降有利于公司成本下降。

## 菲达环保（600526）

上市日期:02/07/22

电话:0575－7385602　　传真:0575－7214695

| 主营 | 电除尘器、气力输送设备和烟气脱硫设备等环保机械的设计、制造、销售。 | | | |
|---|---|---|---|---|
| | 年　度 | 2006 | 2005 | 2004 |
| 主要指标 | 每股收益/扣除后(元) | 0.14/0.13 | 0.18 | 0.33/0.26 |
| | 每股经营现金流量(元) | －0.27 | －0.56 | 0.3 |
| | 每股净资产/调整后(元) | 3.33/3.24 | 3.3/3.3 | 3.12/3.12 |
| | 未分利润(万元) | 10834.06 | 10471.73 | 8335.83 |
| | 资本公积(万元) | 19463.38 | 19590.46 | 19534.87 |
| 利润构成 | 主营收入(万元) | 134281.46 | 124239.32 | 94747.57 |
| | 主营利润(万元) | 17107.22 | 17853.16 | 15041.76 |
| | 投资收益(万元) | 18.6 | －112.75 | 5.21 |
| | 利润总额(万元) | 3407.04 | 5945.03 | 7875.23 |
| | 净利润(万元) | 1961.33 | 2427.39 | 4634.73 |
| 近年分配: | 05 年:10 派 1 | | | |

| 主要股东及持股比例%、持股性质 | |
|---|---|
| 菲达集团有限公司 38.4%（国有股） | |
| 中国国际热能工程公司 2.4%（国有股） | |
| 河北北方电力开发股份有限公司 1.6%（非流通股） | |
| 浙江凯达机床集团有限公司 1.6%（非流通股） | |
| 菲达集团诸暨康达机械有限公司 1.2%（国有股） | |
| 菲达集团诸暨环达机械有限公司 1.2%（国有股） | |
| 浙江大学 0.8%（国有股） | |
| 汉唐证券有限责任公司 0.63%（流通 A 股） | |
| 骆仲泱 0.4%（非流通股） | |
| 岑可法 0.4%（非流通股） | |
| 实际控制人: | 诸暨市国有资产监督管理委员会 |

二〇〇六年以来市场表现

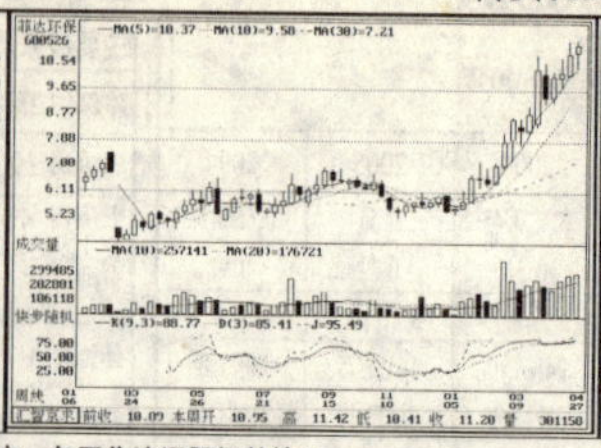

| | |
|---|---|
| 2006 年涨跌幅(%) | 13.44 |
| 2006 年最高(元) | 9.14 |
| 2007 年涨跌幅(%) | 105.51 |
| 2007.4.27 收盘(元) | 11.2 |
| 2007 年最高(元) | 11.42 |
| 2007 年最低(元) | 5.31 |
| 2007 年换手率(%) | 400.47 |

未来一年限售流通股解禁情况:

| 最新股本 | 总股本 | 非(限售)流通 | 流通 A | 流通 B/H/S | 股东户数 | 06 年末 | 06 三季 |
|---|---|---|---|---|---|---|---|
| | 14000 | 6720 | 7280 | | | 9556 | 9369 |

年报点评：公司主营电除尘器、气力输送设备等产品。2006 年随着新建电站项目的减少,公司主营业务和净利润均有不同程度下滑。2007 年国内新建电站项目减少,但电力环保要求加大,行业无序竞争的情况短期内还不能快速改变,公司未来仍将面临激烈竞争。

## 江南高纤（600527）

上市日期:03/11/27

电话:0512－65481181　　传真:0512－65481181

| 主营 | 涤纶毛条和涤纶短纤维的开发、生产和销售 | | | |
|---|---|---|---|---|
| | 年　度 | 2006 | 2005 | 2004 |
| 主要指标 | 每股收益/扣除后(元) | 0.24/0.24 | 0.24 | 0.28/0.27 |
| | 每股经营现金流量(元) | 0.4 | 0.0075 | 0.25 |
| | 每股净资产/调整后(元) | 1.5/1.5 | 2.01/2.01 | 3.42/3.42 |
| | 未分利润(万元) | 5470.73 | 2839.04 | 5004.38 |
| | 资本公积(万元) | 2247.66 | 9447.66 | 12762.24 |
| 利润构成 | 主营收入(万元) | 60189.43 | 50453.22 | 31182.4 |
| | 主营利润(万元) | 9425.37 | 5213.33 | 4720.57 |
| | 投资收益(万元) | 10.16 | 755.51 | －437.46 |
| | 利润总额(万元) | 8062.75 | 4803.9 | 3490.64 |
| | 净利润(万元) | 5191.9 | 3402.7 | 2204.38 |
| 近年分配: | 06 中期:10 转增 5 年终:10 派 1；05 年:10 派 1.2；04 年:10 派 2 送 4 转增 4 | | | |

| 主要股东及持股比例%、持股性质 | |
|---|---|
| 陶国平 19.2%（非流通股） | |
| 夏志良 6.8%（非流通股） | |
| 盛冬生 5.73%（非流通股） | |
| 苏州市相城区黄埭镇集体资产经营公司 5.09%（非流通股） | |
| 中国建设银行－信诚精萃成长股票型证券投资基金 3.74%（流通 A 股） | |
| 中国农业银行－华夏平稳增长混合型证券投资基金 3.42%（流通 A 股） | |
| 周永康 3.39%（非流通股） | |
| 中国银行－华夏回报二号证券投资基金 3.21%（流通 A 股） | |
| 中国农业银行－信诚四季红混合型证券投资基金 2.4%（流通 A 股） | |
| 顾兴男 2.21%（非流通股） | |
| 实际控制人: | 陶国平 |

二〇〇六年以来市场表现

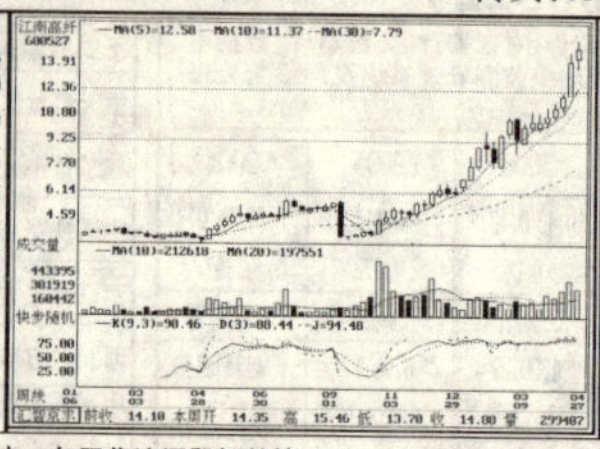

| | |
|---|---|
| 2006 年涨跌幅(%) | 178.64 |
| 2006 年最高(元) | 10.1 |
| 2007 年涨跌幅(%) | 142.4 |
| 2007.4.27 收盘(元) | 14.88 |
| 2007 年最高(元) | 15.56 |
| 2007 年最低(元) | 6.3 |
| 2007 年换手率(%) | 293.07 |

未来一年限售流通股解禁情况:74346996 股 11 月 03 日解禁

| 最新股本 | 总股本 | 非(限售)流通 | 流通 A | 流通 B/H/S | 股东户数 | 06 年末 | 06 三季 |
|---|---|---|---|---|---|---|---|
| | 21600 | 11070 | 10530 | | | 6629 | 8746 |

年报点评：公司主营业务为涤纶毛条、差别化涤纶短纤、复合短纤维的生产与销售,06 年主要原材料价格居高不下且波动频繁,给公司生产经营带来不利影响,06 年公司多功能复合短纤维纺丝技术改造项目已经投产,产品供不应求。产品结构的高档化提升了盈利能力。

## 中铁二局（600528）

上市日期:01/05/28

电话:028－87684612　　传真:028－87683980

| 主营 | 各类工业、能源、交通、民用等工程项目施工的承包。 | | | |
|---|---|---|---|---|
| | 年　度 | 2006 | 2005 | 2004 |
| 主要指标 | 每股收益/扣除后(元) | 0.164/0.124 | 0.191/0.139 | 0.171/0.154 |
| | 每股经营现金流量(元) | 0.26 | 1 | －0.95 |
| | 每股净资产/调整后(元) | 3/2.83 | 4.41/4.33 | 4.36/4.21 |
| | 未分利润(万元) | 16127.46 | 13175.02 | 13336.19 |
| | 资本公积(万元) | 88173.24 | 108673.24 | 108673.24 |
| 利润构成 | 主营收入(万元) | 1334408.65 | 845615.45 | 649810.24 |
| | 主营利润(万元) | 79609.04 | 59926.28 | 56806.94 |
| | 投资收益(万元) | 239.49 | 1350.51 | －1149.46 |
| | 利润总额(万元) | 12340.97 | 9285.45 | 7903.91 |
| | 净利润(万元) | 10111.34 | 7820.75 | 7013.31 |
| 近年分配: | 05 年:10 派 1.5 转增 5；04 年:10 派 1.5 | | | |

| 主要股东及持股比例%、持股性质 | |
|---|---|
| 中铁二局集团有限公司 59.83%（国有股） | |
| 中铁宝桥股份有限公司 2.86%（流通 A 股） | |
| 中国农业银行－大成精选增值混合型证券投资基金 1.21%（流通 A 股） | |
| 中国平安人寿保险股份有限公司－传统－普通保险产品 0.41%（流通 A 股） | |
| 王亚平 0.33%（流通 A 股） | |
| 张兵如 0.26%（流通 A 股） | |
| 李敏娟 0.26%（流通 A 股） | |
| 朱美珍 0.22%（流通 A 股） | |
| 朱春花 0.21%（流通 A 股） | |
| 中国光大银行股份有限公司－光大保德信量化核心证券投资 0.2%（流通 A 股） | |
| 实际控制人: | 中国铁路工程总公司 |

二〇〇六年以来市场表现

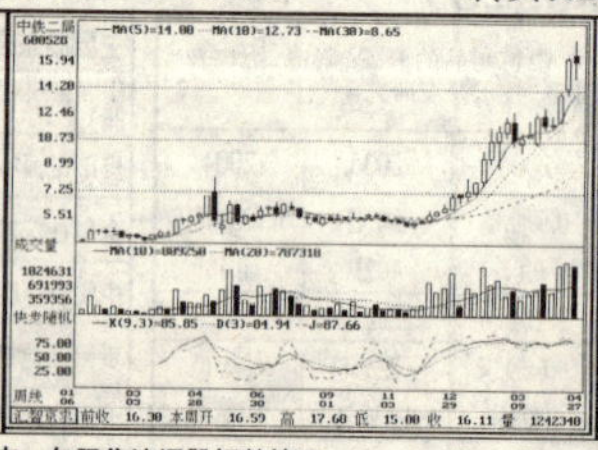

| | |
|---|---|
| 2006 年涨跌幅(%) | 175.98 |
| 2006 年最高(元) | 10.91 |
| 2007 年涨跌幅(%) | 133.14 |
| 2007.4.27 收盘(元) | 16.11 |
| 2007 年最高(元) | 17.68 |
| 2007 年最低(元) | 6.5 |
| 2007 年换手率(%) | 473.16 |

未来一年限售流通股解禁情况:30750000 股 12 月 05 日解禁

| 最新股本 | 总股本 | 非(限售)流通 | 流通 A | 流通 B/H/S | 股东户数 | 06 年末 | 06 三季 |
|---|---|---|---|---|---|---|---|
| | 61500 | 34953.82 | 26546.17 | | | 49907 | 68425 |

年报点评：公司主营工程承包和房地产业务。2006 年铁路大投资给公司带来新的发展机遇,但铁路的低价中标政策也使得公司有一半的资源用于高速公路工程承包。2006 年完成 3 亿股的非定向增发,未来房地产业务将成为公司业务的主要增长点。

## 山东药玻（600529）

上市日期:02/06/03

电话:0533－3242312　　传真:0533－3249700

| 主营 | 各种药用玻璃包装产品的制造、销售。 | | | |
|---|---|---|---|---|
| | 年　度 | 2006 | 2005 | 2004 |
| 主要指标 | 每股收益/扣除后(元) | 0.42/0.41 | 0.37 | 0.41/0.41 |
| | 每股经营现金流量(元) | 0.35 | 0.2 | －0.02 |
| | 每股净资产/调整后(元) | 4.15/4.14 | 3.82/3.81 | 4.24/4.23 |
| | 未分利润(万元) | 28085.92 | 21912.66 | 16955.54 |
| | 资本公积(万元) | 33187.55 | 32781.34 | 36469.67 |
| 利润构成 | 主营收入(万元) | 82671.42 | 67213.9 | 56017.76 |
| | 主营利润(万元) | 26986.42 | 22811.55 | 20773.92 |
| | 投资收益(万元) | －8.85 | －25.44 | －6.5 |
| | 利润总额(万元) | 14073.74 | 12121.24 | 11447.04 |
| | 净利润(万元) | 9405.52 | 8248.41 | 7565.81 |
| 近年分配: | 06 预案:10 派 1.2；05 年:10 派 1；04 年:10 派 1 转增 2 | | | |

| 主要股东及持股比例%、持股性质 | |
|---|---|
| 沂源县公有资产管理委员会 24.86%（国有股） | |
| 中国工商银行－南方绩优成长股票型证券投资基金 4.12%（流通 A 股） | |
| 中国工商银行－易方达价值精选股票型证券投资基金 3.43%（流通 A 股） | |
| 银丰证券投资基金 3.05%（流通 A 股） | |
| 国际金融－汇丰－MORGAN STANLEY & CO. INTERNATIONAL LIMITED 1.5%（流通 A 股） | |
| 申银万国－花旗－DEUTSCHE BANK AKTIENGESELLSCHAFT 1.45%（流通 A 股） | |
| UBS AG 1.27%（流通 A 股） | |
| 申银万国－汇丰－MERRILL LYNCH INTERNATIONAL 1.14%（流通 A 股） | |
| 中国银行－嘉实增长开放式证券投资基金 1.03%（流通 A 股） | |
| 国泰君安－建行－香港上海汇丰银行有限公司 0.98%（流通 A 股） | |
| 实际控制人: | 沂源县公有资产管理委员会 |

二〇〇六年以来市场表现

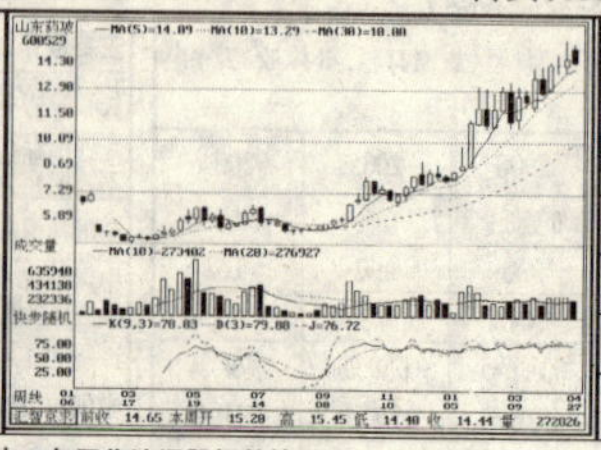

| | |
|---|---|
| 2006 年涨跌幅(%) | 58.84 |
| 2006 年最高(元) | 11.49 |
| 2007 年涨跌幅(%) | 82.09 |
| 2007.4.27 收盘(元) | 14.44 |
| 2007 年最高(元) | 15.7 |
| 2007 年最低(元) | 8 |
| 2007 年换手率(%) | 279.35 |

未来一年限售流通股解禁情况:

| 最新股本 | 总股本 | 非(限售)流通 | 流通 A | 流通 B/H/S | 股东户数 | 06 年末 | 06 三季 |
|---|---|---|---|---|---|---|---|
| | 22250.01 | 6783.24 | 15466.77 | | | 15876 | 16880 |

年报点评：公司是国内药用玻璃包装企业龙头,公司的销售收入、利润总额和生产用固定资产等经济指标均居于中国药用玻璃行业之首位。公司 2006 年主营业务收入和净利润均保持稳步,公司增发完成后收入和利润有望出现较快增长。

## 交大昂立（600530）

上市日期:01/07/02　　电话:021－54271688　　传真:021－54276699

| | | | | |
|---|---|---|---|---|
| 主营 | 生物制品、保健食品、参制品等保健食品的研制、生产和销售。 | | | |
| | 年　度 | 2006 | 2005 | 2004 |
| 主要指标 | 每股收益/扣除后(元) | 0.17/－0.04 | 0.13 | 0.13/0.03 |
| | 每股经营现金流量(元) | 0.62 | －0.5 | 0.09 |
| | 每股净资产/调整后(元) | 4.01/3.92 | 3.97/3.91 | 3.94/3.85 |
| | 未分利润(万元) | 3398.35 | 3061.93 | 2827.7 |
| | 资本公积(万元) | 60458.84 | 60554.28 | 60554.28 |
| 利润构成 | 主营收入(万元) | 50497.82 | 35037.46 | 74128.17 |
| | 主营利润(万元) | 21366.7 | 19041.19 | 36245.56 |
| | 投资收益(万元) | 842.35 | 5252.01 | －911.54 |
| | 利润总额(万元) | 7144.12 | 7145.84 | 13225.17 |
| | 净利润(万元) | 4013.03 | 3115.61 | 3107.51 |
| 近年分配: | 06 预案:10 派 1.2；05 年:10 派 1.2；04 年:10 派 1 | | | |

| 主要股东及持股比例%、持股性质 |
|---|
| 上海交大南洋股份有限公司 17.733%（非流通股） |
| 大众交通(集团)股份有限公司 13.3%（非流通股） |
| 上海茸北工贸实业总公司 13.3%（非流通股） |
| 上海新路达商业(集团)有限公司 7.315%（国有股） |
| 上海国际株式会社 7.315%（外资股） |
| 上海蓝鑫投资有限公司 4.655%（非流通股） |
| 上海市教育发展有限公司 1.33%（国有股） |
| 上海交通大学 0.887%（国有股） |
| 上海第一医药股份有限公司 0.665%（国有股） |
| 施慧 0.251%（流通 A股） |
| 实际控制人：上海交通大学 |

二〇〇六年以来市场表现

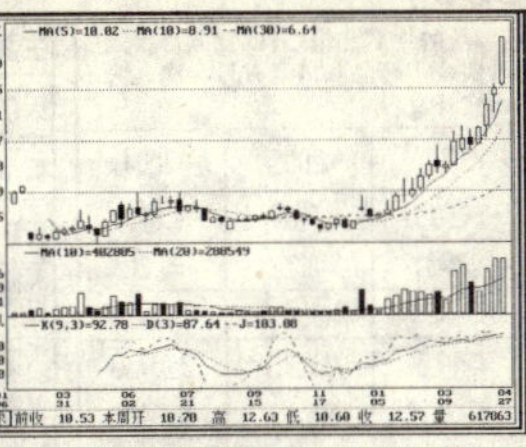

| | |
|---|---|
| 2006 年涨跌幅(%) | 21.9 |
| 2006 年最高(元) | 8.63 |
| 2007 年涨跌幅(%) | 136.28 |
| 2007.4.27 收盘(元) | 12.57 |
| 2007 年最高(元) | 12.63 |
| 2007 年最低(元) | 5.26 |
| 2007 年换手率(%) | 423.83 |

未来一年限售流通股解禁情况:47112000 股 02 月 27 日解禁

| 最新股本 | 总股本 | 非(限售)流通 | 流通 A | 流通 B/H/S | 股东户数 | 06 年末 | 06 三季 |
|---|---|---|---|---|---|---|---|
| | 24000 | 15960 | 8040 | | | 25305 | 25304 |

年报点评：公司是一家以房地产和保健品为主业的公司，受到房地产收入快速增长的带动，公司 2006 年的收入和利润均出现较大幅度上涨。公司未来重点放在植物提取和保健品销售扩张方面，预计未来将保持平稳增长。

## 豫光金铅（600531）

上市日期:02/07/30　　电话:0391－6665836　　传真:0391－6688986

| | | | | |
|---|---|---|---|---|
| 主营 | 电解铅、白银、黄金、粗铜、硫酸、次氧化锌的生产和销售。 | | | |
| | 年　度 | 2006 | 2005 | 2004 |
| 主要指标 | 每股收益/扣除后(元) | 0.62/0.63 | 0.38 | 0.424/0.411 |
| | 每股经营现金流量(元) | 1.14 | －0.56 | －0.14 |
| | 每股净资产/调整后(元) | 3.55/3.55 | 3.08/3.05 | 2.85/2.85 |
| | 未分利润(万元) | 28865.93 | 19524.5 | 16041.33 |
| | 资本公积(万元) | 21262.79 | 21262.79 | 21262.79 |
| 利润构成 | 主营收入(万元) | 460008.57 | 287101.75 | 237572.5 |
| | 主营利润(万元) | 36110.39 | 26027.16 | 23234.02 |
| | 投资收益(万元) | －132.16 | | |
| | 利润总额(万元) | 20203.48 | 13788 | 14186.97 |
| | 净利润(万元) | 14111.07 | 8668.83 | 9689.41 |
| 近年分配: | 06 预案:10 派 1.8；05 年:10 派 1.5；04 年:10 派 1.5 | | | |

| 主要股东及持股比例%、持股性质 |
|---|
| 河南豫光金铅集团有限责任公司 45.97%（部分流通部分不流通） |
| 中国黄金集团公司 4.3%（流通 A股） |
| 济源市财务开发公司 1.49%（流通 A股） |
| 上海国际信托投资公司 0.64%（流通 A股） |
| 河南省济源市金翔铅盐有限公司 0.21%（流通 A股） |
| 王若娟 0.19%（流通 A股） |
| 邬小峰 0.19%（流通 A股） |
| 邬烈尧 0.16%（流通 A股） |
| 王树权 0.16%（流通 A股） |
| 李利 0.13%（流通 A股） |
| 实际控制人：河南豫光金铅集团有限责任公司 |

二〇〇六年以来市场表现

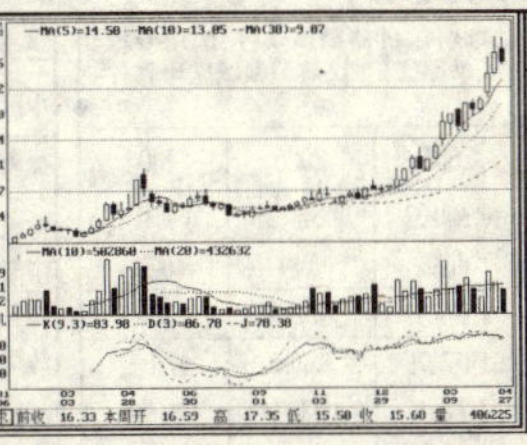

| | |
|---|---|
| 2006 年涨跌幅(%) | 100.55 |
| 2006 年最高(元) | 8.55 |
| 2007 年涨跌幅(%) | 121.16 |
| 2007.4.27 收盘(元) | 15.68 |
| 2007 年最高(元) | 17.49 |
| 2007 年最低(元) | 7 |
| 2007 年换手率(%) | 544.25 |

未来一年限售流通股解禁情况:11413458 股 12 月 21 日解禁

| 最新股本 | 总股本 | 非(限售)流通 | 流通 A | 流通 B/H/S | 股东户数 | 06 年末 | 06 三季 |
|---|---|---|---|---|---|---|---|
| | 22826.92 | 9352.31 | 13474.6 | | | 29334 | 27496 |

年报点评：未来我国铅消费仍将保持快速发展，价格将仍然高位运行。公司 2007 年 3 月将有产能 10 万吨的再生铅生产线投产，全年可能增加铅产量 6 万吨，从而提高企业的盈利能力。公司的主营产品电解铅、白银的毛利率较低，将给公司未来的发展带来不稳定性。

## 华阳科技（600532）

上市日期:02/10/31　　电话:0538－5826209　　传真:0538－5826069

| | | | | |
|---|---|---|---|---|
| 主营 | 农药及农药中间体的研究、开发、推广、制造和销售。包括杀虫剂、杀菌剂、除草剂、种衣剂等。 | | | |
| | 年　度 | 2006 | 2005 | 2004 |
| 主要指标 | 每股收益/扣除后(元) | 0.04/0.04 | 0.08 | 0.16/0.16 |
| | 每股经营现金流量(元) | 0.46 | 0.58 | 0.12 |
| | 每股净资产/调整后(元) | 3.3/3.27 | 3.3/3.29 | 3.23/3.22 |
| | 未分利润(万元) | 6962.1 | 6683.15 | 5877.96 |
| | 资本公积(万元) | 18578.52 | 18968.6 | 18967.3 |
| 利润构成 | 主营收入(万元) | 54199.63 | 45581.77 | 46900.78 |
| | 主营利润(万元) | 8143.82 | 7237.06 | 7160.14 |
| | 投资收益(万元) | | | |
| | 利润总额(万元) | 767.15 | 1518.15 | 2370.94 |
| | 净利润(万元) | 487.23 | 945.98 | 1844.55 |
| 近年分配: | | | | |

| 主要股东及持股比例%、持股性质 |
|---|
| 山东华阳农药化工集团有限公司 38.31%（国有股） |
| 泰安飞达助剂有限公司 0.63%（非流通股） |
| 陈群德 0.51%（流通 A股） |
| 泰安华天化工有限公司 0.4%（非流通股） |
| 欧阳琼芝 0.33%（流通 A股） |
| 山东省农药研究所 0.33%（国有股） |
| 山东农业大学 0.33%（国有股） |
| 陈冬梅 0.28%（流通 A股） |
| 钟永强 0.27%（流通 A股） |
| 仝立峰 0.27%（流通 A股） |
| 实际控制人：宁阳县国有资产管理局 |

二〇〇六年以来市场表现

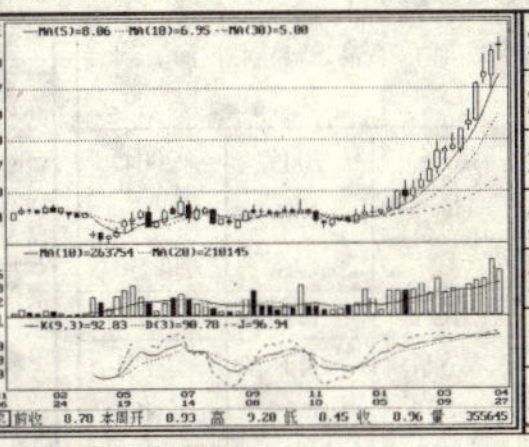

| | |
|---|---|
| 2006 年涨跌幅(%) | 40.33 |
| 2006 年最高(元) | 6.01 |
| 2007 年涨跌幅(%) | 126.84 |
| 2007.4.27 收盘(元) | 8.96 |
| 2007 年最高(元) | 9.2 |
| 2007 年最低(元) | 3.9 |
| 2007 年换手率(%) | 524.41 |

未来一年限售流通股解禁情况:

| 最新股本 | 总股本 | 非(限售)流通 | 流通 A | 流通 B/H/S | 股东户数 | 06 年末 | 06 三季 |
|---|---|---|---|---|---|---|---|
| | 11700 | 4680 | 7020 | | | 16383 | 17008 |

年报点评：公司主要产品包括杀虫剂、杀菌剂、除草剂和种衣剂等。去年公司根据市场需求调整品种，完善营销，业绩得到改善。未来公司将力求降低三项费用，进一步开拓市场，以进一步提升业绩。但由于农药市场竞争激烈，公司业绩提升的幅度不会太大。

## 栖霞建设（600533）

上市日期:02/03/28　　电话:025－5600533　　传真:025－5502482

| | | | | |
|---|---|---|---|---|
| 主营 | 住宅小区综合开发建设；商品房销售、租赁、售后服务。 | | | |
| | 年　度 | 2006 | 2005 | 2004 |
| 主要指标 | 每股收益/扣除后(元) | 0.562/0.548 | 0.708 | 0.755/0.748 |
| | 每股经营现金流量(元) | 0.516 | －0.095 | －4.356 |
| | 每股净资产/调整后(元) | 3.52/3.52 | 3.31/3.3 | 4.41/4.4 |
| | 未分利润(万元) | 26530.08 | 16554.16 | 10174.62 |
| | 资本公积(万元) | 67468.14 | 26238.58 | 33238.58 |
| 利润构成 | 主营收入(万元) | 230641.03 | 132512.38 | 97480.33 |
| | 主营利润(万元) | 46242.76 | 31728.21 | 20919.03 |
| | 投资收益(万元) | 669.8 | 35.47 | －48.6 |
| | 利润总额(万元) | 37033.86 | 23296.2 | 16149.03 |
| | 净利润(万元) | 22751.02 | 14866.16 | 10571.69 |
| 近年分配: | 06 中期:10 转增 5 年终预案:10 派 3.6；05 年:10 派 5；04 年:10 派 5 转增 5 | | | |

| 主要股东及持股比例%、持股性质 |
|---|
| 南京栖霞建设集团有限公司 33.52%（国有股） |
| 南京新港高科技股份有限公司 14.43%（国有股） |
| 国泰君安证券股份有限公司 2.22%（非流通股） |
| 三峡财务有限责任公司 2%（非流通股） |
| 中国工商银行－天元证券投资基金 1.97%（部分流通部分不流通） |
| 南京仙林房地产开发有限公司 1.85%（非流通股） |
| 中国人寿保险股份有限公司－分红－团体分红－005L－FH001 沪 1.85%（非流通股） |
| 中国工商银行－南方稳健成长贰号证券投资基金 1.85%（非流通股） |
| 中国工商银行－同益证券投资基金 1.85%（非流通股） |
| 中国银行－华宝兴业先进成长股票型证券投资基金 1.7%（流通 A股） |
| 实际控制人：南京栖霞建设集团有限公司 |

二〇〇六年以来市场表现

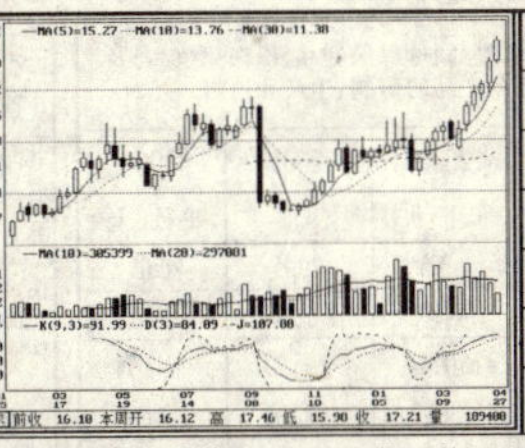

| | |
|---|---|
| 2006 年涨跌幅(%) | 163.15 |
| 2006 年最高(元) | 23.78 |
| 2007 年涨跌幅(%) | 51.9 |
| 2007.4.27 收盘(元) | 17.21 |
| 2007 年最高(元) | 17.46 |
| 2007 年最低(元) | 10 |
| 2007 年换手率(%) | 344 |

未来一年限售流通股解禁情况:31500000 股 01 月 23 日解禁

| 最新股本 | 总股本 | 非(限售)流通 | 流通 A | 流通 B/H/S | 股东户数 | 06 年末 | 06 三季 |
|---|---|---|---|---|---|---|---|
| | 40500 | 28980 | 11520 | | | 16201 | 17135 |

年报点评：2006 年共结算面积 35.56 万平方米，主营收入主要来自南京和苏州的汇林绿洲、枫情水岸、东方天郡、云锦美地、IALA 国际、天泓山庄等项目，其中汇林绿洲项目结算 8.75 万平方米面积；2006 年主营利润率有所下降，主要是结算楼盘大部分处于推广期。

## 天士力（600535）

上市日期:02/08/23　　电话:022－26736999　　传真:022－26736721

**主营**：复方丹参滴丸、养血清脑颗粒的生产和销售；以复方丹参滴丸为代表的治疗心脑血管疾病类药品和以复方丹参滴丸为基础的丹参系列产品的研究开发。

| | 年　度 | 2006 | 2005 | 2004 |
|---|---|---|---|---|
| 主要指标 | 每股收益/扣除后(元) | 0.72/0.72 | 0.68 | 0.6/0.6 |
| | 每股经营现金流量(元) | 0.49 | 0.75 | 0.71 |
| | 每股净资产/调整后(元) | 5.03/4.84 | 4.59/4.49 | 4.21/4.17 |
| | 未分利润(万元) | 43707.34 | 33858.1 | 25959.73 |
| | 资本公积(万元) | 57332.92 | 56668.92 | 56664.82 |
| 利润构成 | 主营收入(万元) | 241434.54 | 146586.69 | 130184.13 |
| | 主营利润(万元) | 82836.45 | 77243.47 | 77569.69 |
| | 投资收益(万元) | 208.63 | －120.16 | －65.9 |
| | 利润总额(万元) | 26216.58 | 23197.18 | 21534.39 |
| | 净利润(万元) | 20550.01 | 19351.42 | 17127.87 |

**近年分配**：06 预案:10 派 2.803 转增 6；05 年:10 派 3；04 年:10 派 3

| 主要股东及持股比例%、持股性质 |
|---|
| 天津天士力集团有限公司 52.79%（非流通股） |
| 揭东县振凯贸易有限公司 5.43%（部分流通部分不流通） |
| 天津帝士力投资控股集团有限公司 3.59%（流通 A 股） |
| 天津新技术产业园区永生建筑有限公司 3.3%（流通 A 股） |
| 中国工商银行－广发策略优选混合型证券投资基金 1.82%（流通 A 股） |
| 上海浦东发展银行－广发小盘成长股票型证券投资基金 1.63%（流通 A 股） |
| 中国工商银行－易方达价值精选股票型证券投资基金 1.07%（流通 A 股） |
| 中国人寿保险(集团)公司－传统－普通保险产品 1.06%（流通 A 股） |
| 天津市中央药业有限公司 0.94%（部分流通部分不流通） |
| UBS AG 0.89%（流通 A 股） |
| 实际控制人：闫希军 |

二〇〇六年以来市场表现

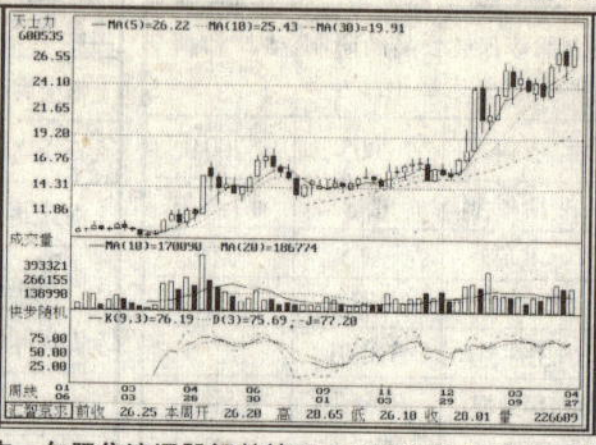

| | |
|---|---|
| 2006 年涨跌幅(%) | 59.43 |
| 2006 年最高(元) | 18.3 |
| 2007 年涨跌幅(%) | 81.65 |
| 2007.4.27 收盘(元) | 28.01 |
| 2007 年最高(元) | 29 |
| 2007 年最低(元) | 15.52 |
| 2007 年换手率(%) | 233.46 |

未来一年限售流通股解禁情况:1213393 股 12 月 30 日解禁

| 最新股本 | 总股本 | 非(限售)流通 | 流通 A | 流通 B/H/S | 股东户数 | 06 年末 | 06 三季 |
|---|---|---|---|---|---|---|---|
| | 28500 | 18825 | 9675 | | | 13300 | 11089 |

**年报点评**：公司是中药现代化企业的代表，拥有优秀的管理团队、灵活的机制、较强的自主创新能力及完善的现代中药产业平台。公司 2006 年公司收入大幅增长主要是医药商业收入增长较快，主打品种稳步增长。2007 年公司新产品有望上市并给公司带来增长。

## 中国软件（600536）

上市日期:02/05/17　　电话:010－51508699　　传真:010－51508661

**主营**：从事操作系统软件、嵌入式软件、机器翻译软件、医用专家系统软件，以及财税、军队、铁路通信、民航等领域应用软件的研制、开发与销售。

| | 年　度 | 2006 | 2005 | 2004 |
|---|---|---|---|---|
| 主要指标 | 每股收益/扣除后(元) | 0.34/0.32 | 0.34/0.33 | 0.46/0.41 |
| | 每股经营现金流量(元) | 0.29 | 0.89 | 0.21 |
| | 每股净资产/调整后(元) | 3.39/3.37 | 3.05/3.03 | 4.34/4.32 |
| | 未分利润(万元) | 11007.71 | 8610.6 | 6731.52 |
| | 资本公积(万元) | 24182.55 | 19535.15 | 24503 |
| 利润构成 | 主营收入(万元) | 139598.68 | 115610.44 | 70197.96 |
| | 主营利润(万元) | 45564.82 | 34627.37 | 18798.54 |
| | 投资收益(万元) | －550.01 | 194.53 | 990.28 |
| | 利润总额(万元) | 10951.65 | 7335.67 | 5541.88 |
| | 净利润(万元) | 5445.59 | 5153.12 | 4675.81 |

**近年分配**：06 预案:10 派 1；05 年:10 派 1.596；04 年:10 派 2.5 转增 5

| 主要股东及持股比例%、持股性质 |
|---|
| 中国电子产业工程公司 36.03%（国有股） |
| 郭先臣 5.15%（非流通股） |
| 程春平 4.34%（非流通股） |
| 中国建设银行－华夏红利混合型开放式证券投资基金 2.28%（流通 A 股） |
| 尚铭 1.43%（非流通股） |
| 陈世林 1.24%（非流通股） |
| 史殿林 1.24%（非流通股） |
| 周进军 1.24%（非流通股） |
| 崔辉 1.15%（非流通股） |
| 江苏华西集团公司 1.05%（流通 A 股） |
| 实际控制人：中国电子信息产业集团公司 |

二〇〇六年以来市场表现

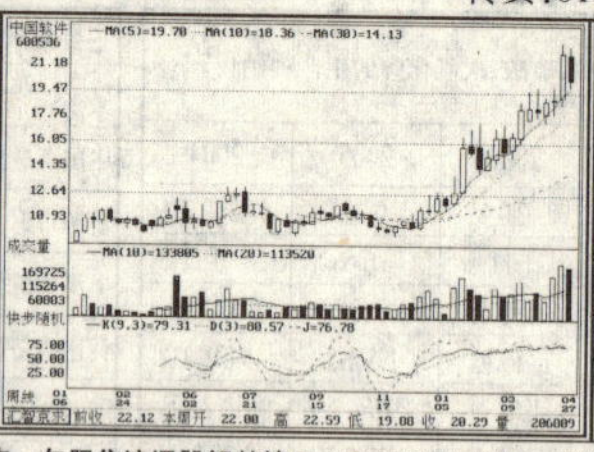

| | |
|---|---|
| 2006 年涨跌幅(%) | 79.64 |
| 2006 年最高(元) | 17.42 |
| 2007 年涨跌幅(%) | 64.03 |
| 2007.4.27 收盘(元) | 20.29 |
| 2007 年最高(元) | 22.89 |
| 2007 年最低(元) | 11.6 |
| 2007 年换手率(%) | 267.21 |

未来一年限售流通股解禁情况:5463018 股 05 月 15 日解禁

| 最新股本 | 总股本 | 非(限售)流通 | 流通 A | 流通 B/H/S | 股东户数 | 06 年末 | 06 三季 |
|---|---|---|---|---|---|---|---|
| | 16131.11 | 8941.11 | 7190 | | | 8579 | 8564 |

**年报点评**：公司主营软件及系统集成业务。2006 年，尽管面临管理层换届的风险，通过金融、税务等传统行业的增长，和信访以及石油等行业的成功开拓，公司实现主营和盈利稳健增长。在大股东计划进行资产整合的背景下，公司将有获得跨越式增长机会。

## 海通集团（600537）

上市日期:03/01/23　　电话:0574－63039988　　传真:0574－63039898

**主营**：果蔬速冻、脱水、保鲜、冷藏、加工；食品、饮料制造、加工；水产品加工等。

| | 年　度 | 2006 | 2005 | 2004 |
|---|---|---|---|---|
| 主要指标 | 每股收益/扣除后(元) | 0.06 | 0.15 | 0.18/0.13 |
| | 每股经营现金流量(元) | 0.2 | 0.08 | 0.25 |
| | 每股净资产/调整后(元) | 2.12/2.16 | 2.19/2.17 | 2.14/2.13 |
| | 未分利润(万元) | 3865.67 | 5416 | 5337.31 |
| | 资本公积(万元) | 18991.2 | 18965.79 | 18383.7 |
| 利润构成 | 主营收入(万元) | 36001.63 | 43294.07 | 36995.8 |
| | 主营利润(万元) | 6674.07 | 8766.74 | 9067.06 |
| | 投资收益(万元) | 256.53 | 655.56 | 371.72 |
| | 利润总额(万元) | 1712.88 | 3832.19 | 4369.37 |
| | 净利润(万元) | 1458.08 | 3376.06 | 4145.91 |

**近年分配**：06 预案:10 派 0.6；05 年:10 派 1.3；04 年:10 派 1.25

| 主要股东及持股比例%、持股性质 |
|---|
| 陈龙海 22.64%（非流通股） |
| 慈溪恒通物产有限公司 13.96%（部分流通部分不流通） |
| DEG－THE GERMAN INVESTMENT AND DEVELOPMENT COMPANY 8.69%（部分流通部分不流通） |
| 周乐群 6.43%（非流通股） |
| 毛培成 6.43%（非流通股） |
| 罗镇江 1.23%（非流通股） |
| 周建祥 0.68%（流通 A 股） |
| 李旭超 0.355%（流通 A 股） |
| 李润宝 0.206%（流通 A 股） |
| 张京纯 0.204%（流通 A 股） |
| 实际控制人：陈龙海 |

二〇〇六年以来市场表现

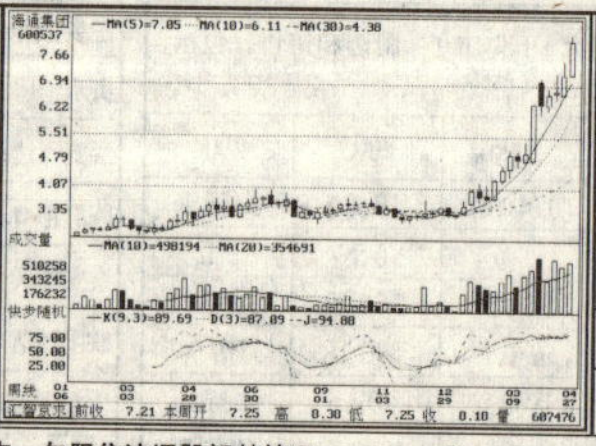

| | |
|---|---|
| 2006 年涨跌幅(%) | 30.8 |
| 2006 年最高(元) | 4.12 |
| 2007 年涨跌幅(%) | 147.13 |
| 2007.4.27 收盘(元) | 8.18 |
| 2007 年最高(元) | 8.38 |
| 2007 年最低(元) | 3.24 |
| 2007 年换手率(%) | 561.78 |

未来一年限售流通股解禁情况:19984845 股 12 月 15 日解禁

| 最新股本 | 总股本 | 非(限售)流通 | 流通 A | 流通 B/H/S | 股东户数 | 06 年末 | 06 三季 |
|---|---|---|---|---|---|---|---|
| | 23003.4 | 11446.37 | 11557.03 | | | 17587 | 18943 |

**年报点评**：公司 2006 年业绩下滑较大。日本国对进口食品实施肯定列表制度，使公司产品出口更加困难，且产品检测成本大幅提高；人民币持续大幅升值使公司主营出口产品利润空间压缩；公司对杭州湾大桥工程、海通上海园区投资的增加使财务费用增加。

## 北海国发（600538）

上市日期:03/01/14　　电话:0779－3200619　　传真:0779－3200618

**主营**：珍珠系列产品（包括珍珠制药、珍珠保健品、珍珠化妆品）及甲壳类海洋生物农药系列产品的研制、生产和销售。

| | 年　度 | 2006 | 2005 | 2004 |
|---|---|---|---|---|
| 主要指标 | 每股收益/扣除后(元) | －0.11/－0.11 | 0.09 | 0.15/0.16 |
| | 每股经营现金流量(元) | 0.335 | 0.015 | 0.05 |
| | 每股净资产/调整后(元) | 1.68/1.65 | 2.5/2.47 | 4.34/4.28 |
| | 未分利润(万元) | 6671.44 | 9945.07 | 8942.74 |
| | 资本公积(万元) | 8281.22 | 16082.82 | 24946.82 |
| 利润构成 | 主营收入(万元) | 53919.15 | 46199.77 | 37337.63 |
| | 主营利润(万元) | 11868.4 | 13141.67 | 11473.17 |
| | 投资收益(万元) | －47.42 | －38.13 | －99.28 |
| | 利润总额(万元) | －1095.51 | 2795.4 | 2359.29 |
| | 净利润(万元) | －3021.53 | 1774.16 | 1620.71 |

**近年分配**：05 年:10 转增 4；04 年:10 转增 8

| 主要股东及持股比例%、持股性质 |
|---|
| 广西国发投资集团有限公司 19.15%（非流通股） |
| 北海市人民政府国有资产监督管理委员会 6.93%（国有股） |
| 北京白云玛拉沁饭店 2.47%（非流通股） |
| 中信万通证券有限责任公司 2.08%（非流通股） |
| 清华大学 1.86%（非流通股） |
| 西藏净土鲜实业发展有限公司 1.39%（非流通股） |
| 海口鑫台实业公司 1.39%（非流通股） |
| 施永雷 0.92%（流通 A 股） |
| 李刚 0.86%（流通 A 股） |
| 郭洪星 0.51%（流通 A 股） |
| 实际控制人：王世全 |

二〇〇六年以来市场表现

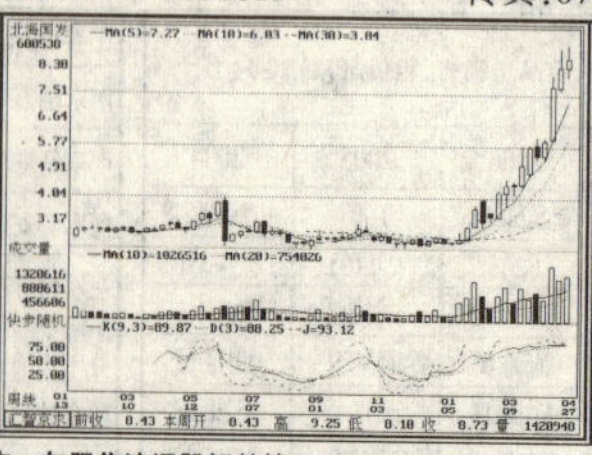

| | |
|---|---|
| 2006 年涨跌幅(%) | 36.84 |
| 2006 年最高(元) | 5.44 |
| 2007 年涨跌幅(%) | 252.02 |
| 2007.4.27 收盘(元) | 8.73 |
| 2007 年最高(元) | 9.25 |
| 2007 年最低(元) | 2.42 |
| 2007 年换手率(%) | 640.63 |

未来一年限售流通股解禁情况:5392263.8 股 01 月 10 日解禁

| 最新股本 | 总股本 | 非(限售)流通 | 流通 A | 流通 B/H/S | 股东户数 | 06 年末 | 06 三季 |
|---|---|---|---|---|---|---|---|
| | 27921.6 | 10187.45 | 17734.15 | | | 28252 | 30502 |

**年报点评**：公司是一家集生物制药，生物农药等业务的综合性企业。公司 2006 年收入稳步增长，但公司的盈利能力下滑，主要是生物农药和生物制药的收入下滑。公司主业将向生物能源方向发展，如果生物能源注入将提升公司的盈利水平。

# S狮头（600539）

上市日期:01/08/24　　电话:(0351)2857006　　传真:(0351)2857002

| 主营 | 主要生产系列等级的通用水泥、特种水泥以及C10—C80强度等级的预拌商品混凝土。 | | | |
|---|---|---|---|---|
| | 年　度 | 2006 | 2005 | 2004 |
| 主要指标 | 每股收益/扣除后(元) | 0.044/0.05 | 0.041 | 0.11/0.1 |
| | 每股经营现金流量(元) | 0.13 | 0.06 | 0.13 |
| | 每股净资产/调整后(元) | 3.82/3.68 | 3.76/3.68 | 3.74/3.68 |
| | 未分利润(万元) | 10174.56 | 9357.43 | 8602.68 |
| | 资本公积(万元) | 51067.01 | 50712.01 | 50708.19 |
| 利润构成 | 主营收入(万元) | 44540.44 | 44975.6 | 36872.33 |
| | 主营利润(万元) | 8200.12 | 7969.87 | 9674.46 |
| | 投资收益(万元) | -53.13 | -53.13 | -53.13 |
| | 利润总额(万元) | 1565.81 | 1415.98 | 3486.92 |
| | 净利润(万元) | 1012.29 | 941.64 | 2471.22 |
| 近年分配: | 04年:10派0.2 | | | |

| 主要股东及持股比例%、持股性质 |
|---|
| 太原狮头集团有限公司 31.9%(国有股) |
| 中国建设银行股份有限公司山西省分行 13.59%(国有股) |
| 山西省经贸资产经营有限责任公司 8.26%(国有股) |
| 山西省经济建设投资公司 5.78%(国有股) |
| 交通银行股份有限公司北京分行 2.07%(国有股) |
| 韩明昱 0.29%(流通A股) |
| 王巍 0.22%(流通A股) |
| 骆翠嫦 0.2%(流通A股) |
| 龙树明 0.19%(流通A股) |
| 韩丛艾 0.17%(流通A股) |
| 实际控制人:太原市国有资产管理委员会 |

二〇〇六年以来市场表现

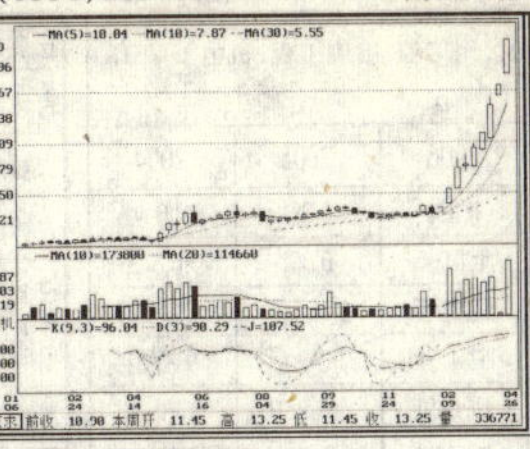

| | |
|---|---|
| 2006年涨跌幅(%) | 52.38 |
| 2006年最高(元) | 4.93 |
| 2007年涨跌幅(%) | 195.76 |
| 2007.4.27收盘(元) | 13.25 |
| 2007年最高(元) | 13.25 |
| 2007年最低(元) | 4.7 |
| 2007年换手率(%) | 186.21 |

未来一年限售流通股解禁情况:

| 最新股本 | 总股本 | 非(限售)流通 | 流通A | 流通B/H/S | 股东户数 | 06年末 | 06三季 |
|---|---|---|---|---|---|---|---|
| | 23000 | 14200 | 8800 | | | 28553 | 31916 |

| 年报点评 | |
|---|---|
| | 公司主营水泥生产。近两年水泥行业投资过热,造成水泥行业毛利率呈下降的趋势;煤、电、油、运等基础产业全面紧张,造成生产成本明显上升。两者大幅挤压了企业的利润空间。预计2007年毛利率将有所改善,但产能维持上年水平。 |

# 新赛股份（600540）

上市日期:04/01/07　　电话:0909－2268156　　传真:0909－2268162

| 主营 | 棉花种植,粮棉种子研发、繁育和销售,棉花及相关副产品销售 | | | |
|---|---|---|---|---|
| | 年　度 | 2006 | 2005 | 2004 |
| 主要指标 | 每股收益/扣除后(元) | 0.092/0.105 | 0.129 | 0.07/0.07 |
| | 每股经营现金流量(元) | 0.0693 | 0.9892 | -0.62 |
| | 每股净资产/调整后(元) | 3.17 | 3.16 | 3.15/3.12 |
| | 未分利润(万元) | 5468.12 | 5211.51 | 4687.19 |
| | 资本公积(万元) | 28920.86 | 29088.58 | 29019.14 |
| 利润构成 | 主营收入(万元) | 55692.17 | 76379.66 | 25564.72 |
| | 主营利润(万元) | 7312.39 | 8979.67 | 4857.09 |
| | 投资收益(万元) | -254.53 | 116.94 | 0.28 |
| | 利润总额(万元) | 1513.86 | 2299.42 | 1225.16 |
| | 净利润(万元) | 1651.68 | 2326.81 | 1225.16 |
| 近年分配: | 06预案:10派0.6;05年:10派0.8;04年:10派1.2 | | | |

| 主要股东及持股比例%、持股性质 |
|---|
| 新疆艾比湖农工商联合企业总公司 54.29%(国有股) |
| 中国工商银行－诺安价值增长股票证券投资基金 2.1%(流通A股) |
| 中国工商银行－诺安股票证券投资基金 0.64%(流通A股) |
| 新疆生产建设兵团农五师农业生产资料公司 0.61%(国有股) |
| 新疆博尔塔拉蒙古自治州国资经营有限责任公司 0.55%(国有股) |
| 中国工商银行－诺安平衡证券投资基金 0.49%(流通A股) |
| 新疆金融租赁有限公司 0.33%(国有股) |
| 黄刚 0.28%(流通A股) |
| 深圳市长河运通投资有限公司 0.22%(流通A股) |
| 新疆兵团农五师农机公司 0.22%(国有股) |
| 实际控制人:新疆艾比湖农工商联合企业总公司 |

二〇〇六年以来市场表现

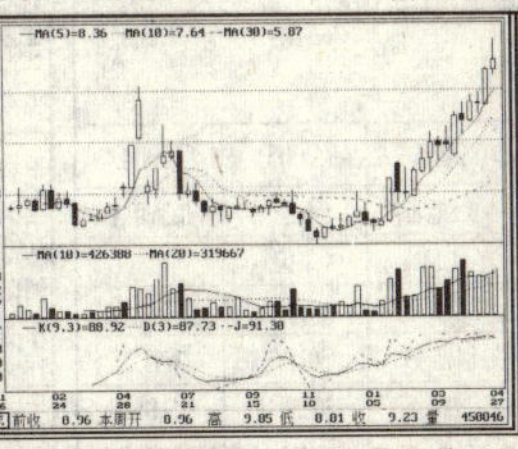

| | |
|---|---|
| 2006年涨跌幅(%) | 23.48 |
| 2006年最高(元) | 9.9 |
| 2007年涨跌幅(%) | 95.97 |
| 2007.4.27收盘(元) | 9.23 |
| 2007年最高(元) | 9.85 |
| 2007年最低(元) | 4.41 |
| 2007年换手率(%) | 726.43 |

未来一年限售流通股解禁情况:12083472股06月15日解禁

| 最新股本 | 总股本 | 非(限售)流通 | 流通A | 流通B/H/S | 股东户数 | 06年末 | 06三季 |
|---|---|---|---|---|---|---|---|
| | 18000 | 10080 | 7920 | | | 18608 | 21327 |

| 年报点评 | |
|---|---|
| | 2006年公司实现主营业务同比减少27.09%;净利润同比减少29.02%。产品销售收入同比减少,主要原因为公司主导产品皮棉销售数量较2005年大幅减少。但公司将对油脂产业投入更多精力,新增两家油脂加工厂,油脂生产能力提高,销售呈现强劲势头。 |

# 莫高股份（600543）

上市日期:04/03/24　　电话:0931－8433356　　传真:0931－8439543

| 主营 | 农产品及加工品、药品的生产和销售。 | | | |
|---|---|---|---|---|
| | 年　度 | 2006 | 2005 | 2004 |
| 主要指标 | 每股收益/扣除后(元) | 0.04/0.04 | 0.04 | 0.14/0.12 |
| | 每股经营现金流量(元) | 0.36 | 0.7 | -1.3 |
| | 每股净资产/调整后(元) | 3.64/3.51 | 3.66/3.62 | 3.69/3.67 |
| | 未分利润(万元) | 5908.57 | 6239.02 | 5868.78 |
| | 资本公积(万元) | 25886.49 | 26693.67 | 26693.67 |
| 利润构成 | 主营收入(万元) | 30386.3 | 24696.31 | 26876.92 |
| | 主营利润(万元) | 8352.52 | 7705.6 | 9467.04 |
| | 投资收益(万元) | 2.58 | | 13.34 |
| | 利润总额(万元) | 588.28 | 505.78 | 1892.05 |
| | 净利润(万元) | 601.65 | 515.54 | 1870.3 |
| 近年分配: | 06预案:10派0.6;04年:10派0.6 | | | |

| 主要股东及持股比例%、持股性质 |
|---|
| 甘肃黄羊河农工商(集团)有限责任公司 21.13%(国有股) |
| 甘肃省饮马实业公司 11.77%(国有股) |
| 甘肃省国营八一农场 7.9%(国有股) |
| 甘肃省国营祁连山制药厂 4.04%(国有股) |
| 黄永谦 0.46%(流通A股) |
| 北京北大资源集团有限公司 0.45%(非流通股) |
| 西北农林科技大学 0.45%(非流通股) |
| 上海天台酒业有限公司 0.45%(非流通股) |
| 伍惠芝 0.42%(流通A股) |
| 沈建平 0.36%(流通A股) |
| 实际控制人:甘肃省农垦集团有限责任公司 |

二〇〇六年以来市场表现

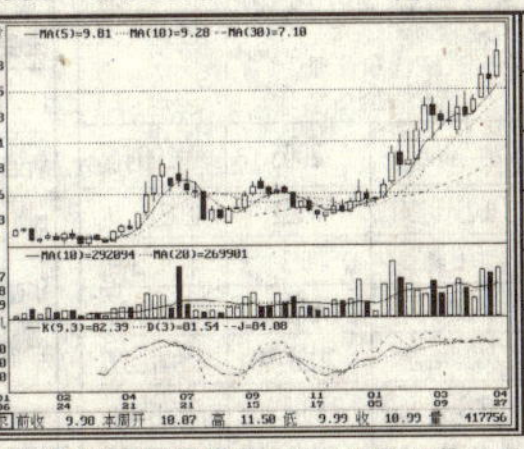

| | |
|---|---|
| 2006年涨跌幅(%) | 69.98 |
| 2006年最高(元) | 9.43 |
| 2007年涨跌幅(%) | 92.81 |
| 2007.4.27收盘(元) | 10.99 |
| 2007年最高(元) | 11.5 |
| 2007年最低(元) | 5.55 |
| 2007年换手率(%) | 620.24 |

未来一年限售流通股解禁情况:28214477股07月10日解禁

| 最新股本 | 总股本 | 非(限售)流通 | 流通A | 流通B/H/S | 股东户数 | 06年末 | 06三季 |
|---|---|---|---|---|---|---|---|
| | 13840 | 6392 | 7448 | | | 19715 | 17416 |

| 年报点评 | |
|---|---|
| | 公司主营大麦芽和葡萄酒的生产销售以及部分药品业务,2006年公司销售收入有较快的增长,但是净利润增长将缓。2006年大麦芽原材料收购价格有所下降,但是市场竞争激烈程度上升导致产品盈利能力略有下降。公司葡萄酒规模仍然比较小。 |

# 新疆城建（600545）

上市日期:03/12/03　　电话:(0991)4889813　　传真:(0991)4889813

| 主营 | 城市基础设施建设与运营、城市源水供应、房地产开发。 | | | |
|---|---|---|---|---|
| | 年　度 | 2006 | 2005 | 2004 |
| 主要指标 | 每股收益/扣除后(元) | 0.163/0.145 | 0.153 | 0.145/0.13 |
| | 每股经营现金流量(元) | 0.93 | 0.05 | -0.16 |
| | 每股净资产/调整后(元) | 3.76/3.45 | 3.62/3.53 | 3.56/3.52 |
| | 未分利润(万元) | 7444.03 | 5272.85 | 3504.92 |
| | 资本公积(万元) | 33688.47 | 33976.03 | 33736.59 |
| 利润构成 | 主营收入(万元) | 57157.43 | 47325.78 | 39930.49 |
| | 主营利润(万元) | 11099.74 | 9668.9 | 7129.18 |
| | 投资收益(万元) | -1 | 86.51 | 69.19 |
| | 利润总额(万元) | 2876.09 | 2631.29 | 2742.83 |
| | 净利润(万元) | 2616.69 | 2456.36 | 2326.51 |
| 近年分配: | 06预案:10派1;04年:10派0.8 | | | |

| 主要股东及持股比例%、持股性质 |
|---|
| 乌鲁木齐国有资产经营有限公司 41.4%(国有股) |
| 新疆友好(集团)股份有限公司 5.19%(非流通股) |
| 乌鲁木齐城市建设投资有限公司 0.72%(非流通股) |
| 代广钱 0.36%(流通A股) |
| 郎均昌 0.26%(流通A股) |
| 张凤桐 0.21%(流通A股) |
| 关资鉴 0.19%(流通A股) |
| 陈秀辉 0.17%(流通A股) |
| 俞敏 0.17%(流通A股) |
| 黄衍南 0.15%(流通A股) |
| 实际控制人:乌鲁木齐市国有资产监督管理委员会 |

二〇〇六年以来市场表现

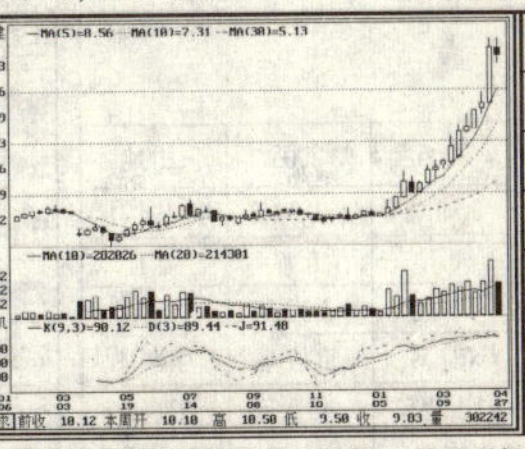

| | |
|---|---|
| 2006年涨跌幅(%) | 38.65 |
| 2006年最高(元) | 6.01 |
| 2007年涨跌幅(%) | 158.68 |
| 2007.4.27收盘(元) | 9.83 |
| 2007年最高(元) | 10.5 |
| 2007年最低(元) | 3.77 |
| 2007年换手率(%) | 475.22 |

未来一年限售流通股解禁情况:312239股03月29日解禁

| 最新股本 | 总股本 | 非(限售)流通 | 流通A | 流通B/H/S | 股东户数 | 06年末 | 06三季 |
|---|---|---|---|---|---|---|---|
| | 16054.1 | 7669.82 | 8384.29 | | | 18061 | 19840 |

| 年报点评 | |
|---|---|
| | 2006年克服了宏观调控造成的市政建设市场规模萎缩以及建筑材料、土地价格上涨等不利因素,实现了经营业绩的持续增长。新型建材方面,生产的阿科太克板、BFS大口径管材及改性沥青混凝土等产品具备较强竞争优势。 |

## 中油化建（600546）

上市日期:03/07/31　电话:0432—3993300　传真:0432－3038512 3991716

| | | | | |
|---|---|---|---|---|
| 主营 | 各类化工石油工程、市政公用工程、冶炼工程、机电安装工程和电力工程等的建设施工 | | | |
| | 年　度 | 2006 | 2005 | 2004 |
| 主要指标 | 每股收益/扣除后(元) | 0.034 | 0.284 | 0.4/0.406 |
| | 每股经营现金流量(元) | 0.0489 | 0.064 | -0.5426 |
| | 每股净资产/调整后(元) | 2.02/1.55 | 5.46/5.35 | 5.33/5.24 |
| | 未分利润(万元) | 5284.54 | 10312.65 | 9086.62 |
| | 资本公积(万元) | 22695.91 | 36379.23 | 36331.21 |
| 利润构成 | 主营收入(万元) | 192535.4 | 163842.02 | 150669.53 |
| | 主营利润(万元) | 8091.44 | 12911.68 | 13618.06 |
| | 投资收益(万元) | | | |
| | 利润总额(万元) | 1965.67 | 4668.84 | 6630.96 |
| | 净利润(万元) | 1005.59 | 3124.73 | 4402.47 |
| 近年分配: | 06 中期:10 转增 8.18182 ; 05 年:10 派 0.2 送 5 ; 04 年:10 派 1.3 | | | |

| 主要股东及持股比例%、持股性质 | |
|---|---|
| 吉化集团公司 39.75%（国有股） | |
| 吉林高新区华林实业有限责任公司 8.19%（非流通股） | |
| 吉林市城信房地产开发公司 1.6%（国有股） | |
| 宁波市富盾制式服装有限公司 1.41%（非流通股） | |
| 上海华理远大技术有限公司 0.32%（国有股） | |
| 严磊 0.16%（流通 A 股） | |
| 杨磊 0.13%（流通 A 股） | |
| 吴敬东 0.12%（流通 A 股） | |
| 姜永祝 0.12%（流通 A 股） | |
| 黄陈伟 0.11%（流通 A 股） | |
| 实际控制人: | 中国石油天然气集团公司 |

二〇〇六年以来市场表现

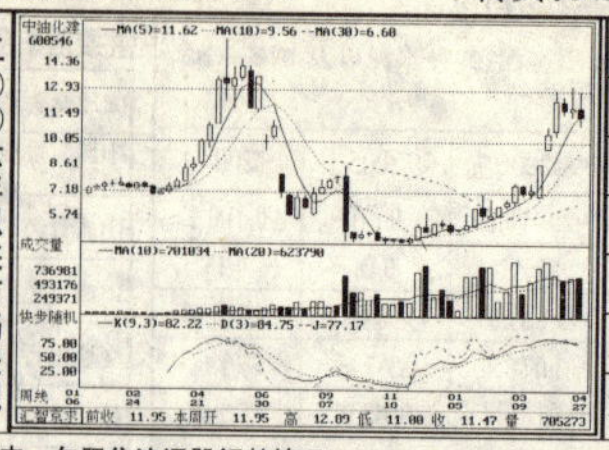


| | |
|---|---|
| 2006 年涨跌幅(%) | 163.88 |
| 2006 年最高(元) | 22.02 |
| 2007 年涨跌幅(%) | 128.49 |
| 2007.4.27 收盘(元) | 11.47 |
| 2007 年最高(元) | 13.19 |
| 2007 年最低(元) | 4.94 |
| 2007 年换手率(%) | 718.59 |

未来一年限售流通股解禁情况:24981704.316352 股 07 月 27 日解禁

| 最新股本 | 总股本 | 非(限售)流通 | 流通 A | 流通 B/H/S | 股东户数 | 06 年末 | 06 三季 |
|---|---|---|---|---|---|---|---|
| | 30000 | 15381.82 | 14618.18 | | | 32538 | 27909 |

**年报点评** 公司主营化工石油工程承包业务,在乙烯工程承包中具有非常好的技术优势和品牌优势。未来国内乙烯化工的持续发展给公司业务带来良好的发展机遇。2006 年由于惠州高压低密度聚乙烯项目的拖延造成 1775 万元的损失。预计公司 2007 年合同额为 22 亿元。

## 山东黄金（600547）

上市日期:03/08/28　电话:0531－8562816　传真:0531－8561938

| | | | | |
|---|---|---|---|---|
| 主营 | 黄金开采和选冶加工。 | | | |
| | 年　度 | 2006 | 2005 | 2004 |
| 主要指标 | 每股收益/扣除后(元) | 0.8/0.82 | 0.55 | 0.36/0.36 |
| | 每股经营现金流量(元) | 1.81 | 1.07 | 0.31 |
| | 每股净资产/调整后(元) | 4.27/4.15 | 3.89/3.8 | 3.39/3.36 |
| | 未分利润(万元) | 8442.33 | 5025.01 | 3893.22 |
| | 资本公积(万元) | 28901.5 | 30273.17 | 26112.08 |
| 利润构成 | 主营收入(万元) | 356194.28 | 380319.33 | 154106.99 |
| | 主营利润(万元) | 47081.7 | 33750.1 | 19494.36 |
| | 投资收益(万元) | -327.52 | 125.24 | 89.04 |
| | 利润总额(万元) | 23757.66 | 15267.39 | 8986.3 |
| | 净利润(万元) | 12821.6 | 8744.56 | 5810.32 |
| 近年分配: | 06 年:10 派 4.8 ; 05 年:10 派 3.3 ; 04 年:10 派 3 | | | |

| 主要股东及持股比例%、持股性质 | |
|---|---|
| 山东黄金集团有限公司 51.531%（国有股） | |
| 申银万国－花旗－UBS LIMITED 3.428%（流通 A 股） | |
| 中国工商银行－易方达价值精选股票型证券投资基金 2.436%（流通 A 股） | |
| 鸿阳证券投资基金 1.875%（流通 A 股） | |
| 中国建设银行－华夏优势增长股票型证券投资基金 1.75%（流通 A 股） | |
| 中国人寿保险股份有限公司－分红－个人分红－005L－FH002 沪 1.571%（流通 A 股） | |
| 中国人寿保险(集团)公司－传统－普通保险产品 1.441%（流通 A 股） | |
| 兴华证券投资基金 1.04%（流通 A 股） | |
| 招商证券－渣打－ING BANK N.V. 0.998%（流通 A 股） | |
| 中国建设银行－上投摩根阿尔法股票型证券投资基金 0.981%（流通 A 股） | |
| 实际控制人: | 山东省人民政府国有资产监督管理委员会 |

二〇〇六年以来市场表现

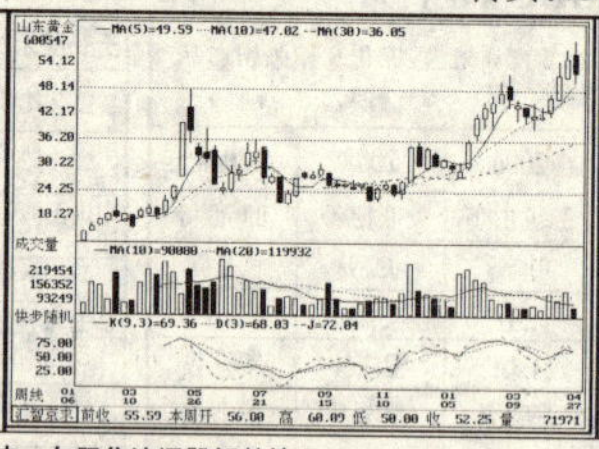


| | |
|---|---|
| 2006 年涨跌幅(%) | 229.11 |
| 2006 年最高(元) | 59.96 |
| 2007 年涨跌幅(%) | 66.97 |
| 2007.4.27 收盘(元) | 52.25 |
| 2007 年最高(元) | 60.09 |
| 2007 年最低(元) | 27.6 |
| 2007 年换手率(%) | 254.85 |

未来一年限售流通股解禁情况:

| 最新股本 | 总股本 | 非(限售)流通 | 流通 A | 流通 B/H/S | 股东户数 | 06 年末 | 06 三季 |
|---|---|---|---|---|---|---|---|
| | 16000 | 8500 | 7500 | | | 11731 | 13592 |

**年报点评** 资源注入正在等有关部门的批准,为公司的发展奠定了坚实的基础。公司未来仍然以资源控制为主,加大资源整合力度,着力降低企业生产成本。随着黄金价格的高位运行,未来发展继续看好。

## 深高速（600548）

上市日期:01/12/25　电话:0755－82945608　传真:0755－82910496

| | | | | |
|---|---|---|---|---|
| 主营 | 收费公路和高速公路的开发、经营和管理 | | | |
| | 年　度 | 2006 | 2005 | 2004 |
| 主要指标 | 每股收益/扣除后(元) | 0.256/0.241 | 0.222 | 0.222/0.16 |
| | 每股经营现金流量(元) | 0.46 | 0.3 | 0.23 |
| | 每股净资产/调整后(元) | 3.02/3 | 2.87/2.86 | 2.76/2.76 |
| | 未分利润(万元) | 92404.72 | 71131.74 | 59407.59 |
| | 资本公积(万元) | 208648.16 | 206048.16 | 206048.16 |
| 利润构成 | 主营收入(万元) | 119192.63 | 91148.16 | 70577.56 |
| | 主营利润(万元) | 88228.84 | 67002.92 | 51295.37 |
| | 投资收益(万元) | -7459.53 | -5663.27 | -877.74 |
| | 利润总额(万元) | 62621 | 57690.98 | 56876.95 |
| | 净利润(万元) | 55924.49 | 48504.33 | 48456.4 |
| 近年分配: | 06 预案:10 派 1.3 ; 05 年:10 派 1.2 ; 04 年:10 派 1.1 | | | |

| 主要股东及持股比例%、持股性质 | |
|---|---|
| HKSCC Nominees Limited 33.55%（H 股） | |
| 新通产实业开发(深圳)有限公司 30.03%（国有股） | |
| 深圳市深广惠公路开发总公司 18.86%（国有股） | |
| 华建交通经济开发中心 4%（国有股） | |
| 广东省路桥建设发展有限公司 2.84%（国有股） | |
| 全国社保基金一零二组合 0.62%（流通 A 股） | |
| 中国工商银行－汇添富均衡增长股票型证券投资基金 0.6%（流通 A 股） | |
| 中国建设银行－博时主题行业股票证券投资基金 0.49%（流通 A 股） | |
| 全国社保基金一零三组合 0.42%（流通 A 股） | |
| 中国建设银行－博时价值增长贰号证券投资基金 0.25%（流通 A 股） | |
| 实际控制人: | |

二〇〇六年以来市场表现

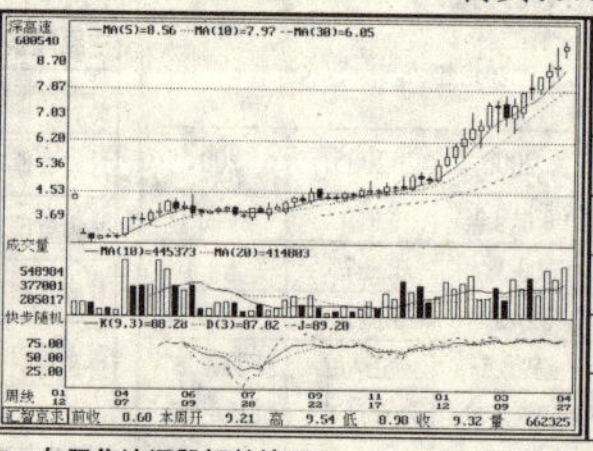


| | |
|---|---|
| 2006 年涨跌幅(%) | 73.38 |
| 2006 年最高(元) | 7.04 |
| 2007 年涨跌幅(%) | 88.28 |
| 2007.4.27 收盘(元) | 9.32 |
| 2007 年最高(元) | 9.54 |
| 2007 年最低(元) | 4.9 |
| 2007 年换手率(%) | 314.44 |

未来一年限售流通股解禁情况:

| 最新股本 | 总股本 | 非(限售)流通 | 流通 A | 流通 B/H/S | 股东户数 | 06 年末 | 06 三季 |
|---|---|---|---|---|---|---|---|
| | 218070 | 121540 | 21780 | 74750 | | 24841 | 25111 |

**年报点评** 2006 年公司运营的收费公路已达 15 个,主营业务收入与主营业务利润基本保持同步增长,公司的毛利率也保持在 74%的高水平。从新项目的投资来看,2006 年公司主要资本支出集中于南光项目与对清连公司权益的收购,预计以上项目将在 2008 年产生效益。

## 厦门钨业（600549）

上市日期:02/11/07　电话:0592－5363856　传真:0592－5363857

| | | | | |
|---|---|---|---|---|
| 主营 | 钨的冶炼及深加工业务 | | | |
| | 年　度 | 2006 | 2005 | 2004 |
| 主要指标 | 每股收益/扣除后(元) | 0.5/0.46 | 0.71/0.668 | 0.46/0.44 |
| | 每股经营现金流量(元) | 0.7 | 0.96 | 0.1 |
| | 每股净资产/调整后(元) | 2.2/2.2 | 3.5/3.5 | 2.98/2.98 |
| | 未分利润(万元) | 8717.59 | 10289.48 | 2449.14 |
| | 资本公积(万元) | 13583.95 | 28055.75 | 27936.9 |
| 利润构成 | 主营收入(万元) | 437876.63 | 288255.58 | 149131.23 |
| | 主营利润(万元) | 75165.87 | 57180.12 | 38060 |
| | 投资收益(万元) | 730.13 | 921.88 | -6.6 |
| | 利润总额(万元) | 42830.35 | 30773.15 | 19323.57 |
| | 净利润(万元) | 24024.67 | 17125.86 | 11061.56 |
| 近年分配: | 06 预案:10 派 2 ; 05 年:10 派 1 送 4 转增 6 ; 04 年:10 派 2 | | | |

| 主要股东及持股比例%、持股性质 | |
|---|---|
| 福建省冶金(控股)有限责任公司 35.56%（国有股） | |
| 五矿有色金属股份有限公司 20.56%（国有股） | |
| 日本联合材料株式会社 10.28%（外资股） | |
| 交银施罗德成长股票证券投资基金 2.58%（流通 A 股） | |
| 汇添富均衡增长股票型证券投资基金 1.67%（流通 A 股） | |
| 广发策略优选混合型证券投资基金 1.6%（流通 A 股） | |
| 交银施罗德稳健配置混合型证券投资基金 1.43%（流通 A 股） | |
| 全国社保基金一零九组合 1.15%（流通 A 股） | |
| 华宝兴业先进成长股票型证券投资基金 1.04%（流通 A 股） | |
| 全国社保基金一零四组合 1.04%（流通 A 股） | |
| 实际控制人: | 福建省冶金(控股)有限责任公司 |

二〇〇六年以来市场表现

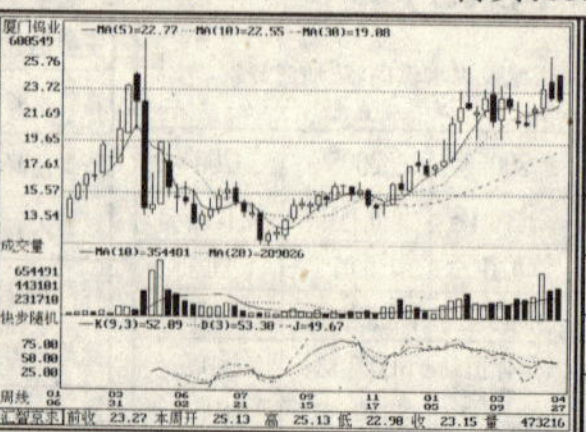


| | |
|---|---|
| 2006 年涨跌幅(%) | 229.28 |
| 2006 年最高(元) | 50.47 |
| 2007 年涨跌幅(%) | 34.75 |
| 2007.4.27 收盘(元) | 23.15 |
| 2007 年最高(元) | 26.5 |
| 2007 年最低(元) | 17.02 |
| 2007 年换手率(%) | 279.28 |

未来一年限售流通股解禁情况:72000000 股 03 月 29 日解禁

| 最新股本 | 总股本 | 非(限售)流通 | 流通 A | 流通 B/H/S | 股东户数 | 06 年末 | 06 三季 |
|---|---|---|---|---|---|---|---|
| | 48000 | 32520 | 15480 | | | 12008 | 14014 |

**年报点评** 2006 年由于原料价格上涨、出口退税调整等因素,造成公司主营业务成本增长,销售毛利率下降。公司 2007 年各项业务将保持稳定增长,原料自给率大幅上升,原料成本降低将提高公司产品销售毛利率,公司房地产项目将逐步进入收获期。

## 天威保变(600550)

上市日期:01/02/28

电话:0312－3252455　传真:0312－3230382

| | |
|---|---|
| 主营 | 变压器、互感器、电抗器等输变电设备及辅助设备、零部件的制造与销售;输变电专用制造设备的生产与销售。 |

| | 年度 | 2006 | 2005 | 2004 |
|---|---|---|---|---|
| 主要指标 | 每股收益/扣除后(元) | 0.54/0.54 | 0.31 | 0.15/0.15 |
| | 每股经营现金流量(元) | －0.86 | 0.02 | 0.14 |
| | 每股净资产/调整后(元) | 5.43/5.26 | 3.06/2.89 | 2.93/2.84 |
| | 未分利润(万元) | 29026.25 | 11915.57 | 10818.9 |
| | 资本公积(万元) | 125047.13 | 49776.48 | 48980.4 |
| 利润构成 | 主营收入(万元) | 307980.75 | 196305.01 | 113311.3 |
| | 主营利润(万元) | 50500.33 | 38821.56 | 22723.81 |
| | 投资收益(万元) | 9109.15 | 861.55 | 1476.46 |
| | 利润总额(万元) | 28922.22 | 17517.51 | 8023.45 |
| | 净利润(万元) | 19809.75 | 10099.43 | 5109.07 |

近年分配:06 预案:10 派 2 送 4 转增 6;05 年:10 派 0.5;04 年:10 派 2

**主要股东及持股比例%、持股性质**

保定天威集团有限公司 51.1%(国有股)

保定惠源咨询服务有限公司 6.79%(部分流通部分不流通)

海通－中行－FORTIS BANK SA/NV 1.63%(部分流通部分不流通)

国际金融－花旗－MARTIN CURRIE INVESTMENT MANAGEMENT LIMITED 1.1%(非流通股)

交通银行－海富通精选证券投资基金 0.83%(非流通股)

上海力尊投资咨询有限公司 0.82%(流通 A 股)

中国银行－海富通收益增长证券投资基金 0.82%(非流通股)

招商银行股份有限公司－海富通强化回报混合型证券投资基金 0.77%(非流通股)

中国电力财务有限公司 0.74%(非流通股)

深圳市柏越实业有限公司 0.55%(非流通股)

实际控制人:保定天威集团有限公司

二〇〇六年以来市场表现

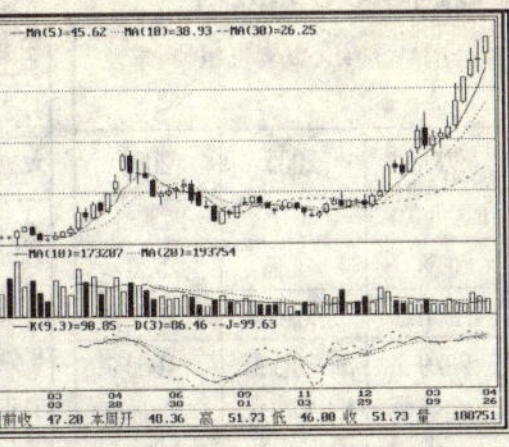

| | |
|---|---|
| 2006 年涨跌幅(%) | 48.66 |
| 2006 年最高(元) | 29.6 |
| 2007 年涨跌幅(%) | 183.45 |
| 2007.4.27 收盘(元) | 51.73 |
| 2007 年最高(元) | 51.73 |
| 2007 年最低(元) | 17.82 |
| 2007 年换手率(%) | 206.92 |

未来一年限售流通股解禁情况:16713750 股 08 月 19 日解禁

| 最新股本 | 总股本 | 非(限售)流通 | 流通 A | 流通 B/H/S | 股东户数 | 06 年末 | 06 三季 |
|---|---|---|---|---|---|---|---|
| | 36500 | 22001.38 | 14498.63 | | | 24128 | 25265 |

年报点评:公司主营变压器和太阳能电池片生产销售。2006 年在输配电行业向好的情况下,主营收入大幅增长,目前公司参股的天威英利在在谋求海外上市程序中,公司是国内太阳能产业链最为完善的公司之一,新能源的国内长期发展前景看好。

## 科大创新(600551)

上市日期:02/09/05

电话:(0551)5321668　传真:(0551)5321568

| | |
|---|---|
| 主营 | 辐射法制造的乳胶系列产品、医疗电子产品、电力安全产品和消防安全产品的开发、生产、销售。 |

| | 年度 | 2006 | 2005 | 2004 |
|---|---|---|---|---|
| 主要指标 | 每股收益/扣除后(元) | 0.05/－0.03 | 0.04 | 0.03/0.03 |
| | 每股经营现金流量(元) | 0.21 | 0.12 | 0.07 |
| | 每股净资产/调整后(元) | 1.7/1.59 | 1.61/1.52 | 1.57/1.5 |
| | 未分利润(万元) | －3804.83 | －4164.26 | －4435.83 |
| | 资本公积(万元) | 8899.54 | 8556.1 | 8556.1 |
| 利润构成 | 主营收入(万元) | 10970 | 10224.26 | 9365.92 |
| | 主营利润(万元) | 3116.28 | 3350.78 | 3441.36 |
| | 投资收益(万元) | 599.57 | 103.94 | 186.29 |
| | 利润总额(万元) | 509.66 | 401.56 | 391.79 |
| | 净利润(万元) | 359.42 | 271.58 | 242.15 |

近年分配:

**主要股东及持股比例%、持股性质**

中国科学技术大学科技实业总公司 30.67%(国有股)

合肥科聚高技术有限责任公司 10.53%(国有股)

中国科学院合肥物质科学研究院 5.17%(国有股)

安徽省信息技术开发公司 4.73%(国有股)

世纪方舟投资有限公司 4.57%(非流通股)

上海吉通电器设备有限公司 0.87%(流通 A 股)

王艳 0.56%(流通 A 股)

乔正华 0.55%(流通 A 股)

朱霄萍 0.36%(流通 A 股)

黎少玲 0.31%(流通 A 股)

实际控制人:中国科学技术大学

二〇〇六年以来市场表现

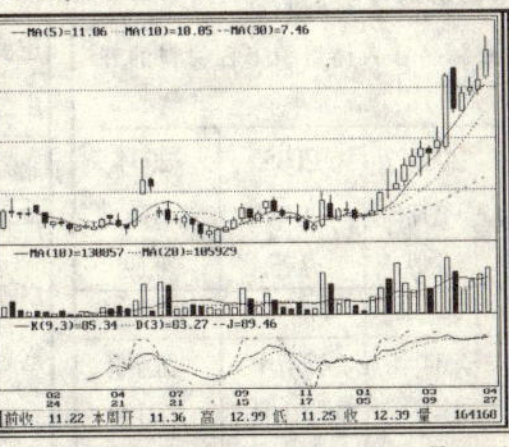

| | |
|---|---|
| 2006 年涨跌幅(%) | 39.29 |
| 2006 年最高(元) | 9.07 |
| 2007 年涨跌幅(%) | 115.1 |
| 2007.4.27 收盘(元) | 12.39 |
| 2007 年最高(元) | 12.99 |
| 2007 年最低(元) | 5.7 |
| 2007 年换手率(%) | 568.06 |

未来一年限售流通股解禁情况:14473836 股 07 月 04 日解禁

| 最新股本 | 总股本 | 非(限售)流通 | 流通 A | 流通 B/H/S | 股东户数 | 06 年末 | 06 三季 |
|---|---|---|---|---|---|---|---|
| | 7500 | 4175 | 3325 | | | 8987 | 9887 |

年报点评:公司主营辐射法生产的乳胶系列产品、医疗电子产品和电力安全产品。2006 年,公司对辐化分公司加强扶持,同时对盈利能力差的分公司进行整顿、收缩,从而在收入下降的情况下实现了盈利较快速度增长。研发创新大厦落成有望使公司形成新的利润增长点。

## *ST 方兴(600552)

上市日期:02/11/08

电话:0552—4077780　传真:0552—4077780

| | |
|---|---|
| 主营 | 浮法玻璃及在线镀膜玻璃、ITO 导电膜玻璃的生产和销售。 |

| | 年度 | 2006 | 2005 | 2004 |
|---|---|---|---|---|
| 主要指标 | 每股收益/扣除后(元) | －0.585/－0.502 | －0.84 | 0.244/0.236 |
| | 每股经营现金流量(元) | －0.38 | －0.12 | 0.22 |
| | 每股净资产/调整后(元) | 1.41/1.41 | 2.01/2.01 | 2.94/2.94 |
| | 未分利润(万元) | －15492.18 | －8269.45 | 2991.21 |
| | 资本公积(万元) | 17891.01 | 18005.81 | 17883.06 |
| 利润构成 | 主营收入(万元) | 46311.83 | 39805.39 | 45199.87 |
| | 主营利润(万元) | 4065.31 | 691.49 | 10015.89 |
| | 投资收益(万元) | 0.88 | －98.57 | |
| | 利润总额(万元) | －6201.07 | －9314.18 | 4189.26 |
| | 净利润(万元) | －6845 | －9838.54 | 2855.21 |

近年分配:04 年:10 派 1

**主要股东及持股比例%、持股性质**

安徽华光玻璃集团有限公司 37.87%(国有股)

浙江大学 1.69%(国有股)

蚌埠玻璃设计研究院 1.69%(国有股)

孙玉如 1.07%(流通 A 股)

华宝信托投资有限责任公司 0.85%(流通 A 股)

蚌埠市建设投资有限公司 0.84%(国有股)

王毅 0.8%(流通 A 股)

上海君弘贸易发展有限公司 0.52%(流通 A 股)

陈玉莲 0.45%(流通 A 股)

李建君 0.42%(流通 A 股)

实际控制人:蚌埠市城市投资控股有限公司

二〇〇六年以来市场表现

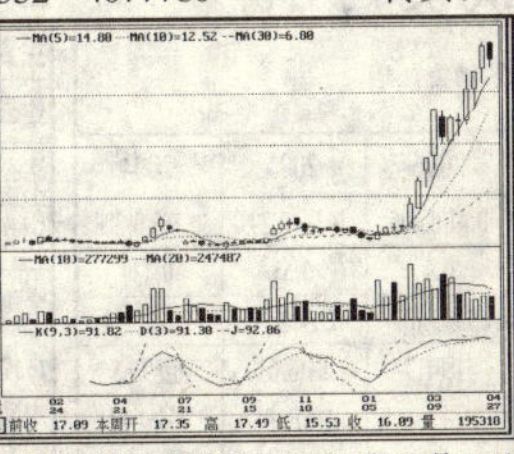

| | |
|---|---|
| 2006 年涨跌幅(%) | 42.36 |
| 2006 年最高(元) | 6.19 |
| 2007 年涨跌幅(%) | 381.74 |
| 2007.4.27 收盘(元) | 16.09 |
| 2007 年最高(元) | 17.51 |
| 2007 年最低(元) | 3.08 |
| 2007 年换手率(%) | 657 |

未来一年限售流通股解禁情况:10938200 股 07 月 18 日解禁

| 最新股本 | 总股本 | 非(限售)流通 | 流通 A | 流通 B/H/S | 股东户数 | 06 年末 | 06 三季 |
|---|---|---|---|---|---|---|---|
| | 11700 | 4940 | 6760 | | | 10693 | 15048 |

年报点评:2006 年在原材料重油等价格上升的情况下,公司继续强化内部管理,狠抓成本控制和技术改造项目,努力增加 ITO 导电膜玻璃的销售比例及销售收入。由于产品结构的调整,未来公司的盈利能力有望逐步回升。

## 太行水泥(600553)

上市日期:02/08/22

电话:0310－5013722　传真:0310－5015753

| | |
|---|---|
| 主营 | 普通硅酸盐水泥、矿渣硅酸盐水泥及熟料的制造与销售 |

| | 年度 | 2006 | 2005 | 2004 |
|---|---|---|---|---|
| 主要指标 | 每股收益/扣除后(元) | 0.09/0.1 | 0.01 | 0.07/0.07 |
| | 每股经营现金流量(元) | 0.4 | 0.28 | 0.16 |
| | 每股净资产/调整后(元) | 1.91/1.86 | 1.85/1.81 | 1.87/1.83 |
| | 未分利润(万元) | 2413.02 | 615.22 | 264.24 |
| | 资本公积(万元) | 21808.57 | 21986.5 | 21773.96 |
| 利润构成 | 主营收入(万元) | 115972.82 | 93276.61 | 80030.91 |
| | 主营利润(万元) | 22108.19 | 17269.5 | 19116.58 |
| | 投资收益(万元) | －123.71 | －128.3 | －125.1 |
| | 利润总额(万元) | 6519.31 | 2545.74 | 4528.96 |
| | 净利润(万元) | 3493.98 | 516.41 | 2565.59 |

近年分配:06 预案:10 派 0.3;05 年:10 派 0.2;04 年:10 派 0.4

**主要股东及持股比例%、持股性质**

河北太行华信建材有限责任公司 41.17%(国有股)

河北省证券有限责任公司 2.16%(非流通股)

邯郸太行实业股份有限公司 1.7%(非流通股)

国泰君安证券股份有限公司 0.79%(流通 A 股)

河北冀铁集团公司 0.64%(非流通股)

银河证券上海东方路营业部 0.61%(非流通股)

中国金谷国际信托投资有限责任公司 0.53%(非流通股)

中国宝安集团股份有限公司 0.47%(非流通股)

北京市大地科技实业总公司 0.43%(非流通股)

梁宜 0.39%(流通 A 股)

实际控制人:邯郸市人民政府国有资产监督管理委员会

二〇〇六年以来市场表现

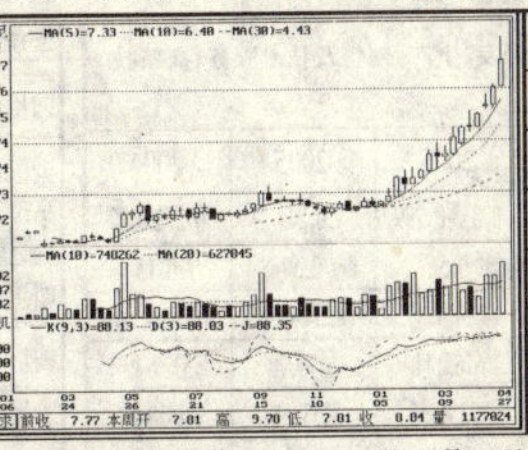

| | |
|---|---|
| 2006 年涨跌幅(%) | 118.74 |
| 2006 年最高(元) | 5.31 |
| 2007 年涨跌幅(%) | 174.53 |
| 2007.4.27 收盘(元) | 8.84 |
| 2007 年最高(元) | 9.78 |
| 2007 年最低(元) | 3.15 |
| 2007 年换手率(%) | 537.32 |

未来一年限售流通股解禁情况:19000000 股 03 月 01 日解禁

| 最新股本 | 总股本 | 非(限售)流通 | 流通 A | 流通 B/H/S | 股东户数 | 06 年末 | 06 三季 |
|---|---|---|---|---|---|---|---|
| | 38000 | 19380 | 18620 | | | 25000 | 22456 |

年报点评:公司主营水泥生产与销售。报告期内水泥市场有所复苏,效益提高,全年水泥生产与销售均超过 550 万吨。公司控股子公司－保定太行和益水泥有限公司顺利通过磨合期,产能达到了完全释放。公司通过外部开拓市场,内部加强技术改造等手段来节约成本提高效益。

## 九龙山（600555/900955）

上市日期：A：01/03/28 B：99/01/18　电话：(021)64675252　传真：(021)54658771

**主营**：印刷、生产服装、服饰及相关产品、纺织、服装机械、汽车座椅。

| | 年度 | 2006 | 2005 | 2004 |
|---|---|---|---|---|
| 主要指标 | 每股收益/扣除后(元) | 0.32/0.004 | 0.11 | -1.23/-1.29 |
| | 每股经营现金流量(元) | 0.58 | -0.36 | 0.52 |
| | 每股净资产/调整后(元) | 4.25/4.25 | 3.85/3.85 | 3.74/3.74 |
| | 未分利润(万元) | -24009.31 | -37015.34 | -41450.08 |
| | 资本公积(万元) | 146650.29 | 143167.33 | 142840.24 |
| 利润构成 | 主营收入(万元) | 73046.32 | 139013.64 | 207287.95 |
| | 主营利润(万元) | 10999.45 | 19328.34 | 23889.71 |
| | 投资收益(万元) | 18017.76 | 4877.07 | -6422.16 |
| | 利润总额(万元) | 14282.11 | 2999.97 | -53644.36 |
| | 净利润(万元) | 13736.92 | 4779.74 | -53495.98 |

**近年分配**：

**主要股东及持股比例%、持股性质**

日本松冈株式会社 35.59%（部分流通部分不流通）
平湖莱织华实业发展有限公司 30.82%（非流通股）
嘉兴中宇服装有限公司 1.24%（非流通股）
平湖市壮健服装有限公司 0.94%（非流通股）
平湖市永华制衣有限公司 0.93%（非流通股）
THE NOMURA SECURITIES CO. LTD. 0.62%（流通B股）
招商银行股份有限公司－中信经典配置证券投资基金 0.46%（流通A股）
韩国ROMA株式会社 0.35%（外资股）
季坚义 0.17%（流通A股）
余建平 0.16%（流通A股）

**实际控制人**：

**二〇〇六年以来市场表现**

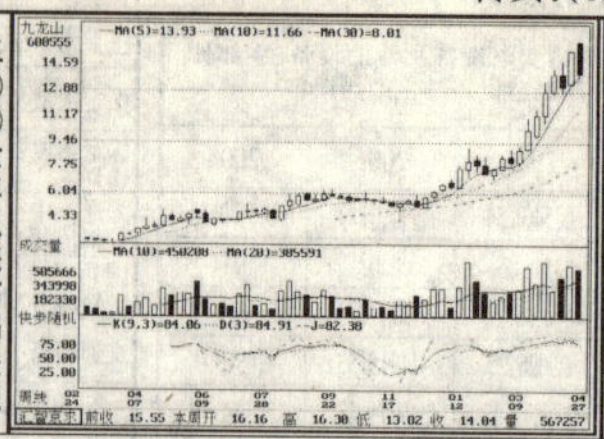

| | |
|---|---|
| 2006年涨跌幅(%) | 127.31 |
| 2006年最高(元) | 9.03 |
| 2007年涨跌幅(%) | 114.35 |
| 2007.4.27收盘(元) | 14.04 |
| 2007年最高(元) | 16.3 |
| 2007年最低(元) | 6.3 |
| 2007年换手率(%) | 553.76 |

**未来一年限售流通股解禁情况**：43450000股02月21日解禁

| 最新股本 | 总股本 | 非(限售)流通 | 流通A | 流通B/H/S | 股东户数 | 06年末 | 06三季 |
|---|---|---|---|---|---|---|---|
| | 43450 | 21515 | 10935 | 11000 | | 24944 | 25688 |

**年报点评**：公司主营业务已经从服装业成功转型为从事房地产、商业房产综合开发，印刷、造纸、进出口业务。公司以构建旅游、房产未来地标的建筑为发展理念，开发了九龙山旅游度假区，2006年公司加大了土地储备，目前九龙山区域的开发建设正按总体规划顺利进行。

## ST北生（600556）

上市日期：01/08/07　电话：0779－3226316　传真：0779－3226388

**主营**：生化药品、生物制品、血液制品和人体组织工程材料的开发、生产和销售。

| | 年度 | 2006 | 2005 | 2004 |
|---|---|---|---|---|
| 主要指标 | 每股收益/扣除后(元) | -0.68 | 0.459 | 0.453/0.45 |
| | 每股经营现金流量(元) | -0.09 | 1.26 | 0.59 |
| | 每股净资产/调整后(元) | 2.49/2.44 | 5.67/5.61 | 5.31/5.25 |
| | 未分利润(万元) | -4614.44 | 17647.1 | 12655.01 |
| | 资本公积(万元) | 45417 | 58511.14 | 58411.61 |
| 利润构成 | 主营收入(万元) | 13543.25 | 40321.36 | 40203.7 |
| | 主营利润(万元) | 7386.67 | 22714.33 | 24657.51 |
| | 投资收益(万元) | -353.02 | -73.02 | -73.02 |
| | 利润总额(万元) | -21474.57 | 9399.82 | 9834.11 |
| | 净利润(万元) | -20743.1 | 7927.32 | 7822.88 |

**近年分配**：05年：10派0.5；04年：10派1

**主要股东及持股比例%、持股性质**

广西北生集团有限责任公司 13.84%（非流通股）
北海腾辉商贸有限公司 7.32%（非流通股）
广西壮族自治区血液中心 2.25%（国有股）
广西北生集团东珠实业有限责任公司 1.18%（非流通股）
范文涛 0.48%（流通A股）
北海京顺贸易有限公司 0.45%（非流通股）
北海市安峰贸易有限公司 0.45%（非流通股）
俞慧娟 0.31%（流通A股）
张福利 0.25%（流通A股）
房新杰 0.24%（流通A股）

**实际控制人**：何玉良

**二〇〇六年以来市场表现**

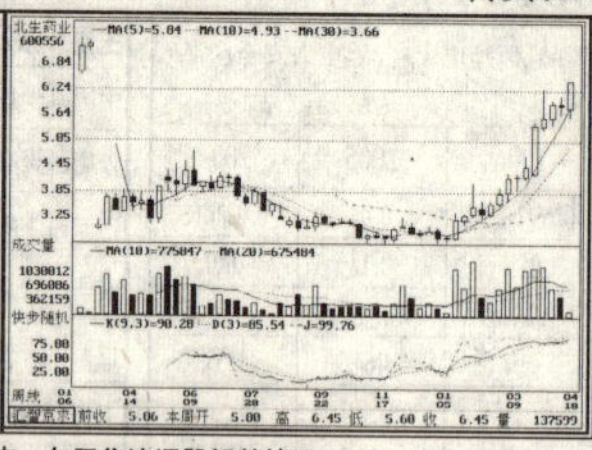

| | |
|---|---|
| 2006年涨跌幅(%) | 0.95 |
| 2006年最高(元) | 11.34 |
| 2007年涨跌幅(%) | 132.85 |
| 2007.4.27收盘(元) | 6.45 |
| 2007年最高(元) | 6.45 |
| 2007年最低(元) | 2.69 |
| 2007年换手率(%) | 501.24 |

**未来一年限售流通股解禁情况**：

| 最新股本 | 总股本 | 非(限售)流通 | 流通A | 流通B/H/S | 股东户数 | 06年末 | 06三季 |
|---|---|---|---|---|---|---|---|
| | 30368.75 | 7739.55 | 22629.2 | | | 39948 | 43422 |

**年报点评**：公司是一家生产生物制品，中成药及化学药品的综合性制药企业。公司2006年由于涉嫌财务造假，导致大幅亏损。公司募集资金项目投入后没有产生效益，公司生物制品保持稳定。公司未来发展存在较大的不确定性。

## 康缘药业（600557）

上市日期：02/09/18　电话：0518－5521990　传真：0518－5521983

**主营**：中成药制剂、保健品制造、销售。

| | 年度 | 2006 | 2005 | 2004 |
|---|---|---|---|---|
| 主要指标 | 每股收益/扣除后(元) | 0.41/0.406 | 0.313/0.299 | 0.303/0.306 |
| | 每股经营现金流量(元) | 0.7 | 0.65 | 0.139 |
| | 每股净资产/调整后(元) | 3.1/3.07 | 2.84/2.79 | 2.62/2.58 |
| | 未分利润(万元) | 11881.7 | 8616.63 | 6269.66 |
| | 资本公积(万元) | 16815.97 | 16679.01 | 16564.82 |
| 利润构成 | 主营收入(万元) | 85269.96 | 80241.92 | 56014.45 |
| | 主营利润(万元) | 49281.17 | 44158.86 | 33226.55 |
| | 投资收益(万元) | 48.41 | 126.79 | 121.89 |
| | 利润总额(万元) | 8429.07 | 6645.11 | 5625.97 |
| | 净利润(万元) | 6402.26 | 4884.46 | 4723.12 |

**近年分配**：06预案：10派2.3；05年：10派1.6；04年：10派1

**主要股东及持股比例%、持股性质**

连云港康缘集团有限责任公司 27.32%（非流通股）
连云港康贝尔医疗器械有限公司 7.59%（部分流通部分不流通）
兴和证券投资基金 4.67%（流通A股）
全国社保基金一零四组合 3.9%（流通A股）
肖伟 2.97%（非流通股）
中国银行－易方达策略成长二号混合型证券投资基金 2.86%（流通A股）
国泰君安证券股份有限公司 2.84%（流通A股）
中国银行－易方达平稳增长证券投资基金 2.63%（流通A股）
中国工商银行－诺安价值增长股票证券投资基金 2.51%（流通A股）
汉盛证券投资基金 2.41%（流通A股）

**实际控制人**：肖伟

**二〇〇六年以来市场表现**

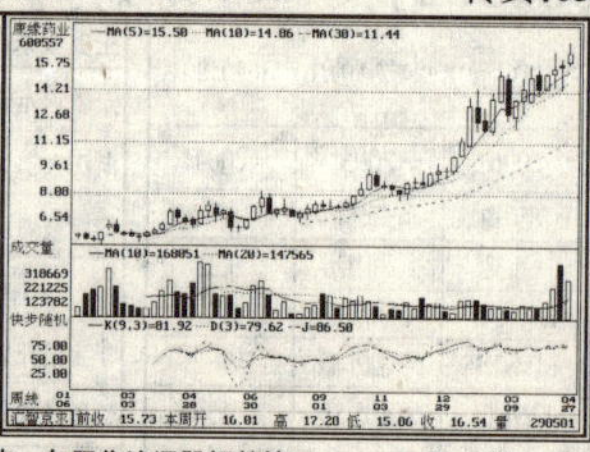

| | |
|---|---|
| 2006年涨跌幅(%) | 76.56 |
| 2006年最高(元) | 10.11 |
| 2007年涨跌幅(%) | 74.47 |
| 2007.4.27收盘(元) | 16.54 |
| 2007年最高(元) | 17.28 |
| 2007年最低(元) | 9.31 |
| 2007年换手率(%) | 244.38 |

**未来一年限售流通股解禁情况**：4046112股11月16日解禁

| 最新股本 | 总股本 | 非(限售)流通 | 流通A | 流通B/H/S | 股东户数 | 06年末 | 06三季 |
|---|---|---|---|---|---|---|---|
| | 15606 | 5594.09 | 10011.91 | | | 6530 | 9017 |

**年报点评**：公司是特色中药生产企业，多个品种进入医保目录。公司不断获多个中药新药证书和生产批件，抗癌及禽流感概念等药品市场潜力巨大。公司2006年二线品种增长较快，业绩保持较快增长。

## 大西洋（600558）

上市日期：01/02/27　电话：0813－5100549　传真：0813－5101216

**主营**：资产投资；焊接材料的开发、生产、销售及技术服务；高新技术及产品的开发。

| | 年度 | 2006 | 2005 | 2004 |
|---|---|---|---|---|
| 主要指标 | 每股收益/扣除后(元) | 0.333/0.299 | 0.244 | 0.272/0.27 |
| | 每股经营现金流量(元) | 0.56 | 0.59 | 0.15 |
| | 每股净资产/调整后(元) | 4.61/4.47 | 4.54/4.51 | 4.41/4.39 |
| | 未分利润(万元) | 6765.11 | 6170.78 | 5320.13 |
| | 资本公积(万元) | 32256.55 | 32532.18 | 32528.89 |
| 利润构成 | 主营收入(万元) | 132560.76 | 116932.69 | 93963.86 |
| | 主营利润(万元) | 20112.88 | 15645.32 | 14971.93 |
| | 投资收益(万元) | 478.06 | -5.47 | -307.18 |
| | 利润总额(万元) | 6646.26 | 4723.68 | 5627.47 |
| | 净利润(万元) | 3999.74 | 2925.52 | 3266.45 |

**近年分配**：06预案：10派1.5；05年：10派2.5；04年：10派1.2

**主要股东及持股比例%、持股性质**

四川大西洋集团有限责任公司 47.82%（国有股）
全国社保基金一零二组合 1.46%（流通A股）
中国建设银行－博时价值增长贰号证券投资基金 1.43%（流通A股）
四川自贡汇东股份发展有限公司 0.73%（非流通股）
四川省国际信托投资公司 0.57%（非流通股）
北京汽车摩托车联合制造公司 0.46%（非流通股）
四川西南航空美盛投资顾问有限公司 0.46%（非流通股）
四川省川威集团有限公司 0.46%（非流通股）
罗术清 0.22%（流通A股）
邓海宁 0.17%（流通A股）

**实际控制人**：自贡市国有资产监督管理委员会

**二〇〇六年以来市场表现**

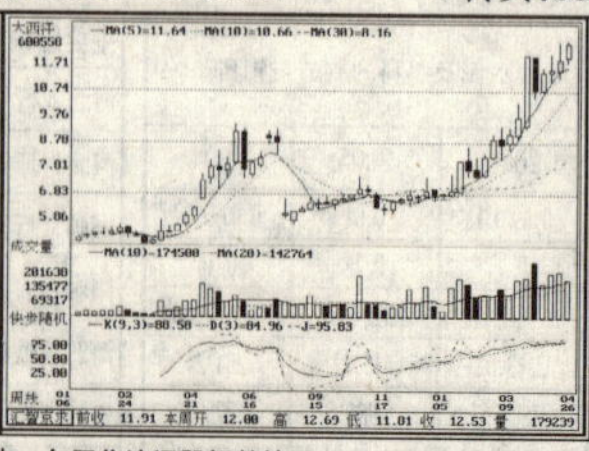

| | |
|---|---|
| 2006年涨跌幅(%) | 84.68 |
| 2006年最高(元) | 10.12 |
| 2007年涨跌幅(%) | 85.63 |
| 2007.4.27收盘(元) | 12.53 |
| 2007年最高(元) | 12.69 |
| 2007年最低(元) | 6.63 |
| 2007年换手率(%) | 414.23 |

**未来一年限售流通股解禁情况**：9214259股08月16日解禁

| 最新股本 | 总股本 | 非(限售)流通 | 流通A | 流通B/H/S | 股东户数 | 06年末 | 06三季 |
|---|---|---|---|---|---|---|---|
| | 12000 | 6060 | 5940 | | | 20296 | 21179 |

**年报点评**：公司是焊接材料行业的龙头企业，是“南水北调”、“西气东输”等重大工程焊接原料的主供应商，引进国外和自行开发了多项管道工程焊接材料和先进生产技术。公司产品具有较高的附加值和技术含量，持续保持产销两旺的势头。

## 裕丰股份（600559）

上市日期:02/10/29　　电话:0318－2122755　　传真:0318－2669976

| | | | | |
|---|---|---|---|---|
| 主营 | 白酒的生产、销售,商品猪及种猪的饲养及销售,饲料的生产与销售。 | | | |
| | 年　度 | 2006 | 2005 | 2004 |
| 主要指标 | 每股收益/扣除后(元) | 0.02/0.014 | 0.08 | 0.11/0.11 |
| | 每股经营现金流量(元) | 0.56 | 0.71 | 0.37 |
| | 每股净资产/调整后(元) | 2.36/2.25 | 2.4/2.31 | 2.48/2.47 |
| | 未分利润(万元) | 777.81 | 1198.49 | 2355.8 |
| | 资本公积(万元) | 16600.05 | 16860.05 | 16860.05 |
| 利润构成 | 主营收入(万元) | 47918.02 | 37297.56 | 29958.89 |
| | 主营利润(万元) | 8943.4 | 8408.67 | 7467.81 |
| | 投资收益(万元) | -1019.95 | -193.57 | -177.29 |
| | 利润总额(万元) | 1230.59 | 2114.8 | 2000.79 |
| | 净利润(万元) | 308.12 | 1109.05 | 1554.55 |
| 近年分配: | 05年:10派0.5；04年:10派1.5 | | | |

| 主要股东及持股比例%、持股性质 |
|---|
| 河北衡水老白干酿酒(集团)有限公司 36.08%（国有股） |
| 衡水京安集团有限公司 20.76%（国有股） |
| 河北省信息产业投资有限公司 5.24%（国有股） |
| 衡水市陶瓷厂 0.22%（国有股） |
| 河北农大高新技术开发总公司 0.22%（非流通股） |
| 陈东 0.22%（流通A股） |
| 赵洪生 0.19%（流通A股） |
| 刘树亮 0.16%（流通A股） |
| 尹作慧 0.14%（流通A股） |
| 严杰 0.14%（流通A股） |
| 实际控制人：衡水市人民政府国有资产监督管理委员会 |

二〇〇六年以来市场表现

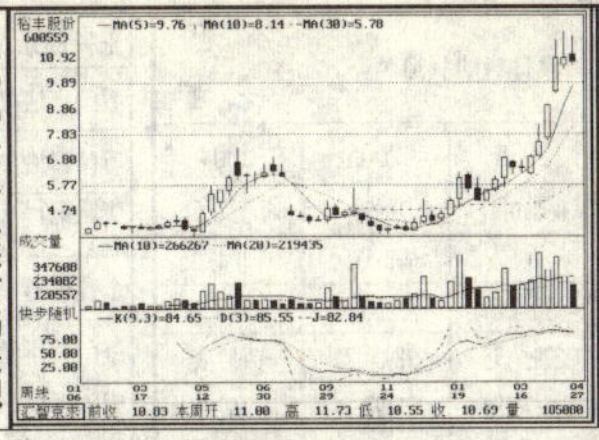

| | |
|---|---|
| 2006年涨跌幅(%) | 45.07 |
| 2006年最高(元) | 7.34 |
| 2007年涨跌幅(%) | 149.77 |
| 2007.4.27收盘(元) | 10.69 |
| 2007年最高(元) | 11.95 |
| 2007年最低(元) | 4.3 |
| 2007年换手率(%) | 740.24 |

未来一年限售流通股解禁情况:15099728股08月30日解禁

| 最新股本 | 总股本 | 非(限售)流通 | 流通A | 流通B/H/S | 股东户数 | 06年末 | 06三季 |
|---|---|---|---|---|---|---|---|
| | 14000 | 8800 | 5200 | | | 15005 | 17416 |

年报点评：公司主营主要是衡水老白干酒的生产与销售,商品猪及种猪的饲养与销售。2006年净利润大幅下滑72%,主要是2006年猪无名高热病由南向北流行,冲击各地生猪存栏和出栏,散养户大规模淘汰生猪和母猪,导致生猪存栏下降,对公司生产造成了不利影响。

## 金自天正（600560）

上市日期:02/09/19　　电话:(010)83671666－6104　　传真:(010)63713257

| | | | | |
|---|---|---|---|---|
| 主营 | 工业自动化领域系列产品的研制、生产、销售和承接系统集成工程及技术服务等。 | | | |
| | 年　度 | 2006 | 2005 | 2004 |
| 主要指标 | 每股收益/扣除后(元) | 0.24/0.24 | 0.16 | 0.12/0.12 |
| | 每股经营现金流量(元) | 0.03 | 0.5 | 0.1 |
| | 每股净资产/调整后(元) | 4.09/3.86 | 3.97/3.86 | 3.92/3.82 |
| | 未分利润(万元) | 2336.21 | 1473.79 | 1428.63 |
| | 资本公积(万元) | 25136.64 | 25259.24 | 25257.17 |
| 利润构成 | 主营收入(万元) | 41527.1 | 32179.98 | 20576.4 |
| | 主营利润(万元) | 6134.67 | 4049.88 | 2849.65 |
| | 投资收益(万元) | | | |
| | 利润总额(万元) | 2933.79 | 1955.91 | 1508.35 |
| | 净利润(万元) | 2417.15 | 1542.57 | 1223.51 |
| 近年分配: | 06预案:10派2；05年:10派1.2；04年:10派1 | | | |

| 主要股东及持股比例%、持股性质 |
|---|
| 冶金自动化研究设计院 44.07%（国有股） |
| 钢铁研究总院 2.03%（流通A股） |
| 北京富丰高科技发展总公司 1.45%（国有股） |
| 陈明凤 0.87%（流通A股） |
| 黄武军 0.67%（流通A股） |
| 北京市机电研究院 0.66%（国有股） |
| 山西晋信典当有限责任公司 0.65%（流通A股） |
| 陈伟英 0.53%（流通A股） |
| 中钢设备公司 0.53%（非流通股） |
| 邓立宁 0.5%（流通A股） |
| 实际控制人：中国钢研科技集团公司 |

二〇〇六年以来市场表现

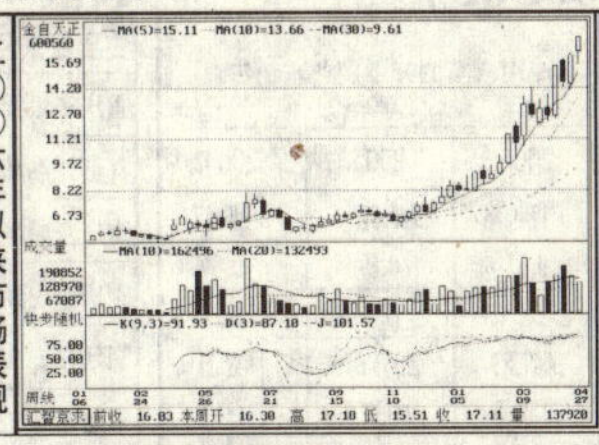

| | |
|---|---|
| 2006年涨跌幅(%) | 116.3 |
| 2006年最高(元) | 11.96 |
| 2007年涨跌幅(%) | 103.21 |
| 2007.4.27收盘(元) | 17.11 |
| 2007年最高(元) | 17.18 |
| 2007年最低(元) | 8.06 |
| 2007年换手率(%) | 432.53 |

未来一年限售流通股解禁情况:7913000股05月12日解禁

| 最新股本 | 总股本 | 非(限售)流通 | 流通A | 流通B/H/S | 股东户数 | 06年末 | 06三季 |
|---|---|---|---|---|---|---|---|
| | 9939.8 | 4674.8 | 5265 | | | 10050 | 13840 |

年报点评：公司主营工业计算机控制系统、电气传动装置、工业检测及控制仪表等,2006年主营业务和收入均同步较大幅度增长,由于工业控制领域目前是外资进入速度最快增长最快的领域,公司未来将直接面对外资竞争的压力,培育核心竞争力是公司当务之急。

## 江西长运（600561）

上市日期:02/07/16　　电话:0791－6298107　　传真:0791－6217722

| | | | | |
|---|---|---|---|---|
| 主营 | 公路旅客运输、旅游服务 | | | |
| | 年　度 | 2006 | 2005 | 2004 |
| 主要指标 | 每股收益/扣除后(元) | 0.26/0.22 | 0.21 | 0.18/0.18 |
| | 每股经营现金流量(元) | 0.73 | 0.65 | 0.52 |
| | 每股净资产/调整后(元) | 2.37/2.32 | 1.81/1.77 | 1.67/1.64 |
| | 未分利润(万元) | 10312.77 | 8339.83 | 6528.2 |
| | 资本公积(万元) | 10075.4 | 2215.73 | 2215.73 |
| 利润构成 | 主营收入(万元) | 53691.7 | 39965.03 | 30428.83 |
| | 主营利润(万元) | 13187.94 | 10151.81 | 8092.9 |
| | 投资收益(万元) | 1156.78 | 14.84 | -316.2 |
| | 利润总额(万元) | 7739.18 | 6551.71 | 5714.52 |
| | 净利润(万元) | 4738.84 | 3922.49 | 3379.25 |
| 近年分配: | 06预案:10派1.33；05年:10派1.16；04中期:10转增10年终:10派0.75 | | | |

| 主要股东及持股比例%、持股性质 |
|---|
| 江西长运集团有限公司 38.86%（非流通股） |
| 中国东方资产管理公司 6.67%（非流通股） |
| 交通银行－华安宝利配置证券投资基金 2.69%（流通A股） |
| 江西省投资集团公司 2.22%（非流通股） |
| 中国建设银行－华安宏利股票型证券投资基金 1.99%（流通A股） |
| 上海申能创业投资有限公司 1.62%（流通A股） |
| 中国建设银行－华宝兴业收益增长混合型证券投资基金 1.44%（流通A股） |
| 交通银行－安顺证券投资基金 1.43%（流通A股） |
| 张国英 0.87%（流通A股） |
| 交通银行－华安创新证券投资基金 0.77%（流通A股） |
| 实际控制人：江西长运集团有限公司 |

二〇〇六年以来市场表现

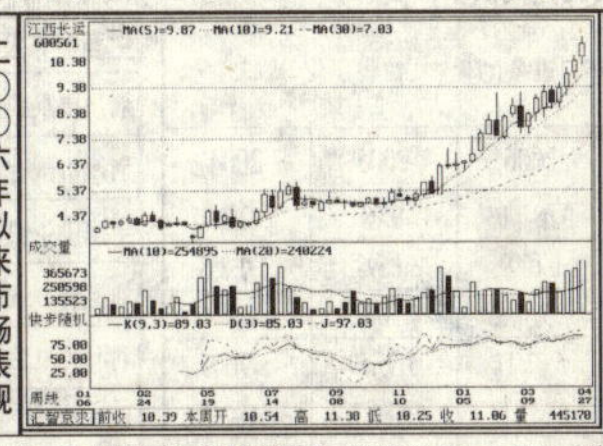

| | |
|---|---|
| 2006年涨跌幅(%) | 97.22 |
| 2006年最高(元) | 8.11 |
| 2007年涨跌幅(%) | 74.17 |
| 2007.4.27收盘(元) | 11.06 |
| 2007年最高(元) | 11.38 |
| 2007年最低(元) | 6.08 |
| 2007年换手率(%) | 376.42 |

未来一年限售流通股解禁情况:3095882股04月26日解禁

| 最新股本 | 总股本 | 非(限售)流通 | 流通A | 流通B/H/S | 股东户数 | 06年末 | 06三季 |
|---|---|---|---|---|---|---|---|
| | 18572.4 | 8868.63 | 9703.77 | | | 10870 | 13159 |

年报点评：2006年公司收入的快速增长主要得益于过去两年收购资产:2005年收购的马鞍山长运盈利跳跃式增长,同比增长7倍,而2006年2月新收购的黄山汽车总公司也实现226万元盈利。不过随着公司规模的不断扩大,管理费用同比增幅达62%。

## 高淳陶瓷（600562）

上市日期:03/01/28　　电话:025－7377228　　传真:025－7377688

| | | | | |
|---|---|---|---|---|
| 主营 | 日用陶瓷生产、销售及自营出口。 | | | |
| | 年　度 | 2006 | 2005 | 2004 |
| 主要指标 | 每股收益/扣除后(元) | 0.17/0.12 | 0.17 | 0.23/0.17 |
| | 每股经营现金流量(元) | 0.22 | 0.45 | -0.1867 |
| | 每股净资产/调整后(元) | 4.14/4.13 | 4.09/4.09 | 4.02/4.02 |
| | 未分利润(万元) | 4526.99 | 4045.99 | 3664.17 |
| | 资本公积(万元) | 18282.41 | 18514.64 | 18514.64 |
| 利润构成 | 主营收入(万元) | 21672.08 | 22655 | 36175.63 |
| | 主营利润(万元) | 5188.68 | 4267.86 | 5019.44 |
| | 投资收益(万元) | 185.86 | 184.44 | 163.08 |
| | 利润总额(万元) | 2267.67 | 2021.47 | 2931.57 |
| | 净利润(万元) | 1464.59 | 1431.73 | 1939.42 |
| 近年分配: | 06预案:10派1；05年:10派1；04年:10派1 | | | |

| 主要股东及持股比例%、持股性质 |
|---|
| 高淳县国有资产经营(控股)有限公司 31.33%（国有股） |
| 南京市投资公司 9.42%（国有股） |
| 江苏舜天股份有限公司 5.65%（非流通股） |
| 江苏省陶瓷进出口(集团)有限公司 0.94%（非流通股） |
| 中国外运江苏公司 0.94%（非流通股） |
| 张铭金 0.91%（非流通股） |
| 南京健友光学工业研究所有限公司 0.47%（非流通股） |
| 刘振伟 0.39%（流通A股） |
| 中国工商银行－中银国际收益混合型证券投资基金 0.39%（流通A股） |
| 白胜华 0.33%（流通A股） |
| 实际控制人：高淳县国有资产经营(控股)有限公司 |

二〇〇六年以来市场表现

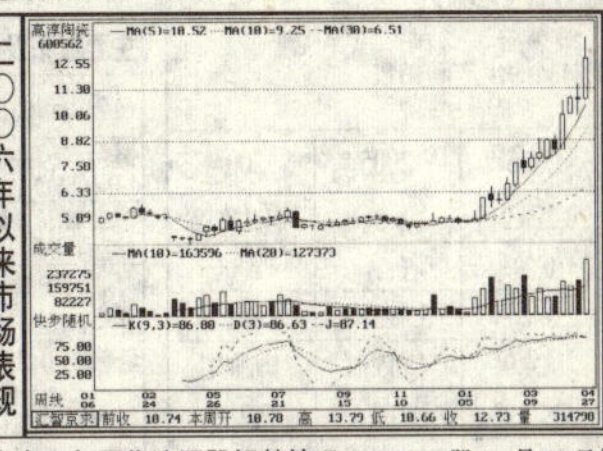

| | |
|---|---|
| 2006年涨跌幅(%) | 35.28 |
| 2006年最高(元) | 7.65 |
| 2007年涨跌幅(%) | 165.21 |
| 2007.4.27收盘(元) | 12.73 |
| 2007年最高(元) | 13.79 |
| 2007年最低(元) | 4.74 |
| 2007年换手率(%) | 522.93 |

未来一年限售流通股解禁情况:8466330股04月13日解禁

| 最新股本 | 总股本 | 非(限售)流通 | 流通A | 流通B/H/S | 股东户数 | 06年末 | 06三季 |
|---|---|---|---|---|---|---|---|
| | 8408.93 | 4176.38 | 4232.55 | | | 11166 | 11049 |

年报点评：公司主营日用陶瓷和贸易。2006年公司业绩比上年有小幅上升,但宏观经济对公司影响仍较大。人民币升值使公司利润率下降,出口退税率下调,生产成本继续攀升。预计2007年公司将实现主营业务收入30000万元,利润总额3000万元。

## 法拉电子（600563）

上市日期:02/12/10　　电话:0592－5114116　　传真:0592－5042553

| | | | | |
|---|---|---|---|---|
| 主营 | 薄膜电容器及其金属化镀膜材料的制造。 | | | |
| | 年　度 | 2006 | 2005 | 2004 |
| 主要指标 | 每股收益/扣除后(元) | 0.48/0.47 | 0.38 | 0.52/0.51 |
| | 每股经营现金流量(元) | 0.6 | 0.55 | 0.43 |
| | 每股净资产/调整后(元) | 3.5/3.5 | 3.27/3.27 | 4.74/4.73 |
| | 未分利润(万元) | 22927.75 | 18900.79 | 17682.62 |
| | 资本公积(万元) | 26196.88 | 26192.74 | 33692.74 |
| 利润构成 | 主营收入(万元) | 49088.63 | 39930.19 | 34018.04 |
| | 主营利润(万元) | 18516.04 | 14739.11 | 12590.43 |
| | 投资收益(万元) | | | |
| | 利润总额(万元) | 12451.68 | 9786.62 | 8821.66 |
| | 净利润(万元) | 10724.4 | 8491.97 | 7760.38 |
| 近年分配: | 06 预案:10 派 3；05 年:10 派 2.5；04 年:10 派 4 转增 5 | | | |

| 主要股东及持股比例%、持股性质 |
|---|
| 厦门市法拉发展总公司 37.33%（非流通股） |
| 厦门建发集团有限公司 17.5%（国有股） |
| 交通银行－富国天益价值证券投资基金 4.88%（流通 A 股） |
| 金鑫证券投资基金 4.62%（流通 A 股） |
| 厦门竹正发展有限公司 2.92%（非流通股） |
| 中国工商银行－汇添富均衡增长股票型证券投资基金 2.78%（流通 A 股） |
| 中国工商银行－汉鼎证券投资基金 2.71%（流通 A 股） |
| 中国工商银行－南方绩优成长股票型证券投资基金 1.91%（流通 A 股） |
| 中国银行－易方达平稳增长证券投资基金 1.48%（流通 A 股） |
| 交通银行－汉兴证券投资基金 1.48%（流通 A 股） |
| 实际控制人: 厦门市法拉发展总公司 |

二〇〇六年以来市场表现

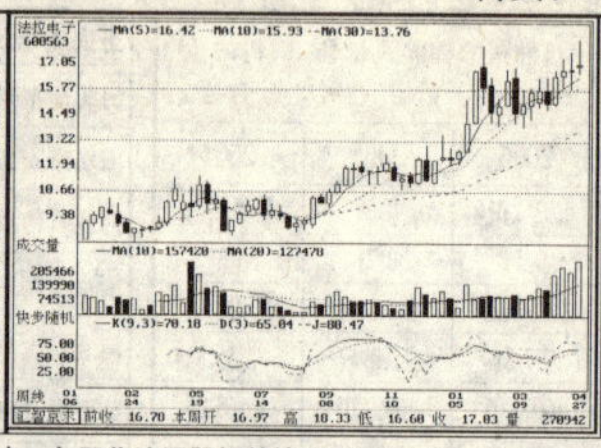


| | |
|---|---|
| 2006 年涨跌幅(%) | 91.4 |
| 2006 年最高(元) | 17.18 |
| 2007 年涨跌幅(%) | 38.34 |
| 2007.4.27 收盘(元) | 17.03 |
| 2007 年最高(元) | 18.33 |
| 2007 年最低(元) | 12.03 |
| 2007 年换手率(%) | 228.77 |

未来一年限售流通股解禁情况:22500000 股 04 月 28 日解禁

| 最新股本 | 总股本 | 非(限售)流通 | 流通 A | 流通 B/H/S | 股东户数 | 06 年末 | 06 三季 |
|---|---|---|---|---|---|---|---|
| | 22500 | 13125 | 9375 | | | 8343 | 8053 |

年报点评：公司主营薄膜电容器及金属化薄膜,生产规模位居国际前列,配合中高端市场转型战略,实现毛利率稳定的内涵式成长,未来成长动力来自于客户结构转型和新市场开拓、交流电容器等新产品开发以及厂房搬迁,长期发展前景看好。

## 迪马股份（600565）

上市日期:02/07/23　　电话:023－69021876　　传真:023－69021878

| | | | | |
|---|---|---|---|---|
| 主营 | 防弹运钞车、警用车及其他专用汽车的开发、制造、销售。 | | | |
| | 年　度 | 2006 | 2005 | 2004 |
| 主要指标 | 每股收益/扣除后(元) | 0.19/0.18 | 0.26 | 0.2/0.17 |
| | 每股经营现金流量(元) | 0.67 | 0.69 | -0.39 |
| | 每股净资产/调整后(元) | 2.65/2.62 | 5.12/5.08 | 5.02/5 |
| | 未分利润(万元) | 3049.83 | 1952.07 | 1408.71 |
| | 资本公积(万元) | 20136.8 | 28132.9 | 28132.9 |
| 利润构成 | 主营收入(万元) | 44891.78 | 39466.27 | 35409.33 |
| | 主营利润(万元) | 10215.16 | 8859.32 | 7570.22 |
| | 投资收益(万元) | 140.5 | -172.52 | -133.67 |
| | 利润总额(万元) | 3568.41 | 2609.66 | 2054.41 |
| | 净利润(万元) | 2997.51 | 2051.01 | 1620.04 |
| 近年分配: | 06 预案:10 派 1；05 年:10 派 2 转增 10；04 年:10 派 1.5 | | | |

| 主要股东及持股比例%、持股性质 |
|---|
| 重庆东银实业(集团)有限公司 42.54%（非流通股） |
| 江苏江淮动力股份有限公司 15%（非流通股） |
| 重庆东原房地产开发有限公司 6.85%（非流通股） |
| 重庆市凌羿汽车配件贸易有限公司 3.425%（非流通股） |
| 胡廷柱 0.842%（流通 A 股） |
| 李超越 0.738%（流通 A 股） |
| 广州和腾实业发展有限公司 0.685%（非流通股） |
| 叶红梅 0.577%（流通 A 股） |
| 李耀原 0.523%（流通 A 股） |
| 杨宏颖 0.515%（流通 A 股） |
| 实际控制人: 罗韶宇 |

二〇〇六年以来市场表现

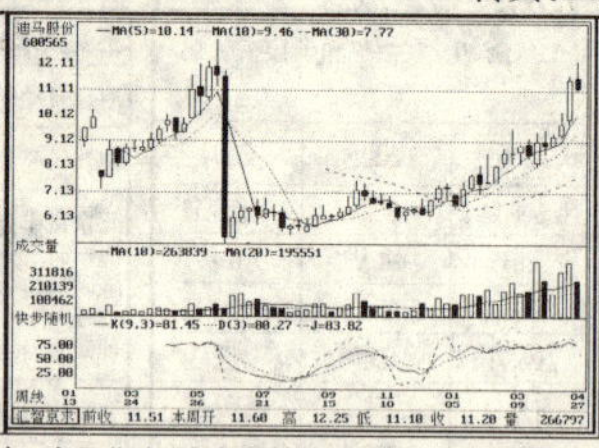


| | |
|---|---|
| 2006 年涨跌幅(%) | 127.17 |
| 2006 年最高(元) | 19.33 |
| 2007 年涨跌幅(%) | 53.22 |
| 2007.4.27 收盘(元) | 11.2 |
| 2007 年最高(元) | 12.25 |
| 2007 年最低(元) | 6.48 |
| 2007 年换手率(%) | 608.79 |

未来一年限售流通股解禁情况:10960000 股 02 月 20 日解禁

| 最新股本 | 总股本 | 非(限售)流通 | 流通 A | 流通 B/H/S | 股东户数 | 06 年末 | 06 三季 |
|---|---|---|---|---|---|---|---|
| | 16000 | 10960 | 5040 | | | 9050 | 13021 |

年报点评：公司主营业务包括:防弹运钞车、系统集成车、工程车等专用汽车,有线电视数字机顶盒、专业解码器的生产销售。2006 年公司主营业务收入稳步增长。专用汽车应用领域广阔,是汽车工业的朝阳行业,发展前景广阔。公司的专用车和房地产业务前景均看好。

## 洪城股份（600566）

上市日期:01/08/22　　电话:0716－8221198　　传真:0716－8221198

| | | | | |
|---|---|---|---|---|
| 主营 | 各类阀门、水工机械及环保设备的生产、销售 | | | |
| | 年　度 | 2006 | 2005 | 2004 |
| 主要指标 | 每股收益/扣除后(元) | 0.08/0.08 | 0.08 | 0.07/0.07 |
| | 每股经营现金流量(元) | 0.0399 | 0.596 | -0.355 |
| | 每股净资产/调整后(元) | 4.56/4.55 | 4.51/4.5 | 4.45/4.44 |
| | 未分利润(万元) | 6587.17 | 5995.59 | 5491.75 |
| | 资本公积(万元) | 29659.17 | 29784.77 | 29784.77 |
| 利润构成 | 主营收入(万元) | 20071.62 | 17615.98 | 14614.12 |
| | 主营利润(万元) | 6129.01 | 4851.93 | 4146.25 |
| | 投资收益(万元) | 12.14 | 1.43 | -20.96 |
| | 利润总额(万元) | 1396.33 | 1129.39 | 1026.76 |
| | 净利润(万元) | 893.55 | 843.19 | 742.76 |
| 近年分配: | 06 预案:10 派 0.1；05 年:10 派 0.2；04 年:10 派 0.2 | | | |

| 主要股东及持股比例%、持股性质 |
|---|
| 荆州市洪泰置业投资有限公司 20.94%（非流通股） |
| 荆州市国有资产监督管理委员会 13.56%（国有股） |
| 中国民生银行武汉水果湖支行 9.6%（非流通股） |
| 刘笑贤 0.63%（流通 A 股） |
| 刘海英 0.23%（流通 A 股） |
| 杜忠杰 0.23%（流通 A 股） |
| 孟凡志 0.21%（流通 A 股） |
| 张立香 0.2%（流通 A 股） |
| 饶玉工 0.19%（流通 A 股） |
| 方泽衡 0.18%（流通 A 股） |
| 实际控制人: 田胜、高世寿、张奇克、龚德福 |

二〇〇六年以来市场表现

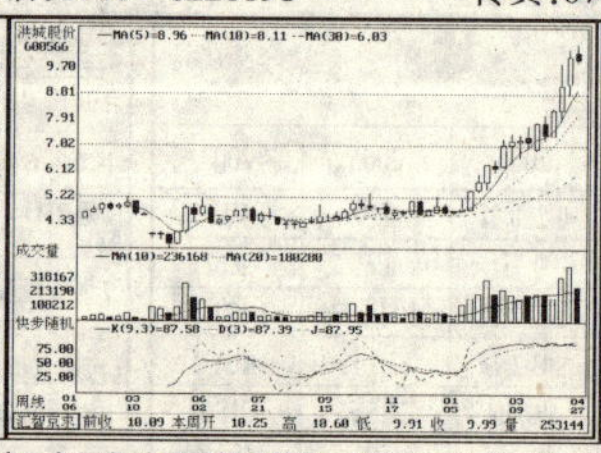


| | |
|---|---|
| 2006 年涨跌幅(%) | 42.94 |
| 2006 年最高(元) | 7.22 |
| 2007 年涨跌幅(%) | 114.38 |
| 2007.4.27 收盘(元) | 9.99 |
| 2007 年最高(元) | 10.6 |
| 2007 年最低(元) | 4.6 |
| 2007 年换手率(%) | 539.43 |

未来一年限售流通股解禁情况:15523803 股 04 月 12 日解禁

| 最新股本 | 总股本 | 非(限售)流通 | 流通 A | 流通 B/H/S | 股东户数 | 06 年末 | 06 三季 |
|---|---|---|---|---|---|---|---|
| | 10630.8 | 4690.8 | 5940 | | | 13206 | 15359 |

年报点评：公司主营各类阀门和水工机械,克服了原材料价格上涨等困难,保持了公司经济持续稳定增长。目前公司主导产品是大口径的水轮机进水蝶阀,具有良好的市场前景。公司预计 2007 年完成主要产品产量比上年增长 20%,主营业务收入比上年增长 20%。

## 山鹰纸业（600567）

上市日期:01/12/18　　电话:0555－2826275　　传真:0555－2826369

| | | | | |
|---|---|---|---|---|
| 主营 | 包装纸板、纸箱及其它纸制品的生产和销售。 | | | |
| | 年　度 | 2006 | 2005 | 2004 |
| 主要指标 | 每股收益/扣除后(元) | 0.25/0.24 | 0.24 | 0.181/0.158 |
| | 每股经营现金流量(元) | 0.29 | 0.34 | 0.18 |
| | 每股净资产/调整后(元) | 2.81/2.81 | 3.48/3.48 | 3.31/3.29 |
| | 未分利润(万元) | 18834.94 | 13015.02 | 10630.43 |
| | 资本公积(万元) | 52802.97 | 48973.6 | 47272.99 |
| 利润构成 | 主营收入(万元) | 162818.67 | 148012.2 | 123229.09 |
| | 主营利润(万元) | 24155.83 | 19331.48 | 15001.39 |
| | 投资收益(万元) | 81.92 | 39.59 | 50 |
| | 利润总额(万元) | 10578.19 | 7048.17 | 5385.12 |
| | 净利润(万元) | 10765.48 | 6331.11 | 4801.57 |
| 近年分配: | 06 预案:10 派 0.7；05 年:10 派 1.2 转增 3；04 年:10 派 1 | | | |

| 主要股东及持股比例%、持股性质 |
|---|
| 马鞍山市山鹰纸业集团有限公司 13.87%（国有股） |
| 国际金融－渣打－CITIGROUP GLOBAL MARKETS LIMITED 1.8%（流通 A 股） |
| 国泰君安－建行－香港上海汇丰银行有限公司 0.47%（流通 A 股） |
| 海通－中行－渣打银行(香港)有限公司 0.43%（流通 A 股） |
| 陈伟明 0.28%（流通 A 股） |
| 陈明城 0.23%（流通 A 股） |
| 王伟珠 0.22%（流通 A 股） |
| 唐双玉 0.22%（流通 A 股） |
| 刘细弟 0.21%（流通 A 股） |
| 匡正芳 0.18%（流通 A 股） |
| 实际控制人: 马鞍山市山鹰纸业集团有限公司 |

二〇〇六年以来市场表现

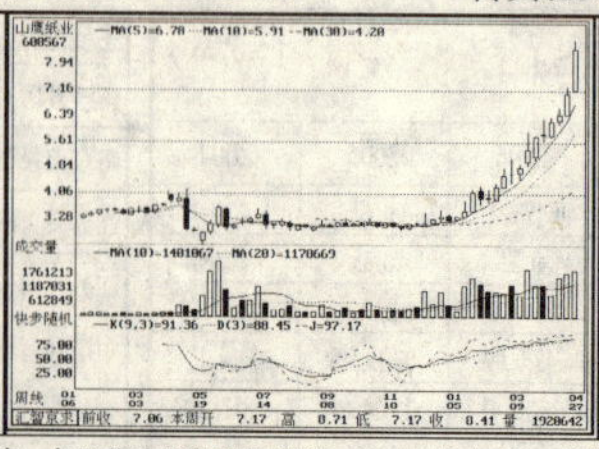


| | |
|---|---|
| 2006 年涨跌幅(%) | 62.6 |
| 2006 年最高(元) | 6.01 |
| 2007 年涨跌幅(%) | 160.37 |
| 2007.4.27 收盘(元) | 8.41 |
| 2007 年最高(元) | 8.71 |
| 2007 年最低(元) | 3.21 |
| 2007 年换手率(%) | 560.19 |

未来一年限售流通股解禁情况:1240460 股 05 月 18 日解禁

| 最新股本 | 总股本 | 非(限售)流通 | 流通 A | 流通 B/H/S | 股东户数 | 06 年末 | 06 三季 |
|---|---|---|---|---|---|---|---|
| | 42664.1 | 6039.8 | 36624.3 | | | 59830 | 64939 |

年报点评：公司主营造纸,主要产品为“山鹰牌”各类包装纸板、纸箱。2006 年,由于箱板纸行业的景气,公司业务增长较快。预计未来行业内竞争和分化加剧,加之全球废纸价格上升较快,毛利率将有较大幅度下降。

## ＊ST 潜药（600568）

上市日期:01/05/18

电话:027－59409632　　传真:027－59409631

**主营**:从事滴眼剂、针剂、片剂、胶囊剂、冻干针粉针剂、原料药、颗粒剂、塑料包装用品、保健饮料的生产、销售、进出口业务。

| | 年 度 | 2006 | 2005 | 2004 |
|---|---|---|---|---|
| 主要指标 | 每股收益/扣除后(元) | -0.69/-0.72 | -0.35 | 0.08/0.07 |
| | 每股经营现金流量(元) | 0.39 | 0.52 | 0.025 |
| | 每股净资产/调整后(元) | 2.84/2.82 | 4.06/4.04 | 4.34/4.31 |
| | 未分利润(万元) | -6176.68 | 2485.33 | 6278.07 |
| | 资本公积(万元) | 27915.53 | 29623.6 | 28810.3 |
| 利润构成 | 主营收入(万元) | 148128.46 | 81121.05 | 45199.17 |
| | 主营利润(万元) | 13516.73 | 7333.06 | 8436.26 |
| | 投资收益(万元) | -175.78 | 1127.23 | 413.58 |
| | 利润总额(万元) | -4900.9 | -3000.83 | 1386.36 |
| | 净利润(万元) | -8662.01 | -3792.73 | 875.62 |

近年分配:

| 主要股东及持股比例%、持股性质 |
|---|
| 西安东盛集团有限公司 25.7%（非流通股） |
| 西安风华医药科技投资有限公司 11.25%（非流通股） |
| 湖北省潜江市制药厂 4.59%（国有股） |
| 戚春英 0.86%（流通 A 股） |
| 董春华 0.84%（流通 A 股） |
| 黄天玉 0.31%（流通 A 股） |
| 胡浩荣 0.27%（流通 A 股） |
| 边志杰 0.24%（流通 A 股） |
| 刘刊刊 0.23%（流通 A 股） |
| 翁杰民 0.2%（流通 A 股） |
| 实际控制人:郭家学 |

二〇〇六年以来市场表现

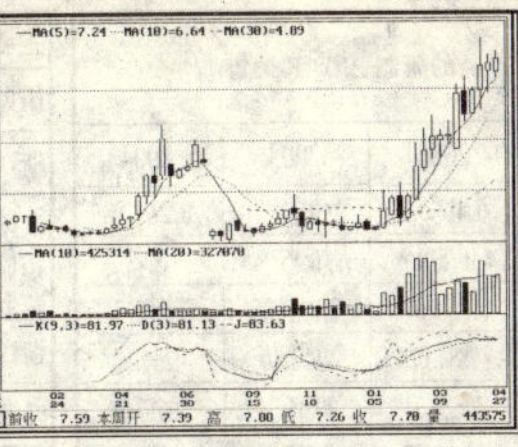

| | |
|---|---|
| 2006 年涨跌幅(%) | 32.46 |
| 2006 年最高(元) | 6.26 |
| 2007 年涨跌幅(%) | 106.99 |
| 2007.4.27 收盘(元) | 7.7 |
| 2007 年最高(元) | 8.22 |
| 2007 年最低(元) | 3.69 |
| 2007 年换手率(%) | 842.23 |

未来一年限售流通股解禁情况:18311340 股 08 月 10 日解禁

| 最新股本 | 总股本 | 非(限售)流通 | 流通 A | 流通 B/H/S | 股东户数 | 06 年末 | 06 三季 |
|---|---|---|---|---|---|---|---|
| | 12546.66 | 5213.27 | 7333.39 | | | 16577 | 16074 |

**年报点评**:公司作为国家眼科用药生产基地,拥有强大的生产开发能力。2006 年公司主营收入大幅增长是由于合并子公司,而母公司受到产品价格下降等因素的影响,收入下滑。公司对应收账款进行清理,导致管理费用大幅上升,进而导致业绩出现大幅亏损。

## 安阳钢铁（600569）

上市日期:01/08/20

电话:0372－3120175　　传真:0372－3120181

**主营**:钢铁及钢铁延伸产品。

| | 年 度 | 2006 | 2005 | 2004 |
|---|---|---|---|---|
| 主要指标 | 每股收益/扣除后(元) | 0.28/0.33 | 0.21 | 0.36/0.37 |
| | 每股经营现金流量(元) | 0.93 | 0.31 | 0.62 |
| | 每股净资产/调整后(元) | 3.16/3.16 | 2.99/2.98 | 2.87/2.87 |
| | 未分利润(万元) | 202086.12 | 172167.39 | 157702.84 |
| | 资本公积(万元) | 78000.93 | 78280.38 | 78258.01 |
| 利润构成 | 主营收入(万元) | 1653687.53 | 1459895.03 | 1291801.99 |
| | 主营利润(万元) | 168719.64 | 111920.49 | 159140.74 |
| | 投资收益(万元) | -11531.03 | -2175.53 | -647.97 |
| | 利润总额(万元) | 74596.27 | 62538.9 | 107418.57 |
| | 净利润(万元) | 55667.87 | 43308.62 | 73201.81 |

近年分配:06 预案:10 派 1 ; 05 年:10 派 1 ; 04 年:10 派 1

| 主要股东及持股比例%、持股性质 |
|---|
| 安阳钢铁集团有限责任公司 52.69%（国有股） |
| 中国工商银行－诺安价值增长股票证券投资基金 0.5%（流通 A 股） |
| 黄礼林 0.23%（流通 A 股） |
| 王从兰 0.22%（流通 A 股） |
| 昆明云内动力股份有限公司 0.18%（流通 A 股） |
| 程广平 0.16%（流通 A 股） |
| 招商银行股份有限公司－上证红利交易型开放式指数证券投资基金 0.1%（流通 A 股） |
| 陈小燕 0.1%（流通 A 股） |
| 中国人寿保险股份有限公司－传统－普通保险产品－005L－CT001 沪 0.09%（流通 A 股） |
| 杨毅峰 0.08%（流通 A 股） |
| 实际控制人:安阳钢铁集团有限责任公司 |

二〇〇六年以来市场表现

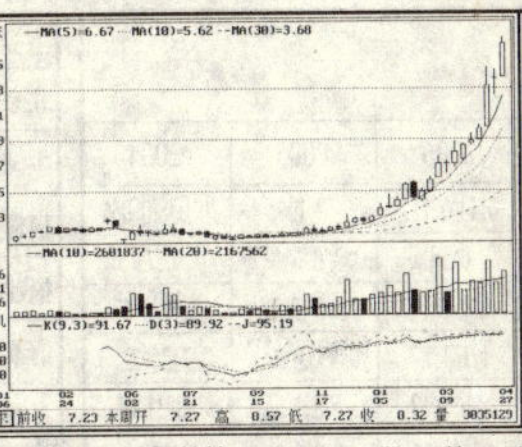

| | |
|---|---|
| 2006 年涨跌幅(%) | 84.41 |
| 2006 年最高(元) | 3.97 |
| 2007 年涨跌幅(%) | 198.21 |
| 2007.4.27 收盘(元) | 8.32 |
| 2007 年最高(元) | 8.57 |
| 2007 年最低(元) | 2.82 |
| 2007 年换手率(%) | 390.91 |

未来一年限售流通股解禁情况:53174269 股 05 月 25 日解禁

| 最新股本 | 总股本 | 非(限售)流通 | 流通 A | 流通 B/H/S | 股东户数 | 06 年末 | 06 三季 |
|---|---|---|---|---|---|---|---|
| | 201823.54 | 106348.54 | 95475 | | | 109633 | 117631 |

**年报点评**:2006 年公司面对上游原燃材料价格上涨和钢价格的不利因素,积极把生产经营的重心转移到降本增效上来。2007 年经营目标:铁 502 万吨、钢 700 万吨、材 600 万吨,实现销售收入 183 亿元。

## 恒生电子（600570）

上市日期:03/12/16

电话:0571－28829702　　传真:0571－28829703

**主营**:证券、银行、基金等行业应用软件开发

| | 年 度 | 2006 | 2005 | 2004 |
|---|---|---|---|---|
| 主要指标 | 每股收益/扣除后(元) | 0.293/0.149 | 0.058 | 0.329/0.25 |
| | 每股经营现金流量(元) | 0.45 | 0.5 | -0.1 |
| | 每股净资产/调整后(元) | 2.57/2.57 | 3.47/3.47 | 5.37/5.36 |
| | 未分利润(万元) | 3885.94 | 3140.48 | 4002.37 |
| | 资本公积(万元) | 16100.36 | 20063.36 | 23742.99 |
| 利润构成 | 主营收入(万元) | 34358.69 | 23673.93 | 26694.34 |
| | 主营利润(万元) | 15907.66 | 11865.27 | 12085.22 |
| | 投资收益(万元) | 2761.84 | 471.54 | 199.77 |
| | 利润总额(万元) | 4690.87 | 799.2 | 2260.09 |
| | 净利润(万元) | 4191 | 587.69 | 2239.41 |

近年分配:06 年:10 派 1 转增 3 ; 05 年:10 派 1.1 转增 4 ; 04 年:10 派 2 转增 5

| 主要股东及持股比例%、持股性质 |
|---|
| 杭州恒生电子集团有限公司 25.01%（部分流通部分不流通） |
| 中国经济技术投资担保有限公司 5.19%（部分流通部分不流通） |
| 黄大成 4.91%（部分流通部分不流通） |
| 华夏红利混合型基金 4.77%（流通 A 股） |
| 华夏大盘精选基金 3.57%（流通 A 股） |
| 周林根 3.19%（流通 A 股） |
| 王则江 3.13%（流通 A 股） |
| 彭政纲 3.13%（流通 A 股） |
| 陈鸿 2.79%（流通 A 股） |
| 刘曙峰 2.61%（流通 A 股） |
| 实际控制人:黄大成、彭政纲等 13 位自然人 |

二〇〇六年以来市场表现

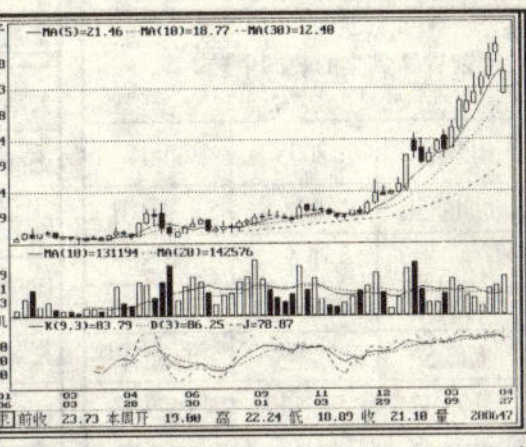

| | |
|---|---|
| 2006 年涨跌幅(%) | 153.53 |
| 2006 年最高(元) | 15.23 |
| 2007 年涨跌幅(%) | 195.39 |
| 2007.4.27 收盘(元) | 21.1 |
| 2007 年最高(元) | 29.01 |
| 2007 年最低(元) | 9.37 |
| 2007 年换手率(%) | 196.87 |

未来一年限售流通股解禁情况:8319569 股 08 月 09 日解禁

| 最新股本 | 总股本 | 非(限售)流通 | 流通 A | 流通 B/H/S | 股东户数 | 06 年末 | 06 三季 |
|---|---|---|---|---|---|---|---|
| | 14280 | 3308.17 | 10971.83 | | | 8008 | 9829 |

**年报点评**:公司主营券商和基金公司的软件系统开发。2006 年,国内股票市场回暖,券商和基金公司原来压缩的 IT 投资得到释放,加上软件外包行业的高速增长,公司业绩实现高速增长。金融创新业务的推出,给公司业务迎来新的发展机会。

## 信雅达（600571）

上市日期:02/11/01

电话:0571－56686501　　传真:0571－56686777

**主营**:电子文档影像、电子商务及信息安全等软件产品的生产、销售,提供系统集成等。

| | 年 度 | 2006 | 2005 | 2004 |
|---|---|---|---|---|
| 主要指标 | 每股收益/扣除后(元) | 0.053/0.036 | 0.101 | 0.246/0.274 |
| | 每股经营现金流量(元) | 0.058 | -0.388 | 0.909 |
| | 每股净资产/调整后(元) | 1.76/1.75 | 2.29/2.28 | 3.7/3.69 |
| | 未分利润(万元) | 4919.82 | 4732.94 | 5265.55 |
| | 资本公积(万元) | 8071.07 | 12844.09 | 18436.91 |
| 利润构成 | 主营收入(万元) | 39902.49 | 36361.86 | 36722.8 |
| | 主营利润(万元) | 14582.77 | 14362.82 | 11850.38 |
| | 投资收益(万元) | -0.94 | -517.9 | -498.89 |
| | 利润总额(万元) | 1352.1 | 2070.97 | 2928.3 |
| | 净利润(万元) | 1035.16 | 1512.1 | 2295.97 |

近年分配:05 年:10 派 0.5 转增 3 ; 04 年:10 派 2 转增 6

| 主要股东及持股比例%、持股性质 |
|---|
| 杭州信雅达电子有限公司 24.76%（部分流通部分不流通） |
| 郭华强 10.34%（部分流通部分不流通） |
| 宁波经济技术开发区春秋科技开发有限公司 7.45%（部分流通部分不流通） |
| 许建国 2.29%（流通 A 股） |
| 朱宝文 2.01%（流通 A 股） |
| 张健 1.29%（流通 A 股） |
| 蔡亮 1.15%（流通 A 股） |
| 傅宁 0.92%（流通 A 股） |
| 潘庆中 0.84%（流通 A 股） |
| 耿俊岭 0.58%（流通 A 股） |
| 实际控制人:郭华强 |

二〇〇六年以来市场表现

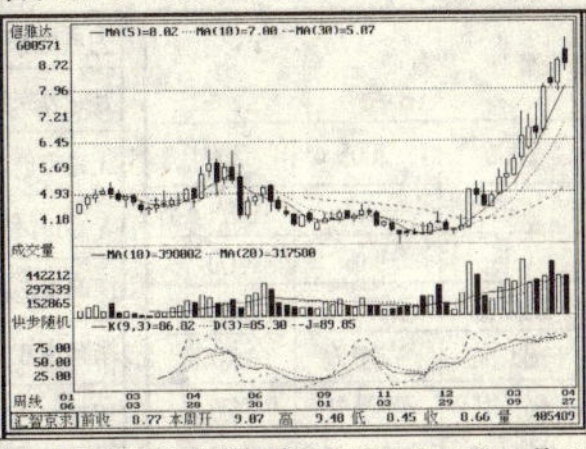

| | |
|---|---|
| 2006 年涨跌幅(%) | 13.82 |
| 2006 年最高(元) | 6.76 |
| 2007 年涨跌幅(%) | 129.71 |
| 2007.4.27 收盘(元) | 8.66 |
| 2007 年最高(元) | 9.48 |
| 2007 年最低(元) | 3.66 |
| 2007 年换手率(%) | 406.11 |

未来一年限售流通股解禁情况:24217156.6 股 11 月 30 日解禁

| 最新股本 | 总股本 | 非(限售)流通 | 流通 A | 流通 B/H/S | 股东户数 | 06 年末 | 06 三季 |
|---|---|---|---|---|---|---|---|
| | 19455.49 | 5806.65 | 13648.83 | | | 16920 | 16028 |

**年报点评**:公司主营软件及系统集成和环保业务。由于行业需求较为平稳,公司软件及系统集成业务增长有限。除尘业务受限于行业竞争和原材料涨价而增长乏力,盈利能力下降。预计密码支付器业务放量将对公司业绩带来转机,资产整合也可提供发展机遇。

## 康恩贝（600572）

上市日期:04/04/12　　电话:0571－87774710　　传真:0571－8774722

| | | | | |
|---|---|---|---|---|
| 主营 | 现代中药和天然植物药产品的研制、生产和销售 | | | |
| | 年度 | 2006 | 2005 | 2004 |
| 主要指标 | 每股收益/扣除后(元) | 0.414/0.3 | 0.318 | 0.21/0.08 |
| | 每股经营现金流量(元) | 0.519 | 0.857 | 0.48 |
| | 每股净资产/调整后(元) | 4.1/4.07 | 3.89/3.86 | 3.78/3.74 |
| | 未分利润(万元) | 7884.02 | 4952.16 | 4234.86 |
| | 资本公积(万元) | 30626.74 | 30616.74 | 30616.74 |
| 利润构成 | 主营收入(万元) | 82991.87 | 86640.76 | 60309.89 |
| | 主营利润(万元) | 43485.97 | 40874.91 | 27549.04 |
| | 投资收益(万元) | 9.91 | -436.48 | -191.58 |
| | 利润总额(万元) | 7806.38 | 6887.77 | 4867.85 |
| | 净利润(万元) | 5675.86 | 4362.75 | 2862.66 |
| 近年分配: | 06 年:10 派 2.3；05 年:10 派 2；04 年:10 派 2 | | | |

| 主要股东及持股比例%、持股性质 |
|---|
| 康恩贝集团有限公司 30.98%（非流通股） |
| 浙江中业投资有限公司 18.11%（部分流通部分不流通） |
| 杭州大名印刷有限公司 1.8%（流通 A 股） |
| 华夏银行股份有限公司－益民红利成长混合型证券投资基金 1.64%（流通 A 股） |
| 浙江南洋药业有限公司 0.52%（流通 A 股） |
| 叶德耀 0.32%（流通 A 股） |
| 北京北方银通房地产开发有限公司 0.3%（流通 A 股） |
| 光大证券有限责任公司－中国光大银行股份有限公司－光大阳光集合 0.28%（流通 A 股） |
| 尤宜 0.28%（流通 A 股） |
| 张水泉 0.27%（流通 A 股） |
| 实际控制人：胡季强 |

二〇〇六年以来市场表现

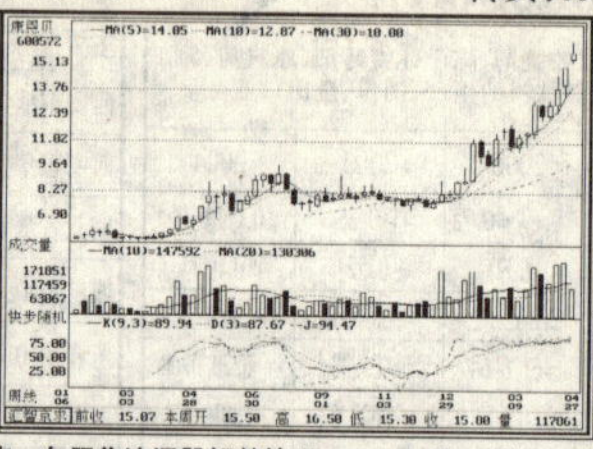

| | |
|---|---|
| 2006 年涨跌幅(%) | 49.29 |
| 2006 年最高(元) | 9.89 |
| 2007 年涨跌幅(%) | 95.73 |
| 2007.4.27 收盘(元) | 15.8 |
| 2007 年最高(元) | 16.5 |
| 2007 年最低(元) | 8.19 |
| 2007 年换手率(%) | 324.04 |

未来一年限售流通股解禁情况:6860000 股 12 月 27 日解禁

| 最新股本 | 总股本 | 非(限售)流通 | 流通 A | 流通 B/H/S | 股东户数 | 06 年末 | 06 三季 |
|---|---|---|---|---|---|---|---|
| | 13720 | 7141.75 | 6578.25 | | | 13559 | 13057 |

年报点评：公司主导中药产品目前市场比较成熟，在国内市场均具有较高的品牌知名度和市场占有率，但竞争比较激烈。公司 2006 年主营收入下滑，主营业务利润小幅增长。公司新生产基地处于投入使用初期，未来增长可能更多来自于外延式增长。

## 惠泉啤酒（600573）

上市日期:03/02/26　　电话:(0595)7396105　　传真:(0595)7378169

| | | | | |
|---|---|---|---|---|
| 主营 | 啤酒的生产与销售。 | | | |
| | 年度 | 2006 | 2005 | 2004 |
| 主要指标 | 每股收益/扣除后(元) | 0.14/0.117 | 0.108 | 0.058/0.056 |
| | 每股经营现金流量(元) | 0.59 | 0.64 | 0.33 |
| | 每股净资产/调整后(元) | 3.86/3.85 | 3.79/3.78 | 3.68/3.67 |
| | 未分利润(万元) | 11171.87 | 9533.06 | 7425.72 |
| | 资本公积(万元) | 50688.17 | 50831.65 | 50831.65 |
| 利润构成 | 主营收入(万元) | 95556.66 | 84802.96 | 80878.1 |
| | 主营利润(万元) | 17123.96 | 16082.69 | 13198.93 |
| | 投资收益(万元) | 33.59 | 40.27 | 31.91 |
| | 利润总额(万元) | 6119.02 | 4586.78 | 2342.09 |
| | 净利润(万元) | 3506.51 | 2704.43 | 1455.86 |
| 近年分配: | 06 预案:10 派 0.7；05 年:10 派 0.6 | | | |

| 主要股东及持股比例%、持股性质 |
|---|
| 北京燕京啤酒股份有限公司 48.67%（非流通股） |
| 中国武夷实业股份有限公司 10.76%（非流通股） |
| 福建省青山纸业股份有限公司 3.53%（非流通股） |
| 福建省惠安县华源实业有限公司 2.27%（非流通股） |
| 信泰证券有限责任公司 2.09%（流通 A 股） |
| 泰豪集团有限公司 1.86%（非流通股） |
| 交通银行－科讯证券投资基金 0.88%（流通 A 股） |
| 包头市虹烨投资顾问有限公司 0.67%（流通 A 股） |
| 柯文良 0.52%（非流通股） |
| 泉州兴达船务有限公司 0.43%（非流通股） |
| 实际控制人：北京控股有限公司 |

二〇〇六年以来市场表现

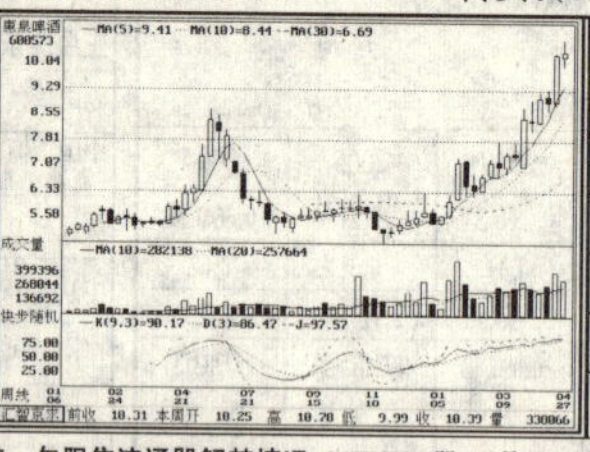

| | |
|---|---|
| 2006 年涨跌幅(%) | 31.84 |
| 2006 年最高(元) | 8.71 |
| 2007 年涨跌幅(%) | 91.7 |
| 2007.4.27 收盘(元) | 10.39 |
| 2007 年最高(元) | 10.78 |
| 2007 年最低(元) | 5.37 |
| 2007 年换手率(%) | 572.97 |

未来一年限售流通股解禁情况:36776738 股 07 月 07 日解禁

| 最新股本 | 总股本 | 非(限售)流通 | 流通 A | 流通 B/H/S | 股东户数 | 06 年末 | 06 三季 |
|---|---|---|---|---|---|---|---|
| | 25000 | 17377 | 7623 | | | 17945 | 16522 |

年报点评：公司主营啤酒的生产和销售。啤酒行业 2006 年产销两旺，公司啤酒产销量快速增长，净利润也大幅增长，但是啤酒销售毛利率略有下降。2007 年公司计划销售量进一步上升，努力打造惠泉品牌在东南地区的优势，预计公司利润还将保持较快速度的增长。

## 芜湖港（600575）

上市日期:03/03/28　　电话:0553－5840528　　传真:0553－5840510

| | | | | |
|---|---|---|---|---|
| 主营 | 煤炭、外贸集装箱、散货、件杂货等货类的装卸中转 | | | |
| | 年度 | 2006 | 2005 | 2004 |
| 主要指标 | 每股收益/扣除后(元) | 0.31/0.31 | 0.34 | 0.36/0.37 |
| | 每股经营现金流量(元) | 0.22 | 0.6 | 0.56 |
| | 每股净资产/调整后(元) | 4.17/4.17 | 4.07/4.07 | 4.13/4.13 |
| | 未分利润(万元) | 6267.57 | 5323.24 | 6484.71 |
| | 资本公积(万元) | 28661.12 | 28836.02 | 28829.32 |
| 利润构成 | 主营收入(万元) | 15558.65 | 16663.34 | 14932.01 |
| | 主营利润(万元) | 8251.25 | 9367.36 | 8119.2 |
| | 投资收益(万元) | -44.88 | -2.54 | -77.14 |
| | 利润总额(万元) | 5950.35 | 6352.28 | 5053.32 |
| | 净利润(万元) | 3684.81 | 3980.6 | 4317.49 |
| 近年分配: | 06 预案:10 派 1 转增 5；05 年:10 派 2；04 年:10 派 4 | | | |

| 主要股东及持股比例%、持股性质 |
|---|
| 芜湖港口有限责任公司 49.66%（非流通股） |
| 张继乾 0.98%（流通 A 股） |
| 陈文彦 0.88%（流通 A 股） |
| 周雪钦 0.61%（流通 A 股） |
| 芜湖长江大桥公路桥有限公司 0.36%（国有股） |
| 杨道华 0.31%（流通 A 股） |
| 王自华 0.3%（流通 A 股） |
| 芜湖经济技术开发区建设总公司 0.29%（国有股） |
| 芜湖高新技术创业服务中心 0.25%（国有股） |
| 王寿纯 0.24%（流通 A 股） |
| 实际控制人：李非列 |

二〇〇六年以来市场表现

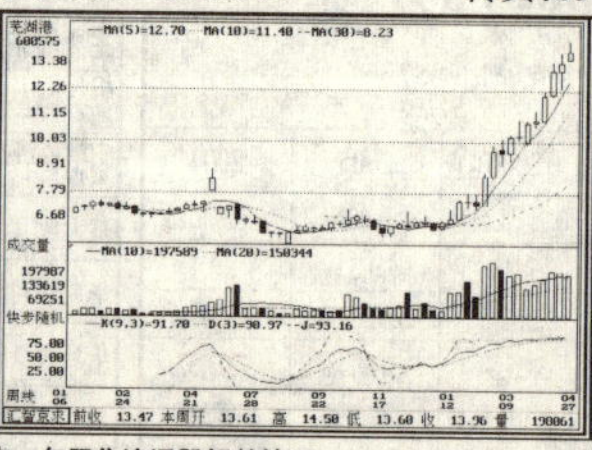

| | |
|---|---|
| 2006 年涨跌幅(%) | 20.75 |
| 2006 年最高(元) | 9.68 |
| 2007 年涨跌幅(%) | 125.53 |
| 2007.4.27 收盘(元) | 13.96 |
| 2007 年最高(元) | 14.5 |
| 2007 年最低(元) | 6.2 |
| 2007 年换手率(%) | 470.13 |

未来一年限售流通股解禁情况:7138532 股 06 月 30 日解禁

| 最新股本 | 总股本 | 非(限售)流通 | 流通 A | 流通 B/H/S | 股东户数 | 06 年末 | 06 三季 |
|---|---|---|---|---|---|---|---|
| | 11860 | 6010 | 5850 | | | 16220 | 17223 |

年报点评：公司是长江煤炭中转第一大港，06 年受煤炭市场需求不旺等因素影响，港口生产经营遭遇历史最大困难。外贸、集装箱实现历史性突破，同比大幅增长，增强了公司抗市场风险的能力。

## ＊ST 庆丰（600576）

上市日期:03/02/20　　电话:0571－85866518　　传真:0571－85866566

| | | | | |
|---|---|---|---|---|
| 主营 | 房地产投资，连锁酒店投资管理。 | | | |
| | 年度 | 2006 | 2005 | 2004 |
| 主要指标 | 每股收益/扣除后(元) | 0.03 | -0.36 | -0.5/-0.55 |
| | 每股经营现金流量(元) | 0.18 | 0.06 | 1.04 |
| | 每股净资产/调整后(元) | 2.3/2.28 | 2.27/2.26 | 2.63/2.62 |
| | 未分利润(万元) | -6817.42 | -7932.64 | -787.62 |
| | 资本公积(万元) | 29677.11 | 29677.11 | 29677.11 |
| 利润构成 | 主营收入(万元) | 116791.21 | 107119.57 | 99169.02 |
| | 主营利润(万元) | 10688.44 | 9761.45 | 4583.15 |
| | 投资收益(万元) | -569.48 | -7495.11 | -4520.1 |
| | 利润总额(万元) | 1925.91 | -6745.87 | -10332.34 |
| | 净利润(万元) | 645.71 | -7021.48 | -9638.23 |
| 近年分配: | | | | |

| 主要股东及持股比例%、持股性质 |
|---|
| 万好万家集团有限公司 58.98%（非流通股） |
| 无锡市创业投资有限责任公司 5.15%（非流通股） |
| 无锡市国联发展(集团)有限公司 4.17%（国有股） |
| 深圳市金顺天投资发展有限公司 0.38%（流通 A 股） |
| 李勤伟 0.3%（流通 A 股） |
| 项孟尧 0.29%（流通 A 股） |
| 郝云龙 0.27%（流通 A 股） |
| 江苏宏源纺机股份有限公司 0.26%（非流通股） |
| 无锡四棉纺织有限公司 0.26%（非流通股） |
| 上海迅诺实业有限公司 0.26%（非流通股） |
| 实际控制人：孔德永 |

二〇〇六年以来市场表现

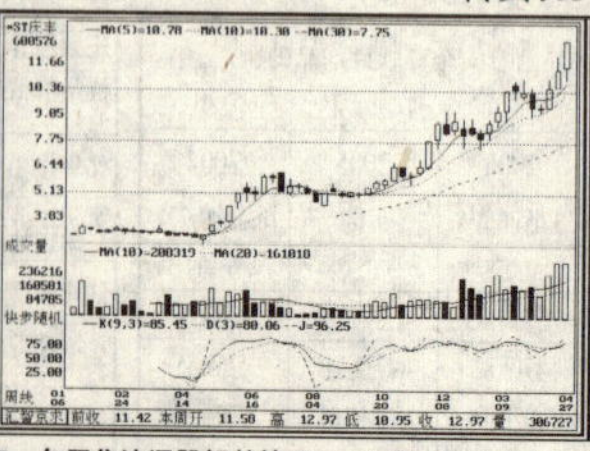

| | |
|---|---|
| 2006 年涨跌幅(%) | 203.79 |
| 2006 年最高(元) | 9.31 |
| 2007 年涨跌幅(%) | 106.11 |
| 2007.4.27 收盘(元) | 12.97 |
| 2007 年最高(元) | 18.16 |
| 2007 年最低(元) | 10.36 |
| 2007 年换手率(%) | 309.41 |

未来一年限售流通股解禁情况:19621897 股 01 月 25 日解禁

| 最新股本 | 总股本 | 非(限售)流通 | 流通 A | 流通 B/H/S | 股东户数 | 06 年末 | 06 三季 |
|---|---|---|---|---|---|---|---|
| | 19409.31 | 13409.31 | 6000 | | | 7208 | 10423 |

年报点评：公司主营纺织品生产、染整和销售，每年大量出口高档弹力纱、弹力布和高支阔幅装饰布面料。虽然外部纺织环境依然十分严峻，但是公司 2006 年将全力实施产品结构、员工结构和资产结构的三大调整，经营状况明显好转。

## 精达股份（600577）

上市日期:02/09/11　电话:0562－2809086　传真:0562－2809086

| 主营 | 漆包电磁线制造和销售 | | | |
|---|---|---|---|---|
| | 年　度 | 2006 | 2005 | 2004 |
| 主要指标 | 每股收益/扣除后(元) | 0.413/0.418 | 0.405 | 0.346/0.35 |
| | 每股经营现金流量(元) | 0.85 | 0.019 | 0.207 |
| | 每股净资产/调整后(元) | 2.95/2.44 | 3.21/3.2 | 2.93/2.9 |
| | 未分利润(万元) | 10930.74 | 8493.22 | 6805.1 |
| | 资本公积(万元) | 9411.22 | 11651.22 | 11651.22 |
| 利润构成 | 主营收入(万元) | 435530.7 | 206040.02 | 137283.12 |
| | 主营利润(万元) | 28313.91 | 18783.56 | 14280.79 |
| | 投资收益(万元) | －117.22 | 46.3 | 101.3 |
| | 利润总额(万元) | 11173.34 | 8546.28 | 6123.61 |
| | 净利润(万元) | 5354.51 | 4376.84 | 3735.65 |
| 近年分配: | 06 中期:10 派 1.2 转增 2；05 中期:10 派 1；04 中期:10 派 1 | | | |

| 主要股东及持股比例%、持股性质 |
|---|
| 广州市特华投资管理有限公司 25.667%（非流通股） |
| 铜陵精达铜材(集团)有限责任公司 25.375%（非流通股） |
| 安徽省科技产业投资有限公司 3.063%（非流通股） |
| 合肥市高科技风险投资有限公司 2.188%（非流通股） |
| 广发策略优选复合型证券投资基金 1.622%（流通 A 股） |
| 北京中关村青年科技创业有限公司 1.458%（非流通股） |
| 华宝信托投资有限责任公司－单一类资金信托 2006 年第 9 号 1.224%（流通 A 股） |
| 华宝信托投资有限责任公司－单一类资金信托 2006 年第 10 号 0.702%（流通 A 股） |
| 铜陵皖中物资有限责任公司 0.583%（非流通股） |
| 袁长华 0.561%（流通 A 股） |
| 实际控制人:李光荣 |

二〇〇六年以来市场表现

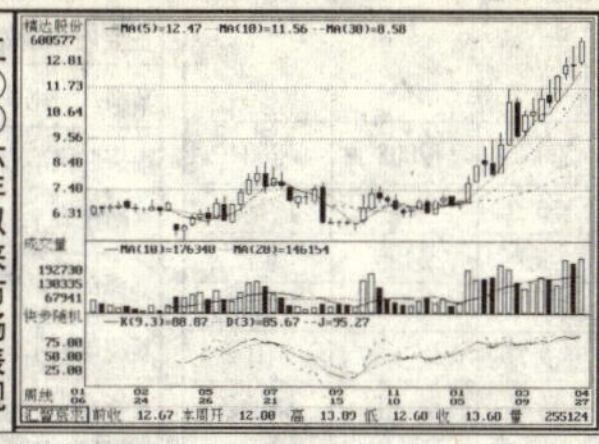

| | |
|---|---|
| 2006 年涨跌幅(%) | 68.38 |
| 2006 年最高(元) | 11.39 |
| 2007 年涨跌幅(%) | 102.07 |
| 2007.4.27 收盘(元) | 13.68 |
| 2007 年最高(元) | 13.89 |
| 2007 年最低(元) | 6.55 |
| 2007 年换手率(%) | 500.1 |

未来一年限售流通股解禁情况:19440000 股 04 月 18 日解禁

| 最新股本 | 总股本 | 非(限售)流通 | 流通 A | 流通 B/H/S | 股东户数 | 06 年末 | 06 三季 |
|---|---|---|---|---|---|---|---|
| | 12960 | 7560 | 5400 | | | 10501 | 12181 |

**年报点评** 公司主营特种漆包线。06 年公司销售收入大幅增长，但受铜价大幅上涨影响，净利润增长幅度远小于销售收入增长。公司目前是国内电磁线行业龙头，生产规模和资金周转具有较强优势，07 年公司预计将保持 30%左右增长。

## 京能热电（600578）

上市日期:02/05/10　电话:010－88991155　传真:010－88990762

| 主营 | 电力、热力产品的生产、销售 | | | |
|---|---|---|---|---|
| | 年　度 | 2006 | 2005 | 2004 |
| 主要指标 | 每股收益/扣除后(元) | 0.24/0.24 | 0.23 | 0.26/0.26 |
| | 每股经营现金流量(元) | 0.54 | 0.59 | 0.55 |
| | 每股净资产/调整后(元) | 2.75/2.75 | 2.7/2.7 | 2.62/2.62 |
| | 未分利润(万元) | 9101.49 | 11410.29 | 12180.76 |
| | 资本公积(万元) | 71936.6 | 71750.52 | 68953.1 |
| 利润构成 | 主营收入(万元) | 152645.72 | 154194.07 | 138367.61 |
| | 主营利润(万元) | 28534.56 | 24374.19 | 28993.33 |
| | 投资收益(万元) | 1049.59 | 1317.51 | 102.32 |
| | 利润总额(万元) | 19724.5 | 19468.38 | 21163.52 |
| | 净利润(万元) | 13627.04 | 13370.92 | 15066.06 |
| 近年分配: | 06 预案:10 派 1.5；05 年:10 派 1.9；04 年:10 派 2 | | | |

| 主要股东及持股比例%、持股性质 |
|---|
| 北京能源投资(集团)有限公司 39.85%（国有股） |
| 华北电网有限公司 36.68%（国有股） |
| 耿喜凤 0.09%（流通 A 股） |
| 福建安信投资有限公司 0.08%（流通 A 股） |
| 王远生 0.07%（流通 A 股） |
| 何振亚 0.06%（流通 A 股） |
| 北京变压器厂 0.06%（国有股） |
| 北京电力设备总厂 0.06%（国有股） |
| 高继真 0.06%（流通 A 股） |
| 詹惠楠 0.06%（流通 A 股） |
| 实际控制人:北京市人民政府 |

二〇〇六年以来市场表现

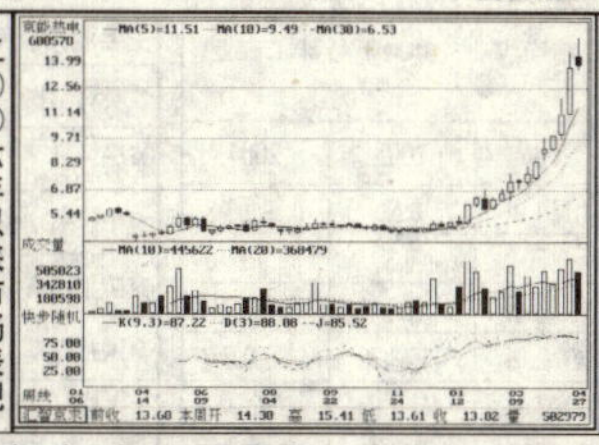

| | |
|---|---|
| 2006 年涨跌幅(%) | 31.13 |
| 2006 年最高(元) | 7.37 |
| 2007 年涨跌幅(%) | 186.13 |
| 2007.4.27 收盘(元) | 13.82 |
| 2007 年最高(元) | 15.41 |
| 2007 年最低(元) | 4.78 |
| 2007 年换手率(%) | 485.96 |

未来一年限售流通股解禁情况:28668000 股 04 月 03 日解禁

| 最新股本 | 总股本 | 非(限售)流通 | 流通 A | 流通 B/H/S | 股东户数 | 06 年末 | 06 三季 |
|---|---|---|---|---|---|---|---|
| | 57336 | 43936 | 13400 | | | 37921 | 37303 |

**年报点评** 2006 年虽然公司实现的销售收入略有下降，但公司通过加强成本管理，生产成本的节约取得了明显效果，当年公司主营业务利润率同比提升了近 3 个百分点。在期间费用基本保持稳定的情况下，公司实现了净利润小幅增长。

## ＊ST 黄海（600579）

上市日期:02/08/09　电话:0532－4678085　传真:0532－4678086

| 主营 | 全钢丝载重子午线轮胎的制造与销售 | | | |
|---|---|---|---|---|
| | 年　度 | 2006 | 2005 | 2004 |
| 主要指标 | 每股收益/扣除后(元) | －0.64 | －0.76 | 0.069/0.072 |
| | 每股经营现金流量(元) | 0.2 | 0.46 | －0.293 |
| | 每股净资产/调整后(元) | 1.36/1.36 | 1.98/1.98 | 2.76/2.77 |
| | 未分利润(万元) | －24744.83 | －8280.95 | 8620.5 |
| | 资本公积(万元) | 31342.77 | 27003.12 | 26939.3 |
| 利润构成 | 主营收入(万元) | 91026.68 | 61656.27 | 53166.6 |
| | 主营利润(万元) | －3227.61 | －3006.07 | 7007.01 |
| | 投资收益(万元) | －345.41 | －605.93 | －43.8 |
| | 利润总额(万元) | －16463.88 | －16469.44 | 2344.05 |
| | 净利润(万元) | －16463.88 | －16469.44 | 1498.1 |
| 近年分配: | 04 年:10 派 0.2 | | | |

| 主要股东及持股比例%、持股性质 |
|---|
| 青岛黄海橡胶集团有限责任公司 47.7%（国有股） |
| 青岛市企业发展投资公司 8.16%（国有股） |
| 都强 0.32%（流通 A 股） |
| 尤汉溪 0.3%（流通 A 股） |
| 刘秋玲 0.25%（流通 A 股） |
| 温琼兰 0.25%（流通 A 股） |
| 张树辉 0.24%（流通 A 股） |
| 杨晓龙 0.2%（流通 A 股） |
| 卢金红 0.2%（流通 A 股） |
| 孔令敏 0.2%（流通 A 股） |
| 实际控制人:中车汽修(集团)总公司 |

二〇〇六年以来市场表现

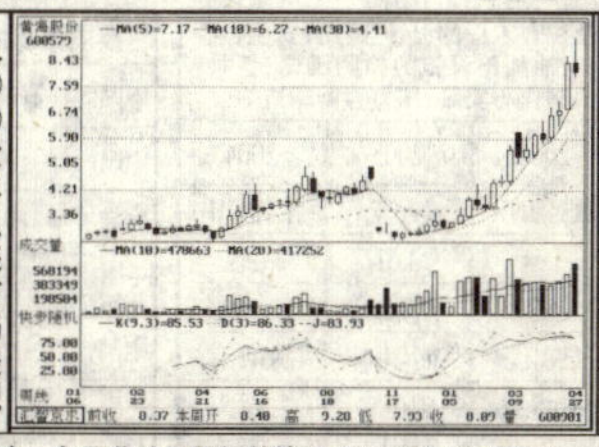

| | |
|---|---|
| 2006 年涨跌幅(%) | 78.16 |
| 2006 年最高(元) | 5.38 |
| 2007 年涨跌幅(%) | 169.67 |
| 2007.4.27 收盘(元) | 8.09 |
| 2007 年最高(元) | 9.28 |
| 2007 年最低(元) | 2.96 |
| 2007 年换手率(%) | 632.97 |

未来一年限售流通股解禁情况:26763840 股 11 月 02 日解禁

| 最新股本 | 总股本 | 非(限售)流通 | 流通 A | 流通 B/H/S | 股东户数 | 06 年末 | 06 三季 |
|---|---|---|---|---|---|---|---|
| | 25560 | 14400 | 11160 | | | 18272 | 15917 |

**年报点评** 2006 年公司出现较大亏损。致使公司亏损的原因主要是销售原材料不确认当期收入，在建工程转固增加当期折旧费用，另外 2006 年国内外天然橡胶和合成橡胶价格大幅上涨使得公司生产成本大幅上升。

## 卧龙电气（600580）

上市日期:02/06/06　电话:0575－2129895　传真:0575－2019783

| 主营 | 设计、生产、销售各种微分电机及其电子控制装置和电动车等产品。 | | | |
|---|---|---|---|---|
| | 年　度 | 2006 | 2005 | 2004 |
| 主要指标 | 每股收益/扣除后(元) | 0.31/0.27 | 0.38 | 0.35/0.25 |
| | 每股经营现金流量(元) | 0.3 | 0.31 | 0.29 |
| | 每股净资产/调整后(元) | 3.33/3.31 | 3.1/3.06 | 2.84/2.81 |
| | 未分利润(万元) | 17051.15 | 12340.84 | 9161.31 |
| | 资本公积(万元) | 37065.92 | 19386.92 | 19386.92 |
| 利润构成 | 主营收入(万元) | 107924.09 | 77010.26 | 51395.1 |
| | 主营利润(万元) | 19578.97 | 13155.79 | 9664.1 |
| | 投资收益(万元) | 873.07 | 749.46 | 968.31 |
| | 利润总额(万元) | 11846.68 | 8321.94 | 8632.43 |
| | 净利润(万元) | 7965.6 | 6562.82 | 6054.28 |
| 近年分配: | 06 预案:10 派 1.2 转增 1；05 年:10 派 1.2 转增 2；04 年:10 派 1.2 | | | |

| 主要股东及持股比例%、持股性质 |
|---|
| 卧龙控股集团有限公司 29.68%（部分流通部分不流通） |
| 中国工商银行－广发策略优选混合型证券投资基金 3.87%（非流通股） |
| 上虞市国有资产经营总公司 3.11%（流通 A 股） |
| 陈建成 3.06%（非流通股） |
| 上海申能资产管理有限公司 2.6%（非流通股） |
| 浙江省茶叶公司 1.99%（非流通股） |
| 五矿投资发展有限责任公司 1.79%（非流通股） |
| 湖南嘉宇实业有限公司 1.79%（非流通股） |
| 交通银行－安顺证券投资基金 1.79%（非流通股） |
| 全国社保基金一零四组合 1.55%（非流通股） |
| 实际控制人:陈建成 |

二〇〇六年以来市场表现

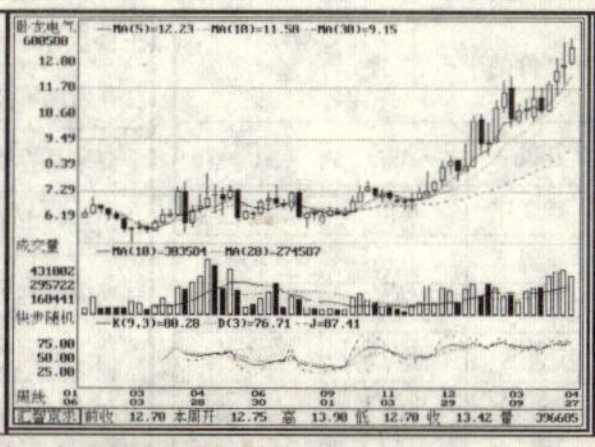

| | |
|---|---|
| 2006 年涨跌幅(%) | 68.31 |
| 2006 年最高(元) | 10.68 |
| 2007 年涨跌幅(%) | 57.14 |
| 2007.4.27 收盘(元) | 13.42 |
| 2007 年最高(元) | 13.9 |
| 2007 年最低(元) | 7.71 |
| 2007 年换手率(%) | 338.01 |

未来一年限售流通股解禁情况:10474008 股 08 月 08 日解禁

| 最新股本 | 总股本 | 非(限售)流通 | 流通 A | 流通 B/H/S | 股东户数 | 06 年末 | 06 三季 |
|---|---|---|---|---|---|---|---|
| | 25756.02 | 12311.51 | 13444.51 | | | 12371 | 14793 |

**年报点评** 公司主营家用空调电机、工控电机及其他各类小电机。06 年通过产品价格调整、优化产品结构等手段化解了铜等原材料涨价带来的不利因素，实现经营业绩持续快速增长。07 年公司主营可望继续稳步增长，且新增铁路变压器业务可望成为新的利润增长点。

## 八一钢铁（600581）

上市日期:02/08/16　　电话:0991－3890166　　传真:0991－3890266

| 主营 | 钢铁冶炼、轧制、加工及销售 | | | |
|---|---|---|---|---|
| | 年　度 | 2006 | 2005 | 2004 |
| 主要指标 | 每股收益/扣除后(元) | 0.27/0.27 | 0.42 | 0.74/0.75 |
| | 每股经营现金流量(元) | 0.16 | -1.07 | 0.17 |
| | 每股净资产/调整后(元) | 4.11/4.1 | 4.04/4.04 | 3.93/3.93 |
| | 未分利润(万元) | 50868.77 | 46528.95 | 41111.48 |
| | 资本公积(万元) | 85456.48 | 84405.84 | 84405.28 |
| 利润构成 | 主营收入(万元) | 873718.15 | 781341.94 | 653779.23 |
| | 主营利润(万元) | 85260.13 | 81212.72 | 89719.76 |
| | 投资收益(万元) | 386.62 | -15.41 | -151.6 |
| | 利润总额(万元) | 17239.15 | 27343.46 | 53537.54 |
| | 净利润(万元) | 15742.36 | 24517.52 | 43705.15 |
| 近年分配: | 06 预案:10 派 1.4 ; 05 年:10 派 2.2 ; 04 年:10 派 3 | | | |

| 主要股东及持股比例%、持股性质 | |
|---|---|
| 新疆八一钢铁集团有限责任公司 53.12%（国有股） | |
| 南京联强冶金集团有限公司 1.59%（非流通股） | |
| 新疆华顺工贸有限公司 1.35%（非流通股） | |
| 邯郸钢铁集团有限责任公司 1.35%（国有股） | |
| 新疆维吾尔自治区技术改造投资公司 0.68%（国有股） | |
| 南京证券有限责任公司 0.51%（流通 A 股） | |
| 招商银行股份有限公司－上证红利交易型开放式指数证券投资基金 0.51%（流通 A 股） | |
| 单红兵 0.29%（流通 A 股） | |
| 张进 0.29%（流通 A 股） | |
| 黄月楼 0.27%（流通 A 股） | |
| 实际控制人: | 新疆维吾尔自治区国有资产监督管理委员会 |

二〇〇六年以来市场表现

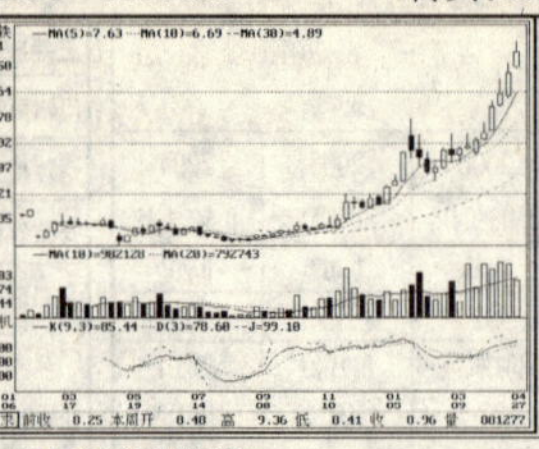

| | |
|---|---|
| 2006 年涨跌幅(%) | 92.38 |
| 2006 年最高(元) | 6.16 |
| 2007 年涨跌幅(%) | 103.64 |
| 2007.4.27 收盘(元) | 8.96 |
| 2007 年最高(元) | 9.36 |
| 2007 年最低(元) | 4.45 |
| 2007 年换手率(%) | 517.05 |

未来一年限售流通股解禁情况:

| 最新股本 | 总股本 | 非(限售)流通 | 流通 A | 流通 B/H/S | 股东户数 | 06 年末 | 06 三季 |
|---|---|---|---|---|---|---|---|
| | 58957.61 | 34247.21 | 24710.4 | | | 31254 | 38482 |

年报点评：如果被宝钢重组,公司未来的发展在技术和资金方面得到了强有力的支撑。公司具备年产钢 300 万吨的生产能力。作为新疆唯一一家大型钢铁联合企业,占据着新疆市场份额的 70%以上,是我国西北地区仅有的两个钢铁生产基地之一。

## 天地科技（600582）

上市日期:02/05/15　　电话:010－84262803　　传真:010－84262838

| 主营 | 矿山工业过程自动化业务、洁净煤业务和地下特殊工程业务。 | | | |
|---|---|---|---|---|
| | 年　度 | 2006 | 2005 | 2004 |
| 主要指标 | 每股收益/扣除后(元) | 1.02/1.01 | 0.52 | 0.39/0.388 |
| | 每股经营现金流量(元) | 0.51 | 0.3 | 0.2 |
| | 每股净资产/调整后(元) | 4.14/4.09 | 3.08/3.06 | 3.43/3.41 |
| | 未分利润(万元) | 40092.06 | 21568.26 | 14130.79 |
| | 资本公积(万元) | 17057.39 | 16181.98 | 20861.98 |
| 利润构成 | 主营收入(万元) | 186583.2 | 92193.94 | 49392.83 |
| | 主营利润(万元) | 45487.14 | 21525.78 | 14026.25 |
| | 投资收益(万元) | 8541.78 | 3754.32 | 1790.6 |
| | 利润总额(万元) | 26074.3 | 11256.76 | 6571.91 |
| | 净利润(万元) | 20656.2 | 10585.26 | 6102.24 |
| 近年分配: | 06 预案:10 转增 5 ; 04 年:10 派 1 转增 3 | | | |

| 主要股东及持股比例%、持股性质 | |
|---|---|
| 煤炭科学研究总院 60.9%（国有股） | |
| 泰达荷银效率优选混合型证券投资基金 2.76%（流通 A 股） | |
| 银华优质增长股票型证券投资基金 2.29%（流通 A 股） | |
| 兖矿集团有限公司 2.22%（国有股） | |
| 全国社保基金一一一组合 2.2%（流通 A 股） | |
| 华宝兴业先进成长股票型证券投资基金 1.48%（流通 A 股） | |
| 中信经典配置证券投资基金 1.38%（流通 A 股） | |
| 紫光股份有限公司 1.33%（非流通股） | |
| 金泰证券投资基金 1.12%（流通 A 股） | |
| 中国科学院广州能源研究所 1.11%（国有股） | |
| 实际控制人: | 国务院国有资产监督管理委员会 |

二〇〇六年以来市场表现

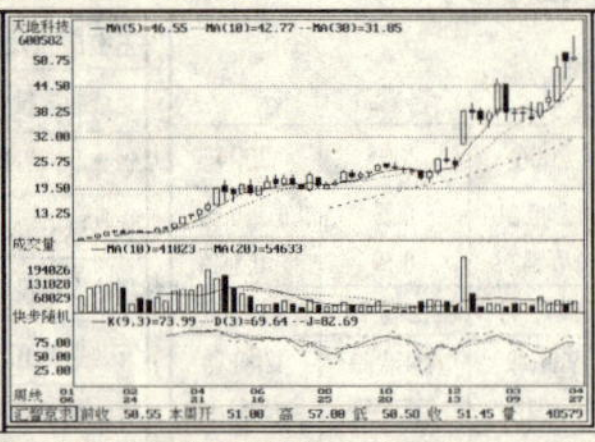

| | |
|---|---|
| 2006 年涨跌幅(%) | 256.29 |
| 2006 年最高(元) | 29.16 |
| 2007 年涨跌幅(%) | 131.05 |
| 2007.4.27 收盘(元) | 51.45 |
| 2007 年最高(元) | 63.84 |
| 2007 年最低(元) | 33.6 |
| 2007 年换手率(%) | 109.23 |

未来一年限售流通股解禁情况:21186098 股 01 月 15 日解禁

| 最新股本 | 总股本 | 非(限售)流通 | 流通 A | 流通 B/H/S | 股东户数 | 06 年末 | 06 三季 |
|---|---|---|---|---|---|---|---|
| | 20280 | 13520 | 6760 | | | 4728 | 4173 |

年报点评：公司主营矿山机械产品的生产销售。2006 年在煤炭需求继续向好的情况下,公司主营业务收入和净利润大幅增长。预计 2007 年煤炭需求将继续保持平稳增长,公司独特的技术和产品优势将得以保持,发展前景看好。

## 海油工程（600583）

上市日期:02/02/05　　电话:022－66908808　　传真:022－66908800

| 主营 | 海洋、陆地油气开发工程及配套工程的设计、建造、安装、连接调试、海底管道铺设、海上油气田设施的检测维修;各种类型的钢结构、网架工程的制作与安装;压力容器制造等。 | | | |
|---|---|---|---|---|
| | 年　度 | 2006 | 2005 | 2004 |
| 主要指标 | 每股收益/扣除后(元) | 0.94/0.95 | 1.48 | 1.11/1.11 |
| | 每股经营现金流量(元) | 1.54 | 1.52 | 1.55 |
| | 每股净资产/调整后(元) | 3.8/3.8 | 5.93/5.92 | 5.44/5.44 |
| | 未分利润(万元) | 133941.5 | 102481.64 | 59517.54 |
| | 资本公积(万元) | 56495.24 | 68608.84 | 71908.84 |
| 利润构成 | 主营收入(万元) | 496887.42 | 425858.89 | 348750.2 |
| | 主营利润(万元) | 102202.07 | 76928.45 | 63066.33 |
| | 投资收益(万元) | -1.61 | 206.26 | 161.85 |
| | 利润总额(万元) | 94692.09 | 70429.32 | 56114.75 |
| | 净利润(万元) | 74733.81 | 58531.49 | 36559.68 |
| 近年分配: | 06 预案:10 派 1 送 2 ; 05 年:10 派 2 送 7 转增 3 ; 04 年:10 派 1 送 1 转增 1 | | | |

| 主要股东及持股比例%、持股性质 | |
|---|---|
| 中国海洋石油总公司 51.36%（国有股） | |
| 中国海洋石油南海西部公司 8.6%（国有股） | |
| 海通－中行－FORTIS BANK SA/NV 1.4%（流通 A 股） | |
| 中国银行－南方高增长股票型开放式证券投资基金 1.39%（流通 A 股） | |
| 中国银行－景宏证券投资基金 1.29%（流通 A 股） | |
| 中国工商银行－广发策略优选混合型证券投资基金 1.27%（流通 A 股） | |
| 中国工商银行－景顺长城新兴成长股票型证券投资基金 1.26%（流通 A 股） | |
| 中国工商银行－南方绩优成长股票型证券投资基金 1.19%（流通 A 股） | |
| 中国农业银行－交银施罗德成长股票证券投资基金 1.16%（流通 A 股） | |
| 中国建设银行－交银施罗德稳健配置混合型证券投资基金 0.88%（流通 A 股） | |
| 实际控制人: | 中国海洋石油总公司 |

二〇〇六年以来市场表现

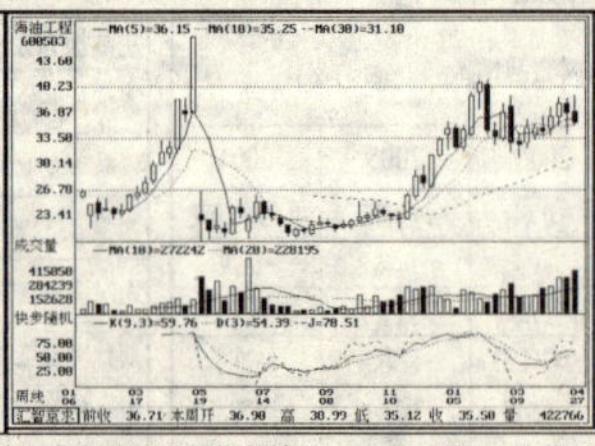

| | |
|---|---|
| 2006 年涨跌幅(%) | 235.26 |
| 2006 年最高(元) | 88.54 |
| 2007 年涨跌幅(%) | 2.39 |
| 2007.4.27 收盘(元) | 35.5 |
| 2007 年最高(元) | 41.1 |
| 2007 年最低(元) | 31 |
| 2007 年换手率(%) | 97.73 |

未来一年限售流通股解禁情况:68105534 股 01 月 24 日解禁

| 最新股本 | 总股本 | 非(限售)流通 | 流通 A | 流通 B/H/S | 股东户数 | 06 年末 | 06 三季 |
|---|---|---|---|---|---|---|---|
| | 79200 | 39570.48 | 39629.52 | | | 11425 | 17385 |

年报点评：2006 年公司各项业务稳定增长,项目管理能力和总承包地位不断提升、业务风险控制能力增强。2007 年将计划运行 18 个工程项目,其中 6 个项目在年内完工或投产,另有 12 个潜在项目可能启动,总工作量同比增长 15%以上。预计公司未来几年能保持 20%左右的业绩成长。

## 长电科技（600584）

上市日期:03/06/03　　电话:(0510)6851811　　传真:(0510)6854550

| 主营 | 集成电路封装、测试和分立器件的生产、销售 | | | |
|---|---|---|---|---|
| | 年　度 | 2006 | 2005 | 2004 |
| 主要指标 | 每股收益/扣除后(元) | 0.308/0.312 | 0.187 | 0.167/0.168 |
| | 每股经营现金流量(元) | 1.93 | 0.66 | 1.64 |
| | 每股净资产/调整后(元) | 2.77/2.5 | 2.52/2.3 | 2.38/2.11 |
| | 未分利润(万元) | 25210.59 | 18550.66 | 15356.14 |
| | 资本公积(万元) | 21881.82 | 21958.49 | 22030.89 |
| 利润构成 | 主营收入(万元) | 195459.87 | 147475.99 | 118494.86 |
| | 主营利润(万元) | 42856.73 | 30530.97 | 24103.78 |
| | 投资收益(万元) | -1499 | -824.98 | 5.27 |
| | 利润总额(万元) | 13732.47 | 8515.86 | 7019.24 |
| | 净利润(万元) | 9025.43 | 5486.02 | 4882.19 |
| 近年分配: | 05 年:10 派 0.5 ; 04 年:10 派 0.5 | | | |

| 主要股东及持股比例%、持股性质 | |
|---|---|
| 江苏新潮科技集团有限公司 19.97%（非流通股） | |
| 上海华易投资有限公司 13.67%（部分流通部分不流通） | |
| 江阴长江电子有限公司 4.45%（流通 A 股） | |
| 江苏法泰投资有限公司 3.73%（非流通股） | |
| 苏州工业园区海竞置业有限公司 3.73%（非流通股） | |
| 厦门永红电子有限公司 3.13%（流通 A 股） | |
| 杭州士兰微电子股份有限公司 3.07%（流通 A 股） | |
| 普丰证券投资基金 3.04%（流通 A 股） | |
| 青岛海协信托投资有限公司 2.73%（非流通股） | |
| 宁波康强电子股份有限公司 2.14%（流通 A 股） | |
| 实际控制人: | 江苏新潮科技集团有限公司 |

二〇〇六年以来市场表现

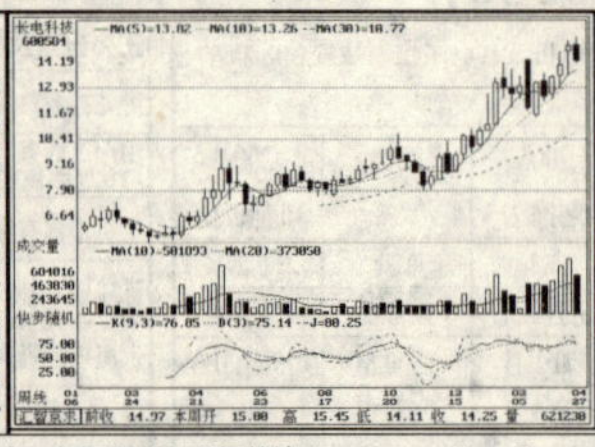

| | |
|---|---|
| 2006 年涨跌幅(%) | 72.81 |
| 2006 年最高(元) | 10.9 |
| 2007 年涨跌幅(%) | 42.64 |
| 2007.4.27 收盘(元) | 14.25 |
| 2007 年最高(元) | 15.45 |
| 2007 年最低(元) | 9.99 |
| 2007 年换手率(%) | 353.7 |

未来一年限售流通股解禁情况:14629600 股 12 月 29 日解禁

| 最新股本 | 总股本 | 非(限售)流通 | 流通 A | 流通 B/H/S | 股东户数 | 06 年末 | 06 三季 |
|---|---|---|---|---|---|---|---|
| | 29259.2 | 11863.13 | 17396.07 | | | 12057 | 12336 |

年报点评：公司主营集成电路和分立器件的生产和封装,由于产品结构调整,特别是分立器件的片式化率提高,导致集成电路、分立器件毛利率有所上升;2007 年,随募集资金到位公司财务压力有望缓解,随国内所得税率政策的铺开,公司有所得税率降低的预期。

# 海螺水泥（600585）

上市日期:02/02/07　　电话:0553－3114546　　传真:0553－3114550

| | | | | |
|---|---|---|---|---|
| 主营 | 高标号水泥及优质水泥熟料的生产加工、研制开发和销售推广等。 | | | |
| | 年　度 | 2006 | 2005 | 2004 |
| 主要指标 | 每股收益/扣除后(元) | 1.14 | 0.32 | 0.8/0.78 |
| | 每股经营现金流量(元) | 2.33 | 1.21 | 1.14 |
| | 每股净资产/调整后(元) | 5.62/5.61 | 4.55/4.55 | 4.35/4.35 |
| | 未分利润(万元) | 230043.84 | 125739.54 | 103507.59 |
| | 资本公积(万元) | 199248.8 | 199224.9 | 199174.89 |
| 利润构成 | 主营收入(万元) | 1524627.68 | 1082621.43 | 838494.75 |
| | 主营利润(万元) | 440691.97 | 244612.6 | 275205.27 |
| | 投资收益(万元) | 470.92 | 758.22 | 514.61 |
| | 利润总额(万元) | 249830.9 | 86137.4 | 194173 |
| | 净利润(万元) | 142793.06 | 40689.23 | 100882.7 |
| 近年分配: | 06 预案:10 派 2；05 年:10 派 0.7；04 年:10 派 1.3 | | | |

| 主要股东及持股比例%、持股性质 |
|---|
| 海螺集团 49.57%（国有股） |
| 香港中央结算代理人有限公司 34.45%（H股） |
| 丰和价值证券投资基金 1.49%（流通 A 股） |
| TCC International Limited 1.19%（H股） |
| 交通银行－富国天益价值证券投资基金 0.99%（流通 A 股） |
| 泰和证券投资基金 0.98%（流通 A 股） |
| 中国工商银行－广发策略优选混合型证券投资基金 0.98%（流通 A 股） |
| 中国银行－银华优质增长股票型证券投资基金 0.75%（流通 A 股） |
| 中国建设银行－交银施罗德稳健配置混合型证券投资基金 0.61%（流通 A 股） |
| 海通－交行－日兴资产管理有限公司－日兴 AM 中国人民币 A 股母基金 0.57%（流通 A 股） |
| 实际控制人：安徽省投资集团有限责任公司 |

二〇〇六年以来市场表现

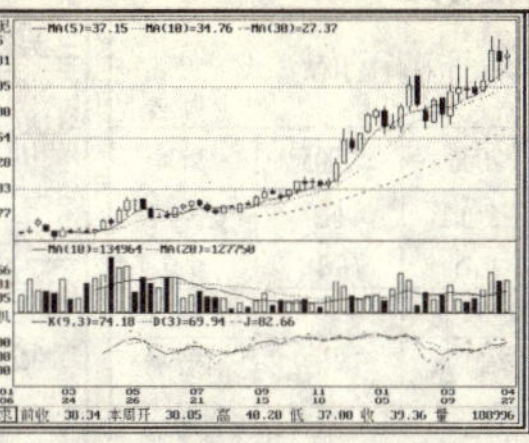

| | |
|---|---|
| 2006 年涨跌幅(%) | 229.54 |
| 2006 年最高(元) | 31.97 |
| 2007 年涨跌幅(%) | 31.2 |
| 2007.4.27 收盘(元) | 39.36 |
| 2007 年最高(元) | 42.57 |
| 2007 年最低(元) | 26.1 |
| 2007 年换手率(%) | 94.23 |

未来一年限售流通股解禁情况:62784000 股 03 月 02 日解禁

| | 总股本 | 非(限售)流通 | 流通 A | 流通 B/H/S | 股东户数 | 06 年末 | 06 三季 |
|---|---|---|---|---|---|---|---|
| 最新股本 | 125568 | 62248 | 20000 | 43320 | | 3237 | 5219 |

年报点评：公司主营水泥生产和销售。2006 年集团共计生产熟料 6036 万吨，年内有五条日产 5000 吨熟料生产线，及 12 台水泥磨机先后建成投产并迅速达产达标，尤其是华南区域增量明显，产量较上年增长约 200%。由于水泥行业的集中度加强，预计公司盈利能力将进一步提升。

# 金晶科技（600586）

上市日期:02/08/15　　电话:0533－3586666　　传真:0533－3585586

| | | | | |
|---|---|---|---|---|
| 主营 | 浮法玻璃的生产和销售 | | | |
| | 年　度 | 2006 | 2005 | 2004 |
| 主要指标 | 每股收益/扣除后(元) | 0.27/0.26 | 0.189 | 0.56/0.57 |
| | 每股经营现金流量(元) | 0.41 | 0.38 | 1.67 |
| | 每股净资产/调整后(元) | 3.01/3.01 | 3.19/3.18 | 4.6/4.59 |
| | 未分利润(万元) | 14982.1 | 12896.18 | 11205.56 |
| | 资本公积(万元) | 25371.53 | 24584.2 | 30879.45 |
| 利润构成 | 主营收入(万元) | 76124.93 | 57697.14 | 44555.6 |
| | 主营利润(万元) | 15970.66 | 11125.1 | 14253.61 |
| | 投资收益(万元) | 1332.75 | 11.22 | －28.66 |
| | 利润总额(万元) | 7800.15 | 5268.52 | 10494.3 |
| | 净利润(万元) | 6032.74 | 3584.33 | 7008.33 |
| 近年分配: | 05 年:10 送 1.8；04 年:10 派 1 转增 5 | | | |

| 主要股东及持股比例%、持股性质 |
|---|
| 淄博中齐建材有限公司 51.11%（非流通股） |
| 秦皇岛玻璃工业研究设计院 0.382%（国有股） |
| 中国建筑材料科学研究院 0.382%（国有股） |
| 山东工程学院 0.382%（国有股） |
| 山东省硅酸盐研究设计院 0.382%（国有股） |
| 博山科利达软件开发有限公司 0.382%（非流通股） |
| 张荣春 0.255%（流通 A 股） |
| 金诗琥 0.216%（流通 A 股） |
| 张君 0.21%（流通 A 股） |
| 余建勋 0.175%（流通 A 股） |
| 实际控制人：丁茂良 |

二〇〇六年以来市场表现

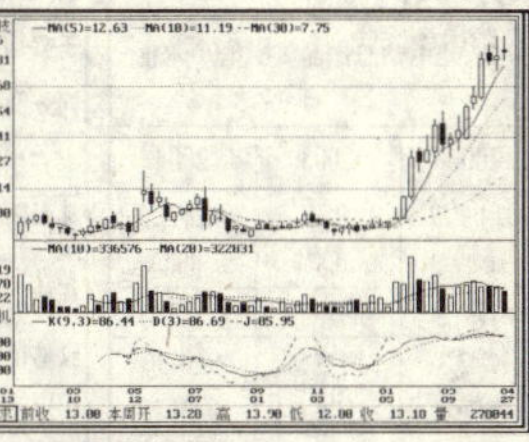

| | |
|---|---|
| 2006 年涨跌幅(%) | 58.58 |
| 2006 年最高(元) | 10.3 |
| 2007 年涨跌幅(%) | 139.2 |
| 2007.4.27 收盘(元) | 13.18 |
| 2007 年最高(元) | 13.95 |
| 2007 年最低(元) | 5.29 |
| 2007 年换手率(%) | 546.55 |

未来一年限售流通股解禁情况:

| | 总股本 | 非(限售)流通 | 流通 A | 流通 B/H/S | 股东户数 | 06 年末 | 06 三季 |
|---|---|---|---|---|---|---|---|
| 最新股本 | 22285.19 | 11815.64 | 10469.55 | | | 18272 | 19090 |

年报点评：公司主营浮法玻璃，超白玻璃等产品的生产和销售，面对较为激烈的玻璃行业竞争仍然取得较好的业绩。超白玻璃生产线借鉴 PPG 的管理模式，成功地生产出 2.5mm 和 22mm 的超薄超厚玻璃以及 19mm 厚度 12500mm＊3300mm 的大板，超白玻璃有望成为最重要的利润增长点。

# 新华医疗（600587）

上市日期:02/09/27　　电话:0533－2284275　　传真:0533－2285258

| | | | | |
|---|---|---|---|---|
| 主营 | 消毒灭菌设备、放射诊断治疗设备的生产与销售 | | | |
| | 年　度 | 2006 | 2005 | 2004 |
| 主要指标 | 每股收益/扣除后(元) | 0.24/0.24 | 0.18 | －0.34/－0.37 |
| | 每股经营现金流量(元) | 0.68 | －0.11 | 0.19 |
| | 每股净资产/调整后(元) | 3.77/3.67 | 3.56/3.48 | 3.38/3.33 |
| | 未分利润(万元) | 6916.43 | 5035.06 | 3746.98 |
| | 资本公积(万元) | 14931.69 | 15176 | 15145.55 |
| 利润构成 | 主营收入(万元) | 48316.5 | 41524.95 | 29942.41 |
| | 主营利润(万元) | 11566.69 | 9241.7 | 7968.73 |
| | 投资收益(万元) | －43.69 | | 129.17 |
| | 利润总额(万元) | 2593.11 | 1865.42 | －2484.26 |
| | 净利润(万元) | 2087.01 | 1510.5 | －2880.51 |
| 近年分配: | | | | |

| 主要股东及持股比例%、持股性质 |
|---|
| 淄博市财政局 38.45%（国有股） |
| 中国银行－嘉实主题精选混合型证券投资基金 4.93%（流通 A 股） |
| 中国工商银行－中银国际持续增长股票型证券投资基金 3.23%（流通 A 股） |
| 全国社保基金一零六组合 2.38%（流通 A 股） |
| 中国银行－易方达策略成长二号混合型证券投资基金 1.4%（流通 A 股） |
| 中国工商银行－中银国际中国精选混合型开放式证券投资基金 1.15%（流通 A 股） |
| 孙曼均 0.91%（流通 A 股） |
| 梁晓荣 0.76%（流通 A 股） |
| 深圳国际信托投资有限责任公司－天马证券投资集合信托 0.6%（流通 A 股） |
| 银丰证券投资基金 0.52%（流通 A 股） |
| 实际控制人：淄博市财政局 |

二〇〇六年以来市场表现

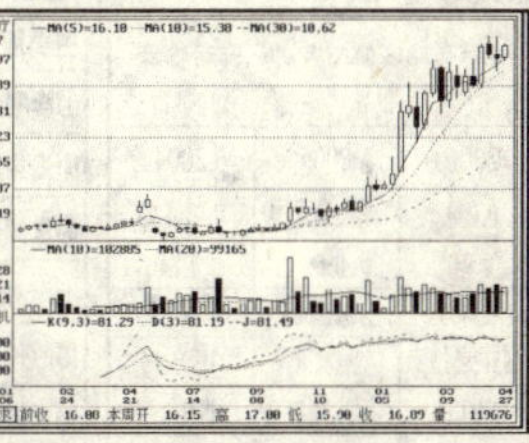

| | |
|---|---|
| 2006 年涨跌幅(%) | 94.8 |
| 2006 年最高(元) | 11.46 |
| 2007 年涨跌幅(%) | 110.34 |
| 2007.4.27 收盘(元) | 16.89 |
| 2007 年最高(元) | 17.55 |
| 2007 年最低(元) | 8.01 |
| 2007 年换手率(%) | 311.28 |

未来一年限售流通股解禁情况:4291000 股 06 月 09 日解禁

| | 总股本 | 非(限售)流通 | 流通 A | 流通 B/H/S | 股东户数 | 06 年末 | 06 三季 |
|---|---|---|---|---|---|---|---|
| 最新股本 | 8582 | 3300.08 | 5281.92 | | | 8522 | 12093 |

年报点评：公司是中国最大的消毒灭菌设备研制生产基地，在国内居于行业龙头低位，拥有充分的技术优势、市场份额优势和品牌优势等。公司 2006 年实现主营业务收入和净利润稳步增长，2007 年公司将快速增长。

# 用友软件（600588）

上市日期:01/05/18　　电话:(010)62436637　　传真:(010)62436639

| | | | | |
|---|---|---|---|---|
| 主营 | 自有知识产权的财务及企业管理软件的研究与开发、销售、服务。 | | | |
| | 年　度 | 2006 | 2005 | 2004 |
| 主要指标 | 每股收益/扣除后(元) | 0.77/0.63 | 0.57 | 0.48/0.49 |
| | 每股经营现金流量(元) | 0.95 | 1.2 | 0.74 |
| | 每股净资产/调整后(元) | 5.74/5.63 | 6.98/6.81 | 7.97/7.74 |
| | 未分利润(万元) | 17561.8 | 13856.39 | 9569.23 |
| | 资本公积(万元) | 80375.86 | 83137 | 85312.16 |
| 利润构成 | 主营收入(万元) | 111326.28 | 100076.34 | 72587.17 |
| | 主营利润(万元) | 97563.1 | 87537.62 | 64677.29 |
| | 投资收益(万元) | 3544.09 | －46.95 | 13.6 |
| | 利润总额(万元) | 18956.15 | 11838.34 | 7884.44 |
| | 净利润(万元) | 17338.98 | 9883.5 | 6944.14 |
| 近年分配: | 06 预案:10 派 6.8；05 年:10 派 6.6 转增 3；04 年:10 派 3.2 转增 2 | | | |

| 主要股东及持股比例%、持股性质 |
|---|
| 北京用友科技有限公司 31.25%（非流通股） |
| 上海用友科技咨询有限公司 15.625%（非流通股） |
| 北京用友企业管理研究所有限公司 6.25%（非流通股） |
| 上海益倍管理咨询有限公司 6.25%（非流通股） |
| 上海优富信息咨询有限公司 3.125%（非流通股） |
| 中国建设银行－工银瑞信精选平衡混合型证券投资基金 2.88%（流通 A 股） |
| 交通银行－安顺证券投资基金 2.796%（流通 A 股） |
| 中国农业银行－交银施罗德成长股票证券投资基金 2.507%（流通 A 股） |
| 中国银行－工银瑞信核心价值股票型证券投资基金 2.449%（流通 A 股） |
| 中国建设银行－交银施罗德稳健配置混合型证券投资基金 2.2%（流通 A 股） |
| 实际控制人：王文京 |

二〇〇六年以来市场表现

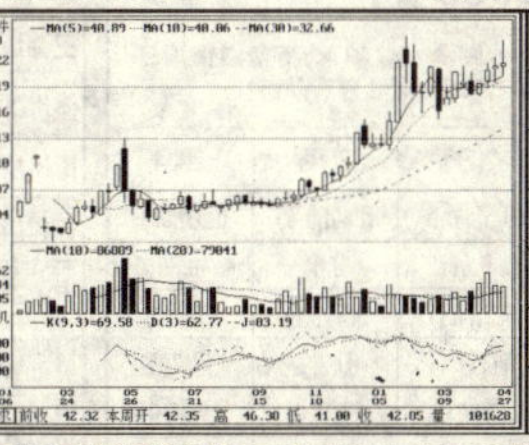

| | |
|---|---|
| 2006 年涨跌幅(%) | 218.82 |
| 2006 年最高(元) | 67.29 |
| 2007 年涨跌幅(%) | 41.75 |
| 2007.4.27 收盘(元) | 42.85 |
| 2007 年最高(元) | 47.25 |
| 2007 年最低(元) | 29.18 |
| 2007 年换手率(%) | 113.85 |

未来一年限售流通股解禁情况:28080000 股 02 月 28 日解禁

| | 总股本 | 非(限售)流通 | 流通 A | 流通 B/H/S | 股东户数 | 06 年末 | 06 三季 |
|---|---|---|---|---|---|---|---|
| 最新股本 | 22464 | 14040 | 8424 | | | 10942 | 15549 |

年报点评：公司主营管理软件业务，目前是国内最大的管理软件厂商。2006 年，通过提高分销比例，公司主营实现平稳增长。同时，业务模式的变化导致期间费用率下降，利润率得以明显提高。公司计划继续提高分销比例，加强费用控制，预计其业绩将有稳健增长。

## 广东榕泰（600589）

上市日期:01/06/12　　电话:0663－8676616　　传真:0663－8676899

| 主营 | 生产销售 ML 复合新材料等化工材料及其制品。 | | | |
|---|---|---|---|---|
| | 年　度 | 2006 | 2005 | 2004 |
| 主要指标 | 每股收益/扣除后(元) | 0.38/0.35 | 0.3 | 0.28/0.27 |
| | 每股经营现金流量(元) | 0.45 | 0.24 | 0.37 |
| | 每股净资产/调整后(元) | 4.16/4.16 | 3.4/3.4 | 3.31/3.31 |
| | 未分利润(万元) | 14680.78 | 7741.72 | 4717.98 |
| | 资本公积(万元) | 52801.72 | 31191.42 | 31466.15 |
| 利润构成 | 主营收入(万元) | 79730.83 | 57081.48 | 50255.48 |
| | 主营利润(万元) | 14314.15 | 9666.68 | 9447.78 |
| | 投资收益(万元) | 16.78 | -12.76 | -5.96 |
| | 利润总额(万元) | 9836.97 | 6681.57 | 6406.7 |
| | 净利润(万元) | 9026.72 | 5816.17 | 5444.8 |
| 近年分配: | 06 预案:10 派 0.5 转增 5；05 年:10 派 1；04 年:10 派 2 | | | |

**主要股东及持股比例%、持股性质**

广东榕泰高级瓷具有限公司 26.24%（部分流通部分不流通）

揭阳市兴盛化工原料有限公司 18.47%（部分流通部分不流通）

广东榕泰制药有限公司 5.06%（部分流通部分不流通）

裕隆证券投资基金 3.8%（非流通股）

广州金骏资产管理有限公司 2.11%（非流通股）

无锡市宝联投资有限公司 2.11%（非流通股）

五矿集团财务有限责任公司 1.69%（非流通股）

申银万国－花旗－DEUTSC 1.69%（非流通股）

汉盛证券投资基金 1.39%（非流通股）

揭阳市鸿凯贸易发展公司 1.32%（流通 A 股）

实际控制人：林素娟

二〇〇六年以来市场表现

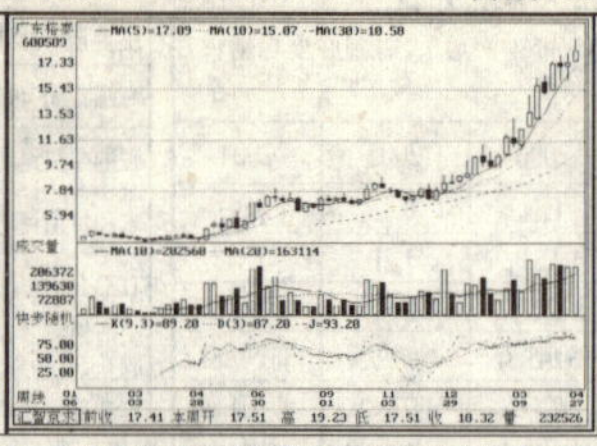

| | |
|---|---|
| 2006 年涨跌幅(%) | 102.39 |
| 2006 年最高(元) | 9.12 |
| 2007 年涨跌幅(%) | 118.62 |
| 2007.4.27 收盘(元) | 18.32 |
| 2007 年最高(元) | 19.23 |
| 2007 年最低(元) | 8.39 |
| 2007 年换手率(%) | 267.37 |

未来一年限售流通股解禁情况:21600000 股 11 月 02 日解禁

| 最新股本 | 总股本 | 非(限售)流通 | 流通 A | 流通 B/H/S | 股东户数 | 06 年末 | 06 三季 |
|---|---|---|---|---|---|---|---|
| | 23700 | 13417.8 | 10282.2 | | | 18611 | 20351 |

年报点评：公司主营业务包括氨基复合材料、仿瓷制品、苯酐及增塑剂三大类。去年的业绩增长主要原因在于公司下游需求的旺盛和 ML 材料产能的扩张。由于下游仿瓷材料市场需求持续旺盛,而公司定向增发 6 万吨/年新产能扩张,2007 年公司会有 50%以上的业绩增长。

## 泰豪科技（600590）

上市日期:02/07/03　　电话:0791－8110590　　传真:0791－8106688

| 主营 | 智能电站、智能建筑电气设备、光电信息产品等机电一体化产品的生产经营。 | | | |
|---|---|---|---|---|
| | 年　度 | 2006 | 2005 | 2004 |
| 主要指标 | 每股收益/扣除后(元) | 0.31/0.29 | 0.34 | 0.28/0.27 |
| | 每股经营现金流量(元) | 0.19 | 0.37 | 0.01 |
| | 每股净资产/调整后(元) | 4.25/4.25 | 3.05/3.05 | 2.11/2.11 |
| | 未分利润(万元) | 17242.3 | 12823.58 | 9204.8 |
| | 资本公积(万元) | 43066.17 | 15210.41 | 10534.28 |
| 利润构成 | 主营收入(万元) | 109655.22 | 82410.75 | 75560.3 |
| | 主营利润(万元) | 20697.74 | 16748.98 | 14674.9 |
| | 投资收益(万元) | 709.78 | 584.41 | 663.56 |
| | 利润总额(万元) | 7930.36 | 6419.54 | 6461.35 |
| | 净利润(万元) | 6182.93 | 5124.58 | 5662.78 |
| 近年分配: | 06 预案:10 派 0.6；05 年:10 派 0.6；04 年:10 派 0.5 | | | |

**主要股东及持股比例%、持股性质**

同方股份有限公司 23.37%（部分流通部分不流通）

泰豪集团有限公司 17.65%（非流通股）

江西康富投资管理有限公司 3.92%（部分流通部分不流通）

江西三和电力股份有限公司 2.31%（流通 A 股）

汉盛证券投资基金 2.24%（流通 A 股）

中国银行－嘉实成长收益型证券投资基金 1.41%（流通 A 股）

国泰君安－建行－香港上海汇丰银行有限公司 1.27%（流通 A 股）

兵器财务有限责任公司 1.02%（流通 A 股）

张凤霞 0.37%（流通 A 股）

申银万国－花旗－KBC FINANCIAL PRODUCTS UK LIMITED 0.36%（流通 A 股）

实际控制人：清华控股有限公司

二〇〇六年以来市场表现

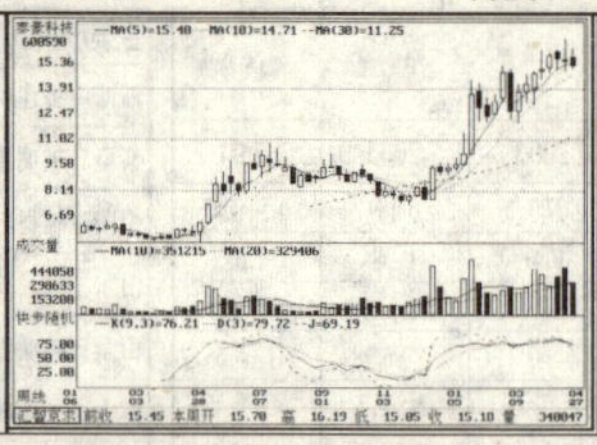

| | |
|---|---|
| 2006 年涨跌幅(%) | 65.73 |
| 2006 年最高(元) | 10.8 |
| 2007 年涨跌幅(%) | 61.15 |
| 2007.4.27 收盘(元) | 15.18 |
| 2007 年最高(元) | 16.8 |
| 2007 年最低(元) | 9.25 |
| 2007 年换手率(%) | 454.89 |

未来一年限售流通股解禁情况:19693690 股 10 月 25 日解禁

| 最新股本 | 总股本 | 非(限售)流通 | 流通 A | 流通 B/H/S | 股东户数 | 06 年末 | 06 三季 |
|---|---|---|---|---|---|---|---|
| | 19633.04 | 7752.32 | 11880.72 | | | 18033 | 13720 |

年报点评：公司主营军用移动电源、智能建筑电气产品和小型民用发电机产品。06 年公司完成增发后,各项业务均有不同程度的增长,但受原材料价格上涨影响,净利润增幅落后于销售收入增长。未来公司业务可望在智能建筑电气和民用电机领域取得较大发展。

## 上海航空（600591）

上市日期:02/10/11　　电话:021－62558888　　传真:021－62728870

| 主营 | 经营国内航线,从事国内、国际和地区航空客、货、邮运输及代理等。 | | | |
|---|---|---|---|---|
| | 年　度 | 2006 | 2005 | 2004 |
| 主要指标 | 每股收益/扣除后(元) | 0.008 | 0.04 | 0.24/0.23 |
| | 每股经营现金流量(元) | 0.94 | 0.56 | 0.84 |
| | 每股净资产/调整后(元) | 1.86/1.53 | 1.88/1.63 | 1.89/1.76 |
| | 未分利润(万元) | 25128.12 | 28224.85 | 31995.06 |
| | 资本公积(万元) | 49209.06 | 49020.73 | 48714.93 |
| 利润构成 | 主营收入(万元) | 993403.9 | 797942.58 | 659304.93 |
| | 主营利润(万元) | 119564.06 | 111137.7 | 129014.89 |
| | 投资收益(万元) | 1097.76 | 47.46 | 3545.54 |
| | 利润总额(万元) | 1613.25 | 6848.41 | 32573.51 |
| | 净利润(万元) | 819.11 | 4603.87 | 26359.51 |
| 近年分配: | 05 年:10 派 0.3；04 年:10 派 0.6 | | | |

**主要股东及持股比例%、持股性质**

上海联和投资有限公司 35.73%（国有股）

中银集团投资有限公司 13.3%（外资股）

锦江国际(集团)有限公司 7.93%（国有股）

上海对外经济贸易实业有限公司 4.33%（国有股）

博时价值增长证券投资基金 3.69%（流通 A 股）

普丰证券投资基金 1.84%（流通 A 股）

中国建设银行－博时价值增长贰号证券投资基金 1.4%（流通 A 股）

上海轻工业对外经济技术合作有限公司 1.32%（国有股）

上海汉森进出口有限公司 1.32%（国有股）

中国农业银行－富国天瑞强势地区精选混合型开放式证券投资基金 1.21%（流通 A 股）

实际控制人：上海联和投资有限公司

二〇〇六年以来市场表现

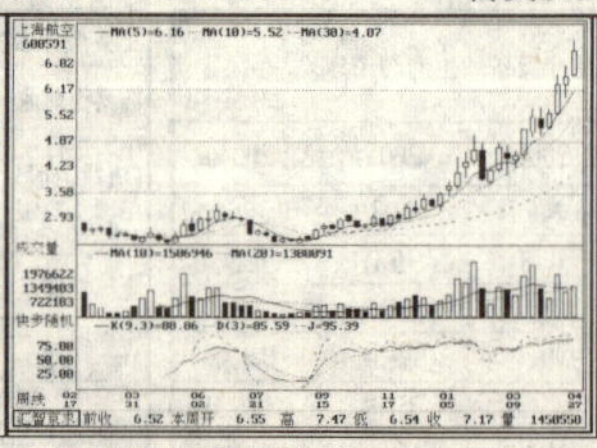

| | |
|---|---|
| 2006 年涨跌幅(%) | 34.88 |
| 2006 年最高(元) | 4.72 |
| 2007 年涨跌幅(%) | 101.4 |
| 2007.4.27 收盘(元) | 7.17 |
| 2007 年最高(元) | 7.47 |
| 2007 年最低(元) | 3.49 |
| 2007 年换手率(%) | 481.83 |

未来一年限售流通股解禁情况:139802737 股 02 月 14 日解禁

| 最新股本 | 总股本 | 非(限售)流通 | 流通 A | 流通 B/H/S | 股东户数 | 06 年末 | 06 三季 |
|---|---|---|---|---|---|---|---|
| | 108150 | 69150 | 39000 | | | 36300 | 36064 |

年报点评：2006 上海航空经营数据稳步增长:可利用客公里及收费客公里同比增幅分别为 10.01%和 11.11%,客座率 69.18%,较上年增加了 1 个百分点,但载运率下降了 1.6 个百分点。由于航油价格高涨造成公司主营业务成本增幅较高。公司通过出售发动机获得收益 4200 万元。

## 龙溪股份（600592）

上市日期:02/08/05　　电话:0596－2072091　　传真:0596－2051934

| 主营 | 生产、经营关节轴承、深沟球轴承、AG 轴承、精密圆锥滚子轴承和汽车零部件等机械基础件、配套件产品。 | | | |
|---|---|---|---|---|
| | 年　度 | 2006 | 2005 | 2004 |
| 主要指标 | 每股收益/扣除后(元) | 0.528/0.5 | 0.461/0.45 | 0.337/0.32 |
| | 每股经营现金流量(元) | 0.61 | 0.64 | 0.36 |
| | 每股净资产/调整后(元) | 4.21/4.17 | 3.93/3.88 | 3.66/3.62 |
| | 未分利润(万元) | 11456.43 | 8082.77 | 5847.78 |
| | 资本公积(万元) | 29674 | 29659.45 | 29216.05 |
| 利润构成 | 主营收入(万元) | 50179.03 | 45712.64 | 31304.11 |
| | 主营利润(万元) | 18514.24 | 16750.73 | 12839.17 |
| | 投资收益(万元) | 155.68 | 7.65 | -294.6 |
| | 利润总额(万元) | 11310.06 | 9808.94 | 7008.98 |
| | 净利润(万元) | 7915.06 | 6918.67 | 5051.89 |
| 近年分配: | 06 预案:10 派 3；05 年:10 派 2.5；04 年:10 派 2.2 | | | |

**主要股东及持股比例%、持股性质**

漳州市机电投资有限公司 31.39%（国有股）

漳州片仔癀集团公司 9.02%（国有股）

万利达集团有限公司 8.42%（非流通股）

中国工程与农业机械进出口总公司 6.42%（国有股）

海通－交行－日兴资产管理有限公司－日兴 AM 中国人民币 A 股母基金 3.71%（流通 A 股）

国际金融－汇丰－MORGAN STANLEY & CO. INTERNATIONAL LIMITED 2.21%（流通 A 股）

中国建设银行－华夏红利混合型开放式证券投资基金 1.48%（流通 A 股）

中国工商银行－天元证券投资基金 1.47%（流通 A 股）

福建多棱钢业集团有限公司 1.42%（非流通股）

中国工商银行－易方达价值精选股票型证券投资基金 1.18%（流通 A 股）

实际控制人：漳州市国资委

二〇〇六年以来市场表现

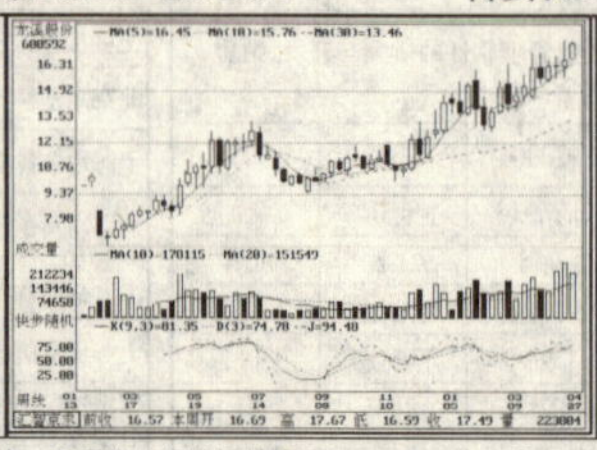

| | |
|---|---|
| 2006 年涨跌幅(%) | 111.85 |
| 2006 年最高(元) | 19.5 |
| 2007 年涨跌幅(%) | 22.57 |
| 2007.4.27 收盘(元) | 17.49 |
| 2007 年最高(元) | 17.7 |
| 2007 年最低(元) | 12.77 |
| 2007 年换手率(%) | 380.19 |

未来一年限售流通股解禁情况:22500000 股 02 月 14 日解禁

| 最新股本 | 总股本 | 非(限售)流通 | 流通 A | 流通 B/H/S | 股东户数 | 06 年末 | 06 三季 |
|---|---|---|---|---|---|---|---|
| | 15000 | 8500 | 6500 | | | 10116 | 9407 |

年报点评：公司主营核心业务是研发、生产、销售关节轴承等特种轴承。06 年公司加快新产品开发,拓展市场的深度、幅度,产品内销和出口均有所增长,主营业务和净利润同向稳步增加。07 年预计国内汽车行业转暖,公司配套业务也将随之继续增长。

## 大连圣亚（600593）

上市日期:02/07/11　　电话:0411－4685225　　传真:0411－4685217

| | 主营 | 建设、经营水族馆、海洋探险人造景观 | | |
|---|---|---|---|---|
| | 年　度 | 2006 | 2005 | 2004 |
| 主要指标 | 每股收益/扣除后(元) | -0.43/-0.437 | 0.03 | 0.04/0.04 |
| | 每股经营现金流量(元) | 0.25 | 0.32 | 0.34 |
| | 每股净资产/调整后(元) | 2.83/2.77 | 3.31/3.23 | 3.28/3.25 |
| | 未分利润(万元) | -4674.81 | -737.66 | -1043.92 |
| | 资本公积(万元) | 20334.97 | 20662.57 | 20662.57 |
| 利润构成 | 主营收入(万元) | 9516.65 | 7794.59 | 7027.53 |
| | 主营利润(万元) | 1611.96 | 2740.6 | 2466.66 |
| | 投资收益(万元) | -6.24 | 130.87 | -3.04 |
| | 利润总额(万元) | -4242.05 | 167.11 | 348.95 |
| | 净利润(万元) | -3937.15 | 306.26 | 407.53 |
| | 近年分配: | | | |

| 主要股东及持股比例%、持股性质 | |
|---|---|
| 中国石油辽阳石油化纤公司 24.03%（国有股） | |
| 辽宁迈克集团股份有限公司 13.35%（非流通股） | |
| 新西兰海底世界工程开发有限公司 8.01%（外资股） | |
| 香港世隆国际有限公司 5.34%（外资股） | |
| 大连神洲游艺城有限公司 2.67%（非流通股） | |
| 钱应田 0.32%（流通A股） | |
| 吴昊昊 0.28%（流通A股） | |
| 任茂敬 0.28%（流通A股） | |
| 李更保 0.27%（流通A股） | |
| 荀照兰 0.27%（流通A股） | |
| 实际控制人: | 中国石油天然气集团公司 |

二〇〇六年以来市场表现

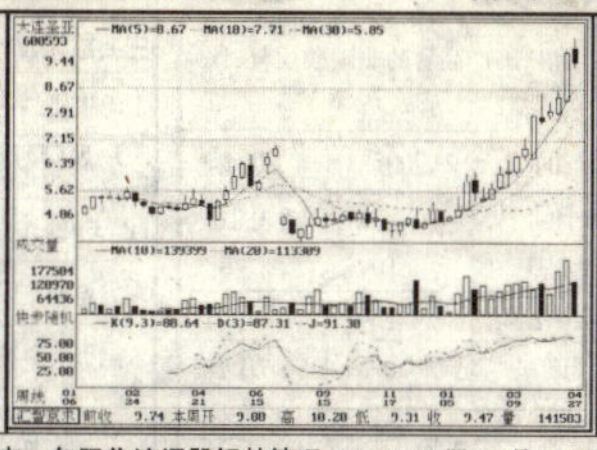

| | |
|---|---|
| 2006年涨跌幅(%) | 28.56 |
| 2006年最高(元) | 7.09 |
| 2007年涨跌幅(%) | 100.21 |
| 2007.4.27收盘(元) | 9.47 |
| 2007年最高(元) | 10.2 |
| 2007年最低(元) | 4.71 |
| 2007年换手率(%) | 459.34 |

未来一年限售流通股解禁情况:20856000股08月11日解禁

| 最新股本 | 总股本 | 非(限售)流通 | 流通A | 流通B/H/S | 股东户数 | 06年末 | 06三季 |
|---|---|---|---|---|---|---|---|
| | 9200 | 4912 | 4288 | | | 11234 | 12200 |

年报点评：2006年大连区域主要经营项目圣亚极地世界的调整，影响了公司经营，导致年度主营收入与上年度相比下降较大。同行业竞争日趋激烈，对公司经营构成重大不利影响；周边主要客源地青岛、沈阳、抚顺均新开业了水族馆项目，对公司客源冲击巨大。

## 益佰制药（600594）

上市日期:04/03/23　　电话:(0851)4705590－8223　　传真:(0851)4719910

| | 主营 | 中药制品的生产、销售 | | |
|---|---|---|---|---|
| | 年　度 | 2006 | 2005 | 2004 |
| 主要指标 | 每股收益/扣除后(元) | -1.12/-1.08 | 0.86 | 0.84/0.88 |
| | 每股经营现金流量(元) | 0.79 | 0.22 | -0.67 |
| | 每股净资产/调整后(元) | 3.51/3.5 | 6.92/6.89 | 7.58/7.52 |
| | 未分利润(万元) | 6556.3 | 20946.34 | 15953.29 |
| | 资本公积(万元) | 20219.29 | 24239.29 | 25579.29 |
| 利润构成 | 主营收入(万元) | 71718 | 73937.31 | 63190.74 |
| | 主营利润(万元) | 52199.91 | 52032.21 | 43431.87 |
| | 投资收益(万元) | -328.17 | -22.8 | -77.73 |
| | 利润总额(万元) | -13496.48 | 6126.58 | 5872.01 |
| | 净利润(万元) | -13452.32 | 6941.77 | 5634.36 |
| | 近年分配: | 05年:10派1.15转增5；04年:10派1.25转增2 | | |

| 主要股东及持股比例%、持股性质 | |
|---|---|
| 窦▮玲 23.25%（部分流通部分不流通） | |
| 叶湘武 12.24%（非流通股） | |
| 岳巍 5.51%（非流通股） | |
| 朱岳兴 5.51%（部分流通部分不流通） | |
| 甘宁 5.51%（部分流通部分不流通） | |
| 庞骏 4.9%（部分流通部分不流通） | |
| 哈尔滨晓升广告传播集团有限公司 3.06%（部分流通部分不流通） | |
| 诺安价值增长 1.32%（流通A股） | |
| 郎洪平 0.61%（非流通股） | |
| 德邦证券 0.33%（流通A股） | |
| 实际控制人: | 窦启文玲 |

二〇〇六年以来市场表现

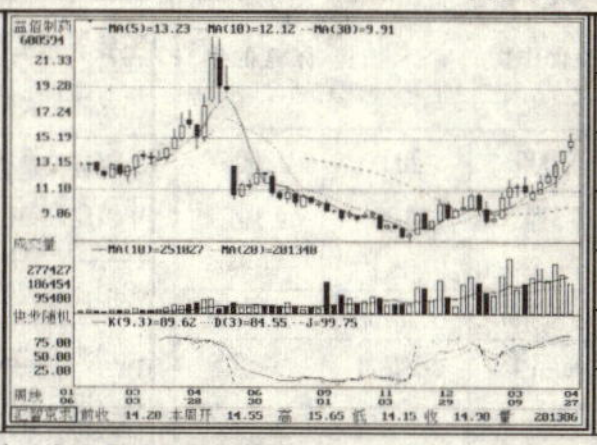

| | |
|---|---|
| 2006年涨跌幅(%) | 1.63 |
| 2006年最高(元) | 23.37 |
| 2007年涨跌幅(%) | 68.69 |
| 2007.4.27收盘(元) | 14.98 |
| 2007年最高(元) | 15.65 |
| 2007年最低(元) | 8.3 |
| 2007年换手率(%) | 464.36 |

未来一年限售流通股解禁情况:7254000股12月05日解禁

| 最新股本 | 总股本 | 非(限售)流通 | 流通A | 流通B/H/S | 股东户数 | 06年末 | 06三季 |
|---|---|---|---|---|---|---|---|
| | 12060 | 4635 | 7425 | | | 13522 | 10953 |

年报点评：公司属于中药企业，产品包括OTC产品和中药注射剂。2006年由于受到中药注射剂安全事故的影响，公司中药注射剂产品销售下滑，加上公司在广告费用和营销费用的大幅增加，公司业绩出现大幅亏损。公司2007年费用将下降，销售增长有望恢复。

## 中孚实业（600595）

上市日期:02/06/26　　电话:0371－64569088　　传真:0371－64569089

| | 主营 | 电解铝的生产和销售 | | |
|---|---|---|---|---|
| | 年　度 | 2006 | 2005 | 2004 |
| 主要指标 | 每股收益/扣除后(元) | 0.776/0.777 | 0.24 | 0.35/0.35 |
| | 每股经营现金流量(元) | 0.2 | 1.72 | 0.87 |
| | 每股净资产/调整后(元) | 4.48/4.47 | 3.71/3.7 | 3.5/3.48 |
| | 未分利润(万元) | 36295.92 | 20210.92 | 16421.79 |
| | 资本公积(万元) | 34196.87 | 34196.87 | 34332.21 |
| 利润构成 | 主营收入(万元) | 285452.04 | 242376.77 | 187589.47 |
| | 主营利润(万元) | 42036.26 | 25410.02 | 25602.2 |
| | 投资收益(万元) | 213.16 | -253.24 | 21.59 |
| | 利润总额(万元) | 26217.49 | 8325.23 | 12275.22 |
| | 净利润(万元) | 17750.41 | 5473.91 | 8074.85 |
| | 近年分配: | 06预案:10派1；04年:10派0.2 | | |

| 主要股东及持股比例%、持股性质 | |
|---|---|
| 河南豫联能源集团有限责任公司 29.96%（部分流通部分不流通） | |
| 中融国际信托投资有限公司 11.18%（部分流通部分不流通） | |
| 巩义市供电公司 5.3%（部分流通部分不流通） | |
| 海通证券股份有限公司 2.78%（流通A股） | |
| 江苏润丰投资发展咨询有限责任公司 1.29%（流通A股） | |
| 中国工商银行－博时精选股票证券投资基金 1.09%（流通A股） | |
| 辛亮 0.99%（流通A股） | |
| 裕隆证券投资基金 0.87%（流通A股） | |
| 中信证券股份有限公司 0.87%（流通A股） | |
| 中国工商银行－国联安德盛小盘精选证券投资基金 0.66%（流通A股） | |
| 实际控制人: | 张志平 |

二〇〇六年以来市场表现

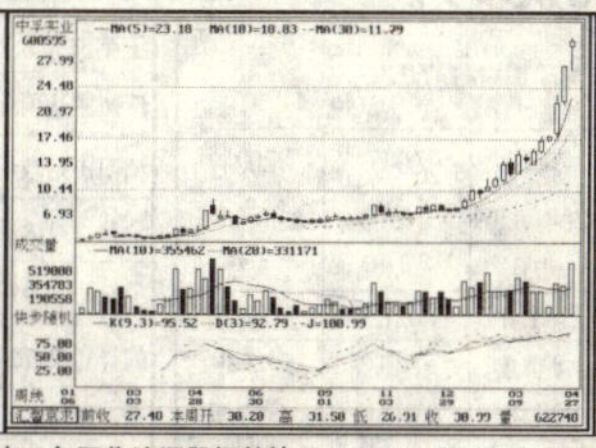

| | |
|---|---|
| 2006年涨跌幅(%) | 124.2 |
| 2006年最高(元) | 9.14 |
| 2007年涨跌幅(%) | 302.99 |
| 2007.4.27收盘(元) | 30.99 |
| 2007年最高(元) | 31.5 |
| 2007年最低(元) | 7.68 |
| 2007年换手率(%) | 359.77 |

未来一年限售流通股解禁情况:23551240股08月29日解禁

| 最新股本 | 总股本 | 非(限售)流通 | 流通A | 流通B/H/S | 股东户数 | 06年末 | 06三季 |
|---|---|---|---|---|---|---|---|
| | 22862.78 | 7209.73 | 15653.05 | | | 19372 | 19851 |

年报点评：公司主营业务为电解铝的生产和销售以及发电、铝型材深加工等。电力是电解铝生产的主要能源，中孚电力的成立提高了公司"铝电合一"的综合成本竞争优势，每吨铝耗电成本比一般电解铝厂低1800元左右，在行业中具有很大的竞争优势。

## 新安股份（600596）

上市日期:01/09/06　　电话:0571－64715693　　传真:0571－64726063

| | 主营 | 从事农药、化工、新材料及化工机械的制造加工和销售。 | | |
|---|---|---|---|---|
| | 年　度 | 2006 | 2005 | 2004 |
| 主要指标 | 每股收益/扣除后(元) | 1.12/1.08 | 0.96 | 0.6/0.63 |
| | 每股经营现金流量(元) | 2.21 | 1.72 | 0.59 |
| | 每股净资产/调整后(元) | 3.72/3.71 | 3.64/3.63 | 2.94/2.93 |
| | 未分利润(万元) | 46061.09 | 25893.53 | 13903.66 |
| | 资本公积(万元) | 17224.22 | 22560.71 | 21608.04 |
| 利润构成 | 主营收入(万元) | 273934.25 | 238760.66 | 169992.43 |
| | 主营利润(万元) | 83106.48 | 65677.72 | 39657.9 |
| | 投资收益(万元) | -1546.87 | -1657.13 | 80.18 |
| | 利润总额(万元) | 49691.56 | 32260.37 | 17295.9 |
| | 净利润(万元) | 32242.4 | 21871.88 | 13728.06 |
| | 近年分配: | 06预案:10派5；05年:10派3.1；04年:10派3 | | |

| 主要股东及持股比例%、持股性质 | |
|---|---|
| 传化股份有限公司 23.89%（非流通股） | |
| 开化县国有资产经营有限责任公司 7.73%（非流通股） | |
| 中国工商银行－南方绩优成长股票型证券投资基金 4.56%（流通A股） | |
| 中国工商银行－易方达价值精选股票型证券投资基金 3.12%（流通A股） | |
| 中国人寿保险股份有限公司－分红－个人分红－005L－FH002沪 2.64%（流通A股） | |
| 中国银行－银华优质增长股票型证券投资基金 2.33%（流通A股） | |
| 浙江省信鸿实业有限责任公司 1.78%（非流通股） | |
| 中国建设银行－华夏优势增长股票型证券投资基金 1.71%（流通A股） | |
| 中国建设银行－交银施罗德稳健配置混合型证券投资基金 1.71%（流通A股） | |
| 中化国际（控股）股份有限公司 1.67%（非流通股） | |
| 实际控制人: | 徐传化 |

二〇〇六年以来市场表现

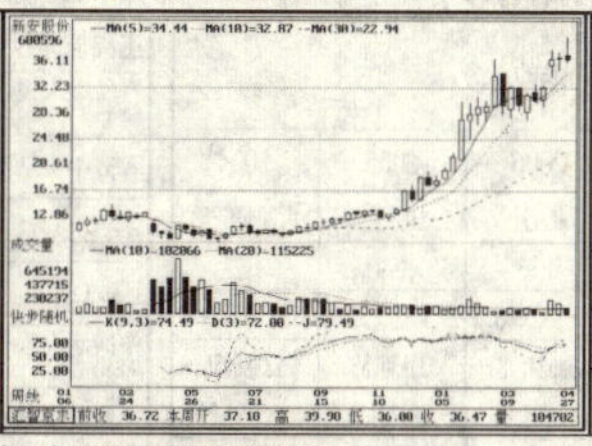

| | |
|---|---|
| 2006年涨跌幅(%) | 170.54 |
| 2006年最高(元) | 31.27 |
| 2007年涨跌幅(%) | 100.61 |
| 2007.4.27收盘(元) | 36.47 |
| 2007年最高(元) | 39.98 |
| 2007年最低(元) | 18.2 |
| 2007年换手率(%) | 107.67 |

未来一年限售流通股解禁情况:

| 最新股本 | 总股本 | 非(限售)流通 | 流通A | 流通B/H/S | 股东户数 | 06年末 | 06三季 |
|---|---|---|---|---|---|---|---|
| | 28678.65 | 12483.16 | 16195.49 | | | 8816 | 13761 |

年报点评：公司主营有机硅和草甘膦。虽然有机硅行业竞争日趋激烈，但随着公司技术水平提高以及高附加值深加工能力的增强，其有机硅毛利率将稳中有升。近期10万吨有机硅单体新建项目和镇江5万吨草甘膦项目一期2.5万吨产能的建成，使得公司主业有新的较大幅度增长。

## 光明乳业（600597）

上市日期:02/08/28　　电话:021－54584520　　传真:021－64013337

**主营**：生产、开发乳和乳制品、冰淇淋、国产品牌的非碳酸饮料、饮用水及相关食品,销售自产产品。

| | 年度 | 2006 | 2005 | 2004 |
|---|---|---|---|---|
| 主要指标 | 每股收益/扣除后(元) | 0.146/0.13 | 0.2/0.21 | 0.31/0.3 |
| | 每股经营现金流量(元) | 0.38 | 0.44 | 0.39 |
| | 每股净资产/调整后(元) | 2.09/2.04 | 2.03/1.98 | 1.97/1.93 |
| | 未分利润(万元) | 31407.9 | 29939.75 | 16993.03 |
| | 资本公积(万元) | 42671.99 | 41505.28 | 40795.19 |
| 利润构成 | 主营收入(万元) | 721270.71 | 690386.27 | 678567.86 |
| | 主营利润(万元) | 225777.32 | 213395.75 | 217318.67 |
| | 投资收益(万元) | －123.38 | －955.87 | －455.49 |
| | 利润总额(万元) | 22331.13 | 23667.02 | 38196.09 |
| | 净利润(万元) | 15284.01 | 21112.4 | 31797.37 |

近年分配:06 预案:10 派 1;05 年:10 派 1;04 年:10 派 1.5

**主要股东及持股比例%、持股性质**

上海牛奶(集团)有限公司 25.17%（国有股）

S.I. FOOD PRODUCTS HOLDINGS LIMITED 25.17%（外资股）

DANONE ASIA PTE LTD 20.01%（外资股）

东方希望集团有限公司 3.85%（非流通股）

上海大辰科技投资有限公司 0.29%（流通 A 股）

上海星河数码投资有限公司 0.15%（流通 A 股）

李云华 0.13%（流通 A 股）

李惠根 0.13%（流通 A 股）

薛建民 0.13%（流通 A 股）

海南和君投资实业有限公司 0.11%（流通 A 股）

实际控制人:光明食品(集团)有限公司

二〇〇六年以来市场表现

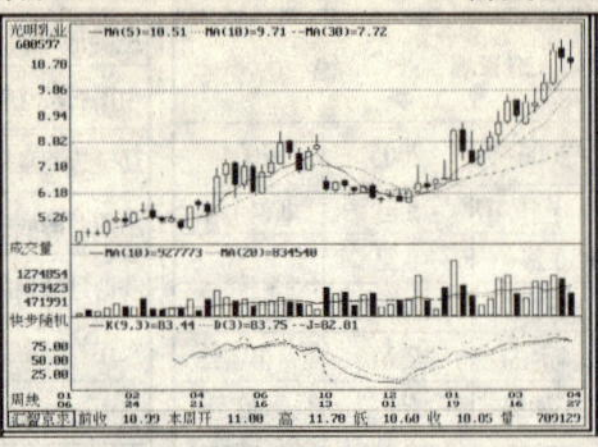

| | |
|---|---|
| 2006 年涨跌幅(%) | 83.23 |
| 2006 年最高(元) | 8.93 |
| 2007 年涨跌幅(%) | 70.33 |
| 2007.4.27 收盘(元) | 10.85 |
| 2007 年最高(元) | 11.7 |
| 2007 年最低(元) | 6.3 |
| 2007 年换手率(%) | 520.18 |

未来一年限售流通股解禁情况:40094627 股 10 月 10 日解禁

| 最新股本 | 总股本 | 非(限售)流通 | 流通 A | 流通 B/H/S | 股东户数 06 年末 | 股东户数 06 三季 |
|---|---|---|---|---|---|---|
| | 104189.26 | 77309.26 | 26880 | | 55521 | 47578 |

**年报点评**：2006 年公司乳品同比增长 3.16%,乳品业务正在逐步恢复。自 2005 年发生“郑州山盟”事件以来,2006 年第一至第四季度,乳制品业务同比增幅分别是－2.79%,2.19%、7.18%和 11.10%。2006 年公司明确了未来的发展战略,将目光更多地聚集在保鲜奶和新鲜酸奶上。

## 北大荒（600598）

上市日期:02/03/29　　电话:0451－5195980　　传真:0451－5395993

**主营**：水稻、大豆、小麦、玉米等粮食作物的生产、销售;尿素的生产与销售。

| | 年度 | 2006 | 2005 | 2004 |
|---|---|---|---|---|
| 主要指标 | 每股收益/扣除后(元) | 0.33/0.3 | 0.28 | 0.3/0.29 |
| | 每股经营现金流量(元) | 0.58 | －0.1 | 0.16 |
| | 每股净资产/调整后(元) | 2.35/2.07 | 2.51/2.05 | 2.73/2.51 |
| | 未分利润(万元) | 66705.42 | 93802.31 | 59003.5 |
| | 资本公积(万元) | 103304.35 | 130527.39 | 159926.59 |
| 利润构成 | 主营收入(万元) | 467682.72 | 405161.03 | 320503.94 |
| | 主营利润(万元) | 144882.51 | 136064.29 | 131801.51 |
| | 投资收益(万元) | －128.89 | －105.99 | 134.77 |
| | 利润总额(万元) | 53717.68 | 49213.81 | 44952.66 |
| | 净利润(万元) | 53451.63 | 49714.77 | 44634 |

近年分配:06 预案:10 派 2.78;05 年:10 派 4.44;04 年:10 派 0.5 转增 2

**主要股东及持股比例%、持股性质**

黑龙江北大荒农垦集团总公司 70.48%（国有股）

全国社保基金一零八组合 0.73%（流通 A 股）

中国建设银行－－博时价值增长贰号证券投资基金 0.32%（流通 A 股）

裕阳证券投资基金 0.28%（流通 A 股）

代增鸿 0.22%（流通 A 股）

招商银行股份有限公司－－上证红利交易型开放式指数证券投资基金 0.21%（流通 A 股）

博时价值增长证券投资基金 0.21%（流通 A 股）

中国工商银行－－博时平衡配置混合型证券投资基金 0.21%（流通 A 股）

浙江古纤道新材料有限公司 0.2%（流通 A 股）

中国建设银行－－博时主题行业股票证券投资基金 0.19%（流通 A 股）

实际控制人:黑龙江北大荒农垦集团总公司

二〇〇六年以来市场表现

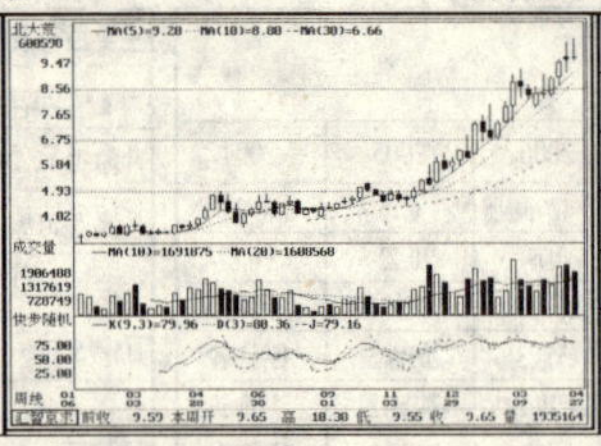

| | |
|---|---|
| 2006 年涨跌幅(%) | 108.83 |
| 2006 年最高(元) | 8.97 |
| 2007 年涨跌幅(%) | 62.73 |
| 2007.4.27 收盘(元) | 9.65 |
| 2007 年最高(元) | 10.38 |
| 2007 年最低(元) | 5.81 |
| 2007 年换手率(%) | 530.44 |

未来一年限售流通股解禁情况:81714600 股 01 月 04 日解禁

| 最新股本 | 总股本 | 非(限售)流通 | 流通 A | 流通 B/H/S | 股东户数 06 年末 | 股东户数 06 三季 |
|---|---|---|---|---|---|---|
| | 163429.2 | 115189.2 | 48240 | | 72812 | 72136 |

**年报点评**：公司拥有 62.4 万公顷耕地和 24 万公顷可垦荒地。公司的主要业务是土地出租,收入稳定,随着粮食价格的稳步上涨,公司土地出租收入从 2002 年的 8.95 亿元,上升到 06 年的 10.90 亿元,平均年增长幅度 4.4%,是公司盈利增长的稳定器。

## ＊ST 花炮（600599）

上市日期:01/08/28　　电话:0731－3620966　　传真:0731－3611670

**主营**：烟花鞭炮的销售及花炮新型原辅材料的开发

| | 年度 | 2006 | 2005 | 2004 |
|---|---|---|---|---|
| 主要指标 | 每股收益/扣除后(元) | －0.04/－0.059 | －0.332 | 0.017/0.017 |
| | 每股经营现金流量(元) | －0.33 | －0.032 | 0.25 |
| | 每股净资产/调整后(元) | 1.46/1.41 | 1.52/1.52 | 2.21/2.21 |
| | 未分利润(万元) | －8908.5 | －8400.28 | 173.71 |
| | 资本公积(万元) | 13947.45 | 13971.92 | 13971.92 |
| 利润构成 | 主营收入(万元) | 14314.96 | 23054.96 | 37571.03 |
| | 主营利润(万元) | 2818.69 | 4173.32 | 8879.53 |
| | 投资收益(万元) | 44.72 | －689.87 | 27.4 |
| | 利润总额(万元) | －514.52 | －4428.93 | 1010.36 |
| | 净利润(万元) | －508.22 | －4177.53 | 212.6 |

近年分配:

**主要股东及持股比例%、持股性质**

广州攀达国际投资有限公司 29.37%（非流通股）

浏阳市财政局 28.32%（国有股东）

金狄 3.97%（非流通股）

吴新华 3.97%（非流通股）

魏祥鲁 2.75%（非流通股）

浙江平安担保有限公司 1.69%（流通 A 股）

浙江财盛实业发展有限责任公司 1.48%（流通 A 股）

汤贤瑞 0.27%（流通 A 股）

姜仁新 0.265%（流通 A 股）

罗小毛 0.24%（流通 A 股）

实际控制人:赵伟平

二〇〇六年以来市场表现

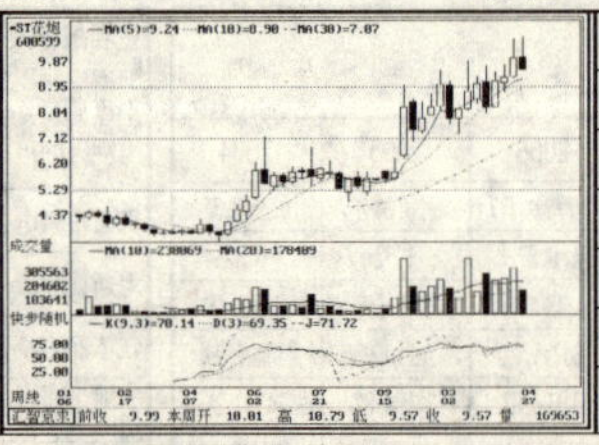

| | |
|---|---|
| 2006 年涨跌幅(%) | 37.53 |
| 2006 年最高(元) | 7.15 |
| 2007 年涨跌幅(%) | 94.64 |
| 2007.4.27 收盘(元) | 9.57 |
| 2007 年最高(元) | 12.95 |
| 2007 年最低(元) | 7.63 |
| 2007 年换手率(%) | 701.87 |

未来一年限售流通股解禁情况:25063860 股 01 月 15 日解禁

| 最新股本 | 总股本 | 非(限售)流通 | 流通 A | 流通 B/H/S | 股东户数 06 年末 | 股东户数 06 三季 |
|---|---|---|---|---|---|---|
| | 12600 | 8640 | 3960 | | 8893 | 8886 |

**年报点评**：2006 年公司继续出现亏损。2006 年公司花炮内销和房地产业务处于停顿状态,花炮出口业务也出现了一定幅度下滑,从而导致公司主营业务收入大幅下降,虽然公司通过加强管理实现了期间费用大幅减少,但仍未能避免亏损。

## 青岛啤酒（600600）

上市日期:93/08/27　　电话:0532－5713831　　传真:0532－5713240

**主营**：啤酒制造、销售以及与之相关的业务。

| | 年度 | 2006 | 2005 | 2004 |
|---|---|---|---|---|
| 主要指标 | 每股收益/扣除后(元) | 0.332 | 0.232 | 0.264/0.253 |
| | 每股经营现金流量(元) | 0.86 | 0.9 | 1.22 |
| | 每股净资产/调整后(元) | 3.99/3.98 | 3.78/3.75 | 3.38/3.29 |
| | 未分利润(万元) | 38631.78 | 23130.33 | 22386.56 |
| | 资本公积(万元) | 285481.01 | 280208.7 | 180350.71 |
| 利润构成 | 主营收入(万元) | 1167715.96 | 1001985.71 | 862068.78 |
| | 主营利润(万元) | 370030.56 | 304113.83 | 267552.64 |
| | 投资收益(万元) | －10161.01 | －3903.03 | －4203.35 |
| | 利润总额(万元) | 61481.24 | 52832.77 | 47255.14 |
| | 净利润(万元) | 43489.68 | 30395.81 | 27972.42 |

近年分配:06 预案:10 派 2.2;05 年:10 派 1.6;04 年:10 派 1.5

**主要股东及持股比例%、持股性质**

青岛市人民政府国有资产监督管理委员会 30.56%（国有股）

香港中央结算(代理人)有限公司 22.57%（H 股）

A－B JADE HONGKONG HOLDING CO.LTD 20%（H 股）

Law Debenture Trust (Asia) Limited 7%（H 股）

中国建设银行股份有限公司青岛市分行 1.35%（非流通股）

全国社保基金一零八组合 1.31%（流通 A 股）

申银万国－汇丰－Merrill Lynch International 1.06%（流通 A 股）

全国社保基金一零三组合 0.99%（流通 A 股）

全国社保基金一零二组合 0.92%（流通 A 股）

中国建设银行－信诚精萃成长股票型证券投资基金 0.69%（流通 A 股）

实际控制人:青岛市人民政府国有资产监督管理委员会

二〇〇六年以来市场表现

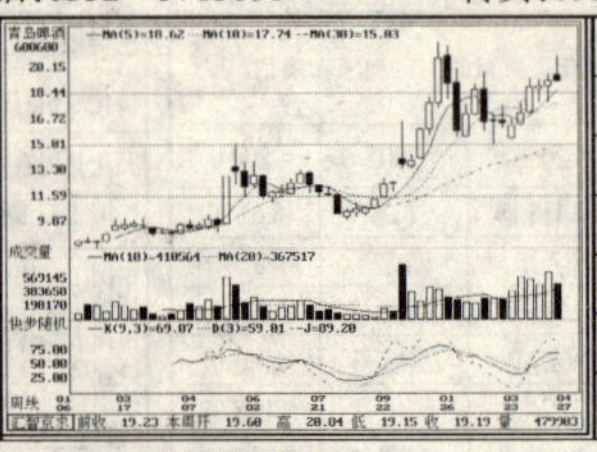

| | |
|---|---|
| 2006 年涨跌幅(%) | 101.64 |
| 2006 年最高(元) | 19.85 |
| 2007 年涨跌幅(%) | 38.16 |
| 2007.4.27 收盘(元) | 19.19 |
| 2007 年最高(元) | 21.86 |
| 2007 年最低(元) | 14 |
| 2007 年换手率(%) | 253.17 |

未来一年限售流通股解禁情况:

| 最新股本 | 总股本 | 非(限售)流通 | 流通 A | 流通 B/H/S | 股东户数 06 年末 | 股东户数 06 三季 |
|---|---|---|---|---|---|---|
| | 130821.92 | 41739.45 | 23575.55 | 65506.92 | 43722 | 45002 |

**年报点评**：公司主营啤酒的生产和销售,是国内啤酒行业的龙头企业,2006 年公司啤酒销售量和销售收入都有了大幅增长,公司产品盈利能力持续上升,2006 年公司资本性支出大幅增长,预计 2007 年公司产能也将上升,销售策略上将推进 1+3 的品牌策略。

## 方正科技（600601）

上市日期:86/09/26　电话:021－58407668　传真:021－58408970

**主营**："方正"品牌系列的电脑、服务器、笔记本、服务器、打印机、数码相机、MP3等产品的研发、采购、制造、市场和销售服务业务;以"实业"牌晒图机、晒图纸、碎纸机等易耗品。

| | 年　度 | 2006 | 2005 | 2004 |
|---|---|---|---|---|
| 主要指标 | 每股收益/扣除后(元) | 0.19/0.183 | 0.177 | 0.165/0.148 |
| | 每股经营现金流量(元) | 0.382 | 0.462 | 0.225 |
| | 每股净资产/调整后(元) | 1.99/1.98 | 1.82/1.81 | 1.67/1.65 |
| | 未分利润(万元) | 38403.89 | 25375.6 | 15732.46 |
| | 资本公积(万元) | 32317.9 | 32317.9 | 32316.17 |
| 利润构成 | 主营收入(万元) | 786883.23 | 738527.8 | 621746.78 |
| | 主营利润(万元) | 57208.45 | 53797.68 | 49161.4 |
| | 投资收益(万元) | －841.84 | －758.09 | －469.35 |
| | 利润总额(万元) | 22286.37 | 21251.94 | 18247.94 |
| | 净利润(万元) | 18438.78 | 17206.84 | 15979.28 |

近年分配：06预案:10派0.1564送1.564转增2.345;05年:10派0.2;04年:10派0.2

**主要股东及持股比例%、持股性质**

- 北大方正集团有限公司7.32%（流通A股）
- 方正产业控股有限公司2.07%（流通A股）
- 深圳市方正科技有限公司1.82%（流通A股）
- 中国工商银行－上证50交易型开放式指数证券投资基金0.78%（流通A股）
- 陈杰0.49%（流通A股）
- 全国社保基金零零二组合0.47%（流通A股）
- 上海晟亿投资咨询有限公司0.45%（流通A股）
- 中国人寿保险股份有限公司－传统－普通保险产品－005L－CT001沪0.4%（流通A股）
- 林程峰0.39%（流通A股）
- 李素琴0.33%（流通A股）

实际控制人：北京大学

二〇〇六年以来市场表现

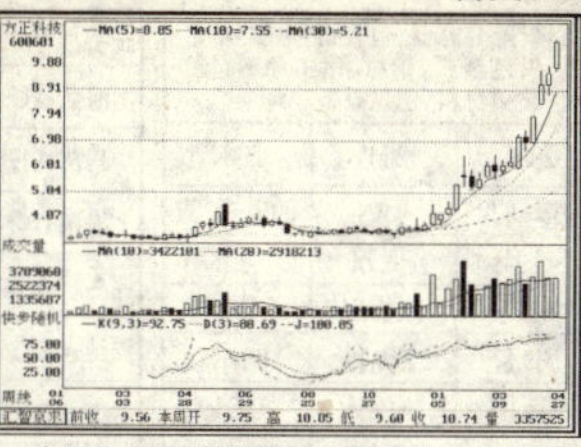

| | |
|---|---|
| 2006年涨跌幅(%) | 31.56 |
| 2006年最高(元) | 4.58 |
| 2007年涨跌幅(%) | 213.88 |
| 2007.4.27收盘(元) | 10.74 |
| 2007年最高(元) | 13.31 |
| 2007年最低(元) | 4.06 |
| 2007年换手率(%) | 423.52 |

未来一年限售流通股解禁情况：

| 最新股本 | 总股本 | 非(限售)流通 | 流通A | 流通B/H/S | 股东户数 | 06年末 | 06三季 |
|---|---|---|---|---|---|---|---|
| | 97044.7 | | 97044.7 | | | 140293 | 144708 |

**年报点评**：方正科技是国内第二大PC厂商和主要的PCB供应商。由于PC更新高峰已过加上产品降价的影响,公司PC销售增长缓慢,PCB业务则由于HDI比重上升和产能的扩张而快速增长。Vista的推出和配股项目投产将使业绩增长加速。

## 广电电子（600602/900901）

上市日期:A: 90/12/19 B: 92/02/21　电话:021－62980202　传真:021－62982121

**主营**：真空电子器件及其应用产品、配件的生产和销售,主导产品为各种型号和尺寸的彩色显象管及其主要配套件彩色显象管玻壳、电子枪及荫罩。

| | 年　度 | 2006 | 2005 | 2004 |
|---|---|---|---|---|
| 主要指标 | 每股收益/扣除后(元) | 0.017/－0.12 | 0.011 | 0.135/0.13 |
| | 每股经营现金流量(元) | －0.21 | 0.27 | 0.4 |
| | 每股净资产/调整后(元) | 2.72/2.2 | 3.13/3.13 | 3.17/3.09 |
| | 未分利润(万元) | 17986.24 | 18416.57 | 22533.95 |
| | 资本公积(万元) | 116489.86 | 130397.98 | 130372.42 |
| 利润构成 | 主营收入(万元) | 104842.45 | 318825.03 | 505429.87 |
| | 主营利润(万元) | 5393.08 | －15458.19 | 68530.84 |
| | 投资收益(万元) | 9512.3 | 29360.1 | 11004.52 |
| | 利润总额(万元) | 704.67 | －29994.47 | 26774.01 |
| | 净利润(万元) | 1864.64 | 1041.89 | 12500.65 |

近年分配：06预案:10转增1;05年:10派0.2转增1.5;04年:10派0.5

**主要股东及持股比例%、持股性质**

- 上海广电(集团)有限公司30.07%（国有股）
- 上实置业集团(上海)有限公司0.74%（流通A股）
- WATTSBURG CO. LTD 0.38%（流通B股）
- NAITO SECURITIES CO. LTD 0.17%（流通B股）
- TOYO SECURITIES ASIA LTD. A/C CLIENT 0.14%（流通B股）
- WONG TIN CHEUNG 0.13%（流通B股）
- HSBC PRIVATE BANK (SUISSE) SA GENEVA 0.11%（流通B股）
- 中国农业银行上海市分行0.09%（流通A股）
- 黄霞莲0.09%（流通A股）
- SCBSH A/C CACEIS BANK LUX S/A LUXCELLENCE 0.09%（流通B股）

实际控制人：上海广电(集团)有限公司

二〇〇六年以来市场表现

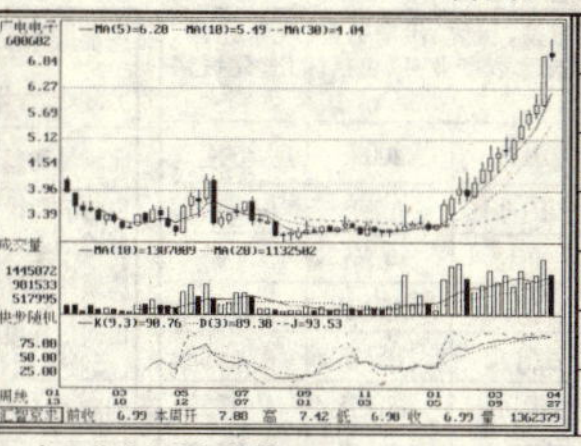

| | |
|---|---|
| 2006年涨跌幅(%) | 13.16 |
| 2006年最高(元) | 5.33 |
| 2007年涨跌幅(%) | 125.48 |
| 2007.4.27收盘(元) | 6.99 |
| 2007年最高(元) | 7.42 |
| 2007年最低(元) | 3.06 |
| 2007年换手率(%) | 414.72 |

未来一年限售流通股解禁情况：

| 最新股本 | 总股本 | 非(限售)流通 | 流通A | 流通B/H/S | 股东户数 | 06年末 | 06三季 |
|---|---|---|---|---|---|---|---|
| | 106631.19 | 32067.48 | 47893.67 | 26670.04 | | 180341 | 189477 |

**年报点评**：公司主营电真空器件的生产和销售。05年底公司剥离了彩色显像管业务,使得公司主营业务转为向二家控股子公司(上海广电液晶显示器公司及上海海晶电子公司)生产销售TN、STN液晶屏及其模块和TFT模块业务。预计公司未来业务仍保持这样的格局。

## ST兴业（600603）

上市日期:92/01/13　电话:021－63187549　传真:021－54045488

**主营**：房地产投资、经营、物业管理和商品房的租赁经营等业务。

| | 年　度 | 2006 | 2005 | 2004 |
|---|---|---|---|---|
| 主要指标 | 每股收益/扣除后(元) | 0.02/－0.06 | 0.01 | 0.024/－0.498 |
| | 每股经营现金流量(元) | 0.03 | 0.002 | 0.3648 |
| | 每股净资产/调整后(元) | －1.98/－1.98 | －2.22/－2.22 | －3.11/－3.11 |
| | 未分利润(万元) | －97739.27 | －98208.08 | －98400.9 |
| | 资本公积(万元) | 33445.47 | 29335.2 | 12268.21 |
| 利润构成 | 主营收入(万元) | 1148.48 | 1258.42 | 10731.75 |
| | 主营利润(万元) | 360.17 | 149.73 | 2263.24 |
| | 投资收益(万元) | 0.41 | －539.37 | 540.31 |
| | 利润总额(万元) | 471.06 | 193.87 | 450.36 |
| | 净利润(万元) | 468.81 | 192.82 | 459.02 |

近年分配：

**主要股东及持股比例%、持股性质**

- 广东亿众文化传媒有限公司4.54%（流通A股）
- 秦少秋0.82%（流通A股）
- 上海城际房地产开发有限公司0.59%（流通A股）
- 上海舍得居易置业有限公司0.55%（流通A股）
- 李凯0.41%（流通A股）
- 上海北孚(集团)有限公司0.32%（流通A股）
- 王燕0.3%（流通A股）
- 张龙彦0.28%（流通A股）
- 李亚磷0.27%（流通A股）
- 孙红发0.27%（流通A股）

实际控制人：

二〇〇六年以来市场表现

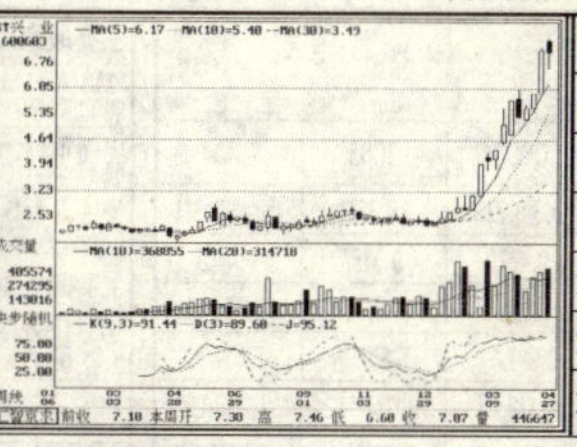

| | |
|---|---|
| 2006年涨跌幅(%) | 12.26 |
| 2006年最高(元) | 2.85 |
| 2007年涨跌幅(%) | 208.73 |
| 2007.4.27收盘(元) | 7.07 |
| 2007年最高(元) | 7.46 |
| 2007年最低(元) | 2.27 |
| 2007年换手率(%) | 289.9 |

未来一年限售流通股解禁情况：

| 最新股本 | 总股本 | 非(限售)流通 | 流通A | 流通B/H/S | 股东户数 | 06年末 | 06三季 |
|---|---|---|---|---|---|---|---|
| | 19464.19 | | 19464.19 | | | 51238 | 53783 |

**年报点评**：通过法律诉讼,追回了欠款,2006年公司扭亏。由于受到大股东占用资金影响,公司主业房地产经营处于停滞状态,无法正常进行,持续经营能力受到重创,原储备的项目和存量资产被用作抵偿债务,公司持续经营能力仍较难在短期内恢复。

## 二纺机（600604/900902）

上市日期:A: 92/03/27 B: 92/07/01　电话:021－65318888　传真:021－65421963

**主营**：生产销售纺纱机械、化纤机械等。

| | 年　度 | 2006 | 2005 | 2004 |
|---|---|---|---|---|
| 主要指标 | 每股收益/扣除后(元) | －0.117/－0.145 | 0.01 | 0.02/－0.033 |
| | 每股经营现金流量(元) | 0.0319 | －0.0505 | 0.156 |
| | 每股净资产/调整后(元) | 1.06/1.04 | 1.17/1.13 | 1.16/1.12 |
| | 未分利润(万元) | －4916.58 | 1713.58 | 1291.61 |
| | 资本公积(万元) | 7186.71 | 6941.24 | 6814.02 |
| 利润构成 | 主营收入(万元) | 96814.25 | 102116.92 | 118381.27 |
| | 主营利润(万元) | 5479.4 | 12116.77 | 15748.64 |
| | 投资收益(万元) | 515.66 | 629.37 | 396.23 |
| | 利润总额(万元) | －6282.06 | 995.06 | 1558.22 |
| | 净利润(万元) | －6607.8 | 568.79 | 1115.27 |

近年分配：

**主要股东及持股比例%、持股性质**

- 上海市国有资产管理监督管理委员会(大股东授权经营单位－－－太平41.92%（国有股）
- 金东彪0.17%（流通A股）
- 香文宇0.14%（流通B股）
- MERRILL LYNCH FAR EAST LIMITED 0.13%（流通B股）
- HSBC FUND SERVICES A/C 006－113039－431 0.12%（流通B股）
- 黄志豪0.11%（流通B股）
- 刘达0.11%（流通B股）
- 张光中0.11%（流通B股）
- 是裕兴0.11%（流通B股）
- SCBHK A/C KG INVESTMENTS ASIA LIMITED 0.1%（流通B股）

实际控制人：上海国有资产监督管理委员会

二〇〇六年以来市场表现

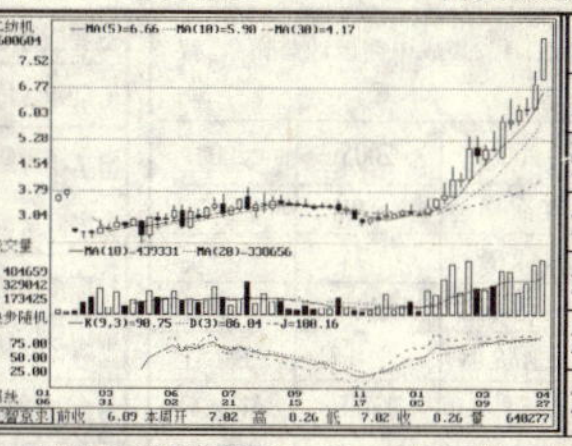

| | |
|---|---|
| 2006年涨跌幅(%) | 22.24 |
| 2006年最高(元) | 5.24 |
| 2007年涨跌幅(%) | 161.39 |
| 2007.4.27收盘(元) | 8.26 |
| 2007年最高(元) | 8.26 |
| 2007年最低(元) | 3.05 |
| 2007年换手率(%) | 645.31 |

未来一年限售流通股解禁情况:28322460股03月03日解禁

| 最新股本 | 总股本 | 非(限售)流通 | 流通A | 流通B/H/S | 股东户数 | 06年末 | 06三季 |
|---|---|---|---|---|---|---|---|
| | 56644.92 | 23742.87 | 9609.55 | 23292.5 | | 77340 | 80060 |

**年报点评**：2006年公司出现亏损。主要是由于原材料价格上涨及纺机市场激烈的价格竞争,导致公司化纤机械产品销售收入下降,产品销售毛利率下降。另外公司成本费用及固定费用过高,也是造成公司亏损的主要原因。

## 轻工机械（600605）

上市日期:92/03/27　　电话:021－62560000　　传真:021－62566022

**主营**：生产经营轻工机械、原辅材料、配套容器、包装物、电脑软硬件、配件及IC卡、有色金属、黑色金属、钢材、化工原料(除专项规定)、家电产品、建材、装潢材料、通讯设备。

| | 年　度 | 2006 | 2005 | 2004 |
|---|---|---|---|---|
| 主要指标 | 每股收益/扣除后(元) | 0.032/－0.013 | 0.029 | 0.02/－0.279 |
| | 每股经营现金流量(元) | －0.148 | －0.756 | －0.787 |
| | 每股净资产/调整后(元) | 1.61/1.53 | 1.61/1.56 | 1.52/1.35 |
| | 未分利润(万元) | 2819.87 | 2390.15 | 1914.76 |
| | 资本公积(万元) | 313.19 | 4666.56 | 3285.09 |
| 利润构成 | 主营收入(万元) | 77605.81 | 86797.46 | 73664.72 |
| | 主营利润(万元) | 1357.72 | －10252.68 | －2149.2 |
| | 投资收益(万元) | －2.47 | 350.87 | 316.8 |
| | 利润总额(万元) | 531.44 | 1062.43 | 466.95 |
| | 净利润(万元) | 475.51 | 608.65 | 419.61 |

近年分配:

**主要股东及持股比例%、持股性质**

- 上海弘昌晟集团有限公司 37.68%（非流通股）
- 中泰信托投资有限责任公司 30.58%（非流通股）
- 上海国有资产经营有限公司 6.5%（国有股）
- 谢冬姣 0.49%（流通A股）
- 温纯青 0.3%（流通A股）
- 岳杰 0.27%（流通A股）
- 陈丽莉 0.26%（流通A股）
- 顾承雄 0.24%（流通A股）
- 浙江鑫泰实业有限公司 0.2%（流通A股）
- 胡德良 0.18%（流通A股）

实际控制人：郑树昌

二〇〇六年以来市场表现

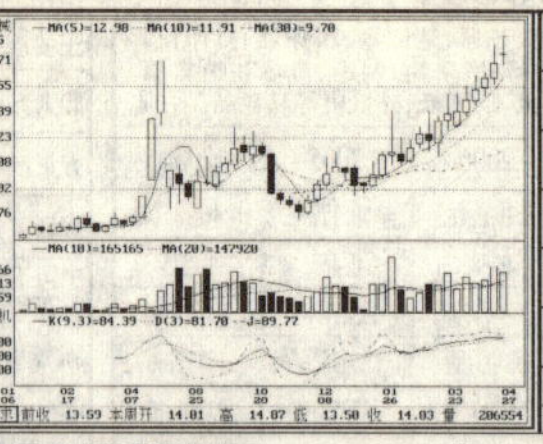

| | |
|---|---|
| 2006年涨跌幅(%) | 122.97 |
| 2006年最高(元) | 16.54 |
| 2007年涨跌幅(%) | 73.85 |
| 2007.4.27收盘(元) | 14.03 |
| 2007年最高(元) | 14.87 |
| 2007年最低(元) | 7.7 |
| 2007年换手率(%) | 654.11 |

未来一年限售流通股解禁情况:22101690股08月03日解禁

| 最新股本 | 总股本 | 非(限售)流通 | 流通A | 流通B/H/S | 股东户数 06年末 | 股东户数 06三季 |
|---|---|---|---|---|---|---|
| | 14734.46 | 11014.46 | 3720 | | 10479 | 10909 |

**年报点评**：公司主营食品饮料包装机械、塑料机械、橡胶机械、日用轻化工机械、制药机械等。2006年经过清理资产,挖潜改造,经营情况有所好转。2007年公司将形成新能源、贸易、机械制造、土地房产四大产业,全面提升公司经营业绩。

## 金丰投资（600606）

上市日期:92/03/27　　电话:021－62496858　　传真:021－62496860

**主营**：住宅流通业务(包括房屋置换、租赁、代理销售、收购经营等)、住宅开发业务和住宅配套服务业务(包括绿化、建材、装饰等)。

| | 年　度 | 2006 | 2005 | 2004 |
|---|---|---|---|---|
| 主要指标 | 每股收益/扣除后(元) | 0.316/－0.132 | 0.289 | 0.34/0.23 |
| | 每股经营现金流量(元)、 | －0.425 | －1.865 | －0.926 |
| | 每股净资产/调整后(元) | 3.98/3.93 | 4.13/4.11 | 4.29/3.88 |
| | 未分利润(万元) | 22271.02 | 17157.86 | 13965.07 |
| | 资本公积(万元) | 53704.67 | 56711.25 | 59447.35 |
| 利润构成 | 主营收入(万元) | 33470.42 | 68206.74 | 104205.41 |
| | 主营利润(万元) | 15493.61 | 28086.14 | 25472.89 |
| | 投资收益(万元) | 15531.98 | 10781.33 | 2814.38 |
| | 利润总额(万元) | 12262.28 | 14515.37 | 13863.24 |
| | 净利润(万元) | 9733.71 | 8112.25 | 8679.84 |

近年分配:06预案:10送1.5；05年:10派1转增1；04年:10派1转增1

**主要股东及持股比例%、持股性质**

- 上海地产(集团)有限公司 38.96%（国有股）
- 北京易初莲花科技有限公司 1.54%（流通A股）
- 山西信托投资有限责任公司－信远资金信托 0.73%（流通A股）
- 唐焕玲 0.7%（流通A股）
- 山西信托投资有限责任公司－国信集团资金信托 0.65%（流通A股）
- 刘朋 0.62%（流通A股）
- 谢湘菊 0.5%（流通A股）
- 常文光 0.46%（流通A股）
- 吴立鹏 0.46%（流通A股）
- 郑之恒 0.42%（流通A股）

实际控制人：上海地产(集团)有限公司

二〇〇六年以来市场表现

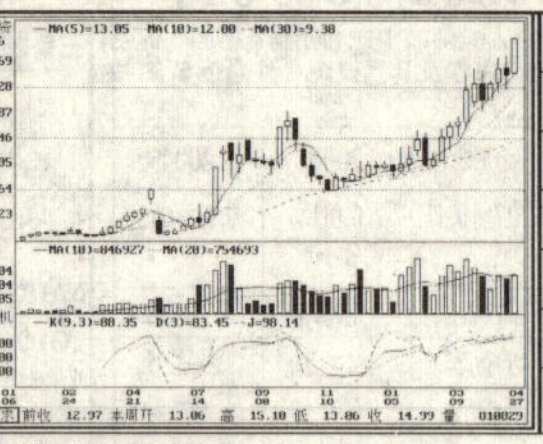

| | |
|---|---|
| 2006年涨跌幅(%) | 215.96 |
| 2006年最高(元) | 16.65 |
| 2007年涨跌幅(%) | 88.32 |
| 2007.4.27收盘(元) | 14.99 |
| 2007年最高(元) | 15.1 |
| 2007年最低(元) | 7.16 |
| 2007年换手率(%) | 672.15 |

未来一年限售流通股解禁情况:

| 最新股本 | 总股本 | 非(限售)流通 | 流通A | 流通B/H/S | 股东户数 06年末 | 股东户数 06三季 |
|---|---|---|---|---|---|---|
| | 30848.05 | 12019.63 | 18828.42 | | 44094 | 25460 |

**年报点评**：主营来自住宅流通和开发业务,2006年中介代理业务在严峻的市场环境下保持了平稳运营,开发收入主要来自上海松江九亭金丰蓝庭竣工面积15.42万平方米,实现销售收入13,175.83万元,完成商场竣工面积2.1万平方米,正积极准备招商。

## 上实医药（600607）

上市日期:92/03/27　　电话:021－53858898　　传真:021－53833000

**主营**：生物医药、商务网络、纺织

| | 年　度 | 2006 | 2005 | 2004 |
|---|---|---|---|---|
| 主要指标 | 每股收益/扣除后(元) | 0.3/0.227 | 0.352 | 0.342/0.311 |
| | 每股经营现金流量(元) | 0.4271 | 0.3157 | 0.4463 |
| | 每股净资产/调整后(元) | 4.86/4.77 | 5.6/5.49 | 5.36/5.2 |
| | 未分利润(万元) | 26801.27 | 22239.38 | 17629.12 |
| | 资本公积(万元) | 86548.42 | 92847.1 | 92580.27 |
| 利润构成 | 主营收入(万元) | 243470.64 | 235238.31 | 223865.32 |
| | 主营利润(万元) | 64434.11 | 60648.62 | 50185.79 |
| | 投资收益(万元) | 7683.23 | 9494.28 | 9043.84 |
| | 利润总额(万元) | 22266.2 | 19577.28 | 17552.69 |
| | 净利润(万元) | 11040.58 | 10805.06 | 10490.01 |

近年分配:06预案:10派1.2；05年:10派1.2转增2；04年:10派1.2

**主要股东及持股比例%、持股性质**

- SHANGHAI INDUSTRIAL YKB LIMITED 43.62%（外资股）
- 中国银行－华夏大盘精选证券投资基金 1.36%（流通A股）
- 中国人寿保险(集团)公司－传统－普通保险产品 0.5%（流通A股）
- 王韵芳 0.43%（流通A股）
- 华宝信托投资有限责任公司－单一类资金信托2006年第9号 0.33%（流通A股）
- 刘山 0.32%（流通A股）
- 林瑞成 0.28%（流通A股）
- 上海证券有限责任公司 0.26%（流通A股）
- 全国社保基金六零三组合 0.22%（流通A股）
- 洪允兰 0.21%（流通A股）

实际控制人：上海实业(集团)有限公司

二〇〇六年以来市场表现

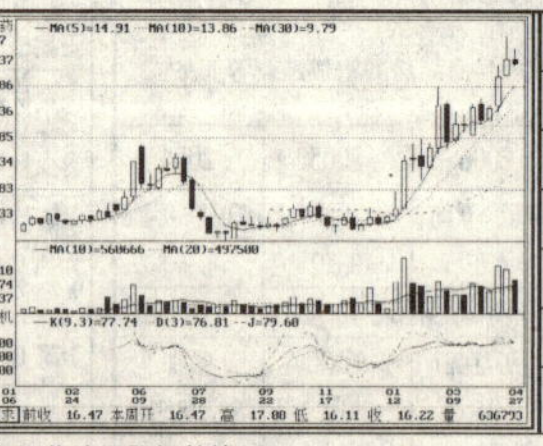

| | |
|---|---|
| 2006年涨跌幅(%) | 69.56 |
| 2006年最高(元) | 14.81 |
| 2007年涨跌幅(%) | 139.23 |
| 2007.4.27收盘(元) | 16.22 |
| 2007年最高(元) | 17.88 |
| 2007年最低(元) | 6.75 |
| 2007年换手率(%) | 423.61 |

未来一年限售流通股解禁情况:

| 最新股本 | 总股本 | 非(限售)流通 | 流通A | 流通B/H/S | 股东户数 06年末 | 股东户数 06三季 |
|---|---|---|---|---|---|---|
| | 36781.48 | 16044.09 | 20737.39 | | 39610 | 40284 |

**年报点评**：公司是上实集团下属的医药控股企业,公司拥有中药、生物药、化学药及医疗器械等业务。2006年公司主营收入和利润小幅增长。公司作为上实集团医药资产整合的平台,与集团进行资产置换将提升公司的盈利水平,公司长期来看继续向好。

## S＊ST沪科（600608）

上市日期:92/03/27　　电话:021－68865313　　传真:021－68866341

**主营**：通信网络设备、计算机信息工程、集成电路设计与销售、智能社区网络、异型钢管。

| | 年　度 | 2006 | 2005 | 2004 |
|---|---|---|---|---|
| 主要指标 | 每股收益/扣除后(元) | －0.49/－0.52 | －0.978 | 0.072/－0.04 |
| | 每股经营现金流量(元) | －0.08 | | －0.7568 |
| | 每股净资产/调整后(元) | 0.86/0.85 | 1.63/1.61 | 2.73/2.7 |
| | 未分利润(万元) | －34707.08 | －22341.41 | 3387.53 |
| | 资本公积(万元) | 31319.84 | 31703.86 | 31204.47 |
| 利润构成 | 主营收入(万元) | 87454.46 | 94423.35 | 158228.39 |
| | 主营利润(万元) | 2582.54 | 4307.5 | 15548.66 |
| | 投资收益(万元) | －2587.5 | －270.52 | 2270.5 |
| | 利润总额(万元) | －20716.4 | －29569.55 | －9240.8 |
| | 净利润(万元) | －12347.04 | －24698 | 1830.34 |

近年分配:

**主要股东及持股比例%、持股性质**

- 南京斯威特集团有限公司 15.25%（非流通股）
- 南京泽天能源技术发展有限公司 10.84%（非流通股）
- 上海广紫机电设备工程安装有限公司 2.1%（非流通股）
- 蚌埠市福通商务咨询服务有限公司 1.58%（非流通股）
- 上海亿安科技发展有限公司 1.19%（非流通股）
- 海口开润财务有限公司 1.19%（非流通股）
- 上海美佳商贸有限公司 0.67%（非流通股）
- 金德昌 0.23%（流通A股）
- 林钦明 0.21%（流通A股）
- 翟凤彬 0.18%（流通A股）

实际控制人：严晓群

二〇〇六年以来市场表现

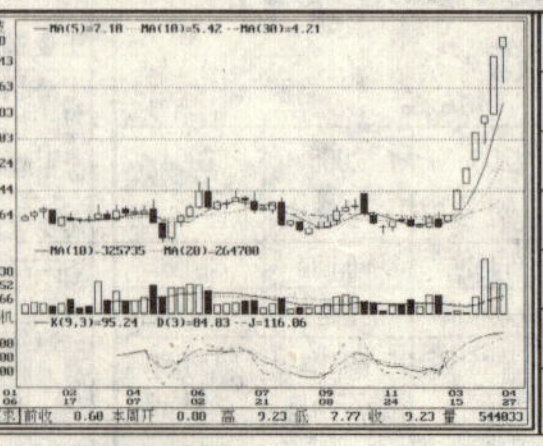

| | |
|---|---|
| 2006年涨跌幅(%) | －4.62 |
| 2006年最高(元) | 4.81 |
| 2007年涨跌幅(%) | 179.7 |
| 2007.4.27收盘(元) | 9.23 |
| 2007年最高(元) | 9.23 |
| 2007年最低(元) | 3.47 |
| 2007年换手率(%) | 146.03 |

未来一年限售流通股解禁情况:

| 最新股本 | 总股本 | 非(限售)流通 | 流通A | 流通B/H/S | 股东户数 06年末 | 股东户数 06三季 |
|---|---|---|---|---|---|---|
| | 25252.43 | 8288.63 | 16963.8 | | 47070 | 48486 |

**年报点评**：公司主营高新技术产业、多媒体呼叫设备等产业投资。06年清理盈利较差子公司取得成效。对关联占款提取了1.2亿坏帐准备、对逾期贷款预提财务费用等造成业绩较差。斯威特集团的控股股东以杨庄铁矿的探矿权抵偿债务,有助于解决历史占款拖欠问题。

## ST金杯(600609)

上市日期:92/07/24

电话:024－23745563　传真:024－23745241

| | | | |
|---|---|---|---|
| 主营 | 轻型货车、轻型客车和多功能商用车及零部件的开发、制造、销售及服务。 | | |
| 年　度 | 2006 | 2005 | 2004 |
| 每股收益/扣除后(元) | 0.078/－0.392 | －0.689 | －0.353/－0.358 |
| 每股经营现金流量(元) | －0.035 | 0.18 | －0.013 |
| 每股净资产/调整后(元) | 0.58/0.43 | 0.5/0.32 | 1.22/0.95 |
| 未分利润(万元) | －185045.86 | －196945.3 | －121797.73 |
| 资本公积(万元) | 109980.13 | 108466.4 | 108237.27 |
| 主营收入(万元) | 202299.88 | 144259.76 | 103186.28 |
| 主营利润(万元) | 16695.5 | 12297.3 | 9919.19 |
| 投资收益(万元) | －23864.96 | －47619.07 | －23444.41 |
| 利润总额(万元) | 5715.15 | －78483.02 | －42910.57 |
| 净利润(万元) | 8502.14 | －75250.83 | －38537 |
| 近年分配: | | | |

(主要指标: 每股收益—资本公积; 利润构成: 主营收入—净利润)

| 主要股东及持股比例%、持股性质 |
|---|
| 沈阳市汽车工业资产经营有限公司 24.38%(国有股) |
| 上海申华控股股份有限公司 9.13%(非流通股) |
| 沈阳新金杯投资有限公司 8.97%(国有股) |
| 沈阳工业国有资产经营有限公司 7.8%(国有股) |
| 中国第一汽车集团公司(第一汽车制造厂)3.63%(国有股) |
| 沈阳市国有资产经营有限公司 0.37%(国有股) |
| 王明惠 0.21%(流通A股) |
| 张伟 0.19%(流通A股) |
| 林其祥 0.18%(流通A股) |
| 杜辉英 0.17%(流通A股) |
| 实际控制人: 沈阳工业国有资产经营有限公司 |

二〇〇六年以来市场表现

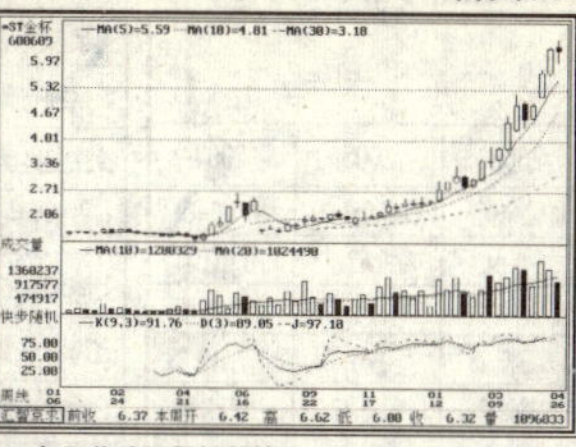

| | |
|---|---|
| 2006年涨跌幅(%) | 110.3 |
| 2006年最高(元) | 3.52 |
| 2007年涨跌幅(%) | 162.24 |
| 2007.4.27收盘(元) | 6.32 |
| 2007年最高(元) | 6.62 |
| 2007年最低(元) | 2.38 |
| 2007年换手率(%) | 353.87 |

未来一年限售流通股解禁情况:208400667股08月10日解禁

| 最新股本 | 总股本 | 非(限售)流通 | 流通A | 流通B/H/S | 股东户数 | 06年末 | 06三季 |
|---|---|---|---|---|---|---|---|
| | 109266.71 | 59398.71 | 49868 | | | 97753 | 101783 |

年报点评:公司主营轻型货车和微型货车业务。06年公司轻型货车特别是微型货车的销售快速增长,以及国际市场良好的整车销售形势使得公司一举扭亏增盈。07年国内汽车市场前景看好,公司将加快整车产品开发,深入拓展国际市场,业绩可望进一步增厚。

## S＊ST中纺(600610/900906)

上市日期:A: 92/08/05 B: 92/08/05

电话:021－65432970　传真:021－65455130

| | | | |
|---|---|---|---|
| 主营 | 从事纺织机械及有关器材的生产与销售业务。 | | |
| 年　度 | 2006 | 2005 | 2004 |
| 每股收益/扣除后(元) | －0.53/－0.52 | －0.38/－0.36 | 0.02/－0.05 |
| 每股经营现金流量(元) | －0.05 | －0.11 | －0.03 |
| 每股净资产/调整后(元) | 0.14/0.09 | 0.67/0.66 | 1.07/1.03 |
| 未分利润(万元) | －41302.77 | －22431.8 | －8442.51 |
| 资本公积(万元) | 10339.19 | 10339.19 | 10339.19 |
| 主营收入(万元) | 20063.51 | 38287.62 | 47565.56 |
| 主营利润(万元) | －142.01 | 3141.63 | 5324.69 |
| 投资收益(万元) | －924.15 | －1161.19 | 1791.04 |
| 利润总额(万元) | －20178.82 | －13740.05 | 771.6 |
| 净利润(万元) | －18870.98 | －13473.25 | 648.83 |
| 近年分配: | | | |

| 主要股东及持股比例%、持股性质 |
|---|
| 江苏南大高科技风险投资有限公司 29%(非流通股) |
| 太平洋机电(集团)有限公司 14.91%(国有股) |
| 广州市赛清德投资发展有限公司 9%(非流通股) |
| 上海东润投资管理有限公司 0.96%(非流通股) |
| 上海第十七棉纺织总厂 0.96%(非流通股) |
| 上海南上海商业房地产有限公司 0.96%(非流通股) |
| 上海中纺机职工技术开发经营服务公司 0.83%(流通B股) |
| 上海申达股份有限公司 0.48%(非流通股) |
| 上海水仙电器股份有限公司 0.48%(非流通股) |
| 曹玉华 0.27%(流通B股) |
| 实际控制人: 严晓群 |

二〇〇六年以来市场表现

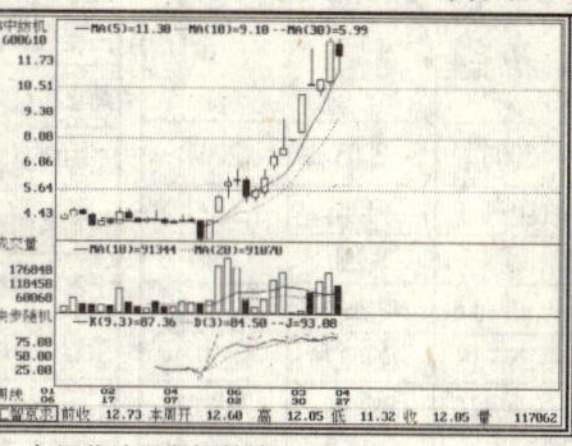

| | |
|---|---|
| 2006年涨跌幅(%) | 81.82 |
| 2006年最高(元) | 8.98 |
| 2007年涨跌幅(%) | 58.55 |
| 2007.4.27收盘(元) | 12.05 |
| 2007年最高(元) | 12.95 |
| 2007年最低(元) | 7.98 |
| 2007年换手率(%) | 203.34 |

未来一年限售流通股解禁情况:

| 最新股本 | 总股本 | 非(限售)流通 | 流通A | 流通B/H/S | 股东户数 | 06年末 | 06三季 |
|---|---|---|---|---|---|---|---|
| | 35709.15 | 21123.15 | 2574 | 12012 | | 26673 | 26530 |

年报点评:2006年公司面临两大不利因素。其一,人民币升值及欧美对我国纺织品限制,影响国内纺织品的出口,从而导致公司销售量下降;其二原材料涨价。面对市场的不利局面,公司只有不断提升产品质量和严格控制费用。

## 大众交通(600611/900903)

上市日期:A: 92/08/07 B: 92/08/07

电话:021－64289122　传真:021－64288660

| | | | |
|---|---|---|---|
| 主营 | 出租汽车营运及相关的轿车维修、汽车租赁、现代物流、交通运输等。 | | |
| 年　度 | 2006 | 2005 | 2004 |
| 每股收益/扣除后(元) | 0.28/0.194 | 0.35 | 0.39/0.27 |
| 每股经营现金流量(元) | 1.84 | 0.88 | 0.72 |
| 每股净资产/调整后(元) | 3.35/3.28 | 4.33/4.26 | 4.18/4.11 |
| 未分利润(万元) | 40207.97 | 34405.3 | 29764.17 |
| 资本公积(万元) | 65366.34 | 86224.97 | 86201.95 |
| 主营收入(万元) | 453188.58 | 398198.72 | 317865.57 |
| 主营利润(万元) | 78930.46 | 70028.01 | 65346.95 |
| 投资收益(万元) | 10703.56 | 9198.91 | 9718.38 |
| 利润总额(万元) | 35183.18 | 28818.35 | 28841.47 |
| 净利润(万元) | 22832.22 | 21173.98 | 23109.79 |
| 近年分配: | 06中期:10转增3.5年终:10送3;05年:10派2;04年:10派2 | | |

| 主要股东及持股比例%、持股性质 |
|---|
| 上海大众公用事业(集团)股份有限公司 20.76%(非流通股) |
| 国泰君安证券股份有限公司 17.87%(部分流通部分不流通) |
| SCBSH A/C CREDIT SUISSE (HONG KONG) LIMITED 1.65%(流通B股) |
| TOYO SECURITIES ASIA LTD. A/C CLIENT 0.7%(流通B股) |
| NAITO SECURITIES CO. LTD. 0.47%(流通B股) |
| FIDELITY GLOBAL INVESTMENT FUND－ASIA PACIFIC EQUITY FUND 0.42%(流通B股) |
| GUOTAI JUNAN SECURITIES(HONGKONG) LIMITED 0.4%(流通B股) |
| FI－CIBLUX S/A SBCL 0.33%(流通B股) |
| DBS VICKERS (HONG KONG) LTD A/C CLIENT 0.33%(流通B股) |
| THE GREATER CHINA FUND INC 0.32%(流通B股) |
| 实际控制人: 上海大众企业管理有限公司 |

二〇〇六年以来市场表现

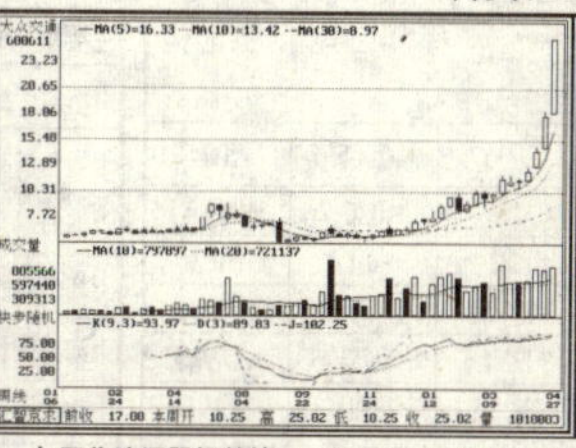

| | |
|---|---|
| 2006年涨跌幅(%) | 116.4 |
| 2006年最高(元) | 12.33 |
| 2007年涨跌幅(%) | 256.14 |
| 2007.4.27收盘(元) | 25.82 |
| 2007年最高(元) | 25.82 |
| 2007年最低(元) | 6.95 |
| 2007年换手率(%) | 516.48 |

未来一年限售流通股解禁情况:29935100股07月19日解禁

| 最新股本 | 总股本 | 非(限售)流通 | 流通A | 流通B/H/S | 股东户数 | 06年末 | 06三季 |
|---|---|---|---|---|---|---|---|
| | 80824.71 | 30390.32 | 23056.4 | 27378 | | 72892 | 69684 |

年报点评:至2006年末,公司拥有出租车8730辆,规模上仍然保持上海市出租车市场上的领先地位。从主营业务利润构成来看,交通运输业占到70%,而房地产业务实现主营业务利润1.8亿元,同比增长59%,占公司主营业务利润比重达20%,是公司业绩增长的主要因素。

## 第一铅笔(600612/900905)

上市日期:A: 92/08/14 B: 92/08/14

电话:021－58543307　传真:021－64720802

| | | | |
|---|---|---|---|
| 主营 | 笔类制品和笔类产品表面处理材料、包装材料及配套延伸产品,以独资、合资、合作经营形式投资兴办其他企业。 | | |
| 年　度 | 2006 | 2005 | 2004 |
| 每股收益/扣除后(元) | 0.244/0.185 | 0.133 | 0.053/0.036 |
| 每股经营现金流量(元) | 0.31 | 0.51 | 0.6903 |
| 每股净资产/调整后(元) | 2.26/2.21 | 2.02/1.95 | 1.89/1.81 |
| 未分利润(万元) | 6133.26 | 629.33 | －1706.63 |
| 资本公积(万元) | 13410.74 | 13409.8 | 13409.8 |
| 主营收入(万元) | 416575.97 | 293571.15 | 223006.43 |
| 主营利润(万元) | 37996.51 | 29702.08 | 25095.86 |
| 投资收益(万元) | 1496.1 | －418.38 | －284.28 |
| 利润总额(万元) | 13520.45 | 7227.59 | 5445.54 |
| 净利润(万元) | 6133.32 | 3349.36 | 1327.87 |
| 近年分配: | 06预案:10派1转增1 | | |

| 主要股东及持股比例%、持股性质 |
|---|
| 上海市黄浦区国有资产监督管理委员会 29.05%(国有股) |
| 交通银行上海分行 3.97%(非流通股) |
| Golden China Master Fund 2.76%(流通B股) |
| SHENYIN WANGUO NOMINEES (H.K.) LTD. 1.42%(流通B股) |
| MTBJ S/A PARTNERS ASSET MANAGEMENT CO LTD 1.17%(流通B股) |
| 中国工商银行——广发稳健增长证券投资基金 1.13%(流通A股) |
| 中国建设银行上海市分行第二营业部 1.11%(非流通股) |
| 西部证券股份有限公司 1.09%(流通A股) |
| 上海申能创业投资有限公司工会委员会 0.93%(流通A股) |
| 上海富利贸易有限公司 0.88%(非流通股) |
| 实际控制人: 上海市黄浦区国有资产监督管理委员会 |

二〇〇六年以来市场表现

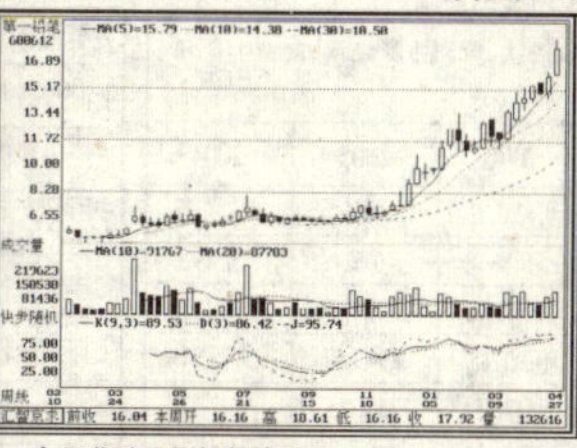

| | |
|---|---|
| 2006年涨跌幅(%) | 117.45 |
| 2006年最高(元) | 14.58 |
| 2007年涨跌幅(%) | 86.67 |
| 2007.4.27收盘(元) | 17.92 |
| 2007年最高(元) | 18.61 |
| 2007年最低(元) | 9.51 |
| 2007年换手率(%) | 258.29 |

未来一年限售流通股解禁情况:

| 最新股本 | 总股本 | 非(限售)流通 | 流通A | 流通B/H/S | 股东户数 | 06年末 | 06三季 |
|---|---|---|---|---|---|---|---|
| | 25177.94 | 9245.93 | 3926.87 | 12005.14 | | 26243 | 32243 |

年报点评:公司主营工艺美术品、金银制品等业务。2006年金银珠宝首饰和笔类文具二大板块产业,销售和盈利创下新记录。对控股子公司老凤祥公司的增资扩股和收购两家外方股东持有的控股子公司上海福斯特有限公司15%和10%股权,提升公司综合盈利能力。

## 永生数据（600613/900904）

上市日期：A：92/08/20 B：92/08/20　　电话：021－53750009　　传真：021－53750012

| | | | | |
|---|---|---|---|---|
| 主营 | 医药的生产和销售 | | | |
| | 年　度 | 2006 | 2005 | 2004 |
| 主要指标 | 每股收益/扣除后(元) | 0.02/0.007 | 0.053 | 0.1/0.05 |
| | 每股经营现金流量(元) | －0.04 | 0.22 | 0.03354 |
| | 每股净资产/调整后(元) | 1.15/1.15 | 1.13/1.13 | 1.08/1.08 |
| | 未分利润(万元) | －2342.28 | －2546.43 | －21203.35 |
| | 资本公积(万元) | 2386.12 | 2386.12 | 17359.34 |
| 利润构成 | 主营收入(万元) | 6236.2 | 6983.52 | 7615.04 |
| | 主营利润(万元) | 3290.68 | 3565.88 | 5256.72 |
| | 投资收益(万元) | －148.81 | 1.95 | －380.24 |
| | 利润总额(万元) | 544.63 | 1145.66 | 2082.69 |
| | 净利润(万元) | 289.11 | 778.03 | 1509.63 |
| 近年分配： | | | | |

| 主要股东及持股比例％、持股性质 |
|---|
| 贵州神奇集团控股有限公司 48.76％（非流通股） |
| 浙江工业大学 2.1％（国有股） |
| 上海招财龙投资管理有限公司 1.98％（非流通股） |
| 上海宏亿投资咨询有限公司 1.32％（非流通股） |
| 上海百联集团股份有限公司 0.6％（非流通股） |
| 上海华联商厦股份有限公司 0.54％（非流通股） |
| 张文军 0.46％（流通 B股） |
| 吕锐军 0.45％（流通 B股） |
| 上海南上海商业房地产有限公司 0.41％（非流通股） |
| SHENYIN WANGUO NOMINEES（H. K.）LTD. 0.38％（流通 B股） |
| 实际控制人：文邦英 |

二〇〇六年以来市场表现

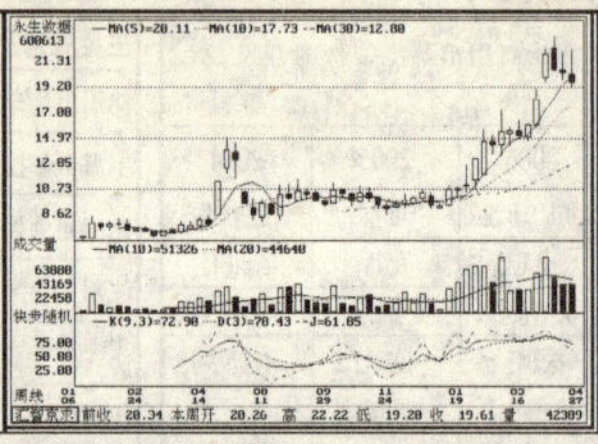


| | |
|---|---|
| 2006 年涨跌幅(％) | 77.3 |
| 2006 年最高(元) | 14.97 |
| 2007 年涨跌幅(％) | 110.18 |
| 2007.4.27 收盘(元) | 19.61 |
| 2007 年最高(元) | 23.43 |
| 2007 年最低(元) | 9.05 |
| 2007 年换手率(％) | 722.16 |

未来一年限售流通股解禁情况：26419289 股 07 月 28 日解禁

| 最新股本 | 总股本 | 非(限售)流通 | 流通 A | 流通 B/H/S | 股东户数 | 06 年末 | 06 三季 |
|---|---|---|---|---|---|---|---|
| | 14790.5 | 9114.55 | 1113.31 | 4562.64 | | 12613 | 13125 |

年报点评：通过资产重组后，置入公司的是贵州金桥药业，同时公司处理了部分存量资产。2006 年公司实现了扭亏，公司未来将继续被注入资产，公司经营情况将逐步向好。公司主营在未来几年将出现较快增长，盈利水平也将获得提升。

## ＊ST 鼎立（600614/900907）

上市日期：A：92/08/28 B：92/08/28　　电话：021－50813939　　传真：021－58313117

| | | | | |
|---|---|---|---|---|
| 主营 | 医药销售；医药产品、胶带制品的生产、销售。 | | | |
| | 年　度 | 2006 | 2005 | 2004 |
| 主要指标 | 每股收益/扣除后(元) | 0.081/－0.36 | －1.015 | －1.29/－1.299 |
| | 每股经营现金流量(元) | 0.109 | 0.258 | 0.047 |
| | 每股净资产/调整后(元) | －0.04/－0.64 | －0.12/－0.7 | 0.89/0.34 |
| | 未分利润(万元) | －22979.08 | －23912.06 | －12226.19 |
| | 资本公积(万元) | 9639.19 | 9639.19 | 9638.77 |
| 利润构成 | 主营收入(万元) | 20549.23 | 23899.52 | 35828.36 |
| | 主营利润(万元) | 3413.39 | 2626.94 | 4855.62 |
| | 投资收益(万元) | －378.29 | －2699.71 | －3450.07 |
| | 利润总额(万元) | 5491.92 | －12642.83 | －17067.51 |
| | 净利润(万元) | 932.99 | －11685.88 | －14856.38 |
| 近年分配： | | | | |

| 主要股东及持股比例％、持股性质 |
|---|
| 鼎立建设集团股份有限公司 26.46％（非流通股） |
| 上海隆昊源投资管理有限公司 17.7％（非流通股） |
| 宝钢集团有限公司 1.45％（非流通股） |
| 上海纺织机械总厂 0.75％（非流通股） |
| 荣毅 0.61％（流通 A股） |
| 上海加顺国际贸易有限公司 0.51％（非流通股） |
| 深圳市千眼投资顾问有限公司 0.51％（非流通股） |
| 上海民鑫实业总公司 0.44％（非流通股） |
| 柏小弟 0.38％（流通 B股） |
| 章吉＊ 0.33％（流通 B股） |
| 实际控制人：许宝星 |

二〇〇六年以来市场表现

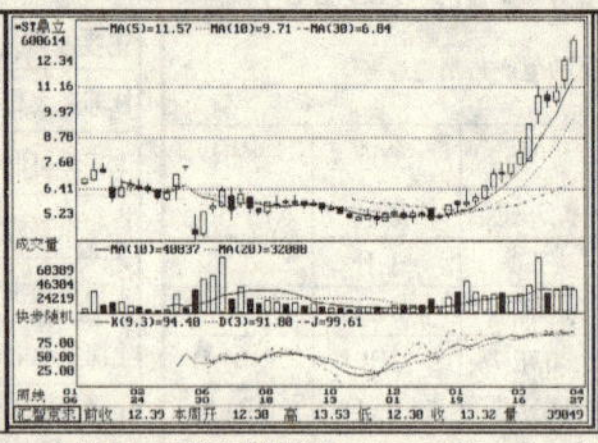


| | |
|---|---|
| 2006 年涨跌幅(％) | 26.55 |
| 2006 年最高(元) | 11.02 |
| 2007 年涨跌幅(％) | 167.47 |
| 2007.4.27 收盘(元) | 13.32 |
| 2007 年最高(元) | 13.53 |
| 2007 年最低(元) | 5 |
| 2007 年换手率(％) | 411.27 |

未来一年限售流通股解禁情况：19862338 股 06 月 20 日解禁

| 最新股本 | 总股本 | 非(限售)流通 | 流通 A | 流通 B/H/S | 股东户数 | 06 年末 | 06 三季 |
|---|---|---|---|---|---|---|---|
| | 11513.34 | 5919.44 | 1419.4 | 4174.5 | | 12727 | 13667 |

年报点评：2006 年，公司通过拍卖房地产资产实现扭亏为盈，而在公司产品生产销售逐渐萎缩的同时，房地产巨擘鼎立集团入主将为公司的发展带来升级，公司重组为公司带来新的发展机遇。

## ST 丰华（600615）

上市日期：92/09/10　　电话：(021)58811688－333　　传真：(021)58702762

| | | | | |
|---|---|---|---|---|
| 主营 | 生产和销售涂料、油漆、各种笔类等。 | | | |
| | 年　度 | 2006 | 2005 | 2004 |
| 主要指标 | 每股收益/扣除后(元) | 0.5 | 0.07 | 0.03/－0.5 |
| | 每股经营现金流量(元) | 0.22 | 0.1 | －0.28 |
| | 每股净资产/调整后(元) | 1.87/1.87 | 1.45/0.51 | 1.36/0.42 |
| | 未分利润(万元) | －19284.6 | －26757.43 | －27797.53 |
| | 资本公积(万元) | 28521.6 | 28521.6 | 27525.94 |
| 利润构成 | 主营收入(万元) | 10791.09 | 11504.62 | 12495.09 |
| | 主营利润(万元) | 3332.2 | 3596.01 | 2990.43 |
| | 投资收益(万元) | －427.04 | －116.14 | 235.87 |
| | 利润总额(万元) | 6536.63 | 595.87 | 1312.64 |
| | 净利润(万元) | 7472.83 | 1040.11 | 489.33 |
| 近年分配： | | | | |

| 主要股东及持股比例％、持股性质 |
|---|
| 沿海地产投资(中国)有限公司 21.13％（外资股） |
| 上海久昌实业有限公司 20.61％（非流通股） |
| 上海海港兴嘉物贸有限公司 4.32％（非流通股） |
| 上海信融投资有限公司 4.07％（国有股） |
| 上海豫园(集团)有限公司 2.52％（国有股） |
| 上海第十七纺织总厂 2.11％（非流通股） |
| 上海国际信托投资有限公司 1.38％（非流通股） |
| 申银万国证券投资有限公司 1.29％（非流通股） |
| 上海市泰康食品有限公司 1.08％（部分流通部分不流通） |
| 虞忠伟 1.03％（流通 A股） |
| 实际控制人：沿海地产投资(中国)有限公司 |

二〇〇六年以来市场表现

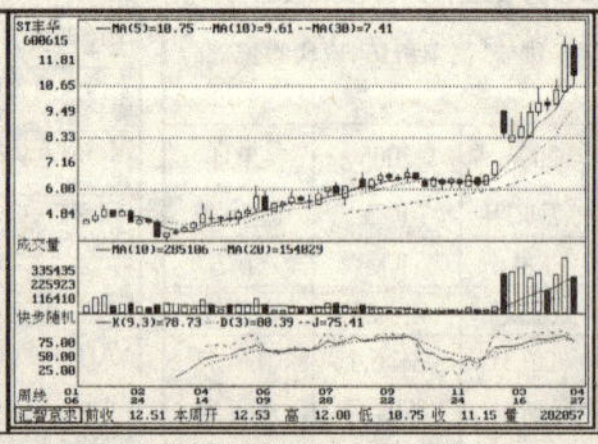


| | |
|---|---|
| 2006 年涨跌幅(％) | 62.9 |
| 2006 年最高(元) | 7.21 |
| 2007 年涨跌幅(％) | 152.04 |
| 2007.4.27 收盘(元) | 11.15 |
| 2007 年最高(元) | 21.11 |
| 2007 年最低(元) | 13.2 |
| 2007 年换手率(％) | 369.67 |

未来一年限售流通股解禁情况：60436965 股 03 月 01 日解禁

| 最新股本 | 总股本 | 非(限售)流通 | 流通 A | 流通 B/H/S | 股东户数 | 06 年末 | 06 三季 |
|---|---|---|---|---|---|---|---|
| | 15041.64 | 10391.59 | 4650.05 | | | 11213 | 11568 |

年报点评：公司目前已经实现了重组。去年净利润大幅增长的主要原因在于清理原大股东汉骐集团及其关联企业欠款转回 6442 万元坏账准备。随着资产重组的完成和沿海地产投资(中国)有限公司成为丰华第一大股东，公司将全面向房地产业进军，整个面貌将焕然一新。

## 第一食品（600616）

上市日期：92/09/29　　电话：021－58352625　　传真：021－58352620

| | | | | |
|---|---|---|---|---|
| 主营 | 食品、副食品、粮油、烟酒、餐饮、黄酒生产经营、食糖生产和销售。 | | | |
| | 年　度 | 2006 | 2005 | 2004 |
| 主要指标 | 每股收益/扣除后(元) | 0.43/0.32 | 0.56 | 0.37/0.27 |
| | 每股经营现金流量(元) | 0.56 | 0.52 | 0.43 |
| | 每股净资产/调整后(元) | 1.99/1.98 | 2.01/1.98 | 1.65/1.59 |
| | 未分利润(万元) | 16321.45 | 12847.97 | 7975.74 |
| | 资本公积(万元) | 1647.65 | 1647.65 | 1647.32 |
| 利润构成 | 主营收入(万元) | 468494.66 | 419713.62 | 367321.43 |
| | 主营利润(万元) | 82060.62 | 67355.35 | 59471.56 |
| | 投资收益(万元) | 4035.93 | －152.37 | －1315.91 |
| | 利润总额(万元) | 33333.91 | 27846.12 | 19441.69 |
| | 净利润(万元) | 15601.07 | 17015.1 | 11321.13 |
| 近年分配： | 06 方案：10 派 1.7；05 年：10 派 1 送 2；04 年：10 派 2 | | | |

| 主要股东及持股比例％、持股性质 |
|---|
| 上海市糖业烟酒(集团)有限公司 31.73％（国有股） |
| 中国工商银行－南方绩优成长股票型证券投资基金 4.88％（流通 A股） |
| 中国平安人寿保险股份有限公司－分红－银保分红 2.74％（流通 A股） |
| 银丰证券投资基金 2.47％（流通 A股） |
| 上海商投创业投资有限公司 2.16％（流通 A股） |
| 中国工商银行－开元证券投资基金 2.15％（流通 A股） |
| 上海国际信托投资有限公司 1.9％（流通 A股） |
| 中国银行－海富通股票证券投资基金 1.88％（流通 A股） |
| 高华－汇丰－GOLDMAN SACHS & CO. 1.74％（流通 A股） |
| 中国建设银行－交银施罗德稳健配置混合型证券投资基金 1.56％（流通 A股） |
| 实际控制人：上海市国有资产监督管理委员会 |

二〇〇六年以来市场表现

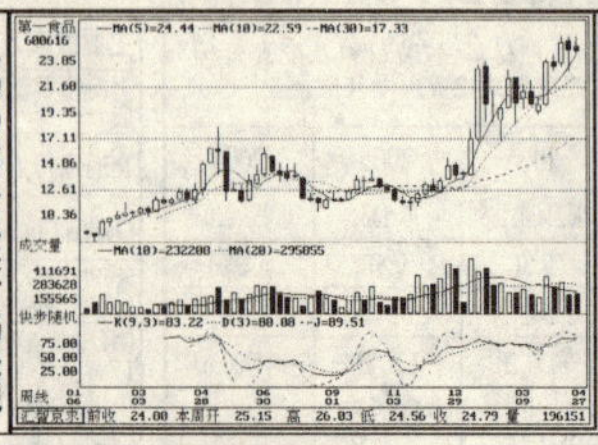


| | |
|---|---|
| 2006 年涨跌幅(％) | 86.44 |
| 2006 年最高(元) | 19.61 |
| 2007 年涨跌幅(％) | 78.35 |
| 2007.4.27 收盘(元) | 24.79 |
| 2007 年最高(元) | 26.1 |
| 2007 年最低(元) | 13.4 |
| 2007 年换手率(％) | 175.97 |

未来一年限售流通股解禁情况：

| 最新股本 | 总股本 | 非(限售)流通 | 流通 A | 流通 B/H/S | 股东户数 | 06 年末 | 06 三季 |
|---|---|---|---|---|---|---|---|
| | 36555.96 | 11598.55 | 24957.41 | | | 16795 | 12072 |

年报点评：2006 年由于石库门上海老酒销量增加，带动了主营收入的增长，高毛利率的酒业和糖业所占的销售比例增加则提升了公司主营利润率。有效所得税率的增加导致公司净利润略有下滑。

## 联华合纤（600617/900913）

上市日期：A: 92/10/13 B: 93/09/28　电话：021－64689988　传真：021－64874717

| | | | | |
|---|---|---|---|---|
| 主营 | 生产、加工、销售聚酯切片、合成纤维及深加工产品 | | | |
| | 年度 | 2006 | 2005 | 2004 |
| 主要指标 | 每股收益/扣除后(元) | 0.02/0.02 | 0.03 | －0.25/－0.34 |
| | 每股经营现金流量(元) | 0.123 | 0.036 | 0.094 |
| | 每股净资产/调整后(元) | 0.12/0.12 | 0.1/0.09 | 0.06/0.06 |
| | 未分利润(万元) | －24025.36 | －24343.49 | －24806.25 |
| | 资本公积(万元) | 7428.56 | 7113.88 | 6732.97 |
| 利润构成 | 主营收入(万元) | 32742.5 | 24069.76 | 11123.37 |
| | 主营利润(万元) | 4998.99 | 2748.95 | －888.63 |
| | 投资收益(万元) | －91.17 | －322.92 | |
| | 利润总额(万元) | 958.15 | 538.15 | －5418.67 |
| | 净利润(万元) | 318.13 | 462.76 | －4160.82 |
| 近年分配: | | | | |

| 主要股东及持股比例%、持股性质 | |
|---|---|
| 万事利集团有限公司 26.26%（非流通股） | |
| 北京创业园科技投资有限公司 8.54%（非流通股） | |
| 中国东方资产管理公司 5.69%（国有股） | |
| 上海爱建股份有限公司 1.95%（非流通股） | |
| 上海嘉盛投资咨询有限公司 1.8%（非流通股） | |
| 上海市上投实业投资有限公司 1.45%（国有股） | |
| 中国银行上海信托咨询公司 1.45%（非流通股） | |
| 中信信托投资有限责任公司 1.02%（非流通股） | |
| 上海新纺织经营开发有限公司 1%（国有股） | |
| 上海珍德塑胶有限公司 1%（非流通股） | |
| 实际控制人: | 沈爱琴 |

二〇〇六年以来市场表现

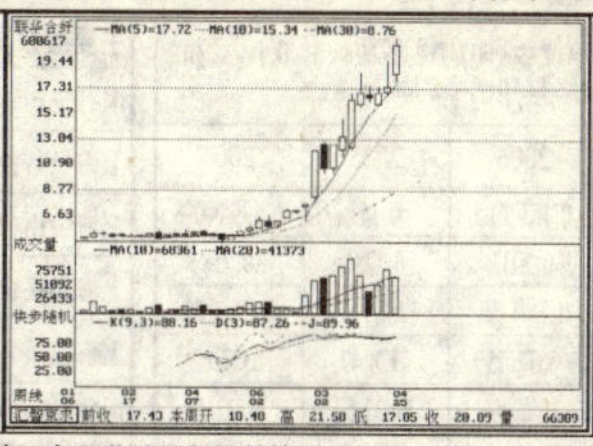

| | |
|---|---|
| 2006年涨跌幅(%) | 50.97 |
| 2006年最高(元) | 7.12 |
| 2007年涨跌幅(%) | 288.51 |
| 2007.4.27收盘(元) | 20.89 |
| 2007年最高(元) | 28.05 |
| 2007年最低(元) | 7.98 |
| 2007年换手率(%) | 613.43 |

未来一年限售流通股解禁情况:42454362股02月05日解禁

| 最新股本 | 总股本 | 非(限售)流通 | 流通A | 流通B/H/S | 股东户数 | 06年末 | 06三季 |
|---|---|---|---|---|---|---|---|
| | 16719.48 | 9363.64 | 900 | 6455.84 | | 12629 | 12967 |

年报点评：公司原化纤主业由于亏损严重，经过调整，已逐步退出纺织面料的贸易业务及纺织制造业，通过资产置换目前主营房地产业务和商品流通业，从公司2006年的经营状况看，公司资产盈利能力有所增强，但是仍然不足以完全扭转经营局面。

## 氯碱化工（600618/900908）

上市日期：A: 92/11/13 B: 92/11/13　电话：021－64340601　传真：021－64342640

| | | | | |
|---|---|---|---|---|
| 主营 | 烧碱、氯、氟和聚氯乙烯系列化工原料及加工产品 | | | |
| | 年度 | 2006 | 2005 | 2004 |
| 主要指标 | 每股收益/扣除后(元) | －0.17/－0.288 | 0.004 | 0.046/0.062 |
| | 每股经营现金流量(元) | 0.464 | 0.395 | 0.177 |
| | 每股净资产/调整后(元) | 2.33/2.24 | 2.51/2.39 | 2.51/2.09 |
| | 未分利润(万元) | －14064.66 | 5841.46 | 5753.07 |
| | 资本公积(万元) | 154882.95 | 156624.8 | 156447.3 |
| 利润构成 | 主营收入(万元) | 373577.21 | 412029.17 | 497826.11 |
| | 主营利润(万元) | 25879.94 | 39009.67 | 65570.24 |
| | 投资收益(万元) | 1135.95 | 531.74 | －2808.64 |
| | 利润总额(万元) | －19156.61 | 979.21 | 5224.77 |
| | 净利润(万元) | －19625.81 | 410.57 | 5378.29 |
| 近年分配: | | | | |

| 主要股东及持股比例%、持股性质 | |
|---|---|
| 上海华谊(集团)公司 51.59%（部分流通部分不流通） | |
| 宁波市金港信托投资有限责任公司 0.52%（非流通股） | |
| 上海氯碱化工综合公司 0.49%（部分流通部分不流通） | |
| 申银万国证券股份有限公司 0.44%（非流通股） | |
| DEBORAH WANG LIN 0.3%（流通B股） | |
| DAIWA SECURITIES SMBC HONG KONG LTD－CLIENTS ACCOUNT 0.29%（流通B股） | |
| 上海市公积金管理中心 0.26%（非流通股） | |
| 上海天原(集团)有限公司 0.24%（部分流通部分不流通） | |
| 中国银行无锡分行 0.23%（非流通股） | |
| 上海轻工控股(集团)公司 0.22%（非流通股） | |
| 实际控制人: | 上海国有资产监督管理委员会 |

二〇〇六年以来市场表现

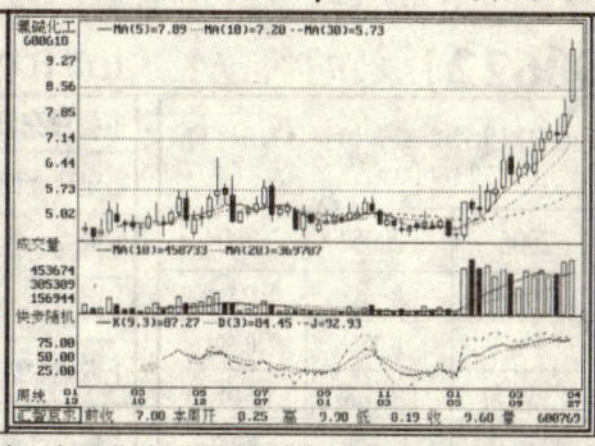

| | |
|---|---|
| 2006年涨跌幅(%) | 25.68 |
| 2006年最高(元) | 9.45 |
| 2007年涨跌幅(%) | 115.11 |
| 2007.4.27收盘(元) | 9.68 |
| 2007年最高(元) | 9.98 |
| 2007年最低(元) | 4.35 |
| 2007年换手率(%) | 363.1 |

未来一年限售流通股解禁情况:62262178股01月11日解禁

| 最新股本 | 总股本 | 非(限售)流通 | 流通A | 流通B/H/S | 股东户数 | 06年末 | 06三季 |
|---|---|---|---|---|---|---|---|
| | 115640 | 71003.96 | 3980.04 | 40656 | | 75066 | 76778 |

年报点评：2006年，产品价格下降和原材料价格上涨使得公司PVC产品继续亏损并导致公司出现整体亏损。2007年公司计划在产品产能扩张以及原材料价格预期回落的预期下，力争实现扭亏。

## 海立股份（600619/900910）

上市日期：A: 92/11/16 B: 93/01/18　电话：021－58547777　传真：021－50326960

| | | | | |
|---|---|---|---|---|
| 主营 | 生产销售空调压缩机、冰箱压缩机以及除湿机压缩机。 | | | |
| | 年度 | 2006 | 2005 | 2004 |
| 主要指标 | 每股收益/扣除后(元) | 0.13/0.1 | 0.32 | 0.473/0.46 |
| | 每股经营现金流量(元) | 1.59 | 1.39 | 0.88 |
| | 每股净资产/调整后(元) | 2.97/2.91 | 2.9/2.85 | 2.81/2.77 |
| | 未分利润(万元) | 8375.83 | 14569.52 | 18128.38 |
| | 资本公积(万元) | 39395.04 | 34531.19 | 34409.24 |
| 利润构成 | 主营收入(万元) | 348223.57 | 367045.05 | 345380.35 |
| | 主营利润(万元) | 42693.84 | 61729.5 | 73894.3 |
| | 投资收益(万元) | 643.14 | －2493.8 | －1389.92 |
| | 利润总额(万元) | 9238.01 | 25519.1 | 36172.1 |
| | 净利润(万元) | 6076.12 | 14680.82 | 21584.64 |
| 近年分配: | 06预案:10派1；05年:10派1.5；04年:10派2 | | | |

| 主要股东及持股比例%、持股性质 | |
|---|---|
| 上海市国有资产监督管理委员会 29.67%（部分流通部分不流通） | |
| 上海久事公司 4.46%（流通A股） | |
| 上海国际信托投资有限公司 1.76%（流通A股） | |
| 上海新工联(集团)有限公司 1.06%（流通A股） | |
| 上海上立实业发展合作公司 0.92%（流通A股） | |
| 上海电气(集团)总公司 0.82%（流通A股） | |
| HTHK－VALUE PARTNERS INTELLIGENT FUNDS－CHINA B SHARE FUND 0.39%（流通B股） | |
| DBS VICKERS（HONG KONG）LTD A/C CLIENT 0.36%（流通B股） | |
| NAITO SECURITIES CO. LTD. 0.35%（流通B股） | |
| DEUTSCHE BANK LONDON 0.34%（流通B股） | |
| 实际控制人: | 上海市国有资产监督管理委员会 |

二〇〇六年以来市场表现

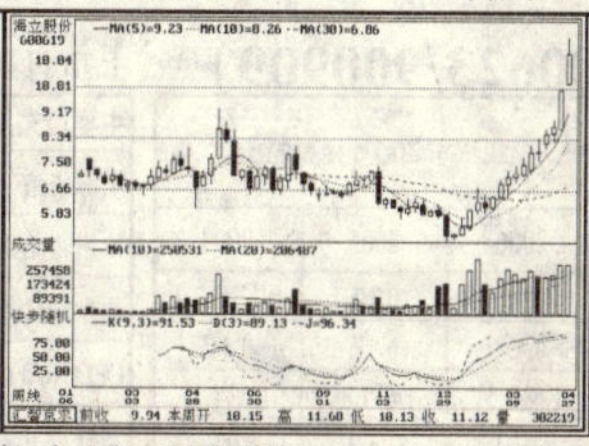

| | |
|---|---|
| 2006年涨跌幅(%) | －25.07 |
| 2006年最高(元) | 9.3 |
| 2007年涨跌幅(%) | 115.09 |
| 2007.4.27收盘(元) | 11.12 |
| 2007年最高(元) | 11.68 |
| 2007年最低(元) | 5.07 |
| 2007年换手率(%) | 283.53 |

未来一年限售流通股解禁情况:22831216股12月21日解禁

| 最新股本 | 总股本 | 非(限售)流通 | 流通A | 流通B/H/S | 股东户数 | 06年末 | 06三季 |
|---|---|---|---|---|---|---|---|
| | 45662.43 | 11265.11 | 12869.33 | 21528 | | 38579 | 36266 |

年报点评：公司是国内领先、全球前三的压缩机厂家。受空调行业增速放缓影响，06年公司主营产品空调压缩机销量减少，收入微幅下降，但原材料成本大幅上涨，公司净利润大幅下滑。07年行业依然面临较为严峻的市场形势，原材料成本压力依然存在。

## 天宸股份（600620）

上市日期：92/11/17　电话：021－62288811　传真：021－52069060

| | | | | |
|---|---|---|---|---|
| 主营 | 实业投资、国内贸易（除专项规定外）、房地产开发经营。主营业务为房地产开发、物业管理、交通运输及驾校培训等。 | | | |
| | 年度 | 2006 | 2005 | 2004 |
| 主要指标 | 每股收益/扣除后(元) | 0.049/－0.08 | 0.018 | 0.067/－0.026 |
| | 每股经营现金流量(元) | 0.306 | －0.22 | 0.092 |
| | 每股净资产/调整后(元) | 1.56/1.56 | 1.57/1.56 | 1.56/1.54 |
| | 未分利润(万元) | 5190.49 | 4560.13 | 4354.96 |
| | 资本公积(万元) | 7164.03 | 7269.49 | 7269.49 |
| 利润构成 | 主营收入(万元) | 8376.56 | 34812.25 | 38906.13 |
| | 主营利润(万元) | 576.78 | 3626.68 | 8240.55 |
| | 投资收益(万元) | 3489 | －185.97 | 1440.55 |
| | 利润总额(万元) | 859.8 | 700.56 | 3718.94 |
| | 净利润(万元) | 1553.67 | 599.12 | 2146.07 |
| 近年分配: | 06预案:10派0.1；05年:10派0.12；04年:10派0.1 | | | |

| 主要股东及持股比例%、持股性质 | |
|---|---|
| 上海仲盛虹桥房地产开发有限公司 25.08%（非流通股） | |
| 上海展览中心 4.11%（国有股） | |
| 上海牛奶(集团)有限公司 3.53%（国有股） | |
| 上海前峰建筑工程有限公司 1.73%（非流通股） | |
| 上海强生集团有限公司 1.68%（非流通股） | |
| 江南重工股份有限公司 1.5%（非流通股） | |
| 上海农业展览馆 1.3%（国有股） | |
| 上海市徐汇区农村信用合作社联合社 1.01%（非流通股） | |
| 上海长征工业有限公司 1%（非流通股） | |
| 农行上海 0.87%（非流通股） | |
| 实际控制人: | 叶立润 |

二〇〇六年以来市场表现

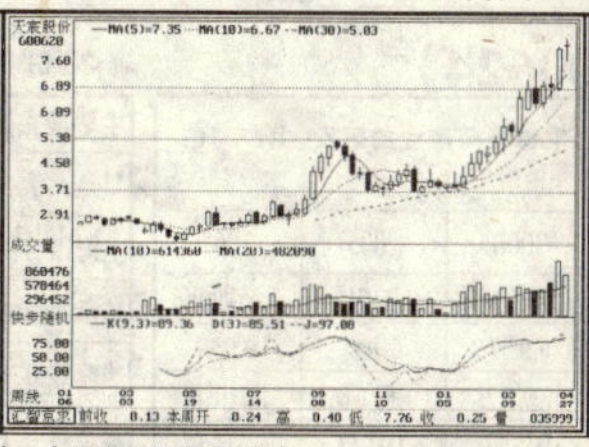

| | |
|---|---|
| 2006年涨跌幅(%) | 98.58 |
| 2006年最高(元) | 7.04 |
| 2007年涨跌幅(%) | 113.18 |
| 2007.4.27收盘(元) | 8.25 |
| 2007年最高(元) | 8.48 |
| 2007年最低(元) | 3.7 |
| 2007年换手率(%) | 543.6 |

未来一年限售流通股解禁情况:16006460股03月29日解禁

| 最新股本 | 总股本 | 非(限售)流通 | 流通A | 流通B/H/S | 股东户数 | 06年末 | 06三季 |
|---|---|---|---|---|---|---|---|
| | 32012.92 | 19170.63 | 12842.29 | | | 24014 | 21548 |

年报点评：利润主要来自转让北京宸京股权的投资收益。2006年由于地产项目预收款不具备结转条件，导致公司主营收入和主营利润同比降幅较大。公司在建项目玫瑰广场一期和二期进展顺利，北京义利大厦顺利动工，预计2007年4月开始预售。

## 上海金陵（600621）

上市日期:92/12/02　电话:021－63226000　传真:021－63502688

| 主营 | 微型电机、印刷电路板、电度表、印刷电路基板装联加工和高频电子产品、电子网络工程和网络产品等。 | | | |
|---|---|---|---|---|
| | 年　度 | 2006 | 2005 | 2004 |
| 主要指标 | 每股收益/扣除后(元) | 0.153/0.05 | 0.145 | 0.139/0.098 |
| | 每股经营现金流量(元) | 0.2037 | 0.1784 | 0.258 |
| | 每股净资产/调整后(元) | 1.84/1.68 | 1.81/1.65 | 1.76/1.59 |
| | 未分利润(万元) | 8577.75 | 7728.43 | 5523.62 |
| | 资本公积(万元) | 21469.06 | 21432.52 | 21432.52 |
| 利润构成 | 主营收入(万元) | 109035.08 | 105582.27 | 103613.63 |
| | 主营利润(万元) | 14335.45 | 19926.06 | 21156.46 |
| | 投资收益(万元) | 6662.15 | 2850.3 | 1494.7 |
| | 利润总额(万元) | 10891.89 | 10922.5 | 10353.75 |
| | 净利润(万元) | 8033.52 | 7584.79 | 7265.91 |
| 近年分配: | 06年:10派1.5；05年:10派1.2；04年:10派1 | | | |

| 主要股东及持股比例%、持股性质 |
|---|
| 国有资产 17.28%（国有股） |
| 上海敏特投资有限公司 13.54%（部分流通部分不流通） |
| 上海由由(集团)股份有限公司 2.33%（流通A股） |
| 上海益民食品一厂(集团)有限公司 1.61%（流通A股） |
| 上海金陵集体基金合作联社 1.25%（流通A股） |
| 中国纺织机械股份有限公司 0.44%（流通A股） |
| 上海仪电控股(集团)公司 0.43%（流通A股） |
| 石磊 0.42%（流通A股） |
| 上海第十七棉纺织总厂 0.4%（流通A股） |
| 新疆广汇动力有限公司 0.33%（流通A股） |
| 实际控制人: |

二〇〇六年以来市场表现

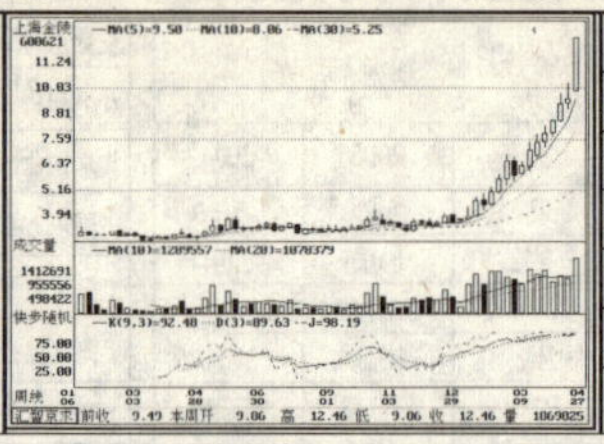

| | |
|---|---|
| 2006年涨跌幅(%) | 26.71 |
| 2006年最高(元) | 4.27 |
| 2007年涨跌幅(%) | 252.24 |
| 2007.4.27收盘(元) | 12.46 |
| 2007年最高(元) | 12.61 |
| 2007年最低(元) | 3.59 |
| 2007年换手率(%) | 475.81 |

未来一年限售流通股解禁情况:26204118股10月21日解禁

| 最新股本 | 总股本 | 非(限售)流通 | 流通A | 流通B/H/S | 股东户数 | 06年末 | 06三季 |
|---|---|---|---|---|---|---|---|
| | 52408.24 | 12087.45 | 40320.79 | | | 46429 | 49022 |

**年报点评**　公司主营工业房地产、以出租汽车服务为代表的现代服务业和以电表、SMT和PCB为代表的制造业,此外还有诸多金融资产。2006整体业绩处于平稳态势,公司实施"积极拓展服务业,稳定发展制造业"的战略,有望实现平稳发展。

## 嘉宝集团（600622）

上市日期:92/12/03　电话:021－59529711　传真:021－59536931

| 主营 | 房地产的开发经营、电子电容器生产制造和销售、灯用材料的生产制造和销售等。 | | | |
|---|---|---|---|---|
| | 年　度 | 2006 | 2005 | 2004 |
| 主要指标 | 每股收益/扣除后(元) | 0.242/0.115 | 0.165 | 0.11/0.099 |
| | 每股经营现金流量(元) | 0.48 | 0.208 | 0.201 |
| | 每股净资产/调整后(元) | 1.93/1.87 | 1.79/1.69 | 1.64/1.56 |
| | 未分利润(万元) | 8175.37 | 4441.59 | 2810.99 |
| | 资本公积(万元) | 17762.69 | 17761.9 | 15718.12 |
| 利润构成 | 主营收入(万元) | 55863.61 | 42119.13 | 37300.51 |
| | 主营利润(万元) | 5869.85 | 7682.04 | 7943.41 |
| | 投资收益(万元) | 8993.85 | 889.04 | 1930.9 |
| | 利润总额(万元) | 9087.78 | 6312.52 | 5062.87 |
| | 净利润(万元) | 8065.51 | 5500.53 | 3686.6 |
| 近年分配: | 05年:10派1；04年:10派0.8 | | | |

| 主要股东及持股比例%、持股性质 |
|---|
| 嘉定建业投资开发公司 14.26%（国有股） |
| 上海嘉定伟业投资开发有限公司 9.92%（非流通股） |
| 上海嘉加(集团)有限公司 4.29%（非流通股） |
| 上海嘉定绿和贸易有限公司 3.22%（非流通股） |
| 上海南翔资产经营有限公司 2.99%（非流通股） |
| 上海国平房产开发有限公司 2.15%（非流通股） |
| 中国农业银行上海市信托投资公司 2.02%（非流通股） |
| 申银万国证券股份有限公司 1.2%（非流通股） |
| 上海市嘉定区工贸投资有限公司 1.12%（部分流通部分不流通） |
| 上海颢伽经贸有限公司 0.85%（非流通股） |
| 实际控制人:　上海市嘉定区国有资产监督管理委员会 |

二〇〇六年以来市场表现

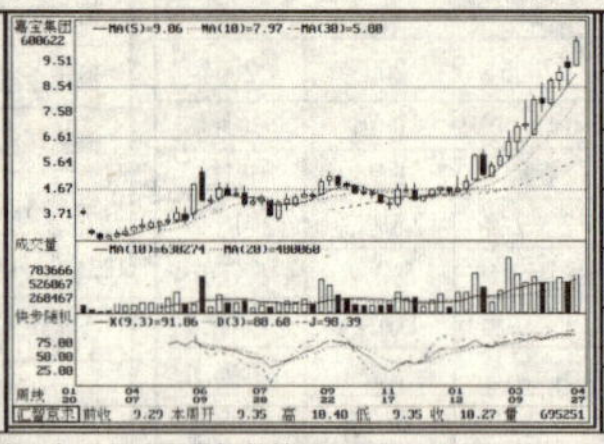

| | |
|---|---|
| 2006年涨跌幅(%) | 73.55 |
| 2006年最高(元) | 6.81 |
| 2007年涨跌幅(%) | 118.98 |
| 2007.4.27收盘(元) | 10.27 |
| 2007年最高(元) | 10.48 |
| 2007年最低(元) | 4.39 |
| 2007年换手率(%) | 411.35 |

未来一年限售流通股解禁情况:16416802股02月27日解禁

| 最新股本 | 总股本 | 非(限售)流通 | 流通A | 流通B/H/S | 股东户数 | 06年末 | 06三季 |
|---|---|---|---|---|---|---|---|
| | 33368.83 | 18968.77 | 14400.06 | | | 46203 | 46588 |

**年报点评**　主营收入和净利润同比较大增长,主要是四大板块均有所突破。主要地产项目宝菊配套商品房、嘉宝都市港湾城一期、盛创科技园一期等稳步推进;工贸型企业的内部管理、技术水平、产品结构等均有较大改善,实现整体扭亏为盈。

## 轮胎橡胶（600623/900909）

上市日期:A: 92/12/04 B: 92/12/04　电话:021－33024666　传真:021－63390367

| 主营 | 生产、销售斜交汽车轮胎、子午线汽车轮胎等橡胶轮胎。 | | | |
|---|---|---|---|---|
| | 年　度 | 2006 | 2005 | 2004 |
| 主要指标 | 每股收益/扣除后(元) | 0.159/0.069 | 0.145 | 0.128/0.111 |
| | 每股经营现金流量(元) | 0.458 | 0.436 | 0.143 |
| | 每股净资产/调整后(元) | 1.68/1.53 | 1.66/1.46 | 1.53/1.25 |
| | 未分利润(万元) | 16166.91 | 8741.27 | －82374.73 |
| | 资本公积(万元) | 58431.52 | 58425.71 | 113669.4 |
| 利润构成 | 主营收入(万元) | 634978.13 | 507796.3 | 472246.37 |
| | 主营利润(万元) | 69076.46 | 74190.39 | 79390.9 |
| | 投资收益(万元) | 5727.8 | －2489.63 | －4551.59 |
| | 利润总额(万元) | 15105.05 | 6832.03 | 16342.23 |
| | 净利润(万元) | 14168.79 | 12915.49 | 11355.85 |
| 近年分配: | 06年:10派0.5；05年:10派0.5 | | | |

| 主要股东及持股比例%、持股性质 |
|---|
| 上海华谊(集团)公司 66.32%（国有股） |
| 徐州轮胎集团公司 0.66%（非流通股） |
| 北京瑞祥兴达贸易有限公司 0.33%（非流通股） |
| DEBORAH WANG LIN 0.31%（流通B股） |
| 刘春富 0.29%（流通B股） |
| 上海市公积金管理中心 0.28%（非流通股） |
| NAITO SECURITIES CO. LTD. 0.26%（流通B股） |
| DBS VICKERS（HONG KONG）LTD A/C CLIENT 0.22%（流通B股） |
| TOYO SECURITIES ASIA LTD. A/C CLIENT 0.21%（流通B股） |
| 徐孜文 0.18%（流通B股） |
| 实际控制人:　上海市国有资产监督管理委员会 |

二〇〇六年以来市场表现

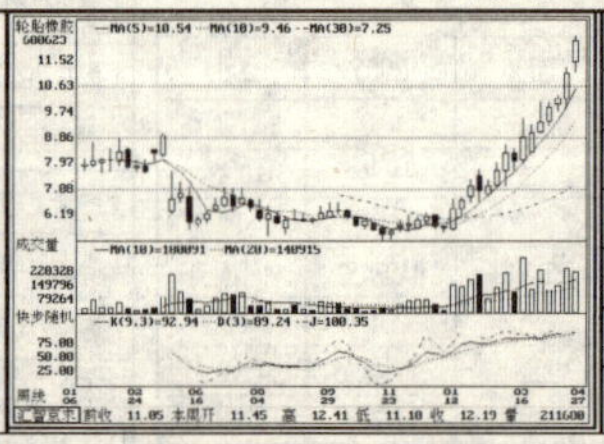

| | |
|---|---|
| 2006年涨跌幅(%) | 25.4 |
| 2006年最高(元) | 13.04 |
| 2007年涨跌幅(%) | 111.27 |
| 2007.4.27收盘(元) | 12.19 |
| 2007年最高(元) | 12.41 |
| 2007年最低(元) | 5.56 |
| 2007年换手率(%) | 656.05 |

未来一年限售流通股解禁情况:17630261股05月22日解禁

| 最新股本 | 总股本 | 非(限售)流通 | 流通A | 流通B/H/S | 股东户数 | 06年末 | 06三季 |
|---|---|---|---|---|---|---|---|
| | 88946.77 | 60747.17 | 3889.6 | 24310 | | 48318 | 49308 |

**年报点评**　2006年由于国内外胶价上涨幅度较大,导致公司主营业务盈利能力同比下降,但由于投资收益大幅增长,公司净利润仍保持相对稳定。2007年,随着胶价的回落,预计公司业绩将有一定幅度的提升。

## 复旦复华（600624）

上市日期:93/01/05　电话:021－65103021　传真:021－65107402

| 主营 | 软件产业的开发与服务,生物医药产业的研发、生产与销售,以及高科技园区建设和房地产开发。 | | | |
|---|---|---|---|---|
| | 年　度 | 2006 | 2005 | 2004 |
| 主要指标 | 每股收益/扣除后(元) | 0.047/0.007 | 0.074 | 0.063/0.056 |
| | 每股经营现金流量(元) | 0.0877 | 0.1814 | 0.0999 |
| | 每股净资产/调整后(元) | 1.39/1.23 | 1.82/1.66 | 1.74/1.61 |
| | 未分利润(万元) | 1159.98 | 1131.13 | －314.69 |
| | 资本公积(万元) | 9366.65 | 17880.92 | 17853.21 |
| 利润构成 | 主营收入(万元) | 38876.6 | 35538.57 | 32546.94 |
| | 主营利润(万元) | 13481.83 | 13885.35 | 14607.35 |
| | 投资收益(万元) | －553.55 | 135.62 | －282.22 |
| | 利润总额(万元) | 2558.17 | 3207.39 | 2299.54 |
| | 净利润(万元) | 1624.7 | 1951.87 | 1660.96 |
| 近年分配: | 06预案:10派0.15；05年:10派0.305 | | | |

| 主要股东及持股比例%、持股性质 |
|---|
| 复旦大学 24.99%（非流通股） |
| 上海国有资产经营有限公司 4.49%（非流通股） |
| 魏承福 0.2%（流通A股） |
| 唐峰兼 0.11%（流通A股） |
| 陈金玲 0.1%（流通A股） |
| 刘静华 0.08%（流通A股） |
| 樊鸿 0.08%（流通A股） |
| 王景辉 0.07%（流通A股） |
| 赵忠华 0.07%（流通A股） |
| 陈合安 0.07%（流通A股） |
| 实际控制人:　国家教育部 |

二〇〇六年以来市场表现

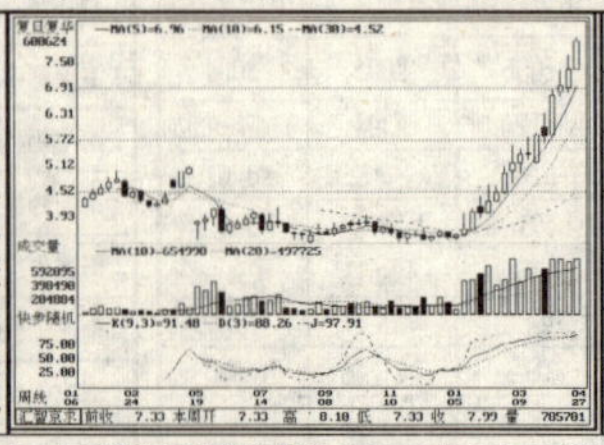

| | |
|---|---|
| 2006年涨跌幅(%) | 25.56 |
| 2006年最高(元) | 6.31 |
| 2007年涨跌幅(%) | 132.27 |
| 2007.4.27收盘(元) | 7.99 |
| 2007年最高(元) | 8.1 |
| 2007年最低(元) | 3.39 |
| 2007年换手率(%) | 378.16 |

未来一年限售流通股解禁情况:6903101股05月17日解禁

| 最新股本 | 总股本 | 非(限售)流通 | 流通A | 流通B/H/S | 股东户数 | 06年末 | 06三季 |
|---|---|---|---|---|---|---|---|
| | 34515.5 | 10175.52 | 24339.98 | | | 84623 | 89929 |

**年报点评**　公司主营工业、商业、房地产开发和软件业务。2006年,软件公司积极开拓软件外包业务,加强药业公司销售管理,强化供应商审计,园区公司努力开拓招商业务,推动公司主营稳健增长。但人民币升值和药品降价导致公司盈利有所下滑。

# 申达股份（600626）

上市日期:93/01/07　　电话:021－62328282　　传真:021－62317250

| | | | | |
|---|---|---|---|---|
| 主营 | 纺织品外贸,产业用纺织品,传统纺织制造业,房产物业基本建设等。 | | | |
| | 年　度 | 2006 | 2005 | 2004 |
| 主要指标 | 每股收益/扣除后(元) | 0.232/0.182 | 0.165 | 0.243/0.19 |
| | 每股经营现金流量(元) | 0.25 | 0.34 | 0.608 |
| | 每股净资产/调整后(元) | 3.31/3.28 | 3.18/3.16 | 4.32/4.29 |
| | 未分利润(万元) | 12763.85 | 10554.43 | 6341.97 |
| | 资本公积(万元) | 39923.85 | 40086.15 | 53755.26 |
| 利润构成 | 主营收入(万元) | 477930.98 | 495718.73 | 486418.6 |
| | 主营利润(万元) | 34641.12 | 31023.83 | 33932.73 |
| | 投资收益(万元) | 5529.03 | 2911.49 | 3107.92 |
| | 利润总额(万元) | 13833.27 | 9803.55 | 11763.89 |
| | 净利润(万元) | 11004.59 | 7801.48 | 8203.1 |
| 近年分配: | 06 预案:10 派 1 ; 05 年:10 派 1 ; 04 年:10 派 1 转增 4 | | | |

| 主要股东及持股比例%、持股性质 | |
|---|---|
| 国有股份 31.073% (国有股) | |
| 中国电力财务有限公司 1.1% (非流通股) | |
| 上海国际信托投资有限公司 1.03% (非流通股) | |
| 上海城市房地产有限公司 1.03% (非流通股) | |
| 上海第十七棉纺织总厂 0.86% (非流通股) | |
| 上海市纺织原料公司 0.69% (非流通股) | |
| 中国纺织品进出口公司 0.69% (非流通股) | |
| 上海百联集团股份有限公司 0.68% (非流通股) | |
| 中国银行上海信托咨询公司 0.55% (非流通股) | |
| 申银万国证券股份有限公司 0.47% (非流通股) | |
| 实际控制人: | 上海纺织控股(集团)公司 |

二〇〇六年以来市场表现

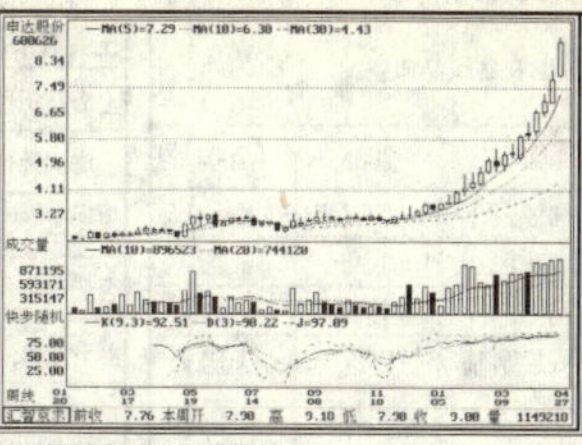

| | |
|---|---|
| 2006 年涨跌幅(%) | 51.7 |
| 2006 年最高(元) | 5.01 |
| 2007 年涨跌幅(%) | 159.37 |
| 2007.4.27 收盘(元) | 9 |
| 2007 年最高(元) | 9.18 |
| 2007 年最低(元) | 3.43 |
| 2007 年换手率(%) | 405.06 |

未来一年限售流通股解禁情况:

| 最新股本 | 总股本 | 非(限售)流通 | 流通 A | 流通 B/H/S | 股东户数 | 06 年末 | 06 三季 |
|---|---|---|---|---|---|---|---|
| | 47349.52 | 21191.85 | 26157.67 | | | 51495 | 56826 |

**年报点评** 公司主营业务包括纺织品外贸、汽车配套和柔性复合材料等产业用纺织品业务、制线和印染,以及房产物业,公司近三年不断实施战略调整,包括汽车配套业务布局扩张、传统纺织业务调整、外贸业务流程再造,其成果已逐步显现,资产的盈利能力提高。

# 上电股份（600627）

上市日期:93/01/18　　电话:021－62102651　　传真:021－62267260

| | | | | |
|---|---|---|---|---|
| 主营 | 电站网络成套设备,高低压输缩配电设备,变压器,自动化控制装置,交直流电机,工夹模具的设计制造、销售、安装。 | | | |
| | 年　度 | 2006 | 2005 | 2004 |
| 主要指标 | 每股收益/扣除后(元) | 1.06/1.02 | 0.83 | 0.26/0.24 |
| | 每股经营现金流量(元) | 0.12 | 0.11 | 0.25 |
| | 每股净资产/调整后(元) | 3.7/3.68 | 2.9/2.88 | 2.14/2.02 |
| | 未分利润(万元) | 87380.73 | 51216.32 | 19371.18 |
| | 资本公积(万元) | 34282.64 | 34200.79 | 33638.84 |
| 利润构成 | 主营收入(万元) | 229159.44 | 181274.83 | 129438.28 |
| | 主营利润(万元) | 29855.33 | 23885.95 | 22638.1 |
| | 投资收益(万元) | 57652.19 | 44044.26 | 14547.19 |
| | 利润总额(万元) | 55341.56 | 44009.4 | 14381.55 |
| | 净利润(万元) | 54992.87 | 42932.28 | 13536.59 |
| 近年分配: | 06 预案:10 派 4 ; 05 年:10 派 2.5 ; 04 年:10 派 0.8 | | | |

| 主要股东及持股比例%、持股性质 | |
|---|---|
| 上海电气集团股份有限公司 83.75% (国有股) | |
| 国际金融－渣打－GOVERMENT OF SINGAPORE INVESTMENT CORPORATIO 0.95% (流通 A 股) | |
| 申银万国证券股份有限公司 0.54% (非流通股) | |
| 上海国际信托投资有限公司 0.39% (非流通股) | |
| 上海电器工业有限公司 0.34% (非流通股) | |
| 中国工商银行上海市第二支行 0.31% (非流通股) | |
| 中国农业银行－中海分红增利混合型开放式证券投资基金 0.29% (流通 A 股) | |
| 高华－汇丰－GOLDMAN SACHS & CO. 0.22% (流通 A 股) | |
| 沈阳联亚实业发展公司 0.21% (非流通股) | |
| 电职技协 0.18% (非流通股) | |
| 实际控制人: | 上海电气(集团)总公司 |

二〇〇六年以来市场表现

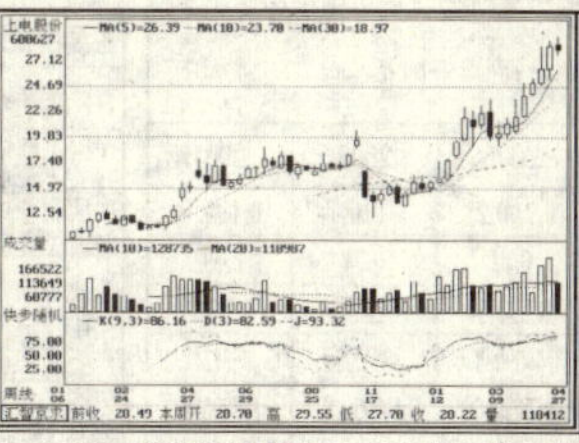

| | |
|---|---|
| 2006 年涨跌幅(%) | 84.67 |
| 2006 年最高(元) | 20.63 |
| 2007 年涨跌幅(%) | 89.14 |
| 2007.4.27 收盘(元) | 28.22 |
| 2007 年最高(元) | 29.55 |
| 2007 年最低(元) | 14.59 |
| 2007 年换手率(%) | 400.36 |

未来一年限售流通股解禁情况:33158249 股 11 月 07 日解禁

| 最新股本 | 总股本 | 非(限售)流通 | 流通 A | 流通 B/H/S | 股东户数 | 06 年末 | 06 三季 |
|---|---|---|---|---|---|---|---|
| | 51796.55 | 46696.54 | 5100 | | | 20132 | 18027 |

**年报点评** 公司主营输配电产品的生产销售。2006 年在参股公司上海锅炉厂和众多输配电合资公司投资收益大幅增长的基础上,公司收入和利润均大幅增长。2007 年国内输配电行业继续保持高度景气,公司投资收益仍将继续上涨。

# 新世界（600628）

上市日期:93/01/19　　电话:021－63588888　　传真:021－63583331

| | | | | |
|---|---|---|---|---|
| 主营 | 商品批发零售 | | | |
| | 年　度 | 2006 | 2005 | 2004 |
| 主要指标 | 每股收益/扣除后(元) | 0.26 | 0.25 | 0.27/0.24 |
| | 每股经营现金流量(元) | 0.79 | 0.66 | 0.6 |
| | 每股净资产/调整后(元) | 2.75/2.71 | 2.86/2.79 | 3.4/3.39 |
| | 未分利润(万元) | 31591.33 | 27046.2 | 27651.24 |
| | 资本公积(万元) | 46355.56 | 46355.56 | 46355.56 |
| 利润构成 | 主营收入(万元) | 192182.97 | 149441.61 | 138690.87 |
| | 主营利润(万元) | 52341.79 | 33975.63 | 32075.32 |
| | 投资收益(万元) | －99.78 | －118.84 | －64.9 |
| | 利润总额(万元) | 16898.25 | 16025.1 | 12562.74 |
| | 净利润(万元) | 13788.79 | 11463.48 | 9669.56 |
| 近年分配: | 06 预案:10 派 1.3 ; 05 年:10 送 1.5 ; 04 年:10 送 3 | | | |

| 主要股东及持股比例%、持股性质 | |
|---|---|
| 上海市黄浦区国有资产监督管理委员会 24.99% (国有股) | |
| 金鑫证券投资基金 4.65% (流通 A 股) | |
| 中国工商银行－南方绩优成长股票型证券投资基金 2.86% (流通 A 股) | |
| 中国银行－易方达平稳增长证券投资基金 2.56% (流通 A 股) | |
| 中国建设银行－上投摩根成长先锋股票型证券投资基金 2.19% (流通 A 股) | |
| 中国农业银行－交银施罗德成长股票证券投资基金 1.91% (流通 A 股) | |
| 中国建设银行－交银施罗德稳健配置混合型证券投资基金 1.84% (流通 A 股) | |
| 上海新世界(集团)有限公司 1.69% (国有股) | |
| 中国建设银行－华夏优势增长股票型证券投资基金 1.56% (流通 A 股) | |
| JF 资产管理有限公司－JF 中国先驱 A 股基金 1.51% (流通 A 股) | |
| 实际控制人: | 上海市黄浦区国有资产监督管理委员会 |

二〇〇六年以来市场表现

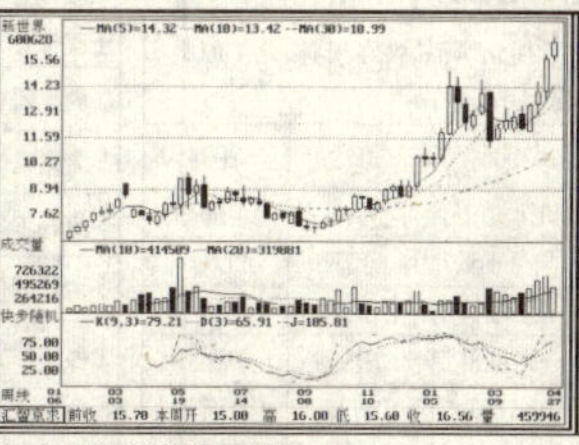

| | |
|---|---|
| 2006 年涨跌幅(%) | 144.89 |
| 2006 年最高(元) | 16.57 |
| 2007 年涨跌幅(%) | 57.71 |
| 2007.4.27 收盘(元) | 16.56 |
| 2007 年最高(元) | 16.88 |
| 2007 年最低(元) | 10.09 |
| 2007 年换手率(%) | 148.2 |

未来一年限售流通股解禁情况:

| 最新股本 | 总股本 | 非(限售)流通 | 流通 A | 流通 B/H/S | 股东户数 | 06 年末 | 06 三季 |
|---|---|---|---|---|---|---|---|
| | 53179.93 | 19321.39 | 33858.54 | | | 20321 | 34716 |

**年报点评** 公司主营百货零售、酒店旅游等业务。报告期内公司着力打造的新世界综合消费圈品牌调整初见成效，娱乐功能初步完善，酒店经营初露头角。报告期是新世界品牌调整、结构调整和转型的起步年,将为公司持续发展及业绩增长奠定基础。

# S＊ST 棱光（600629）

上市日期:93/02/09　　电话:021－511616181　　传真:021－51161660

| | | | | |
|---|---|---|---|---|
| 主营 | 三氯氢硅、石英玻璃制品的生产、销售及出租汽车营运业务。 | | | |
| | 年　度 | 2006 | 2005 | 2004 |
| 主要指标 | 每股收益/扣除后(元) | 0.58 | －0.01 | －0.95/－0.7 |
| | 每股经营现金流量(元) | 1.11 | 0.055 | 0.011 |
| | 每股净资产/调整后(元) | 0.02/0.01 | －3.66/－3.67 | －3.69/－3.71 |
| | 未分利润(万元) | －69085.18 | －77894.5 | －77689.35 |
| | 资本公积(万元) | 52550.18 | 5711.21 | 4946.99 |
| 利润构成 | 主营收入(万元) | 3066.52 | 3490.87 | 3202.41 |
| | 主营利润(万元) | 345.66 | 635.93 | 316.18 |
| | 投资收益(万元) | －11.56 | －1.59 | －8.8 |
| | 利润总额(万元) | 8809.32 | －205.15 | －14442.33 |
| | 净利润(万元) | 8809.32 | －205.15 | －14442.33 |
| 近年分配: | | | | |

| 主要股东及持股比例%、持股性质 | |
|---|---|
| 四川嘉信贸易有限责任公司 29.07% (非流通股) | |
| 上海建筑材料(集团)总公司(国资授权) 16.61% (国有股) | |
| 福州飞越集团有限公司 6.44% (非流通股) | |
| 无锡新江南实业股份有限公司 2.04% (非流通股) | |
| 上海第十七棉纺织总厂 0.81% (非流通股) | |
| 中国纺织机械股份有限公司 0.72% (非流通股) | |
| 李望忠 0.61% (流通 A 股) | |
| 上海氯碱总厂 0.54% (非流通股) | |
| 李江玲 0.51% (流通 A 股) | |
| 郑林奇 0.49% (流通 A 股) | |
| 实际控制人: | 张斌 |

二〇〇六年以来市场表现

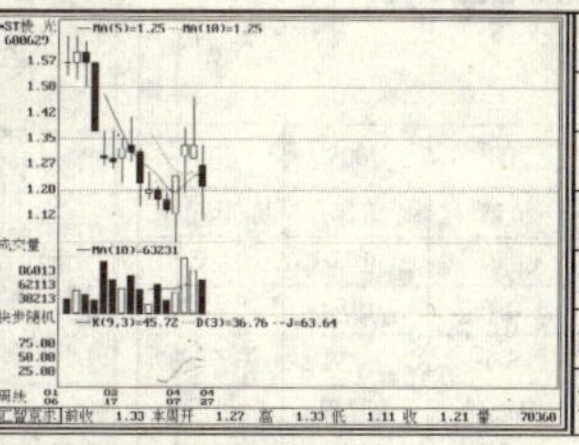

| | |
|---|---|
| 2006 年涨跌幅(%) | |
| 2006 年最高(元) | |
| 2007 年涨跌幅(%) | |
| 2007.4.27 收盘(元) | |
| 2007 年最高(元) | |
| 2007 年最低(元) | |
| 2007 年换手率(%) | |

未来一年限售流通股解禁情况:

| 最新股本 | 总股本 | 非(限售)流通 | 流通 A | 流通 B/H/S | 股东户数 | 06 年末 | 06 三季 |
|---|---|---|---|---|---|---|---|
| | 15137.76 | 9361.7 | 5776.05 | | | 18070 | 18070 |

**年报点评** 2006 年公司生产用氢气、氯气的供应单位间隙性停产导致被动停产多次;巨额债务未得到解决;对原大股东恒通集团的债务追索也未见成效。二股东上海建材(集团)积极促进公司业务开展和资产重组。

## 龙头股份（600630）

上市日期:93/02/09　　电话:021－34061116　　传真:021－54666630

| 主营 | 针织、家用纺织品、服装服饰及纺织品印染 | | | |
|---|---|---|---|---|
| | 年　度 | 2006 | 2005 | 2004 |
| 主要指标 | 每股收益/扣除后(元) | 0.058/－0.199 | 0.031 | －0.696/－0.652 |
| | 每股经营现金流量(元) | 0.188 | 0.866 | 0.702 |
| | 每股净资产/调整后(元) | 3.25/3.13 | 3.22/3.09 | 3.18/3.02 |
| | 未分利润(万元) | －12764.66 | －11728.76 | －30391.42 |
| | 资本公积(万元) | 96855.13 | 97217.15 | 111191.2 |
| 利润构成 | 主营收入(万元) | 349366.64 | 336265.38 | 332108.84 |
| | 主营利润(万元) | 43666.95 | 45989.43 | 39489.68 |
| | 投资收益(万元) | 198.97 | 1638.11 | －3617.7 |
| | 利润总额(万元) | 2946.85 | －342.13 | －33036.61 |
| | 净利润(万元) | 2457.41 | 1313.88 | －29578.49 |
| 近年分配: | | | | |

| 主要股东及持股比例%、持股性质 |
|---|
| 上海纺织(集团)有限公司 30.08%（国有股） |
| 上海国际信托投资有限公司 3.57%（非流通股） |
| 中国平安人寿保险股份有限公司－传统－普通保险产品 0.99%（流通 A 股） |
| 合肥科创投资管理有限公司 0.85%（非流通股） |
| 陈升华 0.71%（流通 A 股） |
| 中国纺织机械股份有限公司 0.57%（非流通股） |
| 上海申达股份有限公司 0.56%（非流通股） |
| 上海天迪科技投资发展有限公司 0.56%（非流通股） |
| 上海金陵股份有限公司 0.56%（非流通股） |
| 上海南上海商业房地产有限公司 0.51%（非流通股） |
| 实际控制人：上海纺织(集团)有限公司 |

二〇〇六年以来市场表现

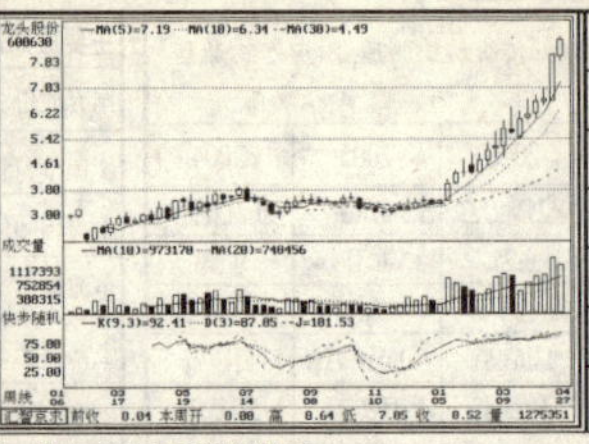

| | |
|---|---|
| 2006 年涨跌幅(%) | 59.03 |
| 2006 年最高(元) | 5.16 |
| 2007 年涨跌幅(%) | 153.57 |
| 2007.4.27 收盘(元) | 8.52 |
| 2007 年最高(元) | 8.64 |
| 2007 年最低(元) | 3.3 |
| 2007 年换手率(%) | 475.77 |

未来一年限售流通股解禁情况:

| 最新股本 | 总股本 | 非(限售)流通 | 流通 A | 流通 B/H/S | 股东户数 | 06 年末 | 06 三季 |
|---|---|---|---|---|---|---|---|
| | 42486.16 | 17069.86 | 25416.3 | | | 68154 | 74521 |

年报点评：公司主营纺织品的品牌经营和国际贸易,06 年受到传统的成本优势下滑和人民币持续升值的双重压力,公司 07 年将继续以品牌建设为核心,"前店后厂"贸易优势,提高国际营销效益。06 年地块动迁共获得了 4.35 亿元补偿款,其中 1.38 亿元将用于 07 年。

## 百联股份（600631）

上市日期:93/02/19　　电话:021－63225020　　传真:021－63517447

| 主营 | 综合百货、广告、进出口贸易、商业咨询等。 | | | |
|---|---|---|---|---|
| | 年　度 | 2006 | 2005 | 2004 |
| 主要指标 | 每股收益/扣除后(元) | 0.24/0.25 | 0.18 | 0.13/0.13 |
| | 每股经营现金流量(元) | 0.81 | 0.74 | 0.592 |
| | 每股净资产/调整后(元) | 3.36/3.34 | 3.27/3.23 | 3.2/3.17 |
| | 未分利润(万元) | 44090.4 | 38567.79 | 33121 |
| | 资本公积(万元) | 167659.66 | 167956.8 | 167896.22 |
| 利润构成 | 主营收入(万元) | 847631.46 | 899893.4 | 471551.9 |
| | 主营利润(万元) | 173351.92 | 175446.91 | 99072.96 |
| | 投资收益(万元) | －1182.97 | －3417.22 | 1695.45 |
| | 利润总额(万元) | 45687.44 | 31927.62 | 22865.58 |
| | 净利润(万元) | 26825.52 | 19940.92 | 13968.45 |
| 近年分配: | 06 预案:10 派 1.8；05 年:10 派 1.5；04 年:10 派 1 | | | |

| 主要股东及持股比例%、持股性质 |
|---|
| 百联集团有限公司 44.01%（国有股） |
| 中国工商银行－易方达价值精选股票型证券投资基金 2.46%（流通 A 股） |
| 中国农业银行－交银施罗德成长股票证券投资基金 1.94%（流通 A 股） |
| 海通－中行－FORTIS BANK SA/NV 1.71%（流通 A 股） |
| 中国建设银行－上投摩根成长先锋股票型证券投资基金 1.62%（流通 A 股） |
| 中国工商银行－南方绩优成长股票型证券投资基金 1.32%（流通 A 股） |
| 普丰证券投资基金 1.08%（流通 A 股） |
| 中国建设银行－华夏优势增长股票型证券投资基金 1%（流通 A 股） |
| 申银万国证券股份有限公司 0.87%（非流通股） |
| 上海松江粮油购销总公司 0.67%（非流通股） |
| 实际控制人：上海市国有资产监督管理委员会 |

二〇〇六年以来市场表现

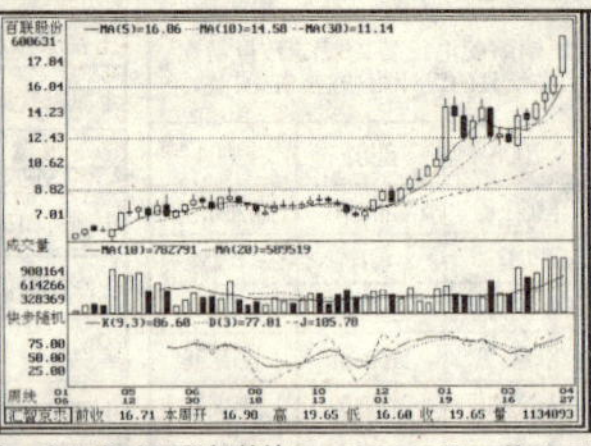

| | |
|---|---|
| 2006 年涨跌幅(%) | 133.42 |
| 2006 年最高(元) | 13.36 |
| 2007 年涨跌幅(%) | 106.63 |
| 2007.4.27 收盘(元) | 19.65 |
| 2007 年最高(元) | 19.65 |
| 2007 年最低(元) | 9.65 |
| 2007 年换手率(%) | 224.59 |

未来一年限售流通股解禁情况:55051365 股 04 月 18 日解禁

| 最新股本 | 总股本 | 非(限售)流通 | 流通 A | 流通 B/H/S | 股东户数 | 06 年末 | 06 三季 |
|---|---|---|---|---|---|---|---|
| | 110102.73 | 67596.67 | 42506.06 | | | 78004 | 102453 |

年报点评：报告期内公司明确了百货和购物中心作为主要经营业态和重点发展方向,并对两大业态进行整合。公司目前还新增青浦奥特莱斯品牌直销广场、百联世贸国际广场二期、百联又一城购物中心、一百商城、长沙百联东方商厦以及宁波东方商厦等项目。

## 白猫股份（600633）

上市日期:93/03/04　　电话:021－32023251　　传真:021－52701369

| 主营 | 主营牙膏、牙刷、洗涤剂、日用化学品、洗涤用具、化工原料等。 | | | |
|---|---|---|---|---|
| | 年　度 | 2006 | 2005 | 2004 |
| 主要指标 | 每股收益/扣除后(元) | 0.027/－0.133 | －0.256/－0.259 | 0.021/0.015 |
| | 每股经营现金流量(元) | －0.005 | －0.139 | 0.067 |
| | 每股净资产/调整后(元) | 1.17/1.14 | 1.11/1.07 | 1.36/1.31 |
| | 未分利润(万元) | －1710.81 | －2115.89 | 1780.67 |
| | 资本公积(万元) | 2653.33 | 2159.88 | 2159.88 |
| 利润构成 | 主营收入(万元) | 35915.56 | 42727.5 | 32845.08 |
| | 主营利润(万元) | 4137.46 | 4536.29 | 4742.67 |
| | 投资收益(万元) | －57.03 | －17.69 | －81.23 |
| | 利润总额(万元) | 405.59 | －3885.04 | 285.65 |
| | 净利润(万元) | 405.08 | －3896.57 | 312.93 |
| 近年分配: | | | | |

| 主要股东及持股比例%、持股性质 |
|---|
| 新洲集团有限公司 27.59%（非流通股） |
| 上海白猫(集团)有限公司 13.33%（国有股） |
| 上海轻工集体经济管理中心 8.88%（非流通股） |
| 上海国际信托投资有限公司 2.32%（非流通股） |
| 上海金陵股份有限公司 1.91%（非流通股） |
| 中国纺织机械股份有限公司 1.91%（非流通股） |
| 上海机电股份有限公司 1.44%（非流通股） |
| 上海第十七棉纺织总厂 1.43%（非流通股） |
| 上海氯碱总厂 0.95%（非流通股） |
| 申银万国证券股份有限公司 0.9%（非流通股） |
| 实际控制人：傅建中 |

二〇〇六年以来市场表现

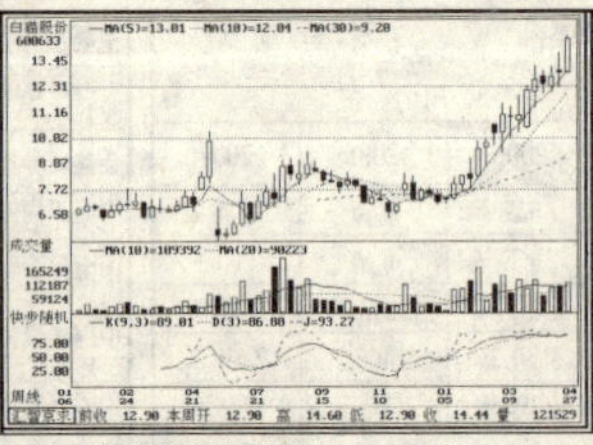

| | |
|---|---|
| 2006 年涨跌幅(%) | 61.35 |
| 2006 年最高(元) | 14.1 |
| 2007 年涨跌幅(%) | 103.09 |
| 2007.4.27 收盘(元) | 14.44 |
| 2007 年最高(元) | 14.6 |
| 2007 年最低(元) | 7.04 |
| 2007 年换手率(%) | 834.02 |

未来一年限售流通股解禁情况:71739671 股 06 月 13 日解禁

| 最新股本 | 总股本 | 非(限售)流通 | 流通 A | 流通 B/H/S | 股东户数 | 06 年末 | 06 三季 |
|---|---|---|---|---|---|---|---|
| | 15205.08 | 13225.08 | 1980 | | | 8605 | 9055 |

年报点评：2006 年由于定牌加工业务量的减少以及竞争的加剧,导致公司主营业务进一步萎缩,同时期间费用居高不下,致使公司经营比较困难。但公司获得常德路 774 号房产拆迁补偿款,从而使公司实现盈利。如果公司主业不能好转,2007 年业绩仍不容乐观。

## 海鸟发展（600634）

上市日期:93/03/04　　电话:021－62678574　　传真:021－32181400

| 主营 | 房地产开发与经营。 | | | |
|---|---|---|---|---|
| | 年　度 | 2006 | 2005 | 2004 |
| 主要指标 | 每股收益/扣除后(元) | 0.03 | 0.08 | 0.01/－0.06 |
| | 每股经营现金流量(元) | 0.09 | 0.76 | 6.55 |
| | 每股净资产/调整后(元) | 2.34/2.32 | 2.34/2.32 | 2.26/2.25 |
| | 未分利润(万元) | 329 | 164.99 | －271.39 |
| | 资本公积(万元) | 6676.68 | 6917.92 | 6917.92 |
| 利润构成 | 主营收入(万元) | 1223.33 | 3667.46 | 23371.89 |
| | 主营利润(万元) | 1000.4 | 504.81 | 2437.63 |
| | 投资收益(万元) | | 840 | 1.88 |
| | 利润总额(万元) | 535.85 | 1037.41 | 981.12 |
| | 净利润(万元) | 256.41 | 692.78 | 59.77 |
| 近年分配: | | | | |

| 主要股东及持股比例%、持股性质 |
|---|
| 上海东宏实业投资有限公司 21.63%（非流通股） |
| 香港新科创力有限公司 18.09%（外资股） |
| 香港美泰国际有限公司 3.17%（外资股） |
| 上海华成无线电厂有限公司 2.33%（非流通股） |
| 俞亦希 0.92%（流通 A 股） |
| 吕军 0.45%（流通 A 股） |
| 王俊 0.32%（流通 A 股） |
| 翟明东 0.26%（流通 A 股） |
| 邵根龙 0.25%（流通 A 股） |
| 成勤雯 0.25%（流通 A 股） |
| 实际控制人：周正毅 |

二〇〇六年以来市场表现

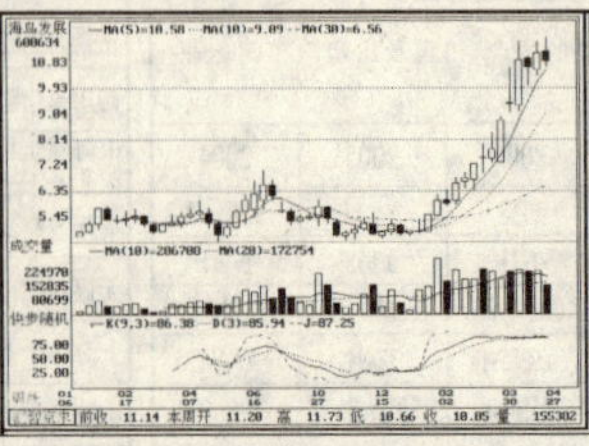

| | |
|---|---|
| 2006 年涨跌幅(%) | 21.52 |
| 2006 年最高(元) | 7.19 |
| 2007 年涨跌幅(%) | 125.57 |
| 2007.4.27 收盘(元) | 10.85 |
| 2007 年最高(元) | 11.73 |
| 2007 年最低(元) | 4.73 |
| 2007 年换手率(%) | 642.42 |

未来一年限售流通股解禁情况:13516919 股 09 月 20 日解禁

| 最新股本 | 总股本 | 非(限售)流通 | 流通 A | 流通 B/H/S | 股东户数 | 06 年末 | 06 三季 |
|---|---|---|---|---|---|---|---|
| | 8720.73 | 3943.56 | 4777.17 | | | 17380 | 18045 |

年报点评：公司 2006 年主营收入同比减少 66.64%,净利润同比减少 62.99%,主要是由于房产销售数量减少所致。公司目前仅有杨浦区西方子桥项目的投资以及少量存量房产的经营,但动迁安置成本不断上升,公司正在积极盘活该项目。

## 大众公用（600635）

上市日期:93/03/04　　电话:021－64288888　　传真:021－64288727

**主营**：以城市公用事业产业（城市交通、城市燃气）为主，以高新技术产业为辅。

| | 年　度 | 2006 | 2005 | 2004 |
|---|---|---|---|---|
| 主要指标 | 每股收益/扣除后(元) | 0.12/0.02 | 0.05 | 0.06/0.005 |
| | 每股经营现金流量(元) | 0.2809 | 0.4973 | 0.2935 |
| | 每股净资产/调整后(元) | 1.93/1.89 | 2.4/2.4 | 3.07/3.06 |
| | 未分利润(万元) | 14749.73 | 6641.59 | 5379.41 |
| | 资本公积(万元) | 40477.2 | 62456 | 78614.51 |
| 利润构成 | 主营收入(万元) | 236252.97 | 211030.12 | 187216.94 |
| | 主营利润(万元) | 27652.88 | 26987.48 | 19160.08 |
| | 投资收益(万元) | 18811.34 | 3153.61 | 2603.85 |
| | 利润总额(万元) | 21419.96 | 12949.48 | 10318.24 |
| | 净利润(万元) | 10670.75 | 3623.16 | 3011.75 |

**近年分配**：06 预案:10 送 1.5 转增 2；05 年:10 派 0.3；04 年:10 转增 3

| 主要股东及持股比例%、持股性质 |
|---|
| 上海大众企业管理有限公司 20.91%（部分流通部分不流通） |
| 上海市政资产经营发展有限公司 8.15%（国有股） |
| 交通银行上海浦东分行 0.99%（国有股） |
| 上海大众万祥汽车修理公司 0.73%（非流通股） |
| 无锡客运总公司 0.68%（非流通股） |
| 上海双发投资有限公司 0.65%（非流通股） |
| 上海申能资产管理有限公司 0.56%（流通 A 股） |
| 中保财产无锡分公司离退休职工服务部 0.34%（非流通股） |
| 赵敏 0.27%（流通 A 股） |
| 海南信隆房地产开发有限公司 0.19%（流通 A 股） |

**实际控制人**：上海大众企业管理有限公司

二〇〇六年以来市场表现

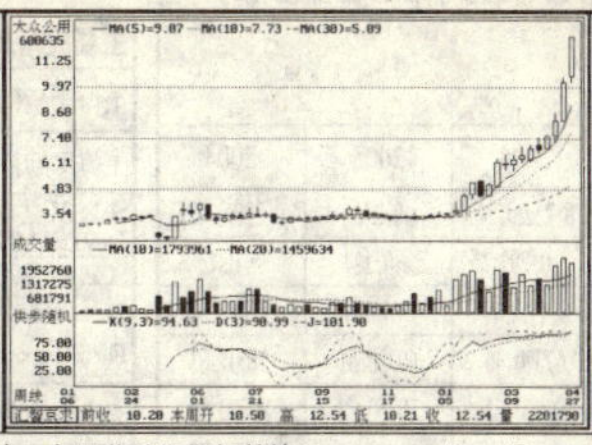

| | |
|---|---|
| 2006 年涨跌幅(%) | 80.83 |
| 2006 年最高(元) | 6.19 |
| 2007 年涨跌幅(%) | 256.25 |
| 2007.4.27 收盘(元) | 12.54 |
| 2007 年最高(元) | 12.54 |
| 2007 年最低(元) | 3.47 |
| 2007 年换手率(%) | 405.9 |

未来一年限售流通股解禁情况:29067274 股 04 月 17 日解禁

| 最新股本 | 总股本 | 非(限售)流通 | 流通 A | 流通 B/H/S | 股东户数 06 年末 | 股东户数 06 三季 |
|---|---|---|---|---|---|---|
| | 92304.7 | 28194.81 | 64109.9 | | 113170 | 108269 |

**年报点评**：2006 年燃气板块的大众燃气经营业绩稳定;市政板块的翔殷路隧道营运正常,回报稳定;常州常焦路改造项目进展顺利;环境板块的萧山污水处理厂建设基本完成,顺利进入通水试运行阶段;嘉定污水处理厂顺利接管,正常运营。

## 三爱富（600636）

上市日期:93/03/16　　电话:021－64823549　　传真:021－64823550

**主营**：从事含氟材料的研究、生产、销售及化工设备的制造与贸易。

| | 年　度 | 2006 | 2005 | 2004 |
|---|---|---|---|---|
| 主要指标 | 每股收益/扣除后(元) | 0.348/0.139 | 0.468 | 0.385/0.418 |
| | 每股经营现金流量(元) | 0.6085 | 0.6073 | 0.3503 |
| | 每股净资产/调整后(元) | 2.34/2.31 | 2.7/2.68 | 2.28/2.27 |
| | 未分利润(万元) | 14957.11 | 15315.06 | 7008.36 |
| | 资本公积(万元) | 12985.61 | 13297.6 | 13241.06 |
| 利润构成 | 主营收入(万元) | 224608.37 | 200897.12 | 182735.57 |
| | 主营利润(万元) | 32192.66 | 36748.42 | 35189.59 |
| | 投资收益(万元) | 47.55 | 1257.02 | 385.19 |
| | 利润总额(万元) | 17480.23 | 18997.23 | 18862.89 |
| | 净利润(万元) | 10995.31 | 11359.8 | 9345.54 |

**近年分配**：06 预案:10 派 1；05 年:10 派 1 送 3；04 年:10 派 0.5

| 主要股东及持股比例%、持股性质 |
|---|
| 上海华谊(集团)公司 31.53%（国有股） |
| 中国工商银行－申万巴黎新经济混合型证券投资基金 1.5%（流通 A 股） |
| 上海三甲港纺织胶带厂 1.36%（非流通股） |
| 浙江省经协集团有限公司 1.13%（非流通股） |
| 中国工商银行－申万巴黎新动力股票型证券投资基金 0.79%（流通 A 股） |
| 中国建设银行－博时价值增长贰号证券投资基金 0.76%（流通 A 股） |
| 第一创业证券有限责任公司 0.73%（流通 A 股） |
| 泰康人寿保险股份有限公司－分红－个人分红－019L－FH002 沪 0.73%（流通 A 股） |
| 上海国际信托投资有限公司 0.69%（非流通股） |
| 国际金融－渣打－CITIGROUP GLOBAL MARKETS LIMITED 0.68%（流通 A 股） |

**实际控制人**：上海华谊(集团)公司

二〇〇六年以来市场表现

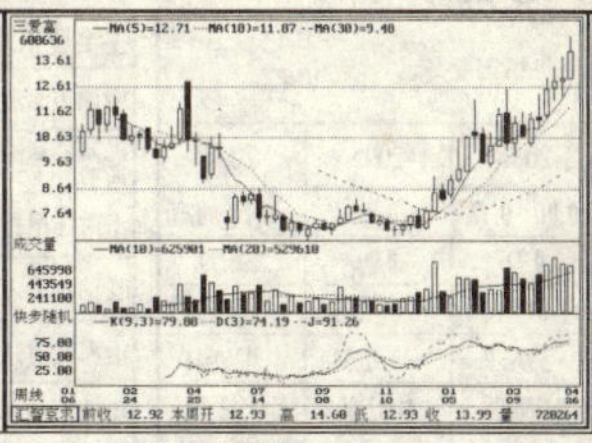

| | |
|---|---|
| 2006 年涨跌幅(%) | 34.17 |
| 2006 年最高(元) | 15.27 |
| 2007 年涨跌幅(%) | 70.2 |
| 2007.4.27 收盘(元) | 13.99 |
| 2007 年最高(元) | 14.6 |
| 2007 年最低(元) | 8.26 |
| 2007 年换手率(%) | 493.5 |

未来一年限售流通股解禁情况:37950725.8 股 05 月 22 日解禁

| 最新股本 | 总股本 | 非(限售)流通 | 流通 A | 流通 B/H/S | 股东户数 06 年末 | 股东户数 06 三季 |
|---|---|---|---|---|---|---|
| | 31566.16 | 13747.43 | 17818.73 | | 26100 | 24754 |

**年报点评**：公司是国内有机氟行业龙头。去年原材料上升导致公司主营收入下降,补贴收入增加使得业绩保持平稳。预计 CDM 项目 2007～2013 年每年都能够为公司带来收益 0.31 元;公司长期看点还在于氟聚合物、氟精细化工领域深加工能力的竞争优势。

## 广电信息（600637）

上市日期:93/03/16　　电话:021－64189198　　传真:021－64189828

**主营**：电视机、计算机及网络设备、影视音响设备及通信设备制造;电子元件加工。

| | 年　度 | 2006 | 2005 | 2004 |
|---|---|---|---|---|
| 主要指标 | 每股收益/扣除后(元) | 0.021/－0.156 | 0.013 | 0.138/0.123 |
| | 每股经营现金流量(元) | 0.3446 | 0.3806 | －0.2175 |
| | 每股净资产/调整后(元) | 3.88/3.42 | 4.06/3.86 | 4.46/4.26 |
| | 未分利润(万元) | 9406.13 | 9421.48 | 17324.81 |
| | 资本公积(万元) | 164594.5 | 243229.8 | 242470.11 |
| 利润构成 | 主营收入(万元) | 418389.68 | 340520.43 | 408541.56 |
| | 主营利润(万元) | 28432.29 | 21344.08 | 23618.68 |
| | 投资收益(万元) | 9514.71 | 13629.26 | 16110.62 |
| | 利润总额(万元) | －8639.88 | －2012.16 | 15788.3 |
| | 净利润(万元) | 1319.27 | 1181.33 | 11338.07 |

**近年分配**：06 预案:10 转增 1；04 年:10 送 1

| 主要股东及持股比例%、持股性质 |
|---|
| 上海广电(集团)有限公司 42.24%（国有股） |
| 申银万国证券股份有限公司 1.64%（非流通股） |
| 上海市宋庆龄基金会 0.49%（非流通股） |
| 上海爱建股份有限公司 0.41%（非流通股） |
| 上海金陵股份有限公司 0.36%（非流通股） |
| 上海广电股份浦东有限公司 0.33%（非流通股） |
| 上海电气(集团)总公司 0.3%（非流通股） |
| 上海九百(集团)有限公司 0.27%（非流通股） |
| 上海望春花集团股份有限公司 0.25%（非流通股） |
| 上海力蒙贸易有限公司 0.24%（非流通股） |

**实际控制人**：上海广电(集团)有限公司

二〇〇六年以来市场表现

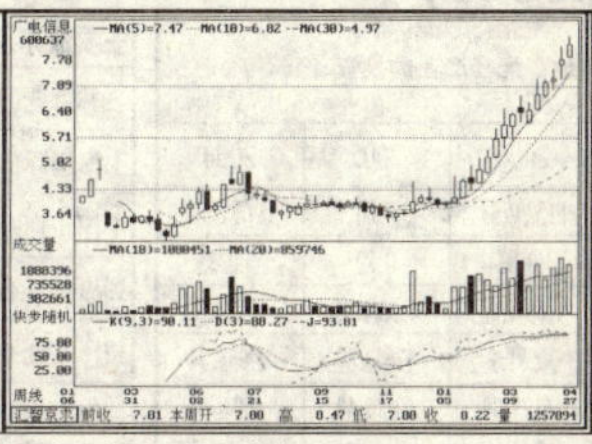

| | |
|---|---|
| 2006 年涨跌幅(%) | 18.87 |
| 2006 年最高(元) | 6 |
| 2007 年涨跌幅(%) | 110.77 |
| 2007.4.27 收盘(元) | 8.22 |
| 2007 年最高(元) | 8.47 |
| 2007 年最低(元) | 3.81 |
| 2007 年换手率(%) | 470.26 |

未来一年限售流通股解禁情况:

| 最新股本 | 总股本 | 非(限售)流通 | 流通 A | 流通 B/H/S | 股东户数 06 年末 | 股东户数 06 三季 |
|---|---|---|---|---|---|---|
| | 64442.23 | 37315.77 | 27126.47 | | 69343 | 71957 |

**年报点评**：公司主营电子产品制造。2006 年,公司坚持以市场为导向,加强核心竞争能力培养,充分发挥广电集团平板产业链优势,理顺上游和下游的关系,积极拓展国内外市场,实现主营和利润的稳健增长。产业链进一步重整将带来新机遇。

## 新黄浦（600638）

上市日期:93/03/26　　电话:021－63238888　　传真:021－63237777

**主营**：房地产开发经营及危旧房改造,物业管理等。

| | 年　度 | 2006 | 2005 | 2004 |
|---|---|---|---|---|
| 主要指标 | 每股收益/扣除后(元) | 0.105/0.07 | 0.125 | 0.143/0.104 |
| | 每股经营现金流量(元) | 0.0293 | 0.3868 | 0.8335 |
| | 每股净资产/调整后(元) | 4.1/4.09 | 4/3.99 | 3.97/3.96 |
| | 未分利润(万元) | 39638.16 | 34325.34 | 33795.71 |
| | 资本公积(万元) | 112890.57 | 113223.28 | 112907.02 |
| 利润构成 | 主营收入(万元) | 58467.52 | 28440.02 | 66486.8 |
| | 主营利润(万元) | 7775.32 | 11982.2 | 14475.42 |
| | 投资收益(万元) | －90.22 | 315.78 | 152.9 |
| | 利润总额(万元) | 5469.23 | 12525.58 | 12529.36 |
| | 净利润(万元) | 5915.59 | 7009.42 | 8000.96 |

**近年分配**：06 预案:10 派 1；04 年:10 派 1

| 主要股东及持股比例%、持股性质 |
|---|
| 上海新华闻投资有限公司 13.48%（国有股） |
| 上海市国有资产管理办公室 12.64%（国有股） |
| 上海新黄浦(集团)有限责任公司 6.55%（国有股） |
| 上海浦中心房地产有限公司 2.92%（国有股） |
| 上海众鑫建材实业有限公司 2.35%（非流通股） |
| 申银万国证券股份有限公司 1.98%（非流通股） |
| 广州美盈鞋业有限公司 1.58%（非流通股） |
| 上海东亚联合控股(集团)有限公司 1.07%（非流通股） |
| 上海市城市建设投资开发总公司 1.03%（国有股） |
| 上海永华房地产开发有限公司 0.46%（非流通股） |

**实际控制人**：中国华闻投资控股有限公司

二〇〇六年以来市场表现

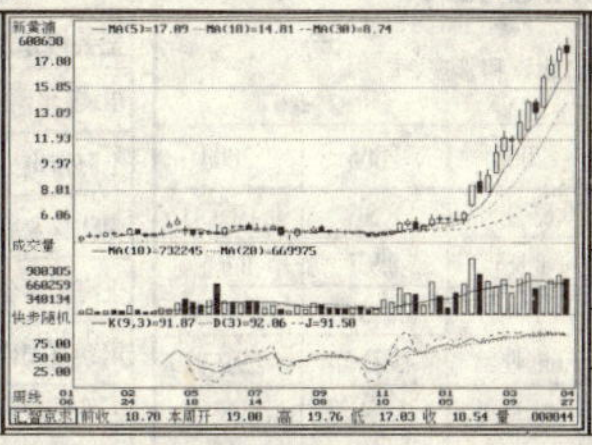

| | |
|---|---|
| 2006 年涨跌幅(%) | 80.82 |
| 2006 年最高(元) | 8 |
| 2007 年涨跌幅(%) | 219.66 |
| 2007.4.27 收盘(元) | 18.54 |
| 2007 年最高(元) | 19.76 |
| 2007 年最低(元) | 5.43 |
| 2007 年换手率(%) | 524.63 |

未来一年限售流通股解禁情况:193390180 股 05 月 11 日解禁

| 最新股本 | 总股本 | 非(限售)流通 | 流通 A | 流通 B/H/S | 股东户数 06 年末 | 股东户数 06 三季 |
|---|---|---|---|---|---|---|
| | 56116.4 | 33996.62 | 22119.78 | | 75399 | 81189 |

**年报点评**：房产销售收入主要来自金融大厦和存量房的销售,出租收入来自科技京城和北京百花的租赁,其中科技京城在不利因素下仍新增租赁面积,公司中标商品房项目中的 2 个地块正在前期准备中,公司整体运转保持稳步发展的良好态势。

## 浦东金桥（600639/900911）

上市日期：A: 93/03/26 B: 93/05/31　　电话：021－50307761　　传真：021－50301533

**主营**：房地产开发和房产租售。

| | 年　度 | 2006 | 2005 | 2004 |
|---|---|---|---|---|
| 主要指标 | 每股收益/扣除后(元) | 0.252/0.24 | 0.225 | 0.229/0.071 |
| | 每股经营现金流量(元) | 0.297 | －0.124 | －0.42 |
| | 每股净资产/调整后(元) | 3.17/3.17 | 3.01/3.01 | 2.98/2.96 |
| | 未分利润(万元) | 67370.46 | 60725.51 | 51007.63 |
| | 资本公积(万元) | 80850.52 | 80850.52 | 80850.52 |
| 利润构成 | 主营收入(万元) | 99022.2 | 82086.31 | 61814.81 |
| | 主营利润(万元) | 41974.58 | 36847.44 | 18695.83 |
| | 投资收益(万元) | 979 | －1005.45 | 10306.66 |
| | 利润总额(万元) | 27808.71 | 23829.25 | 20945.07 |
| | 净利润(万元) | 21250.44 | 18958.65 | 17626.83 |

**近年分配**：06 预案：10 派 1.1；05 年：10 派 0.95；04 年：10 派 0.5 送 1

**主要股东及持股比例%、持股性质**

- 上海金桥(集团)有限公司(授权经营) 43.82%（国有股）
- 上海国际信托投资有限公司 4.21%（国有股）
- SCBHK A/C GOVERNMENT OF SINGAPORE INVESTMENT CORPORATION－A/C 2.1%（流通 B股）
- SCBHK A/C GSIC S/A MONETARY AUTHORITY OF SINGAPORE 1.1%（流通 B股）
- Fortis banque Luxembourg s. a 1.09%（流通 B股）
- 光大证券股份有限公司 0.9%（流通 A股）
- 交通银行－汇丰晋信龙腾股票型开放式证券投资基金 0.79%（流通 A股）
- 中国工商银行－易方达价值精选股票型证券投资基金 0.75%（流通 A股）
- GUOTAI JUNAN SECURITIES(HONGKONG) LIMITED 0.68%（流通 B股）
- 中国建设银行－信诚精萃成长股票型证券投资基金 0.65%（流通 A股）

**实际控制人**：上海市国有资产监督管理委员会

二〇〇六年以来市场表现

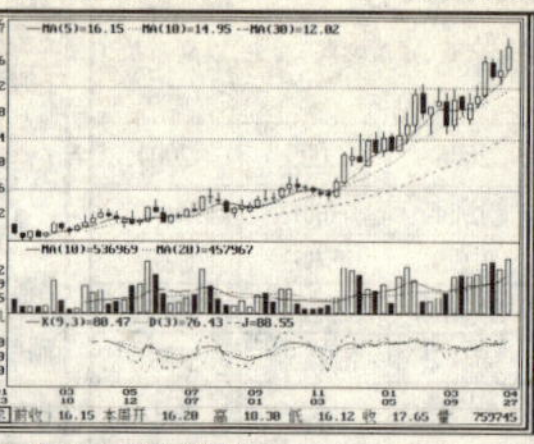

| | |
|---|---|
| 2006 年涨跌幅(%) | 160.67 |
| 2006 年最高(元) | 16.6 |
| 2007 年涨跌幅(%) | 49.83 |
| 2007.4.27 收盘(元) | 17.65 |
| 2007 年最高(元) | 18.3 |
| 2007 年最低(元) | 10.86 |
| 2007 年换手率(%) | 336.88 |

未来一年限售流通股解禁情况：

| 最新股本 | 总股本 | 非(限售)流通 | 流通 A | 流通 B/H/S | 股东户数 | 06 年末 | 06 三季 |
|---|---|---|---|---|---|---|---|
| | 84438.64 | 40558.9 | 19136.45 | 24743.29 | | 76169 | 87907 |

**年报点评**：房地产项目稳步推进，主营业务收入同比增长，其中房地产销售收入增加主要是转让土地使用权收入所致；出租收入增加主要是碧云花园二期B组团公寓、碧云别墅5期、英国学校2期及梦家园等项目竣工投入招租相应增加租金收入所致。

## 中卫国脉（600640）

上市日期：93/04/07　　电话：021－62769616　　传真：021－62763318

**主营**：寻呼通信业务及 CDMA 手机销售业务。

| | 年　度 | 2006 | 2005 | 2004 |
|---|---|---|---|---|
| 主要指标 | 每股收益/扣除后(元) | 0.01/－0.17 | 0.01 | －0.13/－0.06 |
| | 每股经营现金流量(元) | 0.11 | 0.29 | －0.79 |
| | 每股净资产/调整后(元) | 2.69/2.66 | 2.69/2.66 | 2.68/2.66 |
| | 未分利润(万元) | －3394.36 | －3672.34 | －4240.44 |
| | 资本公积(万元) | 44386.98 | 44542.38 | 44542.38 |
| 利润构成 | 主营收入(万元) | 31649.14 | 36813.74 | 44653.83 |
| | 主营利润(万元) | －1627.46 | 2654.83 | 3107.59 |
| | 投资收益(万元) | 5654.46 | 2059.82 | －3396.91 |
| | 利润总额(万元) | 278.92 | 257.21 | －5409.59 |
| | 净利润(万元) | 277.99 | 285.56 | －5402.18 |

**近年分配**：

**主要股东及持股比例%、持股性质**

- 中国卫星通信集团公司 53.57%（国有股）
- 上海陆家嘴金融贸易区开发股份有限公司 3.45%（非流通股）
- 上海市电信有限公司 2.86%（非流通股）
- 长信综合 1.78%（非流通股）
- 上海捷时达邮政专递公司 1.37%（非流通股）
- 中国电信集团工会上海市委员会 0.79%（非流通股）
- 上海申银万国证券研究所有限公司 0.76%（非流通股）
- 上海证券有限责任公司 0.47%（非流通股）
- 黄淑琪 0.41%（流通 A股）
- 上海电信实业崇明有限公司 0.34%（非流通股）

**实际控制人**：国务院国有资产监督管理委员会

二〇〇六年以来市场表现

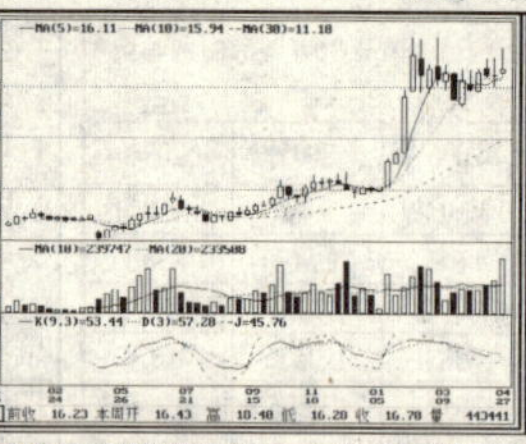

| | |
|---|---|
| 2006 年涨跌幅(%) | 125 |
| 2006 年最高(元) | 11.58 |
| 2007 年涨跌幅(%) | 133.57 |
| 2007.4.27 收盘(元) | 16.7 |
| 2007 年最高(元) | 19.22 |
| 2007 年最低(元) | 7.08 |
| 2007 年换手率(%) | 437.84 |

未来一年限售流通股解禁情况：20068559 股 04 月 25 日解禁

| 最新股本 | 总股本 | 非(限售)流通 | 流通 A | 流通 B/H/S | 股东户数 | 06 年末 | 06 三季 |
|---|---|---|---|---|---|---|---|
| | 40137.12 | 31919.76 | 8217.36 | | | 25746 | 27849 |

**年报点评**：受内、外部种种因素的影响，公司各项业务的发展不如预期，四大业务板块年内收入较上年有所下滑，而通信行业运营成本费用相对刚性的特点造成了主营业务成本并未同比例减少，公司整体实现盈利主要来自于短期投资获利和闲置房产处置收益。

## 万业企业（600641）

上市日期：93/04/07　　电话：021－50366699　　传真：021－50366858

**主营**：房地产开发、经营以及房地产配套产业的投资、经营等。

| | 年　度 | 2006 | 2005 | 2004 |
|---|---|---|---|---|
| 主要指标 | 每股收益/扣除后(元) | 0.32/0.34 | 0.06 | 0.09/0.07 |
| | 每股经营现金流量(元) | －0.024 | 0.82 | －0.35 |
| | 每股净资产/调整后(元) | 4.68/4.68 | 4.36/4.35 | 4.51/4.39 |
| | 未分利润(万元) | 30581.2 | 17647.87 | 22953.34 |
| | 资本公积(万元) | 69175.99 | 69175.99 | 69046.8 |
| 利润构成 | 主营收入(万元) | 99370.54 | 24372.55 | 70745.51 |
| | 主营利润(万元) | 24395.82 | 9762.2 | 23443.39 |
| | 投资收益(万元) | －2799.44 | 6996.47 | 536.55 |
| | 利润总额(万元) | 17182.61 | 3877.76 | 5701.63 |
| | 净利润(万元) | 14370.37 | 2722.61 | 4097.08 |

**近年分配**：06 预案：10 派 1.5；04 年：10 派 2.2

**主要股东及持股比例%、持股性质**

- 三林万业(上海)企业集团有限公司 50.54%（非流通股）
- 上海国际信托投资有限公司 3.48%（国有股）
- 中国工商银行－裕元证券投资基金 1.34%（流通 A股）
- 彭雁英 0.88%（流通 A股）
- 裕泽基金 0.39%（流通 A股）
- 赣财投管 0.14%（流通 A股）
- 尹浩军 0.13%（流通 A股）
- 江阴电力 0.13%（流通 A股）
- 倪珊珊 0.12%（流通 A股）
- 基础产业 0.11%（流通 A股）

**实际控制人**：林逢生

二〇〇六年以来市场表现

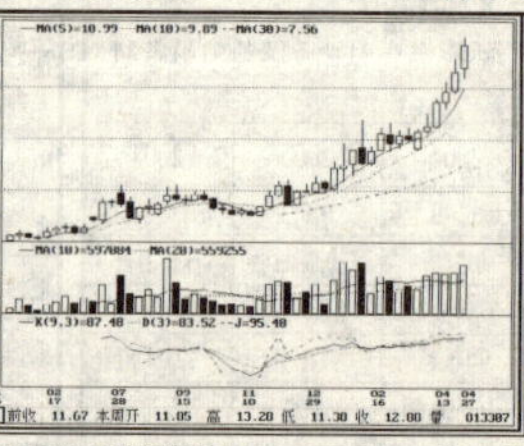

| | |
|---|---|
| 2006 年涨跌幅(%) | 86.84 |
| 2006 年最高(元) | 8.05 |
| 2007 年涨跌幅(%) | 91.95 |
| 2007.4.27 收盘(元) | 12.88 |
| 2007 年最高(元) | 13.28 |
| 2007 年最低(元) | 6.32 |
| 2007 年换手率(%) | 460.9 |

未来一年限售流通股解禁情况：15567708 股 07 月 26 日解禁

| 最新股本 | 总股本 | 非(限售)流通 | 流通 A | 流通 B/H/S | 股东户数 | 06 年末 | 06 三季 |
|---|---|---|---|---|---|---|---|
| | 44786.6 | 24193.98 | 20592.62 | | | 50789 | 54318 |

**年报点评**：由于两湾房产项目的销售收入结转，导致公司主营收入同比增加；但投资收益由于科力电子股权转让损失、中远汇丽建筑装潢公司股权转让收益较少，因此投资收益减少；营业外收入增加主要是出售海南温泉开采权及配套管道设施收益。

## 申能股份（600642）

上市日期：93/04/16　　电话：021－63900642　　传真：021－63900119

**主营**：电力、石油天然气的投资、建设和管理。

| | 年　度 | 2006 | 2005 | 2004 |
|---|---|---|---|---|
| 主要指标 | 每股收益/扣除后(元) | 0.627/0.518 | 0.503 | 0.431/0.432 |
| | 每股经营现金流量(元) | 0.888 | 0.937 | 0.676 |
| | 每股净资产/调整后(元) | 4.17/4.17 | 3.65/3.65 | 3.33/3.33 |
| | 未分利润(万元) | 101449.83 | 73833.67 | 72903.95 |
| | 资本公积(万元) | 309675.05 | 213734.23 | 213386.34 |
| 利润构成 | 主营收入(万元) | 886573.3 | 796416.76 | 573416.8 |
| | 主营利润(万元) | 195775.12 | 194672.44 | 154529.74 |
| | 投资收益(万元) | 96348.94 | 40633.45 | 47967.05 |
| | 利润总额(万元) | 252711.09 | 208617.07 | 167879.61 |
| | 净利润(万元) | 181101.01 | 135284.3 | 115958.55 |

**近年分配**：06 预案：10 派 3.2；05 年：10 派 2.5；04 年：10 派 2

**主要股东及持股比例%、持股性质**

- 申能(集团)有限公司 50.56%（国有股）
- 上海市电力公司 0.93%（部分流通部分不流通）
- 兖州煤业股份有限公司 0.77%（部分流通部分不流通）
- 上海久事公司 0.6%（部分流通部分不流通）
- 国泰君安证券股份有限公司 0.52%（流通 A股）
- 上证红利交易型开放式指数证券投资基金 0.43%（流通 A股）
- 上海国际信托投资公司 0.39%（部分流通部分不流通）
- 上证 50 交易型开放式指数证券投资基金 0.36%（流通 A股）
- 华东电网有限公司 0.35%（部分流通部分不流通）
- 安徽国元信托投资有限公司 0.31%（部分流通部分不流通）

**实际控制人**：上海市国有资产管理委员会

二〇〇六年以来市场表现

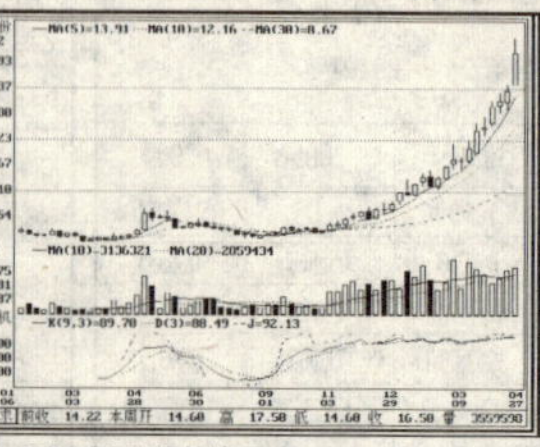

| | |
|---|---|
| 2006 年涨跌幅(%) | 36.46 |
| 2006 年最高(元) | 7.69 |
| 2007 年涨跌幅(%) | 125.72 |
| 2007.4.27 收盘(元) | 16.5 |
| 2007 年最高(元) | 17.5 |
| 2007 年最低(元) | 7.31 |
| 2007 年换手率(%) | 349.04 |

未来一年限售流通股解禁情况：50161467 股 08 月 17 日解禁

| 最新股本 | 总股本 | 非(限售)流通 | 流通 A | 流通 B/H/S | 股东户数 | 06 年末 | 06 三季 |
|---|---|---|---|---|---|---|---|
| | 288963.17 | 156135.24 | 132827.92 | | | 150403 | 155202 |

**年报点评**：2006 年公司各项业务继续平稳发展，收入和盈利情况与上一年度基本持平。公司通过出售部分浦发银行股权实现了投资收益的大幅增长，从而保证了公司整体盈利的稳步提升。

## S爱建(600643)

上市日期:93/04/26　　电话:021－64396600　　传真:021－64392118

| | | | | |
|---|---|---|---|---|
| 主营 | 实业投资,房地产开发、经营及咨询,外经贸部批准的进出口业务(按批文),商务咨询。 | | | |
| | 年　度 | 2006 | 2005 | 2004 |
| 主要指标 | 每股收益/扣除后(元) | 0.034/-0.092 | -2.207 | 0.022/-0.087 |
| | 每股经营现金流量(元) | -0.294 | -0.401 | 0.839 |
| | 每股净资产/调整后(元) | 1.27/1.21 | 1.09/0.97 | 3.34/3.16 |
| | 未分利润(万元) | -129153.79 | -130404.19 | -28785.52 |
| | 资本公积(万元) | 100052.89 | 95061.57 | 95061.57 |
| 利润构成 | 主营收入(万元) | 76030.67 | 98467.33 | 136009.22 |
| | 主营利润(万元) | 8152.38 | 13628.44 | 22741.11 |
| | 投资收益(万元) | 17776.16 | -100115.26 | -3681.43 |
| | 利润总额(万元) | 5224.9 | -103630.45 | 6046.24 |
| | 净利润(万元) | 1549.98 | -101689.28 | 1022.48 |
| 近年分配: | | | | |

| 主要股东及持股比例%、持股性质 |
|---|
| 上海工商界爱国建设特种基金会 22.65% (非流通股) |
| 国泰君安－建行－恒生银行有限公司 6.177% (流通 A 股) |
| 上海国际信托投资有限公司 1.35% (非流通股) |
| 工商联合 1.03% (非流通股) |
| 刘靖基 0.81% (流通 A 股) |
| 上海久事公司 0.68% (非流通股) |
| 丁鹤寿 0.62% (流通 A 股) |
| 交通银行上海分行 0.45% (非流通股) |
| 上海二纺机股份有限公司 0.45% (非流通股) |
| 申银万国证券股份有限公司 0.45% (非流通股) |
| 实际控制人:上海工商界爱国建设特种基金会 |

二〇〇六年以来市场表现

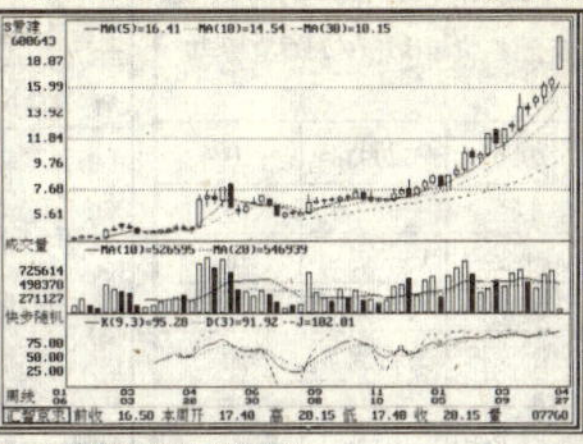

| | |
|---|---|
| 2006 年涨跌幅(%) | 144.66 |
| 2006 年最高(元) | 8.87 |
| 2007 年涨跌幅(%) | 131.34 |
| 2007.4.27 收盘(元) | 20.15 |
| 2007 年最高(元) | 20.15 |
| 2007 年最低(元) | 7.65 |
| 2007 年换手率(%) | 286.9 |

未来一年限售流通股解禁情况:

| 最新股本 | 总股本 | 非(限售)流通 | 流通 A | 流通 B/H/S | 股东户数 | 06 年末 | 06 三季 |
|---|---|---|---|---|---|---|---|
| | 46068.8 | 15233.53 | 30835.27 | | | 70600 | 75523 |

年报点评:公司目前经营面临一些困难,主要有受证券公司案件负面影响,信托、证券的业务开展仍受到很大限制,使获利能力受到影响;现金流不足,周转相当困难;资产清偿、重组中仍存有潜在风险;此外其内控制度尚待进一步健全。

## 乐山电力(600644)

上市日期:93/04/26　　电话:0833－2445800　　传真:0833－2445887

| | | | | |
|---|---|---|---|---|
| 主营 | 地方中小水(火)电力开发,生产经营和电力调度。 | | | |
| | 年　度 | 2006 | 2005 | 2004 |
| 主要指标 | 每股收益/扣除后(元) | 0.211/0.178 | 0.161 | 0.127/0.127 |
| | 每股经营现金流量(元) | 0.48 | 0.6 | 0.61 |
| | 每股净资产/调整后(元) | 2.12/2.05 | 2.01/1.91 | 1.95/1.83 |
| | 未分利润(万元) | 5828.01 | 3714.61 | 3131.7 |
| | 资本公积(万元) | 10449.19 | 10594.06 | 10582.64 |
| 利润构成 | 主营收入(万元) | 48349.76 | 47315.72 | 42331.02 |
| | 主营利润(万元) | 15628.32 | 16505.21 | 15613.22 |
| | 投资收益(万元) | 513.3 | -366.28 | 103.15 |
| | 利润总额(万元) | 6822.48 | 5543.87 | 4496.72 |
| | 净利润(万元) | 5263.36 | 4005.71 | 3169.43 |
| 近年分配: | 06 预案:10 派 0.6;05 年:10 派 1;04 年:10 派 1 | | | |

| 主要股东及持股比例%、持股性质 |
|---|
| 乐山市国有资产经营有限公司 21.17% (国有股) |
| 四川省电力公司 14.56% (国有股) |
| 眉山市资产经营有限公司 8.17% (国有股) |
| 申银万国证券股份有限公司 1% (非流通股) |
| 董友兰 0.63% (流通 A 股) |
| 深圳市东方热电投资有限公司 0.58% (非流通股) |
| 赵熙逸 0.46% (流通 A 股) |
| 陶永纯 0.44% (流通 A 股) |
| 上海点津贸易有限公司 0.4% (非流通股) |
| 上海九宇新技术发展有限公司 0.4% (非流通股) |
| 实际控制人:乐山市国有资产监督管理委员会 |

二〇〇六年以来市场表现

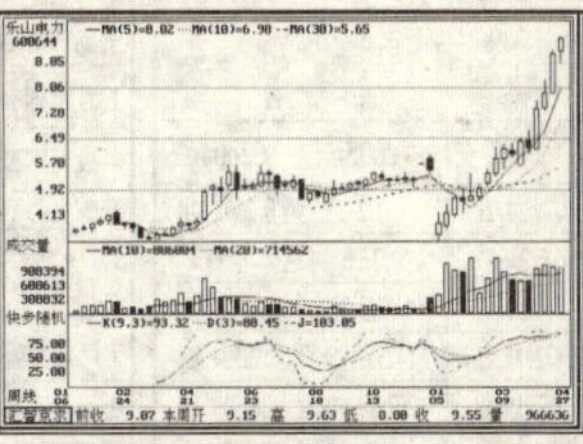

| | |
|---|---|
| 2006 年涨跌幅(%) | 55.56 |
| 2006 年最高(元) | 6.05 |
| 2007 年涨跌幅(%) | 147.85 |
| 2007.4.27 收盘(元) | 9.55 |
| 2007 年最高(元) | 15.23 |
| 2007 年最低(元) | 5.3 |
| 2007 年换手率(%) | 631.39 |

未来一年限售流通股解禁情况:26624981 股 01 月 05 日解禁

| 最新股本 | 总股本 | 非(限售)流通 | 流通 A | 流通 B/H/S | 股东户数 | 06 年末 | 06 三季 |
|---|---|---|---|---|---|---|---|
| | 24933.65 | 12057.49 | 12876.16 | | | 36909 | 38553 |

年报点评:2006 年公司克服当地干旱、降水量少对公司水电站造成的不利影响,通过采取寻求新的电源点、增加火力发电、加强电力调度等措施,实现了收入的稳步增长。同时通过控制期间费用,实现了净利润稳步增长。

## *ST 春花(600645)

上市日期:93/05/04　　电话:021－52171679　　传真:021－52600580

| | | | | |
|---|---|---|---|---|
| 主营 | 生命科技技术开发、干细胞基因工程产业化、生物医药和基因制药、纺织、印染、服装等。 | | | |
| | 年　度 | 2006 | 2005 | 2004 |
| 主要指标 | 每股收益/扣除后(元) | 0.032 | -0.569 | -0.309/-0.303 |
| | 每股经营现金流量(元) | 0.3044 | 0.3387 | 0.231 |
| | 每股净资产/调整后(元) | 0.31/0.24 | 0.26/0.16 | 0.9/0.77 |
| | 未分利润(万元) | -31144.28 | -31873.78 | -15552.26 |
| | 资本公积(万元) | 9987.21 | 9577.63 | 9555.64 |
| 利润构成 | 主营收入(万元) | 40735.54 | 35436.73 | 28125.62 |
| | 主营利润(万元) | 12631.1 | 10794.88 | 7224.64 |
| | 投资收益(万元) | -261.06 | -170.16 | -253.77 |
| | 利润总额(万元) | 1973.31 | -12751.5 | -6455.31 |
| | 净利润(万元) | 797.56 | -14229.94 | -7728.14 |
| 近年分配: | | | | |

| 主要股东及持股比例%、持股性质 |
|---|
| 协和健康医药产业发展有限公司 27.27% (非流通股) |
| 北京中融物产有限责任公司 13.64% (非流通股) |
| 上海望春花实业有限公司 9.6% (非流通股) |
| 上海岩鑫实业投资有限公司 1.6% (非流通股) |
| 天津市永宏排水工程有限公司 1.22% (流通 A 股) |
| 厦门奇胜股份有限公司 0.96% (非流通股) |
| 青阳纨布 0.42% (非流通股) |
| 滕鹏 0.4% (流通 A 股) |
| 杨海涛 0.39% (流通 A 股) |
| 上海日清生物环境产业有限公司 0.3% (非流通股) |
| 实际控制人:安达新世纪.巨鹰投资发展有限公司 |

二〇〇六年以来市场表现

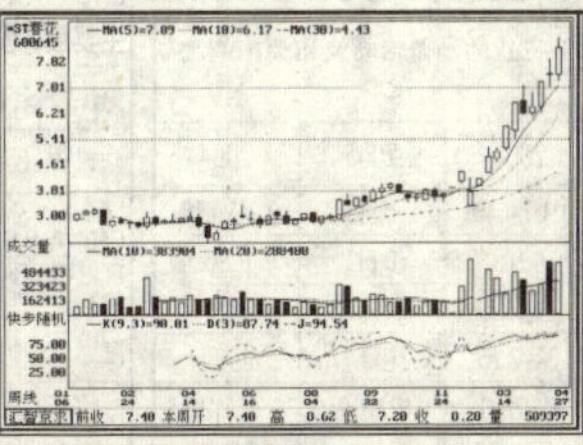

| | |
|---|---|
| 2006 年涨跌幅(%) | 49.66 |
| 2006 年最高(元) | 4.37 |
| 2007 年涨跌幅(%) | 221.78 |
| 2007.4.27 收盘(元) | 8.28 |
| 2007 年最高(元) | 14.64 |
| 2007 年最低(元) | 5.6 |
| 2007 年换手率(%) | 269.02 |

未来一年限售流通股解禁情况:64553467 股 01 月 25 日解禁

| 最新股本 | 总股本 | 非(限售)流通 | 流通 A | 流通 B/H/S | 股东户数 | 06 年末 | 06 三季 |
|---|---|---|---|---|---|---|---|
| | 25002.8 | 15187.26 | 9815.54 | | | 13969 | 14980 |

年报点评:公司是干细胞研究领域的龙头企业,而且目前在国内仅有十家企业拥有脐带血储存的牌照,公司光脐带血业务一项的毛利率就达 80%,未来发展值得重点关注。

## 同达创业(600647)

上市日期:93/05/04　　电话:021－58545898　　传真:021－58541001

| | | | | |
|---|---|---|---|---|
| 主营 | 餐饮服务及产品贸易代理。 | | | |
| | 年　度 | 2006 | 2005 | 2004 |
| 主要指标 | 每股收益/扣除后(元) | 0.021/-0.023 | 0.031 | 1.02/0.04 |
| | 每股经营现金流量(元) | -0.15 | -0.36 | 0.48 |
| | 每股净资产/调整后(元) | 1.11/1.11 | 1.1/1.1 | 1.07/1.07 |
| | 未分利润(万元) | -2926.87 | -3038.25 | -3204.11 |
| | 资本公积(万元) | 3423.76 | 3423.76 | 3423.76 |
| 利润构成 | 主营收入(万元) | 6601.51 | 4712.98 | 5645.39 |
| | 主营利润(万元) | 1007.51 | 951.68 | 1137.12 |
| | 投资收益(万元) | 188.28 | -87.45 | 5517.7 |
| | 利润总额(万元) | 174.48 | 71 | 5460.09 |
| | 净利润(万元) | 111.38 | 165.86 | 5477.52 |
| 近年分配: | | | | |

| 主要股东及持股比例%、持股性质 |
|---|
| 信达投资有限公司 55.6% (部分流通部分不流通) |
| 上海锦江国际酒店发展股份有限公司 3.36% (非流通股) |
| 上海强生集团有限公司 1.77% (非流通股) |
| 上海嘉宝实业(集团)股份有限公司 1.77% (非流通股) |
| 申银万国证券股份有限公司 1.18% (非流通股) |
| 上海申达股份有限公司 1.18% (非流通股) |
| 上海二纺机股份有限公司 1% (非流通股) |
| 上海天迪科技发展有限公司 0.59% (非流通股) |
| 上海市房屋实业有限公司 0.53% (非流通股) |
| 邬云开 0.52% (流通 A 股) |
| 实际控制人:中国信达资产管理公司 |

二〇〇六年以来市场表现

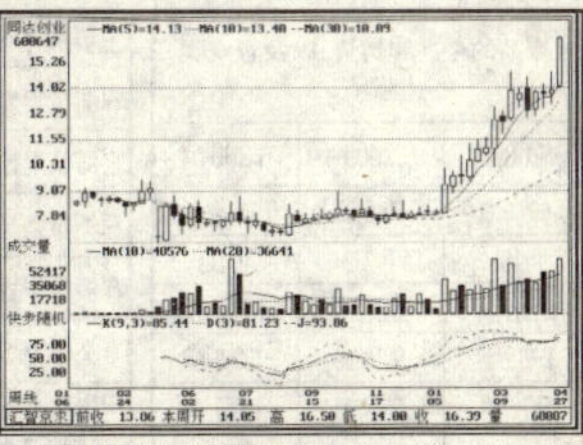

| | |
|---|---|
| 2006 年涨跌幅(%) | 30.98 |
| 2006 年最高(元) | 12.45 |
| 2007 年涨跌幅(%) | 104.88 |
| 2007.4.27 收盘(元) | 16.39 |
| 2007 年最高(元) | 16.5 |
| 2007 年最低(元) | 7.85 |
| 2007 年换手率(%) | 278.98 |

未来一年限售流通股解禁情况:2675838 股 04 月 27 日解禁

| 最新股本 | 总股本 | 非(限售)流通 | 流通 A | 流通 B/H/S | 股东户数 | 06 年末 | 06 三季 |
|---|---|---|---|---|---|---|---|
| | 5351.68 | 2432.67 | 2919 | | | 3835 | 4004 |

年报点评:公司主营物业出租、房产开发等业务,报告期内主营收入取得了较高增长,但营业利润仍未摆脱亏损的境地,净利润出现了滑坡,仍徘徊在微利边缘。公司控股参股的子公司业绩仍处于微利或者微亏的状态。

## 外高桥（600648/900912）

上市日期：A: 93/05/04 B: 93/07/26　电话：021－58668890　传真：021－58668890

**主营**：保税区房地产开发建设，及仓储、货运代理、进出口贸易、咨询等

| | 年度 | 2006 | 2005 | 2004 |
|---|---|---|---|---|
| 主要指标 | 每股收益/扣除后(元) | 0.02 | -0.27 | 0.1/0.001 |
| | 每股经营现金流量(元) | -0.35 | -0.3 | -0.27 |
| | 每股净资产/调整后(元) | 1.53/1.52 | 1.52/1.51 | 1.83/1.8 |
| | 未分利润(万元) | -11559.19 | -12835.78 | 9167.03 |
| | 资本公积(万元) | 32362.78 | 32239.91 | 32218.24 |
| 利润构成 | 主营收入(万元) | 47817.52 | 34169.43 | 51611.46 |
| | 主营利润(万元) | 15407.76 | 13109.94 | 15204.4 |
| | 投资收益(万元) | 17123.74 | 11920.04 | 7403.9 |
| | 利润总额(万元) | 1291.96 | -19851.29 | 9043.61 |
| | 净利润(万元) | 1319.71 | -20426.78 | 7648.16 |

**近年分配**：

**主要股东及持股比例%、持股性质**

- 上海外高桥(集团)有限公司 56%（国有股）
- 上海国际集团投资管理有限公司 7%（国有股）
- NOMURA INTERNATIONAL（HONG KONG）LIMITED－CUSTOMERS SEGREGATE 0.24%（流通 B 股）
- BPAL S/A BNP PARIBAS ARBITRAGE（HONG KONG）LIMITED 0.2%（流通 B 股）
- GUOTAI JUNAN SECURITIES(HONGKONG) LIMITED 0.18%（流通 B 股）
- TOYO SECURITIES ASIA LTD. A/C CLIENT 0.17%（流通 B 股）
- 上证登 3 0.12%（流通 A 股）
- HSBC BROKING SECURITIES（ASIA）LIMITED CLIENTS ACCOUNT 0.12%（流通 B 股）
- BOCI SECURITIES LIMITED 0.12%（流通 B 股）
- 彭丰 0.09%（流通 B 股）

**实际控制人**：上海市浦东新区国有资产监督管理委员会

二〇〇六年以来市场表现

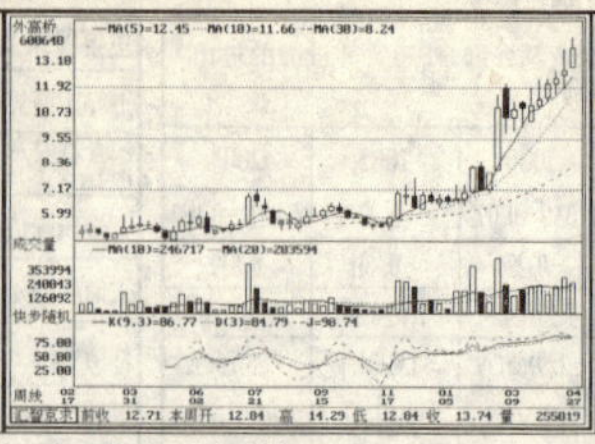

| | |
|---|---|
| 2006 年涨跌幅(%) | 46.03 |
| 2006 年最高(元) | 10.61 |
| 2007 年涨跌幅(%) | 104.16 |
| 2007.4.27 收盘(元) | 13.74 |
| 2007 年最高(元) | 14.29 |
| 2007 年最低(元) | 6.4 |
| 2007 年换手率(%) | 408.6 |

未来一年限售流通股解禁情况：14898125 股 02 月 16 日解禁

| 最新股本 | 总股本 | 非(限售)流通 | 流通 A | 流通 B/H/S | 股东户数 | 06 年末 | 06 三季 |
|---|---|---|---|---|---|---|---|
| | 74505.75 | 46935.9 | 7514.1 | 20055.75 | | 45945 | 62238 |

**年报点评**：公司主营酒店餐饮、物流与贸易、区内房产、广告传媒等业务。2006 年 9 月新增区外 10000 平方米仓库，以及外高桥皇冠假日酒店初步通过国家旅游局组织的五星级酒店。公司下属的新华传媒可能将在海外上市成为公司重估的主要驱动力。

## 原水股份（600649）

上市日期：93/05/18　电话：021－62116922　传真：021－62117400

**主营**：原水供应，自来水开发

| | 年度 | 2006 | 2005 | 2004 |
|---|---|---|---|---|
| 主要指标 | 每股收益/扣除后(元) | 0.298/0.215 | 0.2 | 0.23/0.218 |
| | 每股经营现金流量(元) | 0.3364 | 0.2706 | 0.33 |
| | 每股净资产/调整后(元) | 3.42/3.42 | 3.22/3.22 | 3.07/3.07 |
| | 未分利润(万元) | 172411.25 | 142557.88 | 122734.82 |
| | 资本公积(万元) | 207919.59 | 207919.59 | 207919.59 |
| 利润构成 | 主营收入(万元) | 119424.48 | 101060.36 | 97145.31 |
| | 主营利润(万元) | 52424.94 | 41543.73 | 43013.53 |
| | 投资收益(万元) | 14224.92 | 8106.02 | 9548.27 |
| | 利润总额(万元) | 68446.7 | 46140.71 | 50434.48 |
| | 净利润(万元) | 56254.15 | 37711.46 | 43340.62 |

**近年分配**：06 预案：10 派 2；05 年：10 派 1；04 年：10 派 1

**主要股东及持股比例%、持股性质**

- 上海市国有资产管理委员会 45.87%（国有股）
- 申银万国证券股份有限公司 2.94%（非流通股）
- 摩根士丹利投资管理公司－摩根士丹利中国 A 股基金 0.65%（流通 A 股）
- 嘉实策略增长混合型证券投资基金 0.53%（流通 A 股）
- 中国建设银行上海信托投资公司 0.43%（非流通股）
- 华夏证券有限公司 0.42%（非流通股）
- 上证 50 交易型开放式指数证券投资基金 0.33%（流通 A 股）
- JF 资产管理有限公司－JF 中国先驱 A 股基金 0.29%（流通 A 股）
- 哈尔滨东安机电制造有限责任公司 0.22%（流通 A 股）
- 中银国际－中行－法国爱德蒙得洛希尔银行 0.21%（流通 A 股）

**实际控制人**：上海市城市建设投资开发总公司

二〇〇六年以来市场表现

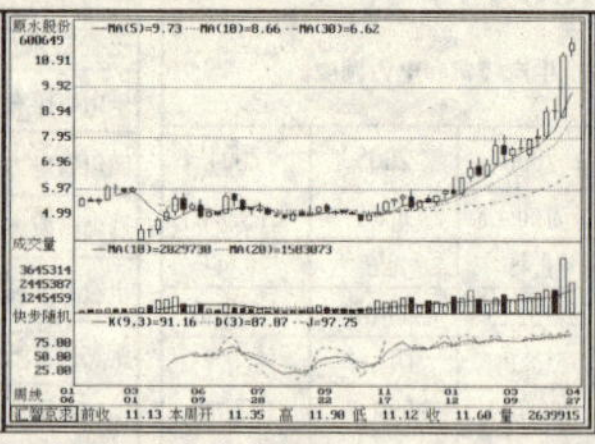

| | |
|---|---|
| 2006 年涨跌幅(%) | 33.49 |
| 2006 年最高(元) | 7.38 |
| 2007 年涨跌幅(%) | 103.15 |
| 2007.4.27 收盘(元) | 11.6 |
| 2007 年最高(元) | 11.9 |
| 2007 年最低(元) | 5.6 |
| 2007 年换手率(%) | 362.08 |

未来一年限售流通股解禁情况：94219751 股 04 月 14 日解禁

| 最新股本 | 总股本 | 非(限售)流通 | 流通 A | 流通 B/H/S | 股东户数 | 06 年末 | 06 三季 |
|---|---|---|---|---|---|---|---|
| | 188439.5 | 120015.62 | 68423.88 | | | 195834 | 196708 |

**年报点评**：公司 2006 年完成资产置换，闵行自来水公司置换了长江原水系统资产。资产置换损益增加每股盈利 0.08 元，同时由于闵行自来水公司的自来水销售量和排管工程收入大幅增长，导致公司净利润同比大增。未来上海的自来水价格上调预期将影响公司业绩。

## 锦江投资（600650/900914）

上市日期：A: 93/06/07 B: 93/10/18　电话：021－63218800　传真：021－63213119

**主营**：主要从事旅馆、餐饮等服务行业的经营活动及相关产业之投资开发。

| | 年度 | 2006 | 2005 | 2004 |
|---|---|---|---|---|
| 主要指标 | 每股收益/扣除后(元) | 0.487/0.406 | 0.455 | 0.345/0.199 |
| | 每股经营现金流量(元) | 0.808 | 0.817 | 0.512 |
| | 每股净资产/调整后(元) | 3.63/3.62 | 3.44/3.43 | 3.14/3.14 |
| | 未分利润(万元) | 29842.65 | 24189.27 | 6161.24 |
| | 资本公积(万元) | 89209.41 | 89208.69 | 89204.02 |
| 利润构成 | 主营收入(万元) | 266695.67 | 327988.16 | 253186.73 |
| | 主营利润(万元) | 46200.79 | 48022.59 | 45094.68 |
| | 投资收益(万元) | 14274.71 | 17769.18 | 17181.62 |
| | 利润总额(万元) | 34904.21 | 36765.8 | 30019.87 |
| | 净利润(万元) | 26857.88 | 25095.2 | 19055.22 |

**近年分配**：06 预案：10 派 3.5；05 年：10 派 3；04 年：10 派 2

**主要股东及持股比例%、持股性质**

- 锦江国际(集团)有限公司 38.54%（国有股）
- UBS Warburg Custody Pte Ltd. 1.44%（流通 B 股）
- HTHK－VALUE PARTNERS INTELLIGENT FUNDS－CHINA B SHARE FUND 1.24%（流通 B 股）
- FORTIS BANQUE LUXEMBOURG S. A. 1.15%（流通 B 股）
- 海通－中行－FORTIS BANK SA/NV 0.93%（流通 A 股）
- GT PRC FUND 0.91%（流通 B 股）
- 上海国际信托投资有限公司 0.85%（国有股）
- BARINGS（IRELAND）LIMITEDS/A THE ATLANTIS CHINA FUND PLC 0.71%（流通 B 股）
- 蔡青蜂 0.71%（流通 B 股）
- 上海锦江饭店 0.68%（国有股）

**实际控制人**：上海市国有资产监督管理委员会

二〇〇六年以来市场表现

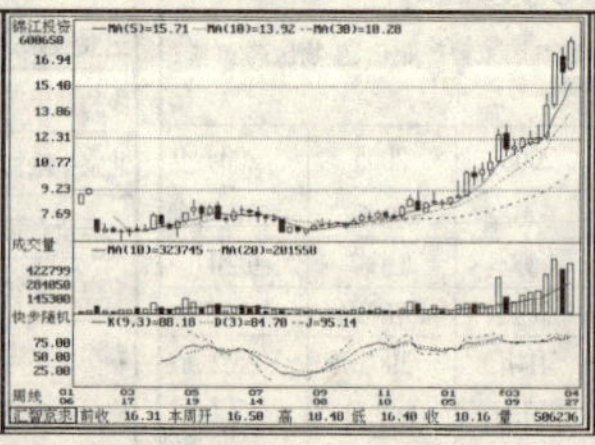

| | |
|---|---|
| 2006 年涨跌幅(%) | 39.78 |
| 2006 年最高(元) | 12.84 |
| 2007 年涨跌幅(%) | 114.15 |
| 2007.4.27 收盘(元) | 18.16 |
| 2007 年最高(元) | 18.48 |
| 2007 年最低(元) | 8.3 |
| 2007 年换手率(%) | 284.24 |

未来一年限售流通股解禁情况：35795572 股 02 月 13 日解禁

| 最新股本 | 总股本 | 非(限售)流通 | 流通 A | 流通 B/H/S | 股东户数 | 06 年末 | 06 三季 |
|---|---|---|---|---|---|---|---|
| | 55161.01 | 33410.63 | 5645.38 | 16105 | | 36211 | 42661 |

**年报点评**：通过一系列重组与整合，目前公司形成三大主业，即客运服务业、物流业、仓储业。客运业务处于稳定增长态势，仓储业包括冷冻仓储及机场货运站仓储业务。公司持股 20% 的浦东机场货站贡献的投资收益占公司净利润比重约 40%。此外公司还持有国泰君安证券股权。

## 飞乐音响（600651）

上市日期：86/09/26　电话：021－53020606　传真：021－53018260

**主营**：IC 卡、绿色照明、其他电子产品的生产和销售，以及音响类产品的销售和工程服务。

| | 年度 | 2006 | 2005 | 2004 |
|---|---|---|---|---|
| 主要指标 | 每股收益/扣除后(元) | 0.065/0.069 | 0.072 | 0.114/0.106 |
| | 每股经营现金流量(元) | 0.186 | 0.232 | 0.112 |
| | 每股净资产/调整后(元) | 1.51/1.39 | 1.45/1.32 | 1.76/1.62 |
| | 未分利润(万元) | 11675.38 | 9918.58 | 12268.68 |
| | 资本公积(万元) | 5579.59 | 5578.19 | 14037.44 |
| 利润构成 | 主营收入(万元) | 133743.53 | 112751.37 | 102272.98 |
| | 主营利润(万元) | 22092.59 | 18296.34 | 17424.27 |
| | 投资收益(万元) | 1753.34 | 2330.45 | 3271.61 |
| | 利润总额(万元) | 5822.77 | 5279.72 | 5125.4 |
| | 净利润(万元) | 3304.11 | 3647.74 | 4826.89 |

**近年分配**：06 预案：10 送 1；04 年：10 派 1 转增 2

**主要股东及持股比例%、持股性质**

- 深圳清华力合创业投资有限公司 7.07%（流通 A 股）
- 上海仪电控股(集团)公司 6.21%（流通 A 股）
- 深圳市盛金投资发展有限公司 5.3%（流通 A 股）
- 深圳市华智通实业发展有限公司 0.59%（流通 A 股）
- 李文彬 0.37%（流通 A 股）
- 中国人寿保险股份有限公司－传统－普通保险产品－005L－CT001 沪 0.37%（流通 A 股）
- 郑彦彬 0.31%（流通 A 股）
- 李伟 0.25%（流通 A 股）
- 深圳市博厚实业有限公司 0.24%（流通 A 股）
- 曹云丽 0.23%（流通 A 股）

**实际控制人**：深圳清华力合创业投资有限公司

二〇〇六年以来市场表现

| | |
|---|---|
| 2006 年涨跌幅(%) | 15.27 |
| 2006 年最高(元) | 12.49 |
| 2007 年涨跌幅(%) | 141.63 |
| 2007.4.27 收盘(元) | 16.6 |
| 2007 年最高(元) | 16.88 |
| 2007 年最低(元) | 6.57 |
| 2007 年换手率(%) | 404.12 |

未来一年限售流通股解禁情况：

| 最新股本 | 总股本 | 非(限售)流通 | 流通 A | 流通 B/H/S | 股东户数 | 06 年末 | 06 三季 |
|---|---|---|---|---|---|---|---|
| | 50899.81 | | 50899.81 | | | 41751 | 35599 |

**年报点评**：2006 年公司继续多元化战略，重点发展照明业务、数字电视业务和 IC 卡业务，稳定电子部件业务，调整和退出其他业务。公司将上海华冠电子设备公司 37.76% 股权转让给上海飞乐股份有限公司，调整业务结构。

## 爱使股份（600652）

上市日期:90/12/19　电话:021－64710022　传真:021－64711120

| | | | | |
|---|---|---|---|---|
| 主营 | 对石油液化气行业、煤炭及清洁能源的投资，机电设备及四技服务。 | | | |
| | 年　度 | 2006 | 2005 | 2004 |
| 主要指标 | 每股收益/扣除后(元) | 0.03/0.02 | 0.1 | 0.15/0.146 |
| | 每股经营现金流量(元) | 0.99 | 0.79 | 0.63 |
| | 每股净资产/调整后(元) | 2.14/2.13 | 2.11/2.1 | 2.01/1.99 |
| | 未分利润(万元) | 10247.69 | 9716.19 | 8127.6 |
| | 资本公积(万元) | 17436.05 | 17436.05 | 17436.05 |
| 利润构成 | 主营收入(万元) | 151013.09 | 147733.52 | 163747.26 |
| | 主营利润(万元) | 47259.41 | 52433.25 | 51963.61 |
| | 投资收益(万元) | -523.01 | -991.77 | -1287.11 |
| | 利润总额(万元) | 10668.19 | 15261.17 | 22512.23 |
| | 净利润(万元) | 1221.49 | 3861.15 | 5845.19 |
| 近年分配: | | | | |

| 主要股东及持股比例%、持股性质 |
|---|
| 天天科技有限公司 9.087%（流通A股） |
| 太平洋证券有限责任公司 4.764%（流通A股） |
| 天津市永宏排水工程有限公司 0.656%（流通A股） |
| 沈雪珍 0.28%（流通A股） |
| 雷宪征 0.254%（流通A股） |
| 王钊 0.25%（流通A股） |
| 程良奎 0.247%（流通A股） |
| 孔凡芳 0.246%（流通A股） |
| 王牛奶 0.232%（流通A股） |
| 王秀兰 0.232%（流通A股） |
| 实际控制人：雷宪红、张立燕、刘祥、王玲 |

二〇〇六年以来市场表现

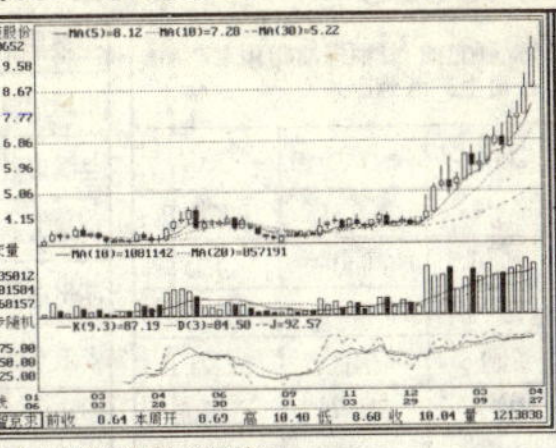

| | |
|---|---|
| 2006年涨跌幅(%) | 17.54 |
| 2006年最高(元) | 4.55 |
| 2007年涨跌幅(%) | 162.83 |
| 2007.4.27收盘(元) | 10.04 |
| 2007年最高(元) | 10.48 |
| 2007年最低(元) | 3.79 |
| 2007年换手率(%) | 406.95 |

未来一年限售流通股解禁情况:

| | 总股本 | 非(限售)流通 | 流通A | 流通B/H/S | 股东户数 | 06年末 | 06三季 |
|---|---|---|---|---|---|---|---|
| 最新股本 | 38951.23 | | 38951.23 | | | 81410 | 90924 |

年报点评：2006年公司净利润同比大幅下降。虽然公司主营业务利润率同比有所下降但仍在30%以上的较高水平，但由于公司期间费用一直居高不下，使得公司净利润同比大幅下降。随着道路基础产业进入盈利阶段，公司未来盈利状况有望好转。

## 申华控股（600653）

上市日期:90/12/19　电话:021－63372010　传真:021－63372000

| | | | | |
|---|---|---|---|---|
| 主营 | 实业投资、兴办各类经济实体、国内商业、附设各类分支机构，汽车(不含小轿车)及配件销售，项目投资、投资控股，资产重组、收购兼并及相关业务咨询。 | | | |
| | 年　度 | 2006 | 2005 | 2004 |
| 主要指标 | 每股收益/扣除后(元) | 0.011/-0.023 | -0.258 | 0.003/-0.023 |
| | 每股经营现金流量(元) | -0.037 | -0.077 | -0.355 |
| | 每股净资产/调整后(元) | 0.92/0.9 | 0.91/0.88 | 1.17/1.16 |
| | 未分利润(万元) | -77752.28 | -84487.74 | -46972.63 |
| | 资本公积(万元) | 37060.72 | 36970.79 | 36950.39 |
| 利润构成 | 主营收入(万元) | 246939.24 | 230810.76 | 285914.49 |
| | 主营利润(万元) | 17005.11 | 12080.76 | 17716.59 |
| | 投资收益(万元) | 9498.57 | -24085.1 | 153.61 |
| | 利润总额(万元) | 1942.92 | -38916.84 | 807.18 |
| | 净利润(万元) | 1656.64 | -37479.73 | 466.53 |
| 近年分配: | | | | |

| 主要股东及持股比例%、持股性质 |
|---|
| 辽宁正国投资发展有限公司 13.75%（流通A股） |
| 马磊 0.304%（流通A股） |
| 上海建国创业投资有限公司 0.148%（流通A股） |
| 张玉祥 0.122%（流通A股） |
| 张家径 0.11%（流通A股） |
| 沈朝宗 0.106%（流通A股） |
| 钟淑明 0.102%（流通A股） |
| 王梁 0.102%（流通A股） |
| 郭小薇 0.098%（流通A股） |
| 张晨光 0.096%（流通A股） |
| 实际控制人：华晨汽车集团控股有限公司 |

二〇〇六年以来市场表现

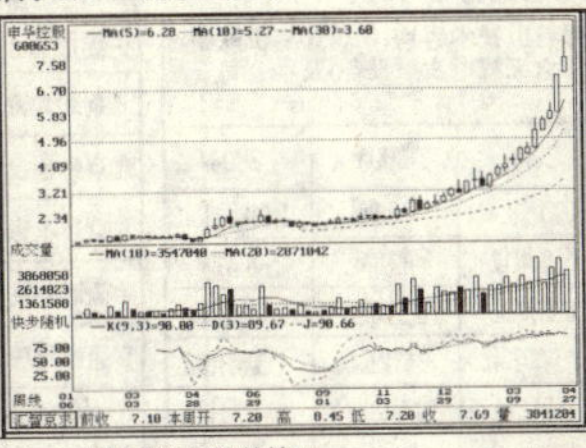

| | |
|---|---|
| 2006年涨跌幅(%) | 100.68 |
| 2006年最高(元) | 3.08 |
| 2007年涨跌幅(%) | 158.92 |
| 2007.4.27收盘(元) | 7.69 |
| 2007年最高(元) | 8.45 |
| 2007年最低(元) | 2.92 |
| 2007年换手率(%) | 341.41 |

未来一年限售流通股解禁情况:

| | 总股本 | 非(限售)流通 | 流通A | 流通B/H/S | 股东户数 | 06年末 | 06三季 |
|---|---|---|---|---|---|---|---|
| 最新股本 | 145531.69 | | 145531.69 | | | 251629 | 266982 |

年报点评：公司主营汽车销售等综合业务。2006年国内汽车行业转暖，公司金杯汽车销量同比有较快增长，尊驰、骏捷更是出现热销局面，但盈利状况仍然不佳。2007年国内汽车市场继续向好，公司经营情况有望进一步好转。

## 飞乐股份（600654）

上市日期:90/12/19　电话:021－62512629　传真:021－62517323

| | | | | |
|---|---|---|---|---|
| 主营 | 有无线通信设备和信息网络、电子元器件、成套音响系统、工程服务等。 | | | |
| | 年　度 | 2006 | 2005 | 2004 |
| 主要指标 | 每股收益/扣除后(元) | 0.03/0.01 | 0.05 | 0.05/-0.07 |
| | 每股经营现金流量(元) | -0.01 | 0.09 | 0.04 |
| | 每股净资产/调整后(元) | 1.69/1.48 | 1.66/1.47 | 1.95/1.7 |
| | 未分利润(万元) | 7999.11 | 6646.65 | 4128.8 |
| | 资本公积(万元) | 37507.97 | 37507.97 | 50616.91 |
| 利润构成 | 主营收入(万元) | 139178.47 | 123198.28 | 77147.98 |
| | 主营利润(万元) | 26342.3 | 28992.58 | 14593.41 |
| | 投资收益(万元) | 7021.84 | 4549.32 | 12179.56 |
| | 利润总额(万元) | 2497.93 | 5459.7 | 4101.63 |
| | 净利润(万元) | 2235.47 | 3517.15 | 3304.55 |
| 近年分配: | 04年:10转增2 | | | |

| 主要股东及持股比例%、持股性质 |
|---|
| 上海仪电控股(集团)公司 12.2%（国有股） |
| 胡小荣 0.28%（流通A股） |
| 王牛奶 0.28%（流通A股） |
| 顺德市真美实业发展有限公司 0.12%（流通A股） |
| 陈玉和 0.11%（流通A股） |
| 应朝阳 0.11%（流通A股） |
| 王文骅 0.11%（流通A股） |
| 刘杨光 0.09%（流通A股） |
| 刘文俊 0.09%（流通A股） |
| 魏晓斌 0.09%（流通A股） |
| 实际控制人：上海市国有资产管理委员会 |

二〇〇六年以来市场表现

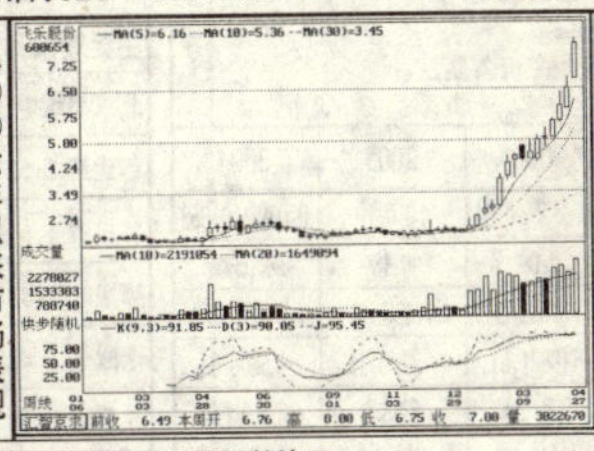

| | |
|---|---|
| 2006年涨跌幅(%) | 9.52 |
| 2006年最高(元) | 2.85 |
| 2007年涨跌幅(%) | 239.13 |
| 2007.4.27收盘(元) | 7.8 |
| 2007年最高(元) | 8 |
| 2007年最低(元) | 2.28 |
| 2007年换手率(%) | 460.81 |

未来一年限售流通股解禁情况:

| | 总股本 | 非(限售)流通 | 流通A | 流通B/H/S | 股东户数 | 06年末 | 06三季 |
|---|---|---|---|---|---|---|---|
| 最新股本 | 75504.32 | 9215.21 | 66289.11 | | | 137232 | 147479 |

年报点评：公司主营汽车电器、布线系统和精密仪器，2006年公司面临生产场地搬迁，原材料涨价以及产品售价不断下降等多种不利因素影响，导致业绩下降，公司集中主力加快发展汽车电器，该业务发展态势较好，未来有望获得持续成长。

## 豫园商城（600655）

上市日期:90/12/19　电话:021－63559999　传真:021－63550558

| | | | | |
|---|---|---|---|---|
| 主营 | 综合百货、黄金饰品、餐饮业、仪器、烟酒饮料、进出口贸易等。 | | | |
| | 年　度 | 2006 | 2005 | 2004 |
| 主要指标 | 每股收益/扣除后(元) | 0.37/0.309 | 0.23 | 0.155/0.161 |
| | 每股经营现金流量(元) | 0.205 | 0.73 | 0.429 |
| | 每股净资产/调整后(元) | 4.89/4.82 | 4/3.82 | 3.88/3.55 |
| | 未分利润(万元) | 22451.19 | 15609.15 | 13959.94 |
| | 资本公积(万元) | 122496.33 | 92602.21 | 92095.87 |
| 利润构成 | 主营收入(万元) | 437929.53 | 380619.95 | 342213.6 |
| | 主营利润(万元) | 66253.96 | 61340.85 | 56268.86 |
| | 投资收益(万元) | 9714.03 | 4249.84 | 363.3 |
| | 利润总额(万元) | 27419.5 | 16001.87 | 10535.93 |
| | 净利润(万元) | 17214 | 10690.56 | 7221.43 |
| 近年分配: | 06预案:10派0.6转增3；05年:10派1.2；04年:10派1.2 | | | |

| 主要股东及持股比例%、持股性质 |
|---|
| 上海复星产业投资有限公司 18.24%（非流通股） |
| 上海豫园(集团)有限公司 5.85%（国有股） |
| 上海豫园商场 3%（非流通股） |
| 上海南房(集团)有限公司 2.22%（国有股） |
| 中华企业股份有限公司 2.16%（非流通股） |
| 上海锦江国际旅游股份有限公司 1.53%（非流通股） |
| 国际金融－渣打－CITIGROUP GLOBAL MARKETS LIMITED 1.19%（流通A股） |
| 百联集团有限公司 1.14%（国有股） |
| 上海市黄浦区国有资产总公司 0.87%（国有股） |
| 上海国际信托投资有限公司 0.78%（国有股） |
| 实际控制人：郭广昌 |

二〇〇六年以来市场表现

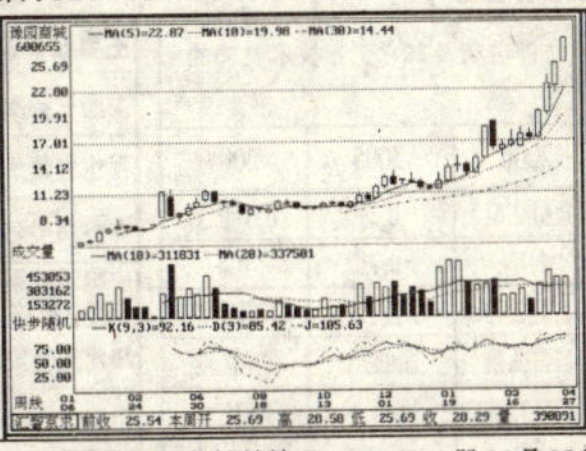

| | |
|---|---|
| 2006年涨跌幅(%) | 139.16 |
| 2006年最高(元) | 15.01 |
| 2007年涨跌幅(%) | 140.97 |
| 2007.4.27收盘(元) | 28.29 |
| 2007年最高(元) | 28.58 |
| 2007年最低(元) | 11.29 |
| 2007年换手率(%) | 342.19 |

未来一年限售流通股解禁情况:235799963股06月05日解禁

| | 总股本 | 非(限售)流通 | 流通A | 流通B/H/S | 股东户数 | 06年末 | 06三季 |
|---|---|---|---|---|---|---|---|
| 最新股本 | 46533.35 | 30134.61 | 16398.74 | | | 44252 | 54771 |

年报点评：报告期内公司继续进行整改工作，并努力推动营销工作，带动了业绩的大幅增长。公司旗下老庙黄金、亚一金店、童涵春堂药业等均实现了良性扩张，投资的沈阳万盛综合楼酒店式公寓、山东招金矿业和德邦证券等效益大幅上升。

## S＊ST 源药（600656）

上市日期:90/12/19　　电话:021－62030205　　传真:021－62030205

| 主营 | 生产和销售的产品有脂肪醇、硬脂酸、甘油等油脂化工产品及皂类洗涤用品。公司子公司生产医药产品。 | | | |
|---|---|---|---|---|
| | 年　度 | 2006 | 2005 | 2004 |
| 主要指标 | 每股收益/扣除后(元) | -0.5 | -0.63 | 0.07/0.02 |
| | 每股经营现金流量(元) | -0.03 | 0.63 | 1.15 |
| | 每股净资产/调整后(元) | -0.72/-0.73 | -0.19/-0.21 | 1.7/1.64 |
| | 未分利润(万元) | -37469.64 | -37418.07 | -223.2 |
| | 资本公积(万元) | 8410.29 | 8849.49 | 5332.55 |
| 利润构成 | 主营收入(万元) | 50612.86 | 88130.87 | 100409.09 |
| | 主营利润(万元) | 5049.86 | 23605.95 | 32476.08 |
| | 投资收益(万元) | -685.81 | -1316.61 | -325.59 |
| | 利润总额(万元) | -8587.57 | -5617.94 | 10985.48 |
| | 净利润(万元) | -7524.7 | -9496.72 | 1013.13 |
| 近年分配: | | | | |

| 主要股东及持股比例%、持股性质 |
|---|
| 中国华源生命产业有限公司 41.09%（国有股） |
| 兰溪市财政局 4.24%（国有股） |
| 杭州天远制衣有限公司 0.71%（流通 A 股） |
| 苏州中昊建筑施工服务有限公司 0.63%（流通 A 股） |
| 张工 0.39%（流通 A 股） |
| 闵琼 0.38%（流通 A 股） |
| 顾维 0.37%（流通 A 股） |
| 王宏 0.36%（流通 A 股） |
| 裴勤 0.33%（流通 A 股） |
| 谷志平 0.33%（流通 A 股） |
| 实际控制人：中国华源集团有限公司 |

二〇〇六年以来市场表现

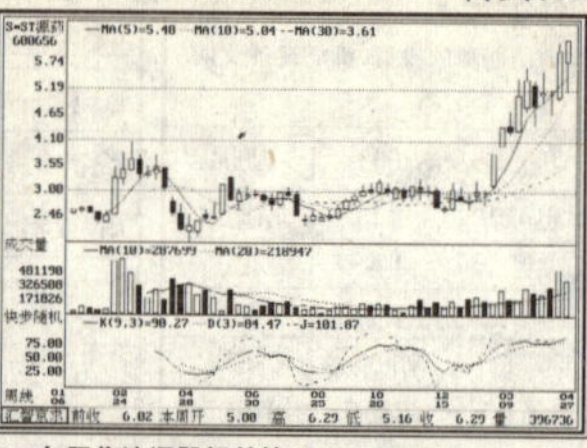

| | |
|---|---|
| 2006 年涨跌幅(%) | 21.6 |
| 2006 年最高(元) | 4.05 |
| 2007 年涨跌幅(%) | 106.91 |
| 2007.4.27 收盘(元) | 6.29 |
| 2007 年最高(元) | 6.29 |
| 2007 年最低(元) | 2.62 |
| 2007 年换手率(%) | 432.94 |

未来一年限售流通股解禁情况：

| 最新股本 | 总股本 | 非(限售)流通 | 流通 A | 流通 B/H/S | 股东户数 | 06 年末 | 06 三季 |
|---|---|---|---|---|---|---|---|
| | 15008.17 | 6803.61 | 8204.56 | | | 12572 | 13569 |

年报点评：公司虚报财务报告给公司的发展带来了不利的影响，未来的重组有可能给公司的发展带来较好的发展前景，同时公司在免疫抑制剂方面的发展也有较好的前景，但公司 2006 年盈利仍然为负，有退市风险。

## ＊ST 天桥（600657）

上市日期:93/05/24　　电话:(010)82615888－3357　　传真:(010)62764411

| 主营 | 技术开发、技术服务、技术转让、技术咨询；销售计算机软硬件、电子产品、通信设备（不含无线电发射设备）及本公司开发后的产品。 | | | |
|---|---|---|---|---|
| | 年　度 | 2006 | 2005 | 2004 |
| 主要指标 | 每股收益/扣除后(元) | 0.092/-0.424 | -0.984 | -1.218/-1.168 |
| | 每股经营现金流量(元) | -0.4117 | 0.8074 | -0.4794 |
| | 每股净资产/调整后(元) | 0.51/0.16 | 0.53/0.28 | 1.6/1.5 |
| | 未分利润(万元) | -58772.42 | -63456.66 | -30581.81 |
| | 资本公积(万元) | 26742.61 | 43802.48 | 40506.13 |
| 利润构成 | 主营收入(万元) | 119233.44 | 121904.79 | 118617.56 |
| | 主营利润(万元) | 11238.84 | 10378.19 | 12323.8 |
| | 投资收益(万元) | 13469.8 | -15311.05 | -11976.24 |
| | 利润总额(万元) | 2006.59 | -38923.04 | -36353.93 |
| | 净利润(万元) | 4557.22 | -29953.23 | -37091.52 |
| 近年分配: | | | | |

| 主要股东及持股比例%、持股性质 |
|---|
| 北京北大青鸟有限责任公司 12.79%（非流通股） |
| 北京崇远投资经营公司 7.94%（国有股） |
| 北京市电影公司 1.33%（非流通股） |
| 中国对外友好合作服务中心 0.67%（非流通股） |
| 交通银行股份有限公司北京分行 0.59%（非流通股） |
| 北京铁建工贸公司 0.53%（非流通股） |
| 北京中关村科技发展股份有限公司 0.53%（非流通股） |
| 周波 0.41%（流通 A 股） |
| 北京道和投资管理有限公司 0.4%（非流通股） |
| 陈甲长 0.32%（流通 A 股） |
| 实际控制人：教育部 |

二〇〇六年以来市场表现

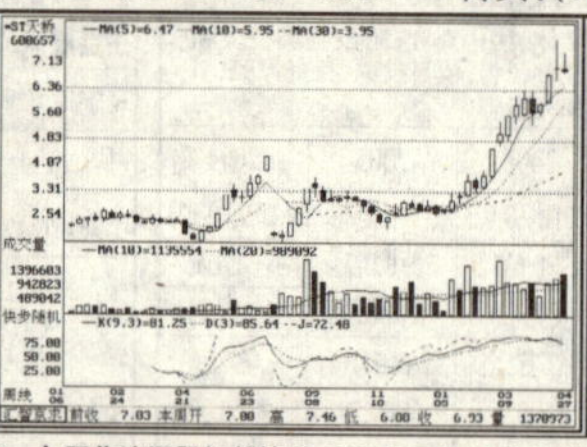

| | |
|---|---|
| 2006 年涨跌幅(%) | 152.96 |
| 2006 年最高(元) | 7.75 |
| 2007 年涨跌幅(%) | 161.51 |
| 2007.4.27 收盘(元) | 6.93 |
| 2007 年最高(元) | 7.89 |
| 2007 年最低(元) | 2.65 |
| 2007 年换手率(%) | 464.63 |

未来一年限售流通股解禁情况：75989967 股 08 月 04 日解禁

| 最新股本 | 总股本 | 非(限售)流通 | 流通 A | 流通 B/H/S | 股东户数 | 06 年末 | 06 三季 |
|---|---|---|---|---|---|---|---|
| | 49703.49 | 12933.9 | 36769.59 | | | 57471 | 54226 |

年报点评：公司主营软件及系统集成业务。2006 年，公司完成转让上海北大青鸟企业发展有限公司的工作，为公司带来了较多的收益，实现了扭亏。但由于资产减值准备的大量提取，公司 2006 年扣除非经常性损益后的净利润仍为负值。

## 兆维科技（600658）

上市日期:93/05/24　　电话:010－84567920　　传真:010－84567917

| 主营 | 网络通信、光通信、通信及相关设备制造。 | | | |
|---|---|---|---|---|
| | 年　度 | 2006 | 2005 | 2004 |
| 主要指标 | 每股收益/扣除后(元) | -0.355/-0.341 | 0.011 | 0.039/-0.062 |
| | 每股经营现金流量(元) | 0.09 | 0.18 | 0.0578 |
| | 每股净资产/调整后(元) | 1.07/1.03 | 1.43/1.41 | 1.4/1.39 |
| | 未分利润(万元) | -10821.61 | -4895.18 | -5406.05 |
| | 资本公积(万元) | 5678.69 | 5868.9 | 5860.66 |
| 利润构成 | 主营收入(万元) | 49048.27 | 42074.72 | 40020.86 |
| | 主营利润(万元) | 3965.55 | 6373.54 | 6731.77 |
| | 投资收益(万元) | -1069.62 | 320.45 | 2083.04 |
| | 利润总额(万元) | -6415.36 | 349.44 | 1023.52 |
| | 净利润(万元) | -5926.42 | 181.5 | 647.36 |
| 近年分配: | | | | |

| 主要股东及持股比例%、持股性质 |
|---|
| 北京兆维电子（集团）有限责任公司 24.87%（非流通股） |
| 彭建辉 3.52%（流通 A 股） |
| 林长春 1.6%（流通 A 股） |
| 廖旭旺 1.43%（流通 A 股） |
| 李醒记 1.42%（流通 A 股） |
| 龙燕 1.23%（流通 A 股） |
| 卢俊琪 1.08%（流通 A 股） |
| 青岛乐丰商贸发展有限公司 0.85%（流通 A 股） |
| 陈建荣 0.31%（流通 A 股） |
| 龚福荣 0.3%（流通 A 股） |
| 实际控制人：北京电子控股有限责任公司 |

二〇〇六年以来市场表现

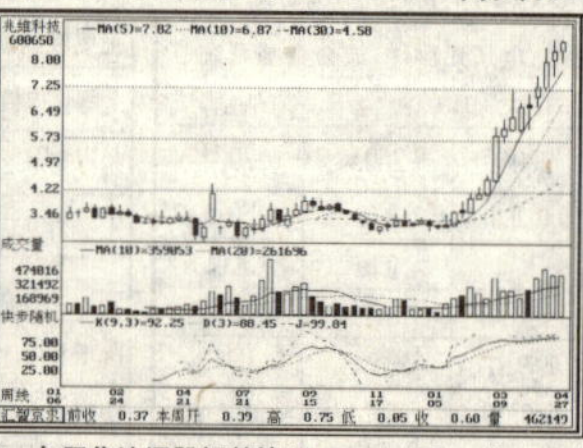

| | |
|---|---|
| 2006 年涨跌幅(%) | 26.83 |
| 2006 年最高(元) | 5.35 |
| 2007 年涨跌幅(%) | 172.1 |
| 2007.4.27 收盘(元) | 8.68 |
| 2007 年最高(元) | 8.76 |
| 2007 年最低(元) | 3.11 |
| 2007 年换手率(%) | 382.21 |

未来一年限售流通股解禁情况：8351158 股 06 月 26 日解禁

| 最新股本 | 总股本 | 非(限售)流通 | 流通 A | 流通 B/H/S | 股东户数 | 06 年末 | 06 三季 |
|---|---|---|---|---|---|---|---|
| | 16702.31 | 4153.07 | 12549.24 | | | 28192 | 31569 |

年报点评：2006 年公司经营出现亏损，主要原因是原有业务行业竞争激烈，获利降低，国际有色金属市场价格持续走高，生产成本急剧上升，毛利率上升。自服设备产业和高端智能安防产业是公司新培育的两个产业，日趋成熟，但尚未形成较大规模。

## 福耀玻璃（600660）

上市日期:93/06/10　　电话:0591－5383777　　传真:0591－5383666

| 主营 | 汽车安全玻璃，建筑玻璃、防弹玻璃及其它工业技术玻璃的研究、生产、销售和客户服务 | | | |
|---|---|---|---|---|
| | 年　度 | 2006 | 2005 | 2004 |
| 主要指标 | 每股收益/扣除后(元) | 0.61/0.61 | 0.39 | 0.39/0.38 |
| | 每股经营现金流量(元) | 1.17 | 0.72 | 0.6 |
| | 每股净资产/调整后(元) | 2.82/2.72 | 2.21/2.13 | 1.81/1.73 |
| | 未分利润(万元) | 114329.24 | 62922.2 | 32067.88 |
| | 资本公积(万元) | 19881.49 | 19931.49 | 19931.49 |
| 利润构成 | 主营收入(万元) | 388398.63 | 291116.34 | 234522.8 |
| | 主营利润(万元) | 133295.67 | 88806.39 | 78918.03 |
| | 投资收益(万元) | 90.08 | -195.09 | -261.64 |
| | 利润总额(万元) | 66447.34 | 42843.3 | 42438.98 |
| | 净利润(万元) | 60722.03 | 39171.85 | 39456.07 |
| 近年分配: | 06 预案：10 派 3.1 | | | |

| 主要股东及持股比例%、持股性质 |
|---|
| 香港三益发展有限公司 22.49%（外资股） |
| 福建省耀华工业村开发有限公司 15.84%（非流通股） |
| 香港鸿侨海外有限公司 15.6%（外资股） |
| 中国工商银行－南方绩优成长股票型证券投资基金 3.73%（流通 A 股） |
| 福建省外贸汽车维修厂 1.99%（国有股） |
| 中国工商银行－南方避险增值基金 1.97%（流通 A 股） |
| 中国银行－南方高增长股票型开放式证券投资基金 1.95%（流通 A 股） |
| 汉盛证券投资基金 1.61%（流通 A 股） |
| 交通银行－汉兴证券投资基金 1.43%（流通 A 股） |
| 上海福敏信息科技有限公司 1.24%（非流通股） |
| 实际控制人：香港洪毅有限公司 |

二〇〇六年以来市场表现

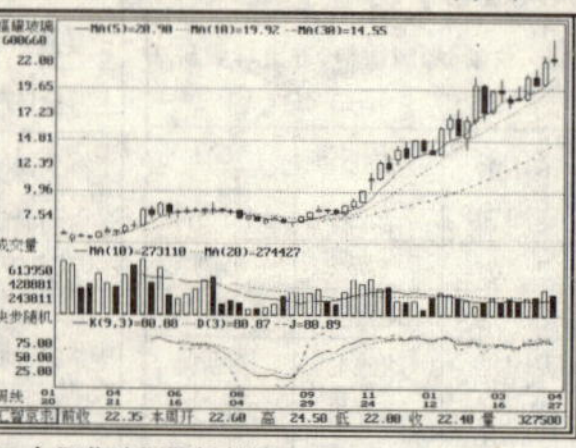

| | |
|---|---|
| 2006 年涨跌幅(%) | 208.29 |
| 2006 年最高(元) | 16.32 |
| 2007 年涨跌幅(%) | 51.66 |
| 2007.4.27 收盘(元) | 22.4 |
| 2007 年最高(元) | 24.5 |
| 2007 年最低(元) | 13.4 |
| 2007 年换手率(%) | 99.13 |

未来一年限售流通股解禁情况：

| 最新股本 | 总股本 | 非(限售)流通 | 流通 A | 流通 B/H/S | 股东户数 | 06 年末 | 06 三季 |
|---|---|---|---|---|---|---|---|
| | 100149.32 | 57724.06 | 42425.25 | | | 10215 | 14916 |

年报点评：公司是汽车玻璃领域的龙头企业，在国内汽车玻璃市场具有很高的市场份额，开拓国际市场也进展顺利。公司为迎接国际汽车玻璃产业转移做好了充分的准备工作。公司的成本控制能力和规模优势非常明显，2006 年的净利润增长水平高于营收的增长。

## 交大南洋（600661）

上市日期:93/06/14　电话:021－62814035　传真:021－62801900

**主营**：经营信息技术及服务、教育及服务、机电一体化和现代成型技术以及太阳能产品等。

| | 年　度 | 2006 | 2005 | 2004 |
|---|---|---|---|---|
| 主要指标 | 每股收益/扣除后(元) | 0.11 | 0.1 | 0.09/0.07 |
| | 每股经营现金流量(元) | 0.15 | 0.16 | 0.06 |
| | 每股净资产/调整后(元) | 2.22/2.17 | 2.16/2.07 | 2.11/2.09 |
| | 未分利润(万元) | 1696.98 | 1312.73 | 1222.42 |
| | 资本公积(万元) | 12335.22 | 12623.05 | 12540.75 |
| 利润构成 | 主营收入(万元) | 55210.5 | 64027.68 | 54014.01 |
| | 主营利润(万元) | 7168.04 | 9027.85 | 7543.85 |
| | 投资收益(万元) | 1516.25 | 988.17 | 692.42 |
| | 利润总额(万元) | 2674.17 | 2383.92 | 1925.14 |
| | 净利润(万元) | 1846.27 | 1679.37 | 1503.9 |

近年分配：06 预案:10 派 0.3；05 年:10 派 0.3；04 年:10 派 0.5

**主要股东及持股比例%、持股性质**

- 上海交通大学 38.45%（国有股）
- 上海市国有资产经营有限公司 6.56%（国有股）
- 上海飞乐音响股份有限公司 4.5%（非流通股）
- 上海金陵股份有限公司 2.05%（非流通股）
- 上海交大得尤科贸有限公司 1.76%（非流通股）
- 上海美利投资有限公司 1.38%（非流通股）
- 上海葆鑫企业发展有限公司 1.06%（非流通股）
- 上海新黄浦(集团)有限责任公司 0.94%（非流通股）
- 申银万国证券股份有限公司 0.8%（非流通股）
- 宝钢集团上海五钢有限公司 0.63%（非流通股）

实际控制人：上海交通大学

二〇〇六年以来市场表现

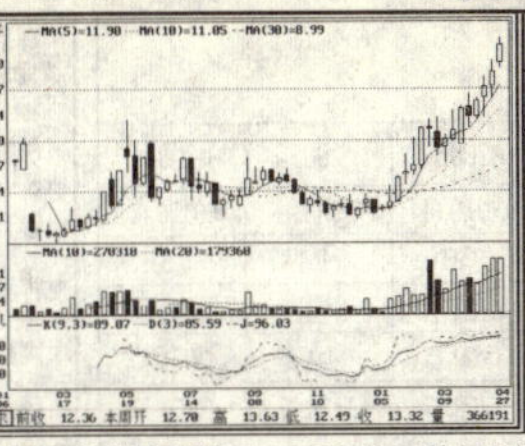

| | |
|---|---|
| 2006 年涨跌幅(%) | 16.77 |
| 2006 年最高(元) | 14.36 |
| 2007 年涨跌幅(%) | 84.74 |
| 2007.4.27 收盘(元) | 13.32 |
| 2007 年最高(元) | 13.63 |
| 2007 年最低(元) | 7.24 |
| 2007 年换手率(%) | 442.52 |

未来一年限售流通股解禁情况:3473536 股 02 月 14 日解禁

| 最新股本 | 总股本 | 非(限售)流通 | 流通 A | 流通 B/H/S | 股东户数 | 06 年末 | 06 三季 |
|---|---|---|---|---|---|---|---|
| | 17367.68 | 13243.91 | 4123.77 | | | 18146 | 19299 |

**年报点评**：2006 年,公司将原业务板块进行了整合,将原教育及服务板块与信息技术板块合并成教育与服务板块;将原机电一体化精密成型技术与新能源板块合并成精密制造业板块。实现主营业务收入 5.5 亿元,实现净利润 1846.2 万元。

## 强生控股（600662）

上市日期:93/06/14　电话:021－62151181　传真:021－62538782

**主营**：汽车出租、小公共汽车专线营运和汽车修理等。

| | 年　度 | 2006 | 2005 | 2004 |
|---|---|---|---|---|
| 主要指标 | 每股收益/扣除后(元) | 0.18/0.15 | 0.17 | 0.3/0.264 |
| | 每股经营现金流量(元) | 0.56 | 0.1 | 0.24 |
| | 每股净资产/调整后(元) | 2.08/2.06 | 2.03/2.01 | 2.8/2.75 |
| | 未分利润(万元) | 16194.54 | 16270.12 | 18057.31 |
| | 资本公积(万元) | 13281.2 | 13025.09 | 25559.15 |
| 利润构成 | 主营收入(万元) | 128754.83 | 122676.31 | 112527.7 |
| | 主营利润(万元) | 36642.35 | 34705.7 | 33109.6 |
| | 投资收益(万元) | 2866.71 | -728.39 | 1976.82 |
| | 利润总额(万元) | 18874.79 | 15837.38 | 18994.81 |
| | 净利润(万元) | 11516.56 | 10714.92 | 12472.24 |

近年分配：06 预案:10 派 1.1；05 年:10 派 1.5；04 年:10 送 2 转增 3

**主要股东及持股比例%、持股性质**

- 上海强生集团有限公司 32.51%（国有股）
- 张忠豪 0.86%（流通 A 股）
- 上海汇浦产业投资有限公司 0.6%（非流通股）
- (元昊)证券投资资金信托(E－1301) 0.56%（流通 A 股）
- 张艺 0.43%（流通 A 股）
- (邦联)持续增值主题投资资金信托(E－5002) 0.27%（流通 A 股）
- 范强 0.25%（流通 A 股）
- 平晓洁 0.21%（流通 A 股）
- 陈照明 0.2%（流通 A 股）
- 韩良英 0.198%（流通 A 股）

实际控制人：上海强生集团有限公司职工持股会

二〇〇六年以来市场表现

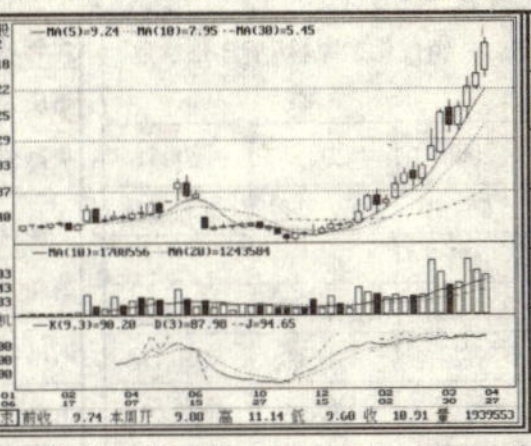

| | |
|---|---|
| 2006 年涨跌幅(%) | 32.95 |
| 2006 年最高(元) | 5.95 |
| 2007 年涨跌幅(%) | 168.72 |
| 2007.4.27 收盘(元) | 10.91 |
| 2007 年最高(元) | 11.14 |
| 2007 年最低(元) | 3.92 |
| 2007 年换手率(%) | 536.91 |

未来一年限售流通股解禁情况:3743787 股 09 月 05 日解禁

| 最新股本 | 总股本 | 非(限售)流通 | 流通 A | 流通 B/H/S | 股东户数 | 06 年末 | 06 三季 |
|---|---|---|---|---|---|---|---|
| | 62579.92 | 20720.21 | 41859.71 | | | 65500 | 67851 |

**年报点评**：2006 年虽然公司出租车规模继续有所扩大,但出租汽车服务业务收入及毛利率均较上年有所下降,而汽车修理、汽车销售业务也都略有下降。房产销售业务成为公司主营业务收入与主营业务利润增长的主要来源,所占比例分别为 10.2%和 12.9%。

## 陆家嘴（600663/900932）

上市日期:A: 93/06/28 B: 94/11/22　电话:021－58878888　传真:021－58873688

**主营**：负责陆家嘴开发区内的房地产经营、市政公用基础设施的开发建设、工程承包与装饰区内项目投资等。

| | 年　度 | 2006 | 2005 | 2004 |
|---|---|---|---|---|
| 主要指标 | 每股收益/扣除后(元) | 0.32/0.25 | 0.31 | 0.29/0.24 |
| | 每股经营现金流量(元) | 0.5 | 0.49 | 0.34 |
| | 每股净资产/调整后(元) | 3.61/3.57 | 3.4/3.36 | 3.22/3.19 |
| | 未分利润(万元) | 128501.61 | 133640.36 | 127117.58 |
| | 资本公积(万元) | 134276.99 | 134259.6 | 143514.89 |
| 利润构成 | 主营收入(万元) | 285780.14 | 182812.83 | 210357.06 |
| | 主营利润(万元) | 141543.25 | 105864.72 | 84313.76 |
| | 投资收益(万元) | 17566.2 | -688.09 | -953.12 |
| | 利润总额(万元) | 135082.85 | 85856.89 | 75281.62 |
| | 净利润(万元) | 58847.63 | 56996.66 | 53615.28 |

近年分配：06 预案:10 派 0.65；05 年:10 派 0.6；04 年:10 派 0.5

**主要股东及持股比例%、持股性质**

- 上海陆家嘴(集团)有限公司(授权经营) 57.17%（国有股）
- 上海国际信托投资有限公司 3%（非流通股）
- SCBHK A/C GOVERNMENT OF SINGAPORE INVESTMENT CORPORATION－A/C 1.2%（流通 B 股）
- GUOTAI JUNAN SECURITIES(HONGKONG) LIMITED 0.78%（流通 B 股）
- SCBHK A/C GSIC S/A MONETARY AUTHORITY OF SINGAPORE 0.7%（流通 B 股）
- TOYO SECURITIES ASIA LTD. A/C CLIENT 0.56%（流通 B 股）
- NAITO SECURITIES CO. LTD. 0.55%（流通 B 股）
- 申银万国证券股份有限公司 0.47%（非流通股）
- 上海陆家嘴(集团)有限公司 0.47%（国有股）
- SBCHK A/C CREDIT AGRICOLE A/C COMPAGNIE FINANCIERE EDMOND DE 0.46%（流通 B 股）

实际控制人：上海市国有资产监督管理委员会、上海市浦东新区国有资产理办公室

二〇〇六年以来市场表现

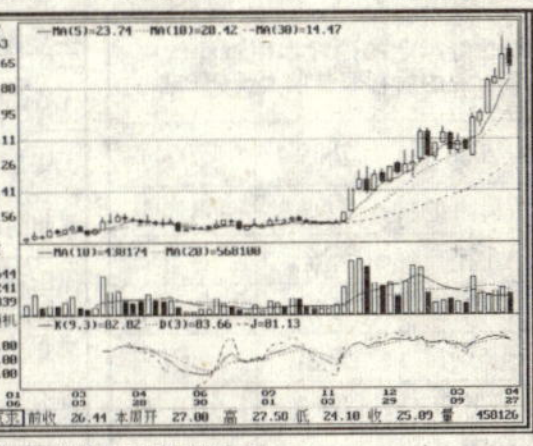

| | |
|---|---|
| 2006 年涨跌幅(%) | 204.52 |
| 2006 年最高(元) | 18.91 |
| 2007 年涨跌幅(%) | 80.76 |
| 2007.4.27 收盘(元) | 25.09 |
| 2007 年最高(元) | 28.5 |
| 2007 年最低(元) | 12.75 |
| 2007 年换手率(%) | 290.59 |

未来一年限售流通股解禁情况:

| 最新股本 | 总股本 | 非(限售)流通 | 流通 A | 流通 B/H/S | 股东户数 | 06 年末 | 06 三季 |
|---|---|---|---|---|---|---|---|
| | 186768.4 | 114137.66 | 21670.74 | 50960 | | 120747 | 142684 |

**年报点评**：公司从事房地产的经营及市政建设业务。2006 年新开工项目 3 个,在建项目 8 个,总建筑面积约为 37 万平方米。前期策划项目建筑面积将近 50 万平方米。完成了软件园区域部分地块的收购;通过土地招拍挂竞得 2.18 万平方米,规划建筑面积约 4.36 万平方米。未来业务将稳定增长。

## S 哈药（600664）

上市日期:93/06/29　电话:0451－4604688　传真:0451－4604288

**主营**：医药原料药及制剂、中成药及中药粉针剂、滋补保健品制剂、生物制药和医药商业等。

| | 年　度 | 2006 | 2005 | 2004 |
|---|---|---|---|---|
| 主要指标 | 每股收益/扣除后(元) | 0.37/0.39 | 0.37 | 0.21/0.197 |
| | 每股经营现金流量(元) | 0.59 | 0.61 | 0.12 |
| | 每股净资产/调整后(元) | 3.49/3.44 | 3.1/3.05 | 2.72/2.69 |
| | 未分利润(万元) | 111542.04 | 87597.88 | 50711.32 |
| | 资本公积(万元) | 93109.85 | 90988.51 | 89546.49 |
| 利润构成 | 主营收入(万元) | 919758.38 | 849338.86 | 717490.05 |
| | 主营利润(万元) | 311170.37 | 304782.68 | 262751.84 |
| | 投资收益(万元) | -2857.02 | -3789.77 | 1982.74 |
| | 利润总额(万元) | 67081.1 | 64705.91 | 33251.11 |
| | 净利润(万元) | 46160.63 | 45615.2 | 26296.08 |

近年分配：

**主要股东及持股比例%、持股性质**

- 南方证券有限公司 57.86%（流通 A 股）
- 哈药集团有限公司 34.76%（非流通股）
- 东方证券股份有限公司 0.28%（流通 A 股）
- 左光明 0.03%（流通 A 股）
- 王喜海 0.03%（流通 A 股）
- 曹建伟 0.03%（流通 A 股）
- 何明昌 0.03%（流通 A 股）
- 司朝 0.03%（流通 A 股）
- 兴和证券投资基金 0.02%（流通 A 股）
- 郝宁 0.02%（流通 A 股）

实际控制人：

二〇〇六年以来市场表现

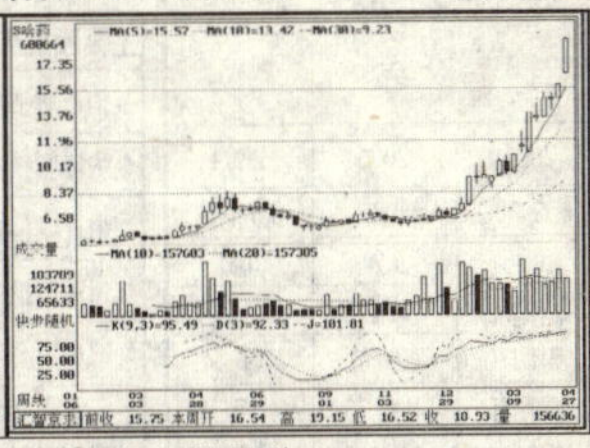

| | |
|---|---|
| 2006 年涨跌幅(%) | 38.62 |
| 2006 年最高(元) | 8.41 |
| 2007 年涨跌幅(%) | 185.09 |
| 2007.4.27 收盘(元) | 18.93 |
| 2007 年最高(元) | 19.15 |
| 2007 年最低(元) | 6.53 |
| 2007 年换手率(%) | 31.7 |

未来一年限售流通股解禁情况:

| 最新股本 | 总股本 | 非(限售)流通 | 流通 A | 流通 B/H/S | 股东户数 | 06 年末 | 06 三季 |
|---|---|---|---|---|---|---|---|
| | 124200.55 | 43170.59 | 81029.96 | | | 24911 | 25281 |

**年报点评**：公司是国内大型制药企业,主营产品经营情况稳定。由于公司流通股大量被南方证券持有,公司股改迟迟不能进行。公司 2006 年主营收入稳步增长,净利润基本持平。公司 2007 年有可能完成股改。哈药集团有整体上市的意愿。

# 天地源（600665）

上市日期：93/07/09　　电话：021－58771776　　传真：021－58367882

| | | | | |
|---|---|---|---|---|
| 主营 | 房地产开发和经营 | | | |
| | 年　度 | 2006 | 2005 | 2004 |
| 主要指标 | 每股收益/扣除后(元) | 0.099/0.014 | 0.093 | 0.085/0.061 |
| | 每股经营现金流量(元) | 0.03 | -0.19 | -0.5517 |
| | 每股净资产/调整后(元) | 1.94/1.94 | 1.9/1.9 | 1.86/1.84 |
| | 未分利润(万元) | 13529.15 | 11444.56 | 9132.4 |
| | 资本公积(万元) | 37070.27 | 37070.27 | 37070.27 |
| 利润构成 | 主营收入(万元) | 91427.57 | 95033.79 | 69126.45 |
| | 主营利润(万元) | 15738.97 | 17006.61 | 11620.39 |
| | 投资收益(万元) | 209.45 | -661.1 | 1308.49 |
| | 利润总额(万元) | 9071.38 | 8252.17 | 7498.33 |
| | 净利润(万元) | 7133.2 | 6707.29 | 6096 |
| 近年分配： | 06 预案：10 派 0.5；05 年：10 派 0.6；04 年：10 派 0.5 | | | |

| 主要股东及持股比例%、持股性质 |
|---|
| 西安高新技术产业开发区房地产开发公司 61.51%（国有股） |
| 宝钢集团上海五钢有限公司 1.46%（部分流通部分不流通） |
| 申银万国证券股份有限公司 1.14%（国有股） |
| 交行上海分行宝山支行 0.33%（国有股） |
| 中国信达资产管理公司 0.33%（国有股） |
| 中国工商银行上海市第二支行 0.33%（国有股） |
| 上海汽车工业有限公司 0.33%（国有股） |
| 上海市公积金管理中心 0.26%（国有股） |
| 陕西瑞发投资咨询有限公司 0.26%（非流通股） |
| 上海柴油机厂（上海柴油机股份有限公司）0.23%（国有股） |
| 实际控制人：西安高科（集团）公司 |

二〇〇六年以来市场表现

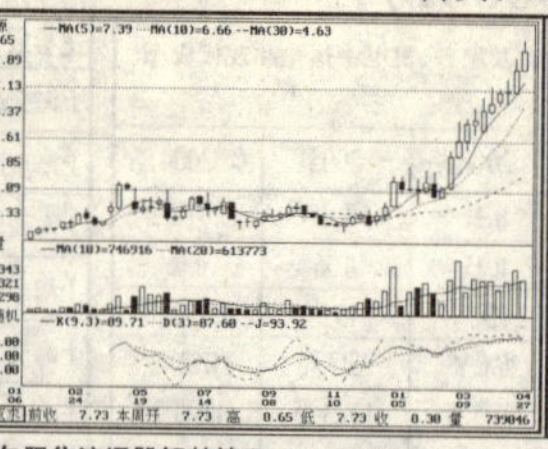


| | |
|---|---|
| 2006 年涨跌幅(%) | 129.92 |
| 2006 年最高(元) | 6.13 |
| 2007 年涨跌幅(%) | 88.64 |
| 2007.4.27 收盘(元) | 8.3 |
| 2007 年最高(元) | 8.65 |
| 2007 年最低(元) | 3.7 |
| 2007 年换手率(%) | 518.85 |

未来一年限售流通股解禁情况：117640906 股 05 月 11 日解禁

| 最新股本 | 总股本 | 非(限售)流通 | 流通 A | 流通 B/H/S | 股东户数 | 06 年末 | 06 三季 |
|---|---|---|---|---|---|---|---|
| | 72010.21 | 52459.21 | 19551 | | | 48658 | 52611 |

年报点评：积极推进房地产主业产业链的完善，目前形成了从房地产开发、销售、物业服务管理到置业代理的环形产业链。主要在建项目枫林绿洲、曲江华府进展顺利，苏州橄榄湾已经开盘销售，标志着天地源跨区域发展战略迈出了新的步伐。

# 西南药业（600666）

上市日期：93/07/12　　电话：023－65313118　　传真：023－65311721

| | | | | |
|---|---|---|---|---|
| 主营 | 加工销售原料药、中西药制剂，销售化工原料（不含化学危险品）、包装材料。 | | | |
| | 年　度 | 2006 | 2005 | 2004 |
| 主要指标 | 每股收益/扣除后(元) | 0.07/0.01 | 0.05/-0.02 | 0.1/0.02 |
| | 每股经营现金流量(元) | 0.72 | 0.82 | -0.45 |
| | 每股净资产/调整后(元) | 2.01/1.92 | 1.96/1.87 | 1.91/1.82 |
| | 未分利润(万元) | 5882.2 | 4949.88 | 4380.77 |
| | 资本公积(万元) | 4999.22 | 5265.43 | 5265.34 |
| 利润构成 | 主营收入(万元) | 45222.27 | 45027.77 | 40844.97 |
| | 主营利润(万元) | 13983.5 | 13584.04 | 11936.55 |
| | 投资收益(万元) | 567.3 | -515.67 | 153.04 |
| | 利润总额(万元) | 1255.34 | 729.76 | 1558.73 |
| | 净利润(万元) | 1028.64 | 744.7 | 1434.88 |
| 近年分配： | | | | |

| 主要股东及持股比例%、持股性质 |
|---|
| 重庆太极实业(集团)股份有限公司 33.49%（国有股） |
| 太极集团有限公司 10.19%（国有股） |
| 成都市吉隆实业有限公司 0.67%（非流通股） |
| 蔡利国 0.56%（流通 A 股） |
| 四川金鸣投资咨询有限公司 0.44%（非流通股） |
| 上海煤气第二管线工程有限公司 0.32%（流通 A 股） |
| 云南证券交易股份有限公司 0.27%（流通 A 股） |
| 程云浩 0.24%（流通 A 股） |
| 陈群德 0.24%（流通 A 股） |
| 董利美 0.16%（流通 A 股） |
| 实际控制人：太极集团有限公司 |

二〇〇六年以来市场表现

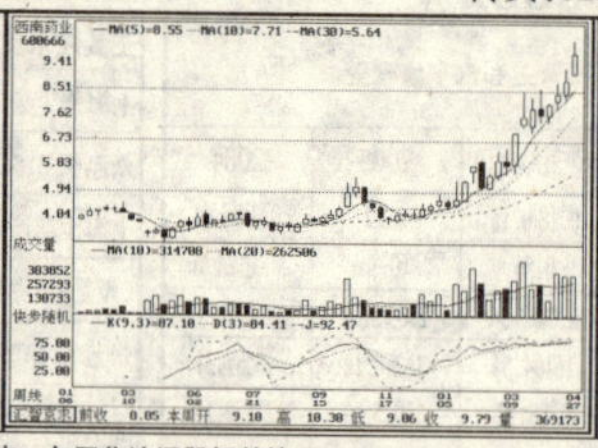


| | |
|---|---|
| 2006 年涨跌幅(%) | 53.21 |
| 2006 年最高(元) | 7.06 |
| 2007 年涨跌幅(%) | 111.91 |
| 2007.4.27 收盘(元) | 9.79 |
| 2007 年最高(元) | 10.3 |
| 2007 年最低(元) | 4.31 |
| 2007 年换手率(%) | 547.53 |

未来一年限售流通股解禁情况：14879298 股 04 月 12 日解禁

| 最新股本 | 总股本 | 非(限售)流通 | 流通 A | 流通 B/H/S | 股东户数 | 06 年末 | 06 三季 |
|---|---|---|---|---|---|---|---|
| | 14879.34 | 6664.05 | 8215.28 | | | 27451 | 28267 |

年报点评：公司是西部地区最大的西药生产企业，也是西部地区唯一的麻醉药品定点生产基地。2006 年公司经营业绩稳定增长。2007 年将是公司快速发展的一年。

# 太极实业（600667）

上市日期：93/07/28　　电话：0510—85419120　　传真：0510—85430760

| | | | | |
|---|---|---|---|---|
| 主营 | 主营毛纺行业的精纺呢绒、化纤行业的丙纤烟用过滤丝束和涤纶工业丝帘帆布、服装行业的衬衫服装四大系列产品。 | | | |
| | 年　度 | 2006 | 2005 | 2004 |
| 主要指标 | 每股收益/扣除后(元) | 0.044/0.02 | 0.049 | 0.045/0.03 |
| | 每股经营现金流量(元) | 0.253 | 0.244 | 0.41 |
| | 每股净资产/调整后(元) | 1.49/1.46 | 1.46/1.42 | 1.41/1.37 |
| | 未分利润(万元) | 1665.72 | 285.34 | -40334.98 |
| | 资本公积(万元) | 15675.99 | 16000.76 | 50390.96 |
| 利润构成 | 主营收入(万元) | 113113.71 | 87900.61 | 105691.6 |
| | 主营利润(万元) | 16247.97 | 14340.92 | 16792.35 |
| | 投资收益(万元) | 28.19 | | 6.81 |
| | 利润总额(万元) | 3155.47 | 3157.41 | 3101.38 |
| | 净利润(万元) | 1630.1 | 1810.37 | 1677.24 |
| 近年分配： | 06 预案：10 派 0.11 | | | |

| 主要股东及持股比例%、持股性质 |
|---|
| 无锡纺织产业集团有限公司 19.29%（国有股） |
| 无锡市新中亚投资开发公司 14.29%（国有股） |
| 常州海坤通信设备有限公司 12.23%（非流通股） |
| 中国烟草投资管理公司 1.28%（国有股） |
| 河北证券 0.71%（非流通股） |
| 珠海富华投资公司 0.39%（非流通股） |
| 顾霞 0.25%（流通 A 股） |
| 李明 0.24%（流通 A 股） |
| 张碧琴 0.19%（流通 A 股） |
| 杜金玉 0.19%（流通 A 股） |
| 实际控制人：无锡纺织产业集团有限公司 |

二〇〇六年以来市场表现

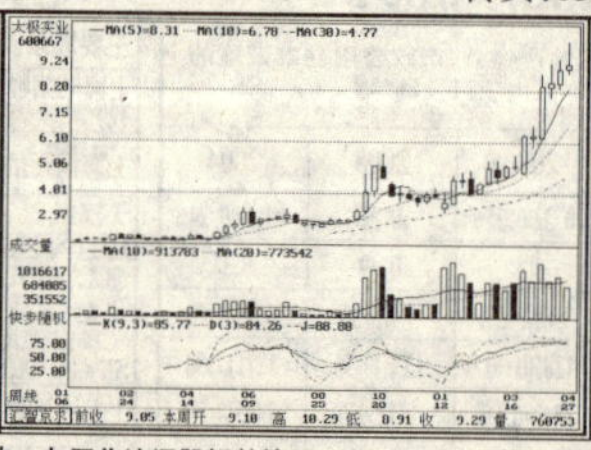


| | |
|---|---|
| 2006 年涨跌幅(%) | 101.03 |
| 2006 年最高(元) | 5.6 |
| 2007 年涨跌幅(%) | 197.76 |
| 2007.4.27 收盘(元) | 9.29 |
| 2007 年最高(元) | 12.86 |
| 2007 年最低(元) | 4.01 |
| 2007 年换手率(%) | 587.96 |

未来一年限售流通股解禁情况：45767907 股 01 月 08 日解禁

| 最新股本 | 总股本 | 非(限售)流通 | 流通 A | 流通 B/H/S | 股东户数 | 06 年末 | 06 三季 |
|---|---|---|---|---|---|---|---|
| | 36881.74 | 17917.74 | 18964 | | | 57927 | 56017 |

年报点评：公司主营纺织品（帘帆布）和纺织机械产品的生产与销售。如何进一步消化原料价格的上涨对公司的影响是报告期的工作重点，主要措施包括调整产品结构、客户结构，进一步加大对产品技术改造和创新的投入等，公司面临的压力仍旧较大。

# 尖峰集团（600668）

上市日期：93/07/28　　电话：0579－2326868　　传真：0579－2324611

| | | | | |
|---|---|---|---|---|
| 主营 | 药品、水泥及其制品的制造与销售。 | | | |
| | 年　度 | 2006 | 2005 | 2004 |
| 主要指标 | 每股收益/扣除后(元) | -0.22/-0.23 | 0.01 | 0.07/0.04 |
| | 每股经营现金流量(元) | 0.4 | 0.29 | 0.57 |
| | 每股净资产/调整后(元) | 2.44/2.4 | 2.62/2.59 | 2.61/2.57 |
| | 未分利润(万元) | 341.17 | 7906.02 | 7497.54 |
| | 资本公积(万元) | 43208.81 | 41907.63 | 41878.25 |
| 利润构成 | 主营收入(万元) | 138219.19 | 127903.96 | 102680.59 |
| | 主营利润(万元) | 15767.38 | 14523.86 | 20448.49 |
| | 投资收益(万元) | 468.8 | 6451.56 | 2251.87 |
| | 利润总额(万元) | -8032 | 298.03 | 2311.24 |
| | 净利润(万元) | -7564.86 | 408.49 | 2434.43 |
| 近年分配： | | | | |

| 主要股东及持股比例%、持股性质 |
|---|
| 金华市通济国有资产投资有限公司 16.93%（国有股） |
| 金华峰联投资有限公司 3.52%（非流通股） |
| 河南许继信息有限公司 2.67%（非流通股） |
| 杭州康和投资管理有限公司 0.96%（非流通股） |
| 许继集团有限公司 0.53%（非流通股） |
| 上海英特电子实业公司 0.53%（流通 A 股） |
| 王程 0.5%（流通 A 股） |
| 于家俊 0.26%（流通 A 股） |
| 浙江省电力公司 0.23%（非流通股） |
| 肖华 0.22%（流通 A 股） |
| 实际控制人：金华市通济国有资产投资有限公司 |

二〇〇六年以来市场表现

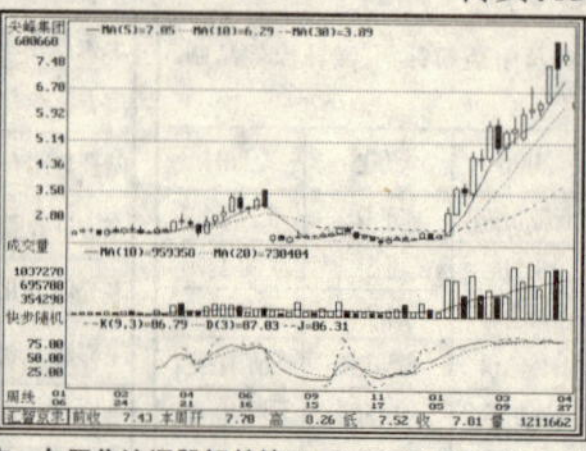


| | |
|---|---|
| 2006 年涨跌幅(%) | 31.41 |
| 2006 年最高(元) | 3.66 |
| 2007 年涨跌幅(%) | 248.66 |
| 2007.4.27 收盘(元) | 7.81 |
| 2007 年最高(元) | 8.26 |
| 2007 年最低(元) | 2.22 |
| 2007 年换手率(%) | 548 |

未来一年限售流通股解禁情况：54486664 股 08 月 07 日解禁

| 最新股本 | 总股本 | 非(限售)流通 | 流通 A | 流通 B/H/S | 股东户数 | 06 年末 | 06 三季 |
|---|---|---|---|---|---|---|---|
| | 34408.38 | 9554.17 | 24854.21 | | | 61380 | 64511 |

年报点评：公司主营水泥、药品的生产和销售。2006 年公司关停三条立窑生产线，2007 年将继续关停四条立窑生产线，与中国建材集团签订《合作框架协议》有利公司业务拓展。药品行业受政策性药品降价、医药行业产能过剩等因素影响，医药企业盈利能力下降。

## ST 天目（600671）

上市日期:93/08/23　　电话:0571－63722229　　传真:0571－63715401

| | | | | |
|---|---|---|---|---|
| 主营 | 生物制药、中成药、西药、电子产品、机制纸的制造和销售以及商业贸易和摊位出租。 | | | |
| | 年　度 | 2006 | 2005 | 2004 |
| 主要指标 | 每股收益/扣除后(元) | 0.003 | 0.022 | 0.053/0.032 |
| | 每股经营现金流量(元) | 0.217 | 0.082 | 0.013 |
| | 每股净资产/调整后(元) | 1.69/1.68 | 1.83/1.81 | 1.98/1.95 |
| | 未分利润(万元) | 760.17 | 721.53 | 2388.36 |
| | 资本公积(万元) | 5388.31 | 5548.05 | 5284.02 |
| 利润构成 | 主营收入(万元) | 25967.13 | 23870.75 | 20971.04 |
| | 主营利润(万元) | 7798.16 | 8602.33 | 7901.3 |
| | 投资收益(万元) | 9.16 | 15.68 | -9.61 |
| | 利润总额(万元) | 93.22 | 783.63 | 1067.12 |
| | 净利润(万元) | 38.64 | 367.1 | 690.34 |
| 近年分配: | 04 年:10 派 1.8 | | | |

| 主要股东及持股比例%、持股性质 |
|---|
| 杭州现代联合投资有限公司 40.97%（非流通股） |
| 陶勇 1.73%（流通 A 股） |
| 河北力维投资有限公司 1.43%（非流通股） |
| 上海金盟投资有限公司 0.95%（流通 A 股） |
| 上海嘉虹商务咨询有限公司 0.71%（非流通股） |
| 张佩和 0.59%（流通 A 股） |
| 杨为民 0.58%（流通 A 股） |
| 高卫平 0.55%（流通 A 股） |
| 上海华亮建筑装饰有限公司 0.42%（流通 A 股） |
| 陈必英 0.39%（流通 A 股） |
| 实际控制人：章鹏飞 |

二〇〇六年以来市场表现

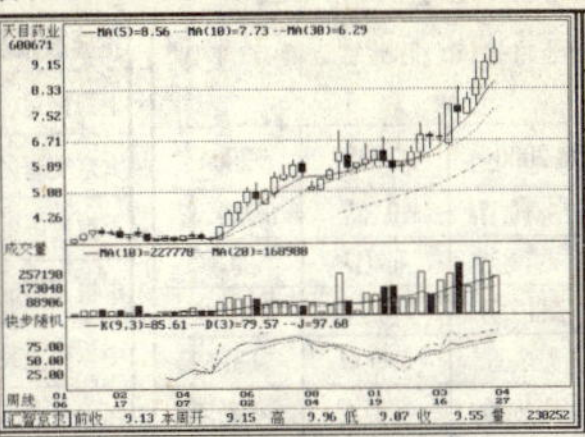

| | |
|---|---|
| 2006 年涨跌幅(%) | 81.35 |
| 2006 年最高(元) | 7.55 |
| 2007 年涨跌幅(%) | 64.37 |
| 2007.4.27 收盘(元) | 9.55 |
| 2007 年最高(元) | 9.96 |
| 2007 年最低(元) | 5.62 |
| 2007 年换手率(%) | 433.87 |

未来一年限售流通股解禁情况:3403199 股 12 月 18 日解禁

| 最新股本 | 总股本 | 非(限售)流通 | 流通 A | 流通 B/H/S | 股东户数 | 06 年末 | 06 三季 |
|---|---|---|---|---|---|---|---|
| | 12177.89 | 5328.99 | 6848.89 | | | 24094 | 25648 |

年报点评：公司是典型的中药生产企业,2006 年受到药品降价等不利因素影响。公司的收入小幅增长,但公司成本费用增长较快,导致公司盈利水平下降,业绩出现大幅下降。公司主要产品市场竞争较为激烈,成长性一般。公司未来将平稳增长。

## 阳之光（600673）

上市日期:93/09/17　　电话:0769－5370225　　传真:0769－5370230

| | | | | |
|---|---|---|---|---|
| 主营 | 亲水箔、涂料、电子材料类产品的生产和国内外销售。 | | | |
| | 年　度 | 2006 | 2005 | 2004 |
| 主要指标 | 每股收益/扣除后(元) | 0.2/0.2 | 0.21 | 0.24/0.24 |
| | 每股经营现金流量(元) | 1.01 | 0.12 | -0.09 |
| | 每股净资产/调整后(元) | 1.94/1.94 | 1.75/1.75 | 1.81/1.81 |
| | 未分利润(万元) | 6323.89 | 4097.26 | 2301.16 |
| | 资本公积(万元) | 4709.23 | 4709.23 | 6303.13 |
| 利润构成 | 主营收入(万元) | 64591.9 | 50044.87 | 48697.41 |
| | 主营利润(万元) | 5214.09 | 4404.61 | 4319.75 |
| | 投资收益(万元) | 22.78 | | |
| | 利润总额(万元) | 3686.43 | 2611.19 | 2707.25 |
| | 净利润(万元) | 2474.03 | 2611.19 | 2707.25 |
| 近年分配: | 06 年:10 派 0.5；04 年:10 派 0.5 | | | |

| 主要股东及持股比例%、持股性质 |
|---|
| 乳源阳之光铝业发展有限公司 25.35%（非流通股） |
| 深圳市事必安投资有限公司 11.82%（非流通股） |
| 中国银行－银华优质增长股票型证券投资基金 2.6%（流通 A 股） |
| 中国工商银行－广发稳健增长证券投资基金 1.88%（流通 A 股） |
| 中国建设银行－长城消费增值股票型证券投资基金 1.45%（流通 A 股） |
| 成都市工商信托投资公司 1.43%（非流通股） |
| 上海浦东发展银行－广发小盘成长股票型证券投资基金 1.38%（流通 A 股） |
| 该部分证券未经发行人确认 1.09%（非流通股） |
| 上海美利投资有限公司 0.81%（非流通股） |
| 重庆市机电设备总公司 0.76%（非流通股） |
| 实际控制人：郭京平 |

二〇〇六年以来市场表现

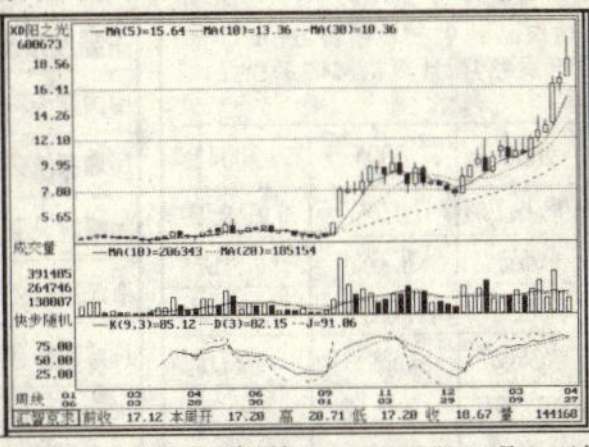

| | |
|---|---|
| 2006 年涨跌幅(%) | 78.87 |
| 2006 年最高(元) | 11.06 |
| 2007 年涨跌幅(%) | 145.67 |
| 2007.4.27 收盘(元) | 18.67 |
| 2007 年最高(元) | 20.71 |
| 2007 年最低(元) | 7.13 |
| 2007 年换手率(%) | 429.15 |

未来一年限售流通股解禁情况:6336670 股 01 月 04 日解禁

| 最新股本 | 总股本 | 非(限售)流通 | 流通 A | 流通 B/H/S | 股东户数 | 06 年末 | 06 三季 |
|---|---|---|---|---|---|---|---|
| | 12673.34 | 6525.44 | 6147.9 | | | 14527 | 9948 |

年报点评：公司主营亲水箔和铸轧卷。2006 年铝锭价格波动幅度大,公司克服困难使得亲水箔产品得到稳定发展,对已完成建设的铸轧车间进行试投产,获得了盈利。但所得税优惠到期使得净利润下降。2007 年公司力争铝箔生产工序全线贯通,基本达到设计生产能力。

## 川投能源（600674）

上市日期:93/09/24　　电话:028－86098648　　传真:028－86098649

| | | | | |
|---|---|---|---|---|
| 主营 | 铁合金生产和销售 | | | |
| | 年　度 | 2006 | 2005 | 2004 |
| 主要指标 | 每股收益/扣除后(元) | 0.141/0.14 | 0.151 | 0.135/0.134 |
| | 每股经营现金流量(元) | 0.17 | 0.71 | -0.48 |
| | 每股净资产/调整后(元) | 2.23/2.23 | 2.1/2.09 | 1.98/1.97 |
| | 未分利润(万元) | 19678.72 | 16123.79 | 12750.48 |
| | 资本公积(万元) | 7074.44 | 7588 | 7588 |
| 利润构成 | 主营收入(万元) | 31864.07 | 26756.19 | 83115.32 |
| | 主营利润(万元) | 9188.74 | 7868.8 | 20986.31 |
| | 投资收益(万元) | 1142 | 1954.86 | -1069.25 |
| | 利润总额(万元) | 7136.73 | 6400.45 | 6986.52 |
| | 净利润(万元) | 5430.87 | 5814.71 | 5230.59 |
| 近年分配: | 04 年:10 派 0.25 | | | |

| 主要股东及持股比例%、持股性质 |
|---|
| 四川省投资集团有限责任公司 41.86%（国有股） |
| 峨眉铁合金综合服务开发公司 2.19%（国有股） |
| 成都海宏信息技术开发有限公司 1.99%（国有股） |
| 李卓 0.54%（流通 A 股） |
| 成都铁路局西昌分局 0.26%（国有股） |
| 王英玉 0.21%（流通 A 股） |
| 唐山海港冀海贸易有限公司 0.19%（流通 A 股） |
| 朱芳 0.19%（流通 A 股） |
| 王桂萼 0.18%（流通 A 股） |
| 张其燕 0.16%（流通 A 股） |
| 实际控制人：四川省国有资产监督管理委员会 |

二〇〇六年以来市场表现

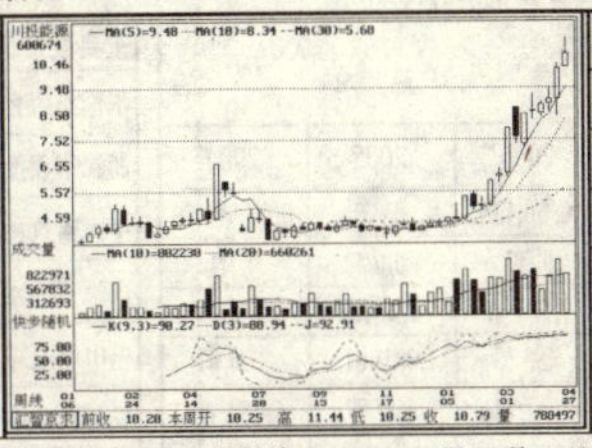

| | |
|---|---|
| 2006 年涨跌幅(%) | 59.56 |
| 2006 年最高(元) | 6.6 |
| 2007 年涨跌幅(%) | 146.91 |
| 2007.4.27 收盘(元) | 10.79 |
| 2007 年最高(元) | 11.44 |
| 2007 年最低(元) | 4.25 |
| 2007 年换手率(%) | 529.31 |

未来一年限售流通股解禁情况:16949161 股 07 月 14 日解禁

| 最新股本 | 总股本 | 非(限售)流通 | 流通 A | 流通 B/H/S | 股东户数 | 06 年末 | 06 三季 |
|---|---|---|---|---|---|---|---|
| | 38620.85 | 17885.6 | 20735.24 | | | 38210 | 35434 |

年报点评：2006 年是公司深化改革、强化管理、树立形象的关键一年。在大股东川投集团的大力支持下,公司进行了"一进一退"的电力产业投资结构调整。调整符合公司总体发展战略,有利于公司长远可持续良性发展,符合公司和广大股东的利益。

## 中华企业（600675）

上市日期:93/09/24　　电话:021－62170088　　传真:021－62179197

| | | | | |
|---|---|---|---|---|
| 主营 | 房地产投资及其高科技开发,智能化物业管理和商品房经营租赁等业务。 | | | |
| | 年　度 | 2006 | 2005 | 2004 |
| 主要指标 | 每股收益/扣除后(元) | 0.616/0.163 | 0.508 | 0.31/0.188 |
| | 每股经营现金流量(元) | -0.281 | 0.758 | -0.14 |
| | 每股净资产/调整后(元) | 3.22/2.96 | 2.79/2.62 | 2.42/2.38 |
| | 未分利润(万元) | 47898.79 | 25183.59 | 10179.53 |
| | 资本公积(万元) | 39248.6 | 38992.13 | 38928.76 |
| 利润构成 | 主营收入(万元) | 197833.95 | 233903.04 | 211017.44 |
| | 主营利润(万元) | 59012.71 | 72751.39 | 74254.15 |
| | 投资收益(万元) | 19359.64 | 11337.44 | -3931.18 |
| | 利润总额(万元) | 68246.84 | 65377.31 | 42821.05 |
| | 净利润(万元) | 42953.08 | 35442.7 | 21618.01 |
| 近年分配: | 06 年:10 送 1 转增 2；05 年:10 派 1.8；04 年:10 派 1.25 | | | |

| 主要股东及持股比例%、持股性质 |
|---|
| 上海地产(集团)有限公司 36.17%（国有股） |
| 中国银行－同盛证券投资基金 1.43%（流通 A 股） |
| 裕隆证券投资基金 1.29%（流通 A 股） |
| 中国建设银行－华夏优势增长股票型证券投资基金 1.15%（流通 A 股） |
| 中国工商银行－同益证券投资基金 0.99%（流通 A 股） |
| 王海波 0.89%（流通 A 股） |
| 中国工商银行－中银国际收益混合型证券投资基金 0.74%（流通 A 股） |
| 招商银行股份有限公司－中信经典配置证券投资基金 0.72%（流通 A 股） |
| 林建新 0.68%（流通 A 股） |
| 招商银行股份有限公司－上证红利交易型开放式指数证券投资基金 0.62%（流通 A 股） |
| 实际控制人：上海市国有资产监督管理委员会 |

二〇〇六年以来市场表现

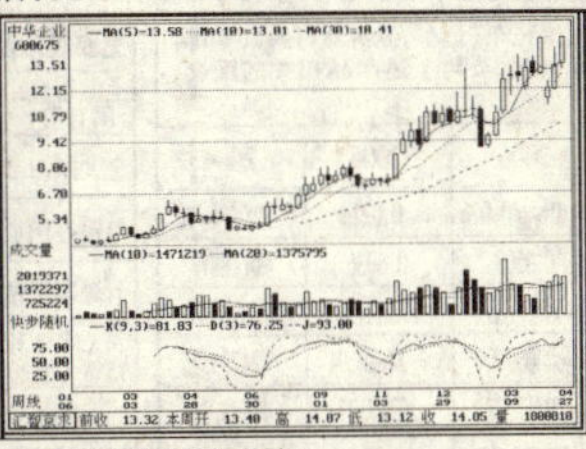

| | |
|---|---|
| 2006 年涨跌幅(%) | 166.02 |
| 2006 年最高(元) | 11.48 |
| 2007 年涨跌幅(%) | 79.08 |
| 2007.4.27 收盘(元) | 14.85 |
| 2007 年最高(元) | 19.33 |
| 2007 年最低(元) | 8.96 |
| 2007 年换手率(%) | 480.2 |

未来一年限售流通股解禁情况:

| 最新股本 | 总股本 | 非(限售)流通 | 流通 A | 流通 B/H/S | 股东户数 | 06 年末 | 06 三季 |
|---|---|---|---|---|---|---|---|
| | 69745.51 | 25225.34 | 44520.17 | | | 72931 | 64527 |

年报点评：2006 年结转销售面积 17 万平方米,租赁面积 7.10 万平方米,主要结转项目苏州第五元素一期、古北国际花园、古北国际别墅一期等项目。2006 年主营收入同比下降主要是因为公司部分预收款不符合结转条件,但是为 2007 年业绩增长奠定了基础。

## 交运股份（600676）

上市日期:93/09/28　　电话:021－62520140　　传真:021－62116123

| | | | | |
|---|---|---|---|---|
| 主营 | 轿车零部件制造、销售及公路省（市）际旅客运输、汽车货物运输装卸、货运代理等。 | | | |
| | 年　度 | 2006 | 2005 | 2004 |
| 主要指标 | 每股收益/扣除后(元) | 0.188/0.178 | 0.207 | 0.24/0.182 |
| | 每股经营现金流量(元) | 0.1985 | 0.4217 | 0.5 |
| | 每股净资产/调整后(元) | 2.81/2.79 | 3.09/3.08 | 3.17/3.05 |
| | 未分利润(万元) | 7398.38 | 4949.47 | 9381.89 |
| | 资本公积(万元) | 43516.56 | 48585.42 | 48585.42 |
| 利润构成 | 主营收入(万元) | 105692.95 | 89341.64 | 88921.69 |
| | 主营利润(万元) | 22707.37 | 22847.56 | 25816.21 |
| | 投资收益(万元) | 402 | -3240.65 | -526.4 |
| | 利润总额(万元) | 8366.91 | 8344.53 | 10856.04 |
| | 净利润(万元) | 7313.01 | 7007.61 | 8110.95 |
| 近年分配: | 06预案:10派0.8；05年:10派0.8转增1.5；04中期:10转增10年终:10派1 | | | |

| 主要股东及持股比例%、持股性质 |
|---|
| 上海交运(集团)公司 26.42%（国有股） |
| 大众交通(集团)股份有限公司 4%（流通A股） |
| 上海巴士实业(集团)股份有限公司 4%（流通A股） |
| 申银万国证券股份有限公司 3.42%（流通A股） |
| 中华企业股份有限公司 1.38%（流通A股） |
| 杨杰 0.83%（流通A股） |
| 上海物资贸易中心股份有限公司 0.7%（流通A股） |
| 中国工商银行－易方达价值精选股票型证券投资基金 0.51%（流通A股） |
| 上海市浦东新区川沙镇建豹建材经营部 0.29%（流通A股） |
| 叶国梁 0.27%（流通A股） |
| 实际控制人：上海交运(集团)公司 |

二〇〇六年以来市场表现

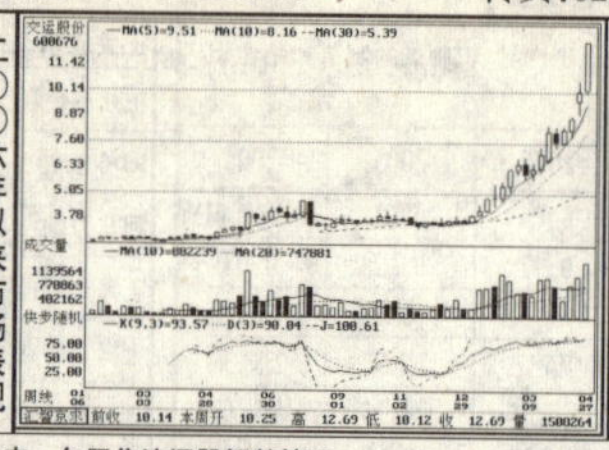

| | |
|---|---|
| 2006年涨跌幅(%) | 66.84 |
| 2006年最高(元) | 5.4 |
| 2007年涨跌幅(%) | 249.59 |
| 2007.4.27收盘(元) | 12.69 |
| 2007年最高(元) | 12.69 |
| 2007年最低(元) | 3.61 |
| 2007年换手率(%) | 476.9 |

未来一年限售流通股解禁情况:

| 最新股本 | 总股本 | 非(限售)流通 | 流通A | 流通B/H/S | 股东户数 | 06年末 | 06三季 |
|---|---|---|---|---|---|---|---|
| | 38861.23 | 10268.45 | 28592.78 | | | 36665 | 35597 |

年报点评：公司主营轿车零部件制造、高速客运和特种货运。06年公司主营业务收入、净利润均略有增长。目前公司现有业务发展平稳，未来公司发展主要依靠定向增发后，募集资金营造更大更优的物流平台，拓展物流、客运旅游和汽车修造业务。

## 航天通信（600677）

上市日期:93/09/28　　电话:0571－87034676　　传真:0751－87077662

| | | | | |
|---|---|---|---|---|
| 主营 | 轻纺产品及原辅材料、针纺织品的生产和销售、进出口贸易、实业投资开发、房地产开发经营、计算机网络工程设计等。 | | | |
| | 年　度 | 2006 | 2005 | 2004 |
| 主要指标 | 每股收益/扣除后(元) | -1.076/-1.033 | 0.036 | 0.032/0.029 |
| | 每股经营现金流量(元) | 0.2552 | 0.3356 | 0.3537 |
| | 每股净资产/调整后(元) | 0.62/0.5 | 1.68/1.48 | 1.64/1.48 |
| | 未分利润(万元) | -36246.67 | -698.89 | -987.7 |
| | 资本公积(万元) | 9924.08 | 9342.14 | 9291.35 |
| 利润构成 | 主营收入(万元) | 269431.09 | 238669.92 | 269177.1 |
| | 主营利润(万元) | 32202.02 | 30934.64 | 29997.69 |
| | 投资收益(万元) | -3957.2 | 14.21 | -686.41 |
| | 利润总额(万元) | -33152.97 | 3026.98 | 2656.36 |
| | 净利润(万元) | -35100.57 | 1178.57 | 1026.86 |
| 近年分配: | | | | |

| 主要股东及持股比例%、持股性质 |
|---|
| 中国航天科工集团公司 19.15%（部分流通部分不流通） |
| 深圳深凯硅胶制品有限公司 4.87%（流通A股） |
| 太原航天卫星通信技术有限公司 3.73%（非流通股） |
| 浙江国信控股集团有限责任公司 3.35%（国有股） |
| 长城证券有限责任公司 1.5%（流通A股） |
| 平度国立煤炭经销有限公司 1.25%（非流通股） |
| 中国纺织物资(集团)总公司 1.06%（国有股） |
| 苏州市投资有限公司 0.96%（非流通股） |
| 浙江东方集团股份有限公司 0.46%（非流通股） |
| 中国科学院南京分院 0.46%（非流通股） |
| 实际控制人：国务院国有资产监督管理委员会 |

二〇〇六年以来市场表现

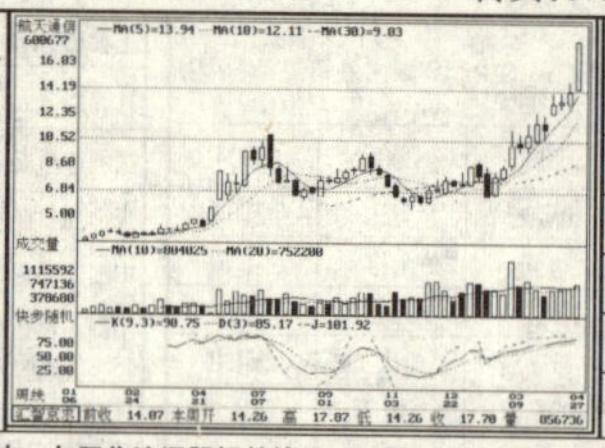

| | |
|---|---|
| 2006年涨跌幅(%) | 188.37 |
| 2006年最高(元) | 13.55 |
| 2007年涨跌幅(%) | 142.8 |
| 2007.4.27收盘(元) | 17.7 |
| 2007年最高(元) | 17.87 |
| 2007年最低(元) | 6.52 |
| 2007年换手率(%) | 551.93 |

未来一年限售流通股解禁情况:66546844股06月09日解禁

| 最新股本 | 总股本 | 非(限售)流通 | 流通A | 流通B/H/S | 股东户数 | 06年末 | 06三季 |
|---|---|---|---|---|---|---|---|
| | 32617.24 | 11274.03 | 21343.21 | | | 45941 | 38279 |

年报点评：公司继续进行产业结构的调整，全力推进军品制造产业的发展，提升军品制造在公司产业中的地位和份额。同时逐步退出通信服务产业。从销售收入增长情况看，军品销售亦是大幅增长。在毛利中的占比也继续提升。

## 四川金顶（600678）

上市日期:93/10/08　　电话:0833－5578301　　传真:0833－5578053

| | | | | |
|---|---|---|---|---|
| 主营 | 水泥制造、销售。 | | | |
| | 年　度 | 2006 | 2005 | 2004 |
| 主要指标 | 每股收益/扣除后(元) | 0.1/0.102 | 0.058 | 0.06/-0.026 |
| | 每股经营现金流量(元) | 0.201 | 0.084 | 0.141 |
| | 每股净资产/调整后(元) | 1.59/1.41 | 1.49/1.3 | 1.43/1.26 |
| | 未分利润(万元) | 6895.53 | 4803.64 | 3734.49 |
| | 资本公积(万元) | 4687.84 | 4687.84 | 4680.49 |
| 利润构成 | 主营收入(万元) | 41914.32 | 38982.93 | 34734.79 |
| | 主营利润(万元) | 10812.17 | 8001 | 8682.16 |
| | 投资收益(万元) | 199.5 | 1094.18 | 1598.48 |
| | 利润总额(万元) | 2775.63 | 1349.66 | 1631.45 |
| | 净利润(万元) | 2333.69 | 1352.92 | 1389.22 |
| 近年分配: | | | | |

| 主要股东及持股比例%、持股性质 |
|---|
| 华伦集团有限公司 23.34%（非流通股） |
| 浙江华硕投资管理有限公司 16.57%（非流通股） |
| 中国建筑材料集团公司 4.66%（非流通股） |
| 申银万国证券股份有限公司 0.86%（非流通股） |
| 乐山电业局 0.51%（非流通股） |
| 成都铁路局西昌铁路分局 0.43%（非流通股） |
| 安徽海螺创业投资有限责任公司 0.34%（流通A股） |
| 王晓明 0.22%（流通A股） |
| 叶丽洁 0.18%（流通A股） |
| 芦美群 0.17%（流通A股） |
| 实际控制人：陈建龙 |

二〇〇六年以来市场表现

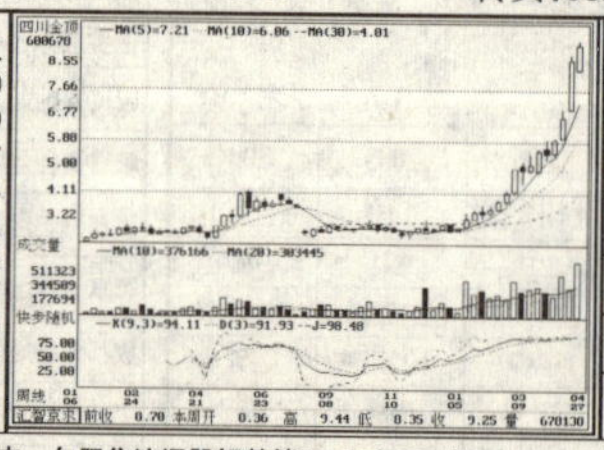

| | |
|---|---|
| 2006年涨跌幅(%) | 53.14 |
| 2006年最高(元) | 4.14 |
| 2007年涨跌幅(%) | 232.73 |
| 2007.4.27收盘(元) | 9.25 |
| 2007年最高(元) | 9.44 |
| 2007年最低(元) | 2.76 |
| 2007年换手率(%) | 428.02 |

未来一年限售流通股解禁情况:38283377股08月17日解禁

| 最新股本 | 总股本 | 非(限售)流通 | 流通A | 流通B/H/S | 股东户数 | 06年末 | 06三季 |
|---|---|---|---|---|---|---|---|
| | 23266 | 10786 | 12480 | | | 38742 | 39736 |

年报点评：公司2006年销售水泥及熟料192.98万吨，当年享受地方税务局关于公司部分固定资产报废损失及债务重组损失允许在2006年度所得税税前扣除的政策，但上年度所得税为零。2007年公司将新建4500t/d新型干法水泥熟料生产线项目，建成后熟料产能达到300万吨左右。

## 金山开发（600679/900916）

上市日期:A: 93/10/08 B: 93/11/19　　电话:021－65021787　　传真:021－65021615

| | | | | |
|---|---|---|---|---|
| 主营 | 生产经营自行车、助动车、摩托车、童车、健身器材及其零部件和自行车工业设备及模具，以及与上述产品相关的配套系列产品。 | | | |
| | 年　度 | 2006 | 2005 | 2004 |
| 主要指标 | 每股收益/扣除后(元) | 0.018/-0.076 | 0.021 | 0.008/-0.005 |
| | 每股经营现金流量(元) | 0.3503 | 0.6036 | 0.1887 |
| | 每股净资产/调整后(元) | 1.4/1.38 | 1.38/1.37 | 1.46/1.41 |
| | 未分利润(万元) | -24089.09 | -24610.94 | -24793.25 |
| | 资本公积(万元) | 29717.77 | 29717.77 | 44673.31 |
| 利润构成 | 主营收入(万元) | 171825.35 | 165397.26 | 200641.26 |
| | 主营利润(万元) | 12311.48 | 14102.49 | 22062.8 |
| | 投资收益(万元) | 323.91 | -1019.7 | 88.93 |
| | 利润总额(万元) | 865.88 | 1560.81 | 4731.02 |
| | 净利润(万元) | 646.68 | 732.86 | 467.39 |
| 近年分配: | | | | |

| 主要股东及持股比例%、持股性质 |
|---|
| 上海市金山区国有(集体)资产监督管理委员会 33.13%（国有股） |
| 金文宗 0.56%（流通B股） |
| 申银万国证券股份有限公司 0.49%（非流通股） |
| 上海国际信托投资有限公司 0.49%（非流通股） |
| GUOTAI JUNAN SECURITIES(HONGKONG) LIMITED 0.45%（流通B股） |
| 上海斯必克发展总公司 0.31%（非流通股） |
| 许经源 0.3%（流通B股） |
| 自行车前叉厂 0.29%（非流通股） |
| 周立琴 0.27%（流通A股） |
| 董宇 0.27%（流通A股） |
| 实际控制人：上海市金山区国有(集体)资产监督管理委员会 |

二〇〇六年以来市场表现

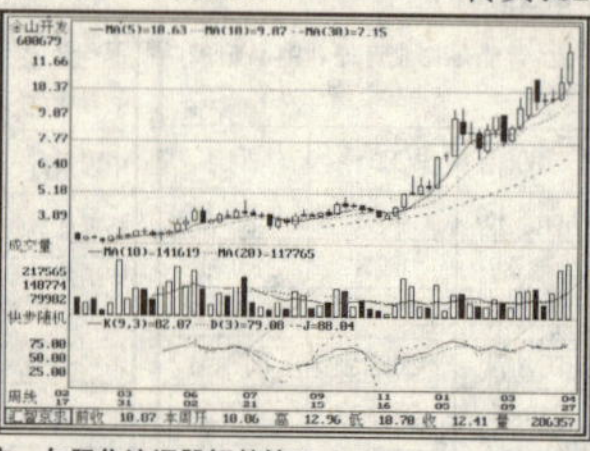

| | |
|---|---|
| 2006年涨跌幅(%) | 150.56 |
| 2006年最高(元) | 9.8 |
| 2007年涨跌幅(%) | 76.53 |
| 2007.4.27收盘(元) | 12.41 |
| 2007年最高(元) | 12.96 |
| 2007年最低(元) | 6.85 |
| 2007年换手率(%) | 279.62 |

未来一年限售流通股解禁情况:17680983股02月16日解禁

| 最新股本 | 总股本 | 非(限售)流通 | 流通A | 流通B/H/S | 股东户数 | 06年末 | 06三季 |
|---|---|---|---|---|---|---|---|
| | 35361.97 | 13431.48 | 4770.48 | 17160 | | 24340 | 27926 |

年报点评：公司主营业务为自行车和轿车配件生产，由于受到原辅材料价格大幅上涨，以及国家汇率政策调整，轿车频繁大幅降价对轿车配件的影响，公司主营业务收入增长有限，净利润下滑，继续处于微利状态。

# 上海普天（600680/900930）

上市日期：A：93/10/18 B：94/10/20　电话：021－64834310　传真：021－64834310

| | | | | |
|---|---|---|---|---|
| 主营 | 通信传输及接入系统、移动通信终端、自动售检票（卡）系统、多媒体数据系统、邮政物流系统、通信类设备精密机械加工、通信系统集成及服务。 | | | |
| | 年　度 | 2006 | 2005 | 2004 |
| 主要指标 | 每股收益/扣除后(元) | 0.536 | 0.01 | 0.02/－0.06 |
| | 每股经营现金流量(元) | 0.485 | 0.133 | －1.06 |
| | 每股净资产/调整后(元) | 2.62/2.32 | 2.09/1.87 | 2.12/2 |
| | 未分利润(万元) | 28550.6 | 12771.89 | 12568.05 |
| | 资本公积(万元) | 13125.91 | 13105.12 | 13084.89 |
| 利润构成 | 主营收入(万元) | 93924.52 | 109813.21 | 160199.86 |
| | 主营利润(万元) | 11209.26 | 10356.38 | 14035.87 |
| | 投资收益(万元) | 25515.52 | 3600.78 | 4892.16 |
| | 利润总额(万元) | 19581.71 | －2049.78 | －2077.8 |
| | 净利润(万元) | 16356.69 | 291.67 | 651.76 |
| 近年分配： | | | | |

**主要股东及持股比例%、持股性质**

- 中国普天信息产业股份有限公司 39.14%（非流通股）
- 海通证券股份有限公司 1.81%（非流通股）
- 万科企业股份有限公司 1.41%（非流通股）
- 巨田证券有限责任公司 1.37%（非流通股）
- TOYO SECURITIES ASIA LTD. A/C CLIENT 1.23%（流通B股）
- NAITO SECURITIES CO. LTD. 0.73%（流通B股）
- 万科财务顾问有限公司 0.44%（非流通股）
- MERRILL LYNCH FAR EAST LIMITED 0.33%（流通B股）
- NIKKO CORDIAL SECURITIES INC. 0.3%（流通B股）
- 深圳市东方热电投资有限公司 0.3%（非流通股）

实际控制人：中国普天信息产业集团公司

二〇〇六年以来市场表现

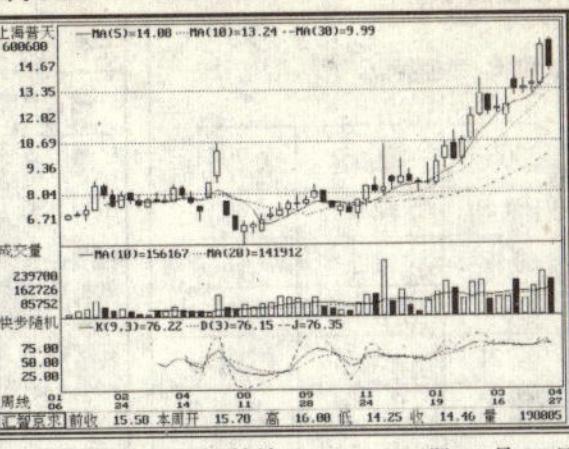

| | |
|---|---|
| 2006年涨跌幅(%) | 73.66 |
| 2006年最高(元) | 14.18 |
| 2007年涨跌幅(%) | 68.53 |
| 2007.4.27收盘(元) | 14.46 |
| 2007年最高(元) | 16 |
| 2007年最低(元) | 8 |
| 2007年换手率(%) | 613.61 |

未来一年限售流通股解禁情况：54774454股07月27日解禁

| 最新股本 | 总股本 | 非(限售)流通 | 流通A | 流通B/H/S | 股东户数 | 06年末 | 06三季 |
|---|---|---|---|---|---|---|---|
| | 30492.53 | 14362.13 | 3650.4 | 12480 | | 39992 | 40559 |

年报点评：公司围绕“三年之内建设成为中国最大的行业电子机具制造商之一”的总体经营方针，积极发展自主开发、自己生产、自有知识产权的“三自产品”，并通过大力开拓市场、积极推进经营模式的创新及产业结构的梳理，经营业绩取得稳步增长。

# S＊ST万鸿（600681）

上市日期：93/10/18　电话：027－88066666　传真：027－88066666－8628

| | | | | |
|---|---|---|---|---|
| 主营 | 纸塑包装制品开发、印刷及进出口业务；投资图书、期刊、电子出版物、影视、光盘、文化用品的制作、印刷和发行等。 | | | |
| | 年　度 | 2006 | 2005 | 2004 |
| 主要指标 | 每股收益/扣除后(元) | －0.224 | －0.11 | 0.047/－0.077 |
| | 每股经营现金流量(元) | －0.0695 | －0.001 | 0.127 |
| | 每股净资产/调整后(元) | －2.71/－2.76 | －2.43/－2.46 | －2.25/－2.27 |
| | 未分利润(万元) | －85778.06 | －81111.92 | －78814.87 |
| | 资本公积(万元) | 11606.99 | 11606.99 | 11553.47 |
| 利润构成 | 主营收入(万元) | 5484.49 | 18779.91 | 17893.83 |
| | 主营利润(万元) | 598.22 | 2745.67 | 3480.48 |
| | 投资收益(万元) | －1903.4 | －290 | －833.4 |
| | 利润总额(万元) | －5756.21 | －3873.42 | －274.34 |
| | 净利润(万元) | －4666.13 | －2297.06 | 979.42 |
| 近年分配： | | | | |

**主要股东及持股比例%、持股性质**

- 广州美城投资有限公司 22.05%（非流通股）
- 武汉国有资产经营公司 7.05%（国有股）
- 万科企业股份有限公司 2.2%（非流通股）
- 中国长城资产管理公司 1.48%（非流通股）
- 上海新元投资有限公司 1.38%（非流通股）
- 上海浦东任辰贸易有限责任公司 1.19%（非流通股）
- 湖北省保险房地产开发公司 1.15%（非流通股）
- 工商银行武汉市分行■口支行 1.15%（非流通股）
- 北京仁达国际信息工程有限公司 0.83%（非流通股）
- 杨波 0.6%（非流通股）

实际控制人：郭景祥

二〇〇六年以来市场表现

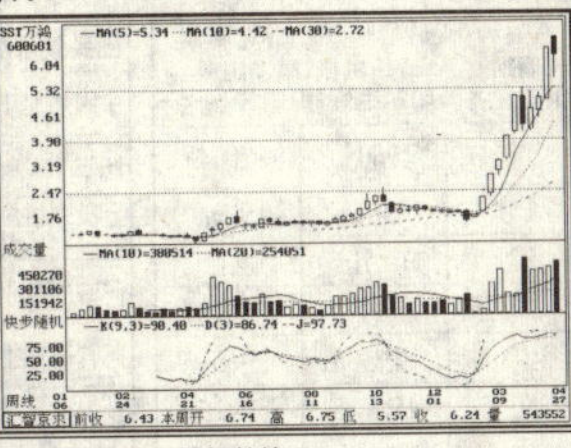

| | |
|---|---|
| 2006年涨跌幅(%) | 24.81 |
| 2006年最高(元) | 2.54 |
| 2007年涨跌幅(%) | 287.58 |
| 2007.4.27收盘(元) | 6.24 |
| 2007年最高(元) | 6.75 |
| 2007年最低(元) | 1.69 |
| 2007年换手率(%) | 351.14 |

未来一年限售流通股解禁情况：

| 最新股本 | 总股本 | 非(限售)流通 | 流通A | 流通B/H/S | 股东户数 | 06年末 | 06三季 |
|---|---|---|---|---|---|---|---|
| | 20806.8 | 9954.42 | 10852.38 | | | 37807 | 40727 |

年报点评：2006年公司所持有武汉长印包装印务有限公司3400万股股权被法院拍卖，对公司的主营业务发展构成不利影响。公司主营业务处于不理想状态，公司历史债务负担沉重，财务费用继续发生，目前公司尚无任何资产重组计划且债务谈判工作已陷入停滞状态。

# S宁新百（600682）

上市日期：93/10/18　电话：025－4717494　传真：025－4724722

| | | | | |
|---|---|---|---|---|
| 主营 | 商品零售。 | | | |
| | 年　度 | 2006 | 2005 | 2004 |
| 主要指标 | 每股收益/扣除后(元) | 0.252/0.243 | 0.045 | 0.175/0.14 |
| | 每股经营现金流量(元) | 1.25 | －0.002 | 0.42 |
| | 每股净资产/调整后(元) | 3.79/3.78 | 3.66/3.65 | 3.99/3.99 |
| | 未分利润(万元) | 812.86 | －2878.43 | 3514.42 |
| | 资本公积(万元) | 53824.81 | 53824.81 | 53590.21 |
| 利润构成 | 主营收入(万元) | 260511.38 | 287982.98 | 329897.82 |
| | 主营利润(万元) | 36451.21 | 28897.56 | 32323.03 |
| | 投资收益(万元) | 722.77 | 1486.63 | 638.06 |
| | 利润总额(万元) | 10909.23 | 4879.22 | 7999.4 |
| | 净利润(万元) | 5794.49 | 1029.31 | 4026.63 |
| 近年分配： | 06预案：10派0.3；05年：10派1；04年：10派1.2 | | | |

**主要股东及持股比例%、持股性质**

- 南京市国有资产经营(控股)有限公司 24.49%（国有股）
- 南京新百投资控股集团有限公司 12.95%（流通A股）
- 金鹰申集团有限公司 6.59%（流通A股）
- 南京华美联合营销管理有限公司 5.01%（流通A股）
- 南京新大众投资顾问有限公司 4.12%（流通A股）
- 长沙日日丰汽车维修有限公司 4.07%（流通A股）
- 南京加大投资管理有限公司 3.18%（流通A股）
- 南京工商行经济信息咨询服务公司 1.3%（非流通股）
- 青岛鲁强咨询有限公司 1.21%（流通A股）
- 武汉市晖通信息科技有限公司 1.09%（流通A股）

实际控制人：

二〇〇六年以来市场表现

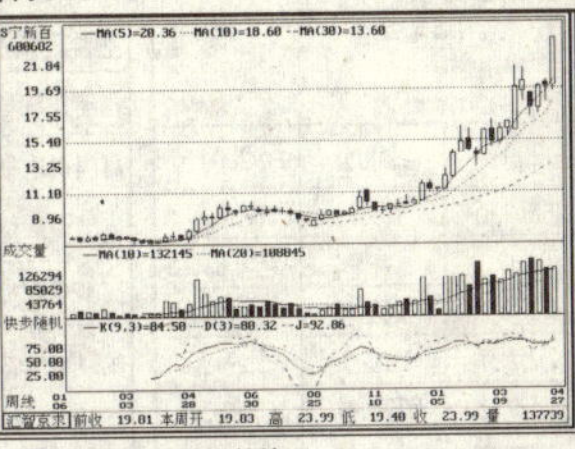

| | |
|---|---|
| 2006年涨跌幅(%) | 55.83 |
| 2006年最高(元) | 12.1 |
| 2007年涨跌幅(%) | 113.06 |
| 2007.4.27收盘(元) | 23.99 |
| 2007年最高(元) | 23.99 |
| 2007年最低(元) | 11.01 |
| 2007年换手率(%) | 125.6 |

未来一年限售流通股解禁情况：

| 最新股本 | 总股本 | 非(限售)流通 | 流通A | 流通B/H/S | 股东户数 | 06年末 | 06三季 |
|---|---|---|---|---|---|---|---|
| | 23020.82 | 7732.82 | 15288 | | | 24459 | 27563 |

年报点评：报告期内公司百货零售总额销售稳步增长，服饰类等毛利较高的销售收入在总收入结构中所占的份额显著提高。公司还清算了没有实质控制权的物华科技股权，解决了河西300亩土地的归属问题等，这推动了净利润的大幅攀升。

# 银泰股份（600683）

上市日期：93/10/25　电话：0574－87092008　传真：0574－87092059

| | | | | |
|---|---|---|---|---|
| 主营 | 百货、服装、家电等商品的零售业务，自营和代理核准产品的进出口业务，房地产开发和写字楼等物业租赁业务。 | | | |
| | 年　度 | 2006 | 2005 | 2004 |
| 主要指标 | 每股收益/扣除后(元) | 0.135/0.01 | 0.246 | 0.444/0.34 |
| | 每股经营现金流量(元) | 0.128 | 0.963 | 0.75 |
| | 每股净资产/调整后(元) | 1.88/1.87 | 2.08/2.07 | 1.92/1.91 |
| | 未分利润(万元) | 14377.61 | 11528.2 | 9106.73 |
| | 资本公积(万元) | 3134.24 | 7138.74 | 6944.48 |
| 利润构成 | 主营收入(万元) | 74389.41 | 109352.29 | 128920.68 |
| | 主营利润(万元) | 8021.85 | 13339.24 | 15740.68 |
| | 投资收益(万元) | －78.86 | －121.06 | 2124.61 |
| | 利润总额(万元) | 4085.85 | 6357.94 | 8845.93 |
| | 净利润(万元) | 3166.01 | 4904.46 | 8843.28 |
| 近年分配： | 06预案：10派0.23送2；04年：10派1 | | | |

**主要股东及持股比例%、持股性质**

- 中国银泰投资有限公司 20.63%（非流通股）
- 交通银行宁波分行 1.44%（非流通股）
- 中国糖业酒类集团公司 1.29%（国有股）
- 宁波市银河综合服务管理中心 1.08%（非流通股）
- 南京新港开发总公司 0.93%（非流通股）
- 宁波市燃料总公司 0.5%（国有股）
- 华能综合产业公司 0.5%（国有股）
- 浙江物产元通机电(集团)有限公司 0.43%（非流通股）
- 宁波市社会劳动保险管理处 0.42%（国有股）
- 北京卓银投资有限公司 0.42%（流通A股）

实际控制人：沈国军

二〇〇六年以来市场表现

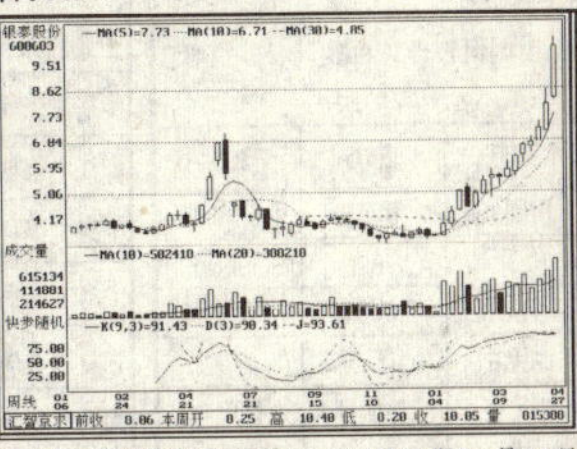

| | |
|---|---|
| 2006年涨跌幅(%) | 29.89 |
| 2006年最高(元) | 7.09 |
| 2007年涨跌幅(%) | 189.63 |
| 2007.4.27收盘(元) | 10.05 |
| 2007年最高(元) | 10.4 |
| 2007年最低(元) | 3.47 |
| 2007年换手率(%) | 573.21 |

未来一年限售流通股解禁情况：60846760股07月04日解禁

| 最新股本 | 总股本 | 非(限售)流通 | 流通A | 流通B/H/S | 股东户数 | 06年末 | 06三季 |
|---|---|---|---|---|---|---|---|
| | 23520.98 | 10936.33 | 12584.65 | | | 29704 | 31352 |

年报点评：公司主营进出口贸易、房地产和商业等业务。报告期内公司继续盘活销售现有房产存量和抓紧做好房地产新项目开发的前期准备工作。但由于零售百货规模的缩小，而地产项目尚处开发期等原因，公司短期利润不是非常理想。

## 珠江实业（600684）

上市日期:93/10/28

电话:020－83752406　传真:020－83752663

**主营**：房地产开发、经营以及物业租赁、管理等。

| | 年度 | 2006 | 2005 | 2004 |
|---|---|---|---|---|
| 主要指标 | 每股收益/扣除后(元) | 0.11/0.091 | 0.1 | 0.09/0.05 |
| | 每股经营现金流量(元) | -0.16 | 0.02 | -0.33 |
| | 每股净资产/调整后(元) | 3.49/3.41 | 3.44/3.33 | 3.34/3.24 |
| | 未分利润(万元) | 5466.73 | 4554.53 | 3007.81 |
| | 资本公积(万元) | 35722.17 | 35989.86 | 35977.78 |
| 利润构成 | 主营收入(万元) | 23235.2 | 22164.61 | 15823.59 |
| | 主营利润(万元) | 6862.96 | 6123.95 | 3726.56 |
| | 投资收益(万元) | 694.87 | 13.09 | 224.15 |
| | 利润总额(万元) | 3253.82 | 2589.48 | 2074.17 |
| | 净利润(万元) | 2052.67 | 1819.66 | 1618.15 |

近年分配：05年:10派0.5

| 主要股东及持股比例%、持股性质 |
|---|
| 广州珠江实业集团有限公司 25.95%（国有股） |
| 广州市人民政府国有资产监督管理委员会 4.52%（国有股） |
| 中国平安人寿保险股份有限公司－传统－普通保险产品 1.62%（流通A股） |
| 彭哲熙 0.73%（流通A股） |
| 余雪丽 0.65%（流通A股） |
| 郑志刚 0.54%（流通A股） |
| 房汉奎 0.35%（流通A股） |
| 邹彩霞 0.34%（流通A股） |
| 王萍艳 0.29%（流通A股） |
| 林显青 0.27%（流通A股） |
| 实际控制人：广州市人民政府国有资产监督管理委员会 |

二〇〇六年以来市场表现

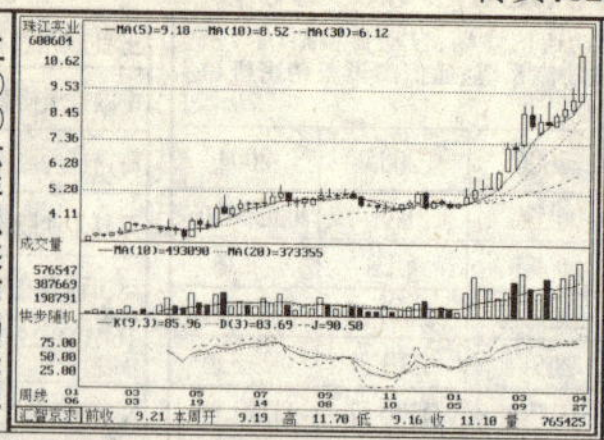

| | |
|---|---|
| 2006年涨跌幅(%) | 98.65 |
| 2006年最高(元) | 7.15 |
| 2007年涨跌幅(%) | 142.36 |
| 2007.4.27收盘(元) | 11.1 |
| 2007年最高(元) | 11.7 |
| 2007年最低(元) | 4.55 |
| 2007年换手率(%) | 532.12 |

未来一年限售流通股解禁情况：

| 最新股本 | 总股本 | 非(限售)流通 | 流通A | 流通B/H/S | 股东户数 | 06年末 | 06三季 |
|---|---|---|---|---|---|---|---|
| | 18703.94 | 5699.39 | 13004.55 | | | 36144 | 38430 |

年报点评：2006年整体经营状况继续保持稳定发展的良好态势，主营收入略有增长，净利润同比增长12.80%。长沙珠江花城项目是主营收入和净利润的主要贡献者；赤岗项目按照计划正常开发建设；珠江新城项目用地手续的办理取得实质性进展。

## 广船国际（600685）

上市日期:93/10/28

电话:020－81896411　传真:020－81891575

**主营**：船舶及船舶辅机、集装箱、金属构件、铸锻件、轴承、金属切削工具、模具、压力容器、玻璃钢制品、通用机械、风动工具、家具的制造、加工、安装；工业设备和船舶维修；拆船等。

| | 年度 | 2006 | 2005 | 2004 |
|---|---|---|---|---|
| 主要指标 | 每股收益/扣除后(元) | 0.59 | 0.2 | 0.07/0.07 |
| | 每股经营现金流量(元) | 5.29 | 1.71 | 0.42 |
| | 每股净资产/调整后(元) | 2.22/2.21 | 1.63/1.54 | 1.44/1.27 |
| | 未分利润(万元) | -14688.91 | -43834.66 | -53653.99 |
| | 资本公积(万元) | 65197.75 | 65197.75 | 65197.75 |
| 利润构成 | 主营收入(万元) | 332229.91 | 272891.61 | 236340.28 |
| | 主营利润(万元) | 50618.64 | 21518.88 | 11666.05 |
| | 投资收益(万元) | 308.46 | 132.91 | -29.11 |
| | 利润总额(万元) | 30979.52 | 10615.56 | 3292.63 |
| | 净利润(万元) | 29361.66 | 9819.33 | 3367.3 |

近年分配：

| 主要股东及持股比例%、持股性质 |
|---|
| 中国船舶工业集团公司（"中船集团"）35.71%（国有股） |
| HKSC NOMINEES LIMITED 29.91%（H股） |
| 上投摩根成长先锋股票型证券投资基金 2.63%（流通A股） |
| 同盛证券投资基金 1.56%（流通A股） |
| 通乾证券投资基金 1.43%（流通A股） |
| 嘉实主题精选混合型证券投资基金 1.34%（流通A股） |
| 日兴资产管理有限公司－日兴AM中国人民币A股母基金 1.29%（流通A股） |
| 上投摩根中国优势证券投资基金 1.11%（流通A股） |
| HSBC NOMINEES（HONG KONG）LIMITED 1.02%（H股） |
| 泰达荷银效率优选混合型证券投资基金 0.94%（流通A股） |
| 实际控制人：国务院国有资产监督管理委员会 |

二〇〇六年以来市场表现

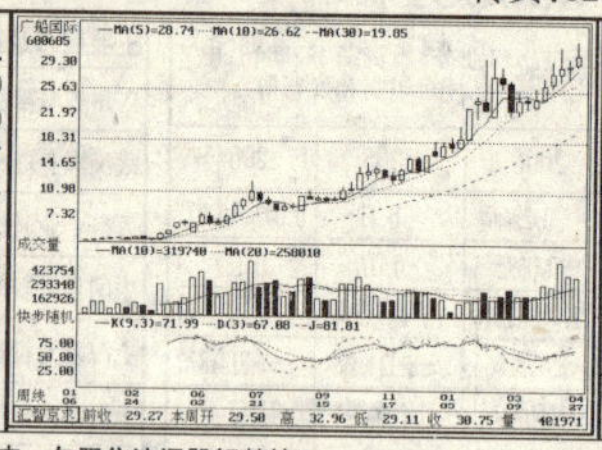

| | |
|---|---|
| 2006年涨跌幅(%) | 496.26 |
| 2006年最高(元) | 23.18 |
| 2007年涨跌幅(%) | 73.73 |
| 2007.4.27收盘(元) | 30.75 |
| 2007年最高(元) | 32.96 |
| 2007年最低(元) | 16.8 |
| 2007年换手率(%) | 264.12 |

未来一年限售流通股解禁情况：

| 最新股本 | 总股本 | 非(限售)流通 | 流通A | 流通B/H/S | 股东户数 | 06年末 | 06三季 |
|---|---|---|---|---|---|---|---|
| | 49467.76 | 17665.06 | 16062.9 | 15739.8 | | 21118 | 30447 |

年报点评：公司主要生产6万载重吨以下的液货船。2006年国际造船市场持续兴旺，我国对船舶工业制定了中长期发展规划，公司业绩大幅增长。2007年造船市场异军突起，中国造船能力迅速扩容，公司将通过整合资源，优化流程增加产能，实现又好又快的可持续发展。

## 金龙汽车（600686）

上市日期:93/11/08

电话:0592－2962988　传真:0592－2960686

**主营**：主营大、中、轻型客车的生产和销售。

| | 年度 | 2006 | 2005 | 2004 |
|---|---|---|---|---|
| 主要指标 | 每股收益/扣除后(元) | 0.67/0.65 | 0.66 | 0.5/0.49 |
| | 每股经营现金流量(元) | 4.19 | 4.18 | 0.62 |
| | 每股净资产/调整后(元) | 4.27/4.25 | 3.53/3.5 | 3.08/3.05 |
| | 未分利润(万元) | 25252.37 | 15286.37 | 11174.83 |
| | 资本公积(万元) | 30529.42 | 7699.26 | 7699.26 |
| 利润构成 | 主营收入(万元) | 960758.78 | 771714.8 | 272938.45 |
| | 主营利润(万元) | 115638.91 | 97088.76 | 41533.97 |
| | 投资收益(万元) | 593.21 | 341.6 | 1949.05 |
| | 利润总额(万元) | 36922.2 | 25671.66 | 14006.09 |
| | 净利润(万元) | 15298.45 | 9990.15 | 7582.44 |

近年分配：06预案:10派1.5送3；05年:10派1.5转增3；04年:10派1.5

| 主要股东及持股比例%、持股性质 |
|---|
| 福建省汽车工业集团有限公司 13.52%（国有股） |
| 厦门机电集团有限公司(注) 13.02%（国有股） |
| 厦门象屿捷泰贸易有限公司 7.65%（外资股） |
| 国泰君安投资管理股份有限公司 4.41%（非流通股） |
| 交通银行－科讯证券投资基金 3.85%（流通A股） |
| 厦门永昌投资咨询有限公司 3.7%（外资股） |
| 福建漳州闽粤第一城有限公司 3.52%（外资股） |
| 中国银行－南方高增长股票型开放式证券投资基金 3.3%（流通A股） |
| 中国建设银行－工银瑞信精选平衡混合型证券投资基金 2.91%（流通A股） |
| 中国建设银行－交银施罗德稳健配置混合型证券投资基金 2.26%（流通A股） |
| 实际控制人：厦门机电集团有限公司 |

二〇〇六年以来市场表现

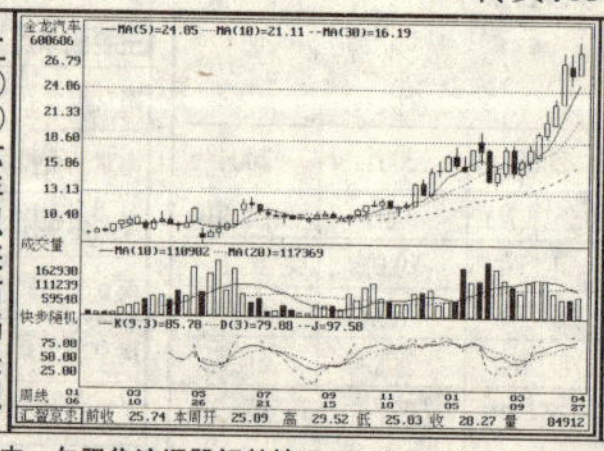

| | |
|---|---|
| 2006年涨跌幅(%) | 231.73 |
| 2006年最高(元) | 29.26 |
| 2007年涨跌幅(%) | 65.71 |
| 2007.4.27收盘(元) | 28.27 |
| 2007年最高(元) | 29.52 |
| 2007年最低(元) | 13.91 |
| 2007年换手率(%) | 199.65 |

未来一年限售流通股解禁情况：46902928.8股03月30日解禁

| 最新股本 | 总股本 | 非(限售)流通 | 流通A | 流通B/H/S | 股东户数 | 06年末 | 06三季 |
|---|---|---|---|---|---|---|---|
| | 22697.29 | 12962.89 | 9734.4 | | | 6536 | 10481 |

年报点评：公司主营大、中、轻型客车的生产和销售。06年公司大型和小型客车销售大幅增长，出口客车也大幅增长，公司主营业务收入和净利润均大幅增长。07年国内汽车市场继续转暖，公司作为客车行业龙头，将充分享受市场转暖到来的收益。

## 华盛达（600687）

上市日期:93/11/08

电话:0572－8080850　传真:0572－8080867

**主营**：计算机系统网络集成工程、生产销售计算机软、硬件、信息咨询等业务。

| | 年度 | 2006 | 2005 | 2004 |
|---|---|---|---|---|
| 主要指标 | 每股收益/扣除后(元) | 0.041/0.039 | 0.077 | 0.072/0.086 |
| | 每股经营现金流量(元) | 0.31 | -0.39 | -0.605 |
| | 每股净资产/调整后(元) | 1.79/1.78 | 2.01/2.01 | 1.94/1.94 |
| | 未分利润(万元) | 5490.6 | 5127.33 | 4507.7 |
| | 资本公积(万元) | 119.34 | 1801.49 | 1801.49 |
| 利润构成 | 主营收入(万元) | 28540.4 | 34361.62 | 24902.92 |
| | 主营利润(万元) | 4659.32 | 5596.63 | 3555.37 |
| | 投资收益(万元) | -345.41 | -403.61 | -392.21 |
| | 利润总额(万元) | 483.04 | 1322.13 | 998.07 |
| | 净利润(万元) | 523.94 | 850.62 | 792.53 |

近年分配：

| 主要股东及持股比例%、持股性质 |
|---|
| 华盛达控股集团有限公司 22.94%（非流通股） |
| 浙江中策创业投资有限公司 10.93%（非流通股） |
| 上海美锦科技有限公司 4.1%（非流通股） |
| 上海中尚生物科技有限公司 4.1%（非流通股） |
| 长春吉大小天鹅仪器有限公司 3.55%（非流通股） |
| 无锡市高新机械有限公司 1.48%（非流通股） |
| 王丽娟 1.04%（流通A股） |
| 沈阳国通商贸有限公司 0.51%（非流通股） |
| 郑真旺 0.48%（流通A股） |
| 陈彩霞 0.47%（流通A股） |
| 实际控制人：袁建华 |

二〇〇六年以来市场表现

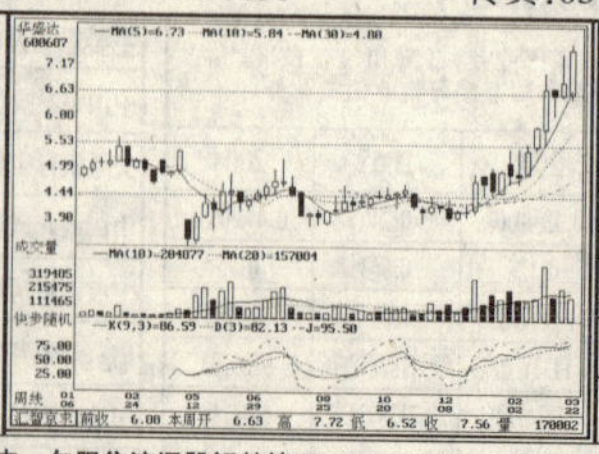

| | |
|---|---|
| 2006年涨跌幅(%) | 39.12 |
| 2006年最高(元) | 7.28 |
| 2007年涨跌幅(%) | 58.82 |
| 2007.4.27收盘(元) | 7.56 |
| 2007年最高(元) | 7.72 |
| 2007年最低(元) | 4.44 |
| 2007年换手率(%) | 366.95 |

未来一年限售流通股解禁情况：12688856股04月27日解禁

| 最新股本 | 总股本 | 非(限售)流通 | 流通A | 流通B/H/S | 股东户数 | 06年末 | 06三季 |
|---|---|---|---|---|---|---|---|
| | 12688.86 | 6777.85 | 5911 | | | 15983 | 18692 |

年报点评：公司主营数据整合和房地产业务。由于房地产业务的周期性影响，公司新的房地产项目尚处于开发状态，只依靠部分存量商品房实现有限的销售，数据系统业务增长推动公司主营和盈利的高速增长。公司业务重组将提高投资价值。

# S上石化（600688）

上市日期:93/11/08　电话:021－57943143　传真:021－57940050

| | | | | |
|---|---|---|---|---|
| 主营 | 原油加工、油品、化工产品、合成纤维及单体、塑料及制品、针织纺织原料及制品、催化剂制备及废剂回收。 | | | |
| | 年　度 | 2006 | 2005 | 2004 |
| 主要指标 | 每股收益/扣除后(元) | 0.102/0.08 | 0.237 | 0.552/0.566 |
| | 每股经营现金流量(元) | 0.283 | 0.59 | 0.682 |
| | 每股净资产/调整后(元) | 2.68/2.65 | 2.66/2.66 | 2.63/2.62 |
| | 未分利润(万元) | 451677.4 | 457360.8 | 464990.7 |
| | 资本公积(万元) | 294560.7 | 285627.8 | 285627.8 |
| 利润构成 | 主营收入(万元) | 5047943.6 | 4589780.7 | 3940253.3 |
| | 主营利润(万元) | 187564.3 | 352700.5 | 665497.7 |
| | 投资收益(万元) | 67380.9 | -3937.5 | 7253.9 |
| | 利润总额(万元) | 84366.9 | 213720.8 | 469305.9 |
| | 净利润(万元) | 73685.1 | 170462.7 | 397126.5 |
| 近年分配: | 06预案:10派0.4；05年:10派1；04年:10派2 | | | |

**主要股东及持股比例%、持股性质**

中国石油化工股份有限公司 55.56%（国有股）
香港中央结算(代理人)有限公司 26.74%（H股）
香港汇丰(代理人)有限公司 4.95%（H股）
上海康利工贸有限公司 0.23%（非流通股）
中国建设银行－博时主题行业股票证券投资基金 0.21%（流通A股）
招商银行股份有限公司－上证红利交易型开放式指数证券投资基金 0.17%（流通A股）
浙江省经济建设投资公司 0.17%（非流通股）
玺萌资产控股有限公司 0.17%（流通A股）
香港汇丰(代理人)有限公司 0.14%（H股）
国际金融－渣打－CITIGROUP GLOBAL MARKETS LIMITED 0.1%（流通A股）

实际控制人：中国石油化工集团公司

二〇〇六年以来市场表现

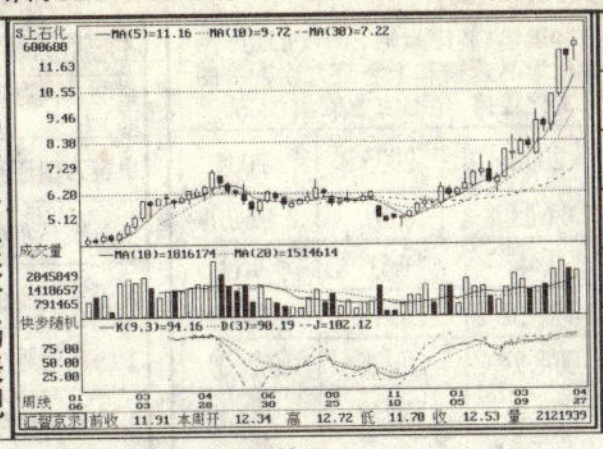

| | |
|---|---|
| 2006年涨跌幅(%) | 48.33 |
| 2006年最高(元) | 7.18 |
| 2007年涨跌幅(%) | 105.41 |
| 2007.4.27收盘(元) | 12.53 |
| 2007年最高(元) | 12.72 |
| 2007年最低(元) | 6.05 |
| 2007年换手率(%) | 350.22 |

未来一年限售流通股解禁情况:

| 最新股本 | 总股本 | 非(限售)流通 | 流通A | 流通B/H/S | 股东户数 | 06年末 | 06三季 |
|---|---|---|---|---|---|---|---|
| | 720000 | 415000 | 72000 | 233000 | | 115433 | 113392 |

年报点评：在前三季度亏损的情况下，公司仍实现了全年盈利。全年实现盈利主要有以下原因:国家对炼油行业给予了一定补贴，2006年公司获得2.82亿元补贴收入;第四季度原油价格回落，有助于公司盈利状况的好转。

# 上海三毛（600689/900922）

上市日期:A: 93/11/08 B: 93/12/31　电话:021－63059496　传真:021－53011939

| | | | | |
|---|---|---|---|---|
| 主营 | 生产销售精粗纺呢绒及相关产品。 | | | |
| | 年　度 | 2006 | 2005 | 2004 |
| 主要指标 | 每股收益/扣除后(元) | -0.582/-0.453 | 0.036 | -0.946/-0.941 |
| | 每股经营现金流量(元) | 0.0072 | -0.1557 | 0.4405 |
| | 每股净资产/调整后(元) | 1.07/1.01 | 1.65/1.57 | 1.61/1.55 |
| | 未分利润(万元) | -26512.93 | -15142.04 | -16072.17 |
| | 资本公积(万元) | 23384.34 | 23384.34 | 23384.34 |
| 利润构成 | 主营收入(万元) | 151234.97 | 147216.57 | 138663.5 |
| | 主营利润(万元) | 8522.37 | 9117.2 | 10115.63 |
| | 投资收益(万元) | -468.46 | 4461.76 | -2131.57 |
| | 利润总额(万元) | -11969.57 | 592.61 | -19248.55 |
| | 净利润(万元) | -11694.19 | 730.61 | -19012.54 |
| 近年分配: | | | | |

**主要股东及持股比例%、持股性质**

重庆轻纺控股(集团)公司 25.88%（国有股）
上海纺织控股(集团)公司 1.67%（非流通股）
上工申贝股份有限公司 0.68%（非流通股）
SCBSH A/C CACEISBK LUX S/A LOMBARDO DIERHEN 0.5%（流通B股）
中国纺织机械股份有限公司 0.44%（非流通股）
徐涛 0.39%（流通A股）
王俊杰 0.35%（流通A股）
浙江嘉和投资管理有限公司 0.29%（流通A股）
陈立伟 0.29%（流通A股）
上海融昌资产管理有限公司 0.26%（流通A股）

实际控制人：重庆市国有资产监督管理委员会

二〇〇六年以来市场表现

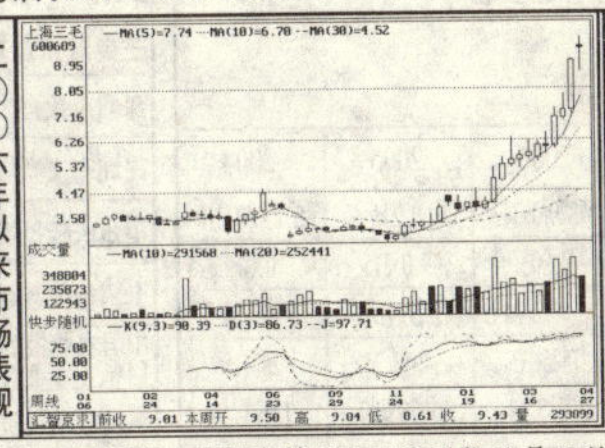

| | |
|---|---|
| 2006年涨跌幅(%) | 52.13 |
| 2006年最高(元) | 5.14 |
| 2007年涨跌幅(%) | 144.94 |
| 2007.4.27收盘(元) | 9.43 |
| 2007年最高(元) | 9.84 |
| 2007年最低(元) | 3.7 |
| 2007年换手率(%) | 482.21 |

未来一年限售流通股解禁情况:11088000股08月22日解禁

| 最新股本 | 总股本 | 非(限售)流通 | 流通A | 流通B/H/S | 股东户数 | 06年末 | 06三季 |
|---|---|---|---|---|---|---|---|
| | 20099.13 | 6309.69 | 8910.72 | 4878.72 | | 37457 | 43989 |

年报点评：公司主营毛纺面料及上下延伸的相关产品的生产和销售。目前毛纺市场竞争激烈，产品利润空间萎缩，企业的三废治理、减员分流等因素增加了企业生产经营成本，公司盈利状况仍然不容乐观。随着重庆轻纺入主公司，公司纺织资产将西迁重庆，启动新一轮的发展。

# 青岛海尔（600690）

上市日期:93/11/19　电话:0532－8938138　传真:0532－8938313

| | | | | |
|---|---|---|---|---|
| 主营 | 家用电冰箱、电冰柜、空调器、小家电等产品的制造和销售。 | | | |
| | 年　度 | 2006 | 2005 | 2004 |
| 主要指标 | 每股收益/扣除后(元) | 0.262/0.271 | 0.2 | 0.309/0.306 |
| | 每股经营现金流量(元) | 1.03 | 0.39 | 0.62 |
| | 每股净资产/调整后(元) | 4.84/4.84 | 4.68/4.68 | 4.78/4.75 |
| | 未分利润(万元) | 23822.94 | 14537.1 | 39036.53 |
| | 资本公积(万元) | 293419.52 | 293371.86 | 293371.86 |
| 利润构成 | 主营收入(万元) | 1962283.12 | 1650945.58 | 1529938.34 |
| | 主营利润(万元) | 271827.66 | 191442.75 | 200670.19 |
| | 投资收益(万元) | -11066.51 | -11320.78 | -12153.82 |
| | 利润总额(万元) | 46305.31 | 32577.29 | 50980.66 |
| | 净利润(万元) | 31391.37 | 23912.66 | 36943.56 |
| 近年分配: | 06预案:10派1.5；05年:10派1；04年:10派3 | | | |

**主要股东及持股比例%、持股性质**

海尔电器国际股份有限公司 26.3%（非流通股）
海尔集团公司 10.54%（非流通股）
中国银行－嘉实主题精选混合型证券投资基金 4.4%（流通A股）
中国银行－嘉实稳健开放式证券投资基金 2.48%（流通A股）
中国建设银行－华夏优势增长股票型证券投资基金 1.94%（流通A股）
中国平安人寿保险股份有限公司－分红－团险分红 1.87%（流通A股）
全国社保基金一零六组合 1.86%（流通A股）
全国社保基金一零四组合 1.5%（流通A股）
青岛集体企业联社 1.12%（非流通股）
中国建设银行－华夏红利混合型开放式证券投资基金 1%（流通A股）

实际控制人：海尔集团公司

二〇〇六年以来市场表现

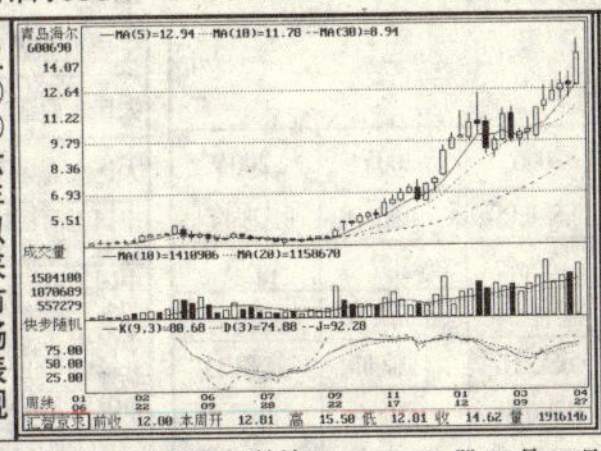

| | |
|---|---|
| 2006年涨跌幅(%) | 150.05 |
| 2006年最高(元) | 10.54 |
| 2007年涨跌幅(%) | 58.57 |
| 2007.4.27收盘(元) | 14.62 |
| 2007年最高(元) | 15.5 |
| 2007年最低(元) | 8.8 |
| 2007年换手率(%) | 268.88 |

未来一年限售流通股解禁情况:13364701股05月17日解禁

| 最新股本 | 总股本 | 非(限售)流通 | 流通A | 流通B/H/S | 股东户数 | 06年末 | 06三季 |
|---|---|---|---|---|---|---|---|
| | 119647.24 | 45414.23 | 74233.02 | | | 165528 | 212803 |

年报点评：公司主营空调和冰箱。2006年，公司在"人单合一"思路指导下，通过整合资源，对创造定单、获取定单、执行定单、直销定单、优化定单的全流程进行创新，其空调和冰箱的国内市场占有率持续保持第一。集团资产整合将为业绩增长带来想象空间。

# S＊ST东碳（600691）

上市日期:93/11/19　电话:0813－2600860　传真:0813－2600903

| | | | | |
|---|---|---|---|---|
| 主营 | 制造、销售电碳炭素制品、机械密封、粉末冶金制品。 | | | |
| | 年　度 | 2006 | 2005 | 2004 |
| 主要指标 | 每股收益/扣除后(元) | -0.421/-0.418 | -0.322 | 0.036/-0.13 |
| | 每股经营现金流量(元) | 0.1504 | -0.032 | 0.2156 |
| | 每股净资产/调整后(元) | -0.29/-2.24 | 0.13/-0.35 | 0.45/0.02 |
| | 未分利润(万元) | -19201.25 | -15949.11 | -13462.87 |
| | 资本公积(万元) | 7894.07 | 7874.99 | 7870.41 |
| 利润构成 | 主营收入(万元) | 4646.15 | 4173.88 | 5067.45 |
| | 主营利润(万元) | 1276.88 | 1244.03 | 1270.77 |
| | 投资收益(万元) | 35.77 | 26.89 | 16.63 |
| | 利润总额(万元) | -3257.6 | -2489.24 | 279.73 |
| | 净利润(万元) | -3252.15 | -2486.24 | 281.57 |
| 近年分配: | | | | |

**主要股东及持股比例%、持股性质**

四川香凤企业有限公司 28.56%（非流通股）
四川信托 4.66%（国有股）
中行四川分行国际信托投资公司 3.11%（国有股）
自贡银河贸易公司 3.11%（国有股）
中国人民保险公司自贡市支公司 1.57%（非流通股）
四川工行 1.55%（国有股）
东方电器集团财务公司 1.55%（国有股）
魏云波 0.99%（流通A股）
上海科海华泰船舶电气有限公司 0.94%（流通A股）
四川省国家税务局机关工会 0.78%（非流通股）

实际控制人：张涌

二〇〇六年以来市场表现

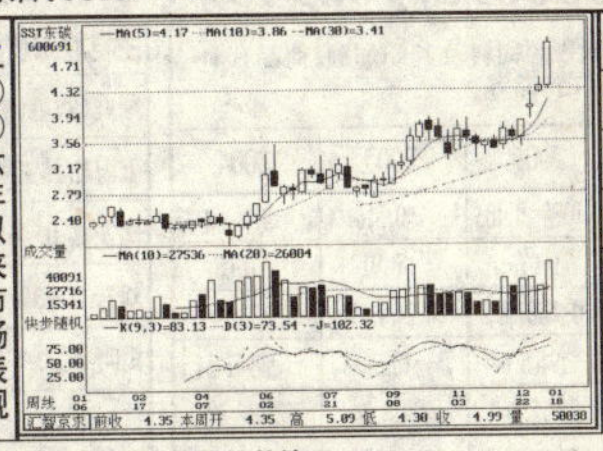

| | |
|---|---|
| 2006年涨跌幅(%) | 73.19 |
| 2006年最高(元) | 4.28 |
| 2007年涨跌幅(%) | 22.6 |
| 2007.4.27收盘(元) | 4.99 |
| 2007年最高(元) | 5.09 |
| 2007年最低(元) | 4.25 |
| 2007年换手率(%) | 23.51 |

未来一年限售流通股解禁情况:

| 最新股本 | 总股本 | 非(限售)流通 | 流通A | 流通B/H/S | 股东户数 | 06年末 | 06三季 |
|---|---|---|---|---|---|---|---|
| | 7727.45 | 4405.85 | 3321.6 | | | 9187 | 10241 |

年报点评：2006年由于公司所处的四川地区供电紧张，对公司生产经营造成了一定影响。同时公司加大了坏帐处理力度，计提了较多的应收帐款坏帐准备，影响了当年业绩。

## 亚通股份（600692）

上市日期:93/11/19　电话:021－69692714　传真:021－69695782

| | | | | |
|---|---|---|---|---|
| 主营 | 主营上海至崇明的水上旅客运输、客滚运输、崇明至江苏浏河、海门客滚船运输;沿海化学品运输和上海至大连客滚船运输;陆上出租汽车运输;文化传播;生态农业等。 | | | |
| | 年　度 | 2006 | 2005 | 2004 |
| 主要指标 | 每股收益/扣除后(元) | 0.096/0.078 | 0.099 | 0.136/0.109 |
| | 每股经营现金流量(元) | 0.44 | 0.53 | 0.19 |
| | 每股净资产/调整后(元) | 1.75/1.68 | 1.75/1.6 | 1.98/1.86 |
| | 未分利润(万元) | 3078.93 | 3402.38 | 3926.39 |
| | 资本公积(万元) | 9321.06 | 7745.02 | 9747.19 |
| 利润构成 | 主营收入(万元) | 40810.8 | 37750.52 | 28164.17 |
| | 主营利润(万元) | 9273.74 | 8015.29 | 7782.67 |
| | 投资收益(万元) | 72.09 | 218.64 | 250.83 |
| | 利润总额(万元) | 3020.19 | 2892.12 | 3183.65 |
| | 净利润(万元) | 2543.92 | 2375.45 | 2723.87 |
| 近年分配: | 06 预案:10 送 1;05 年:10 送 1;04 年:10 送 1 转增 1 | | | |

| 主要股东及持股比例%、持股性质 |
|---|
| 崇明县国有资产管理委员会 32.51%(部分流通部分不流通) |
| 申银万国证券股份有限公司 1.17%(流通 A 股) |
| 上海银马实业公司 1.15%(流通 A 股) |
| 无锡军湖商行 0.62%(流通 A 股) |
| 上海征信经济发展有限公司 0.53%(流通 A 股) |
| 上海崇明轮船公司综合经营部 0.42%(流通 A 股) |
| 徐建成 0.41%(流通 A 股) |
| 上海物资贸易中心股份有限公司 0.38%(流通 A 股) |
| 崇明石油公司 0.28%(流通 A 股) |
| 严海斌 0.22%(流通 A 股) |
| 实际控制人:崇明县国有资产管理委员会 |

二〇〇六年以来市场表现

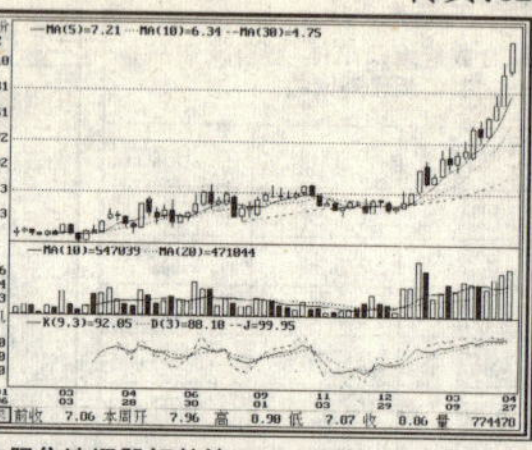

| | |
|---|---|
| 2006 年涨跌幅(%) | 42.56 |
| 2006 年最高(元) | 4.83 |
| 2007 年涨跌幅(%) | 146.8 |
| 2007.4.27 收盘(元) | 8.86 |
| 2007 年最高(元) | 8.9 |
| 2007 年最低(元) | 3.54 |
| 2007 年换手率(%) | 440.1 |

未来一年限售流通股解禁情况:13214276.9 股 12 月 07 日解禁

| 最新股本 | 总股本 | 非(限售)流通 | 流通 A | 流通 B/H/S | 股东户数 | 06 年末 | 06 三季 |
|---|---|---|---|---|---|---|---|
| | 26428.55 | 7269.24 | 19159.32 | | | 29970 | 29229 |

年报点评:公司上海至崇明的申崇航线上公司拥有 33 艘船舶,旅客和车辆的市场占有率分别为 75% 和 80%。2006 年运输旅客和车辆分别增长 6.5 和 14.50%。由于燃油价格不断上升,公司在 2006 年上调了车辆摆渡费,客票政府实行补贴。

## 东百集团（600693）

上市日期:93/11/22　电话:0591－7531724　传真:0591－7531804

| | | | | |
|---|---|---|---|---|
| 主营 | 百货零售、批发 | | | |
| | 年　度 | 2006 | 2005 | 2004 |
| 主要指标 | 每股收益/扣除后(元) | 0.329/0.343 | 0.238 | 0.226/0.218 |
| | 每股经营现金流量(元) | 0.903 | -0.215 | 0.319 |
| | 每股净资产/调整后(元) | 2.99/2.24 | 2.85/1.07 | 3/1.39 |
| | 未分利润(万元) | 7525.32 | 4050.75 | 2821.9 |
| | 资本公积(万元) | 17255.49 | 17205.49 | 17191.45 |
| 利润构成 | 主营收入(万元) | 83674.92 | 65307.67 | 51871.78 |
| | 主营利润(万元) | 13229.92 | 10479.1 | 8819.44 |
| | 投资收益(万元) | -517.72 | -28.59 | -55.2 |
| | 利润总额(万元) | 5925.12 | 4368.79 | 4381.23 |
| | 净利润(万元) | 4338.15 | 3146.21 | 2980.7 |
| 近年分配: | 04 年:10 派 1 | | | |

| 主要股东及持股比例%、持股性质 |
|---|
| 深圳市钦舟实业发展有限公司 17.18%(非流通股) |
| 深圳市飞尚实业发展有限公司 7.91%(非流通股) |
| 福州庆隆投资有限公司 5.07%(非流通股) |
| 全国社保基金一零四组合 4.82%(流通 A 股) |
| 中国农业银行—交银施罗德成长股票证券投资基金 4.14%(流通 A 股) |
| 福州华港投资有限公司 4.04%(非流通股) |
| 交通银行—普惠证券投资基金 2.88%(流通 A 股) |
| 中国银行—银华优势企业(平衡型)证券投资基金 2.39%(流通 A 股) |
| 深圳市恩情投资发展有限公司 2.37%(流通 A 股) |
| 中国农业银行—中海分红增利混合型开放式证券投资基金 2.16%(流通 A 股) |
| 实际控制人:毕德才 |

二〇〇六年以来市场表现

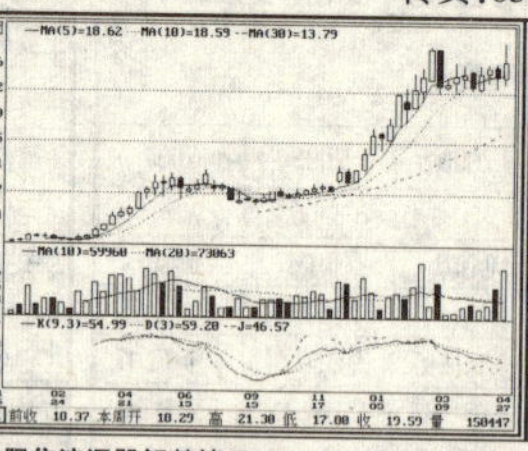

| | |
|---|---|
| 2006 年涨跌幅(%) | 248.55 |
| 2006 年最高(元) | 15.35 |
| 2007 年涨跌幅(%) | 46.85 |
| 2007.4.27 收盘(元) | 19.59 |
| 2007 年最高(元) | 21.3 |
| 2007 年最低(元) | 12.1 |
| 2007 年换手率(%) | 138.31 |

未来一年限售流通股解禁情况:31937423 股 08 月 30 日解禁

| 最新股本 | 总股本 | 非(限售)流通 | 流通 A | 流通 B/H/S | 股东户数 | 06 年末 | 06 三季 |
|---|---|---|---|---|---|---|---|
| | 13200.87 | 5247.76 | 7953.11 | | | 9127 | 12586 |

年报点评:报告期是公司百货零售主业历年来主营收入增长幅度最大的一年,主要得益于东百商场重新装修、东方百货高端精品百货格局基本形成,以及由此形成的规模优势等因素。而且,公司毛利率也有了较大的提高,直接带动了净利润的增长。

## 大商股份（600694）

上市日期:93/11/22　电话:0411－3643215　传真:0411－3630358

| | | | | |
|---|---|---|---|---|
| 主营 | 商品零售 | | | |
| | 年　度 | 2006 | 2005 | 2004 |
| 主要指标 | 每股收益/扣除后(元) | 0.88/0.95 | 0.831 | 0.528/0.54 |
| | 每股经营现金流量(元) | 2.96 | 2.72 | 1.78 |
| | 每股净资产/调整后(元) | 8.71/8.54 | 8.07/7.95 | 6.7/6.49 |
| | 未分利润(万元) | 55555.11 | 43062.01 | 24388.13 |
| | 资本公积(万元) | 147160.84 | 145118.49 | 110440.37 |
| 利润构成 | 主营收入(万元) | 1066354.95 | 857656.6 | 635445.18 |
| | 主营利润(万元) | 160353.8 | 128808.12 | 95605.26 |
| | 投资收益(万元) | -897.55 | -838.3 | 45.01 |
| | 利润总额(万元) | 44969.33 | 39815.32 | 22387.49 |
| | 净利润(万元) | 25845.83 | 24395.01 | 14097.84 |
| 近年分配: | 06 预案:10 派 3.3;05 年:10 派 3;04 年:10 派 1 转增 1 | | | |

| 主要股东及持股比例%、持股性质 |
|---|
| 大连大商国际有限公司 18.85%(国有股) |
| 大连大商集团有限公司 4.95%(国有股) |
| 中国工商银行－广发策略优选混合型证券投资基金 4.65%(流通 A 股) |
| 中国工商银行－易方达价值精选股票型证券投资基金 3.42%(流通 A 股) |
| 中国农业银行－景顺长城内需增长贰号股票型证券投资基金 2.69%(流通 A 股) |
| 中国平安人寿保险股份有限公司－分红－银保分红 2.53%(部分流通部分不流通) |
| 兴和证券投资基金 2%(流通 A 股) |
| 中国农业银行－富兰克林国海弹性市值股票型证券投资基金 1.87%(流通 A 股) |
| 中国农业银行－交银施罗德成长股票证券投资基金 1.69%(流通 A 股) |
| 中国建设银行－交银施罗德稳健配置混合型证券投资基金 1.66%(流通 A 股) |
| 实际控制人:大连大商集团有限公司 |

二〇〇六年以来市场表现

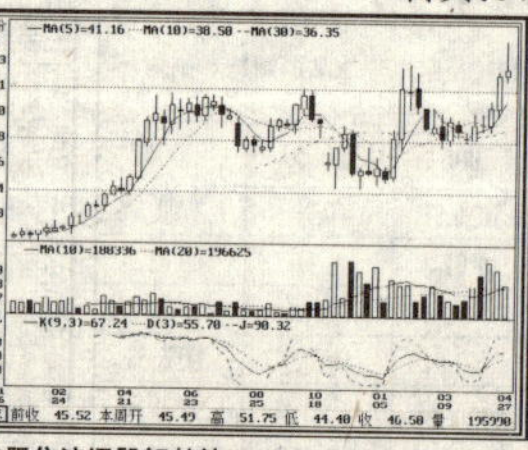

| | |
|---|---|
| 2006 年涨跌幅(%) | 111.43 |
| 2006 年最高(元) | 45.39 |
| 2007 年涨跌幅(%) | 58.22 |
| 2007.4.27 收盘(元) | 46.5 |
| 2007 年最高(元) | 51.75 |
| 2007 年最低(元) | 26.94 |
| 2007 年换手率(%) | 133.14 |

未来一年限售流通股解禁情况:41744130 股 11 月 17 日解禁

| 最新股本 | 总股本 | 非(限售)流通 | 流通 A | 流通 B/H/S | 股东户数 | 06 年末 | 06 三季 |
|---|---|---|---|---|---|---|---|
| | 29371.87 | 8241.88 | 21129.99 | | | 14268 | 7799 |

年报点评:公司主营连锁商业零售,业态遍及百货、超市卖场和家电零售等。报告期内公司继续对外加速规模扩张,并通过店铺调整、加强营销、品牌引进、提升管理等方式挖潜增效。公司目前"东北店网"建设已覆盖东北三省 40 个城市,并在华北地区加强店铺开发。

## ＊ST 大江（600695/900919）

上市日期:A: 93/11/22 B: 93/12/15　电话:021－34225027　传真:021－34225056

| | | | | |
|---|---|---|---|---|
| 主营 | 生产和销售家畜、家禽、水产的饲料及其添加剂;商品代种鸡和肉鸡的苗鸡,鸡肉加工产品等。 | | | |
| | 年　度 | 2006 | 2005 | 2004 |
| 主要指标 | 每股收益/扣除后(元) | 0.038/-0.103 | -0.316 | -0.319/-0.33 |
| | 每股经营现金流量(元) | 0.07 | -0.01 | -0.08 |
| | 每股净资产/调整后(元) | 0.29/0.28 | 0.24/0.17 | 0.57/0.49 |
| | 未分利润(万元) | -79406.04 | -81339.48 | -59941.51 |
| | 资本公积(万元) | 23615.86 | 22946.94 | 22946.94 |
| 利润构成 | 主营收入(万元) | 77067.39 | 75471.76 | 108057.85 |
| | 主营利润(万元) | 7525.83 | 2452.63 | 2072.43 |
| | 投资收益(万元) | 5382.02 | 874.89 | -661.28 |
| | 利润总额(万元) | 2313.43 | -22394.84 | -23419.91 |
| | 净利润(万元) | 2591.33 | -21370.06 | -21607.87 |
| 近年分配: | | | | |

| 主要股东及持股比例%、持股性质 |
|---|
| 绿庭(香港)有限公司 41.25%(外资股) |
| 上海松林工贸有限公司 0.47%(非流通股) |
| 沈安鑫 0.46%(流通 B 股) |
| 刘岩 0.35%(流通 B 股) |
| 史昕 0.33%(流通 B 股) |
| 吴敏 0.31%(流通 B 股) |
| 长江经济联合发展(集团)股份有限公司 0.25%(非流通股) |
| 郝峰 0.24%(流通 B 股) |
| 正大(汕头)投资有限公司 0.24%(非流通股) |
| 宁波国成塑料有限公司 0.2%(非流通股) |
| 实际控制人:绿洲投资集团有限公司 |

二〇〇六年以来市场表现

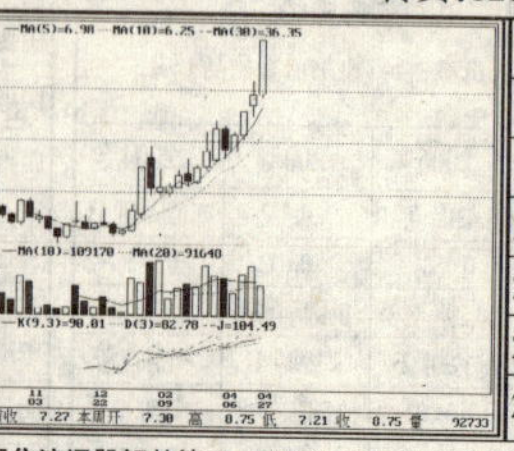

| | |
|---|---|
| 2006 年涨跌幅(%) | 54.54 |
| 2006 年最高(元) | 7.15 |
| 2007 年涨跌幅(%) | 143.73 |
| 2007.4.27 收盘(元) | 8.75 |
| 2007 年最高(元) | 8.75 |
| 2007 年最低(元) | 3.55 |
| 2007 年换手率(%) | 504.9 |

未来一年限售流通股解禁情况:17159940 股 09 月 20 日解禁

| 最新股本 | 总股本 | 非(限售)流通 | 流通 A | 流通 B/H/S | 股东户数 | 06 年末 | 06 三季 |
|---|---|---|---|---|---|---|---|
| | 67630.57 | 29611.08 | 3346.21 | 34673.28 | | 44273 | 46177 |

年报点评:公司将上海大江肉食品一厂、上海大江肉食品二厂、上海大江肉食品四厂、上海大江天马种禽场、松江塔汇鸡场、洞泾孵化厂六块共约 780 亩的集体或征用土地变更为出让。未来公司的主业将转向房地产开发。

## 多伦股份（600696）

上市日期:93/12/06　　电话:021－56715833　　传真:021－56716233

| | | | | |
|---|---|---|---|---|
| 主营 | 房地产综合开发经营、商品房销售、出租及相应的物业管理、生产与经营建材产品及新型建筑材料等。 | | | |
| | 年　度 | 2006 | 2005 | 2004 |
| 主要指标 | 每股收益/扣除后(元) | 0.014/－0.103 | 0.012/－0.015 | 0.02/0.02 |
| | 每股经营现金流量(元) | －0.02 | 0.24 | 0.22 |
| | 每股净资产/调整后(元) | 1.27/1.27 | 1.26/1.25 | 1.24/1.24 |
| | 未分利润(万元) | 4741.82 | 4302.41 | 3912.58 |
| | 资本公积(万元) | 2989.91 | 3044.27 | 2902.27 |
| 利润构成 | 主营收入(万元) | 17808.95 | 12298.2 | 33809.25 |
| | 主营利润(万元) | －844.37 | 4142.76 | 7328.02 |
| | 投资收益(万元) | －66.27 | －55.36 | －119.17 |
| | 利润总额(万元) | 829 | 631.31 | 1203.99 |
| | 净利润(万元) | 466.93 | 422.9 | 605.61 |
| 近年分配: | | | | |

| 主要股东及持股比例%、持股性质 | |
|---|---|
| 豪盛(香港)有限公司 36.5%（外资股） | |
| 泉州市区经济发展公司 9.35%（国有股） | |
| 福建太德投资有限公司 4.28%（非流通股） | |
| 泉州市经济开发公司 3.36%（国有股） | |
| 福建投资开发总公司 2.13%（国有股） | |
| 深圳市蓝波湾投资有限公司 0.84%（流通A股） | |
| 中国农业银行福建省分行 0.55%（国有股） | |
| 宏源证券股份有限公司 0.37%（非流通股） | |
| 李珠华 0.26%（流通A股） | |
| 福州美信贸易有限公司 0.24%（流通A股） | |
| 实际控制人: | 陈隆基 |

二〇〇六年以来市场表现

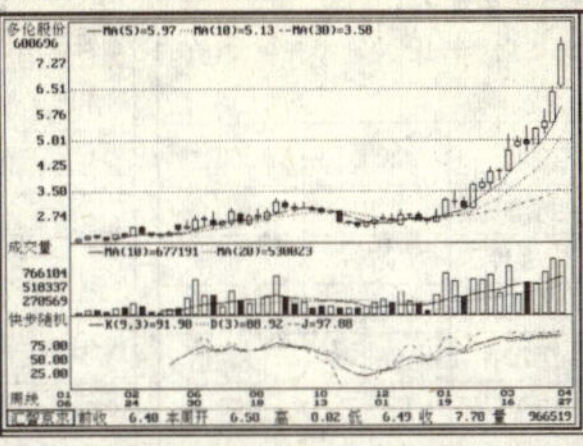


| | |
|---|---|
| 2006年涨跌幅(%) | 67.01 |
| 2006年最高(元) | 4.15 |
| 2007年涨跌幅(%) | 195.82 |
| 2007.4.27收盘(元) | 7.78 |
| 2007年最高(元) | 8.02 |
| 2007年最低(元) | 2.5 |
| 2007年换手率(%) | 644.18 |

未来一年限售流通股解禁情况:53420930股06月28日解禁

| 最新股本 | 总股本 | 非(限售)流通 | 流通A | 流通B/H/S | 股东户数 | 06年末 | 06三季 |
|---|---|---|---|---|---|---|---|
| | 34056.56 | 19254.97 | 14801.59 | | | 29327 | 29890 |

年报点评：主营收入同比增长44.81%主要是兆祥苑项目完成竣工结算，实现收入较多，但由于兆祥苑销售主要是多层住宅，因此毛利率较低；利润同比增长10.41%，主要是大力度出售福州利嘉城及中亭街店铺，取得了较好的回报。

## 欧亚集团（600697）

上市日期:93/12/06　　电话:0431－85620053　　传真:0431－85666517

| | | | | |
|---|---|---|---|---|
| 主营 | 商业、科技咨询服务、工业生产及销售。 | | | |
| | 年　度 | 2006 | 2005 | 2004 |
| 主要指标 | 每股收益/扣除后(元) | 0.373/0.368 | 0.347 | 0.283/0.279 |
| | 每股经营现金流量(元) | 1.35 | 1.58 | 0.676 |
| | 每股净资产/调整后(元) | 3.99 | 4.36 | 4.21/4.21 |
| | 未分利润(万元) | 10143.74 | 9064.82 | 5115.57 |
| | 资本公积(万元) | 29913.76 | 31738.17 | 31774.77 |
| 利润构成 | 主营收入(万元) | 163628.93 | 122872.08 | 86787.13 |
| | 主营利润(万元) | 25439.95 | 20313.94 | 15238.34 |
| | 投资收益(万元) | 0.16 | 0.09 | 0.22 |
| | 利润总额(万元) | 9247.44 | 6707.87 | 5826.9 |
| | 净利润(万元) | 5939.17 | 4936.56 | 4028.65 |
| 近年分配: | 06预案:10派3；05年:10派3；04年:10派2 | | | |

| 主要股东及持股比例%、持股性质 | |
|---|---|
| 长春市汽车城商业总公司 22.69%（国有股） | |
| 兴和证券投资基金 4.98%（流通A股） | |
| 招商银行股份有限公司－中信经典配置证券投资基金 4.46%（流通A股） | |
| 中国建设银行－上投摩根双息平衡混合型证券投资基金 3.05%（流通A股） | |
| 长春汽车城房地产开发有限公司 2.68%（流通A股） | |
| 中国银行－嘉实服务增值行业证券投资基金 2.56%（流通A股） | |
| 招商银行股份有限公司－海富通强化回报混合型证券投资基金 2.3%（流通A股） | |
| 中国建设银行－上投摩根阿尔法股票型证券投资基金 2.17%（流通A股） | |
| 长春市朝阳区双欧机械制造有限公司 2.08%（非流通股） | |
| 中国工商银行－易方达价值精选股票型证券投资基金 1.71%（流通A股） | |
| 实际控制人: | 长春市汽车城商业总公司 |

二〇〇六年以来市场表现

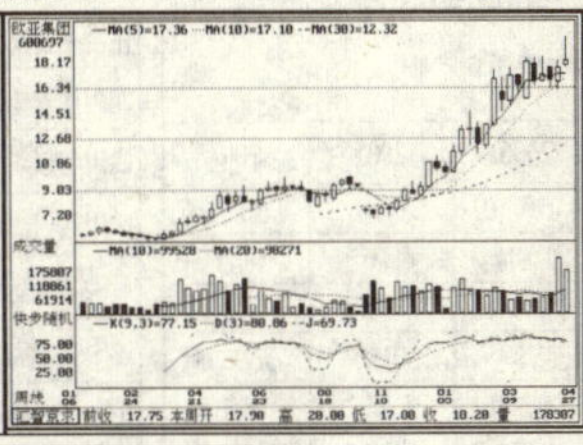


| | |
|---|---|
| 2006年涨跌幅(%) | 143.56 |
| 2006年最高(元) | 15.3 |
| 2007年涨跌幅(%) | 72.84 |
| 2007.4.27收盘(元) | 18.2 |
| 2007年最高(元) | 20 |
| 2007年最低(元) | 10 |
| 2007年换手率(%) | 139.42 |

未来一年限售流通股解禁情况:

| 最新股本 | 总股本 | 非(限售)流通 | 流通A | 流通B/H/S | 股东户数 | 06年末 | 06三季 |
|---|---|---|---|---|---|---|---|
| | 15908.81 | 4938.63 | 10970.18 | | | 15944 | 20302 |

年报点评：报告期内公司主营业务收入和净利润均实现了较大的增长，经营规模得到了较快发展，子公司欧亚卖场三期土建工程已全部竣工并陆续交付使用，吉林省区域市场的龙头地位进一步巩固，并开始进入省外一线城市，为未来的成长奠定了基础。

## SST轻骑（600698/900946）

上市日期:A: 93/12/06 B: 97/06/17　　电话:0531－6461196　　传真:0531－6960676

| | | | | |
|---|---|---|---|---|
| 主营 | 摩托车及零配件的设计、开发、生产、销售 | | | |
| | 年　度 | 2006 | 2005 | 2004 |
| 主要指标 | 每股收益/扣除后(元) | 0.009/－0.003 | 0.005 | 0.011/－0.012 |
| | 每股经营现金流量(元) | 0.016 | 0.069 | 0.76 |
| | 每股净资产/调整后(元) | 0.61/0.61 | 0.59/0.59 | 0.38/0.38 |
| | 未分利润(万元) | －56377.28 | －57245.94 | －78164.87 |
| | 资本公积(万元) | 19153.81 | 17248.83 | 17242.83 |
| 利润构成 | 主营收入(万元) | 178879.76 | 147484.91 | 116971.26 |
| | 主营利润(万元) | 17722.4 | 12852.88 | 8841.62 |
| | 投资收益(万元) | －209.77 | 1.09 | －22.46 |
| | 利润总额(万元) | 120.88 | －53.87 | 585.97 |
| | 净利润(万元) | 868.66 | 527.69 | 1027.84 |
| 近年分配: | | | | |

| 主要股东及持股比例%、持股性质 | |
|---|---|
| 中国兵器装备集团公司 21.92%（国有股） | |
| 济南市国有资产管理局 18.98%（国有股） | |
| 济南金骑成功商务有限公司 1.64%（非流通股） | |
| DBS VICKERS（HONGKONG）LTD A/C CLIENT 0.48%（流通B股） | |
| 林东敏 0.24%（流通B股） | |
| 刘春彬 0.17%（流通A股） | |
| 宋晓东 0.14%（流通B股） | |
| 费建民 0.1%（流通A股） | |
| 应志军 0.09%（流通A股） | |
| 严桂祥 0.09%（流通B股） | |
| 实际控制人: | 中国兵器装备集团公司 |

二〇〇六年以来市场表现

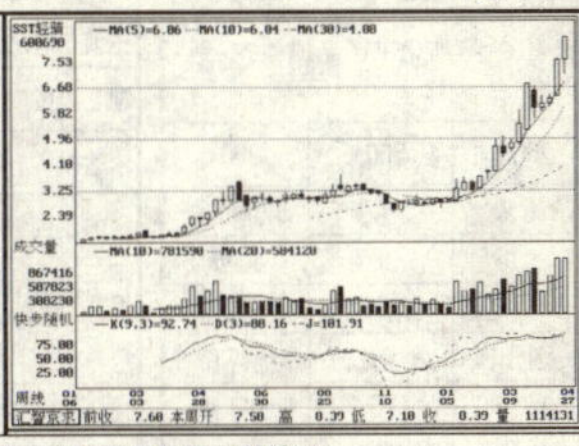


| | |
|---|---|
| 2006年涨跌幅(%) | 82.35 |
| 2006年最高(元) | 3.73 |
| 2007年涨跌幅(%) | 200.72 |
| 2007.4.27收盘(元) | 8.39 |
| 2007年最高(元) | 8.39 |
| 2007年最低(元) | 2.79 |
| 2007年换手率(%) | 347.63 |

未来一年限售流通股解禁情况:

| 最新股本 | 总股本 | 非(限售)流通 | 流通A | 流通B/H/S | 股东户数 | 06年末 | 06三季 |
|---|---|---|---|---|---|---|---|
| | 97181.74 | 43510.74 | 30671 | 23000 | | 177235 | 187205 |

年报点评：公司主营摩托车生产销售。06年主营业务收入和及利润均有大幅增长，但基数仍然较低。07年底公司与法国标致摩托车公司各出资50%在济南合资项目可望投产。该项目将给公司间接带来技术、管理、市场等方面的积极影响，并可提升公司盈利潜力。

## *ST得亨（600699）

上市日期:93/12/06　　电话:0437－3512077　　传真:0437－3512077

| | | | | |
|---|---|---|---|---|
| 主营 | 化纤产品、药品的生产、经营，餐饮、酒店服务等。 | | | |
| | 年　度 | 2006 | 2005 | 2004 |
| 主要指标 | 每股收益/扣除后(元) | －0.48/－0.47 | －0.376 | 0.071/0.046 |
| | 每股经营现金流量(元) | 0.22 | －0.43 | 0.3 |
| | 每股净资产/调整后(元) | 1.55/1.43 | 2.05/1.96 | 2.43/2.33 |
| | 未分利润(万元) | －8901.95 | －52.73 | 7277.09 |
| | 资本公积(万元) | 15885.28 | 15885.28 | 15885.28 |
| 利润构成 | 主营收入(万元) | 19331.15 | 27877.83 | 44308.52 |
| | 主营利润(万元) | －1136.67 | 679.8 | 11997.64 |
| | 投资收益(万元) | －231.91 | －393.3 | －345.74 |
| | 利润总额(万元) | －9134.11 | －6651.23 | 3598.16 |
| | 净利润(万元) | －8849.23 | －7104.14 | 1322.66 |
| 近年分配: | | | | |

| 主要股东及持股比例%、持股性质 | |
|---|---|
| 辽源市财政局 15.76%（国有股东） | |
| 东莞市君通科技投资有限公司 8.43%（非流通股） | |
| 吉林省信托投资有限责任公司 2.12%（非流通股） | |
| 广州市富盈科技投资有限公司 1.56%（非流通股） | |
| 深圳市建艺实业股份有限公司 0.65%（非流通股） | |
| 张荣妹 0.29%（流通A股） | |
| 张瑞卿 0.27%（流通A股） | |
| 李求真 0.25%（流通A股） | |
| 上海申精制冷空调技术有限公司 0.23%（非流通股） | |
| 常州喷丝板厂 0.23%（非流通股） | |
| 实际控制人: | |

二〇〇六年以来市场表现

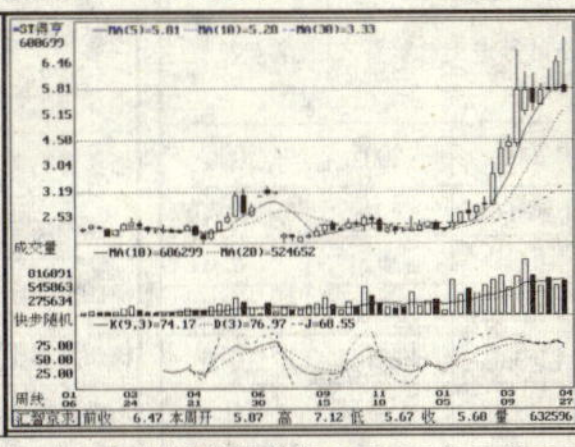


| | |
|---|---|
| 2006年涨跌幅(%) | 39.27 |
| 2006年最高(元) | 3.57 |
| 2007年涨跌幅(%) | 159.36 |
| 2007.4.27收盘(元) | 5.68 |
| 2007年最高(元) | 7.12 |
| 2007年最低(元) | 2.13 |
| 2007年换手率(%) | 718.94 |

未来一年限售流通股解禁情况:26751018股08月08日解禁

| 最新股本 | 总股本 | 非(限售)流通 | 流通A | 流通B/H/S | 股东户数 | 06年末 | 06三季 |
|---|---|---|---|---|---|---|---|
| | 18572.37 | 5536.96 | 13035.41 | | | 35364 | 37681 |

年报点评：公司主营纺织化纤的生产和销售。2006年受国际石油价格上升带动主要原料价格上涨的影响，化纤行业的效益受到严重挤压。下游纺织品出口退税率下调，出口增速减缓人民币持续升值等等不利因素，出口压力很大，公司的产品也直接受到冲击。

## 工大高新（600701）

上市日期:96/05/28　　电话:0451－6219247　　传真:0451－6253555

| | | | | |
|---|---|---|---|---|
| 主营 | 生物及食品工程、技术成果咨询与转让、房地产开发、教育培训、机械加工等。 | | | |
| | 年　度 | 2006 | 2005 | 2004 |
| 主要指标 | 每股收益/扣除后(元) | 0.039/0.026 | 0.047 | 0.056/0.056 |
| | 每股经营现金流量(元) | -0.19 | 0.39 | -0.24 |
| | 每股净资产/调整后(元) | 2.74/2.72 | 2.7/2.66 | 2.65/2.63 |
| | 未分利润(万元) | 17571.79 | 15031.49 | 13847.03 |
| | 资本公积(万元) | 31878.71 | 31878.71 | 31878.7 |
| 利润构成 | 主营收入(万元) | 37711.79 | 50818.76 | 47454.08 |
| | 主营利润(万元) | 11283.51 | 9425.09 | 9347.65 |
| | 投资收益(万元) | 287.15 | 15.01 | -13.57 |
| | 利润总额(万元) | 2772.26 | 2134.83 | 1946.51 |
| | 净利润(万元) | 1253.33 | 1531.38 | 1812.33 |
| 近年分配: | | | | |

| 主要股东及持股比例%、持股性质 |
|---|
| 哈尔滨工业大学高新技术开发总公司 34.34%（国有股） |
| 上海程达投资发展有限公司 8.89%（非流通股） |
| 上海福成商贸有限公司 2.22%（非流通股） |
| 上海证大投资管理有限公司 0.65%（非流通股） |
| 刘忠明 0.19%（流通 A 股） |
| 深圳市环日实业有限公司 0.19%（流通 A 股） |
| 张发玉 0.18%（流通 A 股） |
| 沈阳国际信托投资公司 0.18%（流通 A 股） |
| 钱文斌 0.13%（流通 A 股） |
| 刘光明 0.13%（流通 A 股） |
| 实际控制人：哈尔滨工业大学 |

二〇〇六年以来市场表现

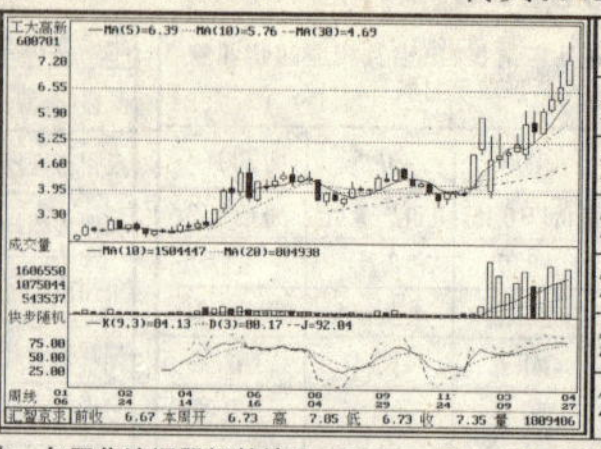

| | |
|---|---|
| 2006 年涨跌幅(%) | 45.69 |
| 2006 年最高(元) | 4.68 |
| 2007 年涨跌幅(%) | 277.89 |
| 2007.4.27 收盘(元) | 7.35 |
| 2007 年最高(元) | 15.7 |
| 2007 年最低(元) | 4.08 |
| 2007 年换手率(%) | 459.81 |

未来一年限售流通股解禁情况:59178192 股 02 月 13 日解禁

| 最新股本 | 总股本 | 非(限售)流通 | 流通 A | 流通 B/H/S | 股东户数 | 06 年末 | 06 三季 |
|---|---|---|---|---|---|---|---|
| | 32409.1 | 14940 | 17469.1 | | | 90652 | 94109 |

年报点评：公司是一家综合性企业,公司所处的东北地区是玉米产区,在玉米深加工方面投入较大。除此之外,公司在生命科学方面投入较大。2006 年公司主营收入小幅下滑,盈利能力有所增强。公司未来发展存在一定不确定性。

## 沱牌曲酒（600702）

上市日期:96/05/24　　电话:0825－6618268　　传真:0825－6618269

| | | | | |
|---|---|---|---|---|
| 主营 | 生产销售中国名酒沱牌曲酒及系列产品 | | | |
| | 年　度 | 2006 | 2005 | 2004 |
| 主要指标 | 每股收益/扣除后(元) | 0.059/0.002 | 0.043 | 0.041/0.006 |
| | 每股经营现金流量(元) | 0.0074 | 0.35 | 0.21 |
| | 每股净资产/调整后(元) | 4.94/4.86 | 4.89/4.82 | 4.84/4.82 |
| | 未分利润(万元) | 35285.45 | 34165.34 | 32991.19 |
| | 资本公积(万元) | 79960.31 | 79760.2 | 79651.5 |
| 利润构成 | 主营收入(万元) | 81108.74 | 81396.69 | 80352.87 |
| | 主营利润(万元) | 19923.62 | 15488.47 | 15667.68 |
| | 投资收益(万元) | 270 | -123.33 | -13.72 |
| | 利润总额(万元) | 2524.07 | 2319.28 | 2129.79 |
| | 净利润(万元) | 1994.12 | 1467.69 | 1376.7 |
| 近年分配: | 06 预案:10 派 0.3；05 年:10 派 0.2 | | | |

| 主要股东及持股比例%、持股性质 |
|---|
| 四川沱牌集团有限公司 29.78%（国有股） |
| 四川省射洪广厦房地产开发公司 5.04%（非流通股） |
| 四川省射洪顺发贸易公司 1.72%（非流通股） |
| 射洪县融达房地产实业综合开发公司 0.82%（非流通股） |
| 遂宁金宁商贸有限公司 0.62%（非流通股） |
| 中国工商银行成都市总府支行 0.62%（非流通股） |
| 李锦涛 0.51%（流通 A 股） |
| 谭坚艺 0.45%（流通 A 股） |
| 马方明 0.31%（流通 A 股） |
| 周巧霞 0.3%（流通 A 股） |
| 实际控制人：射洪县人民政府 |

二〇〇六年以来市场表现

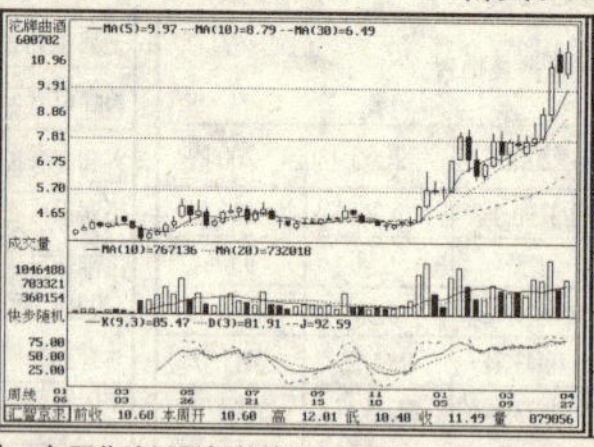

| | |
|---|---|
| 2006 年涨跌幅(%) | 106.51 |
| 2006 年最高(元) | 9.09 |
| 2007 年涨跌幅(%) | 101.58 |
| 2007.4.27 收盘(元) | 11.49 |
| 2007 年最高(元) | 12.01 |
| 2007 年最低(元) | 5.4 |
| 2007 年换手率(%) | 537.92 |

未来一年限售流通股解禁情况:16865000 股 04 月 06 日解禁

| 最新股本 | 总股本 | 非(限售)流通 | 流通 A | 流通 B/H/S | 股东户数 | 06 年末 | 06 三季 |
|---|---|---|---|---|---|---|---|
| | 33730 | 13072.01 | 20657.99 | | | 62329 | 62223 |

年报点评：公司主营白酒生产和销售,加强了以“舍得酒”等中高档白酒销售,对低价位白酒进行整合,正改变公司低价酒为主的市场形象。公司销售毛利率略有上升,消费税的下调也公司带来了实质的利润,06 年在销售收入略有下降的情况下,净利润仍然上升。

## S＊ST 天颐（600703）

上市日期:96/05/28　　电话:0716－8328443　　传真:0716－8328443

| | | | | |
|---|---|---|---|---|
| 主营 | 农副产品加工与销售、油脂化工、精细化工产品的生产、销售(不含化学危险品)。 | | | |
| | 年　度 | 2006 | 2005 | 2004 |
| 主要指标 | 每股收益/扣除后(元) | -0.59 | -1.34 | 0.006/0.006 |
| | 每股经营现金流量(元) | -0.05 | -0.38 | 0.928 |
| | 每股净资产/调整后(元) | -2.72/-2.75 | -2.03/-2.02 | 1.87/1.84 |
| | 未分利润(万元) | -52151.04 | -45111.39 | 3917.95 |
| | 资本公积(万元) | 6957.3 | 6957.3 | 5059.85 |
| 利润构成 | 主营收入(万元) | 46.23 | 4730.52 | 51211.36 |
| | 主营利润(万元) | -7.95 | -978.29 | 6135.56 |
| | 投资收益(万元) | 171 | 141 | 171 |
| | 利润总额(万元) | -7109.85 | -16032.15 | -82.78 |
| | 净利润(万元) | -7039.65 | -15964.06 | 24.96 |
| 近年分配: | | | | |

| 主要股东及持股比例%、持股性质 |
|---|
| 湖北天发实业集团有限公司 45.43%（国有股） |
| 信达投资有限公司 2.39%（非流通股） |
| 中国工商银行荆沙市分行荆沙办事处 1.09%（非流通股） |
| 雷志斌 0.98%（流通 A 股） |
| 何真华 0.77%（流通 A 股） |
| 徐映如 0.75%（流通 A 股） |
| 朱永忠 0.68%（流通 A 股） |
| 湖北京山轻工机械股份有限公司 0.57%（非流通股） |
| 北京莱诺软件技术开发有限公司 0.54%（流通 A 股） |
| 天泽投资有限公司 0.52%（非流通股） |
| 实际控制人：荆州市国有资产监督管理委员会 |

二〇〇六年以来市场表现

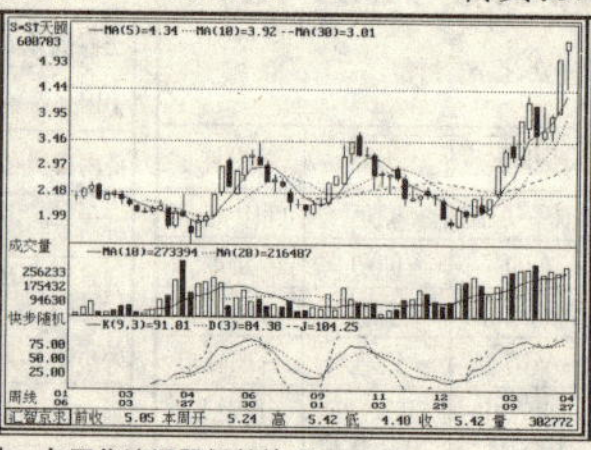

| | |
|---|---|
| 2006 年涨跌幅(%) | -16.32 |
| 2006 年最高(元) | 3.63 |
| 2007 年涨跌幅(%) | 171 |
| 2007.4.27 收盘(元) | 5.42 |
| 2007 年最高(元) | 5.42 |
| 2007 年最低(元) | 1.81 |
| 2007 年换手率(%) | 654.1 |

未来一年限售流通股解禁情况:

| 最新股本 | 总股本 | 非(限售)流通 | 流通 A | 流通 B/H/S | 股东户数 | 06 年末 | 06 三季 |
|---|---|---|---|---|---|---|---|
| | 11951.65 | 6090.1 | 5861.55 | | | 13102 | 13509 |

年报点评：公司以农副产品的深加工及销售为主营业务,以油菜籽为主要原料,因油菜籽的交易日期比较集中,公司在原料收购上受一定季节性影响。由于公司流动资金枯竭,公司生产经营继续停顿,财务费用沉重。

## 中大股份（600704）

上市日期:96/06/06　　电话:0571－85777007　　传真:0571－85777050

| | | | | |
|---|---|---|---|---|
| 主营 | 各类服装、纺织品、食品、茶叶等进出口贸易,以及实业投资开发、房地产业开发经营等。 | | | |
| | 年　度 | 2006 | 2005 | 2004 |
| 主要指标 | 每股收益/扣除后(元) | 0.169/0.001 | 0.148 | 0.139/-0.004 |
| | 每股经营现金流量(元) | 0.71 | -0.81 | -0.38 |
| | 每股净资产/调整后(元) | 3.06/2.82 | 3/2.86 | 3.71/3.54 |
| | 未分利润(万元) | 12083.02 | 10134.53 | 5332.81 |
| | 资本公积(万元) | 51299.91 | 51583.51 | 60241.82 |
| 利润构成 | 主营收入(万元) | 423422.13 | 418880 | 330993.56 |
| | 主营利润(万元) | 33479.95 | 38572.76 | 23854.16 |
| | 投资收益(万元) | 7305.6 | 1104.56 | 5458.13 |
| | 利润总额(万元) | 14333.12 | 16842.45 | 9183.14 |
| | 净利润(万元) | 6328.9 | 5532.79 | 4011.31 |
| 近年分配: | 06 预案:10 派 0.8；05 年:10 派 1；04 年:10 转增 3 | | | |

| 主要股东及持股比例%、持股性质 |
|---|
| 浙江中大集团控股有限公司 22.67%（非流通股） |
| 浙江省财务开发公司 6.37%（非流通股） |
| 中国中纺集团公司 3.76%（非流通股） |
| 浙江东方集团控股有限公司 2.24%（非流通股） |
| 杭州天和投资管理有限公司 1.45%（非流通股） |
| 中国东方资产管理公司 0.9%（非流通股） |
| 金华市万汇物贸有限公司 0.67%（非流通股） |
| 李卓 0.46%（流通 A 股） |
| 义乌市村衫厂 0.45%（非流通股） |
| 陈力 0.42%（流通 A 股） |
| 实际控制人：浙江中大集团控股有限公司 |

二〇〇六年以来市场表现

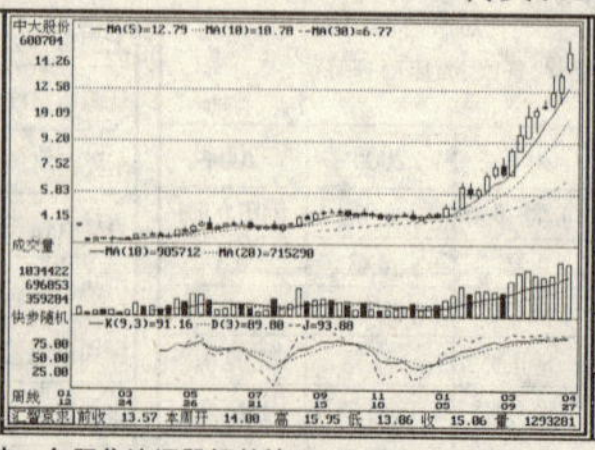

| | |
|---|---|
| 2006 年涨跌幅(%) | 84.74 |
| 2006 年最高(元) | 6.63 |
| 2007 年涨跌幅(%) | 248.61 |
| 2007.4.27 收盘(元) | 15.06 |
| 2007 年最高(元) | 15.95 |
| 2007 年最低(元) | 4.26 |
| 2007 年换手率(%) | 484.59 |

未来一年限售流通股解禁情况:23871510 股 02 月 17 日解禁

| 最新股本 | 总股本 | 非(限售)流通 | 流通 A | 流通 B/H/S | 股东户数 | 06 年末 | 06 三季 |
|---|---|---|---|---|---|---|---|
| | 37475.21 | 14943.84 | 22531.37 | | | 45487 | 48299 |

年报点评：公司主要从事各类服装、纺织品、食品、茶叶等进出口贸易,以及实业投资开发、房地产业开发经营等。在人民币持续升值和国家宏观调控不断趋紧等不利形势下,公司经营保持了稳健运行的态势,净利润保持了一定水平的增长。

## S＊ST 北亚（600705）

上市日期:96/05/16　电话:0451－53600764　传真:0451－53600770

**主营**：铁路客运、铁路货运、贸易业务等。

| 年度 | 2006 | 2005 | 2004 |
|---|---|---|---|
| 每股收益/扣除后(元) | -1.319/-1.299 | -0.288 | -0.264/-0.264 |
| 每股经营现金流量(元) | -0.021 | -0.058 | -0.086 |
| 每股净资产/调整后(元) | -0.19/-0.42 | 1.31/0.89 | 1.61/1.52 |
| 未分利润(万元) | -154667.66 | -25439.07 | 3119.4 |
| 资本公积(万元) | 44806.22 | 44695.97 | 44695.97 |
| 主营收入(万元) | 57222.68 | 88053.38 | 212161.18 |
| 主营利润(万元) | 7000.17 | 8688.09 | 19114.2 |
| 投资收益(万元) | -5948.06 | 165.13 | -10484.39 |
| 利润总额(万元) | -147467.58 | -31353.61 | -25134.71 |
| 净利润(万元) | -129228.58 | -28225.53 | -25830.68 |

近年分配:

**主要股东及持股比例%、持股性质**

哈尔滨铁路局 9.56%（非流通股）
黑龙江虹通运输服务有限责任公司 5.59%（非流通股）
海通证券股份有限公司 2.86%（非流通股）
黑龙江金融科技实验银行 2.08%（非流通股）
大庆石油管理局 2%（非流通股）
哈尔滨财政证券公司 1.99%（非流通股）
上海美锦科技有限公司 1.54%（非流通股）
黑龙江省大正投资集团有限责任公司 1.19%（非流通股）
中国石化大庆石油化工总厂 1.18%（非流通股）
交通银行哈尔滨分行 1.17%（非流通股）

实际控制人：哈尔滨铁路局

二〇〇六年以来市场表现

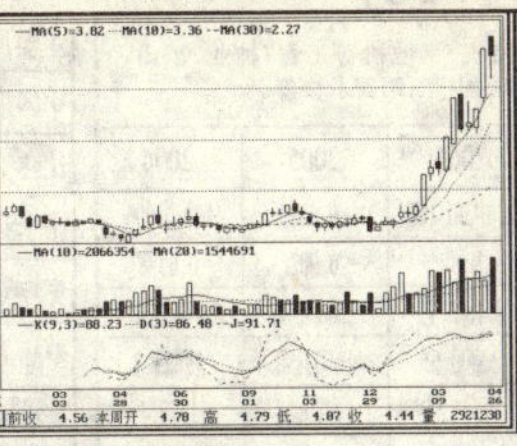

| | |
|---|---|
| 2006 年涨跌幅(%) | -16.94 |
| 2006 年最高(元) | 2.04 |
| 2007 年涨跌幅(%) | 192.11 |
| 2007.4.27 收盘(元) | 4.44 |
| 2007 年最高(元) | 4.79 |
| 2007 年最低(元) | 1.51 |
| 2007 年换手率(%) | 512.07 |

未来一年限售流通股解禁情况:

| 最新股本 | 总股本 | 非(限售)流通 | 流通 A | 流通 B/H/S | 股东户数 | 06 年末 | 06 三季 |
|---|---|---|---|---|---|---|---|
| | 97970.62 | 44133.34 | 53837.28 | | | 66175 | 75060 |

**年报点评**：目前公司业务主要为纸浆、地产和木地板企业的经营,由于整体资金状况紧张,公司所属各子公司在开展正常业务中受到严重影响,收入与利润均大幅下降。再加上公司前董事长等高管人员涉嫌经济犯罪,也对公司经营活动带来了负面影响。

## ＊ST 长信（600706）

上市日期:96/05/16　电话:029－2214266　传真:029－2233943

**主营**：计算机硬件、软件、系统、外部设备的开发、生产和销售;通信电子产品的开发、生产和销售;高科技信息咨询、服务业。

| 年度 | 2006 | 2005 | 2004 |
|---|---|---|---|
| 每股收益/扣除后(元) | -1.36/-1.34 | -0.89 | 0.22/0.2 |
| 每股经营现金流量(元) | 0.08 | 0.29 | -0.59 |
| 每股净资产/调整后(元) | 0.12/-1.2 | 1.47/0.49 | 2.51/2.31 |
| 未分利润(万元) | -17941.02 | -6037.35 | 2608 |
| 资本公积(万元) | 5870.94 | 5457.35 | 5453.82 |
| 主营收入(万元) | 19849.56 | 27178.62 | 37393.3 |
| 主营利润(万元) | 6573.56 | 15865.79 | 27143.43 |
| 投资收益(万元) | -110.1 | -168.49 | -630.39 |
| 利润总额(万元) | -13608.82 | -6784.31 | 7669 |
| 净利润(万元) | -11853.66 | -7816.3 | 1887.11 |

近年分配:

**主要股东及持股比例%、持股性质**

西安万鼎实业(集团)有限公司 12.68%（非流通股）
陕西省投资集团(有限)公司 12.46%（国有股）
陕西省国际信托投资股份有限公司 4.47%（非流通股）
建行陕西省信托投资公司 1.64%（非流通股）
广州名盛投资有限公司 1.27%（非流通股）
西安市商业银行股份有限公司 1.27%（非流通股）
航天总公司第四研究院 1.27%（非流通股）
陕西省裕华金属机电有限公司 1.15%（非流通股）
北京通三益保健食品有限责任公司 0.98%（非流通股）
海南北岛国际实业有限公司 0.82%（非流通股）

实际控制人：西安万鼎实业(集团)有限公司

二〇〇六年以来市场表现

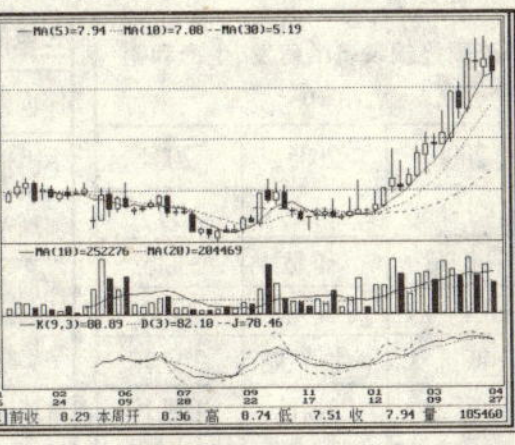

| | |
|---|---|
| 2006 年涨跌幅(%) | 20.05 |
| 2006 年最高(元) | 6.46 |
| 2007 年涨跌幅(%) | 93.66 |
| 2007.4.27 收盘(元) | 7.94 |
| 2007 年最高(元) | 8.96 |
| 2007 年最低(元) | 3.93 |
| 2007 年换手率(%) | 737.09 |

未来一年限售流通股解禁情况:21000356 股 05 月 11 日解禁

| 最新股本 | 总股本 | 非(限售)流通 | 流通 A | 流通 B/H/S | 股东户数 | 06 年末 | 06 三季 |
|---|---|---|---|---|---|---|---|
| | 8733.34 | 3858.34 | 4875 | | | 12709 | 13190 |

**年报点评**：报告期内公司继续对现有资产进行清理、整合,公司资金状况持续紧张。由于公司持续较高的财务费用,下属子公司计提坏帐准备以及受国家医药政策影响海南长安国际制药有限公司和长安医院的业绩较上年有所降低等原因,公司报告期出现重大亏损。

## 彩虹股份（600707）

上市日期:96/05/20　电话:029－33333109　传真:029－33333109

**主营**：制造、销售彩色显像管

| 年度 | 2006 | 2005 | 2004 |
|---|---|---|---|
| 每股收益/扣除后(元) | 0.047/0.02 | -1.31 | 0.498/0.5 |
| 每股经营现金流量(元) | 0.093 | 0.404 | 0.712 |
| 每股净资产/调整后(元) | 3.3/3.3 | 3.26/3.26 | 4.87/4.86 |
| 未分利润(万元) | 10338.41 | 8581.11 | 76372.28 |
| 资本公积(万元) | 63652.86 | 63970.19 | 63970.19 |
| 主营收入(万元) | 206125.4 | 211698.29 | 303113.1 |
| 主营利润(万元) | 19766.75 | -4013.95 | 48190.96 |
| 投资收益(万元) | -5726.66 | -16900.03 | -1716.18 |
| 利润总额(万元) | 2153.59 | -56387.19 | 27223.5 |
| 净利润(万元) | 1976.23 | -55156.7 | 20957.3 |

近年分配：04 年:10 派 3

**主要股东及持股比例%、持股性质**

彩虹集团电子股份有限公司 42.9%（国有股）
浙江兰申信息科技投资有限公司 1.71%（非流通股）
西安雅轩商贸有限责任公司 1.11%（非流通股）
蛇口社会保险公司 0.67%（非流通股）
西安飞机工业(集团)有限责任公司 0.57%（非流通股）
乌鲁木齐市商业银行股份有限公司 0.45%（非流通股）
中化国际石油公司 0.45%（非流通股）
上海天迪科技投资发展有限公司 0.43%（非流通股）
陕西泰德实业有限公司 0.36%（非流通股）
西北大学印刷厂 0.28%（非流通股）

实际控制人：彩虹集团公司

二〇〇六年以来市场表现

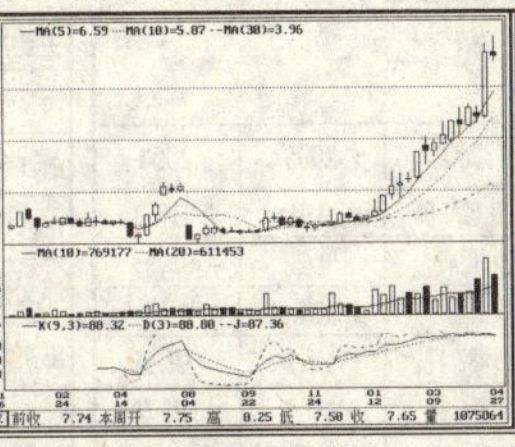

| | |
|---|---|
| 2006 年涨跌幅(%) | 51.61 |
| 2006 年最高(元) | 4.47 |
| 2007 年涨跌幅(%) | 169.37 |
| 2007.4.27 收盘(元) | 7.65 |
| 2007 年最高(元) | 8.25 |
| 2007 年最低(元) | 2.82 |
| 2007 年换手率(%) | 531.46 |

未来一年限售流通股解禁情况:53193908 股 07 月 31 日解禁

| 最新股本 | 总股本 | 非(限售)流通 | 流通 A | 流通 B/H/S | 股东户数 | 06 年末 | 06 三季 |
|---|---|---|---|---|---|---|---|
| | 42114.88 | 21717.32 | 20397.56 | | | 59991 | 61263 |

**年报点评**：公司主营彩色显像管的产销,随着平板显示器件的快速发展,CRT 配套的彩色显像管的需求和售价大幅度下降,整个彩管行业遭遇了严重的冲击导致业绩大幅下滑。产品被替代迫在眉睫,公司急需转型生产和配套更有生命力的新品。

## 海博股份（600708）

上市日期:96/06/06　电话:021－61132700　传真:021－62526043

**主营**：出租汽车服务业;工业品加工、批发、零售;制药。

| 年度 | 2006 | 2005 | 2004 |
|---|---|---|---|
| 每股收益/扣除后(元) | 0.422/0.187 | 0.401 | 0.362/0.299 |
| 每股经营现金流量(元) | 1.006 | 0.6289 | 1.098 |
| 每股净资产/调整后(元) | 2.47/2.41 | 2.15/2.13 | 1.8/1.8 |
| 未分利润(万元) | 22035.63 | 15787.3 | 8526.1 |
| 资本公积(万元) | 5883.04 | 5932 | 5944.53 |
| 主营收入(万元) | 139609.41 | 116563.42 | 80659.93 |
| 主营利润(万元) | 35050.8 | 32884.43 | 27304.26 |
| 投资收益(万元) | 576.76 | 175.47 | 2459.89 |
| 利润总额(万元) | 20475.25 | 19169.63 | 17393.35 |
| 净利润(万元) | 15062.04 | 14295.55 | 12912.14 |

近年分配：06 预案:10 送 3 ; 05 年:10 派 1 ; 04 年:10 派 0.5

**主要股东及持股比例%、持股性质**

光明食品(集团)有限公司 34.98%（国有股）
中国长城资产管理公司 7.37%（部分流通部分不流通）
宁波海运集团有限公司 1.77%（流通 A 股）
珠海申光 1.11%（流通 A 股）
南汇信用 0.37%（流通 A 股）
上海闵行联合发展有限公司 0.37%（流通 A 股）
万联证券有限责任公司 0.33%（流通 A 股）
天津市谷丰投资咨询有限公司 0.24%（非流通股）
上海东方明珠(集团)股份有限公司 0.22%（流通 A 股）
上海汽车工业开发发展有限公司 0.22%（流通 A 股）

实际控制人：上海市国有资产监督管理委员会

二〇〇六年以来市场表现

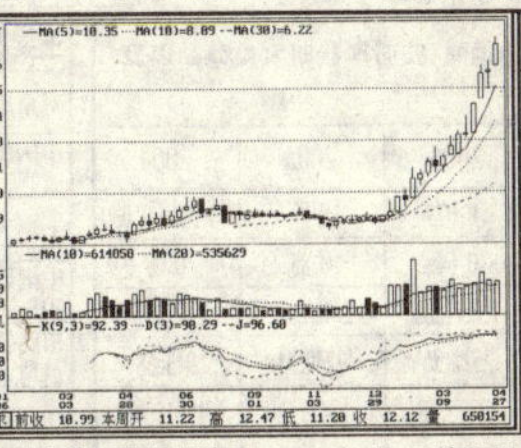

| | |
|---|---|
| 2006 年涨跌幅(%) | 25 |
| 2006 年最高(元) | 5.65 |
| 2007 年涨跌幅(%) | 172.36 |
| 2007.4.27 收盘(元) | 12.12 |
| 2007 年最高(元) | 12.47 |
| 2007 年最低(元) | 4.44 |
| 2007 年换手率(%) | 439.49 |

未来一年限售流通股解禁情况:26147470 股 12 月 22 日解禁

| 最新股本 | 总股本 | 非(限售)流通 | 流通 A | 流通 B/H/S | 股东户数 | 06 年末 | 06 三季 |
|---|---|---|---|---|---|---|---|
| | 35690.23 | 13771.45 | 21918.78 | | | 33485 | 32406 |

**年报点评**：目前公司业务主要集中于三块:即出租、物流和投资。目前出租车业务保持稳定,是公司利润的主要支撑。而物流方面公司与加拿大斯班赛国际物流公司合资组建了海博斯班赛物流公司,并在洋山保税港区购得 170 亩土地,虽然目前盈利不高,预计将进入高速增长期。

## 常林股份（600710）

上市日期:96/07/01　电话:0519－6752853　传真:0519－6750025

主营：主要从事轮式装载机、压路机、平地机等工程、林业、矿山、环保、采运机械设备的研制、生产、销售及维修。

| | 年　度 | 2006 | 2005 | 2004 |
|---|---|---|---|---|
| 主要指标 | 每股收益/扣除后(元) | 0.103/0.106 | 0.018 | 0.1/0.096 |
| | 每股经营现金流量(元) | 0.08 | 0.002 | 0.0588 |
| | 每股净资产/调整后(元) | 2.16/2.15 | 2.06/2.06 | 2.09/2.07 |
| | 未分利润(万元) | 20000.65 | 16967.98 | 17823.3 |
| | 资本公积(万元) | 11551.99 | 11779.88 | 11777.49 |
| 利润构成 | 主营收入(万元) | 151295.36 | 140788.65 | 158148.49 |
| | 主营利润(万元) | 16821.59 | 13507.48 | 19034.09 |
| | 投资收益(万元) | 2690.32 | 2085.13 | 1911.52 |
| | 利润总额(万元) | 3762.02 | 1064.74 | 3745.17 |
| | 净利润(万元) | 3413.86 | 584.47 | 3307.96 |

近年分配：04 年:10 派 0.35

**主要股东及持股比例%、持股性质**

中国福马机械集团有限公司 40.48%（国有股）
沈建平 0.43%（流通 A 股）
张学林 0.18%（流通 A 股）
史翔 0.18%（流通 A 股）
罗炜 0.18%（流通 A 股）
唐山海港冀海贸易有限公司 0.17%（流通 A 股）
陈其女每 0.16%（流通 A 股）
东莞市金源实业发展公司 0.15%（流通 A 股）
范成 0.15%（流通 A 股）
曹会萍 0.14%（流通 A 股）
实际控制人：中国福马机械集团有限公司

二〇〇六年以来市场表现

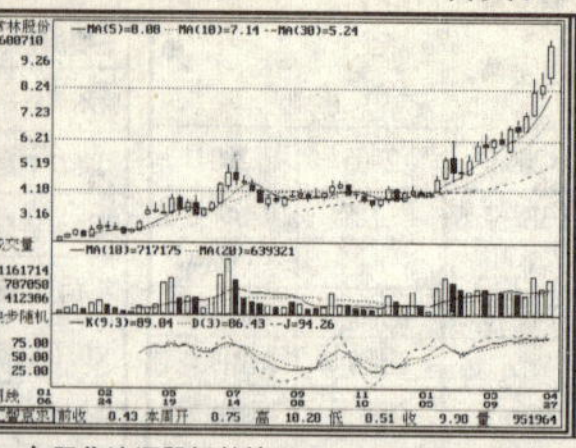

| | |
|---|---|
| 2006 年涨跌幅(%) | 144.97 |
| 2006 年最高(元) | 7.02 |
| 2007 年涨跌幅(%) | 150.13 |
| 2007.4.27 收盘(元) | 9.98 |
| 2007 年最高(元) | 10.28 |
| 2007 年最低(元) | 3.99 |
| 2007 年换手率(%) | 574.27 |

未来一年限售流通股解禁情况:16499999 股 05 月 09 日解禁

| 最新股本 | 总股本 | 非(限售)流通 | 流通 A | 流通 B/H/S | 股东户数 | 06 年末 | 06 三季 |
|---|---|---|---|---|---|---|---|
| | 33000 | 13358.4 | 19641.6 | | | 48210 | 43408 |

年报点评：公司主营装载机和挖掘机的生产。工程机械行业经过一年多的调整，2006 年重新获得较快发展，公司净利润同比大幅增长。2007 年公司将以其三年发展战略规划为统揽，在稳固 2006 年调整成效的基础上，突出产品质量及经营效益提升，提升综合竞争能力。

## ST 雄震（600711）

上市日期:96/05/31　电话:0592－5891697　传真:0592－5891699

主营：智能售卖设备、金融、通讯外围终端设备的研发、生产和销售，以及软件开发和技术服务等。

| | 年　度 | 2006 | 2005 | 2004 |
|---|---|---|---|---|
| 主要指标 | 每股收益/扣除后(元) | 0.02/－0.05 | －1.92 | 0.2/0.22 |
| | 每股经营现金流量(元) | －0.068 | －0.85 | －0.052 |
| | 每股净资产/调整后(元) | －0.4/－0.4 | －0.51/－0.51 | 2.05/2 |
| | 未分利润(万元) | －10718.88 | －10857.92 | 2757.47 |
| | 资本公积(万元) | 1937.37 | 1298.15 | 1298.15 |
| 利润构成 | 主营收入(万元) | 7031.83 | 1791.99 | 14624.39 |
| | 主营利润(万元) | 1342.43 | 888.23 | 6298.29 |
| | 投资收益(万元) | －41.52 | －2608.15 | －174.42 |
| | 利润总额(万元) | 63.53 | －11727.55 | 1334.32 |
| | 净利润(万元) | 139.04 | －11589.51 | 1208.43 |

近年分配：

**主要股东及持股比例%、持股性质**

深圳雄震集团有限公司 39.76%（非流通股）
上海汇衡科技发展有限公司 27.79%（非流通股）
深圳市金尚美投资咨询有限公司 4.61%（非流通股）
深圳泰年投资咨询有限公司 1.99%（非流通股）
李思红 0.5%（流通 A 股）
厦门宏华集团有限公司 0.4%（非流通股）
浙江众鑫投资咨询有限公司 0.31%（非流通股）
曾裕华 0.26%（流通 A 股）
孙风先 0.26%（流通 A 股）
龚兴霞 0.23%（流通 A 股）
实际控制人：姚娟英

二〇〇六年以来市场表现

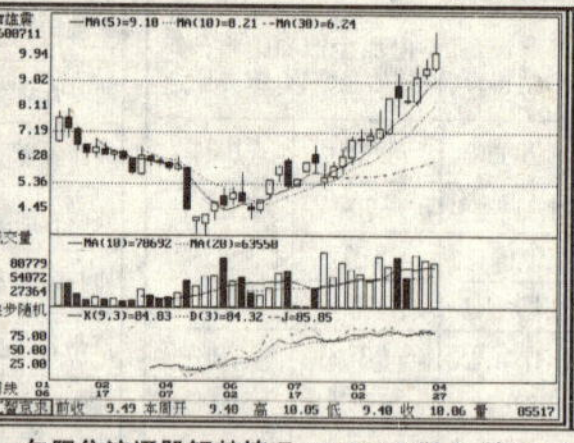

| | |
|---|---|
| 2006 年涨跌幅(%) | －9.62 |
| 2006 年最高(元) | 7.98 |
| 2007 年涨跌幅(%) | 146.97 |
| 2007.4.27 收盘(元) | 10.06 |
| 2007 年最高(元) | 16.27 |
| 2007 年最低(元) | 7.83 |
| 2007 年换手率(%) | 457.63 |

未来一年限售流通股解禁情况:11256000 股 01 月 22 日解禁

| 最新股本 | 总股本 | 非(限售)流通 | 流通 A | 流通 B/H/S | 股东户数 | 06 年末 | 06 三季 |
|---|---|---|---|---|---|---|---|
| | 6036 | 4524 | 1512 | | | 6108 | 6570 |

年报点评：公司目前主营贸易和托管业务。2006 年，公司原经营的卡类产品的研制开发、运营管理和物流等业务市场份额逐渐丧失。在大股东支持下，公司开始进行托管及贸易业务，使业绩获得了恢复性增长。公司计划引进战略投资者，通过资产重组置入优质资产。

## 南宁百货（600712）

上市日期:96/06/26　电话:0771－2828313　传真:0771－2810261

主营：商品零售服务

| | 年　度 | 2006 | 2005 | 2004 |
|---|---|---|---|---|
| 主要指标 | 每股收益/扣除后(元) | 0.02/0.06 | 0.04 | 0.03/0.108 |
| | 每股经营现金流量(元) | 0.47 | 0.33 | 0.78 |
| | 每股净资产/调整后(元) | 1.11/1 | 1.12/1.01 | 1.1/1 |
| | 未分利润(万元) | 482.17 | 555.1 | 321.53 |
| | 资本公积(万元) | 886.11 | 1080.41 | 1012.69 |
| 利润构成 | 主营收入(万元) | 99361.9 | 92046.45 | 84172.96 |
| | 主营利润(万元) | 13087.61 | 11940.75 | 10929.64 |
| | 投资收益(万元) | 16.45 | －261 | 56.34 |
| | 利润总额(万元) | 255.63 | 946.03 | 843.98 |
| | 净利润(万元) | 245.51 | 586.73 | 406.82 |

近年分配：05 年:10 派 0.2；04 年:10 派 0.2

**主要股东及持股比例%、持股性质**

南宁沛宁资产经营有限责任公司 18.86%（国有股）
浙江利时投资集团股份有限公司 14.46%（非流通股）
广西国力投资担保有限公司 8.78%（非流通股）
邹文华 0.507%（流通 A 股）
王文兴 0.471%（流通 A 股）
林玉才 0.456%（流通 A 股）
李建华 0.446%（流通 A 股）
罗祖兴 0.444%（流通 A 股）
潘之武 0.428%（流通 A 股）
单淑华 0.425%（流通 A 股）
实际控制人：南宁沛宁资产经营有限责任公司

二〇〇六年以来市场表现

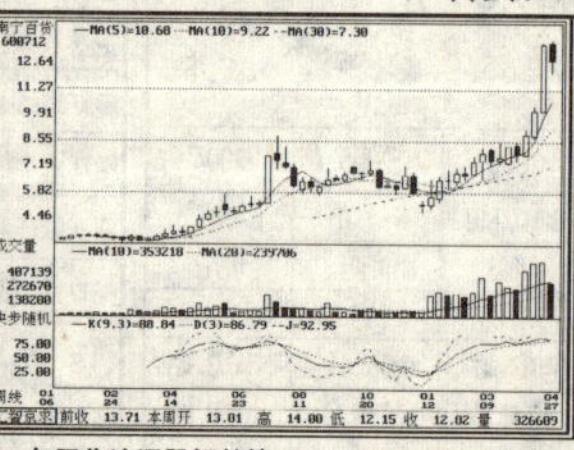

| | |
|---|---|
| 2006 年涨跌幅(%) | 78.7 |
| 2006 年最高(元) | 8.8 |
| 2007 年涨跌幅(%) | 184.4 |
| 2007.4.27 收盘(元) | 12.82 |
| 2007 年最高(元) | 17.92 |
| 2007 年最低(元) | 6.07 |
| 2007 年换手率(%) | 571 |

未来一年限售流通股解禁情况:24478119 股 01 月 05 日解禁

| 最新股本 | 总股本 | 非(限售)流通 | 流通 A | 流通 B/H/S | 股东户数 | 06 年末 | 06 三季 |
|---|---|---|---|---|---|---|---|
| | 14467.2 | 6369.41 | 8097.79 | | | 8100 | 7848 |

年报点评：报告期是公司改革发展的关键一年，面对本地商业的激烈竞争，公司在主营收入有所增长的情况下，利润出现了大幅下降。主要是本年度向五象购物中心业主支付的租金同比增加 500 多万元，加上国家股股权转让所引起的处理历史欠债等影响所致。

## 南京医药（600713）

上市日期:96/07/01　电话:025－84453856　传真:025－84453856

主营：经营药品、医疗器械、化学试剂、玻璃仪器四大类商品以及医药产品的研制、开发、生产、销售。

| | 年　度 | 2006 | 2005 | 2004 |
|---|---|---|---|---|
| 主要指标 | 每股收益/扣除后(元) | 0.07 | 0.09 | 0.01/－0.03 |
| | 每股经营现金流量(元) | 0.64 | 0.85 | 0.08 |
| | 每股净资产/调整后(元) | 1.85/1.68 | 2.42/2.32 | 2.33/2.32 |
| | 未分利润(万元) | 2527.26 | 2249.31 | 943.68 |
| | 资本公积(万元) | 13275.48 | 19426.28 | 19345.81 |
| 利润构成 | 主营收入(万元) | 682770.36 | 622968.54 | 525971.79 |
| | 主营利润(万元) | 46910.6 | 44370.2 | 42211.05 |
| | 投资收益(万元) | 500.43 | 2206.09 | 1076.3 |
| | 利润总额(万元) | 3501.4 | 3688.03 | 2133.47 |
| | 净利润(万元) | 1858.39 | 1835.45 | 240.18 |

近年分配：06 预案:10 派 0.6；05 年:10 派 0.6

**主要股东及持股比例%、持股性质**

南京医药(集团)公司 21%（国有股）
中国银行－嘉实增长开放式证券投资基金 4.33%（流通 A 股）
上海天发投资有限公司 3.82%（非流通股）
中国建设银行－华夏红利混合型开放式证券投资基金 2.79%（流通 A 股）
招商银行股份有限公司－中信经典配置证券投资基金 2.74%（流通 A 股）
江苏兴宏达实业有限公司 2.39%（非流通股）
南京博刚信息咨询有限公司 2.34%（非流通股）
南京机电产业(集团)有限公司 1.87%（流通 A 股）
泰华房地产开发(深圳)有限公司 1.84%（非流通股）
南京证券有限责任公司 1.35%（部分流通部分不流通）
实际控制人：南京医药产业(集团)有限责任公司

二〇〇六年以来市场表现

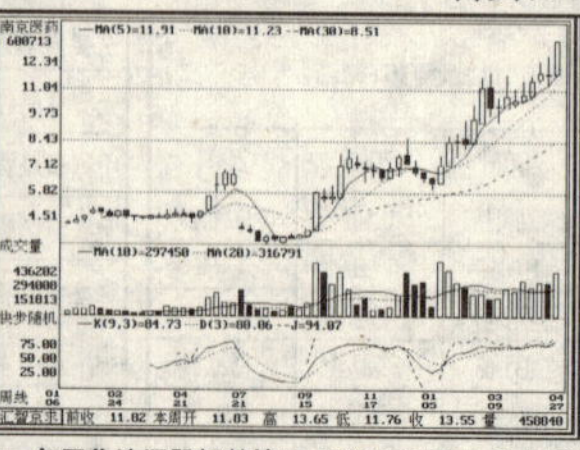

| | |
|---|---|
| 2006 年涨跌幅(%) | 166.37 |
| 2006 年最高(元) | 14.42 |
| 2007 年涨跌幅(%) | 106.56 |
| 2007.4.27 收盘(元) | 13.55 |
| 2007 年最高(元) | 13.65 |
| 2007 年最低(元) | 6 |
| 2007 年换手率(%) | 357.66 |

未来一年限售流通股解禁情况:58500000 股 07 月 17 日解禁

| 最新股本 | 总股本 | 非(限售)流通 | 流通 A | 流通 B/H/S | 股东户数 | 06 年末 | 06 三季 |
|---|---|---|---|---|---|---|---|
| | 25076.69 | 11116.33 | 13960.36 | | | 28076 | 26319 |

年报点评：公司是区域性医药商业公司龙头，2006 年全面开展药房托管，并计划快速扩张。现销快配、贴牌产品加工、零售整合工作是公司未来工作的重点。公司通过收购其他商业公司实现壮大。

## ＊ST 金瑞（600714）

上市日期:96/06/06　　电话:0971－5509464　　传真:0971－5507586

| | | | | |
|---|---|---|---|---|
| 主营 | 硅铁和铸造产品的生产和销售。 | | | |
| | 年　度 | 2006 | 2005 | 2004 |
| 主要指标 | 每股收益/扣除后(元) | -0.47/-0.489 | -0.304 | 0.046/-0.02 |
| | 每股经营现金流量(元) | 0.043 | -0.0875 | -0.04 |
| | 每股净资产/调整后(元) | 0.97/0.94 | 1.44/1.39 | 1.73/1.72 |
| | 未分利润(万元) | -6251.42 | 837.22 | 5433.87 |
| | 资本公积(万元) | 3072.61 | 3132.94 | 2959.21 |
| 利润构成 | 主营收入(万元) | 4608.33 | 6713.09 | 7225.31 |
| | 主营利润(万元) | -581.56 | 422.43 | 1252.1 |
| | 投资收益(万元) | 208.19 | -1578.12 | -648.33 |
| | 利润总额(万元) | -7079.38 | -4596.71 | 907.21 |
| | 净利润(万元) | -7088.64 | -4596.65 | 697.53 |
| 近年分配: | | | | |

| 主要股东及持股比例%、持股性质 |
|---|
| 青海省金星矿业有限公司 32.78%（国有股） |
| 青海省电力公司 24.94%（国有股） |
| 五矿国际有色金属贸易公司 3.56%（非流通股） |
| 青海数码网络投资(集团)股份有限公司 2.61%（非流通股） |
| 三普药业股份有限公司 0.48%（非流通股） |
| 洪立鸿 0.47%（流通A股） |
| 杨连香 0.35%（流通A股） |
| 赵江 0.26%（流通A股） |
| 张少芳 0.26%（流通A股） |
| 贵州省机械进出口有限公司 0.24%（非流通股） |
| 实际控制人：青海省投资集团有限公司 |

二〇〇六年以来市场表现

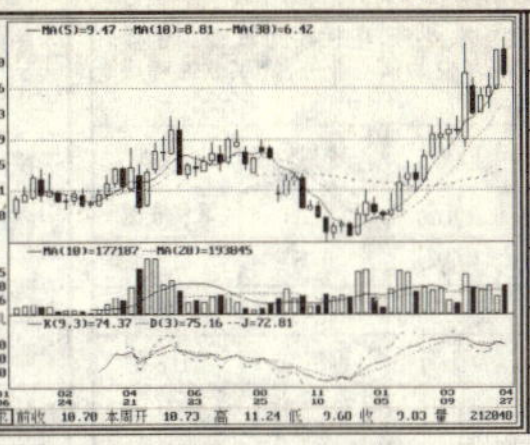

| | |
|---|---|
| 2006年涨跌幅(%) | 30 |
| 2006年最高(元) | 8.31 |
| 2007年涨跌幅(%) | 106.08 |
| 2007.4.27收盘(元) | 9.83 |
| 2007年最高(元) | 11.24 |
| 2007年最低(元) | 4.46 |
| 2007年换手率(%) | 571.93 |

未来一年限售流通股解禁情况:26568660股09月27日解禁

| 最新股本 | 总股本 | 非(限售)流通 | 流通A | 流通B/H/S | 股东户数 | 06年末 | 06三季 |
|---|---|---|---|---|---|---|---|
| | 15093.75 | 9861.25 | 5232.5 | | | 9104 | 8066 |

年报点评：公司是一家以锶矿开发及深加工为主业的上市公司，占有国内锶矿资源的80%以上，世界的50%，其中拥有的大风山锶矿田保有储量为1500万吨。由于公司资源具有垄断优势，2007年公司有可能扭亏为盈。

## ＊ST 松辽（600715）

上市日期:96/07/01　　电话:024－89811610　　传真:024－89811259

| | | | | |
|---|---|---|---|---|
| 主营 | 系列轻型越野客车、轻型客车制造，汽车改装及修理 | | | |
| | 年　度 | 2006 | 2005 | 2004 |
| 主要指标 | 每股收益/扣除后(元) | 0.109/0.114 | -0.266 | -0.41/-0.385 |
| | 每股经营现金流量(元) | -0.004 | 0.044 | 0.057 |
| | 每股净资产/调整后(元) | 0.67/0.55 | -0.14/-0.28 | 0.09/-0.03 |
| | 未分利润(万元) | -53053.37 | -55487.95 | -49519.71 |
| | 资本公积(万元) | 44674.27 | 29098.04 | 28227.07 |
| 利润构成 | 主营收入(万元) | 12347.72 | 1728.31 | 742.07 |
| | 主营利润(万元) | 1957.56 | 260.78 | 113.98 |
| | 投资收益(万元) | | -782.89 | -2748.34 |
| | 利润总额(万元) | 2434.58 | -5968.23 | -9191.86 |
| | 净利润(万元) | 2434.58 | -5968.23 | -9191.86 |
| 近年分配: | | | | |

| 主要股东及持股比例%、持股性质 |
|---|
| 上海华汇中顺汽车销售有限公司 29.89%（非流通股） |
| 上海中润汽车制动器有限公司 16.95%（非流通股） |
| 伟业汽车集团有限公司 6.24%（非流通股） |
| 沈阳锦川餐饮有限公司 0.81%（非流通股） |
| 盛芬娥 0.66%（流通A股） |
| 刘庆海 0.53%（流通A股） |
| 张树忠 0.44%（流通A股） |
| 周小芳 0.35%（流通A股） |
| 上海康隆企业发展有限公司 0.31%（非流通股） |
| 孙凤毅 0.3%（流通A股） |
| 实际控制人：周天宝 |

二〇〇六年以来市场表现

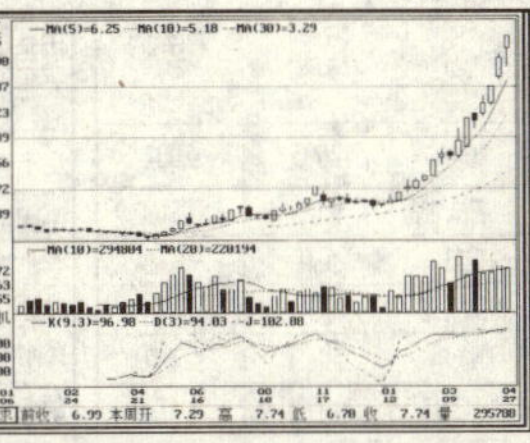

| | |
|---|---|
| 2006年涨跌幅(%) | 46.94 |
| 2006年最高(元) | 2.76 |
| 2007年涨跌幅(%) | 258.33 |
| 2007.4.27收盘(元) | 7.74 |
| 2007年最高(元) | 7.74 |
| 2007年最低(元) | 2.08 |
| 2007年换手率(%) | 393.73 |

未来一年限售流通股解禁情况:26265600股11月14日解禁

| 最新股本 | 总股本 | 非(限售)流通 | 流通A | 流通B/H/S | 股东户数 | 06年末 | 06三季 |
|---|---|---|---|---|---|---|---|
| | 22425.6 | 12288 | 10137.6 | | | 13561 | 14279 |

年报点评：公司主营汽车销售、系列轻型越野客车、轻型客车制造、汽车改造及修理等。06年受国内轻型客车市场转暖影响，公司汽车车身零部件销量有所增加，公司销售收入大幅增长，但盈利情况仍然较差。07年国内汽车市场继续向好，公司经营情况有望进一步改善。

## ＊ST 耀华（600716）

上市日期:96/07/02　　电话:0335－3028173　　传真:0335－3028173

| | | | | |
|---|---|---|---|---|
| 主营 | 平板玻璃、工业技术玻璃、玻璃钢制品及不饱和聚脂树脂的生产、销售。 | | | |
| | 年　度 | 2006 | 2005 | 2004 |
| 主要指标 | 每股收益/扣除后(元) | -0.523/-0.487 | -0.013 | 0.093/0.094 |
| | 每股经营现金流量(元) | 0.2072 | -0.56 | 0.578 |
| | 每股净资产/调整后(元) | 0.83/0.76 | 1.35/1.32 | 1.35/1.32 |
| | 未分利润(万元) | -28184.69 | 953.58 | 3559.89 |
| | 资本公积(万元) | 14826.72 | 14764.38 | 12311.28 |
| 利润构成 | 主营收入(万元) | 111875.29 | 122531.49 | 125066.59 |
| | 主营利润(万元) | -6115.86 | 15597.89 | 27564.63 |
| | 投资收益(万元) | -109.23 | 205.04 | -7.58 |
| | 利润总额(万元) | -34892.05 | -639.93 | 10944.75 |
| | 净利润(万元) | -29138.27 | -706.37 | 5188.74 |
| 近年分配: | 04中期:10派0.3转增6年终:10派0.2 | | | |

| 主要股东及持股比例%、持股性质 |
|---|
| 中国耀华玻璃集团公司 57.33%（国有股） |
| 曾小平 0.27%（流通A股） |
| 罗志辉 0.25%（流通A股） |
| 饶来秀 0.25%（流通A股） |
| 王娟 0.24%（流通A股） |
| 徐学知 0.24%（流通A股） |
| 阎豹 0.23%（流通A股） |
| 姚佰成 0.2%（流通A股） |
| 钟木金 0.19%（流通A股） |
| 北京国合源建筑装饰材料有限责任公司 0.19%（流通A股） |
| 实际控制人：秦皇岛市国有资产监督管理委员会 |

二〇〇六年以来市场表现

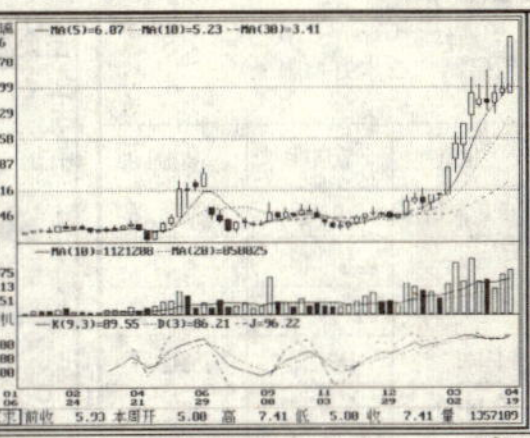

| | |
|---|---|
| 2006年涨跌幅(%) | 70 |
| 2006年最高(元) | 3.91 |
| 2007年涨跌幅(%) | 211.35 |
| 2007.4.27收盘(元) | 7.41 |
| 2007年最高(元) | 7.41 |
| 2007年最低(元) | 2.33 |
| 2007年换手率(%) | 624.8 |

未来一年限售流通股解禁情况:29768640股07月21日解禁

| 最新股本 | 总股本 | 非(限售)流通 | 流通A | 流通B/H/S | 股东户数 | 06年末 | 06三季 |
|---|---|---|---|---|---|---|---|
| | 55728 | 32140.8 | 23587.2 | | | 42190 | 44189 |

年报点评：公司主营玻璃生产和销售。2006年公司主导产品浮法玻璃价格略有回升，但主要原燃材料重油、纯碱价格仍居高不下。公司加快结构调整步伐、加强成本和费用控制等措施，亏损额有所降低。公司可能通过重组来提升其盈利能力。

## 天津港（600717）

上市日期:96/06/14　　电话:022－25706615　　传真:022－25706615

| | | | | |
|---|---|---|---|---|
| 主营 | 商品储存；中转联运、汽车运输；装卸搬运；集装箱储运、拆装箱及相关业务。 | | | |
| | 年　度 | 2006 | 2005 | 2004 |
| 主要指标 | 每股收益/扣除后(元) | 0.36/0.31 | 0.5 | 0.2/0.18 |
| | 每股经营现金流量(元) | 0.56 | 0.78 | 0.56 |
| | 每股净资产/调整后(元) | 2.97/2.97 | 2.77/2.77 | 2.01/2 |
| | 未分利润(万元) | 115022.31 | 95059.99 | 35450.27 |
| | 资本公积(万元) | 116870.91 | 116870.91 | 78082.61 |
| 利润构成 | 主营收入(万元) | 223965.68 | 236494.35 | 188698.12 |
| | 主营利润(万元) | 98226.03 | 100543.77 | 80137.29 |
| | 投资收益(万元) | 5640.61 | 967.37 | 776.49 |
| | 利润总额(万元) | 80053.66 | 114095.41 | 53346.42 |
| | 净利润(万元) | 51525.62 | 71926.27 | 29298.54 |
| 近年分配: | 06预案:10派1；05年:10派1.5；04中期:10派1.5送6转增4 | | | |

| 主要股东及持股比例%、持股性质 |
|---|
| 天津港(集团)有限公司 50.08%（国有股） |
| 海通－中行－FORTIS BANK SA/NV 1.53%（流通A股） |
| 中国工商银行－南方绩优成长股票型证券投资基金 1.17%（流通A股） |
| 全国社保基金－零六组合 1.02%（流通A股） |
| 中国银行－嘉实主题精选混合型证券投资基金 0.86%（流通A股） |
| 中国工商银行－开元证券投资基金 0.73%（流通A股） |
| 中国农业银行－长城安心回报混合型证券投资基金 0.57%（流通A股） |
| 中国银行－华宝兴业先进成长股票型证券投资基金 0.55%（流通A股） |
| 国际金融－渣打－CITIGROUP GLOBAL MARKETS LIMITED 0.49%（流通A股） |
| 中国工商银行－易方达价值精选股票型证券投资基金 0.47%（流通A股） |
| 实际控制人：天津市人民政府国有资产监督管理委员会 |

二〇〇六年以来市场表现

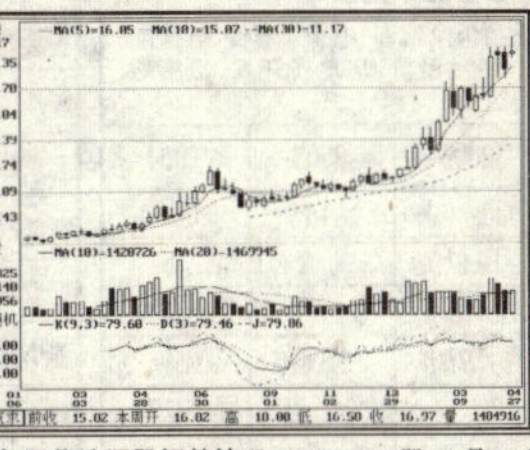

| | |
|---|---|
| 2006年涨跌幅(%) | 82.29 |
| 2006年最高(元) | 9.8 |
| 2007年涨跌幅(%) | 90.46 |
| 2007.4.27收盘(元) | 16.97 |
| 2007年最高(元) | 18 |
| 2007年最低(元) | 8.89 |
| 2007年换手率(%) | 331.53 |

未来一年限售流通股解禁情况:144884044股12月27日解禁

| 最新股本 | 总股本 | 非(限售)流通 | 流通A | 流通B/H/S | 股东户数 | 06年末 | 06三季 |
|---|---|---|---|---|---|---|---|
| | 144884.04 | 72558.38 | 72325.66 | | | 97803 | 77731 |

年报点评：公司2006年五洲国际集装箱码头公司不再并表，导致净利润同比下降。受益于腹地经济快速发展，集装箱业务是增长亮点。煤炭吞吐量持续低迷，成为散杂货业务表现不理想的主要原因。天津港集团资产注入进程是影响公司投资前景的主要因素。

# 东软股份（600718）

上市日期:96/06/18　　电话:024－83662115　　传真:024－23783375

| 主营 | 以提供信息化解决方案为核心业务,包括面向政府和企业的信息基础设施建设,围绕客户的核心业务,提供软件解决方案,以及面向医疗机构。 | | |
|---|---|---|---|
| **年　度** | **2006** | **2005** | **2004** |
| 主要指标：每股收益/扣除后(元) | 0.28/0.26 | 0.21 | 0.96/0.02 |
| 每股经营现金流量(元) | 1.08 | 0.75 | 0.57 |
| 每股净资产/调整后(元) | 5/4.92 | 4.73/4.65 | 5.13/5.05 |
| 未分利润(万元) | 17472.76 | 10891.06 | 23008.69 |
| 资本公积(万元) | 59000.41 | 58627.02 | 58344.06 |
| 利润构成：主营收入(万元) | 269718.96 | 244194.97 | 224567.59 |
| 主营利润(万元) | 57670.44 | 56715.63 | 52162.53 |
| 投资收益(万元) | 1133.64 | －2403.39 | －354.58 |
| 利润总额(万元) | 10964.99 | 8938.46 | 52238.71 |
| 净利润(万元) | 7967.43 | 5824.9 | 27116.61 |
| 近年分配: | 04 中期:10 派 6 年终:10 派 6 | | |

**主要股东及持股比例%、持股性质**

东软集团有限公司 50.3%（非流通股）
景福证券投资基金 2.46%（流通 A 股）
中国银行－海富通收益增长证券投资基金 2.13%（流通 A 股）
景博证券投资基金 2.11%（流通 A 股）
交通银行－海富通精选证券投资基金 1.78%（流通 A 股）
兴和证券投资基金 1.71%（流通 A 股）
中国建设银行－工银瑞信精选平衡混合型证券投资基金 1.52%（流通 A 股）
中国工商银行－天元证券投资基金 1.15%（流通 A 股）
中国建设银行－信诚精萃成长股票型证券投资基金 1.12%（流通 A 股）
中国农业银行－大成精选增值混合型证券投资基金 1.05%（流通 A 股）

**实际控制人：** 东软集团有限公司

二〇〇六年以来市场表现

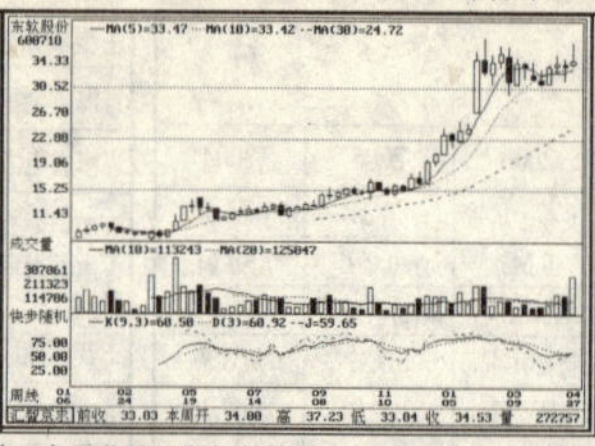

| | |
|---|---|
| 2006 年涨跌幅(%) | 281.26 |
| 2006 年最高(元) | 31.05 |
| 2007 年涨跌幅(%) | 46.38 |
| 2007.4.27 收盘(元) | 34.53 |
| 2007 年最高(元) | 38.15 |
| 2007 年最低(元) | 21.77 |
| 2007 年换手率(%) | 139.56 |

未来一年限售流通股解禁情况:14072585 股 04 月 04 日解禁

| 最新股本 | 总股本 | 非(限售)流通 | 流通 A | 流通 B/H/S | 股东户数 | 06 年末 | 06 三季 |
|---|---|---|---|---|---|---|---|
| | 28145.17 | 13987.88 | 14157.29 | | | 26922 | 35814 |

**年报点评** 公司主营软件及系统集成业务,是国内最大的软件外包公司。2006 年,公司软件外包业务获得高速增长,系统集成业务全面盈利,而数字医疗合资公司也成功扭亏。随着整体上市进入实质进程及软件外包业务的持续高速增长,公司业绩进入高速增长轨道。

# 大连热电（600719）

上市日期:96/07/16　　电话:0411－4422999　　传真:0411－4438670

| 主营 | 供电、集中供热、热电联产。 | | |
|---|---|---|---|
| **年　度** | **2006** | **2005** | **2004** |
| 主要指标：每股收益/扣除后(元) | 0.097/0.033 | 0.055 | 0.095/0.069 |
| 每股经营现金流量(元) | 0.22 | 0.41 | －0.021 |
| 每股净资产/调整后(元) | 3.54/3.52 | 3.5/3.46 | 3.55/3.52 |
| 未分利润(万元) | 7090.84 | 7016.4 | 8276.72 |
| 资本公积(万元) | 30447.37 | 30447.31 | 30447.31 |
| 利润构成：主营收入(万元) | 59382.53 | 53576.46 | 46128.66 |
| 主营利润(万元) | 10347.41 | 6538.61 | 9836.81 |
| 投资收益(万元) | 556.86 | －113.37 | －150.72 |
| 利润总额(万元) | 2983.08 | 1787.9 | 3010.17 |
| 净利润(万元) | 1956.01 | 1122.73 | 1913.49 |
| 近年分配: | 06 预案:10 派 0.9；05 年:10 派 0.6；04 年:10 派 1 | | |

**主要股东及持股比例%、持股性质**

大连市人民政府国有资产监督管理委员会 32.91%（国有股）
辽宁春城工贸(集团)有限公司 9.84%（非流通股）
大连市电力发展公司 7.29%（国有股）
大连市经济技术协作总公司 1.09%（国有股）
孙刚 0.35%（流通 A 股）
丛德军 0.21%（流通 A 股）
吴宏儒 0.19%（流通 A 股）
刘亚军 0.16%（流通 A 股）
刘志雄 0.15%（流通 A 股）
宗正华 0.13%（流通 A 股）

**实际控制人：** 大连市热电集团有限公司

二〇〇六年以来市场表现

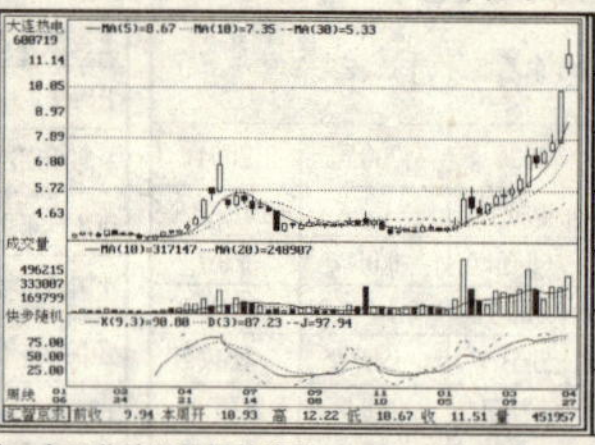

| | |
|---|---|
| 2006 年涨跌幅(%) | 44.86 |
| 2006 年最高(元) | 7.34 |
| 2007 年涨跌幅(%) | 187.03 |
| 2007.4.27 收盘(元) | 11.51 |
| 2007 年最高(元) | 12.22 |
| 2007 年最低(元) | 3.93 |
| 2007 年换手率(%) | 467.15 |

未来一年限售流通股解禁情况:22442055 股 06 月 22 日解禁

| 最新股本 | 总股本 | 非(限售)流通 | 流通 A | 流通 B/H/S | 股东户数 | 06 年末 | 06 三季 |
|---|---|---|---|---|---|---|---|
| | 20229.98 | 10343.48 | 9886.5 | | | 38612 | 41609 |

**年报点评** 2006 年公司通过节能降耗,主营业务利润率同比增长了 5 个百分点,从而推动了公司净利润的大幅增长。2007 年,在盈利能力保持稳定的情况下,预计公司业绩也将保持稳步增长。

# 祁连山（600720）

上市日期:96/07/16　　电话:0931－4900698　　传真:0931－4900697

| 主营 | 水泥及其系列产品的生产、研制和技术咨询服务。 | | |
|---|---|---|---|
| **年　度** | **2006** | **2005** | **2004** |
| 主要指标：每股收益/扣除后(元) | 0.02/0.01 | 0.015 | 0.07/0.06 |
| 每股经营现金流量(元) | 0.44 | －0.08 | 0.07 |
| 每股净资产/调整后(元) | 2.21/2.16 | 2.19/2.12 | 2.17/2.15 |
| 未分利润(万元) | 16449.75 | 16022.63 | 15642.87 |
| 资本公积(万元) | 26133.05 | 26105.23 | 25816.21 |
| 利润构成：主营收入(万元) | 99537.42 | 77147.42 | 71026.84 |
| 主营利润(万元) | 23771.14 | 18481.46 | 20267.78 |
| 投资收益(万元) | －539.4 | －432.01 | －1194.72 |
| 利润总额(万元) | 2969.61 | 1509.96 | 4232.11 |
| 净利润(万元) | 825.16 | 589.72 | 2732.57 |
| 近年分配: | | | |

**主要股东及持股比例%、持股性质**

甘肃祁连山建材控股有限公司 15.34%（国有股）
甘肃宝能能源投资开发有限公司 9.18%（非流通股）
永登金路投资有限责任公司 3.28%（非流通股）
中国平安人寿保险股份有限公司－传统－普通保险产品 1.29%（流通 A 股）
兴业银行股份有限公司－兴业全球视野股票型证券投资基金 0.89%（流通 A 股）
甘肃宝信电力投资担保有限公司 0.76%（流通 A 股）
甘肃西部物流有限责任公司 0.65%（非流通股）
酒泉钢铁(集团)有限责任公司工会委员会 0.56%（流通 A 股）
长江证券有限责任公司 0.5%（流通 A 股）
甘肃省建筑构件工程有限责任公司 0.5%（非流通股）

**实际控制人：** 甘肃祁连山建材控股有限公司

二〇〇六年以来市场表现

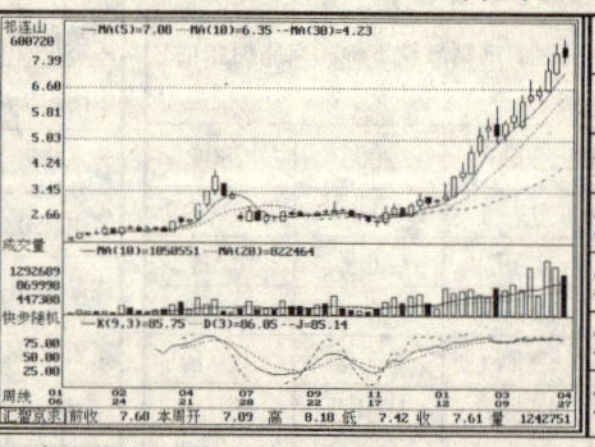

| | |
|---|---|
| 2006 年涨跌幅(%) | 111 |
| 2006 年最高(元) | 4.39 |
| 2007 年涨跌幅(%) | 145.48 |
| 2007.4.27 收盘(元) | 7.61 |
| 2007 年最高(元) | 8.18 |
| 2007 年最低(元) | 3.05 |
| 2007 年换手率(%) | 523.75 |

未来一年限售流通股解禁情况:64440495 股 07 月 20 日解禁

| 最新股本 | 总股本 | 非(限售)流通 | 流通 A | 流通 B/H/S | 股东户数 | 06 年末 | 06 三季 |
|---|---|---|---|---|---|---|---|
| | 39590.23 | 12016.15 | 27574.08 | | | 56623 | 60464 |

**年报点评** 公司 2006 年产销水泥 467.36 万吨,同比增长 16.44%,实现了利润的大幅增长。收购重组兰州大通河水泥公司后产能规模达到 680 万吨,成为国家重点支持的 12 家"全国性大型水泥企业"。永登 6000KW 余热电站项目已正式并网发电,CDM(清洁生产机制)项目进展顺利。

# S＊ST 百花（600721）

上市日期:96/06/26　　电话:0991－7793678　　传真:0991－7793700

| 主营 | 电子计算机软硬件的开发销售及培训、电子元器件、五金交电、电子计算机系统集成、柜台租赁、房地产开发、摄影服务、汽车出租、餐饮娱乐等。 | | |
|---|---|---|---|
| **年　度** | **2006** | **2005** | **2004** |
| 主要指标：每股收益/扣除后(元) | 0.01/－0.11 | －1.28 | －0.09/－0.25 |
| 每股经营现金流量(元) | 0.07 | 0.08 | 1.01 |
| 每股净资产/调整后(元) | 0.14/0.1 | 0.05/0.00 | 1.52/1.46 |
| 未分利润(万元) | －10222.18 | －10350.48 | －14559.72 |
| 资本公积(万元) | 2473.81 | 2436.09 | 18557.92 |
| 利润构成：主营收入(万元) | 5284.65 | 4617.52 | 11927.74 |
| 主营利润(万元) | 2167.71 | 1967.42 | 3367.99 |
| 投资收益(万元) | 833.11 | －2815.38 | 1215.41 |
| 利润总额(万元) | －117.6 | －14889.95 | －1797.49 |
| 净利润(万元) | 128.3 | －12111.97 | －891.53 |
| 近年分配: | | | |

**主要股东及持股比例%、持股性质**

新疆生产建设兵团国有资产经营公司 29.56%（国有股）
北京昌鑫国有资产投资经营公司 15%（国有股）
新疆八一钢铁集团有限责任公司 5%（国有股）
纪也丽 1.46%（流通 A 股）
陈小艺 1.03%（流通 A 股）
高杰 0.78%（流通 A 股）
华夏证券有限公司 0.77%（国有股）
纪维丽 0.74%（流通 A 股）
周明洁 0.73%（流通 A 股）
张丽娟 0.7%（流通 A 股）

**实际控制人：** 新疆生产建设兵团国有资产管理委员会

二〇〇六年以来市场表现

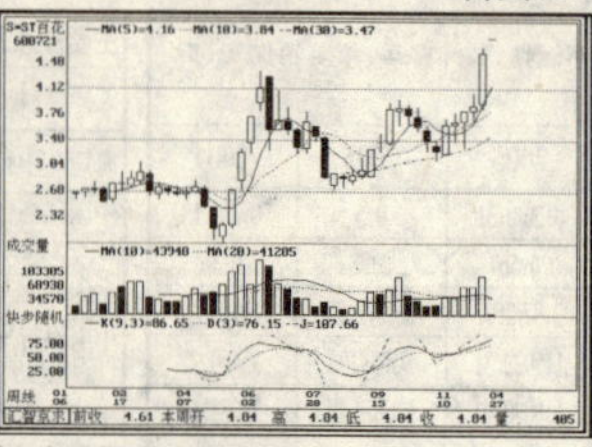

| | |
|---|---|
| 2006 年涨跌幅(%) | 78.68 |
| 2006 年最高(元) | 4.7 |
| 2007 年涨跌幅(%) | 4.99 |
| 2007.4.27 收盘(元) | 4.84 |
| 2007 年最高(元) | 4.84 |
| 2007 年最低(元) | 4.84 |
| 2007 年换手率(%) | 0.09 |

未来一年限售流通股解禁情况:

| 最新股本 | 总股本 | 非(限售)流通 | 流通 A | 流通 B/H/S | 股东户数 | 06 年末 | 06 三季 |
|---|---|---|---|---|---|---|---|
| | 9480.14 | 4830.07 | 4650.06 | | | 6162 | 7494 |

**年报点评** 公司属餐饮服务业。由于业务规模小而分散,费用支出的刚性,公司经营压力大。通过加强财务管理和指标管理,公司现有业务获得稳健增长,2006 年成功扭亏。大股东计划对公司进行资产重组,预计今后几年公司业绩将出现拐点。

## *ST沧化（600722）

上市日期:96/06/26　电话:0317－3030719　传真:0317－3030719

| | | | | |
|---|---|---|---|---|
| 主营 | PVC树脂、烧碱等化工产品的生产与销售。 | | | |
| | 年　度 | 2006 | 2005 | 2004 |
| 主要指标 | 每股收益/扣除后(元) | -3.52 | -1.08 | 0.13/0.12 |
| | 每股经营现金流量(元) | -0.68 | -0.05 | 0.42 |
| | 每股净资产/调整后(元) | -2.14/-2.65 | 1.38/1.26 | 2.46/2.46 |
| | 未分利润(万元) | -170748.88 | -22263.92 | 23365.02 |
| | 资本公积(万元) | 29841.53 | 29841.53 | 29841.53 |
| 利润构成 | 主营收入(万元) | 65461.36 | 150267.85 | 233238.13 |
| | 主营利润(万元) | -9002.94 | -9338.52 | 28764.52 |
| | 投资收益(万元) | -1330.73 | 1.31 | 44.76 |
| | 利润总额(万元) | -149222.79 | -45868.96 | 5871.91 |
| | 净利润(万元) | -148484.96 | -45628.94 | 5306.22 |
| 近年分配: | | | | |

| 主要股东及持股比例%、持股性质 |
|---|
| 河北沧州化工实业集团有限公司 36.88%（国有股） |
| 深圳市贵速实业发展有限公司 11.86%（非流通股） |
| 广州利德龙科技集团有限公司 10.8%（非流通股） |
| 河北省建设投资公司 3.89%（国有股） |
| 蔡利国 0.33%（流通A股） |
| 李玉玲 0.15%（流通A股） |
| 黄永吉 0.11%（流通A股） |
| 张桂明 0.09%（流通A股） |
| 周初盛 0.09%（流通A股） |
| 唐选钊 0.09%（流通A股） |
| 实际控制人：河北省沧州市国有资产监督管理委员会 |

二〇〇六年以来市场表现

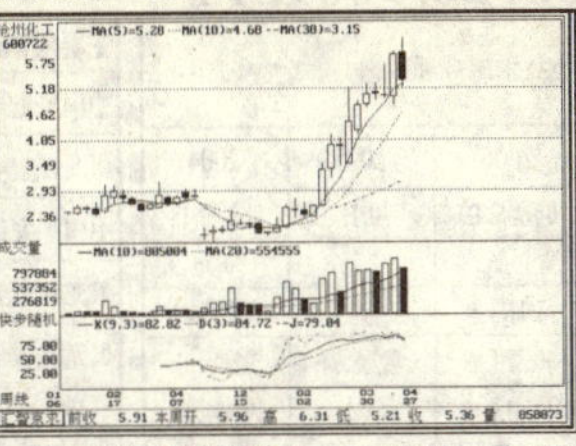

| | |
|---|---|
| 2006年涨跌幅(%) | 6.98 |
| 2006年最高(元) | 3.34 |
| 2007年涨跌幅(%) | 170.71 |
| 2007.4.27收盘(元) | 5.36 |
| 2007年最高(元) | 6.31 |
| 2007年最低(元) | 1.93 |
| 2007年换手率(%) | 648.82 |

未来一年限售流通股解禁情况:79613000股11月17日解禁

| 最新股本 | 总股本 | 非(限售)流通 | 流通A | 流通B/H/S | 股东户数 | 06年末 | 06三季 |
|---|---|---|---|---|---|---|---|
| | 42142 | 26732 | 15410 | | | 53155 | 56058 |

年报点评：公司主导产品聚氯乙烯树脂年产量为29万吨，前年开始因流动资金日趋紧张，年产23吨聚氯乙烯树脂的子公司－－－沧州沧井化工有限公司全面停产，公司聚氯乙烯的年生产能力仅为6万吨，主营业务大幅缩减近80%，去年继续大幅亏损。公司未来希望在于重组。

## 西单商场（600723）

上市日期:96/07/16　电话:010－66024984　传真:010－66014196

| | | | | |
|---|---|---|---|---|
| 主营 | 商业零售服务 | | | |
| | 年　度 | 2006 | 2005 | 2004 |
| 主要指标 | 每股收益/扣除后(元) | 0.02/-0.028 | 0.012 | 0.01/-0.001 |
| | 每股经营现金流量(元) | 0.26 | 0.34 | 0.17 |
| | 每股净资产/调整后(元) | 2.76/2.66 | 2.76/2.52 | 2.76/2.66 |
| | 未分利润(万元) | -13488.94 | -14223.13 | -14594.31 |
| | 资本公积(万元) | 75195 | 75486.75 | 75486.75 |
| 利润构成 | 主营收入(万元) | 181069.44 | 158720.78 | 115329.61 |
| | 主营利润(万元) | 26785.8 | 24805.77 | 19870.13 |
| | 投资收益(万元) | -447.01 | -513.74 | 59.48 |
| | 利润总额(万元) | 845.32 | 705.77 | 725.99 |
| | 净利润(万元) | 810.2 | 492.93 | 417.98 |
| 近年分配: | | | | |

| 主要股东及持股比例%、持股性质 |
|---|
| 北京西单友谊集团 31.96%（国有股） |
| 杨波 1.23%（非流通股） |
| 五矿发展股份有限公司 1.17%（非流通股） |
| 北工信托 1.17%（非流通股） |
| 信达投资有限公司 1.17%（非流通股） |
| 宋连成 0.36%（流通A股） |
| 北京道和投资管理有限公司 0.23%（非流通股） |
| 全国华联商厦联合有限责任公司 0.21%（非流通股） |
| 李杰 0.15%（流通A股） |
| 中国海洋置业公司 0.15%（非流通股） |
| 实际控制人：北京市人民政府国有资产监督管理委员会 |

二〇〇六年以来市场表现

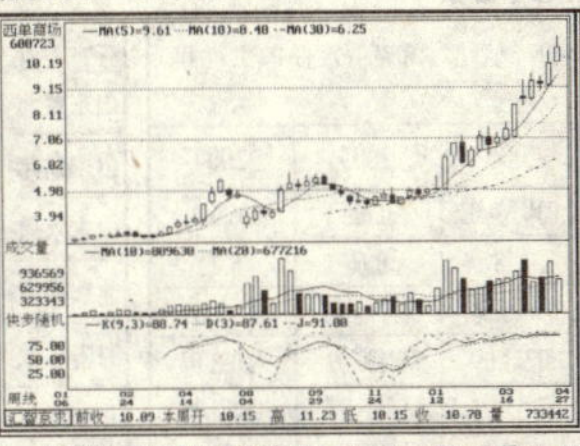

| | |
|---|---|
| 2006年涨跌幅(%) | 116.36 |
| 2006年最高(元) | 7.65 |
| 2007年涨跌幅(%) | 124.79 |
| 2007.4.27收盘(元) | 10.7 |
| 2007年最高(元) | 11.23 |
| 2007年最低(元) | 4.76 |
| 2007年换手率(%) | 486.9 |

未来一年限售流通股解禁情况:26751900股08月02日解禁

| 最新股本 | 总股本 | 非(限售)流通 | 流通A | 流通B/H/S | 股东户数 | 06年末 | 06三季 |
|---|---|---|---|---|---|---|---|
| | 40971.8 | 15872.69 | 25099.12 | | | 82475 | 81688 |

年报点评：公司主营百货零售，核心企业－－西单商场业绩有所提升，外地门店（新疆西单商场、兰州西单商场）业绩向好转，专营专卖业态－法雅公司门店数量、销售、利润均大幅增长。但由于历史原因所致基础较差，公司仍未摆脱微利局面。

## 宁波富达（600724）

上市日期:96/07/16　电话:0574－2814275　传真:0574－2813915－1198

| | | | | |
|---|---|---|---|---|
| 主营 | 吸尘器、吸油烟机、日用小家电产品设计、制造；水泥生产；房地产开发；自来水生产；高速电机研制等。 | | | |
| | 年　度 | 2006 | 2005 | 2004 |
| 主要指标 | 每股收益/扣除后(元) | 0.11/0.1 | 0.06 | 0.21/0.19 |
| | 每股经营现金流量(元) | 0.42 | -0.09 | 0.49 |
| | 每股净资产/调整后(元) | 1.53/1.5 | 1.76/1.71 | 1.91/1.85 |
| | 未分利润(万元) | 10991.17 | 7297.75 | 13060.97 |
| | 资本公积(万元) | 757.28 | 9272.16 | 9294.76 |
| 利润构成 | 主营收入(万元) | 144353.17 | 108045.67 | 130088.33 |
| | 主营利润(万元) | 25136.9 | 18023.96 | 28223.05 |
| | 投资收益(万元) | 338.22 | -899.21 | 27.22 |
| | 利润总额(万元) | 11932.07 | 6547.87 | 18325.34 |
| | 净利润(万元) | 4722.45 | 2269.7 | 7773.71 |
| 近年分配: | 04年:10派2 | | | |

| 主要股东及持股比例%、持股性质 |
|---|
| 宁波城建投资控股有限公司 24.56%（非流通股） |
| 宁波市银河综合服务管理中心 4.52%（非流通股） |
| 上海邦联资产管理有限公司 3.7%（非流通股） |
| 王重良 2.74%（非流通股） |
| 宁波龙冠实业有限公司 2.3%（非流通股） |
| 杭州市财开投资集团公司 1.64%（非流通股） |
| 宁波市长港经贸开发有限公司 1.56%（流通A股） |
| 涂翠红 0.85%（流通A股） |
| 杭州通诚投资有限公司 0.84%（非流通股） |
| 天一证券有限责任公司 0.7%（流通A股） |
| 实际控制人：宁波城建投资控股有限公司 |

二〇〇六年以来市场表现

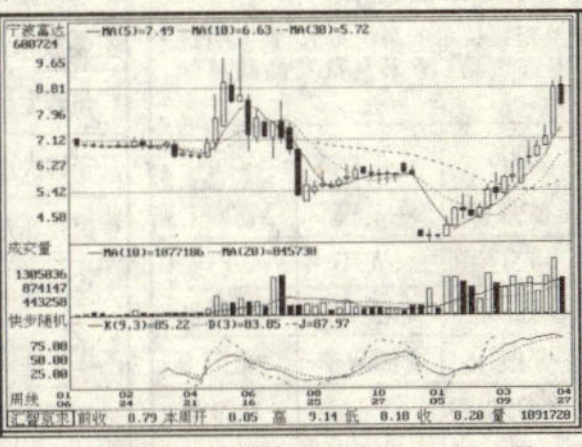

| | |
|---|---|
| 2006年涨跌幅(%) | -10.68 |
| 2006年最高(元) | 10.5 |
| 2007年涨跌幅(%) | 109.18 |
| 2007.4.27收盘(元) | 8.2 |
| 2007年最高(元) | 9.14 |
| 2007年最低(元) | 3.81 |
| 2007年换手率(%) | 610.66 |

未来一年限售流通股解禁情况:101768002股12月22日解禁

| 最新股本 | 总股本 | 非(限售)流通 | 流通A | 流通B/H/S | 股东户数 | 06年末 | 06三季 |
|---|---|---|---|---|---|---|---|
| | 44468.15 | 19114.55 | 25353.6 | | | 28457 | 22509 |

年报点评：公司主营小家电、水泥生产和房地产。2006年公司通过程序调整、机制完善、市场拓展、产业整合、存量盘活等措施成功地化解了由于宏观调控、汇率变动、原材料涨价等负面因素影响带来的一系列经营风险，业绩实现较快增长。

## 云维股份（600725）

上市日期:96/07/02　电话:0874－3064350　传真:0874－3064195

| | | | | |
|---|---|---|---|---|
| 主营 | 聚乙烯醇及其相关原料、半成品的生产加工销售 | | | |
| | 年　度 | 2006 | 2005 | 2004 |
| 主要指标 | 每股收益/扣除后(元) | 0.385/0.387 | 0.326 | 0.137/0.138 |
| | 每股经营现金流量(元) | 0.918 | 0.51 | 0.38 |
| | 每股净资产/调整后(元) | 3.02/2.89 | 2.75/2.49 | 3.67/3.51 |
| | 未分利润(万元) | 10896.98 | 6826.45 | 5153.81 |
| | 资本公积(万元) | 13930.4 | 14158.93 | 17458.93 |
| 利润构成 | 主营收入(万元) | 87923.27 | 68210.12 | 32809.5 |
| | 主营利润(万元) | 14559.46 | 11882.2 | 6947.9 |
| | 投资收益(万元) | | | |
| | 利润总额(万元) | 6507.26 | 5513.43 | 1783.31 |
| | 净利润(万元) | 6356.14 | 5373.34 | 1506.3 |
| 近年分配: | 06年:10派1；05年:10派1；04年:10派0.5送2转增3 | | | |

| 主要股东及持股比例%、持股性质 |
|---|
| 云南云维集团有限公司 53.98%（国有股） |
| 中国银行－华夏大盘精选证券投资基金 1.82%（流通A股） |
| 南京证券有限责任公司 0.61%（流通A股） |
| 徐荣木 0.24%（流通A股） |
| 黄晓霞 0.24%（流通A股） |
| 余卫东 0.21%（流通A股） |
| 刘鸣 0.18%（流通A股） |
| 郭新华 0.17%（流通A股） |
| 刘惠驹 0.17%（流通A股） |
| 叶丽嫦 0.16%（流通A股） |
| 实际控制人：云南煤化工集团有限公司 |

二〇〇六年以来市场表现

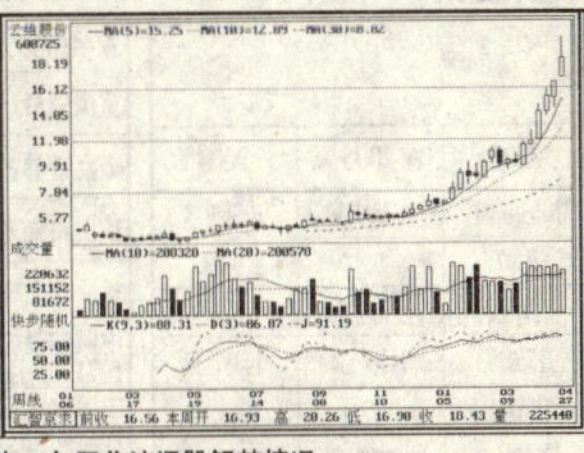

| | |
|---|---|
| 2006年涨跌幅(%) | 106.47 |
| 2006年最高(元) | 10.18 |
| 2007年涨跌幅(%) | 178.23 |
| 2007.4.27收盘(元) | 18.43 |
| 2007年最高(元) | 20.36 |
| 2007年最低(元) | 6.61 |
| 2007年换手率(%) | 430.32 |

未来一年限售流通股解禁情况:

| 最新股本 | 总股本 | 非(限售)流通 | 流通A | 流通B/H/S | 股东户数 | 06年末 | 06三季 |
|---|---|---|---|---|---|---|---|
| | 16500 | 8906.25 | 7593.75 | | | 18366 | 19483 |

年报点评：公司主营业务分布在煤电石化工和煤气化工两个领域。去年业绩增长来自三个方面:5月份以来供电形势的好转；年产2.5万吨醋酸乙烯改扩建工程在上半年如期建成投产；联碱装置填平补齐技改完成。今年定向增发完成后，公司主业向上游延伸，盈利能力将显著增强。

## 华电能源(600726/900937)

上市日期:A:96/07/01 B:96/04/22　电话:0451－2525998　传真:0451　2525878

| | | | | |
|---|---|---|---|---|
| 主营 | 电力生产、电厂检修、电力技术服务和咨询。 | | | |
| | 年　度 | 2006 | 2005 | 2004 |
| 主要指标 | 每股收益/扣除后(元) | 0.094/0.09 | 0.11 | 0.18/0.18 |
| | 每股经营现金流量(元) | 0.66 | 1.26 | 0.76 |
| | 每股净资产/调整后(元) | 3.11/3.1 | 3.05/3.04 | 3.01/3.01 |
| | 未分利润(万元) | 105929.88 | 99288.74 | 96995.31 |
| | 资本公积(万元) | 141313.16 | 96484.4 | 96484.32 |
| 利润构成 | 主营收入(万元) | 368905.3 | 323247.85 | 302089.49 |
| | 主营利润(万元) | 53219.79 | 51370.73 | 66408.08 |
| | 投资收益(万元) | 157.89 | 15.86 | -3030.11 |
| | 利润总额(万元) | 15538.43 | 15260.33 | 34778.59 |
| | 净利润(万元) | 12615.32 | 12102.22 | 20807.58 |
| 近年分配: | 06 预案:10 派 0.4；05 年:10 派 0.4；04 年:10 派 0.7 | | | |

| 主要股东及持股比例%、持股性质 |
|---|
| 中国华电集团公司 21.15%(国有股) |
| 黑龙江省电力开发公司 2.54%(非流通股) |
| 中国平安保险(集团)股份有限公司 1.94%(流通 A 股) |
| 黑龙江电力实业集团有限公司 1.31%(非流通股) |
| 黑龙江省华富电力投资有限公司 1.07%(非流通股) |
| TOYO SECURITIES ASIA LTD. A/C CLIENT 0.5%(流通 B 股) |
| NAITO SECURITIES CO. LTD. 0.47%(流通 B 股) |
| 中国电力投资有限公司 0.4%(非流通股) |
| 中国电力财务有限公司 0.38%(非流通股) |
| 哈尔滨瑞亨有限责任公司 0.38%(非流通股) |
| 实际控制人:　中国华电集团公司 |

二〇〇六年以来市场表现

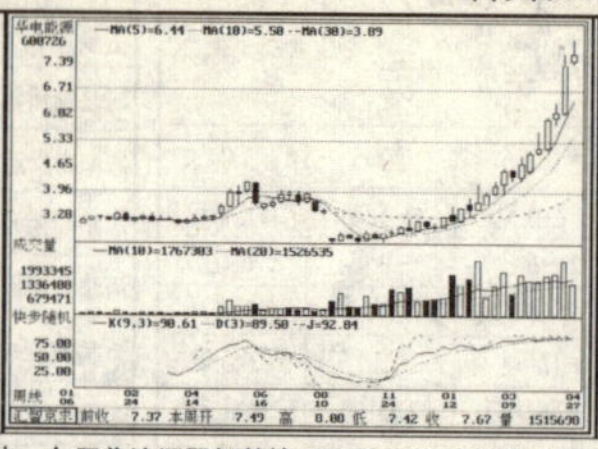

| | |
|---|---|
| 2006 年涨跌幅(%) | 28.22 |
| 2006 年最高(元) | 4.32 |
| 2007 年涨跌幅(%) | 154.82 |
| 2007.4.27 收盘(元) | 7.67 |
| 2007 年最高(元) | 8.08 |
| 2007 年最低(元) | 3 |
| 2007 年换手率(%) | 501.47 |

未来一年限售流通股解禁情况:85628960 股 09 月 27 日解禁

| 最新股本 | 总股本 | 非(限售)流通 | 流通 A | 流通 B/H/S | 股东户数 | 06 年末 | 06 三季 |
|---|---|---|---|---|---|---|---|
| | 134063.69 | 36914.59 | 53949.11 | 43200 | | 150014 | 141287 |

**年报点评** 截至 2006 年年底,公司按权益比例拥有的发电装机容量占黑龙江省的 20.99%。但由于黑龙江省的电力市场供略大于求,同时煤电联动滞后,导致公司主营业务盈利能力有所下降。由于竞争格局并没有明显改观,因而预计公司 2007 年业绩难以有较大增长。

## 鲁北化工(600727)

上市日期:96/07/02　电话:0543－6451265　传真:0543－6451057

| | | | | |
|---|---|---|---|---|
| 主营 | 磷铵、硫酸、水泥、溴素、NPK 复合肥、烧碱等产品的生产和销售。 | | | |
| | 年　度 | 2006 | 2005 | 2004 |
| 主要指标 | 每股收益/扣除后(元) | 0.004/-0.036 | 0.025 | 0.06/0.014 |
| | 每股经营现金流量(元) | 0.18 | 0.66 | 0.22 |
| | 每股净资产/调整后(元) | 6.13/5.58 | 6.13/5.95 | 6.1/5.97 |
| | 未分利润(万元) | 81243.05 | 81130.99 | 80052.07 |
| | 资本公积(万元) | 81915.09 | 96468.18 | 96468.18 |
| 利润构成 | 主营收入(万元) | 63186.74 | 60974.71 | 83783.21 |
| | 主营利润(万元) | 4161.25 | 2071.71 | 9809.04 |
| | 投资收益(万元) | | | |
| | 利润总额(万元) | 124.51 | 1286.17 | 2982.58 |
| | 净利润(万元) | 124.51 | 962.8 | 2165.53 |
| 近年分配: | | | | |

| 主要股东及持股比例%、持股性质 |
|---|
| 山东鲁北企业集团总公司 27.9%(国有股) |
| 山东建邦投资管理有限公司 3.99%(非流通股) |
| 山东永道投资有限公司 3.03%(非流通股) |
| 北京祥恒科技有限公司 0.96%(非流通股) |
| 海南易方达经济发展有限公司 0.7%(非流通股) |
| 北京方程兴业投资有限公司 0.54%(非流通股) |
| 上海普劳工贸有限公司 0.44%(非流通股) |
| 翔和控股有限公司 0.34%(非流通股) |
| 李东浩 0.34%(流通 A 股) |
| 冯怡生 0.32%(流通 A 股) |
| 实际控制人:　山东鲁北企业集团总公司 |

二〇〇六年以来市场表现

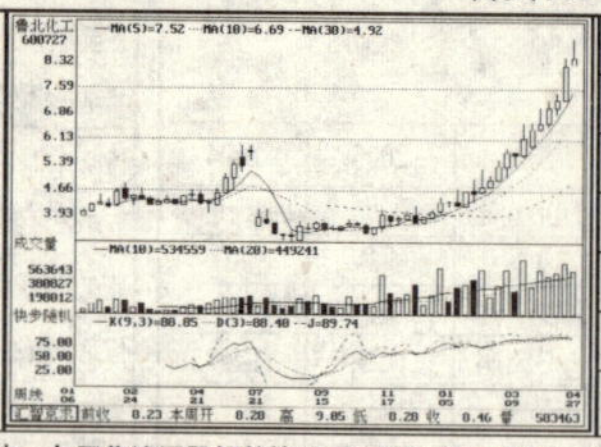

| | |
|---|---|
| 2006 年涨跌幅(%) | 55.48 |
| 2006 年最高(元) | 6.23 |
| 2007 年涨跌幅(%) | 95.83 |
| 2007.4.27 收盘(元) | 8.46 |
| 2007 年最高(元) | 9.05 |
| 2007 年最低(元) | 4.18 |
| 2007 年换手率(%) | 355.89 |

未来一年限售流通股解禁情况:57672854 股 07 月 21 日解禁

| 最新股本 | 总股本 | 非(限售)流通 | 流通 A | 流通 B/H/S | 股东户数 | 06 年末 | 06 三季 |
|---|---|---|---|---|---|---|---|
| | 35098.66 | 13804.66 | 21294 | | | 70800 | 71564 |

**年报点评** 公司经营平稳。2006 年公司在原材料、能源价格上涨的情况下,通过全体员工的不懈努力,各主要行业生产经营基本平稳运行。公司主营业务经营情况、费用控制情况与上一年度基本一致,盈利与上一年度基本持平。

## S＊ST 新太(600728)

上市日期:96/07/16　电话:0411－85520635　传真:0411－85538988

| | | | | |
|---|---|---|---|---|
| 主营 | 计算机新产品开发、研制及相关技术的系统集成、技术引进以及技术服务。批发和零售贸易(国家专营专控商品除外)。 | | | |
| | 年　度 | 2006 | 2005 | 2004 |
| 主要指标 | 每股收益/扣除后(元) | 0.082/0.104 | -1.656 | -2.862/-1.397 |
| | 每股经营现金流量(元) | 0.512 | -0.773 | -0.536 |
| | 每股净资产/调整后(元) | -0.55/-0.58 | -0.63/-0.89 | 1.05/1.01 |
| | 未分利润(万元) | -85150.16 | -86859.88 | -52378.66 |
| | 资本公积(万元) | 48375.94 | 47870.65 | 47870.65 |
| 利润构成 | 主营收入(万元) | 16771.88 | 21076.26 | 55965.01 |
| | 主营利润(万元) | 6267.96 | 4663.55 | 9760.9 |
| | 投资收益(万元) | 6.39 | -66.32 | -11.48 |
| | 利润总额(万元) | 1060.62 | -35253.84 | -60679.27 |
| | 净利润(万元) | 1709.72 | -34481.21 | -59576.53 |
| 近年分配: | | | | |

| 主要股东及持股比例%、持股性质 |
|---|
| 广州新太新技术研究设计有限公司 29.9%(非流通股) |
| 辽宁省大连海洋渔业集团公司 26.81%(国有股) |
| 中国农业发展集团总公司 1.44%(非流通股) |
| 大连远洋渔业国际贸易公司 1.44%(非流通股) |
| 大连冷冻机股份有限公司 1.44%(非流通股) |
| 黎苏虾 0.32%(流通 A 股) |
| 张毅 0.29%(流通 A 股) |
| 姜天增 0.25%(流通 A 股) |
| 徐赤鹰 0.24%(流通 A 股) |
| 吴岸娟 0.21%(流通 A 股) |
| 实际控制人:　邓龙龙 |

二〇〇六年以来市场表现

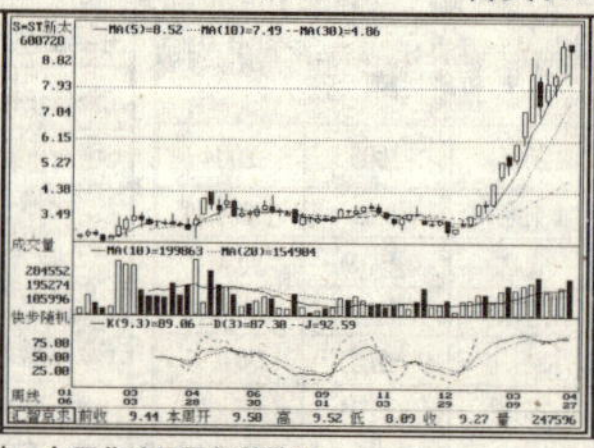

| | |
|---|---|
| 2006 年涨跌幅(%) | 8.76 |
| 2006 年最高(元) | 4.32 |
| 2007 年涨跌幅(%) | 211.07 |
| 2007.4.27 收盘(元) | 9.27 |
| 2007 年最高(元) | 9.71 |
| 2007 年最低(元) | 2.88 |
| 2007 年换手率(%) | 326.6 |

未来一年限售流通股解禁情况:

| 最新股本 | 总股本 | 非(限售)流通 | 流通 A | 流通 B/H/S | 股东户数 | 06 年末 | 06 三季 |
|---|---|---|---|---|---|---|---|
| | 20818.02 | 12706.02 | 8112 | | | 18671 | 21570 |

**年报点评** 2006 年公司核心业务语音增值业务平台市场继续保持较好增长趋势,对语音平台软件新太磐石系统及 openEAP 企业应用平台、ADSL 测试头等新产品进行升版研发。公司签订合同及回款情况基本实现了计划目标并呈稳定上升势头。

## 重庆百货(600729)

上市日期:96/07/02　电话:023－63843197　传真:023－63844212

| | | | | |
|---|---|---|---|---|
| 主营 | 商业批发零售 | | | |
| | 年　度 | 2006 | 2005 | 2004 |
| 主要指标 | 每股收益/扣除后(元) | 0.42/0.41 | 0.38/0.38 | 0.36/0.3 |
| | 每股经营现金流量(元) | 0.97 | 0.9 | 0.63 |
| | 每股净资产/调整后(元) | 3.21/3.09 | 2.96/2.76 | 2.8/2.56 |
| | 未分利润(万元) | 21752.93 | 16504.34 | 14337.52 |
| | 资本公积(万元) | 9162.1 | 9322.1 | 9366.88 |
| 利润构成 | 主营收入(万元) | 492471.35 | 367097.58 | 314850.87 |
| | 主营利润(万元) | 64288.65 | 52463.39 | 45825.78 |
| | 投资收益(万元) | 172.86 | 176.95 | 233.89 |
| | 利润总额(万元) | 10120.87 | 9124.97 | 8807.36 |
| | 净利润(万元) | 8527.4 | 7731.9 | 7437.25 |
| 近年分配: | 06 预案:10 派 1.8；05 年:10 派 1.6；04 年:10 派 1.6 | | | |

| 主要股东及持股比例%、持股性质 |
|---|
| 重庆商社(集团)有限公司 32.15%(国有股) |
| 金鑫证券投资基金 3.85%(流通 A 股) |
| 重庆市商业银行股份有限公司 3.63%(非流通股) |
| 重庆华贸国有资产经营有限公司 2.95%(国有股) |
| 中国建设银行－上投摩根成长先锋股票型证券投资基金 1.71%(流通 A 股) |
| 中国农业银行－信诚四季红混合型证券投资基金 1.6%(流通 A 股) |
| 中国工商银行－天元证券投资基金 1.56%(流通 A 股) |
| 中国农业银行重庆市渝中支行 1.51%(非流通股) |
| 重庆市银桥贸易服务公司 1.51%(非流通股) |
| 中国建设银行重庆市分行 1.51%(非流通股) |
| 实际控制人:　重庆市国有资产监督管理委员会 |

二〇〇六年以来市场表现

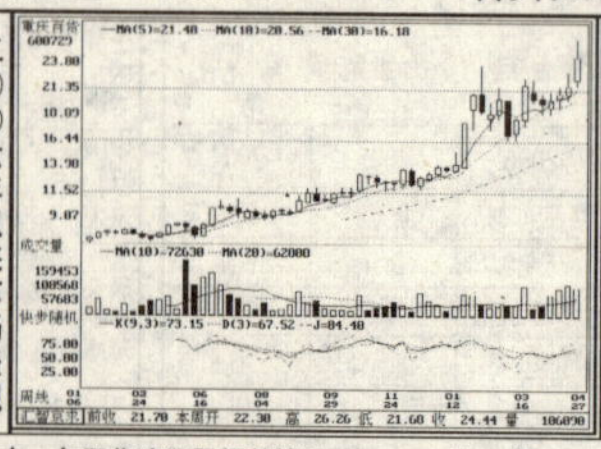

| | |
|---|---|
| 2006 年涨跌幅(%) | 164.47 |
| 2006 年最高(元) | 18.3 |
| 2007 年涨跌幅(%) | 75.95 |
| 2007.4.27 收盘(元) | 24.44 |
| 2007 年最高(元) | 26.26 |
| 2007 年最低(元) | 13.52 |
| 2007 年换手率(%) | 159.81 |

未来一年限售流通股解禁情况:73137932 股 05 月 29 日解禁

| 最新股本 | 总股本 | 非(限售)流通 | 流通 A | 流通 B/H/S | 股东户数 | 06 年末 | 06 三季 |
|---|---|---|---|---|---|---|---|
| | 20400 | 13872 | 6528 | | | 5128 | 6916 |

**年报点评** 报告期内公司继续推动连锁化发展。虽然年内重庆市零售行业的景气度持续提升,但来自国内外零售巨头的竞争压力也越来越大。公司主要通过内涵提升＋外延扩张的模式,提升经营能力,加快市场拓展,实现了销售、利润的双增长。

## 中国高科（600730）

上市日期：96/07/26

电话：021－61462200　　传真：021－61462211

| | |
|---|---|
| 主营 | 实业投资，创业投资，电子通讯产品的生产销售，国内贸易等。 |

| | 年　度 | 2006 | 2005 | 2004 |
|---|---|---|---|---|
| 主要指标 | 每股收益/扣除后(元) | 0.111/0.102 | 0.142 | 0.155/0.132 |
| | 每股经营现金流量(元) | 0.11 | 1.16 | －0.2 |
| | 每股净资产/调整后(元) | 2.13/2.11 | 2.03/2.02 | 1.89/1.88 |
| | 未分利润(万元) | 12191.14 | 9781.99 | 7071.99 |
| | 资本公积(万元) | 6803.9 | 7065.9 | 7065.9 |
| 利润构成 | 主营收入(万元) | 216111.22 | 243107.33 | 298057.78 |
| | 主营利润(万元) | 11721.6 | 9718.3 | 10516.76 |
| | 投资收益(万元) | －872.3 | －415.73 | 634.46 |
| | 利润总额(万元) | 4207.42 | 4292.54 | 4666.9 |
| | 净利润(万元) | 2725.32 | 3471.78 | 3781.95 |

近年分配：06 预案：10 派 0.2223 送 2

| 主要股东及持股比例%、持股性质 |
|---|
| 深圳市康隆科技发展有限公司 24.26%（非流通股） |
| 复旦大学 4.45%（国有股） |
| 成都创先科技开发有限公司 2.79%（非流通股） |
| 上海交大产业投资管理(集团)有限公司 2.52%（国有股） |
| 同济大学 2.08%（国有股） |
| 北京邮电大学 1.34%（国有股） |
| 清华控股有限公司 1.19%（国有股） |
| 北京大学 1.19%（国有股） |
| 上海外国语大学 1.19%（国有股） |
| 中国华云技术开发公司 1.19%（国有股） |
| 实际控制人：钟祥、史晨皓、周科群 |

二〇〇六年以来市场表现

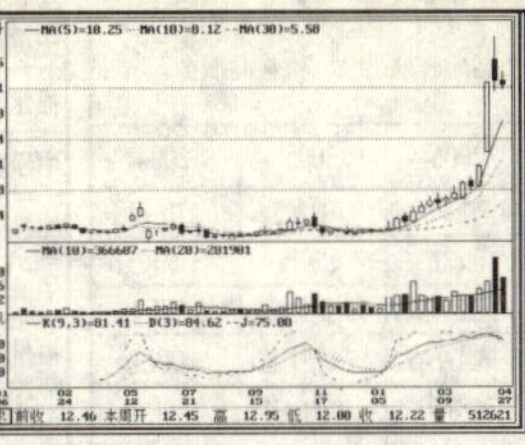

| | |
|---|---|
| 2006 年涨跌幅(%) | 33.97 |
| 2006 年最高(元) | 6.57 |
| 2007 年涨跌幅(%) | 201.73 |
| 2007.4.27 收盘(元) | 12.22 |
| 2007 年最高(元) | 14.98 |
| 2007 年最低(元) | 3.95 |
| 2007 年换手率(%) | 525.58 |

未来一年限售流通股解禁情况：85469230 股 06 月 15 日解禁

| 最新股本 | 总股本 | 非(限售)流通 | 流通 A | 流通 B/H/S | 股东户数 | 06 年末 | 06 三季 |
|---|---|---|---|---|---|---|---|
| | 24444 | 14506.8 | 9937.2 | | | 26466 | 28451 |

年报点评：公司依托高校股东雄厚的科研技术力量，产品开发能力较强。公司 2006 年销售下滑，主要是 IT 类产品收入下降。公司盈利水平较低，主要是贸易占比较大。公司进入房地产开发领域，经营情况较好。公司未来业绩有可能获得提升。

## 湖南海利（600731）

上市日期：96/08/02

电话：0731－5357829　　传真：0731－5357977

| | |
|---|---|
| 主营 | 农药、精细化工产品的开发、生产及产品的销售；化工新技术新产品的研究开发及成果转让、技术咨询、培训与服务。 |

| | 年　度 | 2006 | 2005 | 2004 |
|---|---|---|---|---|
| 主要指标 | 每股收益/扣除后(元) | 0.034/0.01 | 0.03 | 0.03/0.03 |
| | 每股经营现金流量(元) | 0.196 | 0.2653 | 0.006 |
| | 每股净资产/调整后(元) | 2.33/2.19 | 2.31/2.2 | 2.3/2.22 |
| | 未分利润(万元) | 7930.37 | 7285.23 | 7452.81 |
| | 资本公积(万元) | 22420.39 | 22749.69 | 22749.69 |
| 利润构成 | 主营收入(万元) | 57221.21 | 48951.77 | 45674.31 |
| | 主营利润(万元) | 12558.33 | 11741.2 | 10274.66 |
| | 投资收益(万元) | 43.4 | －143.16 | －199.63 |
| | 利润总额(万元) | 1984.25 | 1850.21 | 1474.27 |
| | 净利润(万元) | 862.04 | 777.38 | 758.1 |

近年分配：04 年：10 派 0.2

| 主要股东及持股比例%、持股性质 |
|---|
| 湖南海利高新技术产业集团有限公司 35.387%（国有股） |
| 湖南化工研究院工会 1.735%（非流通股） |
| 湖南省化学化工学会科技服务部 1.473%（非流通股） |
| 湖南金川阳光商贸有限公司 1.366%（部分流通部分不流通） |
| 北京信泰珂科技发展中心 1.193%（非流通股） |
| 中信大榭开发公司 1.193%（非流通股） |
| 长沙科旺化工仪表成套设备公司 1.193%（非流通股） |
| 中国工商银行贵溪市支行 0.859%（非流通股） |
| 湖南省汇粹电力技术有限公司 0.747%（部分流通部分不流通） |
| 湖南广悦鑫国际经贸有限公司 0.747%（部分流通部分不流通） |
| 实际控制人：湖南省国有资产管理委员会 |

二〇〇六年以来市场表现

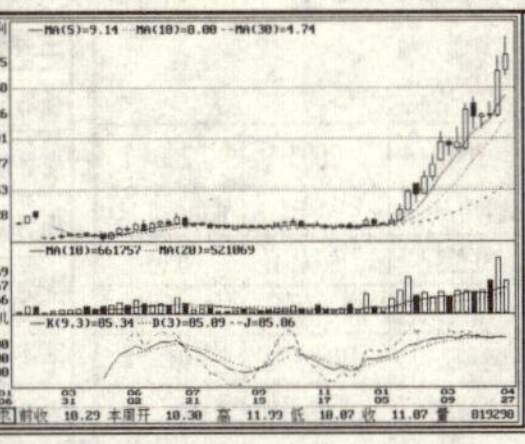

| | |
|---|---|
| 2006 年涨跌幅(%) | 32.06 |
| 2006 年最高(元) | 4.43 |
| 2007 年涨跌幅(%) | 293.95 |
| 2007.4.27 收盘(元) | 11.07 |
| 2007 年最高(元) | 11.99 |
| 2007 年最低(元) | 2.76 |
| 2007 年换手率(%) | 658.44 |

未来一年限售流通股解禁情况：

| 最新股本 | 总股本 | 非(限售)流通 | 流通 A | 流通 B/H/S | 股东户数 | 06 年末 | 06 三季 |
|---|---|---|---|---|---|---|---|
| | 25631.41 | 12725.62 | 12905.79 | | | 31417 | 32420 |

年报点评：公司主要从事农药和精细化工产业的生产。由于市场竞争激烈，近年公司业绩一般。去年底开始控股股东湖南海利高新技术产业集团有限公司与湖南省轻工盐业集团公司就重组事宜开始接洽，如果重组成功，公司将转型从事盐业生产，届时业绩会有提升。

## 上海新梅（600732）

上市日期：96/08/16

电话：021—51002662　　传真：021—51005370

| | |
|---|---|
| 主营 | 房地产开发与经营，物业管理。 |

| | 年　度 | 2006 | 2005 | 2004 |
|---|---|---|---|---|
| 主要指标 | 每股收益/扣除后(元) | 0.024/0.029 | 0.26 | 0.207/0.21 |
| | 每股经营现金流量(元) | －0.21 | －0.07 | －0.61 |
| | 每股净资产/调整后(元) | 2.03/2.03 | 2.02/2.02 | 1.77/1.78 |
| | 未分利润(万元) | 8543.87 | 8244.57 | 3260.14 |
| | 资本公积(万元) | 10844.38 | 10844.38 | 11147.45 |
| 利润构成 | 主营收入(万元) | 9465.04 | 35656.18 | 36823.27 |
| | 主营利润(万元) | 4206.85 | 15253.77 | 13096.47 |
| | 投资收益(万元) | －1184.34 | －1184.34 | －1183.96 |
| | 利润总额(万元) | 1977.1 | 12111.87 | 9521.05 |
| | 净利润(万元) | 601.84 | 6453.54 | 5140.11 |

近年分配：05 年：10 派 0.1

| 主要股东及持股比例%、持股性质 |
|---|
| 上海兴盛实业发展(集团)有限公司 57.52%（非流通股） |
| 王红 0.639%（流通 A 股） |
| 杨光 0.224%（流通 A 股） |
| 袁建国 0.22%（流通 A 股） |
| 周秀容 0.2%（流通 A 股） |
| 孙辉 0.169%（流通 A 股） |
| 吴文秀 0.154%（流通 A 股） |
| 杨道敏 0.143%（流通 A 股） |
| 庞凤国 0.142%（流通 A 股） |
| 付育河 0.116%（流通 A 股） |
| 实际控制人：张兴标 |

二〇〇六年以来市场表现

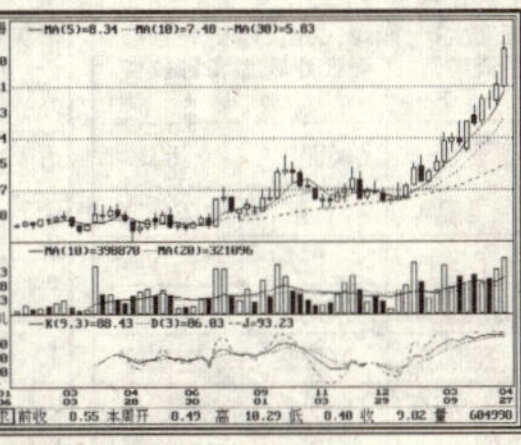

| | |
|---|---|
| 2006 年涨跌幅(%) | 23.85 |
| 2006 年最高(元) | 6.16 |
| 2007 年涨跌幅(%) | 115.35 |
| 2007.4.27 收盘(元) | 9.82 |
| 2007 年最高(元) | 10.29 |
| 2007 年最低(元) | 4.43 |
| 2007 年换手率(%) | 539.6 |

未来一年限售流通股解禁情况：

| 最新股本 | 总股本 | 非(限售)流通 | 流通 A | 流通 B/H/S | 股东户数 | 06 年末 | 06 三季 |
|---|---|---|---|---|---|---|---|
| | 24799.06 | 14265.62 | 10533.44 | | | 26800 | 25976 |

年报点评：绿岛苑不具备结转销售收入的条件，加之其他项目目前均处于开发阶段，公司主营业务收入同比大幅度下降，净利润也有所下降。随着开发的新梅共和城一期东块 1＃、2＃房、新梅绿岛苑项目的完工，以及新梅太古城一期西南块开发，业绩增长可期。

## S 前锋（600733）

上市日期：96/08/16

电话：028－6525719　　传真：028－6525725

| | |
|---|---|
| 主营 | 光纤及通信工程、信息产品研发应用及销售、宽带视频综合接入网设备研发、800MHZ 移动通信运营通信及电子信息产品、软件开发、数字电视相关业务、会议电视系统等。 |

| | 年　度 | 2006 | 2005 | 2004 |
|---|---|---|---|---|
| 主要指标 | 每股收益/扣除后(元) | －0.104/－0.045 | 0.013/0.014 | 0.01/－0.107 |
| | 每股经营现金流量(元) | 0.079 | 1.0902 | －0.0542 |
| | 每股净资产/调整后(元) | 1.31/1.25 | 1.42/1.4 | 1.37/1.34 |
| | 未分利润(万元) | －5645.47 | －2338.38 | －1573.57 |
| | 资本公积(万元) | 7706.48 | 7706.48 | 6786.27 |
| 利润构成 | 主营收入(万元) | 13291.45 | 13856.22 | 17523.73 |
| | 主营利润(万元) | 10307.68 | 8539.64 | 6127.86 |
| | 投资收益(万元) | －2687.25 | －537.36 | 189.29 |
| | 利润总额(万元) | －2913.6 | －1323.49 | －660.41 |
| | 净利润(万元) | －2049.47 | 263.72 | 196.11 |

近年分配：

| 主要股东及持股比例%、持股性质 |
|---|
| 四川新泰克数字设备有限责任公司 22.77%（非流通股） |
| 成都市国有资产投资经营公司 18.36%（国有股） |
| 深圳市世纪华苑投资有限公司 4.24%（非流通股） |
| 东方电器集团财务公司 2.05%（非流通股） |
| 成都龙泉金丰租赁服务中心 1.71%（非流通股） |
| 上海亿安科技发展有限公司 1.71%（非流通股） |
| 成都国光电气股份有限公司 1.43%（非流通股） |
| 成都市煤气总公司 1.37%（非流通股） |
| 深圳市拓红信息咨询有限公司 1.36%（流通 A 股） |
| 北京凤武盛达投资咨询有限公司 0.9%（流通 A 股） |
| 实际控制人：北京首创资产管理有限公司 |

二〇〇六年以来市场表现

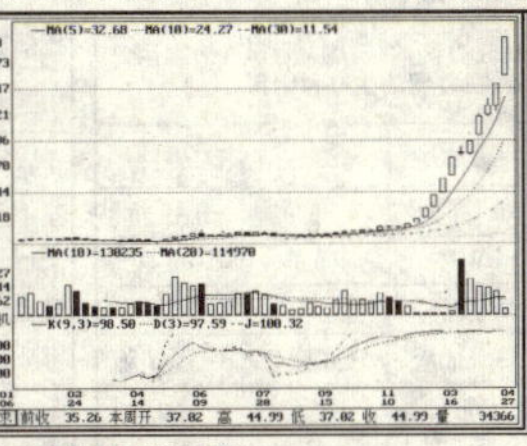

| | |
|---|---|
| 2006 年涨跌幅(%) | 94.12 |
| 2006 年最高(元) | 6.62 |
| 2007 年涨跌幅(%) | 581.67 |
| 2007.4.27 收盘(元) | 44.99 |
| 2007 年最高(元) | 44.99 |
| 2007 年最低(元) | 6.93 |
| 2007 年换手率(%) | 172.32 |

未来一年限售流通股解禁情况：

| 最新股本 | 总股本 | 非(限售)流通 | 流通 A | 流通 B/H/S | 股东户数 | 06 年末 | 06 三季 |
|---|---|---|---|---|---|---|---|
| | 19758.6 | 12198.6 | 7560 | | | 13173 | 18412 |

年报点评：2006 年，公司继续对公司内部业务和资产进行整合，加强对各控股子公司的管理力度，严格控制对外投资，重点降低经营成本，加大资金回笼力度。在全体员工的共同努力下，公司在报告期内实现了主营业务收入稳步增长，净利润水平回升。

## S＊ST 实达（600734）

上市日期:96/08/08　　电话:0591－3709680　　传真:0591－3708128

| | | | | |
|---|---|---|---|---|
| 主营 | 计算机外设产品及电脑产品的研发、生产、销售与服务。 | | | |
| | 年　度 | 2006 | 2005 | 2004 |
| 主要指标 | 每股收益/扣除后(元) | -0.702/-0.489 | -0.802 | -0.271/-0.262 |
| | 每股经营现金流量(元) | 0.082 | 0.3975 | -0.673 |
| | 每股净资产/调整后(元) | -0.38/-0.45 | 0.58/0.43 | 1.23/1.15 |
| | 未分利润(万元) | -62439.88 | -37373.56 | -8500.04 |
| | 资本公积(万元) | 24088.07 | 20861.47 | 20861.47 |
| 利润构成 | 主营收入(万元) | 47787.17 | 79835.01 | 158930.96 |
| | 主营利润(万元) | 8744.97 | 17979.29 | 23342.92 |
| | 投资收益(万元) | -1382.04 | -993.63 | -1263.82 |
| | 利润总额(万元) | -37669.6 | -30291.63 | -20731.22 |
| | 净利润(万元) | -24679.41 | -28198.94 | -9531.65 |
| 近年分配: | | | | |

| 主要股东及持股比例%、持股性质 |
|---|
| 福建计算机外部设备厂 16.72%（国有股） |
| 中国富莱德实业公司 14.65%（国有股） |
| 北京盛邦投资有限公司 14.22%（非流通股） |
| 中国华润总公司 3.75%（国有股） |
| 福州开发区科技园建设发展总公司 3.2%（国有股） |
| 福建奔达投资有限公司 2.8%（非流通股） |
| 福建投资企业集团公司 2.14%（国有股） |
| 福建实达电脑集团股份有限公司工会 1.31%（非流通股） |
| 福州闽融科技有限公司 1.18%（国有股） |
| 福建兴业证券股份有限公司 0.51%（非流通股） |
| 实际控制人：景源、史伟 |

二〇〇六年以来市场表现

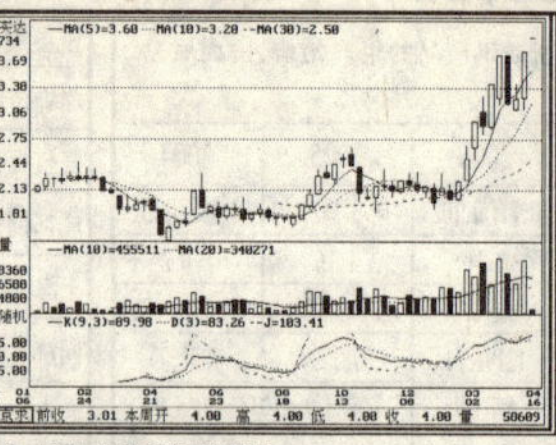


| | |
|---|---|
| 2006年涨跌幅(%) | -6.22 |
| 2006年最高(元) | 2.64 |
| 2007年涨跌幅(%) | 104.08 |
| 2007.4.27收盘(元) | 4 |
| 2007年最高(元) | 4 |
| 2007年最低(元) | 2 |
| 2007年换手率(%) | 392.5 |

未来一年限售流通股解禁情况:

| 最新股本 | 总股本 | 非(限售)流通 | 流通A | 流通B/H/S | 股东户数 | 06年末 | 06三季 |
|---|---|---|---|---|---|---|---|
| | 35155.84 | 21882.63 | 13273.21 | | | 48580 | 54075 |

年报点评：公司主营PC及外围设备。由于公司PC业务停业整顿，加上资金紧张、品牌受损，POS机和税控收款机业务被迫转让，业绩出现大幅下滑。因连续几年亏损，公司可能将被暂停上市。公司正寻找合适的重组方，争取通过资产重组使公司2007年实现盈利。

## S＊ST 陈香（600735）

上市日期:96/07/26　　电话:(0539)6107519　　传真:(0539)6107529

| | | | | |
|---|---|---|---|---|
| 主营 | 饮料酒类、酒精生产和销售 | | | |
| | 年　度 | 2006 | 2005 | 2004 |
| 主要指标 | 每股收益/扣除后(元) | -0.197/-0.194 | -0.114 | 0.01/-0.142 |
| | 每股经营现金流量(元) | 0.022 | 0.041 | 0.05 |
| | 每股净资产/调整后(元) | 0.12/-0.57 | 0.31/0.3 | 0.42/0.37 |
| | 未分利润(万元) | -24462.91 | -21413.48 | -19642.4 |
| | 资本公积(万元) | 8969.01 | 8869.01 | 8805.5 |
| 利润构成 | 主营收入(万元) | 7646.75 | 10370.43 | 9745.16 |
| | 主营利润(万元) | -503.97 | -200.4 | -196.76 |
| | 投资收益(万元) | | | |
| | 利润总额(万元) | -3049.43 | -1771.07 | 215.79 |
| | 净利润(万元) | -3049.43 | -1771.07 | 215.79 |
| 近年分配: | | | | |

| 主要股东及持股比例%、持股性质 |
|---|
| 该部分股份属于国有股 46.09%（国有股） |
| 高菅学 0.96%（流通A股） |
| 周勇 0.58%（流通A股） |
| 王海定 0.58%（部分流通部分不流通） |
| 莱诺软件 0.48%（流通A股） |
| 李金胜 0.33%（流通A股） |
| 羊梅 0.32%（流通A股） |
| 和星化工 0.32%（流通A股） |
| 隋淑华 0.28%（流通A股） |
| 支文珏 0.25%（流通A股） |
| 实际控制人：兰陵集团 |

二〇〇六年以来市场表现

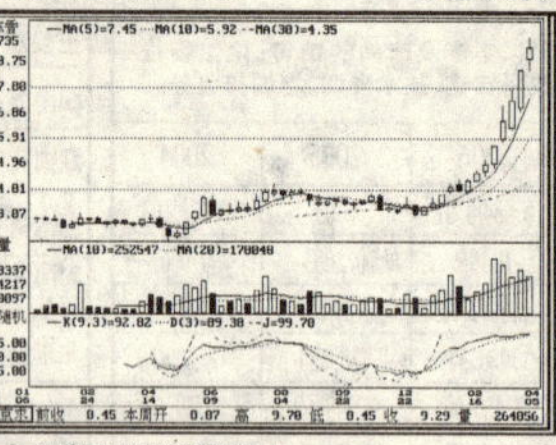


| | |
|---|---|
| 2006年涨跌幅(%) | 5.46 |
| 2006年最高(元) | 4.2 |
| 2007年涨跌幅(%) | 200.65 |
| 2007.4.27收盘(元) | 9.29 |
| 2007年最高(元) | 9.7 |
| 2007年最低(元) | 3.09 |
| 2007年换手率(%) | 345.16 |

未来一年限售流通股解禁情况:

| 最新股本 | 总股本 | 非(限售)流通 | 流通A | 流通B/H/S | 股东户数 | 06年末 | 06三季 |
|---|---|---|---|---|---|---|---|
| | 15481.29 | 7135.14 | 8346.15 | | | 11114 | 11092 |

年报点评：公司主营业务为饮料酒、酒精生产与销售等，由于关联方占用公司大额资金，流动资金短缺，公司的经营陷入困局。目前根据公司股权分置改革的计划，鲁锦集团将入主公司，并将对公司实施重大资产重组，预计公司重组完成后资产盈利能力改善。

## 苏州高新（600736）

上市日期:96/08/15　　电话:0512－68072570　　传真:0512－68072758

| | | | | |
|---|---|---|---|---|
| 主营 | 高新技术产品的投资和开发生产，能源、交通、通讯等基础产业和市政基础设施的投资经营，工程设计施工和科技咨询服务。 | | | |
| | 年　度 | 2006 | 2005 | 2004 |
| 主要指标 | 每股收益/扣除后(元) | 0.32 | 0.31 | 0.284/0.26 |
| | 每股经营现金流量(元) | 1.1944 | -1.676 | -2.504 |
| | 每股净资产/调整后(元) | 3.78/3.78 | 3.65/3.65 | 3.49/3.48 |
| | 未分利润(万元) | 38537.26 | 34767.98 | 31272.82 |
| | 资本公积(万元) | 58356.65 | 58670.84 | 58545.43 |
| 利润构成 | 主营收入(万元) | 207457.26 | 160925.7 | 161332.82 |
| | 主营利润(万元) | 36264.1 | 37800.57 | 41026.01 |
| | 投资收益(万元) | 3303.51 | 1443.8 | 168.38 |
| | 利润总额(万元) | 25406.15 | 23656.15 | 28241.29 |
| | 净利润(万元) | 14528.25 | 14304.1 | 12980.45 |
| 近年分配: | 06预案:10派1.8；05年:10派1.8；04年:10派1.5 | | | |

| 主要股东及持股比例%、持股性质 |
|---|
| 苏州高新区经济发展集团总公司 40.29%（国有股） |
| 中信信托投资有限责任公司 4.72%（国有股） |
| 苏州新区创新科技投资管理有限公司 2.8%（国有股） |
| 苏州市苏州新区乐星工商实业公司 1.85%（非流通股） |
| 上海天迪科技投资发展有限公司 1.27%（非流通股） |
| 山西信托投资有限责任公司－国信集团资金信托 1.09%（流通A股） |
| 上海证大投资管理有限公司 0.86%（非流通股） |
| 江苏省苏高新风险投资股份有限公司 0.82%（国有股） |
| 江苏高科技投资集团有限公司 0.76%（国有股） |
| 上海万方投资管理有限公司 0.55%（流通A股） |
| 实际控制人：苏州高新区经济发展集团总公司 |

二〇〇六年以来市场表现

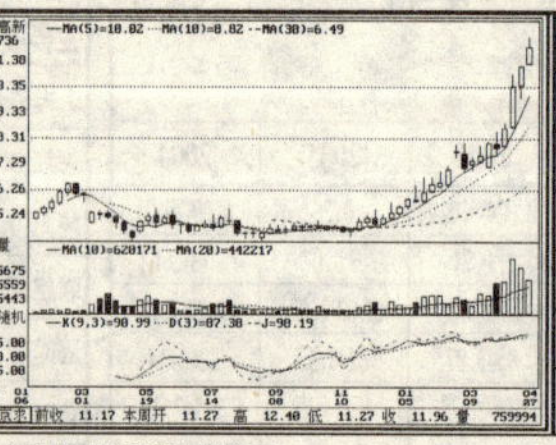


| | |
|---|---|
| 2006年涨跌幅(%) | 50.55 |
| 2006年最高(元) | 7.95 |
| 2007年涨跌幅(%) | 115.5 |
| 2007.4.27收盘(元) | 11.96 |
| 2007年最高(元) | 12.4 |
| 2007年最低(元) | 5.5 |
| 2007年换手率(%) | 342.55 |

未来一年限售流通股解禁情况:

| 最新股本 | 总股本 | 非(限售)流通 | 流通A | 流通B/H/S | 股东户数 | 06年末 | 06三季 |
|---|---|---|---|---|---|---|---|
| | 45747 | 25522.38 | 20224.62 | | | 69386 | 78747 |

年报点评：公司主营房地产及公用事业等业务，2006年公司加大了对区域房地产行业和以水务为龙头的基础设施经营行业的投入。同时调整业务结构，对新港公司、新创公司、中外运物流公司、江苏银行进行增资。预计未来房地产仍将成为公司收益的主要来源。

## 中粮屯河（600737）

上市日期:96/07/31　　电话:0991－5571888　　传真:0991－5571600－6201

| | | | | |
|---|---|---|---|---|
| 主营 | 番茄加工和番茄制品的制造销售，饮料制品生产、销售，水泥及其制品的生产和销售，白砂糖的生产和销售。 | | | |
| | 年　度 | 2006 | 2005 | 2004 |
| 主要指标 | 每股收益/扣除后(元) | 0.12/0.12 | -0.9 | -0.83/-0.8 |
| | 每股经营现金流量(元) | 0.33 | -0.07 | -0.43 |
| | 每股净资产/调整后(元) | 0.98/0.92 | 0.85/0.79 | 0.44/0.35 |
| | 未分利润(万元) | -9616.68 | -18712.42 | -55667.56 |
| | 资本公积(万元) | 6370.61 | 4935.52 | 3830.3 |
| 利润构成 | 主营收入(万元) | 178459.21 | 136399.29 | 109764.85 |
| | 主营利润(万元) | 51599.34 | 30286.71 | 29980 |
| | 投资收益(万元) | 1967.47 | -4031.68 | -37838.73 |
| | 利润总额(万元) | 10135.49 | -73421.04 | -68396.99 |
| | 净利润(万元) | 9581.5 | -72123.33 | -66600.78 |
| 近年分配: | | | | |

| 主要股东及持股比例%、持股性质 |
|---|
| 中国粮油食品(集团)有限公司 37.21%（国有股） |
| 新疆八一钢铁集团有限责任公司 7.59%（国有股） |
| 新疆维吾尔自治区石油管理局 4.77%（国有股） |
| 中国工商银行－博时精选股票证券投资基金 0.87%（流通A股） |
| 中富证券有限责任公司 0.73%（流通A股） |
| 吉林省佰利经贸有限责任公司 0.69%（流通A股） |
| 中国工商银行－中银国际持续增长股票型证券投资基金 0.67%（流通A股） |
| 戴亚洪 0.6%（流通A股） |
| 中国银行－海富通收益增长证券投资基金 0.6%（流通A股） |
| 中国建设银行－信诚精萃成长股票型证券投资基金 0.45%（流通A股） |
| 实际控制人：国务院国有资产监督管理委员会 |

二〇〇六年以来市场表现

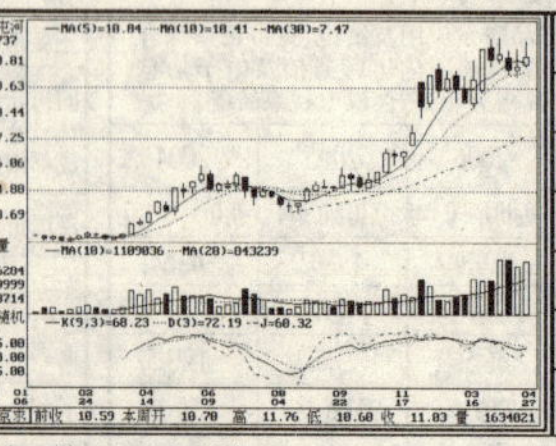


| | |
|---|---|
| 2006年涨跌幅(%) | 172.83 |
| 2006年最高(元) | 7.9 |
| 2007年涨跌幅(%) | 46.48 |
| 2007.4.27收盘(元) | 11.03 |
| 2007年最高(元) | 12 |
| 2007年最低(元) | 8.24 |
| 2007年换手率(%) | 330.82 |

未来一年限售流通股解禁情况:40280211股01月23日解禁

| 最新股本 | 总股本 | 非(限售)流通 | 流通A | 流通B/H/S | 股东户数 | 06年末 | 06三季 |
|---|---|---|---|---|---|---|---|
| | 80560.42 | 39931.92 | 40628.5 | | | 16067 | 15924 |

年报点评：公司的债务重组已经完成。主营业务收入较上年提高30.84%，实现净利润9581.5万元，大幅增长。主要原因为公司各产品销量、销价比上年同期均有不同程度的增长以及公司财务费用降低等。2007年，国际番茄减产，公司的番茄酱出口业务面临不错的行业环境。

## 兰州民百（600738）

上市日期:96/08/02　　电话:0931－8438318　　传真:0931－8473891

| | | | | |
|---|---|---|---|---|
| 主营 | 商品的零售和批发。 | | | |
| | 年　度 | 2006 | 2005 | 2004 |
| 主要指标 | 每股收益/扣除后(元) | 0.115/0.113 | 0.018 | 0.022/0.04 |
| | 每股经营现金流量(元) | 0.25 | 0.56 | 0.42 |
| | 每股净资产/调整后(元) | 1.17/1.17 | 1.06/1.05 | 1.04/1.02 |
| | 未分利润(万元) | －7706.36 | －10722.18 | －11046.03 |
| | 资本公积(万元) | 10436.64 | 10332.14 | 10332.14 |
| 利润构成 | 主营收入(万元) | 45034.39 | 43951.53 | 40375.67 |
| | 主营利润(万元) | 9857.87 | 9601.75 | 8658 |
| | 投资收益(万元) | 247.39 | －81.11 | －396.76 |
| | 利润总额(万元) | 3263.01 | 412.52 | 500.29 |
| | 净利润(万元) | 3015.82 | 419.23 | 509.88 |
| 近年分配: | | | | |

| 主要股东及持股比例%、持股性质 |
|---|
| 红楼集团有限公司 24.46%（非流通股） |
| 兰州民百佛慈集团有限公司 2.93%（国有股） |
| 兰州神骏医药科技有限公司 2.42%（非流通股） |
| 交通银行－华安创新证券投资基金 1.39%（流通A股） |
| 甘肃省世安电监控公司 0.85%（非流通股） |
| 兰桂斌 0.75%（流通A股） |
| 全国社保基金一一一组合 0.7%（流通A股） |
| 兰州市城市建设综合开发公司 0.65%（非流通股） |
| 荆门市投资公司 0.64%（非流通股） |
| 孙胜辉 0.6%（流通A股） |
| 实际控制人：朱宝良 |

二〇〇六年以来市场表现

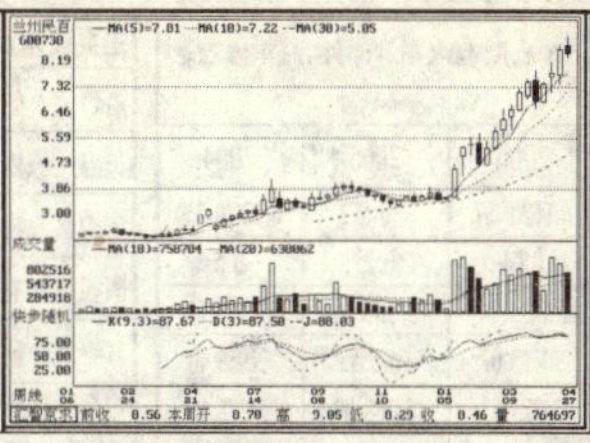

| | |
|---|---|
| 2006年涨跌幅(%) | 103.99 |
| 2006年最高(元) | 5.42 |
| 2007年涨跌幅(%) | 143.8 |
| 2007.4.27收盘(元) | 8.46 |
| 2007年最高(元) | 9.05 |
| 2007年最低(元) | 3.42 |
| 2007年换手率(%) | 689.15 |

未来一年限售流通股解禁情况:42420460股06月08日解禁

| 最新股本 | 总股本 | 非(限售)流通 | 流通A | 流通B/H/S | 股东户数 | 06年末 | 06三季 |
|---|---|---|---|---|---|---|---|
| | 26277.63 | 9355.16 | 16922.46 | | | 23340 | 20768 |

年报点评：在主营收入和毛利率保持稳定的情况下，公司通过压缩管理费用的方法提升了利润水平，再加上投资收益和营业外收支等出现了较大幅度的改善，公司净利润水平出现了大幅增长。相对于公司现金流和利润状况，公司有一定偿债压力。

## 辽宁成大（600739）

上市日期:96/08/19　　电话:0411－2803736　　传真:0411－2656051

| | | | | |
|---|---|---|---|---|
| 主营 | 主营棉针织品、毛针织品、家用纺织品及服装进出口业务；同时经营医药连锁、金融投资、商业投资和外经业务。 | | | |
| | 年　度 | 2006 | 2005 | 2004 |
| 主要指标 | 每股收益/扣除后(元) | 0.94/0.91 | 0.17 | 0.12/0.12 |
| | 每股经营现金流量(元) | 0.08 | 0.19 | 0.35 |
| | 每股净资产/调整后(元) | 3.3/3.28 | 2.45/2.4 | 2.32/2.26 |
| | 未分利润(万元) | 53826.86 | 16503.95 | 11173.45 |
| | 资本公积(万元) | 10621.31 | 9722.55 | 9011.86 |
| 利润构成 | 主营收入(万元) | 553146.83 | 576502.31 | 361654.86 |
| | 主营利润(万元) | 56917.33 | 33705.79 | 30140.53 |
| | 投资收益(万元) | 36198.55 | 5874.09 | 2543.45 |
| | 利润总额(万元) | 56325.69 | 11414.53 | 8421.7 |
| | 净利润(万元) | 47008.21 | 8691.93 | 6025.62 |
| 近年分配: | 06预案:10派0.73送6.5转增1.5；05年:10派1；04年:10派0.5 | | | |

| 主要股东及持股比例%、持股性质 |
|---|
| 辽宁成大集团有限公司 13.18%（国有股） |
| 深圳吉富创业投资股份有限公司 12.6%（非流通股） |
| 大连利方投资有限公司(现更名为深圳宜发创业投资有限公司) 6.17%（非流通股） |
| 全国社保基金一零一组合 3.93%（流通A股） |
| 中国工商银行－开元证券投资基金 2.96%（流通A股） |
| 中国平安保险公司大连分公司 2.7%（非流通股） |
| 中国工商银行－南方稳健成长证券投资基金 2.51%（流通A股） |
| 中国工商银行－易方达价值精选股票型证券投资基金 2.34%（流通A股） |
| 中国工商银行－天元证券投资基金 1.71%（流通A股） |
| 辽宁万恒房地产开发有限公司 1.5%（非流通股） |
| 实际控制人：辽宁省人民政府国有资产监督管理委员会 |

二〇〇六年以来市场表现

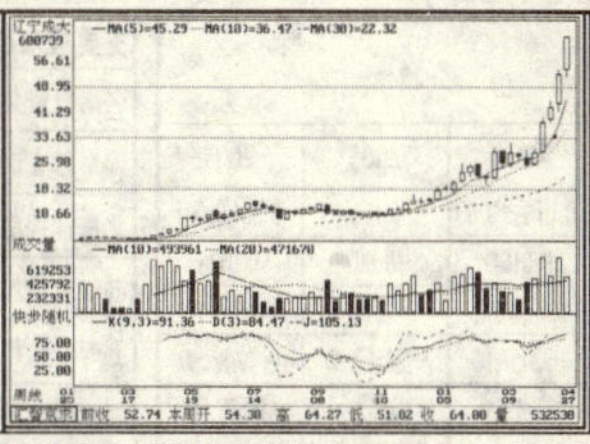

| | |
|---|---|
| 2006年涨跌幅(%) | 565.97 |
| 2006年最高(元) | 24.41 |
| 2007年涨跌幅(%) | 258.95 |
| 2007.4.27收盘(元) | 64 |
| 2007年最高(元) | 64.27 |
| 2007年最低(元) | 16.58 |
| 2007年换手率(%) | 209.58 |

未来一年限售流通股解禁情况:55572274股01月24日解禁

| 最新股本 | 总股本 | 非(限售)流通 | 流通A | 流通B/H/S | 股东户数 | 06年末 | 06三季 |
|---|---|---|---|---|---|---|---|
| | 49844.81 | 20090.4 | 29754.41 | | | 15187 | 18480 |

年报点评：公司主营针、棉、毛织品、服装进出口业务等，同时经营医药连锁、生物制药、金融投资、商业投资和外经业务。报告期内公司实现净利润数倍增长，主要得益于金融投资实现投资收益3.41亿元，公司投资的生物医药发展良好。

## 山西焦化（600740）

上市日期:96/08/08　　电话:0357－6626012　　传真:0357－6625045

| | | | | |
|---|---|---|---|---|
| 主营 | 生产和销售焦炭及其相关化工产品 | | | |
| | 年　度 | 2006 | 2005 | 2004 |
| 主要指标 | 每股收益/扣除后(元) | 0.17/0.05 | 0.51 | 0.97/0.8 |
| | 每股经营现金流量(元) | 0.81 | 1.08 | 2.14 |
| | 每股净资产/调整后(元) | 5.12/4.96 | 5.05/4.93 | 4.73/4.49 |
| | 未分利润(万元) | 30893.52 | 30189.67 | 26681.32 |
| | 资本公积(万元) | 32374.69 | 32357.97 | 32357.97 |
| 利润构成 | 主营收入(万元) | 213854.62 | 202278.74 | 202322.83 |
| | 主营利润(万元) | 32823.14 | 34950.11 | 46477.11 |
| | 投资收益(万元) | 2114.98 | 1548.1 | －2610.06 |
| | 利润总额(万元) | 4083.81 | 9222.65 | 22984.29 |
| | 净利润(万元) | 3415.44 | 10364.01 | 19728.2 |
| 近年分配: | 06年:10派1；05年:10派1；04年:10派2 | | | |

| 主要股东及持股比例%、持股性质 |
|---|
| 山西焦化集团有限公司 26.83%（国有股） |
| 山西西山煤电股份有限公司 19.02%（国有股） |
| 中国工商银行－诺安价值增长股票证券投资基金 3.93%（流通A股） |
| 普丰证券投资基金 3.2%（流通A股） |
| 中国平安人寿保险股份有限公司－传统－普通保险产品 0.92%（流通A股） |
| 东方证券－农行－东方红号集合资产管理计划 0.84%（流通A股） |
| 中国农业银行－中海分红增利混合型开放式证券投资基金 0.72%（流通A股） |
| 中国银行－华夏大盘精选证券投资基金 0.64%（流通A股） |
| 中国工商银行－诺安平衡证券投资基金 0.58%（流通A股） |
| 中国工商银行－中银国际持续增长股票型证券投资基金 0.49%（流通A股） |
| 实际控制人：山西省人民政府国有资产监督管理委员会 |

二〇〇六年以来市场表现

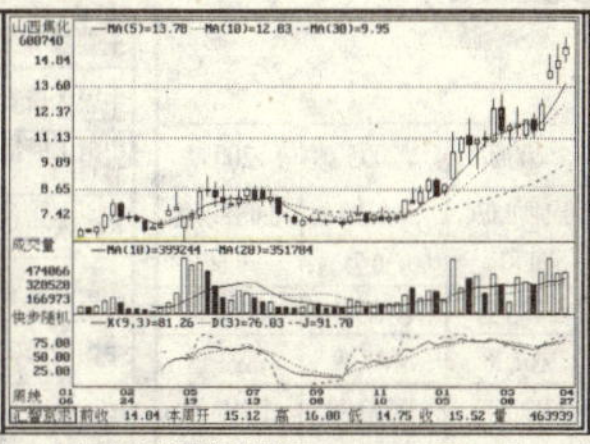

| | |
|---|---|
| 2006年涨跌幅(%) | 71.9 |
| 2006年最高(元) | 12.14 |
| 2007年涨跌幅(%) | 87.97 |
| 2007.4.27收盘(元) | 15.52 |
| 2007年最高(元) | 16.18 |
| 2007年最低(元) | 8.36 |
| 2007年换手率(%) | 552.52 |

未来一年限售流通股解禁情况:10142500股05月10日解禁

| 最新股本 | 总股本 | 非(限售)流通 | 流通A | 流通B/H/S | 股东户数 | 06年末 | 06三季 |
|---|---|---|---|---|---|---|---|
| | 20285 | 9300 | 10985 | | | 23786 | 30464 |

年报点评：2006年国内焦化行业相对疲软，原材料价格上涨，导致公司经营面临一定困难，但公司通过加强内部管理，加大营销力度，实现了主营收入与上年基本持平。但由于公司管理费用和财务费用有较大幅度提升，同时没有国产设备抵免，使得公司净利润同比大幅下降。

## 巴士股份（600741）

上市日期:96/08/26　　电话:021－63848484转证券部　传真:021－63863118

| | | | | |
|---|---|---|---|---|
| 主营 | 承担市区、郊县及埠际交通客运，出租汽车客运。 | | | |
| | 年　度 | 2006 | 2005 | 2004 |
| 主要指标 | 每股收益/扣除后(元) | 0.18/0.092 | 0.183 | 0.221/0.114 |
| | 每股经营现金流量(元) | 1.1824 | 1.5567 | 1.2904 |
| | 每股净资产/调整后(元) | 2.09/2.02 | 2.49/2.39 | 2.4/2.21 |
| | 未分利润(万元) | 14672.42 | 12628.77 | 11399.14 |
| | 资本公积(万元) | 32161.61 | 43135.13 | 42918.93 |
| 利润构成 | 主营收入(万元) | 439289.13 | 391653.63 | 367125.73 |
| | 主营利润(万元) | 93545.01 | 95181.76 | 84836.72 |
| | 投资收益(万元) | 7516.28 | 1036.67 | 1551.94 |
| | 利润总额(万元) | 29647.67 | 24116.76 | 26269.54 |
| | 净利润(万元) | 17011.15 | 13272.86 | 16060.63 |
| 近年分配: | 06预案:10送1.5转增1.5；05年:10送1.5转增1.5；04年:10派1 | | | |

| 主要股东及持股比例%、持股性质 |
|---|
| 上海交通投资(集团)有限公司 27.81%（部分流通部分不流通） |
| 上海强生集团有限公司 4.03%（国有股） |
| 上海市原水股份有限公司 3.4%（非流通股） |
| 大众交通(集团)股份有限公司 3.19%（非流通股） |
| 上海市政资产经营发展有限公司 2.13%（国有股） |
| 上海市上投房地产有限公司 1.42%（国有股） |
| 上海公路房地产联合开发经营公司 0.69%（国有股） |
| 中卫国脉通信股份有限公司 0.55%（非流通股） |
| 上海交大企业管理中心 0.46%（非流通股） |
| 上海公共交通广告有限公司 0.32%（国有股） |
| 实际控制人：上海交通投资(集团)有限公司 |

二〇〇六年以来市场表现

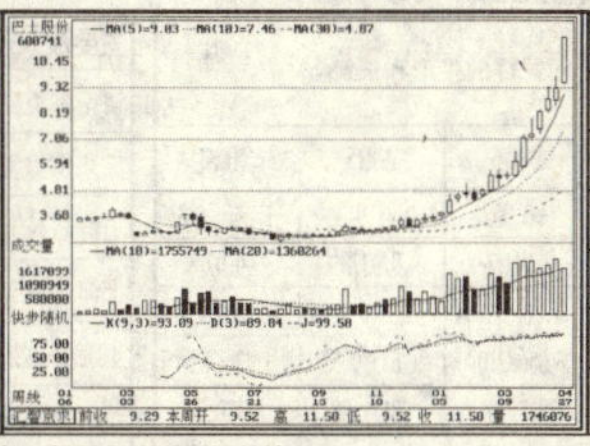

| | |
|---|---|
| 2006年涨跌幅(%) | 79.94 |
| 2006年最高(元) | 6.35 |
| 2007年涨跌幅(%) | 219.89 |
| 2007.4.27收盘(元) | 11.58 |
| 2007年最高(元) | 11.58 |
| 2007年最低(元) | 3.56 |
| 2007年换手率(%) | 398 |

未来一年限售流通股解禁情况:

| 最新股本 | 总股本 | 非(限售)流通 | 流通A | 流通B/H/S | 股东户数 | 06年末 | 06三季 |
|---|---|---|---|---|---|---|---|
| | 94395.03 | 37611.03 | 56784 | | | 110411 | 114018 |

年报点评：公司目前主营的公交和出租业务稳定发展，由于油价上涨，毛利率有所下降。目前公司持有大量民生银行法人股，预计2007年以后公司的投资收益将大幅增长，此外公司目前投资的房地产项目也将对2007年经营业绩的增长有所贡献。

## 一汽四环（600742）

上市日期:96/08/26　　电话:0431－87629115　　传真:0431－87629113

| | |
|---|---|
| 主营 | 汽车改装(除小轿车、轻型车)、制造汽车零部件、汽车修理、经销汽车配件、汽车、小轿车。 |

| | 年　度 | 2006 | 2005 | 2004 |
|---|---|---|---|---|
| 主要指标 | 每股收益/扣除后(元) | 0.063/0.07 | －0.572 | 0.139/0.139 |
| | 每股经营现金流量(元) | 0.04 | 0.25 | 0.5 |
| | 每股净资产/调整后(元) | 5.32/5.14 | 5.27/5.09 | 5.83/5.69 |
| | 未分利润(万元) | 10613.07 | 9675.55 | 21955.46 |
| | 资本公积(万元) | 54773.63 | 54788.89 | 54375.16 |
| 利润构成 | 主营收入(万元) | 325768.95 | 218742.76 | 337335.88 |
| | 主营利润(万元) | 11199.12 | 4404.37 | 18860.87 |
| | 投资收益(万元) | 11636.06 | 2907.59 | 838.75 |
| | 利润总额(万元) | 1627.44 | －11817.75 | 3743.5 |
| | 净利润(万元) | 1324.82 | －12094.81 | 2942.82 |
| 近年分配: | | | | |

| 主要股东及持股比例%、持股性质 |
|---|
| 中国第一汽车集团公司(第一汽车制造厂) 20.14% (国有股) |
| 长春一汽四环集团有限公司 9.27% (非流通股) |
| 宝应县农村信用合作联社 1.27% (流通A股) |
| 国投机轻有限公司 1.22% (国有股) |
| 长春汽车研究所中实改装车厂 0.73% (非流通股) |
| 长春一汽四环热电安装工程有限责任公司 0.49% (非流通股) |
| 长春汽车研究所科技服务部 0.41% (非流通股) |
| 马波 0.28% (流通A股) |
| 马烈红 0.25% (流通A股) |
| 于云龙 0.2% (流通A股) |
| 实际控制人: 中国第一汽车集团公司(第一汽车制造厂) |

二〇〇六年以来市场表现

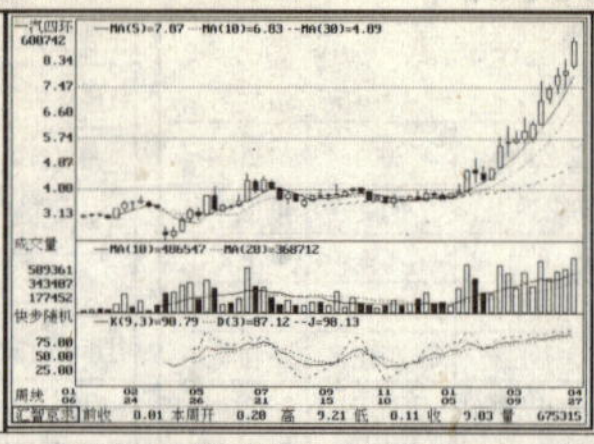

| | |
|---|---|
| 2006年涨跌幅(%) | 69.49 |
| 2006年最高(元) | 6.24 |
| 2007年涨跌幅(%) | 146.72 |
| 2007.4.27收盘(元) | 9.03 |
| 2007年最高(元) | 9.21 |
| 2007年最低(元) | 3.65 |
| 2007年换手率(%) | 463.73 |

未来一年限售流通股解禁情况:9025129股04月18日解禁

| 最新股本 | 总股本 | 非(限售)流通 | 流通A | 流通B/H/S | 股东户数 | 06年末 | 06三季 |
|---|---|---|---|---|---|---|---|
| | 21152.34 | 6911.57 | 14240.77 | | | 32909 | 34599 |

年报点评：公司主营汽车零部件生产销售。06年在国内汽车市场转暖的情况下,公司经营情况好转,一举扭转亏损局面。07年国内汽车市场继续向好,公司经营情况可望进一步得到改善。

## SST幸福（600743）

上市日期:96/09/09　　电话:0728－6641566　　传真:0728－6641566

| | |
|---|---|
| 主营 | 房地产开发 |

| | 年　度 | 2006 | 2005 | 2004 |
|---|---|---|---|---|
| 主要指标 | 每股收益/扣除后(元) | －0.016/－0.007 | 0.006 | 0.004/0.004 |
| | 每股经营现金流量(元) | 0.0164 | －0.0028 | 0.0436 |
| | 每股净资产/调整后(元) | 0.01/0.01 | 0.02/0.01 | 0.12/0.12 |
| | 未分利润(万元) | －32057.03 | －31567.86 | －49185.99 |
| | 资本公积(万元) | 3298.34 | 3251.99 | 18533.56 |
| 利润构成 | 主营收入(万元) | 17505.44 | 14623.48 | 28475.34 |
| | 主营利润(万元) | 1493.86 | 1322.84 | 1053.26 |
| | 投资收益(万元) | | | |
| | 利润总额(万元) | －173.69 | 50.86 | 51.56 |
| | 净利润(万元) | －489.17 | 197.43 | 141.58 |
| 近年分配: | | | | |

| 主要股东及持股比例%、持股性质 |
|---|
| 名流投资集团有限公司 19.18% (非流通股) |
| 国泰君安证券股份有限公司 11.28% (非流通股) |
| 北京宣福房地产开发有限责任公司 10.55% (非流通股) |
| 潜江市信用合作社联合社 9.04% (非流通股) |
| 上海华鸣投资管理有限公司 4.4% (非流通股) |
| 湖北融信博联投资有限公司 4.09% (非流通股) |
| 北京新财基业投资顾问有限公司 2.56% (非流通股) |
| 上海城市房地产有限公司 1.7% (非流通股) |
| 深圳市君利得商贸有限公司 1.6% (非流通股) |
| 上海科林投资咨询有限公司 1.45% (非流通股) |
| 实际控制人: 熊生阶 |

二〇〇六年以来市场表现

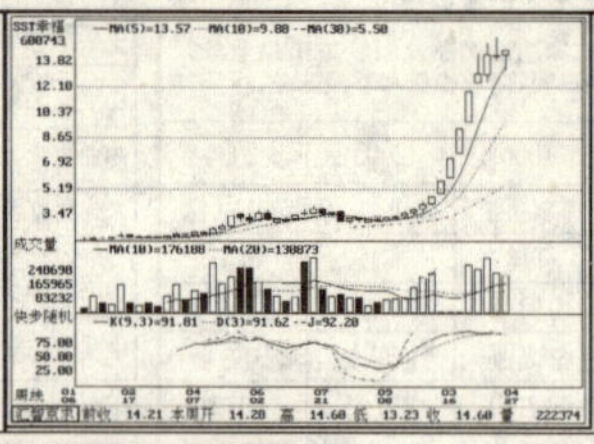

| | |
|---|---|
| 2006年涨跌幅(%) | 162.36 |
| 2006年最高(元) | 4.67 |
| 2007年涨跌幅(%) | 212.63 |
| 2007.4.27收盘(元) | 14.6 |
| 2007年最高(元) | 15.55 |
| 2007年最低(元) | 4.9 |
| 2007年换手率(%) | 169.02 |

未来一年限售流通股解禁情况:

| 最新股本 | 总股本 | 非(限售)流通 | 流通A | 流通B/H/S | 股东户数 | 06年末 | 06三季 |
|---|---|---|---|---|---|---|---|
| | 31280 | 23460 | 7820 | | | 17276 | 18393 |

年报点评：公司主导产品是铝型材和输配电产品。2006年公司铝型材业务收入有较大幅度增长,但受原材料价格上涨影响盈利能力较差。2007年公司基本面的改善需看资产重组的进度。

## 华银电力（600744）

上市日期:96/09/05　　电话:0731－5388088　　传真:0731－5510188

| | |
|---|---|
| 主营 | 电力生产和销售 |

| | 年　度 | 2006 | 2005 | 2004 |
|---|---|---|---|---|
| 主要指标 | 每股收益/扣除后(元) | 0.149/0.024 | －0.261 | 0.072/0.048 |
| | 每股经营现金流量(元) | 0.87 | －0.25 | 0.66 |
| | 每股净资产/调整后(元) | 3.77/3.75 | 3.65/3.5 | 4.05/4.02 |
| | 未分利润(万元) | 9067.26 | －469.89 | 26881.08 |
| | 资本公积(万元) | 174307.11 | 176487.99 | 177140.27 |
| 利润构成 | 主营收入(万元) | 286458.02 | 263481.02 | 214458.35 |
| | 主营利润(万元) | 25650.95 | 14201.68 | 26652.7 |
| | 投资收益(万元) | －45.96 | －5163.96 | －1441.43 |
| | 利润总额(万元) | 10229.54 | －18835.34 | 6950.09 |
| | 净利润(万元) | 10601.67 | －18587.13 | 5094.13 |
| 近年分配: | 06预案:10派1.2；04年:10派0.6 | | | |

| 主要股东及持股比例%、持股性质 |
|---|
| 中国大唐集团公司 33.34% (国有股) |
| 中国工商银行股份有限公司湖南省分行 4.19% (非流通股) |
| 长沙宏达科技发展有限公司 2.79% (非流通股) |
| 湖南省银宏实业发展总公司 1.45% (非流通股) |
| 中国湖南国际经济技术合作煤炭公司 1.4% (非流通股) |
| 中电信电力开发有限责任公司 1.36% (非流通股) |
| 上海东方众鑫科工贸有限公司 0.53% (非流通股) |
| 福建新大陆电脑股份有限公司 0.21% (非流通股) |
| 佘江龙 0.14% (流通A股) |
| 程文端 0.11% (流通A股) |
| 实际控制人: 中国大唐集团公司 |

二〇〇六年以来市场表现

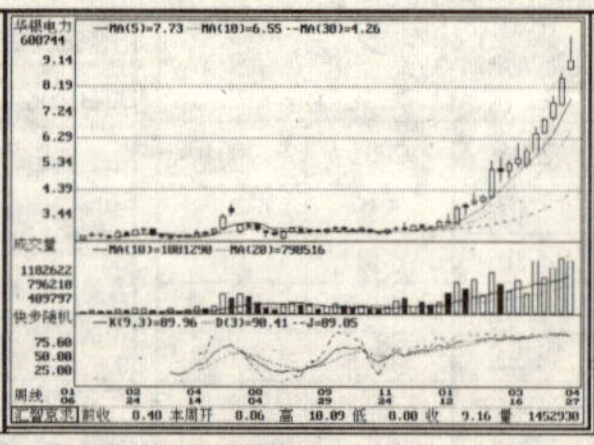

| | |
|---|---|
| 2006年涨跌幅(%) | 62.08 |
| 2006年最高(元) | 4.28 |
| 2007年涨跌幅(%) | 207.38 |
| 2007.4.27收盘(元) | 9.16 |
| 2007年最高(元) | 10.09 |
| 2007年最低(元) | 2.95 |
| 2007年换手率(%) | 379.86 |

未来一年限售流通股解禁情况:85680027股07月18日解禁

| 最新股本 | 总股本 | 非(限售)流通 | 流通A | 流通B/H/S | 股东户数 | 06年末 | 06三季 |
|---|---|---|---|---|---|---|---|
| | 71164.8 | 32294.35 | 38870.45 | | | 130316 | 140596 |

年报点评：公司在前三季度亏损的情况下,仍实现全年盈利。主要是由于主营业务经营状况有所好转。公司所属金竹山火力发电分公司两台600MW新机组陆续投入运营,提升了公司整体盈利能力,从而使公司成功实现扭亏。

## S＊ST天华（600745）

上市日期:96/08/28　　电话:0714－3066686　　传真:0714－3066685

| | |
|---|---|
| 主营 | 服装的生产和销售;电子元器件的生产和销售。 |

| | 年　度 | 2006 | 2005 | 2004 |
|---|---|---|---|---|
| 主要指标 | 每股收益/扣除后(元) | －0.092 | －1.943 | －1.64/－1.339 |
| | 每股经营现金流量(元) | 0.01156 | 0.0378 | 0.07 |
| | 每股净资产/调整后(元) | －1.88/－1.91 | －1.79/－1.81 | 0.01/－0.34 |
| | 未分利润(万元) | －65682.09 | －64559.52 | －42614.54 |
| | 资本公积(万元) | 28172.03 | 28171.28 | 28170.27 |
| 利润构成 | 主营收入(万元) | 154.28 | 351.22 | 3920.89 |
| | 主营利润(万元) | －45.77 | －98.65 | －958.76 |
| | 投资收益(万元) | | －6247.97 | |
| | 利润总额(万元) | －1122.58 | －23652.61 | －20176.12 |
| | 净利润(万元) | －1122.58 | －23652.61 | －19940.33 |
| 近年分配: | | | | |

| 主要股东及持股比例%、持股性质 |
|---|
| 河南戴克实业有限公司 16.84% (非流通股) |
| 广州恒烨实业发展有限公司 13.1% (非流通股) |
| 上海晋乾工贸有限公司 6.13% (非流通股) |
| 上海步欣工贸有限公司 4.99% (非流通股) |
| 上海肇达投资咨询有限公司 4.99% (非流通股) |
| 黄石市磁湖高新科技发展公司 4.44% (非流通股) |
| 广州市中恒伟业地产顾问有限公司 4.18% (非流通股) |
| 上海新元投资有限公司 2.92% (非流通股) |
| 中国国泰证券有限公司湖北分公司 2.04% (非流通股) |
| 马英华 1.34% (流通A股) |
| 实际控制人: 孙剑 |

二〇〇六年以来市场表现

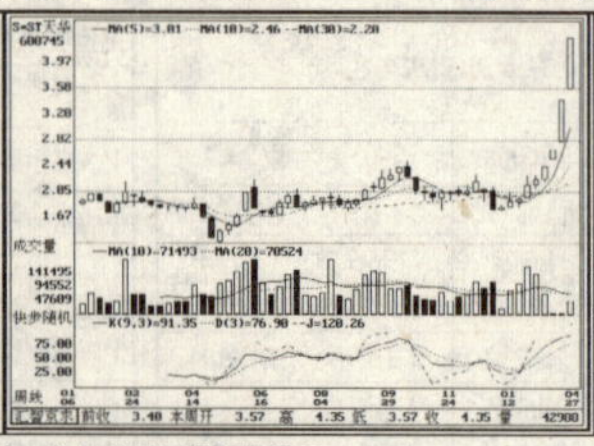

| | |
|---|---|
| 2006年涨跌幅(%) | －4.3 |
| 2006年最高(元) | 2.5 |
| 2007年涨跌幅(%) | 144.38 |
| 2007.4.27收盘(元) | 4.35 |
| 2007年最高(元) | 4.35 |
| 2007年最低(元) | 1.76 |
| 2007年换手率(%) | 129.6 |

未来一年限售流通股解禁情况:

| 最新股本 | 总股本 | 非(限售)流通 | 流通A | 流通B/H/S | 股东户数 | 06年末 | 06三季 |
|---|---|---|---|---|---|---|---|
| | 12174.49 | 7498.55 | 4675.94 | | | 9611 | 11283 |

年报点评：公司生产经营各类服装、针织原材料等服装业务。公司历史问题较多,1999年因青岛丰捷贸易有限公司担保问题受到交行起诉,涉及金额本金为335.51万美元,后被青岛中院裁定承担连带担保责任,公司全额计提了预计负债。公司的出路在于资产重组。

# 江苏索普（600746）

上市日期:96/09/18　　电话:0511－3366244　　传真:0511－3362036

| 主营 | 化工原料及产品的制造销售，主要产品包括 ADC 发泡剂、漂粉精、烧碱、氯气等。 | | |
|---|---|---|---|
| 年　度 | 2006 | 2005 | 2004 |
| 每股收益/扣除后(元) | 0.035/－0.011 | 0.026 | 0.008/－0.013 |
| 每股经营现金流量(元) | 0.87 | 0.55 | 0.31 |
| 每股净资产/调整后(元) | 1.27/1.26 | 1.22/1.2 | 1.15/1.14 |
| 未分利润(万元) | 115.89 | －940.9 | －1731.76 |
| 资本公积(万元) | 5697.24 | 5077.35 | 3802.12 |
| 主营收入(万元) | 48519.65 | 47580.37 | 39700.49 |
| 主营利润(万元) | 6073.98 | 6423.17 | 5337.25 |
| 投资收益(万元) | －15.72 | 133.33 | 157.42 |
| 利润总额(万元) | 1230.65 | 1520.03 | 613.03 |
| 净利润(万元) | 1069.33 | 790.86 | 239.51 |
| 近年分配: | | | |

| 主要股东及持股比例%、持股性质 |
|---|
| 江苏索普(集团)有限公司 61.51%（非流通股） |
| 镇江精细化工有限责任公司 0.57%（非流通股） |
| 马孟青 0.36%（流通 A 股） |
| 徐维焱 0.34%（流通 A 股） |
| 王娟 0.26%（流通 A 股） |
| 黄永涛 0.2%（流通 A 股） |
| 吴光南 0.16%（流通 A 股） |
| 何桂英 0.15%（流通 A 股） |
| 王飞龙 0.14%（流通 A 股） |
| 曹红辉 0.14%（流通 A 股） |
| 实际控制人：江苏省镇江市人民政府国有资产监督管理委员会 |

二〇〇六年以来市场表现

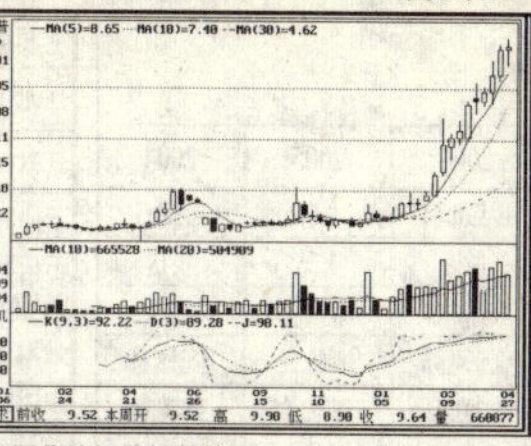

| | |
|---|---|
| 2006 年涨跌幅(%) | 80.21 |
| 2006 年最高(元) | 5.62 |
| 2007 年涨跌幅(%) | 207.01 |
| 2007.4.27 收盘(元) | 9.64 |
| 2007 年最高(元) | 9.98 |
| 2007 年最低(元) | 3.03 |
| 2007 年换手率(%) | 761.78 |

未来一年限售流通股解禁情况:1760537 股 07 月 25 日解禁

| 最新股本 | 总股本 | 非(限售)流通 | 流通 A | 流通 B/H/S | 股东户数 | 06 年末 | 06 三季 |
|---|---|---|---|---|---|---|---|
| | 30642.15 | 19022.61 | 11619.53 | | | 23470 | 21353 |

年报点评：2006 年公司继续保持微利水平。公司主营产品 ADC 发泡剂毛利率下降，影响了公司主营业务的盈利情况。但公司通过加强经营管理，控制期间费用，实现了净利润同比增长 30%的目标。

# 大显股份（600747）

上市日期:96/09/16　　电话:0411－86459612　　传真:0411－6458328

| 主营 | 彩色显象管用电子枪金属零件及组件、移动电话、扩频数字无绳电话、网络设备、电视机、显示器件、精密模具、精密微型轴、高精密多层线路板。 | | |
|---|---|---|---|
| 年　度 | 2006 | 2005 | 2004 |
| 每股收益/扣除后(元) | 0.021/－0.073 | －0.246 | 0.111/0.112 |
| 每股经营现金流量(元) | 0.009 | 0.014 | －0.037 |
| 每股净资产/调整后(元) | 1.14/1.13 | 1.52/1.51 | 2.16/2.14 |
| 未分利润(万元) | －3937.6 | －6229.91 | 27421.91 |
| 资本公积(万元) | 1491.57 | 29966.27 | 36953.48 |
| 主营收入(万元) | 85410.95 | 123601.24 | 89737.99 |
| 主营利润(万元) | 12998.74 | 7408.84 | 23838.8 |
| 投资收益(万元) | 6892.74 | 1477.72 | －806.54 |
| 利润总额(万元) | 2202.89 | －21434.93 | 11299.55 |
| 净利润(万元) | 2237.11 | －19109.99 | 7815.77 |
| 近年分配: | 04 年:10 派 2 转增 1 | | |

| 主要股东及持股比例%、持股性质 |
|---|
| 大连大显集团有限公司 36.94%（国有股） |
| 大连华信信托投资股份有限公司 0.77%（国有股） |
| 大连经济技术开发区鑫鑫商贸公司 0.65%（国有股） |
| 内江方向液晶显示设备有限公司 0.5%（国有股） |
| 上海永新彩色显像管股份有限公司 0.39%（国有股） |
| 方精彪 0.21%（流通 A 股） |
| 肖辉军 0.16%（流通 A 股） |
| 石云平 0.15%（流通 A 股） |
| 乌云 0.15%（流通 A 股） |
| 彭丽娟 0.12%（流通 A 股） |
| 实际控制人：大连市国有资产管理委员会 |

二〇〇六年以来市场表现

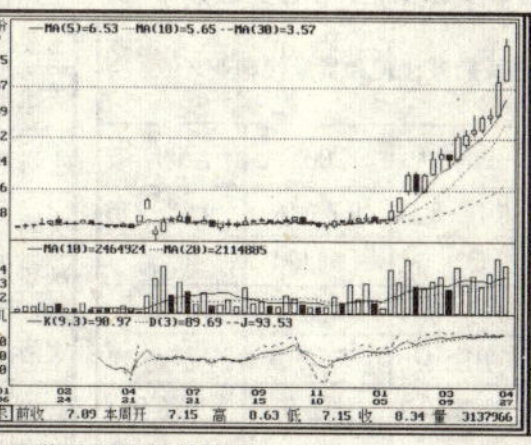

| | |
|---|---|
| 2006 年涨跌幅(%) | 108.04 |
| 2006 年最高(元) | 4.61 |
| 2007 年涨跌幅(%) | 262.61 |
| 2007.4.27 收盘(元) | 8.34 |
| 2007 年最高(元) | 8.63 |
| 2007 年最低(元) | 2.26 |
| 2007 年换手率(%) | 571.73 |

未来一年限售流通股解禁情况:25520497 股 06 月 13 日解禁

| 最新股本 | 总股本 | 非(限售)流通 | 流通 A | 流通 B/H/S | 股东户数 | 06 年末 | 06 三季 |
|---|---|---|---|---|---|---|---|
| | 106432.84 | 41872.52 | 64560.32 | | | 94380 | 96141 |

年报点评：公司主营电子产品及元器件的开发、生产、销售。公司已查封沈阳市建设投资公司 2.96 亿足额资产用于偿还公司债权。2007 年与韩国泛泰公司投资设立大显泛泰通讯公司生产 CDMA 手机年 1000 部成为公司利润增长点。

# 上实发展（600748）

上市日期:96/09/25　　电话:021－53858859　　传真:021－53858879

| 主营 | 房地产开发和经营 | | |
|---|---|---|---|
| 年　度 | 2006 | 2005 | 2004 |
| 每股收益/扣除后(元) | 0.23/－0.12 | 0.22 | 0.14/0.12 |
| 每股经营现金流量(元) | 0.77 | 0.25 | －0.63 |
| 每股净资产/调整后(元) | 2.3/2.25 | 2.17/2.15 | 2.01/2.01 |
| 未分利润(万元) | 17539.86 | 11385.5 | 7312.06 |
| 资本公积(万元) | 43119.06 | 43383.02 | 43321.4 |
| 主营收入(万元) | 118234.57 | 127781.93 | 57101.11 |
| 主营利润(万元) | 2537.19 | 54631.15 | 24908.52 |
| 投资收益(万元) | 21766.61 | 1485.43 | 971.37 |
| 利润总额(万元) | 14386.97 | 38977.34 | 19836.04 |
| 净利润(万元) | 13340.01 | 13060.58 | 8118.86 |
| 近年分配: | 06 预案:10 派 1；05 年:10 派 0.9；04 年:10 派 0.7 | | |

| 主要股东及持股比例%、持股性质 |
|---|
| 上海上实(集团)有限公司 63.89%（国有股） |
| 中国工商银行－同益证券投资基金 3.89%（流通 A 股） |
| 景阳证券投资基金 2.02%（流通 A 股） |
| 中国工商银行－天元证券投资基金 1.91%（流通 A 股） |
| 中国建设银行－上投摩根双息平衡混合型证券投资基金 1.77%（流通 A 股） |
| 广西君合投资有限公司 1.02%（流通 A 股） |
| 中国银行－同智证券投资基金 1%（流通 A 股） |
| 中国工商银行－裕元证券投资基金 0.85%（流通 A 股） |
| 陈玉林 0.72%（流通 A 股） |
| 中国工商银行－南方稳健成长贰号证券投资基金 0.57%（流通 A 股） |
| 实际控制人：上海实业(集团)有限公司 |

二〇〇六年以来市场表现

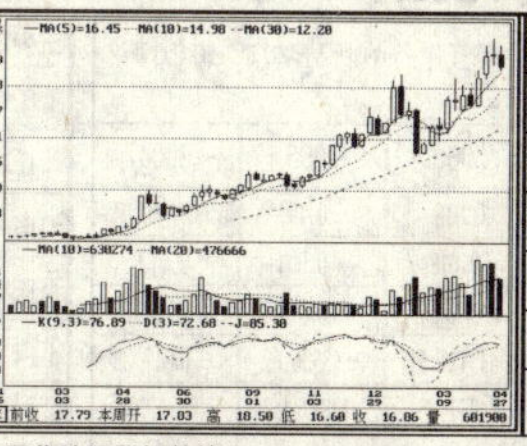

| | |
|---|---|
| 2006 年涨跌幅(%) | 224.18 |
| 2006 年最高(元) | 13.79 |
| 2007 年涨跌幅(%) | 43.98 |
| 2007.4.27 收盘(元) | 16.86 |
| 2007 年最高(元) | 19.15 |
| 2007 年最低(元) | 10.04 |
| 2007 年换手率(%) | 365.36 |

未来一年限售流通股解禁情况:29377082 股 12 月 26 日解禁

| 最新股本 | 总股本 | 非(限售)流通 | 流通 A | 流通 B/H/S | 股东户数 | 06 年末 | 06 三季 |
|---|---|---|---|---|---|---|---|
| | 58754.16 | 35096.41 | 23657.75 | | | 18446 | 27254 |

年报点评：主营收入和主营利润同比下降主要是房地产项目结算收入下降所致。其中海上海项目实现部分住宅销售；海源别墅已经竣工 51%，海南海、海东海 2007 年内正式开工建设，海云天国际广场 07 年开工。锦绣森邻 2007 年 3 月动工，水天花园放缓施工进度。

# 西藏圣地（600749）

上市日期:96/10/15　　电话:0891－6339150　　传真:0891－6339041

| 主营 | 旅游、酒店和有线电视网络等。 | | |
|---|---|---|---|
| 年　度 | 2006 | 2005 | 2004 |
| 每股收益/扣除后(元) | 0.129/0.133 | 0.183 | 0.132/0.128 |
| 每股经营现金流量(元) | －0.259 | 0.0649 | 0.5433 |
| 每股净资产/调整后(元) | 1.4/1.4 | 1.33/1.33 | 1.18/1.18 |
| 未分利润(万元) | 1937.58 | 1056.48 | －9.92 |
| 资本公积(万元) | 1128.31 | 1287.31 | 1287.31 |
| 主营收入(万元) | 19617.84 | 22535.68 | 23103.17 |
| 主营利润(万元) | 4431.68 | 4440.04 | 3648.28 |
| 投资收益(万元) | －12.48 | －16.72 | 8.59 |
| 利润总额(万元) | 786.34 | 1285.03 | 991.77 |
| 净利润(万元) | 1029.38 | 1462.14 | 1056.82 |
| 近年分配: | | | |

| 主要股东及持股比例%、持股性质 |
|---|
| 国风集团有限公司 24.77%（非流通股） |
| 西藏国际体育旅游公司 14.18%（国有股） |
| 北京古越房地产开发有限公司 12.73%（非流通股） |
| 西藏农牧业机械集团总公司 4.44%（国有股） |
| 西藏自治区信托投资公司 4.44%（国有股） |
| 李恒健 0.55%（流通 A 股） |
| 四川省信托投资公司 0.44%（国有股） |
| 吴智勇 0.17%（流通 A 股） |
| 刘勇 0.16%（流通 A 股） |
| 温雪 0.16%（流通 A 股） |
| 实际控制人：国风集团有限公司 |

二〇〇六年以来市场表现

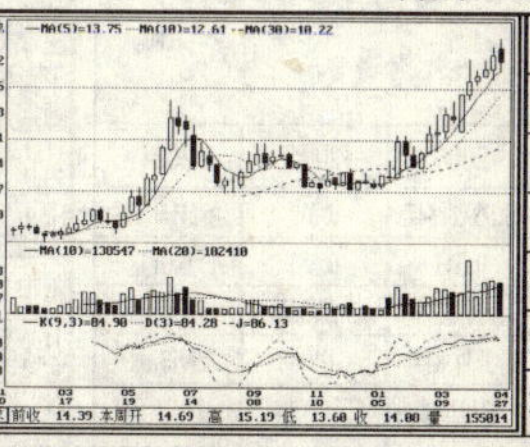

| | |
|---|---|
| 2006 年涨跌幅(%) | 50.76 |
| 2006 年最高(元) | 15.96 |
| 2007 年涨跌幅(%) | 68.62 |
| 2007.4.27 收盘(元) | 14.08 |
| 2007 年最高(元) | 15.19 |
| 2007 年最低(元) | 8.29 |
| 2007 年换手率(%) | 420.27 |

未来一年限售流通股解禁情况:12000000 股 01 月 18 日解禁

| 最新股本 | 总股本 | 非(限售)流通 | 流通 A | 流通 B/H/S | 股东户数 | 06 年末 | 06 三季 |
|---|---|---|---|---|---|---|---|
| | 8000 | 4880 | 3120 | | | 11521 | 11946 |

年报点评：2006 年公司在旅游主业方面，随着青藏铁路和林芝机场的开通，入藏旅游人数出现剧增，公司原有的接待设施和资源配置有限，营业收入和利润依然来自于稳定的外宾旅游团队和长线旅游业务。公司的广告传媒业务运营正常，不断拓展新的客户。

## 江中药业(600750)

上市日期:96/09/23　电话:0791－8169323　传真:0791－8169323

| | | | | |
|---|---|---|---|---|
| 主营 | 中成药制剂的生产和销售。 | | | |
| | 年　度 | 2006 | 2005 | 2004 |
| 主要指标 | 每股收益/扣除后(元) | 0.52/0.54 | 0.37 | 0.3/0.3 |
| | 每股经营现金流量(元) | 0.36 | 0.59 | 0.18 |
| | 每股净资产/调整后(元) | 5.11/4.64 | 4.79/4.71 | 4.52/4.3 |
| | 未分利润(万元) | 22034.87 | 18068.66 | 15355.67 |
| | 资本公积(万元) | 30703.11 | 30702.8 | 30606.61 |
| 利润构成 | 主营收入(万元) | 118107.35 | 97947.13 | 83447.52 |
| | 主营利润(万元) | 74227.64 | 63256.63 | 48130.9 |
| | 投资收益(万元) | －133.91 | －545.51 | －158.29 |
| | 利润总额(万元) | 10104.05 | 7874.47 | 5822.46 |
| | 净利润(万元) | 7632.36 | 5362.94 | 4311.51 |
| 近年分配: | 06 预案:10 派 0.7 送 2 转增 3;05 年:10 派 2;04 年:10 派 1 | | | |

**主要股东及持股比例%、持股性质**

江西江中制药(集团)有限责任公司 43.63%(国有股)

景福证券投资基金 2.4%(流通 A 股)

全国社保基金一零九组合 2.04%(流通 A 股)

申银万国－花旗－DEUTSCHE BANK AKTIENGESELLSCHAFT 2.02%(流通 A 股)

景阳证券投资基金 2.02%(流通 A 股)

中国银行－易方达积极成长证券投资基金 1.53%(流通 A 股)

中国建设银行－宝康消费品证券投资基金 1.32%(流通 A 股)

银丰证券投资基金 1.1%(流通 A 股)

中国建设银行－华夏红利混合型开放式证券投资基金 1.03%(流通 A 股)

孙军忠 0.96%(流通 A 股)

实际控制人:江西省国有资产监督管理委员会

二〇〇六年以来市场表现

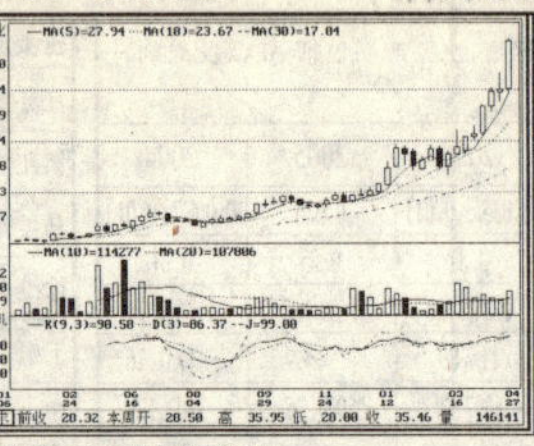

| | |
|---|---|
| 2006 年涨跌幅(%) | 196.51 |
| 2006 年最高(元) | 18.74 |
| 2007 年涨跌幅(%) | 163.06 |
| 2007.4.27 收盘(元) | 35.46 |
| 2007 年最高(元) | 35.95 |
| 2007 年最低(元) | 12.87 |
| 2007 年换手率(%) | 204.62 |

未来一年限售流通股解禁情况:

| | 总股本 | 非(限售)流通 | 流通 A | 流通 B/H/S | 股东户数 06 年末 | 06 三季 |
|---|---|---|---|---|---|---|
| 最新股本 | 14611.2 | 6374.4 | 8236.8 | | 9957 | 10733 |

年报点评:公司是集中成药、处方药、原料药、抗生素制剂生产销售为一体的综合制药企业;中药为公司带来稳定的业绩。公司 2006 年主营收入和利润均保持较快的发展速度,未来将逐步推出新产品,促进公司业绩增长。

## SST 天海(600751/900938)

上市日期:A:96/09/09 B:96/04/30　电话:022－23281780　传真:022－23286115

| | | | | |
|---|---|---|---|---|
| 主营 | 国际近洋集装箱班轮运输及船务代理和货运代理业。 | | | |
| | 年　度 | 2006 | 2005 | 2004 |
| 主要指标 | 每股收益/扣除后(元) | －0.43/－0.43 | 0.12/0.06 | －0.04/－0.05 |
| | 每股经营现金流量(元) | 0.21 | －0.02 | 0.27 |
| | 每股净资产/调整后(元) | －0.13/－0.14 | 0.02/0.01 | 0.15/0.01 |
| | 未分利润(万元) | －93195.62 | －72249.28 | －67965.4 |
| | 资本公积(万元) | 28026.56 | 28026.56 | 28026.56 |
| 利润构成 | 主营收入(万元) | 43744.01 | 76914.23 | 85822.61 |
| | 主营利润(万元) | －516.83 | 7628.88 | 5358.4 |
| | 投资收益(万元) | －167.36 | 1.89 | －2.99 |
| | 利润总额(万元) | －23386.58 | 3444.76 | －1967.57 |
| | 净利润(万元) | －20944.78 | 5830.23 | －2050.29 |
| 近年分配: | | | | |

**主要股东及持股比例%、持股性质**

天津市天海集团有限公司 37.37%(国有股)

上海万丰资产管理有限公司 0.63%(非流通股)

吴颖 0.27%(部分流通部分不流通)

SCBHK A/C KG INVESTMENTS ASIA LIMITED 0.24%(部分流通部分不流通)

裘阿海 0.24%(部分流通部分不流通)

薛克 0.23%(部分流通部分不流通)

王明辉 0.23%(部分流通部分不流通)

张柏青 0.23%(部分流通部分不流通)

唐海明 0.19%(部分流通部分不流通)

江仕亮 0.18%(部分流通部分不流通)

实际控制人:天津市国有资产监督管理委员会

二〇〇六年以来市场表现

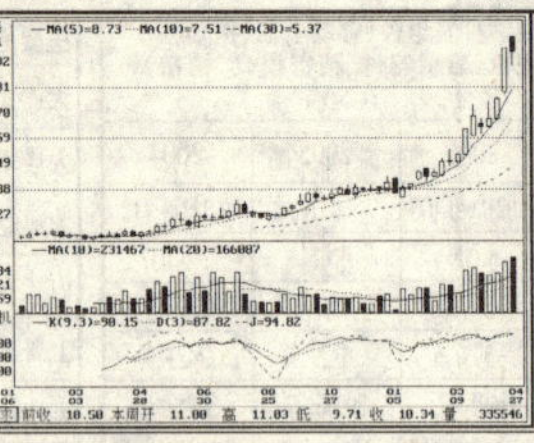

| | |
|---|---|
| 2006 年涨跌幅(%) | 100.87 |
| 2006 年最高(元) | 4.9 |
| 2007 年涨跌幅(%) | 122.85 |
| 2007.4.27 收盘(元) | 10.34 |
| 2007 年最高(元) | 11.03 |
| 2007 年最低(元) | 3.98 |
| 2007 年换手率(%) | 286.87 |

未来一年限售流通股解禁情况:

| | 总股本 | 非(限售)流通 | 流通 A | 流通 B/H/S | 股东户数 06 年末 | 06 三季 |
|---|---|---|---|---|---|---|
| 最新股本 | 49264.88 | 20895.95 | 10368.93 | 18000 | 58764 | 63750 |

年报点评:公司主要经营海上运输,经营以天津、上海为基本港,至日本、韩国、香港和台湾等国家和地区的国际近洋直航班轮运输航线,同时经营以天津为基本港,至广州的国内沿海南北运输航线。2006 年经营亏损。

## ST 冰熊(600753)

上市日期:96/09/27　电话:0370－8585007　传真:0370－8551431

| | | | | |
|---|---|---|---|---|
| 主营 | 系列卧式冷柜和其它制冷保鲜设备的开发、制造、销售、服务。 | | | |
| | 年　度 | 2006 | 2005 | 2004 |
| 主要指标 | 每股收益/扣除后(元) | 0.018 | －0.197 | 0.009/－0.049 |
| | 每股经营现金流量(元) | －0.0184 | －0.006 | 0.012 |
| | 每股净资产/调整后(元) | 1.07/0.62 | 0.89/0.56 | 0.84/0.77 |
| | 未分利润(万元) | －13111.51 | －13336.82 | －10817.22 |
| | 资本公积(万元) | 14037.15 | 11877.15 | 8793.78 |
| 利润构成 | 主营收入(万元) | 6382.95 | 852.18 | 4865.3 |
| | 主营利润(万元) | 1434.38 | 171.31 | 1024.04 |
| | 投资收益(万元) | －7.26 | | |
| | 利润总额(万元) | 956.44 | －2519.6 | 109.87 |
| | 净利润(万元) | 225.31 | －2519.6 | 109.87 |
| 近年分配: | | | | |

**主要股东及持股比例%、持股性质**

重庆银星智业(集团)有限公司 25.01%(非流通股)

商丘市天祥商贸有限公司 15.85%(非流通股)

河南冰熊(集团)有限公司 14.97%(国有股)

重庆赛尼置业发展有限公司 9.42%(非流通股)

上海交大联合科技有限公司 1.75%(非流通股)

陈峰 0.38%(流通 A 股)

仇启棠 0.34%(流通 A 股)

罗香娇 0.31%(流通 A 股)

周宇光 0.27%(流通 A 股)

徐伟忠 0.18%(流通 A 股)

实际控制人:李大明

二〇〇六年以来市场表现

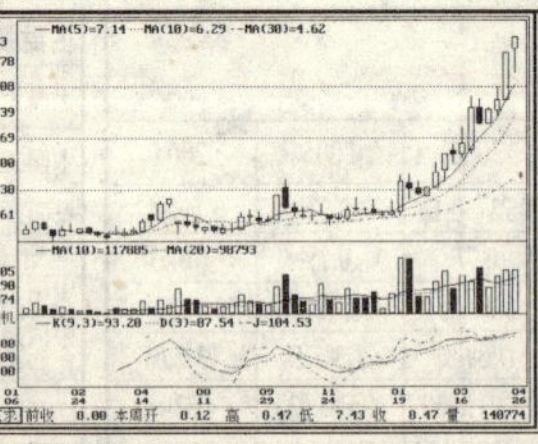

| | |
|---|---|
| 2006 年涨跌幅(%) | 53.93 |
| 2006 年最高(元) | 6.01 |
| 2007 年涨跌幅(%) | 132.06 |
| 2007.4.27 收盘(元) | 8.47 |
| 2007 年最高(元) | 8.47 |
| 2007 年最低(元) | 3.49 |
| 2007 年换手率(%) | 408.81 |

未来一年限售流通股解禁情况:27833332 股 07 月 17 日解禁

| | 总股本 | 非(限售)流通 | 流通 A | 流通 B/H/S | 股东户数 06 年末 | 06 三季 |
|---|---|---|---|---|---|---|
| 最新股本 | 12800 | 8576 | 4224 | | 9441 | 9853 |

年报点评:公司主营房地产。2006 年,公司原有主业冷柜生产和销售活动已经停止,经营销售和实现利润主要来源于房地产开发业务。目前公司负债金额较大,未了结诉讼较多使公司业务经营受到较大影响,后期需尽快完成资产重组、增加筹资力度。

## 锦江股份(600754/900934)

上市日期:A:96/10/11 B:94/12/15　电话:021－63217132　传真:021－63217720

| | | | | |
|---|---|---|---|---|
| 主营 | 宾馆、餐饮、食品生产及连锁经营、旅游等。 | | | |
| | 年　度 | 2006 | 2005 | 2004 |
| 主要指标 | 每股收益/扣除后(元) | 0.359/0.347 | 0.319 | 0.241/0.197 |
| | 每股经营现金流量(元) | 0.343 | 0.382 | 0.313 |
| | 每股净资产/调整后(元) | 3.38/3.36 | 3.27/3.25 | 3.11/3.08 |
| | 未分利润(万元) | 3739.84 | 3410.88 | 3918.68 |
| | 资本公积(万元) | 77192.48 | 77153.94 | 77124.59 |
| 利润构成 | 主营收入(万元) | 92951.42 | 90245.98 | 86370.05 |
| | 主营利润(万元) | 63744.77 | 61704.89 | 58199.1 |
| | 投资收益(万元) | 10923.18 | 7704 | 9656.77 |
| | 利润总额(万元) | 26291.88 | 23797.11 | 19746.11 |
| | 净利润(万元) | 21679.37 | 19263.49 | 14523.33 |
| 近年分配: | 06 预案:10 派 3;05 年:10 派 2.5;04 年:10 派 1.6 | | | |

**主要股东及持股比例%、持股性质**

上海锦江国际酒店(集团)股份有限公司 50.05%(部分流通部分不流通)

HTHK S/A CMG FIRST STATE GLOBAL UMBRELLA FUND PLC－CMG FIRST 2.01%(流通 B 股)

上海嘉海投资有限公司 1.56%(非流通股)

上海轮胎橡胶(集团)股份有限公司 1.42%(国有股)

日兴资产管理有限公司－日兴 AM 中国人民币 A 股母基金 1.39%(流通 A 股)

NIKKOCITI TRUST AND BANKING CORPORATION S/A RE:JF CHINA MOTH 1.23%(流通 B 股)

MERRILL LYNCH INTERNATIONAL 0.75%(流通 B 股)

HSBC BROKING SECURITIES (ASIA) LIMITED CLIENTS ACCOUNT 0.56%(流通 B 股)

上海证券有限责任公司 0.52%(国有股)

SCBHK A/C IBT S/A ZEPHYR AURORA MASTER FUND LP 0.51%(流通 B 股)

实际控制人:锦江国际(集团)有限公司

二〇〇六年以来市场表现

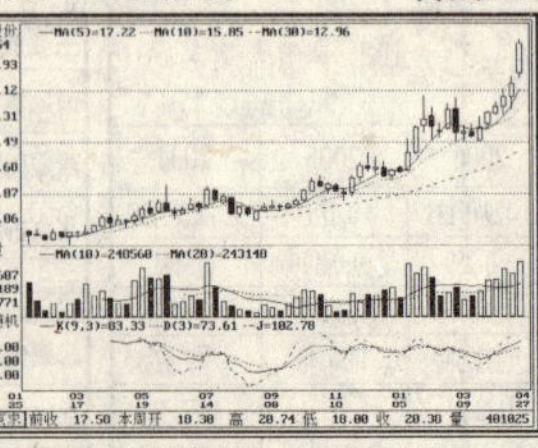

| | |
|---|---|
| 2006 年涨跌幅(%) | 94.34 |
| 2006 年最高(元) | 16.94 |
| 2007 年涨跌幅(%) | 77.68 |
| 2007.4.27 收盘(元) | 20.38 |
| 2007 年最高(元) | 20.74 |
| 2007 年最低(元) | 11.3 |
| 2007 年换手率(%) | 251.7 |

未来一年限售流通股解禁情况:30162037 股 01 月 23 日解禁

| | 总股本 | 非(限售)流通 | 流通 A | 流通 B/H/S | 股东户数 06 年末 | 06 三季 |
|---|---|---|---|---|---|---|
| 最新股本 | 60324.07 | 31838.91 | 12885.16 | 15600 | 41915 | 53325 |

年报点评:2006 年公司紧紧围绕"管理、品牌、网络、人才"等四大核心竞争力的提升,主营围绕酒店管理,连锁餐饮业务,酒店投资业务展开。公司进一步推进酒店标准体系和运作体系建设,在试行基础上对酒店核心质量标准进行了修订和完善,并在部分成员酒店进一步推广。

## 厦门国贸（600755）

上市日期:96/10/03　　电话:0592－5161888　　传真:0592－5160280

| | | | | |
|---|---|---|---|---|
| 主营 | 从事贸易、房地产、投资、码头物流的业务。 | | | |
| | 年　度 | 2006 | 2005 | 2004 |
| 主要指标 | 每股收益/扣除后(元) | 0.44/0.33 | 0.39 | 0.34/0.35 |
| | 每股经营现金流量(元) | 0.94 | 0.73 | 0.49 |
| | 每股净资产/调整后(元) | 2.54/2.52 | 2.74/2.72 | 2.45/2.43 |
| | 未分利润(万元) | 32263.34 | 20534.31 | 14410.31 |
| | 资本公积(万元) | 19957.9 | 27660.43 | 27188.06 |
| 利润构成 | 主营收入(万元) | 1489643.06 | 1347840.52 | 1009637.61 |
| | 主营利润(万元) | 82055.47 | 64003.98 | 50085.91 |
| | 投资收益(万元) | 4415.39 | 1590.09 | 1813.38 |
| | 利润总额(万元) | 32648.77 | 26844.49 | 18337.61 |
| | 净利润(万元) | 20263.19 | 13843.08 | 12217.8 |
| 近年分配: | 06 预案:10 派 1;05 年:10 派 1;04 年:10 派 1 | | | |

| 主要股东及持股比例%、持股性质 | |
|---|---|
| 厦门国贸控股有限公司 27.86%（国有股） | |
| 中国银行－华宝兴业先进成长股票型证券投资基金 2.57%（流通 A 股） | |
| 厦门顺承管理有限公司 2.15%（流通 A 股） | |
| 中国建设银行－宝康灵活配置证券投资基金 1.09%（流通 A 股） | |
| 中国银行－易方达平稳增长证券投资基金 1.02%（流通 A 股） | |
| 上海浦东发展银行－广发小盘成长股票型证券投资基金 0.89%（流通 A 股） | |
| 中国建设银行－华宝兴业收益增长混合型证券投资基金 0.85%（流通 A 股） | |
| 中国工商银行－中银国际持续增长股票型证券投资基金 0.71%（流通 A 股） | |
| 施皓天 0.54%（流通 A 股） | |
| 中国人寿保险股份有限公司－分红－个人分红－005L－FH002 沪 0.47%（流通 A 股） | |
| 实际控制人: | 厦门市人民政府国有资产监督管理委员会 |

二〇〇六年以来市场表现

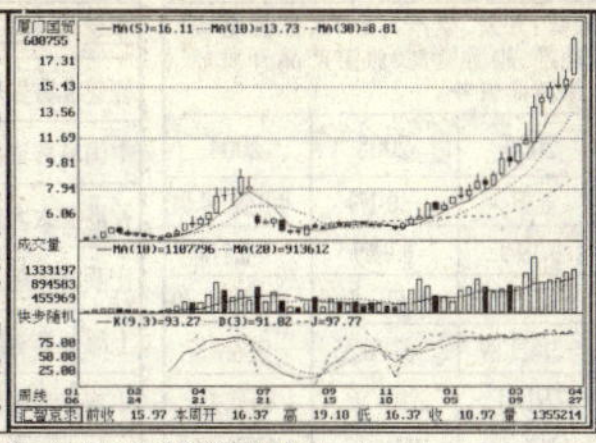

| | |
|---|---|
| 2006 年涨跌幅(%) | 134.38 |
| 2006 年最高(元) | 10.22 |
| 2007 年涨跌幅(%) | 182.29 |
| 2007.4.27 收盘(元) | 18.97 |
| 2007 年最高(元) | 19.18 |
| 2007 年最低(元) | 6.81 |
| 2007 年换手率(%) | 464.39 |

未来一年限售流通股解禁情况:

| | 总股本 | 非(限售)流通 | 流通 A | 流通 B/H/S | 股东户数 | 06 年末 | 06 三季 |
|---|---|---|---|---|---|---|---|
| 最新股本 | 45948.6 | 12801.6 | 33147 | | | 57665 | 68690 |

**年报点评** 公司主营贸易、房地产开发和码头物流等业务。报告期内面对人民币持续升值、出口退税率下降等不利因素,公司仍旧实现了贸易业务较高的增长率;码头物流业务进展势头良好;房地产业务取得较大发展,这为公司报告期利润及未来的发展奠定了基础。

## 浪潮软件（600756）

上市日期:96/09/23　　电话:0531－85105606　　传真:0531－85105600

| | | | | |
|---|---|---|---|---|
| 主营 | 通信及计算机软硬件技术开发、生产、销售;通信及计算机网络工程技术咨询、技术培训。 | | | |
| | 年　度 | 2006 | 2005 | 2004 |
| 主要指标 | 每股收益/扣除后(元) | 0.04/0.01 | 0.16 | 0.26/0.25 |
| | 每股经营现金流量(元) | 0.15 | 0.05 | 0.11 |
| | 每股净资产/调整后(元) | 3.44/3.42 | 3.3/3.27 | 3.14/3.13 |
| | 未分利润(万元) | 23563.02 | 22959.11 | 20463.09 |
| | 资本公积(万元) | 15979.55 | 14007.21 | 13972.41 |
| 利润构成 | 主营收入(万元) | 54712.27 | 55083.08 | 55373.26 |
| | 主营利润(万元) | 16969.18 | 16725.28 | 18936.69 |
| | 投资收益(万元) | 410.26 | 1371.42 | 1358.1 |
| | 利润总额(万元) | 1482.12 | 3722.72 | 5721.07 |
| | 净利润(万元) | 711.45 | 2950.28 | 4917.21 |
| 近年分配: | | | | |

| 主要股东及持股比例%、持股性质 | |
|---|---|
| 浪潮齐鲁软件产业有限公司 26.5%（非流通股） | |
| 汉唐证券有限责任公司 25.92%（流通 A 股） | |
| 泰安市人民政府国有资产监督管理委员会 3.65%（非流通股） | |
| 泰山大酒店 2.9%（非流通股） | |
| 泰安市泰山宾馆有限责任公司 2.63%（非流通股） | |
| 泰安市神憩宾馆 2.61%（非流通股） | |
| 泰安市御座宾馆 0.8%（非流通股） | |
| 泰安市泰山旅游汽车有限责任公司 0.4%（非流通股） | |
| 上海新元投资有限公司 0.35%（非流通股） | |
| 泰安市索道安装公司 0.34%（非流通股） | |
| 实际控制人: | 山东省人民政府国有资产监督管理委员会 |

二〇〇六年以来市场表现

| | |
|---|---|
| 2006 年涨跌幅(%) | -1.35 |
| 2006 年最高(元) | 10.52 |
| 2007 年涨跌幅(%) | 93.98 |
| 2007.4.27 收盘(元) | 11.93 |
| 2007 年最高(元) | 12.58 |
| 2007 年最低(元) | 6 |
| 2007 年换手率(%) | 484.55 |

未来一年限售流通股解禁情况:25853251 股 05 月 24 日解禁

| | 总股本 | 非(限售)流通 | 流通 A | 流通 B/H/S | 股东户数 | 06 年末 | 06 三季 |
|---|---|---|---|---|---|---|---|
| 最新股本 | 18583.15 | 7508.33 | 11074.83 | | | 16412 | 16718 |

**年报点评** 公司主营政府、烟草等行业软件及系统集成业务。2006 年度,公司着重产品改造升级,改进市场运营体系,竞争能力得到提升,现金流亦有明显改善。但业务的调整和转型对短期业绩造成影响,主营业务收入下降,同时研发费用增加,导致净利润大幅下降。

## ＊ST 源发（600757）

上市日期:96/10/03　　电话:021－58793617　　传真:021－58792223

| | | | | |
|---|---|---|---|---|
| 主营 | 生产、加工、销售各类服装和家用纺织装饰品,服装和家用纺织品的原辅材料,经营和代理经国家批准的各类商品,进出口业务。 | | | |
| | 年　度 | 2006 | 2005 | 2004 |
| 主要指标 | 每股收益/扣除后(元) | -1.23/-1.22 | -0.78 | 0.07/0.01 |
| | 每股经营现金流量(元) | 0.47 | 0.01 | 0.55 |
| | 每股净资产/调整后(元) | 0.39/-0.03 | 1.86/1.24 | 2.77/2.66 |
| | 未分利润(万元) | -98933.08 | -40767.29 | 1734.1 |
| | 资本公积(万元) | 53953.22 | 59966.02 | 59071.31 |
| 利润构成 | 主营收入(万元) | 336436.43 | 342822.26 | 445762.61 |
| | 主营利润(万元) | 23365.66 | 28274.4 | 35076.4 |
| | 投资收益(万元) | -10926.53 | -1406.85 | 991.62 |
| | 利润总额(万元) | -61356.59 | -33855.28 | 5863.37 |
| | 净利润(万元) | -57849.47 | -36862.63 | 3071.45 |
| 近年分配: | | | | |

| 主要股东及持股比例%、持股性质 | |
|---|---|
| 中国华源集团有限公司 40.27%（国有股） | |
| 雅鹿集团有限公司 9.01%（非流通股） | |
| 江苏双猫纺织装饰有限公司 8.65%（国有股） | |
| 香港冠丰国际投资有限公司 3.61%（外资股） | |
| 上海外高桥保税区联合发展有限公司 1.81%（非流通股） | |
| 嘉丰纺织(香港)有限公司 1.81%（外资股） | |
| 上海华宇毛麻进出口有限公司 1.81%（国有股） | |
| 上海华源投资发展(集团)有限公司 1.51%（国有股） | |
| 中国农业银行上海市分行 0.61%（国有股） | |
| 高新投资发展有限公司 0.6%（国有股） | |
| 实际控制人: | 国务院国有资产监督管理委员会 |

二〇〇六年以来市场表现

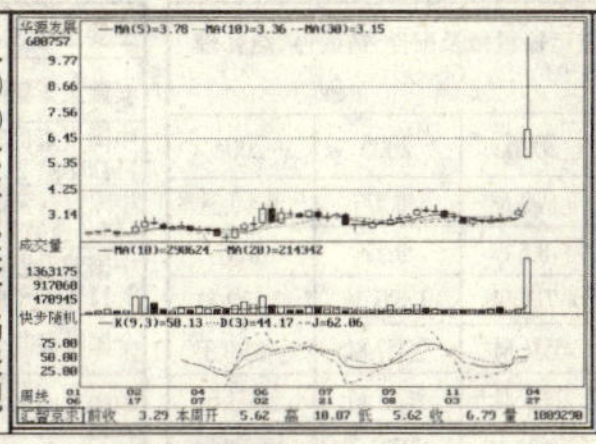

| | |
|---|---|
| 2006 年涨跌幅(%) | 28.33 |
| 2006 年最高(元) | 3.66 |
| 2007 年涨跌幅(%) | 127.09 |
| 2007.4.27 收盘(元) | 6.79 |
| 2007 年最高(元) | 10.87 |
| 2007 年最低(元) | 3.14 |
| 2007 年换手率(%) | 92.01 |

未来一年限售流通股解禁情况:

| | 总股本 | 非(限售)流通 | 流通 A | 流通 B/H/S | 股东户数 | 06 年末 | 06 三季 |
|---|---|---|---|---|---|---|---|
| 最新股本 | 47214.42 | 33174.42 | 14040 | | | 27706 | 30068 |

**年报点评** 公司主营纺织、服装产品的生产以及国际贸易等,目前已基本形成了一定的产业规模和市场优势。2006 年由于原材料、人工成本等上涨,公司主要产品的平均毛利率下降,并且由于公司的融资环境没有改善,融资成本较高,公司盈利能力下降。

## ST 金帝（600758）

上市日期:96/10/29　　电话:024－22870330　　传真:024－22855430

| | | | | |
|---|---|---|---|---|
| 主营 | 土木工程施工、筑路、工业设备安装、机械化施工、房地产开发、新型建筑材料和制品生产等。 | | | |
| | 年　度 | 2006 | 2005 | 2004 |
| 主要指标 | 每股收益/扣除后(元) | -0.07/-0.21 | 0.17 | -0.07/-0.09 |
| | 每股经营现金流量(元) | 0.03 | -0.04 | -0.09 |
| | 每股净资产/调整后(元) | 0.91/0.91 | 0.76/-0.21 | 0.52/-0.74 |
| | 未分利润(万元) | -6852.3 | -5905.28 | -31932 |
| | 资本公积(万元) | 4690.53 | 1342.74 | 21169.86 |
| 利润构成 | 主营收入(万元) | 56682.1 | 60166.62 | 91815.32 |
| | 主营利润(万元) | -604 | 2918.39 | 3530.67 |
| | 投资收益(万元) | 764.09 | 100.02 | 126.45 |
| | 利润总额(万元) | -1871.96 | 2859.66 | -1062.31 |
| | 净利润(万元) | -1190.73 | 2699.34 | -1160.23 |
| 近年分配: | | | | |

| 主要股东及持股比例%、持股性质 | |
|---|---|
| 沈阳煤业(集团)有限责任公司 40.97%（国有股） | |
| 辽宁省投资集团有限公司(辽宁省投资集团公司) 6.26%（国有股） | |
| 辽宁建设集团国际经济技术合作公司 3.13%（国有股） | |
| 沈阳源华经济技术咨询有限公司 2.97%（非流通股） | |
| 川南信用 1.69%（非流通股） | |
| 申银万国－农行－BNP PARIBAS 1.55%（流通 A 股） | |
| 申银万国－花旗－DEUTSCHE BANK AKTIENGESELLSCHAFT 0.68%（流通 A 股） | |
| 北京鑫宏威经济技术开发有限责任公司 0.63%（非流通股） | |
| 泛华工程有限公司 0.63%（非流通股） | |
| 金玉香 0.62%（流通 A 股） | |
| 实际控制人: | 辽宁省国有资产监督管理委员会 |

二〇〇六年以来市场表现

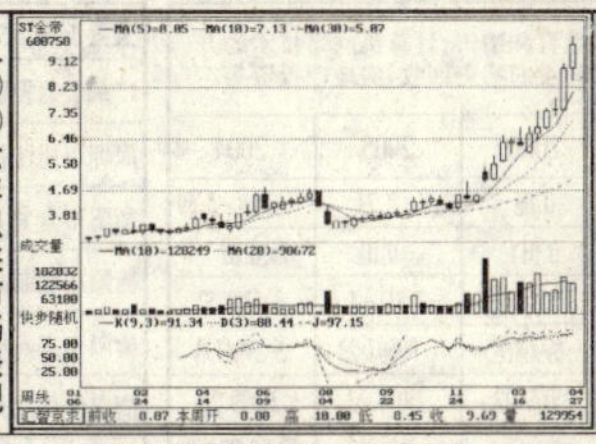

| | |
|---|---|
| 2006 年涨跌幅(%) | 53.61 |
| 2006 年最高(元) | 4.95 |
| 2007 年涨跌幅(%) | 116.78 |
| 2007.4.27 收盘(元) | 9.69 |
| 2007 年最高(元) | 10 |
| 2007 年最低(元) | 4.92 |
| 2007 年换手率(%) | 247.42 |

未来一年限售流通股解禁情况:30697760 股 02 月 07 日解禁

| | 总股本 | 非(限售)流通 | 流通 A | 流通 B/H/S | 股东户数 | 06 年末 | 06 三季 |
|---|---|---|---|---|---|---|---|
| 最新股本 | 15975.52 | 9816 | 6159.52 | | | 22163 | 23446 |

**年报点评** 公司原有业务为土木建设工程等。由于原有业务负担较重,利用股权契机与大股东沈阳煤业(集团)有限责任公司进行了重大资产重组,公司全部资产和部分负债与沈阳煤业(集团)有限责任公司的优质资产红阳热电有限公司进行了置换,成为热电生产企业。

## S＊ST 华侨（600759）

上市日期:96/10/08　　电话:0898－66787220　　传真:0898－66787220

**主营**：高新技术项目及产品的投资、开发、生产与经营，能源基础产业投资、开发、经营，房地产、旅游资源、旅游产品开发经营，建筑材料生产、销售，旅游业服务。

| | 年度 | 2006 | 2005 | 2004 |
|---|---|---|---|---|
| 主要指标 | 每股收益/扣除后(元) | 0.27 | -0.179 | -0.022/-0.047 |
| | 每股经营现金流量(元) | 0.1899 | 0.0279 | -0.118 |
| | 每股净资产/调整后(元) | -0.41/-0.77 | -0.67/-0.68 | -0.49/-0.49 |
| | 未分利润(万元) | -31829.89 | -37460.55 | -33729.87 |
| | 资本公积(万元) | 2771.41 | 2606.86 | 2672.43 |
| 利润构成 | 主营收入(万元) | 13936.59 | 15319.83 | 13995.89 |
| | 主营利润(万元) | 490.49 | 1235.48 | 1866.01 |
| | 投资收益(万元) | -62.69 | 3.51 | -4.48 |
| | 利润总额(万元) | 4439.4 | -4230.44 | -284.11 |
| | 净利润(万元) | 5630.66 | -3730.68 | -455.49 |

**近年分配:**

**主要股东及持股比例%、持股性质**

福建北方发展股份有限公司 29.88%（非流通股）
中国科技证券有限责任公司 7.6%（非流通股）
香港亚太奔德有限公司 6.08%（外资股）
比欧特国际工程有限公司 3.54%（非流通股）
上海证券有限责任公司 2.3%（非流通股）
华夏证券有限公司 1.92%（非流通股）
海通证券股份有限公司 1.8%（非流通股）
海南正兴投资发展有限公司 1.64%（非流通股）
厦门国际信托投资公司证券营业部 1.63%（非流通股）
航天信托投资有限公司 1.44%（非流通股）

**实际控制人:** 福建北方发展股份有限公司

二〇〇六年以来市场表现

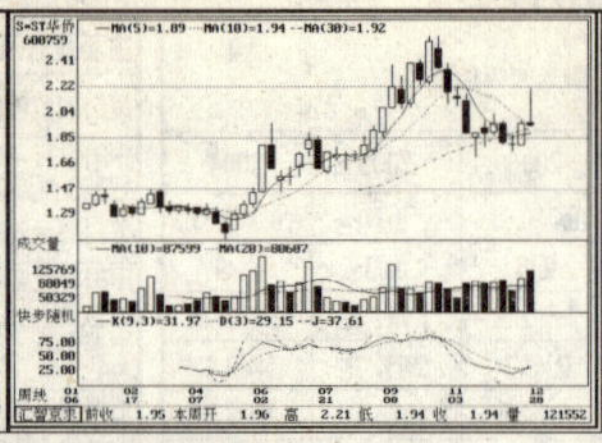

| | |
|---|---|
| 2006 年涨跌幅(%) | 46.97 |
| 2006 年最高(元) | 2.6 |
| 2007 年涨跌幅(%) | |
| 2007.4.27 收盘(元) | 1.94 |
| 2007 年最高(元) | |
| 2007 年最低(元) | |
| 2007 年换手率(%) | |

未来一年限售流通股解禁情况:

| 最新股本 | 总股本 | 非(限售)流通 | 流通 A | 流通 B/H/S | 股东户数 06 年末 | 股东户数 06 三季 |
|---|---|---|---|---|---|---|
| | 20855.2 | 13939.2 | 6916 | | 14233 | 14519 |

**年报点评**：公司本部主营业务长时间无法恢复，且管理费用和财务费用较高，仅靠金山制药维持公司的持续经营也相当困难。在福建北方成功入主之后，公司主营已逐步转向医药行业。2006 年公司完成重组后实现扭亏。公司未来发展可能向好。

## ST 黑豹（600760）

上市日期:96/10/11　　电话:0631－8352083　　传真:0631－8352228

**主营**：制造、销售黑豹牌微型汽、柴油载重汽车及其配件制造、厢式柴油专用汽车制造。

| | 年度 | 2006 | 2005 | 2004 |
|---|---|---|---|---|
| 主要指标 | 每股收益/扣除后(元) | -0.23/-0.23 | 0.01 | -0.19/-0.2 |
| | 每股经营现金流量(元) | -0.06 | 0.33 | 0.14 |
| | 每股净资产/调整后(元) | 1.59/1.58 | 1.73/1.71 | 1.72/1.7 |
| | 未分利润(万元) | -16631.9 | -10465.16 | -10610.95 |
| | 资本公积(万元) | 26953.56 | 24551.17 | 24469.1 |
| 利润构成 | 主营收入(万元) | 56731.53 | 52711.91 | 31702.63 |
| | 主营利润(万元) | 4928.66 | 4303.16 | 2075.51 |
| | 投资收益(万元) | | | |
| | 利润总额(万元) | -6166.74 | 145.78 | -5066.73 |
| | 净利润(万元) | -6166.74 | 145.78 | -5066.73 |

**近年分配:**

**主要股东及持股比例%、持股性质**

哈尔滨东安实业发展有限公司 17.94%（非流通股）
山东黑豹集团有限公司 12.08%（非流通股）
威海韩龙汽车车体有限公司 4.15%（非流通股）
哈尔滨东安建筑工程有限公司 2.88%（非流通股）
张颖 0.46%（流通 A 股）
李玲 0.4%（流通 A 股）
陈北归 0.34%（流通 A 股）
徐文 0.33%（流通 A 股）
吴锭辉 0.29%（流通 A 股）
威海市烟草有限公司 0.29%（非流通股）

**实际控制人:**

二〇〇六年以来市场表现

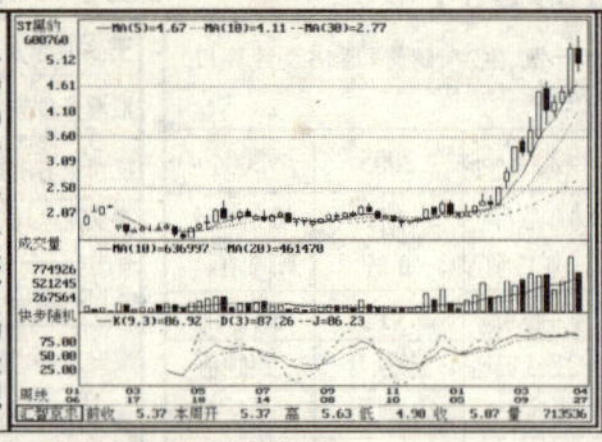

| | |
|---|---|
| 2006 年涨跌幅(%) | 46.34 |
| 2006 年最高(元) | 3.02 |
| 2007 年涨跌幅(%) | 146.12 |
| 2007.4.27 收盘(元) | 5.07 |
| 2007 年最高(元) | 5.63 |
| 2007 年最低(元) | 1.96 |
| 2007 年换手率(%) | 439.66 |

未来一年限售流通股解禁情况:

| 最新股本 | 总股本 | 非(限售)流通 | 流通 A | 流通 B/H/S | 股东户数 06 年末 | 股东户数 06 三季 |
|---|---|---|---|---|---|---|
| | 27300 | 10193.68 | 17106.32 | | 60668 | 63896 |

**年报点评**：公司主营农用车、轻卡生产销售。2006 年受行业竞争激烈、原材料价格上涨等多种因素的影响，产品销售下滑，公司经营困难。2007 年公司仍将面临严峻的竞争形势。

## 安徽合力（600761）

上市日期:96/10/09　　电话:0551－3648005　　传真:0511－3633431

**主营**：叉车、工程机械、矿山起重运输机械及配件、铸锻件、热处理件制造及产品销售。

| | 年度 | 2006 | 2005 | 2004 |
|---|---|---|---|---|
| 主要指标 | 每股收益/扣除后(元) | 0.69/0.68 | 0.47 | 0.4/0.38 |
| | 每股经营现金流量(元) | 0.6 | 0.53 | 0.55 |
| | 每股净资产/调整后(元) | 4.77/4.74 | 3.19/3.16 | 2.87/2.84 |
| | 未分利润(万元) | 43534.64 | 26157.84 | 18540.3 |
| | 资本公积(万元) | 71425.44 | 24265.67 | 24423.61 |
| 利润构成 | 主营收入(万元) | 250824.24 | 174703.22 | 136789.94 |
| | 主营利润(万元) | 65885.1 | 42116.08 | 30997.81 |
| | 投资收益(万元) | -19.08 | -40.16 | 14.92 |
| | 利润总额(万元) | 33598.8 | 18667.8 | 14881.68 |
| | 净利润(万元) | 24673.72 | 14479.76 | 12349.41 |

**近年分配:** 06 预案:10 派 2；05 年:10 派 1.5；04 年:10 派 1.5

**主要股东及持股比例%、持股性质**

安徽叉车集团公司 36.1%（国有股）
中国人寿保险股份有限公司－分红－个人分红－005L－FH002 沪 2.33%（部分流通部分不流通）
中国银行－银华优质增长股票型证券投资基金 2.31%（部分流通部分不流通）
中国建设银行－上投摩根成长先锋股票型证券投资基金 2.11%（流通 A 股）
全国社保基金一零一组合 1.96%（非流通股）
中国工商银行－安信证券投资基金 1.96%（流通 A 股）
兴华证券投资基金 1.88%（流通 A 股）
中国建设银行－上投摩根阿尔法股票型证券投资基金 1.74%（流通 A 股）
中国建设银行－上投摩根双息平衡混合型证券投资基金 1.58%（流通 A 股）
全国社保基金一零七组合 1.46%（非流通股）

**实际控制人:** 安徽省人民政府国有资产监督管理委员会

二〇〇六年以来市场表现

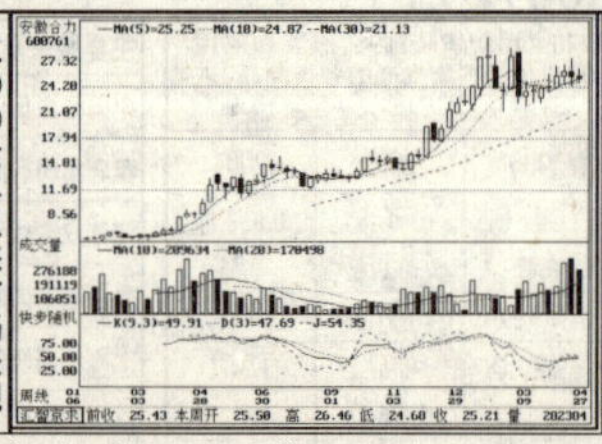

| | |
|---|---|
| 2006 年涨跌幅(%) | 306.53 |
| 2006 年最高(元) | 23 |
| 2007 年涨跌幅(%) | 13.3 |
| 2007.4.27 收盘(元) | 25.21 |
| 2007 年最高(元) | 30.45 |
| 2007 年最低(元) | 21.1 |
| 2007 年换手率(%) | 160.99 |

未来一年限售流通股解禁情况:15347725 股 10 月 28 日解禁

| 最新股本 | 总股本 | 非(限售)流通 | 流通 A | 流通 B/H/S | 股东户数 06 年末 | 股东户数 06 三季 |
|---|---|---|---|---|---|---|
| | 35695.45 | 17887.81 | 17807.64 | | 7939 | 10782 |

**年报点评**：公司主营内燃叉车、电瓶叉车、装载机及其他产品的生产和销售，是该行业的龙头企业。报告期内，公司主导产品产销两旺，内外销继续保持高速增长，主要经济指标再创历史新高。公司注重自主创新，注重项目建设，注重营销网络整合和品牌维护。

## S＊ST 金荔（600762）

上市日期:96/10/25　　电话:0734－8709868　　传真:0734－8709892

**主营**：农业高科技产品的开发、培育和销售，计算机网络技术的开发及成果转让，政策允许的废旧物资回收、房地产投资等。

| | 年度 | 2006 | 2005 | 2004 |
|---|---|---|---|---|
| 主要指标 | 每股收益/扣除后(元) | 0.06 | -2.73 | -0.68/-0.59 |
| | 每股经营现金流量(元) | 0.014 | -0.01 | 0.07 |
| | 每股净资产/调整后(元) | -3.25/-4.54 | -3.31/-4.6 | 0.57/0.57 |
| | 未分利润(万元) | -69968.85 | -70607.22 | -29647.8 |
| | 资本公积(万元) | 25079.22 | 25079.22 | 25079.22 |
| 利润构成 | 主营收入(万元) | 416.59 | 318.06 | 6.77 |
| | 主营利润(万元) | 174.87 | 56.76 | -10.05 |
| | 投资收益(万元) | | -5452.8 | |
| | 利润总额(万元) | 638.68 | -22873.16 | -7453.63 |
| | 净利润(万元) | 638.37 | -22813.57 | -7133.22 |

**近年分配:**

**主要股东及持股比例%、持股性质**

广东金荔投资有限责任公司 45.16%（非流通股）
深圳市旭能投资有限公司 1.97%（非流通股）
衡阳市金龙大酒店 0.78%（非流通股）
衡阳市铝制品厂技协服务部 0.43%（非流通股）
衡阳市工商局劳动服务公司 0.4%（非流通股）
衡南电机郴州供应站 0.37%（非流通股）
衡阳市商业批发 0.36%（非流通股）
衡阳市制剂设备厂 0.36%（非流通股）
衡阳市城北机电厂 0.34%（非流通股）
衡冶咨询 0.33%（非流通股）

**实际控制人:** 广东金荔投资有限责任公司

二〇〇六年以来市场表现

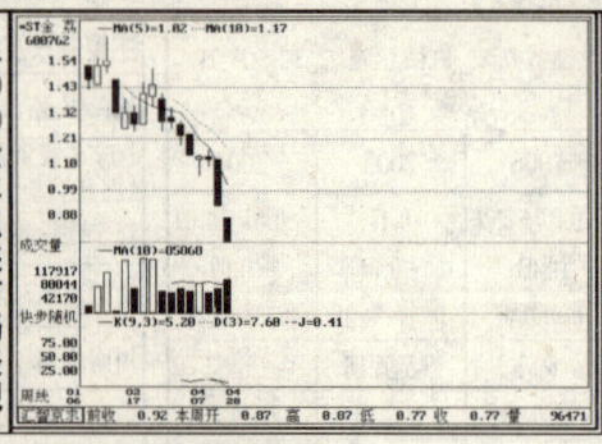

| | |
|---|---|
| 2006 年涨跌幅(%) | |
| 2006 年最高(元) | |
| 2007 年涨跌幅(%) | |
| 2007.4.27 收盘(元) | |
| 2007 年最高(元) | |
| 2007 年最低(元) | |
| 2007 年换手率(%) | |

未来一年限售流通股解禁情况:

| 最新股本 | 总股本 | 非(限售)流通 | 流通 A | 流通 B/H/S | 股东户数 06 年末 | 股东户数 06 三季 |
|---|---|---|---|---|---|---|
| | 10566.4 | 6240 | 4326.4 | | 18930 | 18930 |

**年报点评**：由于公司生产经营基本处于停滞状态，报告期内公司仅有的一点点收入来源为农场生猪所带来的收入。预计公司难逃退市厄运。

## ST 通策（600763）

上市日期:96/10/30　电话:0571－87163219　传真:0571－87163219

**主营**：制造销售羽毛羽绒产品、皮革制品、针纺织品等。

| | 年　度 | 2006 | 2005 | 2004 |
|---|---|---|---|---|
| 主要指标 | 每股收益/扣除后(元) | 0.007/0.008 | 0.021 | -0.058/-0.058 |
| | 每股经营现金流量(元) | -0.039 | -0.002 | -0.0167 |
| | 每股净资产/调整后(元) | 1.01/1.01 | 0.21/0.07 | 0.17/0.03 |
| | 未分利润(万元) | -19917.28 | -20054.02 | -20361.21 |
| | 资本公积(万元) | 19917.5 | 7109.5 | 6849.5 |
| 利润构成 | 主营收入(万元) | 2187.68 | 392.7 | |
| | 主营利润(万元) | 1254.42 | 356.86 | |
| | 投资收益(万元) | -130.52 | | |
| | 利润总额(万元) | 500.76 | 429.65 | -934.21 |
| | 净利润(万元) | 114.02 | 329.91 | -934.21 |
| 近年分配: | | | | |

**主要股东及持股比例%、持股性质**

杭州宝群实业集团有限公司 29.69%（非流通股）
杭州广赛电力科技有限公司 22.08%（非流通股）
长沙市逸图物业管理有限公司 6.18%（非流通股）
北京方程兴业投资有限公司 4.93%（非流通股）
北京颐和丰业投资有限公司 4.49%（非流通股）
上海岩鑫实业投资有限公司 3.12%（非流通股）
上海步欣工贸有限公司 1.56%（非流通股）
上海平杰投资咨询有限公司 1.56%（非流通股）
北京龙聚兴投资顾问有限公司 1.25%（非流通股）
张清 0.5%（流通 A 股）

实际控制人：吕建明

二〇〇六年以来市场表现

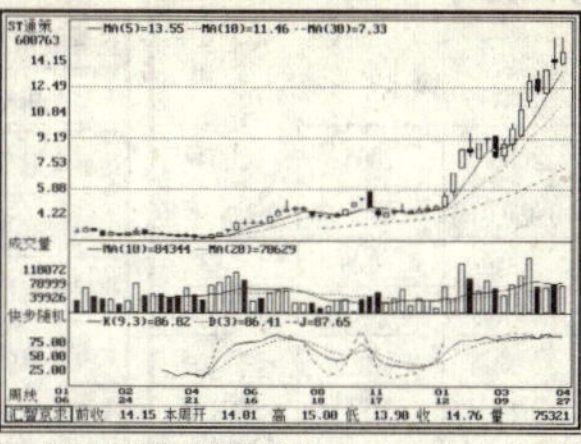

| | |
|---|---|
| 2006 年涨跌幅(%) | 50.81 |
| 2006 年最高(元) | 5.69 |
| 2007 年涨跌幅(%) | 218.79 |
| 2007.4.27 收盘(元) | 14.76 |
| 2007 年最高(元) | 15.8 |
| 2007 年最低(元) | 4.52 |
| 2007 年换手率(%) | 311.45 |

未来一年限售流通股解禁情况:43132000 股 11 月 09 日解禁

| 最新股本 | 总股本 | 非(限售)流通 | 流通 A | 流通 B/H/S | 股东户数 | 06 年末 | 06 三季 |
|---|---|---|---|---|---|---|---|
| | 16032 | 12000 | 4032 | | | 6607 | 6794 |

**年报点评**：公司的主营业务利润来源为控股子公司杭州中通房地产经纪有限公司代理销售房产的服务费收入，但由于国家对房地产行业的政策调控力度加大，致使公司控股子公司杭州中通房地产经纪有限公司房产代理销售业务受到很大影响。

## 中电广通（600764）

上市日期:96/11/04　电话:010－88578820　传真:010－88578825

**主营**：智能光交换平台设备研究、开发、生产以及系统集成。

| | 年　度 | 2006 | 2005 | 2004 |
|---|---|---|---|---|
| 主要指标 | 每股收益/扣除后(元) | -0.24/-0.25 | 0.11 | 0.11/0.11 |
| | 每股经营现金流量(元) | 0.19 | 0.33 | -0.36 |
| | 每股净资产/调整后(元) | 1.47/1.36 | 1.75/1.74 | 1.68/1.68 |
| | 未分利润(万元) | 5608.17 | 14665.5 | 12672.95 |
| | 资本公积(万元) | 3797.75 | 4100.03 | 4100.03 |
| 利润构成 | 主营收入(万元) | 123540.06 | 99154.49 | 16092.01 |
| | 主营利润(万元) | 21882.67 | 13731.09 | 6313.54 |
| | 投资收益(万元) | 1555.01 | 968.46 | 1002.22 |
| | 利润总额(万元) | -1440.28 | 5855.37 | 3859.88 |
| | 净利润(万元) | -8068.15 | 3507.92 | 3495.87 |
| 近年分配: | 05 年:10 派 0.3；04 年:10 派 0.3 | | | |

**主要股东及持股比例%、持股性质**

中国电子信息产业集团公司 54.46%（国有股）
兰州石油化工国际事业公司 1.36%（国有股）
兰州市商业银行股份有限公司 1.36%（非流通股）
中国银行－华夏大盘精选证券投资基金 1.22%（流通 A 股）
陈祖荣 0.59%（流通 A 股）
兰州天益特种润滑油脂厂 0.56%（非流通股）
钱艺明 0.35%（流通 A 股）
余建军 0.33%（流通 A 股）
陈玉林 0.31%（流通 A 股）
黄联军 0.31%（流通 A 股）

实际控制人：中国电子信息产业集团公司

二〇〇六年以来市场表现

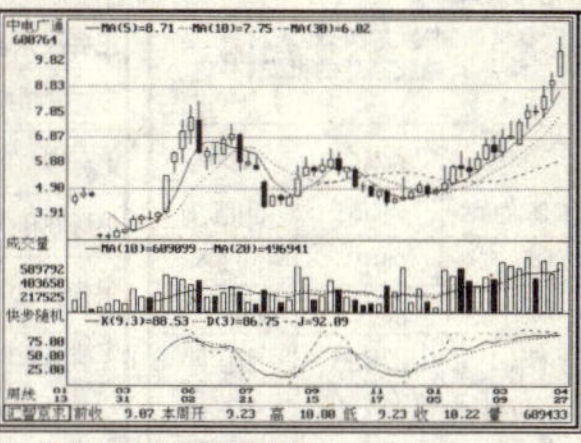

| | |
|---|---|
| 2006 年涨跌幅(%) | 55.87 |
| 2006 年最高(元) | 10.73 |
| 2007 年涨跌幅(%) | 116.07 |
| 2007.4.27 收盘(元) | 10.22 |
| 2007 年最高(元) | 10.8 |
| 2007 年最低(元) | 4.61 |
| 2007 年换手率(%) | 602.08 |

未来一年限售流通股解禁情况:

| 最新股本 | 总股本 | 非(限售)流通 | 流通 A | 流通 B/H/S | 股东户数 | 06 年末 | 06 三季 |
|---|---|---|---|---|---|---|---|
| | 32972.7 | 19170.06 | 13802.64 | | | 30235 | 30502 |

**年报点评**：2006 年公司继续围绕广电及通信网络、计算机系统集成与分销、集成电路卡和模块封装等方面经营业务开展工作。公司实现净利润－8068 万元。导致公司全年利润下降的直接原因为公司对与中国有线项目相关的资产共计提取了 12352 万元的减值准备。

## 力源液压（600765）

上市日期:96/11/06　电话:0851－6132002　传真:0851－6132590

**主营**：工程机械配套用高压柱塞液压泵和马达，轿车配套件球笼式等速万向节的生产销售。

| | 年　度 | 2006 | 2005 | 2004 |
|---|---|---|---|---|
| 主要指标 | 每股收益/扣除后(元) | 0.116/0.095 | 0.081 | 0.101/0.098 |
| | 每股经营现金流量(元) | 0.187 | 0.185 | 0.174 |
| | 每股净资产/调整后(元) | 1.56/1.56 | 1.6/1.46 | 1.5/1.31 |
| | 未分利润(万元) | 1601.31 | 1031.17 | 190.36 |
| | 资本公积(万元) | 4076.16 | 5301.02 | 5218.05 |
| 利润构成 | 主营收入(万元) | 14573.37 | 12587.72 | 10755.63 |
| | 主营利润(万元) | 5006.91 | 4635.39 | 4642.07 |
| | 投资收益(万元) | 4 | 2.99 | 6.05 |
| | 利润总额(万元) | 1453.94 | 1017.19 | 1182.55 |
| | 净利润(万元) | 1267.77 | 904.18 | 1126.94 |
| 近年分配: | 06 预案:10 派 0.53；04 年:10 派 0.6 | | | |

**主要股东及持股比例%、持股性质**

贵州金江航空液压有限责任公司 58.68%（国有股）
全国社保基金一零五组合 4.93%（流通 A 股）
中国银河证券有限责任公司 2.12%（流通 A 股）
同德证券投资基金 1.76%（流通 A 股）
中国银行－同盛证券投资基金 1.76%（流通 A 股）
兴业银行股份有限公司－兴业趋势投资混合型证券投资基金 1.62%（流通 A 股）
上海砂润国际贸易有限公司 0.82%（流通 A 股）
李爱玲 0.55%（流通 A 股）
梁焕锡 0.49%（流通 A 股）
中国工商银行－兴业可转债混合型证券投资基金 0.42%（流通 A 股）

实际控制人：中国航空第一集团公司

二〇〇六年以来市场表现

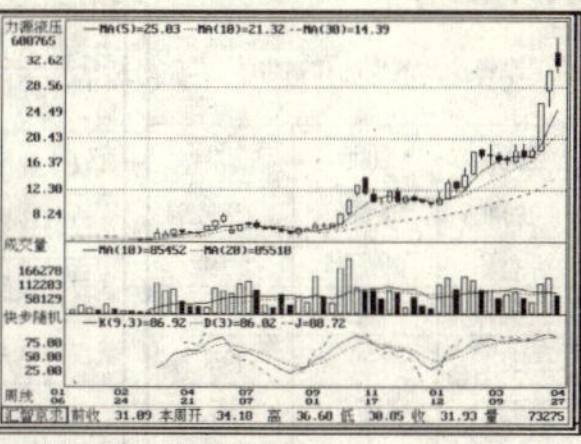

| | |
|---|---|
| 2006 年涨跌幅(%) | 206.01 |
| 2006 年最高(元) | 18.45 |
| 2007 年涨跌幅(%) | 209.7 |
| 2007.4.27 收盘(元) | 31.93 |
| 2007 年最高(元) | 36.68 |
| 2007 年最低(元) | 9.55 |
| 2007 年换手率(%) | 334.28 |

未来一年限售流通股解禁情况:

| 最新股本 | 总股本 | 非(限售)流通 | 流通 A | 流通 B/H/S | 股东户数 | 06 年末 | 06 三季 |
|---|---|---|---|---|---|---|---|
| | 10854.3 | 6369.3 | 4485 | | | 8720 | 9556 |

**年报点评**：公司主营液压泵、液压马达和轿车万向节等。2006 年工程机械行业景气度上升使得公司业绩快速增长。2007 年公司经营工作将坚持“突出重点，抓大放小”的原则，集中精力抓好与工程机械重点行业的骨干龙头企业配套，推进新品开发与主机新机配套。

## 园城股份（600766）

上市日期:96/10/28　电话:0535－6624347　传真:0535－6628992

**主营**：房地产开发与经营

| | 年　度 | 2006 | 2005 | 2004 |
|---|---|---|---|---|
| 主要指标 | 每股收益/扣除后(元) | 0.152/0.04 | -1.311 | -0.131/-0.202 |
| | 每股经营现金流量(元) | 0.6943 | -0.3995 | -0.4533 |
| | 每股净资产/调整后(元) | 0.57/0.53 | -0.76/-0.85 | 0.53/0.13 |
| | 未分利润(万元) | -36997.31 | -39602.55 | -17155.61 |
| | 资本公积(万元) | 29990.79 | 9776.61 | 8859.57 |
| 利润构成 | 主营收入(万元) | 15024.67 | 8698.86 | 18771.42 |
| | 主营利润(万元) | 6361.81 | 1020.8 | 2836.38 |
| | 投资收益(万元) | 79.76 | -509.17 | -1.73 |
| | 利润总额(万元) | 4461.38 | -23513.36 | -1741.09 |
| | 净利润(万元) | 2605.24 | -22446.94 | -2233.12 |
| 近年分配: | | | | |

**主要股东及持股比例%、持股性质**

园城实业集团有限公司 29.79%（非流通股）
山东鲁信国际经济股份有限公司 22.77%（非流通股）
烟台地王岛房地产开发有限公司 3.13%（非流通股）
建行烟台分行 1.75%（非流通股）
烟台市张裕葡萄酿酒公司 0.74%（非流通股）
烟台市聚氨脂制品工业公司 0.74%（非流通股）
烟台市华侨商品供应总公司 0.35%（非流通股）
山东龙口发电厂 0.35%（非流通股）
丁淑芝 0.32%（流通 A 股）
魏凤霞 0.31%（流通 A 股）

实际控制人：徐诚惠

二〇〇六年以来市场表现

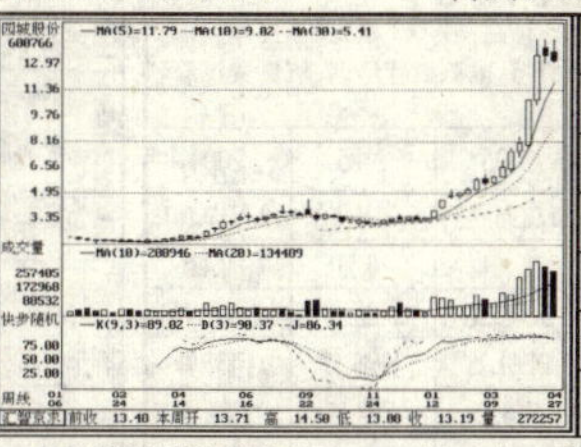

| | |
|---|---|
| 2006 年涨跌幅(%) | 74.3 |
| 2006 年最高(元) | 5.07 |
| 2007 年涨跌幅(%) | 303.36 |
| 2007.4.27 收盘(元) | 13.19 |
| 2007 年最高(元) | 14.57 |
| 2007 年最低(元) | 3.11 |
| 2007 年换手率(%) | 362.48 |

未来一年限售流通股解禁情况:21701458 股 09 月 21 日解禁

| 最新股本 | 总股本 | 非(限售)流通 | 流通 A | 流通 B/H/S | 股东户数 | 06 年末 | 06 三季 |
|---|---|---|---|---|---|---|---|
| | 17116.55 | 10312.46 | 6804.1 | | | 10671 | 12040 |

**年报点评**：公司大股东园城集团以支付股改对价的方式无偿将其控股的全资子公司“烟台新世界房地产开发有限公司”注入公司，有望为公司带来稳定的收入。由于房地产业务尚处于起步阶段，并未形成核心竞争力，其他业务还需进一步的清理。

## ST 运盛（600767）

上市日期:96/11/15　电话:021－68549611　传真:021－68547656

| | | 2006 | 2005 | 2004 |
|---|---|---|---|---|
| 主营 | 房地产项目的投资、开发、经营。 | | | |
| | 年　度 | 2006 | 2005 | 2004 |
| 主要指标 | 每股收益/扣除后(元) | 0.02/0.03 | 0.026 | -0.239/-0.164 |
| | 每股经营现金流量(元) | -0.067 | -0.19 | 1.17 |
| | 每股净资产/调整后(元) | 1.05/1.05 | 0.93/0.93 | 0.9/0.9 |
| | 未分利润(万元) | -5908.28 | -6438.67 | -22175.59 |
| | 资本公积(万元) | 6312.15 | 5745.53 | 18278.47 |
| 利润构成 | 主营收入(万元) | 43388.37 | 1495.67 | 3794.32 |
| | 主营利润(万元) | 6460.25 | -21.62 | -1908.11 |
| | 投资收益(万元) | | 4327.96 | -33.27 |
| | 利润总额(万元) | 3891.53 | 800.5 | -10498.94 |
| | 净利润(万元) | 530.39 | 880.1 | -8146.17 |
| 近年分配: | | | | |

**主要股东及持股比例%、持股性质**

上海九川投资有限公司 25.73%（非流通股）
运盛有限公司 18.52%（非流通股）
中国银宏实业发展公司 9.46%（非流通股）
福建华兴信托投资公司 2.9%（非流通股）
上海恒金高科技投资有限公司 2.2%（非流通股）
南京钢铁联合有限公司 1.35%（非流通股）
上海景贤投资有限公司 1.28%（非流通股）
王丽华 0.83%（流通 A 股）
深圳市富旺达投资有限公司 0.69%（非流通股）
上海海奇财经顾问有限公司 0.63%（非流通股）

实际控制人：钱仁高

二〇〇六年以来市场表现

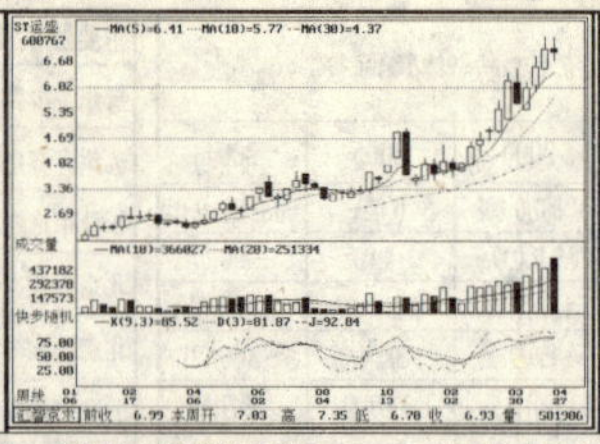

| | |
|---|---|
| 2006 年涨跌幅(%) | 128.66 |
| 2006 年最高(元) | 6.19 |
| 2007 年涨跌幅(%) | 84.8 |
| 2007.4.27 收盘(元) | 6.93 |
| 2007 年最高(元) | 7.35 |
| 2007 年最低(元) | 3.45 |
| 2007 年换手率(%) | 379.25 |

未来一年限售流通股解禁情况:71028808 股 12 月 28 日解禁

| 最新股本 | 总股本 | 非(限售)流通 | 流通 A | 流通 B/H/S | 股东户数 | 06 年末 | 06 三季 |
|---|---|---|---|---|---|---|---|
| | 34101.02 | 22007.95 | 12093.07 | | | 29833 | 31156 |

年报点评：由于上海大运盛城四期销售收入确认,导致 2006 年主营收入和净利润大幅增长,上海地区剩余存量房、商铺和车库以及重组注入的张江东区的 10 幢国际化标准厂房将全面盘活。公司已经在厦门和天津成立子公司,为公司未来业务扩张打下基础。

## 宁波富邦（600768）

上市日期:96/11/11　电话:0574—87410500　传真:0574—87410511

| | | 2006 | 2005 | 2004 |
|---|---|---|---|---|
| 主营 | 铝板材、铝带材、铝箔材、铝卷材的制造、加工;建筑材料、金属材料、化工原料(除化学危险品)、橡胶制品的批发、零售、代购代销等。 | | | |
| | 年　度 | 2006 | 2005 | 2004 |
| 主要指标 | 每股收益/扣除后(元) | 0.064/0.049 | 0.08 | 0.18/0.17 |
| | 每股经营现金流量(元) | 0.045 | 0.151 | 0.045 |
| | 每股净资产/调整后(元) | 1.25/1.25 | 1.22/1.21 | 1.39/1.39 |
| | 未分利润(万元) | 1744.15 | 1241.83 | 2113.01 |
| | 资本公积(万元) | 244.14 | 388.94 | 1138.53 |
| 利润构成 | 主营收入(万元) | 81563.54 | 57637.1 | 45854.59 |
| | 主营利润(万元) | 5285.5 | 5204 | 5469.18 |
| | 投资收益(万元) | 38.2 | 2.01 | 5.84 |
| | 利润总额(万元) | 1167.87 | 1521.13 | 2565.73 |
| | 净利润(万元) | 850.24 | 1075.3 | 2025.68 |
| 近年分配: | 05 年:10 派 0.2；04 年:10 派 0.35 送 1.3 转增 0.7 | | | |

**主要股东及持股比例%、持股性质**

宁波富邦控股集团有限公司 24.75%（非流通股）
上海雄龙科技有限公司 14.42%（非流通股）
上海城开(集团)有限公司 12.93%（国有股）
宁波市工业投资有限责任公司 9.55%（国有股）
宁波银盛投资有限公司 1.12%（非流通股）
金仁子 0.3%（流通 A 股）
上海双翊商贸有限公司 0.24%（非流通股）
华祥兴 0.236%（流通 A 股）
吴雪英 0.23%（流通 A 股）
吕淑英 0.186%（流通 A 股）

实际控制人：宁波市国有资产管理委员会

二〇〇六年以来市场表现

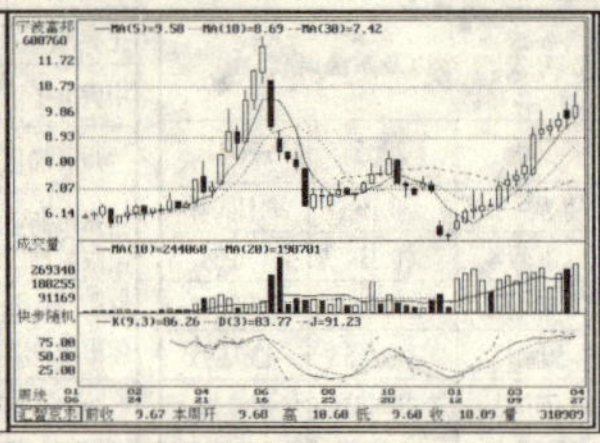

| | |
|---|---|
| 2006 年涨跌幅(%) | 14.57 |
| 2006 年最高(元) | 12.65 |
| 2007 年涨跌幅(%) | 87.9 |
| 2007.4.27 收盘(元) | 10.09 |
| 2007 年最高(元) | 10.6 |
| 2007 年最低(元) | 5.21 |
| 2007 年换手率(%) | 726.34 |

未来一年限售流通股解禁情况:22378362 股 12 月 26 日解禁

| 最新股本 | 总股本 | 非(限售)流通 | 流通 A | 流通 B/H/S | 股东户数 | 06 年末 | 06 三季 |
|---|---|---|---|---|---|---|---|
| | 13374.72 | 8476.46 | 4898.26 | | | 11951 | 12193 |

年报点评：2006 年公司铝材产量 42568 吨,收入增长但业绩有所下滑。预计到 2010 年,铝板带材消费总量将接近 250 万吨;而长三角地区年需求铝板带在 15 万吨左右。2007 年计划完成铝材销售 43800 吨,实现主营业务收入 8.1 亿元。

## 祥龙电业（600769）

上市日期:96/11/01　电话:027－87600367　传真:027－87600367

| | | 2006 | 2005 | 2004 |
|---|---|---|---|---|
| 主营 | 发电、供电、供热及基本化工原料产品的生产和销售 | | | |
| | 年　度 | 2006 | 2005 | 2004 |
| 主要指标 | 每股收益/扣除后(元) | 0.03/0.025 | 0.019 | 0.018/0.023 |
| | 每股经营现金流量(元) | 0.1398 | 0.271 | 0.1802 |
| | 每股净资产/调整后(元) | 2.08/2.06 | 2.21/2.17 | 2.2/2.17 |
| | 未分利润(万元) | -212.87 | -1329.31 | -1978.26 |
| | 资本公积(万元) | 36712.41 | 39537.51 | 39537.51 |
| 利润构成 | 主营收入(万元) | 88025.67 | 87295.22 | 75887.82 |
| | 主营利润(万元) | 8578.25 | 8544.32 | 8304.64 |
| | 投资收益(万元) | 193.39 | | |
| | 利润总额(万元) | 1116.44 | 648.95 | 632.26 |
| | 净利润(万元) | 1116.44 | 648.95 | 632.26 |
| 近年分配: | | | | |

**主要股东及持股比例%、持股性质**

中国工商银行股份有限公司湖北省分行 21.85%（国有股）
武汉工业国有投资有限公司 19.79%（国有股）
武汉葛化集团有限公司 7.22%（国有股）
武汉华原能源物资开发公司 6.54%（国有股）
武汉市电力开发公司 3.35%（国有股）
武汉建设投资公司 2.1%（国有股）
武汉市洪山吕墩农工商总公司 0.78%（国有股）
武汉机场综合发展总公司 0.78%（国有股）
宏源证券股份有限公司 0.49%（国有股）
北京清大科技股份有限公司 0.41%（国有股）

实际控制人：武汉经济发展投资(集团)有限公司

二〇〇六年以来市场表现

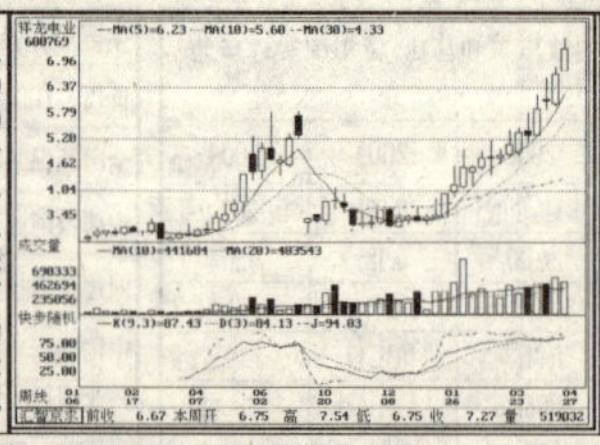

| | |
|---|---|
| 2006 年涨跌幅(%) | 81.49 |
| 2006 年最高(元) | 6.39 |
| 2007 年涨跌幅(%) | 118.32 |
| 2007.4.27 收盘(元) | 7.27 |
| 2007 年最高(元) | 7.54 |
| 2007 年最低(元) | 3.26 |
| 2007 年换手率(%) | 513.32 |

未来一年限售流通股解禁情况:106210668 股 09 月 26 日解禁

| 最新股本 | 总股本 | 非(限售)流通 | 流通 A | 流通 B/H/S | 股东户数 | 06 年末 | 06 三季 |
|---|---|---|---|---|---|---|---|
| | 37497.72 | 23891.71 | 13606.01 | | | 48600 | 46444 |

年报点评：2006 年公司继续维持微利水平。由于公司 PVC 和烧碱规模较小,同时没有资源优势,从而导致公司主营业务利润率一直保持在较低水平。如果公司氯碱规模不能扩大,或不能向上游拓展,公司未来盈利很难有大的改善。

## 综艺股份（600770）

上市日期:96/11/20　电话:0513－6639999　传真:0513－6563501

| | | 2006 | 2005 | 2004 |
|---|---|---|---|---|
| 主营 | 各类中高档服装、木制品和饮料的生产、销售,信息产品流通、电子商务(网络在线销售)、电脑教育培训、信息资讯服务、软件开发等。 | | | |
| | 年　度 | 2006 | 2005 | 2004 |
| 主要指标 | 每股收益/扣除后(元) | 0.083/0.033 | 0.087 | 0.041/0.007 |
| | 每股经营现金流量(元) | 0.324 | -0.551 | -0.135 |
| | 每股净资产/调整后(元) | 2.39/2.38 | 2.32/2.27 | 2.24/2.18 |
| | 未分利润(万元) | 21991.28 | 19640.57 | 17852.91 |
| | 资本公积(万元) | 5388.55 | 5388.55 | 5380.15 |
| 利润构成 | 主营收入(万元) | 57126.67 | 57326.71 | 50630.58 |
| | 主营利润(万元) | 6934.37 | 9436.4 | 8265.87 |
| | 投资收益(万元) | 999.68 | 129.33 | -17.95 |
| | 利润总额(万元) | 3184.85 | 4508.18 | 2663.55 |
| | 净利润(万元) | 2228.9 | 2338.07 | 1098.46 |
| 近年分配: | 06 预案:10 派 0.6 送 5 | | | |

**主要股东及持股比例%、持股性质**

南通综艺投资有限公司 35.38%（部分流通部分不流通）
南通大兴服装绣品有限公司 10.12%（部分流通部分不流通）
通州市建设投资中心有限公司 5%（流通 A 股）
张悦 0.28%（流通 A 股）
陈艳 0.27%（流通 A 股）
付如玉 0.27%（流通 A 股）
高伟华 0.22%（流通 A 股）
满恒才 0.15%（流通 A 股）
李丹 0.14%（流通 A 股）
张震九 0.13%（流通 A 股）

实际控制人：昝圣达

二〇〇六年以来市场表现

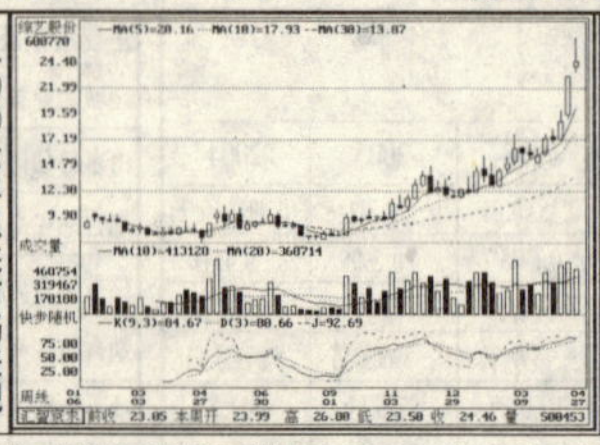

| | |
|---|---|
| 2006 年涨跌幅(%) | 34.81 |
| 2006 年最高(元) | 14.68 |
| 2007 年涨跌幅(%) | 105.72 |
| 2007.4.27 收盘(元) | 24.46 |
| 2007 年最高(元) | 26.8 |
| 2007 年最低(元) | 11.65 |
| 2007 年换手率(%) | 351.53 |

未来一年限售流通股解禁情况:27000000 股 10 月 24 日解禁

| 最新股本 | 总股本 | 非(限售)流通 | 流通 A | 流通 B/H/S | 股东户数 | 06 年末 | 06 三季 |
|---|---|---|---|---|---|---|---|
| | 27000 | 9585 | 17415 | | | 52749 | 55173 |

年报点评：2006 年,受人民币升值影响,以出口为主的公司服装行业利润有所下降;子公司北京综艺达软件技术有限公司因产业结构调整及市场竞争加剧等原因,销售收入下降较多;同时,公司按照账龄适当提高了应收款项的坏账准备计提比例,较大程度影响了公司利润总额。

## 东盛科技（600771）

上市日期:96/11/05　　电话:029－8330835　　传真:029－8330835

**主营**：中药原料药、西药原料药、片剂、硬胶囊剂、软胶囊剂、颗粒剂、注射剂、大输液、口服液的生产、销售

| | 年　度 | 2006 | 2005 | 2004 |
|---|---|---|---|---|
| 主要指标 | 每股收益/扣除后(元) | 0.06/－0.01 | 0.2 | 0.16/0.15 |
| | 每股经营现金流量(元) | 0.9 | 1.55 | 0.47 |
| | 每股净资产/调整后(元) | 2.28/2.17 | 2.37/2.24 | 2.16/2.13 |
| | 未分利润(万元) | 18808.38 | 17672.37 | 14633.09 |
| | 资本公积(万元) | 1127.7 | 2528.62 | 2447.16 |
| 利润构成 | 主营收入(万元) | 54037.15 | 54920.28 | 56337.61 |
| | 主营利润(万元) | 37251.48 | 36268.77 | 40964.75 |
| | 投资收益(万元) | 1621.99 | 968.7 | 590.26 |
| | 利润总额(万元) | 7111.46 | 6345.8 | 4223.36 |
| | 净利润(万元) | 1262.23 | 3799.1 | 3011.11 |

近年分配:

| 主要股东及持股比例%、持股性质 |
|---|
| 西安东盛集团有限公司 27.06%（非流通股） |
| 陕西东盛药业股份有限公司 17.81%（非流通股） |
| 鞍山钢铁集团公司 6.91%（国有股） |
| 健康元药业集团股份有限公司 3.3%（非流通股） |
| 中色(南海)恒达发展公司 3.02%（非流通股） |
| 南京钢铁联合有限公司 2.7%（非流通股） |
| 镇江市环宇投资咨询有限责任公司 1.51%（非流通股） |
| 广发证券股份有限公司 1.35%（非流通股） |
| 上海■乾商务咨询有限公司 1%（非流通股） |
| 陕西肖特贸易有限责任公司 1%（非流通股） |
| 实际控制人：郭家学 |

二〇〇六年以来市场表现

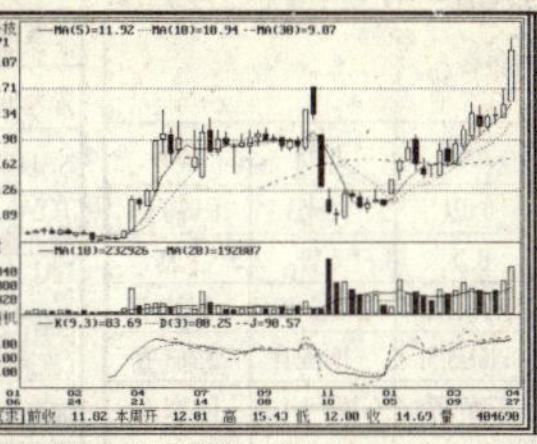

| | |
|---|---|
| 2006年涨跌幅(%) | 64.59 |
| 2006年最高(元) | 16.05 |
| 2007年涨跌幅(%) | 128.11 |
| 2007.4.27收盘(元) | 14.69 |
| 2007年最高(元) | 15.43 |
| 2007年最低(元) | 7.08 |
| 2007年换手率(%) | 530.11 |

未来一年限售流通股解禁情况:63925442股07月11日解禁

| 最新股本 | 总股本 | 非(限售)流通 | 流通A | 流通B/H/S | 股东户数 | 06年末 | 06三季 |
|---|---|---|---|---|---|---|---|
| | 19975.7 | 13738.69 | 6237 | | | 15783 | 13180 |

**年报点评**：公司是非处方药生产企业,2006年公司出售了主要经营性资产,获得一次性利润较多。公司继续剥离一些子公司,把工作重点放在中药方面。公司2006年主营收入基本持平,而利润大幅下降。公司经营将逐步转入正轨。

## ＊ST雅砻（600773）

上市日期:96/11/08　　电话:0891－6833922　　传真:0891－6830898

**主营**：进出口贸易、国内贸易、出口商品的制造与加工、西藏优势生物资源的开发生产、矿产品加工、农牧林业产品开发生产、照相器材购销与图片制作。

| | 年　度 | 2006 | 2005 | 2004 |
|---|---|---|---|---|
| 主要指标 | 每股收益/扣除后(元) | 0.032/－0.171 | －0.979 | －0.599/－0.175 |
| | 每股经营现金流量(元) | －0.0049 | －0.145 | －0.99 |
| | 每股净资产/调整后(元) | 0.37/0.23 | 0.18/0.05 | 1.26/1.26 |
| | 未分利润(万元) | －23929.35 | －24859.09 | －5943.14 |
| | 资本公积(万元) | 11259.46 | 11198.97 | 9637.82 |
| 利润构成 | 主营收入(万元) | 3887.41 | 1761.73 | 44026.79 |
| | 主营利润(万元) | 2969.7 | 1191.17 | 1569.7 |
| | 投资收益(万元) | －2404.83 | －3938.68 | 562.19 |
| | 利润总额(万元) | 939.65 | －23896.54 | －13266.68 |
| | 净利润(万元) | 572.17 | －18115.14 | －10794.47 |

近年分配:

| 主要股东及持股比例%、持股性质 |
|---|
| 西藏金珠(集团)有限公司 25%（国有股） |
| 南京长恒实业有限公司 20%（非流通股） |
| 江苏中桥百合通讯产品销售有限责任公司 14.97%（非流通股） |
| 华樱 0.89%（流通A股） |
| 西藏国际经济技术合作公司 0.39%（国有股） |
| 西藏自治区信托投资公司 0.39%（国有股） |
| 西藏自治区包装进出口公司 0.39%（国有股） |
| 中国出口商品基地建设西藏公司 0.39%（国有股） |
| 岳中云 0.37%（流通A股） |
| 王春燕 0.34%（流通A股） |
| 实际控制人：程度才、刘贵顺、李嫦 |

二〇〇六年以来市场表现

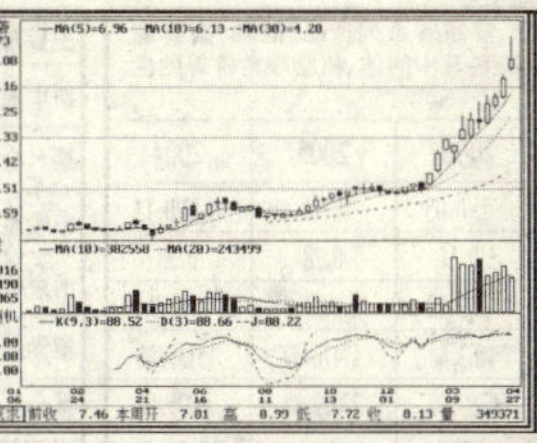

| | |
|---|---|
| 2006年涨跌幅(%) | 74 |
| 2006年最高(元) | 3.74 |
| 2007年涨跌幅(%) | 297.16 |
| 2007.4.27收盘(元) | 8.13 |
| 2007年最高(元) | 15.28 |
| 2007年最低(元) | 3.65 |
| 2007年换手率(%) | 345.41 |

未来一年限售流通股解禁情况:29893951股03月07日解禁

| 最新股本 | 总股本 | 非(限售)流通 | 流通A | 流通B/H/S | 股东户数 | 06年末 | 06三季 |
|---|---|---|---|---|---|---|---|
| | 18033.01 | 11099.68 | 6933.33 | | | 12571 | 14529 |

**年报点评**：报告期内公司股票交易被实行了退市风险警示的特别处理,公司的主要工作在于盘活存量资产、加大产业投资力度、进一步完善医药发展产业链、努力开拓国内国际市场等措施,但前景仍不容乐观。

## 汉商集团（600774）

上市日期:96/11/08　　电话:027－84843197　　传真:027－84842384

**主营**：百货零售、会议展览、客房饮食、旅游服务等。

| | 年　度 | 2006 | 2005 | 2004 |
|---|---|---|---|---|
| 主要指标 | 每股收益/扣除后(元) | 0.08/－0.12 | 0.25 | －0.46/－0.36 |
| | 每股经营现金流量(元) | 0.4 | 1.26 | 0.32 |
| | 每股净资产/调整后(元) | 2.43/2.42 | 3.79/3.75 | 3.6/3.56 |
| | 未分利润(万元) | 6806.68 | 5528.03 | 4012.48 |
| | 资本公积(万元) | 12944.98 | 19559.55 | 19559.55 |
| 利润构成 | 主营收入(万元) | 46623.91 | 43267.09 | 46336.57 |
| | 主营利润(万元) | 10600.17 | 9730.37 | 8991.78 |
| | 投资收益(万元) | 56.47 | －46.29 | －166.04 |
| | 利润总额(万元) | 2378.39 | 3293.72 | －6675.18 |
| | 净利润(万元) | 1420.73 | 2728.74 | －5066.13 |

近年分配: 06中期:10转增6

| 主要股东及持股比例%、持股性质 |
|---|
| 武汉市汉阳区国有资产监督管理办公室 24.9%（国有股） |
| 交通银行股份有限公司武汉分行 4.02%（非流通股） |
| 中国工商银行武汉信托投资公司 3.39%（非流通股） |
| 上海证大投资管理有限公司 3.08%（非流通股） |
| 中国长城资产管理公司 2.68%（非流通股） |
| 工商银行湖北省信托投资公司 1.69%（非流通股） |
| 天泽控股有限公司 1.09%（非流通股） |
| 武汉市阳太阳广告有限公司 1.06%（非流通股） |
| 武汉国际租赁公司 0.88%（非流通股） |
| 海通证券股份有限公司 0.85%（非流通股） |
| 实际控制人：武汉市汉阳区国有资产监督管理办公室 |

二〇〇六年以来市场表现

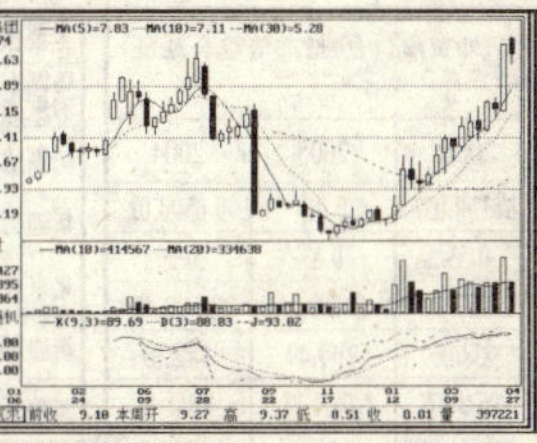

| | |
|---|---|
| 2006年涨跌幅(%) | 71.18 |
| 2006年最高(元) | 12.4 |
| 2007年涨跌幅(%) | 119.15 |
| 2007.4.27收盘(元) | 8.81 |
| 2007年最高(元) | 9.37 |
| 2007年最低(元) | 3.85 |
| 2007年换手率(%) | 700.49 |

未来一年限售流通股解禁情况:40761902.4股05月23日解禁

| 最新股本 | 总股本 | 非(限售)流通 | 流通A | 流通B/H/S | 股东户数 | 06年末 | 06三季 |
|---|---|---|---|---|---|---|---|
| | 17457.54 | 8758.77 | 8698.76 | | | 18285 | 18254 |

**年报点评**：报告期内,公司继续推进从传统零售业向现代服务业转变,在加强零售业核心竞争力的基础上,发展以会展、旅游、娱乐、休闲、运动等为主现代服务业,同时进入商业地产。但公司营业利润亏损、依靠补贴收入支撑盈利的局面仍未改观。

## 南京熊猫（600775）

上市日期:96/11/18　　电话:025－4801144　　传真:025－4820729

**主营**：开发、生产、销售移动通信、卫星通信、机电仪和电子资讯产品等。

| | 年　度 | 2006 | 2005 | 2004 |
|---|---|---|---|---|
| 主要指标 | 每股收益/扣除后(元) | 0.136/0.06 | 0.137 | 0.08/0.05 |
| | 每股经营现金流量(元) | 0.38 | 0.28 | －0.6 |
| | 每股净资产/调整后(元) | 2.06/2.05 | 1.92/1.76 | 1.8/1.59 |
| | 未分利润(万元) | 2741.81 | －5868.29 | －14069.76 |
| | 资本公积(万元) | 48040.48 | 48020.88 | 47954.23 |
| 利润构成 | 主营收入(万元) | 88504.97 | 85440.71 | 66724.33 |
| | 主营利润(万元) | 13676.16 | 12409.71 | 9517.12 |
| | 投资收益(万元) | 22468.48 | 26286.01 | 14901.04 |
| | 利润总额(万元) | 9711.47 | 9022.78 | 5534.51 |
| | 净利润(万元) | 8914.75 | 8970.05 | 5236.86 |

近年分配:

| 主要股东及持股比例%、持股性质 |
|---|
| 熊猫电子集团有限公司 51.1%（国有股） |
| 香港中央结算(代理人)有限公司 36.78%（H股） |
| 黄海滨 0.11%（流通A股） |
| 赖水娇 0.087%（流通A股） |
| 殷卫江 0.071%（流通A股） |
| 程惠英 0.059%（流通A股） |
| 张娣 0.041%（流通A股） |
| 成都天丰广告有限责任公司 0.038%（流通A股） |
| 龚飞 0.037%（流通A股） |
| 朱本新 0.035%（流通A股） |
| 实际控制人：中国华融资产管理公司 |

二〇〇六年以来市场表现

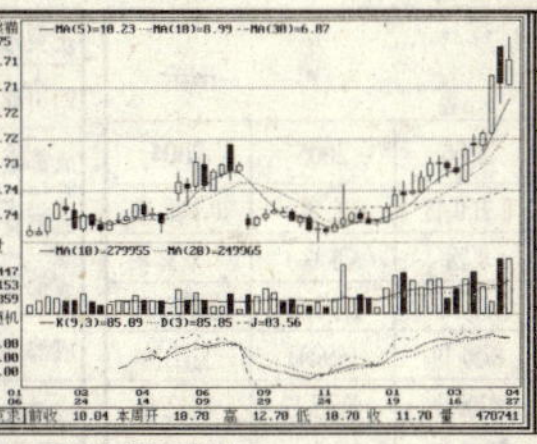

| | |
|---|---|
| 2006年涨跌幅(%) | 48.01 |
| 2006年最高(元) | 9.36 |
| 2007年涨跌幅(%) | 115.75 |
| 2007.4.27收盘(元) | 11.78 |
| 2007年最高(元) | 12.7 |
| 2007年最低(元) | 5.3 |
| 2007年换手率(%) | 535.86 |

未来一年限售流通股解禁情况:

| 最新股本 | 总股本 | 非(限售)流通 | 流通A | 流通B/H/S | 股东户数 | 06年末 | 06三季 |
|---|---|---|---|---|---|---|---|
| | 65501.5 | 33471.5 | 7830 | 24200 | | 25668 | 25184 |

**年报点评**：2006年公司主营业务主要是开发、生产和销售卫星通信产品、移动通信产品、机电仪产品和电子信息产品以及电子制造业务等。公司进一步加大研发投入力度,同时公司加强国际合作,ENC、BMC等合资企业得到了稳步发展,确保了公司投资收益。

## 东方通信（600776/900941）

上市日期：A：96/11/26 B：96/08/09　　电话：0571－86676198　　传真：0571－86676197

**主营**：经营移动手机和移动系统设备。

| | 年　度 | 2006 | 2005 | 2004 |
|---|---|---|---|---|
| 主要指标 | 每股收益/扣除后(元) | 0.024 | －0.453 | 0.09/0.03 |
| | 每股经营现金流量(元) | 0.28 | 0.18 | 0.85 |
| | 每股净资产/调整后(元) | 1.71/1.71 | 3.36/3.34 | 3.83/3.8 |
| | 未分利润(万元) | －16138.51 | －19156.11 | 11463.99 |
| | 资本公积(万元) | 87167.97 | 149494.4 | 148291.62 |
| 利润构成 | 主营收入(万元) | 1940951.99 | 739695.78 | 545328.79 |
| | 主营利润(万元) | 32140.34 | 14774.89 | 55848.08 |
| | 投资收益(万元) | 6507.59 | 8576.8 | 4537.31 |
| | 利润总额(万元) | 8856.88 | －26966.9 | 6287.16 |
| | 净利润(万元) | 3017.6 | －28422.11 | 5660.95 |

**近年分配**：06 中期：10 转增 10；04 年：10 派 0.35

**主要股东及持股比例%、持股性质**

- 普天东方通信集团有限公司 51.124%（国有股）
- NAITO SECURITIES CO. LTD. 0.925%（流通 B 股）
- TOYO SECURITIES ASIA LTD. A/C CLIENT 0.683%（流通 B 股）
- DAIWA SECURITIES CO. LTD. TOKYO 0.261%（流通 B 股）
- SSBT S/A STATE STREET ACTIVE ASIE(U435) 0.191%（流通 B 股）
- 御海商事国际有限公司 0.169%（流通 B 股）
- 廖爱民 0.135%（流通 B 股）
- 李建平 0.108%（流通 A 股）
- 刘敏 0.107%（流通 A 股）
- MELLON S/A POLUNIN CAPITAL PARTNERS－EMERGING MARKETS ACTIVE 0.103%（流通 B 股）

**实际控制人**：中国普天信息产业集团公司

**二〇〇六年以来市场表现**

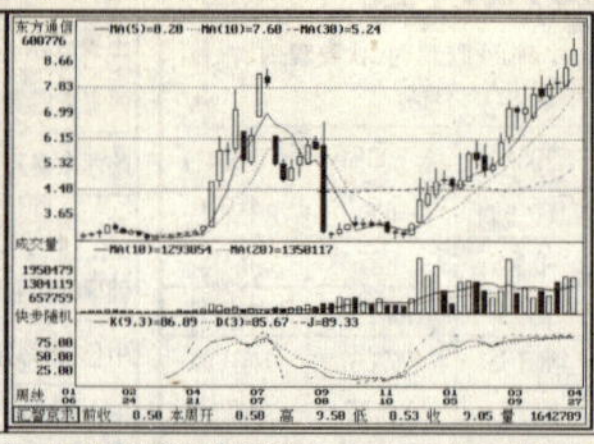

| | |
|---|---|
| 2006 年涨跌幅(%) | 342.41 |
| 2006 年最高(元) | 13.78 |
| 2007 年涨跌幅(%) | 88.94 |
| 2007.4.27 收盘(元) | 9.05 |
| 2007 年最高(元) | 9.5 |
| 2007 年最低(元) | 4.4 |
| 2007 年换手率(%) | 620.49 |

未来一年限售流通股解禁情况：62800000 股 07 月 26 日解禁

| 最新股本 | 总股本 | 非(限售)流通 | 流通 A | 流通 B/H/S | 股东户数 | 06 年末 | 06 三季 |
|---|---|---|---|---|---|---|---|
| | 125600.01 | 64212 | 31388.01 | 30000 | | 90392 | 71191 |

**年报点评**：2006 年公司进一步明确了电子制造、通信及工程服务、金融电子三大支柱产业的战略目标。公司整合资源，集中优势，加快主业的发展，同时加强资本运作。公司制造业务和控股子公司手机业务规模较上年度有大幅度增长。2006 年度公司实现扭亏为盈。

## 新潮实业（600777）

上市日期：96/11/21　　电话：0535－4259777　　传真：0535－4225688

**主营**：羊绒制品、针棉织品、亚麻、罗布麻系列产品、同轴、高物理发泡等 CATV 系列电缆、染料及中间体、树脂砂铸件等的生产、加工和销售。

| | 年　度 | 2006 | 2005 | 2004 |
|---|---|---|---|---|
| 主要指标 | 每股收益/扣除后(元) | 0.05/0.05 | 0.12 | 0.11/0.13 |
| | 每股经营现金流量(元) | －0.51 | 0.28 | 0.53 |
| | 每股净资产/调整后(元) | 3.24/3.22 | 4.14/4.1 | 4/3.99 |
| | 未分利润(万元) | 24463.44 | 17476.39 | 15135.21 |
| | 资本公积(万元) | 66780.09 | 77029.49 | 76075.54 |
| 利润构成 | 主营收入(万元) | 129779.16 | 148212.89 | 78989.77 |
| | 主营利润(万元) | 13836.79 | 17911.25 | 14310.42 |
| | 投资收益(万元) | 742.4 | 100.97 | 9.26 |
| | 利润总额(万元) | 3631.94 | 7117.45 | 5896.26 |
| | 净利润(万元) | 2261.58 | 4235.29 | 3850.35 |

**近年分配**：06 预案：10 转增 4

**主要股东及持股比例%、持股性质**

- 新牟国际集团公司 25.85%（非流通股）
- 烟台全洲海洋运输公司 5.38%（非流通股）
- 中船重工财务有限责任公司 0.45%（流通 A 股）
- 南京长江油运公司 0.41%（流通 A 股）
- 黎棠基 0.32%（流通 A 股）
- 新疆金融租赁有限责任公司 0.31%（流通 A 股）
- 中国网通集团山东省通信公司社会保险办公室 0.28%（流通 A 股）
- 李东春 0.2%（流通 A 股）
- 陈礼矿 0.2%（流通 A 股）
- 顾莉青 0.2%（流通 A 股）

**实际控制人**：新牟国际集团公司

**二〇〇六年以来市场表现**

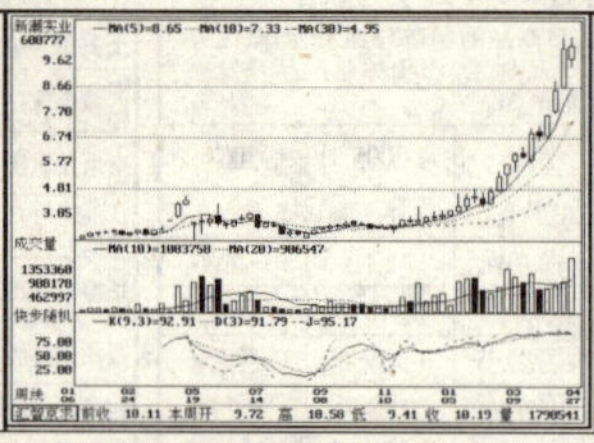

| | |
|---|---|
| 2006 年涨跌幅(%) | 85.54 |
| 2006 年最高(元) | 5.88 |
| 2007 年涨跌幅(%) | 166.06 |
| 2007.4.27 收盘(元) | 10.19 |
| 2007 年最高(元) | 10.58 |
| 2007 年最低(元) | 3.77 |
| 2007 年换手率(%) | 508.34 |

未来一年限售流通股解禁情况：44673092 股 05 月 17 日解禁

| 最新股本 | 总股本 | 非(限售)流通 | 流通 A | 流通 B/H/S | 股东户数 | 06 年末 | 06 三季 |
|---|---|---|---|---|---|---|---|
| | 44673.09 | 13952.92 | 30720.17 | | | 51156 | 58079 |

**年报点评**：公司主营电子元件、房地产、纺织、建筑和汽车销售服务等。报告期公司汽车销售业务股份转让，纺织业和进出口收入下降。未来纺织品面临更新换代，电缆业面临行业性原料涨价，相关产品毛利率仍有下降空间。

## 友好集团（600778）

上市日期：96/12/03　　电话：0991－4541008　　传真：0991－4815090

**主营**：商品零售兼批发、生产加工、外贸出口、房地产等综合性经营。

| | 年　度 | 2006 | 2005 | 2004 |
|---|---|---|---|---|
| 主要指标 | 每股收益/扣除后(元) | 0.037/0.037 | 0.047 | 0.054/0.02 |
| | 每股经营现金流量(元) | 0.53 | 0.53 | 0.26 |
| | 每股净资产/调整后(元) | 2.54/2.45 | 2.49/2.44 | 2.56/2.46 |
| | 未分利润(万元) | 3238.06 | 2187.49 | 3402.38 |
| | 资本公积(万元) | 40633.87 | 40811.78 | 40811.78 |
| 利润构成 | 主营收入(万元) | 131831.78 | 156799.27 | 119789.95 |
| | 主营利润(万元) | 21265.83 | 19135.07 | 20670.85 |
| | 投资收益(万元) | －2185.8 | －194.44 | 907.61 |
| | 利润总额(万元) | 1513.93 | 894.47 | 2991.01 |
| | 净利润(万元) | 1167.31 | 1465.77 | 1698.54 |

**近年分配**：04 年：10 派 0.5

**主要股东及持股比例%、持股性质**

- 乌鲁木齐国有资产经营有限公司 15.9%（部分流通部分不流通）
- 新疆建银设备租赁总公司 3.87%（非流通股）
- 新疆天正实业总公司 2.22%（非流通股）
- 北京亚燃投资有限公司 1.62%（流通 A 股）
- 新疆鸿鑫投资有限责任公司 1.6%（非流通股）
- 新疆乌鲁木齐市国债服务中心 1.08%（流通 A 股）
- 新疆燃气(集团)有限公司 0.95%（流通 A 股）
- 新疆独山子石油化工总厂 0.59%（非流通股）
- 上海中机能源工程有限公司 0.55%（非流通股）
- 乌鲁木齐市商业银行股份有限公司 0.49%（非流通股）

**实际控制人**：乌鲁木齐国有资产经营有限公司

**二〇〇六年以来市场表现**

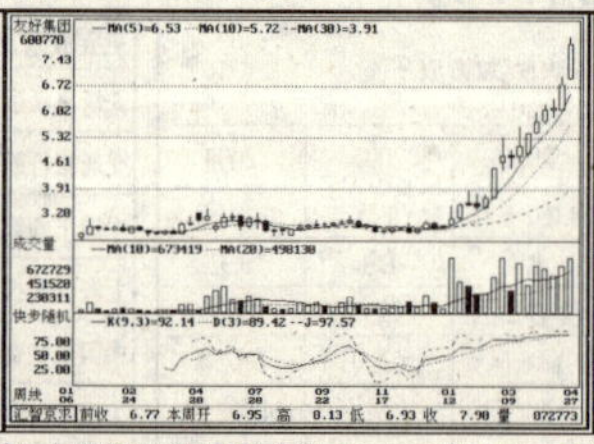

| | |
|---|---|
| 2006 年涨跌幅(%) | 42.5 |
| 2006 年最高(元) | 4.13 |
| 2007 年涨跌幅(%) | 177.19 |
| 2007.4.27 收盘(元) | 7.9 |
| 2007 年最高(元) | 8.13 |
| 2007 年最低(元) | 2.81 |
| 2007 年换手率(%) | 421.02 |

未来一年限售流通股解禁情况：54966809 股 06 月 20 日解禁

| 最新股本 | 总股本 | 非(限售)流通 | 流通 A | 流通 B/H/S | 股东户数 | 06 年末 | 06 三季 |
|---|---|---|---|---|---|---|---|
| | 31149.14 | 9221.09 | 21928.05 | | | 65322 | 71162 |

**年报点评**：公司主营商业、公用事业(供暖)等业务，报告期内公司根据商品经营和市场竞争的需要，对各卖场布局进行调整装修，市场竞争能力有所提高。公司控股子公司乌鲁木齐万嘉热力有限公司经营业绩由于供热面积增大，贡献了一定的利润。

## 水井坊（600779）

上市日期：96/12/06　　电话：028－86252847　　传真：028－86695460

**主营**：酒类产品的生产和销售。

| | 年　度 | 2006 | 2005 | 2004 |
|---|---|---|---|---|
| 主要指标 | 每股收益/扣除后(元) | 0.21/0.18 | 0.16 | 0.14/0.15 |
| | 每股经营现金流量(元) | 0.28 | 0.18 | 0.31 |
| | 每股净资产/调整后(元) | 2.37/2.37 | 2.3/2.29 | 2.24/2.24 |
| | 未分利润(万元) | 8750.19 | 6656.43 | 5217.24 |
| | 资本公积(万元) | 40305.86 | 40585.17 | 40612.16 |
| 利润构成 | 主营收入(万元) | 80450.71 | 60404.49 | 79371.81 |
| | 主营利润(万元) | 47669.8 | 36229.05 | 36615 |
| | 投资收益(万元) | 410.14 | 1757.04 | －748.15 |
| | 利润总额(万元) | 22728.42 | 16741.4 | 12910.93 |
| | 净利润(万元) | 10087.2 | 7780.71 | 7043.44 |

**近年分配**：06 年：10 派 1.56；05 年：10 派 1.3；04 年：10 派 1

**主要股东及持股比例%、持股性质**

- 四川成都全兴集团有限公司 39.47%（非流通股）
- 成都金博利贸易有限公司 2.21%（非流通股）
- 成都鑫同盛实业发展有限公司 1.53%（非流通股）
- 成都市金禾粮油食品连锁公司 0.41%（非流通股）
- 成都淀粉厂 0.41%（非流通股）
- 成都市金堂淀粉厂 0.41%（非流通股）
- 成都菊乐企业(集团)股份有限公司 0.37%（非流通股）
- 广州白云山天心制药股份有限公司 0.34%（非流通股）
- 山西威奇达药业有限公司 0.34%（非流通股）
- 周启增 0.34%（流通 A 股）

**实际控制人**：成都盈盛投资控股有限公司

**二〇〇六年以来市场表现**

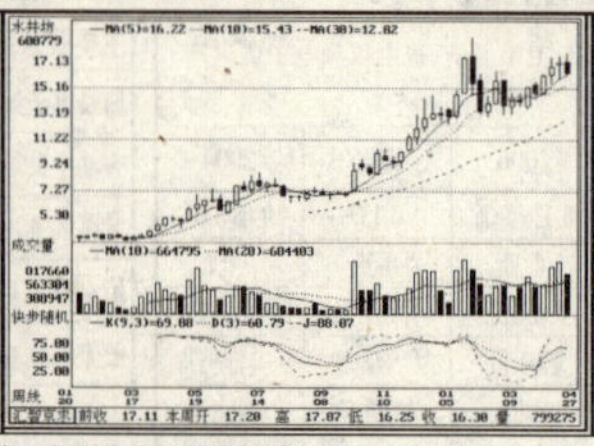

| | |
|---|---|
| 2006 年涨跌幅(%) | 311.34 |
| 2006 年最高(元) | 18.83 |
| 2007 年涨跌幅(%) | 25.52 |
| 2007.4.27 收盘(元) | 16.3 |
| 2007 年最高(元) | 19.1 |
| 2007 年最低(元) | 12.37 |
| 2007 年换手率(%) | 376.64 |

未来一年限售流通股解禁情况：18143338 股 01 月 18 日解禁

| 最新股本 | 总股本 | 非(限售)流通 | 流通 A | 流通 B/H/S | 股东户数 | 06 年末 | 06 三季 |
|---|---|---|---|---|---|---|---|
| | 48854.57 | 24366.52 | 24488.05 | | | 59402 | |

**年报点评**：公司主营白酒的生产和销售，成功地运作了以“水井坊”为主的高档产品，产品结构提升明显，06 年销售收入和利润大幅增长。不过目前高档白酒市场竞争日趋激烈，公司与行业强势企业在经营实力、品牌竞争力等方面仍存在差距，高端产品销售不容乐观。

## 通宝能源（600780）

上市日期:96/12/05　　电话:0351－7021857　　传真:0351－7021077

| 类别 | 项目 | 2006 | 2005 | 2004 |
|---|---|---|---|---|
| 主营 | 火力发电 | | | |
| | 年　度 | 2006 | 2005 | 2004 |
| 主要指标 | 每股收益/扣除后(元) | 0.156/0.142 | 0.149 | 0.275/0.269 |
| | 每股经营现金流量(元) | 0.98 | 0.94 | 0.99 |
| | 每股净资产/调整后(元) | 1.7/1.7 | 1.54/1.54 | 1.75/1.75 |
| | 未分利润(万元) | 23405.05 | 11179.54 | 31343.79 |
| | 资本公积(万元) | 18011.7 | 18011 | 18317.85 |
| 利润构成 | 主营收入(万元) | 224045.32 | 215972.86 | 209245.18 |
| | 主营利润(万元) | 49328.75 | 46186.8 | 62320.93 |
| | 投资收益(万元) | -532.72 | -603.02 | -305.31 |
| | 利润总额(万元) | 24326.65 | 21369.27 | 38362.91 |
| | 净利润(万元) | 13583.89 | 12986.95 | 23987.93 |
| 近年分配: | 04 年:10 派 0.5 | | | |

**主要股东及持股比例%、持股性质**

山西国际电力集团有限公司 46.39%（部分流通部分不流通）
山西统配煤炭经销总公司 1.37%（流通 A 股）
阳泉煤业(集团)有限责任公司 0.59%（流通 A 股）
山西潞安矿业(集团)有限责任公司 0.59%（流通 A 股）
王文贤 0.25%（流通 A 股）
大同铁路万通实业有限责任公司 0.24%（流通 A 股）
陈娟英 0.24%（流通 A 股）
山西晋煤实业开发总公司 0.2%（流通 A 股）
郭宗天 0.12%（流通 A 股）
陈鹭流 0.1%（流通 A 股）
**实际控制人:** 山西省国有资产监督管理委员会

二〇〇六年以来市场表现

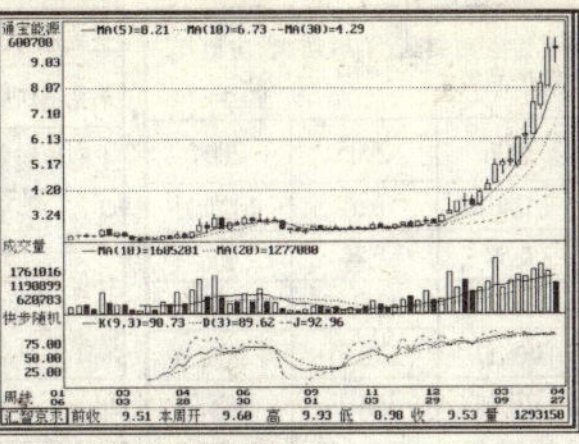

| 项目 | 数值 |
|---|---|
| 2006 年涨跌幅(%) | 27.04 |
| 2006 年最高(元) | 3.27 |
| 2007 年涨跌幅(%) | 221.96 |
| 2007.4.27 收盘(元) | 9.53 |
| 2007 年最高(元) | 10 |
| 2007 年最低(元) | 2.96 |
| 2007 年换手率(%) | 351.41 |

**未来一年限售流通股解禁情况:**

| 最新股本 | 总股本 | 非(限售)流通 | 流通 A | 流通 B/H/S | 股东户数 | 06 年末 | 06 三季 |
|---|---|---|---|---|---|---|---|
| | 87294.1 | 22329.45 | 64964.65 | | | 69367 | 73973 |

**年报点评**　2006 年公司机组平均利用小时达到 6,848 小时，超出省调发电机组平均水平 62 小时，为完成全年经营计划发挥了重要作用。通过加强成本管理，公司各项业务的盈利能力实现稳步提升，从而推动了公司净利润的稳步增长。

## 上海辅仁（600781）

上市日期:96/12/18　　电话:021－51573876　　传真:021－51573830

| 类别 | 项目 | 2006 | 2005 | 2004 |
|---|---|---|---|---|
| 主营 | 以阔幅绒布类织特为主的纺织印染产品及其它纺织印染及加工业务;生产、销售服装、服饰、家用纺织装饰品及床上用品。 | | | |
| | 年　度 | 2006 | 2005 | 2004 |
| 主要指标 | 每股收益/扣除后(元) | 0.124/0.018 | -0.23 | -0.267/-0.268 |
| | 每股经营现金流量(元) | 0.14 | 0.1 | -0.0036 |
| | 每股净资产/调整后(元) | 0.62/0.62 | 0.08/0.07 | 0.4/0.37 |
| | 未分利润(万元) | -22174.87 | -24148.47 | -20149.25 |
| | 资本公积(万元) | 13976.97 | 9539.64 | 9539.64 |
| 利润构成 | 主营收入(万元) | 18201.5 | 7106.63 | 21141.25 |
| | 主营利润(万元) | 7011.8 | 1463.03 | 159.65 |
| | 投资收益(万元) | 635.16 | -231.04 | -800.93 |
| | 利润总额(万元) | 3008.22 | -5645.4 | -6281.39 |
| | 净利润(万元) | 2203.3 | -3999.22 | -4733.87 |
| 近年分配: | | | | |

**主要股东及持股比例%、持股性质**

河南辅仁药业集团有限公司 40.56%（非流通股）
金礼发展有限公司 13.89%（外资股）
民亿实业有限公司 2.63%（外资股）
北京创业园科技投资有限公司 2.61%（流通 A 股）
上海市国有资产管理办公室 1.43%（国有股）
严春凤 1.19%（流通 A 股）
上海聚劲投资有限公司 1.01%（流通 A 股）
朱承 0.68%（流通 A 股）
上海真如实业公司 0.46%（流通 A 股）
江苏迪迪房地产发展有限公司 0.45%（流通 A 股）
**实际控制人:** 朱文臣

二〇〇六年以来市场表现

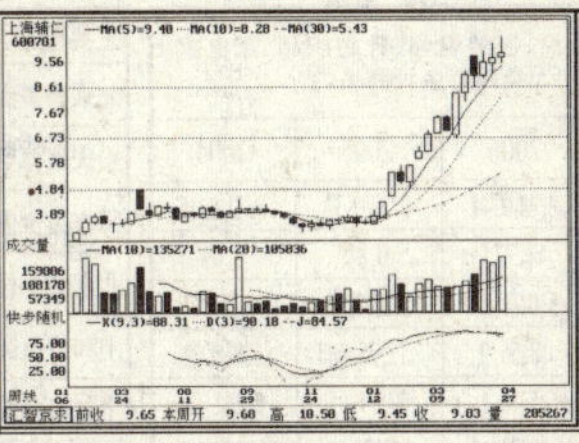

| 项目 | 数值 |
|---|---|
| 2006 年涨跌幅(%) | 32.37 |
| 2006 年最高(元) | 5.28 |
| 2007 年涨跌幅(%) | 176.9 |
| 2007.4.27 收盘(元) | 9.83 |
| 2007 年最高(元) | 10.5 |
| 2007 年最低(元) | 3.47 |
| 2007 年换手率(%) | 331.42 |

**未来一年限售流通股解禁情况:**42962157 股 07 月 03 日解禁

| 最新股本 | 总股本 | 非(限售)流通 | 流通 A | 流通 B/H/S | 股东户数 | 06 年末 | 06 三季 |
|---|---|---|---|---|---|---|---|
| | 17759.29 | 12190.54 | 5568.75 | | | 6497 | 7905 |

**年报点评**　公司大股东辅仁药业将所持有的河南辅仁堂制药有限公司 95% 的股权置入完成了股权分置改革，公司转变成为现代制药业为主的上市公司，并借助辅仁堂的平台改变了连续两年亏损的状态，资产负债率明显下降，资产质量发生重大转折。

## 新华股份（600782）

上市日期:96/12/25　　电话:0790—6460888　　传真:0790—6460999

| 类别 | 项目 | 2006 | 2005 | 2004 |
|---|---|---|---|---|
| 主营 | 主营各类预应力钢丝、钢绞线、铝包钢丝和铝包钢绞线、CATV 有线电视传输线、OPGW 光纤复合电缆及其延伸产品。 | | | |
| | 年　度 | 2006 | 2005 | 2004 |
| 主要指标 | 每股收益/扣除后(元) | 0.278/0.253 | 0.164/0.155 | 0.147/0.149 |
| | 每股经营现金流量(元) | 0.4512 | 0.2139 | 0.3305 |
| | 每股净资产/调整后(元) | 1.78/1.74 | 1.63/1.6 | 1.57/1.56 |
| | 未分利润(万元) | 5822.86 | 3310.94 | 2558.33 |
| | 资本公积(万元) | 5256.9 | 5388.02 | 5388.02 |
| 利润构成 | 主营收入(万元) | 100483.35 | 82648.64 | 75315.05 |
| | 主营利润(万元) | 13668.79 | 11712.93 | 10526.73 |
| | 投资收益(万元) | 240.03 | -449.98 | -359.17 |
| | 利润总额(万元) | 6470.94 | 4145.16 | 3295.51 |
| | 净利润(万元) | 5367.3 | 3158.6 | 2847.07 |
| 近年分配: | 06 预案:10 派 1.39；05 年:10 派 1.2；04 年:10 派 1 | | | |

**主要股东及持股比例%、持股性质**

新余钢铁有限责任公司 37.77%（国有股）
(香港)巍华金属制品有限公司 14.49%（外资股）
江西国际信托投资股份有限公司 8.69%（国有股）
江西省冶金供销公司 0.39%（国有股）
邢康 0.3%（流通 A 股）
钱铁军 0.17%（流通 A 股）
张源 0.17%（流通 A 股）
黄小毛 0.16%（流通 A 股）
杭秀英 0.14%（流通 A 股）
刘英杰 0.14%（流通 A 股）
**实际控制人:** 江西省冶金集团公司

二〇〇六年以来市场表现

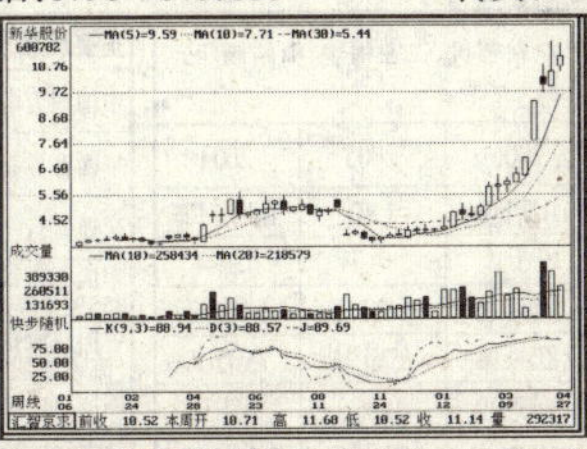

| 项目 | 数值 |
|---|---|
| 2006 年涨跌幅(%) | 57.33 |
| 2006 年最高(元) | 5.85 |
| 2007 年涨跌幅(%) | 175.06 |
| 2007.4.27 收盘(元) | 11.14 |
| 2007 年最高(元) | 11.8 |
| 2007 年最低(元) | 4 |
| 2007 年换手率(%) | 484.86 |

**未来一年限售流通股解禁情况:**20068844 股 10 月 24 日解禁

| 最新股本 | 总股本 | 非(限售)流通 | 流通 A | 流通 B/H/S | 股东户数 | 06 年末 | 06 三季 |
|---|---|---|---|---|---|---|---|
| | 19322.04 | 11852.76 | 7469.28 | | | 15212 | 14958 |

**年报点评**　公司是中国冶金系统第一家先进技术型中外合资企业，专业生产各类预应力钢绞线、预应力钢丝、铝包钢线、钢芯铝绞线等产品。公司一直致力于主业的发展，已实现 16 年连续盈利，并维持了较高的净资产收益率。

## 鲁信高新（600783）

上市日期:96/12/25　　电话:0533－2980151　　传真:0533－2981033

| 类别 | 项目 | 2006 | 2005 | 2004 |
|---|---|---|---|---|
| 主营 | 磨料、磨具、硅碳棒、砂纸及柠檬酸产品的生产和销售。 | | | |
| | 年　度 | 2006 | 2005 | 2004 |
| 主要指标 | 每股收益/扣除后(元) | 0.022/0.006 | 0.075 | 0.029/0.001 |
| | 每股经营现金流量(元) | 0.0097 | 0.2126 | -0.0559 |
| | 每股净资产/调整后(元) | 1.5/1.26 | 1.42/1.19 | 1.33/1.13 |
| | 未分利润(万元) | -2034.28 | -2375.87 | -3518.37 |
| | 资本公积(万元) | 8781.92 | 7563.9 | 7300.83 |
| 利润构成 | 主营收入(万元) | 62257.89 | 41566.51 | 28782.91 |
| | 主营利润(万元) | 8467.48 | 6509.21 | 6549.33 |
| | 投资收益(万元) | 594.17 | 420.11 | 997.01 |
| | 利润总额(万元) | 856.8 | 1929.04 | 1660.61 |
| | 净利润(万元) | 454.51 | 1528.07 | 591.07 |
| 近年分配: | | | | |

**主要股东及持股比例%、持股性质**

山东省高新技术投资有限公司 25.46%（国有股）
山东省鲁信投资控股集团有限公司 24.92%（国有股）
山东鲁信置业有限公司 4%（非流通股）
淄博泰利磨具公司 2.55%（非流通股）
淄博工业发展有限公司 1.07%（国有股）
陈小珍 0.22%（流通 A 股）
汪爱莲 0.2%（流通 A 股）
西诺实业 0.16%（流通 A 股）
林创达 0.15%（流通 A 股）
徐瑞山 0.12%（流通 A 股）
**实际控制人:** 山东省鲁信投资控股集团有限公司

二〇〇六年以来市场表现

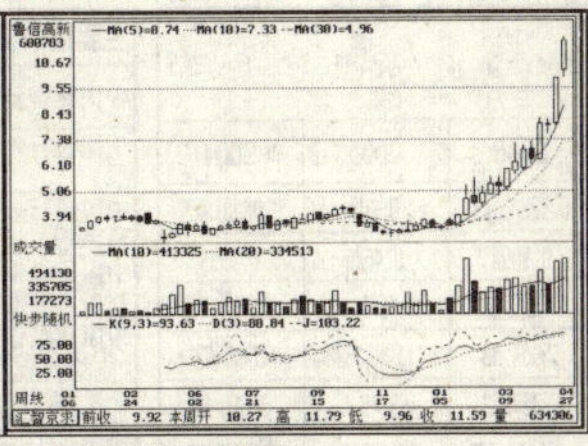

| 项目 | 数值 |
|---|---|
| 2006 年涨跌幅(%) | 34.53 |
| 2006 年最高(元) | 5.79 |
| 2007 年涨跌幅(%) | 237.9 |
| 2007.4.27 收盘(元) | 11.59 |
| 2007 年最高(元) | 11.79 |
| 2007 年最低(元) | 3.3 |
| 2007 年换手率(%) | 696.59 |

**未来一年限售流通股解禁情况:**

| 最新股本 | 总股本 | 非(限售)流通 | 流通 A | 流通 B/H/S | 股东户数 | 06 年末 | 06 三季 |
|---|---|---|---|---|---|---|---|
| | 20227.89 | 11726.51 | 8501.38 | | | 23011 | 22314 |

**年报点评**　公司在磨料磨具行业是龙头，领导地位和核心竞争力突出。公司在采用新工艺、新设备、新技术和新产品开发等方面，处于国内同行业前列。泰山牌砂轮静平衡性能优于国内同类产品 30%－50%左右。但是公司担保过多，会对公司的生产经营产生潜在威胁。

## 鲁银投资（600784）

上市日期:96/12/25　电话:0531－2024156　传真:0531－2024179

**主营**：股权投资:投资的主要产业为生物制药、羊绒纺织、房地产开发、粉末冶金和热轧带钢产品等。

| | 年度 | 2006 | 2005 | 2004 |
|---|---|---|---|---|
| 主要指标 | 每股收益/扣除后(元) | 0.12/0.14 | 0.09 | 0.12/0.12 |
| | 每股经营现金流量(元) | 0.64 | 0.44 | 0.62 |
| | 每股净资产/调整后(元) | 1.31/1.08 | 1.24/1.03 | 1.15/0.76 |
| | 未分利润(万元) | 4606.57 | 1703.75 | －15562.06 |
| | 资本公积(万元) | 3221.69 | 3224.27 | 14405.71 |
| 利润构成 | 主营收入(万元) | 316029.58 | 360514.32 | 360895.5 |
| | 主营利润(万元) | 20589.61 | 20813.05 | 17793.34 |
| | 投资收益(万元) | 5700.3 | －252.12 | －123.32 |
| | 利润总额(万元) | 840.02 | 1504.27 | 3993.23 |
| | 净利润(万元) | 3021.82 | 2129.69 | 3066.26 |

近年分配:

**主要股东及持股比例%、持股性质**

莱芜钢铁集团有限公司 14.52%（国有股）
上海银炬实业发展有限公司 4.79%（非流通股）
高爱兰 0.54%（流通A股）
孙俊 0.52%（流通A股）
陈家礼 0.52%（流通A股）
张钦英 0.44%（流通A股）
李江 0.33%（流通A股）
中国银行－华夏大盘精选证券投资基金 0.31%（流通A股）
周军 0.28%（流通A股）
陕西君瑞科技有限公司 0.25%（流通A股）

实际控制人: 莱芜钢铁集团有限公司

二〇〇六年以来市场表现

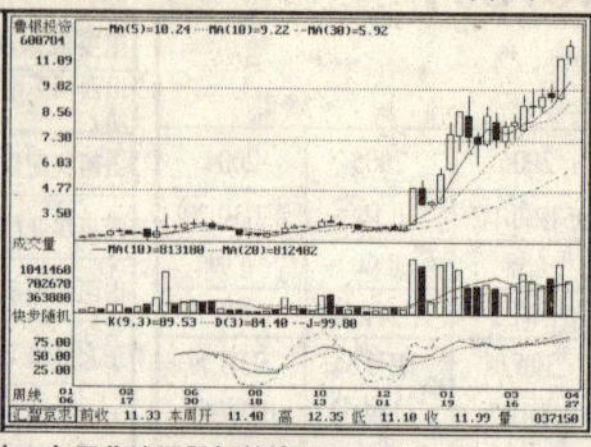

| | |
|---|---|
| 2006年涨跌幅(%) | 85.61 |
| 2006年最高(元) | 5.6 |
| 2007年涨跌幅(%) | 193.87 |
| 2007.4.27收盘(元) | 11.99 |
| 2007年最高(元) | 12.35 |
| 2007年最低(元) | 3.96 |
| 2007年换手率(%) | 668.32 |

未来一年限售流通股解禁情况:

| 最新股本 | 总股本 | 非(限售)流通 | 流通A | 流通B/H/S | 股东户数 | 06年末 | 06三季 |
|---|---|---|---|---|---|---|---|
| | 24830.69 | 4795.54 | 20035.15 | | | 55865 | 63676 |

年报点评: 公司与莱钢集团成功进行资产置换,实现脱胎换骨式的产业转变。公司强势进军冶金材料生产领域,目前公司下属的带钢分公司运行平稳,粉末冶金公司经过持续的技术改造,生产能力得到大幅提升,形成了比较良好的产业链条和产业布局,发展前景广阔。

## 新华百货（600785）

上市日期:97/01/08　电话:0951－4010058　传真:0951－6022866

**主营**：零售及批发百货、文化用品、服装鞋帽、针纺织品、家电家具、钟表工艺、副食品等十大类四万余种商品。

| | 年度 | 2006 | 2005 | 2004 |
|---|---|---|---|---|
| 主要指标 | 每股收益/扣除后(元) | 0.44/0.44 | 0.39/0.32 | 0.41/0.46 |
| | 每股经营现金流量(元) | 1.77 | 0.84 | 1.09 |
| | 每股净资产/调整后(元) | 5.04/4.95 | 5.53/5.43 | 5.3/5.2 |
| | 未分利润(万元) | 18455.9 | 13525.08 | 12868.32 |
| | 资本公积(万元) | 25376.1 | 27574.65 | 26662.38 |
| 利润构成 | 主营收入(万元) | 229774.11 | 187920.21 | 160420.18 |
| | 主营利润(万元) | 37025.95 | 33117.36 | 30541.41 |
| | 投资收益(万元) | 560.42 | 158.63 | 266.29 |
| | 利润总额(万元) | 8975.89 | 5395.04 | 5388.66 |
| | 净利润(万元) | 5478.69 | 3986.51 | 4201.35 |

近年分配: 06预案:10派3;04年:10派2.5

**主要股东及持股比例%、持股性质**

北京物美商业集团股份有限公司 29.24%（非流通股）
安庆聚德贸易有限责任公司 6.48%（非流通股）
易方达价值精选股票型证券投资基金 4.8%（流通A股）
北京洁美佳丽商贸有限公司 1.94%（流通A股）
丰和价值证券投资基金 1.5%（流通A股）
宁夏通信服务公司 1.21%（非流通股）
郑志诚 0.84%（流通A股）
全国社保基金一零九组合 0.58%（流通A股）
马立新 0.57%（流通A股）
北京信诚芳馨商贸有限公司 0.47%（流通A股）

实际控制人: 物美控股集团有限公司

二〇〇六年以来市场表现

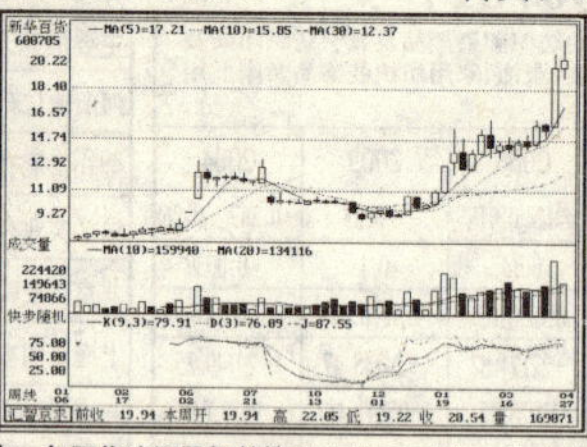

| | |
|---|---|
| 2006年涨跌幅(%) | 59.19 |
| 2006年最高(元) | 13.25 |
| 2007年涨跌幅(%) | 108.11 |
| 2007.4.27收盘(元) | 20.54 |
| 2007年最高(元) | 22.05 |
| 2007年最低(元) | 9.82 |
| 2007年换手率(%) | 306.85 |

未来一年限售流通股解禁情况:14147100股09月01日解禁

| 最新股本 | 总股本 | 非(限售)流通 | 流通A | 流通B/H/S | 股东户数 | 06年末 | 06三季 |
|---|---|---|---|---|---|---|---|
| | 12347.1 | 4590 | 7757.1 | | | 11821 | 11917 |

年报点评: 公司的银川新华百货老大楼、银川新华百货购物中心净利润分别增长30%强和20强;银川新华百货连锁超市新增卖场两家、加盟店十五家,净利润增长48%;银川新华百货东桥电器主营收入增幅较大;向夏进乳业成功扭亏。这些因素推动了业绩增长。

## 东方锅炉（600786）

上市日期:96/12/27　电话:0813－4735000　传真:0813－2203200

**主营**：开发、制造营销电站锅炉、电站辅机、工业锅炉、电站阀门、石油化工容器及配件。

| | 年度 | 2006 | 2005 | 2004 |
|---|---|---|---|---|
| 主要指标 | 每股收益/扣除后(元) | 1.127/1.516 | 1.943 | 1.029/1.028 |
| | 每股经营现金流量(元) | －5.35 | －0.74 | 7.3144 |
| | 每股净资产/调整后(元) | 5.19/5.05 | 3.92/3.73 | 1.92/1.68 |
| | 未分利润(万元) | 87599.06 | 65761.16 | 16575.16 |
| | 资本公积(万元) | 39778.19 | 24296.3 | 7481.53 |
| 利润构成 | 主营收入(万元) | 1115421.13 | 829668.4 | 444399.02 |
| | 主营利润(万元) | 145183.29 | 146943.1 | 76109.75 |
| | 投资收益(万元) | －14771.85 | 772.66 | －168.92 |
| | 利润总额(万元) | 60783.16 | 93264.01 | 48515.21 |
| | 净利润(万元) | 45240.89 | 78002.42 | 41322.81 |

近年分配: 06预案:10派2;05年:10派2.4;04中期:10转增9年终:10派2.52

**主要股东及持股比例%、持股性质**

中国东方电气集团公司 74.44%（国有股）
华西证券有限责任公司 0.948%（流通A股）
交通银行－安顺证券投资基金 0.91%（流通A股）
中国工商银行－广发策略优选混合型证券投资基金 0.855%（流通A股）
中国建设银行－华安宏利股票型证券投资基金 0.571%（流通A股）
国际金融－汇丰－MORGAN STANLEY & CO. INTERNATIONAL LIMITED 0.528%（流通A股）
上海浦东发展银行－广发小盘成长股票型证券投资基金 0.448%（流通A股）
浙商证券有限责任公司 0.424%（流通A股）
东阳市正宏化工有限公司 0.249%（流通A股）
长城证券有限责任公司 0.249%（流通A股）

实际控制人: 中国东方电气集团公司

二〇〇六年以来市场表现

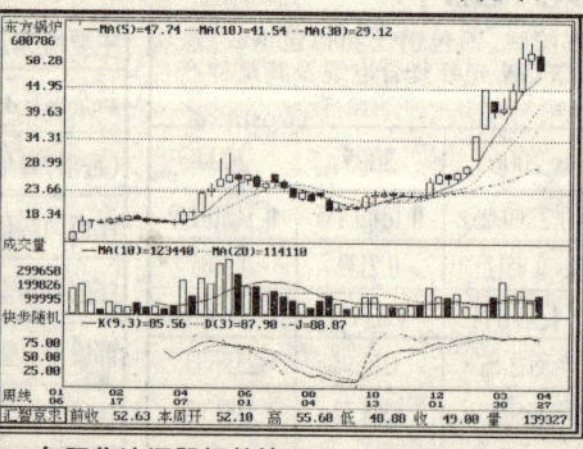

| | |
|---|---|
| 2006年涨跌幅(%) | 121.09 |
| 2006年最高(元) | 31.71 |
| 2007年涨跌幅(%) | 111.94 |
| 2007.4.27收盘(元) | 49 |
| 2007年最高(元) | 69.5 |
| 2007年最低(元) | 30.35 |
| 2007年换手率(%) | 80.47 |

未来一年限售流通股解禁情况:20070762股03月23日解禁

| 最新股本 | 总股本 | 非(限售)流通 | 流通A | 流通B/H/S | 股东户数 | 06年末 | 06三季 |
|---|---|---|---|---|---|---|---|
| | 40141.52 | 29881.52 | 10260 | | | 16180 | 22617 |

年报点评: 公司主营火力发电设备电站锅炉。06年公司产值再创新高,但毛利率有所下滑,虽然主营业务大幅增长,但净利润同比大幅下滑。07年电站设备订单仍然充足,但行业周期性高点已现。公司未来将被吸收入东方电气整体上市后,东方电气前景看好。

## 中储股份（600787）

上市日期:97/01/21　电话:010－83673292　传真:010－83673191

**主营**：商品储存、运输、物资经销配送等。

| | 年度 | 2006 | 2005 | 2004 |
|---|---|---|---|---|
| 主要指标 | 每股收益/扣除后(元) | 0.128/0.12 | 0.103 | 0.082/0.077 |
| | 每股经营现金流量(元) | 0.1094 | 0.4626 | 0.1355 |
| | 每股净资产/调整后(元) | 2.55/2.52 | 2.45/2.44 | 1.76/1.75 |
| | 未分利润(万元) | 15061.53 | 11782.52 | 8790.62 |
| | 资本公积(万元) | 63757.53 | 63749.4 | 25680.84 |
| 利润构成 | 主营收入(万元) | 691134.57 | 521457.26 | 342242.23 |
| | 主营利润(万元) | 43662.03 | 32596.52 | 24848.41 |
| | 投资收益(万元) | 77.39 | －90.87 | 505.84 |
| | 利润总额(万元) | 13040.01 | 10029.86 | 8003.22 |
| | 净利润(万元) | 7951.33 | 6399.24 | 5096.42 |

近年分配: 06预案:10派0.4;05年:10派0.3;04中期:10转增10年终:10派0.2

**主要股东及持股比例%、持股性质**

中国物资储运总公司 44.3%（国有股）
中国银行－华夏大盘精选证券投资基金 2.02%（流通A股）
中国银行－嘉实主题精选混合型证券投资基金 1.9%（流通A股）
中国建设银行－华夏优势增长股票型证券投资基金 1.23%（流通A股）
中国建设银行－华安宏利股票型证券投资基金 0.83%（流通A股）
华夏银行股份有限公司－益民红利成长混合型证券投资基金 0.74%（流通A股）
中国建设银行－海富通风格优势股票型证券投资基金 0.64%（流通A股）
中国银行－海富通股票证券投资基金 0.61%（流通A股）
交通银行－安顺证券投资基金 0.55%（流通A股）
招商银行股份有限公司－中信经典配置证券投资基金 0.54%（流通A股）

实际控制人: 中国诚通控股集团有限公司

二〇〇六年以来市场表现

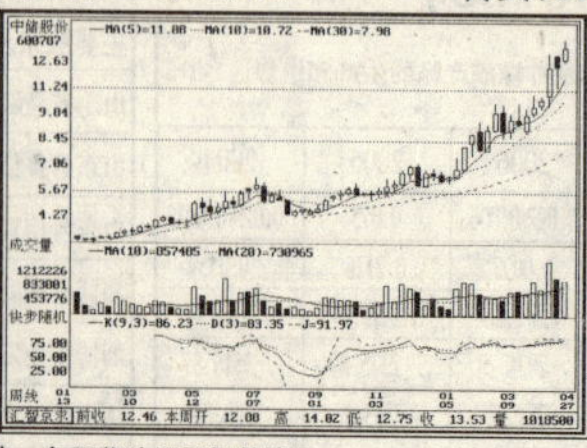

| | |
|---|---|
| 2006年涨跌幅(%) | 128.82 |
| 2006年最高(元) | 9.84 |
| 2007年涨跌幅(%) | 116.48 |
| 2007.4.27收盘(元) | 13.53 |
| 2007年最高(元) | 14.02 |
| 2007年最低(元) | 6.19 |
| 2007年换手率(%) | 368 |

未来一年限售流通股解禁情况:

| 最新股本 | 总股本 | 非(限售)流通 | 流通A | 流通B/H/S | 股东户数 | 06年末 | 06三季 |
|---|---|---|---|---|---|---|---|
| | 62067.78 | 27498.57 | 34569.21 | | | 56006 | 56822 |

年报点评: 2006年,通过整合公司内外部资源、创新业务模式,公司在竞争激烈的物流市场领域盈利能力稳中有升,物流业务收入与利润增幅分别达到34%和37%。通过收购母公司资产及自建等,公司在各大城市形成网络优势,为今后物流业务发展奠定了坚实基础。

## 鲁抗医药（600789）

上市日期:97/02/26　　电话:0537－2983174　　传真:0537－2983097

**主营**：抗生素类药品制造,主营生物发酵及生物合成产品。

| | 年　度 | 2006 | 2005 | 2004 |
|---|---|---|---|---|
| 主要指标 | 每股收益/扣除后(元) | -0.17/-0.16 | 0.01 | -0.22/-0.22 |
| | 每股经营现金流量(元) | 0.0967 | 0.39 | 0.15 |
| | 每股净资产/调整后(元) | 2.44/2.44 | 3.64/3.64 | 3.63/3.63 |
| | 未分利润(万元) | 1106.85 | 10793.94 | 10296.28 |
| | 资本公积(万元) | 67892.57 | 83336.73 | 83336.73 |
| 利润构成 | 主营收入(万元) | 111364 | 115593.62 | 102752.16 |
| | 主营利润(万元) | 13163.03 | 13544 | 12274.67 |
| | 投资收益(万元) | -1014.74 | 23.14 | |
| | 利润总额(万元) | -9621.05 | 312.58 | -9567 |
| | 净利润(万元) | -9653.79 | 497.66 | -9234.78 |
| 近年分配: | | | | |

| 主要股东及持股比例%、持股性质 |
|---|
| 山东省人民政府国有资产监督管理委员会 24.59%（国有股） |
| 中国资本(控股)有限公司 15.46%（外资股） |
| 黄凯 0.17%（流通A股） |
| 张秀兰 0.12%（流通A股） |
| 高琳玲 0.12%（流通A股） |
| 姜敏 0.11%（流通A股） |
| 王自强 0.09%（流通A股） |
| 孙刚 0.09%（流通A股） |
| 杭州成达基础工程有限公司 0.09%（流通A股） |
| 许锋 0.09%（流通A股） |
| 实际控制人：华鲁控股集团有限公司 |

二〇〇六年以来市场表现

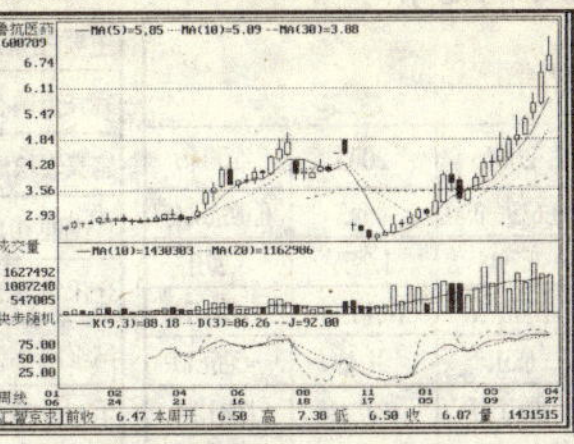

| | |
|---|---|
| 2006年涨跌幅(%) | 98.77 |
| 2006年最高(元) | 5.27 |
| 2007年涨跌幅(%) | 125.99 |
| 2007.4.27收盘(元) | 6.87 |
| 2007年最高(元) | 7.38 |
| 2007年最低(元) | 2.88 |
| 2007年换手率(%) | 568.16 |

**未来一年限售流通股解禁情况**:29078774股10月31日解禁

| 最新股本 | 总股本 | 非(限售)流通 | 流通A | 流通B/H/S | 股东户数 | 06年末 | 06三季 |
|---|---|---|---|---|---|---|---|
| | 58157.55 | 23290.9 | 34866.65 | | | 85022 | 80967 |

**年报点评**：公司是国内大型抗生素生产企业,因药品降价,公司的主营业务受到负面影响。2006年收入有所下降,公司出现大幅亏损,随着国家推进医疗体制改革,公司面临一定的机会。大股东如果注入资产,公司的盈利能力将获得提升。

## 轻纺城（600790）

上市日期:97/02/28　　电话:0575－4116158　　传真:0575－4116045

**主营**：中国轻纺城"东、西、北"三大交易区营业用房的租赁和物业管理;生产和销售各类纺织品、新型建材、黄酒等,并从事房地产开发和物流公司的建设。

| | 年　度 | 2006 | 2005 | 2004 |
|---|---|---|---|---|
| 主要指标 | 每股收益/扣除后(元) | -0.2/-0.23 | 0.03 | 0.058/0.006 |
| | 每股经营现金流量(元) | 1.42 | 1.932 | 1.579 |
| | 每股净资产/调整后(元) | 1.95/1.92 | 2.77/2.73 | 2.69/2.65 |
| | 未分利润(万元) | -9827.64 | -136.91 | -1152.34 |
| | 资本公积(万元) | 48970.89 | 59802.43 | 57856.49 |
| 利润构成 | 主营收入(万元) | 97993.49 | 83989.87 | 102076.66 |
| | 主营利润(万元) | 23043.71 | 16800.34 | 18613.36 |
| | 投资收益(万元) | -163.96 | 1176.13 | 2639.3 |
| | 利润总额(万元) | -10051.77 | 2558.84 | 5289.31 |
| | 净利润(万元) | -9621.41 | 1116.01 | 2148.49 |
| 近年分配: | | | | |

| 主要股东及持股比例%、持股性质 |
|---|
| 浙江精功控股有限公司 26.11%（非流通股） |
| 浙江省财务开发公司 2.17%（非流通股） |
| 中国工商银行－广发策略优选混合型证券投资基金 2.1%（流通A股） |
| 绍兴柯桥镇红建村 1.39%（非流通股） |
| 上海浦东发展银行－广发小盘成长股票型证券投资基金 1.37%（流通A股） |
| 绍兴县新裕投资有限公司 0.7%（流通A股） |
| 招商证券股份有限公司 0.48%（流通A股） |
| 中国对外经济贸易信托投资有限公司 0.47%（流通A股） |
| 上海博达缩微技术有限公司 0.46%（非流通股） |
| 宁波经济技术开发区太洲贸易公司 0.41%（非流通股） |
| 实际控制人：金良顺 |

二〇〇六年以来市场表现

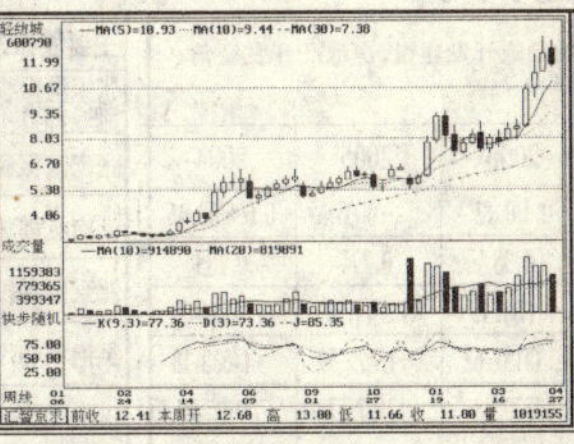

| | |
|---|---|
| 2006年涨跌幅(%) | 167.39 |
| 2006年最高(元) | 8.01 |
| 2007年涨跌幅(%) | 110.34 |
| 2007.4.27收盘(元) | 11.8 |
| 2007年最高(元) | 13.31 |
| 2007年最低(元) | 5.58 |
| 2007年换手率(%) | 432.73 |

**未来一年限售流通股解禁情况**:21062238股12月25日解禁

| 最新股本 | 总股本 | 非(限售)流通 | 流通A | 流通B/H/S | 股东户数 | 06年末 | 06三季 |
|---|---|---|---|---|---|---|---|
| | 47598.17 | 14536.91 | 33061.26 | | | 50014 | 47580 |

**年报点评**：公司主要市场租赁、黄酒业务等。市场预收租费大幅度增长。物流发展出现良好势头。黄酒产业优势进一步凸现,酒由2005年的5万吨增加到6万吨,增持了嘉善黄酒的股份,黄酒产量达到12万吨,居全国同行业之首。预计未来公司业务能够稳定增长。

## 天创置业（600791）

上市日期:97/01/30　　电话:010－62690929　　传真:010－62698709

**主营**：房地产开发。

| | 年　度 | 2006 | 2005 | 2004 |
|---|---|---|---|---|
| 主要指标 | 每股收益/扣除后(元) | 0.2/0.19 | 0.14 | 0.22/0.2 |
| | 每股经营现金流量(元) | -0.16 | 0.37 | -1.06 |
| | 每股净资产/调整后(元) | 2.29/2.27 | 2.07/1.98 | 1.92/1.88 |
| | 未分利润(万元) | 8816.92 | 7294.2 | 6282.06 |
| | 资本公积(万元) | 1965.59 | 1183.04 | 912.3 |
| 利润构成 | 主营收入(万元) | 40667.65 | 29348.21 | 21552.84 |
| | 主营利润(万元) | 11203.95 | 8490.63 | 9116.51 |
| | 投资收益(万元) | -68.41 | -136.02 | 77.61 |
| | 利润总额(万元) | 6219.18 | 4120.33 | 5888.23 |
| | 净利润(万元) | 2536.32 | 1818.76 | 2862.03 |
| 近年分配: | 06预案:10派0.6送5;05年:10派0.3;04年:10派0.2 | | | |

| 主要股东及持股比例%、持股性质 |
|---|
| 北京能源投资(集团)有限公司 35.85%（国有股） |
| 北京力成投资管理有限公司 5.81%（非流通股） |
| 山东恒生置地股份有限公司 4.61%（流通A股） |
| 福建省烟草公司三明分公司 3.25%（流通A股） |
| 贵州赤天化集团有限责任公司 2.98%（国有股） |
| 贵州省水城钢铁(集团)公司 2.83%（国有股） |
| 贵州省技术改造投资公司 2.83%（国有股） |
| 中国贵州航空工业总公司 1.42%（国有股） |
| 贵州神奇制药有限公司 0.71%（非流通股） |
| 重庆科星设备清洗有限公司 0.64%（非流通股） |
| 实际控制人：北京市国资委 |

二〇〇六年以来市场表现

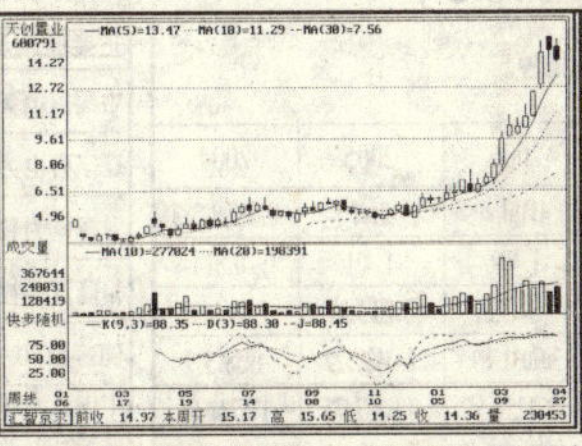

| | |
|---|---|
| 2006年涨跌幅(%) | 74.51 |
| 2006年最高(元) | 8.19 |
| 2007年涨跌幅(%) | 143.8 |
| 2007.4.27收盘(元) | 14.36 |
| 2007年最高(元) | 15.82 |
| 2007年最低(元) | 5.7 |
| 2007年换手率(%) | 478.13 |

**未来一年限售流通股解禁情况**:1040325股02月10日解禁

| 最新股本 | 总股本 | 非(限售)流通 | 流通A | 流通B/H/S | 股东户数 | 06年末 | 06三季 |
|---|---|---|---|---|---|---|---|
| | 12870 | 7293.62 | 5576.38 | | | 7070 | 8053 |

**年报点评**：天创置业2006年实现主营收入同比增长38.57%,净利润同比增长39.45%,每股收益同比增长42.86%。2006年主营收入主要来自天创维嘉写字楼、可可家园、天创公馆和天创科技大厦的销售。随着非公开发行完成,业绩将有较大幅度提升。

## 马龙产业（600792）

上市日期:97/01/23　　电话:0871－3018278　　传真:0871－3620661

**主营**：黄磷、磷酸等磷化工产品,水泥等建材产品的生产销售。

| | 年　度 | 2006 | 2005 | 2004 |
|---|---|---|---|---|
| 主要指标 | 每股收益/扣除后(元) | -0.394/-0.4 | 0.14 | 0.603/0.598 |
| | 每股经营现金流量(元) | -1.05 | -0.121 | 0.284 |
| | 每股净资产/调整后(元) | 1.21/1.2 | 1.62/1.61 | 1.83/1.83 |
| | 未分利润(万元) | -918.89 | 4070.42 | 3741.93 |
| | 资本公积(万元) | 1862.29 | 2037.76 | 2037.76 |
| 利润构成 | 主营收入(万元) | 83001.14 | 56895.39 | 80186.43 |
| | 主营利润(万元) | 3637.71 | 9732.49 | 20828.19 |
| | 投资收益(万元) | | | |
| | 利润总额(万元) | -5540.53 | 2221.87 | 9104.02 |
| | 净利润(万元) | -4978.56 | 1746.68 | 6920.33 |
| 近年分配: | 04年:10派2送1 | | | |

| 主要股东及持股比例%、持股性质 |
|---|
| 云天化集团有限责任公司 52.51%（国有股） |
| 云南马龙万企化工有限公司 8.67%（非流通股） |
| 梁海凌 0.77%（流通A股） |
| 李明 0.48%（流通A股） |
| 郭玉章 0.4%（流通A股） |
| 彭胜 0.36%（流通A股） |
| 王炳铭 0.32%（流通A股） |
| 杨玲玲 0.25%（流通A股） |
| 王东榕 0.24%（流通A股） |
| 徐刚 0.21%（流通A股） |
| 实际控制人：云天化集团有限责任公司 |

二〇〇六年以来市场表现

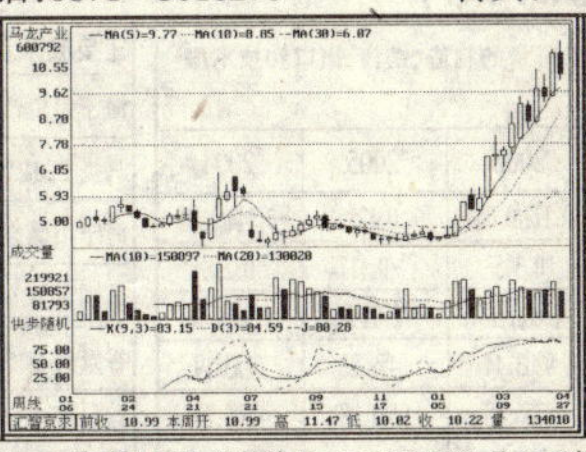

| | |
|---|---|
| 2006年涨跌幅(%) | 17.52 |
| 2006年最高(元) | 7.06 |
| 2007年涨跌幅(%) | 137.67 |
| 2007.4.27收盘(元) | 10.22 |
| 2007年最高(元) | 11.47 |
| 2007年最低(元) | 4.23 |
| 2007年换手率(%) | 462.21 |

**未来一年限售流通股解禁情况**:6311250股07月17日解禁

| 最新股本 | 总股本 | 非(限售)流通 | 流通A | 流通B/H/S | 股东户数 | 06年末 | 06三季 |
|---|---|---|---|---|---|---|---|
| | 12622.5 | 7722 | 4900.5 | | | 6365 | 7094 |

**年报点评**：2006年公司业绩出现亏损。亏损原因主要为电力供应不足导致公司黄磷装置开工率只有34%;黄磷生产所需的磷矿石、电力价格上涨;公司主营产品黄磷和五钠价格下跌。随着云天化集团的人主和行业的好转,预计公司2007年扭亏的可能性很大。

## 宜宾纸业（600793）

上市日期:97/02/20　电话:0831－3560668　传真:0831－3561965

**主营**：生产经营新闻纸及纸制品。

| | 年　度 | 2006 | 2005 | 2004 |
|---|---|---|---|---|
| 主要指标 | 每股收益/扣除后(元) | －0.622/－0.672 | 0.053 | 0.092/0.045 |
| | 每股经营现金流量(元) | 0.7948 | 1.2976 | 1.2031 |
| | 每股净资产/调整后(元) | 1.37/1.58 | 1.89/1.68 | 1.82/1.74 |
| | 未分利润(万元) | －6531.03 | 21.46 | －7267.67 |
| | 资本公积(万元) | 10075.11 | 9007.41 | 12451.84 |
| 利润构成 | 主营收入(万元) | 49791.52 | 50626.68 | 37058.21 |
| | 主营利润(万元) | 506.84 | 6597.14 | 5658.35 |
| | 投资收益(万元) | 36.62 | 31.15 | 12.92 |
| | 利润总额(万元) | －6552.49 | 554.49 | 970.1 |
| | 净利润(万元) | －6552.49 | 554.49 | 970.1 |

**近年分配**：

**主要股东及持股比例%、持股性质**

- 宜宾市国有资产经营有限公司 41.57%（国有股）
- 宜宾五粮液集团有限公司 16.06%（国有股）
- 许少冲 0.83%（流通A股）
- 余深华 0.58%（流通A股）
- 马皖均 0.38%（流通A股）
- 王益民 0.35%（流通A股）
- 朱永存 0.33%（流通A股）
- 林燕明 0.31%（流通A股）
- 林泽清 0.28%（流通A股）
- 朱永财 0.26%（流通A股）

**实际控制人**：宜宾天原股份有限公司

二〇〇六年以来市场表现

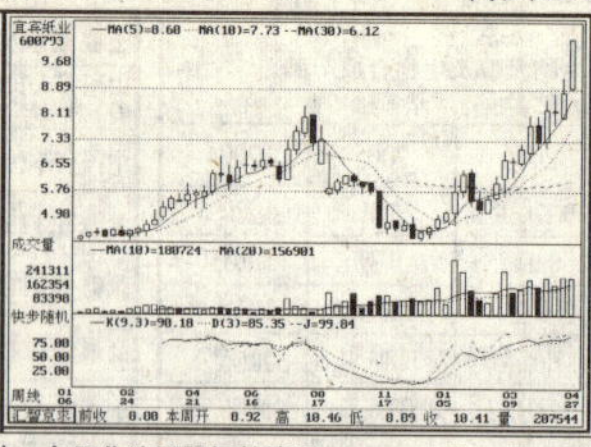


| | |
|---|---|
| 2006年涨跌幅(%) | 55.48 |
| 2006年最高(元) | 9.3 |
| 2007年涨跌幅(%) | 112.02 |
| 2007.4.27收盘(元) | 10.41 |
| 2007年最高(元) | 10.46 |
| 2007年最低(元) | 4.73 |
| 2007年换手率(%) | 611.4 |

未来一年限售流通股解禁情况:10530000股09月20日解禁

| 最新股本 | 总股本 | 非(限售)流通 | 流通A | 流通B/H/S | 股东户数 06年末 | 06三季 |
|---|---|---|---|---|---|---|
| | 10530 | 6069.18 | 4460.82 | | 9314 | 8667 |

**年报点评**：2006年随着国内高端纸纷纷投入市场,同时国内造纸原辅材料价格有较大幅度上涨,导致公司生产经营环境进一步恶化。另外公司生产环节的不稳定状态,带来产品产量、质量、成本的较大波动,从而造成了公司出现大幅亏损。

## 保税科技（600794）

上市日期:97/03/06　电话:0872－3186316　传真:0872－3186312

**主营**：江苏省张家港保税区基础设施开发建设,房地产开发经营;保税仓储、货物中转、装卸

| | 年　度 | 2006 | 2005 | 2004 |
|---|---|---|---|---|
| 主要指标 | 每股收益/扣除后(元) | 0.1/0.12 | －0.03 | 0.096/0.001 |
| | 每股经营现金流量(元) | 0.38 | 0.294 | 0.183 |
| | 每股净资产/调整后(元) | 1.17/1.15 | 1.39/1.37 | 1.46/1.43 |
| | 未分利润(万元) | －14157.62 | －15477.59 | －14632.18 |
| | 资本公积(万元) | 13530.38 | 17107.57 | 17101.35 |
| 利润构成 | 主营收入(万元) | 8863.54 | 10242.96 | 12445.19 |
| | 主营利润(万元) | 5669.72 | 6700.88 | 4446.29 |
| | 投资收益(万元) | 156.54 | 660.59 | 195.86 |
| | 利润总额(万元) | 2446.49 | 925.26 | 2218.34 |
| | 净利润(万元) | 1485.54 | －319.72 | 1140.35 |

**近年分配**：06中期:10转增3

**主要股东及持股比例%、持股性质**

- 张家港保税区长江时代投资发展有限公司 29.99%（部分流通部分不流通）
- 张家港保税区金港资产经营有限公司 24.5%（国有股）
- 云南红塔集团大理卷烟厂 5.04%（非流通股）
- 北京侨兴投资有限公司 2.85%（流通A股）
- 吴艳 0.26%（流通A股）
- 田山 0.26%（流通A股）
- 余竹 0.23%（流通A股）
- 邵飞 0.22%（流通A股）
- 陈世平 0.19%（流通A股）
- 饶来秀 0.19%（流通A股）

**实际控制人**：蓝建秋、李浩、全新娜、李金伟、颜惠敏、程丽荣

二〇〇六年以来市场表现

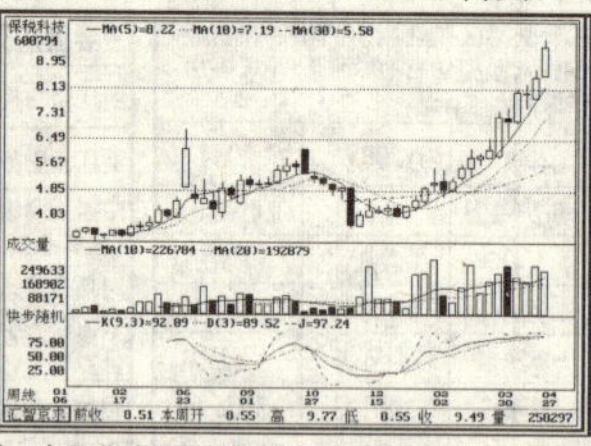


| | |
|---|---|
| 2006年涨跌幅(%) | 106.5 |
| 2006年最高(元) | 8 |
| 2007年涨跌幅(%) | 136.07 |
| 2007.4.27收盘(元) | 9.49 |
| 2007年最高(元) | 9.77 |
| 2007年最低(元) | 3.95 |
| 2007年换手率(%) | 390.48 |

未来一年限售流通股解禁情况:7750579.2股07月20日解禁

| 最新股本 | 总股本 | 非(限售)流通 | 流通A | 流通B/H/S | 股东户数 06年末 | 06三季 |
|---|---|---|---|---|---|---|
| | 15501.16 | 7030.93 | 8470.23 | | 16753 | 17446 |

**年报点评**：公司主营化工仓储码头为主。2006年公司克服2005年经营损失带来的多重困难,抓住下半年国内化工市场整体趋暖的形势,使得业务稳定发展。公司完成了3个码头的升级,为未来业务打下了很好的基础。

## 国电电力（600795）

上市日期:97/03/18　电话:010－58682100　传真:010－58553822

**主营**：电力、热力产品的生产与销售。

| | 年　度 | 2006 | 2005 | 2004 |
|---|---|---|---|---|
| 主要指标 | 每股收益/扣除后(元) | 0.411/0.409 | 0.41 | 0.369/0.383 |
| | 每股经营现金流量(元) | 1.409 | 1.421 | 0.81 |
| | 每股净资产/调整后(元) | 3.84/3.81 | 3.28/3.27 | 2.94/2.92 |
| | 未分利润(万元) | 307031.89 | 243432.29 | 195813.9 |
| | 资本公积(万元) | 271251.5 | 178483.77 | 175784.55 |
| 利润构成 | 主营收入(万元) | 1323559.45 | 1104519.11 | 775211.12 |
| | 主营利润(万元) | 298635.78 | 253131.86 | 218744.95 |
| | 投资收益(万元) | 20574.68 | 26724.62 | 25011.72 |
| | 利润总额(万元) | 183236.92 | 170325.33 | 149286.83 |
| | 净利润(万元) | 100064.59 | 92970 | 83688.96 |

**近年分配**：06预案:10派1;05年:10派0.8;04年:10派0.8

**主要股东及持股比例%、持股性质**

- 中国国电集团公司 30.95%（国有股）
- 辽宁省电力有限公司 25.35%（国有股）
- 龙源电力集团公司 8.33%（国有股）
- 裕隆证券投资基金 0.6%（流通A股）
- UBS AG 0.6%（流通A股）
- 中国人寿保险股份有限公司－分红－个人分红－005L－FH002沪 0.55%（流通A股）
- 中国工商银行－南方绩优成长股票型证券投资基金 0.45%（流通A股）
- 中国人寿保险(集团)公司－传统－普通保险产品 0.4%（流通A股）
- 中国太平洋人寿保险股份有限公司－传统－普通保险产品 0.4%（流通A股）
- 权证创设履约担保证券交收专用账户－招商证券股份有限公司 0.33%（流通A股）

**实际控制人**：国务院国有资产监督管理委员会

二〇〇六年以来市场表现

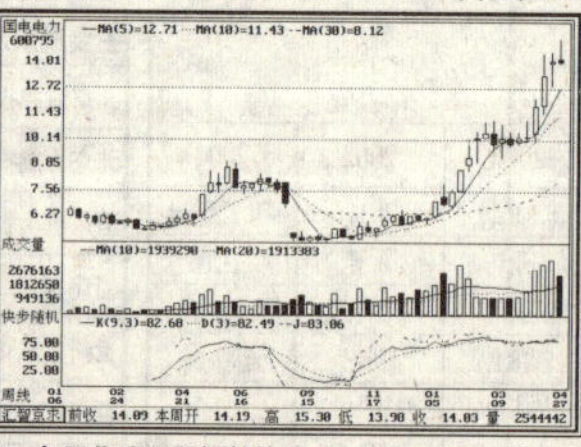


| | |
|---|---|
| 2006年涨跌幅(%) | 25.08 |
| 2006年最高(元) | 8.98 |
| 2007年涨跌幅(%) | 127.39 |
| 2007.4.27收盘(元) | 14.03 |
| 2007年最高(元) | 15.3 |
| 2007年最低(元) | 6.19 |
| 2007年换手率(%) | 337.93 |

未来一年限售流通股解禁情况:365387301股08月31日解禁

| 最新股本 | 总股本 | 非(限售)流通 | 流通A | 流通B/H/S | 股东户数 06年末 | 06三季 |
|---|---|---|---|---|---|---|
| | 243591.63 | 149171.07 | 94420.56 | | 87714 | 82807 |

**年报点评**：2006年公司新增控股容量82万千瓦,其中基建新增80万千瓦、技改增2万千瓦。公司通过加大电力营销力度,积极开拓市场,提高公司市场份额,针对煤炭价格持续上涨,公司加强了燃料管理,积极开拓供煤渠道,保证了燃料供应,实现了收入和利润的稳步增长。

## 钱江生化（600796）

上市日期:97/04/08　电话:0573－7042800　传真:0573－7035640

**主营**：从事生物农药、酶制剂、赤霉素的制造、销售、出口和技术服务。

| | 年　度 | 2006 | 2005 | 2004 |
|---|---|---|---|---|
| 主要指标 | 每股收益/扣除后(元) | 0.111/0.064 | 0.135 | 0.144/0.13 |
| | 每股经营现金流量(元) | 0.345 | －0.117 | 0.238 |
| | 每股净资产/调整后(元) | 1.68/1.67 | 2.01/2 | 1.98/1.96 |
| | 未分利润(万元) | 9203.44 | 6459.83 | 6233.19 |
| | 资本公积(万元) | 3756.48 | 9581.98 | 9508.29 |
| 利润构成 | 主营收入(万元) | 42918.98 | 28556.91 | 28447.59 |
| | 主营利润(万元) | 7900.72 | 6598.39 | 7745.13 |
| | 投资收益(万元) | 2178.93 | 1373.87 | 62.97 |
| | 利润总额(万元) | 4192.1 | 3371.13 | 3411.4 |
| | 净利润(万元) | 3048.47 | 2846.77 | 3029.84 |

**近年分配**：06预案:10派0.5;05年:10转增3;04年:10派1

**主要股东及持股比例%、持股性质**

- 海宁市资产经营公司 37.86%（国有股）
- 马炎 2.12%（非流通股）
- 海宁市鼎兴投资有限公司 1.26%（非流通股）
- 裘国寅 0.6%（非流通股）
- 谷景勇 0.57%（流通A股）
- 浙江省化工进出口有限公司 0.55%（非流通股）
- 海宁市兴达贸易有限责任公司 0.52%（非流通股）
- 范克森 0.51%（非流通股）
- 张月康 0.5%（非流通股）
- 华宝信托投资有限责任公司－集合类资金信托2006年第15号 0.41%（流通A股）

**实际控制人**：海宁市资产经营公司

二〇〇六年以来市场表现

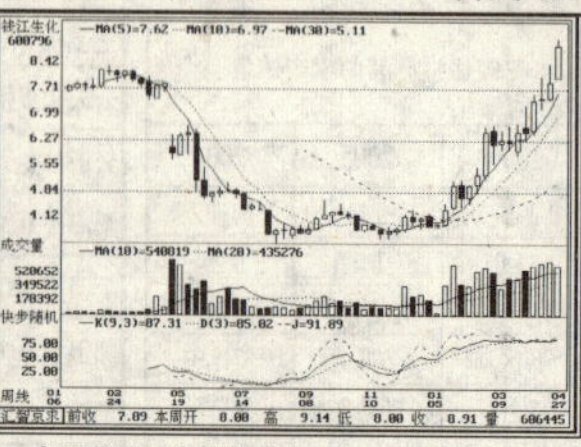


| | |
|---|---|
| 2006年涨跌幅(%) | －8.77 |
| 2006年最高(元) | 9.85 |
| 2007年涨跌幅(%) | 130.23 |
| 2007.4.27收盘(元) | 8.91 |
| 2007年最高(元) | 9.14 |
| 2007年最低(元) | 3.82 |
| 2007年换手率(%) | 563.91 |

未来一年限售流通股解禁情况:32131947.9股05月11日解禁

| 最新股本 | 总股本 | 非(限售)流通 | 流通A | 流通B/H/S | 股东户数 06年末 | 06三季 |
|---|---|---|---|---|---|---|
| | 27400.19 | 13761.02 | 13639.17 | | 22861 | 21957 |

**年报点评**：去年公司抓住目前行业复苏的有利环境,加大科技投入,积极扩大生产,做大规模,产能的快速释放以及高毛利率产品的陆续达产带来公司2006年业绩的大幅提升,近年有望维持增长态势。

## 浙大网新（600797）

上市日期:97/04/18　电话:0571－87950500　传真:0571－87988110

**主营**：计算机及网络系统、计算机系统集成，电子工程的研究开发、咨询服务及产品的制造、销售；网络教育的投资开发；生物制药的投资开发；高新技术产业投资开发。

| | 年　度 | 2006 | 2005 | 2004 |
|---|---|---|---|---|
| 主要指标 | 每股收益/扣除后(元) | 0.15/0.1 | 0.11 | 0.1/0.06 |
| | 每股经营现金流量(元) | 0.29 | 0.14 | 0.05 |
| | 每股净资产/调整后(元) | 1.62/1.57 | 1.48/1.45 | 1.38/1.3 |
| | 未分利润(万元) | 26755.68 | 15610.43 | 8978.91 |
| | 资本公积(万元) | 15339.76 | 14883.67 | 14099.61 |
| 利润构成 | 主营收入(万元) | 492067.29 | 433561.27 | 354740.71 |
| | 主营利润(万元) | 49398.96 | 51320.5 | 37117.84 |
| | 投资收益(万元) | 4283.04 | 3007.48 | 2932.19 |
| | 利润总额(万元) | 14118.96 | 11468.16 | 9178.65 |
| | 净利润(万元) | 12273.81 | 9066.24 | 8112.56 |

近年分配：06 预案:10 派 0.2；04 年:10 派 0.2

**主要股东及持股比例%、持股性质**

- 浙江浙大网新集团有限公司 16.63%（非流通股）
- 浙江华辰物业开发有限公司 6.68%（部分流通部分不流通）
- 海通－中行－FORTIS BANK SA/NV 3.1%（流通 A 股）
- 杭州富能实业有限公司 3.07%（部分流通部分不流通）
- 华夏红利混合型开放式证券投资基金 1.97%（流通 A 股）
- 海富通收益增长证券投资基金 1.97%（流通 A 股）
- 海富通精选证券投资基金 1.97%（流通 A 股）
- 浙江金科实业有限公司 1.84%（流通 A 股）
- 海富通强化回报混合型证券投资基金 1.23%（流通 A 股）
- 浙江中泰投资管理有限公司 0.78%（流通 A 股）

实际控制人：浙江浙大圆正集团有限公司

二〇〇六年以来市场表现

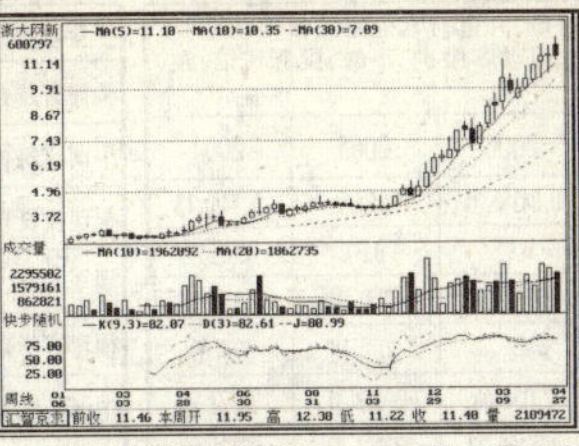

| | |
|---|---|
| 2006 年涨跌幅(%) | 156.52 |
| 2006 年最高(元) | 6.73 |
| 2007 年涨跌幅(%) | 75.66 |
| 2007.4.27 收盘(元) | 11.4 |
| 2007 年最高(元) | 12.38 |
| 2007 年最低(元) | 6.31 |
| 2007 年换手率(%) | 454.24 |

未来一年限售流通股解禁情况:82907270 股 10 月 31 日解禁

| 最新股本 | 总股本 | 非(限售)流通 | 流通 A | 流通 B/H/S | 股东户数 | 06 年末 | 06 三季 |
|---|---|---|---|---|---|---|---|
| | 81304.35 | 17883.93 | 63420.42 | | | 58278 | 47661 |

**年报点评**：公司主营软件及系统集成和机电工程业务。2006 年，公司软件外包业务成功开拓了一些欧美和日本客户而实现高速增长，国内烟气脱硫项目相继竣工并进军海外烟气脱硫市场。这两个因素推动业绩快速增长，预计外包将成为公司业绩主要推动力。

## 宁波海运（600798）

上市日期:97/04/23　电话:0574－87356271　传真:0574－87355051

**主营**：沿海、内河(长江)货物运输、国际远洋运输和交通基础设施、交通附设服务设施的投资。

| | 年　度 | 2006 | 2005 | 2004 |
|---|---|---|---|---|
| 主要指标 | 每股收益/扣除后(元) | 0.31/0.19 | 0.18 | 0.17/0.17 |
| | 每股经营现金流量(元) | 0.47 | 0.45 | 0.55 |
| | 每股净资产/调整后(元) | 2.08/2.08 | 1.88/1.88 | 1.68/1.68 |
| | 未分利润(万元) | 17230.4 | 10836.69 | 10036.66 |
| | 资本公积(万元) | 24128.17 | 21775.85 | 13800.9 |
| 利润构成 | 主营收入(万元) | 90156.32 | 81748.11 | 81766.41 |
| | 主营利润(万元) | 20126.65 | 23726.55 | 26819.5 |
| | 投资收益(万元) | －131.65 | －3089.62 | －7056.93 |
| | 利润总额(万元) | 16776.02 | 18067.6 | 16666.96 |
| | 净利润(万元) | 15672.02 | 9466.56 | 8542.02 |

近年分配：06 预案:10 派 1.68；05 年:10 派 1.5；04 年:10 派 1.4

**主要股东及持股比例%、持股性质**

- 宁波海运集团有限公司 45.61%（非流通股）
- 浙江省电力燃料总公司 15.98%（国有股）
- 宁波江北富创贸易公司 1.49%（部分流通部分不流通）
- 东胜聚力有限责任公司 1.34%（非流通股）
- 宁波交通投资控股有限公司 0.34%（国有股）
- 厦门冠海海运有限公司 0.2%（流通 A 股）
- 盐城市盐淮电力燃料有限公司 0.13%（流通 A 股）
- 陈临溪 0.12%（流通 A 股）
- 杨苏香 0.12%（流通 A 股）
- 徐妍鹏 0.11%（流通 A 股）

实际控制人：宁波市人民政府国有资产监督管理委员会

二〇〇六年以来市场表现

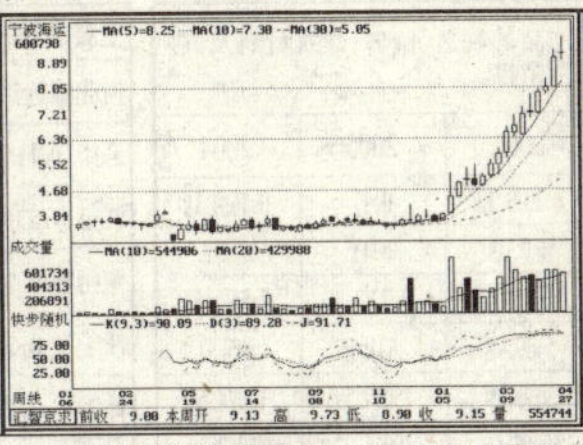

| | |
|---|---|
| 2006 年涨跌幅(%) | 41.06 |
| 2006 年最高(元) | 5.5 |
| 2007 年涨跌幅(%) | 152.07 |
| 2007.4.27 收盘(元) | 9.15 |
| 2007 年最高(元) | 9.73 |
| 2007 年最低(元) | 3.64 |
| 2007 年换手率(%) | 421.25 |

未来一年限售流通股解禁情况:30621447 股 04 月 26 日解禁

| 最新股本 | 总股本 | 非(限售)流通 | 流通 A | 流通 B/H/S | 股东户数 | 06 年末 | 06 三季 |
|---|---|---|---|---|---|---|---|
| | 51187.5 | 33081.9 | 18105.6 | | | 65701 | 70238 |

**年报点评**：公司海运业务以电煤运输为主,06 年加强了南方市场、长江沿线的开拓,市场份额有所提高。2006 年公司通过新建、购置二手船、租船等多管齐下发展运力，是有史以来运力增长最快的一年。

## S＊ST 磁卡（600800）

上市日期:93/12/06　电话:022－23266601　传真:022－23269333

**主营**：卡类产品、高档包装印刷产品、有价证券产品、房地产业务的开发和经营、软件及配套机具的开发和设计、银行机具的开发与制造、网络系统集成及高新技术产品的开发和销售。

| | 年　度 | 2006 | 2005 | 2004 |
|---|---|---|---|---|
| 主要指标 | 每股收益/扣除后(元) | －0.662/－0.55 | －0.533 | 0.067/－0.265 |
| | 每股经营现金流量(元) | 0.0517 | 0.0205 | 0.0446 |
| | 每股净资产/调整后(元) | 0.18/－0.3 | 0.91/0.85 | 1.42/1.19 |
| | 未分利润(万元) | －62564.86 | －26119.72 | 3309.82 |
| | 资本公积(万元) | 17550.44 | 18420.57 | 17550.44 |
| 利润构成 | 主营收入(万元) | 17105.26 | 17722.23 | 31775.39 |
| | 主营利润(万元) | 2160.77 | 3652.74 | 6965.63 |
| | 投资收益(万元) | －484.43 | －2996.18 | －475.76 |
| | 利润总额(万元) | －39172.17 | －31151.97 | 2509.93 |
| | 净利润(万元) | －36510.17 | －29409.06 | 3713.55 |

近年分配：

**主要股东及持股比例%、持股性质**

- 天津环球磁卡集团有限公司 33.24%（国有股）
- 天津天保控股有限公司 6.65%（国有股）
- 天津环球化学科技有限公司 3.44%（非流通股）
- 天津国投 1.84%（非流通股）
- 渤海证券有限责任公司 1.47%（非流通股）
- 天津一德投资集团有限公司 0.99%（流通 A 股）
- 天津市劝业场股份有限公司 0.92%（非流通股）
- 国泰天証 0.55%（非流通股）
- 北方国际信托投资股份有限公司 0.55%（非流通股）
- 中信证券股份有限公司天津友谊路证券营业部 0.55%（非流通股）

实际控制人：天津市人民政府国有资产监督管理委员会

二〇〇六年以来市场表现

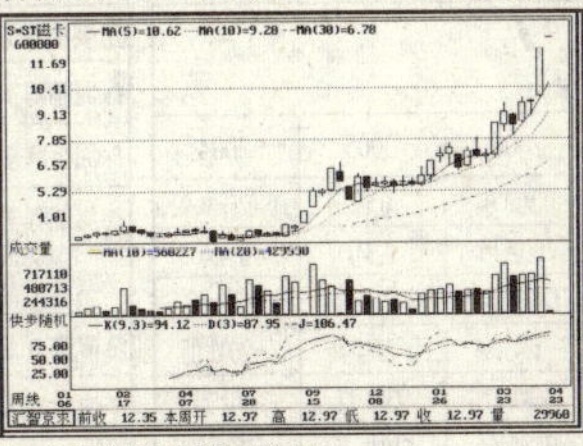

| | |
|---|---|
| 2006 年涨跌幅(%) | 95.53 |
| 2006 年最高(元) | 6.67 |
| 2007 年涨跌幅(%) | 127.94 |
| 2007.4.27 收盘(元) | 12.97 |
| 2007 年最高(元) | 12.97 |
| 2007 年最低(元) | 5.45 |
| 2007 年换手率(%) | 293.73 |

未来一年限售流通股解禁情况:

| 最新股本 | 总股本 | 非(限售)流通 | 流通 A | 流通 B/H/S | 股东户数 | 06 年末 | 06 三季 |
|---|---|---|---|---|---|---|---|
| | 55165.92 | 28992.01 | 26173.91 | | | 56492 | 66102 |

**年报点评**：公司主营软件系统设计、网络集成技术等产品的开发和生产，历史问题较重，2006 年 8 月天津市国资委召集主要债权银行讨论解决公司债务处理问题。同时中信文化传媒集团与控股股东天津环球磁卡集团签订投资重组的框架协议，有利于公司历史问题解决。

## 华新水泥（600801/900933）

上市日期:A: 94/01/03 B: 94/12/09　电话:0714－6224971　传真:0714－6235204

**主营**：专营水泥制造和销售、从事水泥技术服务、水泥设备的研究、制造及安装修理、水泥进出口贸易。

| | 年　度 | 2006 | 2005 | 2004 |
|---|---|---|---|---|
| 主要指标 | 每股收益/扣除后(元) | 0.39/0.37 | 0.19 | 0.45/0.37 |
| | 每股经营现金流量(元) | 2.85 | 1.53 | 1.49 |
| | 每股净资产/调整后(元) | 4.02/3.92 | 3.7/3.58 | 3.55/3.43 |
| | 未分利润(万元) | 27733.19 | 18315.27 | 15330.09 |
| | 资本公积(万元) | 54904.74 | 54892.68 | 54439.15 |
| 利润构成 | 主营收入(万元) | 351287.4 | 263938.02 | 218810.13 |
| | 主营利润(万元) | 77851.03 | 50336.08 | 57030.81 |
| | 投资收益(万元) | －110.13 | －123.91 | －82.5 |
| | 利润总额(万元) | 21161.81 | 8137.78 | 25516.01 |
| | 净利润(万元) | 12672.7 | 6207.32 | 14855.06 |

近年分配：06 预案:10 派 0.6；05 年:10 派 0.6；04 年:10 派 0.6

**主要股东及持股比例%、持股性质**

- HOLCHIN B.V. 26.1%（流通 B 股）
- 国家拥有股份(由华新集团有限公司代国家持有) 24.1%（国有股）
- 华新集团有限公司 3%（非流通股）
- MEINL BANK AKTIENGESELLSCHAFT 2.5%（流通 B 股）
- 博时主题行业股票证券投资基金 1.6%（流通 A 股）
- 全国社保基金一零八组合 1.4%（流通 A 股）
- BARINGS (IRELAND) LIMITED S/ATHE ATLANTIS CHINA FUND PLC 1.2%（流通 B 股）
- HTHK S/A MANULIFE GLOBAL FUND－CHINA VALUE ATLANTIS INTERNATI 1%（流通 B 股）
- LA FUND SUB FUND ATLANTIS CHINA FORTUNE FUND 1%（流通 B 股）
- PINPOINT CHINA FUND 1%（流通 B 股）

实际控制人：黄石市国有资产管理委员会

二〇〇六年以来市场表现

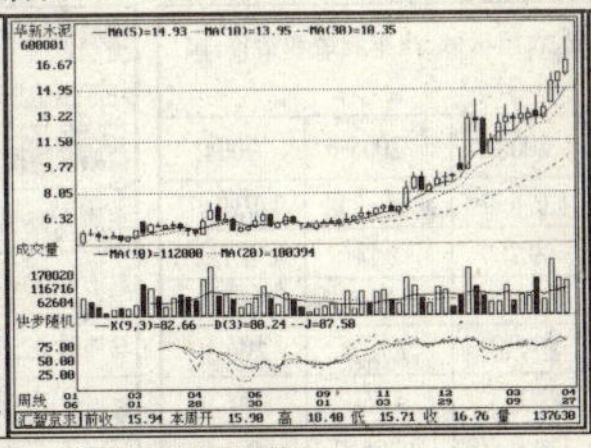

| | |
|---|---|
| 2006 年涨跌幅(%) | 90.32 |
| 2006 年最高(元) | 9.46 |
| 2007 年涨跌幅(%) | 86.64 |
| 2007.4.27 收盘(元) | 16.76 |
| 2007 年最高(元) | 18.4 |
| 2007 年最低(元) | 8.73 |
| 2007 年换手率(%) | 230.03 |

未来一年限售流通股解禁情况:

| 最新股本 | 总股本 | 非(限售)流通 | 流通 A | 流通 B/H/S | 股东户数 | 06 年末 | 06 三季 |
|---|---|---|---|---|---|---|---|
| | 32840 | 9296.09 | 7143.91 | 16400 | | 24268 | 33656 |

**年报点评**：公司是水泥行业国家重点支持的水泥企业集团,2006 年底具备年产 1550 万吨熟料、2850 万吨水泥的生产能力。2006 年中部水泥市场环境趋好，水泥价格回升。但面临燃、原材料价格的大幅上涨等不利因素。此外，中部崛起将给公司带来很大的市场机遇。

## 福建水泥（600802）

上市日期:94/01/03　　电话:0591－7517808　　传真:0591－7527300

| | |
|---|---|
| 主营 | 以水泥的生产及销售为基础，并进行其他建筑材料制造及技术服务、工业生产资料、机动车维护、小修、投资宾馆、旅游、房地产、物业管理等。 |

| | 年度 | 2006 | 2005 | 2004 |
|---|---|---|---|---|
| 主要指标 | 每股收益/扣除后(元) | 0.041/0.04 | 0.008 | 0.14/0.13 |
| | 每股经营现金流量(元) | 0.25 | 0.31 | 0.75 |
| | 每股净资产/调整后(元) | 1.76/1.58 | 2.16/2 | 2.15/1.93 |
| | 未分利润(万元) | 4242.74 | 3020.18 | 3924.68 |
| | 资本公积(万元) | 22051.66 | 29642.31 | 26327.95 |
| 利润构成 | 主营收入(万元) | 105466.27 | 92384.72 | 97176.99 |
| | 主营利润(万元) | 31517.4 | 25309.21 | 36343.79 |
| | 投资收益(万元) | 619.54 | 1272.11 | -361.68 |
| | 利润总额(万元) | 2161.71 | 265.48 | 6410.46 |
| | 净利润(万元) | 1564.36 | 231.77 | 3968.46 |

近年分配：04年:10派0.35

| 主要股东及持股比例%、持股性质 |
|---|
| 福建省建材(控股)有限责任公司 28.77%（国有股） |
| 中国建筑材料集团公司 7.88%（国有股） |
| 福建投资开发总公司 4.56%（国有股） |
| 周军 1.97%（流通A股） |
| 福建省华兴集团有限责任公司 1.01%（国有股） |
| 中国长城资产管理公司 0.76%（国有股） |
| 申银万国－农行－BNP PARIBAS 0.52%（流通A股） |
| 潘志红 0.4%（流通A股） |
| 交通银行－中海优质成长证券投资基金 0.34%（流通A股） |
| 姚育明 0.21%（流通A股） |
| 实际控制人：福建省国有资产监督管理委员会 |

二〇〇六年以来市场表现

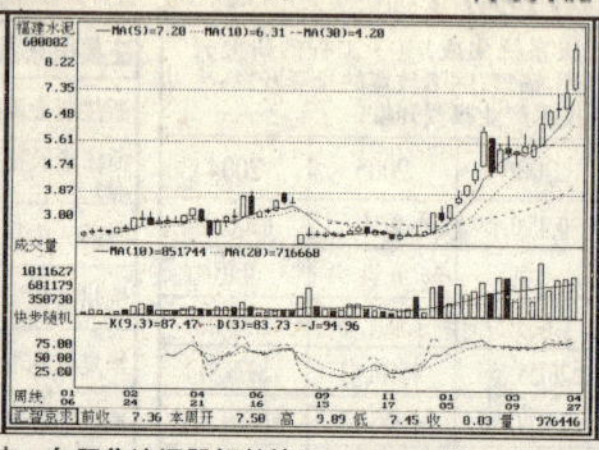

| | |
|---|---|
| 2006年涨跌幅(%) | 106.41 |
| 2006年最高(元) | 5.54 |
| 2007年涨跌幅(%) | 196.31 |
| 2007.4.27收盘(元) | 8.83 |
| 2007年最高(元) | 9.09 |
| 2007年最低(元) | 2.91 |
| 2007年换手率(%) | 570.42 |

未来一年限售流通股解禁情况:65207385股08月23日解禁

| 最新股本 | 总股本 | 非(限售)流通 | 流通A | 流通B/H/S | 股东户数 | 06年末 | 06三季 |
|---|---|---|---|---|---|---|---|
| | 38187.37 | 16699.46 | 21487.9 | | | 53549 | 58151 |

年报点评：2006年公司克服了煤、电、运仍居高位的压力，消化了富余人员的安置补偿费用，业务取得稳定增长。2006年公司生产熟料302.45万吨，生产水泥360.01万吨。随着国家对小水泥的关闭，公司未来在区域市场将能够获得较快增长。

## 威远生化（600803）

上市日期:94/01/03　　电话:0311－5915898　　传真:0311－5915801

| | |
|---|---|
| 主营 | 生物化工产品、精细化工产品的制造、销售；建筑材料及其它非金属矿物制品的制造、销售。 |

| | 年度 | 2006 | 2005 | 2004 |
|---|---|---|---|---|
| 主要指标 | 每股收益/扣除后(元) | 0.13/0.13 | 0.17 | 0.16/0.16 |
| | 每股经营现金流量(元) | -0.03 | 0.45 | 0.66 |
| | 每股净资产/调整后(元) | 1.48/1.47 | 2.72/2.7 | 2.55/2.52 |
| | 未分利润(万元) | 5409.98 | 2631.56 | 895.81 |
| | 资本公积(万元) | 3030.29 | 15097.59 | 15074.58 |
| 利润构成 | 主营收入(万元) | 60401.08 | 48965.22 | 35967.33 |
| | 主营利润(万元) | 16002.72 | 10830.4 | 11386.06 |
| | 投资收益(万元) | 96.47 | -354.38 | -90.84 |
| | 利润总额(万元) | 4065.05 | 2703.67 | 2541.99 |
| | 净利润(万元) | 3086.84 | 2042.06 | 1887.75 |

近年分配：05年:10转增10

| 主要股东及持股比例%、持股性质 |
|---|
| 河北威远集团有限公司 30.11%（非流通股） |
| 邢康 1.11%（流通A股） |
| 江迅 0.57%（流通A股） |
| 陶明顺 0.36%（流通A股） |
| 汪子发 0.34%（流通A股） |
| 孙玉林 0.29%（流通A股） |
| 李森 0.24%（流通A股） |
| 夏建群 0.22%（流通A股） |
| 路强 0.21%（流通A股） |
| 谢绍兵 0.2%（流通A股） |
| 实际控制人：王玉锁 |

二〇〇六年以来市场表现

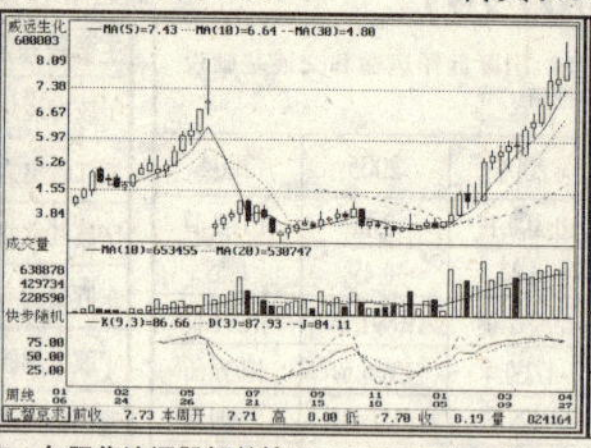

| | |
|---|---|
| 2006年涨跌幅(%) | 118.29 |
| 2006年最高(元) | 10.73 |
| 2007年涨跌幅(%) | 128.77 |
| 2007.4.27收盘(元) | 8.19 |
| 2007年最高(元) | 8.8 |
| 2007年最低(元) | 3.52 |
| 2007年换手率(%) | 584.78 |

未来一年限售流通股解禁情况:11822172股04月17日解禁

| 最新股本 | 总股本 | 非(限售)流通 | 流通A | 流通B/H/S | 股东户数 | 06年末 | 06三季 |
|---|---|---|---|---|---|---|---|
| | 23644.34 | 7120.34 | 16524 | | | 32744 | 34746 |

年报点评：公司主要生产农药、兽药和阿维菌素系列产品，去年通过开拓市场、完善技术和扩大阿维菌素产能实现了利润的增长。农业部决定自2007年起全面禁止高毒农药在农作物上的使用，这对公司来说是重要机遇。公司背靠新奥集团，正在着手筹备CDM和介入新能源领域。

## 鹏博士（600804）

上市日期:94/01/03　　电话:0755－83432853　　传真:028－86622006

| | |
|---|---|
| 主营 | 校园网络建设和特钢冶炼。 |

| | 年度 | 2006 | 2005 | 2004 |
|---|---|---|---|---|
| 主要指标 | 每股收益/扣除后(元) | 0.04/0.04 | 0.02 | 0.02/-0.02 |
| | 每股经营现金流量(元) | 0.052 | 0.341 | 0.466 |
| | 每股净资产/调整后(元) | 1.44/1.42 | 1.71/1.68 | 1.7/1.69 |
| | 未分利润(万元) | -1743.98 | -2364.46 | -2606.08 |
| | 资本公积(万元) | 4680.97 | 7310.12 | 7402.21 |
| 利润构成 | 主营收入(万元) | 60268.64 | 61941.35 | 53793.33 |
| | 主营利润(万元) | 5817.83 | 3735.16 | 4494.27 |
| | 投资收益(万元) | -9.6 | 173.12 | 12.66 |
| | 利润总额(万元) | 667.69 | 282.17 | 261.46 |
| | 净利润(万元) | 620.48 | 241.62 | 233.93 |

近年分配：

| 主要股东及持股比例%、持股性质 |
|---|
| 深圳鹏博实业集团有限公司 20.56%（非流通股） |
| 深圳市联众创业投资有限公司 9.92%（非流通股） |
| 德邦证券有限责任公司 1.53%（流通A股） |
| 王殿波 1.03%（流通A股） |
| 陈醒鹏 0.88%（流通A股） |
| 于海梅 0.8%（流通A股） |
| 姜国忠 0.8%（流通A股） |
| 上海远桥投资有限公司 0.75%（流通A股） |
| 黄庆中 0.7%（流通A股） |
| 吴素琴 0.7%（流通A股） |
| 实际控制人：深圳市中津博科技投资有限公司 |

二〇〇六年以来市场表现

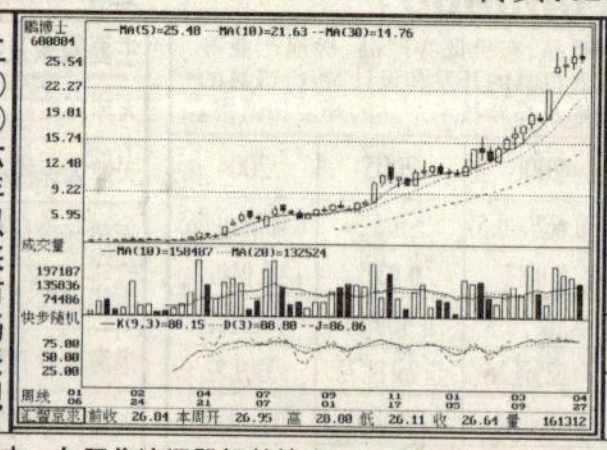

| | |
|---|---|
| 2006年涨跌幅(%) | 484.5 |
| 2006年最高(元) | 18.06 |
| 2007年涨跌幅(%) | 127.89 |
| 2007.4.27收盘(元) | 26.64 |
| 2007年最高(元) | 28.8 |
| 2007年最低(元) | 11.45 |
| 2007年换手率(%) | 234.07 |

未来一年限售流通股解禁情况:15619608股07月06日解禁

| 最新股本 | 总股本 | 非(限售)流通 | 流通A | 流通B/H/S | 股东户数 | 06年末 | 06三季 |
|---|---|---|---|---|---|---|---|
| | 14179.61 | 4465.44 | 9714.17 | | | 11170 | 14624 |

年报点评：鹏博士通过定向增发募集资金，用于收购北京电信通电信工程公司100%的股权。这一收购将会导致公司基本面发生根本改变。增发完成后，公司将成为国内市场第一家以宽带光纤网络ISP(因特网服务提供商)运营为主业的上市公司，未来业绩将爆发式增长。

## 悦达投资（600805）

上市日期:94/01/03　　电话:0515－8202599　　传真:0515－8334601

| | |
|---|---|
| 主营 | 公路开发、经营，能源投资、农用机械、汽车制造和销售，国内贸易，酒店服务业。 |

| | 年度 | 2006 | 2005 | 2004 |
|---|---|---|---|---|
| 主要指标 | 每股收益/扣除后(元) | 0.09/0.07 | 0.04/-0.04 | 0.073/0.077 |
| | 每股经营现金流量(元) | 0.2 | 0.23 | 1.13 |
| | 每股净资产/调整后(元) | 2.99/2.9 | 2.9/2.82 | 2.86/2.8 |
| | 未分利润(万元) | 8289.65 | 3809.27 | 2550.51 |
| | 资本公积(万元) | 83930.3 | 83764 | 83706.09 |
| 利润构成 | 主营收入(万元) | 138120.81 | 101055.77 | 95631.53 |
| | 主营利润(万元) | 32441.49 | 18317.78 | 25534.85 |
| | 投资收益(万元) | 15896.71 | 20058.05 | 19141.44 |
| | 利润总额(万元) | 12042.67 | 895.4 | 8046.31 |
| | 净利润(万元) | 4771.56 | 2135.06 | 3981.99 |

近年分配：

| 主要股东及持股比例%、持股性质 |
|---|
| 江苏悦达集团有限公司 21.68%（国有股） |
| 盐城诚达投资有限责任公司 9.76%（非流通股） |
| 季静 0.88%（流通A股） |
| 赵宏 0.7%（流通A股） |
| 马坤明 0.36%（流通A股） |
| 潘太军 0.31%（流通A股） |
| 杭效勤 0.31%（流通A股） |
| 于晶 0.27%（流通A股） |
| 孙明华 0.2%（流通A股） |
| 王冬 0.14%（流通A股） |
| 实际控制人：江苏省人民政府 |

二〇〇六年以来市场表现

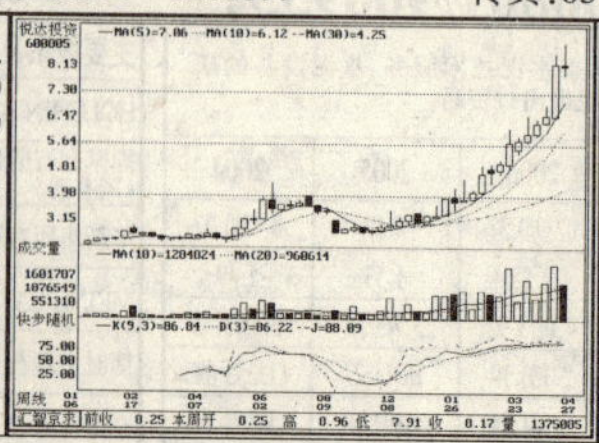

| | |
|---|---|
| 2006年涨跌幅(%) | 59.66 |
| 2006年最高(元) | 4.36 |
| 2007年涨跌幅(%) | 163.55 |
| 2007.4.27收盘(元) | 8.17 |
| 2007年最高(元) | 8.96 |
| 2007年最低(元) | 3.07 |
| 2007年换手率(%) | 466.92 |

未来一年限售流通股解禁情况:29851704股10月23日解禁

| 最新股本 | 总股本 | 非(限售)流通 | 流通A | 流通B/H/S | 股东户数 | 06年末 | 06三季 |
|---|---|---|---|---|---|---|---|
| | 54544.52 | 17405.66 | 37138.86 | | | 114930 | 118643 |

年报点评：公司主营公路开发、能源投资，铁路货运，汽车及零部件等综合业务。2006年公司实行资产置换后，主营业务收入和净利润均有大幅增长。2007年公司汽车、大马力拖拉机等多个项目可望形成公司新的赢利增长点。

# 昆明机床（600806）

上市日期:94/01/03　　电话:86－871　　传真:86－871－5150317

| | | | | |
|---|---|---|---|---|
| 主营 | 开发、设计、生产和销售机床系列产品及配件，计算机信息产品、高效节能产品、光机电一体化产品，开发高科技产品，进行自有技术转让、技术服务及技术咨询等业务。 | | | |
| | 年　度 | 2006 | 2005 | 2004 |
| 主要指标 | 每股收益/扣除后(元) | 0.32 | 0.07 | -0.07/0.031 |
| | 每股经营现金流量(元) | 0.41 | 0.25 | 0.44 |
| | 每股净资产/调整后(元) | 2.49/2.49 | 2.17/2.17 | 2.06/2.06 |
| | 未分利润(万元) | 3064.84 | -4401.95 | -6234.05 |
| | 资本公积(万元) | 31479.8 | 31419.37 | 30529.13 |
| 利润构成 | 主营收入(万元) | 84841.94 | 67264.29 | 46943.64 |
| | 主营利润(万元) | 22815.46 | 17528.96 | 13013.85 |
| | 投资收益(万元) | -58.69 | -299.93 | -3813.6 |
| | 利润总额(万元) | 10122.55 | 3835.37 | -970.89 |
| | 净利润(万元) | 7815.33 | 1832.11 | -1708.1 |
| 近年分配: | 06 预案:10 派 0.6 转增 5 | | | |

| 主要股东及持股比例%、持股性质 |
|---|
| 沈阳机床(集团)有限责任公司 29%（国有股） |
| 香港中央结算(代理人)有限公司 26.05%（H股） |
| 云南省人民政府 12.79%（国有股） |
| 昆明精华公司 7.19%（非流通股） |
| 中国建设银行－工银瑞信精选平衡混合型证券投资基金 3.1%（流通A股） |
| 景阳证券投资基金 0.89%（流通A股） |
| 大成价值增长证券投资基金 0.53%（流通A股） |
| 中国建设银行－工银瑞信稳健成长股票型证券投资基金 0.47%（流通A股） |
| 南京证券有限责任公司 0.29%（流通A股） |
| 东方证券股份有限公司 0.22%（流通A股） |
| 实际控制人:　沈阳市国有资产监督管理委员会 |

二〇〇六年以来市场表现

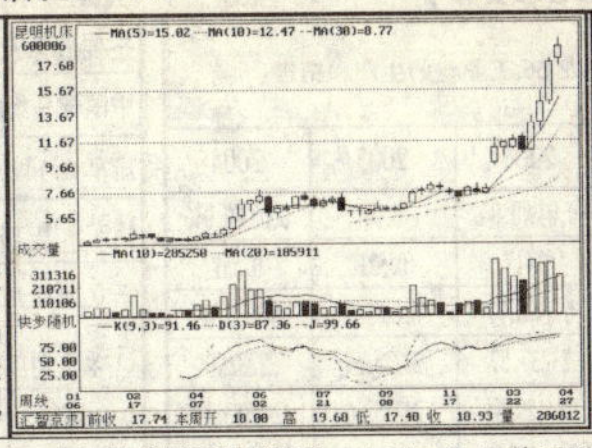

| | |
|---|---|
| 2006 年涨跌幅(%) | 115.62 |
| 2006 年最高(元) | 8.35 |
| 2007 年涨跌幅(%) | 253.15 |
| 2007.4.27 收盘(元) | 18.93 |
| 2007 年最高(元) | 28.89 |
| 2007 年最低(元) | 14.26 |
| 2007 年换手率(%) | 306.7 |

未来一年限售流通股解禁情况:14162163 股 03 月 07 日解禁

| 最新股本 | 总股本 | 非(限售)流通 | 流通 A | 流通 B/H/S | 股东户数 | 06 年末 | 06 三季 |
|---|---|---|---|---|---|---|---|
| | 24500.74 | 12000.74 | 6000 | 6500 | | 17596 | 20319 |

年报点评：公司主营机床生产销售等业务。2006 年公司实现主营业务收入 8.48 亿元，净利润 7815.3 万元，与上年同比大幅度增长；其中机床业务较上年有大幅度增长。预计未来机床业务对公司的贡献将越来越大。

# ＊ST 济百（600807）

上市日期:94/01/03　　电话:0531－82685365　　传真:0531－82685365

| | | | | |
|---|---|---|---|---|
| 主营 | 商业零售、批发 | | | |
| | 年　度 | 2006 | 2005 | 2004 |
| 主要指标 | 每股收益/扣除后(元) | 0.27/0.268 | -0.26 | -0.37/-0.42 |
| | 每股经营现金流量(元) | 0.03 | -0.68 | -0.71 |
| | 每股净资产/调整后(元) | 1.81/1.56 | 0.02/-0.34 | 0.27/-0.18 |
| | 未分利润(万元) | -13332.84 | -17682.14 | -14899.93 |
| | 资本公积(万元) | 24618.65 | 5938.95 | 5283.54 |
| 利润构成 | 主营收入(万元) | 23122.07 | 2730.48 | 2203.18 |
| | 主营利润(万元) | 8144.69 | 952.49 | 478.37 |
| | 投资收益(万元) | -17.34 | -3.08 | -3.22 |
| | 利润总额(万元) | 4215.17 | -3472.61 | -4387.82 |
| | 净利润(万元) | 4354.35 | -2782.21 | -4013.91 |
| 近年分配: | | | | |

| 主要股东及持股比例%、持股性质 |
|---|
| 山东天业房地产开发有限公司 32.791%（非流通股） |
| 将军控股有限公司 20.029%（非流通股） |
| 济南市人民政府国有资产监督管理委员会 2.558%（国有股） |
| 建行信托投资公司济南办事处 1.275%（非流通股） |
| 济南高新建设开发公司 1.093%（非流通股） |
| 张东黎 0.741%（流通A股） |
| 山东国际信托投资公司 0.729%（非流通股） |
| 罗瑞云 0.545%（流通A股） |
| 孟庆敏 0.366%（流通A股） |
| 宋兵 0.351%（流通A股） |
| 实际控制人:　曾昭秦 |

二〇〇六年以来市场表现

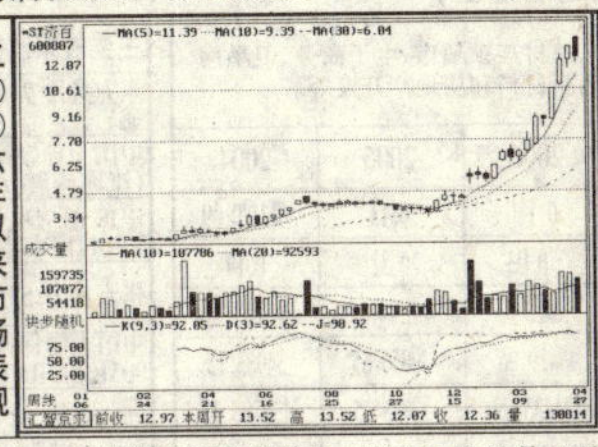

| | |
|---|---|
| 2006 年涨跌幅(%) | 129.1 |
| 2006 年最高(元) | 4.75 |
| 2007 年涨跌幅(%) | 199.72 |
| 2007.4.27 收盘(元) | 12.36 |
| 2007 年最高(元) | 14.2 |
| 2007 年最低(元) | 5.37 |
| 2007 年换手率(%) | 226.75 |

未来一年限售流通股解禁情况:16804595 股 01 月 15 日解禁

| 最新股本 | 总股本 | 非(限售)流通 | 流通 A | 流通 B/H/S | 股东户数 | 06 年末 | 06 三季 |
|---|---|---|---|---|---|---|---|
| | 16057.56 | 9622.56 | 6435 | | | 10985 | 11898 |

年报点评：报告期内公司降低了商业自营比重，扩大了租赁。子公司山东永安房地产公司完成了永安大厦工程的收尾及将军滨海花园地产项目的开发建设。公司以向天业房地产有限公司非公开发行股份及负债的方式，购买终端水如意项目的整体资产。

# 马钢股份（600808）

上市日期:94/01/06　　电话:0555－2888158　　传真:0555－2887284

| | | | | |
|---|---|---|---|---|
| 主营 | 钢铁产品的生产和销售 | | | |
| | 年　度 | 2006 | 2005 | 2004 |
| 主要指标 | 每股收益/扣除后(元) | 0.353/0.346 | 0.441 | 0.554/0.553 |
| | 每股经营现金流量(元) | 0.8184 | 0.9559 | 0.9453 |
| | 每股净资产/调整后(元) | 3.12/3.11 | 2.92/2.92 | 2.7/2.7 |
| | 未分利润(万元) | 557610.16 | 459592.28 | 375860.56 |
| | 资本公积(万元) | 545354.51 | 545034.51 | 542704.51 |
| 利润构成 | 主营收入(万元) | 3431987.42 | 3208309.6 | 2677005.45 |
| | 主营利润(万元) | 414921 | 456948.24 | 576892.41 |
| | 投资收益(万元) | 5956.44 | 1874.53 | 14.72 |
| | 利润总额(万元) | 275672.6 | 332226.69 | 402963.73 |
| | 净利润(万元) | 227658.59 | 284762 | 357580.68 |
| 近年分配: | 06 预案:10 派 1.3；05 年:10 派 1.6；04 年:10 派 2.2 | | | |

| 主要股东及持股比例%、持股性质 |
|---|
| 马钢(集团)控股有限公司 60.08%（国有股） |
| 香港中央结算(代理人)有限公司 25.519%（H股） |
| 易方达价值精选股票型证券投资基金 0.709%（流通A股） |
| 香港汇丰银行(代理人)有限公司 0.477%（H股） |
| 华夏优势增长股票型证券投资基金 0.387%（流通A股） |
| 上投摩根双息平衡混合型证券投资基金 0.376%（流通A股） |
| 上投摩根中国优势证券投资基金 0.373%（流通A股） |
| 易方达策略成长二号混合型证券投资基金 0.369%（流通A股） |
| 摩根士丹利中国A股基金 0.316%（流通A股） |
| 金鑫证券投资基金 0.201%（流通A股） |
| 实际控制人:　马钢(集团)控股有限公司 |

二〇〇六年以来市场表现

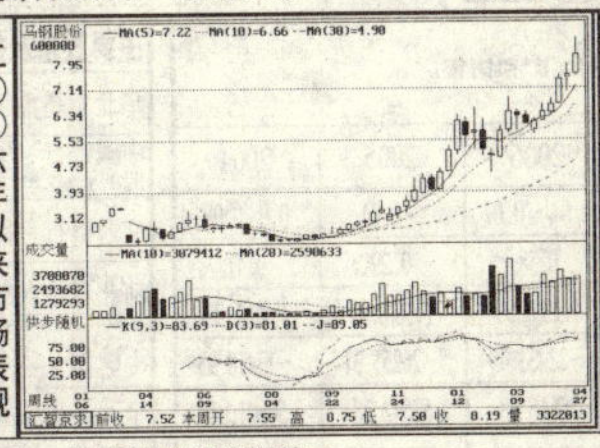

| | |
|---|---|
| 2006 年涨跌幅(%) | 128.73 |
| 2006 年最高(元) | 6.38 |
| 2007 年涨跌幅(%) | 82 |
| 2007.4.27 收盘(元) | 8.19 |
| 2007 年最高(元) | 8.75 |
| 2007 年最低(元) | 4.49 |
| 2007 年换手率(%) | 524.96 |

未来一年限售流通股解禁情况:

| 最新股本 | 总股本 | 非(限售)流通 | 流通 A | 流通 B/H/S | 股东户数 | 06 年末 | 06 三季 |
|---|---|---|---|---|---|---|---|
| | 645530 | 391837 | 80400 | 173293 | | 103916 | 148392 |

年报点评：公司开发出汽车大梁用热轧H型钢、电工钢、冷镀钢等新产品，成为公司盈利的重要增长点。重组了原合肥钢铁集团有限公司的钢铁主业，加强在区域市场的并购力度。2007 年公司计划生产生铁 1187 万吨，粗钢 1300 万吨，钢材 1194 万吨。

# 山西汾酒（600809）

上市日期:94/01/06　　电话:0358－7220255　　传真:0358－7220394

| | | | | |
|---|---|---|---|---|
| 主营 | 汾酒、竹叶青酒及其系列酒 | | | |
| | 年　度 | 2006 | 2005 | 2004 |
| 主要指标 | 每股收益/扣除后(元) | 0.604/0.599 | 0.307 | 0.205/0.23 |
| | 每股经营现金流量(元) | 0.902 | 0.355 | 0.1102 |
| | 每股净资产/调整后(元) | 2.58/2.46 | 2.19/1.98 | 2.03/1.83 |
| | 未分利润(万元) | 24891.69 | 10907.64 | 7057.62 |
| | 资本公积(万元) | 29779.51 | 29999.51 | 29998.12 |
| 利润构成 | 主营收入(万元) | 151864.1 | 107159.31 | 83725.77 |
| | 主营利润(万元) | 83793.33 | 54468.74 | 40255.63 |
| | 投资收益(万元) | 76.6 | 35.46 | 7.01 |
| | 利润总额(万元) | 49729 | 27426.97 | 19571.19 |
| | 净利润(万元) | 26132.63 | 13198.72 | 8897.31 |
| 近年分配: | 06 预案:10 派 4.5；05 年:10 派 2；04 年:10 派 1.5 | | | |

| 主要股东及持股比例%、持股性质 |
|---|
| 山西杏花村汾酒集团有限责任公司 69.97%（国有股） |
| 山西杏花村国际贸易公司 2.33%（非流通股） |
| 中国银行－银华优质增长股票型证券投资基金 1.97%（流通A股） |
| 中国农业银行－泰达荷银首选企业股票型证券投资基金 1.44%（流通A股） |
| 中国建设银行－泰达荷银效率优选混合型证券投资基金 1.39%（流通A股） |
| 中国银行－泰达荷银行业精选证券投资基金 1.31%（流通A股） |
| 天华证券投资基金 0.92%（流通A股） |
| 中国工商银行－广发策略优选混合型证券投资基金 0.71%（流通A股） |
| 中国工商银行－金泰证券投资基金 0.68%（流通A股） |
| 中国建设银行－华宝兴业收益增长混合型证券投资基金 0.67%（流通A股） |
| 实际控制人:　山西省国有资产监督管理委员会 |

二〇〇六年以来市场表现

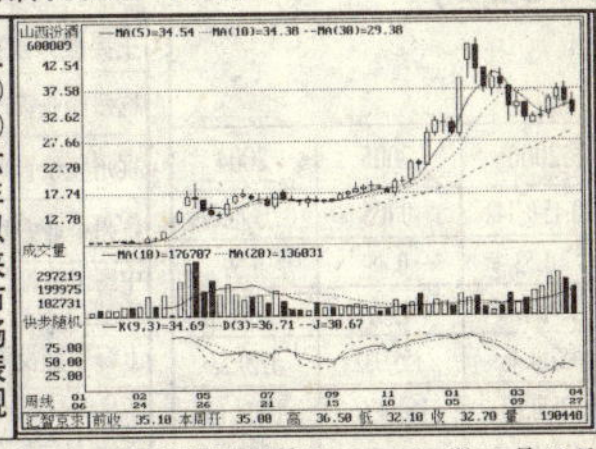

| | |
|---|---|
| 2006 年涨跌幅(%) | 416.6 |
| 2006 年最高(元) | 43.49 |
| 2007 年涨跌幅(%) | 5.52 |
| 2007.4.27 收盘(元) | 32.7 |
| 2007 年最高(元) | 47.5 |
| 2007 年最低(元) | 28.12 |
| 2007 年换手率(%) | 225.97 |

未来一年限售流通股解禁情况:49646207 股 05 月 09 日解禁

| 最新股本 | 总股本 | 非(限售)流通 | 流通 A | 流通 B/H/S | 股东户数 | 06 年末 | 06 三季 |
|---|---|---|---|---|---|---|---|
| | 43292.41 | 33093.42 | 10198.99 | | | 8511 | 11957 |

年报点评：公司主营白酒的制造和销售，公司拥有杏花村、汾酒、竹叶青等知名品牌，06 年公司积极实施品牌创新战略，调整优化产品结构，加大中高档产品的市场开发力度，并完善市场营销体系建设，公司对竹叶青酒重度策划促使竹叶青销售快速增长。

## 神马实业（600810）

上市日期:94/01/06　电话:0375－3921266　传真:0375　3921500

**主营**：尼龙 66 浸胶帘子布及尼龙 66 工业丝的生产和销售。

| | 年　度 | 2006 | 2005 | 2004 |
|---|---|---|---|---|
| 主要指标 | 每股收益/扣除后(元) | 0.049/0.04 | 0.07 | 0.053/0.046 |
| | 每股经营现金流量(元) | 0.417 | 0.521 | 0.551 |
| | 每股净资产/调整后(元) | 6.14/5.77 | 6.06/5.9 | 6.01/5.88 |
| | 未分利润(万元) | 23237.57 | 23725.59 | 22282.14 |
| | 资本公积(万元) | 184129.64 | 242382.6 | 242383.34 |
| 利润构成 | 主营收入(万元) | 284489.58 | 195116.34 | 165607.19 |
| | 主营利润(万元) | 22330.46 | 17931.8 | 17282.65 |
| | 投资收益(万元) | 2833.01 | | |
| | 利润总额(万元) | 2458.13 | 6492.06 | 5753.31 |
| | 净利润(万元) | 2164.88 | 3947.78 | 3021.5 |

**近年分配**：06 预案:10 派 0.55；05 年:10 派 0.7；04 年:10 派 0.5

| 主要股东及持股比例%、持股性质 |
|---|
| 中国神马集团有限责任公司 52.947%（国有股） |
| 唐军 0.149%（流通 A 股） |
| 钱文荣 0.132%（流通 A 股） |
| 王立杰 0.128%（流通 A 股） |
| 吕玫 0.116%（流通 A 股） |
| 杨小清 0.109%（流通 A 股） |
| 郑承源 0.097%（流通 A 股） |
| 杨青兰 0.091%（流通 A 股） |
| 李枢 0.09%（流通 A 股） |
| 王松涛 0.09%（流通 A 股） |
| 实际控制人：河南省国有资产监督管理委员会 |

**二〇〇六年以来市场表现**

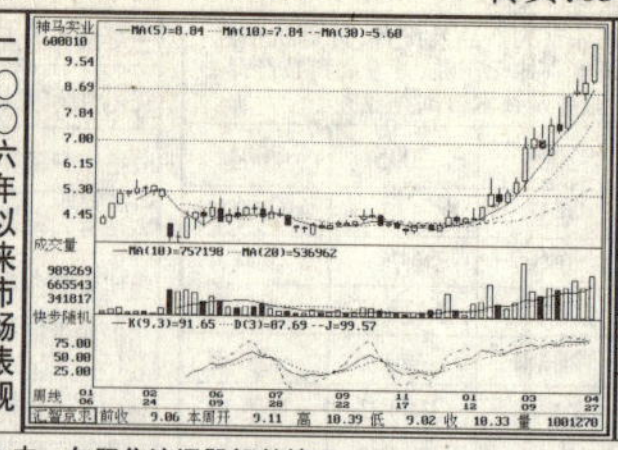


| | |
|---|---|
| 2006 年涨跌幅(%) | 56.85 |
| 2006 年最高(元) | 7.45 |
| 2007 年涨跌幅(%) | 135.31 |
| 2007.4.27 收盘(元) | 10.33 |
| 2007 年最高(元) | 10.39 |
| 2007 年最低(元) | 4.32 |
| 2007 年换手率(%) | 463.34 |

**未来一年限售流通股解禁情况**：

| 最新股本 | 总股本 | 非(限售)流通 | 流通 A | 流通 B/H/S | 股东户数 | 06 年末 | 06 三季 |
|---|---|---|---|---|---|---|---|
| | 44228 | 23417.21 | 20810.79 | | | 68486 | 67948 |

**年报点评**：随着公司 2 万吨特品工业丝项目和 6000 吨高模低缩涤纶帘子布项目相继投产，公司规模扩大，业绩有所提升。今年公司拟以自有资金收购控股股东所拥有的与公司生产经营相配套辅助生产系统的实物资产，如果整体上市成功，业绩还会提升。

## 东方集团（600811）

上市日期:94/01/06　电话:0451－53666028　传真:0451－53666030

**主营**：商业银行、人寿保险业务、建材连锁超市、电子商务、卫星网络通讯服务、港口交通、高新材料和房地产开发等。

| | 年　度 | 2006 | 2005 | 2004 |
|---|---|---|---|---|
| 主要指标 | 每股收益/扣除后(元) | 0.16 | 0.13 | 0.15/0.09 |
| | 每股经营现金流量(元) | -0.03 | 0.31 | 0.14 |
| | 每股净资产/调整后(元) | 3.66/3.65 | 4.13/4.12 | 4.02/3.92 |
| | 未分利润(万元) | 48429.96 | 39850.65 | 34983.15 |
| | 资本公积(万元) | 124433.09 | 136184.5 | 135293.32 |
| 利润构成 | 主营收入(万元) | 250289.2 | 294571.41 | 294705.21 |
| | 主营利润(万元) | 30724.18 | 32999.5 | 34942.75 |
| | 投资收益(万元) | 20076.55 | 13345.33 | 14414.75 |
| | 利润总额(万元) | 11392.97 | 7630.73 | 9978.06 |
| | 净利润(万元) | 14261.49 | 9611.3 | 11346.36 |

**近年分配**：06 预案:10 派 0.08 送 0.7 转增 1.3

| 主要股东及持股比例%、持股性质 |
|---|
| 东方集团实业股份有限公司 27.63%（部分流通部分不流通） |
| 中国工商银行－诺安价值增长股票证券投资基金 1.03%（流通 A 股） |
| 中信证券－工行－CREDIT SUISSE（HONGKONG）LIMITED(瑞信一波) 0.68%（流通 A 股） |
| 张宏伟 0.53%（流通 A 股） |
| 中国人寿保险股份有限公司－传统－普通保险产品－005L－CT001 沪 0.36%（流通 A 股） |
| 刘庆余 0.34%（流通 A 股） |
| 安英 0.32%（流通 A 股） |
| 关国亮 0.29%（流通 A 股） |
| 李树仁 0.29%（流通 A 股） |
| 丁惠萍 0.27%（流通 A 股） |
| 实际控制人：张宏伟 |

**二〇〇六年以来市场表现**

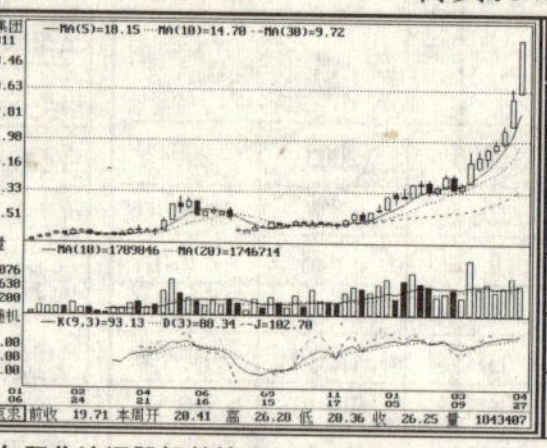


| | |
|---|---|
| 2006 年涨跌幅(%) | 193.8 |
| 2006 年最高(元) | 11.08 |
| 2007 年涨跌幅(%) | 201.03 |
| 2007.4.27 收盘(元) | 26.25 |
| 2007 年最高(元) | 26.28 |
| 2007 年最低(元) | 8 |
| 2007 年换手率(%) | 423.52 |

**未来一年限售流通股解禁情况**：

| 最新股本 | 总股本 | 非(限售)流通 | 流通 A | 流通 B/H/S | 股东户数 | 06 年末 | 06 三季 |
|---|---|---|---|---|---|---|---|
| | 89038.75 | 22742.26 | 66296.49 | | | 103914 | 114040 |

**年报点评**：公司主营商业流通、投资等业务。报告期公司投资的企业如民生银行、新华人寿保险股份有限公司等均实现了较大幅度的增长。控股的东方家园连锁家居零售通过多种形式的促销手段，取得较好经营业绩。公司还参股了锦州港股份等。

## 华北制药（600812）

上市日期:94/01/14　电话:0311－6219063　传真:0311－6060942

**主营**：抗生素等医药化工产品的生产和销售。

| | 年　度 | 2006 | 2005 | 2004 |
|---|---|---|---|---|
| 主要指标 | 每股收益/扣除后(元) | 0.04/-0.07 | -0.24 | 0.08/0.08 |
| | 每股经营现金流量(元) | 0.58 | 0.29 | 0.41 |
| | 每股净资产/调整后(元) | 1.15/0.59 | 1.56/0.89 | 1.99/1.33 |
| | 未分利润(万元) | -22983.49 | -26255.31 | -18418.93 |
| | 资本公积(万元) | 25646.08 | 52542.28 | 50801.03 |
| 利润构成 | 主营收入(万元) | 359812.44 | 397193.93 | 412420.97 |
| | 主营利润(万元) | 69773.41 | 73787.51 | 69641.71 |
| | 投资收益(万元) | 3425.51 | -1179.71 | -1503 |
| | 利润总额(万元) | 2290.05 | -18798.85 | 10498.67 |
| | 净利润(万元) | 3894.32 | -18475.03 | 5914.74 |

**近年分配**：04 年:10 派 0.4

| 主要股东及持股比例%、持股性质 |
|---|
| 华北制药集团有限责任公司 27.88%（国有股） |
| 中国银行－华夏大盘精选证券投资基金 0.78%（流通 A 股） |
| 交通银行－科讯证券投资基金 0.68%（流通 A 股） |
| 河北省信息产业投资有限公司 0.57%（国有股） |
| 王凌佳 0.25%（流通 A 股） |
| 王东武 0.19%（流通 A 股） |
| 艾文山 0.16%（流通 A 股） |
| 黄友刚 0.13%（流通 A 股） |
| 王胜辉 0.11%（流通 A 股） |
| 王宏 0.11%（流通 A 股） |
| 实际控制人：华北制药集团有限责任公司 |

**二〇〇六年以来市场表现**

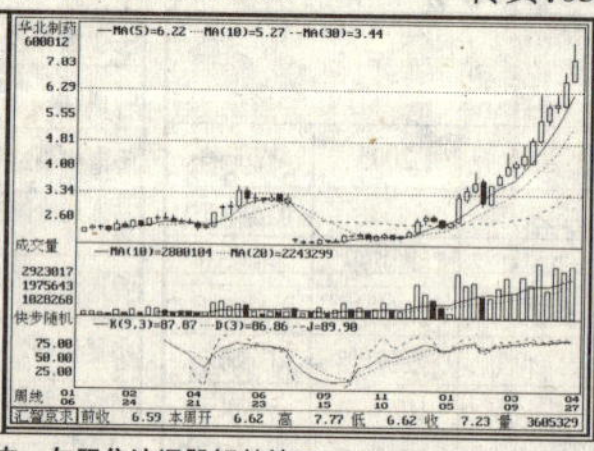


| | |
|---|---|
| 2006 年涨跌幅(%) | 75.28 |
| 2006 年最高(元) | 4.28 |
| 2007 年涨跌幅(%) | 203.78 |
| 2007.4.27 收盘(元) | 7.23 |
| 2007 年最高(元) | 7.77 |
| 2007 年最低(元) | 2.35 |
| 2007 年换手率(%) | 528.42 |

**未来一年限售流通股解禁情况**：57298878 股 08 月 16 日解禁

| 最新股本 | 总股本 | 非(限售)流通 | 流通 A | 流通 B/H/S | 股东户数 | 06 年末 | 06 三季 |
|---|---|---|---|---|---|---|---|
| | 102857.76 | 29264.07 | 73593.69 | | | 159403 | 167282 |

**年报点评**：公司是国内大型化学药生产企业，主营产品为维生素 C 和青霉素等。下半年公司主要产品的价格回升，使得公司的盈利能力得到较大提升。2006 年公司收入稳步增长，并实现扭亏。公司产品价格继续上升，公司盈利能力大幅提升，2007 年盈利将大增。

## 杭州解百（600814）

上市日期:94/01/14　电话:0571－87016888　传真:0571－87012247

**主营**：商品零售、批发。

| | 年　度 | 2006 | 2005 | 2004 |
|---|---|---|---|---|
| 主要指标 | 每股收益/扣除后(元) | 0.15/0.142 | 0.055 | 0.038/0.029 |
| | 每股经营现金流量(元) | 0.53 | 0.48 | 0.59 |
| | 每股净资产/调整后(元) | 1.46/1.46 | 1.73/1.71 | 1.69/1.67 |
| | 未分利润(万元) | 5740.46 | 1557.32 | 1220.53 |
| | 资本公积(万元) | 3530.03 | 11014.66 | 11014.65 |
| 利润构成 | 主营收入(万元) | 118639.62 | 121387.7 | 105291.23 |
| | 主营利润(万元) | 18190.21 | 16029.54 | 14064.94 |
| | 投资收益(万元) | 423.13 | 54.6 | -495.44 |
| | 利润总额(万元) | 6230.26 | 2481 | 1350.44 |
| | 净利润(万元) | 4653.9 | 1307.06 | 902.41 |

**近年分配**：06 预案:10 派 0.8；04 年:10 派 0.3

| 主要股东及持股比例%、持股性质 |
|---|
| 杭州商业资产经营(有限)公司 26.81%（国有股） |
| 杭州股权管理中心 3.783%（非流通股） |
| 杭州企业产权交易所 2.985%（非流通股） |
| 中国工商银行－建信优选成长股票型证券投资基金 2.403%（流通 A 股） |
| 上海中都投资有限公司 1.444%（非流通股） |
| 华夏银行股份有限公司－益民红利成长混合型证券投资基金 1.132%（流通 A 股） |
| 西湖电子集团有限公司 0.367%（非流通股） |
| 上海国际信托投资有限公司－(邦联)持续增值主题投资资金信托(E－50 0.32%（流通 A 股） |
| 浙江省粮油储运贸易有限公司 0.319%（非流通股） |
| 浙江省经协集团有限公司 0.304%（非流通股） |
| 实际控制人：杭州商业资产经营(有限)公司 |

**二〇〇六年以来市场表现**

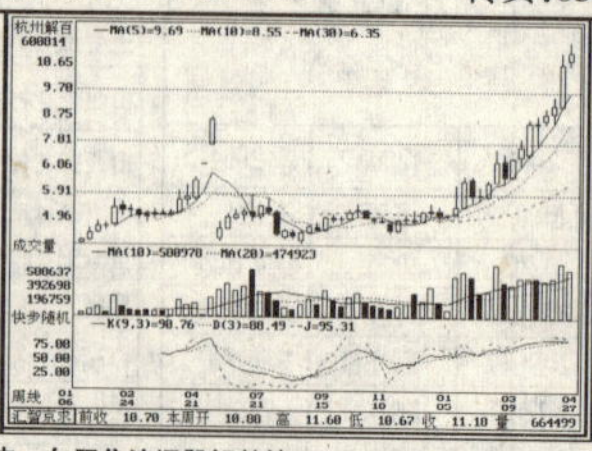


| | |
|---|---|
| 2006 年涨跌幅(%) | 118.09 |
| 2006 年最高(元) | 10.03 |
| 2007 年涨跌幅(%) | 118.79 |
| 2007.4.27 收盘(元) | 11.18 |
| 2007 年最高(元) | 11.6 |
| 2007 年最低(元) | 5 |
| 2007 年换手率(%) | 478.11 |

**未来一年限售流通股解禁情况**：52766480 股 06 月 12 日解禁

| 最新股本 | 总股本 | 非(限售)流通 | 流通 A | 流通 B/H/S | 股东户数 | 06 年末 | 06 三季 |
|---|---|---|---|---|---|---|---|
| | 31038.3 | 13597.28 | 17441.02 | | | 52918 | 56643 |

**年报点评**：报告期内公司业绩得到了大幅度提升，主要得益于公司提升现代百货新形象、提高内部管理水平等方面的努力。此外，公司的分子公司，如义乌解百、杭州新世纪大酒店、杭州解百广告等业绩均出现了一定幅度的增长。

## 厦工股份（600815）

上市日期:94/01/28　电话:0592－2115449　传真:0592－2036720

| 主营 | 装载机、推土机、挖掘机等工程机械产品及配件的生产与销售。 | | | |
|---|---|---|---|---|
| | 年　度 | 2006 | 2005 | 2004 |
| 主要指标 | 每股收益/扣除后(元) | 0.099/0.051 | 0.04 | 0.12/0.12 |
| | 每股经营现金流量(元) | －0.17 | 0.24 | －0.21 |
| | 每股净资产/调整后(元) | 1.78/1.76 | 2.03/2 | 1.99/1.96 |
| | 未分利润(万元) | 3927.85 | 9244.6 | 7824.52 |
| | 资本公积(万元) | 28930.82 | 28047.23 | 28064.67 |
| 利润构成 | 主营收入(万元) | 338326.82 | 313829.38 | 285837.4 |
| | 主营利润(万元) | 40052.29 | 34164.44 | 37686.78 |
| | 投资收益(万元) | 2993.06 | －1192.44 | 1208.88 |
| | 利润总额(万元) | 6431.53 | 3265.87 | 7477.24 |
| | 净利润(万元) | 5342.16 | 1778.3 | 5601.99 |
| 近年分配: | 05年:10派0.25送2 | | | |

| 主要股东及持股比例%、持股性质 | |
|---|---|
| 厦门厦工集团有限公司 64.84%（国有股） | |
| 湖南三一路面机械有限公司 2.44%（流通A股） | |
| 上海高利科技投资有限公司 1.4%（流通A股） | |
| 三一集团有限公司 0.82%（流通A股） | |
| 中国工商银行－申万巴黎新经济混合型证券投资基金 0.74%（流通A股） | |
| 厦门凯德公司 0.47%（流通A股） | |
| 陈晓东 0.15%（流通A股） | |
| 欧阳方清 0.14%（流通A股） | |
| 朱向阳 0.13%（流通A股） | |
| 唐素丽 0.12%（流通A股） | |
| 实际控制人: | 厦门机电集团有限公司 |

二○○六年以来市场表现

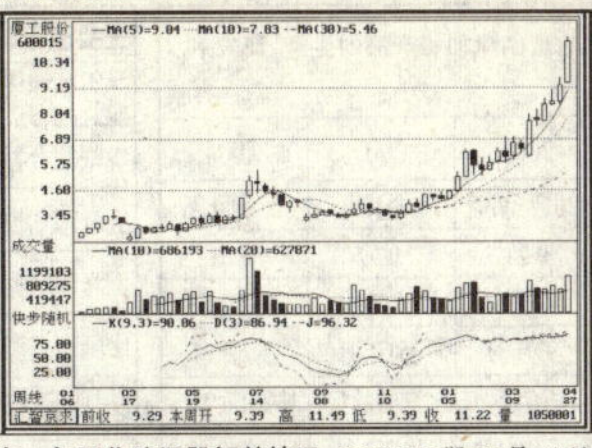

| | |
|---|---|
| 2006年涨跌幅(%) | 167.67 |
| 2006年最高(元) | 7.23 |
| 2007年涨跌幅(%) | 169.07 |
| 2007.4.27收盘(元) | 11.22 |
| 2007年最高(元) | 11.49 |
| 2007年最低(元) | 4.15 |
| 2007年换手率(%) | 548.27 |

未来一年限售流通股解禁情况:53929656股03月15日解禁

| 最新股本 | 总股本 | 非(限售)流通 | 流通A | 流通B/H/S | 股东户数 | 06年末 | 06三季 |
|---|---|---|---|---|---|---|---|
| | 53929.66 | 34969.15 | 18960.5 | | | 32481 | 40871 |

年报点评：公司主营装载机和挖掘机的生产。工程机械行业经过一年多的调整,2006年重新获得较快的发展,公司净利润比上年有较大幅度的增长。2007年厦工将加大品牌宣传和市场推广力度,全力打造厦工品牌;加强整机及零部件研发,完善装载机产品系列。

## 安信信托（600816）

上市日期:94/01/28　电话:021－63410710　传真:021－63410712

| 主营 | 信托、证券、实业投资 | | | |
|---|---|---|---|---|
| | 年　度 | 2006 | 2005 | 2004 |
| 主要指标 | 每股收益/扣除后(元) | －0.13/－0.16 | 0.01 | －0.125/－0.125 |
| | 每股经营现金流量(元) | －0.38 | －0.0041 | －0.08 |
| | 每股净资产/调整后(元) | 0.68/0.67 | 0.81/0.32 | 0.91/0.37 |
| | 未分利润(万元) | －29005.47 | －22887.9 | －17171.21 |
| | 资本公积(万元) | 4099.37 | 3689.31 | 2970.05 |
| 利润构成 | 主营收入(万元) | 5190.55 | 11872.93 | 5693.32 |
| | 主营利润(万元) | －5109.95 | 1195.4 | －5986.53 |
| | 投资收益(万元) | | | |
| | 利润总额(万元) | －6437.32 | 559.53 | －6006.8 |
| | 净利润(万元) | －6117.56 | 576.85 | －5693.7 |
| 近年分配: | | | | |

| 主要股东及持股比例%、持股性质 | |
|---|---|
| 上海国之杰投资发展有限公司 32.35%（非流通股） | |
| 鞍山市信玉资产管理服务有限公司 2.81%（非流通股） | |
| 上海澳凌德生物工程技术有限公司 1.15%（非流通股） | |
| 鞍山钢铁公司矿山公司 0.91%（非流通股） | |
| 鞍钢附属企业公司 0.91%（非流通股） | |
| 深圳市翠龙实业有限公司 0.75%（流通A股） | |
| 德邦证券有限责任公司 0.66%（流通A股） | |
| 深圳市海欣投资担保有限公司 0.66%（流通A股） | |
| 鞍山市山环装璜装饰有限公司 0.49%（非流通股） | |
| 陈娟 0.47%（流通A股） | |
| 实际控制人: | 上海国之杰投资发展有限公司 |

二○○六年以来市场表现

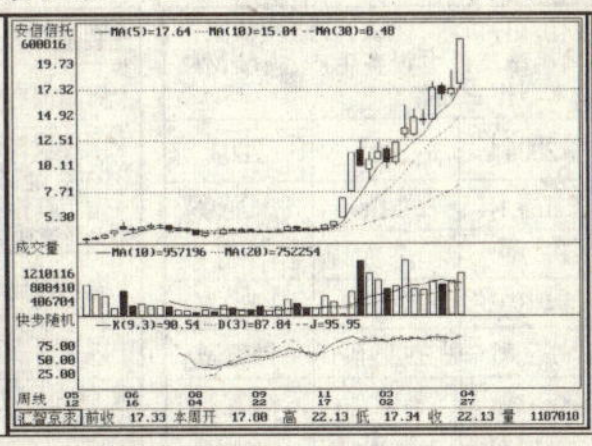

| | |
|---|---|
| 2006年涨跌幅(%) | 95.51 |
| 2006年最高(元) | 4.85 |
| 2007年涨跌幅(%) | 362 |
| 2007.4.27收盘(元) | 22.13 |
| 2007年最高(元) | 22.13 |
| 2007年最低(元) | 5.27 |
| 2007年换手率(%) | 487.47 |

未来一年限售流通股解禁情况:40647058股05月08日解禁

| 最新股本 | 总股本 | 非(限售)流通 | 流通A | 流通B/H/S | 股东户数 | 06年末 | 06三季 |
|---|---|---|---|---|---|---|---|
| | 45410.98 | 18743.5 | 26667.47 | | | 78187 | 83108 |

年报点评：2006年公司消除了股票退市风险警示。同时根本上解决了历史遗留的企业债务问题。实现了巨额机构债务的重组和清理,进一步优化了公司的资产质量和财务状况。与中信信托的定向增发正在进行之中。

## 宏盛科技（600817）

上市日期:94/01/28　电话:021－58765800　传真:021－58870670

| 主营 | 经营集成电路、信息家电、电脑设备产品。 | | | |
|---|---|---|---|---|
| | 年　度 | 2006 | 2005 | 2004 |
| 主要指标 | 每股收益/扣除后(元) | 0.47 | 0.5 | 0.39/0.37 |
| | 每股经营现金流量(元) | －0.25 | 0.06 | 1.1 |
| | 每股净资产/调整后(元) | 2.26/2.25 | 2.32/2.31 | 1.92/1.92 |
| | 未分利润(万元) | 6441.17 | 5464.76 | 2463.84 |
| | 资本公积(万元) | 2144.85 | 2144.85 | 2608.99 |
| 利润构成 | 主营收入(万元) | 604215.55 | 510369.2 | 363316.23 |
| | 主营利润(万元) | 31050.39 | 25199.45 | 18136.85 |
| | 投资收益(万元) | 177.92 | 68.09 | 467.41 |
| | 利润总额(万元) | 12853.52 | 9085.12 | 6981.34 |
| | 净利润(万元) | 6073.52 | 4927.66 | 3907.74 |
| 近年分配: | 05年:10送3；04年:10派0.5 | | | |

| 主要股东及持股比例%、持股性质 | |
|---|---|
| 上海宏普实业投资有限公司 40.16%（部分流通部分不流通） | |
| 中国粮食贸易公司 1.94%（流通A股） | |
| 中国工商银行－广发聚丰股票型证券投资基金 1.57%（流通A股） | |
| 上海大屯煤电有限公司 1.47%（流通A股） | |
| 中国信达资产管理公司 1.3%（流通A股） | |
| 中国植物油公司 0.82%（流通A股） | |
| 四川省粮油贸易公司 0.74%（流通A股） | |
| 中国工商银行－广发策略优选混合型证券投资基金 0.73%（流通A股） | |
| 上海国际信托投资有限公司 0.71%（流通A股） | |
| 大众交通(集团)股份有限公司 0.59%（流通A股） | |
| 实际控制人: | 鞠淑芝、龙长虹 |

二○○六年以来市场表现

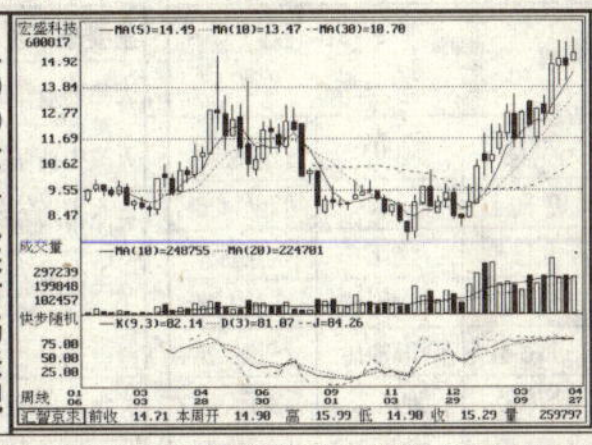

| | |
|---|---|
| 2006年涨跌幅(%) | 18.83 |
| 2006年最高(元) | 17 |
| 2007年涨跌幅(%) | 82.02 |
| 2007.4.27收盘(元) | 15.29 |
| 2007年最高(元) | 15.99 |
| 2007年最低(元) | 8 |
| 2007年换手率(%) | 474.03 |

未来一年限售流通股解禁情况:6436402.7股08月17日解禁

| 最新股本 | 总股本 | 非(限售)流通 | 流通A | 流通B/H/S | 股东户数 | 06年末 | 06三季 |
|---|---|---|---|---|---|---|---|
| | 12872.81 | 4525.74 | 8347.07 | | | 14518 | 11564 |

年报点评：公司主营实业投资、电脑及高科技产品等。2006年公司继续牢牢抓住移动存储和数字家电快速发展的良好契机,继续做大做强公司。但由于公司面临的行业竞争较为激烈,导致公司收入增长不明显。因此通过内部挖潜是增强公司盈利能力的途径。

## 上海永久（600818/900915）

上市日期:A: 94/01/28 B: 93/11/15　电话:021－65136974　传真:021－65139966

| 主营 | 生产、销售自行车及零部件、燃气助力车、电动助力车、特种车辆、自行车相关的配套产品,以及进出口和技术咨询业务等。 | | | |
|---|---|---|---|---|
| | 年　度 | 2006 | 2005 | 2004 |
| 主要指标 | 每股收益/扣除后(元) | 0.08 | 0.13 | 0.19/0.16 |
| | 每股经营现金流量(元) | 0.07 | 0.12 | 0.27 |
| | 每股净资产/调整后(元) | 1.03/0.98 | 0.97/0.95 | 0.88/0.85 |
| | 未分利润(万元) | 1983.21 | 139.18 | －3335.4 |
| | 资本公积(万元) | 3015.67 | 3015.67 | 3015.27 |
| 利润构成 | 主营收入(万元) | 103735.51 | 110427.1 | 110013.44 |
| | 主营利润(万元) | 12654.91 | 16147.7 | 16717.06 |
| | 投资收益(万元) | －263.03 | －5.32 | 289.52 |
| | 利润总额(万元) | 2026.52 | 2470.19 | 4537.03 |
| | 净利润(万元) | 2062.93 | 3501.93 | 5071.08 |
| 近年分配: | | | | |

| 主要股东及持股比例%、持股性质 | |
|---|---|
| 上海中路(集团)有限公司 51.69%（非流通股） | |
| 上海市国有资产管理办公室(上海大盛资产管理有限公司管理) 9.56%（国有股） | |
| MERRILL LYNCH FAR EAST LTD. 1.51%（流通B股） | |
| 陈杰 1.38%（流通B股） | |
| 上工申贝(集团)股份有限公司 1.28%（流通A股） | |
| BIN LIANG 1.06%（流通B股） | |
| 李天虹 0.55%（流通B股） | |
| 陈尔愈 0.49%（流通B股） | |
| 李学海 0.28%（流通B股） | |
| SCBSH A/C CREDIT SUISSE(HONG KONG) LIMITED 0.28%（流通B股） | |
| 实际控制人: | 陈荣 |

二○○六年以来市场表现

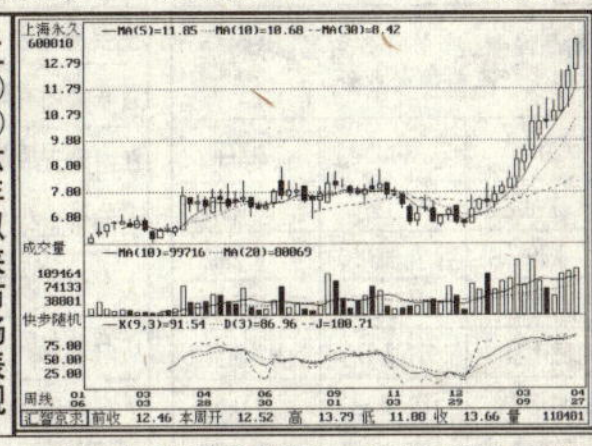

| | |
|---|---|
| 2006年涨跌幅(%) | 14.06 |
| 2006年最高(元) | 8.74 |
| 2007年涨跌幅(%) | 107.92 |
| 2007.4.27收盘(元) | 13.66 |
| 2007年最高(元) | 13.79 |
| 2007年最低(元) | 6.35 |
| 2007年换手率(%) | 415.72 |

未来一年限售流通股解禁情况:25402594股12月13日解禁

| 最新股本 | 总股本 | 非(限售)流通 | 流通A | 流通B/H/S | 股东户数 | 06年末 | 06三季 |
|---|---|---|---|---|---|---|---|
| | 26565.94 | 16273.43 | 3392.51 | 6900 | | 11933 | 11781 |

年报点评：2006年公司主营业务保持平稳发展状态,电动自行车产销继续呈现较大幅度增长。公司中央工厂一期工程已进入试生产阶段,并启动后续工程的筹建,公司已经由单纯的自行车生产商向优秀的康体产业制造商转型。

## 耀皮玻璃（600819/900918）

上市日期：A：94/01/28 B：93/12/10　　电话：021－58839305　　传真：021－58801554

| | |
|---|---|
| 主营 | 浮法玻璃、建筑玻璃及其它玻璃深加工产品的生产、研发和销售。 |

| | 年　度 | 2006 | 2005 | 2004 |
|---|---|---|---|---|
| 主要指标 | 每股收益/扣除后(元) | 0.032/－0.05 | 0.171 | 0.264/0.26 |
| | 每股经营现金流量(元) | 0.26 | 0.49 | 0.63 |
| | 每股净资产/调整后(元) | 2.64/2.57 | 2.73/2.64 | 2.62/2.53 |
| | 未分利润(万元) | 29399.39 | 35072.03 | 39263.61 |
| | 资本公积(万元) | 46600.44 | 46600.44 | 36076.12 |
| 利润构成 | 主营收入(万元) | 177489.83 | 184252.24 | 166040.08 |
| | 主营利润(万元) | 27047.08 | 38605.86 | 51888.69 |
| | 投资收益(万元) | 4622.05 | 2660.93 | 2850.83 |
| | 利润总额(万元) | 3194.23 | 14495.84 | 24479.23 |
| | 净利润(万元) | 2323.44 | 12532.29 | 19292.33 |
| 近年分配： | 06 预案：10 派 0.2；05 年：10 派 1；04 年：10 派 2 | | | |

| 主要股东及持股比例%、持股性质 |
|---|
| 皮尔金顿国际控股公司 BV 19.41%（部分流通部分不流通） |
| 中国复合材料集团有限公司 16.26%（国有股） |
| 上海耀华玻璃厂 16.14%（非流通股） |
| 上海建筑材料(集团)总公司 10.19%（国有股） |
| 中国东方资产管理公司 5.95%（国有股） |
| TOYO SECURITIES ASIA LTD. A/C CLIENT 2.3%（流通 B 股） |
| NAITO SECURITIES CO. LTD. 1.4%（流通 B 股） |
| KINGSWAY FINACIAL SERVICES GROUP LIMITED－CLIENT' A/C 0.84%（流通 B 股） |
| 申银万国证券股份有限公司 0.58%（流通 A 股） |
| AIZAWA SECURITIES CO. LTD 0.45%（流通 B 股） |
| 实际控制人：上海市国有资产监督管理委员会 |

二〇〇六年以来市场表现

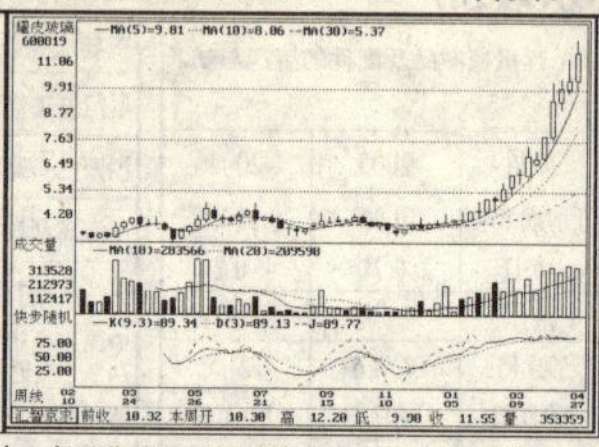


| | |
|---|---|
| 2006 年涨跌幅(%) | 50.62 |
| 2006 年最高(元) | 6.56 |
| 2007 年涨跌幅(%) | 192.41 |
| 2007.4.27 收盘(元) | 11.55 |
| 2007 年最高(元) | 12.2 |
| 2007 年最低(元) | 3.86 |
| 2007 年换手率(%) | 539.62 |

未来一年限售流通股解禁情况：36562504 股 02 月 08 日解禁

| 最新股本 | 总股本 | 非(限售)流通 | 流通 A | 流通 B/H/S | 股东户数 | 06 年末 | 06 三季 |
|---|---|---|---|---|---|---|---|
| | 73125.01 | 48046.87 | 6328.14 | 18750 | | 29769 | 31305 |

年报点评：公司主营玻璃生产和销售。2006 年国内平板玻璃行业竞争激烈导致公司经营压力较大，公司继续坚持浮法和下游加工业务并举来抵御行业风险。公司和皮尔金顿(意大利)公司在江苏常熟共同投资的浮法玻璃生产线已于 2006 年 9 月底开始试生产。

## 隧道股份（600820）

上市日期：94/01/28　　电话：021－65869999　　传真：021－65419227

| | |
|---|---|
| 主营 | 土木工程建设项目总承包，隧道，市政，建筑，公路及桥梁，交通，桩基础，地下墙工程，机械及机电设备生产、安装，外经贸部批准的国际经济技术合作业务等。 |

| | 年　度 | 2006 | 2005 | 2004 |
|---|---|---|---|---|
| 主要指标 | 每股收益/扣除后(元) | 0.212/0.144 | 0.178 | 0.162/0.067 |
| | 每股经营现金流量(元) | 0.95 | 0.16 | 1.32 |
| | 每股净资产/调整后(元) | 3.48/3.38 | 3.27/3.22 | 3.08/2.86 |
| | 未分利润(万元) | 39752.75 | 29205.69 | 19675.32 |
| | 资本公积(万元) | 85606.96 | 85742.29 | 85076.29 |
| 利润构成 | 主营收入(万元) | 581072.91 | 640031.98 | 633396.21 |
| | 主营利润(万元) | 46244.22 | 40240.19 | 34949.89 |
| | 投资收益(万元) | 4629.32 | 4827.23 | 5210.74 |
| | 利润总额(万元) | 16320.44 | 13663.84 | 13163.47 |
| | 净利润(万元) | 12512.93 | 10528.29 | 9583.67 |
| 近年分配： | 06 预案：10 派 1 | | | |

| 主要股东及持股比例%、持股性质 |
|---|
| 上海市国有资产管理办公室 36.58%（国有股） |
| 中国建设银行－上投摩根成长先锋股票型证券投资基金 2.65%（流通 A 股） |
| 中国工商银行－建信优选成长股票型证券投资基金 1.96%（流通 A 股） |
| 上海伟盟建筑材料公司 1.82%（非流通股） |
| 中国工商银行－开元证券投资基金 1.03%（流通 A 股） |
| 国际金融－汇丰－BILL & MELINDA GATES FOUNDATION 0.42%（流通 A 股） |
| 华宝信托投资有限责任公司－单一类资金信托 2006 年第 9 号 0.37%（流通 A 股） |
| 太平人寿保险有限公司－传统－普通保险产品－022L－CT001 沪 0.36%（流通 A 股） |
| 上海浦东市政建设公司 0.36%（非流通股） |
| 华宝信托投资有限责任公司－单一类资金信托 2006 年第 10 号 0.34%（流通 A 股） |
| 实际控制人：上海市国有资产管理办公室 |

二〇〇六年以来市场表现

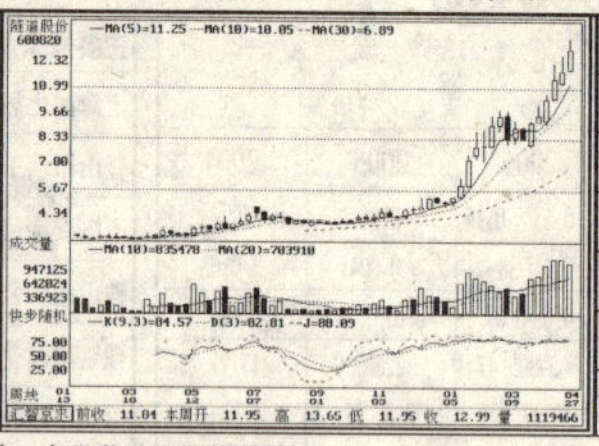


| | |
|---|---|
| 2006 年涨跌幅(%) | 78.71 |
| 2006 年最高(元) | 6.89 |
| 2007 年涨跌幅(%) | 160.32 |
| 2007.4.27 收盘(元) | 12.99 |
| 2007 年最高(元) | 13.65 |
| 2007 年最低(元) | 4.85 |
| 2007 年换手率(%) | 330.56 |

未来一年限售流通股解禁情况：

| 最新股本 | 总股本 | 非(限售)流通 | 流通 A | 流通 B/H/S | 股东户数 | 06 年末 | 06 三季 |
|---|---|---|---|---|---|---|---|
| | 59112.87 | 24471.33 | 34641.55 | | | 78405 | 83445 |

年报点评：公司全年中标合同签约额 86.78 亿元，其中：世博的地铁、市政大项目等金额较大；盾构业务开始进入加速增长；投资奉化市三高连接线公路项目和投资常州市健身北路及延伸、常金线、大学城地道工程项目的启动再次拓展了公司投资新领域。

## 津劝业（600821）

上市日期：94/01/28　　电话：022－27307227　　传真：022－27304989

| | |
|---|---|
| 主营 | 商业、各类物资的批发及零售 |

| | 年　度 | 2006 | 2005 | 2004 |
|---|---|---|---|---|
| 主要指标 | 每股收益/扣除后(元) | 0.02/－0.13 | 0.04 | 0.03/－0.04 |
| | 每股经营现金流量(元) | 0.13 | 0.1 | 0.18 |
| | 每股净资产/调整后(元) | 1.55/1.29 | 2.14/1.54 | 2.12/1.78 |
| | 未分利润(万元) | －1063.41 | －1870.69 | －2985.26 |
| | 资本公积(万元) | 17866.25 | 28586.27 | 28533.42 |
| 利润构成 | 主营收入(万元) | 81062.88 | 85631.88 | 87437.2 |
| | 主营利润(万元) | 8495.52 | 10354.35 | 11066.3 |
| | 投资收益(万元) | 42.22 | 52.19 | 330.32 |
| | 利润总额(万元) | 309.75 | 583.45 | 528.97 |
| | 净利润(万元) | 807.28 | 1114.57 | 733.97 |
| 近年分配： | | | | |

| 主要股东及持股比例%、持股性质 |
|---|
| 天津劝业华联集团有限公司 12.77%（国有股） |
| 天津中商联控股有限公司 10.54%（非流通股） |
| 天津市国有资产经营有限责任公司 1.66%（非流通股） |
| 渤海证券有限责任公司 0.76%（非流通股） |
| 何雪萍 0.48%（流通 A 股） |
| 天津一商集团有限公司 0.34%（非流通股） |
| 王彦 0.2%（流通 A 股） |
| 张志伦 0.19%（流通 A 股） |
| 湖州金牛纺织印染实业有限公司 0.19%（非流通股） |
| 南京万亿长实业有限公司 0.19%（流通 A 股） |
| 实际控制人：天津劝业华联集团有限公司 |

二〇〇六年以来市场表现

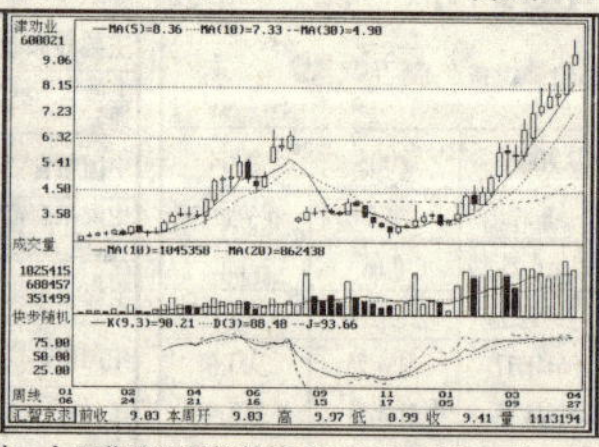


| | |
|---|---|
| 2006 年涨跌幅(%) | 127.64 |
| 2006 年最高(元) | 7.79 |
| 2007 年涨跌幅(%) | 184.29 |
| 2007.4.27 收盘(元) | 9.41 |
| 2007 年最高(元) | 9.97 |
| 2007 年最低(元) | 3.28 |
| 2007 年换手率(%) | 568.37 |

未来一年限售流通股解禁情况：91539169 股 08 月 25 日解禁

| 最新股本 | 总股本 | 非(限售)流通 | 流通 A | 流通 B/H/S | 股东户数 | 06 年末 | 06 三季 |
|---|---|---|---|---|---|---|---|
| | 41626.82 | 14693.59 | 26933.23 | | | 70038 | 69042 |

年报点评：公司主营商业零售，报告期内公司调整了商品结构和品牌结构；恢复了“八大天”文化娱乐设施，并荣获了“中华老字号”和“金鼎百货店”称号。

## 上海物贸（600822/900927）

上市日期：A：94/02/04 B：94/03/30　　电话：021－62570000　　传真：021－62572959

| | |
|---|---|
| 主营 | 有色及黑色金属贸易、木制品经营、汽车服务贸易、燃料油贸易及化学品贸易为核心的生产资料流通业务。 |

| | 年　度 | 2006 | 2005 | 2004 |
|---|---|---|---|---|
| 主要指标 | 每股收益/扣除后(元) | 0.275/0.228 | 0.136 | 0.014/－0.021 |
| | 每股经营现金流量(元) | 0.2987 | 0.0069 | －0.2402 |
| | 每股净资产/调整后(元) | 2.22/2.2 | 1.95/1.93 | 1.22/1.18 |
| | 未分利润(万元) | 6537.61 | 1107.97 | －203.51 |
| | 资本公积(万元) | 19178.75 | 18990.83 | 3770.5 |
| 利润构成 | 主营收入(万元) | 2727693.9 | 1947418.07 | 857590.08 |
| | 主营利润(万元) | 40193.68 | 29103.43 | 20607.99 |
| | 投资收益(万元) | 3969.18 | 1869.95 | 974.45 |
| | 利润总额(万元) | 10204.19 | 4689.42 | 1359.57 |
| | 净利润(万元) | 6941.64 | 3435.53 | 363.68 |
| 近年分配： | | | | |

| 主要股东及持股比例%、持股性质 |
|---|
| 百联集团有限公司 55.61%（国有股） |
| 江南重工股份有限公司 2.77%（非流通股） |
| 上海华生化工有限公司 2.51%（非流通股） |
| 上海中南投资管理有限公司 0.84%（非流通股） |
| 广西玉柴机器集团有限公司 0.79%（非流通股） |
| 上海期货交易所 0.79%（非流通股） |
| 长江经济联合发展(集团)股份有限公司 0.53%（非流通股） |
| TOYO SECURITIES ASIA LTD. A/C CLIENT 0.47%（流通 B 股） |
| 上海沪北物流有限公司 0.29%（非流通股） |
| 杭州市机电设备有限公司 0.26%（非流通股） |
| 实际控制人：上海市国有资产监督管理委员会 |

二〇〇六年以来市场表现

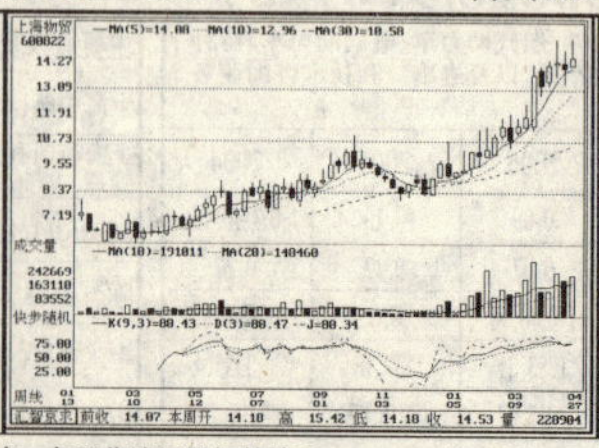


| | |
|---|---|
| 2006 年涨跌幅(%) | 42.84 |
| 2006 年最高(元) | 14.27 |
| 2007 年涨跌幅(%) | 59.32 |
| 2007.4.27 收盘(元) | 14.53 |
| 2007 年最高(元) | 15.45 |
| 2007 年最低(元) | 9.01 |
| 2007 年换手率(%) | 490.65 |

未来一年限售流通股解禁情况：12636014 股 01 月 13 日解禁

| 最新股本 | 总股本 | 非(限售)流通 | 流通 A | 流通 B/H/S | 股东户数 | 06 年末 | 06 三季 |
|---|---|---|---|---|---|---|---|
| | 25272.03 | 16886.73 | 1730.3 | 6655 | | 19588 | 19284 |

年报点评：2006 年公司克服油价上涨，金属材料市场波动的不利影响，加速业务转型与创新，实现了主营业务收入与利润的稳步增长。同时公司通过加强内部管理，管理费用、营业费用和财务费用实现了同比大幅下降，从而保证了公司净利润同比大幅增长。

## 世茂股份（600823）

上市日期:94/02/04　电话:021－63526600　传真:021－63524046

**主营**：实业投资,房地产综合开发经营、公司商标特许经营,酒店管理,物业管理。

| | 年　度 | 2006 | 2005 | 2004 |
|---|---|---|---|---|
| 主要指标 | 每股收益/扣除后(元) | 0.25/0.209 | 0.221 | 0.466/0.333 |
| | 每股经营现金流量(元) | 0.284 | 0.797 | 0.23 |
| | 每股净资产/调整后(元) | 1.89/1.89 | 2.28/2.27 | 2.11/2.06 |
| | 未分利润(万元) | 22689.68 | 23380.03 | 19731.3 |
| | 资本公积(万元) | 2003.81 | 6705.04 | 6705.04 |
| 利润构成 | 主营收入(万元) | 211781.03 | 68322.62 | 113367.43 |
| | 主营利润(万元) | 57746.81 | 24612.55 | 41005.15 |
| | 投资收益(万元) | 1756.56 | －399.74 | 9493.65 |
| | 利润总额(万元) | 38851.94 | 20875.05 | 35520.18 |
| | 净利润(万元) | 11972.81 | 7842.62 | 16513.16 |

**近年分配**：06 中期:10 送 2 年终预案:10 派 0.5；05 年:10 派 0.4448。

**主要股东及持股比例%、持股性质**

- 上海世茂企业发展有限公司 37.64%(部分流通部分不流通)
- 黄浦区国有资产监督管理委员会 3.07%(国有股)
- 海通证券股份有限公司 2.77%(非流通股)
- 上海国际信托投资有限公司 1.79%(非流通股)
- 浦东国有资产管理投资有限公司 1.54%(非流通股)
- 汉盛证券投资基金 0.53%(流通 A 股)
- 首创证券有限责任公司 0.48%(流通 A 股)
- 吴爱德 0.43%(流通 A 股)
- 南京南强防腐工程有限公司 0.36%(非流通股)
- 王平 0.3%(流通 A 股)

**实际控制人**：许荣茂

二〇〇六年以来市场表现

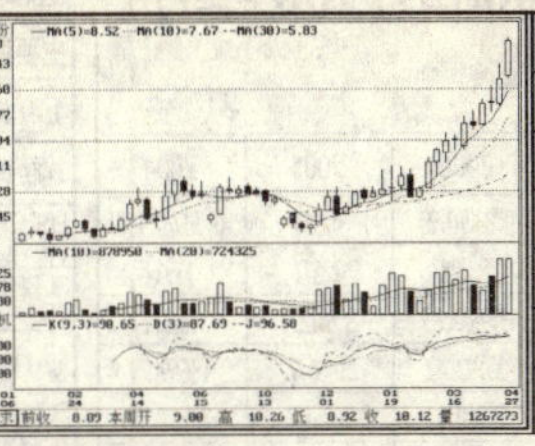

| | |
|---|---|
| 2006 年涨跌幅(%) | 106.64 |
| 2006 年最高(元) | 8.2 |
| 2007 年涨跌幅(%) | 102 |
| 2007.4.27 收盘(元) | 10.12 |
| 2007 年最高(元) | 10.26 |
| 2007 年最低(元) | 4.88 |
| 2007 年换手率(%) | 478.37 |

未来一年限售流通股解禁情况:79332116.4 股 08 月 22 日解禁

| 最新股本 | 总股本 | 非(限售)流通 | 流通 A | 流通 B/H/S | 股东户数 | 06 年末 | 06 三季 |
|---|---|---|---|---|---|---|---|
| | 47835.53 | 22191.44 | 25644.1 | | | 39220 | 34152 |

**年报点评**：2006 年主营收入同比大幅增长,主要来自福州世茂外滩和南京世茂滨江新城项目销售;净利润同比大幅增长,净利润增幅小于主营收入增幅,主要是营业费用和管理费用增幅超过主营收入增幅,增幅较大主要是预售款结转为销售款导致相应费用增加。

## 益民百货（600824）

上市日期:94/02/04　电话:021－64721378　传真:021－64721377

**主营**：百货、针纺织品等。

| | 年　度 | 2006 | 2005 | 2004 |
|---|---|---|---|---|
| 主要指标 | 每股收益/扣除后(元) | 0.321/0.316 | 0.192 | 0.326/0.303 |
| | 每股经营现金流量(元) | 0.255 | 0.323 | 0.587 |
| | 每股净资产/调整后(元) | 2.52/2.49 | 2.07/2.05 | 3.93/3.76 |
| | 未分利润(万元) | 18006.37 | 9182.26 | 6868.81 |
| | 资本公积(万元) | 30534.43 | 15178.65 | 34841.15 |
| 利润构成 | 主营收入(万元) | 75690.73 | 56436.3 | 51841.8 |
| | 主营利润(万元) | 41669.35 | 27082.67 | 25429.22 |
| | 投资收益(万元) | 307.02 | 1434.27 | 535.6 |
| | 利润总额(万元) | 21633.96 | 10749.81 | 9122.22 |
| | 净利润(万元) | 14189.64 | 7419.75 | 6318.04 |

**近年分配**：06 年:10 送 1.5；05 中期:10 转增 10 年终:10 派 1；04 年:10 派 1.5

**主要股东及持股比例%、持股性质**

- 上海市国有资产监督管理委员会 39.04%(国有股)
- 东方证券股份有限公司 0.98%(流通 A 股)
- 香港上海汇丰银行有限公司 0.72%(流通 A 股)
- UBS AG 0.72%(流通 A 股)
- 上海中允投资发展有限公司 0.69%(流通 A 股)
- 申银万国证券股份有限公司 0.68%(流通 A 股)
- MARTIN CURRIE INVESTMENT MANAGEMENT LIMITED 0.57%(流通 A 股)
- ING BANK N.V. 0.36%(流通 A 股)
- LEHMAN BROTHERS INTERNATIONAL (EUROPE) 0.29%(流通 A 股)
- 肖春生 0.29%(流通 A 股)

**实际控制人**：上海市国有资产监督管理委员会

二〇〇六年以来市场表现

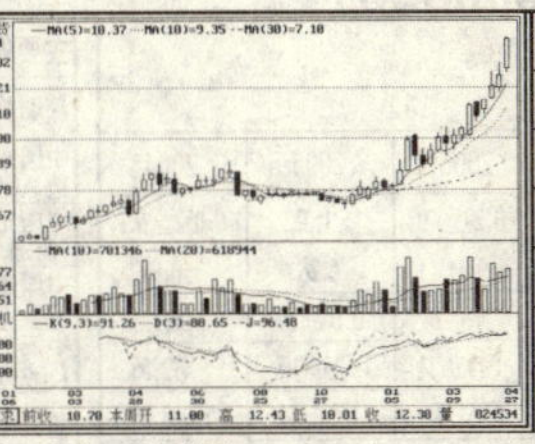

| | |
|---|---|
| 2006 年涨跌幅(%) | 70.93 |
| 2006 年最高(元) | 7.08 |
| 2007 年涨跌幅(%) | 109.9 |
| 2007.4.27 收盘(元) | 12.3 |
| 2007 年最高(元) | 12.43 |
| 2007 年最低(元) | 5.73 |
| 2007 年换手率(%) | 391.3 |

未来一年限售流通股解禁情况:

| 最新股本 | 总股本 | 非(限售)流通 | 流通 A | 流通 B/H/S | 股东户数 | 06 年末 | 06 三季 |
|---|---|---|---|---|---|---|---|
| | 44200.68 | 17256.13 | 26944.55 | | | 45683 | 44187 |

**年报点评**：公司主营业务包括以古今内衣、红星眼镜、天宝龙凤、星光照相器材等为代表的特色商业零售连锁经营、商业房产经营、股权投资等业务。主营收入、毛利率和净利润的大幅增长主要来自报告期内获得红星眼镜部分股权转让收益 1.41 亿元。

## 新华传媒（600825）

上市日期:94/02/04　电话:021－65201818　传真:021－65432001

**主营**：经营连锁超市。

| | 年　度 | 2006 | 2005 | 2004 |
|---|---|---|---|---|
| 主要指标 | 每股收益/扣除后(元) | 0.06/0.03 | －0.153 | 0.16/0.14 |
| | 每股经营现金流量(元) | －0.015 | 0.422 | 1.67 |
| | 每股净资产/调整后(元) | 3.34/3.28 | 3.54/3.47 | 4.59/4.51 |
| | 未分利润(万元) | 3731.46 | 8081.78 | 15410.02 |
| | 资本公积(万元) | 51184.25 | 52075.66 | 56452.79 |
| 利润构成 | 主营收入(万元) | 234537.17 | 294593.11 | 383648.17 |
| | 主营利润(万元) | 38999.57 | 47057.23 | 51528.84 |
| | 投资收益(万元) | 1210.83 | －2645.71 | 629.55 |
| | 利润总额(万元) | 1739.07 | －4406.38 | 4188.12 |
| | 净利润(万元) | 1562.72 | －4015.85 | 3462.93 |

**近年分配**：06 预案:10 派 0.38；04 年:10 派 1.5 转增 2

**主要股东及持股比例%、持股性质**

- 上海新华发行集团有限公司 45.06%(国有股)
- 中国建设银行－工银瑞信精选平衡混合型证券投资基金 2.95%(流通 A 股)
- 上海九百(集团)有限公司 1.41%(非流通股)
- 中国工商银行－开元证券投资基金 1.25%(流通 A 股)
- 沈宇清 1.04%(流通 A 股)
- 上海鹏欣建筑安装工程有限公司 0.91%(流通 A 股)
- 上海市浦东新区川沙镇建初建材经营部 0.81%(流通 A 股)
- 中国建设银行－工银瑞信稳健成长股票型证券投资基金 0.76%(流通 A 股)
- 陶永红 0.59%(流通 A 股)
- 顾育军 0.56%(流通 A 股)

**实际控制人**：中共上海市委宣传部

二〇〇六年以来市场表现

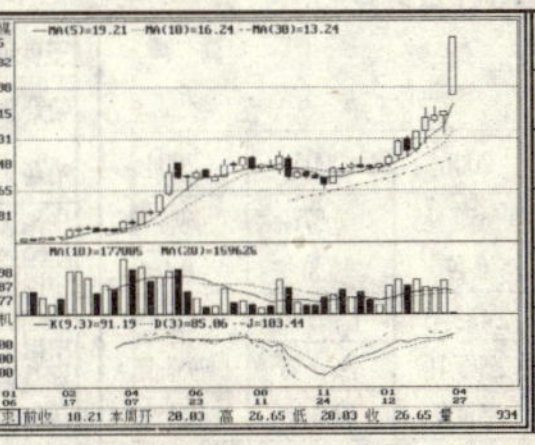

| | |
|---|---|
| 2006 年涨跌幅(%) | 217.56 |
| 2006 年最高(元) | 15.44 |
| 2007 年涨跌幅(%) | 121.9 |
| 2007.4.27 收盘(元) | 26.65 |
| 2007 年最高(元) | 26.65 |
| 2007 年最低(元) | 11.78 |
| 2007 年换手率(%) | 134.57 |

未来一年限售流通股解禁情况:33633078 股 10 月 17 日解禁

| 最新股本 | 总股本 | 非(限售)流通 | 流通 A | 流通 B/H/S | 股东户数 | 06 年末 | 06 三季 |
|---|---|---|---|---|---|---|---|
| | 26262.82 | 13884.75 | 12378.07 | | | 9655 | 8607 |

**年报点评**：公司进行了重大资产重组,主营业务自四季度开始由经营连锁超市业务变更为经营文化传媒类业务。公司新的经营管理层延续文化传媒类资产进入公司前的经营管理举措,努力实施跨地区经营战略,基本完成了原来的盈利预测。

## 兰生股份（600826）

上市日期:94/02/04　电话:021－65445880　传真:021－65446061

**主营**：以出口文教体育用品和轻工业产品为主,主要出口商品有鞋类、服装及纺织品、文教用品、塑料制品、手套及帽子、旅游用品、箱包等。

| | 年　度 | 2006 | 2005 | 2004 |
|---|---|---|---|---|
| 主要指标 | 每股收益/扣除后(元) | 0.56 | 0.07 | 0.1/－0.68 |
| | 每股经营现金流量(元) | －0.15 | 0.27 | 2.17 |
| | 每股净资产/调整后(元) | 2.36/2.31 | 1.82/1.79 | 1.82/1.76 |
| | 未分利润(万元) | －613.3 | －16438.48 | －17238.81 |
| | 资本公积(万元) | 25660.16 | 25716.7 | 25621.3 |
| 利润构成 | 主营收入(万元) | 184714.66 | 182707.58 | 177013.66 |
| | 主营利润(万元) | 10288.05 | 10248.65 | 8918.49 |
| | 投资收益(万元) | 14008.11 | －3247.76 | －13667.28 |
| | 利润总额(万元) | 14758.32 | 1101.37 | 1781.97 |
| | 净利润(万元) | 15594.48 | 1823.29 | 2766.31 |

**近年分配**：

**主要股东及持股比例%、持股性质**

- 上海兰生(集团)有限公司 52.5%(国有股)
- 上海睿信投资管理有限公司 0.85%(流通 A 股)
- 中国工商银行－广发聚丰股票型证券投资基金公司 0.82%(流通 A 股)
- 上海华凯商务咨询策划服务有限公司 0.73%(流通 A 股)
- 北京海达教育投资有限公司 0.66%(流通 A 股)
- 陈秋芳 0.58%(流通 A 股)
- 潘琪 0.57%(流通 A 股)
- 陈军清 0.57%(流通 A 股)
- 珠海繁丰物业有限公司 0.56%(流通 A 股)
- 詹晓东 0.51%(流通 A 股)

**实际控制人**：上海市国有资产监督管理委员会

二〇〇六年以来市场表现

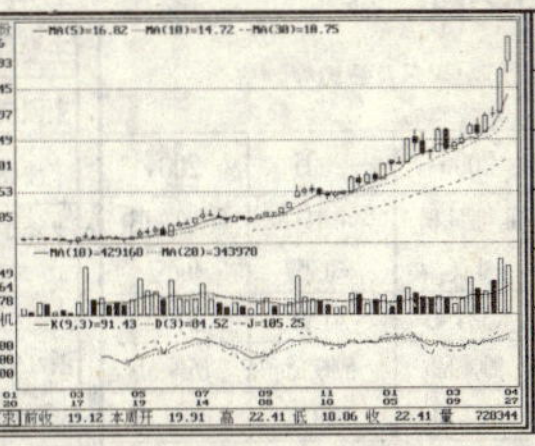

| | |
|---|---|
| 2006 年涨跌幅(%) | 269.9 |
| 2006 年最高(元) | 14.21 |
| 2007 年涨跌幅(%) | 123.21 |
| 2007.4.27 收盘(元) | 22.41 |
| 2007 年最高(元) | 22.41 |
| 2007 年最低(元) | 9.37 |
| 2007 年换手率(%) | 443.36 |

未来一年限售流通股解禁情况:14021410 股 01 月 19 日解禁

| 最新股本 | 总股本 | 非(限售)流通 | 流通 A | 流通 B/H/S | 股东户数 | 06 年末 | 06 三季 |
|---|---|---|---|---|---|---|---|
| | 28042.82 | 14723.22 | 13319.6 | | | 31842 | 39586 |

**年报点评**：过去一年中由于人民币升值,原材料涨价等原因,公司外贸业务面临了较大压力,主营收入增长幅度不大。但由于公司冲回了以前年度计提的海通证券公司长期投资减值准备,导致公司净利润同比出现了巨幅攀升。

## 友谊股份（600827/900923）

上市日期：A：94/02/04 B：94/01/05　　电话：021　58799358　　传真：021－58883303

| | | | | |
|---|---|---|---|---|
| 主营 | 零售连锁业。 | | | |
| | 年　度 | 2006 | 2005 | 2004 |
| 主要指标 | 每股收益/扣除后(元) | 0.332/0.27 | 0.314 | 0.307/0.198 |
| | 每股经营现金流量(元) | 5.098 | 2.671 | 1.914 |
| | 每股净资产/调整后(元) | 3.98/2.83 | 3.68/2.7 | 3.5/3.14 |
| | 未分利润(万元) | 25192.42 | 21086.77 | 18659.79 |
| | 资本公积(万元) | 75780.67 | 70761.6 | 70167.83 |
| 利润构成 | 主营收入(万元) | 2088167.83 | 1810668.67 | 1375270.64 |
| | 主营利润(万元) | 406974.27 | 314259.34 | 240542.47 |
| | 投资收益(万元) | 17007.94 | 10927.31 | 4705.27 |
| | 利润总额(万元) | 46871.83 | 42998.6 | 36341.48 |
| | 净利润(万元) | 14230.51 | 13496.08 | 13165.54 |
| 近年分配： | 06 预案：10 派 1；05 年：10 派 1.5；04 年：10 派 1.5 | | | |

| 主要股东及持股比例%、持股性质 |
|---|
| 上海友谊复星(控股)有限公司 20.95%（国有股） |
| 百联集团有限公司 5.92%（国有股） |
| HSBCFSHTSG－ARISAIG GREATER CHINA FUND 2.72%（流通 B股） |
| SCBHK A/C BONY S/A DREYFUS PREMIER INTL FUNDS INC－DREYFUS PR 2.24%（流通 B股） |
| NAITO SECURITIES CO. LTD. 1.86%（流通 B股） |
| SCBSH A/C CACEIS BKLUX S/A CARLSON FUND MGT CO 1.79%（流通 B股） |
| 银丰证券投资基金 1.76%（流通 A股） |
| 全国社保基金一零六组合 1.61%（流通 A股） |
| 南方绩优成长股票型证券投资基金 1.41%（流通 A股） |
| TOYO SECURITIES ASIA LTD. A/C CLIENT 1.38%（流通 B股） |
| 实际控制人：百联集团有限公司 |

二〇〇六年以来市场表现

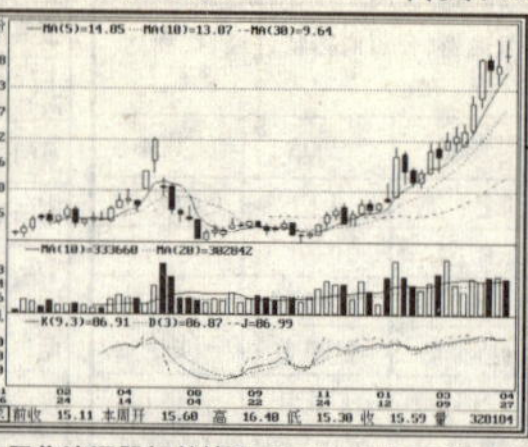

| | |
|---|---|
| 2006 年涨跌幅(%) | 48.97 |
| 2006 年最高(元) | 11.88 |
| 2007 年涨跌幅(%) | 96.6 |
| 2007.4.27 收盘(元) | 15.59 |
| 2007 年最高(元) | 16.44 |
| 2007 年最低(元) | 7.91 |
| 2007 年换手率(%) | 379.97 |

未来一年限售流通股解禁情况：20297945 股 07 月 03 日解禁

| 最新股本 | 总股本 | 非(限售)流通 | 流通 A | 流通 B/H/S | 股东户数 | 06 年末 | 06 三季 |
|---|---|---|---|---|---|---|---|
| | 42919.68 | 13123.33 | 13458.33 | 16338.02 | | 29686 | 31637 |

**年报点评**：报告期内公司旗下联华超市集中发展优势地区，江浙沪地区新增网点 395 家，占新开网点总数的 78；好美家对相对分散的网点结构进行调整，友谊百货逐步实现了系统内招商采购。这些最终带动了公司业绩的增长。

## ＊ST 成商（600828）

上市日期：94/02/24　　电话：028－86665088　　传真：028－86651176

| | | | | |
|---|---|---|---|---|
| 主营 | 百货零售批发 | | | |
| | 年　度 | 2006 | 2005 | 2004 |
| 主要指标 | 每股收益/扣除后(元) | －0.295/0.02 | －1.222 | 0.052/－0.2 |
| | 每股经营现金流量(元) | 0.11 | 0.28 | －0.99 |
| | 每股净资产/调整后(元) | 0.56/0.14 | 0.86/0.59 | 2.08/1.8 |
| | 未分利润(万元) | －31362.11 | －25289.8 | －472.56 |
| | 资本公积(万元) | 16061.34 | 16061.34 | 16008.55 |
| 利润构成 | 主营收入(万元) | 106155.47 | 114392.34 | 125602.1 |
| | 主营利润(万元) | 12222.32 | 12069.57 | 13145.2 |
| | 投资收益(万元) | 2856.38 | －5950.91 | 3349.32 |
| | 利润总额(万元) | －5501.22 | －25430.32 | 1841.64 |
| | 净利润(万元) | －5992.17 | －24817.24 | 1054.19 |
| 近年分配： | | | | |

| 主要股东及持股比例%、持股性质 |
|---|
| 深圳茂业商厦有限公司 69.23%（非流通股） |
| 中国银行－银华优质增长股票型证券投资基金 1.6%（流通 A股） |
| 中国工商银行－诺安价值增长股票证券投资基金 1.41%（流通 A股） |
| 中国建设银行－华夏优势增长股票型证券投资基金 1.37%（流通 A股） |
| 中国工商银行－中银国际持续增长股票型证券投资基金 1.09%（流通 A股） |
| 曲莉珊 1.03%（流通 A股） |
| 中国建设银行－银华富裕主题股票型证券投资基金 0.79%（流通 A股） |
| 中国银行－易方达策略成长二号混合型证券投资基金 0.77%（流通 A股） |
| 中国工商银行－诺安股票证券投资基金 0.7%（流通 A股） |
| 华夏成长证券投资基金 0.61%（流通 A股） |
| 实际控制人：黄茂如 |

二〇〇六年以来市场表现

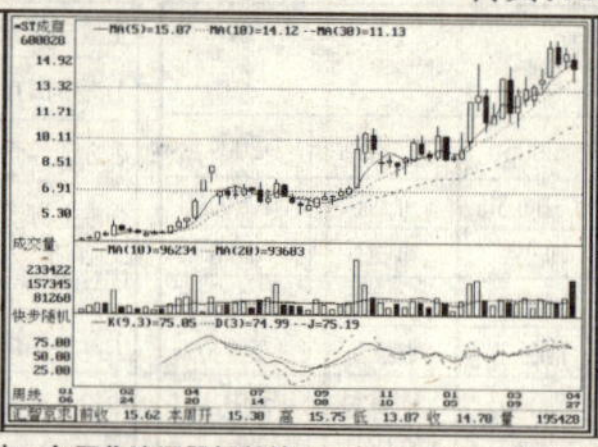

| | |
|---|---|
| 2006 年涨跌幅(%) | 188.32 |
| 2006 年最高(元) | 13.19 |
| 2007 年涨跌幅(%) | 65.35 |
| 2007.4.27 收盘(元) | 14.7 |
| 2007 年最高(元) | 16.52 |
| 2007 年最低(元) | 8.79 |
| 2007 年换手率(%) | 258.57 |

未来一年限售流通股解禁情况：11369951 股 06 月 08 日解禁

| 最新股本 | 总股本 | 非(限售)流通 | 流通 A | 流通 B/H/S | 股东户数 | 06 年末 | 06 三季 |
|---|---|---|---|---|---|---|---|
| | 20314.8 | 14184.72 | 6130.08 | | | 6656 | 10298 |

**年报点评**：公司主营商业零售。虽然报告期内公司的重新定位和改造升级等工作导致主营收入有所下降，但连锁化和统一采购等提升了公司的毛利率。公司完成了国有员工身份转换工作，一次性计入费用的员工身份转换补偿金 6340 万元，导致净利润亏损。

## 三精制药（600829）

上市日期：94/02/24　　电话：(0451)84675166　　传真：(0451)84675166

| | | | | |
|---|---|---|---|---|
| 主营 | 医药制造 | | | |
| | 年　度 | 2006 | 2005 | 2004 |
| 主要指标 | 每股收益/扣除后(元) | 0.565/0.585 | 0.375 | 0.069/0.036 |
| | 每股经营现金流量(元) | 0.49 | 0.81 | 0.16 |
| | 每股净资产/调整后(元) | 2.47/2.45 | 1.96/1.94 | 1.55/1.54 |
| | 未分利润(万元) | 22365.11 | 12948.46 | 7957.57 |
| | 资本公积(万元) | 9570.8 | 7882.52 | 5629.54 |
| 利润构成 | 主营收入(万元) | 206444.77 | 176899.63 | 64270.39 |
| | 主营利润(万元) | 95793.18 | 82753.92 | 25370.16 |
| | 投资收益(万元) | 740.42 | －2524.14 | －997.69 |
| | 利润总额(万元) | 25340.07 | 25256.01 | 3789.28 |
| | 净利润(万元) | 21824.52 | 14512.67 | 2669.27 |
| 近年分配： | 05 年：10 派 1；04 年：10 派 0.2 | | | |

| 主要股东及持股比例%、持股性质 |
|---|
| 哈药集团股份有限公司 46.07%（非流通股） |
| 哈药集团有限公司 28.75%（国有股） |
| 中国工商银行－中银国际持续增长股票型证券投资基金 1.55%（流通 A股） |
| 中国工商银行－中银国际收益混合型证券投资基金 1.3%（流通 A股） |
| 中国工商银行－中银国际中国精选混合型开放式证券投资基金 0.74%（流通 A股） |
| 招商证券－渣打－ING BANK N.V. 0.65%（流通 A股） |
| 全国社保基金一零四组合 0.52%（流通 A股） |
| 全国社保基金一一零组合 0.51%（流通 A股） |
| 华夏成长证券投资基金 0.49%（流通 A股） |
| 银丰证券投资基金 0.45%（流通 A股） |
| 实际控制人：哈药集团有限公司 |

二〇〇六年以来市场表现

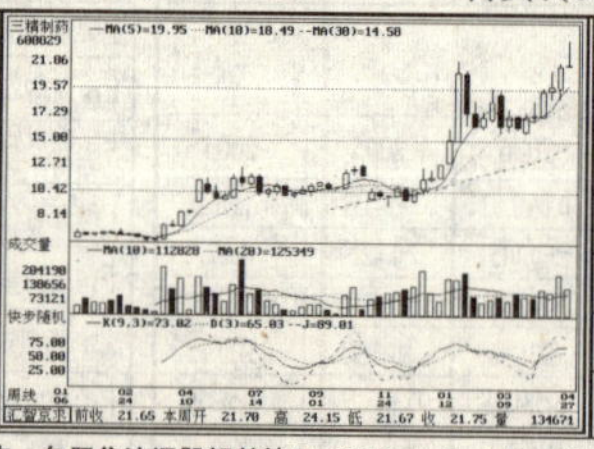

| | |
|---|---|
| 2006 年涨跌幅(%) | 131.39 |
| 2006 年最高(元) | 14.94 |
| 2007 年涨跌幅(%) | 86.7 |
| 2007.4.27 收盘(元) | 21.75 |
| 2007 年最高(元) | 24.15 |
| 2007 年最低(元) | 11.65 |
| 2007 年换手率(%) | 197.16 |

未来一年限售流通股解禁情况：38659240 股 11 月 09 日解禁

| 最新股本 | 总股本 | 非(限售)流通 | 流通 A | 流通 B/H/S | 股东户数 | 06 年末 | 06 三季 |
|---|---|---|---|---|---|---|---|
| | 38659.24 | 28926.29 | 9732.95 | | | 7425 | 6918 |

**年报点评**：2006 年公司积极应对"齐二药"事件的影响，立足现代医药技术，进一步拓展市场，培育新的增长点和核心竞争能力。2006 年实现主营业务收入 20.64 亿元；预计 2007 年公司实现主营业务收入 21 亿元，并实现利润增长保持与收入协调一致。

## 大红鹰（600830）

上市日期：94/02/24　　电话：0574－87315310　　传真：0574－87294676

| | | | | |
|---|---|---|---|---|
| 主营 | 商业、广告业、进出口、餐饮业、娱乐及旅游等。 | | | |
| | 年　度 | 2006 | 2005 | 2004 |
| 主要指标 | 每股收益/扣除后(元) | 0.102/0.04 | 0.113 | 0.109/0.031 |
| | 每股经营现金流量(元) | 0.06 | －0.259 | 0.052 |
| | 每股净资产/调整后(元) | 1.52/1.45 | 2/1.94 | 2/1.95 |
| | 未分利润(万元) | 9064.89 | 5999.65 | 6649.67 |
| | 资本公积(万元) | 2357.09 | 12981.89 | 12972.31 |
| 利润构成 | 主营收入(万元) | 113904.91 | 88022.77 | 57260.56 |
| | 主营利润(万元) | 15322.56 | 12307.96 | 7578.69 |
| | 投资收益(万元) | 103.68 | －221.49 | 1078.07 |
| | 利润总额(万元) | 9699.36 | 7416.59 | 5327.23 |
| | 净利润(万元) | 3720.38 | 2974.5 | 2867.52 |
| 近年分配： | 06 预案：10 派 0.6；04 年：10 派 1 | | | |

| 主要股东及持股比例%、持股性质 |
|---|
| 中国烟草总公司浙江省公司 12.91%（国有股） |
| 宁波卷烟厂 3.71%（国有股） |
| 宁波市郡庙企业总公司 3.44%（非流通股） |
| 宁波大红鹰集团有限公司 2.5%（非流通股） |
| 浙江省国际信托投资有限责任公司 2.36%（流通 A股） |
| 浙江省烟草公司宁波分公司 1.41%（国有股） |
| 宁波海曙志成投资管理有限公司 1.24%（非流通股） |
| 宁波市商业银行股份有限公司 0.89%（非流通股） |
| 绍兴市香叶经贸有限公司 0.7%（非流通股） |
| 黄东梅 0.49%（流通 A股） |
| 实际控制人：中国烟草总公司浙江省公司 |

二〇〇六年以来市场表现

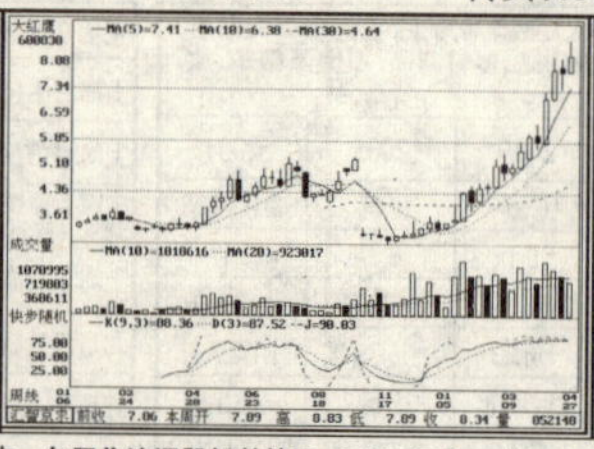

| | |
|---|---|
| 2006 年涨跌幅(%) | 66.5 |
| 2006 年最高(元) | 6.08 |
| 2007 年涨跌幅(%) | 151.96 |
| 2007.4.27 收盘(元) | 8.34 |
| 2007 年最高(元) | 8.83 |
| 2007 年最低(元) | 3.28 |
| 2007 年换手率(%) | 610.56 |

未来一年限售流通股解禁情况：61760327 股 10 月 24 日解禁

| 最新股本 | 总股本 | 非(限售)流通 | 流通 A | 流通 B/H/S | 股东户数 | 06 年末 | 06 三季 |
|---|---|---|---|---|---|---|---|
| | 36432.27 | 10877.7 | 25554.57 | | | 36460 | 26706 |

**年报点评**：公司主营业务为：实业投资、商贸服务、典当服务、保险经纪、房地产开发等。报告期内公司经营重点更趋集中，主营收入和净利润均保持了持续增长的势头。公司控股子公司浙江香溢金联有限公司报告期实现净利润 3640 万元，为整个公司做出巨大贡献。

## 广电网络（600831）

上市日期：94/02/24　　电话：029－87991255　　传真：029－87991266

| | | | | |
|---|---|---|---|---|
| 主营 | 有线电视网络运营、广告代理。 | | | |
| | 年　度 | 2006 | 2005 | 2004 |
| 主要指标 | 每股收益/扣除后(元) | 0.09/0.09 | 0.13 | 0.126/0.128 |
| | 每股经营现金流量(元) | 0.36 | 0.42 | 0.241 |
| | 每股净资产/调整后(元) | 5.17/5.16 | 1.45/1.45 | 1.31/1.31 |
| | 未分利润(万元) | 4820.13 | 3944.24 | 2488.27 |
| | 资本公积(万元) | 80152.98 | 542.58 | 449.8 |
| 利润构成 | 主营收入(万元) | 30135.99 | 27605.18 | 21982.6 |
| | 主营利润(万元) | 5927.95 | 5221.16 | 4607.59 |
| | 投资收益(万元) | | | |
| | 利润总额(万元) | 2395.26 | 2209.44 | 1942.77 |
| | 净利润(万元) | 1824.23 | 1774.91 | 1703.1 |
| 近年分配: | | | | |

| 主要股东及持股比例%、持股性质 |
|---|
| 陕西省广播电视信息网络有限责任公司 42.73%（国有股） |
| 金鑫证券投资基金 4.38%（流通 A 股） |
| 全国社保基金一零四组合 3.97%（流通 A 股） |
| 全国社保基金一一零组合 2.63%（流通 A 股） |
| 广发策略优选混合型证券投资基金 2.26%（流通 A 股） |
| 全国社保基金一零七组合 1.9%（流通 A 股） |
| 国营黄河机器制造厂 1.84%（国有股） |
| 普润证券投资基金 1.79%（流通 A 股） |
| 富国天合稳健优选股票型证券投资基金 1.71%（流通 A 股） |
| 长信增利动态策略股票型证券投资基金 1.53%（流通 A 股） |
| 实际控制人：陕西省广播电影电视局 |

二〇〇六年以来市场表现

| | |
|---|---|
| 2006 年涨跌幅(%) | 179.9 |
| 2006 年最高(元) | 26.02 |
| 2007 年涨跌幅(%) | 38.55 |
| 2007.4.27 收盘(元) | 24.37 |
| 2007 年最高(元) | 27.6 |
| 2007 年最低(元) | 16.28 |
| 2007 年换手率(%) | 243.88 |

未来一年限售流通股解禁情况：16640609 股 01 月 17 日解禁

| 最新股本 | 总股本 | 非(限售)流通 | 流通 A | 流通 B/H/S | 股东户数 | 06 年末 | 06 三季 |
|---|---|---|---|---|---|---|---|
| | 20837.22 | 13771.15 | 7066.08 | | | 6745 | 5838 |

**年报点评**　2006 年，全国有线电视网络运营公司取得了良好的经营业绩。公司收入和利润的增长主要原因是进一步加大了营销力度，不仅稳固和迅速发展了广告客户及有线电视用户，而且积极开展新的增值业务：数字电视业务、宽带业务及数据业务等。

## 东方明珠（600832）

上市日期：94/02/24　　电话：021－58791888　　传真：021－58792222

| | | | | |
|---|---|---|---|---|
| 主营 | 媒体广告、旅游娱乐、信息传输、产业投资等。 | | | |
| | 年　度 | 2006 | 2005 | 2004 |
| 主要指标 | 每股收益/扣除后(元) | 0.208/0.203 | 0.369 | 0.329/0.285 |
| | 每股经营现金流量(元) | 0.29 | 0.42 | 0.49 |
| | 每股净资产/调整后(元) | 1.88/1.88 | 3.61/3.59 | 3.37/3.34 |
| | 未分利润(万元) | 36267.3 | 27811.48 | 19825.56 |
| | 资本公积(万元) | 54945.67 | 151743.56 | 150006.09 |
| 利润构成 | 主营收入(万元) | 152654.28 | 133567.68 | 108956.4 |
| | 主营利润(万元) | 65650.05 | 58029.23 | 50692.83 |
| | 投资收益(万元) | 5635.03 | 10124.57 | 3633.84 |
| | 利润总额(万元) | 52747.69 | 45818.78 | 40879.27 |
| | 净利润(万元) | 40079.38 | 35591.39 | 31699.93 |
| 近年分配: | 05 年：10 派 2.5 转增 10；04 年：10 派 1.5 | | | |

| 主要股东及持股比例%、持股性质 |
|---|
| 上海广播电影电视发展有限公司 46.12%（部分流通部分不流通） |
| 上海文广新闻传媒集团 10.97%（部分流通部分不流通） |
| 上海精文投资有限公司 3.44%（部分流通部分不流通） |
| 上海东亚(集团)有限公司 1.72%（部分流通部分不流通） |
| 上海大型活动办公室 1.5%（非流通股） |
| 金鑫证券投资基金 0.94%（流通 A 股） |
| 上海《每周广播电视》报社 0.84%（非流通股） |
| 申银万国证券股份有限公司 0.6%（流通 A 股） |
| 上证 50 交易型开放式指数证券投资基金 0.38%（流通 A 股） |
| 南方绩优成长股票型证券投资基金 0.28%（流通 A 股） |
| 实际控制人：上海文化广播影视集团 |

二〇〇六年以来市场表现

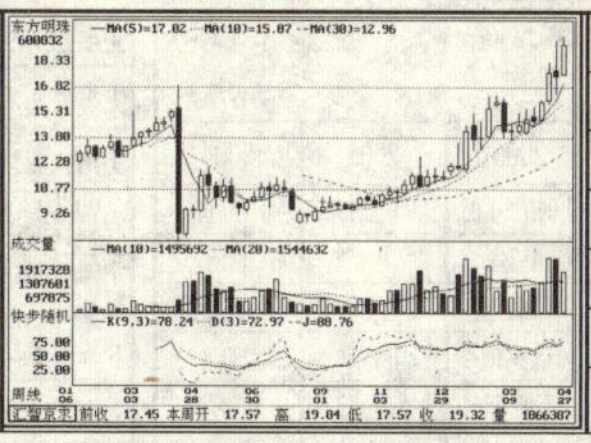


| | |
|---|---|
| 2006 年涨跌幅(%) | 87.28 |
| 2006 年最高(元) | 25.57 |
| 2007 年涨跌幅(%) | 69.03 |
| 2007.4.27 收盘(元) | 19.32 |
| 2007 年最高(元) | 19.84 |
| 2007 年最低(元) | 11.6 |
| 2007 年换手率(%) | 299.76 |

未来一年限售流通股解禁情况：192648040 股 08 月 05 日解禁

| 最新股本 | 总股本 | 非(限售)流通 | 流通 A | 流通 B/H/S | 股东户数 | 06 年末 | 06 三季 |
|---|---|---|---|---|---|---|---|
| | 192648.04 | 106649.18 | 85998.86 | | | 136826 | 134466 |

**年报点评**　公司属文化综合类上市公司，主要业务有文化休闲娱乐、媒体产业、信息传输和对外投资为主的四大产业。2006 年在董事会的正确领导和全体员工的共同努力下，业务、管理工作规范有序开展，保持了稳健、快速的发展态势。

## 第一医药（600833）

上市日期：94/02/24　　电话：021－63514171　　传真：021－63521346

| | | | | |
|---|---|---|---|---|
| 主营 | 医药商店的零售、医药批发企业经营、药厂制药及医药连锁经营及房产经营。 | | | |
| | 年　度 | 2006 | 2005 | 2004 |
| 主要指标 | 每股收益/扣除后(元) | 0.081/0.082 | 0.089 | 0.082/0.084 |
| | 每股经营现金流量(元) | 0.521 | 0.089 | 0.018 |
| | 每股净资产/调整后(元) | 1.54/1.52 | 1.46/1.45 | 1.27/1.25 |
| | 未分利润(万元) | －513.6 | －1781.71 | －67762.02 |
| | 资本公积(万元) | 8326.49 | 8402.13 | 68935.6 |
| 利润构成 | 主营收入(万元) | 60293.41 | 60161.73 | 54550.27 |
| | 主营利润(万元) | 10150.37 | 11744.63 | 11625.57 |
| | 投资收益(万元) | 227.57 | 451.5 | 223.07 |
| | 利润总额(万元) | 1853.66 | 1507.73 | 1411.25 |
| | 净利润(万元) | 1296.95 | 1420.54 | 1313.32 |
| 近年分配: | | | | |

| 主要股东及持股比例%、持股性质 |
|---|
| 上海新路达商业(集团)有限公司 23.39%（国有股） |
| 百联集团有限公司 19.04%（国有股） |
| 上海市劳动保护用品商店 2.35%（非流通股） |
| 上海考普雷投资管理有限公司 1.63%（非流通股） |
| 上海汇垄经贸有限公司 1.55%（非流通股） |
| 上海华成无线电厂有限公司 0.95%（非流通股） |
| 海通证券股份有限公司 0.95%（非流通股） |
| 华联(集团)有限公司 0.78%（国有股） |
| 达安房产 0.77%（非流通股） |
| 上海商投创业投资有限公司 0.77%（非流通股） |
| 实际控制人：百联集团有限公司 |

二〇〇六年以来市场表现

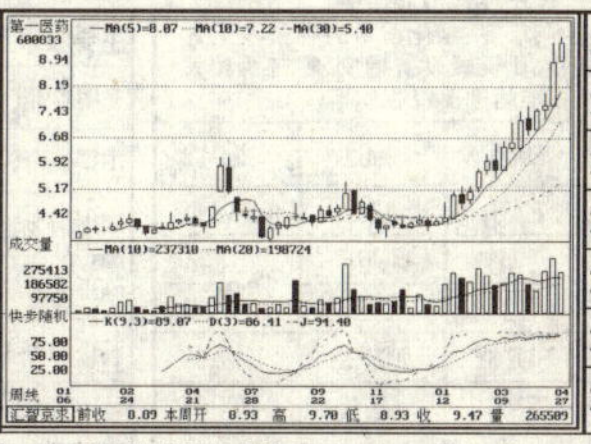


| | |
|---|---|
| 2006 年涨跌幅(%) | 36.33 |
| 2006 年最高(元) | 6.71 |
| 2007 年涨跌幅(%) | 131.54 |
| 2007.4.27 收盘(元) | 9.47 |
| 2007 年最高(元) | 9.7 |
| 2007 年最低(元) | 4.12 |
| 2007 年换手率(%) | 599.5 |

未来一年限售流通股解禁情况：40688037 股 07 月 12 日解禁

| 最新股本 | 总股本 | 非(限售)流通 | 流通 A | 流通 B/H/S | 股东户数 | 06 年末 | 06 三季 |
|---|---|---|---|---|---|---|---|
| | 15934.74 | 9937.33 | 5997.41 | | | 18549 | 18905 |

**年报点评**　公司是上海医药商业企业，主营业务为药店连锁经营。公司 2006 年收入保持平稳，利润小幅下滑。公司还完成对上海汇丰医药药材有限责任公司 100%股权的收购，使公司网点出现翻番增长。公司所处的行业将保持稳步增长，公司将保持同步增长。

## 申通地铁（600834）

上市日期：94/02/24　　电话：021－58308595　　传真：021－63300065

| | | | | |
|---|---|---|---|---|
| 主营 | 经营上海地铁一号线 | | | |
| | 年　度 | 2006 | 2005 | 2004 |
| 主要指标 | 每股收益/扣除后(元) | 0.25/0.25 | 0.22 | 0.17/0.16 |
| | 每股经营现金流量(元) | 0.445 | 0.368 | 0.174 |
| | 每股净资产/调整后(元) | 1.81/1.81 | 1.62/1.62 | 1.59/1.59 |
| | 未分利润(万元) | 18905.88 | 10892.04 | 8518.55 |
| | 资本公积(万元) | 7974.27 | 7974.27 | 7974.27 |
| 利润构成 | 主营收入(万元) | 81762.85 | 68081.91 | 58223.35 |
| | 主营利润(万元) | 16533.33 | 17716.94 | 13435.88 |
| | 投资收益(万元) | －101.62 | －22.51 | 30.49 |
| | 利润总额(万元) | 14219.8 | 12251.65 | 8313.91 |
| | 净利润(万元) | 12086.81 | 10450.87 | 7192.71 |
| 近年分配: | 06 预案：10 派 1；05 年：10 派 0.6；04 年：10 派 0.5 送 1 | | | |

| 主要股东及持股比例%、持股性质 |
|---|
| 国家持股 58.43%（国有股） |
| 上海市原水股份有限公司 9.09%（部分流通部分不流通） |
| 申银万国证券股份有限公司 1.78%（流通 A 股） |
| 上海市自来水浦东有限公司 0.42%（流通 A 股） |
| 张智明 0.33%（流通 A 股） |
| 吴霁 0.25%（流通 A 股） |
| 吴志荣 0.23%（流通 A 股） |
| 上海沃特管道工程合作公司 0.2%（流通 A 股） |
| 大众交通(集团)股份有限公司 0.18%（流通 A 股） |
| 上海市住安建设发展股份有限公司 0.17%（流通 A 股） |
| 实际控制人：上海久事公司 |

二〇〇六年以来市场表现

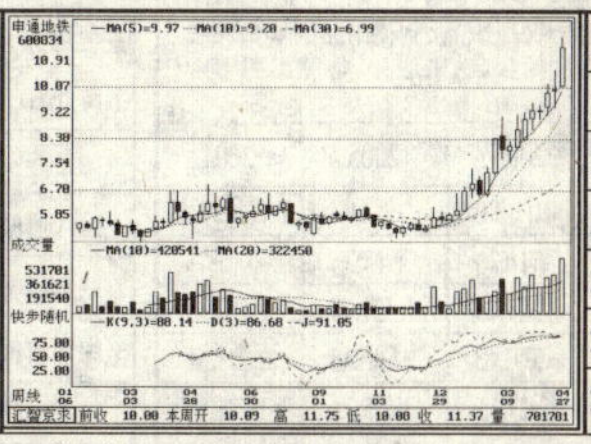


| | |
|---|---|
| 2006 年涨跌幅(%) | 7.06 |
| 2006 年最高(元) | 6.87 |
| 2007 年涨跌幅(%) | 99.47 |
| 2007.4.27 收盘(元) | 11.37 |
| 2007 年最高(元) | 11.75 |
| 2007 年最低(元) | 5.71 |
| 2007 年换手率(%) | 325.08 |

未来一年限售流通股解禁情况：22436316 股 11 月 09 日解禁

| 最新股本 | 总股本 | 非(限售)流通 | 流通 A | 流通 B/H/S | 股东户数 | 06 年末 | 06 三季 |
|---|---|---|---|---|---|---|---|
| | 47738.19 | 30138.01 | 17600.18 | | | 35382 | 35107 |

**年报点评**　2006 年公司客流量同比微降 2.6%，而票务收入同期增长了 20.1%，主要原因为公司 2005 年 9 月上海地铁票价上调带来收入的增长，客流量微降的主要原因则是票价上涨、上海地铁线路的丰富、其他线路选择增多对地铁一号线带来一定分流。

# 上海机电（600835/900925）

上市日期:A: 94/02/24 B: 94/01/31　　电话:021－58857888　　传真:021－58858624

| | | | | |
|---|---|---|---|---|
| 主营 | 电梯制造;冷冻空调设备制造;印刷包装机械制造;人造板机器制造;人造板企业投资等。 | | | |
| | 年　度 | 2006 | 2005 | 2004 |
| 主要指标 | 每股收益/扣除后(元) | 0.471/0.382 | 0.187 | 0.345/0.369 |
| | 每股经营现金流量(元) | 0.99 | 0.29 | 0.71 |
| | 每股净资产/调整后(元) | 4.27/4.23 | 3.96/3.75 | 4.03/3.96 |
| | 未分利润(万元) | 37154.44 | 19281.27 | 33411.69 |
| | 资本公积(万元) | 158543.11 | 158531.95 | 158341.89 |
| 利润构成 | 主营收入(万元) | 728622.33 | 683153.33 | 655527.68 |
| | 主营利润(万元) | 150560.55 | 140999.92 | 159690.8 |
| | 投资收益(万元) | 10600.21 | －5241.45 | 7408.08 |
| | 利润总额(万元) | 77405.46 | 51746.58 | 74008.97 |
| | 净利润(万元) | 40151.45 | 15944.35 | 29374.1 |
| 近年分配: | 06 预案:10 派 1 ; 05 年:10 派 1 ; 04 年:10 派 2 | | | |

| 主要股东及持股比例%、持股性质 |
|---|
| 上海电气集团股份有限公司 47.28% (国有股) |
| 中国农业银行－中邮核心优选股票型证券投资基金 2.07% (流通 A 股) |
| 银丰证券投资基金 0.9% (流通 A 股) |
| 交通银行－普惠证券投资基金 0.9% (流通 A 股) |
| 全国社保基金一零七组合 0.77% (流通 A 股) |
| TOYO SECURITIES ASIA LTD. A/C CLIENT 0.67% (流通 B 股) |
| 中国建设银行－海富通风格优势股票型证券投资基金 0.6% (流通 A 股) |
| 中国银行－海富通股票证券投资基金 0.59% (流通 A 股) |
| FORTIS BANQUE LUXEMBOURG S. A. 0.59% (流通 B 股) |
| HKSBCSB A/C HSBC SHANGHAI S/A MORGAN STANLEY & CO. INTERNATI 0.58% (流通 B 股) |
| 实际控制人: 上海电气(集团)总公司 |

二〇〇六年以来市场表现

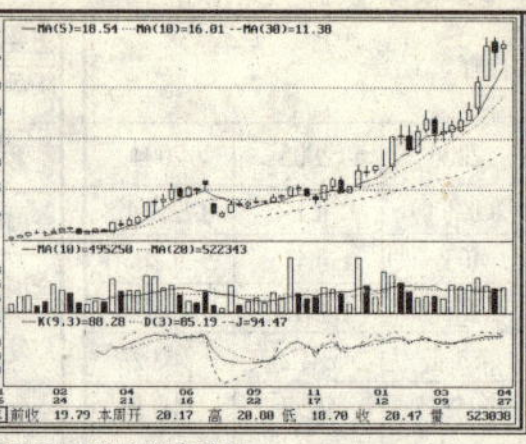

| | |
|---|---|
| 2006 年涨跌幅(%) | 170.43 |
| 2006 年最高(元) | 10.78 |
| 2007 年涨跌幅(%) | 116.39 |
| 2007.4.27 收盘(元) | 20.47 |
| 2007 年最高(元) | 21.15 |
| 2007 年最低(元) | 9.4 |
| 2007 年换手率(%) | 304.45 |

未来一年限售流通股解禁情况:

| 最新股本 | 总股本 | 非(限售)流通 | 流通 A | 流通 B/H/S | 股东户数 | 06 年末 | 06 三季 |
|---|---|---|---|---|---|---|---|
| | 85228.28 | 40293.36 | 26915.33 | 18019.58 | | 51810 | 54454 |

年报点评：报告期内公司各经营企业通过调整产品结构,采取积极的营销策略,克服原材料波动等不利因素,使得公司主营业务较上年同期稳中有升,工程机械、人造板、焊接器材的业务的盈利有大幅增长。公司净利润大幅增加的主要原因是剥离了永新彩色显像管公司的股权。

# 界龙实业（600836）

上市日期:94/02/24　　电话:021－63746888　　传真:021－63732586

| | | | | |
|---|---|---|---|---|
| 主营 | 包装装潢、彩色印刷。 | | | |
| | 年　度 | 2006 | 2005 | 2004 |
| 主要指标 | 每股收益/扣除后(元) | 0.091/－0.05 | 0.183 | 0.127/0.1 |
| | 每股经营现金流量(元) | 1.24 | 0.4 | 0.58 |
| | 每股净资产/调整后(元) | 1.74/1.58 | 2.25/2.04 | 2.08/1.41 |
| | 未分利润(万元) | 1536.16 | 1695.9 | 230.8 |
| | 资本公积(万元) | 5395.58 | 8746.39 | 8910.79 |
| 利润构成 | 主营收入(万元) | 49656.25 | 61402.57 | 71695.58 |
| | 主营利润(万元) | 10992.52 | 14792 | 14095.51 |
| | 投资收益(万元) | 2121.55 | 1838.39 | －19.79 |
| | 利润总额(万元) | 1492.93 | 2481.77 | 2227.58 |
| | 净利润(万元) | 1319.31 | 2049.18 | 1422.09 |
| 近年分配: | 05 年:10 派 1 转增 3 | | | |

| 主要股东及持股比例%、持股性质 |
|---|
| 上海界龙发展有限公司 41.45% (非流通股) |
| 中国农业银行上海市信托投资公司 2.69% (流通 A 股) |
| 海通证券股份有限公司 1.52% (流通 A 股) |
| 中国银行－华夏大盘精选证券投资基金 1.4% (流通 A 股) |
| 邓锦明 0.28% (流通 A 股) |
| 曾友章 0.27% (流通 A 股) |
| 上海市农行信托投资有限责任公司 0.21% (流通 A 股) |
| 徐建兰 0.18% (流通 A 股) |
| 上海浦东华夏实业总公司房地产开发公司 0.17% (流通 A 股) |
| 吴伟东 0.15% (流通 A 股) |
| 实际控制人: 费钧德 |

二〇〇六年以来市场表现

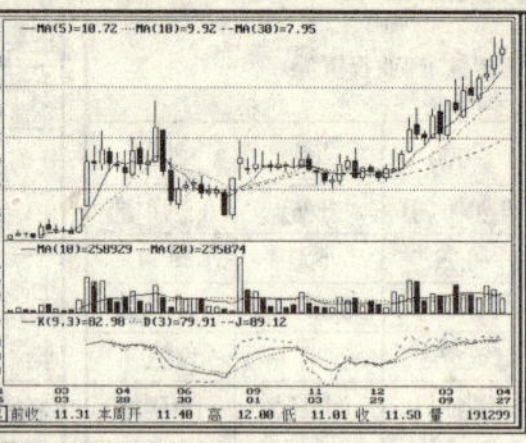

| | |
|---|---|
| 2006 年涨跌幅(%) | 114.25 |
| 2006 年最高(元) | 10.34 |
| 2007 年涨跌幅(%) | 80.94 |
| 2007.4.27 收盘(元) | 11.58 |
| 2007 年最高(元) | 12.1 |
| 2007 年最低(元) | 6.26 |
| 2007 年换手率(%) | 487.78 |

未来一年限售流通股解禁情况:

| 最新股本 | 总股本 | 非(限售)流通 | 流通 A | 流通 B/H/S | 股东户数 | 06 年末 | 06 三季 |
|---|---|---|---|---|---|---|---|
| | 14520.19 | 6018.37 | 8501.82 | | | 19549 | 18344 |

年报点评：公司主营业务是包装印刷业务,主要产品为包装印刷行业和房地产。公司下属子公司上海界龙房产开发有限公司前期开发的楼盘已于 2005 年末销售结cl结清,新楼盘的销售将于 2007 年、2008 年实现。公司定向增发有利于改善包装印刷行业中的地位。

# 都市股份（600837）

上市日期:94/02/24　　电话:021－63457858　　传真:021－63458806

| | | | | |
|---|---|---|---|---|
| 主营 | 蔬菜、瓜果、粮油作物、花卉、草坪、绿化苗木的种植及上述业务的加工、批发和零售,农业机械设备批发、零售及相关的技术服务,市外经贸委批准的进出口业务等。 | | | |
| | 年　度 | 2006 | 2005 | 2004 |
| 主要指标 | 每股收益/扣除后(元) | 0.453 | 0.501 | 0.663/0.659 |
| | 每股经营现金流量(元) | －0.0584 | 0.021 | －0.0766 |
| | 每股净资产/调整后(元) | 2.16/2.16 | 2.25/2.24 | 1.94/1.93 |
| | 未分利润(万元) | 23792.88 | 20060.85 | 11528.05 |
| | 资本公积(万元) | 787.53 | 643.96 | 992.02 |
| 利润构成 | 主营收入(万元) | 39128.38 | 26610.49 | 17069.61 |
| | 主营利润(万元) | 5666.94 | 4766.1 | 4459.95 |
| | 投资收益(万元) | 21394.73 | 15992.41 | 19072.24 |
| | 利润总额(万元) | 19021.41 | 15884.8 | 19326.06 |
| | 净利润(万元) | 16215.77 | 13813.22 | 16614.22 |
| 近年分配: | 06 预案:10 派 3 ; 05 年:10 派 0.3 送 3 ; 04 年:10 送 1 | | | |

| 主要股东及持股比例%、持股性质 |
|---|
| 光明食品(集团)有限公司 67.36% (国有股) |
| 中国人寿保险(集团)保险产品基金 0.49% (流通 A 股) |
| 深圳国晟建筑装饰设计工程有限公司 0.39% (流通 A 股) |
| 陈正天 0.29% (流通 A 股) |
| 黄松如 0.193% (流通 A 股) |
| 施生 0.19% (流通 A 股) |
| 李月美 0.189% (流通 A 股) |
| 罗静儿 0.187% (流通 A 股) |
| 上海平彦经贸有限公司 0.182% (流通 A 股) |
| 上海万可实业有限公司 0.18% (流通 A 股) |
| 实际控制人: 上海市国有资产监督管理委员会 |

二〇〇六年以来市场表现

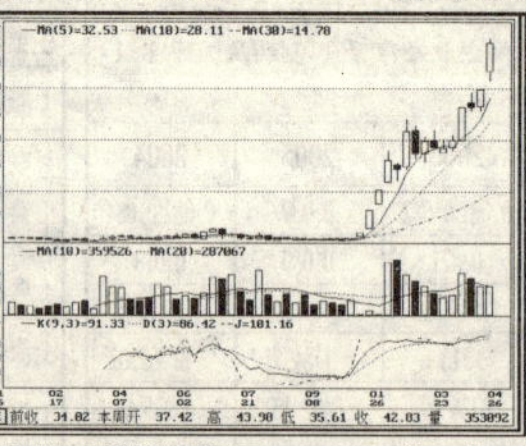

| | |
|---|---|
| 2006 年涨跌幅(%) | 29.62 |
| 2006 年最高(元) | 9.03 |
| 2007 年涨跌幅(%) | 638.45 |
| 2007.4.27 收盘(元) | 42.83 |
| 2007 年最高(元) | 43.98 |
| 2007 年最低(元) | 6.38 |
| 2007 年换手率(%) | 425.55 |

未来一年限售流通股解禁情况:17913645.1 股 11 月 08 日解禁

| 最新股本 | 总股本 | 非(限售)流通 | 流通 A | 流通 B/H/S | 股东户数 | 06 年末 | 06 三季 |
|---|---|---|---|---|---|---|---|
| | 35827.29 | 24134.33 | 11692.96 | | | 19837 | 20156 |

年报点评：公司 2006 年确定被海通证券借壳,公司主营将发生变化。2006 年公司原有业务保持稳定,盈利水平与上年相当。资产置换后公司的盈利水平将大幅提升。

# 上海九百（600838）

上市日期:94/02/24　　电话:021－62729898　　传真:021－62569861

| | | | | |
|---|---|---|---|---|
| 主营 | 日用百货、家用电器、服装、针棉织品、文化用品的零售和批发、系列化学产品的生产和销售、洗染服务、物业出租等业务。 | | | |
| | 年　度 | 2006 | 2005 | 2004 |
| 主要指标 | 每股收益/扣除后(元) | 0.011/－0.049 | －0.146 | 0.008/－0.13 |
| | 每股经营现金流量(元) | 0.1102 | 0.0853 | 0.0387 |
| | 每股净资产/调整后(元) | 1.37/1.35 | 1.36/1.35 | 1.51/1.49 |
| | 未分利润(万元) | －5793.83 | －6185.01 | －273.64 |
| | 资本公积(万元) | 18427.13 | 18735.72 | 18734.86 |
| 利润构成 | 主营收入(万元) | 24225.25 | 25099.99 | 24084.9 |
| | 主营利润(万元) | 7734.8 | 8347.19 | 7133.47 |
| | 投资收益(万元) | 1173.38 | －1839.42 | 1571.12 |
| | 利润总额(万元) | 779.02 | －5388.89 | 662.23 |
| | 净利润(万元) | 450.36 | －5837.68 | 305.3 |
| 近年分配: | | | | |

| 主要股东及持股比例%、持股性质 |
|---|
| 上海九百(集团)有限公司 19.59% (国有股) |
| 上海市静安区土地开发控股总公司 4.91% (非流通股) |
| 上海锦迪城市建设开发有限公司 2.02% (非流通股) |
| 百联集团有限公司 1.84% (非流通股) |
| 上海国宏置业有限公司 1.5% (非流通股) |
| 上海电气(集团)总公司 0.75% (非流通股) |
| 叶庆 0.27% (流通 A 股) |
| 叶国梁 0.25% (流通 A 股) |
| 浙江天马印染集团有限公司 0.19% (非流通股) |
| 李清瑞 0.18% (流通 A 股) |
| 实际控制人: 上海九百(集团)有限公司 |

二〇〇六年以来市场表现

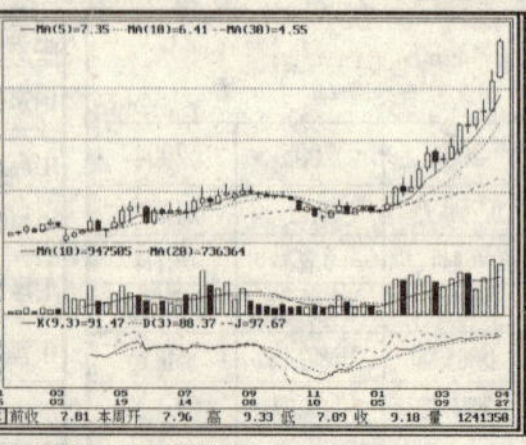

| | |
|---|---|
| 2006 年涨跌幅(%) | 76.69 |
| 2006 年最高(元) | 5.53 |
| 2007 年涨跌幅(%) | 175.68 |
| 2007.4.27 收盘(元) | 9.18 |
| 2007 年最高(元) | 9.33 |
| 2007 年最低(元) | 3.27 |
| 2007 年换手率(%) | 492.3 |

未来一年限售流通股解禁情况:

| 最新股本 | 总股本 | 非(限售)流通 | 流通 A | 流通 B/H/S | 股东户数 | 06 年末 | 06 三季 |
|---|---|---|---|---|---|---|---|
| | 40088.2 | 14496.04 | 25592.16 | | | 63121 | 64107 |

年报点评：公司主营商业零售等业务。报告期内公司减持了参股企业上海易买得超市有限公司的股权,减少了投资亏损;此外公司还减少了坏帐准备金的计提,并获得了全资子公司上海正章洗染公司的动迁补偿费。这些推动了公司业绩的提升。

## 四川长虹（600839）

上市日期:94/03/11　　电话:0816－2418486　　传真:0816－2418158

| 主营 | 视频产品、视听产品、空调产品、电池系列产品的制造、销售。 | | | |
|---|---|---|---|---|
| | 年　度 | 2006 | 2005 | 2004 |
| 主要指标 | 每股收益/扣除后(元) | 0.161/0.026 | 0.132 | -1.701/-1.725 |
| | 每股经营现金流量(元) | 0.2 | 0.66 | 0.35 |
| | 每股净资产/调整后(元) | 4.72/4.51 | 4.52/4.48 | 4.37/4.35 |
| | 未分利润(万元) | 28496.02 | -141285.64 | -169789.31 |
| | 资本公积(万元) | 326594.32 | 413589 | 408578.05 |
| 利润构成 | 主营收入(万元) | 1875731.81 | 1506111.55 | 1153869.81 |
| | 主营利润(万元) | 286328.77 | 240924.54 | 163372.03 |
| | 投资收益(万元) | 7978.71 | -5291.58 | -16977.13 |
| | 利润总额(万元) | 40687.68 | 29811.78 | -367238.27 |
| | 净利润(万元) | 30590.74 | 28503.67 | -368112.04 |
| 近年分配: | 06 预案:10 派 0.7 | | | |

| 主要股东及持股比例%、持股性质 |
|---|
| 四川长虹电子集团有限公司 30.36% (国有股) |
| 重庆市城市建设投资公司 0.34% (非流通股) |
| 全国社保基金零零二组合 0.34% (流通 A 股) |
| 王悦姝 0.33% (流通 A 股) |
| 华夏银行股份有限公司－益民红利成长混合型证券投资基金 0.33% (流通 A 股) |
| 中国工商银行－申万巴黎新经济混合型证券投资基金 0.31% (流通 A 股) |
| 北京雅宝经济文化发展中心 0.29% (流通 A 股) |
| 四川嘉陵资产经营管理有限责任公司 0.25% (非流通股) |
| 王彦士 0.25% (流通 A 股) |
| 中国工商银行－上证 50 交易型开放式指数证券投资基金 0.22% (流通 A 股) |
| 实际控制人: |

二〇〇六年以来市场表现

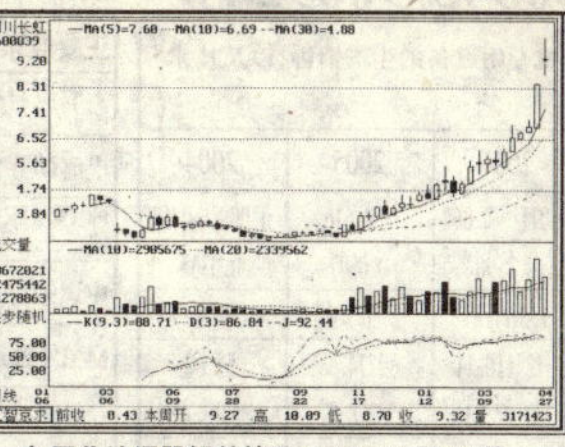


| 2006 年涨跌幅(%) | 49.2 |
|---|---|
| 2006 年最高(元) | 6.07 |
| 2007 年涨跌幅(%) | 120.85 |
| 2007.4.27 收盘(元) | 9.32 |
| 2007 年最高(元) | 10.09 |
| 2007 年最低(元) | 4.3 |
| 2007 年换手率(%) | 306.92 |

未来一年限售流通股解禁情况:94910571 股 04 月 12 日解禁

| 最新股本 | 总股本 | 非(限售)流通 | 流通 A | 流通 B/H/S | 股东户数 | 06 年末 | 06 三季 |
|---|---|---|---|---|---|---|---|
| | 189821.14 | 62333.23 | 127487.91 | | | 452265 | 480768 |

年报点评：公司主营彩电等家电产品。2006 年,公司围绕“3C”战略实施的产业结构调整开始显现积极成效。新进入的冰箱、移动通讯、IT 产业,报告期内销售收入和利润都呈现了良好的增长势头,进一步强化嵌入式软件等技术能力,不断提升公司自主创新能力。

## 新湖创业（600840）

上市日期:94/03/11　　电话:0571－87055977　　传真:0571－87055977

| 主营 | 房地产,有线电视付费点播系统(VOD)的研制生产和销售,电子计算机网络系统及软件研究开发和技术服务,贸易,宾馆。 | | | |
|---|---|---|---|---|
| | 年　度 | 2006 | 2005 | 2004 |
| 主要指标 | 每股收益/扣除后(元) | 0.687/0.613 | 0.299 | 0.141/0.122 |
| | 每股经营现金流量(元) | 1.06 | 0.894 | -0.083 |
| | 每股净资产/调整后(元) | 1.9/1.88 | 1.67/1.64 | 1.37/1.3 |
| | 未分利润(万元) | 13209.48 | 5221.12 | 1726.91 |
| | 资本公积(万元) | 627.67 | 2284.72 | 2284.72 |
| 利润构成 | 主营收入(万元) | 109005.84 | 69316.13 | 27970.77 |
| | 主营利润(万元) | 40829.8 | 11301.73 | 6486.54 |
| | 投资收益(万元) | 177.23 | -22.79 | -303.47 |
| | 利润总额(万元) | 39544.29 | 11061.38 | 3345.55 |
| | 净利润(万元) | 13063.69 | 4172.29 | 1969.73 |
| 近年分配: | 06 中期:10 派 0.26 送 2.3 转增 0.7 年终:10 派 0.667 送 6 | | | |

| 主要股东及持股比例%、持股性质 |
|---|
| 宁波嘉源实业发展有限公司 45.3% (非流通股) |
| 海通证券股份有限公司 1.37% (非流通股) |
| 上海富元企业管理咨询有限公司 0.68% (非流通股) |
| 王平 0.57% (流通 A 股) |
| 胡建平 0.56% (流通 A 股) |
| 徐利群 0.53% (流通 A 股) |
| 李明公 0.48% (流通 A 股) |
| 丁霞红 0.31% (流通 A 股) |
| 王贤生 0.27% (流通 A 股) |
| 金辉 0.25% (流通 A 股) |
| 实际控制人: 黄伟 |

二〇〇六年以来市场表现

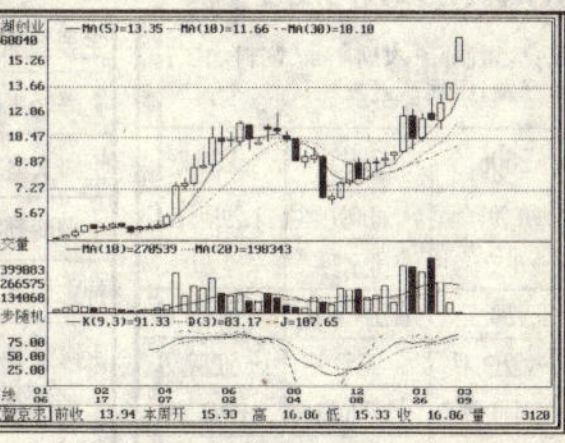


| 2006 年涨跌幅(%) | 247.96 |
|---|---|
| 2006 年最高(元) | 14.73 |
| 2007 年涨跌幅(%) | 83.93 |
| 2007.4.27 收盘(元) | 10.5 |
| 2007 年最高(元) | 16.86 |
| 2007 年最低(元) | 9.05 |
| 2007 年换手率(%) | 232.95 |

未来一年限售流通股解禁情况:11035581 股 10 月 30 日解禁

| 最新股本 | 总股本 | 非(限售)流通 | 流通 A | 流通 B/H/S | 股东户数 | 06 年末 | 06 三季 |
|---|---|---|---|---|---|---|---|
| | 19005.15 | 9164.88 | 9840.27 | | | 18309 | 20929 |

年报点评：主营业务为房地产开发、销售和贸易,项目分布在上海、温州和江苏吴江三地。净利润同比增长 213.11%,主要是上海新湖明珠城项目部分房屋交付业主使用,同时致使主营业务收入同比增长 57.26%、毛利率水平同比提高 21.09 个百分点。

## 上柴股份（600841/900920）

上市日期:A: 94/03/11 B: 93/12/28　　电话:021－65745656　　传真:021－65740047

| 主营 | 主要从事柴油机、工程机械、油泵及柴油机配件的生产及销售 | | | |
|---|---|---|---|---|
| | 年　度 | 2006 | 2005 | 2004 |
| 主要指标 | 每股收益/扣除后(元) | 0.027/-0.15 | 0.012 | 0.44/0.466 |
| | 每股经营现金流量(元) | 0.63 | -0.73 | 0.52 |
| | 每股净资产/调整后(元) | 3.74/3.73 | 3.72/3.7 | 3.88/3.87 |
| | 未分利润(万元) | 8108.36 | 9123.06 | 16531.02 |
| | 资本公积(万元) | 71724.75 | 71764.15 | 72337.11 |
| 利润构成 | 主营收入(万元) | 298782.12 | 310912 | 397437.31 |
| | 主营利润(万元) | 44683.83 | 45885.88 | 83646.29 |
| | 投资收益(万元) | 722.74 | -281.32 | 1119.67 |
| | 利润总额(万元) | 1191.89 | 142.68 | 27261.56 |
| | 净利润(万元) | 1284.6 | 587.84 | 21153.45 |
| 近年分配: | 04 年:10 派 1.6 | | | |

| 主要股东及持股比例%、持股性质 |
|---|
| 上海电气集团股份有限公司 50.32% (国有股) |
| DBS VICKERS (HONG KONG) LTD A/C CLIENT 0.56% (流通 B 股) |
| SCBHK A/C CREDIT SUISSE HONG KONG 0.35% (流通 B 股) |
| SCBSH A/C CSFB S/A QINHAN CHINA MASTER FUND (CAYMAN) LTD 0.29% (流通 B 股) |
| GUOTAI JUNAN SECURITIES (HONGKONG) LIMITED 0.27% (流通 B 股) |
| NAITO SECURITIES CO. LTD. 0.26% (流通 B 股) |
| 王家宜 0.24% (流通 B 股) |
| PERSHING LLC 0.22% (流通 B 股) |
| TOYO SECURITIES ASIA LTD. A/C CLIENT 0.21% (流通 B 股) |
| 徐孜文 0.2% (流通 B 股) |
| 实际控制人: 上海电气集团股份有限公司 |

二〇〇六年以来市场表现

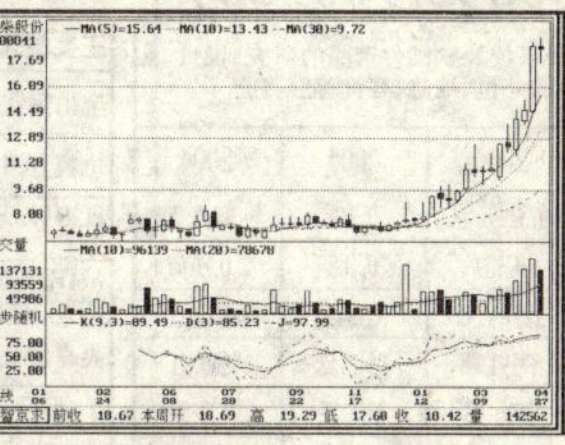


| 2006 年涨跌幅(%) | 34.34 |
|---|---|
| 2006 年最高(元) | 10.51 |
| 2007 年涨跌幅(%) | 137.68 |
| 2007.4.27 收盘(元) | 18.42 |
| 2007 年最高(元) | 19.29 |
| 2007 年最低(元) | 7.4 |
| 2007 年换手率(%) | 607.25 |

未来一年限售流通股解禁情况:

| 最新股本 | 总股本 | 非(限售)流通 | 流通 A | 流通 B/H/S | 股东户数 | 06 年末 | 06 三季 |
|---|---|---|---|---|---|---|---|
| | 48030.93 | 24170.93 | 2160 | 21700 | | 40521 | 41543 |

年报点评：公司主营柴油机的生产和销售,06 年虽然在主营业务收入和主营业务利润微幅下滑的情况下,依靠土地拆迁等获得的营业外收入,净利润同比大幅增长。07 年公司仍将面临行业竞争激烈的现状,培育具有竞争力的产品和技术是当务之急。

## 中西药业（600842）

上市日期:94/03/11　　电话:021－56082188 总机转　　传真:021－56083743

| 主营 | 生产经营医药原料、医药制剂、农药及家庭卫生用药。 | | | |
|---|---|---|---|---|
| | 年　度 | 2006 | 2005 | 2004 |
| 主要指标 | 每股收益/扣除后(元) | 0.022 | 0.017 | -0.356/-0.137 |
| | 每股经营现金流量(元) | -0.082 | -0.019 | 0.0903 |
| | 每股净资产/调整后(元) | 0.82/0.65 | 0.83/0.65 | -2.3/-2.38 |
| | 未分利润(万元) | -12684.66 | -12936.62 | -88130.69 |
| | 资本公积(万元) | 11037.73 | 10775.13 | 15622.94 |
| 利润构成 | 主营收入(万元) | 22002.23 | 23575.09 | 22180.15 |
| | 主营利润(万元) | 9089.45 | 8857.83 | 7592.07 |
| | 投资收益(万元) | -131.58 | -12.4 | -17.59 |
| | 利润总额(万元) | 151.91 | 588.67 | -7649.32 |
| | 净利润(万元) | 480.56 | 374.2 | -7678.43 |
| 近年分配: | | | | |

| 主要股东及持股比例%、持股性质 |
|---|
| 上海医药(集团)有限公司 54.92% (国有股) |
| 上海斯米克电气有限公司 1.7% (非流通股) |
| 上海医药进出口公司 1.42% (非流通股) |
| 上海万馨投资管理有限公司 0.65% (非流通股) |
| 上海岩鑫实业有限公司 0.46% (非流通股) |
| 上海协发金属材料有限公司 0.32% (非流通股) |
| 林福兴 0.26% (流通 A 股) |
| 李朝霞 0.23% (流通 A 股) |
| 林庆中 0.19% (流通 A 股) |
| 车进才 0.18% (流通 A 股) |
| 实际控制人: 中国华源集团有限公司 |

二〇〇六年以来市场表现

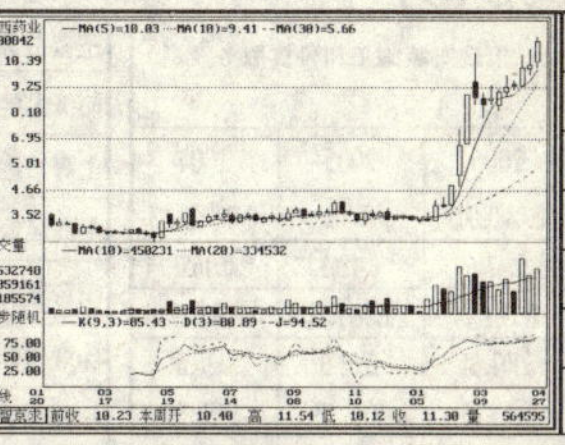


| 2006 年涨跌幅(%) | 3.42 |
|---|---|
| 2006 年最高(元) | 4.18 |
| 2007 年涨跌幅(%) | 239.34 |
| 2007.4.27 收盘(元) | 11.3 |
| 2007 年最高(元) | 11.54 |
| 2007 年最低(元) | 3.18 |
| 2007 年换手率(%) | 591.16 |

未来一年限售流通股解禁情况:10779731 股 01 月 18 日解禁

| 最新股本 | 总股本 | 非(限售)流通 | 流通 A | 流通 B/H/S | 股东户数 | 06 年末 | 06 三季 |
|---|---|---|---|---|---|---|---|
| | 21559.46 | 13136.91 | 8422.55 | | | 25447 | 25581 |

年报点评：公司主营业务是农药和中药制剂。公司 2006 年制药业务基本稳定,制药器械实现较大增长,帮助公司实现扭亏。公司主营产品竞争优势并不明显,内生性增长动力不足。公司作为上海医药集团的子公司,未来有可能被转让。

## 上工申贝(600843/900924)

上市日期:A: 94/03/11 B: 94/01/18　电话:021－68407515　传真:021－63302939

**主营**：缝制设备及零部件、缝纫机专用设备的生产销售,以及技术开发与咨询等。

| | 年　度 | 2006 | 2005 | 2004 |
|---|---|---|---|---|
| 主要指标 | 每股收益/扣除后(元) | 0.011/－0.064 | －0.616 | 0.008/－0.17 |
| | 每股经营现金流量(元) | 0.2596 | 0.0877 | 0.0355 |
| | 每股净资产/调整后(元) | 1.31/1.31 | 1.26/1.17 | 1.91/1.9 |
| | 未分利润(万元) | －25116.11 | －27747.85 | 51.08 |
| | 资本公积(万元) | 39717.73 | 38378.99 | 38361.47 |
| 利润构成 | 主营收入(万元) | 235749.68 | 148265.91 | 99624.67 |
| | 主营利润(万元) | 63467.49 | 26194.76 | 11178.72 |
| | 投资收益(万元) | 1654.51 | 1702.2 | 7425.09 |
| | 利润总额(万元) | 2348.86 | －28908.46 | 2351.11 |
| | 净利润(万元) | 489.31 | －27660.82 | 376.77 |

近年分配:

**主要股东及持股比例%、持股性质**

- 上海市浦东新区国有资产监督管理委员会 24.03%(国有股)
- 上海国际信托投资有限公司 4.88%(非流通股)
- HONOUR FORCE INVESTMENTS LTD. 4.61%(流通 B股)
- 中国东方资产管理公司 3.38%(国有股)
- MAIN FORCE ASSETS LIMITED 2.82%(流通 B股)
- MESABI ASSETS LIMITED 2.69%(流通 B股)
- 上海实业资产管理有限公司(香港) 2.38%(流通 B股)
- 中国长城资产管理公司 2.18%(国有股)
- NORMAL WIN ASSETS LIMITED 1.84%(流通 B股)
- 中国银行上海市分行 1.41%(非流通股)

实际控制人: 上海市浦东新区国有资产监督管理委员会

二〇〇六年以来市场表现

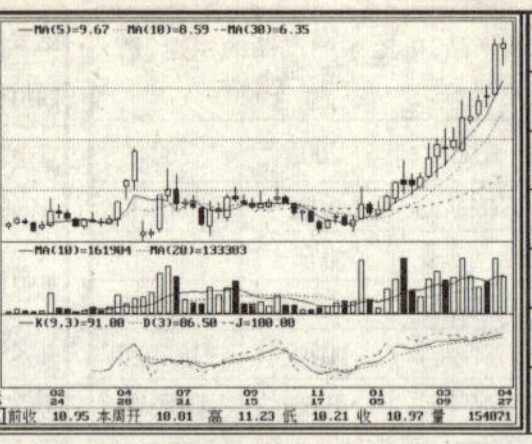

| | |
|---|---|
| 2006 年涨跌幅(%) | 75.58 |
| 2006 年最高(元) | 10.51 |
| 2007 年涨跌幅(%) | 121.17 |
| 2007.4.27 收盘(元) | 10.97 |
| 2007 年最高(元) | 11.23 |
| 2007 年最低(元) | 4.9 |
| 2007 年换手率(%) | 692.63 |

未来一年限售流通股解禁情况:86507713 股 06 月 15 日解禁

| 最新股本 | 总股本 | 非(限售)流通 | 流通 A | 流通 B/H/S | 股东户数 | 06 年末 | 06 三季 |
|---|---|---|---|---|---|---|---|
| | 44888.68 | 17193.34 | 3300.96 | 24394.38 | | 28433 | 29914 |

**年报点评**：公司属缝纫设备机械制造行业,主营生产、销售工业用缝制设备及零部件、缝纫机专用设备、技术开发与咨询。报告期内公司主营业务收入和主营业务利润均出现大幅增长,但由于费用仍旧较高,未摆脱营业利润亏损的局面,公司整体利润水平较低。

## ST 大盈(600844/900921)

上市日期:A: 94/03/11 B: 93/12/28　电话:021－32174886　传真:021－62678507

**主营**：肉禽、肉禽种苗养殖、加工;禽蛋制品、农副产品、饲料加工;农业投资与农业科研技术开发;房地产开发经营。

| | 年　度 | 2006 | 2005 | 2004 |
|---|---|---|---|---|
| 主要指标 | 每股收益/扣除后(元) | 0.201 | 0.009 | －1.291/－1.429 |
| | 每股经营现金流量(元) | 0.57 | 0.542 | 0.602 |
| | 每股净资产/调整后(元) | 0.42/0.32 | 0.26/－0.16 | 0.14/－0.69 |
| | 未分利润(万元) | －42219.47 | －48353.12 | －50589.99 |
| | 资本公积(万元) | 23449.69 | 22766.83 | 19861.83 |
| 利润构成 | 主营收入(万元) | 699.34 | 1263.45 | 4824.43 |
| | 主营利润(万元) | 53.81 | 104.6 | 1247.69 |
| | 投资收益(万元) | －419.56 | －200.81 | －1534.25 |
| | 利润总额(万元) | 4090.78 | －1088.04 | －40429.25 |
| | 净利润(万元) | 6133.65 | 281.63 | －39330.03 |

近年分配:

**主要股东及持股比例%、持股性质**

- 上海轻工控股(集团)公司 27.45%(国有股)
- 上海大盛资产有限公司 23.73%(国有股)
- 上海润勤投资管理咨询有限公司 6.57%(非流通股)
- 钟志华 0.69%(流通 B股)
- 上海摹赓科技投资有限公司 0.66%(非流通股)
- 上海▮享建筑装潢有限公司 0.45%(流通 A股)
- DBS VICKERS(HONG KONG)LTD A/C CLIENT 0.44%(流通 B股)
- 季坚义 0.36%(流通 B股)
- SHENYIN WANGUO NOMINEES(H.K.)LTD 0.3%(流通 B股)
- 蒋平 0.28%(流通 B股)

实际控制人: 上海市国有资产监督管理委员会

二〇〇六年以来市场表现

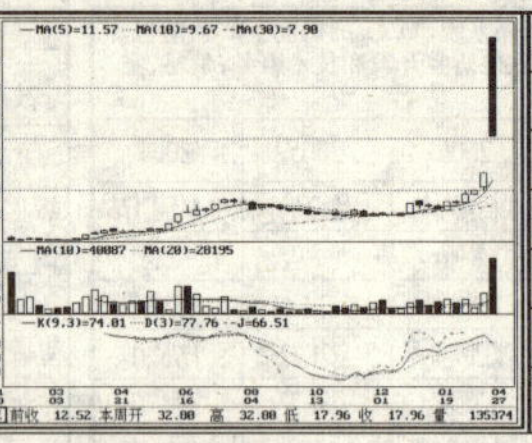

| | |
|---|---|
| 2006 年涨跌幅(%) | 533.33 |
| 2006 年最高(元) | 8.75 |
| 2007 年涨跌幅(%) | 199.72 |
| 2007.4.27 收盘(元) | 17.96 |
| 2007 年最高(元) | 42.64 |
| 2007 年最低(元) | 6.95 |
| 2007 年换手率(%) | 112.54 |

未来一年限售流通股解禁情况:

| 最新股本 | 总股本 | 非(限售)流通 | 流通 A | 流通 B/H/S | 股东户数 | 06 年末 | 06 三季 |
|---|---|---|---|---|---|---|---|
| | 30456.45 | 17998.35 | 2768.43 | 9689.67 | | 21096 | 21836 |

**年报点评**：2006 年公司积极稳定现有主营业务及全力清理关联欠款,取得一定效果。目前肉禽类业务已全部迁至江苏泰州,基本完成了产业布局的调整,带来一定收益,房地产业务的南宁新上海大厦项目已经实现预售收入,拟购买江苏丹化醋酐股权,正在进行中。

## 宝信软件(600845/900926)

上市日期:A: 94/03/11 B: 94/03/15　电话:021－50801155　传真:021－50803294

**主营**：计算机、自动化、网络通讯系统及软硬件产品的研究、设计、开发、制造、集成,及相应的外包、维修、咨询等服务。

| | 年　度 | 2006 | 2005 | 2004 |
|---|---|---|---|---|
| 主要指标 | 每股收益/扣除后(元) | 0.329/0.28 | 0.249 | 0.206/0.206 |
| | 每股经营现金流量(元) | 0.139 | 0.208 | 0.267 |
| | 每股净资产/调整后(元) | 1.97/1.95 | 1.63/1.6 | 1.57/1.55 |
| | 未分利润(万元) | 17194.48 | 9546.52 | 9660.41 |
| | 资本公积(万元) | 2816.83 | 2318.82 | 2120.57 |
| 利润构成 | 主营收入(万元) | 152184.98 | 133682.24 | 131148.82 |
| | 主营利润(万元) | 35727.52 | 29258.2 | 26546.37 |
| | 投资收益(万元) | 1640.24 | 362.88 | 123.47 |
| | 利润总额(万元) | 9290.06 | 7825.59 | 6881.31 |
| | 净利润(万元) | 8635.41 | 6518.61 | 5414.56 |

近年分配: 05 中期:10 派 2

**主要股东及持股比例%、持股性质**

- 宝山钢铁股份有限公司 55.5%(非流通股)
- 申银万国证券股份有限公司 1.07%(非流通股)
- FORTIS BANQUE LUXEMBOURG S.A. 0.92%(流通 B股)
- MTBJ S/A PARTNERS ASSET MANAGEMENT CO LTD 0.69%(流通 B股)
- 吴嘉毅 0.59%(流通 B股)
- 上海电气实业公司 0.53%(非流通股)
- 上海电气(集团)总公司 0.42%(非流通股)
- 邵献军 0.38%(流通 B股)
- 费建民 0.31%(流通 B股)
- 上海机电股份有限公司 0.31%(非流通股)

实际控制人: 宝钢集团有限公司

二〇〇六年以来市场表现

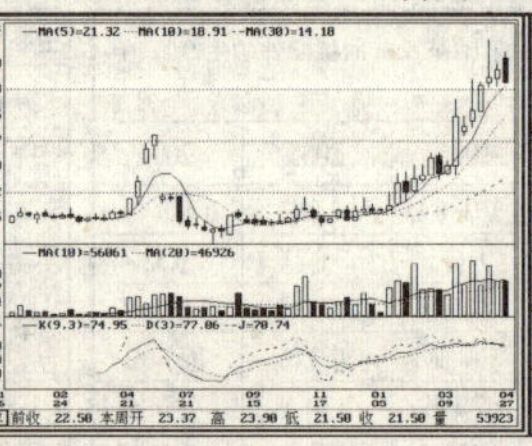

| | |
|---|---|
| 2006 年涨跌幅(%) | 42.98 |
| 2006 年最高(元) | 17.49 |
| 2007 年涨跌幅(%) | 85.03 |
| 2007.4.27 收盘(元) | 21.5 |
| 2007 年最高(元) | 24.98 |
| 2007 年最低(元) | 11.5 |
| 2007 年换手率(%) | 473.5 |

未来一年限售流通股解禁情况:11000000 股 06 月 28 日解禁

| 最新股本 | 总股本 | 非(限售)流通 | 流通 A | 流通 B/H/S | 股东户数 | 06 年末 | 06 三季 |
|---|---|---|---|---|---|---|---|
| | 26224.41 | 15655.61 | 1768.8 | 8800 | | 15045 | 15829 |

**年报点评**：公司主营钢铁行业的信息化业务,是国内最大的钢铁行业信息化提供商。2006 年,公司稳步开拓传统的钢铁行业信息化市场,在非钢铁行业信息化市场也获得了突破,软件外包业务同样获得了持续快速增长。公司目前产业布局合理,业绩有持续增长潜力。

## 同济科技(600846)

上市日期:94/03/11　电话:021－65985860　传真:021－65984903

**主营**：房地产开发、土建技术服务、土建安装施工和科技服务及科技产品开发。

| | 年　度 | 2006 | 2005 | 2004 |
|---|---|---|---|---|
| 主要指标 | 每股收益/扣除后(元) | 0.08/0.005 | 0.102 | 0.08/－0.03 |
| | 每股经营现金流量(元) | 0.4716 | 0.1865 | 0.1652 |
| | 每股净资产/调整后(元) | 1.79/1.74 | 1.78/1.72 | 1.74/1.69 |
| | 未分利润(万元) | 2102.64 | 2202.3 | 3321.54 |
| | 资本公积(万元) | 9587.85 | 9596.18 | 9450.56 |
| 利润构成 | 主营收入(万元) | 90740.03 | 113910.85 | 186685.5 |
| | 主营利润(万元) | 20413.75 | 20153.17 | 17232.1 |
| | 投资收益(万元) | 3195.78 | 3400.13 | 1821.13 |
| | 利润总额(万元) | 8592.03 | 8673.41 | 4960.84 |
| | 净利润(万元) | 2211.33 | 2837.9 | 2211.99 |

近年分配: 06 预案:10 派 0.5;05 年:10 派 0.7;04 年:10 派 0.6

**主要股东及持股比例%、持股性质**

- 同济大学 26.59%(国有股)
- 上海怡达科技投资有限责任公司 4.67%(非流通股)
- 上海晟地集团有限公司 4.6%(非流通股)
- 桓台县唐山资产经营有限公司 1.34%(非流通股)
- 陈彦伟 0.198%(流通 A股)
- 徐秀云 0.14%(流通 A股)
- 梁光玉 0.139%(流通 A股)
- 赵晓敏 0.135%(流通 A股)
- 杭州人人集团有限公司 0.126%(流通 A股)
- 贾韧 0.124%(流通 A股)

实际控制人:

二〇〇六年以来市场表现

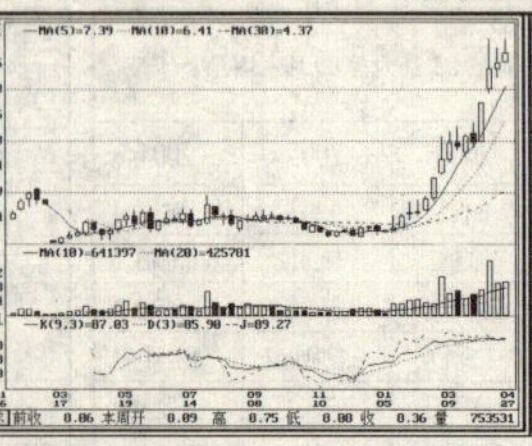

| | |
|---|---|
| 2006 年涨跌幅(%) | 18.86 |
| 2006 年最高(元) | 5.54 |
| 2007 年涨跌幅(%) | 167.09 |
| 2007.4.27 收盘(元) | 8.36 |
| 2007 年最高(元) | 8.8 |
| 2007 年最低(元) | 3.08 |
| 2007 年换手率(%) | 408.07 |

未来一年限售流通股解禁情况:13904487 股 03 月 10 日解禁

| 最新股本 | 总股本 | 非(限售)流通 | 流通 A | 流通 B/H/S | 股东户数 | 06 年末 | 06 三季 |
|---|---|---|---|---|---|---|---|
| | 27808.97 | 10345.18 | 17463.79 | | | 67819 | 71871 |

**年报点评**：公司目前房地产开发以商务办公及普通住宅为重点,土地增值税清算对公司 2006 年的利润没有影响。报告期内转让山东同济万鑫集团有限公司 58.8% 股权,是 2006 年主营业务收入大幅下降、净利润同比下降 22.08% 的主要原因。

## ST 渝万里（600847）

上市日期:94/03/24

电话:023－62599378　　传真:023－62591155

**主营**：生产和销售铅蓄电池及零部件

| | 年　度 | 2006 | 2005 | 2004 |
|---|---|---|---|---|
| 主要指标 | 每股收益/扣除后(元) | 0.08/－0.2 | －0.25 | 0.013/－0.11 |
| | 每股经营现金流量(元) | 0.106 | 0.014 | 0.312 |
| | 每股净资产/调整后(元) | 0.33/0.33 | 0.3/0.3 | 0.55/0.54 |
| | 未分利润(万元) | －5912.86 | －6592.67 | －9035.33 |
| | 资本公积(万元) | | | 4336.59 |
| 利润构成 | 主营收入(万元) | 11703.04 | 10585.81 | 11967.16 |
| | 主营利润(万元) | 890.91 | 839.05 | 1287.95 |
| | 投资收益(万元) | | | 41.1 |
| | 利润总额(万元) | 679.87 | －2241.98 | 119.54 |
| | 净利润(万元) | 679.82 | －2241.98 | 119.54 |

近年分配:

**主要股东及持股比例%、持股性质**

- 深圳市南方同正投资有限公司 23.33%（非流通股）
- 重庆机电控股(集团)公司 18.63%（国有股）
- 上海步欣工贸有限公司 1.79%（非流通股）
- 海口君安药业有限公司 1.3%（流通 A 股）
- 张龙杰 1.21%（流通 A 股）
- 周翠华 1.13%（流通 A 股）
- 何晓林 0.87%（流通 A 股）
- 邱世海 0.8%（流通 A 股）
- 李万寿 0.74%（流通 A 股）
- 邓桂芳 0.62%（流通 A 股）

实际控制人：深圳市南方同正投资有限公司

二〇〇六年以来市场表现

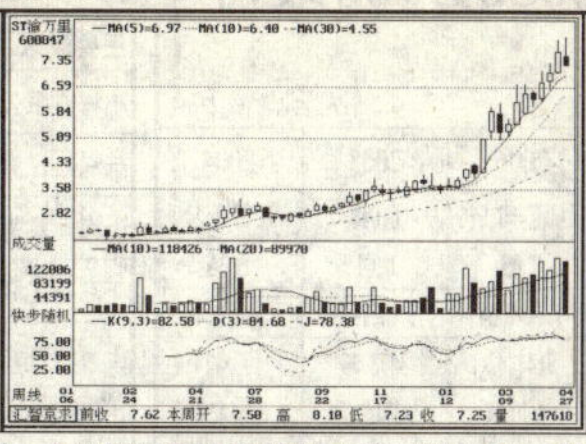

| | |
|---|---|
| 2006 年涨跌幅(%) | 100 |
| 2006 年最高(元) | 5.08 |
| 2007 年涨跌幅(%) | 101.39 |
| 2007.4.27 收盘(元) | 7.25 |
| 2007 年最高(元) | 8.1 |
| 2007 年最低(元) | 3.44 |
| 2007 年换手率(%) | 321.39 |

未来一年限售流通股解禁情况:1590909 股 06 月 30 日解禁

| 最新股本 | 总股本 | 非(限售)流通 | 流通 A | 流通 B/H/S | 股东户数 | 06 年末 | 06 三季 |
|---|---|---|---|---|---|---|---|
| | 8866 | 3878.85 | 4987.15 | | | 6630 | 7388 |

**年报点评**：公司主营铅酸蓄电池的生产和销售。2006 年受国内汽车市场转暖的影响，公司主营业务收入小幅增长。2007 年预计国内汽车市场继续向好，公司主营收入可望同步增长。不过公司主业单一，抵御行业周期波动的能力较差。

## ST 自仪（600848/900928）

上市日期:A: 94/03/24 B: 94/04/29

电话:021－54260980　　传真:021－62801680

**主营**：自动化控制系统和自动化仪表及其相关的机电产品、元器件、仪表成套装置、仪器仪表元器件、工艺配套件、技术服务与咨询及投资兴办公司。

| | 年　度 | 2006 | 2005 | 2004 |
|---|---|---|---|---|
| 主要指标 | 每股收益/扣除后(元) | 0.015/0.015 | 0.014 | 0.02/－0.037 |
| | 每股经营现金流量(元) | 0.01 | 0.1 | 0.08 |
| | 每股净资产/调整后(元) | 0.35/0.31 | 0.33/0.3 | 0.31/0.28 |
| | 未分利润(万元) | －50999.33 | －51570.08 | －52094.62 |
| | 资本公积(万元) | 22542.03 | 22236.61 | 22196.91 |
| 利润构成 | 主营收入(万元) | 91251.37 | 76277.12 | 67749.89 |
| | 主营利润(万元) | 15498.92 | 15965.31 | 16844.23 |
| | 投资收益(万元) | 1015 | 1062.19 | 1100.95 |
| | 利润总额(万元) | 572.87 | 763.28 | 953.38 |
| | 净利润(万元) | 597.94 | 553.83 | 801.23 |

近年分配:

**主要股东及持股比例%、持股性质**

- 上海电气(集团)总公司 26.39%（国有股）
- 中国华融资产管理公司 9.27%（国有股）
- 上海国际信托投资有限公司 8.48%（国有股）
- 中国东方资产管理公司 8.08%（国有股）
- 中国长城资产管理公司 4.39%（国有股）
- 申银万国证券股份有限公司 2.69%（非流通股）
- 上海交大企业管理中心 0.83%（非流通股）
- 沈家珊 0.54%（流通 B 股）
- 中国信达资产管理公司 0.5%（国有股）
- 孙惠芳 0.37%（流通 B 股）

实际控制人：上海市国有资产监督管理委员会

二〇〇六年以来市场表现

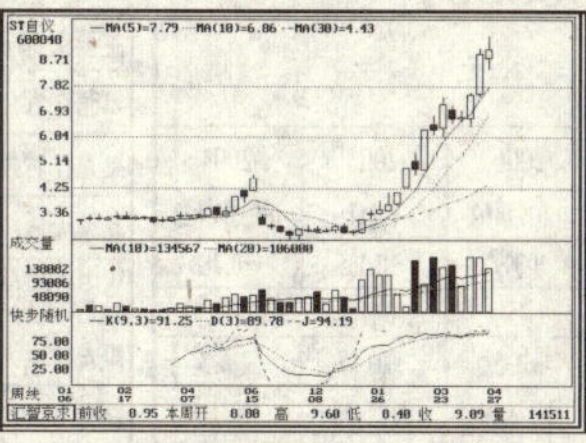

| | |
|---|---|
| 2006 年涨跌幅(%) | 29.59 |
| 2006 年最高(元) | 4.83 |
| 2007 年涨跌幅(%) | 237.92 |
| 2007.4.27 收盘(元) | 9.09 |
| 2007 年最高(元) | 9.6 |
| 2007 年最低(元) | 2.6 |
| 2007 年换手率(%) | 389.73 |

未来一年限售流通股解禁情况:94735196 股 10 月 26 日解禁

| 最新股本 | 总股本 | 非(限售)流通 | 流通 A | 流通 B/H/S | 股东户数 | 06 年末 | 06 三季 |
|---|---|---|---|---|---|---|---|
| | 39928.69 | 24331.37 | 4882.77 | 10714.55 | | 28237 | 29133 |

**年报点评**：公司主营自动控制系统和自动化仪表，2006 年在业务形态、经营运行等方面有了较大转变，业绩实现小幅增长。公司计划“十一五”期间实现翻番，业务从单机生产，到集生产与服务为一体，既有仪表和系统，又有仪控总成，再加上运行服务的业务状态。

## 上海医药（600849）

上市日期:94/03/24

电话:021－52588888　　传真:021－52586299

**主营**：现代生物医药、药品制剂、化学药物、天然药物、中成药和营养保健品，以及由国家经贸委批准的 13 大类进出口业务范围的各项生产经营。

| | 年　度 | 2006 | 2005 | 2004 |
|---|---|---|---|---|
| 主要指标 | 每股收益/扣除后(元) | 0.145 | 0.11 | 0.2/0.1 |
| | 每股经营现金流量(元) | 1.23 | 0.15 | 0.15 |
| | 每股净资产/调整后(元) | 3.7/3.53 | 3.64/3.47 | 3.72/3.46 |
| | 未分利润(万元) | 30110.28 | 25568.62 | 28673.09 |
| | 资本公积(万元) | 67912.96 | 67881.87 | 67237.41 |
| 利润构成 | 主营收入(万元) | 1141029.87 | 1069934.09 | 1081495.01 |
| | 主营利润(万元) | 77949.91 | 68624.28 | 99853.11 |
| | 投资收益(万元) | 348.97 | －690.6 | 4392.7 |
| | 利润总额(万元) | 10147.38 | 9872.36 | 19080 |
| | 净利润(万元) | 6871.04 | 5052.33 | 9313.54 |

近年分配：06 预案:10 转增 2；05 年:10 派 0.25；04 年:10 派 0.8

**主要股东及持股比例%、持股性质**

- 上海市医药(集团)有限公司 39.69%（国有股）
- 中国工商银行－广发策略优选混合型证券投资基金 2.69%（流通 A 股）
- 中国工商银行－易方达价值精选股票型证券投资基金 1.66%（流通 A 股）
- 全国社保基金－零四组合 1.54%（流通 A 股）
- 中国建设银行－华夏优势增长股票型证券投资基金 1.33%（流通 A 股）
- 中国工商银行－博时精选股票证券投资基金 1.14%（流通 A 股）
- 中国银行－嘉实服务增值行业证券投资基金 1.05%（流通 A 股）
- 中国工商银行－广发聚富开放式证券投资基金 1.05%（流通 A 股）
- 全国社保基金一零二组合 0.92%（流通 A 股）
- 兴业银行股份有限公司－万家和谐增长混合型证券投资基金 0.82%（流通 A 股）

实际控制人：上海市医药(集团)有限公司

二〇〇六年以来市场表现

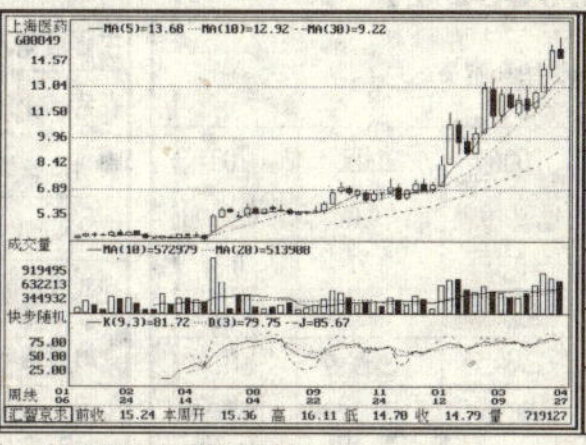

| | |
|---|---|
| 2006 年涨跌幅(%) | 77.37 |
| 2006 年最高(元) | 7.61 |
| 2007 年涨跌幅(%) | 117.18 |
| 2007.4.27 收盘(元) | 14.79 |
| 2007 年最高(元) | 16.11 |
| 2007 年最低(元) | 6.67 |
| 2007 年换手率(%) | 314.57 |

未来一年限售流通股解禁情况:

| 最新股本 | 总股本 | 非(限售)流通 | 流通 A | 流通 B/H/S | 股东户数 | 06 年末 | 06 三季 |
|---|---|---|---|---|---|---|---|
| | 47431.07 | 18824.81 | 28606.26 | | | 39743 | 42309 |

**年报点评**：公司是医药流通企业区域龙头。公司以分销为核心业务，是中国规模最大、网络最广的医药流通企业之一。获得全国性麻醉药品和第一类精神药品定点批发企业资格。公司控股股东可能变成华润集团，未来集团内部重组的可能性较大。

## 华东电脑（600850）

上市日期:94/03/24

电话:021－64362789　　传真:021－64700357

**主营**：计算机、电子及通信设备、系统集成、网络工程、软件开发及软件工程和电子工程设计与施工。

| | 年　度 | 2006 | 2005 | 2004 |
|---|---|---|---|---|
| 主要指标 | 每股收益/扣除后(元) | 0.041/0.042 | 0.033 | 0.02/0.051 |
| | 每股经营现金流量(元) | 0.0834 | 0.1891 | 0.443 |
| | 每股净资产/调整后(元) | 1.27/1.09 | 1.23/0.9 | 1.2/1.05 |
| | 未分利润(万元) | －69.75 | －716.78 | －1266.08 |
| | 资本公积(万元) | 2794.54 | 2928.12 | 2943.68 |
| 利润构成 | 主营收入(万元) | 120355.44 | 107585.95 | 94379.14 |
| | 主营利润(万元) | 14741.54 | 14112.6 | 13079.21 |
| | 投资收益(万元) | 624.6 | 86.61 | －305.06 |
| | 利润总额(万元) | 2048.69 | 1756.58 | 1035.13 |
| | 净利润(万元) | 706.98 | 563.09 | 346.06 |

近年分配:

**主要股东及持股比例%、持股性质**

- 华东计算技术研究所 45.32%（国有股）
- 建行上海第二营业部 3.78%（非流通股）
- 国家持股(信息产业部) 2.39%（国有股）
- 上海华兴贸易公司 2.08%（非流通股）
- 万科财务顾问有限公司 1.89%（非流通股）
- 上海亿安科技发展有限公司 1.7%（非流通股）
- 中国信达信托投资公司 1.42%（非流通股）
- 北京仁达国际信息工程有限公司 0.95%（非流通股）
- 上海铭声电子科技有限公司 0.75%（非流通股）
- 徐云华 0.32%（流通 A 股）

实际控制人：国务院国有资产监督管理委员会

二〇〇六年以来市场表现

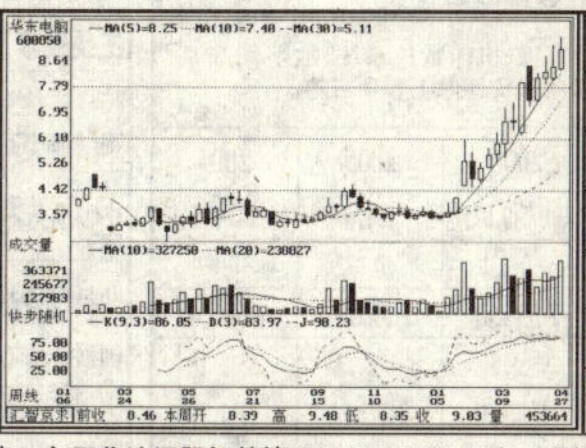

| | |
|---|---|
| 2006 年涨跌幅(%) | 21.16 |
| 2006 年最高(元) | 6.14 |
| 2007 年涨跌幅(%) | 158.74 |
| 2007.4.27 收盘(元) | 9.03 |
| 2007 年最高(元) | 9.48 |
| 2007 年最低(元) | 3.44 |
| 2007 年换手率(%) | 536.59 |

未来一年限售流通股解禁情况:8551575 股 03 月 06 日解禁

| 最新股本 | 总股本 | 非(限售)流通 | 流通 A | 流通 B/H/S | 股东户数 | 06 年末 | 06 三季 |
|---|---|---|---|---|---|---|---|
| | 17103.15 | 10590.75 | 6512.4 | | | 17612 | 19369 |

**年报点评**：公司主营计算机高端产品销售和服务、智能建筑和软件开发三大核心业务。2006 年，公司以政府、金融、医疗行业为切入点，继续扩大在上述行业的市场优势。尽管坏账计提比例提高，业绩仍获得稳健增长。公司计划进入嵌入式软件开发领域，前景值得期待。

## 海欣股份（600851/900917）

上市日期：A：94/04/04 B：93/12/08　　电话：021－63917000　　传真：021－63917678

| | | | | |
|---|---|---|---|---|
| 主营 | 长毛绒产品的生产加工和销售。 | | | |
| | 年　度 | 2006 | 2005 | 2004 |
| 主要指标 | 每股收益/扣除后(元) | 0.003/－0.016 | 0.048 | 0.27/0.24 |
| | 每股经营现金流量(元) | 0.03 | 0.01 | 0.36 |
| | 每股净资产/调整后(元) | 1.66/1.64 | 1.69/1.68 | 3.48/3.46 |
| | 未分利润(万元) | 7141.43 | 3478.99 | 1938.14 |
| | 资本公积(万元) | 43770.06 | 43716.68 | 87684.91 |
| 利润构成 | 主营收入(万元) | 186368.11 | 190296.81 | 193356.11 |
| | 主营利润(万元) | 27951.53 | 33319.79 | 44230.8 |
| | 投资收益(万元) | 3243.6 | 2213.6 | 1969.19 |
| | 利润总额(万元) | －1966.97 | 6698.3 | 21622.61 |
| | 净利润(万元) | 365.52 | 5750.55 | 16223.33 |
| 近年分配： | 05 年：10 派 0.2；04 年：10 派 1 送 3 转增 7 | | | |

| 主要股东及持股比例%、持股性质 |
|---|
| 申海有限公司 8.68%（部分流通部分不流通） |
| 上海松江洞泾工业公司 8.5%（非流通股） |
| 上海玩具进出口有限公司 4.91%（国有股） |
| 上海新工联(集团)有限公司 3.34%（非流通股） |
| 上海松江经济技术开发建设总公司 2.61%（国有股） |
| 上海华豪投资管理有限公司 1.63%（非流通股） |
| 裕礼发展有限公司 0.78%（外资股） |
| NAITO SECURITIES CO. LTD. 0.76%（流通 B 股） |
| 上海高速广告有限公司 0.62%（流通 A 股） |
| 上海茂祥投资咨询有限公司 0.45%（流通 A 股） |
| 实际控制人：上海新工联(集团)有限公司 |

二〇〇六年以来市场表现

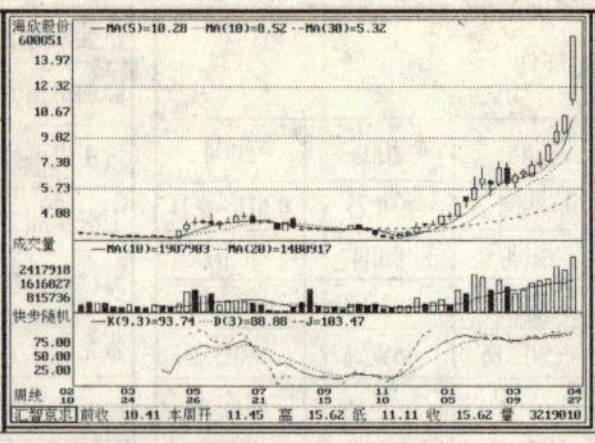

| | |
|---|---|
| 2006 年涨跌幅(%) | 53.15 |
| 2006 年最高(元) | 5.48 |
| 2007 年涨跌幅(%) | 301.54 |
| 2007.4.27 收盘(元) | 15.62 |
| 2007 年最高(元) | 15.62 |
| 2007 年最低(元) | 3.71 |
| 2007 年换手率(%) | 522.37 |

未来一年限售流通股解禁情况：159932297 股 02 月 09 日解禁

| 最新股本 | 总股本 | 非(限售)流通 | 流通 A | 流通 B/H/S | 股东户数 | 06 年末 | 06 三季 |
|---|---|---|---|---|---|---|---|
| | 120705.67 | 31948.72 | 48491.24 | 40265.71 | | 43641 | 45015 |

年报点评：公司主营纺织面料、服装、长毛绒玩具以及医药等，2006 年面临人民币升值、原辅材料价格上涨、人工成本上升等压力，公司产品盈利能力下降，销售状况没有好转，2006 年销售收入、利润等同比均有下降。07 年公司将加强奥运福娃产品的生产管理。

## 龙建股份（600853）

上市日期：94/04/04　　电话：0451－82281860　　传真：0451－82281253

| | | | | |
|---|---|---|---|---|
| 主营 | 公路桥梁施工建设。 | | | |
| | 年　度 | 2006 | 2005 | 2004 |
| 主要指标 | 每股收益/扣除后(元) | 0.029/0.02 | 0.017 | 0.033/0.023 |
| | 每股经营现金流量(元) | 0.099 | －0.135 | －0.188 |
| | 每股净资产/调整后(元) | 1.45/1 | 1.69/1.44 | 1.66/1.52 |
| | 未分利润(万元) | 4661.52 | 3009.08 | 2276.34 |
| | 资本公积(万元) | 20178.04 | 30456.18 | 30021.5 |
| 利润构成 | 主营收入(万元) | 239615.87 | 267123.62 | 248424.86 |
| | 主营利润(万元) | 16529.01 | 17404.95 | 20141.88 |
| | 投资收益(万元) | －55.13 | －53.94 | －53.94 |
| | 利润总额(万元) | 2822.89 | 1559.58 | 3466.17 |
| | 净利润(万元) | 1843.81 | 894.46 | 1770.89 |
| 近年分配： | | | | |

| 主要股东及持股比例%、持股性质 |
|---|
| 黑龙江省公路桥梁建设集团有限公司 32.87%（国有股） |
| 黑龙江省投资总公司 21.39%（国有股） |
| 北京大地广告艺术公司 1.53%（非流通股） |
| 中国第一汽车集团公司第一汽车制造厂 0.38%（非流通股） |
| 黑龙江电力有限公司 0.38%（非流通股） |
| 逄梅 0.36%（流通 A 股） |
| 上海万馨投资管理有限公司 0.32%（非流通股） |
| 上海千里投资管理有限公司 0.24%（非流通股） |
| 宁波市海曙天龙农林技术开发有限公司 0.21%（非流通股） |
| 南通中元实业有限公司 0.19%（非流通股） |
| 实际控制人：黑龙江省人民政府国有资产监督管理委员会 |

二〇〇六年以来市场表现

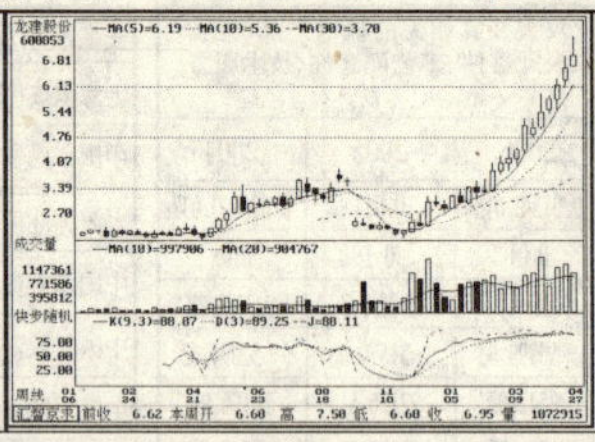

| | |
|---|---|
| 2006 年涨跌幅(%) | 114.09 |
| 2006 年最高(元) | 5.09 |
| 2007 年涨跌幅(%) | 143.86 |
| 2007.4.27 收盘(元) | 6.95 |
| 2007 年最高(元) | 7.5 |
| 2007 年最低(元) | 2.85 |
| 2007 年换手率(%) | 553 |

未来一年限售流通股解禁情况：88523602 股 10 月 13 日解禁

| 最新股本 | 总股本 | 非(限售)流通 | 流通 A | 流通 B/H/S | 股东户数 | 06 年末 | 06 三季 |
|---|---|---|---|---|---|---|---|
| | 63113.6 | 36784 | 26329.6 | | | 49984 | 41630 |

年报点评：公司主营公路工程承包，具有国家公路工程施工总承包特级资质和对外经营资质。全公司共计中标总金额 22.53 亿元，国内分布在东北三省等 7 个省份；国外 1.23 亿元，分布在印度、苏丹、埃塞俄比亚三个国家。预计公司 2007 年业务仍能保持稳定增长。

## ＊ST 春兰（600854）

上市日期：94/04/25　　电话：0523－6217958　　传真：0523－6219729

| | | | | |
|---|---|---|---|---|
| 主营 | 生产、销售空调器及洗涤机械和贸易。 | | | |
| | 年　度 | 2006 | 2005 | 2004 |
| 主要指标 | 每股收益/扣除后(元) | －0.38/－0.38 | －0.05 | 0.015/0.015 |
| | 每股经营现金流量(元) | －0.35 | 0.27 | 0.34 |
| | 每股净资产/调整后(元) | 5.35/5.35 | 5.74/5.74 | 5.8/5.8 |
| | 未分利润(万元) | －22459.59 | －2558.99 | 644.49 |
| | 资本公积(万元) | 153502.58 | 153890.67 | 153890.67 |
| 利润构成 | 主营收入(万元) | 222014.98 | 322393.71 | 322584.38 |
| | 主营利润(万元) | 47339.39 | 51474.38 | 54077.17 |
| | 投资收益(万元) | －814 | －1663.25 | －1925.05 |
| | 利润总额(万元) | －20362.79 | －2417.43 | 1660.49 |
| | 净利润(万元) | －19899.2 | －2595.23 | 795.73 |
| 近年分配： | 04 年：10 派 0.1 | | | |

| 主要股东及持股比例%、持股性质 |
|---|
| 春兰(集团)公司 24.92%（非流通股） |
| 泰州市城市建设投资集团有限公司 11.99%（非流通股） |
| BERNIE INDUSTRIAL LIMITED 11.64%（外资股） |
| 江苏百乐电热电器有限公司 1.53%（流通 A 股） |
| 上海杉遍电气安装有限公司 0.64%（流通 A 股） |
| 泰州春兰特种空调器厂 0.42%（非流通股） |
| 泰州春兰销售公司 0.28%（非流通股） |
| 樊筠 0.25%（流通 A 股） |
| 安俊红 0.24%（流通 A 股） |
| 胡平 0.2%（流通 A 股） |
| 实际控制人：春兰(集团)公司 |

二〇〇六年以来市场表现

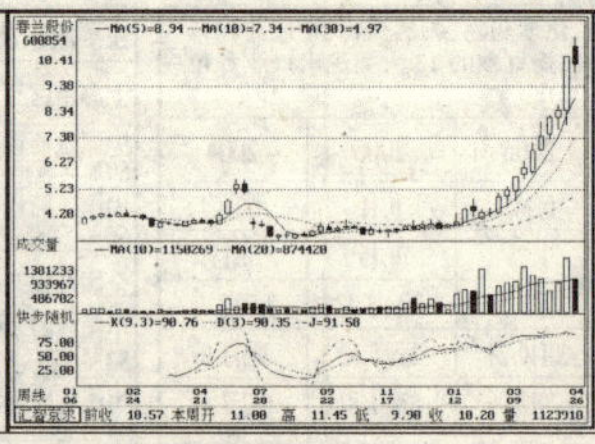

| | |
|---|---|
| 2006 年涨跌幅(%) | 26.75 |
| 2006 年最高(元) | 5.62 |
| 2007 年涨跌幅(%) | 181.64 |
| 2007.4.27 收盘(元) | 10.28 |
| 2007 年最高(元) | 11.45 |
| 2007 年最低(元) | 3.65 |
| 2007 年换手率(%) | 599.89 |

未来一年限售流通股解禁情况：

| 最新股本 | 总股本 | 非(限售)流通 | 流通 A | 流通 B/H/S | 股东户数 | 06 年末 | 06 三季 |
|---|---|---|---|---|---|---|---|
| | 51945.85 | 25579.69 | 26366.17 | | | 58487 | 63086 |

年报点评：公司主营空调器。空调需求增长推动公司主营稳健增长，但铜、铝等有色金属价格在高位徘徊，公司经营压力仍然存在。公司通过加快产品的升级换代，开拓高节能型和多功能的高端产品，使 2006 年产品单价明显上升，实现了盈利较快速度增长。

## 航天长峰（600855）

上市日期：94/04/25　　电话：010－88219815　　传真：010－88525775

| | | | | |
|---|---|---|---|---|
| 主营 | 加固型计算机、嵌入式计算机、机床数控系统、数字伺服系统以及制药机械、医疗器械以及环保工程项目等。 | | | |
| | 年　度 | 2006 | 2005 | 2004 |
| 主要指标 | 每股收益/扣除后(元) | 0.075/0.075 | 0.116 | 0.144/0.141 |
| | 每股经营现金流量(元) | －0.131 | －0.032 | －0.091 |
| | 每股净资产/调整后(元) | 2.03/2.01 | 2.55/2.54 | 1.63/1.62 |
| | 未分利润(万元) | 9855.81 | 8069.21 | 5819.18 |
| | 资本公积(万元) | 17409.4 | 24375.24 | 2161.79 |
| 利润构成 | 主营收入(万元) | 32214.53 | 23955.76 | 23864.16 |
| | 主营利润(万元) | 9340.89 | 8605.58 | 8316.57 |
| | 投资收益(万元) | －72.02 | －128.58 | －118.8 |
| | 利润总额(万元) | 2480.64 | 3193.52 | 2502.58 |
| | 净利润(万元) | 2196.89 | 2616.97 | 2307.49 |
| 近年分配： | 06 预案：10 派 0.25 | | | |

| 主要股东及持股比例%、持股性质 |
|---|
| 长峰科技工业集团公司 19.617%（国有股） |
| 中国航天科工集团第二研究院二〇四所 3.501%（国有股） |
| 中国航天科工集团第二研究院二〇六所 3.173%（国有股） |
| 北京市南郊农场旧宫分场 2.814%（非流通股） |
| 国联证券有限责任公司 2.095%（流通 A 股） |
| 中国航天科工集团第二研究院七〇六所 1.532%（国有股） |
| 中国汽车工业投资开发公司 1.256%（非流通股） |
| 北京北方泰格投资有限公司 0.942%（部分流通部分不流通） |
| 中国工商银行－同盛证券投资基金 0.923%（流通 A 股） |
| 国联证券有限责任公司 0.734%（流通 A 股） |
| 实际控制人：中国航天科工集团第二研究院 |

二〇〇六年以来市场表现

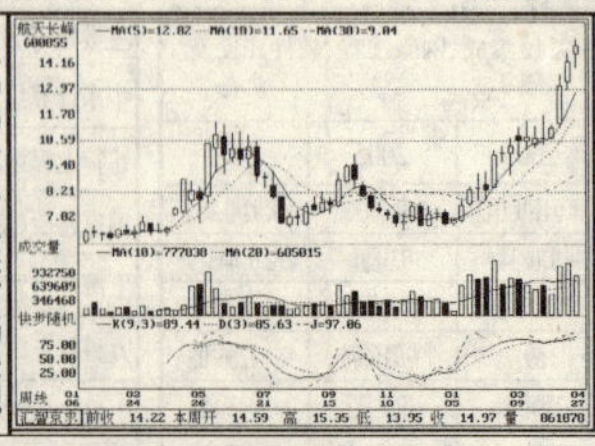

| | |
|---|---|
| 2006 年涨跌幅(%) | 78.75 |
| 2006 年最高(元) | 18.02 |
| 2007 年涨跌幅(%) | 122.77 |
| 2007.4.27 收盘(元) | 14.97 |
| 2007 年最高(元) | 15.35 |
| 2007 年最低(元) | 6.61 |
| 2007 年换手率(%) | 662.07 |

未来一年限售流通股解禁情况：49692000 股 05 月 18 日解禁

| 最新股本 | 总股本 | 非(限售)流通 | 流通 A | 流通 B/H/S | 股东户数 | 06 年末 | 06 三季 |
|---|---|---|---|---|---|---|---|
| | 29260.4 | 10709.1 | 18551.3 | | | 30811 | 17768 |

年报点评：公司主营专用计算机和光电产品，2006 年在产业调整、市场开拓、产品研发等方面取得了较好成绩，经营规模有较大幅度增长。2007 年公司经营目标是继续打造一个以军品项目为平台，以医疗器械、数控机电设备两大产业为龙头的军民结合的产业结构。

## 长百集团（600856）

上市日期:94/04/25　　电话:0431－88965414　　传真:0431－88920704

| | | | | |
|---|---|---|---|---|
| 主营 | 商业零售批发 | | | |
| | 年　度 | 2006 | 2005 | 2004 |
| 主要指标 | 每股收益/扣除后(元) | －0.703/0.009 | 0.023 | 0.022/0.016 |
| | 每股经营现金流量(元) | 0.19 | 0.42 | 0.23 |
| | 每股净资产/调整后(元) | 0.76/0.53 | 1.89/1.71 | 1.87/1.47 |
| | 未分利润(万元) | －17427.14 | －925.21 | －1754.11 |
| | 资本公积(万元) | 8809.58 | 14133.28 | 14166.97 |
| 利润构成 | 主营收入(万元) | 24301.65 | 24722.27 | 22236.98 |
| | 主营利润(万元) | 6606.87 | 7687.57 | 8665.01 |
| | 投资收益(万元) | －4.23 | －139.31 | －91.05 |
| | 利润总额(万元) | －16368.6 | 461.78 | 531.24 |
| | 净利润(万元) | －16501.93 | 424.68 | 403.51 |
| 近年分配: | | | | |

| 主要股东及持股比例%、持股性质 | |
|---|---|
| 上海合涌源企业发展有限公司 11.92%（非流通股） | |
| 上海合涌源投资有限公司 10.65%（非流通股） | |
| 中国平安保险(集团)股份有限公司 2.98%（非流通股） | |
| 吉林省开源实业发展有限责任公司 2.74%（非流通股） | |
| 长春净月潭旅游经济开发区管理委员会 1.65%（国有股） | |
| 长春市东方工贸有限责任公司 1.19%（非流通股） | |
| 深圳市泰阳网电子商务咨询服务有限公司 0.6%（非流通股） | |
| 深圳南山风险投资基金公司 0.6%（非流通股） | |
| 姬少文 0.53%（流通A股） | |
| 万科企业股份有限公司 0.48%（非流通股） | |
| 实际控制人: | 李美珍 |

二〇〇六年以来市场表现

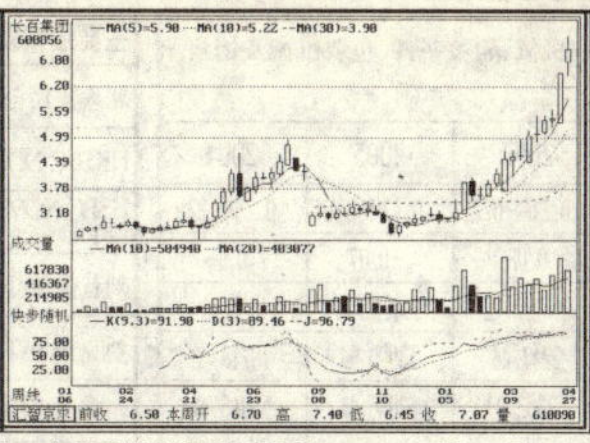


| | |
|---|---|
| 2006年涨跌幅(%) | 84.7 |
| 2006年最高(元) | 5.54 |
| 2007年涨跌幅(%) | 130.29 |
| 2007.4.27收盘(元) | 7.07 |
| 2007年最高(元) | 7.4 |
| 2007年最低(元) | 2.98 |
| 2007年换手率(%) | 506.08 |

未来一年限售流通股解禁情况:43822880股08月31日解禁

| 最新股本 | 总股本 | 非(限售)流通 | 流通A | 流通B/H/S | 股东户数 | 06年末 | 06三季 |
|---|---|---|---|---|---|---|---|
| | 23483.16 | 9682.29 | 13800.87 | | | 26791 | 26235 |

年报点评：2006年是公司的调整年，在对卖场进行基建改造的同时推进招商的升级工作，公司的主业保持了相对稳定的发展。但公司处理长百影城购物中心项目投资对公司资产及利润造成了负面影响。净资产同比下降近50%，并巨额亏损。

## 工大首创（600857）

上市日期:94/04/25　　电话:0574－87347621　　传真:0574－87367996

| | | | | |
|---|---|---|---|---|
| 主营 | 商业和旅游饮食服务；计算机软、硬件开发和销售，及系统集成。 | | | |
| | 年　度 | 2006 | 2005 | 2004 |
| 主要指标 | 每股收益/扣除后(元) | 0.02/0.01 | 0.02 | 0.011/0.012 |
| | 每股经营现金流量(元) | 0.22 | 0.13 | 0.34 |
| | 每股净资产/调整后(元) | 1.68/1.67 | 1.85/1.83 | 1.86/1.84 |
| | 未分利润(万元) | 2617.62 | 2233.49 | 2708.33 |
| | 资本公积(万元) | 6570.94 | 8135.35 | 7874.96 |
| 利润构成 | 主营收入(万元) | 73268.02 | 77886.6 | 71839.26 |
| | 主营利润(万元) | 8150.83 | 8763.21 | 10049.79 |
| | 投资收益(万元) | －145.79 | －439.78 | －1785.4 |
| | 利润总额(万元) | 738.08 | 681.55 | 560.61 |
| | 净利润(万元) | 481.1 | 451.34 | 220.15 |
| 近年分配: | | | | |

| 主要股东及持股比例%、持股性质 | |
|---|---|
| 哈尔滨工业大学八达集团公司 15.69%（国有股） | |
| 北京首创科技投资有限公司 8.57%（国有股） | |
| 中国石化镇海炼油化工股份有限公司 4.01%（非流通股） | |
| 宁波联合集团股份有限公司 3.27%（非流通股） | |
| 中国百货纺织品公司 2.47%（非流通股） | |
| 宁波金港信托投资有限责任公司 2.47%（非流通股） | |
| 王静娟 2.03%（流通A股） | |
| 交通银行宁波分行 1.36%（非流通股） | |
| 浙江泰丰控股集团有限公司 1.23%（非流通股） | |
| 宁波中洲(集团)公司 0.62%（非流通股） | |
| 实际控制人: | 哈尔滨工业大学 |

二〇〇六年以来市场表现

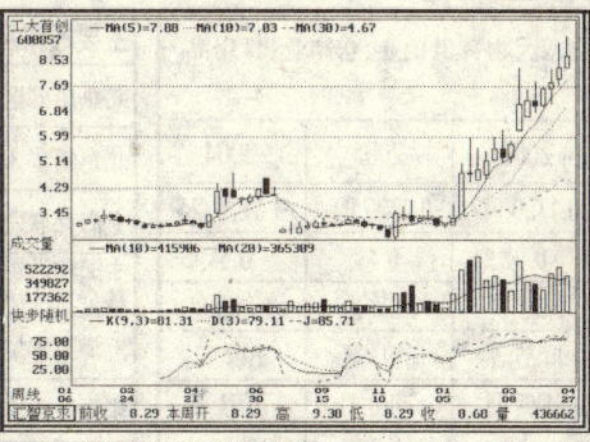


| | |
|---|---|
| 2006年涨跌幅(%) | 36.35 |
| 2006年最高(元) | 5.24 |
| 2007年涨跌幅(%) | 185.53 |
| 2007.4.27收盘(元) | 8.68 |
| 2007年最高(元) | 9.38 |
| 2007年最低(元) | 2.95 |
| 2007年换手率(%) | 540.2 |

未来一年限售流通股解禁情况:56925158股08月11日解禁

| 最新股本 | 总股本 | 非(限售)流通 | 流通A | 流通B/H/S | 股东户数 | 06年末 | 06三季 |
|---|---|---|---|---|---|---|---|
| | 22431.99 | 10078.3 | 12353.69 | | | 29057 | 30838 |

年报点评：公司主营系统集成和商业。2006年，软件业务市场竞争加剧导致收入有较大下滑，而税控收款机等研发项目的投入和销售前期投入加大，导致成本加大和利润下滑。传统商业部分保持了稳定发展态势，推动公司整体盈利平稳增长。

## 银座股份（600858）

上市日期:94/05/06　　电话:0531－83175518　　传真:0531－86966666

| | | | | |
|---|---|---|---|---|
| 主营 | 热电供应、酒店、建材、广告、娱乐服务等。 | | | |
| | 年　度 | 2006 | 2005 | 2004 |
| 主要指标 | 每股收益/扣除后(元) | 0.496/0.472 | 0.369/0.376 | 0.183/0.163 |
| | 每股经营现金流量(元) | 1.6579 | 0.6801 | 1.254 |
| | 每股净资产/调整后(元) | 2.06/1.79 | 1.53/1.16 | 1.13/0.87 |
| | 未分利润(万元) | 4835.72 | －211.39 | －9911.14 |
| | 资本公积(万元) | 5518.85 | 5141.83 | 10182.41 |
| 利润构成 | 主营收入(万元) | 209696.98 | 158270.5 | 64884.86 |
| | 主营利润(万元) | 32331.63 | 25225.86 | 10070.47 |
| | 投资收益(万元) | －84.26 | －182.21 | 202.95 |
| | 利润总额(万元) | 11889.62 | 9050.87 | 3040.35 |
| | 净利润(万元) | 6013.38 | 4477.58 | 2222.06 |
| 近年分配: | 06预案:10派1 | | | |

| 主要股东及持股比例%、持股性质 | |
|---|---|
| 山东省商业集团总公司 23.69%（国有股） | |
| 交通银行－华安创新证券投资基金 5.36%（流通A股） | |
| 中国建设银行－上投摩根阿尔法股票型证券投资基金 4.63%（流通A股） | |
| 全国社保基金一零四组合 3.74%（流通A股） | |
| 张晓鹏 3.71%（非流通股） | |
| 孙江芝 3.71%（非流通股） | |
| 中国农业银行－交银施罗德成长股票证券投资基金 3.23%（流通A股） | |
| 中国工商银行－广发策略优选混合型证券投资基金 2.99%（流通A股） | |
| 中国建设银行－上投摩根成长先锋股票型证券投资基金 2.79%（流通A股） | |
| 中国银行－银华优质增长股票型证券投资基金 2.49%（流通A股） | |
| 实际控制人: | 山东省商业集团总公司 |

二〇〇六年以来市场表现

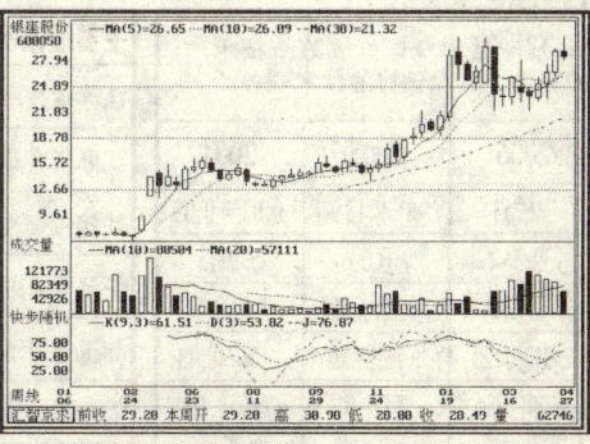


| | |
|---|---|
| 2006年涨跌幅(%) | 204.08 |
| 2006年最高(元) | 25.31 |
| 2007年涨跌幅(%) | 39.93 |
| 2007.4.27收盘(元) | 28.49 |
| 2007年最高(元) | 31 |
| 2007年最低(元) | 19.03 |
| 2007年换手率(%) | 126.37 |

未来一年限售流通股解禁情况:14157980股05月18日解禁

| 最新股本 | 总股本 | 非(限售)流通 | 流通A | 流通B/H/S | 股东户数 | 06年末 | 06三季 |
|---|---|---|---|---|---|---|---|
| | 12134.67 | 4320.01 | 7814.67 | | | 5118 | 6893 |

年报点评：过去一年里公司继续增加网点，先后在菏泽、东营、潍坊、新泰以及泰安等地市成功开设了五家新店，并较为充分地发挥了连锁优势，主营收入和净利润增幅超过30%。扩张虽提高了资产负债率，但充沛的经营性现金流保证了公司抗风险能力。

## 王府井（600859）

上市日期:94/05/06　　电话:010－65125960　　传真:010－65133133

| | | | | |
|---|---|---|---|---|
| 主营 | 商业零售、批发 | | | |
| | 年　度 | 2006 | 2005 | 2004 |
| 主要指标 | 每股收益/扣除后(元) | 0.49/0.227 | 0.069 | 0.034/0.016 |
| | 每股经营现金流量(元) | 1.81 | 1.27 | 1.43 |
| | 每股净资产/调整后(元) | 4.49/4.38 | 4.04/3.88 | 4.02/3.77 |
| | 未分利润(万元) | 21092.67 | 5722.46 | 5531.52 |
| | 资本公积(万元) | 97794.52 | 97696.34 | 97479.68 |
| 利润构成 | 主营收入(万元) | 638608.97 | 500892.78 | 411922.81 |
| | 主营利润(万元) | 110825.07 | 86897.61 | 63304.32 |
| | 投资收益(万元) | 14094.51 | －1202.69 | －187.87 |
| | 利润总额(万元) | 34437.77 | 8454.31 | 7643 |
| | 净利润(万元) | 19261.19 | 2694.77 | 1338.45 |
| 近年分配: | 06预案:10派4；05年:10派0.5；04年:10派0.5 | | | |

| 主要股东及持股比例%、持股性质 | |
|---|---|
| 北京北控商业投资有限责任公司 50.13%（国有股） | |
| 泰和证券投资基金 3.01%（流通A股） | |
| 中国银行－嘉实服务增值行业证券投资基金 2.64%（流通A股） | |
| 中国银行－嘉实增长开放式证券投资基金 2.03%（流通A股） | |
| 中国银行－银华优质增长股票型证券投资基金 1.93%（流通A股） | |
| 全国社保基金一一零组合 1.35%（流通A股） | |
| 中国农业银行－交银施罗德成长股票证券投资基金 1.32%（流通A股） | |
| 中国银行－工银瑞信核心价值股票型证券投资基金 1.27%（流通A股） | |
| 中国银行－嘉实成长收益型证券投资基金 1.21%（流通A股） | |
| 中国工商银行－广发策略优选混合型证券投资基金 1.17%（流通A股） | |
| 实际控制人: | 北京控股集团有限公司 |

二〇〇六年以来市场表现

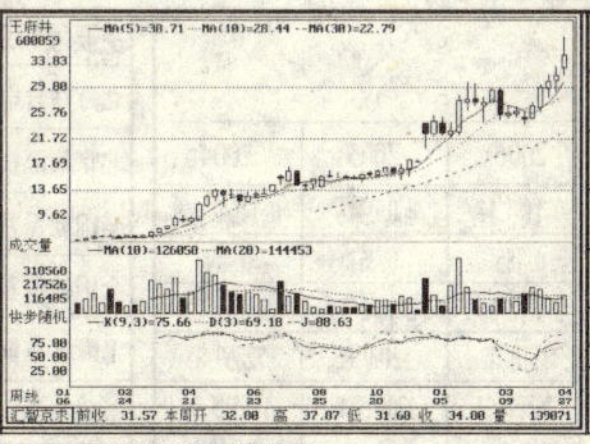


| | |
|---|---|
| 2006年涨跌幅(%) | 378.98 |
| 2006年最高(元) | 28.35 |
| 2007年涨跌幅(%) | 43.21 |
| 2007.4.27收盘(元) | 34.8 |
| 2007年最高(元) | 37.87 |
| 2007年最低(元) | 21.8 |
| 2007年换手率(%) | 117.72 |

未来一年限售流通股解禁情况:

| 最新股本 | 总股本 | 非(限售)流通 | 流通A | 流通B/H/S | 股东户数 | 06年末 | 06三季 |
|---|---|---|---|---|---|---|---|
| | 39297.3 | 19459.44 | 19837.86 | | | 31960 | 44137 |

年报点评：自1996年开始公司通过对经营模式的再造与转型，成功地由过去的传统百货转变为现代百货，并取得了较快发展。报告期公司百货主业业绩取得了显著的提升。另一方面，公司转让北京王府井大厦15%股权的事项对净利润有很大贡献。

## 北人股份（600860）

上市日期:94/05/06　　电话:010—67802565　　传真:010—67802570

| 主营 | 生产销售各种型号的印刷机械、相关备件、包装机械及销售锻压设备。 | | | |
|---|---|---|---|---|
| | 年　度 | 2006 | 2005 | 2004 |
| 主要指标 | 每股收益/扣除后(元) | -0.21/-0.22 | 0.12/0.08 | 0.23/0.22 |
| | 每股经营现金流量(元) | 0.08 | -0.07 | 0.1 |
| | 每股净资产/调整后(元) | 2.76/2.72 | 3.03/2.98 | 3/2.96 |
| | 未分利润(万元) | 2247.46 | 13990.94 | 10118.48 |
| | 资本公积(万元) | 52302.03 | 52086.41 | 52086.41 |
| 利润构成 | 主营收入(万元) | 96158.42 | 99538.66 | 112121.94 |
| | 主营利润(万元) | 19862.21 | 26109.37 | 33481.37 |
| | 投资收益(万元) | -391.37 | 900.75 | -464.45 |
| | 利润总额(万元) | -8725.78 | 6150.91 | 11850.75 |
| | 净利润(万元) | -8789.48 | 4879.04 | 9590.4 |
| 近年分配: | 05 年:10 派 0.7；04 年:10 派 0.8 | | | |

| 主要股东及持股比例%、持股性质 |
|---|
| 北人集团公司 52.76%（国有股） |
| HKSCC NOMINEES LIMITED 23.14%（H股） |
| HSBC NOMINEES（HONG KONG）LIMITED 0.17%（H股） |
| 刘昔燎 0.16%（流通A股） |
| 刘克夫 0.15%（流通A股） |
| 翟军 0.12%（流通A股） |
| HUI KAU YU 0.09%（H股） |
| 朱子允 0.09%（流通A股） |
| 刘媛月 0.09%（流通A股） |
| 李桂兰 0.08%（流通A股） |
| 实际控制人：北人集团公司 |

二〇〇六年以来市场表现

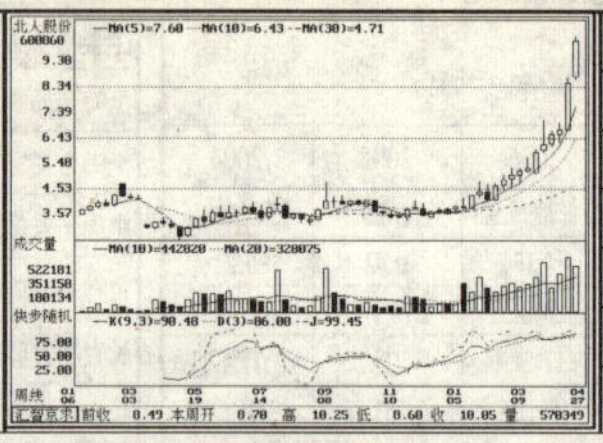

| | |
|---|---|
| 2006 年涨跌幅(%) | 42.98 |
| 2006 年最高(元) | 6.64 |
| 2007 年涨跌幅(%) | 174.59 |
| 2007.4.27 收盘(元) | 10.05 |
| 2007 年最高(元) | 10.25 |
| 2007 年最低(元) | 3.58 |
| 2007 年换手率(%) | 615.73 |

未来一年限售流通股解禁情况:21100000 股 03 月 31 日解禁

| 最新股本 | 总股本 | 非(限售)流通 | 流通 A | 流通 B/H/S | 股东户数 | 06 年末 | 06 三季 |
|---|---|---|---|---|---|---|---|
| | 42200 | 22264 | 9936 | 10000 | | 34430 | 37332 |

**年报点评**　2006 年公司首次出现亏损。主要原因是大部分主导产品销售收入出现下滑，又因为这些产品附加值较低，导致毛利率同比下滑。同时，下属控股子公司亏损较多。

## 北京城乡（600861）

上市日期:94/05/20　　电话:010－68296595　　传真:010－68216933

| 主营 | 商品零售及批发、公共饮食业、物资供销业、仓储业、日用品修理、群众文化事业等。 | | | |
|---|---|---|---|---|
| | 年　度 | 2006 | 2005 | 2004 |
| 主要指标 | 每股收益/扣除后(元) | 0.177/0.047 | 0.106/0.096 | 0.095/0.065 |
| | 每股经营现金流量(元) | 0.94 | 0.43 | 0.54 |
| | 每股净资产/调整后(元) | 5.7/5.57 | 4.23/3.99 | 4.21/3.85 |
| | 未分利润(万元) | 10555.38 | 7893.48 | 7904.12 |
| | 资本公积(万元) | 84395.12 | 70101.71 | 70073.05 |
| 利润构成 | 主营收入(万元) | 140114.8 | 130154.1 | 128608.06 |
| | 主营利润(万元) | 28573.75 | 26709.36 | 23509.2 |
| | 投资收益(万元) | 3580.7 | 249.73 | -1892.28 |
| | 利润总额(万元) | 11081.5 | 7257.53 | 6331.99 |
| | 净利润(万元) | 5618.8 | 4307.25 | 3849.56 |
| 近年分配: | 06 预案:10 派 0.9；05 年:10 派 0.7；04 年:10 派 0.7 | | | |

| 主要股东及持股比例%、持股性质 |
|---|
| 北京市郊区旅游实业开发公司 32.7%（国有股） |
| 北京锡华未来教育实业股份有限公司 4.8%（非流通股） |
| 上海邦联资产管理有限公司 2.97%（非流通股） |
| 中国建设银行——交银施罗德稳健配置混合型证券投资基金 2.17%（流通A股） |
| 上海万丰资产管理公司 1.93%（非流通股） |
| 华夏证券有限公司北京天宁寺营业部 1.88%（国有股） |
| 中国农业银行)交银施罗德成长股票证券投资基金 1.6%（流通A股） |
| 北信投资控股有限公司 1.48%（国有股） |
| 北京仁达国际信息工程有限公司 1.04%（非流通股） |
| 中信证券—中信中信理财号集合资产管理计划 0.81%（流通A股） |
| 实际控制人：北京市人民政府国有资产监督管理委员会 |

二〇〇六年以来市场表现

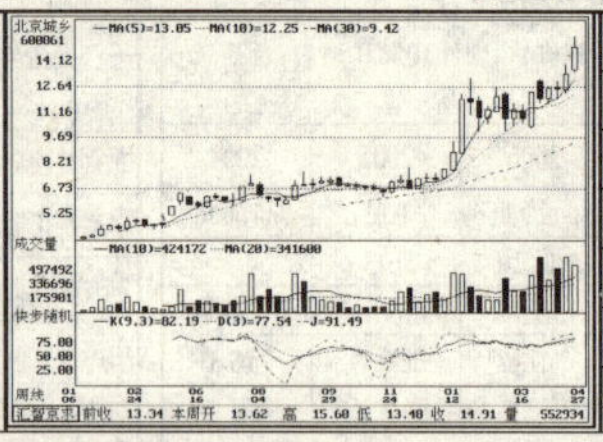

| | |
|---|---|
| 2006 年涨跌幅(%) | 93.12 |
| 2006 年最高(元) | 7.97 |
| 2007 年涨跌幅(%) | 106.22 |
| 2007.4.27 收盘(元) | 14.91 |
| 2007 年最高(元) | 15.6 |
| 2007 年最低(元) | 7.25 |
| 2007 年换手率(%) | 356.36 |

未来一年限售流通股解禁情况:43406549 股 06 月 09 日解禁

| 最新股本 | 总股本 | 非(限售)流通 | 流通 A | 流通 B/H/S | 股东户数 | 06 年末 | 06 三季 |
|---|---|---|---|---|---|---|---|
| | 31680.49 | 14949.49 | 16731 | | | 74520 | 79344 |

**年报点评**　公司主营商业。报告期内主营收入虽然增幅不多，但由于投资收益增加了 3000 多万而导致净利润出现 30%以上增长。投资收益主要来自于控股子公司北航城乡科技实业有限公司产生的股权清算收益 2912 万元。随着奥运临近，公司主营业务面临着一定机会。

## S＊ST 通科（600862）

上市日期:94/05/20　　电话:0513－85516141　　传真:0513－85512271

| 主营 | 信息电子、数控机床等高科技产品和草地机械等新技术产品以及软件和网络技术的开发、生产、销售的技术服务。 | | | |
|---|---|---|---|---|
| | 年　度 | 2006 | 2005 | 2004 |
| 主要指标 | 每股收益/扣除后(元) | -0.53 | -0.13 | 0.02/-0.08 |
| | 每股经营现金流量(元) | 0.34 | -0.006 | -0.15 |
| | 每股净资产/调整后(元) | -0.01/-0.07 | 0.52/0.51 | 0.62/0.54 |
| | 未分利润(万元) | -31265.25 | -18589.62 | -76748.43 |
| | 资本公积(万元) | 5291.05 | 5057.9 | 64713.65 |
| 利润构成 | 主营收入(万元) | 34191.34 | 41857.57 | 56528.01 |
| | 主营利润(万元) | 6676.06 | 7425.51 | 8675.39 |
| | 投资收益(万元) | -265.13 | 150.69 | -230.25 |
| | 利润总额(万元) | -16589.68 | -3274.85 | 2567.04 |
| | 净利润(万元) | -12675.63 | -3076.98 | 402.12 |
| 近年分配: | | | | |

| 主要股东及持股比例%、持股性质 |
|---|
| 江苏省技术进出口公司 28.18%（国有股） |
| 江苏华容集团有限公司 20.5%（国有股） |
| 杜桂兰 2.45%（流通A股） |
| 龚晓明 0.96%（流通A股） |
| 陆玉芝 0.67%（流通A股） |
| 周胜举 0.61%（流通A股） |
| 宋坚军 0.6%（流通A股） |
| 尹本村 0.55%（流通A股） |
| 周敏 0.51%（流通A股） |
| 周桂林 0.42%（流通A股） |
| 实际控制人：南通工贸国有资产经营有限公司 |

二〇〇六年以来市场表现

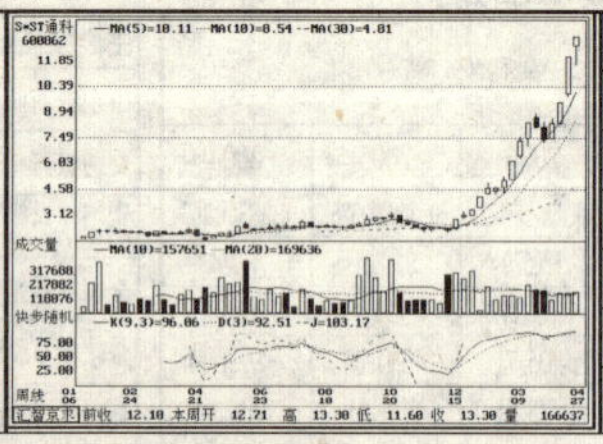

| | |
|---|---|
| 2006 年涨跌幅(%) | 94.25 |
| 2006 年最高(元) | 3.45 |
| 2007 年涨跌幅(%) | 293.49 |
| 2007.4.27 收盘(元) | 13.3 |
| 2007 年最高(元) | 13.3 |
| 2007 年最低(元) | 3.55 |
| 2007 年换手率(%) | 157.52 |

未来一年限售流通股解禁情况:

| 最新股本 | 总股本 | 非(限售)流通 | 流通 A | 流通 B/H/S | 股东户数 | 06 年末 | 06 三季 |
|---|---|---|---|---|---|---|---|
| | 23844.48 | 11607.69 | 12236.78 | | | 13403 | 17031 |

**年报点评**　公司主营实业投资及机床等业务。2006 年公司资产重组、退城进郊、股权分置改革等取得了实质性进展。由于外围的投资企业大多亏损、财务费用居高不下，整体经营业绩有所下滑。预计 2007 年机床主业力争实现销售收入 4 亿元，利润 1800 万元。

## 内蒙华电（600863）

上市日期:94/05/20　　电话:0471－6222388　　传真:0471－6926658

| 主营 | 火力发电、供热 | | | |
|---|---|---|---|---|
| | 年　度 | 2006 | 2005 | 2004 |
| 主要指标 | 每股收益/扣除后(元) | 0.11/0.11 | 0.034 | 0.146/0.169 |
| | 每股经营现金流量(元) | 0.785 | 0.263 | 0.468 |
| | 每股净资产/调整后(元) | 2.15/2.13 | 2.16/2.14 | 2.24/2.23 |
| | 未分利润(万元) | 45518.02 | 52199.86 | 72869.85 |
| | 资本公积(万元) | 120572.21 | 120195.48 | 118585.92 |
| 利润构成 | 主营收入(万元) | 587848.16 | 519723.17 | 411379.13 |
| | 主营利润(万元) | 59521.15 | 51382.38 | 61487.57 |
| | 投资收益(万元) | 34540.9 | 15471.74 | 2403.17 |
| | 利润总额(万元) | 42312.39 | 26808.59 | 39195.03 |
| | 净利润(万元) | 20832.84 | 6796.97 | 29002.27 |
| 近年分配: | 06 预案:10 派 1.2；05 年:10 派 1.2；04 年:10 派 1.2 | | | |

| 主要股东及持股比例%、持股性质 |
|---|
| 北方联合电力有限责任公司 71.08%（国有股） |
| 北京能源投资(集团)有限公司 1.97%（国有股） |
| 全国社保基金一零九组合 1%（流通A股） |
| 全国社保基金一零二组合 0.68%（流通A股） |
| 上海远东证券有限公司 0.37%（流通A股） |
| 全国社保基金一零三组合 0.35%（流通A股） |
| 胡进培 0.34%（流通A股） |
| 北京高通力源科技有限公司 0.31%（流通A股） |
| 裕阳证券投资基金 0.3%（流通A股） |
| 张照明 0.19%（流通A股） |
| 实际控制人：中国华能集团公司 |

二〇〇六年以来市场表现

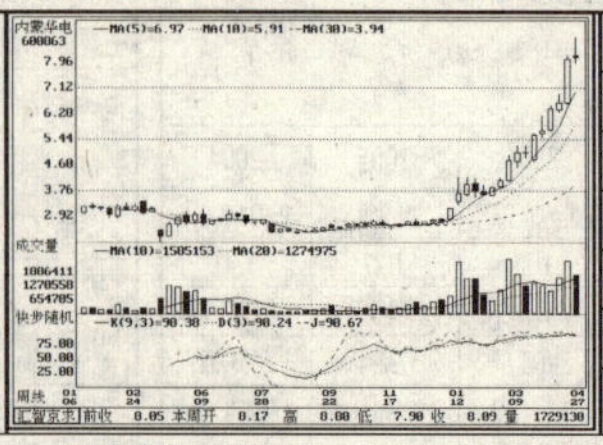

| | |
|---|---|
| 2006 年涨跌幅(%) | 29.58 |
| 2006 年最高(元) | 4.2 |
| 2007 年涨跌幅(%) | 194.18 |
| 2007.4.27 收盘(元) | 8.09 |
| 2007 年最高(元) | 8.8 |
| 2007 年最低(元) | 2.76 |
| 2007 年换手率(%) | 439.16 |

未来一年限售流通股解禁情况:99061000 股 04 月 24 日解禁

| 最新股本 | 总股本 | 非(限售)流通 | 流通 A | 流通 B/H/S | 股东户数 | 06 年末 | 06 三季 |
|---|---|---|---|---|---|---|---|
| | 198122 | 144734.9 | 53387.1 | | | 88240 | 92057 |

**年报点评**　2006 年公司上网结算电量和结算价格的上涨带动了公司收入的增长。另外公司投资的大唐托克托发电公司、蒙达发电公司以及岱海发电公司带来了不错的投资收益，推动了公司净利润同比大幅增长。

## 岁宝热电（600864）

上市日期:94/08/09　电话:0451－82333238　传真:0451－82332228

主营：生产蒸汽、电力能源

| | 年　度 | 2006 | 2005 | 2004 |
|---|---|---|---|---|
| 主要指标 | 每股收益/扣除后(元) | 0.01/－0.1 | 0.01/－0.04 | 0.13/0.09 |
| | 每股经营现金流量(元) | 1.12 | 0.23 | 1.04 |
| | 每股净资产/调整后(元) | 3.09/3.07 | 3.09/3.07 | 3.14/3.12 |
| | 未分利润(万元) | 3643.94 | 3727.22 | 3662.89 |
| | 资本公积(万元) | 19094.97 | 19305.89 | 18565.45 |
| 利润构成 | 主营收入(万元) | 43830.38 | 34628.96 | 27572.11 |
| | 主营利润(万元) | 5377.05 | 4124.23 | 5726.88 |
| | 投资收益(万元) | 3152.19 | 1125.22 | 1246.84 |
| | 利润总额(万元) | 1316.57 | 792.02 | 2466.57 |
| | 净利润(万元) | 179.86 | 184.71 | 1712.44 |

近年分配：06 预案:10 转增 10 ; 04 年:10 派 1.2

**主要股东及持股比例%、持股性质**

- 哈尔滨投资集团有限责任公司 46.36%（国有股）
- 中智富投有限公司 4.39%（非流通股）
- 哈尔滨海格科技发展有限公司 3.15%（非流通股）
- 阿城市热电厂 1.75%（非流通股）
- 友源资产管理有限公司 0.8%（非流通股）
- 赵正业 0.53%（流通 A 股）
- 陆道生 0.41%（流通 A 股）
- 齐彬 0.4%（流通 A 股）
- 李华 0.39%（流通 A 股）
- 卢玉平 0.37%（流通 A 股）

实际控制人：哈尔滨市人民政府国有资产监督管理委员会

二〇〇六年以来市场表现

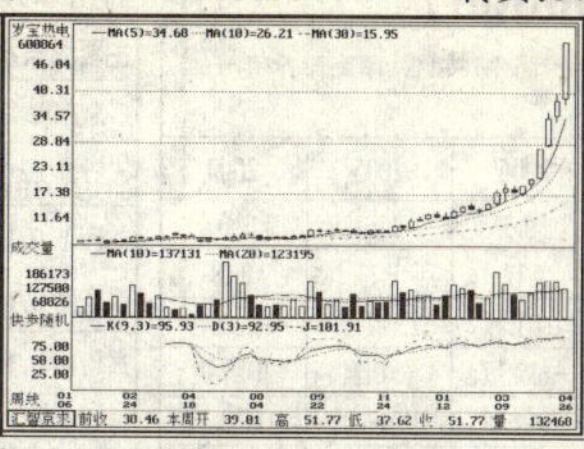

| | |
|---|---|
| 2006 年涨跌幅(%) | 161.65 |
| 2006 年最高(元) | 17.07 |
| 2007 年涨跌幅(%) | 308.93 |
| 2007.4.27 收盘(元) | 51.77 |
| 2007 年最高(元) | 51.77 |
| 2007 年最低(元) | 11.88 |
| 2007 年换手率(%) | 341.86 |

未来一年限售流通股解禁情况:21114788 股 06 月 15 日解禁

| 最新股本 | 总股本 | 非(限售)流通 | 流通 A | 流通 B/H/S | 股东户数 | 06 年末 | 06 三季 |
|---|---|---|---|---|---|---|---|
| | 13659.45 | 7760.7 | 5898.75 | | | 12462 | 15002 |

年报点评：公司连续两年保持微利水平。虽然公司主营业务同比保持了 30%左右的增长,但由于期间费用增长过快,导致公司营业利润继续亏损。2006 年公司处置了所持民生银行股票,从而使投资收益同比增长 180%,达到 3152 万元,大大超过公司净利润。

## S 百大（600865）

上市日期:94/08/09　电话:0571－85109129　传真:0571－85150586

主营：商品零售、批发、住宿、餐饮、旅游服务。

| | 年　度 | 2006 | 2005 | 2004 |
|---|---|---|---|---|
| 主要指标 | 每股收益/扣除后(元) | 0.13/0.11 | 0.11 | 0.1/0.12 |
| | 每股经营现金流量(元) | 0.31 | 0.28 | 0.27 |
| | 每股净资产/调整后(元) | 2.63/2.59 | 2.6/2.55 | 2.57/2.5 |
| | 未分利润(万元) | 3220.87 | 2708.71 | 2439.32 |
| | 资本公积(万元) | 31747.34 | 31826.69 | 31826.69 |
| 利润构成 | 主营收入(万元) | 135441.71 | 131037.07 | 119487.95 |
| | 主营利润(万元) | 18087.93 | 15065.78 | 14210.88 |
| | 投资收益(万元) | 1237.4 | 660.82 | 409.76 |
| | 利润总额(万元) | 5731.64 | 4229.9 | 3785.51 |
| | 净利润(万元) | 3565.81 | 2855.34 | 2635.73 |

近年分配：06 预案:10 派 1.1 ; 05 年:10 派 1 ; 04 年:10 派 0.8

**主要股东及持股比例%、持股性质**

- 西子联合控股有限公司 29.93%（非流通股）
- 浙江银泰百货有限公司 23.68%（流通 A 股）
- 杭州银泰奥特莱斯商业发展有限公司 5.86%（非流通股）
- 杭州企业产权交易所 3.02%（非流通股）
- 杭州华悦实业有限公司 2.8%（部分流通部分不流通）
- 浙江华睿投资管理有限公司 1.93%（非流通股）
- 杭州股权管理中心 1.74%（非流通股）
- 上海中都投资有限公司 1.45%（非流通股）
- 杭州东华传动件进出口有限公司 0.84%（流通 A 股）
- 杭州青山投资管理有限公司 0.62%（流通 A 股）

实际控制人：王水福

二〇〇六年以来市场表现

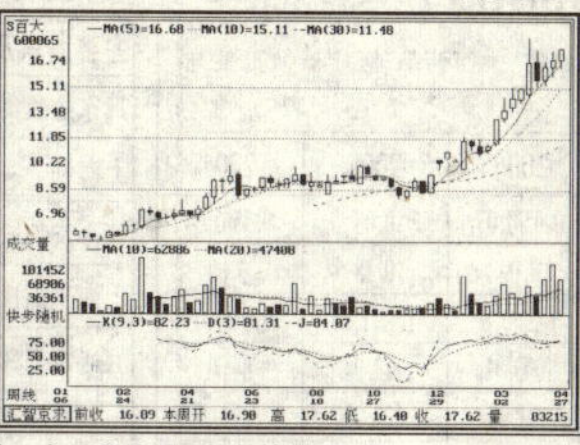

| | |
|---|---|
| 2006 年涨跌幅(%) | 83.75 |
| 2006 年最高(元) | 10.59 |
| 2007 年涨跌幅(%) | 71.07 |
| 2007.4.27 收盘(元) | 17.62 |
| 2007 年最高(元) | 18.37 |
| 2007 年最低(元) | 9.91 |
| 2007 年换手率(%) | 61.7 |

未来一年限售流通股解禁情况:

| 最新股本 | 总股本 | 非(限售)流通 | 流通 A | 流通 B/H/S | 股东户数 | 06 年末 | 06 三季 |
|---|---|---|---|---|---|---|---|
| | 26970.63 | 13436.64 | 13533.99 | | | 30833 | 34232 |

年报点评：公司主营包括百货业、旅游服务业。报告期内虽然营业收入增幅不大,但毛利率较大幅度的提升带动了利润 30%以上的增长。公司经营主体杭州百货大楼进行了大规模的品牌调整和场地调整,杭州大酒店在 2 月份正式成为四星级涉外酒店等为业绩提升贡献较大。

## 星湖科技（600866）

上市日期:94/08/18　电话:0758－2291130　传真:0758－2239449

主营：主营核苷(酸)类、氨基酸类及相关生物化学合成类产品。

| | 年　度 | 2006 | 2005 | 2004 |
|---|---|---|---|---|
| 主要指标 | 每股收益/扣除后(元) | 0.033/0.04 | 0.025 | 0.07/0.07 |
| | 每股经营现金流量(元) | 0.07 | 0.09 | 0.056 |
| | 每股净资产/调整后(元) | 1.71/1.69 | 1.68/1.64 | 1.71/1.71 |
| | 未分利润(万元) | 7957.56 | 7965.96 | 6797.83 |
| | 资本公积(万元) | 16540.72 | 16508.43 | 17015.35 |
| 利润构成 | 主营收入(万元) | 75190.77 | 59742.28 | 45761.16 |
| | 主营利润(万元) | 16659.14 | 11431.92 | 11115.26 |
| | 投资收益(万元) | －656.93 | －769.08 | －772.01 |
| | 利润总额(万元) | 1938.53 | 1521.25 | 4478.93 |
| | 净利润(万元) | 1727.68 | 1297.93 | 3902.78 |

近年分配：06 预案:10 派 0.3 ; 04 年:10 派 0.5

**主要股东及持股比例%、持股性质**

- 肇庆市人民政府国有资产监督管理委员会 19.43%（国有股）
- 陈开煌 0.85%（流通 A 股）
- 章诚 0.18%（流通 A 股）
- 龚宇明 0.17%（流通 A 股）
- 张坚鸿 0.16%（流通 A 股）
- 杜世明 0.15%（流通 A 股）
- 曹振寰 0.14%（流通 A 股）
- 戴发祥 0.13%（流通 A 股）
- 范康林 0.12%（流通 A 股）
- 陈高帆 0.11%（流通 A 股）

实际控制人：肇庆市人民政府国有资产监督管理委员会

二〇〇六年以来市场表现

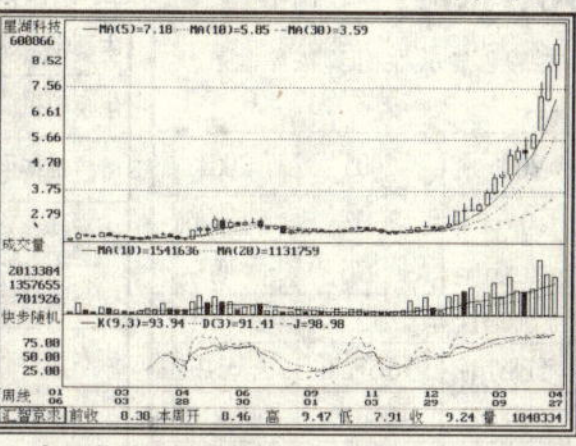

| | |
|---|---|
| 2006 年涨跌幅(%) | 24.6 |
| 2006 年最高(元) | 2.77 |
| 2007 年涨跌幅(%) | 296.57 |
| 2007.4.27 收盘(元) | 9.24 |
| 2007 年最高(元) | 9.47 |
| 2007 年最低(元) | 2.29 |
| 2007 年换手率(%) | 486.67 |

未来一年限售流通股解禁情况:26055126 股 11 月 28 日解禁

| 最新股本 | 总股本 | 非(限售)流通 | 流通 A | 流通 B/H/S | 股东户数 | 06 年末 | 06 三季 |
|---|---|---|---|---|---|---|---|
| | 52110.25 | 10124.07 | 41986.18 | | | 77818 | 79450 |

年报点评：公司主要生产核苷酸类食品添加剂,多个产品的生产规模和市场占有率居国内首位。公司 2006 年主营业务稳步增长,盈利能力处于较低水平。公司逐步向生物医药产业转移,目前处于投入期。公司主要产品在未来几年的经营情况有望好转。

## 通化东宝（600867）

上市日期:94/08/24　电话:0435－5088025　传真:0435－5088268

主营：中西成药、保健品、生物制品、塑料建材等。

| | 年　度 | 2006 | 2005 | 2004 |
|---|---|---|---|---|
| 主要指标 | 每股收益/扣除后(元) | 0.03/－0.04 | 0.05 | －0.241/－0.248 |
| | 每股经营现金流量(元) | 0.43 | 0.28 | 0.04 |
| | 每股净资产/调整后(元) | 3.35/3.08 | 3.99/3.68 | 3.94/3.33 |
| | 未分利润(万元) | 11050.92 | 10026.01 | 8762.48 |
| | 资本公积(万元) | 62192.6 | 74112.28 | 74112.28 |
| 利润构成 | 主营收入(万元) | 40161.53 | 32968.12 | 30784.32 |
| | 主营利润(万元) | 18174.08 | 13556.98 | 13766.38 |
| | 投资收益(万元) | －2449.56 | －80.38 | －2501.19 |
| | 利润总额(万元) | 2228.78 | 2281.78 | －7093.2 |
| | 净利润(万元) | 1206.16 | 1619.58 | －7824.9 |

近年分配：

**主要股东及持股比例%、持股性质**

- 东宝实业集团有限公司 34.52%（非流通股）
- 全国社保基金——二组合 1.98%（流通 A 股）
- 中国工商银行－广发策略优选混合型证券投资基金 1.33%（流通 A 股）
- 通化东宝五药有限公司 1.23%（非流通股）
- 国际金融－中行－中金股票精选集合资产管理计划 1.22%（流通 A 股）
- 中国工商银行－建信优选成长股票型证券投资基金 1.15%（流通 A 股）
- 交通银行－久富证券投资基金 1.11%（流通 A 股）
- 中国银行－银华优质增长股票型证券投资基金 0.91%（流通 A 股）
- 王祥龙 0.68%（流通 A 股）
- 中国农业银行－长城安心回报混合型证券投资基金 0.66%（流通 A 股）

实际控制人：东宝实业集团有限公司

二〇〇六年以来市场表现

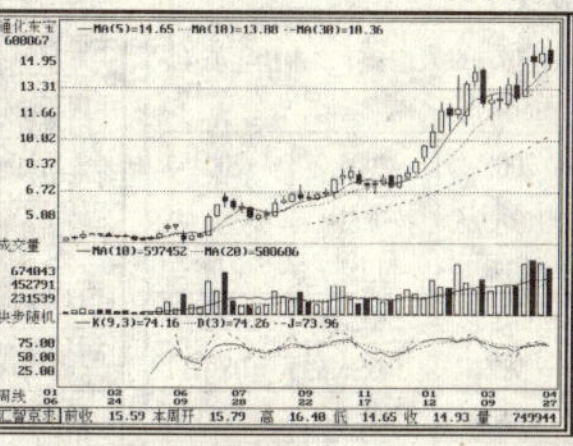

| | |
|---|---|
| 2006 年涨跌幅(%) | 281.67 |
| 2006 年最高(元) | 13.61 |
| 2007 年涨跌幅(%) | 73.61 |
| 2007.4.27 收盘(元) | 14.93 |
| 2007 年最高(元) | 16.6 |
| 2007 年最低(元) | 8.62 |
| 2007 年换手率(%) | 378.1 |

未来一年限售流通股解禁情况:4780168 股 06 月 07 日解禁

| 最新股本 | 总股本 | 非(限售)流通 | 流通 A | 流通 B/H/S | 股东户数 | 06 年末 | 06 三季 |
|---|---|---|---|---|---|---|---|
| | 36857.19 | 13202.6 | 23654.59 | | | 43648 | 54916 |

年报点评：公司是一家生产中、西成药和生物药品的大型制药企业,具有相当规模的人胰岛素生产能力。2006 年公司收入保持稳步增长,胰岛素产品出现大幅增长,主要是国内制剂市场增长以及产品出口。公司利润有所下降,主要是由于长期股权投资权益调整。

# 梅雁水电（600868）

上市日期:94/09/12　　电话:0753－2218286　　传真:0753－2232983

| | | | | |
|---|---|---|---|---|
| 主营 | 水力发电、建筑安装、轮胎产品生产销售、螺旋藻养殖与加工等。 | | | |
| | 年　度 | 2006 | 2005 | 2004 |
| 主要指标 | 每股收益/扣除后(元) | －0.37 | 0.001 | 0.08/0.03 |
| | 每股经营现金流量(元) | 0.12 | 0.13 | 0.08 |
| | 每股净资产/调整后(元) | 1.1/1.09 | 2.19/2.18 | 2.22/2.16 |
| | 未分利润(万元) | －63585.6 | 6507.24 | 10091.72 |
| | 资本公积(万元) | 57424.38 | 120086.05 | 119726.77 |
| 利润构成 | 主营收入(万元) | 73126.33 | 69807.1 | 100368.21 |
| | 主营利润(万元) | 20808.54 | 14625.32 | 24382.6 |
| | 投资收益(万元) | －791.3 | 348.95 | 5178.29 |
| | 利润总额(万元) | －74371.37 | 646.77 | 13247.39 |
| | 净利润(万元) | －70092.84 | 134.56 | 9621.23 |
| 近年分配: | | | | |

| 主要股东及持股比例%、持股性质 | |
|---|---|
| 广东梅雁实业投资股份有限公司 15.6%（非流通股） | |
| 中国人寿保险股份有限公司－传统－普通保险产品－005L－CT001 沪 0.4%（流通 A 股） | |
| 刘环忠 0.11%（流通 A 股） | |
| 张廷勋 0.1%（流通 A 股） | |
| 高粉桂 0.1%（流通 A 股） | |
| 卢春燕 0.09%（流通 A 股） | |
| 刘庆海 0.08%（流通 A 股） | |
| 杜芳旺 0.08%（流通 A 股） | |
| 杨钦欢 0.08%（流通 A 股） | |
| 高忠文 0.07%（流通 A 股） | |
| 实际控制人: | 杨钦欢 |

二〇〇六年以来市场表现

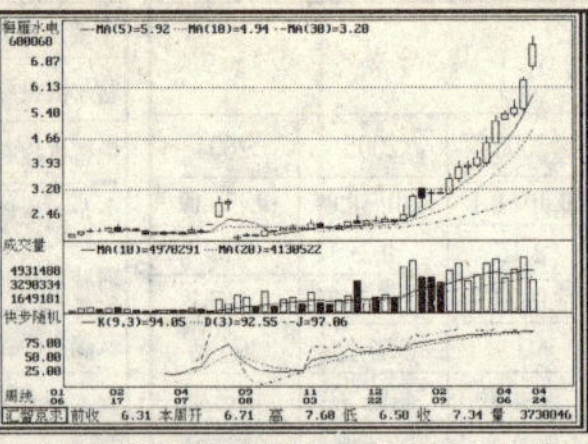


| | |
|---|---|
| 2006 年涨跌幅(%) | 108.93 |
| 2006 年最高(元) | 4 |
| 2007 年涨跌幅(%) | 216.38 |
| 2007.4.27 收盘(元) | 7.34 |
| 2007 年最高(元) | 7.6 |
| 2007 年最低(元) | 2.15 |
| 2007 年换手率(%) | 464.21 |

未来一年限售流通股解禁情况:95830125 股 08 月 28 日解禁

| 最新股本 | 总股本 | 非(限售)流通 | 流通 A | 流通 B/H/S | 股东户数 | 06 年末 | 06 三季 |
|---|---|---|---|---|---|---|---|
| | 189814.87 | 29710.63 | 160104.24 | | | 272284 | 275576 |

年报点评：公司主营电力生产和建筑工程承包等业务。2006 年公司古顶水电站第 3 号机组及红花水电站第 4 号机组相继投入运营，投产电站总装机容量达到 45.2 万千瓦，成为广东省最大的民营水电企业。同时公司的建筑安装业务占公司收入比重逐步减少。

# 三普药业（600869）

上市日期:95/02/06　　电话:0510－87249788　　传真:0510－87249922

| | | | | |
|---|---|---|---|---|
| 主营 | 中藏成药、保健品的生产销售，中西药品、医疗器械批发与零售。 | | | |
| | 年　度 | 2006 | 2005 | 2004 |
| 主要指标 | 每股收益/扣除后(元) | 0.05/0.03 | 0.08 | 0.15/0.04 |
| | 每股经营现金流量(元) | 0.09 | 0.18 | 0.09 |
| | 每股净资产/调整后(元) | 1.22/0.8 | 1.15/1.04 | 1.06/1.05 |
| | 未分利润(万元) | 1006.41 | 513.94 | －8447.53 |
| | 资本公积(万元) | 534.93 | 232.93 | 5874.28 |
| 利润构成 | 主营收入(万元) | 16360.06 | 14961.56 | 14076.89 |
| | 主营利润(万元) | 4581.12 | 4904 | 6095.87 |
| | 投资收益(万元) | －431.51 | －215.18 | －157.98 |
| | 利润总额(万元) | 577.08 | 842.67 | 2078.67 |
| | 净利润(万元) | 556.97 | 945.17 | 1748.29 |
| 近年分配: | | | | |

| 主要股东及持股比例%、持股性质 | |
|---|---|
| 远东控股集团有限公司 27.96%（非流通股） | |
| 上海创　实业有限公司 21.74%（非流通股） | |
| 江苏友邦投资担保有限公司 10.73%（非流通股） | |
| 上海平杰投资咨询有限公司 3.5%（非流通股） | |
| 宜兴市三弦实业有限公司 2.8%（非流通股） | |
| 上海钜爱企业发展有限公司 2.33%（非流通股） | |
| 南京倍源投资咨询有限公司 0.8%（流通 A 股） | |
| 中国科学院西北高原生物研究所 0.47%（非流通股） | |
| 广州白云山制药股份有限公司 0.47%（非流通股） | |
| 杨士英 0.22%（流通 A 股） | |
| 实际控制人: | 蒋锡培 |

二〇〇六年以来市场表现

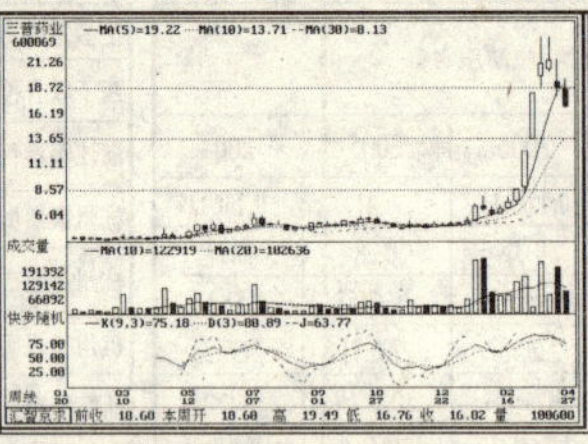


| | |
|---|---|
| 2006 年涨跌幅(%) | 50.51 |
| 2006 年最高(元) | 7.45 |
| 2007 年涨跌幅(%) | 224.71 |
| 2007.4.27 收盘(元) | 16.82 |
| 2007 年最高(元) | 23.8 |
| 2007 年最低(元) | 5.11 |
| 2007 年换手率(%) | 290.51 |

未来一年限售流通股解禁情况:18000000 股 01 月 16 日解禁

| 最新股本 | 总股本 | 非(限售)流通 | 流通 A | 流通 B/H/S | 股东户数 | 06 年末 | 06 三季 |
|---|---|---|---|---|---|---|---|
| | 12000 | 8400 | 3600 | | | 9677 | 9993 |

年报点评：公司属于特色中药企业，规模较小，盈利能力一般。公司大股东计划注入电缆资产，注入的资产盈利能力较强。

# 厦华电子（600870）

上市日期:95/02/28　　电话:0592－5687203　　传真:0592－6021331

| | | | | |
|---|---|---|---|---|
| 主营 | 主营彩色电视机、移动通信、彩色显示器、计算机等电子产品。 | | | |
| | 年　度 | 2006 | 2005 | 2004 |
| 主要指标 | 每股收益/扣除后(元) | －1.41/－1.47 | 0.137 | 0.07/0.056 |
| | 每股经营现金流量(元) | 0.83 | －0.73 | －0.3 |
| | 每股净资产/调整后(元) | 0.86/0.71 | 2.28/2.14 | 2.18/2.11 |
| | 未分利润(万元) | －103850.15 | －51516.81 | －56593.6 |
| | 资本公积(万元) | 93372.55 | 93580.07 | 94604.91 |
| 利润构成 | 主营收入(万元) | 815425.09 | 705018.12 | 424967.36 |
| | 主营利润(万元) | 70172.95 | 68352.71 | 46474.73 |
| | 投资收益(万元) | 2546.28 | 4791.12 | 1069.58 |
| | 利润总额(万元) | －51921.53 | 5803.22 | 2898.45 |
| | 净利润(万元) | －52333.33 | 5076.78 | 2539.36 |
| 近年分配: | | | | |

| 主要股东及持股比例%、持股性质 | |
|---|---|
| 华映视讯(吴江)有限公司 27%（非流通股） | |
| 厦门华侨电子企业有限公司 18.31%（非流通股） | |
| 通乾证券投资基金 4.93%（流通 A 股） | |
| 福州嘉溢电子有限公司 2.9%（非流通股） | |
| 恒泰证券有限责任公司 1.26%（流通 A 股） | |
| 中国民族证券有限责任公司 1.04%（流通 A 股） | |
| 厦门华益工贸有限公司 0.72%（非流通股） | |
| 融通行业景气证券投资基金 0.52%（流通 A 股） | |
| 上海证券有限责任公司 0.42%（流通 A 股） | |
| 王一平 0.34%（流通 A 股） | |
| 实际控制人: | 中华映管股份有限公司 |

二〇〇六年以来市场表现

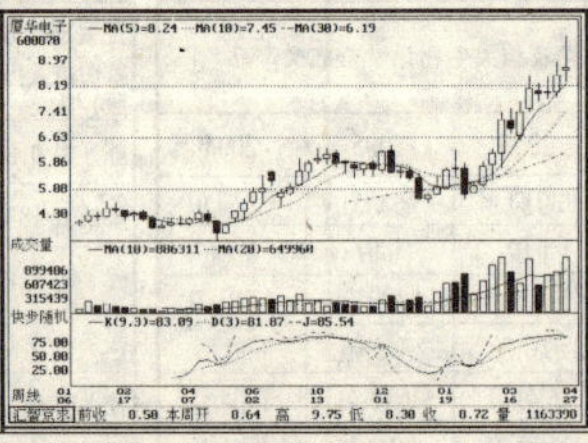


| | |
|---|---|
| 2006 年涨跌幅(%) | 48.01 |
| 2006 年最高(元) | 7.96 |
| 2007 年涨跌幅(%) | 83.19 |
| 2007.4.27 收盘(元) | 8.72 |
| 2007 年最高(元) | 9.75 |
| 2007 年最低(元) | 4.61 |
| 2007 年换手率(%) | 627.76 |

未来一年限售流通股解禁情况:50844577 股 09 月 08 日解禁

| 最新股本 | 总股本 | 非(限售)流通 | 流通 A | 流通 B/H/S | 股东户数 | 06 年末 | 06 三季 |
|---|---|---|---|---|---|---|---|
| | 37081.87 | 18147.58 | 18934.29 | | | 37574 | 36459 |

年报点评：公司主营彩电和车载监视器。2006 年第四季度，市场竞争加剧，平板电视激烈降价，显著影响公司产品盈利水平。同时公司加大老产品库存处理力度，形成了较大经营损失。加上全面清理对外投资及海外业务和资产减值准备大量提取，导致业绩亏损。

# S 仪化（600871）

上市日期:95/04/11　　电话:86－514　　传真:86－514－3235880

| | | | | |
|---|---|---|---|---|
| 主营 | 生产和销售聚酯切片和涤纶短纤维及配套生产聚酯主要生产原料 PTA。 | | | |
| | 年　度 | 2006 | 2005 | 2004 |
| 主要指标 | 每股收益/扣除后(元) | 0.009/0.005 | －0.239 | 0.058/0.081 |
| | 每股经营现金流量(元) | 0.198 | 0.162 | 0.073 |
| | 每股净资产/调整后(元) | 2.07/2.07 | 2.06/2.05 | 2.32/2.31 |
| | 未分利润(万元) | －29855.1 | －33596.6 | 71831.3 |
| | 资本公积(万元) | 311680.8 | 310353.7 | 309383.8 |
| 利润构成 | 主营收入(万元) | 1702784.6 | 1579866.5 | 1334847.1 |
| | 主营利润(万元) | 54593.8 | 51395.8 | 115281.8 |
| | 投资收益(万元) | 1503.9 | 3649.1 | 300 |
| | 利润总额(万元) | 6074.2 | －99724.9 | 26656.9 |
| | 净利润(万元) | 3741.5 | －95427.9 | 23123.7 |
| 近年分配: | 04 年:10 派 0.25 | | | |

| 主要股东及持股比例%、持股性质 | |
|---|---|
| 中国石油化工股份有限公司 42%（国有股） | |
| 香港中央结算(代理人)有限公司 34%（H 股） | |
| 中国中信集团公司 18%（国有股） | |
| HSBC Nominees (HONG KONG) Limited 0.05%（H 股） | |
| HSBC Nominees (HONG KONG) Limited A/C BR－13 0.045%（H 股） | |
| 中信信托－－分层 02 0.033%（流通 A 股） | |
| HSBC Nominees (HONG KONG) Limited A/C BR－12 0.03%(H 股) | |
| HSBC Nominees (HONG KONG) Limited A/C BR－16 0.03%(H 股) | |
| 薛剑青 0.029%（流通 A 股） | |
| HING SHING FAR EAST DEVELIPMENT LTD 0.025%（H 股） | |
| 实际控制人: | 中国石油化工集团公司 |

二〇〇六年以来市场表现

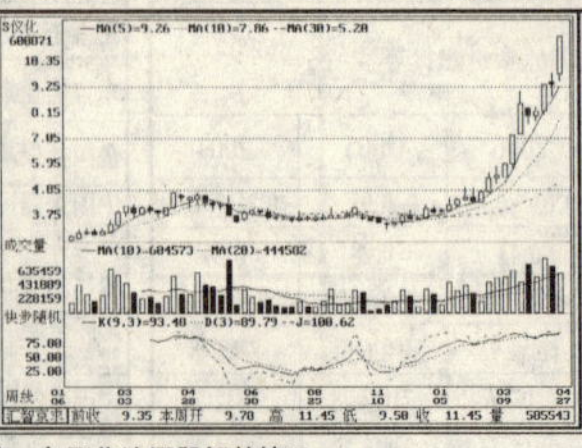


| | |
|---|---|
| 2006 年涨跌幅(%) | 44.4 |
| 2006 年最高(元) | 4.72 |
| 2007 年涨跌幅(%) | 195.87 |
| 2007.4.27 收盘(元) | 11.45 |
| 2007 年最高(元) | 11.45 |
| 2007 年最低(元) | 3.83 |
| 2007 年换手率(%) | 394.33 |

未来一年限售流通股解禁情况:

| 最新股本 | 总股本 | 非(限售)流通 | 流通 A | 流通 B/H/S | 股东户数 | 06 年末 | 06 三季 |
|---|---|---|---|---|---|---|---|
| | 400000 | 240000 | 20000 | 140000 | | 63256 | 65056 |

年报点评：在国内聚酯开工率大约处于 75%的情况下，公司聚酯装置基本实现安全、稳定、满负荷运行。同时公司各项费用同比均有下降。期间费用的下降保证了公司在主营业务盈利与去年基本持平的情况下，仍实现盈利，成功扭亏。

## 中炬高新(600872)

上市日期:95/01/24　电话:0760-5596818　传真:0760-5596877

| 主营 | 高新技术产品的研制、开发、制造,基础设施建设,招商引资及贸易和服务业。 | | | |
|---|---|---|---|---|
| | 年　度 | 2006 | 2005 | 2004 |
| 主要指标 | 每股收益/扣除后(元) | 0.05/0.04 | 0.06 | 0.05/0.06 |
| | 每股经营现金流量(元) | 0.14 | 0.13 | 0.25 |
| | 每股净资产/调整后(元) | 1.88/1.8 | 2.96/2.8 | 2.9/2.86 |
| | 未分利润(万元) | 15363.41 | 12894.04 | 11324.32 |
| | 资本公积(万元) | 30350.04 | 58249.65 | 58249.65 |
| 利润构成 | 主营收入(万元) | 85176.58 | 75875.73 | 86712.27 |
| | 主营利润(万元) | 20930.77 | 18466.91 | 20329.88 |
| | 投资收益(万元) | -172.37 | -227.91 | -1022.24 |
| | 利润总额(万元) | 5556.16 | 4534.77 | 4683.22 |
| | 净利润(万元) | 3630.13 | 2715.35 | 2192.96 |
| 近年分配: | | | | |

**主要股东及持股比例%、持股性质**

中山火炬集团有限公司 8.76%(非流通股)
信达投资有限公司 3.55%(非流通股)
中山农村信用社合作社联合社 3.55%(非流通股)
中山市实业集团有限公司 3.06%(非流通股)
中国工商银行广东省信托投资公司 2.59%(非流通股)
西安信朴实业公司 2.31%(非流通股)
中山市建设实业公司 1.77%(非流通股)
中国工商银行北京信托投资公司 1.44%(非流通股)
广州宇英电力设备有限公司 0.2%(流通A股)
中银技协 0.14%(非流通股)

实际控制人:中山火炬集团有限公司

二〇〇六年以来市场表现

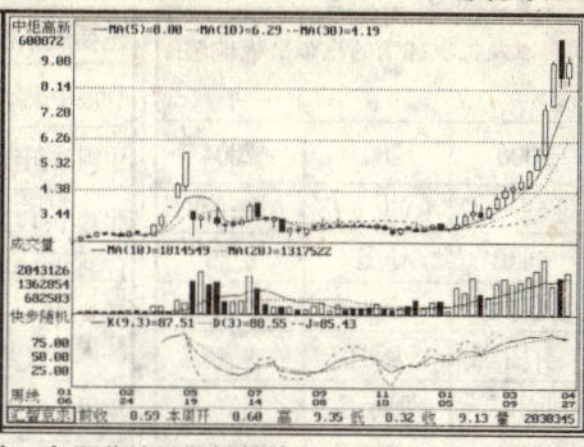

| | |
|---|---|
| 2006年涨跌幅(%) | 147.65 |
| 2006年最高(元) | 8.21 |
| 2007年涨跌幅(%) | 208.45 |
| 2007.4.27收盘(元) | 9.13 |
| 2007年最高(元) | 10.02 |
| 2007年最低(元) | 2.9 |
| 2007年换手率(%) | 462.61 |

未来一年限售流通股解禁情况:137382095股05月17日解禁

| 最新股本 | 总股本 | 非(限售)流通 | 流通A | 流通B/H/S | 股东户数 | 06年末 | 06三季 |
|---|---|---|---|---|---|---|---|
| | 72421.56 | 20081.99 | 52339.58 | | | 113178 | 118648 |

年报点评:2006年新增投资2330万元美味鲜扩产技改工程,使得酱油达到年产10万吨;通过中山站商住地的开发和增加自有物业出租面积来增加的房地产收益。2007年的经营目标是实现销售收入10亿元,净利润同比增长100%以上。

## 五洲明珠(600873)

上市日期:95/02/17　电话:028-86600798　传真:028-86600928

| 主营 | 电力电气设备制造、销售 | | | |
|---|---|---|---|---|
| | 年　度 | 2006 | 2005 | 2004 |
| 主要指标 | 每股收益/扣除后(元) | 0.073/0.073 | 0.061 | 0.077/0.061 |
| | 每股经营现金流量(元) | 0.0447 | 0.4125 | 0.0542 |
| | 每股净资产/调整后(元) | 1.76/1.72 | 1.71/1.67 | 1.65/1.63 |
| | 未分利润(万元) | 766.01 | 52.18 | -11857.14 |
| | 资本公积(万元) | 7378.78 | 7583.76 | 17833.75 |
| 利润构成 | 主营收入(万元) | 48161.12 | 40425.17 | 40593.08 |
| | 主营利润(万元) | 10676.48 | 9329.7 | 11374.12 |
| | 投资收益(万元) | -191.05 | -194.19 | -25.44 |
| | 利润总额(万元) | 2125.01 | 1866.11 | 2148.31 |
| | 净利润(万元) | 791.4 | 663.91 | 828.77 |
| 近年分配: | 06预案:10派0.1 | | | |

**主要股东及持股比例%、持股性质**

山东五洲投资集团有限公司 20.41%(部分流通部分不流通)
潍坊渤海实业有限公司 7.32%(非流通股)
西藏自治区信托投资公司 2.55%(国有股)
中国建银投资有限责任公司 2.55%(非流通股)
徐广平 1.37%(非流通股)
宋绪伟 1.36%(非流通股)
刁培显 1.36%(非流通股)
朱相国 0.89%(非流通股)
王维钦 0.68%(非流通股)
中远散货运输有限公司 0.67%(流通A股)

实际控制人:孙连武、谭朝晖等10名自然人

二〇〇六年以来市场表现

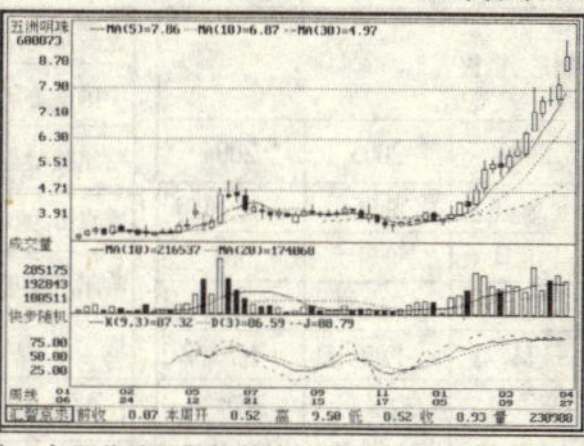

| | |
|---|---|
| 2006年涨跌幅(%) | 53.11 |
| 2006年最高(元) | 6.35 |
| 2007年涨跌幅(%) | 136.24 |
| 2007.4.27收盘(元) | 8.93 |
| 2007年最高(元) | 9.5 |
| 2007年最低(元) | 3.65 |
| 2007年换手率(%) | 471.98 |

未来一年限售流通股解禁情况:18939226股06月06日解禁

| 最新股本 | 总股本 | 非(限售)流通 | 流通A | 流通B/H/S | 股东户数 | 06年末 | 06三季 |
|---|---|---|---|---|---|---|---|
| | 10823.66 | 4150.18 | 6673.49 | | | 16107 | 17199 |

年报点评:公司主营电力铁塔、变压器、电能表等电气设备产品生产、销售及酒店旅游餐饮服务等。06年公司清理了酒店业务。电气设备业务得益于行业快速发展,公司主营收入和净利润均稳步增长。预计07年国内电气设备行业景气度持续,公司仍将稳步发展。

## 创业环保(600874)

上市日期:95/06/30　电话:022-23930128　传真:022-23930126

| 主营 | 污水处理及污水处理设施建设;城市道路维修、养护及收费。 | | | |
|---|---|---|---|---|
| | 年　度 | 2006 | 2005 | 2004 |
| 主要指标 | 每股收益/扣除后(元) | 0.13 | 0.13 | 0.24/0.25 |
| | 每股经营现金流量(元) | 0.15 | 0.07 | 0.11 |
| | 每股净资产/调整后(元) | 1.81/1.72 | 1.72/1.71 | 1.68/1.68 |
| | 未分利润(万元) | 77583.9 | 67861 | 66212.5 |
| | 资本公积(万元) | 7520.9 | 7518.2 | 6928.9 |
| 利润构成 | 主营收入(万元) | 80738.1 | 61183.5 | 75514.8 |
| | 主营利润(万元) | 43966 | 39400.1 | 56517.9 |
| | 投资收益(万元) | 447.4 | | |
| | 利润总额(万元) | 25302.5 | 26666.6 | 48281.1 |
| | 净利润(万元) | 17009.1 | 17585.7 | 32319.7 |
| 近年分配: | 06预案:10派0.4;05年:10派0.4;04年:10派1 | | | |

**主要股东及持股比例%、持股性质**

天津市政投资有限公司 59.91%(国有股)
香港中央结算(代理人)有限公司 25.33%(H股)
沈阳铁路局经济发展总公司 0.26%(非流通股)
中国华电电站装备工程(集团)总公司 0.19%(流通A股)
中国银河证券有限责任公司 0.11%(非流通股)
中国航空结算中心 0.08%(非流通股)
中国建设银行天津市分行津宏支行 0.08%(非流通股)
国泰天证 0.08%(非流通股)
青岛市市南震远贸易公司 0.08%(非流通股)
辽宁神农中草药开发有限公司 0.08%(非流通股)

实际控制人:天津市市政工程局

二〇〇六年以来市场表现

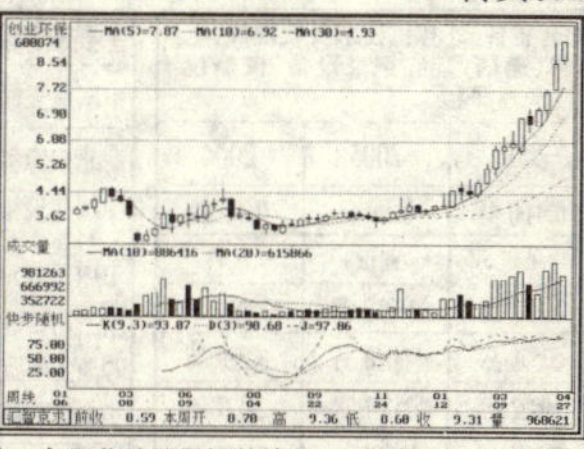

| | |
|---|---|
| 2006年涨跌幅(%) | 44.39 |
| 2006年最高(元) | 6.22 |
| 2007年涨跌幅(%) | 140.57 |
| 2007.4.27收盘(元) | 9.31 |
| 2007年最高(元) | 9.36 |
| 2007年最低(元) | 3.84 |
| 2007年换手率(%) | 634.91 |

未来一年限售流通股解禁情况:66533006股04月20日解禁

| 最新股本 | 总股本 | 非(限售)流通 | 流通A | 流通B/H/S | 股东户数 | 06年末 | 06三季 |
|---|---|---|---|---|---|---|---|
| | 133066.6 | 83563.76 | 15502.84 | 34000 | | 40415 | |

年报点评:公司主营天津地区污水处理业务,并积极向外扩张,曲靖、阜阳、洪湖、宝应、杭州等项目相继投入商业运营。2006年,随着曲靖创业水务公司自来水厂的商业运营,集团成功进入自来水供水行业。外埠项目的资金需求较大,费用大幅增长。

## 东方电机(600875)

上市日期:95/10/10　电话:0838-2409358　传真:0838-2402125

| 主营 | 开发、生产及销售水力发电设备、汽轮发电机、交直流电机、控制设备。 | | | |
|---|---|---|---|---|
| | 年　度 | 2006 | 2005 | 2004 |
| 主要指标 | 每股收益/扣除后(元) | 1.845/1.83 | 1.173/1.177 | 0.588/0.552 |
| | 每股经营现金流量(元) | -0.63 | 2.24 | 5.59 |
| | 每股净资产/调整后(元) | 5.59/5.52 | 4.07/4 | 2.82/2.76 |
| | 未分利润(万元) | 100834.83 | 47888.81 | 8509.55 |
| | 资本公积(万元) | 82986.19 | 75328.35 | 66386.84 |
| 利润构成 | 主营收入(万元) | 469807.94 | 304785.8 | 205136.05 |
| | 主营利润(万元) | 130956.2 | 94812.34 | 72926.16 |
| | 投资收益(万元) | 15.38 | 126.62 | -37.25 |
| | 利润总额(万元) | 92478.69 | 61055.95 | 32389.21 |
| | 净利润(万元) | 83019.96 | 52805.67 | 26472.06 |
| 近年分配: | 06预案:10派2;05年:10派5;04年:10派1.2 | | | |

**主要股东及持股比例%、持股性质**

中国东方电气集团公司 45.29%(国有股)
香港中央结算(代理人)有限公司 37.54%(H股)
交通银行-富国天益价值证券投资基金 1.04%(流通A股)
中国工商银行-广发策略优选混合型证券投资基金 0.69%(流通A股)
交通银行-海富通精选证券投资基金 0.67%(流通A股)
中国银行-海富通收益增长证券投资基金 0.67%(流通A股)
中国工商银行-广发聚富开放式证券投资基金 0.61%(流通A股)
交通银行-普惠证券投资基金 0.61%(流通A股)
中国建设银行-华安宏利股票型证券投资基金 0.56%(流通A股)
交通银行-安顺证券投资基金 0.54%(流通A股)

实际控制人:中国东方电气集团公司

二〇〇六年以来市场表现

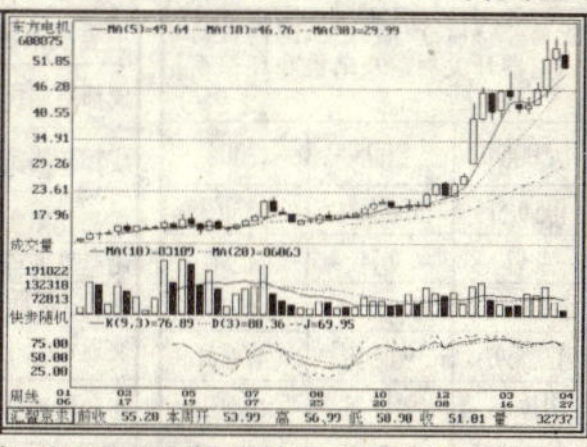

| | |
|---|---|
| 2006年涨跌幅(%) | 182.45 |
| 2006年最高(元) | 35.89 |
| 2007年涨跌幅(%) | 88.23 |
| 2007.4.27收盘(元) | 51.01 |
| 2007年最高(元) | 57.5 |
| 2007年最低(元) | 29.81 |
| 2007年换手率(%) | 126.08 |

未来一年限售流通股解禁情况:22500000股04月17日解禁

| 最新股本 | 总股本 | 非(限售)流通 | 流通A | 流通B/H/S | 股东户数 | 06年末 | 06三季 |
|---|---|---|---|---|---|---|---|
| | 45000 | 20380 | 7620 | 17000 | | 12560 | 13796 |

年报点评:公司主营各种大型发电机,06年销售收入和净利润均大幅增长。虽然07年发电设备景气度已见顶,但公司通过吸收东锅和东汽轮整体上市,将成为国内整体上市最大发电设备制造商,不但抵御行业周期波动的能力增强,海外市场的开拓能力也看好。

## 洛阳玻璃（600876）

上市日期:95/10/31　　电话:0379－3908588　　传真:0379－3251984

| 主营 | 浮法平板玻璃的生产和销售以及二次加工的汽车平板玻璃的制造和销售 | | | |
|---|---|---|---|---|
| | 年　度 | 2006 | 2005 | 2004 |
| 主要指标 | 每股收益/扣除后(元) | -0.63/-0.62 | 0.01/-0.12 | 0.066/0.048 |
| | 每股经营现金流量(元) | -0.02 | 0.22 | 0.221 |
| | 每股净资产/调整后(元) | 0.62/0.53 | 1.36/0.93 | 1.34/0.88 |
| | 未分利润(万元) | -112213.3 | -96893.7 | -97365.7 |
| | 资本公积(万元) | 91417.9 | 99465.5 | 98406.8 |
| 利润构成 | 主营收入(万元) | 119598.9 | 103185.9 | 113388.6 |
| | 主营利润(万元) | -12022.3 | 9159.7 | 25892.9 |
| | 投资收益(万元) | -3426.2 | 1705.5 | 311.9 |
| | 利润总额(万元) | -41352.6 | 348.7 | 5733.2 |
| | 净利润(万元) | -31748.2 | 495.2 | 4610.2 |
| 近年分配: | | | | |

| 主要股东及持股比例%、持股性质 |
|---|
| 香港中央结算(代理人)有限公司 49.33%（H股） |
| 中国洛阳浮法玻璃集团有限责任公司 35.8%（国有股） |
| 张蕾 0.17%（流通A股） |
| HSBC NOMINEES（HONG KONG）LIMITED 0.11%（H股） |
| 阮国珍 0.079%（流通A股） |
| 周岁行 0.078%（流通A股） |
| 梁洁云 0.078%（流通A股） |
| CHUK YEE MEN LIZA 0.075%（H股） |
| 夏瑞芝 0.059%（流通A股） |
| WONG MING SHUN 0.056%（H股） |
| 实际控制人: |

二〇〇六年以来市场表现

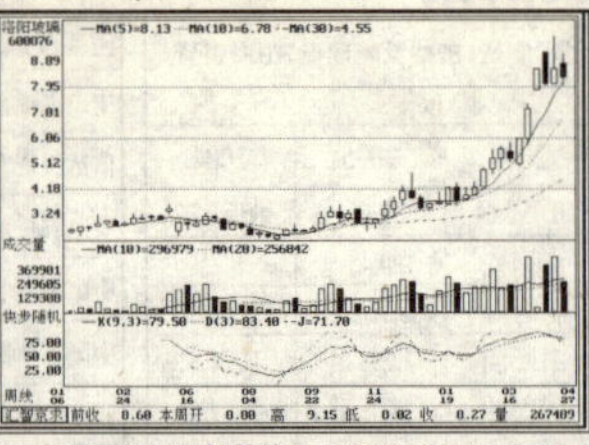

| | |
|---|---|
| 2006年涨跌幅(%) | 89.33 |
| 2006年最高(元) | 6.75 |
| 2007年涨跌幅(%) | 140.41 |
| 2007.4.27收盘(元) | 8.27 |
| 2007年最高(元) | 9.83 |
| 2007年最低(元) | 3.34 |
| 2007年换手率(%) | 588.77 |

未来一年限售流通股解禁情况:35000000股06月08日解禁

| 最新股本 | 总股本 | 非(限售)流通 | 流通A | 流通B/H/S | 股东户数 | 06年末 | 06三季 |
|---|---|---|---|---|---|---|---|
| | 50001.82 | 17901.82 | 7100 | 25000 | | 20110 | 21182 |

**年报点评**：公司主营玻璃及其深加工制品等业务。原材料价格上升导致公司经营压力大，总投资2.8亿元的龙海电子玻璃公司生产的超薄玻璃生产线投产成为新的增长点。2007年4月中国建材集团受让洛阳玻璃集团70%的股权，新股东有望给公司带来活力。

## 中国嘉陵（600877）

上市日期:95/10/13　　电话:023－65194095　　传真:023－65194096

| 主营 | 摩托车及其发动机研发、制造、销售。 | | | |
|---|---|---|---|---|
| | 年　度 | 2006 | 2005 | 2004 |
| 主要指标 | 每股收益/扣除后(元) | -0.38/-0.39 | 0.01 | 0.03/-0.05 |
| | 每股经营现金流量(元) | -0.14 | 0.11 | 0.4 |
| | 每股净资产/调整后(元) | 1.26/1.24 | 2.43/2.31 | 2.5/2.34 |
| | 未分利润(万元) | -45844.41 | -19956.11 | -16764.44 |
| | 资本公积(万元) | 9350.91 | 30624.03 | 30364.56 |
| 利润构成 | 主营收入(万元) | 357990.09 | 369217.29 | 329199.89 |
| | 主营利润(万元) | 8705.63 | 28270.24 | 29854.79 |
| | 投资收益(万元) | 1197.83 | 4021.79 | -968.78 |
| | 利润总额(万元) | -29100.33 | 778.72 | 380.96 |
| | 净利润(万元) | -25888.3 | 647.61 | 1265.39 |
| 近年分配: | | | | |

| 主要股东及持股比例%、持股性质 |
|---|
| 中国南方工业集团公司 37%（国有股） |
| 哈尔滨哈里慈善基金会 2.95%（流通A股） |
| 李卓 0.98%（流通A股） |
| 哈尔滨哈里实业股份有限公司 0.59%（流通A股） |
| 钱文荣 0.44%（流通A股） |
| 汤力群 0.4%（流通A股） |
| 欧杰斌 0.19%（流通A股） |
| 李桂明 0.19%（流通A股） |
| 哈尔滨市道外投资有限责任公司 0.16%（流通A股） |
| 陈希文 0.15%（流通A股） |
| 实际控制人: 国务院国有资产监督管理委员会 |

二〇〇六年以来市场表现

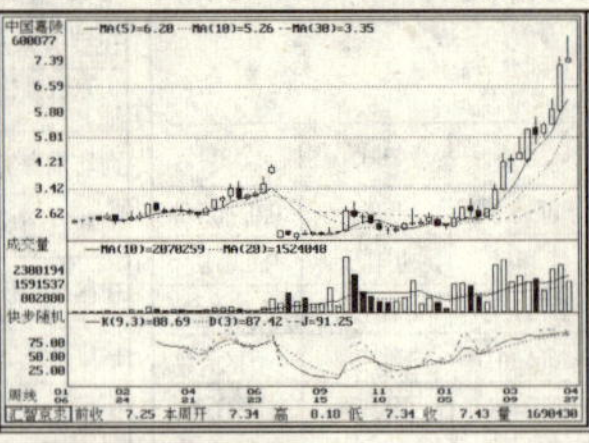

| | |
|---|---|
| 2006年涨跌幅(%) | 87.15 |
| 2006年最高(元) | 5.88 |
| 2007年涨跌幅(%) | 231.7 |
| 2007.4.27收盘(元) | 7.43 |
| 2007年最高(元) | 8.18 |
| 2007年最低(元) | 2.15 |
| 2007年换手率(%) | 622.37 |

未来一年限售流通股解禁情况:

| 最新股本 | 总股本 | 非(限售)流通 | 流通A | 流通B/H/S | 股东户数 | 06年末 | 06三季 |
|---|---|---|---|---|---|---|---|
| | 68728.2 | 25427.08 | 43301.12 | | | 86749 | 83775 |

**年报点评**：公司主营摩托车生产销售。06年受燃油车及电动自行车冲击、原材料价格大幅上涨、城市禁限等不利因素影响，国内摩托车市场销量下滑，公司经营亏损。07年公司将重点拓展国际市场，加大对新兴市场和重点市场投入，以扭转国内市场萎缩局面。

## 火箭股份（600879）

上市日期:95/11/15　　电话:027－85487719　　传真:027－85487727

| 主营 | 民用航天与运载火箭及配套装备、计算机技术及软硬件、电子测量与自动控制、新材料、通信产品、记录设备、仪器仪表、卫星导航与卫星应用技术及产品。 | | | |
|---|---|---|---|---|
| | 年　度 | 2006 | 2005 | 2004 |
| 主要指标 | 每股收益/扣除后(元) | 0.44/0.44 | 0.5/0.51 | 0.4/0.39 |
| | 每股经营现金流量(元) | 0.18 | 0.08 | 0.43 |
| | 每股净资产/调整后(元) | 2.68/2.66 | 3.29/3.28 | 2.88/2.86 |
| | 未分利润(万元) | 57506.58 | 43110.56 | 32329.76 |
| | 资本公积(万元) | 10922.09 | 25167.38 | 24137.88 |
| 利润构成 | 主营收入(万元) | 125349.62 | 101767.46 | 73478.84 |
| | 主营利润(万元) | 53798.62 | 46913.07 | 33193.11 |
| | 投资收益(万元) | 643.43 | -264.17 | 326.75 |
| | 利润总额(万元) | 25732.88 | 19559.88 | 14737.37 |
| | 净利润(万元) | 21434.46 | 17405.95 | 13938.48 |
| 近年分配: | 06预案:10派1；05年:10派1.0015；04年:10派1 | | | |

| 主要股东及持股比例%、持股性质 |
|---|
| 中国航天时代电子公司 19.34%（国有股） |
| 湖北聚源科技投资有限公司 5.81%（国有股） |
| 中国建设银行－上投摩根成长先锋股票型证券投资基金 3.34%（流通A股） |
| 中国工商银行－南方绩优成长股票型证券投资基金 3.06%（流通A股） |
| 中国银行－华宝兴业先进成长股票型证券投资基金 3.05%（流通A股） |
| 华夏证券有限公司 1.98%（流通A股） |
| 海通－中行－FORTIS BANK SA/NV 1.73%（流通A股） |
| 深圳市海鑫田实业有限公司 1.57%（非流通股） |
| 中国工商银行－天元证券投资基金 1.56%（流通A股） |
| 中国建设银行－上投摩根双息平衡混合型证券投资基金 1.55%（流通A股） |
| 实际控制人: 中国航天科技集团公司 |

二〇〇六年以来市场表现

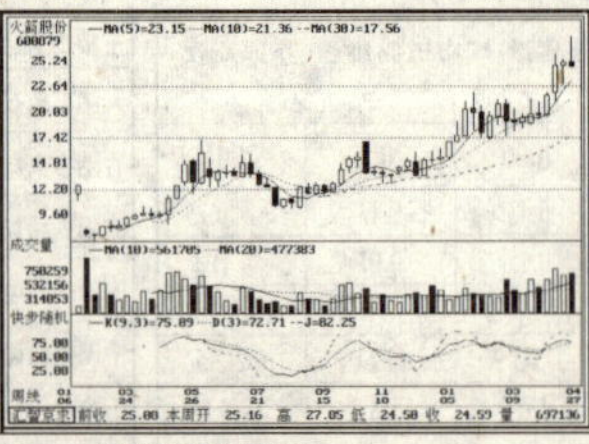

| | |
|---|---|
| 2006年涨跌幅(%) | 137.87 |
| 2006年最高(元) | 28.78 |
| 2007年涨跌幅(%) | 59.78 |
| 2007.4.27收盘(元) | 24.59 |
| 2007年最高(元) | 27.85 |
| 2007年最低(元) | 15.2 |
| 2007年换手率(%) | 216.38 |

未来一年限售流通股解禁情况:

| 最新股本 | 总股本 | 非(限售)流通 | 流通A | 流通B/H/S | 股东户数 | 06年末 | 06三季 |
|---|---|---|---|---|---|---|---|
| | 49138.39 | 14578.79 | 34559.59 | | | 23965 | 26473 |

**年报点评**：公司主营民用航天与运载火箭及配套装备。2006年航天专用产品市场需求持续旺盛，公司业绩实现平稳增长。2007年度公司将按照"以专业化带动产业化，推动公司跨越式发展"的思路，完成对航天时代电子公司的收购，业绩将有50%以上的涨幅。

## 博瑞传播（600880）

上市日期:95/11/15　　电话:028－7651183　　传真:028－7651183

| 主营 | 信息传播服务、报刊发行投递、高科技产品开发、国内贸易(除专项规定以外)、高低压电器开关制造及销售和环保系列产品的研制生产。 | | | |
|---|---|---|---|---|
| | 年　度 | 2006 | 2005 | 2004 |
| 主要指标 | 每股收益/扣除后(元) | 0.5/0.51 | 0.42/0.41 | 0.37/0.35 |
| | 每股经营现金流量(元) | 0.97 | 0.74 | 0.34 |
| | 每股净资产/调整后(元) | 2.63/2.41 | 2.45/2.22 | 2.03/1.91 |
| | 未分利润(万元) | 12728.97 | 9604.38 | 4476.61 |
| | 资本公积(万元) | 2119.25 | 2119.25 | 2085 |
| 利润构成 | 主营收入(万元) | 60271.57 | 54773.96 | 39802.71 |
| | 主营利润(万元) | 25984.14 | 23779.13 | 17498.93 |
| | 投资收益(万元) | -1032.05 | -1188.15 | -893.1 |
| | 利润总额(万元) | 14428.82 | 12248.65 | 11015.38 |
| | 净利润(万元) | 9137.77 | 7592.09 | 6724.34 |
| 近年分配: | 06预案:10派2；05年:10派2.5 | | | |

| 主要股东及持股比例%、持股性质 |
|---|
| 成都博瑞投资控股集团有限公司 25.83%（国有股） |
| 成都新闻宾馆 11.96%（国有股） |
| 成都新阳实业投资有限公司 3.96%（非流通股） |
| 中国工商银行－易方达价值精选股票型证券投资基金 2.96%（流通A股） |
| 交通银行－科汇证券投资基金 2.77%（流通A股） |
| 全国社保基金一零四组合 2.24%（流通A股） |
| 中国平安人寿保险股份有限公司－分红－团险分红 1.58%（流通A股） |
| 中国光大银行股份有限公司－国投瑞银创新动力股票型证券投资基金 1.56%（流通A股） |
| 中国银行－易方达平稳增长证券投资基金 1.56%（流通A股） |
| 中国人寿保险(集团)公司－传统－普通保险产品 1.54%（流通A股） |
| 实际控制人: 成都商报社 |

二〇〇六年以来市场表现

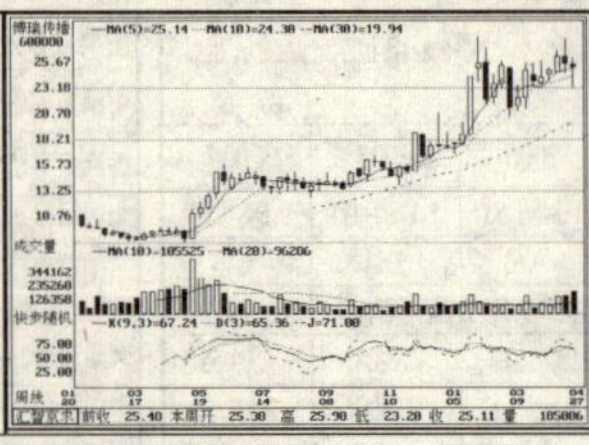

| | |
|---|---|
| 2006年涨跌幅(%) | 92.92 |
| 2006年最高(元) | 27.38 |
| 2007年涨跌幅(%) | 43.4 |
| 2007.4.27收盘(元) | 25.11 |
| 2007年最高(元) | 28.15 |
| 2007年最低(元) | 16.8 |
| 2007年换手率(%) | 154.44 |

未来一年限售流通股解禁情况:9112605股01月18日解禁

| 最新股本 | 总股本 | 非(限售)流通 | 流通A | 流通B/H/S | 股东户数 | 06年末 | 06三季 |
|---|---|---|---|---|---|---|---|
| | 18225.21 | 10544.88 | 7680.32 | | | 3839 | 4456 |

**年报点评**：2006年，公司立足"传统媒体运营服务商、新兴媒体内容提供商"的战略定位，坚定做大做强传媒主业的发展思路，对内以财务管理为中心，对外以拓展市场为龙头，狠抓管理和项目推进。经营业绩持续全面增长，收入增长10.04%，净利润增长20.36%。

## 亚泰集团（600881）

上市日期:95/11/15　　电话:0431－84956688　　传真:0431－84951400

| 主营 | 主营房地产、水泥、证券、制药等。 | | | |
|---|---|---|---|---|
| | 年　度 | 2006 | 2005 | 2004 |
| 主要指标 | 每股收益/扣除后(元) | 0.102/0.092 | 0.071 | 0.19/0.12 |
| | 每股经营现金流量(元) | 0.03 | 0.31 | 0.96 |
| | 每股净资产/调整后(元) | 2.16/1.99 | 2.86/2.69 | 4.19/3.9 |
| | 未分利润(万元) | 51224.19 | 40580.25 | 36444.97 |
| | 资本公积(万元) | 62054.27 | 94601.06 | 122225.72 |
| 利润构成 | 主营收入(万元) | 291475.37 | 211813.31 | 200310.12 |
| | 主营利润(万元) | 56676.34 | 42234.28 | 58011.81 |
| | 投资收益(万元) | 1385.87 | －759.48 | －1364.37 |
| | 利润总额(万元) | 12759.82 | 4417.36 | 13961.15 |
| | 净利润(万元) | 11861.62 | 5922.99 | 10585.08 |
| 近年分配: | 04 年:10 转增 5 | | | |

| 主要股东及持股比例%、持股性质 | |
|---|---|
| 长春市国有资产监督管理委员会 17.09%（国有股） | |
| 辽源市财政局 1.41%（国有股） | |
| 上海政信投资有限公司 0.87%（流通 A 股） | |
| 银丰证券投资基金 0.78%（流通 A 股） | |
| 北京海志天成投资顾问有限公司 0.4%（流通 A 股） | |
| 吉林省信托投资有限责任公司 0.38%（非流通股） | |
| 彭红星 0.32%（流通 A 股） | |
| 林方君 0.27%（流通 A 股） | |
| 长春市奥特信息系统工程有限公司 0.25%（流通 A 股） | |
| 张淑梅 0.25%（流通 A 股） | |
| 实际控制人: | 长春市国有资产监督管理委员会 |

二〇〇六年以来市场表现

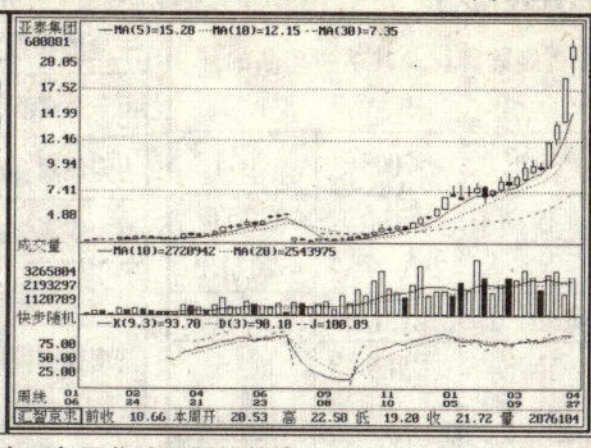

| | |
|---|---|
| 2006 年涨跌幅(%) | 420.57 |
| 2006 年最高(元) | 12.51 |
| 2007 年涨跌幅(%) | 219.88 |
| 2007.4.27 收盘(元) | 21.72 |
| 2007 年最高(元) | 22.58 |
| 2007 年最低(元) | 6.23 |
| 2007 年换手率(%) | 446.17 |

未来一年限售流通股解禁情况:78731643 股 08 月 10 日解禁

| 最新股本 | 总股本 | 非(限售)流通 | 流通 A | 流通 B/H/S | 股东户数 | 06 年末 | 06 三季 |
|---|---|---|---|---|---|---|---|
| | 115899.47 | 21879.77 | 94019.71 | | | 103142 | 134666 |

年报点评　公司拥有水泥、地产、煤炭纵向一体化的产业链。2006 年全年生产熟料 666.2 万吨，生产水泥 554.0 万吨，在长春市场占有率为 71%。公司是东北地区唯一一家国家重点支持的十二家水泥集团企业。拥有东北证券 42.62% 的股权是公司重要的亮点。

## 大成股份（600882）

上市日期:95/12/06　　电话:0533－2111919　　传真:0533－2113511

| 主营 | 化学农药及化工产品的制造和销售 | | | |
|---|---|---|---|---|
| | 年　度 | 2006 | 2005 | 2004 |
| 主要指标 | 每股收益/扣除后(元) | 0.07/－0.05 | 0.06 | 0.013/－0.005 |
| | 每股经营现金流量(元) | 0.72 | 0.37 | －0.69 |
| | 每股净资产/调整后(元) | 2.4/2.32 | 2.69/2.25 | 2.63/2.28 |
| | 未分利润(万元) | 3519.84 | 2214.18 | 1257.92 |
| | 资本公积(万元) | 23049.95 | 26024.87 | 26011.7 |
| 利润构成 | 主营收入(万元) | 69001.79 | 62146.07 | 63005.55 |
| | 主营利润(万元) | 10030.49 | 9564.43 | 9631.56 |
| | 投资收益(万元) | －41.01 | －1160.98 | －556.9 |
| | 利润总额(万元) | 1865.28 | 1199.93 | 164.62 |
| | 净利润(万元) | 1458.03 | 1077.25 | 238.46 |
| 近年分配: | 05 年:10 转增 1.5 | | | |

| 主要股东及持股比例%、持股性质 | |
|---|---|
| 淄博市财政局 30.54%（国有股） | |
| 黄凤莲 0.72%（流通 A 股） | |
| 刘媛月 0.67%（流通 A 股） | |
| 张店向阳化工厂 0.32%（非流通股） | |
| 南京腾顺国际货运代理有限公司 0.31%（流通 A 股） | |
| 赵亮 0.22%（流通 A 股） | |
| 陈卫 0.2%（流通 A 股） | |
| 孙秀英 0.19%（流通 A 股） | |
| 陈丹艳 0.18%（流通 A 股） | |
| 吴群英 0.18%（流通 A 股） | |
| 实际控制人: | 淄博市财政局 |

二〇〇六年以来市场表现

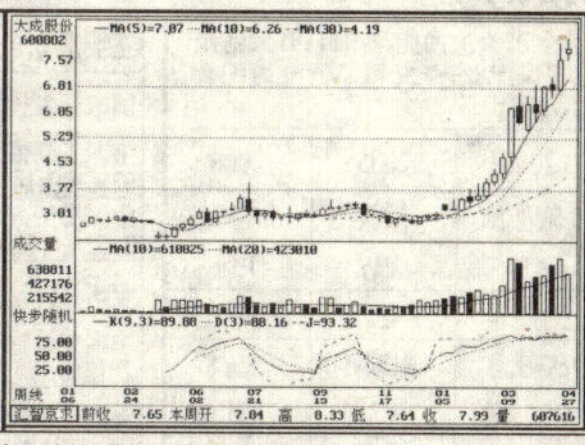

| | |
|---|---|
| 2006 年涨跌幅(%) | 76.71 |
| 2006 年最高(元) | 5.25 |
| 2007 年涨跌幅(%) | 161.97 |
| 2007.4.27 收盘(元) | 7.99 |
| 2007 年最高(元) | 8.33 |
| 2007 年最低(元) | 3.13 |
| 2007 年换手率(%) | 528.9 |

未来一年限售流通股解禁情况:

| 最新股本 | 总股本 | 非(限售)流通 | 流通 A | 流通 B/H/S | 股东户数 | 06 年末 | 06 三季 |
|---|---|---|---|---|---|---|---|
| | 21372.64 | 6673.91 | 14698.74 | | | 42433 | 44709 |

年报点评　近年来公司开发出了高效低毒的生化农药，这保证了其 2006 年的盈利和今后主业的发展。公司未来的发展机遇来自两方面的重组：大股东淄博市财政局拟以现金和工业土地使用权抵偿占用公司资金；大股东与中国化工农化总公司签订了重组协议。

## 博闻科技（600883）

上市日期:95/12/08　　电话:0875－2221731　　传真:0875－2221732

| 主营 | 硅酸盐水泥、水泥熟料及其他建材产品的制造、销售；计算机硬件生产、软件开发和网络开发、信息服务。 | | | |
|---|---|---|---|---|
| | 年　度 | 2006 | 2005 | 2004 |
| 主要指标 | 每股收益/扣除后(元) | 0.101/0.104 | 0.021 | 0.017/0.018 |
| | 每股经营现金流量(元) | 0.493 | 0.247 | －0.338 |
| | 每股净资产/调整后(元) | 1.22/1.17 | 1.34/1.32 | 1.31/1.29 |
| | 未分利润(万元) | 688.09 | 1153.25 | 835.35 |
| | 资本公积(万元) | 293.99 | 2714.33 | 2693.34 |
| 利润构成 | 主营收入(万元) | 19075.19 | 13225.74 | 13815.61 |
| | 主营利润(万元) | 4799.74 | 3401.09 | 2299.47 |
| | 投资收益(万元) | 1197.64 | 1245.16 | 1089.05 |
| | 利润总额(万元) | 3057.38 | 641.33 | 315.98 |
| | 净利润(万元) | 2383.39 | 411.21 | 342.86 |
| 近年分配: | 06 预案:10 派 0.5 | | | |

| 主要股东及持股比例%、持股性质 | |
|---|---|
| 深圳市得融投资发展有限公司 17.15%（非流通股） | |
| 北京北大资源科技有限公司 12.2%（非流通股） | |
| 云南省保山建材实业集团公司 11.44%（国有股） | |
| 云南圣地投资有限公司 10.67%（非流通股） | |
| 云南省腾冲县保腾商号 1.14%（非流通股） | |
| 云南省设计院 1.14%（非流通股） | |
| 深圳市通乾投资股份有限公司 0.34%（非流通股） | |
| 保山市永昌村镇建设开发有限责任公司 0.25%（非流通股） | |
| 傅建定 0.25%（流通 A 股） | |
| 保山地区建筑工程总公司 0.23%（非流通股） | |
| 实际控制人: | 王绥义 |

二〇〇六年以来市场表现

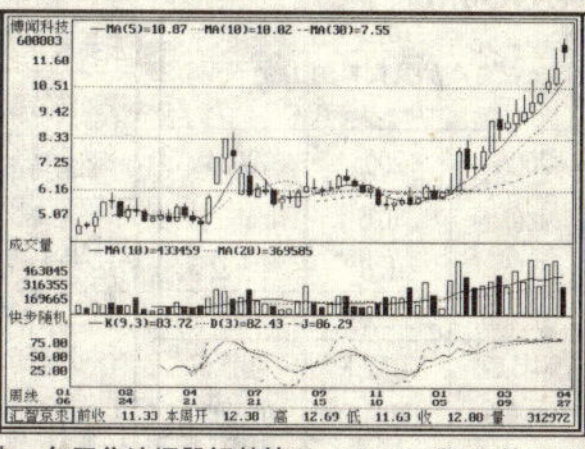

| | |
|---|---|
| 2006 年涨跌幅(%) | 89.66 |
| 2006 年最高(元) | 10.1 |
| 2007 年涨跌幅(%) | 106.85 |
| 2007.4.27 收盘(元) | 12.08 |
| 2007 年最高(元) | 12.69 |
| 2007 年最低(元) | 5.79 |
| 2007 年换手率(%) | 632.87 |

未来一年限售流通股解禁情况:48913200 股 07 月 07 日解禁

| 最新股本 | 总股本 | 非(限售)流通 | 流通 A | 流通 B/H/S | 股东户数 | 06 年末 | 06 三季 |
|---|---|---|---|---|---|---|---|
| | 23608.8 | 13500 | 10108.8 | | | 24048 | 21169 |

年报点评　公司“太保山”牌水泥是首批“云南省名牌产品”，是辖区大型重点基础设施建设工程和水电开发工程的首选和推荐产品。对于公司的计算机信息技术及服务业务，2007 年 1 月已退出对北京算通科技发展有限公司的投资。

## 杉杉股份（600884）

上市日期:96/01/30　　电话:0574－88208375　　传真:0574－88208375

| 主营 | 西服、休闲服、衬衫、时装等的生产和销售。 | | | |
|---|---|---|---|---|
| | 年　度 | 2006 | 2005 | 2004 |
| 主要指标 | 每股收益/扣除后(元) | 0.221/0.119 | 0.183 | 0.22/0.209 |
| | 每股经营现金流量(元) | 0.411 | 0.346 | 0.39 |
| | 每股净资产/调整后(元) | 3.62/3.5 | 3.5/3.41 | 3.43/3.31 |
| | 未分利润(万元) | 15078.11 | 13231.02 | 14343.9 |
| | 资本公积(万元) | 52130.61 | 52057.82 | 52049.81 |
| 利润构成 | 主营收入(万元) | 154382.33 | 124137.16 | 100073.94 |
| | 主营利润(万元) | 27767.44 | 27344.1 | 24955.9 |
| | 投资收益(万元) | 1721.3 | －1195.87 | 1071.93 |
| | 利润总额(万元) | 12388.67 | 11932.73 | 11546.2 |
| | 净利润(万元) | 9080.12 | 7514.12 | 9023.68 |
| 近年分配: | 06 预案:10 派 1；05 年:10 派 1；04 年:10 派 1 | | | |

| 主要股东及持股比例%、持股性质 | |
|---|---|
| 杉杉集团有限公司 32.04%（非流通股） | |
| 百联集团有限公司 2.58%（国有股） | |
| 上海易恩实业有限公司 2.13%（非流通股） | |
| 鄞州经济建设投资咨询有限公司 0.6%（非流通股） | |
| 宁波甬城房地产总公司 0.49%（非流通股） | |
| 余姚市宝马印刷器材有限公司 0.37%（国有股） | |
| 赵宏伟 0.34%（流通 A 股） | |
| 上海金象铝业有限公司 0.33%（流通 A 股） | |
| 南京长江油运公司 0.27%（流通 A 股） | |
| 罗穗琴 0.25%（流通 A 股） | |
| 实际控制人: | 郑永刚 |

二〇〇六年以来市场表现

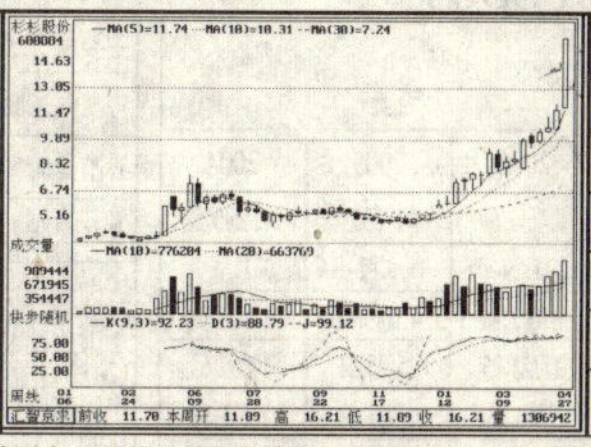

| | |
|---|---|
| 2006 年涨跌幅(%) | 66.22 |
| 2006 年最高(元) | 8.57 |
| 2007 年涨跌幅(%) | 203.56 |
| 2007.4.27 收盘(元) | 16.21 |
| 2007 年最高(元) | 16.21 |
| 2007 年最低(元) | 5.7 |
| 2007 年换手率(%) | 481.89 |

未来一年限售流通股解禁情况:48979051 股 04 月 25 日解禁

| 最新股本 | 总股本 | 非(限售)流通 | 流通 A | 流通 B/H/S | 股东户数 | 06 年末 | 06 三季 |
|---|---|---|---|---|---|---|---|
| | 41085.82 | 16007.49 | 25078.33 | | | 65166 | 69431 |

年报点评　2006 年服装业务处于持续转型中，发展平稳；锂离子电池材料竞争优势明显，未来成长预期明显，新增的太阳能电池片业务，由于原料紧张和主流市场尚未打开，定价有待提高。公司估值提高主要得宜于宁波商业银行上市的预期。

## 力诺太阳(600885)

上市日期:96/02/05　　电话:027—68850733　　传真:027—68850679

**主营**：太阳能光热转化材料——高硼硅管材及其系列产品的开发、制造和销售。

| | 年　度 | 2006 | 2005 | 2004 |
|---|---|---|---|---|
| 主要指标 | 每股收益/扣除后(元) | -0.45/-0.43 | 0.01 | 0.02/0.02 |
| | 每股经营现金流量(元) | 0.45 | 0.49 | 0.01 |
| | 每股净资产/调整后(元) | 0.92/0.72 | 1.62/1.38 | 1.61/1.51 |
| | 未分利润(万元) | -5742.94 | 1169 | 1028.53 |
| | 资本公积(万元) | 3876.71 | 6256 | 6254.44 |
| 利润构成 | 主营收入(万元) | 35542.95 | 31803.61 | 31696.38 |
| | 主营利润(万元) | 3301.83 | 5374.36 | 5196.66 |
| | 投资收益(万元) | -70.71 | 327.48 | 256.48 |
| | 利润总额(万元) | -6663.21 | 403.41 | 442.94 |
| | 净利润(万元) | -6911.94 | 165.25 | 229.78 |

近年分配:

**主要股东及持股比例%、持股性质**

- 山东力诺新材料有限公司 18.56% (非流通股)
- 力诺集团有限责任公司 6.66% (非流通股)
- 海南安泽旅业投资有限公司 2.86% (非流通股)
- 上海奎元投资管理有限公司 2.85% (非流通股)
- 济南德信诚商贸有限公司 2.54% (非流通股)
- 武汉市商业银行 2.03% (非流通股)
- 海南伟邦投资发展有限公司 1.42% (非流通股)
- 邢康 1.38% (流通 A 股)
- 上海浦宁科技发展有限公司 1.18% (非流通股)
- 铁道第四勘察设计院 0.71% (非流通股)

实际控制人: 高元坤

**二〇〇六年以来市场表现**

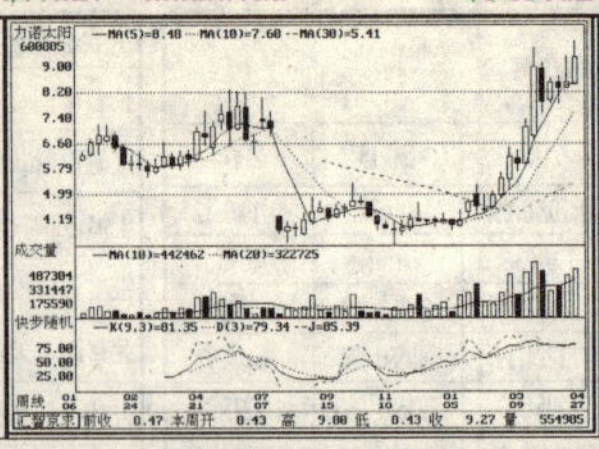

| | |
|---|---|
| 2006 年涨跌幅(%) | 0.68 |
| 2006 年最高(元) | 8.25 |
| 2007 年涨跌幅(%) | 122.3 |
| 2007.4.27 收盘(元) | 9.27 |
| 2007 年最高(元) | 9.8 |
| 2007 年最低(元) | 3.85 |
| 2007 年换手率(%) | 783.1 |

未来一年限售流通股解禁情况:56237382 股 08 月 03 日解禁

| 最新股本 | 总股本 | 非(限售)流通 | 流通 A | 流通 B/H/S | 股东户数 06 年末 | 股东户数 06 三季 |
|---|---|---|---|---|---|---|
| | 15374.38 | 7993.91 | 7380.46 | | 18930 | 19528 |

**年报点评**：公司主营业务产品高硼硅太阳能材料。去年面对能源及原材料成本上涨和市场竞争仍然激烈等不利因素,公司主营利润和净利润都在下降。未来随着太阳能热水器的广泛使用,公司作为该行业最上游产品的龙头供应商,有望改善业绩 。

## 国投电力(600886)

上市日期:96/01/18　　电话:(010)68096868　　传真:(010)68096866

**主营**：投资建设、经营管理以电力生产为主的能源项目;开发及经营新能源项目、高新技术、环保产业;开发和经营电力配套产品及信息、咨询服务。

| | 年　度 | 2006 | 2005 | 2004 |
|---|---|---|---|---|
| 主要指标 | 每股收益/扣除后(元) | 0.505/0.509 | 0.674 | 0.583/0.6 |
| | 每股经营现金流量(元) | 1.89 | 2.46 | 1.99 |
| | 每股净资产/调整后(元) | 3.85/3.64 | 2.45/2.2 | 2.39/2.13 |
| | 未分利润(万元) | 68393.83 | 40436.95 | 42856.87 |
| | 资本公积(万元) | 140025.02 | 21957.06 | 21891.06 |
| 利润构成 | 主营收入(万元) | 421703.42 | 305676.45 | 237785.09 |
| | 主营利润(万元) | 121422.6 | 98162.21 | 84821.86 |
| | 投资收益(万元) | 9189.64 | 12870.35 | 9592.56 |
| | 利润总额(万元) | 82294.89 | 70931.41 | 61940.62 |
| | 净利润(万元) | 41073.68 | 37953.27 | 32846.45 |

近年分配: 06 预案:10 派 1.8 ; 05 中期:10 派 5 年终:10 派 1.3 ; 04 中期:10 转增 10 年终:10 派 1

**主要股东及持股比例%、持股性质**

- 国家开发投资公司 44.14% (国有股)
- 中国工商银行 - 易方达价值精选股票型证券投资基金 3.02% (流通 A 股)
- 中国平安人寿保险股份有限公司 - 传统 - 普通保险产品 2.52% (流通 A 股)
- 全国社保基金一零三组合 2.39% (流通 A 股)
- 中国建设银行 - 上投摩根成长先锋股票型证券投资基金 2.13% (流通 A 股)
- 海通 - 中行 - FORTIS BANK SA/NV 1.83% (流通 A 股)
- 中国建设银行 - 博时主题行业股票证券投资基金 1.35% (流通 A 股)
- 中国银行 - 易方达策略成长二号混合型证券投资基金 1.24% (流通 A 股)
- 中国建设银行 - 工银瑞信稳健成长股票型证券投资基金 1.1% (流通 A 股)
- 中国银行 - 海富通收益增长证券投资基金 0.98% (流通 A 股)

实际控制人: 国家开发投资公司

**二〇〇六年以来市场表现**

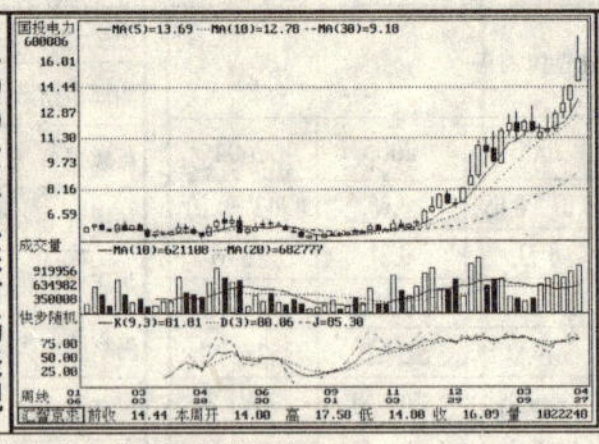

| | |
|---|---|
| 2006 年涨跌幅(%) | 32.07 |
| 2006 年最高(元) | 8.09 |
| 2007 年涨跌幅(%) | 123.47 |
| 2007.4.27 收盘(元) | 16.09 |
| 2007 年最高(元) | 17.58 |
| 2007 年最低(元) | 7.31 |
| 2007 年换手率(%) | 240.75 |

未来一年限售流通股解禁情况:

| 最新股本 | 总股本 | 非(限售)流通 | 流通 A | 流通 B/H/S | 股东户数 06 年末 | 股东户数 06 三季 |
|---|---|---|---|---|---|---|
| | 81349.17 | 35908.34 | 45440.83 | | 34367 | 54175 |

**年报点评**：2006 年公司完成了对三个发电项目的收购,实现了装机规模跨越式发展。截至 2006 年底,公司总装机容量和权益装机容量同比分别增长 75.63% 和 84.86%。装机容量的增长,保证了公司发电量、销售收入和利润的稳步增长,并为公司未来发展奠定了坚实基础。

## 伊利股份(600887)

上市日期:96/03/12　　电话:0471 - 3601621　　传真:0471 - 3601615

**主营**：乳制品制造,食品、饮料加工,农畜产品及饲料加工。

| | 年　度 | 2006 | 2005 | 2004 |
|---|---|---|---|---|
| 主要指标 | 每股收益/扣除后(元) | 0.67 | 0.75 | 0.61/0.55 |
| | 每股经营现金流量(元) | 0.96 | 1.71 | 3.22 |
| | 每股净资产/调整后(元) | 5.06/4.67 | 5.8/5.55 | 5.28/5.16 |
| | 未分利润(万元) | 58443.27 | 41173.8 | 30515.87 |
| | 资本公积(万元) | 100420.66 | 102131.98 | 101319.51 |
| 利润构成 | 主营收入(万元) | 1633898.59 | 1217526.41 | 873499.1 |
| | 主营利润(万元) | 445478.2 | 347948.97 | 255716.83 |
| | 投资收益(万元) | 708.05 | 412.07 | -1904.03 |
| | 利润总额(万元) | 56177.89 | 49161.14 | 37887.86 |
| | 净利润(万元) | 34458.88 | 29338.61 | 23912.9 |

近年分配: 06 预案:10 派 1 ; 05 年:10 派 2.6 ; 04 年:10 派 2.5

**主要股东及持股比例%、持股性质**

- 呼和浩特投资有限责任公司 9.97% (非流通股)
- 呼和浩特市启元投资有限公司 3.32% (非流通股)
- 中国人寿保险股份有限公司 - 分红 - 个人分红 - 005L - FH002 沪 2.74% (流通 A 股)
- 北京天驰亿阳投资咨询有限公司 2.32% (非流通股)
- 呼和浩特市华世商贸有限公司 2.16% (非流通股)
- 中国平安人寿保险股份有限公司 - 分红 - 银保分红 2.12% (流通 A 股)
- 内蒙古日信担保投资(集团)有限公司 1.91% (非流通股)
- 中国农业银行 - 交银施罗德成长股票证券投资基金 1.69% (流通 A 股)
- 中国农业银行 - 泰达荷银首选企业股票型证券投资基金 1.55% (流通 A 股)
- 中国工商银行 - 汇添富均衡增长股票型证券投资基金 1.39% (流通 A 股)

实际控制人:

**二〇〇六年以来市场表现**

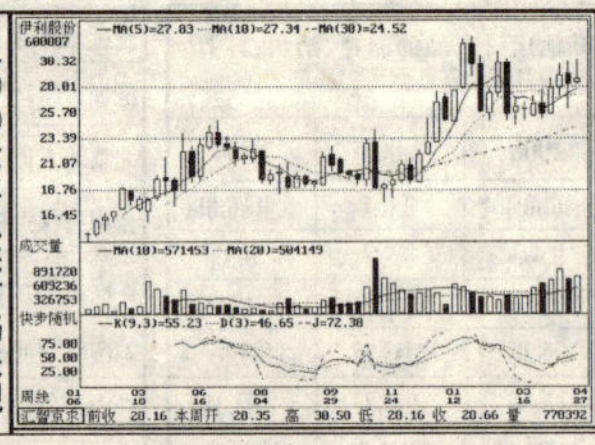

| | |
|---|---|
| 2006 年涨跌幅(%) | 161.64 |
| 2006 年最高(元) | 40.01 |
| 2007 年涨跌幅(%) | 8.15 |
| 2007.4.27 收盘(元) | 28.66 |
| 2007 年最高(元) | 32.63 |
| 2007 年最低(元) | 24.47 |
| 2007 年换手率(%) | 220.85 |

未来一年限售流通股解禁情况:

| 最新股本 | 总股本 | 非(限售)流通 | 流通 A | 流通 B/H/S | 股东户数 06 年末 | 股东户数 06 三季 |
|---|---|---|---|---|---|---|
| | 51646.98 | 14555.43 | 37091.55 | | 20316 | 23832 |

**年报点评**：公司是乳制品行业龙头企业,在乳品行业高速发展和市场竞争日益激烈的背景下,依托现有的资源优势,通过继续推行精确化管理、扩大生产基地布局、努力拓展市场,2006 年实现收入与利润的稳步增长。

## 新疆众和(600888)

上市日期:96/02/15　　电话:0991—6689800　　传真:0991—6689999

**主营**：铝及铝制品的生产、销售。

| | 年　度 | 2006 | 2005 | 2004 |
|---|---|---|---|---|
| 主要指标 | 每股收益/扣除后(元) | 0.46/0.66 | 0.566 | 0.553/0.58 |
| | 每股经营现金流量(元) | 1.29 | 0.97 | 1.51 |
| | 每股净资产/调整后(元) | 3.03/2.81 | 4.06/3.92 | 3.52/3.09 |
| | 未分利润(万元) | 17722.75 | 15133.21 | 10969.63 |
| | 资本公积(万元) | 9440.28 | 10731.09 | 10677.34 |
| 利润构成 | 主营收入(万元) | 77495.94 | 59371.99 | 58525.28 |
| | 主营利润(万元) | 27025.37 | 19985.06 | 21051.56 |
| | 投资收益(万元) | -1.09 | 5.66 | 226.73 |
| | 利润总额(万元) | 8745.17 | 6536.01 | 6364.85 |
| | 净利润(万元) | 7622.19 | 5850.85 | 5722.65 |

近年分配: 06 中期:10 派 0.34 送 3 转增 1 年终预案:10 派 0.2 ; 05 年:10 派 0.4371 ; 04 年:10 派 0.2

**主要股东及持股比例%、持股性质**

- 特变电工股份有限公司 32.48% (非流通股)
- 云南博闻科技实业股份有限公司 22.06% (非流通股)
- 上海宏联创业投资有限公司 4.41% (非流通股)
- 中国建设银行 - 上投摩根成长先锋股票型证券投资基金 2.57% (流通 A 股)
- 中国建设银行 - 上投摩根中国优势证券投资基金 1.91% (流通 A 股)
- 中国建设银行 - 上投摩根双息平衡混合型证券投资基金 1.68% (流通 A 股)
- 中国农业银行 - 景顺长城内需增长贰号股票型证券投资基金 1.68% (流通 A 股)
- 中国农业银行 - 景顺长城内需增长开放式证券投资基金 1.43% (流通 A 股)
- 中国建设银行 - 上投摩根阿尔法股票型证券投资基金 0.96% (流通 A 股)
- 上海紫光投资发展有限公司 0.63% (非流通股)

实际控制人: 张新

**二〇〇六年以来市场表现**

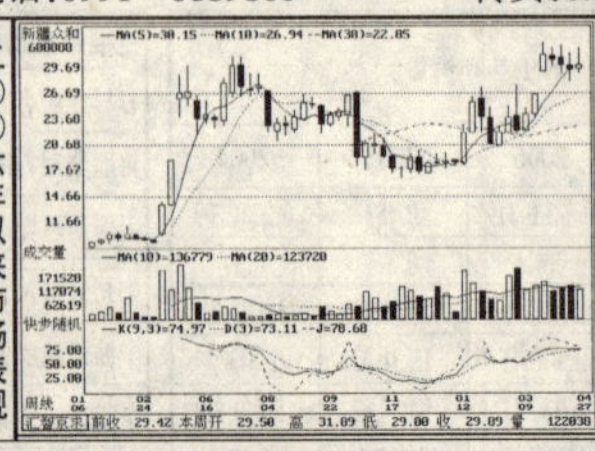

| | |
|---|---|
| 2006 年涨跌幅(%) | 350.24 |
| 2006 年最高(元) | 46.63 |
| 2007 年涨跌幅(%) | 61.13 |
| 2007.4.27 收盘(元) | 29.89 |
| 2007 年最高(元) | 32.7 |
| 2007 年最低(元) | 18.11 |
| 2007 年换手率(%) | 314.35 |

未来一年限售流通股解禁情况:13486200 股 05 月 24 日解禁

| 最新股本 | 总股本 | 非(限售)流通 | 流通 A | 流通 B/H/S | 股东户数 06 年末 | 股东户数 06 三季 |
|---|---|---|---|---|---|---|
| | 16558.82 | 10379.46 | 6179.36 | | 10331 | 5377 |

**年报点评**：公司致力成为全球最大的高纯铝、电子铝箔和电极箔的生产基地,产品附加值高,综合毛利率在 35%左右,定向增发项目将陆续投产,未来公司将保持快速稳定发展。

## 南京化纤（600889）

上市日期:96/03/08　电话:025－5561011　传真:025－5562809

| | | | |
|---|---|---|---|
| 主营 | 粘胶长丝的生产和销售以及自来水的生产和供应。 | | |
| 年度 | 2006 | 2005 | 2004 |
| 主要指标 每股收益/扣除后(元) | 0.113/0.12 | 0.1 | 0.21/0.22 |
| 每股经营现金流量(元) | 0.5 | 0.59 | 0.75 |
| 每股净资产/调整后(元) | 3.43/3.43 | 3.32/3.31 | 3.12/3.1 |
| 未分利润(万元) | 17015.39 | 15174.92 | 13852.68 |
| 资本公积(万元) | 20235.54 | 20235.54 | 17416.38 |
| 利润构成 主营收入(万元) | 56553.65 | 55939.6 | 59146.88 |
| 主营利润(万元) | 8879.59 | 9435.36 | 11437.39 |
| 投资收益(万元) | | -11.72 | -367.24 |
| 利润总额(万元) | 2537.43 | 2925.69 | 5990.38 |
| 净利润(万元) | 2187.12 | 1903.88 | 4109.42 |
| 近年分配: | 06 预案:10 送 1；04 年:10 派 0.4 | | |

| 主要股东及持股比例%、持股性质 |
|---|
| 南京轻纺产业(集团)有限公司 40.83%（国有股） |
| 南京纺织产业(集团)有限公司 1.57%（国有股） |
| 孙建民 1.45%（流通 A 股） |
| 江苏省海外企业集团有限公司 0.6%（非流通股） |
| 左传慧 0.43%（流通 A 股） |
| 吴立新 0.38%（流通 A 股） |
| 凡弘烨 0.36%（流通 A 股） |
| 蒋帼珍 0.34%（流通 A 股） |
| 田剑仁 0.33%（流通 A 股） |
| 周遵文 0.24%（流通 A 股） |
| 实际控制人：南京市国有资产监督管理委员会 |

二〇〇六年以来市场表现

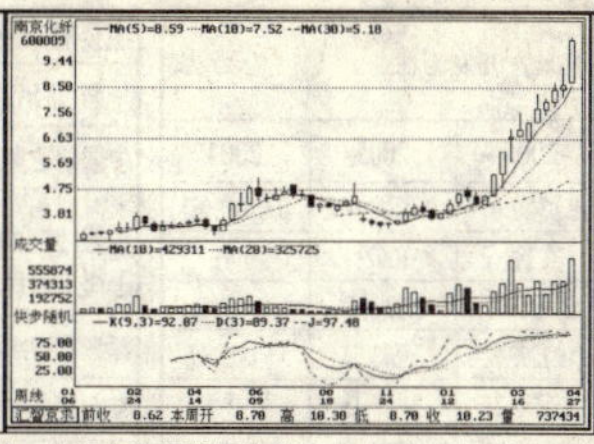

| | |
|---|---|
| 2006 年涨跌幅(%) | 67.05 |
| 2006 年最高(元) | 5.68 |
| 2007 年涨跌幅(%) | 178.75 |
| 2007.4.27 收盘(元) | 10.23 |
| 2007 年最高(元) | 10.38 |
| 2007 年最低(元) | 3.67 |
| 2007 年换手率(%) | 527.12 |

未来一年限售流通股解禁情况:8867382 股 11 月 01 日解禁

| 最新股本 | 总股本 | 非(限售)流通 | 流通 A | 流通 B/H/S | 股东户数 | 06 年末 | 06 三季 |
|---|---|---|---|---|---|---|---|
| | 19385.69 | 8801.63 | 10584.06 | | | 21343 | 23524 |

年报点评：公司主营业务是粘胶长丝、粘胶短纤和自来水的生产和销售。去年业绩平稳的主要原因在于行业复苏,粘胶长丝和粘胶短纤的价格都有所上涨。随着行业的趋暖和下属法伯耳公司一期产能为 1 万吨差别化粘胶长丝项目的投产,公司的业绩会进一步提升。

## ＊ST 中房（600890）

上市日期:96/03/18　电话:010－82608847　传真:010－82611808

| | | | |
|---|---|---|---|
| 主营 | 房地产开发 | | |
| 年度 | 2006 | 2005 | 2004 |
| 主要指标 每股收益/扣除后(元) | 0.046/-0.045 | -0.52 | -0.23/-0.11 |
| 每股经营现金流量(元) | -0.022 | 0.2 | -0.31 |
| 每股净资产/调整后(元) | 0.67/0.67 | 0.74/0.73 | 1.24/1.23 |
| 未分利润(万元) | -31087.22 | -33254.15 | -8132.32 |
| 资本公积(万元) | 1897.41 | 10977.35 | 10593.22 |
| 利润构成 主营收入(万元) | 2220.14 | 44893.38 | 92890.01 |
| 主营利润(万元) | 861.02 | 3526.21 | 8129.23 |
| 投资收益(万元) | -677.72 | -21213.38 | -9164.61 |
| 利润总额(万元) | 4404.52 | -24176.71 | -9323.58 |
| 净利润(万元) | 2683.95 | -25089.62 | -11312.61 |
| 近年分配: | | | |

| 主要股东及持股比例%、持股性质 |
|---|
| 中国房地产开发集团公司 24.93%（国有股） |
| 天津中维商贸有限公司 18.42%（非流通股） |
| 江门市蓬江区荣盛实业有限公司 0.99%（非流通股） |
| 中国农业银行上海市分行 0.83%（流通 A 股） |
| 巨化集团公司 0.8%（流通 A 股） |
| 海南大宏物业投资公司 0.79%（流通 A 股） |
| 田梅 0.79%（非流通股） |
| 巨化集团公司设备材料公司 0.54%（流通 A 股） |
| 方锦奎 0.52%（流通 A 股） |
| 广州市宇华商业配送有限公司 0.5%（非流通股） |
| 实际控制人：中国房地产开发集团公司 |

二〇〇六年以来市场表现

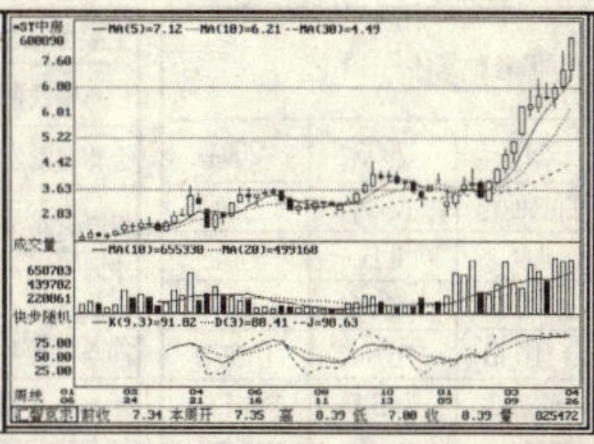

| | |
|---|---|
| 2006 年涨跌幅(%) | 93.1 |
| 2006 年最高(元) | 4.48 |
| 2007 年涨跌幅(%) | 155.79 |
| 2007.4.27 收盘(元) | 8.39 |
| 2007 年最高(元) | 12.25 |
| 2007 年最低(元) | 4.1 |
| 2007 年换手率(%) | 316.57 |

未来一年限售流通股解禁情况:28701270 股 01 月 05 日解禁

| 最新股本 | 总股本 | 非(限售)流通 | 流通 A | 流通 B/H/S | 股东户数 | 06 年末 | 06 三季 |
|---|---|---|---|---|---|---|---|
| | 57919.49 | 27975.55 | 29943.94 | | | 9846 | 10338 |

年报点评：由于公司现有房地产项目都已接近尾声,因此 2006 年主营收入同比下降 95.05%,主要开发的乐城小区项目上年度基本销售完毕;净利润 2,683.95 万元扭亏为盈,是转让自建的漕河泾项目结转为收入所致营业外收入大幅增加。

## S＊ST 秋林（600891）

上市日期:96/03/25　电话:0451－3644632　传真:0451－3649282

| | | | |
|---|---|---|---|
| 主营 | 商业零售批发。 | | |
| 年度 | 2006 | 2005 | 2004 |
| 主要指标 每股收益/扣除后(元) | -0.28/-0.26 | -0.29 | 0.03/-0.38 |
| 每股经营现金流量(元) | 0.09 | | 0.44 |
| 每股净资产/调整后(元) | 0.58/0.09 | 0.86/0.38 | 1.16/1 |
| 未分利润(万元) | -14795.99 | -7984.42 | -33519.77 |
| 资本公积(万元) | 4421.5 | 4625.77 | 33752.96 |
| 利润构成 主营收入(万元) | 17733.34 | 18090.89 | 6445.33 |
| 主营利润(万元) | 5955.49 | 5919.29 | 1519.66 |
| 投资收益(万元) | -334.2 | -364.38 | 477.84 |
| 利润总额(万元) | -6808.09 | -7079.71 | 739.17 |
| 净利润(万元) | -6811.57 | -7034.2 | 774.91 |
| 近年分配: | | | |

| 主要股东及持股比例%、持股性质 |
|---|
| 黑龙江奔马实业集团有限公司 24.599%（非流通股） |
| 康佳集团股份有限公司 3.839%（非流通股） |
| 海南银江实业投资有限公司 3.757%（非流通股） |
| 哈尔滨秋林食品厂 1.632%（非流通股） |
| 联合证券有限责任公司 1.536%（非流通股） |
| 黑龙江天成物业有限公司 1.536%（非流通股） |
| 上海彭家灯火酒家 1.202%（非流通股） |
| 深圳港京裘革厂有限公司 1.152%（非流通股） |
| 哈尔滨医药集团公司 0.768%（非流通股） |
| 天润集团有限公司 0.576%（非流通股） |
| 实际控制人：蒋贤云 |

二〇〇六年以来市场表现

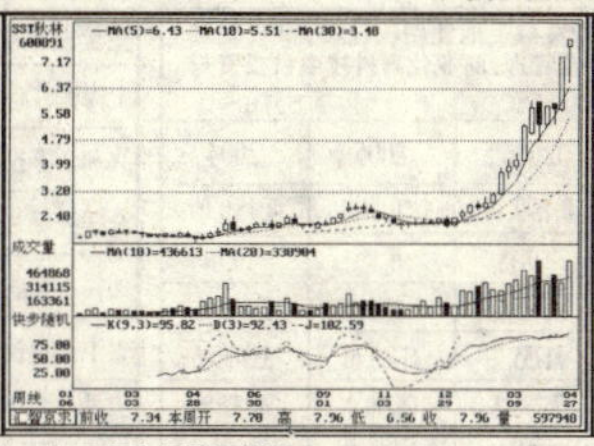

| | |
|---|---|
| 2006 年涨跌幅(%) | 21.47 |
| 2006 年最高(元) | 2.87 |
| 2007 年涨跌幅(%) | 270.23 |
| 2007.4.27 收盘(元) | 7.96 |
| 2007 年最高(元) | 7.96 |
| 2007 年最低(元) | 2.1 |
| 2007 年换手率(%) | 463.45 |

未来一年限售流通股解禁情况:

| 最新股本 | 总股本 | 非(限售)流通 | 流通 A | 流通 B/H/S | 股东户数 | 06 年末 | 06 三季 |
|---|---|---|---|---|---|---|---|
| | 24356.41 | 11414.48 | 12941.93 | | | 24653 | 25802 |

年报点评：公司主营商业零售、租赁和广告等业务。公司的经营主体秋林商厦实现了合作经营,并与老营业楼错位经营,呈现出良好的发展势头。公司仍面临较大的财务压力和市场竞争压力。

## SST 湖科（600892）

上市日期:96/03/15　电话:0311－85914663　传真:0311－85914726

| | | | |
|---|---|---|---|
| 主营 | 电线、电缆制造;专用设备制造、数控设备开发生产和相关技术服务;酒店住宿、餐饮、娱乐等。 | | |
| 年度 | 2006 | 2005 | 2004 |
| 主要指标 每股收益/扣除后(元) | -0.201/-0.199 | 0.031 | -0.476/-0.418 |
| 每股经营现金流量(元) | 0.1962 | 0.091 | 0.1986 |
| 每股净资产/调整后(元) | -0.47/-0.48 | -0.45/-0.46 | -0.49/-0.57 |
| 未分利润(万元) | -20320.32 | -19307.14 | -19387.32 |
| 资本公积(万元) | 11988.29 | 11052.37 | 10985.44 |
| 利润构成 主营收入(万元) | 10860.36 | 7116.62 | 9509.35 |
| 主营利润(万元) | 448.45 | 1137.19 | 1562.58 |
| 投资收益(万元) | | | -304.11 |
| 利润总额(万元) | -1148.13 | 490.52 | -2516.92 |
| 净利润(万元) | -1013.17 | 157.64 | -2404.28 |
| 近年分配: | | | |

| 主要股东及持股比例%、持股性质 |
|---|
| 中国华星汽车贸易集团有限公司 29.56%（非流通股） |
| 成都市韵嘉投资有限公司 10.86%（非流通股） |
| 中国融亿达创业投资有限公司 5.15%（非流通股） |
| 上海葆鑫企业发展有限公司 4.59%（非流通股） |
| 海南谦益金泰投资有限公司 4%（非流通股） |
| 海南博妮达贸易有限公司 2.38%（非流通股） |
| 上海元昌汽车配件有限公司 1.98%（非流通股） |
| 上海元发汽车配件有限公司 1.98%（非流通股） |
| 上海怡亚印刷实业有限公司 1.46%（非流通股） |
| 石家庄市劝业场股份有限公司 1.14%（非流通股） |
| 实际控制人：中国华星集团公司 |

二〇〇六年以来市场表现

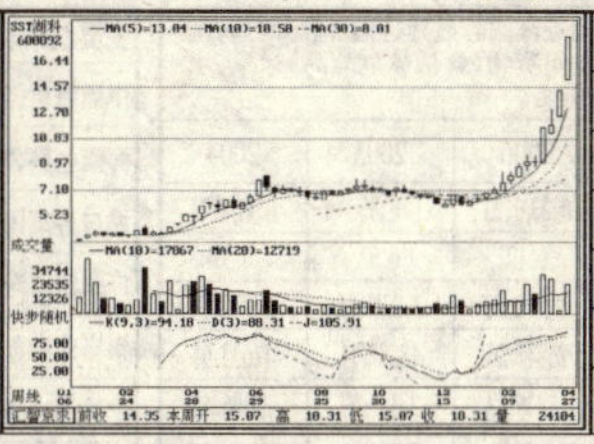

| | |
|---|---|
| 2006 年涨跌幅(%) | 75.15 |
| 2006 年最高(元) | 8.14 |
| 2007 年涨跌幅(%) | 205.68 |
| 2007.4.27 收盘(元) | 18.31 |
| 2007 年最高(元) | 18.31 |
| 2007 年最低(元) | 5.86 |
| 2007 年换手率(%) | 130.74 |

未来一年限售流通股解禁情况:

| 最新股本 | 总股本 | 非(限售)流通 | 流通 A | 流通 B/H/S | 股东户数 | 06 年末 | 06 三季 |
|---|---|---|---|---|---|---|---|
| | 5050 | 3519.03 | 1530.97 | | | 3163 | 3254 |

年报点评：公司原主营业务为酒店服务业和电线电缆生产,由于酒店服务业竞争激烈,电线电缆业务受原材料价格大幅上涨影响,06 年出现亏损。07 年公司可望通过第一大股东转换实现资产重组,由昌鑫国资向公司注入供水类公用设施等优质资产,彻底实现公司转型。

## S吉生化（600893）

上市日期:96/04/08　　电话:0431－85883022　　传真:0431－85883058

**主营**：以玉米深加工为主业、以房地产开发为辅业。

| | 年　度 | 2006 | 2005 | 2004 |
|---|---|---|---|---|
| 主要指标 | 每股收益/扣除后(元) | 0.034/0.04 | 0.009/0.004 | 0.046/0.011 |
| | 每股经营现金流量(元) | 0.199 | 0.672 | 0.41 |
| | 每股净资产/调整后(元) | 2.56/2.56 | 2.52/2.47 | 2.53/2.45 |
| | 未分利润(万元) | -120.28 | -573.74 | -1845.47 |
| | 资本公积(万元) | 35270.2 | 34973.13 | 36345.11 |
| 利润构成 | 主营收入(万元) | 118444.42 | 105899.69 | 107908.24 |
| | 主营利润(万元) | 20806.98 | 21062.25 | 21399.79 |
| | 投资收益(万元) | 1178.85 | 339.71 | -290.86 |
| | 利润总额(万元) | 4248.55 | 4013.88 | 3965.68 |
| | 净利润(万元) | 802.03 | 220.97 | 1076.71 |

**近年分配:**

| 主要股东及持股比例%、持股性质 |
|---|
| 华润(集团)有限公司 37.03%（外资股） |
| 中国信达资产管理公司 2.675%（国有股） |
| 上海浦东发展银行－广发小盘成长股票型证券投资基金 2.001%（流通A股） |
| 上海市原材料开发投资公司 1.705%（国有股） |
| 深圳市清水河实业公司 1.672%（非流通股） |
| 东北证券有限责任公司 1.338%（国有股） |
| 吉林森工集团松江河林业有限公司 1.003%（非流通股） |
| 太原市唐都大酒店有限公司 0.669%（非流通股） |
| 上海钜爱企业发展有限公司 0.543%（非流通股） |
| 中国太平洋财产保险股份有限公司 0.541%（国有股） |
| 实际控制人：中国华润总公司 |

二〇〇六年以来市场表现

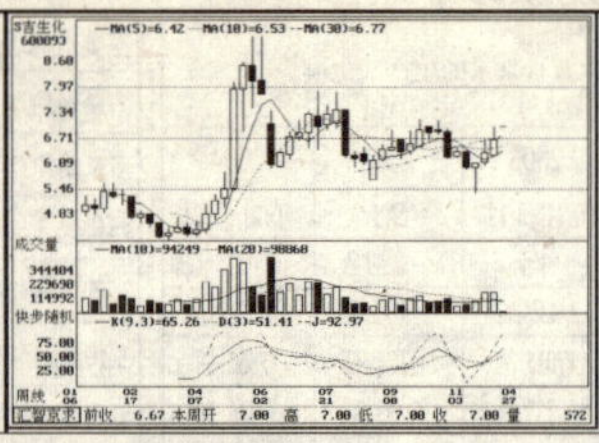

| | |
|---|---|
| 2006年涨跌幅(%) | 34.21 |
| 2006年最高(元) | 9.23 |
| 2007年涨跌幅(%) | 4.95 |
| 2007.4.27收盘(元) | 7 |
| 2007年最高(元) | 7 |
| 2007年最低(元) | 7 |
| 2007年换手率(%) | 0.05 |

未来一年限售流通股解禁情况:

| 最新股本 | 总股本 | 非(限售)流通 | 流通A | 流通B/H/S | 股东户数 | 06年末 | 06三季 |
|---|---|---|---|---|---|---|---|
| | 23491.09 | 11959.4 | 11531.69 | | | 28482 | 30348 |

**年报点评**：公司以玉米深加工为主业,分别持有玉米加工企业黄龙食品工业有限公司、华润赛力事达玉米工业有限公司57.136%、49%的股权。2006年业绩大幅上升的主要原因是华润赛力事达玉米工业有限公司同比大幅减亏。

## 广钢股份（600894）

上市日期:96/03/28　　电话:020－81809182　　传真:020－81809182

**主营**：生产钢铁产品、焦炭化工产品、各种气体

| | 年　度 | 2006 | 2005 | 2004 |
|---|---|---|---|---|
| 主要指标 | 每股收益/扣除后(元) | 0.028/0.005 | -0.192/-0.193 | 0.231/0.23 |
| | 每股经营现金流量(元) | 0.44 | 0.13 | -0.12 |
| | 每股净资产/调整后(元) | 2.09/2.06 | 1.53/1.51 | 1.86/1.83 |
| | 未分利润(万元) | -5437.65 | -7598.82 | 12150.77 |
| | 资本公积(万元) | 66666.92 | 39623.88 | 39161.08 |
| 利润构成 | 主营收入(万元) | 496826.44 | 672219.59 | 1009987.04 |
| | 主营利润(万元) | 29376.82 | 4265.17 | 44892.61 |
| | 投资收益(万元) | -313.21 | 71.27 | 80.29 |
| | 利润总额(万元) | 2579.69 | -19417.74 | 27367.19 |
| | 净利润(万元) | 2161.17 | -19749.59 | 23752.69 |

**近年分配:** 04年:10派1.5

| 主要股东及持股比例%、持股性质 |
|---|
| 广州钢铁企业集团有限公司 39.23%（国有股） |
| 金钧有限公司 19.62%（外资股） |
| 粤海企业(集团)有限公司 9.33%（外资股） |
| 中国银行－华夏大盘精选证券投资基金 1.31%（流通A股） |
| 郭兆华 0.17%（流通A股） |
| 李志端 0.14%（流通A股） |
| 董腾鳌 0.13%（流通A股） |
| 董秀烨 0.13%（流通A股） |
| 中国华电电站装备工程(集团)总公司 0.12%（流通A股） |
| 杨安 0.12%（流通A股） |
| 实际控制人：广州钢铁企业集团有限公司 |

二〇〇六年以来市场表现

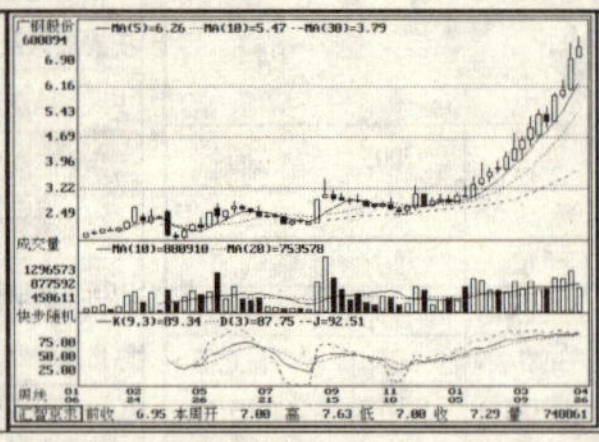

| | |
|---|---|
| 2006年涨跌幅(%) | 55.25 |
| 2006年最高(元) | 3.5 |
| 2007年涨跌幅(%) | 159.43 |
| 2007.4.27收盘(元) | 7.29 |
| 2007年最高(元) | 7.63 |
| 2007年最低(元) | 2.81 |
| 2007年换手率(%) | 549.42 |

未来一年限售流通股解禁情况:25993711股04月17日解禁

| 最新股本 | 总股本 | 非(限售)流通 | 流通A | 流通B/H/S | 股东户数 | 06年末 | 06三季 |
|---|---|---|---|---|---|---|---|
| | 76240.96 | 51987.42 | 24253.54 | | | 35462 | 36804 |

**年报点评**：公司是广东标志性的老企业,地处广州市区,当地政府拟对公司实施搬迁,开拓出了面积高达138万平方米广州仅存的大型江边地块。公司在发展钢铁主业的同时,未来包括物流、房地产等产业的发展空间很大。

## 张江高科（600895）

上市日期:96/04/22　　电话:021－50800018　　传真:021－50803199

**主营**：公司受让地块内的土地开发与土地使用权经营,市政基础设施建设,物业投资和经营管理,商业化高科技项目投资与经营,房地产开发与经营。

| | 年　度 | 2006 | 2005 | 2004 |
|---|---|---|---|---|
| 主要指标 | 每股收益/扣除后(元) | 0.18/0.16 | 0.14 | 0.15/0.09 |
| | 每股经营现金流量(元) | -0.18 | 0.15 | -0.02 |
| | 每股净资产/调整后(元) | 2.27/2.26 | 2.17/2.16 | 2.1/2.06 |
| | 未分利润(万元) | 51755.2 | 41466.61 | 35378.46 |
| | 资本公积(万元) | 76270.1 | 76270.1 | 76737.06 |
| 利润构成 | 主营收入(万元) | 57373.45 | 53975.73 | 56213.2 |
| | 主营利润(万元) | 21610.03 | 20975 | 15449.96 |
| | 投资收益(万元) | 10055.47 | 3892.93 | 9958.04 |
| | 利润总额(万元) | 24712.26 | 19623.81 | 20499.35 |
| | 净利润(万元) | 22227.93 | 17469.73 | 17782.95 |

**近年分配:** 06预案:10派1.1；05年:10派0.8；04年:10派0.65

| 主要股东及持股比例%、持股性质 |
|---|
| 上海张江(集团)有限公司 52.09%（国有股） |
| 兴和证券投资基金 1.73%（流通A股） |
| 全国社保基金一零七组合 1.26%（流通A股） |
| 无锡市宝联投资有限公司 1.11%（流通A股） |
| 银丰证券投资基金 0.9%（流通A股） |
| 华宝兴业先进成长股票型证券投资基金 0.79%（流通A股） |
| 博时主题行业股票证券投资基金 0.68%（流通A股） |
| 华夏红利混合型开放式证券投资基金 0.66%（流通A股） |
| 海富通收益增长证券投资基金 0.58%（流通A股） |
| 海富通股票证券投资基金 0.55%（流通A股） |
| 实际控制人：上海市浦东新区国有资产监督管理委员会 |

二〇〇六年以来市场表现

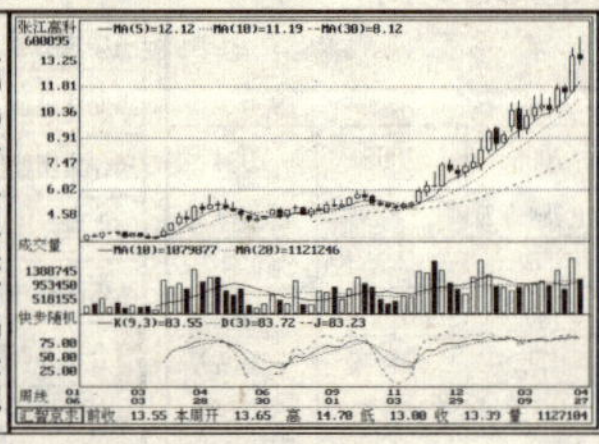

| | |
|---|---|
| 2006年涨跌幅(%) | 122.93 |
| 2006年最高(元) | 7.78 |
| 2007年涨跌幅(%) | 93.5 |
| 2007.4.27收盘(元) | 13.39 |
| 2007年最高(元) | 14.7 |
| 2007年最低(元) | 6.7 |
| 2007年换手率(%) | 300.05 |

未来一年限售流通股解禁情况:

| 最新股本 | 总股本 | 非(限售)流通 | 流通A | 流通B/H/S | 股东户数 | 06年末 | 06三季 |
|---|---|---|---|---|---|---|---|
| | 121566.9 | 63318.34 | 58248.56 | | | 68236 | 82644 |

**年报点评**：2006年公司开始实施"一体两翼产业互动"的发展新战略。房产总开工面积达17万平方米,并且向控股股东下属3家控股子公司批量收购了约10万平米的存量房产。预计未来公司将继续通过收购集团资产来快速增加出租性房产的数量。

## 中海海盛（600896）

上市日期:96/05/03　　电话:0898－68583985　　传真:0898－68581486

**主营**：从事以海南省港口为主的近洋国际航线运输、国际海运,国内沿海及长江中下游各港间货物(含液体危险品)运输,水路运输服务、船务代理等业务。

| | 年　度 | 2006 | 2005 | 2004 |
|---|---|---|---|---|
| 主要指标 | 每股收益/扣除后(元) | 0.33/0.23 | 0.35 | 0.11/0.11 |
| | 每股经营现金流量(元) | 0.12 | 0.52 | 0.31 |
| | 每股净资产/调整后(元) | 2.39/2.39 | 3.07/3.06 | 2.77/2.76 |
| | 未分利润(万元) | 26847.24 | 18587.11 | 11632.91 |
| | 资本公积(万元) | 18826.33 | 32157.87 | 32106.61 |
| 利润构成 | 主营收入(万元) | 60087.61 | 72674.62 | 56177.77 |
| | 主营利润(万元) | 14103.39 | 16090.73 | 8302.36 |
| | 投资收益(万元) | 6600.02 | 1811.34 | 2069.44 |
| | 利润总额(万元) | 17916.63 | 14546.43 | 5245.93 |
| | 净利润(万元) | 14538.92 | 11152.7 | 3355.17 |

**近年分配:** 06预案:10派0.8；05年:10派1；04年:10派0.6

| 主要股东及持股比例%、持股性质 |
|---|
| 中国海运(集团)总公司 27.49%（国有股） |
| 海南电网公司 2.35%（国有股） |
| 海口港集团公司 2.35%（国有股） |
| 广州海宁海务咨询服务公司 2.03%（流通A股） |
| 秦皇岛港务集团有限公司 1.34%（国有股） |
| 李惠智 0.79%（流通A股） |
| 海南八所港务有限责任公司 0.5%（国有股） |
| 中国光大银行股份有限公司－巨田基础行业证券投资基金 0.45%（流通A股） |
| 李桂芳 0.42%（流通A股） |
| 中信证券－工行－CREDIT SUISSE（HONG KONG）LIMITED 0.42%（流通A股） |
| 实际控制人：国务院国有资产监督管理委员会 |

二〇〇六年以来市场表现

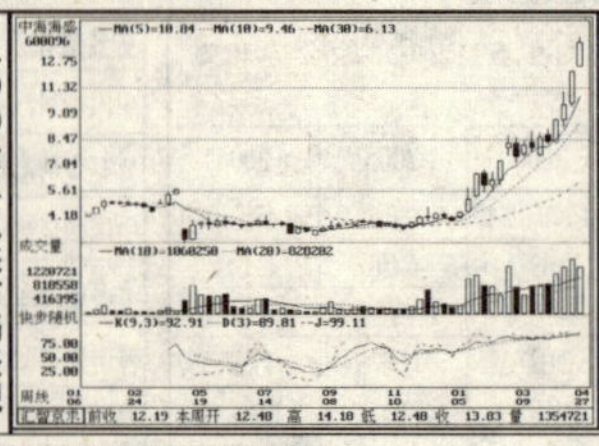

| | |
|---|---|
| 2006年涨跌幅(%) | 79.22 |
| 2006年最高(元) | 8.7 |
| 2007年涨跌幅(%) | 251.02 |
| 2007.4.27收盘(元) | 13.83 |
| 2007年最高(元) | 14.18 |
| 2007年最低(元) | 4.04 |
| 2007年换手率(%) | 523.45 |

未来一年限售流通股解禁情况:

| 最新股本 | 总股本 | 非(限售)流通 | 流通A | 流通B/H/S | 股东户数 | 06年末 | 06三季 |
|---|---|---|---|---|---|---|---|
| | 44716.6 | 16120.45 | 28596.15 | | | 74496 | 85816 |

**年报点评**：公司主营沥青、化学品、散货运输。2006年,公司散货运输占海南大宗散货海运市场的57%。由于主营业务收入减少及燃油价格上涨,主营业务利润同比下降12%。

## 厦门空港（600897）

上市日期:96/05/31　　电话:0592－6022936　　传真:0592－5730699

**主营**：为国内外航空运输企业和厦门国际航空港集团有限公司提供候机楼设施的使用保障和服务；经营出租候机楼内的航空营业场地、商业场地和办公场所；经营出租候机楼内的商场、餐厅、休闲娱乐设施，为中外过港旅客提供其它服务等。

| | 年　度 | 2006 | 2005 | 2004 |
|---|---|---|---|---|
| 主要指标 | 每股收益/扣除后(元) | 0.412/0.402 | 0.344 | 0.285/0.279 |
| | 每股经营现金流量(元) | 0.636 | 0.597 | 1.358 |
| | 每股净资产/调整后(元) | 4/4 | 4.27/4.27 | 4.43/4.43 |
| | 未分利润(万元) | 11615.56 | 8824.4 | 15011.65 |
| | 资本公积(万元) | 61712.48 | 64595.9 | 64575.9 |
| 利润构成 | 主营收入(万元) | 35357.36 | 30477.21 | 26292.15 |
| | 主营利润(万元) | 18524.22 | 14846.65 | 11668.92 |
| | 投资收益(万元) | 402.58 | 102.09 | 74.98 |
| | 利润总额(万元) | 16164.89 | 12437.27 | 9773.43 |
| | 净利润(万元) | 12259.42 | 9294.88 | 7682.08 |

近年分配：06 预案:10 派 3.5；05 年:10 派 3；04 年:10 派 5

| 主要股东及持股比例%、持股性质 |
|---|
| 厦门国际航空港集团有限公司 68%（国有股） |
| 国际金融－汇丰－MORGAN STANLEY & CO. INTERNATIONAL LIMITED 1.276%（流通 A 股） |
| 平安信托投资有限责任公司－平安.PUREHEART 中国成长一期集合资金 0.759%（流通 A 股） |
| 深圳国际信托投资有限责任公司－深国投.赤子之心投资哲学集合资 0.456%（流通 A 股） |
| 深圳国际信托投资有限责任公司 0.276%（流通 A 股） |
| 国际金融－汇丰－BILL & MELINDA GATES FOUNDATION 0.266%（流通 A 股） |
| 郭闽虹 0.18%（流通 A 股） |
| 黄建安 0.147%（流通 A 股） |
| 邓小兵 0.136%（流通 A 股） |
| 中国太平洋财产保险股份有限公司－传统－普通保险产品－013C－CT 0.134%（流通 A 股） |
| 实际控制人：厦门国际航空港集团有限公司 |

二〇〇六年以来市场表现

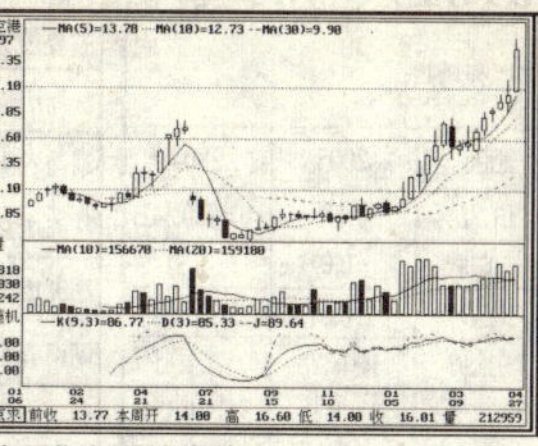


| 项目 | 数值 |
|---|---|
| 2006 年涨跌幅(%) | 41.07 |
| 2006 年最高(元) | 12.95 |
| 2007 年涨跌幅(%) | 99.38 |
| 2007.4.27 收盘(元) | 16.01 |
| 2007 年最高(元) | 16.6 |
| 2007 年最低(元) | 8.01 |
| 2007 年换手率(%) | 288.55 |

未来一年限售流通股解禁情况：

| 最新股本 | | | | 股东户数 | |
|---|---|---|---|---|---|
| 总股本 | 非(限售)流通 | 流通 A | 流通 B/H/S | 06 年末 | 06 三季 |
| 29781 | 20250 | 9531 | | 38611 | 40113 |

**年报点评**：2006 年厦门机场起降架次同比增长 15.4%，而主营业务收入及净利润增幅分别为 16.0%和 31.9%。净利润的高速增长得益于公司良好的成本控制。此外，公司董事会决议收购控股公司手中航空货物仓储公司 51%的股权，意在整合机场现有货运处理能力。

## S 商社（600898）

上市日期:96/04/18　　电话:(0531)3538590　　传真:(0531)3538512

**主营**：零售商业，主营家电类、信息类、通讯类产品。

| | 年　度 | 2006 | 2005 | 2004 |
|---|---|---|---|---|
| 主要指标 | 每股收益/扣除后(元) | 0.005/－0.035 | 0.109/0.108 | 0.164/0.165 |
| | 每股经营现金流量(元) | 0.3204 | －1.2299 | 0.2953 |
| | 每股净资产/调整后(元) | 1.58/1.58 | 1.58/1.57 | 1.47/1.46 |
| | 未分利润(万元) | 5891.61 | 5787 | 3653.55 |
| | 资本公积(万元) | 4507.95 | 4507.95 | 4507.95 |
| 利润构成 | 主营收入(万元) | 178563.4 | 208039.73 | 229142.2 |
| | 主营利润(万元) | 7426.32 | 10431.02 | 11485.56 |
| | 投资收益(万元) | | | |
| | 利润总额(万元) | 1095.2 | 4080.45 | 5540.43 |
| | 净利润(万元) | 116.24 | 2370.5 | 3561.72 |

近年分配：

| 主要股东及持股比例%、持股性质 |
|---|
| 山东三联集团有限责任公司 47.59%（部分流通部分不流通） |
| 郑州百文集团有限公司 7.31%（非流通股） |
| 南方证券有限公司 1.89%（非流通股） |
| 山东泉港文化教育发展有限公司 1%（非流通股） |
| 郑州市市区信用合作联社营业部 0.64%（非流通股） |
| 河南金鑫电脑信息有限公司 0.56%（非流通股） |
| 中国人民保险公司郑州分公司 0.51%（非流通股） |
| 中国建设银行郑州铁道分行京广路支行 0.47%（非流通股） |
| 山东省齐鲁资产管理有限公司 0.46%（流通 A 股） |
| 中国石化集团河南省石油总公司 0.32%（非流通股） |
| 实际控制人：山东三联职工管理中心 |

二〇〇六年以来市场表现

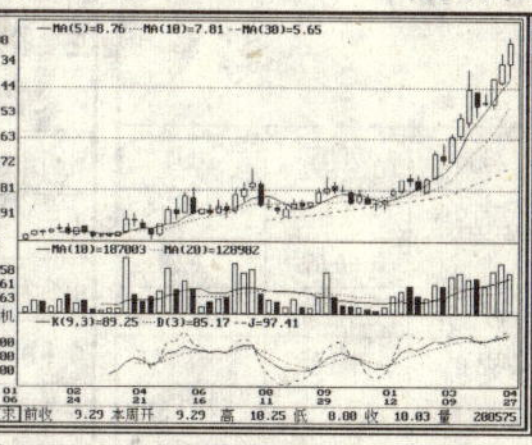


| 项目 | 数值 |
|---|---|
| 2006 年涨跌幅(%) | 45.88 |
| 2006 年最高(元) | 5.54 |
| 2007 年涨跌幅(%) | 126.92 |
| 2007.4.27 收盘(元) | 10.03 |
| 2007 年最高(元) | 10.25 |
| 2007 年最低(元) | 4.58 |
| 2007 年换手率(%) | 204.26 |

未来一年限售流通股解禁情况：

| 最新股本 | | | | 股东户数 | |
|---|---|---|---|---|---|
| 总股本 | 非(限售)流通 | 流通 A | 流通 B/H/S | 06 年末 | 06 三季 |
| 21721.78 | 9953.12 | 11768.66 | | 29451 | 30876 |

**年报点评**：公司主营家电连锁零售。虽然家电零售行业在过去一年保持了良好的增长势头，但行业内竞争和分化加剧。由于前期存在资金紧张等问题，公司业务萎缩，毛利率下降，虽然在下半年努力实现了扭亏，但净利润仍旧下滑。

## 长江电力（600900）

上市日期:03/11/18　　电话:010－58688900　　传真:010－58688898

**主营**：电力生产、经营和投资

| | 年　度 | 2006 | 2005 | 2004 |
|---|---|---|---|---|
| 主要指标 | 每股收益/扣除后(元) | 0.442/0.372 | 0.408 | 0.387/0.387 |
| | 每股经营现金流量(元) | 0.61 | 0.67 | 0.67 |
| | 每股净资产/调整后(元) | 2.97/2.97 | 2.71/2.71 | 2.79/2.79 |
| | 未分利润(万元) | 421909.85 | 250917.83 | 275478.5 |
| | 资本公积(万元) | 1019846.08 | 1019846.08 | 1052919.84 |
| 利润构成 | 主营收入(万元) | 691783 | 725949.7 | 617398.59 |
| | 主营利润(万元) | 475400.04 | 533383.84 | 453244.08 |
| | 投资收益(万元) | 86607.72 | 7746.65 | 1475.85 |
| | 利润总额(万元) | 538706.48 | 497308.36 | 453504.47 |
| | 净利润(万元) | 361912.62 | 333867.14 | 303896.79 |

近年分配：05 年:10 派 1.89；04 年:10 派 2.1

| 主要股东及持股比例%、持股性质 |
|---|
| 中国长江三峡工程开发总公司 62.9%（国有股） |
| 中国核工业集团公司 1.86%（流通 A 股） |
| 华能国际电力股份有限公司 1.82%（流通 A 股） |
| 中国石油天然气集团公司 1.82%（流通 A 股） |
| 中国人寿保险股份有限公司－分红－个人分红－005L－FH002 沪 0.76%（流通 A 股） |
| 中国工商银行－广发策略优选混合型证券投资基金 0.73%（流通 A 股） |
| 中国平安人寿保险股份有限公司－传统－普通保险产品 0.65%（流通 A 股） |
| 三峡财务有限责任公司 0.61%（流通 A 股） |
| 全国社保基金五零一组合 0.57%（流通 A 股） |
| 中国银行－嘉实主题精选混合型证券投资基金 0.48%（流通 A 股） |
| 实际控制人：中国长江三峡工程开发总公司 |

二〇〇六年以来市场表现

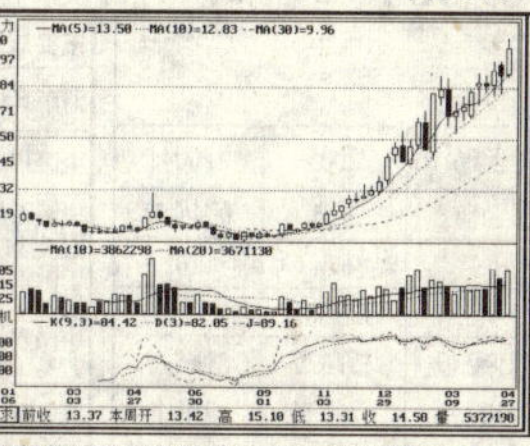


| 项目 | 数值 |
|---|---|
| 2006 年涨跌幅(%) | 43.92 |
| 2006 年最高(元) | 10.13 |
| 2007 年涨跌幅(%) | 49.23 |
| 2007.4.27 收盘(元) | 14.58 |
| 2007 年最高(元) | 15.1 |
| 2007 年最低(元) | 9.45 |
| 2007 年换手率(%) | 189.84 |

未来一年限售流通股解禁情况:446644320 股 08 月 15 日解禁

| 最新股本 | | | | 股东户数 | |
|---|---|---|---|---|---|
| 总股本 | 非(限售)流通 | 流通 A | 流通 B/H/S | 06 年末 | 06 三季 |
| 818673.76 | 494935 | 323738.76 | | 119617 | 182504 |

**年报点评**：2006 年长江上游流域出现了百年罕见的干旱天气，从而导致公司发电量减少，收入同比略有下降，但公司净利润同比小幅上涨。净利润增长主要是由于转让所持有的部分中国建设银行股份，实现投资收益 8.14 亿元。

## 滨州活塞（600960）

上市日期:04/04/07　　电话:(0543)3215338　　传真:(0543)3325305

**主营**：活塞设计、开发、制造及销售

| | 年　度 | 2006 | 2005 | 2004 |
|---|---|---|---|---|
| 主要指标 | 每股收益/扣除后(元) | 0.117/0.129 | 0.082 | 0.37/0.39 |
| | 每股经营现金流量(元) | 0.68 | 0.53 | －0.14 |
| | 每股净资产/调整后(元) | 5.33/5.33 | 5.13/5.13 | 5.2/5.2 |
| | 未分利润(万元) | 10360.32 | 9230.12 | 10121.4 |
| | 资本公积(万元) | 33986.88 | 33146.19 | 33112.69 |
| 利润构成 | 主营收入(万元) | 78139.54 | 62655.13 | 66041.52 |
| | 主营利润(万元) | 14943.41 | 11304.95 | 14348.25 |
| | 投资收益(万元) | －48.41 | －67.09 | －48.41 |
| | 利润总额(万元) | 2212.8 | 1378.12 | 6276.63 |
| | 净利润(万元) | 1267.07 | 887.9 | 4002.28 |

近年分配：04 年:10 派 1.5

| 主要股东及持股比例%、持股性质 |
|---|
| 滨州市人民政府国有资产监督管理委员会 49:67%（国有股） |
| 全国社保基金一零七组合 2.76%（流通 A 股） |
| 中国平安人寿保险股份有限公司－传统－普通保险产品 2.52%（流通 A 股） |
| 华夏成长证券投资基金 1.47%（流通 A 股） |
| 交通银行－兴科证券投资基金 1.39%（流通 A 股） |
| 中国光大银行股份有限公司－巨田基础行业证券投资基金 1.35%（流通 A 股） |
| 中国银行－银华优势企业(平衡型)证券投资基金 1.35%（流通 A 股） |
| 苗宏 1.13%（流通 A 股） |
| 中国建设银行－华夏红利混合型开放式证券投资基金 0.77%（流通 A 股） |
| 东方证券－农行－东方红 1 号集合资产管理计划 0.74%（流通 A 股） |
| 实际控制人：滨州市人民政府国有资产监督管理委员会 |

二〇〇六年以来市场表现

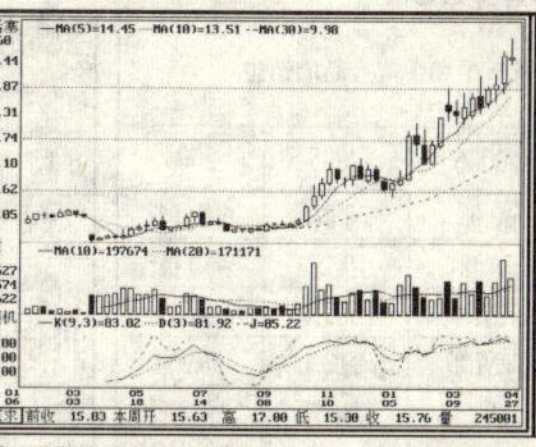


| 项目 | 数值 |
|---|---|
| 2006 年涨跌幅(%) | 84.8 |
| 2006 年最高(元) | 12.62 |
| 2007 年涨跌幅(%) | 104.68 |
| 2007.4.27 收盘(元) | 15.76 |
| 2007 年最高(元) | 17 |
| 2007 年最低(元) | 7.24 |
| 2007 年换手率(%) | 544.09 |

未来一年限售流通股解禁情况：

| 最新股本 | | | | 股东户数 | |
|---|---|---|---|---|---|
| 总股本 | 非(限售)流通 | 流通 A | 流通 B/H/S | 06 年末 | 06 三季 |
| 10854.9 | 5574.9 | 5280 | | 9394 | 14277 |

**年报点评**：公司主导产品高性能活塞品种达 1000 多个，广泛用于各种动力机械领域。06 年随着汽车市场的转好，公司主营业务收入和净利润均有较大幅度的增长。但由于零部件行业竞争激烈，且受整机厂商和原材料价格的挤压，公司仍需提高综合竞争能力。

## 株冶火炬（600961）

上市日期:04/08/30　　电话:0733－8392172　　传真:0731－8390145

| 主营 | 锌及锌合金、工业硫酸的生产和销售 | | | |
|---|---|---|---|---|
| | 年　度 | 2006 | 2005 | 2004 |
| 主要指标 | 每股收益/扣除后(元) | 1/1.01 | 0.172 | 0.169/0.142 |
| | 每股经营现金流量(元) | -0.18 | -0.09 | -0.21 |
| | 每股净资产/调整后(元) | 3/2.99 | 2.1/2.1 | 2.13/2.12 |
| | 未分利润(万元) | 48915.97 | 14818.27 | 17121.65 |
| | 资本公积(万元) | 27973.36 | 27949.11 | 27949.11 |
| 利润构成 | 主营收入(万元) | 929208.17 | 450486.94 | 308093.93 |
| | 主营利润(万元) | 94153.76 | 32999.02 | 28334.7 |
| | 投资收益(万元) | 0.49 | 6.14 | 8.25 |
| | 利润总额(万元) | 63415.98 | 10810.57 | 9204.18 |
| | 净利润(万元) | 42628.8 | 7369.41 | 7242.24 |
| 近年分配: | 06预案:10派3；05年:10派1；04年:10派2 | | | |

| 主要股东及持股比例%、持股性质 |
|---|
| 株洲冶炼集团有限责任公司 30.44%（国有股） |
| 湖南省中小企业服务中心 8.08%（国有股） |
| 株洲全鑫实业有限责任公司 6.06%（国有股） |
| 株洲市国有资产投资经营有限公司 6.01%（国有股） |
| 湖南有色金属控股集团有限公司 4.04%（国有股） |
| 湖南经济技术投资担保公司 4.02%（国有股） |
| 四川会理锌矿有限责任公司 1.01%（国有股） |
| 西部矿业有限责任公司 1.01%（国有股） |
| 江西省七宝山铅锌矿 0.61%（国有股） |
| 上海浦东发展银行－广发小盘成长股票型证券投资基金 0.56%（流通A股） |
| 实际控制人:湖南有色金属控股集团有限公司 |

二○○六年以来市场表现

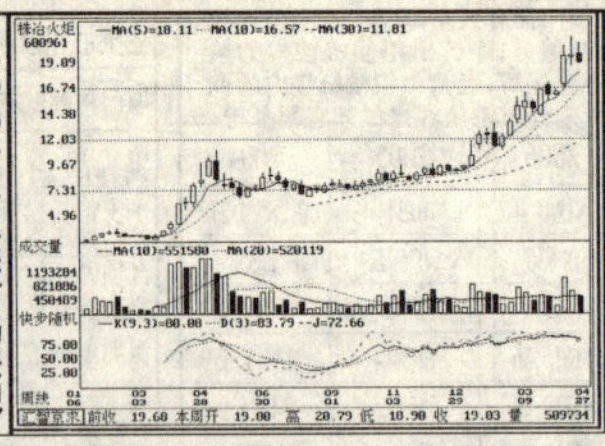

| 2006年涨跌幅(%) | 247.19 |
|---|---|
| 2006年最高(元) | 11.11 |
| 2007年涨跌幅(%) | 107.53 |
| 2007.4.27收盘(元) | 19.03 |
| 2007年最高(元) | 21.45 |
| 2007年最低(元) | 9.15 |
| 2007年换手率(%) | 534.32 |

未来一年限售流通股解禁情况:74636530股11月02日解禁

| 最新股本 | 总股本 | 非(限售)流通 | 流通A | 流通B/H/S | 股东户数 | 06年末 | 06三季 |
|---|---|---|---|---|---|---|---|
| | 42745.79 | 26545.79 | 16200 | | | 42880 | 45214 |

年报点评：公司整体上市方案已经于2006年10月30日正式向中国证监会提交了有关申报材料，未来业绩增长可期。我们预测认为，2007年全球锌供应仍然处于短缺周期，平均价格保持在3500元/吨左右的高位，企业盈利前景继续看好。

## 国投中鲁（600962）

上市日期:04/06/22　　电话:010－68095020　　传真:010－68095069

| 主营 | 浓缩果蔬汁的生产和销售。 | | | |
|---|---|---|---|---|
| | 年　度 | 2006 | 2005 | 2004 |
| 主要指标 | 每股收益/扣除后(元) | 0.25/0.248 | 0.21 | 0.15/0.15 |
| | 每股经营现金流量(元) | -0.87 | -0.65 | -0.28 |
| | 每股净资产/调整后(元) | 3.05/3.04 | 2.94/2.87 | 2.79/2.78 |
| | 未分利润(万元) | 7943.05 | 7905.25 | 5856.86 |
| | 资本公积(万元) | 23786.83 | 22712.67 | 22712.67 |
| 利润构成 | 主营收入(万元) | 83843.85 | 63289.38 | 54128.09 |
| | 主营利润(万元) | 21883.79 | 17908.98 | 11893.56 |
| | 投资收益(万元) | -498.39 | -33.73 | 2.19 |
| | 利润总额(万元) | 5319.75 | 5114.08 | 3225.8 |
| | 净利润(万元) | 4044.36 | 3412.43 | 2513.72 |
| 近年分配: | 05年:10派2；04年:10派0.5 | | | |

| 主要股东及持股比例%、持股性质 |
|---|
| 国家开发投资公司 32.3%（国有股） |
| 乳山市经济开发投资公司 5.37%（国有股） |
| 山东金洲矿业集团有限公司 3.53%（国有股） |
| 山西大民国际贸易有限公司 3.37%（非流通股） |
| 李中柯 1.4%（非流通股） |
| 上海浦东发展银行－广发小盘成长股票型证券投资基金 1.36%（流通A股） |
| 全国社保基金六零三组合 0.85%（流通A股） |
| 芮城县金鼎经贸有限公司 0.84%（非流通股） |
| 郝云龙 0.59%（流通A股） |
| 支秀峰 0.31%（流通A股） |
| 实际控制人:国务院国有资产监督管理委员会 |

二○○六年以来市场表现

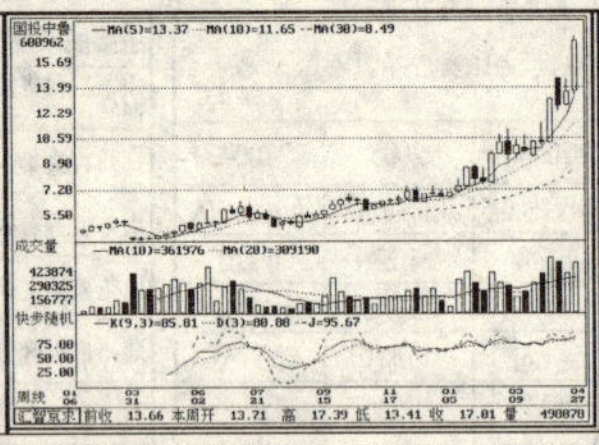

| 2006年涨跌幅(%) | 112.77 |
|---|---|
| 2006年最高(元) | 10.22 |
| 2007年涨跌幅(%) | 156.18 |
| 2007.4.27收盘(元) | 17.01 |
| 2007年最高(元) | 17.39 |
| 2007年最低(元) | 6.56 |
| 2007年换手率(%) | 560.37 |

未来一年限售流通股解禁情况:8860575股03月28日解禁

| 最新股本 | 总股本 | 非(限售)流通 | 流通A | 流通B/H/S | 股东户数 | 06年末 | 06三季 |
|---|---|---|---|---|---|---|---|
| | 16500 | 7725 | 8775 | | | 15785 | 14652 |

年报点评：我国浓缩苹果汁出口总量同比增长4%，受上一榨季苹果资源紧缺影响，中国浓缩苹果汁的贸易量在2006年保持缓慢增长。由于苹果短缺导致浓缩苹果汁出口价格上升，公司实现主营业务收入同比增长32.48%；净利润比上年同期增长18.52%。

## 岳阳纸业（600963）

上市日期:04/05/25　　电话:0730－8590330　　传真:0730－8562203

| 主营 | 文化类印刷用纸的制造、销售 | | | |
|---|---|---|---|---|
| | 年　度 | 2006 | 2005 | 2004 |
| 主要指标 | 每股收益/扣除后(元) | 0.204/0.2 | 0.35 | 0.31/0.29 |
| | 每股经营现金流量(元) | 0.35 | 0.34 | 1.07 |
| | 每股净资产/调整后(元) | 3.94/3.91 | 3.88/3.88 | 5.31/5.29 |
| | 未分利润(万元) | 15887.07 | 15686.92 | 11265.69 |
| | 资本公积(万元) | 52485.84 | 52485.84 | 59941.16 |
| 利润构成 | 主营收入(万元) | 187284.16 | 185654.42 | 115608.21 |
| | 主营利润(万元) | 29150.91 | 36291.28 | 22884.07 |
| | 投资收益(万元) | | | |
| | 利润总额(万元) | 8318.61 | 11249.51 | 8274.2 |
| | 净利润(万元) | 5512.44 | 9447.14 | 5547.37 |
| 近年分配: | 06预案:10派0.8；05年:10派1.5；04年:10派1转增5 | | | |

| 主要股东及持股比例%、持股性质 |
|---|
| 湖南泰格林纸集团有限责任公司 36.03%（国有股） |
| 中国华融资产管理公司 5.49%（部分流通部分不流通） |
| 中国工商银行－易方达价值精选股票型证券投资基金 4.82%（流通A股） |
| 中国银行－华夏回报二号证券投资基金 3.88%（流通A股） |
| 中国建设银行－华夏红利混合型开放式证券投资基金 2.97%（流通A股） |
| 景业证券投资基金 2.27%（流通A股） |
| 中国银行－兴业证券投资基金 1.36%（流通A股） |
| 银丰证券投资基金 1.32%（流通A股） |
| 国泰君安－建行－香港上海汇丰银行有限公司 1.28%（流通A股） |
| 全国社保基金一零七组合 1.16%（流通A股） |
| 实际控制人:湖南省国有资产监督管理委员会 |

二○○六年以来市场表现

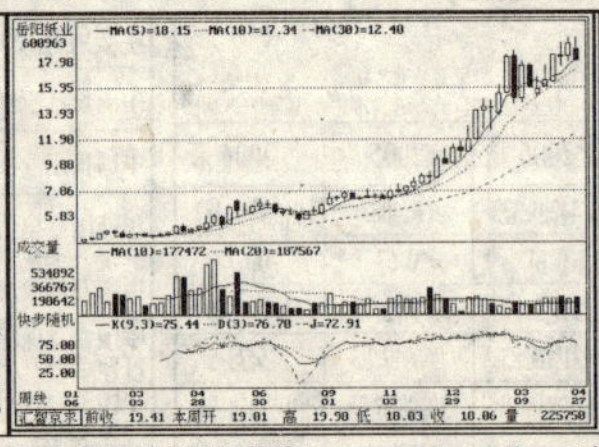

| 2006年涨跌幅(%) | 195.82 |
|---|---|
| 2006年最高(元) | 11.57 |
| 2007年涨跌幅(%) | 61.54 |
| 2007.4.27收盘(元) | 18.06 |
| 2007年最高(元) | 20 |
| 2007年最低(元) | 10.4 |
| 2007年换手率(%) | 162.07 |

未来一年限售流通股解禁情况:1323750股12月06日解禁

| 最新股本 | 总股本 | 非(限售)流通 | 流通A | 流通B/H/S | 股东户数 | 06年末 | 06三季 |
|---|---|---|---|---|---|---|---|
| | 26980.01 | 9853.24 | 17126.77 | | | 10903 | 13396 |

年报点评：公司造纸部分主要的利润来自文化纸业务。影响文化纸利润的主要因素是自产浆产能，岳阳纸业自产浆优势将随着国家污染治理力度的提高而得到体现。速生林陆续进入大规模砍伐期和木材价格的不断上涨，是公司未来业绩快速增长的保证。

## 福成五丰（600965）

上市日期:04/07/13　　电话:(010)61595607　　传真:(010)61595618

| 主营 | 肉牛的养殖、屠宰加工以及活牛和牛肉产品的销售 | | | |
|---|---|---|---|---|
| | 年　度 | 2006 | 2005 | 2004 |
| 主要指标 | 每股收益/扣除后(元) | 0.06 | 0.04 | 0.12/0.12 |
| | 每股经营现金流量(元) | 0.12 | 0.15 | -0.06 |
| | 每股净资产/调整后(元) | 1.8/1.68 | 1.75/1.67 | 1.93/1.84 |
| | 未分利润(万元) | 4397.07 | 2802.4 | 5749.31 |
| | 资本公积(万元) | 15488.04 | 15817.72 | 15817.72 |
| 利润构成 | 主营收入(万元) | 47197.06 | 40033.9 | 43801.35 |
| | 主营利润(万元) | 5346.84 | 3901.55 | 6643.68 |
| | 投资收益(万元) | | | |
| | 利润总额(万元) | 1991.67 | 1350.41 | 3992.33 |
| | 净利润(万元) | 1771.86 | 1015.44 | 3106.61 |
| 近年分配: | 06预案:10派0.3；04年:10派0.5送1 | | | |

| 主要股东及持股比例%、持股性质 |
|---|
| 河北三河福成养牛集团总公司 27.66%（非流通股） |
| 五丰行有限公司 21.26%（部分流通部分不流通） |
| 内蒙古贸发粮油食品进出口有限责任公司 5.91%（非流通股） |
| 三河市明津商贸有限责任公司 2.36%（非流通股） |
| 中国平安人寿保险股份有限公司－传统－普通保险产品 1.41%（流通A股） |
| 三河市瑞辉贸易有限责任公司 1.18%（非流通股） |
| 内蒙古对外贸易经济合作(集团)有限公司 0.69%（非流通股） |
| 顾惠玉 0.6%（流通A股） |
| 华宝信托投资有限责任公司－集合类资金信托2006年第12号 0.58%（流通A股） |
| 纪坤 0.45%（流通A股） |
| 实际控制人:河北三河福成养牛集团总公司 |

二○○六年以来市场表现

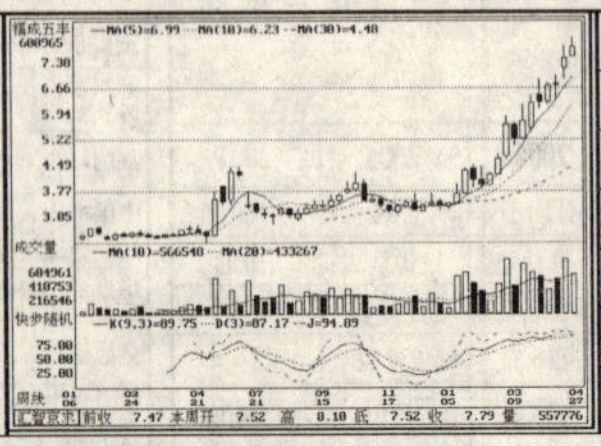

| 2006年涨跌幅(%) | 78.35 |
|---|---|
| 2006年最高(元) | 5.54 |
| 2007年涨跌幅(%) | 134.64 |
| 2007.4.27收盘(元) | 7.79 |
| 2007年最高(元) | 8.1 |
| 2007年最低(元) | 3.23 |
| 2007年换手率(%) | 684.98 |

未来一年限售流通股解禁情况:39754549股07月11日解禁

| 最新股本 | 总股本 | 非(限售)流通 | 流通A | 流通B/H/S | 股东户数 | 06年末 | 06三季 |
|---|---|---|---|---|---|---|---|
| | 27940.32 | 16500.32 | 11440 | | | 20321 | 21726 |

年报点评：2006年公司屠宰活牛比上年同期增加12639头，销售牛肉实现收入35879.75万元，同比增长25.73%。受消费水平不断提高的影响，牛肉的销售规模不断加大。但有肥牛销售实现收入2450.85万元，同比下降64.85%，主要原因是出口配额减少和人民币升值影响。

## 博汇纸业（600966）

上市日期:04/06/08　电话:0533－8538020　传真:0533－8538020

| 主营 | 文化纸和包装纸板的生产和销售 | | | |
|---|---|---|---|---|
| | 年　度 | 2006 | 2005 | 2004 |
| 主要指标 | 每股收益/扣除后(元) | 0.52/0.52 | 0.59 | 0.39/0.39 |
| | 每股经营现金流量(元) | 0.87 | 0.77 | 0.82 |
| | 每股净资产/调整后(元) | 5.04/5.03 | 5.87/5.88 | 6.44/6.42 |
| | 未分利润(万元) | 41806.75 | 29424.28 | 19298.17 |
| | 资本公积(万元) | 60510.61 | 66990.61 | 70524.61 |
| 利润构成 | 主营收入(万元) | 263032.38 | 248008.98 | 149484.76 |
| | 主营利润(万元) | 48214.37 | 42825.1 | 27824.59 |
| | 投资收益(万元) | | | |
| | 利润总额(万元) | 22426.88 | 19478.1 | 10987.1 |
| | 净利润(万元) | 14637.66 | 12722.24 | 7057.04 |
| 近年分配: | 06年:10派0.5;05年:10转增3;04年:10派1转增2 | | | |

| 主要股东及持股比例%、持股性质 |
|---|
| 山东博汇集团有限公司 36.39%（部分流通部分不流通） |
| 青岛海光生物工程技术有限公司 6.74%（部分流通部分不流通） |
| 上海财盟投资管理有限公司 4.04%（流通A股） |
| 淄博驰骋商贸有限公司 2.14%（流通A股） |
| 宋益才 0.54%（流通A股） |
| 梁甜论 0.27%（流通A股） |
| 冯国新 0.15%（流通A股） |
| 费永炜 0.13%（流通A股） |
| 逯苗莳 0.13%（流通A股） |
| 项金彪 0.12%（流通A股） |
| 实际控制人：杨延良 |

二〇〇六年以来市场表现

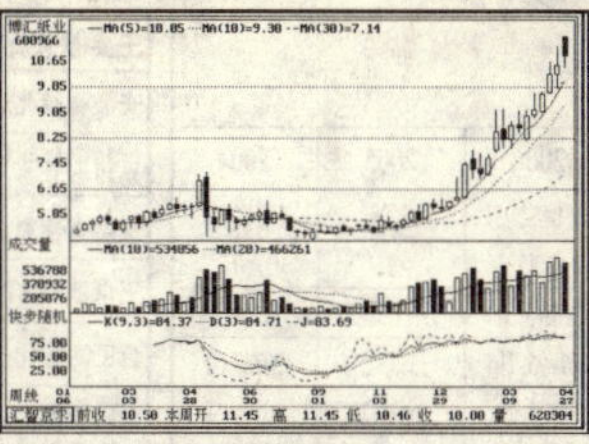

| | |
|---|---|
| 2006年涨跌幅(%) | 48.78 |
| 2006年最高(元) | 8.22 |
| 2007年涨跌幅(%) | 80.23 |
| 2007.4.27收盘(元) | 10.8 |
| 2007年最高(元) | 11.5 |
| 2007年最低(元) | 6 |
| 2007年换手率(%) | 437.98 |

未来一年限售流通股解禁情况:4892726.8股11月07日解禁

| 最新股本 | 总股本 | 非(限售)流通 | 流通A | 流通B/H/S | 股东户数 | 06年末 | 06三季 |
|---|---|---|---|---|---|---|---|
| | 28080 | 10334.29 | 17745.71 | | | 27228 | 29944 |

年报点评：公司主要业务为白卡纸和文化纸的生产、销售。造纸行业在过去一年内主要原材料价格居高不下。公司白卡纸行业竞争趋缓,烟卡市场的开拓取得了一定的成果。公司计划增发,投向年产15万吨石膏板护面纸技改项目和年产9.5万吨化学木浆技改工程。

## 北方创业（600967）

上市日期:04/05/18　电话:(0472)3117903　传真:(0472)3117288

| 主营 | 研制、开发、生产、销售铁路车辆、汽车专用车,冶金机械,压力容器,车辆配件。 | | | |
|---|---|---|---|---|
| | 年　度 | 2006 | 2005 | 2004 |
| 主要指标 | 每股收益/扣除后(元) | 0.08/0.07 | －0.08 | 0.19/0.17 |
| | 每股经营现金流量(元) | 0.86 | －1.17 | 1.04 |
| | 每股净资产/调整后(元) | 3.72/3.7 | 3.63/3.61 | 3.81/3.79 |
| | 未分利润(万元) | 695.41 | －232.89 | 814.71 |
| | 资本公积(万元) | 32939.55 | 32820.53 | 32820.53 |
| 利润构成 | 主营收入(万元) | 124817.28 | 82374.22 | 99506.84 |
| | 主营利润(万元) | 9260.19 | 5069.16 | 7516.47 |
| | 投资收益(万元) | －24.25 | | 2.08 |
| | 利润总额(万元) | 950.99 | －1084 | 2487.89 |
| | 净利润(万元) | 983.5 | －1047.6 | 2487.89 |
| 近年分配: | 04年:10派1 | | | |

| 主要股东及持股比例%、持股性质 |
|---|
| 内蒙古第一机械制造(集团)有限公司 24.23%（国有股） |
| 包头浩瀚科技实业有限公司 13.01%（非流通股） |
| 黑龙江同达投资有限公司 5.15%（非流通股） |
| 环球汇远投资管理咨询有限公司 3.43%（非流通股） |
| 包头市宏远投资管理咨询有限公司 2.64%（非流通股） |
| 中国平安人寿保险股份有限公司－传统－普通保险产品 2.03%（流通A股） |
| 上海先格电子公司 0.92%（流通A股） |
| 中国建设银行－华富竞争力优选混合型证券投资基金 0.85%（流通A股） |
| 尹雨晶 0.37%（流通A股） |
| 姚安民 0.37%（流通A股） |
| 实际控制人：中国兵器工业集团公司 |

二〇〇六年以来市场表现

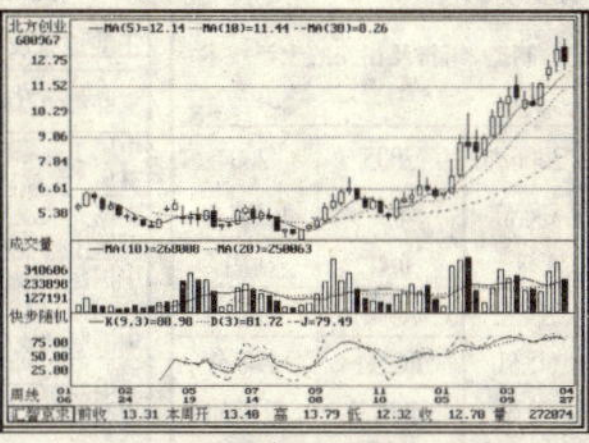

| | |
|---|---|
| 2006年涨跌幅(%) | 49.69 |
| 2006年最高(元) | 10.02 |
| 2007年涨跌幅(%) | 104.84 |
| 2007.4.27收盘(元) | 12.7 |
| 2007年最高(元) | 13.98 |
| 2007年最低(元) | 6.12 |
| 2007年换手率(%) | 634.55 |

未来一年限售流通股解禁情况:20895711股05月11日解禁

| 最新股本 | 总股本 | 非(限售)流通 | 流通A | 流通B/H/S | 股东户数 | 06年末 | 06三季 |
|---|---|---|---|---|---|---|---|
| | 13000 | 6300 | 6700 | | | 15339 | 14331 |

年报点评：06年公司主营业务收入和利润均大幅增长,并完成多种油罐车、沥青车、水泥车等特种车辆的研制,形成了铁路车辆整车、核心零部件和非铁路车辆业务三大发展平台。未来我国铁路运输将实现跨越式发展,铁路装备前景看好。

## 郴电国际（600969）

上市日期:04/04/08　电话:0735－2339232　传真:0735－2339206

| 主营 | 电力供应和中、小水电综合开发 | | | |
|---|---|---|---|---|
| | 年　度 | 2006 | 2005 | 2004 |
| 主要指标 | 每股收益/扣除后(元) | －0.29/－0.237 | 0.205 | 0.169/0.172 |
| | 每股经营现金流量(元) | 0.4971 | 0.497 | 0.07 |
| | 每股净资产/调整后(元) | 2.74/2.63 | 3.03/2.98 | 3.12/3.08 |
| | 未分利润(万元) | －4509.93 | 2276.45 | 2894.46 |
| | 资本公积(万元) | 37636.02 | 37495.58 | 37710.49 |
| 利润构成 | 主营收入(万元) | 99984.92 | 83430.22 | 60024.38 |
| | 主营利润(万元) | 15489.12 | 22018.71 | 13814.91 |
| | 投资收益(万元) | －693.76 | －99.39 | 0.96 |
| | 利润总额(万元) | －173.35 | 9406.01 | 5935.69 |
| | 净利润(万元) | －6093.71 | 4309.31 | 3545.11 |
| 近年分配: | 05年:10派1.2;04年:10派1 | | | |

| 主要股东及持股比例%、持股性质 |
|---|
| 郴州市人民政府国有资产监督管理委员会 19.39%（国有股） |
| 宜章县电力有限责任公司 12.08%（国有股） |
| 临武县水利电力有限责任公司 9.97%（国有股） |
| 汝城县水电有限责任公司 9.87%（国有股） |
| 永兴县水利电力有限责任公司 4.1%（非流通股） |
| 中国工商银行－诺安股票 1.13%（流通A股） |
| 中国工商银行－诺安价值增长 0.91%（流通A股） |
| 中国工商银行－诺安平衡 0.68%（流通A股） |
| 联合国国际小水电中心 0.65%（国有股） |
| 腾伟丽 0.42%（流通A股） |
| 实际控制人：郴州市人民政府国有资产监督管理委员会 |

二〇〇六年以来市场表现

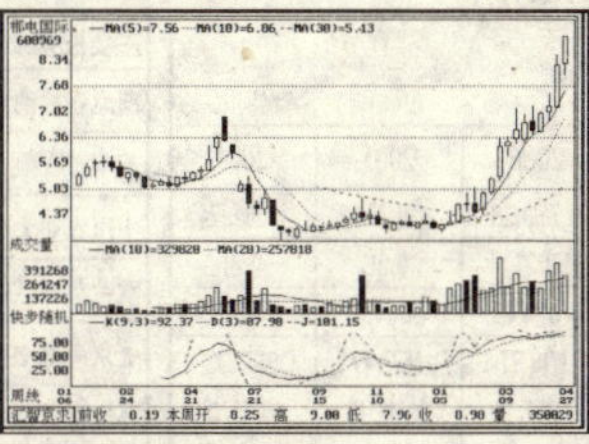

| | |
|---|---|
| 2006年涨跌幅(%) | 5.78 |
| 2006年最高(元) | 7.18 |
| 2007年涨跌幅(%) | 123.38 |
| 2007.4.27收盘(元) | 8.98 |
| 2007年最高(元) | 9 |
| 2007年最低(元) | 3.9 |
| 2007年换手率(%) | 512.31 |

未来一年限售流通股解禁情况:

| 最新股本 | 总股本 | 非(限售)流通 | 流通A | 流通B/H/S | 股东户数 | 06年末 | 06三季 |
|---|---|---|---|---|---|---|---|
| | 21026.77 | 11786.77 | 9240 | | | 22675 | 26476 |

年报点评：2006年公司出现重大亏损,主要是由于:受台风影响,电力设备损失严重,造成公司经济损失;与其他电网购电政策调整,购电成本上升;应收帐款坏帐准备增加;在建工程转固,增加了当期折旧费用和财务费用。

## 中材国际（600970）

上市日期:05/04/12　电话:010－64399502　传真:010－64399510

| 主营 | 新型干法水泥生产线的建设业务 | | | |
|---|---|---|---|---|
| | 年　度 | 2006 | 2005 | 2004 |
| 主要指标 | 每股收益/扣除后(元) | 0.78/0.7 | 0.55 | |
| | 每股经营现金流量(元) | 5.24 | 0.26 | 2.14 |
| | 每股净资产/调整后(元) | 5.03/4.93 | 4.52/4.5 | 2.66 |
| | 未分利润(万元) | 19882.57 | 14428.96 | 10811.98 |
| | 资本公积(万元) | 43183.27 | 40995.64 | 5159.19 |
| 利润构成 | 主营收入(万元) | 725433.28 | 411331.99 | 263736.39 |
| | 主营利润(万元) | 72066.19 | 40702.35 | 33190.61 |
| | 投资收益(万元) | －488.6 | 6.09 | 7.97 |
| | 利润总额(万元) | 26387.1 | 16777.78 | 13456.8 |
| | 净利润(万元) | 13185.48 | 9206.6 | 7395.9 |
| 近年分配: | 06预案:10派3.8;05年:10派3.9;04年:10派2.5 | | | |

| 主要股东及持股比例%、持股性质 |
|---|
| 中国非金属材料总公司 49.77%（国有股） |
| 中国建筑材料工业地质勘查中心 3.54%（国有股） |
| 兴和证券投资基金 2.97%（流通A股） |
| 南京彤天科技实业有限责任公司 2.84%（非流通股） |
| 全国社保基金一零七组合 2.24%（流通A股） |
| 中国建设银行－上投摩根成长先锋股票型证券投资基金 1.97%（流通A股） |
| 中国建设银行－银华富裕主题股票型证券投资基金 1.48%（流通A股） |
| 中国农业银行－泰达荷银首选企业股票型证券投资基金 1.24%（流通A股） |
| 银丰证券投资基金 1.09%（流通A股） |
| 国泰君安－建行－香港上海汇丰银行有限公司 1.09%（流通A股） |
| 实际控制人：中国中材集团公司 |

二〇〇六年以来市场表现

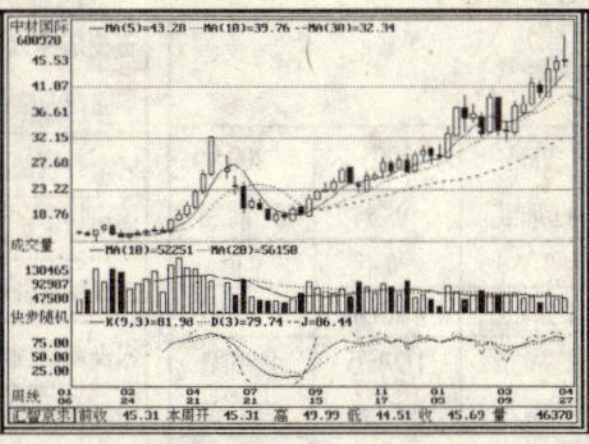

| | |
|---|---|
| 2006年涨跌幅(%) | 135.89 |
| 2006年最高(元) | 38.74 |
| 2007年涨跌幅(%) | 58.1 |
| 2007.4.27收盘(元) | 45.69 |
| 2007年最高(元) | 49.99 |
| 2007年最低(元) | 28.5 |
| 2007年换手率(%) | 119.65 |

未来一年限售流通股解禁情况:5943052股07月06日解禁

| 最新股本 | 总股本 | 非(限售)流通 | 流通A | 流通B/H/S | 股东户数 | 06年末 | 06三季 |
|---|---|---|---|---|---|---|---|
| | 16800 | 9550 | 7250 | | | 4679 | 7020 |

年报点评：公司主营水泥工程总承包建设。2006年公司新签署合同总额174.6亿元,公司树立了以EPC、EP为主导的业务模式。公司年水泥装备制造能力达到20万吨,其中核心专业设备6万吨。2007年境外业务成为公司业务的主要增长点。

## 恒源煤电（600971）

上市日期：04/08/17　电话：(0557)3986224　传真：(0557)3986269

| 主营 | 煤炭开采、洗选加工、销售业务 | | | |
|---|---|---|---|---|
| | 年　度 | 2006 | 2005 | 2004 |
| 主要指标 | 每股收益/扣除后(元) | 1.04/1.05 | 1.08 | 1.24/1.21 |
| | 每股经营现金流量(元) | 2.45 | 1 | 2.07 |
| | 每股净资产/调整后(元) | 5.31/5.31 | 5.27/5.27 | 6.4/6.4 |
| | 未分利润(万元) | 31995.71 | 33185.31 | 20740.51 |
| | 资本公积(万元) | 36835.29 | 36835.29 | 40596.59 |
| 利润构成 | 主营收入(万元) | 118685.33 | 113907.37 | 65761.21 |
| | 主营利润(万元) | 44716.33 | 41265.52 | 28149.99 |
| | 投资收益(万元) | | | |
| | 利润总额(万元) | 29281.19 | 27141.72 | 20777.39 |
| | 净利润(万元) | 19613.94 | 20253.91 | 15602.57 |
| 近年分配： | 06 年：10 派 6；04 年：10 派 1 送 2 转增 3 | | | |

| 主要股东及持股比例%、持股性质 |
|---|
| 安徽省皖北煤电集团有限责任公司 55.54%（国有股） |
| 招商银行股份有限公司－上证红利交易型开放式指数证券投资基金 1.58%（流通 A 股） |
| 安徽省燃料公司 0.98%（国有股） |
| 王卓歆 0.61%（流通 A 股） |
| 合肥四方化工集团有限责任公司 0.49%（国有股） |
| 全国社保基金六零一组合 0.46%（流通 A 股） |
| 杜逸群 0.42%（流通 A 股） |
| 彭雁英 0.29%（流通 A 股） |
| 中国银行－易方达平稳增长证券投资基金 0.27%（流通 A 股） |
| 合肥开元精密工程有限责任公司 0.25%（国有股） |
| 实际控制人：安徽省皖北煤电集团有限责任公司 |

二〇〇六年以来市场表现

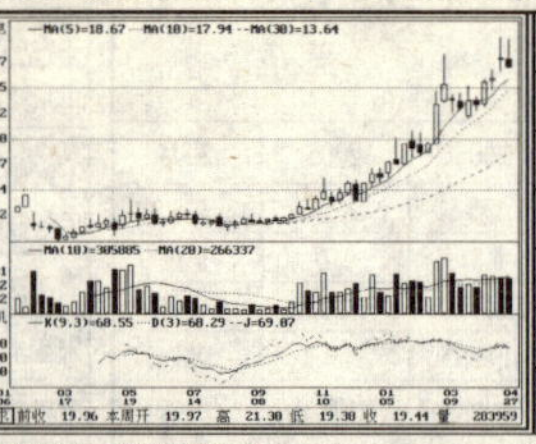

| | |
|---|---|
| 2006 年涨跌幅(%) | 68.96 |
| 2006 年最高(元) | 17 |
| 2007 年涨跌幅(%) | 67.42 |
| 2007.4.27 收盘(元) | 19.44 |
| 2007 年最高(元) | 21.9 |
| 2007 年最低(元) | 11.9 |
| 2007 年换手率(%) | 538.95 |

未来一年限售流通股解禁情况：

| 最新股本 | 总股本 | 非(限售)流通 | 流通 A | 流通 B/H/S | 股东户数 | 06 年末 | 06 三季 |
|---|---|---|---|---|---|---|---|
| | 18840 | 10788 | 8052 | | | 19273 | 18292 |

年报点评：2006 年公司共生产原煤 339.89 万吨，销售商品煤 329.77 万吨，实现了主营业务收入和利润的稳步增长。由于公司 2006 年没有国产设备抵免所得税，使得公司当年所得税同比大幅提升，进而影响了公司全年盈利。公司计划 2007 年生产原煤 340 万吨，利润总额为 2.95 亿元。

## 宝胜股份（600973）

上市日期：04/08/02　电话：0514－8248896　传真：0514－8248897

| 主营 | 电线电缆及电缆附件的开发、制造、销售及相关的生产技术开发。 | | | |
|---|---|---|---|---|
| | 年　度 | 2006 | 2005 | 2004 |
| 主要指标 | 每股收益/扣除后(元) | 0.67/0.67 | 0.4 | 0.33/0.33 |
| | 每股经营现金流量(元) | 0.48 | 0.44 | 0.21 |
| | 每股净资产/调整后(元) | 4.39/4.32 | 4.89/4.7 | 4.67/4.6 |
| | 未分利润(万元) | 19615.91 | 10829.1 | 6946.51 |
| | 资本公积(万元) | 28323.35 | 31923.35 | 31737.01 |
| 利润构成 | 主营收入(万元) | 254374.9 | 129960.91 | 103478.83 |
| | 主营利润(万元) | 42007.87 | 23612.18 | 20449.2 |
| | 投资收益(万元) | | | |
| | 利润总额(万元) | 15202.33 | 7385.98 | 6484.99 |
| | 净利润(万元) | 10429.74 | 4853.24 | 3952.28 |
| 近年分配： | 06 预案：10 派 0.5；05 年：10 派 0.5 转增 3；04 年：10 派 2 | | | |

| 主要股东及持股比例%、持股性质 |
|---|
| 宝胜集团有限公司 44.93%（国有股） |
| 中国工商银行－南方绩优成长股票型证券投资基金 4.81%（流通 A 股） |
| 中国光大银行－光大保德信量化核心证券投资基金 1.97%（流通 A 股） |
| 中国建设银行－上投摩根中国优势证券投资基金 1.84%（流通 A 股） |
| 中国电能成套设备有限公司 1.48%（部分流通部分不流通） |
| 招商银行－中信经典配置证券投资基金 1.38%（流通 A 股） |
| 中国工商银行－诺安价值增长股票证券投资基金 1.36%（流通 A 股） |
| 中国建设银行－工银瑞信精选平衡混合型证券投资基金 1.28%（流通 A 股） |
| 中国银行－工银瑞信核心价值股票型证券投资基金 1.28%（流通 A 股） |
| 中国建设银行－中信红利精选股票型证券投资基金 1.22%（流通 A 股） |
| 实际控制人：宝胜集团有限公司 |

二〇〇六年以来市场表现

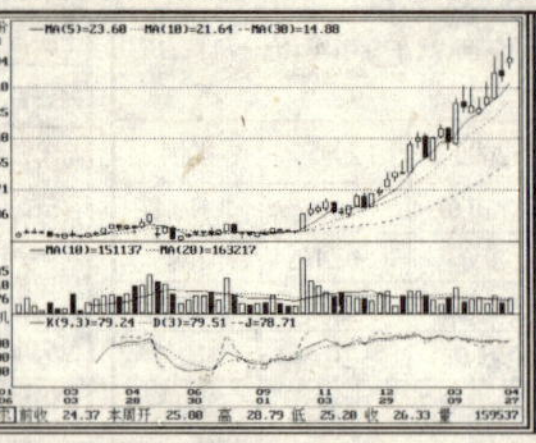

| | |
|---|---|
| 2006 年涨跌幅(%) | 159.36 |
| 2006 年最高(元) | 17.59 |
| 2007 年涨跌幅(%) | 107.16 |
| 2007.4.27 收盘(元) | 26.33 |
| 2007 年最高(元) | 28.79 |
| 2007 年最低(元) | 12.51 |
| 2007 年换手率(%) | 313.93 |

未来一年限售流通股解禁情况：4852575 股 08 月 11 日解禁

| 最新股本 | 总股本 | 非(限售)流通 | 流通 A | 流通 B/H/S | 股东户数 | 06 年末 | 06 三季 |
|---|---|---|---|---|---|---|---|
| | 15600 | 7494.53 | 8105.47 | | | 12802 | 18957 |

年报点评：公司主营特种电缆的制造和销售。是国内特种电缆的龙头企业，06 年在原材料价格大幅上涨的情况下，公司仍实现了主营业务收入和利润的爆发式增长。预计 07 年国内电线电缆行业仍将以较快速度发展，公司产能的进一步释放仍将带动业绩快速增长。

## 新五丰（600975）

上市日期：04/06/09　电话：0731－4449588　传真：0731－4449595

| 主营 | 生猪养殖和生猪贸易 | | | |
|---|---|---|---|---|
| | 年　度 | 2006 | 2005 | 2004 |
| 主要指标 | 每股收益/扣除后(元) | 0.25/0.26 | 0.27 | 0.26/0.24 |
| | 每股经营现金流量(元) | 0.27 | 0.31 | 0.21 |
| | 每股净资产/调整后(元) | 4.64/4.63 | 4.64/4.63 | 4.44/4.43 |
| | 未分利润(万元) | 3718.77 | 3677.49 | 2173.32 |
| | 资本公积(万元) | 30267.18 | 30545.18 | 30545.18 |
| 利润构成 | 主营收入(万元) | 46949.68 | 52942.08 | 49264.77 |
| | 主营利润(万元) | 7067.38 | 6675.31 | 6116.71 |
| | 投资收益(万元) | －356.97 | －4.07 | －2.07 |
| | 利润总额(万元) | 3052.81 | 3219.87 | 3090.7 |
| | 净利润(万元) | 2515.96 | 2705.64 | 2560.58 |
| 近年分配： | 06 预案：10 派 1.5；05 年：10 派 2.2；04 年：10 派 0.7 | | | |

| 主要股东及持股比例%、持股性质 |
|---|
| 湖南省粮油食品进出口集团有限公司 40.58%（国有股） |
| 五丰行有限公司 10.54%（外资股） |
| 中国农业大学 1.22%（国有股） |
| 欧兰英 0.33%（流通 A 股） |
| 史京海 0.29%（流通 A 股） |
| 孙红根 0.26%（流通 A 股） |
| 华宝信托投资有限责任公司－集合类资金信托 2006 年第 23 号 0.25%（流通 A 股） |
| 南光粮油食品有限公司 0.24%（外资股） |
| 中国农业科学院饲料研究所 0.24%（国有股） |
| 张汉龙 0.24%（流通 A 股） |
| 实际控制人：湖南省商务厅 |

二〇〇六年以来市场表现

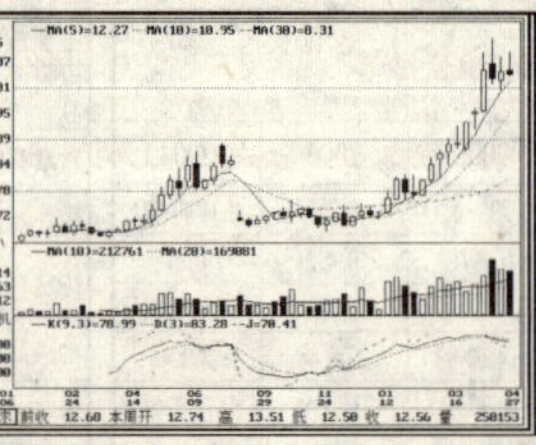

| | |
|---|---|
| 2006 年涨跌幅(%) | 63.63 |
| 2006 年最高(元) | 10.2 |
| 2007 年涨跌幅(%) | 85.52 |
| 2007.4.27 收盘(元) | 12.56 |
| 2007 年最高(元) | 14.13 |
| 2007 年最低(元) | 6.59 |
| 2007 年换手率(%) | 627.2 |

未来一年限售流通股解禁情况：11720555 股 09 月 06 日解禁

| 最新股本 | 总股本 | 非(限售)流通 | 流通 A | 流通 B/H/S | 股东户数 | 06 年末 | 06 三季 |
|---|---|---|---|---|---|---|---|
| | 10015.39 | 5290.39 | 4725 | | | 12908 | 12937 |

年报点评：公司当前以出口香港和澳门生猪为主业。2006 年共出口香港生猪 339723 头，出口澳门生猪 22113 头，实现创汇 4630 万美元，圆满完成年度出口配额任务。但因为 2006 年国内无名高热病疫情爆发、生猪价格大幅波动对公司的毛利率构成不利影响。

## 武汉健民（600976）

上市日期：04/04/19　电话：027－85355035　传真：027－85355039

| 主营 | 中成药的研究、制造、开发及经营 | | | |
|---|---|---|---|---|
| | 年　度 | 2006 | 2005 | 2004 |
| 主要指标 | 每股收益/扣除后(元) | 0.07/0.05 | 0.25 | 0.37/0.36 |
| | 每股经营现金流量(元) | 0.36 | －0.45 | 0.05 |
| | 每股净资产/调整后(元) | 4.59/4.55 | 9.06/9.02 | 8.81/8.72 |
| | 未分利润(万元) | 13996.02 | 12991.75 | 11595.42 |
| | 资本公积(万元) | 32004.76 | 39962.61 | 39952.08 |
| 利润构成 | 主营收入(万元) | 129174.99 | 91108.84 | 53023.03 |
| | 主营利润(万元) | 17915.09 | 19576.56 | 23477.28 |
| | 投资收益(万元) | －159.23 | 57.64 | 40.72 |
| | 利润总额(万元) | 2524.29 | 3413.49 | 4656.07 |
| | 净利润(万元) | 1148.72 | 1952.92 | 2800.7 |
| 近年分配： | 05 年：10 转增 10；04 中期：10 派 1 | | | |

| 主要股东及持股比例%、持股性质 |
|---|
| 华立产业集团有限公司 21.11%（非流通股） |
| 河南羚锐制药股份有限公司 9.18%（非流通股） |
| 通用技术集团投资管理有限公司 4.73%（流通 A 股） |
| 武汉国有资产经营公司 2.92%（国有股） |
| 武汉东湖创新科技投资有限公司 2.27%（非流通股） |
| 中国药材集团公司 1.8%（非流通股） |
| 中国医药集团总公司 1%（非流通股） |
| 通用技术集团国际物流有限公司 0.69%（流通 A 股） |
| 武汉诺佳药业集团股份有限公司 0.35%（非流通股） |
| 贾文文 0.26%（流通 A 股） |
| 实际控制人：汪力成 |

二〇〇六年以来市场表现

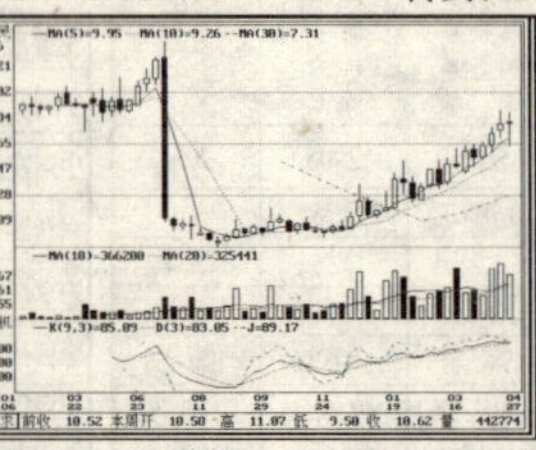

| | |
|---|---|
| 2006 年涨跌幅(%) | 41.84 |
| 2006 年最高(元) | 19.35 |
| 2007 年涨跌幅(%) | 66.98 |
| 2007.4.27 收盘(元) | 10.62 |
| 2007 年最高(元) | 11.15 |
| 2007 年最低(元) | 6.17 |
| 2007 年换手率(%) | 613.94 |

未来一年限售流通股解禁情况：35830526 股 05 月 08 日解禁

| 最新股本 | 总股本 | 非(限售)流通 | 流通 A | 流通 B/H/S | 股东户数 | 06 年末 | 06 三季 |
|---|---|---|---|---|---|---|---|
| | 15339.86 | 6589.86 | 8750 | | | 20788 | 21741 |

年报点评：公司是一家中药生产企业，产品成熟。2006 年公司主营收入大幅增长，盈利却出现下滑。主要是公司低毛利的医药商业增长较多，而费用控制情况不好。公司主营产品将保持稳步增长，长期来看公司经营情况将向好。

## 宜华木业（600978）

上市日期:04/08/24　电话:0754－5100989　传真:0754－5745583

| | | | | |
|---|---|---|---|---|
| 主营 | 实木家具、实木地板、实木复合地板等木制品的生产及销售。 | | | |
| | 年　度 | 2006 | 2005 | 2004 |
| 主要指标 | 每股收益/扣除后(元) | 0.48/0.49 | 0.35 | 0.31/0.3 |
| | 每股经营现金流量(元) | -0.21 | 0.91 | 0.17 |
| | 每股净资产/调整后(元) | 2.69/2.69 | 2.71/2.71 | 2.94/2.94 |
| | 未分利润(万元) | 27982.3 | 14235.17 | 6877.79 |
| | 资本公积(万元) | 24749.95 | 30780.21 | 35986.21 |
| 利润构成 | 主营收入(万元) | 115727.84 | 78662.29 | 64760.19 |
| | 主营利润(万元) | 31831.43 | 20347.6 | 15772.2 |
| | 投资收益(万元) | | | -41.02 |
| | 利润总额(万元) | 19764.11 | 11999.65 | 8876.28 |
| | 净利润(万元) | 17285.22 | 10429.83 | 7717.21 |
| 近年分配: | 06年:10派0.5；05年:10派0.5转增2；04年:10派1转增2 | | | |

**主要股东及持股比例%、持股性质**

- 宜华企业(集团)有限公司 33.39%（非流通股）
- 荣科国际投资有限公司 29.34%（部分流通部分不流通）
- 全国社保基金一零六组合 2.15%（流通A股）
- 中国工商银行－天元证券投资基金 1.55%（流通A股）
- 中国工商银行－广发策略优选混合型证券投资基金 1.49%（流通A股）
- 中国人寿保险(集团)公司－传统－普通保险产品 1.34%（流通A股）
- 汕头市澄海区捷和贸易有限公司 1.31%（流通A股）
- 中国工商银行－广发稳健增长证券投资基金 1.26%（流通A股）
- 招商银行股份有限公司－中信经典配置证券投资基金 0.86%（流通A股）
- 中国银行－易方达策略成长二号混合型证券投资基金 0.76%（流通A股）

实际控制人：刘绍喜

二〇〇六年以来市场表现

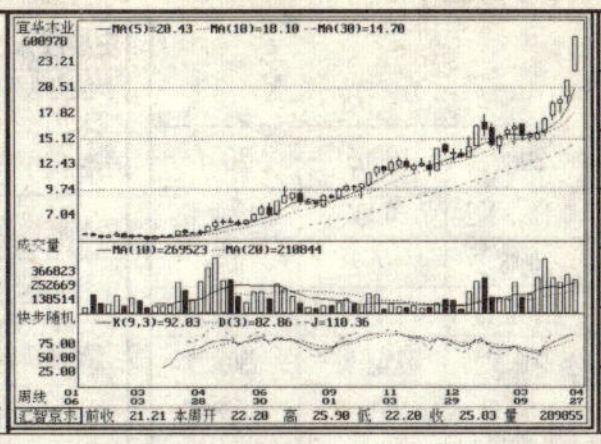

| | |
|---|---|
| 2006年涨跌幅(%) | 225.24 |
| 2006年最高(元) | 17.57 |
| 2007年涨跌幅(%) | 91.19 |
| 2007.4.27收盘(元) | 25.83 |
| 2007年最高(元) | 25.9 |
| 2007年最低(元) | 13 |
| 2007年换手率(%) | 249.01 |

未来一年限售流通股解禁情况:18095695.2股12月21日解禁

| 最新股本 | 总股本 | 非(限售)流通 | 流通A | 流通B/H/S | 股东户数 | 06年末 | 06三季 |
|---|---|---|---|---|---|---|---|
| | 36191.39 | 20893.46 | 15297.93 | | | 7887 | 8389 |

年报点评：公司是国内唯一一家同时生产实木家具和实木地板的企业,木材综合利用率大大高于国内平均水平,有效降低了单位产品成本。公司生产的实木家具100%出口,产品出口地主要是美国、欧盟等发达国家。公司新建的厂区－－宜华木业城将是公司未来的增长点。

## 广安爱众（600979）

上市日期:04/09/06　电话:0826－2983066　传真:0826－2983358

| | | | | |
|---|---|---|---|---|
| 主营 | 水力发电和电力供应;天然气供应;自来水生产和供应。 | | | |
| | 年　度 | 2006 | 2005 | 2004 |
| 主要指标 | 每股收益/扣除后(元) | 0.204/0.199 | 0.184 | 0.147/0.152 |
| | 每股经营现金流量(元) | 0.6272 | 0.5403 | 0.0741 |
| | 每股净资产/调整后(元) | 2.65/2.58 | 2.48/2.41 | 2.27/2.27 |
| | 未分利润(万元) | 7668.95 | 4633.92 | 2089.74 |
| | 资本公积(万元) | 17976.43 | 18445.02 | 18022.74 |
| 利润构成 | 主营收入(万元) | 30319.33 | 26230.87 | 22236.27 |
| | 主营利润(万元) | 11983.85 | 12040.53 | 8541.87 |
| | 投资收益(万元) | -104.07 | -124.02 | 16.59 |
| | 利润总额(万元) | 4403.66 | 4369.83 | 3447.37 |
| | 净利润(万元) | 3376.57 | 3040.82 | 2426.16 |
| 近年分配: | 06预案:10派1送2；04年:10派1.5 | | | |

**主要股东及持股比例%、持股性质**

- 四川爱众投资控股集团有限公司 30.96%（国有股）
- 四川省电力开发公司 5.81%（国有股）
- 四川朴通实业有限责任公司 4.87%（非流通股）
- 四川省岳池银泰投资(控股)有限公司 3.95%（国有股）
- 四川广安花园制水有限公司 2.47%（国有股）
- 浙江城建集团有限公司 1.38%（流通A股）
- 四川广安神龙茧丝绸有限公司 1.09%（国有股）
- 上海大科原系统设备工程有限公司 0.59%（流通A股）
- 南充通力贸易有限公司 0.49%（非流通股）
- 叶利海 0.26%（流通A股）

实际控制人：广安市广安区人民政府

二〇〇六年以来市场表现

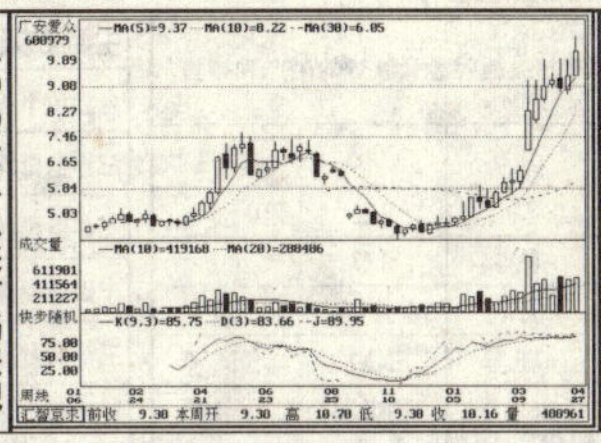

| | |
|---|---|
| 2006年涨跌幅(%) | 35.43 |
| 2006年最高(元) | 7.6 |
| 2007年涨跌幅(%) | 114.35 |
| 2007.4.27收盘(元) | 10.16 |
| 2007年最高(元) | 10.7 |
| 2007年最低(元) | 4.66 |
| 2007年换手率(%) | 642.46 |

未来一年限售流通股解禁情况:37763942股09月28日解禁

| 最新股本 | 总股本 | 非(限售)流通 | 流通A | 流通B/H/S | 股东户数 | 06年末 | 06三季 |
|---|---|---|---|---|---|---|---|
| | 16517.09 | 8197.09 | 8320 | | | 19696 | 19119 |

年报点评：2006年虽然公司经营规模有所扩大,但由于公司所在地广安发生特大旱灾,公司自发电量减少,购电成本增加,从而使公司主营业务盈利能力有一定幅度下滑。但在公司其他业务盈利大幅提升,以及所得税费用下降的推动下,仍实现了利润的小幅增长。

## 北矿磁材（600980）

上市日期:04/05/12　电话:010－67537184　传真:010－67583947

| | | | | |
|---|---|---|---|---|
| 主营 | 磁性材料和磁器件的研发、生产和销售。 | | | |
| | 年　度 | 2006 | 2005 | 2004 |
| 主要指标 | 每股收益/扣除后(元) | 0.07/0.07 | 0.13 | 0.21/0.2 |
| | 每股经营现金流量(元) | 0.32 | -0.43 | 0.02 |
| | 每股净资产/调整后(元) | 2.83/2.81 | 2.83/2.8 | 3.6/3.6 |
| | 未分利润(万元) | 5963.08 | 5849.94 | 5417.94 |
| | 资本公积(万元) | 16030.07 | 16244.25 | 19185.05 |
| 利润构成 | 主营收入(万元) | 25431.26 | 21642.97 | 20026.1 |
| | 主营利润(万元) | 3515.42 | 4675.11 | 4980.56 |
| | 投资收益(万元) | | | |
| | 利润总额(万元) | 1172.43 | 1876.24 | 2288.4 |
| | 净利润(万元) | 892.69 | 1703.41 | 2106.31 |
| 近年分配: | 05年:10派0.5；04年:10派1转增3 | | | |

**主要股东及持股比例%、持股性质**

- 北京矿冶研究总院 49.58%（国有股）
- 钢铁研究总院 1.06%（国有股）
- 机械科学研究院 0.7%（国有股）
- 中国纺织科学研究院 0.7%（国有股）
- 中国建筑材料科学研究总院 0.7%（国有股）
- 江门市粉末冶金厂有限公司 0.7%（非流通股）
- 黄秋佳 0.39%（流通A股）
- 郑松明 0.32%（流通A股）
- 宋军 0.29%（流通A股）
- 何秀尖 0.26%（流通A股）

实际控制人：国务院国有资产监督管理委员会

二〇〇六年以来市场表现

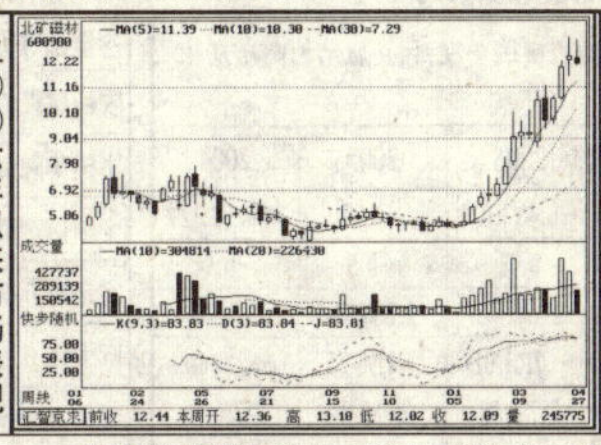

| | |
|---|---|
| 2006年涨跌幅(%) | 31.31 |
| 2006年最高(元) | 10.52 |
| 2007年涨跌幅(%) | 124.72 |
| 2007.4.27收盘(元) | 12.09 |
| 2007年最高(元) | 13.28 |
| 2007年最低(元) | 5.31 |
| 2007年换手率(%) | 689.64 |

未来一年限售流通股解禁情况:13000000股04月24日解禁

| 最新股本 | 总股本 | 非(限售)流通 | 流通A | 流通B/H/S | 股东户数 | 06年末 | 06三季 |
|---|---|---|---|---|---|---|---|
| | 13000 | 6948.5 | 6051.5 | | | 17110 | 19012 |

年报点评：公司原燃材料采购支出占总成本的60%以上。受制于2006年成本上升,以及竞争加剧,产品价格下降等问题,公司业绩滑坡。随公司新项目如电磁波吸收材料、固安基地方吨超细锌粉项目和复印机、打印机用磁粉的释放,预期2007成长仍然值得期待。

## 江苏开元（600981）

上市日期:04/06/30　电话:(025)86648112　传真:(025)84400800

| | | | | |
|---|---|---|---|---|
| 主营 | 纺织品及服装的进出口业务 | | | |
| | 年　度 | 2006 | 2005 | 2004 |
| 主要指标 | 每股收益/扣除后(元) | 0.2/0.19 | 0.22 | 0.21/0.18 |
| | 每股经营现金流量(元) | -0.35 | -0.03 | 0.5 |
| | 每股净资产/调整后(元) | 2.52/2.52 | 3.67/3.67 | 3.62/3.62 |
| | 未分利润(万元) | 6334.37 | 5902.8 | 6361.69 |
| | 资本公积(万元) | 22096.1 | 31360.27 | 31360.27 |
| 利润构成 | 主营收入(万元) | 368197.08 | 276480.15 | 265407.33 |
| | 主营利润(万元) | 25126.58 | 18081.85 | 17466.79 |
| | 投资收益(万元) | 399.19 | 103.17 | 269.1 |
| | 利润总额(万元) | 10330.54 | 6269.71 | 5158.28 |
| | 净利润(万元) | 5388.29 | 4057.91 | 3890.14 |
| 近年分配: | 06中期:10转增5年终预案:10派1送2转增7；05年:10派1.8；04年:10派1.7 | | | |

**主要股东及持股比例%、持股性质**

- 江苏开元国际集团有限公司 53.139%（国有股）
- 江苏舜天股份有限公司 1.952%（国有股）
- 中国外运江苏公司 1.557%（国有股）
- 江苏东恒国际集团有限公司 0.882%（国有股）
- 江苏丹棉集团有限公司 0.779%（国有股）
- 黄绮欢 0.602%（流通A股）
- 江苏汇鸿国际集团针棉织品进出口有限公司 0.52%（国有股）
- 江苏省惠隆资产管理有限公司 0.519%（国有股）
- 江苏弘业股份有限公司 0.519%（国有股）
- 江苏汇鸿国际集团毛针织品进出口有限公司 0.415%（国有股）

实际控制人：江苏开元国际集团有限公司

二〇〇六年以来市场表现

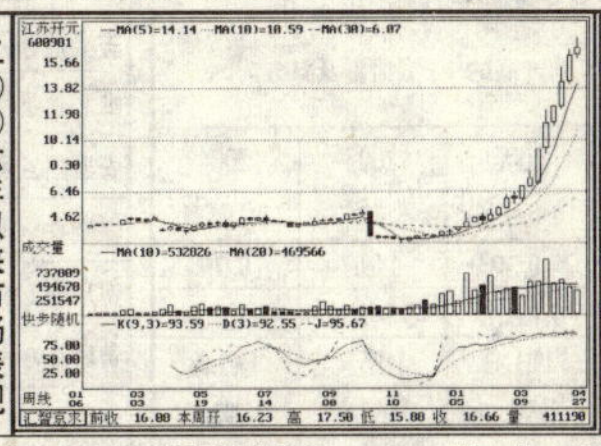

| | |
|---|---|
| 2006年涨跌幅(%) | 90.4 |
| 2006年最高(元) | 7.72 |
| 2007年涨跌幅(%) | 376 |
| 2007.4.27收盘(元) | 16.66 |
| 2007年最高(元) | 17.5 |
| 2007年最低(元) | 3.51 |
| 2007年换手率(%) | 812.36 |

未来一年限售流通股解禁情况:13581750股04月06日解禁

| 最新股本 | 总股本 | 非(限售)流通 | 流通A | 流通B/H/S | 股东户数 | 06年末 | 06三季 |
|---|---|---|---|---|---|---|---|
| | 27163.5 | 17038.5 | 10125 | | | 17276 | 15509 |

年报点评：公司主营针棉织品产品的生产、进出口贸易以及房地产业务。出口退税率再次下调和人民币强劲升值对公司主营业务经营产生不利影响。不过公司积极调整业务结构加大了进口力度,国内贸易也有较大突破,从而保证了盈利能力的提升。房地产业务稳步发展。

## 宁波热电（600982）

上市日期:04/07/06　电话:(0574)86897102　传真:(0574)86885271

主营：热电联产

| 年　度 | 2006 | 2005 | 2004 |
|---|---|---|---|
| 主要指标：每股收益/扣除后(元) | 0.176/0.172 | 0.134 | 0.156/0.126 |
| 每股经营现金流量(元) | 0.48 | -0.23 | 0.18 |
| 每股净资产/调整后(元) | 2.16/2.16 | 2.1/2.1 | 2.06/2.06 |
| 未分利润(万元) | 3459.51 | 2513.92 | 2305.25 |
| 资本公积(万元) | 14182.04 | 14338.47 | 14338:47 |
| 利润构成：主营收入(万元) | 72122.37 | 57484.84 | 22748.49 |
| 主营利润(万元) | 14520.62 | 11974.19 | 3845.66 |
| 投资收益(万元) | -13.15 | -13.15 | -151.48 |
| 利润总额(万元) | 4091.22 | 3677.13 | 2947.4 |
| 净利润(万元) | 2953.09 | 2250.33 | 2626.77 |

近年分配：06 预案:10 派 1；05 年:10 派 1；04 年:10 派 1

| 主要股东及持股比例%、持股性质 |
|---|
| 宁波开发投资集团有限公司 25.54%（部分流通部分不流通） |
| 宁波国宁节能实业有限公司 16%（国有股） |
| 宁波联合集团股份有限公司 10.66%（非流通股） |
| 宁波市电力开发公司 7.99%（国有股） |
| 宁波经济技术开发区控股有限公司 2.67%（国有股） |
| 郭连素 0.33%（流通 A 股） |
| 长和投资有限公司 0.32%（流通 A 股） |
| 汪家秋 0.19%（流通 A 股） |
| 刘侠 0.15%（流通 A 股） |
| 黄秀华 0.14%（流通 A 股） |
| 实际控制人：宁波开发投资集团有限公司 |

二〇〇六年以来市场表现

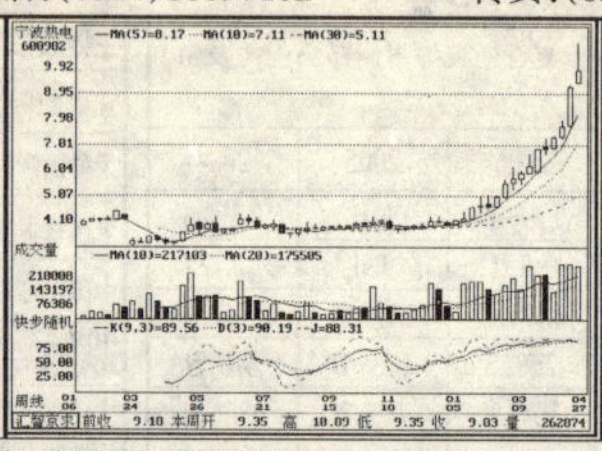

| | |
|---|---|
| 2006 年涨跌幅(%) | 33.65 |
| 2006 年最高(元) | 5.76 |
| 2007 年涨跌幅(%) | 150.13 |
| 2007.4.27 收盘(元) | 9.83 |
| 2007 年最高(元) | 10.89 |
| 2007 年最低(元) | 3.93 |
| 2007 年换手率(%) | 423.55 |

未来一年限售流通股解禁情况:47031200 股 03 月 20 日解禁

| 最新股本 | 总股本 | 非(限售)流通 | 流通 A | 流通 B/H/S | 股东户数 | 06 年末 | 06 三季 |
|---|---|---|---|---|---|---|---|
| | 16800 | 10300 | 6500 | | | 15450 | 16409 |

年报点评：2006 年在宁波地区用电紧张局面趋于缓和的情况下，公司充分运用成本优势，争取计划外用电量。公司积极开发用热大用户，拓展供热市场；积极拓宽煤炭供应和营销渠道，争取各种煤源，以稳定煤价。公司通过努力，实现了 2006 年净利润的稳步增长。

## 合肥三洋（600983）

上市日期:04/07/27　电话:(0551)5310502　传真:(0551)5320313

主营：智能模糊全自动洗衣机和超级簇射波微波炉的生产和销售

| 年　度 | 2006 | 2005 | 2004 |
|---|---|---|---|
| 主要指标：每股收益/扣除后(元) | 0.15/0.15 | 0.12 | 0.1/0.1 |
| 每股经营现金流量(元) | 0.24 | 0.07 | 0.2 |
| 每股净资产/调整后(元) | 1.62/1.62 | 1.56/1.56 | 1.53/1.53 |
| 未分利润(万元) | 4720.23 | 3142.17 | 3010.37 |
| 资本公积(万元) | 11664.68 | 11664.68 | 11664.68 |
| 利润构成：主营收入(万元) | 50972.54 | 43892.09 | 34829.29 |
| 主营利润(万元) | 21772.46 | 19107.67 | 15302.58 |
| 投资收益(万元) | -17.57 | -33.63 | -74.29 |
| 利润总额(万元) | 6074.65 | 4588.03 | 3655.98 |
| 净利润(万元) | 5083.4 | 3911 | 3212.79 |

近年分配：06 预案:10 派 1；05 年:10 派 0.9；04 年:10 派 0.9

| 主要股东及持股比例%、持股性质 |
|---|
| 合肥荣事达集团有限责任公司 33.57%（非流通股） |
| 三洋电机株式会社 17.91%（外资股） |
| 三洋电机(中国)有限公司 9.21%（非流通股） |
| 丰田通商株式会社 2.99%（外资股） |
| 三洋商贸发展株式会社 2.39%（外资股） |
| 任晓燕 0.41%（流通 A 股） |
| 长城贸易株式会社 0.35%（外资股） |
| 合肥百货大楼集团股份有限公司 0.27%（非流通股） |
| 李晶 0.12%（流通 A 股） |
| 薛齐放 0.11%（流通 A 股） |
| 实际控制人：合肥荣事达集体持股联合会 |

二〇〇六年以来市场表现

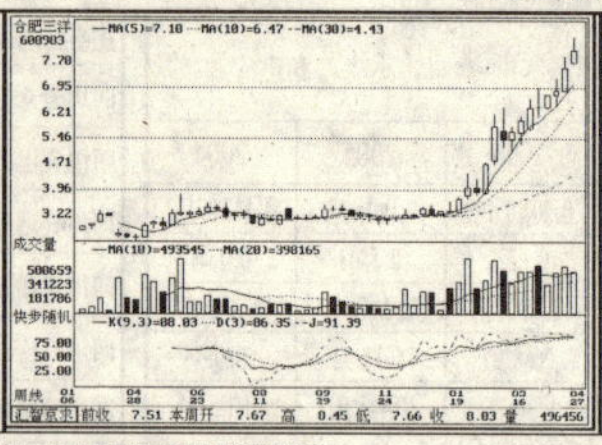

| | |
|---|---|
| 2006 年涨跌幅(%) | 54.84 |
| 2006 年最高(元) | 5.03 |
| 2007 年涨跌幅(%) | 148.61 |
| 2007.4.27 收盘(元) | 8.03 |
| 2007 年最高(元) | 8.45 |
| 2007 年最低(元) | 3.2 |
| 2007 年换手率(%) | 624.19 |

未来一年限售流通股解禁情况:

| 最新股本 | 总股本 | 非(限售)流通 | 流通 A | 流通 B/H/S | 股东户数 | 06 年末 | 06 三季 |
|---|---|---|---|---|---|---|---|
| | 33300 | 22250 | 11050 | | | 22077 | 23778 |

年报点评：公司主营洗衣机和微波炉。2006 年，公司以销精品、降费用、提高运营质量为经营重点，洗衣和微波炉销售实现稳健增长。销售增长特别是特色产品和高附加值产品销售增长是利润增长的主要原因。公司将充分利用外资战略合作契机，实现可持续发展。

## ＊ST 建机（600984）

上市日期:04/07/07　电话:(029)82592288　传真:(029)82592287

主营：建设机械成套设备、筑路机械成套设备、金属结构产品及相关配件的生产、销售。

| 年　度 | 2006 | 2005 | 2004 |
|---|---|---|---|
| 主要指标：每股收益/扣除后(元) | -0.42/-0.4 | -0.35 | 0.13/0.12 |
| 每股经营现金流量(元) | 0.48 | -0.5 | -0.94 |
| 每股净资产/调整后(元) | 2.43/2.43 | 2.85/2.85 | 3.4/3.4 |
| 未分利润(万元) | -7164.01 | -1196.55 | 6599.41 |
| 资本公积(万元) | 25786.98 | 25786.98 | 25786.98 |
| 利润构成：主营收入(万元) | 36219.72 | 40117.24 | 56853.65 |
| 主营利润(万元) | 3794.43 | 5408.31 | 11427.83 |
| 投资收益(万元) | | | |
| 利润总额(万元) | -5967.46 | -4907.87 | 2565.97 |
| 净利润(万元) | -5967.46 | -4964.84 | 1822.6 |

近年分配：04 年:10 派 2

| 主要股东及持股比例%、持股性质 |
|---|
| 陕西建设机械(集团)有限责任公司 24.95%（国有股） |
| 中国华融资产管理公司 17.96%（国有股） |
| 中国信达资产管理公司 17.2%（国有股） |
| 翁楚娟 0.8%（流通 A 股） |
| 阮大伟 0.61%（流通 A 股） |
| 王永 0.39%（非流通股） |
| 乌克学 0.33%（流通 A 股） |
| 王志强 0.31%（非流通股） |
| 晁坚 0.25%（流通 A 股） |
| 许磊 0.24%（流通 A 股） |
| 实际控制人：陕西建工集团总公司 |

二〇〇六年以来市场表现

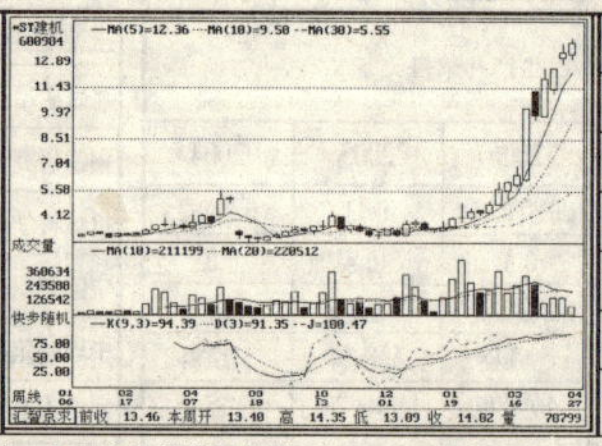

| | |
|---|---|
| 2006 年涨跌幅(%) | 59.27 |
| 2006 年最高(元) | 6 |
| 2007 年涨跌幅(%) | 316.02 |
| 2007.4.27 收盘(元) | 14.02 |
| 2007 年最高(元) | 14.35 |
| 2007 年最低(元) | 3.2 |
| 2007 年换手率(%) | 644.48 |

未来一年限售流通股解禁情况:22504642 股 08 月 01 日解禁

| 最新股本 | 总股本 | 非(限售)流通 | 流通 A | 流通 B/H/S | 股东户数 | 06 年末 | 06 三季 |
|---|---|---|---|---|---|---|---|
| | 14155.6 | 8635.6 | 5520 | | | 13797 | 13376 |

年报点评：公司 2007 年初主业由建设机械变更为煤化工。2006 年公司的产品总体市场需求降低，钢结构产品中桥梁机械产品增加较快，但毛利率低，因此出现巨额亏损。未来几年，工程机械行业依然会有较大的发展机遇，2007 年公司的核心工作是扭转经营亏损的局面。

## 雷鸣科化（600985）

上市日期:04/04/28　电话:0561－4948135　传真:0561－4948888

主营：民爆器材、高岭土加工系列产品的生产、销售及服务。

| 年　度 | 2006 | 2005 | 2004 |
|---|---|---|---|
| 主要指标：每股收益/扣除后(元) | 0.16/0.16 | 0.1 | 0.11/0.11 |
| 每股经营现金流量(元) | 0.34 | 0.0917 | 0.007 |
| 每股净资产/调整后(元) | 3.16/3.16 | 3.14/3.14 | 3.12/3.11 |
| 未分利润(万元) | 1911.43 | 1457.34 | 1462.08 |
| 资本公积(万元) | 15887.46 | 16297.32 | 16297.32 |
| 利润构成：主营收入(万元) | 15386.86 | 14267.35 | 12177.54 |
| 主营利润(万元) | 5112.64 | 3884.51 | 3815.29 |
| 投资收益(万元) | -286.28 | -196.23 | -6 |
| 利润总额(万元) | 2233.95 | 1540.43 | 1521.5 |
| 净利润(万元) | 1404.01 | 903.48 | 976.95 |

近年分配：06 预案:10 派 1；05 年:10 派 0.9；04 年:10 派 0.8

| 主要股东及持股比例%、持股性质 |
|---|
| 淮北矿业(集团)有限责任公司 38.74%（国有股） |
| 安徽理工大学 0.6%（国有股） |
| 煤炭科学研究总院爆破技术研究所 0.6%（国有股） |
| 南京理工大学 0.58%（国有股） |
| 黄辉芬 0.35%（流通 A 股） |
| 张志超 0.35%（流通 A 股） |
| 戎应宝 0.34%（流通 A 股） |
| 李孝环 0.32%（流通 A 股） |
| 袁亚民 0.32%（流通 A 股） |
| 北京中煤雷耀经贸联合公司 0.29%（国有股） |
| 实际控制人：安徽省国有资产管理委员会 |

二〇〇六年以来市场表现

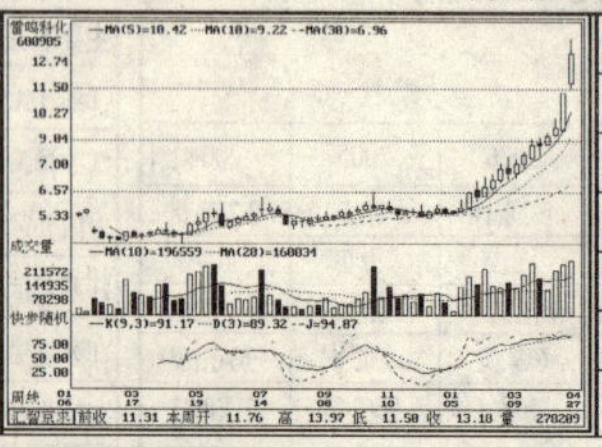

| | |
|---|---|
| 2006 年涨跌幅(%) | 38.66 |
| 2006 年最高(元) | 8.78 |
| 2007 年涨跌幅(%) | 139.64 |
| 2007.4.27 收盘(元) | 13.18 |
| 2007 年最高(元) | 13.97 |
| 2007 年最低(元) | 5.44 |
| 2007 年换手率(%) | 524.16 |

未来一年限售流通股解禁情况:

| 最新股本 | 总股本 | 非(限售)流通 | 流通 A | 流通 B/H/S | 股东户数 | 06 年末 | 06 三季 |
|---|---|---|---|---|---|---|---|
| | 9000 | 3672 | 5328 | | | 14280 | 15768 |

年报点评：2006 年公司主营的炸药和雷管销售形势良好，产品毛利率同比均有一定幅度提升，盈利能力的提升推动公司净利润实现大幅增长。2007 年民爆行业将继续保持较快发展速度，因而预计公司 2007 年业绩将继续维持升势。

## 科达股份（600986）

上市日期:04/04/26　　电话:0546－8301886　　传真:0546－8304191

| 主营 | 公路工程、市政工程建设施工 | | | |
|---|---|---|---|---|
| | 年　度 | 2006 | 2005 | 2004 |
| 主要指标 | 每股收益/扣除后(元) | 0.06/0.05 | 0.11 | 0.2/0.2 |
| | 每股经营现金流量(元) | 0.5 | -1.6 | 0.29 |
| | 每股净资产/调整后(元) | 4/3.96 | 3.94/3.92 | 3.83/3.82 |
| | 未分利润(万元) | 11871.95 | 11115.13 | 10032.09 |
| | 资本公积(万元) | 21724.88 | 21729.83 | 21717.41 |
| 利润构成 | 主营收入(万元) | 50694.41 | 54156.72 | 55551.47 |
| | 主营利润(万元) | 10524.86 | 13821.48 | 11796.88 |
| | 投资收益(万元) | | 176.87 | |
| | 利润总额(万元) | 2042.11 | 4984.63 | 5299.63 |
| | 净利润(万元) | 843.53 | 1568.41 | 2829.41 |
| 近年分配: | 06 预案:10 派 0.2 转增 2 | | | |

| 主要股东及持股比例%、持股性质 |
|---|
| 广饶县科达实业有限责任公司 37.37%（非流通股） |
| 王润生 0.99%（非流通股） |
| 侯秀荣 0.36%（非流通股） |
| 魏一民 0.36%（非流通股） |
| 张志慧 0.36%（非流通股） |
| 于慧 0.36%（非流通股） |
| 石汝玲 0.36%（非流通股） |
| 曹彦梅 0.35%（非流通股） |
| 王伟纲 0.35%（非流通股） |
| 邵风玲 0.34%（非流通股） |
| 实际控制人：广饶县大王镇人民政府 |

二〇〇六年以来市场表现

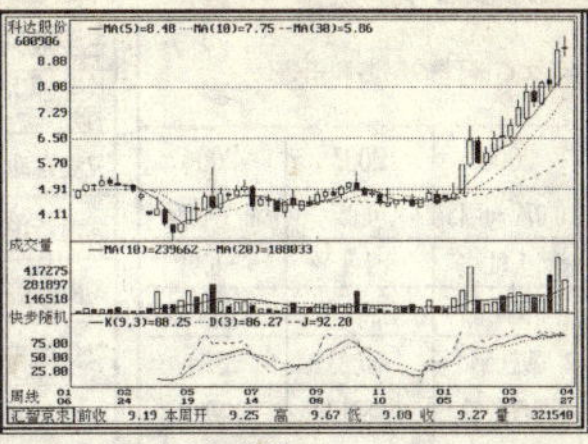

| | |
|---|---|
| 2006 年涨跌幅(%) | 21.8 |
| 2006 年最高(元) | 7.09 |
| 2007 年涨跌幅(%) | 108.32 |
| 2007.4.27 收盘(元) | 9.27 |
| 2007 年最高(元) | 9.67 |
| 2007 年最低(元) | 4.46 |
| 2007 年换手率(%) | 586.56 |

未来一年限售流通股解禁情况:

| 最新股本 | 总股本 | 非(限售)流通 | 流通 A | 流通 B/H/S | 股东户数 | 06 年末 | 06 三季 |
|---|---|---|---|---|---|---|---|
| | 13969.57 | 9016.57 | 4953 | | | 15198 | 15999 |

**年报点评**：公司为基础设施建设行业。2006 年收入小幅减少,净利润大幅减少。并表公司东营黄河公路大桥有限责任公司亏损 1489.85 万元。东营科英激光电子受产品结构及人民币升值等因素影响,业绩下滑。预计未来几年公司业务有望逐步回升。

## 航民股份（600987）

上市日期:04/08/09　　电话:(0571)82557359　　传真:(0571)82553288

| 主营 | 印染、纺织及相关原辅材料的生产和销售;热电联产的生产和销售。 | | | |
|---|---|---|---|---|
| | 年　度 | 2006 | 2005 | 2004 |
| 主要指标 | 每股收益/扣除后(元) | 0.2/0.21 | 0.12 | 0.14/0.14 |
| | 每股经营现金流量(元) | 0.79 | 0.44 | 0.21 |
| | 每股净资产/调整后(元) | 3.14/3.11 | 3.46/3.43 | 3.44/3.41 |
| | 未分利润(万元) | 17824.58 | 14857.7 | 14952.67 |
| | 资本公积(万元) | 46188.52 | 50264.68 | 49998.33 |
| 利润构成 | 主营收入(万元) | 148457.82 | 114500.83 | 94459.25 |
| | 主营利润(万元) | 17568.75 | 10528.36 | 12873.26 |
| | 投资收益(万元) | -168 | 48.28 | -68.02 |
| | 利润总额(万元) | 10231.14 | 5633.48 | 6960.35 |
| | 净利润(万元) | 6575.22 | 3291.35 | 3954.29 |
| 近年分配: | 06 预案:10 派 1.2；05 年:10 派 1；04 年:10 派 1 | | | |

| 主要股东及持股比例%、持股性质 |
|---|
| 浙江航民实业集团有限公司 31.31%（非流通股） |
| 万向集团公司 19.03%（非流通股） |
| 杭州钢铁集团公司 4.91%（国有股） |
| 佛山市顺德金纺集团有限公司 2.46%（非流通股） |
| 太平洋机电(集团)有限公司 1.84%（国有股） |
| 国营邵阳第二纺织机械厂 1.84%（国有股） |
| 胡正芳 0.36%（流通 A股） |
| 隋琼 0.34%（流通 A股） |
| 梁若华 0.3%（流通 A股） |
| 梁丽仪 0.27%（流通 A股） |
| 实际控制人：杭州萧山航民村资产经营中心 |

二〇〇六年以来市场表现

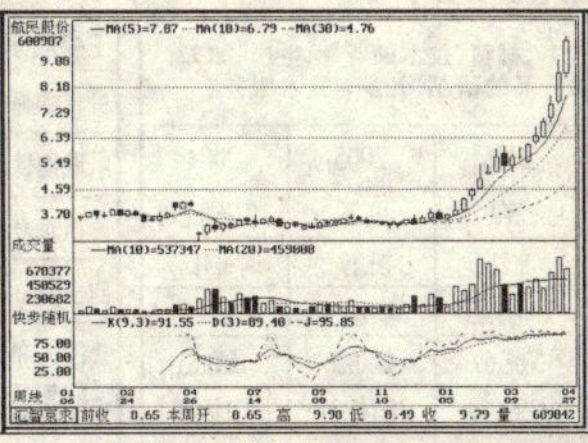

| | |
|---|---|
| 2006 年涨跌幅(%) | 49.97 |
| 2006 年最高(元) | 5.84 |
| 2007 年涨跌幅(%) | 175.78 |
| 2007.4.27 收盘(元) | 9.79 |
| 2007 年最高(元) | 9.98 |
| 2007 年最低(元) | 3.5 |
| 2007 年换手率(%) | 658.56 |

未来一年限售流通股解禁情况:68580000 股 05 月 25 日解禁

| 最新股本 | 总股本 | 非(限售)流通 | 流通 A | 流通 B/H/S | 股东户数 | 06 年末 | 06 三季 |
|---|---|---|---|---|---|---|---|
| | 32580 | 20000 | 12580 | | | 24446 | 27145 |

**年报点评**：公司主营纺织印染加工销售以及与之相配套的电力蒸汽的生产销售,产品以内销为主。尽管 2006 年劳动力成本上升,煤炭、染助剂价格也维持在高位,但是公司产品销售毛利率略有上升,收入和利润均大幅增长,超过公司的经营计划。

## *ST 宝龙（600988）

上市日期:04/04/14　　电话:(020)82600888－8891　　传真:(020)82709878

| 主营 | 防弹运钞车等专用车辆的开发、生产、销售。 | | | |
|---|---|---|---|---|
| | 年　度 | 2006 | 2005 | 2004 |
| 主要指标 | 每股收益/扣除后(元) | -2.44/-2 | -2.11 | 0.17/0.12 |
| | 每股经营现金流量(元) | -0.00395 | 0.135 | -0.42 |
| | 每股净资产/调整后(元) | -0.97 | 1.47 | 3.6/3.6 |
| | 未分利润(万元) | -38764.8 | -16661.57 | 2561.7 |
| | 资本公积(万元) | 19084.06 | 19078.21 | 19078.21 |
| 利润构成 | 主营收入(万元) | 2886.28 | 3949.94 | 15006.19 |
| | 主营利润(万元) | -836.1 | -242.04 | 4582.91 |
| | 投资收益(万元) | -7799.41 | -8298.73 | |
| | 利润总额(万元) | -22148.12 | -19164.59 | 1951.46 |
| | 净利润(万元) | -22103.23 | -19096.35 | 1561.52 |
| 近年分配: | 04 年:10 派 0.1 | | | |

| 主要股东及持股比例%、持股性质 |
|---|
| 广东省金安汽车工业制造有限公司 43.44%（非流通股） |
| 黄乙珍 27.44%（非流通股） |
| 杨文江 0.72%（非流通股） |
| 杨文英 0.72%（非流通股） |
| 熊景胜 0.36%（流通 A股） |
| 黄荣军 0.26%（流通 A股） |
| 杜洪岭 0.2%（流通 A股） |
| 胡文舜 0.18%（流通 A股） |
| 周培明 0.15%（流通 A股） |
| 陈荣康 0.14%（流通 A股） |
| 实际控制人：杨龙江 |

二〇〇六年以来市场表现

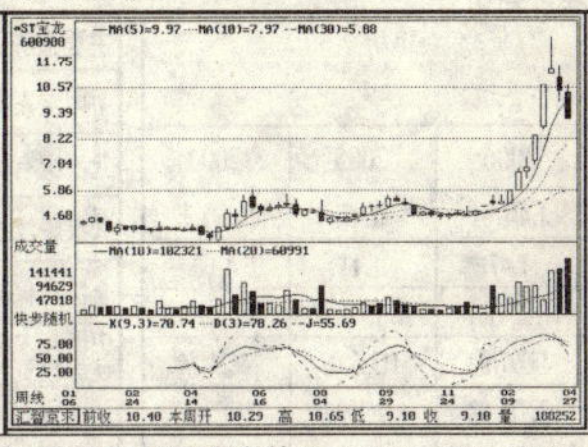

| | |
|---|---|
| 2006 年涨跌幅(%) | 14.12 |
| 2006 年最高(元) | 5.86 |
| 2007 年涨跌幅(%) | 155.61 |
| 2007.4.27 收盘(元) | 9.1 |
| 2007 年最高(元) | 15.67 |
| 2007 年最低(元) | 5.09 |
| 2007 年换手率(%) | 374.18 |

未来一年限售流通股解禁情况:11340956 股 04 月 20 日解禁

| 最新股本 | 总股本 | 非(限售)流通 | 流通 A | 流通 B/H/S | 股东户数 | 06 年末 | 06 三季 |
|---|---|---|---|---|---|---|---|
| | 9057.98 | 6557.98 | 2500 | | | 12931 | 15214 |

**年报点评**：公司主营防弹运钞车系列产品。2006 年公司资金链断裂,经营陷入困境,出现大幅亏损,公司产品竞争力急剧下滑。未来公司如无大的资产重组动作,则前景不容乐观。

## 四创电子（600990）

上市日期:04/05/10　　电话:0551－5391323　　传真:0551－5391322

| 主营 | 民用雷达整机及雷达配套产品、无线通信设备产品的研制、生产和销售。 | | | |
|---|---|---|---|---|
| | 年　度 | 2006 | 2005 | 2004 |
| 主要指标 | 每股收益/扣除后(元) | 0.32/0.293 | 0.31 | 0.3/0.29 |
| | 每股经营现金流量(元) | | | -0.22 |
| | 每股净资产/调整后(元) | 5.31/5.29 | 5.16/5.13 | 4.95/4.89 |
| | 未分利润(万元) | 5007.89 | 4205.95 | 3330.13 |
| | 资本公积(万元) | 18465.56 | 18575.56 | 18575.56 |
| 利润构成 | 主营收入(万元) | 28019.42 | 18366.58 | 20461.24 |
| | 主营利润(万元) | 6500.06 | 5274.4 | 4927.22 |
| | 投资收益(万元) | -15.45 | -2.14 | 2.66 |
| | 利润总额(万元) | 2295.44 | 2157.07 | 2096.48 |
| | 净利润(万元) | 1871.04 | 1829.78 | 1769.19 |
| 近年分配: | 06 预案:10 派 1；05 年:10 派 1.5；04 年:10 派 1 | | | |

| 主要股东及持股比例%、持股性质 |
|---|
| 华东电子工程研究所 48.82%（国有股） |
| 中国物资开发投资总公司 1.92%（国有股） |
| 夏传浩 1.81%（非流通股） |
| 中国建设银行－工银瑞信精选平衡混合型证券投资基金 1.71%（流通 A股） |
| 中国电子进出口总公司 0.96%（国有股） |
| 安徽民生信息工程有限公司 0.96%（非流通股） |
| 张曙军 0.54%（流通 A股） |
| 北京奔达信息工程公司 0.48%（国有股） |
| 北京青年创业投资有限公司 0.48%（国有股） |
| 张曙政 0.45%（流通 A股） |
| 实际控制人：中国电子科技集团公司 |

二〇〇六年以来市场表现

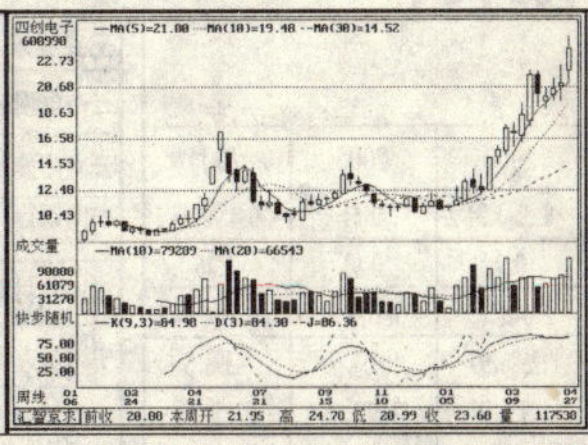

| | |
|---|---|
| 2006 年涨跌幅(%) | 72.03 |
| 2006 年最高(元) | 20.3 |
| 2007 年涨跌幅(%) | 117.45 |
| 2007.4.27 收盘(元) | 23.68 |
| 2007 年最高(元) | 24.78 |
| 2007 年最低(元) | 10.82 |
| 2007 年换手率(%) | 453.64 |

未来一年限售流通股解禁情况:6831667 股 06 月 21 日解禁

| 最新股本 | 总股本 | 非(限售)流通 | 流通 A | 流通 B/H/S | 股东户数 | 06 年末 | 06 三季 |
|---|---|---|---|---|---|---|---|
| | 5880 | 3260 | 2620 | | | 8930 | 8917 |

**年报点评**：2006 年公司确立了“十一五”战略发展的三大主要方向,公司市场拓展的触角已经深入气象、民航、军方以及国际市场公司集中资源,公司整合了制造部,初步实现研发与制造分离;总体上,公司 2006 年经营情况与 2005 年度相比保持平稳运行的态势。

## 长丰汽车（600991）

上市日期:04/06/14　电话:0731—2881959　传真:0731—2881957

**主营**：中高档轻型越野汽车整车及零部件的制造和销售。

| | 年　度 | 2006 | 2005 | 2004 |
|---|---|---|---|---|
| 主要指标 | 每股收益/扣除后(元) | 0.076/-0.15 | 0.05 | 0.33/0.34 |
| | 每股经营现金流量(元) | 1.01 | 1.9 | -0.93 |
| | 每股净资产/调整后(元) | 4.96/4.89 | 4.89/4.82 | 5.05/4.97 |
| | 未分利润(万元) | 2929.53 | 487.33 | 6855.19 |
| | 资本公积(万元) | 104572.72 | 104896.13 | 104896.13 |
| 利润构成 | 主营收入(万元) | 407747.78 | 428144.61 | 377463.41 |
| | 主营利润(万元) | 43320.46 | 49017.85 | 62738.4 |
| | 投资收益(万元) | -1002.5 | -382.95 | -171.89 |
| | 利润总额(万元) | 2865.11 | 1767.83 | 20470.58 |
| | 净利润(万元) | 3035.93 | 2003.85 | 13041.05 |

**近年分配**：04年:10派2

**主要股东及持股比例%、持股性质**

- 长丰(集团)有限责任公司 50.14%（部分流通部分不流通）
- 三菱自动车工业株式会社 14.59%（外资股）
- 湖南新华联国际石油贸易有限公司 4.89%（非流通股）
- 湖南省信托投资有限责任公司 4.02%（国有股）
- 双日株式会社 3.65%（外资股）
- 新田县国有资产管理局 0.18%（国有股）
- 永州恒通电力(集团)有限责任公司 0.18%（非流通股）
- 永州市财政有偿资金回收管理中心 0.18%（国有股）
- 赵大慧 0.12%（流通A股）
- 贺建 0.11%（流通A股）

**实际控制人**：湖南省人民政府国有资产监督管理委员会

二〇〇六年以来市场表现

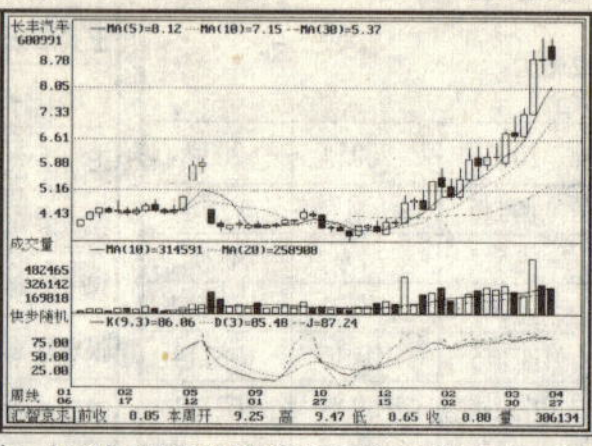

| | |
|---|---|
| 2006年涨跌幅(%) | 59.39 |
| 2006年最高(元) | 6.91 |
| 2007年涨跌幅(%) | 86.16 |
| 2007.4.27收盘(元) | 8.88 |
| 2007年最高(元) | 9.5 |
| 2007年最低(元) | 4.58 |
| 2007年换手率(%) | 406.11 |

未来一年限售流通股解禁情况:72506964股07月27日解禁

| 最新股本 | 总股本 | 非(限售)流通 | 流通A | 流通B/H/S | 股东户数 | 06年末 | 06三季 |
|---|---|---|---|---|---|---|---|
| | 40067.03 | 29303.03 | 10764 | | | 26717 | 26547 |

**年报点评**：公司主营轻型越野汽车及其零部件制造、销售。06年公司主要产品高档SUV销售增长幅度较快，虽然主营业务收入微幅下降，但净利润大幅增长。07年公司高档SUV已经形成系列化产品，有望进一步开拓市场，但市场竞争激烈程度加剧。

## 贵绳股份（600992）

上市日期:04/05/14　电话:0852-8419247　传真:0852-8419570

**主营**：钢丝、钢绳产品及相关设备、材料、技术的研究、生产、加工、销售及进出口业务；科技产品的研制、开发与技术服务。

| | 年　度 | 2006 | 2005 | 2004 |
|---|---|---|---|---|
| 主要指标 | 每股收益/扣除后(元) | 0.275/0.28 | 0.26 | 0.26/0.27 |
| | 每股经营现金流量(元) | 0.21 | 0.19 | 0.41 |
| | 每股净资产/调整后(元) | 4.46/4.43 | 4.42/4.4 | 4.35/4.34 |
| | 未分利润(万元) | 5662.59 | 1590.26 | 1530.83 |
| | 资本公积(万元) | 47564.39 | 47745.29 | 47745.29 |
| 利润构成 | 主营收入(万元) | 91981.64 | 84758.61 | 75024.97 |
| | 主营利润(万元) | 17752.12 | 15802.94 | 15227.4 |
| | 投资收益(万元) | 6.5 | 9.46 | 5 |
| | 利润总额(万元) | 5313.47 | 5109.14 | 5080.51 |
| | 净利润(万元) | 4524.82 | 4324.19 | 4321.98 |

**近年分配**：05年:10派2.2；04年:10派2

**主要股东及持股比例%、持股性质**

- 贵州钢绳(集团)有限责任公司 39.62%（国有股）
- 水城钢铁(集团)有限责任公司 2.99%（国有股）
- 黄祖麟 0.64%（流通A股）
- 刘子寅 0.43%（流通A股）
- 武汉人和置业有限公司 0.3%（非流通股）
- 贵州长征电器股份有限公司 0.3%（非流通股）
- 董丽群 0.3%（流通A股）
- 刘鑫婷 0.28%（流通A股）
- 吴辛 0.28%（流通A股）
- 丁姚琴 0.26%（流通A股）

**实际控制人**：贵州省国有资产监督管理委员会

二〇〇六年以来市场表现

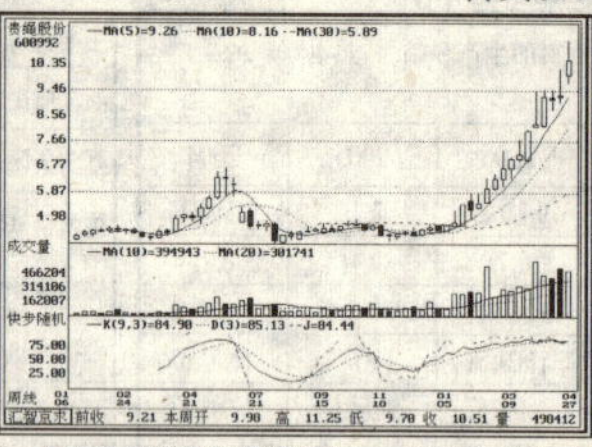

| | |
|---|---|
| 2006年涨跌幅(%) | 49.12 |
| 2006年最高(元) | 7.32 |
| 2007年涨跌幅(%) | 133.04 |
| 2007.4.27收盘(元) | 10.51 |
| 2007年最高(元) | 11.25 |
| 2007年最低(元) | 4.49 |
| 2007年换手率(%) | 601.3 |

未来一年限售流通股解禁情况:14365981股07月06日解禁

| 最新股本 | 总股本 | 非(限售)流通 | 流通A | 流通B/H/S | 股东户数 | 06年末 | 06三季 |
|---|---|---|---|---|---|---|---|
| | 16437 | 7127 | 9310 | | | 24054 | 25102 |

**年报点评**：公司是我国钢丝、钢丝绳产品最大的专业生产企业之一，在国内金属制品行业占有极为重要的地位，钢丝及钢绳产销量在本行业中排第一位，具有规模效应，且在特殊钢丝绳领域有一定技术优势，各项经营指标在行业中较为突出，未来公司将保持稳定发展。

## 马应龙（600993）

上市日期:04/05/17　电话:(027)87291519　传真:(027)87389583

**主营**：中西药制造

| | 年　度 | 2006 | 2005 | 2004 |
|---|---|---|---|---|
| 主要指标 | 每股收益/扣除后(元) | 1.4/1.34 | 1.17 | 1.03/1.12 |
| | 每股经营现金流量(元) | 1.47 | 1.14 | 1.06 |
| | 每股净资产/调整后(元) | 11.82/11.76 | 11.13/11.06 | 10.32/10.3 |
| | 未分利润(万元) | 14397.09 | 11355.08 | 6614.74 |
| | 资本公积(万元) | 25979.02 | 26199 | 26029.83 |
| 利润构成 | 主营收入(万元) | 53559.94 | 41179.05 | 37098.99 |
| | 主营利润(万元) | 25169.96 | 23314.22 | 20602.91 |
| | 投资收益(万元) | 165.83 | -292.93 | -109.89 |
| | 利润总额(万元) | 9250.27 | 7593.05 | 6308.92 |
| | 净利润(万元) | 7187.12 | 6006.01 | 5263.69 |

**近年分配**：06预案:10派3送2；05年:10派6.5；04年:10派4

**主要股东及持股比例%、持股性质**

- 中国宝安集团股份有限公司 29.27%（非流通股）
- 武汉国有资产经营公司 15.68%（国有股）
- 武汉华汉投资管理有限公司 10.81%（非流通股）
- 全国社保基金一零九组合 1.99%（流通A股）
- 中国光大银行股份有限公司－国投瑞银创新动力股票型证券投资基金 1.77%（流通A股）
- 招商证券－渣打－ING BANK N.V. 1.37%（流通A股）
- 中国工商银行－科翔证券投资基金 0.99%（流通A股）
- 兴业银行股份有限公司－兴业全球视野股票型证券投资基金 0.98%（流通A股）
- UBS AG 0.93%（流通A股）
- 广发－交行－广发集合资产管理计划(3号) 0.92%（流通A股）

**实际控制人**：丘兆忠

二〇〇六年以来市场表现

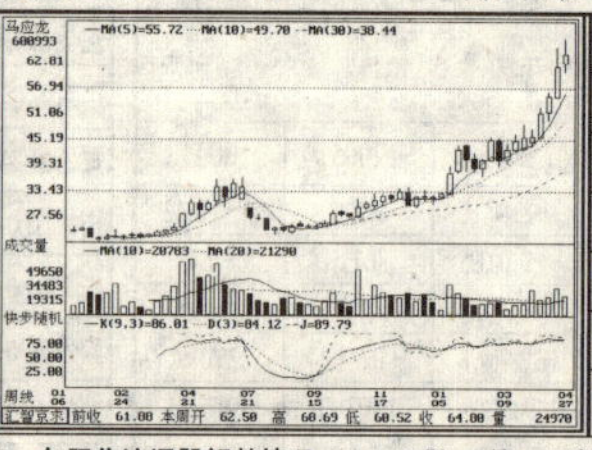

| | |
|---|---|
| 2006年涨跌幅(%) | 63.61 |
| 2006年最高(元) | 42.23 |
| 2007年涨跌幅(%) | 103.71 |
| 2007.4.27收盘(元) | 64.8 |
| 2007年最高(元) | 68.69 |
| 2007年最低(元) | 31.74 |
| 2007年换手率(%) | 155.04 |

未来一年限售流通股解禁情况:8712055股07月19日解禁

| 最新股本 | 总股本 | 非(限售)流通 | 流通A | 流通B/H/S | 股东户数 | 06年末 | 06三季 |
|---|---|---|---|---|---|---|---|
| | 5116.97 | 2956.97 | 2160 | | | 7240 | 8234 |

**年报点评**：公司是特色中药企业。产品配方独特，且具有自主知识产权，因此产品毛利率较高，企业盈利空间较大。公司2006年收入和利润保持较快发展速度，未来公司将继续保持稳步快速发展。

## 文山电力（600995）

上市日期:04/06/15　电话:(0876)2123422　传真:(0876)2130029

**主营**：水力发电、供电、配电

| | 年　度 | 2006 | 2005 | 2004 |
|---|---|---|---|---|
| 主要指标 | 每股收益/扣除后(元) | 0.35/0.34 | 0.44 | 0.45/0.45 |
| | 每股经营现金流量(元) | 0.7 | 0.91 | 1.16 |
| | 每股净资产/调整后(元) | 2.64/2.63 | 3.21/3.21 | 6.04/6.04 |
| | 未分利润(万元) | 12596.99 | 10954.69 | 4398.5 |
| | 资本公积(万元) | 19955.94 | 24801.58 | 33558.58 |
| 利润构成 | 主营收入(万元) | 57819.4 | 46802.28 | 31141.73 |
| | 主营利润(万元) | 19376.41 | 16049.07 | 9227.6 |
| | 投资收益(万元) | 60.63 | 327.34 | 179.53 |
| | 利润总额(万元) | 9384.8 | 9234.52 | 4489.69 |
| | 净利润(万元) | 7656.93 | 7713.17 | 3933.38 |

**近年分配**：06年:10派1转增2；05年:10派3；04年:10派5转增10

**主要股东及持股比例%、持股性质**

- 云南电网公司 29.57%（国有股）
- 云南广聚明源投资有限公司 12.92%（非流通股）
- 中国银行－嘉实增长开放式证券投资基金 1.53%（流通A股）
- 江河农村电气化发展有限公司 1.35%（国有股）
- 中国东方电气集团公司 1.35%（国有股）
- 云南省地方电力实业开发公司 1.35%（国有股）
- 全国社保基金六零二组合 1%（流通A股）
- 陈云 0.54%（流通A股）
- 何朝阳 0.53%（流通A股）
- 中原证券股份有限公司 0.3%（流通A股）

**实际控制人**：中国南方电网有限责任公司

二〇〇六年以来市场表现

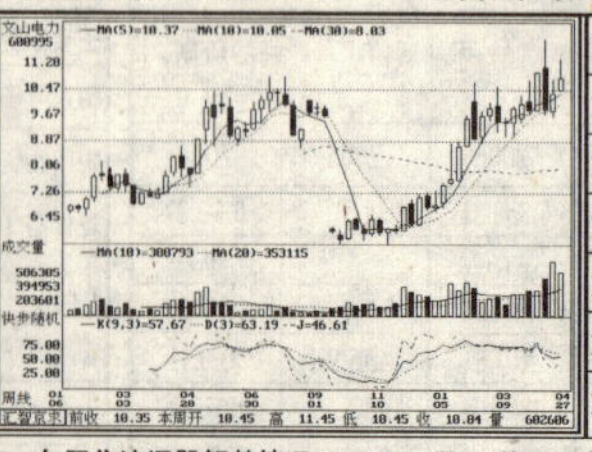

| | |
|---|---|
| 2006年涨跌幅(%) | 73.65 |
| 2006年最高(元) | 12.3 |
| 2007年涨跌幅(%) | 91.64 |
| 2007.4.27收盘(元) | 10.84 |
| 2007年最高(元) | 13.84 |
| 2007年最低(元) | 6.79 |
| 2007年换手率(%) | 483.67 |

未来一年限售流通股解禁情况:24092400股09月22日解禁

| 最新股本 | 总股本 | 非(限售)流通 | 流通A | 流通B/H/S | 股东户数 | 06年末 | 06三季 |
|---|---|---|---|---|---|---|---|
| | 22154 | 10314 | 11840 | | | 22077 | 16335 |

**年报点评**：2006年公司供电营业区遭受了50年一遇的干旱，导致自发电和地方小水电发电量同比下降，但在用电需求增长的形势下，公司通过外购电以解决当地用电紧张的情况。但由于外购电成本较高，影响了公司整体盈利能力，造成06年公司收入上涨，但利润下滑的局面。

## 开滦股份（600997）

上市日期:04/06/02　　电话:0315—2812013　　传真:0315—3026757

| 主营 | 煤炭开采、原煤洗选加工和洗选产品的销售。 | | | |
|---|---|---|---|---|
| | 年　度 | 2006 | 2005 | 2004 |
| 主要指标 | 每股收益/扣除后(元) | 0.81/0.81 | 0.82 | 0.54/0.54 |
| | 每股经营现金流量(元) | 1.33 | 1.36 | 0.86 |
| | 每股净资产/调整后(元) | 4.49/4.49 | 4.58/4.58 | 4.01/4.01 |
| | 未分利润(万元) | 78650.58 | 57001.83 | 35312.21 |
| | 资本公积(万元) | 95583.68 | 102903.68 | 102903.68 |
| 利润构成 | 主营收入(万元) | 315965.28 | 259748.64 | 155152.3 |
| | 主营利润(万元) | 108858.95 | 87528.74 | 64662.35 |
| | 投资收益(万元) | -219.01 | -289.91 | |
| | 利润总额(万元) | 61541.52 | 44415.62 | 32762.65 |
| | 净利润(万元) | 45551.88 | 39877.3 | 26308.14 |
| 近年分配: | 06 预案:10 派 3.5 ; 05 年:10 派 3.5 转增 1.5 ; 04 年:10 派 2.5 | | | |

| 主要股东及持股比例%、持股性质 |
|---|
| 开滦(集团)有限责任公司 56.15%（国有股） |
| 中国信达资产管理公司 1.78%（国有股） |
| 博时主题行业股票证券投资基金 1.11%（流通 A 股） |
| 诺安价值增长股票证券投资基金 0.9%（流通 A 股） |
| 上海宝钢国际经济贸易有限公司 0.83%（国有股） |
| 银华富裕主题股票型证券投资基金 0.71%（流通 A 股） |
| 全国社保基金一零二组合 0.6%（流通 A 股） |
| 建信优选成长股票型证券投资基金 0.38%（流通 A 股） |
| 诺安股票证券投资基金 0.37%（流通 A 股） |
| 北京能达京南农产品销售服务有限公司 0.37%（流通 A 股） |
| 实际控制人: 河北省人民政府国有资产监督管理委员会 |

二〇〇六年以来市场表现

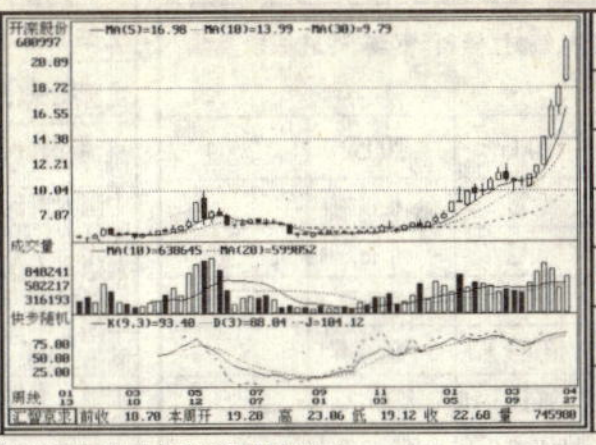

| | |
|---|---|
| 2006 年涨跌幅(%) | 81.73 |
| 2006 年最高(元) | 14.11 |
| 2007 年涨跌幅(%) | 188.18 |
| 2007.4.27 收盘(元) | 22.68 |
| 2007 年最高(元) | 23.06 |
| 2007 年最低(元) | 8 |
| 2007 年换手率(%) | 406.64 |

未来一年限售流通股解禁情况:

| 最新股本 | 总股本 | 非(限售)流通 | 流通 A | 流通 B/H/S | 股东户数 | 06 年末 | 06 三季 |
|---|---|---|---|---|---|---|---|
| | 56120 | 33177.5 | 22942.5 | | | 44765 | 51958 |

年报点评：2006 年在煤炭产能实现较大幅度增长的同时，公司加强迁安中化煤化工有限责任公司的经营管理，于 2006 年下半年实现扭亏为盈，同时加快京唐港中润煤化工有限公司的建设步伐，在 2006 年年底实现试生产。产能的增长保证了公司收入和利润保持稳步增长。

## 大同煤业（601001）

上市日期:06/06/23　　电话:0352－7010476　　传真:0352－7011070

| 主营 | 煤炭产品的采掘、加工和销售 | | | |
|---|---|---|---|---|
| | 年　度 | 2006 | 2005 | 2004 |
| 主要指标 | 每股收益/扣除后(元) | 0.57/0.58 | 0.81 | |
| | 每股经营现金流量(元) | 1.51 | 1.16 | |
| | 每股净资产/调整后(元) | 4.05/4.03 | 2.56/2.51 | |
| | 未分利润(万元) | 43298.43 | 37026.28 | |
| | 资本公积(万元) | 183997.18 | 27177.11 | |
| 利润构成 | 主营收入(万元) | 391165.38 | 314623.03 | |
| | 主营利润(万元) | 211553 | 170535.5 | |
| | 投资收益(万元) | | | |
| | 利润总额(万元) | 73948.25 | 71188.5 | |
| | 净利润(万元) | 48109.36 | 44875.06 | |
| 近年分配: | 06 预案:10 派 1.55 | | | |

| 主要股东及持股比例%、持股性质 |
|---|
| 大同煤矿集团有限责任公司 60.48%（国有股） |
| 中国中煤能源集团公司 2.09%（国有股） |
| 秦皇岛港务集团有限公司 1.67%（国有股） |
| 招商证券－渣打－ING BANK N.V. 1.67%（流通 A 股） |
| 中国华能集团公司 0.84%（国有股） |
| 国泰君安－建行－香港上海汇丰银行有限公司 0.51%（流通 A 股） |
| 大同同铁实业发展集团有限责任公司 0.42%（国有股） |
| 煤炭科学研究总院 0.42%（国有股） |
| 上海宝钢国际经济贸易有限公司 0.42%（国有股） |
| 中国农业银行－长盛中证 100 指数证券投资基金 0.36%（流通 A 股） |
| 实际控制人: 山西省国有资产监督管理委员会 |

二〇〇六年以来市场表现

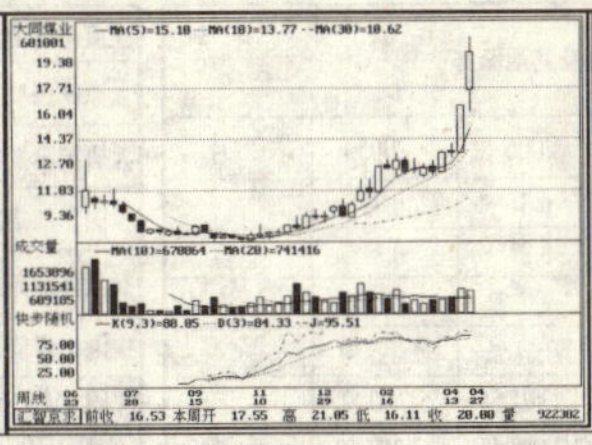

| | |
|---|---|
| 2006 年涨跌幅(%) | -15.49 |
| 2006 年最高(元) | 12.98 |
| 2007 年涨跌幅(%) | 114.36 |
| 2007.4.27 收盘(元) | 20 |
| 2007 年最高(元) | 21.05 |
| 2007 年最低(元) | 9.18 |
| 2007 年换手率(%) | 413.47 |

未来一年限售流通股解禁情况:

| 最新股本 | 总股本 | 非(限售)流通 | 流通 A | 流通 B/H/S | 股东户数 | 06 年末 | 06 三季 |
|---|---|---|---|---|---|---|---|
| | 83685 | 55685 | 28000 | | | 62452 | 68767 |

年报点评：在港杂费、运费、电费等增支因素及国际煤炭市场大幅度下滑等不利因素情况下，公司通过提高生产效率、加强成本管理，实现了主营业务盈利能力的稳步提高。在收入增长的推动下，公司净利润实现了同比小幅增长。

## 晋亿实业（601002）

上市日期:07/01/26　　电话:0573－4185001　　传真:0573－4184488

| 主营 | 各类紧固件产成品、中间产品的研发、生产和销售。 | | | |
|---|---|---|---|---|
| | 年　度 | 2006 | 2005 | 2004 |
| 主要指标 | 每股收益/扣除后(元) | 0.171/0.168 | 0.258 | |
| | 每股经营现金流量(元) | 0.365 | 0.412 | |
| | 每股净资产/调整后(元) | 1.43/1.43 | 1.49/1.49 | |
| | 未分利润(万元) | 16158.3 | 20216.71 | |
| | 资本公积(万元) | 57.37 | 57.37 | |
| 利润构成 | 主营收入(万元) | 124264.25 | 118575.24 | |
| | 主营利润(万元) | 16769.52 | 20083.34 | |
| | 投资收益(万元) | -10.88 | | |
| | 利润总额(万元) | 10627.57 | 15478.53 | |
| | 净利润(万元) | 9027.95 | 13645.16 | |
| 近年分配: | 06 预案:10 派 1.9 | | | |

| 主要股东及持股比例%、持股性质 |
|---|
| 晋正企业股份有限公司 Chin Champ Enterprise Co Ltd 59.2%（外资股） |
| 丁建中 11.37%（外资股） |
| 鸿亿机械工业(浙江)有限公司 0.44%（非流通股） |
| 中信证券股份有限公司 0.29%（流通 A 股） |
| 嘉善三永电炉工业有限公司 0.27%（非流通股） |
| 海通证券股份有限公司 0.17%（流通 A 股） |
| 长江证券有限责任公司 0.14%（流通 A 股） |
| 吴江市张俞金属制品有限公司 0.135%（非流通股） |
| 加胜运动器材(浙江)有限公司 0.135%（非流通股） |
| 国信证券有限责任公司 0.12%（流通 A 股） |
| 实际控制人: 蔡永龙、蔡林玉华、蔡永泉、蔡张秀香、蔡永裕、陈锡惠 |

二〇〇六年以来市场表现

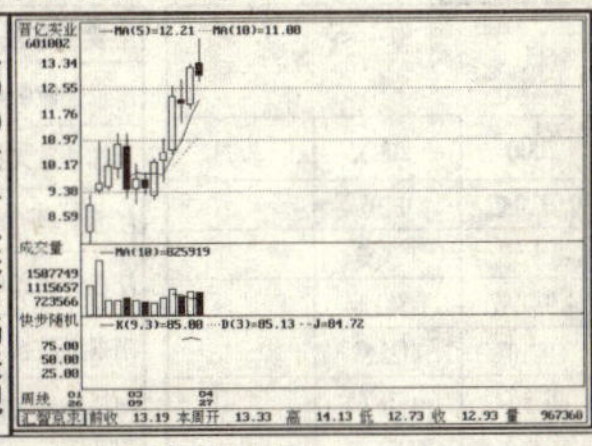

| | |
|---|---|
| 2006 年涨跌幅(%) | |
| 2006 年最高(元) | |
| 2007 年涨跌幅(%) | 44.63 |
| 2007.4.27 收盘(元) | 12.93 |
| 2007 年最高(元) | 14.13 |
| 2007 年最低(元) | 7.8 |
| 2007 年换手率(%) | 713.48 |

未来一年限售流通股解禁情况:

| 最新股本 | 总股本 | 非(限售)流通 | 流通 A | 流通 B/H/S | 股东户数 | 06 年末 | 06 三季 |
|---|---|---|---|---|---|---|---|
| | 73847 | 52847 | 21000 | | | | |

年报点评：公司主营业务为生产销售螺栓、螺母、螺钉等各类紧固件。报告期内销售收入实现了微幅增长，但毛利率的大幅下降导致了净利润的下滑。公司在 2006 年 3 月和 7 月高速铁路客运专线扣件系统公开招投标中，成功中标二条线 4 个包，合同金额约 7.5 亿元人民币。

## 柳钢股份（601003）

上市日期:07/02/27　　电话:(0772)2595996　　传真:(0772)2595998

| 主营 | 烧结、炼铁、炼钢及其副产品的销售，钢材轧制、加工及其副产品的销售；炼焦及其副产品的销售。 | | | |
|---|---|---|---|---|
| | 年　度 | 2006 | 2005 | 2004 |
| 主要指标 | 每股收益/扣除后(元) | 1.18 | 0.85 | |
| | 每股经营现金流量(元) | 2.0438 | 0.9772 | |
| | 每股净资产/调整后(元) | 5.1/5.1 | 3.91/3.91 | |
| | 未分利润(万元) | 141406.15 | 77005.67 | |
| | 资本公积(万元) | 10941.35 | 10941.47 | |
| 利润构成 | 主营收入(万元) | 1509667.14 | 1258862.79 | |
| | 主营利润(万元) | 143469.41 | 105678.14 | |
| | 投资收益(万元) | | | |
| | 利润总额(万元) | 83147.35 | 57126.56 | |
| | 净利润(万元) | 71556.08 | 51148.94 | |
| 近年分配: | 06 预案:10 派 2 送 10 | | | |

| 主要股东及持股比例%、持股性质 |
|---|
| 广西柳州钢铁(集团)公司 84%（国有股） |
| 柳州有色冶炼股份有限公司 0.42%（非流通股） |
| 柳州化学工业集团有限公司 0.27%（国有股） |
| 国信证券有限责任公司 0.19%（流通 A 股） |
| 广西壮族自治区冶金建设公司 0.16%（国有股） |
| 中信建投证券有限责任公司 0.12%（流通 A 股） |
| 柳州市柳工物资有限公司 0.11%（非流通股） |
| 中信证券股份有限公司—中国银行股份有限公司—中信证券避险共赢 0.09%（流通 A 股） |
| 红塔证券股份有限公司 0.09%（流通 A 股） |
| 中国人寿保险股份有限公司－分红－团体分红－005L－FH001 沪 0.09%（流通 A 股） |
| 实际控制人: 广西柳州钢铁(集团)公司 |

二〇〇六年以来市场表现

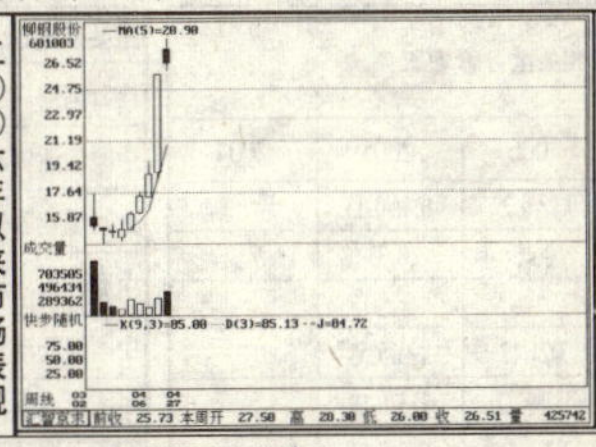

| | |
|---|---|
| 2006 年涨跌幅(%) | |
| 2006 年最高(元) | |
| 2007 年涨跌幅(%) | 61.06 |
| 2007.4.27 收盘(元) | 26.51 |
| 2007 年最高(元) | 28.3 |
| 2007 年最低(元) | 14.09 |
| 2007 年换手率(%) | 356.21 |

未来一年限售流通股解禁情况:

| 最新股本 | 总股本 | 非(限售)流通 | 流通 A | 流通 B/H/S | 股东户数 | 06 年末 | 06 三季 |
|---|---|---|---|---|---|---|---|
| | 71188.7 | 62628.7 | 8560 | | | 19777 | |

年报点评：2006 年在钢铁行业经营形式较差的情况下，采取“低进高停”措施，积极开拓国内矿采购点，降低采购成本 3 亿多元；同时加大品种钢生产和钢材出口力度，创汇约 9300 万美元；投入 7.29 亿元完成 600 万吨配套技改工程。预计公司业绩能够稳定增长。

## 重庆钢铁（601005）

上市日期:07/02/28　　电话:(023) 68842582　　传真:(023)68849520

**主营**：生产、销售中厚钢板、型材、线材、棒材、钢坯、冷轧板以及焦化副产品、炼铁副产品等

| | 年度 | 2006 | 2005 | 2004 |
|---|---|---|---|---|
| 主要指标 | 每股收益/扣除后(元) | 0.23 | 0.19 | |
| | 每股经营现金流量(元) | 0.62 | 0.16 | |
| | 每股净资产/调整后(元) | 2.89/2.89 | 2.84/2.84 | |
| | 未分利润(万元) | 160013.2 | 190620.4 | |
| | 资本公积(万元) | 54633.3 | 52757.3 | |
| 利润构成 | 主营收入(万元) | 961289.7 | 885612.6 | |
| | 主营利润(万元) | 86508.4 | 72700.1 | |
| | 投资收益(万元) | | | |
| | 利润总额(万元) | 31593 | 29223.9 | |
| | 净利润(万元) | 31483.7 | 25957.6 | |
| 近年分配: | 06 预案:10 派 1 | | | |

| 主要股东及持股比例%、持股性质 |
|---|
| 重庆钢铁(集团)有限责任公司 48.76%（国有股） |
| 海通证券股份有限公司 0.23%（流通 A 股） |
| 中国人寿保险股份有限公司－传统－普通保险产品－005L－CT001 沪 0.11%（流通 A 股） |
| 泰康人寿保险股份有限公司－分红－个人分红－019L－FH002 沪 0.11%（流通 A 股） |
| 中国太平洋人寿保险股份有限公司－传统－普通保险产品 0.11%（流通 A 股） |
| 中国人寿保险股份有限公司－分红－团体分红－005L－FH001 沪 0.11%（流通 A 股） |
| 中国人寿保险股份有限公司－分红－个人分红－005L－FH002 沪 0.11%（流通 A 股） |
| 泰康人寿保险股份有限公司－万能－个险万能 0.11%（流通 A 股） |
| 上海电气集团财务有限责任公司 0.11%（流通 A 股） |
| 中国建设银行－工银瑞信稳健成长股票型证券投资基金 0.11%（流通 A 股） |
| 实际控制人: 重庆钢铁(集团)有限责任公司 |

二〇〇六年以来市场表现

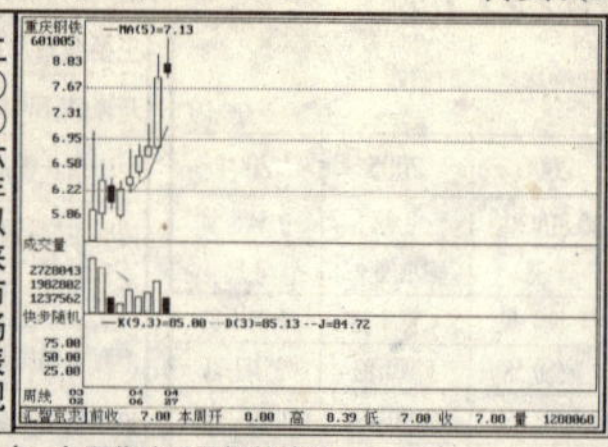

| | |
|---|---|
| 2006 年涨跌幅(%) | |
| 2006 年最高(元) | |
| 2007 年涨跌幅(%) | 12.57 |
| 2007.4.27 收盘(元) | 7.88 |
| 2007 年最高(元) | 8.39 |
| 2007 年最低(元) | 5.5 |
| 2007 年换手率(%) | 603.37 |

未来一年限售流通股解禁情况:

| 最新股本 | 总股本 | 非(限售)流通 | 流通 A | 流通 B/H/S | 股东户数 | 06 年末 | 06 三季 |
|---|---|---|---|---|---|---|---|
| | 173312.72 | 91500 | 28000 | 53812.72 | | 71774 | |

**年报点评**：公司在铁矿石涨价和其他成本上升的情况下实现业绩增长。2007 年的经营环境仍然较为严峻，但产能扩张和开发新产品是保持盈利能力的重要途径。2007 年公司生产经营目标是：生产焦炭 140 万吨、生铁 286 万吨、钢 320 万吨、钢材 302 万吨。

## 大秦铁路（601006）

上市日期:06/08/01　　电话:(0352)7121248　　传真:(0352)7123650

**主营**：铁路货运运输、旅客运输及其他服务

| | 年度 | 2006 | 2005 | 2004 |
|---|---|---|---|---|
| 主要指标 | 每股收益/扣除后(元) | 0.34 | 0.36 | |
| | 每股经营现金流量(元) | 0.39 | 0.89 | |
| | 每股净资产/调整后(元) | 2.72/2.72 | 1.83/1.83 | |
| | 未分利润(万元) | 393369.96 | 208196.99 | |
| | 资本公积(万元) | 1713021.54 | 542630.81 | |
| 利润构成 | 主营收入(万元) | 1614498.48 | 1310466.82 | |
| | 主营利润(万元) | 764510.17 | 661704.55 | |
| | 投资收益(万元) | | | |
| | 利润总额(万元) | 652859.19 | 539902.5 | |
| | 净利润(万元) | 437069.12 | 356124.49 | |
| 近年分配: | 06 预案:10 派 3 | | | |

| 主要股东及持股比例%、持股性质 |
|---|
| 太原铁路局 72.94%（国有股） |
| 大唐国际发电股份有限公司 1.29%（非流通股） |
| 中国华能集团公司 1.29%（国有股） |
| 秦皇岛港务集团有限公司 1.09%（国有股） |
| 中国中煤能源集团公司 1.09%（国有股） |
| 中国平安人寿保险股份有限公司－传统－普通保险产品 1.08%（非流通股） |
| 中国人寿保险股份有限公司－传统－普通保险产品－005L－CT001 沪 0.95%（非流通股） |
| 大同煤矿集团有限责任公司 0.55%（国有股） |
| 同方投资有限公司 0.55%（非流通股） |
| 新华人寿保险股份有限公司－分红－团体分红－018L－FH001 沪 0.54%（非流通股） |
| 实际控制人: 铁道部 |

二〇〇六年以来市场表现

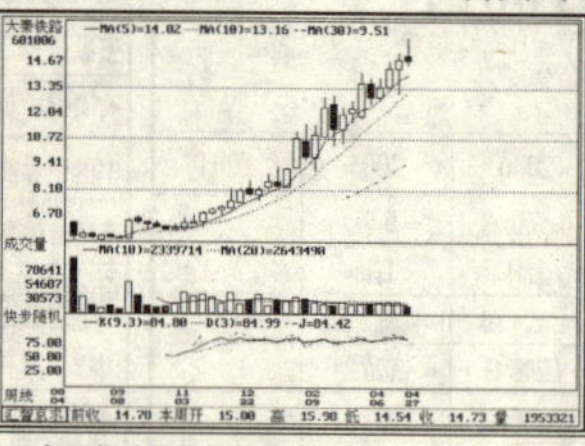

| | |
|---|---|
| 2006 年涨跌幅(%) | 46.74 |
| 2006 年最高(元) | 8.57 |
| 2007 年涨跌幅(%) | 81.85 |
| 2007.4.27 收盘(元) | 14.73 |
| 2007 年最高(元) | 15.98 |
| 2007 年最低(元) | 8.14 |
| 2007 年换手率(%) | 203.35 |

未来一年限售流通股解禁情况:

| 最新股本 | 总股本 | 非(限售)流通 | 流通 A | 流通 B/H/S | 股东户数 | 06 年末 | 06 三季 |
|---|---|---|---|---|---|---|---|
| | 1297675.71 | 1131007.66 | 166668.05 | | | 94559 | 96443 |

**年报点评**：2006 年大秦线煤炭运量达到 2.53 亿元，占全国铁路煤炭运量比重达 22.6%。2010 年大秦线将扩能至 4 亿吨。随着铁路部 2007 年初明确将推动大秦等上市公司实现再融资，预计公司资产注入将在年内启动。

## 金陵饭店（601007）

上市日期:07/04/06　　电话:025－84711888　　传真:025－84711666

**主营**：酒店经营，主要提供住宿、餐饮、会议等综合性服务。

| | 年度 | 2006 | 2005 | 2004 |
|---|---|---|---|---|
| 主要指标 | 每股收益/扣除后(元) | 0.232/0.22 | 0.205 | |
| | 每股经营现金流量(元) | 0.3437 | 0.3883 | |
| | 每股净资产/调整后(元) | 1.97/1.97 | 1.84/1.84 | |
| | 未分利润(万元) | 6182.07 | 4125.89 | |
| | 资本公积(万元) | 10278.64 | 10278.64 | |
| 利润构成 | 主营收入(万元) | 34148.25 | 31764.53 | |
| | 主营利润(万元) | 17269.97 | 16477.67 | |
| | 投资收益(万元) | 552.75 | 695.91 | |
| | 利润总额(万元) | 6390.5 | 5488.96 | |
| | 净利润(万元) | 4404.93 | 3889.24 | |
| 近年分配: | | | | |

| 主要股东及持股比例%、持股性质 |
|---|
| 南京金陵饭店集团有限公司 50.67%（国有股） |
| 新加坡欣光投资有限公司 6.33%（外资股） |
| 江苏交通控股有限公司 3.48%（国有股） |
| 江苏省出版印刷物资公司 1.9%（国有股） |
| 南京消防技术服务事务所 0.95%（非流通股） |
| 国信证券有限责任公司 0.18%（流通 A 股） |
| 中信证券股份有限公司 0.15%（流通 A 股） |
| 国元证券有限责任公司 0.14%（流通 A 股） |
| 广发证券股份有限公司 0.14%（流通 A 股） |
| 中信建投证券有限责任公司 0.13%（流通 A 股） |
| 实际控制人: 南京金陵饭店集团有限公司 |

二〇〇六年以来市场表现

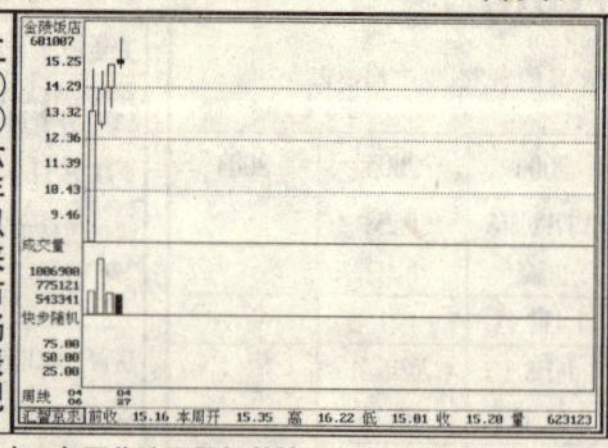

| | |
|---|---|
| 2006 年涨跌幅(%) | |
| 2006 年最高(元) | |
| 2007 年涨跌幅(%) | 13.69 |
| 2007.4.27 收盘(元) | 15.2 |
| 2007 年最高(元) | 16.22 |
| 2007 年最低(元) | 8.5 |
| 2007 年换手率(%) | 363.33 |

未来一年限售流通股解禁情况:

| 最新股本 | 总股本 | 非(限售)流通 | 流通 A | 流通 B/H/S | 股东户数 | 06 年末 | 06 三季 |
|---|---|---|---|---|---|---|---|
| | 30000 | 21200 | 8800 | | | | |

**年报点评**：公司主营旅游饭店业，2007 年首次发行 A 股，募集资金将全部用于金陵饭店扩建工程项目。对比分析发现，金陵饭店的平均房价、客房平均出租率、营业收入和营业利润均高于南京市五星级酒店的平均水平，具有较强的竞争优势。

## 连云港（601008）

上市日期:07/04/26　　电话:0518－2381188　　传真:0518－2383555

**主营**：为港口货物装卸、堆存及相关港务管理服务

| | 年度 | 2006 | 2005 | 2004 |
|---|---|---|---|---|
| 主要指标 | 每股收益/扣除后(元) | 0.28/0.27 | 0.16/0.15 | |
| | 每股经营现金流量(元) | 0.41 | 0.33 | |
| | 每股净资产/调整后(元) | | | |
| | 未分利润(万元) | 3424.17 | 12375.55 | |
| | 资本公积(万元) | 35789.27 | 28326.68 | |
| 利润构成 | 主营收入(万元) | 79748.14 | 25547.11 | |
| | 主营利润(万元) | 27085.76 | 11187.98 | |
| | 投资收益(万元) | 718.94 | 2.12 | |
| | 利润总额(万元) | 10325.76 | 6005.45 | |
| | 净利润(万元) | 8294.85 | 4140.54 | |
| 近年分配: | | | | |

| 主要股东及持股比例%、持股性质 |
|---|
| 连云港港口集团有限公司 48.8%（国有股） |
| 中国信达资产管理公司 16.94%（国有股） |
| 兖州煤业股份有限公司 0.26%（国有股） |
| 中煤连云港进出口有限公司 0.26%（国有股） |
| 中国连云港外轮代理有限公司 0.26%（国有股） |
| 中信证券股份有限公司 0.17%（流通 A 股） |
| 广发证券有限公司 0.16%（流通 A 股） |
| 长江证券有限责任公司 0.11%（流通 A 股） |
| 国信证券有限责任公司 0.11%（流通 A 股） |
| 海通证券有限责任公司 0.11%（流通 A 股） |
| 实际控制人: |

二〇〇六年以来市场表现

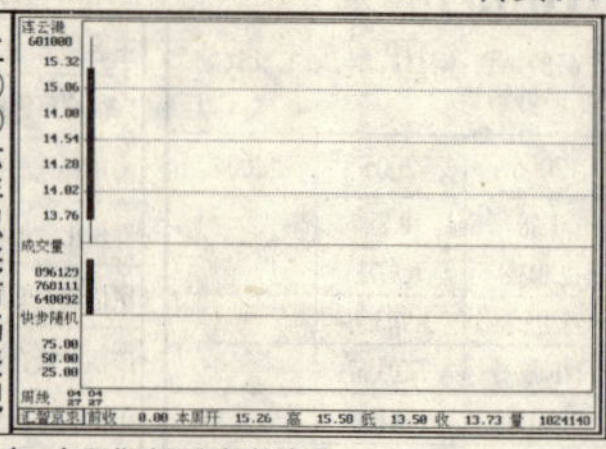

| | |
|---|---|
| 2006 年涨跌幅(%) | |
| 2006 年最高(元) | |
| 2007 年涨跌幅(%) | －4.05 |
| 2007.4.27 收盘(元) | 13.73 |
| 2007 年最高(元) | 15.58 |
| 2007 年最低(元) | 13.5 |
| 2007 年换手率(%) | 68.28 |

未来一年限售流通股解禁情况:

| 最新股本 | 总股本 | 非(限售)流通 | 流通 A | 流通 B/H/S | 股东户数 | 06 年末 | 06 三季 |
|---|---|---|---|---|---|---|---|
| | 44800 | 29800 | 15000 | | | | |

**年报点评**：连云港作为陇海、兰新铁路的东端起点，是这两条铁路沿线十一个省(自治区)最经济、便捷的出海口。公司是市场认可的多个极具竞争力的散杂货种装卸服务品牌，拥有绝对优势的主要货种煤炭、焦炭、氧化铝、胶合板、铝锭等。

## 中国国航（601111）

上市日期:06/08/18　　电话:(010)64580753　　传真:(010)64585095

| 主营 | 定期、不定期航空客、货运输 | | | |
|---|---|---|---|---|
| | 年　度 | 2006 | 2005 | 2004 |
| 主要指标 | 每股收益/扣除后(元) | 0.26/0.092 | 0.18 | |
| | 每股经营现金流量(元) | 0.6 | 0.75 | |
| | 每股净资产/调整后(元) | 2.55/2.53 | 2.1/2.08 | |
| | 未分利润(万元) | 413142.82 | 158271.13 | |
| | 资本公积(万元) | 1429194.21 | 850537.87 | |
| 利润构成 | 主营收入(万元) | 4700582 | 4008123.8 | |
| | 主营利润(万元) | 692274.77 | 709496.22 | |
| | 投资收益(万元) | 322983.64 | 6953.87 | |
| | 利润总额(万元) | 486540.84 | 255857.18 | |
| | 净利润(万元) | 319138.1 | 170928.7 | |
| 近年分配: | 06 预案:10 派 0.492 | | | |

| 主要股东及持股比例%、持股性质 |
|---|
| 中国航空集团公司 40.4%（国有股） |
| HKSCC NOMINEES LIMITED 18.24%（H股） |
| 国泰航空有限公司 17.34%（H股） |
| 中国航空集团(有限)公司 11.26%（外资股） |
| 中国银行－嘉实主题精选混合型证券投资基金 1.21%（流通 A 股） |
| 中外运空运发展股份有限公司 0.65%（非流通股） |
| 中国人民财产保险股份有限公司 0.65%（非流通股） |
| 中国船舶重工集团有限公司 0.65%（非流通股） |
| 中国通用技术(集团)控股有限责任公司 0.65%（非流通股） |
| 中国电力财务有限公司 0.65%（非流通股） |
| 实际控制人: 国务院国有资产监督管理委员会 |

二〇〇六年以来市场表现

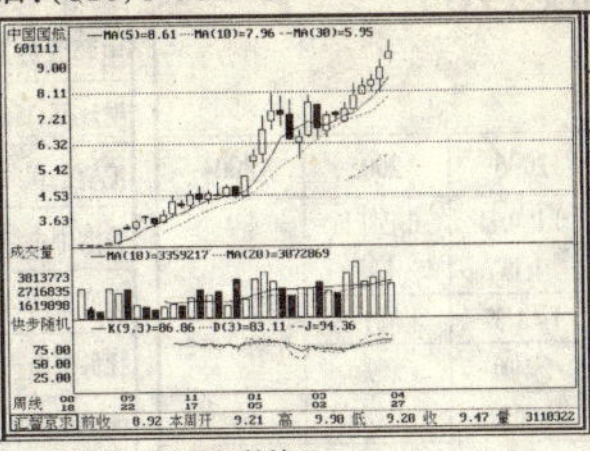

| | |
|---|---|
| 2006 年涨跌幅(%) | 83.93 |
| 2006 年最高(元) | 5.15 |
| 2007 年涨跌幅(%) | 83.88 |
| 2007.4.27 收盘(元) | 9.47 |
| 2007 年最高(元) | 9.9 |
| 2007 年最低(元) | 5.45 |
| 2007 年换手率(%) | 421.41 |

未来一年限售流通股解禁情况:

| 最新股本 | 总股本 | 非(限售)流通 | 流通 A | 流通 B/H/S | 股东户数 | 06 年末 | 06 三季 |
|---|---|---|---|---|---|---|---|
| | 1225136.23 | 667954.95 | 116612.94 | 440568.34 | | 78774 | 56643 |

年报点评：中国国航 2006 年业务指标保持稳定增长，人民币升值带来的汇兑收益及星辰项目带来的一次性收益是其 2006 年利润的重要构成。随着油价的上涨，航油占公司经营费用比重由 34%上升至 37%。未来北京奥运会的召开及人民币升值将成为中国国航业绩的重要支撑。

## 兴业银行（601166）

上市日期:07/02/05　　电话:0591－87871169　　传真:0591－87871269

| 主营 | 商业银行业务 . | | | |
|---|---|---|---|---|
| | 年　度 | 2006 | 2005 | 2004 |
| 主要指标 | 每股收益/扣除后(元) | 0.95/0.94 | 0.62/0.61 | |
| | 每股经营现金流量(元) | 2.73 | 20.74 | |
| | 每股净资产/调整后(元) | 4.05/4.03 | 3.2/3.18 | |
| | 未分利润(万元) | 422228.69 | 203072.13 | |
| | 资本公积(万元) | 283921.39 | 283921.39 | |
| 利润构成 | 主营收入(万元) | 1364958.25 | 973659.12 | |
| | 主营利润(万元) | 500436.21 | 352825.97 | |
| | 投资收益(万元) | | | |
| | 利润总额(万元) | 504620.15 | 354472.16 | |
| | 净利润(万元) | 379825.59 | 246496.8 | |
| 近年分配: | 06 预案:10 派 2.6 | | | |

| 主要股东及持股比例%、持股性质 |
|---|
| 福建省财政厅 20.4%（非流通股） |
| 福建省财政厅 20.4%（国有股） |
| 恒生银行有限公司 12.78%（外资股） |
| 恒生银行有限公司 12.78%（外资股） |
| Tetrad Ventures PteLtd(新政泰达投资有限公司) 4%（外资股） |
| Tetrad Ventures Pte Ltd(新政泰达投资有限公司) 4%（外资股） |
| 中国粮油食品(集团)有限公司 3.4%（国有股） |
| 中国粮油食品(集团)有限公司 3.4%（非流通股） |
| 国际金融公司 3.2%（非流通股） |
| 国际金融公司 3.2%（外资股） |
| 实际控制人: 福建省财政厅 |

二〇〇六年以来市场表现

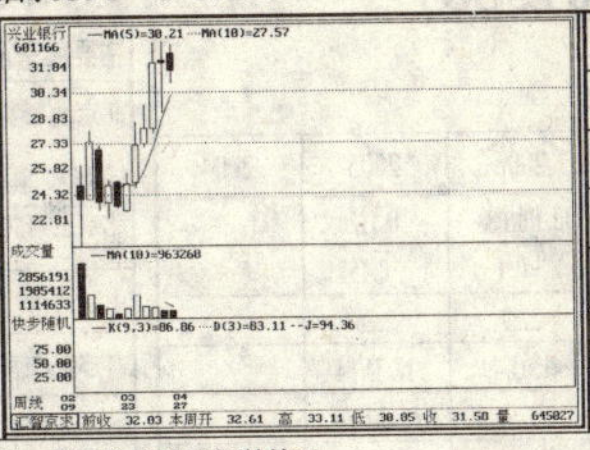

| | |
|---|---|
| 2006 年涨跌幅(%) | |
| 2006 年最高(元) | |
| 2007 年涨跌幅(%) | 42.38 |
| 2007.4.27 收盘(元) | 31.58 |
| 2007 年最高(元) | 33.35 |
| 2007 年最低(元) | 21.31 |
| 2007 年换手率(%) | 296.39 |

未来一年限售流通股解禁情况:

| 最新股本 | 总股本 | 非(限售)流通 | 流通 A | 流通 B/H/S | 股东户数 | 06 年末 | 06 三季 |
|---|---|---|---|---|---|---|---|
| | 500000 | 429900 | 70100 | | | | |

年报点评：2006 年利润增长较快，主要来源于净营业收入的增长，但营业费用支出比重的降低和所得税赋的降低亦是其中原因。此外 2006 年实现不良贷款余额与不良贷款率双降。未来有可能发行 H 股。

## 中国平安（601318）

上市日期:07/03/01　　电话:400－8866338　　传真:(0755) 82431029

| 主营 | 以保险业务为核心，以统一品牌向客户提供包括保险、银行、证券、信托等多元化金融服务。 | | | |
|---|---|---|---|---|
| | 年　度 | 2006 | 2005 | 2004 |
| 主要指标 | 每股收益/扣除后(元) | 0.97/0.92 | 0.54/0.53 | |
| | 每股经营现金流量(元) | 6.03 | 5.15 | |
| | 每股净资产/调整后(元) | 5.92/5.89 | 5.27/5.25 | |
| | 未分利润(万元) | 866716.2 | 534977.9 | |
| | 资本公积(万元) | 1516288.9 | 1516257.5 | |
| 利润构成 | 主营收入(万元) | 8171212.8 | 6738364.7 | |
| | 主营利润(万元) | 618239.2 | 382193 | |
| | 投资收益(万元) | | | |
| | 利润总额(万元) | 625800.5 | 375579 | |
| | 净利润(万元) | 598596.2 | 333842.8 | |
| 近年分配: | 06 预案:10 派 2.2 | | | |

| 主要股东及持股比例%、持股性质 |
|---|
| 深圳市投资控股有限公司 7.4%（国有股） |
| 深圳市新豪时投资发展有限公司 5.3%（非流通股） |
| 源信行投资有限公司 5.17%（非流通股） |
| 深圳市景傲实业发展有限公司 4.51%（非流通股） |
| 深圳市深业投资开发有限公司 4.11%（国有股） |
| 广州市恒德贸易发展有限公司 2.72%（非流通股） |
| 深圳市武新裕福实业有限公司 2.66%（非流通股） |
| 深圳市立业集团有限公司 2.4%（非流通股） |
| 上海汇业实业有限公司 2.27%（流通 A 股） |
| 深圳市江南实业发展有限公司 1.89%（流通 A 股） |
| 实际控制人: |

二〇〇六年以来市场表现

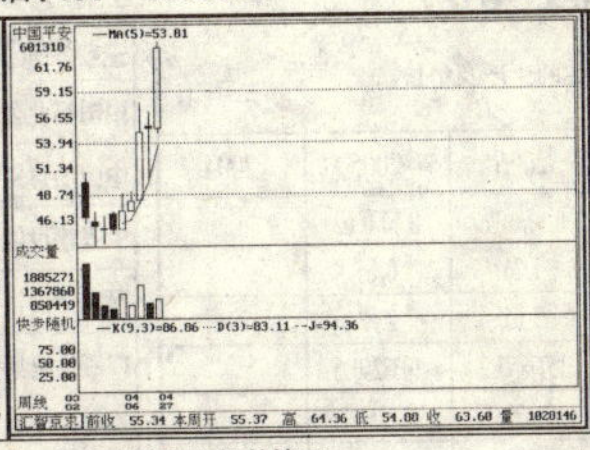

| | |
|---|---|
| 2006 年涨跌幅(%) | |
| 2006 年最高(元) | |
| 2007 年涨跌幅(%) | 35.93 |
| 2007.4.27 收盘(元) | 63.6 |
| 2007 年最高(元) | 64.36 |
| 2007 年最低(元) | 43.53 |
| 2007 年换手率(%) | 184.91 |

未来一年限售流通股解禁情况:

| 最新股本 | 总股本 | 非(限售)流通 | 流通 A | 流通 B/H/S | 股东户数 | 06 年末 | 06 三季 |
|---|---|---|---|---|---|---|---|
| | 734505.33 | 421140.96 | 57500 | 255864.37 | | 164760 | |

年报点评：2006 年，中国平安公司实现净利润高速增长。其核心保险业务的净利润创历史新高，寿险业务和产险业务保费收入持续高增长；受惠于股市走强和适当的投资策略，集团投资收益率较上年快速提升。此外，公司的其它保险业务持续完善基础平台，取得进一步发展。

## 广深铁路（601333）

上市日期:06/12/22　　电话:(0755)25587920　　传真:(0755)25591480

| 主营 | 坪石至深圳间各铁路车站的客、货运输业务，并与香港九广铁路公司合作经营广九直通车(广州－香港九龙)旅客运输业务。 | | | |
|---|---|---|---|---|
| | 年　度 | 2006 | 2005 | 2004 |
| 主要指标 | 每股收益/扣除后(元) | 0.1/0.102 | 0.14 | |
| | 每股经营现金流量(元) | 0.18 | 0.29 | |
| | 每股净资产/调整后(元) | 2.96/2.95 | 2.44/2.42 | |
| | 未分利润(万元) | 63429.61 | 50952.16 | |
| | 资本公积(万元) | 1167252.69 | 426867.83 | |
| 利润构成 | 主营收入(万元) | 356396.89 | 321324.83 | |
| | 主营利润(万元) | 120574.89 | 104024.74 | |
| | 投资收益(万元) | －538.6 | －3059.57 | |
| | 利润总额(万元) | 84142.06 | 72336.92 | |
| | 净利润(万元) | 71086.85 | 61147.25 | |
| 近年分配: | 06 预案:10 派 0.8 | | | |

| 主要股东及持股比例%、持股性质 |
|---|
| 广州铁路(集团)公司 41%（国有股） |
| HKSCC NOMINEES LIMITED 19.72%（H股） |
| 中国人寿保险股份有限公司 1.13%（非流通股） |
| 中国平安人寿保险股份有限公司 1.13%（非流通股） |
| 中国太平洋人寿保险股份有限公司 1.13%（非流通股） |
| 新华人寿保险股份有限公司 1.13%（非流通股） |
| 泰康人寿保险股份有限公司 1.13%（非流通股） |
| 中国机械工业集团公司 0.94%（非流通股） |
| 太原钢铁(集团)有限公司 0.94%（非流通股） |
| 宝钢集团有限公司 0.93%（部分流通部分不流通） |
| 实际控制人: 广州铁路(集团)公司 |

二〇〇六年以来市场表现

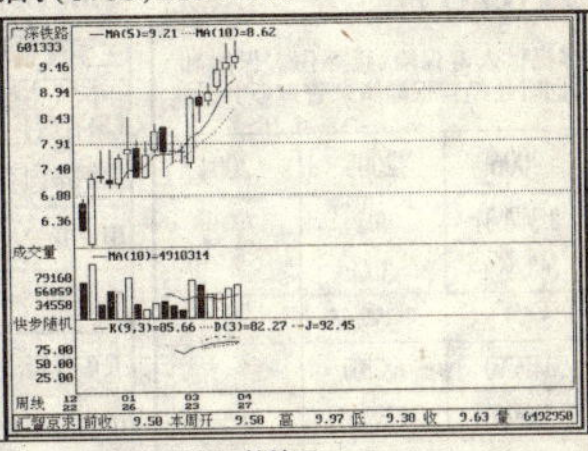

| | |
|---|---|
| 2006 年涨跌幅(%) | 16.69 |
| 2006 年最高(元) | 7.32 |
| 2007 年涨跌幅(%) | 33.75 |
| 2007.4.27 收盘(元) | 9.63 |
| 2007 年最高(元) | 9.97 |
| 2007 年最低(元) | 7.01 |
| 2007 年换手率(%) | 528.68 |

未来一年限售流通股解禁情况:

| 最新股本 | 总股本 | 非(限售)流通 | 流通 A | 流通 B/H/S | 股东户数 | 06 年末 | 06 三季 |
|---|---|---|---|---|---|---|---|
| | 708353.7 | 438519.4 | 126704.3 | 143130 | | 66072 | |

年报点评：2006 年广深铁路收入与利润来源仍然为广深线，年底发行 A 股收购的广砰线将于 2007 年开始进入公司。由于广深四线已于 2007 年 4 月 18 日投入运营，早于原先预期的 2007 年底，因此预计 2007 年业绩将略高于原先预期。

## 工商银行（601398）

上市日期:06/10/27　　电话:(010) 66107166　　传真:(010) 66017168

| 主营 | 商业银行业务 | | | |
|---|---|---|---|---|
| | 年　度 | 2006 | 2005 | 2004 |
| 主要指标 | 每股收益/扣除后(元) | 0.15/0.14 | 0.15/0.16 | |
| | 每股经营现金流量(元) | 1.19 | 1.48 | |
| | 每股净资产/调整后(元) | 1.4/1.39 | 1.04/1.03 | |
| | 未分利润(万元) | 534400 | 500900 | |
| | 资本公积(万元) | 10970100 | 203200 | |
| 利润构成 | 主营收入(万元) | 17888900 | 16237800 | |
| | 主营利润(万元) | 10300100 | 9166600 | |
| | 投资收益(万元) | | | |
| | 利润总额(万元) | 7152100 | 6287600 | |
| | 净利润(万元) | 4871900 | 3740500 | |
| 近年分配: | 06 预案:10 派 0.16 | | | |

| 主要股东及持股比例%、持股性质 |
|---|
| 财政部 35.3%（国有股） |
| 汇金公司 35.3%（国有股） |
| 香港中央结算代理人有限公司 12.9%（H股） |
| 高盛集团 4.9%（外资股） |
| 社保基金理事会 4.2%（H股） |
| DRESDNER BANK LUXEMBOURG S. A. 1.9%（外资股） |
| 美国运通 0.4%（外资股） |
| 中国人寿保险(集团)公司－传统－普通保险产品 0.2%（非流通股） |
| 中国人寿保险股份有限公司－传统－普通保险产品－005L－CT001 沪 0.2%（非流通股） |
| 中国太平洋人寿保险股份有限公司－传统－普通保险产品 0.2%（非流通股） |
| 实际控制人:财政部 |

二〇〇六年以来市场表现

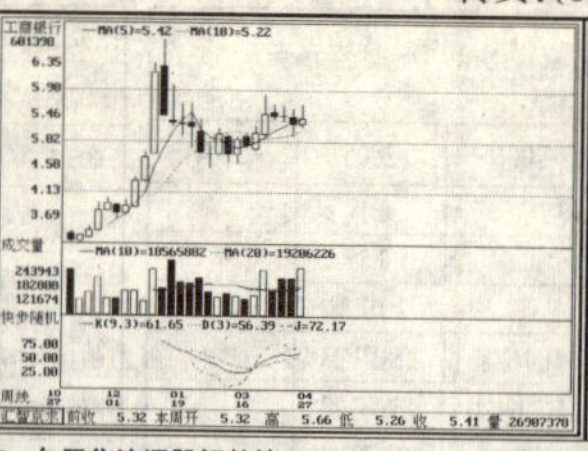


| | |
|---|---|
| 2006 年涨跌幅(%) | 89.02 |
| 2006 年最高(元) | 6.36 |
| 2007 年涨跌幅(%) | －12.74 |
| 2007.4.27 收盘(元) | 5.41 |
| 2007 年最高(元) | 6.79 |
| 2007 年最低(元) | 4.56 |
| 2007 年换手率(%) | 373.74 |

未来一年限售流通股解禁情况:

| 最新股本 | 总股本 | 非(限售)流通 | 流通 A | 流通 B/H/S | 股东户数 | 06 年末 | 06 三季 |
|---|---|---|---|---|---|---|---|
| | 33401885 | 29243473.3 | 683078 | 3475333.7 | | 735475 | |

年报点评:2006 年工商银行利差大幅缩小,利差缩小主要是因为债券投资收益率的大幅下降和存款成本的较快提高,此外,汇兑损失抵消了手续费收入的高速增长。未来拨备支出有望下降,但费用率有可能上升。

## 北辰实业（601588）

上市日期:06/10/16　　电话:(010)84980392　　传真:(010)64991352

| 主营 | 发展物业和投资物业 | | | |
|---|---|---|---|---|
| | 年　度 | 2006 | 2005 | 2004 |
| 主要指标 | 每股收益/扣除后(元) | 0.1/0.088 | 0.112 | |
| | 每股经营现金流量(元) | －0.1 | －0.154 | |
| | 每股净资产/调整后(元) | 2.39 | 2.26 | |
| | 未分利润(万元) | 41503.49 | 17234.84 | |
| | 资本公积(万元) | 368126.78 | 164846.91 | |
| 利润构成 | 主营收入(万元) | 282886.75 | 290651.96 | |
| | 主营利润(万元) | 100146.04 | 74353.52 | |
| | 投资收益(万元) | －486.18 | －495.31 | |
| | 利润总额(万元) | 55122.59 | 32376.57 | |
| | 净利润(万元) | 33517.36 | 20903.41 | |
| 近年分配: | 06 预案:10 派 0.4 | | | |

| 主要股东及持股比例%、持股性质 |
|---|
| 北京北辰实业集团公司 34.452%（国有股） |
| HKSCC NOMINEES LIMITED 20.021%（H股） |
| 北京王府井百货(集团)股份有限公司 4.455%（非流通股） |
| 中航鑫港担保有限公司 4.009%（非流通股） |
| 富邦资产管理有限公司 2.524%（非流通股） |
| 浙江海越股份有限公司 1.484%（非流通股） |
| 中国石化财务有限责任公司 1.484%（非流通股） |
| 深圳龙发国泰投资有限公司 0.89%（非流通股） |
| 全国社保基金五零三组合 0.89%（非流通股） |
| 浙江农资集团有限公司 0.593%（非流通股） |
| 实际控制人:北京市国有资产监督管理委员会 |

二〇〇六年以来市场表现

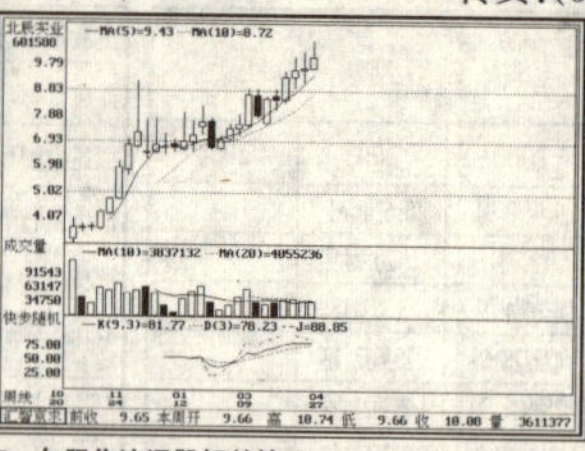


| | |
|---|---|
| 2006 年涨跌幅(%) | 84.02 |
| 2006 年最高(元) | 9.17 |
| 2007 年涨跌幅(%) | 50.9 |
| 2007.4.27 收盘(元) | 10.08 |
| 2007 年最高(元) | 10.74 |
| 2007 年最低(元) | 6.5 |
| 2007 年换手率(%) | 660.66 |

未来一年限售流通股解禁情况:

| 最新股本 | 总股本 | 非(限售)流通 | 流通 A | 流通 B/H/S | 股东户数 | 06 年末 | 06 三季 |
|---|---|---|---|---|---|---|---|
| | 336702 | 191000 | 75000 | 70702 | | 166167 | 118331 |

年报点评:发展物业、投资物业、零售商业三大业务开拓经营,经营效益创新高。全年销售面积 21 万平方米,同比大幅增长,其中北辰绿色家园、长岛澜桥和长河玉墅项目销售良好。共同设立北辰大厦争取 08 年奥运前开业。

## 中国铝业（601600）

上市日期:07/04/30　　电话:(8610)82299103　　传真:(8610)82298158

| 主营 | 铝土矿开采,氧化铝、原铝的生产及销售。 | | | |
|---|---|---|---|---|
| | 年　度 | 2006 | 2005 | 2004 |
| 主要指标 | 每股收益/扣除后(元) | 0.97/0.98 | 0.61/0.62 | |
| | 每股经营现金流量(元) | 1.26 | 0.85 | |
| | 每股净资产/调整后(元) | 3.65 | 2.82 | |
| | 未分利润(万元) | 1577850.2 | 1033250.5 | |
| | 资本公积(万元) | 976479.1 | 577257.2 | |
| 利润构成 | 主营收入(万元) | 6101513.4 | 3711031.9 | |
| | 主营利润(万元) | 2146263.2 | 1351970.4 | |
| | 投资收益(万元) | 8871.9 | 3207.5 | |
| | 利润总额(万元) | 1631201.6 | 959358 | |
| | 净利润(万元) | 1132895.6 | 678278.9 | |
| 近年分配: | | | | |

| 主要股东及持股比例%、持股性质 |
|---|
| 中国铝业公司 40.46%（非流通股） |
| 中国信达资产管理公司 6.99%（非流通股） |
| 中国建设银行股份有限公司 5.51%（非流通股） |
| 国家开发银行 4.31%（非流通股） |
| 广西投资集团有限公司 1.53%（非流通股） |
| 贵州省物资开发投资公司 1%（非流通股） |
| 兰州铝厂 0.62%（流通 A 股） |
| 中国工商银行－广发策略优先混合型证券投资基金 0.3%（流通 A 股） |
| UBS AG 0.25%（流通 A 股） |
| 中国建设银行－上投摩根中国优势证券投资基金 0.23%（流通 A 股） |
| 实际控制人: |

二〇〇六年以来市场表现

| | |
|---|---|
| 2006 年涨跌幅(%) | |
| 2006 年最高(元) | |
| 2007 年涨跌幅(%) | |
| 2007.4.27 收盘(元) | |
| 2007 年最高(元) | |
| 2007 年最低(元) | |
| 2007 年换手率(%) | |

未来一年限售流通股解禁情况:

| 最新股本 | 总股本 | 非(限售)流通 | 流通 A | 流通 B/H/S | 股东户数 | 06 年末 | 06 三季 |
|---|---|---|---|---|---|---|---|
| | 1288660.79 | 867877.24 | 114807.74 | 305975.82 | | | |

年报点评:

## 中国人寿（601628）

上市日期:07/01/09　　电话:(010)85659999　　传真:(010)85252232

| 主营 | 在中国境内向个人和团体提供人寿保险、意外伤害保险和健康保险等产品与服务,同时还经营保险资产管理业务。 | | | |
|---|---|---|---|---|
| | 年　度 | 2006 | 2005 | 2004 |
| 主要指标 | 每股收益/扣除后(元) | 0.34/0.34 | 0.2 | |
| | 每股经营现金流量(元) | 3.56 | 3.44 | |
| | 每股净资产/调整后(元) | 3.5/3.5 | 2.35/2.35 | |
| | 未分利润(万元) | 1416700 | 687800 | |
| | 资本公积(万元) | 5386100 | 2755100 | |
| 利润构成 | 主营收入(万元) | 18268000 | 15962600 | |
| | 主营利润(万元) | 1001500 | 579300 | |
| | 投资收益(万元) | | | |
| | 利润总额(万元) | 992400 | 576000 | |
| | 净利润(万元) | 960100 | 545600 | |
| 近年分配: | 06 预案:10 派 1.4 | | | |

| 主要股东及持股比例%、持股性质 |
|---|
| 中国人寿保险(集团)公司－传统－普通保险产品 68.37%（国有股） |
| 宝钢集团有限公司 0.18%（流通 A 股） |
| 国家开发投资公司 0.18%（流通 A 股） |
| 中船重工财务有限责任公司 0.14%（流通 A 股） |
| 五矿投资发展有限责任公司 0.14%（流通 A 股） |
| 中国粮油食品(集团)有限公司 0.14%（流通 A 股） |
| 中国经济技术投资担保有限公司 0.14%（流通 A 股） |
| 中国广东核电集团有限公司 0.14%（流通 A 股） |
| 中国海洋石油总公司 0.14%（流通 A 股） |
| 中国人民财产保险股份有限公司－传统－普通保险产品－008C－CT001 0.13%（流通 A 股） |
| 实际控制人:中华人民共和国财政部 |

二〇〇六年以来市场表现

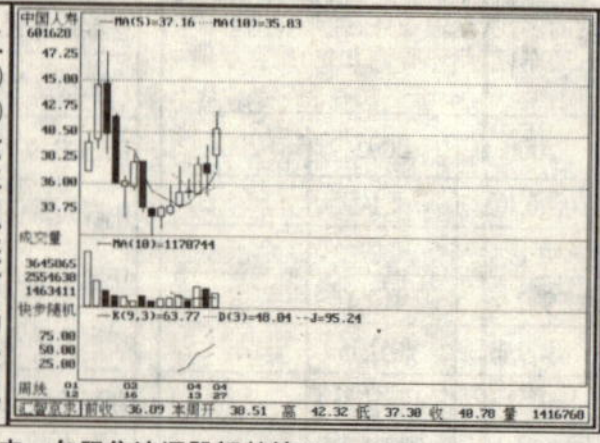


| | |
|---|---|
| 2006 年涨跌幅(%) | |
| 2006 年最高(元) | |
| 2007 年涨跌幅(%) | 4.75 |
| 2007.4.27 收盘(元) | 40.78 |
| 2007 年最高(元) | 49.5 |
| 2007 年最低(元) | 31.5 |
| 2007 年换手率(%) | 349.47 |

未来一年限售流通股解禁情况:

| 最新股本 | 总股本 | 非(限售)流通 | 流通 A | 流通 B/H/S | 股东户数 | 06 年末 | 06 三季 |
|---|---|---|---|---|---|---|---|
| | 2826470.5 | 1992353 | 90000 | 744117.5 | | | |

年报点评:公司全年实现保险业务的保费收入快速增长,投资收益率明显提高,净利润出现高速增长。同时中国人寿依然保持了在中国寿险市场的领先地位和规模最大、覆盖区域最广的分销队伍。

## 平煤天安(601666)

上市日期:06/11/23　　电话:(0375)2749515　　传真:(0375)2726426

| | | | | |
|---|---|---|---|---|
| 主营 | 煤炭的生产、洗选加工及销售。 | | | |
| | 年　度 | 2006 | 2005 | 2004 |
| 主要指标 | 每股收益/扣除后(元) | 0.8/0.81 | 1.28 | |
| | 每股经营现金流量(元) | 2.17 | 2.42 | |
| | 每股净资产/调整后(元) | 4.75/4.7 | 3.59/3.53 | |
| | 未分利润(万元) | 31040.35 | 80840.64 | |
| | 资本公积(万元) | 320374.66 | 59378.29 | |
| 利润构成 | 主营收入(万元) | 745773.12 | 719892.76 | |
| | 主营利润(万元) | 207534.65 | 205999.73 | |
| | 投资收益(万元) | 69.51 | 140.98 | |
| | 利润总额(万元) | 126437.62 | 134079.65 | |
| | 净利润(万元) | 86261.89 | 90400.75 | |
| 近年分配: | 06 预案:10 派 1.74 | | | |

| 主要股东及持股比例%、持股性质 |
|---|
| 平顶山煤业(集团)有限责任公司 59.23% (国有股) |
| 宝钢集团有限公司 3.16% (国有股) |
| 湖南华菱湘潭钢铁有限公司 2.79% (国有股) |
| 中国电力财务有限公司 0.34% (部分流通部分不流通) |
| 汪建华 0.31% (流通 A股) |
| 赵金玲 0.3% (流通 A股) |
| 国营陕西柴油机厂 0.28% (流通 A股) |
| 宝钢集团财务有限责任公司 0.18% (非流通股) |
| 何志坚 0.15% (流通 A股) |
| 中国太平洋人寿保险股份有限公司-分红-个人分红 0.14% (非流通股) |
| 实际控制人: 河南省煤炭工业局 |

二〇〇六年以来市场表现

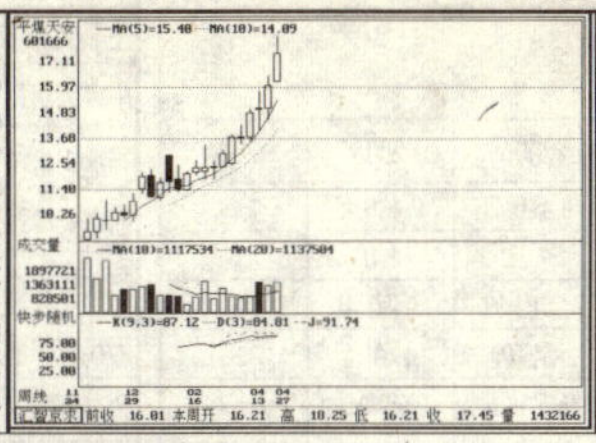

| | |
|---|---|
| 2006 年涨跌幅(%) | 10.38 |
| 2006 年最高(元) | 11.18 |
| 2007 年涨跌幅(%) | 60.83 |
| 2007.4.27 收盘(元) | 17.45 |
| 2007 年最高(元) | 18.25 |
| 2007 年最低(元) | 10.9 |
| 2007 年换手率(%) | 510.66 |

未来一年限售流通股解禁情况:

| 最新股本 | 总股本 | 非(限售)流通 | 流通 A | 流通 B/H/S | 股东户数 | 06 年末 | 06 三季 |
|---|---|---|---|---|---|---|---|
| | 107472.23 | 77872.23 | 29600 | | | 70499 | |

年报点评:2006 年公司主营业务收入上涨,但净利润同比略有下降。2006 年由于商品煤销售数量和销售单价提高,使得公司收入同比出现上涨。但由于管理费用、财务费用等费用增加,影响了公司全年盈利。

## 潞安环能(601699)

上市日期:06/09/22　　电话:0355-5923838　　传真:0355-5924899

| | | | | |
|---|---|---|---|---|
| 主营 | 原煤开采、煤炭洗选 | | | |
| | 年　度 | 2006 | 2005 | 2004 |
| 主要指标 | 每股收益/扣除后(元) | 1.3/1.3 | 1.53 | |
| | 每股经营现金流量(元) | 2.85 | 4.32 | |
| | 每股净资产/调整后(元) | 5.74/5.73 | 3.37/3.35 | |
| | 未分利润(万元) | 40077.2 | 28580.54 | |
| | 资本公积(万元) | 221753.22 | 47324.4 | |
| 利润构成 | 主营收入(万元) | 722091.33 | 569864.11 | |
| | 主营利润(万元) | 243907.96 | 194564.17 | |
| | 投资收益(万元) | 268.65 | 3.9 | |
| | 利润总额(万元) | 118272.86 | 93329.17 | |
| | 净利润(万元) | 83340.17 | 70091.5 | |
| 近年分配: | 06 预案:10 派 3 | | | |

| 主要股东及持股比例%、持股性质 |
|---|
| 山西潞安矿业(集团)有限责任公司 65.74% (国有股) |
| 郑州铁路局 2.03% (国有股) |
| 银丰证券投资基金 1.03% (流通 A股) |
| 天脊煤化工集团有限公司 1.02% (非流通股) |
| 上海宝钢国际经济贸易有限公司 1.02% (国有股) |
| 山西潞安工程有限公司 1.02% (非流通股) |
| 日照港(集团)有限公司 1.02% (国有股) |
| 中国银行-海富通股票证券投资基金 0.76% (流通 A股) |
| 上海浦东发展银行-广发小盘成长股票型证券投资基金 0.44% (流通 A股) |
| 中国建设银行-海富通风格优势股票型证券投资基金 0.39% (流通 A股) |
| 实际控制人: 山西省人民政府国有资产监督管理委员会 |

二〇〇六年以来市场表现

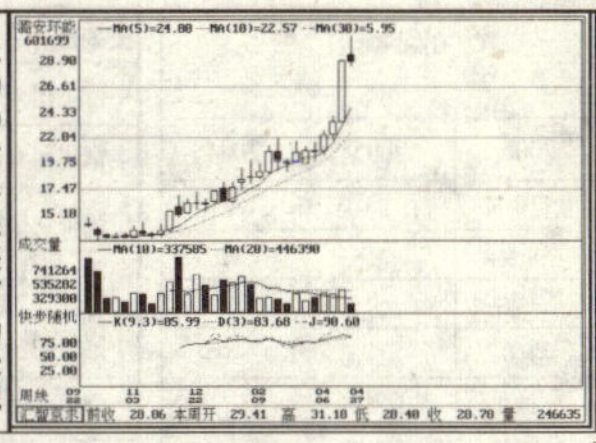

| | |
|---|---|
| 2006 年涨跌幅(%) | 12.66 |
| 2006 年最高(元) | 17.12 |
| 2007 年涨跌幅(%) | 79.65 |
| 2007.4.27 收盘(元) | 28.78 |
| 2007 年最高(元) | 31.18 |
| 2007 年最低(元) | 16.02 |
| 2007 年换手率(%) | 355.7 |

未来一年限售流通股解禁情况:

| 最新股本 | 总股本 | 非(限售)流通 | 流通 A | 流通 B/H/S | 股东户数 | 06 年末 | 06 三季 |
|---|---|---|---|---|---|---|---|
| | 63919 | 45919 | 18000 | | | 36624 | 45329 |

年报点评:2006 年公司原煤产量和销量同比均有小幅增长。产销量的增长保证了公司主营业务继续平稳提升。完成 IPO 后,公司资金压力大大缓解,其财务费用同比大幅下降。2007 年,公司将进一步巩固其核心竞争优势,努力将公司打造成为煤炭行业上市公司的龙头。

## 招商轮船(601872)

上市日期:06/12/01　　电话:(021)63234803　　传真:(021)63238238

| | | | | |
|---|---|---|---|---|
| 主营 | 油轮运输和散货船运输 | | | |
| | 年　度 | 2006 | 2005 | 2004 |
| 主要指标 | 每股收益/扣除后(元) | 0.242/0.242 | 0.602 | |
| | 每股经营现金流量(元) | 0.4 | 0.88 | |
| | 每股净资产/调整后(元) | 2.49/2.49 | 2.09/2.09 | |
| | 未分利润(万元) | 72087.6 | 113588.62 | |
| | 资本公积(万元) | 435596.96 | 120264.53 | |
| 利润构成 | 主营收入(万元) | 239254.58 | 265021.83 | |
| | 主营利润(万元) | 111173.33 | 143005.8 | |
| | 投资收益(万元) | -139.83 | 4436.55 | |
| | 利润总额(万元) | 97068.54 | 139033.45 | |
| | 净利润(万元) | 82928.51 | 134445.72 | |
| 近年分配: | 06 预案:10 派 0.42 | | | |

| 主要股东及持股比例%、持股性质 |
|---|
| 招商局轮船股份有限公司 54.07% (国有股) |
| 中国石油化工集团公司 10.41% (国有股) |
| 中国国际海运集装箱(集团)股份有限公司 1.46% (非流通股) |
| 深圳华强实业股份有限公司 1.46% (非流通股) |
| 航天科技财务有限责任公司 1.46% (非流通股) |
| 中国中化集团公司 0.92% (国有股) |
| 中国石化集团资产经营管理有限公司 0.87% (非流通股) |
| 中国对外贸易运输(集团)总公司 0.87% (非流通股) |
| 中国人寿保险(集团)公司-传统-普通保险产品 0.73% (非流通股) |
| 中海发展股份有限公司 0.58% (非流通股) |
| 实际控制人: 招商局集团有限公司直 |

二〇〇六年以来市场表现

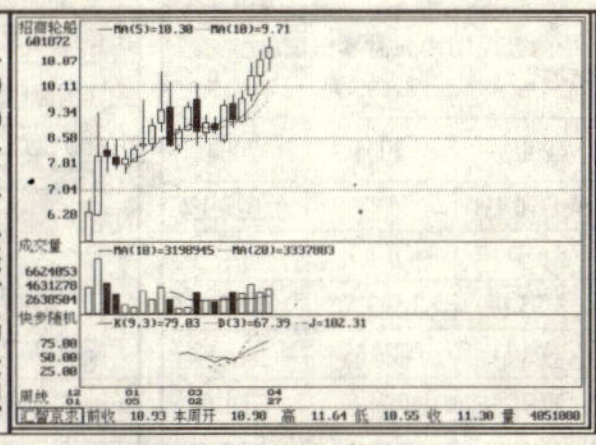

| | |
|---|---|
| 2006 年涨跌幅(%) | 24.8 |
| 2006 年最高(元) | 9.33 |
| 2007 年涨跌幅(%) | 42.14 |
| 2007.4.27 收盘(元) | 11.3 |
| 2007 年最高(元) | 11.64 |
| 2007 年最低(元) | 7.88 |
| 2007 年换手率(%) | 650.92 |

未来一年限售流通股解禁情况:

| 最新股本 | 总股本 | 非(限售)流通 | 流通 A | 流通 B/H/S | 股东户数 | 06 年末 | 06 三季 |
|---|---|---|---|---|---|---|---|
| | 343339.77 | 281839.77 | 61500 | | | 133384 | |

年报点评:公司 72%的主营业务收入来自油轮业务,06 年油运业务景气度不高,但公司船队承运中国进出口原油数量大幅增加,市场占有率 5%左右。2006 年 BDI 指数前低后高,干散货运输期租合同 2006 年签订时机不佳,公司在年初签订期租合同的船舶收入受损。

## 中国银行(601988)

上市日期:06/07/05　　电话:(010) 66596688　　传真:(010) 66593777

| | | | | |
|---|---|---|---|---|
| 主营 | 商业银行业务 | | | |
| | 年　度 | 2006 | 2005 | 2004 |
| 主要指标 | 每股收益/扣除后(元) | 0.17/0.16 | 0.13 | |
| | 每股经营现金流量(元) | 0.11 | 0.07 | |
| | 每股净资产/调整后(元) | 1.53/1.52 | 1.12/1.11 | |
| | 未分利润(万元) | 3988400 | 1258500 | |
| | 资本公积(万元) | 7654900 | 397800 | |
| 利润构成 | 主营收入(万元) | 13762800 | 11602800 | |
| | 主营利润(万元) | 7755200 | 6474400 | |
| | 投资收益(万元) | | | |
| | 利润总额(万元) | 6700900 | 5514000 | |
| | 净利润(万元) | 4189200 | 2749200 | |
| 近年分配: | 06 预案:10 派 0.4 | | | |

| 主要股东及持股比例%、持股性质 |
|---|
| 中央汇金投资有限责任公司 67.49% (国有股) |
| 香港中央结算(代理人)有限公司 11.92% (H股) |
| RBS China Investments S.◇r.l. 8.25% (外资股) |
| 亚洲金融控股私人有限公司 4.13% (外资股) |
| 全国社会保障基金理事会 3.3% (H股) |
| 瑞士银行 1.33% (外资股) |
| 亚洲开发银行 0.2% (外资股) |
| The Bank of Tokyo- Mitsubishi UFJ Ltd 0.19% (外资股) |
| Wingreat International Limited 0.17% (外资股) |
| Best Sense Investments Limited 0.09% (外资股) |
| 实际控制人: |

二〇〇六年以来市场表现

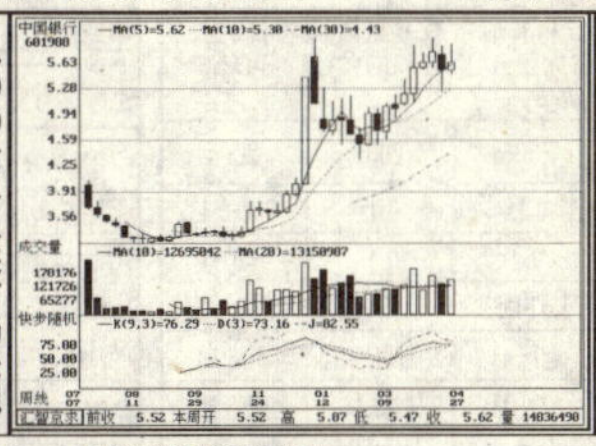

| | |
|---|---|
| 2006 年涨跌幅(%) | 43.27 |
| 2006 年最高(元) | 5.43 |
| 2007 年涨跌幅(%) | 3.5 |
| 2007.4.27 收盘(元) | 5.62 |
| 2007 年最高(元) | 5.97 |
| 2007 年最低(元) | 4.32 |
| 2007 年换手率(%) | 406.85 |

未来一年限售流通股解禁情况:

| 最新股本 | 总股本 | 非(限售)流通 | 流通 A | 流通 B/H/S | 股东户数 | 06 年末 | 06 三季 |
|---|---|---|---|---|---|---|---|
| | 25383916.2 | 17348774.02 | 433117.05 | 7602025.13 | | 846127 | 846456 |

年报点评:资产质量大幅改善,所得税率明显下降,但套期保值有效性不足,外汇敞口损失较大。未来几年净利息和手续费收入都将快速增长,资产质量进一步改善,所得税率进一步下降。但外汇风险损失可能抵消利差的扩大,并一定程度抵消手续费收入高增长。

## 大唐发电（601991）

上市日期:06/12/20　　电话:010－83582163　　传真:010－83581907

| | | | | |
|---|---|---|---|---|
| 主营 | 电力和热力的生产 | | | |
| | 年　度 | 2006 | 2005 | 2004 |
| 主要指标 | 每股收益/扣除后(元) | 0.48/0.49 | 0.46/0.46 | |
| | 每股经营现金流量(元) | 1.32 | 1.16 | |
| | 每股净资产/调整后(元) | 4.01/3.99 | 3.48/3.44 | |
| | 未分利润(万元) | 54660 | 44691.6 | |
| | 资本公积(万元) | 646913.6 | 365946.7 | |
| 利润构成 | 主营收入(万元) | 2483521.8 | 1799438.9 | |
| | 主营利润(万元) | 707516.6 | 506869.8 | |
| | 投资收益(万元) | 3716.2 | 8030.9 | |
| | 利润总额(万元) | 460510.4 | 389516.7 | |
| | 净利润(万元) | 270729.1 | 236074 | |
| 近年分配: | 06 预案:10 派 2.34 转增 10 | | | |

| 主要股东及持股比例%、持股性质 |
|---|
| 中国大唐集团公司 34.96% (国有股) |
| 香港中央结算(代理人)有限公司 24.89% (H股) |
| 北京能源投资(集团)有限公司 11.86% (国有股) |
| 河北省建设投资公司 11.86% (国有股) |
| 天津市津能投资公司 10.7% (国有股) |
| HSBC NOMINEES (HONG KONG) LIMITED <A/C BR－148> 0.05% (H股) |
| HSBC NOMINEES (HONG KONG) LIMITED <A/C BR－149> 0.05% (H股) |
| HSBC NOMINEES (HONG KONG) LIMITED <A/C BR－150> 0.05% (H股) |
| 中国建设银行－博时主题行业股票证券投资基金 0.04% (流通A股) |
| 海通－交行－日兴资产管理有限公司－日兴 AM 中国人民币 A股母基金 0.04% (流通A股) |
| 实际控制人: 中国大唐集团公司 |

二〇〇六年以来市场表现

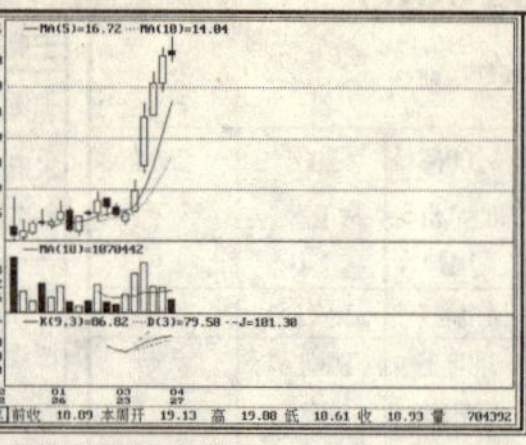

| | |
|---|---|
| 2006 年涨跌幅(%) | －9.55 |
| 2006 年最高(元) | 11.98 |
| 2007 年涨跌幅(%) | 83.43 |
| 2007.4.27 收盘(元) | 18.93 |
| 2007 年最高(元) | 19.88 |
| 2007 年最低(元) | 10.08 |
| 2007 年换手率(%) | 627.38 |

未来一年限售流通股解禁情况:

| 最新股本 | 总股本 | 非(限售)流通 | 流通 A | 流通 B/H/S | 股东户数 | 06 年末 | 06 三季 |
|---|---|---|---|---|---|---|---|
| | 566284.9 | 402018 | 21200 | 143066.9 | | 67993 | |

年报点评：公司是中国最大的独立发电公司之一，主要经营以火力发电为主的发电业务。2006年公司及附属公司完成发电量934.59亿千瓦时，同比增长31.65%。在电量增加的同时，公司通过改善经营策略，努力增产增收，使公司整体效益同比有较大幅度提高。

## 中信银行（601998）

上市日期:07/04/27　　电话:(010)65541585　　传真:(010)65541230

| | | | | |
|---|---|---|---|---|
| 主营 | 商业银行业务 | | | |
| | 年　度 | 2006 | 2005 | 2004 |
| 主要指标 | 每股收益/扣除后(元) | 0.12/0.14 | | |
| | 每股经营现金流量(元) | －0.24 | | |
| | 每股净资产/调整后(元) | | | |
| | 未分利润(万元) | 72600 | －620400 | |
| | 资本公积(万元) | －1400 | 325600 | |
| 利润构成 | 主营收入(万元) | 1783000 | 1354000 | |
| | 主营利润(万元) | 678900 | 544200 | |
| | 投资收益(万元) | | | |
| | 利润总额(万元) | 683900 | 551800 | |
| | 净利润(万元) | 372600 | 314900 | |
| 近年分配: | | | | |

| 主要股东及持股比例%、持股性质 |
|---|
| 中信集团 63.714% (非流通股) |
| 宝钢集团有限公司 0.084% (流通A股) |
| 中国中化集团公司 0.08% (流通A股) |
| 国家开发投资公司 0.079% (流通A股) |
| 中国船舶工业集团公司 0.076% (流通A股) |
| 中国船舶重工集团公司 0.075% (流通A股) |
| 北京国际信托投资有限公司 0.07% (流通A股) |
| 中海信托投资有限责任公司 0.069% (流通A股) |
| 河北省建设投资公司 0.068% (流通A股) |
| 华能资本服务有限公司 0.068% (流通A股) |
| 实际控制人: |

二〇〇六年以来市场表现

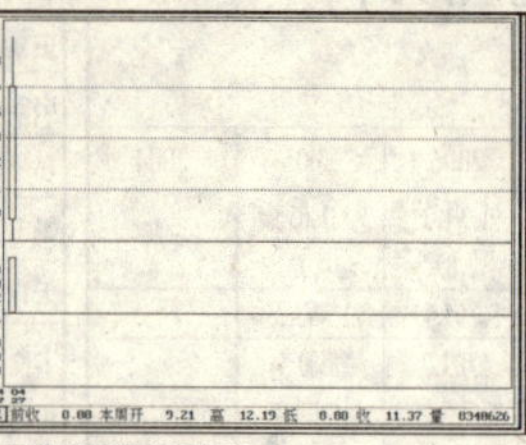

| | |
|---|---|
| 2006 年涨跌幅(%) | |
| 2006 年最高(元) | |
| 2007 年涨跌幅(%) | |
| 2007.4.27 收盘(元) | 11.37 |
| 2007 年最高(元) | 12.19 |
| 2007 年最低(元) | 8.88 |
| 2007 年换手率(%) | 72.42 |

未来一年限售流通股解禁情况:

| 最新股本 | 总股本 | 非(限售)流通 | 流通 A | 流通 B/H/S | 股东户数 | 06 年末 | 06 三季 |
|---|---|---|---|---|---|---|---|
| | 3830052.31 | 2555318.07 | 115164.3 | 1159569.94 | | | |

年报点评：截至2006底，该行总资产超过7000亿元，在全国各地设有446家分支机构，提供全方位综合性商业银行产品和服务。目前公司是中信集团最大的子公司。为了提升综合竞争力和股权价值，公司与国际金融机构BBVA订立战略投资安排。

## 锦旅B股（900929）

上市日期:94/09/28　　电话:021－63299090　　传真:021－63296636

| | | | | |
|---|---|---|---|---|
| 主营 | 组织海外游客入境旅游、中国公民国内旅游和出境旅游、交通票务代理以及物业出租等。 | | | |
| | 年　度 | 2006 | 2005 | 2004 |
| 主要指标 | 每股收益/扣除后(元) | 0.175/0.138 | 0.17 | 0.332/0.134 |
| | 每股经营现金流量(元) | 0.37 | 0.48 | 0.17 |
| | 每股净资产/调整后(元) | 3.7/3.69 | 3.59/3.57 | 3.45/3.44 |
| | 未分利润(万元) | 4928.64 | 4336.55 | 2812.14 |
| | 资本公积(万元) | 19994.9 | 19524.67 | 17791.06 |
| 利润构成 | 主营收入(万元) | 134458.51 | 120232.27 | 100768.73 |
| | 主营利润(万元) | 12056.38 | 12298.96 | 11157.27 |
| | 投资收益(万元) | 1119.26 | 723.74 | 1024.11 |
| | 利润总额(万元) | 2671.76 | 2581.98 | 5388.34 |
| | 净利润(万元) | 2324.1 | 2249.7 | 4398.21 |
| 近年分配: | 06 预案:10 派 1.2；05 年:10 派 0.12472；04 年:10 派 0.19332 | | | |

| 主要股东及持股比例%、持股性质 |
|---|
| 锦江国际(集团)有限公司 50.21% (国有股) |
| TOYO SECURITIES ASIA LTD. A/C CLIENT 1.23% (流通B股) |
| NAITO SECURITIES CO. LTD. 1.07% (流通B股) |
| 刘如霖 0.99% (流通B股) |
| 王春华 0.78% (流通B股) |
| 王雪玲 0.63% (流通B股) |
| AIZAWA SECURITIES CO. LTD. 0.56% (流通B股) |
| BHF－BANK AKTIENGESELLSCHAFT 0.35% (流通B股) |
| 周娥 0.34% (流通B股) |
| HSBC N/UBS AG 0.19% (流通B股) |
| 实际控制人: 上海市国有资产监督管理委员会 |

二〇〇六年以来市场表现

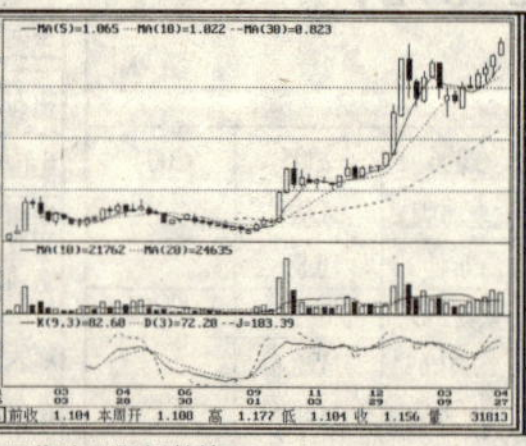

| | |
|---|---|
| 2006 年涨跌幅(%) | 78.51 |
| 2006 年最高(元) | 0.71 |
| 2007 年涨跌幅(%) | 71.77 |
| 2007.4.27 收盘(元) | 1.16 |
| 2007 年最高(元) | 1.18 |
| 2007 年最低(元) | 0.67 |
| 2007 年换手率(%) | 66.64 |

未来一年限售流通股解禁情况:

| 最新股本 | 总股本 | 非(限售)流通 | 流通 A | 流通 B/H/S | 股东户数 | 06 年末 | 06 三季 |
|---|---|---|---|---|---|---|---|
| | 13255.63 | 6655.63 | | 6600 | | 12698 | 13215 |

年报点评：公司主营旅游业务，报告期由于受日本等境外市场低迷而导致入境旅游增速减缓。出境旅游和国内旅游呈现良好增长势头。报告期由于受机票价格上涨、汇率变动等因素影响，导致毛利率同比有所下降。净利润的增长主要来自投资收益和补贴收入等的增加。

## 阳晨B股（900935）

上市日期:95/07/27　　电话:021－63901001　　传真:021－63901001

| | | | | |
|---|---|---|---|---|
| 主营 | 城市污水处理等环保项目和其他市政基础设施项目的投资、经营、管理及相关的咨询服务、财务顾问(涉及许可经营的凭许可证经营)。 | | | |
| | 年　度 | 2006 | 2005 | 2004 |
| 主要指标 | 每股收益/扣除后(元) | 0.15 | 0.15 | 0.13/0.13 |
| | 每股经营现金流量(元) | 0.2 | 0.17 | －0.15 |
| | 每股净资产/调整后(元) | 1.53/1.53 | 1.55/1.55 | 1.46/1.46 |
| | 未分利润(万元) | 4670.48 | 4601.99 | 3158.63 |
| | 资本公积(万元) | 6289.14 | 6289.14 | 6255.65 |
| 利润构成 | 主营收入(万元) | 10322.52 | 5075.65 | 4983.06 |
| | 主营利润(万元) | 3738.59 | 2860.33 | 2408.3 |
| | 投资收益(万元) | 2566.65 | 897.51 | 1804.9 |
| | 利润总额(万元) | 3833.96 | 3268.44 | 3107.39 |
| | 净利润(万元) | 3640.52 | 3273.39 | 2902.7 |
| 近年分配: | 05 年:10 派 0.04 送 1；04 年:10 派 0.1 | | | |

| 主要股东及持股比例%、持股性质 |
|---|
| 上海国有资产经营有限公司 56.83% (国有股) |
| CHIN Wai Chung 0.75% (流通B股) |
| WERRILL LYNCH INTERNATIONAL 0.69% (流通B股) |
| ORE BURNS (AUSTRALIA) PTY. LIMITED 0.38% (流通B股) |
| NAITO SECURITIES CO. LTD. 0.34% (流通B股) |
| 华夏证券有限公司上海业务部 0.3% (流通B股) |
| 邱敏 0.25% (流通B股) |
| 郁玉生 0.25% (流通B股) |
| CHEN XIAO YONG 0.24% (流通B股) |
| 张丽 0.23% (流通B股) |
| 实际控制人: 上海国有资产经营有限公司 |

二〇〇六年以来市场表现

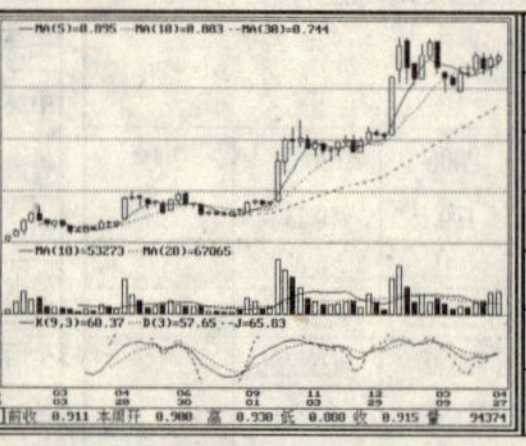

| | |
|---|---|
| 2006 年涨跌幅(%) | 176.58 |
| 2006 年最高(元) | 0.76 |
| 2007 年涨跌幅(%) | 44.09 |
| 2007.4.27 收盘(元) | 0.92 |
| 2007 年最高(元) | 0.99 |
| 2007 年最低(元) | 0.62 |
| 2007 年换手率(%) | 107.74 |

未来一年限售流通股解禁情况:

| 最新股本 | 总股本 | 非(限售)流通 | 流通 A | 流通 B/H/S | 股东户数 | 06 年末 | 06 三季 |
|---|---|---|---|---|---|---|---|
| | 24459.6 | 13899.6 | | 10560 | | 12425 | 12020 |

年报点评：公司主营城市污水处理和其他市政基础设施项目投资等。2006年公司主业规模比上年大幅增长，6月公司和控股子公司阳龙投资重组友联竹园，获得85%的股权。友联竹园是上海市合流污水治理一期工程的续建工程，重组后公司业绩有望进一步提升。

## *ST 汇丽 B (900939)

上市日期:96/06/28　电话:86-21　传真:86-21-68731596

| | | | | |
|---|---|---|---|---|
| 主营 | 新型化学建材、建筑涂料、装饰装潢、木业制品等生产开发、高科技产品销售及相关业务。 | | | |
| | 年　度 | 2006 | 2005 | 2004 |
| 主要指标 | 每股收益/扣除后(元) | -0.61/-0.49 | -0.64 | 0.01/-0.02 |
| | 每股经营现金流量(元) | 0.25 | 0.7 | 0.26 |
| | 每股净资产/调整后(元) | 0.38/0.38 | 1.2/1.19 | 1.84/1.83 |
| | 未分利润(万元) | -16092.28 | -4995.36 | 6665.35 |
| | 资本公积(万元) | 6692.08 | 6692.08 | 6691.78 |
| 利润构成 | 主营收入(万元) | 27321.83 | 26363.06 | 37687.45 |
| | 主营利润(万元) | 1004.29 | 2271.43 | 4980.13 |
| | 投资收益(万元) | -734.66 | -117.22 | -25.86 |
| | 利润总额(万元) | -16709.88 | -13307.49 | 172.12 |
| | 净利润(万元) | -11096.92 | -11660.72 | 95.91 |
| 近年分配: | | | | |

| 主要股东及持股比例%、持股性质 |
|---|
| 上海汇丽集团有限公司 32.64%(国有股) |
| 中信房地产公司 5.45%(国有股) |
| 中国通用技术(集团)控股有限责任公司 5.45%(国有股) |
| 上海市南汇区国有(集体)资产监督管理委员会 3.84%(国有股) |
| 中国建筑科学研究院 3.84%(国有股) |
| 庄名道 0.48%(流通 B 股) |
| 林育勇 0.38%(流通 B 股) |
| 珠江纺织贸易公司 0.3%(流通 B 股) |
| 上海市上投实业投资有限公司 0.29%(国有股) |
| 王强 0.28%(流通 B 股) |
| 实际控制人:上海南汇资产投资经营有限公司 |

二〇〇六年以来市场表现

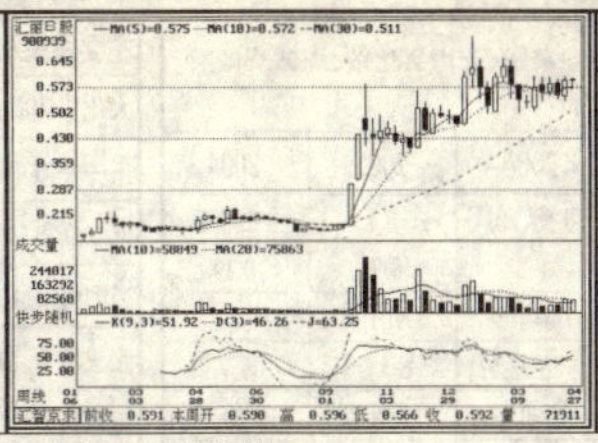

| | |
|---|---|
| 2006 年涨跌幅(%) | 223.03 |
| 2006 年最高(元) | 0.58 |
| 2007 年涨跌幅(%) | 20.57 |
| 2007.4.27 收盘(元) | 0.59 |
| 2007 年最高(元) | 0.72 |
| 2007 年最低(元) | 0.46 |
| 2007 年换手率(%) | 137.4 |

未来一年限售流通股解禁情况:

| 最新股本 | 总股本 | 非(限售)流通 | 流通 A | 流通 B/H/S | 股东户数 | 06 年末 | 06 三季 |
|---|---|---|---|---|---|---|---|
| | 18150 | 9350 | | 8800 | | 14704 | 14280 |

年报点评:公司主营生产和销售化学建筑材料、装饰材料及配套建筑五金,房地产开发及经营等业务。2006 年公司的生产经营仍受到原材料价格上涨以及产品售价降低等不利因素影响,业绩有一定程度下滑。未来公司仍然面临较大的原材料成本压力。

## 伊泰 B 股 (900948)

上市日期:97/08/08　电话:0477-8565758　传真:0477-8565415

| | | | | |
|---|---|---|---|---|
| 主营 | 原煤的生产、运输、洗选、焦化、销售。 | | | |
| | 年　度 | 2006 | 2005 | 2004 |
| 主要指标 | 每股收益/扣除后(元) | 1.93/1.98 | 1.93 | 0.95/1.12 |
| | 每股经营现金流量(元) | 3.04 | 2.84 | 1.78 |
| | 每股净资产/调整后(元) | 5.95/5.91 | 4.51/4.4 | 3.29/3.18 |
| | 未分利润(万元) | 113251.81 | 67968.8 | 33631.52 |
| | 资本公积(万元) | 41835.25 | 41246.87 | 41246.87 |
| 利润构成 | 主营收入(万元) | 363727.74 | 350791.64 | 256889.84 |
| | 主营利润(万元) | 240031.3 | 230406.08 | 179597.91 |
| | 投资收益(万元) | -1847.53 | -2282.36 | -179.37 |
| | 利润总额(万元) | 87269.17 | 85078.13 | 40925.3 |
| | 净利润(万元) | 70647.79 | 70537.98 | 34866.75 |
| 近年分配: | 06 预案:10 派 3;05 年:10 派 0.62469;04 年:10 派 0.84577 | | | |

| 主要股东及持股比例%、持股性质 |
|---|
| 内蒙古伊泰集团有限公司 54.64%(非流通股) |
| GUOTAI JUNAN SECURITIES(HONGKONG) LIMITED 5.22%(流通 B 股) |
| DBS VICKERS (HONG KONG) LTD A/C CLIENT 2.5%(流通 B 股) |
| Golden China Master Fund 1.98%(流通 B 股) |
| UBS Warburg Custody Pte Ltd. 1.37%(流通 B 股) |
| SCBHK A/C KG INVESTMENTS ASIA LIMITED 1.11%(流通 B 股) |
| HSBC BROKING SECURITIES (ASIA) LIMITED CLIENTS ACCOUNT 0.95%(流通 B 股) |
| BOCI SECURITIES LIMITED 0.9%(流通 B 股) |
| FIRST SHANGHAI SECURITIES LTD. 0.83%(流通 B 股) |
| SHENYIN WANGUO NOMINEES (H.K.) LTD. 0.6%(流通 B 股) |
| 实际控制人:内蒙古伊泰集团有限公司 |

二〇〇六年以来市场表现

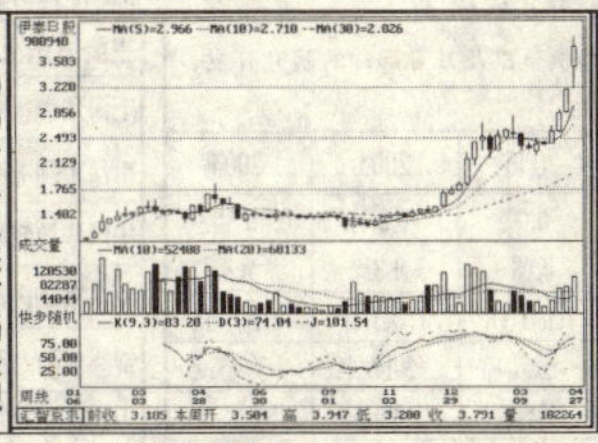

| | |
|---|---|
| 2006 年涨跌幅(%) | 74.49 |
| 2006 年最高(元) | 1.9 |
| 2007 年涨跌幅(%) | 117.87 |
| 2007.4.27 收盘(元) | 3.79 |
| 2007 年最高(元) | 3.95 |
| 2007 年最低(元) | 1.74 |
| 2007 年换手率(%) | 62.57 |

未来一年限售流通股解禁情况:

| 最新股本 | 总股本 | 非(限售)流通 | 流通 A | 流通 B/H/S | 股东户数 | 06 年末 | 06 三季 |
|---|---|---|---|---|---|---|---|
| | 36600 | 20000 | | 16600 | | 16852 | 19403 |

年报点评:2006 年公司各项业务平稳增长。在实际运行中公司克服困难,努力协调,使公司产量、销售量均较年初制定的计划有所增长,销量的增长保证了公司收入的平稳增长。在毛利率继续稳定的基础上,公司净利润也实现了小幅增长。

## 东电 B 股 (900949)

上市日期:97/09/23　电话:0571-85774566　传真:0571-85774321

| | | | | |
|---|---|---|---|---|
| 主营 | 主要从事电力的投资、开发及经营 | | | |
| | 年　度 | 2006 | 2005 | 2004 |
| 主要指标 | 每股收益/扣除后(元) | 0.37/0.38 | 0.3 | 0.34/0.34 |
| | 每股经营现金流量(元) | 0.63 | 0.77 | 0.57 |
| | 每股净资产/调整后(元) | 3.32/3.31 | 3.14/3.13 | 3.08/3.07 |
| | 未分利润(万元) | 152266.41 | 125642.05 | 128092.65 |
| | 资本公积(万元) | 192861.26 | 190757.26 | 188073.56 |
| 利润构成 | 主营收入(万元) | 643591.71 | 555761.36 | 525488.47 |
| | 主营利润(万元) | 144713.01 | 123608.62 | 141761.08 |
| | 投资收益(万元) | 20160.39 | 8312.88 | 3113.81 |
| | 利润总额(万元) | 113209.03 | 91158.65 | 108017.17 |
| | 净利润(万元) | 74249.29 | 59749.25 | 68205.31 |
| 近年分配: | 06 预案:10 派 2.3;05 年:10 派 0.24936;04 年:10 派 0.30206 | | | |

| 主要股东及持股比例%、持股性质 |
|---|
| 浙江省电力开发公司 39.8%(国有股) |
| 中国华能集团公司 25.57%(国有股) |
| NAITO SECURITIES CO. LTD. 1.05%(流通 B 股) |
| TOYO SECURITIES ASIA LTD. A/C CLIENT 0.62%(流通 B 股) |
| GUOTAI JUNAN SECURITIES(HONGKONG) LIMITED 0.23%(流通 B 股) |
| AIZAWA SECURITIES CO. LTD. 0.21%(流通 B 股) |
| LSV EMERGING MARKETS EQUITY FUND L. P. 0.21%(流通 B 股) |
| SCBHK A/C BBH S/A VANGUARD EMERGING MARKETS STOCK INDEX FUND 0.2%(流通 B 股) |
| 浙江八达股份有限公司 0.2%(非流通股) |
| HKSBCSB A/C SSBT S/A FIRST UNION EMERGING MARKETS GROWTH POR 0.19%(流通 B 股) |
| 实际控制人:浙江省能源集团有限公司 |

二〇〇六年以来市场表现

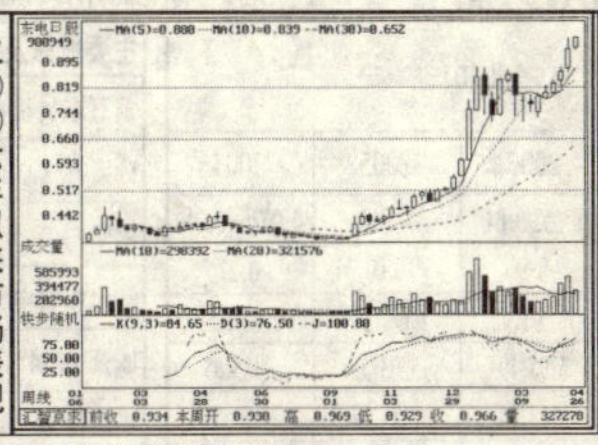

| | |
|---|---|
| 2006 年涨跌幅(%) | 57.05 |
| 2006 年最高(元) | 0.59 |
| 2007 年涨跌幅(%) | 74.68 |
| 2007.4.27 收盘(元) | 0.97 |
| 2007 年最高(元) | 0.97 |
| 2007 年最低(元) | 0.56 |
| 2007 年换手率(%) | 82.9 |

未来一年限售流通股解禁情况:

| 最新股本 | 总股本 | 非(限售)流通 | 流通 A | 流通 B/H/S | 股东户数 | 06 年末 | 06 三季 |
|---|---|---|---|---|---|---|---|
| | 201000 | 132000 | | 69000 | | 70604 | 73212 |

年报点评:2006 年针对发电利用小时回落和煤炭价格继续上涨的双重压力,公司通过采取挖潜增效等措施,以及控股及参股发电企业投产机组新增效益逐步显现,有效缓解了经营压力,实现了收入和利润的稳步增长。

## 新城 B 股 (900950)

上市日期:97/10/16　电话:0519-8127288　传真:0519-8156698

| | | | | |
|---|---|---|---|---|
| 主营 | 房地产开发与经营,物业管理等。 | | | |
| | 年　度 | 2006 | 2005 | 2004 |
| 主要指标 | 每股收益/扣除后(元) | 1.01/0.931 | 0.843 | 0.346/0.328 |
| | 每股经营现金流量(元) | 0.12 | -0.5046 | 0.14 |
| | 每股净资产/调整后(元) | 3.12/3.1 | 2.31/2.3 | 1.57/1.57 |
| | 未分利润(万元) | 46766.96 | 26122.61 | 10035.83 |
| | 资本公积(万元) | 2025.15 | 2025.15 | 2025.15 |
| 利润构成 | 主营收入(万元) | 257186.72 | 200522.7 | 101945.95 |
| | 主营利润(万元) | 58012.19 | 50887.33 | 25896.53 |
| | 投资收益(万元) | | -5 | |
| | 利润总额(万元) | 45199.16 | 43062.9 | 19239.62 |
| | 净利润(万元) | 33539.02 | 27987.56 | 11498.34 |
| 近年分配: | 06 预案:10 送 6;05 年:10 派 0.22447;04 年:10 派 0.121 | | | |

| 主要股东及持股比例%、持股性质 |
|---|
| 江苏新城实业集团有限公司 58.86%(国有股) |
| Golden China Master Fund 3%(流通 B 股) |
| FORTIS BANQUE LUXEMBOURG S. A. 2.19%(流通 B 股) |
| SCBHK A/C KG INVESTMENTS ASIA LIMITED 1.66%(流通 B 股) |
| FIRST PRIORITY GROUP LIMITED 1.33%(流通 B 股) |
| PINPOINT CHINA FUND 1.27%(流通 B 股) |
| GUOTAI JUNAN SECURITIES(HONGKONG) LIMITED 0.77%(流通 B 股) |
| HSBC BROKING SECURITIES (ASIA) LIMITED CLIENTS ACCOUNT 0.76%(流通 B 股) |
| GUOTAI JUNAN FUNDS SPC - GUOTAI JUNAN HARVEST CHINA FUND SEGRE 0.73%(流通 B 股) |
| 顾虹 0.62%(流通 B 股) |
| 实际控制人:王振华、王杏娣 |

二〇〇六年以来市场表现

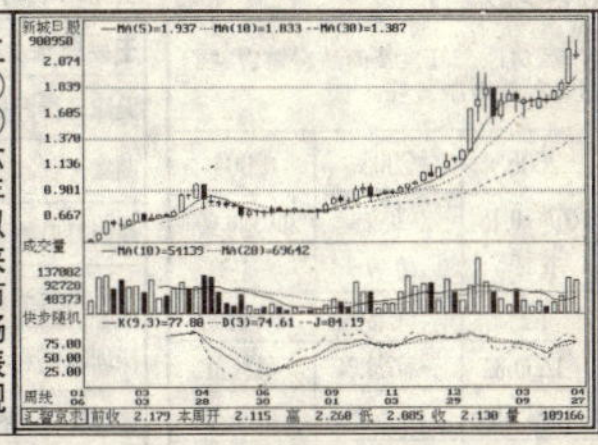

| | |
|---|---|
| 2006 年涨跌幅(%) | 174.76 |
| 2006 年最高(元) | 1.25 |
| 2007 年涨跌幅(%) | 82.05 |
| 2007.4.27 收盘(元) | 2.13 |
| 2007 年最高(元) | 2.31 |
| 2007 年最低(元) | 1.17 |
| 2007 年换手率(%) | 80.58 |

未来一年限售流通股解禁情况:

| 最新股本 | 总股本 | 非(限售)流通 | 流通 A | 流通 B/H/S | 股东户数 | 06 年末 | 06 三季 |
|---|---|---|---|---|---|---|---|
| | 33191.4 | 19800 | | 13391.4 | | 13567 | 14431 |

年报点评:主营房地产投资、开发、销售及物业管理,目前共 16 个在建新建项目,各项目的开发进展顺利,2006 年竣工面积 53.25 万平方米。新增土地储备约 1929.38 亩,主要通过产权并购常州文化宫地块,竞标了常州 6 地块和上海青浦和浦东各一地块。

## 大化 B 股（900951）

上市日期:97/10/21　　电话:0411—6893436　　传真:0411—6671948

**主营：** 生产无机化工产品，包括纯碱、农业用氯化铵、烧碱及碳酸氢氨等。

| | 年　度 | 2006 | 2005 | 2004 |
|---|---|---|---|---|
| 主要指标 | 每股收益/扣除后(元) | -0.58/-0.45 | 0.1 | 0.05/0.03 |
| | 每股经营现金流量(元) | 0.5 | 0.94 | 0.19 |
| | 每股净资产/调整后(元) | 1.34/1.33 | 1.91/1.91 | 1.81/1.8 |
| | 未分利润(万元) | -15232.67 | 683.86 | -1977.21 |
| | 资本公积(万元) | 22940.53 | 22868.72 | 22868.72 |
| 利润构成 | 主营收入(万元) | 64920.57 | 125574.09 | 114628.96 |
| | 主营利润(万元) | -4291.76 | 11106.41 | 8971.67 |
| | 投资收益(万元) | | | |
| | 利润总额(万元) | -15916.53 | 2781.75 | 1461.19 |
| | 净利润(万元) | -15916.53 | 2781.75 | 1461.19 |
| 近年分配: | | | | |

| 主要股东及持股比例%、持股性质 |
|---|
| 大化集团有限责任公司 63.64%（国有股） |
| 王一平 0.28%（流通 B股） |
| 何立新 0.14%（流通 B股） |
| 裘阿海 0.12%（流通 B股） |
| 张玉清 0.12%（流通 B股） |
| 施永雷 0.11%（流通 B股） |
| 田耕 0.11%（流通 B股） |
| 吴滨 0.1%（流通 B股） |
| 宋兆美 0.09%（流通 B股） |
| 梁玲 0.09%（流通 B股） |
| 实际控制人：大化集团有限责任公司 |

**二〇〇六年以来市场表现**

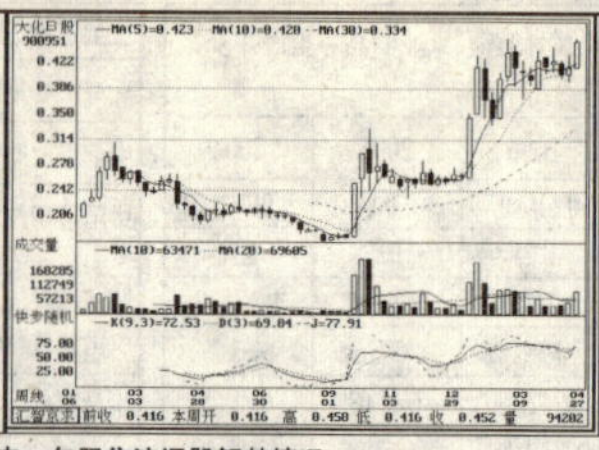

| | |
|---|---|
| 2006 年涨跌幅(%) | 26.79 |
| 2006 年最高(元) | 0.33 |
| 2007 年涨跌幅(%) | 70.57 |
| 2007.4.27 收盘(元) | 0.45 |
| 2007 年最高(元) | 0.46 |
| 2007 年最低(元) | 0.26 |
| 2007 年换手率(%) | 125.32 |

未来一年限售流通股解禁情况:

| 最新股本 | 总股本 | 非(限售)流通 | 流通 A | 流通 B/H/S | 股东户数 | 06 年末 | 06 三季 |
|---|---|---|---|---|---|---|---|
| | 27500 | 17500 | | 10000 | | 16384 | 17122 |

**年报点评：** 公司主要从事碱产品的生产。去年主要原料价格升高，且主导产品纯碱市场价格又有较大程度的下滑；同时，由于实施搬迁改造，联碱生产装置停产，因此，公司去年亏损严重。今年公司的任务是搬迁和恢复生产，业绩的改善还要等到明年。

## 凯马 B 股（900953）

上市日期:98/06/24　　电话:021-626034925　　传真:021-62030851

**主营：** 内燃机、农用运输车、拖拉机整机及其零部件的研究开发、生产、技术咨询、销售并提供售后服务

| | 年　度 | 2006 | 2005 | 2004 |
|---|---|---|---|---|
| 主要指标 | 每股收益/扣除后(元) | -0.095 | 0.014 | 0.01/-0.06 |
| | 每股经营现金流量(元) | 0.08 | 0.32 | 0.4 |
| | 每股净资产/调整后(元) | 1.18/1.11 | 1.28/1.21 | 1.26/1.18 |
| | 未分利润(万元) | -45257.92 | -39149.16 | -38765.95 |
| | 资本公积(万元) | 51849.8 | 51850.04 | 50328.71 |
| 利润构成 | 主营收入(万元) | 296804.3 | 266197.76 | 223075.06 |
| | 主营利润(万元) | 25954.86 | 25715.35 | 19783.38 |
| | 投资收益(万元) | -2727.57 | 150.7 | 991.48 |
| | 利润总额(万元) | -5946.83 | 2077.43 | 986.89 |
| | 净利润(万元) | -6108.75 | 871.64 | 640.7 |
| 近年分配: | | | | |

| 主要股东及持股比例%、持股性质 |
|---|
| 上海华源投资发展(集团)有限公司 19.5%（非流通股） |
| 南昌市国有工业资产经营管理有限公司 10%（非流通股） |
| 中国华源集团有限公司 7.24%（非流通股） |
| 山东莱动内燃机有限公司 5.76%（非流通股） |
| 常柴股份有限公司 5.49%（非流通股） |
| 山东拖拉机厂 4.97%（非流通股） |
| 山东潍坊拖拉机厂集团有限公司 3.41%（非流通股） |
| 寿光市资产经营公司 3.39%（非流通股） |
| 湖州金牛纺织印染实业有限公司 0.56%（非流通股） |
| 中国农业机械总公司(挂帐帐户) 0.55%（非流通股） |
| 实际控制人：中国华源集团有限公司 |

**二〇〇六年以来市场表现**

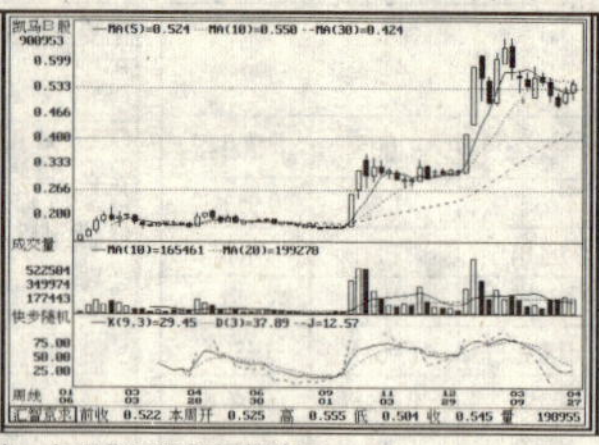

| | |
|---|---|
| 2006 年涨跌幅(%) | 134.82 |
| 2006 年最高(元) | 0.36 |
| 2007 年涨跌幅(%) | 71.92 |
| 2007.4.27 收盘(元) | 0.55 |
| 2007 年最高(元) | 0.67 |
| 2007 年最低(元) | 0.31 |
| 2007 年换手率(%) | 149.79 |

未来一年限售流通股解禁情况:

| 最新股本 | 总股本 | 非(限售)流通 | 流通 A | 流通 B/H/S | 股东户数 | 06 年末 | 06 三季 |
|---|---|---|---|---|---|---|---|
| | 64000 | 40000 | | 24000 | | 37772 | 37566 |

**年报点评：** 公司主营载货汽车及内燃机、机床及矿山机械。2006 年华润集团对华源集团的重组正在推进之中，但公司面临较多困难，虽然主营业务收入有所增长，但净利润大幅亏损。目前公司急需解决核心主业不突出、企业盈利能力弱的问题。

## 东贝 B 股（900956）

上市日期:99/07/15　　电话:0714-5415858　　传真:0714-5415858

**主营：** 研究、开发、制造和销售冰箱、冷柜用压缩机

| | 年　度 | 2006 | 2005 | 2004 |
|---|---|---|---|---|
| 主要指标 | 每股收益/扣除后(元) | 0.052/0.04 | 0.014 | 0.007/-0.016 |
| | 每股经营现金流量(元) | 0.8 | 0.09 | 0.27 |
| | 每股净资产/调整后(元) | 1.73/1.72 | 1.68/1.63 | 1.66/1.65 |
| | 未分利润(万元) | 6295.19 | 5203.33 | 4935.85 |
| | 资本公积(万元) | 9113.06 | 9111.62 | 9080.53 |
| 利润构成 | 主营收入(万元) | 114245.5 | 77812.28 | 60002.82 |
| | 主营利润(万元) | 12662.61 | 9732.16 | 6468.98 |
| | 投资收益(万元) | -33.94 | -23.75 | 258.44 |
| | 利润总额(万元) | 1636.44 | 614.07 | 332.01 |
| | 净利润(万元) | 1213.18 | 334.35 | 171.69 |
| 近年分配: | | | | |

| 主要股东及持股比例%、持股性质 |
|---|
| 黄石东贝机电集团有限责任公司 50.04%（国有股） |
| 孙孟林 1.38%（流通 B股） |
| 周坚白 0.37%（流通 B股） |
| 常州中科电气制造有限公司 0.34%（非流通股） |
| 戚云 0.24%（流通 B股） |
| 周厚祥 0.2%（流通 B股） |
| 郭青 0.19%（流通 B股） |
| 武汉市新华冲压有限责任公司 0.17%（非流通股） |
| 绍兴县兴贝冲压件有限公司 0.17%（非流通股） |
| 常熟天银机电有限公司 0.17%（非流通股） |
| 实际控制人：黄石东贝机电集团有限责任公司 |

**二〇〇六年以来市场表现**

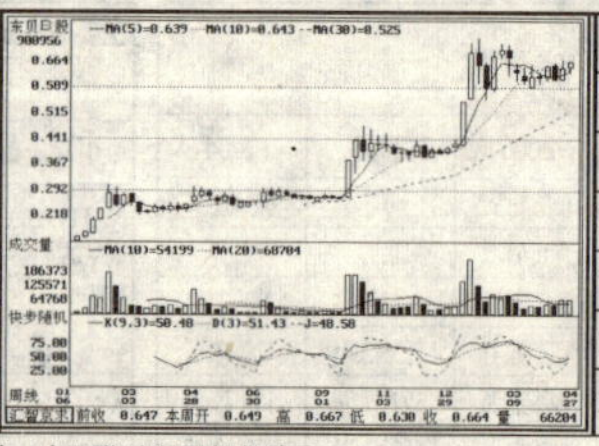

| | |
|---|---|
| 2006 年涨跌幅(%) | 187.5 |
| 2006 年最高(元) | 0.48 |
| 2007 年涨跌幅(%) | 60.39 |
| 2007.4.27 收盘(元) | 0.66 |
| 2007 年最高(元) | 0.74 |
| 2007 年最低(元) | 0.42 |
| 2007 年换手率(%) | 108.43 |

未来一年限售流通股解禁情况:

| 最新股本 | 总股本 | 非(限售)流通 | 流通 A | 流通 B/H/S | 股东户数 | 06 年末 | 06 三季 |
|---|---|---|---|---|---|---|---|
| | 23500 | 12000 | | 11500 | | 20732 | 20781 |

**年报点评：** 公司主营压缩机业务。2006 年，公司压缩机的市场占有率继续稳居国内同行业前列。由于铜、铝等原材料价格持续维持高位，使得压缩机产品利润率较低。公司通过扩大产能，利用规模效应提升了公司效益。公司收购的太阳能子公司市场前景看好。

## 凌云 B 股（900957）

上市日期:00/07/28　　电话:021—68402166　　传真:021—68400880

**主营：** 旅游景点设施的开发与经营，房地产开发及商品房销售、物业管理，办学及教育产业投资、教育服务等。

| | 年　度 | 2006 | 2005 | 2004 |
|---|---|---|---|---|
| 主要指标 | 每股收益/扣除后(元) | 0.007/-0.164 | -0.769 | 0.036/0.006 |
| | 每股经营现金流量(元) | 0.14 | 0.99 | -1.33 |
| | 每股净资产/调整后(元) | 1.2 | 1.18 | 1.95/1.95 |
| | 未分利润(万元) | -12270.82 | -17724.24 | 9128.31 |
| | 资本公积(万元) | 19084.51 | 18636.36 | 18636.36 |
| 利润构成 | 主营收入(万元) | 6264.74 | 100576.88 | 31403.38 |
| | 主营利润(万元) | 789.45 | -22616.81 | 8334.73 |
| | 投资收益(万元) | 5498.74 | 1127.66 | 1616.15 |
| | 利润总额(万元) | -113.13 | -35244.46 | 4802.25 |
| | 净利润(万元) | 236.04 | -26852.55 | 1257.59 |
| 近年分配: | | | | |

| 主要股东及持股比例%、持股性质 |
|---|
| 天津环渤海控股集团有限公司 24.26%（非流通股） |
| 国基环保高科技有限公司 19.53%（非流通股） |
| 湖南日升物资贸易有限公司 1.62%（非流通股） |
| 上海物流产业投资公司 1.16%（非流通股） |
| 深圳新恒利实业发展有限公司 0.7%（非流通股） |
| 潘福妹 0.46%（流通 B股） |
| 费建民 0.34%（流通 B股） |
| WANXIANG INTERNATIONAL INVESTMENT CORPORATION 0.24%（流通 B股） |
| HSBC FUND SERVICES A/C 006 - 113039 - 431 0.24%（流通 B股） |
| 林琴 0.23%（流通 B股） |
| 实际控制人：韩维 |

**二〇〇六年以来市场表现**

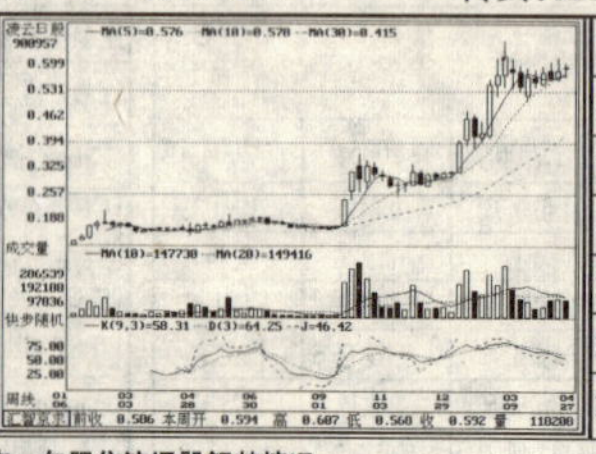

| | |
|---|---|
| 2006 年涨跌幅(%) | 155.74 |
| 2006 年最高(元) | 0.36 |
| 2007 年涨跌幅(%) | 89.74 |
| 2007.4.27 收盘(元) | 0.59 |
| 2007 年最高(元) | 0.67 |
| 2007 年最低(元) | 0.3 |
| 2007 年换手率(%) | 146.24 |

未来一年限售流通股解禁情况:

| 最新股本 | 总股本 | 非(限售)流通 | 流通 A | 流通 B/H/S | 股东户数 | 06 年末 | 06 三季 |
|---|---|---|---|---|---|---|---|
| | 34900 | 16500 | | 18400 | | 32096 | 32091 |

**年报点评：** 公司主营旅游基础设施的建设、酒店经营管理等业务。公司 2005 年亏损，2006 年处于恢复生产期，基本实现扭亏为盈的目标。2007 年公司以同江林雪公司 90% 的股权与广州伟城房地产开发有限公司 12% 的股权进行等值置换，加大房地产领域投入。

# 华夏债券基金（001001）

| 名称 | 华夏债券投资基金 | 成立日期 | 2002/10/23 | 存续期 | 不定期 |
| --- | --- | --- | --- | --- | --- |
| 类型 | 契约型 | 上市日期 | | 托管人 | 交通银行 |
| 规模 | 51亿 | 投资风格 | 债券型 | | |
| 管理人 名称 | 华夏基金管理有限公司 | | 电话 | 010-88066688 | |
| 管理人 地址 | 北京市西城区金融大街33号通泰大厦B座8层 | | 邮编 | 100032 | |

| 主要财务指标 年度 | 2006 | 2005 | 基金重仓股(2007年一季度) 证券名称 | 占净值比例 |
| --- | --- | --- | --- | --- |
| 单位基金收益(元) | 0.0908 | 0.0468 | | |
| 单位基金可分配收益(元) | 0.0107 | 0.0049 | | |
| 单位基金净值(元) | 1.039 | 1.016 | | |
| 基金资产净值收益率(%) | 8.74 | 4.62 | | |
| 净收益(万元) | 12502.82 | 4833.88 | | |
| 基金资产总值(万元) | 162293.58 | 160477.99 | | |
| 基金资产净值(万元) | 126426.54 | 145218.39 | | |
| 单位基金累计净值(元) | 1.278(截止4.22) | | | |
| 单位基金累计分红(元) | 0.25 | | | |
| 历年分红 | 06年:10派0.2,10派0.2,10派0.2;05年:10派0.2,10派0.2,10派0.2 | | | |

# 国泰金龙债券（020002）

| 名称 | 国泰金龙债券证券投资基金 | 成立日期 | 2003/12/05 | 存续期 | 不定期 |
| --- | --- | --- | --- | --- | --- |
| 类型 | 契约型 | 上市日期 | | 托管人 | 上海浦东发展银行 |
| 规模 | 19亿 | 投资风格 | 债券型 | | |
| 管理人 名称 | 国泰基金管理有限公司 | | 电话 | 021-23060288 | |
| 管理人 地址 | 上海市黄浦区延安东路700号港泰广场23楼 | | 邮编 | 200001 | |

| 主要财务指标 年度 | 2006 | 2005 | 基金重仓股(2007年一季度) 证券名称 | 占净值比例 |
| --- | --- | --- | --- | --- |
| 单位基金收益(元) | 0.1293 | 0.0393 | 湘潭电化 | 0.01% |
| 单位基金可分配收益(元) | 0.1339 | 0.0094 | | |
| 单位基金净值(元) | 1.124 | 1.009 | | |
| 基金资产净值收益率(%) | 12 | 3.96 | | |
| 净收益(万元) | 600.71 | 255.22 | | |
| 基金资产总值(万元) | 5418.11 | 6891.66 | | |
| 基金资产净值(万元) | 5174.12 | 6765.97 | | |
| 单位基金累计净值(元) | 1.195(截止4.22) | | | |
| 单位基金累计分红(元) | 0.163 | | | |
| 历年分红 | 05年:10派0.12;04年:10派0.2,10派0.1 | | | |

# 华夏现金增利（003003）

| 名称 | 华夏现金增利证券投资基金 | 成立日期 | 2004/04/07 | 存续期 | 不定期 |
| --- | --- | --- | --- | --- | --- |
| 类型 | 契约型 | 上市日期 | | 托管人 | 中国建设银行 |
| 规模 | 64亿 | 投资风格 | 货币市场型 | | |
| 管理人 名称 | 华夏基金管理有限公司 | | 电话 | 010-88066688 | |
| 管理人 地址 | 北京市西城区金融大街33号通泰大厦B座8层 | | 邮编 | 100032 | |

| 主要财务指标 年度 | 2006 | 2005 | 基金重仓股(2007年一季度) 证券名称 | 占净值比例 |
| --- | --- | --- | --- | --- |
| 单位基金收益(元) | | | | |
| 单位基金可分配收益(元) | | | | |
| 单位基金净值(元) | 1 | 1 | | |
| 基金资产净值收益率(%) | | | | |
| 净收益(万元) | 30456.99 | 30241.47 | | |
| 基金资产总值(万元) | 1346617.72 | 2031417.39 | | |
| 基金资产净值(万元) | 1233362.41 | 2029968.66 | | |
| 单位基金累计净值(元) | | | | |
| 单位基金累计分红(元) | | | | |
| 历年分红 | | | | |

# 国泰金龙行业（020003）

| 名称 | 国泰金龙行业精选证券投资基金 | 成立日期 | 2003/12/05 | 存续期 | 不定期 |
| --- | --- | --- | --- | --- | --- |
| 类型 | 契约型 | 上市日期 | | 托管人 | 上海浦东发展银行 |
| 规模 | 7亿 | 投资风格 | | | |
| 管理人 名称 | 国泰基金管理有限公司 | | 电话 | 021-23060288 | |
| 管理人 地址 | 上海市黄浦区延安东路700号港泰广场23楼 | | 邮编 | 200001 | |

| 主要财务指标 年度 | 2006 | 2005 | 基金重仓股(2007年一季度) 证券名称 | 占净值比例 |
| --- | --- | --- | --- | --- |
| 单位基金收益(元) | 0.8549 | 0.0565 | S双汇 | 6.72% |
| 单位基金可分配收益(元) | 0.7353 | 0.0295 | 吉林敖东 | 4.33% |
| 单位基金净值(元) | 1.975 | 1.03 | 中兴通讯 | 3.74% |
| 基金资产净值收益率(%) | 63.4 | 5.66 | 同方股份 | 3.66% |
| 净收益(万元) | 7953.06 | 1897.75 | 招商地产 | 3.38% |
| 基金资产总值(万元) | 22707.16 | 23660.44 | 中材国际 | 3.04% |
| 基金资产净值(万元) | 18453.53 | 22394.94 | 万科A | 2.95% |
| 单位基金累计净值(元) | 2.901(截止4.22) | | 招商银行 | 2.72% |
| 单位基金累计分红(元) | 0.832 | | 贵州茅台 | 2.69% |
| 历年分红 | 06年:10派0.4,10派1,10派6.6;04年:10派0.12,10派0.2 | | 云天化 | 2.64% |

# 国泰金鹰增长（020001）

| 名称 | 国泰金鹰增长证券投资基金 | 成立日期 | 2002/05/08 | 存续期 | 不定期 |
| --- | --- | --- | --- | --- | --- |
| 类型 | 契约型 | 上市日期 | | 托管人 | 交通银行 |
| 规模 | 22亿 | 投资风格 | 成长型 | | |
| 管理人 名称 | 国泰基金管理有限公司 | | 电话 | 021-23060288 | |
| 管理人 地址 | 上海市黄浦区延安东路700号港泰广场23楼 | | 邮编 | 200001 | |

| 主要财务指标 年度 | 2006 | 2005 | 基金重仓股(2007年一季度) 证券名称 | 占净值比例 |
| --- | --- | --- | --- | --- |
| 单位基金收益(元) | 0.7238 | -0.0093 | 中信证券 | 8.37% |
| 单位基金可分配收益(元) | 0.6257 | 0.0365 | S双汇 | 5.05% |
| 单位基金净值(元) | 2.184 | 1.037 | 招商银行 | 4.4% |
| 基金资产净值收益率(%) | 49.5 | -0.92 | 贵州茅台 | 4.19% |
| 净收益(万元) | 36642.76 | -802.49 | 中国石化 | 3.46% |
| 基金资产总值(万元) | 85360.06 | 80225.76 | 万科A | 3.15% |
| 基金资产净值(万元) | 84538.17 | 72636.15 | 民生银行 | 2.84% |
| 单位基金累计净值(元) | 2.96(截止4.22) | | 大秦铁路 | 2.73% |
| 单位基金累计分红(元) | 0.763 | | 长江电力 | 2.64% |
| 历年分红 | 06年:10派1;05年:10派0.33;04年:10派0.3,10派0.4 | | 宝钢股份 | 2.51% |

# 国泰金马稳健（020005）

| 名称 | 国泰金马稳健回报证券投资基金 | 成立日期 | 2004/06/18 | 存续期 | 不定期 |
| --- | --- | --- | --- | --- | --- |
| 类型 | 契约型 | 上市日期 | | 托管人 | 中国建设银行 |
| 规模 | 12亿 | 投资风格 | | | |
| 管理人 名称 | 国泰基金管理有限公司 | | 电话 | 021-23060288 | |
| 管理人 地址 | 上海市黄浦区延安东路700号港泰广场23楼 | | 邮编 | 200001 | |

| 主要财务指标 年度 | 2006 | 2005 | 基金重仓股(2007年一季度) 证券名称 | 占净值比例 |
| --- | --- | --- | --- | --- |
| 单位基金收益(元) | 0.8072 | -0.0748 | S双汇 | 6.02% |
| 单位基金可分配收益(元) | 0.6131 | -0.0764 | 同方股份 | 5.49% |
| 单位基金净值(元) | 2 | 0.962 | 中信证券 | 5.03% |
| 基金资产净值收益率(%) | 59.01 | -7.87 | 新世界 | 4.49% |
| 净收益(万元) | 22169.47 | -6220.25 | 神火股份 | 4.31% |
| 基金资产总值(万元) | 57024.83 | 66801.98 | 中国石化 | 3.96% |
| 基金资产净值(万元) | 54238.23 | 62387.57 | 科达机电 | 3.59% |
| 单位基金累计净值(元) | 3.238(截止4.22) | | 重庆港九 | 3.25% |
| 单位基金累计分红(元) | 0.13 | | 恒生电子 | 2.82% |
| 历年分红 | 06年:10派1;05年:10派0.3 | | 上海机场 | 2.59% |

## 国泰金象保本（020006）

| | | | | | |
|---|---|---|---|---|---|
| 名称 | 国泰金象保本增值混合证券投资基金 | 成立日期 | 2004/11/10 | 存续期 | 不定期 |
| 类型 | 契约型 | 上市日期 | | 托管人 | 中国银行 |
| 规模 | 8亿 | 投资风格 | 偏债型 | | |
| 管理人 名称 | 国泰基金管理有限公司 | | | 电话 | 021-23060288 |
| 管理人 地址 | 上海市黄浦区延安东路700号港泰广场23楼 | | | 邮编 | 200001 |

| 年度 | 2006 | 2005 | 基金重仓股(2007年一季度) | |
|---|---|---|---|---|
| 主要财务指标 | | | 证券名称 | 占净值比例 |
| 单位基金收益(元) | 0.1749 | 0.0268 | S双汇 | 2.63% |
| 单位基金可分配收益(元) | 0.0881 | 0.0037 | S飞亚达A | 2.49% |
| 单位基金净值(元) | 1.218 | 1.01 | 南京水运 | 1.95% |
| 基金资产净值收益率(%) | 16.18 | 2.63 | 长江电力 | 1.63% |
| 净收益(万元) | 6252.93 | 1438.8 | 招商银行 | 1.63% |
| 基金资产总值(万元) | 44655.09 | 46214.12 | 中国平安 | 1.6% |
| 基金资产净值(万元) | 34237.46 | 45218.97 | 吉林敖东 | 1.53% |
| 单位基金累计净值(元) | 1.556(截止4.22) | | 东方明珠 | 1.39% |
| 单位基金累计分红(元) | 0.12 | | 中国人寿 | 1.34% |
| 历年分红 | 06年:10派0.2，10派0.2，10派0.55；05年:10派0.25 | | 中兴通讯 | 1.24% |

## 国泰金鹏蓝筹（020009）

| | | | | | |
|---|---|---|---|---|---|
| 名称 | 国泰金鹏蓝筹价值混合型证券投资基金 | 成立日期 | 2006/09/29 | 存续期 | 不定期 |
| 类型 | 契约型 | 上市日期 | | 托管人 | 中国银行 |
| 规模 | 12亿 | 投资风格 | 混合型 | | |
| 管理人 名称 | 国泰基金管理有限公司 | | | 电话 | 021-23060288 |
| 管理人 地址 | 上海市黄浦区延安东路700号港泰广场23楼 | | | 邮编 | 200001 |

| 年度 | 2006 | 2005 | 基金重仓股(2007年一季度) | |
|---|---|---|---|---|
| 主要财务指标 | | | 证券名称 | 占净值比例 |
| 单位基金收益(元) | 0.0775 | | 中信证券 | 6.33% |
| 单位基金可分配收益(元) | 0.0027 | | 招商银行 | 4.69% |
| 单位基金净值(元) | 1.26 | | 浦发银行 | 4.11% |
| 基金资产净值收益率(%) | 7.2 | | 中兴通讯 | 4.02% |
| 净收益(万元) | 9795.16 | | 一汽轿车 | 3.8% |
| 基金资产总值(万元) | 162648.34 | | 中国石化 | 3.09% |
| 基金资产净值(万元) | 155486.55 | | 万科A | 3.05% |
| 单位基金累计净值(元) | 1.701(截止4.22) | | 大秦铁路 | 2.96% |
| 单位基金累计分红(元) | 0.475 | | 宝钢股份 | 2.82% |
| 历年分红 | 06年:10派0.25，10派0.5 | | 云天化 | 2.59% |

## 国泰货币（020007）

| | | | | | |
|---|---|---|---|---|---|
| 名称 | 国泰货币市场证券投资基金 | 成立日期 | 2005/06/21 | 存续期 | 不定期 |
| 类型 | 契约型 | 上市日期 | | 托管人 | 中国农业银行 |
| 规模 | 44亿 | 投资风格 | 货币市场型 | | |
| 管理人 名称 | 国泰基金管理有限公司 | | | 电话 | 021-23060288 |
| 管理人 地址 | 上海市黄浦区延安东路700号港泰广场23楼 | | | 邮编 | 200001 |

| 年度 | 2006 | 2005 | 基金重仓股(2007年一季度) | |
|---|---|---|---|---|
| 主要财务指标 | | | 证券名称 | 占净值比例 |
| 单位基金收益(元) | | | | |
| 单位基金可分配收益(元) | | | | |
| 单位基金净值(元) | 1 | 1 | | |
| 基金资产净值收益率(%) | | | | |
| 净收益(万元) | 1721.6 | 1094.49 | | |
| 基金资产总值(万元) | 15689.39 | 79177.24 | | |
| 基金资产净值(万元) | 15582 | 78912.41 | | |
| 单位基金累计净值(元) | | | | |
| 单位基金累计分红(元) | | | | |
| 历年分红 | | | | |

## 华安创新（040001）

| | | | | | |
|---|---|---|---|---|---|
| 名称 | 华安创新证券投资基金 | 成立日期 | 2001/09/21 | 存续期 | 不定期 |
| 类型 | 契约型 | 上市日期 | | 托管人 | 交通银行 |
| 规模 | 50亿 | 投资风格 | | | |
| 管理人 名称 | 华安基金管理有限公司 | | | 电话 | 021—58881111 |
| 管理人 地址 | 上海浦东新区浦东南路360号新上海国际大厦38楼 | | | 邮编 | 200120 |

| 年度 | 2006 | 2005 | 基金重仓股(2007年一季度) | |
|---|---|---|---|---|
| 主要财务指标 | | | 证券名称 | 占净值比例 |
| 单位基金收益(元) | 0.8221 | -0.0362 | 银座股份 | 4.93% |
| 单位基金可分配收益(元) | 0.7244 | -0.072 | 华仪电气 | 4.76% |
| 单位基金净值(元) | 2.011 | 1.013 | 农产品 | 4.33% |
| 基金资产净值收益率(%) | 60.26 | -3.76 | *ST广厦 | 4.3% |
| 净收益(万元) | 153587.8 | -8783.76 | 恒瑞医药 | 4.27% |
| 基金资产总值(万元) | 224605.16 | 243109.24 | 贵州茅台 | 3.91% |
| 基金资产净值(万元) | 222803.05 | 236619.63 | 上海家化 | 3.45% |
| 单位基金累计净值(元) | 3.106(截止4.22) | | 东方金钰 | 2.93% |
| 单位基金累计分红(元) | 0.23 | | 锡业股份 | 2.79% |
| 历年分红 | 06年:10派1；04年:10派0.4，10派0.5 | | 民生银行 | 2.56% |

## 国泰金鹿保本增值（020008）

| | | | | | |
|---|---|---|---|---|---|
| 名称 | 国泰金鹿保本增值混合型证券投资基金 | 成立日期 | 2006/04/28 | 存续期 | 不定期 |
| 类型 | 契约型 | 上市日期 | | 托管人 | 中国银行 |
| 规模 | 25亿 | 投资风格 | 保本增值混合型 | | |
| 管理人 名称 | 国泰基金管理有限公司 | | | 电话 | 021-23060288 |
| 管理人 地址 | 上海市黄浦区延安东路700号港泰广场23楼 | | | 邮编 | 200001 |

| 年度 | 2006 | 2005 | 基金重仓股(2007年一季度) | |
|---|---|---|---|---|
| 主要财务指标 | | | 证券名称 | 占净值比例 |
| 单位基金收益(元) | 0.0271 | | 招商银行 | 1.94% |
| 单位基金可分配收益(元) | 0.0199 | | 中国人寿 | 1.78% |
| 单位基金净值(元) | 1.111 | | 五矿发展 | 1.64% |
| 基金资产净值收益率(%) | 2.65 | | 长江电力 | 1.62% |
| 净收益(万元) | 6332.76 | | 锦江股份 | 1.59% |
| 基金资产总值(万元) | 199248.63 | | 吉林敖东 | 1.52% |
| 基金资产净值(万元) | 196394.36 | | 中兴通讯 | 1.48% |
| 单位基金累计净值(元) | 1.31(截止4.22) | | 卧龙电气 | 1.33% |
| 单位基金累计分红(元) | 0.01 | | 兴业银行 | 1.21% |
| 历年分红 | 06年:10派0.1 | | 首旅股份 | 1.17% |

## 华安中国A股（040002）

| | | | | | |
|---|---|---|---|---|---|
| 名称 | 华安MSCI中国A股指数增强型证券投资基金 | 成立日期 | 2002/11/08 | 存续期 | 不定期 |
| 类型 | 契约型 | 上市日期 | | 托管人 | 中国工商银行 |
| 规模 | 31亿 | 投资风格 | 指数型 | | |
| 管理人 名称 | 华安基金管理有限公司 | | | 电话 | 021—58881111 |
| 管理人 地址 | 上海浦东新区浦东南路360号新上海国际大厦38楼 | | | 邮编 | 200120 |

| 年度 | 2006 | 2005 | 基金重仓股(2007年一季度) | |
|---|---|---|---|---|
| 主要财务指标 | | | 证券名称 | 占净值比例 |
| 单位基金收益(元) | 0.4589 | 0.0111 | 招商银行 | 3.67% |
| 单位基金可分配收益(元) | 0.5037 | -0.1142 | 民生银行 | 2.9% |
| 单位基金净值(元) | 1.882 | 0.886 | 中国联通 | 2.16% |
| 基金资产净值收益率(%) | 39.36 | 1.28 | 宝钢股份 | 2.09% |
| 净收益(万元) | 41689.52 | 2275.34 | 万科A | 2.05% |
| 基金资产总值(万元) | 98694 | 154079.93 | 云维股份 | 0.79% |
| 基金资产净值(万元) | 97987.24 | 153176.01 | 中捷股份 | 0.54% |
| 单位基金累计净值(元) | 3.163(截止4.22) | | 南京中商 | 0.28% |
| 单位基金累计分红(元) | 0.17 | | | |
| 历年分红 | 06年:10派0.5；04年:10派0.5 | | | |

## 华安现金富利（040003）

| 名称 | 华安现金富利投资基金 | 成立日期 | 2003/12/30 | 存续期 | 不定期 |
|---|---|---|---|---|---|
| 类型 | 契约型 | 上市日期 | | 托管人 | 中国工商银行 |
| 规模 | 43亿 | 投资风格 | 货币市场型 | | |
| 管理人 名称 | 华安基金管理有限公司 | 电话 | 021—58881111 | | |
| 管理人 地址 | 上海浦东新区浦东南路360号新上海国际大厦38楼 | 邮编 | 200120 | | |
| 主要财务指标 年度 | 2006 | 2005 | 基金重仓股(2007年一季度) | | |
| 单位基金收益(元) | | | 证券名称 | 占净值比例 | |
| 单位基金可分配收益(元) | | | | | |
| 单位基金净值(元) | 1 | 1 | | | |
| 基金资产净值收益率(%) | | | | | |
| 净收益(万元) | 46088.17 | 98319.3 | | | |
| 基金资产总值(万元) | 692608.46 | 4370768 | | | |
| 基金资产净值(万元) | 610401.84 | 3347795.03 | | | |
| 单位基金累计净值(元) | | | | | |
| 单位基金累计分红(元) | | | | | |
| 历年分红 | | | | | |

## 华安中小盘（040007）

| 名称 | 华安中小盘成长股票型证券投资基金 | 成立日期 | 2007/04/10 | 存续期 | 不定期 |
|---|---|---|---|---|---|
| 类型 | 契约型 | 上市日期 | | 托管人 | 中国工商银行股份有限公司 |
| 规模 | 110亿 | 投资风格 | 股票型 | | |
| 管理人 名称 | 华安基金管理有限公司 | 电话 | 021—58881111 | | |
| 管理人 地址 | 上海浦东新区浦东南路360号新上海国际大厦38楼 | 邮编 | 200120 | | |
| 主要财务指标 年度 | 2006 | 2005 | 基金重仓股(2007年一季度) | | |
| 单位基金收益(元) | | | 证券名称 | 占净值比例 | |
| 单位基金可分配收益(元) | | | | | |
| 单位基金净值(元) | | | | | |
| 基金资产净值收益率(%) | | | | | |
| 净收益(万元) | | | | | |
| 基金资产总值(万元) | | | | | |
| 基金资产净值(万元) | | | | | |
| 单位基金累计净值(元) | 1.0159(截止4.22) | | | | |
| 单位基金累计分红(元) | | | | | |
| 历年分红 | | | | | |

## 华安宝利（040004）

| 名称 | 华安宝利配置证券投资基金 | 成立日期 | 2004/08/24 | 存续期 | 不定期 |
|---|---|---|---|---|---|
| 类型 | 契约型 | 上市日期 | | 托管人 | 交通银行 |
| 规模 | 11亿 | 投资风格 | 偏债型 | | |
| 管理人 名称 | 华安基金管理有限公司 | 电话 | 021—58881111 | | |
| 管理人 地址 | 上海浦东新区浦东南路360号新上海国际大厦38楼 | 邮编 | 200120 | | |
| 主要财务指标 年度 | 2006 | 2005 | 基金重仓股(2007年一季度) | | |
| 单位基金收益(元) | 0.9281 | 0.0262 | 证券名称 | 占净值比例 | |
| 单位基金可分配收益(元) | 0.0298 | -0.0093 | 冀东水泥 | 4.94% | |
| 单位基金净值(元) | 1.153 | 1.078 | 浦发银行 | 4.34% | |
| 基金资产净值收益率(%) | 64.1 | 2.53 | 上海机场 | 3.84% | |
| 净收益(万元) | 71488.89 | 1716.28 | 安徽合力 | 3.8% | |
| 基金资产总值(万元) | 174478.93 | 108599.66 | 宝钛股份 | 3.42% | |
| 基金资产净值(万元) | 169903.48 | 106407.65 | 大秦铁路 | 3.27% | |
| 单位基金累计净值(元) | 2.769(截止4.22) | | 新安股份 | 2.78% | |
| 单位基金累计分红(元) | 1.14 | | 盐湖钾肥 | 2.71% | |
| 历年分红 | 06年:10派0.4,10派0.5,10派10;05年:10派0.2,10派0.3 | | 民生银行 | 2.41% | |
| | | | 中国重汽 | 2.21% | |

## 博时增长（050001）

| 名称 | 博时价值增长证券投资基金 | 成立日期 | 2002/10/09 | 存续期 | 不定期 |
|---|---|---|---|---|---|
| 类型 | 契约型 | 上市日期 | | 托管人 | 中国建设银行 |
| 规模 | 30亿 | 投资风格 | 平衡型 | | |
| 管理人 名称 | 博时基金管理有限公司 | 电话 | 0755-3169999 | | |
| 管理人 地址 | 深圳市福田区深南大道招商银行大厦29层 | 邮编 | 518040 | | |
| 主要财务指标 年度 | 2006 | 2005 | 基金重仓股(2007年一季度) | | |
| 单位基金收益(元) | 0.573 | 0.0351 | 证券名称 | 占净值比例 | |
| 单位基金可分配收益(元) | 0.7318 | 0.0587 | 中信证券 | 6.33% | |
| 单位基金净值(元) | 2.157 | 1.114 | 上海汽车 | 5.7% | |
| 基金资产净值收益率(%) | | | 浦发银行 | 4.24% | |
| 净收益(万元) | 97600.98 | 7861.13 | 保利地产 | 4.01% | |
| 基金资产总值(万元) | 195569.64 | 260398.08 | 中国石化 | 3.72% | |
| 基金资产净值(万元) | 194642.99 | 256585.6 | 招商银行 | 3.51% | |
| 单位基金累计净值(元) | 2.934(截止4.22) | | 万科A | 2.87% | |
| 单位基金累计分红(元) | 1.72 | | 金地集团 | 2.57% | |
| 历年分红 | 05年:10派0.5;04年:10派0.3 | | 中兴通讯 | 2.4% | |
| | | | 鞍钢股份 | 2.1% | |

## 华安宏利（040005）

| 名称 | 华安宏利股票型证券投资基金 | 成立日期 | 2006/09/06 | 存续期 | 不定期 |
|---|---|---|---|---|---|
| 类型 | 契约型 | 上市日期 | | 托管人 | 中国建设银行 |
| 规模 | 17亿 | 投资风格 | 股票型 | | |
| 管理人 名称 | 华安基金管理有限公司 | 电话 | 021—58881111 | | |
| 管理人 地址 | 上海浦东新区浦东南路360号新上海国际大厦38楼 | 邮编 | 200120 | | |
| 主要财务指标 年度 | 2006 | 2005 | 基金重仓股(2007年一季度) | | |
| 单位基金收益(元) | 0.1185 | | 证券名称 | 占净值比例 | |
| 单位基金可分配收益(元) | 0.1182 | | 上海机场 | 6.31% | |
| 单位基金净值(元) | 1.3976 | | 中集集团 | 5.97% | |
| 基金资产净值收益率(%) | 10.51 | | 中金岭南 | 5.2% | |
| 净收益(万元) | 19899.99 | | 中远航运 | 4.34% | |
| 基金资产总值(万元) | 232008.14 | | 宝钛股份 | 4.33% | |
| 基金资产净值(万元) | 228923.61 | | 天音控股 | 4.28% | |
| 单位基金累计净值(元) | 2.3078(截止4.22) | | 东方锅炉 | 4.02% | |
| 单位基金累计分红(元) | 0.08 | | 中国石化 | 3.48% | |
| 历年分红 | 06年:10派0.8 | | 航天信息 | 3.4% | |
| | | | 烟台万华 | 3.19% | |

## 博时裕富（050002）

| 名称 | 博时裕富证券投资基金 | 成立日期 | 2003/08/26 | 存续期 | 不定期 |
|---|---|---|---|---|---|
| 类型 | 契约型 | 上市日期 | | 托管人 | 中国建设银行 |
| 规模 | 51亿 | 投资风格 | 指数型 | | |
| 管理人 名称 | 博时基金管理有限公司 | 电话 | 0755-3169999 | | |
| 管理人 地址 | 深圳市福田区深南大道招商银行大厦29层 | 邮编 | 518040 | | |
| 主要财务指标 年度 | 2006 | 2005 | 基金重仓股(2007年一季度) | | |
| 单位基金收益(元) | 0.3404 | -0.0228 | 证券名称 | 占净值比例 | |
| 单位基金可分配收益(元) | 0.4489 | -0.132 | 中信证券 | 4.83% | |
| 单位基金净值(元) | 1.916 | 0.868 | 招商银行 | 4.2% | |
| 基金资产净值收益率(%) | | | S双汇 | 3.19% | |
| 净收益(万元) | 56959.69 | -8420.93 | 万科A | 3.18% | |
| 基金资产总值(万元) | 165218.9 | 288391.28 | 民生银行 | 2.76% | |
| 基金资产净值(万元) | 164727.42 | 287443.95 | 大秦铁路 | 2.51% | |
| 单位基金累计净值(元) | 2.812(截止4.22) | | 工商银行 | 2.4% | |
| 单位基金累计分红(元) | 0.5 | | 宝钢股份 | 2.27% | |
| 历年分红 | 04年:10派0.5 | | 中国平安 | 2.14% | |
| | | | 中国联通 | 2.09% | |

# 博时现金(050003)

| | | | | | |
|---|---|---|---|---|---|
| 名称 | 博时现金收益证券投资基金 | 成立日期 | 2004/01/16 | 存续期 | 不定期 |
| 类型 | 契约型 | 上市日期 | | 托管人 | 交通银行 |
| 规模 | 63亿 | 投资风格 | 货币市场型 | | |
| 管理人 | 名称 | 博时基金管理有限公司 | | 电话 | 0755-3169999 |
| | 地址 | 深圳市福田区深南大道招商银行大厦29层 | | 邮编 | 518040 |
| 主要财务指标 | 年度 | 2006 | 2005 | 基金重仓股(2007年一季度) | |
| | 单位基金收益(元) | | | 证券名称 | 占净值比例 |
| | 单位基金可分配收益(元) | | | | |
| | 单位基金净值(元) | 1 | 1 | | |
| | 基金资产净值收益率(%) | | | | |
| | 净收益(万元) | 14781.14 | 25218.77 | | |
| | 基金资产总值(万元) | 437646.24 | 1048420.57 | | |
| | 基金资产净值(万元) | 384219.74 | 843126.48 | | |
| 单位基金累计净值(元) | | | | | |
| 单位基金累计分红(元) | | | | | |
| 历年分红 | | | | | |

# 博时平衡配置(050007)

| | | | | | |
|---|---|---|---|---|---|
| 名称 | 博时平衡配置混合型证券投资基金 | 成立日期 | 2006/05/31 | 存续期 | 不定期 |
| 类型 | 契约型 | 上市日期 | | 托管人 | 中国工商银行 |
| 规模 | 24亿 | 投资风格 | 混合型 | | |
| 管理人 | 名称 | 博时基金管理有限公司 | | 电话 | 0755-3169999 |
| | 地址 | 深圳市福田区深南大道招商银行大厦29层 | | 邮编 | 518040 |
| 主要财务指标 | 年度 | 2006 | 2005 | 基金重仓股(2007年一季度) | |
| | 单位基金收益(元) | 0.086 | | 证券名称 | 占净值比例 |
| | 单位基金可分配收益(元) | 0.1094 | | 保利地产 | 5.88% |
| | 单位基金净值(元) | 1.323 | | 中信证券 | 5.15% |
| | 基金资产净值收益率(%) | 8.22 | | 中国重汽 | 4.72% |
| | 净收益(万元) | 18871.5 | | 浦发银行 | 4.71% |
| | 基金资产总值(万元) | 205708.11 | | 大秦铁路 | 4.53% |
| | 基金资产净值(万元) | 202109.74 | | 上海汽车 | 4.36% |
| 单位基金累计净值(元) | | 1.839(截止4.22) | | S兰铝 | 3.09% |
| 单位基金累计分红(元) | | | | 宝钢股份 | 2.09% |
| 历年分红 | | | | 长安汽车 | 1.82% |
| | | | | 鞍钢股份 | 1.45% |

# 博时精选(050004)

| | | | | | |
|---|---|---|---|---|---|
| 名称 | 博时精选股票证券投资基金 | 成立日期 | 2004/06/22 | 存续期 | 不定期 |
| 类型 | 契约型 | 上市日期 | | 托管人 | 中国工商银行 |
| 规模 | 61亿 | 投资风格 | | | |
| 管理人 | 名称 | 博时基金管理有限公司 | | 电话 | 0755-3169999 |
| | 地址 | 深圳市福田区深南大道招商银行大厦29层 | | 邮编 | 518040 |
| 主要财务指标 | 年度 | 2006 | 2005 | 基金重仓股(2007年一季度) | |
| | 单位基金收益(元) | 0.4926 | 0.0013 | 证券名称 | 占净值比例 |
| | 单位基金可分配收益(元) | | | 中信证券 | 5.62% |
| | 单位基金净值(元) | 2.0185 | 0.9799 | 长江电力 | 4.69% |
| | 基金资产净值收益率(%) | | | S深发展A | 4.26% |
| | 净收益(万元) | 122496.22 | 689.03 | 招商银行 | 3.24% |
| | 基金资产总值(万元) | 327272.76 | 470046.54 | 中国石化 | 3.11% |
| | 基金资产净值(万元) | 325274.1 | 467747.82 | 民生银行 | 2.92% |
| 单位基金累计净值(元) | | 2.6429(截止4.22) | | 万科A | 2.23% |
| 单位基金累计分红(元) | | 1.208 | | 上海汽车 | 2.08% |
| 历年分红 | 06年:10派0.5;05年:10派0.1 | | | 沪东重机 | 1.67% |
| | | | | 新中基 | 1.48% |

# 博时增长贰号(050201)

| | | | | | |
|---|---|---|---|---|---|
| 名称 | 博时价值增长贰号证券投资基金 | 成立日期 | 2006/09/27 | 存续期 | 不定期 |
| 类型 | 契约型 | 上市日期 | | 托管人 | 中国建设银行 |
| 规模 | 17亿 | 投资风格 | 混合型 | | |
| 管理人 | 名称 | 博时基金管理有限公司 | | 电话 | 0755-3169999 |
| | 地址 | 深圳市福田区深南大道招商银行大厦29层 | | 邮编 | 518040 |
| 主要财务指标 | 年度 | 2006 | 2005 | 基金重仓股(2007年一季度) | |
| | 单位基金收益(元) | 0.0679 | | 证券名称 | 占净值比例 |
| | 单位基金可分配收益(元) | 0.0709 | | 中信证券 | 5.16% |
| | 单位基金净值(元) | 1.377 | | 保利地产 | 4.65% |
| | 基金资产净值收益率(%) | | | 长安汽车 | 4.08% |
| | 净收益(万元) | 11639.03 | | 招商银行 | 4.05% |
| | 基金资产总值(万元) | 224248.73 | | 大秦铁路 | 3.24% |
| | 基金资产净值(万元) | 220650.02 | | 上海汽车 | 3.2% |
| 单位基金累计净值(元) | | 1.751(截止4.22) | | 万科A | 2.93% |
| 单位基金累计分红(元) | | 0.42 | | 鞍钢股份 | 2.76% |
| 历年分红 | | | | 中国国航 | 2.5% |
| | | | | 上海机场 | 2.4% |

# 博时稳定价值(050006)

| | | | | | |
|---|---|---|---|---|---|
| 名称 | 博时稳定价值债券投资基金 | 成立日期 | 2005/08/24 | 存续期 | 不定期 |
| 类型 | 契约型 | 上市日期 | | 托管人 | 中国建设银行 |
| 规模 | 46亿 | 投资风格 | 债券型 | | |
| 管理人 | 名称 | 博时基金管理有限公司 | | 电话 | 0755-3169999 |
| | 地址 | 深圳市福田区深南大道招商银行大厦29层 | | 邮编 | 518040 |
| 主要财务指标 | 年度 | 2006 | 2005 | 基金重仓股(2007年一季度) | |
| | 单位基金收益(元) | 0.0207 | 0.008 | 证券名称 | 占净值比例 |
| | 单位基金可分配收益(元) | 0.0008 | 0.0077 | | |
| | 单位基金净值(元) | 1.0009 | 1.0011 | | |
| | 基金资产净值收益率(%) | | | | |
| | 净收益(万元) | 15340.86 | 6932.04 | | |
| | 基金资产总值(万元) | 289588.5 | 1159598.76 | | |
| | 基金资产净值(万元) | 209824.51 | 992540.6 | | |
| 单位基金累计净值(元) | | 1.0345(截止4.22) | | | |
| 单位基金累计分红(元) | | 0.0322 | | | |
| 历年分红 | 06年:10派0.015,10派0.015,10派0.017,10派0.016,10派0.018,10派0.01[illegible],10派0.019,10派0.01605年:10派0.016,10派0.02,10派0.02,10派0.013 | | | | |

# 嘉实成长收益基金(070001)

| | | | | | |
|---|---|---|---|---|---|
| 名称 | 嘉实成长收益证券投资基金 | 成立日期 | 2002/11/05 | 存续期 | 不定期 |
| 类型 | 契约型 | 上市日期 | | 托管人 | 中国银行 |
| 规模 | 20亿 | 投资风格 | 成长收益复合型 | | |
| 管理人 | 名称 | 嘉实基金管理有限公司 | | 电话 | (010)65188866 |
| | 地址 | 北京市建国门北大街8号华润大厦8层 | | 邮编 | 100005 |
| 主要财务指标 | 年度 | 2006 | 2005 | 基金重仓股(2007年一季度) | |
| | 单位基金收益(元) | 0.8917 | 0.0198 | 证券名称 | 占净值比例 |
| | 单位基金可分配收益(元) | 0.7106 | 0.02 | 宝钢股份 | 6.17% |
| | 单位基金净值(元) | 1.9674 | 1.0646 | 中国石化 | 4.74% |
| | 基金资产净值收益率(%) | | | 武钢股份 | 4.41% |
| | 净收益(万元) | 92013.27 | 3542.38 | 长江电力 | 4.02% |
| | 基金资产总值(万元) | 145970.78 | 198671.25 | 招商银行 | 3.61% |
| | 基金资产净值(万元) | 145170.48 | 196520.66 | 上海机场 | 2.76% |
| 单位基金累计净值(元) | | 2.7983(截止4.22) | | 民生银行 | 2.48% |
| 单位基金累计分红(元) | | 1.55 | | 东方电机 | 1.93% |
| 历年分红 | 06年:10派2.5,10派2,10派0.5,10派0.3,10派0.2,10派0.4;04年:10派0.3,10派0.15 | | | 中国平安 | 1.93% |
| | | | | 华夏银行 | 1.68% |

# 嘉实增长（070002）

| 名称 | 嘉实增长开放式证券投资基金 | 成立日期 | 2003/07/09 | 存续期 | 不定期 |
|---|---|---|---|---|---|
| 类型 | 契约型 | 上市日期 | | 托管人 | 中国银行 |
| 规模 | 9亿 | 投资风格 | | | |
| 管理人 | 名称 | 嘉实基金管理有限公司 | | 电话 | (010)65188866 |
| | 地址 | 北京市建国门北大街8号华润大厦8层 | | 邮编 | 100005 |

| | 年度 | 2006 | 2005 | 基金重仓股(2007年一季度) | |
|---|---|---|---|---|---|
| 主要财务指标 | 单位基金收益(元) | 0.8302 | 0.0004 | 证券名称 | 占净值比例 |
| | 单位基金可分配收益(元) | 0.6369 | -0.0003 | 承德露露 | 5.69% |
| | 单位基金净值(元) | 2.274 | 1.193 | 王府井 | 5.38% |
| | 基金资产净值收益率(%) | | | 沈阳机床 | 4.48% |
| | 净收益(万元) | 97315.32 | 52.28 | 千金药业 | 4.47% |
| | 基金资产总值(万元) | 274989.1 | 189248.42 | 中国卫星 | 3.74% |
| | 基金资产净值(万元) | 243522.16 | 183321.62 | 南京医药 | 3.13% |
| 单位基金累计净值(元) | | 3.535(截止4.22) | | 海油工程 | 2.85% |
| 单位基金累计分红(元) | | 0.341 | | 沪东重机 | 2.52% |
| 历年分红 | | 06年:10派0.8 ,10派0.4 ,10派0.3 ,10派0.6 ; 04年:10派0.3 ,10派0.3 ,10派0.6 | | 云南白药 | 2.38% |
| | | | | S阿胶 | 2.19% |

# 嘉实服务增值（070006）

| 名称 | 嘉实服务增值行业开放式证券投资基金 | 成立日期 | 2004/04/01 | 存续期 | 不定期 |
|---|---|---|---|---|---|
| 类型 | 契约型 | 上市日期 | | 托管人 | 中国银行 |
| 规模 | 90亿 | 投资风格 | | | |
| 管理人 | 名称 | 嘉实基金管理有限公司 | | 电话 | (010)65188866 |
| | 地址 | 北京市建国门北大街8号华润大厦8层 | | 邮编 | 100005 |

| | 年度 | 2006 | 2005 | 基金重仓股(2007年一季度) | |
|---|---|---|---|---|---|
| 主要财务指标 | 单位基金收益(元) | 0.4659 | -0.0619 | 证券名称 | 占净值比例 |
| | 单位基金可分配收益(元) | 0.3737 | -0.0829 | 王府井 | 7.18% |
| | 单位基金净值(元) | 1.933 | 0.917 | 华侨城A | 6.54% |
| | 基金资产净值收益率(%) | | | 兴业银行 | 5.08% |
| | 净收益(万元) | 162015.28 | -46491.4 | 民生银行 | 4.64% |
| | 基金资产总值(万元) | 414847.54 | 627688.04 | 武钢股份 | 4.26% |
| | 基金资产净值(万元) | 411689.86 | 623307.85 | S深发展A | 3.66% |
| 单位基金累计净值(元) | | 2.992(截止4.22) | | 中信证券 | 3.18% |
| 单位基金累计分红(元) | | 0.12 | | 招商银行 | 2.97% |
| 历年分红 | | 06年:10派0.5 ,10派0.4 ,10派0.3 | | 上海机场 | 2.77% |
| | | | | 海油工程 | 2.66% |

# 嘉实稳健（070003）

| 名称 | 嘉实稳健开放式证券投资基金 | 成立日期 | 2003/07/09 | 存续期 | 不定期 |
|---|---|---|---|---|---|
| 类型 | 契约型 | 上市日期 | | 托管人 | 中国银行 |
| 规模 | 10亿 | 投资风格 | | | |
| 管理人 | 名称 | 嘉实基金管理有限公司 | | 电话 | (010)65188866 |
| | 地址 | 北京市建国门北大街8号华润大厦8层 | | 邮编 | 100005 |

| | 年度 | 2006 | 2005 | 基金重仓股(2007年一季度) | |
|---|---|---|---|---|---|
| 主要财务指标 | 单位基金收益(元) | 0.6421 | -0.0241 | 证券名称 | 占净值比例 |
| | 单位基金可分配收益(元) | 0.0989 | -0.0289 | 宝钢股份 | 9.46% |
| | 单位基金净值(元) | 1.314 | 1.044 | 中科三环 | 7.23% |
| | 基金资产净值收益率(%) | | | 沪东重机 | 6.38% |
| | 净收益(万元) | 78229.32 | -2189.88 | S深发展A | 5.34% |
| | 基金资产总值(万元) | 614009.02 | 85380.39 | 鞍钢股份 | 5.19% |
| | 基金资产净值(万元) | 605699.36 | 84029.53 | 招商银行 | 4.31% |
| 单位基金累计净值(元) | | 2.437(截止4.22) | | 华侨城A | 3.82% |
| 单位基金累计分红(元) | | 0.663 | | 华联综超 | 2.4% |
| 历年分红 | | 06年:10派0.4 ,10派0.3 ,10派0.3 ,10派4.88 ; 04年:10派0.3 ,10派0.15 ,10派0.2 | | 潞安环能 | 2.11% |
| | | | | 五粮液 | 2.1% |

# 嘉实浦安保本（070007）

| 名称 | 嘉实浦安保本混合型开放式证券投资基金 | 成立日期 | 2004/12/01 | 存续期 | 不定期 |
|---|---|---|---|---|---|
| 类型 | 契约型 | 上市日期 | | 托管人 | 上海浦东发展银行 |
| 规模 | 13亿 | 投资风格 | 偏债型 | | |
| 管理人 | 名称 | 嘉实基金管理有限公司 | | 电话 | (010)65188866 |
| | 地址 | 北京市建国门北大街8号华润大厦8层 | | 邮编 | 100005 |

| | 年度 | 2006 | 2005 | 基金重仓股(2007年一季度) | |
|---|---|---|---|---|---|
| 主要财务指标 | 单位基金收益(元) | 0.1304 | 0.0407 | 证券名称 | 占净值比例 |
| | 单位基金可分配收益(元) | 0.1648 | 0.0226 | 王府井 | 2.71% |
| | 单位基金净值(元) | 1.301 | 1.023 | 宝钢股份 | 1.86% |
| | 基金资产净值收益率(%) | | | 华联综超 | 1.63% |
| | 净收益(万元) | 5128.3 | 3554.48 | 招商银行 | 1.52% |
| | 基金资产总值(万元) | 37459.13 | 58307.14 | S阿胶 | 1.32% |
| | 基金资产净值(万元) | 37292.75 | 57878.84 | 宏图高科 | 1.29% |
| 单位基金累计净值(元) | | 1.5(截止4.22) | | 长江电力 | 1.24% |
| 单位基金累计分红(元) | | 0.08 | | 泸州老窖 | 1.13% |
| 历年分红 | | 05年:10派0.2 | | 海油工程 | 1.02% |
| | | | | 中国石化 | 1.02% |

# 嘉实债券（070005）

| 名称 | 嘉实债券开放式证券投资基金 | 成立日期 | 2003/07/09 | 存续期 | 不定期 |
|---|---|---|---|---|---|
| 类型 | 契约型 | 上市日期 | | 托管人 | 中国银行 |
| 规模 | 6亿 | 投资风格 | 债券型 | | |
| 管理人 | 名称 | 嘉实基金管理有限公司 | | 电话 | (010)65188866 |
| | 地址 | 北京市建国门北大街8号华润大厦8层 | | 邮编 | 100005 |

| | 年度 | 2006 | 2005 | 基金重仓股(2007年一季度) | |
|---|---|---|---|---|---|
| 主要财务指标 | 单位基金收益(元) | 0.1592 | 0.1027 | 证券名称 | 占净值比例 |
| | 单位基金可分配收益(元) | 0.0127 | 0.0236 | 邯郸钢铁 | 2.96% |
| | 单位基金净值(元) | 1.067 | 1.024 | 中国平安 | 2.26% |
| | 基金资产净值收益率(%) | | | 柳化股份 | 2.17% |
| | 净收益(万元) | 3182.61 | 1351.17 | 广深铁路 | 1.68% |
| | 基金资产总值(万元) | 36352.06 | 12271.78 | 大秦铁路 | 1.45% |
| | 基金资产净值(万元) | 35641.76 | 12174.07 | 兴业银行 | 0.97% |
| 单位基金累计净值(元) | | 1.455(截止4.22) | | 中国人寿 | 0.8% |
| 单位基金累计分红(元) | | 0.25 | | 南京水运 | 0.58% |
| 历年分红 | | 06年:10派0.2 ,10派0.2 ,10派0.2 ,10派0.3 ,10派0.4 ,10派0.5 ,10派0.4 ; 05年:10派0.3 | | 晋亿实业 | 0.45% |
| | | | | 柳钢股份 | 0.27% |

# 嘉实货币（070008）

| 名称 | 嘉实货币市场基金 | 成立日期 | 2005/03/18 | 存续期 | 不定期 |
|---|---|---|---|---|---|
| 类型 | 契约型 | 上市日期 | | 托管人 | 中国银行 |
| 规模 | 29亿 | 投资风格 | 货币市场型 | | |
| 管理人 | 名称 | 嘉实基金管理有限公司 | | 电话 | (010)65188866 |
| | 地址 | 北京市建国门北大街8号华润大厦8层 | | 邮编 | 100005 |

| | 年度 | 2006 | 2005 | 基金重仓股(2007年一季度) | |
|---|---|---|---|---|---|
| 主要财务指标 | 单位基金收益(元) | | | 证券名称 | 占净值比例 |
| | 单位基金可分配收益(元) | | | | |
| | 单位基金净值(元) | 1 | 1 | | |
| | 基金资产净值收益率(%) | | | | |
| | 净收益(万元) | 13234.17 | 6830.25 | | |
| | 基金资产总值(万元) | 621472.93 | 735833.36 | | |
| | 基金资产净值(万元) | 547016.78 | 684593.35 | | |
| 单位基金累计净值(元) | | | | | |
| 单位基金累计分红(元) | | | | | |
| 历年分红 | | | | | |

# 嘉实超短债（070009）

| 名称 | 嘉实超短债证券投资基金 | 成立日期 | 2006/04/26 | 存续期 | 不定期 |
|---|---|---|---|---|---|
| 类型 | 契约型 | 上市日期 | | 托管人 | 中国银行 |
| 规模 | 61亿 | 投资风格 | 债券型 | | |
| 管理人 名称 | 嘉实基金管理有限公司 | | 电话 | (010)65188866 | |
| 管理人 地址 | 北京市建国门北大街8号华润大厦8层 | | 邮编 | 100005 | |

| 主要财务指标 年度 | 2006 | 2005 | 基金重仓股(2007年一季度) 证券名称 | 占净值比例 |
|---|---|---|---|---|
| 单位基金收益(元) | 0.0106 | | | |
| 单位基金可分配收益(元) | 0.0005 | | | |
| 单位基金净值(元) | 1.0005 | | | |
| 基金资产净值收益率(%) | | | | |
| 净收益(万元) | 2465.63 | | | |
| 基金资产总值(万元) | 102149.87 | | | |
| 基金资产净值(万元) | 83265.39 | | | |
| 单位基金累计净值(元) | 1.0196(截止4.22) | | | |
| 单位基金累计分红(元) | 0.0195 | | | |
| 历年分红 | 06年:10派0.021,10派0.018,10派0.021,10派0.017,10派0.024,10派0.015 | | | |

# 长盛成长价值基金（080001）

| 名称 | 长盛成长价值证券投资基金 | 成立日期 | 2002/09/18 | 存续期 | 不定期 |
|---|---|---|---|---|---|
| 类型 | 契约型 | 上市日期 | | 托管人 | 中国农业银行 |
| 规模 | 32亿 | 投资风格 | 平衡型 | | |
| 管理人 名称 | 长盛基金管理有限公司 | | 电话 | 010-82255818 | |
| 管理人 地址 | 北京市海淀区北太平庄路18号城建大厦A座21层 | | 邮编 | 100088 | |

| 主要财务指标 年度 | 2006 | 2005 | 基金重仓股(2007年一季度) 证券名称 | 占净值比例 |
|---|---|---|---|---|
| 单位基金收益(元) | 0.8564 | -0.0085 | | |
| 单位基金可分配收益(元) | 0.8927 | -0.008 | S双汇 | 9.89% |
| 单位基金净值(元) | 1.893 | 1.06 | 苏宁电器 | 7.85% |
| 基金资产净值收益率(%) | | | 天房发展 | 4.39% |
| 净收益(万元) | 52991.43 | -983.98 | 超声电子 | 3.49% |
| 基金资产总值(万元) | 55263.03 | 117681.99 | 吉林敖东 | 3.25% |
| 基金资产净值(万元) | 45649.69 | 112493.36 | 大秦铁路 | 3.11% |
| 单位基金累计净值(元) | 2.499(截止4.22) | | 中兴通讯 | 3.07% |
| 单位基金累计分红(元) | 1.204 | | 民生银行 | 2.98% |
| 历年分红 | 06年:10派0.38 | | 武钢股份 | 2.97% |
| | | | 中国石化 | 2.86% |

# 嘉实主题（070010）

| 名称 | 嘉实主题精选混合型证券投资基金 | 成立日期 | 2006/07/21 | 存续期 | 不定期 |
|---|---|---|---|---|---|
| 类型 | 契约型 | 上市日期 | | 托管人 | 中国银行 |
| 规模 | 55亿 | 投资风格 | 混合型 | | |
| 管理人 名称 | 嘉实基金管理有限公司 | | 电话 | (010)65188866 | |
| 管理人 地址 | 北京市建国门北大街8号华润大厦8层 | | 邮编 | 100005 | |

| 主要财务指标 年度 | 2006 | 2005 | 基金重仓股(2007年一季度) 证券名称 | 占净值比例 |
|---|---|---|---|---|
| 单位基金收益(元) | 0.1551 | | | |
| 单位基金可分配收益(元) | 0.1426 | | 中国国航 | 7.22% |
| 单位基金净值(元) | 1.558 | | 华侨城A | 5.9% |
| 基金资产净值收益率(%) | | | 青岛海尔 | 5.29% |
| 净收益(万元) | 87432.28 | | 冀东水泥 | 4.76% |
| 基金资产总值(万元) | 877804.23 | | 振华港机 | 4.42% |
| 基金资产净值(万元) | 849275.28 | | 康美药业 | 3.38% |
| 单位基金累计净值(元) | 2.183(截止4.22) | | 唐钢股份 | 3.02% |
| 单位基金累计分红(元) | 0.615 | | 民生银行 | 2.89% |
| 历年分红 | 06年:10派0.15 | | 招商银行 | 2.85% |
| | | | 雅戈尔 | 2.5% |

# 长盛货币（080011）

| 名称 | 长盛货币市场基金 | 成立日期 | 2005/12/12 | 存续期 | 不定期 |
|---|---|---|---|---|---|
| 类型 | 契约型 | 上市日期 | | 托管人 | 兴业银行 |
| 规模 | 36亿 | 投资风格 | 货币市场型 | | |
| 管理人 名称 | 长盛基金管理有限公司 | | 电话 | 010-82255818 | |
| 管理人 地址 | 北京市海淀区北太平庄路18号城建大厦A座21层 | | 邮编 | 100088 | |

| 主要财务指标 年度 | 2006 | 2005 | 基金重仓股(2007年一季度) 证券名称 | 占净值比例 |
|---|---|---|---|---|
| 单位基金收益(元) | | | | |
| 单位基金可分配收益(元) | | | | |
| 单位基金净值(元) | 1 | 1 | | |
| 基金资产净值收益率(%) | | | | |
| 净收益(万元) | 3182.77 | 277.95 | | |
| 基金资产总值(万元) | 52790.66 | 204142.67 | | |
| 基金资产净值(万元) | 42843.04 | 170739.01 | | |
| 单位基金累计净值(元) | | | | |
| 单位基金累计分红(元) | | | | |
| 历年分红 | | | | |

# 嘉实策略（070011）

| 名称 | 嘉实策略增长混合型证券投资基金 | 成立日期 | 2006/12/12 | 存续期 | 不定期 |
|---|---|---|---|---|---|
| 类型 | 契约型 | 上市日期 | | 托管人 | 中国工商银行 |
| 规模 | 419亿 | 投资风格 | 混合型 | | |
| 管理人 名称 | 嘉实基金管理有限公司 | | 电话 | (010)65188866 | |
| 管理人 地址 | 北京市建国门北大街8号华润大厦8层 | | 邮编 | 100005 | |

| 主要财务指标 年度 | 2006 | 2005 | 基金重仓股(2007年一季度) 证券名称 | 占净值比例 |
|---|---|---|---|---|
| 单位基金收益(元) | | | | |
| 单位基金可分配收益(元) | | | 招商银行 | 4.3% |
| 单位基金净值(元) | | | 兴业银行 | 3.54% |
| 基金资产净值收益率(%) | | | 宝钢股份 | 2.24% |
| 净收益(万元) | | | 上海机场 | 2.03% |
| 基金资产总值(万元) | | | 大秦铁路 | 2% |
| 基金资产净值(万元) | | | 鞍钢股份 | 1.67% |
| 单位基金累计净值(元) | 1.196(截止4.22) | | 百联股份 | 1.61% |
| 单位基金累计分红(元) | | | 中国平安 | 1.4% |
| 历年分红 | | | 沈阳机床 | 1.29% |
| | | | 中国石化 | 1.28% |

# 大成价值增长（090001）

| 名称 | 大成价值增长证券投资基金 | 成立日期 | 2002/11/11 | 存续期 | 不定期 |
|---|---|---|---|---|---|
| 类型 | 契约型 | 上市日期 | | 托管人 | 中国农业银行 |
| 规模 | 26亿 | 投资风格 | | | |
| 管理人 名称 | 大成基金管理有限公司 | | 电话 | 0755-83183388 | |
| 管理人 地址 | 深圳市福田区深南大道7088号招商银行大厦32层 | | 邮编 | 518040 | |

| 主要财务指标 年度 | 2006 | 2005 | 基金重仓股(2007年一季度) 证券名称 | 占净值比例 |
|---|---|---|---|---|
| 单位基金收益(元) | 0.823 | 0.0113 | | |
| 单位基金可分配收益(元) | 0.8966 | 0.0274 | 中信证券 | 6.4% |
| 单位基金净值(元) | 2.0977 | 1.0274 | 万科A | 4.55% |
| 基金资产净值收益率(%) | | | 烟台万华 | 4.04% |
| 净收益(万元) | 38436.8 | 1180.11 | 长江电力 | 3.78% |
| 基金资产总值(万元) | 65029.65 | 94522.01 | 五粮液 | 3.05% |
| 基金资产净值(万元) | 54706.05 | 92017.55 | 武钢股份 | 2.85% |
| 单位基金累计净值(元) | 2.9545(截止4.22) | | 振华港机 | 2.82% |
| 单位基金累计分红(元) | 1.66 | | S深发展A | 2.45% |
| 历年分红 | 06年:10派0.3；04年:10派1,10派0.2 | | 浦发银行 | 2.27% |
| | | | 上实发展 | 2.27% |

## 大成债A(090002)

| 名称 | 大成债券投资基金 | 成立日期 | 2003/06/12 | 存续期 | 不定期 |
| --- | --- | --- | --- | --- | --- |
| 类型 | 契约型 | 上市日期 | | 托管人 | 中国农业银行 |
| 规模 | 22亿 | 投资风格 | 债券型 | | |
| 管理人 名称 | 大成基金管理有限公司 | | 电话 | 0755-83183388 | |
| 管理人 地址 | 深圳市福田区深南大道7088号招商银行大厦32层 | | 邮编 | 518040 | |

| 年度 | 2006 | 2005 | 基金重仓股(2007年一季度) | |
| --- | --- | --- | --- | --- |
| 主要财务指标 单位基金收益(元) | 0.0252 | 0.0806 | 证券名称 | 占净值比例 |
| 单位基金可分配收益(元) | 0.0224 | 0.0181 | 中国平安 | 2.14% |
| 单位基金净值(元) | 1.0317 | 1.0181 | 中国平安 | 2.14% |
| 基金资产净值收益率(%) | | | 中国平安 | 2.14% |
| 净收益(万元) | 3362.49 | 1899.31 | 中国人寿 | 0.69% |
| 基金资产总值(万元) | 100040.83 | 21782.82 | 中国人寿 | 0.69% |
| 基金资产净值(万元) | 83781.93 | 21652.5 | 中国人寿 | 0.69% |
| 单位基金累计净值(元) | | | 金陵饭店 | 0.01% |
| 单位基金累计分红(元) | | | 金陵饭店 | 0.01% |
| 历年分红 | 06年:10派0.03,10派0.025,10派0.03,10派0.05,10派0.05,10派0.3;05年:10派0.2,10派0.2,10派0.2,10派0.15;04年:10派0.25,10派0.2,10派0.2 | | 金陵饭店 | 0.01% |

## 大成货币市场(090005)

| 名称 | 大成货币市场证券投资基金 | 成立日期 | 2005/06/03 | 存续期 | 不定期 |
| --- | --- | --- | --- | --- | --- |
| 类型 | 契约型 | 上市日期 | | 托管人 | 中国光大银行 |
| 规模 | 36亿 | 投资风格 | 货币市场型 | | |
| 管理人 名称 | 大成基金管理有限公司 | | 电话 | 0755-83183388 | |
| 管理人 地址 | 深圳市福田区深南大道7088号招商银行大厦32层 | | 邮编 | 518040 | |

| 年度 | 2006 | 2005 | 基金重仓股(2007年一季度) | |
| --- | --- | --- | --- | --- |
| 主要财务指标 单位基金收益(元) | | | 证券名称 | 占净值比例 |
| 单位基金可分配收益(元) | | | | |
| 单位基金净值(元) | | | | |
| 基金资产净值收益率(%) | | | | |
| 净收益(万元) | 9603.8 | 5756.61 | | |
| 基金资产总值(万元) | 278768.42 | 426675.68 | | |
| 基金资产净值(万元) | 268566.17 | 396287.18 | | |
| 单位基金累计净值(元) | | | | |
| 单位基金累计分红(元) | | | | |
| 历年分红 | | | | |

## 大成蓝筹稳健基金(090003)

| 名称 | 大成蓝筹稳健证券投资基金 | 成立日期 | 2004/06/03 | 存续期 | 不定期 |
| --- | --- | --- | --- | --- | --- |
| 类型 | 契约型 | 上市日期 | | 托管人 | 中国银行 |
| 规模 | 22亿 | 投资风格 | | | |
| 管理人 名称 | 大成基金管理有限公司 | | 电话 | 0755-83183388 | |
| 管理人 地址 | 深圳市福田区深南大道7088号招商银行大厦32层 | | 邮编 | 518040 | |

| 年度 | 2006 | 2005 | 基金重仓股(2007年一季度) | |
| --- | --- | --- | --- | --- |
| 主要财务指标 单位基金收益(元) | 0.8042 | -0.0852 | 证券名称 | 占净值比例 |
| 单位基金可分配收益(元) | 0.4596 | -0.0739 | 中国人寿 | 7.04% |
| 单位基金净值(元) | 1.6742 | 0.951 | 贵州茅台 | 5.26% |
| 基金资产净值收益率(%) | | | 万科A | 5.23% |
| 净收益(万元) | 29120.06 | -8645.87 | 长江电力 | 5.19% |
| 基金资产总值(万元) | 53587.33 | 80524.2 | 新中基 | 4.91% |
| 基金资产净值(万元) | 53043.62 | 80209.88 | 招商银行 | 4.62% |
| 单位基金累计净值(元) | 2.5901(截止4.22) | | S双汇 | 4.16% |
| 单位基金累计分红(元) | 0.75 | | 太钢不锈 | 4.03% |
| 历年分红 | 06年:10派0.1,10派0.8,10派2.5;04年:10派0.1 | | 山推股份 | 3.63% |
| | | | 中信证券 | 3.57% |

## 大成2020周期(090006)

| 名称 | 大成财富管理2020生命周期证券投资基金 | 成立日期 | 2006/09/13 | 存续期 | 不定期 |
| --- | --- | --- | --- | --- | --- |
| 类型 | 契约型 | 上市日期 | | 托管人 | 中国银行 |
| 规模 | 11亿 | 投资风格 | 混合型 | | |
| 管理人 名称 | 大成基金管理有限公司 | | 电话 | 0755-83183388 | |
| 管理人 地址 | 深圳市福田区深南大道7088号招商银行大厦32层 | | 邮编 | 518040 | |

| 年度 | 2006 | 2005 | 基金重仓股(2007年一季度) | |
| --- | --- | --- | --- | --- |
| 主要财务指标 单位基金收益(元) | 0.2391 | | 证券名称 | 占净值比例 |
| 单位基金可分配收益(元) | -0.0022 | | 招商银行 | 9.86% |
| 单位基金净值(元) | 1.089 | | 宝钢股份 | 9.73% |
| 基金资产净值收益率(%) | | | 万科A | 9.51% |
| 净收益(万元) | 28204.74 | | 上海机场 | 7.11% |
| 基金资产总值(万元) | 260232.2 | | 武钢股份 | 7.03% |
| 基金资产净值(万元) | 248980.65 | | 国投电力 | 5.44% |
| 单位基金累计净值(元) | 1.77(截止4.22) | | 长安汽车 | 5.11% |
| 单位基金累计分红(元) | 0.25 | | 中海发展 | 4.35% |
| 历年分红 | 06年:10派1.5,10派1 | | 中国平安 | 4.26% |
| | | | 民生银行 | 3.99% |

## 大成精选增值(090004)

| 名称 | 大成精选增值混合型证券投资基金 | 成立日期 | 2004/12/15 | 存续期 | 不定期 |
| --- | --- | --- | --- | --- | --- |
| 类型 | 契约型 | 上市日期 | | 托管人 | 中国农业银行 |
| 规模 | 13亿 | 投资风格 | | | |
| 管理人 名称 | 大成基金管理有限公司 | | 电话 | 0755-83183388 | |
| 管理人 地址 | 深圳市福田区深南大道7088号招商银行大厦32层 | | 邮编 | 518040 | |

| 年度 | 2006 | 2005 | 基金重仓股(2007年一季度) | |
| --- | --- | --- | --- | --- |
| 主要财务指标 单位基金收益(元) | 0.3384 | 0.0159 | 证券名称 | 占净值比例 |
| 单位基金可分配收益(元) | 0.229 | -0.002 | 中信证券 | 9.05% |
| 单位基金净值(元) | 1.0337 | 0.998 | 中国人寿 | 8.96% |
| 基金资产净值收益率(%) | | | 恒瑞医药 | 3.69% |
| 净收益(万元) | 15112.84 | 1141.81 | 万科A | 3.36% |
| 基金资产总值(万元) | 992489.22 | 50885.75 | 宝钢股份 | 3.24% |
| 基金资产净值(万元) | 944242.47 | 50644.15 | 中兴通讯 | 2.69% |
| 单位基金累计净值(元) | 1.5953(截止4.22) | | 东软股份 | 2.56% |
| 单位基金累计分红(元) | 0.63 | | 大秦铁路 | 2.5% |
| 历年分红 | 06年:10派0.6,10派0.3,10派2.3 | | 招商银行 | 2.39% |
| | | | 民生银行 | 2.37% |

## 富国天益价值基金(100020)

| 名称 | 富国天益价值证券投资基金 | 成立日期 | 2004/06/15 | 存续期 | 不定期 |
| --- | --- | --- | --- | --- | --- |
| 类型 | 契约型 | 上市日期 | | 托管人 | 交通银行 |
| 规模 | 10亿 | 投资风格 | | | |
| 管理人 名称 | 富国基金管理有限公司 | | 电话 | 021-68597788 | |
| 管理人 地址 | 上海市浦东新区花园石桥路33号花旗集团大厦5,6层 | | 邮编 | 200120 | |

| 年度 | 2006 | 2005 | 基金重仓股(2007年一季度) | |
| --- | --- | --- | --- | --- |
| 主要财务指标 单位基金收益(元) | 0.0818 | 0.1727 | 证券名称 | 占净值比例 |
| 单位基金可分配收益(元) | 0.0258 | 0.0898 | 苏宁电器 | 9.96% |
| 单位基金净值(元) | 1.5288 | 1.0898 | 贵州茅台 | 9.43% |
| 基金资产净值收益率(%) | | | 航天信息 | 7.1% |
| 净收益(万元) | 15538.71 | 4269.56 | 金发科技 | 5.73% |
| 基金资产总值(万元) | 617691.17 | 22517.63 | 海螺水泥 | 5.55% |
| 基金资产净值(万元) | 598385.67 | 22266.29 | 上海机场 | 4.64% |
| 单位基金累计净值(元) | 3.0487(截止4.22) | | 中国石化 | 3.92% |
| 单位基金累计分红(元) | 0.35 | | 民生银行 | 3.46% |
| 历年分红 | 06年:10派1.1,10派0.2,10派0.8;05年:10派0.2,10派0.2,10派0.2,10派0.2,10派0.4;04年:10派0.2 | | 中信证券 | 3.32% |
| | | | 东方电机 | 3.3% |

# 富国天瑞强势地区（100022）

| 名称 | 富国天瑞强势地区精选混合型证券投资基金 | 成立日期 | 2005/04/05 | 存续期 | 不定期 |
|---|---|---|---|---|---|
| 类型 | 契约型 | 上市日期 | | 托管人 | 中国农业银行 |
| 规模 | 16亿 | 投资风格 | | | |
| 管理人 名称 | 富国基金管理有限公司 | | | 电话 | 021-68597788 |
| 管理人 地址 | 上海市浦东新区花园石桥路33号花旗集团大厦5、6层 | | | 邮编 | 200120 |

| | 年度 | 2006 | 2005 | 基金重仓股(2007年一季度) | |
|---|---|---|---|---|---|
| 主要财务指标 | 单位基金收益(元) | 0.7755 | 0.0047 | 证券名称 | 占净值比例 |
| | 单位基金可分配收益(元) | 0.6246 | -0.0115 | 长江电力 | 9.34% |
| | 单位基金净值(元) | 2.1486 | 1.024 | 上海机场 | 7.33% |
| | 基金资产净值收益率(%) | | | 招商银行 | 7.08% |
| | 净收益(万元) | 43050.27 | 552.13 | 用友软件 | 6.21% |
| | 基金资产总值(万元) | 165568.83 | 68233.33 | 科华生物 | 5.57% |
| | 基金资产净值(万元) | 153487.28 | 67097.34 | 上海航空 | 4.67% |
| 单位基金累计净值(元) | | 2.8339(截止4.22) | | 金龙汽车 | 4.35% |
| 单位基金累计分红(元) | | 1.17 | | 七匹狼 | 4.09% |
| 历年分红 | | 06年:10派7.3,10派0.4,10派0.3,10派0.5；05年:10派0.2 | | 神火股份 | 3.51% |
| | | | | 山西汾酒 | 3% |

# 富国天时货币（100025）

| 名称 | 富国天时货币市场基金 | 成立日期 | 2006/06/05 | 存续期 | |
|---|---|---|---|---|---|
| 类型 | 契约型 | 上市日期 | | 托管人 | 中国农业银行 |
| 规模 | 35亿 | 投资风格 | 货币市场型 | | |
| 管理人 名称 | 富国基金管理有限公司 | | | 电话 | 021-68597788 |
| 管理人 地址 | 上海市浦东新区花园石桥路33号花旗集团大厦5、6层 | | | 邮编 | 200120 |

| | 年度 | 2006 | 2005 | 基金重仓股(2007年一季度) | |
|---|---|---|---|---|---|
| 主要财务指标 | 单位基金收益(元) | | | 证券名称 | 占净值比例 |
| | 单位基金可分配收益(元) | | | | |
| | 单位基金净值(元) | 1 | | | |
| | 基金资产净值收益率(%) | | | | |
| | 净收益(万元) | 1301.93 | | | |
| | 基金资产总值(万元) | 71435.38 | | | |
| | 基金资产净值(万元) | 71271.15 | | | |
| 单位基金累计净值(元) | | | | | |
| 单位基金累计分红(元) | | | | | |
| 历年分红 | | | | | |

# 国投瑞银融华基金（121001）

| 名称 | 国投瑞银融华债券型证券投资基金 | 成立日期 | 2003/04/16 | 存续期 | 不定期 |
|---|---|---|---|---|---|
| 类型 | 契约型 | 上市日期 | | 托管人 | 中国光大银行 |
| 规模 | 26亿 | 投资风格 | 偏债型 | | |
| 管理人 名称 | 国投瑞银基金管理有限公司 | | | 电话 | 0755-82904132 |
| 管理人 地址 | 深圳市福田中心区深南大道4009号投资大厦第三层 | | | 邮编 | 518026 |

| | 年度 | 2006 | 2005 | 基金重仓股(2007年一季度) | |
|---|---|---|---|---|---|
| 主要财务指标 | 单位基金收益(元) | 0.5017 | 0.0673 | 证券名称 | 占净值比例 |
| | 单位基金可分配收益(元) | 0.5508 | 0.0507 | 东百集团 | 2.63% |
| | 单位基金净值(元) | 1.5932 | 1.0507 | 武钢股份 | 1.9% |
| | 基金资产净值收益率(%) | | | 民生银行 | 1.87% |
| | 净收益(万元) | 7934.13 | 3005.27 | 中信证券 | 1.77% |
| | 基金资产总值(万元) | 14651.02 | 30749.11 | 浦发银行 | 1.59% |
| | 基金资产净值(万元) | 14478.9 | 30596.05 | 中国国航 | 1.29% |
| 单位基金累计净值(元) | | 2.0465(截止4.22) | | 华联综超 | 1.29% |
| 单位基金累计分红(元) | | 0.8583 | | 天音控股 | 1.08% |
| 历年分红 | | 06年:10派0.3,10派0.5；04年:10派0.2 | | 威孚高科 | 1.04% |
| | | | | 大秦铁路 | 1.01% |

# 国投瑞银景气基金（121002）

| 名称 | 国投瑞银景气行业证券投资基金 | 成立日期 | 2004/04/29 | 存续期 | 不定期 |
|---|---|---|---|---|---|
| 类型 | 契约型 | 上市日期 | | 托管人 | 中国光大银行 |
| 规模 | 22亿 | 投资风格 | | | |
| 管理人 名称 | 国投瑞银基金管理有限公司 | | | 电话 | 0755-82904132 |
| 管理人 地址 | 深圳市福田中心区深南大道4009号投资大厦第三层 | | | 邮编 | 518026 |

| | 年度 | 2006 | 2005 | 基金重仓股(2007年一季度) | |
|---|---|---|---|---|---|
| 主要财务指标 | 单位基金收益(元) | 0.8942 | 0.005 | 证券名称 | 占净值比例 |
| | 单位基金可分配收益(元) | 0.7991 | -0.0418 | 中信证券 | 2.94% |
| | 单位基金净值(元) | 2.015 | 1.0169 | 华联综超 | 2.91% |
| | 基金资产净值收益率(%) | | | 民生银行 | 2.84% |
| | 净收益(万元) | 46559.3 | 696.16 | 招商银行 | 2.77% |
| | 基金资产总值(万元) | 74162.8 | 125418.49 | 大秦铁路 | 2.7% |
| | 基金资产净值(万元) | 64905.04 | 117233.28 | 鞍钢股份 | 2.64% |
| 单位基金累计净值(元) | | 2.5162(截止4.22) | | 太钢不锈 | 2.52% |
| 单位基金累计分红(元) | | 1.3084 | | 浦发银行 | 2.3% |
| 历年分红 | | 06年:10派0.3,10派0.8 | | 中集集团 | 2.21% |
| | | | | 烟台万华 | 2.03% |

# 国投瑞银核心（121003）

| 名称 | 国投瑞银核心企业股票型证券投资基金 | 成立日期 | 2006/04/19 | 存续期 | 不定期 |
|---|---|---|---|---|---|
| 类型 | 契约型 | 上市日期 | | 托管人 | 中国工商银行 |
| 规模 | 27亿 | 投资风格 | | | |
| 管理人 名称 | 国投瑞银基金管理有限公司 | | | 电话 | 0755-82904132 |
| 管理人 地址 | 深圳市福田中心区深南大道4009号投资大厦第三层 | | | 邮编 | 518026 |

| | 年度 | 2006 | 2005 | 基金重仓股(2007年一季度) | |
|---|---|---|---|---|---|
| 主要财务指标 | 单位基金收益(元) | 0.0563 | | 证券名称 | 占净值比例 |
| | 单位基金可分配收益(元) | 0.1082 | | 民生银行 | 6.6% |
| | 单位基金净值(元) | 1.5532 | | 招商银行 | 5.23% |
| | 基金资产净值收益率(%) | | | 中信证券 | 4.66% |
| | 净收益(万元) | 15102.98 | | 浦发银行 | 3.99% |
| | 基金资产总值(万元) | 272765.23 | | 鞍钢股份 | 3.89% |
| | 基金资产净值(万元) | 253623.82 | | 太钢不锈 | 3.69% |
| 单位基金累计净值(元) | | 2.22(截止4.22) | | 万科A | 3.55% |
| 单位基金累计分红(元) | | 0.09 | | 南玻A | 3.47% |
| 历年分红 | | | | 歌华有线 | 3.16% |
| | | | | 苏宁电器 | 2.86% |

# 瑞银创新动力（128005）

| 名称 | 国投瑞银创新动力股票型证券投资基金 | 成立日期 | 2006/11/15 | 存续期 | 不定期 |
|---|---|---|---|---|---|
| 类型 | 契约型 | 上市日期 | | 托管人 | 光大银行 |
| 规模 | 15亿 | 投资风格 | 股票型 | | |
| 管理人 名称 | 国投瑞银基金管理有限公司 | | | 电话 | 0755-82904132 |
| 管理人 地址 | 深圳市福田中心区深南大道4009号投资大厦第三层 | | | 邮编 | 518026 |

| | 年度 | 2006 | 2005 | 基金重仓股(2007年一季度) | |
|---|---|---|---|---|---|
| 主要财务指标 | 单位基金收益(元) | | | 证券名称 | 占净值比例 |
| | 单位基金可分配收益(元) | | | 招商银行 | 7.41% |
| | 单位基金净值(元) | | | 中信证券 | 5.97% |
| | 基金资产净值收益率(%) | | | 苏宁电器 | 4.03% |
| | 净收益(万元) | | | 浦发银行 | 3.77% |
| | 基金资产总值(万元) | | | 鞍钢股份 | 3.27% |
| | 基金资产净值(万元) | | | 兰花科创 | 2.44% |
| 单位基金累计净值(元) | | 1.1396(截止4.22) | | 南玻A | 2.44% |
| 单位基金累计分红(元) | | 0.08 | | 长江电力 | 2.42% |
| 历年分红 | | | | 新安股份 | 2.41% |
| | | | | 烟台万华 | 2.26% |

## 银河银富货币（150005）

| 名称 | 银河银富货币市场基金 | 成立日期 | 2004/12/20 | 存续期 | 不定期 |
|---|---|---|---|---|---|
| 类型 | 契约型 | 上市日期 | | 托管人 | 交通银行 |
| 规模 | 19亿 | 投资风格 | 货币市场型 | | |
| 管理人 名称 | 银河基金管理有限公司 | 电话 | 021－65956688 | | |
| 管理人 地址 | 上海市虹口区东大名路908号金岸大厦三楼 | 邮编 | 200120 | | |

| 年度 | 2006 | 2005 | 基金重仓股(2007年一季度) | |
|---|---|---|---|---|
| 主要财务指标 单位基金收益(元) | | | 证券名称 | 占净值比例 |
| 单位基金可分配收益(元) | | | | |
| 单位基金净值(元) | 1 | 1 | | |
| 基金资产净值收益率(%) | | | | |
| 净收益(万元) | 3835.73 | 4764.6 | | |
| 基金资产总值(万元) | 41659.03 | 256548.62 | | |
| 基金资产净值(万元) | 41625.86 | 218967.14 | | |
| 单位基金累计净值(元) | | | | |
| 单位基金累计分红(元) | | | | |
| 历年分红 | | | | |

## 银泰理财分红（150103）

| 名称 | 银河银泰理财分红证券投资基金 | 成立日期 | 2004/03/30 | 存续期 | 不定期 |
|---|---|---|---|---|---|
| 类型 | 契约型 | 上市日期 | | 托管人 | 中国工商银行 |
| 规模 | 60亿 | 投资风格 | | | |
| 管理人 名称 | 银河基金管理有限公司 | 电话 | 021－65956688 | | |
| 管理人 地址 | 上海市虹口区东大名路908号金岸大厦三楼 | 邮编 | 200120 | | |

| 年度 | 2006 | 2005 | 基金重仓股(2007年一季度) | |
|---|---|---|---|---|
| 主要财务指标 单位基金收益(元) | 0.2418 | －0.0515 | 证券名称 | 占净值比例 |
| 单位基金可分配收益(元) | 0.6293 | －0.104 | 华夏银行 | 5.44% |
| 单位基金净值(元) | 1.8478 | 0.9178 | 第一食品 | 4.57% |
| 基金资产净值收益率(%) | 54.63 | －2.52 | 民生银行 | 3.74% |
| 净收益(万元) | 88731.84 | －22429.75 | 中信证券 | 3.21% |
| 基金资产总值(万元) | 121476.65 | 345813.08 | 中联重科 | 3.17% |
| 基金资产净值(万元) | 106220.82 | 338870.63 | 宝钢股份 | 2.98% |
| 单位基金累计净值(元) | 2.6547(截止4.22) | | 通程控股 | 2.31% |
| 单位基金累计分红(元) | 0.33 | | 张江高科 | 2.25% |
| 历年分红 | 06年:10派0.3 | | 中兴通讯 | 2.2% |
| | | | 海螺型材 | 2.13% |

## 银河稳健基金（151001）

| 名称 | 银河稳健证券投资基金 | 成立日期 | 2003/08/04 | 存续期 | 不定期 |
|---|---|---|---|---|---|
| 类型 | 契约型 | 上市日期 | | 托管人 | 中国农业银行 |
| 规模 | 12亿 | 投资风格 | | | |
| 管理人 名称 | 银河基金管理有限公司 | 电话 | 021－65956688 | | |
| 管理人 地址 | 上海市虹口区东大名路908号金岸大厦三楼 | 邮编 | 200120 | | |

| 年度 | 2006 | 2005 | 基金重仓股(2007年一季度) | |
|---|---|---|---|---|
| 主要财务指标 单位基金收益(元) | 1.1177 | －0.2129 | 证券名称 | 占净值比例 |
| 单位基金可分配收益(元) | 0.9376 | －0.1628 | 中信证券 | 4.4% |
| 单位基金净值(元) | 1.9913 | 0.9269 | 万科A | 4.24% |
| 基金资产净值收益率(%) | 93.75 | －24.15 | 第一食品 | 3.43% |
| 净收益(万元) | 19966.71 | －13677.96 | 招商银行 | 3.25% |
| 基金资产总值(万元) | 15088.2 | 50663.93 | 思源电气 | 3.13% |
| 基金资产净值(万元) | 12731.9 | 43182.55 | 中集集团 | 3.04% |
| 单位基金累计净值(元) | 2.7695(截止4.22) | | 中联重科 | 3% |
| 单位基金累计分红(元) | 1.255 | | 吉林敖东 | 2.92% |
| 历年分红 | 06年:10派0.6,10派0.6;04年:10派0.5 | | 宝钢股份 | 2.66% |
| | | | 苏宁电器 | 2.56% |

## 银河收益基金（151002）

| 名称 | 银河收益证券投资基金 | 成立日期 | 2003/08/04 | 存续期 | 不定期 |
|---|---|---|---|---|---|
| 类型 | 契约型 | 上市日期 | | 托管人 | 中国农业银行 |
| 规模 | 18亿 | 投资风格 | 偏债型 | | |
| 管理人 名称 | 银河基金管理有限公司 | 电话 | 021－65956688 | | |
| 管理人 地址 | 上海市虹口区东大名路908号金岸大厦三楼 | 邮编 | 200120 | | |

| 年度 | 2006 | 2005 | 基金重仓股(2007年一季度) | |
|---|---|---|---|---|
| 主要财务指标 单位基金收益(元) | 0.1857 | 0.1156 | 证券名称 | 占净值比例 |
| 单位基金可分配收益(元) | 0.3013 | 0.0382 | 福耀玻璃 | 2.25% |
| 单位基金净值(元) | 1.3013 | 1.0382 | 新华传媒 | 2.15% |
| 基金资产净值收益率(%) | 15.6 | 11.62 | 柳化股份 | 1.83% |
| 净收益(万元) | 4638.45 | 1709.9 | 云天化 | 1.17% |
| 基金资产总值(万元) | 58905.75 | 11045.63 | 双环科技 | 0.89% |
| 基金资产净值(万元) | 48799.66 | 10324.61 | 格力电器 | 0.86% |
| 单位基金累计净值(元) | 1.6806(截止4.22) | | 片仔癀 | 0.83% |
| 单位基金累计分红(元) | 0.3 | | 中宝股份 | 0.69% |
| 历年分红 | 06年:10派0.4,10派0.3;05年:10派0.5;04年:10派0.3 | | 中信证券 | 0.67% |
| | | | 兴业银行 | 0.62% |

## 深100ETF（159901）

| 名称 | 易方达深证100交易型开放式指数基金 | 成立日期 | 2006/03/24 | 存续期 | 不定期 |
|---|---|---|---|---|---|
| 类型 | 契约型 | 上市日期 | 2006/04/24 | 托管人 | 中国银行 |
| 规模 | 52亿 | 投资风格 | 指数型 | | |
| 管理人 名称 | 易方达基金管理有限公司 | 电话 | 020－38797888 | | |
| 管理人 地址 | 广州市体育西路189号27、28楼 | 邮编 | 510075 | | |

| 年度 | 2006 | 2005 | 基金重仓股(2007年一季度) | |
|---|---|---|---|---|
| 主要财务指标 单位基金收益(元) | 0.36 | | 证券名称 | 占净值比例 |
| 单位基金可分配收益(元) | 0.3649 | | 万科A | 8.57% |
| 单位基金净值(元) | 1.954 | | S深发展A | 4.21% |
| 基金资产净值收益率(%) | | | 五粮液 | 3.83% |
| 净收益(万元) | 84321.93 | | 中兴通讯 | 3.4% |
| 基金资产总值(万元) | 318121.91 | | 苏宁电器 | 3.04% |
| 基金资产净值(万元) | 314891.46 | | 中集集团 | 2.6% |
| 单位基金累计净值(元) | 3.378(截止4.22) | | 鞍钢股份 | 2.42% |
| 单位基金累计分红(元) | | | 太钢不锈 | 2.32% |
| 历年分红 | | | 美的电器 | 1.97% |
| | | | 中金岭南 | 1.69% |

## 中小板（159902）

| 名称 | 中小企业板交易型开放式指数基金 | 成立日期 | 2006/06/09 | 存续期 | 不定期 |
|---|---|---|---|---|---|
| 类型 | 契约型 | 上市日期 | 2006/09/05 | 托管人 | 中国建设银行 |
| 规模 | 40亿 | 投资风格 | 指数型 | | |
| 管理人 名称 | 华夏基金管理有限公司 | 电话 | 010－88066688 | | |
| 管理人 地址 | 北京市西城区金融大街33号通泰大厦B座8层 | 邮编 | 100032 | | |

| 年度 | 2006 | 2005 | 基金重仓股(2007年一季度) | |
|---|---|---|---|---|
| 主要财务指标 单位基金收益(元) | 0.0257 | | 证券名称 | 占净值比例 |
| 单位基金可分配收益(元) | 0.0404 | | 苏宁电器 | 17.83% |
| 单位基金净值(元) | 1.194 | | 华兰生物 | 3.49% |
| 基金资产净值收益率(%) | 2.5484 | | 大族激光 | 3.04% |
| 净收益(万元) | 8901.31 | | 科华生物 | 2.31% |
| 基金资产总值(万元) | 236675.88 | | 太阳纸业 | 2.13% |
| 基金资产净值(万元) | 234716.48 | | 天润发展 | 0.04% |
| 单位基金累计净值(元) | 2.071(截止4.22) | | 恒宝股份 | 0.04% |
| 单位基金累计分红(元) | | | 广博股份 | 0.04% |
| 历年分红 | | | 兴化股份 | 0.03% |
| | | | 冠福家用 | 0.03% |

# 南方积配（160105）

| 名称 | 南方积极配置证券投资基金 | 成立日期 | 2004/10/14 | 存续期 | 不定期 |
|---|---|---|---|---|---|
| 类型 | 契约型 | 上市日期 | 2004/12/20 | 托管人 | 中国工商银行 |
| 规模 | 35亿 | 投资风格 | | | |
| 管理人 名称 | 南方基金管理有限公司 | 电话 | 0755－82912000 | | |
| 管理人 地址 | 深圳市福田中心区深南大道4009号投资大厦七楼 | 邮编 | 518026 | | |

| 主要财务指标 年度 | 2006 | 2005 | 基金重仓股(2007年一季度) | |
|---|---|---|---|---|
| 单位基金收益(元) | 0.7785 | －0.0663 | 证券名称 | 占净值比例 |
| 单位基金可分配收益(元) | 0.0233 | －0.0735 | 招商银行 | 7.9% |
| 单位基金净值(元) | 1.1238 | 0.9514 | 万科A | 7.74% |
| 基金资产净值收益率(%) | | | 中信证券 | 7.34% |
| 净收益(万元) | 60065.22 | －11713.85 | 中集集团 | 4.62% |
| 基金资产总值(万元) | 369921.84 | 128492.36 | 贵州茅台 | 3.37% |
| 基金资产净值(万元) | 358013.29 | 127986.48 | 民生银行 | 3.22% |
| 单位基金累计净值(元) | 2.286(截止4.22) | | 中兴通讯 | 2.97% |
| 单位基金累计分红(元) | 1.055 | | 格力电器 | 1.98% |
| 历年分红 | 06年:10派6.85,10派2 | | 百联股份 | 1.83% |
| | | | 大秦铁路 | 1.78% |

# 南方高增（160106）

| 名称 | 南方高增长证券投资基金 | 成立日期 | 2005/07/13 | 存续期 | 不定期 |
|---|---|---|---|---|---|
| 类型 | 契约型 | 上市日期 | 2005/09/21 | 托管人 | 中国银行 |
| 规模 | 13亿 | 投资风格 | | | |
| 管理人 名称 | 南方基金管理有限公司 | 电话 | 0755－82912000 | | |
| 管理人 地址 | 深圳市福田中心区深南大道4009号投资大厦七楼 | 邮编 | 518026 | | |

| 主要财务指标 年度 | 2006 | 2005 | 基金重仓股(2007年一季度) | |
|---|---|---|---|---|
| 单位基金收益(元) | 0.3912 | 0.0096 | 证券名称 | 占净值比例 |
| 单位基金可分配收益(元) | 0.0172 | 0.0271 | 中信证券 | 9.864% |
| 单位基金净值(元) | 1.2455 | 1.0693 | 万科A | 9.659% |
| 基金资产净值收益率(%) | 32.58 | 0.96 | 烟台万华 | 7.878% |
| 净收益(万元) | 57250.34 | 948.76 | 沪东重机 | 7.853% |
| 基金资产总值(万元) | 1484707.56 | 60889.33 | 招商银行 | 7.378% |
| 基金资产净值(万元) | 1458740.78 | 53962.83 | 太钢不锈 | 5.894% |
| 单位基金累计净值(元) | 2.6215(截止4.22) | | 福耀玻璃 | 5.473% |
| 单位基金累计分红(元) | 0.904 | | 民生银行 | 4.527% |
| 历年分红 | 06年:10派0.57,10派0.5,10派0.5,10派7.47 | | 海油工程 | 3.137% |
| | | | S湘火炬 | 3.064% |

# 博时主题（160505）

| 名称 | 博时主题行业股票证券投资基金 | 成立日期 | 2005/01/06 | 存续期 | 不定期 |
|---|---|---|---|---|---|
| 类型 | 契约型 | 上市日期 | 2005/02/22 | 托管人 | 中国建设银行 |
| 规模 | 13亿 | 投资风格 | 股票型 | | |
| 管理人 名称 | 博时基金管理有限公司 | 电话 | 0755－3169999 | | |
| 管理人 地址 | 深圳市福田区深南大道招商银行大厦29层 | 邮编 | 518040 | | |

| 主要财务指标 年度 | 2006 | 2005 | 基金重仓股(2007年一季度) | |
|---|---|---|---|---|
| 单位基金收益(元) | 0.6695 | 0.0336 | 证券名称 | 占净值比例 |
| 单位基金可分配收益(元) | 0.0029 | 0.0104 | 中国联通 | 5.43% |
| 单位基金净值(元) | 1.0776 | 1.0104 | 上海汽车 | 5.37% |
| 基金资产净值收益率(%) | | | 长江电力 | 5.16% |
| 净收益(万元) | 51662.78 | 3524.37 | 保利地产 | 4.59% |
| 基金资产总值(万元) | 645470.25 | 122257.93 | S深发展A | 4.44% |
| 基金资产净值(万元) | 580126.74 | 111206.09 | 深能源A | 4.2% |
| 单位基金累计净值(元) | 2.5962(截止4.22) | | S兰铝 | 3.75% |
| 单位基金累计分红(元) | 0.921 | | 青岛啤酒 | 2.92% |
| 历年分红 | 06年:10派0.5,10派0.2,10派8.3;05年:10派0.21 | | 招商地产 | 2.79% |
| | | | 粤电力A | 2.38% |

# 普天债券(A)（160602）

| 名称 | 普天债券投资基金 | 成立日期 | 2003/07/12 | 存续期 | 不定期 |
|---|---|---|---|---|---|
| 类型 | 契约型 | 上市日期 | | 托管人 | 交通银行 |
| 规模 | 8亿 | 投资风格 | 债券型 | | |
| 管理人 名称 | 鹏华基金管理有限公司 | 电话 | 0755－82021233 | | |
| 管理人 地址 | 深圳市中心区深圳国际商会中心43层 | 邮编 | 518001 | | |

| 主要财务指标 年度 | 2006 | 2005 | 基金重仓股(2007年一季度) | |
|---|---|---|---|---|
| 单位基金收益(元) | 0.0763 | 0.005 | 证券名称 | 占净值比例 |
| 单位基金可分配收益(元) | 0.0458 | －0.0085 | 金陵饭店 | 0.03% |
| 单位基金净值(元) | 1.046 | 0.991 | 金陵饭店 | 0.03% |
| 基金资产净值收益率(%) | 7.47 | 0.52 | 湘潭电化 | 0.02% |
| 净收益(万元) | 669.83 | 43.26 | 湘潭电化 | 0.02% |
| 基金资产总值(万元) | 14214.26 | 7039.2 | | |
| 基金资产净值(万元) | 14135.16 | 6986.45 | | |
| 单位基金累计净值(元) | 1.155(截止4.22) | | | |
| 单位基金累计分红(元) | 0.129 | | | |
| 历年分红 | 06年:10派0.1,10派0.2;04年:10派0.1,10派0.25 | | | |

# 普天收益基金（160603）

| 名称 | 普天收益证券投资基金 | 成立日期 | 2003/07/12 | 存续期 | 不定期 |
|---|---|---|---|---|---|
| 类型 | 契约型 | 上市日期 | | 托管人 | 交通银行 |
| 规模 | 3亿 | 投资风格 | 收益型 | | |
| 管理人 名称 | 鹏华基金管理有限公司 | 电话 | 0755－82021233 | | |
| 管理人 地址 | 深圳市中心区深圳国际商会中心43层 | 邮编 | 518001 | | |

| 主要财务指标 年度 | 2006 | 2005 | 基金重仓股(2007年一季度) | |
|---|---|---|---|---|
| 单位基金收益(元) | 0.9542 | －0.0458 | 证券名称 | 占净值比例 |
| 单位基金可分配收益(元) | 0.4185 | －0.0577 | 中信证券 | 3.22% |
| 单位基金净值(元) | 1.666 | 1.031 | 招商银行 | 3.15% |
| 基金资产净值收益率(%) | 71.07 | －4.54 | 民生银行 | 3.01% |
| 净收益(万元) | 15281.19 | －1163.11 | 锡业股份 | 2.91% |
| 基金资产总值(万元) | 25188.98 | 22744.31 | 浦发银行 | 2.9% |
| 基金资产净值(万元) | 19567.64 | 22456.68 | 许继电气 | 2.87% |
| 单位基金累计净值(元) | 2.689(截止4.22) | | 鞍钢股份 | 2.64% |
| 单位基金累计分红(元) | 1.31 | | 宝钛股份 | 2.62% |
| 历年分红 | 06年:10派2,10派0.3送0,10派0.3,10派0.5,10派0.3,10派0.3,10派0.4,10派0.6;05年:10派0.2;04年:10派0.4,10派0.2 | | 太阳纸业 | 2.61% |
| | | | 万科A | 2.4% |

# 鹏华中国50基金（160605）

| 名称 | 鹏华中国50开放式证券投资基金 | 成立日期 | 2004/05/12 | 存续期 | 不定期 |
|---|---|---|---|---|---|
| 类型 | 契约型 | 上市日期 | | 托管人 | 交通银行 |
| 规模 | 24亿 | 投资风格 | 平衡型 | | |
| 管理人 名称 | 鹏华基金管理有限公司 | 电话 | 0755－82021233 | | |
| 管理人 地址 | 深圳市中心区深圳国际商会中心43层 | 邮编 | 518001 | | |

| 主要财务指标 年度 | 2006 | 2005 | 基金重仓股(2007年一季度) | |
|---|---|---|---|---|
| 单位基金收益(元) | 0.8509 | －0.0278 | 证券名称 | 占净值比例 |
| 单位基金可分配收益(元) | 0.5778 | －0.044 | 中国联通 | 3.62% |
| 单位基金净值(元) | 2.143 | 1.001 | 中国石化 | 3.37% |
| 基金资产净值收益率(%) | 64.77 | －2.91 | 万科A | 3.21% |
| 净收益(万元) | 40496.27 | －4600.24 | 贵州茅台 | 2.99% |
| 基金资产总值(万元) | 67998.3 | 127261.18 | 青岛海尔 | 2.8% |
| 基金资产净值(万元) | 67517.46 | 125673.84 | 中信证券 | 2.65% |
| 单位基金累计净值(元) | 2.982(截止4.22) | | 民生银行 | 2.53% |
| 单位基金累计分红(元) | 1.609 | | 大秦铁路 | 2.28% |
| 历年分红 | 06年:10派0.8,10派0.3,10派0.3,10派0.3,10派0.2,10派0.3,10派0.3 | | 紫江企业 | 2.26% |
| | | | 西山煤电 | 2.1% |

# 鹏华货币（160606）

| 名称 | 鹏华货币市场证券投资基金 | 成立日期 | 2005/04/12 | 存续期 | 不定期 |
| --- | --- | --- | --- | --- | --- |
| 类型 | 契约型 | 上市日期 | | 托管人 | 中国农业银行 |
| 规模 | 34亿 | 投资风格 | 货币市场型 | | |
| 管理人 名称 | 鹏华基金管理有限公司 | | 电话 | 0755-82021233 | |
| 管理人 地址 | 深圳市中心区深圳国际商会中心43层 | | 邮编 | 518001 | |

| | 年度 | 2006 | 2005 | 基金重仓股(2007年一季度) | |
| --- | --- | --- | --- | --- | --- |
| 主要财务指标 | 单位基金收益(元) | | | 证券名称 | 占净值比例 |
| | 单位基金可分配收益(元) | | | | |
| | 单位基金净值(元) | 1 | 1 | | |
| | 基金资产净值收益率(%) | | | | |
| | 净收益(万元) | 5091.15 | 3650.17 | | |
| | 基金资产总值(万元) | 44190.14 | 311494.8 | | |
| | 基金资产净值(万元) | 43939.84 | 310232.85 | | |
| 单位基金累计净值(元) | | | | | |
| 单位基金累计分红(元) | | | | | |
| 历年分红 | | | | | |

# 嘉实300（160706）

| 名称 | 嘉实沪深300指数证券投资基金 | 成立日期 | 2005/08/29 | 存续期 | 不定期 |
| --- | --- | --- | --- | --- | --- |
| 类型 | 契约型 | 上市日期 | 2005/10/17 | 托管人 | 中国银行 |
| 规模 | 9亿 | 投资风格 | 指数型 | | |
| 管理人 名称 | 嘉实基金管理有限公司 | | 电话 | (010)65188866 | |
| 管理人 地址 | 北京市建国门北大街8号华润大厦8层 | | 邮编 | 100005 | |

| | 年度 | 2006 | 2005 | 基金重仓股(2007年一季度) | |
| --- | --- | --- | --- | --- | --- |
| 主要财务指标 | 单位基金收益(元) | 0.4855 | -0.0026 | 证券名称 | 占净值比例 |
| | 单位基金可分配收益(元) | 0.2394 | -0.0192 | 招商银行 | 4.17% |
| | 单位基金净值(元) | 1.732 | 0.981 | 民生银行 | 3.27% |
| | 基金资产净值收益率(%) | | | 中信证券 | 2.84% |
| | 净收益(万元) | 16289.05 | -244.25 | 万科A | 2.34% |
| | 基金资产总值(万元) | 56398.59 | 100118.72 | 宝钢股份 | 1.92% |
| | 基金资产净值(万元) | 56035.8 | 94551.95 | 工商银行 | 1.86% |
| 单位基金累计净值(元) | | 2.591(截止4.22) | | 中国联通 | 1.77% |
| 单位基金累计分红(元) | | 1.239 | | 浦发银行 | 1.72% |
| 历年分红 | | 06年:10派1.5,10派0.3,10派0.7 | | 中国平安 | 1.66% |
| | | | | 长江电力 | 1.57% |

# 鹏华价值（160607）

| 名称 | 鹏华价值优势股票型证券投资基金 | 成立日期 | 2006/07/18 | 存续期 | 不定期 |
| --- | --- | --- | --- | --- | --- |
| 类型 | 契约型 | 上市日期 | 2006/09/18 | 托管人 | 中国建设银行 |
| 规模 | 19亿 | 投资风格 | 股票型 | | |
| 管理人 名称 | 鹏华基金管理有限公司 | | 电话 | 0755-82021233 | |
| 管理人 地址 | 深圳市中心区深圳国际商会中心43层 | | 邮编 | 518001 | |

| | 年度 | 2006 | 2005 | 基金重仓股(2007年一季度) | |
| --- | --- | --- | --- | --- | --- |
| 主要财务指标 | 单位基金收益(元) | 0.1231 | | 证券名称 | 占净值比例 |
| | 单位基金可分配收益(元) | 0.0984 | | 苏泊尔 | 4.34% |
| | 单位基金净值(元) | 1.441 | | 招商银行 | 4.29% |
| | 基金资产净值收益率(%) | 11.38 | | 民生银行 | 3.88% |
| | 净收益(万元) | 20927.55 | | 万科A | 3.71% |
| | 基金资产总值(万元) | 183812.92 | | 长江电力 | 3.71% |
| | 基金资产净值(万元) | 180654.64 | | 苏宁电器 | 3.26% |
| 单位基金累计净值(元) | | 2.156(截止4.22) | | 贵州茅台 | 3.18% |
| 单位基金累计分红(元) | | 0.17 | | 青岛海尔 | 2.89% |
| 历年分红 | | 06年:10派0.5 | | 博瑞传播 | 2.87% |
| | | | | 大秦铁路 | 2.69% |

# 长盛同智（160805）

| 名称 | 长盛同智优势成长混合型证券投资基金 | 成立日期 | 2007/01/05 | 存续期 | 不定期 |
| --- | --- | --- | --- | --- | --- |
| 类型 | 契约型 | 上市日期 | 2007/02/16 | 托管人 | 中国银行 |
| 规模 | 118亿 | 投资风格 | 混合型 | | |
| 管理人 名称 | 长盛基金管理有限公司 | | 电话 | 010-82255818 | |
| 管理人 地址 | 北京市海淀区北太平庄路18号城建大厦A座21层 | | 邮编 | 100088 | |

| | 年度 | 2006 | 2005 | 基金重仓股(2007年一季度) | |
| --- | --- | --- | --- | --- | --- |
| 主要财务指标 | 单位基金收益(元) | | | 证券名称 | 占净值比例 |
| | 单位基金可分配收益(元) | | | 中信证券 | 5.98% |
| | 单位基金净值(元) | | | 中集集团 | 4.15% |
| | 基金资产净值收益率(%) | | | 万科A | 3.33% |
| | 净收益(万元) | | | 招商银行 | 3.26% |
| | 基金资产总值(万元) | | | 长江电力 | 2.9% |
| | 基金资产净值(万元) | | | 三一重工 | 2.81% |
| 单位基金累计净值(元) | | 1.2303(截止4.22) | | 苏宁电器 | 2.71% |
| 单位基金累计分红(元) | | | | 大秦铁路 | 2.53% |
| 历年分红 | | | | 上海机电 | 2.43% |
| | | | | 贵州茅台 | 2.39% |

# 鹏华动力（160610）

| 名称 | 鹏华动力增长混合型证券投资基金 | 成立日期 | 2007/01/09 | 存续期 | 不定期 |
| --- | --- | --- | --- | --- | --- |
| 类型 | 契约型 | 上市日期 | 2007/03/09 | 托管人 | 中国农业银行 |
| 规模 | 110亿 | 投资风格 | 混合型 | | |
| 管理人 名称 | 鹏华基金管理有限公司 | | 电话 | 0755-82021233 | |
| 管理人 地址 | 深圳市中心区深圳国际商会中心43层 | | 邮编 | 518001 | |

| | 年度 | 2006 | 2005 | 基金重仓股(2007年一季度) | |
| --- | --- | --- | --- | --- | --- |
| 主要财务指标 | 单位基金收益(元) | | | 证券名称 | 占净值比例 |
| | 单位基金可分配收益(元) | | | 中信证券 | 4.64% |
| | 单位基金净值(元) | | | 民生银行 | 3.93% |
| | 基金资产净值收益率(%) | | | 浦发银行 | 3.76% |
| | 净收益(万元) | | | 招商银行 | 2.68% |
| | 基金资产总值(万元) | | | 万科A | 2.61% |
| | 基金资产净值(万元) | | | 锡业股份 | 2.13% |
| 单位基金累计净值(元) | | 1.342(截止4.22) | | 宝钛股份 | 2.1% |
| 单位基金累计分红(元) | | | | 华侨城A | 2.05% |
| 历年分红 | | | | 鞍钢股份 | 1.89% |
| | | | | 中远航运 | 1.76% |

# 富国天惠（161005）

| 名称 | 富国天惠精选成长混合型证券投资基金 | 成立日期 | 2005/11/16 | 存续期 | 不定期 |
| --- | --- | --- | --- | --- | --- |
| 类型 | 契约型 | 上市日期 | 2006/02/16 | 托管人 | 中国工商银行 |
| 规模 | 6亿 | 投资风格 | 混合型 | | |
| 管理人 名称 | 富国基金管理有限公司 | | 电话 | 021-68597788 | |
| 管理人 地址 | 上海市浦东新区花园石桥路33号花旗集团大厦5,6层 | | 邮编 | 200120 | |

| | 年度 | 2006 | 2005 | 基金重仓股(2007年一季度) | |
| --- | --- | --- | --- | --- | --- |
| 主要财务指标 | 单位基金收益(元) | 0.9798 | 0.0001 | 证券名称 | 占净值比例 |
| | 单位基金可分配收益(元) | 0.5311 | 0.0001 | 贵州茅台 | 9.65% |
| | 单位基金净值(元) | 1.573 | 1.0228 | 苏宁电器 | 9.41% |
| | 基金资产净值收益率(%) | | | 中信证券 | 6.2% |
| | 净收益(万元) | 33014.19 | 4.65 | 招商银行 | 5.75% |
| | 基金资产总值(万元) | 49660.88 | 59916.71 | 海螺水泥 | 5.58% |
| | 基金资产净值(万元) | 44026.16 | 59810.99 | 上海机场 | 5.33% |
| 单位基金累计净值(元) | | 2.4327(截止4.22) | | 中兴通讯 | 5.02% |
| 单位基金累计分红(元) | | 1.2 | | 烟台万华 | 4.57% |
| 历年分红 | | 06年:10派0.3,10派0.5,10派0.4,10派5.3,10派3,10派2,10派0.5 | | 万科A | 3.68% |
| | | | | 中国人寿 | 3.45% |

# 融通新蓝筹（161601）

| 名称 | 融通新蓝筹证券投资基金 | 成立日期 | 2002/09/13 | 存续期 | 不定期 |
|---|---|---|---|---|---|
| 类型 | 契约型 | 上市日期 | | 托管人 | 中国建设银行 |
| 规模 | 22亿 | 投资风格 | 平衡型 | | |
| 管理人 名称 | 融通基金管理有限公司 | 电话 | 0755-82950696 | | |
| 管理人 地址 | 深圳市南山区华侨城汉唐大厦13、14层 | 邮编 | 518048 | | |

| 主要财务指标 年度 | 2006 | 2005 | 基金重仓股(2007年一季度) | |
|---|---|---|---|---|
| | | | 证券名称 | 占净值比例 |
| 单位基金收益(元) | 0.8371 | -0.0729 | | |
| 单位基金可分配收益(元) | 0.622 | -0.0741 | 招商银行 | 6.16% |
| 单位基金净值(元) | 1.8303 | 1.019 | 烟台万华 | 4.36% |
| 基金资产净值收益率(%) | | | 华侨城A | 4.32% |
| 净收益(万元) | 65916.12 | -7970.18 | 中信证券 | 3.95% |
| 基金资产总值(万元) | 108795.44 | 115091.95 | 新中基 | 3.78% |
| 基金资产净值(万元) | 90174.71 | 108391.59 | S深发展A | 3.77% |
| 单位基金累计净值(元) | 2.7869(截止4.22) | | 民生银行 | 3.71% |
| 单位基金累计分红(元) | 1.565 | | 六国化工 | 3.26% |
| 历年分红 | 06年:10派0.8,10派1.5;04年:10派0.3,10派0.45 | | 苏宁电器 | 3.12% |
| | | | 农产品 | 3.05% |

# 融通蓝筹成长（161605）

| 名称 | 融通蓝筹成长证券投资基金 | 成立日期 | 2003/09/30 | 存续期 | 不定期 |
|---|---|---|---|---|---|
| 类型 | 契约型 | 上市日期 | | 托管人 | 中国工商银行 |
| 规模 | 8亿 | 投资风格 | 平衡型 | | |
| 管理人 名称 | 融通基金管理有限公司 | 电话 | 0755-82950696 | | |
| 管理人 地址 | 深圳市南山区华侨城汉唐大厦13、14层 | 邮编 | 518048 | | |

| 主要财务指标 年度 | 2006 | 2005 | 基金重仓股(2007年一季度) | |
|---|---|---|---|---|
| | | | 证券名称 | 占净值比例 |
| 单位基金收益(元) | 0.6784 | -0.0375 | | |
| 单位基金可分配收益(元) | 0.485 | -0.0583 | 中信证券 | 5.21% |
| 单位基金净值(元) | 1.679 | 1.031 | 招商银行 | 4.4% |
| 基金资产净值收益率(%) | | | 民生银行 | 3.85% |
| 净收益(万元) | 29659.99 | -2326.21 | 长江电力 | 3.25% |
| 基金资产总值(万元) | 47818.86 | 80980.15 | 苏宁电器 | 3.11% |
| 基金资产净值(万元) | 47385.26 | 72896.91 | S南航 | 2.7% |
| 单位基金累计净值(元) | 2.304(截止4.22) | | 烟台万华 | 2.61% |
| 单位基金累计分红(元) | 1.13 | | 万科A | 2.53% |
| 历年分红 | 06年:10派1,10派0.5;04年:10派0.28,10派0.42,10派0.22,10派0.1 | | 中国联通 | 2.4% |
| | | | 太钢不锈 | 2.37% |

# 融通债券基金（161603）

| 名称 | 融通债券投资基金 | 成立日期 | 2003/09/30 | 存续期 | 不定期 |
|---|---|---|---|---|---|
| 类型 | 契约型 | 上市日期 | | 托管人 | 中国工商银行 |
| 规模 | 9亿 | 投资风格 | 债券型 | | |
| 管理人 名称 | 融通基金管理有限公司 | 电话 | 0755-82950696 | | |
| 管理人 地址 | 深圳市南山区华侨城汉唐大厦13、14层 | 邮编 | 518048 | | |

| 主要财务指标 年度 | 2006 | 2005 | 基金重仓股(2007年一季度) | |
|---|---|---|---|---|
| 单位基金收益(元) | 0.1546 | 0.0404 | 证券名称 | 占净值比例 |
| 单位基金可分配收益(元) | 0.0651 | 0.0342 | | |
| 单位基金净值(元) | 1.065 | 1.034 | | |
| 基金资产净值收益率(%) | | | | |
| 净收益(万元) | 4049.15 | 1211.02 | | |
| 基金资产总值(万元) | 27688.61 | 36425.06 | | |
| 基金资产净值(万元) | 22870.61 | 31047.4 | | |
| 单位基金累计净值(元) | 1.347(截止4.22) | | | |
| 单位基金累计分红(元) | 0.175 | | | |
| 历年分红 | 06年:10派0.4,10派0.34,10派0.3;05年:10派0.3;04年:10派0.1,10派0.2 | | | |

# 融通行业景气（161606）

| 名称 | 融通行业景气证券投资基金 | 成立日期 | 2004/04/29 | 存续期 | 不定期 |
|---|---|---|---|---|---|
| 类型 | 契约型 | 上市日期 | | 托管人 | 交通银行 |
| 规模 | 25亿 | 投资风格 | | | |
| 管理人 名称 | 融通基金管理有限公司 | 电话 | 0755-82950696 | | |
| 管理人 地址 | 深圳市南山区华侨城汉唐大厦13、14层 | 邮编 | 518048 | | |

| 主要财务指标 年度 | 2006 | 2005 | 基金重仓股(2007年一季度) | |
|---|---|---|---|---|
| 单位基金收益(元) | 0.8052 | -0.1062 | 证券名称 | 占净值比例 |
| 单位基金可分配收益(元) | 0.6688 | -0.1247 | 招商银行 | 4.87% |
| 单位基金净值(元) | 1.798 | 0.936 | 民生银行 | 4.62% |
| 基金资产净值收益率(%) | | | 中集集团 | 4.4% |
| 净收益(万元) | 43990.36 | -16701.94 | 中国石化 | 4.31% |
| 基金资产总值(万元) | 59187.5 | 118418.5 | 长江电力 | 3.96% |
| 基金资产净值(万元) | 58541.88 | 116424.74 | 中兴通讯 | 3.91% |
| 单位基金累计净值(元) | 2.403(截止4.22) | | 广州国光 | 3.9% |
| 单位基金累计分红(元) | 1.17 | | 宝钢股份 | 3.23% |
| 历年分红 | 06年:10派0.6 | | 鞍钢股份 | 3.1% |
| | | | 福田汽车 | 3.07% |

# 融通深证100（161604）

| 名称 | 融通深证100指数证券投资基金 | 成立日期 | 2003/09/30 | 存续期 | 不定期 |
|---|---|---|---|---|---|
| 类型 | 契约型 | 上市日期 | | 托管人 | 中国工商银行 |
| 规模 | 5亿 | 投资风格 | 指数型 | | |
| 管理人 名称 | 融通基金管理有限公司 | 电话 | 0755-82950696 | | |
| 管理人 地址 | 深圳市南山区华侨城汉唐大厦13、14层 | 邮编 | 518048 | | |

| 主要财务指标 年度 | 2006 | 2005 | 基金重仓股(2007年一季度) | |
|---|---|---|---|---|
| 单位基金收益(元) | 0.5031 | -0.0864 | 证券名称 | 占净值比例 |
| 单位基金可分配收益(元) | 0.1602 | -0.1981 | 万科A | 8.13% |
| 单位基金净值(元) | 1.338 | 0.802 | S深发展A | 5.54% |
| 基金资产净值收益率(%) | | | 五粮液 | 3.78% |
| 净收益(万元) | 28302.99 | -8468.66 | 云南铜业 | 3.06% |
| 基金资产总值(万元) | 73443.3 | 68231.31 | 中兴通讯 | 3% |
| 基金资产净值(万元) | 71346.67 | 67422.73 | | |
| 单位基金累计净值(元) | 2.423(截止4.22) | | | |
| 单位基金累计分红(元) | 1.07 | | | |
| 历年分红 | 06年:10派0.6,10派0.5,10派0.2,10派1.2,10派0.5;04年:10派0.2,10派0.4,10派0.2,10派0.31,10派0.2 | | | |

# 融通巨潮100（161607）

| 名称 | 融通巨潮100指数证券投资基金 | 成立日期 | 2005/05/12 | 存续期 | 不定期 |
|---|---|---|---|---|---|
| 类型 | 契约型 | 上市日期 | 2005/06/16 | 托管人 | 中国工商银行 |
| 规模 | 5亿 | 投资风格 | 指数型 | | |
| 管理人 名称 | 融通基金管理有限公司 | 电话 | 0755-82950696 | | |
| 管理人 地址 | 深圳市南山区华侨城汉唐大厦13、14层 | 邮编 | 518048 | | |

| 主要财务指标 年度 | 2006 | 2005 | 基金重仓股(2007年一季度) | |
|---|---|---|---|---|
| 单位基金收益(元) | 0.5619 | 0.05 | 证券名称 | 占净值比例 |
| 单位基金可分配收益(元) | 0.0209 | 0.0124 | 招商银行 | 5.43% |
| 单位基金净值(元) | 1.298 | 1.012 | 中信证券 | 4.55% |
| 基金资产净值收益率(%) | | | 民生银行 | 3.86% |
| 净收益(万元) | 16035.69 | 1491.31 | S深发展A | 3.7% |
| 基金资产总值(万元) | 99579.22 | 25656.47 | 万科A | 3.5% |
| 基金资产净值(万元) | 98140.31 | 25254.66 | 重庆啤酒 | 1.42% |
| 单位基金累计净值(元) | 2.51(截止4.22) | | 渝三峡A | 0.88% |
| 单位基金累计分红(元) | 1.13 | | 通化东宝 | 0.82% |
| 历年分红 | 06年:10派1.2,10派0.6,10派0.5,10派0.1,10派0.5,10派0.5,10派0.5,10派0.5,10派1.2,10派05年:10派0.2,10派0.3 | | | |

# 融通易货币（161608）

| 名称 | 融通易支付货币市场证券投资基金 | 成立日期 | 2006/01/19 | 存续期 | 不定期 |
|---|---|---|---|---|---|
| 类型 | 契约型 | 上市日期 | | 托管人 | 中国民生银行 |
| 规模 | 28亿 | 投资风格 | 货币市场型 | | |
| 管理人 名称 | 融通基金管理有限公司 | | | 电话 | 0755－82950696 |
| 管理人 地址 | 深圳市南山区华侨城汉唐大厦13、14层 | | | 邮编 | 518048 |

| 年度 | 2006 | 2005 | 基金重仓股(2007年一季度) | |
|---|---|---|---|---|
| 主要财务指标 单位基金收益(元) | | | 证券名称 | 占净值比例 |
| 单位基金可分配收益(元) | | | | |
| 单位基金净值(元) | 1 | | | |
| 基金资产净值收益率(%) | | | | |
| 净收益(万元) | 3390.96 | | | |
| 基金资产总值(万元) | 23776.26 | | | |
| 基金资产净值(万元) | 23709.89 | | | |
| 单位基金累计净值(元) | | | | |
| 单位基金累计分红(元) | | | | |
| 历年分红 | | | | |

# 万家保本（161902）

| 名称 | 万家保本增值证券投资基金 | 成立日期 | 2004/09/28 | 存续期 | 不定期 |
|---|---|---|---|---|---|
| 类型 | 契约型 | 上市日期 | | 托管人 | 中国农业银行 |
| 规模 | 22亿 | 投资风格 | | | |
| 管理人 名称 | 万家基金管理有限公司 | | | 电话 | 021－38619999 |
| 管理人 地址 | 上海市浦东新区福山路450号新天国际大厦23层 | | | 邮编 | 200122 |

| 年度 | 2006 | 2005 | 基金重仓股(2007年一季度) | |
|---|---|---|---|---|
| 主要财务指标 单位基金收益(元) | 0.1118 | 0.0678 | 证券名称 | 占净值比例 |
| 单位基金可分配收益(元) | 0.0932 | 0.0325 | *ST新天 | 2.57% |
| 单位基金净值(元) | 1.1598 | 1.0325 | 合加资源 | 2.07% |
| 基金资产净值收益率(%) | | | 大众交通 | 1.67% |
| 净收益(万元) | 11613.65 | 10941.3 | 中国人寿 | 1.63% |
| 基金资产总值(万元) | 106790.86 | 158104.04 | 中国平安 | 1.56% |
| 基金资产净值(万元) | 93988.04 | 137291.59 | 中金岭南 | 1.18% |
| 单位基金累计净值(元) | 1.3793(截止4.22) | | 烟台万华 | 0.98% |
| 单位基金累计分红(元) | 0.104 | | 中信证券 | 0.98% |
| 历年分红 | 06年:10派0.13，10派0.13，10派0.13，10派0.13；05年:10派0.13，10派0.13；04年:10派0.13 | | 火箭股份 | 0.89% |
| | | | 兴业银行 | 0.78% |

# 融通动力先锋（161609）

| 名称 | 融通动力先锋股票型证券投资基金 | 成立日期 | 2006/11/15 | 存续期 | 不定期 |
|---|---|---|---|---|---|
| 类型 | 契约型 | 上市日期 | | 托管人 | 中国工商银行 |
| 规模 | 34亿 | 投资风格 | 股票型 | | |
| 管理人 名称 | 融通基金管理有限公司 | | | 电话 | 0755－82950696 |
| 管理人 地址 | 深圳市南山区华侨城汉唐大厦13、14层 | | | 邮编 | 518048 |

| 年度 | 2006 | 2005 | 基金重仓股(2007年一季度) | |
|---|---|---|---|---|
| 主要财务指标 单位基金收益(元) | | | 证券名称 | 占净值比例 |
| 单位基金可分配收益(元) | | | 中信证券 | 5.44% |
| 单位基金净值(元) | | | 民生银行 | 5.24% |
| 基金资产净值收益率(%) | | | S南航 | 4.7% |
| 净收益(万元) | | | 长江电力 | 4.12% |
| 基金资产总值(万元) | | | 贵州茅台 | 4% |
| 基金资产净值(万元) | | | 招商银行 | 3.66% |
| 单位基金累计净值(元) | 1.689(截止4.22) | | 万科A | 3.43% |
| 单位基金累计分红(元) | 0.1 | | 浦发银行 | 3.38% |
| 历年分红 | | | 辽宁成大 | 3.06% |
| | | | 武钢股份 | 3.06% |

# 万家公用（161903）

| 名称 | 万家公用事业行业股票型证券投资基金 | 成立日期 | 2005/07/15 | 存续期 | 不定期 |
|---|---|---|---|---|---|
| 类型 | 契约型 | 上市日期 | 2005/08/15 | 托管人 | 交通银行 |
| 规模 | 3亿 | 投资风格 | | | |
| 管理人 名称 | 万家基金管理有限公司 | | | 电话 | 021－38619999 |
| 管理人 地址 | 上海市浦东新区福山路450号新天国际大厦23层 | | | 邮编 | 200122 |

| 年度 | 2006 | 2005 | 基金重仓股(2007年一季度) | |
|---|---|---|---|---|
| 主要财务指标 单位基金收益(元) | 0.4763 | －0.0106 | 证券名称 | 占净值比例 |
| 单位基金可分配收益(元) | 0.0381 | －0.0401 | 赣粤高速 | 8.76% |
| 单位基金净值(元) | 1.0561 | 0.9815 | 中国石化 | 8.75% |
| 基金资产净值收益率(%) | | | 中海发展 | 8.74% |
| 净收益(万元) | 2243.73 | －141.75 | 中国联通 | 8.72% |
| 基金资产总值(万元) | 7080 | 17762.7 | 深赤湾A | 6.36% |
| 基金资产净值(万元) | 6219.61 | 13792.01 | 中兴通讯 | 2.99% |
| 单位基金累计净值(元) | 2.0448(截止4.22) | | 兴业银行 | 0.51% |
| 单位基金累计分红(元) | 0.73 | | 威海广泰 | 0.24% |
| 历年分红 | 06年:10派4.6 | | 中国平安 | 0.15% |
| | | | 沃华医药 | 0.07% |

# 招商成长（161706）

| 名称 | 招商优质成长股票型证券投资基金 | 成立日期 | 2005/11/17 | 存续期 | 不定期 |
|---|---|---|---|---|---|
| 类型 | 契约型 | 上市日期 | 2005/12/09 | 托管人 | 中信银行 |
| 规模 | 7亿 | 投资风格 | 股票型 | | |
| 管理人 名称 | 招商基金管理有限公司 | | | 电话 | (0755)83196666 |
| 管理人 地址 | 深圳市深南大道7088号招商银行大厦28层 | | | 邮编 | 518040 |

| 年度 | 2006 | 2005 | 基金重仓股(2007年一季度) | |
|---|---|---|---|---|
| 主要财务指标 单位基金收益(元) | 0.5051 | 0.004 | 证券名称 | 占净值比例 |
| 单位基金可分配收益(元) | 0.1973 | 0.0058 | 浦发银行 | 5.34% |
| 单位基金净值(元) | 2.0291 | 1.0317 | 长江电力 | 4.8% |
| 基金资产净值收益率(%) | 35.07 | 0.4 | 民生银行 | 3.83% |
| 净收益(万元) | 14801.3 | | 贵州茅台 | 3.68% |
| 基金资产总值(万元) | 86281.15 | | 天音控股 | 2.93% |
| 基金资产净值(万元) | 85593.41 | | 宝钢股份 | 2.78% |
| 单位基金累计净值(元) | 3.0728(截止4.22) | | 金融街 | 2.69% |
| 单位基金累计分红(元) | 0.6 | | 中国石化 | 2.56% |
| 历年分红 | 06年:10派1，10派0.5，10派0.35，10派2；05年:10派0.15 | | 新安股份 | 2.37% |
| | | | 盐湖钾肥 | 2.34% |

# 久富核心（162006）

| 名称 | 长城久富核心成长股票型证券投资基金 | 成立日期 | 2007/02/12 | 存续期 | 不定期 |
|---|---|---|---|---|---|
| 类型 | 契约型 | 上市日期 | | 托管人 | 交通银行 |
| 规模 | 91亿 | 投资风格 | 股票型 | | |
| 管理人 名称 | 长城基金管理有限公司 | | | 电话 | 0755－3662688 |
| 管理人 地址 | 深圳市深南中路2066号华能大厦25层 | | | 邮编 | 518031 |

| 年度 | 2006 | 2005 | 基金重仓股(2007年一季度) | |
|---|---|---|---|---|
| 主要财务指标 单位基金收益(元) | | | 证券名称 | 占净值比例 |
| 单位基金可分配收益(元) | | | 金发科技 | 3.31% |
| 单位基金净值(元) | | | 招商银行 | 3.15% |
| 基金资产净值收益率(%) | | | 浦发银行 | 3.05% |
| 净收益(万元) | | | 歌华有线 | 2.86% |
| 基金资产总值(万元) | | | 中信证券 | 2.35% |
| 基金资产净值(万元) | | | 泸州老窖 | 2.32% |
| 单位基金累计净值(元) | 1.41(截止4.22) | | 中国平安 | 1.67% |
| 单位基金累计分红(元) | 0.6 | | 中青旅 | 1.45% |
| 历年分红 | | | 中国银行 | 1.39% |
| | | | 中国联通 | 1.36% |

# 金鹰中小盘（162102）

| 名称 | 金鹰中小盘精选证券投资基金 | 成立日期 | 2004/05/27 | 存续期 | 不定期 |
|---|---|---|---|---|---|
| 类型 | 契约型 | 上市日期 | | 托管人 | 交通银行 |
| 规模 | 5亿 | 投资风格 | | | |
| 管理人 名称 | 金鹰基金管理有限公司 | | | 电话 | (020)83282610 |
| 管理人 地址 | 广州市沿江中路298号江湾商业大厦22楼 | | | 邮编 | 510100 |

| 主要财务指标 年度 | 2006 | 2005 | 基金重仓股(2007年一季度) | |
|---|---|---|---|---|
| | | | 证券名称 | 占净值比例 |
| 单位基金收益(元) | 0.9404 | -0.1291 | 航天电器 | 9.96% |
| 单位基金可分配收益(元) | 0.0336 | -0.1435 | 莱钢股份 | 9.91% |
| 单位基金净值(元) | 1.0336 | 0.8951 | 新中基 | 7.44% |
| 基金资产净值收益率(%) | | | 风帆股份 | 6.87% |
| 净收益(万元) | 10790.86 | -4537.59 | 泛海建设 | 5.77% |
| 基金资产总值(万元) | 12806.96 | 28928.29 | 网盛科技 | 4.95% |
| 基金资产净值(万元) | 10983.11 | 28603.86 | 秦川发展 | 4.39% |
| 单位基金累计净值(元) | 2.0496(截止4.22) | | 上实医药 | 4.34% |
| 单位基金累计分红(元) | 0.62 | | 长电科技 | 4.19% |
| 历年分红 | 06年:10派0.3,10派5.9 | | 莱宝高科 | 4.14% |

# 泰达荷银稳定（162203）

| 名称 | 泰达荷银价值优化型稳定类行业证券投资基金 | 成立日期 | 2003/04/25 | 存续期 | 不定期 |
|---|---|---|---|---|---|
| 类型 | 契约型 | 上市日期 | | 托管人 | 交通银行 |
| 规模 | 10亿 | 投资风格 | | | |
| 管理人 名称 | 泰达荷银基金管理有限公司 | | | 电话 | 010-66577777 |
| 管理人 地址 | 北京市西城区金融大街7号英蓝国际金融中心三层 | | | 邮编 | 100034 |

| 主要财务指标 年度 | 2006 | 2005 | 基金重仓股(2007年一季度) | |
|---|---|---|---|---|
| | | | 证券名称 | 占净值比例 |
| 单位基金收益(元) | 1.1268 | -0.014 | 中信证券 | 7.84% |
| 单位基金可分配收益(元) | 1.2234 | -0.008 | 大秦铁路 | 7.51% |
| 单位基金净值(元) | 2.3085 | 1.0274 | 招商银行 | 6.6% |
| 基金资产净值收益率(%) | 78.99 | -1.37 | 长江电力 | 5.9% |
| 净收益(万元) | 21879.37 | -487.95 | 浦发银行 | 4.91% |
| 基金资产总值(万元) | 33237.22 | 27552.63 | 中远航运 | 4.85% |
| 基金资产净值(万元) | 32378.97 | 24379.1 | 苏宁电器 | 4.71% |
| 单位基金累计净值(元) | 2.6862(截止4.22) | | 厦门空港 | 3.48% |
| 单位基金累计分红(元) | 1.5 | | ST昆百大 | 3.37% |
| 历年分红 | 06年:10派12.2,10派0.5;05年:10派0.2,10派0.2;04年:10派0.2,10派0.35 | | 贵州茅台 | 3.36% |

# 泰达荷银成长（162201）

| 名称 | 泰达荷银价值优化型成长类行业证券投资基金 | 成立日期 | 2003/04/25 | 存续期 | 不定期 |
|---|---|---|---|---|---|
| 类型 | 契约型 | 上市日期 | | 托管人 | 交通银行 |
| 规模 | 10亿 | 投资风格 | | | |
| 管理人 名称 | 泰达荷银基金管理有限公司 | | | 电话 | 010-66577777 |
| 管理人 地址 | 北京市西城区金融大街7号英蓝国际金融中心三层 | | | 邮编 | 100034 |

| 主要财务指标 年度 | 2006 | 2005 | 基金重仓股(2007年一季度) | |
|---|---|---|---|---|
| | | | 证券名称 | 占净值比例 |
| 单位基金收益(元) | 0.8461 | 0.0727 | 航天电器 | 6.52% |
| 单位基金可分配收益(元) | 0.8935 | 0.026 | 歌华有线 | 6.1% |
| 单位基金净值(元) | 1.8972 | 1.0911 | 有研硅股 | 5.06% |
| 基金资产净值收益率(%) | 59.39 | 6.94 | 中兴通讯 | 4.61% |
| 净收益(万元) | 37887.35 | 3435.26 | 中信证券 | 4.37% |
| 基金资产总值(万元) | 65134.77 | 78216.07 | 鞍钢股份 | 3.75% |
| 基金资产净值(万元) | 63235.54 | 62323.1 | 特变电工 | 3.61% |
| 单位基金累计净值(元) | 2.5785(截止4.22) | | 国药股份 | 3.38% |
| 单位基金累计分红(元) | 1.08 | | 恒生电子 | 3.24% |
| 历年分红 | 06年:10派8.5,10派0.5;05年:10派0.2,10派0.2,10派0.2;04年:10派0.3,10派0.8,10派0.1 | | 浙江阳光 | 2.93% |

# 泰达荷银精选（162204）

| 名称 | 泰达荷银行业精选证券投资基金 | 成立日期 | 2004/07/09 | 存续期 | 不定期 |
|---|---|---|---|---|---|
| 类型 | 契约型 | 上市日期 | | 托管人 | 中国银行 |
| 规模 | 20亿 | 投资风格 | | | |
| 管理人 名称 | 泰达荷银基金管理有限公司 | | | 电话 | 010-66577777 |
| 管理人 地址 | 北京市西城区金融大街7号英蓝国际金融中心三层 | | | 邮编 | 100034 |

| 主要财务指标 年度 | 2006 | 2005 | 基金重仓股(2007年一季度) | |
|---|---|---|---|---|
| | | | 证券名称 | 占净值比例 |
| 单位基金收益(元) | 0.797 | 0.0046 | 招商银行 | 5.6% |
| 单位基金可分配收益(元) | 0.7314 | -0.0225 | 武钢股份 | 5.51% |
| 单位基金净值(元) | 2.5462 | 1.0249 | 贵州茅台 | 5.26% |
| 基金资产净值收益率(%) | 51.64 | 0.46 | 苏宁电器 | 4.75% |
| 净收益(万元) | 96232.09 | 812.02 | 长江电力 | 4.4% |
| 基金资产总值(万元) | 294819.39 | 156675.06 | 中信证券 | 4.36% |
| 基金资产净值(万元) | 281160.12 | 136686.72 | 鞍钢股份 | 4.18% |
| 单位基金累计净值(元) | 3.3711(截止4.22) | | 歌华有线 | 3.74% |
| 单位基金累计分红(元) | 0.07 | | 山西汾酒 | 3.04% |
| 历年分红 | 06年:10派0.5;05年:10派0.2 | | 国药股份 | 2.95% |

# 泰达荷银周期（162202）

| 名称 | 泰达荷银价值优化型周期类行业证券投资基金 | 成立日期 | 2003/04/25 | 存续期 | 不定期 |
|---|---|---|---|---|---|
| 类型 | 契约型 | 上市日期 | | 托管人 | 交通银行 |
| 规模 | 6亿 | 投资风格 | | | |
| 管理人 名称 | 泰达荷银基金管理有限公司 | | | 电话 | 010-66577777 |
| 管理人 地址 | 北京市西城区金融大街7号英蓝国际金融中心三层 | | | 邮编 | 100034 |

| 主要财务指标 年度 | 2006 | 2005 | 基金重仓股(2007年一季度) | |
|---|---|---|---|---|
| | | | 证券名称 | 占净值比例 |
| 单位基金收益(元) | 1.0822 | 0.0094 | 金发科技 | 7.29% |
| 单位基金可分配收益(元) | 1.2428 | -0.0001 | 武钢股份 | 6.18% |
| 单位基金净值(元) | 2.3065 | 1.0157 | 万科A | 5.52% |
| 基金资产净值收益率(%) | 75.13 | 0.95 | 太钢不锈 | 4.95% |
| 净收益(万元) | 19749.86 | 245.48 | 中信证券 | 4.88% |
| 基金资产总值(万元) | 25513.89 | 27141.55 | 星新材料 | 4.08% |
| 基金资产净值(万元) | 25274.5 | 25594.25 | 广船国际 | 3.99% |
| 单位基金累计净值(元) | 2.7427(截止4.22) | | 有研硅股 | 3.78% |
| 单位基金累计分红(元) | 1.475 | | 中国石化 | 3% |
| 历年分红 | 06年:10派0.5,10派12.4;05年:10派0.4;04年:10派0.8 | | 中联重科 | 2.8% |

# 泰达荷银预算（162205）

| 名称 | 泰达荷银风险预算混合型证券投资基金 | 成立日期 | 2005/04/05 | 存续期 | 不定期 |
|---|---|---|---|---|---|
| 类型 | 契约型 | 上市日期 | | 托管人 | 交通银行 |
| 规模 | 5亿 | 投资风格 | 混合型 | | |
| 管理人 名称 | 泰达荷银基金管理有限公司 | | | 电话 | 010-66577777 |
| 管理人 地址 | 北京市西城区金融大街7号英蓝国际金融中心三层 | | | 邮编 | 100034 |

| 主要财务指标 年度 | 2006 | 2005 | 基金重仓股(2007年一季度) | |
|---|---|---|---|---|
| | | | 证券名称 | 占净值比例 |
| 单位基金收益(元) | 0.4001 | 0.0408 | 中兴通讯 | 4.32% |
| 单位基金可分配收益(元) | 0.4581 | -0.0109 | 武钢股份 | 4.07% |
| 单位基金净值(元) | 1.4581 | 0.9905 | 晨鸣纸业 | 3.64% |
| 基金资产净值收益率(%) | 35.79 | 4.07 | 宝钢股份 | 3.29% |
| 净收益(万元) | 4660.81 | 1743.91 | 鞍钢股份 | 2.91% |
| 基金资产总值(万元) | 7423.9 | 34617.86 | 招商银行 | 2.51% |
| 基金资产净值(万元) | 7316.01 | 33614.18 | 大商股份 | 2.32% |
| 单位基金累计净值(元) | 1.7318(截止4.22) | | 民生银行 | 2.3% |
| 单位基金累计分红(元) | 0.475 | | 航天电器 | 2.09% |
| 历年分红 | 06年:10派0.15,10派4.1;05年:10派0.3,10派0.2 | | 宇通客车 | 2% |

# 泰达荷银货币（162206）

| 名称 | 泰达荷银货币市场基金 | 成立日期 | 2005/11/10 | 存续期 | 不定期 |
|---|---|---|---|---|---|
| 类型 | 契约型 | 上市日期 | | 托管人 | 中国农业银行 |
| 规模 | 46亿 | 投资风格 | 货币市场型 | | |
| 管理人 名称 | 泰达荷银基金管理有限公司 | 电话 | 010－66577777 | | |
| 管理人 地址 | 北京市西城区金融大街7号英蓝国际金融中心三层 | 邮编 | 100034 | | |

| 主要财务指标 年度 | 2006 | 2005 | 基金重仓股(2007年一季度) | |
|---|---|---|---|---|
| 单位基金收益(元) | | | 证券名称 | 占净值比例 |
| 单位基金可分配收益(元) | | | | |
| 单位基金净值(元) | 1 | 1 | | |
| 基金资产净值收益率(%) | | | | |
| 净收益(万元) | 4773.69 | 783.25 | | |
| 基金资产总值(万元) | 59180.99 | 250031.43 | | |
| 基金资产净值(万元) | 59099.6 | 210951.35 | | |
| 单位基金累计净值(元) | | | | |
| 单位基金累计分红(元) | | | | |
| 历年分红 | | | | |

# 景顺鼎益（162605）

| 名称 | 景顺长城鼎益股票型证券投资基金 | 成立日期 | 2005/03/16 | 存续期 | 不定期 |
|---|---|---|---|---|---|
| 类型 | 契约型 | 上市日期 | 2005/05/25 | 托管人 | 中国银行 |
| 规模 | 4亿 | 投资风格 | 股票型 | | |
| 管理人 名称 | 景顺长城基金管理有限公司 | 电话 | (0755)82370388 | | |
| 管理人 地址 | 深圳市深南中路1093号中信城市广场中信大厦16层 | 邮编 | | | |

| 主要财务指标 年度 | 2006 | 2005 | 基金重仓股(2007年一季度) | |
|---|---|---|---|---|
| 单位基金收益(元) | 0.73 | －0.025 | 证券名称 | 占净值比例 |
| 单位基金可分配收益(元) | 0.029 | －0.043 | 招商银行 | 6.28% |
| 单位基金净值(元) | 1.312 | 0.957 | 中信证券 | 5.55% |
| 基金资产净值收益率(%) | 55.25 | －2.64 | 民生银行 | 5.5% |
| 净收益(万元) | 30611.41 | －1606.16 | 浦发银行 | 4.74% |
| 基金资产总值(万元) | 209583.85 | 61367.3 | 太钢不锈 | 4.73% |
| 基金资产净值(万元) | 206497.58 | 61034.16 | 济南钢铁 | 3.23% |
| 单位基金累计净值(元) | 2.819(截止4.22) | | 大商股份 | 3.19% |
| 单位基金累计分红(元) | 0.92 | | 大秦铁路 | 3.1% |
| 历年分红 | 06年:10派8.6；05年:10派0.6 | | S深发展A | 3.03% |
| | | | 山东海化 | 3% |

# 荷银效率（162207）

| 名称 | 泰达荷银效率优选混合型证券投资基金 | 成立日期 | 2006/05/12 | 存续期 | 不定期 |
|---|---|---|---|---|---|
| 类型 | 契约型 | 上市日期 | 2006/07/21 | 托管人 | 中国建设银行 |
| 规模 | 43亿 | 投资风格 | 混合型 | | |
| 管理人 名称 | 泰达荷银基金管理有限公司 | 电话 | 010－66577777 | | |
| 管理人 地址 | 北京市西城区金融大街7号英蓝国际金融中心三层 | 邮编 | 100034 | | |

| 主要财务指标 年度 | 2006 | 2005 | 基金重仓股(2007年一季度) | |
|---|---|---|---|---|
| 单位基金收益(元) | 0.0498 | | 证券名称 | 占净值比例 |
| 单位基金可分配收益(元) | 0.0654 | | 中信证券 | 6.21% |
| 单位基金净值(元) | 1.3774 | | 金发科技 | 5.96% |
| 基金资产净值收益率(%) | 4.76 | | 歌华有线 | 5.8% |
| 净收益(万元) | 20861.75 | | 贵州茅台 | 5.75% |
| 基金资产总值(万元) | 446696.86 | | 天地科技 | 5.07% |
| 基金资产净值(万元) | 396597.31 | | 万科A | 4.67% |
| 单位基金累计净值(元) | 1.6952(截止4.22) | | 招商银行 | 4.63% |
| 单位基金累计分红(元) | | | 海油工程 | 3.91% |
| 历年分红 | | | 大商股份 | 3.63% |
| | | | 中兴通讯 | 3.17% |

# 景顺资源（162607）

| 名称 | 景顺长城资源垄断股票型证券投资基金 | 成立日期 | 2006/01/26 | 存续期 | 不定期 |
|---|---|---|---|---|---|
| 类型 | 契约型 | 上市日期 | 2006/04/07 | 托管人 | 中国农业银行 |
| 规模 | 12亿 | 投资风格 | 股票型 | | |
| 管理人 名称 | 景顺长城基金管理有限公司 | 电话 | (0755)82370388 | | |
| 管理人 地址 | 深圳市深南中路1093号中信城市广场中信大厦16层 | 邮编 | | | |

| 主要财务指标 年度 | 2006 | 2005 | 基金重仓股(2007年一季度) | |
|---|---|---|---|---|
| 单位基金收益(元) | 0.51 | | 证券名称 | 占净值比例 |
| 单位基金可分配收益(元) | 0.089 | | 招商银行 | 7.02% |
| 单位基金净值(元) | 1.307 | | 浦发银行 | 5.49% |
| 基金资产净值收益率(%) | 41.43 | | 民生银行 | 5.38% |
| 净收益(万元) | 44652.47 | | 贵州茅台 | 5.1% |
| 基金资产总值(万元) | 299928.83 | | 太钢不锈 | 4.81% |
| 基金资产净值(万元) | 295012.26 | | 中信证券 | 4.12% |
| 单位基金累计净值(元) | 2.465(截止4.22) | | 大商股份 | 3.49% |
| 单位基金累计分红(元) | 0.66 | | 万科A | 3.38% |
| 历年分红 | 06年:10派6.6 | | 宝钛股份 | 3.33% |
| | | | 大秦铁路 | 3.31% |

# 荷银首选（162208）

| 名称 | 泰达荷银首选企业股票型证券投资基金 | 成立日期 | 2006/12/01 | 存续期 | 不定期 |
|---|---|---|---|---|---|
| 类型 | 契约型 | 上市日期 | | 托管人 | 中国农业银行 |
| 规模 | 85亿 | 投资风格 | 股票型 | | |
| 管理人 名称 | 泰达荷银基金管理有限公司 | 电话 | 010－66577777 | | |
| 管理人 地址 | 北京市西城区金融大街7号英蓝国际金融中心三层 | 邮编 | 100034 | | |

| 主要财务指标 年度 | 2006 | 2005 | 基金重仓股(2007年一季度) | |
|---|---|---|---|---|
| 单位基金收益(元) | | | 证券名称 | 占净值比例 |
| 单位基金可分配收益(元) | | | 中信证券 | 6.82% |
| 单位基金净值(元) | | | 武钢股份 | 6.76% |
| 基金资产净值收益率(%) | | | 歌华有线 | 5.94% |
| 净收益(万元) | | | 大秦铁路 | 5.79% |
| 基金资产总值(万元) | | | 苏宁电器 | 4.07% |
| 基金资产净值(万元) | | | 贵州茅台 | 3.84% |
| 单位基金累计净值(元) | 1.3669(截止4.22) | | 中国人寿 | 3.54% |
| 单位基金累计分红(元) | 0.05 | | 招商地产 | 3.46% |
| 历年分红 | | | 海螺水泥 | 3.38% |
| | | | 五粮液 | 3.05% |

# 广发小盘（162703）

| 名称 | 广发小盘成长股票型证券投资基金 | 成立日期 | 2005/02/02 | 存续期 | 不定期 |
|---|---|---|---|---|---|
| 类型 | 契约型 | 上市日期 | 2005/04/29 | 托管人 | 上海浦东发展银行 |
| 规模 | 12亿 | 投资风格 | 股票型 | | |
| 管理人 名称 | 广发基金管理有限公司 | 电话 | 020－83936999 | | |
| 管理人 地址 | 广州市体育西路57号红盾大厦14楼、15楼 | 邮编 | | | |

| 主要财务指标 年度 | 2006 | 2005 | 基金重仓股(2007年一季度) | |
|---|---|---|---|---|
| 单位基金收益(元) | 0.9702 | －0.035 | 证券名称 | 占净值比例 |
| 单位基金可分配收益(元) | －0.001 | －0.0305 | 济南钢铁 | 4.94% |
| 单位基金净值(元) | 1.3101 | 1.0482 | 天士力 | 3.28% |
| 基金资产净值收益率(%) | 60.9 | －3.62 | 民生银行 | 3.28% |
| 净收益(万元) | 82293.66 | －3637.84 | 招商地产 | 2.69% |
| 基金资产总值(万元) | 230228.02 | 86541.53 | 通威股份 | 2.65% |
| 基金资产净值(万元) | 226905.61 | 79090.42 | 王府井 | 2.11% |
| 单位基金累计净值(元) | 3.0994(截止4.22) | | 宝钛股份 | 2.03% |
| 单位基金累计分红(元) | 0.96 | | 柳工 | 1.9% |
| 历年分红 | 06年:10派0.3,10派0.4,10派0.3,10派1,10派7.6 | | 锡业股份 | 1.85% |
| | | | 华发股份 | 1.77% |

# 巨田资源（163302）

| 名称 | 巨田资源优选混合型证券投资基金 | 成立日期 | 2005/09/27 | 存续期 | 不定期 |
|---|---|---|---|---|---|
| 类型 | 契约型 | 上市日期 | | 托管人 | 中国光大银行 |
| 规模 | 3亿 | 投资风格 | 混合型 | | |
| 管理人 名称 | 巨田基金管理有限公司 | 电话 | 400-8888 | | |
| 管理人 地址 | 深圳市滨河路5020号证券大厦 | 邮编 | 518033 | | |

| 主要财务指标 年度 | 2006 | 2005 | 基金重仓股(2007年一季度) | |
|---|---|---|---|---|
| 单位基金收益(元) | 0.7735 | 0.0075 | 证券名称 | 占净值比例 |
| 单位基金可分配收益(元) | 0.0165 | 0.0079 | 南山铝业 | 7.42% |
| 单位基金净值(元) | 1.2083 | 1.0195 | 中储股份 | 7.33% |
| 基金资产净值收益率(%) | | | 招商银行 | 4.95% |
| 净收益(万元) | 6238.6 | 121.46 | 山西三维 | 4.82% |
| 基金资产总值(万元) | 12898.85 | 13809.6 | 大秦铁路 | 4.29% |
| 基金资产净值(万元) | 12294.27 | 13517.94 | 中远航运 | 4.14% |
| 单位基金累计净值(元) | 2.5798(截止4.22) | | 锡业股份 | 4.11% |
| 单位基金累计分红(元) | 1.025 | | 长江电力 | 3.57% |
| 历年分红 | 06年:10派2.4,10派3,10派0.15,10派0.2,10派0.5,10派1 | | 中信证券 | 3.5% |
| | | | 中海海盛 | 3.46% |

# 天治核心（163503）

| 名称 | 天治核心成长股票型证券投资基金 | 成立日期 | 2006/01/20 | 存续期 | 不定期 |
|---|---|---|---|---|---|
| 类型 | 契约型 | 上市日期 | | 托管人 | 交通银行 |
| 规模 | 3亿 | 投资风格 | 股票型 | | |
| 管理人 名称 | 天治基金管理有限公司 | 电话 | (021)64371155 | | |
| 管理人 地址 | 上海市徐汇区复兴西路159号 | 邮编 | | | |

| 主要财务指标 年度 | 2006 | 2005 | 基金重仓股(2007年一季度) | |
|---|---|---|---|---|
| 单位基金收益(元) | 0.4098 | | 证券名称 | 占净值比例 |
| 单位基金可分配收益(元) | 0.1046 | | 雅戈尔 | 6.47% |
| 单位基金净值(元) | 1.1385 | | 通威股份 | 5.48% |
| 基金资产净值收益率(%) | 36.62 | | 一汽轿车 | 5.47% |
| 净收益(万元) | 5280.64 | | 赣粤高速 | 4.46% |
| 基金资产总值(万元) | 9359.4 | | 中信证券 | 4.39% |
| 基金资产净值(万元) | 9195.57 | | 太钢不锈 | 4.08% |
| 单位基金累计净值(元) | 2.3262(截止4.22) | | 焦作万方 | 3.94% |
| 单位基金累计分红(元) | 1.01 | | 格力电器 | 3.84% |
| 历年分红 | 06年:10派5.3,10派0.3 | | 上海机电 | 3.73% |
| | | | 上电股份 | 3.67% |

# 巨田货币（163303）

| 名称 | 巨田货币市场基金 | 成立日期 | 2006/08/17 | 存续期 | 不定期 |
|---|---|---|---|---|---|
| 类型 | 契约型 | 上市日期 | | 托管人 | 交通银行 |
| 规模 | 13亿 | 投资风格 | 货币市场型 | | |
| 管理人 名称 | 巨田基金管理有限公司 | 电话 | 400-8888 | | |
| 管理人 地址 | 深圳市滨河路5020号证券大厦 | 邮编 | 518033 | | |

| 主要财务指标 年度 | 2006 | 2005 | 基金重仓股(2007年一季度) | |
|---|---|---|---|---|
| 单位基金收益(元) | | | 证券名称 | 占净值比例 |
| 单位基金可分配收益(元) | | | | |
| 单位基金净值(元) | 1 | | | |
| 基金资产净值收益率(%) | | | | |
| 净收益(万元) | 289.6 | | | |
| 基金资产总值(万元) | 21461.03 | | | |
| 基金资产净值(万元) | 21407.78 | | | |
| 单位基金累计净值(元) | | | | |
| 单位基金累计分红(元) | | | | |
| 历年分红 | | | | |

# 中银中国（163801）

| 名称 | 中银国际中国精选混合型开放式证券投资基金 | 成立日期 | 2005/01/04 | 存续期 | 不定期 |
|---|---|---|---|---|---|
| 类型 | 契约型 | 上市日期 | 2005/02/23 | 托管人 | 中国工商银行 |
| 规模 | 11亿 | 投资风格 | | | |
| 管理人 名称 | 中银国际基金管理有限公司 | 电话 | (021)38834999 | | |
| 管理人 地址 | 上海市浦东新区银城中路200号中银大厦45楼 | 邮编 | 200120 | | |

| 主要财务指标 年度 | 2006 | 2005 | 基金重仓股(2007年一季度) | |
|---|---|---|---|---|
| 单位基金收益(元) | 0.5493 | 0.073 | 证券名称 | 占净值比例 |
| 单位基金可分配收益(元) | 0.5011 | 0.0088 | S双汇 | 3.46% |
| 单位基金净值(元) | 1.9223 | 1.0193 | 民生银行 | 2.7% |
| 基金资产净值收益率(%) | 39.43 | 0.74 | 中联重科 | 2.07% |
| 净收益(万元) | 39975.67 | 705.97 | 华能国际 | 2.06% |
| 基金资产总值(万元) | 117969.52 | 100530.34 | 三精制药 | 2.06% |
| 基金资产净值(万元) | 111524.32 | 92760.94 | 招商银行 | 2.03% |
| 单位基金累计净值(元) | 2.5641(截止4.22) | | 兴业银行 | 1.97% |
| 单位基金累计分红(元) | 0.75 | | 中国石化 | 1.89% |
| 历年分红 | 06年:10派0.1,10派0.4 | | 五粮液 | 1.81% |
| | | | 柳工 | 1.81% |

# 兴业趋势（163402）

| 名称 | 兴业趋势投资混合型证券投资基金 | 成立日期 | 2005/11/03 | 存续期 | 不定期 |
|---|---|---|---|---|---|
| 类型 | 契约型 | 上市日期 | 2006/01/19 | 托管人 | 兴业银行 |
| 规模 | 9亿 | 投资风格 | 混合型 | | |
| 管理人 名称 | 兴业基金管理有限公司 | 电话 | | | |
| 管理人 地址 | 上海市张杨路500号时代广场20楼 | 邮编 | | | |

| 主要财务指标 年度 | 2006 | 2005 | 基金重仓股(2007年一季度) | |
|---|---|---|---|---|
| 单位基金收益(元) | 0.637 | 0.006 | 证券名称 | 占净值比例 |
| 单位基金可分配收益(元) | 0.5813 | 0.006 | 招商银行 | 6.23% |
| 单位基金净值(元) | 2.4081 | 1.017 | 中国联通 | 4.08% |
| 基金资产净值收益率(%) | 43.24 | 0.6 | 浦发银行 | 3.71% |
| 净收益(万元) | 25227.07 | 556.95 | 烟台万华 | 3.65% |
| 基金资产总值(万元) | 134598.44 | 95032.43 | 农产品 | 3.51% |
| 基金资产净值(万元) | 134063.6 | 94430.26 | 沪东重机 | 3.33% |
| 单位基金累计净值(元) | 3.8792(截止4.22) | | 武钢股份 | 2.95% |
| 单位基金累计分红(元) | 0.1 | | 南京中商 | 2.71% |
| 历年分红 | 06年:10派0.76;05年:10派0.24 | | 五粮液 | 2.68% |
| | | | 长江电力 | 2.64% |

# 中银货币（163802）

| 名称 | 中银国际货币市场证券投资基金 | 成立日期 | 2005/06/07 | 存续期 | 不定期 |
|---|---|---|---|---|---|
| 类型 | 契约型 | 上市日期 | | 托管人 | 中国工商银行 |
| 规模 | 12亿 | 投资风格 | 货币市场型 | | |
| 管理人 名称 | 中银国际基金管理有限公司 | 电话 | (021)38834999 | | |
| 管理人 地址 | 上海市浦东新区银城中路200号中银大厦45楼 | 邮编 | 200120 | | |

| 主要财务指标 年度 | 2006 | 2005 | 基金重仓股(2007年一季度) | |
|---|---|---|---|---|
| 单位基金收益(元) | | | 证券名称 | 占净值比例 |
| 单位基金可分配收益(元) | | | | |
| 单位基金净值(元) | 1 | 1 | | |
| 基金资产净值收益率(%) | | | | |
| 净收益(万元) | 2150.6 | 372.16 | | |
| 基金资产总值(万元) | 66998.39 | 99305.83 | | |
| 基金资产净值(万元) | 63020.37 | 86049.42 | | |
| 单位基金累计净值(元) | | | | |
| 单位基金累计分红(元) | | | | |
| 历年分红 | | | | |

## 中银国际持续增长（163803）

| 名称 | 中银国际持续增长股票型证券投资基金 | 成立日期 | 2006/03/17 | 存续期 | 不定期 |
|---|---|---|---|---|---|
| 类型 | 契约型 | 上市日期 | | 托管人 | 中国工商银行 |
| 规模 | 25亿 | 投资风格 | 股票型 | | |
| 管理人 名称 | 中银国际基金管理有限公司 | 电话 | (021)38834999 | | |
| 管理人 地址 | 上海市浦东新区银城中路200号中银大厦45楼 | 邮编 | 200120 | | |

| 主要财务指标 年度 | 2006 | 2005 | 基金重仓股(2007年一季度) 证券名称 | 占净值比例 |
|---|---|---|---|---|
| 单位基金收益(元) | 0.3376 | | 铁龙物流 | 7.67% |
| 单位基金可分配收益(元) | 0.122 | | 上海汽车 | 6.19% |
| 单位基金净值(元) | 1.3104 | | 三精制药 | 6.18% |
| 基金资产净值收益率(%) | 28.86 | | 招商银行 | 4.91% |
| 净收益(万元) | 64053.87 | | 鲁阳股份 | 4.33% |
| 基金资产总值(万元) | 184451.18 | | 福耀玻璃 | 3.67% |
| 基金资产净值(万元) | 181066.61 | | 恒顺醋业 | 3.29% |
| 单位基金累计净值(元) | 2.2648(截止4.22) | | 五粮液 | 3.04% |
| 单位基金累计分红(元) | 0.25 | | 天奇股份 | 2.99% |
| 历年分红 | 06年:10派0.1,10派0.3,10派2.1 | | S阿胶 | 2.88% |

## 银华优势企业（180001）

| 名称 | 银华优势企业证券投资基金 | 成立日期 | 2002/11/13 | 存续期 | 不定期 |
|---|---|---|---|---|---|
| 类型 | 契约型 | 上市日期 | | 托管人 | 中国银行 |
| 规模 | 17亿 | 投资风格 | 平衡型 | | |
| 管理人 名称 | 银华基金管理有限公司 | 电话 | 0755-83516888 | | |
| 管理人 地址 | 深圳市深南大道6008号报业大厦19楼 | 邮编 | 518009 | | |

| 主要财务指标 年度 | 2006 | 2005 | 基金重仓股(2007年一季度) 证券名称 | 占净值比例 |
|---|---|---|---|---|
| 单位基金收益(元) | 0.6718 | 0.0649 | 中信证券 | 6.61% |
| 单位基金可分配收益(元) | | 0.0362 | 民生银行 | 4.1% |
| 单位基金净值(元) | 1.1195 | 1.0815 | 沪东重机 | 3.99% |
| 基金资产净值收益率(%) | 52.38 | 6.32 | 烟台万华 | 3.88% |
| 净收益(万元) | 61451.42 | 7773.45 | 五粮液 | 3.11% |
| 基金资产总值(万元) | 454775.32 | 116831.29 | 苏宁电器 | 3.1% |
| 基金资产净值(万元) | 448465.34 | 115320.75 | 中兴通讯 | 2.74% |
| 单位基金累计净值(元) | 2.4866(截止4.22) | | 天音控股 | 2.41% |
| 单位基金累计分红(元) | 0.99 | | 中华企业 | 2.35% |
| 历年分红 | 06年:10派1.5,10派6.5;05年:10派0.2;04年:10派0.85 | | 贵州茅台 | 2.23% |

## 中银国际收益（163804）

| 名称 | 中银国际收益混合型证券投资基金 | 成立日期 | 2006/10/11 | 存续期 | 不定期 |
|---|---|---|---|---|---|
| 类型 | 契约型 | 上市日期 | | 托管人 | 中国工商银行 |
| 规模 | 24亿 | 投资风格 | 混合型 | | |
| 管理人 名称 | 中银国际基金管理有限公司 | 电话 | (021)38834999 | | |
| 管理人 地址 | 上海市浦东新区银城中路200号中银大厦45楼 | 邮编 | 200120 | | |

| 主要财务指标 年度 | 2006 | 2005 | 基金重仓股(2007年一季度) 证券名称 | 占净值比例 |
|---|---|---|---|---|
| 单位基金收益(元) | 0.0293 | | 五粮液 | 5.23% |
| 单位基金可分配收益(元) | 0.017 | | 浦发银行 | 3.58% |
| 单位基金净值(元) | 1.1465 | | 民生银行 | 3.47% |
| 基金资产净值收益率(%) | 2.61 | | 中国石化 | 2.99% |
| 净收益(万元) | 7471.78 | | 华闻传媒 | 2.84% |
| 基金资产总值(万元) | 282683.62 | | 山推股份 | 2.8% |
| 基金资产净值(万元) | 264346.97 | | 三精制药 | 2.75% |
| 单位基金累计净值(元) | 1.7452(截止4.22) | | 国电南自 | 2.54% |
| 单位基金累计分红(元) | 0.06 | | 山西焦化 | 2.16% |
| 历年分红 | 06年:10派0.1 | | 上海机场 | 2.05% |

## 银华保本增值（180002）

| 名称 | 银华保本增值证券投资基金 | 成立日期 | 2004/03/02 | 存续期 | 不定期 |
|---|---|---|---|---|---|
| 类型 | 契约型 | 上市日期 | | 托管人 | 中国建设银行 |
| 规模 | 61亿 | 投资风格 | 偏债型 | | |
| 管理人 名称 | 银华基金管理有限公司 | 电话 | 0755-83516888 | | |
| 管理人 地址 | 深圳市深南大道6008号报业大厦19楼 | 邮编 | 518009 | | |

| 主要财务指标 年度 | 2006 | 2005 | 基金重仓股(2007年一季度) 证券名称 | 占净值比例 |
|---|---|---|---|---|
| 单位基金收益(元) | 0.1737 | 0.0281 | S双汇 | 1.39% |
| 单位基金可分配收益(元) | 0.1632 | 0.0056 | 中信证券 | 0.43% |
| 单位基金净值(元) | 1.1632 | 1.0144 | 烟台万华 | 0.34% |
| 基金资产净值收益率(%) | 16.22 | 2.81 | 天马股份 | 0.12% |
| 净收益(万元) | 58674.06 | 14523.72 | 荣信股份 | 0.04% |
| 基金资产总值(万元) | 271362.93 | 466231.9 | 金陵饭店 | 0.03% |
| 基金资产净值(万元) | 268893.18 | 464854.22 | 天邦股份 | 0.02% |
| 单位基金累计净值(元) | 1.0115(截止4.22) | | | |
| 单位基金累计分红(元) | 0.044 | | | |
| 历年分红 | 06年:10派0.29;05年:10派0.05,10派0.05,10派0.05 | | | |

## 中欧趋势（166001）

| 名称 | 中欧新趋势股票型证券投资基金 | 成立日期 | 2007/01/29 | 存续期 | 不定期 |
|---|---|---|---|---|---|
| 类型 | 契约型 | 上市日期 | 2007/04/23 | 托管人 | 兴业银行 |
| 规模 | 69亿 | 投资风格 | 股票型 | | |
| 管理人 名称 | 中欧基金管理有限公司 | 电话 | 021-68609600 | | |
| 管理人 地址 | 上海市浦东新区世纪大道88号金茂大厦47层 | 邮编 | | | |

| 主要财务指标 年度 | 2006 | 2005 | 基金重仓股(2007年一季度) 证券名称 | 占净值比例 |
|---|---|---|---|---|
| 单位基金收益(元) | | | 上海机场 | 3.37% |
| 单位基金可分配收益(元) | | | 中国石化 | 3.32% |
| 单位基金净值(元) | | | 中国石化 | 3.03% |
| 基金资产净值收益率(%) | | | 上海机场 | 2.87% |
| 净收益(万元) | | | 工商银行 | 2.79% |
| 基金资产总值(万元) | | | 万科A | 2.77% |
| 基金资产净值(万元) | | | 万科A | 2.62% |
| 单位基金累计净值(元) | 1.1674(截止4.22) | | 宝钢股份 | 2.6% |
| 单位基金累计分红(元) | | | 工商银行 | 2.58% |
| 历年分红 | | | 宝钢股份 | 2.26% |

## 银华-道琼斯88（180003）

| 名称 | 银华-道琼斯88精选证券投资基金 | 成立日期 | 2004/08/11 | 存续期 | |
|---|---|---|---|---|---|
| 类型 | 契约型 | 上市日期 | | 托管人 | 中国建设银行 |
| 规模 | 11亿 | 投资风格 | 指数型 | | |
| 管理人 名称 | 银华基金管理有限公司 | 电话 | 0755-83516888 | | |
| 管理人 地址 | 深圳市深南大道6008号报业大厦19楼 | 邮编 | 518009 | | |

| 主要财务指标 年度 | 2006 | 2005 | 基金重仓股(2007年一季度) 证券名称 | 占净值比例 |
|---|---|---|---|---|
| 单位基金收益(元) | 0.8224 | 0.0352 | 中信证券 | 7.08% |
| 单位基金可分配收益(元) | 0.014 | 0.0415 | 浦发银行 | 5.57% |
| 单位基金净值(元) | 1.2318 | 1.0727 | 苏宁电器 | 4.86% |
| 基金资产净值收益率(%) | 65.87 | 3.54 | 民生银行 | 4.62% |
| 净收益(万元) | 30833.78 | 1635.41 | 贵州茅台 | 4.53% |
| 基金资产总值(万元) | 134482.42 | 40061.28 | 招商银行 | 3.81% |
| 基金资产净值(万元) | 132156.43 | 36241.51 | 万科A | 3.5% |
| 单位基金累计净值(元) | 2.5366(截止4.22) | | 海油工程 | 2.62% |
| 单位基金累计分红(元) | 1.11 | | 中联重科 | 2.23% |
| 历年分红 | 06年:10派3.6,10派2.1,10派0.6,10派0.4,10派2.2 | | 歌华有线 | 2.02% |

## 银华货币市场(180008)

| | | | | | |
|---|---|---|---|---|---|
| 名称 | 银华货币市场证券投资基金 | 成立日期 | 2005/01/31 | 存续期 | 不定期 |
| 类型 | 契约型 | 上市日期 | | 托管人 | 交通银行 |
| 规模 | 6亿 | 投资风格 | 货币市场型 | | |
| 管理人 名称 | 银华基金管理有限公司 | | | 电话 | 0755-83516888 |
| 管理人 地址 | 深圳市深南大道6008号报业大厦19楼 | | | 邮编 | 518009 |

| 主要财务指标 年度 | 2006 | 2005 | 基金重仓股(2007年一季度) | |
|---|---|---|---|---|
| 单位基金收益(元) | | | 证券名称 | 占净值比例 |
| 单位基金可分配收益(元) | | | | |
| 单位基金净值(元) | 1 | 1 | | |
| 基金资产净值收益率(%) | | | | |
| 净收益(万元) | 3505.5 | 4448.25 | | |
| 基金资产总值(万元) | 23110.59 | 315456.91 | | |
| 基金资产净值(万元) | 21132.19 | 262893.8 | | |
| 单位基金累计净值(元) | | | | |
| 单位基金累计分红(元) | | | | |
| 历年分红 | | | | |

## 基金开元(184688)

| | | | | | |
|---|---|---|---|---|---|
| 名称 | 开元证券投资基金 | 成立日期 | 1998/03/27 | 存续期 | 15年(1998/03/27-2013/03/27) |
| 类型 | 契约型 | 上市日期 | 1998/04/07 | 托管人 | 中国工商银行 |
| 规模 | 20亿 | 投资风格 | 稳健成长型 | | |
| 管理人 名称 | 南方基金管理有限公司 | | | 电话 | 0755-82912000 |
| 管理人 地址 | 深圳市福田中心区深南大道4009号投资大厦七楼 | | | 邮编 | 518026 |

| 主要财务指标 年度 | 2006 | 2005 | 基金重仓股(2007年一季度) | |
|---|---|---|---|---|
| 单位基金收益(元) | 0.5478 | 0.046 | 证券名称 | 占净值比例 |
| 单位基金可分配收益(元) | 0.551 | 0.0333 | 民生银行 | 7.55% |
| 单位基金净值(元) | 2.0791 | 1.0673 | 中信证券 | 7.31% |
| 基金资产净值收益率(%) | | | 吉林敖东 | 7.31% |
| 净收益(万元) | 109529.92 | 9193.69 | 辽宁成大 | 7.18% |
| 基金资产总值(万元) | 427704.81 | 217202.26 | 泰达股份 | 6.57% |
| 基金资产净值(万元) | 415822.32 | 213455.79 | 中集集团 | 5.01% |
| 单位基金累计净值(元) | | | 深能源A | 4% |
| 单位基金累计分红(元) | 1.539 | | 威孚高科 | 2.97% |
| 历年分红 | 06年:10派5;05年:10派0.3;04年:10派0.6 | | 同仁堂 | 2.59% |
| | | | 燕京啤酒 | 2.47% |

## 银华优质增长(180010)

| | | | | | |
|---|---|---|---|---|---|
| 名称 | 银华优质增长股票型证券投资基金 | 成立日期 | 2006/06/09 | 存续期 | 不定期 |
| 类型 | 契约型 | 上市日期 | | 托管人 | 中国银行 |
| 规模 | 98亿 | 投资风格 | 股票型 | | |
| 管理人 名称 | 银华基金管理有限公司 | | | 电话 | 0755-83516888 |
| 管理人 地址 | 深圳市深南大道6008号报业大厦19楼 | | | 邮编 | 518009 |

| 主要财务指标 年度 | 2006 | 2005 | 基金重仓股(2007年一季度) | |
|---|---|---|---|---|
| 单位基金收益(元) | 0.1142 | | 证券名称 | 占净值比例 |
| 单位基金可分配收益(元) | 0.1378 | | 苏宁电器 | 8.45% |
| 单位基金净值(元) | 1.574 | | 中信证券 | 7.79% |
| 基金资产净值收益率(%) | 10.53 | | 贵州茅台 | 7.26% |
| 净收益(万元) | 104741.42 | | 招商银行 | 5.94% |
| 基金资产总值(万元) | 1083578.75 | | 武钢股份 | 3.59% |
| 基金资产净值(万元) | 1053239.76 | | 民生银行 | 3.46% |
| 单位基金累计净值(元) | 2.1249(截止4.22) | | 烟台万华 | 3.41% |
| 单位基金累计分红(元) | | | 新安股份 | 3.03% |
| 历年分红 | | | 山西汾酒 | 2.97% |
| | | | 华侨城A | 2.88% |

## 基金普惠(184689)

| | | | | | |
|---|---|---|---|---|---|
| 名称 | 普惠证券投资基金 | 成立日期 | 1999/01/06 | 存续期 | 15年(1999/1/6-2014/1/6) |
| 类型 | 契约型 | 上市日期 | 1999/01/27 | 托管人 | 交通银行 |
| 规模 | 20亿 | 投资风格 | 积极成长型 | | |
| 管理人 名称 | 鹏华基金管理有限公司 | | | 电话 | 0755-82021233 |
| 管理人 地址 | 深圳市中心区深圳国际商会中心43层 | | | 邮编 | 518001 |

| 主要财务指标 年度 | 2006 | 2005 | 基金重仓股(2007年一季度) | |
|---|---|---|---|---|
| 单位基金收益(元) | 0.2954 | -0.0873 | 证券名称 | 占净值比例 |
| 单位基金可分配收益(元) | 0.1688 | -0.0966 | 民生银行 | 4.64% |
| 单位基金净值(元) | 2.0145 | 0.9728 | 万科A | 4.21% |
| 基金资产净值收益率(%) | 21.97 | -9.3 | 沪东重机 | 4.06% |
| 净收益(万元) | 59084.03 | -17462.74 | 招商地产 | 3.83% |
| 基金资产总值(万元) | 443688.21 | 195549.23 | 大秦铁路 | 3.18% |
| 基金资产净值(万元) | 402892.91 | 194555.61 | 烟台万华 | 3.16% |
| 单位基金累计净值(元) | 3.3723(截止4.22) | | 招商银行 | 2.98% |
| 单位基金累计分红(元) | 0.844 | | 苏宁电器 | 2.87% |
| 历年分红 | 06年:10派1.52,10派0.3 | | 金发科技 | 2.61% |
| | | | 华侨城A | 2.58% |

## 银华富裕主题(180012)

| | | | | | |
|---|---|---|---|---|---|
| 名称 | 银华富裕主题股票型证券投资基金 | 成立日期 | 2006/11/16 | 存续期 | 不定期 |
| 类型 | 契约型 | 上市日期 | | 托管人 | 中国建设银行 |
| 规模 | 51亿 | 投资风格 | 股票型 | | |
| 管理人 名称 | 银华基金管理有限公司 | | | 电话 | 0755-83516888 |
| 管理人 地址 | 深圳市深南大道6008号报业大厦19楼 | | | 邮编 | 518009 |

| 主要财务指标 年度 | 2006 | 2005 | 基金重仓股(2007年一季度) | |
|---|---|---|---|---|
| 单位基金收益(元) | | | 证券名称 | 占净值比例 |
| 单位基金可分配收益(元) | | | 中信证券 | 6.47% |
| 单位基金净值(元) | | | 苏宁电器 | 6.05% |
| 基金资产净值收益率(%) | | | 贵州茅台 | 5.47% |
| 净收益(万元) | | | 太钢不锈 | 3.6% |
| 基金资产总值(万元) | | | 万科A | 3.56% |
| 基金资产净值(万元) | | | 民生银行 | 3.47% |
| 单位基金累计净值(元) | 1.6453(截止4.22) | | 招商银行 | 3.37% |
| 单位基金累计分红(元) | 0.025 | | 武钢股份 | 3.29% |
| 历年分红 | | | 浦发银行 | 2.86% |
| | | | 烟台万华 | 2.49% |

## 基金同益(184690)

| | | | | | |
|---|---|---|---|---|---|
| 名称 | 同益证券投资基金 | 成立日期 | 1999/04/08 | 存续期 | 15年(1999/4/8-2014/4/8) |
| 类型 | 契约型 | 上市日期 | 1999/04/21 | 托管人 | 中国工商银行 |
| 规模 | 20亿 | 投资风格 | 稳健成长型 | | |
| 管理人 名称 | 长盛基金管理有限公司 | | | 电话 | 010-82255818 |
| 管理人 地址 | 北京市海淀区北太平庄路18号城建大厦A座21层 | | | 邮编 | 100088 |

| 主要财务指标 年度 | 2006 | 2005 | 基金重仓股(2007年一季度) | |
|---|---|---|---|---|
| 单位基金收益(元) | 0.5102 | -0.0418 | 证券名称 | 占净值比例 |
| 单位基金可分配收益(元) | 0.3536 | -0.0066 | 招商银行 | 5.12% |
| 单位基金净值(元) | 1.9595 | 1.055 | 苏宁电器 | 4.45% |
| 基金资产净值收益率(%) | | | 宝钢股份 | 3.85% |
| 净收益(万元) | 102042.69 | -8362.55 | 三一重工 | 3.31% |
| 基金资产总值(万元) | 424488.8 | 213184.07 | 上海机电 | 2.92% |
| 基金资产净值(万元) | 391897.48 | 210998.6 | 青岛软控 | 2.75% |
| 单位基金累计净值(元) | | | 中国石化 | 2.39% |
| 单位基金累计分红(元) | 1.304 | | 上海机场 | 2.28% |
| 历年分红 | 06年:10派1.5,10派3.2 | | 栖霞建设 | 2.13% |
| | | | 五粮液 | 2.08% |

# 基金景宏（184691）

| | | | | | |
|---|---|---|---|---|---|
| 名称 | 景宏证券投资基金 | 成立日期 | 1999/05/05 | 存续期 | 15年(1999/5/5－2014/5/5) |
| 类型 | 契约型 | 上市日期 | 1999/05/18 | 托管人 | 中国银行 |
| 规模 | 20亿 | 投资风格 | 稳健成长型 | | |
| 管理人 名称 | 大成基金管理有限公司 | | | 电话 | 0755－83183388 |
| 管理人 地址 | 深圳市福田区深南大道7088号招商银行大厦32层 | | | 邮编 | 518040 |

| | 年　度 | 2006 | 2005 | 基金重仓股(2007年一季度) | |
|---|---|---|---|---|---|
| 主要财务指标 | 单位基金收益(元) | 0.4284 | 0.0093 | 证券名称 | 占净值比例 |
| | 单位基金可分配收益(元) | 0.2405 | －0.1879 | 中信证券 | 9.97% |
| | 单位基金净值(元) | 2.0351 | 0.9245 | 招商银行 | 9.93% |
| | 基金资产净值收益率(%) | | | 恒瑞医药 | 8.82% |
| | 净收益(万元) | 85679.88 | 1861.66 | 贵州茅台 | 8.48% |
| | 基金资产总值(万元) | 459835.41 | 187076.61 | 武钢股份 | 8.24% |
| | 基金资产净值(万元) | 407017.15 | 184908.55 | 吉林敖东 | 5.57% |
| 单位基金累计净值(元) | | 3.2058(截止4.22) | | 辽宁成大 | 4.5% |
| 单位基金累计分红(元) | | 0.69 | | 宗申动力 | 4.16% |
| 历年分红 | 06年:10派2.2 | | | 东方电机 | 3.59% |
| | | | | S深发展A | 2.9% |

# 基金景博（184695）

| | | | | | |
|---|---|---|---|---|---|
| 名称 | 景博证券投资基金 | 成立日期 | 1992/07/01 | 存续期 | 15年(1992/7/1－2007/6/30) |
| 类型 | 契约型 | 上市日期 | 1999/10/22 | 托管人 | 中国农业银行 |
| 规模 | 10亿 | 投资风格 | 中小企业成长型 | | |
| 管理人 名称 | 大成基金管理有限公司 | | | 电话 | 0755－83183388 |
| 管理人 地址 | 深圳市福田区深南大道7088号招商银行大厦32层 | | | 邮编 | 518040 |

| | 年　度 | 2006 | 2005 | 基金重仓股(2007年一季度) | |
|---|---|---|---|---|---|
| 主要财务指标 | 单位基金收益(元) | 0.4198 | 0.0056 | 证券名称 | 占净值比例 |
| | 单位基金可分配收益(元) | 0.3228 | －0.1004 | 中信证券 | 7.71% |
| | 单位基金净值(元) | 1.68 | 0.9247 | 中色股份 | 5.69% |
| | 基金资产净值收益率(%) | | | 东软股份 | 3.82% |
| | 净收益(万元) | 42321.96 | 557.76 | S湘火炬 | 3.63% |
| | 基金资产总值(万元) | 188817.74 | 93846.35 | 湘邮科技 | 3.37% |
| | 基金资产净值(万元) | 167996.65 | 92470.32 | 徐工科技 | 3.15% |
| 单位基金累计净值(元) | | 2.4893(截止4.22) | | 中化国际 | 2.86% |
| 单位基金累计分红(元) | | 0.558 | | 雅戈尔 | 2.83% |
| 历年分红 | 06年:10派3 | | | 东方明珠 | 2.71% |
| | | | | 招商银行 | 2.68% |

# 基金裕隆（184692）

| | | | | | |
|---|---|---|---|---|---|
| 名称 | 裕隆证券投资基金 | 成立日期 | 1999/06/15 | 存续期 | 15年(1999/6/15－2014/6/14) |
| 类型 | 契约型 | 上市日期 | 1999/06/24 | 托管人 | 中国农业银行 |
| 规模 | 30亿 | 投资风格 | 积极成长型 | | |
| 管理人 名称 | 博时基金管理有限公司 | | | 电话 | 0755－3169999 |
| 管理人 地址 | 深圳市福田区深南大道招商银行大厦29层 | | | 邮编 | 518040 |

| | 年　度 | 2006 | 2005 | 基金重仓股(2007年一季度) | |
|---|---|---|---|---|---|
| 主要财务指标 | 单位基金收益(元) | 0.5717 | －0.0733 | 证券名称 | 占净值比例 |
| | 单位基金可分配收益(元) | | | 中信证券 | 5.52% |
| | 单位基金净值(元) | 2.0269 | 0.9646 | 中国联通 | 4.95% |
| | 基金资产净值收益率(%) | | | 长江电力 | 4.34% |
| | 净收益(万元) | 171503.55 | －21979.46 | 深能源A | 4.31% |
| | 基金资产总值(万元) | 609648.24 | 291497.15 | 五粮液 | 2.49% |
| | 基金资产净值(万元) | 608075.53 | 289377.53 | 上海汽车 | 2.26% |
| 单位基金累计净值(元) | | | | 格力电器 | 2.12% |
| 单位基金累计分红(元) | | 0.889 | | 万科A | 1.93% |
| 历年分红 | 06年:10派5 | | | 广东榕泰 | 1.83% |
| | | | | 浦发银行 | 1.78% |

# 基金裕华（184696）

| | | | | | |
|---|---|---|---|---|---|
| 名称 | 裕华证券投资基金 | 成立日期 | 1992/12/31 | 存续期 | 15年(1992/12/31－2007/7/31) |
| 类型 | 契约型 | 上市日期 | 2000/04/24 | 托管人 | 交通银行 |
| 规模 | 5亿 | 投资风格 | 积极成长型 | | |
| 管理人 名称 | 博时基金管理有限公司 | | | 电话 | 0755－3169999 |
| 管理人 地址 | 深圳市福田区深南大道招商银行大厦29层 | | | 邮编 | 518040 |

| | 年　度 | 2006 | 2005 | 基金重仓股(2007年一季度) | |
|---|---|---|---|---|---|
| 主要财务指标 | 单位基金收益(元) | 0.5076 | 0.0045 | 证券名称 | 占净值比例 |
| | 单位基金可分配收益(元) | 0.5081 | 0.0054 | 浦发银行 | 5.99% |
| | 单位基金净值(元) | 2.0971 | 1.0436 | 中信证券 | 5.41% |
| | 基金资产净值收益率(%) | | | 新中基 | 4.52% |
| | 净收益(万元) | 25381.43 | 226.94 | 浙江阳光 | 2.86% |
| | 基金资产总值(万元) | 105691.64 | 52407.63 | 五粮液 | 2.45% |
| | 基金资产净值(万元) | 104856.28 | 52178.89 | 云铝股份 | 2.44% |
| 单位基金累计净值(元) | | | | 中国石化 | 2.33% |
| 单位基金累计分红(元) | | 0.6503 | | 关铝股份 | 2.14% |
| 历年分红 | 06年:10派5；05年:10派0.05；04年:10派0.46 | | | 白云山A | 2.09% |
| | | | | 深能源A | 1.88% |

# 基金普丰（184693）

| | | | | | |
|---|---|---|---|---|---|
| 名称 | 普丰证券投资基金 | 成立日期 | 1999/07/14 | 存续期 | 15年(1999/7/14－2014/7/14) |
| 类型 | 契约型 | 上市日期 | 1999/07/30 | 托管人 | 中国工商银行 |
| 规模 | 30亿 | 投资风格 | 优化指数型 | | |
| 管理人 名称 | 鹏华基金管理有限公司 | | | 电话 | 0755－82021233 |
| 管理人 地址 | 深圳市中心区深圳国际商会中心43层 | | | 邮编 | 518001 |

| | 年　度 | 2006 | 2005 | 基金重仓股(2007年一季度) | |
|---|---|---|---|---|---|
| 主要财务指标 | 单位基金收益(元) | 0.5245 | －0.0555 | 证券名称 | 占净值比例 |
| | 单位基金可分配收益(元) | 0.3829 | －0.1116 | 津滨发展 | 2.66% |
| | 单位基金净值(元) | 1.8345 | 0.9473 | 博瑞传播 | 2.55% |
| | 基金资产净值收益率(%) | 43.02 | －6.18 | 阳光股份 | 2.35% |
| | 净收益(万元) | 157349.28 | －16638.48 | 中兴通讯 | 2% |
| | 基金资产总值(万元) | 616594.58 | 286407.1 | 长江电力 | 1.84% |
| | 基金资产净值(万元) | 550364.59 | 284199.05 | 民生银行 | 1.21% |
| 单位基金累计净值(元) | | 2.8016(截止4.22) | | 招商银行 | 1.15% |
| 单位基金累计分红(元) | | 0.656 | | 中信证券 | 1.08% |
| 历年分红 | 06年:10派3.45,10派0.3 | | | 万科A | 1% |
| | | | | 宝钢股份 | 0.72% |

# 基金天元（184698）

| | | | | | |
|---|---|---|---|---|---|
| 名称 | 天元证券投资基金 | 成立日期 | 1999/08/26 | 存续期 | 15年(1998/8/25－2014/8/25) |
| 类型 | 契约型 | 上市日期 | 1999/09/20 | 托管人 | 中国工商银行 |
| 规模 | 30亿 | 投资风格 | 指数型 | | |
| 管理人 名称 | 南方基金管理有限公司 | | | 电话 | 0755－82912000 |
| 管理人 地址 | 深圳市福田中心区深南大道4009号投资大厦七楼 | | | 邮编 | 518026 |

| | 年　度 | 2006 | 2005 | 基金重仓股(2007年一季度) | |
|---|---|---|---|---|---|
| 主要财务指标 | 单位基金收益(元) | 0.4898 | 0.055 | 证券名称 | 占净值比例 |
| | 单位基金可分配收益(元) | 0.4918 | 0.042 | 太钢不锈 | 5.88% |
| | 单位基金净值(元) | 2.2112 | 1.0988 | 万科A | 4.68% |
| | 基金资产净值收益率(%) | | | 中信证券 | 4.34% |
| | 净收益(万元) | 146942.55 | 16486.16 | 招商银行 | 3.67% |
| | 基金资产总值(万元) | 716935.46 | 331687.43 | 辽宁成大 | 3.02% |
| | 基金资产净值(万元) | 663348.01 | 329625.18 | 五粮液 | 2.96% |
| 单位基金累计净值(元) | | | | 宝新能源 | 2.73% |
| 单位基金累计分红(元) | | 0.955 | | 中国石化 | 2.18% |
| 历年分红 | 06年:10派4.5；05年:10派0.4；04年:10派0.4 | | | 上海机场 | 2.03% |
| | | | | 泛海建设 | 1.97% |

# 基金同盛（184699）

| 名称 | 同盛证券投资基金 | 成立日期 | 1999/11/05 | 存续期 | 15年(1999/11/5-2014/11/5) |
|---|---|---|---|---|---|
| 类型 | 契约型 | 上市日期 | 1999/11/26 | 托管人 | 中国银行 |
| 规模 | 30亿 | 投资风格 | 稳健成长型 | | |
| 管理人 名称 | 长盛基金管理有限公司 | 电话 | 010-82255818 | | |
| 管理人 地址 | 北京市海淀区北太平庄路18号城建大厦A座21层 | 邮编 | 100088 | | |
| 主要财务指标 | 年度 | 2006 | 2005 | 基金重仓股(2007年一季度) | |
| 主要财务指标 | 单位基金收益(元) | 0.3613 | -0.04 | 证券名称 | 占净值比例 |
| 主要财务指标 | 单位基金可分配收益(元) | 0.289 | -0.0724 | 招商银行 | 6.12% |
| 主要财务指标 | 单位基金净值(元) | 1.819 | 0.9367 | 三一重工 | 5.8% |
| 主要财务指标 | 基金资产净值收益率(%) | | | 苏宁电器 | 4.85% |
| 主要财务指标 | 净收益(万元) | 108394.23 | -11987.05 | 大秦铁路 | 4.13% |
| 主要财务指标 | 基金资产总值(万元) | 586314.91 | 285443.22 | 贵州茅台 | 4.12% |
| 主要财务指标 | 基金资产净值(万元) | 545699.22 | 281005.68 | 万科A | 3.17% |
| 单位基金累计净值(元) | | | | 宝钢股份 | 2.99% |
| 单位基金累计分红(元) | | 0.5625 | | 吉林敖东 | 2.54% |
| 历年分红 | 06年:10派2.7 | | | 中兴通讯 | 2.24% |
| | | | | 西飞国际 | 2.24% |

# 基金鸿飞（184700）

| 名称 | 鸿飞证券投资基金 | 成立日期 | 1993/04/15 | 存续期 | 15年(1993/4/15-2008/4/14) |
|---|---|---|---|---|---|
| 类型 | 契约型 | 上市日期 | 2001/11/28 | 托管人 | 中国建设银行 |
| 规模 | 5亿 | 投资风格 | 积极成长型 | | |
| 管理人 名称 | 宝盈基金管理有限公司 | 电话 | 0755—83276688 | | |
| 管理人 地址 | 深圳市深南大道6008号特区报业大厦15楼 | 邮编 | | | |
| 主要财务指标 | 年度 | 2006 | 2005 | 基金重仓股(2007年一季度) | |
| 主要财务指标 | 单位基金收益(元) | 0.5301 | -0.1828 | 证券名称 | 占净值比例 |
| 主要财务指标 | 单位基金可分配收益(元) | 0.3572 | -0.1729 | 中国重汽 | 6.24% |
| 主要财务指标 | 单位基金净值(元) | 1.8549 | 0.8927 | 栋梁新材 | 4.19% |
| 主要财务指标 | 基金资产净值收益率(%) | 41.79 | -20.14 | 中集集团 | 2.99% |
| 主要财务指标 | 净收益(万元) | 26506.28 | -9139.48 | 万科A | 2.58% |
| 主要财务指标 | 基金资产总值(万元) | 103095.73 | 44882.01 | 青岛金王 | 2.56% |
| 主要财务指标 | 基金资产净值(万元) | 92746.63 | 44634.82 | 歌华有线 | 2.35% |
| 单位基金累计净值(元) | | 2.5431(截止4.22) | | 五粮液 | 2.27% |
| 单位基金累计分红(元) | | 0.33 | | 民生银行 | 2.05% |
| 历年分红 | 06年:10派3.3 | | | 雅戈尔 | 2.03% |
| | | | | 风帆股份 | 1.94% |

# 基金景福（184701）

| 名称 | 景福证券投资基金 | 成立日期 | 1999/12/30 | 存续期 | 15年(1999/12/30-2014/12/30) |
|---|---|---|---|---|---|
| 类型 | 契约型 | 上市日期 | 2000/01/10 | 托管人 | 中国农业银行 |
| 规模 | 30亿 | 投资风格 | 优化指数型 | | |
| 管理人 名称 | 大成基金管理有限公司 | 电话 | 0755-83183388 | | |
| 管理人 地址 | 深圳市福田区深南大道7088号招商银行大厦32层 | 邮编 | 518040 | | |
| 主要财务指标 | 年度 | 2006 | 2005 | 基金重仓股(2007年一季度) | |
| 主要财务指标 | 单位基金收益(元) | 0.4146 | -0.0498 | 证券名称 | 占净值比例 |
| 主要财务指标 | 单位基金可分配收益(元) | 0.2873 | -0.1273 | 招商银行 | 8.61% |
| 主要财务指标 | 单位基金净值(元) | 1.9419 | 0.919 | 天音控股 | 7.19% |
| 主要财务指标 | 基金资产净值收益率(%) | | | 中国人寿 | 6.88% |
| 主要财务指标 | 净收益(万元) | 124388.19 | -14946.78 | 中信证券 | 5.9% |
| 主要财务指标 | 基金资产总值(万元) | 650058.78 | 276431.08 | 五粮液 | 5.19% |
| 主要财务指标 | 基金资产净值(万元) | 582574.26 | 275691.25 | 华侨城A | 5.17% |
| 单位基金累计净值(元) | | 2.5523(截止4.22) | | 工商银行 | 4.74% |
| 单位基金累计分红(元) | | 0.424 | | 东软股份 | 3.73% |
| 历年分红 | 06年:10派2.6 | | | 宝钢股份 | 3.6% |
| | | | | 江中药业 | 2.72% |

# 基金金盛（184703）

| 名称 | 金盛证券投资基金 | 成立日期 | 1994/12/01 | 存续期 | 15年(1994/12/01-2009/11/30) |
|---|---|---|---|---|---|
| 类型 | 契约型 | 上市日期 | | 托管人 | 中国建设银行 |
| 规模 | 5亿 | 投资风格 | 积极成长型 | | |
| 管理人 名称 | 国泰基金管理有限公司 | 电话 | 021-23060288 | | |
| 管理人 地址 | 上海市黄浦区延安东路700号港泰广场23楼 | 邮编 | 200001 | | |
| 主要财务指标 | 年度 | 2006 | 2005 | 基金重仓股(2007年一季度) | |
| 主要财务指标 | 单位基金收益(元) | 0.4835 | -0.0403 | 证券名称 | 占净值比例 |
| 主要财务指标 | 单位基金可分配收益(元) | 0.3633 | -0.0402 | 中信证券 | 7.72% |
| 主要财务指标 | 单位基金净值(元) | 2.2106 | 1.0505 | S双汇 | 6.45% |
| 主要财务指标 | 基金资产净值收益率(%) | 31.12 | -4 | 上海医药 | 5.42% |
| 主要财务指标 | 净收益(万元) | 24173.86 | -2013.91 | 大秦铁路 | 5.29% |
| 主要财务指标 | 基金资产总值(万元) | 124362.13 | 53129.88 | 金山股份 | 4.99% |
| 主要财务指标 | 基金资产净值(万元) | 110531.5 | 52523.22 | 一汽轿车 | 4.59% |
| 单位基金累计净值(元) | | 3.0992(截止4.22) | | 苏宁电器 | 4.32% |
| 单位基金累计分红(元) | | 0.5758 | | 招商银行 | 3.46% |
| 历年分红 | 06年:10派3.2,10派0.8;04年:10派1,10派0.018 | | | 五粮液 | 3.23% |
| | | | | 浦发银行 | 3.17% |

# 基金裕泽（184705）

| 名称 | 裕泽证券投资基金 | 成立日期 | 1996/05/31 | 存续期 | 15年(1996/05/31-2011/05/31) |
|---|---|---|---|---|---|
| 类型 | 契约型 | 上市日期 | 2000/05/17 | 托管人 | 中国工商银行 |
| 规模 | 5亿 | 投资风格 | 科技型 | | |
| 管理人 名称 | 博时基金管理有限公司 | 电话 | 0755-3169999 | | |
| 管理人 地址 | 深圳市福田区深南大道招商银行大厦29层 | 邮编 | 518040 | | |
| 主要财务指标 | 年度 | 2006 | 2005 | 基金重仓股(2007年一季度) | |
| 主要财务指标 | 单位基金收益(元) | 0.3956 | 0.114 | 证券名称 | 占净值比例 |
| 主要财务指标 | 单位基金可分配收益(元) | 0.4049 | 0.1193 | 中信证券 | 3.95% |
| 主要财务指标 | 单位基金净值(元) | 2.1217 | 1.1417 | 万科A | 3.92% |
| 主要财务指标 | 基金资产净值收益率(%) | 28.01 | 9.99 | S双汇 | 3.89% |
| 主要财务指标 | 净收益(万元) | 19781.53 | 5698.97 | 广东榕泰 | 2.55% |
| 主要财务指标 | 基金资产总值(万元) | 110674.58 | 57315.54 | 云南铜业 | 2.12% |
| 主要财务指标 | 基金资产净值(万元) | 106082.76 | 57085.47 | 振华港机 | 1.93% |
| 单位基金累计净值(元) | | | | 深能源A | 1.91% |
| 单位基金累计分红(元) | | 0.74 | | 五粮液 | 1.9% |
| 历年分红 | 06年:10派4;05年:10派1.1;04年:10派1.2 | | | 格力电器 | 1.84% |
| | | | | 湘电股份 | 1.83% |

# 基金天华（184706）

| 名称 | 天华证券投资基金 | 成立日期 | 1999/07/12 | 存续期 | 10年(1999/7/12-2009/7/11) |
|---|---|---|---|---|---|
| 类型 | 契约型 | 上市日期 | 2001/08/08 | 托管人 | 中国农业银行 |
| 规模 | 25亿 | 投资风格 | 稳健成长型 | | |
| 管理人 名称 | 银华基金管理有限公司 | 电话 | 0755-83516888 | | |
| 管理人 地址 | 深圳市深南大道6008号报业大厦19楼 | 邮编 | 518009 | | |
| 主要财务指标 | 年度 | 2006 | 2005 | 基金重仓股(2007年一季度) | |
| 主要财务指标 | 单位基金收益(元) | 0.7541 | -0.0308 | 证券名称 | 占净值比例 |
| 主要财务指标 | 单位基金可分配收益(元) | 0.5539 | -0.2003 | 中信证券 | 5.52% |
| 主要财务指标 | 单位基金净值(元) | 1.7554 | 0.8462 | 浦发银行 | 4.34% |
| 主要财务指标 | 基金资产净值收益率(%) | 61.8 | -3.73 | 民生银行 | 4.29% |
| 主要财务指标 | 净收益(万元) | 188533.86 | -7703.19 | 贵州茅台 | 4.2% |
| 主要财务指标 | 基金资产总值(万元) | 445073.86 | 215735.58 | 苏宁电器 | 4.2% |
| 主要财务指标 | 基金资产净值(万元) | 438850.9 | 211547.31 | 招商银行 | 3.47% |
| 单位基金累计净值(元) | | 2.1547(截止4.22) | | 万科A | 2.72% |
| 单位基金累计分红(元) | | 0.5 | | S双汇 | 2.29% |
| 历年分红 | 06年:10派5 | | | 山西汾酒 | 1.81% |
| | | | | 海油工程 | 1.76% |

# 基金安久（184709）

| 名称 | 安久证券投资基金 | 成立日期 | 1992/08/31 | 存续期 | 15年(1992/8/31-2007/8/31) |
| --- | --- | --- | --- | --- | --- |
| 类型 | 契约型 | 上市日期 | 2001/08/31 | 托管人 | 交通银行 |
| 规模 | 5亿 | 投资风格 | 科技型 | | |
| 管理人 名称 | 华安基金管理有限公司 | 电话 | 021-58881111 | | |
| 管理人 地址 | 上海浦东新区浦东南路360号新上海国际大厦38楼 | 邮编 | 200120 | | |

| 主要财务指标 年度 | 2006 | 2005 | 基金重仓股(2007年一季度) | |
| --- | --- | --- | --- | --- |
| 单位基金收益(元) | 0.4151 | -0.0925 | 证券名称 | 占净值比例 |
| 单位基金可分配收益(元) | 0.2289 | -0.1863 | 招商银行 | 7.74% |
| 单位基金净值(元) | 2.0159 | 0.8666 | 中信证券 | 7.05% |
| 基金资产净值收益率(%) | 31.85 | -10.99 | 贵州茅台 | 5.78% |
| 净收益(万元) | 20756.36 | -4624.94 | 太钢不锈 | 4.56% |
| 基金资产总值(万元) | 104468.78 | 43515.87 | 恒瑞医药 | 4.56% |
| 基金资产净值(万元) | 100793.93 | 43332.14 | 上海机场 | 4.22% |
| 单位基金累计净值(元) | | | 中国重汽 | 4% |
| 单位基金累计分红(元) | 0.22 | | 招商地产 | 3.58% |
| 历年分红 | 06年:10派2.2 | | 烟台万华 | 3.54% |
| | | | 苏宁电器 | 3.34% |

# 基金隆元（184710）

| 名称 | 隆元证券投资基金 | 成立日期 | 1992/12/29 | 存续期 | 15年(1992/12/29-2007/12/29) |
| --- | --- | --- | --- | --- | --- |
| 类型 | 契约型 | 上市日期 | 2000/10/18 | 托管人 | 中国工商银行 |
| 规模 | 5亿 | 投资风格 | 积极成长型 | | |
| 管理人 名称 | 南方基金管理有限公司 | 电话 | 0755-82912000 | | |
| 管理人 地址 | 深圳市福田中心区深南大道4009号投资大厦七楼 | 邮编 | 518026 | | |

| 主要财务指标 年度 | 2006 | 2005 | 基金重仓股(2007年一季度) | |
| --- | --- | --- | --- | --- |
| 单位基金收益(元) | 0.2406 | 0.0297 | 证券名称 | 占净值比例 |
| 单位基金可分配收益(元) | 0.1049 | -0.1358 | 中信证券 | 9.77% |
| 单位基金净值(元) | 1.9519 | 0.8994 | 万科A | 8.15% |
| 基金资产净值收益率(%) | | | 福耀玻璃 | 7.23% |
| 净收益(万元) | 12032.13 | 1483.63 | 太钢不锈 | 7% |
| 基金资产总值(万元) | 110445.76 | 45195.3 | 招商银行 | 6.55% |
| 基金资产净值(万元) | 97596.24 | 44969.28 | 沪东重机 | 3.97% |
| 单位基金累计净值(元) | | | 中信国安 | 3.91% |
| 单位基金累计分红(元) | 0.1 | | 吉林敖东 | 3.71% |
| 历年分红 | 06年:10派1 | | 五粮液 | 3.6% |
| | | | 烟台万华 | 3.41% |

# 基金科汇（184712）

| 名称 | 科汇证券投资基金 | 成立日期 | 1993/12/14 | 存续期 | 15年(1993/12/14-2008/12/13) |
| --- | --- | --- | --- | --- | --- |
| 类型 | 契约型 | 上市日期 | 2001/06/20 | 托管人 | 交通银行 |
| 规模 | 8亿 | 投资风格 | 稳健成长型 | | |
| 管理人 名称 | 易方达基金管理有限公司 | 电话 | 020-38797888 | | |
| 管理人 地址 | 广州市体育西路189号27,28楼 | 邮编 | 510075 | | |

| 主要财务指标 年度 | 2006 | 2005 | 基金重仓股(2007年一季度) | |
| --- | --- | --- | --- | --- |
| 单位基金收益(元) | 0.7245 | 0.1337 | 证券名称 | 占净值比例 |
| 单位基金可分配收益(元) | 0.7334 | 0.1589 | 通威股份 | 7.3% |
| 单位基金净值(元) | 2.6587 | 1.3585 | 苏宁电器 | 6.42% |
| 基金资产净值收益率(%) | | | 武钢股份 | 5.48% |
| 净收益(万元) | 57960.45 | 10698.83 | 沪东重机 | 4.61% |
| 基金资产总值(万元) | 213371.41 | 109002.2 | 贵州茅台 | 4.42% |
| 基金资产净值(万元) | 212696.03 | 108683.16 | 上海家化 | 2.65% |
| 单位基金累计净值(元) | | | 招商银行 | 2.45% |
| 单位基金累计分红(元) | 1.1075 | | 中信证券 | 2.44% |
| 历年分红 | 05年:10派1.5；04年:10派2.3 | | 辽宁成大 | 2.23% |
| | | | 中信国安 | 2.2% |

# 基金科翔（184713）

| 名称 | 科翔证券投资基金 | 成立日期 | 1993/12/14 | 存续期 | 15年(1993/12/14-2008/12/13) |
| --- | --- | --- | --- | --- | --- |
| 类型 | 契约型 | 上市日期 | 2001/06/20 | 托管人 | 中国工商银行 |
| 规模 | 8亿 | 投资风格 | 积极成长型 | | |
| 管理人 名称 | 易方达基金管理有限公司 | 电话 | 020-38797888 | | |
| 管理人 地址 | 广州市体育西路189号27,28楼 | 邮编 | 510075 | | |

| 主要财务指标 年度 | 2006 | 2005 | 基金重仓股(2007年一季度) | |
| --- | --- | --- | --- | --- |
| 单位基金收益(元) | 0.4474 | 0.0935 | 证券名称 | 占净值比例 |
| 单位基金可分配收益(元) | 0.4561 | 0.0987 | 苏宁电器 | 5.88% |
| 单位基金净值(元) | 2.6454 | 1.2365 | 特变电工 | 5.22% |
| 基金资产净值收益率(%) | | | 贵州茅台 | 4.3% |
| 净收益(万元) | 35790.88 | 7478.22 | 沪东重机 | 3.91% |
| 基金资产总值(万元) | 212523.19 | 99309.7 | 武钢股份 | 2.66% |
| 基金资产净值(万元) | 211635.66 | 98923.05 | 招商银行 | 2.59% |
| 单位基金累计净值(元) | | | 瑞贝卡 | 2.11% |
| 单位基金累计分红(元) | 0.74 | | 中信国安 | 2.05% |
| 历年分红 | 06年:10派4.3；05年:10派0.9；04年:10派1.4 | | 张裕A | 1.89% |
| | | | 辽宁成大 | 1.45% |

# 基金兴安（184718）

| 名称 | 兴安证券投资基金 | 成立日期 | 1992/12/29 | 存续期 | 15年(1992/12/29-2007/12/29) |
| --- | --- | --- | --- | --- | --- |
| 类型 | 契约型 | 上市日期 | 2000/09/20 | 托管人 | 中国银行 |
| 规模 | 5亿 | 投资风格 | 积极成长型 | | |
| 管理人 名称 | 华夏基金管理有限公司 | 电话 | 010-88066688 | | |
| 管理人 地址 | 北京市西城区金融大街33号通泰大厦B座8层 | 邮编 | 100032 | | |

| 主要财务指标 年度 | 2006 | 2005 | 基金重仓股(2007年一季度) | |
| --- | --- | --- | --- | --- |
| 单位基金收益(元) | 0.576 | -0.0357 | 证券名称 | 占净值比例 |
| 单位基金可分配收益(元) | 0.5342 | -0.0418 | 泸州老窖 | 5.41% |
| 单位基金净值(元) | 2.1678 | 1.0255 | 岳阳纸业 | 3.99% |
| 基金资产净值收益率(%) | 39.47 | -3.55 | 武钢股份 | 3.98% |
| 净收益(万元) | 28800.17 | -1786.67 | 苏宁电器 | 3.6% |
| 基金资产总值(万元) | 128686.07 | 51852.86 | 思源电气 | 3.32% |
| 基金资产净值(万元) | 108390.48 | 51276.63 | 风神股份 | 3.28% |
| 单位基金累计净值(元) | 3.0209(截止4.22) | | S南航 | 2.91% |
| 单位基金累计分红(元) | 0.487 | | 东软股份 | 2.91% |
| 历年分红 | 06年:10派4.81 | | 江南高纤 | 2.68% |
| | | | 宝新能源 | 2.41% |

# 基金融鑫（184719）

| 名称 | 融鑫证券投资基金 | 成立日期 | 1993/02/05 | 存续期 | 15年(1993/2/5-2008/2/4) |
| --- | --- | --- | --- | --- | --- |
| 类型 | 契约型 | 上市日期 | 2002/09/02 | 托管人 | 中国工商银行 |
| 规模 | 8亿 | 投资风格 | 成长型 | | |
| 管理人 名称 | 国投瑞银基金管理有限公司 | 电话 | 0755-82904132 | | |
| 管理人 地址 | 深圳市福田中心区深南大道4009号投资大厦第三层 | 邮编 | 518026 | | |

| 主要财务指标 年度 | 2006 | 2005 | 基金重仓股(2007年一季度) | |
| --- | --- | --- | --- | --- |
| 单位基金收益(元) | 0.4328 | -0.0201 | 证券名称 | 占净值比例 |
| 单位基金可分配收益(元) | 0.4285 | -0.0043 | 中信证券 | 6.25% |
| 单位基金净值(元) | 2.3015 | 1.0597 | 招商银行 | 5.81% |
| 基金资产净值收益率(%) | | | 浦发银行 | 4.06% |
| 净收益(万元) | 34625 | -1611.17 | 南玻A | 3.29% |
| 基金资产总值(万元) | 203515.78 | 85405.79 | 苏宁电器 | 2.98% |
| 基金资产净值(万元) | 184122.24 | 84775.74 | 鞍钢股份 | 2.67% |
| 单位基金累计净值(元) | | | 贵州茅台 | 2.4% |
| 单位基金累计分红(元) | 0.5528 | | 海螺水泥 | 2.37% |
| 历年分红 | 04年:10派1.328 | | 盐湖钾肥 | 2.22% |
| | | | 大秦铁路 | 2.15% |

## 基金丰和（184721）

| | | | | | |
|---|---|---|---|---|---|
| 名称 | 丰和价值证券投资基金 | 成立日期 | 2002/03/22 | 存续期 | 15年(2002/3/22－2017/3/22) |
| 类型 | 契约型 | 上市日期 | 2002/04/04 | 托管人 | 中国农业银行 |
| 规模 | 30亿 | 投资风格 | 价值型 | | |
| 管理人 名称 | 嘉实基金管理有限公司 | 电话 | (010)65188866 | | |
| 管理人 地址 | 北京市建国门北大街8号华润大厦8层 | 邮编 | 100005 | | |
| 主要财务指标 年度 | 2006 | 2005 | 基金重仓股(2007年一季度) | | |
| 单位基金收益(元) | 0.5269 | －0.0037 | 证券名称 | 占净值比例 | |
| 单位基金可分配收益(元) | 0.4284 | 0.0195 | 宝钢股份 | 9.55% | |
| 单位基金净值(元) | 2.073 | 1.0469 | 金发科技 | 7.9% | |
| 基金资产净值收益率(%) | | | 沪东重机 | 7.4% | |
| 净收益(万元) | 158068.7 | －1116.62 | 上海机场 | 6.71% | |
| 基金资产总值(万元) | 646355.65 | 315404.29 | 海螺水泥 | 6.65% | |
| 基金资产净值(万元) | 621893.67 | 314083.55 | 招商银行 | 5.82% | |
| 单位基金累计净值(元) | 3.186(截止4.22) | | 中科三环 | 4.06% | |
| 单位基金累计分红(元) | 0.543 | | 武钢股份 | 3.84% | |
| 历年分红 | 06中期:10派1,10派3.9；05年:10派0.18；04年:10派0.2 | | 方正科技 | 3.57% | |
| | | | 鞍钢股份 | 3.3% | |

## 长城久恒（200001）

| | | | | | |
|---|---|---|---|---|---|
| 名称 | 长城久恒平衡型证券投资基金 | 成立日期 | 2003/10/31 | 存续期 | 不定期 |
| 类型 | 契约型 | 上市日期 | | 托管人 | 中国建设银行 |
| 规模 | 13亿 | 投资风格 | 平衡型 | | |
| 管理人 名称 | 长城基金管理有限公司 | 电话 | 0755－3662688 | | |
| 管理人 地址 | 深圳市深南中路2066号华能大厦25层 | 邮编 | 518031 | | |
| 主要财务指标 年度 | 2006 | 2005 | 基金重仓股(2007年一季度) | | |
| 单位基金收益(元) | 0.6719 | 0.079 | 证券名称 | 占净值比例 | |
| 单位基金可分配收益(元) | 0.422 | 0.0027 | 招商银行 | 9.49% | |
| 单位基金净值(元) | 1.675 | 1.003 | 民生银行 | 9.18% | |
| 基金资产净值收益率(%) | 56.03 | 8.07 | 兴业银行 | 3.6% | |
| 净收益(万元) | 21941.8 | 4347.03 | 盐田港 | 3.57% | |
| 基金资产总值(万元) | 45099.1 | 43837.53 | 华夏银行 | 3.55% | |
| 基金资产净值(万元) | 44731.1 | 41554.92 | 浦发银行 | 3.43% | |
| 单位基金累计净值(元) | 2.337(截止4.22) | | 海油工程 | 3.13% | |
| 单位基金累计分红(元) | 1.11 | | 中牧股份 | 3.01% | |
| 历年分红 | 06年:10派0.4,10派0.3,10派0.2,10派0.3,10派0.6,10派0.5,10派0.7；04年:10派0.3 | | 华微电子 | 2.84% | |
| | | | 深圳机场 | 2.45% | |

## 基金久嘉（184722）

| | | | | | |
|---|---|---|---|---|---|
| 名称 | 久嘉证券投资基金 | 成立日期 | 2002/07/05 | 存续期 | 15年(2002/7/5－2017/7/4) |
| 类型 | 契约型 | 上市日期 | 2002/08/27 | 托管人 | 中国农业银行 |
| 规模 | 20亿 | 投资风格 | 平衡型 | | |
| 管理人 名称 | 长城基金管理有限公司 | 电话 | 0755－3662688 | | |
| 管理人 地址 | 深圳市深南中路2066号华能大厦25层 | 邮编 | 518031 | | |
| 主要财务指标 年度 | 2006 | 2005 | 基金重仓股(2007年一季度) | | |
| 单位基金收益(元) | 0.7073 | 0.004 | 证券名称 | 占净值比例 | |
| 单位基金可分配收益(元) | 0.6782 | －0.029 | 招商银行 | 6.48% | |
| 单位基金净值(元) | 2.326 | 1.0704 | 中信证券 | 6.09% | |
| 基金资产净值收益率(%) | 44.91 | 0.38 | 浦发银行 | 4.81% | |
| 净收益(万元) | 141456.13 | 806.64 | 五粮液 | 4% | |
| 基金资产总值(万元) | 489453.91 | 216035.71 | 沪东重机 | 3.13% | |
| 基金资产净值(万元) | 465207.97 | 214089.23 | 宝钢股份 | 3.04% | |
| 单位基金累计净值(元) | | | 申能股份 | 2.86% | |
| 单位基金累计分红(元) | 0.64 | | 中集集团 | 2.52% | |
| 历年分红 | 06年:10派5.2,10派1 | | 贵州茅台 | 2.34% | |
| | | | 武钢股份 | 2.11% | |

## 长城消费增值（200006）

| | | | | | |
|---|---|---|---|---|---|
| 名称 | 长城消费增值股票型证券投资基金 | 成立日期 | 2006/04/06 | 存续期 | 不定期 |
| 类型 | 契约型 | 上市日期 | | 托管人 | 中国建设银行 |
| 规模 | 9亿 | 投资风格 | 股票型 | | |
| 管理人 名称 | 长城基金管理有限公司 | 电话 | 0755－3662688 | | |
| 管理人 地址 | 深圳市深南中路2066号华能大厦25层 | 邮编 | 518031 | | |
| 主要财务指标 年度 | 2006 | 2005 | 基金重仓股(2007年一季度) | | |
| 单位基金收益(元) | 0.4067 | | 证券名称 | 占净值比例 | |
| 单位基金可分配收益(元) | 0.527 | | 招商银行 | 9.56% | |
| 单位基金净值(元) | 1.5516 | | 浦发银行 | 9.08% | |
| 基金资产净值收益率(%) | 37.15 | | 贵州茅台 | 7.61% | |
| 净收益(万元) | 36631.86 | | 沪东重机 | 6.13% | |
| 基金资产总值(万元) | 117933.48 | | 冠城大通 | 3.74% | |
| 基金资产净值(万元) | 101191.72 | | 中信证券 | 3.45% | |
| 单位基金累计净值(元) | 1.8481(截止4.22) | | 大商股份 | 3.4% | |
| 单位基金累计分红(元) | 0.5 | | 金地集团 | 3.28% | |
| 历年分红 | 06年:10派5 | | 苏宁电器 | 2.91% | |
| | | | 中联重科 | 2.89% | |

## 基金鸿阳（184728）

| | | | | | |
|---|---|---|---|---|---|
| 名称 | 鸿阳证券投资基金 | 成立日期 | 2001/12/10 | 存续期 | 15年(2001/12/10－2016/12/9) |
| 类型 | 契约型 | 上市日期 | 2001/12/18 | 托管人 | 中国农业银行 |
| 规模 | 20亿 | 投资风格 | 成长价值复合型 | | |
| 管理人 名称 | 宝盈基金管理有限公司 | 电话 | 0755--83276688 | | |
| 管理人 地址 | 深圳市深南大道6008号特区报业大厦15楼 | 邮编 | | | |
| 主要财务指标 年度 | 2006 | 2005 | 基金重仓股(2007年一季度) | | |
| 单位基金收益(元) | 0.5363 | －0.0282 | 证券名称 | 占净值比例 | |
| 单位基金可分配收益(元) | 0.294 | －0.1423 | 现代投资 | 3.37% | |
| 单位基金净值(元) | 1.7642 | 0.9341 | 中粮屯河 | 3.28% | |
| 基金资产净值收益率(%) | | | 国电电力 | 3.06% | |
| 净收益(万元) | 107253.04 | －5634.54 | 万科A | 2.85% | |
| 基金资产总值(万元) | 353956.84 | 187518.68 | 中国重汽 | 2.34% | |
| 基金资产净值(万元) | 352835.62 | 186828.45 | 招商地产 | 2.29% | |
| 单位基金累计净值(元) | 2.3512(截止4.22) | | 西山煤电 | 2.09% | |
| 单位基金累计分红(元) | 0.3815 | | 桂冠电力 | 2.01% | |
| 历年分红 | 06年:10派1,10派2.6 | | 东软股份 | 1.99% | |
| | | | 横店东磁 | 1.95% | |

## 长城安心回报（200007）

| | | | | | |
|---|---|---|---|---|---|
| 名称 | 长城安心回报混合型证券投资基金 | 成立日期 | 2006/08/22 | 存续期 | 不定期 |
| 类型 | 契约型 | 上市日期 | | 托管人 | 中国农业银行 |
| 规模 | 14亿 | 投资风格 | 混合型 | | |
| 管理人 名称 | 长城基金管理有限公司 | 电话 | 0755－3662688 | | |
| 管理人 地址 | 深圳市深南中路2066号华能大厦25层 | 邮编 | 518031 | | |
| 主要财务指标 年度 | 2006 | 2005 | 基金重仓股(2007年一季度) | | |
| 单位基金收益(元) | 0.2526 | | 证券名称 | 占净值比例 | |
| 单位基金可分配收益(元) | 0.0196 | | 招商银行 | 9.42% | |
| 单位基金净值(元) | 1.1278 | | 民生银行 | 9.33% | |
| 基金资产净值收益率(%) | 23.5549 | | 浦发银行 | 9.19% | |
| 净收益(万元) | 36416.78 | | 盐田港 | 4.62% | |
| 基金资产总值(万元) | 256393.57 | | 海油工程 | 4.25% | |
| 基金资产净值(万元) | 239214.85 | | 华夏银行 | 3.13% | |
| 单位基金累计净值(元) | 1.7833(截止4.22) | | 中国卫星 | 2.9% | |
| 单位基金累计分红(元) | 0.31 | | 双鹭药业 | 2.83% | |
| 历年分红 | 06年:10派0.3,10派2,10派0.3 | | 东方金钰 | 2.54% | |
| | | | 东华合创 | 2.52% | |

## 南稳贰号（202002）

| 名称 | 南方稳健成长贰号证券投资基金 | 成立日期 | 2006/07/25 | 存续期 | 不定期 |
|---|---|---|---|---|---|
| 类型 | 契约型 | 上市日期 | | 托管人 | 中国工商银行 |
| 规模 | 53亿 | 投资风格 | | | |
| 管理人 名称 | 南方基金管理有限公司 | | | 电话 | 0755-82912000 |
| 管理人 地址 | 深圳市福田中心区深南大道4009号投资大厦七楼 | | | 邮编 | 518026 |

| 主要财务指标 年度 | 2006 | 2005 | 基金重仓股(2007年一季度) | |
|---|---|---|---|---|
| 单位基金收益(元) | 0.1135 | | 证券名称 | 占净值比例 |
| 单位基金可分配收益(元) | 0.1225 | | 津滨发展 | 9.66% |
| 单位基金净值(元) | 1.4207 | | 中信证券 | 8.66% |
| 基金资产净值收益率(%) | | | 泰达股份 | 8.04% |
| 净收益(万元) | 56755.11 | | 吉林敖东 | 6.09% |
| 基金资产总值(万元) | 635957.14 | | 五粮液 | 5.21% |
| 基金资产净值(万元) | 627005.18 | | 辽宁成大 | 5.11% |
| 单位基金累计净值(元) | 1.0233(截止4.22) | | 沪东重机 | 4.55% |
| 单位基金累计分红(元) | | | 中信国安 | 4.03% |
| 历年分红 | | | 中国联通 | 2.15% |
| | | | S三九 | 2.09% |

## 南方避险（202201）

| 名称 | 南方避险增值基金 | 成立日期 | 2003/06/27 | 存续期 | 不定期 |
|---|---|---|---|---|---|
| 类型 | 契约型 | 上市日期 | | 托管人 | 中国工商银行 |
| 规模 | 52亿 | 投资风格 | 偏债型 | | |
| 管理人 名称 | 南方基金管理有限公司 | | | 电话 | 0755-82912000 |
| 管理人 地址 | 深圳市福田中心区深南大道4009号投资大厦七楼 | | | 邮编 | 518026 |

| 主要财务指标 年度 | 2006 | 2005 | 基金重仓股(2007年一季度) | |
|---|---|---|---|---|
| 单位基金收益(元) | 0.2717 | 0.0792 | 证券名称 | 占净值比例 |
| 单位基金可分配收益(元) | 0.1859 | 0.0149 | 太钢不锈 | 8.51% |
| 单位基金净值(元) | 1.7233 | 1.0355 | 万科A | 8.2% |
| 基金资产净值收益率(%) | | | 招商银行 | 8.16% |
| 净收益(万元) | 120176.72 | 23211.07 | 恒瑞医药 | 5.77% |
| 基金资产总值(万元) | 747290.73 | 345462.07 | 福耀玻璃 | 5.22% |
| 基金资产净值(万元) | 672458 | 270760.17 | 烟台万华 | 4.93% |
| 单位基金累计净值(元) | 2.4364(截止4.22) | | 金发科技 | 3.03% |
| 单位基金累计分红(元) | 0.514 | | 宝新能源 | 1.89% |
| 历年分红 | 06年:10派0.8,10派0.31;05年:10派0.63,10派0.3;04年:10派0.3,10派0.3 | | 青岛海尔 | 1.51% |
| | | | 中国人寿 | 1.44% |

## 南方宝元（202101）

| 名称 | 南方宝元债券型基金 | 成立日期 | 2002/09/20 | 存续期 | 不定期 |
|---|---|---|---|---|---|
| 类型 | 契约型 | 上市日期 | | 托管人 | 中国工商银行 |
| 规模 | 49亿 | 投资风格 | 偏债型 | | |
| 管理人 名称 | 南方基金管理有限公司 | | | 电话 | 0755-82912000 |
| 管理人 地址 | 深圳市福田中心区深南大道4009号投资大厦七楼 | | | 邮编 | 518026 |

| 主要财务指标 年度 | 2006 | 2005 | 基金重仓股(2007年一季度) | |
|---|---|---|---|---|
| 单位基金收益(元) | 0.2792 | 0.0507 | 证券名称 | 占净值比例 |
| 单位基金可分配收益(元) | 0.2416 | 0.0077 | 太钢不锈 | 8.7% |
| 单位基金净值(元) | 1.5334 | 1.0227 | 万科A | 8.51% |
| 基金资产净值收益率(%) | | | 招商银行 | 6.44% |
| 净收益(万元) | 23382.54 | 4873.68 | 福耀玻璃 | 3.54% |
| 基金资产总值(万元) | 147172.55 | 116317.96 | 中信证券 | 2.61% |
| 基金资产净值(万元) | 113049.76 | 93464.27 | 柳钢股份 | 1.38% |
| 单位基金累计净值(元) | 2.0959(截止4.22) | | 歌华有线 | 1.24% |
| 单位基金累计分红(元) | 0.22 | | 中国石化 | 0.78% |
| 历年分红 | 06年:10派0.5;05年:10派0.58,10派0.5 | | 国电电力 | 0.6% |
| | | | S湘火炬 | 0.44% |

## 南方现金增利（202301）

| 名称 | 南方现金增利基金 | 成立日期 | 2004/03/05 | 存续期 | 不定期 |
|---|---|---|---|---|---|
| 类型 | 契约型 | 上市日期 | | 托管人 | 中国工商银行 |
| 规模 | 80亿 | 投资风格 | 货币市场型 | | |
| 管理人 名称 | 南方基金管理有限公司 | | | 电话 | 0755-82912000 |
| 管理人 地址 | 深圳市福田中心区深南大道4009号投资大厦七楼 | | | 邮编 | 518026 |

| 主要财务指标 年度 | 2006 | 2005 | 基金重仓股(2007年一季度) | |
|---|---|---|---|---|
| 单位基金收益(元) | | | 证券名称 | 占净值比例 |
| 单位基金可分配收益(元) | | | | |
| 单位基金净值(元) | 1 | 1 | | |
| 基金资产净值收益率(%) | | | | |
| 净收益(万元) | 52597.78 | 91631.58 | | |
| 基金资产总值(万元) | 1198542.84 | 3987632.53 | | |
| 基金资产净值(万元) | 1055170.04 | 3847337.85 | | |
| 单位基金累计净值(元) | | | | |
| 单位基金累计分红(元) | | | | |
| 历年分红 | | | | |

## 南方多利（202102）

| 名称 | 南方多利中短期债券投资基金 | 成立日期 | 2006/03/27 | 存续期 | 不定期 |
|---|---|---|---|---|---|
| 类型 | 契约型 | 上市日期 | | 托管人 | 中国工商银行 |
| 规模 | 90亿 | 投资风格 | 债券型 | | |
| 管理人 名称 | 南方基金管理有限公司 | | | 电话 | 0755-82912000 |
| 管理人 地址 | 深圳市福田中心区深南大道4009号投资大厦七楼 | | | 邮编 | 518026 |

| 主要财务指标 年度 | 2006 | 2005 | 基金重仓股(2007年一季度) | |
|---|---|---|---|---|
| 单位基金收益(元) | 0.0127 | | 证券名称 | 占净值比例 |
| 单位基金可分配收益(元) | 0.0022 | | | |
| 单位基金净值(元) | 1.0066 | | | |
| 基金资产净值收益率(%) | | | | |
| 净收益(万元) | 5812.77 | | | |
| 基金资产总值(万元) | 225491.58 | | | |
| 基金资产净值(万元) | 167411.93 | | | |
| 单位基金累计净值(元) | 1.0274(截止4.22) | | | |
| 单位基金累计分红(元) | 0.0231 | | | |
| 历年分红 | 06年:10派0.018,10派0.045,10派0.013,10派0.02,10派0.02,10派0.015 | | | |

## 鹏华行业成长基金（206001）

| 名称 | 鹏华行业成长证券投资基金 | 成立日期 | 2002/05/24 | 存续期 | 不定期 |
|---|---|---|---|---|---|
| 类型 | 契约型 | 上市日期 | | 托管人 | 中国工商银行 |
| 规模 | 40亿 | 投资风格 | 平衡型 | | |
| 管理人 名称 | 鹏华基金管理有限公司 | | | 电话 | 0755-82021233 |
| 管理人 地址 | 深圳市中心区深圳国际商会中心43层 | | | 邮编 | 518001 |

| 主要财务指标 年度 | 2006 | 2005 | 基金重仓股(2007年一季度) | |
|---|---|---|---|---|
| 单位基金收益(元) | 0.9158 | -0.0485 | 证券名称 | 占净值比例 |
| 单位基金可分配收益(元) | 0.9136 | -0.1008 | 阳光股份 | 4.49% |
| 单位基金净值(元) | 1.9429 | 0.9162 | 博瑞传播 | 3.7% |
| 基金资产净值收益率(%) | 72.89 | -5.56 | 中兴通讯 | 3.59% |
| 净收益(万元) | 52797.61 | -6219.54 | 长江电力 | 3.53% |
| 基金资产总值(万元) | 86913.88 | 106648.83 | 天士力 | 3.26% |
| 基金资产净值(万元) | 73744.76 | 105143.89 | 太阳纸业 | 3.11% |
| 单位基金累计净值(元) | 2.8198(截止4.22) | | 中国联通 | 3.02% |
| 单位基金累计分红(元) | 0.15 | | 金发科技 | 2.97% |
| 历年分红 | 06年:10派0.3,10派0.3,10派0.3;04年:10派0.15,10派0.25,10派0.2 | | 中国人寿 | 2.93% |
| | | | 中国平安 | 2.85% |

## 金鹰优选（210001）

| 名称 | 金鹰成份股优选证券投资基金 | 成立日期 | 2003/06/16 | 存续期 | 不定期 |
| --- | --- | --- | --- | --- | --- |
| 类型 | 契约型 | 上市日期 | | 托管人 | 中国银行 |
| 规模 | 15亿 | 投资风格 | 指数型 | | |
| 管理人 名称 | 金鹰基金管理有限公司 | 电话 | (020)83282610 | | |
| 管理人 地址 | 广州市沿江中路298号江湾商业大厦22楼 | 邮编 | 510100 | | |

| 主要财务指标 年度 | 2006 | 2005 | 基金重仓股(2007年一季度) | |
| --- | --- | --- | --- | --- |
| 单位基金收益(元) | 0.6073 | -0.1093 | 证券名称 | 占净值比例 |
| 单位基金可分配收益(元) | 0.429 | -0.1748 | 莱钢股份 | 7.68% |
| 单位基金净值(元) | 1.429 | 0.8252 | 风帆股份 | 7.46% |
| 基金资产净值收益率(%) | | | 天房发展 | 5.87% |
| 净收益(万元) | 9038.47 | -4535.73 | 华鲁恒升 | 5.34% |
| 基金资产总值(万元) | 6671.26 | 31053.81 | S深发展A | 5.1% |
| 基金资产净值(万元) | 6527.31 | 30287.16 | 秦川发展 | 4.72% |
| 单位基金累计净值(元) | 2.228(截止4.22) | | 华侨城A | 4.68% |
| 单位基金累计分红(元) | 1.12 | | 新中基 | 4.66% |
| 历年分红 | 04年:10派0.4,10派0.4 | | 航天电器 | 4.38% |
| | | | 上海机电 | 3.84% |

## 宝盈鸿利收益（213001）

| 名称 | 宝盈鸿利收益证券投资基金 | 成立日期 | 2002/10/08 | 存续期 | 不定期 |
| --- | --- | --- | --- | --- | --- |
| 类型 | 契约型 | 上市日期 | | 托管人 | 中国农业银行 |
| 规模 | 14亿 | 投资风格 | 收益型 | | |
| 管理人 名称 | 宝盈基金管理有限公司 | 电话 | 0755—83276688 | | |
| 管理人 地址 | 深圳市深南大道6008号特区报业大厦15楼 | 邮编 | | | |

| 主要财务指标 年度 | 2006 | 2005 | 基金重仓股(2007年一季度) | |
| --- | --- | --- | --- | --- |
| 单位基金收益(元) | 1.1401 | -0.1222 | 证券名称 | 占净值比例 |
| 单位基金可分配收益(元) | 0.8549 | -0.1932 | 万科A | 4.06% |
| 单位基金净值(元) | 1.9794 | 0.86 | 中信证券 | 3.81% |
| 基金资产净值收益率(%) | | | 冀东水泥 | 3.33% |
| 净收益(万元) | 20248.91 | -6456.53 | 中粮屯河 | 3.31% |
| 基金资产总值(万元) | 25760.04 | 38558.92 | 栋梁新材 | 3.16% |
| 基金资产净值(万元) | 23418.7 | 34714.24 | 中国人寿 | 3.12% |
| 单位基金累计净值(元) | 2.599(截止4.22) | | 沧州大化 | 3.09% |
| 单位基金累计分红(元) | 1.29 | | 大秦铁路 | 3.07% |
| 历年分红 | 05年:10派0.6；04年:10派0.3,10派0.6 | | 中国重汽 | 2.99% |
| | | | 冠福家用 | 2.92% |

## 宝盈泛沿海（213002）

| 名称 | 宝盈泛沿海区域增长股票证券投资基金 | 成立日期 | 2005/03/08 | 存续期 | 不定期 |
| --- | --- | --- | --- | --- | --- |
| 类型 | 契约型 | 上市日期 | | 托管人 | 中国工商银行 |
| 规模 | 4亿 | 投资风格 | | | |
| 管理人 名称 | 宝盈基金管理有限公司 | 电话 | 0755—83276688 | | |
| 管理人 地址 | 深圳市深南大道6008号特区报业大厦15楼 | 邮编 | | | |

| 主要财务指标 年度 | 2006 | 2005 | 基金重仓股(2007年一季度) | |
| --- | --- | --- | --- | --- |
| 单位基金收益(元) | 0.7423 | 0.0071 | 证券名称 | 占净值比例 |
| 单位基金可分配收益(元) | 0.0962 | -0.0226 | 风帆股份 | 6.15% |
| 单位基金净值(元) | 1.1002 | 1.0024 | 沧州大化 | 5.88% |
| 基金资产净值收益率(%) | 59.34 | 0.68 | 中兴通讯 | 4.69% |
| 净收益(万元) | 7467.57 | 164.6 | 中信证券 | 4.6% |
| 基金资产总值(万元) | 41865.11 | 19950.41 | 中国重汽 | 4.47% |
| 基金资产净值(万元) | 39233.5 | 19699.48 | 万科A | 4.43% |
| 单位基金累计净值(元) | 2.3689(截止4.22) | | 盐湖钾肥 | 3.15% |
| 单位基金累计分红(元) | 0.85 | | 威远生化 | 2.96% |
| 历年分红 | 06年:10派0.3,10派0.3,10派0.6,10派7；05年:10派0.3 | | 冠福家用 | 2.93% |
| | | | 同仁堂 | 2.89% |

## 宝盈策略增长（213003）

| 名称 | 宝盈策略增长股票型证券投资基金 | 成立日期 | 2007/01/19 | 存续期 | 不定期 |
| --- | --- | --- | --- | --- | --- |
| 类型 | 契约型 | 上市日期 | | 托管人 | 中国农业银行 |
| 规模 | 96亿 | 投资风格 | 股票型 | | |
| 管理人 名称 | 宝盈基金管理有限公司 | 电话 | 0755—83276688 | | |
| 管理人 地址 | 深圳市深南大道6008号特区报业大厦15楼 | 邮编 | | | |

| 主要财务指标 年度 | 2006 | 2005 | 基金重仓股(2007年一季度) | |
| --- | --- | --- | --- | --- |
| 单位基金收益(元) | | | 证券名称 | 占净值比例 |
| 单位基金可分配收益(元) | | | 中国石化 | 5.01% |
| 单位基金净值(元) | | | 国电电力 | 4.67% |
| 基金资产净值收益率(%) | | | 中国银行 | 4.33% |
| 净收益(万元) | | | 中信证券 | 3.6% |
| 基金资产总值(万元) | | | 中国平安 | 2.84% |
| 基金资产净值(万元) | | | 同仁堂 | 2.55% |
| 单位基金累计净值(元) | 1.1697(截止4.22) | | 万科A | 2.54% |
| 单位基金累计分红(元) | | | 盐湖钾肥 | 2.48% |
| 历年分红 | | | 招商银行 | 2.2% |
| | | | 金融街 | 2.16% |

## 招商安泰股票基金（217001）

| 名称 | 招商安泰股票证券投资基金 | 成立日期 | 2003/04/28 | 存续期 | 不定期 |
| --- | --- | --- | --- | --- | --- |
| 类型 | 契约型 | 上市日期 | | 托管人 | 招商银行 |
| 规模 | 10亿 | 投资风格 | | | |
| 管理人 名称 | 招商基金管理有限公司 | 电话 | (0755)83196666 | | |
| 管理人 地址 | 深圳市深南大道7088号招商银行大厦28层 | 邮编 | 518040 | | |

| 主要财务指标 年度 | 2006 | 2005 | 基金重仓股(2007年一季度) | |
| --- | --- | --- | --- | --- |
| 单位基金收益(元) | 0.7199 | -0.075 | 证券名称 | 占净值比例 |
| 单位基金可分配收益(元) | 0.6835 | -0.0675 | 天音控股 | 7.38% |
| 单位基金净值(元) | 1.9457 | 1.0102 | 民生银行 | 4.09% |
| 基金资产净值收益率(%) | 54.67 | -7.52 | 国药股份 | 3% |
| 净收益(万元) | 82519.46 | -16751.48 | 中国石化 | 2.89% |
| 基金资产总值(万元) | 138879.86 | 199386.34 | 中青旅 | 2.85% |
| 基金资产净值(万元) | 138240.71 | 198414.75 | 华鲁恒升 | 2.74% |
| 单位基金累计净值(元) | 2.8771(截止4.22) | | 桂冠电力 | 2.62% |
| 单位基金累计分红(元) | 0.825 | | 营口港 | 2.56% |
| 历年分红 | 06年:10派0.8,10派0.3；04年:10派0.8,10派0.2 | | 浦发银行 | 2.35% |
| | | | 同洲电子 | 2.26% |

## 招商安泰平衡基金（217002）

| 名称 | 招商安泰平衡型证券投资基金 | 成立日期 | 2003/04/28 | 存续期 | 不定期 |
| --- | --- | --- | --- | --- | --- |
| 类型 | 契约型 | 上市日期 | | 托管人 | 招商银行 |
| 规模 | 9亿 | 投资风格 | | | |
| 管理人 名称 | 招商基金管理有限公司 | 电话 | (0755)83196666 | | |
| 管理人 地址 | 深圳市深南大道7088号招商银行大厦28层 | 邮编 | 518040 | | |

| 主要财务指标 年度 | 2006 | 2005 | 基金重仓股(2007年一季度) | |
| --- | --- | --- | --- | --- |
| 单位基金收益(元) | 0.4631 | -0.0213 | 证券名称 | 占净值比例 |
| 单位基金可分配收益(元) | 0.4272 | -0.0024 | 天音控股 | 5.24% |
| 单位基金净值(元) | 1.6306 | 1 | 民生银行 | 2.45% |
| 基金资产净值收益率(%) | 38.04 | -2.16 | 中青旅 | 1.81% |
| 净收益(万元) | 10540.03 | -729.81 | 国药股份 | 1.8% |
| 基金资产总值(万元) | 29007.92 | 29425.39 | 中国石化 | 1.71% |
| 基金资产净值(万元) | 28870.94 | 29322.8 | 华鲁恒升 | 1.66% |
| 单位基金累计净值(元) | 2.2575(截止4.22) | | 桂冠电力 | 1.59% |
| 单位基金累计分红(元) | 0.615 | | 营口港 | 1.32% |
| 历年分红 | 06年:10派0.25,10派0.6；04年:10派1 | | 同洲电子 | 1.21% |
| | | | 浦发银行 | 1.12% |

## 招商安泰债券(A类)(217003)

| 名称 | 招商安泰债券证券投资基金 | 成立日期 | 2003/04/28 | 存续期 | 不定期 |
|---|---|---|---|---|---|
| 类型 | 契约型 | 上市日期 | | 托管人 | 招商银行 |
| 规模 | 26亿 | 投资风格 | 债券型 | | |
| 管理人 名称 | 招商基金管理有限公司 | 电话 | (0755)83196666 | | |
| 管理人 地址 | 深圳市深南大道7088号招商银行大厦28层 | 邮编 | 518040 | | |

| 主要财务指标 年度 | 2006 | 2005 | 基金重仓股(2007年一季度) | |
|---|---|---|---|---|
| | | | 证券名称 | 占净值比例 |
| 单位基金收益(元) | 0.038 | 0.0874 | | |
| 单位基金可分配收益(元) | 0.041 | 0.0428 | | |
| 单位基金净值(元) | 1.041 | 1.0428 | | |
| 基金资产净值收益率(%) | 3.68 | 8.51 | | |
| 净收益(万元) | 1426.37 | 2517.31 | | |
| 基金资产总值(万元) | 35995.78 | 41219.18 | | |
| 基金资产净值(万元) | 35666.73 | 41067.67 | | |
| 单位基金累计净值(元) | 1.332(截止4.22) | | | |
| 单位基金累计分红(元) | 0.2165 | | | |
| 历年分红 | 06年:10派0.515;05年:10派0.15,10派0.3 | | | |

## 招商安本增利(217008)

| 名称 | 招商安本增利债券型证券投资基金 | 成立日期 | 2006/07/11 | 存续期 | 不定期 |
|---|---|---|---|---|---|
| 类型 | 契约型 | 上市日期 | | 托管人 | 中国光大银行 |
| 规模 | 31亿 | 投资风格 | 债券型 | | |
| 管理人 名称 | 招商基金管理有限公司 | 电话 | (0755)83196666 | | |
| 管理人 地址 | 深圳市深南大道7088号招商银行大厦28层 | 邮编 | 518040 | | |

| 主要财务指标 年度 | 2006 | 2005 | 基金重仓股(2007年一季度) | |
|---|---|---|---|---|
| | | | 证券名称 | 占净值比例 |
| 单位基金收益(元) | 0.0127 | | 大秦铁路 | 2.69% |
| 单位基金可分配收益(元) | 0.0124 | | 广深铁路 | 1.82% |
| 单位基金净值(元) | 1.0492 | | 中国人寿 | 1.8% |
| 基金资产净值收益率(%) | 1.25 | | 工商银行 | 1.23% |
| 净收益(万元) | 4216.33 | | 中国平安 | 1.17% |
| 基金资产总值(万元) | 330403.88 | | 兴业银行 | 0.6% |
| 基金资产净值(万元) | 329336.75 | | 华发股份 | 0.57% |
| 单位基金累计净值(元) | 1.1246(截止4.22) | | 北辰实业 | 0.48% |
| 单位基金累计分红(元) | 0.02 | | 桂冠电力 | 0.38% |
| 历年分红 | | | 柳化股份 | 0.29% |

## 招商现金增值(217004)

| 名称 | 招商现金增值开放式证券投资基金 | 成立日期 | 2004/01/14 | 存续期 | 不定期 |
|---|---|---|---|---|---|
| 类型 | 契约型 | 上市日期 | | 托管人 | 招商银行 |
| 规模 | 46亿 | 投资风格 | 货币市场型 | | |
| 管理人 名称 | 招商基金管理有限公司 | 电话 | (0755)83196666 | | |
| 管理人 地址 | 深圳市深南大道7088号招商银行大厦28层 | 邮编 | 518040 | | |

| 主要财务指标 年度 | 2006 | 2005 | 基金重仓股(2007年一季度) | |
|---|---|---|---|---|
| | | | 证券名称 | 占净值比例 |
| 单位基金收益(元) | | | | |
| 单位基金可分配收益(元) | | | | |
| 单位基金净值(元) | 1 | 1 | | |
| 基金资产净值收益率(%) | | | | |
| 净收益(万元) | 11517.9 | 56937.97 | | |
| 基金资产总值(万元) | 315092.76 | 1201406.33 | | |
| 基金资产净值(万元) | 314792.23 | 1092826.7 | | |
| 单位基金累计净值(元) | | | | |
| 单位基金累计分红(元) | | | | |
| 历年分红 | | | | |

## 招商核心价值(217009)

| 名称 | 招商核心价值混合型证券投资基金 | 成立日期 | 2007/03/30 | 存续期 | 不定期 |
|---|---|---|---|---|---|
| 类型 | 契约型 | 上市日期 | | 托管人 | 中国工商银行 |
| 规模 | 96亿 | 投资风格 | 混合型 | | |
| 管理人 名称 | 招商基金管理有限公司 | 电话 | (0755)83196666 | | |
| 管理人 地址 | 深圳市深南大道7088号招商银行大厦28层 | 邮编 | 518040 | | |

| 主要财务指标 年度 | 2006 | 2005 | 基金重仓股(2007年一季度) | |
|---|---|---|---|---|
| | | | 证券名称 | 占净值比例 |
| 单位基金收益(元) | | | | |
| 单位基金可分配收益(元) | | | | |
| 单位基金净值(元) | | | | |
| 基金资产净值收益率(%) | | | | |
| 净收益(万元) | | | | |
| 基金资产总值(万元) | | | | |
| 基金资产净值(万元) | | | | |
| 单位基金累计净值(元) | 1.0752(截止4.22) | | | |
| 单位基金累计分红(元) | | | | |
| 历年分红 | | | | |

## 招商先锋(217005)

| 名称 | 招商先锋证券投资基金 | 成立日期 | 2004/06/01 | 存续期 | 不定期 |
|---|---|---|---|---|---|
| 类型 | 契约型 | 上市日期 | | 托管人 | 中国银行 |
| 规模 | 16亿 | 投资风格 | | | |
| 管理人 名称 | 招商基金管理有限公司 | 电话 | (0755)83196666 | | |
| 管理人 地址 | 深圳市深南大道7088号招商银行大厦28层 | 邮编 | 518040 | | |

| 主要财务指标 年度 | 2006 | 2005 | 基金重仓股(2007年一季度) | |
|---|---|---|---|---|
| | | | 证券名称 | 占净值比例 |
| 单位基金收益(元) | 0.6668 | -0.0477 | 浦发银行 | 6.06% |
| 单位基金可分配收益(元) | 0.0584 | -0.0475 | 长江电力 | 5.32% |
| 单位基金净值(元) | 1.2603 | 0.9804 | 民生银行 | 4.37% |
| 基金资产净值收益率(%) | 54.55 | -4.88 | 天音控股 | 3.29% |
| 净收益(万元) | 51904.27 | -8441.3 | 宝钢股份 | 2.72% |
| 基金资产总值(万元) | 131179.32 | 148003.19 | 华泰股份 | 2.61% |
| 基金资产净值(万元) | 130306.81 | 147396.96 | 苏宁电器 | 2.49% |
| 单位基金累计净值(元) | 2.3576(截止4.22) | | 贵州茅台 | 2.44% |
| 单位基金累计分红(元) | 1.09 | | 新安股份 | 2.4% |
| 历年分红 | 06年:10派5.4,10派0.3,10派0.8,10派0.15 | | 大商股份 | 2.36% |

## 巨田基础行业(233001)

| 名称 | 巨田基础行业证券投资基金 | 成立日期 | 2004/03/26 | 存续期 | 不定期 |
|---|---|---|---|---|---|
| 类型 | 契约型 | 上市日期 | | 托管人 | 中国光大银行 |
| 规模 | 19亿 | 投资风格 | | | |
| 管理人 名称 | 巨田基金管理有限公司 | 电话 | 400-8888 | | |
| 管理人 地址 | 深圳市滨河路5020号证券大厦 | 邮编 | 518033 | | |

| 主要财务指标 年度 | 2006 | 2005 | 基金重仓股(2007年一季度) | |
|---|---|---|---|---|
| | | | 证券名称 | 占净值比例 |
| 单位基金收益(元) | 0.4098 | -0.1314 | 中海海盛 | 7.92% |
| 单位基金可分配收益(元) | 0.1458 | -0.1292 | 恒生电子 | 7.26% |
| 单位基金净值(元) | 1.1458 | 0.8708 | 国电电力 | 5.85% |
| 基金资产净值收益率(%) | | | 中华企业 | 5.42% |
| 净收益(万元) | 18655.21 | -19140.28 | 中储股份 | 5.08% |
| 基金资产总值(万元) | 16494.35 | 96652.76 | 大秦铁路 | 4.83% |
| 基金资产净值(万元) | 16216.44 | 92632.24 | 四创电子 | 4.76% |
| 单位基金累计净值(元) | 2.1644(截止4.22) | | 南京水运 | 4.1% |
| 单位基金累计分红(元) | 0.26 | | 长江电力 | 4.04% |
| 历年分红 | 06年:10派0.3,10派0.3,10派0.5,10派1,10派0.5 | | 中远航运 | 4% |

# 宝康消费品（240001）

| | | | | | |
|---|---|---|---|---|---|
| 名称 | 宝康消费品证券投资基金 | 成立日期 | 2003/07/15 | 存续期 | 不定期 |
| 类型 | 契约型 | 上市日期 | | 托管人 | 中国建设银行 |
| 规模 | 15亿 | 投资风格 | 股票型 | | |
| 管理人 名称 | 华宝兴业基金管理有限公司 | | 电话 | (021)50499588 | |
| 管理人 地址 | 上海市世纪大道88号金茂大厦48层 | | 邮编 | 200121 | |
| 主要财务指标 年度 | 2006 | 2005 | 基金重仓股(2007年一季度) | | |
| 单位基金收益(元) | 0.6585 | 0.0355 | 证券名称 | 占净值比例 | |
| 单位基金可分配收益(元) | 0.6724 | 0.0046 | 贵州茅台 | 4.417% | |
| 单位基金净值(元) | 2.1764 | 1.101 | 中国平安 | 3.27% | |
| 基金资产净值收益率(%) | | | 承德露露 | 2.352% | |
| 净收益(万元) | 93883.42 | 5219.5 | 招商银行 | 2.053% | |
| 基金资产总值(万元) | 213546.87 | 192994.55 | 民生银行 | 1.96% | |
| 基金资产净值(万元) | 203626.05 | 192314.28 | 伊利股份 | 1.648% | |
| 单位基金累计净值(元) | 1.1579(截止4.22) | | 獐子岛 | 1.439% | |
| 单位基金累计分红(元) | 0.17 | | 万科A | 1.437% | |
| 历年分红 | 06年:10派0.4；05年:10派0.1，10派0.5；04年:10派0.2，10派0.4 | | 天地科技 | 1.293% | |
| | | | 长江电力 | 1.191% | |

# 华宝兴业动力（240004）

| | | | | | |
|---|---|---|---|---|---|
| 名称 | 华宝兴业动力组合股票型证券投资基金 | 成立日期 | 2005/11/17 | 存续期 | 不定期 |
| 类型 | 契约型 | 上市日期 | | 托管人 | 中国银行 |
| 规模 | 5亿 | 投资风格 | 股票型 | | |
| 管理人 名称 | 华宝兴业基金管理有限公司 | | 电话 | (021)50499588 | |
| 管理人 地址 | 上海市世纪大道88号金茂大厦48层 | | 邮编 | 200121 | |
| 主要财务指标 年度 | 2006 | 2005 | 基金重仓股(2007年一季度) | | |
| 单位基金收益(元) | 0.9888 | 0.0004 | 证券名称 | 占净值比例 | |
| 单位基金可分配收益(元) | 1.049 | 0.0005 | 招商银行 | 6.32% | |
| 单位基金净值(元) | 2.1612 | 1.0264 | 烟台万华 | 5.494% | |
| 基金资产净值收益率(%) | | | 泸州老窖 | 5.161% | |
| 净收益(万元) | 19740.39 | 21.27 | 民生银行 | 4.327% | |
| 基金资产总值(万元) | 64457.42 | 43998.85 | 中国平安 | 4.245% | |
| 基金资产净值(万元) | 60408.99 | 43423.96 | 中集集团 | 3.875% | |
| 单位基金累计净值(元) | 2.6124(截止4.22) | | 火箭股份 | 3.708% | |
| 单位基金累计分红(元) | 1.08 | | 小商品城 | 3.617% | |
| 历年分红 | 06年:10派10.4，10派0.4 | | 中兴通讯 | 3.47% | |
| | | | 贵州茅台 | 3.17% | |

# 宝康灵活配置（240002）

| | | | | | |
|---|---|---|---|---|---|
| 名称 | 宝康灵活配置证券投资基金 | 成立日期 | 2003/07/15 | 存续期 | 不定期 |
| 类型 | 契约型 | 上市日期 | | 托管人 | 中国建设银行 |
| 规模 | 11亿 | 投资风格 | 资产灵活配置型 | | |
| 管理人 名称 | 华宝兴业基金管理有限公司 | | 电话 | (021)50499588 | |
| 管理人 地址 | 上海市世纪大道88号金茂大厦48层 | | 邮编 | 200121 | |
| 主要财务指标 年度 | 2006 | 2005 | 基金重仓股(2007年一季度) | | |
| 单位基金收益(元) | 0.7977 | 0.0029 | 证券名称 | 占净值比例 | |
| 单位基金可分配收益(元) | 0.8002 | 0.052 | 中国平安 | 4.667% | |
| 单位基金净值(元) | 2.2365 | 1.0648 | 火箭股份 | 4.604% | |
| 基金资产净值收益率(%) | | | 兴业银行 | 4.586% | |
| 净收益(万元) | 77370.63 | 286.1 | 华侨城A | 3.778% | |
| 基金资产总值(万元) | 255036.52 | 120616.62 | 中兴通讯 | 3.135% | |
| 基金资产净值(万元) | 215899.62 | 112733.11 | 中科三环 | 2.817% | |
| 单位基金累计净值(元) | 2.9516(截止4.22) | | 同方股份 | 2.555% | |
| 单位基金累计分红(元) | 1.54 | | 宝钛股份 | 2.44% | |
| 历年分红 | 06年:10派0.4；05年:10派0.2；04年:10派0.4，10派0.4 | | 云铝股份 | 2.045% | |
| | | | 泸州老窖 | 1.942% | |

# 多策略增长（240005）

| | | | | | |
|---|---|---|---|---|---|
| 名称 | 华宝兴业多策略增长开放式证券投资基金 | 成立日期 | 2004/05/11 | 存续期 | 不定期 |
| 类型 | 契约型 | 上市日期 | | 托管人 | 中国建设银行 |
| 规模 | 52亿 | 投资风格 | | | |
| 管理人 名称 | 华宝兴业基金管理有限公司 | | 电话 | (021)50499588 | |
| 管理人 地址 | 上海市世纪大道88号金茂大厦48层 | | 邮编 | 200121 | |
| 主要财务指标 年度 | 2006 | 2005 | 基金重仓股(2007年一季度) | | |
| 单位基金收益(元) | 0.6439 | -0.0455 | 证券名称 | 占净值比例 | |
| 单位基金可分配收益(元) | 0.6149 | -0.0506 | 民生银行 | 6.682% | |
| 单位基金净值(元) | 1.7737 | 0.9496 | 中信证券 | 5.889% | |
| 基金资产净值收益率(%) | | | 招商银行 | 4.86% | |
| 净收益(万元) | 89533.24 | -17091.18 | 苏宁电器 | 3.768% | |
| 基金资产总值(万元) | 142805.31 | 316752.7 | 泸州老窖 | 3.763% | |
| 基金资产净值(万元) | 141558.7 | 312862.64 | 大秦铁路 | 3.593% | |
| 单位基金累计净值(元) | 2.7081(截止4.22) | | 贵州茅台 | 3.477% | |
| 单位基金累计分红(元) | 0.12 | | 张裕A | 3.45% | |
| 历年分红 | 06年:10派1.2 | | 浦发银行 | 3.206% | |
| | | | 华兰生物 | 2.791% | |

# 宝康债券（240003）

| | | | | | |
|---|---|---|---|---|---|
| 名称 | 宝康债券投资基金 | 成立日期 | 2003/07/15 | 存续期 | 不定期 |
| 类型 | 契约型 | 上市日期 | | 托管人 | 中国建设银行 |
| 规模 | 13亿 | 投资风格 | 债券型 | | |
| 管理人 名称 | 华宝兴业基金管理有限公司 | | 电话 | (021)50499588 | |
| 管理人 地址 | 上海市世纪大道88号金茂大厦48层 | | 邮编 | 200121 | |
| 主要财务指标 年度 | 2006 | 2005 | 基金重仓股(2007年一季度) | | |
| 单位基金收益(元) | 0.0722 | 0.024 | 证券名称 | 占净值比例 | |
| 单位基金可分配收益(元) | 0.0115 | 0.0084 | 中国平安 | 2.331% | |
| 单位基金净值(元) | 1.0943 | 1.0084 | 兴业银行 | 1.619% | |
| 基金资产净值收益率(%) | | | 中国人寿 | 1.303% | |
| 净收益(万元) | 5261.14 | 1332.33 | 大秦铁路 | 0.508% | |
| 基金资产总值(万元) | 169640.14 | 51277.47 | 莱宝高科 | 0.263% | |
| 基金资产净值(万元) | 166716.58 | 42081.42 | 獐子岛 | 0.237% | |
| 单位基金累计净值(元) | 1.3449(截止4.22) | | 天马股份 | 0.208% | |
| 单位基金累计分红(元) | 0.17 | | 晋亿实业 | 0.158% | |
| 历年分红 | 06年:10派0.2，10派0.1，10派0.45，10派0.15；05年:10派0.3；04年:10派0.2，10派0.2 | | 三钢闽光 | 0.099% | |
| | | | 海鸥卫浴 | 0.072% | |

# 现金宝A（240006）

| | | | | | |
|---|---|---|---|---|---|
| 名称 | 华宝兴业现金宝货币市场基金 | 成立日期 | 2005/03/31 | 存续期 | 不定期 |
| 类型 | 契约型 | 上市日期 | | 托管人 | 中国建设银行 |
| 规模 | 23亿 | 投资风格 | 货币市场型 | | |
| 管理人 名称 | 华宝兴业基金管理有限公司 | | 电话 | (021)50499588 | |
| 管理人 地址 | 上海市世纪大道88号金茂大厦48层 | | 邮编 | 200121 | |
| 主要财务指标 年度 | 2006 | 2005 | 基金重仓股(2007年一季度) | | |
| 单位基金收益(元) | 0.0175 | 0.0156 | 证券名称 | 占净值比例 | |
| 单位基金可分配收益(元) | | | | | |
| 单位基金净值(元) | 1 | 1 | | | |
| 基金资产净值收益率(%) | | | | | |
| 净收益(万元) | 6718.13 | 5575.02 | | | |
| 基金资产总值(万元) | 77603.8 | 594594.64 | | | |
| 基金资产净值(万元) | 77537.22 | 541769.04 | | | |
| 单位基金累计净值(元) | | | | | |
| 单位基金累计分红(元) | | | | | |
| 历年分红 | | | | | |

# 华宝兴业收益（240008）

| 名称 | 华宝兴业收益增长混合型证券投资基金 | 成立日期 | 2006/06/15 | 存续期 | 不定期 |
| --- | --- | --- | --- | --- | --- |
| 类型 | 契约型 | 上市日期 | | 托管人 | 中国建设银行 |
| 规模 | 23亿 | 投资风格 | 混合型 | | |
| 管理人 名称 | 华宝兴业基金管理有限公司 | 电话 | (021)50499588 | | |
| 管理人 地址 | 上海市世纪大道88号金茂大厦48层 | 邮编 | 200121 | | |

| 年度 | 2006 | 2005 | 基金重仓股(2007年一季度) | |
| --- | --- | --- | --- | --- |
| 主要财务指标 | | | 证券名称 | 占净值比例 |
| 单位基金收益(元) | 0.1473 | | 民生银行 | 4.408% |
| 单位基金可分配收益(元) | 0.1789 | | 山西汾酒 | 3.984% |
| 单位基金净值(元) | 1.4617 | | 浦发银行 | 3.928% |
| 基金资产净值收益率(%) | | | 中信证券 | 2.999% |
| 净收益(万元) | 32162.95 | | 中国平安 | 2.983% |
| 基金资产总值(万元) | 231611.16 | | 烟台万华 | 2.484% |
| 基金资产净值(万元) | 226728.36 | | 华侨城A | 2.472% |
| 单位基金累计净值(元) | 2.3373(截止4.22) | | 天地科技 | 2.432% |
| 单位基金累计分红(元) | | | 云铝股份 | 2.017% |
| 历年分红 | | | 唐钢股份 | 2.015% |

# 华宝先进成长（240009）

| 名称 | 华宝兴业先进成长股票型证券投资基金 | 成立日期 | 2006/11/07 | 存续期 | 不定期 |
| --- | --- | --- | --- | --- | --- |
| 类型 | 契约型 | 上市日期 | | 托管人 | 中国银行 |
| 规模 | 61亿 | 投资风格 | 股票型 | | |
| 管理人 名称 | 华宝兴业基金管理有限公司 | 电话 | (021)50499588 | | |
| 管理人 地址 | 上海市世纪大道88号金茂大厦48层 | 邮编 | 200121 | | |

| 年度 | 2006 | 2005 | 基金重仓股(2007年一季度) | |
| --- | --- | --- | --- | --- |
| 主要财务指标 | | | 证券名称 | 占净值比例 |
| 单位基金收益(元) | | | 火箭股份 | 5.004% |
| 单位基金可分配收益(元) | | | 兴业银行 | 4.772% |
| 单位基金净值(元) | | | 中国平安 | 4.644% |
| 基金资产净值收益率(%) | | | 华侨城A | 3.481% |
| 净收益(万元) | | | 中科三环 | 2.99% |
| 基金资产总值(万元) | | | 中兴通讯 | 2.888% |
| 基金资产净值(万元) | | | S兰铝 | 2.884% |
| 单位基金累计净值(元) | 1.8372(截止4.22) | | 同方股份 | 2.831% |
| 单位基金累计分红(元) | | | 天地科技 | 2.649% |
| 历年分红 | | | 恒瑞医药 | 2.532% |

# 德盛安心成长（253010）

| 名称 | 德盛安心成长混合型证券投资基金 | 成立日期 | 2005/07/13 | 存续期 | 不定期 |
| --- | --- | --- | --- | --- | --- |
| 类型 | 契约型 | 上市日期 | | 托管人 | 中国工商银行 |
| 规模 | 4亿 | 投资风格 | | | |
| 管理人 名称 | 国联安基金管理有限公司 | 电话 | 021-50478080 | | |
| 管理人 地址 | 上海市浦东新区世纪大道88号金茂大厦46层 | 邮编 | | | |

| 年度 | 2006 | 2005 | 基金重仓股(2007年一季度) | |
| --- | --- | --- | --- | --- |
| 主要财务指标 | | | 证券名称 | 占净值比例 |
| 单位基金收益(元) | 0.304 | 0.013 | 太钢不锈 | 3.34% |
| 单位基金可分配收益(元) | 0.094 | 0.0104 | 华侨城A | 3.28% |
| 单位基金净值(元) | 1.104 | 1.019 | 铁龙物流 | 3.11% |
| 基金资产净值收益率(%) | 27.04 | 1.26 | 广电网络 | 2.81% |
| 净收益(万元) | 1758.82 | 349.07 | 申能股份 | 2.52% |
| 基金资产总值(万元) | 4940.84 | 15352.82 | 华鲁恒升 | 2.36% |
| 基金资产净值(万元) | 4771.97 | 14297.28 | 大秦铁路 | 2.33% |
| 单位基金累计净值(元) | 1.741(截止4.22) | | 小商品城 | 2.31% |
| 单位基金累计分红(元) | 0.27 | | 招商银行 | 2.1% |
| 历年分红 | 06年:10派0.2,10派2.5 | | 上海机场 | 2.05% |

# 德盛稳健（255010）

| 名称 | 德盛稳健证券投资基金 | 成立日期 | 2003/08/08 | 存续期 | 不定期 |
| --- | --- | --- | --- | --- | --- |
| 类型 | 契约型 | 上市日期 | | 托管人 | 中国工商银行 |
| 规模 | 37亿 | 投资风格 | 平衡型 | | |
| 管理人 名称 | 国联安基金管理有限公司 | 电话 | 021-50478080 | | |
| 管理人 地址 | 上海市浦东新区世纪大道88号金茂大厦46层 | 邮编 | | | |

| 年度 | 2006 | 2005 | 基金重仓股(2007年一季度) | |
| --- | --- | --- | --- | --- |
| 主要财务指标 | | | 证券名称 | 占净值比例 |
| 单位基金收益(元) | 0.63 | -0.025 | 广电网络 | 7.61% |
| 单位基金可分配收益(元) | 0.6312 | -0.0335 | 天津港 | 3.47% |
| 单位基金净值(元) | 1.699 | 0.975 | 华侨城A | 2.86% |
| 基金资产净值收益率(%) | 52.93 | -2.65 | 太钢不锈 | 2.73% |
| 净收益(万元) | 39582.1 | -3579.49 | 中材国际 | 2.71% |
| 基金资产总值(万元) | 40154.8 | 113838.72 | 贵州茅台 | 2.17% |
| 基金资产净值(万元) | 39331.43 | 112242.39 | 中信证券 | 2.01% |
| 单位基金累计净值(元) | 2.46(截止4.22) | | 大秦铁路 | 1.85% |
| 单位基金累计分红(元) | 0.12 | | 威孚高科 | 1.8% |
| 历年分红 | 06年:10派0.6 | | 国药股份 | 1.69% |

# 德盛小盘（257010）

| 名称 | 德盛小盘精选证券投资基金 | 成立日期 | 2004/04/12 | 存续期 | 不定期 |
| --- | --- | --- | --- | --- | --- |
| 类型 | 契约型 | 上市日期 | | 托管人 | 中国工商银行 |
| 规模 | 83亿 | 投资风格 | | | |
| 管理人 名称 | 国联安基金管理有限公司 | 电话 | 021-50478080 | | |
| 管理人 地址 | 上海市浦东新区世纪大道88号金茂大厦46层 | 邮编 | | | |

| 年度 | 2006 | 2005 | 基金重仓股(2007年一季度) | |
| --- | --- | --- | --- | --- |
| 主要财务指标 | | | 证券名称 | 占净值比例 |
| 单位基金收益(元) | 0.592 | -0.056 | 小商品城 | 3.89% |
| 单位基金可分配收益(元) | 0.5004 | -0.0946 | 招商地产 | 3.33% |
| 单位基金净值(元) | 1.5 | 0.937 | 太钢不锈 | 3.12% |
| 基金资产净值收益率(%) | 52.38 | -6.14 | 贵州茅台 | 2.83% |
| 净收益(万元) | 146184.03 | -38842.75 | 沪东重机 | 2.76% |
| 基金资产总值(万元) | 132109.24 | 589199.13 | 中信证券 | 2.66% |
| 基金资产净值(万元) | 129942.61 | 578813.97 | 中国石化 | 2.23% |
| 单位基金累计净值(元) | 2.485(截止4.22) | | 雅戈尔 | 2.17% |
| 单位基金累计分红(元) | 0.15 | | 云铝股份 | 2.07% |
| 历年分红 | 06年:10派1.5 | | S兰铝 | 2.07% |

# 德盛精选（257020）

| 名称 | 德盛精选股票证券投资基金 | 成立日期 | 2005/12/28 | 存续期 | 不定期 |
| --- | --- | --- | --- | --- | --- |
| 类型 | 契约型 | 上市日期 | | 托管人 | 华夏银行 |
| 规模 | 6亿 | 投资风格 | 股票型 | | |
| 管理人 名称 | 国联安基金管理有限公司 | 电话 | 021-50478080 | | |
| 管理人 地址 | 上海市浦东新区世纪大道88号金茂大厦46层 | 邮编 | | | |

| 年度 | 2006 | 2005 | 基金重仓股(2007年一季度) | |
| --- | --- | --- | --- | --- |
| 主要财务指标 | | | 证券名称 | 占净值比例 |
| 单位基金收益(元) | 0.531 | | 宏图高科 | 6.66% |
| 单位基金可分配收益(元) | 0.5728 | | 香江控股 | 5.51% |
| 单位基金净值(元) | 1.74 | 1 | ST中鼎 | 5.35% |
| 基金资产净值收益率(%) | 44.72 | -0.003 | 大秦铁路 | 5.02% |
| 净收益(万元) | 14977.26 | -1.95 | 兴业银行 | 4.06% |
| 基金资产总值(万元) | 16924.51 | 58641.54 | 中材科技 | 3.98% |
| 基金资产净值(万元) | 16494.33 | 57861.28 | *ST成商 | 3.74% |
| 单位基金累计净值(元) | 2.715(截止4.22) | | 标准股份 | 2.86% |
| 单位基金累计分红(元) | 1.31 | | 国药股份 | 2.85% |
| 历年分红 | 06年:10派0.2,10派0.2,10派1.5,10派0.8 | | 铁龙物流 | 2.61% |

## 德盛优势(257030)

| 名称 | 德盛优势股票证券投资基金 | 成立日期 | 2007/01/24 | 存续期 | 不定期 |
|---|---|---|---|---|---|
| 类型 | 契约型 | 上市日期 | | 托管人 | 招商银行 |
| 规模 | 45亿 | 投资风格 | 股票型 | | |
| 管理人 名称 | 国联安基金管理有限公司 | 电话 | 021-50478080 | | |
| 管理人 地址 | 上海市浦东新区世纪大道88号金茂大厦46层 | 邮编 | | | |

| 主要财务指标 年度 | 2006 | 2005 | 基金重仓股(2007年一季度) | |
|---|---|---|---|---|
| 单位基金收益(元) | | | 证券名称 | 占净值比例 |
| 单位基金可分配收益(元) | | | 中国联通 | 3.91% |
| 单位基金净值(元) | | | 武钢股份 | 2.86% |
| 基金资产净值收益率(%) | | | 中国石化 | 2.84% |
| 净收益(万元) | | | 中信证券 | 2.8% |
| 基金资产总值(万元) | | | 大同煤业 | 2.79% |
| 基金资产净值(万元) | | | 大秦铁路 | 2.76% |
| 单位基金累计净值(元) | 1.212(截止4.22) | | 民生银行 | 2.54% |
| 单位基金累计分红(元) | | | 五粮液 | 2.29% |
| 历年分红 | | | 浦发银行 | 2.29% |
| | | | 招商地产 | 2.27% |

## 长城动力平衡(260103)

| 名称 | 景顺长城动力平衡证券投资基金 | 成立日期 | 2003/10/24 | 存续期 | 不定期 |
|---|---|---|---|---|---|
| 类型 | 契约型 | 上市日期 | | 托管人 | 中国银行 |
| 规模 | 5亿 | 投资风格 | | | |
| 管理人 名称 | 景顺长城基金管理有限公司 | 电话 | (0755)82370388 | | |
| 管理人 地址 | 深圳市深南中路1093号中信城市广场中信大厦16层 | 邮编 | | | |

| 主要财务指标 年度 | 2006 | 2005 | 基金重仓股(2007年一季度) | |
|---|---|---|---|---|
| 单位基金收益(元) | 0.4651 | 0.002 | 证券名称 | 占净值比例 |
| 单位基金可分配收益(元) | 0.0347 | 0.0121 | 贵州茅台 | 6.21% |
| 单位基金净值(元) | 1.2855 | 1.0159 | 民生银行 | 5.08% |
| 基金资产净值收益率(%) | 37.15 | 0.19 | 招商银行 | 4.87% |
| 净收益(万元) | 14982.06 | 51.1 | 浦发银行 | 4.28% |
| 基金资产总值(万元) | 194998.09 | 25630.74 | 大商股份 | 3.87% |
| 基金资产净值(万元) | 191297.32 | 25502.18 | 太钢不锈 | 3.74% |
| 单位基金累计净值(元) | 2.475(截止4.22) | | 苏宁电器 | 3.59% |
| 单位基金累计分红(元) | 0.84 | | 宝钛股份 | 3.28% |
| 历年分红 | 06年:10派0.6,10派6.8;05年:10派0.2;04年:10派0.6,10派0.2 | | 万科A | 2.52% |
| | | | 济南钢铁 | 2.48% |

## 长城优选股票(260101)

| 名称 | 景顺长城优选股票证券投资基金 | 成立日期 | 2003/10/24 | 存续期 | 不定期 |
|---|---|---|---|---|---|
| 类型 | 契约型 | 上市日期 | | 托管人 | 中国银行 |
| 规模 | 8亿 | 投资风格 | | | |
| 管理人 名称 | 景顺长城基金管理有限公司 | 电话 | (0755)82370388 | | |
| 管理人 地址 | 深圳市深南中路1093号中信城市广场中信大厦16层 | 邮编 | | | |

| 主要财务指标 年度 | 2006 | 2005 | 基金重仓股(2007年一季度) | |
|---|---|---|---|---|
| 单位基金收益(元) | 0.6147 | 0.0499 | 证券名称 | 占净值比例 |
| 单位基金可分配收益(元) | 0.6249 | -0.0039 | 浦发银行 | 5.41% |
| 单位基金净值(元) | 2.3359 | 1.0459 | 招商银行 | 5.14% |
| 基金资产净值收益率(%) | 41.26 | 4.65 | 中国平安 | 4.28% |
| 净收益(万元) | 43100.01 | 5616.79 | 长江电力 | 4.23% |
| 基金资产总值(万元) | 136239.52 | 116821.44 | 中国人寿 | 3.76% |
| 基金资产净值(万元) | 135522.55 | 113323.93 | 民生银行 | 3.63% |
| 单位基金累计净值(元) | 1.4562(截止4.22) | | 工商银行 | 3.42% |
| 单位基金累计分红(元) | 0.68 | | 中国石化 | 3.24% |
| 历年分红 | 06年:10派0.4;05年:10派0.2,10派0.4;04年:10派0.6 | | 鞍钢股份 | 2.97% |
| | | | 中信证券 | 2.71% |

## 长城内需增长(260104)

| 名称 | 景顺长城内需增长开放式证券投资基金 | 成立日期 | 2004/06/25 | 存续期 | 不定期 |
|---|---|---|---|---|---|
| 类型 | 契约型 | 上市日期 | | 托管人 | 中国农业银行 |
| 规模 | 25亿 | 投资风格 | | | |
| 管理人 名称 | 景顺长城基金管理有限公司 | 电话 | (0755)82370388 | | |
| 管理人 地址 | 深圳市深南中路1093号中信城市广场中信大厦16层 | 邮编 | | | |

| 主要财务指标 年度 | 2006 | 2005 | 基金重仓股(2007年一季度) | |
|---|---|---|---|---|
| 单位基金收益(元) | 0.521 | 0.05 | 证券名称 | 占净值比例 |
| 单位基金可分配收益(元) | 0.485 | 0.005 | 浦发银行 | 6.74% |
| 单位基金净值(元) | 2.836 | 1.028 | 招商银行 | 6.47% |
| 基金资产净值收益率(%) | 30.03 | 4.88 | 工商银行 | 6.11% |
| 净收益(万元) | 63443.45 | 6722.67 | 太钢不锈 | 5.81% |
| 基金资产总值(万元) | 401125.45 | 138588.02 | 中国人寿 | 5.14% |
| 基金资产净值(万元) | 399751.15 | 135579.43 | 民生银行 | 4.93% |
| 单位基金累计净值(元) | 3.826(截止4.22) | | 中国平安 | 4.9% |
| 单位基金累计分红(元) | 0.69 | | 鞍钢股份 | 3.98% |
| 历年分红 | 06年:10派0.3;05年:10派0.2,10派0.4送0 | | 宝钢股份 | 3.6% |
| | | | 贵州茅台 | 3.46% |

## 景顺长城货币(260102)

| 名称 | 景顺长城货币市场证券投资基金 | 成立日期 | 2003/10/24 | 存续期 | 不定期 |
|---|---|---|---|---|---|
| 类型 | 契约型 | 上市日期 | | 托管人 | 中国银行 |
| 规模 | 5亿 | 投资风格 | 货币市场型 | | |
| 管理人 名称 | 景顺长城基金管理有限公司 | 电话 | (0755)82370388 | | |
| 管理人 地址 | 深圳市深南中路1093号中信城市广场中信大厦16层 | 邮编 | | | |

| 主要财务指标 年度 | 2006 | 2005 | 基金重仓股(2007年一季度) | |
|---|---|---|---|---|
| 单位基金收益(元) | | | 证券名称 | 占净值比例 |
| 单位基金可分配收益(元) | | | | |
| 单位基金净值(元) | 1 | 1 | | |
| 基金资产净值收益率(%) | | | | |
| 净收益(万元) | 803.87 | 1204.06 | | |
| 基金资产总值(万元) | 27400.99 | 94673.75 | | |
| 基金资产净值(万元) | 27261.6 | 94472.65 | | |
| 单位基金累计净值(元) | | | | |
| 单位基金累计分红(元) | 0.02 | | | |
| 历年分红 | 05年:10派0.2 | | | |

## 景顺成长(260108)

| 名称 | 景顺长城新兴成长股票型证券投资基金 | 成立日期 | 2006/06/28 | 存续期 | 不定期 |
|---|---|---|---|---|---|
| 类型 | 契约型 | 上市日期 | | 托管人 | 中国工商银行 |
| 规模 | 59亿 | 投资风格 | 股票型 | | |
| 管理人 名称 | 景顺长城基金管理有限公司 | 电话 | (0755)82370388 | | |
| 管理人 地址 | 深圳市深南中路1093号中信城市广场中信大厦16层 | 邮编 | | | |

| 主要财务指标 年度 | 2006 | 2005 | 基金重仓股(2007年一季度) | |
|---|---|---|---|---|
| 单位基金收益(元) | 0.063 | | 证券名称 | 占净值比例 |
| 单位基金可分配收益(元) | 0.072 | | 贵州茅台 | 8.16% |
| 单位基金净值(元) | 1.567 | | 太钢不锈 | 6.33% |
| 基金资产净值收益率(%) | 5.76 | | 民生银行 | 6.32% |
| 净收益(万元) | 35504.19 | | 招商银行 | 6.18% |
| 基金资产总值(万元) | 741781.7 | | 中信证券 | 5.83% |
| 基金资产净值(万元) | 726248.21 | | 大秦铁路 | 5.44% |
| 单位基金累计净值(元) | 2.203(截止4.22) | | 浦发银行 | 5.43% |
| 单位基金累计分红(元) | 0.12 | | 海油工程 | 5.22% |
| 历年分红 | | | 西飞国际 | 3.19% |
| | | | 中国人寿 | 2.99% |

# 景顺增长贰号（260109）

| 名称 | 景顺长城内需增长贰号股票型证券投资基金 | 成立日期 | 2006/10/11 | 存续期 | 不定期 |
| --- | --- | --- | --- | --- | --- |
| 类型 | 契约型 | 上市日期 | | 托管人 | 中国农业银行 |
| 规模 | 55亿 | 投资风格 | 股票型 | | |
| 管理人 | 名称 | 景顺长城基金管理有限公司 | | 电话 | (0755)82370388 |
| | 地址 | 深圳市深南中路1093号中信城市广场中信大厦16层 | | 邮编 | |
| 主要财务指标 | 年度 | 2006 | 2005 | 基金重仓股(2007年一季度) | |
| | 单位基金收益(元) | 0.005 | | 证券名称 | 占净值比例 |
| | 单位基金可分配收益(元) | 0.004 | | 浦发银行 | 9.74% |
| | 单位基金净值(元) | 1.412 | | 招商银行 | 9.65% |
| | 基金资产净值收益率(%) | 0.41 | | 民生银行 | 8.8% |
| | 净收益(万元) | 2978.97 | | 太钢不锈 | 8.11% |
| | 基金资产总值(万元) | 998795.05 | | 工商银行 | 7.17% |
| | 基金资产净值(万元) | 997023.25 | | 中国人寿 | 6.15% |
| 单位基金累计净值(元) | | 1.871(截止4.22) | | 赣粤高速 | 5.24% |
| 单位基金累计分红(元) | | | | 大商股份 | 4.59% |
| 历年分红 | | | | 唐钢股份 | 4.32% |
| | | | | 宝钛股份 | 4.01% |

# 广发货币（270004）

| 名称 | 广发货币市场基金 | 成立日期 | 2005/05/20 | 存续期 | 不定期 |
| --- | --- | --- | --- | --- | --- |
| 类型 | 契约型 | 上市日期 | | 托管人 | 中国工商银行 |
| 规模 | 26亿 | 投资风格 | 货币市场型 | | |
| 管理人 | 名称 | 广发基金管理有限公司 | | 电话 | 020－83936999 |
| | 地址 | 广州市体育西路57号红盾大厦14楼、15楼 | | 邮编 | |
| 主要财务指标 | 年度 | 2006 | 2005 | 基金重仓股(2007年一季度) | |
| | 单位基金收益(元) | | | 证券名称 | 占净值比例 |
| | 单位基金可分配收益(元) | | | | |
| | 单位基金净值(元) | 1 | 1 | | |
| | 基金资产净值收益率(%) | | | | |
| | 净收益(万元) | 6017.45 | 4320.61 | | |
| | 基金资产总值(万元) | 137198.19 | 274022.95 | | |
| | 基金资产净值(万元) | 136963.87 | 267577.6 | | |
| 单位基金累计净值(元) | | | | | |
| 单位基金累计分红(元) | | | | | |
| 历年分红 | | | | | |

# 广发聚富（270001）

| 名称 | 广发聚富证券投资基金 | 成立日期 | 2003/12/03 | 存续期 | 不定期 |
| --- | --- | --- | --- | --- | --- |
| 类型 | 契约型 | 上市日期 | | 托管人 | 中国工商银行 |
| 规模 | 31亿 | 投资风格 | | | |
| 管理人 | 名称 | 广发基金管理有限公司 | | 电话 | 020－83936999 |
| | 地址 | 广州市体育西路57号红盾大厦14楼、15楼 | | 邮编 | |
| 主要财务指标 | 年度 | 2006 | 2005 | 基金重仓股(2007年一季度) | |
| | 单位基金收益(元) | 0.7822 | 0.0592 | 证券名称 | 占净值比例 |
| | 单位基金可分配收益(元) | 0.5154 | 0.0128 | 浦发银行 | 5.5% |
| | 单位基金净值(元) | 1.9972 | 1.068 | 新兴铸管 | 4.08% |
| | 基金资产净值收益率(%) | 51.47 | 5.87 | 贵州茅台 | 3.8% |
| | 净收益(万元) | 134079.06 | 10466.97 | 保利地产 | 2.91% |
| | 基金资产总值(万元) | 311028.85 | 232613.81 | 金融街 | 2.58% |
| | 基金资产净值(万元) | 302883.88 | 228451.23 | 陆家嘴 | 2.57% |
| 单位基金累计净值(元) | | 3.0468(截止4.22) | | 西山煤电 | 2.38% |
| 单位基金累计分红(元) | | 1.26 | | 广船国际 | 2.37% |
| 历年分红 | | 06年:10派1.5，10派0.5，10派0.3，10派0.2，10派0.5；05年:10派0.2，10派0.2，10派0.2；04年:10派0.2，10派0.2，10派0.2 | | 张裕A | 2.11% |
| | | | | 大族激光 | 2.09% |

# 广发聚丰（270005）

| 名称 | 广发聚丰股票型证券投资基金 | 成立日期 | 2005/12/23 | 存续期 | 不定期 |
| --- | --- | --- | --- | --- | --- |
| 类型 | 契约型 | 上市日期 | | 托管人 | 中国工商银行 |
| 规模 | 13亿 | 投资风格 | 股票型 | | |
| 管理人 | 名称 | 广发基金管理有限公司 | | 电话 | 020－83936999 |
| | 地址 | 广州市体育西路57号红盾大厦14楼、15楼 | | 邮编 | |
| 主要财务指标 | 年度 | 2006 | 2005 | 基金重仓股(2007年一季度) | |
| | 单位基金收益(元) | 0.5579 | －0.0002 | 证券名称 | 占净值比例 |
| | 单位基金可分配收益(元) | 0.3559 | －0.0002 | 浦发银行 | 9.99% |
| | 单位基金净值(元) | 2.1538 | 0.9996 | 苏宁电器 | 7.55% |
| | 基金资产净值收益率(%) | 36.05 | －0.02 | 贵州茅台 | 7.13% |
| | 净收益(万元) | 83900.05 | －25.02 | 保利地产 | 6.72% |
| | 基金资产总值(万元) | 321738.56 | 136640.88 | 中信国安 | 5.13% |
| | 基金资产净值(万元) | 316664.14 | 131528.31 | 大商股份 | 2.89% |
| 单位基金累计净值(元) | | 3.304(截止4.22) | | 东方电机 | 2.88% |
| 单位基金累计分红(元) | | 0.2 | | 山西三维 | 2.3% |
| 历年分红 | | 06年:10派0.45，10派0.5，10派0.65，10派0.2，10派0.2 | | 海油工程 | 2.06% |
| | | | | 海螺水泥 | 1.99% |

# 广发稳健增长（270002）

| 名称 | 广发稳健增长开放式证券投资基金 | 成立日期 | 2004/07/26 | 存续期 | 不定期 |
| --- | --- | --- | --- | --- | --- |
| 类型 | 契约型 | 上市日期 | | 托管人 | 中国工商银行 |
| 规模 | 23亿 | 投资风格 | | | |
| 管理人 | 名称 | 广发基金管理有限公司 | | 电话 | 020－83936999 |
| | 地址 | 广州市体育西路57号红盾大厦14楼、15楼 | | 邮编 | |
| 主要财务指标 | 年度 | 2006 | 2005 | 基金重仓股(2007年一季度) | |
| | 单位基金收益(元) | 0.8658 | 0.0879 | 证券名称 | 占净值比例 |
| | 单位基金可分配收益(元) | 0.0138 | 0.0121 | 保利地产 | 8.07% |
| | 单位基金净值(元) | 1.1651 | 1.0803 | 浦发银行 | 6.55% |
| | 基金资产净值收益率(%) | 59.61 | 8.49 | 贵州茅台 | 5.57% |
| | 净收益(万元) | 155271.98 | 12248.71 | 苏宁电器 | 5.04% |
| | 基金资产总值(万元) | 685013.73 | 200725.2 | 泸州老窖 | 3.66% |
| | 基金资产净值(万元) | 655263.92 | 193341.45 | 中信证券 | 3.39% |
| 单位基金累计净值(元) | | 2.679(截止4.22) | | 安徽合力 | 3.13% |
| 单位基金累计分红(元) | | 1.12 | | 海螺水泥 | 2.72% |
| 历年分红 | | 06年:10派0.2，10派0.2，10派0.5，10派0.5，10派8，10派1；05年:10派0.2，10派0.2，10派0.2，10派0.2 | | 广船国际 | 2.13% |
| | | | | 华发股份 | 1.98% |

# 广发优选（270006）

| 名称 | 广发策略优选混合型证券投资基金 | 成立日期 | 2006/05/17 | 存续期 | 不定期 |
| --- | --- | --- | --- | --- | --- |
| 类型 | 契约型 | 上市日期 | | 托管人 | 中国工商银行 |
| 规模 | 184亿 | 投资风格 | 混合型 | | |
| 管理人 | 名称 | 广发基金管理有限公司 | | 电话 | 020－83936999 |
| | 地址 | 广州市体育西路57号红盾大厦14楼、15楼 | | 邮编 | |
| 主要财务指标 | 年度 | 2006 | 2005 | 基金重仓股(2007年一季度) | |
| | 单位基金收益(元) | 0.0491 | | 证券名称 | 占净值比例 |
| | 单位基金可分配收益(元) | 0.0567 | | 贵州茅台 | 7.29% |
| | 单位基金净值(元) | 1.4561 | | 浦发银行 | 6.75% |
| | 基金资产净值收益率(%) | 4.6 | | 武钢股份 | 4.4% |
| | 净收益(万元) | 85468.31 | | 保利地产 | 4.06% |
| | 基金资产总值(万元) | 1969054.59 | | 大商股份 | 3.65% |
| | 基金资产净值(万元) | 1930041.87 | | 金融街 | 3.2% |
| 单位基金累计净值(元) | | 2.0155(截止4.22) | | 泸州老窖 | 2.97% |
| 单位基金累计分红(元) | | 0.03 | | 津滨发展 | 2.63% |
| 历年分红 | | | | 烟台万华 | 2.45% |
| | | | | S深发展A | 2.45% |

## 中信经典配置基金（288001）

| 名称 | 中信经典配置证券投资基金 | 成立日期 | 2004/03/15 | 存续期 | 不定期 |
|---|---|---|---|---|---|
| 类型 | 契约型 | 上市日期 | | 托管人 | 招商银行 |
| 规模 | 121亿 | 投资风格 | | | |
| 管理人 名称 | 中信基金管理有限责任公司 | | | 电话 | (010)82028888 |
| 管理人 地址 | 北京市朝阳区裕民路12号中国国际科技会展中心A座8层 | | | 邮编 | |

| 年度 | 2006 | 2005 | 基金重仓股(2007年一季度) | |
|---|---|---|---|---|
| 主要财务指标 | | | 证券名称 | 占净值比例 |
| 单位基金收益(元) | 0.5954 | -0.0684 | 天通股份 | 5.52% |
| 单位基金可分配收益(元) | 0.4948 | -0.0702 | 浦发银行 | 4.94% |
| 单位基金净值(元) | 1.8202 | 0.9706 | 鞍钢股份 | 4.55% |
| 基金资产净值收益率(%) | 49.52 | -7.29 | 欧亚集团 | 4.52% |
| 净收益(万元) | 174144.15 | -61642.62 | 招商地产 | 4.27% |
| 基金资产总值(万元) | 292736.48 | 723858.43 | 中国石化 | 3.74% |
| 基金资产净值(万元) | 290204.39 | 717977.57 | 浙江阳光 | 3.09% |
| 单位基金累计净值(元) | 2.6032(截止4.22) | | 大亚科技 | 2.85% |
| 单位基金累计分红(元) | 0.55 | | 福耀玻璃 | 2.67% |
| 历年分红 | 06年:10派0.3,10派0.2 | | 天地科技 | 2.41% |

## 中信稳定双利（288102）

| 名称 | 中信稳定双利债券型证券投资基金 | 成立日期 | 2006/07/20 | 存续期 | 不定期 |
|---|---|---|---|---|---|
| 类型 | 契约型 | 上市日期 | | 托管人 | 中国建设银行 |
| 规模 | 42亿 | 投资风格 | 债券型 | | |
| 管理人 名称 | 中信基金管理有限责任公司 | | | 电话 | (010)82028888 |
| 管理人 地址 | 北京市朝阳区裕民路12号中国国际科技会展中心A座8层 | | | 邮编 | |

| 年度 | 2006 | 2005 | 基金重仓股(2007年一季度) | |
|---|---|---|---|---|
| 主要财务指标 | | | 证券名称 | 占净值比例 |
| 单位基金收益(元) | 0.0182 | | 兴业银行 | 1.29% |
| 单位基金可分配收益(元) | 0.0149 | | 莱宝高科 | 0.48% |
| 单位基金净值(元) | 1.0323 | | 重庆钢铁 | 0.2% |
| 基金资产净值收益率(%) | 1.8 | | 晋亿实业 | 0.15% |
| 净收益(万元) | 7606.59 | | 柳钢股份 | 0.15% |
| 基金资产总值(万元) | 187364.22 | | 广博股份 | 0.13% |
| 基金资产净值(万元) | 183798.62 | | 信隆实业 | 0.13% |
| 单位基金累计净值(元) | 1.1262(截止4.22) | | 三钢闽光 | 0.09% |
| 单位基金累计分红(元) | 0.08 | | 天马股份 | 0.09% |
| 历年分红 | 06年:10派0.05 | | 恒宝股份 | 0.08% |

## 中信红利精选（288002）

| 名称 | 中信红利精选股票型证券投资基金 | 成立日期 | 2005/11/17 | 存续期 | 不定期 |
|---|---|---|---|---|---|
| 类型 | 契约型 | 上市日期 | | 托管人 | 中国建设银行 |
| 规模 | 5亿 | 投资风格 | 股票型 | | |
| 管理人 名称 | 中信基金管理有限责任公司 | | | 电话 | (010)82028888 |
| 管理人 地址 | 北京市朝阳区裕民路12号中国国际科技会展中心A座8层 | | | 邮编 | |

| 年度 | 2006 | 2005 | 基金重仓股(2007年一季度) | |
|---|---|---|---|---|
| 主要财务指标 | | | 证券名称 | 占净值比例 |
| 单位基金收益(元) | 0.5089 | 0.0041 | 招商银行 | 5.11% |
| 单位基金可分配收益(元) | 0.4291 | 0.0043 | 招商地产 | 4.59% |
| 单位基金净值(元) | 2.217 | 1.0052 | 中国石化 | 3.73% |
| 基金资产净值收益率(%) | 37.48 | 0.41 | 济南钢铁 | 3.66% |
| 净收益(万元) | 12089.96 | 213.93 | 浦发银行 | 3.5% |
| 基金资产总值(万元) | 53958.65 | 47269.25 | 中国重汽 | 3.46% |
| 基金资产净值(万元) | 50857.43 | 42183.05 | 武钢股份 | 3.41% |
| 单位基金累计净值(元) | 3.0441(截止4.22) | | 中华企业 | 3.2% |
| 单位基金累计分红(元) | 1.4 | | 五粮液 | 3.05% |
| 历年分红 | 06年:10派1.1 | | 中国银行 | 2.95% |

## 泰信天天收益（290001）

| 名称 | 泰信天天收益开放式证券投资基金 | 成立日期 | 2004/02/10 | 存续期 | 不定期 |
|---|---|---|---|---|---|
| 类型 | 契约型 | 上市日期 | | 托管人 | 中国银行 |
| 规模 | 60亿 | 投资风格 | 货币市场型 | | |
| 管理人 名称 | 泰信基金管理有限公司 | | | 电话 | (021)50372168 |
| 管理人 地址 | 上海市浦东新区银城中路200号中银大厦42层 | | | 邮编 | |

| 年度 | 2006 | 2005 | 基金重仓股(2007年一季度) | |
|---|---|---|---|---|
| 主要财务指标 | | | 证券名称 | 占净值比例 |
| 单位基金收益(元) | | | | |
| 单位基金可分配收益(元) | | | | |
| 单位基金净值(元) | | | | |
| 基金资产净值收益率(%) | | | | |
| 净收益(万元) | 8949.4 | 17085.61 | | |
| 基金资产总值(万元) | 228672.97 | 816530.76 | | |
| 基金资产净值(万元) | 228345.33 | 693827.75 | | |
| 单位基金累计净值(元) | | | | |
| 单位基金累计分红(元) | | | | |
| 历年分红 | | | | |

## 中信优势货币（288101）

| 名称 | 中信现金优势货币市场基金 | 成立日期 | 2005/04/20 | 存续期 | 不定期 |
|---|---|---|---|---|---|
| 类型 | 契约型 | 上市日期 | | 托管人 | 招商银行 |
| 规模 | 24亿 | 投资风格 | 货币市场型 | | |
| 管理人 名称 | 中信基金管理有限责任公司 | | | 电话 | (010)82028888 |
| 管理人 地址 | 北京市朝阳区裕民路12号中国国际科技会展中心A座8层 | | | 邮编 | |

| 年度 | 2006 | 2005 | 基金重仓股(2007年一季度) | |
|---|---|---|---|---|
| 主要财务指标 | | | 证券名称 | 占净值比例 |
| 单位基金收益(元) | | | | |
| 单位基金可分配收益(元) | | | | |
| 单位基金净值(元) | 1 | | | |
| 基金资产净值收益率(%) | | | | |
| 净收益(万元) | 4508.01 | 3343.9 | | |
| 基金资产总值(万元) | 73739.67 | 303427.63 | | |
| 基金资产净值(万元) | 62699.71 | 260938.73 | | |
| 单位基金累计净值(元) | | | | |
| 单位基金累计分红(元) | | | | |
| 历年分红 | | | | |

## 泰信先行策略（290002）

| 名称 | 泰信先行策略开放式证券投资基金 | 成立日期 | 2004/06/28 | 存续期 | 不定期 |
|---|---|---|---|---|---|
| 类型 | 契约型 | 上市日期 | | 托管人 | 中国光大银行 |
| 规模 | 7亿 | 投资风格 | | | |
| 管理人 名称 | 泰信基金管理有限公司 | | | 电话 | (021)50372168 |
| 管理人 地址 | 上海市浦东新区银城中路200号中银大厦42层 | | | 邮编 | |

| 年度 | 2006 | 2005 | 基金重仓股(2007年一季度) | |
|---|---|---|---|---|
| 主要财务指标 | | | 证券名称 | 占净值比例 |
| 单位基金收益(元) | 0.8131 | -0.0652 | 康美药业 | 9.287% |
| 单位基金可分配收益(元) | 0.0626 | -0.1219 | 中信证券 | 7.769% |
| 单位基金净值(元) | 1.083 | 0.9296 | 吉林敖东 | 5.429% |
| 基金资产净值收益率(%) | 66.3527 | -7.1269 | 上海家化 | 5.072% |
| 净收益(万元) | 22539.1 | -3511.07 | 大秦铁路 | 4.924% |
| 基金资产总值(万元) | 32454.45 | 46442.18 | 中兴通讯 | 4.883% |
| 基金资产净值(万元) | 26430.83 | 42510.69 | 金山股份 | 4.08% |
| 单位基金累计净值(元) | 2.4308(截止4.22) | | S双汇 | 3.896% |
| 单位基金累计分红(元) | 0.86 | | 黄山旅游 | 3.698% |
| 历年分红 | 06年:10派7.5,10派0.3,10派0.2 | | S深发展A | 3.634% |

## 泰信债券（290003）

| | | | | | |
|---|---|---|---|---|---|
| 名称 | 泰信中短期债券投资基金 | 成立日期 | 2006/06/15 | 存续期 | 不定期 |
| 类型 | 契约型 | 上市日期 | | 托管人 | 中国工商银行 |
| 规模 | 7亿 | 投资风格 | 债券型 | | |
| 管理人 名称 | 泰信基金管理有限公司 | 电话 | (021)50372168 | | |
| 管理人 地址 | 上海市浦东新区银城中路200号中银大厦42层 | 邮编 | | | |
| 主要财务指标 年度 | 2006 | 2005 | 基金重仓股(2007年一季度) | | |
| 单位基金收益(元) | 0.0102 | | 证券名称 | 占净值比例 | |
| 单位基金可分配收益(元) | 0.0007 | | | | |
| 单位基金净值(元) | 1.0007 | | | | |
| 基金资产净值收益率(%) | 1.0196 | | | | |
| 净收益(万元) | 502.98 | | | | |
| 基金资产总值(万元) | 31912.19 | | | | |
| 基金资产净值(万元) | 25876.4 | | | | |
| 单位基金累计净值(元) | 1.0175(截止4.22) | | | | |
| 单位基金累计分红(元) | 0.0152 | | | | |
| 历年分红 | 06年:10派0.026,10派0.018,10派0.018,10派0.018,10派0.018 | | | | |

## 盛利配置（310318）

| | | | | | |
|---|---|---|---|---|---|
| 名称 | 申万巴黎盛利强化配置混合型证券投资基金 | 成立日期 | 2004/11/29 | 存续期 | 不定期 |
| 类型 | 契约型 | 上市日期 | | 托管人 | 中国工商银行 |
| 规模 | 7亿 | 投资风格 | | | |
| 管理人 名称 | 申万巴黎基金管理有限公司 | 电话 | 021-63353535 | | |
| 管理人 地址 | 上海淮海中路300号,香港新世界大厦40层 | 邮编 | | | |
| 主要财务指标 年度 | 2006 | 2005 | 基金重仓股(2007年一季度) | | |
| 单位基金收益(元) | 0.1861 | -0.0173 | 证券名称 | 占净值比例 | |
| 单位基金可分配收益(元) | 0.0189 | -0.0299 | 烟台万华 | 4.94% | |
| 单位基金净值(元) | 1.0855 | 0.9761 | 海螺水泥 | 3.2% | |
| 基金资产净值收益率(%) | 18.03 | -1.76 | 中信证券 | 2.78% | |
| 净收益(万元) | 4018.27 | -873.12 | 上实发展 | 2.61% | |
| 基金资产总值(万元) | 12582.06 | 39812.54 | 招商银行 | 2.53% | |
| 基金资产净值(万元) | 12254.19 | 39504.79 | 浦发银行 | 2.16% | |
| 单位基金累计净值(元) | 1.5058(截止4.22) | | 中国人寿 | 2.13% | |
| 单位基金累计分红(元) | 0.24 | | 上实医药 | 2.08% | |
| 历年分红 | 06年:10派0.45,10派0.88,10派0.17;05年:10派0.1 | | 第一食品 | 1.92% | |
| | | | 天房发展 | 1.76% | |

## 泰信优质生活（290004）

| | | | | | |
|---|---|---|---|---|---|
| 名称 | 泰信优质生活股票型证券投资基金 | 成立日期 | 2006/12/15 | 存续期 | 不定期 |
| 类型 | 契约型 | 上市日期 | | 托管人 | 中国银行 |
| 规模 | 16亿 | 投资风格 | 股票型 | | |
| 管理人 名称 | 泰信基金管理有限公司 | 电话 | (021)50372168 | | |
| 管理人 地址 | 上海市浦东新区银城中路200号中银大厦42层 | 邮编 | | | |
| 主要财务指标 年度 | 2006 | 2005 | 基金重仓股(2007年一季度) | | |
| 单位基金收益(元) | | | 证券名称 | 占净值比例 | |
| 单位基金可分配收益(元) | | | 康美药业 | 6.3% | |
| 单位基金净值(元) | | | 吉林敖东 | 4.84% | |
| 基金资产净值收益率(%) | | | 广船国际 | 4.73% | |
| 净收益(万元) | | | 中信证券 | 4.58% | |
| 基金资产总值(万元) | | | 万科A | 4.04% | |
| 基金资产净值(万元) | | | 南山铝业 | 4.04% | |
| 单位基金累计净值(元) | 1.5647(截止4.22) | | 中青旅 | 4% | |
| 单位基金累计分红(元) | 0.09 | | 中国石化 | 3.96% | |
| 历年分红 | | | S深发展A | 3.95% | |
| | | | 重庆百货 | 3.86% | |

## 申万巴黎新动力（310328）

| | | | | | |
|---|---|---|---|---|---|
| 名称 | 申万巴黎新动力股票型证券投资基金 | 成立日期 | 2005/11/10 | 存续期 | 不定期 |
| 类型 | 契约型 | 上市日期 | | 托管人 | 中国工商银行 |
| 规模 | 7亿 | 投资风格 | 股票型 | | |
| 管理人 名称 | 申万巴黎基金管理有限公司 | 电话 | 021-63353535 | | |
| 管理人 地址 | 上海淮海中路300号,香港新世界大厦40层 | 邮编 | | | |
| 主要财务指标 年度 | 2006 | 2005 | 基金重仓股(2007年一季度) | | |
| 单位基金收益(元) | 0.6916 | | 证券名称 | 占净值比例 | |
| 单位基金可分配收益(元) | 0.0033 | | 长江电力 | 3.38% | |
| 单位基金净值(元) | 1.2072 | | 万科A | 3.22% | |
| 基金资产净值收益率(%) | 55 | | 民生银行 | 3.22% | |
| 净收益(万元) | 16999.73 | | 中宝股份 | 3.17% | |
| 基金资产总值(万元) | 52397.32 | | 国投电力 | 3.05% | |
| 基金资产净值(万元) | 49999.16 | | 大秦铁路 | 2.83% | |
| 单位基金累计净值(元) | 2.7314(截止4.22) | | 通化东宝 | 2.8% | |
| 单位基金累计分红(元) | 0.89 | | 燕京啤酒 | 2.79% | |
| 历年分红 | 06年:10派0.3,10派0.2,10派0.5,10派1,10派6.9 | | 浦发银行 | 2.71% | |
| | | | 上实发展 | 2.64% | |

## 盛利精选（310308）

| | | | | | |
|---|---|---|---|---|---|
| 名称 | 申万巴黎盛利精选证券投资基金 | 成立日期 | 2004/04/09 | 存续期 | 不定期 |
| 类型 | 契约型 | 上市日期 | | 托管人 | 中国工商银行 |
| 规模 | 68亿 | 投资风格 | | | |
| 管理人 名称 | 申万巴黎基金管理有限公司 | 电话 | 021-63353535 | | |
| 管理人 地址 | 上海淮海中路300号,香港新世界大厦40层 | 邮编 | | | |
| 主要财务指标 年度 | 2006 | 2005 | 基金重仓股(2007年一季度) | | |
| 单位基金收益(元) | 0.6565 | -0.0466 | 证券名称 | 占净值比例 | |
| 单位基金可分配收益(元) | 0.5068 | -0.063 | 烟台万华 | 7.85% | |
| 单位基金净值(元) | 1.6786 | 0.9616 | 苏宁电器 | 6.45% | |
| 基金资产净值收益率(%) | 55.72 | -4.95 | 招商银行 | 6.25% | |
| 净收益(万元) | 141217.36 | -25314.66 | 海螺水泥 | 6.18% | |
| 基金资产总值(万元) | 195509.48 | 484117.57 | 中国平安 | 5.08% | |
| 基金资产净值(万元) | 190250.69 | 476659.6 | 泸州老窖 | 3.4% | |
| 单位基金累计净值(元) | 2.2755(截止4.22) | | 广船国际 | 2.98% | |
| 单位基金累计分红(元) | 1.05 | | 中宝股份 | 2.79% | |
| 历年分红 | 06年:10派1,10派0.8,10派0.2 | | 伊利股份 | 2.69% | |
| | | | 农产品 | 2.51% | |

## 申万巴黎收益宝（310338）

| | | | | | |
|---|---|---|---|---|---|
| 名称 | 申万巴黎收益宝货币市场基金 | 成立日期 | 2006/07/07 | 存续期 | 不定期 |
| 类型 | 契约型 | 上市日期 | | 托管人 | 中国工商银行 |
| 规模 | 13亿 | 投资风格 | 货币市场型 | | |
| 管理人 名称 | 申万巴黎基金管理有限公司 | 电话 | 021-63353535 | | |
| 管理人 地址 | 上海淮海中路300号,香港新世界大厦40层 | 邮编 | | | |
| 主要财务指标 年度 | 2006 | 2005 | 基金重仓股(2007年一季度) | | |
| 单位基金收益(元) | | | 证券名称 | 占净值比例 | |
| 单位基金可分配收益(元) | | | | | |
| 单位基金净值(元) | 1 | | | | |
| 基金资产净值收益率(%) | | | | | |
| 净收益(万元) | 549.61 | | | | |
| 基金资产总值(万元) | 47267.14 | | | | |
| 基金资产净值(万元) | 46215.68 | | | | |
| 单位基金累计净值(元) | | | | | |
| 单位基金累计分红(元) | | | | | |
| 历年分红 | | | | | |

# 申万新经济（310358）

| 名称 | 申万巴黎新经济混合型证券投资基金 | 成立日期 | 2006/12/06 | 存续期 | 不定期 |
|---|---|---|---|---|---|
| 类型 | 契约型 | 上市日期 | | 托管人 | 中国工商银行 |
| 规模 | 31亿 | 投资风格 | 混合型 | | |
| 管理人 名称 | 申万巴黎基金管理有限公司 | | 电话 | 021-63353535 | |
| 管理人 地址 | 上海淮海中路300号,香港新世界大厦40层 | | 邮编 | | |
| 主要财务指标 | 年度 | 2006 | 2005 | 基金重仓股(2007年一季度) | |
| 主要财务指标 | 单位基金收益(元) | | | 证券名称 | 占净值比例 |
| 主要财务指标 | 单位基金可分配收益(元) | | | 民生银行 | 6.51% |
| 主要财务指标 | 单位基金净值(元) | | | 中信证券 | 4.26% |
| 主要财务指标 | 基金资产净值收益率(%) | | | 中国人寿 | 4.1% |
| 主要财务指标 | 净收益(万元) | | | 稀土高科 | 3.5% |
| 主要财务指标 | 基金资产总值(万元) | | | 西飞国际 | 3.33% |
| 主要财务指标 | 基金资产净值(万元) | | | 上实医药 | 3.19% |
| 单位基金累计净值(元) | | 1.5678(截止4.22) | | 上海机场 | 2.81% |
| 单位基金累计分红(元) | | | | 国投电力 | 2.57% |
| 历年分红 | | | | 烟台万华 | 2.28% |
| | | | | 苏宁电器 | 2.27% |

# 诺安平衡基金（320001）

| 名称 | 诺安平衡证券投资基金 | 成立日期 | 2004/05/21 | 存续期 | 不定期 |
|---|---|---|---|---|---|
| 类型 | 契约型 | 上市日期 | | 托管人 | 中国工商银行 |
| 规模 | 22亿 | 投资风格 | | | |
| 管理人 名称 | 诺安基金管理有限公司 | | 电话 | (0755)83026688 | |
| 管理人 地址 | 深圳市深南大道4013号兴业银行大厦19—20层 | | 邮编 | | |
| 主要财务指标 | 年度 | 2006 | 2005 | 基金重仓股(2007年一季度) | |
| 主要财务指标 | 单位基金收益(元) | 0.6044 | 0.0479 | 证券名称 | 占净值比例 |
| 主要财务指标 | 单位基金可分配收益(元) | 0.4027 | 0.0035 | 浦发银行 | 6.08% |
| 主要财务指标 | 单位基金净值(元) | 1.9812 | 1.0282 | S深发展A | 5.7% |
| 主要财务指标 | 基金资产净值收益率(%) | 43.36 | 4.73 | 中信证券 | 3.93% |
| 主要财务指标 | 净收益(万元) | 69089.26 | 7362.9 | 万科A | 3.28% |
| 主要财务指标 | 基金资产总值(万元) | 204279.47 | 156411.95 | 中国石化 | 2.85% |
| 主要财务指标 | 基金资产净值(万元) | 199528.85 | 153846.06 | 保利地产 | 2.66% |
| 单位基金累计净值(元) | | 2.7409(截止4.22) | | 云铝股份 | 2.38% |
| 单位基金累计分红(元) | | 1.27 | | 吉林敖东 | 2.31% |
| 历年分红 | 06年:10派0.3,10派0.8,10派0.15,10派0.4,10派0.5;05年:10派0.2,10派0.2,10派0.15;04年:10派0.15 | | | 太钢不锈 | 1.77% |
| | | | | 南京高科 | 1.76% |

# 诺安货币市场基金（320002）

| 名称 | 诺安货币市场证券投资基金 | 成立日期 | 2004/12/06 | 存续期 | 不定期 |
|---|---|---|---|---|---|
| 类型 | 契约型 | 上市日期 | | 托管人 | 中国工商银行 |
| 规模 | 16亿 | 投资风格 | 货币市场型 | | |
| 管理人 名称 | 诺安基金管理有限公司 | | 电话 | (0755)83026688 | |
| 管理人 地址 | 深圳市深南大道4013号兴业银行大厦19—20层 | | 邮编 | | |
| 主要财务指标 | 年度 | 2006 | 2005 | 基金重仓股(2007年一季度) | |
| 主要财务指标 | 单位基金收益(元) | 0.0197 | 0.0216 | 证券名称 | 占净值比例 |
| 主要财务指标 | 单位基金可分配收益(元) | | | | |
| 主要财务指标 | 单位基金净值(元) | 1 | 1 | | |
| 主要财务指标 | 基金资产净值收益率(%) | | | | |
| 主要财务指标 | 净收益(万元) | 5160.28 | 7142.41 | | |
| 主要财务指标 | 基金资产总值(万元) | 234899.27 | 284578.17 | | |
| 主要财务指标 | 基金资产净值(万元) | 234623.71 | 284188.61 | | |
| 单位基金累计净值(元) | | | | | |
| 单位基金累计分红(元) | | | | | |
| 历年分红 | | | | | |

# 诺安股票（320003）

| 名称 | 诺安股票证券投资基金 | 成立日期 | 2005/12/19 | 存续期 | 不定期 |
|---|---|---|---|---|---|
| 类型 | 契约型 | 上市日期 | | 托管人 | 中国工商银行 |
| 规模 | 4亿 | 投资风格 | 股票型 | | |
| 管理人 名称 | 诺安基金管理有限公司 | | 电话 | (0755)83026688 | |
| 管理人 地址 | 深圳市深南大道4013号兴业银行大厦19—20层 | | 邮编 | | |
| 主要财务指标 | 年度 | 2006 | 2005 | 基金重仓股(2007年一季度) | |
| 主要财务指标 | 单位基金收益(元) | 1.0682 | 0.0000 | 证券名称 | 占净值比例 |
| 主要财务指标 | 单位基金可分配收益(元) | 0.0001 | | 招商银行 | 7.06% |
| 主要财务指标 | 单位基金净值(元) | 1.0405 | 1.0019 | 南山铝业 | 6.66% |
| 主要财务指标 | 基金资产净值收益率(%) | 77.49 | -0.0031 | 兴业银行 | 5.9% |
| 主要财务指标 | 净收益(万元) | 41434.49 | -1.18 | 万科A | 4.82% |
| 主要财务指标 | 基金资产总值(万元) | 78177.52 | 39386.83 | 新兴铸管 | 3.91% |
| 主要财务指标 | 基金资产净值(万元) | 40495.52 | 37991.48 | 浦发银行 | 3.85% |
| 单位基金累计净值(元) | | 2.5646(截止4.22) | | 长江电力 | 3.16% |
| 单位基金累计分红(元) | | 1.0735 | | 张江高科 | 2.74% |
| 历年分红 | 06年:10派0.8,10派0.3,10派9.485;05年:10派0.15 | | | 复星医药 | 2.32% |
| | | | | 南京高科 | 2.01% |

# 诺安中短期债券（320004）

| 名称 | 诺安中短期债券投资基金 | 成立日期 | 2006/07/17 | 存续期 | 不定期 |
|---|---|---|---|---|---|
| 类型 | 契约型 | 上市日期 | | 托管人 | 华夏银行 |
| 规模 | 14亿 | 投资风格 | 债券型 | | |
| 管理人 名称 | 诺安基金管理有限公司 | | 电话 | (0755)83026688 | |
| 管理人 地址 | 深圳市深南大道4013号兴业银行大厦19—20层 | | 邮编 | | |
| 主要财务指标 | 年度 | 2006 | 2005 | 基金重仓股(2007年一季度) | |
| 主要财务指标 | 单位基金收益(元) | 0.0099 | | 证券名称 | 占净值比例 |
| 主要财务指标 | 单位基金可分配收益(元) | 0.0028 | | | |
| 主要财务指标 | 单位基金净值(元) | 1.0028 | | | |
| 主要财务指标 | 基金资产净值收益率(%) | 0.98 | | | |
| 主要财务指标 | 净收益(万元) | 590.76 | | | |
| 主要财务指标 | 基金资产总值(万元) | 26672.13 | | | |
| 主要财务指标 | 基金资产净值(万元) | 21608.13 | | | |
| 单位基金累计净值(元) | | 1.0171(截止4.22) | | | |
| 单位基金累计分红(元) | | 0.0146 | | | |
| 历年分红 | 06年:10派0.025,10派0.025,10派0.025 | | | | |

# 诺安价值增长（320005）

| 名称 | 诺安价值增长股票证券投资基金 | 成立日期 | 2006/11/21 | 存续期 | 不定期 |
|---|---|---|---|---|---|
| 类型 | 契约型 | 上市日期 | | 托管人 | 中国工商银行 |
| 规模 | 60亿 | 投资风格 | 股票型 | | |
| 管理人 名称 | 诺安基金管理有限公司 | | 电话 | (0755)83026688 | |
| 管理人 地址 | 深圳市深南大道4013号兴业银行大厦19—20层 | | 邮编 | | |
| 主要财务指标 | 年度 | 2006 | 2005 | 基金重仓股(2007年一季度) | |
| 主要财务指标 | 单位基金收益(元) | | | 证券名称 | 占净值比例 |
| 主要财务指标 | 单位基金可分配收益(元) | | | 浦发银行 | 9.61% |
| 主要财务指标 | 单位基金净值(元) | | | 中信证券 | 7.58% |
| 主要财务指标 | 基金资产净值收益率(%) | | | 招商银行 | 7.43% |
| 主要财务指标 | 净收益(万元) | | | S深发展A | 4.11% |
| 主要财务指标 | 基金资产总值(万元) | | | 陆家嘴 | 3.21% |
| 主要财务指标 | 基金资产净值(万元) | | | 兴业银行 | 3.18% |
| 单位基金累计净值(元) | | 1.6342(截止4.22) | | 新安股份 | 2.95% |
| 单位基金累计分红(元) | | 0.1 | | 万科A | 2.93% |
| 历年分红 | | | | 南山铝业 | 2.54% |
| | | | | 星新材料 | 1.98% |

# 兴业转债基金（340001）

| 名称 | 兴业可转债混合型证券投资基金 | 成立日期 | 2004/05/11 | 存续期 | 不定期 |
|---|---|---|---|---|---|
| 类型 | 契约型 | 上市日期 | | 托管人 | 中国工商银行 |
| 规模 | 33亿 | 投资风格 | 偏债型 | | |
| 管理人 名称 | 兴业基金管理有限公司 | | | 电话 | |
| 管理人 地址 | 上海市张杨路500号时代广场20楼 | | | 邮编 | |

| 主要财务指标 年度 | 2006 | 2005 | 基金重仓股(2007年一季度) | |
|---|---|---|---|---|
| | | | 证券名称 | 占净值比例 |
| 单位基金收益(元) | 0.3801 | 0.0313 | 浦发银行 | 3.6% |
| 单位基金可分配收益(元) | 0.0175 | 0.0041 | 农产品 | 2.48% |
| 单位基金净值(元) | 1.2322 | 1.0077 | 招商银行 | 2.46% |
| 基金资产净值收益率(%) | 34.86 | 3.17 | 兰花科创 | 2.32% |
| 净收益(万元) | 53051.13 | 6538.59 | S双汇 | 2.3% |
| 基金资产总值(万元) | 165717.41 | 212091.22 | 金龙汽车 | 1.93% |
| 基金资产净值(万元) | 162843.32 | 210247.58 | 华发股份 | 1.55% |
| 单位基金累计净值(元) | 2.2(截止4.22) | | 南山铝业 | 1.42% |
| 单位基金累计分红(元) | 0.696 | | 国电南瑞 | 1.25% |
| 历年分红 | 06年:10派0.32,10派0.25,10派0.22,10派0.37,10派0.32,10派0.54,10派0.34,10派0.28,10派0.05年:10派0.12,10派0.13,10派0.1 | | 中化国际 | 1.17% |

# 天治财富增长（350001）

| 名称 | 天治财富增长证券投资基金 | 成立日期 | 2004/06/29 | 存续期 | 不定期 |
|---|---|---|---|---|---|
| 类型 | 契约型 | 上市日期 | | 托管人 | 上海浦东发展银行 |
| 规模 | 10亿 | 投资风格 | 偏债型 | | |
| 管理人 名称 | 天治基金管理有限公司 | | | 电话 | (021)64371155 |
| 管理人 地址 | 上海市徐汇区复兴西路159号 | | | 邮编 | |

| 主要财务指标 年度 | 2006 | 2005 | 基金重仓股(2007年一季度) | |
|---|---|---|---|---|
| | | | 证券名称 | 占净值比例 |
| 单位基金收益(元) | 0.5335 | -0.0243 | 星新材料 | 6.8% |
| 单位基金可分配收益(元) | 0.4895 | -0.005 | 雅戈尔 | 4.92% |
| 单位基金净值(元) | 1.6779 | 1.03 | 上电股份 | 3.91% |
| 基金资产净值收益率(%) | 44.38 | -2.54 | 中青旅 | 3.9% |
| 净收益(万元) | 3434.97 | -544.48 | 中信证券 | 3.8% |
| 基金资产总值(万元) | 7650.18 | 17075.24 | 华夏银行 | 3.54% |
| 基金资产净值(万元) | 6302.51 | 15310.31 | 通威股份 | 3.38% |
| 单位基金累计净值(元) | 2.2086(截止4.22) | | 长安汽车 | 3.18% |
| 单位基金累计分红(元) | 0.91 | | 古越龙山 | 3.17% |
| 历年分红 | 06年:10派0.6；05年:10派0.2 | | 上海机场 | 3.07% |

# 兴业货币（340005）

| 名称 | 兴业货币市场证券投资基金 | 成立日期 | 2006/04/27 | 存续期 | |
|---|---|---|---|---|---|
| 类型 | 契约型 | 上市日期 | | 托管人 | 兴业银行股份有限公司 |
| 规模 | 17亿 | 投资风格 | 货币市场型 | | |
| 管理人 名称 | 兴业基金管理有限公司 | | | 电话 | |
| 管理人 地址 | 上海市张杨路500号时代广场20楼 | | | 邮编 | |

| 主要财务指标 年度 | 2006 | 2005 | 基金重仓股(2007年一季度) | |
|---|---|---|---|---|
| | | | 证券名称 | 占净值比例 |
| 单位基金收益(元) | | | | |
| 单位基金可分配收益(元) | | | | |
| 单位基金净值(元) | 1 | | | |
| 基金资产净值收益率(%) | | | | |
| 净收益(万元) | 595.94 | | | |
| 基金资产总值(万元) | 15657.97 | | | |
| 基金资产净值(万元) | 15605.75 | | | |
| 单位基金累计净值(元) | | | | |
| 单位基金累计分红(元) | | | | |
| 历年分红 | | | | |

# 天治品质优选（350002）

| 名称 | 天治品质优选混合型证券投资基金 | 成立日期 | 2005/01/12 | 存续期 | 不定期 |
|---|---|---|---|---|---|
| 类型 | 契约型 | 上市日期 | | 托管人 | 中国民生银行 |
| 规模 | 12亿 | 投资风格 | | | |
| 管理人 名称 | 天治基金管理有限公司 | | | 电话 | (021)64371155 |
| 管理人 地址 | 上海市徐汇区复兴西路159号 | | | 邮编 | |

| 主要财务指标 年度 | 2006 | 2005 | 基金重仓股(2007年一季度) | |
|---|---|---|---|---|
| | | | 证券名称 | 占净值比例 |
| 单位基金收益(元) | 0.7642 | -0.0958 | 雅戈尔 | 4.53% |
| 单位基金可分配收益(元) | 0.4868 | -0.1012 | 招商银行 | 4.33% |
| 单位基金净值(元) | 1.5713 | 0.9593 | 通威股份 | 4.31% |
| 基金资产净值收益率(%) | 69.42 | -10.36 | 中信证券 | 4.15% |
| 净收益(万元) | 5179.47 | -5862.49 | 上电股份 | 3.83% |
| 基金资产总值(万元) | 6519.64 | 24769.59 | 星新材料 | 3.47% |
| 基金资产净值(万元) | 6383.22 | 23917.78 | 中兴通讯 | 3.25% |
| 单位基金累计净值(元) | 2.5245(截止4.22) | | 上海机电 | 3.23% |
| 单位基金累计分红(元) | 0.36 | | 长江电力 | 3.16% |
| 历年分红 | 06年:10派0.4,10派0.2,10派1 | | 中国联通 | 3.09% |

# 兴业全球视野（340006）

| 名称 | 兴业全球视野股票型证券投资基金 | 成立日期 | 2006/09/20 | 存续期 | 不定期 |
|---|---|---|---|---|---|
| 类型 | 契约型 | 上市日期 | | 托管人 | 兴业银行 |
| 规模 | 33亿 | 投资风格 | | | |
| 管理人 名称 | 兴业基金管理有限公司 | | | 电话 | |
| 管理人 地址 | 上海市张杨路500号时代广场20楼 | | | 邮编 | |

| 主要财务指标 年度 | 2006 | 2005 | 基金重仓股(2007年一季度) | |
|---|---|---|---|---|
| | | | 证券名称 | 占净值比例 |
| 单位基金收益(元) | 0.0039 | | 名流置业 | 8.3% |
| 单位基金可分配收益(元) | 0.0448 | | 招商银行 | 8% |
| 单位基金净值(元) | 1.4229 | | 宝钢股份 | 6.48% |
| 基金资产净值收益率(%) | 3.52 | | S湘火炬 | 6.42% |
| 净收益(万元) | 12432.35 | | 福星科技 | 5.5% |
| 基金资产总值(万元) | 375019.14 | | 武钢股份 | 4.53% |
| 基金资产净值(万元) | 369442.51 | | 华发股份 | 4.35% |
| 单位基金累计净值(元) | 2.2635(截止4.22) | | 浦发银行 | 4.17% |
| 单位基金累计分红(元) | | | 五粮液 | 3.66% |
| 历年分红 | | | 农产品 | 2.07% |

# 天得利货币（350004）

| 名称 | 天治天得利货币市场基金 | 成立日期 | 2006/07/05 | 存续期 | 不定期 |
|---|---|---|---|---|---|
| 类型 | 契约型 | 上市日期 | | 托管人 | 中国民生银行 |
| 规模 | 11亿 | 投资风格 | 货币市场型 | | |
| 管理人 名称 | 天治基金管理有限公司 | | | 电话 | (021)64371155 |
| 管理人 地址 | 上海市徐汇区复兴西路159号 | | | 邮编 | |

| 主要财务指标 年度 | 2006 | 2005 | 基金重仓股(2007年一季度) | |
|---|---|---|---|---|
| | | | 证券名称 | 占净值比例 |
| 单位基金收益(元) | | | | |
| 单位基金可分配收益(元) | | | | |
| 单位基金净值(元) | 1 | | | |
| 基金资产净值收益率(%) | | | | |
| 净收益(万元) | 414.8 | | | |
| 基金资产总值(万元) | 36740 | | | |
| 基金资产净值(万元) | 27345.31 | | | |
| 单位基金累计净值(元) | | | | |
| 单位基金累计分红(元) | | | | |
| 历年分红 | | | | |

# 量化核心（360001）

| | | | | | |
|---|---|---|---|---|---|
| 名称 | 光大保德信量化核心证券投资基金 | 成立日期 | 2004/08/27 | 存续期 | 不定期 |
| 类型 | 契约型 | 上市日期 | | 托管人 | 中国光大银行 |
| 规模 | 25亿 | 投资风格 | | | |
| 管理人 名称 | 光大保德信基金管理有限公司 | | | 电话 | (021)33074700 |
| 管理人 地址 | 上海市延安东路222号外滩中心46-47楼 | | | 邮编 | |

| 年度 | 2006 | 2005 | 基金重仓股(2007年一季度) | |
|---|---|---|---|---|
| 主要财务指标 单位基金收益(元) | 0.7098 | -0.1541 | 证券名称 | 占净值比例 |
| 单位基金可分配收益(元) | 0.6415 | -0.1566 | 宝胜股份 | 7.07% |
| 单位基金净值(元) | 1.8286 | 0.8761 | 民生银行 | 5.73% |
| 基金资产净值收益率(%) | 62.82 | -17.75 | 招商银行 | 5.42% |
| 净收益(万元) | 43724.75 | -28344.19 | 万科A | 4.68% |
| 基金资产总值(万元) | 52575.55 | 131449.88 | 大秦铁路 | 4.24% |
| 基金资产净值(万元) | 51662.47 | 129892.48 | S双汇 | 4.17% |
| 单位基金累计净值(元) | 2.7527(截止4.22) | | 中信证券 | 4.16% |
| 单位基金累计分红(元) | 0.08 | | 山东药玻 | 3.85% |
| 历年分红 | 06年:10派0.5,10派0.3 | | 天房发展 | 3.6% |
| | | | 中集集团 | 3.28% |

# 光大保德信新增长（360006）

| | | | | | |
|---|---|---|---|---|---|
| 名称 | 光大保德信新增长股票型证券投资基金 | 成立日期 | 2006/09/14 | 存续期 | 不定期 |
| 类型 | 契约型 | 上市日期 | | 托管人 | 招商银行 |
| 规模 | 4亿 | 投资风格 | | 股票型 | |
| 管理人 名称 | 光大保德信基金管理有限公司 | | | 电话 | (021)33074700 |
| 管理人 地址 | 上海市延安东路222号外滩中心46-47楼 | | | 邮编 | |

| 年度 | 2006 | 2005 | 基金重仓股(2007年一季度) | |
|---|---|---|---|---|
| 主要财务指标 单位基金收益(元) | 0.0666 | | 证券名称 | 占净值比例 |
| 单位基金可分配收益(元) | 0.0764 | | 民生银行 | 7.18% |
| 单位基金净值(元) | 1.3826 | | 浦发银行 | 4.01% |
| 基金资产净值收益率(%) | 6.14 | | 中信证券 | 3.94% |
| 净收益(万元) | 2570.55 | | 中集集团 | 3.06% |
| 基金资产总值(万元) | 51083.5 | | 宝胜股份 | 3.03% |
| 基金资产净值(万元) | 45865.43 | | 大秦铁路 | 2.9% |
| 单位基金累计净值(元) | 2.0194(截止4.22) | | 超声电子 | 2.84% |
| 单位基金累计分红(元) | 0.1 | | 锡业股份 | 2.79% |
| 历年分红 | | | 万科A | 2.66% |
| | | | 新安股份 | 2.58% |

# 光大保德信货币基金（360003）

| | | | | | |
|---|---|---|---|---|---|
| 名称 | 光大保德信货币市场基金 | 成立日期 | 2005/06/09 | 存续期 | 不定期 |
| 类型 | 契约型 | 上市日期 | | 托管人 | 招商银行 |
| 规模 | 14亿 | 投资风格 | | 货币市场型 | |
| 管理人 名称 | 光大保德信基金管理有限公司 | | | 电话 | (021)33074700 |
| 管理人 地址 | 上海市延安东路222号外滩中心46-47楼 | | | 邮编 | |

| 年度 | 2006 | 2005 | 基金重仓股(2007年一季度) | |
|---|---|---|---|---|
| 主要财务指标 单位基金收益(元) | | | 证券名称 | 占净值比例 |
| 单位基金可分配收益(元) | | | | |
| 单位基金净值(元) | 1 | 1 | | |
| 基金资产净值收益率(%) | | | | |
| 净收益(万元) | 3499.36 | 711.17 | | |
| 基金资产总值(万元) | 87074.66 | 194048.65 | | |
| 基金资产净值(万元) | 79045.21 | 175412.15 | | |
| 单位基金累计净值(元) | | | | |
| 单位基金累计分红(元) | | | | |
| 历年分红 | | | | |

# 上投货币（370010）

| | | | | | |
|---|---|---|---|---|---|
| 名称 | 上投摩根货币市场基金 | 成立日期 | 2005/04/13 | 存续期 | 不定期 |
| 类型 | 契约型 | 上市日期 | | 托管人 | 中国建设银行 |
| 规模 | 10亿 | 投资风格 | | 货币市场型 | |
| 管理人 名称 | 上投摩根基金管理有限公司 | | | 电话 | (021)38794888 |
| 管理人 地址 | 上海市浦东富城路99号震旦国际大楼20层 | | | 邮编 | |

| 年度 | 2006 | 2005 | 基金重仓股(2007年一季度) | |
|---|---|---|---|---|
| 主要财务指标 单位基金收益(元) | 0.0159 | 0.0063 | 证券名称 | 占净值比例 |
| 单位基金可分配收益(元) | | | | |
| 单位基金净值(元) | 1 | 1 | | |
| 基金资产净值收益率(%) | 1.5879 | 0.63 | | |
| 净收益(万元) | 1541.43 | 310.32 | | |
| 基金资产总值(万元) | 138227.03 | 33478.33 | | |
| 基金资产净值(万元) | 136233.65 | 31567.14 | | |
| 单位基金累计净值(元) | | | | |
| 单位基金累计分红(元) | | | | |
| 历年分红 | | | | |

# 光大保德信红利（360005）

| | | | | | |
|---|---|---|---|---|---|
| 名称 | 光大保德信红利股票型证券投资基金 | 成立日期 | 2006/03/24 | 存续期 | 不定期 |
| 类型 | 契约型 | 上市日期 | | 托管人 | 兴业银行股份有限公司 |
| 规模 | 5亿 | 投资风格 | | 股票型 | |
| 管理人 名称 | 光大保德信基金管理有限公司 | | | 电话 | (021)33074700 |
| 管理人 地址 | 上海市延安东路222号外滩中心46-47楼 | | | 邮编 | |

| 年度 | 2006 | 2005 | 基金重仓股(2007年一季度) | |
|---|---|---|---|---|
| 主要财务指标 单位基金收益(元) | 0.277 | | 证券名称 | 占净值比例 |
| 单位基金可分配收益(元) | 0.3485 | | 招商银行 | 5.48% |
| 单位基金净值(元) | 1.5377 | | 民生银行 | 5.06% |
| 基金资产净值收益率(%) | 25.66 | | 中信证券 | 3.83% |
| 净收益(万元) | 8086.58 | | 超声电子 | 3.62% |
| 基金资产总值(万元) | 25435.9 | | 中国联通 | 2.92% |
| 基金资产净值(万元) | 24996.56 | | 中海发展 | 2.83% |
| 单位基金累计净值(元) | 2.5842(截止4.22) | | 栖霞建设 | 2.83% |
| 单位基金累计分红(元) | 0.14 | | 鞍钢股份 | 2.74% |
| 历年分红 | 06年:10派0.4 | | 中国石化 | 2.68% |
| | | | 工商银行 | 2.58% |

# 上投双息平衡（373010）

| | | | | | |
|---|---|---|---|---|---|
| 名称 | 上投摩根双息平衡混合型证券投资基金 | 成立日期 | 2006/04/26 | 存续期 | 不定期 |
| 类型 | 契约型 | 上市日期 | | 托管人 | 中国建设银行 |
| 规模 | 64亿 | 投资风格 | | 混合型 | |
| 管理人 名称 | 上投摩根基金管理有限公司 | | | 电话 | (021)38794888 |
| 管理人 地址 | 上海市浦东富城路99号震旦国际大楼20层 | | | 邮编 | |

| 年度 | 2006 | 2005 | 基金重仓股(2007年一季度) | |
|---|---|---|---|---|
| 主要财务指标 单位基金收益(元) | 0.0861 | | 证券名称 | 占净值比例 |
| 单位基金可分配收益(元) | 0.0779 | | 三一重工 | 5.69% |
| 单位基金净值(元) | 1.3601 | | 星新材料 | 4.35% |
| 基金资产净值收益率(%) | 8.11 | | 上实发展 | 2.75% |
| 净收益(万元) | 57704.9 | | 火箭股份 | 2.68% |
| 基金资产总值(万元) | 752922.09 | | 广船国际 | 2.35% |
| 基金资产净值(万元) | 701783.59 | | 武钢股份 | 2.23% |
| 单位基金累计净值(元) | 1.8436(截止4.22) | | 特变电工 | 2.21% |
| 单位基金累计分红(元) | 0.358 | | 民生银行 | 2.04% |
| 历年分红 | 06年:10派0.46,10派0.2 | | 五粮液 | 2.02% |
| | | | 宝钛股份 | 1.95% |

## 中国优势（375010）

| | | | | | |
|---|---|---|---|---|---|
| 名称 | 上投摩根中国优势证券投资基金 | 成立日期 | 2004/09/15 | 存续期 | 不定期 |
| 类型 | 契约型 | 上市日期 | | 托管人 | 中国建设银行 |
| 规模 | 17亿 | 投资风格 | | | |
| 管理人 名称 | 上投摩根基金管理有限公司 | | 电话 | (021)38794888 | |
| 管理人 地址 | 上海市浦东富城路99号震旦国际大楼20层 | | 邮编 | | |
| 主要财务指标 年度 | | 2006 | 2005 | 基金重仓股(2007年一季度) | |
| 单位基金收益(元) | | 0.748 | 0.0294 | 证券名称 | 占净值比例 |
| 单位基金可分配收益(元) | | 0.3133 | -0.0023 | 吉林敖东 | 5.18% |
| 单位基金净值(元) | | 2.3279 | 1.0836 | 三一重工 | 4.6% |
| 基金资产净值收益率(%) | | 42.62 | 2.87 | 武钢股份 | 3.73% |
| 净收益(万元) | | 104472.77 | 3669.08 | 中信国安 | 3.15% |
| 基金资产总值(万元) | | 492270.4 | 129804.77 | S山东铝 | 3.12% |
| 基金资产净值(万元) | | 487832.41 | 126077.4 | 星新材料 | 3.09% |
| 单位基金累计净值(元) | | 4.1117(截止4.22) | | 焦作万方 | 2.94% |
| 单位基金累计分红(元) | | 0.45 | | 徐工科技 | 2.51% |
| 历年分红 | | 06年:10派0.8,10派3.5;05年:10派0.2 | | 泸州老窖 | 2.49% |
| | | | | 马钢股份 | 2.44% |

## 上投摩根成长先锋（378010）

| | | | | | |
|---|---|---|---|---|---|
| 名称 | 上投摩根成长先锋股票型证券投资基金 | 成立日期 | 2006/09/20 | 存续期 | 不定期 |
| 类型 | 契约型 | 上市日期 | | 托管人 | 中国建设银行 |
| 规模 | 55亿 | 投资风格 | | 股票型 | |
| 管理人 名称 | 上投摩根基金管理有限公司 | | 电话 | (021)38794888 | |
| 管理人 地址 | 上海市浦东富城路99号震旦国际大楼20层 | | 邮编 | | |
| 主要财务指标 年度 | | 2006 | 2005 | 基金重仓股(2007年一季度) | |
| 单位基金收益(元) | | 0.0285 | | 证券名称 | 占净值比例 |
| 单位基金可分配收益(元) | | 0.0229 | | 武钢股份 | 6.79% |
| 单位基金净值(元) | | 1.2818 | | 招商银行 | 4.96% |
| 基金资产净值收益率(%) | | 2.63 | | 特变电工 | 4.28% |
| 净收益(万元) | | 19185.26 | | 万科A | 4.01% |
| 基金资产总值(万元) | | 1075567.74 | | 广船国际 | 3.45% |
| 基金资产净值(万元) | | 1060669.86 | | S三九 | 3.44% |
| 单位基金累计净值(元) | | 1.8984(截止4.22) | | 五粮液 | 3.42% |
| 单位基金累计分红(元) | | | | 大秦铁路 | 2.98% |
| 历年分红 | | | | 泸州老窖 | 2.9% |
| | | | | 宝钢股份 | 2.88% |

## 上投摩根阿尔法（377010）

| | | | | | |
|---|---|---|---|---|---|
| 名称 | 上投摩根阿尔法股票型证券投资基金 | 成立日期 | 2005/10/11 | 存续期 | 不定期 |
| 类型 | 契约型 | 上市日期 | | 托管人 | 中国建设银行 |
| 规模 | 8亿 | 投资风格 | | 股票型 | |
| 管理人 名称 | 上投摩根基金管理有限公司 | | 电话 | (021)38794888 | |
| 管理人 地址 | 上海市浦东富城路99号震旦国际大楼20层 | | 邮编 | | |
| 主要财务指标 年度 | | 2006 | 2005 | 基金重仓股(2007年一季度) | |
| 单位基金收益(元) | | 0.444 | -0.0053 | 证券名称 | 占净值比例 |
| 单位基金可分配收益(元) | | 0.3707 | -0.0054 | 招商银行 | 6.2% |
| 单位基金净值(元) | | 2.7008 | 1.0202 | 兴业银行 | 4.79% |
| 基金资产净值收益率(%) | | 24.72 | -0.54 | 星新材料 | 3.85% |
| 净收益(万元) | | 45372.64 | -412.67 | 泸州老窖 | 3.43% |
| 基金资产总值(万元) | | 477675.51 | 89195.06 | 万科A | 3.39% |
| 基金资产净值(万元) | | 474698.73 | 87540.1 | 宝钛股份 | 3.35% |
| 单位基金累计净值(元) | | 3.8398(截止4.22) | | 宝钢股份 | 3.11% |
| 单位基金累计分红(元) | | 0.04 | | 武钢股份 | 2.98% |
| 历年分红 | | 06年:10派0.4 | | 安徽合力 | 2.64% |
| | | | | 国投电力 | 1.97% |

## 中海优质成长（398001）

| | | | | | |
|---|---|---|---|---|---|
| 名称 | 中海优质成长证券投资基金 | 成立日期 | 2004/09/28 | 存续期 | 不定期 |
| 类型 | 契约型 | 上市日期 | | 托管人 | 交通银行 |
| 规模 | 10亿 | 投资风格 | | | |
| 管理人 名称 | 中海基金管理有限公司 | | 电话 | 021-68419966 | |
| 管理人 地址 | 上海市陆家嘴东路166号中国保险大厦34层 | | 邮编 | | |
| 主要财务指标 年度 | | 2006 | 2005 | 基金重仓股(2007年一季度) | |
| 单位基金收益(元) | | 0.8956 | -0.061 | 证券名称 | 占净值比例 |
| 单位基金可分配收益(元) | | 0.1001 | -0.0729 | 中国海诚 | 6.3% |
| 单位基金净值(元) | | 1.1001 | 0.9486 | 东莞控股 | 4.58% |
| 基金资产净值收益率(%) | | 75.59 | -6.38 | 泰豪科技 | 3.79% |
| 净收益(万元) | | 12008.45 | -3182.32 | 上海机电 | 3.59% |
| 基金资产总值(万元) | | 21904.31 | 33205.66 | 九龙山 | 3.34% |
| 基金资产净值(万元) | | 17718.52 | 30585.64 | S三九 | 3.24% |
| 单位基金累计净值(元) | | 2.5307(截止4.22) | | 华业地产 | 3.23% |
| 单位基金累计分红(元) | | 0.89 | | 天科股份 | 3.11% |
| 历年分红 | | 06年:10派0.5,10派7.6,10派0.8 | | 现代投资 | 3.02% |
| | | | | 南京中商 | 2.98% |

## 上投内需动力（377020）

| | | | | | |
|---|---|---|---|---|---|
| 名称 | 上投摩根内需动力股票型证券投资基金 | 成立日期 | 2007/04/13 | 存续期 | 不定期 |
| 类型 | 契约型 | 上市日期 | | 托管人 | 中国工商银行 |
| 规模 | 99亿 | 投资风格 | | 股票型 | |
| 管理人 名称 | 上投摩根基金管理有限公司 | | 电话 | (021)38794888 | |
| 管理人 地址 | 上海市浦东富城路99号震旦国际大楼20层 | | 邮编 | | |
| 主要财务指标 年度 | | 2006 | 2005 | 基金重仓股(2007年一季度) | |
| 单位基金收益(元) | | | | 证券名称 | 占净值比例 |
| 单位基金可分配收益(元) | | | | | |
| 单位基金净值(元) | | | | | |
| 基金资产净值收益率(%) | | | | | |
| 净收益(万元) | | | | | |
| 基金资产总值(万元) | | | | | |
| 基金资产净值(万元) | | | | | |
| 单位基金累计净值(元) | | | | | |
| 单位基金累计分红(元) | | | | | |
| 历年分红 | | | | | |

## 中海分红增利（398011）

| | | | | | |
|---|---|---|---|---|---|
| 名称 | 中海分红增利混合型证券投资基金 | 成立日期 | 2005/06/16 | 存续期 | 不定期 |
| 类型 | 契约型 | 上市日期 | | 托管人 | 中国农业银行 |
| 规模 | 6亿 | 投资风格 | | 混合型 | |
| 管理人 名称 | 中海基金管理有限公司 | | 电话 | 021-68419966 | |
| 管理人 地址 | 上海市陆家嘴东路166号中国保险大厦34层 | | 邮编 | | |
| 主要财务指标 年度 | | 2006 | 2005 | 基金重仓股(2007年一季度) | |
| 单位基金收益(元) | | 0.6043 | 0.0047 | 证券名称 | 占净值比例 |
| 单位基金可分配收益(元) | | -0.0023 | -0.015 | 华鲁恒升 | 6.45% |
| 单位基金净值(元) | | 1.0583 | 0.9974 | 南京中商 | 4.74% |
| 基金资产净值收益率(%) | | 58.1 | 0.47 | 青岛软控 | 4.28% |
| 净收益(万元) | | 24340.65 | 139.79 | 中集集团 | 4.12% |
| 基金资产总值(万元) | | 124106.73 | 19452.37 | 中国海诚 | 3.85% |
| 基金资产净值(万元) | | 122180.63 | 19331.78 | 中信证券 | 3.72% |
| 单位基金累计净值(元) | | 2.1041(截止4.22) | | 东莞控股 | 3.66% |
| 单位基金累计分红(元) | | 0.99 | | 中国人寿 | 3.52% |
| 历年分红 | | 06年:10派0.5,10派0.4,10派0.8,10派0.8,10派0.15,10派0.1,10派0.35,10派0.5,10派2.3,1004年:10派0.1 | | 新海股份 | 3.49% |
| | | | | 瑞贝卡 | 3.2% |

## 中海能源（398021）

| | | | | | |
|---|---|---|---|---|---|
| 名称 | 中海能源策略混合型证券投资基金 | 成立日期 | 2007/03/13 | 存续期 | 不定期 |
| 类型 | 契约型 | 上市日期 | | 托管人 | 中国工商银行 |
| 规模 | 97亿 | 投资风格 | 混合型 | | |
| 管理人 名称 | 中海基金管理有限公司 | | 电话 | 021-68419966 | |
| 管理人 地址 | 上海市陆家嘴东路166号中国保险大厦34层 | | 邮编 | | |
| 主要财务指标 年度 | 2006 | 2005 | 基金重仓股(2007年一季度) | | |
| 单位基金收益(元) | | | 证券名称 | 占净值比例 | |
| 单位基金可分配收益(元) | | | | | |
| 单位基金净值(元) | | | | | |
| 基金资产净值收益率(%) | | | | | |
| 净收益(万元) | | | | | |
| 基金资产总值(万元) | | | | | |
| 基金资产净值(万元) | | | | | |
| 单位基金累计净值(元) | 1.1347(截止4.22) | | | | |
| 单位基金累计分红(元) | | | | | |
| 历年分红 | | | | | |

## 东方金账簿（400005）

| | | | | | |
|---|---|---|---|---|---|
| 名称 | 东方金账簿货币市场证券投资基金 | 成立日期 | 2006/08/02 | 存续期 | 不定期 |
| 类型 | 契约型 | 上市日期 | | 托管人 | 中国民生银行 |
| 规模 | 5亿 | 投资风格 | 货币市场型 | | |
| 管理人 名称 | 东方基金管理有限责任公司 | | 电话 | 010-82621888 | |
| 管理人 地址 | 北京市海淀区中关村东路99号 | | 邮编 | | |
| 主要财务指标 年度 | 2006 | 2005 | 基金重仓股(2007年一季度) | | |
| 单位基金收益(元) | | | 证券名称 | 占净值比例 | |
| 单位基金可分配收益(元) | | | | | |
| 单位基金净值(元) | 1 | | | | |
| 基金资产净值收益率(%) | | | | | |
| 净收益(万元) | 504.57 | | | | |
| 基金资产总值(万元) | 36056.01 | | | | |
| 基金资产净值(万元) | 34449.46 | | | | |
| 单位基金累计净值(元) | | | | | |
| 单位基金累计分红(元) | | | | | |
| 历年分红 | | | | | |

## 东方龙基金（400001）

| | | | | | |
|---|---|---|---|---|---|
| 名称 | 东方龙混合型开放式证券投资基金 | 成立日期 | 2004/11/25 | 存续期 | 不定期 |
| 类型 | 契约型 | 上市日期 | | 托管人 | 中国建设银行 |
| 规模 | 11亿 | 投资风格 | | | |
| 管理人 名称 | 东方基金管理有限责任公司 | | 电话 | 010-82621888 | |
| 管理人 地址 | 北京市海淀区中关村东路99号 | | 邮编 | | |
| 主要财务指标 年度 | 2006 | 2005 | 基金重仓股(2007年一季度) | | |
| 单位基金收益(元) | 0.765 | -0.0145 | 证券名称 | 占净值比例 | |
| 单位基金可分配收益(元) | 0.267 | -0.0456 | 首旅股份 | 5.44% | |
| 单位基金净值(元) | 1.2991 | 1.0123 | 大秦铁路 | 5.3% | |
| 基金资产净值收益率(%) | 66.46 | -1.48 | 同方股份 | 4.8% | |
| 净收益(万元) | 12968.19 | -660.53 | 上海机电 | 4.16% | |
| 基金资产总值(万元) | 28601.39 | 32759.17 | 北京巴士 | 4.14% | |
| 基金资产净值(万元) | 27761.09 | 31634.49 | 中兴通讯 | 4.07% | |
| 单位基金累计净值(元) | 2.2912(截止4.22) | | 经纬纺机 | 4.05% | |
| 单位基金累计分红(元) | 0.667 | | 长电科技 | 3.03% | |
| 历年分红 | 06年:10派1.7,10派0.8,10派3.1;05年:10派0.2 | | 兴业银行 | 2.7% | |
| | | | 宝钢股份 | 2.68% | |

## 华富竞争力（410001）

| | | | | | |
|---|---|---|---|---|---|
| 名称 | 华富竞争力优选混合型证券投资基金 | 成立日期 | 2005/03/02 | 存续期 | 不定期 |
| 类型 | 契约型 | 上市日期 | | 托管人 | 中国建设银行 |
| 规模 | 6亿 | 投资风格 | | | |
| 管理人 名称 | 华富基金管理有限公司 | | 电话 | 021-68886996 | |
| 管理人 地址 | 上海市浦东南路588号浦发大厦14层 | | 邮编 | 200120 | |
| 主要财务指标 年度 | 2006 | 2005 | 基金重仓股(2007年一季度) | | |
| 单位基金收益(元) | 0.6236 | -0.066 | 证券名称 | 占净值比例 | |
| 单位基金可分配收益(元) | 0.0276 | -0.0608 | 中信证券 | 7.57% | |
| 单位基金净值(元) | 1.1078 | 0.98 | 辽宁成大 | 6.95% | |
| 基金资产净值收益率(%) | | | 吉林敖东 | 6.83% | |
| 净收益(万元) | 11153.59 | -3383.16 | 中信国安 | 5.69% | |
| 基金资产总值(万元) | 53234.75 | 36895.38 | 民生银行 | 4.63% | |
| 基金资产净值(万元) | 51757.5 | 36540.29 | 武钢股份 | 4.28% | |
| 单位基金累计净值(元) | 2.3471(截止4.22) | | 唐钢股份 | 3.68% | |
| 单位基金累计分红(元) | 0.74 | | 中集集团 | 3.63% | |
| 历年分红 | 06年:10派0.9,10派4,10派0.9,10派0.6 | | 江淮汽车 | 3.63% | |
| | | | 铁龙物流 | 3.32% | |

## 东方精选（400003）

| | | | | | |
|---|---|---|---|---|---|
| 名称 | 东方精选混合型开放式证券投资基金 | 成立日期 | 2006/01/11 | 存续期 | 不定期 |
| 类型 | 契约型 | 上市日期 | | 托管人 | 中国民生银行 |
| 规模 | 3亿 | 投资风格 | 混合型 | | |
| 管理人 名称 | 东方基金管理有限责任公司 | | 电话 | 010-82621888 | |
| 管理人 地址 | 北京市海淀区中关村东路99号 | | 邮编 | | |
| 主要财务指标 年度 | 2006 | 2005 | 基金重仓股(2007年一季度) | | |
| 单位基金收益(元) | 0.6018 | | 证券名称 | 占净值比例 | |
| 单位基金可分配收益(元) | 0.2232 | | 长城信息 | 9.41% | |
| 单位基金净值(元) | 1.2481 | | S上石化 | 8.71% | |
| 基金资产净值收益率(%) | 55.45 | | *ST南控 | 4.92% | |
| 净收益(万元) | 18505.97 | | 鞍钢股份 | 2.9% | |
| 基金资产总值(万元) | 44515.38 | | 雅戈尔 | 2.87% | |
| 基金资产净值(万元) | 35030.77 | | 沪东重机 | 2.81% | |
| 单位基金累计净值(元) | 2.6669(截止4.22) | | 武钢股份 | 2.73% | |
| 单位基金累计分红(元) | 0.58 | | 太钢不锈 | 2.52% | |
| 历年分红 | 06年:10派0.18,10派3,10派0.7,10派1.4,10派0.52 | | 宝钢股份 | 2.52% | |
| | | | 上海机场 | 2.44% | |

## 华富货币（410002）

| | | | | | |
|---|---|---|---|---|---|
| 名称 | 华富货币市场基金 | 成立日期 | 2006/06/21 | 存续期 | 不定期 |
| 类型 | 契约型 | 上市日期 | | 托管人 | 中国建设银行 |
| 规模 | 9亿 | 投资风格 | 货币市场型 | | |
| 管理人 名称 | 华富基金管理有限公司 | | 电话 | 021-68886996 | |
| 管理人 地址 | 上海市浦东南路588号浦发大厦14层 | | 邮编 | 200120 | |
| 主要财务指标 年度 | 2006 | 2005 | 基金重仓股(2007年一季度) | | |
| 单位基金收益(元) | | | 证券名称 | 占净值比例 | |
| 单位基金可分配收益(元) | | | | | |
| 单位基金净值(元) | 1 | | | | |
| 基金资产净值收益率(%) | | | | | |
| 净收益(万元) | 417.66 | | | | |
| 基金资产总值(万元) | 54535.61 | | | | |
| 基金资产净值(万元) | 48133.35 | | | | |
| 单位基金累计净值(元) | | | | | |
| 单位基金累计分红(元) | | | | | |
| 历年分红 | | | | | |

## 华富成长（410003）

| 名称 | 华富成长趋势股票型证券投资基金 | 成立日期 | 2007/03/19 | 存续期 | 不定期 |
|---|---|---|---|---|---|
| 类型 | 契约型 | 上市日期 | | 托管人 | 招商银行 |
| 规模 | 68亿 | 投资风格 | 股票型 | | |
| 管理人 名称 | 华富基金管理有限公司 | | | 电话 | 021－68886996 |
| 管理人 地址 | 上海市浦东南路588号浦发大厦14层 | | | 邮编 | 200120 |

| | 年度 | 2006 | 2005 | 基金重仓股(2007年一季度) | |
|---|---|---|---|---|---|
| 主要财务指标 | 单位基金收益(元) | | | 证券名称 | 占净值比例 |
| | 单位基金可分配收益(元) | | | | |
| | 单位基金净值(元) | | | | |
| | 基金资产净值收益率(%) | | | | |
| | 净收益(万元) | | | | |
| | 基金资产总值(万元) | | | | |
| | 基金资产净值(万元) | | | | |
| 单位基金累计净值(元) | | 1.0346(截止4.22) | | | |
| 单位基金累计分红(元) | | | | | |
| 历年分红 | | | | | |

## 国海弹性市值（450002）

| 名称 | 富兰克林国海弹性市值股票型证券投资基金 | 成立日期 | 2006/06/14 | 存续期 | 不定期 |
|---|---|---|---|---|---|
| 类型 | 契约型 | 上市日期 | | 托管人 | 中国农业银行 |
| 规模 | 29亿 | 投资风格 | 股票型 | | |
| 管理人 名称 | 国海富兰克林基金管理有限公司 | | | 电话 | 021－68880980 |
| 管理人 地址 | 上海浦东富城路99号震旦国际大楼18楼 | | | 邮编 | |

| | 年度 | 2006 | 2005 | 基金重仓股(2007年一季度) | |
|---|---|---|---|---|---|
| 主要财务指标 | 单位基金收益(元) | 0.1217 | | 证券名称 | 占净值比例 |
| | 单位基金可分配收益(元) | 0.1664 | | 中国石化 | 7.34% |
| | 单位基金净值(元) | 1.501 | | 宝钢股份 | 6.83% |
| | 基金资产净值收益率(%) | 11.36 | | 长江电力 | 5.92% |
| | 净收益(万元) | 30660.09 | | 鞍钢股份 | 5.6% |
| | 基金资产总值(万元) | 214992.76 | | 大商股份 | 4.82% |
| | 基金资产净值(万元) | 209696.35 | | 招商银行 | 4.59% |
| 单位基金累计净值(元) | | 2.0501(截止4.22) | | 福耀玻璃 | 4.27% |
| 单位基金累计分红(元) | | 0.71 | | 万科A | 3.95% |
| 历年分红 | | | | 盐湖钾肥 | 3.69% |
| | | | | 武钢股份 | 3.65% |

## 天弘精选（420001）

| 名称 | 天弘精选混合型证券投资基金 | 成立日期 | 2005/10/08 | 存续期 | 不定期 |
|---|---|---|---|---|---|
| 类型 | 契约型 | 上市日期 | | 托管人 | 中国工商银行 |
| 规模 | 3亿 | 投资风格 | 混合型 | | |
| 管理人 名称 | 天弘基金管理有限公司 | | | 电话 | 022－83310208 |
| 管理人 地址 | 天津市河西区马场道59号天津国际经济贸易中心A座16层 | | | 邮编 | 300203 |

| | 年度 | 2006 | 2005 | 基金重仓股(2007年一季度) | |
|---|---|---|---|---|---|
| 主要财务指标 | 单位基金收益(元) | 0.3172 | 0.0017 | 证券名称 | 占净值比例 |
| | 单位基金可分配收益(元) | 0.2551 | －0.0002 | 浦发银行 | 4.98% |
| | 单位基金净值(元) | 1.3057 | 0.9998 | 民生银行 | 4.45% |
| | 基金资产净值收益率(%) | 30.5 | 0.17 | 中信证券 | 4% |
| | 净收益(万元) | 4728 | 53.78 | 万向钱潮 | 3.76% |
| | 基金资产总值(万元) | 20812.19 | 30664.96 | 招商银行 | 3.63% |
| | 基金资产净值(万元) | 18771.38 | 25535.99 | 桂冠电力 | 3.59% |
| 单位基金累计净值(元) | | 1.8407(截止4.22) | | 长园新材 | 3.54% |
| 单位基金累计分红(元) | | 0.405 | | 赣粤高速 | 3.4% |
| 历年分红 | | 06年:10派0.45,10派0.28,10派0.12,10派0.6 | | 苏宁电器 | 3.33% |
| | | | | 上海机电 | 3.31% |

## 国海潜力组合（450003）

| 名称 | 富兰克林国海潜力组合股票型证券投资基金 | 成立日期 | 2007/03/22 | 存续期 | 不定期 |
|---|---|---|---|---|---|
| 类型 | 契约型 | 上市日期 | | 托管人 | 中国银行 |
| 规模 | 88亿 | 投资风格 | 股票型 | | |
| 管理人 名称 | 国海富兰克林基金管理有限公司 | | | 电话 | 021－68880980 |
| 管理人 地址 | 上海浦东富城路99号震旦国际大楼18楼 | | | 邮编 | |

| | 年度 | 2006 | 2005 | 基金重仓股(2007年一季度) | |
|---|---|---|---|---|---|
| 主要财务指标 | 单位基金收益(元) | | | 证券名称 | 占净值比例 |
| | 单位基金可分配收益(元) | | | | |
| | 单位基金净值(元) | | | | |
| | 基金资产净值收益率(%) | | | | |
| | 净收益(万元) | | | | |
| | 基金资产总值(万元) | | | | |
| | 基金资产净值(万元) | | | | |
| 单位基金累计净值(元) | | 1.1187(截止4.22) | | | |
| 单位基金累计分红(元) | | | | | |
| 历年分红 | | | | | |

## 富兰克林国海收益（450001）

| 名称 | 富兰克林国海中国收益证券投资基金 | 成立日期 | 2005/06/01 | 存续期 | 不定期 |
|---|---|---|---|---|---|
| 类型 | 契约型 | 上市日期 | | 托管人 | 中国工商银行 |
| 规模 | 7亿 | 投资风格 | 混合型 | | |
| 管理人 名称 | 国海富兰克林基金管理有限公司 | | | 电话 | 021－68880980 |
| 管理人 地址 | 上海浦东富城路99号震旦国际大楼18楼 | | | 邮编 | |

| | 年度 | 2006 | 2005 | 基金重仓股(2007年一季度) | |
|---|---|---|---|---|---|
| 主要财务指标 | 单位基金收益(元) | 0.1847 | 0.019 | 证券名称 | 占净值比例 |
| | 单位基金可分配收益(元) | 0.0637 | 0.0081 | S双汇 | 7.23% |
| | 单位基金净值(元) | 1.4552 | 1.0255 | 招商银行 | 5.45% |
| | 基金资产净值收益率(%) | 15.96 | 1.85 | 长江电力 | 4.12% |
| | 净收益(万元) | 6024.1 | 1108.24 | 浦发银行 | 3.75% |
| | 基金资产总值(万元) | 45194.15 | 53307.84 | 宝钢股份 | 3.53% |
| | 基金资产净值(万元) | 38925.19 | 52709.75 | 金发科技 | 3.44% |
| 单位基金累计净值(元) | | 1.8627(截止4.22) | | 新安股份 | 2.96% |
| 单位基金累计分红(元) | | 0.14 | | 万科A | 2.9% |
| 历年分红 | | 06年:10派0.15,10派0.2,10派0.8,10派0.15;05年:10派0.1 | | 大商股份 | 2.68% |
| | | | | 华海药业 | 2.22% |

## 友邦盛世（460001）

| 名称 | 友邦华泰盛世中国股票型证券投资基金 | 成立日期 | 2005/04/27 | 存续期 | 不定期 |
|---|---|---|---|---|---|
| 类型 | 契约型 | 上市日期 | | 托管人 | 中国银行 |
| 规模 | 9亿 | 投资风格 | 股票型 | | |
| 管理人 名称 | 友邦华泰基金管理有限公司 | | | 电话 | 021－50472222 |
| 管理人 地址 | 上海市浦东新区世纪大道88号金茂大厦40楼 | | | 邮编 | |

| | 年度 | 2006 | 2005 | 基金重仓股(2007年一季度) | |
|---|---|---|---|---|---|
| 主要财务指标 | 单位基金收益(元) | 0.6637 | 0.013 | 证券名称 | 占净值比例 |
| | 单位基金可分配收益(元) | 0.283 | －0.0133 | 招商银行 | 6.88% |
| | 单位基金净值(元) | 1.5604 | 1.007 | 五粮液 | 4.39% |
| | 基金资产净值收益率(%) | | | 华发股份 | 4.02% |
| | 净收益(万元) | 33551.09 | 928.49 | 铁龙物流 | 3.19% |
| | 基金资产总值(万元) | 71023.95 | 68685.14 | 金龙汽车 | 3.15% |
| | 基金资产净值(万元) | 68979.4 | 68303.37 | 大秦铁路 | 2.83% |
| 单位基金累计净值(元) | | 2.5565(截止4.22) | | 金晶科技 | 2.58% |
| 单位基金累计分红(元) | | 1.005 | | 宝钢股份 | 2.48% |
| 历年分红 | | 06年:10派1.25,10派0.5,10派2;05年:10派0.3 | | 中联重科 | 2.19% |
| | | | | 深赤湾A | 2.17% |

# 工银瑞信价值（481001）

| 名称 | 工银瑞信核心价值股票型证券投资基金 | 成立日期 | 2005/08/31 | 存续期 | 不定期 |
| --- | --- | --- | --- | --- | --- |
| 类型 | 契约型 | 上市日期 | | 托管人 | 中国银行 |
| 规模 | 43亿 | 投资风格 | 股票型 | | |
| 管理人 名称 | 工银瑞信基金管理有限公司 | 电话 | 010-65179888 | | |
| 管理人 地址 | 北京市东城区朝内大街188号鸿安国际商务大厦 | 邮编 | | | |

| 主要财务指标 年度 | 2006 | 2005 | 基金重仓股(2007年一季度) | |
| --- | --- | --- | --- | --- |
| 单位基金收益(元) | 0.4984 | -0.0017 | 证券名称 | 占净值比例 |
| 单位基金可分配收益(元) | 0.3627 | -0.0019 | 中兴通讯 | 7.8% |
| 单位基金净值(元) | 2.1471 | 1.0156 | 华联综超 | 7.59% |
| 基金资产净值收益率(%) | 36.4 | -0.1739 | 烟台万华 | 5.93% |
| 净收益(万元) | 81790.81 | -724.24 | 招商银行 | 5.68% |
| 基金资产总值(万元) | 311407.85 | 444968.71 | 张裕A | 5.32% |
| 基金资产净值(万元) | 309820.37 | 394649.75 | 用友软件 | 5.28% |
| 单位基金累计净值(元) | 2.9952(截止4.22) | | 海油工程 | 5.13% |
| 单位基金累计分红(元) | 0.4 | | 恒瑞医药 | 4.94% |
| 历年分红 | 06年:10派0.15,10派1.85 | | 中国平安 | 4.8% |
| | | | 中国人寿 | 4.8% |

# 工银瑞信稳健（481004）

| 名称 | 工银瑞信稳健成长股票型证券投资基金 | 成立日期 | 2006/12/06 | 存续期 | 不定期 |
| --- | --- | --- | --- | --- | --- |
| 类型 | 契约型 | 上市日期 | | 托管人 | 中国建设银行 |
| 规模 | 122亿 | 投资风格 | 股票型 | | |
| 管理人 名称 | 工银瑞信基金管理有限公司 | 电话 | 010-65179888 | | |
| 管理人 地址 | 北京市东城区朝内大街188号鸿安国际商务大厦 | 邮编 | | | |

| 主要财务指标 年度 | 2006 | 2005 | 基金重仓股(2007年一季度) | |
| --- | --- | --- | --- | --- |
| 单位基金收益(元) | | | 证券名称 | 占净值比例 |
| 单位基金可分配收益(元) | | | 招商银行 | 6.09% |
| 单位基金净值(元) | | | 中兴通讯 | 5.89% |
| 基金资产净值收益率(%) | | | 唐钢股份 | 3.68% |
| 净收益(万元) | | | 浦发银行 | 3.65% |
| 基金资产总值(万元) | | | 上海机场 | 3.13% |
| 基金资产净值(万元) | | | 烟台万华 | 3.07% |
| 单位基金累计净值(元) | 1.3697(截止4.22) | | 中国人寿 | 2.95% |
| 单位基金累计分红(元) | | | 大秦铁路 | 2.5% |
| 历年分红 | | | 沈阳机床 | 2.4% |
| | | | 中国平安 | 2.3% |

# 工银瑞信货币（482002）

| 名称 | 工银瑞信货币市场基金 | 成立日期 | 2006/03/20 | 存续期 | 不定期 |
| --- | --- | --- | --- | --- | --- |
| 类型 | 契约型 | 上市日期 | | 托管人 | 中国建设银行 |
| 规模 | 88亿 | 投资风格 | 货币市场型 | | |
| 管理人 名称 | 工银瑞信基金管理有限公司 | 电话 | 010-65179888 | | |
| 管理人 地址 | 北京市东城区朝内大街188号鸿安国际商务大厦 | 邮编 | | | |

| 主要财务指标 年度 | 2006 | 2005 | 基金重仓股(2007年一季度) | |
| --- | --- | --- | --- | --- |
| 单位基金收益(元) | | | 证券名称 | 占净值比例 |
| 单位基金可分配收益(元) | | | | |
| 单位基金净值(元) | 1 | | | |
| 基金资产净值收益率(%) | | | | |
| 净收益(万元) | 7709.7 | | | |
| 基金资产总值(万元) | 405472.93 | | | |
| 基金资产净值(万元) | 405156.85 | | | |
| 单位基金累计净值(元) | | | | |
| 单位基金累计分红(元) | | | | |
| 历年分红 | | | | |

# 工银瑞信精选（483003）

| 名称 | 工银瑞信精选平衡混合型证券投资基金 | 成立日期 | 2006/07/13 | 存续期 | 不定期 |
| --- | --- | --- | --- | --- | --- |
| 类型 | 契约型 | 上市日期 | | 托管人 | 中国建设银行 |
| 规模 | 84亿 | 投资风格 | 混合型 | | |
| 管理人 名称 | 工银瑞信基金管理有限公司 | 电话 | 010-65179888 | | |
| 管理人 地址 | 北京市东城区朝内大街188号鸿安国际商务大厦 | 邮编 | | | |

| 主要财务指标 年度 | 2006 | 2005 | 基金重仓股(2007年一季度) | |
| --- | --- | --- | --- | --- |
| 单位基金收益(元) | 0.0421 | | 证券名称 | 占净值比例 |
| 单位基金可分配收益(元) | 0.0479 | | 烟台万华 | 7.09% |
| 单位基金净值(元) | 1.3313 | | 中兴通讯 | 6.75% |
| 基金资产净值收益率(%) | 3.97 | | 招商银行 | 6.62% |
| 净收益(万元) | 33740.58 | | 恒瑞医药 | 6.23% |
| 基金资产总值(万元) | 878910.99 | | 华联综超 | 5.99% |
| 基金资产净值(万元) | 864376.06 | | 上海家化 | 3.98% |
| 单位基金累计净值(元) | 1.7193(截止4.22) | | 张裕A | 3.87% |
| 单位基金累计分红(元) | 0.1 | | 用友软件 | 3.69% |
| 历年分红 | | | S阿胶 | 3.64% |
| | | | 沈阳机床 | 2.29% |

# 基金金泰（500001）

| 名称 | 金泰证券投资基金 | 成立日期 | 1998/03/27 | 存续期 | 15年(1998/3/27-2013/3/27) |
| --- | --- | --- | --- | --- | --- |
| 类型 | 契约型 | 上市日期 | 1998/04/07 | 托管人 | 中国工商银行 |
| 规模 | 20亿 | 投资风格 | 平衡型 | | |
| 管理人 名称 | 国泰基金管理有限公司 | 电话 | 021-23060288 | | |
| 管理人 地址 | 上海市黄浦区延安东路700号港泰广场23楼 | 邮编 | 200001 | | |

| 主要财务指标 年度 | 2006 | 2005 | 基金重仓股(2007年一季度) | |
| --- | --- | --- | --- | --- |
| 单位基金收益(元) | 0.3917 | -0.0824 | 证券名称 | 占净值比例 |
| 单位基金可分配收益(元) | 0.3161 | -0.0756 | 中信证券 | 5.73% |
| 单位基金净值(元) | 2.0946 | 0.9788 | 浦发银行 | 4.96% |
| 基金资产净值收益率(%) | 26.96 | -8.37 | S双汇 | 4.55% |
| 净收益(万元) | 78345.65 | -16476.91 | 贵州茅台 | 4.48% |
| 基金资产总值(万元) | 468943.09 | 209250.01 | 三一重工 | 3.61% |
| 基金资产净值(万元) | 418922.02 | 195750.18 | 鞍钢股份 | 3.03% |
| 单位基金累计净值(元) | 3.3953(截止4.22) | | 同方股份 | 2.85% |
| 单位基金累计分红(元) | 1.005 | | 星新材料 | 2.62% |
| 历年分红 | 06预案:10派2.9,10派2.9；04年:10派0.35 | | 中兴通讯 | 2.57% |
| | | | 天地科技 | 2.04% |

# 基金泰和（500002）

| 名称 | 泰和证券投资基金 | 成立日期 | 1999/04/08 | 存续期 | 15年(1999/4/8-2014/4/7) |
| --- | --- | --- | --- | --- | --- |
| 类型 | 契约型 | 上市日期 | 1999/04/20 | 托管人 | 中国建设银行 |
| 规模 | 20亿 | 投资风格 | 平衡型 | | |
| 管理人 名称 | 嘉实基金管理有限公司 | 电话 | (010)65188866 | | |
| 管理人 地址 | 北京市建国门北大街8号华润大厦8层 | 邮编 | 100005 | | |

| 主要财务指标 年度 | 2006 | 2005 | 基金重仓股(2007年一季度) | |
| --- | --- | --- | --- | --- |
| 单位基金收益(元) | 0.655 | -0.0345 | 证券名称 | 占净值比例 |
| 单位基金可分配收益(元) | 0.5257 | 0.0007 | 沪东重机 | 8.07% |
| 单位基金净值(元) | 2.1695 | 1.0533 | 金发科技 | 7.37% |
| 基金资产净值收益率(%) | | | 民生银行 | 7.23% |
| 净收益(万元) | 130993.61 | -6901.84 | 三一重工 | 7.15% |
| 基金资产总值(万元) | 479243.58 | 212471.72 | 宝钢股份 | 6.7% |
| 基金资产净值(万元) | 433900.26 | 210665.04 | 招商银行 | 6.63% |
| 单位基金累计净值(元) | 3.5666(截止4.22) | | 海螺水泥 | 5.94% |
| 单位基金累计分红(元) | 1.135 | | 万科A | 4.43% |
| 历年分红 | 06中期:10派1.3,10派4.8 | | S阿胶 | 4.09% |
| | | | 海油工程 | 2.3% |

# 基金安信（500003）

| | | | | | |
|---|---|---|---|---|---|
| 名称 | 安信证券投资基金 | 成立日期 | 1998/06/22 | 存续期 | 15年(1998/6/22-2013/6/22) |
| 类型 | 契约型 | 上市日期 | 1998/06/26 | 托管人 | 中国工商银行 |
| 规模 | 20亿 | 投资风格 | 积极成长型 | | |
| 管理人 | 名称 | 华安基金管理有限公司 | 电话 | 021—58881111 | |
| | 地址 | 上海浦东新区浦东南路360号新上海国际大厦38楼 | 邮编 | 200120 | |
| 主要财务指标 | 年度 | 2006 | 2005 | 基金重仓股(2007年一季度) | |
| | 单位基金收益(元) | 0.4217 | 0.0285 | 证券名称 | 占净值比例 |
| | 单位基金可分配收益(元) | 0.4221 | 0.0294 | 冀东水泥 | 4.94% |
| | 单位基金净值(元) | 2.1956 | 1.0643 | 盐湖钾肥 | 4.71% |
| | 基金资产净值收益率(%) | 28.14 | 2.74 | 上海机场 | 4.63% |
| | 净收益(万元) | 84337.16 | 5692.14 | 烟台万华 | 4.51% |
| | 基金资产总值(万元) | 440070.78 | 218019.13 | 金融街 | 3.59% |
| | 基金资产净值(万元) | 439113.94 | 212852.81 | 安徽合力 | 3.56% |
| 单位基金累计净值(元) | | | | 大秦铁路 | 3.43% |
| 单位基金累计分红(元) | | 1.682 | | 浦发银行 | 3.23% |
| 历年分红 | 06年:10派4.2；05年:10派0.29；04年:10派0.06，10派0.5 | | | 宝钛股份 | 2.97% |
| | | | | 中国石化 | 2.64% |

# 基金汉盛（500005）

| | | | | | |
|---|---|---|---|---|---|
| 名称 | 汉盛证券投资基金 | 成立日期 | 1999/05/10 | 存续期 | 15年(1999/5/18-2014/5/17) |
| 类型 | 契约型 | 上市日期 | 1999/05/18 | 托管人 | 中国农业银行 |
| 规模 | 20亿 | 投资风格 | 积极成长型 | | |
| 管理人 | 名称 | 富国基金管理有限公司 | 电话 | 021-68597788 | |
| | 地址 | 上海市浦东新区花园石桥路33号花旗集团大厦5,6层 | 邮编 | 200120 | |
| 主要财务指标 | 年度 | 2006 | 2005 | 基金重仓股(2007年一季度) | |
| | 单位基金收益(元) | 0.3705 | -0.0396 | 证券名称 | 占净值比例 |
| | 单位基金可分配收益(元) | 0.3196 | -0.0509 | 浦发银行 | 9.66% |
| | 单位基金净值(元) | 2.0597 | 0.9994 | 招商银行 | 7.28% |
| | 基金资产净值收益率(%) | | | 福耀玻璃 | 6.18% |
| | 净收益(万元) | 74107.1 | -7922.67 | 天音控股 | 4.57% |
| | 基金资产总值(万元) | 445141.33 | 201409.16 | 华兰生物 | 3.64% |
| | 基金资产净值(万元) | 411945.41 | 199876.71 | 万科A | 3.12% |
| 单位基金累计净值(元) | | 3.1321(截止4.22) | | 中信证券 | 2.62% |
| 单位基金累计分红(元) | | 0.8026 | | S双汇 | 2.54% |
| 历年分红 | 06年:10派3.196 | | | 中国平安 | 2.09% |
| | | | | 岳阳纸业 | 2.03% |

# 基金裕阳（500006）

| | | | | | |
|---|---|---|---|---|---|
| 名称 | 裕阳证券投资基金 | 成立日期 | 1998/07/25 | 存续期 | 15年(1998/7/25-2013/7/25) |
| 类型 | 契约型 | 上市日期 | 1998/07/30 | 托管人 | 中国农业银行 |
| 规模 | 20亿 | 投资风格 | 积极成长型 | | |
| 管理人 | 名称 | 博时基金管理有限公司 | 电话 | 0755-3169999 | |
| | 地址 | 深圳市福田区深南大道招商银行大厦29层 | 邮编 | 518040 | |
| 主要财务指标 | 年度 | 2006 | 2005 | 基金重仓股(2007年一季度) | |
| | 单位基金收益(元) | 0.4371 | -0.04 | 证券名称 | 占净值比例 |
| | 单位基金可分配收益(元) | 0.4386 | 0.0165 | 上海汽车 | 7.07% |
| | 单位基金净值(元) | 2.0192 | 1.0547 | S深发展A | 5.27% |
| | 基金资产净值收益率(%) | | | 中国联通 | 5.17% |
| | 净收益(万元) | 87412.84 | -7997.42 | 长江电力 | 4.76% |
| | 基金资产总值(万元) | 425942.09 | 211894.18 | 中国石化 | 3.6% |
| | 基金资产净值(万元) | 403843.71 | 210944.04 | 招商地产 | 2.95% |
| 单位基金累计净值(元) | | | | 青岛啤酒 | 2.27% |
| 单位基金累计分红(元) | | 1.437 | | 保利地产 | 2.12% |
| 历年分红 | 06年:10派4.3；05年:10派0.15；04年:10派0.49 | | | 工商银行 | 2.09% |
| | | | | 现代投资 | 2.02% |

# 基金景阳（500007）

| | | | | | |
|---|---|---|---|---|---|
| 名称 | 景阳证券投资基金 | 成立日期 | 1992/05/31 | 存续期 | 15年(1992/5/31-2007/12/31) |
| 类型 | 契约型 | 上市日期 | 1999/10/22 | 托管人 | 中国农业银行 |
| 规模 | 10亿 | 投资风格 | 中小企业成长型 | | |
| 管理人 | 名称 | 大成基金管理有限公司 | 电话 | 0755-83183388 | |
| | 地址 | 深圳市福田区深南大道7088号招商银行大厦32层 | 邮编 | 518040 | |
| 主要财务指标 | 年度 | 2006 | 2005 | 基金重仓股(2007年一季度) | |
| | 单位基金收益(元) | 0.626 | 0.0413 | 证券名称 | 占净值比例 |
| | 单位基金可分配收益(元) | 0.6289 | 0.0339 | 上实发展 | 5.83% |
| | 单位基金净值(元) | 2.3339 | 1.0826 | 苏宁电器 | 4.99% |
| | 基金资产净值收益率(%) | | | 中信证券 | 4.62% |
| | 净收益(万元) | 62600.35 | 4125.96 | 烟台万华 | 4.27% |
| | 基金资产总值(万元) | 264103.11 | 111262.66 | 五粮液 | 4.13% |
| | 基金资产净值(万元) | 233389.73 | 108256.12 | 万科A | 3.54% |
| 单位基金累计净值(元) | | 3.4569(截止4.22) | | 民生银行 | 3.1% |
| 单位基金累计分红(元) | | 0.894 | | 浦发银行 | 2.57% |
| 历年分红 | 06年:10派5.7；05年:10派0.31 | | | 武钢股份 | 2.56% |
| | | | | 顺鑫农业 | 2.3% |

# 基金兴华（500008）

| | | | | | |
|---|---|---|---|---|---|
| 名称 | 兴华证券投资基金 | 成立日期 | 1998/04/28 | 存续期 | 15年(1998/4/28-2013/4/28) |
| 类型 | 契约型 | 上市日期 | 1998/05/08 | 托管人 | 中国建设银行 |
| 规模 | 20亿 | 投资风格 | 稳健成长型 | | |
| 管理人 | 名称 | 华夏基金管理有限公司 | 电话 | 010-88066688 | |
| | 地址 | 北京市西城区金融大街33号通泰大厦B座8层 | 邮编 | 100032 | |
| 主要财务指标 | 年度 | 2006 | 2005 | 基金重仓股(2007年一季度) | |
| | 单位基金收益(元) | 0.5483 | -0.0834 | 证券名称 | 占净值比例 |
| | 单位基金可分配收益(元) | 0.5257 | -0.0225 | 苏宁电器 | 6.19% |
| | 单位基金净值(元) | 2.1862 | 1.0206 | 武钢股份 | 4.97% |
| | 基金资产净值收益率(%) | 35.98 | -8.17 | 泸州老窖 | 4.71% |
| | 净收益(万元) | 109656.02 | -16676.8 | 海马股份 | 2.89% |
| | 基金资产总值(万元) | 498838.75 | 205951.32 | 招商银行 | 2.77% |
| | 基金资产净值(万元) | 437244.04 | 204129.56 | 大秦铁路 | 2.65% |
| 单位基金累计净值(元) | | 4.0363(截止4.22) | | 宝钢股份 | 2.19% |
| 单位基金累计分红(元) | | 1.649 | | 华夏银行 | 2.15% |
| 历年分红 | 06年:10派2.74，10派2；04年:10派1.41 | | | 星新材料 | 2.08% |
| | | | | 太钢不锈 | 1.93% |

# 基金安顺（500009）

| | | | | | |
|---|---|---|---|---|---|
| 名称 | 安顺证券投资基金 | 成立日期 | 1999/06/15 | 存续期 | 15年(1999/6/15-2014/6/14) |
| 类型 | 契约型 | 上市日期 | 1999/06/22 | 托管人 | 交通银行 |
| 规模 | 30亿 | 投资风格 | 稳健成长型 | | |
| 管理人 | 名称 | 华安基金管理有限公司 | 电话 | 021—58881111 | |
| | 地址 | 上海浦东新区浦东南路360号新上海国际大厦38楼 | 邮编 | 200120 | |
| 主要财务指标 | 年度 | 2006 | 2005 | 基金重仓股(2007年一季度) | |
| | 单位基金收益(元) | 0.6862 | 0.0554 | 证券名称 | 占净值比例 |
| | 单位基金可分配收益(元) | 0.6867 | 0.0565 | 中集集团 | 5.82% |
| | 单位基金净值(元) | 2.1938 | 1.1284 | 上海机场 | 5.78% |
| | 基金资产净值收益率(%) | 44.12 | 5.27 | 中金岭南 | 5.04% |
| | 净收益(万元) | 205865.83 | 16621.35 | 宝钛股份 | 4.72% |
| | 基金资产总值(万元) | 659658.8 | 345330.99 | 航天信息 | 3.49% |
| | 基金资产净值(万元) | 658147.03 | 338513.39 | 中远航运 | 3.03% |
| 单位基金累计净值(元) | | | | 用友软件 | 2.61% |
| 单位基金累计分红(元) | | 1.308 | | 重庆啤酒 | 2.39% |
| 历年分红 | 06年:10派6.8；05年:10派0.56；04年:10派0.75，10派0.1 | | | 东方锅炉 | 2.27% |
| | | | | 中国石化 | 1.77% |

# 基金金元（500010）

| 名称 | 金元证券投资基金 | 成立日期 | 1992/05/28 | 存续期 | 15年(1992/05/28-2007/05/27) |
|---|---|---|---|---|---|
| 类型 | 契约型 | 上市日期 | | 托管人 | 中国工商银行 |
| 规模 | 5亿 | 投资风格 | 积极成长型 | | |
| 管理人 名称 | 南方基金管理有限公司 | 电话 | 0755-82912000 | | |
| 管理人 地址 | 深圳市福田中心区深南大道4009号投资大厦七楼 | 邮编 | 518026 | | |

| | 年度 | 2006 | 2005 | 基金重仓股(2007年一季度) | |
|---|---|---|---|---|---|
| 主要财务指标 | 单位基金收益(元) | 0.2877 | 0.0603 | 证券名称 | 占净值比例 |
| | 单位基金可分配收益(元) | 0.2752 | -0.0125 | 太钢不锈 | 8.85% |
| | 单位基金净值(元) | 2.3036 | 1.0191 | 万科A | 8.51% |
| | 基金资产净值收益率(%) | | | 中信证券 | 7.99% |
| | 净收益(万元) | 14382.71 | 3014.06 | 招商银行 | 7.96% |
| | 基金资产总值(万元) | 126800.48 | 53241.39 | 福耀玻璃 | 5.41% |
| | 基金资产净值(万元) | 115179.71 | 50956.72 | 贵州茅台 | 5.14% |
| 单位基金累计净值(元) | | | | 烟台万华 | 3.29% |
| 单位基金累计分红(元) | | 0.281 | | 中集集团 | 3% |
| 历年分红 | 06年:10派2.5 | | | S湘火炬 | 2.61% |
| | | | | 新安股份 | 2.61% |

# 基金兴和（500018）

| 名称 | 兴和证券投资基金 | 成立日期 | 1999/07/14 | 存续期 | 15年(1999/7/14-2014/7/13) |
|---|---|---|---|---|---|
| 类型 | 契约型 | 上市日期 | 1999/07/30 | 托管人 | 中国建设银行 |
| 规模 | 30亿 | 投资风格 | 优化指数型 | | |
| 管理人 名称 | 华夏基金管理有限公司 | 电话 | 010-88066688 | | |
| 管理人 地址 | 北京市西城区金融大街33号通泰大厦B座8层 | 邮编 | 100032 | | |

| | 年度 | 2006 | 2005 | 基金重仓股(2007年一季度) | |
|---|---|---|---|---|---|
| 主要财务指标 | 单位基金收益(元) | 0.3374 | -0.047 | 证券名称 | 占净值比例 |
| | 单位基金可分配收益(元) | 0.3502 | -0.0564 | 中材国际 | 2.92% |
| | 单位基金净值(元) | 1.8651 | 0.9436 | 长江电力 | 2.84% |
| | 基金资产净值收益率(%) | 25.72 | -5.07 | 苏宁电器 | 2.8% |
| | 净收益(万元) | 101206.23 | -14113.13 | 承德露露 | 2.71% |
| | 基金资产总值(万元) | 633716.24 | 283865.56 | 雅戈尔 | 2.69% |
| | 基金资产净值(万元) | 559522.91 | 283086.58 | 招商银行 | 2.15% |
| 单位基金累计净值(元) | | 2.9704(截止4.22) | | 雅戈尔 | 1.67% |
| 单位基金累计分红(元) | | 0.739 | | 民生银行 | 1.57% |
| 历年分红 | 06年:10派2.16 | | | 万科A | 1.13% |
| | | | | 长江电力 | 0.94% |

# 基金金鑫（500011）

| 名称 | 金鑫证券投资基金 | 成立日期 | 1999/10/21 | 存续期 | 15年(1999/10/21-2014/10/21) |
|---|---|---|---|---|---|
| 类型 | 契约型 | 上市日期 | 1999/11/26 | 托管人 | 中国建设银行 |
| 规模 | 30亿 | 投资风格 | | | |
| 管理人 名称 | 国泰基金管理有限公司 | 电话 | 021-23060288 | | |
| 管理人 地址 | 上海市黄浦区延安东路700号港泰广场23楼 | 邮编 | 200001 | | |

| | 年度 | 2006 | 2005 | 基金重仓股(2007年一季度) | |
|---|---|---|---|---|---|
| 主要财务指标 | 单位基金收益(元) | 0.2639 | -0.1155 | 证券名称 | 占净值比例 |
| | 单位基金可分配收益(元) | 0.1368 | -0.087 | S双汇 | 9.79% |
| | 单位基金净值(元) | 1.6128 | 0.9512 | 中信证券 | 4.93% |
| | 基金资产净值收益率(%) | 20.09 | -12.23 | 新世界 | 4.43% |
| | 净收益(万元) | 79156.04 | -34645.21 | 东方明珠 | 3.28% |
| | 基金资产总值(万元) | 552411.61 | 301143.52 | 同方股份 | 3% |
| | 基金资产净值(万元) | 483825.54 | 285373.01 | 万科A | 2.74% |
| 单位基金累计净值(元) | | 2.5021(截止4.22) | | 中钨高新 | 2.17% |
| 单位基金累计分红(元) | | 0.472 | | 民生银行 | 1.95% |
| 历年分红 | 06年:10派1.3，10派0.4；04年:10派0.3 | | | 法拉电子 | 1.94% |
| | | | | 保利地产 | 1.89% |

# 基金汉鼎（500025）

| 名称 | 汉鼎证券投资基金 | 成立日期 | 1994/01/01 | 存续期 | 15年(1994/1/1-2008/12/31) |
|---|---|---|---|---|---|
| 类型 | 契约型 | 上市日期 | 2000/08/17 | 托管人 | 中国工商银行 |
| 规模 | 5亿 | 投资风格 | 积极成长型 | | |
| 管理人 名称 | 富国基金管理有限公司 | 电话 | 021-68597788 | | |
| 管理人 地址 | 上海市浦东新区花园石桥路33号花旗集团大厦5,6层 | 邮编 | 200120 | | |

| | 年度 | 2006 | 2005 | 基金重仓股(2007年一季度) | |
|---|---|---|---|---|---|
| 主要财务指标 | 单位基金收益(元) | 0.3501 | 0.0245 | 证券名称 | 占净值比例 |
| | 单位基金可分配收益(元) | 0.2415 | -0.1086 | 广州国光 | 7.98% |
| | 单位基金净值(元) | 1.7771 | 0.9149 | 金发科技 | 7.42% |
| | 基金资产净值收益率(%) | | | 中国联通 | 7.17% |
| | 净收益(万元) | 17503.01 | 1225.48 | 法拉电子 | 7.07% |
| | 基金资产总值(万元) | 89189.34 | 46657.91 | 思源电气 | 5.51% |
| | 基金资产净值(万元) | 88855 | 45746.7 | 航天信息 | 5% |
| 单位基金累计净值(元) | | 2.3608(截止4.22) | | 华兰生物 | 4.01% |
| 单位基金累计分红(元) | | 0.2475 | | 横店东磁 | 3.63% |
| 历年分红 | 06年:10派2.415 | | | 华微电子 | 3.42% |
| | | | | S双汇 | 3.35% |

# 基金汉兴（500015）

| 名称 | 汉兴证券投资基金 | 成立日期 | 1999/12/30 | 存续期 | 15年(1999/12/30-2014/12/30) |
|---|---|---|---|---|---|
| 类型 | 契约型 | 上市日期 | 2000/01/10 | 托管人 | 交通银行 |
| 规模 | 30亿 | 投资风格 | 平衡型 | | |
| 管理人 名称 | 富国基金管理有限公司 | 电话 | 021-68597788 | | |
| 管理人 地址 | 上海市浦东新区花园石桥路33号花旗集团大厦5,6层 | 邮编 | 200120 | | |

| | 年度 | 2006 | 2005 | 基金重仓股(2007年一季度) | |
|---|---|---|---|---|---|
| 主要财务指标 | 单位基金收益(元) | 0.3963 | -0.0442 | 证券名称 | 占净值比例 |
| | 单位基金可分配收益(元) | 0.2217 | -0.1746 | 招商银行 | 4.62% |
| | 单位基金净值(元) | 1.5176 | 0.8562 | 福耀玻璃 | 4.3% |
| | 基金资产净值收益率(%) | | | 华兰生物 | 3.89% |
| | 净收益(万元) | 118882.99 | -13255.07 | 航天信息 | 3.69% |
| | 基金资产总值(万元) | 484508.77 | 258587.48 | 浦发银行 | 3.49% |
| | 基金资产净值(万元) | 455276.53 | 256872.66 | 天音控股 | 3.17% |
| 单位基金累计净值(元) | | 2.0951(截止4.22) | | 上海机场 | 3.14% |
| 单位基金累计分红(元) | | 0.3916 | | 苏宁电器 | 3.08% |
| 历年分红 | 06年:10派2.216 | | | 贵州茅台 | 3.07% |
| | | | | 安琪酵母 | 2.81% |

# 基金科讯（500029）

| 名称 | 科讯证券投资基金 | 成立日期 | 1993/01/12 | 存续期 | 15年(1993/1/12-2008/1/11) |
|---|---|---|---|---|---|
| 类型 | 契约型 | 上市日期 | 2001/06/20 | 托管人 | 交通银行 |
| 规模 | 8亿 | 投资风格 | 稳健成长型 | | |
| 管理人 名称 | 易方达基金管理有限公司 | 电话 | 020-38797888 | | |
| 管理人 地址 | 广州市体育西路189号27,28楼 | 邮编 | 510075 | | |

| | 年度 | 2006 | 2005 | 基金重仓股(2007年一季度) | |
|---|---|---|---|---|---|
| 主要财务指标 | 单位基金收益(元) | 0.4932 | 0.0739 | 证券名称 | 占净值比例 |
| | 单位基金可分配收益(元) | 0.4997 | 0.0765 | 贵州茅台 | 7.51% |
| | 单位基金净值(元) | 2.3496 | 1.1439 | 中国重汽 | 7.37% |
| | 基金资产净值收益率(%) | | | S双汇 | 4.85% |
| | 净收益(万元) | 39457.55 | 5908.41 | 辽宁成大 | 4.2% |
| | 基金资产总值(万元) | 189635.07 | 92334.01 | 金龙汽车 | 3.18% |
| | 基金资产净值(万元) | 187971.24 | 91511.99 | 美克股份 | 3.12% |
| 单位基金累计净值(元) | | | | 云铝股份 | 2.94% |
| 单位基金累计分红(元) | | 0.585 | | 宝钢股份 | 2.85% |
| 历年分红 | 06年:10派2.3；05年:10派0.7；04年:10派0.35 | | | 上海家化 | 2.8% |
| | | | | 中远航运 | 2.71% |

## 基金通乾（500038）

| 名称 | 通乾证券投资基金 | 成立日期 | 2001/08/29 | 存续期 | 15年(2001/8/29-2016/8/28) |
|---|---|---|---|---|---|
| 类型 | 契约型 | 上市日期 | 2001/09/21 | 托管人 | 中国建设银行 |
| 规模 | 20亿 | 投资风格 | 价值成长型 | | |
| 管理人 名称 | 融通基金管理有限公司 | 电话 | 0755-82950696 | | |
| 管理人 地址 | 深圳市南山区华侨城汉唐大厦13、14层 | 邮编 | 518048 | | |

| | 年度 | 2006 | 2005 | 基金重仓股(2007年一季度) | |
|---|---|---|---|---|---|
| 主要财务指标 | 单位基金收益(元) | 0.391 | -0.0857 | 证券名称 | 占净值比例 |
| 主要财务指标 | 单位基金可分配收益(元) | 0.1677 | -0.0833 | S深发展A | 6.86% |
| 主要财务指标 | 单位基金净值(元) | 1.7369 | 0.9791 | 招商银行 | 6.38% |
| 主要财务指标 | 基金资产净值收益率(%) | | | 沪东重机 | 5.8% |
| 主要财务指标 | 净收益(万元) | 78196.33 | -17144.91 | 中信证券 | 3.17% |
| 主要财务指标 | 基金资产总值(万元) | 405960.73 | 206145.99 | 万科A | 3.07% |
| 主要财务指标 | 基金资产净值(万元) | 347373.3 | 195810.11 | 金融街 | 3.01% |
| 单位基金累计净值(元) | | 2.503(截止4.22) | | 广船国际 | 2.96% |
| 单位基金累计分红(元) | | 0.353 | | 太钢不锈 | 2.62% |
| 历年分红 | | 06年:10派1.6,10派1.4;04年:10派0.23 | | 新中基 | 2.55% |
| | | | | 伊利股份 | 2.18% |

## 基金银丰（500058）

| 名称 | 银丰证券投资基金 | 成立日期 | 2002/08/14 | 存续期 | 15年(2002/8/14-2017/8/14) |
|---|---|---|---|---|---|
| 类型 | 契约型 | 上市日期 | 2002/09/10 | 托管人 | 中国建设银行 |
| 规模 | 30亿 | 投资风格 | 平衡型 | | |
| 管理人 名称 | 银河基金管理有限公司 | 电话 | 021-65956688 | | |
| 管理人 地址 | 上海市虹口区东大名路908号金岸大厦三楼 | 邮编 | 200120 | | |

| | 年度 | 2006 | 2005 | 基金重仓股(2007年一季度) | |
|---|---|---|---|---|---|
| 主要财务指标 | 单位基金收益(元) | 0.413 | -0.0506 | 证券名称 | 占净值比例 |
| 主要财务指标 | 单位基金可分配收益(元) | 0.3437 | -0.0093 | 民生银行 | 5.34% |
| 主要财务指标 | 单位基金净值(元) | 1.817 | 1.006 | 招商银行 | 4.49% |
| 主要财务指标 | 基金资产净值收益率(%) | 31.72 | -5.2 | 第一食品 | 3.5% |
| 主要财务指标 | 净收益(万元) | 123905.1 | -15176.94 | 华夏银行 | 3.25% |
| 主要财务指标 | 基金资产总值(万元) | 646702.66 | 318189.47 | 宝钢股份 | 2.97% |
| 主要财务指标 | 基金资产净值(万元) | 545234.58 | 301689.63 | 福耀玻璃 | 2.51% |
| 单位基金累计净值(元) | | 2.749(截止4.22) | | 格力电器 | 2.46% |
| 单位基金累计分红(元) | | 0.46 | | 火箭股份 | 2.44% |
| 历年分红 | | 06年:10派3.2;05年:10派0.6;04年:10派0.2,10派0.1,10派0.1 | | 大冶特钢 | 2.39% |
| | | | | 万科A | 2.31% |

## 基金同德（500039）

| 名称 | 同德证券投资基金 | 成立日期 | 1992/12/01 | 存续期 | 15年(1992/12/1-2007/11/30) |
|---|---|---|---|---|---|
| 类型 | 契约型 | 上市日期 | 2001/08/01 | 托管人 | 中国农业银行 |
| 规模 | 5亿 | 投资风格 | 稳健成长型 | | |
| 管理人 名称 | 长盛基金管理有限公司 | 电话 | 010-82255818 | | |
| 管理人 地址 | 北京市海淀区北太平庄路18号城建大厦A座21层 | 邮编 | 100088 | | |

| | 年度 | 2006 | 2005 | 基金重仓股(2007年一季度) | |
|---|---|---|---|---|---|
| 主要财务指标 | 单位基金收益(元) | 0.6091 | 0.0441 | 证券名称 | 占净值比例 |
| 主要财务指标 | 单位基金可分配收益(元) | 0.6139 | 0.0508 | 招商银行 | 5.91% |
| 主要财务指标 | 单位基金净值(元) | 2.0981 | 1.1317 | 华侨城A | 5.47% |
| 主要财务指标 | 基金资产净值收益率(%) | | | 民生银行 | 4.44% |
| 主要财务指标 | 净收益(万元) | 30456.39 | 2205.08 | 苏宁电器 | 4.43% |
| 主要财务指标 | 基金资产总值(万元) | 113463.01 | 56741.77 | 力源液压 | 4.41% |
| 主要财务指标 | 基金资产净值(万元) | 104903.46 | 56587.16 | 同方股份 | 4.22% |
| 单位基金累计净值(元) | | | | S双汇 | 3.58% |
| 单位基金累计分红(元) | | 0.677 | | 中国联通 | 2.53% |
| 历年分红 | | 06年:10派3.2,10派2.5;05年:10派0.46;04年:10派0.61 | | 大秦铁路 | 2.45% |
| | | | | 吉恩镍业 | 2.37% |

## 海富通精选（510001）

| 名称 | 海富通精选证券投资基金 | 成立日期 | 2003/08/22 | 存续期 | 不定期 |
|---|---|---|---|---|---|
| 类型 | 契约型 | 上市日期 | | 托管人 | 交通银行 |
| 规模 | 37亿 | 投资风格 | 平衡型 | | |
| 管理人 名称 | 海富通基金管理有限公司 | 电话 | 021-50471758 | | |
| 管理人 地址 | 上海市浦东新区世纪大道88号金茂大厦37层 | 邮编 | 200121 | | |

| | 年度 | 2006 | 2005 | 基金重仓股(2007年一季度) | |
|---|---|---|---|---|---|
| 主要财务指标 | 单位基金收益(元) | 0.7647 | 0.0456 | 证券名称 | 占净值比例 |
| 主要财务指标 | 单位基金可分配收益(元) | 0.6563 | 0.0007 | 浙大网新 | 4.91% |
| 主要财务指标 | 单位基金净值(元) | 2.05 | 1.0795 | 东方电机 | 3.84% |
| 主要财务指标 | 基金资产净值收益率(%) | | | 东软股份 | 3.72% |
| 主要财务指标 | 净收益(万元) | 120659.07 | 11919.99 | 民生银行 | 3.71% |
| 主要财务指标 | 基金资产总值(万元) | 239031.99 | 252414.83 | 招商银行 | 3.63% |
| 主要财务指标 | 基金资产净值(万元) | 237727.14 | 251054.16 | 大秦铁路 | 3.45% |
| 单位基金累计净值(元) | | 3.3412(截止4.22) | | 中信证券 | 3.21% |
| 单位基金累计分红(元) | | 0.35 | | 贵州茅台 | 2.82% |
| 历年分红 | | 06年:10派0.7,10派0.8,10派0.25;05年:10派0.15,10派0.2;04年:10派0.45,10派0.5,10派0.3 | | 太钢不锈 | 2.79% |
| | | | | 歌华有线 | 2.68% |

## 基金科瑞（500056）

| 名称 | 科瑞证券投资基金 | 成立日期 | 2002/03/12 | 存续期 | 15年(2002/3/12-2017/3/12) |
|---|---|---|---|---|---|
| 类型 | 契约型 | 上市日期 | 2002/03/20 | 托管人 | 交通银行 |
| 规模 | 30亿 | 投资风格 | 价值型 | | |
| 管理人 名称 | 易方达基金管理有限公司 | 电话 | 020-38797888 | | |
| 管理人 地址 | 广州市体育西路189号27、28楼 | 邮编 | 510075 | | |

| | 年度 | 2006 | 2005 | 基金重仓股(2007年一季度) | |
|---|---|---|---|---|---|
| 主要财务指标 | 单位基金收益(元) | 0.5038 | 0.0727 | 证券名称 | 占净值比例 |
| 主要财务指标 | 单位基金可分配收益(元) | 0.5111 | 0.0773 | 武钢股份 | 6.48% |
| 主要财务指标 | 单位基金净值(元) | 2.3721 | 1.2019 | 贵州茅台 | 4.9% |
| 主要财务指标 | 基金资产净值收益率(%) | | | 浦发银行 | 4.01% |
| 主要财务指标 | 净收益(万元) | 151143.07 | 21804.73 | 沪东重机 | 3.24% |
| 主要财务指标 | 基金资产总值(万元) | 718780.2 | 365732.04 | 苏宁电器 | 3.22% |
| 主要财务指标 | 基金资产净值(万元) | 711644.95 | 360568.43 | S深发展A | 2.8% |
| 单位基金累计净值(元) | | | | 辽宁成大 | 2.64% |
| 单位基金累计分红(元) | | 0.642 | | 中信国安 | 2.45% |
| 历年分红 | | 06年:10派4.8;05年:10派0.7;04年:10派0.2,10派0.6 | | 工商银行 | 1.7% |
| | | | | 中远航运 | 1.68% |

## 海富通收益增长（510003）

| 名称 | 海富通收益增长证券投资基金 | 成立日期 | 2004/03/12 | 存续期 | 不定期 |
|---|---|---|---|---|---|
| 类型 | 契约型 | 上市日期 | | 托管人 | 中国银行 |
| 规模 | 131亿 | 投资风格 | | | |
| 管理人 名称 | 海富通基金管理有限公司 | 电话 | 021-50471758 | | |
| 管理人 地址 | 上海市浦东新区世纪大道88号金茂大厦37层 | 邮编 | 200121 | | |

| | 年度 | 2006 | 2005 | 基金重仓股(2007年一季度) | |
|---|---|---|---|---|---|
| 主要财务指标 | 单位基金收益(元) | 0.4719 | -0.0278 | 证券名称 | 占净值比例 |
| 主要财务指标 | 单位基金可分配收益(元) | 0.5131 | -0.0495 | 天威保变 | 6.22% |
| 主要财务指标 | 单位基金净值(元) | 1.631 | 0.958 | 东方电机 | 5.15% |
| 主要财务指标 | 基金资产净值收益率(%) | | | 浙大网新 | 4.94% |
| 主要财务指标 | 净收益(万元) | 183124.02 | -27308.77 | 大秦铁路 | 4.63% |
| 主要财务指标 | 基金资产总值(万元) | 299605.56 | 812020.43 | 中信证券 | 3.79% |
| 主要财务指标 | 基金资产净值(万元) | 295689.16 | 806904.51 | 歌华有线 | 3.6% |
| 单位基金累计净值(元) | | 2.205(截止4.22) | | 中国人寿 | 3.07% |
| 单位基金累计分红(元) | | 0.847 | | 华闻传媒 | 2.96% |
| 历年分红 | | 06年:10派3,10派0.3,10派0.3 | | 美的电器 | 2.43% |
| | | | | 民生银行 | 2.38% |

## 海富通货币（510005）

| 名称 | 海富通货币市场证券投资基金 | 成立日期 | 2005/01/04 | 存续期 | 不定期 |
|---|---|---|---|---|---|
| 类型 | 契约型 | 上市日期 | | 托管人 | 中国银行 |
| 规模 | 10亿 | 投资风格 | 货币市场型 | | |
| 管理人 名称 | 海富通基金管理有限公司 | 电话 | 021-50471758 | | |
| 管理人 地址 | 上海市浦东新区世纪大道88号金茂大厦37层 | 邮编 | 200121 | | |

| 主要财务指标 年度 | 2006 | 2005 | 基金重仓股(2007年一季度) | |
|---|---|---|---|---|
| 单位基金收益(元) | | | 证券名称 | 占净值比例 |
| 单位基金可分配收益(元) | | | | |
| 单位基金净值(元) | 1 | 1 | | |
| 基金资产净值收益率(%) | | | | |
| 净收益(万元) | 4744.41 | 6823.01 | | |
| 基金资产总值(万元) | 157701.32 | 293554.53 | | |
| 基金资产净值(万元) | 156144.61 | 292855.17 | | |
| 单位基金累计净值(元) | | | | |
| 单位基金累计分红(元) | | | | |
| 历年分红 | | | | |

## 长盛动态精选（510081）

| 名称 | 长盛动态精选证券投资基金 | 成立日期 | 2004/05/21 | 存续期 | 不定期 |
|---|---|---|---|---|---|
| 类型 | 契约型 | 上市日期 | | 托管人 | 中国农业银行 |
| 规模 | 41亿 | 投资风格 | | | |
| 管理人 名称 | 长盛基金管理有限公司 | 电话 | 010-82255818 | | |
| 管理人 地址 | 北京市海淀区北太平路18号城建大厦A座21层 | 邮编 | 100088 | | |

| 主要财务指标 年度 | 2006 | 2005 | 基金重仓股(2007年一季度) | |
|---|---|---|---|---|
| 单位基金收益(元) | 0.794 | -0.0629 | 证券名称 | 占净值比例 |
| 单位基金可分配收益(元) | 0.3798 | -0.0602 | S双汇 | 7.47% |
| 单位基金净值(元) | 1.7681 | 0.9955 | 沪东重机 | 4.91% |
| 基金资产净值收益率(%) | | | 招商银行 | 4.17% |
| 净收益(万元) | 56161.37 | -16899.15 | 特变电工 | 3.43% |
| 基金资产总值(万元) | 85126.09 | 237360.9 | 中国联通 | 3.39% |
| 基金资产净值(万元) | 84704.94 | 234096.79 | 一汽轿车 | 3.25% |
| 单位基金累计净值(元) | 2.7939(截止4.22) | | 东风汽车 | 3.09% |
| 单位基金累计分红(元) | 1.7 | | 大秦铁路 | 3.08% |
| 历年分红 | 06年:10派3.5,10派0.2 | | 中信证券 | 2.58% |
| | | | 同方股份 | 2.58% |

## 50ETF（510050）

| 名称 | 上证50交易型开放式指数证券投资基金 | 成立日期 | 2004/12/30 | 存续期 | 永久存续 |
|---|---|---|---|---|---|
| 类型 | 契约型 | 上市日期 | 2005/02/23 | 托管人 | 中国工商银行 |
| 规模 | 64亿 | 投资风格 | 指数型 | | |
| 管理人 名称 | 华夏基金管理有限公司 | 电话 | 010-88066688 | | |
| 管理人 地址 | 北京市西城区金融大街33号通泰大厦B座8层 | 邮编 | 100032 | | |

| 主要财务指标 年度 | 2006 | 2005 | 基金重仓股(2007年一季度) | |
|---|---|---|---|---|
| 单位基金收益(元) | 0.4974 | -0.0025 | 证券名称 | 占净值比例 |
| 单位基金可分配收益(元) | 0.4715 | -0.0309 | 招商银行 | 8.98% |
| 单位基金净值(元) | 1.763 | 0.814 | 民生银行 | 8.81% |
| 基金资产净值收益率(%) | 47.04 | -0.31 | 宝钢股份 | 5.14% |
| 净收益(万元) | 193725.82 | -1909.27 | 中国联通 | 4.6% |
| 基金资产总值(万元) | 558778.71 | 663346.37 | 浦发银行 | 4.26% |
| 基金资产净值(万元) | 549068.45 | 660113.98 | 中国银行 | 3.99% |
| 单位基金累计净值(元) | 3.156(截止4.22) | | 长江电力 | 3.97% |
| 单位基金累计分红(元) | 0.061 | | 中信证券 | 3.88% |
| 历年分红 | 06年:10派0.24,10派0.37 | | 上港集团 | 3.83% |
| | | | 中国石化 | 3.64% |

## 180ETF（510180）

| 名称 | 上证180交易型开放式指数证券投资基金 | 成立日期 | 2006/04/13 | 存续期 | 不定期 |
|---|---|---|---|---|---|
| 类型 | 契约型 | 上市日期 | 2006/05/18 | 托管人 | 中国建设银行 |
| 规模 | 11亿 | 投资风格 | 指数型 | | |
| 管理人 名称 | 华安基金管理有限公司 | 电话 | 021-58881111 | | |
| 管理人 地址 | 上海浦东新区浦东南路360号新上海国际大厦38楼 | 邮编 | 200120 | | |

| 主要财务指标 年度 | 2006 | 2005 | 基金重仓股(2007年一季度) | |
|---|---|---|---|---|
| 单位基金收益(元) | 1.1177 | | 证券名称 | 占净值比例 |
| 单位基金可分配收益(元) | 0.9741 | | 民生银行 | 5.81% |
| 单位基金净值(元) | 4.816 | | 招商银行 | 5.69% |
| 基金资产净值收益率(%) | 35.7 | | 中信证券 | 4.62% |
| 净收益(万元) | 16497.09 | | 宝钢股份 | 3.29% |
| 基金资产总值(万元) | 40011.24 | | 中国联通 | 3.16% |
| 基金资产净值(万元) | 39982.73 | | | |
| 单位基金累计净值(元) | 7.612(截止4.22) | | | |
| 单位基金累计分红(元) | 0.045 | | | |
| 历年分红 | 06年:10派0.45 | | | |

## 长盛债券基金（510080）

| 名称 | 长盛中信全债指数增强型债券投资基金 | 成立日期 | 2003/10/25 | 存续期 | 不定期 |
|---|---|---|---|---|---|
| 类型 | 契约型 | 上市日期 | | 托管人 | 中国农业银行 |
| 规模 | 9亿 | 投资风格 | 债券型 | | |
| 管理人 名称 | 长盛基金管理有限公司 | 电话 | 010-82255818 | | |
| 管理人 地址 | 北京市海淀区北太平庄路18号城建大厦A座21层 | 邮编 | 100088 | | |

| 主要财务指标 年度 | 2006 | 2005 | 基金重仓股(2007年一季度) | |
|---|---|---|---|---|
| 单位基金收益(元) | 0.23 | 0.0933 | 证券名称 | 占净值比例 |
| 单位基金可分配收益(元) | 0.0822 | 0.0468 | 营口港 | 1.85% |
| 单位基金净值(元) | 1.137 | 1.0468 | 中联重科 | 1.18% |
| 基金资产净值收益率(%) | | | 国电南瑞 | 0.95% |
| 净收益(万元) | 2746.04 | 2065.76 | 上海机场 | 0.81% |
| 基金资产总值(万元) | 17365.82 | 14682.48 | 大秦铁路 | 0.81% |
| 基金资产净值(万元) | 14351.75 | 13704.01 | 力源液压 | 0.79% |
| 单位基金累计净值(元) | 1.6316(截止4.22) | | 同仁堂 | 0.72% |
| 单位基金累计分红(元) | 0.43 | | 中国平安 | 0.65% |
| 历年分红 | 06年:10派1.6,10派0.6;05年:10派0.22,10派0.32;04年:10派0.3 | | 广深铁路 | 0.6% |
| | | | 申能股份 | 0.53% |

## 红利ETF（510880）

| 名称 | 上证红利交易型开放式指数证券投资基金 | 成立日期 | 2006/11/17 | 存续期 | 不定期 |
|---|---|---|---|---|---|
| 类型 | 契约型 | 上市日期 | 2007/01/18 | 托管人 | 招商银行 |
| 规模 | 22亿 | 投资风格 | 指数型 | | |
| 管理人 名称 | 友邦华泰基金管理有限公司 | 电话 | 021-50472222 | | |
| 管理人 地址 | 上海市浦东新区世纪大道88号金茂大厦40楼 | 邮编 | | | |

| 主要财务指标 年度 | 2006 | 2005 | 基金重仓股(2007年一季度) | |
|---|---|---|---|---|
| 单位基金收益(元) | | | 证券名称 | 占净值比例 |
| 单位基金可分配收益(元) | | | 宝钢股份 | 14.22% |
| 单位基金净值(元) | | | 中国石化 | 9.73% |
| 基金资产净值收益率(%) | | | 武钢股份 | 7.78% |
| 净收益(万元) | | | 上海汽车 | 6.64% |
| 基金资产总值(万元) | | | 华夏银行 | 5.16% |
| 基金资产净值(万元) | | | 申能股份 | 4.76% |
| 单位基金累计净值(元) | 3.105(截止4.22) | | 雅戈尔 | 4.58% |
| 单位基金累计分红(元) | | | 邯郸钢铁 | 2.95% |
| 历年分红 | | | S上石化 | 2.38% |
| | | | 首创股份 | 2.13% |

# 海富通股票（519005）

| 名称 | 海富通股票证券投资基金 | 成立日期 | 2005/07/29 | 存续期 | 不定期 |
| --- | --- | --- | --- | --- | --- |
| 类型 | 契约型 | 上市日期 | | 托管人 | 中国银行 |
| 规模 | 4亿 | 投资风格 | 股票型 | | |
| 管理人 | 名称 | 海富通基金管理有限公司 | 电话 | 021-50471758 | |
| 管理人 | 地址 | 上海市浦东新区世纪大道88号金茂大厦37层 | 邮编 | 200121 | |
| 主要财务指标 | 年度 | 2006 | 2005 | 基金重仓股(2007年一季度) | |
| 主要财务指标 | 单位基金收益(元) | 0.8388 | 0.0015 | 证券名称 | 占净值比例 |
| 主要财务指标 | 单位基金可分配收益(元) | 0.009 | -0.005 | 东方锅炉 | 4.38% |
| 主要财务指标 | 单位基金净值(元) | 1.068 | 0.995 | 大秦铁路 | 4.37% |
| 主要财务指标 | 基金资产净值收益率(%) | 63.89 | 0.15 | 中国平安 | 4.13% |
| 主要财务指标 | 净收益(万元) | 63971.38 | 120.07 | 中信证券 | 3.66% |
| 主要财务指标 | 基金资产总值(万元) | 384764.54 | 105758.38 | 民生银行 | 3.53% |
| 主要财务指标 | 基金资产净值(万元) | 363211.88 | 104883.71 | 中国石化 | 2.82% |
| 单位基金累计净值(元) | | 2.478(截止4.22) | | 歌华有线 | 2.62% |
| 单位基金累计分红(元) | | 1.252 | | 美的电器 | 2.46% |
| 历年分红 | | 06年:10派9.2,10派0.35,10派0.25,10派0.5 | | 长安汽车 | 2.32% |
| | | | | 华闻传媒 | 1.94% |

# 海富通强化（519007）

| 名称 | 海富通强化回报混合型证券投资基金 | 成立日期 | 2006/05/25 | 存续期 | 不定期 |
| --- | --- | --- | --- | --- | --- |
| 类型 | 契约型 | 上市日期 | | 托管人 | 招商银行 |
| 规模 | 26亿 | 投资风格 | 混合型 | | |
| 管理人 | 名称 | 海富通基金管理有限公司 | 电话 | 021-50471758 | |
| 管理人 | 地址 | 上海市浦东新区世纪大道88号金茂大厦37层 | 邮编 | 200121 | |
| 主要财务指标 | 年度 | 2006 | 2005 | 基金重仓股(2007年一季度) | |
| 主要财务指标 | 单位基金收益(元) | 0.1562 | | 证券名称 | 占净值比例 |
| 主要财务指标 | 单位基金可分配收益(元) | 0.0141 | | 天威保变 | 6% |
| 主要财务指标 | 单位基金净值(元) | 1.125 | | 歌华有线 | 3.15% |
| 主要财务指标 | 基金资产净值收益率(%) | | | 民生银行 | 3.09% |
| 主要财务指标 | 净收益(万元) | 34083.66 | | 中信证券 | 3.09% |
| 主要财务指标 | 基金资产总值(万元) | 174660.52 | | 海马股份 | 2.87% |
| 主要财务指标 | 基金资产净值(万元) | 170419.46 | | 大秦铁路 | 2.84% |
| 单位基金累计净值(元) | | 1.926(截止4.22) | | 欧亚集团 | 2.78% |
| 单位基金累计分红(元) | | 0.193 | | 中国平安 | 2.62% |
| 历年分红 | | 06年:10派0.1,10派0.2,10派1.63 | | 华闻传媒 | 2.51% |
| | | | | 东方锅炉 | 2.48% |

# 添富优势（519008）

| 名称 | 汇添富优势精选混合型证券投资基金 | 成立日期 | 2005/08/25 | 存续期 | 不定期 |
| --- | --- | --- | --- | --- | --- |
| 类型 | 契约型 | 上市日期 | | 托管人 | 中国工商银行 |
| 规模 | 10亿 | 投资风格 | 混合型 | | |
| 管理人 | 名称 | 汇添富基金管理有限公司 | 电话 | 021-28932888 | |
| 管理人 | 地址 | 上海市富城路99号震旦国际大楼21楼 | 邮编 | | |
| 主要财务指标 | 年度 | 2006 | 2005 | 基金重仓股(2007年一季度) | |
| 主要财务指标 | 单位基金收益(元) | 0.6864 | -0.0063 | 证券名称 | 占净值比例 |
| 主要财务指标 | 单位基金可分配收益(元) | 0.6211 | -0.0062 | 贵州茅台 | 7.1% |
| 主要财务指标 | 单位基金净值(元) | 2.4848 | 1.0152 | 苏宁电器 | 6.88% |
| 主要财务指标 | 基金资产净值收益率(%) | 42.34 | -0.64 | 招商银行 | 5.93% |
| 主要财务指标 | 净收益(万元) | 56372.82 | -631.42 | 浦发银行 | 4.43% |
| 主要财务指标 | 基金资产总值(万元) | 185059.15 | 93233.87 | 中信证券 | 4.34% |
| 主要财务指标 | 基金资产净值(万元) | 183669.7 | 86867.98 | 华兰生物 | 4.18% |
| 单位基金累计净值(元) | | 3.4369(截止4.22) | | 金发科技 | 3.99% |
| 单位基金累计分红(元) | | 0.43 | | S双汇 | 3.74% |
| 历年分红 | | 06年:10派0.3,10派0.2 | | 宏达股份 | 3.37% |
| | | | | 金融街 | 3.35% |

# 海富通优势（519013）

| 名称 | 海富通风格优势股票型证券投资基金 | 成立日期 | 2006/10/19 | 存续期 | 不定期 |
| --- | --- | --- | --- | --- | --- |
| 类型 | 契约型 | 上市日期 | | 托管人 | 中国建设银行 |
| 规模 | 22亿 | 投资风格 | 股票型 | | |
| 管理人 | 名称 | 海富通基金管理有限公司 | 电话 | 021-50471758 | |
| 管理人 | 地址 | 上海市浦东新区世纪大道88号金茂大厦37层 | 邮编 | 200121 | |
| 主要财务指标 | 年度 | 2006 | 2005 | 基金重仓股(2007年一季度) | |
| 主要财务指标 | 单位基金收益(元) | 0.0759 | | 证券名称 | 占净值比例 |
| 主要财务指标 | 单位基金可分配收益(元) | 0.0768 | | 大秦铁路 | 6.36% |
| 主要财务指标 | 单位基金净值(元) | 1.348 | | 中信证券 | 5.8% |
| 主要财务指标 | 基金资产净值收益率(%) | | | 五粮液 | 4.69% |
| 主要财务指标 | 净收益(万元) | 17323.12 | | 民生银行 | 2.68% |
| 主要财务指标 | 基金资产总值(万元) | 280443.76 | | 浦发银行 | 2.4% |
| 主要财务指标 | 基金资产净值(万元) | 272683.22 | | 招商银行 | 2.35% |
| 单位基金累计净值(元) | | 1.721(截止4.22) | | 宝钢股份 | 2.23% |
| 单位基金累计分红(元) | | 0.456 | | 东方锅炉 | 2.21% |
| 历年分红 | | | | 万科A | 1.99% |
| | | | | 工商银行 | 1.97% |

# 海富通贰号（519015）

| 名称 | 海富通精选贰号混合型证券投资基金 | 成立日期 | 2007/04/09 | 存续期 | 不定期 |
| --- | --- | --- | --- | --- | --- |
| 类型 | 契约型 | 上市日期 | | 托管人 | 中国银行 |
| 规模 | 86亿 | 投资风格 | 混合型 | | |
| 管理人 | 名称 | 海富通基金管理有限公司 | 电话 | 021-50471758 | |
| 管理人 | 地址 | 上海市浦东新区世纪大道88号金茂大厦37层 | 邮编 | 200121 | |
| 主要财务指标 | 年度 | 2006 | 2005 | 基金重仓股(2007年一季度) | |
| 主要财务指标 | 单位基金收益(元) | | | 证券名称 | 占净值比例 |
| 主要财务指标 | 单位基金可分配收益(元) | | | | |
| 主要财务指标 | 单位基金净值(元) | | | | |
| 主要财务指标 | 基金资产净值收益率(%) | | | | |
| 主要财务指标 | 净收益(万元) | | | | |
| 主要财务指标 | 基金资产总值(万元) | | | | |
| 主要财务指标 | 基金资产净值(万元) | | | | |
| 单位基金累计净值(元) | | 1.018(截止4.22) | | | |
| 单位基金累计分红(元) | | | | | |
| 历年分红 | | | | | |

# 大成成长（519017）

| 名称 | 大成积极成长股票型证券投资基金 | 成立日期 | 2007/01/16 | 存续期 | 不定期 |
| --- | --- | --- | --- | --- | --- |
| 类型 | 契约型 | 上市日期 | | 托管人 | 中国农业银行 |
| 规模 | 98亿 | 投资风格 | 股票型 | | |
| 管理人 | 名称 | 大成基金管理有限公司 | 电话 | 0755-83183388 | |
| 管理人 | 地址 | 深圳市福田区深南大道7088号招商银行大厦32层 | 邮编 | 518040 | |
| 主要财务指标 | 年度 | 2006 | 2005 | 基金重仓股(2007年一季度) | |
| 主要财务指标 | 单位基金收益(元) | | | 证券名称 | 占净值比例 |
| 主要财务指标 | 单位基金可分配收益(元) | | | 招商银行 | 8.82% |
| 主要财务指标 | 单位基金净值(元) | | | 宝钢股份 | 6.61% |
| 主要财务指标 | 基金资产净值收益率(%) | | | 万科A | 5.67% |
| 主要财务指标 | 净收益(万元) | | | 工商银行 | 4.51% |
| 主要财务指标 | 基金资产总值(万元) | | | 中国银行 | 4.04% |
| 主要财务指标 | 基金资产净值(万元) | | | 浦发银行 | 2.91% |
| 单位基金累计净值(元) | | 1.206(截止4.22) | | 中国平安 | 2.66% |
| 单位基金累计分红(元) | | | | 金地集团 | 2.49% |
| 历年分红 | | | | 长安汽车 | 2.3% |
| | | | | 上海机场 | 2.26% |

# 汇添富均衡增长（519018）

| 名称 | 汇添富均衡增长股票型证券投资基金 | 成立日期 | 2006/08/07 | 存续期 | 不定期 |
|---|---|---|---|---|---|
| 类型 | 契约型 | 上市日期 | | 托管人 | 中国工商银行 |
| 规模 | 49亿 | 投资风格 | 股票型 | | |
| 管理人 名称 | 汇添富基金管理有限公司 | | | 电话 | 021－28932888 |
| 管理人 地址 | 上海市富城路99号震旦国际大楼21楼 | | | 邮编 | |

| | 年度 | 2006 | 2005 | 基金重仓股(2007年一季度) | |
|---|---|---|---|---|---|
| 主要财务指标 | 单位基金收益(元) | 0.0304 | | 证券名称 | 占净值比例 |
| | 单位基金可分配收益(元) | 0.0307 | | 贵州茅台 | 9.27% |
| | 单位基金净值(元) | 1.5278 | | 苏宁电器 | 9.27% |
| | 基金资产净值收益率(%) | 2.7 | | 金发科技 | 8.35% |
| | 净收益(万元) | 15762.63 | | 招商银行 | 6.52% |
| | 基金资产总值(万元) | 787959.4 | | 张裕A | 5.45% |
| | 基金资产净值(万元) | 779044.35 | | 中信证券 | 4.89% |
| 单位基金累计净值(元) | | 1.9623(截止4.22) | | 万科A | 3.49% |
| 单位基金累计分红(元) | | 0.1 | | 华兰生物 | 3.47% |
| 历年分红 | | | | 中国人寿 | 3.07% |
| | | | | 民生银行 | 3.02% |

# 汇添富成长（519068）

| 名称 | 汇添富成长焦点股票型证券投资基金 | 成立日期 | 2007/03/12 | 存续期 | 不定期 |
|---|---|---|---|---|---|
| 类型 | 契约型 | 上市日期 | | 托管人 | 中国工商银行 |
| 规模 | 100亿 | 投资风格 | 股票型 | | |
| 管理人 名称 | 汇添富基金管理有限公司 | | | 电话 | 021－28932888 |
| 管理人 地址 | 上海市富城路99号震旦国际大楼21楼 | | | 邮编 | |

| | 年度 | 2006 | 2005 | 基金重仓股(2007年一季度) | |
|---|---|---|---|---|---|
| 主要财务指标 | 单位基金收益(元) | | | 证券名称 | 占净值比例 |
| | 单位基金可分配收益(元) | | | | |
| | 单位基金净值(元) | | | | |
| | 基金资产净值收益率(%) | | | | |
| | 净收益(万元) | | | | |
| | 基金资产总值(万元) | | | | |
| | 基金资产净值(万元) | | | | |
| 单位基金累计净值(元) | | 1.1012(截止4.22) | | | |
| 单位基金累计分红(元) | | | | | |
| 历年分红 | | | | | |

# 国泰金鼎价值（519021）

| 名称 | 国泰金鼎价值精选混合型证券投资基金 | 成立日期 | 2007/04/11 | 存续期 | 不定期 |
|---|---|---|---|---|---|
| 类型 | 契约型 | 上市日期 | | 托管人 | 中国建设银行 |
| 规模 | 107亿 | 投资风格 | 混合型 | | |
| 管理人 名称 | 国泰基金管理有限公司 | | | 电话 | 021－23060288 |
| 管理人 地址 | 上海市黄浦区延安东路700号港泰广场23楼 | | | 邮编 | 200001 |

| | 年度 | 2006 | 2005 | 基金重仓股(2007年一季度) | |
|---|---|---|---|---|---|
| 主要财务指标 | 单位基金收益(元) | | | 证券名称 | 占净值比例 |
| | 单位基金可分配收益(元) | | | | |
| | 单位基金净值(元) | | | | |
| | 基金资产净值收益率(%) | | | | |
| | 净收益(万元) | | | | |
| | 基金资产总值(万元) | | | | |
| | 基金资产净值(万元) | | | | |
| 单位基金累计净值(元) | | 1.652(截止4.22) | | | |
| 单位基金累计分红(元) | | | | | |
| 历年分红 | | | | | |

# 新世纪优选（519087）

| 名称 | 新世纪优选分红混合型证券投资基金 | 成立日期 | 2005/09/16 | 存续期 | 不定期 |
|---|---|---|---|---|---|
| 类型 | 契约型 | 上市日期 | | 托管人 | 中国农业银行 |
| 规模 | 6亿 | 投资风格 | | | |
| 管理人 名称 | 新世纪基金管理有限公司 | | | 电话 | 023－63710818 |
| 管理人 地址 | 重庆市渝中区邹容路68号大都会商厦32楼 | | | 邮编 | |

| | 年度 | 2006 | 2005 | 基金重仓股(2007年一季度) | |
|---|---|---|---|---|---|
| 主要财务指标 | 单位基金收益(元) | 0.4398 | 0.3474 | 证券名称 | 占净值比例 |
| | 单位基金可分配收益(元) | 0.2891 | 0.0035 | 万科A | 9.6% |
| | 单位基金净值(元) | 1.6102 | 1.0099 | 招商银行 | 8.91% |
| | 基金资产净值收益率(%) | 41.03 | 0.35 | 贵州茅台 | 6.82% |
| | 净收益(万元) | 6781.96 | 206.93 | 浦发银行 | 5.31% |
| | 基金资产总值(万元) | 14156.14 | 45635.71 | 苏宁电器 | 4.23% |
| | 基金资产净值(万元) | 13509.21 | 44650.76 | 华夏银行 | 4.09% |
| 单位基金累计净值(元) | | 2.3233(截止4.22) | | 三一重工 | 3.14% |
| 单位基金累计分红(元) | | 1.125 | | 金地集团 | 2.97% |
| 历年分红 | | 06年:10派4,10派0.54,10派0.67,10派0.43,10派0.8,10派0.4,10派0.2 | | 中信证券 | 2.65% |
| | | | | 海螺水泥 | 2.51% |

# 华夏平稳增长（519028）

| 名称 | 华夏平稳增长混合型证券投资基金 | 成立日期 | 2006/08/09 | 存续期 | 不定期 |
|---|---|---|---|---|---|
| 类型 | 契约型 | 上市日期 | | 托管人 | 中国农业银行 |
| 规模 | 23亿 | 投资风格 | 混合型 | | |
| 管理人 名称 | 华夏基金管理有限公司 | | | 电话 | 010－88066688 |
| 管理人 地址 | 北京市西城区金融大街33号通泰大厦B座8层 | | | 邮编 | 100032 |

| | 年度 | 2006 | 2005 | 基金重仓股(2007年一季度) | |
|---|---|---|---|---|---|
| 主要财务指标 | 单位基金收益(元) | 0.2307 | －0.0325 | 证券名称 | 占净值比例 |
| | 单位基金可分配收益(元) | 0.0556 | －0.175 | 泸州老窖 | 3.85% |
| | 单位基金净值(元) | 1.0683 | 0.8733 | S深发展A | 3.7% |
| | 基金资产净值收益率(%) | 23 | －3.86 | 中国联通 | 3.67% |
| | 净收益(万元) | 27442.02 | －1626.45 | 大秦铁路 | 3.57% |
| | 基金资产总值(万元) | 244573.58 | 44476.44 | 时代新材 | 3.19% |
| | 基金资产净值(万元) | 233276.6 | 43663.32 | 中国平安 | 2.51% |
| 单位基金累计净值(元) | | 2.001(截止4.22) | | 宝新能源 | 2.23% |
| 单位基金累计分红(元) | | 0.705 | | 江南高纤 | 2.11% |
| 历年分红 | | 06年:10派1.6 | | 西飞国际 | 2.1% |
| | | | | 天马股份 | 2.04% |

# 长盛100R（519100）

| 名称 | 长盛中证100指数证券投资基金 | 成立日期 | 2006/11/22 | 存续期 | 不定期 |
|---|---|---|---|---|---|
| 类型 | 契约型 | 上市日期 | | 托管人 | 中国农业银行 |
| 规模 | 40亿 | 投资风格 | 指数型 | | |
| 管理人 名称 | 长盛基金管理有限公司 | | | 电话 | 010－82255818 |
| 管理人 地址 | 北京市海淀区北太平庄路18号城建大厦A座21层 | | | 邮编 | 100088 |

| | 年度 | 2006 | 2005 | 基金重仓股(2007年一季度) | |
|---|---|---|---|---|---|
| 主要财务指标 | 单位基金收益(元) | | | 证券名称 | 占净值比例 |
| | 单位基金可分配收益(元) | | | 民生银行 | 5.11% |
| | 单位基金净值(元) | | | 招商银行 | 4.83% |
| | 基金资产净值收益率(%) | | | 中信证券 | 4.45% |
| | 净收益(万元) | | | 中国联通 | 3.94% |
| | 基金资产总值(万元) | | | 万科A | 3.66% |
| | 基金资产净值(万元) | | | 宝钢股份 | 3.06% |
| 单位基金累计净值(元) | | 1.4731(截止4.22) | | 工商银行 | 2.91% |
| 单位基金累计分红(元) | | 0.04 | | 浦发银行 | 2.69% |
| 历年分红 | | | | 长江电力 | 2.47% |
| | | | | 上港集团 | 2.43% |

# 万家180（519180）

| 名称 | 万家180指数证券投资基金 | 成立日期 | 2003/03/15 | 存续期 | 不定期 |
|---|---|---|---|---|---|
| 类型 | 契约型 | 上市日期 | | 托管人 | 中国银行 |
| 规模 | 19亿 | 投资风格 | 指数型 | | |
| 管理人 名称 | 万家基金管理有限公司 | 电话 | 021-38619999 | | |
| 管理人 地址 | 上海市浦东新区福山路450号新天国际大厦23层 | 邮编 | 200122 | | |

| 主要财务指标 年度 | 2006 | 2005 | 基金重仓股(2007年一季度) | |
|---|---|---|---|---|
| 单位基金收益(元) | 0.4412 | -0.0704 | 证券名称 | 占净值比例 |
| 单位基金可分配收益(元) | 0.5883 | -0.1747 | 民生银行 | 6.1% |
| 单位基金净值(元) | 1.7289 | 0.8253 | 招商银行 | 5.59% |
| 基金资产净值收益率(%) | | | 中信证券 | 4.76% |
| 净收益(万元) | 15855.7 | -5701.11 | 浦发银行 | 3.28% |
| 基金资产总值(万元) | 20166.9 | 58288.07 | 宝钢股份 | 3.14% |
| 基金资产净值(万元) | 19962.81 | 56810.43 | 大秦铁路 | 2.52% |
| 单位基金累计净值(元) | 2.4948(截止4.22) | | 工商银行 | 2.44% |
| 单位基金累计分红(元) | 0.83 | | 长江电力 | 2.4% |
| 历年分红 | 06年:10派0.8;04年:10派0.15 | | 上海机场 | 2.02% |
| | | | 中国石化 | 2% |

# 万家货币市场（519508）

| 名称 | 万家货币市场证券投资基金 | 成立日期 | 2006/05/24 | 存续期 | 不定期 |
|---|---|---|---|---|---|
| 类型 | 契约型 | 上市日期 | | 托管人 | 华夏银行股份有限公司 |
| 规模 | 24亿 | 投资风格 | 货币市场型 | | |
| 管理人 名称 | 万家基金管理有限公司 | 电话 | 021-38619999 | | |
| 管理人 地址 | 上海市浦东新区福山路450号新天国际大厦23层 | 邮编 | 200122 | | |

| 主要财务指标 年度 | 2006 | 2005 | 基金重仓股(2007年一季度) | |
|---|---|---|---|---|
| 单位基金收益(元) | | | 证券名称 | 占净值比例 |
| 单位基金可分配收益(元) | | | | |
| 单位基金净值(元) | 1 | | | |
| 基金资产净值收益率(%) | | | | |
| 净收益(万元) | 651.29 | | | |
| 基金资产总值(万元) | 31028.51 | | | |
| 基金资产净值(万元) | 30988.68 | | | |
| 单位基金累计净值(元) | | | | |
| 单位基金累计分红(元) | | | | |
| 历年分红 | | | | |

# 万家和谐（519181）

| 名称 | 万家和谐增长混合型证券投资基金 | 成立日期 | 2006/11/30 | 存续期 | 不定期 |
|---|---|---|---|---|---|
| 类型 | 契约型 | 上市日期 | | 托管人 | 兴业银行 |
| 规模 | 5亿 | 投资风格 | 混合型 | | |
| 管理人 名称 | 万家基金管理有限公司 | 电话 | 021-38619999 | | |
| 管理人 地址 | 上海市浦东新区福山路450号新天国际大厦23层 | 邮编 | 200122 | | |

| 主要财务指标 年度 | 2006 | 2005 | 基金重仓股(2007年一季度) | |
|---|---|---|---|---|
| 单位基金收益(元) | | | 证券名称 | 占净值比例 |
| 单位基金可分配收益(元) | | | *ST新天 | 9.07% |
| 单位基金净值(元) | | | 合加资源 | 8.44% |
| 基金资产净值收益率(%) | | | 上海医药 | 7.75% |
| 净收益(万元) | | | 中信证券 | 5.5% |
| 基金资产总值(万元) | | | 东莞控股 | 4.96% |
| 基金资产净值(万元) | | | 大众交通 | 4.04% |
| 单位基金累计净值(元) | 1.6378(截止4.22) | | 民生银行 | 3.88% |
| 单位基金累计分红(元) | 0.1 | | 伊利股份 | 3.83% |
| 历年分红 | | | 广州友谊 | 3.69% |
| | | | 浦发银行 | 3.63% |

# 汇添富货币市场（519518）

| 名称 | 汇添富货币市场基金 | 成立日期 | 2006/03/23 | 存续期 | 不定期 |
|---|---|---|---|---|---|
| 类型 | 契约型 | 上市日期 | | 托管人 | 上海浦东发展银行 |
| 规模 | 41亿 | 投资风格 | 货币市场型 | | |
| 管理人 名称 | 汇添富基金管理有限公司 | 电话 | 021-28932888 | | |
| 管理人 地址 | 上海市富城路99号震旦国际大楼21楼 | 邮编 | | | |

| 主要财务指标 年度 | 2006 | 2005 | 基金重仓股(2007年一季度) | |
|---|---|---|---|---|
| 单位基金收益(元) | | | 证券名称 | 占净值比例 |
| 单位基金可分配收益(元) | | | | |
| 单位基金净值(元) | 1 | | | |
| 基金资产净值收益率(%) | | | | |
| 净收益(万元) | 1795.95 | | | |
| 基金资产总值(万元) | 76726.01 | | | |
| 基金资产净值(万元) | 72060.6 | | | |
| 单位基金累计净值(元) | | | | |
| 单位基金累计分红(元) | | | | |
| 历年分红 | | | | |

# 大成300（519300）

| 名称 | 大成沪深300指数证券投资基金 | 成立日期 | 2006/04/06 | 存续期 | 不定期 |
|---|---|---|---|---|---|
| 类型 | 契约型 | 上市日期 | | 托管人 | 中国农业银行 |
| 规模 | 18亿 | 投资风格 | 指数型 | | |
| 管理人 名称 | 大成基金管理有限公司 | 电话 | 0755-83183388 | | |
| 管理人 地址 | 深圳市福田区深南大道7088号招商银行大厦32层 | 邮编 | 518040 | | |

| 主要财务指标 年度 | 2006 | 2005 | 基金重仓股(2007年一季度) | |
|---|---|---|---|---|
| 单位基金收益(元) | 0.29 | | 证券名称 | 占净值比例 |
| 单位基金可分配收益(元) | 0.3636 | | 民生银行 | 3.42% |
| 单位基金净值(元) | 1.6866 | | 招商银行 | 3.29% |
| 基金资产净值收益率(%) | 25.76 | | 中信证券 | 2.9% |
| 净收益(万元) | 25029.23 | | 万科A | 2.41% |
| 基金资产总值(万元) | 53870.69 | | 宝钢股份 | 2% |
| 基金资产净值(万元) | 52940.72 | | 工商银行 | 1.94% |
| 单位基金累计净值(元) | 2.467(截止4.22) | | 中国联通 | 1.84% |
| 单位基金累计分红(元) | 1.32 | | 浦发银行 | 1.76% |
| 历年分红 | | | 中国平安 | 1.7% |
| | | | 长江电力 | 1.64% |

# 友邦短债（519519）

| 名称 | 友邦华泰中短期债券投资基金 | 成立日期 | 2006/04/13 | 存续期 | 不定期 |
|---|---|---|---|---|---|
| 类型 | 契约型 | 上市日期 | | 托管人 | 招商银行 |
| 规模 | 57亿 | 投资风格 | 债券型 | | |
| 管理人 名称 | 友邦华泰基金管理有限公司 | 电话 | 021-50472222 | | |
| 管理人 地址 | 上海市浦东新区世纪大道88号金茂大厦40楼 | 邮编 | | | |

| 主要财务指标 年度 | 2006 | 2005 | 基金重仓股(2007年一季度) | |
|---|---|---|---|---|
| 单位基金收益(元) | 0.006 | | 证券名称 | 占净值比例 |
| 单位基金可分配收益(元) | 0.0041 | | | |
| 单位基金净值(元) | 1.0041 | | | |
| 基金资产净值收益率(%) | | | | |
| 净收益(万元) | 792.93 | | | |
| 基金资产总值(万元) | 28041.98 | | | |
| 基金资产净值(万元) | 27559.99 | | | |
| 单位基金累计净值(元) | 1.0145(截止4.22) | | | |
| 单位基金累计分红(元) | 0.01 | | | |
| 历年分红 | 06年:10派0.02,10派0.01,10派0.01 | | | |

# 交银施罗德货币（519588）

| 名称 | 交银施罗德货币市场证券投资基金 | 成立日期 | 2006/01/20 | 存续期 | 不定期 |
|---|---|---|---|---|---|
| 类型 | 契约型 | 上市日期 | | 托管人 | 中国农业银行 |
| 规模 | 47亿 | 投资风格 | 货币市场型 | | |
| 管理人 名称 | 交银施罗德基金管理有限公司 | 电话 | 021-61055050 | | |
| 管理人 地址 | 上海市银城中路188号 | 邮编 | 200120 | | |

| 主要财务指标 年度 | 2006 | 2005 | 基金重仓股(2007年一季度) | |
|---|---|---|---|---|
| 单位基金收益(元) | | | 证券名称 | 占净值比例 |
| 单位基金可分配收益(元) | | | | |
| 单位基金净值(元) | 1 | | | |
| 基金资产净值收益率(%) | | | | |
| 净收益(万元) | 2606.88 | | | |
| 基金资产总值(万元) | 97529.86 | | | |
| 基金资产净值(万元) | 96942.33 | | | |
| 单位基金累计净值(元) | | | | |
| 单位基金累计分红(元) | | | | |
| 历年分红 | | | | |

# 交银成长（519692）

| 名称 | 交银施罗德成长股票证券投资基金 | 成立日期 | 2006/10/23 | 存续期 | 不定期 |
|---|---|---|---|---|---|
| 类型 | 契约型 | 上市日期 | | 托管人 | 中国农业银行 |
| 规模 | 69亿 | 投资风格 | 股票型 | | |
| 管理人 名称 | 交银施罗德基金管理有限公司 | 电话 | 021-61055050 | | |
| 管理人 地址 | 上海市银城中路188号 | 邮编 | 200120 | | |

| 主要财务指标 年度 | 2006 | 2005 | 基金重仓股(2007年一季度) | |
|---|---|---|---|---|
| 单位基金收益(元) | 0.0197 | | 证券名称 | 占净值比例 |
| 单位基金可分配收益(元) | 0.0182 | | 招商银行 | 5.21% |
| 单位基金净值(元) | 1.3311 | | 浦发银行 | 5.19% |
| 基金资产净值收益率(%) | | | 武钢股份 | 5.16% |
| 净收益(万元) | 14592.41 | | 万科A | 3.93% |
| 基金资产总值(万元) | 1096948.45 | | 贵州茅台 | 3.58% |
| 基金资产净值(万元) | 1082343.09 | | 长江电力 | 3.52% |
| 单位基金累计净值(元) | 1.8045(截止4.22) | | 大秦铁路 | 3% |
| 单位基金累计分红(元) | | | 烟台万华 | 2.97% |
| 历年分红 | | | 宝钢股份 | 2.88% |
| | | | 海油工程 | 2.83% |

# 银信添利（519666）

| 名称 | 银河银信添利债券型证券投资基金 | 成立日期 | 2007/03/14 | 存续期 | 不定期 |
|---|---|---|---|---|---|
| 类型 | 契约型 | 上市日期 | | 托管人 | 中信银行 |
| 规模 | 25亿 | 投资风格 | 债券型 | | |
| 管理人 名称 | 银河基金管理有限公司 | 电话 | 021-65956688 | | |
| 管理人 地址 | 上海市虹口区东大名路908号金岸大厦三楼 | 邮编 | 200120 | | |

| 主要财务指标 年度 | 2006 | 2005 | 基金重仓股(2007年一季度) | |
|---|---|---|---|---|
| 单位基金收益(元) | | | 证券名称 | 占净值比例 |
| 单位基金可分配收益(元) | | | | |
| 单位基金净值(元) | | | | |
| 基金资产净值收益率(%) | | | | |
| 净收益(万元) | | | | |
| 基金资产总值(万元) | | | | |
| 基金资产净值(万元) | | | | |
| 单位基金累计净值(元) | 1.01(截止4.22) | | | |
| 单位基金累计分红(元) | | | | |
| 历年分红 | | | | |

# 长信增利动态（519993）

| 名称 | 长信增利动态策略股票型证券投资基金 | 成立日期 | 2006/11/09 | 存续期 | 不定期 |
|---|---|---|---|---|---|
| 类型 | 契约型 | 上市日期 | | 托管人 | 中国民生银行 |
| 规模 | 6亿 | 投资风格 | 股票型 | | |
| 管理人 名称 | 长信基金管理有限责任公司 | 电话 | 021-63212222 | | |
| 管理人 地址 | 上海市黄浦区汉口路130号3-4楼 | 邮编 | | | |

| 主要财务指标 年度 | 2006 | 2005 | 基金重仓股(2007年一季度) | |
|---|---|---|---|---|
| 单位基金收益(元) | | | 证券名称 | 占净值比例 |
| 单位基金可分配收益(元) | | | 第一食品 | 6.64% |
| 单位基金净值(元) | | | 长江电力 | 5.61% |
| 基金资产净值收益率(%) | | | 招商银行 | 5.56% |
| 净收益(万元) | | | 沈阳机床 | 5.26% |
| 基金资产总值(万元) | | | 鄂武商A | 5.24% |
| 基金资产净值(万元) | | | 中国卫星 | 5.13% |
| 单位基金累计净值(元) | 1.9361(截止4.22) | | 武汉中百 | 4.42% |
| 单位基金累计分红(元) | 0.17 | | 中国玻纤 | 3.99% |
| 历年分红 | | | 中牧股份 | 3.57% |
| | | | 中国平安 | 3.54% |

# 交银精选（519688）

| 名称 | 交银施罗德精选股票证券投资基金 | 成立日期 | 2005/09/29 | 存续期 | 不定期 |
|---|---|---|---|---|---|
| 类型 | 契约型 | 上市日期 | | 托管人 | 中国农业银行 |
| 规模 | 49亿 | 投资风格 | 股票型 | | |
| 管理人 名称 | 交银施罗德基金管理有限公司 | 电话 | 021-61055050 | | |
| 管理人 地址 | 上海市银城中路188号 | 邮编 | 200120 | | |

| 主要财务指标 年度 | 2006 | 2005 | 基金重仓股(2007年一季度) | |
|---|---|---|---|---|
| 单位基金收益(元) | 0.5274 | 0.0008 | 证券名称 | 占净值比例 |
| 单位基金可分配收益(元) | 0.1574 | 0.0008 | 招商银行 | 5.57% |
| 单位基金净值(元) | 1.918 | 1.0215 | 中国联通 | 3.93% |
| 基金资产净值收益率(%) | | | 浦发银行 | 3.84% |
| 净收益(万元) | 71891.34 | 356.6 | 民生银行 | 3.76% |
| 基金资产总值(万元) | 305933.05 | 268170.9 | 万科A | 2.65% |
| 基金资产净值(万元) | 263494.57 | 250432.37 | 大商股份 | 2.4% |
| 单位基金累计净值(元) | 1.3282(截止4.22) | | 中信证券 | 2.35% |
| 单位基金累计分红(元) | 0.4 | | 长江电力 | 2.3% |
| 历年分红 | 06年:10派0.6,10派0.4,10派3 | | 中国石化 | 2.22% |
| | | | 大秦铁路 | 1.62% |

# 长信金利趋势（519994）

| 名称 | 长信金利趋势股票型证券投资基金 | 成立日期 | 2006/04/30 | 存续期 | 不定期 |
|---|---|---|---|---|---|
| 类型 | 契约型 | 上市日期 | | 托管人 | 上海浦东发展银行 |
| 规模 | 6亿 | 投资风格 | 股票型 | | |
| 管理人 名称 | 长信基金管理有限责任公司 | 电话 | 021-63212222 | | |
| 管理人 地址 | 上海市黄浦区汉口路130号3-4楼 | 邮编 | | | |

| 主要财务指标 年度 | 2006 | 2005 | 基金重仓股(2007年一季度) | |
|---|---|---|---|---|
| 单位基金收益(元) | 0.1211 | | 证券名称 | 占净值比例 |
| 单位基金可分配收益(元) | 0.2178 | | 招商银行 | 6.25% |
| 单位基金净值(元) | 1.329 | | 中兴通讯 | 5.69% |
| 基金资产净值收益率(%) | 11.57 | | 第一食品 | 4.88% |
| 净收益(万元) | 6018.34 | | 歌华有线 | 4.62% |
| 基金资产总值(万元) | 19662.51 | | 宏源证券 | 4.5% |
| 基金资产净值(万元) | 19281.93 | | 中信证券 | 4.42% |
| 单位基金累计净值(元) | 2.1757(截止4.22) | | 烟台万华 | 4.37% |
| 单位基金累计分红(元) | 0.06 | | 中国玻纤 | 4.17% |
| 历年分红 | 06年:10派0.6 | | 首旅股份 | 4.08% |
| | | | 恒生电子 | 3.92% |

# 长信银利精选（519996）

| 名称 | 长信银利精选开放式证券投资基金 | 成立日期 | 2005/01/17 | 存续期 | 不定期 |
|---|---|---|---|---|---|
| 类型 | 契约型 | 上市日期 | | 托管人 | 中国农业银行 |
| 规模 | 12亿 | 投资风格 | 偏股型 | | |
| 管理人 名称 | 长信基金管理有限责任公司 | | | 电话 | 021－63212222 |
| 管理人 地址 | 上海市黄浦区汉口路130号3－4楼 | | | 邮编 | |

| 主要财务指标 年度 | 2006 | 2005 | 基金重仓股(2007年一季度) | |
|---|---|---|---|---|
| 单位基金收益(元) | 0.7396 | －0.0136 | 证券名称 | 占净值比例 |
| 单位基金可分配收益(元) | 0.3448 | －0.0231 | 太钢不锈 | 6.55% |
| 单位基金净值(元) | 1.5488 | 0.9844 | 招商银行 | 5.78% |
| 基金资产净值收益率(%) | 65.87 | －1.39 | 中信证券 | 4.98% |
| 净收益(万元) | 8776.92 | －1012.47 | 第一食品 | 4.81% |
| 基金资产总值(万元) | 8878.96 | 42578.54 | 大秦铁路 | 3.79% |
| 基金资产净值(万元) | 8746.78 | 42311.04 | 海油工程 | 3.67% |
| 单位基金累计净值(元) | 2.4768(截止4.22) | | 宇通客车 | 3.62% |
| 单位基金累计分红(元) | 1.13 | | 济南钢铁 | 3.37% |
| 历年分红 | 06年:10派3.1,10派0.3,10派0.15,10派0.25 | | 中兴通讯 | 3.34% |
| | | | 东软股份 | 3.12% |

# 交银施罗德稳健（521690）

| 名称 | 交银施罗德稳健配置混合型证券投资基金 | 成立日期 | 2006/06/14 | 存续期 | 不定期 |
|---|---|---|---|---|---|
| 类型 | 契约型 | 上市日期 | | 托管人 | 中国建设银行 |
| 规模 | 70亿 | 投资风格 | 混合型 | | |
| 管理人 名称 | 交银施罗德基金管理有限公司 | | | 电话 | 021－61055050 |
| 管理人 地址 | 上海市银城中路188号 | | | 邮编 | 200120 |

| 主要财务指标 年度 | 2006 | 2005 | 基金重仓股(2007年一季度) | |
|---|---|---|---|---|
| 单位基金收益(元) | 0.0709 | | 证券名称 | 占净值比例 |
| 单位基金可分配收益(元) | 0.0278 | | 招商银行 | 5.42% |
| 单位基金净值(元) | 1.5197 | | 大商股份 | 3.37% |
| 基金资产净值收益率(%) | | | 中信证券 | 3.26% |
| 净收益(万元) | 47419.16 | | 盐湖钾肥 | 3.26% |
| 基金资产总值(万元) | 912347.83 | | 万科A | 3.03% |
| 基金资产净值(万元) | 869468.84 | | 海油工程 | 2.6% |
| 单位基金累计净值(元) | 2.0821(截止4.22) | | 贵州茅台 | 2.46% |
| 单位基金累计分红(元) | 0.05 | | 招商地产 | 2.41% |
| 历年分红 | 06年:10派0.5 | | 武钢股份 | 2.33% |
| | | | 新安股份 | 2.22% |

# 长信利息收益（519999）

| 名称 | 长信利息收益开放式证券投资基金 | 成立日期 | 2004/03/19 | 存续期 | 不定期 |
|---|---|---|---|---|---|
| 类型 | 契约型 | 上市日期 | | 托管人 | 中国农业银行 |
| 规模 | 70亿 | 投资风格 | 货币市场型 | | |
| 管理人 名称 | 长信基金管理有限责任公司 | | | 电话 | 021－63212222 |
| 管理人 地址 | 上海市黄浦区汉口路130号3－4楼 | | | 邮编 | |

| 主要财务指标 年度 | 2006 | 2005 | 基金重仓股(2007年一季度) | |
|---|---|---|---|---|
| 单位基金收益(元) | | | 证券名称 | 占净值比例 |
| 单位基金可分配收益(元) | | | | |
| 单位基金净值(元) | 1 | 1 | | |
| 基金资产净值收益率(%) | | | | |
| 净收益(万元) | 17921.8 | 21468.5 | | |
| 基金资产总值(万元) | 434318.02 | 1414650.9 | | |
| 基金资产净值(万元) | 410323.24 | 1192126.05 | | |
| 单位基金累计净值(元) | | | | |
| 单位基金累计分红(元) | | | | |
| 历年分红 | | | | |

# 建信恒久价值（530001）

| 名称 | 建信恒久价值股票型证券投资基金 | 成立日期 | 2005/12/01 | 存续期 | 不定期 |
|---|---|---|---|---|---|
| 类型 | 契约型 | 上市日期 | | 托管人 | 中信银行 |
| 规模 | 62亿 | 投资风格 | 股票型 | | |
| 管理人 名称 | 建信基金管理有限责任公司 | | | 电话 | 010－66228888 |
| 管理人 地址 | 北京市西城区金融大街7号英蓝国际金融中心16层 | | | 邮编 | |

| 主要财务指标 年度 | 2006 | 2005 | 基金重仓股(2007年一季度) | |
|---|---|---|---|---|
| 单位基金收益(元) | 0.3381 | 0.0001 | 证券名称 | 占净值比例 |
| 单位基金可分配收益(元) | 0.3335 | 0.0001 | 中联重科 | 6.75% |
| 单位基金净值(元) | 1.5498 | 1.0056 | 中集集团 | 6.49% |
| 基金资产净值收益率(%) | 30.36 | 0.0085 | S双汇 | 5.62% |
| 净收益(万元) | 83889.12 | 53.15 | 宝钢股份 | 5.27% |
| 基金资产总值(万元) | 166305.36 | 629050.51 | 大商股份 | 5.02% |
| 基金资产净值(万元) | 163299.01 | 623680.78 | 民生银行 | 4.48% |
| 单位基金累计净值(元) | 1.2198(截止4.22) | | 金融街 | 4.27% |
| 单位基金累计分红(元) | 0.15 | | 五粮液 | 3.96% |
| 历年分红 | 06年:10派0.5,10派0.3,10派0.7 | | 太钢不锈 | 3.69% |
| | | | 大秦铁路 | 3.02% |

# 银华核心价值（521001）

| 名称 | 银华核心价值优选股票型证券投资基金 | 成立日期 | 2005/09/27 | 存续期 | 不定期 |
|---|---|---|---|---|---|
| 类型 | 契约型 | 上市日期 | | 托管人 | 中国建设银行 |
| 规模 | 5亿 | 投资风格 | 股票型 | | |
| 管理人 名称 | 银华基金管理有限公司 | | | 电话 | 0755－83516888 |
| 管理人 地址 | 深圳市深南大道6008号报业大厦19楼 | | | 邮编 | 518009 |

| 主要财务指标 年度 | 2006 | 2005 | 基金重仓股(2007年一季度) | |
|---|---|---|---|---|
| 单位基金收益(元) | 1.0578 | －0.01 | 证券名称 | 占净值比例 |
| 单位基金可分配收益(元) | 0.8438 | －0.0105 | 中信证券 | 7.61% |
| 单位基金净值(元) | 2.3011 | 1.0358 | 招商银行 | 6.76% |
| 基金资产净值收益率(%) | 69.3 | －1 | 苏宁电器 | 5.88% |
| 净收益(万元) | 30610.54 | －479.96 | 贵州茅台 | 5.78% |
| 基金资产总值(万元) | 59065.43 | 37420.08 | 民生银行 | 3.23% |
| 基金资产净值(万元) | 58639.65 | 34967.25 | 武钢股份 | 3.21% |
| 单位基金累计净值(元) | 3.3217(截止4.22) | | 烟台万华 | 3.11% |
| 单位基金累计分红(元) | 0.22 | | 新安股份 | 3% |
| 历年分红 | 06年:10派1.8;05年:10派0.4 | | 万科A | 2.97% |
| | | | 华侨城A | 2.9% |

# 建信货币（530002）

| 名称 | 建信货币市场基金 | 成立日期 | 2006/04/25 | 存续期 | 不定期 |
|---|---|---|---|---|---|
| 类型 | 契约型 | 上市日期 | | 托管人 | 中国工商银行 |
| 规模 | 77亿 | 投资风格 | 货币市场型 | | |
| 管理人 名称 | 建信基金管理有限责任公司 | | | 电话 | 010－66228888 |
| 管理人 地址 | 北京市西城区金融大街7号英蓝国际金融中心16层 | | | 邮编 | |

| 主要财务指标 年度 | 2006 | 2005 | 基金重仓股(2007年一季度) | |
|---|---|---|---|---|
| 单位基金收益(元) | | | 证券名称 | 占净值比例 |
| 单位基金可分配收益(元) | | | | |
| 单位基金净值(元) | 1 | | | |
| 基金资产净值收益率(%) | | | | |
| 净收益(万元) | 4501.65 | | | |
| 基金资产总值(万元) | 409703.18 | | | |
| 基金资产净值(万元) | 379417.27 | | | |
| 单位基金累计净值(元) | | | | |
| 单位基金累计分红(元) | | | | |
| 历年分红 | | | | |

## 建信优选成长（530003）

| 名称 | 建信优选成长股票型证券投资基金 | 成立日期 | 2006/09/08 | 存续期 | 不定期 |
|---|---|---|---|---|---|
| 类型 | 契约型 | 上市日期 | | 托管人 | 中国工商银行 |
| 规模 | 61亿 | 投资风格 | 股票型 | | |
| 管理人 名称 | 建信基金管理有限责任公司 | 电话 | 010-66228888 | | |
| 管理人 地址 | 北京市西城区金融大街7号英蓝国际金融中心16层 | 邮编 | | | |

| 主要财务指标 年度 | 2006 | 2005 | 基金重仓股(2007年一季度) 证券名称 | 占净值比例 |
|---|---|---|---|---|
| 单位基金收益(元) | 0.1082 | | 证券名称 | 占净值比例 |
| 单位基金可分配收益(元) | 0.1196 | | S阿胶 | 4.98% |
| 单位基金净值(元) | 1.3417 | | 浦发银行 | 2.85% |
| 基金资产净值收益率(%) | 9.96 | | 隧道股份 | 2.63% |
| 净收益(万元) | 64625.86 | | 中集集团 | 2.62% |
| 基金资产总值(万元) | 630579.19 | | 华发股份 | 2.6% |
| 基金资产净值(万元) | 611975.46 | | 大秦铁路 | 2.46% |
| 单位基金累计净值(元) | 1.9043(截止4.22) | | 浦东金桥 | 2.35% |
| 单位基金累计分红(元) | 0.35 | | 中远航运 | 2.23% |
| 历年分红 | | | 北京城建 | 2.2% |
| | | | 新兴铸管 | 2.16% |

## 晋信龙腾（540002）

| 名称 | 汇丰晋信龙腾股票型开放式证券投资基金 | 成立日期 | 2006/09/27 | 存续期 | 不定期 |
|---|---|---|---|---|---|
| 类型 | 契约型 | 上市日期 | | 托管人 | 交通银行 |
| 规模 | 14亿 | 投资风格 | 股票型 | | |
| 管理人 名称 | 汇丰晋信基金管理有限公司 | 电话 | 021-38789898 | | |
| 管理人 地址 | 上海市浦东新区富城路99号震旦大厦35楼 | 邮编 | | | |

| 主要财务指标 年度 | 2006 | 2005 | 基金重仓股(2007年一季度) 证券名称 | 占净值比例 |
|---|---|---|---|---|
| 单位基金收益(元) | 0.0583 | | 证券名称 | 占净值比例 |
| 单位基金可分配收益(元) | 0.0551 | | S湘火炬 | 6.42% |
| 单位基金净值(元) | 1.3177 | | 铁龙物流 | 5.97% |
| 基金资产净值收益率(%) | 5.35 | | 招商银行 | 5.67% |
| 净收益(万元) | 9150.91 | | 特变电工 | 5.3% |
| 基金资产总值(万元) | 231279.64 | | 中集集团 | 5.13% |
| 基金资产净值(万元) | 213742.78 | | 伊利股份 | 4.72% |
| 单位基金累计净值(元) | 1.8605(截止4.22) | | 浦东金桥 | 4.39% |
| 单位基金累计分红(元) | | | 五粮液 | 4.33% |
| 历年分红 | | | 宝钢股份 | 4.29% |
| | | | 烟台万华 | 4.02% |

## 建信优化（530005）

| 名称 | 建信优化配置混合型证券投资基金 | 成立日期 | 2007/03/01 | 存续期 | 不定期 |
|---|---|---|---|---|---|
| 类型 | 契约型 | 上市日期 | | 托管人 | 中国工商银行 |
| 规模 | 97亿 | 投资风格 | 混合型 | | |
| 管理人 名称 | 建信基金管理有限责任公司 | 电话 | 010-66228888 | | |
| 管理人 地址 | 北京市西城区金融大街7号英蓝国际金融中心16层 | 邮编 | | | |

| 主要财务指标 年度 | 2006 | 2005 | 基金重仓股(2007年一季度) 证券名称 | 占净值比例 |
|---|---|---|---|---|
| 单位基金收益(元) | | | 证券名称 | 占净值比例 |
| 单位基金可分配收益(元) | | | | |
| 单位基金净值(元) | | | | |
| 基金资产净值收益率(%) | | | | |
| 净收益(万元) | | | | |
| 基金资产总值(万元) | | | | |
| 基金资产净值(万元) | | | | |
| 单位基金累计净值(元) | 1.1794(截止4.22) | | | |
| 单位基金累计分红(元) | | | | |
| 历年分红 | | | | |

## 汇丰晋信动态（540003）

| 名称 | 汇丰晋信动态策略混合型证券投资基金 | 成立日期 | 2007/04/09 | 存续期 | 不定期 |
|---|---|---|---|---|---|
| 类型 | 契约型 | 上市日期 | | 托管人 | 交通银行 |
| 规模 | 53亿 | 投资风格 | 混合型 | | |
| 管理人 名称 | 汇丰晋信基金管理有限公司 | 电话 | 021-38789898 | | |
| 管理人 地址 | 上海市浦东新区富城路99号震旦大厦35楼 | 邮编 | | | |

| 主要财务指标 年度 | 2006 | 2005 | 基金重仓股(2007年一季度) 证券名称 | 占净值比例 |
|---|---|---|---|---|
| 单位基金收益(元) | | | 证券名称 | 占净值比例 |
| 单位基金可分配收益(元) | | | | |
| 单位基金净值(元) | | | | |
| 基金资产净值收益率(%) | | | | |
| 净收益(万元) | | | | |
| 基金资产总值(万元) | | | | |
| 基金资产净值(万元) | | | | |
| 单位基金累计净值(元) | | | | |
| 单位基金累计分红(元) | | | | |
| 历年分红 | | | | |

## 汇丰生命周期（540001）

| 名称 | 汇丰晋信2016生命周期开放式证券投资基金 | 成立日期 | 2006/05/23 | 存续期 | 不定期 |
|---|---|---|---|---|---|
| 类型 | 契约型 | 上市日期 | | 托管人 | 交通银行 |
| 规模 | 29亿 | 投资风格 | 混合型 | | |
| 管理人 名称 | 汇丰晋信基金管理有限公司 | 电话 | 021-38789898 | | |
| 管理人 地址 | 上海市浦东新区富城路99号震旦大厦35楼 | 邮编 | | | |

| 主要财务指标 年度 | 2006 | 2005 | 基金重仓股(2007年一季度) 证券名称 | 占净值比例 |
|---|---|---|---|---|
| 单位基金收益(元) | 0.1004 | | 证券名称 | 占净值比例 |
| 单位基金可分配收益(元) | 0.1248 | | 大秦铁路 | 4.55% |
| 单位基金净值(元) | 1.4348 | | 宝钛股份 | 4.43% |
| 基金资产净值收益率(%) | 9.44 | | S湘火炬 | 3.06% |
| 净收益(万元) | 26198.47 | | 宝钢股份 | 2.79% |
| 基金资产总值(万元) | 264882.52 | | 铁龙物流 | 2.77% |
| 基金资产净值(万元) | 260653.55 | | 浦发银行 | 2.41% |
| 单位基金累计净值(元) | 1.7622(截止4.22) | | 中集集团 | 2.06% |
| 单位基金累计分红(元) | 0.1 | | 太钢不锈 | 1.95% |
| 历年分红 | | | 中信证券 | 1.81% |
| | | | 五粮液 | 1.8% |

## 信诚四季红（550001）

| 名称 | 信诚四季红混合型证券投资基金 | 成立日期 | 2006/04/29 | 存续期 | 不定期 |
|---|---|---|---|---|---|
| 类型 | 契约型 | 上市日期 | | 托管人 | 中国农业银行 |
| 规模 | 30亿 | 投资风格 | 混合型 | | |
| 管理人 名称 | 信诚基金管理有限公司 | 电话 | (021)68649788 | | |
| 管理人 地址 | 上海市浦东陆家嘴东路166号中国保险大厦8楼 | 邮编 | | | |

| 主要财务指标 年度 | 2006 | 2005 | 基金重仓股(2007年一季度) 证券名称 | 占净值比例 |
|---|---|---|---|---|
| 单位基金收益(元) | 0.1483 | | 证券名称 | 占净值比例 |
| 单位基金可分配收益(元) | 0.2021 | | 特变电工 | 4.23% |
| 单位基金净值(元) | 1.3142 | | 赣粤高速 | 2.9% |
| 基金资产净值收益率(%) | 14.18 | | 民生银行 | 2.72% |
| 净收益(万元) | 37407.14 | | 华夏银行 | 2.7% |
| 基金资产总值(万元) | 166998.74 | | 北京城建 | 2.55% |
| 基金资产净值(万元) | 164549.17 | | 武钢股份 | 2.31% |
| 单位基金累计净值(元) | 1.7585(截止4.22) | | 稀土高科 | 2.28% |
| 单位基金累计分红(元) | 0.613 | | 江南高纤 | 2.23% |
| 历年分红 | 06年:10派0.23,10派2 | | 云天化 | 2.14% |
| | | | 长电科技 | 2.12% |

# 信诚精萃成长（550002）

| 名称 | 信诚精萃成长股票型证券投资基金 | 成立日期 | 2006/11/27 | 存续期 | 不定期 |
|---|---|---|---|---|---|
| 类型 | 契约型 | 上市日期 | | 托管人 | 中国建设银行 |
| 规模 | 33亿 | 投资风格 | 股票型 | | |
| 管理人 名称 | 信诚基金管理有限公司 | | | 电话 | (021)68649788 |
| 管理人 地址 | 上海市浦东陆家嘴东路166号中国保险大厦8楼 | | | 邮编 | |

| | 年度 | 2006 | 2005 | 基金重仓股(2007年一季度) | |
|---|---|---|---|---|---|
| 主要财务指标 | 单位基金收益(元) | | | 证券名称 | 占净值比例 |
| | 单位基金可分配收益(元) | | | 特变电工 | 5.41% |
| | 单位基金净值(元) | | | 稀土高科 | 4.91% |
| | 基金资产净值收益率(%) | | | 中信证券 | 3.96% |
| | 净收益(万元) | | | 华仪电气 | 3.87% |
| | 基金资产总值(万元) | | | 三一重工 | 3.68% |
| | 基金资产净值(万元) | | | 歌华有线 | 3.65% |
| | 单位基金累计净值(元) | 1.6121(截止4.22) | | 中宝股份 | 3.41% |
| | 单位基金累计分红(元) | 0.12 | | 长电科技 | 3.32% |
| | 历年分红 | | | 江南高纤 | 3.18% |
| | | | | 兴业银行 | 3.04% |

# 诺德价值优势（570001）

| 名称 | 诺德价值优势股票型证券投资基金 | 成立日期 | 2007/04/19 | 存续期 | 不定期 |
|---|---|---|---|---|---|
| 类型 | 契约型 | 上市日期 | | 托管人 | 中国建设银行 |
| 规模 | 79亿 | 投资风格 | 股票型 | | |
| 管理人 名称 | 诺德基金管理有限公司 | | | 电话 | 021－68879999 |
| 管理人 地址 | 上海市浦东陆家嘴环路1233号汇亚大厦12楼 | | | 邮编 | 200120 |

| | 年度 | 2006 | 2005 | 基金重仓股(2007年一季度) | |
|---|---|---|---|---|---|
| 主要财务指标 | 单位基金收益(元) | | | 证券名称 | 占净值比例 |
| | 单位基金可分配收益(元) | | | | |
| | 单位基金净值(元) | | | | |
| | 基金资产净值收益率(%) | | | | |
| | 净收益(万元) | | | | |
| | 基金资产总值(万元) | | | | |
| | 基金资产净值(万元) | | | | |
| | 单位基金累计净值(元) | | | | |
| | 单位基金累计分红(元) | | | | |
| | 历年分红 | | | | |

# 益民货币市场（560001）

| 名称 | 益民货币市场基金 | 成立日期 | 2006/07/17 | 存续期 | 不定期 |
|---|---|---|---|---|---|
| 类型 | 契约型 | 上市日期 | | 托管人 | 中国农业银行 |
| 规模 | 17亿 | 投资风格 | 货币市场型 | | |
| 管理人 名称 | 益民基金管理有限公司 | | | 电话 | 010－63105556 |
| 管理人 地址 | 北京市宣武区宣外大街6号庄胜广场中央办公楼南翼13A | | | 邮编 | |

| | 年度 | 2006 | 2005 | 基金重仓股(2007年一季度) | |
|---|---|---|---|---|---|
| 主要财务指标 | 单位基金收益(元) | | | 证券名称 | 占净值比例 |
| | 单位基金可分配收益(元) | | | | |
| | 单位基金净值(元) | 1 | | | |
| | 基金资产净值收益率(%) | | | | |
| | 净收益(万元) | 889.27 | | | |
| | 基金资产总值(万元) | 63028.52 | | | |
| | 基金资产净值(万元) | 58771.12 | | | |
| | 单位基金累计净值(元) | | | | |
| | 单位基金累计分红(元) | | | | |
| | 历年分红 | | | | |

# 中邮核心优选（590001）

| 名称 | 中邮核心优选股票型证券投资基金 | 成立日期 | 2006/09/28 | 存续期 | 不定期 |
|---|---|---|---|---|---|
| 类型 | 契约型 | 上市日期 | | 托管人 | 中国农业银行 |
| 规模 | 16亿 | 投资风格 | 股票型 | | |
| 管理人 名称 | 中邮创业基金管理有限公司 | | | 电话 | (010)82295160－126 |
| 管理人 地址 | 北京市海淀区西直门北大街60号首钢国际大厦10层 | | | 邮编 | |

| | 年度 | 2006 | 2005 | 基金重仓股(2007年一季度) | |
|---|---|---|---|---|---|
| 主要财务指标 | 单位基金收益(元) | 0.1814 | | 证券名称 | 占净值比例 |
| | 单位基金可分配收益(元) | 0.1098 | | 济南钢铁 | 7.261% |
| | 单位基金净值(元) | 1.3149 | | 唐钢股份 | 7.223% |
| | 基金资产净值收益率(%) | 16.2443 | | 孚日股份 | 6.586% |
| | 净收益(万元) | 30466.86 | | 南钢股份 | 6.379% |
| | 基金资产总值(万元) | 222676.07 | | 双鹤药业 | 6.289% |
| | 基金资产净值(万元) | 214834.56 | | 中信证券 | 5.86% |
| | 单位基金累计净值(元) | 2.2996(截止4.22) | | 上海医药 | 5.497% |
| | 单位基金累计分红(元) | 0.58 | | 上海机电 | 5.476% |
| | 历年分红 | 06年:10派0.8,10派0.5,10派0.2 | | 万向钱潮 | 5.288% |
| | | | | 巴士股份 | 3.696% |

# 益民红利成长（560002）

| 名称 | 益民红利成长混合型证券投资基金 | 成立日期 | 2006/11/21 | 存续期 | 不定期 |
|---|---|---|---|---|---|
| 类型 | 契约型 | 上市日期 | | 托管人 | 华夏银行 |
| 规模 | 8亿 | 投资风格 | 混合型 | | |
| 管理人 名称 | 益民基金管理有限公司 | | | 电话 | 010－63105556 |
| 管理人 地址 | 北京市宣武区宣外大街6号庄胜广场中央办公楼南翼13A | | | 邮编 | |

| | 年度 | 2006 | 2005 | 基金重仓股(2007年一季度) | |
|---|---|---|---|---|---|
| 主要财务指标 | 单位基金收益(元) | | | 证券名称 | 占净值比例 |
| | 单位基金可分配收益(元) | | | 有研硅股 | 10% |
| | 单位基金净值(元) | | | 华峰氨纶 | 8.53% |
| | 基金资产净值收益率(%) | | | 天地科技 | 6.78% |
| | 净收益(万元) | | | 深天健 | 6.24% |
| | 基金资产总值(万元) | | | 杭州解百 | 6.17% |
| | 基金资产净值(万元) | | | 同仁堂 | 5.55% |
| | 单位基金累计净值(元) | 1.9106(截止4.22) | | 嘉宝集团 | 4.92% |
| | 单位基金累计分红(元) | 0.15 | | 武钢股份 | 4.83% |
| | 历年分红 | | | 中科三环 | 4.63% |
| | | | | 航天信息 | 4.09% |

# 信达澳银增长（610001）

| 名称 | 信达澳银领先增长股票型证券投资基金 | 成立日期 | 2007/03/08 | 存续期 | 不定期 |
|---|---|---|---|---|---|
| 类型 | 契约型 | 上市日期 | | 托管人 | 中国建设银行 |
| 规模 | 83亿 | 投资风格 | 股票型 | | |
| 管理人 名称 | 信达澳银基金管理有限公司 | | | 电话 | 0755－83172666 |
| 管理人 地址 | 广东省深圳市福田区深南大道7088号招商银行大厦24层 | | | 邮编 | 518040 |

| | 年度 | 2006 | 2005 | 基金重仓股(2007年一季度) | |
|---|---|---|---|---|---|
| 主要财务指标 | 单位基金收益(元) | | | 证券名称 | 占净值比例 |
| | 单位基金可分配收益(元) | | | | |
| | 单位基金净值(元) | | | | |
| | 基金资产净值收益率(%) | | | | |
| | 净收益(万元) | | | | |
| | 基金资产总值(万元) | | | | |
| | 基金资产净值(万元) | | | | |
| | 单位基金累计净值(元) | 1.165(截止4.22) | | | |
| | 单位基金累计分红(元) | | | | |
| | 历年分红 | | | | |

## 华夏成长（J00001）

| 名称 | 华夏成长证券投资基金 | 成立日期 | 2001/12/18 | 存续期 | 不定期 |
|---|---|---|---|---|---|
| 类型 | 契约型 | 上市日期 | | 托管人 | 中国建设银行 |
| 规模 | 32亿 | 投资风格 | 成长型 | | |
| 管理人 名称 | 华夏基金管理有限公司 | 电话 | 010-88066688 | | |
| 管理人 地址 | 北京市西城区金融大街33号通泰大厦B座8层 | 邮编 | 100032 | | |

| 主要财务指标 年度 | 2006 | 2005 | 基金重仓股(2007年一季度) 证券名称 | 占净值比例 |
|---|---|---|---|---|
| 单位基金收益(元) | 0.7383 | -0.1368 | 武钢股份 | 7.1% |
| 单位基金可分配收益(元) | 0.4085 | -0.1156 | 雅戈尔 | 4.21% |
| 单位基金净值(元) | 1.753 | 0.959 | 招商银行 | 4.12% |
| 基金资产净值收益率(%) | 59.04 | -14.28 | 泸州老窖 | 4.07% |
| 净收益(万元) | 122666.7 | -32253.04 | 苏宁电器 | 3.82% |
| 基金资产总值(万元) | 250128.56 | 205087.83 | 张江高科 | 3.21% |
| 基金资产净值(万元) | 231575.81 | 203042.02 | 民生银行 | 2.06% |
| 单位基金累计净值(元) | 2.572(截止4.22) | | 中金黄金 | 2% |
| 单位基金累计分红(元) | 0.35 | | 三精制药 | 1.9% |
| 历年分红 | 06年:10派0.3,10派0.3,10派0.3,10派0.3,10派0.3,10派0.3,10派0.3;05年:10派0.2;04年:10派0.3,10派0.3 | | 大秦铁路 | 1.89% |

## 华夏大盘精选（J00011）

| 名称 | 华夏大盘精选证券投资基金 | 成立日期 | 2004/08/11 | 存续期 | 不定期 |
|---|---|---|---|---|---|
| 类型 | 契约型 | 上市日期 | | 托管人 | 中国银行 |
| 规模 | 19亿 | 投资风格 | | | |
| 管理人 名称 | 华夏基金管理有限公司 | 电话 | 010-88066688 | | |
| 管理人 地址 | 北京市西城区金融大街33号通泰大厦B座8层 | 邮编 | 100032 | | |

| 主要财务指标 年度 | 2006 | 2005 | 基金重仓股(2007年一季度) 证券名称 | 占净值比例 |
|---|---|---|---|---|
| 单位基金收益(元) | 0.8542 | -0.0062 | 岳阳兴长 | 3.42% |
| 单位基金可分配收益(元) | 0.7623 | 0.0011 | 恒生电子 | 3% |
| 单位基金净值(元) | 2.241 | 1.001 | 中国石化 | 2.98% |
| 基金资产净值收益率(%) | 53.64 | -0.62 | 锡业股份 | 2.89% |
| 净收益(万元) | 64145.8 | -577.03 | 石油济柴 | 2.88% |
| 基金资产总值(万元) | 211903.74 | 72055.4 | 雅戈尔 | 2.75% |
| 基金资产净值(万元) | 198024.94 | 70439.21 | 苏宁环球 | 2.67% |
| 单位基金累计净值(元) | 4.574(截止4.22) | | S南航 | 2.45% |
| 单位基金累计分红(元) | 0.18 | | 电广传媒 | 2.44% |
| 历年分红 | 06年:10派0.6,10派0.6,10派0.6 | | 歌华有线 | 2.25% |

## 长城久泰（J00002）

| 名称 | 长城久泰中信标普300指数证券投资基金 | 成立日期 | 2004/05/21 | 存续期 | 不定期 |
|---|---|---|---|---|---|
| 类型 | 契约型 | 上市日期 | | 托管人 | 招商银行 |
| 规模 | 15亿 | 投资风格 | 指数型 | | |
| 管理人 名称 | 长城基金管理有限公司 | 电话 | 0755-3662688 | | |
| 管理人 地址 | 深圳市深南中路2066号华能大厦25层 | 邮编 | 518031 | | |

| 主要财务指标 年度 | 2006 | 2005 | 基金重仓股(2007年一季度) 证券名称 | 占净值比例 |
|---|---|---|---|---|
| 单位基金收益(元) | 0.4354 | -0.063 | 民生银行 | 3.86% |
| 单位基金可分配收益(元) | 0.4791 | -0.1248 | 中信证券 | 3.53% |
| 单位基金净值(元) | 2.006 | 0.8752 | 万科A | 2.48% |
| 基金资产净值收益率(%) | 37.9 | -7.36 | 浦发银行 | 2.39% |
| 净收益(万元) | 21783.49 | -10155.05 | 工商银行 | 2.19% |
| 基金资产总值(万元) | 46400.25 | 110599.47 | 华夏银行 | 0.73% |
| 基金资产净值(万元) | 45884.14 | 107527.76 | 兴业银行 | 0.68% |
| 单位基金累计净值(元) | 3.2975(截止4.22) | | | |
| 单位基金累计分红(元) | 0.06 | | | |
| 历年分红 | 05年:10派0.3 | | | |

## 富国天源平衡（J00016）

| 名称 | 富国天源平衡混合型证券投资基金 | 成立日期 | 2002/08/16 | 存续期 | 不定期 |
|---|---|---|---|---|---|
| 类型 | 契约型 | 上市日期 | | 托管人 | 中国农业银行 |
| 规模 | 46亿 | 投资风格 | 平衡型 | | |
| 管理人 名称 | 富国基金管理有限公司 | 电话 | 021-68597788 | | |
| 管理人 地址 | 上海市浦东新区花园石桥路33号花旗集团大厦5,6层 | 邮编 | 200120 | | |

| 主要财务指标 年度 | 2006 | 2005 | 基金重仓股(2007年一季度) 证券名称 | 占净值比例 |
|---|---|---|---|---|
| 单位基金收益(元) | 0.5416 | -0.0581 | 科华生物 | 4.74% |
| 单位基金可分配收益(元) | 0.5474 | -0.0166 | 用友软件 | 4.35% |
| 单位基金净值(元) | 1.6888 | 0.9834 | 七匹狼 | 4.3% |
| 基金资产净值收益率(%) | | | 大厦股份 | 4.02% |
| 净收益(万元) | 29281.65 | -5895.34 | 金龙汽车 | 3.94% |
| 基金资产总值(万元) | 49070.9 | 84528.31 | 浦发银行 | 3.57% |
| 基金资产净值(万元) | 48648.58 | 83918.88 | 长江电力 | 3.46% |
| 单位基金累计净值(元) | 2.2592(截止4.22) | | 陆家嘴 | 3.42% |
| 单位基金累计分红(元) | 1.2606 | | 厦门钨业 | 3.22% |
| 历年分红 | 06年:10派0.2;04年:10派0.2,10派0.2,10派0.2 | | 上海机场 | 2.79% |

## 长城货币市场（J00003）

| 名称 | 长城货币市场证券投资基金 | 成立日期 | 2005/05/30 | 存续期 | 不定期 |
|---|---|---|---|---|---|
| 类型 | 契约型 | 上市日期 | | 托管人 | 华夏银行 |
| 规模 | 29亿 | 投资风格 | 货币市场型 | | |
| 管理人 名称 | 长城基金管理有限公司 | 电话 | 0755-3662688 | | |
| 管理人 地址 | 深圳市深南中路2066号华能大厦25层 | 邮编 | 518031 | | |

| 主要财务指标 年度 | 2006 | 2005 | 基金重仓股(2007年一季度) 证券名称 | 占净值比例 |
|---|---|---|---|---|
| 单位基金收益(元) | | | | |
| 单位基金可分配收益(元) | | | | |
| 单位基金净值(元) | 1 | 1 | | |
| 基金资产净值收益率(%) | | | | |
| 净收益(万元) | 4277.73 | 3322.43 | | |
| 基金资产总值(万元) | 146430.71 | 338895.08 | | |
| 基金资产净值(万元) | 146259.72 | 304656.71 | | |
| 单位基金累计净值(元) | | | | |
| 单位基金累计分红(元) | | | | |
| 历年分红 | | | | |

## 富国天利增长（J00018）

| 名称 | 富国天利增长债券投资基金 | 成立日期 | 2003/12/02 | 存续期 | 不定期 |
|---|---|---|---|---|---|
| 类型 | 契约型 | 上市日期 | | 托管人 | 中国工商银行 |
| 规模 | 23亿 | 投资风格 | 债券型 | | |
| 管理人 名称 | 富国基金管理有限公司 | 电话 | 021-68597788 | | |
| 管理人 地址 | 上海市浦东新区花园石桥路33号花旗集团大厦5,6层 | 邮编 | 200120 | | |

| 主要财务指标 年度 | 2006 | 2005 | 基金重仓股(2007年一季度) 证券名称 | 占净值比例 |
|---|---|---|---|---|
| 单位基金收益(元) | 0.1726 | 0.0807 | 柳化股份 | 1.43% |
| 单位基金可分配收益(元) | 0.0771 | 0.0159 | 中国平安 | 0.94% |
| 单位基金净值(元) | 1.149 | 1.0159 | 兴业银行 | 0.33% |
| 基金资产净值收益率(%) | | | 天马股份 | 0.3% |
| 净收益(万元) | 4681.98 | 2486.78 | 广博股份 | 0.21% |
| 基金资产总值(万元) | 40898.57 | 23129.05 | 罗平锌电 | 0.17% |
| 基金资产净值(万元) | 33973.54 | 22890.8 | 新海股份 | 0.15% |
| 单位基金累计净值(元) | 1.5359(截止4.22) | | 中国人寿 | 0.15% |
| 单位基金累计分红(元) | 0.32 | | 康强电子 | 0.15% |
| 历年分红 | 06年:10派0.2,10派0.3,10派0.3,10派0.3,10派0.6,10派0.6;05年:10派0.1,10派0.2,10派0.1,10派0.1,10派0.2,10派0.1;04年:10派0.1 | | 荣信股份 | 0.11% |

# 华夏优势增长（J00021）

| 名称 | 华夏优势增长股票型证券投资基金 | 成立日期 | 2006/11/24 | 存续期 | 不定期 |
|---|---|---|---|---|---|
| 类型 | 契约型 | 上市日期 | | 托管人 | 中国建设银行 |
| 规模 | 141亿 | 投资风格 | 股票型 | | |
| 管理人 名称 | 华夏基金管理有限公司 | | | 电话 | 010-88066688 |
| 管理人 地址 | 北京市西城区金融大街33号通泰大厦B座8层 | | | 邮编 | 100032 |

| 主要财务指标 年度 | 2006 | 2005 | 基金重仓股(2007年一季度) | |
|---|---|---|---|---|
| 单位基金收益(元) | | | 证券名称 | 占净值比例 |
| 单位基金可分配收益(元) | | | 武钢股份 | 7.48% |
| 单位基金净值(元) | | | 宝钢股份 | 6.03% |
| 基金资产净值收益率(%) | | | 民生银行 | 5.57% |
| 净收益(万元) | | | 招商银行 | 3.47% |
| 基金资产总值(万元) | | | 苏宁电器 | 3.28% |
| 基金资产净值(万元) | | | 泸州老窖 | 3.24% |
| 单位基金累计净值(元) | 1.574(截止4.22) | | 中国石化 | 2.7% |
| 单位基金累计分红(元) | 0.12 | | 中国人寿 | 2.67% |
| 历年分红 | | | 大秦铁路 | 2.55% |
| | | | 中集集团 | 2.42% |

# 华夏回报（J02002）

| 名称 | 华夏回报证券投资基金 | 成立日期 | 2003/09/05 | 存续期 | 不定期 |
|---|---|---|---|---|---|
| 类型 | 契约型 | 上市日期 | | 托管人 | 中国银行 |
| 规模 | 38亿 | 投资风格 | | | |
| 管理人 名称 | 华夏基金管理有限公司 | | | 电话 | 010-88066688 |
| 管理人 地址 | 北京市西城区金融大街33号通泰大厦B座8层 | | | 邮编 | 100032 |

| 主要财务指标 年度 | 2006 | 2005 | 基金重仓股(2007年一季度) | |
|---|---|---|---|---|
| 单位基金收益(元) | 0.5934 | 0.0097 | 证券名称 | 占净值比例 |
| 单位基金可分配收益(元) | 0.0638 | -0.0144 | 苏宁电器 | 6.43% |
| 单位基金净值(元) | 1.467 | 1.029 | 武钢股份 | 4.64% |
| 基金资产净值收益率(%) | 46.07 | 0.97 | S双汇 | 4.12% |
| 净收益(万元) | 100979.21 | 2422.71 | 中集集团 | 3.27% |
| 基金资产总值(万元) | 326639.85 | 224447.75 | 格力电器 | 2.87% |
| 基金资产净值(万元) | 296320.24 | 219578.91 | S深发展A | 2.7% |
| 单位基金累计净值(元) | 2.562(截止4.22) | | 华发股份 | 2.5% |
| 单位基金累计分红(元) | 0.9936 | | 科华生物 | 2.47% |
| 历年分红 | 06年:10派0.504,10派0.504,10派0.504,10派0.504,10派0.504,10派0.252,10派0.504,10派0.252 | | 上海家化 | 2.4% |
| | | | 华侨城A | 2.31% |

# 富国天合稳健（J00026）

| 名称 | 富国天合稳健优选股票型证券投资基金 | 成立日期 | 2006/11/15 | 存续期 | 不定期 |
|---|---|---|---|---|---|
| 类型 | 契约型 | 上市日期 | | 托管人 | 招商银行 |
| 规模 | 45亿 | 投资风格 | 股票型 | | |
| 管理人 名称 | 富国基金管理有限公司 | | | 电话 | 021-68597788 |
| 管理人 地址 | 上海市浦东新区花园石桥路33号花旗集团大厦5,6层 | | | 邮编 | 200120 |

| 主要财务指标 年度 | 2006 | 2005 | 基金重仓股(2007年一季度) | |
|---|---|---|---|---|
| 单位基金收益(元) | | | 证券名称 | 占净值比例 |
| 单位基金可分配收益(元) | | | 烟台万华 | 8.99% |
| 单位基金净值(元) | | | 浦发银行 | 7.03% |
| 基金资产净值收益率(%) | | | 贵州茅台 | 5.32% |
| 净收益(万元) | | | 中信证券 | 3.99% |
| 基金资产总值(万元) | | | 宝钢股份 | 3.98% |
| 基金资产净值(万元) | | | 航天信息 | 3.75% |
| 单位基金累计净值(元) | 1.6076(截止4.22) | | 中国人寿 | 3.36% |
| 单位基金累计分红(元) | 0.05 | | 华泰股份 | 2.98% |
| 历年分红 | | | 中国石化 | 2.77% |
| | | | 宇通客车 | 2.52% |

# 南方绩优（J02003）

| 名称 | 南方绩优成长股票型证券投资基金 | 成立日期 | 2006/11/16 | 存续期 | 不定期 |
|---|---|---|---|---|---|
| 类型 | 契约型 | 上市日期 | | 托管人 | 中国工商银行 |
| 规模 | 125亿 | 投资风格 | 股票型 | | |
| 管理人 名称 | 南方基金管理有限公司 | | | 电话 | 0755-82912000 |
| 管理人 地址 | 深圳市福田中心区深南大道4009号投资大厦七楼 | | | 邮编 | 518026 |

| 主要财务指标 年度 | 2006 | 2005 | 基金重仓股(2007年一季度) | |
|---|---|---|---|---|
| 单位基金收益(元) | | | 证券名称 | 占净值比例 |
| 单位基金可分配收益(元) | | | 万科A | 9.83% |
| 单位基金净值(元) | | | 太钢不锈 | 8.66% |
| 基金资产净值收益率(%) | | | 招商银行 | 8.44% |
| 净收益(万元) | | | 福耀玻璃 | 6.69% |
| 基金资产总值(万元) | | | 中信证券 | 6.48% |
| 基金资产净值(万元) | | | 烟台万华 | 6.02% |
| 单位基金累计净值(元) | 1.7244(截止4.22) | | 保利地产 | 3.91% |
| 单位基金累计分红(元) | | | 第一食品 | 3.49% |
| 历年分红 | | | 沪东重机 | 3.37% |
| | | | S湘火炬 | 3.21% |

# 南方稳健成长（J02001）

| 名称 | 南方稳健成长证券投资基金 | 成立日期 | 2001/09/28 | 存续期 | 不定期 |
|---|---|---|---|---|---|
| 类型 | 契约型 | 上市日期 | | 托管人 | 中国工商银行 |
| 规模 | 35亿 | 投资风格 | | | |
| 管理人 名称 | 南方基金管理有限公司 | | | 电话 | 0755-82912000 |
| 管理人 地址 | 深圳市福田中心区深南大道4009号投资大厦七楼 | | | 邮编 | 518026 |

| 主要财务指标 年度 | 2006 | 2005 | 基金重仓股(2007年一季度) | |
|---|---|---|---|---|
| 单位基金收益(元) | 0.618 | 0.0191 | 证券名称 | 占净值比例 |
| 单位基金可分配收益(元) | 0.6576 | 0.0152 | 中信证券 | 8.97% |
| 单位基金净值(元) | 2.046 | 1.0658 | 民生银行 | 6.18% |
| 基金资产净值收益率(%) | | | 五粮液 | 5.22% |
| 净收益(万元) | 127037.61 | 5824.16 | 泰达股份 | 4.65% |
| 基金资产总值(万元) | 271929.27 | 349498.54 | 宝钢股份 | 4.63% |
| 基金资产净值(万元) | 267754.65 | 335166.27 | 中国联通 | 3.85% |
| 单位基金累计净值(元) | 2.9076(截止4.22) | | 万科A | 3.2% |
| 单位基金累计分红(元) | 1.375 | | 鞍钢股份 | 3.02% |
| 历年分红 | 06年:10派0.5；04年:10派0.5 | | 浦发银行 | 2.81% |
| | | | 吉林敖东 | 2.75% |

# 华夏红利（J02011）

| 名称 | 华夏红利混合型证券投资基金 | 成立日期 | 2005/06/30 | 存续期 | 不定期 |
|---|---|---|---|---|---|
| 类型 | 契约型 | 上市日期 | | 托管人 | 中国建设银行 |
| 规模 | 8亿 | 投资风格 | | | |
| 管理人 名称 | 华夏基金管理有限公司 | | | 电话 | 010-88066688 |
| 管理人 地址 | 北京市西城区金融大街33号通泰大厦B座8层 | | | 邮编 | 100032 |

| 主要财务指标 年度 | 2006 | 2005 | 基金重仓股(2007年一季度) | |
|---|---|---|---|---|
| 单位基金收益(元) | 0.674 | 0.0041 | 证券名称 | 占净值比例 |
| 单位基金可分配收益(元) | 0.0224 | 0.0039 | 云天化 | 3.86% |
| 单位基金净值(元) | 1.161 | 1.005 | 歌华有线 | 3.77% |
| 基金资产净值收益率(%) | 54.63 | 0.41 | 兴业银行 | 3.16% |
| 净收益(万元) | 35977.89 | 251.6 | 泸州老窖 | 3.07% |
| 基金资产总值(万元) | 529766.17 | 56873.29 | 武钢股份 | 2.93% |
| 基金资产净值(万元) | 485510.28 | 53557.82 | 中国联通 | 2.73% |
| 单位基金累计净值(元) | 2.683(截止4.22) | | 苏宁电器 | 2.61% |
| 单位基金累计分红(元) | 0.833 | | 恒生电子 | 2.51% |
| 历年分红 | 06年:10派0.3,10派0.2,10派2.83,10派5 | | 东软股份 | 2.51% |
| | | | 雅戈尔 | 1.93% |

# 华夏回报二号（J02021）

| 名称 | 华夏回报二号证券投资基金 | 成立日期 | 2006/08/14 | 存续期 | 不定期 |
| --- | --- | --- | --- | --- | --- |
| 类型 | 契约型 | 上市日期 | | 托管人 | 中国银行 |
| 规模 | 63亿 | 投资风格 | 混合型 | | |
| 管理人 名称 | 华夏基金管理有限公司 | 电话 | 010-88066668 | | |
| 管理人 地址 | 北京市西城区金融大街33号通泰大厦B座8层 | 邮编 | 100032 | | |
| 主要财务指标 | 年度 | 2006 | 2005 | 基金重仓股(2007年一季度) | |
| | 单位基金收益(元) | 0.0564 | | 证券名称 | 占净值比例 |
| | 单位基金可分配收益(元) | 0.0612 | | 苏宁电器 | 9.44% |
| | 单位基金净值(元) | 1.392 | | 泸州老窖 | 6.77% |
| | 基金资产净值收益率(%) | 5.2 | | 武钢股份 | 5.62% |
| | 净收益(万元) | 34589.58 | | 宝钛股份 | 5.29% |
| | 基金资产总值(万元) | 739614.45 | | 贵州茅台 | 4.8% |
| | 基金资产净值(万元) | 712656.39 | | 万科A | 4.46% |
| 单位基金累计净值(元) | | 1.775(截止4.22) | | 招商银行 | 4.24% |
| 单位基金累计分红(元) | | 0.333 | | 格力电器 | 4.19% |
| 历年分红 | 06年:10派0.504 | | | 海螺水泥 | 3.39% |
| | | | | 科华生物 | 2.67% |

# 易基50（J10003）

| 名称 | 易方达50指数证券投资基金 | 成立日期 | 2004/03/22 | 存续期 | 不定期 |
| --- | --- | --- | --- | --- | --- |
| 类型 | 契约型 | 上市日期 | | 托管人 | 交通银行 |
| 规模 | 50亿 | 投资风格 | 指数型 | | |
| 管理人 名称 | 易方达基金管理有限公司 | 电话 | 020-38797888 | | |
| 管理人 地址 | 广州市体育西路189号27,28楼 | 邮编 | 510075 | | |
| 主要财务指标 | 年度 | 2006 | 2005 | 基金重仓股(2007年一季度) | |
| | 单位基金收益(元) | 0.4399 | -0.0862 | 证券名称 | 占净值比例 |
| | 单位基金可分配收益(元) | 0.2972 | -0.1268 | 中信证券 | 8.62% |
| | 单位基金净值(元) | 1.7895 | 0.8732 | 民生银行 | 7.47% |
| | 基金资产净值收益率(%) | | | 招商银行 | 7.46% |
| | 净收益(万元) | 95534.72 | -42992.81 | 武钢股份 | 4.98% |
| | 基金资产总值(万元) | 210255.13 | 488578.05 | 宝钢股份 | 4.34% |
| | 基金资产净值(万元) | 205424.9 | 465155.25 | 通威股份 | 1.55% |
| 单位基金累计净值(元) | | 2.6365(截止4.22) | | 苏宁电器 | 1.45% |
| 单位基金累计分红(元) | | 0.12 | | 中信国安 | 0.81% |
| 历年分红 | 06年:10派0.6,10派0.6 | | | 云内动力 | 0.8% |
| | | | | 营口港 | 0.66% |

# 易基平稳（J10001）

| 名称 | 易方达平稳增长证券投资基金 | 成立日期 | 2002/08/23 | 存续期 | 不定期 |
| --- | --- | --- | --- | --- | --- |
| 类型 | 契约型 | 上市日期 | | 托管人 | 中国银行 |
| 规模 | 47亿 | 投资风格 | 平衡型 | | |
| 管理人 名称 | 易方达基金管理有限公司 | 电话 | 020-38797888 | | |
| 管理人 地址 | 广州市体育西路189号27,28楼 | 邮编 | 510075 | | |
| 主要财务指标 | 年度 | 2006 | 2005 | 基金重仓股(2007年一季度) | |
| | 单位基金收益(元) | 0.5395 | 0.0714 | 证券名称 | 占净值比例 |
| | 单位基金可分配收益(元) | 0.0083 | 0.0109 | 苏宁电器 | 3.81% |
| | 单位基金净值(元) | 1.066 | 1.107 | 通威股份 | 3.38% |
| | 基金资产净值收益率(%) | | | 贵州茅台 | 3.12% |
| | 净收益(万元) | 132955.32 | 17611.1 | 万科A | 3.03% |
| | 基金资产总值(万元) | 1534937.26 | 268869.25 | 武钢股份 | 2.69% |
| | 基金资产净值(万元) | 1494154.94 | 255588.85 | 中国人寿 | 2.67% |
| 单位基金累计净值(元) | | 2.534(截止4.22) | | 招商银行 | 2.28% |
| 单位基金累计分红(元) | | 1.11 | | 西山煤电 | 1.84% |
| 历年分红 | 06年:10派0.5,10派8.1,10派0.3;05年:10派0.2,10派0.3,10派0.2;04年:10派0.4,10派0.3,10派0.2 | | | 广深铁路 | 1.71% |
| | | | | 中远航运 | 1.41% |

# 易基积极（J10005）

| 名称 | 易方达积极成长证券投资基金 | 成立日期 | 2004/09/09 | 存续期 | 不定期 |
| --- | --- | --- | --- | --- | --- |
| 类型 | 契约型 | 上市日期 | | 托管人 | 中国银行 |
| 规模 | 12亿 | 投资风格 | | | |
| 管理人 名称 | 易方达基金管理有限公司 | 电话 | 020-38797888 | | |
| 管理人 地址 | 广州市体育西路189号27,28楼 | 邮编 | 510075 | | |
| 主要财务指标 | 年度 | 2006 | 2005 | 基金重仓股(2007年一季度) | |
| | 单位基金收益(元) | 0.5753 | 0.0138 | 证券名称 | 占净值比例 |
| | 单位基金可分配收益(元) | 0.3478 | -0.0059 | 武钢股份 | 4.22% |
| | 单位基金净值(元) | 2.2383 | 1.0332 | 工商银行 | 4.19% |
| | 基金资产净值收益率(%) | | | 宝钢股份 | 3.25% |
| | 净收益(万元) | 75413.54 | 1704.13 | 长江电力 | 3.18% |
| | 基金资产总值(万元) | 240912.06 | 138041.15 | 中信证券 | 2.94% |
| | 基金资产净值(万元) | 236121.66 | 129093.6 | 民生银行 | 2.23% |
| 单位基金累计净值(元) | | 3.3478(截止4.22) | | 招商银行 | 2.21% |
| 单位基金累计分红(元) | | 0.31 | | 万科A | 1.97% |
| 历年分红 | 06年:10派1,10派0.9,10派0.2,10派0.3;05年:10派0.2 | | | 贵州茅台 | 1.92% |
| | | | | 苏宁电器 | 1.81% |

# 易基策略（J10002）

| 名称 | 易方达策略成长证券投资基金 | 成立日期 | 2003/12/09 | 存续期 | 不定期 |
| --- | --- | --- | --- | --- | --- |
| 类型 | 契约型 | 上市日期 | | 托管人 | 中国银行 |
| 规模 | 20亿 | 投资风格 | | | |
| 管理人 名称 | 易方达基金管理有限公司 | 电话 | 020-38797888 | | |
| 管理人 地址 | 广州市体育西路189号27,28楼 | 邮编 | 510075 | | |
| 主要财务指标 | 年度 | 2006 | 2005 | 基金重仓股(2007年一季度) | |
| | 单位基金收益(元) | 0.6723 | 0.0376 | 证券名称 | 占净值比例 |
| | 单位基金可分配收益(元) | 0.531 | -0.0014 | 苏宁电器 | 7.62% |
| | 单位基金净值(元) | 2.469 | 1.125 | 中信证券 | 5.49% |
| | 基金资产净值收益率(%) | | | 武钢股份 | 5.42% |
| | 净收益(万元) | 131085.11 | 6655 | 特变电工 | 3.84% |
| | 基金资产总值(万元) | 394713.32 | 257728.59 | 贵州茅台 | 3.3% |
| | 基金资产净值(万元) | 386875.6 | 252463.28 | 大族激光 | 3.26% |
| 单位基金累计净值(元) | | 3.962(截止4.22) | | 歌华有线 | 2.64% |
| 单位基金累计分红(元) | | 0.47 | | 华发股份 | 2.06% |
| 历年分红 | 06年:10派0.6,10派0.8,10派0.3,10派0.4;05年:10派0.2,10派0.2,10派0.2;04年:10派0.2,10派0.2,10派0.2 | | | 上海家化 | 1.97% |
| | | | | 瑞贝卡 | 1.92% |

# 易基货币（J10006）

| 名称 | 易方达货币市场基金 | 成立日期 | 2005/02/02 | 存续期 | 不定期 |
| --- | --- | --- | --- | --- | --- |
| 类型 | 契约型 | 上市日期 | | 托管人 | 中国银行 |
| 规模 | 36亿 | 投资风格 | 货币市场型 | | |
| 管理人 名称 | 易方达基金管理有限公司 | 电话 | 020-38797888 | | |
| 管理人 地址 | 广州市体育西路189号27,28楼 | 邮编 | 510075 | | |
| 主要财务指标 | 年度 | 2006 | 2005 | 基金重仓股(2007年一季度) | |
| | 单位基金收益(元) | | | 证券名称 | 占净值比例 |
| | 单位基金可分配收益(元) | | | | |
| | 单位基金净值(元) | 1 | 1 | | |
| | 基金资产净值收益率(%) | | | | |
| | 净收益(万元) | 12049.82 | 19545.39 | | |
| | 基金资产总值(万元) | 233988.51 | 1136393.33 | | |
| | 基金资产净值(万元) | 221069.27 | 958901.76 | | |
| 单位基金累计净值(元) | | | | | |
| 单位基金累计分红(元) | | | | | |
| 历年分红 | | | | | |

# 易方达月月收益（J10007）

| 名称 | 易方达月月收益中短期债券投资基金 | 成立日期 | 2005/09/19 | 存续期 | 不定期 |
| --- | --- | --- | --- | --- | --- |
| 类型 | 契约型 | 上市日期 | | 托管人 | 中国银行 |
| 规模 | 115亿 | 投资风格 | 债券型 | | |
| 管理人 名称 | 易方达基金管理有限公司 | | | 电话 | 020－38797888 |
| 管理人 地址 | 广州市体育西路189号27、28楼 | | | 邮编 | 510075 |

| 主要财务指标 年度 | 2006 | 2005 | 基金重仓股(2007年一季度) | |
| --- | --- | --- | --- | --- |
| 单位基金收益(元) | 0.0169 | 0.0057 | 证券名称 | 占净值比例 |
| 单位基金可分配收益(元) | 0.0007 | 0.0003 | | |
| 单位基金净值(元) | 1.0007 | 1.0003 | | |
| 基金资产净值收益率(%) | | | | |
| 净收益(万元) | 8826.88 | 6278.4 | | |
| 基金资产总值(万元) | 59478.87 | 1019646.85 | | |
| 基金资产净值(万元) | 58899.84 | 898900.92 | | |
| 单位基金累计净值(元) | 1.0252(截止4.22) | | | |
| 单位基金累计分红(元) | 0.0502 | | | |
| 历年分红 | 06年:10派0.01,10派0.014,10派0.013,10派0.012,10派0.016,10派0.02,10派0.02,10派0.011,105年:10派0.018,10派0.018,10派0.018 | | | |

# 易方达成长二号（j12002）

| 名称 | 易方达策略成长二号混合型证券投资基金 | 成立日期 | 2006/08/16 | 存续期 | 不定期 |
| --- | --- | --- | --- | --- | --- |
| 类型 | 契约型 | 上市日期 | | 托管人 | 中国银行 |
| 规模 | 37亿 | 投资风格 | 混合型 | | |
| 管理人 名称 | 易方达基金管理有限公司 | | | 电话 | 020－38797888 |
| 管理人 地址 | 广州市体育西路189号27、28楼 | | | 邮编 | 510075 |

| 主要财务指标 年度 | 2006 | 2005 | 基金重仓股(2007年一季度) | |
| --- | --- | --- | --- | --- |
| 单位基金收益(元) | 0.1082 | | 证券名称 | 占净值比例 |
| 单位基金可分配收益(元) | 0.073 | | 浦发银行 | 3.93% |
| 单位基金净值(元) | 1.471 | | 中信证券 | 3.91% |
| 基金资产净值收益率(%) | | | 武钢股份 | 3.84% |
| 净收益(万元) | 46912.92 | | 贵州茅台 | 3.63% |
| 基金资产总值(万元) | 753219.32 | | 大族激光 | 2.95% |
| 基金资产净值(万元) | 737099.92 | | 瑞贝卡 | 2.6% |
| 单位基金累计净值(元) | 2.188(截止4.22) | | 歌华有线 | 2.54% |
| 单位基金累计分红(元) | 0.145 | | 威孚高科 | 2.26% |
| 历年分红 | 06年:10派0.25 | | 上海机场 | 2.09% |
| | | | 长园新材 | 2.03% |

# 易方达价值精选（J10009）

| 名称 | 易方达价值精选股票型证券投资基金 | 成立日期 | 2006/06/13 | 存续期 | 不定期 |
| --- | --- | --- | --- | --- | --- |
| 类型 | 契约型 | 上市日期 | | 托管人 | 中国工商银行 |
| 规模 | 118亿 | 投资风格 | 股票型 | | |
| 管理人 名称 | 易方达基金管理有限公司 | | | 电话 | 020－38797888 |
| 管理人 地址 | 广州市体育西路189号27、28楼 | | | 邮编 | 510075 |

| 主要财务指标 年度 | 2006 | 2005 | 基金重仓股(2007年一季度) | |
| --- | --- | --- | --- | --- |
| 单位基金收益(元) | 0.1199 | | 证券名称 | 占净值比例 |
| 单位基金可分配收益(元) | 0.1332 | | 武钢股份 | 7.02% |
| 单位基金净值(元) | 1.4588 | | 中信证券 | 5.32% |
| 基金资产净值收益率(%) | | | 辽宁成大 | 3.08% |
| 净收益(万元) | 134730.87 | | 苏宁电器 | 2.71% |
| 基金资产总值(万元) | 1356702.31 | | 招商银行 | 2.49% |
| 基金资产净值(万元) | 1333906.56 | | 鞍钢股份 | 2.32% |
| 单位基金累计净值(元) | 2.1599(截止4.22) | | 吉林敖东 | 2.15% |
| 单位基金累计分红(元) | 0.18 | | S深发展A | 2.12% |
| 历年分红 | 06年:10派0.6 | | 新安股份 | 2.12% |
| | | | 国投电力 | 2.11% |

# 东吴嘉禾精选（J80001）

| 名称 | 东吴嘉禾优势精选混合型开放式证券投资基金 | 成立日期 | 2005/02/01 | 存续期 | 不定期 |
| --- | --- | --- | --- | --- | --- |
| 类型 | 契约型 | 上市日期 | | 托管人 | 中国工商银行 |
| 规模 | 10亿 | 投资风格 | 混合型 | | |
| 管理人 名称 | 东吴基金管理有限公司 | | | 电话 | 021－50509666 |
| 管理人 地址 | 上海市源深路279号 | | | 邮编 | |

| 主要财务指标 年度 | 2006 | 2005 | 基金重仓股(2007年一季度) | |
| --- | --- | --- | --- | --- |
| 单位基金收益(元) | 0.8237 | －0.0984 | 证券名称 | 占净值比例 |
| 单位基金可分配收益(元) | 0.1155 | －0.0854 | 民生银行 | 7.3% |
| 单位基金净值(元) | 1.2008 | 0.9254 | 湘电股份 | 6.96% |
| 基金资产净值收益率(%) | 74.86 | －10.46 | 泸州老窖 | 6.57% |
| 净收益(万元) | 8111.87 | －7055.24 | 苏宁环球 | 6.03% |
| 基金资产总值(万元) | 14051.25 | 34974.85 | 张裕A | 5.34% |
| 基金资产净值(万元) | 13592.34 | 34744.11 | 金地集团 | 5.08% |
| 单位基金累计净值(元) | 2.2028(截止4.22) | | 金发科技 | 4.89% |
| 单位基金累计分红(元) | 1.09 | | 中国平安 | 4.87% |
| 历年分红 | 06年:10派3.5,10派1.6,10派1.3；05年:10派0.2 | | 中信证券 | 4.46% |
| | | | S双汇 | 4.3% |

# 易方达价值成长（J10010）

| 名称 | 易方达价值成长混合型证券投资基金 | 成立日期 | 2007/04/02 | 存续期 | 不定期 |
| --- | --- | --- | --- | --- | --- |
| 类型 | 契约型 | 上市日期 | | 托管人 | 中国工商银行 |
| 规模 | 109亿 | 投资风格 | 混合型 | | |
| 管理人 名称 | 易方达基金管理有限公司 | | | 电话 | 020－38797888 |
| 管理人 地址 | 广州市体育西路189号27、28楼 | | | 邮编 | 510075 |

| 主要财务指标 年度 | 2006 | 2005 | 基金重仓股(2007年一季度) | |
| --- | --- | --- | --- | --- |
| 单位基金收益(元) | | | 证券名称 | 占净值比例 |
| 单位基金可分配收益(元) | | | | |
| 单位基金净值(元) | | | | |
| 基金资产净值收益率(%) | | | | |
| 净收益(万元) | | | | |
| 基金资产总值(万元) | | | | |
| 基金资产净值(万元) | | | | |
| 单位基金累计净值(元) | 1.0381(截止4.22) | | | |
| 单位基金累计分红(元) | | | | |
| 历年分红 | | | | |

# 东吴价值成长（J80002）

| 名称 | 东吴价值成长双动力股票型证券投资基金 | 成立日期 | 2006/12/15 | 存续期 | 不定期 |
| --- | --- | --- | --- | --- | --- |
| 类型 | 契约型 | 上市日期 | | 托管人 | 中国农业银行 |
| 规模 | 21亿 | 投资风格 | 股票型 | | |
| 管理人 名称 | 东吴基金管理有限公司 | | | 电话 | 021－50509666 |
| 管理人 地址 | 上海市源深路279号 | | | 邮编 | |

| 主要财务指标 年度 | 2006 | 2005 | 基金重仓股(2007年一季度) | |
| --- | --- | --- | --- | --- |
| 单位基金收益(元) | | | 证券名称 | 占净值比例 |
| 单位基金可分配收益(元) | | | 泸州老窖 | 9.39% |
| 单位基金净值(元) | | | 苏宁环球 | 9.23% |
| 基金资产净值收益率(%) | | | 湘电股份 | 6.09% |
| 净收益(万元) | | | 时代新材 | 5.75% |
| 基金资产总值(万元) | | | 大秦铁路 | 4.67% |
| 基金资产净值(万元) | | | 国投中鲁 | 4.46% |
| 单位基金累计净值(元) | 1.4339(截止4.22) | | 张江高科 | 4.41% |
| 单位基金累计分红(元) | | | 华星化工 | 4.32% |
| 历年分红 | | | S天一科 | 4.22% |
| | | | 双鹭药业 | 4.05% |

## 万科 B（200002）

二〇〇六年以来市场表现

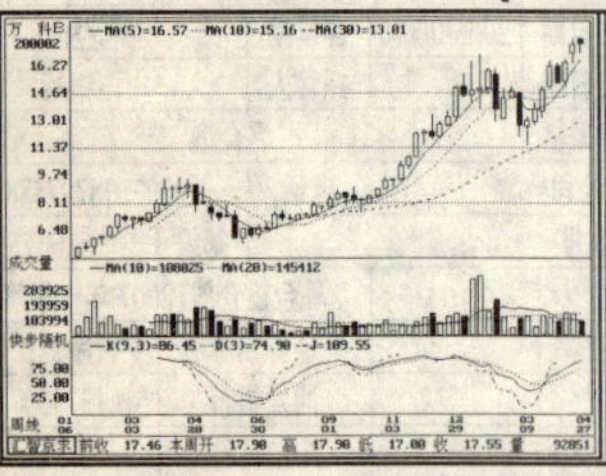

| | |
|---|---|
| 2006 年涨跌幅(%) | 203.33 |
| 2006 年最高(元) | 15.15 |
| 2007 年涨跌幅(%) | 17.55 |
| 2007.4.27 收盘(元) | 17.55 |
| 2007 年最高(元) | 17.9 |
| 2007 年最低(元) | 11.51 |
| 2007 年换手率(%) | 44.32 |
| 2007 年振幅(%) | 55.52 |

## 深中冠 B（200018）

二〇〇六年以来市场表现

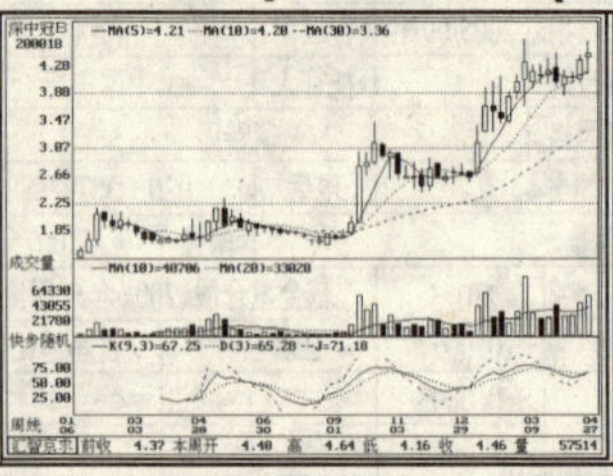

| | |
|---|---|
| 2006 年涨跌幅(%) | 86.11 |
| 2006 年最高(元) | 3.44 |
| 2007 年涨跌幅(%) | 66.42 |
| 2007.4.27 收盘(元) | 4.46 |
| 2007 年最高(元) | 4.69 |
| 2007 年最低(元) | 2.55 |
| 2007 年换手率(%) | 85.85 |
| 2007 年振幅(%) | 83.92 |

## 深物业 B（200011）

二〇〇六年以来市场表现

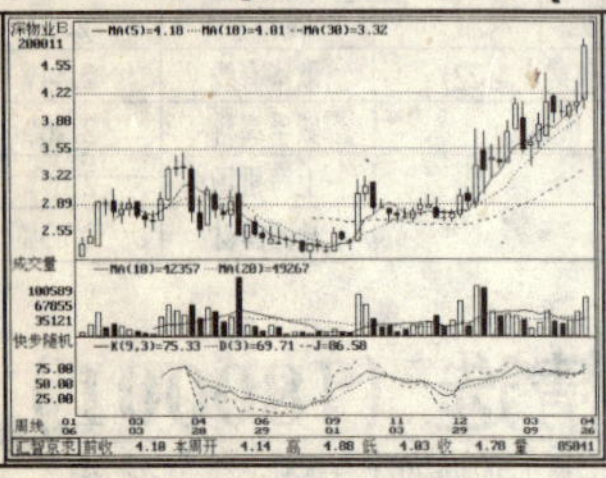

| | |
|---|---|
| 2006 年涨跌幅(%) | 29.13 |
| 2006 年最高(元) | 3.49 |
| 2007 年涨跌幅(%) | 60.94 |
| 2007.4.27 收盘(元) | 4.78 |
| 2007 年最高(元) | 4.88 |
| 2007 年最低(元) | 2.83 |
| 2007 年换手率(%) | 131.58 |
| 2007 年振幅(%) | 72.44 |

## 深深宝 B（200019）

二〇〇六年以来市场表现

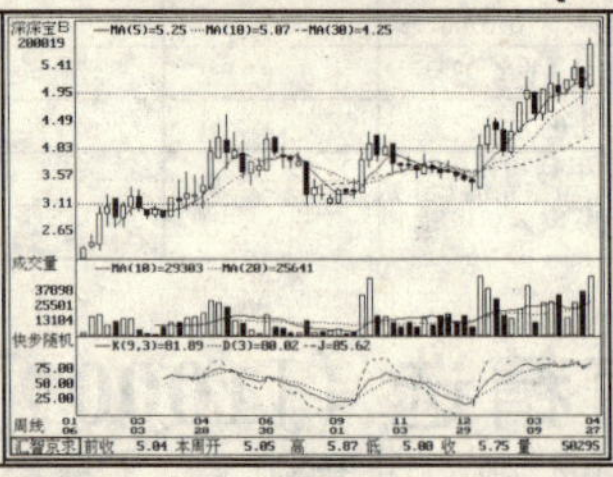

| | |
|---|---|
| 2006 年涨跌幅(%) | 55.11 |
| 2006 年最高(元) | 4.58 |
| 2007 年涨跌幅(%) | 64.76 |
| 2007.4.27 收盘(元) | 5.75 |
| 2007 年最高(元) | 5.87 |
| 2007 年最低(元) | 3.3 |
| 2007 年换手率(%) | 171.92 |
| 2007 年振幅(%) | 77.88 |

## 南玻 B（200012）

二〇〇六年以来市场表现

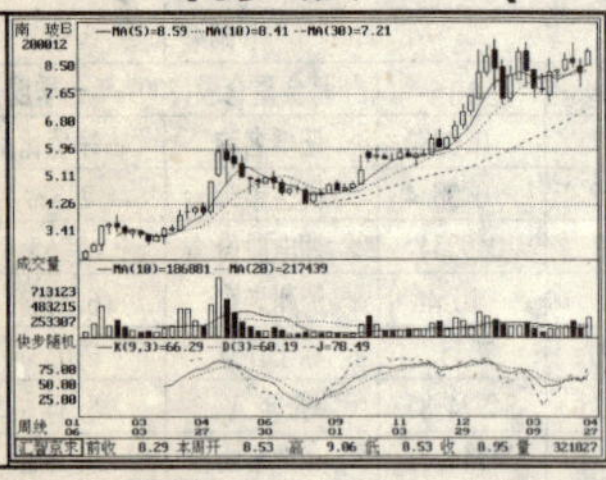

| | |
|---|---|
| 2006 年涨跌幅(%) | 181.17 |
| 2006 年最高(元) | 7.47 |
| 2007 年涨跌幅(%) | 26.41 |
| 2007.4.27 收盘(元) | 8.95 |
| 2007 年最高(元) | 9.35 |
| 2007 年最低(元) | 7 |
| 2007 年换手率(%) | 76.4 |
| 2007 年振幅(%) | 33.57 |

## ST 华发 B（200020）

二〇〇六年以来市场表现

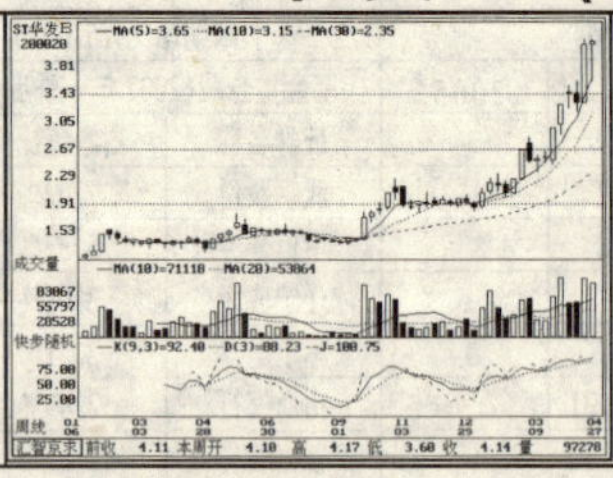

| | |
|---|---|
| 2006 年涨跌幅(%) | 64.41 |
| 2006 年最高(元) | 2.25 |
| 2007 年涨跌幅(%) | 113.4 |
| 2007.4.27 收盘(元) | 4.14 |
| 2007 年最高(元) | 4.19 |
| 2007 年最低(元) | 1.8 |
| 2007 年换手率(%) | 96.68 |
| 2007 年振幅(%) | 132.78 |

## 深康佳 B（200016）

二〇〇六年以来市场表现

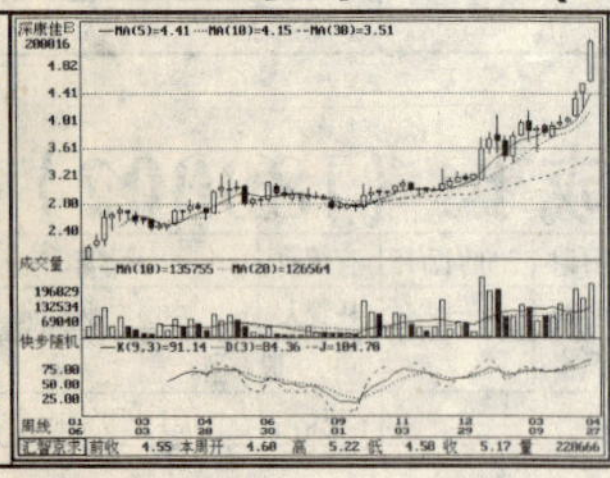

| | |
|---|---|
| 2006 年涨跌幅(%) | 58.29 |
| 2006 年最高(元) | 3.3 |
| 2007 年涨跌幅(%) | 64.13 |
| 2007.4.27 收盘(元) | 5.17 |
| 2007 年最高(元) | 5.22 |
| 2007 年最低(元) | 3.12 |
| 2007 年换手率(%) | 118.26 |
| 2007 年振幅(%) | 67.31 |

## 深赤湾 B（200022）

二〇〇六年以来市场表现

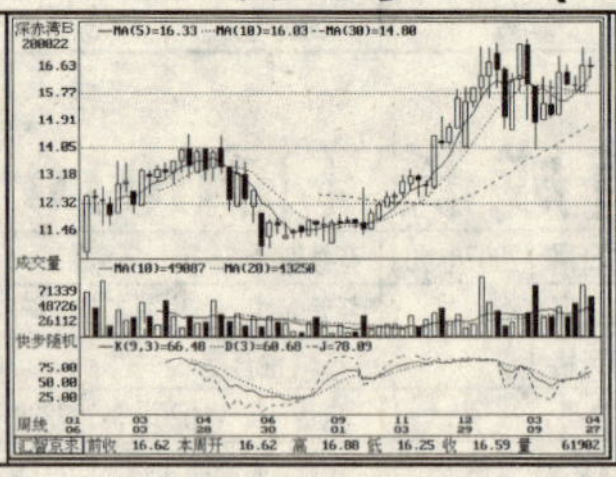

| | |
|---|---|
| 2006 年涨跌幅(%) | 50.08 |
| 2006 年最高(元) | 16.67 |
| 2007 年涨跌幅(%) | 7.24 |
| 2007.4.27 收盘(元) | 16.59 |
| 2007 年最高(元) | 17.49 |
| 2007 年最低(元) | 13.95 |
| 2007 年换手率(%) | 41.33 |
| 2007 年振幅(%) | 25.38 |

## ST 中华 B（200017）

二〇〇六年以来市场表现

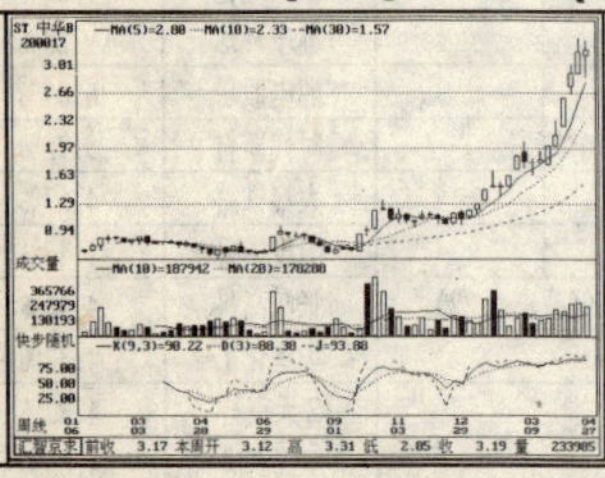

| | |
|---|---|
| 2006 年涨跌幅(%) | 57.97 |
| 2006 年最高(元) | 1.32 |
| 2007 年涨跌幅(%) | 192.66 |
| 2007.4.27 收盘(元) | 3.19 |
| 2007 年最高(元) | 3.35 |
| 2007 年最低(元) | 1.09 |
| 2007 年换手率(%) | 141.42 |
| 2007 年振幅(%) | 207.34 |

## 招商局 B（200024）

二〇〇六年以来市场表现

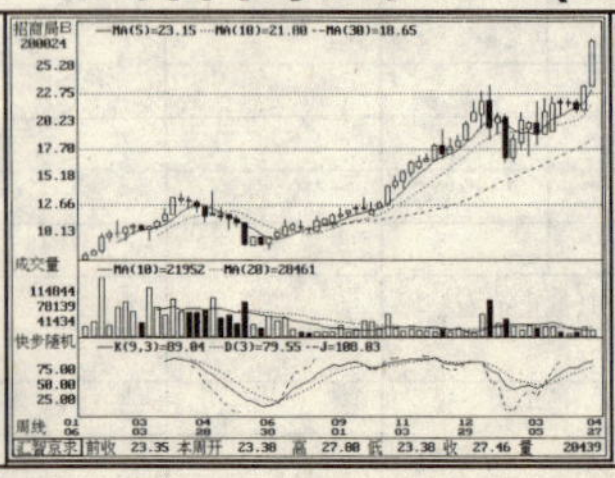

| | |
|---|---|
| 2006 年涨跌幅(%) | 159.6 |
| 2006 年最高(元) | 20.21 |
| 2007 年涨跌幅(%) | 37.51 |
| 2007.4.27 收盘(元) | 27.46 |
| 2007 年最高(元) | 27.8 |
| 2007 年最低(元) | 16.39 |
| 2007 年换手率(%) | 22.76 |
| 2007 年振幅(%) | 69.62 |

## 特力B（200025）

二〇〇六年以来市场表现

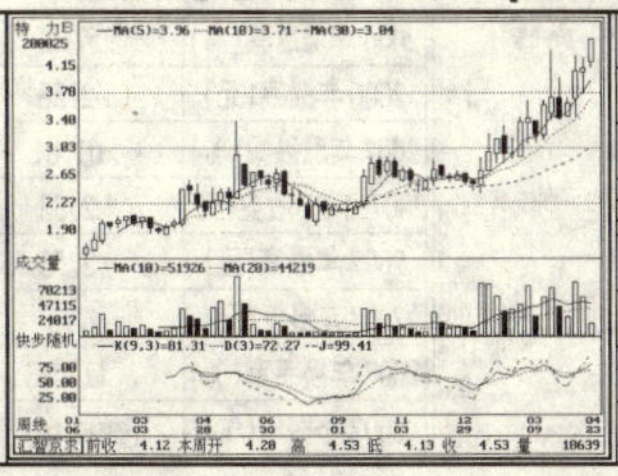

| | |
|---|---|
| 2006年涨跌幅(%) | 62.42 |
| 2006年最高(元) | 3.38 |
| 2007年涨跌幅(%) | 77.65 |
| 2007.4.27收盘(元) | 4.53 |
| 2007年最高(元) | 4.53 |
| 2007年最低(元) | 2.4 |
| 2007年换手率(%) | 312.94 |
| 2007年振幅(%) | 88.75 |

## 深南电B（200037）

二〇〇六年以来市场表现

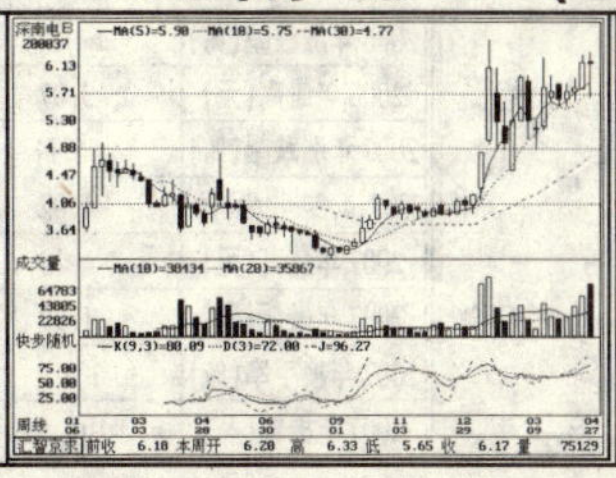

| | |
|---|---|
| 2006年涨跌幅(%) | 8.94 |
| 2006年最高(元) | 4.96 |
| 2007年涨跌幅(%) | 53.48 |
| 2007.4.27收盘(元) | 6.17 |
| 2007年最高(元) | 6.54 |
| 2007年最低(元) | 3.9 |
| 2007年换手率(%) | 41.93 |
| 2007年振幅(%) | 67.69 |

## 飞亚达B（200026）

二〇〇六年以来市场表现

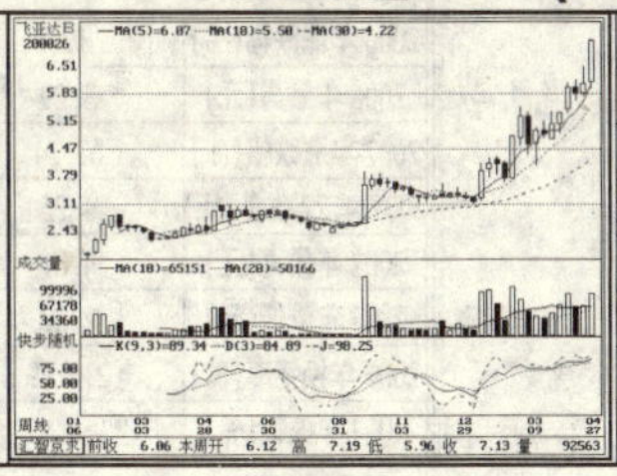

| | |
|---|---|
| 2006年涨跌幅(%) | 79.01 |
| 2006年最高(元) | 3.9 |
| 2007年涨跌幅(%) | 120.06 |
| 2007.4.27收盘(元) | 7.13 |
| 2007年最高(元) | 7.19 |
| 2007年最低(元) | 3.1 |
| 2007年换手率(%) | 183.73 |
| 2007年振幅(%) | 131.94 |

## 中集B（200039）

二〇〇六年以来市场表现

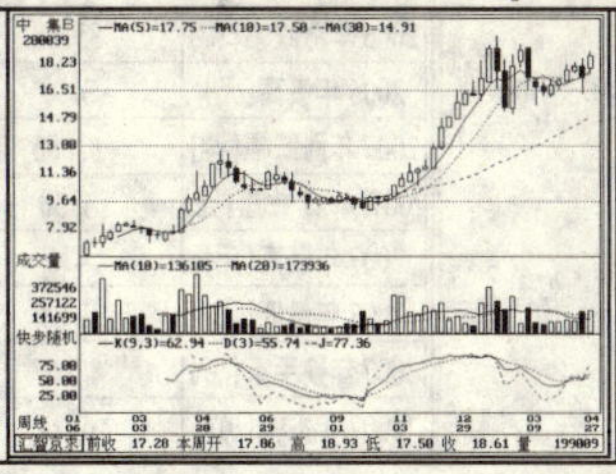

| | |
|---|---|
| 2006年涨跌幅(%) | 192.44 |
| 2006年最高(元) | 18.57 |
| 2007年涨跌幅(%) | 14.31 |
| 2007.4.27收盘(元) | 18.61 |
| 2007年最高(元) | 19.95 |
| 2007年最低(元) | 15.01 |
| 2007年换手率(%) | 24.04 |
| 2007年振幅(%) | 32.91 |

## 一致B（200028）

二〇〇六年以来市场表现

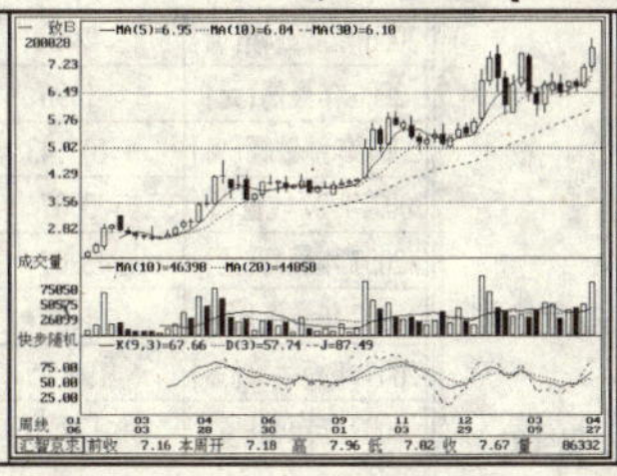

| | |
|---|---|
| 2006年涨跌幅(%) | 159.37 |
| 2006年最高(元) | 6.01 |
| 2007年涨跌幅(%) | 41.77 |
| 2007.4.27收盘(元) | 7.67 |
| 2007年最高(元) | 7.96 |
| 2007年最低(元) | 5.42 |
| 2007年换手率(%) | 139.81 |
| 2007年振幅(%) | 46.86 |

## *ST本实B（200041）

二〇〇六年以来市场表现

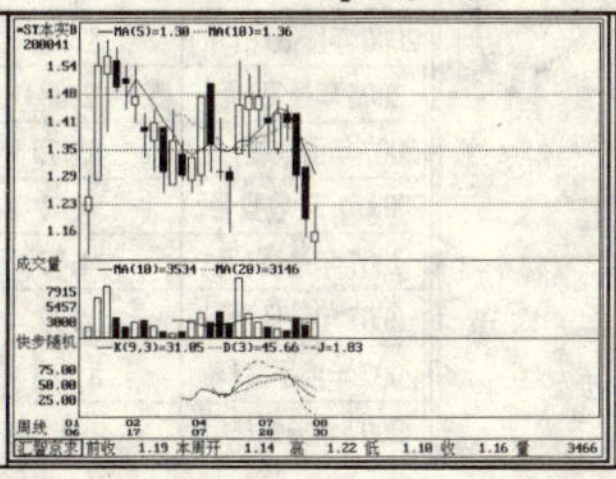

| | |
|---|---|
| 2006年涨跌幅(%) | -4.13 |
| 2006年最高(元) | 1.6 |
| 2007年涨跌幅(%) | |
| 2007.4.27收盘(元) | |
| 2007年最高(元) | |
| 2007年最低(元) | |
| 2007年换手率(%) | |
| 2007年振幅(%) | |

## 深深房B（200029）

二〇〇六年以来市场表现

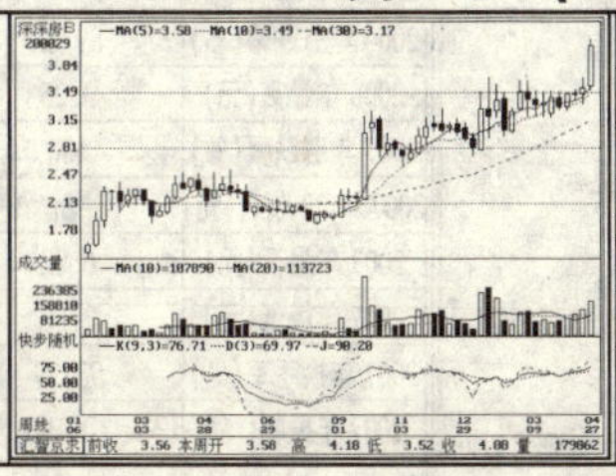

| | |
|---|---|
| 2006年涨跌幅(%) | 98.64 |
| 2006年最高(元) | 3.3 |
| 2007年涨跌幅(%) | 39.73 |
| 2007.4.27收盘(元) | 4.08 |
| 2007年最高(元) | 4.18 |
| 2007年最低(元) | 2.71 |
| 2007年换手率(%) | 160.24 |
| 2007年振幅(%) | 54.24 |

## 深纺织B（200045）

二〇〇六年以来市场表现

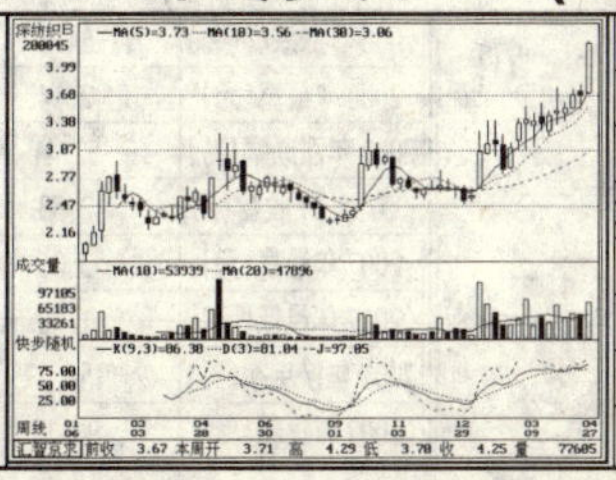

| | |
|---|---|
| 2006年涨跌幅(%) | 32.39 |
| 2006年最高(元) | 3.3 |
| 2007年涨跌幅(%) | 68.65 |
| 2007.4.27收盘(元) | 4.25 |
| 2007年最高(元) | 4.29 |
| 2007年最低(元) | 2.51 |
| 2007年换手率(%) | 173.64 |
| 2007年振幅(%) | 70.92 |

## *ST盛润B（200030）

二〇〇六年以来市场表现

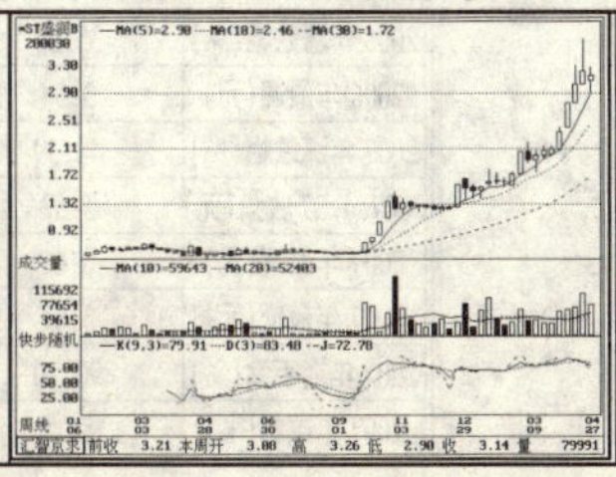

| | |
|---|---|
| 2006年涨跌幅(%) | 173.21 |
| 2006年最高(元) | 1.67 |
| 2007年涨跌幅(%) | 105.23 |
| 2007.4.27收盘(元) | 3.14 |
| 2007年最高(元) | 3.69 |
| 2007年最低(元) | 1.38 |
| 2007年换手率(%) | 220.99 |
| 2007年振幅(%) | 167.39 |

## 深基地B（200053）

二〇〇六年以来市场表现

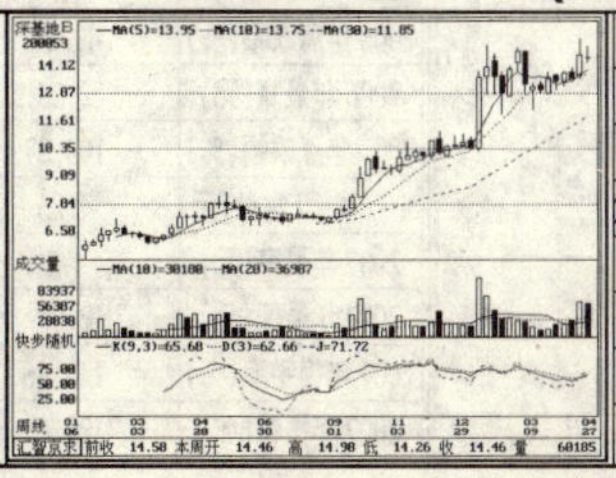

| | |
|---|---|
| 2006年涨跌幅(%) | 89.63 |
| 2006年最高(元) | 11.41 |
| 2007年涨跌幅(%) | 36.16 |
| 2007.4.27收盘(元) | 14.46 |
| 2007年最高(元) | 15.38 |
| 2007年最低(元) | 10.23 |
| 2007年换手率(%) | 56.08 |
| 2007年振幅(%) | 50.34 |

## 建摩 B（200054）

二〇〇六年以来市场表现

| | |
|---|---|
| 2006 年涨跌幅(%) | 64.89 |
| 2006 年最高(元) | 3.07 |
| 2007 年涨跌幅(%) | 86.11 |
| 2007.4.27 收盘(元) | 4.02 |
| 2007 年最高(元) | 4.13 |
| 2007 年最低(元) | 1.99 |
| 2007 年换手率(%) | 131.1 |
| 2007 年振幅(%) | 107.54 |

## 帝贤 B（200160）

二〇〇六年以来市场表现

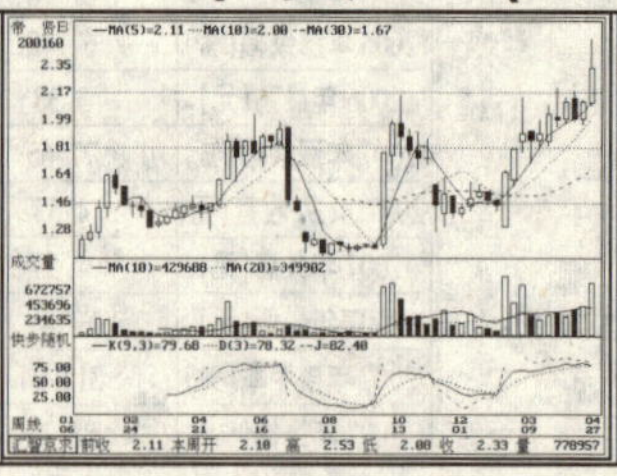

| | |
|---|---|
| 2006 年涨跌幅(%) | 57.09 |
| 2006 年最高(元) | 2.58 |
| 2007 年涨跌幅(%) | 61.81 |
| 2007.4.27 收盘(元) | 2.33 |
| 2007 年最高(元) | 2.53 |
| 2007 年最低(元) | 1.3 |
| 2007 年换手率(%) | 112.43 |
| 2007 年振幅(%) | 94.62 |

## 方大 B（200055）

二〇〇六年以来市场表现

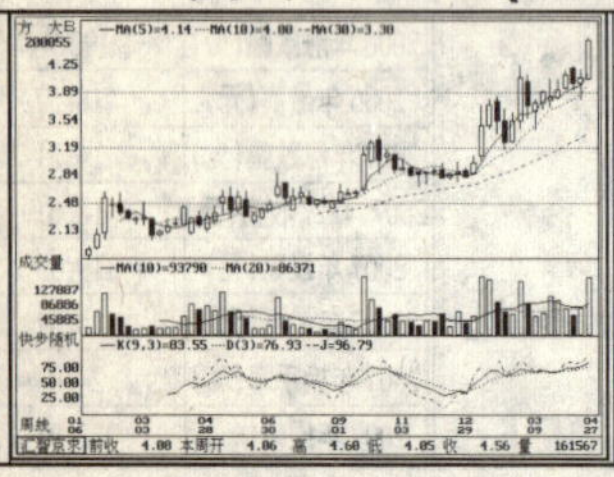

| | |
|---|---|
| 2006 年涨跌幅(%) | 83.08 |
| 2006 年最高(元) | 3.99 |
| 2007 年涨跌幅(%) | 62.86 |
| 2007.4.27 收盘(元) | 4.56 |
| 2007 年最高(元) | 4.6 |
| 2007 年最低(元) | 2.85 |
| 2007 年换手率(%) | 88.67 |
| 2007 年振幅(%) | 61.4 |

## 雷伊 B（200168）

二〇〇六年以来市场表现

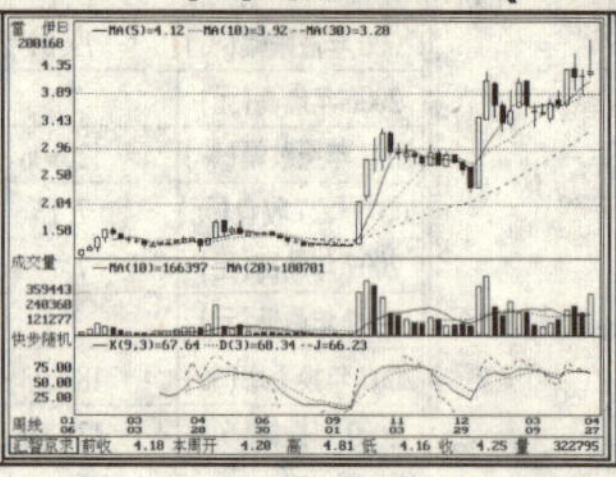

| | |
|---|---|
| 2006 年涨跌幅(%) | 125 |
| 2006 年最高(元) | 3.29 |
| 2007 年涨跌幅(%) | 62.84 |
| 2007.4.27 收盘(元) | 4.25 |
| 2007 年最高(元) | 4.81 |
| 2007 年最低(元) | 2.22 |
| 2007 年换手率(%) | 210.39 |
| 2007 年振幅(%) | 116.67 |

## 深国商 B（200056）

二〇〇六年以来市场表现

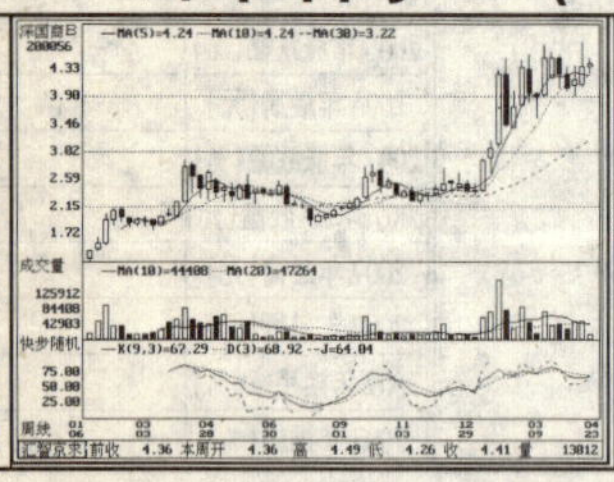

| | |
|---|---|
| 2006 年涨跌幅(%) | 83.21 |
| 2006 年最高(元) | 2.88 |
| 2007 年涨跌幅(%) | 83.75 |
| 2007.4.27 收盘(元) | 4.41 |
| 2007 年最高(元) | 4.77 |
| 2007 年最低(元) | 2.32 |
| 2007 年换手率(%) | 85.83 |
| 2007 年振幅(%) | 105.6 |

## *ST 宝石 B（200413）

二〇〇六年以来市场表现

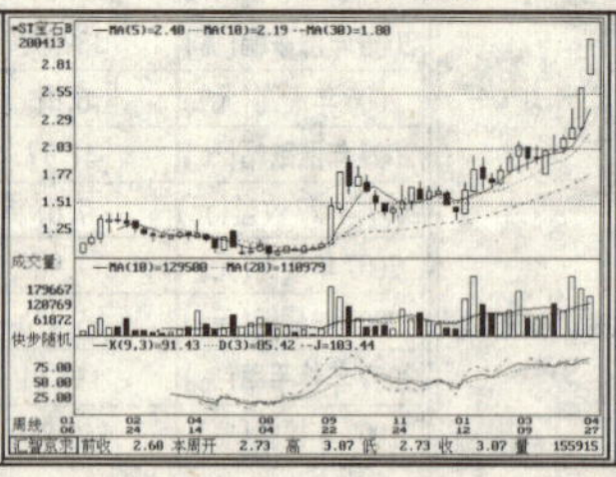

| | |
|---|---|
| 2006 年涨跌幅(%) | 42.31 |
| 2006 年最高(元) | 1.96 |
| 2007 年涨跌幅(%) | 107.43 |
| 2007.4.27 收盘(元) | 3.07 |
| 2007 年最高(元) | 3.07 |
| 2007 年最低(元) | 1.34 |
| 2007 年换手率(%) | 199.75 |
| 2007 年振幅(%) | 129.1 |

## *ST 赛格 B（200058）

二〇〇六年以来市场表现

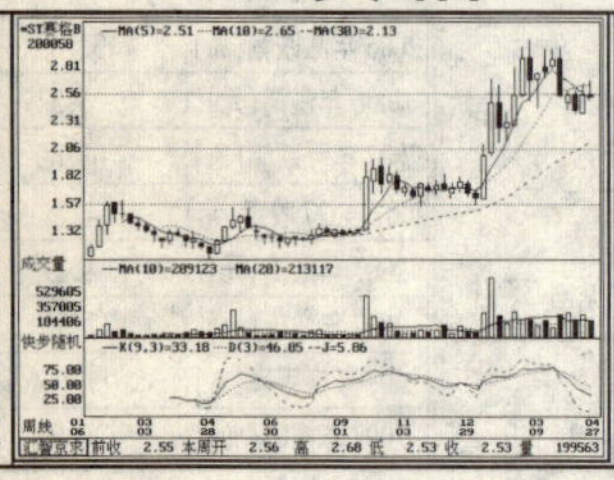

| | |
|---|---|
| 2006 年涨跌幅(%) | 64.6 |
| 2006 年最高(元) | 2.14 |
| 2007 年涨跌幅(%) | 52.41 |
| 2007.4.27 收盘(元) | 2.53 |
| 2007 年最高(元) | 3.06 |
| 2007 年最低(元) | 1.56 |
| 2007 年换手率(%) | 156.27 |
| 2007 年振幅(%) | 96.15 |

## 小天鹅 B（200418）

二〇〇六年以来市场表现

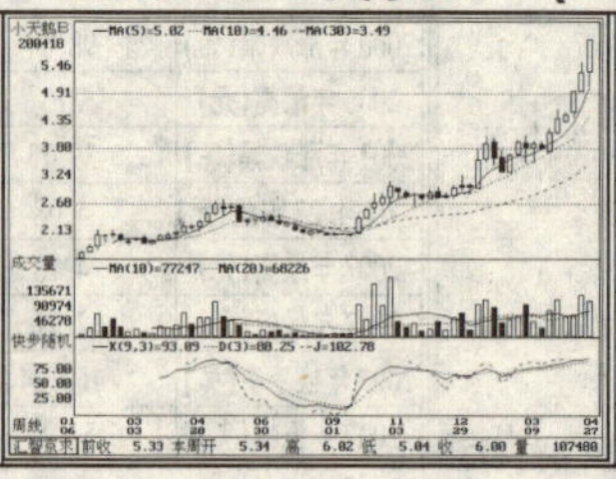

| | |
|---|---|
| 2006 年涨跌幅(%) | 89.87 |
| 2006 年最高(元) | 3.25 |
| 2007 年涨跌幅(%) | 100 |
| 2007.4.27 收盘(元) | 6 |
| 2007 年最高(元) | 6.02 |
| 2007 年最低(元) | 2.88 |
| 2007 年换手率(%) | 93.99 |
| 2007 年振幅(%) | 109.03 |

## 山航 B（200152）

二〇〇六年以来市场表现

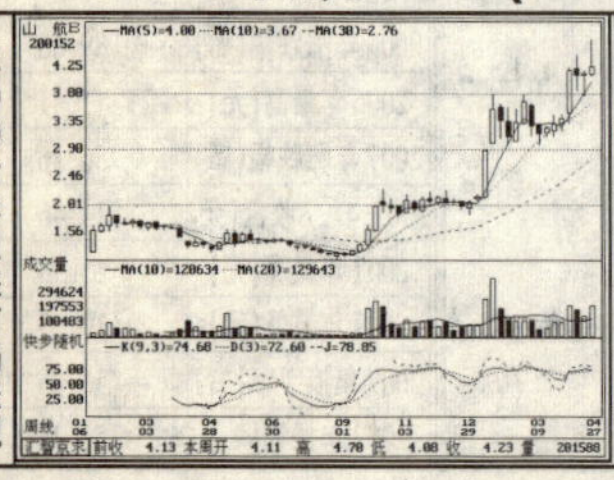

| | |
|---|---|
| 2006 年涨跌幅(%) | 49.27 |
| 2006 年最高(元) | 2.25 |
| 2007 年涨跌幅(%) | 108.37 |
| 2007.4.27 收盘(元) | 4.23 |
| 2007 年最高(元) | 4.7 |
| 2007 年最低(元) | 2.07 |
| 2007 年换手率(%) | 146.36 |
| 2007 年振幅(%) | 127.05 |

## 粤高速 B（200429）

二〇〇六年以来市场表现

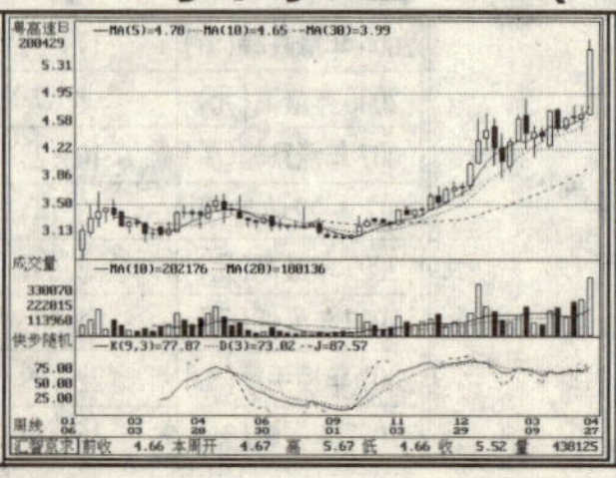

| | |
|---|---|
| 2006 年涨跌幅(%) | 35.05 |
| 2006 年最高(元) | 3.94 |
| 2007 年涨跌幅(%) | 48.39 |
| 2007.4.27 收盘(元) | 5.52 |
| 2007 年最高(元) | 5.67 |
| 2007 年最低(元) | 3.67 |
| 2007 年换手率(%) | 90.99 |
| 2007 年振幅(%) | 54.5 |

## 宁通信B（200468）

二〇〇六年以来市场表现

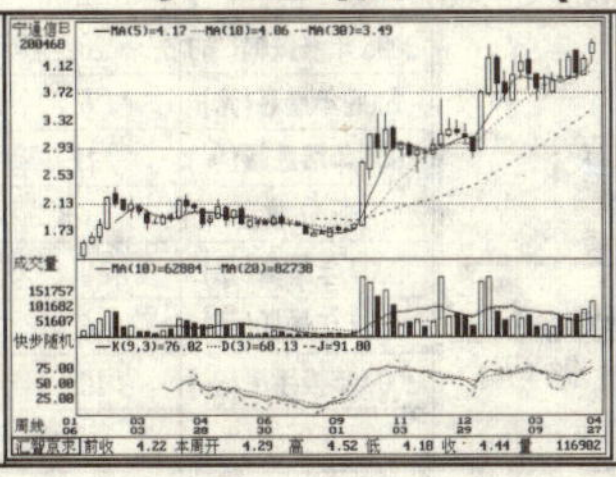

| | |
|---|---|
| 2006年涨跌幅(%) | 124.09 |
| 2006年最高(元) | 3.63 |
| 2007年涨跌幅(%) | 44.63 |
| 2007.4.27收盘(元) | 4.44 |
| 2007年最高(元) | 4.52 |
| 2007年最低(元) | 2.77 |
| 2007年换手率(%) | 124.64 |
| 2007年振幅(%) | 63.18 |

## 皖美菱B（200521）

二〇〇六年以来市场表现

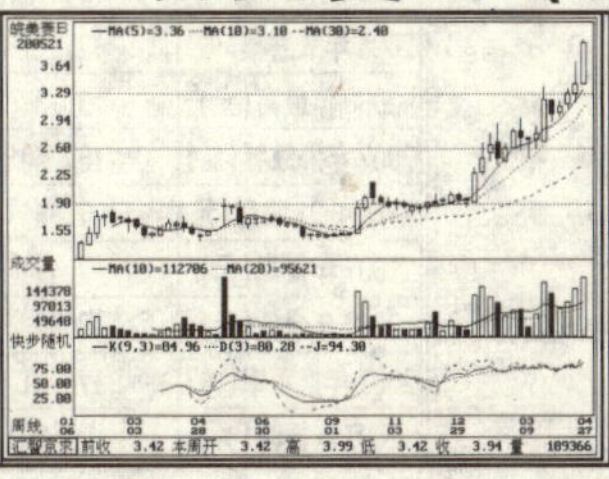

| | |
|---|---|
| 2006年涨跌幅(%) | 62.5 |
| 2006年最高(元) | 2.15 |
| 2007年涨跌幅(%) | 102.05 |
| 2007.4.27收盘(元) | 3.94 |
| 2007年最高(元) | 3.99 |
| 2007年最低(元) | 1.85 |
| 2007年换手率(%) | 153.19 |
| 2007年振幅(%) | 115.68 |

## 晨鸣B（200488）

二〇〇六年以来市场表现

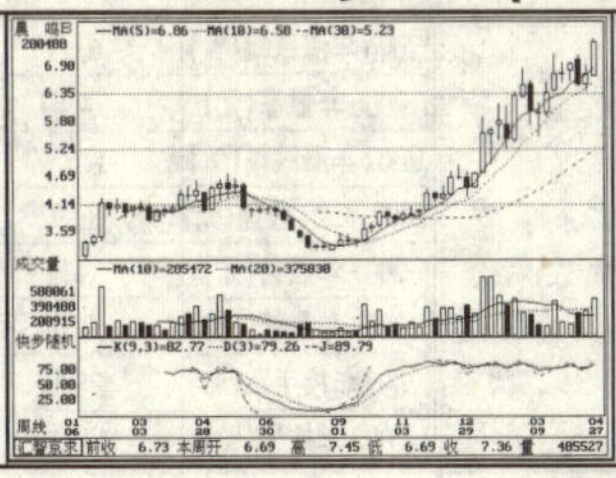

| | |
|---|---|
| 2006年涨跌幅(%) | 46.36 |
| 2006年最高(元) | 5.02 |
| 2007年涨跌幅(%) | 65.39 |
| 2007.4.27收盘(元) | 7.36 |
| 2007年最高(元) | 7.45 |
| 2007年最低(元) | 4.46 |
| 2007年换手率(%) | 110.22 |
| 2007年振幅(%) | 67.04 |

## 大冷B（200530）

二〇〇六年以来市场表现

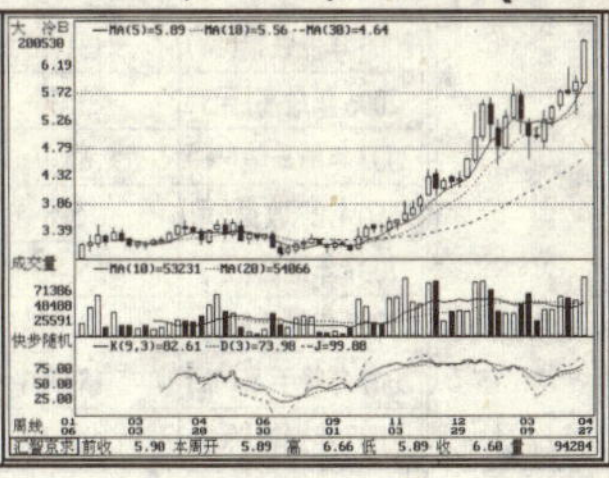

| | |
|---|---|
| 2006年涨跌幅(%) | 50.86 |
| 2006年最高(元) | 4.58 |
| 2007年涨跌幅(%) | 54.93 |
| 2007.4.27收盘(元) | 6.6 |
| 2007年最高(元) | 6.66 |
| 2007年最低(元) | 4.27 |
| 2007年换手率(%) | 77.34 |
| 2007年振幅(%) | 55.97 |

## *ST珠江B（200505）

二〇〇六年以来市场表现

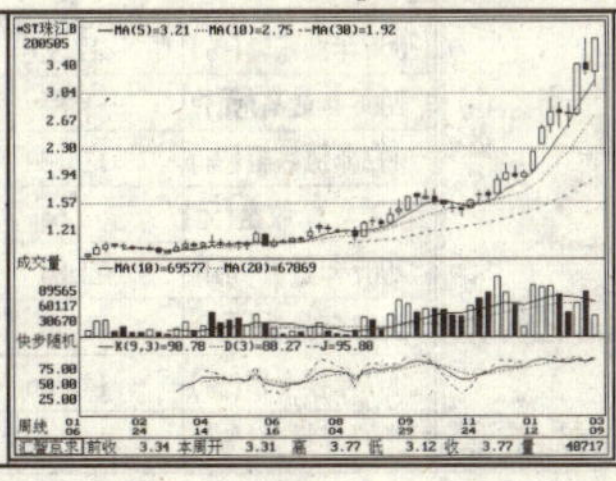

| | |
|---|---|
| 2006年涨跌幅(%) | 149.38 |
| 2006年最高(元) | 2.36 |
| 2007年涨跌幅(%) | 96.35 |
| 2007.4.27收盘(元) | 3.77 |
| 2007年最高(元) | 3.77 |
| 2007年最低(元) | 1.91 |
| 2007年换手率(%) | 97.58 |
| 2007年振幅(%) | 97.38 |

## 粤电力B（200539）

二〇〇六年以来市场表现

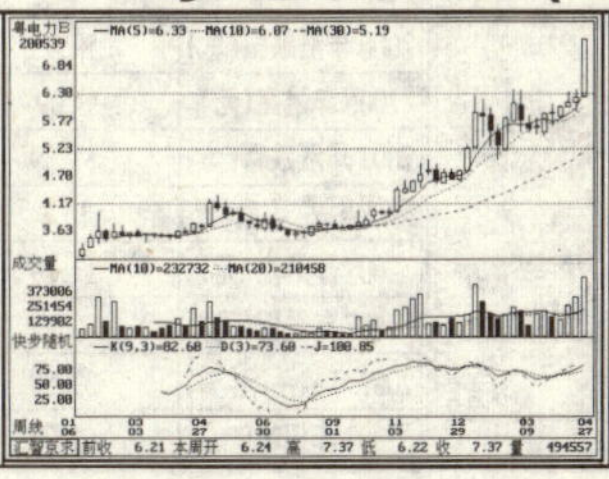

| | |
|---|---|
| 2006年涨跌幅(%) | 58.09 |
| 2006年最高(元) | 5.19 |
| 2007年涨跌幅(%) | 53.86 |
| 2007.4.27收盘(元) | 7.37 |
| 2007年最高(元) | 7.37 |
| 2007年最低(元) | 4.76 |
| 2007年换手率(%) | 56.11 |
| 2007年振幅(%) | 54.83 |

## *ST灿坤B（200512）

二〇〇六年以来市场表现

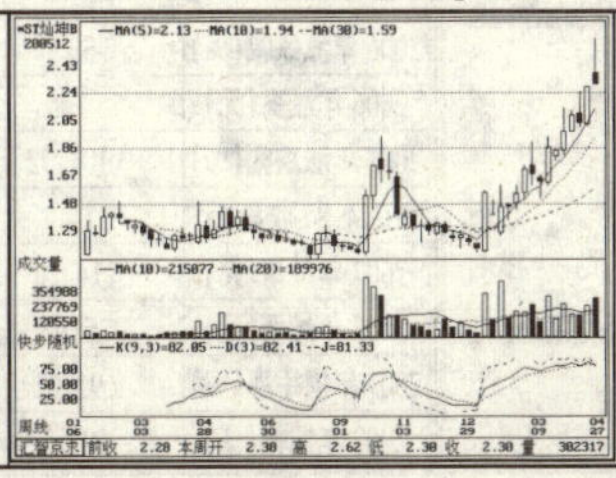

| | |
|---|---|
| 2006年涨跌幅(%) | 5.22 |
| 2006年最高(元) | 1.94 |
| 2007年涨跌幅(%) | 90.08 |
| 2007.4.27收盘(元) | 2.3 |
| 2007年最高(元) | 2.62 |
| 2007年最低(元) | 1.14 |
| 2007年换手率(%) | 112.74 |
| 2007年振幅(%) | 129.83 |

## 粤照明B（200541）

二〇〇六年以来市场表现

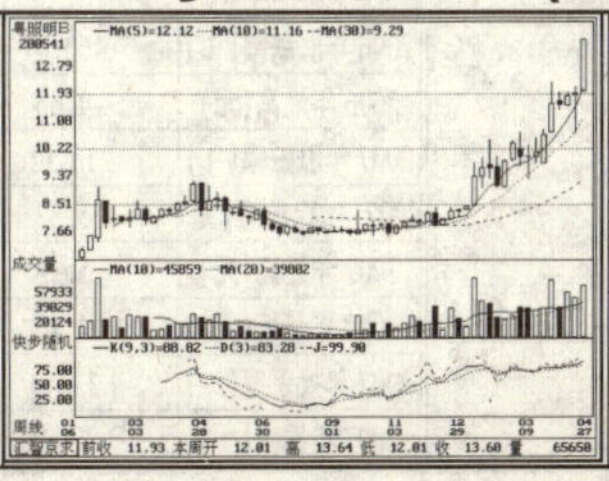

| | |
|---|---|
| 2006年涨跌幅(%) | 27.98 |
| 2006年最高(元) | 9.19 |
| 2007年涨跌幅(%) | 64.25 |
| 2007.4.27收盘(元) | 13.6 |
| 2007年最高(元) | 13.64 |
| 2007年最低(元) | 8.3 |
| 2007年换手率(%) | 85.66 |
| 2007年振幅(%) | 64.34 |

## 丽珠B（200513）

二〇〇六年以来市场表现

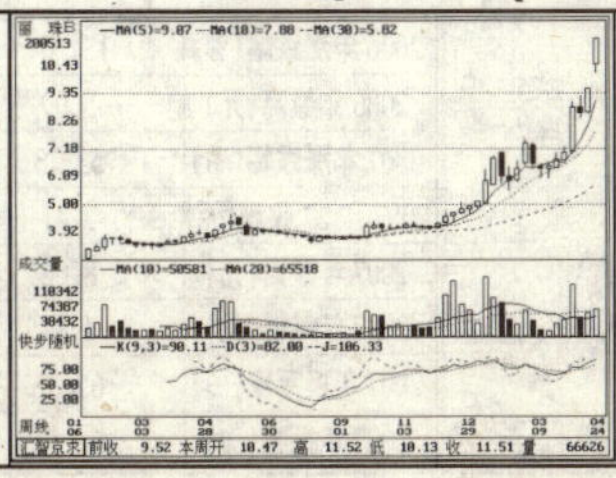

| | |
|---|---|
| 2006年涨跌幅(%) | 70.98 |
| 2006年最高(元) | 5.04 |
| 2007年涨跌幅(%) | 135.38 |
| 2007.4.27收盘(元) | 11.51 |
| 2007年最高(元) | 11.52 |
| 2007年最低(元) | 4.79 |
| 2007年换手率(%) | 80.35 |
| 2007年振幅(%) | 140.5 |

## 江铃B（200550）

二〇〇六年以来市场表现

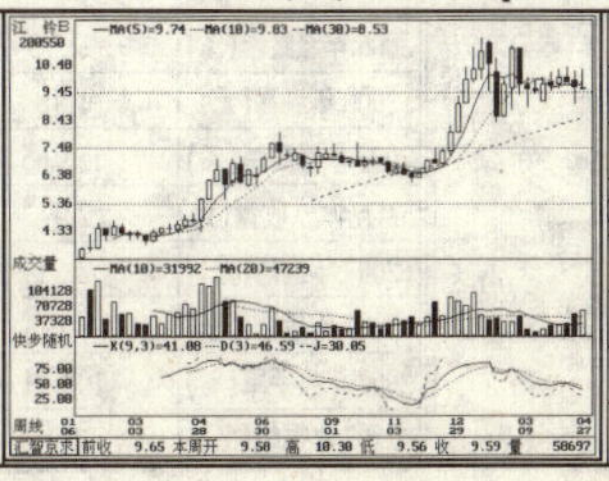

| | |
|---|---|
| 2006年涨跌幅(%) | 186.47 |
| 2006年最高(元) | 9.79 |
| 2007年涨跌幅(%) | 6.32 |
| 2007.4.27收盘(元) | 9.59 |
| 2007年最高(元) | 11.5 |
| 2007年最低(元) | 8.36 |
| 2007年换手率(%) | 18.95 |
| 2007年振幅(%) | 37.56 |

## 沙隆达B（200553）

二〇〇六年以来市场表现

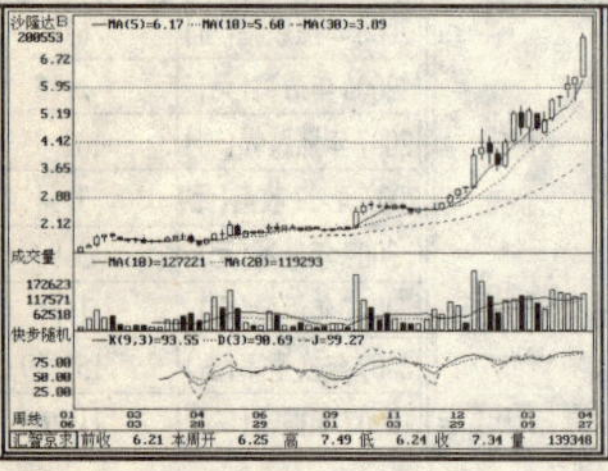

| | |
|---|---|
| 2006年涨跌幅(%) | 127.21 |
| 2006年最高(元) | 3.12 |
| 2007年涨跌幅(%) | 137.54 |
| 2007.4.27收盘(元) | 7.34 |
| 2007年最高(元) | 7.49 |
| 2007年最低(元) | 2.99 |
| 2007年换手率(%) | 176.81 |
| 2007年振幅(%) | 150.5 |

## 长安B（200625）

二〇〇六年以来市场表现

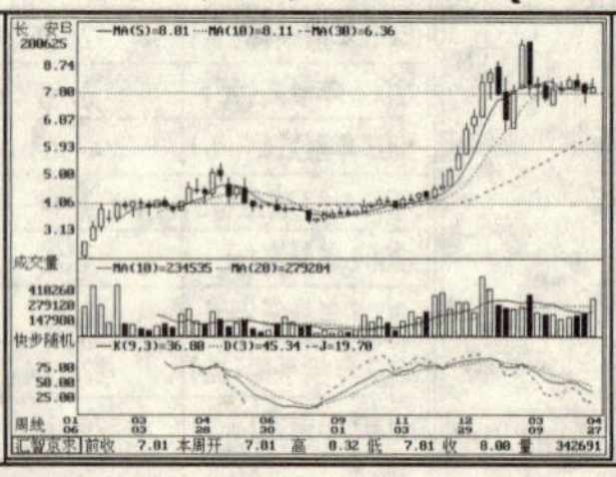

| | |
|---|---|
| 2006年涨跌幅(%) | 202.65 |
| 2006年最高(元) | 6.83 |
| 2007年涨跌幅(%) | 21.77 |
| 2007.4.27收盘(元) | 8 |
| 2007年最高(元) | 9.67 |
| 2007年最低(元) | 6.41 |
| 2007年换手率(%) | 103.44 |
| 2007年振幅(%) | 50.86 |

## 苏常柴B（200570）

二〇〇六年以来市场表现

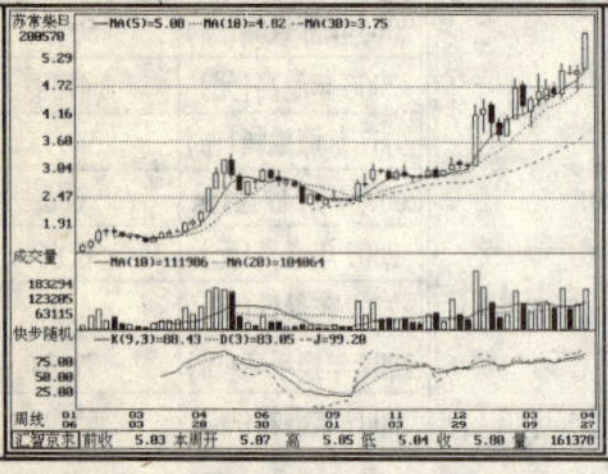

| | |
|---|---|
| 2006年涨跌幅(%) | 131.27 |
| 2006年最高(元) | 3.36 |
| 2007年涨跌幅(%) | 85.9 |
| 2007.4.27收盘(元) | 5.8 |
| 2007年最高(元) | 5.85 |
| 2007年最低(元) | 3.02 |
| 2007年换手率(%) | 181.66 |
| 2007年振幅(%) | 93.71 |

## 瓦轴B（200706）

二〇〇六年以来市场表现

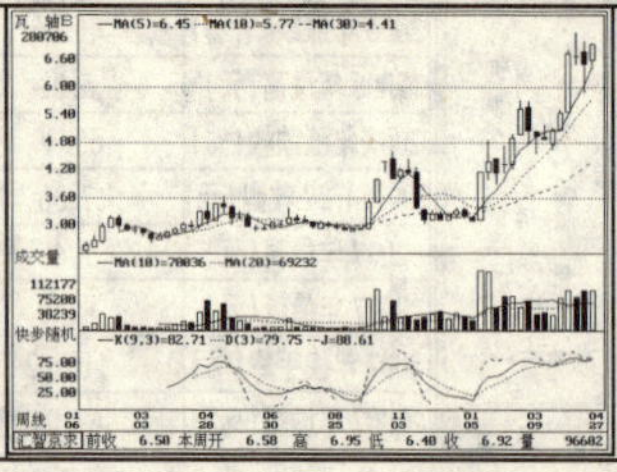

| | |
|---|---|
| 2006年涨跌幅(%) | 62.15 |
| 2006年最高(元) | 4.64 |
| 2007年涨跌幅(%) | 116.93 |
| 2007.4.27收盘(元) | 6.92 |
| 2007年最高(元) | 7.2 |
| 2007年最低(元) | 3.09 |
| 2007年换手率(%) | 78.05 |
| 2007年振幅(%) | 133.01 |

## 苏威孚B（200581）

二〇〇六年以来市场表现

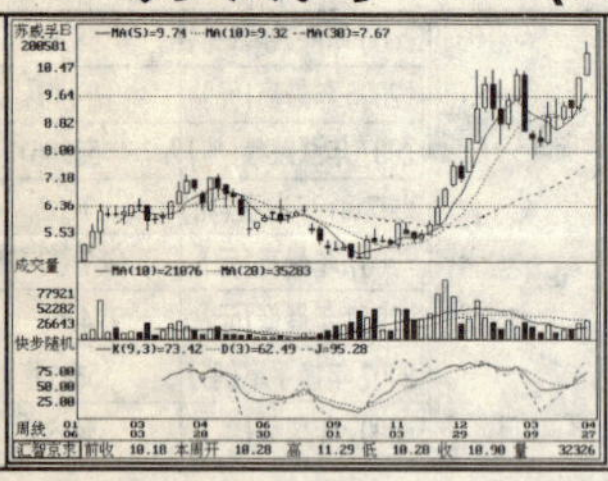

| | |
|---|---|
| 2006年涨跌幅(%) | 59.75 |
| 2006年最高(元) | 8.09 |
| 2007年涨跌幅(%) | 51.39 |
| 2007.4.27收盘(元) | 10.9 |
| 2007年最高(元) | 11.29 |
| 2007年最低(元) | 7.39 |
| 2007年换手率(%) | 37.59 |
| 2007年振幅(%) | 52.77 |

## *ST东方B（200725）

二〇〇六年以来市场表现

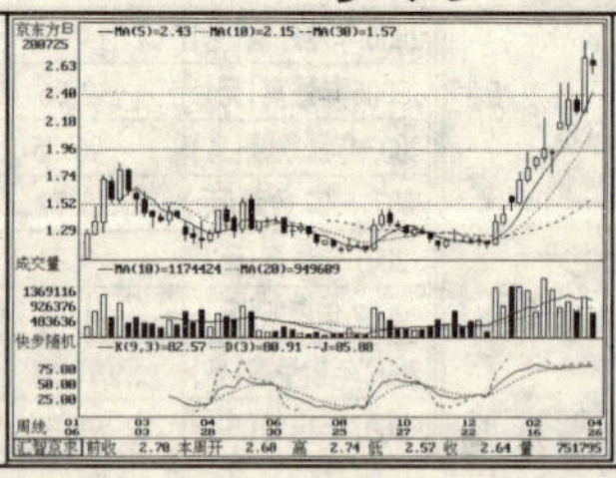

| | |
|---|---|
| 2006年涨跌幅(%) | 11.93 |
| 2006年最高(元) | 1.85 |
| 2007年涨跌幅(%) | 116.39 |
| 2007.4.27收盘(元) | 2.64 |
| 2007年最高(元) | 2.85 |
| 2007年最低(元) | 1.16 |
| 2007年换手率(%) | 142.66 |
| 2007年振幅(%) | 145.69 |

## 古井贡B（200596）

二〇〇六年以来市场表现

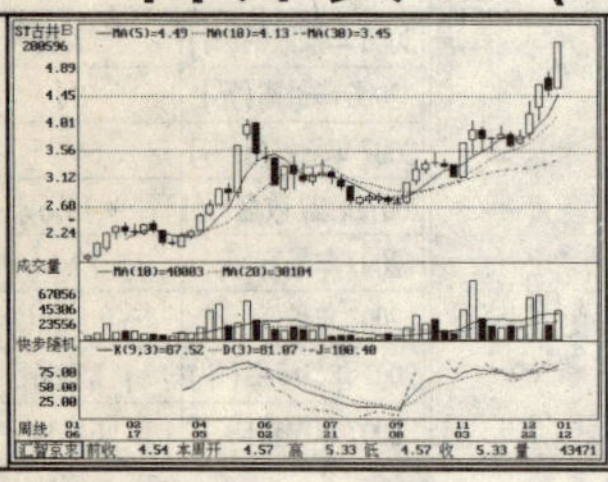

| | |
|---|---|
| 2006年涨跌幅(%) | 163.07 |
| 2006年最高(元) | 4.63 |
| 2007年涨跌幅(%) | 15.12 |
| 2007.4.27收盘(元) | 5.33 |
| 2007年最高(元) | 5.33 |
| 2007年最低(元) | 4.44 |
| 2007年换手率(%) | 11.14 |
| 2007年振幅(%) | 20.05 |

## 鲁泰B（200726）

二〇〇六年以来市场表现

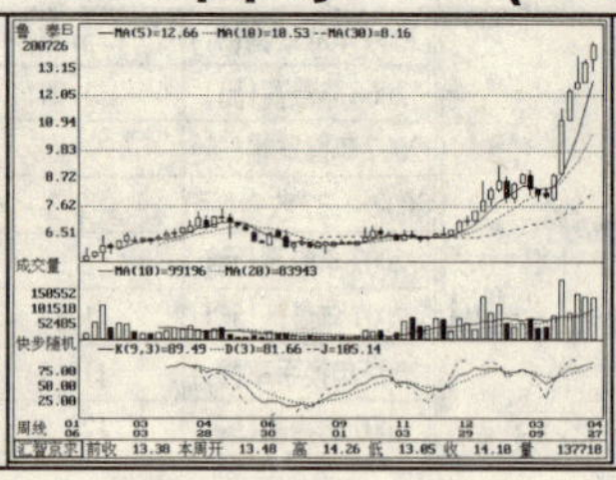

| | |
|---|---|
| 2006年涨跌幅(%) | 33.6 |
| 2006年最高(元) | 7.5 |
| 2007年涨跌幅(%) | 101.72 |
| 2007.4.27收盘(元) | 14.1 |
| 2007年最高(元) | 14.26 |
| 2007年最低(元) | 6.93 |
| 2007年换手率(%) | 91.02 |
| 2007年振幅(%) | 105.77 |

## ST东海B（200613）

二〇〇六年以来市场表现

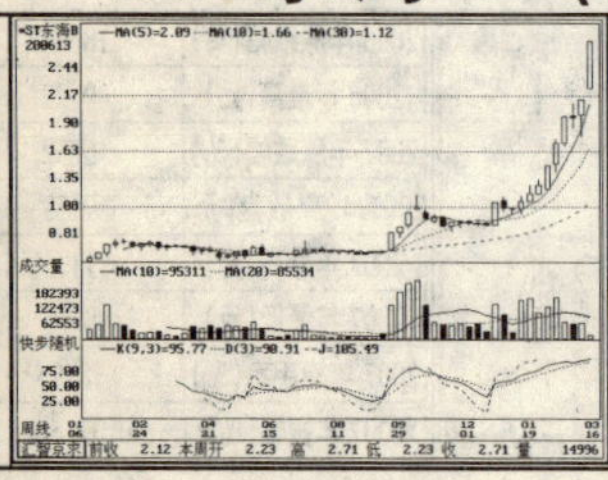

| | |
|---|---|
| 2006年涨跌幅(%) | 92.73 |
| 2006年最高(元) | 1.18 |
| 2007年涨跌幅(%) | 155.66 |
| 2007.4.27收盘(元) | 2.71 |
| 2007年最高(元) | 2.71 |
| 2007年最低(元) | 1 |
| 2007年换手率(%) | 108.31 |
| 2007年振幅(%) | 171 |

## 本钢板B（200761）

二〇〇六年以来市场表现

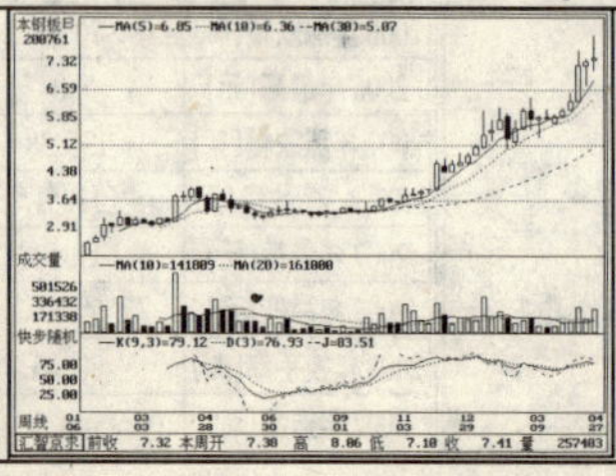

| | |
|---|---|
| 2006年涨跌幅(%) | 131.04 |
| 2006年最高(元) | 5.09 |
| 2007年涨跌幅(%) | 53.73 |
| 2007.4.27收盘(元) | 7.41 |
| 2007年最高(元) | 8.06 |
| 2007年最低(元) | 4.84 |
| 2007年换手率(%) | 65.81 |
| 2007年振幅(%) | 66.53 |

## 武锅 B（200770）

二〇〇六年以来市场表现

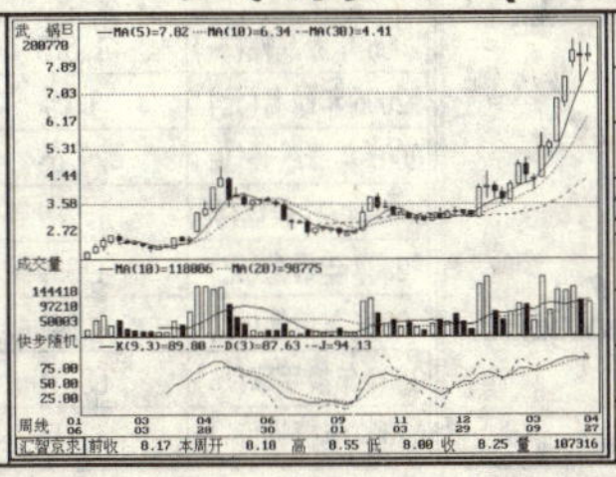

| | |
|---|---|
| 2006 年涨跌幅(%) | 74.28 |
| 2006 年最高(元) | 4.73 |
| 2007 年涨跌幅(%) | 153.07 |
| 2007.4.27 收盘(元) | 8.25 |
| 2007 年最高(元) | 8.75 |
| 2007 年最低(元) | 3.11 |
| 2007 年换手率(%) | 141.06 |
| 2007 年振幅(%) | 181.35 |

## 上电 B 股（900901）

二〇〇六年以来市场表现

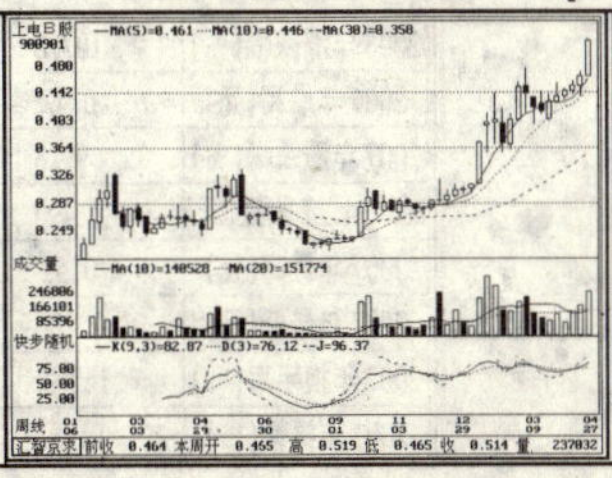

| | |
|---|---|
| 2006 年涨跌幅(%) | 67.67 |
| 2006 年最高(元) | 0.37 |
| 2007 年涨跌幅(%) | 69.08 |
| 2007.4.27 收盘(元) | 0.514 |
| 2007 年最高(元) | 0.519 |
| 2007 年最低(元) | 0.302 |
| 2007 年换手率(%) | 94.7 |
| 2007 年振幅(%) | 71.85 |

## 杭汽轮 B（200771）

二〇〇六年以来市场表现

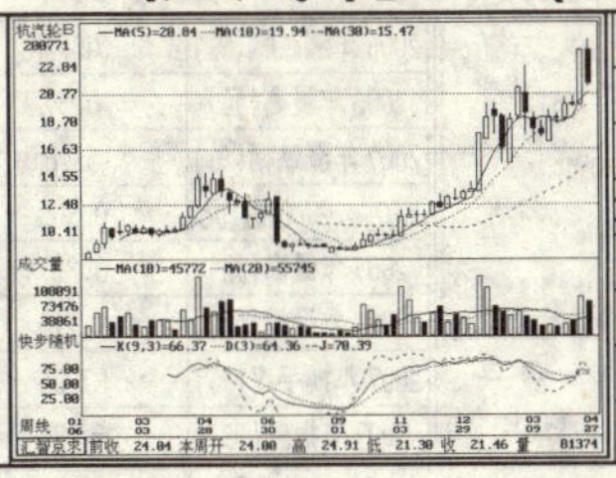

| | |
|---|---|
| 2006 年涨跌幅(%) | 112.81 |
| 2006 年最高(元) | 18.02 |
| 2007 年涨跌幅(%) | 61.6 |
| 2007.4.27 收盘(元) | 21.46 |
| 2007 年最高(元) | 24.91 |
| 2007 年最低(元) | 13.28 |
| 2007 年换手率(%) | 88 |
| 2007 年振幅(%) | 87.58 |

## 二纺 B 股（900902）

二〇〇六年以来市场表现

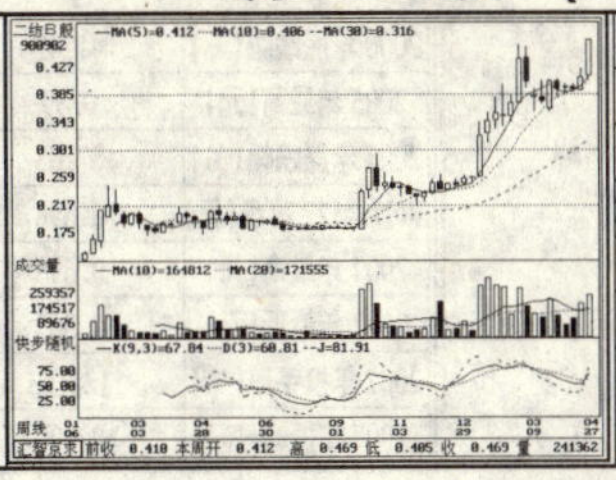

| | |
|---|---|
| 2006 年涨跌幅(%) | 92.48 |
| 2006 年最高(元) | 0.29 |
| 2007 年涨跌幅(%) | 83.2 |
| 2007.4.27 收盘(元) | 0.469 |
| 2007 年最高(元) | 0.469 |
| 2007 年最低(元) | 0.252 |
| 2007 年换手率(%) | 130.33 |
| 2007 年振幅(%) | 86.11 |

## 张裕 B（200869）

二〇〇六年以来市场表现

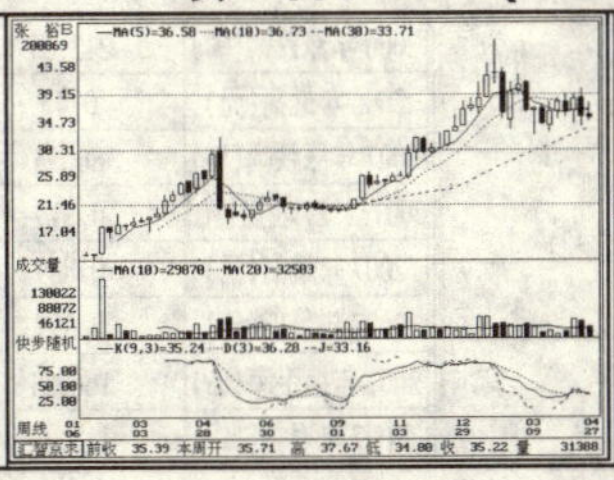

| | |
|---|---|
| 2006 年涨跌幅(%) | 265.46 |
| 2006 年最高(元) | 50.08 |
| 2007 年涨跌幅(%) | -4.03 |
| 2007.4.27 收盘(元) | 35.22 |
| 2007 年最高(元) | 48 |
| 2007 年最低(元) | 32.5 |
| 2007 年换手率(%) | 31.52 |
| 2007 年振幅(%) | 47.69 |

## 大众 B 股（900903）

二〇〇六年以来市场表现

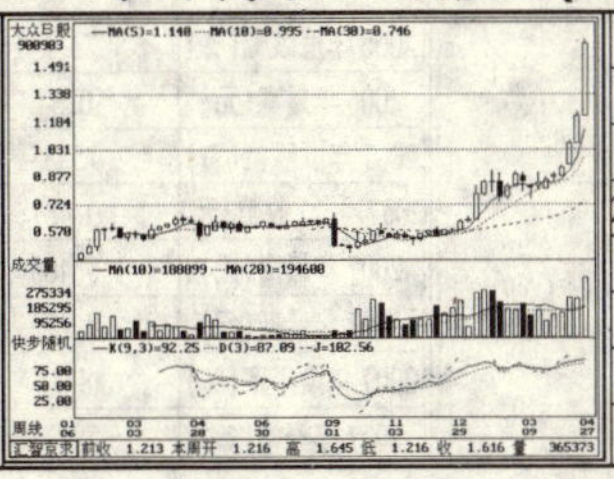

| | |
|---|---|
| 2006 年涨跌幅(%) | 105.86 |
| 2006 年最高(元) | 0.88 |
| 2007 年涨跌幅(%) | 158.56 |
| 2007.4.27 收盘(元) | 1.616 |
| 2007 年最高(元) | 1.645 |
| 2007 年最低(元) | 0.619 |
| 2007 年换手率(%) | 115.6 |
| 2007 年振幅(%) | 165.75 |

## 粤华包 B（200986）

二〇〇六年以来市场表现

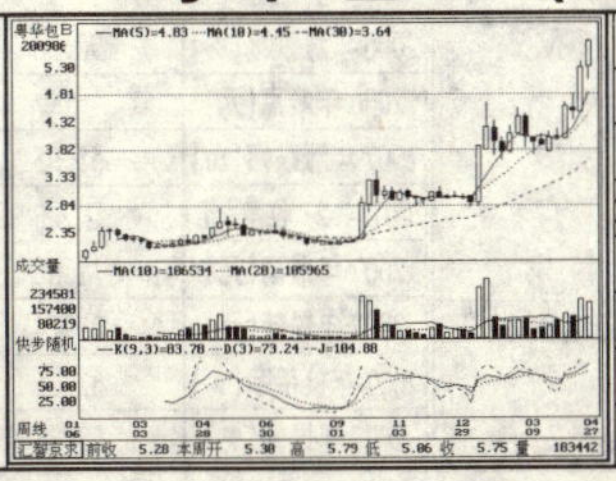

| | |
|---|---|
| 2006 年涨跌幅(%) | 50.25 |
| 2006 年最高(元) | 3.44 |
| 2007 年涨跌幅(%) | 94.26 |
| 2007.4.27 收盘(元) | 5.75 |
| 2007 年最高(元) | 5.79 |
| 2007 年最低(元) | 2.8 |
| 2007 年换手率(%) | 128.77 |
| 2007 年振幅(%) | 106.79 |

## 永生 B 股（900904）

二〇〇六年以来市场表现

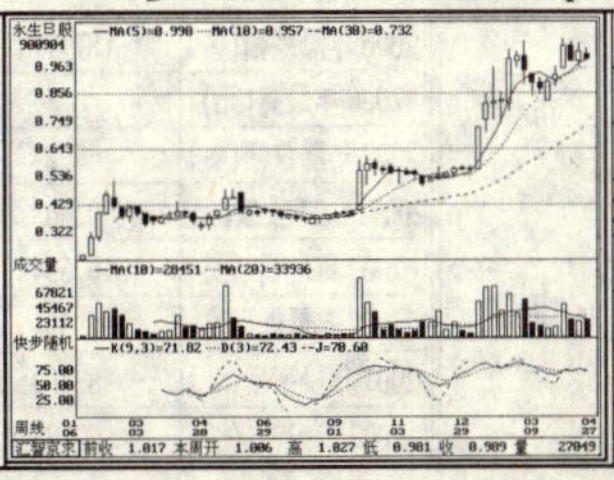

| | |
|---|---|
| 2006 年涨跌幅(%) | 165.4 |
| 2006 年最高(元) | 0.61 |
| 2007 年涨跌幅(%) | 76.61 |
| 2007.4.27 收盘(元) | 0.989 |
| 2007 年最高(元) | 1.07 |
| 2007 年最低(元) | 0.551 |
| 2007 年换手率(%) | 130.68 |
| 2007 年振幅(%) | 94.19 |

## ST 中鲁 B（200992）

二〇〇六年以来市场表现

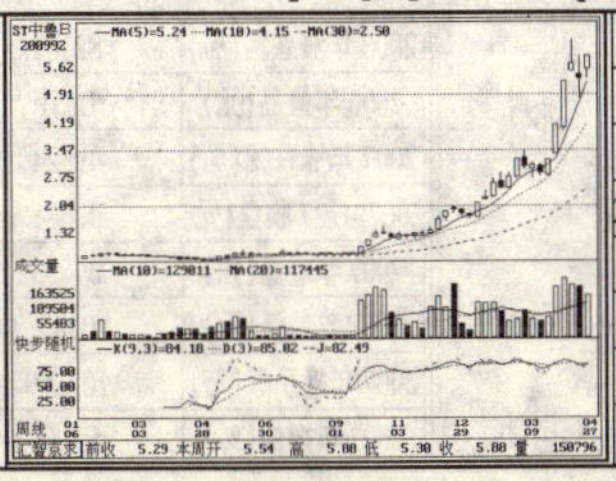

| | |
|---|---|
| 2006 年涨跌幅(%) | 164.71 |
| 2006 年最高(元) | 1.99 |
| 2007 年涨跌幅(%) | 226.67 |
| 2007.4.27 收盘(元) | 5.88 |
| 2007 年最高(元) | 6.34 |
| 2007 年最低(元) | 1.66 |
| 2007 年换手率(%) | 104.47 |
| 2007 年振幅(%) | 281.93 |

## 中铅 B 股（900905）

二〇〇六年以来市场表现

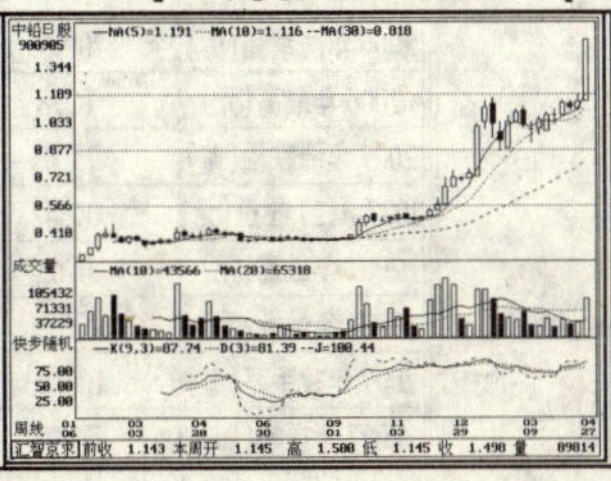

| | |
|---|---|
| 2006 年涨跌幅(%) | 179.84 |
| 2006 年最高(元) | 0.76 |
| 2007 年涨跌幅(%) | 111.58 |
| 2007.4.27 收盘(元) | 1.498 |
| 2007 年最高(元) | 1.5 |
| 2007 年最低(元) | 0.71 |
| 2007 年换手率(%) | 73.43 |
| 2007 年振幅(%) | 111.27 |

## 中纺B股（900906）

二〇〇六年以来市场表现

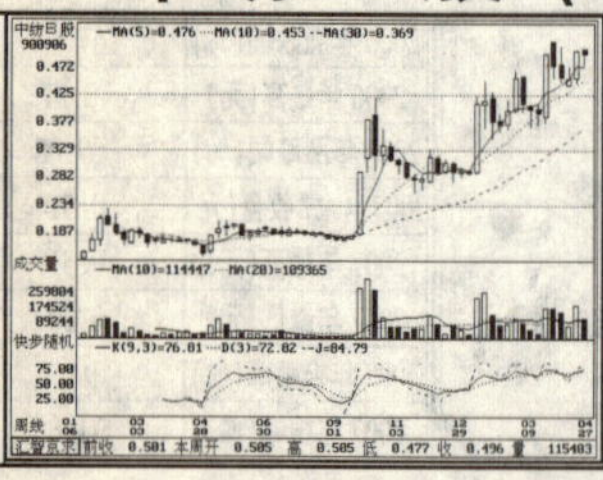

| | |
|---|---|
| 2006年涨跌幅(%) | 107.8 |
| 2006年最高(元) | 0.42 |
| 2007年涨跌幅(%) | 69.28 |
| 2007.4.27收盘(元) | 0.496 |
| 2007年最高(元) | 0.52 |
| 2007年最低(元) | 0.286 |
| 2007年换手率(%) | 162.35 |
| 2007年振幅(%) | 81.82 |

## 金桥B股（900911）

二〇〇六年以来市场表现

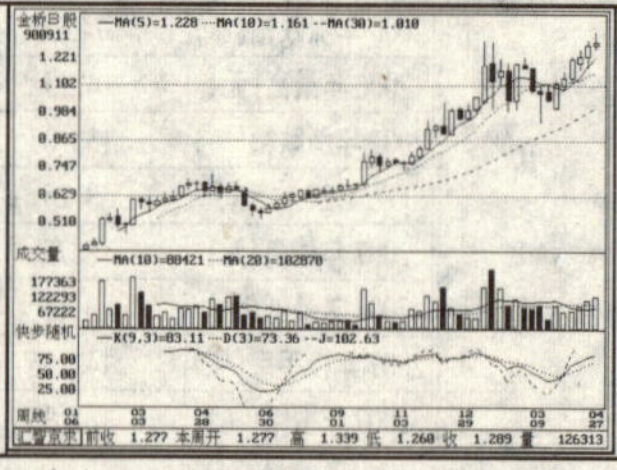

| | |
|---|---|
| 2006年涨跌幅(%) | 155.3 |
| 2006年最高(元) | 1.04 |
| 2007年涨跌幅(%) | 29.68 |
| 2007.4.27收盘(元) | 1.289 |
| 2007年最高(元) | 1.339 |
| 2007年最低(元) | 0.942 |
| 2007年换手率(%) | 68.54 |
| 2007年振幅(%) | 42.14 |

## *ST鼎立B（900907）

二〇〇六年以来市场表现

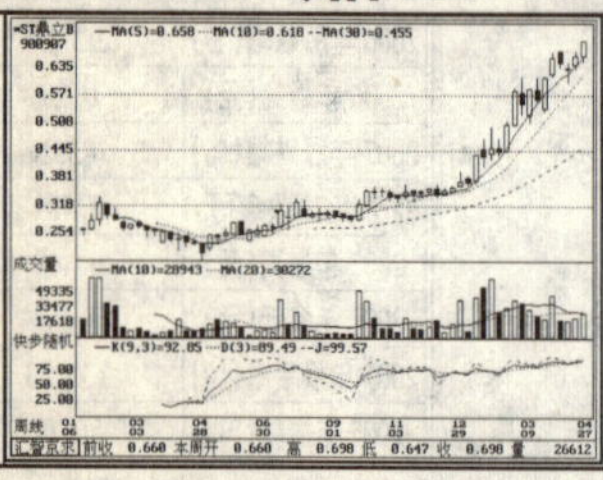

| | |
|---|---|
| 2006年涨跌幅(%) | 41.45 |
| 2006年最高(元) | 0.39 |
| 2007年涨跌幅(%) | 87.63 |
| 2007.4.27收盘(元) | 0.698 |
| 2007年最高(元) | 0.698 |
| 2007年最低(元) | 0.363 |
| 2007年换手率(%) | 124.83 |
| 2007年振幅(%) | 92.29 |

## 外高B股（900912）

二〇〇六年以来市场表现

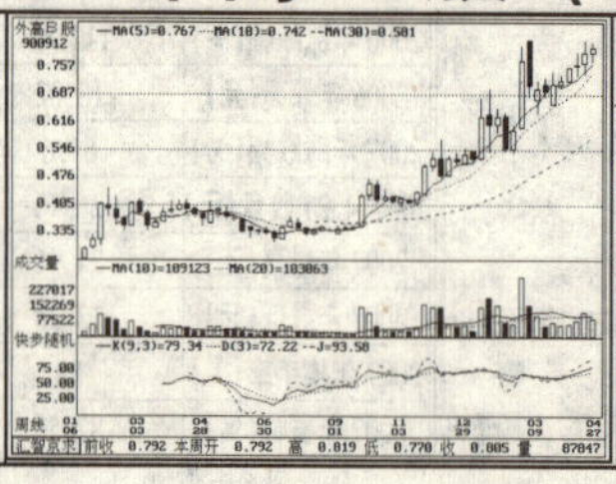

| | |
|---|---|
| 2006年涨跌幅(%) | 100.38 |
| 2006年最高(元) | 0.57 |
| 2007年涨跌幅(%) | 51.6 |
| 2007.4.27收盘(元) | 0.805 |
| 2007年最高(元) | 0.827 |
| 2007年最低(元) | 0.516 |
| 2007年换手率(%) | 87.06 |
| 2007年振幅(%) | 60.27 |

## 氯碱B股（900908）

二〇〇六年以来市场表现

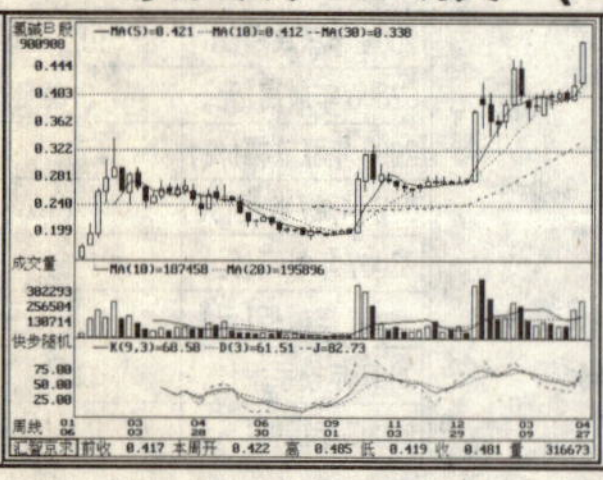

| | |
|---|---|
| 2006年涨跌幅(%) | 72.33 |
| 2006年最高(元) | 0.34 |
| 2007年涨跌幅(%) | 75.55 |
| 2007.4.27收盘(元) | 0.481 |
| 2007年最高(元) | 0.485 |
| 2007年最低(元) | 0.272 |
| 2007年换手率(%) | 87.1 |
| 2007年振幅(%) | 78.31 |

## 联华B股（900913）

二〇〇六年以来市场表现

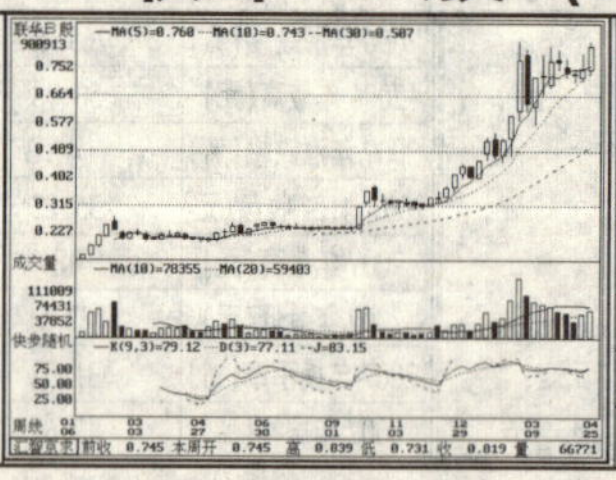

| | |
|---|---|
| 2006年涨跌幅(%) | 213.57 |
| 2006年最高(元) | 0.45 |
| 2007年涨跌幅(%) | 86.56 |
| 2007.4.27收盘(元) | 0.819 |
| 2007年最高(元) | 0.839 |
| 2007年最低(元) | 0.397 |
| 2007年换手率(%) | 166.51 |
| 2007年振幅(%) | 111.34 |

## 轮胎B股（900909）

二〇〇六年以来市场表现

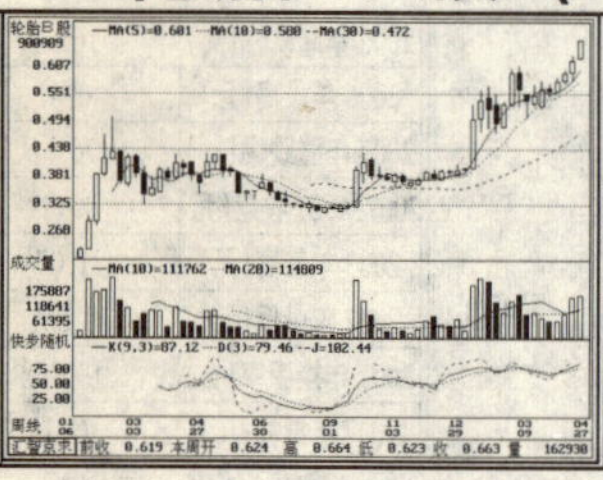

| | |
|---|---|
| 2006年涨跌幅(%) | 87.91 |
| 2006年最高(元) | 0.5 |
| 2007年涨跌幅(%) | 68.27 |
| 2007.4.27收盘(元) | 0.663 |
| 2007年最高(元) | 0.664 |
| 2007年最低(元) | 0.391 |
| 2007年换手率(%) | 83.88 |
| 2007年振幅(%) | 69.82 |

## 锦投B股（900914）

二〇〇六年以来市场表现

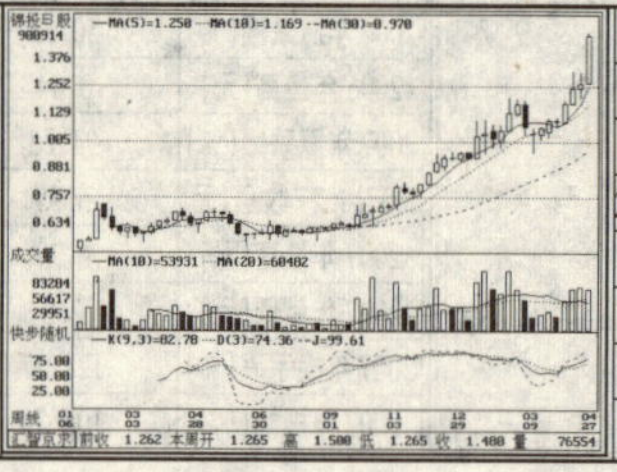

| | |
|---|---|
| 2006年涨跌幅(%) | 90.06 |
| 2006年最高(元) | 1 |
| 2007年涨跌幅(%) | 55.95 |
| 2007.4.27收盘(元) | 1.48 |
| 2007年最高(元) | 1.5 |
| 2007年最低(元) | 0.924 |
| 2007年换手率(%) | 62.75 |
| 2007年振幅(%) | 62.34 |

## 海立B股（900910）

二〇〇六年以来市场表现

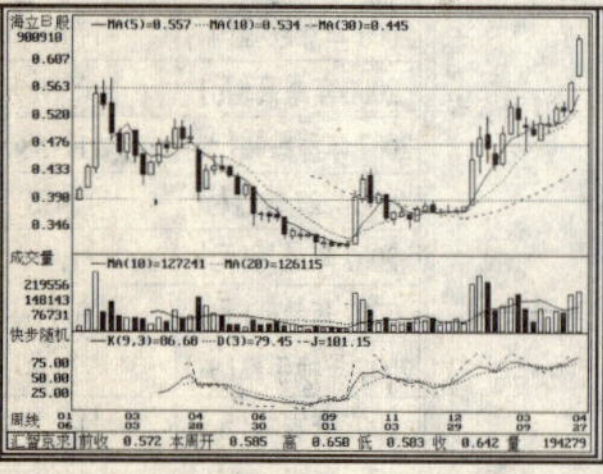

| | |
|---|---|
| 2006年涨跌幅(%) | 0.97 |
| 2006年最高(元) | 0.58 |
| 2007年涨跌幅(%) | 73.05 |
| 2007.4.27收盘(元) | 0.642 |
| 2007年最高(元) | 0.65 |
| 2007年最低(元) | 0.372 |
| 2007年换手率(%) | 106.43 |
| 2007年振幅(%) | 74.73 |

## 永久B股（900915）

二〇〇六年以来市场表现

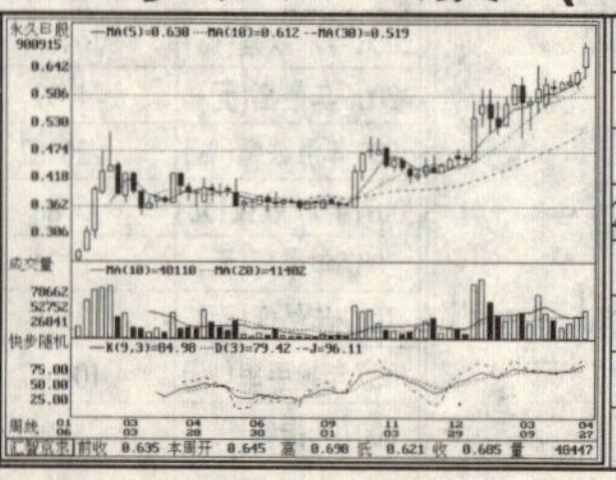

| | |
|---|---|
| 2006年涨跌幅(%) | 82.87 |
| 2006年最高(元) | 0.51 |
| 2007年涨跌幅(%) | 49.24 |
| 2007.4.27收盘(元) | 0.685 |
| 2007年最高(元) | 0.698 |
| 2007年最低(元) | 0.45 |
| 2007年换手率(%) | 107.69 |
| 2007年振幅(%) | 55.11 |

## 金山B股（900916）

二〇〇六年以来市场表现

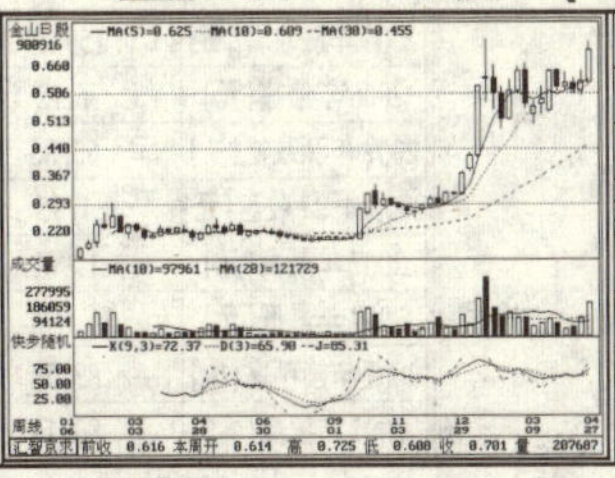

| | |
|---|---|
| 2006年涨跌幅(%) | 147.02 |
| 2006年最高(元) | 0.38 |
| 2007年涨跌幅(%) | 87.94 |
| 2007.4.27收盘(元) | 0.701 |
| 2007年最高(元) | 0.733 |
| 2007年最低(元) | 0.378 |
| 2007年换手率(%) | 122.1 |
| 2007年振幅(%) | 93.92 |

## 海欣B股（900917）

二〇〇六年以来市场表现

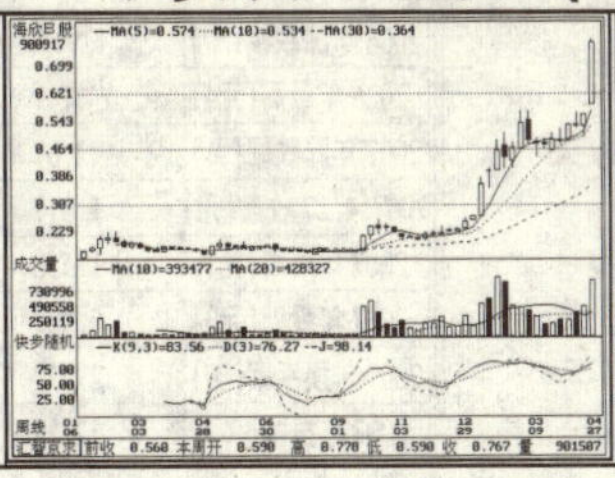

| | |
|---|---|
| 2006年涨跌幅(%) | 71.19 |
| 2006年最高(元) | 0.27 |
| 2007年涨跌幅(%) | 199.61 |
| 2007.4.27收盘(元) | 0.767 |
| 2007年最高(元) | 0.778 |
| 2007年最低(元) | 0.258 |
| 2007年换手率(%) | 176.18 |
| 2007年振幅(%) | 201.55 |

## 耀皮B股（900918）

二〇〇六年以来市场表现

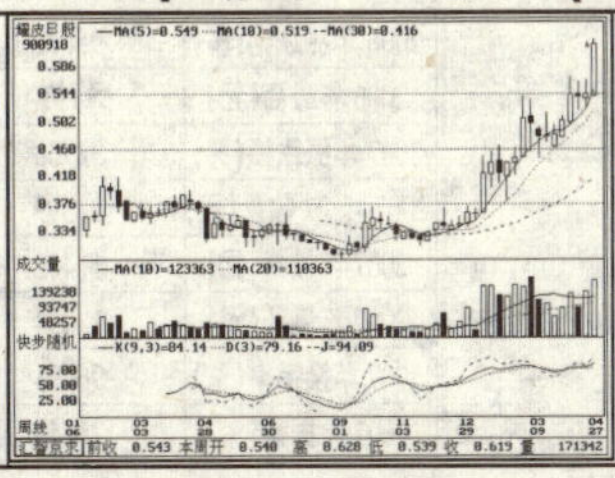

| | |
|---|---|
| 2006年涨跌幅(%) | 11.48 |
| 2006年最高(元) | 0.42 |
| 2007年涨跌幅(%) | 71.47 |
| 2007.4.27收盘(元) | 0.619 |
| 2007年最高(元) | 0.628 |
| 2007年最低(元) | 0.351 |
| 2007年换手率(%) | 105.2 |
| 2007年振幅(%) | 78.92 |

## *ST大江B（900919）

二〇〇六年以来市场表现

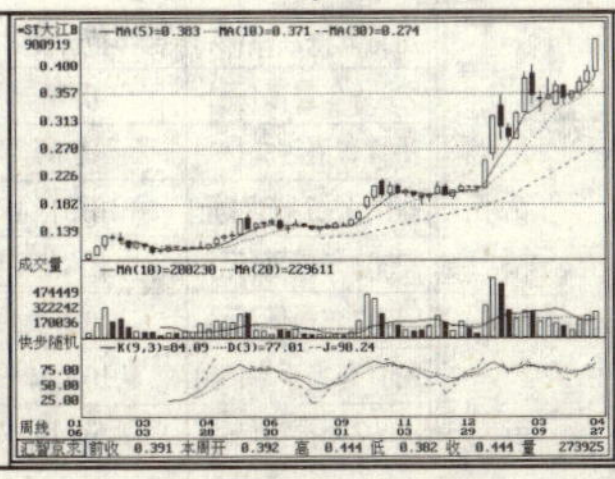

| | |
|---|---|
| 2006年涨跌幅(%) | 116.67 |
| 2006年最高(元) | 0.22 |
| 2007年涨跌幅(%) | 113.46 |
| 2007.4.27收盘(元) | 0.444 |
| 2007年最高(元) | 0.444 |
| 2007年最低(元) | 0.202 |
| 2007年换手率(%) | 117.51 |
| 2007年振幅(%) | 119.8 |

## 上柴B股（900920）

二〇〇六年以来市场表现

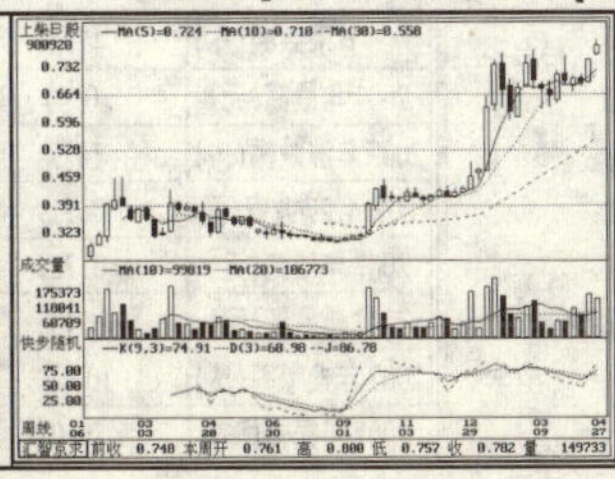

| | |
|---|---|
| 2006年涨跌幅(%) | 78.99 |
| 2006年最高(元) | 0.49 |
| 2007年涨跌幅(%) | 70 |
| 2007.4.27收盘(元) | 0.782 |
| 2007年最高(元) | 0.8 |
| 2007年最低(元) | 0.45 |
| 2007年换手率(%) | 82.55 |
| 2007年振幅(%) | 77.78 |

## ST大盈B（900921）

二〇〇六年以来市场表现

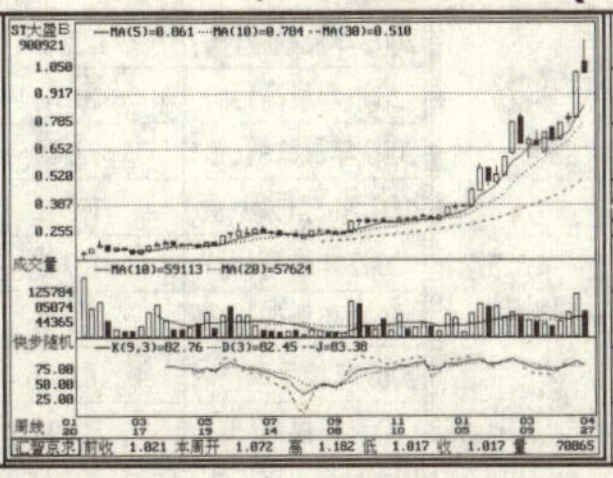

| | |
|---|---|
| 2006年涨跌幅(%) | 416.67 |
| 2006年最高(元) | 0.38 |
| 2007年涨跌幅(%) | 173.39 |
| 2007.4.27收盘(元) | 1.017 |
| 2007年最高(元) | 1.182 |
| 2007年最低(元) | 0.369 |
| 2007年换手率(%) | 101.98 |
| 2007年振幅(%) | 220.33 |

## 三毛B股（900922）

二〇〇六年以来市场表现

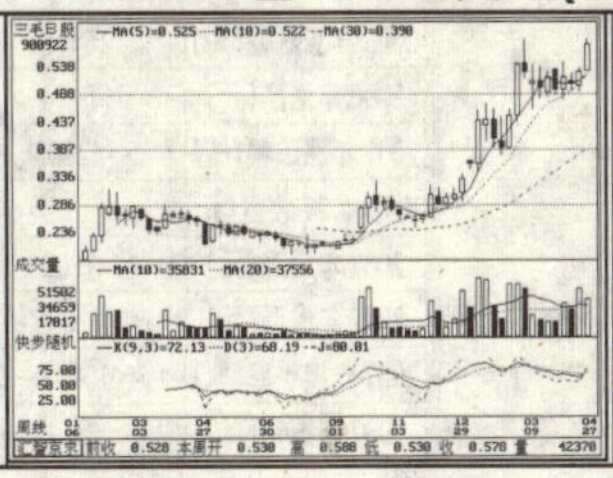

| | |
|---|---|
| 2006年涨跌幅(%) | 80.44 |
| 2006年最高(元) | 0.34 |
| 2007年涨跌幅(%) | 74.1 |
| 2007.4.27收盘(元) | 0.578 |
| 2007年最高(元) | 0.589 |
| 2007年最低(元) | 0.342 |
| 2007年换手率(%) | 131.08 |
| 2007年振幅(%) | 72.22 |

## 友谊B股（900923）

二〇〇六年以来市场表现

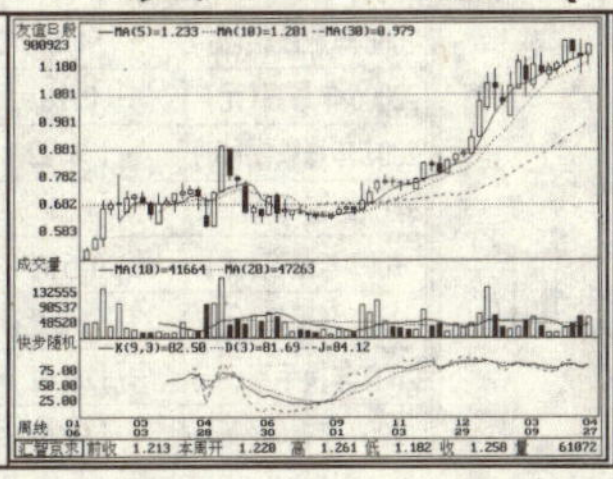

| | |
|---|---|
| 2006年涨跌幅(%) | 83.58 |
| 2006年最高(元) | 0.9 |
| 2007年涨跌幅(%) | 44.93 |
| 2007.4.27收盘(元) | 1.258 |
| 2007年最高(元) | 1.28 |
| 2007年最低(元) | 0.865 |
| 2007年换手率(%) | 49.44 |
| 2007年振幅(%) | 47.98 |

## 上工B股（900924）

二〇〇六年以来市场表现

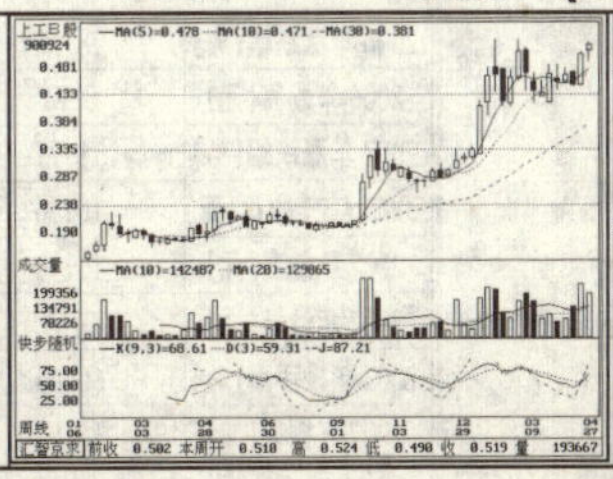

| | |
|---|---|
| 2006年涨跌幅(%) | 122.92 |
| 2006年最高(元) | 0.35 |
| 2007年涨跌幅(%) | 61.68 |
| 2007.4.27收盘(元) | 0.519 |
| 2007年最高(元) | 0.53 |
| 2007年最低(元) | 0.318 |
| 2007年换手率(%) | 92.81 |
| 2007年振幅(%) | 66.67 |

## 机电B股（900925）

二〇〇六年以来市场表现

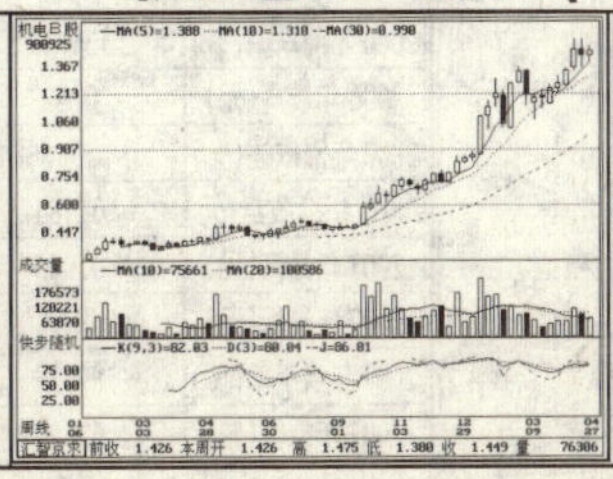

| | |
|---|---|
| 2006年涨跌幅(%) | 190.43 |
| 2006年最高(元) | 0.88 |
| 2007年涨跌幅(%) | 69.87 |
| 2007.4.27收盘(元) | 1.449 |
| 2007年最高(元) | 1.52 |
| 2007年最低(元) | 0.838 |
| 2007年换手率(%) | 89.51 |
| 2007年振幅(%) | 81.38 |

## 宝信B股（900926）

二〇〇六年以来市场表现

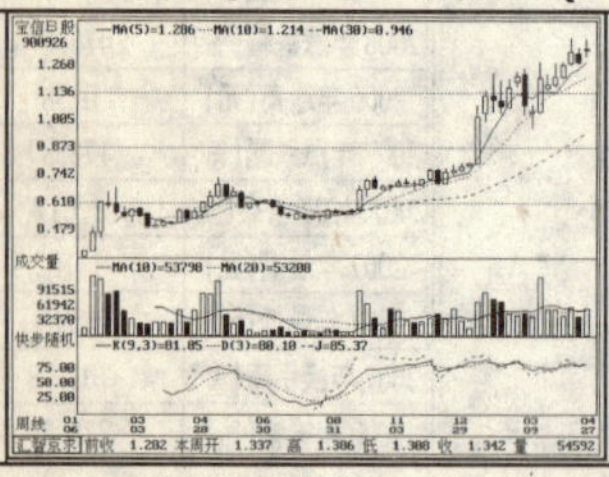

| | |
|---|---|
| 2006年涨跌幅(%) | 122.29 |
| 2006年最高(元) | 0.8 |
| 2007年涨跌幅(%) | 72.49 |
| 2007.4.27收盘(元) | 1.342 |
| 2007年最高(元) | 1.399 |
| 2007年最低(元) | 0.773 |
| 2007年换手率(%) | 101.76 |
| 2007年振幅(%) | 80.98 |

## 陆家B股（900932）

二〇〇六年以来市场表现

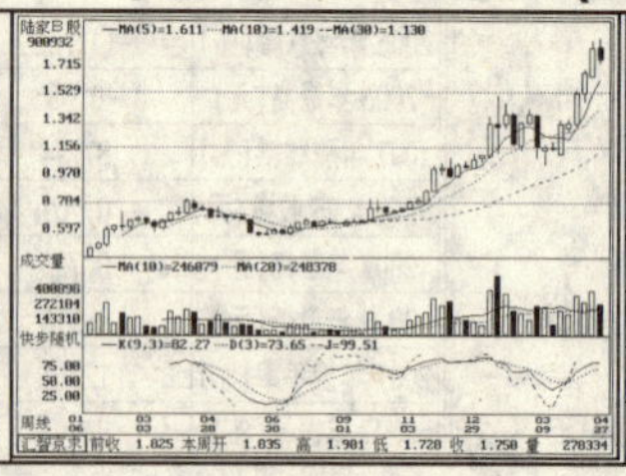

| | |
|---|---|
| 2006年涨跌幅(%) | 159.16 |
| 2006年最高(元) | 1.12 |
| 2007年涨跌幅(%) | 63.86 |
| 2007.4.27收盘(元) | 1.75 |
| 2007年最高(元) | 1.901 |
| 2007年最低(元) | 1.038 |
| 2007年换手率(%) | 83.58 |
| 2007年振幅(%) | 83.14 |

## 物贸B股（900927）

二〇〇六年以来市场表现

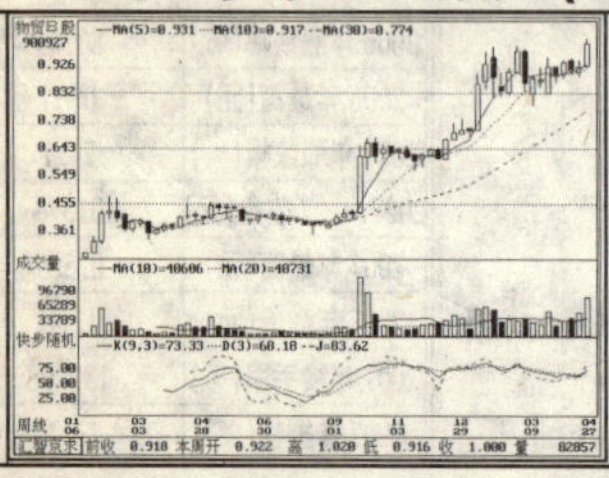

| | |
|---|---|
| 2006年涨跌幅(%) | 164.66 |
| 2006年最高(元) | 0.74 |
| 2007年涨跌幅(%) | 42.05 |
| 2007.4.27收盘(元) | 1 |
| 2007年最高(元) | 1.02 |
| 2007年最低(元) | 0.685 |
| 2007年换手率(%) | 100.38 |
| 2007年振幅(%) | 48.91 |

## 华新B股（900933）

二〇〇六年以来市场表现

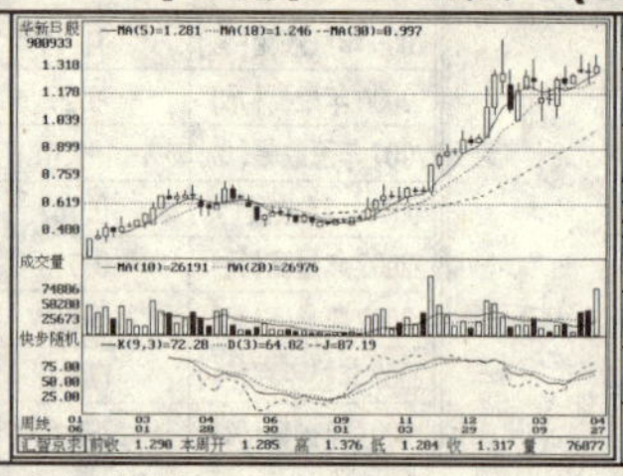

| | |
|---|---|
| 2006年涨跌幅(%) | 179.79 |
| 2006年最高(元) | 1 |
| 2007年涨跌幅(%) | 42.07 |
| 2007.4.27收盘(元) | 1.317 |
| 2007年最高(元) | 1.458 |
| 2007年最低(元) | 0.927 |
| 2007年换手率(%) | 27.79 |
| 2007年振幅(%) | 57.28 |

## ST自仪B（900928）

二〇〇六年以来市场表现

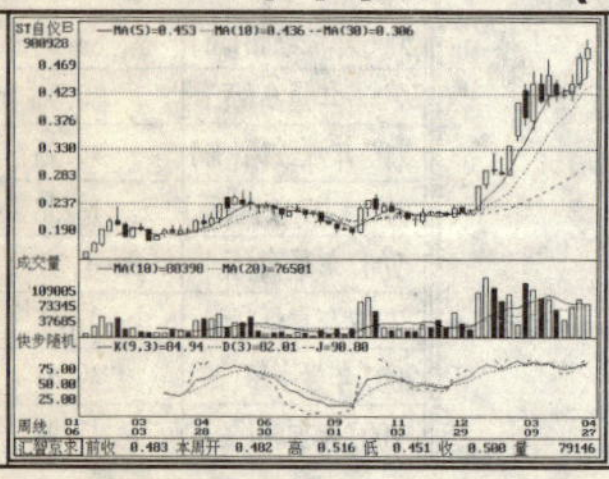

| | |
|---|---|
| 2006年涨跌幅(%) | 54.86 |
| 2006年最高(元) | 0.26 |
| 2007年涨跌幅(%) | 124.22 |
| 2007.4.27收盘(元) | 0.5 |
| 2007年最高(元) | 0.516 |
| 2007年最低(元) | 0.22 |
| 2007年换手率(%) | 128.41 |
| 2007年振幅(%) | 134.55 |

## 锦江B股（900934）

二〇〇六年以来市场表现

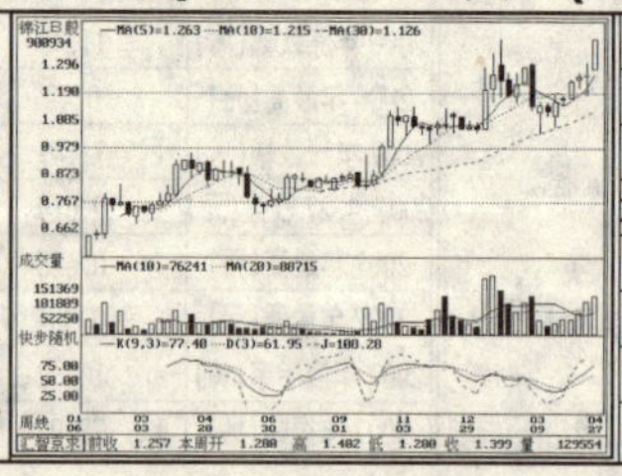

| | |
|---|---|
| 2006年涨跌幅(%) | 95.71 |
| 2006年最高(元) | 1.17 |
| 2007年涨跌幅(%) | 32.36 |
| 2007.4.27收盘(元) | 1.399 |
| 2007年最高(元) | 1.402 |
| 2007年最低(元) | 1.034 |
| 2007年换手率(%) | 96.23 |
| 2007年振幅(%) | 35.59 |

## 锦旅B股（900929）

二〇〇六年以来市场表现

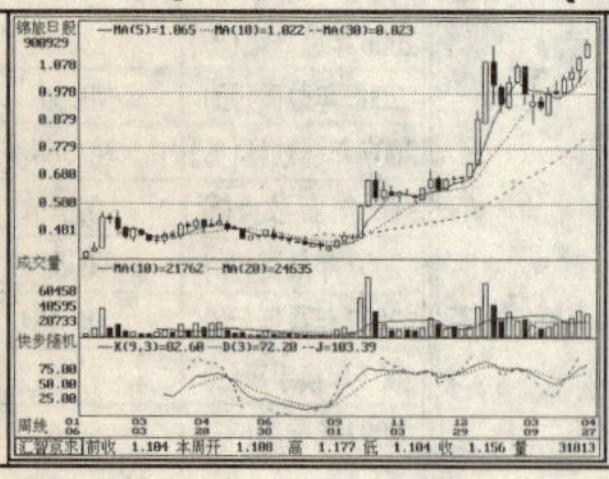

| | |
|---|---|
| 2006年涨跌幅(%) | 78.51 |
| 2006年最高(元) | 0.71 |
| 2007年涨跌幅(%) | 71.77 |
| 2007.4.27收盘(元) | 1.156 |
| 2007年最高(元) | 1.177 |
| 2007年最低(元) | 0.67 |
| 2007年换手率(%) | 66.64 |
| 2007年振幅(%) | 75.67 |

## 阳晨B股（900935）

二〇〇六年以来市场表现

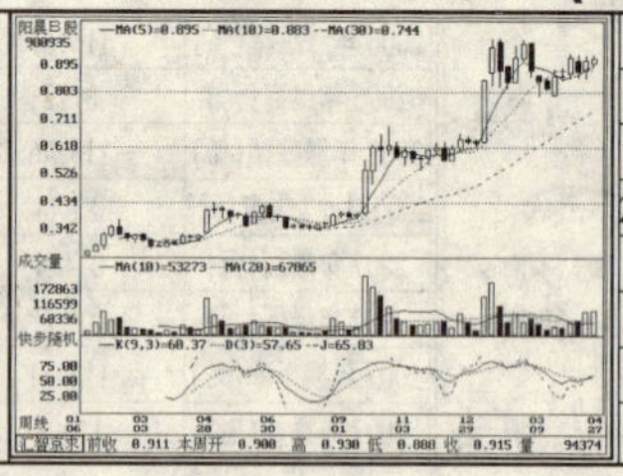

| | |
|---|---|
| 2006年涨跌幅(%) | 176.58 |
| 2006年最高(元) | 0.76 |
| 2007年涨跌幅(%) | 44.09 |
| 2007.4.27收盘(元) | 0.915 |
| 2007年最高(元) | 0.987 |
| 2007年最低(元) | 0.62 |
| 2007年换手率(%) | 107.74 |
| 2007年振幅(%) | 59.19 |

## 沪普天B（900930）

二〇〇六年以来市场表现

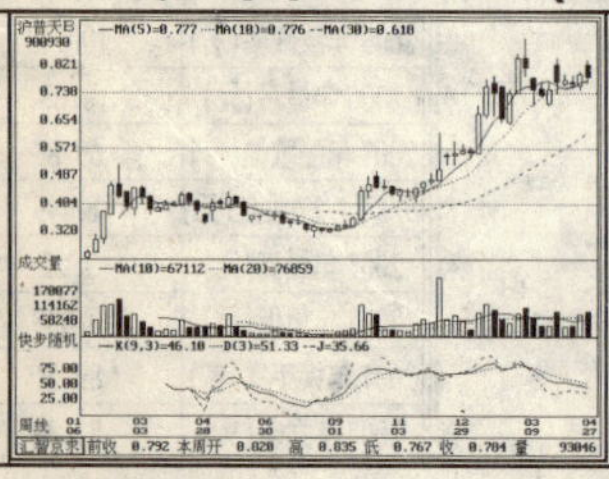

| | |
|---|---|
| 2006年涨跌幅(%) | 136.13 |
| 2006年最高(元) | 0.62 |
| 2007年涨跌幅(%) | 39.5 |
| 2007.4.27收盘(元) | 0.784 |
| 2007年最高(元) | 0.905 |
| 2007年最低(元) | 0.54 |
| 2007年换手率(%) | 89.39 |
| 2007年振幅(%) | 67.59 |

## 鄂绒B股（900936）

二〇〇六年以来市场表现

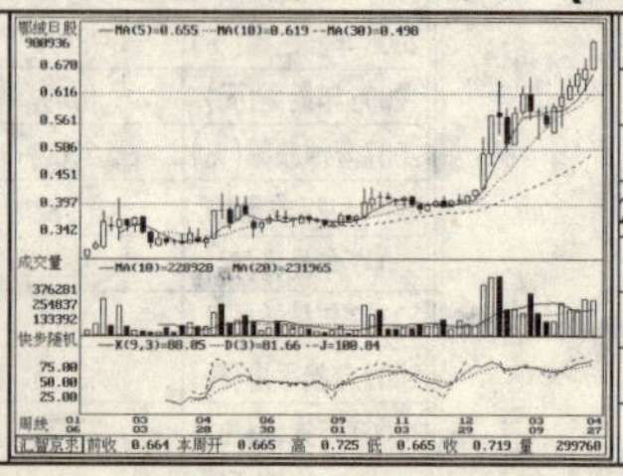

| | |
|---|---|
| 2006年涨跌幅(%) | 47.31 |
| 2006年最高(元) | 0.44 |
| 2007年涨跌幅(%) | 74.94 |
| 2007.4.27收盘(元) | 0.719 |
| 2007年最高(元) | 0.725 |
| 2007年最低(元) | 0.405 |
| 2007年换手率(%) | 100.22 |
| 2007年振幅(%) | 79.01 |

## 华电B股（900937）

二〇〇六年以来市场表现

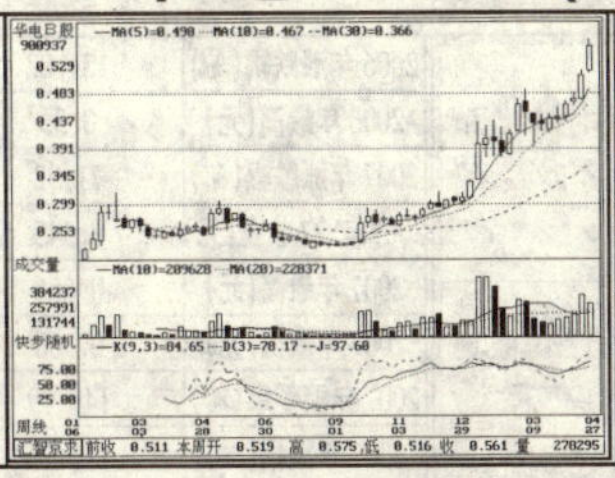

| | |
|---|---|
| 2006年涨跌幅(%) | 50.47 |
| 2006年最高(元) | 0.32 |
| 2007年涨跌幅(%) | 82.14 |
| 2007.4.27收盘(元) | 0.561 |
| 2007年最高(元) | 0.575 |
| 2007年最低(元) | 0.305 |
| 2007年换手率(%) | 94.27 |
| 2007年振幅(%) | 88.53 |

## 黄山B股（900942）

二〇〇六年以来市场表现

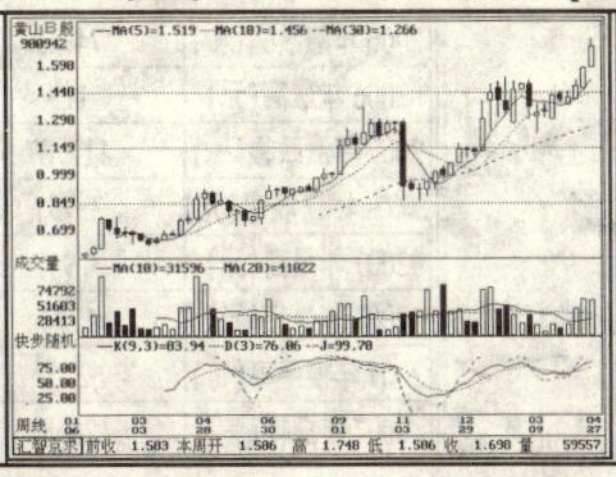

| | |
|---|---|
| 2006年涨跌幅(%) | 210.95 |
| 2006年最高(元) | 1.76 |
| 2007年涨跌幅(%) | 51.73 |
| 2007.4.27收盘(元) | 1.698 |
| 2007年最高(元) | 1.766 |
| 2007年最低(元) | 1.095 |
| 2007年换手率(%) | 40.56 |
| 2007年振幅(%) | 61.29 |

## ST天海B（900938）

二〇〇六年以来市场表现

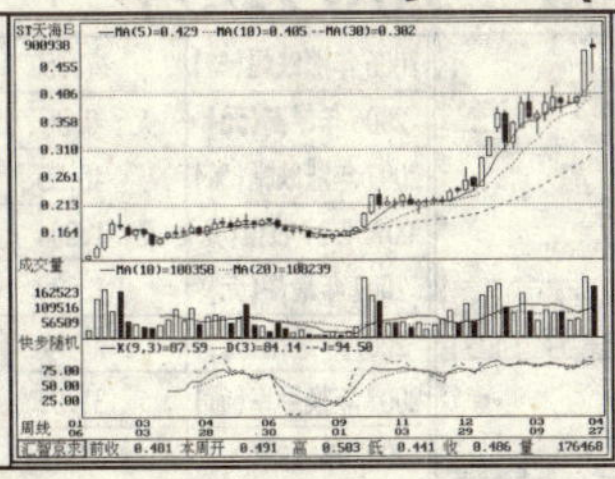

| | |
|---|---|
| 2006年涨跌幅(%) | 117.09 |
| 2006年最高(元) | 0.28 |
| 2007年涨跌幅(%) | 91.34 |
| 2007.4.27收盘(元) | 0.486 |
| 2007年最高(元) | 0.503 |
| 2007年最低(元) | 0.237 |
| 2007年换手率(%) | 102.06 |
| 2007年振幅(%) | 112.24 |

## 开开B股（900943）

二〇〇六年以来市场表现

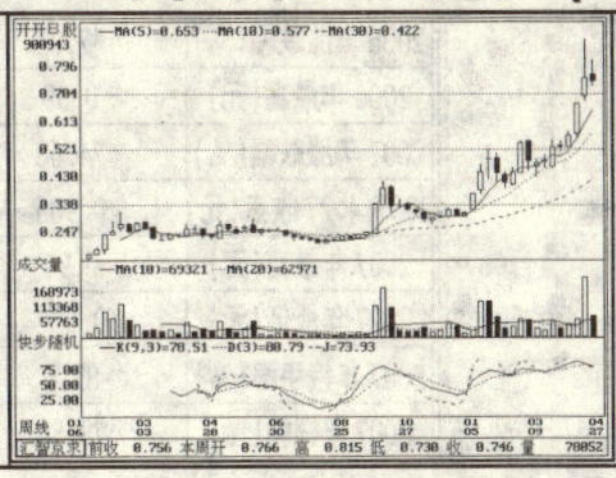

| | |
|---|---|
| 2006年涨跌幅(%) | 92.45 |
| 2006年最高(元) | 0.41 |
| 2007年涨跌幅(%) | 143.79 |
| 2007.4.27收盘(元) | 0.746 |
| 2007年最高(元) | 0.887 |
| 2007年最低(元) | 0.32 |
| 2007年换手率(%) | 140.93 |
| 2007年振幅(%) | 177.19 |

## 汇丽B股（900939）

二〇〇六年以来市场表现

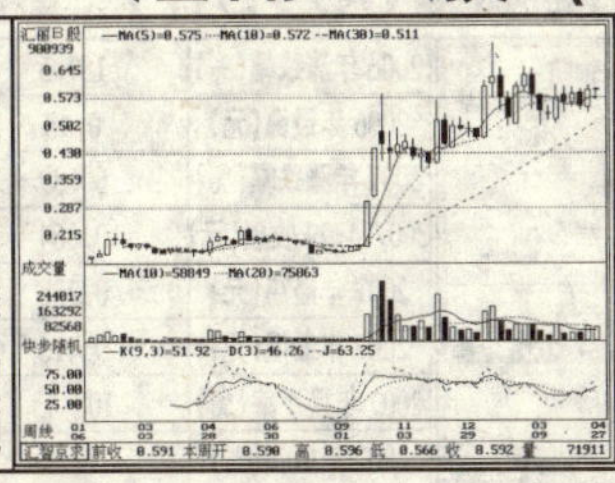

| | |
|---|---|
| 2006年涨跌幅(%) | 223.03 |
| 2006年最高(元) | 0.58 |
| 2007年涨跌幅(%) | 20.57 |
| 2007.4.27收盘(元) | 0.592 |
| 2007年最高(元) | 0.716 |
| 2007年最低(元) | 0.464 |
| 2007年换手率(%) | 137.4 |
| 2007年振幅(%) | 54.31 |

## 海航B股（900945）

二〇〇六年以来市场表现

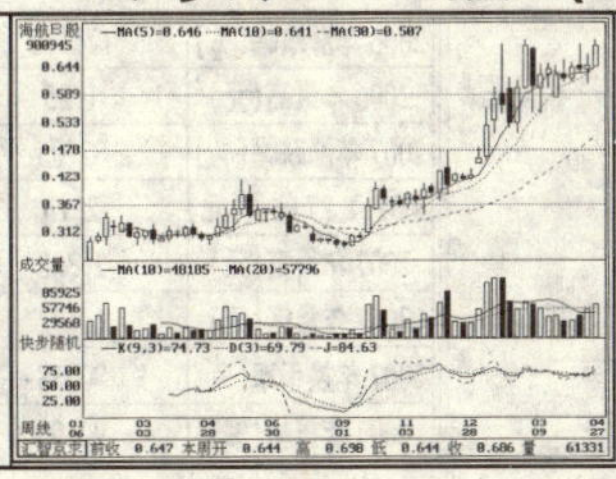

| | |
|---|---|
| 2006年涨跌幅(%) | 64.73 |
| 2006年最高(元) | 0.48 |
| 2007年涨跌幅(%) | 61.41 |
| 2007.4.27收盘(元) | 0.686 |
| 2007年最高(元) | 0.7 |
| 2007年最低(元) | 0.449 |
| 2007年换手率(%) | 53.28 |
| 2007年振幅(%) | 55.9 |

## 华源B股（900940）

二〇〇六年以来市场表现

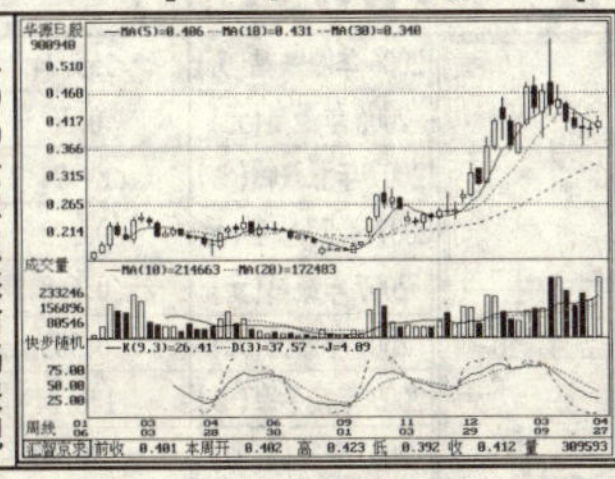

| | |
|---|---|
| 2006年涨跌幅(%) | 93.33 |
| 2006年最高(元) | 0.34 |
| 2007年涨跌幅(%) | 61.44 |
| 2007.4.27收盘(元) | 0.412 |
| 2007年最高(元) | 0.6 |
| 2007年最低(元) | 0.297 |
| 2007年换手率(%) | 126.91 |
| 2007年振幅(%) | 102.02 |

## ST轻骑B（900946）

二〇〇六年以来市场表现

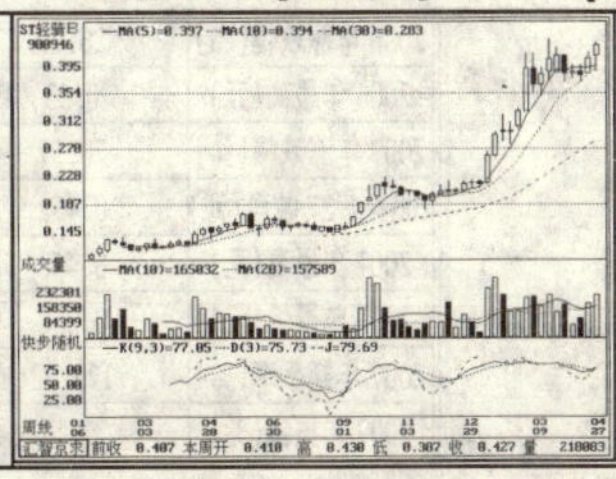

| | |
|---|---|
| 2006年涨跌幅(%) | 106.67 |
| 2006年最高(元) | 0.23 |
| 2007年涨跌幅(%) | 96.77 |
| 2007.4.27收盘(元) | 0.427 |
| 2007年最高(元) | 0.437 |
| 2007年最低(元) | 0.211 |
| 2007年换手率(%) | 118.22 |
| 2007年振幅(%) | 107.11 |

## 东信B股（900941）

二〇〇六年以来市场表现

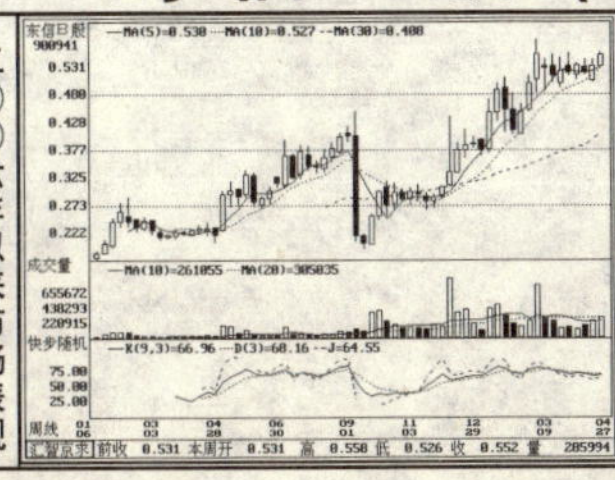

| | |
|---|---|
| 2006年涨跌幅(%) | 355.29 |
| 2006年最高(元) | 0.88 |
| 2007年涨跌幅(%) | 42.64 |
| 2007.4.27收盘(元) | 0.552 |
| 2007年最高(元) | 0.583 |
| 2007年最低(元) | 0.365 |
| 2007年换手率(%) | 142.28 |
| 2007年振幅(%) | 59.73 |

## 振华B股（900947）

二〇〇六年以来市场表现

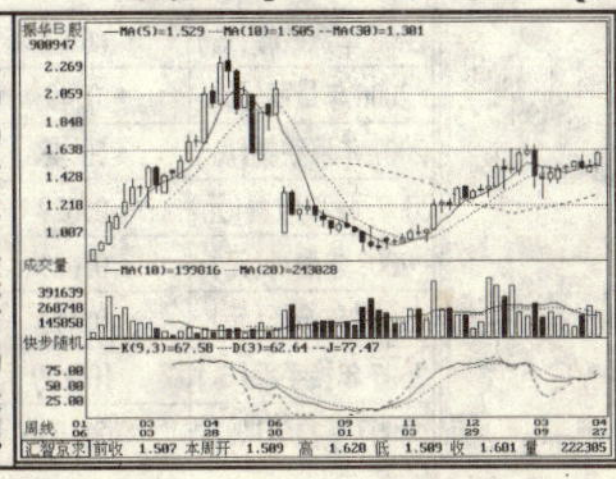

| | |
|---|---|
| 2006年涨跌幅(%) | 234.12 |
| 2006年最高(元) | 2.74 |
| 2007年涨跌幅(%) | 21.38 |
| 2007.4.27收盘(元) | 1.601 |
| 2007年最高(元) | 1.67 |
| 2007年最低(元) | 1.261 |
| 2007年换手率(%) | 62.3 |
| 2007年振幅(%) | 32.44 |

## 伊泰B股（900948）

二〇〇六年以来市场表现

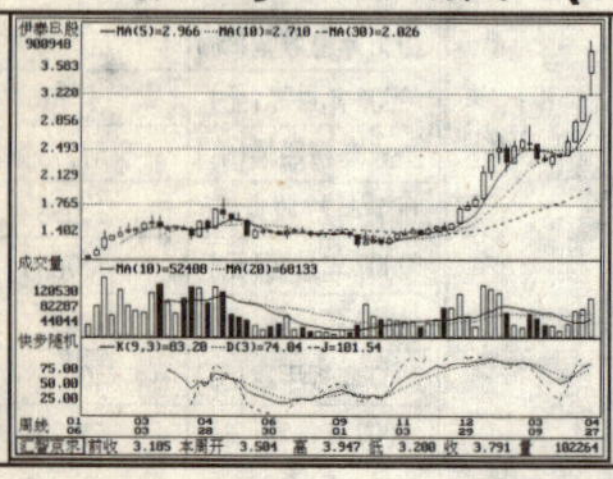

| | |
|---|---|
| 2006年涨跌幅(%) | 74.49 |
| 2006年最高(元) | 1.9 |
| 2007年涨跌幅(%) | 117.87 |
| 2007.4.27收盘(元) | 3.791 |
| 2007年最高(元) | 3.947 |
| 2007年最低(元) | 1.74 |
| 2007年换手率(%) | 62.57 |
| 2007年振幅(%) | 126.84 |

## 东电B股（900949）

二〇〇六年以来市场表现

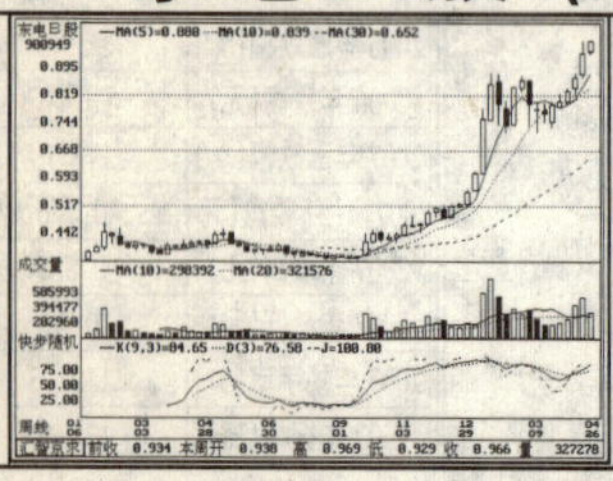

| | |
|---|---|
| 2006年涨跌幅(%) | 57.05 |
| 2006年最高(元) | 0.59 |
| 2007年涨跌幅(%) | 74.68 |
| 2007.4.27收盘(元) | 0.966 |
| 2007年最高(元) | 0.97 |
| 2007年最低(元) | 0.558 |
| 2007年换手率(%) | 82.9 |
| 2007年振幅(%) | 73.84 |

## 新城B股（900950）

二〇〇六年以来市场表现

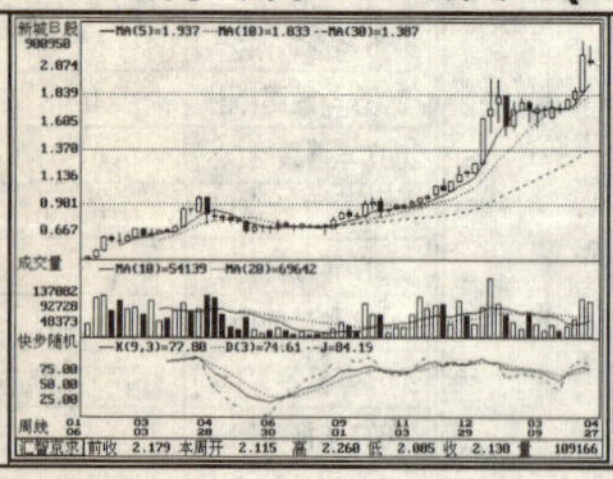

| | |
|---|---|
| 2006年涨跌幅(%) | 174.76 |
| 2006年最高(元) | 1.25 |
| 2007年涨跌幅(%) | 82.05 |
| 2007.4.27收盘(元) | 2.13 |
| 2007年最高(元) | 2.308 |
| 2007年最低(元) | 1.172 |
| 2007年换手率(%) | 80.58 |
| 2007年振幅(%) | 96.93 |

## 大化B股（900951）

二〇〇六年以来市场表现

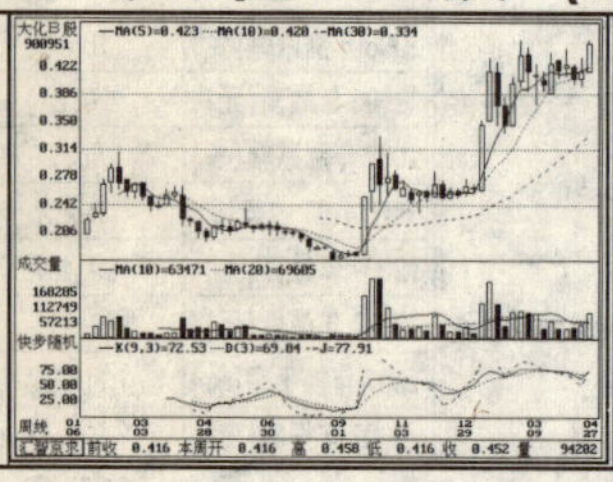

| | |
|---|---|
| 2006年涨跌幅(%) | 26.79 |
| 2006年最高(元) | 0.33 |
| 2007年涨跌幅(%) | 70.57 |
| 2007.4.27收盘(元) | 0.452 |
| 2007年最高(元) | 0.458 |
| 2007年最低(元) | 0.258 |
| 2007年换手率(%) | 125.32 |
| 2007年振幅(%) | 77.52 |

## 锦港B股（900952）

二〇〇六年以来市场表现

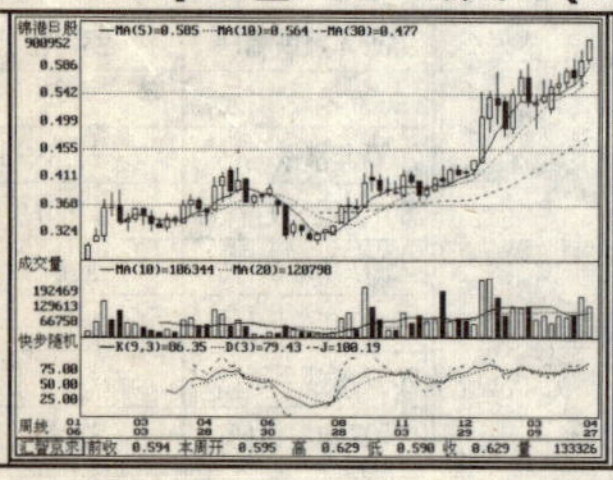

| | |
|---|---|
| 2006年涨跌幅(%) | 66.62 |
| 2006年最高(元) | 0.49 |
| 2007年涨跌幅(%) | 50.48 |
| 2007.4.27收盘(元) | 0.629 |
| 2007年最高(元) | 0.629 |
| 2007年最低(元) | 0.414 |
| 2007年换手率(%) | 107.79 |
| 2007年振幅(%) | 51.93 |

## 凯马B股（900953）

二〇〇六年以来市场表现

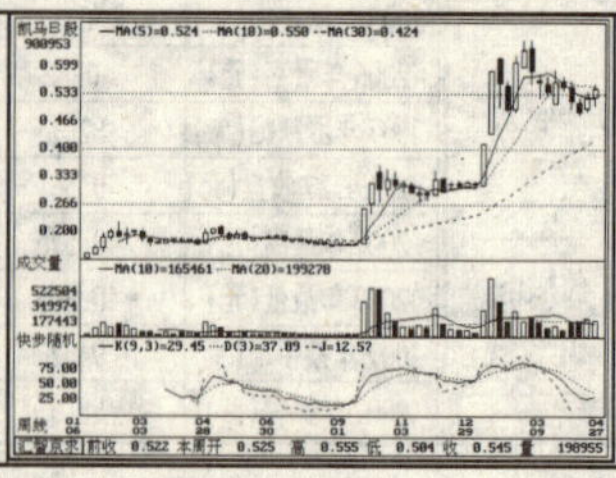

| | |
|---|---|
| 2006年涨跌幅(%) | 134.82 |
| 2006年最高(元) | 0.36 |
| 2007年涨跌幅(%) | 71.92 |
| 2007.4.27收盘(元) | 0.545 |
| 2007年最高(元) | 0.666 |
| 2007年最低(元) | 0.308 |
| 2007年换手率(%) | 149.79 |
| 2007年振幅(%) | 116.23 |

## 九龙山B（900955）

二〇〇六年以来市场表现

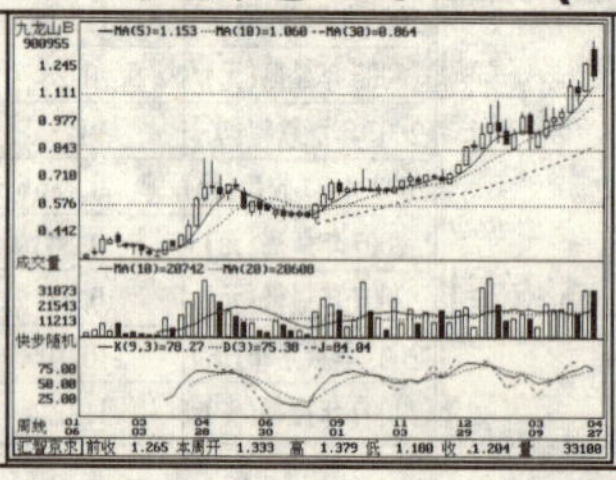

| | |
|---|---|
| 2006年涨跌幅(%) | 178.57 |
| 2006年最高(元) | 0.86 |
| 2007年涨跌幅(%) | 40.33 |
| 2007.4.27收盘(元) | 1.204 |
| 2007年最高(元) | 1.379 |
| 2007年最低(元) | 0.84 |
| 2007年换手率(%) | 31.05 |
| 2007年振幅(%) | 64.17 |

## 东贝B股（900956）

二〇〇六年以来市场表现

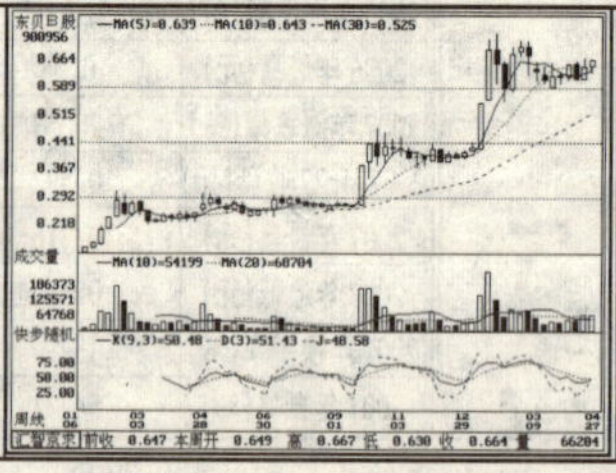

| | |
|---|---|
| 2006年涨跌幅(%) | 187.5 |
| 2006年最高(元) | 0.48 |
| 2007年涨跌幅(%) | 60.39 |
| 2007.4.27收盘(元) | 0.664 |
| 2007年最高(元) | 0.738 |
| 2007年最低(元) | 0.416 |
| 2007年换手率(%) | 108.43 |
| 2007年振幅(%) | 77.4 |

## 凌云B股（900957）

二〇〇六年以来市场表现

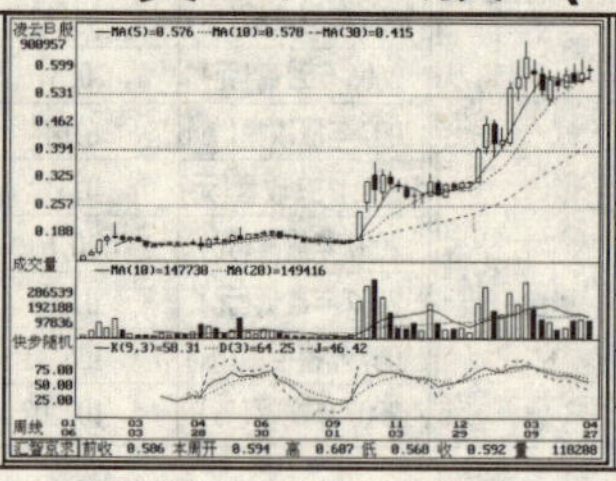

| | |
|---|---|
| 2006年涨跌幅(%) | 155.74 |
| 2006年最高(元) | 0.36 |
| 2007年涨跌幅(%) | 89.74 |
| 2007.4.27收盘(元) | 0.592 |
| 2007年最高(元) | 0.668 |
| 2007年最低(元) | 0.303 |
| 2007年换手率(%) | 146.24 |
| 2007年振幅(%) | 120.46 |

# 上市公司2007一季度主要财务指标一览

（截至日期:2007年4月28日）

| 代码 | 简称 | 每股收益（元） | 每股净资产（元） | 净资产收益率（%） |
|---|---|---|---|---|
| 000001 | S深发展A | 0.27 | 3.65 | 7.53 |
| 000004 | *ST国农 | 0.001 | 0.94 | 0.13 |
| 000006 | 深振业A | 0.05 | 5.233 | 1.03 |
| 000007 | ST达声 | -0.05 | -0.23 | / |
| 000008 | *ST宝投 | 0.01 | 1.036 | 1.32 |
| 000009 | S深宝安A | 0.0456 | 1.6 | 2.85 |
| 000010 | SST华新 | -0.01 | 0.5594 | -1.89 |
| 000012 | 南玻A | 0.05 | 2.65 | 2.04 |
| 000014 | 沙河股份 | -0.03 | 2.5319 | -1 |
| 000016 | 深康佳A | 0.0436 | 5.64 | 0.7734 |
| 000017 | SST中华 | 0.07 | -3.7933 | / |
| 000018 | 深中冠A | -0.14 | 1.626 | -8.72 |
| 000019 | 深深宝A | 0.004 | 1.523 | 0.26 |
| 000020 | SST华发 | 0.00042 | 0.7909 | 0.05 |
| 000021 | 长城开发 | 0.43 | 4.0732 | 10.55 |
| 000022 | 深赤湾A | 0.221 | 3.73 | 5.92 |
| 000023 | 深天地A | 0.14 | 2.1696 | 6.37 |
| 000024 | 招商地产 | 0.103 | 5.835 | 1.83 |
| 000025 | 特力A | -0.01 | 0.613 | -1.73 |
| 000026 | S飞亚达A | 0.05 | 2.31 | 2.09 |
| 000027 | 深能源A | 0.17 | 4.154 | 4.05 |
| 000028 | 一致药业 | 0.09 | 1.485 | 6.1 |
| 000029 | 深深房A | 0.0004 | 1.1049 | 0.04 |
| 000030 | S*ST盛润 | -0.03 | -5.6296 | / |
| 000031 | 中粮地产 | 0.02 | 2.1613 | 0.93 |
| 000032 | 深桑达A | 0.06 | 3.26 | 1.81 |
| 000033 | 新都酒店 | -0.0056 | 0.948 | -0.595 |
| 000034 | S*ST深泰 | -0.02 | -1.54 | / |
| 000036 | 华联控股 | 0.011 | 1.68 | 0.68 |
| 000037 | 深南电A | 0.002 | 2.898 | 0.06 |
| 000038 | S*ST大通 | 0.22 | -0.3956 | / |
| 000039 | 中集集团 | 0.26 | 5.7251 | 4.56 |
| 000040 | 深鸿基 | -0.01 | 1.88 | -0.51 |
| 000042 | 深长城 | -0.04 | 7.35 | -0.57 |
| 000045 | 深纺织A | 0.01 | 1.41 | 0.44 |
| 000046 | 泛海建设 | 0.11 | 4.56 | 2.33 |
| 000048 | *ST康达 | -0.0083 | -0.71 | / |
| 000049 | 德赛电池 | -0.02 | 1.1277 | -1.66 |
| 000050 | 深天马A | 0.05 | 2.68 | 1.87 |
| 000055 | 方大A | 0.01 | 1.41 | 0.75 |
| 000056 | 深国商 | -0.01 | 0.74 | -1.96 |
| 000059 | 辽通化工 | 0.14 | 2.894 | 4.97 |
| 000060 | 中金岭南 | 0.42 | 5.15 | 8.07 |
| 000061 | 农产品 | 0.03 | 3.72 | 0.85 |
| 000062 | 深圳华强 | 0.025 | 4.19 | 0.59 |
| 000063 | 中兴通讯 | 0.044 | 11.23 | 0.39 |
| 000066 | 长城电脑 | 0.058 | 3.77 | 1.55 |
| 000068 | S三星 | -0.11 | 2.55 | -4.22 |

| 代码 | 简称 | 每股收益（元） | 每股净资产（元） | 净资产收益率（%） |
|---|---|---|---|---|
| 000069 | 华侨城A | 0.02 | 2.725 | 0.86 |
| 000070 | 特发信息 | -0.01 | 2.4697 | -0.26 |
| 000078 | 海王生物 | 0.02 | 1.45 | 1.95 |
| 000088 | 盐田港 | 0.1178 | 2.659 | 4.43 |
| 000089 | 深圳机场 | 0.08 | 2.37 | 3.5 |
| 000090 | 深天健 | 0.01 | 9.199 | 0.14 |
| 000096 | 广聚能源 | 0.0135 | 2.55 | 0.53 |
| 000150 | S*ST光电 | -0.01 | 1.3648 | -0.77 |
| 000151 | 中成股份 | 0.01 | 3.026 | 0.18 |
| 000153 | 丰原药业 | 0.01 | 2.4047 | 0.24 |
| 000155 | 川化股份 | -0.03 | 3.58 | -0.73 |
| 000157 | 中联重科 | 0.4172 | 4.9431 | 8.44 |
| 000158 | 常山股份 | 0.02 | 3.64 | 0.52 |
| 000159 | 国际实业 | 0.03 | 2.8319 | 0.87 |
| 000301 | 丝绸股份 | 0.03 | 1.93 | 1.81 |
| 000400 | 许继电气 | 0.032 | 5.396 | 0.6 |
| 000401 | 冀东水泥 | -0.016 | 2.48 | -0.63 |
| 000402 | 金融街 | 0.41 | 3.75 | 10.81 |
| 000403 | S*ST生化 | -0.14 | -1.169 | 10.48 |
| 000404 | 华意压缩 | -0.02 | 1.2193 | -1.39 |
| 000407 | 胜利股份 | 0.01 | 1.75 | 0.51 |
| 000410 | 沈阳机床 | 0.05 | 3.65 | 1.29 |
| 000411 | 英特集团 | 0.005 | 0.751 | 0.68 |
| 000413 | *ST宝石A | 0.0006 | 0.5767 | 0.11 |
| 000415 | 汇通水利 | -0.0278 | 1.326 | -2.1 |
| 000416 | 健特生物 | -0.01 | 1.21 | -0.43 |
| 000417 | 合肥百货 | 0.0918 | 3.0395 | 3.02 |
| 000418 | 小天鹅A | 0.05 | 3.33 | 1.25 |
| 000419 | 通程控股 | 0.0794 | 3.9257 | 2.02 |
| 000421 | 南京中北 | 0.0253 | 1.21 | 2.09 |
| 000422 | 湖北宜化 | 0.12 | 2.8321 | 4.25 |
| 000423 | S阿胶 | 0.11 | 2.79 | 3.82 |
| 000425 | 徐工科技 | 0.0022 | 2.14 | 0.1 |
| 000426 | 大地基础 | 0.01 | 3.79 | 0.19 |
| 000428 | 华天酒店 | 0.05 | 1.65 | 2.91 |
| 000429 | 粤高速A | 0.11 | 2.36 | 4.75 |
| 000430 | S*ST张股 | -0.04 | -0.5154 | / |
| 000498 | *ST丹化 | -0.1 | 0.05 | -220.77 |
| 000501 | 鄂武商A | 0.08 | 1.97 | 3.85 |
| 000503 | 海虹控股 | 0.01 | 1.8571 | 0.27 |
| 000504 | 赛迪传媒 | 0.003 | 1.4338 | 0.19 |
| 000505 | *ST珠江 | -0.008 | 0.523 | -1.57 |
| 000509 | S*ST华塑 | -0.06 | 0.5273 | -11.07 |
| 000510 | 金路集团 | 0.03 | 1.8913 | 1.45 |
| 000511 | 银基发展 | 0.07 | 3.59 | 2.09 |
| 000513 | 丽珠集团 | 0.43 | 4.98 | 8.54 |
| 000514 | 渝开发 | 0.04 | 3.61 | 0.99 |
| 000515 | 攀渝钛业 | 0.01 | 1.86 | 0.3 |

| 代码 | 简称 | 每股收益(元) | 每股净资产(元) | 净资产收益率(%) |
|---|---|---|---|---|
| 000516 | 陕解放A | 0.11 | 3.35 | 3.41 |
| 000518 | 四环生物 | -0.02 | 0.98 | -1.84 |
| 000519 | 银河动力 | 0.002 | 1.965 | 0.11 |
| 000520 | 长航凤凰 | 0.0245 | 1.686 | 1.46 |
| 000522 | 白云山A | 0.07 | 1.41 | 4.79 |
| 000523 | 广州浪奇 | 0.0154 | 2.56 | 0.6 |
| 000524 | 东方宾馆 | -0.03 | 2.05 | -1.67 |
| 000525 | 红太阳 | 0.01 | 2.24 | 0.33 |
| 000526 | 旭飞投资 | -0.02 | 1.57 | -1.48 |
| 000527 | 美的电器 | 0.31 | 5.92 | 5.23 |
| 000528 | 柳工 | 0.22 | 4.25 | 5.27 |
| 000529 | S*ST美雅 | -0.038 | -1.21 | / |
| 000530 | 大冷股份 | 0.05 | 4.3 | 1.1 |
| 000531 | 穗恒运A | 0.13 | 3.12 | 4.13 |
| 000533 | 万家乐 | 0.03 | 0.83 | 3.89 |
| 000536 | SST闽东 | 0.01 | 0.281 | 2.75 |
| 000537 | 广宇发展 | -0.01 | 1.025 | -0.93 |
| 000538 | 云南白药 | 0.15 | 2.33 | 6.39 |
| 000545 | *ST吉药 | 0.06 | 0.0729 | 81.49 |
| 000546 | 光华控股 | -0.02 | 0.68 | -2.38 |
| 000547 | 闽福发A | 0.04 | 1.882 | 2.12 |
| 000548 | 湖南投资 | 0.34 | 2.42 | 14.15 |
| 000550 | 江铃汽车 | 0.16 | 3.67 | 4.41 |
| 000551 | 创元科技 | 0.03 | 2.9486 | 1.11 |
| 000553 | 沙隆达A | 0.017 | 3.06 | 0.55 |
| 000554 | 泰山石油 | 0.04 | 1.97 | 2.22 |
| 000555 | *ST太光 | -0.02 | -1.44 | / |
| 000557 | ST银广夏 | -0.0049 | -0.77 | / |
| 000558 | 莱茵置业 | -0.02 | 1.42 | -1.62 |
| 000559 | 万向钱潮 | 0.07 | 1.75 | 3.79 |
| 000560 | ST昆百大 | 0.0681 | 0.1455 | 46.77 |
| 000561 | SST长岭 | -0.05 | -1.58 | / |
| 000562 | 宏源证券 | 0.2119 | 2.722 | 7.79 |
| 000563 | 陕国投A | 0.01 | 1.16 | 1.08 |
| 000564 | 西安民生 | 0.0357 | 2.2862 | 1.56 |
| 000565 | 渝三峡A | 0.03 | 2.17 | 1.54 |
| 000566 | 海南海药 | 0.04 | 1.24 | 2.93 |
| 000567 | 海德股份 | 0.01 | 0.702 | 1.44 |
| 000568 | 泸州老窖 | 0.16 | 2.73 | 5.97 |
| 000569 | *ST长钢 | -0.01 | 0.814 | -1.48 |
| 000570 | 苏常柴A | 0.03 | 2.78 | 1.05 |
| 000571 | 新大洲A | 0.0156 | 1.3391 | 1.16 |
| 000572 | 海马股份 | 0.18 | 3.75 | 4.83 |
| 000573 | 粤宏远A | 0.01 | 2.32 | 0.39 |
| 000576 | 广东甘化 | 0.01 | 1.68 | 0.49 |
| 000578 | S*ST数码 | -0.08 | 0.23 | -34.05 |
| 000581 | 威孚高科 | 0.08 | 3.98 | 2.09 |
| 000583 | S*ST托普 | -0.04 | -6.08 | / |
| 000584 | 舒卡股份 | 0.043 | 1.22 | 3.54 |
| 000585 | 东北电气 | 0.009 | 1 | 0.93 |
| 000586 | 汇源通信 | -0.04 | 1.3854 | -3.21 |
| 000589 | 黔轮胎A | 0.08 | 4.43 | 1.72 |

| 代码 | 简称 | 每股收益(元) | 每股净资产(元) | 净资产收益率(%) |
|---|---|---|---|---|
| 000591 | 桐君阁 | 0.04 | 2.606 | 1.51 |
| 000595 | 西北轴承 | 0.078 | 1.92 | 4.09 |
| 000596 | 古井贡酒 | 0.02 | 3.47 | 0.59 |
| 000597 | 东北制药 | 0.02 | 3.185 | 0.76 |
| 000598 | 蓝星清洗 | 0.03 | 2.37 | 1.19 |
| 000599 | 青岛双星 | 0.028 | 2.29 | 1.231 |
| 000600 | 建投能源 | 0.09 | 3.1 | 1.33 |
| 000605 | *ST四环 | -0.05 | 0.48 | -11.41 |
| 000606 | 青海明胶 | 0.01 | 2.34 | 0.53 |
| 000608 | 阳光股份 | 0.04 | 3.14 | 1.31 |
| 000609 | 绵世股份 | 0.3 | 3.79 | 7.78 |
| 000610 | 西安旅游 | 0.012 | 2.25 | 0.52 |
| 000611 | 时代科技 | 0.03 | 1.67 | 1.83 |
| 000612 | 焦作万方 | 0.353 | 2.538 | 13.91 |
| 000613 | SST东海 | -0.0004 | -0.18 | / |
| 000615 | 湖北金环 | 0.02 | 2.84 | 0.64 |
| 000616 | 亿城股份 | 0.15 | 2.8 | 5.45 |
| 000617 | 石油济柴 | 0.09 | 2.52 | 3.69 |
| 000619 | 海螺型材 | 0.073 | 4.29 | 1.7 |
| 000622 | S*ST恒立 | -0.04 | -0.8859 | / |
| 000623 | 吉林敖东 | 1.34 | 8.44 | 15.88 |
| 000626 | 如意集团 | 0.02 | 0.9968 | 1.98 |
| 000627 | 天茂集团 | 0.02 | 1.2199 | 1.66 |
| 000628 | 高新发展 | -0.048 | 1.77 | -2.72 |
| 000629 | 攀钢钢钒 | 0.08 | 3.49 | 2.18 |
| 000630 | 铜都铜业 | 0.2 | 4.66 | 4.19 |
| 000632 | *ST三木 | 0.02 | 1.154 | 1.33 |
| 000633 | S*ST合金 | -0.0344 | 0.0378 | -91.04 |
| 000635 | 英力特 | 0.13 | 2.04 | 6.49 |
| 000636 | 风华高科 | 0.08 | 3.143 | 2.5 |
| 000638 | S*ST中辽 | -0.001 | -2.3084 | / |
| 000639 | 金德发展 | 0.02 | 1.72 | 0.95 |
| 000650 | ST仁和 | 0.07 | 0.95 | 7.34 |
| 000651 | 格力电器 | 0.2 | 4.2 | 4.86 |
| 000655 | 金岭矿业 | 0.13 | 1.97 | 6.59 |
| 000656 | *ST东源 | 0.02 | 1.5771 | 1.09 |
| 000657 | 中钨高新 | -0.02 | 2.39 | -0.9 |
| 000659 | 珠海中富 | 0.04 | 2.82 | 1.36 |
| 000661 | 长春高新 | -0.004 | 2.43 | -0.144 |
| 000662 | 索芙特 | 0.0748 | 3.4788 | 2.15 |
| 000663 | 永安林业 | 0.0092 | 2.1179 | 0.43 |
| 000665 | 武汉塑料 | 0.0033 | 0.614 | 0.54 |
| 000666 | 经纬纺机 | 0.07 | 4.79 | 1.49 |
| 000667 | 名流置业 | 0.1836 | 3.21 | 5.72 |
| 000671 | 阳光发展 | -0.02 | 2.49 | -0.97 |
| 000672 | S*ST铜城 | -0.02 | -0.148 | / |
| 000673 | *ST大水 | -0.033 | 0.541 | -6.08 |
| 000676 | 思达高科 | 0.004 | 1.44 | 0.3 |
| 000677 | 山东海龙 | 0.07 | 2.153 | 3.03 |
| 000678 | 襄阳轴承 | 0.02 | 1.523 | 1.34 |
| 000679 | 大连友谊 | 0.029 | 2.56 | 1.15 |
| 000680 | 山推股份 | 0.15 | 2.84 | 5.39 |

| 代码 | 简称 | 每股收益（元） | 每股净资产（元） | 净资产收益率（%） |
|---|---|---|---|---|
| 000682 | 东方电子 | 0.002 | 1.32 | 0.15 |
| 000683 | 天然碱 | 0.03 | 1.04 | 2.77 |
| 000685 | 公用科技 | 0.0175 | 1.5853 | 1.1054 |
| 000686 | S锦六陆 | 0.01 | 3.01 | 0.34 |
| 000687 | 保定天鹅 | 0.06 | 2.73 | 2.14 |
| 000688 | S*ST朝华 | -0.04 | -3.97 | / |
| 000690 | 宝新能源 | 0.18 | 2.63 | 6.7 |
| 000691 | ST寰岛 | -0.01 | 1.1405 | -1.03 |
| 000692 | *ST惠天 | -0.06 | 3.78 | -1.64 |
| 000697 | 咸阳偏转 | -0.0064 | 2.68 | -0.24 |
| 000698 | 沈阳化工 | 0.11 | 3.609 | 3.06 |
| 000700 | 模塑科技 | 0.03 | 2.94 | 0.99 |
| 000701 | 厦门信达 | 0.04 | 2.3 | 1.56 |
| 000702 | 正虹科技 | 0.01 | 1.8802 | 0.28 |
| 000703 | 世纪光华 | 0.01 | 1.39 | 0.67 |
| 000705 | 浙江震元 | 0.01 | 3.74 | 0.28 |
| 000707 | 双环科技 | 0.03 | 3.38 | 0.74 |
| 000708 | 大冶特钢 | 0.173 | 3.115 | 5.57 |
| 000709 | 唐钢股份 | 0.21 | 4.3 | 4.77 |
| 000710 | 天兴仪表 | 0.0036 | 0.7126 | 0.51 |
| 000711 | 天伦置业 | -0.01 | 2.94 | -0.31 |
| 000713 | 丰乐种业 | 0.06 | 2.129 | 2.74 |
| 000715 | 中兴商业 | 0.14 | 3.77 | 3.65 |
| 000717 | 韶钢松山 | 0.07 | 4.07 | 1.76 |
| 000718 | 苏宁环球 | 0.01 | 1.2 | 0.98 |
| 000719 | S*ST鑫安 | -0.11 | -0.5 | / |
| 000720 | 鲁能泰山 | -0.02 | 1.49 | -1.07 |
| 000722 | 金果实业 | -0.1 | 2.61 | -2.92 |
| 000723 | S天宇 | 0.07 | 2.22 | 3.24 |
| 000725 | *ST东方A | -0.015 | 1.21 | / |
| 000726 | 鲁泰A | 0.23 | 4.87 | 4.81 |
| 000727 | 华东科技 | 0.0021 | 2.74 | 0.08 |
| 000728 | S*ST化二 | -0.28 | 1.28 | -21.73 |
| 000729 | 燕京啤酒 | 0.0145 | 4.77 | 0.3 |
| 000731 | 四川美丰 | 0.22 | 3.765 | 5.64 |
| 000732 | S*ST三农 | -0.04 | -3.981 | / |
| 000733 | 振华科技 | 0.02 | 5.29 | 0.46 |
| 000735 | *ST罗牛 | 0.0028 | 1.27 | 0.22 |
| 000737 | 南风化工 | 0.04 | 3.2 | 1.11 |
| 000738 | *ST宇航 | 0.01 | 1.15 | 0.78 |
| 000739 | 普洛康裕 | 0.065 | 2.79 | 2.33 |
| 000748 | 长城信息 | 0.00347 | 3.312 | 0.1 |
| 000750 | S*ST集琦 | -0.07 | 1.3934 | -4.68 |
| 000751 | 锌业股份 | 0.04 | 2.79 | 1.54 |
| 000753 | 漳州发展 | 0.018 | 1.46 | 1.23 |
| 000755 | 山西三维 | 0.19 | 4.96 | 3.83 |
| 000756 | 新华制药 | 0.02 | 2.98 | 0.71 |
| 000757 | *ST方向 | -0.022 | -2.46 | / |
| 000758 | 中色股份 | 0.06 | 2.33 | 2.63 |
| 000759 | 武汉中百 | 0.11 | 2.79 | 3.9 |
| 000760 | 博盈投资 | 0.01 | 1.97 | 0.73 |
| 000761 | 本钢板材 | 0.1 | 5.2323 | 1.92 |
| 000762 | 西藏矿业 | -0.01 | 2.1079 | -0.45 |
| 000766 | 通化金马 | 0.01 | 1.24 | 0.59 |
| 000767 | 漳泽电力 | 0.1 | 2.4911 | 3.65 |
| 000768 | 西飞国际 | 0.0405 | 3.34 | 1.21 |
| 000776 | S延边路 | 0.01 | 1.34 | 0.84 |
| 000777 | 中核科技 | 0.0215 | 1.8621 | 1.16 |
| 000778 | 新兴铸管 | 0.1369 | 4.0409 | 3.39 |
| 000779 | ST派神 | 0.01 | 1.31 | 0.71 |
| 000780 | *ST兴发 | -0.12 | 0.16 | -74.72 |
| 000782 | 美达股份 | 0.02 | 2.36 | 0.73 |
| 000783 | S*ST石炼 | 0.04 | -0.58 | / |
| 000785 | 武汉中商 | 0.07 | 1.99 | 3.5 |
| 000786 | 北新建材 | 0.039 | 2.816 | 1.37 |
| 000788 | 西南合成 | 0.01 | 1.24 | 0.53 |
| 000789 | 江西水泥 | 0.01 | 1.803 | 0.83 |
| 000790 | 华神集团 | -0.03 | 2.62 | -1.06 |
| 000791 | 西北化工 | -0.02 | 1.3208 | -1.42 |
| 000792 | 盐湖钾肥 | 0.24 | 2.9518 | 8.02 |
| 000793 | 华闻传媒 | 0.03 | 1.51 | 1.63 |
| 000795 | 太原刚玉 | 0.011 | 1.45 | 0.724 |
| 000796 | 宝商集团 | 0.01 | 1.36 | 0.7 |
| 000797 | 中国武夷 | 0.02 | 2.4 | 0.76 |
| 000798 | 中水渔业 | -0.01 | 2.045 | -0.35 |
| 000799 | S*ST酒鬼 | -0.01 | 1.687 | -0.55 |
| 000801 | 四川湖山 | -0.0049 | 0.93 | -0.53 |
| 000802 | 北京旅游 | -0.04 | 2.12 | -1.73 |
| 000803 | 金宇车城 | 0.002 | 0.79 | 0.23 |
| 000805 | S*ST炎黄 | -0.03 | -3.94 | / |
| 000806 | 银河科技 | 0.03 | 1.75 | 1.61 |
| 000809 | 中汇医药 | -0.01 | 1.081 | -0.86 |
| 000810 | 华润锦华 | 0.081 | 2.59 | 3.13 |
| 000812 | 陕西金叶 | 0.01 | 1.34 | 0.66 |
| 000813 | 天山纺织 | 0.01 | 1.215 | 0.99 |
| 000816 | 江淮动力 | 0.09 | 2.0805 | 4.24 |
| 000818 | 锦化氯碱 | 0.02 | 3.5 | 0.49 |
| 000819 | 岳阳兴长 | 0.053 | 1.829 | 2.91 |
| 000820 | *ST金城 | 0.03 | 1.217 | 1.21 |
| 000821 | 京山轻机 | 0.04 | 3.33 | 1.31 |
| 000822 | 山东海化 | 0.12 | 4 | 2.79 |
| 000823 | 超声电子 | 0.07 | 2.436 | 2.59 |
| 000825 | 太钢不锈 | 0.46 | 5.463 | 8.43 |
| 000826 | 合加资源 | 0.07 | 1.97 | 3.56 |
| 000828 | 东莞控股 | 0.053 | 2.5147 | 2.09 |
| 000829 | 天音控股 | 0.21 | 2.1937 | 9.38 |
| 000830 | 鲁西化工 | 0.04 | 2.03 | 2.18 |
| 000831 | 关铝股份 | 0.1 | 3.12 | 3.12 |
| 000833 | 贵糖股份 | 0.02 | 2.48 | 0.91 |
| 000835 | 四川圣达 | 0.11 | 1.95 | 5.52 |
| 000836 | 鑫茂科技 | 0.04 | 2.09 | 1.96 |
| 000837 | 秦川发展 | 0.034 | 2.96 | 1.15 |
| 000838 | S蓝石化 | 0.0015 | 1.452 | 0.104 |
| 000839 | 中信国安 | 0.07 | 5.6642 | 1.18 |

| 代码 | 简称 | 每股收益（元） | 每股净资产（元） | 净资产收益率（%） |
|---|---|---|---|---|
| 000848 | 承德露露 | 0.18 | 2.68 | 6.79 |
| 000850 | 华茂股份 | 0.027 | 1.78 | 1.5 |
| 000851 | 高鸿股份 | -0.02 | 1.77 | -1.08 |
| 000852 | 江钻股份 | 0.09 | 2.77 | 3.25 |
| 000856 | 唐山陶瓷 | -0.06 | 1.63 | -3.57 |
| 000858 | 五粮液 | 0.27 | 3.324 | 8.26 |
| 000859 | 国风塑业 | 0.005 | 2.46 | 0.22 |
| 000860 | 顺鑫农业 | 0.1 | 3.89 | 2.67 |
| 000861 | 海印股份 | 0.07 | 2.26 | 3.1 |
| 000862 | ST仪表 | 0.01 | 0.71 | 1.4 |
| 000863 | *ST商务 | -0.09 | -6.21 | / |
| 000868 | 安凯客车 | 0.011 | 2 | 0.56 |
| 000869 | 张裕A | 0.37 | 4.21 | 8.79 |
| 000875 | 吉电股份 | 0.0356 | 3.06 | 1.16 |
| 000876 | 新希望 | 0.08 | 3.21 | 2.56 |
| 000877 | 天山股份 | -0.13 | 2.55 | -5.16 |
| 000880 | ST巨力 | 0.05 | 1.11 | 4.3 |
| 000881 | 大连国际 | 0.031 | 2.65 | 0.81 |
| 000882 | 华联股份 | 0.06 | 2.37 | 2.42 |
| 000883 | 三环股份 | 0.02 | 3.16 | 0.52 |
| 000887 | ST中鼎 | 0.09 | 1.138 | 8.05 |
| 000888 | 峨眉山A | -0.03 | 2.4 | -1.22 |
| 000889 | 渤海物流 | 0.0026 | 2.37 | 0.11 |
| 000890 | 法尔胜 | 0.02 | 2.6076 | 0.61 |
| 000893 | 广州冷机 | 0.05 | 2.11 | 2.37 |
| 000895 | S双汇 | 0.2612 | 4.206 | 6.21 |
| 000897 | 津滨发展 | 0.01 | 1.7912 | 0.51 |
| 000899 | 赣能股份 | 0.04 | 2.8248 | 1.27 |
| 000900 | 现代投资 | 0.26 | 7.02 | 3.73 |
| 000901 | 航天科技 | -0.02 | 1.648 | -1.06 |
| 000902 | 中国服装 | -0.02 | 1.54 | -1.17 |
| 000903 | 云内动力 | 0.43 | 5.6 | 7.7 |
| 000905 | 厦门港务 | 0.05 | 2.55 | 1.9 |
| 000906 | S南建材 | -0.05 | 1.43 | -3.39 |
| 000908 | S天一科 | 0.005 | 1.196 | 0.5 |
| 000909 | 数源科技 | 0.001 | 2.8177 | 0.039 |
| 000910 | 大亚科技 | 0.08 | 3.14 | 2.34 |
| 000911 | 南宁糖业 | 0.17 | 4.32 | 3.93 |
| 000912 | 泸天化 | 0.21 | 4.02 | 5.2 |
| 000913 | 钱江摩托 | 0.05 | 2.62 | 2.03 |
| 000915 | 山大华特 | 0.0061 | 1.6158 | 0.38 |
| 000916 | 华北高速 | 0.0611 | 2.87 | 2.15 |
| 000917 | 电广传媒 | 0.04 | 5.1 | 0.74 |
| 000918 | S*ST亚华 | 0.04 | 0.42 | 10.72 |
| 000919 | 金陵药业 | 0.12 | 3.2 | 3.76 |
| 000920 | *ST汇通 | 0.01 | 1.474 | 0.8 |
| 000922 | *ST阿继 | -0.04 | 0.6231 | -6.51 |
| 000926 | 福星科技 | 0.13 | 6.85 | 1.9 |
| 000928 | *ST吉炭 | 0.005 | 3.117 | 0.15 |
| 000929 | 兰州黄河 | 0.03 | 2.02 | 1.54 |
| 000931 | 中关村 | -0.0394 | 0.7543 | -3.08 |
| 000932 | 华菱管线 | 0.12 | 4.71 | 2.64 |

| 代码 | 简称 | 每股收益（元） | 每股净资产（元） | 净资产收益率（%） |
|---|---|---|---|---|
| 000933 | 神火股份 | 0.328 | 3.551 | 9.23 |
| 000935 | S川双马 | -0.05 | 1.16 | -3.98 |
| 000936 | 华西村 | 0.03 | 2.55 | 1.27 |
| 000937 | 金牛能源 | 0.21 | 4.1 | 5.03 |
| 000938 | 紫光股份 | 0.02 | 3.121 | 0.653 |
| 000948 | 南天信息 | -0.05 | 3.1 | -1.56 |
| 000949 | 新乡化纤 | 0.11 | 2.8746 | 3.68 |
| 000950 | 建峰化工 | 0.122 | 1.7577 | 6.93 |
| 000951 | 中国重汽 | 0.39 | 4.47 | 8.81 |
| 000952 | 广济药业 | 0.018 | 1.95 | 0.94 |
| 000953 | 河池化工 | 0.0123 | 1.304 | 0.95 |
| 000955 | 欣龙控股 | 0.0024 | 1.485 | 0.161 |
| 000957 | 中通客车 | 0.01 | 1.99 | 0.5 |
| 000958 | 东方热电 | 0.02 | 3.78 | 0.49 |
| 000959 | 首钢股份 | 0.054 | 2.674 | 1.82 |
| 000960 | 锡业股份 | 0.2347 | 3.5374 | 6.63 |
| 000961 | 大连金牛 | 0.01 | 3.78 | 0.22 |
| 000962 | 东方钽业 | 0.03 | 3.27 | 1.04 |
| 000963 | 华东医药 | 0.1 | 1.17 | 8.28 |
| 000965 | S*ST天水 | -0.03 | 2.0338 | -1.23 |
| 000966 | 长源电力 | 0.03 | 2.489 | 1.13 |
| 000967 | *ST上风 | 0.04 | 2.65 | 1.37 |
| 000968 | 煤气化 | 0.08 | 4.14 | 1.93 |
| 000969 | 安泰科技 | 0.04 | 4.3892 | 0.9 |
| 000970 | 中科三环 | 0.04 | 1.94 | 2.19 |
| 000972 | 新中基 | 0.06 | 6.13 | 0.54 |
| 000973 | 佛塑股份 | -0.01 | 2.162 | -0.22 |
| 000977 | 浪潮信息 | 0.001 | 4.46 | 0.03 |
| 000978 | 桂林旅游 | 0.011 | 2.37 | 0.446 |
| 000979 | ST科苑 | -0.22 | 0.79 | -28.14 |
| 000980 | 金马股份 | 0.05 | 2.93 | 1.79 |
| 000982 | S*ST雪绒 | -0.08 | 0.67 | -11.86 |
| 000983 | 西山煤电 | 0.23 | 4.1 | 5.63 |
| 000985 | 大庆华科 | 0.01 | 3.246 | 0.19 |
| 000987 | 广州友谊 | 0.23 | 3.8 | 6.03 |
| 000988 | 华工科技 | 0.03 | 2.52 | 1.38 |
| 000989 | 九芝堂 | 0.09 | 4.0161 | 2.3 |
| 000990 | 诚志股份 | 0.02 | 3.66 | 0.58 |
| 000993 | 闽东电力 | 0.0041 | 3.506 | 0.12 |
| 000995 | 皇台酒业 | 0.01 | 2.04 | 0.26 |
| 000996 | 捷利股份 | 0.02 | 3.29 | 0.52 |
| 000997 | 新大陆 | 0.04 | 2.01 | 2.03 |
| 000998 | 隆平高科 | 0.08 | 5.56 | 1.45 |
| 000999 | S三九 | 0.02 | 2.6 | 0.9 |
| 001696 | 宗申动力 | 0.15 | 2.13 | 7.21 |
| 001896 | 豫能控股 | 0.0212 | 1.7795 | 1.19 |
| 002001 | 新和成 | 0.0002 | 2.25 | 0.01 |
| 002002 | 江苏琼花 | 0.01 | 3.36 | 0.17 |
| 002003 | 伟星股份 | 0.0625 | 4.98 | 1.26 |
| 002004 | 华邦制药 | 0.32 | 3.77 | 8.49 |
| 002005 | 德豪润达 | -0.16 | 3.75 | -4.26 |
| 002006 | 精工科技 | 0.02 | 3.59 | 0.49 |

| 代码 | 简称 | 每股收益（元） | 每股净资产（元） | 净资产收益率（%） |
|---|---|---|---|---|
| 002007 | 华兰生物 | 0.1 | 3.79 | 2.74 |
| 002008 | 大族激光 | 0.09 | 2.19 | 3.95 |
| 002009 | 天奇股份 | 0.1 | 3.62 | 2.78 |
| 002010 | 传化股份 | 0.1 | 4.25 | 2.4 |
| 002011 | 盾安环境 | 0.0284 | 6.98 | 0.41 |
| 002012 | 凯恩股份 | −0.08 | 1.71 | −4.71 |
| 002013 | 中航精机 | 0.05 | 3.41 | 1.4 |
| 002014 | 永新股份 | 0.13 | 3.68 | 3.5 |
| 002015 | 霞客环保 | 0.07 | 2.85 | 2.55 |
| 002016 | 威尔科技 | −0.07 | 3.68 | −1.86 |
| 002017 | 东信和平 | 0.04 | 3.6124 | 1.15 |
| 002018 | 华星化工 | 0.0475 | 4.67 | 0.95 |
| 002019 | 鑫富药业 | 0.26 | 4.88 | 5.42 |
| 002020 | 京新药业 | 0.006 | 2.93 | 0.21 |
| 002021 | 中捷股份 | 0.16 | 2.83 | 5.64 |
| 002022 | 科华生物 | 0.16 | 2.84 | 5.49 |
| 002023 | 海特高新 | 0.06 | 4.04 | 1.48 |
| 002024 | 苏宁电器 | 0.18 | 4.55 | 3.85 |
| 002025 | 航天电器 | 0.17 | 3.68 | 4.58 |
| 002026 | 山东威达 | 0.03 | 3.42 | 0.87 |
| 002027 | 七喜控股 | 0.03 | 2.35 | 1.32 |
| 002028 | 思源电气 | 0.17 | 4.59 | 3.65 |
| 002029 | 七匹狼 | 0.18 | 3.49 | 5.19 |
| 002030 | 达安基因 | 0.04 | 2.25 | 1.89 |
| 002031 | 巨轮股份 | 0.07 | 3.03 | 2.19 |
| 002032 | 苏泊尔 | 0.22 | 4.547 | 4.81 |
| 002033 | 丽江旅游 | 0.11 | 3.27 | 3.27 |
| 002034 | 美欣达 | 0.02 | 5.44 | 0.4 |
| 002035 | 华帝股份 | 0.006 | 2.45 | 0.26 |
| 002036 | 宜科科技 | 0.04 | 3.08 | 1.58 |
| 002037 | 久联发展 | 0.04 | 3.9 | 0.91 |
| 002038 | 双鹭药业 | 0.262 | 5.41 | 4.85 |
| 002039 | 黔源电力 | −0.12 | 3.548 | −3.29 |
| 002040 | 南京港 | 0.02 | 2.13 | 0.82 |
| 002041 | 登海种业 | 0.11 | 3.81 | 2.85 |
| 002042 | 飞亚股份 | −0.05 | 2.66 | −1.74 |
| 002043 | 兔宝宝 | 0.03 | 3.14 | 1.01 |
| 002044 | 江苏三友 | 0.03 | 2.3 | 1.4 |
| 002045 | 广州国光 | 0.08 | 4.04 | 1.93 |
| 002046 | 轴研科技 | 0.09 | 3.93 | 2.33 |
| 002047 | 成霖股份 | 0.03 | 3.13 | 0.95 |
| 002048 | 宁波华翔 | 0.09 | 3.28 | 2.61 |
| 002049 | 晶源电子 | 0.05 | 4.02 | 1.03 |
| 002050 | 三花股份 | 0.1 | 3.75 | 2.59 |
| 002051 | 中工国际 | 0.35 | 4.94 | 7.01 |
| 002052 | 同洲电子 | 0.14 | 5.26 | 2.75 |
| 002053 | 云南盐化 | 0.16 | 5.56 | 2.87 |
| 002054 | 德美化工 | 0.075 | 3.68 | 2.05 |
| 002055 | 得润电子 | 0.08 | 4.27 | 1.81 |
| 002056 | 横店东磁 | 0.17 | 6 | 2.8 |
| 002057 | 中钢天源 | 0.03 | 3.43 | 0.87 |
| 002058 | 威尔泰 | 0.005 | 2.52 | 0.2 |

| 代码 | 简称 | 每股收益（元） | 每股净资产（元） | 净资产收益率（%） |
|---|---|---|---|---|
| 002059 | 世博股份 | −0.01 | 2.49 | −0.38 |
| 002060 | 粤水电 | 0.09 | 4 | 2.18 |
| 002061 | 江山化工 | 0.026 | 3.57 | 0.74 |
| 002062 | 宏润建设 | 0.2 | 5.59 | 3.6 |
| 002063 | 远光软件 | 0.07 | 2.91 | 2.33 |
| 002064 | 华峰氨纶 | 0.5309 | 6.13 | 8.66 |
| 002065 | 东华合创 | 0.16 | 6.68 | 2.45 |
| 002066 | 瑞泰科技 | 0.03 | 3.42 | 1.01 |
| 002067 | 景兴纸业 | 0.09 | 2.975 | 2.99 |
| 002068 | 黑猫股份 | 0.08 | 5.11 | 1.65 |
| 002069 | 獐子岛 | 0.37 | 9.13 | 4.02 |
| 002070 | 众和股份 | −0.01 | 4.2 | −0.3 |
| 002071 | 江苏宏宝 | 0.03 | 2.75 | 1.23 |
| 002072 | 德棉股份 | 0.03 | 2.9 | 1.16 |
| 002073 | 青岛软控 | 0.23 | 11.84 | 1.91 |
| 002074 | 东源电器 | 0.08 | 4.47 | 1.72 |
| 002075 | 高新张铜 | 0.07 | 3.26 | 2.17 |
| 002076 | 雪莱特 | 0.042 | 3.22 | 2.32 |
| 002077 | 大港股份 | 0.05 | 3.57 | 1.45 |
| 002078 | 太阳纸业 | 0.21 | 7.59 | 2.83 |
| 002079 | 苏州固锝 | 0.05 | 3.26 | 1.42 |
| 002080 | 中材科技 | 0.04 | 4.11 | 0.89 |
| 002081 | 金螳螂 | 0.18 | 5.57 | 3.14 |
| 002082 | 栋梁新材 | 0.08 | 4.37 | 1.93 |
| 002083 | 孚日股份 | 0.09 | 2.87 | 3.1 |
| 002084 | 海鸥卫浴 | 0.17 | 3.67 | 4.67 |
| 002085 | 万丰奥威 | 0.04 | 3.03 | 1.3 |
| 002086 | 东方海洋 | 0.03 | 4.58 | 0.75 |
| 002087 | 新野纺织 | 0.06 | 4.12 | 1.5 |
| 002088 | 鲁阳股份 | 0.18 | 5.28 | 3.39 |
| 002089 | 新海宜 | 0.0236 | 4.28 | 0.55 |
| 002090 | 金智科技 | 0.08 | 3.598 | 2.17 |
| 002091 | 江苏国泰 | 0.1 | 4.2 | 2.29 |
| 002092 | 中泰化学 | 0.13 | 5.0813 | 2.65 |
| 002093 | 国脉科技 | 0.19 | 4.7201 | 3.96 |
| 002094 | 青岛金王 | 0.04 | 3.98 | 0.99 |
| 002095 | 网盛科技 | 0.14 | 5.46 | 2.59 |
| 002096 | 南岭民爆 | 0.1 | 4.2 | 2.4 |
| 002097 | 山河智能 | 0.08 | 4. | 1.96 |
| 002098 | 浔兴股份 | 0.07 | 3.44 | 2.19 |
| 002099 | 海翔药业 | 0.11 | 4.96 | 2.12 |
| 002100 | 天康生物 | 0.22 | 5.59 | 3.91 |
| 002101 | 广东鸿图 | 0.08 | 4.91 | 1.63 |
| 002102 | 冠福家用 | 0.11 | 3.42 | 3.23 |
| 002103 | 广博股份 | 0.08 | 2.92 | 2.9 |
| 002104 | 恒宝股份 | 0.06 | 3.43 | 1.66 |
| 002105 | 信隆实业 | 0.02 | 1.85 | 1.14 |
| 002106 | 莱宝高科 | 0.22 | 6.79 | 3.25 |
| 002107 | 沃华医药 | 0.14 | 4.75 | 2.62 |
| 002108 | 沧州明珠 | 0.02 | 4.57 | 0.43 |
| 002109 | 兴化股份 | 0.14 | 4.61 | 2.76 |
| 002110 | 三钢闽光 | 0.2 | 4.69 | 4 |

| 代码 | 简称 | 每股收益(元) | 每股净资产(元) | 净资产收益率(%) |
|---|---|---|---|---|
| 002111 | 威海广泰 | 0.11 | 3.62 | 2.68 |
| 002112 | 三变科技 | 0.07 | 4.56 | 1.35 |
| 002113 | 天润发展 | 0.07 | 5.58 | 1.09 |
| 002114 | 罗平锌电 | 0.1 | 4.54 | 1.88 |
| 002115 | 三维通信 | 0.13 | 3.86 | 2.9 |
| 002116 | 中国海诚 | 0.1 | 3.24 | 2.47 |
| 002117 | 东港股份 | 0.12 | 4.4 | 2.23 |
| 002118 | 紫鑫药业 | 0.06 | 4.34 | 1.17 |
| 002119 | 康强电子 | 0.09 | 5.21 | 1.38 |
| 002120 | 新海股份 | 0.1 | 4.17 | 2.04 |
| 002121 | 科陆电子 | 0.02 | 5.32 | 0.36 |
| 002122 | 天马股份 | 0.48 | 10.42 | 3.44 |
| 002123 | 荣信股份 | 0.27 | 6.99 | 2.85 |
| 002124 | 天邦股份 | -0.12 | 3.84 | -2.32 |
| 002125 | 湘潭电化 | 0.019 | 3.88 | 0.347 |
| 002126 | 银轮股份 | 0.038 | 2.628 | 1.46 |
| 002129 | 中环股份 | 0.075 | 1.64 | 4.54 |
| 002130 | 沃尔核材 | 0.21 | 3.05 | 7.01 |
| 200041 | *ST本实B | -0.01 | -5.97 | / |
| 200053 | 深基地B | 0.15 | 3.68 | 4.1 |
| 200054 | 建摩B | 0.03 | 0.5993 | 4.7 |
| 200152 | 山航B | -0.15 | 0.72 | -20.27 |
| 200168 | 雷伊B | 0.01 | 1.66 | 0.56 |
| 200468 | 宁通信B | -0.005 | 1.48 | -0.33 |
| 200512 | *ST灿坤B | 0.0059 | 0.1847 | 3.24 |
| 200706 | 瓦轴B | 0.05 | 2.87 | 1.75 |
| 200770 | 武锅B | 0.02 | 2.11 | 0.74 |
| 200771 | 杭汽轮B | 0.21 | 4.5 | 4.65 |
| 200986 | 粤华包B | 0.04 | 2.6 | 1.56 |
| 600000 | 浦发银行 | 0.225 | 5.898 | 3.81 |
| 600001 | 邯郸钢铁 | 0.091 | 4.12 | 2.19 |
| 600003 | 东北高速 | 0.08 | 3.14 | 2.66 |
| 600004 | 白云机场 | 0.095 | 4.14 | 2.334 |
| 600005 | 武钢股份 | 0.18 | 2.99 | 6.026 |
| 600006 | 东风汽车 | 0.0657 | 2.5264 | 2.6 |
| 600007 | 中国国贸 | 0.07 | 3.89 | 1.75 |
| 600008 | 首创股份 | 0.04 | 2.16 | 2.07 |
| 600009 | 上海机场 | 0.203 | 5.469 | 3.7 |
| 600010 | 包钢股份 | 0.058 | 2.31 | 2.53 |
| 600011 | 华能国际 | 0.1 | 3.67 | 2.73 |
| 600016 | 民生银行 | 0.11 | 2.01 | 5.42 |
| 600017 | 日照港 | 0.062 | 3.46 | 1.79 |
| 600019 | 宝钢股份 | 0.21 | 4.85 | 4.32 |
| 600020 | 中原高速 | 0.1104 | 3.066 | 3.6 |
| 600021 | 上海电力 | 0.07 | 4.19 | 1.67 |
| 600022 | 济南钢铁 | 0.26 | 4.25 | 6.18 |
| 600026 | 中海发展 | 0.315 | 4.08 | 7.74 |
| 600028 | 中国石化 | 0.224 | 3.198 | 7.002 |
| 600029 | S南航 | -0.04 | 2.25 | -1.91 |
| 600030 | 中信证券 | 0.42 | 4.75 | 8.86 |
| 600031 | 三一重工 | 0.763 | 6.367 | 11.99 |
| 600033 | 福建高速 | 0.1027 | 2.3291 | 4.41 |

| 代码 | 简称 | 每股收益(元) | 每股净资产(元) | 净资产收益率(%) |
|---|---|---|---|---|
| 600035 | 楚天高速 | 0.071 | 2.41 | 2.933 |
| 600036 | 招商银行 | 0.17 | 3.9 | 4.3 |
| 600037 | 歌华有线 | 0.09 | 5.63 | 1.61 |
| 600039 | 四川路桥 | 0.012 | 2.46 | 0.5 |
| 600048 | 保利地产 | 0.07 | 6.71 | 2.12 |
| 600050 | 中国联通 | 0.055 | 2.29 | 2.4 |
| 600051 | 宁波联合 | 0.02 | 4.01 | 0.49 |
| 600052 | *ST广厦 | 0.16 | 1.78 | 5.42 |
| 600053 | 中江地产 | 0.12 | 1.42 | 8.82 |
| 600054 | 黄山旅游 | 0.001 | 1.66 | / |
| 600055 | 万东医疗 | 0.025 | 3.14 | 0.8 |
| 600056 | 中技贸易 | 0.0673 | 2.7075 | 2.4851 |
| 600057 | 夏新电子 | 0.0056 | 1.52 | 0.3664 |
| 600058 | 五矿发展 | 0.1997 | 4.1932 | 4.7626 |
| 600059 | 古越龙山 | 0.122 | 5.16 | 2.36 |
| 600060 | 海信电器 | 0.101 | 5.49 | 1.85 |
| 600061 | 中纺投资 | 0.0049 | 1.2 | 0.41 |
| 600062 | 双鹤药业 | 0.1364 | 4.3118 | 3.16 |
| 600063 | 皖维高新 | 0.074 | 2.815 | 2.64 |
| 600064 | 南京高科 | 0.0615 | 6.818 | 0.902 |
| 600065 | *ST联谊 | 0.0113 | 0.5691 | 1.98 |
| 600066 | 宇通客车 | 0.1113 | 3.1102 | 3.58 |
| 600067 | 冠城大通 | 0.06 | 1.77 | 3.35 |
| 600068 | 葛洲坝 | 0.008 | 3.332 | 0.233 |
| 600069 | 银鸽投资 | 0.11 | 2.06 | 5.48 |
| 600070 | 浙江富润 | 0.03 | 2.86 | 1.09 |
| 600071 | 凤凰光学 | 0.0313 | 2.13 | 1.46 |
| 600072 | 江南重工 | 0.061 | 3.034 | 2.092 |
| 600073 | 上海梅林 | 0.0015 | 2.528 | 0.06 |
| 600076 | *ST华光 | -0.03 | 0.7 | -4.97 |
| 600077 | 国能集团 | 0.021 | 2.0188 | 1.04 |
| 600079 | 人福科技 | 0.03 | 3.43 | 0.99 |
| 600080 | *ST金花 | -0.0547 | 2.24 | -2.44 |
| 600081 | 东风科技 | -0.0071 | 1.2596 | -0.56 |
| 600082 | 海泰发展 | 0.016 | 2.063 | 0.79 |
| 600083 | *ST博讯 | 0.046 | 0.099 | 46.87 |
| 600085 | 同仁堂 | 0.173 | 5.704 | 3.03 |
| 600086 | 东方金钰 | 0.0119 | 0.993 | 1.2 |
| 600087 | 南京水运 | 0.09 | 3.14 | 2.75 |
| 600089 | 特变电工 | 0.177 | 4.41 | 4.01 |
| 600090 | ST啤酒花 | -0.036 | 0.55 | -6.47 |
| 600091 | 明天科技 | 0.005 | 5.47 | 0.08 |
| 600093 | *ST禾嘉 | 0.004 | 1.1 | 0.38 |
| 600094 | *ST华源 | -0.58 | -1.127 | / |
| 600095 | 哈高科 | 0.006 | 1.895 | 0.315 |
| 600096 | 云天化 | 0.2626 | 5.4898 | 4.9 |
| 600097 | 华立科技 | 0.026 | 1.539 | 1.69 |
| 600098 | 广州控股 | 0.231 | 4.083 | 5.658 |
| 600099 | 林海股份 | 0.01 | 2.2 | 0.57 |
| 600100 | 同方股份 | 0.0297 | 5.64 | 0.53 |
| 600102 | 莱钢股份 | 0.24 | 6.21 | 3.86 |
| 600103 | 青山纸业 | 0.0084 | 1.5511 | 0.53 |

| 代码 | 简称 | 每股收益（元） | 每股净资产（元） | 净资产收益率（%） |
|---|---|---|---|---|
| 600104 | 上海汽车 | 0.177 | 5.067 | 3.49 |
| 600105 | 永鼎光缆 | 0.018 | 3.73 | 0.49 |
| 600106 | 重庆路桥 | 0.0527 | 3.87 | 1.36 |
| 600107 | 美尔雅 | 0.003 | 1.149 | 0.291 |
| 600108 | 亚盛集团 | 0.004 | 1.11 | 0.44 |
| 600109 | 成都建投 | 0.824 | 5.229 | 13.135 |
| 600110 | 中科英华 | 0.0479 | 2.41 | 1.99 |
| 600111 | 稀土高科 | 0.16 | 3.23 | 5.03 |
| 600112 | 长征电器 | 0.0209 | 1.8132 | 1.1546 |
| 600113 | 浙江东日 | 0.03 | 3.23 | 0.93 |
| 600114 | 宁波东睦 | 0.004 | 2.95 | 0.13 |
| 600115 | 东方航空 | −0.113 | 0.524 | −20.03 |
| 600116 | 三峡水利 | −0.02 | 2.21 | −0.98 |
| 600117 | 西宁特钢 | 0.0601 | 2.9481 | 2.037 |
| 600118 | 中国卫星 | 0.06 | 1.55 | 4.18 |
| 600119 | 长江投资 | 0.0076 | 1.6502 | 0.4606 |
| 600121 | 郑州煤电 | 0.0569 | 2.2922 | 2.48 |
| 600122 | 宏图高科 | 0.0099 | 3.363 | 0.293 |
| 600123 | 兰花科创 | 0.3507 | 6.539 | 5.36 |
| 600125 | 铁龙物流 | 0.068 | 2.098 | 3.262 |
| 600126 | 杭钢股份 | 0.11 | 5.18 | 2.09 |
| 600127 | 金健米业 | 0.002 | 1.382 | 0.14 |
| 600131 | 岷江水电 | 0.01 | 1.68 | 0.55 |
| 600133 | S东湖新 | 0.021 | 2.8452 | 0.74 |
| 600135 | S乐凯 | 0.01 | 2.87 | 0.36 |
| 600136 | *ST道博 | −0.01 | 0.15 | −9.44 |
| 600137 | *ST长控 | 4.726 | 0.183 | 2586.67 |
| 600138 | 中青旅 | 0.0943 | 5.55 | 1.7 |
| 600139 | *ST绵高 | 0.04 | −1.49 | / |
| 600141 | 兴发集团 | 0.03 | 4.1 | 0.74 |
| 600143 | 金发科技 | 0.11 | 1.92 | 5.72 |
| 600148 | 长春一东 | 0.011 | 2.02 | 0.56 |
| 600149 | 华夏建通 | 0.004 | 1.56 | 0.23 |
| 600150 | 沪东重机 | 0.385 | 5.113 | 7.524 |
| 600151 | 航天机电 | 0.019 | 1.79 | 1.09 |
| 600152 | 维科精华 | 0.027 | 2.573 | 1.05 |
| 600153 | 建发股份 | 0.18 | 4.65 | 3.92 |
| 600156 | 华升股份 | 0.0124 | 1.37 | 0.9 |
| 600157 | S鲁润 | 0.0005 | 1.97 | 0.03 |
| 600158 | 中体产业 | −0.0312 | 3.436 | −0.91 |
| 600159 | 大龙地产 | 0.01 | 1.03 | 0.76 |
| 600160 | 巨化股份 | 0.065 | 3.22 | 2.03 |
| 600161 | 天坛生物 | 0.08 | 1.92 | 4.1674 |
| 600162 | 香江控股 | −0.02 | 1.65 | −1.21 |
| 600163 | 福建南纸 | 0.01 | 4.52 | 0.15 |
| 600165 | 宁夏恒力 | 0.008 | 2.442 | 0.332 |
| 600166 | 福田汽车 | 0.126 | 1.98 | 6.353 |
| 600167 | 沈阳新开 | 0.02 | 2.11 | 1.1 |
| 600169 | 太原重工 | 0.1726 | 2.67 | 6.48 |
| 600170 | 上海建工 | 0.07 | 4.82 | 1.44 |
| 600171 | 上海贝岭 | 0.011 | 2.9 | 0.37 |
| 600172 | 黄河旋风 | 0.05 | 3.68 | 1.35 |

| 代码 | 简称 | 每股收益（元） | 每股净资产（元） | 净资产收益率（%） |
|---|---|---|---|---|
| 600173 | S*ST丹江 | −0.097 | 1.77 | −5.46 |
| 600175 | 美都控股 | 0.07 | 2.96 | 2.26 |
| 600176 | 中国玻纤 | 0.06 | 2.6 | 2.46 |
| 600177 | 雅戈尔 | 0.5088 | 4.5056 | 11.29 |
| 600182 | S佳通 | 0.027 | 0.83 | 3.21 |
| 600183 | 生益科技 | 0.087 | 1.83 | 4.793 |
| 600184 | 新华光 | 0.01 | 4.66 | 0.1833 |
| 600185 | 海星科技 | 0.004 | 2.1387 | 0.1882 |
| 600188 | 兖州煤业 | 0.14 | 3.77 | 3.78 |
| 600189 | 吉林森工 | 0.037 | 4.26 | 0.87 |
| 600190 | 锦州港 | 0.02 | 1.28 | 1.28 |
| 600191 | 华资实业 | 0.03 | 6.53 | 0.52 |
| 600192 | 长城电工 | 0.0306 | 3.4351 | 0.89 |
| 600193 | 创兴科技 | 0.291 | 1.548 | 18.81 |
| 600195 | 中牧股份 | 0.0866 | 2.72 | 3.18 |
| 600197 | 伊力特 | 0.074 | 2.1 | 3.53 |
| 600198 | *ST大唐 | 0.0235 | 0.767 | 3.0655 |
| 600199 | ST金种子 | 0.0449 | 2.19 | 2.0524 |
| 600200 | 江苏吴中 | 0.002 | 1.437 | 0.13 |
| 600201 | 金宇集团 | 0.05 | 2.21 | 2.28 |
| 600202 | 哈空调 | 0.0843 | 2.11 | 3.99 |
| 600203 | 福日电子 | −0.055 | 1.395 | −3.93 |
| 600206 | 有研硅股 | 0.105 | 4.73 | 2.22 |
| 600208 | 中宝股份 | 0.015 | 1.61 | 1.14 |
| 600209 | *ST罗顿 | 0.005 | 1.63 | 0.289 |
| 600210 | 紫江企业 | 0.0551 | 2.11 | 3.08 |
| 600213 | S*ST亚星 | 0.0268 | 1.5681 | 1.7092 |
| 600215 | 长春经开 | −0.11 | 6.3 | −1.7 |
| 600216 | 浙江医药 | 0.007 | 1.762 | 0.37 |
| 600217 | *ST秦岭 | −0.019 | 0.75 | −2.49 |
| 600218 | 全柴动力 | 0.024 | 3.35 | 0.703 |
| 600219 | 南山铝业 | 0.07 | 4.6 | 1.52 |
| 600220 | 江苏阳光 | 0.0323 | 2.59 | 1.25 |
| 600221 | 海南航空 | 0.014 | 2 | 0.723 |
| 600222 | 太龙药业 | 0.0062 | 1.707 | 0.3367 |
| 600223 | *ST万杰 | −0.07 | 1.25 | −5.62 |
| 600226 | 升华拜克 | 0.05 | 3.6 | 1.29 |
| 600227 | 赤天化 | 0.23 | 7.15 | 3.22 |
| 600228 | 昌九生化 | 0.003 | 1.405 | 0.215 |
| 600229 | 青岛碱业 | 0.04 | 3.28 | 1.24 |
| 600230 | 沧州大化 | 0.2315 | 3.73 | 6.2 |
| 600231 | 凌钢股份 | 0.166 | 5.27 | 3.15 |
| 600233 | 大杨创世 | 0.196 | 3.82 | 5.12 |
| 600234 | *ST天龙 | 0.012 | −3.51 | / |
| 600235 | 民丰特纸 | 0.0039 | 3.1442 | 0.1241 |
| 600236 | 桂冠电力 | 0.015 | 2.49 | 0.616 |
| 600237 | 铜峰电子 | 0.0152 | 2.0219 | 0.753 |
| 600238 | 海南椰岛 | 0.009 | 3.23 | 0.2852 |
| 600240 | 华业地产 | 0.06 | 2.13 | 2.61 |
| 600241 | 辽宁时代 | 0.04 | 4.52 | 0.91 |
| 600242 | S*ST华龙 | −0.02 | −2.13 | / |
| 600243 | 青海华鼎 | 0.0118 | 2.44 | 0.48 |

| 代码 | 简称 | 每股收益（元） | 每股净资产（元） | 净资产收益率（%） |
|---|---|---|---|---|
| 600246 | 万通先锋 | -0.0833 | 2.81 | -2.87 |
| 600247 | 物华股份 | 0.019 | 1.36 | 1.37 |
| 600249 | 两面针 | 0.37 | 15.66 | 2.34 |
| 600250 | 南纺股份 | 0.02 | 3.15 | 0.55 |
| 600251 | 冠农股份 | 0.003 | 1.9973 | 0.15 |
| 600252 | 中恒集团 | 0.004 | 1.68 | 0.258 |
| 600253 | 天方药业 | 0.0104 | 2.06 | 0.504 |
| 600255 | 鑫科材料 | 0.08 | 4.73 | 1.59 |
| 600256 | 广汇股份 | 0.06 | 2.4283 | 2.46 |
| 600257 | 洞庭水殖 | 0.016 | 2.22 | 0.727 |
| 600258 | 首旅股份 | 0.15 | 3.91 | 3.78 |
| 600259 | S*ST聚酯 | -0.09 | -0.09 | / |
| 600260 | 凯乐科技 | 0.12 | 4.37 | 2.68 |
| 600261 | 浙江阳光 | 0.136 | 5.68 | 2.39 |
| 600263 | 路桥建设 | 0.03 | 3.877 | 0.78 |
| 600265 | 景谷林业 | -0.042 | 2.64 | -1.6 |
| 600266 | 北京城建 | 0.0473 | 4.2027 | 1.054 |
| 600267 | 海正药业 | 0.069 | 2.886 | 2.39 |
| 600268 | 国电南自 | 0.003 | 3.487 | 0.095 |
| 600269 | 赣粤高速 | 0.153 | 4.79 | 3.19 |
| 600270 | 外运发展 | 0.1089 | 4.0447 | 2.69 |
| 600271 | 航天信息 | 0.26 | 7.69 | 3.43 |
| 600273 | 华芳纺织 | 0.02 | 2.93 | 0.69 |
| 600276 | 恒瑞医药 | 0.1703 | 2.99 | 5.74 |
| 600277 | 亿利科技 | 0.02 | 4.92 | 0.4065 |
| 600278 | 东方创业 | 0.05 | 3.46 | 1.54 |
| 600279 | 重庆港九 | 0.0601 | 3.41 | 1.62 |
| 600281 | 太化股份 | 0.033 | 2.7001 | 1.251 |
| 600282 | 南钢股份 | 0.252 | 4.03 | 6.24 |
| 600284 | 浦东建设 | 0.2527 | 3.5268 | 7.17 |
| 600285 | 羚锐股份 | 0.011 | 5.048 | 0.22 |
| 600287 | 江苏舜天 | 0.0254 | 1.9482 | 1.3 |
| 600288 | 大恒科技 | 0.0203 | 2.572 | 0.79 |
| 600290 | 华仪电气 | 0.074 | 1.6063 | 4.62 |
| 600291 | 西水股份 | -0.04 | 15.37 | -0.25 |
| 600292 | 九龙电力 | 0.07 | 2.78 | 2.63 |
| 600293 | 三峡新材 | 0.0021 | 2.21 | 0.09 |
| 600295 | 鄂尔多斯 | 0.0639 | 3.11 | 2.0555 |
| 600298 | 安琪酵母 | 0.1552 | 5.606 | 2.769 |
| 600299 | 星新材料 | 0.114 | 3.56 | 3.2 |
| 600300 | 维维股份 | 0.051 | 2.27 | 2.25 |
| 600301 | 南化股份 | 0.0108 | 3.45 | 0.3 |
| 600302 | 标准股份 | 0.1423 | 3.34 | 4.27 |
| 600303 | 曙光股份 | 0.13 | 5.01 | 2.55 |
| 600305 | 恒顺醋业 | 0.09 | 5.38 | 1.61 |
| 600306 | 商业城 | 0.02 | 2.77 | 0.66 |
| 600307 | 酒钢宏兴 | 0.083 | 4.76 | 1.74 |
| 600308 | 华泰股份 | 0.188 | 5.43 | 3.47 |
| 600309 | 烟台万华 | 0.27 | 2.39 | 11.3 |
| 600310 | 桂东电力 | 0.0444 | 4.2649 | 1.04 |
| 600311 | 荣华实业 | -0.04 | 2.75 | -1.43 |
| 600312 | 平高电气 | 0.076 | 3.043 | 2.512 |

| 代码 | 简称 | 每股收益（元） | 每股净资产（元） | 净资产收益率（%） |
|---|---|---|---|---|
| 600313 | SST中农 | -0.0277 | 2.0768 | -1.33 |
| 600315 | 上海家化 | 0.11 | 4.486 | 2.57 |
| 600317 | 营口港 | 0.17 | 5.26 | 2.79 |
| 600318 | S巢东 | -0.043 | 2.42 | -1.79 |
| 600319 | 亚星化学 | 0.016 | 3.42 | 0.48 |
| 600320 | 振华港机 | 0.15 | 2.01 | 7.31 |
| 600321 | 国栋建设 | 0.0492 | 5.22 | 0.96 |
| 600322 | 天房发展 | 0.0132 | 4.52 | 0.29 |
| 600323 | 南海发展 | 0.1 | 4.09 | 2.43 |
| 600327 | 大厦股份 | 0.088 | 2.05 | 4.28 |
| 600328 | 兰太实业 | 0.05 | 2.47 | 2.2 |
| 600330 | 天通股份 | 0.065 | 2.542 | 2.56 |
| 600331 | 宏达股份 | 0.3757 | 6.11 | 6.15 |
| 600333 | 长春燃气 | 0.01 | 2.45 | 0.54 |
| 600336 | 澳柯玛 | 0.0048 | 2.895 | 0.162 |
| 600338 | ST珠峰 | -0.16 | -0.35 | / |
| 600339 | 天利高新 | 0.0066 | 1.994 | 0.33 |
| 600340 | 国祥股份 | -0.0412 | 2.31 | -1.79 |
| 600343 | 航天动力 | 0.0341 | 2.4389 | 1.4 |
| 600345 | 长江通信 | 0.047 | 4.795 | 0.98 |
| 600346 | 大橡塑 | 0.009 | 3.14 | 0.29 |
| 600348 | 国阳新能 | 0.31 | 6.84 | 4.5 |
| 600350 | 山东高速 | 0.073 | 2.33 | 3.14 |
| 600351 | 亚宝药业 | 0.07 | 2.56 | 2.83 |
| 600352 | 浙江龙盛 | 0.0849 | 2.1452 | 3.96 |
| 600353 | 旭光股份 | 0.003 | 3.18 | 0.083 |
| 600354 | 敦煌种业 | -0.03 | 3.07 | -0.99 |
| 600355 | 精伦电子 | -0.01 | 2.57 | -0.42 |
| 600356 | 恒丰纸业 | 0.039 | 5.12 | 0.75 |
| 600357 | 承德钒钛 | 0.06 | 3.31 | 1.79 |
| 600358 | 国旅联合 | 0.004 | 1.16 | 0.39 |
| 600359 | 新农开发 | -0.006 | 3.4 | -0.2 |
| 600360 | 华微电子 | 0.11 | 3.76 | 2.86 |
| 600361 | 华联综超 | 0.15 | 4.22 | 3.44 |
| 600362 | 江西铜业 | 0.289 | 4.59 | 6.3 |
| 600363 | 联创光电 | 0.02 | 2.07 | 0.74 |
| 600365 | 通葡股份 | 0.0054 | 3.2648 | 0.1665 |
| 600366 | 宁波韵升 | 0.033 | 2.045 | 1.63 |
| 600367 | 红星发展 | 0.07 | 3.5 | 2.12 |
| 600368 | 五洲交通 | 0.05 | 3.14 | 1.53 |
| 600370 | 三房巷 | 0.059 | 2.649 | 2.24 |
| 600371 | 华冠科技 | 0.07 | 1.74 | 3.757 |
| 600373 | 鑫新股份 | -0.024 | 2.34 | -1.03 |
| 600375 | 星马汽车 | 0.039 | 2.52 | 1.56 |
| 600376 | 天鸿宝业 | -0.01 | 2.88 | -0.39 |
| 600377 | 宁沪高速 | 0.079 | 3.06 | 2.57 |
| 600379 | S宝光 | -0.01 | 1.923 | -0.73 |
| 600380 | 健康元 | 0.24 | 3.56 | 6.69 |
| 600382 | 广东明珠 | 0.022 | 3.77 | 0.55 |
| 600383 | 金地集团 | 0.131 | 4.601 | 2.85 |
| 600385 | *ST金泰 | -0.03 | -1.4 | / |
| 600386 | 北京巴士 | -0.03 | 1.84 | -1.69 |

| 代码 | 简称 | 每股收益（元） | 每股净资产（元） | 净资产收益率（%） |
|---|---|---|---|---|
| 600387 | 海越股份 | 0.035 | 3.26 | 1.08 |
| 600389 | 江山股份 | 0.0699 | 3.14 | 2.23 |
| 600390 | 金瑞科技 | 0.07 | 5.85 | 1.21 |
| 600391 | 成发科技 | 0.11 | 3.66 | 2.97 |
| 600392 | 太工天成 | 0.03 | 3.97 | 0.92 |
| 600393 | 东华实业 | −0.05 | 1.62 | −3.2 |
| 600395 | 盘江股份 | 0.048 | 3.815 | 1.248 |
| 600396 | 金山股份 | 0.18 | 3.51 | 5.23 |
| 600397 | 安源股份 | 0.01 | 2.92 | 0.48 |
| 600398 | 凯诺科技 | 0.22 | 5.11 | 3.98 |
| 600399 | 抚顺特钢 | 0.012 | 2.986 | 0.397 |
| 600400 | 红豆股份 | 0.03 | 2.97 | 0.92 |
| 600401 | 江苏申龙 | −0.02 | 1.45 | −1.09 |
| 600403 | 欣网视讯 | 0.0004 | 2.04 | 0.02 |
| 600405 | 动力源 | −0.05 | 3.35 | −1.56 |
| 600406 | 国电南瑞 | 0.0318 | 3.21 | 0.8331 |
| 600408 | 安泰集团 | 0.09 | 3.28 | 2.73 |
| 600409 | 三友化工 | 0.1102 | 2.5731 | 4.28 |
| 600410 | 华胜天成 | 0.1733 | 4.3949 | 3.94 |
| 600416 | 湘电股份 | 0.08 | 4.73 | 1.69 |
| 600419 | *ST 天宏 | 0.01 | 2.313 | 0.45 |
| 600420 | 现代制药 | 0.0872 | 1.83 | 4.765 |
| 600421 | 国药科技 | 0.02 | 2.66 | 0.77 |
| 600423 | 柳化股份 | 0.11 | 4.65 | 2.43 |
| 600425 | 青松建化 | 0.002 | 2.91 | 0.06 |
| 600426 | 华鲁恒升 | 0.194 | 5.38 | 3.6 |
| 600428 | 中远航运 | 0.23 | 4.14 | 5.59 |
| 600429 | *ST 三元 | 0.01 | 1.27 | 0.71 |
| 600432 | 吉恩镍业 | 0.7 | 4.96 | 14.15 |
| 600433 | 冠豪高新 | 0.023 | 2.59 | 0.88 |
| 600436 | 片仔癀 | 0.2 | 4.65 | 4.38 |
| 600438 | 通威股份 | 0.01 | 2.5 | 0.49 |
| 600439 | 瑞贝卡 | 0.155 | 5.01 | 3.1 |
| 600444 | 国通管业 | 0.014 | 4.09 | 0.348 |
| 600446 | 金证股份 | 0.02 | 2.39 | 0.87 |
| 600448 | 华纺股份 | 0.0144 | 1.918 | 0.75 |
| 600449 | 赛马实业 | −0.1 | 4.28 | −2.25 |
| 600452 | 涪陵电力 | 0.006 | 2.96 | 0.2 |
| 600456 | 宝钛股份 | 0.21 | 4.78 | 4.45 |
| 600458 | 时代新材 | 0.019 | 1.84 | 1.01 |
| 600459 | 贵研铂业 | 0.4 | 6.18 | 6.46 |
| 600460 | 士兰微 | 0.17 | 1.78 | 9.69 |
| 600461 | 洪城水业 | 0.043 | 3.3595 | 1.293 |
| 600462 | *ST 石岘 | −0.2405 | 1.48 | −16.15 |
| 600463 | 空港股份 | 0.04 | 3.48 | 1.07 |
| 600467 | 好当家 | 0.06 | 2.38 | 2.72 |
| 600468 | 百利电气 | 0.0137 | 1.5944 | 0.86 |
| 600469 | 风神股份 | 0.11 | 3.286 | 3.426 |
| 600470 | 六国化工 | 0.045 | 4.13 | 1.07 |
| 600472 | 包头铝业 | 0.31 | 4.25 | 7.36 |
| 600475 | 华光股份 | 0.157 | 3.36 | 4.68 |
| 600476 | 湘邮科技 | 0.02 | 3.1 | 0.74 |

| 代码 | 简称 | 每股收益（元） | 每股净资产（元） | 净资产收益率（%） |
|---|---|---|---|---|
| 600479 | 千金药业 | 0.13 | 5.3691 | 2.34 |
| 600481 | 双良股份 | 0.0166 | 3.12 | 0.531 |
| 600482 | 风帆股份 | 0.06 | 3.7 | 2 |
| 600483 | 福建南纺 | 0.0046 | 2.13 | 0.22 |
| 600485 | 中创信测 | 0.03 | 1.99 | 1.64 |
| 600486 | 扬农化工 | 0.158 | 4.587 | 3.45 |
| 600487 | 亨通光电 | 0.0502 | 6.12 | 0.82 |
| 600488 | 天药股份 | 0.018 | 2.277 | 0.79 |
| 600489 | 中金黄金 | 0.2 | 3.21 | 6.15 |
| 600490 | 中科合臣 | 0.012 | 3.27 | 0.3666 |
| 600491 | 龙元建设 | 0.09 | 3.36 | 2.61 |
| 600493 | 凤竹纺织 | 0.0201 | 3.31 | 0.61 |
| 600495 | 晋西车轴 | 0.051 | 4.26 | 1.2 |
| 600496 | 长江精工 | 0.063 | 2.89 | 2.21 |
| 600497 | 驰宏锌锗 | 0.7678 | 5.233 | 14.67 |
| 600498 | 烽火通信 | 0.062 | 5.62 | 1.104 |
| 600499 | 科达机电 | 0.14 | 3.29 | 4.27 |
| 600500 | 中化国际 | 0.1133 | 2.49 | 4.55 |
| 600503 | SST 新智 | −0.015 | 1 | −1.5 |
| 600505 | 西昌电力 | 0.004 | 0.37 | 0.98 |
| 600506 | 香梨股份 | −0.03 | 2.66 | −0.98 |
| 600507 | 长力股份 | 0.06 | 2.25 | 2.67 |
| 600508 | 上海能源 | 0.2 | 3.57 | 5.47 |
| 600509 | 天富热电 | 0.05 | 2.87 | 1.8 |
| 600510 | 黑牡丹 | 0.02 | 2.4 | 0.81 |
| 600511 | 国药股份 | 0.28 | 4.62 | 6.06 |
| 600512 | 腾达建设 | 0.04 | 1.84 | 2.21 |
| 600513 | 联环药业 | 0.035 | 4.41 | 0.79 |
| 600516 | *ST 方大 | 0.028 | 1.48 | 1.87 |
| 600517 | 置信电气 | 0.141 | 1.41 | 9.98 |
| 600518 | 康美药业 | 0.102 | 5.345 | 1.91 |
| 600519 | 贵州茅台 | 0.57 | 6.17 | 9.21 |
| 600520 | 三佳科技 | 0.0009 | 2.421 | 0.036 |
| 600521 | 华海药业 | 0.11 | 3.92 | 2.71 |
| 600522 | 中天科技 | 0.05 | 2.43 | 1.95 |
| 600523 | 贵航股份 | 0.02 | 2.24 | 1.12 |
| 600525 | 长园新材 | 0.1772 | 4.5797 | 3.87 |
| 600526 | 菲达环保 | 0.04 | 3.46 | 1.27 |
| 600527 | 江南高纤 | 0.06 | 1.46 | 3.93 |
| 600528 | 中铁二局 | 0.0804 | 3.73 | 2.16 |
| 600529 | 山东药玻 | 0.1012 | 4.85 | 2.3 |
| 600530 | 交大昂立 | 0.03 | 4.02 | 0.85 |
| 600531 | 豫光金铅 | 0.16 | 3.75 | 4.36 |
| 600532 | 华阳科技 | 0.025 | 3.23 | 0.78 |
| 600533 | 栖霞建设 | 0.201 | 3.735 | 5.38 |
| 600535 | 天士力 | 0.0667 | 5.71 | 1.17 |
| 600536 | 中国软件 | 0.05 | 3.22 | 1 |
| 600538 | 北海国发 | 0.002 | 1.692 | 0.12 |
| 600539 | S 狮头 | 0.008 | 3.84 | 0.21 |
| 600540 | 新赛股份 | 0.1048 | 3.27 | 3.2 |
| 600543 | 莫高股份 | 0.0264 | 3.69 | 0.72 |
| 600545 | 新疆城建 | −0.081 | 3.77 | −2.16 |

| 代码 | 简称 | 每股收益（元） | 每股净资产（元） | 净资产收益率（%） |
|---|---|---|---|---|
| 600546 | 中油化建 | 0.0122 | 2.09 | 0.57 |
| 600547 | 山东黄金 | 0.27 | 4.63 | 5.9 |
| 600549 | 厦门钨业 | 0.0614 | 3.3 | 1.7 |
| 600550 | 天威保变 | 0.18 | 6.3 | 2.79 |
| 600551 | 科大创新 | 0.0023 | 1.7507 | 0.13 |
| 600552 | *ST方兴 | 0.036 | 1.44 | 2.5 |
| 600553 | 太行水泥 | -0.05 | 1.87 | -2.74 |
| 600555 | 九龙山 | 0.05 | 4.35 | 1.01 |
| 600557 | 康缘药业 | 0.115 | 3.23 | 3.57 |
| 600558 | 大西洋 | 0.0813 | 4.93 | 1.65 |
| 600559 | 裕丰股份 | 0.0031 | 2.43 | 0.132 |
| 600560 | 金自天正 | 0.08 | 4.21 | 1.85 |
| 600561 | 江西长运 | 0.13 | 2.59 | 4.94 |
| 600562 | 高淳陶瓷 | 0.013 | 4.17 | 0.31 |
| 600563 | 法拉电子 | 0.12 | 3.63 | 3.42 |
| 600565 | 迪马股份 | 0.0304 | 3.26 | 0.81 |
| 600566 | 洪城股份 | 0.005 | 4.6 | 0.11 |
| 600568 | *ST潜药 | -0.03 | 3.84 | -1.06 |
| 600569 | 安阳钢铁 | 0.1 | 3.38 | 2.94 |
| 600570 | 恒生电子 | 0.0922 | 2.77 | 3.33 |
| 600571 | 信雅达 | 0.019 | 1.805 | 1.05 |
| 600573 | 惠泉啤酒 | 0.017 | 3.92 | 0.44 |
| 600575 | 芜湖港 | 0.08 | 4.27 | 1.88 |
| 600577 | 精达股份 | 0.107 | 3.23 | 3.35 |
| 600578 | 京能热电 | 0.13 | 2.76 | 4.56 |
| 600580 | 卧龙电气 | 0.06 | 3.41 | 1.63 |
| 600581 | 八一钢铁 | 0.07 | 4.19 | 1.6 |
| 600582 | 天地科技 | 0.12 | 4.34 | 2.86 |
| 600583 | 海油工程 | 0.08 | 3.85 | 2.06 |
| 600586 | 金晶科技 | 0.1 | 3.12 | 3.32 |
| 600588 | 用友软件 | 0.22 | 6 | 3.72 |
| 600589 | 广东榕泰 | 0.1 | 4.26 | 2.33 |
| 600590 | 泰豪科技 | 0.04 | 4.2998 | 0.96 |
| 600592 | 龙溪股份 | 0.156 | 4.48 | 3.49 |
| 600594 | 益佰制药 | 0.04 | 3.58 | 1.25 |
| 600595 | 中孚实业 | 0.7183 | 5.21 | 13.79 |
| 600598 | 北大荒 | 0.084 | 2.43 | 3.45 |
| 600599 | *ST花炮 | -0.02 | 1.47 | -1.54 |
| 600601 | 方正科技 | 0.037 | 2.056 | 1.81 |
| 600603 | ST兴业 | 0.01 | -1.97 | / |
| 600604 | 二纺机 | 0.0023 | 1.0636 | 0.21 |
| 600605 | 轻工机械 | 0.005 | 1.647 | 0.289 |
| 600606 | 金丰投资 | 0.026 | 3.941 | 0.661 |
| 600607 | 上实医药 | 0.0739 | 4.89 | 1.51 |
| 600608 | S*ST沪科 | 0.4076 | 0.83 | 49.33 |
| 600609 | ST金杯 | 0.004 | 0.592 | 0.72 |
| 600610 | S*ST中纺 | 0.056 | 0.207 | 26.87 |
| 600612 | 第一铅笔 | 0.105 | 2.4475 | 4.29 |
| 600613 | 永生数据 | 0.003 | 1.159 | 0.22 |
| 600614 | *ST鼎立 | -0.206 | -0.186 | / |
| 600615 | ST丰华 | -0.07 | 0.85 | -7.23 |
| 600616 | 第一食品 | 0.19 | 2.19 | 8.81 |

| 代码 | 简称 | 每股收益（元） | 每股净资产（元） | 净资产收益率（%） |
|---|---|---|---|---|
| 600617 | 联华合纤 | -0.032 | 0.086 | -35.91 |
| 600618 | 氯碱化工 | 0.0033 | 2.272 | 0.14 |
| 600619 | 海立股份 | 0.05 | 3.11 | 1.65 |
| 600620 | 天宸股份 | 0.004 | 1.562 | 0.24 |
| 600621 | 上海金陵 | 0.065 | 1.91 | 3.4 |
| 600622 | 嘉宝集团 | 0.068 | 2.041 | 3.335 |
| 600623 | 轮胎橡胶 | 0.017 | 1.77 | 0.983 |
| 600626 | 申达股份 | 0.061 | 3.362 | 1.81 |
| 600627 | 上电股份 | 0.34 | 4.15 | 8.14 |
| 600630 | 龙头股份 | 0.013 | 3.007 | 0.434 |
| 600631 | 百联股份 | 0.1 | 3.5 | 2.94 |
| 600633 | 白猫股份 | -0.01 | 1.159 | -0.899 |
| 600634 | 海鸟发展 | 0.002 | 2.35 | 0.08 |
| 600636 | 三爱富 | 0.0634 | 2.41 | 2.63 |
| 600637 | 广电信息 | 0.0048 | 3.7356 | 0.13 |
| 600638 | 新黄浦 | 0.0715 | 4.1441 | 1.725 |
| 600640 | 中卫国脉 | 0.09 | 2.82 | 3.07 |
| 600642 | 申能股份 | 0.182 | 4.427 | 4.1 |
| 600643 | S爱建 | 0.074 | 1.44 | 5.15 |
| 600644 | 乐山电力 | 0.0549 | 1.67 | 3.29 |
| 600647 | 同达创业 | 0.0159 | 1.2633 | 1.26 |
| 600649 | 原水股份 | 0.0605 | 3.5631 | 1.7 |
| 600650 | 锦江投资 | 0.129 | 2.86 | 4.52 |
| 600652 | 爱使股份 | 0.03 | 2.21 | 1.53 |
| 600653 | 申华控股 | 0.0011 | 0.9204 | 0.123 |
| 600654 | 飞乐股份 | 0.015 | 1.64 | 0.93 |
| 600655 | 豫园商城 | 0.217 | 5.294 | 4.09 |
| 600656 | S*ST源药 | -0.08 | -0.61 | / |
| 600658 | 兆维科技 | -0.025 | 1.03 | -2.41 |
| 600660 | 福耀玻璃 | 0.16 | 3 | 5.33 |
| 600661 | 交大南洋 | 0.0106 | 2.2085 | 0.4814 |
| 600662 | 强生控股 | 0.0608 | 2.11 | 2.88 |
| 600663 | 陆家嘴 | 0.087 | 3.75 | 2.32 |
| 600664 | S哈药 | 0.07 | 3.66 | 1.88 |
| 600665 | 天地源 | 0.0154 | 1.9879 | 0.78 |
| 600666 | 西南药业 | 0.09 | 2.05 | 4.51 |
| 600667 | 太极实业 | 0.011 | 1.51 | 0.75 |
| 600668 | 尖峰集团 | -0.01 | 2.43 | -0.55 |
| 600674 | 川投能源 | 0.0235 | 2.17 | 1.08 |
| 600675 | 中华企业 | 0.146 | 3.419 | 4.26 |
| 600676 | 交运股份 | 0.0413 | 2.84 | 1.453 |
| 600677 | 航天通信 | 0.0127 | 0.696 | 1.82 |
| 600678 | 四川金顶 | 0.0077 | 1.744 | 0.44 |
| 600679 | 金山开发 | -0.012 | 1.4618 | -0.8197 |
| 600680 | 上海普天 | -0.0353 | 2.594 | -1.42 |
| 600683 | 银泰股份 | 0.032 | 1.96 | 1.63 |
| 600684 | 珠江实业 | 0.011 | 3.58 | 0.32 |
| 600685 | 广船国际 | 0.3106 | 2.9116 | 10.67 |
| 600686 | 金龙汽车 | 0.17 | 4.51 | 3.8 |
| 600688 | S上石化 | 0.148 | 2.844 | 5.202 |
| 600689 | 上海三毛 | -0.08 | 1.0548 | -7.5075 |
| 600690 | 青岛海尔 | 0.102 | 4.45 | 2.29 |

| 代码 | 简称 | 每股收益（元） | 每股净资产（元） | 净资产收益率（%） |
|---|---|---|---|---|
| 600691 | S＊ST东碳 | -0.058 | -0.3512 | / |
| 600692 | 亚通股份 | 0.019 | 1.79 | 1.07 |
| 600693 | 东百集团 | 0.127 | 3.15 | 4.04 |
| 600694 | 大商股份 | 0.278 | 9.11 | 3.05 |
| 600695 | ＊ST大江 | 0.012 | 0.31 | 3.11 |
| 600696 | 多伦股份 | 0.004 | 1.29 | 0.31 |
| 600697 | 欧亚集团 | 0.073 | 4.07 | 1.81 |
| 600698 | SST轻骑 | 0.0005 | 0.509 | 0.1 |
| 600699 | ＊ST得亨 | -0.07 | 1.51 | -4.41 |
| 600701 | 工大高新 | 0.00016 | 1.79 | 0.0075 |
| 600702 | 沱牌曲酒 | 0.042 | 5.07 | 0.83 |
| 600704 | 中大股份 | 0.038 | 3.11 | 1.21 |
| 600705 | S＊ST北亚 | -0.0307 | -0.21 | / |
| 600706 | ＊ST长信 | -0.026 | 0.09 | -27.65 |
| 600707 | 彩虹股份 | -0.01 | 3.29 | -0.31 |
| 600708 | 海博股份 | 0.0644 | 2.3905 | 2.69 |
| 600710 | 常林股份 | 0.07 | 2.2292 | 3.14 |
| 600711 | ST雄震 | -0.04 | -0.26 | / |
| 600712 | 南宁百货 | 0.0238 | 1.15 | 2.07 |
| 600713 | 南京医药 | 0.03 | 1.91 | 1.58 |
| 600714 | ＊ST金瑞 | -0.0445 | 0.9215 | -4.83 |
| 600715 | ＊ST松辽 | 0.105 | 0.903 | 11.61 |
| 600717 | 天津港 | 0.07 | 3.04 | 2.27 |
| 600718 | 东软股份 | 0.07 | 5.11 | 1.44 |
| 600719 | 大连热电 | 0.199 | 3.78 | 5.27 |
| 600720 | 祁连山 | -0.026 | 2.19 | -1.17 |
| 600721 | S＊ST百花 | -0.0024 | 0.3 | -0.81 |
| 600724 | 宁波富达 | 0.0107 | 1.54 | 0.6953 |
| 600725 | 云维股份 | 0.047 | 3.087 | 1.52 |
| 600726 | 华电能源 | 0.03 | 2.55 | 1.14 |
| 600727 | 鲁北化工 | 0.001 | 6.22 | 0.02 |
| 600728 | S＊ST新太 | -0.015 | -0.566 | / |
| 600729 | 重庆百货 | 0.1561 | 3.37 | 4.63 |
| 600730 | 中国高科 | 0.018 | 2.19 | 0.82 |
| 600731 | 湖南海利 | 0.01 | 2.364 | 0.448 |
| 600732 | 上海新梅 | 0.0003 | 1.7 | 0.015 |
| 600733 | S前锋 | 0.0066 | 1.398 | 0.4707 |
| 600735 | S＊ST陈香 | 0.0001 | 0.121 | 0.11 |
| 600736 | 苏州高新 | 0.0415 | 3.755 | 1.103 |
| 600737 | 中粮屯河 | 0.039 | 1.41 | 2.92 |
| 600738 | 兰州民百 | 0.0097 | 1.188 | 0.82 |
| 600739 | 辽宁成大 | 0.83 | 4.49 | 18.44 |
| 600740 | 山西焦化 | 0.095 | 5.3 | 1.79 |
| 600741 | 巴士股份 | 0.05 | 3.75 | 1.41 |
| 600742 | 一汽四环 | 0.03 | 5.44 | 0.55 |
| 600743 | SST幸福 | -0.0027 | 0.0121 | -22.2 |
| 600744 | 华银电力 | 0.0465 | 3.8864 | 1.17 |
| 600746 | 江苏索普 | 0.002 | 1.284 | 0.17 |
| 600748 | 上实发展 | 0.03 | 2.27 | 1.26 |
| 600750 | 江中药业 | 0.17 | 5.24 | 3.22 |
| 600756 | 浪潮软件 | 0.005 | 2.99 | 0.18 |
| 600757 | ＊ST源发 | -0.41 | 0.43 | -98.62 |
| 600758 | ST金帝 | 0.09 | 1 | 9.34 |
| 600760 | ST黑豹 | -0.0019 | 1.58 | -0.12 |
| 600763 | ST通策 | 0.0127 | 1.0242 | 1.2367 |
| 600764 | 中电广通 | 0.03 | 1.54 | 1.78 |
| 600765 | 力源液压 | 0.046 | 1.661 | 2.764 |
| 600766 | 园城股份 | 0.3 | 1.253 | 23.93 |
| 600767 | ST运盛 | 0.0029 | 1.054 | 0.274 |
| 600768 | 宁波富邦 | 0.006 | 1.26 | 0.5 |
| 600769 | 祥龙电业 | 0.00938 | 2.12 | 0.44 |
| 600770 | 综艺股份 | 0.109 | 2.571 | 4.25 |
| 600771 | 东盛科技 | 0.04 | 2.33 | 1.57 |
| 600773 | ＊ST雅砻 | 0.0003 | 0.3 | 0.0009 |
| 600774 | 汉商集团 | 0.022 | 2.45 | 0.89 |
| 600775 | 南京熊猫 | 0.0233 | 2.17 | 1.15 |
| 600776 | 东方通信 | 0.0073 | 1.72 | 0.43 |
| 600777 | 新潮实业 | 0.02 | 3.27 | 0.5 |
| 600778 | 友好集团 | 0.023 | 2.65 | 0.87 |
| 600779 | 水井坊 | 0.1 | 2.5 | 4.07 |
| 600781 | 上海辅仁 | 0.03 | 0.65 | 4.39 |
| 600782 | 新华股份 | 0.037 | 1.86 | 2 |
| 600783 | 鲁信高新 | -0.0258 | 1.53 | -1.69 |
| 600784 | 鲁银投资 | 0.03 | 1.47 | 2.13 |
| 600785 | 新华百货 | 0.26 | 5.35 | 4.95 |
| 600786 | 东方锅炉 | 0.4134 | 5.9352 | 6.965 |
| 600787 | 中储股份 | 0.0445 | 2.6058 | 1.7065 |
| 600789 | 鲁抗医药 | 0.01 | 2.46 | 0.29 |
| 600790 | 轻纺城 | 0.035 | 1.93 | 1.78 |
| 600791 | 天创置业 | 0.0053 | 2.33 | 0.23 |
| 600792 | 马龙产业 | -0.24 | 1.01 | -16.63 |
| 600794 | 保税科技 | 0.029 | 1.235 | 2.37 |
| 600795 | 国电电力 | 0.118 | 4.03 | 2.89 |
| 600796 | 钱江生化 | 0.039 | 1.731 | 2.24 |
| 600797 | 浙大网新 | 0.055 | 1.68 | 3.28 |
| 600798 | 宁波海运 | 0.08 | 2.16 | 3.56 |
| 600800 | S＊ST磁卡 | 0.01 | 0.288 | 3.52 |
| 600801 | 华新水泥 | 0.07 | 4.2 | 1.7 |
| 600803 | 威远生化 | 0.01 | 1.5 | 0.51 |
| 600804 | 鹏博士 | 0.014 | 1.471 | 0.93 |
| 600805 | 悦达投资 | 0.01 | 3.92 | 0.34 |
| 600807 | ＊ST济百 | 0.037 | 1.88 | 1.99 |
| 600808 | 马钢股份 | 0.08 | 3.31 | 2.51 |
| 600809 | 山西汾酒 | 0.31 | 2.91 | 10.59 |
| 600810 | 神马实业 | 0.019 | 6.17 | 0.305 |
| 600812 | 华北制药 | 0.01 | 1.25 | 0.92 |
| 600814 | 杭州解百 | 0.061 | 1.54 | 3.94 |
| 600815 | 厦工股份 | 0.0447 | 1.81 | 2.47 |
| 600816 | 安信信托 | 0.006 | 0.69 | 0.8702 |
| 600818 | 上海永久 | 0.02 | 1.01 | 2.22 |
| 600819 | 耀皮玻璃 | 0.025 | 2.72 | 0.908 |
| 600820 | 隧道股份 | 0.0636 | 3.63 | 1.75 |
| 600822 | 上海物贸 | 0.0557 | 2.91 | 1.92 |
| 600823 | 世茂股份 | 0.002 | 1.9 | 0.12 |
| 600824 | 益民百货 | 0.045 | 2.35 | 1.89 |

| 代码 | 简称 | 每股收益（元） | 每股净资产（元） | 净资产收益率（%） |
|---|---|---|---|---|
| 600826 | 兰生股份 | 0.01 | 2.25 | 0.62 |
| 600827 | 友谊股份 | 0.089 | 3.975 | 2.239 |
| 600828 | *ST成商 | 0.031 | 0.82 | 3.76 |
| 600829 | 三精制药 | 0.13 | 2.68 | 4.41 |
| 600831 | 广电网络 | 0.02 | 5.19 | 0.382 |
| 600832 | 东方明珠 | 0.057 | 1.81 | 3.13 |
| 600833 | 第一医药 | 0.029 | 1.534 | 1.872 |
| 600834 | 申通地铁 | 0.068 | 1.89 | 3.61 |
| 600835 | 上海机电 | 0.1053 | 4.29 | 2.45 |
| 600836 | 界龙实业 | 0.007 | 2.3 | 0.29 |
| 600838 | 上海九百 | 0.0066 | 1.3758 | 0.48 |
| 600839 | 四川长虹 | 0.04 | 4.89 | 0.8 |
| 600840 | 新湖创业 | 0.036 | 1.197 | 3.02 |
| 600841 | 上柴股份 | 0.004 | 3.74 | 0.11 |
| 600842 | 中西药业 | 0.1396 | 1.181 | 11.82 |
| 600843 | 上工申贝 | 0.0066 | 1.206 | 0.5487 |
| 600845 | 宝信软件 | 0.095 | 2.094 | 4.52 |
| 600847 | ST渝万里 | -0.048 | 0.285 | -16.86 |
| 600849 | 上海医药 | 0.07 | 4.19 | 1.65 |
| 600850 | 华东电脑 | -0.0244 | 1.2665 | -1.93 |
| 600851 | 海欣股份 | -0.0035 | 1.65 | -0.21 |
| 600853 | 龙建股份 | -0.0641 | 1.2552 | -5.1 |
| 600854 | *ST春兰 | 0.0067 | 4.69 | 0.14 |
| 600855 | 航天长峰 | 0.014 | 2.043 | 0.7 |
| 600856 | 长百集团 | 0.002 | 0.76 | 0.31 |
| 600858 | 银座股份 | 0.2522 | 2.4361 | 10.35 |
| 600859 | 王府井 | 0.183 | 4.713 | 3.892 |
| 600860 | 北人股份 | -0.004 | 2.84 | -0.14 |
| 600861 | 北京城乡 | 0.0936 | 5.87 | 1.6 |
| 600862 | S*ST通科 | 0.06 | 0.55 | 11.8 |
| 600863 | 内蒙华电 | 0.027 | 2.185 | 1.251 |
| 600864 | 岁宝热电 | 2.05 | 16.05 | 12.77 |
| 600865 | S百大 | 0.083 | 2.73 | 3.04 |
| 600866 | 星湖科技 | 0.008 | 1.73 | 0.45 |
| 600867 | 通化东宝 | 0.04 | 3.59 | 0.98 |
| 600869 | 三普药业 | 0.02 | 1.23 | 1.51 |
| 600870 | 厦华电子 | 0.02 | 0.92 | 2.17 |
| 600872 | 中炬高新 | 0.0373 | 1.9303 | 1.935 |
| 600873 | 五洲明珠 | 0.02158 | 1.8888 | 1.14 |
| 600874 | 创业环保 | 0.04 | 1.92 | 2.08 |
| 600875 | 东方电机 | 0.474 | 5.67 | 8.35 |
| 600876 | 洛阳玻璃 | -0.07 | 0.57 | -11.55 |
| 600877 | 中国嘉陵 | 0.005 | 1.28 | 0.38 |
| 600879 | 火箭股份 | 0.07 | 2.76 | 2.56 |
| 600880 | 博瑞传播 | 0.11 | 2.53 | 4.54 |
| 600881 | 亚泰集团 | 0.084 | 2.29 | 3.67 |
| 600883 | 博闻科技 | 0.039 | 1.27 | 3.07 |
| 600884 | 杉杉股份 | 0.058 | 3.58 | 1.63 |
| 600886 | 国投电力 | 0.186 | 3.297 | 5.651 |
| 600888 | 新疆众和 | 0.1454 | 3.2048 | 4.5354 |
| 600889 | 南京化纤 | 0.022 | 3.46 | 0.64 |
| 600891 | S*ST秋林 | -0.01 | 0.67 | -1.25 |
| 600892 | SST湖科 | -0.0332 | -0.5012 | / |
| 600893 | S吉生化 | 0.024 | 2.621 | 0.927 |
| 600894 | 广钢股份 | 0.02 | 2.13 | 0.92 |
| 600896 | 中海海盛 | 0.12 | 2.54 | 4.54 |
| 600897 | 厦门空港 | 0.13 | 4.011 | 3.25 |

| 代码 | 简称 | 每股收益（元） | 每股净资产（元） | 净资产收益率（%） |
|---|---|---|---|---|
| 600898 | S商社 | -0.0187 | 1.5682 | -1.1955 |
| 600900 | 长江电力 | 0.048 | 3.52 | 1.37 |
| 600960 | 滨州活塞 | 0.0532 | 5.43 | 0.95 |
| 600961 | 株冶火炬 | 0.19 | 3.94 | 4.92 |
| 600962 | 国投中鲁 | 0.039 | 3.09 | 1.264 |
| 600963 | 岳阳纸业 | 0.035 | 6.61 | 0.36 |
| 600965 | 福成五丰 | 0.01 | 1.81 | 0.46 |
| 600966 | 博汇纸业 | 0.11 | 5.16 | 2.09 |
| 600967 | 北方创业 | 0.023 | 3.997 | 0.58 |
| 600969 | 郴电国际 | 0.05486 | 2.87 | 1.9 |
| 600970 | 中材国际 | 0.38 | 5.06 | 7.48 |
| 600973 | 宝胜股份 | 0.15 | 4.67 | 3.26 |
| 600975 | 新五丰 | 0.022 | 4.65 | 0.47 |
| 600976 | 武汉健民 | 0.01 | 4.64 | 0.33 |
| 600978 | 宜华木业 | 0.0923 | 4.73 | 1.64 |
| 600979 | 广安爱众 | -0.0113 | 2.65 | -0.43 |
| 600980 | 北矿磁材 | -0.04 | 2.89 | -1.49 |
| 600981 | 江苏开元 | 0.04 | 2.6 | 1.7 |
| 600982 | 宁波热电 | 0.039 | 2.21 | 1.77 |
| 600983 | 合肥三洋 | 0.068 | 1.63 | 4.2 |
| 600984 | *ST建机 | -0.03 | 2.44 | -1.12 |
| 600985 | 雷鸣科化 | 0.036 | 3.234 | 1.12 |
| 600986 | 科达股份 | 0.002 | 4.1 | 0.05 |
| 600987 | 航民股份 | 0.0756 | 3.22 | 2.35 |
| 600988 | *ST宝龙 | -0.05 | -1.02 | / |
| 600990 | 四创电子 | 0.0127 | 5.36 | 0.236 |
| 600991 | 长丰汽车 | 0.054 | 5.03 | 1.07 |
| 600992 | 贵绳股份 | 0.06 | 4.53 | 1.32 |
| 600993 | 马应龙 | 0.9 | 12.59 | 7.12 |
| 600995 | 文山电力 | 0.04 | 2.68 | 1.36 |
| 600997 | 开滦股份 | 0.33 | 4.91 | 6.7 |
| 601001 | 大同煤业 | 0.18 | 4.28 | 4.11 |
| 601002 | 晋亿实业 | 0.02 | 2.21 | 0.71 |
| 601003 | 柳钢股份 | 0.3368 | 6.095 | 4.97 |
| 601005 | 重庆钢铁 | 0.07 | 2.92 | 2.43 |
| 601006 | 大秦铁路 | 0.12 | 2.84 | 4.4 |
| 601007 | 金陵饭店 | 0.033 | 2.77 | 1.2 |
| 601111 | 中国国航 | 0.03 | 2.49 | 1.39 |
| 601166 | 兴业银行 | 0.3 | 6.62 | 4.25 |
| 601318 | 中国平安 | 0.59 | 11.97 | 4.4 |
| 601333 | 广深铁路 | 0.055 | 3 | 1.8 |
| 601398 | 工商银行 | 0.06 | 1.45 | 3.85 |
| 601588 | 北辰实业 | 0.021 | 2.41 | 0.878 |
| 601628 | 中国人寿 | 0.31 | 4.52 | 7.29 |
| 601666 | 平煤天安 | 0.21 | 4.98 | 4.31 |
| 601699 | 潞安环能 | 0.37 | 6.2 | 5.97 |
| 601872 | 招商轮船 | 0.06 | 2.58 | 2.4 |
| 601991 | 大唐发电 | 0.15 | 4.46 | 3.55 |
| 900929 | 锦旅B股 | 0.014 | 3.75 | 0.36 |
| 900935 | 阳晨B股 | 0.02 | 1.54 | 1.3 |
| 900939 | *ST汇丽B | -0.031 | 0.35 | -8.74 |
| 900948 | 伊泰B股 | 0.61 | 6.2 | 9.86 |
| 900949 | 东电B股 | 0.048 | 3.393 | 1.41 |
| 900950 | 新城B股 | 0.0467 | 3.1981 | 1.46 |
| 900951 | 大化B股 | -0.03 | 1.3 | -2.41 |
| 900953 | 凯马B股 | 0.008 | 1.16 | 0.69 |
| 900957 | 凌云B股 | -0.017 | 1.06 | -1.36 |